唐山市
路南区志

（1990—2010）

唐山市路南区地方志编纂委员会　编

主　编　潘贵存

方志出版社
Publishing House of Local Records

图书在版编目（CIP）数据

唐山市路南区志．1990—2010/唐山市路南区地方志编纂委员会编．—北京：方志出版社，2020.9
ISBN 978－7－5144－1990－0

Ⅰ．①唐… Ⅱ．①唐… Ⅲ．①区（城市）—地方志—唐山市—1990～2010 Ⅳ．①K292.23

中国版本图书馆 CIP 数据核字（2016）第 094169 号

唐山市路南区志（1990—2010）

编　　者：唐山市路南区地方志编纂委员会
责任编辑：刘　珊
出 版 者：方志出版社
地址：北京市朝阳区潘家园东里 9 号（国家方志馆 4 层）
邮编：100021
网址：http：//www.fzph.org
发　　行：方志出版社图书经销中心
电话：（010）67110500
经　　销：各地新华书店
印　　刷：保定市北方胶印有限公司

开　　本：889×1194　1/16
印　　张：71.75
字　　数：2170 千字
版　　次：2020 年 9 月第 1 版　2020 年 9 月第 1 次印刷
印　　数：0001～1200 册

ISBN 978－7－5144－1990－0　定价：539 元

唐山市路南区区位优势图

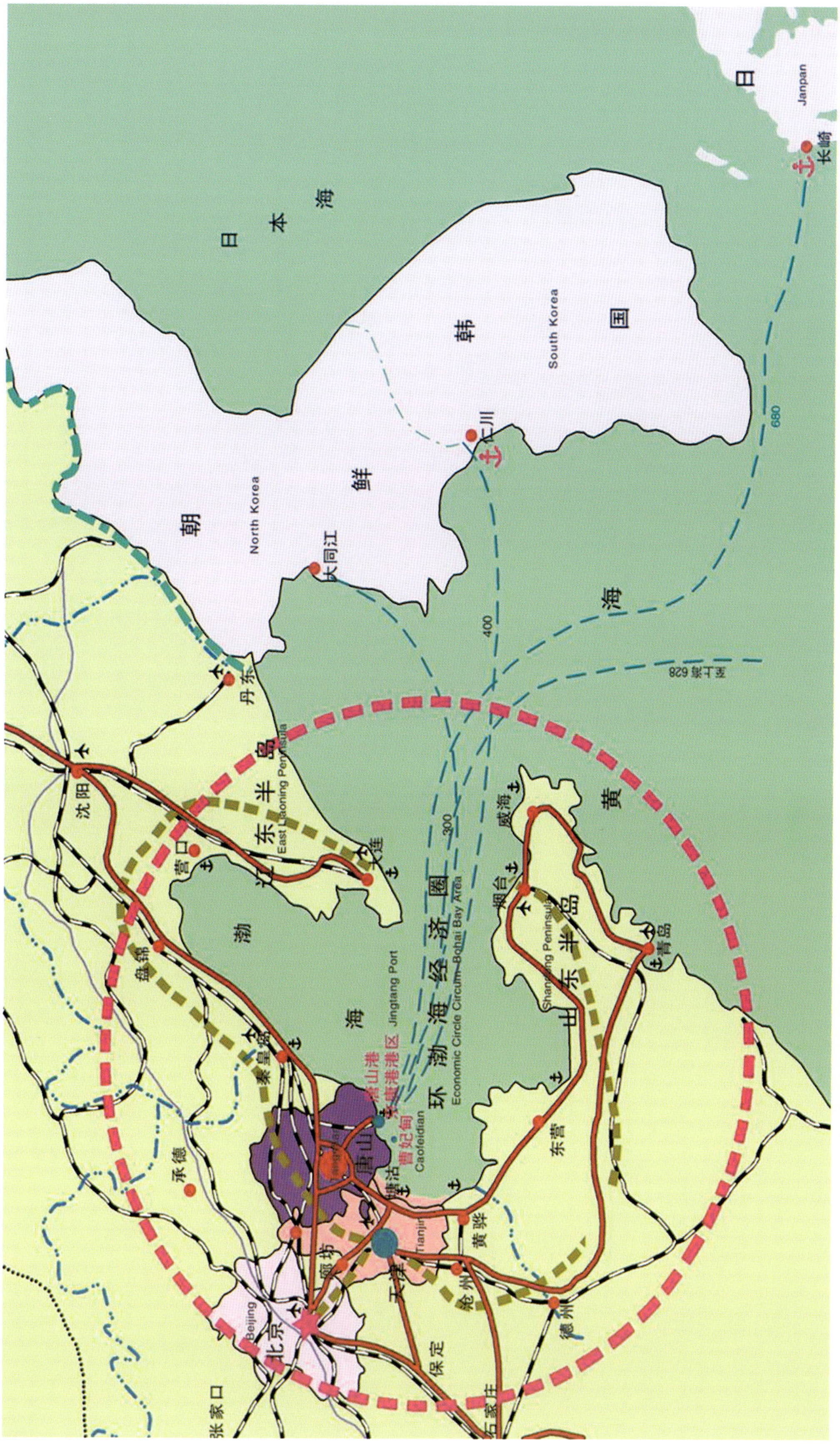

唐山抗震纪念碑广场（区委宣传部）

建设路南湖段（区委宣传部）

启新立交桥（区委宣传部）

启新环岛复兴路地道桥（区委宣传部）

永红桥（区委宣传部）

唐山市西郊污水处理厂（西郊污水处理厂）

居民住宅区（区委宣传部）

大钊公园（区委宣传部）

世博广场周边夜景（区委宣传部）

唐山汽车客运东站（区委宣传部）

月照繁商区　（区委宣传部）

鸟瞰大南湖　(区委宣传部)

南湖梦幻之光　(区委宣传部)

南湖会展中心 （区委宣传部）

南湖九孔桥 （区委宣传部）

昔日开滦采煤沉降区——今日南湖生态城 （区档案局）

百年小山（区委宣传部）

万达广场沃尔玛超市（区委宣传部）

荷花坑绿色蔬菜配送中心（区委宣传部）

唐人步行街（区委宣传部）

万达大跨度营业厅　（区委宣传部）

东方家园（区委宣传部）

新华贸华润万家超市（区委宣传部）

南方灯具家具城（区委宣传部）

苏宁易购世博广场店（区委宣传部）

新天地购物乐园 （区委宣传部）

世博广场　（区委宣传部）

唐山百货大楼建国路一号楼　（区委宣传部）

北方国际钢铁交易物流中心　（区委宣传部）

开滦大酒店 （区委宣传部）

唐钢宾馆 （区委宣传部）

南湖休闲美食广场 （区委宣传部）

汽车文化产业园 （区委宣传部）

唐山市化工机械厂生产车间 （区委宣传部）

唐山建设集团 （区委宣传部）

荷花坑绿色蔬菜加工流水线 （区委宣传部）

花卉基地　(区委宣传部)

无公害蔬菜基地　(区委宣传部)

唐山鸿达汽车改装厂　(区委宣传部)

河北联合大学　（河北联合大学宣传部）

唐山市第一中学　（唐山市第一中学）

唐山市第二中学　（唐山市第二中学）

唐山市第五中学　（区教育局）

唐山市第九中学　（区教育局）

唐山市友谊中学　（区教育局）

路南实验小学数字实验室　（区教育局）

唐山市第二幼儿园　（区教育局）

唐山科技职业技术学院　（唐山科技职业技术学院）

唐山市妇幼保健院
（唐山市妇幼保健院）

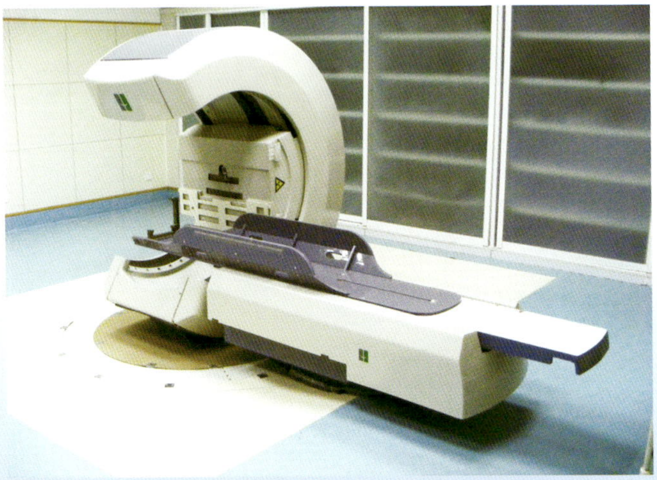

解放军第二五五医院引进全身伽马刀
（解放军第二五五医院）

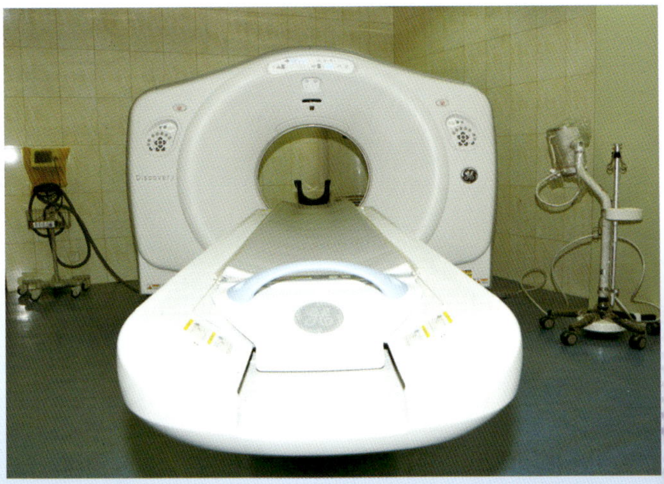

唐山市人民医院引进美国通用超高端宝石 CT
（唐山市人民医院）

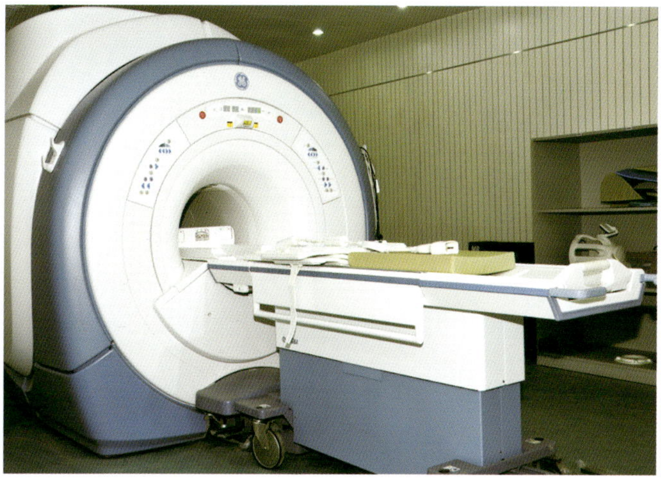

唐山市人民医院引进美国 3.0T 超导磁共振成像系统
（唐山市人民医院）

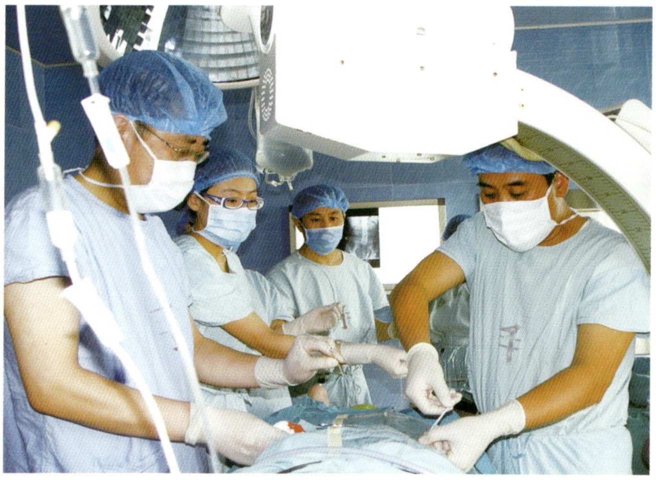

唐山市协和医院正在实施经皮肾镜钬激光碎石手术
（唐山市协和医院）

解放军第二五五医院国际最先进的 OCT 检查
（解放军第二五五医院）

钱营矿社区被世卫组织命名为安全社区
（区委宣传部）

唐山市人民医院 （唐山市人民医院）

女织寨乡农民张学敏登上春晚舞台 （区委宣传部）

路南新月亮组合在中央电视台演出 （区文体局）

公园放歌 （区委宣传部）

二五五社区文化广场 （区委宣传部）

幸福晚年 （区委宣传部）

文化大过年 （区委宣传部）

炫舞 （区委宣传部）

俏夕阳 （区委宣传部）

2015 年 8 月 11 日,《唐山市路南区志(1990-2010)》专家评审会议在路南区人民政府第二会议室召开。图为省市区地方志办公室领导与专家及编修人员合影

前排:河北省地方志办公室市县指导处处长、高级编审王蕾(左四),唐山市地方志办公室主任果爱民(右四),原山东省地方志办公室研究员、高级编审王复兴(右三),原衡水市地方志办公室主任武铁良(左二),原河北省地方志办公室副主任王广才(左三),《河北地方志》执行主编贾辉铭(右二),原唐山市丰南区地方志办公室主任、《唐山市丰南县志》主编、副高级编审李继隆(左一),唐山市地方志办公室副主任赵鹤鸣(右一)

后排左起依次为:区地方志办公室工作人员张春水,区志聘任编辑代克明、王耀华、王景全、郭长友,区地方志办公室主任苏金利、副主任张增和、工作人员赵志信,区志聘任编辑张继成,原唐山市丰润区地方志办公室主任、《唐山市丰润区志》主编、区志聘任主编潘贵存,区地方志办公室聘用人员孙迪

唐山市路南区地方志编纂委员会

（2003 年 12 月）

主　　任：曹全民
副 主 任：潘树文　王　力　刘进成　张进霜　吴跃宏　郑　彬
委　　员：于文甫　牛杏茹　王志刚　刘建全　郑洪泽　王志广　王彩霞
赵贺忠　李志交　代颖光　史国权　杨思荣　杨丽珍　宋焕柱
么国兴　姜金成　魏　东　李东奇　孟庆顺　张喜文
办公室主任：孟庆顺

唐山市路南区地方志编纂委员会

（2008 年 6 月）

主　　任：张国栋
副 主 任：潘树文　刘国忠　刘进成　刘　军　王玉玲
委　　员：王志刚　邢锦堂　陈　浩　张贵雨　牛杏茹　孙占友　张世新
董秀丽　惠亚晨　刘建全　郑洪泽　王子峰　韩铁梅　赵贺忠
李志交　史国权　魏执雷　李占长　侯文武　李智忠　高廷军
夏秀娟　李国臣　王春喜　于志辉　陈秀山　臧建武　陈　楚
张志新　赵福山　刘玉海　宋焕柱　谷桂芳　李德臣　王宗胜
王建国　张建军　艾晓星　唐　静　李玉玲　侯树立　韩学花
张　炮　李旭强　李东奇　张　军　李　非　付建东
办公室主任：纪玉晖

唐山市路南区地方志编纂委员会

（2011 年 11 月）

唐山市路南区地方志编纂委员会

（2018 年 3 月）

朱少耕　李锦玉　王淑静　魏执雷　王　升　于　明　崔连峰
孙永强　张　军　苏金利　李丽青　李志彬　刘晓勇　张　健
倪立民　张永强　宋焕柱　路　瑒　田　云　马　杰　刘之亮
王海燕　段　斌　杨日晖　张雪飞　孙文韬　梁仕生　付东明
徐　江　霍喆峰　宋全喜　张笑峰　周　隽　朱志坚　董佐喜
魏长利　唐　静

办公室主任：苏金利

唐山市路南区地方志编纂委员会

（2019 年 12 月）

名誉主任：孙辉福
主　　任：李俊朝
副 主 任：侯树立　刘继良　王玉玲　蔡永秀
委　　员：裴振刚　郗金鹏　闫宝利　李敬得　高景忠　张贵雨　叶高昆
王伟东　季小洁　徐　莉　王兴刚　刘明辉　吴淑芳　李晓燕
张雪飞　张宗鑫　牛杏茹　李连振　李林山　李丽青　赵佳昕
郭　涛　张南生　蔡桂军　王　阳　刘树岭　任荣强　马　杰
郝金伟　刘　江　张百立　张洪连　赵金霞　王子峰　马宝泉
张军祥　宋全喜　张凤稳　王淑静　李树春　王　君　魏执雷
孙永强　王　升　于　明　崔宁学　苏金利　刘晓勇　李志彬
张永强　崔连峰　任邱艺　田　云　庞艳玲　刘之亮　王海燕
段　斌　杨志宏　董佐喜　付东明　徐　江　闫　珺　孟海鹰
周　隽　张笑峰　路　瑒　张国伟　魏长利　唐　静

办公室主任：苏金利

《唐山市路南区志（1990—2010）》主审人员

主　　　审：孙辉福　李俊朝

《唐山市路南区志（1990—2010）》主修、总编辑人员

主　　　修：刘　军（2008.06—2017.01）
冯　磊（2017.01—2019.06）
刘继良（2019.06—）
总　编　辑：苏金利（2010.07—）
副总编辑：张增和（2012.05—）

唐山市路南区地方志办公室人员

主　　　任：孟庆顺（2000.07—2004.03）
郭凤鸣（2004.03—2007.08）
纪玉晖（2007.08—2010.07）
苏金利（2010.07—）
副　主　任：张增和（2012.05—）
四级主任科员
（保留副科）：张桂宝（2019.03—）
梁克江（2019.05—）
工作人员：赵志信（2002.07—2017.03）
杨德良（2017.10—）
张春水（2007.12—2013.09 临时聘用人员）
（2013.09—人事代理人员）
李悦霞（2016.09—2020.05 劳务派遣人员）

《唐山市路南区志（1990—2010）》
编纂人员

学术指导：潘贵存

主　　编：潘贵存

责任编辑：

一、初稿编纂、志稿评审阶段（2011 年 9 月 27 日至 2015 年 8 月 13 日）

潘贵存：负责编目设计　志稿总纂　业务培训　学术指导　司法制度改革　凡例

孙雅丽：总纂

陆淑华：基础设施　工业　建筑业

代克明：居民　农业　精神文明建设　科学技术　经济综览　经济管理　教育　卫生　人物　农村经济体制改革　教育事业改革　党政机构改革　卫生事业改革　宏观调控体制改革　科技事业改革　百年交大的唐山记忆　编后记

于雅观：自然环境　武装　政法

姜　燕：人民代表大会　政治协商会议　大事记

湛树信：民主党派　人民团体　文化

王景全：政区　商业商务中心　中国共产党组织　人民政府（除行政事务）百年小山

张继成：概述　基础设施　环境保护　南湖生态城　文化　工业企业改革　贯彻国家公务员制度　加强和改善党的领导　发展民营经济　文化事业改革　最低生活保障制度与基本养老保险制度　失业保险制度与医疗保险制度　工伤保险制度与生育保险制度　唐山近代工业的兴起

郭长友：大事记　流通服务业　行政事务　体育　住房制度改革　双向开放　商业企业改革　完善社会主义民主政治制度　限后大事辑要　组织机构名称繁简对照

王耀华：图片征集

二、志稿修改阶段：（2015 年 8 月 14 日至 2016 年 1 月 17 日）

潘贵存：全志统稿

代克明：教育　居民　农业　经济综览　精神文明建设　科学技术　经济管理　卫生　体育　人物　百年交大的唐山记忆　编后记

王景全：政区　中国共产党组织　人民政府　人民代表大会　政治协商会议　民主党派·人民团体　百年小山　概述

郭长友：大事记　流通服务业　商业商务中心　武装　政法　文化　自然环境　限后大事辑要　组织机构名称繁简对照

王耀华：基础设施　环境保护　南湖生态城　工业　建筑业　改革开放　唐山近代工业的兴起

三、志稿修改、核校阶段（2016 年 1 月 18 日至 2016 年 5 月 24 日）

潘贵存：全志统稿

代克明：教育　科学技术　居民　卫生　体育　精神文明建设　人物　经济综览　农业　经济管理　百年交大的唐山记忆　编后记

王景全：政区　中国共产党组织　人民政府　商业商务中心　人民代表大会　政治协商会议　民主党派　人民团体　百年小山　概述

郭长友：大事记　流通服务业　武装　政法　文化　自然环境　行政事务　限后大事辑要　组织机构名称繁简对照

王耀华：基础设施　环境保护　南湖生态城　工业　建筑业　改革开放　唐山近代工业的兴起　图片

四、志稿打磨提质阶段（2016 年 5 月 25 日至 2017 年 12 月 4 日）

苏金利　张增和

五、志稿统改统校阶段（2017 年 12 月 5 日至 2018 年 12 月 31 日）

潘贵存　代克明　王景全　赵志信　苏金利　张增和

六、志稿出版印刷前统校阶段（2019 年 1 月 1 日至志书出版印刷）

苏金利　张增和　潘贵存　曾庆媛

《唐山市路南区志（1990—2010）》
承编志稿及提供资料单位

（排名不分先后）

区委办公室　区人大办公室　区政府办公室　区政协办公室　区纪委（监察局）　组织部　宣传部　农工委（农经局）　政法委（综治办）　法院　检察院　现代物流产业聚集区　文明办　国教办　总工会　团区委　妇联　信访局　机关党工委　机要局　统战部（台办）　党史研究室　党校　科协　老干部局　工商联　残联　红十字会　公安分局　发改局　物价局　市场建设管理办公室　工业和信息化局　安全生产监督管理局　住房和城乡建设局　支持重点建设办公室　科技局（地震办）　教育局　文化体育局　档案局　人力资源和社会保障局　编办　民政局　卫生局（爱卫办）　食品药品监督管理局　食品安全委员会办公室　城市管理局路南执法大队　人口和计划生育局　环保分局　规划分局　交通运输局　房产管理中心　国土资源分局　人防办　司法局　财政局　统计局　质量技术监督局　审计局　工商局　国税局　地税局　商务局　行政服务中心　机关事务管理局　经济发展服务中心　武装部　法制办　保密局　金融办　老年体协　地方志办公室　女织寨乡　稻地镇　文北街道办事处　小山街道办事处　永红桥街道办事处　广场街道办事处　学院南路街道办事处　友谊街道办事处　惠民道街道办事处　梁家屯路街道办事处　钱家营矿区街道办事处　唐山市南湖生态城管委会　河北省唐秦水文资源勘探局　唐山市气象局　唐山市排水公司　铁路唐山南站　唐山市公交总公司　唐山市邮政局　开滦档案馆　中国银行复兴路支行　中国建设银行唐山分行　中国工商银行股份有限公司唐山分行　中国农业银行唐山分行第二营业部　唐山市商业银行　交通银行唐山分行　中信银行唐山分行　唐山市郊区农村信用合作联社　合众人寿保险股份有限公司唐山中心支公司　百年人寿保险股份有限公司唐山中心支公司　都邦财产保险股份有限公司唐山中心支公司　天安财产保险股份有限公司唐山中心支公司　华泰财产保险股份有限公司唐山中心支公司　中国大地财产保险股份有限公司唐山新华西道营销服务部　中国平安人寿保险股份有限公司唐山中心支公司　中国人民财产保险股份有限公司唐山市路南支公司　东莞证券唐山营业部　财达证券有限责任公司唐山新华西道证券营业部　长城证券有限责任公司唐山南新西道证券营业部　唐山市财盛典当有限责任公司　唐山市海华典当有限公司　唐山开滦茂华房地产开发有限责任公司　唐山美盛房地产开发有限公司　唐山瑞泰房地产开发有限公司　唐山正兴房地产开发有限公司　宝升昌（唐山）房地产开发有限公司　唐山人达房地产开发有限公司　华盛集团　唐百大集团　开滦文化体育中心　唐山市一中　唐山市二中　河北联合大学　唐山科技职业技术学院　唐山职业技术学院　河北科技大学纺织职工学院唐山分院（南校区）　唐山开滦二中　唐山武警支队　铁路医院　唐山市住建局　唐山市供电公司　唐山消防支队　唐山市人民医院　唐山市妇幼保健院　唐山市协和医院　唐山市第五医院　唐山市第四医院　唐山市第十医院　唐山市截瘫疗养院　唐山市友谊医院　开

滦职业病防治医院　唐山武警医院　解放军第二五五医院　开滦精神卫生中心　冀东烈士陵园　唐山开元集团　唐山抗震纪念馆　唐山供电设计院科技开发部　唐山市新华书店　开滦国家矿山公园　唐山齿轮厂　西南交大　唐山卫生陶瓷厂　解放军北京军区66008部队64分队　唐山市地震局　唐山热力公司　唐山市统计局　唐山移动公司　唐山电信路南分公司　唐山市城管局　唐山市水务局　唐山市地方志办公室　唐山市农科院　唐山市总工会　唐山地震遗址公园　唐山大钊公园　唐山市民族宗教局　唐山市规划设计院　唐山警察学校开滦建设集团　唐山市园林处　唐山劳动日报社　唐山市路灯管理所　唐山市自来水公司唐山交通运输集团　唐山燃气公司　开滦集团唐山物业中心生产部　北车集团南厂物业公司办公室　河北联合大学医院　路南公安消防大队　区防汛指挥部　唐山一运医院　唐山中西骨伤医院　唐山肛肠医院　唐山复兴医院　唐山脉管炎医院　唐山男科医院　唐山心理医院　唐山冀东妇产医院　唐山平安医院　唐山五官医院　唐山同济医院　唐山路南医院　女织寨乡医院　路南卫生监督所　路南妇幼医院　路南福寿老年公寓　西越河村　南刘屯村　老谢庄村　檀庄村　和平街村　友谊街道福乐园社区　金三角陶瓷建材城　唐山师范幼儿园　永红桥办事处福庄东里社区　小山办事处双桥里社区　郑各庄村　常记商场隆义实业　唐山三川集团　女织寨乡文化站　唐山金匙实业集团　西南交大校史馆

《唐山市路南区志（1990—2010）》
资料征集、提供资料及撰稿人员

（排名不分先后）

孟庆顺	郭凤鸣	纪玉恽	苏金利	张增和	赵志信	张春水	陆淑华	沈虹君
代克明	孟慧珍	于雅观	姜　燕	王丽娟	薄丽娟	金燕芝	湛树信	杨泽兰
孙雅丽	刘晓荣	张若飞	郭正中	董仕芳	王景全	张继成	彭　震	郭长友
刘德山	王耀华	阚　雪	孙　迪	戴　超	肖建坤	孟令阔	王楚千	郝建泽
李　嘉	江　伟	张　杰	赵立宏	王　磊	王玉三	许万鹏	赵立静	卞　静
王冠博	李冰冰	彭江华	李和平	杨　军	李子辉	王婧丽	孙　妍	徐　莉
王　磊	魏东民	王　靖	刘聪明	刘晓玉	刘志敏	郭晓玲	杨宝珠	徐贺静
张露颖	赵彩娟	赵玉敏	季小洁	黄金鑫	夏建磊	刘雅锦	王韶华	赵海亮
樊颖淑	赵嘉兴	单西亚	王克利	陈密波	穆　玉	王颖玮	甘晓香	王春雨
樊树润	黄　颖	朱贺楠	纪　思	刘　琦	张　冰	张　巍	吴志平	赵媛媛
董　李	惠亚晨	董育红	黄　丽	王小青	马淑焕	王艳杰	宋　凯	王洪海
王海燕	卢晓杰	季晓先	刘国芹	石凤生	马舒虹	郭艳普	赵剑锋	赵晨语
张　妍	于淑慧	崔淑青	杨伟红	李　想	徐　斌	丁朝军	李　娟	张化刚
杨丽娟	李占荣	刘白茹	任亮亮	王　倩	王锶佳	刘　婕	王　昊	庞　然
程国宝	刘肇杞	赵梦媛	刘　溯	王虹宇	田志中	徐　静	石　萍	满明学
赵宝石	邓雅静	陈　倩	王素芝	李　娅	翟　健	高　珊	王　亚	于婷婷
郭　伟	伦　岩	李怡锦	徐　静	李艳颖	裴志华	刘承远	张家忠	高　洁
刘艳云	李玉硕	林春国	高　杨	李国栋	赵春华	姚志梅	刘革新	周维维
刘　涛	周凤一	张　伟	张国伟	肖宝刚	黄维华	史元峰	王　薇	甄宝莲
肖　鹏	赵钒名	曹旭东	靳旭辉	张雷雨	赵霁野	梁　娜	赵志祥	徐　阳
熊国兵	田　虹	李少华	张　鹏	侯　芳	马兰迎	边玉建	白　娟	李学松
刘宏伟	张文博	安秀玲	赵　静	郁　阳	冀广林	李彬彬	赵振杰	步迎春
陈雪梅	陈丽莲	刘丽华	刘　倩	王秉遵	姚　颖	戚晓红	郭晓莉	董晓辉
陈胜智	宋天宝	李友声	李月新	孟庆培	张建峰	李　颖	王　健	李　健
王敬文	邢　晖	刘勤思	韩云英	温海占	甄明月	梁梦颖	苏　旭	张小宇
张　达	张　硕	任邱艺	刘子津	刘小利	高弘鉴	王　楠	张少敏	张　悦
唐　谦	于　森	刘晓青	吴　爽	张　俏	左美玲	马　彪	周旭昆	史婷婷
白玉锦	毛雨菲	沈文婷	王丽宏	郭新英	李迎春	李红丽	马建梅	李学忠
张乃华	刘丹丹	李玉娇	何玛峰	郑艳萍	王新燕	刘月君	邱建刚	常玉刚
沈广明	于　倩	李斌阳	熊　浩	赵　彤	刘　彤	刘建军	李志超	彭宗全

赵延平	白雨林	刘禹杉	孙武昌	刘继康	王云海	魏　兰	刘　洋	王建伟
李福军	胡　楠	王丁梅	王　丽	王萌萌	张世涛	王国柱	彭淑娟	李　璐
韩　强	刘晓亮	崔俊树	赵洪祥	戚　冰	王红心	李艳华	周　霞	周艳红
王亚平	张志军	石　勇	刘　明	李忠伟	宋　杨	高　佳	王力宾	刘素文
冯建辉	赵玉萍	曾文忠	安效玲	刘　钢	姚明富	李振亚	董雪艳	韩　静
佟晓鑫	裴凤荣	郝　飞	邵　娜	李　斌	贾方琦	王志永	侯　韬	曹　杰
高　梅	马　颖	张　岩	张希成	金　欣	周　艳	刘丽娜	郝福荣	李继奎
黎　劲	耿文娟	杨　静	安　琳	苗丽玲	刘胤昌	董　红	李玉梅	宋长和
郑小红	赵　彤	李新峰	韩琴英	李建民	李玉明	戚建军	戴保和	张诗煌
单　晶	周维维	刘　涛	马占平	刘革新	徐国华	冯瑞芹	张铁成	王如奎
裴志华	贾　麒	田桂舫	高　扬	孟祥龙	郑淑萍	王金义	赵万钢	孟凡洪
侯志峰	毛文静	陈静宵	曹福林	万保志	郭雅新	周连仲	张献会	刘素秋
刘玉梅	蔡桂军	陈立成	王宝珍	常玉珍	张文云	高俊岐	张汉生	周会民
戚建军	张雪永	韩琴英	角志伟	谷晓伟	王淑平	杨明言	李一帆	刘　朔
张晓童	董春来	项伟静	白　雪	刘丽丽	刘建军			

《唐山市路南区志（1990—2010）》承编单位志稿审核人员

（排名不分先后）

刘　江　王淑静　马海洲　崔连峰　缐立峰　鲍志强　刘明辉　罗文静　李敬得

吉丽杰　王宝宇　马键泉　李　军　张贵雨　刘继良　刘　伟　刘树岭　张国臣

刘晓玉　刘志军　王韶华　季小洁　赵玉敏　夏建磊　许　超　赵嘉兴　马汝云

郭　涛　王璐璇　王克利　张玉峰　王　永　张国臣　马建平　李贵轩　艾晓星

潘锦华　魏执雷　闫　珺　陈　伟　纪　思　李晓燕　吴志平　赵媛媛　李　伟

王伟东　惠亚晨　闻爱华　张吉民　阚春芳　牛杏茹　马淑焕　段　斌　贾志凌

韩春云　熊锦望　赵艾华　齐惠民　李　新　刘健全　唐　静　冯永章　郭志远

朱少耕　陈　楚　赵　琦　闻佳鹏　王　君　邓丽娜　李　娟　宋焕柱　孙树明

刘　楠　张玉珠　殷承丽　张宗鑫　李艳颖　刘艳云　谷桂芳　高连春　张　军

班鹤玲　张增和　赵　斌　李少华　王树玲　赵振杰　步迎春　陈雪梅　陈丽莲

刘丽华　边　祎　陈　怡　安　娜　刘庆余　李占长　郭俊达　徐和强　王　丹

孙艳珍　梁　倩　田　健　张金生　徐　超　李学忠　张雪飞　孙　斌　马树民

徐　莉　蔡桂军　张丽芳　张　洋　王振秋　魏明雨　董佳慧　陆　平　赵福玲

马建梅　李学忠　周会民　刘丹丹　董佐喜　赵　彤　米志国　王海国　薛　松

杨　颖　董德成　高兰舫　林运涛　郭汉云　郭海福　朱清宇　张小兴　张延发

程广伟　王　川　赵　霞　刘　波　冯艳林　张世涛　徐立英　徐爱亭　冯守忠

刘和平　陈　雨　张秀山　李　森　董　宏　徐国江　袁福利　王卫国　窦连辉

宋联合　何新生　杨学传　王力宾　肖沛民　赵玉萍　曾文忠　姜　顺　刘　钢

姚明富　董雪艳　韩　静　高振芬　杨富瑞　毛秀君　张启增　张希成　金　欣

周　艳　刘丽娜　郝福荣　李继奎　巫光军　黎　劲　郑晓东　苗丽玲　刘胤昌

郑　颖　郑小红　李　军　赵平安　戚建军　李广明　赵金霞　马久成　赵春华

王洪丽　任冬兰　张诗煌　单　晶　周维维　刘　涛　马占平　刘革新　徐国华

冯瑞芹　张铁成　王如奎　裴志华　李云虎　贾纯尧　韩殿同　孟祥龙　郑淑萍

金　洁　王金义　赵万钢　孟凡洪　侯志峰　毛文静　陈立成　王宝珍　常玉珍

潘光和　刘素文　郑晓勇

《唐山市路南区志（1990—2010）》
市审人员

果爱民　赵鹤鸣

《唐山市路南区志（1990—2010）》
专家评审人员

邱新立　王　蕾　果爱民　王复兴　齐家璐　武铁良　王广才　贾辉铭　李继隆
赵鹤鸣

《唐山市路南区志（1990—2010）》
省终审人员

杨洪进　王广才　徐振田　阴记东　贾辉铭　王　蕾　任丽英　杨胜旗

《唐山市路南区志（1990—2010）》
方志出版社审稿人员

冀祥德（终审）　詹利萍（复审）　王笃银（初审）

出版致辞

《唐山市路南区志（1990－2010）》几经寒暑，数易其稿，付梓出版，这是全区人民政治生活和文化生活中的一大盛事，更是全区精神文明建设的一项重要成果。盛世修志，志载盛世；知往鉴今，以启未来。《唐山市路南区志（1990－2010）》编修圆满告竣，功当代、利千秋、惠子孙，可嘉可贺。

《唐山市路南区志（1990－2010）》，是我区历史上编修的第二部区志。纵观全区21年发展历史，横贯全区百业沧桑，集思想性、科学性、资料性、地方特点、时代特征于一体，客观、全面、系统记述了全区自然、政治、经济、文化和社会的历史与现状。“以铜为镜，可以正衣冠；以史为镜，可以知兴替；以人为镜，可以明得失。”《唐山市路南区志（1990－2010）》，是我们了解路南、宣传路南、建设路南的翔实信息文库，是全面系统记述路南社会历史与现状的重要资料性文献，是可供后人借鉴的宝贵精神财富和丰厚的文化遗产。

路南区委、区政府始终高度重视地方志工作，将其纳入国民经济和社会发展规划以及政府工作任务之中，在全面坚持党委领导、政府主持、地方志办公室组织实施、社会各界积极参与的工作体制和“一纳入、八到位”的工作机制基础上，采取超常措施，举全区之力，多措并举，为二轮志书编修提供全方位坚强保障。区地方志办公室始终如一、不忘初心，牢记使命、攻坚克难，从区情实际出发，解放思想、实事求是，集思广益、改革创新，强力组织区志编修。辖区各承编单位精心组织、认真撰稿，为志书编修提供详实可靠资料。编辑人员广征博采、潜心编纂，去粗取精、去伪存真，数易其稿。全体编修人员不负区委、区政府和全区人民重托，寒来暑往、不畏艰辛，群策群力、众志成城，夜以继日、终成宏篇，向区委、区政府和全区人民交上一份满意答卷。庆贺之际，区委、区政府向《唐山市路南区志（1990－2010）》编修过程中做出贡献的全体修志人员表示崇高的敬意，向大力支持和热情帮助区志编纂的省、市地方志办公室领导，方志界专家和社会各界表示诚挚的感谢。

历经一番寒彻骨，终得梅花扑鼻香。《唐山市路南区志（1990－2010）》，以鲜明的政治观点、科学的体例、详实的资料、流畅朴实的文笔，全面记载路南区21年间所取得的辉煌成就，特别是客观辨证的总结出路南区21年实现经济社会全面、协调、可持续发展的基本经验。以志为鉴，通晓古今；以史为鉴，资政惠民。《唐山市路南区志（1990－2010）》出版面世，必将遗惠子孙，馨香百世。让我们全区上下，同心同德、开拓进取，为加快建设繁荣舒适美丽现代化中心城区，再谱新篇章！

中共唐山市路南区委

唐山市路南区人民政府

2020年9月

序

自20世纪80年代初开展的社会主义新方志编修以来，至今已在全国进行了两轮。一方面，是近40年来中国经济社会飞速发展，中国人民社会生活发生巨大变化，为地方志编修提供了一个大显身手的广阔平台，省、市、县三级志书，及各类志书的编修，都取得了引人瞩目的成绩。另一方面，中国经济、政治、文化和社会全方位改革所产生的中国社会各方面结构性变化，也给志书编纂带来诸多难以解决的问题。二轮修志参与者共同感到，志书是越来越不好编了，特别是经济部类的资料收集、篇目设置和内容记述，都到了难以为继的地步。

一是修志的体制问题。首轮志书的经济部类，是按管理部门分类设置篇目的。按部门设篇立目虽然弊病不少，但当时还能够反映国民经济不同行业的历史与现状，这在志书编纂方法的操作上也是切实可行的。因为计划经济时期，社会经济结构较为单一，仅有全民经济和集体经济，因此各级政府部门是能够管理全部经济产业的各个行业的。改革开放近40年来，中国的经济体制已经由计划经济体制转向市场经济体制，经济体制改革推动了产业经济，特别是一些新兴第三产业前所未有的发展，这反映出资料收集的面越来越“宽”了。此外，40年来党政机构的改革，导致政府行政管理部门及其管理职能逐渐分化、转化和弱化。在这种情况下，一些行业还可以找到管理部门或是行业协会来承编修志工作，但许多新兴行业则找不到哪一个部门来进行志书的承编工作。今后依靠谁来开展修志工作，成为即将开始的第三轮修志必须要面对的问题，这反映出资料收集的渠道越来越“窄”了。

二是志书的编纂方法问题。由于不同行业的不断增加，政府职能部门不断改革撤并，原有的经济部类事物按照部门分类设置的方法，已经远远不能适应当代经济社会的发展形势。如果还是按照旧方法以管理部门来设置篇目，不太符合今天中国社会发展的实际。首轮的全部、二轮的大部分志书编纂，仅就经济部类来说，大都没有参照《国民经济行业分类》的国家标准进行分类设置，而依然是按照首轮修志的模式，依旧按管理部门的设置进行分类。如在第一产业里设置农业、林业、畜牧业、渔业，漏设“农、林、牧、渔专业及辅助性活动”；在第二产业里设置采矿业、制造业，漏设“电力、热力、燃气及水生产供应业”和“建筑业”；在第三产业里，仍简单地划分为商业、供销、物资、粮食、对外贸易、金融等，或是把有些属于第三产业的行业放到了其他如城市建设、交通运输、邮电通信、水利、房地产中设置，并漏设“仓储业”“信息传输、软件和信息技术服务业”“房地产业”“租赁和商务服务业”“科学研究和技术服务业”“水利、环境和公共设施管理业”“居民服务、修理和其他服务业”等等大的类目。这种因循守旧的设置，不能客观全面反映当今社会经济发展的实际情况和特点，更谈不上能够反映改革开放新时期的时代特色。

二轮修志期间，上述两个问题引起一些修志工作者的关注，并开始在修志体制的改革和修志方法的改造上，做过一些可贵探索和不懈努力。在这两个问题上，唐山市路南区地方志办公室组织编修《唐山市路南区志（1990—2010）》过程中，结合区情实际，在资料收集、篇目设置、编纂方法和修志模式等方面，做了一些尝试和探索。

首先在修志模式上，一改“众手成书”单纯依靠承编单位和抽调人员的修志方式。应当看到，首轮修志时国家还是执行计划经济体制，社会的各个部门和行业，都有党政部门领导和管理，志书记述各方面的事物，大部分都能够找到其主管部门来提供资料或是承担志稿的编写。二轮修志启动后就面临许多新的问题：经济体制已经由计划经济向市场经济转变，许多新兴行业已经找不到具体的主管部门，因此资料的提供、志稿的撰写也就找不到承担的部门。即便能够找到管理部门，由于改革开放以来机构的不断改革，一些机构和人员发生很大变化，也很难承担修志任务。此外，很多单位和部门由于人员编制紧张，不可能再像首轮修志那样，从各单位抽调专门人员组建专门班子去修志。上述的问题具有一定程度普遍性，修志模式不改进，修志工作难以摆脱目前地方志工作的困境。此外，如果单纯依靠管理部门来承编，也有很多问题难以解决。随着改革开放的不断推进，许多新兴业态经济成分的企业（比如外资、合资、民营等），政府一般是通过职能部门对其实施行业监管。在这种情况下，如果仅按过去的方法以部门来收集资料、设置篇目，这些管理部门只能够把握自己所管理的国有企业和集体企业的情况，却很难把握其他新兴经济成分企业的情况。我曾看过全国多部二轮志书和志稿，以部门来设篇立目虽然个别部门还可行，但所记述的事物也只能是行业的局部。综上所述，修志有必要尝试改变靠临时抽调人员“众手成书”的修志模式。路南区地方志办公室，从缺乏志书专业编修人员的区情实际出发，经全面深入调研，虚心向方志界专家求教，向主管领导汇报，对修志模式进行探索，一是坚持党委领导、政府主持、地方志办公室组织实施、社会各界积极参与的工作体制，解放思想，开拓进取，面向社会，选聘主编，探索尝试专家指导与众手成志有机结合、以专家为主导的修志模式；二是采取组织推荐、发动亲朋好友择贤纳士、网上招聘等方式选聘编辑人员，转变选人用人观念，探索激励机制；三是优先选聘在原单位各自工作岗位上有所建树、文字功底深厚且又热爱修志事业的人员，担任责任编辑；四是在承编单位无法提供和馆藏档案无记载的情况下，通过实地调查，解决志稿编修所需要的第一手考察资料；五是通过访问座谈，掌握个别事物发展脉络的口碑资料；六是通过电话、信函、媒体征集，在全市范围内征集各类不同人物的各种资料……在修志工作上，唐山市路南区地方志办公室进行了多种有益尝试，对于各地修志模式的探索具有一定的借鉴作用。

其次在编纂方法上，打破1983年中国地方史志协会提出的省、市、县三个“基本篇目”的框框，学习借鉴其他各种门类学科的分类方法。就经济部类来说，二轮修志以来，全国各地一些修志机构开始参照《国民经济行业分类》国家标准，来改造首轮志书程式化设置模式的实践。应该说，将《国民经济行业分类》国家标准吸收到志书的分类设置中来，一是适应中国经济技术社会发展状况，二是符合科学分类要求，三是符合志书编纂实际。对这一实践，不少同仁至今仍持有不同的意见，并引起激烈的争论，但借鉴《国民经济行业分类》的方法设置篇目，已在不少二轮志书的编纂过程中得到了运用。尽管在操作层面上还存在这样那样的问题，但必竟对志书篇目设置原则进行了调整厘清，在实践意义上为新编方志篇目开创了一个模式。《唐山市路南区志（1990—2010）》记述事物的分类体系，一是吸纳《国民经济行业分类》的分类标准，对一些经济部类新生事物，设置了流通服务业，交通运输与仓储物流业、邮政电信业、社会服务业、金融业、房地产业等许多二轮志书没有反映的第三产业新兴行业的新内容，如仓储物流业、居民服务业、商务服务、计算机应用服务与软件业、娱乐业等；二是在经济部类的设置上，依据城市区志产业经济的实际和特点，将三次产业倒置为三、二、一产业排列，将第三产业的设置居前，将第二产业的设置居中，将第一产业的设置居后，更能够反映路南作为唐山市中心城区的地方特色；三是第三产业中的新兴行业和新生事物的有关资料较为齐全。编入志书资料具有连续性，资料的上下限基本完整，反映事物发生、发展过程的资料连贯、系统，能够基本反映纵贯各种事物的发展变化过程，为志书编纂奠定了较好基础；四是将经济部类的一些产业行业，与基础设施内容分开设置，有关与基础设施相关的产业行业，一律放到经济部类设置。在这几个方面，全国有些地方的志书，都有不同程度的创新和实践，也存在不同程度的问题，但从编纂实践中看，效果最好、问题最少的，还当是这部《唐山市路南区志（1990—2010）》。

以上文字，是我就修志所面临的新情况新问题谈的一些粗浅认识。《唐山市路南区志（1990—2010）》的优长和值得称道的地方不仅仅是这两方面，应该还有更多。对志稿组织专家评审时，我便有幸受邀参评，虽因身体原因未能赴会，但我在通读志稿基础上拿出书面评稿意见；此次又受邀为志书作序，既感欣慰，更觉与路南区志实在有缘。当时参加志书评审会议的全国方志专家普遍认为：志稿全面记述了1990－2010年路南区政治、经济、文化各方面取得的令人瞩目的成绩，是一部政治观点正确、时代特点鲜明、地方特色突出、编纂思路清晰、篇章结构设计科学合理，轻重详略把握得体，资料丰富翔实，讲究章法技巧，编纂体例完备、内容记述全面完整、文字通顺流畅、文表互相映衬，著述风格统一的一部上乘之作、优秀志稿。志书编纂人员仅仅用三年多的时间，就拿下一部约200万字的高质量志书初稿，其速度之快不仅在唐山市绝无仅有，就是在河北省也不多见。上述是专家评审会对这部志书的整体评价。我认为，《唐山市路南区志（1990—2010）》的编纂提质提速，达到了速度与质量的统一，对于各地地方志书编修实现2020年“两全目标”具有一定的参考作用。

《唐山市路南区志（1990—2010）》付梓出版，可喜可贺；志书面世，功在当代、利泽千秋。值此志书出版之际，欣然提笔，有感而发，权以为序。

齐家璐

2018年5月

（齐家璐　中国地方志学会第五届、第六届学术委员，原秦皇岛市地方志办公室主任）

凡　例

一、本志以马克思列宁主义、毛泽东思想、邓小平理论、“三个代表”重要思想、科学发展观、习近平新时代中国特色社会主义思想为指导，运用辩证唯物主义和历史唯物主义的基本观点和方法，全面、系统的记述1990—2010年唐山市路南区自然、政治、经济、文化与社会发展的历史与现状，旨在发挥资政、存史和教化作用。

二、本志规范名称为《唐山市路南区志（1990—2010）》，由唐山市路南区人民政府主修，唐山市路南区地方志编纂委员会编纂。

三、本志延续首轮《唐山市路南区志》下限（1989年）起，将上限定为1990年，下限断至2010年。个别重要事项视记述需要上溯至事物发端或延至搁笔。志后设前志勘误、限后大事辑要、专题资料。补遗采取随文暗补形式。

四、本志采用中编结构，为编章节目体。编目设计突出地方特色，将南湖生态城、商业商务中心作升格处理。志首设概述，提纲挈领全志。随概述设大事记。志内依次设政区、自然环境、居民、基础设施 环境保护、南湖生态城、改革开放、经济综览、流通服务业、商业商务中心、工业 建筑业、农业、经济管理、中国共产党组织、人民代表大会、人民政府、政治协商会议、民主党派 人民团体、武装、政法、精神文明建设、科学技术、教育、文化、卫生 体育、人物共25篇。志后设附录、索引、编后记。

五、本志综合运用述、记、志、传、图、表、录等各种体裁形式，以志体为主。大事记以编年体为主，辅以纪事本末体，且与正文呼应。编章下设无题序，层层统领，提要钩玄。节下无题序因需而设。记述基本层次为编、章、节、目，个别之处设子目、子子目，目为主要记述实体。个别节下无法细分时，节为记述实体。志载图、照和表格精心设计、事实准确、清晰整洁。照片置志首与文中，图表随文置相关部类。具有资政存史价值的调查报告、典型事例、突发事件等则随文设附。设索引以便检索利用。

六、本志以事系人，生不立传。人物编，设人物传和人物名表。人物传坚持“生不立传”原则，重点收录志书断限内路南籍或在路南生产、生活的客籍且有影响的已逝人物，补记首轮《唐山市路南区志》1989年以前遗漏人物。人物传以卒年为序。民国之前人物以公元年纪年。人物名表，专家学者、劳动模范，以批准时间先后为序；正高级专业技术人员按单位（单位排序不分先后）及评定时间先后为序；革命烈士以牺牲时间为序。未列名表且在世，有特殊贡献和影响力的先进人物，采用以事系人方式随编入志。

七、本志语言文体，除引用文字和附录文献资料外，统一使用规范的现代语体文记述体。记事坚持秉笔直书、述而不作等基本体例，只记事实，不作评论，寓观点于材料之中。行文力求朴实、严谨、简洁、流畅、优美，具有可读性。

八、本志用字用词，志文用字以《现代汉语通用字表》和1986年10月国家语言文字工作委员会发布的《简化字总表》为准。对于人名、地名、书文名及古籍中的繁体字、冷僻字，一般使用简化字或通用字替换，个别易产生歧义或引起误解者，则依旧保持原有繁体字或异体字。使用词语以《现代汉语通用词表》《辞海》《现代汉语词典》为准。

九、本志数字标点，遵循国家标准出版规定，志中数字书写以GB/T15835—2011《出版物上数字用法》为准；志文使用标点符号以GB/T15834—2011《标点符号用法》为准。

十、本志纪年方法，志文一概使用公元纪年。志内行文以“年代”表述时间时，仅于每个条目首用时标明世纪。

十一、本志人地称谓，记事概以第三人称记述。不用“我国”“我区”之类词语。人名，直书其姓名，必要时冠以职务。地名，以现行标准地名为准。如使用历史地名，于每个条目首次出现时括注现行标准地名。各个历史时期的党派、团体、组织、机构、职务等均以当时名称为准。对于称谓过繁而又频繁使用者，于首次出现时使用全称并同时括注通用简称，之后视需要使用简称。行文所言“党”，在未指明何党派时，均指中国共产党。志文涉及外国人名、地名、机构、专业术语等称谓译名，均以现行工具书或专业工具书通用译名为准，必要时括注外文原名。对地名、组织、机构、会议和政策、法令法规等称谓，首次使用为全称，并括注“以下简称”，再次使用为规范简称。志后设繁简对照表。

十二、本志计量单位与采用数据，计量单位均采用国家法定标准，不足1公顷的使用亩。数字使用以《中华人民共和国出版物上数字用法的规定》为依据。入志数据以政府统计部门公布为准。统计部门不掌握的，则采用有关职能部门考核后的数据或主办单位正式提供的数据。二者矛盾之处，以调查核实结果为准。各项产值比较时均换算成1990年不变价。所使用的经济数字，凡用不变价的括注不变价，未括注的均为现价。

十三、本志所用资料多源于承编单位、区档案馆，辅以当事人提供的资料、经考订的口碑资料、专题调查资料、网络资料和有关报刊书籍等。

十四、本凡例未尽事宜，在“编后记”中说明。

目　录

第三编　居　民

第四编　基础设施　环境保护

第五编　南湖生态城

第六编　改革开放

第七编 经济综览

第八编 流通服务业

第九编　商业商务中心

第十编　工业　建筑业

第十一编　农　业

第十二编　经济管理

第十四编　人民代表大会

第十五编　人民政府

第十六编　政治协商会议

第十七编　民主党派　人民团体

第十八编　武　装

第十九编　政　法

第二十编　精神文明建设

第二十一编　科学技术

第二十二编　教　育

第二十三编　文　化

第二十四编　卫生　体育

第二十五编　人　物

附　　录

概　　述

路南区，位于唐山市城区南半部，是唐山市中心城区之一。建置于1955年3月，因位于京山铁路线以南而得名“路南”。境域介于北纬39°36′~39°38′，东经118°6′~118°14′之间。北隔新华道与路北区相邻，东至唐古路、陡河与开平区接壤，南自候边庄沿环城高速与丰南区牵手，西以光明路、青龙河、西电路为界与路北区交错联结。2010年，全区总面积67.33平方公里，总人口23.59万人。辖7个街道(另有2个街道正在筹建)、65个社区，1个乡、38个行政村。区内居民多为汉族，另有回、满、蒙古、藏、壮等34个少数民族散居各地。区政府驻新华西道68号。

一

路南区，自然环境适宜。地貌属冀东冲击平原区，位于燕山余脉大城山、凤凰山南麓，地势呈北高南低趋势，中部略显隆起。平均海拔21.44米，其中最高处西山口28.96米，次高处位于开滦唐山矿井口段26.9米，京山铁路以南小山段18.3米，南厂工房段11.6米；最低处在南湖采煤沉降区，海拔5米。地面坡度在1/500~1/1500之间。气候属于暖温带半湿润季风型大陆性气候，具有冬干、夏湿、降水集中、季风显著、四季分明、雨热同期特点。年平均气温12.0℃，温度变幅大，一般1月份最冷，月平均气温-4.4℃；7月份最热，月平均气温26.2℃。无霜期平均为197天。常年降水量560.2毫米，主要集中在7—8月。太阳辐射资源丰富，平均年太阳辐射量121.5千卡/平方厘米，平均年日照时数2495.3小时。风随季节变化显著。冬季，受西伯利亚冷气团控制，盛吹西北风；夏季，受海洋暖湿气团影响，盛吹偏南风；春秋两季是冬季风和夏季风的过渡季节，风向多变。年平均风速为2.5米/秒。陡河、青龙河两条季节性河流流经境域16.1公里。矿产资源以煤炭为主，煤田地质全部为第四系冲积层所覆盖。据《唐山开滦煤矿志（1989—2008）》记载，2008年底，开滦唐山矿区9对生产矿井（公司）井田范围内共有地质储量31.4亿吨，工业储量28.72亿吨，可采储量14.54亿吨。土地资源，据2007年12月至2008年10月第二次全国土地利用现状调查，全区共有土地面积6084.24公顷，其中农用地2185.24公顷，建设用地3565.36公顷，未利用地333.64公顷。粮食作物以玉米、小麦、水稻为主；经济作物以蔬菜、花卉和设施农业为主；养殖业以鸡、牛、肉鸽为主。地表水资源为大气降水和过境水，年平均降雨量636.1毫米，降水总量0.43亿立方米。据《唐山市水资源评价》资料，地下水资源总量为0.12亿立方米，浅层地下水可开采量981万立方米，深层可开采量为零。植物种类300余种，野生鸟类120余种。

路南区，交通发达便捷。地处东北通往华北的咽喉要道，通达南北的必经之路。东距秦皇岛市130公里，西南距天津市108公里，西北距首都北京154公里，北距承德市190公里，距省会石家庄428公里，距唐山海港80公里，距唐山空港20公里。205国道横贯辖区，京哈铁路、津秦客运专线穿越境域。唐津高速路南段与唐曹高速、京沈高速、长深高速、唐承高速相连，可通达秦皇岛港、京唐港、曹妃甸港、黄骅港、天津海港、天津空港、北京空港以及全国各地，与京津和唐山周边城市形成一小时交通圈，与环渤海区域形成三小时交通圈。

路南区，中国近代工业发祥地。唐山的近代工业，起步于清末洋务运动。清光绪四年（1878年），清廷官督民办在境域开办煤矿并开凿唐山矿一号井，首开中国现代机械化采煤之先河。唐山煤炭工业获得的巨大成功，带动和刺激其他工业的兴起与发展。中国第一台蒸汽机车——龙号机车、中国第一条标准轨距铁路——唐胥铁路、中国第一个铁路车站——唐山站、中国第一桶水泥——马牌水泥应运而生。这些在中国近代工业发展史上颇具影响的第一，无疑对后来逐步发展成一个以煤炭、机车制造、水泥、纺织、陶瓷、电力、钢铁及机械加工为主的资源混合加工型重工业城市产生深远影响。近代工业的崛起，又带动境内小山一带商业、饮食、服务业迅速发展。到19世纪末、20世纪初，市场遍布、店铺林立、商贾云集、货畅其流。“大世界”让小山声誉鹊起，名满华北。小山久享“小天津”美誉，更有“不到小山，不知唐山”之说。

路南区，中国北方革命摇篮。早在中国共产党诞生之前，革命先驱孙中山、李大钊即为这片土地播撒革命火种。1919年，“五四”运动爆发，学生罢课、工人罢工、商人罢市，派代表参加请愿，支持北京学生的爱国壮举；《新青年》等进步刊物在学生和工人中间流传；唐山史上最早的白话文革命报纸《救国报》问世。“五四”运动中，郭友三在声讨马良的请愿斗争中，献出年轻生命，成为唐山现代史上第一位革命烈士。1920年，北京马克思学说研究会成员到路南工人中宣传“十月革命”，组织中国工人第一次纪念“五一”劳动节活动。1921年7月，路南诞生唐山第一个中国社会主义青年团，有了唐山第一名中国共产党党员邓培。1922年4月，成立中国共产党唐山制造厂支部委员会，成为唐山第一个党支部，邓培任书记；8月，组建中共唐山地方执行委员会，成为唐山第一个党的地方组织，邓培任书记。同年轰动全国的唐山制造厂3000余工人大罢工、唐山启新洋灰厂7000余工人大罢工和开滦五矿3万余工人总同盟大罢工，唐山成为中国工人运动的主要策源地之一。1926年3月，毛泽东在《中国社会各阶级的分析》中称赞唐山开滦工人“特别能战斗”。“特别能战斗”精神被路南人民代代传承。

路南区，教育源远流长。早在明清以前，就有门馆（书院）、村塾、义塾等。到明末清初，路南已成为唐山乃至冀东地区的文化教育中心。自清末起，有创建于清光绪二十一年（1895年）的北洋西学学堂矿务学学门（现河北联合大学）；创建于1902年的直隶永平府中学堂（现唐山一中，中国共产主义运动的伟大先驱李大钊曾就读于此）；始建于1919年交通部立唐山扶轮公学第九小学；始建于1921年1月英国基督教会创办的丰滦中学；始建于1923年小山的文化摇篮——绅商小学；始建于1937年春，天主教会修士白厄福主持修建的圣若瑟院；始建于1945年的唐山市立中学（现唐山二中）；始建于1952年的开滦煤矿工业学校。1896年，津榆铁路总局（北洋铁路总局）创办中国第一所铁路学堂——山海关北洋铁路官学堂。1905年迁址唐山，学堂以唐山铁路学堂命名；1906年称“唐山路矿学堂”；后又相继易名为唐山铁路学校、唐山工业专门学校、交通大学唐山学校、交通部唐山大学。

二

历史永远铭记：1976年7月28日北京时间3时42分53.8秒，夜幕笼罩下的唐山市，万籁俱寂。突然，一道蓝光刺破夜空，紧接着，天穹旋转，大地抖动。街道、铁路、楼房，在强烈的摇撼之中错位、变形、倒塌……这就是震惊中外的“7·28”唐山大地震。地处市中心南部的路南区成为重灾区，全区震亡34153人，占1975年年末原路南区总人口的27.63%，全家震亡2567户，并造成大量轻、重伤，孤、寡、独和截瘫人员。境域民用建筑、工商设施、道路交通、生产生活等公用设施被夷为废墟。震后，英雄的路南人民，在市委、市政府及区委、区政府率领下，在全国军民的大力支援和帮助下，从地震废墟中站立起来，以气壮山河的顽强意志展开抗震救灾、重建家园的伟大斗争，铸成“公而忘私、患难与共、百折不挠、勇往直前”的抗震精神。震后第一个十年，取得抗震救灾、重建家园决定性的胜利；第二个十年，实现国民经济的全面振兴；第三个十年，经济社会发展实现腾飞；再经五年跨越，经济社会步入全面、协调、可持续发展的新阶段。历经三十多年风雨历程，路南人民创造出人间奇迹，所取得的经济社会发展成就，令世人瞩目。到2010年，全区完成地区生产总值64.65亿元，其中第一产业增加值0.72亿元，第二产业增加值9.78亿元，第三产业增加值54.15亿元，一、二、三产业占比为1.12∶15.13∶83.75。第三产业成为区域经济的支柱产业。实现财政收入33.93亿元。城市居民人均可支配收入19556元，比1990年增长10.56倍，年均增速13.3%；农民人均纯收入8254元，比1992年增长6.37倍。

构筑繁华商贸聚集区，第三产业撑起区域经济“半壁江山”。路南区有着悠久的繁商历史和得天独厚的商业发展环境。追溯至清代末期，小山一带便已成为远近闻名的“繁商区”。1976年唐山“7·28”大地震，路南百年商贸毁于一旦。经震后十余年恢复建设，至1989年，商业设施基本达到震前水平，有的甚至超过震前。1990年后，区委、区政府先后确立并组织实施“拓市兴区”“大市场、商贸城”“三产兴区”等主体战略，嫁接传统商业、改造专业市场、发展现代物流业、健全社区商业服务网络，全方位构筑以生活资料为主的东部繁商区、以生产资料为主的东南部繁商区、以休闲娱乐和装饰装潢材料为主的中部繁商区、以日用消费品为主的西部繁商区“四大繁商区”。2008年，区委、区政府立足区情，审时度势，及时提出“提升传统市场档次，建设区域性商品集散中心；提升商业业态，建设区域性商贸中心；突出发展总部经济，建设区域性商务中心；突出发展现代物流业，建设区域性物流中心；突出发展休闲旅游业，建设全市旅游中心”的决策部署。同时加快渤海大厦、渤海新世界、人民大厦、新华贸中心、曙光大厦、建国大厦即新华道南侧沿线六大标志性景观建设。大力推进西南片区域（现代化商业商住区和行政中心）、东南片区域（生产资料现代物流区）、长青楼区域（市级商业商务中心）、南湖北岸区域（集吃、住、娱、购、游等为一体的现代商业带）、小山建国路区域（传统与现代相结合的商业商务区）、华岩南路区域（南湖与市区的商业连接带）即六大繁商片区规划。按照决策要求，制定政策，统筹规划，招商引资，加大投入，全区商贸服务业步入跨越式发展的新时期。至2010年，基本构成以小山、建国路繁商区为核，以复兴路、新华道南侧沿线为带，设施齐全，配套完善，布局合理，辐射四方的商贸聚集大流通格局。全区流通服务业网点发展到8610个；批发和零售贸易业实现社会消费品零售总额59.28亿元，占社会消费品零售总额的95.81%；有商品市场49个，其中入统市场34个，市场成交额218.39亿元，是1990年的117.41倍。金融服务网点57个，其中银行业8家、网点44个，年末存款余额925.18亿元，贷款余额501.66亿元；保险业服务网点8个，保费收入5.99亿元，理赔8888.55万元。房地产业快速崛起。21年间，全区共完成房屋施工面积1455.8万平方米，竣工面积733.33万平方米，其中住宅竣工面积173.04万平方米。流通服务业（第三产业）实现增加值54.15亿元，在地区生产总值所占比重，由1990年的48.88%上升到2010年的83.75%。第三产业占据区域经济的主导地位。对外开放稳步发展。2010年，全区外商投资及中国港澳台商投资企业有6家（合资1家、独资5家），引进世界500强企业2家；实际利用外资2127万美元，比1990年增长17.57倍；外贸出口总额完成1.63亿美元。1998—2010年共引进省外资金49.78亿元。

工业经济转型升级，第二产业发展充满活力。震后经过十余年恢复建设，工业经济开始复苏。1990年，全区初步形成以机械电子、化工、纺织服装、食品为主导的工业格局，但多为规模小、经济效益差、能耗高、污染重的企业。1995年，加强环境保护，取缔小土炼焦厂、土法炼铁厂等“十五小”企业。1999年，确立并组织实施“工业强区”发展战略，工业经济步入持续、健康发展轨道。2000年，开展“一控双达标”行动，取缔重度污染企业，促进工业企业转变经济增长方式。2001年起，优化产业布局，调整产品结构，壮大产业发展实力，提升发展质量和效益；缩小第二产业、发展第三产业，工业经济开始转型升级。2004年，重点发展钢铁深加工和机械装备制造业。2005年，依托全市资源优势和城市中心区的人才、技术、区位优势，以发展科技型、劳动密集型、资源节约型和环保型都市工业为目标，重点发展钢铁深加工、新兴制造业，鼓励发展高新技术企业。2007年开始，按照区委八届二次全会提出的大力发展新型城市工业要求，重点发展精品钢材、装备制造、农副产品深加工三大产业。第二产业实现从低附加值转向高附加值升级，从高能耗高污染转向低能耗低污染升级，从粗放型转向集约型升级的历史性转变。至2010年，全区共有入统工业企业726家，完成工业总产值22.28亿元，实现工业增加值8.95亿元，占全区地区生产总值的13.84%。精品钢材、装备制造、农副产品深加工成为工业经济主导产业。建筑业随城市基础设施建设加快，得到长足发展。全年完成建筑业总产值66.09亿元，实现建筑业增加值8315万元，占全区地区生产总值的1.29%。全区第二产业完成增加值9.78亿元，占全区地区生产总值15.13%。

大力发展现代农业，第一产业提质增效。1992年11月，原属开平区的女织寨乡、梁家屯乡划归路南区管辖，改变路南原有单一的城市区街行政区划结构。自1993年起，按照“城乡一体、优势互补、紧密结合、整体效益”的思路，坚持以农业为基础，发展高产、优质、高效农业；增加农业投入，改善水利等基础设施；深化农村改革，稳定家庭联产承包经营责任制和统分结合的双层经营体制；建立健全社会化服务体系，搞好产前、产中、产后服务。1994年起，围绕小康建设总目标，调整农业产业结构，构筑农村产业化经营体系。2003年，以建设文明生态村总揽农村工作全局，发展畜牧养殖、蔬菜种植、花卉苗木三大主导产业。2004年，确定荷花坑市场、南新道水产批发市场、香宇肉类食品厂为农业产业化经营市级重点龙头企业，引领农业产业适应市场需求，发展适销对路产品；建设无公害蔬菜标准化大棚，推广一年四茬栽培技术，发展无公害农业；成立专业合作组织，发展“订单农业”。2007年，围绕农民增收、农业增效，依托区位优势，发展城郊特色农业和观光农业，老谢庄、和平街、西越河花卉、蔬菜种植基地初具规模，茂源农庄、赵田庄农业观光园初步建成；坚持一产与二、三产业融合发展，将农业产业化融入工业加工生产链条和市场销售链条，走现代化、企业化、规模化经营道路。2010年，随着大南湖开发建设以及农村城市化进程加快，南湖绿化生态修复工程及境内主要道路绿化工程实施，以及南湖西北片区19个村搬迁改造，农作物播种面积锐减，第一产业内部结构发生明显变化。全区完成农林牧总产值9635万元，种植业为第一产业的主导产业。全区完成第一产业增加值0.72亿元，占全区地区生产总值的1.12%。

城市建设日新月异，环境秀美整洁宜居。1976年唐山“7·28”大地震，百年城区顷刻夷为废墟。震后，路南区因震灾重、隐患大，铁路、工厂地下压煤，故经历放弃、恢复、利用过程，城区恢复建设起步晚、市政设施落后于城市发展需要。1990年起，加快老城区震后棚户区改造步伐，在城区西部适时开发建设新住宅，逐步改善人居环境；新建、扩建、维修主次干道、小区道路；建设锅炉房，解决居民集中供热问题；改造供水管网，维修排水管道；加强对南部采煤塌陷区的综合治理，城区公用基础设施日趋完善。2001年，实施“城建拉动”决策；2007年，落实省委、省政府“城镇面貌三年大变样”决策部署，加快南湖西北片区、长青楼区域改造步伐；完善对内、对外交通系统设施，能源供应系统设施、供水排水照明系统设施、邮电通讯系统设施、绿化环卫系统设施、防空防灾系统设施，城市基础设施建设跨入加速发展期。至2010年，唐津高速、205国道、环城公路路南段建成通车，南新道、建设南路、学院南路全线贯通，启新立交桥、金匙桥、岳各庄地道桥竣工使用，城乡交通网络四通八达。青龙河成功链接环城水系和南湖水系，为境内增添“绿肺”和“氧吧”。城市建筑设施日趋完善。区属规模以上工业企业建筑面积达到42.49万平方米，商业服务建筑面积171.84万平方米，教育建筑面积63.24万平方米，文化建筑面积1.17万平方米，体育建筑面积9.69万平方米，医疗卫生建筑面积28.87万平方米，办公建筑13.70万平方米。全区绿化覆盖面积1081.5公顷，建成区绿化覆盖率45.63%。全区供热面积415.88万平方米，城市住房供热普及率达100%。环境保护成效显著，建设项目新增污染物排放量为零，全区二级及优于二级空气质量天数达到329天。唐山南湖生态城改造前是经过开滦130多年开采形成的采煤沉降区，垃圾成山、污水横流、杂草丛生、人迹罕至的城市疮疤和废墟地。1996年市委、市政府对采煤沉降区开始进行生态综合治理；1997年确立“变劣势为优势，化腐朽为神奇”的南湖塌陷区治理方略，决定利用三年治理，将其建成集休闲、娱乐于一体的南湖公园；2008年将南湖生态城列为全市“四大城市主体功能区”之一进行规划建设；2009年将南湖生态城功能定位为：生态南湖、好玩南湖、神奇南湖、文化南湖。按照市委、市政府决策部署，区委、区政府确立“开发大南湖、建设新路南”的发展战略并组织实施，南湖生态城开发建设全面展开，生态环境得到根本性改变。至2010年，共建成桃花潭、龙泉湾、青龙泽等大小景点120多个。“好玩南湖、生态南湖、神奇南湖、文化南湖”的梦想成为现实，实现变废为宝、变劣势为优势、化腐朽为神奇、由“深黑”到“蔚蓝”的历史性巨变。南部采煤下沉区生态建设项目，先后荣获河北省“人居环境奖”“中国人居环境范例奖”，联合国“迪拜国际改善居住环境最佳范例奖”。2005年，南湖公园被建设部批准为“国家城市湿地公园”。经过21年发展，路南区已由原地震废墟崛起的简易城区，逐步建成楼房鳞次栉比、道路纵横通畅、抗震性能良好、生产生活条件便利、人居环境整洁优美的新型城区。

社会事业全面进步，群众生活殷实安康。1990年起，确立并组织实施“科教兴区”决策，科技事业得到长足发展。科技对经济社会的贡献率明显提升，2000年，路南区被科技部授予“全国科技工作先进区”。2010年，全区科技机构、研发机构和科技服务企业增至80个，专业技术人员1.52万人。全区累计完成区级以上新产品、新技术开发288项，自主创新成果140项，获得授权专利1102项，其中发明专利113项、实用新型专利839项、外观设计专利150项。获市级以上科技奖励280项，其中8项为国际先进、39项为国内首创、75项为国内先进。推广应用科技成果133项，应用率达85.42%。教育事业均衡发展。1994年，首次通过河北省“普九”达标验收，先后荣获“全国艺术教育先进区”“河北省特殊教育先进区”“唐山市推进义务教育均衡发展先进区”等称号。2010年，全区有各级各类学校（园）129所，各级各类全日制在校（园）生6.98万人。21年间，普通高中为大专院校输送新生3.61万人，区属职业高中为社会培养9481名中等职业技术人才。文化事业蓬勃兴旺。21年间，加强文化组织与文化设施建设，逐步构筑以文化馆为龙头，以乡、街文化站为纽带，以村居活动室、个体文化户为依托的四级文化网络阵地。至2010年，全区有文化站8个、文化室77个、文化户268户；有各类表演团体50个，创作并推出上百件优秀文艺作品，其中获得“飞天奖”“金鹰奖”、河北省精神文明建设“五个一工程奖”“河北省文艺振兴奖”等省部级以上奖励40余项。图书发行、档案、志鉴编修和文物保护工作迈上新台阶。文化创意产业方兴未艾。2007年谋划建设河北省文化创意产业园、生态汽车文化展示园、唐山宝珠国际家居文化展示中心，发展文化创意产业和影视文化产业，建设文化创意基地。2009年，将文化创意产业园扩大到文化创意产业带，空间布局自北向南为工业创意产业聚集区、商业创意产业聚集区、文化创意产业聚集区、休闲娱乐创意产业聚集区，产业布局为时尚消费、休闲旅游、高端商务、工业研发、软件设计、农业休闲观光6个重点产业。2010年文化创意产业与三次产业融合发展，建设集生态、经济、文化功能于一体的工业创意、商业创意、文化创意、休闲娱乐创意等产业集群，全力打造“文化创意中心”，并取得成效。开滦国家矿山公园、唐山地震遗址纪念公园、中国近代工业博物馆、北京书画院、汽车文化展示园一期工程、陶瓷展馆等文化产业相继建成投入使用，河北省文化创意产业园初具规模，宝珠国际家居文化展示广场开工建设。医疗卫生事业蓬勃发展。至2010年，全区医疗卫生机构256个，有医疗卫生人员7319人、病床5546张、医疗设备9526台（套）。全区水质检测合格率从1990年的85.6%提高到2010年的96.2%；疫苗接种率达到规定要求；妇女病治疗率和婴幼儿患病普查率分别达到99%和96%以上；地方病、慢性病、职业病、传染病得到有效控制。孕产妇住院分娩率为100%。5岁以下儿童死亡率、婴儿死亡率为1.6‰、0.8‰。体育事业硕果累累。在全市率先实现体育路径社区全覆盖。21年间，路南区运动员累计在省级以上各项比赛中获奖210项。精神文明建设持之以恒。1990年起，将精神文明建设纳入经济社会发展规划和年度计划，建起年度考核评比机制。组织开展富有成效的文明城市创建、文明乡村创建、文明社区创建，及文明单位、文明家庭、文明行业创建等全方位、多领域创建活动。2001年，福乐园社区被中央文明办、民政部评为“全国首批文明社区”；2002年被中央文明办、民政部评为“全国创建文明社区示范点”，被省委、省政府授予“省级文明单位”称号；2009年被民政部评为“全国和谐社区建设示范社区”；路南区被命名为“河北省和谐社区建设示范区”。2003年，唐山市志愿者协会路南区分会成立。志愿者协会常年组织开展“希望工程”“青年文明号”“帮残助孤”“送温暖”“春蕾计划”“手拉手”“巾帼建功立业”“关爱空巢老人”等活动。2007

年，常玉珍荣获“全国道德模范提名奖”“河北省十大道德模范”称号。2008 年，组织践行社会主义核心价值观教育活动，弘扬“感恩、博爱、开放、超越”新唐山人文精神。至 2010 年的 21 年间，全区共创国家级文明单位 13 个，省级文明单位 93 个，市级文明单位 198 个、文明建设先进单位 189 个、军民共建先进单位 55 个。人人享有社会保障。2010 年，全区最低生活保障对象共有 1670 户、3141 人，其中城市 1510 户、2840 人，农村 160 户、301 人，共核发保障金 772.77 万元。城镇登记失业率控制在 4% 以下，有 18 个社区为省级充分就业社区。全区企业城镇职工养老保险覆盖 32275 人，机关事业单位养老保险覆盖 7648 人，老农保覆盖 2078 人，新型农村养老保险实现覆盖 14 个村、10412 人。全区共有 6.74 万人参加城镇居民医疗保险，参保率 99.8%；参加新型农村合作医疗的农民 1.55 万人，参合率 96.26%。区政府投资 652 万元建成老年综合福利中心。建立居家养老服务系统，为 75 岁以上空巢独居老人免费安装“电子保姆”呼叫一键通设备。在全市率先建成数字网格化城市管理和市民服务系统。发展慈善事业，成立区慈善协会。人民生活更加殷实。2010 年，全区城市居民年人均可支配收入 19556 元，比 1990 年增长 10.56 倍；农民人均纯收入 8254 元，比 1992 年增长 6.37 倍。

三

1990—2010 年，是路南实现经济转型升级，社会事业蓬勃发展的 21 年。21 年间，历届区委、区政府带领全区人民，解放思想，抢抓机遇，改革创新，锐意进取，团结奋斗，共克时艰，取得显著成效。这不仅为路南实现全面建成小康社会宏伟目标奠定坚实基础，也为后人留下可资借鉴的宝贵财富。

坚持实事求是的思想路线，是实现经济社会又好又快发展的理论基础；坚持把发展作为第一要务，是实现经济社会又好又快发展的根本途径；坚持统筹兼顾，是实现经济社会又好又快发展的根本方法；坚持改革开放，是实现经济社会又好又快发展的动力源泉；凝聚共识，是实现经济社会又好又快发展的重要保证；坚持以人为本，是实现经济社会又好又快发展的核心和主体。

今非昔比，沧海桑田。震后，经过十年复建、十年振兴、十年腾飞、五年跨越，路南经济社会进入历史最佳最快发展期。至 2010 年，高楼栉比林立，交通便捷发达，环境整洁优美，设施先进完备，经济实现跨越，文化繁荣兴盛，社会和谐稳定，人民安居乐业。路南，从地震废墟上站起，百折不挠，勇往直前，业绩斐然，世人瞩目。

昨日，成绩来之不易，经验和启示更是弥足珍贵。今日，困难和希望共存。明日，挑战和机遇同在。长风破浪会有时，直挂云帆济沧海。路南已经具备全面建成小康社会的雄厚基础和诸多优势，在区委、区政府的正确领导下，牢牢抓住京津冀协同发展和 2016 年“世园会”在路南境域召开的历史契机，肩负起“服务唐山、服务‘世园’、科学发展、富民强区”四大任务，朝着全面实现城市化的目标，团结奋进，实干兴区，踏石有印，再创彪炳青史的辉煌，未来路南会更繁荣、更美好。

大 事 记

1990 年

1 月 区审计师事务所成立，依法承担社会审计工作，业务范围包括工商企业验资、财政收支审计、经济签证、业务咨询、基本建设审计、资产评估、承包离任审计、清理债权债务等。

2 月 26 日—3 月 2 日 政协路南区三届一次会议召开。会议听取和审议区政协主席高玉成作的《政协唐山市路南区第二届委员会常务委员会工作报告》和区政协副主席王希杰作的《政协唐山市路南区第二届委员会提案委员会工作情况报告》，通过政协路南区第三届委员会第一次全体会议政治决议。会议选举政协唐山市路南区第三届委员会常务委员 14 名，选举谷守义为区政协主席，张绍仁、杨淑敏、谷显成、吴世信为副主席。至 1993 年 1 月届间共召开三次政协全体委员会议。

2 月 27 日—3 月 4 日 路南区十届人大一次会议召开。会议听取和审议区长祝允林代表区人民政府作的《政府工作报告》、区财政局副局长高淑梅代表区人民政府作的《关于 1989 年度财政预算执行情况的报告》、区人大常委会主任幺焕煜代表第九届人大常委会作的《人大常委会工作报告》、区人民法院院长刘雅善作的《人民法院工作报告》、区人民检察院检察长李宝贵作的《人民检察院工作报告》，并作出相应决议。会议选举幺焕煜为路南区十届人大常委会主任，张永凤、刘连浩、宋桂荣（女）为副主任；选举祝允林为人民政府区长，赵楚波、王桂盛、孟祥荣、杨秀英（女）、宋树祥为副区长；选举吴书先为人民法院院长，亢梦庚为人民检察院检察长。至 1993 年 1 月届间共召开四次人大代表会议。

是月 区统计局组织开展第四次全国人口普查工作，至 7 月 1 日零时（北京时间）结束。普查结果：辖区总户数 55461 户，总人口 197948 人。

4 月 7 日 英国林肯市牛津郡伯福特中学校长邓斯顿到唐山市考查教育，观看路南区实验小学、新华楼小学的合唱团和鼓乐队演出。

5 月 13 日—15 日 路南区第五次妇女代表大会召开。会议审议并通过题为《动员妇女振作精神，拼搏进取，为振兴路南做贡献》的工作报告，选举产生路南区第五届妇联执行委员会。至 1997 年 6 月，路南区妇女代表大会共召开二次。

5 月 22 日 日本酒田市代表使节团、酒田市议会议长星川八郎参观唐山抗震纪念馆。

5 月 中国民主建国会唐山市路南区工作委员会（简称“民建”）成立，下设 5 个支部。

8 月 13 日 中国共产党唐山市路南区第四届委员会第二次全委（扩大）会议（简称“区委四届二次全委（扩大）会议”，下同）召开，审议通过《全党动手、全民动员，认真实施“依法治区、科教兴区”发展战略，为振兴路南而奋斗》的工作报告，并将“科教兴区”列为全区经济和社会发展决策之一。届间共召开 7 次全委（扩大）会议。

9 月 20 日 路南区总工会在唐山市酒家召开第二次会员代表大会。会议听取和审议区总工会第一届委员会工作报告，选举产生路南区工会第二届委员会，选举委员 19 名、常务委员 7 名，其中主席 1 名、副主席 2 名。至 2005 年 7 月，路南区总工会共召开过 3 次会员代表大会。

10 月 7 日 中共路南区代表大会召开，选举出席中共唐山市第五次代表大会代表。

10月24日 区新华西道小学在全市率先开展为“城运会”捐款活动。副市长冯国安出席捐款仪式。

11月12日 中国共产主义青年团路南区第六届代表大会召开，参加会议代表149名。审议并通过题为《高举国旗跟党走为振兴路南贡献青春》的工作报告。选举产生中国共产主义青年团路南区第六届委员会。选举第六届委员会委员23名、候补委员7名，常委6名，书记1名。至2004年10月，共召开过四届共青团路南区代表大会。

12月15日 路南区科学技术协会第二次会员代表大会召开。会议选举产生路南区科学技术协会第二届委员会，选举委员25名，主席1名、副主席2名。

是年 开展第四次全国人口普查。普查对象为具有中华人民共和国国籍并在路南区境内常住自然人。普查标准时点为1990年7月1日零时。普查时期为1989年7月1日至1990年6月30日。普查结果：辖区总户数55461户，总人口197948人。

1991年

4月 区委撤销政法领导小组及其办公室，恢复建立政法委员会（简称“政法委”）。

5月 按照国土资源部要求，在全区进行第一次土地资源数量和土地权属情况调查。调查结果：全区土地总面积2068.07公顷。

是月 唐山智能电子有限公司成立。

7月 1990年开工建设的唐钢宾馆建成并投入使用。

8月16日 路南区工商业联合会召开第四次会员代表大会。会议听取并审议周春清代表路南区第三届委员会所作的工作报告；选举产生路南区工商业联合会第四届执行委员会，选举委员25名，会长1人、副会长4人。至2007年1月，共召开过4次工商业联合会会员代表会议。

10月 区工商局投资72万元，在小山工业品批发市场内新建小山工业品批发大厅，建筑面积1360平方米，容纳服装批发摊位169个。

12月12日 冀东军区原司令员李运昌为冀东烈士陵园捐赠珍贵文物。

12月 成立区委党史研究室（简称“党史研究室”），为区委工作机构，负责区域中共党史的征集、整理、编纂、研究。

是年 小山街道办事处民政科与境内现役军人建立心连心联系卡，被中央电视台、《解放军报》《工人日报》《河北政法报》《唐山劳动日报》和唐山电视台播发。

是年 按照国土资源部要求，在全区进行第一次土地详查，并着手编制《土地利用总体规划》。1994年完成《土地利用总体规划》编制。1997年10月调整《土地利用总体规划》，增补乡级规划。1998年4月，《土地利用总体规划》修编完成。

1992年

3月14日 成立路南区人才交流中心。

3月18日 召开路南区十届人大常委会第12次会议，任命徐景田为路南区人民政府副区长、代理区长，任免区人民法院庭长、副庭长15名。

3月 区委书记彭耀先离职，区委副书记祝允林升任书记。

4月7日 路南区十届人大四次会议补选徐景田为路南区第十届人民政府区长。

4月20日 市长刘景昌到路南区文北小学，就全国人大代表刘韧提出的解决文北校园门前的垃圾和校园内的“钉子户”问题现场办公，使多年“老大难”问题得到合理解决。

是月 撤销经济体制改革办公室，成立综合改革办公室。

是月 在各街道党委始建纪律检查委员会（简称“街道纪委”）。

5月 成立路南区国有资产管理局。

6月3日 区政府在二五五医院礼堂召开全区捐资助教动员大会，全区共捐款35万元。

7月14日 时任国务院总理李鹏视察文北街道办事处康复村。

7月 玻璃制品厂与香港雅兰实业有限公司合资建立唐山万利汽车窗有限公司，主要生产汽车窗总成和安全玻璃制品。

是月 新华楼小学承办全国“苗苗杯”小学生篮球比赛并获得女篮第三名。

9月20日 由区工商局投资和个体工商户集资350万元建设的荷花坑小百货、小食品批发大厅竣工，建筑面积5712平方米，容纳摊位360个。

9月 路南区民政局婚姻登记处成立，婚姻登记转由区民政局婚姻登记处集中办理。

是月 组建区机关事务管理局，挂机关事务服务公司牌子，负责统管区直机关行政事务和后勤保障。

10月16日 在承德召开的“全国教育评价会”上，路南区以《运用课堂教学方法，实现课堂教学目标管理》为题交流经验。

11月25日 在市体改委三楼会议室召开路南、路北、开平三区行政区划调整后机构、编制、人员交接会议。是月，开平区女织寨、梁家屯两乡划归路南区管辖，路南区始有乡级建制；路北区所辖商场街和复兴路立交桥东段京山铁路以北、新华东道以南三角区域划归路南区管辖；路南区税务庄街道划归开平区管辖。

11月 撤销老干部科和区直机关退休干部管理站，建立区老干部局。

12月17—20日 中共唐山市路南区第五次代表大会（以下简称“中共路南区第五次代表大会”）在区政府礼堂召开。大会听取和审议区委书记祝允林代表中共路南区第四届委员会所作《认真贯彻十四大精神，加快改革开放步伐，为实现全区经济跳跃式发展和各项事业大跨度前进而奋斗》的工作报告；听取和审议区纪委书记张宝善代表中共路南区纪律检查委员会作的《全面履行纪检工作职能，更好地为全区经济建设服务》工作报告，并作出相应决议。大会审查通过党费收缴、管理和使用情况的报告。选举产生中共路南区第五届委员会委员33名、候补委员5名。

12月20日 区委五届一次全委会议在区政府小礼堂召开。会议采取无记名投票方式，差额选举中共路南区第五届委员会常务委员会委员11名；采取无记名投票方式，等额选举书记1名、副书记3名。选举祝允林为书记，徐景田、孙福成、贾山林为副书记。至1998年2月届满共召开十一次全委会议。

12月29日 建立钱家营矿区街道办事处。

是年 在女织寨乡、梁家屯乡各设种子公司，负责种子供应。1993年，建立区种子公司，经营管理全区农作物种子。1996年，专门成立区种子管理站，监督管理种子市场。

是年 开滦旅行社经河北省旅游局批准成立，填补区内无旅行社空白。

是年 小山市场成为全省突破亿元交易额的十大市场之一。

是年 以3所学校为试点推行教职工聘任制。1994年扩大到13所学校，1995年在条件具备的学校全面铺开，1998年在全区推开。

是年 按照《河北省城乡集贸市场管理工作试行规则》，在全区各主要市场设立工商行政管理所，实行驻场式管理。

是年 贯彻国办发［1991］73号文件关于“先卖后租、新房新租、有偿租房”的原则，各单位停止无偿分房。

是年 成立路南区职业介绍所，相应建立求职登记和务工许可证制度，城镇待业人员、企业下岗待业人员和农村劳动力全部经劳务市场向企业输送。

1993 年

2 月 9—13 日 政协路南区四届一次全体会议召开。会议听取并审议区政协主席谷守义作的《政协唐山市路南区第三届委员会常务委员会工作报告》和政协副主席杨淑敏作的《政协唐山市路南区第四届委员会提案委员会关于三届一次会议以来提案工作报告》，通过政协唐山市路南区第四届委员会第一次会议政治决议。会议选举政协唐山市路南区第四届委员会常务委员 18 名，选举谷守义为政协唐山市路南区第四届委员会主席，宋桂荣（女）、张绍仁、谷显成、赵涓、边立中为副主席。至 1998 年 1 月，届内共召开五次政协全体委员会议。

2 月 10 日 成立路南区复员退伍军人安置办公室。

2 月 12 日 路南区十一届人大一次会议召开。会议听取和审议区长徐景田作的《唐山市路南区人民政府工作报告》、区财政局局长曹双印作的《唐山市路南区 1992 年财政决算和 1993 年财政预算（草案）的报告》、区人大常委会主任幺焕煜作的《唐山市路南区第十届人民代表大会常务委员会工作报告》、区人民法院院长吴书先作的《唐山市路南区人民法院工作报告》、区人民检察院检察长亢梦庚作的《唐山市路南区人民检察院工作报告》，通过以上报告并分别作出决议。会议选举马云江为区第十一届人大常委会主任，杨秀英（女）、刘连浩、张尚义、李广明为副主任；选举徐景田为区人民政府区长，孟祥荣、王桂盛、赵丽梅（女）、高家祥、鲍中和为副区长；选举吴书先为区人民法院院长，毕玉福为区人民检察院检察长；选举出席唐山市第十一届人民代表大会代表 46 名。至 1998 年 1 月，届内共召开五次人大代表会议。

2 月 25 日 组建唐山市金匙实业（集团）公司。

2 月 根据唐山市政府［1992］193 号文件精神，路南区在丰南县境内开滦钱家营矿区组建唐山市路南区钱家营矿区街道，下辖 4 个家委会。1996 年 6 月增设第五家委会。该街道总面积 0.45 平方公里，人口 8712 人。

是月 建立路南区农业农村工作办公室，为区委、区政府管理农村农业工作合设的职能部门。

3 月 成立区房屋开发公司，为房管局下属单位，事业编，经费自筹，自主经营，自负盈亏。

是月 区工商局设立外商投资企业登记管理处，承担全区外商投资企业的登记初审、出资检查、年检初检和登记违法行为的调查职能。

5 月 6 日 河北省教育学会中小学整体改革专业委员会成立大会在唐山饭店召开。会间，听取路南区中小学教育整体改革经验介绍，并参观区实验小学。

5 月 日本鹿儿岛经济大学教授原本昭大参观考察区培智学校。

6 月 17 日 撤销绿化队，成立区园林绿化管理处，由原绿化队、花圃队组成。

6 月 路南区质量技术监督局成立，与区科学技术发展委员会合署办公，主要负责全区标准化和计量工作。1995 年 3 月与计经贸委合署办公。2001 年 3 月与区计经贸委分离，更名为唐山市质量技术监督局路南区分局。

是月 唐山市五十五中学并入唐山市五十六中学。

7 月 区政府出台发展街道股份合作企业试行办法，向阳五金商场、民交自行车采购供应站、天坛钢木家俱店、隆义饭店 4 家街道企业先后完成股份制及股份合作制改造。

8 月 区委委员、常委、书记祝允林离职，李建国任区委委员、常委、书记。

10 月 21 日 召开路南区残疾人联合会第二次会员代表大会。会议听取并审议刘振芳作的《认清形势，抓住机遇，谋求残疾人事业的新发展》工作报告。选举产生路南区残疾人联合会第二届委员会，选举主席1人、副主席1人，理事长1人，委员16人，聘请名誉主席1人。至2007年10月，路南区残疾人联合会共召开过三次会员代表大会。

10月　车站路百货商场被文北金匙集团兼并，全民商业仅剩解放路糖酒采购供应站、大世界商业楼2家。

是月　开展路南区1991—1992年第三产业单位经营、资产、人员等情况普查登记。

12月28日　召开教师公寓峻工剪彩仪式，副市长龙家俊等市区领导参加，庆贺50户教师搬入新居。文北教师公寓3栋住宅楼竣工，总建筑面积3037.12平方米。

是日　举行连接小山繁华区和建国路繁华商业区的金匙桥（铁路地道桥）工程奠基典礼。1994年9月28日建成通车。

12月　唐山市北方图象联营公司与美籍华人钟荣晖合资建立唐山荣晖全息图象有限公司，主要生产全息防伪标志和全息装饰材料。

是年　兴建小山招商大厦，占地1公顷，建筑面积2.23万平方米，总投资6000万元。大厦地上5层，地下1层，经营业态为服装批发兼零售。1995年1月，建成并投入使用。1996年10月，更名为小山服装批发大厦。

是年　对集体工业企业试行国有（公有）资产委托经营、嫁接改造、兼并、合并。唐山市第二印刷厂委托民政局经营，更名为唐山市工业自动化仪表厂；唐山市制刷厂、唐山市金属制品厂分别委托给广场街道办事处和文北金匙集团经营；唐山市第四木器厂更名为唐山市家具厂；唐山市汽车制动件厂归属路南区学院路办事处。

是年　进行第二次工资改革，行政机关干部工资改由基础工资、职务工资、级别工资和工龄工资组成。事业单位干部、工人工资改由职务工资和活工资两部分组成。

是年　南新道小学校长刘韧被选为全国八届人大代表。

1994年

1月12日　时任国务院秘书长刘济民考察荷花坑农副产品批发市场经营情况。

1月　经区政府第42次常务会研究，成立区级实体型“大邦”科技技术市场，负责为企业提供技术服务、技术咨询，业务归属区科委；撤销工业生产办公室、第三产业办公室，成立经济贸易委员会。

3月10日　区土地局与市土地局、开滦房地产管理处达成协议，在女织寨乡东、西礼尚庄旧址开发综合养殖场，占地16.67公顷。

3月　小山工业品批发市场被评为河北省十强市场，列工业品类第5位。

5月　荷花坑农副产品批发市场被评为“93年度全国百强集贸市场”，列50个农副产品类第34位。

5月23日　成立路南区清理基金会工作领导小组，下设两个工作小组，一个组负责做好群众思想稳定工作，另一个组负责收贷工作。

5月　民革河北省支部工作经验交流会在唐山召开，路南区民革第一支部在会上介绍参政议政经验。

6月14日　区培智学校和第二培智学校合并。

是月　建成启新立交桥公交综合站，位于新华东道与复兴路交叉口东南侧。2002年6月向南迁至原路南区文体局院内，设计停车标准容量48标台，为2路、3路、5路、11路、54路、69路车综合站点。

7月29日　区检察院查处全市第一起徇私舞弊案。

8月　根据国务院办字［1993］87号文件，撤销唐山市路南区税务局，分别成立唐山市路南区国家税务局、唐山市路南区地方税务局，两局分别归属省、市直管。

是月　区纪委向路南区国家税务局派驻纪检组，为首个区纪委派出机构。

10月10日　经省政府对“两基”（基本实施九年义务教育和基本扫除青壮年文盲）工作检查，路南区顺利通过“两基”验收。

11月　因京山线压煤改线，在唐山站以西10公里处新建唐山站。新线开通后，原唐山站更名为唐山南站。1996年6月26日，客运全部转到新线运行，唐山南站成为只办理货运业务的一等货运站。

12月17日　国务委员陈俊生、副省长郭洪歧一行考察荷花坑市场农副产品批发市场。

12月　唐山市毛巾厂依法破产，为唐山市第一家破产国有企业。

是月　路南医院被评为二级甲等医院。

是月　在32所中小学校建立军训制度，组织开展“军营一日”活动。

是年　路南区首次在北京举办招商洽谈会。会上，市电子设备厂与日本松下株式会社成功签约，合资兴办唐山松下电器产业有限公司，开创与国际大户合作先河。

是年　区委、区政府利用震后废墟地，开辟兴建唐山市首家私营企业开发区—路南区现代工业园。

是年　首家省外企业北京雪花集团与电影机械厂合作扩产微电机项目成功签约。

1995年

5月9日　瑞典马尔默市市长阿恩·兰德格伦先生一行9人，参观访问唐山松下电器产业有限公司。

5月12日　路南区第一家物业公司——唐山南方物业有限公司注册成立，设在路南区文北房管所，负责文北西楼、荷花茗苑、双新里、友谊花园、正泰里永乐园5个居民小区的物业管理。

6月16日　国家教委在辽宁省锦州市召开小学教师基本功训练经验交流现场会，路南区以《在继续教育中加强教师基本功训练》为题介绍经验。

6月19日　唐山市吉祥旧机动车交易市场由唐柏路与G205国道交叉口西北侧西行200米处，迁建至南刘屯辖地。9月，唐山吉祥实业公司更名为唐山市吉祥实业（集团）公司，新迁建的旧机动车市场成为吉祥集团直属企业，故名唐山市吉祥旧机动车交易市场。2008年4月，市场搬迁至东礼尚庄，经营面积扩大1倍。

7月1日　新加坡先遣组在省、市领导陪同下参观考察唐山松下电器产业有限公司。

7月14日　举行路南区首届区长联络员聘任仪式，区长徐景田为14名联络员颁发聘书。

7月15日　金匙实业（集团）公司兼并路南区煤矿机械厂。

8月5日　中国驻美国、新加坡、比利时、法国、土耳其的领事、参赞等一行9人，考察唐山松下电器产业有限公司。

8月29日　私营企业工会联合会成立大会召开，产生第一届工会联合会。

8月　唐山市羊毛衫厂依法宣布破产。1996年被卫东实业有限公司买断。

12月8日　成立唐山市凤南出租车公司，时有出租车38辆。

12月　赵庄五金商场改组为股份合作制企业，命名为红楼商场，系区直商业第一家被职工全员买断的股份合作制企业。

是年　以唐山市电子设备厂为核心，通过投资、控股和参股等形式，联合自动焊接设备有限公司、焊接变压器有限公司、电焊机有限公司和唐山松下产业机器有限公司4家企业，组建开元集团。与日本松下电器产业株式会社合资项目竣工投产，成为全国焊接设备生产基地。

是年　唐山金匙实业公司改组为金匙集团，为路南区第一家集生产、流通、广告、娱乐、餐饮于一体多层次跨行业企业集团；日用化工厂委托给金匙集团经营，研制开发出“太太梦”系列产品。

是年　在第三届中日韩青少年体育交流大会上，组织中老年筷子舞、青年华尔兹舞、少年斗牛士舞，总计近千人参加开幕式表演。

1996 年

1月1日 进行全国第三次工业普查。普查时点为1995年12月31日，普查时期为1995年度。普查范围包括全部乡及乡以上工业企业，国营单位和符合企业四条标准的村办工业、私营工业、城乡合作经营及个体工业企业。普查内容有工业企业基本情况，财务状况，劳动情况，生产、销售、库存情况，原材料、能源消耗与库存情况，主要工业产品生产能力、质量等。普查结果：全区工业企业558家，其中乡及乡以上工业企业254家；完成工业总产值（当年价）10.69亿元，其中乡及乡以上工业企业完成工业总产值（当年价）8.55亿元，利税总额4938.8万元。

1月10日 路南区第二届归侨侨眷代表大会召开。会议选举产生路南区第二届归国华侨联合会，选举主席1名、副主席2名，秘书长1名，委员11名。至2003年12月，共召开过二届归侨侨眷代表大会。

1月 根据唐山市政府下发的《关于印发唐山市深化城镇住房制度改革实施方案的通知》，始建住房公积金制度。

是月 南北家具中心开业。2000年转型为物流配送并更名为路南区金三角仓储配货服务站。2009年改营陶瓷建材。2010年改称路南金三角陶瓷建材城。

4月6日 路南区学院路小学获“全国先进体育传统项目学校”荣誉称号。全国有百所学校获此殊荣，河北省有5所学校榜上有名，学院路小学是河北省获此称号的唯一一所小学。

4月 成立路南区档案局，局馆合一，为区政府直属事业单位，承担原档案科职能。

是月 区人武部由地方建制收归军队建制，称中国人民解放军唐山市路南区人民武装部。

5月23日 在农村开始推行村务“两议七公开”制度。“两议”即在每个村建立党员代表议事会、村民代表议事会，农村重大问题要经过党员代表议事会和村民代表议事会讨论决定；“七公开”即财务收支、征购提留、计划生育、电费电价、宅基地发放、各业承包、村干部责任目标及待遇等予以公布。

6月 撤销房产开发公司，成立房产开发经营总公司，与房产管理局一个单位、两块牌子，为区政府直属正科级事业单位。

是月 梁家屯乡并入女织寨乡。

是月 法国、日本、新加坡、马来西亚、英国等国驻京记者一行12人，访问唐山松下电器产业有限公司董事长柳宝成。

是月 撤销区直属机关党委，建立区直属机关工作委员会；明确党史研究室为区委管理事业机构；组建教育文化体育局；撤销精神文明建设科，重设文明办，行政编制3人。

是月 农村工作办公室更名为农村工作委员会，成立农业委员会，与农村工作委员会合署办公。

7月5日 召开区直机关联系帮扶特困职工工作会议，工商局党委副书记陈振旺当场向“救急济难基金会”捐款1800元。

7月19日 常记商场总经理常玉珍投资兴建的“功臣幸福院”投入使用。

7月26日 时任中共中央总书记、国家主席、中央军委主席江泽民参加抗震20周年纪念活动，并视察康复村。在康复村，当了解到青年志愿者活动时，江泽民高兴地称赞：“志愿者活动是两个方面，一方面对青少年是个教育，一方面是弘扬中华民族传统美德”。江泽民对截瘫病人说：“你们有困难就找青年志愿者”。这是总书记首次对全国青年志愿者活动予以肯定。

7月28日 举办“纪念唐山抗震20周年经贸洽谈会”。

7月 区机关事务管理局挂区直机关后勤服务中心牌子，一套人马、两块牌子，为区委、区政府管理区直机关行政事务和后勤服务工作的事业机构，由区政府办公室管理。

是月　唐山煤矿专用设备厂、市织袜厂依法宣布破产。

8 月　友谊街道办事处成立“友谊青年志愿者社区服务站”。

9 月 21 日　路南区科学技术协会第三次会员代表大会召开。会议听取、审议并通过第二届委员会关于《肩负起“科教兴区”的光荣使命，为路南区经济腾飞而奋斗》的工作报告；选举产生唐山市路南区科学技术协会第三届委员会，选举委员 23 名，主席 1 名、副主席 1 名。

9 月　区民政局在学院南路街道办事处开展城市居民最低生活保障试点工作。

10 月　区劳人局离退休职工活动中心建成并投入使用。

是月　按照《唐山市路南区国家公务员制度实施方案》和《唐山市路南区国家行政机关现有工作人员向国家公务员过渡实施办法》文件精神，路南区政府机关共有 38 个单位过渡到公务员管理范围。

是月　共青团中央、中央电视台焦点访谈节目摄制组、中国青年报社、河北电视台，相继采访友谊青年志愿者社区服务站。

是月　筹建 110 报警，同年 12 月 1 日，广场 110 率先开通。

11 月　唐山市玻璃厂改制组建唐山玻璃集团，由金瓶、金盈、金益玻璃制品、万华实业、万利汽车 5 家有限公司组成。

12 月 31 日　进行第一次全国基本单位普查。全区共有法人单位 1051 个，产业活动单位 116 个。

12 月　区地名办公室从区民政局析出单建，规格为科（局）级。

是月　区律师事务所与司法局脱钩改为合伙制，自我管理、自我发展、自我约束、自我经营。

是年　与广电网络合作，成立唐山市第一家教育城域网络，20M 光纤上网，用户 200 人。

是年　唐山市第四中学恢复高中招生，成为全区唯一一所完全中学。

是年　在南新道小学、实验小学、文北小学开办寄宿班，探索走读与寄宿双轨制办学模式。

是年　在青少年中组织开展“六个百工程”，即熟读 100 本爱国主义图书；收看 100 个爱国主义影视片；熟知 100 名爱国主义人物；讲述 100 部爱国主义故事；诵读 100 首爱国主义诗词；学唱 100 首爱国主义歌曲。

是年　苑南站 110 千伏变电站建成。

是年　天津铁路分局唐山医院迁至路北区境。

1997 年

1 月 26 日　联合国抗震减灾委员会组团到境内康复村考察工作。

1 月　区委委员、常委、书记李建国离任，区委委员、常委、副书记徐景田升任书记。

是月　路南区开展全国第一次农业普查（普查标准时点为 1996 年 12 月 31 日）。普查对象为全区范围内各种类型的农业经营单位、农村住户、乡镇企业、行政村和乡镇。

2 月 3 日　召开路南区第十一届人大常委会第 26 次会议，决定郑立波为代理区长。

2 月 26—28 日　路南区十一届人大五次会议召开，补选郑立波为区人民政府区长。

2 月　区检察院增设反贪污贿赂局。

4 月 13 日　区公安分局破获摧毁一起贩毒案，10 名团伙成员全部抓获，收缴海洛因 29.61 克。

5 月 8 日　区总工会、民政局联合在唐山市体育中心举办第四届残疾人运动会。

5 月 24 日　开始清查全区非农业建设用地，11 月底结束。共查出各类违法占地 153 宗，处理 149 宗，占总数的 97.3%。

5 月　第一个融物业和居委会于一体的新型居委会——文北西楼居委会成立。

是月　荷花坑市场被评为“河北省十大农副产品市场”，位列第三。

是月 小山工业品批发市场被评为“河北省十大工业品市场”，位列第四。

6月1日 常记商场总经理常玉珍投资兴建的“孤儿村”举行入院仪式。

6月2日 区教师进修学校跨入全省进修学校建设五十所达标示范校行列。

6月10日 区政府批准商贸局《关于商业总公司进行分立重组的改革方案》，决定将文胜矿山机械处分立，组建胜利商贸有限责任公司；将勤兴商店分立，组建股份合作制企业；将五金交电百货公司分立，组建股份制企业；将花园街商店向社会出售，收回资金，用于扩大经营和增资减债；将宏利五交化公司、液压气动元件公司、宏利达酒店、南洋烤鸡店、汇华装饰物料中心5个企业宣布解体。分立出售企业的资金交回商业总公司，用于解决退休劳保人员的开支以及历史遗留的债务问题。

6月14日 北京市原市长焦若愚到冀东烈士陵园考察并祭奠战友。

6月16日 美国塞达拉皮兹市市长一行参观唐山松下电器产业有限公司。

6月 学院路小学被省体委命名为“省级田径传统学校”。

10月 区人大常委会撤销5个专门委员会、6个街道人大工作室，改派联络员。同时建立法制科、教科文卫科、财经科。

是年 唐山市吉祥实业（集团）公司在原北方陶瓷城内注册成立陶瓷城配载站，占地0.7公顷，建筑面积2000平方米，总投资800多万元，以经营普通货物运输、专用货物运输、普通货物仓储、货运代办、货物中转、运输信息服务、本地物流配送等业务为主。

是年 推进工业企业产权制度改革。织袜厂、羊毛衫厂相继出售；唐山市第三造纸厂被女织寨乡光华造纸厂整体兼并，更名为唐山市光华造纸厂；唐山市第二造纸厂由个人购买，更名为唐山市东顺纸业有限公司；唐山市玻璃制品厂改制，更名为唐山市玻璃集团有限公司；线材厂改制，更名为唐山市线材有限公司；刃具厂实施股份制改造，成立唐山市良源刃具有限公司；信大焊接材料有限公司被路北区民营企业唐山鸿鹏实业集团有限公司购并；第二金属制品厂依法破产；保温材料厂实施股份制改造，与坩埚厂合并；电子设备厂进行股份制改造，组建开元集团有限责任公司。至2010年，辖区已无国有工业企业。

是年 唐山市光华造纸厂、唐山市轻工机械厂、唐山市万达石油管件厂、唐山市怡盛陶瓷有限公司被河北省乡企局命名为科技型企业。

是年 唐山南站货运值班员、团支部书记李聪颍当选为中国共产主义青年团第十五次全国代表大会代表。

1998年

1月 路南区对企业职工工伤保险制度进行改革。新的工伤保险制度本着“以支定筹，留有储备”的原则，按各企业全员工资总额的0.5～1%提取工伤保险基金，统筹使用。

2月9—12日 政协路南区五届一次全体会议召开。会议听取并审议区政协主席孟祥荣作的《政协唐山市路南区第四届委员会常务委员会工作报告》和区政协副主席张绍仁作的《政协唐山市路南区第四届委员会提案委员会关于四届一次会议以来提案工作情况报告》；选举常务委员20名，选举鲍中和为政协主席，毕玉福、何占观、唐福松、郑泰山为副主席；通过政协唐山市路南区第五届委员会第一次全体会议政治决议。至2003年3月届内共召开五次政协全体委员会议。

2月9—13日 路南区十二届人大一次会议召开。会议听取并审议通过区长郑立波作的《唐山市路南区人民政府工作报告》、区财政局局长谭素英作的《唐山市路南区1997年财政决算和1998年财政预算（草案）的报告》、区人民代表大会常务委员会主任贾山林作的《唐山市路南区人民代表大会常务委员会工作报告》、区人民法院院长常荣才作的《唐山市路南区人民法院工作报告》、区人民检察院检察长毕玉福作的《唐山市路南区人民检察院工作报告》，并作出相应决议。会议选举孟祥荣为区第十二届人大常委会主任，赵丽梅（女）、李广明、李贺旺、郑国为副主任；选举郑立波为区人民政府区长，周庆钧、魏文成、刘广洙、张一民、王丽芝（女）为副区长；选举魏波为区人民法院院长，李仕勋为区人民检察院检察长；选举出席唐山市第十一届人民代表大会代表46名。至2003年3月届内共召开五次人大代表会议。

3月10日　路南区第六次妇女代表大会召开，会议审议并通过题为《团结动员全区妇女为建设经济强区建功立业》工作报告，选举产生路南区妇联第六届执行委员会。

3月10—12日　中共路南区第六次代表大会在区政府礼堂召开。大会听取和审议区委书记徐景田代表中共路南区第五届委员会所作的《抓住机遇、开拓进取，加快全区经济和社会各项事业的发展，为实现跨世纪宏伟目标而努力奋斗》的工作报告；听取和审议纪委书记王庆江代表中共路南区纪律检查委员会所作的《深化教育、加强监督，不断推进党风廉政建设》的工作报告，并作出相关决议。大会审查党费收缴、管理和使用情况的报告。以无记名投票方式，采取先差额预选，再等额选举的办法，选举产生中共路南区第六届委员会委员33名、候补委员5名。

3月13日　区委六届一次全委会议召开。应到会委员33名、候补委员5名，实际到会委员33名、候补委员5名。会议采取无记名投票方式，差额选举中国共产党唐山市路南区第六届委员会常务委员会委员11名，等额选举书记1名、副书记3名。徐景田为书记，郑立波、孙福成、郭彦洪（女）为副书记。至2003年3月届满共召开十三次全委会议。

5月2日　举办大型社会福利彩票发行工作，销售彩票119万张、357万元，提取社会福利基金138万元。

5月20日　唐山市吉祥旧物交易城（位于复兴路南段东侧，复兴路35号）开工建设。同年9月，市场投入使用。市场占地2.67公顷，建筑面积2.1万平方米。

6月　城市居民最低生活保障制度在全区正式建立。

7月22日　开始实行婴儿落户随父随母自愿政策。

8月　唐山市十三中在全市率先打破国办惯例，建立国有民办学校——唐山市友谊中学。学校实行理事会领导下的校长负责制，资产国有、自主办学、自我发展。

10月　组建通达出租公司，为唐山市首批公司化经营的出租公司之一，时有运营车辆100部，车型全部为富康，承租者以下岗职工为主。

是月　邮政、电信分营，设立路南区邮政局、电信局。

12月15日　开始停止住房实物分配，单位购建的住房一律由职工购买，不再享受优惠政策。

是年　全区养老保险范围扩大到机关、事业单位和城镇个体劳动者及私营企业。

是年　按照“依法、有偿、自愿”原则，开始在农村建立土地流转机制。

1999年

3月　成立区政府采购办公室，凡列入政府采购项目且金额在规定起点以上的开支，均实行政府采购。

是月　南刘屯村吉祥集团投资，在岳各庄大街东口，环城南路与唐柏路交叉口东南侧，建设唐山市吉祥钢材市场，8月竣工。2000年5月16日正式对外营业，当年进驻商家23户，主营各种碳钢、不锈钢型材和建材。

4月14日　经省计划委员会批准，在路南区女织寨乡和平街村建立唐山市北方花卉基地，项目总投资2880万元，其中固定资产投资2680万元，主要用于日光温室、大棚、道路、展厅、门市等投入，流动资金200万元。

5月8日 经区政府常务会议审议批准，光华造纸厂正式兼并第三造纸厂。

5月11日 召开清理整顿农村合作基金会工作会议，清理整顿农村基金会工作全面展开。清理整顿分清理准备、清产合资、分类处置三个阶段进行。5月11日—8月31日，对女织寨乡两个农村合作基金会全面清理整顿，经省、市验收组验收，两个基金会顺利并入农村信用社。

6月24日 区农村工作委员会更名为区农村工作部，为区委工作部门。农村工作部与政府农业委员会合署办公，一个机构、两块牌子，统一负责农村、农业工作。

6月30日 经路南区十二届政府第35次常务会议批准，唐山市吉祥实业（集团）公司兼并唐山市摩托车齿轮厂，双方签订兼并协议。

7月 唐山市温州商会投资建设唐山南方灯具市场，12月竣工投入使用。市场占地0.87公顷，建筑面积0.5万平方米（经营面积0.4万平方米），有商铺44间、库房21间，经营灯具2万余种，从业人员170多人。为唐山市建设最早、规模最大的专业灯具市场。

8月28日 路南、开平两区签订《路南区人民政府和开平区人民政府联合勘定的行政区域界线协议书》，确定路南、开平两区边界线，共涉及双方2个乡、9个村。边界全长14.13公里，起点为路南、路北、开平三区边界交会点，终点为路南、开平、丰南三区市边界交会点。

10月 全区所有用人单位，包括企业（国有、集体、外商投资企业等）、机关、事业单位、社会团体、民办非企业单位（非盈利性社会服务活动组织）及职工全部参加职工基本医疗保险。

是月 开滦矿务局改制成立开滦（集团）有限责任公司，唐山矿改制为唐山矿业公司。

是月 区质量技术监督局归属唐山市质量技术监督局垂直领导。

是年 失业保险覆盖至城镇企业事业单位职工。

是年 路南城市建筑安装工程公司改制为股份制企业，更名为南方建筑公司。

是年 区法院成立刑事审判第二庭，重点审理少年犯罪案件。

是年 组织45所中小学校参加全国举办的“迎国庆保卫21世纪中国万校国防教育”系列活动，有4.06万名师生参加。

是年 市、区共同投资建设青龙河绿地，位于南新道至西电桥之间，绿地面积2.12万平方米。

是年 建立市场“管办分离”管理体制，政府建立市场服务中心，专司市场建设职能，工商行政管理机关负责管理和监督。

2000年

1月11日 省新能源办公室在唐山市召开全省新能源工作现场会，参观路南区女织寨乡和平街村沼气池建设，并被省列为“猪—沼—花果蔬”示范基地。

2月16—18日 路南区十二届人大三次会议召开，大会选举崔长征为路南区人民政府区长。

3月28日 区委、区政府召开全区农村工作会议，向小能人企业奖（光华造纸厂）、特殊贡献奖（郑各庄、南刘屯、光华造纸厂、南刘屯旧机动车交易市场、南刘屯吉祥旧物交易城、岳各庄建材市场、榛庄燕津水泥厂）、村级经济增长实力前三名奖（郑家庄、南刘屯、西礼）获得单位分别颁发奖状。

3月 在全区开展查处违法占地的“春季行动”，共查处各类违法占地案件10宗。8月，开展“秋季行动”，查处遗留违法占地案件39宗。

是月 吉祥旧金属市场建成投产，占地1.33公顷，建筑面积3000平方米，共投入资金70万元。投入使用后不到两年，收回全部投资。2003年，由吉祥集团投资，对旧金属市场进行扩建，始成现在规模。2004年，旧金属市场开始实行承包经营。

5月　成立路南区药品监督管理分局，原区卫生局履行的药政管理职责归区药品监督管理分局。2005年12月，区药品监督管理分局撤销，辖区药品监督管理职责上收至唐山市食品药品监督管理局。

6月16日　唐山市天马国际旅行社注册运营。

6月　南刘屯村利用停办的村属集体企业红光食品厂部分场址和迁出的汽车修理厂原址，改建家具市场。2001年3月，又将第四生产队的闲置土地改建成家具市场。

7月　撤销非公有制经济管理办公室，组建民营经济发展管理局。

8月　区文化局与体育局合并成立路南区文化体育局，文化馆归文体局管理。

9月8日　路南区第二实验小学举行落成典礼。该校坐落于新建常泰里福乐园小区，占地2.13公顷，设计容量为18个教学班，教师编制51人，学生定员800人。

9月15日　路南区被科技部授予"全国科技工作先进区"。

9月20日　在唐山抗震纪念碑广场举行首次"全民国防教育日"活动，参加宣传活动2000余人。

10月16日　路南、路北两区签订《路南区人民政府和路北区人民政府联合勘定的行政区域界线协议书》，确定路南、路北两区边界线，共涉及双方2个乡、14个村。边界全长15.86公里，起点为路南、路北、开平三区边界交会点，终点为路南、路北、丰南三区（市）边界交会点。

10月30日　冀东花卉市场一号厅正式开业，北方花卉有限公司正式成立。

10月　经区政府批准，五金交电批发公司整体买断大世界商业楼。

11月　私营企业家、常记商场经理常玉珍被评为"中国十大女杰"。

是月　化工机械厂改制为私营股份制企业，更名为唐山化工机械有限公司。

是月　落实"立审分离，审监分离"原则，撤销区法院告诉申诉庭，成立审判监督庭。

12月21日　在女织寨乡大会议室召开取消村级招待大会。

是年　解放路糖酒采购供应站国有资本退出，企业转为民有民营。至此，路南区已无全民所有制商业企业。

是年　建国路工贸市场被改造成唐山市第一条商业步行街。

是年　开展第五次全国人口普查。普查对象为具有中华人民共和国国籍并在路南区境内常住的自然人。普查标准时点为2000年11月1日零时，普查时期为1999年11月1日至2000年10月31日。全区总户数76639户，常住人口245499人，平均每个家庭户的人口为2.86人，性别比（以女性为100，男性对女性的比例）为100∶106.25。

是年　路南区残疾人联合会从区民政局析出，独立为正科级单位，内设康复科、就业服务所、办公室3个职能科室，有会员3443名。

是年　在农村推行子女赡养老人协议书制度，其中西礼尚庄村签订赡养协议1200份。

是年　按照"市场导向、政府调控、双向选择"的原则，取消国家统一分配政策，建立"毕业生自主择业、市场调节就业、政府促进就业"的大中专毕业生就业机制。

是年　开工建设东出口立交桥，位于新华东道与唐古路交叉口。2001年9月主体工程完工通车，12月底全部竣工。

是年　学校基础设施经省政府验收，达到或超过省颁标准。

2001年

1月　南新道水产品批发市场建成并正式投入运营。

4月　唐山市卫生学校、唐山市商业学校、唐山市财贸干部学校和唐山市农业学校合并组建唐山职业技术学院。

6月19日 时任国务院副总理温家宝考察唐山采煤下沉区综合治理项目，对采煤下沉区的生态恢复、绿化和美化给予充分肯定。

是月 区委委员、常委、书记徐景田离任，于大中任区委委员、常委、书记。

7月18日 组建路南区事业单位登记管理局，与编委办公室合署办公，负责全区事业单位法人初始登记、备案登记、变更登记、注销登记。

是月 区工商行政管理机关将所辖14个市场移交地方政府管理，区市场建设服务中心共接收移交资产6117万元。

8月16日 路南、丰南两区（市）签订《路南区人民政府和丰南市人民政府联合勘定的行政区域界线协议书》，确定路南、丰南两区市边界线，共涉及双方4个乡、20个村。边界全长20.11公里，起点为路南、丰南、路北三区（市）边界交会点，终点为路南、开平、丰南三区（市）边界交会点。

12月6日 进行第二次全国基本单位普查。普查对象为境内法人单位及所属的产业活动单位。全区共有法人单位1907个，占全市的6.75%。

是年 在全市率先出台《关于调整居委会规模、组建社区居委会的实施意见》，本着有利于自治、管理和发挥功能的原则，将原有109个居（家）委会调整为52个社区。

2002年

1月16日 中央文明委创建文明城市考察组到唐山市检查，路南区常泰里福乐园社区、福寿公寓、常记功臣幸福院、康复村及建国路步行街5个点接受检查，受到中央、省、市领导肯定和好评。

是月 撤销区国有资产管理局，成立国有资产管理委员会办公室，设在区财政局国有资产管理科。

3月6日 区市场建设服务处与唐山市金匙房地产开发有限公司共同订立《唐山市荷花坑市场经营管理有限公司章程》，成立唐山市荷花坑市场经营管理有限公司，注册资本2449万元，其中区市场建设服务处1200万元，占49%；唐山市金匙房地产开发有限公司1249万元，占51%。

3月19—21日 路南区十二届人大五次会议召开，会议补选郭彦洪（女）为区人民政府区长。

是月 唐山骨伤医院更名为唐山市第十医院；唐山市土地管理局路南区分局更名为唐山市国土资源局路南区分局。

4月1日 路南区农业委员会更名为路南区农村经济局。

4月10日 区委农村工作部更名为中共路南区委农村工作委员会。

是月 成立路南区医疗保险科、医疗保险基金管理中心。

5月11日 燕京体育健身公园开工建设，当年7月27日开园，总投资100余万元，为河北省全民健身示范工程。

是月 唐山市第五职业高中和唐山市二十二中职业中专资源整合，成立唐山市路南区职业技术学校。

是月 开滦（集团）有限责任公司第十中学、福庄小学、双新小学、长青小学、南厂子弟小学、铁路第二小学、南厂中学相继与厂企剥离，划归路南区管理。

8月1日 首届路南区社区文化艺术节在广场街道办事处拉开序幕。区委、区政府相关部门及全区7个街道办事处文化站共同参与举办，整个活动业余演职人员2000余人，演出18场次。时间至年底结束。

8月 区委办、区政府办转发区委组织部、区人事劳动和社会保障局《关于选拔应届优秀大学毕业生工作的意见》，确定每年选调10名左右优秀大学毕业生到基层锻炼。

9月19日 路南区参加第五届陶瓷博览会暨人才技术交流大会，共引进本科或具有中级以上职称人才27名，并聘请6位假日博士。

11 月 22 日 路南区行政审批服务中心成立。

11 月 唐山市国土资源局路南区分局采用 GPS 卫星定位高科技手段，对辖区农村集体土地所有权在全省率先进行确权发证工作。此次土地确权涉及辖区 34 个行政村，总面积 2933.33 公顷。

是年 张念一创办小博士早期教育幼儿园。初期租用新华西道小学校舍，总面积 500 平方米。设 3 个教学班，在园幼儿 32 人，教职工 12 人。2006 年 7 月 28 日晚，正在唐山考察的中共中央总书记、国家主席、中央军委主席胡锦涛接见小博士早期教育幼儿园创办人张念一，并向小博士早期教育幼儿园的小朋友和老师表示亲切的问候。新华社对此发表题为《“唐山的未来一定会更加美好！”——胡锦涛总书记与唐山康复村和小博士幼儿园负责人一席谈》的报道，中央人民政府官方网站、《河北日报》《中国教育报》、人民网等均有刊登。

是年 区编制委员会办公室由区人劳局管理改为区政府管理。

是年 区审计局承担的社会审计移交至区财政局。

2003 年

1 月 私营企业家、常记商场经理常玉珍当选为第十届全国人大代表。

3 月 15 日 唐山市西郊污水处理二厂开工建设。2005 年 7 月 16 日正式运行。项目总投资 2.44 亿元，占地 11.67 公顷。

4 月 7—9 日 中共路南区第七次代表大会在区政府礼堂召开。大会听取和审议区委书记于大中代表中共路南区第六届委员会所作的《创新务实、奋勇争先，加速推进路南区全面建设小康社会进程》的工作报告；听取和审议区纪委书记房香代表中共路南区纪律检查委员会所作的《与时俱进、开拓创新，不断推进党风廉政建设和反腐败斗争深入开展》的工作报告，并作出相关决议。大会审查通过党费收缴、管理和使用情况的报告。大会以无记名投票方式，采取先差额预选，再等额选举的方法，选举产生中共路南区第七届委员会委员 33 名、候补委员 5 名。

4 月 9 日 区委七届一次全委会议召开。应到会委员 33 名、候补委员 5 名，实际到会委员 33 名、候补委员 5 名。会议采取无记名投票方式，差额选举中共路南区第七届委员会常务委员会委员 12 名，等额选举书记 1 名、副书记 4 名。选举于大中为书记，曹全民、魏文成、董建宝为副书记。至 2006 年 6 月届满共召开九次全委会议。

4 月 12—15 日 政协路南区六届一次全体会议召开。会议听取并审议区政协主席鲍中和作的《政协唐山市路南区第五届委员会常务委员会工作报告》和区政协副主席毕玉福作的《政协唐山市路南区第五届委员会提案委员会关于五届五年来提案工作情况报告》；选举常务委员 23 名，选举鲍中和为政协唐山市路南区第六届委员会主席，董树扶、李贺旺、李铁柱、吴占国、吴跃宏为副主席；审议通过政协唐山市路南区第六届委员会第一次全体会议政治决议。至 2007 年 6 月届内共召开五次政协全体委员会议。

4 月 12—16 日 路南区十三届人大一次会议召开。会议听取和审议代理区长曹全民作的《唐山市路南区人民政府工作报告》、区发展计划局局长刘建全作的《唐山市路南区 2002 年国民经济和社会发展计划情况与 2003 年国民经济和社会发展计划（草案）报告》、区财政局局长王彩霞（女）作的《唐山市路南区 2002 年财政预算执行情况和 2003 年财政预算（草案）报告》、区人大常委会主任周庆均作的《唐山市路南区人民代表大会常务委员会工作报告》、区人民法院代院长李凤艳（女）作的《唐山市路南区人民法院工作报告》、区人民检察院代检察长王玉成作的《唐山市路南区人民检察院工作报告》，并作出相应决议。会议选举产生常务委员 14 名，选举周庆钧为区第十三届人大常委会主任，刘广洙、唐福松、王丽芝（女）、刘进成为副主任；选举曹全民为区人民政府区长，王力、刘长锁、刘国忠、张进霜（女）、侯汝彦为副区长；选举李凤艳为区人民法院院长，王玉成为区人民检察院检察长；选举出席唐山市第十二届人民代表大会代表36名。至2007年6月届内共召开了五次人大代表会议。

4月21日 区内王禾庄村发现全市首例非典型肺炎病例。自此，开始长达3个月的“非典”防治工作。

4月 河北工业职业技术学院唐钢分院更名为唐山科技职业技术学院，位于警钢路68号，隶属于河北钢铁集团唐山钢铁集团有限责任公司。

5月7日 区委、区政府在第七会议室召开文明生态村创建工作会议，确定路南区创建领导小组成员单位及6个试点村：市级有季家屯、西越河；区级有郑家庄、南刘屯、老谢庄、大洪桥。

6月3日 区委、区政府召开全区文明生态村建设工作会议，下发《关于开展文明生态村创建活动实施意见》《关于2003年文明生态试点村建设的实施方案》；宣布全区文明生态试点村16个。

8月7日 取消对出国、出境人员及被判处徒刑、劳动教养、少年管理人员注销户口规定。

8月 区爱国卫生运动委员会办公室由政府办公室分离出来，成立环境建设办公室，两办公室合署办公，一个机构、两块牌子。

9月17日 路南区在开滦大酒店举办经济技术项目合作洽谈会。邀请国内外企业、大专院校等各个领域的客商110多人，组织区内50多家企业参会。共签订人才引进意向42项；达成各项经济合作项目17项，其中外资项目2项、内资项目15项，合同总投资5.97亿元人民币、1030万美元；达成技术合作项目10项。

9月18日 在唐山市第六届陶博会及经贸洽谈会上，路南区有3个项目正式签约，合同总投资4.19亿元人民币、1500万美元，合同引进省外资金3800万元人民币，合同利用外资725万美元。

10月29日 区统计局完成全区第三产业清查工作。全区共清查登记第三产业法人单位1267家。其中，单产法人单位1171个，多产法人单位96个；集贸市场16个，摊位2972个，从业人员4218人。

10月 唐人街项目开工建设，位于新华道与光明路交叉口东南侧。2005年7月建成投入使用。

11月4日 唐山市饮食行业老字号——唐山鸿宴饭庄烹制的6道菜在南昌举办的第13届中国厨师节上获得金奖。鸿宴饭庄已拥有11道中国名菜，为唐山市拥有中国名菜最多的饭店。

12月31日 唐钢宾馆被省旅游局评定为“三星级酒店”。

是年 唐山兴达橡塑制品有限公司衬胶防腐管道项目通过新产品鉴定，跨入国内技术领先行列。

是年 小山运输市场与唐山二运公司联合组建唐山市通达客运股份有限责任公司。

是年 坐落域内的唐山市百货公司被唐山百货大楼集团兼并，成为唐百大集团控股子公司，更名为东方购物广场有限责任公司。

是年 经市政府批准，唐山建设集团有限责任公司国有资本全部退出，成为员工持股的股份制企业。

是年 唐山市首家社区志愿者协会在路南区成立。当年成立唐山市志愿者协会路南区分会，下设青年志愿者、巾帼志愿者、老年志愿者、科普志愿者、环保志愿者、公务员志愿者等7个志愿者工作指导委员会。2004年5月28日，路南区志愿者协会成立暨第一次会员代表大会召开。会议审议通过《协会章程》《协会工作报告》，选举产生区志愿者协会第一届理事会。

是年 在全市率先探索“1+5”（一套社区组织管理体系和社区服务工作站、社区文体活动站、社区卫生服务站、社区安全警务站、社区环境管理站）社区管理新模式，受到民政部肯定并推广。

2004年

1月 专业表演团体——开滦艺术团成立，隶属于开滦集团文体中心文联，有演职人员46人，主要从事戏剧、舞蹈、歌唱、相声、小品等艺术表演。

2月8日　完成禽类等动物防疫普查，全区规模养殖场114个，散养户796户，禽类存栏29.68万只，畜类存栏1.72万头，其它0.25万只。

2月18日　唐山市南方物业管理有限公司管理的双新里、友谊里、荷花西苑3个小区被命名为“省级园林式居住小区”。

2月　经市卫生局批准，在唐山市第五医院成立“唐山市心理卫生知识培训基地”，成为全市第一个市级心理卫生知识培训专业机构。

3月1日　区委综合内部刊物《今日路南》创刊。

3月12日　区纪委全委（扩大）会议暨民主评议机关（行业）作风总结动员大会在区机关小礼堂召开。

是日　对土地延包流转情况进行调查摸底。全区土地延包面积1133.93公顷，涉及农户9397户，流转土地336.33公顷，其中6个村实行集体流转，流转土地174.2公顷。

3月15日　路南区安全生产监督管理局成立。

4月29日　2004年唐山市全民健身周启动仪式暨路南区第二届全民运动会在唐山市体育中心田径场召开。

4月　贯彻落实中共中央一号文件精神，实行粮食直补政策。全区涉及直补的村25个，应补土地面积913.33公顷，受益农户6432户，发放直补资金14.05万元。

5月10日　唐山长城电焊机总厂有限公司的WSE－系列逆变式交直流多用氩弧焊机项目，被列入2004年唐山市科学技术研究与发展计划机电一体化产业重点攻关项目。

5月14日　全国妇联副主席陈秀榕在省妇联主席曹素英、市领导田向利、郭彦洪及区领导于大中等陪同下考察路南区下岗女工再就业工作。

5月16日　路南区小山工业品批发市场被中国商品交易市场信息网、中国市场指导委员会评为“2003年度百家最大商品交易市场”。

5月18日　劳动和社会保障部副部长张小建在省政府副秘书长于万魁、省劳动和社会保障厅副厅长张瑞书、副市长张羽及区领导于大中等陪同下，就劳动保障工作深入路南区广场街道办事处卫国楼社区调研。

5月　中国平安人寿保险股份有限公司唐山中心支公司落驻新华西道110号信息大厦。

6月21日　唐山市突降冰雹，女织寨乡10个村、4600户、533.33公顷田地受灾，直接经济损失近200万元。

6月25日　在区机关中心会议室，举行路南区职业技术学校与唐山冀东物贸集团有限责任公司联合办学签字仪式。

6月26日　全国英烈纪念机构管理委员会主任杨学惠考察冀东烈士陵园。

6月28日　路南区第三届文化体育艺术节开幕式暨全民健身周启动仪式在区机关大礼堂举行。

是日　路南区友谊街道办事处定福里社区举行科普文化长廊揭牌暨创“绿色环保社区”启动仪式。该科普长廊总面积260平方米，设有25个类别的科普知识栏目。

7月13日　区政府原则同意区经贸局关于路南区商业总公司整体出售安置职工的方案。至此，区直属商业企业产权制度改革基本结束。

7月14日　唐山市社区学生家长学校现场会暨夏令营启动仪式在路南区卫国楼社区举行。

8月26日　华北煤炭医学院附属医院托管路南医院签字仪式在区机关会议室举行。

8月28日　路南区近万名党员集中开展以治理小区“五乱”、创建文明生态村和门前三包、门内达标等为内容的“党员奉献日”活动。

8月30日　市委宣传部、市文化局与交通文艺台联合举办的“敢唱就会红”——创五城走进社区消夏晚会在路南区常泰里福乐园举行。

8 月 在 7 个街道司法所建立法律援助联络站，形成以援助中心为主、以联络站为辅的法律援助体系。

9 月 15 日 “郎助郎上学堂”捐资助教捐赠仪式在路南区第二实验小学科技楼举行。龙悦公司经理韩桂荣和郎酒集团董事长蒋先玉向二实小捐赠 10 万元。

9 月 16 日 路南区“勿忘国耻、强我中华”万名军民签名仪式在冀东烈士陵园举行。市、区领导及社会各界代表和干部、群众、学生 6000 余人参加签名活动。

9 月 18 日 第七届唐山中国陶瓷博览会签约仪式在市政府会议中心举行。会上，路南区人达房地产开发有限公司与天津家世界连锁商业集团有限公司成功签订总投资 1.5 亿元的新天地家世界超市建设项目。

是日 “革命圣火传递暨唐山市青少年科普中心剪彩仪式”在路南区第二实验小学举行。

9 月 30 日 路南区召开企业为创卫作贡献捐款仪式。冀东汽贸、人达房地产公司、成龙房地产开发有限公司、金匙集团、华盛购物中心、华通线缆有限公司、中山装饰材料市场、郊区信用联社、个体经营者李文东 9 家企业和个人捐款 52 万元。

11 月 6 日 路南区在燕京小区健身公园举行就业服务进社区活动启动仪式。419 人与用人单位达成就业意向，142 人达成培训意向，发放宣传材料 3000 多份。

11 月 18 日 路南区举行“爱心托起希望”助学活动启动暨成龙地产贫困学生救助仪式。路南区成龙房地产开发公司一次性出资 5 万元，对区内 100 名贫困学生实施现场救助。

12 月 30 日 唐山市第三届社区文化艺术节闭幕式召开，至此，为期半年的第三届社区文化体育艺术节圆满结束。其间，路南区共举办 17 项大型系列活动，参与群众达 10 万人次，选送的 34 项艺术精品在全市集中展演并在比赛中全部获奖。

12 月 31 日 路南区进行第一次全国经济普查。普查对象为全区从事第二产业和第三产业活动的法人单位、产业活动单位以及个体经营户。普查的标准时点为 2004 年 12 月 31 日，普查资料的调查年度为 2004 年。全区共划分普查小区 90 个，其中行政村 38 个、社区（居委会）52 个，选调普查员 142 名，选聘普查指导员 20 名。经普查，至 2004 年年末，全区共有从事第二、三产业法人单位 1544 个，其中企业法人单位 1298 个，机关、事业法人单位 130 个，社会团体法人单位 5 个，其他法人单位 111 个；产业活动单位 1695 个，其中第二产业 267 个、第三产业 1428 个；个体经营户 16495 户，其中第二产业 474 户、第三产业 16021 户。

是年 由唐山市总商会温州商会投资，清华大学规划设计研究院设计的商业步行街开工建设。2005 年 12 月 8 日，正式开业，并定名为新街。

是年 成立人民监督员办公室，聘请 5 名人大代表、政协委员担任人民监督员，重点对直接受理的自侦案件中不服逮捕决定的，拟撤案和拟不起诉的，对职务犯罪案件法院判无罪，拟提出抗诉的案件进行监督。

是年 按国家体育总局部署，进行全国第五次体育场地普查。经普查，全区共有体育场地 182 个，在 115 个标准场地中，有体育场 1 处、游泳池 5 个、综合房（馆）2 个、武术房 1 个、健身房 7 个、台球房馆 10 个、田径场 4 个、小运动场 14 个、水上运动场 1 个、篮球场 46 个、门球场 11 个、排球场 13 个。

2005 年

1 月 4 日 家住路南区增盛楼的 88 岁老人严系云，在区委统战部、区台办及市台办的帮助下，与身在台湾的妹妹——辜振甫先生的夫人严倬云女士取得联系，并发去唁电，对辜振甫的去世表示哀悼，了却老人一桩心愿。

1月28日　新天地购物乐园家世界超市开业。

2月4日　路南区召开保持共产党员先进性教育活动动员大会。6月23日，召开路南区第一批保持共产党员先进性教育活动总结大会。7月11日　路南区第二批保持共产党员先进性教育活动动员大会召开。12月15日　路南区第二批保持共产党员先进性教育活动总结大会在区政府小礼堂召开。

3月3日　路南区开展区级党员领导干部“学习大钊精神，争作时代先锋”主题参观实践活动。

4月14日　团区委、区工商业联合会在区政府小礼堂举行路南区希望工程贫困学生救助仪式。中山有限公司、任氏包装设备有限公司等10家私营企业联合出资2万元，对路南区100名贫困学生现场救助。

5月24日　以“保持共产党员先进性，加快建设文化强区步伐，构建和谐路南，推进小康社会建设”为主题的第四届社区文化体育艺术节开幕式在渤海电影院召开。

5月25日　路南区四套班子领导到66366部队开展以“增强国防观念、提高军事技能”为主题的国防教育军事日活动。

5月　唐山市第十医院增设唐山市健康体检中心，为独立于医院之外的国营专业体检机构。

6月4日　路南区第二届社区运动会暨全民健身周启动仪式在区第二实验小学召开，来自全区52个社区2000余名群众参加大会。

6月28日　举办为期一周的“书墨飘香倡廉风”暨庆祝建党84周年书画摄影展。

6月　中国人民武装警察部队河北部队第三支队与中国人民武装警察部队唐山市支队合并，成立中国人民武装警察部队唐山市支队，为旅级支队。

是月　开滦医疗集团钱家营医院更名为开滦职业病防治院。

7月12日　路南区春蕾行动暨“十佳春蕾女童”表彰大会在区政府小礼堂召开。会上共收到捐款3万元，130名贫困女童得到资助。

7月26日　团区委与区教育团委组织开展“小手拉大手，文明伴我行”活动。唐山电视台新闻50分、《唐山晚报》《燕赵都市报》等新闻媒体对活动进行了追踪报道。

8月24日　为纪念中国人民抗日战争胜利和世界反法西斯战争胜利60周年，路南区委宣传部在区政府小礼堂组织以“弘扬民族精神，争做时代先锋”为主题的演讲比赛。

8月　华泰财险有限公司唐山中心支公司成立。

9月1日　省民政厅副厅长程鸿飞与来自北京、天津、河北省内各大烈士陵园的领导，出席冀东烈士陵园管理处举办的建园50周年暨中国人民抗日战争胜利60周年纪念大会。

是日　中纪委驻教育部纪检组组长田淑兰考察路南区燕京小学廉政文化进校园和校务公开工作，并给予充分肯定。

9月16日　在第八届唐山中国陶瓷博览会签约仪式上，路南区的唐山福斯特商贸有限公司、唐山春兴特种钢有限公司与加拿大枫叶投资有限公司，成功签订总投资1.3亿美元的不锈钢薄板项目。

9月　筹建博艺幼儿园（由刘营庄小学改建而成）。该园为路南区第一所也是唯一一所农村独立公办幼儿园。

10月29日　路南区“就业服务进乡村”活动启动仪式在女织寨乡政府大院举行，27家劳动用人单位及7家培训学校参加，来自女织寨乡38个自然村的600余名村民现场咨询。当场达成就业意向208人，达成企业培训意向161人。

10月　路南区广场街道卫国楼社区，被全国“双合格”家庭教育宣传实践活动领导小组评为全国“双合格”优秀（示范）家长学校。

11月3日　历时4个月的路南区“冀东汽贸”杯“告别陋习，走向文明”摄影展揭晓。本次摄影展共收到参赛作品103幅。

11 月 26 日 河北华通线缆制造有限公司研制的新产品“高压船用电力电缆”通过市级鉴定，打破高压船用电力电缆依赖进口的局面。

12 月 1 日 在区政府小礼堂举办创建“诚信平安路南”知识竞赛。全区 7 个乡街及 9 个综治成员单位派出 16 个代表队，展开激烈角逐，女织寨乡、区工商分局、友谊街道办事处代表队获前三名。

12 月 9 日 路南区反邪教协会成立大会暨第一届理事会第一次会议召开。

12 月 16 日 路南区开展“冬衣暖人心”募捐活动，帮助灾民和贫困群众解决过冬衣被 1.8 万件。

是年 路南区二实验小学在校园内创建少年军校电视台，设“国防之声”“法制星空”“校园采风”等专栏。唐山电视台将少年军校活动拍摄成 20 分钟的纪实片《筑起我们新的长城》，送中央电视台和全国九届人大四次会议上转播。

是年 在“2005 年河北省（香港）投资贸易洽谈会”上，路南区与北京嘉德恒信环保投资有限公司达成共识，促成世博大厦的招商引资。

是年 南湖公园被建设部批准为“国家城市湿地公园”。

2006 年

1 月 12 日 路南区“清风礼赞”廉政文艺汇演在区政府大礼堂举行。500 余名党员干部观看演出。

1 月 31 日 市体育局和区文体局在女织寨乡郑各庄小学联合举办“体育三下乡”暨“迎新春，闹元宵”文体展演。

1 月 路南区社区信息化管理系统陆续开通。此系统由区民政局与北京某科技公司共同研发，是全市乃至全省第一个社区信息管理系统。系统软件由 3 个子系统组成，网页结构以社区建设“1+5”模式为核心，分为 9 个板块。

3 月 17 日 区政府制定《新型农村合作医疗制度实施方案（试行）》，自 2006 年 1 月 1 日起实施。

5 月 路南区第五届社区文化体育艺术节开幕。

6 月 10 日 路南区全民健身周启动仪式暨“沃特杯”体育健身路径比赛在燕京体育健身公园隆重举行。来自全区 7 个乡街的 70 名选手，分别参加青年组和老年组比赛。

7 月 1 日. 东方家园建材超市开业。该超市为全国最大的家居建材连锁企业中国东方集团在河北省开设的第一家建材家居大卖场，位于新天地购物广场南端，经营面积 4.8 万平方米，总投资 1.8 亿元。

7 月 4—6 日 中共路南区第八次代表大会在区政府大礼堂召开。大会听取和审议区委书记于大中代表中共路南区第七届委员会所作的《全面落实科学发展观，为实现“三突破一同步”而努力奋斗》的工作报告，及区纪委书记房香代表中共路南区纪律检查委员会所作的《全面履行职责，加大防治力度，不断开创党风廉政建设和反腐败工作新局面》的工作报告，并通过相应决议。大会审查《中国共产党唐山市路南区第七届委员会关于党费收缴、管理和使用情况的报告》，并通过决议。大会采取无记名投票方式，先差额预选再等额选举的办法，选举产生中共路南区第八届委员会委员 33 名、候补委员 6 名，选举产生中共路南区纪律检查委员会委员 15 名。

7 月 6 日 区委八届一次全委会议在区政府小礼堂召开。会议采取无记名投票方式，差额选举中共路南区第八届委员会常务委员会委员 11 名，等额选举书记 1 名、副书记 3 名。选举于大中为区委书记，曹全民、王雪增、房香为区委副书记。会议通过中共路南区纪律检查委员会第一次全体会议选举结果的报告；听取当选的区委书记于大中代表常委会所作的《牢记使命，不负重托，全面完成区第八次党代会确定的各项目标任务》的讲话。至 2010 年 12 月共召开六次全委会议。

7 月 11 日 区委书记于大中率部分区领导到玉田县 66366 部队参加“军事日”活动。

7 月 12 日 路南区“弘扬抗震精神，讴歌路南巨变”书画摄影展在区政府小礼堂举办。此次活动共征集作品300余件，展出优秀作品160余件。

7月28日 中共中央总书记、国家主席、中央军委主席胡锦涛在唐山考察工作期间接见路南区康复村村长杨长禄和地震孤儿“党氏三姐妹”。

8月15日 唐山市第一家市场行业工会联合会在路南区市场建设服务中心成立。

8月 南湖公园被省建设厅命名为“河北省五星级公园”。

9月12日 永红桥街道所辖凤凰技校党支部成立，这是全区第一家民办学校党支部。

9月15日 路南区经贸洽谈会暨项目签约仪式在开滦大酒店举行。有来自韩国、澳大利亚、意大利、印度等国家以及中国台湾、香港等地区的21名客商，有来自浙江、上海、北京、山西等省市的客商；有来自北京科技协作中心、北京航空航天大学、天津工业大学等国内7所高等院校、科研院所的专家学者。中外客商参观考察南湖经济生态区、东南部区域改造、世博大厦等地。大学、院校的专家深入企业、农村进行高新技术及先进适用技术的发布洽谈和技术考察指导。8个项目成功签约，总投资9.58亿元。

9月18日 中国焙烤食品糖制品工业协会、商业技能鉴定与饮食服务发展中心，在北京人民大会堂新闻发布厅发布月饼产品国家专项质量抽查结果。唐山隆义实业集团公司四远香糕点厂生产的四远香广式礼盒月饼获2006年第十二届中国月饼节优质月饼奖。参加此次评选的135家月饼厂家中，有45家的产品被评为优质月饼，唐山市仅此一家获此殊荣。

9月26日 唐山市第一届健身路径比赛在燕京体育健身公园举行。

10月16日 全国妇联党组书记、副主席、书记处第一书记黄晴宜，全国妇联书记处书记甄砚率视察组一行到友谊福寿公寓考察下岗女工再就业情况。

10月 商务部公布第一批“中华老字号”，全国共有434家企业榜上有名，鸿宴饭庄名列其中。同年，该饭庄被省工商局认定为“河北省著名商标”。

是月 荷花坑市场被中国城市农贸中心联合会评为“全国百强农产品批发市场二十强”，省第二名，全市唯一的“国家双百市场工程”（100家全国性跨区域农产品批发市场、100家大型农产品流通企业）入选企业。

是月 位于唐胥路风井路段东侧、开滦唐山矿业公司矿区南侧的风井枢纽站建成并投入使用，为9路、1路、15路公交车的始发站，和一公司所属1路、6路、9路、14路、15路停车场区。

12月27日 卫国楼社区等6个社区的服务工作均已达到省《社区服务通用要求》中的最高标准——“三星”级标准，被命名为“社区服务标准化示范社区”。

是年 唐山市卫生防疫站迁至路北区境。

是年 “万里香”扒鸡通过QS市场准入。

是年 全区机关、事业单位实施生育保险与医疗保险捆绑运行，实行定额补贴制度，资金由基本医疗保险统筹基金列支。

是年 区质量技术监督局起草的《社区服务通用要求》通过省质量技术监督局标准专家组审核验收，成为河北省第一个社区服务标准。

2007年

1月11日 路南区工商业联合会第七次会员代表大会召开。会议听取和通过六届执委会工作报告，选举产生区工商联第七届执委会会长、副会长，审议通过工商联第七届会员代表大会决议。

1月15日 区妇联启动“真情暖万家扶贫济困—心系妇女健康、情暖贫困家庭”活动。来自全区的55名贫困妇女获得总价值1万元的米、面、油等慰问品，1000名妇女获赠“爱心健康体检卡”。

3月4日 凌晨突降大雪，女织寨乡郑家庄、郑各庄、老谢庄、张丁庄、西越河、和平街6个村不同程度受灾，蔬菜及鲜花大棚被大雪压塌，受灾面积1.5公顷。

3月14日 小山街道双桥里社区被评为“全国敬老模范村居（社区）”，成为唐山市首批入选的16个村居（社区）之一。

3月21日 58个单位1000余名干部职工及7个乡街的干部群众分别到南部采沉区大南湖和乡街责任植树点义务植树，共种植千头椿、速生杨2.5万株。

5月9日 路南区召开科学发展观学习教育活动动员大会。5月30日，召开“全面落实科学发展观，建设繁荣文明和谐新路南”宣讲大会。是月，区委下发《关于在全区党员干部中开展科学发展观学习教育活动的意见》。教育活动分为学习提高、对照检查、案例剖析、整改落实四个阶段，为期4个月。6月12日，路南区召开科学发展观学习教育活动学习提高阶段总结暨部署对照检查阶段工作会议。

5月25日 路南区第十三届人大常委会第30次会议决定接受曹全民辞去路南区人民政府区长职务，并报请区第十四届人民代表大会第一次会议备案，决定张国栋任路南区人民政府副区长、代理区长。

6月5日 河北省第十二届运动会“开滦集团杯”火炬传递活动暨路南区2007年全民健身周启动仪式在南湖公园举行。

6月25日 “网上河北行”记者团一行40余人采访福乐园社区。

7月27—30日 政协路南区七届一次会议召开，区政协副主席魏文成向大会作《政协唐山市路南区第六届委员会常委会工作报告》，副主席吴跃宏作《政协路南区六届委员会提案委员会工作报告》。大会审议通过《提案审查报告（草案）》和《大会政治决议（草案）》。会议选举魏文成为第七届委员会主席，选举侯汝彦、吴跃宏、刘仕俭、王玉玲（女）为副主席，选举常务委员22名。至2010年2月届内共召开四次政协全体委员会议。

7月28—30日 路南区第十四届人民代表大会第一次会议召开。会议听取和审议代区长张国栋代表区人民政府作的《政府工作报告》、区人大常委会主任周庆钧代表第十三届人大常委作的《人大常委会工作报告》、区人民法院院长李凤艳（女）作的《人民法院工作报告》、区人民检察院代检察长张炳泽作的《人民检察院工作报告》，并作出相应决议。通过《唐山市路南区第十四届人民代表大会第一次会议选举办法（草案）》《关于征集代表议案、建议、批评和意见的规定》。同意接受曹全民辞去区人民政府区长职务，王玉成辞去区人民检察院检察长、检察委员会委员职务；选举董建宝为区第十四届人民代表大会常务委员会主任，张一民、王丽芝（女）、刘进成、刘阁云为副主任，常务委员18名；选举张国栋为区人民政府区长，潘树文、王东群、孙辉福、刘军、杨丽娟（女）为副区长；选举李凤艳（女）为区人民法院院长，张炳泽为区人民检察院检察长。至2010年2月共召开四次人大代表会议。

7月 路南区机关、事业单位医疗保险上收至市统一管理。

8月 九三学社唐山市路南区工作委员会成立。

9月15日 路南区2007经贸洽谈会暨项目签约仪式在开滦大酒店四层会议室举行。会上签约8个项目，合同利用外资5030万美元、人民币19.18亿元，达成合资合作意向20个。

9月16日 在唐山宾馆举行的2007河北、唐山（曹妃甸）经贸洽谈会签约仪式上，小山街道办事处与香港金龙集团成功签订总投资8000万美元的小山区域综合开发改造项目。

10月10日 路南区残疾人联合会第四次会员代表大会召开。会议听取并审议钱梦娟作的《与时俱进，求真务实，全力推进残疾人事业再上新台阶》的工作报告；选举产生唐山市路南区残疾人联合会第四届委员会，选举主席1人、副主席1人，理事长1人。

11月8日 组织联合执法行动，对大南湖区域季家屯酸洗厂、渣洗厂、木匠庄屠宰场等6家无环保手续、污染严重、无照非法经营的企业全部关闭取缔，率先在全市完成关闭取缔任务。

11月30日 路南区召开慈善协会筹建暨募捐动员大会，共收到各界捐款282.11万元。12月18日，路南区慈善协会成立暨第一次会员代表大会召开。

11 月 路南区医疗保险科成立，负责全区灵活就业人员和城镇居民医疗保险制度的落实。

是年 开展全国第二次农业普查，普查标准时点为 2006 年 12 月 31 日 24 时。普查对象为境内从事农业生产经营和服务的单位、农村住户、从事农业生产经营活动的非农村住户、行政村和乡镇。

2008 年

1 月 15 日 合众人寿保险股份有限公司唐山中心支公司成立。

1 月 撤销总工会职业介绍所，成立私营企业工会联合会。

是月 组织近千名中学生参加唐山市第十届“中国人寿保险杯”元旦长跑及市直机关“健身日”活动。

3 月 1 日 市委、市政府举行南湖生态城扩湖工程启动仪式。

3 月 4 日 唐山市路南区市场建设服务处与唐山市金匙房地产开发有限公司召开股东会议，形成《股东会纪要》，唐山市路南区市场建设服务处所占注册资本总额 49% 的股份，转让给唐山市金匙房地产开发有限公司。

3 月 区委委员、常委、书记于大中离任。

4 月 10 日 区委召开深入学习实践科学发展观活动动员大会，对全区开展深入学习实践科学发展观活动全面部署。区委常委、组织部部长贾向东宣读《中共路南区委开展深入学习实践科学发展观活动领导小组及其办公室成员名单》，区委常委、宣传部部长张进霜宣读《中共路南区委开展深入学习实践科学发展观活动实施方案》。4 月 29 日，在机关大礼堂召开了深入学习实践科学发展观活动辅导报告会。9 月 24 日，在机关大礼堂召开深入学习实践科学发展观活动总结大会。

4 月 13 日 市委、市政府下达的地震遗址公园建设场地拆迁任务完成。涉及各类企业及住户 67 家，总建筑面积 10.6 万平方米。

4 月 16 日 路南区“送法进万家”启动仪式在福乐园社区内举行。

4 月 25 日 路南区与河北理工大学举行“科学发展规划暨农村城市化发展规划”签约仪式，双方将合作研究制定路南区科学发展规划和农村城市化发展规划。

4 月 30 日 在南湖公园举行“迎奥运倒计时 100 天”全民健身活动。

是日 完成占地 28 平方公里的南湖生态城核心生态风景区扩湖、植绿工程拆违拆迁任务。涉及生态城内企业 171 家，养殖户 118 家，16 个村庄 310 户，私搭乱建 162 家。

4 月 刘桂东任区委委员、常委、书记。

5 月 5 日 全区领导干部会议在机关大礼堂召开。会议传达市委常委会关于路南区主要负责人职务调整的决定：刘桂东任路南区委委员、常委、书记，于大中不再担任路南区委书记、常委、委员职务。

5 月 14 日 来自全区各乡街、区直各部门、各人民团体、境内各企事业单位的代表 1000 余人为“5·12”四川汶川地震灾区捐款，共募集善款 170.6 万元，捐赠衣物 1100 余件。

5 月 19 日 下午 14 时 28 分，国旗低垂、汽笛哀鸣，区四大班子领导及 400 余名机关干部聚集在机关大礼堂为四川大地震中遇难同胞默哀。

5 月 30 日 “科学发展，魅力路南”文艺汇演暨第七届社区文化体育艺术节开幕式在机关大礼堂举行。

5 月 解放军第二五五医院组成医疗队，参加四川汶川大地震抢险救灾。

6 月 3 日 路南区在第二实验小学科技中心举办以“体验、创新环保”为主题的路南区首届青少年科技节。

6 月 13 日 区委、区政府召开《路南区志（1990－2005）》编纂工作动员会议，对区志编修工作进行部署。

6月30日 新华道集贸市场停止营业。市场内697家经营户全部迁入南新道水产品批发市场和名汇购物广场经营。7月18日，举行新华道集贸市场改造工程开工仪式，标志“打造宜居靓城，建设幸福之都”攻坚行动和“城市建设三年大变样”工作拉开序幕。

6月 路南区档案馆晋升为国家二级档案馆。

7月15日 路南区787名参与奥运火炬传递安保工作的政法干警和机关干部，集结在唐山抗震纪念碑广场，按既定方案要求迅速到达指定位置，圆满完成全市奥运火炬传递第一次实战演练。

7月27日 由区政府、天津泰达斯迪尔电子交易市场主办，唐山佳源集团承办的唐山钢铁电子交易论坛在锦江国际饭店举行。

7月 由路南区文体局投资的文北生态健身苑开工建设，11月底落成并投入使用。

是月 八届市委常委会第60次会议明确南湖生态城管委会（筹建）的职责和人员编制。市编委会随后印发《关于南湖生态城管委会（筹）职能配置内设机构和人员编制的通知》，明确管委会下设综合办公室、规划处、项目管理处、工程建设处、招商合作处、建设开发综合服务中心、园林绿化中心7个内设机构。

8月22日 中共中央办公厅督察专员刘新山一行四人，到路南区督导奥运期间信访稳定工作。

8月 友谊中学由国有民办学校转制为民办学校。2010年，恢复国办体制。

9月16日 唐山市保时捷汽车中心项目、唐山市欧洲科技中心项目举行签约仪式。

9月25日 路南区2008经贸洽谈会暨项目签约仪式在开滦大酒店举办。本次洽谈会签约项目13个，合同投资总额135.71亿元。应邀参加此次洽谈会的有来自意大利、美国、法国、韩国、英国、澳大利亚等国家的外商；有来自北京、上海、天津、江苏、浙江、湖北等省市和中国台湾、香港等地区的客商。

9月26日 在唐山曹妃甸临港产业国际合作会议签字仪式上，路南区长青楼区域改造、红星美凯龙建材家具城、唐山保时捷汽车展示中心、小山建国路区域改造、冶金物流装备中心等五大项目成功签约，总投资95亿元。

9月 纪委派驻机构改革，保留垂直管理部门和政法系统纪检监察机构；对其余区直机关和乡街实行统一管理；成立4个纪工委（监察分局），分别是第一、第二、第三、第四纪工委。

12月5日 大连万达集团发展部、唐山万达投资置业有限公司负责人到路南区，代表大连万达集团向区委、区政府送上一面写着“情系企业、鼎力相助”字样的锦旗，真诚感谢在长青楼区域整体改造前期各项工作中所给予的大力支持。

12月7日 曹家庄中桥重建工程举行通车典礼。

12月18日 老年综合福利中心与陡河生态健身苑落成举行典礼仪式。

12月19日 由路南区和中国工商银行联合举办的2008中国乒乓球俱乐部超级联赛路南赛区两场比赛，在市体育中心开赛。

12月27日 省委、省政府将开滦国家矿山公园列为河北省实施文化产业发展带动战略“大项目”。

是年 科学发展模式——路南实验小学开放式素质教育实验班正式开班。

是年 美国微笑列车启动仪式在唐山市协和医院启动，为0～40岁的唇腭裂患者实施免费治疗。

是年 编制和启动“六点六片”规划。六点即渤海大厦、渤海新世界、人民大厦、新华贸中心、曙光大厦、建国大厦，打造新华道南侧沿线六大标志性景观建筑；“六片”即西南片区（现代化商业商住区和行政中心）、东南片区（生产资料现代物流区）、长青楼区域（市级商业商务中心）、南湖北岸区域（集吃、住、娱、购、游等为一体的现代商业带）、小山建国路区域（传统与现代相结合的商业商务区）、华岩南路区域（南湖与市区的商业连接带）。

是年 开滦国家矿山公园被河北省文化厅命名为河北省第一批文化产业示范基地。

是年　荷花坑市场经营管理有限公司被确定为“农产品批发市场标准化”建设单位。

是年　经过竞标，确定美国龙安建筑规划设计顾问有限公司、德国意厦国际设计集团、北京清华城市规划设计研究院、北京澳斯派克景观规划设计顾问有限公司4家国际顶级规划机构，为南湖生态城编制规划蓝图。

2009 年

2月12日　路南区在机关大礼堂召开文明城创建和“三年大变样”动员大会。

2月　区公安分局整建制上划唐山市公安局管理。

3月5日　举行高新技术产业聚集区开工仪式。

3月11日　全省第一家省级文化创意产业示范园区——河北省文化创意产业园区在南湖生态城破土动工。园区位于路南区岳各庄路以北、紫天鹅庄以东，一期占地26.7公顷。

3月　世界展览局批准唐山南湖生态城作为城市生态建设特殊案例参加2010年上海世博会，以其他形式展示8天。

4月3日　市委宣传部、市教育局、团市委在冀东烈士陵园举行“唐山市青少年红色巡学启动仪式”。

4月9日　路南区“健康校园、幸福路南”行动启动仪式暨中小学生春季田径运动会在唐山四中拉开序幕。来自全区各中小学的千余名师生进行健身操、呼啦圈等特色健身展演。

4月21日　“健康唐山、幸福人民”儿童先天性心脏病免费筛查工作启动仪式在路南医院举行。

是日　天津泰达国际心血管医院与路南医院就筛查工作正式签订技术合作协议。

4月22日　路南区第七届残疾人运动会在培智学校举行。

4月29日　庆祝南湖开园暨第八届社区文化体育艺术节开幕式在小南湖东门广场举行。“五一”节期间，城市中央生态公园接待游客30万人。

5月9日　路南区“促进公共文明志愿者服务日”活动在南湖公园东门广场正式启动。

6月19日　中共中央政治局常委、国务院总理温家宝到路南区危旧平房改造区——南富庄社区看望慰问干部群众，考察南湖城市中央生态公园。

8月7日　在南湖公园东门广场举行“全民健身日”万人健步行活动启动仪式。

8月8日　路南区和中国工商银行联合承办的2009中国乒乓球俱乐部超级联赛在市体育中心开赛。

8月27日　在机关小礼堂举行老科技工作者协会成立暨第一次代表大会，选举产生第一届理事会。

8月28日　家乐福公司、大地数字影院加盟“新华贸”主力店签约仪式在锦江国际饭店举行。这是唐山市第一次引进世界500强零售商家，也是家乐福首次进驻河北。

8月30日　区慈善协会在福乐园社区广场举行助学仪式，对来自全区7个乡街的23名2009年度高、中考低保家庭、残疾家庭新生进行救助，共发放救助资金5.35万元。

8月　启动新型农村社会养老保险工作，采取“个人交费40%、村集体补助30%、财政补贴30%”的运行模式。

9月11日　区政府与通德房地产开发有限公司就京东区域整体改造项目（曙光大厦）签约。

9月14日　全市社会治安科技防范工作现场会在路南区召开，向全市推广“社区联防网”。

9月23日　开滦国家矿山公园正式开园。

9月　唐山市体育局与路南区政府合力共建民心工程——唐山燕京体育健身公园。

是月　南湖生态城被省旅游局评为“河北最美30景”。

是月　唐山市第五医院被卫生部、省卫生厅确定为中央补助地方重性精神疾病管理治疗项目（简称

"686 项目") 执行单位。

10 月 19 日 南湖城市中央生态公园被中国生态文化协会授予首批"全国生态文化示范基地"称号。

10 月 启动南湖生态城西北片区 19 个村(居)拆违拆迁,涉及 8275 户、23078 人,住房建筑面积 74.42 万平方米,非住宅建筑面积 29.86 万平方米。至 2010 年 3 月,拆迁工作基本结束。

11 月 2 日 《人民日报》《光明日报》、中央电视台、中央人民广播电台等近 20 家国家级媒体记者、编辑组成全国推进义务教育均衡发展工作采访团到路南区采访。

12 月 6 日 警赵路改造工程全面竣工并通车。

12 月 13 日 全区 2137 名老年农民领取首批养老保险金。

12 月 15 日 唐山百货大楼集团南湖购物广场开业。

12 月 南湖生态城被全国旅游景区质量等级评定委员会评定为"国家 4A 级旅游景区"。

是年 进行第二次全国经济普查。截至 2008 年 12 月 31 日,共普查法人、产业单位 2762 个。比第一次经济普查时的 1695 个增长 62.95%,平均年增长 10.26%;个体户共普查 17305 户,比第一次经济普查的 16495 户增长 4.91%。

是年 福乐园社区被河北省确定为首个社区服务标准化试点单位。

是年 路南区承办"361°"中国乒乓球俱乐部超级联赛路南赛区比赛。

是年 区财政投资评审中心成立,负责财政投资项目概算(含标底评审)、预算(含执行过程中的重大设计变更、预算调整等)、竣工决(结)算和绩效评价的评审工作。

是年 市政府将两条河流人工改造成市区环城水系,与南湖风景区连成一体。

是年 唐山市第一中学被教育部语言文字工作委员会命名为"国家级语文文字规范化示范学校"。

是年 国家林业局、中国生态文化协会授予唐山市南湖生态城首批"全国生态文化示范基地"称号。

2010 年

1 月 4 日 南湖西北片区拆迁改造指挥部下设的 19 个拆迁工作组工作人员,带着米、面、油等慰问品慰问 19 个村 520 户特困户、残疾人、优抚对象、孤寡老人。

1 月 5 日 新华楼区域改造项目安置补偿协议签订工作全面展开。1 月 27 日,居民住宅楼开始拆除。

1 月 9 日 启动南湖西北片区拆迁改造补偿协议签订工作。

1 月 26 日 筹建百年人寿保险股份有限公司唐山中心支公司。7 月 2 日,正式开业。

1 月 由新加坡仁恒和美投资有限公司投资的仁恒和美房地产开发(唐山)有限公司成立。

是月 南湖生态城被国家体育总局命名为"国家体育休闲示范区"。

3 月 4 日 区委、区政府召开危旧房改造工作动员大会。此次南新道危旧房拆迁改造涉及 9 个社区近 5000 户居民,是仅次于南湖西北片区的第二大搬迁改造区域。该区域居民将集体搬迁至惠民园小区。

3 月 13 日 由庞大汽贸集团股份有限公司主办的"庞大讴歌杯"摄影大赛举行启动仪式。

3 月 26 日 唐山市财盛典当有限公司成立,4 月 28 日正式挂牌营业。

4 月 11 日 复兴路鸿基袜厂区域改造项目签订拆迁补偿安置协议,正式拉开复兴路东侧区域改造序幕。

4 月 29 日 唐河两岸(新华闸至南湖入口段)非住宅拆迁工作全面完成,涉及女织寨乡和文北街道境内的 75 户 2 万平方米的非住宅。

是日 区委召开深入开展创先争优活动动员大会。

4月　解放军第二五五医院组成医疗队奔赴青海玉树地震灾区参与抢险。

是月　唐山汽车客运东站建成启用，是唐山市大型客运站之一，隶属于唐山交运集团，位于唐山市路南区唐古路起点500米西侧，由唐山客运南站和唐山市小山运输市场合并组建。承担着唐山市七县以及京、津、秦、承、辽宁、内蒙、山西、河南的县际、市际、省际道路旅客运输任务。

5月4日　共青团中央书记处书记贺军科一行到路南区考察共青团关爱农民工子女志愿服务工作。

5月6日　在南刘屯小广场举行农村垃圾集中清运处理工作启动仪式

5月10日　举行曹妃甸路南区临港产业园填土造地暨入园项目开工仪式。

5月　河北理工大学和华北煤炭医学院合并成立河北联合大学，隶属河北省教委。

是月　唐山市第五医院成为唐山师范学院心理系教学实习基地。

6月10日　区纪委、监察局在全区开展"廉政使者"活动。全区各界廉政使者200余人参加启动仪式。

8月8日　中国乒乓球俱乐部超级联赛路南赛区比赛在市体育馆拉开战幕。

8月29日　路南区涉法涉诉联合接访服务中心成立。

9月3日　市委、市政府在冀东烈士陵园组织召开纪念抗日战争胜利65周年座谈会。

9月16日　在首届中国曹妃甸临港产业园国际投资贸易洽谈会上，路南区与中国电信集团签约，标志着数据与灾备中心项目正式落户路南。

10月6日　在韩国顺天市举行的国际园艺生产者协会第62届年会上，唐山市获得2016年世界园艺博览会的承办权。承办地设在南湖生态城，这是世界园艺博览会首次利用采煤沉降地，在不占用一分耕地的情况下举办的世界园艺博览会。

10月19日　区委、区政府召开南新道南侧区域危旧房动迁工作动员大会。此次动迁涉及南新道南侧、南富庄、理工大学家属院等33个小区、1.06万户、4.2万人、57万平方米。10月21日，该区域的动迁工作正式启动。

10月28日　依据《中华人民共和国社会保险法》规定，全区职工参加失业保险，由用人单位和职工按照国家规定共同缴纳失业保险费。

10月　由香港新世界房地产开发有限公司投资成立的唐山新世界房地产开发有限公司注册成立。

12月1日　南新道南侧区域危旧房动迁居民，按照11月18日电脑随机确定的选房拍号顺序，正式依次拍定最终选房号。

12月14日　长城证券唐山南新西道证券营业部成立，为长城证券在河北省设立的第一家营业部。

是日　唐山义乌小商品城开业。该商城紧邻荷花坑市场，总投资1亿元，占地0.8公顷，建筑面积2.8万平方米，由国润地产开发建设。

12月20日　国家旅游局正式批准开滦国家矿山公园为国家AAAA级旅游景区。

12月　南湖生态城获"河北省十佳公园"称号。

是月　组建网络安全保卫大队，负责计算机信息网络安全监察。

是月　唐山海华典当有限责任公司成立。公司位于新华西道116号，隶属于路南区商务局。

是年　以福乐园社区为试点，探索具有自身特色的基层双拥工作新模式，即"六个一"（建立一套双拥组织领导机制、建立一个拥军优属服务站、军民共育一所少年军校、设立一个优抚对象活动室、组织一支双拥文艺宣传队、培育一条拥军商业街）模式。福乐园社区争创"全国双拥示范社区"工作通过省级验收。

是年　唐山二中迁往友谊街道境内原唐山一中旧址，唐山二中旧址改建为河北科技大学唐山分院（南校区）。

是年　路南区地震办公室成立。

是年　东莞证券唐山营业部成立，为东莞证券有限责任公司在河北省开设的第一家营业部。

是年 中国科学院工程研究所与三川钢铁机械制造有限公司合作，建立大型冶金机械装备阻尼减振降噪的机理与应用技术中试基地。

是年 第六次全国人口普查（至2010年11月1日零时）结果：全区总户数73896户，常住人口225036人，比1990年增长13.68%；比2000年减少8.33%，年均减少率为9.99%。总人口性别比（以女性为100，男性对女性的比例）为100∶106.10。

第一编　政　区

唐山市路南区是唐山市中心区之一，位于北纬 39°36′～39°38′，东经 118°6′～118°14′。东与开平区接壤，东南、南与丰南区相连，西至光明路、青龙河、西电路，北以新华道为界与路北区相邻。1992 年 11 月，市政府决定将开平区所辖的梁家屯乡、女织寨乡计 38 个村划归路南区；将路北区所辖商场街和复兴路立交桥东段、京山铁路以北、新华东道以南三角地域共 4 个居委会划归路南区；将路南区税务庄街道（晨光楼、自来水公司工房两个居委会除外）计 25 个居委会划归开平区管辖。1996 年 6 月，撤销梁家屯乡，所辖区域划归女织寨乡。2001 年，居（家）委会改称社区。2010 年，全区总面积 67.33 平方公里，人口 23.59 万人，下辖 1 个乡、7 个街道，共计 38 个行政村、65 个社区；另有 2 个街道正在筹建中。

第一章　建　置

路南区始建于 1955 年 3 月。1956 年 10 月，唐山市实行城区带郊区，路南区划入市区。1962 年 1 月，撤销市区，恢复路南区建置至今。

第一节　地理位置与历史沿革

一、地理位置

路南区位于唐山市区南半部，地处北纬 39°36′～39°38′，东经 118°6′～118°14′，东与开平区接壤，东南、南与丰南区相连，西至光明路、青龙河、西电路，北以新华道为界与路北区相邻。路南区是华北通往东北的咽喉之地，也是通达南北的必经之路，东距秦皇岛 130 公里，西南距天津 108 公里，西北距首都北京 154 公里，北距承德 190 公里，距省会石家庄 428 公里。北临燕山山脉 30 公里，南距渤海 40 公里，属于大城山、凤凰山南麓。辖区地势平坦，物产丰富，煤炭开采已有百年历史。域内交通发达，京山（哈）铁路横贯东西，205 国道沿东而过，唐津、京沈、唐曹、唐港、唐承等高速公路交汇成网，唐兴、唐乐、唐柏、唐玉宝公路联系四面八方，秦皇岛港、京唐港、曹妃甸港、天津港依列东西，唐山机场位于西北方向 20 公里处。

二、历史沿革

辖域在商和西周（约公元前 16 世纪－前 770 年）时属山戎地。

东周（前 770 年—前 256 年）及春秋战国（前 770 年—前 221 年）时属燕国。

秦（前 221—前 207 年）时属右北平郡。

西汉（前 206—公元 25 年）时属右北平郡昌城县。

东汉（25—220 年）时属幽州刺史部右北平郡土垠县。

三国魏（220—265 年）时属幽州右北平郡土根县。

西晋（265—316 年）时属幽州北平郡土垠县。

东晋、南北朝（317—581 年）时先后属幽州辽西郡、平州辽西郡。

隋（581—618 年）时属北平郡卢龙县。

唐（618—907 年）时属河北道平州石城县。

五代十国（907—960 年）时属契丹。

北宋、辽（960—1127 年）时为辽地，属南京道析津府滦州石城县。

南宋、金（1127—1279 年）时为金地，属中都路滦州石城县。

元（1279—1368 年）时属中书省永平路滦州。

明（1368—1644 年）时属永平府滦州。

清（1644—1911 年）初，沿袭明制，后属直隶省永平府滦州。

民国元年（1912 年）沿袭清制。民国 2 年（1913 年）属渤海道（渤海观察使）滦县。民国 3 年（1914 年）属津海道滦县。

民国 17 年（1928 年）6 月，直隶省改称河北省，省县两级制，属河北省滦县。

民国 22 年（1933 年）5 月 15 日，唐山沦陷。

民国 34 年（1945 年）8 月 15 日，日本国宣布无条件投降，10 月，中华民国河北省政府派员接管滦榆区行政督察专员公署，辖域属之。是年年底，唐山撤销区制，建立 18 个镇。

民国 35 年（1946 年）4 月，国民党河北省政府决定唐山设市，辖域属唐山市管辖。

民国 36 年（1947 年），唐山市 18 个镇合并为 6 个镇，同年 7 月 10 日，改为 6 个区，辖域属第一、二、三、五、六区。

1948 年 12 月唐山解放，区界范围未变。1949 年 6 月，唐山市由 6 个区扩建为 12 个区，辖域范围无变化。

1950 年 5 月，12 个区合并为 7 个区，辖域属第一、二、三、六区。

1952 年 3 月，唐山市由 7 个区增至 10 个区。撤销原第三区，所辖区域划归第二区；在郊区重建新三区。辖域属第二、六区全境、第一区部分。

1955 年 3 月，唐山市 10 个区合并为 6 个区，即：第一、四区合并为路北区，第二、六区合并为路南区，第五区改称缸窑区，第七区改称东矿区，第三、八区合并为碑子院区，第九、十区合并为洼里区。现辖域属路南区全部和路北区、碑子院区一部。

1956 年 10 月，唐山市实行城区带郊区，全市 6 个区合并为 3 个区。其中，将路南区、路北区、缸窑区城市部分合并，称市区；将碑子院区、洼里区、缸窑区农村部分合并，称郊区；东矿区改称矿区。

1962 年 1 月，经省人委批准撤销市区，将全市城市部分建成 5 个区，即陡河以东一带建河滨区，建国路以南一带建路南区，陡河以西一带建西山区，开平一带建开平区，矿区复名为东矿区。自此，路南区建置得以恢复至 2010 年未变。

第二节　行政区划与勘界

一、行政区划

1955 年 3 月，唐山市第二、六区合并，建路南区，因位于京山铁路以南而得名。区政府设在裕善里 7 号。全区面积 6.94 平方公里，人口 9.07 万人。初时只有区、居两级建制，辖西中心街、新兴街、宋谢庄、斜阳街、槐树街、陈谢庄、扶轮街、韩后街、大前街、便宜街、五福沟、老公所、沟东、文化街、马家屯、达谢庄16个居委会。

1956年9月，根据国务院《城市街道组织条例》规定，建立刘屯、花园前街、斜阳街、槐树街、状元三条、小山、胜利路、文化北后街、达谢庄9个街道，下辖50个居委会，人口11．2万人。10月，唐山市实行城区带郊区制，市内6个区合并为3个，路南区与路北区、缸窑区合并，成立唐山市区，下辖21个街道，其中辖域内有王谢庄前街、状元三条、斜阳街、槐树街、花园前街、刘屯、文化北后街、小山、达谢庄、胜利路10个街道。

1957年，斜阳街、槐树街合并，建立福星街街道；花园前街街道划归刘屯街道；胜利路街道划归文化北后街街道；王谢庄前街街道所辖区域划出一部分，新建王谢庄大街街道。域内时有王谢庄前街、王谢庄大街、福星街、刘屯、文化北后街、状元三条、小山、达谢庄8个街道。

1958年8月，根据中共八届六中全会《关于人民公社若干问题的决议》精神，唐山市市区组建红旗、达谢庄、电厂3个试点人民公社。其中，达谢庄人民公社全部、红旗人民公社一部为今路南区域。1959年年底，全面推行人民公社体制，市区组建缸窑、东风（后改名东新村）、红旗（后改名西山）、小山、达谢庄5个以街道为主体的人民公社。其中，小山、达谢庄人民公社全部、红旗人民公社一部为路南区域。

1960年5月，撤销以街道为主体的人民公社，全市建立路南、西山、钢铁、唐院、马家沟5个工厂、街道、学校三位一体、工农商学兵相结合的大型人民公社，其中路南区域内有路南人民公社（以机车车辆工厂为主体，由原小山、达谢庄、越河3个人民公社合并而成，下辖刘屯、福星街、小山、文化北后街、市场街5个人民公社分社）；唐院人民公社（以唐山铁道学院为主体，吸收焦化厂、唐山一中、唐山十五中和20余个街道、郊区农村而成，下辖王前街、王大街等分社）。

1961年5月，唐山市改为地辖市，遂撤销市区建置，辖域的路南人民公社和唐院人民公社直属市人委。

1962年1月，撤销大型城市人民公社建置，分建路南、西山、滨河3个区，路南区建置恢复。辖域东起陡河岸边，南接郊区，西至郊区岳各庄，北抵京山铁路沿线，下辖刘屯、小山、胜利路3个街道和刘屯、小山、达谢庄3个人民公社，面积12平方公里，人口12.33万人。此间，人民公社主管经济，街道主管街政，街道领导机构包括中共街道工委、街道办事处、人民公社，实行一套人马、三块牌子。

1963年5月，撤销城市人民公社，恢复街道建置。同时，撤销胜利路街道，全区重新划分为刘屯、福星街、小山、文化北后街、达谢庄5个街道，下辖54个居委会。

1982年3月，根据唐山市城市规划，将路北区京山铁路以东地区划归路南区管辖，包括东新村街道的税务庄、华南、税钢一、税纲二、税纲三、华阁楼6个居委会。后从东新村街道、文化北后街街道各划出部分，与税务庄区域整合，设立税务庄街道，辖26个居委会。

1984年7月，唐山市人民政府鉴于震后路南、路北两区面积、人口差距过大，决定将新华道以南路北区管辖的永红桥、西新村、学院南路（划归路南区后改称赵庄）3个街道以及乔建街道新华道以南部分划归路南区，并将开滦矿务局所属钱家营矿（位于丰南县）、铁一局（位于赵庄）、司家营铁矿筹建处（位于滦县）划归路南区管辖。区划调整后，路南、路北两区基本以新华道为界。路南区下辖达谢庄、小山、刘屯、南厂工房、文化北后街、税务庄、西新村、永红桥、赵庄、福星街10个街道，215个居民委员会，面积24.63平方公里，人口18.5万人。

1986年5月，撤销福星街街道，原所辖区域划归小山街道；赵庄街道一分为二，东半部仍称赵庄街道，西半部新建友谊街道。11月，刘屯街道改称广场街道。

1987年5月，撤销南厂工房街道，原所辖区域划归小山街道管辖；撤销达谢庄街道，原所辖区域划归文化北后街街道管辖。7月，赵庄街道更名学院南路街道。12月，撤销广场街道，原辖刘屯区域划归小山街道，所属企业划归友谊街道。是年，全区下辖税务庄、文化北后街、小山、永红桥、西新村、学院南路、友谊7个街道，187个居委会。

1992年11月，唐山市人民政府决定将开平区梁家屯乡、女织寨乡计38个村划归路南区；将路北区所辖商场街和复兴路立交桥东段、京山铁路以北、新华东道以南三角地域共4个居委会划归路南区；将路南区税务庄街道（晨光楼、自来水公司工房两个居委会除外）计25个居委会划归开平区；将位于光明路以西的52号小区光明南里5个居委会划归路北区管辖。12月，建立钱家营矿区街道，下辖3个居委会。是年，全区下辖文北、小山、永红桥、西新村、学院南路、友谊、钱家营矿区7个街道和女织寨、梁家屯2个乡，有居委会165个，村38个，面积67.33平方公里，人口21.34万人。

1994年1月，西新村街道更名广场街道。

1996年6月，梁家屯乡并入女织寨乡。

2001年，路南区调整居委会规模，筹备居委会换届选举，将居（家）委会改称社区，居民自治组织称社区居（家）委会。

2009年6月，筹建惠民道街道、梁家屯路街道。

2010年，路南区辖文北、小山、永红桥、广场、学院南路、友谊、钱家营矿区7个建制街道，惠民道、梁家屯路2个在建街道及女织寨乡，共有社区65个，村38个，人口23.59万人。

二、勘界

1992年年底，唐山市政府《关于调整路南、路北、开平三区行政区划专题会议纪要》（简称《纪要》），确定区划变更后3个区的界限：路南区与路北区界线，以新华道中心线为界，西起光明路，沿光明路向南果园乡和梁家屯乡的界限为两区界限；沿新华道向东延伸过新华立交桥至唐古公路，以南为路南区，以北为路北区。路南区与开平区界线，以女织寨乡、越河乡和唐古路西沿为界，胜利桥至新华立交桥东路口，西为路南区，东为开平区。路南区与丰南县界线，在《纪要》中虽然没有明确指出，但根据路南、路北、开平3区调整后区域划分可以确定，路南区与丰南区界线以梁家屯乡、女织寨乡和胥各庄、稻地镇的界限为两区界限。此次划界后，路南区与毗邻市区界线总长约37公里。其中，路南区与路北区边界长约7公里（新华道中心线除外），边界地区涉及村落自北向南有定福庄、陈庄、赵各庄、将军坨、梁家屯、季家屯、程各庄；路南区与丰南县边界长约15公里，涉及村落自西向东有王禾庄、郑家庄、赵田庄；路南区与开平区边界长约15公里，涉及村落自北向南有西越河、老谢庄、女织寨、张丁庄、曹家庄、侯边庄，其中，在开平区东越河村域内有路南区荷花坑村飞地约10公顷。以上所有边界管辖清楚，无边界纠纷。

1997年，根据省政府《关于全面开展勘界工作的通知》《河北省勘界工作总体方案》《河北省县级行政区域界线勘定办法》，路南区先后与路北区、开平区、丰南市相互协商，联合上报勘界实施方案，并统一意见，埋桩测绘。

1999年8月28日，路南、开平两区签订《路南区人民政府和开平区人民政府联合勘定的行政区域界线协议书》，确定路南、开平两区边界线，共涉及双方2个乡、9个村。边界全长14.13公里，起点为路南、路北、开平三区边界交会点，终点为路南、开平、丰南三区市边界交会点。除埋设三区市边界交会点界桩外，另埋设两区边界单立双面大理石界桩1个。

2000年10月16日，路南、路北两区签订《路南区人民政府和路北区人民政府联合勘定的行政区域界线协议书》，确定路南、路北两区边界线，共涉及双方2个乡、14个村。边界全长15.86公里，起点为路南、路北、开平三区边界交会点，终点为路南、路北、丰南三区市边界交会点。除埋设三区市边界交会点界桩外，另埋设两区边界单立双面大理石界桩2个。

2001年8月16日，路南、丰南两区市签订《路南区人民政府和丰南市人民政府联合勘定的行政区域界线协议书》，确定路南、丰南两区市边界线，共涉及双方4个乡、20个村。边界全长20.11公里，起点为路南、丰南、路北三区市边界交会点，终点为路南、开平、丰南三区市边界交会点。除埋设三区市边界交会点界桩外，另埋设两区市边界单立双面大理石界桩2个。以上协议确定的三区市边界交会点界桩，有2个重复出现，实际共埋设三区市边界交会点单立三面大理石界桩3个，两区和两区市边界交会单立双面大理石界桩5个。

第二章 街道 乡

唐山解放初期，路南区辖域属唐山市第一、二、三、六区，共31个街道。1955年3月，路南区正式建置，时未设街道，下辖16个居委会。同年12月，第一届全国人大第四次会议通过并颁布《城市街道组织条例》《城市居民委员会组织条例》后，城市街道和居委会得以健全。1992年11月，女织寨、梁家屯2个乡由开平区划归路南区，始有乡级建置。1996年6月，梁家屯乡并入女织寨乡。至2010年，全区共设街道7个、乡1个、社区65个、村38个，另有在建街道2个。

第一节 文化北后街街道

文化北后街街道位于路南区东北部，东至唐古路与开平区接壤，南接女织寨乡，西至复兴路与小山街道相邻，北至新华东道。2010年，街道总面积5.7平方公里，下辖8个社区，居民10224户，25821人，其中回族、苗族、蒙古族等少数民族415人，占总人口的1.6%。街道办事处驻文化北后街（人民医院后身），距区政府约5公里。当年，完成工业总产值1.89亿元，商品销售额79.32亿元，全部财政收入1.02亿元，全社会固定资产投资8.69亿元。

一、建置沿革

1956年8月，文化北后街街道建立。1960年，城市人民公社化时，辖境分属路南人民公社文化北后街分社和市场街分社。1961年10月，改为胜利路人民公社，同时建立胜利路街道。1963年5月，撤销人民公社，统归街道。1968年，复名文化北后街街道。1987年6月区划调整，撤销达谢庄街道，原达谢庄街道花园街以北区域划归文化北后街街道，始为现域。

二、区位特点

文化北后街街道是工业聚集区和繁商区，驻有唐山齿轮集团等中型国有企业18家，唐山金匙集团等中型民营企业18家，小型民营企业700余家，个体门店3000余家。其中，具有50余年历史的荷花坑批发市场，是唐山市经营规模最大、农副产品最全、知名度最高的大型农贸市场，也是农业部定点农副产品批发市场。域内路网密集，交通便捷，有复兴路、胜利路等主次干道14条。公共设施完善，人文环境良好，唐山市人民医院、唐山市工人医院路南分院、唐山骨伤医院、河北省重点高中唐山二中等多家单位座落域内，唐山常记功臣幸福院以建院14年先后赡养116名立过功而又无儿无女的老战士而闻名全省，唐山“7·28”大地震残疾人安置点康复村成为全市福利性窗口单位。

三、街道经济

工业 1990年，有工业企业20家，从业1503人，固定资产462.5万元，完成工业总产值1516.4万元，实现利润155.3万元。其中路南区螺丝厂是街道支柱产业、唐山市著名福利企业。1991年5月，街道着手企业改革，将文北汽车修理厂、文北木器厂、彩虹广告部、燕山五交化、燕山广告公司、大成五金商店、美化工程处、路南区螺丝厂划归金匙集团经营管理，组建金匙集团公司，完成首例企业兼并。2000年，加快街道工业企业改制，以公开出售、整体买断、股权转让等形式完成大陆服装沙发厂、食品添加剂公司、风机厂、铸件制造厂、文北皮革制品厂、金属制品厂企业改制。2006年起，以培育税源、增加收入为目标，集中力量抓好项目建设。至2010年，累计投入4200万元，新上工业项目8个。年内，街道工业企业全部完成改制；重点工业企业增至25家；完成工业总产值1.89亿元。

商贸服务业　1990年，街道有商业企业22家，固定资产449万元，从业589人，完成商品销售额3142万元，实现利润167万元。1992年，完成商品销售额1.08亿元。年内，荷花坑市场跨入国家级文明市场行列。2000年，商业企业改制，唐山市路南区机械设备经销公司、唐山市振华纺织品批发站公开出售；唐山市万胜家用电器批发站、唐山市路南区华光餐厅等10家企业整体买断；唐山市精工仪表业金品有限公司、路南区交通器材批发部、唐山市金匙实业（集团）本部实施股权转让。2001年后，街道以发展服务业为重点，以荷花坑周边市场群基地、胜利路汽贸基地、复兴路服务业基地为依托，大力发展第三产业。2004年，荷花坑市场跻身全国农副产品批发市场第22位，列全国蔬菜批发市场前3名。

2006年起，增加项目投入，此后5年先后完成商业建设项目28个，总投资1.08亿元。2010年，域内商贸服务企业有350家，个体经营户730家，全年营业收入8.07亿元，其中年营业额2000万元以上企业6家，分别是海丰实业、博创冶金炉、科明工贸、河北中盐、顺鑫工贸、华北进口轴承；有专业批发市场4个，即荷花坑农副产品批发市场、文北市场、花园街市场、唐山五交化市场；全年完成商品销售总额79.32亿元。

四、环境治理

1990年，街道环境卫生管理工作，主要是收取居民卫生费、楼道保洁费，监督检查环境卫生，发放除四害药品以及组织环境卫生集中整治活动。同时，开展社区治安综合治理，加强出租房屋、流动人口登记管理，开展社区志愿者巡逻。1997年，在文北西楼实施物业管理试点。2000年后，随着创建文明城市的逐步深入，街道将各项目标分解到街道机关和社区，开展群众性创建活动。2005年，社区保洁纳入街道统一管理，统一雇用清扫员，实行垃圾袋装化，每天保洁楼道、小区广场、草坪、三级马路；建立健全企事业单位"门前三包"制度；加强市场管理，改善经营环境。

2010年，在"城镇面貌三年大变样"攻坚阶段，街道和社区分别成立"三城"联创工作领导小组，建立志愿者义务劳动、文明城创建示范点、全天候保洁等制度；累计拆除违法建筑1.08万平方米，拆除唐河（陡河）两侧有碍观瞻建筑8300平方米，完成危旧平房拆迁5.5万平方米；唐河排污治理全长2.3公里，两岸雨水口12个，污水口5个，市政雨水防沟等多处；拆除小区私搭乱建1000处，清理乱堆乱放500处，清运垃圾废墟3万吨；投资15万元硬化市场路面，铺设便道板3000平方米；投资150万元修建文北南楼小区道路和文化北后街，全长2000米。

五、社会事业

教育　1990年，辖域内有幼儿园2所，小学5所，中学4所。1996年，唐山市第四中学恢复高中招生，成为全区唯一一所完全中学。1998年，唐山市第二十二中学改为普高、职专、职高、技工为一体的综合高中。

2002—2004年，整合学校资源，第二十二中学与原第五职业高中合并，成立唐山市路南区职业技术学校，为"河北省重点职业技术学校"；停办唐山市第四中学高中，改为初级中学；唐山市第二十九中学撤销，初中部分并入第四中学。此间，民办幼儿园渐兴，小太阳（文北）幼儿园、金蓓蕾幼儿园、小太阳（荷花坑）幼儿园、金色明天幼儿园陆续成立。

2010年，唐山二中迁往友谊街道域内原唐山一中旧址，唐山二中旧址改建为河北科技大学唐山分院（南校区）。是年，辖域有幼儿园4所（小太阳文北幼儿园、文北小学附属幼儿园、小太阳荷花坑幼儿园、金色明天幼儿园），小学4所（文北小学、胜利路小学、东新街小学、联合村小学），中学1所（唐山市第四中学），职业教育学校1所（唐山市路南区职业技术学校），高等教育院校1所，即河北科技大学唐山分院（南校区）。

文化体育　1990年起，街道利用花会、小车会等群众喜闻乐见形式，宣传新思想、新文化，宣传社会主义精神文明。同时，加强文化场地建设，先后建成文北健身院、文北篮球场、残疾人活动中心以及社区棋牌室、图书室、市民活动中心等，建立健身舞队、秧歌队、篮球队、乒乓球队，并为各社区配备电视机、音响等设备。2008年7月，由路南区文体局投资的文北生态健身苑开工建设，11月底落成，占地0.8公顷，分设老年、中年、青年、儿童、残疾人活动区，有健身设施85件，篮球场2个，门球场和羽毛球场各1个。

2010年，街道有文化站1个，配备专职站长1人，社区兼职7人，拥有图书室、电子阅览室和电视机、VCD、电脑、打印机、投影仪、音响等设施设备，藏书3000余册；有评剧艺术团、业余合唱队、健身队等社区文体组织7个，人员130人；室内文化活动场所8个，面积160平方米；室外文化活动场地3个，面积750平方米；健身路径8条，安装健身器材38件；全年举办跳绳、踢毽子、拔河、乒乓球、竞走、羽毛球、象棋、亲子竞赛等比赛42场，参加人员968人；街道有文体辅导员9人。

医疗卫生　1990年，辖域有医疗机构3个：唐山市人民医院、唐山市机械电子工业局医院、路南医院。1994年，路南医院被评为二级甲等医院。1995年，唐山市人民医院被授予河北省爱婴医院，为二级甲等医院。同年，唐山机械电子工业局医院更名为唐山骨伤医院。2002年9月，唐山骨伤医院更名为唐山市第十医院。2005年5月，唐山市第十医院增设唐山市健康体检中心，是独立于医院之外的国营专业体检机构。翌年11月，唐山市第十医院增设唐山市中医骨伤康复中心。2008年9月，经河北省卫生厅批准，唐山市人民医院增加396张床位，总计920张，并纳入三级综合医院管理。2010年，辖域有市属医疗机构2个，区属医疗机构1个，校园卫生室4个，个体诊所3个，社会办（民营或个体）医药单位4个，社区卫生服务站2个。

社会保障　1990年，街道建立“优抚对象之家”，为军烈属做好事300件，为困难优抚对象发放补助款3200元；为197名有劳动能力的残疾人安置工作；为孤老户发放救济款1.07万元；待业青年安置率100%。

1993年，开展“学雷锋、做贡献”活动，全年为军烈属做好事530件，为困难优抚对象发放补助款5783元，为孤寡老人发放困难救助款1.57万元，安置残疾人就业310人，待业青年安置率99.5%。2001年，利用社会资源创办服务实体，建起服务网点135个，涉及19个服务项目。同时，为下岗失业人员提供技能培训和就业信息服务。至2010年，共培训下岗职工23批次，培训1.2万人，开发就业岗位3275个，有1645名下岗失业人员实现再就业。年内发放低保金273.7万元，为418户低保户发放“爱心购物卡”8.36万元；申报大病救助43户；上报廉租房23户，公示9户；为患大病、重病的城市低保对象562人发放救助金131.3万元；向军烈属、“五保户”发放慰问金、慰问品折款200万元；为200名空巢老人配备急救呼叫器，为11名老年人发放“河北省老年人优待证”，为136名60岁以上低保户发放米、面等生活用品。

六、社区建设

1990年，街道下辖花园街、大业里、和平街、企业工房、达谢庄、达谢庄东街、机铁工房、马家屯、马家屯后街、朝阳楼、爱国里、胜利路一、胜利路二、文化北后街、文化南北街一、文化南北街二、运输楼、沟东北菜园、同心里、大洪桥一、大洪桥二、大洪桥三共22个居（家）委会。1992年，原属路北区所辖的复兴路立交桥以东、京山铁路以北、新华东道以南三角地的居委会划入辖域，街道下辖花园街、大业里、和平街、企业工房、达谢庄、达谢庄东街、机铁工房、马家屯、朝阳楼、爱国里、胜利路一、胜利路二、文南楼、文化南北街一、文化南北街二、运输楼、大洪桥一、大洪桥二、大洪桥

三、沟东东街、保泰楼、晨光楼、自来水工房、康复村共24个居（家）委会。1993年，增设新建小区的文北西楼一、二居委会。

1997年，调整居委会规模，文北西楼一、二居委会合并为文西楼居委会，大洪桥三并入大洪桥二居委会，晨光楼并入保泰楼居委会，沟东东街居委会并入大洪桥一居委会，胜利路一、胜利路二合并为文南楼居委会，朝阳楼并入爱国里居委会，达谢庄东街并入马家屯居委会，和平街并入达谢庄居委会，机铁工房并入企业工房居委会，大业里并入花园街居委会，文化南北街一、文化南北街二合并为南北街居委会。街道下辖花园街、达谢庄、马家屯、爱国里、大洪桥一、大洪桥二、文西楼、文北楼、文南楼、保泰楼、运输楼、南北街、企业工房、自来水工房、康复村共15个居（家）委会。

2001年，居（家）委会改称社区。2002年，调整社区规模，合并成立南北街、爱国里、马家屯、花园街、文西、大洪桥、文北楼7个社区；建起135个服务网点和“爱心超市”，服务弱势群体。2005年，各社区开展品牌社区创建活动，其中文西社区创建“文明型社区”，爱国里社区创建“党建型社区”，大洪桥社区创建“平安型社区”，南北街社区创建“学习型社区”，花园街社区创建“全就业型社区”，马家屯社区创建“关爱老年型社区”，文北社区创建“服务型社区”，提升社区建设水平。2010年，增设大洪桥第二社区，社区总数达8个；各社区按照“三个一百”标准加强基础设施建设，即社区办公用房面积不少于100平方米、社区服务用房面积不少于100平方米，室外活动场地面积不少于100平方米，基本达标。

第二节　小山街道

小山街道位于路南区东部，东至复兴路、花园街与文化北后街街道分界，南至吉祥路与女织寨乡接壤，西隔京山铁路与永红桥街道相邻，北至新华道。2010年，街道面积3.77平方公里，下辖8个社区，居民6935户，17377人。少数民族8个：满、回、蒙古、瑶、羌、藏、哈尼、怒族，305人，占总人口的1.76%。街道办事处驻小山北路5号，距区政府驻地5.5公里。完成工业总产值7亿元，商品销售额4.12亿元；全部财政收入1.39亿元，其中一般预算收入2735.34万元；全社会固定资产投资7.69亿元。

一、建置沿革

小山街道始建于1956年9月。1960年1月，与福星街街道合并，称小山人民公社；5月，并入路南人民公社，称路南人民公社小山分社；10月，恢复小山街道建制，同时建立小山人民公社。1963年5月，小山人民公社撤销，保留小山街道建制。1986年，福星街街道并入小山街道。1987年6月区划调整，撤销南厂工房街道、达谢庄街道、刘屯街道，除达谢庄街道花园街以北部分划归文化北后街街道外，其余均属小山街道，始为现域。

二、区位特点

小山街道历史渊源流长，商贸发达，文化积淀丰厚。明永乐年间（1404年）始有屯垦开发，清光绪四年（1878年）辖域西侧始建煤矿，至20世纪30年代，商业、服务业、饮食业、娱乐业日趋兴旺，成为唐山商业、文化、娱乐中心，与当时的天津劝业场、上海大世界、北京大栅栏并称四大繁华街，冀东民间也一直相传“到唐山必上小山”。1976年，遭唐山“7·28”大地震破坏被夷为平地。在恢复建设时期，由于城市建设重心北移，人流减少，小山不再一方独大。后随各类专业批发市场发展壮大，再度成为繁商区。1995年，被民政部授予“中国街道之星”荣誉称号，全省仅此一家。2010年，辖域市场主要有服装批发市场、胜利路综合市场、解放路毛线专业市场、小百专业市场以及鞋、布专业市场等，经营商品十几大类上万种，日客流量5万人次，年商品成交额26亿元，在国家经贸委、国家统计局公布的全国百强市场中列第 82 位。其中，服装批发市场占地 1 万平方米，建筑面积 2.5 万平方米，固定摊位 1600 个，经营中高档服装批发兼零售。

三、街道经济

工业　1990 年，街道有工业企业 23 家，涉及机械、服装、轻工、食品、化工等行业，从业 1658 人，完成工业总产值 2623.2 万元，利润 111.14 万元；固定资产 550 万元，流动资金 456 万元。1992 年，进行工业企业技术改造，当年用于技改投资 100 万元。2000 年起，产权制度改革，到 2004 年基本完成。此后，街道以市场为导向，以技术进步为支撑，引导规模企业与高新技术嫁接，使其成为立区立街骨干项目。同时，谋划新项目，扩建、升级既有项目，经济总量与经济效益逐年扩增。2010 年，产值 2000 万元以上规模企业 8 家，分别是万里香烧鸡厂、宝珠家具有限公司、华达总公司、华光自动化设备有限公司、宏冶创新机械制造有限公司、任氏包装设备有限公司、金明机械有限公司、现代电器厂。完成工业总产值 7 亿元。

商贸服务业　1990 年，街道有商业企业 33 家，占地面积 4 公顷，建筑面积 2.7 万平方米，固定资产积累 1150 万元，流动资金 229 万元，从业 1348 人，社会商品销售额 6570 万元，利润 360 万元。商贸规模与效益均居路南区各街道之首，成为省、市发展街道经济典型。1992 年，转换企业经营机制，扩大经营规模，完成社会商品销售总额 9019 万元，利润 562 万元。翌年，小山批发市场成为突破亿元的河北省“十大市场”。2000 年，所属 32 家商业企业改制，到 2004 年基本完成，其中改制为民营企的 12 家，停业 20 家。2010 年，实现商品销售额 4.12 亿元。

四、环境治理

1990 年起，以综合治理生活小区、沿街商业以及市场为重点，开展“门前三包”（包卫生、包绿化、包管理）“门内达标”（庭院无杂草、无垃圾污物、秩序良好，室内窗明几净、地面清洁、用具整洁、物品摆放整齐）活动，治理生活小区“五乱”（乱搭乱建、乱围乱种、乱堆乱放、乱摆摊点、乱贴乱画），清理废墟，实施“美、亮、活”工程。至 1999 年，主次干道、三级马路、居民小区实现全天候保洁，清扫保洁实行责任制，环境卫生得到改善。2005 年，环卫体制改革，道路、生活小区清扫保洁公开发包，推进环卫市场化。2010 年，以“创建国家卫生城”为契机，加强环境综合整治，环境卫生全天候保洁，“门前三包”“门内达标”制度进一步落实；新增绿化面积 3000 平方米，花园里、小山隆义里等成为绿化先进社区；登记、摸排小餐饮店、小浴室、小网吧、小歌舞厅、小旅馆五小行业，整治不规范行为；投入资金改造市场，其中吉兴市场升级为“唐山市标准化菜市场示范点”。

五、社会事业

教育　1990 年，辖域有小学 4 所（刘屯小学、吉祥路小学、菜市小学、南厂第一小学），幼儿园 3 所（南厂幼儿园、织袜厂幼儿园、橡胶厂幼儿园）。1993 年后，由于学校、幼儿园搬迁、解体、整合、新建，学校数量与结构略有变化。至 2010 年，有小学 1 所（菜市小学），幼儿园 2 所（民族幼儿园、南厂伙伴幼儿园）。

文化体育　1990 年，小山街道有文化站 1 个。1995 年，投资 1 万元，改善文化站基础设施。2000 年，南厂东西里社区组建朝阳舞蹈队。翌年，花园里社区组建老年秧歌队，队员 50 人；小山隆义里社区组建阳光舞蹈队，队员 23 人，保留节目为腰鼓，曾多次参加市级展演比赛，16 次获优胜奖。2008 年，小山隆义里社区阳光舞蹈队获全国健身腰鼓比赛银奖，宋南双桥里社区文体队获唐山市退休退职职工管理服务委员会舞蹈金奖。2010 年，整合文化资源，配备健身设施，为居民开展文体活动提供平台。年内，全街建有文化站 1 个，文化团体 4 个；室内文化活动场所 6 个，总面积 530 平方米；室外文化活动场地 2 个，总面积 420 平方米；健身路径 7 条，有健身器材 40 件。

医疗卫生　1990 年，辖域有小山医院、开滦小山联合医院 2 个医疗机构。1992 年 3 月，开滦小山联合医院更名红十字老年关怀医院，1993 年易名中国城市精神病防治康复唐山试点医院，1998 年被确定为二级甲等精神病专科医院。1999 年后，为方便居民就医，联合村、宋南、小山楼居委会分别与唐山市第四医院、路南医院、唐山市人民医院联合建立医疗点。2006 年，中国城市精神病防治康复唐山试点医院更名为唐山心理医院。2010 年，辖域有医疗机构 2 个（小山医院、唐山心理医院），社区卫生服务站 2 个（联合里社区卫生服务站、南厂西里社区卫生服务站），社区卫生服务中心 1 个。

社会保障　1990 年起，每逢元旦、春节、八一、十一等节日，登门走访优抚对象，送去米、面、油等慰问品。当年，街道有优抚对象 27 人，其中伤残军人 10 人、烈属 2 人、重点优抚对象 15 人，全年发放现役军人家属优待金 7.76 万元。年内，街道成立残疾人就业服务站，加强对残疾人就业服务和指导。2000 年后，社会保障机制进一步健全，增加劳动保障、社会养老保险、社会医疗保险、廉租房、经济适用房、最低生活保障、下岗再就业等项服务，社会保障领域拓宽，社会保障机制进一步健全。至 2010 年，安置就业 1008 人，联合里、小山隆义里社区获省级“充分就业社区”称号，花园里、南厂东里社区获市级“充分就业社区”称号；为保障对象办理小额贷款 27 人次，135 万元；办理社会养老保险 240 人，收取养老保险基金 136.28 万元；办理医疗保险 2421 人，收取参保人员保险基金 64.23 万元；大病救助 13 户，发放救助金 16.35 万元；上报廉租房居民 121 户，批复 101 户，上报经济适用居民 69 户，批复 55 户；有低保户 174 户、314 人，全年发放最低生活保障金 78.35 万元。

六、社区建设

1990 年，辖小山楼、隆义栈、花园楼、联合村、宋南一、宋南二、韩前街、韩后街、楼东、楼南、楼西、楼房、副业、自建、吉祥里、吉祥路、技校、丰滦平房、付里村、双桥里、同德里、东前街共计 22 个居（家）委会。1995 年，隆义栈居委会被民政部授予“全国模范居委会”荣誉称号。

1997 年，调整居委会规模、机构设置及布局，撤销韩前街、韩后街、同德里、东前街 4 个居委会；将宋南一、宋南二合并为宋南居委会，付里村、双桥里居委会合并为双桥里居委会。调整后共辖小山楼、隆义栈、花园楼、联合村、宋南、楼东、楼南、楼西、楼房、副业、自建、吉祥里、吉祥路、技校、丰滦平房、双桥里共 16 个居（家）委会。是年，双桥里社区被评为“全国敬老模范村居（社区）”，成为唐山市首批入选的 16 个村居（社区）之一。1999 年 6 月，新建花园里居委会，居（家）委会总数增加到 17 个。

2001 年，居（家）委会改称社区。2002 年，第一次社区居委会换届，按照区委、区政府《关于调整居（家）委会规模组建社区居委会的实施意见》，小山楼居委会和隆义栈居委会合并为小山隆义里社区，花园里和花园楼居委会合并为花园里社区，联合村居委会改为联合里社区，楼东居委会、付业居委会、楼南居委会合并为南厂东里社区，自建居委会、楼房居委会合并为南厂西里社区，楼西居委会、吉祥里居委会、吉祥路居委会、技校居委会、丰滦平房居委会合并为吉祥里社区。经合并调整，全街共辖 8 个社区：小山隆义里、花园里、联合里、宋南里、双桥里、南厂东里、南厂西里、吉祥里社区。社区干部依据《城市居委会组织法》经过全民选举产生，人数 5 ~7 人，以退休或无正式工作人员为主。

2005 年，第二次社区居委会换届，社区名称和数量没有变化。社区管理人员由高中以上学历、首次入选年龄一般在 35 周岁以下人员组成。各社区相继建立市民服务中心，设立图书阅览室、棋牌室、体育锻炼室和未成年人活动站等场所，为居民提供文化娱乐活动场地。社区服务实行“一站式”办公，配置电视、电脑、电子显示屏、投影仪等设备，建立党员远程教育、计划生育等管理系统，涉及公共服务、生活服务、志愿服务 3 类 34 项。

2008 年，第三次社区居委会换届，社区名称和数量没有变化。此后至 2010 年，各社区按照各自承担的职责和任务，组织居民建设绿色家园，创建文明社区；以创建科普社区为主题，加强科普队伍、科普基地建设；组织居民开展喜闻乐见的文体活动。其中，隆义里社区建立“家园先锋 119”，即 1 长（党员责任区区长)、1队(党员义务服务队)、9岗(宣教岗、帮扶岗、便民岗、环保岗、教育岗、科普岗、维权岗、文体岗、社情民意岗);花园里、联合里社区开设社情民意“直通车”;南厂东里、西里社区开设“阳光驿站”等活动,深受居民欢迎。

第三节 永红桥街道

永红桥街道位于路南区中东部,东隔京山铁路与小山街道相邻,南至唐胥路,西至增盛路、唐山矿风井铁路专用线与广场街道相邻,北至新华道。2010年街域面积5.4平方公里,辖10个社区,居民6694户,21372人。有蒙古、回、壮、苗、满、锡伯、仡佬、鄂温克、朝鲜9个少数民族,335人,占人口总数的1.57%。街道办事处驻车站副路1号,距区政府驻地4公里。完成工业总产值1.69亿元,商品销售额1.38亿元;全部财政收入1.19亿元,其中一般预算收入1861万元;全社会固定资产投资5.93亿元。

一、建置沿革

永红桥街道始建于1956年,前身是王谢庄前街、王谢庄大街2个街道,隶属于市区。1960年,城市人民公社化时,王谢庄前街曾划入小山人民公社,后改为交大人民公社王前街分社;王谢庄大街改为交大人民公社富庄分社。1961年,撤销人民公社,恢复两街道原名。1969年,王谢庄前街街道、王谢庄大街街道合并为永红桥街道,隶属于路北区。1984年8月,区划调整,永红桥街道划归路南区至今。

二、区位特点

辖域地处大城山西南部,地势北高南低,属唐山市最早街区之一。

域内有著名百年老企开滦矿务局所属唐山矿,1号竖井自1878年开凿至今已有130多年历史,2009年列入第七批全国重点文物保护单位。唐山最早的重要交通枢纽唐山火车站(今为唐山南站)、车站货场、长途汽车站、公共汽车公司车场、出租汽车公司等云集于此。唐山较早的商业一条街车站路,遍布旅馆、饭店以及各类商业、服务业店铺。有唐山著名的繁商区建国路商业区,有唐山市百货公司商场、新华道菜市场及京东餐厅、鸿宴饭庄等老字号。国家4A级旅游景区开滦国家矿山公园坐落域内,展示中国近代工业的起步、发展、壮大历史。辖域是唐山市交通要冲,有16条公交车贯通域内,呈放射状幅射周边地区。

三、街道经济

工业 1990年,街道有工业企业10家,职工292人,固定资产142万元,完成工业总产值661万元,利润63.15万元。1996年后,由于市场竞争激烈,加之企业规模小、资金短缺、技术落后等原因,企业经营陷入困境,或停产,或亏损,或合并。2000年,所辖13家街道企业改制,2003年全部完成,个体私营经济成为街道工业经济运行主体。2008年,围绕“依托大南湖、服务大南湖、开发大南湖、建设新路南”的主体目标,凝心聚力抓项目,固定资产投资6000万元。至2010年,辖域共有工业企业19家,均为民营企业,完成工业总产值1.69亿元。其中,入统工业企业7家,涉及洗煤选煤设备、铁路配件、瓦楞纸箱、汽车改装等行业,从业390人,完成工业总产值1.4亿元,利润169.96万元,纳税480.2万元,全社会固定资产投资5.93亿元;其他企业12家,主要从事印刷、铆焊、机械加工等行业,完成工业总值2983.4万元,利润83万元,上缴税金83.36万元。

商贸服务业 1990年年初,域内有商业门店12个,从业227人,固定资产117.8万元,流动资金94万元,实现商品销售额611万元,利润44.7万元。年内,三次改造震后群众自发形成的交大市场,逐步形成东西长150米较为规范的市场，有摊位140个，年成交额120万元，主要经营水产、果树、日杂、五金等。2003年，双桥里市场标准化改造，建成板房铺面、楼房底商和1500平方米大棚，年成交额900万元。是年，共有商业网点9个，职工80人，年销售额581.25万元，利润62.73万元，固定资产118.7万元，流动资金370.13万元。至2010年，街道下属松竹梅餐厅、华联大旅社、华联商业服务公司、站北旅馆、针纺批发部、北方贸易公司、南桥五金商店、方轩旅社、永红旅社、明一角餐厅、燕山果菜经理部、南北货栈全部完成改制。至此，街道已无直属企业，只有辖属交大、双桥里2个市场以及唐山鞋城。是年，完成商品销售总额1.38亿元。

四、环境治理

永红桥街道属老街区，建筑虽多为震后新建，但平房区较多，城市公共设施落后，环境建设任务繁重。1990年，街道先后与辖区206个非隶属单位签订门前三包协议书，包清扫、包绿化、包秩序；在各居委会建立环境卫生月评比、季考核、年终总评制度。2005年，以创建卫生城为契机，落实域内三级马路清扫保洁责任制度，开展经常性联合检查；整治平房区“五乱”；双桥里市场、交大铁路市场实行垃圾袋装化、桶装化管理；协助城建局完成平房小区旱厕改水厕；协调唐山矿投资120万元，完成春光楼、建国楼道路硬化、小区绿化；协调房管局等部门，实施建国南里小区物业管理；协调铁路唐山建筑段筹资150万元，改造石庄、交大铁路、南操场、车站街4个家委会平房区基础设施，铺设污水管道8000米，翻修路面1.8万平方米。

2006年，筹资30万元，完成建国南里小区物业改造；协调铁路部门投资160万元，硬化南操场社区道路4000平方米，修下水管道1.25万长米；推行绿色早餐工程，争取财政资金6万元，建成富庄东里社区、电子一条街市场2个绿色早餐示范点；支路和社区清扫保洁实行监管分离的市场化管理，不达标则扣分扣款；加强交大、双桥里市场全天候保洁，杜绝市场外溢。2007年，卫生保洁全部实行对外发包、市场化运作模式，先后与丽洁物业公司、运通物业公司签订协议，由物业公司承包生活小区清扫保洁。2009年，街道投资55万元整治环境卫生；投入6万元，整治交大市场脏乱差环境，并实行弹性工作制治理市场外溢；整治违规破墙开店，关停32家，封堵17家。2010年，开展“三城联创”活动，强化公共基础设施建设，更换铺装便道砖，整修小区道路，粉刷街巷，修建停车泊位和自行车存放设施，改善居民生活环境。

五、社会事业

教育 1990年，辖域有幼儿园2所：永红桥中心幼儿园（街道办）、唐山矿第一幼儿园（企业办）；小学3所：大学路小学（国办）、唐山铁路职工子弟第二小学（企业办）、唐山矿福庄小学（企业办）；中学2所：唐山市第三十九中学（国办）、开滦十中（企业办）；企业技校1所：南厂技校。1993年后，随着学校搬迁、教育资源整合、私立幼儿园兴起，至2010年，域内有幼儿园4所：大拇指幼儿园、铁路二小附属幼儿园、小博士早期教育幼儿园、唐山矿第一幼儿园；小学2所：铁路二小、富庄小学；中学1所：开滦十中。

文化体育 1990年，有西山口俱乐部、铁路职工俱乐部2家文化机构，承接大型会议、演出、电影放映等业务，是居民的主要文化活动场所。2003年10月，西山口俱乐部建立二人转演艺大舞台，可容纳1250人，是唐山市唯一一家大型演艺场所，与刘老根大舞台有联盟关系，定期有演员到此献艺。2010年，街道有文化站1个，配备兼职站长1人，有图书室、电子阅览室和电视机、VCD、电脑、打印机等设备，藏书1000册；有业余合唱队、门球队、腰鼓队、健身队、书画摄影小组等社区文体组织10个，人员260人；健身路径4条，安装健身器材35件；街道文体辅导员11人；全年举办跳绳、踢毽子、拔河、乒乓球、竞走、羽毛球、抖空竹、象棋、老年舞蹈、健身操等比赛40余场，参加活动人数2000人次。

医疗卫生　1990 年，有路南医院车站路诊所、天津铁路分局唐山医院。1996 年，天津铁路分局唐山医院迁至路北区，旧址改为唐山市铁路中心医院唐南社区服务站。2010 年，有医疗机构 2 家：交大铁路社区卫生服务站、南富庄社区卫生服务站。

社会保障　1990 年，街道有军烈属 87 户、伤残军人 26 人、孤寡老人 18 人、在册残疾人 395 人，全年下发优抚金和困难补助金 3.65 万元。

2000 年后，社会保障机制逐步健全，增加劳动保障、社会养老保险、社会医疗保险、廉租房、经济适用房、最低生活保障、再就业等项服务。2008 年，申报大病救助 45 户，救助金额 8 万元；审查核实符合廉租房条件居民 151 户，其中配租房屋 52 户，发放租赁住房补贴 93 户，核减住房租金 6 户；有低保户 147 户、255 人，全年发放最低生活保障金 66.54 万元。

2010 年，安置就业 1856 人，办理小额贷款 22 人次，贷款金额 110 万元；办理各种社会保险 210 人，征缴养老保险金 370 万元；办理城镇居民医疗保险 3052 人，征缴参保金额 120 万元；为 3 人办理小额担保贷款 15 万元；为域内残疾人发放第二代残疾证 264 本；办理“五七家属工”补办养老保险手续 21 人；审核、上报廉租住房 28 户，经济适用住房 8 户；建立优抚医疗管理系统，为域内 7 名优抚对象和 9 名伤残军人建立个人信息档案；登统抗美援朝人员及抗日老战士，有抗美援朝人员 21 人，抗日老战士 2 人。

六、社区建设

1990 年，街道下辖建国街、建国里、建国南里、建国楼一、建国楼二、增盛楼、模范楼、春光楼、西新、南华、余庆里、石庄、铁三、南操场、大街西、车站街、王前街、王中街、富庄东里、富庄五街、富庄六街、南厂工房、铁路工房、焦化厂工房、金属回收工房共 25 个居（家）委会。

1997 年，王前街、王中街、大街西居委会合并为中街居委会，焦化厂工房居委会并入余庆里居委会，模范楼居委会改名为富民楼家委会。当年，共辖建国街、建国里、建国南里、建国楼一、建国楼二、增盛楼、富民楼、春光楼、西新、南华、余庆里、石庄、铁三、南操场、车站街、中街、富庄东里、富庄五街、富庄六街、南厂工房、铁路工房、金属回收工房 22 个居（家）委会。

2001 年，居（家）委会改称社区。2002 年，第一届社区居委会换届，调整社区规模和机构设置，由原来 22 个社区调整为 11 个：建国楼、富庄东里、建国里、南富庄、建国街、铁路工房、铁三、石庄、南操场、增盛楼、富民楼社区。2004 年，建国街社区撤销，社区减至 10 个。2005 年，第二届社区居委会换届，各社区居民代表选举产生建国里、建国楼、富庄东里、南富庄、车站街、交大铁路、石庄、南操场 8 个社区居委会，增盛楼、富民楼 2 个社区家委会。

2008 年，第三届社区居委会换届，社区名称和数量没有变化，总数 10 个。此后至 2010 年，社区名称和数量没有变化。同年，各社区以“情系社区、服务万家”为宗旨，利用社会资源，开展社区服务。其中，富庄东里社区创建科普社区，建立科普小组，制作科普图片 300 册，面向青少年普及科学知识；建国里社区创建文明示范小区，绿化率 28.8%，人均绿化面积 7.5 平方米，成为街道文明社区创建中的特色社区。是年，建国里社区、建国楼社区获省级“充分就业社区”称号，南富庄社区、富庄东里社区、车站街社区、富民楼社区获市级“充分就业社区”称号。

第四节　广场街道

广场街道位于路南区中心地段，东至增盛路与永红桥街道相连，南与女织寨乡接壤，西至学院路与学院南路街道相邻，北至新华道与路北区隔路相望。2010 年街道面积 6.07 平方公里，辖 12 个社区，居民 13168 户，45790 人。有蒙古、回、藏、苗、壮、朝鲜、满、瑶、土家 9 个少数民族，1150 人，占人口总数的 2.51%。街道办事处驻国防道 6 号，距离区政府驻地 2 公里。完成工业总产值 7794 万元；全部财政收入 1.92 亿元，其中一般预算收入 5788.46 万元；全社会固定资产投资 40.5 亿元。

一、建置沿革

广场街道始建于 1956 年，原名第一工人新村（西新村）街道，隶属路北区。1960 年 1 月，属西山人民公社。1962 年 4 月，成立西工人新村人民公社和西工人新村街道，属西山区。1963 年 4 月，撤销人民公社，西工人新村街道分为开滦工房街道和福利工房街道。1969 年 1 月，两街道合并为西新村街道。1984 年 8 月，区划调整，划归路南区。1994 年 3 月，更名广场街道至今。

二、区位特点

广场街道位于唐山市中心区，地势北高南低。北部居民区人口密集，商贸业繁荣。南部毗邻开滦采沉区，地势多坑洼，居民住房多为平房，曾是唐山市的“棚户区”。1996 年起，中共唐山市委、市政府综合整治南部采沉区，南新道以南区域原有建筑全部拆除，发展成为 5A 级旅游风景区——唐山南湖中央生态公园的一部分。辖域沿街商业集中，新落成万达广场、世博广场、新华联广场、新华贸中心等；功能分区明确，新街步行街、新天地广场等繁华商业区，人员流量大，服务门类齐全；文化资源厚重，唐山抗震纪念碑广场、大钊公园，唐山“7·28”大地震资料馆、理工大学地震遗址、冀东烈士陵园、河北联合大学、唐山市人民警察学校、唐山市妇幼保健医院、解放军第 255 医院、唐山同济医院、唐山市截瘫疗养院、唐山市五金交电公司、纺织批发站大厦、新华书店、工商银行等坐落域内。

三、街道经济

工业　1990 年，街道有工业企业 7 家，分别是电焊条厂、起重配件厂、工业瓷厂、建新时装厂、前进油墨厂、青山食品厂、大华建筑安装公司，职工 427 人，拥有固定资产 373 万元，完成工业总产值 696.8 万元，利润 38.84 万元。1991 年，街道投入 220 万元，更新改造电焊条厂、起重配件厂、工业瓷厂设备，完成工业总产值 750 万元，利润 55 万元。1997 年，唐山市博大环境工程机械有限公司（销售地点在唐山市专用汽车厂南侧，生产车间在丰润）注册成立，是专门从事环保机械生产与销售的技术密集型企业，年创产值 600 万元。2005 年，河北香宇食品有限公司（坐落在友谊街道）建立，是熟肉制品加工企业，主要产品有两大类 150 个品种，年生产量 1 万吨，产销量居全市同行之首，年创产值 7000 万元，税收 230 万元，被中共唐山市委、市政府命名为“农业产业化市级重点龙头企业”。2010 年，由于区域规划和土地资源限制，香宇食品有限公司和博大环境工程机械有限公司均面临搬迁，企业发展受到影响。是年，辖域有工业企业 2 个，完成工业总产值 7794 万元。

商贸服务业　1990 年，有商业企业 22 家，规模较大的有三星电子大厦、冀东商贸有限公司、唐山副食品交易市场经营处、南新道市场，完成商品销售额 500 万元，利润 25 万元。另有居委会第三产业网点 19 个，市场成交额 192 万元。1993 年，制订优惠政策，鼓励发展第三产业，企业经营业绩不断提高，年内完成商品销售额 1539.33 万元，利润 69.43 万元。1998 年，居委会兴办经济网点增到 21 个，新增“万元居”2 个，总数达到 5 个。1999 年后，加快市场建设，陆续建起南方灯具市场、中山装饰材料市场、诚信装饰材料市场、银安装饰材料市场，共占地 2.52 公顷。2007 年，南新道水产市场被农业部确定为“定点水产品批发市场”。

2008 年起，坚持以项目建设带动区域经济发展，构建“核心商业圈”，先后引进万达广场、新华贸、新华联、世博等多家城市综合体；德福商务酒店、世博商务酒店、冀唐宾馆等多家大型宾馆酒店；必胜客、粤食汇、国美电器、苏宁电器等知名连锁企业相继建立分店；新天地购物广场、新街、三利国际名品购物、华润万家、非常 6+1 等多家大型综合购物商场日益火爆；电子信息、软件产品、钻石珠宝、工艺美术品、钟表眼镜、广告印刷、包装业等有了新发展，商业聚集规模不断加大。

2010年，域内有各类服务业商户455家，个体经营户1482户。其中入统流通服务业116家（餐饮住宿业7家、各类修理店7家、信息咨询3家、广告业9家、计算机应用服务与软件业7家、各类批零商店和大型商场等83家），规模较大的（建筑面积1000平方米以上、从业人员100人以上）批（零）商店有唐山华润万家生活超市有限公司新天地分公司、唐山市南新道水产品批发市场有限公司、唐山美的空调销售有限公司、唐山市冀东乐业汽车销售服务有限公司、唐山市三利国际名品购物中心有限公司，涉及日用百货、服装鞋帽、五金家电、高新电子、建材家居、汽车销售等行业。

四、环境治理

1990年，开展环境净化、绿化、美化综合治理，全街聘用卫生监督员、清扫员、保洁员，建立工作网络；与156个单位签订门前三包协议书；发动各方面力量，拆除违章建筑82处，治理死角死面24处，清运废墟4660吨，修建花池10个，栽植花木2560株、乔灌木1005棵、草坪2000平方米。是年，门前三包达标率92%，门内达标合格率96%，生活小区达标率90%。1998年，以争创全国卫生城、办好中国唐山陶瓷博览会为契机，开展环境治理，全街组建89人的清扫队伍和78人的卫生监督员队伍；清扫到位率98%以上；开展灭鼠活动，投鼠药800公斤。

2005年，开展创建全国文明城市、国家卫生城市、全国健康城市“三城”联创活动，加强环境治理。全街悬挂条幅150条，设置宣传橱窗24处、板报28处，入户发放宣传单1万份，招募社区志愿者2422人；对域内18条支路、18个生活小区60万平方米全天保洁；搞好园林绿化，绿化面积3万平方米，城市绿地率20%，其中燕南社区“三季有花、四季常青”的绿化模式成为绿化样板；整治占道经营、马路市场、破墙开店等行为，拆除违章建筑3万平方米；加强夜市烧烤、户外广告及“五乱”治理，整顿“五小行业”，辖域面貌明显改观。

2008年起，在“城镇面貌三年大变样”攻坚活动中，辖域10个社区有8个社区涉及较大范围拆迁改造，街道抽调工作人员深入拆迁一线，做好群众动迁工作，宣传政策，化解矛盾，维护群众的最大利益，保证拆迁改造任务完成。至2010年，累计拆迁27.5万平方米。

五、社会事业

教育　1990年，辖域有唐山工程技术学院、唐山市人民警察学校、唐山市第九中学、路南区实验小学、新华楼小学、南新道小学、长青楼小学、新华楼幼儿园、长青楼幼儿园、工程处托儿所、工程技术学院幼儿园、商联托儿所、公安托儿所13所校（园、所）。2004年5月，唐山工程技术学院更名为河北理工大学。2008年10月，长青楼小学、长青楼幼儿园、工程处托儿所、商联托儿所、公安托儿所由于区域规划被拆迁。2010年5月，河北理工大学与华北煤炭医学院合并，组建河北联合大学。10月，南新道小学因位处大南湖西北片区被拆迁。是年，辖域有河北联合大学、唐山市人民警察学校、唐山市第九中学、路南区实验小学、新华楼小学、河北联合大学幼儿园6所校（园）。

文化体育　1990年，广场街道文化站藏书1500册，订阅刊物15种、报纸7种，拥有照相机、手风琴、打击乐器等设备，经常举办花会、舞会、联欢会、中老年运动会等群众性文体活动。1991年，在全区庆祝建党70周年歌咏比赛中，街道组织250人的大合唱，获得第一名，并代表路南区参加全市歌咏大赛。1994年起，街道文化活动异彩纷呈，形式多样。当年，街道秧歌队成立；翌年，大钊健身舞蹈队成立，除自娱健身外，还参加全国各地的比赛演出，其中自编自演的藏舞、古典舞、现代舞蹈等节目多次获奖。1998年，街道获“河北省小康文化先进单位”称号。2006年，南新东里社区组建“美乐乐团”，自编自演优秀节目，深受居民喜爱。2010年，街道文化站藏书1万册，建有文化活动中心7处，各类图书室7个，经常举办知识竞赛，书法、美术、摄影展览，小型多样的文化娱乐活动等，丰富居民文化生活。

医疗卫生　1990年，辖域医疗机构有唐山妇幼保健院、唐山市截瘫疗养院、唐山第一建筑工程公司职工医院、解放军第二五五医院，另有西新村卫生院、开滦基建公司刘庄保健院等街道和企业卫生机构。1993 年 3 月，唐山第一建筑工程公司职工医院改称唐山建设医院。1995 年，唐山市截瘫疗养院被省民政厅授予“河北省一级福利院”。1998 年 11 月，唐山建设医院更名为唐山同济医院。1999 年，唐山妇幼保健院被评为国家三级甲等妇幼保健院。2010 年，辖域有国家三级甲等医院 1 所：唐山妇幼保健院；国家一级甲等医院 1 所：同济医院；河北省一级福利院 1 所：唐山市截瘫疗养院；军队医院 1 所：解放军第二五五医院；社区卫生服务中心 1 个，社区卫生服务站 2 个。

社会保障 1990 年，通过干部包户方式，经常开展登门服务活动。年末，街道有军属 371 户、烈属 29 户、伤残军人 89 人、盲人家庭 39 户、截瘫 69 人、孤老 3 户、孤儿 2 人。1991 年，发动商店、粮店、煤店、房管、学校等单位联合开展拥军优属活动，送粮、送煤、送菜、维修等上门服务受到群众好评。2006 年，以“扶老、助残、救孤、济困”为宗旨，积极探索多种形式的养老途径，初步形成以居家养老为基础、社区为依托、社会机构为补充的社会福利发展格局。2010 年，全街共有城镇居民最低生活保障 209 户、395 人，全年发放保障金 97.45 万元；医疗救助 23 人次，发放救助金 6 万元；新增就业人员 1250 人，下岗失业人员实现再就业 566 人，其中“4050”人员 188 人，提供就业岗位 120 个，办理就业困难认定 43 人，提供小额贷款 16 人次，金额 90 万元；办理社会养老保险 173 人，征缴养老金 351 万元；办理医疗保险 4974 人，参保金额 110 万元；审查核实符合廉租房条件居民 85 户，其中配租房屋 29 户，发放租赁住房补贴 56 户。

六、社区建设

1990 年，街道辖长青楼第一、第二、第三居委会，新华楼第一、第二、第三、第四、第五、第六居委会，滦承楼第一、第二居委会，建工楼第一、第二、第三居委会，燕承楼居委会，新华南居委会，卫国楼北、卫国楼南居委会，卫国里居委会，九街居委会，南新东里、南新西里居委会，民政工房第一、第二居委会，教育局工房居委会，工程处工房第一、第二居委会，矿务局工房居委会，城建局工房居委会，外贸局工房居委会，商联工房居委会，公安局工房居委会，五金工房居委会，二建工房居委会，刘庄自建工房居委会，矿建楼居委会，矿冶学院居委会，唐山工程技术学院居委会，共 38 个居委会。

1992 年，合并矿建楼居委会、矿冶学院居委会、唐山工程技术学院居委会，建立矿院楼第一、第二、第三居委会，食品工房家委会。1994 年，食品工房家委会撤销，增设苑南楼居委会。1995 年，工程处工房第一、第二居委会合并为工程处工房家委会。1997 年，撤销九街居委会、苑南楼居委会，合并建立九苑居委会；撤销民政工房第一、第二居委会，合并建立民政居委会；新华楼三合并到新华楼一，新华楼四合并到新华楼二，撤销新华楼五、新华楼六重新建立新华楼三居委会；撤销建工楼第一、第二、第三居委会，合并建立建工楼居委会；撤销卫国里、南新西里居委会，合并建立卫西居委会；撤销南新东里、商联工房居委会，合并成立东联居委会；撤销二建工房、公安局工房居委会，合并成立建安居委会。是年，街道辖 28 个居（家）委会。

2002 年，调整居（家）委会规模，将 28 个居（家）委会合并为 10 个社区：南新东里、南新西里、南湖、新华楼、新华南、卫国楼、建工楼、二五五、燕南、长青楼社区。2005 年，第二届社区居委会换届，居委会成员由街道从大专院校毕业生和社区优秀青年中选配。是年，卫国楼社区开展的“学做合格父母、培养合格人才”活动，被评为“全国双合格优秀（示范）家长学校”“唐山市十大巾帼志愿者先进集体”。2008 年，长青楼社区因建设唐山万达广场项目整体拆迁被撤销，社区数量减至 9 个。当年，各社区以“服务居民群众、构建和谐社区”为主题，积极推进社区党建创新，加强社区党建示范点建设，全面提升社区党建水平。

2010 年，开展“和谐社区示范单位”创建活动，建立“一站式”社区事务受理大厅，建筑面积 350 平方米，内设民政劳动保障、计划生育、城市管理、工青妇、文教体、综合治理、安监站、信访接待、统计站、法律咨询、党建服务、经济服务 12 个服务窗口。当年，卫国社区、建工社区、燕南社区获省级

“充分就业社区”称号，新华里社区、新华南里社区获市级“充分就业社区”称号。11月，唐山万达广场住宅回迁项目陆续建成，遂新建万达长青社区、万达广场第一社区、万达广场第二社区，社区数量增至12个。

第五节　学院南路街道

学院南路街道位于路南区西部，东至学院路与广场街道相连，南至九联工房与女织寨乡相接，西至友谊路（北起新华道、南至国防道）、国防道（西起友谊路、东至大里路）、大里路（北起国防道、南接女织寨乡）与友谊街道相邻，北至新华西道与路北区隔路相望。2010年，街道面积1.25平方公里，辖9个社区，居民11172户，34717人。有蒙古、回、壮、苗、满、瑶、土家、黎、朝鲜9个少数民族，522人，占人口总数的1.5%。街道办事处驻地41号小区，紧邻路南区人民政府。全部财政收入5073万元，其中一般预算收入1163万元；全社会固定资产投资6.9亿元。

一、建置沿革

学院南路街道现域形成于1976年唐山“7·28”大地震后，原属路北区西新村街道的一部分。1980年11月，西新村街道一分为二，以学院南路为界，东半部仍称西新村街道，西半部称学院南路街道。1984年7月，学院南路街道与同为路北区管辖的永红桥街道、西新村街道一并划归路南区管辖，并更名为赵庄街道。1986年5月，赵庄街道一分为二，以友谊路（北起新华道、南至国防道）、国防道（西起友谊路、东至大理路）、大里路（北起国防道、南接梁家屯乡）为界，东半部仍称赵庄街道，西半部称友谊街道。1987年7月，赵庄街道更名为学院南路街道至今。

二、区位特点

辖域地处凤凰山西南部，地势平坦。唐山“7·28”大地震前属开平区，多为村落、农田。震后根据恢复建设需要，土地被征用，划入市区。除南新西道南侧平房区外，大部为震后新建楼房，公用设施齐全，商贸繁荣。1987年前，自发形成渤海早市，从最初寥寥菜摊发展至全市最大综合早市，辐射市区西部，日客流量万余人次。三星级开滦大酒店、爱购商场、渤海大厦、渤海新世界、人民大厦等现代商业建筑集中于此，共同构成市区西部繁华商业街区。唐山市商业银行、唐山市人民财产保险公司、赵庄邮政局、工商银行赵庄分行等金融服务机构坐落在此。唐山市协和医院、唐山市卫生防疫站等医疗防疫机构，为居民提供良好就医条件。教育机构聚集，省级名校开滦二中西校区、友谊中学、路南电大、二十六中分校、新华西道小学、双新小学、唐山市第二幼儿园、商业第四幼儿园等分布域内，构成阶梯式教育结构。道路通达，交通便利，学院南路、大里路、友谊路纵穿南北，新华西道、国防道、南新西道横贯东西，其中2010年通车的学院南路南延工程，中间和两侧绿化带绿树成荫，是市区通往南湖生态公园和迎宾大道的景观道路。

三、街道经济

工业　1990年，街道有工业企业17家，完成工业总产值1101万元，利润108万元。1993年，改革企业管理体制和经营体制，扩大企业自主经营，调整产业结构，推进科技创新，街道工业持续快速发展，完成工业总产值2483万元，利润464.1万元。是年，学院南路街道工商业总利润1082万元，成为全区第一个利润（包括商业）超千万元的街道，在全省街道经济中居首位，被誉为“河北第一街”。1994年始，街道工业受国家宏观调控政策和新税制影响，加之资金短缺，企业发展后劲不足，经济效益出现滑坡。1997年，按照“宜股则股、宜售则售、宜包则包”的原则改革产权制度，至2001年，街属

17 家工业企业通过“关、停、并、转、售”，全部过渡为民营企业。2002 年，加大引资和项目建设力度，远东自行车厂、富华摩擦材料有限公司环保刹车片、防水卷材、广德乐服装、汇力仪器仪表等项目先后开工或入驻。是年，固定资产投资 1800 万元，规模以上工业企业完成总产值 500 万元。2010 年，辖区没有工业企业。

商贸服务业 1990 年年初，街道有商业企业 18 家，大致分两种经营类型，即生产销售一体化企业，也称工办商、前店后厂；商业批零和餐饮服务业企业，职工 438 人，年营业额 4633 万元，利润 250 万元。此后，结合市场需求，企业关停并转，至 1993 年，街道有商业企业 5 家：兴星化工公司、化轻公司、福星五交化公司、化染公司、消防器材商店，销售额 9983. 62 万元，利润 618. 09 万元。1994 年，受国家宏观调控政策和市场竞争影响，企业效益滑坡。1995 年，街道商业完成销售额 6500 万元，利润 400 万元。1999 年，街属商业改制，至 2001 年，全部改为民营企业。

2002 年后，大力发展“总部经济”，先后引进中石油天燃气股份有限公司冀东销售分公司、中石油高盛销售有限公司、河北汇通电缆制造有限公司、滦河集团唐山经贸有限公司。其中，中国石油天然气股份有限公司冀东销售分公司 2004 年进驻后即成利税大户，年纳税 1500 万元，是街道最早引进的“总部经济”。2008 年，由于中石油冀东销售分公司迁出，基础税源减少 500 万元。2009 年始，为拓展税源，将城市开发列入重要发展项目，人民大厦（投资 3. 2 亿元）、渤海新世界（投资 1. 95 亿元）、尚湖名筑（投资 2. 3 亿元）等项目陆续开工建设。2010 年，人民大厦、渤海新世界、尚湖名筑尚处主体建设阶段。

四、环境治理

1990 年，环境治理以维护小区环境卫生为主，街道爱国卫生委员会协调辖域各单位开展卫生红旗竞赛，落实“门前三包、门内达标”责任制。

1999 年，开展迎接中华人民共和国成立 50 周年、澳门回归祖国、新世纪到来以及创建国家文明城市、卫生城市、园林城市、双拥模范城市“三迎四创”活动，拆除私搭乱建 2893 处，清理乱围乱种 976 处，清运废墟垃圾 4500 吨，投入资金 60 万元，建花池 9 个、绿地 2000 平方米、公厕 3 座、垃圾池 3 个。

2000 年，出台《关于全境环境卫生长效管理办法》，将环境治理范围拓展为绿化、美化、净化、硬化、拆违拆迁等方面，在社区推行环境卫生目标考核及创卫责任追究制度，并封闭居民楼道垃圾口，实行垃圾袋装化。2007 年，卫生保洁对外发包，推行市场化运作新模式，与丽洁保洁公司、开滦物业公司、南方物业公司分别签订协议书，由街道出资、各承包公司承担生活小区清扫保洁任务。

2010 年，以“三城”联创、“三年大变样”活动为契机，深入开展“健康学南、幸福人民”活动；完成南湖西北片区拆迁及南新道平房涉及 312 户居民及 57 家非住宅拆迁任务；完成学院路精品街整治工程；自筹资金 30 万元绿化提升双新两个社区；整治市场 3 个，规范经营，并成立渤海市场管理办公室。是年，街道被省委、省政府授予“文明单位”称号，5 个社区先后接受国家、省、市文明委文明指数测评，获得好评。

五、社会事业

教育 1990 年，辖域有唐山市第十三中学、开滦三中、路南区国防楼小学、学院路小学、新华西道小学、开滦双新小学、天成职校、唐山市第二幼儿园 8 所校（园）。1998 年 7 月，唐山市第十三中学更名为唐山市友谊中学。1999 年，国防楼小学撤销，改建路南区电大。2003 年，开滦三中改为开滦二中西校区。2004 年，学院路小学改称双新小学，开滦双新小学改为友谊中学东校区。2005 年，天成职校改建为唐山市第二十六中分校。2010 年，辖域有友谊中学、开滦二中西校区、路南电大、二十六中分校、双新小学、新华西道小学、唐山市第二幼儿园 7 所校（园）。

文化体育 1990 年，有文化经营场所 1 家：渤海影剧院，2008 年 12 月拆除，改建渤海新世界。至

2010年，街道有文化站1个，配备图书室、电子阅览室和电视机、VCD、电脑、打印机、投影仪等设施设备，藏书500册；创办评剧艺术团、业余合唱队、门球队、腰鼓队、健身队、书画摄影小组等社区文体组织17个，人员320人；室内文化活动场所8个，总面积712平方米；室外文化活动场地有渤海中心花园健身广场、双新楼健身广场等5个，总面积2000平方米；健身路径8条，安装健身器材74件。街道选配文体辅导员17人，组织居民开展健康向上的文体活动，全年举办跳绳、踢毽子、拔河、乒乓球、竞走、羽毛球、抖空竹、象棋、老年舞蹈等比赛36场，参加1031人。

医疗卫生 1990年，辖域有医疗机构15家，其中唐山卫校附属医院是市属医疗机构，路南医院赵庄门诊部是区属医疗机构，厂企卫生所（站）5处，校园卫生室8处。2003年，厂企卫生所减至3处。2004年，唐山市卫校附属医院改称唐山市协和医院，路南医院赵庄门诊部改为煤医附院路南分院赵庄门诊部。2010年，辖域有市属医疗机构1个，区属医疗机构1个，厂企卫生所3个，校园卫生室2个，社区卫生服务中心1个，社区卫生服务站4个，个体诊所14个，社会办（民营或个体）医药单位4个。

社会保障 1990年，在居委会建立"优抚对象之家"，上门为老人请医送药，为烈军属拆洗被褥等。同时，在辖域粮店、菜店、医院、房管所、百货店等22个单位挂牌，为优抚对象提供优先服务。街道有军烈属302户、伤残军人39人、孤寡老人25人、在册残疾人864人，发放优抚金和困难补助金3.72万元。1992年3月，赵庄东楼居委会在全市率先成立志愿者协会，各居委会也相继成立志愿者组织机构或老年人服务站，定期开展志愿者服务活动，优抚救助呈现多层次、多渠道、常态化状态。其中双新二居委会建立130多平方米的老人幸福院，安置15名不能生活自理的老人。1993年，街道成立残疾人就业服务站，先后安排82名有劳动能力的残疾人到福利企业工作。1995年，建立优抚社救基金管理委员会，募集资金6400元，逢元旦、春节、八一、十一等节日，登门走访优抚社救对象，送去米、面、油等。

2000年后，社会保障机制进一步健全。至2010年，先后安置就业1438人，立新西里社区、双新四社区获省级"充分就业社区"称号；为优抚对象办理小额贷款28人次，金额140万元；办理社会养老保险255人，征收养老金477万元；办理医疗保险5823人，征收医疗保险金150万元；申报批复大病救助32户，救助金额10万元；审查核实符合廉租房条件居民173户，其中配租房屋75户，发放租赁住房补贴96户，核减住房租金2户；低保户257户444人，全年发放最低生活保障金119.49万元。

六、社区建设

1990年，全街共有居委会30个：双新楼第一、第二、第三、第四居委会，立新东楼第一、第二、第三、第四、第五、第六居委会，国防楼第一、第二、第三、第四居委会，西新东楼第一、第二、第三居委会，立新西楼第一、第二居委会，赵庄东楼居委会，赵庄西楼居委会，偏坡开滦第一、第二居委会，交通楼居委会，运输楼居委会，偏坡铁路楼居委会，偏坡居委会，九联工房居委会，新石庄居委会，八街第二居委会。

1992年12月，双新楼第三居委会被撤销，并入双新一、双新四。1994年1月，新建西新东楼第四居委会；11月，八街第二居委会更名地质楼居委会，偏坡开滦第一、第二居委会合并为偏坡开滦家委会。1995年，地质楼、运输楼、偏坡铁路楼、交通楼居委会分别改为家委会。全街共有居（家）委会29个，其中居委会23个：双新楼第一、第二、第四，立新东楼第一、第二、第三、第四、第五、第六，国防楼第一、第二、第三、第四，西新东楼第一、第二、第三，立新西楼第一、第二，赵庄东楼、赵庄西楼、偏坡、九联工房、新石庄居委会；家委会6个：西新东楼第四、偏坡开滦、交通楼、运输楼、偏坡铁路楼、地质楼家委会。

1997年9月，调整居委会规模与设置，立新西楼第一、第二居委会合并为立新西里居委会，国防楼第一、第二居委会合并为国防楼甲居委会，国防楼第三、第四居委会合并为国防楼乙居委会，西新东楼第一、第二、第三居委会合并为西新东楼居委会，偏坡、九联工房、新石庄居委会合并为偏坡联合居委会。全街共有居（家）委会22个，其中居委会16个：双新楼第一、第二、第四，立新东楼第一、第

二、第三、第四、第五、第六，国防楼甲、乙，西新东楼、立新西里、赵庄东楼、赵庄西楼、偏坡联合居委会；家委会6个：西新东楼第四、偏坡开滦、交通楼、运输楼、偏坡铁路楼、地质楼家委会。

1999年，开滦所属工房区立新东楼第一、第二、第三、第四、第五、第六居委会合并为立新东楼家委会，赵庄东楼居委会、赵庄西楼居委会合并为赵庄楼家委会，双新楼第一居委会并入双新楼第二、第四居委会。全街辖15个居（家）委会，其中居委会7个：双新楼第二、第四，国防楼甲、乙，西新东楼、立新西里、偏坡联合居委会；家委会8个：立新东楼、西新东楼第四、赵庄楼、偏坡开滦、交通楼、运输楼、偏坡铁路楼、地质楼家委会。2001年8月，中央电视台以赵庄老年志愿者服务为主题，采访录制节目《十年老帮老》，在"夕阳红"栏目分两集连续播出，在社会引起反响。

2002年5月，第一次社区换届并调整社区规模，赵庄楼家委会、偏坡开滦家委会合并为赵开楼社区，西新东楼第四家委会并入西新东楼社区，地质楼、交通楼、偏坡铁路楼、运输楼家委会合并为双新东里社区，国防楼甲、国防楼乙居委会合并为国防楼社区。全街共有社区9个，其中选举产生社区居委会7个（双新楼第二、第四，国防楼、西新东楼、立新西里、双新东里、偏坡联合社区居委会），社区家委会2个（立新东楼、赵开楼社区家委会）。

2003年后，加强创建特色社区、先进社区工作，并取得佳绩。其中双新二社区被评为省级先进单位，双新二、双新东里（连续3届）、双新四被评为市级文明社区，偏坡联合社区被评为市级先进社区，立新西里（连续3届）被评为市级创建文明社区工作先进社区，双新东里被评为市级诚信平安社区和市级文体先进社区。

2010年，街道辖9个社区，其中建居委会的社区7个（双新二、双新四、偏坡联合、立新西里、西新东楼、国防楼、双新东里社区居委会），建家委会的社区2个（赵开楼、立新东楼社区家委会）。

第六节　友谊街道

友谊街道位于路南区西部，东至友谊路（北起新华道、南至国防道）、国防道（西起友谊路、东至大里路）、大里路（北起国防道、南接女织寨乡）与学院南路街道相连，南至西电路、艺文道，西至光明路，北至新华道。2010年街道面积1.27平方公里，下辖9个社区，居民13104户，41465人。有满、回、蒙古、朝鲜、土家、苗、壮、瑶、锡伯、裕固、傣、藏12个少数民族，860人，占居民总数的2.07%。街道办事处驻49号小区国防道55-6号，距区政府1.5公里。完成工业总产值1.16亿元，商品销售额45亿元；全部财政收入8369.82万元，其中一般预算收入1867.15万元；全社会固定资产投资3.43亿元。

一、建置沿革

唐山市解放初，辖域属丰润县第九区。1952年，划归唐山市第八区。1956年，归属开平区。震后复建，市区向西发展，域内先后建成4个楼房居民区，隶属于路北区西新村街道。1980年11月，西新村街道一分为二，以学院南路为界，东半部仍称西新村街道，西半部称学院南路街道，辖域属学院南路街道。1984年7月，路南、路北区划调整时归属路南区，更名为赵庄街道。1986年5月，赵庄街道一分为二，东半部仍称赵庄街道（现更名为学院南路街道），西半部称友谊街道。1992年11月，位于光明路以西的光明楼5个居委会划归路北区管辖。2002年后，随着城市"平改楼"开发建设，新增福乐园、永乐园、正泰里、开源4个社区。至2010年，街道辖9个社区。

二、区位特点

辖域地处凤凰山西南部，地势平坦，街区方正，道路成网，间有绿地、假山公园，公用配套设施齐全。域内有30个省市直属企事业单位，490家民营企业和商户，唐百大集团南湖购物商场、华盛超市正泰店、凤凰园南湖店、网通大厦、河北证券及新华道步行街等集中于此。文化教育基础深厚，河北省重点高中唐山二中、友谊中学、唐山二十六中、路南区培智学校、友谊里小学、燕京小学、路南区第二实验小学、路南区教师进修学校、唐山师范学院幼儿园、小博士幼儿园等校园梯次分布。医疗卫生条件优越，武警河北总队医院唐山分院、唐山市第五医院、友谊医院、冀东女子医院、路南区妇幼保健院、路南区防疫站等医疗单位坐落域内，冀东医药、唐人医药等20多家药店诊所分布域内。路南区老年公寓、福寿公寓、老来乐养老院等养老机构，为高龄老人、失能老人、空巢老人解决后顾之忧。城市交通方便，大里路、友谊路、光明路纵穿南北，新华道、国防道、南新道横贯东西。

三、街道经济

工业 1990年，有街属集体工业企业14家，主要分布于解放路、南新道一带，涉及机械、铸造、服装、木器、橡胶、印刷等8个门类，职工490人，完成工业总产值615.5万元，利润95.37万元，固定资产241万元。其中，机电工程公司研制的电子模拟板被评为“河北省新产品”；友谊橡胶厂研制的颈部牵引器获国家专利，全国人大常委会副委员长彭真曾使用并来函给予鼓励；友谊制帽厂自行试制的工作帽、制式帽和呢礼帽，不仅占领当地市场，还承担外贸出口任务。1993年，为适应社会主义市场经济，企业经营向规模化、集约化方向发展，以友谊交电批发站为龙头组建唐山市友谊企业集团总公司。2000年后，企业产权制度改革，街属工业企业全部转为民营。2010年，完成工业总产值1.16亿元。

商贸服务业 1990年，街道商业克服家底薄、资金紧张困难，增加适销商品，以式样新、品种多、服务周到占领市场。当年街属商业企业有15家，完成商品销售额2333.89万元，利润68.39万元。1993年，街道商业快速发展，实现社会商品销售额6939万元，利润405.47万元。1994年始，在宏观调控政策和新税制影响下，街道商业效益下降，当年营业额虽与上年基本持平，但商业利润下降至139.2万元。此后5年累计亏损1460万元。1998年起，街属商业企业产权制度改革。同时，加大招商引资力度，扶植民营经济。至2002年，发展私营企业7家，个体工商户114户。2005年后，以项目建设作为扩大区域经济实力的主要措施，唐百大集团南湖购物商场进驻辖区。2010年，实现商品销售额45亿元。

四、环境治理

1990年，辖域三级以上道路由城建部门保洁，其他道路和楼前楼后区域由街道和居委会共同管理。1991年，以迎城运、创卫生城为契机，建立“门前三包、门内达标”责任机制，改善城市环境。街道组织干部、职工、群众、学生参加义务劳动1.84万人次，出动车辆2860辆次，清运垃圾废墟1.58万吨，铲除杂草3.84万平方米、乱栽乱种540余处，拆除小围栏694个、乱搭乱建126处。1994年，与43个单位签订“门前三包”合同，明确各方责任，做好日常保洁，签约率100%；灭鼠投药500公斤，覆盖率100%；对生活小区实行分类管理，划定一类生活小区10个、二类7个、三类1个，并通过区爱卫会验收。

2002年，49号小区实行物业管理，随后在全街推开。各小区普建专业清扫队，封闭楼道垃圾口，设立专用垃圾箱，实行生活垃圾袋装化，做到日产日清，创建无建筑废墟、无卫生死角、无成堆垃圾的“三无”街道。

2005年，围绕文明城创建，成立街道创城领导小组，建立驻在单位联席会议制度。2006年，唐山市水务局扶持福乐园社区在小区建立雨水收集系统，并将积蓄雨水用于绿化，一年可收集水量7120立方米，年节约水费2万元。2007年，按照唐山市《关于加强路南区城市网格化管理试点工作的通知》要求，被划为七大工作区之一，城市供水、供气、供暖、道路维修等市政服务得到改善。

2010年，实施唐人街街景改造，由区街两级出资安装景观大灯18盏，新增街景雕塑4组，42家沿街商户安装LED彩灯及霓虹灯，更新广告牌匾60块，拆除私搭乱建90平方米，取缔街头摊点40家，整改“五小”企业50家，改扩建停车场2000平方米。年内，城市管理力度不断加强，落实拆违拆迁28

处，拆除面积1500平方米；开展环境百日攻坚活动，街道投入350万元，用于清运垃圾废墟、粉刷小区楼道、更新便道板和路边石、翻修路面、购置楼门垃圾桶、小区整体绿化，清理建筑垃圾300吨，栽种各种花卉树木600株，粉刷楼道50栋，签订“门前三包”责任书400户；加强食品卫生监督，清查乳粉及乳制品商户62家，涉乳制品11家，食品添加剂4家；做好灭鼠培训和验收，投放鼠药300公斤；启动“健康唐山、幸福人民”活动，举办健康知识讲座180场，组织45岁以上居民免费体检1万人次；开展禁烟、控烟干预活动，创建无烟机关、学校、医院、餐馆、家庭；开展文明城创建活动，成立由“一把手”负总责，街道各部门、各社区参与、协调联动的创城领导小组，建立定期调度、督导检查、责任追究制度，实行街道、社区、物业、驻区单位联动机制，建立创建文明城工作档案；完成定福里社区节能改造，共20栋楼588户，面积7.98万立方米。

五、社会事业

教育 1990年，辖域有唐山市第一中学、第二十六中学、第五职业高中、唐山市卫生学校、商业学校、财贸干校、路南区友谊里小学、燕京小学8所学校。1993年，由于区划调整，唐山市卫生学校区域划归路北区。2000年，路南区第二实验小学建立。2001年4月，唐山市卫生学校、商业学校、财贸干校、唐山市农业学校合并，成立唐山职业技术学院，其中辖域的商业学校、财贸干校合并为唐山职业技术学院分院。2002年8月，唐山市第五职业高中改为唐山市第五中学。2010年9月，唐山一中整体搬迁至路北区凤凰新城新校区，唐山二中自爱国里校址迁入唐山一中校址。是年，辖域有唐山职业技术学院分院、唐山市第二中学、第五中学、第二十六中学、友谊里小学、燕京小学、第二实验小学7所学校。

文化体育 1990年，友谊里社区文体队成立，队员30人，主要表演节目有健身舞、交谊舞、集体操、扇子舞等30多个。2002年，区文体局投资100多万元建设燕京体育健身公园，5月份开工，7月建成投入使用，占地1公顷，共设健身广场、老年区、青年区、儿童区、球类、棋类、足磨路径等10个活动区，安装休闲健身器材65件，是河北省全民健身示范工程。2003年后，福乐园社区舞蹈队、友谊南里社区哆来咪乐团、永乐园社区太极健身队等相继建立。2009年，燕京体育健身公园再次整体改造，健身器材增至87件，整体布局由原来的10个活动区分建为“八区四场一长廊”，即康复区、乒乓球区、青少年区、中老年区、健身舞蹈区、儿童区、棋牌区、多功能区，1个门球场、1个篮球场、2个羽毛球场，1个文化休闲长廊。

2010年，采取“上级助一点、共建筹一点、自己出一点”的办法，改善街道和社区文体设施，各社区文化活动场所覆盖率达100%，体育活动场所覆盖率达90%以上。是年，街道有文化站1个，配备图书室、电子阅览室和电视机、VCD、电脑、打印机、投影仪等设备，藏书500余册；有社区合唱团、评剧团、曲艺团、舞蹈队、秧歌队、腰鼓队、健美队等社区文体组织11个，成员500人；有社区廉政网站1个；室内文化活动场所2个，总面积100平方米；室外文化活动场地8个，总面积1200平方米。福乐园社区被河北省体育局命名为“省级社区体育健身俱乐部”。

医疗卫生 1990年，辖域有唐山市精神康复医院、铁一局医院、武警医院、路南区妇幼保健站、路南区卫生防疫站5家医疗机构。1997年，唐山市精神康复医院更名，第一名称为唐山市第五医院，第二名称仍为唐山市精神康复医院。2002年8月，路南区妇幼保健站更名为路南区妇幼保健院，并由国防道旧址迁至友中街新址，占地0.12公顷，建筑面积1347.2平方米，投资178万元。2003年，铁一局医院更名为唐山友谊医院。2004年，唐山女子医院建立，系民营医院。2006年，第五医院增设唐山市精神疾病司法鉴定中心。是年11月，路南区卫生防疫站机构改革，分设路南区卫生监督所和路南区疾病预防控制中心。2010年，辖域有唐山市第五医院、友谊医院、武警医院、唐山冀东妇产医院、路南区妇幼保健院、路南区疾病预防控制中心6个医疗机构，另有校园卫生室2个，个体诊所2个，社区卫生服务站2个，社区卫生服务中心1个。

社会保障 1990年，街道组建“优抚对象之家”，按照“一委一点”要求，在各居委会建立服务点。召开军烈属、伤残军人座谈会，为军烈属做好事376件。当年，有残疾人463人，全部办理残疾证，安置就业8人。1993年，走访军烈属315户次，实现“万元居”3个，占总数的21.4%。

1994年，建立民政工作领导小组，为各居委会配备主管民政工作人员，加强民政工作力量。全年做好事900多件，为灾区捐献衣物1.57万件，捐款5570元；域内3个较大的存车处为127户军人及家属免费存车，给予19名立功现役军人一次性奖励；14个居委会实现“一委一点”，其中“万元居”4个；建立社区服务中心，与23个服务单位签订上门服务合同。1995年，“万元居”增至5个，其中燕五居委会为“10万元居”。

1997年，街道有特困户6户8人，孤儿1人，孤老1人，全部落实最低保障；成立下岗职工再就业服务站，安置下岗职工8人。

2010年，辖域有低保户139户、270人，全年发放低保金64.39万元；大病医疗救助16人，发放大病救助金1.35万元；受理申报廉租房审批38户，受理申报经济适用房8户；全年办理就业失业登记287人，就业困难认定手续72人，发放灵活就业社会保险补贴911人，金额277.45万元；为4101名社区居民办理城镇居民医保，协助居民办理特殊门诊、异地报销等手续；为12名个体工商户办理小额担保贷款；为52名75岁以上空巢老人安装“电子保姆”；落实“一助一扶贫济困”制度，利用元旦、春节、国庆等重大节日，走访困难家庭70户，送去慰问金2万元。

六、社区建设

1990年，街道辖燕京楼第一、第二、第三、第四、第五、第六、第七居委会，交大楼居委会，友谊里楼第一、第二、第三、第四、第五居委会，定福里楼第一、第二居委会，光明南里第一、第二、第三、第四、第五居委会，金属工房居委会，太平庄家委会，铁一局二处家委会共23个居（家）委会。1991年，增设铁三院家委会。1992年11月，因路南、路北区划调整，光明南里第一、第二、第三、第四、第五居委会划归路北区，全街居（家）委会减至19个。1996年，增设正泰楼居委会。

1997年，调整居委会设置和规模，燕京楼第二居委会并入燕京楼第一居委会，燕京楼第四居委会并入燕京楼第三居委会，燕京楼第七居委会并入燕京楼第六居委会，友谊里楼第二居委会并入友谊里楼第一居委会，友谊里楼第四居委会并入友谊里楼第三居委会，定福里楼第一、第二居委会合并为定福里居委会，新建三胶家委会。全街辖15个居（家）委会，其中居委会11个：燕京楼第一、第三、第五、第六，友谊里楼第一、第三、第五，交大楼、定福里、金属工房、正泰楼居委会；家委会4个：太平庄、铁一局二处、铁三院、三胶家委会。

2002年，按照唐山市《关于全面推进城市社区建设的实施意见》，成立福乐园、燕京里、友谊里、定福里、正泰里5个社区。2005年，新建永乐园社区；友谊里社区一分为二，其中南半部称友谊南里社区，北半部仍称友谊里社区。全街社区增至7个。是年，各社区建立以社区中共党组织为核心的居民自治体系“1+5”管理模式，即1个核心（社区党组织）+5个工作站（社区内的城市管理、社区服务、社区卫生、社区文化、社区治安工作站）。

2006年4月，中央政治局常委李长春视察唐山市时曾到福乐园社区，对社区党组织实施的“五心”工程（核心、暖心、开心、舒心、安心工程），构建和谐社区，给予肯定。福乐园社区先后获“全国文明社区示范点”“全国百佳学习型社区”“全国先进基层党组织”“河北省文明社区”“河北省基层党建工作红旗单位”“河北省模范社区”等多项称号。是月，燕京里社区获“全国军民共建社会主义精神文明先进单位”称号。

2008年4月，新建开源社区。是年，开展和谐社区创建活动，福乐园社区被确定为全国和谐社区创建先进典型。2009年6月，燕京里社区一分为二，分为燕京东里社区和燕京西里社区，社区数量增至9个：燕京东里、燕京西里、友谊南里、友谊里、定福里、正泰里、福乐园、永乐园、开源社区。

2010年，按照《市民中心建设方案》要求，9个社区全部建成市民中心，街道被评为“市民中心建设先进单位”，福乐园社区被评为全省唯一一家“社区服务标准化试点单位”。加强社区工作者培训考核，有15人取得合格证，21名社区工作者得到提拔任用。实行社区党建工作数字“网格化”管理，全街1461名党员划分为62个网格，设置74个网格党支部，提升社区服务管理水平。

第七节　钱家营矿区街道

钱家营矿区街道坐落于丰南区钱家营镇，属开滦钱家营矿职工生活区，东邻北阳庄村，南邻林子里村，西邻农田，北邻沙河。2010年，街道面积0.24平方公里，辖3个社区，居民1888户，6916人。有满、蒙古、回等5个少数民族，45人，占总人口数的0.65%。街道办事处驻钱家营矿生活区中心部位，西距市中心区14.5公里，东北距钱家营矿业分公司3.5公里。

一、建置沿革

钱家营矿生活区始建于1985年，1988年初步建成。1992年12月，经市政府批准，建立钱家营矿区街道，隶属于路南区。时辖4个家委会，20个居民小组，居民932户，1796人。钱家营矿区街道党务由中共路南区委领导，街政由路南区政府领导，为区委、区政府派出机构。街道同为开滦钱家营矿下属行政单位。2002年，隶属于开滦钱家营社区服务中心。2008年，开滦唐山社区服务中心与钱家营社区服务中心合并，成立唐钱社区服务中心，街道隶属于开滦唐钱社区服务中心至今。

二、区位特点

钱家营矿区地处城乡结合部，自然条件得天独厚，建有公共绿地8.12万平方米，绿地覆盖率54%。公共服务设施健全，公安、物业、幼儿园、学校、医院、商业网点、文化站等配套完整，人工湖、西花园、健身场、篮球场等成为居民休闲健身场所。政企联手，文明创建活动成绩显著，先后获“河北省优秀园林式小区”“优秀物业管理住宅小区”，唐山市“文明社区建设先进单位”“环保先进单位”“行业卫生模范单位”。辖域煤炭资源丰富，始建于1978年的开滦钱家营矿井田范围42.6平方公里，可采储量3.37亿吨，设计能力年产原煤400万吨，矿井服务年限60年，为特大型现代化矿井。交通便利，京山铁路于井田西北经过，钱吕铁路与矿区支线相接，唐钱、唐吕公路及津唐、唐港高速公路穿域而过。

三、街道经济

工业　起步于1993年，为解决职工家属就业问题，街道建立钱家营工房区生活服务站，陆续兴办机械修配厂、橡胶厂、水泥制品厂、印刷厂4个街属集体企业，安置81名职工家属和3名残疾人。1995年，完成工业总产值1429万元，利润34万元，创历史最好水平。2002年，生活服务站从钱家营矿划出，因缺少业务支持，经营陷入困境，勉强维持现状。

商贸服务业　起步于1989年，唐山市粮食局路南区分局为方便居民购粮，建立生活区粮站，街道有了第一家服务企业。1992年后，钱家营矿所属浴池、日用品商店等企业相继建成，个体经营者兴办的超市、购物、诊所、药房、饭庄等应运而生。2001年，钱家营矿投资兴建停车场，可容纳百辆家庭用车。2003年起，自发形成的自由市场日趋规范。至2010年，街道有商贸企业和服务业16家，其中街属企业4家，开滦所属单位6家，个体民营6家。

四、环境治理

由于街道地处城乡结合部，建设初期交通不便，生活服务设施不完善。1993年，街道成立工房区生活服务站，负责道路清扫、垃圾清运、日常保洁。2000—2010年，发动社区开展文明窗口创建活动，组织老党员、离退休干部、老工人及居民楼长参与社区自我管理，主动做好昼夜巡逻、清扫楼道、调解邻里纠纷、帮教失足青年、为急症病送诊等义务服务，生活环境大为改观，居民生活方便和谐，街道多次被区委、区政府命名为文明单位和文明建设先进单位。

五、社会事业

教育　1990 年，钱家营矿中学、小学建成投入使用，属开滦矿务局兴办，可容纳中小学生 930 人。1992 年，钱家营矿职工托儿所投入使用，接收 200 名儿童入托。2004 年，钱家营中学、钱家营小学划归地方，隶属丰南区教育局管理。2005 年，钱家营矿职工托儿所对外承包，改名为“东方哈佛幼儿园”。2010 年，街域有中学、小学、幼儿园各 1 所。

文化体育　1993 年，为活跃退休职工和社区居民文体生活，街道与钱家营矿联手，在第一社区建立社区老年服务中心，并组建老年科协、老龄委、老年大学、关心下一代工作委员会等组织和老年志愿者队伍，设立乒乓球室、台球室、阅览室、棋牌室、健身房、舞蹈室、门球场，成立乒乓球队、台球队、门球队、棋牌队、拳剑队、读报组。以后，又陆续建立居民健康教育学校、文化活动站等文化教育机构，人工湖、西花园等休闲场所。2009 年，开滦钱家营矿职工文化中心正式向员工开放，占地 0.7 公顷，设“五馆、五室、一厅、一中心”（保龄球馆、篮球馆、图书馆、文体馆、游泳馆；员工书画室、廉洁文化展室、矿井发展室、安全文化展室、科技展室；科技报告厅；接待中心），为河北省一流的员工文化娱乐中心。2010 年，街道有社区老年服务中心和钱家营矿文化中心两个中心，开滦唐钱社区获“全国煤矿体育工作先进单位”称号。

医疗卫生　1990 年，医疗机构有钱家营矿医院；2003 年更名为开滦医疗集团钱家营医院。1997 年，个体益民诊所建立。翌年，刁大夫诊所建立。2005 年 6 月，开滦医疗集团钱家营医院更名为开滦职业病医院。同年，建成复康药房。2010 年 3 月，开滦职业病医院更名为开滦职业病防治院。是年，有医院 1 所、个体诊所 2 个、个体药房 1 个。

社会保障　1992 年，街道建立时，居民均为开滦职工家属，全部福利由开滦负担。其中，居民住房为福利工房，职工逐月交纳租金，产权归开滦所有。1997 年，实行住房制度改革，开滦以重置价将房产出售给职工，产权归购买者所有。但由于手续尚未完善，生活区住房尚不能上市交易。2010 年，全街低保户 24 户、43 人，全年享受城镇居民最低生活保障金 9 万元；有残疾人 42 人。

六、社区建设

1992 年 12 月，街道建立，辖 4 个家委会。1996 年 6 月，增设 1 个家委会。同年，家委会更名为居委会。2002 年 5 月，5 个居委会合并为 3 个社区，即第一、第二、第三社区。2004 年 7 月 30 日，开滦集团创建安全社区启动仪式在钱家营社区举行，会上，确立安全社区创建目标为三年内将社区伤害减少 30% 以上。9 月，成立文明安全居民学校，在居民中开展安全教育。2005 年，安全社区创建工作进入高潮，街道建立 500 人参加的社区安全志愿者队伍，有针对性上门服务；深入居民调查研究，确定安全防范重点，围绕工作场所安全、交通安全、社会治安、居家安全、学校安全、消防安全制定预案。成立社区卫生服务中心，建立常住居民健康档案，为 45 岁以上无固定职业人员免费查体。建立居家安全小组，以家用电器、生产生活用品、家庭日用危险品、家庭常备药品等为辨识对象，对所有居民家庭进行危险源辨识，加强伤害监测。建立社区安全网络，开展小学生、老年人伤害调查，组织小学防踩踏应急演练，每个楼门配装安全警示牌板，提高自我防护能力。与唐山市公安交警一大队联手，在社区主干道两侧安装交通宣传牌板 28 块，设置交通警示标识 10 处，画设交通警示线、斑马线，安装限速装置 5 个。与唐山人民广播电台交通文艺台合作，在社区举办“保护生命，平安出行”暨告别不文明行为宣传活动，发动中小学生、企业员工、居民群众参与。同时，参与中国职业健康协会调查和世界红十字日宣传活动。年内，外交部长李肇星，亚洲安全社区网络中心教授朴南秀，中国职业健康协会副理事长纪明波、教授欧阳梅等先后到社区视察；世界卫生组织亚洲安全社区网络中心赵峻岱、澳大利亚安全促进专家哈汉克、上海复旦大学安全社区建设专家王书梅等到社区考察评估。2007 年 6 月，通过世界卫生组织亚洲安全网络中心验收。10 月，被世界卫生组织命名为世界第 125 个安全社区网络成员。2010 年，街道下辖第一、第二、第三社区。

第八节　惠民道街道

惠民道街道位于路南区西南部，东临南湖，南至惠民道，西、北以西电路为界，面积 5 平方公里，辖 13 个社区，居民 16433 户、52477 人，街道办事处驻惠民道 1 号。惠民道街道是大南湖开发建设后，适应城市发展新格局而设立的，2009 年 7 月开始筹建。2010 年 10 月，建立惠民园第一、第二、第三、第四社区和金岸世铭、龙湖泓庭社区，其余系 2010 年以后建置。

第九节　梁家屯路街道

梁家屯路街道地处路南区南部，东至小南湖风景区、南至京山铁路、西至西电路、北至将军坨道，面积 6 平方公里，下辖 10 个社区居委会，人口 62690 人，街道办事处驻梁家屯路中街。梁家屯路街道是大南湖开发建设后，为适应城市发展新格局而设立的。2010 年 11 月，建立梁家屯路街道筹建处。

第十节　女织寨乡

女织寨乡地处唐山市中心区南部，东与开平区隔陡河相望，南邻丰南区，西邻路北区西南区域，北与文北、小山、永红桥、广场、学院南路、友谊街道相衔接。2010 年，全乡面积 43.6 平方公里，下辖 38 个村，居民户数 14117 户，人口 42454 人，其中，农业人口 29203 人，占总人口的 68.79%；有满、蒙古 2 个少数民族，人口 1000 人，占总人口的 2.36%。乡政府驻吉祥路 21 号，距区政府驻地 12.5 公里。完成地区生产总值 16.96 亿元，其中一产增加值 0.7 亿元，二产增加值 3.62 亿元，三产增加值 12.64 亿元；全部财政收入 3.1 亿元，其中本级财政收入 0.18 亿元；农民人均纯收入 8254 元；粮食总产量 4210 吨；全社会固定资产投入 46 亿元。

一、建置沿革

女织寨乡前身是女织寨人民公社，始建于 1960 年。1984 年，改为女织寨乡，隶属开平区管辖。1992 年 11 月，划归路南区，辖南刘屯、西越河、老谢庄、岳各庄、郑家庄、刘营庄、西礼尚庄、东礼尚庄、檀庄、赵田庄、侯边庄、曹家庄、张丁庄、女织寨、大洪桥、荷花坑、和平街 17 个村，面积 25.6 平方公里，耕地 1352.13 公顷，户数 9872 户，人口 27829 人。1996 年 6 月，梁家屯乡撤销，所辖铁艾庄、新艾庄、新袁庄、郑各庄、东小艾、西小艾、刘家过道、木匠庄、赵各庄、程各庄、王禾庄、马庄、将军坨、季家屯、梁家屯、南陈庄、定福庄、石庄、太平庄、王前街、铁匠庄共 21 个村划归女织寨乡。2010 年，全乡辖 38 个村，面积 43.6 平方公里，户数 14117 户，人口 42454 人。

二、区位特点

女织寨乡原属城市近郊，地处城乡结合部，随着城市建设重心的外延和大南湖开发，逐步发展成为城市中心区。辖域东西横贯市区南部建成区，交通便利，路网密集，京哈铁路、唐津高速、205国道穿越而过，唐柏公路、复兴路、大学路、学院路、西电路纵贯南北，唐胥公路、环城南路、南新道横跨东西。土地资源丰富，全乡面积占全区面积的64.7%，有耕地1017.51公顷。人文资源厚重，国家城市湿地公园、AAAA级旅游风景区唐山南湖中央生态公园坐落域内，其中28平方公里核心风景区被誉为绿色明珠镶嵌中央。高端产业聚集，河北省文化创意产业园（占地26.87公顷、建筑面积25万平方米、投资10亿元）、生态汽车文化展示园（占地31.33公顷、建筑面积30万平方米、投资10亿元）、路南区高新技术产业聚集区（规划面积13平方公里、在建项目23个）落户域内。经济发达，1993年获河北省"乡镇百颗星"称号，1995年被唐山市委、市政府命名为小康乡。2010年，完成地区生产总值16.96亿元。

三、经济建设

农业　女织寨乡土地肥沃，地势平坦，水浇地面积100%。粮食作物以玉米、水稻、小麦为主，间作少量豆类、薯类和其他杂粮。

1992年，有耕地1931.73公顷，粮食作物总产量6241吨，完成农业总产值3139万元。1994年，为发展水稻生产，乡政府筹资近30万元，对域内黑水沟清淤，土方量1.68万立方米；推广水稻旱育稀植技术133.33公顷，引进新品种"垦育2号"，水稻亩产由3年前362公斤增至426公斤。1996年，挖宽青龙河，对檀庄村的三通（原黑水沟、友谊河、唐柏路排水沟交汇处）拓宽疏浚，周边20公顷荒地变成稳产稻田。是年，粮食产量6738吨，农业总产值5814万元。

2001年，调整农业结构，发展高效农业。老谢庄村率先发展蔬菜、花卉生产，先后建成温室大棚450幢。2003年，河北省科学技术协会授予老谢庄千亩无公害蔬菜基地"河北省科技示范基地"称号。期间，檀庄村亦引进地膜覆盖技术种植花生，刘营庄、西越河、郑家庄、将军坨、梁家屯等村种植苗木、果树，赵田庄村发展甜玉米，逐步成为"订单"农业。2005年，注重提高农产品质量，先后引进20多个蔬菜品种及100多个花卉品种。其中，西红柿、豆角、菜花、甘蓝4个蔬菜基地通过省级无公害认证。2007年始，已无水产养殖。至2010年，全乡形成以蔬菜、花卉、苗木、畜牧为主导的产业结构，其中畜禽、蔬菜、花卉为三大优势产业，年产值9600万元，占农业总产值的90%以上。全乡粮食种植面积728公顷，单产5783公斤；蔬菜种植面积489公顷，单产3.98万公斤。完成农林牧总产值9635万元，其中，农业总产值6318万元。

工业　1992年，全乡有工业企业104家，其中乡办17家，村办87家，完成工业总产值2.53亿元。1995年，投入资金7000万元，新建企业12家，改扩建项目38个，开发名优产品27个。全乡完成工业总产值4.2亿元。

1996年，梁家屯乡并入女织寨乡后，乡镇集体企业增至216家，年工业总产值6.96亿元。此后，由于市场竞争激烈，企业经营困难，乡政府适时改革产权制度。至1998年，全乡共有155家企业改制，占企业总数的86%。通过改制，盘活资产1800万元，置换资金1300万元，吸纳股金2000万元。1999年，实施项目拉动措施，新建春兴不锈钢薄板、鸿达汽车改装、三川机械、汇通金源、兴冶铸造、胜利油脂化工、万达机械制造等企业，逐步形成汽车改装、精品钢材制造、成套设备制造、机械加工4个重点工业行业。2009年，以装备制造业为重点，加强侯边庄装备制造园建设，中国电信数据与灾备中心、东软软件园等高新技术产业相继落户。

2010年，中国科学院工程研究所与三川钢铁机械制造有限公司合作，建立大型冶金机械装备阻尼减振降噪的机理与应用技术中试基地。是年，全乡共有工业企业58家，从业2269人，完成工业总产值11亿元，比1992年增长334.78%；交纳税金3339万元。

商贸服务业　1993年，全乡有商贸流通企业（包括商业、交通运输、服务业）53家，其中乡办8家，村办45家，完成商品销售额3.78亿元。1995年，乡政府提出"培育大市场、发展大商贸、搞活大流通”，新建岳各庄竹木市场、南刘屯机动车交易市场、综合服务大楼、南北家具中心，全乡第三产业网点和个体经营户增至1700户，实现商品销售额4.3亿元。

1998年，改扩建北方陶瓷市场、旧物交易城、南刘屯机动车交易市场、岳各庄竹木市场、冀东汽车市场、南北家具中心等市场。到2000年，初步建成装饰材料、钢材、陶瓷、家具、竹木、宠物、新旧机动车交易、旧物、蔬菜果品、花卉10大市场，5条商业街。其中北方陶瓷城规模最大，除占地4公顷、投资1.2亿元的主体市场外，另形成长1200米、宽25米的“陶瓷一条街”，吸引各地商户600余户，年营业额10亿元，成为北方最大的陶瓷批零市场。

2001年，将项目建设作为发展经济的重要支撑，千方百计引进新项目。至2010年，佳源仓储中心、西越河天河冷库、国际石材城、国际五金城、国际陶瓷城、南方国际商贸城、北方国际钢铁交易中心等一批商贸流通企业落户辖区。是年，全乡完成三产增加值12.64亿元。

四、环境治理

1992年，重点治理厂容厂貌、村容村貌，乡政府与50个单位签订门前三包责任状。1994年，自筹资金清淤黑水沟，拓宽青龙河。1995年，着手“村村通”路网建设，投入资金594.5万元，修建水泥路、柏油路27条，13.5万平方米，村与村之间道路全部硬化。1998年，投资670万元，治理村内街巷，修建村级水泥路39.3公里，全乡38个村中有26个村街巷硬化，5个村主要道路水泥路硬化。是年，女织寨乡被市委、市政府命名为小康乡，郑家庄村被评为省级小康示范村。

1999年起，实施平改工程和新民居建设。至2009年，先后有定福庄、铁匠庄、太平庄、西越河、大洪桥、郑家庄、新石庄村完成平改工程和新民居建设，建筑面积89.48万平方米。其间，为改善村民生活环境，打好创建卫生城攻坚战，乡政府实行领导包片、干部包村、村两委履行第一责任的工作责任制，先后投资390万元清理垃圾，拆除违章建筑，完善公共设施，净化、美化村容村貌；聘请保洁员210名，实现农村垃圾集中清运；新建公共绿地面积0.49公顷，绿化覆盖率14%。

2010年，唐山市政府启动南湖生态城西北片区开发建设，涉及女织寨乡19个村整体搬迁。在“城镇面貌三年大变样”建设中，全乡34个“城中村”有22个村平改，2个村建设新民居，10个村进入组团规划。是年，女织寨乡被省委、省政府授予“河北省城镇面貌三年大变样模范集体”，南刘屯村被河北省爱卫会授予“河北省卫生村”称号。

五、社会事业

教育 1992年，辖区有小学15所，中学3所，在校学生5257人。学校特色以艺术教育见长，女织寨乡学校被国家教委称为“艺教明珠”，西礼尚庄小学素质教育被市教委树为典型。1996年，普及学前教育，先后在王禾庄、新袁庄、郑各庄、西礼尚庄、侯边庄、郑家庄、老谢庄、女织寨、赵田庄、岳各庄、将军坨等小学设立学前班，入学幼儿899人。1998年后，加快农村幼儿园建设步伐。至2004年，先后在将军坨、岳各庄、王禾庄、老谢庄、侯边庄、郑家庄建立村办幼儿园，在乡教育组大院建立中心幼儿园。后随南湖生态城建设，大部幼儿园和学校或拆除、或迁建。2010年，全乡有小学6所，幼儿园1所。

文化体育 自1992年，群众性文体活动广泛开展，每年举办乡村运动会。至1994年，梁家屯乡、女织寨乡先后获“河北省体育先进乡镇”称号。1997年，群众业余文体队伍发展至15个，女织寨乡荣获“全国亿万农民健身活动先进乡镇”称号。1999年，加强公共体育和文化设施建设，投资37万元建立乡综合文化站，保留节目88个，组织下乡演出40余次；在乡文化活动中心建成“全国文化信息资源共享工程基层阅览点”，建立农村书屋38个；发展文体人才213人。2001年，获“唐山市文化示范乡镇”称号。2010年，因南湖生态城建设，部分村民中心、健身广场被拆除，仅保留艺术表演团体3个，村民活动中心16个，村图书室16个。

医疗卫生 1992年，有农村乡镇卫生院2所，即女织寨乡卫生院、梁家屯乡卫生院。1996年并乡后，全乡38个村均设立村级卫生室，其中个体31个，集体7个，有乡村医生41人。2004年6月，梁家屯医院领导班子并入女织寨乡卫生院，分属办公。2006年，区、乡、医院投资100万元，扩建女织寨乡卫生院，新建门诊楼842平方米，全院总建筑面积增至1622平方米，卫生技术人员61人，床位43张，并增设中医科。

2010年，有农村乡镇卫生院1所，即女织寨乡卫生院。因城中村改造，梁家屯乡卫生院的原址拆除，村卫生室减至18个。

社会保障 1995年，投资17万元翻建乡敬老院，对入院老人实行公费供养，每人每年1666元。1996年，落实各项优抚政策，为50名优抚对象发放困难补助款1500余元，慰问品折款1950元，现役军人优抚款16.68万元；对社会特困户及时给予救济，发放定期生活补助款2.02万元，临时生活补助款2000余元。2003年，走访慰问优抚对象70余人次，发放米、面、油、水果等食物3000公斤；发放复员军人生活费4.1万元，三属和伤残军人优待金2.1万元，优抚款7万元，报销医药费1万元。投入13万元，为养老院新建活动室，购置电视、VCD影碟机等电器，安装暖气。年内，全乡有农村低保户52户、72人，城市低保户63户、124人，全部按照核定标准及时发放最低生活保障金，并为特困户发放救济粮15吨、救济款4000元；为残疾人新办残疾证98个。

2010年，全乡从业人员2.85万人，登记失业率4.1%；居民家庭人均可支配收入7274元；全乡19个村完成新型农村社会养老保险，其中14个村已实际缴费，参保人员8418人；有2.54万人参加城镇居民医疗保险，占总人口的46.2%；有30个村实行老年人生活保障，每月为8181名老年人发放生活补贴220万元，人均月补贴约270元；全乡有养老机构1家，床位46张，每月各类救助金24.5万元，其中三节慰问款7.3万元；农村低保160户、301人，保障标准每人每年1540元，年发放保障金32.73万元；城镇居民低保家庭114户220人，年发放保障金53.5万元；有福利企业1家，安置残疾人就业16人。

2010年唐山市路南区农村状况一览表

表1-1

村名	人口数量（人）	面积（平方公里）	村名	人口数量（人）	面积（平方公里）
南刘屯	3849	1.14	女织寨	2671	0.6
西越河	1020	0.03	大洪桥	1088	0.2
老谢庄	2620	1.27	荷花坑	1051	0.28
郑家庄	2089	2	和平街	1050	0.03
刘营庄	960	0.02	定福庄	2800	0.05
西礼尚庄	1802	0.6	太平庄	686	0.023
檀庄	1900	1.7	王前街	267	0.5
东礼尚庄	2100	0.39	赵田庄	2249	2.03
侯边庄	2375	1.2	曹家庄	1305	1.95
张丁庄	330	0.07			

2010 年唐山市路南区农村状况一览表

续表 1 – 1

村名	人口数量（人）	面积（平方公里）	村名	人口数量（人）	面积（平方公里）
岳各庄	已拆迁	已拆迁	马庄	已拆迁	已拆迁
铁艾庄	已拆迁	已拆迁	将军坨	已拆迁	已拆迁
新艾庄	已拆迁	已拆迁	季家屯	已拆迁	已拆迁
新袁庄	已拆迁	已拆迁	梁家屯	已拆迁	已拆迁
郑各庄	已拆迁	已拆迁	南陈庄	已拆迁	已拆迁
东小艾	已拆迁	已拆迁	石庄	已拆迁	已拆迁
西小艾	已拆迁	已拆迁	铁匠庄	已拆迁	已拆迁
刘家过道	已拆迁	已拆迁	木匠庄	已拆迁	已拆迁
赵各庄	已拆迁	已拆迁	程各庄	已拆迁	已拆迁
王禾庄	已拆迁	已拆迁			

第二编 自然环境

唐山市路南区地处燕山褶皱带东段南缘与华北坳陷区黄骅坳陷区的交界区域，基底构造复杂，新构造运动强烈，唐山断裂带东北—西南向贯穿本区。地貌属华北大平原冀东冲积平原区，位居燕山余脉大城山、凤凰山南麓。地势呈北高南低趋势，中部略显隆起。气候属于暖温带大陆性季风气候区，四季分明，季风气候适宜，日照充足。由于降水时空分布不均，降水量逐年减少，水资源相对匮乏。随着社会经济的发展及人类对自然界环境的破坏日趋加重，野生动植物存量较少，气象灾害时有发生。土地资源中，建设用地多，农业用地少。煤炭资源以肥煤为主，煤质优良，开采至今有百年历史，地质储量、工业储量、与可开采量逐年减少。南部地区因地下采煤引发地表沉陷，地质环境受到严重破坏。

第一章 地 质

出露地层主要为第四系上更新统黄土状亚砂土；全新统粉细砂及粉土、黏性土及第四系地层分布。基底构造复杂，新构造运动强烈，唐山断裂东北—西南向贯穿区境。

第一节 地 层

一、古生界

奥陶系 为上马家沟组。上部为灰、灰褐色厚至巨厚层豹皮灰岩（或泥纹灰岩），含少量燧石结核；下部以浅灰、浅粉色中厚层灰质白云岩为主，夹薄层白云质灰岩；底部夹数层角砾状灰质白云岩。

石炭系 包括中唐山组、上开平组、上赵各庄组。中唐山组，平行不整合于马家沟组之上，以泥岩为主，粉砂岩及细砂岩次之，间夹三层薄至中厚层灰岩，底部为铁铝质泥岩，局部地区底部偶见鸡窝状“山西式”铁矿。上开平组，以浅灰至深灰色细砂岩及粉砂岩为主，次为深灰色泥岩，间夹三层薄层灰岩、四层不稳定薄煤层。该组与下伏唐山组为连续沉积。上赵各庄组，上部为灰色泥岩及粉砂岩，夹少量细砂岩；下部为浅灰色中、粗粒砂岩，含煤三至四层，为开平煤田主要含煤组。

二迭系 包括下唐家庄组、上古冶组、上洼里组。其中，下唐家庄组与大苗庄组呈连续沉积。上部为黄绿、青灰色粉砂岩，具滨海湖泊向内陆迁徙之沉积特点，为含煤地层与非含煤地层的过渡地带。岩性以灰白色中、粗粒石英砂岩为主，间夹细砂岩、粉砂岩及泥岩，含不稳定煤层一至三层。上古冶组，与唐家庄组呈连续沉积。上部为黄绿、青灰色粉砂岩，泥岩与暗紫色中、粗粒石英砂岩互层，中下部以黄白色、灰白色中、粗粒石英砂岩为主，夹紫色泥岩及粉砂岩。上洼里组，构成开平向斜的核部，为紫红色地层，与古冶组呈连续沉积。上部为板状中、粗粒砂岩，下部为粉砂岩夹泥岩，底部为砾岩。

二、中生界

为侏罗系中后成组。下部为紫色厚层砾岩夹砂岩透镜体，砾石成分复杂，中部为紫红色含粉砂灰岩夹浅灰色、绿色含粉砂泥岩薄层，上部为紫色密块鞍山岩。

三、新生界

包括第四系上更新统和全新统。其中，上更新统为黄土状亚砂土，柱状节理不发育，具孔隙，夹有粘土薄层，含砂量由上至下逐渐增多。全新统以粉细砂及粉土、粘性土为主。第四系地层分布厚度不均，由南向北，由西向东厚度变小。在30～300米之间，以河沿庄一带最厚，达300米左右。

第二节　地质构造

路南区地处燕山褶皱带东段南缘与华北坳陷区黄骅坳陷区的交界区域，基底构造复杂，新构造运动强烈。本区主要构造有碑子院背斜、开平向斜、开滦台凹、陡河断裂、唐山断裂带由北向南贯穿本区东部和西部。

一、开滦台凹

位于复式背斜南冀南侧，地处山区与平原交接地带，地表大部被第四系松散地层覆盖，仅东北边缘有基岩出露。该区主要由中元古界至上古界组成，自北向南排列，故可归属复式背斜系列，但发育历史及构造变动有着独自特色。表现在：中至晚古生代沉积开始较晚，由于始自大洪峪期，故厚度仅在2600米左右；石炭二迭系沉积环境稳定，发育齐全，形成宽展的滨海平原型含煤盆地，厚达1200米左右；未见中生代堆积，同时亦无岩浆活动；构造形式以北北东向隔挡式褶皱为主，背斜紧密，走向断层发育，向斜宽缓，状若构造盆地。在纵向上，褶皱轴向自南而北，呈北北东—北东—近东西向的弧形，弧顶指向北西，北部与北邻的复式背斜一致。故境内构造环境相对稳定，在北侧地区强烈褶皱隆起过程中，处于尾部地带，基本脱离南北向的反作用应力场，褶皱方向和来自东南方向的主压应力相对应，极可能属滑脱褶皱范畴。

二、唐山断裂带

总体走向为25°N－35°E，倾向5°E，倾角变化较大，为30°～85°，并伴随出现次级断裂，由F1－F5组成，其中F_1和F_4、F_5为正断层，F_2、F_3为逆断层。唐山断裂带为市区主要地质运动断裂，他孕育唐山1976年7月28日7.8级大地震。

第三节　工程地质

境内第四系松散冲积物由河流冲积而逐渐形成，其特征是黏性土和砂类土交互出现，沉积韵律明显，一般表层为2～8米的粉状黏土，其下为厚3～15米的粉、细砂层，局部地段亦有中砂分布。地下水位一般埋深在6～10米，多属上层滞水，经水质分析对混凝土无侵蚀性。由于境内属旧城区，从建筑角度考虑其场地土可分为三类。

一、I 类建筑场地（基岩）

分布在新华道以南、南新道以北、光明路以东、增盛路以西区域。开滦唐山矿、建国路一带，基岩直接出露地面或覆盖层厚度小于5米的区段，基岩较为完整，承载力标准值在500KPa以上，可兴建高层建筑物。

二、II 类建筑场地

一般分布在陡河二级阶地，上部为粉土，下部系砂类土。上部覆土褐黄色，含砂、云母，氧化铁条纹，多呈可塑状态（稍湿），一般厚度3～6米，重度在18～20KN/平方米左右，压缩系数多为中低压缩性土，地基土承载力标准在150KPa以上；下部砂类土以细砂为主，局部中砂或粉砂，浅黄色，以石英、长石为主，含少量暗色矿物，分选较好。动探试验（标准贯入）锤击数一般大于30击/30厘米，重度为18.6～20.7KN/平方米，地基上承载力标准值在200KPa左右。该类场地分布较广泛，是良好的建筑场地。

三、III 类建筑场地

分布在陡河、青龙河两岸的一级阶地范围内，其特点是地势低，地下水位埋藏浅，覆土多由粉质粘土、粉土、饱和粉细砂、淤泥质软土构成，地基土承载力较低，一般在80～120KPa左右。南新道以南、205国道以西、学院南路以东至丰南区地界，地处唐山断裂带和开滦唐山矿采煤塌陷区或塌陷波及区，吉祥路两侧为地震裂缝带，受地质条件限制，不宜兴建高层建筑物。另在小山附近个别地段，因局部变质炉灰深达2～4米（原低洼或坑塘），为建筑不利地段。

第二章　地貌与土壤

境内属华北大平原冀东冲击平原区，位居燕山余脉大城山、凤凰山南麓，地势呈北高南低趋势，中部略显隆起，地面坡度在1/500～1/1500之间，海拔5～28.96米。其中最高处西山口标高28.96米，最低处在南湖采煤沉降区，海拔5米，平均海拔21.44米。东部边缘有陡河自北向南流过，经丰南境内注入渤海。西部边缘有青龙河流经区境5.6公里，自西北向东南流入南湖采煤沉降区。2009年起，市政府已将两条河流人工改造成市区环城水系，与南湖风景区连成一体。土壤为第四纪沉积物，沉积厚度受古地理环境控制，一般由大城山南麓向东西两侧加深、加厚，由几米至数十米，在西部河沿庄一带形成沉积中心，厚度达250米以上，土壤成分主要为冲积—沉积物和洪积—冲积物。

第一节　地　貌

一、地貌形成

因受燕山构造运动，河流、海洋冲洪积影响而形成区境堆积、冲洪积平原地貌。新生代起，因北部燕山山地强烈上升，境内以沉降运动为主，在接受古黄河、蓟运河（鲍秋水）、滦河（濡水）大量冲积物同时，也掺杂部分海进海退携遗物质。其中构造隆起堆积地带，为第四纪以来被河流冲洪积压逐渐掩埋的古河道自然堤河口，成带状分布在陡河沿岸。土壤为第四纪沉积物，沉积厚度受古地理环境控制，一般由大城山南麓向东西两侧加深、加厚，由几米至数十米，在西部河沿庄一带形成沉积中心，厚度达250 米以上，土壤成分主要为冲积——沉积物和洪积——冲积物。

二、地貌类型

剥蚀残山地貌分布在开滦唐山矿、建国路乃至小山一带，面积约 8 平方公里，地貌单元内有少量基岩出露。

一级阶地地貌分布于陡河两岸狭长地带，地形自东北向西南倾斜，间有缓岗，但由于多年开发，缓岗已逐渐消失。

二级阶地地貌分布于全境，地势平坦、坡度较小，面积约 50 平方公里。

第二节　土　壤

一、土壤类型

土壤类型主要为褐土和潮土两大类。其中，褐土类分布在东半部，主要土（属）种依次为较重钙质残积物淋溶褐土、中壤质黄（红）土状淋溶褐土、中壤质洪冲积淋溶褐土等；潮土类分布在西部，主要土（属）种为砂、轻中壤质冲积潮土，南部洼地边缘地带有少量盐化潮土。

二、土壤质地与肥力

2010 年，对曹家庄、张丁庄、侯边庄、赵田庄 4 个村、45 个土壤取样点化验分析，土壤有机质平均含量为 1. 94%，全氮含量 0. 09%，碱解氮为 102. 1PPM，pH 值为 7. 1，有效磷 20. 8mg/kg，速效锌 126mg/kg，缓效钾 204mg/kg，有效铁 14. 49mg/kg，有效锰 26. 4mg/kg，有效铜 0. 66mg/kg，有效锌 2. 39mg/kg，有效硫 76. 4mg/kg。土壤肥力适宜农作物生长。

第三章　气　候

区境属暖温带半湿润季风气候，气候温和，年平均气温 12. 0℃。温度变幅大，一般 1 月份最冷，月平均气温 -4. 4℃，7 月份最热，月平均气温 26. 2℃，无霜期平均为 197 天，常年降水量 560. 2 毫米，主要集中在 7—8 月。太阳辐射资源丰富，平均年太阳辐射量为 121. 5 千卡/平方厘米，平均年日照时数为 2495. 3 小时。风随季节变化显著。冬季，受西伯利亚冷气团控制，盛吹西北风；夏季，受海洋暖湿气团影响，盛吹偏南风；春秋两季是冬季风和夏季风的过渡季节，风向多变，天气变化频繁。

第一节　四　季

境内属暖温带半湿润季风型大陆性气候，具有春季干旱多风、夏季炎热多雨、秋季天高气爽、冬季寒冷少雪，季风显著、四季分明的特点。

一、春季

按候平均气温 10～22℃标准划分，春季始于 4 月上旬中，终于 6 月上旬中，候平均气温 10℃～22℃，平均持续 61 天，为全年较短季节。其主要气候特点是风多、风大、降水少、蒸发量大、气候干燥，多春旱。俗有“十春九旱”之说。春季，北方冷空气势力逐渐减弱，暖湿空气逐渐北抬，冷暖空气活动频繁，天气冷暖多变，但温度回升较快。气温平均 4～5 天即可升高 1℃，升温速度是全年最快的季节。季平均气温 13.0℃。一般 2 月底 3 月初，土壤开始解冻；3 月上旬平均气温即可稳定通过 0℃；3 月下旬平均气温可稳定通过 5℃；5 月初气温即可稳定通过 15℃。历年终霜日最早为 2 月 28 日，最晚 5 月 14 日。一般年份 3 月下旬由雪转雨，可闻初雷。季平均雨雪量为 78.6 毫米，占全年降水量的 14.1%，约为同期蒸发量的八至十分之一。春季是全年风速最大季节，季平均风速为 3～5 米/秒。春季大风日可占全年一半，以 4 月份最多、最突出，常有沙尘天气。正因为春季风大，雨雪少，回暖快，蒸发大，故极易形成春旱。

二、夏季

按候平均气温大于 22℃标准划分，夏季始于 6 月上旬中，终于 9 月上旬中，平均持续 92 天。主要气候特点是：高温、高湿、降水集中，多雷暴、冰雹等灾害天气。夏初，平均气温在 21℃以上，平均最高 29.4℃。夏季平均相对湿度为全年最大，7—8 月，平均相对湿度达 80%以上。7 月最热，平均气温在 25～26℃间，由于高温高湿、风速小，7 月中旬至 8 月上旬，为全年最闷热时期，日最高气温可达 35℃以上。夏季平均降水量为 381.3 毫米，占全年总降水量的 68.2%。同时，降水量的 80%集中在 7—8 月，其中 7 月降水在各月最多，平均 165.3 毫米。由于降水年际变化大，常伴有旱、涝灾害发生。平均 6 月下旬至 7 月上旬入汛，个别年份最早可于 6 月初入汛，平均 8 月下旬出汛，最晚 9 月中旬出汛。日降水量大于 50 毫米为暴雨日，全年 91.5%的暴雨出现在 6—8 月，其中，50%的暴雨发生在 7 月下半月到 8 月上半月，故有“七下八上”之说。夏季降水日数最多，占全年总降水日数的 51%，各月降水日数一般为 9～15 天，常给麦收和作物扬花、授粉造成危害。冰雹灾害多集中于夏季，约占年总降雹次数的 50%，尤以 6 月份最多见。冰雹平均每年出现 0.9 次。

三、秋季

按候平均气温 10—22℃标准划分，秋季一般始于 8 月底，止于 10 月下旬中，平均持续 50 天，为全年最短季节。季平均气温 12.7℃。特点是气温变化大，降温快，风速小，空气清爽。秋季开始，北方冷空气开始活跃，逐渐南移，暖气团逐渐南撤，属夏冬季风的过渡季节，故冷暖适中，气候宜人。秋季夜间降温充分，白天增温不足，所以气温降低较快，同时随着冷空气势力增强，降温次数增多，幅度加大。一般 9 月平均气温为 20℃，10 月下旬降至 10℃以下，个别年份可见结冰现象，11 月平均 4.4℃。初霜冻是秋季主要灾害性天气，平均 10 月中旬见初霜。入秋后，降水明显偏少，季平均降水量为 87.0 毫米，占全年总降水量的 15.6%。由于季降水年际变化较大，分布不均，9 月上中旬有时仍有暴雨、冰雹天气发生，也常有秋季连阴雨或秋旱发生。

四、冬季

按候平均气温≤10℃标准划分，冬季始于 10 月下旬中，止于次年 4 月上旬中，平均持续 162 天，为全年最长季节。冬季气候特点是：天气寒冷、干燥，降水稀少，盛吹西到西北风，季风速达 3 米/秒左右。季平均气温 -2.3℃，各月平均气温以 1 月份最低，一般为 -4℃～-6℃，1 月份平均气温为 -4.4℃。极端最低气温为 -17.5℃，出现在 1994 年。以候平均气温低于 0℃标准划分冬季严寒期，境内从 11 月底开始，次年 2 月底 3 月初结束。严寒期历时百天左右。正常年份一般于 12 月上旬开始土壤冻结，至次年2月下旬开始解冻，历年最迟不超过3月23日。全年2月份冻土最大，平均最大冻土深度为60～100厘米。11月份开始由雨转雪，平均初雪日出现在11月下旬，历年最早出现在10月20日。冬季降水量很少，平均10.8毫米，占全年降水总量的2%。历年最大积雪深度为10～30厘米。季平均降雪日数5～8天，约为全年总降雪日数的20%左右。

第二节　日照与太阳辐射

全年日照时数2483.4小时，年日照率为55.9%。在各月份分布中，以5月份日照时数最多，历年平均为264.1小时；以12月份最少，历年平均为163.7小时。日照时数最多为1993年的2689.3小时，日照时数最少为1998年的2247.8小时。累年太阳能总辐射量平均121.5千卡/平方厘米。其中以5月份最多，为15.3千卡/平方厘米；12月份最少，为5.2千卡/平方厘米。年光有效辐射56.9千卡/平方厘米，占太阳总辐射量的47%。

第三节　气温与降水

一、气温

年平均气温为12.0℃，年平均气温最高为13.2℃，最低为10.7℃。气温年度变化为单峰型，一年中最冷月出现在1月，月平均气温为－4.4℃，2月份开始逐月升高，7月份是峰值月，平均气温26.2℃，而后逐月降低，至翌年1月又达谷点。年极端最高气温多出现在6—7月，累年极端最高气温为40.1℃，出现在2002年。年极端最低气温多出现1月，极端最低气温为－25.2℃，出现在2010年。

二、降水

常年降水量为560.2毫米。由于季风影响，各年份降水量与季节降水量变化大，分布不均，多雨年1998年降水为798.1毫米，而少雨年2002年全年仅有318.1毫米。降水量高度集中在7—8月，约占全年总量的70%左右，而冬季12月至翌年2月，降水量只占全年的2%左右。

第四节　风与霜

一、风

属季风区。冬季，受西伯利亚冷气团控制，盛吹西北风。春季，3月份以偏东风为主，4月份开始偏南风增多。夏季，受海洋暖湿气团影响，盛吹偏南风，6—7月多西南风和东南风，7—8月偏东风增多。秋季以偏北风为主。年平均风速为2.5米/秒。其中春季3.2米/秒，夏季2.2米/秒，秋季2.1米/秒，冬季2.5米/秒。风速变化一般是白天大于夜间，并以中午前后最大。年平均大风（风速17米/秒以上）日9～14天，以春季大风居多。4—5月平均大风日4.6天，占全年大风日的42%；夏季平均2.1天，占全年19%左右；秋季10月至次年3月，平均大风4.4天，占全年39%左右。年风能密度100瓦/140平方米，储量200千瓦时/280平方米，有效时数为1800～2700小时。

二、霜

累年初霜平均出现在10月19日，最早出现在10月4日；终霜平均出现在4月5日，最早3月25日，最晚4月28日。无霜期平均198天，无霜期最长为227天，发生在2002年；无霜期最短为169天，发生在1995年。

第四章　水　文

路南区境内共有两条河流流经，其中陡河流经区境8.3公里，青龙河流经7.8公里，两条河流均为季节河。2008年起，市委、市政府实施环城水系工程，陡河、青龙河路南段纳入环城水系统一规划和改造范畴。2010年，环城水系建成通航，青龙河、陡河水文质量明显改善，人居环境显著提升。地下水主要来源为大气降水、河流渗透，且与地表河流流向一致。丰雨年水位高，相反则低。

第一节　地表水

一、陡河

陡河属季节性河流，介于滦河、蓟运河两水系之间。上游分为东西两支。东支为管河，发源于迁安市东蛇探峪村，河长30.4公里，集水面积286平方公里，其中分支龙湾河在宋家峪村汇入管河。西支为泉水河，河长45公里，集水面积244平方公里，发源于丰润区王官营镇上水路村东北，与丰润区火石营镇马家庄户村的腰带河交汇。两支在开平区双桥村北交汇。水库以下始称陡河。陡河穿过唐山市区东部，向南经路南区新华桥至胜利桥南500米，进入开平区越河村，途径区境8.3公里。再由越河村南流入丰南区境，经稻地、西葛、黄各庄、尖子沽、柳树酁、黑沿子等地注入渤海，河道全长121.5公里，流域面积1340平方公里。1976年7月28日，唐山大地震，河段严重受损。后经两次治理，河道拓宽至70米，行洪能力达到800立方米/秒设计标准。由于沿河化工、冶炼、造纸等企业及居民小区工业、生活废水污染，已成排污河道。2008—2010年，市委、市政府实施唐山市环城水系改造工程，完善防洪排水水系，延伸河道功能，陡河路南区段成为融休闲、娱乐、健身和生态绿化为一体的景观带。

二、青龙河

发源于西郊曹家口北的大官庄一带，向南流经马驹桥、刘火新庄，穿过京哈铁路桥后进入唐山市区。再向东南流经站前路，由新华西道南进入境域。穿国防道、南新西道、西电路、东小艾庄，向南流经刘家过道桥后，一条支流汇入采煤塌陷坑（小南湖），主流向南经唐胥公路黄龙桥汇入采煤塌陷坑（大南湖），河长5.6公里，加之湖宽2.2公里，共7.8公里，最终注入渤海。青龙河长15公里，城区流域面积18.25平方公里。青龙河河道弯曲，段面狭小，河床淤积严重，大量生活污水和工业废水进入河道，造成河水污浊，沿岸居民称其为“龙须沟”。1999年，唐山市对青龙河市区段实施综合治理，排水标准达到20年一遇，最大排水量111立方米/秒，并在两岸开辟绿化带。2008—2010年，市委、市政府实施唐山市环城水系改造工程，将青龙河改造纳入唐山市环城水系的规划与建设范畴。

第二节　地下水

一、含水层位

区境地下水存在类型，主要是奥陶系灰岩岩溶裂隙水和第四系冲洪积孔隙水，震旦亚界、二迭系、三迭系列裂隙水次之。其中，奥陶系灰岩岩溶裂隙水及第四系冲洪积孔隙含水组为具有供水价值的含水层位。独立的奥陶水文地质单元为开平西南单元，其以陡河断层与荆各庄单元相隔，西侧为寒武系地层，东侧为煤系地层（建有唐山矿）。该单元灰岩与第四系地层接触面积 4.5 平方公里，呈长条形分布。由于路北区的大城山、凤凰山为灰岩出露地表，故开滦唐山矿以北，一般均在百米以内，开滦唐山矿以南则逐步加深，至岳各庄南深达 500 米以上。灰岩岩溶发育，透水性好，单井产水量日达万吨。大红桥水厂取水层为第四系冲积层，成井含水层多为两层系卵砾石含粗砂，含水厚度平均 19.41 米，水源地深井深 55—88 米，单井出水量每月达 7200 吨。

二、水位及矿化度

据 1978 年 6 月观测资料，浅层地下水流向与现代河流流向基本一致。境内自北向南，水力坡度为 1 ~5‰，地下水位埋深一般为 6 ~ 10 米。年内低水位一般出现在 5 月底 6 月初，高水位则在 8—9 月，水位年变幅一般为 2 ~ 4 米；年际水质无明显变化，矿化度年际变化 ± 15 毫克/升；历年水温均在 12℃左右，季节变化为 ±0.5℃；单井出水量除高水位期略大于低水位期外，多年同期对比无明显变化。深层地下水和水力坡度与浅层水相似。一般埋深 8 ~ 12 米。地下水周期变化较为明显，系单谷后期缓降型，与浅层地下水类型一致。高水位出现在 7—8 月份，低水位一般为 5—6 月份。水位年度变幅 2 ~ 4 米，年际水位变化不足 1 米，矿化度变化不明显，年际间渗漏仅为 20 毫克/升左右。

第五章　自然资源

1990 年年初，共有土地面积 2463 公顷，其中工矿企业和居民住宅建（构）筑物用地 2287.93 公顷，占总面积的 92.89%；交通设施用地 133.27 公顷，占总面积的 5.4%；园林绿地 41.8 公顷，占总面积 1.7%。1992 年 11 月，将路南区税务庄街道划归开平区管辖，开平区女织寨乡、梁家屯乡划归路南区管辖，将路北区所辖商场街和复兴路立交桥东段、京山铁路以北、新华东道以南三角地域划归路南区管辖，辖区总面积增至 6084.24 公顷。矿产资源以煤炭资源为主，地质储量、工业储量、与可开采量呈逐年减少趋势。水资源匮乏，属严重缺水地区之一。随着经济的发展及人类对自然环境的改造，野生动植物存量趋少。

第一节　土地　水　矿产资源

一、土地资源

1991 年 5—10 月，进行第一次土地利用现状调查。调查结果：全区共有土地面积 2068.07 公顷，其中农用地 20.89 公顷，占总面积的 1.01%；建设用地 1809.52 公顷，占总面积的 87.49%；特殊用地 22.54 公顷，占总面积的 1.09%；水域用地 12.12 公顷，占总面积的 0.59%；其他用地 203 公顷，占总面积 9.81%。2007 年 12 月至 2008 年 10 月，开展第二次土地利用现状调查。调查结果：全区共有土地面积 6084.24 公顷，其中农用地 2185.24 公顷，建设用地 3565.36 公顷，未利用地 333.64 公顷。

二、水资源

地表水资源为大气降水和过境水。年平均降雨量 636.1 毫米，降水总量 0.43 亿立方米。因干旱少雨，贯穿区境的陡河、青龙河成为季节河。根据《唐山市水资源评价》资料，地下水资源总量为 0.12 亿立方米，浅层地下水可开采量 981 万立方米，深层可开采量为零。

三、矿产资源

区境矿产资源以煤炭资源为主，煤田地质全部为第四系冲积层所覆盖，主要含煤地层为石炭系和二叠系煤系地层，煤系基底地层为巨厚层状奥陶纪石灰岩，矿区煤系地层及上覆盖地层由下至上。其中石炭系中统唐山组是与奥陶系为平行不整合接触，由灰色泥岩、粉砂岩及中细粒砂岩组成，夹三层石灰岩（K1、K2、K3），含不稳定薄煤 1~4 层，底部为 G 层铝质泥岩，厚约 65 米。煤层与煤质为石炭二迭系，总厚 490~530 米，含煤 15~23 层，煤层总厚 18~28 米，含煤系数为 2.1%~4.4%；可采煤层及局部可采煤层 9 层，其中煤 7、8、9、12 为全矿区主要可采煤层，煤 5、6、7、11、12 下为局部可采煤层。据《唐山开滦煤矿志（1989—2008）》记载，唐山矿区共有地质储量 31.4 亿吨，工业储量 28.72 亿吨，可采储量 14.54 亿吨。

第二节　野生动植物

一、野生动物

兽类　主要有鼠、兔、獾、猬、蝙蝠等。

禽类　主要有莺、鸽、燕、喜鹊、麻雀、乌鸦、伯劳、啄木鸟、黄雀、练雀、红点颏、蓝点颏、金翅儿、靛青、柳叶儿、猫头鹰等。鱼类主要有鲫鱼、鲤鱼、鲢鱼、草鱼、鲶鱼、黑鱼、鳝鱼、麦穗鱼、白条鱼、泥鳅鱼等。

昆虫类　主要有蜂、蚊、蝇、蠓、蝉、蚂蚁、蝗虫、蟋蟀、蜻蜓、蝼蛄、飞蛾、斑蝥、牛虻、螳螂、蝴蝶、蜣螂、蝈蝈、瓢虫、蛴螬、萤火虫、纺织娘等。

两栖类　主要有青蛙、蟾蜍等。

爬行类　主要有蛇、龟、鳖、蜥蜴、壁虎等。

节肢类　主要有虾、蝎子、蜈蚣、蚰蜒、蜘蛛等。

软体动物　主要有河蚌、田螺、蜗牛等。

环节动物　主要有水蛭、蚯蚓等。

二、野生植物

草类　有禾本科的狗尾草、马唐、蔓子草、蟋蟀草、马绊草、白茅草；菊科的苍耳、艾蒿、蒲公英、苦麻菜、曲曲菜、刺菜；豆科的野豌豆、野绿豆、草木樨；莎草科的三楞草、莎草；车前科的车前子；马齿苋科的马齿苋；璇花科的喇叭花；苋科的野苋菜（人苻菜）；大麻科葎草（拉拉秧）；蓼科的猪牙草等，以及水生的菱、稗、芦苇、软蓼、荆三棱、半边莲、柴背浮萍、香蒲、菹草等。

乔灌木　臭椿、香椿、国槐、旱柳、簸箕柳、爪榆、桑树、皂角、葛藤、枸杞、枣树、野杏、五角枫、花椒、桧柏、侧柏。

药用植物　主要有车前子、半夏、牵牛、黄芩、苍术、地榆、蒺藜、蒲公英、马齿苋、菖蒲、苍耳、蓟、牛蒡、艾蒿、苦参、葶苈、黄精、兔丝子、薄荷、远志等。

食用菌类　主要有环锈伞属毛腿黄锈伞、毒伞属隐花青褐伞（草鸡丛）、杯伞属假蜜环伞（树秋）、裂摺菌属袭摺菌（白参）、金钱菌属长根菇（长根金钱菇）、鬼伞属毛头鬼伞（柳树蘑）、木耳属黑木耳、马勃属大马勃等。

淡水藻类　主要有团藻目衣藻属密实、卵形、艾氏衣藻；空球藻属的华丽异球空球藻；实球藻属华丽、桑葚实球藻；鞘藻目鞘藻属鞘藻；接合藻目新月鼓藻属珠饰、园形、四眼、葡萄鼓藻；绿球藻目绿球藻属绿球藻；卵囊藻属粗卵囊藻等，计7门、14目、30余种。

第六章　自然灾害

因气候变化异常，气象灾害时有发生。地震余震经常发生，因震级小，故无损失。

第一节　气象灾害

2004年6月21日晚7点30分，女织寨乡10个村遭受暴雨冰雹袭击，降雹最大厚度150毫米左右，致使552公顷玉米、棉花、花生、西瓜、蔬菜等农作物绝收。2006年6月，因干旱少雨，女织寨乡300余公顷大田农作物不能正常生长，出苗率只有70%左右，直接经济损失28万元。2007年3月4日凌晨，突降暴风雪，女织寨乡郑家庄、郑各庄、老谢庄、张丁庄、西越河、和平街6个村30个蔬菜大棚被大雪压塌，受灾面积1.5公顷，直接经济损失55万元。8月26日，突降大暴雨，致使女织寨乡岳各庄村玉米大片被刮倒，受灾面积1.73公顷，直接经济损失2万元。2008年7月14晚，突降大雨，持续时间长达10多小时，致使女织寨乡女织寨村的田地被淹，蔬菜受灾面积2公顷，其中成灾面积1.67公顷，绝收面积0.33公顷，直接经济损失20余万元。

第二节　地震灾害

1990—2010年21年间，共发生4级以上地震10次，因震级小，故未造成生命和财产损失。

1990—2010年唐山市路南区4级以上地震一览表

表2-1

时间	纬度	经度	震级
1990年7月23日	39.75	118.48	4.5
1991年5月29日	39.72	118.3	4.8
1991年5月30日	39.68	118.27	5.3

1990—2010 年唐山市路南区 4 级以上地震一览表

续表 2－1

时间	纬度	经度	震级
1992 年 7 月 22 日	39.28	117.93	4.5
1995 年 10 月 6 日	39.67	118.33	5
1998 年 4 月 14 日	39.68	118.47	4.6
2002 年 5 月 19 日	39.37	117.98	4.2
2004 年 1 月 20 日	39.73	118.78	4.6
2010 年 3 月 6 日	39.7	118.5	4.2
2010 年 4 月 9 日	39.47	118.07	4.1

第三编　居　民

1990 年 7 月，第四次全国人口普查结果：全区常住人口 197948 人，人口自然增长率 4.6‰。年末实有 58593 户，192610 人。1992 年 11 月，开平区所辖女织寨乡、梁家屯乡划归路南区，两乡新增 40587 人。为控制人口总量，倡导计划生育，全区人口逐渐呈现低出生、低死亡、低增长趋势。2010 年 11 月，第六次全国人口普查结果：全区常住人口 225036 人，人口自然增长率为 -0.13‰。人口普查总人口中，汉族 220117 人，占 97.81%；少数民族 34 个，4919 人，占 2.19%；男性 115847 人，占 51.48%，女性 109189 人，占 48.52%。年末全区 77302 户，235912 人，人口自然增长率为 0.51‰。人口分布，城区稠密，乡村人口密度小。全区人口素质不断提高，城乡居民生活水平日趋改善，家庭婚姻和谐美满。民情民俗传统朴实，且不断融入新的元素，构成路南区多元习俗共存的特征。

第一章　人口总量与分布

20 世纪 80 年代初，域内人口呈现震后激增态势。1982 年 11 月，第三次全国人口普查结果：全区常住人口 217915 人。后随计划生育工作加强，人口增长趋势有所缓解。1990 年 7 月，第四次全国人口普查结果：全区常住人口比 1982 年减少 19967 人。1992 年 11 月，开平区女织寨乡、梁家屯乡划归路南区，两个乡新增 40587 人。2000 年 11 月，第五次全国人口普查结果：辖区人口达到高峰，常住人口为 245499 人。2010 年 11 月第六次全国人口普查，辖域人口比 2000 年有所下降。人口密度每平方公里 3545 人。人口分布城市稠密，乡村疏稀。

第一节　人口总量

1990 年，第四次全国人口普查（1990 年 7 月 1 日零时）结果：辖域 55461 户，常住人口 197948 人。与 1982 年第三次人口普查相比，人口减少 19967 人。年末全区 58593 户，192610 人。1992 年 11 月，开平区女织寨乡、梁家屯乡划归路南区管辖，人口增加。1993 年，全区 67347 户，215918 人。2000 年，第五次全国人口普查（2000 年 11 月 1 日零时，包括外来人口，不包括外出人口）结果：全区总户数 76639 户，常住人口 245499 人。年末全区 76867 户，227218 人。2010 年，第六次全国人口普查（2010 年 11 月 1 日零时）结果：全区总户数 73896 户，常住人口 225036 人，比 1990 年人口普查净增 18435 户、27088 人，比 2000 年人口普查减少 2743 户、20463 人。年末全区 77302 户，235912 人。

第二节　人口分布

1990 年，辖域西部 3 个街道，人口分布稠密。1992 年 11 月，开平区女织寨乡、梁家屯乡划归路南区管辖，增加40587人。此后至2010年，全区人口分布呈不平衡状态，城区稠密，乡村人口密度小。

一、人口密度

震后，因城市复建，市区西移，西部友谊里、学院南路和西新村3个街道成为人口稠密区。1990年，城区每平方公里人口密度为7917.9人。1992年11月，开平区女织寨乡、梁家屯乡划归路南区所辖，土地面积增加，人口平均密度趋减且少有波动。是年，人口密度为每平方公里3170人。2000年，人口密度每平方公里3376人，其中农村人口密度每平方公里889人。2005年，人口密度每平方公里3647.83人。城区尤以学院南路街道人口密度最大，每平方公里32731人。2010年，人口密度每平方公里3545人，总数比1990年每平方公里减少4372.9人。

二、城乡分布

1990年，路南区全部为城区设置，第四次全国人口普查结果：辖区常住人口197948人，其中，友谊街道30442人，学院南路街道（原赵庄街道）38206人，西新村街道41798人，永红桥街道22168人，小山街道21936人，文化北后街街道20031人，税务庄街道21398人，钱家营街道筹建处1969人，以西新村街道（后改为广场街道）人数居多。1992年11月，开平区女织寨乡、梁家屯乡划归路南区管辖；路北区所辖商场街和复兴路立交桥东段、京山铁路以北、新华东道以南的三角地域划归路南区管辖；路南区所辖税务庄街道办事处（晨光楼、自来水公司工房两个居委会除外）划归开平区管辖，城区人口分布发生变化。1993年，全区总人口215918人，其中，城区177827人，占总人口的82.36%；女织寨乡20133人，梁家屯乡17958人，两乡人口占总人口的17.64%。2000年第五次全国人口普查结果：全区常住人口245499人，其中，城区187030人，占76.18%。以广场街道（原西新村街道）人口最多，达49251人。乡村人口58469人，占23.82%。

2010年第六次全国人口普查结果：全区常住人口225036人，其中，学院南路办事处33965人，友谊街道办事处38141人，广场街道办事处35984人，永红桥办事处21741人，小山街道办事处14096人，文北街道办事处27415人，钱家营街道办事处6059人，女织寨乡47635人。以友谊街道办事处人口最多。城区常住人口占总人口78.83%；乡村常住人口占总人口21.17%。城区人口比1990年减少20547人，乡村人口比1993年增加9544人。

第二章　人口构成

1990年7月，第四次全国人口普查，全区常住人口中，人口构成以汉族居多，占总人口的98.39%，另有少数民族15个。总人口性别比（以女性为100）为100：109.82（年末性别比为100：117.93）。非农业人口占总人口96.97%。1992年，女织寨乡、梁家屯乡划归路南区后，人口总量和农业人口比重加大。2010年11月全国第六次人口普查，全区常住人口中，汉族220117人，占总人口97.81%；少数民族增至34个，人口4919人，占总人口2.19%。非农业人口占总人口85.49%。全区人口性别构成趋于正常、合理，但人口老龄化趋势明显。

第一节　民族与性别构成

一、民族构成

1990年7月，第四次全国人口普查结果：全区常住人口由16个民族构成。其中，汉族人口194758人，占总人口的98.39%；少数民族人口3190人，占总人口的1.61%。有蒙古、回、朝鲜、满、维吾尔、苗、壮、布依、瑶、土家、傣、黎、佤、拉祜、达斡尔等15个少数民族。少数民族中回族1768人，满族1196人，朝鲜族145人，蒙古族46人，其他少数民族人口均不足10人。另有其他未识别民族人口2人。

2000年11月第五次全国人口普查结果：全区常住人口由24个民族构成。其中，汉族人口240421人，占总人口的97.93%；少数民族人口5078人，占总人口的2.07%。在23个少数民族人口中，满族2980人，回族1624人，蒙古族181人，朝鲜族96人，壮族62人，土家族36人，藏、彝、侗、畲、高山、土、达斡尔、仡佬、塔吉克、赫哲、布依、瑶、傣、黎、锡伯、维吾尔、苗等少数民族人口均不足20人，另有其他未识别民族人口2人。

2010年11月，第六次全国人口普查结果：全区常住人口由35个民族构成。其中，汉族人口220117人，占97.81%；少数民族人口4919人，占2.19%。在34个少数民族人口中，满族2925人，回族1287人，蒙古族241人，苗族125人，壮族65人，朝鲜族48人，彝族44人，藏、维吾尔、布依、侗、瑶、白、土家、哈尼、傣、黎、佤、畲、拉祜、水、纳西、土、达斡尔、羌、撒拉、仡佬、锡伯、怒、俄罗斯、保安、独龙、鄂伦春、赫哲等少数民族人口均不足30人。另有其他未识别民族人口5人。

二、性别构成

1990年7月，第四次全国人口普查结果：全区人口197948人，其中，男性103604人，占52.34%；女性94344人，占47.66%。人口性别比（以女性为100）100：109.82，略高于正常值范围（正常性别比范围为100：103～100：108）。其中，女性多于男性的年龄组是16～19岁、53～59岁，其他年龄段为男性多于女性。年末人口性别比为100：117.93。

2000年11月，第五次全国人口普查结果：全区常住人口245499人，其中，男性126469人，占51.52%；女性119030人，占48.48%。总人口性别比100：106.25，属正常值范围。各年龄组性别比中，0～14岁各年龄组均在正常值范围；15～24岁各年龄组比值偏高，男性多于女性；25～49岁各年龄组均在正常范围；50～54岁各年龄组比值偏高，男性略多于女性；55～59岁各年龄组均在正常值范围；60岁以上各年龄组比值偏低，女性人口多于男性。年末人口性别比为100：106.83。

2010年11月，第六次全国人口普查结果：全区常住人口225036人，其中，男性115847人，占常住人口的51.48%；女性109189人，占总人口的48.52%。总人口性别比为100：106.10，属正常值范围。其中，0～4岁人口比值为100：108.65，比值略高，男性多于女性；男女比例失调的年龄段分别在15～19岁和20～24岁之间，人口比值分别为100：118.79、100：118.40，男性多于女性；25～49岁各年龄组均在正常值范围；50～54岁各年龄组比值偏高，男性略多于女性；百岁以上老人2人，其中女性1人，男性1人。年末人口性别比为100：103.98。

第二节　年龄与职业构成

一、年龄构成

1990 年 7 月，第四次全国人口普查结果：全区常住人口 197948 人，其中，0 ~ 14 岁人口占总人口的 21. 35%；15 ~ 64 岁人口占总人口的 73. 11%；65 岁及以上人口占总人口的 5. 54%。老人同少儿之比（指 65 岁及以上老年人口与 0 ~ 14 岁少年儿童人口之比）为 25. 9%，年龄中位数为 31. 31 岁。对照“国际通用人口年龄类型标准”的四个指标，全区少儿系数和年龄中位数已进入“年老型”，人口老化指数已接近标准，显现出向“老龄化”发展的趋势。在劳动年龄人口中，男 16 ~ 59 岁 70293 人，占 35. 86%；女 16 ~ 54 岁 59509 人，占 30. 36%。2000 年 11 月，第五次全国人口普查结果：全区常住人口 245499 人，其中，0 ~ 4 岁 9205 人，占总人口的 3. 75%；5 ~ 9 岁 9649 人，占 3. 93%；10 ~ 14 岁 14410 人，占 5. 87%；15 ~ 19 岁 25322 人，占 10. 31%；20 ~ 24 岁 25326 人，占 10. 32%；25 ~ 29 岁 18653 人，占 7. 6%；30 ~ 34 岁 20486 人，占 8. 34%；35 ~ 39 岁 23173 人，占 9. 44%；40 ~ 44 岁 23247 人，占 9. 47%；45 ~ 49 岁 24629 人，占 10. 03%；50 ~ 54 岁 14868 人，占 6. 06%；55 ~ 59 岁 8594 人，占 3. 50%；60 ~ 64 岁 8272 人，占 3. 37%；65 ~ 69 岁 7668 人，占 3. 12%；70 ~ 74 岁 5770 人，占 2. 35%；75 ~ 79 岁 3742 人，占 1. 52%；80 ~ 84 岁 1642 人，占 0. 67%；85 ~ 89 岁 637 人，占 0. 26%；90 ~ 94 岁 171 人，占 0. 07%；95 ~ 99 岁 34 人，占 0. 01%；100 岁以上 1 人，占总人口万分之零点零四。在劳动年龄人口中，男 15 ~ 59 岁 25322 人，占总人口 10. 31%；女 15 ~ 54 岁 84241 人，占 34. 31%。

2010 年 11 月，第六次全国人口普查结果：全区常住人口 225036 人，其中，0 ~ 14 岁 23123 人，占常住人口的 10. 28%；15 ~ 64 岁 181450 人，占 80. 63%。65 岁及以上人口 20463 人，占 9. 09%，其中 100 岁以上 2 人，占总人口万分之零点零九。与 2000 年第五次全国人口普查相比，0 ~ 14 岁人口比重下降 3. 27%，15 ~ 64 岁人口比重上升 2. 07%，65 岁及以上人口比重上升 1. 08%。人口已步入老龄化。

二、职业构成

1990 年 7 月，第四次全国人口普查结果：全区从业人员 108630 人，占总人口 54. 88%，其中，男 63008 人，女 45622 人。在从业人员中，专业技术人员 16205 人，占从业人口 14. 92%；国家党政机关及企、事业单位干部职工 11614 人，占 10. 69%；商业餐饮服务系统职工 20406 人，占 18. 79%；生产和交通系统职工 59197 人，占 54. 49%。此外，有农、林、牧、渔业劳动者 1208 人，占 1. 11%。

2000 年 11 月，第五次全国人口普查结果：全区从业人员 11231 人，其中：农林牧渔从业人员 826 人，占从业人数 7. 36%；工业从业人员 4634 人，占从业人数 41. 26%；建筑业从业人员 436 人，占从业人数 3. 88%；地质勘查水利管理从业人员 7 人，占从业人数 0. 06%；交通运输仓储邮电、通信业从业人员 550 人，占从业人数 4. 90%；批发零售贸易餐饮业 2460 人，占从业人数 21. 90%；金融保险业 105 人，占从业人数 0. 94%；房地产业 70 人，占从业人数 0. 62%；社会服务业 637 人，占从业人数 5. 67%；卫生体育社会福利业 347 人，占从业人数 3. 09%；教育文化艺术广电业 565 人，占从业人数 5. 03%；科研综合技术服务业 25 人，占从业人数 0. 22%；国家机关政党机关社团体 556 人，占从业人数 4. 95%；其他行业 13 人，占从业人数 0. 12%。在从业人口中，从事第一产业劳动者 826 人，占从业人口 7. 36%；从事第二产业 5070 人，占 45. 14%；从事第三产业人口 5335 人，占 47. 50%。

2010 年 11 月，第六次全国人口普查结果：全区从业人员 10251 人，其中，农林牧渔业 308 人，占从业人口 3%；采矿业 825 人，占 8. 05%；制造业 1795 人，占 17. 51%；电力、燃气及水的生产和供应业 209 人，占 2. 04%；建筑业 849 人，占 8. 28%；交通运输仓储和邮政业 871 人，占 8. 50%；信息传输、计算机服务和软件业93人，占0.90%；批发零售业2604人，占25.40%；住宿和餐饮业376人，占3.67%；金融业155人，占1.51%；房地产业160人，占1.56%；租赁和商务服务业153人，占1.49%；科学研究、技术服务和地质勘查业29人，占0.28%；水利、环境和公共设施管理业103人，占1.01%；居民服务和其他服务业218人，占2.13%；教育业499人，占4.87%；卫生、社会保障和社会福利业380人，占3.71%；文化、体育和娱乐业79人，占0.77%；公共管理和社会组织545人，占5.32%。在从业人口中，从事第一产业劳动者308人，占从业人口3.01%；从事第二产业3469人，占33.84%；从事第三产业人口6474人，占63.15%。

第三节 农业与非农业构成

1990年年末，全区总户数58593户，总人口192610人，其中，非农业户56514户，186774人，占总户数、总人口的96.45%、96.97%；农业户2079户，5836人，占总户数、总人口的3.55%、3.03%。1992年11月，女织寨乡、梁家屯乡划归路南区，农业人口增加。年末，全区人口213437人，其中，非农业人口176969人，占82.91%；农业人口36468人，占17.09%。2000年年末，全区76867户，227218人，其中，非农业人口192361人，占84.66%；农业人口34857人，占15.34%。2005年年末，全区73556户，241796人，其中，非农业人口208077人，占86.05%；农业人口33719人，占13.95%。2010年年末，全区77302户，235912人，其中，非农业人口201692人，占85.49%；农业人口34220人，占14.51%。同1992年相比，非农业人口增加24723人，农业人口减少2248人。

1990—2010年年末唐山市路南区农业、非农业人口比例统计表

表3-1 单位：人、%

年份	年末人口			
	非农业人口	比重%	农业人口	比重%
1990	186774	96.97	5836	3.03
1991	189285	96.92	6006	3.08
1992	176969	82.91	36468	17.09
1993	179738	83.24	36180	16.76
1994	179814	83.09	36583	16.91
1995	180921	83.18	36577	16.82
1996	184529	83.54	36366	16.46
1997	187981	84.06	35656	15.94
1998	189408	84.30	35286	15.70
1999	189718	84.37	35143	15.63
2000	192361	84.66	34857	15.34
2001	195720	85.21	33961	14.79
2002	198531	85.45	33799	14.55
2003	204957	85.88	33694	14.12

1990—2010 年年末唐山市路南区农业、非农业人口比例统计表

续表 3－1 单位：人、%

年份	年末人口			
	非农业人口	比重%	农业人口	比重%
2004	207043	86.01	33664	13.99
2005	208077	86.05	33719	13.95
2006	204231	85.79	33829	14.21
2007	205100	85.70	34227	14.30
2008	206401	86.10	33328	13.90
2009	205008	85.74	34108	14.26
2010	201692	85.49	34220	14.51

第三章　人口变动

1990 年年末，全区人口出生率 9.29‰，死亡率 4.69‰，人口自然增长率 4.6‰。迁入 3036 人，迁入率 15.82‰。迁出 2505 人，迁出率 13.05‰。流动人口 8561 人。随居民生活水平的提高和医疗条件的改善，人口质量逐年提升。至 2010 年年末，全区人口出生率 5.71‰，符合政策生育率 99.68%。死亡率为 5.13‰，人口自然增长率减至 0.51‰。其间，经济发展和城市建设加快，亦使流动人口逐年增多。是年年底，流动人口增至 9098 人。

第一节　自然变动

一、人口出生

1990 年（马年）全区年内出生 1731 人，出生率 9.29‰。1991 年（羊年）出生 1353 人，出生率 7.2‰。1992—2000 年，出生人数年均保持在 1500 人左右。2002 年（马年）受“属相论”影响，出生 1696 人，出生率 7.94‰。是年，为避开属相羊，多数人在政策允许情况下选择提前生育，导致 2002 年生育高峰期。人口自然增长率 3.16‰。2003 年（羊年）出生 1348 人，出生率 4.19‰，为本时段最低点。人口自然增长率 0.52‰。2010 年，出生人口 1255 人，出生率为 5.71‰。自然增长率 0.51‰，为 1990—2009 年最低点。

二、人口死亡

1990 年，全区死亡 874 人，死亡率 4.69‰。1998 年，死亡 1312 人，死亡率 5.84‰，历年最高。2008 年，死亡 980 人，死亡率 4.08‰，历年最低。2010 年，死亡 1122 人，死亡率 5.13‰。

1990—2010 年年末唐山市路南区人口自然变动统计表

表 3－2　单位：人、‰

年份	总户数	总人口	出生	出生率	死亡	死亡率	自然增长率
1990	58593	192610	1731	9.29	874	4.69	4.6
1991	60578	195291	1353	7.2	843	4.48	2.71
1992	66004	213437	1351	7.1	1015	5.15	1.87
1993	67347	215918	1650	7.7	1112	4.96	2.74
1994	66896	216397	1667	7.91	1081	5	2.61
1995	67916	217498	1551	7.64	1118	5.14	2.3
1996	69716	220895	1603	7.16	1115	5	3.2
1997	69546	223637	1609	7.19	1169	5.26	2.1
1998	69850	224694	1379	6.09	1312	5.84	0.66
1999	69995	224861	1631	7.14	1100	4.9	2.25
2000	76867	227218	1586	6.96	1247	5.47	1.49
2001	71738	229681	1516	6.36	1041	4.53	2.13
2002	72562	232330	1696	7.94	1230	5.29	3.16
2003	73035	238651	1348	4.19	1157	4.88	0.52
2004	73225	240707	1643	6.78	1155	4.8	2.9
2005	73556	241796	1618	6.59	1283	5.31	3.26
2006	73572	238060	1542	6.31	1305	5.44	1.93
2007	74205	239327	1621	6.7	1321	5.52	3.58
2008	76783	239729	1432	5.96	980	4.08	1.88
2009	76398	239116	1547	7.61	1012	4.98	2.63
2010	77302	235912	1255	5.71	1122	5.13	0.51

说明：各年份的出生率、死亡率、自然增长率均以当年平均人口计算，户数、人口数均为各年底数

第二节　机械变动

1990—2010 年，全区共迁入 120121 人，迁出 90518 人，年均迁入 5720 人，迁出 4310 人。

一、迁入

1990 年，全区迁入 3036 人，多属结婚、务工、投亲。1992 年，随唐山市行政区划调整和新建小区增多，迁入人口增加。是年，迁入 3445 人。2002 年起，城市化建设步伐加快，居民住宅条件改善，迁入人口达到高峰，年内迁入 17982 人，其中，省内迁入 16911 人，省外迁入 1071 人。2007 年迁入 14881 人，其中，省内迁入 12557 人，省外迁入 2324 人。2010 年，迁入 2791 人，其中，省内迁入 1432 人，省外迁入 1359 人。

二、迁出

1990 年，全区迁出 2505 人，其中，迁往省内 1180 人，迁往省外 1325 人。在迁出人员中，务工和就学人员较多，分别为 917 人、789 人。2002 年，务工、就学、结婚人员渐多，迁出人口达到高峰，为 16062 人。2007 年，迁出 14818 人，其中，省内迁出 12146 人，迁往省外 2672 人。2010 年，迁出 4633 人，其中，迁往省内 2795 人，迁往省外 1838 人。迁出人员中，务工人员 1761 人，就学 1521 人，结婚 891 人，其他 460 人。

1990—2010 年唐山市路南区人口机械变动统计表

表 3－3　　单位：人

年份	迁入			迁出		
	合计	省内迁入	省外迁入	合计	迁往省内	迁往省外
1990	3036	2267	769	2505	1180	1325
1991	3034	2282	752	1980	1348	632
1992	3445	2605	840	1830	1186	644
1993	3671	2752	919	1450	903	547
1994	3005	2274	731	1551	1102	449
1995	3652	2736	916	1816	1297	519
1996	4576	3810	766	1911	1319	592
1997	4435	3548	887	1810	1199	611
1998	4335	3543	792	2080	1444	636
1999	2457	1725	732	1965	1407	558
2000	4509	3422	1087	1820	1072	748
2001	5080	4267	813	2283	1429	854
2002	17982	16911	1071	16062	15078	984
2003	16163	13024	3139	10044	8873	1171
2004	5593	3521	2072	3259	1900	1359
2005	6839	4958	1881	5718	4096	1622
2006	2084	1246	838	4343	2426	1917
2007	14881	12557	2324	14818	12146	2672
2008	7521	4579	2942	4376	2530	1846
2009	3413	2070	1343	4264	1876	2388
2010	2791	1432	1359	4633	2795	1838
合计	120141	95529	26973	90518	66606	23912

第三节　人口流动

20 世纪 80 年代末，经济建设发展和城市化进程加快，流动人口逐年增多。1990 年，流动人口 8561 人，其中省内流入 6553 人，省外流入 2008 人。流动人口中，从事工业生产 1047 人，建筑业 694 人，运输业 94 人，商业 1951 人，服务业 791 人，保姆 17 人，投亲靠友 3562 人，其他 405 人。

2005 年，流动人口 13528 人，其中，省内流入 4934 人，省外流入 8594 人。流动人口中，务工 6663 人，经商 5384 人，服务 802 人，其他 679 人。其间，流动人口呈现“四多”特点，即：新华道、复兴路和南新道沿线繁华地带，商业区、写字楼、旅馆酒店等处，外地聘用人员逐渐增多；各厂矿单位，外地单身男青年逐渐增多；中西部居民区，长期租住的流动人口逐渐增多；平改区和城乡结合部，低收入流动人口（包括家属）逐渐增多。

2010 年，流动人口 9098 人，其中，来自省内 4415 人，省外 4683 人。流动人口中，务工 4599 人，经商 1100 人，服务行业 979 人，其他 2420 人。流入人口以山东、安徽、河南、四川、东北三省及周边县（市）居多。流动人口的进入，为辖域经济建设提供劳动力资源，但由于成份复杂，管理难度加大。

第四章　人口素质

20 世纪 90 年代起，随着经济发展及教育的普及、医疗卫生条件的改善，居民身体素质和科技文化素质普遍提高。全区人口平均期望寿命逐年增加，人口综合素质整体提升。

第一节　身体素质

一、人口寿命

20 世纪 80 年代，体育、卫生事业的发展和人民生活水平的提高，人口平均寿命明显提高。1990 年第四次全国人口普查，65 岁及以上人口占总人口 5. 54%，全区人口平均预期寿命 72. 03 岁。

2000 年第五次全国人口普查，65 岁以上人口的比重比 1990 年第四次人口普查中，上升 2. 32 个百分点。其中，80 ~ 84 岁老人 1642 人，占总人口 0. 67%；90 岁至 99 岁老人 205 人，其中男性 79 人，女性 126 人。百岁以上老人 1 人。2010 年第六次全国人口普查，65 岁及以上人口的比重同 2000 年第五次人口普查相比上升 1. 08 个百分点，其中，80 ~ 84 岁老人 2510 人，占总人口 1. 12%，比 2000 年提高 0. 45%；90 岁至 99 岁老人 370 人，其中，男性 152 人，女性 218 人。另有百岁以上老人 2 人，其中，女性 1 人，男性 1 人，最高年龄 102 岁。

二、残疾人口

1990 年，全区残疾人口 2147 人，占总人口的 1. 11%，其中，先天残疾 1251 人，占残疾人口的 58. 27%。残疾人口中，肢体类残疾 978 人，听力类残疾 114 人，语言类残疾 71 人，视力类残疾 356 人，精神类残疾 334 人，智力类残疾 287 人，多重残疾 7 人。

2000 年，残疾人口 4905 人，占总人口的 2. 16%，其中，先天残疾 1701 人，占残疾人口的 34. 68%。

2008 年，残疾人口 6917 人，为历年之最，占总人口的 2. 89%。肢体类残疾人数 3635 人，占残疾人口的 53%。2010 年，残疾人口 4849 人，占总人口的 2. 06%，比 1990 年增 0. 95%。其中，先天残疾 2913 人，占残疾人口的 60. 07%，比 1990 年增 1. 80%。是年，在残疾人口中，肢体类残疾 2607 人，听力类 239 人，言语类 197 人，视力类 590 人，精神类 650 人，智力类 557 人，多重残疾 9 人。先天性智力残疾和脑瘫类肢体残疾等呈上升趋势；后天性残疾除 1976 年“7 · 28”唐山大地震导致残疾外，工伤、交通事故、药物、精神压力等因素造成的残疾也呈上升态势。

1990—2010 年唐山市路南区残疾人口统计表

表 3 - 4　　单位：人

年份	合计	肢体类	听力类	言语类	视力类	精神类	智力类	多重
1990	2147	978	114	71	356	334	287	7
1991	2234	991	123	78	392	340	303	7
1992	2299	1003	136	87	402	351	312	8
1993	2532	1117	153	101	444	365	341	11
1994	2765	1215	164	115	473	401	382	15
1995	3036	1327	181	123	519	469	398	19
1996	3370	1513	193	132	567	513	424	28
1997	3687	1654	213	150	597	561	478	34
1998	4136	1897	221	165	672	594	542	45
1999	4437	2034	241	178	703	651	571	59
2000	4905	2413	253	198	719	668	586	68
2001	5162	2556	268	212	741	709	603	73
2002	5531	2719	287	230	765	778	669	83
2003	5752	2813	304	247	782	813	696	97
2004	5925	2889	311	259	812	841	706	107
2005	6075	2998	313	265	814	850	723	112
2006	6314	3200	328	271	853	824	715	123
2007	6276	3124	330	276	865	835	706	140
2008	6917	3635	335	289	872	899	752	135
2009	4147	2109	223	187	512	603	506	7
2010	4849	2607	239	197	590	650	557	9

三、地方病人口

1990 年，对区内人口地方性甲状腺患病情况进行普查，患病率为零。1999 年，对 400 名小学生进行甲状腺抽查，其中触诊 I 度肿大 5 人，肿大率为 1. 25%。对 200 名小学生进行尿碘测定，中位数为 121. 56mg/1，无一例小于 50mg/1。通过评估，碘缺乏病防治工作达标。2004 年始，推行食用碘盐。此后，连续 6 年对辖域居民户食用碘盐情况进行检测，合格率均达 95% 以上。2010 年，采样 600 份测定盐中碘含量，合格572份，合格率为95.33%，未发现地方性甲状腺患病者。

四、职业病人口

1990年，对接触毒、粉尘作业340名工人进行体检，未发现矽肺病，建档率100%。1993年，对辖区产生粉尘危害的陶瓷、耐火材料企业进行整治，监测厂矿12家，检测粉尘点114个，工人体检138人，合格率100%。至2010年，教师、企业职工体检，未发现矽肺病人或疑似职业病人口。

第二节　文化科技素质

一、文化素质

1990年第四次全国人口普查结果：接受大学（指大专以上，下同）教育10494人，占总人口的5.30%；接受高中（含中专）教育35814人，占18.09%；接受初中教育72327人，占36.54%；接受小学教育46272人，占23.38%；文盲半文盲（15周岁及以上不识字或识字很少的人）18015人，占总人口的9.10%。接受大学、高中、初中、小学教育每千人中分别有53人、181人、365人、234人。大学、高中文化人口分别比1982年增长70.97%、13.84%，初中文化人口与1982年持平，小学文化人口比1982年增长2.18%。

2000年第五次全国人口普查结果：接受大学（指大专以上，下同）教育20852人，占总人口的8.49%；接受高中（含中专）教育57429人，占23.39%；接受初中教育98869人，占40.27%；接受小学教育45283人，占18.44%。全区总人口中，文盲人口10110人，与1990年第四次全国人口普查相比，粗文盲率（文盲人口占总人口的比重）由7.4%降至4.12%。

2010年第六次全国人口普查结果：全区常住人口中，大学（指大专以上）文化程度人口46440人；高中（含中专）文化程度人口50311人；初中文化程度人口85947人，小学文化程度人口28756人（以上各种受教育程度的人包括各类学校的毕业生、肄业生和在校生）。全区常住人口中，文盲人口（15岁及以上不识字的人）3308人，与2000年第五次全国人口普查相比，减少6802人，文盲率由4.12%降至1.64%，下降2.48%。

二、科技素质

1989年，随着教育事业的发展，全区科技专业人才在总人口中的比重不断提高。是年年底，区属科技人员有3841人。在区属科技人员中，专业技术人员2816人，占科技人员总数的73.31%。专业技术人员重点分布在工业、教育、卫生、财会、统计等系统。2005年，区属专业技术人员有3244人，其中正高级职称3人，占专业技术人员总数的0.09%；副高级职称381人，占专业技术人员总数的11.75%；中级职称1616人，占49.82%。2010年，随着基础教育、职业教育和成人继续教育迅速发展以及高等教育规模扩大、科学技术的普及，全区人口整体文化科技素质得到提高，公民科学素质及公民获取和运用科技知识的能力增强，生活质量得到了改善。同年底，区属专业技术人员3248人。在区属专业技术人员中，正高级职称3人，占专业技术人员总数的0.09%；副高级职称411人，占专业技术人员总数的12.65%；中级职称1670人，占专业技术人员总数51.42%。主要分布在厂企、教育、文化、医疗卫生等系统。

第五章　婚　姻

1990 年，婚姻登记由街道办事处负责。1992 年 9 月，路南区民政局婚姻登记处成立，统一办理全区婚姻登记工作，是年办理结婚登记 1819 对，离婚 208 对。随婚姻观念的变化，离婚率逐年上升。至 2010 年，全区结婚登记 4464 对，离婚 860 对，离婚率 3. 6‰。

第一节　初　婚

1990 年，全区办理结婚登记的女性初婚 1760 人。1995 年，办理结婚登记 1743 对，其中女性初婚 1524 人。2003 年，登记结婚 2164 对，初婚 1415 人，其中女性初婚 949 人。2005 年，登记结婚 1846 对，初婚 3031 人，其中女性初婚 925 人。2010 年，全区登记结婚 4464 对，初婚 3303 人，占登记结婚总人数的 74%。

第二节　离婚与再婚

一、离婚

20 世纪 80 年代末，由于婚姻观念发生变化，离婚率（年离婚数与年平均总人口之比，以千分率表示）呈逐年上升趋势。1990 年，办理离婚 138 对，离婚率 0. 58‰。1995 年，办理离婚 238 对，离婚率 0. 99‰。2001 年，办理离婚 333 对，离婚率 1. 4‰。2005 年，办理离婚 573 对，离婚率 2. 4‰。2010 年，办理离婚 860 对，离婚率 3. 6‰，离婚对数是 1990 年的 6. 23 倍。

1990—2010 年唐山市路南区结婚、离婚统计表

表 3 - 5

年份	结婚对数	离婚对数	离婚率（‰）
1990	1629	138	0. 58
1991	1813	131	0. 54
1992	1819	208	0. 87
1993	1850	206	0. 86
1994	1668	287	1. 2
1995	1743	238	0. 99
1996	1652	244	1. 02
1997	1634	298	1. 2

1990—2010 年唐山市路南区结婚、离婚统计表

续表 3 -5

年份	结婚对数	离婚对数	离婚率（‰）
1998	1758	299	1.2
1999	1874	322	1.3
2000	1821	297	1.2
2001	2166	333	1.4
2002	1814	312	1.3
2003	2164	423	1.8
2004	2602	597	2.5
2005	1846	573	2.4
2006	2544	658	2.7
2007	2262	616	2.6
2008	2265	752	3.1
2009	2754	789	3.3
2010	4464	860	3.6
总计	44142	8581	

二、再婚

1990 年，全区登记结婚者中，再婚者 414 人，占当年登记结婚总人数的 12.71%。1995 年登记结婚者中，再婚者 441 人，占当年登记结婚总人数的 12.65%。2000 年登记结婚者中，再婚者 559 人，占当年登记结婚总人数的 15.34%。2005 年，全区再婚者 654 人，占当年登记结婚总人数的 17.71%。2010 年，全区再婚者 1161 人，占登记结婚总人数的 13%，其中，男性再婚者 612 人，女性 549 人。男性再婚者占全年结婚总人数的 6.85%，女性再婚者占全年结婚总人数的 6.15%。

第六章　人口调控

路南区于 1964 年 12 月成立计划生育办公室，统一指导和管理辖境计划生育工作。区属各机关单位、各街道办事处和境内市属单位均设有专兼职工作人员。1966 年“文化大革命”开始后，计划生育工作处于瘫痪状态。1973 年 1 月恢复计划生育办公室。1983 年计划生育办公室改称计划生育委员会。1990 年末，人口出生率 9.29‰，自然增长率 4.6‰。1992 年，人口出生率为 7.1‰，比市下达指标低 6.3‰，计划生育率连续 3 年保持 100%。1993 年 4 月，计划生育委员会更名为计划生育局。2005 年 12 月，计划生育局更名为人口和计划生育局。2010 年年末，全区人口出生率 5.71‰，自然增长率降到 0.51‰，计划生育率、节育率、符合政策生育率均达市下达指标。

第一节　生育调节

一、晚婚晚育

1990 年，区政府依据《河北省计划生育条例》，规定男满 25 周岁、女满 23 周岁为晚婚年龄。按法定结婚年龄，男不得早于 22 周岁，女不得早于 20 周岁，推迟三年以上结婚为晚婚。已婚妇女 24 周岁以上第一次生育为晚育。对晚婚晚育者在政策上予以奖励。实行晚婚的，奖励婚假 15 天；实行晚育的，奖励产假 45 天。奖励婚产假期间，享受正常婚、产假待遇。对自愿只生育一个子女的夫妇，经区计划生育委员会批准，发给“独生子女光荣证”，奖励产假 30 天。子女由出生至满 14 周岁，其父母双方所在单位每月分别发给不低于 5 元的奖金（1989 年 10 月以前为“独生子女保健费”，每月 2.5 元）。

2008 年 7 月，按照市政府《关于落实独生子女父母退休时一次性奖励实施意见》《唐山市落实独生子女父母退休时一次性奖励发放办法》规定，国家工作人员、企事业单位职工中凡是独生子女父母的，退休时获得不低于 3000 元的一次性奖励。2010 年，初婚中的晚婚率为 71.24%，晚育率为 95.45%。

1990—2010 年唐山市路南区晚婚晚育统计表

表 3－6

年份	女性初婚人数	其中 23 岁以上结婚人数	晚婚率（%）	已婚女性中生育头胎人数	晚育年龄妇女初育人数	晚育率（%）
1990	1760	920	52.27	722	585	81.02
1991	1563	786	50.29	706	652	92.24
1992	1598	864	54.07	755	693	91.79
1993	1613	895	55.49	711	635	89.56
1994	1455	892	61.31	745	689	92.58
1995	1524	1025	67.26	705	667	94.61
1996	1371	949	69.22	698	674	96.56
1997	1254	925	73.76	721	703	97.50
1998	1365	958	70.18	739	714	96.62
1999	1278	842	65.88	782	744	95.14
2000	1073	651	60.67	801	757	94.51
2001	1051	709	67.46	968	910	94.01
2002	990	717	72.42	1205	1110	92.12
2003	949	755	79.56	998	935	93.69
2004	1338	947	70.78	1327	1256	94.65
2005	925	654	70.70	1430	1359	95.03
2006	927	682	73.57	1453	1382	95.11

1990—2010 年唐山市路南区晚婚晚育统计表

续表 3-6

年份	女性初婚人数	其中 23 岁以上结婚人数	晚婚率（%）	已婚女性中生育头胎人数	晚育年龄妇女初育人数	晚育率（%）
2007	941	721	76.62	1545	1475	95.47
2008	809	574	70.95	1340	1272	94.93
2009	1146	875	76.35	1373	1300	94.68
2010	452	322	71.24	1122	1071	95.45
合计	25382	16663	平均 67.15	20846	19583	平均 93.68

二、节育

1990 年，引导育龄妇女落实以长效为主的避孕节育措施，同时实行避孕药具知情选择。全年已婚育龄妇女 40448 人，综合节育率 90.27%。2000 年，已婚育龄妇女 47841 人，综合节育率 88.9%。2005 年，已婚育龄妇女 46387 人，综合节育率 86.27%。2007 年，根据药具适用人群分布情况，在全区 55 个社区设置免费药具发放点，在流动人口相对集中地和用药量多的居民小区配备刷卡式自动取套机和投币式自动售套机。2010 年，已婚育龄妇女 41070 人，综合节育率 88.53%。综合节育率比 1990 年下降 1.74%。21 年间平均综合节育率 87.30%

第二节　优生优育

1990 年，在提倡晚婚、晚育、节制生育同时，加强优生优育宣传、教育和服务。组织境域医院为孕产妇服务 3484 人次，门诊 1731 人次。孕产妇系统管理率为 81%。各街道办事处因地制宜，引导重点人群增强预防出生人口缺陷、科学育儿、人口早期教育意识，并将新婚、怀孕、0~3 岁婴幼儿扶养人三类对象作为宣传重点人群，定期组织已婚育龄妇女学习人口理论、优生优育知识、计划生育政策法规等，城区参加学习的已婚育龄妇女 4554 人。

1994 年始，实行准婚夫妇婚前检查，当年婚检率 58.9%。区妇幼保健部门实行孕产妇系统管理，建立孕妇登记卡，指导孕妇做好孕期自我保健和产后随访；孕前为育龄夫妇做“优生四项”（巨细胞病毒，单纯疱疹病毒、风疹病毒、弓形虫）筛查。1995 年，孕产妇系统管理率达 95%。2000 年，在农村开展优生优育、婚育新风、生殖健康知识为主要内容的宣传教育，推动婚后优生、产后优育。是年，孕妇住院分娩率达 100%。

2010 年，对 5944 名农村已婚育龄妇女和 3562 名城市无业及流动人口已婚育龄妇女进行妇科检查；组织境域医院下乡（社区）为孕产妇服务 2473 人次，门诊 1257 人次；为 108 对新人开展婚前医学检查；为 3856 名流动人口免费查体。全年全区孕产妇系统管理率 62.2%，婚检率 6.87%，城市和农村乙肝疫苗接种率分别达到 95%、85%。全区儿童保健系统管理率为 71.05%，新生儿乙肝疫苗首针及时接种率 95%。

1990—2010 年唐山市路南区节育统计表

表 3 -7

年份	已婚育龄妇女人数	采取节育措施人数									综合节育率%
		男性绝育	女性绝育	宫内节育器	皮下埋植	口服及注射避孕药	避孕套	外用药	其他	合计	
1990	40448	9	3370	25212	9	1471	6299	24	120	36514	90.27
1991	41012	6	3312	25086	6	1309	6373	20	125	36237	88.36
1992	41740	8	3407	26103	5	1464	6597	25	120	37729	90.39
1993	45343	11	3792	27978	10	1599	6778	30	120	40318	88.92
1994	45442	8	3655	28630	8	1693	7080	32	122	41228	90.85
1995	45675	9	3680	27751	9	1513	7108	29	125	40224	88.07
1996	46388	11	3801	29122	10	1649	6923	31	124	41671	89.83
1997	46964	9	3742	28721	8	1689	7499	33	120	41821	89.05
1998	47186	7	3895	28937	11	1578	7509	29	124	42090	89.20
1999	47221	11	3869	28555	7	1501	7401	34	122	41500	87.89
2000	47841	14	3864	29593	6	1597	7429	27	2	42532	88.9
2001	46309	10	3361	27841	5	1387	8074	33	0	40711	87.91
2002	46046	8	2950	26954	6	1357	9066	27	0	40368	87.67
2003	45307	5	2580	25467	6	1284	9934	35	0	39311	86.77
2004	44820	7	2232	23617	5	1215	11238	41	0	38355	85.58
2005	46387	12	2104	23685	7	1197	12963	36	14	40018	86.27
2006	40436	5	1873	20367	7	947	11100	32	124	34455	85.21
2007	41879	13	1942	20145	12	900	12972	23	187	36194	86.43
2008	41178	2	272	21985	9	633	10072	19	11	33003	80.15
2009	40468	1	227	20388	8	598	9936	19	6	31183	77.06
2010	41070	8	1301	23539	11	502	10976	20	3	36360	88.53

第三节　计划生育管理

一、计划指标管理

1990 年，区政府依据国家生育政策和上级批准的人口生育计划，逐级下达计划生育指标，制定人口与计划生育实施方案。人口计划包括人口出生率、计划生育率、多胎率三项指标。各街道办事处负责管辖区域内人口与计划生育指标的落实，并纳入计划生育目标管理责任体系。1991 年，国家计生委、国家计委、人事部等七部委联合印发《人口计划管理暂行办法》，人口计划管理纳入规范化轨道。1996 年，全区计划生育率 100%，人口出生率、人口自然增长率分别控制在 7.16‰和 3.2‰。2010 年，计划生育率为 99.68%。各项指标均符合上级下达的计划生育指标。

1990—2010 年唐山市路南区计划生育统计表

表 3-8

年份	计划内出生人数	计划外出生人数	计划生育率%
1990	1731	-	100
1991	1353	-	100
1992	1351	-	100
1993	1649	1	99.94
1994	1663	4	99.76
1995	1551	-	100
1996	1603	-	100
1997	1608	1	99.94
1998	1378	1	99
1999	1631	-	100
2000	1585	1	99.94
2001	1513	3	99.79
2002	1691	5	99.71
2003	1339	9	99.33
2004	1639	4	99.76
2005	1617	1	99.94
2006	1541	1	99.94
2007	1605	16	99.01
2008	1425	7	99.51
2009	1537	10	99.35
2010	1251	4	99.68
合计	32261	68	年均 99.79

二、政策管理

1990 年，贯彻执行《河北省计划生育条例》《河北省计划生育条例实施细则》和唐山市计划生育相关政策。主要内容涉及计划生育组织管理、生育、节育、奖励、处罚、流动人口管理、法律责任等方面。是年，计划生育率 100%，符合政策生育率 100%。

2003 年《中华人民共和国人口与计划生育法》颁布实施。以此为契机，区政府加强依法执政能力，建立稳定的政府公共财政投入机制，将计划生育经费纳入财政预算，保障免费婚检、流动人口孕检、各项奖励扶助政策的落实。完善计划生育利益导向机制，落实计划生育家庭和个人应享受的各项权利，推行农村部分计划生育家庭奖扶特扶工作。至2010年，累计为804个计划生育家庭发放奖金172.47万元；兑现城市无业人员及农村独生子女父母每月10元奖金；按照“政府主导、政策推动、财政支持、部门配合”的原则，逐年、逐批次兑现独生子女父母退休后一次性3000元的奖励。

三、目标责任管理

1986年，路南区开始实行人口控制目标管理责任制。同年5月，区计划生育委员会与区直机关各部门、街道办事处、企事业以及市属单位共77家签订《计划生育承包制合同》。1988年起，改由区委、区政府与各单位签订《计划生育承包责任书》。1990年，区委、区政府与各企事业单位签订《人口目标管理责任书》，对责任内容、考核办法、奖惩作出具体规定。1992年11月，开平区女织寨乡、梁家屯乡划归路南区管辖，遂将两乡划入人口目标管理范畴。1999年，完善《人口目标管理责任书》。2004年，区政府印发《关于进一步落实人口与计划生育“一票否决”制度的通知》，将一票否决权运用到干部使用上。至2010年，每年年终对人口目标责任管理落实情况进行考核、奖惩，计划生育已纳入法制化、制度化的目标管理轨道。

四、规范管理

20世纪80年代末始，逐步建立健全与人口控制计划实施相适应的各项规章制度，对人口控制进行规范管理。1993年，区委办公室、政府办公室印发《1993年计划生育与人口目标考核方案》。2002－2003年，相继印发《关于加强社区人口与计划生育工作的意见》《加强企业计划生育管理工作的实施意见》。至此，街（乡）、社区（村）均建立人口管理服务站，形成以区人口管理工作领导小组为“龙头”、社区管理服务站为“龙身”、信息员为“龙尾”的三级人口管理服务网络。制定人口与计划生育目标管理评估考核制度，并将人口与计划生育经费纳入年度预算，专款专用。对在计划生育工作中做出成绩的单位和个人，给予奖励。建立独生子女父母奖励制度、节育措施及有关待遇制度、计划生育手术医疗费用支付制度、考核与奖惩制度等。制定流动人口管理规定，规范计划生育档案。严格落实流动人口管理服务“一盘棋”和“属地化管理，市民化服务”的要求，将流动人口计划生育管理和服务纳入经常性工作范围。2008年，出台《唐山市路南区实行免费婚前医学检查的实施意见》。2009年，制定《关于进一步加强完善人口和计划生育工作意见》。2010年，在全市率先开展流动人口“绿色服务”工作，不断完善流动人口“绿色服务证”的使用、管理和服务。至年底，按照“阵地建设规范化、宣传教育规范化、档案表册规范化、管理制度规范化”的“四化”要求，全区已建起人口常态化管理体制和机制。

五、依法管理

1989年《河北省计划生育条例》颁布实施。自此，计划生育工作步入依法管理轨道。1999年，在全区开展计划生育“四清理”（瞒报出生人口；党员、干部违纪超生；计划外生育费征收；节育措施落实情况）活动。2009年，按照全市稳定低生育水平工作会议精神，重点清理人口出生、违反政策生育、社会抚养费征收等情况。全区共清理出漏报出生340人，其中违反政策生育23人。同时，协调有关部门配合，加强对B超、终止妊娠药物和手术的监管，严厉打击拐卖、溺弃女婴违法行为。至2010年，全区计划生育率99.68%，自然增长率0.51‰，符合政策生育率99.68%。

第七章　居民生活

1990 年，全区城镇居民年人均可支配收入 1692 元，在岗职工年平均工资 1730 元，与 1985 年相比，职工工资增长 60%，各种津贴增长 2.4 倍。城镇居民年人均实际支出 1531.4 元。1992 年 11 月，唐山市行政区划调整，开平区女织寨乡、梁家屯乡划归路南区。是年，农民年人均收入 1119.5 元，城镇职工年人均工资收入 2274 元。2000 年，全区在岗职工年人均工资 5664 元，农民年人均收入 4238 元。2010 年，从业人员年人均收入 27103 元。在岗职工年人均工资 27245 元。城市居民年人均可支配收入 19556 元，比 1990 年的 1692 元增长 10.56 倍；比 2005 年增长 86.5%，年均增长 13.3%。农民年人均收入 8254 元，同比增长 13.9%，比 1992 年增长 6.37 倍。收入的增加促进消费水平的提高。是年，全年城镇居民年家庭支出 18695 元，其中，城镇居民年人均消费支出 13522 元，是 2005 年的 1.6 倍，年均增长 20.6%。农村居民年总支出 14336 元，其中，生活消费支出 12536 元，占农村居民总支出的 87.44%。

第一节　城市居民生活

20 世纪 90 年代，随着改革开放的深入和经济建设的快速发展，城市居民收入稳步增长，生活消费水平和生活质量明显提高。至 2010 年，城市居民年人均实际可支配收入 19556 元，比 1990 年增长 10.56 倍。其中，工资性收入增长 4.6%，转移性收入增长 12.8%，经营性收入下降 34.9%，财产性收入增长 96.7%。全年居民家庭支出 18695 元，其中，家庭消费支出 13522 元。城市居民恩格尔系数为 32.3%。每百户城镇居民家庭拥有家用汽车 12 辆，家用电脑 59 台。

一、收入

1990 年，据城市居民 200 户抽样调查（因路南区为城市中心区无城调队，唐山市统计局调查数据含本区域，故使用唐山市调查数据，下同）结果：城市居民收入主要有期初手存现金、实际收入及借贷收入三大类。是年，居民家庭年人均期初手存现金总平均 98.7 元；借贷收入 190.3 元；居民家庭年人均可支配收入 1692 元。全民所有制职工年人均收入 2038.72 元；集体所有制职工年人均收入 1638.2 元。1995 年，城市居民年人均生活费收入达到 4157 元，比上年增长 8.8%，扣除物价和不可比因素与上年基本持平。2000 年，城市居民年人均实际收入 6823 元，可支配收入 6802 元，分别比上年增长 8%。2005 年，城市居民人均家庭总收入 11206 元，比上年增长 18%，人均可支配收入 10488 元，比上年增长 17.8%。

2010 年，城市居民收入主要有期初手存现金、家庭总收入、出售财物收入、借贷收入四大类。居民家庭年人均期初手存现金 1196 元；人均可支配收入 19556 元，比上年增长 8.3%。城市居民家庭总收入 20819 元（在总收入中，工资性收入 9582 元，经营者净收益 631 元，财产性收入 898 元，转移性收入 9708 元）；出售财物收入 39 元；借贷收入 5693 元。是年，政府加快旧城区改造，助推房屋租赁价格上涨，居民出租房屋收入增加。居民投资多元化，红利、股票等收入也有增加。物价总水平呈现上升趋势。

1990—2010年唐山市路南区城镇居民人均可支配收入统计表

表3-9　单位：元

年份	人均可支配收入	年份	人均可支配收入	年份	人均可支配收入
1990	1692	1997	5376	2004	8902
1991	1870	1998	5748	2005	10488
1992	2223	1999	6300	2006	12376
1993	2862	2000	6802	2007	14235
1994	4122	2001	7333	2008	16382
1995	4547	2002	7850	2009	18053
1996	4981	2003	8068	2010	19556

二、支出

实际支出　1990年，居民家庭实际支出包括生活费支出、非消费性支出、特别支出三大类。是年，年人均实际支出1531.4元。其中，人均消费性支出为1415元，占实际支出总额的92.40%；非消费性支出41.5元，占实际支出总额的2.71%；特别支出74.9元，占实际支出总额的4.89%。

2000年，消费结构进一步改善，居民家庭现金年人均实际支出总额7909元。其中，年人均消费性支出5809元，比上年增长19.2%（食品支出2067元，比上年增长6.3%）；非消费性支出2082元（含贷款利息、个人所得税、其他各种税金、非储蓄性保险、赡养支出、赠送支出、购房与建房支出、其他非消费支出）；家庭副业生产支出18元。年末每百户城市居民拥有彩电112台，电冰箱98台，冰柜35台，洗衣机90台，摩托车19辆，空调器32台，家用电脑15台。

2010年，随着城市居民生活水平的不断提高，居民消费支出持续增长。居民家庭年人均总支出18695元，其中人均消费性支出13522元（含食品支出4370元，衣着支出1318元，家庭设备用品及服务支出854元，居住支出1482元，医疗保健支出1697元，交通和通信支出1805元，教育文化娱乐服务支出1264元，其他商品及服务支出732元）；购房与建房支出1829元；转移性支出2198元；财产性支出69元；社会保障支出1077元。城市居民消费逐步由基本生活型向享受型转变，由传统的消费领域向新兴的消费领域倾斜，生活质量明显提高，消费结构更趋合理。从居民消费结构上看，在八大类消费支出中，吃穿比重明显下降，居民逐渐把钱投向医疗保健、文化娱乐及耐用品的更新换代等消费上，向追求物质消费和精神消费并重的层次转变。

2010年唐山市路南区城镇居民家庭耐用品拥有量调查表

表3-10

名称	计量单位	百户拥有量	最低收入户10%	更低收入户5%	低收入户10%	中等偏下户20%	中低收入户20%	中等偏上户20%	高收入户10%	最高收入户10%	更高收入户5%
摩托车	辆	14	-	-	15	15	25	13	10	10	-
助力车	辆	19	25	40	5	20	25	18	15	20	30
家用汽车	辆	12	-	-	-	10	10	13	20	30	50

2010 年唐山市路南区城镇居民家庭耐用品拥有量调查表

续表 3－10

名称	计量单位	百户拥有量	最低收入户10%	更低收入户5%	低收入户10%	中等偏下户20%	中低收入户20%	中等偏上户20%	高收入户10%	最高收入户10%	更高收入户5%
洗衣机	台	94	75	80	100	88	100	100	100	100	110
电冰箱	台	107	90	90	90	108	103	113	115	125	120
彩色电视机	台	119	105	100	110	105	123	133	115	135	140
家用电脑	台	59	20	–	55	65	55	70	75	80	90
组合音响	套	22	10	–	20	25	18	30	15	25	20
摄像机	架	8	–	–	–	10	–	20	15	25	30
照相机	架	42	5	–	25	33	35	70	75	80	100
钢琴	架	4	–	–	–	–	8	5	10	5	10
其他中高档乐器	件	3	–	–	5	3	–	5	5	–	–
微波炉	台	48	20	10	30	50	55	48	65	60	60
空调器	台	74	30	20	50	80	73	90	90	100	110
淋浴热水器	台	94	90	90	100	98	90	100	95	100	100
消毒碗柜	台	3	–	–	–	–	8	–	5	10	–
洗碗机	台	1	–	–	–	–	3	–	–	–	–
健身器材	套	5	–	–	–	5	3	3	20	10	–
固定电话	线	80	65	50	75	65	78	93	95	90	80
移动电话	部	192	155	160	175	208	178	215	210	175	200
接入互联网移动电话	部	5	–	–	–	5	–	8	10	15	30
接入有线电视网络的电视机	台	80	65	60	60	75	80	90	85	100	100
接入互联网的计算机	台	34	10	–	5	38	33	43	55	60	70

说明：数字为城市 200 户居民家庭调查

借贷支出　1990 年，城市居民借贷支出年人均 346.2 元。其中，存入储蓄款 290.5 元，存入储金会（群众在政府或集体组织的支持下自愿集资，以储金借贷的方式开展互救互济活动的一种民间合作性自我保障组织）款 3.5 元，归还借款 11.7 元，借出款 21.8 元，购买有价证券 6.4 元，其他借贷支出 12.3 元。2000 年，城市居民借贷支出年人均 1593 元，其中存入储蓄款 1289 元，归还借款 74 元，借出款 51 元，储蓄性保险支出 57 元，购买有价证券 15 元，归还购买住房贷款 44 元，其他借贷支出 63 元。2010 年，城市居民借贷支出年人均 5118 元，比 1990 年、2000 年分别增长 13.78 倍、2.21 倍。

1990－2010 年唐山市路南区城镇居民家庭收支统计表

表 3－11　　　　单位：元、平方米

年份	人均可支配收入	为上年%	人均消费性支出	为上年%	恩格尔系数%	人均住房面积
1990	1692	118. 2	1415	106. 7	50. 4	16. 44
1991	1870	110. 5	1615	114. 1	49	16. 61
1992	2223	118. 9	1851	114. 6	49. 7	16. 80
1993	2862	128. 7	2323	125. 5	47. 2	17. 33
1994	4122	144. 0	3238	139. 4	48. 1	18. 00
1995	4547	110. 3	3799	117. 3	50. 2	18. 26
1996	4981	109. 5	4097	107. 8	49	18. 40
1997	5376	107. 9	4225	103. 1	50. 5	18. 80
1998	5748	106. 9	4542	107. 5	43. 7	18. 81
1999	6300	109. 6	4875	107. 3	39. 9	19. 33
2000	6802	108. 0	5809	119. 2	35. 6	20. 00
2001	7333	107. 8	5667	97. 6	39	20. 53
2002	7850	107. 1	6031	106. 4	37	21. 18
2003	8068	102. 8	6530	108. 3	35. 9	21. 28
2004	8902	110. 3	7196	110. 2	36. 6	22. 10
2005	10488	117. 8	8622	119. 8	36. 4	22. 37
2006	12376	118. 0	9922	115. 1	35	22. 41
2007	14235	115. 0	10944	110. 3	35. 7	22. 44
2008	16382	115. 1	12026	109. 9	35. 5	22. 50
2009	18053	110. 2	12962	107. 8	35. 9	22. 60
2010	19556	108. 3	13522	104. 3	32. 3	22. 88

说明：1990—1996 年为年人均实际收入；1997 年以后为年人均可支配收入；2003 年以后年人均可支配收入为新口径

第二节　农村居民生活

1992 年 11 月，开平区女织寨乡、梁家屯乡划归路南区管辖。是年，农村居民年人均纯收入 1119. 5 元。农村居民年总支出 30564 元（20 户村民经济调查数据，下同）。2000 年，农村居民年人均纯收入 4238 元。2010 年，农村居民年人均纯收入 8254 元，比 1992 年增长 6. 37 倍。农村居民年人均消费支出 12536 元。

一、收入

1992 年，农村居民收入渠道主要有：从集体得到的收入、从经济联合体得到的收入、家庭经营收入、其他非生产性收入。是年，农村居民全年经济总收入 39615 元（见收入统计表说明），年人均纯收入 1119. 5 元。

1994 年，实行家庭联产承包责任制，集体分配收入减少，农民从集体组织中得到的收入仅占全年总收入的 7. 77%；从企业得到的收入占全年总收入的 64. 28%。家庭收入、其他非生产性收入增加。当年农村居民经济总收入 139226 元，其中，基本收入 109052 元（含劳动者报酬收入 100317 元，家庭经营收入 8735 元）；转移性收入 3200 元；财产性收入 26974 元。两乡居民人均纯收入 1586 元。

1996 年，对农村 20 户住户进行经济调查，调查结果：农村住户全年总收入 260876 元，其中，基本收入 241702 元，转移性收入 9648 元，财产性收入 9526 元。年人均纯收入 3326 元。

2000 年，对农村 20 户住户经济调查结果：农村居民全年人均总收入 4588. 1 元，其中，工资性收入 3340 元，占全年人均总收入的 72. 80%，主要为第二产业劳动报酬；农民家庭经营收入 982. 5 元，占人均总收入的 21. 41%；财产性收入 119. 1 元，占人均总收入的 2. 60%；转移性收入 146. 5 元，占人均总收入的 3. 19%。年人均纯收入 4238 元，人均可支配收入 3969 元。

2010 年，随着农村拆迁改造，农村居民收入结构发生变化。是年，农村居民人均总收入 8501 元，其中：工资性收入 5546 元（从非企业组织中得到的 808 元，从本区域内劳动得到的 4738 元）；家庭经营收入 352 元，全部为第一产业收入；财产性收入 351 元；转移性收入 2252 元。年人均纯收入 8254 元，比 1992 年增长 6. 37 倍。

1992—2010 年唐山市路南区农村居民收入统计表

表 3 - 12 单位：元

年份	农村居民总收入	其中				人均纯收入
		工资性收入	家庭经营收入	财产性收入	转移性收入	
1992	39615	-	-	-	-	1119. 5
1993	60157	-	-	-	-	1253
1994	139226	100317	8735	26974	3200	1586
1995	219044	112330	100076	1487	5151	2092
1996	260876	199702	42000	9526	9648	3326
1997	275810	220945	39120	2104	13641	3870
1998	4334	2891	1076	100	267	4042
1999	4384	3161	883	68	272	4115
2000	4588. 1	3340	982. 5	119. 1	146. 5	4238
2001	4908. 8	3451	720. 9	120. 4	616. 5	4352
2002	4696	3712	672	100	212	4417
2003	4877. 6	3697. 3	857. 5	194. 6	128. 2	4550
2004	5065	3827	915	146	177	4732
2005	5154	4099	759	86	210	4918
2006	7367	4092	2760	75	440	5115
2007	6611	4595	929	36	1051	5830
2008	8128	5167	1654	189	1118	6413
2009	8973	5145	1991	184	1653	7247
2010	8501	5546	352	351	2252	8254

说明：1992—1997 年统计数字为唐山市统计局对农村经济调查 20 户村民年总收入；1998—2010 年统计数据为路南区统计局对 20 户村民家庭调查数据计算所得的农村住户居民年人均总收入

二、支出

1992 年，农村居民支出主要有家庭经营费用支出、购置生产性固定资产支出、缴纳税款支出、上交集体承包任务支出、生活消费支出、其他非生产性支出 6 大类。是年，农村居民总支出 30564 元（见支出统计表注释，下同）。

1994 年，农村住户总支出 106511 元，其中，家庭经营费用支出 6738 元；购置生产性固定资产支出 4100 元；缴纳税款支出 259 元；上缴集体承包任务和集体提留摊派支出为零；生活消费支出 90186 元（食品 43601 元，衣着 16284 元，居住 12747 元，家庭设备用品及服务 6730 元，医疗保健 1436 元，交通和通信 2663 元，文教娱乐用品及服务 5684 元，其他商品和服务 1041 元）；其他非借贷性支出 5228 元。

2000 年，农村 20 户住户经济调查显示：农村居民全年人均总支出 4740. 9 元。其中，家庭经营费用支出 251. 7 元，占人均总支出的 5. 31%；购置生产性固定资产支出 666. 7 元，占人均总支出的 14. 06%；缴纳税款支出 8. 4 元，占人均总支出的 0. 18%；上交集体承包任务和集体提留和摊派为零；生活消费支出 3545. 5 元（食品支出 1389. 8 元，占 39. 20%；衣着支出 498. 7 元，占生活消费支出的 14. 06%；居住 436. 7 元，占生活消费支出的 12. 32%；家庭设备用品及服务支出 199. 5 元，占生活消费支出的 5. 63%；医疗保健 285. 4 元，占生活消费支出的 8. 05%；交通和通信 428. 2 元，占生活消费支出的 12. 07%；文教娱乐用品及服务支出 236. 8 元，占生活消费支出的 6. 68%；其他商品和服务支出 70. 4 元，占生活消费支出的 1. 99%），占人均总支出的 74. 78%；财产性支出 119. 3 元，占人均总支出的 2. 52%；转移性支出 149. 3 元，占人均总支出的 3. 15%。

2010 年，随着农村居民收入水平的提高，居民人均支出大幅增加。据对农村 20 户住户经济调查显示：是年，农村住户人均总支出达到 14336 元。其中，家庭经营费用支出 247 元，支出比例由 2000 年的 5. 31% 降至 1. 73%；缴纳税款支出为零。生活消费支出比例加大。全年生活消费支出人均达到 12536 元，占农民人均总支出的 87. 44%。在生活消费支出中，食品消费 3364 元，占生活消费支出的 26. 84%；衣着支出 958 元，占 7. 64%；居住支出 809 元，占 6. 45%；家庭设备用品支出 723 元，占 5. 77%；交通和通信支出 4493 元，占 35. 84%；文教娱乐支出 982 元，占 7. 83%；医疗保健支出 1006 元，占 8. 03%；其他商品和服务支出 201 元，占 1. 60%。转移性支出 1553 元，占人均总支出的 10. 83%，比 2000 年提高 7. 68%；财产性支出为零。

1992—2010 年唐山市路南区农村住户支出统计表

表 3 - 13　　单位：元

年份	全年总支出	家庭经营费用支出	购置生产性固定资产支出	税费支出	上缴集体承包任务	生活消费支出	财产性支出	转移性支出（其他非借贷性支出）
1992	30564	-	-	-	-	-	-	-
1993	-	-	-	-	-	-	-	-
1994	106511	6738	4100	259	-	90186	-	5228
1995	188026	15611	144	520	-	164988	-	6763
1996	201223	16346	2300	320	-	163866	-	18391
1997	206793	12915	433	660	2000	185573	-	5212
1998	3595. 51	258. 46	5. 56	9. 43	-	3214. 31	-	107. 75
1999	3246	220	-	23	1	2876	-	126

1992—2010年唐山市路南区农村住户支出统计表

续表3-13　单位：元

年份	全年总支出	家庭经营费用支出	购置生产性固定资产支出	税费支出	上缴集体承包任务	生活消费支出	财产性支出	转移性支出（其他非借贷性支出）
2000	4740.9	251.7	666.7	8.4	-	3545.5	119.3	149.3
2001	5132.6	207.7	41.7	39.8	-	4132.9	37.9	672.6
2002	3488.5	154.8	-	41.3	-	2855	3.7	433.7
2003	3491.5	213.8	-	36.1	-	3053.2	5.4	183
2004	5431	250.32	5	26.47	-	4893.06	2.29	253.86
2005	5472	172	2	15	-	4911	2	370
2006	7769	2198	-	-	-	5076	117	378
2007	7307	623	-	-	-	6007	-	677
2008	8603	1549	175	-	-	6329	-	550
2009	12623	1526	-	-	-	9096	4	1997
2010	14336	247	-	-	-	12536	-	1553

说明：1992—1997年统计数字为统计局对农村经济调查20户村民年总支出；1998—2010年统计数据为路南区统计局对20户村民家庭经济调查数据计算后所得的农村住户居民人均总支出

第八章　居民习俗

路南区历史悠久，居民习俗具有丰富的文化积淀。居民习俗以华北地区汉族习俗为主，并呈现异域文化交融的多元性。历来传承的民俗与时代新风相融合，经人们自觉或不自觉地改造，以变化的形式传承和发展，逐渐形成具有时代特色且健康向上的民俗。

第一节　婚嫁习俗

一、结婚习俗

相亲　20世纪90年代，男女青年相识，大多经人介绍。媒人（也称介绍人）邀请男女双方在某地见面，经简短介绍搭桥后，介绍人回避，由男女双方自由交谈。若相互中意，即自行约定再度见面，以加深了解。经交往一段时间，双方情投意合，便建立恋爱关系。后择日彼此带对方到家中相看，谓之“相亲”。女方相亲时，男方父母要馈赠女方见面礼，称“看钱”，数额不同，一般取吉利数字。初次相亲叫“吃饺子”。男女双方及家长均无异议后，就择日“定亲”。

定亲　定亲之日，女方在家长、近亲及介绍人陪同下到男方家。男方中午备盛宴款待，并邀请部分亲属参加定亲宴。大多数家庭会在定亲宴上定下婚礼日期、地点、仪式及婚宴方式，也有另择日邀请女方家长会面，确定结婚日期。宴席后，男方家长要给女方定亲礼（俗称“彩礼”）。20世纪90年代，礼金为666元、888元、999元不等，取“顺”“发”“久”之意，后增至1001元、1010元、1100元，取

“千里挑一”之意。条件好的人家另送“三金”（金戒指、金耳环、金项链）。

进入21世纪，定亲礼金攀升至10001元、10100元、11000元，取“万里挑一”之意。后逐渐增至20001、30001、50001、58000元不等。也有富裕人家送摩托车、小轿车，送“三金”升为送“三铂金”（铂金戒指、耳环、项链）。参加定亲宴的男方亲属要给女方“见面礼”（称“改口钱”）。此后，每逢节日，男方要接女方到家中过节，家长仍要送一定数额的节礼给女方。定亲后，多数女方家安排男方到家中“认门”。认门时女方置办宴席，并有近亲到场。后男女双方商定日期，办理结婚证书。

迎娶　迎娶前，男女双方进入婚前准备阶段，包括拍结婚照、装修婚房、购置家具电器、确定婚期、选定司仪、预订酒席宴、发送请柬等。20世纪90年代后，流行拍婚纱照，在影楼或户外选美景处拍照，一册数帧，姿容各异，价格均在千元以上。婚房装修及购置家具等一般由男方负责，女方要为嫁女置办嫁妆。嫁妆品种繁多，包括被褥、生活物品、家用电器，也有经济状况好的家庭陪嫁现金或轿车。男女双方置备被褥均请“全合人”（父母、儿女、丈夫等俱在者）专门缝制，或“四铺四盖”，或“八铺八盖”。21世纪后，缝制被褥逐渐被购置成套的床上用品取代。婚礼当天，男方床上用品至少两套，家庭富裕人家也有准备4～8套不等，被褥必须要有红色或粉色。

选择婚礼日期，一般讲究双月双日，以图吉利。也有选择“五一”“十一”等有纪念意义的日期为婚礼佳期。20世纪90年代后，人们更喜欢选择带“8”或“6”的日期为婚礼佳期，体现人们对发家致富的渴望。

无论城乡，轿车迎亲已然普遍。一般人家会组织一支由8辆奥迪A6组成的迎亲车队。较富裕的人家，会组织至少8辆宝马或奔驰或宾利或路虎或悍马或霸道组成的迎亲车队。

婚礼由专业婚庆公司承办，有的邀请社会名流担任婚礼主持。市区婚宴一般安排在市内豪华酒店。乡村一般在自家包厨。包厨宴席菜多以鸡、鱼、虾、肉、蔬菜为主，辅以水果、甜点等。原料多在当地农贸市场采购。帮厨的厨师都是宴席包办者请来的，大多为当地烹饪“能手”。宴席包办者不仅为办宴席的农家置办酒席，还提供碗筷、桌椅板凳等服务。也有农户在附近饭店安排婚礼。农村参加宴请者多是近支族人和亲友。参加婚宴者礼金数额也不断攀升，20世纪90年代，礼金一般50元或100元；21世纪后，攀升至200～500元，关系稍微亲近一些的或者有些特殊关系的，一般为上千元或更多，农村低于市区。

出嫁　新娘出嫁前，家长为之整理嫁妆，并邀亲友“添箱”。添箱多为赠送现金。结婚日，女方家选定几名“新亲”和迎亲人陪新娘同往男方家中。“新亲”（女方客人）中要选定童男童女各1人。男方由新郎和童男、童女各1人乘车，携带礼品（一般是糕点、酒、挂面、带骨肉等4样礼盒，礼品各地有异），前往女方家中，迎娶新娘。至女方家门，女方家在家门或楼门悬挂彩虹门，摆花路引，铺红地毯。女方家人开门迎入，用果茶招待，俗称“摆果茶”。新郎将礼品呈上，新娘母亲将礼品中带骨肉中骨头剔除，然后用一缝衣针穿上红线扎在剔除的骨头肉上（视为骨肉相连），裹上红纸或红布交与男方带回，并付随行及司机“红包”。一般给每人200～600元不等。新娘一般在清晨由伴娘陪同到事先预定的影楼或化妆师处化妆打扮，新娘回到娘家，接受母亲对她婚后如何为人处事的嘱咐。藏好新鞋，等待娶亲者到来。新郎通过敲门、盘问、塞红包、挤门、找新鞋，向女方家人承诺等一系列程序后，用迎亲车辆将新娘和新亲及陪嫁物品接到男方家中。路上过桥或遇他人喜车时撒喜钱，车返回时不得重复原路。到男方家中后，女方客人中的童男童女为新房挂门帘、安灯泡。男方家给挂门帘、安灯泡的人发红包。新娘坐在铺有福垫的婚床上，称“坐福”。坐福开始后，男方小辈们进屋争抢翻新娘带来的包裹，取走装在衣物里的零钱（称“翻包”），以图热闹吉利。根据新郎家距酒店的距离远近，新郎新娘一般在上午11点以前到酒店准备参加婚礼庆典。

结婚仪式　婚庆典礼，一般初婚在上午11时18分开始，11时58分结束。再婚喜宴一般在中午12点之后。婚宴前一般举行隆重婚礼。礼仪设施、婚礼主持多由婚庆公司安排。婚庆现场铺红毯、扎彩门、设鲜花（或塑料花）路引、香槟塔等。仪式上一般有主持人介绍新郎和新娘的基本情况、主婚人致词、证婚人宣读结婚证书、新郎新娘交换戒指、介绍谈恋爱经过、新人给父母敬茶、双方父母代表讲话、双方父母退场、新人开香槟、切蛋糕、喝交杯酒。婚庆全场录像、摄影。至21世纪初，富裕家庭婚庆礼仪中增加LED显示屏，将男女青年各个时期的照片、婚纱照、有纪念意义的事件、远方亲朋好友的祝福等，用显示屏滚动一一展示在宾客面前。画面黑白、彩色相宜，立体感强，静如油画，动如电影，给婚礼增加现代科技元素的气息。喜宴开始，来宾就餐。婚宴期间，新婚夫妇要在父母和主持人陪同下，逐桌拜客敬酒，以示谢忱。婚宴即将结束前，新婚夫妇在父母陪同下，站在大门之外恭送来宾。至此，婚庆典礼圆满结束。

闹洞房　新婚之夜，有闹洞房的程序，俗称“逗媳妇”。虽然唐山民间有“洞房三天无大小”之说，但参与闹洞房的，一般都是新郎同龄好友。闹洞房时，给新郎、新娘出一些戏谑性难题，活跃新婚之夜喜庆气氛。新婚夫妇安寝前，嫂辈儿女双全者（全合人）代为铺床，并将花生、红枣、栗子等放入被褥中，寓意“花达生”（男女间开生），早立子。夫妻安寝后，新房外多有人窃听，谓之“听房”。

回门　婚后三天新娘携新郎回娘家，称“回门”（也称“回拜”）。20世纪90年代后，沿袭旧俗。新郎拜见妻子的父母及家人，女方家长设宴招待女婿（新郎）及贺喜亲朋，女方回门场面不亚于男方家婚礼大典场面，回门宴摆几十桌酒席已不鲜见。21世纪初，结婚程序有所简化，一般采用俗称“一天红”的模式，即婚庆典礼和回门男女两家合办。新郎陪同新娘回门时，也不在新娘家留宿，晚餐之前赶回新房。

二、喜事新办

20世纪90年代起，随着社会主义精神文明建设的深入开展，在婚姻大事上，许多年轻人反对繁锁的礼节，反对大操大办的陋习，提倡喜事新办。出现了两种倍受青年欢迎的结婚形式，即旅行结婚和集体结婚。前者是结婚登记后，双方到某个城市旅游景点（有的是到亲朋家）住上几天，在美丽的山水间渡过甜蜜的日子，留下永久的回忆。后者一般由单位或某一部门在某一节日操办，多对新人同时举办婚礼，隆重、热闹、欢快、文明。但也有家庭会在旅行结婚或集体婚礼后置办酒席。

第二节　生育习俗

一、坐月子

旧时，由于经济和医疗条件有限，孕妇多在家里由接生婆接生。20世纪90年代，经济条件和医疗水平大幅提高，孕妇选择到医院生产。生完孩子，产妇开始“坐月子”。其间，产妇不能出屋，不能见风，以防止感冒等病患发生。产房冬夏皆挂门帘，并系红布条为标志，意为“闲人免进”，误入者视为“踩奶”。各地均忌讳孕妇到产妇的“月房屋”串门，一旦不可避免，串门孕妇必须给产妇送鸡蛋挂面汤回补，谓之“添奶”。产妇进补，每天进食五六次，食物是营养丰富的红糖、鸡蛋、鸡汤、鱼汤等。一般由婴儿的奶奶、姥姥等女性长辈照顾产妇，俗称“伺候月子”。21世纪初，专业产妇护理人员“月嫂”逐渐成为首选。由于“月嫂”需要24小时随时照顾产妇和婴儿，工资普遍较高。一般月嫂日薪150到200元，高级月嫂月收入可达万元。

二、送粥米

孩子出生3－12天，孩子的姥姥、姨、姑等长辈带着米、面、糖、鸡蛋、鲫鱼、膀贴（猪腿）之类的食品为产妇下奶。俗称“送粥米”。至21世纪初，人们送食品一般改为送现金。

三、过满月

孩子出生后，家族往往会在婴儿出生满一个月那天举行隆重的庆生仪式，孩子父母的族人或亲朋好友带礼品或礼金前来道喜，俗称“过满月”。礼品多是手镯、脚镯、长命锁、衣服、现金之类。主人摆宴席款待众人。同时，产妇娘家亲戚要带一斗（一百个）馒头点上红点儿，作为贺礼，送给亲朋，再由亲朋带回分发给邻里。馒头里放一粒半生不熟的豆子，意喻以后人丁兴旺。过满月时还要给孩子剃第一次头，但囟门不剃，叫“留胎毛”。“过满月”后产妇和婴儿要挪个地方住，或到娘家住几天，或另换房间，俗称“挪骚窝”。21世纪初，此俗仍沿袭。

第三节　生日寿诞习俗

一、生日

婴儿出生后的第一个生日，即周岁，家长摆宴招待亲朋好友。亲友们带去礼品、礼金祝贺。届时，要摆设各种小物件，如书、笔、钱币、小刀等让孩子抓取，谓之“抓周”。人们根据孩子所抓物件来判断孩子的爱好和发展方向。抓到书意味着将来会成为读书人，抓到钱币要发大财，抓到小刀是武夫，抓到笔就能写一笔好字等等。在农村，孩子的姥姥、姨、姑分别把一双黄布底，绣有虎头的小鞋给孩子穿上，以示避邪壮胆，百兽不侵，一生平安。10岁左右的小孩过生日，家长要蒸馒头、煮鸡蛋，期望孩子发发实实，健康成长。吃鸡蛋前，要将鸡蛋放在炕上（床）滚一滚，名为“滚灾”，让“灾星滚蛋”。也有儿童吃长寿面、粉条，以示健康长寿，将来个子长得高些。至21世纪初，孩子周岁时，父母一般都会带孩子到影楼拍照留影以示纪念，为孩子过生日，点燃生日蜡烛，唱生日歌曲，吃生日蛋糕，邀请亲朋好友前来祝贺。传统生日风俗融入了西方生日色彩。

二、寿诞

在传统民俗中，为长辈人庆生叫祝寿。各地一般将60岁以上老人的生日改称为寿日、寿诞。65周岁过66岁大寿。69岁、79岁、89岁，过70大寿、80大寿、90大寿，俗称整寿。旧时，人们年满60岁就开始过寿，以后不能间断。寿诞之日，子女亲朋祝寿，礼物主要有寿幛、寿联、寿糕、寿桃等。主人设寿宴款待众人。21世纪初，引入西方庆生礼仪，摆蛋糕、点蜡烛、唱生日歌等。寿礼也逐渐简化，一般由子女送些酒、肉、海鲜、蛋糕等物品。或到酒店，大家欢聚一堂，祝老人健康长寿。

第四节　丧葬习俗

丧葬历来受到家族及后人高度重视。丧事办理得隆重与否，会成为晚辈人是否孝敬老人标尺。虽几经变革，但繁琐的殡葬礼仪一直延续至今。

一、停床

在农村，病人咽气之前要“装裹”，以免“背炕”，称“倒头”。在城区，一般将病亡者停放在所故医院停尸房。病人咽气随即喧告亲朋，家设灵堂，拟接待亲友吊唁。

二、吊丧

亲朋获得逝者信息，立即赶往逝者家中吊唁，俗称“吊丧”。21 世纪初，有的将逝者停放在医院停尸房，家属在家中搭灵棚、摆上供品，点燃长明灯及摆放逝者生前照片。亲朋吊唁一般面对逝者照片行三鞠躬礼，然后上礼。孝男、孝女分别陪吊。男左女右，跪伏逝者（遗像）两边，向吊唁亲朋行答谢之礼。答谢之礼为三叩头。从逝者逝世到入土安葬，俗称“停丧”。“停丧”一般以 3 日为期。

三、出殡

出殡是丧葬的最后仪式。旧时先将棺木抬到杠上，上罩蟒罩，一般由 24 人搭抬。大值宾高喊“起灵”，哀乐高奏。长孝男手持灵幡摔盆，长孝媳抱罐，孝男步行，孝女及女宾前往墓地。墓穴早已由长孝男破土，众人挖成。众人将棺木缓缓放入墓穴内，长孝男填上第一锹土后，众人填土掩埋。然后插上灵幡、门窗，孝男孝女及众人哭最后一场。20 世纪 80 年代后，城乡推行殡葬改革，改土葬为火葬，实行遗体火化，倡导厚养薄葬，减少繁琐礼节，迷信色彩逐年减弱。但至21 世纪初，大操大办之风有所抬头。

四、祭祀

死者故后 3 天要圆坟。35 天要祭奠，称为“五七”，100 天后再祭奠名为“百日”，一周年祭奠称为“周年”。“三周年”之后，转入普通祭祀。死后冥祭之物有花圈、纸钱、纸马、纸人等。各家条件不同，冥祭之物也多有不同。20 世纪 90 年代中后期，有用纸做的冰箱、洗衣机、空调机、小汽车、手机等冥祭之物。21 世纪初，传统的丧葬民俗有所简化，但城乡有所不同。乡村基本保存传统丧葬民俗形式，城市丧葬则基本不再具有传统模式。此后每逢清明节给故去亲人填坟，农历十月初一“送寒衣”。1976 年唐山大地震后，每年“7·28 地震纪念日”成为唐山人特定的祭祀日。因震亡逝者多没有墓地，当天，逝者家属在市区较大十字路口烧纸祭奠，影响城市环境，政府屡禁不止。2008 年 7 月，唐山市政府在路南区岳各庄路北侧，兴建唐山地震遗址纪念公园并开放。此后每年 7 月 28 日，前去祭扫者众多，社会各界代表在唐山地震遗址纪念公园举行公祭仪式，纪念在唐山大地震中罹难的同胞和在抗震救灾中捐躯的英雄。在镌刻着 24 万罹难者姓名的纪念墙前，人们给震亡先人送鲜花、点蜡烛，凝视着亲人的名字，或静默，或哭诉，或低低自语，表达对亲人的思念。同时，网上祭祀方式被越来越多的人接纳。用鼠标轻轻一点，就可在事先建好的虚拟祭堂、墓园中完成祭扫仪式，并可在网上为已故亲人上香、敬献鲜花、水果、烟酒，发送寄托哀思的纪念卡，书写怀念“家书”，甚至还可订制个性化的祭祀形式。此种穿越时空的纪念方式，体现出传统风俗的变迁和人们思想观念的更新。

第五节　饮食习俗

一、日常饮食

区境居民饮食虽有城乡、贫富之别，但无明显习俗差异。20 世纪 90 年代前，唐山处于震后第一个十年恢复建设期，城乡居民致力于恢复家园建设，饮食简单质朴。此期，城市居民主副食品实行定量限制，主要有米、面、肉、油、菜、豆腐等，粗细粮比例为 7∶3。家庭条件好的，可到黑市购买高价主副食品，以改善生活。农村则以家庭自产、自制的粮食、蔬菜、自制粉条、自酿黄豆酱、自腌咸菜、自制豆腐等主副食品为主。一日三餐，主要是玉米、高粱和豆类。早晚饭多为秫米稀粥，玉米渣粥（俗称糊涂粥），或有小米粥、疙瘩汤之类。中午饭为干饭，多为玉米面饼子（俗称玉蜀饽饽）、窝头、秫米干饭等，偶尔也吃秫米面饽饽、豆饽饽、菜娘子之类。菜食“种啥吃啥”。春季有葱蒜，夏秋有土豆、茄子、萝卜，冬季有大白菜。若自家未种，一般也不刻意购买。一年四季早晚多以葱蒜、咸菜、大酱佐餐。如果不过年节，人们一般不吃鱼、肉和大米、白面。

20世纪90年代中期起，粮油市场放开，人民生活水平提高，过去只有年节才能吃到的鱼、肉、蛋、虾上了日常餐桌。各种细菜随吃随购。市区职工早上多到饭店、饮食摊点吃豆浆、馄饨、朝鲜面、面汤、油条、炸饼等，中午饭多为馒头、烙饼、饺子、包子、大米饭等，晚饭多为粥、面条等。21世纪初，海产品、牛羊肉等进入普通家庭餐桌，鸡、鱼、肉等“大菜”成为必备副食。人们在饮食上不但追求吃得饱、吃得香，更注重科学化、多元化。重视合理安排饮食结构，高蛋白低脂肪食品走俏，各种减肥膳食受到推崇。副食消费上升，主食消费下降。除节日和日常饮食外，城乡居民立春吃萝卜。有“头伏饺子，二伏面，三伏烙饼炒鸡蛋”的季节性生活习俗。生日吃鸡蛋、长寿面的饮食习俗仍传承至今。

二、待客饮食

区境自古民风淳朴，待人接物注重礼仪。待客饮食分为平素请客、临时来客与年节待客习俗。旧时待客，都在自家设席。平时亲戚之间相互走动，主家要做花样饭菜热情款待。待客主食以米面为主，副食一般凉、热、荤、素搭配，鱼、肉、鸡、鸭居多。到21世纪初，城乡生活大幅改善，待客饮食丰富多彩。海鲜产品代替旧时单一的猪肉、豆腐和大路蔬菜，各种瓶装白酒、啤酒、饮料等摆上餐桌。为追求体面，不少家庭到酒店待客。以往待客习俗逐渐被新型的待客习俗所取代。

第六节　服饰习俗

一、服装习俗

20世纪80年代起，服装开始多样化，男装主要有中山装、西服、军便服；女装有布拉吉、连衣裙、旗袍、长裙、短裙。鸡腿裤、喇叭裤且在青年人中风行一时。20世纪90年代逐渐开放，夹克衫代替干部服、军便服，羊毛衫代替绒袄，军棉大衣、呢子大衣、皮大衣多有穿着。夏季，中青年女子趋于开放，无袖背心、薄上衣渐兴。进入21世纪，男装盛行夹克衫、休闲西服，制服裤被老板裤、休闲裤、牛仔裤代替。进入夏季，中长裤被短制服裤或大裤叉代替。女子夏季穿短裤、短裙、连衣裙、超短裙渐多，长裤、长裙渐少，百褶裙绝迹；上身穿背心、吊梁背心渐多。女人很少将背心当作内衣穿着，一般以乳罩代替。到了冬季，无论男女，大都上穿羊毛衫、羊绒衫，下穿保暖裤，外穿太空棉衣、羽绒服或毛呢、羊绒大衣。年轻女性，多穿打底裤，外罩齐臀筒裙。牛仔服一年四季流行，无论青年还是中老年均有穿着。日常生活中，男士多以休闲服装为主，重大活动或官方场合着正装出场。正装多以名牌西装为主。女士着装注重个性化，收入较高的女性定制个性化时装，以展现独特气质。此间，区境服装习俗已与世界接轨，地域特色不再突出。

二、鞋帽袜习俗

鞋　20世纪80年代起，塑料底布鞋代替布底鞋和轮胎底布鞋，居民穿着皮鞋者渐多，女性穿高跟鞋者常见。农村村民下稻田穿水田鞋，不再赤脚。夏季塑料凉鞋风行多年。20世纪90年代后，各式胶底鞋逐渐取代塑料底鞋，皮凉鞋渐多，革凉鞋代替塑料凉鞋。鞋的种类趋于多样化，有平跟鞋、坡跟鞋、高跟鞋、三接头、老板鞋、雪地鞋、太空鞋、网球鞋、旅游鞋、护士鞋、高腰皮靴等。21世纪初，不同档次的鞋类应有尽有，各种名牌皮鞋、旅游鞋、运动鞋、休闲鞋、凉鞋、拖鞋、高跟鞋时兴。冬季，青年女子外出盛穿拉链皮筒靴，居家穿棉拖鞋，或自家钩织的毛线拖鞋。鞋类样式繁多，人们各取所好。

帽　20 世纪 80 年代末，男子流行前进帽、电视天线帽、藏帽；女子流行加长围巾、沙巾或毛线盔式帽。21 世纪初，帽子品种繁多，冬季戴毛线捂头遮耳盔式帽的人渐多，夏季男子流行志愿者帽，女子流行遮阳帽。草帽由秫秸皮制伞形帽逐渐演变为麦杆制礼帽。各式化纤帽流行于男子中。为御寒，少数人在冬天戴线帽、皮帽或棉帽。妇女多围围巾，戴毛线帽等。

袜　20 世纪 60 年代，男女老幼多穿针织高腰棉线袜。后变为短腰棉线袜，颜色各异。70 年代起，尼龙袜受宠，代替棉线袜，美观、耐磨又有弹性。80 年代，妇女穿裙时多穿高弹力尼龙丝袜，此袜薄如蝉翼，透气性强，有高筒矮腰之分，深受妇女欢迎。21 世纪初，秋冬季，男女重新穿上耐磨、保暖、养脚的精制线袜。夏季，男穿薄线袜，女穿高弹力尼龙丝袜。

三、饰品习俗

20 世纪 70 年代，佩戴手表为家庭富有象征。80 年代，生活逐步富裕，手表普及。中期以后，妇女开始戴项链、戒指、耳坠、耳环、手链等，且注重面部化妆和美容。90 年代中期，男女佩戴首饰，有黄金、铂金、白金、银、玉石、钻石、珍珠等制品。21 世纪初，时兴腕戴佛珠手链，挂金、玉佛像饰坠，民间有“男戴观音女戴佛”之说。翡翠、珍珠、玛瑙、水晶等材料做成的饰物成为时尚，佛像、观音像、基督十字架等成为诸多人饰物，且用材日趋高档化，金、银材质已不再是珍贵之物，白金、玉石等成为人们首选。一些青年人更是喜欢戴粗大的黄金或白金项链以及粗大的黄金或白金戒指。中老年男士则喜欢带高档手表。

四、发型习俗

改革开放前，青年男士主要流行平头和分头。20 世纪 80 年代初，女士流行波浪式烫发，到中期，人们追求时尚，烫发、染发盛行。21 世纪初，审美观趋于多样化和个性化。许多青年男女将头发染成黄色或其他自己喜欢的颜色，以彰显个性。男子中有分头、平头、光头、板寸等发型；女子主要有长发、短发、烫卷短发、大波浪卷发、盘发、齐刘海中短直发、马尾辩等发型；儿童中女孩流行娃娃头、发辫、马尾等发型，男孩主要为短发。

第七节　礼仪习俗

一、称谓

家庭称谓　20 世纪 90 年代，家人、亲戚相互称呼沿袭传统。孩子幼时称乳名，长大称学名。为表亲切，儿女有时称父母为“老爸”“老妈”。儿媳对公婆直呼“爸”“妈”，与人谈起称“老年纪人”。公婆对儿媳直呼其名，丈夫对媳妇直呼媳妇或名，妻子对丈夫直呼其名或称“老公”的占多数。姑表兄弟、姐妹和姨娘兄弟、姐妹间，直以兄弟姐妹相称，较为流行。

社交称谓　20 世纪 90 年代，人际交往称呼发生变化。外出办事向相关人直呼“同志”的少了，称“师傅”“先生”“女士”“小姐”的多了；年轻人外出办事向经办人称“大哥”“大姐”或“阿姨”的较普遍。机关单位及城市邻里间，年轻人与长辈相称不单独从父亲的角度称为“叔”“伯”“姑”“婶”，更多人从母亲角度，称为“姥爷”“姥姥”“舅舅”“姨”。相互间，“哥哥”“兄弟”“姐姐”“妹妹”相称普遍。企业内部称“董事长”“老总”“老板”“经理”等称呼。随着“三陪”（陪吃、陪喝、陪睡）小姐的出现，“小姐”一词带有贬义，人们开始回避称呼年纪尚轻的女性为“小姐”，转而改称“美女”或“女士”。比自己年龄大的称“大姐”，年龄小的称“妹妹”“妹子”。

二、交往

相见礼仪　20世纪90年代，晚辈与长辈相见，晚辈要先向长辈打招呼。对年长人的尊称是“你老”“你老好啊?”，以示礼貌。平辈之间见面，一般会问候一句“吃饭啦?”或“你吃了吗?”。见到年长客人，问候一句“你老啥时来的?”或“你老身体好啊?”等问候语。21世纪初，礼仪习俗有所变化。在市区，对人的尊称改成“您”，不再称“你老”。问候语也大多是较为普及的“您好”“您早”“您身体好啊”等新型习惯用语。农村对长者仍保留尊称“你老”的习俗。

询问礼仪　外出问路问事时，不论是骑自行车、摩托车还是驾驶汽车，都必须先下车后询问，态度恭敬，以示礼貌。询问时根据对方年龄，选择不同的称呼，如大爷、大叔、大哥、大姐、大姨、大妹子、小兄弟、爷们儿等。如对方是女性，一般不会称呼大嫂、大婶、大妈，多称大姐、大姨等。问明情况后，会说声“谢谢啦”“谢谢啊”“麻烦啦”等用语。对方也会回话“不客气”“不用谢”“没啥”等。如果问路时或问事时不下车或称呼不妥，对方会认为你没有礼貌。此时，对方一般会回答询问者“知不道”“不知道”，以示反感。但不会故意或恶意指给你错误的方向。

待客　20世纪90年代，待客讲究热情、诚恳、周到。客人来之前，要将屋里屋外打扫干净，并穿戴最好的衣帽，整理好自己的仪容，以示对客人的尊敬。客人到来后，要远接近迎，一般要到大门口迎接。同时，要嘘寒问暖。引客人入屋前，要先向家人打招呼，告知客人来了，做好迎接准备。客人进屋时，主人要打起门帘，让客人先进。客人入屋后，应引客人坐入客席，并沏茶倒水，递烟端糖果盘，表示热情。对远道客人，应挽留吃饭。客人告辞时，要等客人起身，主人才起身。客人走时，应恭送出大门之外，并说“常来啊”“啥时还来啊”等礼貌用语。21世纪初，由于生活水平提高，待客一般安排在酒店用餐。酒席富有地方特色，酒水根据客人喜好和主人条件而定。需要住宿的客人，主人事先安排酒店房间。

探病　20世纪90年代初，亲朋好友生病要带慰问品探望。探望时间一般在上午，下午太阳逐渐西落，认为不吉利。慰问品多为罐头、鸡蛋、糕点、水果等。平日被其帮助的同事、朋友借机以礼搭情。90年代后期，探病除购买慰问品外，有人开始送现金。进入21世纪，除送慰问品、现金外，送花篮、果篮渐成时尚。

填宅　新房落成或购置新居喜迁之时，亲朋携礼品前往祝贺，俗称“填宅”或“温锅”。所带贺品不同，一般有豆腐、鱼、鸡、火柴、挂面、粉条等，取其富裕、吉祥、红火、长久之意。21世纪初，贺礼改送钱的居多。钱数百元起步，多少不等，农村略少。乔迁新居者择日设宴招待答谢填宅者。

随礼　亲朋好友遇有红白大事时互送钱物，表达情意。20世纪90年代，礼金一般30～50元。21世纪初，礼金数额逐渐提高，初时百元，至2010年礼金数额最低200元，中档300～500元，高档已达千元，甚至更多。随礼由于盲目攀比，已成陋习。

发脚　家属及亲朋好友远行时举行欢送祝福活动。20世纪90年代，有人外出读书、参军、打工等，别期较久，行前家中包饺子，谓之“发脚”，有“送行的饺子，接风的面”之说。21世纪初，此俗日重，时兴送钱物以助其行。当事人或其家庭则在饭店设宴答谢。

第八节　节日习俗

一、传统节日习俗

除夕　农历腊月最后一天，为“除夕”，俗称过年，是一年中最隆重、盛大、热闹的传统节日。20世纪90年代沿袭旧俗。过年时，家家户户贴春联。随着时代的发展，除保留祈福、吉祥用语外，春联还增加新时代内涵，不仅贴春联，有的人家挂上大红的“中国结”，倒贴“福”字，寓意“福到家”“福倒流”。过年当天，全家人欢聚一堂，吃一年中最丰盛的午饭。除夕夜，家家挂红灯，燃放鞭炮，吃饺子。年夜饭后，全家聚在一起“守岁”，直到子夜时分。过了子夜，长辈给晚辈压岁钱。1983 年开始，中央电视台“春节联欢晚会”播出，晚上一家人围着电视看“春晚”，成为过年新习俗。21 世纪初，人们用电话、手机、短信、互联网相互拜年，已成时尚。过年时，民间仍保留禁忌，忌讳说不吉利的话，忌讳摔盆摔碗，煮饺子时忌说“破”等。

春节 农历正月初一为春节。当日，农村家族内彼此串门拜年，市区没有此风俗。除特殊情况，正月初一各家均不待客。正月初二至正月十五，是传统拜年时间。人们串亲戚、会朋友，互相拜年。拜年时，带上礼品，一般是糕点、水果、白酒、饮料等，尤其糕点是必带之物，民间有“拜年不拿点心，糟蹋亲戚”的说法。晚辈给长辈拜年，长辈要备下丰盛的宴席，款待拜年者。如果拜年的晚辈带有“隔辈人”（即小孩），长辈还要给小孩压岁钱。到重要的亲戚家拜年，须在“破五儿”前进行。初五不许拜年。正月初五俗称“破五儿”，家家吃大馅蒸饺，还要故意弄破一个，以取吉利。走亲访友一直延续到正月十五。

元宵节 农历正月十五为元宵节，为春节后第一个月圆之夜，古称上元节，又称灯节。20 世纪 90 年代沿袭旧俗。当日，各家吃元宵，放鞭炮，看灯展。元宵灯会一般由政府组织，企事业单位和花灯爱好者参与花灯制作。21 世纪初，改由市有关部门在南湖公园、凤凰山公园举办元宵灯展，间或在市体育中心举办焰火晚会。届时，居民观看灯展、焰火，热闹非凡。

填仓节 农历正月二十五为“填仓节”。农民为祈求丰收，这天，家家吃粘米饭。相传有一种主宰丰收的米神虫，俗称“仓鲲”，能使收成满仓满囤。故此，人们都在自家院内用草木灰撒成一个个圆圈，名为“打囤”。内画十字，中间放入各种粮食谷物。十字中间置粘饭一团，上插香火，供香三日，以示祈祷。此俗现已绝迹，但城乡吃粘饭之俗尚存。

立春 时间是农历 12 月或农历正月。一过立春，就意味着冬季结束，进入春天。民谚有“一年之计在于春”说法。立春是农历二十四节气之首，又称“打春”，意“鞭打春牛”催农耕作。打春这天，吃春饼，这是一种烫面薄饼，用两小块面，中间抹油，擀成薄饼，烙熟后可揭成两张。春饼要卷菜吃，菜通常有肉丝炒韭芽、肉丝炒菠菜、醋烹绿豆芽、素炒粉丝、炒鸡蛋等。立春这天，民间还讲究吃萝卜，意为咬春。因为萝卜味辣，取古人“咬得草根断，则百事可做”之意。

龙头节 农历二月初二为“龙头节”，俗称“龙抬头”。相传三皇之首伏羲氏“重农桑，务耕田”。每年二月初二这天，“御驾亲耕”，播种自己的一亩三分田。以后，历代皇帝纷纷效仿，以“祈年”“亲耕”诏示子民，表示对农业生产的重视。人们视黄帝为真龙天子，所以将这天称“龙头节”。21 世纪初，在龙头节，人们仍有摊煎饼（春卷）、食用粘饽饽和面条的习俗。

清明节 农历 4 月 5 日为“清明节”，是扫墓祭祀日。按照旧俗，扫墓时，人们要携带酒食果品、纸钱等物品，供祭在亲人墓前，再将纸钱焚化，为坟墓培上新土，折几枝嫩绿的新枝插在坟上，然后叩头行礼祭拜。20 世纪 90 年代，祭祖习俗传承不息，但规模缩小，形式简化。21 世纪初，除到坟地祭扫外，越来越多的人到十字路口、殡仪馆灵堂、陵园、地震遗址纪念公园等地，或焚烧纸钱，或祭酒献花，以示对已故亲人的哀思。而为烈士扫墓，祭奠革命烈士，则赋予清明节新的内涵。

端午节 农历五月初五为“端午节”。20 世纪 90 年代沿袭旧俗。当日，早起门楣插艾蒿，家家包粽子。21 世纪初，插艾子的习俗渐淡，吃粽子习俗未变，只是多从超市或市场上购买。

七夕节 农历七月初七为七夕节（也称东方情人节）。相传，在每年的这个夜晚，人们可以看到牛郎织女在银河相会，在瓜果架下可偷听到两人在天上相会时的脉脉情话。织女是一位美丽聪明、心灵手巧的仙女，女孩们在这个晚上对着明月，摆上时令瓜果，朝天祭拜，乞求仙女能赋予其聪慧的心灵和灵巧的双手，让自己的针织女工技法娴熟，并乞求姻缘巧配。因为此日活动的主要参与者是少女，而节日活动的内容又以乞巧为主，故称这天为“乞巧节”或“少女节”“女儿节”。

麻姑节　农历七月十五为“麻姑节”，俗称“鬼节”。21世纪初，麻姑节逐渐演变成人们对新故亲人的怀念。当天，有为已故亲人上坟、烧纸的习俗，但程序已简化。

中秋节　农历八月十五为“中秋节”，又称“八月节”“团圆节”，是仅次于过年的重大传统节日。节前，亲朋之间互送月饼。节日晚上，全家欢聚一堂，赏明月，吃月饼，庆贺团圆。此天，已婚女子都要回婆家过团圆节，有“宁可不在家过年，也要在家过月圆”之说。另有预测天气规律的谚语“八月十五云遮月，正月十五雪打灯”之说。21世纪初，此俗仍流行。月饼已不再是传统意义上的美味之物，更注重的是阖家团圆之意。

重阳节　农历九月初九为“重阳节”。1989年，国家将此日定为“老人节”，由传统节日变成现代节日。过节时，子女为老人购买礼品。有关部门也在节间组织庆祝活动，如文艺演出、展览和体育比赛等。区委老干部局组织慰问老干部。

寒衣节　农历十月初一为“寒衣节”，“祭祖日”。届时天气转凉，有“十月一，鬼穿衣”之说。节间，人们到已故亲人坟上，祭祖上供，在坟头烧五色纸；将彩纸剪成衣服和纸钱（或购冥币），衣服上写上亡者姓名，然后焚烧，称“送寒衣”。出嫁的姑娘因故不能回家，就在自己住地十字路口画圈，写上已故亲人名讳，在圈内烧掉寒衣、纸钱，还要叨念亲人称谓。送寒衣只限三年以上亡者。震后唐山，每到此日晚上，到十字路口烧纸的人甚多。21世纪初，此俗仍沿袭。

腊八节　农历腊月初八为“腊八节”。家家用粳米、小米、高粱、黄米、饭豆、大枣、栗子、花生等原料做“腊八粥”，意喻来年获得更好收成。人们习惯在这一天腌“腊八蒜”，将剥好的蒜用醋浸泡，密封起来。醋由酸变微辣，蒜变成绿色酸味，味道鲜美，是年三十晚上吃饺子的美味佐料。旧时，凡出嫁不久的闺女，住在娘家“躲冬”到初八，吃过“腊八粥”就得回婆家准备过年。20世纪90年代后已无“躲冬”之说。进入21世纪，腊八节一直沿袭。

小年　农历腊月二十三俗称小年，又称“祀灶节”。相传这一天是“灶王爷”上天之日，灶王爷是玉帝派到人间监督善恶之神，每年这一天他要向玉帝汇报人间善恶，民间为其设祭送行，谓之“祀灶”。过去有“二十三，糖瓜粘”的童谣。人们用糖瓜祭灶神，意为用又甜又粘的糖瓜粘住灶神的嘴巴，免得在玉皇面前讲人间坏话，还有的将酒糟抹于灶门，以醉灶神，并供上干草、黑豆和一碗水，以祭灶神所骑之马，灶上对联大都写上“上天言好事，下界保平安”。祭毕，将“灶王爷”旧像揭下烧掉换上新像。21世纪初，祭灶习俗渐绝，但这一天扫屋习俗未变。

二、现代节日习俗

元旦　1月1日，称“元旦”，又称“阳历年”“新年”，是新一年的开始。这一天，人们选择寄贺卡、发短信等方式彼此祝福。市区居民一般都过元旦。机关、学校、厂矿放假一天，庆祝元旦。

妇女节　3月8日为国际妇女节，又称“三八节”。此节是全世界妇女的共同节日，体现社会对妇女的尊重。这一天，各地妇女联合会都会表彰妇女先进模范。同时，妇女还可休假半天。

植树节　3月12日为植树节。节日前后，区委、区政府组织开展植树活动，绿化环境。

劳动节　5月1日为国际劳动节。20世纪90年代后，“五一节”因借用两个周末法定休息日，成为“五一小长假”。节前，各级工会组织表彰各条战线的劳动模范，召开先进事迹报告会和文艺演出活动。2000年5月1日起，国家实行长假，亦称“五一黄金周”，人们多走亲访友、外出旅游，青年男女多在此间举行婚礼。

青年节　5月4日为青年节。一般由共青团组织团员开展联欢、知识竞赛、球类比赛等活动。

护士节　5月12日为国际护士节。每逢节日，区内医疗机构组织护士联欢过节。

儿童节　6月1日为国际儿童节，俗称“六一”。节前，各小学、幼儿园均组织庆祝活动。节日当天，儿童放假一天，一般由父母陪同外出游玩，并获得父母等长辈节日礼物。

七一　7月1日为中国共产党诞生纪念日，俗称“党的生日”。这天，各级党组织举行新党员入党宣誓仪式，并召开座谈会、报告会，举办图片展览等以示庆祝。“七一”期间，区委组织慰问老党员，表彰优秀党员、优秀基层党组织；宣传部门及有关单位以举办报告会、演唱会等形式纪念党的生日。

建军节　8月1日为中国人民解放军建军日，又称“八一建军节”。各级政府开展拥军优属活动，部队则开展拥政爱民活动。

教师节　9月10日为教师节。各级党政领导到学校慰问教职员工，学校举行庆祝活动，表彰优秀教师，颁发奖状、奖品、纪念品等。

国庆节　10月1日为中华人民共和国成立日，俗称“国庆”。党政机关举行升国旗仪式，挂彩旗，举办歌咏比赛、图片展览等活动以示庆祝。2000年，国家实行国庆7天长假，到外地观光旅游者渐多，青年男女举办婚礼者也较集中。

第四编　基础设施　环境保护

1976年“7·28”唐山大地震，路南区百年基业毁于一旦。震后，路南区委、区政府按照市委、市政府的统一部署和唐山市震后恢复建设总体规划，组织全区人民展开大规模的自救互救和城市基础设施恢复建设热潮。至1986年，经震后10年重建，城区基础设施逐步完备，城市建设初具规模。1990年起，加快老城区震后棚户区改造步伐，在城区西部适时开发建设新住宅，逐步改善人居环境；新建、扩建、维修主次干道、小区道路；建设锅炉房，解决居民集中供热问题；改造供水管网，维修排水管道；加强对南部采煤塌陷区的综合治理，城区公用基础设施日趋完善。2001年，实施“城建拉动”战略。2007年，落实省委、省政府“城镇面貌三年大变样”战略决策，城市建设驶入跨越式发展阶段。至2010年，唐津高速、205国道、环城公路路南段相继建成，南新道、建设南路、学院南路全线贯通，启新立交桥、金匙桥、岳各庄桥地道桥建成，城乡交通网络四通八达。区属入统工业企业建筑面积42.49万平方米，全区（未含女织寨乡）住宅建筑面积398.14万平方米，商业服务建筑面积171.84万平方米，教育建筑面积63.24万平方米，文化建筑面积1.17万平方米，体育建筑面积9.69万平方米，医疗卫生建筑面积28.87万平方米，办公建筑面积13.7万平方米。全区绿化覆盖面积1081.5公顷，建成区绿化覆盖率45.63%。全区供热面积415.88万平方米，城市住房供热普及率达100%。2010年，路南区已由原地震废墟崛起的简易城区，逐步建成楼房鳞次栉比、道路纵横交错便捷、抗震性能良好、生产生活条件便利、人居环境整洁优美的唐山市中心城区。

第一章　城市建筑

1976年7月28日，唐山发生强烈地震，地处震中地带的路南全境，顷刻夷为废墟。除人口有重大伤亡外，工业建筑、居民住宅、商用建筑、教育文化建筑、办公用房等城市建筑，震毁率高达98%以上。路南区委于地震当日组建抗震救灾指挥部，领导全区人民救治伤者，掩埋亡者，安顿生活，恢复生产，重建家园。至1986年，经过震后十年恢复建设，路南区各项建筑设施全面恢复，有的超过震前水平。1990年起，以创建国家级卫生城、迎接第二届全国城市运动会、实施“城建拉动”战略、创建全国文明城市，落实省委、省政府“城镇面貌三年大变样”战略决策为契机，加快居民住宅、工业建筑、商业建筑、教育文化建筑、医疗卫生建筑、办公用房等改造、新建步伐，城市建设日新月异。至2010年，路南区已基本形成规划合理，布局有序，设施先进，功能完备，整洁优美，抗震性能良好的现代化城市建筑格局。

第一节 工业商业住宅建筑

一、工业建筑

1976年“7·28”唐山大地震，路南区离震源中心较近，工业生产建筑与其他城市建筑遭受严重破坏。唐山市恢复建设之初的规划，拟放弃路南区，境内唐山机车车辆厂、唐山齿轮厂、唐山轻工机械厂等驻区厂企陆续迁往新区。后虽经调整规划利用路南区，但已造成境域工业复建滞后。

1982年开始，按照唐山市震后恢复建设总体规划，唐山市玻璃制品总厂、唐山市橡胶总厂等企业按复建规划在原址复建，一些新建企业亦陆续开工、竣工。震后重建、新建厂企，多采用内浇外挂、内浇外砌、框架浇铸、砖混等形式；生产用房采用钢筋混凝土框架结构，钢架屋顶，按照抗震8级烈度设计；高度依照企业产品性能设计，大型产品生产车间高度一般在3层以上，中型产品车间高度一般在3层以下，小型产品车间高度一般与一层普通房屋相仿。至1989年，全区共有工业企业327家，其中，部、省、市驻区企业23家；区属工业125家；个体企业175家；外商投资和中国港澳台商投资企业4家。在全部工业企业中，区属工业企业建筑面积114.93万平方米。1991年，唐山市电子设备厂、唐山市开元企业集团公司，唐山市化工机械厂、唐山市煤矿专用设备厂、唐山市建华化工厂、唐山市前进化工厂、唐山市线材厂等一批企业先后建成投产，所有企业建筑规模均在1万平方米以上。1994年，兴建路南区现代工业园，是唐山市首家私营企业工业园区。到1995年，区属工业企业建筑面积增加17.63万平方米。

1996年开始，进行现代企业产权制度改革，部分工业企业陆续改制，或破产，或搬迁，或“退二进三”改为商业服务业。此间，吉祥工业加工区、虹桥工业加工区相继成立。1999年4月，唐山市三川钢铁机械设备制造有限公司建立，建筑面积2.7万平方米，其中生产性建筑面积2.2万平方米，厂房以钢结构和钢筋混凝土结构为主。2000年，唐山市化学厂有限公司成立，建筑面积2.3万平方米，其中生产性建筑面积1.5万平方米。至2000年，全区有35家工业企业完成改制，其中6家宣布破产，29家改为股份制。改制工业企业涉及建筑面积近20万平方米。3个工业园区入驻个体私营工业企业113家。

2002年，路南区鸿达汽车改装有限公司成立，占地5.33公顷，生产建筑面积3万平方米，主要生产混凝土搅拌运输车。企业建有现代化大型联合厂房，车间布设5条现代化生产线。2003年，交大工业园区成立，入驻企业11家。是年，按照中共中央、国务院关于治理整顿土地市场秩序的战略部署，四个工业园区全部撤销名称，已入园企业生产经营予以保留。此后，在侯边庄筹建高新技术产业聚集区；君通科技有限公司、华盛达铁路装备制造有限公司、腾龙重型装备制造有限公司、维科特科技有限公司、建华选煤机械制造有限公司等工业企业相继建成，工业企业增加建筑面积近6万平方米。

2007年，实施“开发大南湖，建设新路南”发展战略。配合南湖生态城核心区开发建设，加快地震遗址公园拆违拆迁、学院南路南延工程拆违拆迁和“城中村”改造，共涉及工业企业40余家，拆除工业企业建筑面积11万平方米，其中吉祥工业加工区就涉及企业32家。拆迁企业中规模较大的有：刘庄煤矿、唐山市人民印刷厂、唐山市制油厂、唐山市妇幼药材厂、唐山市卫生陶瓷厂、唐山市第一造纸厂、唐山市第一制药厂、唐山市橡胶厂等。

2008年，筹建女织寨乡工业园区。春兴集团动工兴建，工程总投资4.9亿元，新增建筑面积3.3万平方米。是年，贯彻落实省委、省政府“城镇面貌三年大变样”战略部署，继续推进南湖生态城建设，保温材料厂、华鼎有限责任公司陆续拆迁、拆除，工业企业建筑面积减少2.5万平方米。

2010年11月，唐山专用汽车制造有限公司厂址拆迁，拆除工业企业建筑面积2.27万平方米。至年末，区属全部工业企业有726家，其中入统工业企业35家，固定资产合计4.11亿元，固定资产净值

3.83 亿元，建筑面积 42.49 万平方米。

二、商业服务建筑

1976 年“7·28”唐山大地震前，全区有商业、粮食、供销系统服务网点 100 余个，总建筑面积 21.7 万平方米。“7·28”地震夷为废墟。震后，路南区本着支持生产、方便生活原则，按照全市统一规划，加快商业服务设施建设。至 1989 年年底，共建成 659 个批零网点，商业服务业经营户 42 户，建筑面积 33.4 万平方米（区属商业约占 40%），较震前增加 11.7 万平方米。其中，较大商场有建国路市场一号楼、京东大厦、五金交电大楼、三星电子大厦，大型农贸市场有荷花坑蔬菜批发市场、新华道农贸市场等。服务业主要有餐饮业、旅馆、洗浴、摄影、理发业等，其中规模较大的有鸿宴饭庄、京东餐厅、九美斋、新鸿记饺子馆、“三八”旅馆、渤海旅馆、车站旅馆、渤海浴池、宏中彩色摄影中心等建筑设施。1984 年，唐山市第一家大型综合连锁超市公司——华盛超市落成。

1990 年，实施“三产兴区”战略，市场设施建设步伐加快。是年，占地 1.4 公顷、建筑面积 5874 平方米的大里路综合消费品市场正式开业。1991 年，唐钢宾馆建成开业。1994 年，小山服装批发大厦建成，占地面积 1 万平方米，建筑面积 2.2 万平方米。年内，投资 110 万元对新华道农贸市场内外设施进行全方位改造。至 1995 年，区属商业网点达 210 个，大型市场 14 个，建筑面积 9.56 万平方米。1996 年，金三角陶瓷建材城开业，建筑面积 6.87 万平方米，占地 7.74 公顷。1997 年，北方陶瓷城投入使用。

1998 年开始，吉祥路旧物交易市场、小山市场“唐山鞋城”相继建成开业。之后，陆续建成南方灯具市场、北方钢材市场、吉祥家具市场等一批大型市场。同年，开滦大酒店建成开业，建筑面积 1.33 万平方米。

2000 年，区委、区政府以竞标方式吸引民营资本 1.5 亿元，对荷花坑农副产品批发市场进行综合改造，将以前的露天式经营改扩建为室内经营，形成 6 个专项经营大厅（粮油、蔬菜、肉类、水产、食品、小商品），1 场（中心停车交易场），3 街（由 325 幢具有现代建筑风格的底商构成三条精品购物街），分行划市的经营新格局。改造后，市场经营摊位增至 4000 个，泊车位 1200 个，可供 50 吨汽车下站的货位 22 个。市场内的信息服务中心大楼，设有宽带信息网。交易大厅的大型电子屏幕，及时显示全国各地的市场价格、供求信息。市场内建有蔬菜检测中心，对上市的蔬菜可进行无公害检测，使顾客购到无污染的绿色蔬菜。市场还设有净菜加工和配送中心，对各种蔬菜进行初加工和精加工，增加农副产品的附加值。是年，对建国路市场进行改造，成为唐山市第一条商业步行街。到 2000 年年底，全区各类市场增至 44 个，比 1995 年增加 20 余个，其中超过 1 万平方米的 6 家，规模最大的是占地 44.27 公顷、建筑面积达 17.28 万平方米的北方陶瓷市场。5 年间全区新增商业建筑面积 30.85 万平方米，商业建筑面积累计达 73.61 万平方米，是地震前的 3.39 倍，是 1990 年的 2.2 倍。

进入 21 世纪，新型商贸业态不断创新，综合性商厦、大型超市、购物乐园等大型卖场逐渐成为路南商业服务业设施投资建设主体。2001 年，建筑面积达 2.2 万平方米的南新道水产批发市场、建筑面积为 1 万平方米的中山装饰灯具大世界、吉祥家具城相继建成。2003 年，开始建设建筑面积为 15 万平方米的唐山市新天地购物广场，2005 年 1 月开业。2005 年，总投资 5.6 亿元，占地 11 公顷，总建筑面积 9.2 万平方米的世博大厦竣工。7 月，位于新华道与光明路交叉口东南角，建筑面积达 1.7 万平方米的商业步行街——唐人街开业。10 月，建筑面积为 8500 平方米的爱购时尚购物广场正式经营。12 月 8 日，华岩南路商业步行街——新街正式开街。新街全长 500 米，建筑面积 4.3 万平方米，共有一层底商 101 家，二层底商 315 家。大型商场 3 家，美食城 1 家，是一条集购物、休闲、娱乐、餐饮、旅游于一体的多元化商业建筑街。当月 30 日，三利国际购物中心正式进驻世博大厦，占据世博大厦的 1－4 层，主营国际国内知名品牌服装服饰、化妆品、鞋帽、珠宝等。新增大型购物广场一般由营业厅、综合厅、批发厅、摊位厅、功能厅等组成；大型旅馆一般有前厅、客厅、客房、餐厅、会议室、电梯等；大型餐饮服务建筑一般由主楼、副楼、裙房、餐厅、厨房、浴室、会议室及办公用房等组成。商业服务业建筑的人性化、现代化色彩日益浓厚。

2006年，随着产业结构调整，经济发展方式转型，“城镇面貌三年大变样”的推进和“开发大南湖、建设新路南”战略的实施，第三产业加快发展，商业服务建筑跃上新台阶。2006年，建筑面积达5.76万平方米的东方家园建材超市开业。2007年，适应城市建设需要，先后有全聚德烤鸭店、南湖礼品广场、南湖烧烤一条街、南湖花卉广场、超越饭店、曙光旅馆、民族饭店、京东餐厅以及新华道集贸市场、南新道果品一条街、唐山副食品交易市场、中山装饰灯具大世界、岳各庄建材市场、大里路市场、南新道市场、增盛里市场、唐山北方陶瓷城、唐山市装饰材料市场、小山运输市场等近20家商业服务建筑被拆迁；之后，新华贸中心、新华联商业广场、陶瓷城改造、万达广场、渤海新世界、永顺商务大厦、南方购物广场、北方国际钢铁交易中心、唐山国际五金城、中国唐山汽车文化展示园、沃尔玛超市等大型商业广场、商贸服务综合体建筑相继开工。同时，唐山南方国际商贸城、唐齿汽配城、唐山义乌小商品城、唐百企购广场、唐百南湖购物广场等商贸建筑陆续建成开业。

2008年后，物流仓储业迅速做大做强，涌现出佳源钢铁物流、博宇物流园、金匙物流园、通达物流等大型物流服务企业。中信银行、华泰财产、财达证券、海华典当等一批金融、保险、信托等现代服务业网点也纷纷落户路南。餐饮服务业强势崛起，建筑面积达4.77万平方米的万达洲际酒店、总建筑面积为11.80万平方米的南湖大酒店、总建筑面积达10.70万平方米的南湖休闲美食广场以及喜来登酒店、华润万家、红星美凯龙等星级酒店、品牌连锁店陆续开工建设。

2010年年初，建筑面积近5万平方米的南湖紫天鹅庄、维景国际大酒店等五星级酒店在南湖生态城落成并陆续对外开放。酒店商务接待区包括木屋别墅区、四合院区、温泉酒店区、国宾馆区、会议中心区。接待区内集美食、客房、休闲、会议于一体，绿化覆盖，园艺精致。中国传统宅院建筑与欧洲小镇风格交相辉映。2010年年末，全区共有商业服务企业1816家，商业服务建筑面积达171.84万平方米，分别是1989年的43倍、5.14倍。其中商贸市场49个（含入统市场34个），占地面积120.37万平方米，建筑面积104.56万平方米，入驻商家1.09万户；仓储物流建筑面积40.43万平方米，金融服务业建筑面积10.97万平方米，饮食服务业建筑面积11.18万平方米，大型购物广场、连锁商店建筑面积4.7万平方米。

三、住宅建筑

1976年“7·28”唐山大地震，境域2.91万间公产房和3.92万间私产房全部震毁。后经十余年恢复建设，住房规模始见雏形。至1989年年底，全区住宅总建筑面积达261.34万平方米，其中：建成公建住宅小区32个，其中楼房967幢、3.59万套、建筑面积183.81万平方米；平房9509套、建筑面积36.12万平方米；另有自建住宅8651间，建筑面积41.41万平方米。已建成的公建住宅楼房以5层条式楼为主，配有6层点式楼，部分地段为3～4层条式楼。层高一般为2.8米，开间3.3米，进深4.8米，每户建筑面积46～52平方米。房屋结构为内浇外砌、内浇外挂和砖混结构等，均按抗震烈度8度设防。部分楼房为水刷石外装修。每套楼房内设壁橱、吊橱、厨房、厕所、上下水，大部装有暖气、煤气设施。户型分为一居室、两居室、三居室3种，人均住房面积12平方米。公建住宅区配有商业、文化、教育、卫生等公共设施，平均每人公用建筑面积1.4平方米。公建平房小区和自建住宅小区设施较为简陋。

1990年，住房建设步伐加快，“文北一期”工程、“文北二期”工程先后落成，新增住宅面积6.7万平方米。1992年11月，开平区女织寨、梁家屯两个乡划归路南区管辖，两个乡有农业人口36583人，人均住房面积18.3平方米。1993年起，相继建成教师公寓、环卫楼和公安楼，改善教师、环卫工人、公安干警的居住条件。1996年6月，启动平改楼工程和“安居工程”，花园街一期工程、福乐园小区先后开工，1997年年底，花园街一期工程竣工。1993—1997年，总投资7362万元，建成住房6.23万平方米，解决困难住房1142户。

1998年，停止福利分房，商品住宅成为消费趋势。1998年起，实施“城中村”改造工程。至1999

年年底，花园街二期工程，定福庄和铁匠庄城中村改造工程相继完成，春光楼、福乐园等小区建设先后竣工，其中福乐园小区有住宅楼91幢，占地33.54公顷，总建筑面积8.38万平方米，是当时全市规模最大、容纳住户最多的社区，也是省内规模较大的社区之一。新建住宅分砖混、框架两大结构，内设会客厅、餐厅和卫生间，60～120平方米居多，适应商品房市场消费发展的需求。1999年3月，位于南新西道北侧、学院路西侧的双新里工程开工，总建筑面积5.22万平方米。共12幢住宅楼，砖混和框架结构，楼高14～16.8米。2000年，达北一、二期工程，荷花名苑一、二期工程，友谊里、建国楼、小山西楼等住宅工程先后竣工，共增加住房建筑面积38.5万平方米。

2003年，太平庄进行城中村改造，回迁楼为5幢372套房，建筑面积2.76万平方米。双新里、友谊花园、荷花西苑三小区被省建设厅命名为“省级园林式居住小区”。2004年，正泰里小区正式交付使用。西越河村平改工程基本完工，为村民建成楼房12幢，建筑面积7万平方米，全村447户，户均楼房一套。年末，全区完成23个旧楼房小区的更新改造。2005年，中南花苑小区建成，楼高7～11层，共4幢96套。新小区配有厢式电梯、光纤网络线和有线电视光缆线，有的住户还配有可视对讲电话机。同年，拥有25幢楼1713套住房，建筑面积18.4万平方米的正泰里永乐园交付使用。

2007年，市政府将震后危旧平房改造和旧小区集中供热列为城市建设“一号工程”和市政府为群众办的20件实事之一。4月，路南区召开城市建设暨震后危旧平房改造动员大会，决定利用三年时间，建设约175万平方米的安置住房。危旧平房改造从正泰里惠民园开始，完成两批共136处拆危拆迁任务，约10.91万平方米。是年，总建筑面积达15万平方米的东部老城区大洪桥平改工程正式开工。

2008年，围绕实现“城镇面貌三年大变样”，城市建设与管理实现新突破，全年累计拆除各类建筑230万平方米。其中包括建筑面积5.7万平方米的新石庄平改项目完成拆迁；总建筑面积18.37万平方米，涉及居民1694户的长青楼整体改造工程完成拆迁。涉及11个村庄605户居民、近13万平方米建筑的学院南路南延工程拆迁任务按时完成。建筑面积为11.17万平方米的郑家庄新村避险搬迁项目正式动迁。探索以西越河村新民居为代表的社会主义新农村建设模式，全村实现每户拥有一套别墅和一套楼房，人均住房面积70平方米。高层住宅风华时代小区完成施工实现入住，楼高12～38层，共4幢324套。

2009年，继续实施“城镇面貌三年大变样”决策，完成拆违拆迁任务200万平方米。同时，正泰里惠民园一期工程15万平方米建筑如期完成，并实现搬迁入住。大红桥区域平改项目，完成建筑面积13万平方米；新石庄平改、郑家庄滨湖庄园项目开工。3月，建工楼区域整体改造工程全面展开，拆除住宅27幢、1050户，建筑面积39万平方米。6月19日，中共中央政治局常委、国务院总理温家宝到路南区危旧平房改造区——南富庄社区看望慰问干部群众。8月，金色和园项目举行开工仪式。10月23日，区召开南湖西北片区整体改造拆迁誓师大会。11月，新华楼区域整体改造拆迁入户开始，涉及居民住户1266户，拆除建筑面积6.2万平方米。12月30日，正式启动南湖生态城西北片区整体拆迁改造工程。

2010年，强力推进城市拆违拆迁，仅用30多天时间基本完成南湖生态城西北片区整体改造拆迁，涉及19个村（居）、8275户，拆迁住宅和非住宅建筑面积104.28万平方米。3月，南新道危旧房开始拆迁改造，涉及9个社区，3678户居民，建筑面积18万平方米。对区内57万平方米危旧平房实施改造，主要涉及南富庄区域、复兴路袜厂区域、河北联合大学家属院区域、大业里区域、爱民里区域、宋南平房以及杨柳一面街区域33个小区、10554户、4.2万人。新华联广场和世博广场住宅楼项目、在水一方、尚湖名筑、诚安家园、金色雅居、凤城盛世等住宅建设项目相继开工，建筑面积达172.8万平方米。同年，大红桥盛泰庄园（一期工程）、新石庄六合嘉园建成并投入使用，荷花上院、福兴园等5个项目完成主体工程。全年竣工住宅建筑面积29.85万平方米。至年末，全区（未含女织寨乡）住宅建筑面积共计398.3万平方米。其中：城市住房建筑面积305.75万平方米，包括楼房1166幢，2.96万套（含12～38层住宅9幢、656套，15～18层住宅4幢、535套，7～11层住宅5幢、186套，6层以下住宅1148幢、28223套），平房4853套；城中村改造住房建筑面积92.38万平方米，包括楼房49幢、2613

套，别墅 442 幢。

第二节　教育文化卫生体育办公建筑

一、教育建筑

1976 年，境内各级各类学校教育设施均毁于“7 · 28”唐山大地震。震后，本着合理布局、便于就近入学的原则，统一规划和建设各类学校。1980 年，唐山第一中学按复建规划易地建设，1982 年迁入新址。新校园占地 6.86 公顷，建筑面积 3.8 万平方米。唐山第二中学按规划就地重建，1985 年竣工投入使用。复建后的唐山第二中学占地面积 5.03 公顷，建筑面积 1.48 万平方米。唐山工程技术学院教学设施恢复建设完成并竣工使用。占地 31.05 万平方米，建筑面积 6.86 万平方米（不含住宅面积）。此间，其他各中小学亦恢复建设。截至 1989 年，全区共建成各类学校 76 所，其中大学 1 所，中学 10 所，小学 26 所，成人学校 8 所，技校 5 所，社会力量办学 26 所，另建幼儿园 24 所。

1990 年，开展“普九”达标活动，财政对教育的投入逐年增加，教育设施明显改观，建筑面积扩增。至 1995 年，区属共有小学 27 所，中学 8 所，培智学校 1 所，幼儿园 24 所，总建筑面积 28.87 万平方米。其中，城市中学建筑面积 3.76 万平方米，生均 3.7 平方米；农村中学建筑面积 0.66 万平方米，生均 4.3 平方米。城市小学建筑面积 4.27 万平方米，生均 3.7 平方米；农村小学建筑面积 4.27 万平方米，生均 5.4 平方米。小学校舍建筑面积达 5.59 万平方米，生均 3.45 平方米；初中校舍建筑面积 10.32 万平方米，生均 11.9 平方米。1996 年，中小学危房全部消除，危改工作全面完成。2000 年，学校基础设施经省政府验收，全部达标，有的项目超过省颁标准。

2010 年，全区各类教育建筑总计 63.24 万平方米。其中区属各类学校校舍建筑面积 27.1 万平方米，在区属各类学校校舍建筑面积中，其中幼儿园校舍建筑面积 7.5 万平方米；小学校舍建筑面积 8.69 万平方米，生均 7.73 平方米；初中校舍建筑面积 6.03 万平方米，生均 8.28 平方米；高中校舍建筑面积 1.32 万平方米，生均 12.6 平方米；职业技术学校校舍建筑面积 2.55 万平方米，生均 18.7 平方米；特殊教育学校建筑面积为 0.48 万平方米，生均 63 平方米；教师进修学校建筑面积 0.26 万平方米；成人教育学校建筑面积 0.27 万平方米。驻区河北联合大学（原理工大学校区）、唐山职业技术学院等高等院校以及唐山市第二中学、开滦二中西校区等市属重点高中建筑面积共 36.14 万平方米。

二、文化建筑

1976 年“7 · 28”唐山大地震，开滦唐山矿西山口俱乐部震毁，1977 年 3 月按规划重建，12 月竣工，为唐山震后复建最早的文化娱乐场所。新建的开滦唐山矿西山口俱乐部占地面积 2590 平方米，建筑面积 4388 平方米。1981 年 1 月 18 日，渤海影剧院破土动工，占地面积 1.2 公顷，建筑面积 4100 平方米，1982 年 9 月 6 日，竣工投入使用。1985 年，冀东烈士陵园复建，占地面积 7.5 公顷，建筑面积 3084 平方米。1986 年 1 月 16 日，唐山抗震纪念碑动工兴建，7 月 21 日竣工。唐山地震资料陈列馆建成，建筑面积 1448 平方米。至 1989 年年底，境内共建成影剧院 4 座，文化馆（站）9 个，厂矿俱乐部 4 个。1990 年后，随企业改制、转型或拆迁，厂矿俱乐部仅剩开滦唐山矿西山口俱乐部 1 家。进入 21 世纪，适应群众文化活动发展需要，各乡、街对原文化站进行升级改造。同时，随着小区改造和现代化小区建成，一体式资源共享型综合文化活动中心相继落成。2005 年，区财政加大对公共文化基础设施的投资力度，先后投资近百万元用于全国文化信息资源共享工程路南区支中心和基层文化馆站建设。2010 年，境域共有影剧院 1 座，文化馆（站）9 个，厂矿俱乐部 1 个，社区文化活动室 77 个。总建筑面积 1.17 万平方米。

三、卫生建筑

1976年"7·28"唐山大地震后，路南区在人民解放军和各地医疗单位支援下，着手恢复建设医疗卫生服务设施。1980年，建筑面积4万平方米的解放军第二五五医院成为唐山震后建成的第一座综合性医院。1983年，唐山市妇幼保健院破土动工，该院占地面积2.46万平方米，建筑面积2.06万平方米。同年，唐山市卫生防疫站按恢复建设规划异地重建，1984年11月迁入新址。新建的防疫站占地0.12公顷，建筑面积1200平方米。1986年5月，唐山市人民医院按恢复建设总体规划就地重建，1988年11月投入使用，翌年1月开业应诊。新建院址建筑面积2.63万平方米。至1990年，全区医疗卫生机构共计157个，其中驻区医疗卫生机构13个，区属医疗卫生机构144个。全区医疗卫生建筑面积总计14.32万平方米。

1991年，唐山心理医院扩建，新增建筑面积700平方米，总面积达到8000平方米。1992年，梁家屯乡、女织寨乡卫生院划归路南区管辖，新增建筑面积784平方米。当年，河北理工学院校办医院增扩建筑面积1200平方米。1994年，唐山脉管炎医院正式营业，建筑面积882平方米。当年，开滦精神病医院、开滦钱家营医院，建筑面积分别为2376.53平方米、9502.69平方米。1995年，中铁一局医院、唐山市第一医院、唐山市第四医院分别扩建，新增建筑面积5772平方米。

1996年，天津铁路分局唐山铁路医院搬离路南区。1998年，唐山平安医院开始运营，建筑面积2048.48平方米。至年底，全区医疗卫生机构共计207个，其中驻区医疗卫生机构12个，区属医疗卫生机构195个。全区医疗卫生机构建筑面积共计18.39万平方米。

进入21世纪，随着医疗卫生事业的发展，医疗卫生设施不断扩增，质量不断提升。2002年，路南区妇幼保健院搬迁新址，建筑面积1347平方米。2003年，唐山敬仁堂医院建院；2004年，唐山冀东妇产医院创办，建筑面积4475平方米；路南医院续建270平方米伽马刀医疗用房投入使用。2005年，唐山京东医院建成接诊。唐山第十医院（原机械局医院）、开滦精神病医院，女织寨乡、梁家屯乡卫生院，唐山第四医院，唐山心理医院相继扩建，扩增建筑面积1.52万平方米。

2006年后，唐山五官医院、唐山胜利医院、唐山肛肠医院、唐山中西医骨科医院、唐山复兴医院先后创办，唐山人民医院、唐山市协和医院（原卫校附属医院）、唐山市妇幼保健院分别扩建，共增加建筑面积4.95万平方米。此间，唐山市卫生防疫站因拆迁搬离路南区。

2010年，全区医疗卫生机构共计256个，其中驻区医疗卫生机构12个，区属医疗卫生机构244个。全区医疗卫生建筑面积共计28.87万平方米，比1990年增加14.55万平方米。

四、体育建筑

1976年"7·28"唐山大地震，唐山市工人体育场在地震中震毁。1982年11月，唐山市工人体育馆在唐山市工人体育场原址修建，工程主体为钢筋混凝土框架结构，东西长59.45米，高24米（室内高19.35米），总建筑面积6367.93平方米。其间，随教育设施的恢复，区属各中小学体育设施建设同步发展。截至1989年，区属中小学共有篮球场19个，足球场3个，排球场3个，200米田径场5个，250～300米田径场4个，400米田径场1个，540平方米乒乓球室1个。此后，随着学校体育重视程度的提高，学校体育设施日益完善。唐山一中建成400米跑道的标准田径运动场1个，标准蓝、排球场12个和建筑面积1700米的室外游泳池1个；河北矿冶学院建有标准田径运动场1个，游泳池1个；1995年，唐山二中室内运动馆落成，建筑面积3898.7平方米。

2000年起，适应全民健身意识日趋增强的需求，体育设施建设趋于基层化、大众化。2002年，总投资100万元、占地0.99公顷的燕京体育健身公园落成。

2004年，在全国第五次体育场地普查中，路南区182个体育场地全部统计备案，其中标准场地115个，非标准场地67个。在体育设施中，有体育场1个，游泳池5个，综合房（馆）2个，武术房1个，健身房7个，台球房馆10个，田径场4个，小运动场14个，水上运动场1个，篮球场46个，门球场11个，排球场13个，总占地面积27.74公顷，建筑面积9.29万平方米，场地面积24.92万平方米，人均体育场地面积1.08平方米。

2007年，唐山南湖国际高尔夫球场落成。同年路南区在全市率先实现社区体育健身路径全覆盖。2010年，全区各类体育设施建筑面积共计9.69万平方米。

五、办公建筑

1976年“7·28”唐山大地震，使辖域办公建筑全部夷为废墟。1986年4月，路南区政府办公楼在新华西道南侧动工兴建，1987年12月竣工使用。新建办公楼占地1.04万平方米，主楼建筑面积6900平方米，地面以上6层，局部7层，楼高23.64米。钢筋混凝土框架结构。除主楼外，另建车库、浴池等附属建筑。其后，适应机构和编制的增加，在区政府办公楼南侧增建档案馆、会议室及部分单位办公用房；此间，其他行政事业单位办公设施陆续恢复建成。至1989年，区属行政机关办公用房面积达6.99万平方米，较震前增长34.14倍。

1990年后，区市政管理处、武装部、税务局、交通局、环境保护局、法院等办公楼先后建成并投入使用，新增建筑面积2.27万平方米。2001年，路南区市场建设服务处成立，在原小山招商大厦办公，房屋建筑面积1.2万平方米。2002年，路南区地税局办公楼竣工，建筑面积5100平方米。公安分局、工商分局加强基层分所基础设施建设，基层办公建筑条件大为改善，面积扩大。

2004年，路南区以获得“全国社区建设示范区”为契机，投资1249万元，对26个社区基础设施进行改造。其中，新建、改造、扩建街道服务中心项目5个，新建、改造、扩建社区办公用房项目28个，总建筑面积1.54万平方米。

2007年起，落实省委、省政府“城镇面貌三年大变样”决策，加快震后危旧房改造步伐，工商分局、公安分局、财政局收付中心、教育局、党校、个体劳协等单位办公设施相继被拆除，全区办公建筑面积骤减。2010年上半年，路南区财经大厦（路南金融中心）动工兴建，建筑面积6万平方米。至年底，全区行政事业单位（不含驻区）办公用房建筑面积共计13.7万平方米，是1989年的1.96倍。

第三节　城市标志景观建筑

一、凤凰大厦

位于唐山市新华道与建设路交叉口东南侧，为唐山市工商银行和市建设银行营业办公大楼。总建筑面积8万平方米，主楼地下2层，地上25层，高112米。由建设部设计院设计，中建二局三公司施工，1994年4月28日开工，2002年7月16日竣工。III段浇筑成型，施工手段先进。主楼为多边形钢筋混凝土框剪结构，其箱式底板钢筋混凝土，体积达5200立方米。该建筑沿新华道水平伸展的三层基座，由银灰色铝板包裹，主入口处直通二层的坡道气势宏大，粉红色花岗岩门廊精致典雅。而由基座衬托的两座颀长秀美的塔楼拔地而起，立面采用横线条，突显出挺拔与厚重相融合的雄伟气势，建筑顶部的牵手造型新颖夺目，卓尔不群。1998年，该工程被认定为省科技示范工程。竣工时，该大厦是当时唐山市最高的标志性建筑。

图4－1　凤凰大厦　（区委宣传部）

二、世博大厦

位于唐山市新华西道2号，总投资5.6亿元，系集购物、餐饮、商务、金融服务、休闲娱乐为一体的高档商业建筑，占地11公顷，总建筑面积9.2万平方米。由中国有色金属工业西安勘察设计研究院设计，中建二局四公司施工。1994年2月20日开工，2004年3月1日竣工。主楼地下2层，地上21层，高84米，框剪结构，箱基基础。地下2层至地上4层为超市、百货商场，5~8层为餐饮、洗浴中心，9~20层为写字楼。该建筑采用下大上小、分段退台式造型，彰显出挺拔向上的腾跃态势。立面采用暗红色花岗石与淡蓝色玻璃幕墙装饰，虚实对比强烈，现代建筑风格浓郁。楼顶上设置的红色金字塔形构架，充斥着蓄势待发的力量之美，在夜幕下犹如灯塔将大厦装点成全市耀眼的亮点。

图4-2　世博大厦　（区委宣传部）

三、信息港大厦

位于唐山市新华西道与友谊路交叉口西南侧，是中国网通河北省通讯公司唐山分公司枢纽建筑。总建筑面积7万平方米。主楼地下2层，地上28层，高115米，箱基基础。由信息产业部郑州设计院设计，中建二局四公司施工。1997年12月28日开工，2002年9月28日竣工。大厦主体为圆柱形框筒结构，外包浅蓝色镀膜玻璃幕墙和银灰色铝板，配上粉红色花岗石饰面的裙楼，显得挺拔超然，坚实有力，体现出鲜明的现代建筑风格和时代感。而在裙楼入口处，建成内凹弧面门廊，有欢迎来宾的写意效果。大厦独特的建筑风格和冲天的气势，成为全市典型景观之一，2005年为全市最高建筑物。荣获2004年度省建筑工程安济杯奖即省优质工程奖。

图4-3　信息港大厦　（区委宣传部）

第二章　能源供应系统设施

电力、燃气分别由唐山供电公司、唐山燃气公司供应，管道集中供热由唐山热力公司负责，锅炉供热由区住建局热力所负责。1990年，辖域京山铁路以南仅有小山楼、富庄楼锅炉房2座，供热面积3.26万平方米；使用管道焦炉煤气居民3.09万户，占居民总户数的57.27%；电力设施相对陈旧落后。随着经济建设和社会发展，能源需求不断扩大，各相关部门加大设施建设力度。至2010年，新建变电站2个；累计铺设燃气中低压管网7.31万延长米，建调压站154座；锅炉房6座，供热锅炉15台，主管道17条，总长5.8万延长米，另建热力站55个，供热总面积达415.88万平方米。燃气普及率、集中供热率均达100%。

第一节　电力供应设施

一、电站配置

1990 年起，唐山供电公司抢抓国家投资基础设施建设机遇，实施城网、农网建设改造工程。针对设备老化、技术落后和监控手段陈旧等薄弱环节，改造更新供电设备。重点更换薄绝缘、高损耗、主绝缘有严重缺陷的主变压器；各电压等级的油断路器更换为六氟化硫或真空断路器；淘汰老式继电保护装置，更换为微机保护，直流系统全面更新。1996 年，建成苑南站 110 千伏变电站。2006 年，建成复兴路 220 千伏变电站。2010 年，实施配网线路改造。更换导线加大截面，10 千伏架空线主干线采用截面 240 平方毫米导线；市区主要街道和居民区 10 千伏、0.4 千伏架空线采用绝缘导线；部分城市主干道两侧 10 千伏架空线改为地下电缆，电缆线路干线段均采用截面为 240 平方毫米铜芯三相电缆，单回线路中间增加分段开关，不同线路间增设联络开关，正常情况开口运行。

二、电网改造

唐山电网是华北电网的重要组成部分，地震中发供电设备破坏严重，虽经恢复建设，但由于华北地区电源建设滞后，电网基础薄弱，不适应改革开放及国民经济快速发展的需要，电力供需矛盾突出。1990—2000 年，以解决电力“瓶颈”问题为重点，抢抓国家投资基础设施建设机遇，全力实施城网、农网建设改造工程。针对设备老化、技术落后和监控手段陈旧等薄弱环节，进行供电设备的改造更新。输电线路着重解决网络结构不合理、交叉跨越多和建设标准低、缺陷多、运行 25 年以上 110 千伏线路的问题；变电设备改造重点是更换薄绝缘、高损耗、主绝缘有严重缺陷的主变压器；各电压等级的油断路器更换为六氟化硫或真空断路器；淘汰老式继电保护装置，更换为微机保护以及直流系统全面更新等。1996 年建成苑南站 110 千伏变电站，2006 年建成复兴路 220 千伏变电站。至 2010 年，实施配网线路改造，重点更换导线加大截面，新建和改造的 10 千伏架空线主干线为 240 平方毫米导线，市区内主要街道和居民区的 10 千伏、0.4 千伏架空线采用绝缘导线。根据城市整体规划要求，将城市主干道两侧 10 千伏架空线改为地下电缆。电缆线路的干线段均采用截面为 240 平方毫米铜芯三相电缆，单回线路中间增加分段开关，不同线路间增设联络开关，正常情况开口运行。

第二节　燃气与热力供应设施

一、燃气供应设施

燃气设施包括燃气中低压管网、庭院管网、储配站、调压站、阀门井、凝水罐、燃气表。1986 年，建成赵庄 1#、2#储气罐，罐容量 5 万立方米。1990 年，居民及单位用气气源主要是焦炉煤气，使用管道焦炉煤气的居民有 3.09 万户，占总户数的 57.27%；开滦管辖的生活小区部分使用井下瓦斯气；约占 15% 的居民使用罐装液化气。1996 年，建成赵庄 3#、4#储气罐，罐容量 5 万立方米。2008 年，引入冀东油田、永唐秦管线洁净、高效的天然气，替代焦炉煤气。2010 年 4 月，南新道向南扩宽，1 ~ 4#储气罐被拆除。至年底，累计建设调压站 126 座，燃气普及率达 100%。

二、热力供应设施

供热系统以热电联产为主，工业蒸汽和锅炉供热为辅。管道集中供热有热源厂2个：河北大唐国际唐山热电有限公司、华润赛德热电有限公司。1990年，京山铁路以北为热电联产集中供热，以南区域仅有小山、富庄2个锅炉房，供热面积3.26万平方米。1991年，建成文北西楼锅炉房，供热面积5.98万平方米。是年，小山西楼开始供热，供热面积6657.28平方米。1996年，马家屯楼供热，供热面积1.09万平方米。2001年，建达北锅炉房，荷花西苑、环卫楼供热，供热面积5.25万平方米。2007年，实施唐山东南部供热工程，新建锅炉房3座，9个居民小区首通暖气，供热面积33.95万平方米，其中单位供热面积9671平方米。至2010年，共有锅炉房6座，供热锅炉15台，主管道17条，管道长度5.8万延长米，供热小区22个；热力公司直属热力站55个。全区城市供热面积415.88万平方米，住宅小区及单位集中供热率均达100%。

第三章　供水排水照明系统设施

1990年，有自来水厂、污水处理厂各1座，各式路灯5067盏。后随生产、生活和城市建设需要，逐年配套完善城市供水、排水、照明系统设施，设施水平不断提高。至2010年，已建成自来水厂1座，日产水能力3.5万立方米/日；企业自备水源井16眼，年取水量123.8万立方米。雨污排水管线总长44.03公里，污水处理厂2座，污水处理能力15.6万吨/日。拥有路灯11749盏。自来水普及率、城市污水集中处理率分别达100%、81.05%。

第一节　供水设施

一、自来水管网

大洪桥水厂　座落于城区东部，自来水街北侧，1951年6月始建，担负着唐山市区东南部供水任务。供水范围为京山线以东、新华道以南、开越路以西延伸区域。院内净水构筑物有加氯间、机房、配电室、清水池。水源全部为地下水。水源地位于水厂南至东郊，面积0.8平方公里。共有水源井24眼，井深64~164米，取水能力2208.3立方米/小时。1992年建成3#、5#井（大红桥水厂院内）。2004年，建成新14号井（大红桥水厂院内）。2010年，水源地有深井9眼装机运行，产水能力3.5万立方米/日。各井井径均为300毫米钢管，井深55~88米不等，井距一般在120~500米。装机水泵均为QJR型潜水泵。水源装机总能力为1259立方米/时，装机总功率为293千瓦。有砼结构半地下式清水池2座，容量分别为4000立方米、2000立方米。水厂配出厂水管，在震前为5条，分别与路南区、东联、缸窑路、铁路专线供水管线相连，震后简化为南、北两条干线，为直径500毫米铸铁管。南线过河后与路南外环路、胜利路管线相接，北线过铁路与滨河路、新华道干线并网。

2010年大洪桥水厂水源井分布一览表

表4－1

井号	坐落位置	水泵型号
3#	水厂院内	250QJ（R）100－56/4
老4#	东郊苗圃	250QJ（R）64－62/4
新4#	东郊苗圃	250QJ（R）80－42/3
5#	水厂院内	250QJ（R）125－58/2
6#	东郊苗圃	250QJ（R）125－58/2
7#	市第一造纸厂院内	250QJ（R）80－42/3
8#	汽车东站院内	250QJ（R）140－45/3
11#	二十九中学西侧	250QJ（R）80－42/3
14#	水厂院内	250QJ（R）80－42/3

加压站　加压站供水工艺流程与水厂相同，由单井提升地下水，集中加压站后进清水池，经消毒处理，二次泵站加压补充城市管网。1984年，在税东小区西侧、唐古路东侧建税东加压站，占地面积0.43公顷。站内设有长方形半地下式清水池两座，容量各为400立方米，另有泵房及加氯间等供水设施。同年7月投产。1992年11月，因区划调整，加压站随税务庄街道划入开平区。

补压井　隶属大洪桥水厂，为大洪桥供水区域重要补充水源，每日供水能力为7000立方米。由单井抽水直接压入城市管网加压，各补压井均设加氯装置以保证水质。1983年9月至1984年4月，建成毛巾厂、一砖厂补压井，井深86～106米，井径300毫米，装机分别为250QJ（R）80～70/5、250QJ（R）80～60/3。两眼井与唐钱路直径为200毫米输水管道、唐古路直径为400毫米输水管道主干线相接。日供水量为2000立方米。1984年5月，在市南郊唐柏路东建成檀庄一、二号补压井，井深164～157米，井径为300毫米，装机型号为250QJ（R）50～75/5。两井出水管与复兴路南口直径为300毫米管线合口。1992年11月，因区划调整，毛巾厂、一砖厂补压井划入开平区。

管网改造　1987年起，为解决部分地区供水能力不足问题，市自来水公司对使用年限超50年旧管线、管网漏失严重的管线、低压区管线、采煤塌陷地段管线进行大规模更新改造，新管线多采用具有高强度、高延伸率、抗腐蚀、抗地震优异性能的球墨铸铁管。1990年，投资3.29万元，改造复兴路、宋谢庄大街供水管网。1992—1996年，先后改造复兴路、南新道、建设路、和平路、车站路、南新道教育工房、复兴路立交桥给水工程、车站路、西郊热电厂、南新西道、解放南路、花园教师楼供水管网，总投资953.8万元，改造管网长度3.8万米。1997年起，相继改造南新道（学院路—建设路）、增盛路（南新道—铁道口）、九联工房（南新道—铁艾庄）、华岩路（新华道—国防道）、燕新路、吉祥路（胜利路—复兴路）、增盛南路（南新道—建设南路）、老唐韩路（增盛路—车站路）供水管网。至2005年，改造管网总长度6719米，总投资186.3万元。

二、自备水管网

1990年，有自备水源井单位51家，水源井82眼，年取水量957.27万立方米。1998年起，由于工业企业改制，或重组、兼并、转产和迁移，自备水源井逐年递减。2002年，开发大南湖，市粮食局陈庄粮库、市棉麻公司陈庄库、市木材公司、市金属公司、小百货批发公司陈庄库等单位动迁，自备水源井相继废弃。至2010年，有自备水源井单位8家，水源井16眼，年取水量123.8万立方米。

1990年唐山市路南区城区单位自备水源井分布一览表

表4－2　　单位：眼、万立方米

单　位	自备井	年取水量
唐山机车车辆厂	4	14.7
唐山市橡胶厂	3	7.6
唐山市第一造纸厂	4	81.9
唐山市第二造纸厂	3	87
唐山市第三造纸厂	3	174.1
唐钢第二构件厂	1	16.7
唐山市化学厂	1	15.1
唐山市织袜厂	2	11.3
唐山市建华化工厂	1	31.9
唐山市羊毛衫厂	1	12.2
唐山市第三轧钢厂	1	13.1
钢铁公司技工学校	2	1.6
唐山市军供站	1	0.4
唐山市交电公司八里庄仓库	1	0.3
唐山市化工批发公司	3	1
蔬菜供应站仓库	1	0.3
医药供应站仓库	1	0.3
唐山矿风井水源地	2	121.6
唐山市工业发酵厂	2	2.6
解放军第255医院	2	18.2
开滦土建工程处	1	2.4
冶金厅唐山物质供应站	1	0.5
铁路综合修配厂	1	0.08
唐山市机铁铸造厂	1	0.6
唐山市汽车公司	1	2
供销社农业资料公司	1	0.2
唐山市机电设备公司	1	2.5
唐山市木材公司	2	2.5
唐山市金属公司	2	8.4
粮食局陈庄粮库	2	0.9
市棉麻公司陈庄仓库	1	0.5
小百批发公司陈庄仓库	1	0.4
唐山市卫生陶瓷厂	2	25.7

1990 年唐山市路南区城区单位自备水源井分布一览表

续表 4 – 2

单　位		自备井	年取水量
唐山市标准件厂		1	1
铁一局二处		1	2
唐山市一中		1	5. 5
唐山市玻璃制品厂		2	9. 6
古冶水电段给水所		6	74
唐钢副业		1	5. 7
河北省农机公司		1	0. 1
公路站苗圃		2	0. 9
园林处绿化队		1	0. 5
唐山市农业研究所		2	0. 9
唐山市日用化工厂		1	1. 1
唐山市前进化工厂		1	22. 4
铁路液化气站		1	0. 7
汉沽唐山运盐站		1	0. 09
唐山站服务公司货场		1	0. 8
铁一局二处筑路队		1	3. 1
铁一局二处机修厂		1	2. 2
唐山市第三橡胶厂		1	16. 2
合计	51	82	957. 27

2010 年唐山市路南区城区单位自备水源井分布一览表

表 4 – 3　　单位：眼、万立方米

单　位		自备井	年取水量
唐山市化学厂有限公司		1	2. 4
唐山融丰特种纸业有限公司		2	1. 6
开滦集团唐山矿业分公司		4	94
河北钢铁集团建筑有限公司		1	0. 7
河北新东升实业有限公司		1	1. 1
唐山陶瓷集团卫陶有限公司		2	23. 3
唐山五金化工有限公司		1	0. 1
市园林局		4	0. 6
合计	8	16	123. 8

第二节 排水与污水处理设施

一、排水管网

1976年“7·28”唐山大地震，造成排水设施严重受损，管道断裂、移位、堵塞占15%，长度达14.2公里，1681座污水井埋在废墟下，占85%以上。震后，根据唐山市建设指挥部1978年市区排水规划，路南区域排水管网西起站前路，东至吉祥路，南起岳各庄，北至新华道交界，自然地势倾向东南埋设。西部为分流制，东部为合流制，即雨水、污水、雨污合流三套排水系统。至1984年，雨水管线长度8.3公里，污水管线9.6公里，雨污合流管线58.2公里，矩形沟管线98.255公里，检查井2914个，收水口1830个，污水池246座。2010年，有雨水管线12.46公里，污水管线15.4公里，雨污合流管线16.17公里，雨水检查井354座，收水口522座，污水检查井874座，雨污合流检查井713座，收水口377座。

污水管网 污水管网埋设在增盛路以西、新华道以南、南新道以北道路之下，自东向西在光明路截流，向南排入西郊污水处理厂。主要有南新道污水干管，自建设南路起，向西穿过华岩路、卫国路、学院路、大里路、友谊路，沿途汇集各路口污水支管污水至光明路，与光明路污水干管污水汇合。用倒虹吸穿越青龙河折向南通向污水处理厂，管径为400~1000毫米，全长4.38公里。

雨水管网 较大的雨水系统有3条。第一条：1980年竣工，东起卫国路，沿南新道向西穿过学院路、大里路、友谊路至光明路折向西南，通向青龙河，沿途汇集卫国里、赵庄南里、燕京小区、定福里等居民小区及路面的雨水，排入青龙河。全长2.93公里。管道上游采用直径为800~1000毫米的混凝土管，下游为矩形沟。其断面尺寸为1200×1400毫米~1400×1600毫米。第二条：1983年10月竣工，东起卫国路，沿国防道向西穿过学院路、大里路、友谊路至光明路，沿途汇集37号小区、赵庄东里、赵庄西里、友谊里居民小区及路面的雨水，与光明路雨水管道汇合后，折向南排入青龙河。全长3.56公里。结构为石砌方沟，断面尺寸1200×1400毫米~1800×2500毫米。第三条：1986年7月竣工，通过增盛路、建设南路、华岩南路南段雨水管道排入南部塌陷坑，最后流入青龙河。南部塌陷坑一带的雨水流域面积约5平方公里。采用管道、方沟、明渠三种形式，全长1.9公里，其中国防道至开滦铁路专用线段，管道长度0.51公里，管径1500毫米；开滦铁路专用线至市一建仓库院内铁路段为矩形沟，长1.15公里，断面尺寸1600×2000毫米~1200×2600毫米；市一建仓库院内铁路至锅底坑段为明渠，全长0.24公里。

1990年起，市、区每年投入资金，对排水管网进行清淤疏通，清挖检查井、收水井、排水明沟；建设收水簸箕、雨水井收水井、增铺排水管线。1992年，汛前检查、疏通、维修、清挖检查井、收水井1.43万座次，清理和疏通排水管线6.32万米，维修和更换检查、收水设施311处，清挖排水明沟560米，外运和清理污泥683立方米。多年严重积水问题得到彻底解决。1995年，完成马家屯、九联工房排水和大学路、唐柏路、学警路明沟清挖、开滦黑水沟清挖3700米，清淤1.28万立方米，双桥里大沟修复30米及大洪桥雨水入陡管线塌方抢修共八项工程，疏通排水管线4.56万米，更换篦子147块，清挖雨污检查井6548座。

2004年开始，先后完成学警路、大白井、岳各庄路明沟清淤治理，清除淤泥1219立方米；邮电工房、南新道平房铺设直径400毫米的雨水管线110米；维修青龙河原坡道及加固台阶200平方米；实施岳各庄、旱桥、大白井排水沟清淤；小区雨、污水管线疏通，清挖雨、污水检查井、收水井，累计疏通雨、污水管线8.83万米，清挖雨水检查井5147座次，收水井393座次。2010年，完成境内雨、污水管线的全面疏通和雨污水井、收水口的彻底清挖。对防汛重点部位唐柏路、学警路、岳各庄、旱桥等处排水明沟进行全面治理。

雨污合流管网　东部排水管网，除文化南北街和新集资修建的7条道路外，其余均为雨污合流系统，排水设施为震前修建。震后，对原排水管道进行系列修复和养护。雨污合流支干管沟长度8.023公里。其中“开滦黑水沟”，全长9900米。此沟从开滦唐山矿南门涌出至陡河分为三段：上段黑水从开滦唐山矿南门东侧4米处的水沟排出向东流，经开滦涵洞穿越京沈铁路线，过解放路，横穿复兴路，进入南新东道（原达谢庄大街），穿过唐山市第一造纸厂的厂区，到达荷花坑集贸市场东北角，长约2000～3000米，为全封闭的暗沟。上段沿途接收部分企业和居民区的生产、生活污水。从荷花坑集贸市场东北角至吉祥路为中段，全长554米，沟宽4～8米不等，为排水明沟，沿途企业、居民排放的生产生活污水汇入沟内，汛期另承担荷花坑市场一带收集和排放雨水的防汛功能。下游段从黑水沟过吉祥路向南流，沿老谢庄村西过大夫坨等村庄后汇入陡河。

1995年前的黑水沟中段，明沟两侧布满郊区村办企业挖煤泥和晾煤泥的工作坑。荷花坑市场东部尚有几十户居民简易房，当地居民甚至将垃圾直接倒在明沟内，造成淤泥大量堆积，排水不畅，蚊蝇孳生，臭气熏天。每至汛期污水外溢，每遇暴雨，污水漫进居民简易房。环境污染和汛期污水外溢严重影响当地居民正常生活。1996年3月，市政府决定筹资治理黑水沟。市城市防汛办公室、路南区城建局经过与开滦矿务局及唐山矿协商，确定地方和开滦共同综合治理黑水沟。1997年，完成黑水沟的勘测和沟体设计工作。1998年6月1日，黑水沟综合治理工程开工，工程总投资75万元，其中市政府投资城市防汛费40万元，开滦唐山矿投资35万元（以热量5000大卡标煤6000吨置换）。8月底竣工。经过治理，黑水沟中段（全长554米）全部由明沟改为暗沟；排水沟断面规格为2.2×1.8米，石砌雨水方沟；底板由0.37米方石和250号钢筋混凝土铺成；上面由300号钢筋混凝土预制盖板封闭。

雨水污水提升泵站　有永红桥泵站、吉祥路泵站、大洪桥泵站（市管辖）、朝阳楼泵站（临时）、唐钱楼泵站。其中唐钱楼泵站，1988年5月建成，位于区境东部、唐钱路北侧，占地1.167亩。泵站分地上、地下两层，底层为蓄水池，地上建筑包括提升泵、配电室、仓库、闸门井，总建筑面积178.76平方米。主要解决毛巾厂、羊毛衫厂、劳教所、唐钱楼小区污水排放问题。1992年11月，因调整行政区划，唐钱楼泵站随税务庄街道划归开平区管辖。

雨水泵站　有新华桥、永红桥、岳各庄3个雨水泵站。新华桥雨水泵站位于市中心区新华桥南侧，有水泵7台，装机容量283千瓦，排水能力3906立方米/小时，配备200千瓦柴油发电机组1台。2005年，由于泵站收水面积加大，改配400千瓦柴油发电机组1台。永红桥雨水泵站于2000年建成使用，位于南新东道北、铁路七滦线立交桥西侧，排水半径2.5平方公里。有水泵3台，装机总容量225千瓦，排水能力4500立方米/时。岳各庄雨水泵站位于老岳各庄桥南50米处。有水泵3台，装机总容量225千瓦，排水能力4500立方米/时。2006年8月，配备200千瓦柴油发电机组1台。

雨污合流泵站　有南湖、复兴路两个雨污合流泵站。南湖雨污合流泵站位于南湖北门西100米处，主要为西郊污水处理厂提升污水。有污水泵3台，装机总容量105千伏安，排水能力785立方米/小时。复兴路雨污合流泵站位于刘屯村南100米，负责为东郊污水处理厂提升污水。有污水泵4台，潜水泵1台，装机总容量225千瓦，排水能力4500立方米/小时。

2010年唐山市路南区城区雨水管网一览表

表4－4

管道名称及起止点	总长度（米）	管径×管长（毫米×米）	矩形沟（米）（宽×高/长）	检查井	连接管（米）	进水口（座）	排水方向
南新东道主干管（增盛路—吉祥路）	2989	Φ1000×250 Φ800×2045	1.8×2.2/1389	58	1150	162	青龙河 陡河

2010年唐山市路南区城区雨水管网一览表

续表4－4

管道名称及起止点	总长度（米）	管径×管长（毫米×米）	矩形沟（米）（宽×高/长）	检查井	连接管（米）	进水口（座）	排水方向
复兴路主干管（立交桥—小石桥）	4873	Φ600×1871 Φ400×230 Φ800×1356 Φ1000×545 Φ1200×871	1.6×1.2/1145	21	–	165	陡河
吉祥路主干管（市场街—胜利桥）	1002	Φ800×1002	–	21	294	–	陡河
唐柏路主干管（吉祥路—三角地）	455	Φ600×455	1.6×2.0/5990	–	–	–	陡河
车站路次干管（新华道—货场门）	2906	Φ300×1295 Φ600×1611	–	70	980	80	陡河
大学路次干管（南站货场—风井路）	1477	Φ400×2 Φ600×72 Φ800×1403	–	44	340	68	南湖
增盛南路次干管（国防路—建设路）	1548	Φ600×147 Φ800×264 Φ1000×496 Φ1500×641	–	42	408	67	南湖
胜利路次干管（天桥—胜利路）	4003	Φ300×450 Φ600×2660 Φ1500×893	–	107	1630	91	陡河
唐胥路次干管（建设南路—唐胥交界处）	171	Φ400×171	–	7	180	16	南湖
电厂路次干管（南新道—热电厂）	–	–	1.0×1.0/10000	–	–	–	青龙河 南湖
风井路次干管（南新道—石庄路）	527	Φ600×527	1.6×1.8/1841	28	336	54	南湖
和平路支管（胜利路—南新道）	454	Φ600×454	–	14	91	28	陡河
解放路支管（友谊桥—宋后街）	820	Φ600×454	–	27	176	51	陡河
学警路支管（法院街—吉祥路）	420	Φ600×420	1.8×1.6/560	12	24	3	陡河
达后街支管（复兴路—马家屯）	780	Φ800×780	–	18	117	36	陡河
市场南北街支管（胜利路—市场、达后街—文化北后街）	610	Φ1000×610	–	8	52	16	陡河
花园街支管（复兴路—吉祥路）	632	Φ1000×632	–	38	247	66	陡河
花园西街支管（复兴路—解放路）	376	Φ400×376	–	10	–	–	陡河
岳各庄路支管（唐柏路—南厂大墙）	1188	Φ600×1188	–	28	280	66	陡河
文化南北街支管（新华道—胜利路）	1276	Φ600×606 Φ800×670	–	21	168	36	陡河
旱桥路（新华道—唐古路）	–	–	–	–	–	–	–
苑南街支管（建设南路—国防道）	495	Φ500×160 Φ600×335	–	18	113	26	青龙河
陵园路支管（南新道—九中街）	574	Φ400×364 Φ600×210	–	23	276	46	青龙河

2010 年唐山市路南区城区雨水管网一览表

续表 4 – 4

管道名称及起止点	总长度（米）	管径×管长（毫米×米）	矩形沟（米）（宽×高/长）	检查井	连接管（米）	进水口（座）	排水方向
双桥里路支管（永红桥—西马路）	–	–	1.8×2.0/115	4	24	8	陡河
吉祥街支管（南厂门—吉祥路）	516	Φ600×516	–	19	16	4	陡河
丰滦街支管（吉祥路—杨柳一面街）	240	Φ400×240	–	6	–	–	陡河
和平街支管（胜利路—法院街）	349	Φ400×349	–	10	40	8	陡河
韩前街支管（解放路—复兴路）	310	Φ800×310	–	4	24	16	陡河
西马路支管（车站路—双桥里）	309	Φ400×309	–	9	18	2	陡河
王后街支管（车站路—双桥里）	–	–	2.0×1.8/272	6	36	12	陡河
商场街支管（和平路—老地道桥）	629	Φ1000×629	–	7	42	10	陡河
文化北后街支管（复兴路—胜利桥）	1003	Φ600×1003	–	36	98	30	陡河
平安东街支管（车站路—小马路）	124	Φ400×124	–	8	–	–	陡河
花园南北街支管（联合村—达后街）	500	Φ400×500	–	24	–	3	陡河
二十二中路支管（和平街—吉祥路）	655	Φ1000×655	–	26	156	25	陡河
达南北街支管（胜利路—达后街）	389	Φ400×389	–	10	–	6	陡河
唐韩路支管（增盛路—车站路）	730	Φ600×380 Φ2000×350	–	10	80	10	陡河
双桥里大沟支管（南新道—车站路）	–	–	1.8×2.2/760	15	–	20	陡河
老地道桥沟支管（地道桥—陡河）	107	Φ1500×52 Φ2000×55	1.8×1.2/610	5	–	–	陡河
人民医院东（胜利路—文北街道办）	–	–	–	–	–	–	陡河
建国环形路支管（市场东—市场西）	2008	Φ400×2008	–	38	190	62	陡河
建国小马路支管（建国路—双桥里）	373	Φ600×373	–	7	–	–	陡河
老车站广场支管（广场环形路）	827	Φ600×442 Φ1000×385	–	16	128	24	陡河
唐古路支管（新华立交桥南—胜利桥）	1124	Φ2000×1124	–	26	546	52	陡河
南新东道主干管（建设路—复兴路）	4336	Φ400×790 Φ600×56 Φ800×630 Φ1000×2860	–	119	–	–	东郊
复兴路主干管（广播电视经销—唐柏路）	2984	Φ400×125 Φ500×782 Φ800×915 Φ1000×1162	–	69	–	–	东郊
吉祥路主干管（过河管—复兴路）	3999	Φ300×409 Φ400×1875 Φ500×519 Φ600×526 Φ1500×670	–	136	–	–	东郊

2010年唐山市路南区城区雨水管网一览表

续表4－4

管道名称及起止点	总长度（米）	管径×管长（毫米×米）	矩形沟（米）（宽×高/长）	检查井	连接管（米）	进水口（座）	排水方向
唐柏路主干管（岳各庄—三角地）	563	Φ800×563	－	19	－	－	东郊
大学路次干管	1502	Φ300×4 Φ400×398 Φ500×1100	－	48	－	－	东郊
增盛南路次干管（国防道—建设路）	1674	Φ300×324 Φ500×738 Φ600×612	－	67	－	－	东郊
胜利路次干管（胜利桥—复兴路）	1462	Φ600×514 Φ1000×948	－	37	－	－	东郊
和平路次干管（南新道—福兴街）	167	Φ300×167	－	7	－	－	东郊
市场南北街支管（胜利路—市场街）	239	Φ400×239	－	10	－	－	东郊
文化南北街支管（新华道—胜利桥）	1220	Φ600×860 Φ500×360	－	36	－	－	东郊
旱桥路支管（新华道—唐古路）	645	Φ1500×645	－	14	－	－	东郊
旱桥矩形沟（唐古路—陡河）	－	－	1.4×1.6/970	18	－	－	陡河
市场南街支管（吉祥路—市场南北街）	1234	Φ1000×1234	－	36	56	28	陡河
市场东街支管（吉祥路—市场南北街）	136	Φ300×136	－	4	－	－	陡河
大红桥东街支管（东新街—荷花坑市场）	144	Φ400×144	－	4	－	－	陡河
吉祥路支管（复兴路—南新道）	900	Φ300×50 Φ1000×850	1.0×1.5/2786	60	735	105	陡河

说明：东郊为东郊污水处理厂

2010年唐山市路南区雨污水泵站设施一览表

表4－5

泵站名称	性质	机组（台）	装机容量（千瓦）	排水能力（立方米/时）	建成时间（年）
永红桥泵站	雨水	3	225	4500	1967
南新道泵站		5	275	2048	1990
岳各庄泵站		3	225	4500	2005
南湖泵站	雨污合流	3	105	785	2002
复兴路泵站		4	225	4500	2004
新华桥泵站	雨水	7	283	3906	1982
唐钱路泵站	污水	3	22.5	626	2005

二、污水处理设施

1985年，建成唐山市西郊污水处理厂，为唐山市第一座污水处理厂，污水处理能力3.6万吨/日。

同年，兴建东郊污水处理厂，1986 年因资金停建（1992 年 11 月，区划调整，该污水处理厂划入开平区），1994 年利用亚洲开发银行贷款重建，1997 年建成并投入使用。截至 2010 年，境内共有污水处理厂 2 座，污水处理能力达 15.6 万吨/日，污水集中处理率达 81.05%。

唐山市西郊污水处理厂　位于南新道西端南侧。1982 年 8 月动工兴建，1985 年 8 月正式运行，为河北省第一座污水处理厂。由天津市工程设计院设计，唐山市市政工程公司施工，总投资 850 万元，日处理能力为 3.6 万吨。厂区占地 4.5 公顷，服务面积 22.22 平方公里，服务人口 25.83 万人。西郊污水处理厂采取传统活性污泥法工艺，以处理生活污水为主。其中生活污水约占 61%，工业废水约占 39%，多含有机物质，易于二级处理，处理效果可达 90%。出水排入青龙河，污泥外运填埋。1999 年，市财政投入资金 700 万元，公司自筹资金 500 万元，对西郊污水处理厂进行机电一体化改造，实现污水处理运行管理自动化控制。2000 年，进行二期改造，污水处理技术更加成熟，运行管理更加稳定。2004 年，西郊污水处理厂被中国市政工程协会评为全国先进污水处理厂。

图 4-4　西郊污水处理厂　（唐山市西郊污水处理厂）

2010 年唐山市西郊污水处理厂主要构筑物一览表

表 4-6

主要构筑物名称	数量	构筑物尺寸
进水井格栅井	1	深 6.79 米，长 7.95 米，宽 2.2 米，壁厚 25 厘米
污水泵房	1	内径 12.5 米，外径 14 米
一沉井	4	内径 20 米，外径 20.9 米，地下部分 4.8 米，地上部分 3.9 米，壁厚 30-45 厘米
二沉井	4	内径 24 米，外径 24.8 米，地下部分 5.7 米，地上部分 2.85 米
曝气池	1	长 49.27 米，宽 42 米，高 5 米，地下部分 1.1 米，壁厚 30 厘米
圆柱形消化池	2	内径 12 米，外径 12.7 米，壁厚 30 厘米，壁外 5 厘米为石棉板保温层，外砌 24 厘米的厚砖墙

2010 年唐山市西郊污水处理厂主要设备一览表

表 4-7　单位：台

设备名称	规格型号	数量
起闭机	-	17
高链格栅	-	4
污水泵	8PWL	9
刮泥机	-	-
旋流沉砂机	-	2
曝气风机	-	3
弧形格栅	-	2

2010 年唐山市西郊污水处理厂主要设备一览表

续表 4－7

设备名称	规格型号	数量
除渣机	-	1
无轴螺旋输送机	-	1
刮沫机	-	4
离心式鼓风机	D60－81	8
污泥泵	4PWL	3
2000 带式脱水机	-	2
离心式冲洗泵	-	3
计量给药泵	-	1
自吸式污泥泵	-	2
分光光度计	721	1
分析天平	TG328A	2
测汞仪	732	1
离心式给水泵	-	-
热水循环泵	-	3
钠离子交换器	-	2
盐泵	-	1

东郊污水处理厂　位于胜利桥东南部，西临陡河。由上海市政工程设计研究院设计，唐山市第一建筑公司施工。1985 年 6 月动工建设，厂区占地 6.84 公顷。主要承担市中心区东南部 60 个居民小区的生活污水和 140 家工矿企业工业废水处理，服务面积 40 平方公里，服务人口 34.27 万人。1986 年 5 月，由于资金不足停建。1992 年 10 月，调整行政区划，随税务庄街道划入开平区。

唐山市西郊污水处理二厂　位于市中心区西南部，与西郊污水处理厂相邻。系河北省利用世界银行贷款建设的城市环境治理项目之一。由上海市政工程设计研究院设计，唐山市城市管理局承建，河北省第二建筑公司施工。2003 年 3 月 15 日开工建设，2005 年 7 月 16 日正式运行。总投资 2.44 亿元，占地 11.67 公顷。主要处理市中心区西部地区工商业用水、居民生活污水及工矿清淤工业废水，设计规模为 12 万吨/日。2006 年实际处理能力 15.6 万吨。该厂出水指标严格按照国家新标准设计，污水污泥处理设备选用美国、德国世界级较为先进设备；污泥处理全部实现无害化、资源化利用；重点部位臭气实施生物吸收。在处理污水同时，建设再生水回用项目，设计规模为 6 万吨/日，主供西郊热电厂作为循环冷却水的补充水。

2010 年唐山市西郊污水处理二厂主要构筑物一览表

表 4－8

构筑物名称	数量	构筑物尺寸
粗格栅	2	长 12.9 米，宽 7.2，深 9 米
进水泵房	1	长 12.75 米，宽 20.44 米，池深 10 米

2010 年唐山市西郊污水处理二厂主要构筑物一览表

续表 4 - 8

构筑物名称	数量	构筑物尺寸
细格栅渠	4	长 18.4 米，宽 15 米至 4.9 米
旋流沉砂池	2	直径 6.4 米，深度 3.1 米，中心深度 5.5 米
初沉池	2	直径 45 米，中心深度 6.32 米，最外沿深度 4.5 米
初沉污泥泵房	2	总深度 5.4 米，长 6.7 米，宽 6.7 米
A/A/O 反应池	2	长 68.5 米，宽 66.6 米，池深 6 米
内回流污泥泵房	2	内回流泵房长 10.7 米，宽 6.2 米，深 7.4 米
外回流污泥泵房	2	与剩余污泥泵房合建，长 10.6 米，宽 9.7 米，深 7.4 米
剩余污泥泵房	2	与外回流污泥泵房合建
二沉池配水井	1	直径 5 米，埋深 3.1 米
二沉池	4	直径 45 米，池深 4.5 米至 6.3 米
鼓风机房	1	鼓风机房与 2#变配电间合建，长 48 米，宽 20.7 米
污泥浓缩池	2	直径 16 米，池深 3.5 米，共 2 座
储泥池	1	储泥池长 33.75 米，宽 8.7 米，池深 3.8 米，埋深 1.7 米
污泥脱水机房	1	污泥脱水机房长 38.09 米，宽 24.81 米，高 9.3 米
堆肥制粒车间	1	平面尺寸 3286 平方米，高 12.0 米
高压配电间	1	平面尺寸 31.86 米 × 12.36 米，层高 5 米、4 米、3 米
2#配电间	1	与鼓风机房合建，平面尺寸 38.2 米 × 20.4 米
3#配电间	1	平面尺寸 22.86 米 × 6.36 米，层高 5 米、4 米
喷灌中水泵房	1	平面尺寸 39.4 平方米

2010 年唐山市西郊污水处理二厂主要设备技术参数一览表

表 4 - 9　　单位：台

设备名称	型号	数量	技术参数	产地
格栅除污机	SSG1500	2	宽度 1510 毫米，栅距 40 毫米	唐山天兴
细栅过滤器	BK60ZX - 34V	3	栅距 6 毫米，栅网直径 1800 毫米	Hans Huber（德）
离心潜污泵	C3531	4	功率 110 千瓦	ITF Flygt
桨叶搅拌器	TEFC	2	功率 2 千瓦	Smith Loveless
砂水分离器	-	2	功率 2.25 千瓦，电压 380 伏	Smith Loveless
输砂泵	TEFC	2	额定功率 25 千瓦，额定电压 380 伏	Smith Loveless
刮泥机	CG45A - 4500	2	池径 45 米，传动功率 1.5 千瓦	唐山
单螺杆泵	BN300 - 6L	4	额定功率 37 千瓦，额定电压 3 × 380 千瓦	西派克（德）

2010 年唐山市西郊污水处理二厂主要设备技术参数一览表

续表 4－9

设备名称	型号	数量	技术参数	产地
离心鼓风机	KA10SV－GL210	6	驱动电机额定功率 355 千瓦	HV－TURBO（丹麦）
剩余污泥泵	3102	6	额定功率 3.1 千瓦	ITT Flygt
内回流泵	P7050	6	驱动单元额定功率 27 千瓦	ITT Flygt
外回流泵	P7050	6	驱动单元额定功率 27 千瓦	ITT Flygt
潜水搅拌机	4650	8	额定功率 5.5 千瓦	ITT Flygt
刮吸泥机	CG45A－4500	4	池径 45 米	唐山
污泥脱水机	Roepress22.4	3	流量 7－21 立方米/小时，带宽 2.2 米	德国
污泥螺杆泵	NM053BY01L06V	3	额定功率 4 千瓦，流量 21 立方米/小时	耐驰兰州泵业
浓缩池刮泥机	NG160D－3500	2	电机功率 0.75 千瓦	唐山清源
污泥切割机	LNLINER6000	1	流量 42 立方米/小时	耐驰兰州泵业
储泥池搅拌器	4640	4	额定功率 2.5 千瓦	ITT Flygt
带式压滤机	DNYC2000－N	2	滤带宽度 2 米	无锡

第三节　照　　明

1990 年，共有各种路灯 5067 盏。此后，城市现代化进程加快，城市路灯照明多次更新改造。1996 年 6 月，唐古路改扩建工程竣工，路旁安装 10 米 114 基高压钠灯。1997 年，供电线路增容改造，新华道、建设路的路灯灯型由低压钠灯更换为高压钠灯，亮度比改造前提高 1 倍。

2001 年起，实施城市绿色照明工程，逐渐淘汰白炽灯、125 瓦汞灯、低压钠灯、自镇流汞灯等低效率、高能耗、光污染城市照明设施，推广高效、节能光源。2004 年 5 月，唐山市路灯管理所与北京展天科技发展有限公司合作，在市中心区安装 125 千瓦路灯节电器 10 台，对 500 盏路灯测试。经一年试运行，节电率达 20%。

2005 年，唐山市财政投资 228 万元，在唐山市路灯管理所安装计算机无线远程遥控系统，监控市区 110 个路灯点。根据气候变化及安全维护需要，随时进行人工亮灯与闭灯；对所控制线路路灯、电缆实施防盗监控；人工灵活设置全夜灯、半夜灯、双幅灯、单幅灯。试行后较使用前节电 15%。是年，新建和改造 15 条道路路灯，新架设灯杆和更换灯杆 2192 根，新增和更换路灯 4738 盏（新华道、卫国路、建设路、文化路含路北辖段）。至 2006 年，城区路灯基本实现计算机无线远程控制。

2010 年，继续加大城区路灯绿色节能工程实施力度。在启新立交桥、新华桥、复兴桥等地段景观照明均采用 LED 光源；对文化路、学院南路、大里路、卫国南路，小山楼、文北西楼路灯进行节能改造。至年底，拥有路灯灯杆 8030 根，路灯 1.17 万盏，架空线 48.69 万米，电缆 30.33 万米，变台 21 台，光控箱 213 个，箱变 67 台，总功率 3625 千瓦。

第四章　交通运输系统设施

20 世纪 90 年代初，交通运输设施处于配套完善阶段。1996 年进入快速发展期。至 2010 年，已完成京山铁路压煤改线；唐津高速、205 国道、环城公路路南段陆续建成；南新道、建设南路、学院南路全线贯通；启新、东出口立交桥以及金匙桥、岳各庄桥地道桥相继建成，解决了铁路长期分割市内道路的痼疾。交通设施的发达，促进了路南区经济、社会的协调发展。

第一节　对外交通设施

一、铁路

干线　原京哈铁路路南段（七滦线），为连接关内外重要交通枢纽段，属国家一级干线铁路。由陈庄粮库东侧入境，沿东北方向至新华立交桥出境，全长 11.2 公里。全线铺设 60 公斤/米无缝焊接钢轨，钢筋混凝土轨枕，下部为 350 毫米厚碎石道床。线路最小曲线半径 240 米，最大坡度 1.5‰，区间通过能力 115 对/日，货流密度达 4920 万吨，允许时速 120 公里/小时。1994 年因京哈线压煤改线，更名为"七滦线"。

专用线　1990 年，连接京哈线的专用线有 49 条，总长 105.51 延长公里。其中自有专用铁道产权企业 3 家，分别是开滦煤矿、唐山机车车辆工厂、唐山钢铁公司。铁路专用线同境内干线、支线相连接，在 37 家工矿企业间形成密集的铁路货运网络。2002 年，根据市委、市政府《南部采煤下沉区生态环境治理方案》要求，动员大南湖区域内 12 家单位，拆迁库区及其各类建筑 71 万平方米，与库区相连的铁路专用线被拆除。2005 年，唐山军用飞机场迁往丰润区三女河重建，与之相连的铁路专用线也被拆除。至 2010 年年底，连接七滦线专用铁道 3 条，分别属开滦（集团）有限责任公司唐山矿业分公司、河北钢铁股份有限公司唐山分公司、唐山轨道客车有限责任公司；专用线 19 条，分属河北省对外贸易运输唐山西窑仓储公司线、开滦集团国各庄矿业公司线、唐山轧钢有限公司线等 10 家单位。

2010 年唐山市路南区铁路专用线分布表

表 4－10

接轨站	名称	条数	总延长（米）	修建年代	产权
唐山南	河北省对外贸易运输唐山西窑仓储公司	2	683	1972	非路产
唐山南	秦皇岛工务段材料线	1	210	–	路产
唐山南	唐山中润储运公司	3	1328	1957	非路产
唐山南	唐山轧钢有限公司	1	380	–	非路产
唐山南	开滦矿务局国各庄矿业公司	4	1458	–	非路产
唐山南	北京铁路局唐山机务段唐南折返段	1	64	–	路产

2010 年唐山市路南区铁路专用线分布表

续表 4－10

接轨站	名称	条数	总延长（米）	修建年代	产权
唐山南	北京铁路局唐山建筑段实业开发处	1	333	－	路产
唐山南	唐山南铁实业总公司	1	830	－	路产
唐山南	河北大唐国际唐山热电有限责任公司	3	688	1957	非路产
唐山南	唐山龙华陶瓷石油供应有限公司	2	475	－	非路产
合计	10	19	6449	－	－

图 4－5　唐山南站　（区档案局）

唐山南站　原称唐山站，始建于 1881 年冬，是国内历史上第一条自建铁路唐胥铁路起点的第一个火车站，站址选在市内天桥东侧老站道口处，站线为两股。1907 年唐山站西迁至现址。车站建筑为典型的英式建筑风格，站舍外观酷似皇冠形状，为二层建筑，设有候车室、售票室和行李房。从 1907—1976 年 70 年间，唐山站先后进行了 4 次改扩建。当时的京山线是连接华北与东北唯一的咽喉运输线，对唐山的经济发展起到了重要作用。1976 年“7·28”唐山大地震，车站部分建筑和铁路设施震毁。1983 年重建。该站位于京哈线 264 公里处，属天津铁路分局，为一等站。设有客运站、货场和南庄、新石场、工业站 3 个调车作业区，连接 56 条专用线和 4 条专用铁道。占地 40 公顷，建筑面积 1.57 万平方米，其中 2100 平方米的候车大厅可容纳旅客千余名，并附设售票厅、行李房、办公楼以及货运、装卸、站调楼等建筑。站内配置正线 2 条，客车到发线 4 条，货车到发线 6 条，编解线 8 条。旅客天桥 1 座，上下行客运站台 2 条 1100 延长米，风雨棚 2 座 1500 延长米。冷仓 5 座，货位 166 个。有电动道岔 60 组，手动道岔 127 组。站前广场 3000 平方米，绿地 2000 平方米。

1990 年，对唐山站货场进行改造。将原 5 股道合并为 3 股道，铺设线路 226 米；增建雨棚 1197 平方米，新建仓库 2250 平方米，新建值班室 194 平方米，加宽站台 900 平方米，并对台面进行整修；增设环状消防管路 860 米，铺设通信电缆 420 米，电力电缆改移和铺设 320 米。货场总面积达 7.56 平方米。货物仓库 6 座，建筑面积 5080 平方米。货物站台 3 座，建筑面积 3204 平方米。装卸线 4 条，全长 1475 米，装卸有效长 918 米。货场一次堆货量 6368 吨，年办理量 67.2 万吨，折合货位 164 个。大型装卸机械有门式起重机 3 台，最大起重能力 26 吨，装卸机 3 台，小型装卸机械叉车 38 台。当年发送旅客 225 万人次，发送货物 516 万吨。

1994 年 10 月，因京山线压煤改线，在唐山站以西 10 公里处新建唐山站。新线开通后，原唐山站更名为唐山南站。1996 年 6 月 26 日，客运全部转到新线运行，原唐山站 115 年的客运史宣告结束。唐山南站成为只办理货运业务的一等货运站。2010 年发送货物 437 万吨。

附：

唐山南站志

今之唐山南站史称唐山站，建于公元一八八一年冬，时清光绪七年，因清末办洋务，在修津榆铁路中首筑唐胥段，始建唐山站。为发展计于一九〇七年西迁一千米即现址，因铁路压煤改线，于一九九四年十月易名唐山南站。

建站一百二十年，虽更朝迭代，迁址易名，然吾站员工始终顾宽瞻远，革故鼎新，追求卓越。前赴后继人逾万众，创运输成果以亿数计。回眸既往：反封建、抗外侮、砸桎梏、人推马拉驱滚滚车轮昂首于民族之林；求解放、跟党走、做主人、夜以继日护路建站在解放中获得新生；一九七六年遭地震之灾，车站夷为平地，员工伤亡惨重，余生理智冷静，忍失亲人之痛，携己伤残之躯，两天之后办理行车，月余间开出救助伤员客车一百五十九列，运伤员两万余人，卸物资五千余车，谱公而忘私、患难与共、百折不挠、勇往直前之壮丽华章；压煤改线，全站承简易开通之重任，自力更生，勇创一流，客运新站独立运营，一九九六年六月，高标准完成客车转线；货运老站全体员工，与时俱进，更新观念，走以人为本创新之路，施铸魂育人塑形之工程，广开货源，拓展营销，增运创收，诚迎四方货主，疏纳八方物流，创花园式货场，兴科技注活力，建文明之车站，做道德高尚之员工，践宗旨于岗位，信社会主义之必胜，求铁路运输至辉、至煌、至荣。

悠悠百年，弹指一瞬。抚今追昔，前人有为，吾辈荣光，继往开来，超前胜强，期颐老站，永葆辉煌！

撰志立碑，缅业励志，人才辈出，生生不息。

唐山南站全体员工
公元二〇〇一年

二、公路

唐津高速公路路南段　1995年8月，唐津高速一期工程天津至陈庄段开工建设，1996年8月完工。全长48.01公里，投资9.7亿元。路南段自赵田庄西入境，至赵田庄北出境。设计标准为双向四车道、全封闭、全立交，路基宽26米，采用平原微丘区高速公路技术标准，行车时速120公里。

205国道路南段　起点为河北省秦皇岛市山海关区，终点为广东省深圳市。唐山市境内17公里，路南段自王禾庄东南入境，东北至胜利桥出境。1989年前，唐山至天津段称唐津公路，为境内东南部主要运输干道，长期超负荷运行，道路拥堵不畅。2008年4月，205国道郑家庄至王盼庄段改建工程开工。路线起于境内郑家庄，止于开平区王盼庄，全长8公里，总投资8.3亿元。设计标准为一级公路标准，路基宽34.5米，时速100公里。2009年7月19日竣工通车。11月，绿化工程开工，绿化总面积25.25万平方米。

环城公路南环线路南段　主要利用原唐胥公路风井至胥各庄段，西与丰南区相接，经岳各庄路至复兴路交叉口东至开平区界。风井西至黄龙桥西路段建成上、下行路，为唐山市环城公路南环线。2006年开工建设，2007年竣工通车。境内公路长度约15公里。

乡村公路　1992年11月，女织寨乡、梁家屯乡划归路南区后，区交通部门开始承担乡村道路建设和维护工作。1993年，投资84万元，新建南新道与唐胥路4.3公里油路。1994年，投资100万元，完成女织寨乡学警路至赵田庄、唐柏路至曹庄子大桥两条油路改建工程。1995—2000年，逐年加大乡村道路建设投资。累计投入3475.95万元，新建油路、水泥路116.71公里，改造断头路、受损路22条。2003年，投资33万元，完成西小艾村道路延伸、郑各庄至赵各庄断头路两项工程，总长度740米。2005—2008年，投资527万元，延伸改造燕南路，大修警西路，打通檀庄村北街与东礼尚庄两条断头路，完成警侯线侯边庄、曹庄子中桥危桥改建工程。至2010年，共有乡村公路50条，总里程64.63公里。

2010年唐山市路南区村级公路一览表

表4－11　单位：公里、米

路线名称	里程	绿化里程	路基宽	路面宽	路面类型	修建年限
幸福院道至新袁庄	0.59	0.59	5	4	沙石路	1990年
CA02至刘营庄村东	0.51	0.51	5	4	水泥混凝土	2001年
刘营庄至G205	0.28	0.28	6	5	沥青混凝土	2002年
南环线	3.16	3.16	34.5	31.5	沥青混凝土	2007年

汽车长途客运东站　位于境内唐古路起点500米西侧，由唐山客运南站和唐山市小山运输市场合并组建，隶属于唐山交通运输集团。2010年4月建成启用。占地7.9公顷，其中停车场面积1.2万平方米，发车区面积4000平方米，站房面积4500平方米，停车位150个。设办公、售检票、候车、物流、安检服务、站前广场、停车场、发车区、行政后勤功能区域。承担唐山市七县（市）（滦县、滦南、乐亭、唐海、迁安市、迁西、遵化市）、五区（丰南、丰润、曹妃甸、京唐港、南堡开发区），以及京、津、秦、承、辽宁、内蒙、山西、河南的县际、市际、省际道路旅客运输任务。进站车辆377部，客运班线246条，日发班车373车次，日均发送客流量5000余人次。

汽车长途客运南站　位于铁路唐山南站北1公里车站路西侧，1984年重建。占地1.94公顷，建筑面积4111平方米，其中候车大厅121.6平方米，另设售票厅、办公楼、保修车间等附属建筑。主要承担内蒙、辽宁及省内承德、平泉、宽城、秦皇岛、迁西、迁安、乐亭、唐海等地旅客运输任务。2010年4月，迁往胜利桥北500米唐古路西侧，与唐山市小山运输市场合并为唐山汽车长途客运东站。

汽车长途客运二站　位于铁路唐山南站北200米处、南新东道东侧，隶属区交通局。1987年8月筹建，当年建房11间，建筑面积273平方米。1988年4月建成营运。占地1.8公顷，其中停车场1.7公顷。主要承担160余部大客车和火车站附近出租客货车管理工作。1989年，进出站车辆718部，客运量达182.5万人次，周转量10950万人/公里。1998年，迁往解放路与小山运输市场合并。

唐山市小山运输市场　位于解放南路陈谢庄后街。1994年，由唐山市交通局与区政府共同出资兴建，前期投入476万元。占地3.73公顷，建筑面积2871.58平方米。主要设施有旅客候车大厅、停车广场。场地及路面硬化面积2.25万平方米，绿化面积1000平方米。1996年起，先后投入172万元，用于软、硬环境建设。1998年，汽车长途客运二站并入小山运输市场。2003年，小山运输市场与唐山二运公司联合组建唐山市通达客运股份有限责任公司。2010年3月，有正式职工26人，营运车辆231部，日发273班次，分别发往遵化、滦南、滦县、乐亭、迁西、迁安、唐海等县（市），日运送旅客平均2600余人。是年4月，小山运输市场并入唐山长途汽车客运东站。

三、桥梁

连接对外交通的有侯边庄中桥、曹家庄中桥。2007年，投资168万元，完成警侯线侯边庄中桥危桥改建工程。改建后桥体孔径7.1米，桥长74.48米，桥宽7米。2008年，完成曹庄子中桥危桥改建工程，总投资226万元。改建后，桥体孔径710米，桥长76.08米，桥宽7米。两座桥梁荷载标准均为公路Ⅱ级、承载20吨，建筑结构上部为桥梁简支空心板，下部为桩柱式桥台桥墩。

第二节 对内交通设施

一、道路

1990年，城区有主干道26条，次干道13条。主次干道总长65公里，面积145.57万平方米。

1993年起，由于车流量明显增加，超负荷运载，道路破损严重，市、区政府每年投入资金新建和维护道路。是年，投资579.18万元，新建小区道路1100长米、面积9882平方米；翻修吉祥路、延伸文化南北街、养护解放路等10余条道路，总面积69.94万平方米，维修铺装便道板2500平方米。至1995年，道路总长达114.19公里，其中支干道18.83公里，小区路45.45公里。

1996年，投资2603.35万元，新建南新东道永红桥——复兴路段，改造南新东道复兴路——吉祥路段，总里程2.7公里。全年新建、扩建道路18条，长度11.01公里，面积4.36万平方米。投资400万元，维护道路10余条，补坑7.59万平方米，路面盖被9.54万平方米，更换便道板4.89万平方米，更换路边石6459长米。

2000—2001年，投资2418.2万元，完成建设南路贯通一期工程（南新道—南湖公园东门）、二期工程（南新道—增盛南路），总长2.13公里；改扩建南新东道永红桥段，全长1123米；翻修大学路、旱桥路，面积2140平方米。

2002—2005年4年间，累计投资4.92亿元，改扩建及维修道路30余条，翻修29.25万平方米，道路盖被1.03万平方米，铺便道砖（板）13.36万平方米，铺连锁块2.24万平方米，更换路边石2.81万长米。至2005年年底，全区有道路214条，其中主干道9条，道路长度28.84公里，道路面积58.98万平方米；次干道14条，长度25.04公里，道路面积52.62万平方米；支路39条，街坊路121条，甬路31条。

2006—2008年，改造及维修道路125条，道路翻修13.99万平方米，路面盖被16.6万平方米，砌路边石2.46万长米，铺混凝土路面4605.5平方米，补坑3.55万平方米，铺便道板（砖）13.3万平方米。

2009年，投资700万元，对文化南北街、郊外菜园路、余庆里大街、窑柱路等14条年久失修背街小巷维修改造，改造道路总长1万余长米，整治总面积3.1万平方米。居民“晴天一身土，雨天一身泥”的出行环境得到改善。

2010年，城区有道路205条，其中主干道7条，长度20.52公里，面积51.56万平方米；次干道16条，长度25.45公里，面积54.80万平方米；另有支路38条、街坊路115条，甬路29条。

建设南路 北自新华道环岛，南至南新道，道路长度900米。1978年始建，1985年建成。为“三板四带式”结构，道路红线宽度50米，其中机动车道15～18米，慢车道宽7米，两侧人行道各7米。1999年3月，实施建设南路南延工程，北起南新道，南至增盛南路，全长1231.7米，由市财政投资950万元。由于路段地处采煤塌陷区，修建时在填平水坑的基础上，面层采用连锁砖铺成。工程由区城建局组织，市城市基础建设开发总公司施工。同年10月竣工。2003年6月，实施建设南路南延工程，北起增盛南路，南至唐胥路，全长818米，道路红线50米，为沥青混凝土路面。市财政投资2153万元，市政建设总公司中标施工。9月竣工。2007年，市政府实施“城镇面貌三年大变样”工程，改建建设南路。取消慢车道和分车绿化带，建成双向八车道。自南新道起，至唐胥路，分成机动车、慢车道，中间以绿化带分隔，全长2949.7米。距南新道口50米处，建成“丹凤朝阳”铁铸景观一组，与南湖市民广场的大型“丹凤朝阳”铁铸雕塑遥相呼应。

南新道 按照唐山市城市总体规划，南新道西起站前路，东至吉祥路，全长9146米。1981—1985年，修建西起站前路东至建设路段，全长4810米，道路红线宽度32米。由于煤建公司储煤场和开滦修配厂占压规划路面，震后复建时期一直未能打通。1993 年 4 月，实施南新道贯通一期工程，西起建设路，东至车站路，全长 1645 米。由市政府投资 640 万元，市政建设总公司承建。当年 10 月竣工。第二期工程于 1998 年 4 月开工，西起复兴路，东至吉祥路段，全长 1200 米，红线宽度 30 米，路宽 21 米。由市政府投资 800 万元，市政建设总公司承建。当年 8 月竣工。第三期工程于 2000 年 4 月开工，西起车站路，东至复兴路。包括拓宽翻修路面，车行道由 12 米拓宽为 16 米；拆除永红双孔地道桥，拓宽为 32 米三孔立交桥，行人与车辆、机动车与非机动车分道行驶。工程由市政府投资 4677.6 万元，道路部分由市政建设总公司施工，桥箱涵洞由北京铁通工程公司施工。2001 年 2 月竣工。南新道全线贯通，道路总长达 9146 米。2011 年 4 月 1 日南新道拓宽改造工程开工，工程全长 6893 米，西起友谊路，东至吉祥路，道路红线宽 50 米，主路宽 30 米，双向八车道。此次改造道路、雨水、污水、路灯及电力入地工程同步实施。工程分两步实施：第一期为友谊路至建设路段、第二期为建设路至吉祥路段。

2010 年唐山市路南区主干道一览表

表 4－12　　　　单位：米、平方米

道路名称	起止地点	路面结构	始建及改扩建时间	长度	车行道宽度	面积
复兴路	吉祥路至新华道	沥青混凝土	始建于 1953 年，1965 年翻修，1979 年拓宽延伸，2004 年拓宽改造	3580.8	红线 30	108856.3
唐柏路	吉祥路至刘屯三角地	沥青混凝土	始建于 1965 年，1998 年延伸，1999 年拓宽改造	3104.15	红线 30	68716.2
吉祥路	复兴路至胜利路	沥青混凝土	始建于 1967 年，1979 年延伸，2004 年、2006 年翻修，2008 年、2009 年局部翻修	4069	红线 25	77497
唐古路	新华道至胜利路段	沥青混凝土	始建于 1971 年，1981 年延伸翻修，2002 年延伸改造	1420	红线 40	56800
南新东道	建设路至吉祥路段	沥青混凝土	始建于 1993 年，2001 年延伸改造、2007 年翻修	3404	红线 32	100789
建设南路	新华道至唐胥路段	沥青混凝土	始建于 1978 年，1985 年延伸，1988、1999 年、2003 年延伸改造，2007 年改建	2947.5	红线 50	96006.7
新华道	光明路志建设路段	沥青混凝土	始建于 1980 年－1981 年 4 月，1985 年延伸、2008 年铣刨盖被	3757	红线 50	118721.2
友谊路	新华道至南新道段	沥青混凝土	始建于 1981 年，1982 年竣工 2006 年盖被	890	红线 30	20351
南新西道	光明路至建设路	沥青混凝土	始建于 1981 年，1985 年延伸，1997 翻修、2008 年局部翻修	3700	红线 32	91649

二、桥涵

胜利桥　位于胜利路与唐古路交汇处，1940 年改建称吉祥桥。1966 年加固改建，更名为胜利桥。1976 年地震中受损。1977 年 7 月，按原结构加固改建，新桥长 68 米，高 8 米，宽 16 米，其中车行道 13 米，两侧人行便道各宽 1.5 米，荷载为汽－15 吨、拖－60 吨。2000 年 11 月 15 日，在建设东出口大型立交桥同时，集资建设胜利桥2号桥，2002年10月8日竣工通车。2号桥位于胜利桥下游，与1号桥并行间隔2米，两桥分道上下行。2号桥结构为上部简支空心板梁，下部桩柱式基础，桥面连续，桥梁两端设置两道伸缩缝。桥长67.6米，宽13.25米，设计荷载BZZ－100吨。全桥共6跨，其中5跨长11米，1跨长12.6米。

复兴路地道桥　1889年，唐胥铁路向东延伸时修建，原名“启新南门地道桥”，又称“老地道桥”。坐落于复兴路北口，京山铁路七滦线铁路桥下。1952年，改造为钢筋混凝土地道桥，桥长17米，高4.5米，桥下2孔方型地道，每孔宽6米，桥两侧建有宽1.5米的悬臂式人行便道。改建后的桥体呈Y型，南端为复兴路进入桥内部分，北端出桥分为西、北向两条道路。1991年7月，复兴路翻修改造时，对地道桥进行拓宽改造，包括封堵地道桥西部通道，将原桥体的“Y”型结构改变为“～”型；保留原来主桥，拆掉悬臂式人行便道，采用顶箱技术，在主桥两孔地道两侧各开一孔新桥洞，每孔长20.8米，宽6米，高4.6米，作为非机动车道和人行道，设置引道、挡墙、排水等设施。两侧非机动车道为上、下行，宽4.5米。1992年9月竣工通车。

永红地道桥　位于唐山铁路南站北300余米铁路南道门处，为横穿京山铁路的地道桥。1967年5月始建，1968年4月27日竣工。为钢筋混凝土箱式双孔结构，每孔跨径6米，方型框架箱涵，长24.5米，两孔总宽13.25米，全高5.5米，涵内净高4.03米，桥下两侧有悬臂式宽1米的人行便道。桥西侧同时建有跨线公路立交桥，长14米，宽6.7米，高4.5米。2000年，南新东道扩宽延伸时，将永红桥路段的车行道拓宽到16米。10月，永红地道桥拓宽改造工程开工。拆除原有13.35米宽的双孔地道桥，拓宽为32米的钢筋砼三孔立交桥（3孔宽度分别为8～16～8米）。预制三孔钢筋混凝土箱体，箱涵顶进。由于桥上开滦唐山矿铁路专用线较七滦线高1.2米，故将全桥箱体设计为两段高度，即七滦线（上下行）箱体高7.3米（净高5.5米），箱体长22.81米；开滦唐山矿铁路专用线箱体高8.5米（净高6.7米），箱体长10.13米。两段外墙总长度35.68米，全桥宽35.2米，总面积1173平方米。框架桥与铁路线呈57°7′16″的夹角。2001年4月竣工通车。

天桥　建于1948年6月，原名“胜利桥”，唐山解放后称“小山天桥”。位于建国路南端，解放路北口铁路北道门处。桥东侧为胜利路、小山闹市区，西侧为建国路商业街。横跨京山铁路（今七滦线）。桥长183米，其中横跨铁路部分长23米，宽5米；两侧坡道各长80米，宽4米，坡度为9.13%。1996年8月，友谊地下通道竣工通行后，天桥被拆除。

金匙地道桥　位于建国路商业街东南部和小山繁商区西北部、七滦线BK265＋748.20G公里处，下穿七滦线铁路。1993年12月开工，1994年9月28日竣工通车。该桥由区政府组织筹建，铁道部第三勘测设计院设计，唐山市金匙集团投资200万元，铁一局二处工程公司承建。桥体道路引道与铁路斜交，设有快车道、人行道及连接两道的踏步台阶。桥长252米，快车道宽度7米，桥面面积1764平方米；桥两侧引道长235米。钢筋混凝土箱式结构，方型框架箱涵顶进。

友谊地道桥　位于建国路南端、解放路北端的小山西下坡处，横跨七滦线铁路，连接胜利路小山繁商区和建国路商业街。1994年6月开工建设，1995年6月28日竣工通行。为地下通道，其东、西出口均位于原小山天桥坡道末端，每端有两个出口，呈八字形。通道总长70.9米、宽7米、面积510.54平方米，为钢筋混凝土结构。该桥由区政府筹资并组织各厂企单位和个体经商者集资修建。得名友谊桥，缘于出资最多的唐山友谊企业集团公司，以及人民政府为国家、集体、个人搭建友谊之桥，集资为民造福之意。友谊桥地下通道内，镌刻有路南区人民政府的友谊桥建设纪念铭文：“友谊桥，甲戌秋始建。政府决策，万众倾助，耗资叁佰万，翌年竣成。遂民愿，达交通，兴经济，绘新景，造福当代，惠泽后世，存此文字，铭以记之。”友谊地下通道墙壁上，镶嵌着唐山画家马福庆所作的瓷板画《小山变迁图》。全卷长25米，高0.7米，生动再现昔日“小山”风貌。

东出口立交桥　位于新华东道与唐古路交叉口。2000年开工建设。2001年9月主体工程完工通车，12月底全部竣工。该桥由一座半苜蓿叶型三层互通式立交桥和一条2.3公里长、54米宽的城市快速路组成。占地面积9.45公顷，桥梁总长1818.8米，其中主干线南北长1038米，东西长341米。桥梁面积1.44万平方米，桥梁最高点距地面10.38米。快速路设计车速80公里/小时；快车道结构计算荷载为BZZ-100，慢车道结构计算荷载为BZZ-60，人行道350公斤/平方米。立交桥设计车速为主线60公里/小时，匝道30公里/小时，负荷为城A-级。工程总投资2.2亿元，由开滦集团、唐钢集团、冀东水泥厂等大型企业和开平区共同集资建设和经营。

启新立交桥　位于新华东道启新环岛以东、陡河新华闸桥以西、启新水泥厂南门外，是唐山市第一座立交桥。由拥有此处铁路专用线的企业和政府共同出资2888.58万元修建。1991年4月1日开工，9月6日竣工通车。该桥横跨市中心区东部5条企业铁路专用线，为市西部生活区通往东部工业区的主要通道。桥长604米，宽27.5米，桥下净高5.8米，最大纵坡2.5%。基础为钻孔压浆成桩的无砂钢筋混凝土桩基，群桩承台。全桥采用箱梁结构，主桥为六跨双向预应力连续箱梁，引桥部分为部分预应力连续箱梁，东引桥六跨连续，西引桥四跨连续。此立交桥的建成，彻底解决铁路长期分割市区、严重阻塞交通的问题。

2010年唐山市路南区桥涵一览表

表4-13　　单位：米、平方米、吨

桥涵名称	所在地点	桥涵结构	桥涵形式	孔数	跨径	长度	宽度	面积	荷载重量	修建时间
南新道桥	南新道跨青龙河	钢筋混凝土	混凝土灌注现浇梁	3	7	21	16	336	汽-15 拖-80	1982
文化南北街地道桥	文化南北街地下穿行京沈铁路	钢筋混凝土	厢式	-	-	13.85	10.4	144.04	-	1984
自来水桥	大红桥自来水厂西跨陡河	钢筋混凝土	工字梁板	5	13.5	67.5	5.1	343.7	5	1984
启新立交桥	原启新水泥厂南门	钢筋混凝土	群桩承台高架	-	-	604	27.5	16610	-	1991
金匙桥	路南区京山线bk265+748处	钢筋混凝土	厢式	-	-	252	7	1764	-	1994
友谊桥	建国路南段地下穿过京沈铁路	钢筋混凝土	厢式	-	-	70.9	7	510.54	-	1997
西电路桥	西电路西郊热电厂附近	钢筋混凝土	混凝土灌注树枝桩	-	-	53	12.5	662.5	-	-
胜利桥（二桥）	胜利路东口与唐古路交会处	钢筋混凝土	混凝土灌注树枝桩	-	-	67	13	871	汽-20	2001
东出口立交桥	新华东道与唐古路交叉	钢筋混凝土	单排桩式墩连续板	-	-	1818	-	14386	-	2001
岳各庄铁路地道桥	建设路南段与岳各庄路交会处	钢筋混凝土	厢式	-	-	550	20	11000	-	2004
永红桥	唐山南站北、南新道地下穿京沈铁路	钢筋混凝土	厢式	2	6	429	28	12012	-	1967
双桥里桥	唐山矿南侧双桥里穿行京山铁路	-	-	-	-	27	6.5	175.5	-	1889年建 1958年改造
DG2118桥	-	-	-	-	-	21.5	10.4	223.6	-	1981
复兴路地道桥	乔屯东口、复兴路北口	钢筋混凝土	简支拱形梁	2	-	405.5	24	9732	-	1889年建 1952年改造
旱桥（1）	地道桥	-	-	-	-	10.2	9	918	-	1922

2010 年唐山市路南区桥涵一览表

续表 4 - 13　单位：米、平方米、吨

桥涵名称	所在地点	桥涵结构	桥涵形式	孔数	跨径	长度	宽度	面积	荷载重量	修建时间
旱桥（2）	地道桥	–	–	–	–	4	9	36	–	1922
胜利桥（1）	胜利路东端与吉祥路、唐古路交会处	钢筋混凝土	–	–	–	67	13	871	20	1940 年改建 1977 重建
建设南路桥	–	–	管涵	–	–	5	1.5	7.5	–	2000
开滦大白井桥	–	–	管涵	–	–	30	1.5	45	–	–
开滦大白井桥	–	–	方涵	–	–	35	1.5	52.5	–	–
南新道桥	–	–	管涵	–	–	26	1.5	39	–	–
旱桥路桥	–	–	方涵	–	–	36	1.5	54	–	–
吉祥路桥	–	–	管涵	–	–	24	1.5	36	–	–

三、公共交通

风井枢纽站　位于市区南部唐胥路风井路段东侧、开滦唐山矿业公司矿区南侧。2006 年 11 月建成并投入使用。占地 3.53 公顷，建筑面积 3529.87 平方米，停车容量标准 100 标台。站内建有一公司机关办公区、车辆修理车间、检验车间、加油站。为 9 路、1 路、15 路公交车的始发站和一公司所属 1 路、6 路、9 路、14 路、15 路公交车停车场区。

唐山火车南站综合站　位于车站路东侧、唐山南站（原铁路唐山站）西侧。1986 年 4 月建成并投入使用。占地 0.37 公顷，建筑面积 629 平方米，为唐山市地震后第一个较大的新型公交枢纽站。有 8、9、10、5、6、16、14、15 路公交车 8 条线路。1994 年铁路唐山站西迁，原唐山站取消客运改称唐山南站，受此影响，综合站公交线路和客流量随之减少。5 月，以原有候车廊为基础，改造建成平房式调度室、售票室、值班室、夜间停车场。2007 年，综合站成为 6 路、12 路、16 路、18 路、48 路公交车辆的始发、中转场地，设计标准停车容量 19 标台。2010 年年底，共有 16、18、69、118、50、102 路等公交车辆在此发车。

南新道车场　位于建设南路与南新道交叉口西 80 米处、南新道南侧。1988 年 9 月始建。占地 1 公顷，建筑面积 145.16 平方米。为 10 路、11 路始发车加油和停车场地。1989 年 5 月，建成一座可容储 73 吨的地下汽油库。同年 7 月，与唐山市枫叶公司合作，在加油站北面紧邻南新道路旁，建油库一座。油库东侧新建一幢二层办公楼，后增建会议室、站员室。2000 年 7 月，在原加油站南侧，新建 4 个修理车间和 2 个辅助车间。至此，南新道车场占地达 1.47 公顷，建筑面积 2128.17 平方米，设计停车标准容量 73 标台。为 8 路、13 路、28 路、36 路、41 路、66 路、76 路公交车共用的首末站车场。2010 年 1 月，因南新道拓宽改造被拆除。

启新立交桥综合站　位于新华东道与复兴路交叉口东南侧，1994 年 6 月建成。2002 年 6 月经土地置换后，向南迁至原路南区文体局院内。占地 0.97 公顷，建筑面积 280 平方米。站内建有候车廊、站员调度室和一幢二层办公楼。设计停车标准容量 48 标台，为 2 路、3 路、5 路、11 路、54 路、69 路公交车综合站点。

四、出租汽车

唐山市凤南出租车公司　1995年12月8日成立，时有出租车38辆。2006年，按照市政府要求，所有短途客运班车全部转营出租车，有22部出租车靠挂凤南出租汽车公司。2010年年底共有出租车59辆。

唐山出租汽车有限公司　位于唐山市果品一条街南300米。1980年5月组建，时有车辆90余部。1996年增至430多辆，车型以红色夏利为主。2006年市政府对小10路、小14路客运线路转营，唐山出租汽车有限公司借此契机新增105辆出租车，车型以普桑、捷达为主。2010年，有出租车535辆。

通达出租公司　1998年10月组建，为唐山市首批公司化经营的出租公司之一，时有运营车辆100部，车型全部为富康，承租者以下岗职工为主。至2010年，通达出租公司出租车总量没有变化，车型以北京现代、捷达、普桑、桑塔纳2000为主。

五、停车场

停车场由区公安分局金盾存车管理处管理。2005年，停车场分3个区域：农贸市场片、建国路片、新城街片，共有26个存车场（点），占地面积3620平方米，车容量180辆。2006年起，因调整城市布局和建设新街商业街、新华贸、万达广场等原因，部分停车场被取消。至2010年，共有14个存车场（点），占地面积2435平方米，车容量105辆。

第五章　邮电通信系统设施

1990年，路南有邮电自办支局所4处，隶属于唐山市邮政局，实行统一管理体制。1998年，邮政、电信分营，各自进入快速发展时期。各邮政支局发挥邮政“信息传递、物品递送、资金流通”优势，优化作业组织，改进软硬件设施；拓展邮政网路，提高邮件报刊传递时效，提高综合服务能力；利用信息技术，推进以“绿卡”工程、特快专递、跟踪查询为重点的计算机网络建设。至2010年，境内有邮政支局7个，均为电子化支局，设邮政投递站2处，投递道段22条。电信机构由1家增至3家，中国联通、中国电信、中国移动各项业务覆盖全境。

第一节　邮政设施

一、邮政服务网点

南站支局　位于车站路唐山南站西侧，前身为火车站支局。1986年12月复建，投资23.65万元，建筑面积1228平方米。1995年更名为唐山南站支局，隶属市邮电局建设路分局。2010年，经改扩建，建筑面积增至2049.91平方米。

胜利路支局　位于胜利路南侧（震前胜利路邮电支局东），1987年10月建成，时称胜利路支局。房屋为二层结构，建筑面积287平方米。1999年称唐山市邮政局胜利路分局，负责营业处、棉纺路、南刘屯营业网点管理。2000年，更名为唐山路南区邮政分局，房屋建筑面积增至866.55平方米。2007年3月，撤销路南区邮政分局，设立胜利路邮政支局，划归唐山市局营业分局管理。

新华西道支局　前身为新华路邮电支局，1952年建成，1976年震毁。1987年12月，唐山市邮电局购置新华西道南侧赵庄房产，成立新华西道邮电所，建筑面积230平方米。1998年，改称新华西道支局。

南刘屯支局 位于路南区刘屯，1989年10月建成，时称南刘屯邮电所。建筑面积420.83平方米，固定资产原值20.40万元。1999年，增设南刘屯邮政支局，划归胜利路邮政分局管理。2007年3月划归唐山市局营业分局管理。

建国路支局 位于建国路北口西侧，1990年成立，时称建国路所。为钢混结构，有楼房6间，建筑面积135.24平方米。2000年，升格为建国路支局。2005年，迁址至乐亭大清河盐场。

速递营业厅 位于新华西道南侧卫国路以东。1991年，设立卫国路支局。2003年，更名速递营业厅，集中办理邮政速递业务。

南新西道支局 位于南新西道，2008年9月建立。主营收寄平信、挂号函件、包件，收订、零售报刊及电子汇兑和集邮等业务。服务人口3.4万人，服务半径9.5公里。

二、邮路

汽车邮路 属市内转趟自办汽车邮路组成部分。1976年，市内自办汽车邮路5条，其中环型路线3条，直线型路线2条，单程长379.5公里，日行程482公里。2004年，调整市内邮路，市内自办汽车邮路增至9条。途经区内邮政支局7个，日邮件交换频次最多8次，最少2次；25个信箱（筒），日开箱邮件2次。2009年1月1日起，实行邮政速递物流省市一体化专业经营，建立“网格化”揽投网。运输工具为邮政专用汽车，每日揽收出口邮件4次、投递进口邮件3次。同年，单设大客户汽车投递道段，日投递1次，投递范围67平方公里，服务行政村39个，服务人口23.8万人。

乡镇（村）邮路 乡镇（村）邮路始于20世纪60～70年代的村村通邮建设。2004年路南区境内邮政投递道段5条，其中摩托车邮路3条、自行车邮路3条。2009年12月，设立邮政投递站，路南区境内设有胜利路投递站、南新西道投递站2处，投递道段22条。投递道段按性质分为市内投递、乡镇邮路和大客户道段，投递频次市投每日2次，投递范围67平方公里，服务行政村39个，服务人口23.80万人。2010年，城区投递工具开始使用省局统一配发的邮政专用电动车，替换原有自行车，实现城区投递电动化，缩短投递时限。

三、计算机网络

20世纪90年代，邮政先进技术及设施得以广泛应用，初步建立起以综合计算机、邮政金融计算机和实物投递网络为平台的各类计算机业务应用系统。1998年6月，所有邮政营业网点试行绿卡工程，7月13日，实现网点设备及ATM等设备并行。共联通市内25个营业网点和8台ATM机，实现唐山市内邮政储蓄通存通兑、ATM机24小时自动取款、商场等场所划卡结算，同时提供代发工资、代收电话费、水电气费、有线电视费等金融结算业务功能邮务类业务。

1999年9月，升级改造EMS185速递业务受理系统，采用人工值机方式，电话受理特快业务，满足客户上门揽收、查询、咨询、预约投递和使用延伸服务等要求，同时具备对各种业务分类、汇总和统计功能。同年，对计算机应用系统更新改造并纳入邮政综合计算机网络。

2001年，实施邮政电子化支局工程。各支局、所网络结构均采用C/S方式，应用软件采用省局选定版本安装，按统一品牌和型号购置服务器。以计算机联网作业，取代手工或网点局域网作业。实现由网络化平台完成函件、包件、汇兑、报刊、速递、集邮、物流业务等邮政业务的管理、内部处理、投递，并与综合服务平台、中心局等进行数据交换与共享。当年，唐山邮政电子汇兑、邮政储蓄通存通兑实现与全国联网。2006—2010年，速递邮件查验平台应用系统及EMS承诺服务投诉赔偿管理系统设备安装并上线开通，所有国内EMS邮件收寄信息均可上网查验。

第二节　电信设施

1990 年，电信业务由邮电局独家经营。引进开通程控电话交换机，建成程控电话局，电话号码由 5 位升至 6 位。1991 年 5 月，实现市话交换自动化。是年起，继续引进市话交换机并利用租赁业务进行长途 5190 线程控交换机建设。1993 年 12 月，开通 900 兆 TACS 移动通信一期工程，实现传输数字光缆化。至 1995 年，实现市话交换程控化、传输数字化，市话网号码升至 7 位。

1996 年，逐步淘汰磁石、纵横制交换设备，全部实现程控自动化。1998 年 10 月，邮政、电信分营，设立邮政局、电信局。1999 年 6 月，移动通信业务从电信局分离，组建移动通信分公司。9 月，在唐山信息港大厦新建 S-1240 第二长途局，长途交换容量由 5000 线扩容到 3 万线。2001 年 11 月 5 日，城市光纤网工程竣工开通，采取 144 芯、288 芯带状光缆，覆盖区境，光纤覆盖率达 95%。实现光纤到户。2002 年开始建设 XDSL 宽带接入系统，形成宽、窄带多层次通信网体系。2005 年 4 月，中国电信股份有限公司唐山分公司路南区营销中心成立。

2010 年，境内有中国电信唐山分公司传输线路（明线、通信电缆、光缆）长度共 400 公里。通信基站 27 座、机房建筑面积 1000 平方米，通信设备总容量 5 万门。至年底，联通、电信、移动、三大电信公司电信设施及业务覆盖全区境内。

第六章　绿化与环卫系统设施

20 世纪 90 年代初，环卫设施数量少，配置水平低，绿化植物品种单一。90 年代末，城市基础设施建设加速。全区建成垃圾转运站 16 座，分布于各居民生活小区；道路绿化树种增多，档次提高。2007 年起，实施“城镇面貌三年大变样”城市建设工程，绿化环卫设施建设驶入快车道。至 2010 年，有公园、广场、游园等公共绿地 17 处，总面积 339.78 公顷，绿地面积 305.67 公顷，绿地率 89.96%。街头绿地，曲径通幽，典雅幽静，实现一街一景。公园开放，游人如织，休闲健身各得其所。道路清扫实现机械化清扫与人工清扫相结合，机械清扫面积达到 20.52 万平方米/日；有垃圾清运车辆 55 部，杠车垃圾斗 112 个，集装箱 47 个，拉臂斗 63 个。垃圾转运站 15 座。公共厕所 271 座，其中水厕 111 座。

第一节　绿化设施

一、公园

大钊公园　坐落于唐山抗震纪念碑广场南侧，前身为人民公园，始建于 1954 年。1986 年，改扩建后称大钊公园，系游憩、娱乐、科学普及、文化教育于一体的市级综合性公园。总面积 14.8 公顷，其中绿地面积 12 公顷，绿地率 81.08%，树木 5455 株。全园以纪念中国共产党主要创始人之一、共产主义运动的先驱者李大钊为主题，设置李大钊纪念景区、水上活动区、少年活动区、老年活动区、安静休闲区。其中大钊纪念景区位于公园西部，占地 1.5 公顷。景区安放着由中央美术学院教授钱绍武设计的全国最大的李大钊半身花岗岩雕像。雕像肩宽 6.25 米，采用夸张手法，加大肩的尺寸，突出李大钊“铁肩担道义，妙手著文章”的崇高思想。全国人大常委会原委员长彭真为公园题写园名。1988 年 10 月 1

日，大钊公园正式向社会开放，游人凭票入园。

1997年7月，在大钊公园建成水族馆和其他娱乐设施。1998年，拆除大钊公园围墙，改造成可透视栏杆，安装照明灯65盏，新栽冷季型草0.7公顷，并免费向群众开放。2000年5月，唐山市与日本酒田市领导在大钊公园北侧种下一棵象征两市人民友谊的樱花树，树立两市缔结友好城市十周年纪念碑。

2003年6月15日，唐山市利用亚洲开发银行贷款1350万元，将大钊公园及抗震纪念碑广场、时代广场统一规划，整体改造，9月30日工程竣工。改造后的大钊公园以抗震纪念碑为中轴线，沿途设置小桥流水，成为以休闲为主的文化娱乐绿地。改造后的中心广场面积达到24公顷，成为河北省最大的广场绿地之一。

华新公园 该项目位于新华道与滨河路交叉口东南侧，占地14亩，计划总投资1200万元，硬质铺装面积约为3029平方米，绿化面积约5771平方米。公园建设以改善华新公园环境景观、提高周边居住品质为宗旨，以造景融入现代生态山水为理念，将新华道和绿化开放空间相结合，分为动、静片区，辅之以雕塑、坐凳、夜景灯，栽植植物有云杉、国槐、银杏、法桐、女贞、小檗等20个品种万余株，各种树种相间有序、叶色各异，突出四季变化，达到错落有致、层次分明、步移景异的效果，在公园内形成一个物种丰富、生态平衡的自然人工生态系统，为市民打造良好的户外休闲、运动自然基地。

二、园林绿地

建国园 原名新华东道绿地，位于新华东道唐山百货大楼（建国路1号楼）西侧，北邻新华道，南接建国路商业街。1993年始建，1994年春竣工并对外开放。占地0.64公顷。园区呈西小东大的“⊿”形，植有国槐、龙爪槐、法桐、油松等乔木，樱花、丁香、榆叶梅、紫荆、木槿、金银木等灌木，月季和冷季型草等，内设园林小品5个。游园中间有名为“序的永恒”的群雕，由一座主雕和4座副雕组成。主雕为一镂空不锈钢球体，呈由浅到深不规则板块，寓意大地震后的唐山按着一种崭新的秩序建设与发展。环绕主雕的是名为“和平”“爱情”“责任”“合作”的4座副雕。雕塑群由鲁迅美术学院教授设计，寓意世界是开放的，自然和社会是深邃的，人们从事各种活动，只有尊重宇宙秩序和大自然的法则，才能过上幸福美满的生活。游园西端有一座名为“醒狮”的石雕。2002年，对园内布局进行局部改造，运用“漏窗”和“框景”展现景观特色。

长城园 位于胜利路与复兴路交叉口东南侧，西对小山繁华商业区。1986年始建，1988年建成使用。占地0.36公顷。1998年进行绿化改造，修建欧式围墙270长米，长廊300平方米；播种草坪1300平方米，种植乔木44株、花灌木1300多株；设置假山、鹰石雕塑和坐凳，建有台球厅等游艺设施。

燕京楼小区游园 位于燕京楼居民小区。1982开工建设，1983年基本建成。占地0.9公顷，绿化面积7923平方米。植有五角枫、柳树、雪松、白蜡等11种乔木，丁香、黄刺玫等灌木，草坪栽植冷季型草。2002年，为满足居民健身需要，在园内安装健身器材，硬化面积由最初的1112平方米增加到7184.5平方米。2009年9月，唐山市体育局与路南区政府合力共建民心工程——唐山燕京体育健身公园，由原来的四区三场改建为八区四场一长廊，即康复区、乒乓球区、青少年区、中老年区、健身舞蹈区、儿童区、棋牌区、多功能区、门球场、篮球场、两个羽毛球场和休闲长廊，更新健身设施86件（套）。

车站路公园 原为唐山市工会绿地，1986年建设，占地0.3公顷。1988年7月，由市绿化队移交区花圃。1990年9月24日，改称车站路公园，并对其改造。当年新植乔木32株，刺玫350长米、750株，草坪1100平方米，月季750株；建花池27个，喷水池1个，灌萝架4组、32长米。改造后园内植有柳树、法桐、洋槐、白蜡、桧柏、白皮松等乔木，紫藤、榆叶梅、丁香、紫薇等灌木，花卉有月季，地被植物为野牛草。

45#游园 位于新华道以南、赵庄市场中心地带，1996年建成。占地0.32公顷。2003年，投资6.9万元对其改造，栽植乔灌木4133株、爬地柏110平方米、色块250平方米，硬化游园道路462平方米。

园中心建有雕塑，四周建数座几何图形花坛，游园内柳枝低垂，甬路两旁繁花似锦，绿草茵茵，堪为闹市中一幽静休闲之地。

丰碑园 位于唐山十中旧址，由周边大量地震废墟堆积而成。1996 年始建，工程投资 27 万元。当年建甬路 323.5 平方米，挡土墙 186 米，片石登山路 130 平方米，登山台阶及平台 46.3 平方米，安全链 100 米，山亭 1 个，竹篱 140 米，山护坡 18 平方米。占地 2.22 公顷，绿地面积 2.11 公顷，非绿化面积 0.11 公顷，绿化率 95.25%。2003 年改建为厂房。

物资园 位于复兴路区物资局北侧，由附近大量地震废墟堆积而成。始建于 1996 年。占地 0.38 公顷，绿地面积 0.35 公顷，非绿化面积 0.03 公顷，绿地率 93.2%。

文北绿地 1997 年，区园林处结合区房管局物业管理部门，对文北西楼小区进行绿化改造，建成小型游园一座，占地 0.33 公顷，绿地面积 2856 平方米。园内建围墙 203 米，建蘑菇亭 1 个、喷水池 1 个，安座椅 9 个；内配落叶树 4 株、常绿树 14 株、花灌木 1007 株，栽花 18 平方米。乔木有栾树、桧柏，地被植物为野牛草。草坪以马莲勾边，植物配置错落有致，点、线、面结合，蘑菇状石点缀其间，配以欧式栏杆，别有一番韵味。

46#假山绿地 1982 年建设，绿地面积 1600 平方米。绿地内建有 4 个花池，栽植各种花卉，用低柏树墙与建筑相隔。假山之上绿树成荫，林中燕转莺啼，成为附近居民休闲健身场所。

渤海园 位于新华西道南侧、协和医院西侧，建于 1999 年。占地 0.15 公顷。当年栽植乔灌木 11 株，色块 200 平方米，冷季型草 750 平方米。2006 年，在沿街重点绿地整治工程中，增植乔灌木 69 株，树种有栾树、玉兰、国槐、金银木，花卉月季 120 平方米。2009 年，因建渤海大厦被拆除。

青龙河绿地 位于南新道至西电桥之间，1999 年，由市、区共同投资建设。绿地面积 2.12 万平方米，栽植柳树 354 株、蜀桧 75 株、河南桧 23 株、大叶黄杨与小叶黄杨 27 株，栽野牛草 1.13 万平方米，铺播冷季型草 1.54 万平方米，铺便道板 186.72 平方米，粉刷墙面 511.89 平方米。

新华立交桥南侧绿地 位于旱桥东侧，新华东道南侧。2000 年 6—9 月建设，总投资 78.95 万元。占地 2.92 公顷。栽植乔灌木 3784 株、冷季型草 1.27 万平方米、野牛草 1.15 万平方米。

49#绿地 位于新华西道南侧，原为 49#片林，后改为绿地，1993 年始建。绿地内栽植法桐、国槐、五角枫、龙爪槐、合欢 70 株，桧柏、油松、雪松 11 株，丁香、紫薇、紫叶李、榆叶梅、海棠、红瑞木 76 株，侧柏篱 100 米。1996 年，唐山市园林局投资 2.86 万元，在绿地内栽植毛白杨 1500 株、侧柏篱 385 米、草坪 525 平方米。2000 年 4 月实施改造工程，绿地面积扩大至 2.52 万平方米。新栽植乔木 436 株、灌木 409 株、花卉 900 平方米、草坪 2.15 万平方米。主要树种有法桐、国槐、皂角、白蜡，灌木有丁香、樱花、紫叶李、大叶黄杨、红叶小檗，花卉有芙蓉、串红、万寿菊。2004 年，因修建唐人街，绿地被拆除。

2010 年唐山市路南区公共绿地一览表

表 4－14

项目 单位	总面积（公顷）	绿地面积（公顷）	非绿化面积（公顷）	植物数量（株）	绿地率（%）
小南湖	133.58	130.21	3.37	225786	97.48
纪念碑广场	5.3	2.92	2.38	330	55.09
陡河带状公园南段	14.17	13.46	0.71	15673	94.99
工会绿地	0.3	0.19	0.11	505	63.33
建国园	0.64	0.45	0.19	396	70.31

2010 年唐山市路南区公共绿地一览表

续表 4 - 14

项目 单位	总面积 （公顷）	绿地面积 （公顷）	非绿化面积 （公顷）	植物数量 （株）	绿地率 （%）
长城园	0. 36	0. 14	0. 22	73	38. 89
物资园	0. 38	0. 34	0. 04	89	89. 47
丰碑园	2. 22	2. 11	0. 11	95	95. 05
文北绿地	0. 32	0. 29	0. 03	43	90. 63
46#绿地	0. 9	0. 82	0. 08	325	91. 11
冀东烈士陵园	7. 5	5. 55	1. 95	4860	74
大钊公园	14. 8	11. 99	2. 81	5455	81. 01
49#绿地	2. 25	2	0. 25	395	88. 89
南出口绿地	6	4. 5	1. 5	412	75
青龙河南段	15	13. 4	1. 6	15695	89. 33
新华立交桥	2. 9	2. 3	0. 6	450	79. 31
大南湖	133. 16	115	18. 16	576667	86. 36
合计	339. 78	305. 67	34. 11	847249	89. 96

三、广场

抗震纪念碑广场　境内有抗震纪念碑广场 1 座，位于新华道与建设路交叉口东南部。1985 年 7 月始建，1986 年 7 月 25 日建成，占地 5. 4 公顷。1998 年年初实施广场综合改造，栽冷季型草 6. 32 万平方米；铺设电缆 4500 米，铺装管道 4600 米，安装草坪灯 124 盏、音箱 15 个；安装欧式栏杆 3800 米，铺装便道板 1600 平方米；拆除大钊公园北围墙，与纪念碑广场融为一体。改造后的广场绿化形成乔、灌、花结合，以冷季型草坪为主的疏林草地风格。同年 10 月，建成以抗震纪念碑广场为中心，包括大钊公园、时代广场、文化路绿地的唐山市中心广场，总面积 24 公顷，其中绿地面积 19 公顷。

2003 年，在保留原有格局基础上，利用亚洲开发银行贷款 1350 万元，对抗震纪念碑广场和大钊公园部分进行综合改造。在边界处增加 28 个花坛，东西两侧绿地上补栽常绿乔木，增植花灌木；广场东西轴线上，将原有水池改成涌水喷泉。改造后的纪念碑广场南侧至大钊公园的过渡空间，由广场空间、树阵空间和桥梁、甬路及湖面相连组成。广场南侧布置由 32 棵国槐组成的大型树阵，阵内设有休息空间及展示唐山陶瓷文化的石雕等。树阵南侧以过渡铁桥将山体、水面相联系，直达濒临湖面的“圆形广场”。直径 50 余米的圆形广场，采用不锈钢透雕，石雕等方式展示唐山皮影艺术。

南湖市民广场　（见南湖生态城编第 192 页）

四、庭院绿化

1981 年起，庭院绿化建设大规模展开。1990 年取得长足发展。是年，唐山卫生陶瓷厂、小山街道办事处、福星五交化商场、区城建局、唐山市人民医院、唐山市妇幼保健院、唐山市自来水公司、河北省武警三支队、中国人民解放军第二五五医院、唐山工程技术学院等单位相继开展绿化、美化工作。至

1998 年，全区庭院绿化单位达 183 家，占地 828.79 公顷，绿化覆盖面积 130.32 万平方米，绿地总面积 102.74 万平方米，绿地率达 12.40%，绿化覆盖率 15.72%。

2001 年起，组织花园式、园林式单位创建。是年，创省级花园式单位 1 个、省级园林式小区 1 个，创市级花园式单位 5 个、市级绿化先进单位 27 个。2003 年，创省级园林式单位 2 个、园林式居住小区 3 个，创市级花园式单位 4 个、绿化先进单位 6 个、绿化先进小区 12 个。全区庭院绿化单位达 204 家，占地 709.43 公顷，绿地面积 139.82 万平方米，绿地率达 19.7%。2005 年，创省级园林式单位 1 个、园林式居住小区 1 个，创市级花园式单位 2 个、绿化先进单位 2 个。同年年底，共有机关和大中型企事业单位 155 个，庭院绿化面积 302.35 公顷，有 12 个单位获省级园林式庭院称号。2010 年年底，境内有庭院绿化单位 266 个，绿地面积 945.29 公顷，绿地率 39.76%。

五、小区绿化

1990 年，由区园林处管辖绿化小区 15 个，绿化面积 12.57 公顷。共有乔木 1.64 万株、灌木 7313 株、花卉 2997.2 平方米、野牛草 1.71 万平方米、绿篱 1.1 万米，硬化面积 3.91 万平方米，绿地率 4.5%。

1991 年，在新 49#小区栽植洋槐 1214 株、柳树 624 株、侧柏 388 株、合欢 17 株、五角枫 14 株、黄栌 49 株、桧柏 68 株；大洪桥及小学附近植合欢 3 株、五角枫 7 株、黄栌 19 株；小山楼栽植蜀桧 14 株、侧柏 56 株、花灌木 305 株、藤本 2400 株，栽花 300 平方米；50#小区片林栽植柳树 640 株。文北西楼、康复村等新建小区均进行绿化。1994 年，新建友谊里片林、友谊片林、京唐片林、朝阳楼片林，栽植柳树 90 株、垂柳 441 株、火炬 550 株。1995 年，对 29#小区绿化改造，建花坛，栽植花灌木及草坪。至 1998 年，境内有生活小区 45 个，占地 434.59 公顷，绿化覆盖面积 120.91 万平方米，绿地面积 114.21 万平方米，绿地率 26.28%，绿化覆盖率 27.82%。

2007 年，对文北小区、晨光楼、达北小区、西文南、东文南、西爱国、东爱国、大业里、朝阳楼、花园楼、大洪桥楼 11 个小区整体绿化，绿化面积 5.7 万平方米。栽植乔灌木 3017 株、色块 2962 平方米、花卉 2115 平方米、草坪 1.87 万平方米，硬化 3.12 万平方米。至 2010 年，区园林处管辖的已绿化小区有 34 个，绿化面积 44.3 公顷。有乔木近 2 万株、灌木 8107 株、色块 6973 株、花卉 4.26 万平方米、冷季型草 4 万株、野牛草 7.06 万平方米，硬化面积 3.9 万平方米。

六、道路绿化

1990 年，区园林处管理道路 30 条，总长 49.48 公里，道路绿地面积 7.54 公顷。共栽植乔木 1.8 万株、灌木 507 株、绿篱 3600 长米、花卉 862.5 平方米、野牛草 1.68 万平方米。

1991 年，在增盛路、胜利路、人民道、和平路、解放路、文化北后街、风井路、复兴桥头、南新东道、友谊路、新华西道栽植行道树 2455 株，主要品种有国槐、火炬、五角枫、雪松、白皮松、桧柏、云杉、泡桐、垂柳、合欢、龙爪槐、银杏、樱花。两侧绿地栽植野牛草、红叶小檗、桧柏篱 1.46 万平方米，栽植花灌木、花卉 2.09 万株。

1998 年调换树种。在建设路行道栽植银杏 200 株，分车带栽植黄杨、桧柏 43 株，另植冷季型草坪；友谊路行道树改栽杜仲 200 株。1999 年，在南新东道（复兴路 - 外环路）、南新西道外跨绿地、国防道外跨绿地、学院路外跨绿地、复兴路南出口、永红路（车站路 - 复兴路）、西电路、新华西道、友谊路、建设南路（新华道至南新道）、建设南路贯通工程、卫国路、西电路、唐胥路路口、卫国路、唐柏路、唐胥路口，植千头椿、桧柏、馒头柳、桧柏等乔木 1.56 万株、花灌木 7.84 万株、草坪 9.51 万平方米、植物造型 366 个、色块 2070 平方米，建花池 47 个。至 2005 年年底，共有主次干道 44 条，道路总长 64.69 公里，道路绿化面积 37.24 公顷，绿地面积 5.96 公顷。共植乔木 1.44 万株、灌木 3728 株、色块 6823.3 平方米、花卉 646.34 平方米、冷季型草 3.25 万平方米、野牛草 1.88 万平方米，硬化 2327.5 平方米。

2006年，实施唐胥路两侧景观绿化工程，东起永胜加油站，西至西电路，全长3820米，绿化面积55.7万平方米，投资826万元。植树5.21万株，其中乔木2.9万株、花灌木2.31万株，苗木成活率达90%。2007年，完成16条主次干道绿化整治任务。南新道、国防道、复兴路等外跨绿地内栽植乔灌木1169株；燕新路栽植国槐、木槿、丁香、黄杨、樱花等乔木144株、灌木198株、色块468平方米，绿化面积4000平方米。

2008年11月，实施唐津高速路南段（开平—檀庄）绿化工程，栽植杨树、柳树等乔木1.98万株，绿化面积25.2万平方米。同期，唐山市外环线路南段（女织寨—曹家庄）开始绿化。栽植乔木8228株、灌木16364株、色块27922平方米、草坪7.86万平方米。品种有毛白杨、法桐、油松、西府海棠、紫叶李、白三叶、黄杨、女贞、小檗。

2010年，对205国道和京山线绿化。绿化面积10.12万平方米，投资900万元。栽植乔木5915株、灌木2.75万株、地被9390平方米。至年底，区园林处管理道路44条，道路总长66.79公里，道路绿地面积9.5公顷。栽植乔木1.77万株、灌木1.54万株、色块1.75万平方米、花卉8148平方米、冷季型草2.72万平方米、野牛草1.22万平方米，硬化面积3427.5平方米。

新华西道绿化 为唐山市中心区主干道路，全长3300米，宽51.6米，占地17.03公顷，绿化面积4.56公顷，绿化覆盖率26.75%。新华西道人行道树以毛白杨为主，间植泡桐，分车带内植国槐，间隔植侧柏球。卫国路至中心环岛（新华道与建设路交叉口）植紫叶李和小叶黄杨。为保护绿带免遭行人践踏，修建防护栏4800平方米。1998年，为解决杨柳飞絮问题，新华道行道树改植法桐。新华西道与友谊路交叉环岛，四周采用低矮花墙，成为一个独立圆形空间。岛内栽植常绿乔木，黄杨、女贞、小檗组成色带，色带中间植冷季型草1268平方米，草坪间繁花点缀，柏墙环绕，高低错落，相映成趣。2002年增设上水设施。2004年，新华道道路改造，环岛拆除。2008年对分车带进行改造，原有植物除乔木国槐外，桧柏、冷季型草全部更换，栽植黄杨、女贞色带，独干景观黄杨造型，各种花卉交替栽植，景色宜人。

友谊路绿化 为境内道路绿化样板路，全长890米，宽34.8米，占地2公顷。1990年，友谊路两侧建水刷石花池9个，花式透视墙10长米，栽植没花痴160平方米，绿化面积1350平方米。花池中栽植丰华月季4500株，池边点缀常绿树和花灌木。路两侧植桧柏篱350长米、花灌木130墩。1994年，对友谊路两侧绿地进行改造，栽植野牛草1503平方米。1995年，友谊路植草坪1000平方米，修花式墙188平方米，栽花300平方米。花池增高420米，涂封闭墙1700平方米。1998年，更换行道树，种植杜仲175株，道路两侧安装喷灌设施500米，栽植大叶黄杨320株、月季700株、串红950株，草坪播冷季型草籽。人行道上安装石凳27个。改造后的两侧绿地整体效果突出，最高的是桧柏，次之是国槐、金银木、月季、鸢尾、金娃娃等花卉，最后是冷季型草坪。次第排列，层次分明。1999年，获省级样板路称号。2010年年底，绿化面积0.87公顷，绿地率达37.18%。

2010年唐山市路南区道路绿化一览表

表4－15 单位：米、平方米

名称	道路长度	道路面积	绿化覆盖面积	绿化覆盖率
新华西道	3800	180280	43060.5	23.89%
南新西道	6360	158928	43946.2	27.65%
南新东道	2600	68000	15280	22.47%

2010 年唐山市路南区道路绿化一览表

续表 4－15　单位：米、平方米

名称	道路长度	道路面积	绿化覆盖面积	绿化覆盖率
建设南路	1500	29000	6196	21.37%
建设路南延段	1200	13030	4399.9	33.77%
友谊路	890	31004	8870	28.61%
吉祥路	6219	123338.5	33450	27.12%
复兴路	5081	130598.2	34590.8	26.49%
唐柏路	4000	72000	15524.52	21.56%
唐古路	800	28000	7140	25.50%
卫国路	1190	33320	9096.4	27.30%
文化南路	763	19075	6150.25	32.24%
车站路	4671	113883	35000	30.73%
光明路	1081	21620	5505	25.46%
大里路	1920	48000	13254	27.61%
学院路	1891	39711	11324.86	28.52%
华岩路	1890	49750	12442.5	25.01%
国防道	5690	113800	29450	25.88%
大学路	1508	30168	8245.36	27.33%
增盛路	1050	22050	5612.5	25.45%
胜利路	2966	74150	19088.5	25.74%
风井路	1201	24020	6105	25.42%
唐胥路	1671	41775	11861.5	28.39%
电厂路	1600	40000	9607	24.02%
合计	61542	1505500.7	395200.79	26.25%

七、名树古木

现存百年古树名木 7 株，品种有侧柏、银杏、皂荚、刺槐。唐山机车车辆厂院内有刺槐 3 株，权属国有。估测树龄 102 年，树高 15 米，胸围 200 厘米，长势较差已设围栏保护。女织寨乡原龙泉寺小学院内（现万科红郡小区院内）有侧柏 1 株，权属国有。树龄约 500 年，树高 15 米，胸围 300 厘米，长势一般，由唐山市恒利燃气有限公司认养，认养期限为 2008 年 4 月至 2013 年 4 月。唐山百货大楼福光线业商行院内有银杏 1 株，权属国有。树龄 112 年，树高 12 米，胸围 251 厘米，长势旺盛，设有护栏及标语牌。女织寨乡老谢庄村有皂荚1株，权属个人。树龄108年，树高10米，胸围150厘米，长势旺盛，有围栏保护。东新街小学院内有刺槐1株，权属国有。树龄126年，树高12米，胸围320厘米，长势旺盛，有围栏保护。

第二节　垃圾收集与处理设施

一、垃圾收集设施

1990年，有用于道路清扫的三轮车48辆、垃圾运输车36辆，果皮箱102个。后随城区人口不断增长，生活垃圾量逐年增加。为维护城区环境，区环卫处在发展壮大环卫队伍同时，加大资金投入，配套完善环卫设施。至2010年，全区有洒水车4辆，吸污车1辆，清扫车3辆；垃圾清运车辆达到55辆；有垃圾散点21个，垃圾池、点37个，果皮箱471个；正常运转的垃圾转运站15座。

道路清扫设施　初期主要有扫帚、铁锹和脚踏三轮车。1990年有三轮车48辆。1992年起，购置大型扫路车3台、小型清扫车2台，实现机械化清扫与人工清扫相结合。至2004年，机械清扫面积达到20.52万平方米/日。2006年，增加洒水车2辆、吸污车1辆，道路清扫面积达到174万平方米/日。2010年，有洒水车4辆，吸污车1辆，清扫车3辆。

垃圾清运设施　1990年，区环卫处有垃圾运输车36辆，其中杠车20辆，翻斗车7辆，南京嘎斯3辆，解放大翻斗4辆，河北130型车2辆，杠车垃圾斗178个。1991年，为迎接第二届全国城市运动会，解决垃圾清运中二次污染问题，将原有10个垃圾斗改造为封闭式运输斗。1993年，增加冲洗车2辆。1995年，有垃圾清运车36辆，集装箱38个，垃圾运输斗86个。2005年，垃圾清运车增至40辆，其中解放平板车5辆，拉臂式（钩式）垃圾车7辆，拉臂式（杠车）垃圾自卸车10辆，垃圾压缩车3辆，垃圾转运站配套车（集装箱车）15辆。2010年，对19个城中村垃圾集中清运。招聘司机13名，配置拉臂车12辆，垃圾运输斗57个。统一摆放环卫设施，随满随清，有效解决农村垃圾乱堆放、乱填埋问题。当年，垃圾清运车辆达到55辆，其中杠车12辆，板车7辆，拉臂车19辆，集装箱车14辆，升降车1辆；杠车垃圾斗112个，集装箱47个，拉臂斗63个。日清运垃圾量300~400吨。

垃圾转运站　1991年，始建荷花坑垃圾转运站和46#小区转运站。建筑标准为砖混结构，内墙刷涂料，外墙饰水刷石，建筑面积分别为80平方米。双箱地坑式吊架吊装，日清运总量为24吨。1992年，建成29#小区、45#小区、小山小区、22#小区、33#小区、41#小区、49#小区7个转运站。采用2箱、3箱地坑式吊架吊装，日清运总量96.5吨。1993—1998年，相继建成文北西楼、建国路、爱国里、南新道、南厂、花园街、解放路7个转运站，日清运量90吨。1999年，在双新小学、爱民里建中转站2个，为露天双箱全封闭落地式转运站，日清运量12吨。符合建设部新型设备标准，具有投资少，噪音小，节省占地，无异味，无二次污染的特点。2004年，唐山市环卫设备厂改造垃圾转运吊装设备，29#小区、45#小区、49#小区、文北西楼小区、小山垃圾转运站，开始使用改装后的单箱拉臂式垃圾挤压机、卧式垃圾挤压机。2005年，建人民道、开滦工房、双桥里、火车站、正泰里5个转运站。

2006年起，因城市道路扩建、住宅小区动迁、转运站设备老化等因素，垃圾转运站数量减少。至2010年，能正常运转的垃圾转运站共15座。

2010 年唐山市路南区垃圾转运站一览表

表 4-16 单位：平方米、吨

转运站名称	坐落位置	建筑面积	占地面积	设备类型	日清运量
荷花坑转运站	荷花坑市场南侧	80	-	双箱地坑式吊架吊装	2 箱 9 吨
46#小区转运站	燕京小区 305 楼北	80	-	双箱地坑式吊架吊装	3 箱 15 吨
29#小区转运站	29#小区热力站西侧	128.12	-	3 箱地坑式吊架吊装	4 箱 18 吨
45#小区转运站	国防北楼 507 楼西侧	128.12	-	3 箱地坑式吊架吊装	5 箱 20 吨
小山转运站	小山西楼 2 号楼西	99	-	双箱地坑式吊架吊装	3 箱 13.5 吨
22#小区转运站	长青楼 307 北	-	136.38	双箱地坑式吊架吊装	2 箱 9 吨
33#小区转运站	滦承楼 9 号楼东	-	99	双箱地坑式吊架吊装	3 箱 13.5 吨
41#小区转运站	赵庄红砖楼 15 楼东	-	99	双箱地坑式吊架吊装	3 箱 13.5 吨
49#转运站	友谊办事处北	-	99	双箱地坑式吊架吊装	2 箱 9 吨
建国路转运站	建国楼 18 楼东侧	-	99	双箱地坑式吊架吊装	3 箱 13.5 吨
文北西楼转运站	文西 2 号楼东侧	-	136.38	双箱地坑式吊架吊装	2 箱 9 吨
爱国里转运站	运输楼 2 号楼西侧	136.38	-	双箱地坑式吊架吊装	3 箱 13.5 吨
南新道转运站	九联工房三建工房 10-7 排对面	99	-	双箱地坑式吊架吊装	3 箱 13.5 吨
南厂转运站	南厂小学东侧	110	-	3 箱地坑式吊架吊装	3 箱 13.5 吨
花园街转运站	宏基袜厂东侧	128.12	-	3 箱地坑式吊架吊装	3 箱 13.5 吨
解放路转运站	宋南平房	128.12	-	3 箱地坑式吊架吊装	3 箱 13.5 吨
人民道转运站	人民道南侧	128	-	双箱推挤压式	2 箱 15 吨
开滦工房转运站	开滦工房	-	-	-	-
双桥里转运站	双桥里	-	-	-	-
火车站转运站	唐山南站	-	-	-	-
正泰里转运站	正泰小区西门	160	-	双箱推挤压式	-
双新里小学	双新里小学东侧	15	-	单箱地坑式双臂吊装	1 箱 4 吨
爱民里中转站	爱民生	30	-	单箱地坑式双臂吊装	2 箱 8 吨

二、垃圾处理

黄龙桥垃圾填埋场 1986 年，市城建局在唐胥路中段黄龙桥西侧老赵各庄村址，建设市中心区垃圾卫生填埋场。1989 年 3 月投入使用，为唐山市第一座垃圾无害化处理场。占地 9.33 公顷，投资 400 万元。最初设计垃圾无害化处理能力 300 吨/日。1996 年，投资 200 余万元扩建，垃圾无害化实际处理能力达到 800 吨/日。2005 年，拥有生产车辆 11 台，其中推土机 4 台，装卸机 2 台，翻斗 3 台，吸污车 1 台，洒水车 1 台。是年年底，场内垃圾堆积高度达 30 多米，总库容量 330 万立方米，库容量超过填埋场扩初设计能力。2008 年 4 月停止使用。后经改造成为南湖一景——凤凰台。

尖子沽垃圾填埋场 2005 年 2 月，市政府投资 1.54 亿元，在丰南区尖子沽村西 500 米处，开工建设新的垃圾卫生填埋场。新场占地 34.67 公顷，设计库容量 540 万立方米，平均日处理生活垃圾 900 吨。在市区和场区中间位置的王禾庄设立大型垃圾中转站，每天市区垃圾由清运车卸至中转站，再装垃圾压缩车运往尖子沽垃圾无害化处理场。服务范围为路南区、路北区、丰南区、开平区。2008 年 4 月正式启用。

第三节　公　厕

1990 年，有公共厕所 962 座（含厂企），其中水厕 20 座，分布在渤海影剧院、新华道农贸市场、长途汽车站、纪念碑广场等人流密集处。1995 年，公共厕所 664 座，其中水厕 34 座。1996 年，改造旱厕 33 座，维修水厕 28 座，拆除年久失修的旱厕 32 座，新增流动厕所 2 座。至 2005 年，共有公共厕所 333 座，其中水厕 48 座，流动厕所 6 座。2006 年，加大旱厕改水厕工程实施力度，改造 38 座，新建 1 座。同年底，水厕增到 116 座。2007 年起，因居民小区改造拆迁、道路扩宽，旱厕大批被拆除。至 2010 年，境内共有公共厕所 271 座，其中水厕 111 座，流动厕所 7 座。

第七章　防空防灾系统设施

1990—2010 年，坚持“平战结合、消防结合”，不断加强防空防灾安全系统设施建设，使全区各类安全系统设施始终保持良好状态。

第一节　消防与防汛设施

一、消防设施

1990 年，区消防中队有消防车 4 辆，其中干粉消防车 1 辆、泡沫消防车 1 辆、“解放”牌消防车 2 辆。1996 年，投资 132 万元，购置各类灭火器 360 份、消防水带 870 多米、水枪 19 只、灭火用具 400 多件。同年，针对公共娱乐场所消防疏散和消防通道不足，缺少应急照明、疏散指示灯等问题，整改火险隐患 6 项，一般火险隐患 460 多项，总投入 130 余万元。2004 年 3 月，消防中队配备消防车 2 辆。2006 年，市消防支队为区消防中队配备“五十铃”抢险车 1 辆，32 米消防登高车 1 辆，中型水罐车 1 辆，载水量 8 吨。至 2010 年，有消防车 5 辆，其中“东风”140 水罐消防车 1 辆、143 水罐消防车 1 辆、泡沫消防车 1 辆、斯太尔水罐消防车 1 辆、五十铃抢险救援消防车 1 辆。

二、防汛设施

陡河防汛排雨系统　陡河是贯穿唐山市区南北的一条主要河流，流经路南区新华桥至赵田庄段，全长 8.3 公里。注入陡河的雨水排泄系统主要是启新矩形沟雨水系统。从启新立交桥起，向东至新华桥南侧折向北，至华新桥排入陡河。1992 年 5 月，对陡河市区段进行综合治理。设计防洪标准达到 100 年一遇，行洪能力 600 立方米/秒。河道纵坡 1/2260，边坡 1：3，底宽 34～38 米，河底高程 13.75～11.76 米，设计水位 19.58～17.53 米，在遭遇百年一遇洪水时确保市区河道不漫溢。工程分三期，历时 4 年，总投资 3884.31 万元。工程主要项目：清除河坡滩地阻水障碍、河底清淤、两岸河坡整治护砌，河口外修建检查栅及巡河道路，整修桥梁，新建两座蓄水橡胶坝（土建部分），其中胜利桥橡胶坝坐落在区境内。通过组织力量清挖排水管线，清障挖淤，疏通排水口，维修泄水闸，护坝护坡，汛期排涝能力大幅提高。

排入青龙河雨水系统　青龙河位于区西南侧。市中心区西部的雨水除部分流入南湖外，其余全部流入青龙河。该系统原有部分排水管网为雨污合流，造成部分污水排入河道。1999年6月，实施青龙河治理工程。设计行洪标准50年一遇，最大排水流量111立方米/秒。工程项目为清淤、砌石护坡和绿化。国防道桥至西电桥河坡草皮绿化1431米，平整沿河路面720平方米，边坡栽植草坪1万平方米。西电桥下游段3000米清淤工程由区政府组织施工，工程总投资400万元，完成土石方工程量10.3万立方米（土方10万立方米，石方3000立方米），9月15日竣工。2005年，唐山市对青龙河进行治理，将青龙河市区段沿线12个排污口的污水截流和344米雨污合流管网进行雨污分流改造。改造后雨水直接排入青龙河，污水纳入污水管网。

2008年起，唐山市"环城水系改造"工程启动，引青龙河水入南湖，其中自路南区南新道桥至南湖生态城卧龙桥，全长3.5公里，以此承担防涝抗旱以及雨水、污水排放任务。

排入南湖雨水系统　2001年，启动南湖清污引流还清工程后，将增盛路雨水管道、建设南路南段雨水管道及华岩南路南段雨水管道的雨水引入南湖，形成南湖雨水系统。该系统主干管有四条：建设南路主干管（南新道—唐胥路）全长2500米，九中方沟主干管长度1320米，增盛路主干管全长1548米，大学路主干管（车站路—唐胥路）全长1477米。

旱桥、唐柏路、岳各庄排水明沟及友谊河河道　旱桥排水明沟担负着路南区东部排水的重要任务，北接新华桥泵站排水暗沟，向南收集沿线雨水后进入陡河环城水系。唐柏路排水明沟与唐柏路雨水暗沟相通，收集唐柏路及沿线村庄雨水。与友谊河交汇后西北方向进入丰南境内。岳各庄排水明沟位于老岳各庄路，路两侧各一道，每侧沟长492米，汛期承担沿线厂房雨水排水任务，向东进入南湖。友谊河河道位于路南区女织寨乡境内，起点为205国道东侧唐山不锈钢市场，向南与唐柏路排水明沟汇合后流向丰南方向，终点为路南区与丰南区交界处，全长约800米。是路南区女织寨乡东礼尚庄村、檀庄村生活排水及河道两侧厂房、仓库排水的主要通道。至2010年时，河道为土质护坡。

曹家庄小南桥　女织寨乡曹家庄是唐山市防洪滞洪区。小南桥位于路南区曹家庄南侧，所跨河流为陡河支流，桥梁为防洪闸桥，桥梁西南侧墩台上设有水闸，防止陡河河水倒灌。该桥建于1978年陡河开挖之时，1982年在东南侧桥台拼接一跨，增加一个闸门，全桥长10米，单孔跨径2米，桥面宽为4米，两侧护栏为0.2米，上部构造梁板为现浇板，下部构造桥墩为重力式扩大基础，浆砌块石墩身，桥台为重力式桥台。至2010年，桥面栏杆局部出现损坏，西北侧桥台出现裂纹，有关部门拟对该桥进行加固维修，以确保该桥的行洪泄洪能力以及行车、行人和桥台的安全。

防汛物资库　路南区防汛指挥部防汛物资库是唐山市各区唯一成规模的防汛物资大库。2007年，在路南区市政处原旱桥所内建成。建库之初，主要存放的防汛物资有：锹1390把、镐30把、木桩630条、编织袋6000条、木板124块、木排43块、油毡30捆、铅丝0.45吨。此后至2010年，对存放的编织袋、油毡、木排等易损易耗防汛物资定期更换，以保证汛期应急。

第二节　防空设施

一、人防工程

1990年，有防空地下室11处，使用面积7200平方米。早期工程有地面伪装房5处，计170平方米。1997年，《中华人民共和国人民防空法》颁布实施，人防工程纳入依法建设和监管轨道。1999年，投资

130 万元改造人防工程 1 处，2001 年 11 月竣工，2002 年 7 月 1 日投入使用，建筑面积 1203 平方米。至 2010 年年底，人防工程建设随城市规划与建设同步进行。

二、人防设备

1990 年，有防空警报器 6 台。2005 年，在新华书店安装电动警报器 1 台。2008 年，在河北理工学院更新警报器 1 台。2010 年，共有防空警报器 27 台，城区警报鸣放覆盖面达 100%。

第八章　城市建设管理

1963 年 5 月，路南区人民委员会设城建科，负责境内城市管理。1969 年 7 月，撤销城建科，其工作合并到路南区革命委员会民政组。1975 年 10 月，恢复城建科。1976 年 7 月 28 日，唐山发生强烈地震。1981 年 3 月，以路南城建科为基础成立建设分指挥部，负责全区震后复建规划、清墟、搬迁、居民自建住宅等恢复建设工作。1984 年 4 月，城建科改为城建局。1987 年 7 月，撤销区建设分指挥部，遗留工作由区城建局接管，恢复建设工作均按唐山市总体建设规划逐步完成。之后，几经撤并、恢复。至 1990 年，城建局下设人秘股、城建股、环保股，下属单位有清洁卫生管理站、市政设施管理处、园林绿化队、城管监察中队、花圃、建筑公司等。1996 年，路南区城乡建设管理局成立、重点负责唐山市建设规划在路南区的实施与监督。2010 年 12 月，根据《中共唐山市委办公厅、唐山市人民政府办公厅关于印发〈路南区人民政府机构改革方案〉的通知》，设立路南区住房和城乡建设局，承担全区住房和城乡建设管理职能。21 年间，规划、城乡建设、供电、供水、供热、供燃气等主管部门各司其职，相互协调配合，为保证城市规范有序运转做出突出贡献。

第一节　建设规划管理

1976 年“7 · 28”唐山大地震，路南区为重灾区，基础设施遭到严重破坏，且采煤区形成大面积塌陷。市政府在编制城市总体规划及分区规划时，曾对路南区有过放弃—利用—再放弃—再利用的过程。

1982 年，市委按照中共中央书记处关于“唐山恢复建设要实行收缩方针”和“利用路南”精神，重新修改《唐山市恢复建设总体规划》，同时制定出《路南区恢复建设规划》，并报中共中央获准。根据规划，在避开采煤波及区、地下断裂带的前提下，充分利用现有土地和市政设施，分散布局，合理规划；工建交企事业单位尽量就地恢复，但需进行适当调整；民用住宅因地制宜，分片建设；公用公建设施合理布局，统筹安排。区委依据重新修订的《唐山市恢复建设总体规划》和经中共中央获准的《路南区恢复建设规划》，责成区城建科适时编制复建规划详规，并按修定的复建规划组织复建。至 1986 年，经十年复建，城市建设初具规模。

1996 年，成立唐山市规划局路南区分局，专司（除城乡建设规划编制职能由市城乡规划局负责外）境内建设工程批后跟踪管理，做好非开发项目建筑工程开工验线、竣工验收等工作；负责对房地产开发项目建筑工程开工验线；负责对境内经市城乡规划局审批的工程建设项目提供基础施工、主体施工、外部装修施工等主要环节的跟踪服务和监管；对境内违法建设的监督检查；做好境内重大建设项目的规划审批及批后管理中的沟通与协调，为路南区城乡规划工作提供保障和服务。

2008－2010 年，执行工程建设项目批前公示制度，对 56 个工程项目进行批前和批后公示，对南湖购物广场等 7 个项目举行批前听证会，对开滦 16 号小区等 12 个项目违反规划审批进行建设的行为进行行政处罚。督促项目建设单位严格按规划审批要求进行建设，以维护唐山市城乡建设总体规划和区域规划在执行过程中的科学性和严肃性。

第二节　环境综合治理

一、清除乱搭乱建

1986年5月，路南区城管中队组建，负责8条主要道路、707个商业网点的市容检查。1991年起，以迎接第二届全国城市运动会、创卫生城为契机，加大清除私搭乱建力度。至1992年，共清拆违章建筑和私搭乱建11处，拆除简易房107户、469.5间，板房83户、210间，影响市容售货亭11个。

1994年，区政府相继制订下发《创建卫生城实施方案》《开展城市市容市貌达标活动的具体办法》《市容市貌综合整治通告》《开展环境卫生治理活动的通告》。有关部门出动宣传车，设立咨询站进行城市管理法律法规宣传；加强对道路两侧、居民区私搭乱建、各类摊点及三乱治理，共拆除违章建筑229间，私搭乱建2300处，纠正各类违章4540起，罚款5万余元。1996—1997年，拆除简易房228户、789间；拆除道路两侧居民区私搭乱建2336处，清理电话亭84个，收缴占道费32万元；对240个冷饮、电话亭、三修（修鞋、修锁、修车）网点规范定位。

2006年，围绕创建国家卫生城、迎接纪念唐山抗震三十周年及迎接河北省“燕赵杯”联查活动，全面提升市容市貌品位。拆除南新道北侧新天地购物广场商业房、大里路东侧开滦大酒店平房、和平路水沟沿街违章房，规范违章施工工地17处。2009年，围绕区委、区政府“打造繁荣、文明、和谐新路南”的要求，推进“百日攻坚”行动进程，拆除私搭乱建300余处，清除乱堆乱放2000余处。2010年，清除乱堆杂物505处、乱堆建筑垃圾6处，城区面貌明显改观。

二、整顿自发市场

1990年起，将自发市场、市场外溢作为重点进行综合治理。1996年，治理乱摆摊点8000余处。2001年5月，对唐柏路南出口200余家沿街商户进行治理，落实“门前三包责任制”。合理规范摊点布局，全年审批摊点373处。

2007年，与工商、公安等部门配合，对渤海早市、果品一条街等市场实施专项治理，清除乱摆乱放1050处，整治店外经营、加工、修车摊点523处，取缔流动商贩1800余人次；综合治理南出口区域环境，清除外摆陶瓷30余万件，取缔唐柏路自发市场，引导商贩进入周边市场内经营。治理市场外溢789处，店外经营179户。取缔西电路、大里路、福乐园、启新立交桥下等处自发市场。集中整治新华楼、大里路、陵园路、增盛路、增盛东街及西电路等区域，共清理露天烧烤125处，收缴烧烤炉具109套、桌椅85套，批评教育从业人员581人次。

2010年，治理果品一条街、渤海市场、水产市场、建国路市场、荷花坑市场、文化南北街市场及赵庄摊群等乱摆摊点、店外经营和市场外溢行为。共治理市场外溢1600处、店外经营379户、乱摆摊点2182处。规范新大陆、德源、永乐等水果店12家。

三、治理交通秩序

20世纪90年代末，机动车辆增加，境内路边及人行便道乱停车辆现象增多，遂将城市交通秩序治理纳入视野。1997年，划定车辆临时停车位置，确保道路畅通。2000—2002年，专项治理机动车乱轧便道现象；严格控制车站路早点摊和个体商贩经营时间；对运输散煤、废墟、散体、流体不加苫盖的车辆进行治理；集中整治南新道、车站路、复兴路等重点商业区便道停车、乱摆乱放现象；对影响交通的店外经营、乱摆乱放商户依法处罚或扣押物品，全年共收缴占道违规费30万元。

2005年，实施“门前三包、门内达标”责任制，启动垃圾袋装化、机动车入位、自行车上架管理。年内，为200多户冷饮摊配备废纸篓，在人群密集、商业网点摆放垃圾桶41个，实行垃圾定点倾倒，规范门前三包单位1945家，治理各类违规、违章案件2.1万件。2006年，规范门前三包单位1756家，清除乱摆乱放640处，整治店外经营、加工、修车摊点597处，取缔流动商贩1800余人次；向人力三轮车下发通告235份，暂扣违规车辆36辆，处罚乱停乱放车辆157辆次；治理主次干道乱停乱放车辆620余辆、自行车1300余辆次；对夜间无苫盖飘洒车辆，教育处罚车主4500余人次。

2007年，在新华道等主次干道沿线安装自行车架2400余长米，治理主次干道乱停放车辆820余辆、三轮车480余辆、自行车2100多辆次。2009年，围绕区委、区政府“打造繁荣、文明、和谐新路南”的要求，针对市容环境综合整治工作存在问题，实施重点突破。共治理夜间建筑垃圾飘洒车辆6000余辆、市场外溢3000余处、店外经营1500余户、乱摆摊点6000余处、修车摊点200余处；治理乱停乱放三轮车1000余辆、机动车2500余辆；治理校园周边流动商贩35人次、乱摆摊点128余户、市场外溢30多处。

2010年，集中治理唐古路，为农产品展销会创建良好的周边环境。出动执法人员60人次，执法车辆10余辆次。当年，治理店外经营1304处，清除乱堆杂物、建筑垃圾511处，查获乱倒垃圾车辆12台次；治理车辆飘洒2800余辆次，暂扣车辆10余辆；治理市场外溢1600处、乱摆摊点2182处。

四、规范广告牌匾

20世纪80年代，商业广告牌匾在城区出现，且规格样式自成一格，小广告随处可见，严重影响市容市貌。1990年起，将道路两侧广告牌匾整治列入日程。至1997年，共拆除广告牌匾2427块，治理乱贴乱画2887起、乱摆广告牌匾3923块。对零星商品广告、门市标志进行规范，由低档简易木牌改造成灯箱广告。2005年，拆除违规设置广告牌匾735块。

2006年，围绕创建国家卫生城、迎接纪念唐山抗震三十周年及河北省“燕赵杯”联查活动，依照《路南区市容市貌综合整治实施方案和重点任务分解表》，综合整治广告牌匾。拆除南新道沿线落地灯箱广告106块，复兴路、国防道沿线落地灯箱广告185块；全面清除沿街墙体商业广告900平方米；动员冀东烈士陵园等12家企事业单位对墙体重新粉刷；彻底整治老、破、旧广告牌匾，商户自行拆除违规广告牌匾1075块，更换老、破、旧店牌、店招582块；强制拆除广告牌417块，拆除贴墙广告195块；清除各类小广告6.3万张。

2007年，落实区委、区政府提出的“打造繁荣、文明、和谐新路南”的要求，对南新道、复兴路、小山区域、吉祥路等路段广告牌匾集中治理，取缔主次干道上落地灯箱广告，收缴外摆广告牌385块，拆除有碍观瞻广告牌320余块；粉刷、清除非法小广告15.6万余条；更换广告牌匾216块，收缴各种违规牌匾348块。拆除影响市容整体布局的唐柏路沿线广告塔10座。

2009年，拆除吉祥路、胜利路、建国路、燕新路、增盛路沿线落地灯箱广告52余块，商户自行拆除违规广告牌匾81块，拆除南新道、国防道、复兴路、站前路、吉祥路、胜利路、建国路、燕新路、增盛路等道路沿线落地灯箱广告680余块，清除各类小广告8万余张，粉刷清除卫国路、新华道、南新道等处墙体商业广告820平方米。2010年，开展“三城联创”活动，出动执法队员300余人次、执法车辆60余辆次。拆除违规广告牌匾1107块，市容市貌不断提升。

五、环境卫生清理

1990年，路南区环境卫生管理站专司全区环境卫生的清扫与清运，有职工472人，配备各种清运车辆46辆。1994年，梁家屯、女织寨乡环境卫生纳入城市管理。年内，市政管理处荷花坑管理所71人成建制划入环卫站。2000年7月，区环境卫生管理站更名为路南区环境卫生管理处。负责境内生活垃圾收集、清运、道路清扫、消毒、灭蝇、设施维护，及机关、企事业单位、店铺、摊点垃圾代运费收缴。同年，对环境卫生管理体制进行改革，将道路清扫保洁公开向社会招标，胜利路以3495元/月，南新东道以3445元/月，南新西道以3444元/月招标成功，减少清扫工人12名。

2002年，将环境卫生清扫划分为东、西两个清扫区，东区为正式工区，西区为临时工区，正式工、临时工分开作业，分级管理。2005年5月，以车站路为界，对东、西作业区的9条道路共计96万平方米的清扫保洁权向社会公开招投标。路南城环清扫保洁部以1.325元/平方米中标5条道路计50.14万平方米西部作业区，唐山市丽洁家政服务有限公司以1.27元/平方米中标4条道路计45.67万平方米东部作业区。6月1日正式交接运行。道路清扫实行市场化运作后，内部退养82人，转岗22人。2010年底，有职工273人，其中管理人员9人，专业技术人员8人，技师48人，高级工146人，中级工17人，初级工9人，普工36人；有各种环卫车辆55辆。

附：

数字网格化城市管理系统

图4－6　路南区数字网格化城市管理指挥中心（区委宣传部）

2007年1月，投资1000余万元，开始建设路南特色的网格化城市管理和市民服务系统。

该数字网格化城市管理，是将城市管理按网格细分责任，按事件、部件细分工作对象，将日常管理与临时突发事件处理紧密结合的一种全新管理方式。系统综合运用现代化信息技术，以我市数字地图和单元面积1万平方米的闭合网格划分为基础，将全区城市部件分为公共设施、交通设施、市容环境、园林绿化、房屋土地和其他6大类、85小类，建立覆盖全区的城市管理资源信息数据库，同时，将城市事件分为市政设施破损和市容环境、宣传广告、施工管理、突发事件、街区秩序5大类、33小类。通过城管监察员和“2321890”市民服务热线、政府门户网站全面获取城市部件、事件情况以及市民服务需求和舆情信息，采取“一口受理、统一调度、实时监督”的形式，对城市进行精细化监督管理。

系统包括一个综合信息平台、一套监督指挥体系，承担城市管理、市民服务、量化考核三大职能，建成“113”模式。综合信息平台集成运用网格地图、地理编码、计算机网络、数据库等多项技术，由计算机网络、GPS卫星定位手机等现代信息设备组成。监督指挥体系由区城市管理监督指挥中心和城管监察员队伍两部分组成。指挥中心下设呼叫中心和调度指挥部，负责收集、整理城市管理和市民服务工作的各类信息，并进行统一调度、指挥和答复；将140名城市监察员编成2个机动中队、一个督察中队和7个管理中队，下派到17.8平方公里建成区内的47个作业区、798个万米单元格中，负责作业区内城市部件、事件的监察与管理。高效的城市管理职能，即依托现代管理技术、高效管理体系、畅通的信息反馈渠道以及区、街、各部门互联互通、统筹协调的工作平台，使快速处置与日常管理相结合，大幅提升城市日常管理水平和城市部件、事件处理效率。便捷的市民服务职能，即借助已有的社区信息管理系统，适时开通市民服务功能，为居民提供便民利民服务。科学的量化考核职能，即系统从区域评价、部门评价和岗位评价三个方面建立一套综合绩效评价体系，对各专业部门、各街道办事处的立案数、及时办结率、重复发案率进行考核评价。

系统实行“监管合一”的工作流程。城管监察员在巡回监督过程中，对发现的城市部件破损及城市突发事件进行随机处理，对不能随机处理的通过城管向指挥中心进行报告，接线员接到报告后，对反映上报的问题进行登记受理，符合城市管理要求的进行预立案，然后将案件转至值班长，值班长立案后批转到派遣员，由派遣员根据基础地理空间数据库确认责任单位，对属于区级管辖的城管问题，协调有关部门或有关单位进行处置，并将处置结果及时反馈至指挥中心，经城管监察员核实后，对符合结案标准的进行结案，对于不符合结案标准的进行再处理。

2007 年起试运行。随系统的运行和完善，将实现与现有社区信息管理网络、公安治安巡控网络和机关公务内网四网并行、四网联动，全面提升城区管理水平和市民服务质量，为繁荣文明和谐路南建设奠定坚实基础。

第三节　绿化管理

1990 年，路南区园林绿化队负责境内园林、道路、小区绿化，并对绿化设施予以管理和维护，有职工 141 人，机械设备 8 台。是年，绿化管理实行专群结合、以群为主、条块结合、以块为主的绿化管理体制。区绿化队抽调专业人员深入至各街道办事处，加强对居民小区的绿化美化管理，定期组织检查、评比。1992 年，路南区绿化办公室与区城建局绿化股合署办公，承担对绿化队和各街道办事处绿化工作的技术指导职能。1993 年 6 月，撤销绿化队，组建园林绿化管理处。2000 年 4 月，制定、完善《路南区园林处职能部门考核办法》《个人考核细则》《养护管理标准及操作规程》《路南区园林处内部劳动管理暂行规定》，绿化管理工作步入正轨。2008 年，建立规范化、科学化、精细化绿化管理机制。根据季节变化，及时调整管理重点。成立督导考核小组，实行处、站、组三级考核，奖勤罚懒。建立个人、班组、管理站三级承包管理责任制，按绿化分布，划段分片承包。至 2010 年，全处共有职工 203 人，机械设备 22 台辆。

第四节　市政设施管理

1990 年，路南区市政设施管理处负责境内道路、桥涵、排水设施的建设和维护管理，有职工 316 人。1997 年 5 月 20 日，组建市政管理监察路南分队，依法管理市政设施。至 2010 年，机构设置有办公室、工程股、财务股、监察分队、器材设备股、刘庄管理所、新华桥管理所，共有职工 154 人。

一、道路维护

1990—2010 年，区市政设施管理处对不同类型的道路采取不同的养护质量标准，遵循道路维护养早、养小、养及时的原则，经常对道路进行养护检查和维修，发现道路有裂缝、沉陷、翻浆、骨料暴露、雨后积水问题，及时维修养护，增置检查井、收水口，以保证行车安全和道路畅通。按道路设计使用年限定期维护（水泥路面使用年限 30 ~ 60 年，沥青路面为 15 ~ 30 年）。配备市政设施巡视人员巡视检查，发现问题立即报告并及时抢修。

二、排水设施维护

1990—2010 年，排水设施维护管理重点是检查井、收水口和矩形沟。矩形沟 2 ~ 3 个月清挖 1 次，检查井周期清挖。专职巡视员对所管辖的排水设施每天巡回检查，发现堵、冒、漏、跑及时报告处理。各管理所每周自查一次，处每月联查 1 ~ 2 次，按照《市政设施管理条例》和《岗位责任制》严格要求，检查井和污水井发生跑冒事件和管线堵塞事件均按事故处理。

第五节　供水管理

一、水质监测

1990年5月，唐山市自来水公司成立水质管理科，专门负责居民饮用水的水质监测。当年起，公司先后投资数百万元购置原子吸收分光光度计、气相色谱仪、高压液相色谱仪、γ-β弱放射性测量仪、测汞仪等高精密分析仪器，加强水质检测，以满足城市居民饮用水安全。1999年，唐山市自来水公司所属河北省城市供水水质监测网唐山监测站通过省计量认证。

2007年7月，新的国家标准GB5749-2006《生活饮用水卫生标准》颁布执行，标准中规定的水质常规检测项目共42项。根据新的水质监测标准，组织检测人员参加国家级水质检测培训和企业内部培训，提高检测队伍素质。完善软、硬件检测设施设备，保证唐山监测站实验室具备新国标检测项目要求的各项条件。翌年5月，河北省城市供水水质监测网唐山监测站顺利通过省技术监督局质量认证复审。年内，监测站拥有的各类检测设备：离子色谱仪、流动注射分析仪、原子荧光光度计、原子吸收光度计、放射性测量仪、气相色谱仪、气象色谱——质谱联用仪、总有机碳分析仪、浊度仪、723分光光度计、紫外可见分光光度计、pH计、溶解氧仪、电导率仪等。为保障水质安全，在各水厂成立二级化验室，完善水质检验三级管理体系，即水质处（中心化验室），负责月水质及年度水质全分析检测；水厂化验室负责常规水质检测；班组（含在线水质仪表）负责即时检测的三级管理。

2009年1月1日起，建立常规水质检测机制。监测站重点对水质进行化验分析和监督管理，并按规定对水源水、出厂水、城市管网水定期采水化验。中心化验室对出厂水及管网末梢水每月进行一次常规42项全分析。依据GB/T14848-1993《地下水质量标准》，对在用水源井水源进行半年一次39项全分析；依据GB3838-2002《地表水环境质量标准》，对地表水源每月一次29项全分析。水厂化验室对各水厂出厂水每天进行一次常规九项（浑浊度、色度、臭和味、肉眼可见物、CODMn、余氯、细菌总数、总大肠菌群、耐热大肠菌群）检测。在管网水设固定采水点，各水厂化验室对本水厂供水区域内管网水每月常规七项（浑浊度、色度、臭和味、余氯、细菌总数、总大肠菌群、CODMn）检验两次；地表水厂每日检测铝含量。

2010年，投资300万元添置水质化验设备。至此，GB5749-2006《生活饮用水卫生标准》涉及106项水质检测项目和非常规检测44项的水质检测能力基本具备。

二、管网维护

1990年，唐山市自来水公司内设管网巡检科、测漏科及管网抢修队，承担管道运行的日常巡检，管道测漏及管网抢修。1997年，成立唐山市自来水公司110应急救助服务中心，具体负责一线供水管网爆漏的抢修。引进先进的仪器设备，加强对明、暗漏的检测，有效降低管网漏损。4月起，与管道探测检漏服务中心合作，对水厂及市区内部分管道进行漏水调查。

1998年，与河北省勘察设计研究院共同开发研究《唐山市供水管网地理信息系统》，5月份投入使用。全市地下供水管网及设施以切块图的形式收录到计算机中，可查询街道、管线、节点、闸门及消防栓等管网设施的详细资料，为管网抢修、设施维护及供水管线设计提供帮助。

1999年8月，试行与巡检人员奖惩相挂钩的巡检区域责任制，施行定人定片，分区域管理。在巡检员掌握管网现状及管网运行状况下，结合责任区域巡检员的工作负荷，确定巡检周期，即城市主干道2次/周，次干道、小区2次/月。2003年，投资50余万元引进管线测漏仪器，成立管网测漏处，实现自行检测暗漏，降低管网漏失，提高管网漏点发现及时率和管网抢修及时率。2005 年成立巡检科，确定巡检周期为 2 次/周。

2008—2010 年，制定管网及设施抢修考核办法，对“接听报修电话—调度安排—到达现场—抢修组织—完成反馈”等各个环节设定考核时限，并直接与维修费挂钩，有奖有罚。同时加强管网的更新改造，调整管网布局，缓解低压区的供水状况，提高管网运行效率，提高管道的服务压力，保证主干管管网末梢服务压力不低于 0.14 兆帕。在主要干道及各小区设置的消防栓，组织专人检修，全方位满足消防用水要求。秉承“提高管网供水安全可靠性，降低供销差率”的管理目标，科学调度，合理调整，保持供水系统压力平衡，运行合理。

三、水费收缴

1987 年 3 月，唐山市工业用水 0.324 元/立方米、商业用水 0.216 元/立方米、居民生活用水 0.13 元/立方米。1991 年 1 月工业用水调整到 0.45 元/立方米，居民生活用水调整到 0.2 元/立方米。

1995 年 7 月 29 日，唐山市引滦供水二期工程竣工投入运营。因增提陡河水库地表水等因素造成送水成本增加。1996 年 3 月 1 日调整市区水价。工业用水 0.8 元/立方米，商业用水 1.3 元/立方米，机关和事业单位用水 0.5 元/立方米，居民生活用水 0.6 元/立方米，工业原水 0.77 元/立方米。

2005 年 7 月 1 日，工业、行政事业单位水价 3.4 元/立方米，经营服务业 5.55 元/立方米，生活用水 2.70 元/立方米，2009 年 7 月 1 日，工业、行政事业、经营服务单位用水 5.84 元/立方米，生活用水 3.35 元/立方米。至 2010 年年底，经过 10 次调整，工业、行政事业、经营服务单位用水价格达到 5.84 元/立方米，生活用水 3.35 元/立方米，特种行业用水价格 26.49 元/立方米，工业原水价格 3.69 元/立方米。收费模式分为工商业用户收费模式和小区用户收费模式两类。工商业用户，每月 1—17 日，单日为工商业科抄表日，实行抄表员在表位现场人工读数抄表与红外单元无线抄表器抄表的双抄模式，双日由抄表员算账填写抄表册明细表转计财科复审，计财科复审后转营业室录入微机，营业大厅坐收员现场接受用户缴费，并即时开具票据。小区居民用户，收费模式分为传统模式和一户一表一管银行划账模式两种，即传统收费模式，由小区收费员每月定期到用户家中抄表并现场收费。小区一户一管一表银行划账模式，由用户在指定银行使用指定银行卡预存水费，小区一户一管一表抄表员每月定期现场抄表上账后交小区微机员录入数据，计财科相关人员定期到银行划账收费。

四、用水监督

1990 年起，加大依法纠正违章用水力度，严格用水管理，同时规范内部职工职业行为。2001 年 5 月 22 日，《唐山市城市供水管理条例》，经唐山市第十一届人大常委会二十二次会议通过。7 月 30 日，河北省九届人大常委会第二十二次会议批准；8 月 1 日，唐山市第十一届人大常委会公布实施。2002 年 6 月，依据《唐山市城市供水管理条例》，制订《严禁干部、职工私自对外承揽供水工程的规定》，切实加强公司对外供水工程勘察、设计及施工管理，防止出现违规、违纪问题。

2004 年，逐步完善监督机制，向社会公开《关于违章用水举报奖励实施办法》，开设举报专线；拓展 110 联动职能，供水公司稽查处与市巡警大队联合成立供水稽查中队，合力打击违规违章用水行为；加强稽查队伍建设，优化组合稽查人员，提高执法能力和素质。同年，首次运用法律手段缴欠水费 10 余万元，以物抵偿欠费 200 余万元。2006 年 1 月，重新修订《关于对打着公司旗号私揽供水工程和内外勾结偷盗水等行为从重从严处罚的规定》，遏制用水市场混乱局面。

2009 年 6 月 26 日，唐山市政府第 26 次常务会议依据《唐山市城市供水管理条例》，制订《唐山市城市供水管理条例实施细则》，《细则》自 2009 年 9 月 1 日起施行。

第六节 供电管理

辖区供电管理统一由唐山市供电公司负责。2006年6月20日，根据华北电网营销［2006］49号文《唐山供电公司营销组织机构方案的批复》，成立唐山供电公司营销处路南供电部，下辖赵庄营业站、路南营业站、果园营业站、女织寨4个营业站，具体负责中小动力及居民客户的业扩报装、电费收缴等管理工作。

一、设施维护

1989年，唐山供电公司贯彻能源部颁发的《防止电力生产重大事故的二十项重点要求》及相关标准化管理条例，制订《唐山供电公司设备检修管理标准》《唐山供电公司输电设备管理制度》《唐山供电公司大修工程管理制度》。1992年开始，设施设备检修以主变压器大修，直流系统改进、继电保护装置及二次系统更新，接地网改造为重点，坚持“精修治本”，应修必修。同时，不断改进检修方法，减少周期性检修，逐步实现经常性检修与定期检修相结合的检修机制转变，供电设施设备检修步入常态化维护轨道。

二、电费收缴

1989年起，将原安装在居民室内的电度表，全部移到室外，既方便抄表，又控制违章用电。收费程序亦由营业员到户走收、营业厅坐收逐步发展为银行储蓄、银行代收相结合的收费方式。1993年开发应用《居民用电电费储蓄微机处理系统》，电费核算全部实现计算机管理。1993年4月1日起，将煤运加价和目录电价并轨，当年居民生活电价0.22元/千瓦时。1994年，由原始的手工抄表，改为对居民用户使用抄表器抄表。是年，鼓励用户移峰填谷，实行新的峰谷电价。此后，因电力生产、电力运行成本提高，居民生活用电价格逐年攀升。1996年居民生活用电价0.26元/千瓦时，1997年居民生活用电价0.31元/千瓦时，2010年居民生活用电价0.52元/千瓦时。

三、电力监察

1990—2010年，依据电力工业部《关于安全工作的规定》《电力生产安全工作规定》《安全生产责任制》和国家电网下发的《安全生产工作规定》，建立三级安全监察网，即公司安全生产委员会、生产车间班组、安全监察处。通过安全教育、安全技能培训、安全操作、安全交接、安全检查五个环节，实施供电安全作业。坚持用电定期检查与日常检查结合，定期检查，到用电单位重点了解、掌握电力供应与安全用电情况；日常检查重点对电力设备运行、计量装置、安全保护设施、工作票、操作票执行及安全措施等进行访查，并记录在案，提出或协助解决存在的问题，保证用电单位的电力设备处于完好状态。同时，依据《中华人民共和国电力法》，加大对违法窃电的打击力度，维护正常的供电秩序。

第七节 供热管理

境内供热系统以热电联产为主，工业蒸汽和锅炉供热为辅。管道集中供热热源有：河北大唐国际唐山热电有限公司、华润赛德热电有限公司2个热源厂。进入冬季，供热单位向辖区居民住宅供热。

一、热费收缴

1990年，市属机关事业、公建单位热费交纳标准按房屋使用面积5.46元/平方米计算，市属以下民用住宅按房屋使用面积3.00元/平方米计算，交纳比例为：民用住宅个人交付三分之一，以现金方式由热力站收取，其余由单位负担，集中交付热力公司。1995年，公建单位按使用面积计价，电厂供热10.00元/平方米、锅炉供热16.50元/平方米；民用住宅按使用面积，电厂供热12.60元/平方米、锅炉供热19.80元/平方米。交费比例为民用住宅个人交付2.50元/平方米，其余由单位负担。2000年，公建单位按使用面积18.00元/平方米；民用住宅按使用面积，电厂供热20.00元/平方米、锅炉供热21.00元/平方米。交费比例为民用住宅个人交付5.50元/平方米，其余由单位负担。

2005年，公建单位按使用面积21.30元/平方米；民用住宅按使用面积，电厂供热22.00元/平方米、锅炉供热23.00元/平方米。民用住宅交费比例调整为个人全额交费，由热力公司收取。机关、企事业单位按年度给予个人热力费补贴。2010年，公建单位按使用面积32.00元/平方米；民用住宅按使用面积，电厂供热26.00元/平方米、锅炉供热27.00元/平方米。交费比例和方式未变。

二、设施维护

1990—2010年，管道供热设施由唐山市热力公司负责。供热管网设备设施的维护保养分停热检修、大修更新改造两部分。其中，停热检修于每个采暖季末期，针对冬季运行期间，主管网、庭院管网小室、居民室内、热力站设备设施运转情况，制定年度供热设备设施检修计划，历时约2个月。维护主体包括机房供热设备设施（水泵、换热器、水处理设备、自控设备、电机、配电柜、仪表、阀门）的维护保养、庭院供热设备设施（小室清理、吊支架维护、除污器、补偿器维护保养、阀门、爬梯）的维护、居民室内供热设备设施（室内管道、阀门、气片和管件）的维护。供热管网设施大修更新改造于每年夏季，根据上一采暖季管网、设备供热运行情况，对影响来年供热效果、运行中存在的安全隐患进行立项，制定大修更新改造计划。分别对供热设备、管线、附件及配套设施进行符合标准的更换或修缮；应用新技术、新工艺、新材料，对需要检修的供热设备、管线、附件及配套设施，进行较大改动，提高供热能力，延长使用寿命，降低运行成本。供热设备设施检修和供热管网、设备大修改造，遵循“保证供热运行安全、提高供热运行质量”的原则，以确保下一采暖季供热稳定运行。锅炉供热管理由区房产管理中心热力所负责。

第八节　燃气管理

唐山市燃气集团有限公司，负责向境内居民及单位供应燃气。气源有冀东油田、永唐秦管线供应的天然气、唐山佳华煤化工有限公司、唐山征楠焦化厂、新兴焦化厂供应的焦炉煤气。至2010年，已构成天然气、焦炉煤气经营，售后服务、燃气工程设计、施工安装一体的供气管理网络。

一、燃气费收缴

1990年，燃气费收缴由唐山市燃气公司派人入户定期收缴。按照唐山市价重字［1990］26号文件，民用燃气0.195元/立方米，工商业用燃气0.31元/立方米。1993年11月1日起，按照唐价重字［1993］40号文件，民用燃气0.46元/立方米，工商业用燃气0.565元/立方米。1999年6月1日起，按照唐价工字［1999］32号文件，民用燃气0.80元/立方米，工业用燃气0.90/立方米，商业用燃气1.50元/立方米。2002年11月1日起，按照唐价工字［1999］32号文件，民用燃气1.00元/立方米，工业用燃气1.00/立方米，商业用燃气1.70元/立方米。2008年，按照唐价管字［2002］21号文件，民用天然气1.90元/立方米，工商业用燃气2.30元/立方米。2009年起，陆续实行燃气充值卡，用户到燃气公司营业部交费充值，收费员入户查表刷卡。

二、设施维护

1990年起，燃气设施的维护管辖范围，以燃气进入住宅小区进口阀门为界，阀门以内归营业公司管理所维护，阀门以外归管网公司管网所维护。外网燃气设施由专人负责，每天进行巡线检查和维护保养，定期中修，抢修组负责处理突发事故；燃气储配站实行目标管理，各班组、各工种有明确的岗位责任制。定期进行巡回检查，保证储配站正常运行。2003年，对腐蚀老化严重的地下管线、阀门、凝水缸、储气罐等设施更新改造，更换29#小区腐蚀老化的管网和户内设施。2004年起，在文北、46#、爱国楼、小山楼、建国里等小区更新改造燃气输配系统。2010年，更新改造华岩路管网，且设施维护保持常态化。

第九章　环境保护

1995年5月，唐山市环境保护局路南区分局组建后，认真履行环保监察职责，强化环保执法检查力度；按照国家产业政策和要求，严把建设项目审批关；加强环境治理，通过开展“一控双达标”“节能减排”等活动，境内环境状况明显改善。至2010年，共依法检查企业1404家，下达现场监理单475份，限期整改63家，查处违法行为37起；审批项目3318个，拒批污染项目33个，建设项目“三同时”执行率为100%，建设项目新增污染物排放量为零。全区二级空气质量天数达到329天。

第一节　环境污染

一、水源污染

地表水　1990年后，陡河、青龙河由于常年接纳生活污水、工业废水、生活垃圾，水质逐年恶化。区吉祥线材厂、光华造纸厂、钢丝厂、金星化工颜料厂的酸洗、造纸等工业废水未经处理直接排入陡河，仅光华造纸厂排放的化学需氧量就占境内排放总量的95%。2005年，境内化学需氧量排放量为1332.5吨。2007年，第一次污染源普查结果，工业废水污染物化学需氧量排放量为485.01吨，氨氮排放量2.72吨，石油类排放量1.33吨，生活源污染物化学需氧量排放量1375.73吨，氨氮排放量30.86吨。2009年，唐山市环保局环境监测站监测结果，陡河女织寨断面监测点水质类别为劣V类，主要污染物为氨氮、化学需氧量。水质较差的主要原因为：地表径流较少，河流接纳的主要是沿岸的工业废水和城镇生活污水，致使水体自净能力较差。

地下水　《2003年唐山市环境质量状况公报》公布，市区地下水水质全部达到国家集中式生活饮用水标准。《2008年环境质量状况公报》公布，城市集中式饮用水源地水质稳定达标。2009年，唐山市环保局环境监测站对市区大洪桥水厂等4处地下水饮用水源地进行12次监测，水质达到集中式饮用水水源标准。《2010年环境质量状况公报》公布，城市地下水质达到集中式生活饮用水源标准。

二、大气污染

大气污染源主要来源于企业生产用燃煤锅炉、燃煤工业窑炉。1997年，有超标燃煤设施企业17家、427台（套）。2000年起，加大环保形象工程建设力度和“一控双达标”污染治理，污染加剧趋势得到有效控制。2001年，有燃煤设施1607台（套），2005年减至256台，二氧化硫排放量为892.6吨。2007

年，第一次污染源普查结果，工业废气污染物二氧化硫排放量373.84吨，烟尘排放量391.66吨；生活源污染物二氧化硫排放量181.47吨。2010年，市区环境空气中可吸入颗粒物，年均浓度值与上年同期有所上升，二氧化硫、二氧化氮两项污染物年均浓度值较上年有所下降。三项污染物年均浓度值均达到国家二级标准。

三、噪声

噪声污染主要来自道路行驶重载车、建筑工地夜间施工、工业园区少量强噪音。南新道兼作外环路，行驶的重载车密度大，噪声大，直接影响道路两侧住宅区居民夜间休息。

第二节　环境管理

一、环境监测

1990—2010年，环境监测由市环保局环境监测站负责。监测范围为市中心区及各县区，监测内容为地表水水质监测、地下水水质监测、水污染源监测、大气污染源监测、大气常规监测、城市区域环境噪声监测、建筑施工噪声监测、道路交通噪声监测等。境内有陡河女织寨地表水监测断面1个，大洪桥水厂地下水监测点1个。大气常规监测采用环境空气质量自动监测系统，境内有小山（商业区）国控监测点1个。市环保局每年发布《唐山市环境质量状况公报》，公布环境状况各类指标数据。

二、污染治理

水污染治理　1985年8月，西郊污水处理厂建成运行，服务面积12平方公里，污水处理能力为3.6万吨/日。1997年10月，东郊污水处理厂正式运营，污水处理能力15万吨/日，陡河、青龙河水污染得到控制。2000年，完成工业废水治理项目30项。2005年7月，建成西郊污水处理二厂，污水处理能力达12万吨/日。2006年，加大陡河、青龙河路南段整治力度，将3个向两河排放生活污水的排污口纳入城市污水管道。当年，钢丝厂投资70万元，对酸雾吸收塔和废水中和池进行深度治理，彻底解决群众反映多年的重点污染问题。

2007年，吉祥线材厂投资30万元对酸洗车间深度治理；光华造纸厂投资90万元对锅炉除尘和生产工艺进行改造，废水全部回用。年内，全区化学需氧量排放量为780.2吨，年削减261.72吨。2008年6月，对占全区95%化学需氧量排放的光华造纸厂重点治理，企业投资120万元改进工艺，将废水回用不外排，年减少化学需氧量719吨。同时，关停污染严重、群众反映强烈的唐山市金星化工颜料厂。是年，完成化学需氧量719吨减排任务，全年化学需氧量排放量仅为41.58吨。

2009年，配合市环城水系建设，对陡河、青龙河两侧污染源调查摸底，制定并落实环城水系整改方案。取缔向环城水系排污的10个排污口，其中取缔向青龙河排污口1个，向陡河排污口9个。唐山二中、唐钢技校、西越河村共投资510万元将排往陡河的生活污水纳入城市污水管网。

2010年，对大洪桥饮用水源地环境排查和整治，取缔唐山山城电器公司污水排水工艺，关闭唐山肠衣厂、唐山清真肉类联合加工有限公司和唐山市保温材料厂3家污染企业。是年，路南区化学需氧量排放量23.9吨，削减率达98.2%。

大气污染治理　1996年8月，国务院发布《关于环境保护若干问题的决定》，提出“一控双达标”。1997年，省政府环境保护委员会下发《关于实施“环保形象工程”解决冒黑烟问题的紧急通知》。同年9月，区政府与17家责任单位（共有427台<套>超标燃煤设施）负责人签订限期治理责任书。投资588万元，完成治理项目385项，其中窑炉10座，锅炉142台，茶炉120台，大灶113台。

1998 年起，投资 1074.8 万元，治理改造窑炉 22 项，达标率 90%；限期完成治理项目 60 家，改造燃煤设施 75 台（套）；取缔 1 吨及以下手烧燃煤炉 328 台。至 2000 年，建成区国道和省道两侧可视范围内冒黑烟问题基本解决。是年，纳入“一控双达标”企业 192 家，限期治理达标企业 98 家，取缔企业 6 家，自然停破产 58 家。治理工业窑炉 36 项、工业生产锅炉 30 项、取暖锅炉 10 项，取缔茶（浴）炉及灶类 30 台，总投资 1272 万元。

2001 年后，推进城区“退二进三”（即在产业结构调整中，缩小第二产业，发展第三产业）发展方略，推广使用燃气、燃油、电等清洁能源。先后投资 1012.41 万元，治理取缔燃煤设施 1351 台（套），其中拆除燃煤设施 720 台（套），超标燃煤锅炉 631 台（套）改用电、天然气等清洁能源；拆除工业窑炉 55 座，投资 2693.2 万元治理工业窑炉座 30 座，其中 27 座燃煤窑炉改为梭式燃气窑或煤气发生炉，3 座燃煤窑炉经治理达标排放；取缔小水泥厂 2 家、小炼铁厂 3 家；拆除小水泥厂 1 家、造纸生料制浆生产线 1 条；建华化工厂、玻璃有限公司、燕山钛铁厂等 8 家污染严重企业改为商业用地，重点污染源彻底消除。至 2005 年，全区燃煤设施减至 256 台（套）。

2006 年起，实施“节能减排计划”。先后投资 3029 万元，取缔燃煤设施 36 台，燃煤隧道窑炉改为煤气发生炉 10 座，加装脱硫除尘器 14 台；取缔 14 家污染严重企业，拆迁南湖周边小企业 200 余家。2010 年，投资 240 万元将 3 台燃煤锅炉改为清洁能源，取缔西越河小白楼等 14 家单位燃煤锅炉 17 台。同年，全区二氧化硫排放量 292.17 吨，削减率达 67.3%。二级空气质量天数达到 329 天。

噪声治理　进入 21 世纪，建立高考期间“禁止噪声”机制。此后每年中、高考期间，提前制定“禁止噪声”实施方案，组织人力配合公安、教育部门做好“禁噪”工作，为考生创造安静的复习、考试环境。2006 年，唐山市鸿基袜厂投资 3 万元治理噪声污染。同时组织环境监察人员加强对境内建筑工地夜间施工的治理，工地周边夜间噪声得到有效控制。2009 年，以市环城路开通、学院南路南延工程竣工为契机，分流重载车，使通过南新道的重载车密度降低，噪声减少。

三、环境监察

1987 年，在路南区城建局设环境监理站，负责对污染源定期或不定期抽查、检查。1995 年，对污染企业进行调查摸底，建起工业企业监察档案 225 卷，其中涉及区属企业 43 家，乡街企业 182 家。同年，唐山市环保局路南分局设置，专司环境治理与保护职责。翌年，加强重污染企业的监管力度，依法取缔污染严重的小土炼焦厂 7 个、土法炼铁厂 1 个。2003 年起，按照国家六部委和省、市政府办公厅开展《关于整顿不法排污企业保障群众健康的环保专项行动》要求，将南湖、陡河、青龙河周边饮用水水源地列为重点监察区域，建立巡查、立案、查处等制度，成立监察小组，不间断监察，发现问题及时处理。至 2010 年，共出动执法人员 3383 人次、车辆 879 辆次，下达现场监理单 475 份，检查企业 1404 家，限期整改 63 家，查处违法行为 37 起，罚款 32.5 万元。

四、项目审批

1987 年，建设项目环保审批由区城建局负责。1995 年，市环保局路南分局组建。此后，在项目审批中认真履行建设项目第一审批权的职能。规定：凡符合国家产业政策、城市总体规划布局和环境功能区划要求，符合“清洁生产”污染物排放标准，满足国家和地方规定的污染物排放总量控制指标的建设项目，均按照审批时限予以审批。凡达不到国家规定的防护距离的建设项目一律不予审批，严控污染第一关。定期与工商、土地等部门沟通联系，将所有需工商办照的项目纳入建设项目管理范围。加强对项目建设期间的监督检查和环评审批后“三同时”执行全过程的监督，杜绝“重前期审批，轻过程管理的”现象。至 2010 年 21 年间，全区共审批项目 3318 个，拒批污染项目 33 个，建设项目“三同时”执行率为 100%，建设项目新增污染物排放量为零。

第五编　南湖生态城

唐山南湖生态城，位于市中心南部，距市中心仅1公里，是唐山四大主体功能区之一，总面积105平方公里，其中核心景区28平方公里，是融自然生态、历史文化和现代文化为一体的大型城市中央生态公园。唐山南湖生态城，改造前是经过开滦130多年开采形成的采煤沉降区，垃圾成山、污水横流、杂草丛生、人迹罕至的城市疮疤和废墟地，严重影响城市环境和市民的工作和生活。1996年，市委、市政府为有效改善城市生态环境，实现可持续发展，把南部采煤沉降区综合治理项目列入市政府实事工程。1997年年初，市委、市政府确立“变劣势为优势，化腐朽为神奇”的南湖塌陷区治理方略，决定利用三年时间，将其建成集休闲、娱乐为一体的南湖公园。2008年1月，市委八届四次全会将南湖生态城列为全市“四大城市主体功能区”之一提上议程。组建南湖生态城管委会，负责南湖生态城开发建设的组织与协调。2009年2月3日（农历正月初九），市党政主要领导到南湖生态城管委会现场办公，明确南湖生态城的功能定位是：生态南湖、好玩南湖、神奇南湖、文化南湖。“五一”劳动节，南湖城市中央生态公园隆重开园迎接游客。至2010年，南湖生态城已相继建成桃花潭、龙泉湾、青龙泽、将军淀、天鹅湖、市民广场、“梦幻之光”大型水秀表演景观、丹凤朝阳、沉水廊道、凤凰台、南湖影视基地、地震遗址公园、南湖运动绿地、国家体育休闲基地、南湖紫天鹅庄、国际高尔夫俱乐部、植物园等大小景点120多个，“好玩南湖、生态南湖、神奇南湖、文化南湖”的梦想成为现实，实现变废为宝、变劣势为优势、化腐朽为神奇、由“深黑”到“蔚蓝”的历史性巨变。南湖生态城建设带动了周边区域的开发和利用，城市品位明显提升。

第一章　南部采煤沉降区

唐山南部采煤沉降区的成因，最早追溯到1878年。1878年7月24日，开平矿务局正式成立，并选定乔家屯西南部打钻探煤。井田范围由乔家屯向西南延伸。唐山煤炭采掘业历经130多年，既带动和影响中国近代工业的发展和小山繁商区的形成，又给人类社会生存环境带来灾难。截至1990年，唐山市区及周边采煤沉降区（含波及区）总面积达2.08万公顷，形成大小沉陷积水坑53个，积水总面积达2093公顷。其中南部采煤沉降区有大型塌陷积水坑11个，废弃地22平方公里，堆集的生活垃圾、建筑垃圾、粉煤灰1600万立方米，煤矸石400万立方米，50多米高的巨型垃圾山和矸石山16座。1996年，市委、市政府将治理南部采煤沉降区列入为市民办的“实事工程”。1997年年初，市委、市政府推出“变劣势为优势，化腐朽为神奇”的南湖塌陷区治理方略，决定利用三年时间进行治理修复，将其建成集休闲、娱乐为一体的南湖公园。至2000年年初，南湖公园占地面积已达500公顷，水面面积165公顷，树木80万株，野禽水鸟数十余种。2005年起，继续加强南部采煤沉降区治理修复，以彻底改变脏乱差的恶劣环境。到2006年，共清除废墟垃圾40万立方米，植树80万株，绿化面积500公顷。通过对南部采煤沉降区大规模修复改造，一处树木成荫、草坪翠绿、湖水清澈，能够为市民提供休闲、娱乐的公共场所——南湖公园呈现在世人面前。

第一节　开滦唐山矿历史追记与南部采煤沉降区形成

一、开滦唐山矿历史追记

1876年，“洋务运动”代表人物直隶总督、北洋大臣李鸿章，指派上海轮船招商局总办、候补道唐廷枢筹办开平矿务局。10月，唐廷枢带领聘请的英国矿师马立师到开平一带勘察矿务，发现开平以西15公里的乔家屯一带土法开采的煤比别处煤质高，且满地皆是。1877年9月9日，将捡回的煤块化验，证明与英国上等煤质、成色相仿。唐廷枢便向李鸿章提出开采和经费筹划等建议。9月15日，李鸿章批准唐廷枢筹办开平矿务局。筹办之初，李鸿章原打算官办，由于清政府财政困难，就改为官督商办。9月27日，唐廷枢等议定设局章程，拟集资80万两白银，分作8000股，先开一煤井，待生意兴隆再添置机器或另开新井。10月3日，李鸿章批准设局招商章程，允许筹办。

1878年6月，唐廷枢带领聘请的英人矿师巴尔和工匠到达开平，出示办矿晓谕。7月24日，开平矿务局正式成立，开始选址建矿。据传，早在明代就有人在此开采，到永乐年间已具相当规模，采掘为手工操作，设备落后。26年前曾有刘姓人氏，在此开矿，煤井较深，地下煤层极厚，均系大块高煤，只因地下泉水太急，无法解决，被迫关矿。经过反复论证比较，唐廷枢选定乔家屯西南部打钻探煤。

1879年，由国外购进钻机。当时正逢大雨连绵，使已经水运到芦台的钻机设备难以陆运到施工现场。唐廷枢亲赴芦台督运，由水路绕道港汉，循行海滩，入涧河口。后因设备大件超高，内河桥梁难过，又取道还乡河至丰润县界的泊官屯（现白官屯）起岸，辗转陆运到唐山，9月设备运齐。当月，唐廷枢会同矿师巴尔，督率机司、工匠在现开滦唐山矿1、2号井处安装钻机，共布三孔，孔距122米。10月2日开钻，几天后，穿过岩石层。10月12日钻到23.5米，始见1.2米厚煤层。钻至91.4米时，已见6煤层。为纪念开平矿务局总办唐廷枢（字景星），当时将厚0.51米的地表层命名为“景”字层，作为开钻时的标记。根据钻探结果，唐廷枢决定在钻孔处凿井建矿（因地处唐山南麓，故以山定名为唐山矿），并趁冬季购地275.3亩，占农闲雇工凿石（备来春垒砌井围之用），建砖窑、石灰窑，造洋房（洋人工程师房），筑机房、厂房、工棚等地面设施。

1880年，1号井凿到61米时，从英国订购最先进的大维式抽水机、蒸汽绞车、蒸汽扇风机、锅炉、机床以及风钻、风镐等凿井掘进设备运到矿场，并投入使用，凿井速度明显加快。到1881年年底，1号井（提煤井）凿到180米，2号井（通风、运料井）凿到81米时，开始出煤。井下巷道工程也随之进行，在井深60米、90米、150米处横开三条巷道。1884年，井下开凿长达10公里，其中有3.5公里铺设马拉铁路，掘进巷、采煤区均已全面形成。1881年，唐山矿投产，当年产煤3613吨。李鸿章认为出煤少，要求唐廷枢全面投产。1882年起，唐廷枢遵照李鸿章指令，加速生产。翌年产煤7.53万吨，1884年上升到17.92万吨，1885年达到24.13万吨。

1898年，英商C. A. 墨林勾结开平矿务局督办张翼的顾问德璀琳（德国人，天津海关税务司），密谋策划把该矿变成中外合资公司，引进英国和以比利时为代表的国际财团资本。1900年，义和团运动爆发，英国资本家趁八国联军入侵之机采用阴谋手段，将开平矿务局骗占。开平矿山丧失后，袁世凯三次参奏张翼，清政府责令张翼收回开平矿产。张翼在伦敦起诉，都以无结果而告终。

1906年，袁世凯命周学熙创办滦州煤矿，用实力进行抵制，企图达到以“滦”收“开”目的。滦州煤矿初定资本200万两，生产发展迅速，1908年出煤1.2万余吨，到1910年达到35.7万余吨。滦矿的成立，对开平矿造成直接威胁。开平矿英人在英政府和国际财团支持下，以政治和经济手段挤压滦州矿，使该矿难以维持。1912年1月，双方达成协议，签订“联合办理草合同”。1912年6月，袁世凯政府批准“联合办理正合同”。1912年7月1日，开滦矿务总局成立，始称“开滦”。据统计，开滦煤产量从1912—1913年的169万余吨，增加到1931—1932年的526万余吨，19年间，产量增加2.1倍。年利润额同期增加2.5倍。1941年，太平洋战争爆发，开滦煤矿被日本侵略者侵占。1945年8月，日本投降后不久，国民党政府将从日本侵略者手中接收的开滦资产，发还给开滦矿务总局，英人再度控制开滦。因日本帝国主义占领时期厂矿设备受到破坏；而接管后的煤矿机构庞大，人员臃肿，产销每况愈下，年有亏损。

1948年年底，中国共产党领导的人民解放军解放唐山地区，人民政府派军代表协助开滦组织生产，收购滦煤，保障职工生活，但开滦还是赔累甚巨。在此困境下，开滦英方总经理裴利耶拐款逃英。

1951年，裴利耶要求撤销其英方总经理职务。1952年4月6日，开滦中方总经理余明德以开滦"经济困难达于极点"为由，书面申请人民政府代管。1952年5月7日，政务院财政经济委员会接受余的请求，由人民政府接管开滦。

国家代管后，唐山矿便开始有计划的对1号井进行技术改造，将该井延伸到9水平，汽绞车改为电绞车，木制井架改为钢井架，罐笼改为6吨箕斗，并在井下开拓新采区。

1955年，在1号井安装使用加拿大产的MT—1200马力单电机拖动绞车，井眼延伸至-479.8米。1970年，将单电机拖动改为双电机拖动，增装国产YB—18/51—12型550KW电机，箕斗容量增至9.5吨，提升深度为-543米。

1976年"7·28"唐山大地震中，1号井遭到破坏，井架歪斜，绞车房倒塌，矿井被淹。后在辽宁抚顺矿务局协助下，于当年8月20日恢复生产。1878年至2010年，唐山矿已有130多年的开采历史，累计生产原煤2.27亿吨。开滦煤矿一直享有"中国近代煤炭工业源头""中国北方民族工业摇篮"美誉，创造出许多中国乃至亚洲的第一，而唐山矿作为开滦的主力矿井，发挥着不可替代的重要作用。

二、南部采煤沉降区形成

唐山矿位于开平煤田西北翼的西南端，地层走向为北东、南西。井田内由北向南排列的FI和FV号等主断层的走向基本与地层走向平行。此外除东部发育的FⅢ号断层以南的主向、背斜外，向西部还发育有岭子倾伏背斜等一系列褶曲构造。井田范围由市中心经西南郊延至丰南区。优越的地理位置使得唐山矿水、陆交通便利。

唐山矿是中国大陆上第一个用机械开凿、西法开采的矿井。天津的杂志《益闻录》曾这样记载唐山矿1号井的情况："唐山向有煤井一所，井口在街前，井深60余丈。井上设有货轮机器，按此井之坚牢，出煤之多，速而省工，诚中国第一佳矿也"。自唐山矿1878年开凿1号井开始，既带动和影响中国近代工业的发展，又开启小山繁商区的崛起。为唐山和全国的经济发展做出巨大贡献。

作为一座依煤而建、因钢而兴的工业城市，在收获煤炭工业创造物质财富的同时，也面临着采煤沉降区带来的严重地质和环境破坏。唐山矿经百余年大规模开采，地下煤炭逐渐采空，地质严重沉降，地下水上升，地上曾是千倾粮田的采煤区逐渐荒芜。1976年"7·28"唐山大地震，又进一步加剧了沉降区的塌陷。到1990年，唐山市区及周边采煤沉降区（含波及区）总面积达2.08万公顷，形成大小沉陷积水坑53个，积水总面积达2093公顷。

在距离市中心南侧约2公里处，位于路南区境内的南部采沉区，是唐山市最大的一片采煤沉降废弃地。长期的挖掘开采，加之地表运动，造成矿井煤炭采空，顶板降落，殃及地表。矿水上浸，形成水面塌陷坑。进而土地荒芜，蒿草没膝，浊水盈天。由于距市区较近，市内的建筑废墟、生活垃圾及电厂排放的粉煤灰也都倾倒在这里。由于荒芜，唐山人管这里叫"南大洼"，又有人称其为唐山的"龙须沟"。同年，这里有大型塌陷积水坑11个，废弃地22平方公里，堆集的生活垃圾、建筑垃圾、粉煤灰达1600万立方米，煤矸石400万立方米，违章建筑60万平方米，各种养殖棚舍25处。形成50多米高的巨型垃圾山和大大小小矸石山16座。环境恶劣，臭气熏天、蚊蝇扑面，令人触目惊心，望而却步，严重影响城市环境和人民生活。治理因采煤沉降给人类生存带来的严重灾难迫在眉睫。

第二节　南部采煤沉降区生态修复与灾害隐患点

一、南部采煤沉降区生态修复

1977 年 5 月，经国务院批准《新唐山建设总体规划》，将南部采煤塌陷地区域列入风景区规划范围。即利用开滦采煤塌陷地兴建水上活动区；利用地震废墟堆积假山，修建亭阁、水榭、码头；保留机车车辆厂铸钢车间、牛马库断裂带、十中断裂带、吉祥路行道树错位地震遗迹，供国内外专家考察；重修革命先烈邓培故居。后由于恢复建设资金、地质等原因，未组织实施。

1993 年，《唐山市城市总体规划远景设想》公布，明确“路南区位于塌陷区的住户要逐步搬迁，并同时进行地貌整治，种植花草树木”。同时，市委、市政府聘请有关专家学者就南部采煤沉降区如何治理进行周密论证和可行性研究。专家组由清华大学建筑学院周榕博士、中国风景园林学会副理事长李嘉乐、北京林业大学博士生导师唐学山教授等国内知名专家组成。中国煤科总院唐山分院完成可行性研究报告及论证工作。

1996 年，市委、市政府将治理南部采煤下沉区列入为市民办的“实事工程”之一。同年，在纪念唐山抗震救灾 20 周年之际，中共中央总书记江泽民到唐山视察，提出“要把新唐山建设的更繁荣更美好”。

1997 年年初，市委、市政府推出“变劣势为优势，化腐朽为神奇”的南湖塌陷区治理方略，决定结合城市形象建设，通过三年治理，将其建成集休闲、娱乐为一体的南湖公园，这是对“南湖公园”名称的最早提出。随即，由主管市领导任正、副指挥的“南部采煤下沉区环境建设指挥部”成立。当年 2 月 27 日下午，市党政主要领导带领市有关部门负责人，到南部塌陷地现场就进一步搞好绿化和治理进行调研论证。指示有关部门利用采煤塌陷地优势加紧搞好绿化；强调南部塌陷地治理要突出绿化，统筹规划，逐渐完善，分步实施。市委主要领导指出：搞好城市形象建设和城市管理是两个文明建设的结合点，要发动社会力量，共建共治南部塌陷区。市政府主要领导指出：第一要统筹规划，第二要突出规划，什么树便宜、生长快就种什么树，先绿起来再逐步完善，力争三年基本建成公园。市政府主要领导要求南部塌陷地绿化要以粗放性、自然性为主，充分发动社会力量参加义务植树。3 月 18 日，市委、市政府召开全市南部塌陷区绿化建设动员大会，号召全市人民迅速行动起来，打好南部塌陷区治理和绿化工程第一仗。会议对南部塌陷区一期绿化工程进行部署。此项工程位置在南新道以南，占地 86. 58 公顷，分三年完成。建设项目包括植树植草、修路和兴建休闲、娱乐景点等。动员大会的召开，标志南部塌陷区绿化建设工程正式起步。3 月 29 日，是“唐山市全民植树日”，市委、市政府、市人大、市政协领导和 2 万多军民到南湖义务植树。市委主要领导在植树现场接受《唐山劳动报日报》记者采访时说：“我市是一个重工业城市，煤炭开发很大程度促进了我市经济发展，但同时也造成大面积地表塌陷。我们要充分利用它，就会变劣势为优势，变废为宝，化腐朽为神奇。结合城市形象建设，市里决定把南部塌陷区建成集休闲、娱乐为一体的南湖公园，今天的植树绿化还仅仅是个开端。”年内，按照市委、市政府关于南湖塌陷区治理决策部署，南部采沉区治理工程全面实施。到 11 月底，共清墟 10 万立方米，填坑造田近 2 公顷，植树 2 万多株。当年起，坚持每年的 3 月份最后一个星期日，市领导都和广大市民到南部采沉区义务植树；先后涌现出机关干部的“公仆林”、共青团员的“青年林”、妇联的“巾帼林”、解放军战士的“八一林”、新婚夫妇的“结婚纪念林”等。2000 年 年初，南湖公园占地面积已达 500 公顷，水面面积 165 公顷，树木 80 万株，野禽水鸟数十余种，一座集森林风貌和水乡风光为一体的大型生态园林雏形初步展现在世人面前。5 月 19 日，国际土地复垦家、联合会主席帕拉斯到南湖公园实地考察，赞叹道：“真想不到这么美妙的地方，以前竟是下沉严重、杂草丛生的涝洼地。”

2001年，国务院副总理温家宝，考察唐山采煤下沉区综合治理项目，他对采煤下沉区的生态恢复、绿化和美化给予充分肯定。当年，南部采煤下沉区生态建设项目荣获河北省“人居环境奖”；翌年获“中国人居环境范例奖”。

2002年，加大南部采煤下沉区综合治理力度，种植乔、灌、草、花等植被，全园植树30万株，植草坪24万平方米；扩展水面37公顷，种植荷花2公顷，砌筑护坡3公里；修建湖心岛和湖心亭，开发游船娱乐项目，填坑造游艇码头350平方米；利用垃圾堆因势造型，堆积假山4万立方米，修建环山甬路，设置亭、廊、桥、石桌、石凳等园林设施；建设南湖公园东门景区8000平方米；完成硬化面积2800平方米，修园路8.6公里。南部采煤下沉区环境明显改善。2004年，被联合国授予“迪拜国际改善居住环境最佳范例奖”。

2005年，对南部采煤沉降区进一步治理修复，以彻底改变脏乱差的恶劣环境，集中清除各种垃圾和私搭乱建为重点，组织清墟、拆违攻坚战，同时开展大规模的“一人一树暨营造城市森林”活动。年内，南湖公园被建设部批准为“国家城市湿地公园”。到2006年，共清除废墟垃圾40万立方米，拆除私搭乱建14万平方米，迁移坟墓2000座，调运优质土30万立方米，覆盖粉煤灰大坑10万平方米；组织30万人次到南部采煤下沉区参加义务植树，共投资3500万元，植树80万株，绿化面积500公顷。市政府把水体改造工程列入为群众办的实事之一，先后投入资金200万元，改造管网5313米，将污水引入西郊污水处理厂集中处理，基本实现水体还清。通过对南部采煤沉降区大规模修复改造，一处树木成荫、草坪翠绿、湖水清澈，能够为市民提供休闲、娱乐的公共场所——南湖公园展现在世人面前。同年5月，南湖公园获河北省首批“五星级公园”。

二、煤炭开采引发的地质灾害隐患点

王禾庄村 位于路南区与丰南区交界处，唐胥公路南侧。根据煤科总院唐山分院鉴定结果，全村受威胁住户574户，1802人，其中Ⅰ级损害376户，Ⅱ级损害151户，Ⅲ、Ⅳ级损害47户。其中损害严重的47户已搬出避险，搬迁148人；未搬迁户527户、1654人。整个村庄定于2010年12月整体搬迁。

郑家庄村 位于唐柏路与205国道交叉的三角地，全村共510户、1800人。1988年年底始受损害。村庄的西三栋于1992年搬迁，剩余的东三栋共211户，受损188户。经煤科总院唐山分院调查，Ⅰ级损害159户，Ⅱ级损害29户。162户、452人已搬迁，26户、75人未搬迁。未搬迁的危险民房表现为雨季漏水，影响正常使用，属较轻微损害。

新铁匠庄 位于南新道东里社区平房南侧，全村共46户、179人。经煤科总院唐山分院调查鉴定，受损户5户、16人，其中2户已搬迁，1户旧房已拆除，其余2户未搬迁已避险，未搬迁人数6人。

东礼尚庄 位于唐柏路西侧，205国道北侧交叉的三角地，为1987年整体搬迁村，全村共453户、1400人。2011年4月，经煤研所鉴定，Ⅰ级损害40户，Ⅱ级损害43户，Ⅲ、Ⅳ级损害5户（个体厂房2户，个体商业房3户）。未搬迁危房表现为汛期雨季漏水，地面每年以2厘米速度下降。汛期村庄内积水严重时达13厘米左右，严重影响村民正常生活。

南新西里社区 位于南新道南侧，共222户、680人。经煤科总院唐山分院调查鉴定，受损户65户、150人，多为商联平房和公安工房。其中Ⅰ级损害48户，Ⅱ级损害11户，Ⅲ、Ⅳ级损害6户，已搬迁4户，搬迁人数13人；未搬迁60户，未搬迁人数137人。南新道小学为该隐患点避险点，设立的警示标志2块已被盗。

南新东里社区 位于南新道以南，共1111户。经煤科总院唐山分院调查鉴定，受损户33户、97人，多为城建局商业工房、物资工房、开滦直属工房。其中Ⅰ级损害16户，Ⅱ级损害5户，Ⅲ、Ⅳ级损害14户（其中开滦直属工房Ⅲ损害4户开滦鉴定）。已搬迁11户，搬迁人数31人；未搬迁23户，未搬迁人数66人。

南湖社区 位于建设南路以西，南新道南侧，共800户。经煤科总院唐山分院调查鉴定，受损户7

户、20 人，多为教育工房、开滦工程处平房。其中Ⅰ级损害 4 户，Ⅱ级损害 3 户。已搬迁 3 户，搬迁人数 9 人；未搬迁 4 户，未搬迁人数 11 人。

偏坡联合社区 位于南新道南侧，共 284 户、998 人，其中九联工房受损 20 户，燃料工房受损 48 户。

108 间木材公司 位于唐胥路南侧，南湖公园东北部，受损为西院和风井 108 间工房。经地质灾害调查，共有危房 40 户、115 间、111 人。其中木材公司 20 户、60 间、56 人，百货库 5 户、18 间、15 人，开平物资局 1 户、1 间、1 人，自建房 14 户、36 间、39 人（人在户在 17 户、45 人，人在户不在 18 户、50 人，户在人不在 5 户、16 人，已有 11 户搬到木材公司办公室）。该处房屋为砖木结构尖顶瓦房。

第二章 南湖生态城建设决策与规划

南湖生态城建设决策的形成，有其历史背景。追溯到 1976 年“7 · 28”唐山大地震。原已形成的南部采煤沉降区又因大地震，进一步加剧沉降区的塌陷。1977 年 5 月，国务院批准《新唐山建设总体规划》，将南部采煤塌陷地区域列入风景区规划范围，但因资金、地质等诸多因素未实施。1993 年，《唐山市城市总体规划远景设想》公布，明确塌陷区的住户要逐步搬迁，进行地貌整治，种植花草树木。市委、市政府聘请有关专家学者就南部采煤下沉区如何治理进行论证和可行性研究。1997 年年初，市委、市政府推出“变劣势为优势，化腐朽为神奇”的南湖塌陷区治理方略，决定利用三年治理，将其建成集休闲、娱乐为一体的南湖公园。2005 年起，对南部采煤沉降区进行治理修复，同时开展大规模的“一人一树暨营造城市森林”活动。2008 年 1 月，市委八届四次全会将南湖生态城列为全市“四大城市主体功能区”之一。2009 年 2 月，市党政主要领导到南湖生态城管委会现场办公，对南湖生态城的功能定位是：生态南湖、好玩南湖、神奇南湖、文化南湖。至此，南湖生态城建设决策最终形成。南湖生态城建设规划包括总体规划和土地、市政、交通、生态环境等规划。

第一节 决策提出与功能定位

一、决策提出

2000 年，南部采煤沉降区经大规模修复改造，初步建成一处集休闲、娱乐为一体的滨水公园，唐山人时称“小南湖公园”。但公园周围的南部采沉区内仍散落着许多小砖厂、小水泥厂，以及养猪场、养狗场、屠宰场等各类环境污染企业；采煤沉降区周边长期居住着 20 多个村（居）近 10 万居民，且住房大多是 1976 年震后恢复建设时期盖起的简易、半简易房，房屋低矮破旧，没有采暖、燃气、排污、排水、消防等基本设施，街巷狭窄杂乱，污水四溢。

2003 年，市委、市政府围绕城市发展转型的有利契机，开始组织《大南湖地区发展策略研究》工作。翌年 7 月，组织有关部门对南湖 28 平方公里范围内采煤沉降区综合利用整体规划进行评价。组织《南湖地区城市设计方案》国际公开招标，最终德国 Katz + Partner Landschaftsarchi tekten Planer 完成规划方案。《方案》在采煤塌陷区南部规划生态无人修复区；提出南湖区域的水系、土壤改善方案；对严重影响环境的垃圾山、粉煤灰场、煤矸石场提出初步治理方案及时序。

2006 年 7 月，在纪念唐山抗震救灾 30 周年之际，中共中央总书记、国家主席胡锦涛到唐山视察，殷切希望唐山牢牢把握难得机遇，充分发挥自身优势，真正把科学发展观落到实处，建设繁荣文明和谐新唐山，并要求把曹妃甸建设成科学发展示范区。11月，中共河北省第七次党代会确定建设沿海经济社会发展强省的奋斗目标，明确要求唐山要当好建设沿海经济社会发展强省的领头羊。

2007年1月，国家环保总局通报批评唐山市“违规上项目”，并对唐山市实施“区域限批”。1月26日，市委八届三次全会提出，“高能耗、高污染，大量消耗资源的路子已经行不通了”。唐山的发展明显存在“四个难以为继”（资源支撑难以为继，生态环境难以为继，经济持续增长难以为继，改善民生难以为继），明确要求：“以建设科学发展示范区为主导，大力推进资源型城市转型；抢抓新机遇，建设新唐山，在科学发展道路上实现新跨越；把唐山建设成为经济强城、文化名城、宜居靓城、滨海新城。”同时，市委、市政府组织全市人民献计献策，听取市民呼声，通过“政府市民互动决策模式”吸纳群众意见近3万条；专门委托国家地震局、煤炭科学总院唐山分院、河北水文第四大队等专门机构，对南部采煤沉降区的地质构造进行分析研究，采集地质数据4万多个，经过缜密论证，得出结论，即南部采煤塌陷区大部分区域正处于地表下沉的稳定期，坚实而牢固，具备开发建设条件。科学的论证，彻底打破采煤塌陷地不能被开发利用的误区与禁锢。4月，路南区委、区政府结合科学发展观学习教育活动，邀请以中科院首席科学家牛文元教授为组长的专家组，对“环南湖生态经济圈”进行论证，确立“开发大南湖、建设新路南、五年再造一个新路南”的发展战略；结合大南湖生态建设，参与国家发改委实施的煤炭工业城市采煤塌陷区综合治理，构建环南湖休闲经济带。

2008年1月，市委八届四次全会提出：加速资源型城市转型，建设滨海新城、南湖生态城、凤凰新城、空港城“四大城市主体功能区”。整合南部采煤沉降区及其周边地区，开发建设南湖生态城，将其建设成为老城区改造的靓点、资源型城市转型的典范、生态重建的旗帜和生态型示范新城。3月1日上午，南湖生态城扩湖工程开工仪式隆重举行。当日，开始对原南湖公园进行大规模的改扩建，改扩建后的南湖公园全称为唐山南湖城市中央生态公园（唐山人民习惯将原南湖公园称为“小南湖”，将扩建后的南湖城市中央生态公园称为“大南湖”）。经过改扩建，南湖城市中央生态公园总体规划面积30平方公里。公园内有山、岛、湖、亭、廊等观光景点。湖水来自天然降水、地下水、城市中水以及环城水系的引水，水域面积11.5平方公里。南湖城市中央生态公园融自然生态、历史文化和现代文化为一体，与周围大小景点遥相呼应，浑然一体，共同扮靓南湖生态城。

2009年3月，世界展览局批准唐山南湖生态城作为城市生态建设特殊案例，参加2010年上海世博会以其他形式展示8天。4月29日，南湖城市中央生态公园正式开园。“五一”期间，接待游客30万人，创下当时接待游客最高纪录。6月19日下午，正在唐山考察工作的国务院温家宝总理，兴致勃勃来到南湖城市中央生态公园参观，见湖面宽阔、绿树成荫、沿湖景观怡人，温家宝总理高兴地与游人亲切聊天。他说，“无论是应对国际金融危机，还是进一步发展经济，我们的目的只有一个，就是要让人民群众过上好生活。”7月，联合国人居署授予中国唐山南湖生态城《HBA·中国范例卓越贡献最佳奖》；10月，南湖城市中央生态公园被中国生态文化协会授予首批“全国生态文化示范基地”称号；12月，被国家旅游局批准为国家AAAA级景区。

2010年1月，南湖生态城被国家体育总局命名为“国家体育休闲示范区”；5月，作为河北省“城市最佳实践区”唯一案例参展上海世博会。10月，中国（国际）体育发展论坛在南京举行颁奖典礼，唐山市南湖城市中央生态公园获评“2010年度中国最佳城市中央公园”。同月，中国（国际）休闲发展论坛组委会、求是《小康》杂志社授予唐山市南湖生态公园为“中国最佳休闲中央公园”。10月6日，在韩国顺天市举行的国际园艺生产者协会第62届年会上，唐山市获得2016年世界园艺博览会的承办权。承办地设在南湖生态城，这是世界园艺博览会首次利用采煤沉降地，在不占用一分耕地的情况下举办的世界园艺博览会。

二、功能定位

2008年1月3日，市委主要领导在市委八届四次会议上提出：“南湖生态城功能区，要以建设在国内享有较高知名度和美誉度的休闲度假胜地、文化创意园区为目标，抓紧启动拓展湖面、建设环城水系，加快地震遗址公园、唐山国家矿山公园、运动绿地和环湖景观建设，努力打造独具特色的城市品牌。”3月1日，市委、市政府举行南湖生态城扩湖工程启动仪式，市政府主要领导在启动仪式讲话时指出：“南湖生态城的建设集中体现了生态、文化、经济等多方面的重要价值，一定要围绕建成在国内有较高知名度和美誉度的休闲度假胜地、文化创业园区目标，高起点、大手笔规划建设。要瞄准世界一流水平，聘请国际一流的专业机构参与南湖生态城的规划设计，全面展开南湖生态城整体规划和水系、生态园林、湿地保护、产业、历史文化等专项规划编制，抓紧做好南湖生态风景区全部道路的规划设计，确保环湖景观大道今年投入使用。要按照创最快速度、最短时间、最佳质量和最佳效果的要求，加快推进扩湖工程，搞好湖面和湖区综合利用的规划设计，切实把工程建设与高新技术产业和现代服务业发展紧密结合起来，促进我市资源型城市转型和产业结构调整，切实把工程建设与群众休闲旅游项目开发有机结合起来，让广大群众更好地亲近绿水、享受自然。要加快推进国家矿山公园、近代工业博物馆、地震遗址公园、唐山诗墙、接待中心等重点项目建设，力争早日完工。要组织开展春季绿化大会战，发动全市各县（市）区、各大企事业单位和全体党员干部积极参与南湖地区植树造林、景观绿化，明确任务，落实责任，迅速掀起全民会战的高潮。”

2009年2月3日，市党政主要领导到南湖生态城管委会现场办公，进一步提出：“把南湖开发建设好，唐山就会拥有城市之魂，就会拥有一双亮晶晶的眼睛；把南湖开发建设好，就会彻底改善城市生态环境，就会很大程度上降低污染、增加绿色；把南湖开发建设好，就会拓展城市空间，增加城市人口，提高城市化率；把南湖开发建设好，就会彻底改变城市形象，提升城市品位。”“要全力把南湖打造成世界一流的城市中央生态公园，打造成全国闻名的‘华北水城’，把南湖建成‘好玩南湖、生态南湖、神奇南湖、文化南湖’，为全市人民造福。”6月11日，在南湖生态城建设现场办公会上，市委主要领导提出：“我们要攥紧拳头，乘势而上，迅速掀起南湖生态城开发建设的新高潮。一是要把南湖生态城的开发建设作为城镇面貌三年大变样的‘一号工程’。南湖生态城的开发建设，关系到城市新目标的实现，是建设科学发展示范区、建设人民群众幸福之都、建设凤凰涅槃生态城市的关键。南湖生态城的开发建设，关系到城市规模的扩张，是主城区增加150万人口、南湖区域承接70万人口的关键。南湖生态城的开发建设，关系到城市功能的完善，是完善城市生态功能、休闲度假功能和高端产业聚集功能的关键。南湖生态城的开发建设，关系到城市新格局的调整和完善，是形成‘双核’两带城市格局的关键。因此，南湖生态城开发建设关系全局，关系唐山的长远发展，我们要集中力量、集中精力、集中时间打一场开发建设的攻坚战。二是要以更大的气魄、更高的水准、更严的要求，把南湖生态城打造成国际知名、国内一流的生态城市。要努力把南湖生态城建成生态创意之城，大力发展文化和工业创意产业。要建成生态科技之城，大力发展IT产业、LED产业和机器人产业等高新技术产业。要建成生态休闲之城，大力发展以京津为主要市场的旅游、度假等高端服务产业。要建成生态健康之城，大力发展生命健康产业和生物产业。”

2010年2月22日，市委主要领导在南湖生态城建设现场办公会上再次指出：“要以更高的起点、更大的气魄、更快的速度加快开发建设进程，举全市之力，把南湖打造成唐山人民魂牵梦绕的幸福家园，打造成世人心驰神往的旅游胜地。要进一步完善功能定位。要按照建设‘生态南湖’的目标，逐步完善内部的生态系统、水系统、植物系统、新能源系统，提升生态建设的档次和水平；要按照建设‘好玩南湖’的目标，把国家体育休闲示范基地的文章做足，进一步扩大基地范围，加快提升基地知名度；要按照建设‘神奇南湖’的目标，抓紧建设南湖展馆，通过多种表现形式向世人展示南湖的历史变迁；要按照建设‘文化南湖’的目标，把精心设计与广泛引进紧密结合起来，着力增加南湖的文化内涵，使南湖真正成为城市之魂。”概括起来，南湖生态城的功能定位是：集生态南湖、好玩南湖、神奇南湖、文化南湖为一体的唐山人民魂牵梦绕的幸福家园、世人心驰神往的旅游胜地。

第二节　规　　划

一、总体规划

2008年年初，经过竞标，确定美国龙安建筑规划设计顾问有限公司、德国意厦国际设计集团、北京清华城市规划设计研究院、北京澳斯派克景观规划设计顾问有限公司4家国际顶级规划机构，为南湖生态城编制规划蓝图。到2010年，4家规划设计公司共完成南湖生态城概念性总体规划设计及起步区城市设计、西北片区控制性详细规划、东北片区控制性详细规划等各项规划9项，音乐喷泉、夜景亮化等景观设计20项，南湖扩湖、地震遗址公园、青龙河拓宽改造等重点工程设计27项。

按照总体规划，南湖生态城占地面积105平方公里，包括核心景观区、西北片区、东南片区、205国道以南片区、丰南片区等五个片区。其规划建设用地分属路南、路北、开平和丰南四个行政区域，其中，西南片区是重点发展区域，东南片区以老城区改造为主，丰南片区以调整产业结构、优化生态环境为主，205国道以南片区为规划远景发展控制区域。

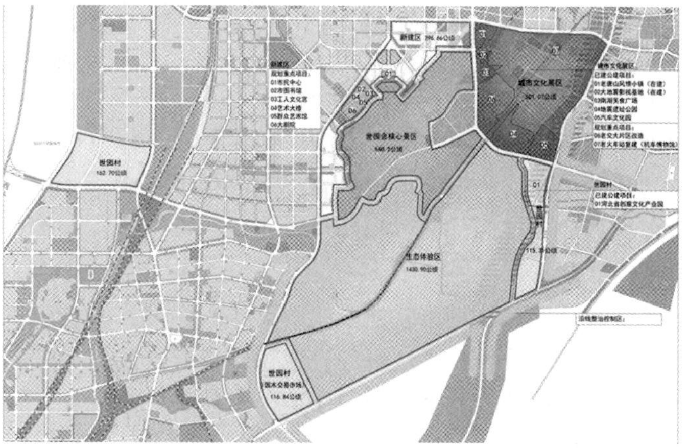

图5－1　南湖生态城规划图　（唐山南湖生态城）

生态城核心景观区面积30平方公里，南湖城市中央生态公园、地震遗址公园、南湖运动绿地、国家体育休闲基地、南湖紫天鹅庄、凤凰台、植物园、影视基地、唐山风情小镇、南湖美食城等景观和建筑设施坐落于此。这里是优先发展区域，主要以“好玩南湖、神奇南湖、生态南湖、文化南湖”为功能定位，通过实施生态修复、景观绿化、湖面拓展和历史文化遗产挖掘等一系列生态化改造和文化建设项目，打造全国最大的城市中央生态公园，建设世界一流的休闲旅游度假胜地，以此拓展城市发展空间，延续城市文脉，提高城市宜居度，带动周边片区土地升值和城市开发。

二、专项规划

专项规划主要体现为土地、市政基础设施、道路交通、生态修复等方面的规划和整合，坚持生态、可持续发展理念。

土地规划　根据南湖生态城资源条件、生态城功能定位、生态城与市中心城区之间关系以及区域产业培育和产业选择，提出规划期内生态城适宜的人口及各项用地发展规模，确定生态城建设与发展用地的功能分区、大的空间布局和土地开发模式与要求。充分挖掘该区域的文化内涵（近代工业），提出保护与利用的措施，把土地开发与文化发展、生态修复融合在一起。规划出居住用地、工业用地、文化创意用地、公共设施用地（行政办公、商业金融、文化娱乐、体育、医疗卫生、教育科研）、仓储用地、道路广场用地、公共绿地、生产防护绿地、公园用地以及公共设施用地。其中绿地面积占21%，居住用地面积占30%以上，公共设施用地为17%。土地规划用地体现生态化、可持续，以节约用地、保护土地资源为主。

市政规划　总体规划将南湖生态城与市中心区的交通以及现有道路节点做出衔接规划。根据现有路网结构，在生态城内建立方便、快捷、安全的交通网络。根据生态城的要求，确定给水、排水、供电、燃气、供热、通讯等城市主要基础设施的规划布局；参照国内外生态城市建设标准，给出南湖生态城基础设施的建设标准，符合防灾减灾等城市安全发展要求。

交通规划　南湖生态城道路交通规划，设九条纵向主干道向北连接建成区和东南组团，向南与唐曹、唐滨、唐港等高速公路相接；加强南湖生态城与建成区、滨海新城、曹妃甸等地的联系。四条横向主干道加强南湖生态城与丰南西组团间的联系。将生态城规划道路分为高速路、城市主干道、城市次干道、城市支路四级，环湖形成景观游览道路。在现有基础上适当增加道路密度，形成层次分明、疏密有度、等级结构清晰的路网系统，最大化保证道路系统整体效益最优。规划倡导优先发展公共交通，倡导鼓励自行车交通，着力构建绿色能源公共交通体系与步行、自行车慢行体系相结合的绿色交通系统。

发展城市公交系统，优化和整合各种不同的公共交通方式，采用快速公交（BRT）、大型公交（大站快车）与常规公交三种形式相结合的方式，公交体系与土地使用、城市密度结合，以公交线路网络化为标准，构建完善的公共交通体系，实现各节点间快速通达。同时应力求各交通方式间的无间隙转乘(Seamless Transfer)，缩短通勤时间，提高交通效率。

道路交通规划设计 BRT 快速公交系统。体系从城市整体结构出发，设于城市主要交通性主干道上，站点结合主要城市职能节点设置，提高交通效率，实现城市各功能组团间的快速通达，快速公交的服务范围为 800～1500 米。设计的大型公交是介于快速公交与常规公交之间的一种较为快速的交通方式，以大型公交线路网的形式构建南湖区域的常规公交主干网。大型公交服务于南湖区域，以大站快车的形式实现各功能片区职能节点间的快速通达。大站快车的辐射范围为 800～1500 米，方便与快速公交的无间隙换乘。

常规公交系统则以公交线路网络化为标准，所有建筑物都在离公交路线 500 米范围之内，步行交通距离为 5～10 分钟，生活服务设施建在步行可及的地方；公交辐射距离依周边用地及市民交通需求而有所不同，形成疏密有度、非匀质的公交体系。

生态城设置高密度的慢行系统，环绕整个地区设计步行、自行车道，串连大部分居住、产业和公共设施，并与网络状的绿色生态体系融为一体。根据行人步行的半径设置驻留空间，形成人们出行、步游、交往、运动的主要空间，打造绿色健康的生活方式。按人步行 3 分钟 240 米为基本单位塑造城市肌理，形成城市建设区内部的公共空间框架。按人步行 10 分钟 800 米为城市功能组团的舒适尺度，形成组团间大型公共开放空间的结构。按自行车出行 10 分钟 2500 米为城市片区的最大规模，形成生态廊道与城市空间交错的基本格局。

生态环境规划　总体规划对南湖生态城的生态体系建设，提出以生态修复为主的发展思路，结合南湖生态城已有的采沉区废弃地、垃圾山、地下水资源以及周边生态资源条件，确定南湖生态城与城市生态体系协调、可持续发展格局。从城市生态角度，确定城市中央生态公园及周边区域园林景观、绿地系统、湖河等水资源系统的总体布局，把生态景观与城市环境保护有机整合，推动城市的生态发展。

三、分区规划

小南湖主题休闲娱乐旅游区　位于规划区西北部，以已建的小南湖公园为基础，东至建设南路，西邻学院南路，南至唐胥路，北临南新西道。南侧将绿地景观功能进一步拓展，北侧依托其景观资源和北部毗邻城市的区位资源，布局城市观光、休闲和商业文化功能。小南湖主题旅游区内有由垃圾山变成生态山的凤凰台，有由塌陷区变成生态湖的龙泉湾、桃花潭。此片区域是整个景区地理上的中心地区，亦是体现景区由废墟地变成绿色环保生态主题的核心区。区内生态环境优良、服务设施齐全。丰富景观，增设主题性景观小品、设施、项目等；增加游人参与内容，让游人在观光游览的同时能够游玩、品味、休闲、增知；重点突出南湖工业转型、科学发展、凤凰涅槃的生态文化特色主题。重点项目有游客中心、儿童乐园、桃花潭、植物园、市民广场、龙泉湾、云凤岛、白鹭码头、凤凰台等。

大南湖滨水休闲旅游区　位于大南湖公园中南部，东至岳各庄大街，西临唐南路，南至京山铁路，北至唐胥路，总面积10.7平方公里。通过对塌陷区的治理，营造湿地生态系统，提高其生物多样性水平，形成生态修复、滨水生态休闲、现代娱乐休闲体验、宗教朝觐等休闲旅游区。本区交通便捷、水资源丰富，青龙泽为南湖最大湖区，其西南部植被茂盛，绿树成荫，生态环境优良。可依托生态资源优势，重点建设水上航模俱乐部、宿营地、露天影院、商业影视基地、奇石园、大观园等项目，定期举办南湖音乐节、南湖航模比赛等节事活动，营造热烈浓郁的现代都市娱乐环境氛围。加强水资源（湿地）保护，沿湖进行美化改造，丰富植被绿化，乔木、灌木、水生植被合理搭配，引进、培育一批珍稀水生物种等，营造碧波荡漾、鸟语花香的生态环境。加强龙泉寺周围的植被绿化工作，种植松柏等乔木，隔音、隔离、美化环境，营造庄严的环境氛围，减少城市交通等对寺庙的影响。重点项目有青龙泽、香茗岛、邀月岛、含烟渡、将军淀、龙泉寺、大观园、奇石园、宿营地、露天电影院、商业影视基地等。

南湖生态城体育休闲示范区　按照规划，南湖生态城核心区将规划建设一个21平方公里集专业运动、大众休闲、自然生态于一体的唐山“人文生态”示范型体育休闲基地。规划范围东至唐柏路，南至205国道，西至学院路南段，区域紧邻205国道，青龙河水系贯穿规划用地西部区域，并向西进入唐津运河。该项目由北京清华城市规划设计研究院设计，突出“户外运动”“自然生态”的特点，按功能划分12个区域，囊括30个运动休闲大项。12个功能区域，分别为：极限运动区、赛马马术区、温泉茶博区、开心农场区、水上娱乐区、野战拓展区、综合商业区、入口广场区、运动场地区、山地运动区、山地休闲区及海世界。在区域内因地制宜规划设计专业的极限运动、水上运动以及户外运动场地，以满足开展大型运动赛事的需求。同时，设置大众型户外运动场地（如足球场、篮球场等），增加健步道系统，增设体育商业、餐饮、卡丁车俱乐部、航空俱乐部等附属设施，以打造供全民健身休闲的体育运动乐园。每个区域高度重视生态效应，景观结构主要沿规划区域内主水面形成景观轴线，主要景观节点位于轴线及其两侧，次要景观节点则由滨河景观带串联，通过叠山理水，形成亲近自然的山水格局。

按照规划，南湖生态城体育休闲示范区分两期进行建设：一期已基本建成，包括小南湖公园、南湖城市中央生态公园、运动绿地以及为体育休闲提供综合服务的紫天鹅庄。二期用地为运动绿地商务休闲度假区，规划面积6.56平方公里。位于大南湖滨水休闲旅游区东南部，东至唐柏路，西临花园路，南至205国道，北至京山铁路。该区域为运动休闲度假、商务休闲度假、娱乐体验、商务会议等休闲度假区。重点项目有国家体育休闲示范园、高尔夫俱乐部、开心农场、CS基地、文化创意产业园等。区域植被茂盛，环境清幽。项目主要以运动、商务休闲为主，其四周由陡河生态渠、京山线、205国道合围而成，具有较好的隔离作用。未来做足生态文章，做好休闲产品，体现“生态文化”主题；加快国家体育休闲示范园等项目建设，完善餐饮、购物、娱乐等服务设施，打造独具特色的都市生态型运动商务休闲度假区。

历史文化观光体验区　位于规划区中部，东至车站路、吉祥街，西至建设南路，南至岳各庄大街，北至南新东道，面积2.3平方公里。依托和整理现存历史文化资源如地震遗址、雕塑公园、交大纪念园、南湖服务中心、唐山矿矿井公园，并以新的文化、艺术功能融合上述区域，使之形成有机整体。通过建设路引导，注入城市活力；通过抗震文化观光体验、近代工业历史文化体验、民俗风情娱乐体验等观光游览项目，使历史文化功能区成为整个南湖地区的核心和灵魂。该区域文化底蕴深厚，融近代工业文化、历史民俗文化、抗震文化于一体，是南湖向游客展示唐山文化的重点区域和南湖文化核心元素区。利用唐山机车车辆厂旧址、京山铁路等工业遗存，开发建设机车博物馆、观光小火车等项目，向游客展示中国机车事业从起步到高速发展的历史进程，再现唐山（南湖）辉煌的近代工业历史；增加反映工业文化的景观小品；完善地震遗址公园接待服务设施，突出抗震防灾科普主题，以深度式体验旅游为开发理念，将传统的观光游与地震科普防灾体验游相结合，综合打造融地震人文关怀、地震遗址观光、抗震科普教育于一体的地震主题公园。重点项目有唐山地震遗址公园、机车博物馆等。

生态景观区周边区域规划　西北片区规划，东起南湖中央生态公园西侧学院南路，南至唐胥路，北临南新道，西至西外环，规划总面积10平方公里。“十一五”期间，为重点发展片区。规划总建筑面积

810 万平方米，扣除商业、公共服务设施建筑面积 15% 左右，住宅建筑总量为 688 万平方米，可容纳约 5.7 万户，17 万人左右。此规划范围，未来将成为城市西部地区的繁华地带，成为唐山世博园门户，唐山旅游疗养度假基地，唐山临湖景观高尚住宅社区，和谐社会村庄改造示范社区。东南片区规划 东南片区，为市老城区，基础设施相对完善，建设改造重点是进行城市更新，完善城市功能。该区域范围为 12.21 平方公里，规划住宅面积 475 万平方米，总人口 10.8 万人。

第三章　南湖生态城配套设施建设

南湖生态城的配套设施建设先于景观建设。2008 年 2 月底起，开始进行南湖生态城核心生态风景区扩湖、植绿工程拆违拆迁。同步进行道路、桥涵、照明、给排水等基础设施建设，以及南湖西北片区回迁安置项目建设，为南湖生态城全面开发创造环境。2010 年，南湖西北片区拆违拆迁、南湖迎宾大道绿化拆迁、影视基地中心拆迁改造等项目陆续结束，以解决被拆迁地居民住房相配套的住宅建设也相继起步。

第一节　核心生态风景区拆违拆迁

2008 年 2 月底起，路南区城市建设办公室开始进行南湖生态城核心生态风景区扩湖、植绿工程拆违拆迁。3 月，市委、市政府启动地震遗址纪念公园拆违拆迁，涉及各类企业及住宅户 67 家，总建筑面积 10.6 万平方米。其中工业园区涉及企业 21 家，钢材市场涉及企业 35 家，居民住宅 11 户，4 月 13 日全部拆除完毕，总拆除面积 10.6 万平方米；共外运龙门吊 37 座，外运储存钢材 130 万吨，倒运设备 220 吨位，外运装饰加工石材 5050 立方米，外运废墟 12.5 万立方米。历经两个月，于 4 月 30 日完成占地 28 平方公里的南湖生态城核心生态风景区扩湖、植绿工程拆违拆迁任务。拆迁共涉及生态城内企业 171 家，养殖户 118 家，16 个村庄村民 310 户，34 个植绿地块上的私搭乱建 162 家，迁移坟墓 3600 余座。共拆除各类建筑物、构筑物 51 万平方米。南湖扩湖工程，重点对采煤沉降形成的部分塌陷积水水域、周边粉煤灰池、煤矸石场及周边废弃地进行整治、挖掘，将湖面扩至 11.5 平方公里。

图 5－2　核心景区拆违拆迁　（区委宣传部）

2009 年，按照市委、市政府统一部署和市城建办《关于下达小南湖西侧扩湖植绿房屋拆迁任务的通知》要求，路南区密切配合，协调联动，夜以继日开展拆违拆迁，利用 12 天时间完成小南湖西侧扩湖植绿房屋拆违拆迁任务。累计拆除地上建筑物、构筑物面积 3.5 万平方米，确保 4 月 28 日前彻底拆清，为“五一”南湖正式开园创造条件。是年，按市领导现场办公要求，路南区对大南湖南侧扩湖植绿房屋进行拆除。拆迁涉及女织寨乡郑家庄养殖户 9 家，新袁庄 2 家，企业 1 家，拆除建筑物面积 5.1 万平方米。9 月，为改善南湖生态城环境，迎接“曹妃甸论坛”召开，对南湖区域现有烟囱进行拆除。区政府领导亲临现场指挥调度，区城建办、女织寨乡政府、区综合执法大队第六大队等相关部门迅速行动，不怕苦，不怕累，克服拆迁中的诸多困难，于 9 月 17 日圆满完成市达拆迁任务。10 月，启动南湖生态城西北片区19个村（居）拆违拆迁。该片区面积7.9平方公里，涉及19个村（居）8275户、23078人，需迁移1.5万座坟莹，拆迁住房建筑面积74.42万平方米，非住宅建筑面积29.86万平方米。此次拆迁范围广，困难和压力前所未有。市、区、乡、村四级联动，社会各界全面动员，迅速集结两级指挥部、28个工作组、1000多人的工作队伍，形成拆迁改造、推进南湖生态城建设强大合力。到2010年3月，拆迁工作基本结束。通过实施南湖西北片区拆迁，置换出建设用地666.67公顷。同年，还先后完成外环线及南湖迎宾大道绿化拆迁、南湖水系与津唐运河水系贯通、影视基地中心等项目的拆迁改造。

第二节　市政设施建设

一、道路

涉及南湖生态城建设的主、次干线主要有：建设南路、唐胥路、西电路、学院南路、双艾路、环城线南路、南新道、迎宾大道、大学道、郑各庄道、赵各庄道、惠民道等路线。

环城公路南环线路南段　位于原唐胥公路风井至胥各庄段，西与丰南区相接，经岳各庄路至复兴路交叉口，东至开平区界。在风井西至黄龙桥西路段建成上、下行路，为唐山市环城公路南环线。2006年开工建设，2007年竣工通车。境域公路长度15公里。

学院南路　学院南路北起南新道，南至唐胥路，全长4380米，红线宽40米，车行道每侧宽10米，中间4米绿带，依次每侧1.5米绿带，自行车道3米，绿带1.5米，人行道2米。2008年9月，进行拓宽改造，拓宽工程总投资1889.86万元。12底完工。

建设南路　北自新华道十字路口，南至唐胥路。1978年始建，1985年向南建至南新道，建成时道路长度900米。道路为“三板四带式”结构，红线宽度50米，其中机动车道15~18米，慢车道宽7米，两侧人行道各7米。1999年3月，实施建设南路南延工程，北起南新道，南至增盛南路，全长1231.7米，由市财政投资950万元。由于路段地处采煤塌陷区，修建时在填平水坑基础上，面层采用连锁砖铺成。工程由区城建局组织，市城市基础建设开发总公司施工。同年10月竣工。2003年6月，再次实施建设南路南延工程，北起增盛南路，南至唐胥路，全长818米，道路红线50米，为沥青混凝土路面。市财政投资2153万元，市政建设总公司中标施工。是年9月竣工。2007年，市政府实施“三年大变样”工程，改建建设南路。取消慢车道和分车绿化带，建成双向八车道。自南新道起，至唐胥路，分成机动车、慢车道，中间以绿化带分隔，全长2949.7米。距南新道口50米处，建成“丹凤朝阳”铁铸景观一组，与南湖市民广场大型“丹凤朝阳”铁铸雕塑遥相呼应。

南新道　按照唐山市城市总体规划，南新道西起站前路，东至吉祥路，全长9146米。1981—1985年，修建西起站前路东至建设路段，全长4810米，道路红线宽度32米。由于煤建公司储煤场和开滦修配厂占压规划路面，震后复建时期一直未能打通。1993年4月，实施南新道贯通一期工程，西起建设路，东至车站路，全长1645米。由市政府投资640万元，市政建设总公司承建。当年10月竣工。1998年4月，二期工程开工，西起复兴路，东至吉祥路段，全长1200米，红线宽度30米，路宽21米。由市政府投资800万元，市政建设总公司承建。当年8月竣工。2000年4月，三期工程开工，西起车站路，东至复兴路。包括拓宽翻修路面，车行道由12米拓宽为16米；拆除永红双孔地道桥，拓宽为32米三孔立交桥，行人与车辆、机动车与非机动车分道行驶。工程由市政府投资4677.6万元，道路部分由市政建设总公司施工，桥箱涵洞由北京铁通工程公司施工。2001年2月竣工。南新道全线贯通，道路总长9146米。

环湖路　2008年下半年投资5000余万元建设环湖景观路，7月开工，11月完工，全长9.898公里。2009年3—8月，先后进行环湖路与小南湖连线施工，施工长度1.006公里；环湖路二期及扩湖施工，环湖路 2.788 公里。到 2010 年年底，环湖路主线与支线通行里程达到 13.792 公里。

二、桥涵

南湖生态城境域共有西电路桥、岳各庄铁路地道桥、建设南路桥、开滦大白井桥（管涵）、开滦大白井桥（方涵）共 5 座桥涵。

三、照明

南湖公园主入口广场景观亮化照明　2009 年 3 月，由唐山市建设集团有限责任公司承担南湖公园主入口广场景观工程时，一并实施公园主入口广场景观亮化照明工程，11 月完工。工程总投资 169.48 万元，共安装草坪灯 137 套，洗墙灯 300 套，投光灯 826 套，LED 灯 204 套，流星灯 1975 米，泛光灯 362 套，景观灯 31 套，高杆灯 6 套，半圆吸顶灯 4 套，电光源 882 套。

小南湖景观照明　2009 年年初开始施工建设，10 月竣工。按照规划设计要求，小南湖景观照明主要安装 14 类灯型，其中草坪灯 97 套，洗墙灯 172 套，壁式灯 128 套（壁式单投灯 110 套，壁式双投灯 18 套），地埋灯 203 套，流星灯 1975 米，点光灯 882 套，水下投光灯 237 套，LED 数码管灯 204 套，LED 灯带 22 米，泛光灯 360 套，投光灯 59 套，庭院灯 9 套，瓦楞投光灯 120 套，景观灯 18 套，太阳能照明路灯 106 杆。

南湖中央城市生态公园（大南湖）夜景亮化　2009 年 9 月开工建设，11 月完工。工程位于南湖公园园区内，分为北区（第一标段）、南区（第二标段）。其中，北区（第一标段）包括儿童乐园、亲水平台、云凤岛、码头、环湖一周等五部分区域。浙江新欣电器工程有限公司、江苏省建设集团有限公司分别承担一标段、二标段施工。工程总投资约 280 万元，共安装草坪灯 233 套，LED 灯 6071 套，庭院灯 279 套，激光灯 4 套，地埋灯 94 套，照明灯 24 套，小品荷叶灯 4 套，小品灯 140 套，点光源 4878 套，夜明珠 1 套，凤凰灯 5 套，泛光灯 258 套，落雨灯 8 套。南区包括凤凰台及其附近水景、绿化，雪松半岛、酒岛及茶岛、鱼岛、环湖路绿化，桥梁及微地形等景观节点。共安装投光灯 5074 套，探照灯 9 套，灭蚊灯 10 套，LED 灯 4686 套，草坪灯 613 套，地埋灯 10 套，庭院灯 66 套。另有太阳能照明路灯 300 杆。

国宾馆周边区域景观照明　由浙江杭州中元照明工程有限公司中标施工，工程投资 86 万元。2010 年 9 月 25 日开工，12 月底完工。共安装投光灯 2258 套，庭院灯 236 套，电光源灯 843 套，洗墙灯 544 套，LED 七彩灯 160 套，景观桃树灯 79 套，风车灯 79 套，小路灯 22 套，装饰灯 310 套。

第三节　服务设施建设

一、餐饮设施

2008 年起，按南湖生态城建设规划，加快餐饮住宿服务设施建设步伐，南湖休闲美食广场、南湖大酒店、南湖紫天鹅庄维景国际酒店、唐山曹妃甸紫天鹅庄国际酒店、丽景湾国际酒店等餐饮业陆续竣工开业。同时，在生态城园区桃花潭、龙泉湾、青龙泽等主要旅游场地设置餐饮服务点 8 个，满足不同游客消费需求。

二、售卖与歇息设施

在南湖生态城园内共设售卖商亭 37 个，每个商亭为统一规模的木屋，木屋占地 10 平方米。售卖亭主要以食品饮料、旅游纪念品、摄影摄像、游船游乐售票等为主。售卖亭实行承包经营。全园按景点规模，布置木质连体固定休闲座椅 273 套。

三、公共交通

2007 年起，在公园东门外建设南路东、西两侧修建公交车停靠站，市公交总公司增加游 1 路、D01 路（双层游览车）、66 路、83 路等公交线路。调整古冶、丰润、丰南、开平以及路南、路北 2 个中心区通往南湖公园的公交线路；在园区内设 7 个观光游览电动车候车厅，方便国内外游客到南湖观光游览。

四、健身路径

在南湖生态城泡桐林地、市民广场等处建有健身路径。配备的健身器材，有儿童滑梯、儿童压板、天梯、转腰器、仰卧起坐器，太极揉推器、攀登器、蹬力训练器、组合攀高架、伸腰器、椭圆机、滚筒、棋牌桌、两联漫步机、健骑机、双位浪板、立式腰背按摩器、压腿架、坐蹬器、双人手臂支撑器、举重架、坐推器等。

第四节　生态环境建设

一、生态环境治理

2008 年，启动采沉区地表及建筑变形监测系统安装工程。投资 300 万元，在南湖区域选定监测点，安装监测系统，对地表沉降、建（构）筑物高程和水平位移进行实时监测，发现问题及时反应，快速处理，确保南湖蓄水安全、建筑安全。实施刘庄煤矿竖井回填工程。总投资 2500 万元，通过对立井井筒内注浆，形成阻水稳定塞，为南湖生态城周边地质安全和开滦矿安全生产提供保障。加强南湖水质综合治理。投资 1000 万元，组织专业人员对湖面飘浮物进行打捞、清除，栽植芦苇、水葫芦等水生植物，打通各侧湖区，加强水循环及适量补水，实施生态防治和物理净化治理措施，净化水质。聘请上海市政工程设计研究院专家对南湖水质进行综合论证，为水质综合治理提供科学依据。聘请中规院编制南湖生态城生态指标体系，涵盖新能源开发利用、水处理及利用、绿化生态、绿色建筑、信息系统、公用设施等生态城市建设各个方面，科学指导南湖生态城规划建设。

2009 年 3 月，实施南湖与环城水系、津唐运河水系贯通工程（路南段）。工程涉及人工开挖渠道（南湖生态渠）6.384 公里，陡河下游胜利桥至唐津高速路间天然河道配套整治 4.956 公里。5 月 28 日水下主体工程全线贯通；5 月 29 日试通水成功；6 月 2 日开始向南湖试供水，一期工程为南湖补充生态水源 500 万立方米。到翌年初，工程共完成渠道开挖 6.4 公里，建成枕式钢筋混凝土结构橡胶坝、引水闸涵各 1 座，穿越 205 国道和唐柏路埋管涵洞 2 座，穿越京山铁路和开滦内部铁路倒虹吸 2 座，穿学警路、高尔夫球场交通桥 3 座，引水渠末端出水口门 1 座。完成工程总投资近 4 亿元。

2010 年，组织实施南湖与津唐运河水系贯通工程征地拆迁，涉及路南段 2.3 公里。4 月 20 日，完成拆除王禾庄、程各庄范围内地上建筑物非住宅 63 户，建筑面积 8.47 万平方米，腾出土地 8.47 公顷。“五一”前实现南湖与津唐运河通水。

二、景区绿化

2008 年开始，以南湖生态圈绿化和景区内部景观提升为重点，先后完成南湖扩湖绿化、凤凰台绿化、野花组合、桃花潭桃树栽植、凤凰台增加绿量、大型苗木栽植、体育休闲基地冬枣树移栽、南湖公园主路口景观提升、玉兰园景观绿化、引水渠景观绿化等生态绿化工程，绿化景观明显提升。野花组合项目，播种面积近 10 万平方米，施肥、除草、补播、浇水等养护工作全部完成。桃花潭栽植碧桃 370

棵。凤凰台增加绿量，栽植地被植物2.1万平方米、乔灌木365株。栽植大型法桐、银杏、白皮松38株。体育休闲基地移栽冬枣树8500株。南湖公园主路口景观提升，补栽荷花2300平方米。玉兰园景观绿化，栽植玉兰200株，草坪220平方米。引水渠景观绿化，栽植乔灌木2529株。迎宾馆区域绿化，栽植地被植物5.7万平方米。南湖生态圈绿化，具备施工条件区域栽植任务全面完成，栽植乔灌木15.4万株，地被植物11.8万平方米。至2010年年底，共投资2.15亿元，栽植乔灌木120余万株，生态城绿化总面积达19.5平方公里。

第四章　南湖生态城景观建设

南湖生态城原为开滦唐山矿采煤塌陷地，垃圾成山，污水横流、杂草丛生，是人迹罕至的城市疮疤和废墟地。经过开发建设，已成为融自然生态、历史文化和现代文化为一体的大型城市中央生态公园和生态景观区。公园内有桃花潭、龙泉湾、青龙泽、将军淀、天鹅湖、市民广场、“梦幻之光”大型水秀表演景观、丹凤朝阳、沉水廊道、凤凰台、南湖影视基地、地震遗址公园、南湖运动绿地、国家体育休闲基地、南湖紫天鹅庄、国际高尔夫俱乐部、植物园等大小景点120多个。“好玩南湖、生态南湖、神奇南湖、文化南湖”准确概括了南湖的特色。湖水、绿地、城市森林、花草组合成天然的生态景观。置身优美的意境中，如江南水乡，烟波如幻，任人遐想。

第一节　南湖公园东门景观

一、儿童垂钓区

南湖公园东门位居建设南路以西，与南湖公园公交汽车站停车场相对呼应。从南湖公园东门进入，正对大门约100米处，是长16米、高4米、重160吨的天然巨石，上刻李铎题写的“唐山南湖公园”6个大字。东门南侧为占地1.67公顷的水塘。水塘于2009年5月建成，名为“儿童垂钓区”，塘内碧波荡漾，水中游动着观赏鱼，儿童在大人看护下在此钓鱼、喂鱼，是孩子们亲水近鱼的乐园。

二、水上碰碰船乐园

儿童垂钓区的南岸是水上碰碰船乐园，15条碰碰船靠码头一字并排摆放，游客可于此租船在水上玩耍。水上碰碰船乐园于2011年4月建成。西侧是公园观光游览车始发站点，配有48辆电瓶充电式电动观光游览车，往返于景区各观光站点。

三、体育健身公园

观光车始发站点西北侧建有体育健身公园，占地1500平方米，园内设有各种体育健身器材。每天在此锻炼身体的人络绎不绝。

四、荷花塘

儿童垂钓区北侧，隔路相望是一处占地1公顷水塘，水塘内种有荷花、芦苇草。入夏后，荷花怒放，迎来众多游客驻足观赏。

第二节　桃花潭与龙泉湾

一、桃花潭

桃花潭是原小南湖公园的第一大湖，位于小南湖中心地带。东距建设南路500米，东南紧靠植物园，西南与龙泉湾相隔400米，北邻桃花潭北路，南起桃花潭南路。由市政府投资580万元，对沉降区内200多个塌陷坑经过清污引流、扩湖改造形成，亦是南湖起步区的第一个湖面。水面面积160公顷。2000年，桃花潭 与小南湖公园同时落成。其名桃花潭，取意唐朝李白《赠汪伦》诗句“桃花潭水深千尺，不及汪伦送我情”。寓意唐山人民对全国人民在唐山抗震救灾中无私支援的感恩之情，以此铭记那段特殊的历史。湖面上种植芦苇、菖蒲、睡莲等水生植物，既美化水体又净化水质。湖南岸莲藕型的不锈钢体雕塑寓意人与自然和谐相处，提示游人要保护和关爱大自然。

二、龙泉湾

龙泉湾东距桃花潭约400米，北岸紧邻市民广场，南岸至唐胥公路。四周为龙泉湾南路、龙泉湾北路、龙泉湾东路、龙泉湾西路。西岸设有白鹭码头毗邻凤凰台。湖水面积相当于两个桃花潭。因其西侧曾建有龙泉寺而得名。

戏岛　龙泉湾湖内建有云凤岛，即戏岛，岛上建有清音阁、永盛戏院和云凤亭。在岛上可以唱戏、观戏，欣赏富有唐山浓郁地方特色的“冀东三枝花”表演。湖泊岸边应用生态护岸，护岸材料是木桩；道路两侧路灯采用太阳能照明，体现节能环保。

白鹭码头　白鹭码头置于龙泉湾西岸、凤凰台脚下东侧，于2009年建成。码头设有漂浮桶码头和充气活动码头。充气活动码头为蓝色和橘红色相间，造型时尚。码头停靠电瓶船30艘，各类脚踏船76艘，大画舫2艘，中画舫1艘，小画舫10艘以及水上独轮车、碰碰船、水上双轮车等，供游人娱乐。站在码头边，可边欣赏夕阳西沉，边听水面浪声舒缓，令人流连忘返。

清音阁　清音阁位于龙泉湾中云凤岛（戏岛）之巅，取唐代诗人李商隐《韩冬郎即席为诗相送》“桐花万里丹山路，雏凤清于老凤声”之意，以期盼凤凰涅磐的新唐山“青出于蓝而胜于蓝”。清音阁为多檐四角攒尖式木结构建筑，平面呈方形，高13.9米，分上中下三层，中间设楼梯以连通。上部采用灰色瓦顶，简洁素雅，更具园林建筑风格。阁四周遍植松柏，苍劲挺拔，郁郁葱葱，势如屏障。清音阁给人的美感，不仅在于建筑本身，还可俯瞰广袤水域及无限壮丽的景色。可谓“落霞与孤鹜齐飞，秋水共长天一色。”在这种空间的美感中，更包含一种人生感：“天高地迥，觉宇宙之无穷；兴尽悲来，识盈虚之有数。”

永盛戏园　清宣统元年（1909年）永盛茶园在小山落成，首接成兆才等人“庆春平腔班”公演。后经成兆才等人衍革创新，在“唐山落子”基础上创造并诞生出评剧，评剧逐渐成为国内最具影响力的地方剧种之一，成兆才亦被人们称为“评剧之父”“戏圣”，永盛茶园也被业内公认为“是一方催生评剧出世的沃土”。1976年，原永盛茶园在地震中震毁。云凤岛永盛戏园即为纪念评剧之诞生而复建。戏园长47.1米，宽24.9米，以木构为主，沿袭古代戏园样式，采取院落式布置，并与自然环境紧密结合。戏园共三进院。全部木制结构，园内房屋为唐风大式做法，均设斗拱，精致华美。其中第一进为古朴的入口大门；第二进为室内剧场，内有戏台、后台、看席，建筑构架复杂，室内空间高敞；第三进为传统式的室外戏台，设看廊、后台和戏台。其中，歇山式正方三面观戏台结构最是复杂、玲珑。戏园以听戏为主，配以茶座，备以点心，供人消闲。观众席分室内茶座和室外散座两种。可容纳50~70人观看，以此满足不同时下人们需求。室外散座，机动灵活，能与戏台上的演员亲近、互动；而室内剧场演出则不受天气、昼夜变化影响，有着现代剧场的优越性。戏院于2009年12月建成。

云凤亭 立于云凤岛半山腰处，为纪念南湖绝地化美寰而建，望后来者“遵道而行，但到半途须努力；会心不远，欲登绝顶莫辞劳”。云凤亭为四角攒尖式方亭，高5米，周长16.8米，占地17.6平方米。亭立于云凤岛半山腰处，正可谓“半山亭，停半山，婷婷立半山”。亭与周围景物融为一体，观之、赏之，能解人疲乏，获得山水清音的爽意和感悟。

第三节　青龙泽

地处南湖生态城核心风景区南部，北靠唐胥路，南至京山铁路，东起青龙泽环湖东路，西邻青龙泽环湖西路，距西电路500米。因青龙河水经环城水系在此流入聚集而得名，喻意青龙恩泽于民。青龙泽的水主要来自天然降水、地下渗水、西郊污水处理厂处理过的中水，以及青龙河和陡河引来的水。青龙泽水面面积达11.5平方公里，湖内分布着邀月岛、香茗岛、锦鳞岛等岛屿。

一、邀月岛

位于青龙泽西北部，2009年建成。从青龙泽北路邀月岛入口处前行100米即可登上小岛。邀月岛为酒岛，取“举杯邀明月”诗意，含酒岛之实。岛屿建有木屋酒店，约800平方米，设有贵宾厅、全景式晾台。在岛上可以品味源远流长的酒文化，观赏南湖美丽的水上景色。

二、香茗岛

位于青龙泽西部，邀月岛南侧。入口处在青龙泽西路正中，穿过香茗岛七孔桥，拾级而上便可登上小岛。邀月岛周边水面宽广、幽静，岛上建有茶楼、茶文化馆，面积100平方米，供游人饮茶休闲。香茗岛其名取义“品茶悟禅，茶禅一理”，含茶岛之意，在岛上可以品位茶文化，欣赏南湖美景。

三、锦鳞岛

位于青龙泽东南岸，与将军淀沉水廊道隔青龙泽南路相连，与湖滨广场隔湖面南北相望。一座尚未开发的小岛，岛上自然生长着灌木丛、十几棵柳树，远远望去，就像一条在水中飘荡的船。取名锦鳞岛，乃取义范仲淹《岳阳楼记》“沙鸥翔集，锦鳞游泳”之句。锦鳞，乃美丽的鱼儿，故称为“锦鳞岛”。可以在鱼岛上闻鱼、赏鱼、钓鱼、食鱼、知鱼之乐趣。

四、湖滨广场及游船码头

位于青龙泽北岸，邀月岛东侧，依湖岸而建。广场面积近1000平方米，建有小型停车场、小商品售货亭。东北侧湖边建有放生台。湖滨广场东侧有游船码头。

五、翔翎岛

为青龙泽湖面上的原生态小岛，名叫翔翎岛，取义杜甫《彭衙行》“何当有翅翎，飞去堕尔前”。是野生鸟类栖息地，吸引红嘴鸥、白腰草鹬等100多种野生鸟类到此聚集。由于湖中水面上涨，至2010年，岛上面积约100平方米。

第四节　将军淀与天鹅湖

一、将军淀

位于青龙泽南侧，于青龙泽南路、将军淀北路而建，两湖水域经青龙泽三孔桥底相联一体，湖水面积近100公顷，2010年扩湖而成。此处曾是将军坨村原址，为保留原地名，故称“将军淀”。含烟渡位于将军淀内，出自李白《长相思》中“日色欲尽花含烟，月明欲来愁不眠”。译为：春日的一个黄昏，日色将尽，夜幕降临，花瓣上也似乎含着缕缕烟雾。将“含烟”用于湖名之中寓意湖面水气升腾，薄雾如绢，好似人间仙境般亦真亦幻。

二、天鹅湖

位于“大南湖”西南侧，将军淀西侧，隔将军淀西路而建。在天鹅湖约5.33公顷水面上，栖息着数百只天鹅、大雁、鸳鸯等水鸟。为帮助禽鸟在此安家落户，在湖中央4个孤岛分别建起天鹅、大雁、鸳鸯、野鸭等木屋，为他们繁衍生息提供空间。

第五节　“南湖四桥”

2010年2月，开始建设南湖景区4座景观桥，8月上旬投入使用，分别由河北通阳路桥有限公司、唐山市古冶区市政工程处承建，总投资900多万元。4座景观桥梁分别位于南湖生态城的云凤岛、香茗岛、邀月岛和锦鳞岛与湖岸连接处。

一、云凤岛九孔桥

全长118.11米，桥梁总宽10米，车行道7米，两侧人行道宽度1.2米，两侧栏杆带宽度0.3米。

二、香茗岛七孔桥

全长88.6米，桥梁总宽10米，车行道7米，两侧人行道宽度1.2米，两侧栏杆带宽度0.3米。

图5-3　南湖三孔桥　（区委宣传部）

三、邀月岛三孔桥

全长36米，桥梁总宽7米，车行道4米，两侧人行道宽度1.2米，两侧栏杆带宽度0.3米。

四、锦鳞岛三孔桥

全长34.7米，桥梁总宽7米，车行道4米，两侧人行道宽度1.2米，两侧栏杆带宽度0.3米。

第六节　市民广场

一、广场

坐落于南湖生态城环湖北路，原刘庄煤矿旧址以西，广场南北长315米、东西宽195米，面积6.2万平方米，以集会、休闲、文化、演出、观赏为主要功能，是唐山市最大的市民广场。广场西侧设有健身器材和休闲椅。广场西北侧正在建设商务会展中心、市民文化中心以及大剧院、图书馆、档案馆等。

二、丹凤朝阳

唐山十大标志性建筑之一，座落在南湖城市中央生态公园市民广场中央，由著名艺术家、雕塑家、美术家韩美林设计。雕塑名称取自周代《诗经．大雅．卷阿》："凤凰鸣矣，于彼高冈。梧桐生矣，于彼朝阳。"比喻贤才逢明时，寓意震后唐山在党中央和全国各族兄弟姐妹的深切关怀及大力支持下，犹如浴火重生之凤凰，用勤劳和智慧，谱写城市发展新篇章。也意寓唐山"浴火重生"，飞向幸福、吉祥、光明、美好的明天。"丹凤朝阳"雕塑分为基座和铜雕两部分，总高度70米。其中基座净高9.23米，由高向低分为三层，内层为圆形，外面两层为方形结构。八面狮子矗立在雕塑四个方向，威震四方，福瑞祥褑。铜雕部分净高60.77米，重447吨，由山西宇达集团青铜雕塑制造企业铸造而成。铜雕中间部位为球形，寓意"太阳"，上下两部分为两组"凤凰"。凤凰的形象栩栩如生，在八尊狮子的拱卫下，铜雕高耸入云，形成独特的审美效果和视觉冲击力。为确保雕塑主体美观坚固，铜雕内部从基座至球型太阳，设计为混凝土内钢结构，以增加承载力。球的内部设置预埋钢板，作为上部分凤凰的"安装基础"，以有效承接上部压力。铜雕在铸造厂预装好后，分块运输到现场进行安装施工。安装时采用分块拼接的办法进行现场焊接，最后进行表面修饰着色。"丹凤朝阳"总投资8500万元人民币。

图5－4　丹凤朝阳　（区委宣传部）

在大型主题雕塑"丹凤朝阳"基座北侧镶刻《丹凤朝阳铭》。《丹凤朝阳铭》撰文由唐山市青年作家崔孟金创作完成。崔孟金应市文联之邀为"丹凤朝阳"雕塑撰文，她深感责任重大，用近半年时间，潜心钻研、多方讨教、五易其稿，最终创作完成。她以独特的视角、敏锐的笔触、丰沛的情感抒发对家乡故土的深深热爱，对城市变迁的热情讴歌、对唐山人文精神的独特阐释，修辞细腻精到、文风洒脱飘逸，在众多应征作品中脱颖而出。书写由中国著名书法家贺京沙完成。他的字横、竖楷书，外方拐角魏碑，内圆隶书，其余兼用行草，笔锋多变，被业界称为"贺氏道元体"。经过在城市雕塑——"丹凤朝阳"实地考察、尺寸丈量，贺京沙最终决定按实体的三分之一创作作品。创作过程中，他凝心聚神、心无旁骛，385字一气呵成。整幅作品气势磅礴、融会贯通，与唐山的人文精神形神合一、相得益彰。

附：

丹凤朝阳铭

凤凰鸣，梧桐生，波光潋，草木葱，绵延千余里，郁郁蓊蓊。两川溶溶，沁入湖中。九湖连襟，涓涓兮若流风之翠锦；五岛错落，灿灿兮若夜幕之繁星。曲径通幽，宛若游龙，长桥卧波，翩若霁虹。桂殿兰亭，列伏岛之体势；凤台耸翠，俯满城之繁荣。朝升霞蔚，彩彻区明；夜旋暖歌，灯影交映。春而赏之，百鸟翔集，锦鳞跃动；夏而察之，丰草绿缛，芙蕖异馥；秋而观之，天高日晶，佳木峥嵘；冬而望之，玉树凝脂，平湖如镜。万物生灵，共栖互荣，人与自然，和谐相生。以此胜境，建其功鼎。群凤舞而红日升，八狮拱而紫气腾。凤羽翔丹，瑞冲九霄。狮吼震碧，福纳八方。势如腾飞之凤城，历劫而重生，跨日而前行。纳天地之辉，凝万民之慧，谋科学发展，促城市转型。曹妃舒长袖，奏蓝色交响；西子舞蹁跹，绘江南美景。百姓祈福祉，民熙物昌盛。渤海明珠，生态新城，称雄华夏，荣耀寰瀛。躬逢盛世，为此赋铭，千秋记之，以昭后人。

中共唐山市委
唐山市人民政府
二〇一二年五月

第七节　儿童乐园与梦幻之光水秀表演景观

一、儿童乐园

市民广场西北侧，占地5.5万平方米，绿化面积70%，30%为儿童娱乐项目。本着高档次、重娱乐、保安全的原则建成，主要有木马、摇马、跳床跳窗、电动小火车、升降飞机等娱乐项目，为来南湖玩耍的小朋友专门营造一处童趣乐园。儿童乐园娱乐项目本着“谁投资，谁受益”原则，由经营者在服从公园统一管理下进行投资承包经营。

二、梦幻之光水秀表演景观

“梦幻之光”大型水秀表演景观位于市民广场正南方龙泉湾湖北岸，以喷水表演并配有音乐为主，由16种不同形态的喷泉水型和水幕发生装置构成。喷泉水型平面布局造型为长条型，布置长度220米，宽度22~35米，最近点离湖岸68米，喷泉造型面与广场中轴线大体垂直。喷泉供水泵为潜水泵。喷泉水设备，包括水泵、管路、阀门、喷头、水下机械机构以及水下彩灯等安装在漂浮式可升降的钢结构平台上。喷泉表演结束后，特别是冬季，可将平台下潜至一定深度，使水泵、管路等设备处于冰冻层以下，使设备安全越冬。表演景观有210米高喷，是世界东方第一高喷，位于组合喷泉之后，距离岸边136米。在组合两端的前侧湖中各修建一座“梦幻之光”景观塔，塔高12米、钢架结构，四棱锥造型。水幕投影和激光表演设备发射室，位于210米高喷设备安装井内，可放映水幕电影，表演激光二维、三维效果，激光可投射水幕、喷泉和表演空中激光平面图文效果和空中光效果。音响系统，安装户外专业防雨音响12个。球幕电影系统，位于组合喷泉水面，特制球幕直径8米，安装于露出水面一定高度的硬质平台上。球幕为软质、充气式，方便收拢和安装。球内安装有专用支架，用于放置投影机，并可对球幕实施定位。

第八节　沉水廊道与凤凰台

一、沉水廊道

沉水廊道建于2009年，位于大南湖南部唐河生态渠水系湖面南岸，东接航空俱乐部，北与青龙泽隔青龙泽南路相望，西依托将军淀东路。廊道建于水面之下，两侧以玻璃墙相隔，游人可直上楼梯，一览沉水廊道中独特风景。透过玻璃可以看到各类鱼儿在水中徜徉，拿起手中的鱼食向湖中散去，只见成群的鱼儿闻声而来，犹如置身其中，妙趣横生。

二、凤凰台

位于南湖生态城西部，唐胥路北侧，学院南路以东，赵各庄旧址处。凤凰台 前身是近60米高的垃圾山，占地10公顷，总填埋垃圾量450万吨，垃圾堆放高度近60米，2008年3月底垃圾场停止使用，4月初开始进行封场绿化、环境改造。

垃圾填埋场封场和堆体坡面修整。按照1：3的坡度对垃圾山堆体进行修整，倒运垃圾30余万立方米，修正后的堆体达到稳定、安全，能够绿化的效果。堆体表面每隔5米高差设一环场平台与封场主干道相接，除28米高程平台为5米、48米高程平台为3米外，其余均为2米安全平台。修建4米宽的封场主干道606米，4米宽的环场主路1164米，路面以沥青路面为主。铺设沟下管道，管径75～800毫米，管道总长7000米，主要收集气体和垃圾残液，并将气体引到山下集中处理，垃圾残液集中到调节池。覆盖垃圾山表面，采用土工布、膜、隔栅，上覆盖土层800毫米。

封场后的景观绿化。因填埋场仍处在沉降过程，不适宜进行大量的土木景观建设，故重点进行封场植物景观绿化。绿化以抗性强、耐污染的乡土灌木为主，乔木为辅。垃圾山的坡体绿化，以灌木和地被为主，适当栽植浅根系乔木，增加绿化层次。山顶平台，调运土方增加土层厚度，形成起伏地形。在山顶平台和山下东侧平地适宜植物生长的地方，配置较丰富的园林景观，环场主路栽植国槐行道树，封山主路和上山的人行路两侧配置花带。东南主入口建青龙瀑，面积650平方米，有假山置石、瀑布流水，周围植春季发芽最早的垂柳和花期较早的山桃。整个垃圾山植物配置达到三季有花、四季见绿的景观效果。

凤凰台之顶凤凰亭。亭子形制源于宋代李嵩所绘《水殿招凉图》，景亭设计完全参照宋式木构建筑技术规则，以灵巧、通透的建筑样式与瑰丽的山水相关联。凤凰亭占地116.71平方米，建筑面积88.36平方米，高度15.83米。取义“箫韶九成，凤凰来仪”，以期盼唐山安定祥和，繁荣昌盛。唐山素有凤凰涅槃城市的说法，凤凰涅槃寓意凤凰浴火可以重生；也表示唐山经历大地震后，在党的领导和市民不懈努力下，以惊人的速度建设起来，并成为北方工业重镇，南湖生态城的建设实现了唐山由资源型城市向生态型城市的转变。2009年春，凤凰台环境改造基本完工。改造后的垃圾山成为南湖生态城点睛之笔，是全园的视觉中心，观景最好的平台。站在凤凰台上的凤凰亭，整个南湖美景一览无遗。

第九节　唐山风情小镇与唐山南湖影视基地

一、唐山风情小镇

唐山风情小镇项目，被确定为唐山市“十大标志性建筑工程”之一。坐落在老唐山矿煤场原址（大白井煤场），增盛路以西，建设南路以东，红星美凯龙和茶文化园项目以南，影视城项目以北，占地9.4公顷，计划总投资10亿元，建筑面积8.7万平方米。老唐山风情小镇项目是集娱乐、休闲、住宅于一体的综合性投资项目，以唐山历史文化为背景，再现广东街、开滦员司俱乐部、洋房子、永盛茶园、广东会馆、窑神庙、老火车站等老建筑，同时增加婚庆广场单元，让石头、水泥说话，讲述老唐山的故事，找回老唐山的记忆。使历史文化和现实，传统和时尚有机交融，是典型的文化创意产业。

唐山风情小镇项目由唐山开滦集团与北京茂华房地产开发有限公司共同出资成立的开滦茂华房地产开发有限公司开发建设。2009年9月，经唐山市规委会批准，于11月底举行开工典礼，被列为唐山市十大标志性建筑之一，是唐山市人民所瞩目的重点工程。开工伊始，拆除自营铁路5公里；清运出煤炭200多万吨，投入8000万元新建临时储煤场；勘探工作全面展开。到2010年年底，建成1号、5号、6号、7号广东街四幢楼主体，共5200平方米，2号、3号、4号楼施工到首层，共3200平方米。

二、唐山南湖影视基地

2010年10月，唐山南湖影视基地开工。项目位于建设南路东侧，老唐山风情小镇南侧，美食城北侧，与南湖生态城东门遥相对应。占地6.67公顷，建筑面积3万平方米，总投资3.38亿元。影视基地项目按照电影《唐山大地震》拍摄场景兴建，是主题鲜明的文化创意产业区，为唐山市“城市面貌三年大变样”重点建设项目。市委、市政府《关于2011年文化产业和文化事业发展的实施意见》被列为“唐山地震文化产业链龙头项目”和“十大特色园区”。项目规划单体建筑25幢，由电影院、饭店、工人俱乐部、招待所、邮电局、农家院、民房构成，功能兼具历史文化体验和特色商业经营。在留驻历史印迹的同时，着眼商业需要，规划“影视拍摄、餐饮、住宿、游览、购物、娱乐”等六大功能区，包括影视文化体验、快捷酒店、特色商街、主题酒吧一条街、土特产小吃街等经营区域，力求现代商业与传统文化的有机结合，使消费者在体验历史文化同时，能感受现代服务。除商业经营外，建筑还可用于20世纪70年代影视拍摄。

图5－5　南湖影视基地（区委宣传部）

影视基地是南湖生态城独具特色的文化商业街区，南湖AAAA级景区的重要组成部分，项目依托南湖生态城每年500万人次的客流量，依托承办2016年世界园艺博览会的有利契机，成为展示“感恩、博爱、开放、超越”新唐山人文精神的窗口，唐山市文化名城建设的亮点，进而提升唐山文化软实力和路南区的竞争力和知名度。

第十节　河北省文化创意产业园与唐山植物园

一、河北省文化创意产业园

2010年3月，河北省文化创意产业示范项目在河北省文化创意产业园开工建设。园区位于南湖生态城文化创意产业园区内，环境优美、交通便捷、风景宜人，是发展文化创意产业的“黄金地段”。园区占地26.87公顷，计划投资10亿元，建筑面积25万平方米。河北省文化创意产业园着力打造“三大创意中心”：即陶瓷文化创意中心，结合唐山陶瓷文化，在园区内建设集设计、研发、展示、鉴赏于一体的陶瓷文化创意中心，提升唐山传统陶瓷产业档次和水平；艺术创意及展示中心，与陶瓷文化创意中心相呼应，高标准建设艺术家园及书画院，把名家、名画、名瓷结合起来，使其成为书画家创作、交流、展示、交易的场所；工业设计创意中心，传承唐山近代工业文明，吸引各类工业设计、研发企业入驻园区，进行新产品新工艺设计，为传统工业上档升级提供智力支撑。截至2013年年底，陶瓷展馆、南湖书画院等10个子项目完工并投入使用。

二、唐山植物园

唐山植物园位于南湖生态城核心景观区内，坐西朝东，东起建设南路，北依南湖生态城东门，占地55.45公顷，是集观赏、科普、生态、经济、文化、科研六大功能为一体的新型互动式植物园。该园以"浴火涅槃，凤起南湖"为设计理念，将植物园作为一张城市名片来解读腾飞的唐山、文化的唐山、生态的唐山、生活的唐山。

由于原地形地貌高低不平且比较破碎，粉煤灰土层及废墟遍布，在建设植物园时，通过下挖、堆填、重构山体和河流等工程，结合自然环境、自然地形，构建出山、水唐山的景观格局：以山言志，象征唐山；以水喻情，象征渤海，将敦厚善良、坚韧不屈的唐山精神，开拓进取、博大深厚的渤海品格作为植物园景观规划的理念辐射全园，以此来彰显项目地域特色。

按照规划，将把唐山植物园打造成华北地区第一精品植物花园，具有鲜明地方特色、传承地方文脉和体现工业文明的国际化植物园。设计陆地栽培植物154个科，457个属，500余种，温室植物14类120种。将全园分为东、西两区，前期建设东区，栽植陆地植物400余种。

根据周边道路及服务半径辐射情况，共设置南、东、西三处入口。其中主入口为紧邻建设路东入口，大门设计结合植物园自身特色，以植物的骨干结合传统的农耕文明进行建筑，力求理念简洁、大气、新颖，形成园区的标志性景观。在此入口处矗立高达9.9米，象征着唐山市民生活幸福长久的五莲石。该石产自山东日照五莲县，重近500吨，是华北地区现有的第一大立石，上刻由中国书法家协会主席张海亲笔题名的"唐山植物园"五个大字，是植物园的"镇园之石"。西入口与南入口将辐射市民广场区域及唐胥路方向的游览人群，东、南两侧入口均结合游客服务中心及管理设施进行设计，并设有停车场。

唐山植物园力求让人们在花语里去感受自然。故主体植物群落景观是整个植物园的景观重点，充分挖掘植物的质感、神韵、层次、色彩、时序变化、以及植物景观与人们情感可以产生共鸣的文化因子是构建景观的关键。让赋予相对静止的景观以动态的生命力，四季交替的特色季相成为植物园主体特色，且不同季节均能体现出不同的景观特色形成的特色景观，最大限度的完善植物园的亲民互动功能，使人们在不同季节均能在植物园找到属于自己的空间，去体会自然、感悟人生。该园分为7个功能区，分别是管理服务区、分类系统植物专类展示区、功能性植物专类展示区、中央景观体验区、滨水景观区、儿童活动区和科研展示区。

按照植物进化系统组成游览路线，各分区重点展示该科、属或同一类植物，根据品种之间的颜色、花期的不同，组成多样植物景观，结合景观空间的布局设置18个园区。西区以借景的手法，将南湖与园区水体结合，构建水生植物观赏园、为唐山的盆景爱好者提供一个交流盆景文化的盆景园、为盲人服务的芳香植物园等6个专类园。深层次体现植物园的科普性，还将建成温室、科普馆和科研展示区，以展示唐山植物的演化进程为主，体现唐山多种土壤的适应植物、菊类植物和乡土树种，并增加市民参与园艺修剪等活动项目，丰富园区活动功能。

2010年4月，植物园水系、一二级道路以及海棠园、碧桃园、玉兰园、紫薇园、牡丹园、月季园等6个园区开始施工。11月东门区广场及地下停车场开始进场施工。同年，东区12个园区首先面向游客开放，分别是：以木兰科植物为主的玉兰园；以唐山名人曹雪芹和贯穿整个《红楼梦》的海棠花为文化暗线，引入国内外近百个品种的海棠园；以传统文化植物为创作溯源的牡丹园等。

第十一节　南湖之门与龙泉禅寺

一、南湖之门

“南湖之门”位于建设南路与南新道交叉口南侧50米，由著名艺术家韩美林设计，吸取中国传统文化精髓，借鉴西方现代艺术创作手法。“南湖之门”由青铜铸成，六根柱子横向一字排开，主立柱高度为19.76米，暗喻1976年的唐山大地震。立柱四周镶嵌振翅欲飞、栩栩如生的凤凰造型。由凤凰尾羽似断似连形成大写意拱形门，用其体量和张力为南湖造就一座气势恢宏的人文景观。南湖大门2011年年底落成，总投资5500万元。

二、龙泉禅寺

龙泉禅寺复建项目是南湖生态城开发建设的重点工程。龙泉禅寺始建于公元644年，“文化大革命”时期被毁。项目位于唐胥路与学院南路交叉口东南侧，东临大南湖。占地面积21公顷（全部为采煤沉降废弃地），建筑面积3.9万平方米，总投资2.3亿元，主要包括山门、钟鼓楼、天王殿及配殿、大雄宝殿及配殿、龙泉寺塔、罗汉堂、念佛堂、藏经阁、僧舍、观佛阁等建筑，为唐代风格。项目地块南北长600米，东西宽350米。整个寺院由主入口、山门前广场和主体院落三部分组成。其中主入口分为东西两个入口，分别与学院路和唐胥路相连。在学院路与龙泉禅寺间的空地，规划设计主停车场，与寺院东侧现有停车场一并满足游客及信众的停车需要。山门前广场，利用现有地形一处较高平台，形成进入寺院主体前的集散空间，其北侧为寺院主体。寺院主体位于高出周边10米左右的平台之上，平台南北长300米，东西宽250米，从南至北主要有山门、天王殿、观音殿、大雄宝殿、藏经阁，形成五进式院落，营造出传统的寺院空间效果。在外围方形现代空间中，集中设置香客寮、僧房、素菜馆等建筑，使寺院既能满足宗教功能，又具有一定的文化交流和旅游服务功能，充分体现现代佛寺的发展方向。

龙泉寺复建项目启动后，得到省佛教协会特别是净慧长老的鼎力支持和指导。2010年6月1日，净慧长老亲自带领省佛教协会专家一行专程到项目选址区域进行实地踏查，听取规划设计情况汇报，并就龙泉寺规划建设提出建议。当时，虽然市规委会已经对该设计方案进行审定，为使龙泉寺复建充分体现佛教传统，经请示市委、市政府主要领导，按照省佛教协会专家意见，对项目设计进行重新修改完善，在征得净慧长老同意后，再次经市规委会审定通过，形成最终的规划设计方案。为加快龙泉寺复建步伐，在市委统战部、市民宗局的协助下，河北省佛教协会和南湖生态城投资公司共同组建“河北省佛教协会唐山市龙泉寺恢复筹建组”，从南湖生态城管委会和南湖生态城投资公司，抽调精干力量，组成工作组，专门负责项目前期手续跑办和施工前期各项准备工作。2010年12月15日，龙泉禅寺举行开工奠基仪式。

第十二节　航空俱乐部与国家体育休闲基地

一、航空俱乐部

2006年，航空俱乐部成立。位于大南湖滨湖路东侧，铁路京山线以北，唐河生态渠与南湖相联水系以南，是唐山市仅有的一家航空运动类俱乐部。旗下航空爱好者众多，包括空军转业军人、通用航空从业人员，另有来自各个行业的热气球、固定翼和航模爱好者近千人，拥有飞行教员2名和飞行员若干名。

俱乐部占地3.33公顷，拥有长500米、宽25米、局部40米宽的跑道1条。基地各类设施齐全，可为社会公众提供飞机驾照培训、滑翔伞培训服务，经培训，可考取国内国际飞行驾照；可体验乘坐飞机，体验飞行、滑翔伞飞行、热气球飞行等服务，同时承接试乘试驾、航模赛事活动等。配置飞行体验馆，有飞行模拟机若干台，是集飞行、娱乐、航空科普和国防教育于一体的综合性航空运动基地，已被河北省民航管理部门列为飞行器起降网点。

二、国家体育休闲基地

国家体育休闲基地坐落在南湖生态城紫天鹅庄温泉酒店南侧，205国道北侧，占地21平方公里。该项目由北京清华城市规划设计研究院设计，突出户外运动自然生态 特点，按功能可划分极限运动区、赛马马术区、温泉茶博区、开心农场区、水上娱乐区、野战拓展区等12个区域，囊括卡丁车俱乐部、宿营俱乐部等30个运动休闲大项，是集专业运动、大众休闲、自然生态于一体的唐山“人文生态”示范型国家体育休闲基地。

第十三节　国际高尔夫俱乐部与唐山地震遗址公园

一、国际高尔夫俱乐部

南湖国际高尔夫俱乐部又称南湖运动绿地，坐落在南湖生态城东南侧，南外环线以北，是国际标准72杆锦标赛级18洞双湖景球场。景点由原尼克劳斯旗下资深设计师JoeFObringer设计，占地315.33公顷，球道总长7125码。球道依湖岸绵延而建，美伦美奂。18个球洞风格奇异，每个果岭设计巧妙；其中2号、9号、12号、13号、14号洞越湖而设，惊心动魄；最长的10号洞由7个尼氏特色的魔鬼沙坑庇护，遥望巨大的果岭而不可得，直令人荡气回肠。征服18洞之后方能体会功成名就物我两望的超然喜悦。2009年下半年，南湖国际高尔夫俱乐部启动三期工程，欲打造国际标准的27洞球场。自2008年年初成立，到2010年底，先后承办“2009年莱维珠宝杯高尔夫邀请赛”“2009年别克中国高尔夫球俱乐部联赛唐山分站选拔赛”，2010年“讴歌杯”唐山南湖国际高尔夫俱乐部友谊赛，为唐山市各位高尔夫球运动爱好者带来全新的体验和感受。

图5-6　高尔夫球场　（唐山南湖生态城）

二、唐山地震遗址纪念公园

唐山地震遗址纪念公园，西邻京山铁路，南接岳各庄大街，东靠庞大汽车文化产业园，北望大学路。建于2008年，占地40万平方米，总投资4.9亿元。公园划分为地震遗址区、纪念水区、纪念林区、纪念广场等区域，充分体现出“对自然的敬畏、对生命的关爱、对科学的探索、对历史的追忆”这一宗旨（见文化编唐山地震遗址纪念公园第933页）。

第五章　南湖生态城效益

昔日，南部采煤沉降区，垃圾遍地、污水横流，环境恶劣；今日，南湖生态城山水相依，绿树成荫。南湖生态城的开发建设，彻底使南部采煤沉降区回归自然生态。南湖生态城的成功开发，亦将带来丰厚的社会效益和经济效益。

第一节　社会效益与经济收益

一、社会效益

改造前的开滦采煤沉降区，垃圾遍地、污水横流，严重影响城市形象和环境。通过对采煤沉降区的生态化改造，完成扩湖景观绿化、垃圾山封山绿化等一批生态改造工程，使昔日人迹罕至的废弃地嬗变为城市中央生态公园。“好玩南湖、生态南湖、神奇南湖、文化南湖”成为京、津乃至整个华北地区新的休闲度假胜地。她像一块巨大的生态磁场，吸引着八方游客慕名而来。自2009年“五一”开园，至2010年年底，累计接待海内外游客580余万人次，十几位党和国家领导人和大批外国朋友前来参观访问。

南湖生态城还成为唐山市举办重大活动及群众休闲娱乐的重要场所。相继成功举办“2010中国·唐山南湖国际城市雕塑创作营”，世界旅游小姐大赛，迎国庆“红歌”演唱会，“和谐唐山、幸福人民”春节元宵灯会，“五一”激情广场演出，唐山市家庭趣味运动会，市直机关运动会等形式多样的文化创意和体育活动。在南湖月月有大型主题活动，周周有群众性文体活动，天天有小型团队活动，极大地丰富广大群众的业余生活。南湖生态城开发建设，改变了唐山人民的生活方式，生态、环保、低碳理念深入人心，每逢节假日，都有环保志愿者前来清扫垃圾，宣传环保常识。特别是2016年世界园艺博览会承办地将设在南湖生态城，这是世界园艺博览会首次利用采煤沉降地，在不占用一分耕地的情况下举办的世界园艺博览会。世界园艺博览会为南湖生态城走进世界、为世界了解和感悟南湖生态城提供了千古难逢的契机。

二、经济效益

随着南湖核心风景区建设，南湖生态城区域已成为一块投资创业热土，周边片区土地开发，吸引了万科、绿城、新加坡仁恒和美等十几家国际知名房地产开发企业争相进驻，土地由每亩10多万元迅速升值到200多万元，105平方公里土地比开发前增值1000多亿元，产生1∶100的经济效益。到2010年，共引进房地产开发项目11项，预计总投资366亿元。南湖生态城的开发建设，实现唐山由传统资源型城市向生态型城市的转变，为全国130多个资源型城市转型提供了示范。伴随南湖生态城周边片区的开发，将吸纳100万城市居民，以人均住房消费12万元计算，可拉动住房需求1200亿元；人口的聚集，旅游业的发展，亦带来消费需求增加和高端服务产业的兴起，每年可新增全社会消费品零售总额200亿元。

第二节 生态效益与所获奖项

一、生态效益

南湖城市中央生态公园的建成，使市区中央有了一个巨大的城市“绿肺”和“氧吧”，30平方公里核心区植绿面积达到19.5平方公里，绿化覆盖率达到65%。按照1万平方米森林每年吸收1吨二氧化碳、释放0.73吨氧气计算，每年可吸收二氧化碳1882吨，释放氧气1330吨，极大的改善区域气候和生态环境。据气象部门测算，2009年唐山市区极端最高和最低气温分别比常年降低和升高3至4摄氏度，降雨量比上年增加230毫米，气候更加宜人，城市更加宜居。一座城中有水、水中有山、满眼皆绿、山水相依的现代化生态城市正在渤海之滨崛起。

二、所获奖项

2001年，南湖生态城获“河北省首届人居环境奖”。2003年，南湖生态城获“中国人居环境范例奖”。2004年7月，南湖生态城获联合国“迪拜国际改善居住环境最佳范例奖”。2005年授予“国家城市湿地公园”。2006年8月，南湖公园被省建设厅命名为“河北省五星级公园”。2009年2月，获“新唐山十佳名片”。7月，被联合国人居署授予“中国唐山南湖生态城《HBA ·中国范例卓越贡献最佳奖》”。9月，被河北省旅游局评为“河北最美30景”。10月19日，在北京人民大会堂举行的中国生态文化协会成立一周年庆典暨首批“全国生态文化示范基地”“全国生态文化村”授牌仪式上，南湖城市中央生态公园被授予首批“全国生态文化示范基地”称号。12月，南湖生态城被全国旅游景区质量等级评定委员会评定为“国家AAAA级旅游景区”。2010年7月，获“河北唐山南湖国家体育休闲示范区”称号。12月，获“河北省十佳公园”称号。当年获得2010年度“中国最佳休闲中央公园”奖项，成为河北省唯一一家获此殊荣的单位。

第六章 南湖生态城管理

2007年年末，市委决定成立唐山市南湖生态城管委会（筹建）。2008年7月，市委常委会八届第60次会议对南湖生态城管委会（筹建）的职责进行明确；市编委会随即印发《关于南湖生态城管委会（筹）职能配置内设机构和人员编制的通知》。按照市委决定和市编委会关于职能配置和人员编制要求，市委组织部亦开始为南湖生态城管委会配班子、建队伍。新组建的南湖生态城管委会，按照八届市委常委会第60次会议精神，认真履行统一领导和协调职能，为南湖生态城建设提供坚实的组织保障。

第一节 机构设置与规划项目管理

一、机构设置

2007年年底，经市委研究决定，成立唐山市南湖生态城管委会（筹建）。2008年7月，八届市委常委会第60次会议明确南湖生态城管委会（筹建）的职责和人员编制。市编委会随后印发《关于南湖生态城管委会（筹）职能配置内设机构和人员编制的通知》，明确管委会下设综合办公室、规划处、项目管理处、工程建设处、招商合作处、建设开发综合服务中心、园林绿化中心共7个内设机构。其中领导班子成员包括管委会主任1人，市纪委派驻纪检干部1人，副主任4人。管委会机关40人，园林绿化中心112人。按照市编委要求，南湖生态城管委会承担的主要职责是：组织编制南湖生态城区域性城市发展规划和年度开发建设计划，经市委、市政府批准后组织实施；负责管理辖区内产业布局，对辖区内的投资项目进行审核，制定外资或民营资本进入生态城开发建设的管理办法和优惠政策，进行招商引资和项目建设；管理和使用生态城建设发展专项资金；对南湖生态城内发生的私搭乱建、侵街占道、建筑生产垃圾、乱推乱放等违法违章行为进行监管。

2008年6月，经市委、市政府批准，市国资委出资，成立唐山市南湖生态城开发建设投资有限责任公司（以下简称"南湖投资公司"）。南湖投资公司为南湖管委会直接监管的国有独资企业，下设6部、1室，共76人，实行企业法人治理结构。同年，南湖投资公司完成注册并领取资质证照，开始与各金融单位展开合作。

二、规划与项目管理

规划管理　2008年，南湖生态城管委会开始承担规划管理职能，即负责生态城总体规划、各项专项规划的编制；研究提出生态城产业布局，依法对生态城内建设工程选址、建设用地进行规划管理，根据南湖生态城总体规划编制年度开发建设计划；负责组织各项工程的方案设计和施工设计。同年起，组织国际招标，由规委会研究选定美国龙安建筑规划设计顾问有限公司、北京清华城市规划设计研究院分别进行南湖生态城总体规划和起步区控规的设计。在做好总体规划基础上，实施南湖生态城105平方公里控制性详细规划全覆盖工程。2009年年底，南湖生态城体育休闲示范区控制性详细规划通过专家论证。

2010年，坚持规划先行，统筹推进。年末，由美国龙安建筑规划设计顾问有限公司、北京清华城市规划设计研究院、德国意厦国际设计集团、北京澳斯派克景观规划设计顾问有限公司共同参加的南湖生态城总体规划、西北片区控制性详细规划、东北片区控制性详细规划等各项规划9项，音乐喷泉、夜景亮化等景观设计20项，南湖扩湖、地震遗址公园、青龙河拓宽改造等重点工程设计27项规划编制完成；供电、供水、排水、燃气、热力等基础设施专项规划及南湖城市中央生态公园控规完成初步设计方案。同年，管委会启动编制南湖生态城产业规划，聘请中国规划设计院编制南湖生态城生态指标体系，涵盖新能源开发利用、水处理及利用、绿化生态、绿色建筑、信息系统、公用设施等生态城市建设各个方面，科学指导南湖生态城规划建设。强力推进规划设计全覆盖工程。聘请国内外一流设计团队参与南湖生态城总体规划及工程设计。全年向市规委会汇报35次，审定通过121个项目的设计方案，105平方公里规划范围内控制性详细规划覆盖面积达到60平方公里，覆盖率为60%。

2011年10月，"唐山南湖生态城中央公园规划设计"在第八届意大利托萨罗伦佐国际风景园林奖评比中脱颖而出，荣获地域改造园林设计类一等奖。此项规划主持设计单位北京清华城市规划设计研究院成为此届唯一获此殊荣的中国公司。当年，西北片区、东北片区控规经市规委会审定并投入使用；西南片区、东南片区控规方案待市规委会审批。正在开展体育休闲运动基地规划功能分区及项目选址；进行东南及西南片区路、水、电、讯、暖专项规划编制。

项目管理　2008年，南湖生态城管委会组建后，亦开始承担项目管理职能：负责筛选进入生态城的项目；办理建设项目、工程项目行政审批的各种手续；实施对工程质量、进度和规划要求的监督管理，为项目单位协调解决建设过程中存在的问题。同时组建工程建设处，负责组织生态城内建筑物、构筑物的拆迁补偿，负责生态城内基础设施的施工建设，申领使用和管理各项建设经费；负责基础设施建设中的招投标程序的审定、监管；对进入生态城的施工队伍进行资质审查；负责工程项目的安全管理；对生态城内发生的违法、违章行为进行监管。当年，组织南湖生态城核心生态风景区扩湖、植绿工程的拆违拆迁，按计划如期完成。

2010年10月，强力推进西北片区回迁安置房建设。按照拆迁协议，西北片区回迁安置房建设周期仅有14个月。项目管理部门坚持“质量、安全、进度、廉政”四统一，努力打造精品工程、放心工程、效率工程、阳光工程。完善机制，规范工程管理。制定《南湖生态城工程项目管理办法》，规范项目前期手续跑办程序，成立土地、规划等5个专项手续跑办小组，从项目建议书批复到施工许可证办理，逐道程序落实责任人，环环紧扣，完善建设手续。制定《南湖生态城招标管理规定》，规范工程招标行为，成立招标工作领导小组，明确各处室招标工作职责分工，严肃招标纪律。加强监管，严把工程质量关。在西北片区回迁安置房项目中，采取四层监管模式：聘请项目管理公司代表业主进行质量监管；邀请市质监站全程监管；聘请15家工程监理公司现场监管；聘请19个拆迁村的38名群众作为质量监督员，深入一线动态监督，确保工程质量万无一失。领导班子成员带头，坚持每天深入工地现场指挥调度，召开现场办公会议87次，协调解决工程建设中遇到的各种难题241个。全体干部职工发扬“五加二、白加黑”（工作日五天加双休日两天，白天加晚上）的拼搏精神，全力以赴保质量、抢工期，以攻坚战态势加快项目建设。

第二节　招商引资与景区管理

一、招商引资

2008年，在南湖生态城管委会建招商合作处，具体负责外资或民营资本进入生态城开发建设的管理办法和优惠政策的制定；负责向国内外投资企业提供有关政策、法律咨询；负责重点招商项目的包装和对外发布；承担以管委会名义举办的境内外投资洽谈（推介）会、展览会等投资促进活动的具体组织工作；负责跟踪、推进和落实重点项目和到位引资项目。同年起，重点加强住宅开发、星级酒店、服务业项目的招商，与多家国内外知名企业就西南片区和28平方公里核心区项目引进、土地市场一级开发进行洽谈；宣传推介唐山市和南湖生态城开发的优惠政策和良好的投资环境，并初见成效。至2009年，先后与北京新华联集团、新加坡仁恒和美投资有限公司、北京大阳国际集团有限公司、北京天泽锦程房地产开发有限公司、唐山瑞昊房地产开发有限公司、北京绿城投资有限公司、唐山嘉元房地产有限公司、澳门恒和企业集团公司等11家开发企业签署土地开发合作协议书，6家企业签署包括农家乐、名犬赛犬俱乐部、真人CS、网球俱乐部、清明上河图泥偶观光等一批旅游娱乐项目合作协议书。到2010年年底，南湖生态城引进城市综合开发项目13项，预计总投资466亿元，引进外资9000万美元；年内计划投资87亿元，已完成投资47.8亿元。万科、绿城、天泽房地产开发项目已开工建设；新加坡仁恒和美集团南湖生态城建设项目一期工程已举行奠基仪式；中俊设计方案已通过市规委会审定；大阳酒店开发地块及慧祥、瑞昊等开发企业的部分地块已挂牌。当年，融资和自主运营能力显著增强。公司融资额达83.5亿元，其中银行贷款77.3亿元，社会融资6.2亿元，为南湖生态城开发建设提供坚实的资金保障。

2011年，22家房地产开发企业的商住开发项目，已开工7个，引进省外资金18.16亿元。万科南湖红郡项目一期121幢低密度住宅已完工，正在进行二期基础施工；绿城南湖春晓、天泽瑞官、仁恒湖滨城、中骏南湖半岛、新华联丽景湾国际酒店正在进行主体施工；大阳公馆、瑞昊南湖、新华联国花园、慧祥南湖、恒天花园等5个项目止办理前期手续。当年，坚持解放思想，开阔思路，着力破解资金瓶颈，紧盯银行贷款发放进度，拓宽融资渠道，创新融资模式，构建多元化融资平台；深挖土地潜力，引入战略合作者，发展自主经营项目，增强自身造血功能。全年累计筹集资金32.2亿元，保证重点项目资金链安全。同时启动企业债券发行工作。与国开行、国开证券、国泰君安证券等金融机构广泛接洽，在全市率先启动15亿元企业债券发行工作，相关资料已上报国家发改委审批。谋划实施自主经营项目。以南湖投资公司为主体，实施总建筑面积79.69万平方米的商住项目，建设住宅54.71万平方米，已销售商业房315套、住宅427套，回笼资金4.34亿元。提高土地出让价格，增加土地收益，加快土地出让。积极协调路南区加快拆迁进度，加速土地出让进度，全年返还土地出让金8.57亿元。广泛吸纳民间资本。为解决龙泉寺复建资金问题，举办杨再春书法、摄影作品义拍等活动，筹集资金1019万元；企业和个人捐助3373万元，累计筹集善款4614万元。积极引入战略合作者。南湖投资公司与大连友谊集团达成合作意向，共同参与高尔夫球场北侧地块合作开发。千方百计节约建设资金。绿城公园、活水公园两个项目总投资1.2亿元，应由南湖生态城出资建设，经多次协调绿城、天泽、中骏三家房地产企业，三家公司承建工程的85%，节约建设资金1.1亿元。

二、景区管理

2008年，南湖生态城管委会内设景区管理和旅游接待机构。负责各种政务考察团和国内外游客的接待工作；负责地震遗址公园、南湖展馆、机车博物馆等场馆和各景区公共设施的维护和管理；负责辖区内建设项目的服务工作。配合规划处、工程建设处对建设项目方案论证、招投标会议服务工作；负责辖区内项目投资服务工作；承办投资洽谈会和展览活动，负责投资项目指南网站的制作与运行。

卫生保洁与绿化养护　2009年，将原市城管局管理的南湖公园职能成建制划归南湖生态城，更名为南湖生态城园林绿化中心，负责组织南湖生态城景区的卫生保洁和养护管理工作。当年，加强公园景区环境建设，完善垃圾箱、座椅、商亭等公园各项设施；提升游船和电瓶观光车档次；对景区39万平方米区域进行全天候保洁。加强园林绿化养护管理，对南湖公园东门广场、市民广场进行重新装饰，摆放草花3万余盆。并在市民广场成功举办开园仪式和唐山市庆祝新中国成立60周年歌唱祖国群众演唱会，烘托节日气氛。南湖已成为市民休闲娱乐等重要场所之一，成为外地客人来唐首选旅游目的地，成为唐山的一张城市名片。2010年，加强景区卫生常日保洁和绿化养护，为市民和游客提供良好的畅游环境。

景区制度管理与等级申报　随着南湖生态城开发建设的整体推进，游客的增多，制定《景区商业活动管理办法》《旅游经营项目管理办法》《景区车辆管理办法》，建起景区管理长效机制。2010年，按照5A级景区标准，完善标识牌、环卫、餐饮等旅游服务硬件设施；强化景区工作人员素质培训，实现导游、接待等日常工作规范化、标准化，提升景区服务功能。当年，南湖城市中央生态公园被国家旅游局评为国家4A级景区。

旅游宣传接待　2009年，共接待国内外游客120万人次，赢得国际友人和广大游客的广泛赞誉。温家宝、贾庆林、李克强、刘延东、何勇、罗豪才等党和国家领导人到南湖参观视察，均对南湖生态城开发建设给予高度评价和充分肯定。2010年，强力推进旅游宣传及文化创意活动。投资550万元，开展立体宣传。委托中央电视台制作专题宣传片，以“请到北方西湖来看看”和“湖泊休闲、幸福水岸——唐山南湖”为主题，在《人民日报》《京华时报》、北京电视台、北京交通广播电台、北京西站（中国第一屏）、北京公交50辆公交车体和天津卫视、天津交通广播、京沈高速香河站等地，相继投放广告，形成全方位、多角度、立体化的旅游宣传效果。广告宣传受众覆盖19个国家和地区，扩大南湖生态城的知名度和影响力。积极拓展省内、京、津等地区旅游市场，旅游人次突破1000万人。年内，完成各级领导参观视察和住地安保任务745次，接待党和国家领导人19次，省部级领导56次，一般性政务接待670次。

第六编　改革开放

中共十一届三中全会后，经济体制改革首先从农村起步。原属开平区女织寨乡、梁家屯乡农村经济体制改革从推行包工到组、联产计酬责任制开始，逐步发展到包产到户、包干到户、分田到户。1983 年全面推行家庭联产承包责任制。1984 年，执行土地承包一定 15 年不变政策。1992 年 11 月，开平区女织寨乡、梁家屯乡划归路南区管辖，农村仍延续原土地承包合同 15 年不变政策。1998 年开始，土地承包期再延长 30 年。1984 年起，按照中共十二届三中全会通过的《中共中央关于经济体制改革的决定》要求，经济体制改革开始向工商企业拓展，与之相配套的计划、财政、税务、投资体制等宏观调控体制改革，民主政治制度改革，社会各项事业改革整体推进。1992 年，中共十四大确立社会主义市场经济体制目标。1993 年 11 月，中共十四届三中全会通过《中共中央关于建立社会主义市场经济体制若干问题的决定》。此后，改革的基本目标是把高度集中的计划经济体制改革成为社会主义市场经济体制。即：经济体制改革，通过宏观调控体制的改革，逐步构筑综合运用经济手段、经济政策、经济法规和必要的行政手段相统一的间接宏观调控为主的宏观调控体系；在农村进一步完善以家庭联产承包责任制为基础的双层经营体制；在城市工商企业，以增强企业活力为中心环节，以建立现代企业制度为方向，进行产权制度改革。政治体制改革，加强和完善党的领导，进行党政机构改革，完善社会主义的民主政治制度。社会保障制度改革，通过建立最低生活保障制度、基本养老保险制度、失业保险制度、医疗保险制度、工伤保险制度、生育保险制度、城镇最低收入家庭住房保障制度等社会保障制度，逐步构筑覆盖全民的全方位、多层次的社会保障体系。社会事业改革，通过科技体制改革，建立健全科技管理体系、建立技术市场、改革科技经费拨款制度、建立专业技术职务评聘制度；通过教育体制改革，完善办学体制、学校管理体制、人才培养体制和教育保障体制；通过文化体制改革，构筑文化市场体系；通过卫生体制改革，改善医院管理体制，建立医药监管体系，构筑以公立医院为主体、个体私营医疗机构为补充的卫生服务体系。

1988 年 3 月 18 日，国务院批准河北省秦皇岛、唐山、沧州 3 市 12 县为沿海经济开放区，路南区双向开放开始起步。1990 年起，先后实施“路南以外就是外”“开放拉动”“开放创新、富民强区”主体战略，加快对外开放步伐。至 2010 年，全区中国港澳台及外商投资企业有 6 家（合资 1 家、独资 5 家）；引进世界 500 强企业 2 家。是年，实际利用外资 2127 万美元，比 1990 年增长 16.58 倍；出口创汇 1.63 亿美元。1998—2010 年，共引进省外资金 49.78 亿元。

第一章　政治体制改革

中共十一届三中全会后，与经济体制改革和经济社会发展相适应，加强和改善中国共产党的领导；坚持和完善人民代表大会制度、政治协商制度和基层民主政治制度；精简党政机构，改革行政管理体制，转变政府职能；推进司法行政制度改革，健全高效运行的司法运行机制。政治体制改革的稳步推进，为经济社会全面、协调、可持续发展提供坚强的政治保障。

第一节　加强和改善党的领导

1978年12月，区委恢复办事机构，实行一元化领导。即党政不分家，党委领导一切，以党代政。政府和企业的一切活动都在党委的领导下进行。

1988年，开始探索实行党政分开的路径，着重从划分党政职能、理顺党政关系、建立工作制度、加强决策功能等方面进行改革，逐步纠正党委一揽子的领导方法，提高党委实行政治领导和集中精力抓重大决策的水平。区委依据中共中央关于党的领导是政治领导的要求，参照地方党委的五条职责，研究确定区委的职能主要是：贯彻执行党中央和上级党委的方针、政策和决议、指示；保证党和国家以及上级党委、政府指示在本区的贯彻实施；对全区重大问题做出决策；向政府推荐重要干部；协调区内各种组织之间的关系和活动；抓好自身的组织、思想、作风建设，抓好政治思想工作和精神文明建设；对行政部门进行监督。至此，原属区委或区委、区政府共管而属于政府职能范围内的部门、临时领导小组及其所属临时办事机构全部移交政府管理，原由区委各部委管理而属于既带有政治性又应由政府管理的业务性工作改由区委有关部委实行政治指导，其具体业务工作、行政管理等均由政府负责。为保证区政府工作的统一和效能，对区直各局党委的职能由原来“对本单位工作实行全面领导”改为“保证监督”，取消行政、党委一套人马两块牌子的领导体制。为使党政职能分开制度化，制定《中共路南区委常委会议事规则》，对于常委会议的召开、议题、内容、议事原则、催办落实等作出具体规定。区政府所属各部门的请示报告按主管副区长、区长、区政府常务会议的顺序进行，一般不再向区委请示报告。党政职能划分后，建立每周书记碰头会制度，区委、区政府主要领导通过碰头会保持联系、沟通情况。区政府常务会议决定的问题，通过会议纪要向区委通报，取得区委的监督和指导。区委领导层从领导作风和领导方式上转变，摆脱具体事务，克服一揽子领导方法和作风，用更多的精力下基层调查研究，实行常委分片包线，建立联系点。聘请精通经济工作、有业务专长、有领导经验、有政策水平的老干部和专家、科技工作者组成智囊团，参与区委的决策研究和论证。集中精力抓好党的自身建设，探索党组织活动方式和党员管理方式的新途径、党政领导和党组织机构设置的新路子、党员干部保持廉洁的新方法。

1990年，区委印发《中共唐山市路南区委关于加强常委班子自身建设的若干规定》（以下简称《规定》），旨在为加强区委常委班子自身建设，提高领导班子整体素质，充分发挥区委政治领导的核心作用。《规定》包括：加强思想建设，致力提高一班人整体素质；加强团结，不断提高区委领导核心的战斗力；率先垂范，做廉洁勤政的模范；认真执行民主集中制，提高决策的民主化、科学化程度等五个方面，涉及区委常委班子的政治理论学习、业务学习、学习计划与考核，班子成员思想交流、情况沟通、开展批评与自我批评、维护常委会权威和纪律、发扬艰苦奋斗优良传统、坚持集体领导制度和常委会议事规则、加强政治纪律和组织纪律、严格实行集体领导下的分工负责制、充分发挥全委会和委员的作用，广泛开展调查研究，密切联系人民群众等16项内容。

1994年，探索社会主义市场经济条件下加强和改善党的领导的新途径，制订《关于进一步加强区委常委班子思想作风建设的若干规定》《关于区直工业、合资企业干部管理试行意见》《党建工作例会》《党委抓党建责任制》等十几项规章制度。区委召开五届四次全会，专题研究加强党的组织建设问题，同时讨论区委《关于加强基层党组织建设的意见》《关于在全区党员中开展建设有中国特色社会主义理论和党章学习活动的实施意见》《关于中共唐山市路南区委员会工作条例》《关于建立区直机关为基层服务责任制，加强民主测评的意见》《关于加强企业家队伍建设的意见》等5个指导性文件，会后下发至全区。

2000年起，深入开展“三讲”教育和“三个代表”学习教育活动。以此为契机，加强党的思想、组织、制度、作风建设，党的政治领导核心作用、党组织的凝聚力和战斗力不断增强。

2001年，贯彻《党政领导干部选拔任用工作条例》，建立公开选拔、竞争上岗、任前公示、干部交流、干部任免常委会票决制等制度。按照“八个坚持、八个反对”（坚持解放思想、实事求是，反对因循守旧、不思进取；坚持理论联系实际，反对照搬照抄、本本主义；坚持密切联系群众，反对形式主义、官僚主义；坚持民主集中制，反对独断专行、软弱涣散；坚持党的纪律，反对自由主义；坚持艰苦奋斗，反对享乐主义；坚持清正廉洁，反对以权谋私；坚持任人唯贤，反对用人上的不正之风）要求，加强廉洁自律教育，建立党风廉政建设责任制，加大违法违纪行为查处力度，改善和加强党的领导。

2003年，区委制定《关于加强民主集中制建设的意见》《关于深化人事制度改革的试行意见》《关于选拔任用干部实行公示制的意见》《关于选拔任用干部实行常委会投票表决的实施意见》等规范性文件，健全和完善党政领导干部选拔任用、竞争上岗、干部交流等制度。区委制定《关于在全区各级党组织和广大党员干部中兴起学习贯彻“三个代表”重要思想新高潮的实施意见》，印发《关于在县级领导班子中集中开展民主集中制学习教育活动的实施意见》。

2004年，区委制定《关于深入开展2004年民主评议机关（行业）作风的工作方案》。该方案强调要以优化发展环境为目标，以解决阻碍经济发展和损害群众利益的不正之风为重点，切实解决机关、行业工作作风方面存在的突出问题，转变观念、转变职能、转变作风，增强服务意识、简化办事程序、提高办事效率和服务水平。开展机关作风整顿活动，区委下发《关于在全区党政机关开展作风整顿活动的意见》。制定《关于在县级领导班子中开展民主集中制学习教育“回头看”活动的实施意见》。落实《中共中央关于加强党的执政能力建设的决定》，召开区委七届五次全委（扩大）会议，审议通过《关于深入贯彻中共十六届四中全会和省市委全会精神，大力加强党的执政能力建设的决议》。

2005年，按照市委统一部署，开展保持共产党员先进性教育活动。区委制定《关于区级党员领导干部保持共产党员先进性教育活动“学习动员”阶段的安排意见》。围绕提高执政能力与水平，坚持教育、制度、监督并重，建立诺廉、述廉、评廉、考廉制度，完善反腐倡廉制度体系。

2006—2010年，以加强党的先进性建设和执政能力建设为主线，在广大党员干部中开展科学发展观学习教育实践活动。紧紧围绕全区工作大局，坚持标本兼治、惩防并举、注重预防的方针，着力构建惩治和预防腐败体系。完善区委议事规侧和重大事项决策机制，规范工作程序，不断提高区委谋大事、定决策、统全局的工作能力与水平。

第二节　党政机构改革

1993年4月，路南区实施第一次党政机构改革，至2010年，共进行5次党政机构改革。

一、第一次机构改革

1993年4月，根据路南发［1993］8号文件，路南区进行第一次机构改革。改革按照“小政府、大服务、精兵简政”的总体构想，突出职能转变，精心组织改革。

区委机构改革，撤销区委政策研究室，职能并入区委办公室；机要局并入区委办公室，为二级局；组织员办公室、党史研究室、老干部局并入组织部，老干部局为二级局；精神文明建设办公室并入宣传部；对台工作（台胞、台属接待）办公室并入统战部；社会治安综合治理办公室并入政法委；关心下一代委员会办公室归口老干部局。改革后，区委工作部门设：办公室、组织部、宣传部、统战部、政法委。区委党校为区委直属事业单位。

政府机构改革，档案科、目标管理岗位责任制办公室并入区政府办公室；撤销城市建设环境保护局，组建建设委员会，成立环境保护局（环境保护局、土地局并入建委，均为二级局）；采煤搬迁办公室并入建委；撤销文教局，建立教育局、文化局（文化局为二级局，设在宣传部，日常工作由宣传部管理）；高新技术办公室并入科委；物价局并入工商局；爱国卫生运动委员会办公室并入卫生局；编制委员会办公室靠挂劳动人事局；普法办公室并入司法局；撤销统计局、计划经济委员会、商业局、国有资产管理局，组建计划统计委员会、工业生产办公室、第三产业办公室、公有资产管理局；经济技术协作办公室并入计划统计委员会；房产管理局转为事业局；监察局与纪律检查委员会合署办公；人民防空办公室并入人民武装部；计划生育委员会更名计划生育局。

改革后，区政府工作部门设22个：区政府办公室、公安分局、司法局、劳动人事局、民政局、财政局、公有资产管理局、审计局、教育局、文化局、体育运动委员会、卫生局、城乡建设委员会、计划统计委员会、计划生育局、对外经济贸易委员会、监察局（与纪委合署办公）、科委、环境保护局、工商局、工业生产办公室、第三产业办公室。直属事业单位3个：非公有制办公室、交通局、房产管理局（事业局）。区委与区政府合设工作部门3个，分别是：农业农村工作办公室、综合改革办公室、信访办公室。双重领导部门1个：区税务局。

改革前，党政机构共有68个。经过改革，党政机构减至42个，机构减少38.23%。其中区政府由改革前33个工作部门（含靠挂机构）减至22个，政府机构精简三分之一，人员编制控制数比原实有人数减少了39.7%。

二、第二次机构改革

1996年2月始，根据路南发［1996］11号文件，路南区部署党政机关、事业单位第二次机构改革。此次改革作为推行国家公务员制度的重要组成部分，围绕区直机关机构设置、人员分流、部门“三定”等方面进行。改革的重点是转变职能、合理划分职责权限、拟定“三定”（定机构、定职责、定编制）方案，精简机构和人员。6月改革结束。改革后，区党政工作部门设置由改革前29个调整为23个（区委工作部门5个，政府工作部门18个），减少6个，精简21%。区级党政群机关行政人员由489人减为320人，减少169人，精简34.56%。领导职数由146人减少到110人，减少36人，精简24.66%。经过改革，区委设工作部门5个：办公室、组织部、宣传部、统战部、政法委。设直属事业单位3个：党校、党史研究室、档案局。政府设工作部门18个：区政府办公室、公安分局、司法局、计划与经济贸易委员会、劳动人事局、民政局、财政局、国有资产管理局、审计局、教育局、文体局、卫生局、监察局（与纪委合署办公）、城乡建设管理局、统计局、计划生育局、对外贸易经济合作局、科委。设直属事业单位7个：机关后勤服务中心、地方志办公室、非公有制经济管理办公室、交通局、房产管理局、物价局、地名办公室。区委与区政府合设工作部门2个：农业农村工作委员会、信访局。根据河北省“撤乡并镇”的指示及市民复字［1996］004号文件，梁家屯乡并入女织寨乡。设双重领导部门5个：唐山市工商行政管理局路南区分局、路南区国家税务局、路南区地方税务局、唐山市土地管理局路南区分局、唐山市环境保护局路南区分局。

三、第三次机构改革

2002年1月7日，区委召开常委（扩大）会议，专题研究路南区党政机构改革事项。4月，路南区党政机构进行第三次改革。改革以精简、统一、效能为原则，着重推进政府职能转变。

改革后，区委设工作部门8个：纪律检查委员会（监察局与其合署办公）、区委办公室、组织部、宣传部、统战部、政法委员会、直属机关工作委员会、农业农村工作委员会（农村经济局与其合署办公）。区委直属事业机构2个：党史研究室、党校。议事协调的办事机构1个：处理“法轮功”问题领导小组办公室，挂靠区委办公室。部门管理机构、挂靠机构10个全部撤销，总量由改革前28个减为19个，精简32.14%。区政府工作部门保留18个：政府办公室、经济贸易局、发展计划局、计生局、教育局、科技局、人事劳动和社会保障局、民政局、财政局、审计局、文体局、卫生局、外经贸局、城建局、环境建设办公室、统计局、公安分局、司法局。区委与区政府合设工作部门2个：农业农村工作委员会、信访局。设双重领导部门8个：唐山市工商行政管理局路南区分局、路南区国家税务局、路南区地方税务局、唐山市土地管理局路南区分局、唐山市环境保护局路南区分局、唐山市规划管理局路南规划分局、唐山市质量技术监督局路南区分局、路南区药品监督管理局。

区党政群机关行政编制由1998年年底的310人，减至260人，减少50人，精简16.13%；乡行政编制由60人，减至48人，减少12人，精简20%；街道办事处行政编制由116人，减至97人，减少19人，精简16.38%。公安、检察、法院、司法机关政法专项编制由1998年年底的160人，减为146人，减少14人，精简8.75%。乡属事业单位人员编制按20%精简。全区共分流机关干部290人，科级领导干部平均年龄43.2岁，比机构改革前下降1.6岁，大专以上文化程度达到81.3%，比机构改革前提高7.8个百分点。

四、第四次机构改革

2005年12月，根据市委、市政府印发《路南区人民政府机构改革方案的通知》，进行第四次政府机构改革。改革的指导思想是：按照完善社会主义市场经济体制和推进政治体制改革的要求，进一步完善政府组织机构，转变政府职能，建立与上级政府职能相衔接、组织框架总体协调和具有本区特点的政府组织体系，逐步形成行为规范、运转协调、公正透明、廉洁高效的行政管理体制。改革中坚持的原则：规定限额内设置政府机构、人员编制和领导指数不突破原核定的总额、职能和人员划转坚持“人随事走，板块式重组”、依法行政。改革的重点内容是按照完善社会主义市场经济体制的要求，切实把政府职能转变到经济调节、市场监管、社会管理、公共服务上来。

此次改革是在2002年机构改革的基础上，对区政府部分机构职能进行整合与调整。改革中，组建发展改革局、工业经济促进局、商务局；撤销经济体制改革办公室；将安全生产监督管理机构纳入政府工作部门；将计划生育局更名为人口和计划生育局；将区有关部门承担的食品、保健品、化妆品安全管理综合监督、依法组织协调和组织开展对重大事故查处的职能划归省垂直管理的食品药品安全监督管理部门。根据市政府机构改革指导意见，区政府不单设国有资产监督管理机构，国有资产管理职能由财政局承担，撤销设在财政局的国有资产委员会办公室。

改革后，区政府工作部门保留18个：政府办公室、财政局、科技局、审计局、卫生局、文体局、统计局、人口和计划生育局、教育局、城乡建设管理局、公安分局、司法局、民政局、人事劳动和社会保障局、发展改革局、工业经济促进局、安全生产监督管理局、商务局。议事协调机构的办事机构2个：机构编制委员会办公室和人民防空办公室。区委与区政府合设工作部门2个：农业农村工作委员会（农村经济局）、信访局。政府直属事业机构8个：交通局、物价局、市场建设服务中心、机关事务管理局、档案局、城市管理综合执法大队（与爱国卫生运动委员会办公室合署办公）、地方志办公室、采煤搬迁办公室。双重领导部门7个：路南区国家税务局、路南区地方税务局、唐山市工商行政管理局路南区分局、唐山市国土资源局路南区分局、唐山市环境保护局路南区分局、唐山市技术监督局路南区分局、唐山市规划管理局路南区分局。

五、第五次机构改革

2010年4月，根据市委、市政府印发《路南区人民政府机构改革方案的通知》，进行第五次政府机构改革。改革的主要任务是着力转变政府职能、理顺职责关系、明确和强化责任、调整优化组织结构、完善管理体制、严格控制机构编制。

改革中，撤销工业经济促进局，组建工业和信息化局，将发展改革局的工业行业管理、信息化管理职责与工业经济促进局的职责整合划入工业和信息化局，将发展改革局承担的经济合作管理职责划入商务局（挂招商局牌子）。将交通局更名为交通运输局。将城乡建设管理局更名为住房和城乡建设局。将爱国卫生委员会办公室职责划入卫生局（挂爱国卫生运动委员会办公室牌子）。将物价局并入发展改革局（挂物价局牌子）。人事劳动和社会保障局更名为人力资源和社会保障局。人民防空办公室由议事协调机构的办事机构改为区政府工作部门。机构编制委员会办公室单独设置，列区委机构序列，既是区委的工作机构，又是区政府的工作机构。

改革后，区政府设工作部门18个，即政府办公室、财政局（国有资产管理办公室）、发展改革局（物价局）、工业和信息化局、人口和计划生育局、教育局、住房和城乡建设局、民政局（民族宗教事务局）、人民防空办公室、人力资源和社会保障局、审计局、司法局、统计局、卫生局（爱国卫生委员会办公室）、文化体育局、安全生产监督管理局、科学技术局（地震办公室）、商务局（招商局）。区政府直属事业机构7个，即交通运输局、档案局（馆）、市场建设管理办公室、机关事务管理局、城市管理局路南执法大队、地方志办公室、支持重点建设办公室。区委与区政府合设工作部门2个：农业农村工作委员会（农村经济局）、信访局。双重领导部门7个：路南区国家税务局、路南区地方税务局、工商行政管理局、国土资源局路南区分局、环境保护局路南区分局、城乡规划局路南区分局、唐山市技术监督局路南区分局。

第三节　贯彻国家公务员制度

1996年10月，区政府印发《唐山市路南区国家公务员制度实施方案》（以下简称《方案》）和《唐山市路南区国家行政机关现有工作人员向国家公务员过渡实施办法》。按照文件精神，路南区政府机关共有38个单位过渡到公务员管理范围。

2005年4月27日，全国十届人大常委会第十五次会议审议通过《中华人民共和国公务员法》（以下简称《公务员法》），公务员制度依法得到确立。2006年10月，依据市委办公厅、市政府办公厅印发的《唐山市实施〈中华人民共和国公务员法〉工作方案》和《唐山市公务员登记方案》的通知精神，印发《唐山市路南区实施〈中华人民共和国公务员法〉工作方案》和《唐山市路南区公务员登记实施意见》的通知。文件规定：路南区自2006年1月1日列入《公务员法》实施范围的机关，按照《公务员法》及中央、省、市有关配套政策法规的规定，全面实施公务员录用、考核、职务任免、职务升降、奖励、惩戒、培训、交流与回避、工资福利保险、辞职辞退、退休、申诉控告等各项管理制度。自本工作方案印发之日起，重点做好公务员登记、职务与级别确定和工资套改等工作。按照先易后难、稳慎开展、逐级负责的原则，完成全区公务员登记的审核工作。具体工作程序：进行公务员登记，确定职务与级别，进行工资套改，检查验收。召开全区实施公务员法工作会议，成立实施《公务员法》工作领导小组，确定工作领导小组办公室组成人员及工作职责。按照文件规定的审批条件、权限、程序和有关工作要求，依法组织申报、考试、登记。经核定，全区实施《公务员法》单位共有54个，其中区委系统18个，区人大1个，区政府系统24个，区政协1个，区检察机关1个，区审判机关1个，区工商联机关1个，乡街办事处7个。按照唐山市实施《公务员法》工作领导小组办公室关于转发河北省实施《公务员法》工作小组办公室《关于事业单位参照公务员法管理审批工作有关问题的通知》的通知要求，对申请参照《公务员法》管理的事业单位，亦按审批条件、权限、程序和有关工作要求，依法组织申报、考试、登记。

2007年，按照《河北省国家公务员培训规定》和市人社局印发的《唐山市行政机关公务员教育培训工作考核办法》文件规定，开始建立公务员教育培训机制。2008年，按照中共唐山市委组织部、唐山市人事局关于转发《公务员调任规定（试行）》的通知，市委组织部、市人事局印发的《公务员奖励规定（试行）》的通知精神，建立公务员录用、晋升、调动、交流制度和公务员奖惩制度。至此，公务员录用、考核、职务任免、职务升降、奖励、惩戒、培训、交流与回避、工资福利保险、辞职辞退、退休、申诉控告等公务员各项制度体系基本形成。至2010年，全区政府序列科级以下公务员为91人，事业单位参照公务员法管理的65人；党群系统共有公务员277人，事业单位参照公务员法管理的20人，群团参照公务员法管理的18人。

第四节　完善社会主义民主政治制度

一、完善人民代表大会制度

1955年3月，唐山市原二、六区合并，正式建置路南区。经第一届人民代表大会第二次会议民主选举，所产生的区人民委员会，既是人民代表大会的执行机关，也是地方国家行政机关。1956年10月，路南、路北、缸窑三区合并为市区。1961年10月，恢复路南区建制，同年11月至1966年2月，先后召开路南区第四、五、六届人民代表大会，选举产生各届人民委员会。“文化大革命”开始后，人民委员会被夺权，政权组织陷入瘫痪。1968年1月，成立路南区革命委员会，总揽全区党政大权。1981年5月，召开第七届路南区人民代表大会，恢复停设15年的人民代表大会制度。1984年5月，召开第八届路南区人民代表大会，大会通过《唐山市路南区人大常委会关于任免国家机关工作人员的暂行办法（草案)》。

1987年起，依据《中华人民共和国宪法》《中华人民共和国地方各级人民代表大会和地方各级人民政府组织法》赋予地方人民代表大会及其人大常委会依法监督职责，先后讨论通过《唐山市路南区人大常委会会议制度（草案)》《唐山市路南区人大常委会主任会议制度（草案)》《路南区人大常委会关于依法行使职权的暂行规定（草案)》《唐山市路南区人大常委会关于人民代表工作的暂行办法（草案)》《唐山市路南区人大常委会关于与一府两院加强相互工作联系的暂行办法》《唐山市路南区人大常委会实施监督的暂行规定（草案)》《唐山市路南区人大常委会议事规则（草案)》，逐步恢复、建立、完善人民代表大会的制度体系。

1990年4月起，路南区十届人大常委会根据有关法律规定，先后对《唐山市路南区人大常委会会议制度（草案)》《唐山市路南区人大常委会主任会议制度（草案)》《路南区人大常委会关于依法行使职权的暂行规定（草案)》《唐山市路南区人大常委会关于人民代表工作的暂行办法（草案)》《唐山市路南区人大常委会关于与一府两院加强相互工作联系的暂行办法（草案)》《唐山市路南区人大常委会实施监督的暂行规定（草案)》《唐山市路南区人大常委会议事规则（草案)》等7项制度重新修订；对《唐山市路南区人大常委会关于任免国家机关工作人员的暂行办法（草案)》进行第三次修订。完善《路南区人大常委会关于人民代表工作的暂行规定》，在各街道办事处建立代表联系组。人民代表大会及其人大常委会的制度体系日趋完善。

1994年，研究制订《路南区人大常委会主任会议关于对决定任命的政府组成人员提交年度工作目标责任书和年度述职报告的意见》，加强常委会对所任命干部的有效监督。同时建立代表上站制度、季安排制度、代表走访选民制度、常委会领导参加基层活动制度等四项制度。

1998年，完善《路南区人大常委会人事任免工作办法》《关于对政府组成人员、区法院、区检察院负责人提交年度工作目标责任书和年度述职报告的意见》《实施监督的暂行规定》《关于人民代表工作的暂行办法》《关于任免国家机关工作人员的暂行办法》《关于加强与一府两院工作联系的暂行办法》《人大常委会议事规则》《人大常委会主任会议议事规则》。常委会机关制定《信访工作暂行办法》《信息工作有关规定》《请示报告制度》《学习制度》《公文处理实施细则》，建立常委会领导接待来信来访、常委会组成人员联系代表、代表视察调查及对被任命干部述职评议等制度，使常委会工作逐步走上制度化和规范化轨道。

2005年起，先后制定《唐山市路南区人大常委会信访工作暂行规定》《关于开展旁听和评议法院庭审活动的实施方案》《路南区人大常委会组成人员守则（试行）》，建立代表“双卡”（履职登记卡、活动登记卡）制度，促进代表依法履职的规范化、制度化。至此，人民代表大会及其人大常委会依法监督职能、自身建设逐步走向成熟，制度体系更加规范。至2010年，路南区人民代表大会历经5届，召开例会总计278次，其中听取和审议区人民政府、人民法院、人民检察院工作报告273项，作出决定、决议198项，督办代表建议、批评和意见1936件，接待人民群众来信来访2061人次，受理申诉控告案件和其他信访1227件，任免国家机关干部680人次，有效保证宪法、法律、行政法规和上级人民代表大会及其常务委员会决议的遵守和贯彻执行。

二、完善政治协商制度

1984年3月，区委根据市委组织部、统战部“关于区政协的建立和县政协换届几个问题的意见”，决定区政协的建立与区人大的换届同时进行。经与各界人士协商，成立区政协筹备委员会并随即开展工作。5月22日，召开路南区政协一届一次全体会议，路南区政协组织机构建立，遂开始履行人民政协政治协商、民主监督、参政议政职能，探索人民政协政治协商、民主监督、参政议政的有效途径。

1988年10月，区委转发《关于加强和改进政治协商、民主监督的意见》。1990年4月，区委印发《关于认真贯彻〈中共中央关于坚持和完善中国共产党领导的多党合作和政治协商制度的意见〉的意见》，阐明政治协商、民主监督的内容、范围与形式。1991年，区政协制定《关于政治协商、民主监督的暂行规定》（以下简称《暂行规定》）。《暂行规定》对协商监督的原则、内容、程序、形式等都作出明确的规定。按照《暂行规定》，建立政协各专门委员会与有关单位的对口协商制度；制定《政协路南区委员会会议规则》，对全委会、常委会、主席会议的准备、召集及职权、任务等都做出具体规定。至此，人民政协的政治协商、民主监督制度初步建立。

1992年，制定《政协唐山市路南区委员会关于提案工作细则》，使提案工作做到有章可循；完善政协常委会议、主席会议和主席办公会议规则；研究并通过《关于政协加强同各民主党派之间联系的意见》《关于优秀提案评选、表彰意见》《专门委员会的工作职责、工作制度》等，政协工作制度趋向规范化、制度化、科学化。

1996年，制定《政协路南区委员会关于政治协商、民主监督、参政议政的实施细则》《政协路南区提案工作细则》《区政协委员联络组简则》和联系委员制度、委员活动日制度、委员知情制度等项制度。坚持和改进主席办公会制度、列席区委常委会制度。

1998年，从加强队伍建设出发，建立《关于加强同各民主党派之间联系的意见》《关于密切联系委员和群众的实施意见》《关于评选表彰优秀政协委员的意见》以及《专门委员会的工作职责》等工作制度。

2001年，制定《关于政协提案审查立案的实施办法》《关于跟踪督办政协提案的实施办法》《关于评选表彰优秀提案、优秀提案者的实施办法》，进一步规范提案审查、跟踪督办和评选表彰机制。

2003年，对四届政协期间形成的《关于政治协商、民主监督、参政议政的实施细则》等7项工作制度逐一进行修改，进一步规范区政协全委会议、常委会议、主席会议、专委会工作、提案工作、社情民意等9项制度和规定，确定工作标准，理清工作程序，明确工作职责。

2004年，制定《委员履行职能参加活动的暂行办法》，修订《主席会议规定》《常委会工作规则》《委员联络组工作细则》《评选表彰优秀政协委员的实施意见》《继续开展“三个一”活动和实施“三日五制”的安排意见》，完善提案工作和信息工作的相关制度细则。与党政有关部门、民主党派、省市政协及外县区政协，分别建立健全加强联系和协作配合的工作制度。制定出台《关于加强反映社情民意工作的试行办法》，规范社情民意的内容、反映渠道和方法。自1990年起，路南区政协按照人民政协章程，依法履行政治协商、民主监督职能，到2010年止，共召开全体委员会议21次，收到委员提案2554件，审查立案2382件，按时办结率100%。其中，区委、区政府及相关部门采用1542件，占全部提案的 60.38%，委员满意率达 95%以上。

三、农村民主政治制度建设

1992 年 11 月，唐山市区划调整，开平区所辖的梁家屯、女织寨乡计 38 个村划归路南区管辖，遂开始将农村民主政治制度建设提上重要议程。至 2010 年，共依法进行 6 次村委会换届选举，同时构筑村务公开的制度体系。

村委会换届选举　1993 年，区政府下发《关于搞好村民委员会换届选举工作的通知》，部署第三届（延续开平区村民委员会换届选举届次）村民委员会的换届选举工作。此次换届选举，按照《唐山市路南区村民委员会换届选举实施办法》进行，选举分为选民登记、推荐候选人、依法选举三步实施。1994 年 3 月，第三届村委会换届选举完成。

1997 年，进行第四届村委会换届选举。本次换届从 1 月 10 日开始至 3 月 10 日结束。这次选举与推动农村村民自治示范活动相结合。选举后，建立和完善村民代表会议制度等村级各项规章制度，普遍落实“两议组织”（党员代表议事会、村民代表议事会）和村务公开，力求村民自治示范活动取得显著成效。

1998 年，《中华人民共和国村民委员会组织法》颁布实施。1999 年 9 月 24 日，《河北省实施〈中华人民共和国村民委员会组织法〉办法》和《河北省村民委员会选举办法》发布执行，标志着村民委员会直选纳入法制化轨道。2000 年，区委、区政府依据《中华人民共和国村民委员会组织法》《河北省实施〈中华人民共和国村民委员会组织法〉办法》和《河北省村民委员会选举办法》，下发《关于印发〈路南区第五届村民委员会换届选举工作实施方案〉的通知》，明确第五届村委会换届依法直选。换届开始，区派出工作组，各乡、村两级建立选举工作领导小组，协助各村制定实施方案，确定选举日程，并张榜公布，依法确定选民资格、公布选民名单和发放选民证等。引导村民按照标准酝酿和提名村民委员会成员候选人，按得票多少依法确定村民委员会成员候选人。进入选举阶段，正式候选人的确定实行差额选举，由全体选民直接投票产生。候选人确定后，全体选民以无记名投票方式，直接投票选举产生村民委员会委员。全体选民再以直接投票方式选举产生村主任、副主任，当场颁发当选证书。选举工作从 2000 年 1 月 1 日开始至 4 月 5 日结束。全区 38 个村全部完成村委会换届选举，共选出村委会主任 38 名，副主任 14 名，委员 95 名。

2002 年 12 月 6 日，区委、区政府印发《关于第六届村民委员会换届选举工作的实施方案》《关于成立路南区第六届村民委员会换届选举工作领导小组的通知》。2003 年年初，由于“非典”（传染性非典性肺炎）疫情发生，第六届村委会换届选举工作延期至 6 月 19 日开始，7 月 31 日结束。至 8 月 23 日，全区 38 个行政村已有 37 个村完成换届选举，共选出新一届村委会成员 125 名，其中：主任 37 名，副主任 13 名，委员 75 名。

2006 年 1 月 24 日，区委、区政府印发《关于第七届村民委员会换届选举工作的实施方案》《关于成立路南区第七届村民委员会换届选举工作领导小组的通知》，部署第七届村委会换届选举工作。此次换届选举从 2 月初开始，到 4 月初，全区 38 个村有 36 个村选举成功，共选出新一届村委会成员 120 人。新艾庄、侯边庄 2 个村，于 4 月底也相继完成换届选举工作。

2009 年 1 月，区委组织部、区民政局下发《关于共同做好第八届村委会换届选举工作的通知》，规定全区 38 个村村委会选举日分别为 1 月 13 日和 1 月 16 日。为保证选举工作顺利推进，各包村部门派出的换届选举工作协助员，换届选举工作联络员、观察员全部到村帮助开展工作。至 1 月 23 日，有 34 个村依法完成村委会换届选举，产生村委会成员 116 人。未完成换届选举工作的有郑家庄、西小艾、木匠庄，侯边庄 4 个村，其后也相继完成换届选举。

村务公开　1994 年，按照中共中央下发的《关于加强农村基层组织建设的通知》，在全区各村开始建立“村务公开”制度，凡是涉及全村群众利益的事情，特别是财务开支、宅基地审批、当年获准生育的妇女名单及各种罚款的处理等，都定期向村民张榜公布，接受村民监督。

1995 年，区委、区政府印发《关于进一步规范和推行农村“两议事、十公开”制度的实施意见》，后调整为“两议事、七公开”（“两议事”指党员代表议事会和村民代表议事会；“七公开”指财务收支公开、征购提留公开、计划生育公开、电费电价公开、宅基地发放公开、各业承包公开、干部责任目标及待遇公开），农村的村务公开开始规范。

1999 年，落实中共中央《关于农业和农村工作若干重大问题的决定》和中共中央办公厅、国务院办公厅《关于在农村普遍实行村务公开和民主管理制度的通知》，将农村的村务公开，从办理结果的公开，向事前、事中、事后全过程公开延伸。至 2003 年，村务公开率达到了 100%，“五规范一满意”的村达到 98%，有 80% 的村建立村务公开档案，东礼尚庄村被省命名为“基层民主政治建设示范村”。村务公开的制度体系逐步构成。

2004 年起，落实中共中央办公厅、国务院办公厅《关于健全完善村务公开和民主管理制度的意见》，从完善内容、拓宽渠道、严格程序、规范管理、确保群众满意五个环节，健全村务公开的各项制度，保障农民群众的知情权、决策权、参与权和监督权有效落实。是年，村务公开内容由原 12 项拓展到 21 项。2007 年，公开内容由原 21 项拓展到 23 项。

2010 年，村务公开时间、内容、程序更加完善。一般的村务事项至少每季度公开一次，涉及农民利益的重大问题以及群众关心的事项及时公开，财务收支情况每月公布一次。村务公开的内容：凡国家有关法律法规和政策明确要求公开的事项，如计划生育政策落实、救灾救济款物发放、宅基地使用、村集体经济所得收益使用、村干部报酬、土地征用补偿及分配、农村机动地和“四荒地”发包、村集体债权债务、税费改革和农业税减免政策、村内“一事一议”筹资筹劳、新型农村合作医疗、种粮直接补贴、以及国家其他补贴农民、资助村集体的政策落实情况等。村务公开的基本程序是：村民委员会根据本村的实际情况，依照法规和政策的有关要求提出公开的具体方案；村务公开监督小组对方案进行审查、补充、完善后，提交村党组织和村民委员会联席会议讨论确定；村民委员会通过村务公开栏等形式及时公布。至此，村务公开的制度体系基本构建。

第五节　司法制度改革

一、侦查制度

1955 年 3 月，始设路南区公安分局。1956 年 10 月，路南区同路北区、缸窑区合并为市区，3 个区公安分局合并为市区公安分局。1960 年 5 月，成立路南人民公社，公社设保卫科，管辖境内公安工作。1961 年 10 月，路南人民公社撤销，恢复路南区建制，区公安分局相应恢复，开始承担侦查职能。“文化大革命”期间，解放军驻唐部队对各级公安机关实行军事管制，路南区设军管小组。1973 年，撤销军事管制，恢复路南区公安分局，遂全面承担公安机关的侦查职能。

1979 年执行 7 月 1 日第五届全国人民代表大会第二次会议通过的《中华人民共和国刑事诉讼法》，规定公安机关侦查工作包括讯问被告人、询问证人，勘验、检查，搜查，扣押物证、书证，鉴定、通缉，侦查终结。以《中华人民共和国刑事诉讼法》通过为标志，公安机关的侦查制度及程序依法得到规范。

1996 年执行 3 月 17 日第八届全国人民代表大会第四次会议通过的《关于修改〈中华人民共和国刑事诉讼法〉的决定（修订）》，规定公安机关是刑事诉讼中的主要侦察机关，在侦察过程中，公安机关有权依法讯问犯罪嫌疑人，询问证人，勘验、检查，搜查，扣押物证、书证，鉴定，通缉，侦查。1998 年，通过落实公安部关于《公安机关办理刑事案件程序规定》，公安机关的侦查内容、制度及程序趋具可操作性，公安机关的侦查制度更加成熟，逐步构成包括一般规定，讯问犯罪嫌疑人，询问证人、被害人，勘验、检查，搜查，扣押物证、书证，查询、冻结存款、汇款，鉴定，辨认，通缉，侦查终结，补充侦查的受案、立案制度，侦查程序制度，拘留、逮捕制度，移送起诉制度，证据制度的侦查制度体系（人民检察院侦查终结的案件，应当做出提起公诉、不起诉或撤销案件的决定）。

二、检察制度

1956年1月，建立路南区人民检察院，隶属于市人民检察院。10月，路南区、路北区、缸窑区合并为市区，检察机关随之合并成立市区人民检察院。1958年，市区人民检察院撤销，其职能由公安机关法制科行使。1959年12月，重设市区人民检察院。1961年5月，市区人民检察院职能归市人民检察院行使。“文化大革命”期间，检察职能前期由军管会取代，1973年后由公安机关代行。1978年7月，第三次设立路南区人民检察院，其工作受市人民检察院领导，接受区人大常委会监督。

1979年执行7月1日第五届全国人民代表大会第二次会议通过的《中华人民共和国刑事诉讼法》，明确人民检察院对犯罪嫌疑人的批准逮捕和检察（包括侦查）、提起公诉，由人民检察院负责；人民检察院对于公安机关提请批准逮捕的案件进行审查后，应当根据情况分别做出批准逮捕，不批准逮捕或者补充侦查的决定；人民检察院侦查的案件，侦查终结后，应当做出提起公诉、免予起诉或者撤销案件的决定；人民检察院认为被告人的犯罪事实已经查清，证据确实、充分，依法应当追究刑事责任的，应当做出起诉决定，按照审判管辖的规定，向人民法院提起公诉；地方各级人民检察院认为本级人民法院第一审的判决、裁定确有错误的时候，应当向上一级人民法院提出抗诉。同期，第五届全国人民代表大会第二次会议通过《检察院组织法》，人民检察院的法律监督职能依法得到保障。

1991年，贯彻《中华人民共和国民事诉讼法》，人民检察院对同级人民法院民事审判的监督权更加明确，即上级人民检察院对下级人民法院已经发生法律效力的判决、裁定，应当按照审判监督程序提出抗诉。至此，人民检察院的法律监督既包括刑事案件的侦查监督、侦查活动监督、审判监督，又包括民事诉讼案件的监督，构建起侦查监督制度、自侦制度、公诉制度、审判监督制度、对刑事判决的执行和监所的监督制度，且日趋完备系统的检察制度体系。

三、审判制度

1955年2月，路南区人民法院建立，依据1954年9月21日第一届全国人民代表大会第一次会议通过的《中华人民共和国人民法院组织法》规定，履行审判职能。10月，路南、路北两区法院合并为唐山市区人民法院。1958年，市区人民法院撤销，境内各类案件由市法院辖属的路南组管辖。1962年，组建路南区人民法庭。“文化大革命”期间，路南区人民法庭职能由军管会法制组代为行使，审判基本停滞。1973年初，撤销军管，重设路南区人民法庭，主要审理民事和刑事自诉案件。1978年10月，路南区人民法庭易名为路南区人民法院。

1979年执行7月1日第五届全国人民代表大会第二次会议通过的《中华人民共和国刑事诉讼法》，基层人民法院审判案件，除本法另有规定的以外，一律公开进行；被告人有权获得辩护，人民法院有义务保证被告人获得辩护；基层人民法院审判第一审案件，除自诉案件和其他轻微的刑事案件可以由审判员一人独任审判以外，应当由审判员1人、人民陪审员2人组成合议庭进行；各级人民法院院长对本院已经发生法律效力的判决和裁定，如果发现在认定事实上或者在适用法律上确有错误，必须提交审判委员会处理。其间，第五届全国人民代表大会第二次会议通过《中华人民共和国人民法院组织法》。1983年执行9月2日第六届全国人民代表大会常务委员会第二次会议通过《关于修改〈中华人民共和国人民法院组织法〉的决定》修订），规定人民法院审理案件，除涉及国家机密、个人隐私和未成年人犯罪案件外，一律公开进行；被告人有权获得辩护；人民法院审判案件，实行合议制。各级人民法院院长对本院已经发生法律效力的判决和裁定，如果发现在认定事实上或者在适用法律上确有错误，必须提交审判委员会处理。

2006 年 10 月 31 日，第十届全国人大常委会第二十四次会议通过《关于修改〈中华人民共和国人民法院组织法〉的决定》修正）。至此，人民法院的审判工作原则、审判制度更加规范、成熟，构成公开审判制度、辩护制度、两审终审制度、合议庭制度、回避制度、审判监督制度、司法协助制度的司法审判制度体系。

四、司法行政管理制度

1980 年，路南区司法局设置，依法履行司法行政管理职能，加强全民的法制教育，逐步建立健全民事调解制度、律师制度、公证制度。

律师制度 1985 年 2 月，路南区始建律师事务所，主要业务是办理刑事案件辩护、代理民事案件诉讼、担任法律顾问、提供法律咨询服务等，律师制度开始建立。

1996 年 12 月，按照国务院批准转发司法部《关于进一步深化律师工作改革的方案》的要求，区律师事务所与司法局脱钩改为合伙制，自我管理、自我发展、自我约束、自我经营，接受司法行政管理部门的指导与监督。至 2010 年无变化。

公证制度 1985 年 2 月，路南区公证处成立，开始依据《公证暂行条例》，办理境内公民权利义务公证和经济合同公证。2002 年，《公证程序规则》正式颁布，路南区公证工作逐步正规化、制度化。2008 年 9 月，区公证处整合至市司法局公证处，更名为唐山市华忆公证处。

民事调解制度 1980 年，路南区司法局建立，翌年局内设民事调解股，负责全区基层民事调解工作的指导。1982 年，依据《人民调解委员会暂行组织通则》要求，各街道建立调解领导小组，设立专职司法助理员，负责法律宣传、民事调解、咨询服务等。各居委会、企业相继建起民事调解委员会或民事调解小组，全区的民事调解网络初步构成。1989 年，国务院颁布《人民调解委员会组织条例》，对人民调解的性质、任务、基本原则进行明确，至此，路南区形成了与人民调解工作相匹配的纠纷登记和统计制度、民间纠纷排查制度、调解和回访制度、会议和汇报制度、免费和补贴制度、学习和培训制度、表彰和奖励制度的人民调解工作制度体系。

第二章　经济体制改革

中共十一届三中全会后，路南区的经济体制改革，按照省、市统一部署和区情进行。1992 年中共十四大后，改革的基本目标是把高度集中的计划经济体制改革成为社会主义市场经济体制。在所有制方面，以建立公有制为主体、多种所有制经济共同发展的经济制度为目标，调整和完善所有制结构，推行公有制形式多样化；在农村，进一步完善以家庭联产承包责任制为基础的双层经营体制；在城市工商企业，以增强企业活力为中心环节，以建立现代企业制度为方向，进行产权制度改革；在宏观调控方面，对计划、财政、税收、物价、投资等体制进行配套改革，逐步构筑综合运用经济手段、经济政策、经济法规和必要的行政手段相统一的间接调控为主的宏观调控体系。

第一节　农村经济体制改革

中共十一届三中全会后，开平区女织寨乡、梁家屯乡农村经济体制改革从推行包工到组、联产计酬责任制起步，后发展到包产到户、包干到户、分田到户。1983 年全面推行家庭联产承包责任制。1984 年执行土地承包一定15年不变政策。1992年11月，开平区女织寨乡、梁家屯乡划归路南区管辖，农村仍延续原土地承包合同15年不变政策。1998年开始，土地承包期再延长30年。2005年起，按照“依法、自愿、有偿”原则，引导和规范土地延包和流转。2010年，流转土地面积436.8公顷，其中转包355.06公顷，出租81.73公顷。

一、延长土地承包期

1998年8月，根据中办发［1997］16号《关于进一步稳定和完善农村土地承包关系的通知》精神，按照“稳定是前提，顺延是重点，满意是基础，发证是关键”的指导思想，稳妥地推进土地延包30年政策的落实。全区38个行政村，有9个市民村维持现状。对实施土地适度规模经营的4个村进行合同完善。对25个村需进行土地延包30年的，坚持合同到期一批，签订一批。取消“两田制”（口粮田和责任田），机动地严格控制在5%以内。到2000年5月，土地延包30年合同签订全部完成。共落实土地延包面积1133.93公顷，涉及农户9397户，签订土地承包合同8992户，发放证书8273份。

二、建立土地流转机制

1998年，按照“依法、有偿、自愿”原则，开始建立土地流转机制，至2001年，共流转土地面积473.86公顷。2002年1月，根据中共中央［2001］18号文件精神，对土地使用权流转进行规范。流转方式有：集体流转，统一找补。此种方式涉及6个村，流转土地面积174.2公顷。主要面对二、三产业相对发达，集体经济实力较强，大部分农民在村办企业就业或从事第三产业，对土地依赖性不强的村进行。连片转包，承包费归己，涉及13个村。主要面对大南湖规划内占地村，各农户以转包、出租的方式进行土地流转。此种方式既保证市重点工程建设，又使农民利益得到保障。年内共出租、转包土地面积133.33公顷。自愿转让，利益找补。此种方式涉及面广、零散，形式不尽相同，约占土地180公顷。农民可自愿将土地转给村委会，由村统一发包，村与户建立利益找补机制。另外，农户间可相互流转，利益找补。2008年后，支持南湖生态城建设，共征地521公顷，流转土地346.7公顷。2010年，流转主要形式为转包和出租。是年，流转土地面积436.8公顷，其中转包土地面积355.06公顷，出租土地面积81.73公顷。

三、农村税费改革

1992年，各农户在缴纳农业税同时，按人头地亩缴纳公积金、公益金、管理费三项村提留和乡村两级办学经费、计划生育费、优抚费、民兵训练费、修建乡村道路费（简称“三提五统”）。1993年征收农业税29万元，2000年征收农业税109万元。2002年开始农村税费改革。区委、区政府制定《路南区农村税费改革实施方案》《路南区农村税费改革中几项资金使用意见》。改革内容为：取消乡统筹费、农村教育集资等专门面向农民征收的行政事业性收费和政策性基金、集资；取消屠宰税；逐步取消劳动积累工和义务工。改革村提留征收使用办法，即：原村提留采用新的农业税附加方式统一收取，农业税附加比例最高不超过农业税正税的20%；农业税附加全部返还给村级组织，用于村干部报酬、五保户供养、办公经费等。农业税附加实行乡管村用；村内兴办其他集体生产公益事业所需资金，实行“一事一议”和村务公开制度。当年全区计税面积1698.28公顷，计税产量为205.50公斤，人均负担26.27元，人均减负27.32元，减负总额108万元，减负比例为50.98%。2003年应征农业税100.2万元，减征47.79万元，减征后的资金缺口全部由区财政转移支付，全乡共有8个村享受村级转移支付资金。2005年共为农民减负287.48万元，其中农业税减轻农民负担27.79万元。税费改革后，取消各种杂费，只需交纳一项农业税，同时享受种粮直接补贴政策。是年粮食补贴14.5万元全部拨付到农民手中。12月29日，十届全国人大常委会第十九次会议决定，自2006年1月1日起《农业税条例》废止，取消除烟叶以外的农业税费征收。

第二节 工业企业改革

一、扩大企业自立权（1978—1986）

1978年，全民所有制工业企业按计划组织生产，集体企业根据市场需求安排生产。1984年起，按照中共十二届三中全会通过的《中共中央关于经济体制改革的决定》要求，开始简政放权，制定《关于搞活区街经济的若干规定》，帮助企业推行各种形式的经济责任制。

1986年，以“巩固，消化，补充，完善”为方针，重新修订《关于搞活街道企业的若干规定》，制定配套改革文件，探索、推广集体企业试行股份制的做法及经验；把企业享有的权力归还给企业；将工资、奖金分配与企业的经济效益和职工的劳绩挂起钩来，以调动企业和职工的积极性。

二、实行承包责任制（1988—1990）

1988年，以巩固、完善承包制为重点，探索招标承包、全员承包、资产增值、风险抵押、企业间生产力优化组合、企业干部招标选聘、职工优化劳动组合以及建立企业利益共同体等改革形式。全区有74家直属工商企业实行承包经营和租赁经营，有2家企业推行效益工资，15家企业实行劳动优化组合，5家街属企业实行1年或3年承包。至1990年，区直属全民工业企业13家、集体工业企业143家，全部实行厂长承包经营责任制。

三、股份制改造（1991—1994）

1993年，以建立社会主义市场经济体制为目标，加快企业股份制改造步伐。年内，建立股份合作制的企业达104家，其中股份制9家；实行全员劳动合同制的试点企业4家；岗位技能工资试点企业3家；有5家企业实行国有民营。是年，唐山市电子设备厂兼并第二无线电厂，唐山市人民服装厂合并至唐山市毛巾厂，唐山市日用化工厂委托文北金匙集团经营。唐山市第二印刷厂委托民政局经营，更名为唐山市工业自动化仪表厂；唐山市制刷厂、唐山市金属制品厂分别委托给广场办事处和金匙集团经营。

1994年，唐山市电子设备厂与日本松下电器产业株式会社合资兴建唐山松下电器产业有限公司，首开全省与国际500强大公司成功合作的先河。唐山市毛巾厂宣布破产，成为唐山市第一家破产的国有工业企业。有7家企业实行资产委托经营；16家企业实行股份制；114家企业实行股份合作制，总股本7015万元，其中个人股金1453万元。

四、产权制度改革（1995—2010）

1995年，区政府明确企业改革要“以产权制度改革为核心，以建立现代企业制度为重点，实施以适应（适应国家宏观改革的深化与完善）、结合（点面结合，改制、改组、改造结合，改革发展稳定结合）、配套（公有资产管理和运营、社会保障、要素市场建设配套）、提高（提高全区经济运行质量、提高企业整体素质）为主要内容”进行产权制度改革。当年，以唐山市电子设备厂为核心，通过投资、控股和参股等形式，联合自动焊接设备有限公司、焊接变压器有限公司、电焊机有限公司和唐山松下产业机器有限公司4家企业，组建开元集团。是年，唐山电子设备厂与日本松下电器产业株式会社合资项目竣工投产，成为全国焊接设备生产基地。

1996年，煤矿专用设备厂、织袜厂依法宣布破产；唐山市玻璃厂改制组建唐山玻璃集团，由金瓶、金盈、金益玻璃制品、万华实业、万利汽车5家有限公司组成。

1997年，全面推进产权制度改革，国有、集体工业企业通过改制或依法破产，或成为股份合作制企业、股份制企业，或通过出售变为个体私营企业。年内，开元集团、玻璃集团被列为省、市现代企业制度改革试点。至年末，全区股份制企业（包括工商企业）已达30家，股份合作制企业150家，有5家国有、集体企业破产，累计活化闲置资金1.6亿元，安置下岗再就业职工3191人。

1998年，放开改革形式，推行以股份制、股份合作制为主，个人买断、切块经营、分立重组、公有民营、租赁经营、兼并、托管等形式并存的改革路径。同时，制定《股份制、股份合作制企业改造实施方案的编制要点》，避免改制不到位和改制畸形等现象，严格资产评估程序，有效防止国有、集体资产流失。全区完成改制企业82家，其中股份制企业5家，股份合作制企业57家。

2001年，坚持“整体推进，重点突破，因企制宜，完善提高”的企业改革工作方针，以妥善安置职工为前提，强化资本运营。电缆总厂通过整体出租、土地变现等多种形式置换资金，730名职工得到妥善安置。锅炉容器厂、制刷厂等一批特困企业通过改制，逐步走出困境。三星电子大厦、向阳五金公司等企业面向社会公开竞价出售；金刚石厂、螺丝厂等企业成功实施“退二进三”（退出第二产业、进入第三产业）改造。全区企业产权制度改革面达到87%。推进综合配套改革，全区企业养老保险全部纳入省级统筹，征缴养老保险金、失业保险金，妥善安置下岗职工，国有企业下岗职工基本生活保障率达到100%。

2006年，严格按改制程序，分类推进，逐步实施。羊毛衫厂、电缆厂、第一胶鞋厂、玻璃集团退休职工安置工作基本完成。累计安置职工3000余人，盘活资产7000余万元。此后。以建立现代企业制度的改革整体推进。唐山标准件厂，唐山市玻璃（集团）有限公司，唐山市量具厂，唐山市霓裳时装厂，唐山市金艺首饰厂，唐山市第二金属制品厂先后破产，资产变现收入4313万元，安置职工2406人。整体出售企业18家：唐山市仪表厂、唐山市锅炉容器厂、唐山市织袜厂、唐山市建华化工厂、唐山市第二造纸厂、路南区第一童装厂、唐山市煤矿专用设备厂、路南区五交化有限公司、唐山市电缆厂、唐山市汽车制动件厂、路南区商业总公司、唐山市兴唐建材厂、唐山市第一胶鞋厂、路南区商业服务公司、唐山市羊毛衫厂、唐山市第六服装厂、唐山市前进化工厂、路南区华东五金公司。资产缺口由政府负责偿还。改造为股份制企业17家：唐山市线材厂、唐山市刃具厂、唐山市电器厂、唐山市坩埚厂、唐山市肠衣厂、唐山市家具厂、唐山市化工机械厂、唐山市制刷厂、唐山市化学厂、唐山市清筛机厂、唐山市电影机械厂、唐山市仪器仪表厂、路南区红楼商场、路南区宏源公司、唐山市保温材料厂、唐山市百灵制绣厂、唐山市兴唐木材厂。

2010年，路南区属全部工业企业有726家，实现工业总产值（当年价）22.28亿元。其中销售收入500万元以上及国有和国有控股企业35家，实现工业总产值（当年价）14.12亿元；销售收入500万元以下及非国有和国有控股及村以下工业企业691家，实现工业总产值（当年价）8.16亿元。区属全部工业企业中入统工业企业40家。实现工业总产值（当年价）21.64亿元。40家入统工业企业中有集体企业2家，其余为民营经济。民营企业已成为路南工业经济运行主导力量。

第三节　商业企业改革

路南区的商业企业改革最早起步于1987年。当年，进行租赁经营试点。1992年3月12日，区政府印发《搞好区属商业企业暂行规定》，开始在商业企业中推行经营内容放开、经营范围放开、经营方式放开、内部分配放开、用工制度放开的“五放开”经营体制改革。1997年起，以分立重组、股份制、股份合作制改造、兼并、买断、出售、拍卖等建立现代企业制度的产权制度改革整体推进。至2010年，全区已无全民所有制商业企业，集体商业企业只剩4家，个体私营商业企业成为商业运行主体。

一、转换经营机制（1987—1996）

1987 年 2 月 10 日，路南区体改办、财政局、税务局、商业局、工商行政管理局联合印发《关于在小型商业、饮食服务业、修配企业实行租赁经营有关问题的通知》，开始在小型流通服务企业进行租赁经营先行试点改革。区直属商业系统选择 2 ~4 家企业，各街道办事处选择 1 ~2 个店进行试点。选点的条件：商业店年利润在 1 万元以下，人员在 38 人以下；饮食店年利润在 0.5 万元以下，人员在 20 人以下；旅店利润在 0.5 万元以下，人员在 15 人以下；理发、修配店人员在 10 人以下。较大的店、门市部，且经营不善、地处偏僻也可作为试点单位。后试点改革未果。

1991 年，落实市政府《唐山市商业企业实行“五放开”改革开放试点方案》（以下简称《试点方案》），明确商业企业经营实施内容放开、经营范围放开、经营方式放开、内部分配放开、用工制度放开即“五放开”。翌年 3 月 12 日，区政府依据《试点方案》，就商业企业经营“五放开”，又专门印发《搞好区属商业企业暂行规定》，鼓励企业实行工资与效益挂钩，自主决定本企业的工资形式和奖励分配办法，把各项经济指标层层分解到班组和个人，打破“大锅饭”和“铁饭碗”；有权根据生产经营特点和两个文明建设需要，决定内部机构设置、人员配备；为补充企业流动资金，视企业承受能力，可从当年收入中提取 0.1% ~0.5% 用于补充流动资金，计入成本，专款专用，单独列账；鼓励企业加快资金周转，经主管部门和税务部门批准，企业可按销售额 5% 或略高比例，奖励推销人员；调动推销区内产品的积极性，允许经营单位按进销差价提取 1% ~3% 的地产品推销奖，列入销售费用；鼓励企业上山下乡售货；支持鼓励企业召开各种展销会、订货会等共 22 项。全区有 8 家直属企业分两批进行“五放开”改革试点。通过“五放开”的经营体制改革，给企业带来诸多变化：零售经营范围扩大至相近、相关、相联、相配套的商品 1180 多种，企业扩销增利、自主经营能力增强；商品批发企业由单一批发转向批零兼营，企业应变能力增强；企业按价值规律和市场供求情况自行作价、批量作价、优惠作价、倒扣作价，适当降低获利起点，企业市场的驾驭能力增强。此后至 1996 年，商业企业改革以转变经营机制，增强企业活力为主，改革目标尚未触及所有制变更。

二、产权制度改革（1997—2010）

1997 年 6 月 10 日，区政府批准区贸易局对商业总公司进行“分立重组”改革，实行“母体”（原企业）负债、“子体”（新企业）突围。把历史遗留问题、亏损及劳保负担和债务全部压在“母体”身上，让“子体”甩掉包袱，轻装上阵、实施突围、分立放飞，以达到分块搞活，变一个积极性为多个积极性，收到振兴繁商区的改革目标。按既定目标，将文胜矿山机械经销处分立，组建胜利商贸有限责任公司，评估净资产为 27.27 万元，由全体职工整体买断。将勤兴商店分立，组建股份合作制企业，评估净资产为 -3.6 万元，固定资产原值为 5 万元，总公司以零值整体出售给全体职工，同时收回应收款 4 万元。将五金交电百货公司分立，待条件成熟时，组建股份制企业，因净资产是负数，故零值出售。将花园街商店向社会出售，收回资金，用于扩大经营和增资减债。经过分立重组，文胜矿山机械经销处、勤兴商店、五金交电百货公司、花园街商店等几家企业变为一级法人单位。分立出售企业的资金交回商业总公司，用于解决退休劳保人员的开支以及历史遗留的债务问题。分立重组后，劳保支出和历史遗留债务、亏损，全部由总公司承担，所有分立出售企业的资金由总公司收回。从商业总公司分立出的企业，作为贸易局的直属企业，归贸易局直接管理。同时，宣布宏利五交化公司、液压气动元件公司、宏利达酒店、南阳烤鸡店、汇华装饰物料中心 5 家企业解体。经区政府 153 次常务会议研究，批准区贸易局关于对商业服务公司进行股份制改造零值出售的请示。该商业服务公司是区贸易局直属企业，主要经营磨具、磨料、理发业、旅店业。共有在册职工 39 人，退休人员 53 人，抚恤人员 9 人。经资产评估，企业净资产为 80 万元。为使改制后企业的 53 名退休职工老有所养，9 名抚恤人员继续得到抚恤，将企业净资产全部留给企业用于支付退休人员及抚恤人员费用。企业零值出售给在册职工，同时将留给企业的劳保基金量化到职工名下为责任股，不参与分红，不继承不转让，职工按分得的责任股按比例缴纳现金股。企业改制后，负责接收原企业的在册职工、退休职工、抚恤人员，并享有《中华人民共和国劳动法》规定享受的待遇，负责清理原企业的债权债务。企业使用的土地，评估作价，暂不入股，仍由转制后的企业按有关规定使用并交纳使用费用。属在职不参加转制人员，与企业签订协议，继续留用，原有身份不变，享有《中华人民共和国劳动法》规定的各项权利。停薪留职人员的处理办法：允许调走；重新与企业签协议，按月向企业缴纳一定数额的费用，企业用于交纳其个人统筹退休金及应承担的劳保责任；如不调走而又不与企业重新签订协议的，超过三个月视为自动离职，企业不再保留身份和人事档案关系。企业改制后设立董事会（董事长 1 名，董事 2 名）。董事长为公司的法定代表人。企业不设监事会，在股东中推选一名监事履行监事会职责。

1998 年 11 月 23 日，区政府常务会议研究，原则同意对唐山市路南区大世界商业楼进行股份合作制改造。大世界商业楼是隶属路南区贸易局的全民所有制企业，有职工 79 人，其中在职 50 人，停薪留职 11 人，退休 18 人。经路南区华南资产评估所评估，确认资产总额为 345.20 万元，负债总额 367.38 万元，净资产总额为 -21.19 万元。经唐山市地产评估咨询中心评估，地价 75.47 万元。企业测算出售价格为“零值出售”。改制后的企业名称不变，仍为“唐山市路南区大世界商业楼”，由全体职工共同出资组建。企业成立股东会、董事会。董事长 1 人，董事 2 人，不设监事会，在股东中推选 1 名监事履行监事会职责。企业有退休职工 18 人，每人核减 2 万元，计 36 万元，由转制后的企业使用，并与贸易局签订合同。改制后的企业，接纳原企业的全部在职职工，继续统一缴纳养老保险金和待业保险金等一切费用，职工原档案身份予以保留；承担原企业债权债务；企业与原主管部门解除隶属关系，接受行业指导。停薪留职人员：允许调走；重新与企业签订协议，保留档案人事关系，但必须按月向企业缴纳一定费用，用于缴纳其他人员统筹退休金及失业救济金；如不调走也不与企业新签协议，则视为自动离职，企业不再保留其人事档案关系。1999 年，区直属商业企业共有 13 家，其中有 8 家企业进行股份制改造，占企业总数的 62%。

2000 年 10 月 18 日，区经济体制改革领导小组第一次会议讨论，同意由唐山市路南区五金交电批发公司整体买断唐山市路南区大世界商业楼。唐山市路南区大世界商业楼（曾于 1998 年改制为股份制企业），隶属于路南区贸易局，有在册职工 82 人，其中在职 41 人，停薪留职 22 人，退休 19 人。经唐山市永安资产评估有限公司评估，确认资产总额为 300 万元，负债总额为 441.1 万元，负资产总额为 141.1 万元，经唐山市地产评估咨询中心评估地价为 75.67 万元。五金交电批发公司接收大世界商业楼全部职工及所有债权债务，继续统一交纳养老保险金和失业保险金、医疗保险金；职工档案身份予以保留；现有大世界职工工资，实行收支两条线管理，由区社保局直接发工资；对以前大世界商业楼形成的亏损，新企业用实现的利润延续弥补三年；企业用地按市土地评估机构评估值作价，随改制核入企业净资产，按相关法律规定办理土地有关使用手续；大世界商业楼欠区社保局保险金 2.76 万元及 9.7 万元借款，一次性交清。

2002 年，路南区商业总公司企业已停止营业，职工全部下岗，房屋出租，入不敷出。该公司有职工 166 人，其中退休 58 人，在职职工 108 人；有临街二层商业楼 1 座；企业总资产 1107 万元，总负债 1071 万元（不包括拖欠职工工资、养老保险金、医疗费等）；拖欠职工各种费用 180.7 万元（职工工资 59 万元；退休人员退休金 14.4 万元；职工集资款 17.49 万元；职工住房公积金 6.94 万元；退休职工药费 6 万元；养老保险金 75.87 万元；一孩化补贴 1 万元）。根据企业现状，决定挂牌拍卖。拍卖底价为 560 万元（其中交通银行抵押贷款本息 250 万元，职工安置和偿还拖欠费用 310 万元）。6 月，以 560 万元拍卖未果。10 月，以 450 万元的底价挂牌拍卖，亦无人问津。是年，曾于 1997 年改制为股份合作制企业的路南区商业服务公司，由于当时改制存在诸多不规范和改制不彻底问题，加之改制后受市场因素影响，扭亏无望，故企业二次改制迫在眉睫。经唐山永安资产评估公司评估，企业总资产为 140 万元，其中固定资产 71 万元，总负债 74 万元，净资产 66 万元，资产负债率 53%。11 月 25 日，区长办公会议研究，原则同意区经济贸易局9月16日关于对路南区商业服务公司二次改制出售房产从优安置职工的请示，并批复："按有关法规及政策规定，处理好债权债务，妥善安置好职工，企业出售后要与买断者芮文东签订并履行好买断协议，收回的资金要按区公有资产管理有关规定，用于安置职工和经济发展，专款专用，不得挪作他用。"

2003年2月18日，将商业总公司450万元的拍卖价降为400万元，但此价仍未成交。后交通银行解放路支行联系到购买者，出售价商定为360万元。经协商，交通银行同意得款180万元，商业总公司得款180万元（原欠交通银行抵押贷款本息250万元）。拖欠和安置两项费用合计需318.33万元，企业出售资产所得价款180万元，资金仍有缺口138.33万元，需政府协调解决。2004年7月13日，区政府原则同意区经贸局关于路南区商业总公司整体出售安置职工的方案。至此，区直属商业企业产权制度改革基本结束。

2010年，经过租赁、放权、分立重组、股份制、股份合作制改造、兼并、买断、出售、拍卖等改革，已无全民所有制商业企业，集体商业企业只剩4家。全区个体私营商业企业发展到1.05万户，从业人员3.29万人，注册资本（金）5.28亿元，其中限额以上批发零售企业有48家，年末从业人员4447人。个体私营商业成为商业运行主体。

第四节　宏观调控体制改革

一、计划体制改革

1978年，实行计划经济体制。工业生产及购销执行指令性计划，重要的工业品和生产、生活资料按计划定量供给。

1983年1月，按照国家计划经济委员会（以下简称"国家计委"）印发的《关于改进和加强计划管理的意见》，计划管理逐步实行指令性计划、指导性计划和国家计划指导下的市场调节三种管理形式。对关系国计民生产品的生产和分配，关系经济全局的骨干企业和关系国民经济全局的任务，下达指令性计划；对经济和社会发展中比较重要的任务，下达指导性计划；对不影响全局的其他经济和社会活动，国家不列计划，也不下达计划指标，由企事业单位按照社会需要安排计划。同时完善计划体系，实行长、中、短期计划相结合，经济、科技和社会发展计划相结合，全面规划和专项规划相结合的计划管理体制。

1984年，按照中共十二届三中全会通过的《中共中央关于经济体制改革的决定》，实施"公有制基础上的有计划的商品经济"。10月，落实国务院批转国家计委《关于改进计划体制的若干暂行规定》，国民经济和社会发展计划编制，路南区开始以5年计划为主要形式，简化年度计划，制定长远规划，同时编制行业规划、地区规划、国土规划和若干专项规划。缩小国家对重要工农业产品产量的指令性计划范围，扩大指导性计划和市场调节范围。

1991年7月，路南区依据国务院批转国家计委《关于试编两年滚动计划暂行办法的通知》，从1992年起，组织试编两年滚动计划。即把两个年度计划衔接起来，一次编制，连续滚动。试编两年滚动计划是计划方法制度上一项重大的改进措施，有利于保持计划的连续性，提高经济工作的预见性，保证宏观经济政策的稳定性。

1992年10月，中共十四大确立社会主义市场经济体制的改革目标。1993年11月，中共十四届三中全会通过《中共中央关于建立社会主义市场经济体制若干问题的决定》，确立适应社会主义市场经济体制的新的宏观调控体系，进一步明确计划在宏观调控中的地位、作用、范围和职能。至此，路南区计划工作的任务，是合理确定国民经济和社会发展的战略、宏观调控目标和产业政策，搞好经济预测，规划重大经济结构、生产力布局、国土整治和重点建设；计划工作突出宏观性、战略性、政策性，把重点放到中长期计划上，综合协调宏观经济政策和经济杠杆的运用；改进计划管理，将计划分为指令性计划和指导性计划两部分，减少指令性计划，使指导性计划更具科学性。计划管理亦由主要依靠行政手段向主要依靠经济和法律的手段转变，综合运用财政、税收、价格等经济杠杆调控经济运行，改善投资环境，协调各有关行为主体的利益。简化项目审批手续。凡符合国家产业政策，资金和外部条件不需市平衡的基建、技改项目，5000万元以下的交通、能源、原材料项目，3000万元以下的一般加工项目，500万美元以下的技术引进项目，由区自行审批，报市计委备案。

1998—2010年，路南区计划调控坚持以市场预测为基础，测算社会需求总量，预测行业和重要产品的发展态势，确定经济参数，提供市场需求信息，对行业、企业及时提出导向，使微观经济活动能遵循宏观调控运行。在重点建设计划方面，加强对重点项目考察论证，增列前期工作计划，确保每年优先项目建成投产；在计划内容上突出经济社会发展规划，包括国民经济和社会发展的总体规划、产业结构调整规划等；改革计划指标体系，将若干重要经济活动和社会发展计划指标改为预期指标。在加强基础设施建设、扩大对外开放、推动社会事业发展等方面提出具体政策，并针对国民经济和社会发展中的重大问题在年度计划中提出具体的政策措施和调控方案。经过30年改革，路南区综合运用经济手段、经济政策、经济法规和必要的行政手段相统一的间接调控为主的计划调控体系基本构成。

二、投资体制改革

1978年，路南区固定资产投资由财政拨款，采取审批制，如追加投资指标，需报经省审批。1979年8月，落实国务院批准的国家计委、国家建委、财政部《关于基本建设投资实行贷款办法的报告》和《基本建设贷款试行条例》，决定从1981年起，凡是实行独立核算、有还款能力的企业，进行基本建设所需的投资，除尽量利用企业自有资金外，一律改为银行贷款。但在实际执行中，“拨改贷”（财政拨款改为银行贷款）仍处于小范围试点阶段。1984年12月，执行国家计委、财政部、建设银行联合发布的《国家预算内基本建设投资全部由拨款改为贷款的暂行规定》，决定从1985年起全面实行。12月，落实《调整国家预算内基本建设拨款改贷款范围等问题的若干规定》，决定从1986年起，对于科研、行政事业单位、各级各类学校等10类没有还款能力的建设项目，不再采用“拨改贷”方式，仍然恢复拨款办法；其余项目，继续执行“拨改贷”的规定。1988年7月，执行国务院转发国家计委提出的《关于投资管理体制的近期改革方案》，扩大企业的投资决策权，使企业成为一般性建设的投资主体。

1991年5月，国家开始征收固定资产投资方向调节税。路南区根据国家产业政策和项目规模，实行差别税率，并取代建筑税，拓宽投资渠道。至此，计划经济体制下高度集中的投资管理体制被打破，初步形成投资主体多元化、资金来源多渠道、投资方式多样化、项目建设市场化的新格局。

1993年，贯彻落实中共十四届三中全会通过的《关于建立社会主义市场经济体制若干问题的决定》，强调在投资领域要实现市场对资源配置的基础性作用，明确投资项目分为公益性、基础性和竞争性三类。公益性项目由政府投资建设；基础性项目建设以政府投资为主，并广泛吸引企业和外资参与投资，地方政府负责地区性的基础设施建设；竞争性项目投资由企业自主决策，自担风险，所需贷款由商业银行自主决定，自负盈亏。

2001年，放宽投资审批权限，对于部分城市基础设施、不需要国家投资的农林水利项目、地方和企业自筹资金建设的社会事业项目、房地产开发建设项目、商贸设施项目5大类投资项目，投资总额在国务院审批限额（2亿元）以下的基本建设项目，按“谁投资，谁决策”的原则，地方政府出资的由地方计划部门审批，企业出资的由企业自主决策。

2003年，落实《中共中央关于完善社会主义市场经济体制若干问题的决定》，确立企业投资主体地位，明确谁投资、谁决策、谁收益、谁承担风险。除审批关系经济安全、影响环境资源、涉及整体布局的重大项目和政府投资项目及限制类项目，其他项目由审批制改为备案制，由投资主体自行决策，依法办理用地、资源、环保、安全等许可手续。对必须审批的项目，完善咨询论证制度，减少环节，提高效率。健全政府投资决策和项目法人约束机制，通过规划和政策指导、信息发布以及规范市场准入，引导社会投资方向，抑制无序竞争和盲目重复建设。

2004 年 7 月后，依据《国务院关于投资体制改革的决定》，建立市场引导投资、企业自主决策、银行独立审贷、融资方式多样、中介服务规范、宏观调控有效的新型投资体制。按“谁投资、谁决策、谁收益、谁承担风险”的原则，把政府对投资项目的管理办法划分为审批制、核准制和备案制三类。即：政府投资建设的项目，由政府进行审批；对不使用政府投资建设的项目，一律不再实行审批制，区别不同情况实行核准制和备案制；对外商投资项目一律执行核准制。贯彻实施“谁投资、谁决策、谁收益、谁承担风险”的原则，彻底打破长期以来政府在投资领域统管一切的状况，由此确立起企业的投资主体地位，明确政府和企业的投资范围，规定政府对全社会的投资活动该管什么，不该管什么，减少政府对绝大多数企业投资活动的干预，使各类投资主体能够根据市场的需要自主进行投资决策。同时，放宽社会资本的投资领域，允许社会资本进入法律法规未禁入的基础设施、公用事业及其他行业和领域。政府将采取注入资本金、贷款贴息、税收优惠等措施，鼓励和引导社会资本以独资、合资、合作、联营、项目融资等方式，参与带有经营性的公益事业和基础设施项目建设。规范投资项目的审批程序，简化审批程序：对采用直接投资和资本金注入方式的，从投资决策角度只审批项目建议书和可行性研究报告，除特殊情况外不再审批开工报告；对采用投资补助、转贷和贷款贴息方式的，只审批资金申请报告。此后至 2010 年，加强和改善市场经济条件下的宏观调控效果，除在必要时采取行政手段进行直接干预外，将更多地采用政策、规划、经济和法律等手段对全社会投资进行引导和规范，实现以间接调控方式为主的有效调控。通过编制各有关领域的发展建设规划，明确发展的指导思想、战略目标、总体布局和主要建设项目等，适时发布国家固定资产投资指导目录、外商投资产业指导目录，引导社会投资；灵活运用投资补助、贷款贴息、价格、利率、税收等多种经济手段，吸引社会投资；强化法律约束，明确国家鼓励、限制和禁止投资的项目，以及国家制定的投资、环保、土地、资源、安全、金融、产品质量等方面的法律和标准，约束企业的投资行为。至此，利用政策、经济、法律和信息等手段进行间接调控的投资体制改革目标基本构成。

三、价格体制改革

1978 年前，路南区实行高度集中的价格管理体制，多数商品执行国家定价。1979 年起，按照国家价格政策，有计划地调整国家定价的商品价格，使价格体系逐渐趋予合理；扩大价格的市场调节范围，将原计划管理的商品价格逐步放开实行市场调节。1984 年，落实中共十二届三中全会通过的《中共中央关于经济体制改革的决定》，价格体制改革由调整比价结构为主转入“调放结合”的新时期。

1985 年 9 月，落实《中共中央关于制定国民经济和社会发展第七个五年计划的建议》，改革“调放结合”的价格体制为“调放结合，以放为主”，生产资料价格“双轨”并存，少数重要价格由国家管理的价格管理体制。粮油以外的农副产品价格放开。

1987 年，按照国务院发布的《中华人民共和国价格管理条例》，实行国家定价、国家指导价和市场调节价 3 种价格形式，企业在价格管理方面享有部分产品定价权。路南区调整 5 种副食品价格，放开 9 类 1130 种小商品价格。1988 年，价格改革实施“调、放、控结合”的方针，国家定价商品坚决管死，放开的紧俏工业消费品实行提价申报制度，重要工农业生产资料专营，计划外工业生产资料实行最高限价。1992 年 10 月，取消生产资料价格“双轨制”，由市场调节。1993 年粮票停止使用，取消城镇居民粮油定量供应，粮油价格放开。1996 年除电价、水价、燃油、药品价格等涉及国计民生重要商品价格仍由国家定价外，其他商品价格由市场调节。

2000 年，根据国家计委《关于改革药品价格管理的意见》，对药品价格进行改革，1500 余种药品列入政府定价，占市场流通品种 10%。到 2003 年，价格市场化的水平已达到社会商品零售总额 95.6%、农产品收购价 96.5%、生产资料销售额 87.4%。2004—2005 年间，对电力、食盐、自来水、进口化肥、农药、爆炸物品、教材等实行价格管理，其余商品由市场供求关系自行调节。政府的价格管理职能转移到制定价格政策、宏观调控、维护市场公平竞争秩序上来。

2009 年起，配合市物价局，加强民生价费监管，对全区 19 个社区医疗服务收费实行统一收费项目、统一收费标准、统一用药价格“三统一”监管，使社区医疗服务收费水平低于市内大医院 25% ~30% 左右。积极推进“免费教育工程”，重点强化“免杂费”“一费制”“书费最高限价”等教育收费政策的落实。

2010 年，除电价、水价、燃气、燃油等涉及国计民生重要商品价格仍由国家定价外，其他商品价格由市场调节。在“大多数商品和服务价格实行市场调节价，极少数商品和服务价格实行政府指导价或者政府定价”的宏观经济调控下，主要由市场形成的价格机制形成。

四、财政体制改革

1978 年，区财政实行“定收定支，收支挂钩，定额留成，超收分成”管理体制。1980 年起，实行“划分收支，分级包干”管理体制。1984 年根据市政发［1984］96 号文件，财政体制由“市局统管的领报单位”改为“划分收支，节余留用，超支不补”。1985 年按市财预字［1985］41 号文件精神，实行“划分税种，核定收支，分级包干”管理体制，

1990 年，路南区延续 1989 年的财政体制，即实行“划分税种、核定收支、上解递增包干、增长全留”的财政管理体制。上解递增比例为 4%，暂定 3 年。规定将城乡个体工商业所得税、城乡个体工商业营业税、个人收入调节税、国营企业工资调节税、契税、农林特产税、牲畜交易税、集市交易税、车船使用税、房产税、国营企事业单位奖金税等 13 个小税种，划为地方固定收入，并将 1987 年的实际完成数作为基数，经调整后，确定财政收入基数。经确定，当年路南区财政收入基数为 2652.4 万元，实际总收入为 5163 万元。支出基数为 214.5 万元，财政总支出为 2993.3 万元。留成比例为 8.1%，上解比例为 91.9%。1993 年，按照区政府《关于建立街道财政所有关问题的通知》规定，街道财政实行“定收定支、收入全额上交、超收分档次分成、支出下拨、结余留用”的财政体制，即街道财政收入按现行解缴办法上交区财政，超收分成，年终结算。街道财政支出按区财政核定的支出预算指标逐月下拨。收入基数，在 1987 年实际收入基础上，增加 9.72%。超收分成比例，按照“保上富下”原则，收入超基数 10%（含 10%）以内部分，街道财政留存 70%，余下 30% 上缴区财政；超收 10% 至 20%（含 20%）部分，街道财政留存 80%，余下 20% 上缴区财政；超收 20% 以上部分，全部由街道财政留存。

1994 年起，实行分税制财政管理体制。将全部财政收入划分为中央固定收入、中央地方共享收入和地方固定收入三部分。以 1993 年为基期年，计算地方净上拨中央收入为中央对地方税收返还基数，多增部分按增长比例 1∶0.3 系数确定增加返还。同时规定，1994 年完不成中央定的“两税”增长比例扣减税收返还数，并仍执行原体制的递增包干上解，执行的体制是新体制返还，老体制上解的双轨并行办法。按照省政府冀政［1994］1 号文件《关于实行分税制财政管理体制的决定》，从 1994 年 1 月 1 日起，省对各地市实行分税制管理体制，同时市对各县（市）、区实行分税制管理体制。分税制以 1993 年为基期年，按照 1993 年地方实际收入和税制改革后中央、省、市与县（市）、区收入划分情况，将 1993 年中央、省、市从各地净上划收入数额作为市对各县（市）、区的税收返还基数，确定路南区税收返还基数为 1245 万元。

1998 年，对乡、街实行“核定基数、收支挂钩、超收分成、欠收自负”的财政体制。

2003 年起，中央对企业所得税分成基数进行调整。将企业所得税和个人所得税改为中央与地方共享税，中央分成 60%，地方分成 40%。2004 年，完善统收统支加激励的乡、街财政体制，主要内容是“基本稳定需要，超收比例分成，固定利益基数”。即各乡、街完成区本级财政收入任务后，区财政确保乡、街基本既得利益，并按其任务数的 0.5% 一次性划归乡、街；超任务部分按照乡、街 80%、区财政

20% 分成；乡、街分成部分的 10% 为超收既得利益，从下一年度起作为财政对乡、街的拨款基数。此体制自 2004 年起试行，暂定 3 年。

2007 年，在原统收统支加激励的基础上，将乡、街税收收入按照属地管理的原则进行划分。各乡、街完成区本级税收任务后，区财政确保乡、街基本既得利益，并按超任务幅度对区与乡、街分成：超任务 15% 以内（含 15%），乡、街分成区本级超收额（剔除专项收入）的 20%；超过任务 15% 的，乡、街分成区本级超收额（剔除专项收入）的 30%。乡、街新上项目和新引进税源，年底根据收入情况单独奖励。

2008 年，唐山市进行分税制财政管理体制改革，市财政对各县（区）增值税、营业税、企业所得税、个人所得税、资源税、城市维护建设税和教育费附加及其他地方各税的中央与省、市、县（区）分配比例进行改革。以 2007 年为基期年，2008 年及以后年份，市财政对各县（区）上划市“四税”（营业税、企业所得税、个人所得税、土地增值税）超上年基数部分，按照分类分档超额累进计算方法由市本级列支后拨付给县（区）。

2010 年，按照“基本稳定需要、超收分档分成、固定利益基数、鼓励项目增长、适度调蓄平衡”的原则，对乡、街实行新财政体制。即：各乡、街完成区本级税收收入任务后，区财政确保乡、街基本既得利益，并按超任务数幅度进行区与乡、街分成，在 2007 年超收分成的基础上，对当年新上项目，按项目纳税额分档奖励；乡、街参与市、区级重点项目和新引进税源，区政府视财政状况单独奖励，以上奖励金额最高不突破 500 万元。

五、税务体制改革

1981 年，对国营企业只征工商税，对集体企业征收工商税和工商所得税，实行的是单一税种制度。

1983 年，进行第一步利改税，把国营企业向财政上缴利润改为向税务机关缴纳所得税。

1984 年，进行第二步利改税改革和全面税制改革。将工商税按性质划分产品税、增值税、营业税和盐税 4 种。恢复开征房产税、城镇土地使用税、车船使用税和城市维护建设税。经过个别税种的停征、合并及新设，到 1989 年，共开征产品、增值、营业、国营企业所得、集体企业所得、私营企业所得、城乡个体工商业所得、国营企业工资调解、个人收入调解、国营企业奖金、集体企业奖金、事业单位奖金、城市维护建设、城镇土地使用、建筑、房产、车船使用、牲畜交易、屠宰、资源、印花等 29 个税种。由第一步利改税的利、税分开逐步过渡到完全以税代利。

1994 年，实施中央与地方分税制，把税种分为中央税、中央地方共享税和地方税，即以增值税为主体，消费税、营业税并行，内外统一的流转税制度。是年，唐山市税务局路南区分局撤销，分别成立路南区国家税务局和路南区地方税务局，税种分开后按职权范围由国税和地税分别征收管理。改革后，工商税有 16 种，地方税 15 种。

1995 年 1 月 1 日起，地税开征副食品价格调节基金税。1998 年，为拉动投资，刺激消费，恢复征收储蓄存款利息个人所得税，税率为 20%。

2000 年 1 月 1 日，停止征收固定资产投资方向调节税。2002 年 7 月 1 日，停止征收屠宰税。2001 年 5 月 1 日，实行新修订的《中华人民共和国税收征收管理法》。

2004 年调高个体经营者增值税起征点。个体经营者月销售额由 2000 元起纳税提高到 5000 元；销售应税劳务起征点幅度由 1500 元提高到 3000 元，按次纳税的起征点幅度由 150 元提到 200 元。由此，全区有 40% 的个体工商户享受到免税待遇，全年少交税款 400 多万元。同年起，进行以统一税制为主要内容的税制改革，包括：调整增值税税率。2004 年 1 月 1 日起，个体经营者增值税起征点从 2000 元提高到 5000 元；2011 年 11 月 1 日起，提高到 2 万元。从 2009 年 1 月 1 日起，将生产型增值税转为消费型增值税，同时取消进口设备增值税退税政策，将小规模纳税人的增值税征收率统一调减至 3%，将矿产品增值税税率恢复到 17%。调整个人所得税。2006 年 1 月 1 日起，工资薪金所得以每月收入额减除费用

1600元后的余额为应纳税所得额；2008年3月1日起，提高到2000元；2011年9月1日起，提高到3500元，同时将个人所得税第一级税率由5%，修改为3%，九级超额累进税率修改为七级，取消15%和40%两档税率，扩大3%和10%两低档税率的适用范围。统一内外资企业所得税。从2008年1月1日起，实施《中华人民共和国企业所得税法》，将内资企业的所得税基本税率33%、外资企业的基本所得税税率20%，统一调整为企业所得税税率25%。

第五节　发展民营经济

中华人民共和国成立初期，鼓励个体私营经济发展。1954年，开始对资本主义工商业进行社会主义改造，引导个体手工业者和商贩走互助合作化道路，使得个体和私营经济的发展受到严重影响。至1956年，全区638户（1913人）个体手工业者组建起手工业生产合作社42个、供销合作社1个、生产合作小组23个，入社1890人。其余23人自产自销。在未参加公私合营的1295户（1518人）个体商贩中，批准77户组成8个合作商店，818户组成78个合作小组，400户自营。

1958年，扩大社会主义公有制，对1956年组织起来的商店进行合并，纳入国营、合作经济，实现向高级合作化的过渡。1961年1月，将581名个体工商业者全部过渡到国营企业和人民公社。同年5月，重新开放集贸市场，个体商贩相应增加。至1964年，全区个体商贩122户，个体手工业86户，个体运输户136户。“文化大革命”开始，个体工商业者视为“资本主义尾巴”被取缔。到1976年，个体工商业者基本绝迹。

中共十一届三中全会，使个体经济作为社会主义公有制的必要补充，得到承认并允许其存在和发展。1981年6月，国务院颁布《关于城镇非农业个体经济若干政策性规定》，明确个体经济是国营经济和集体经济的必要补充。1984年10月，中共十二届三中全会通过《中共中央关于经济体制改革的决定》，明确个体私营经济是社会主义经济必要的有益的补充。1987年8月5日，国务院发布《城乡个体工商户管理暂行条例》。至此，路南区个体经济发展政策日益宽松，个体经济呈现快速发展势头。年末，全区个体工商户达到5256户，从业人员6073人，注册资金422.47万元，营业额2116.98万元。

1988年8月，路南区工商局依据《私营企业暂行条例》规定，制订《关于放宽工商行政管理的意见和措施》，对个体和私营经济注册登记的条件给予适度放宽。当年，注册登记的私营企业2家，从业人员18人，注册资金1.9万元，全部为商业企业。

1989年，贯彻落实“治理整顿，深化改革”的方针和国务院《关于进一步清理整顿公司的决定》，取缔无照经营，个体经济发展受到调控。到年底，全区共有个体工商户3214户，从业人员4225人，注册资金644.73万元，户数比1988年减少1755户，下降35.31%。1990年，全区个体工商户5538户，从业人员7691人，注册资金1793.21万元，个体经济户数、人员、资金有所回升。

1992年，区政府按照中共十四大确立社会主义市场经济体制的目标，把个体私营经济发展作为考核各部门工作的指标之一，个体经济得到快速发展。年底，全区共有个体工商户7580户，私营企业186家。

1993年，适应个体私营经济快速发展势头，区政府因势利导，加快市场建设和私营工业园区建设，为个体私营经济发展搭建平台。1994年6月，小山服装批发市场建成开业，可容纳1200户经营者，比建成前的地摊经营新增400余户。1996年，私营工业园区建成，吸纳30多家私营企业入驻园区。这批私营企业均为工业企业，为日后全区乃至市区的私营企业发展壮大起到良好的带头和示范效应。

1999年7月，区委、区政府制定《关于发展个体、私营经济的若干政策规定》；区纪委、监察局印发《关于支持和保护个体私营经济发展的意见》。区委、区政府召开全区个体、私营经济工作暨先进表彰大会，会上对13家“明星私营企业”和20户“先进个体工商户”进行表彰。

2003年6月，区工商分局印发《关于在注册登记工作中实施绿色通道工程，优化发展环境若干意见》。7月印发《关于贯彻落实鼓励支持个体、私营经济发展的实施意见》（以下简称“实施意见”）。《实施意见》把2003年作为“服务质量年”，要求每位工作人员要把为个体、私营经济和各种经济成分的服务视为使命，全心全意做好服务。

2010年，全区个体私营经济发展到1.67万户，其中，由路南工商局登记的民营企业1.05万家（私营企业1054家，个体工商户9426户）；唐山市工商局登记的民营企业3020家（50万元以上的有限公司）；唐山市工商局直属二分局登记的民营企业3144家（经营钢材、运输的独资企业144家，经营运输、中介类的个体工商户3000户）。个体私营经济成为区域经济的重要支撑和市场经济运行主体。

第三章　社会事业改革

中共十一届三中全会后，经济体制改革、政治体制改革整体推进，社会事业改革亦逐步深入。通过科技体制改革，健全科技管理体系、建立技术市场、改革科技经费拨款制度、建立专业技术职务评聘制度；通过教育体制改革，完善办学体制、学校管理体制、人才培养体制和教育保障体制；通过文化体制改革，构筑文化市场体系；通过卫生体制改革，改善医院管理体制，建立医药监管体系，构筑以公立医院为主体、个体私营医疗机构为补充的卫生服务体系。

第一节　科技事业改革

一、健全科技管理体系

1977年12月，路南区科委建立。1991年，加强对科技工作领导，区委、区政府成立由区政府区长任组长、各有关部门主要领导为成员的“科教兴区”工作领导小组。定期召开会议，研究解决科技工作中存在的问题，分析全区科技发展状况，指导科技工作开展。按照结构优化、布局合理的组织结构要求，区政府设主管科技工作副区长，区科技局为政府行政管理职能部门。各乡设农业技术推广站，负责农业技术推广和普及工作；街道办事处设经济管理办公室。各乡（街）均配备科技副乡长、副主任和专职工作人员。区工促局设技术开发科，负责企业技术开发、引进和项目建设工作。企业有主抓科技工作副职，设有开发科、技术科或研发中心。至2010年，基本建成适应社会主义市场经济体制的宏观管理机制，政府对科技事业发展的调控服务职能得到加强。

二、建立技术市场

1994年，与社会主义市场经济体制相适应，区成立唐山市大邦技术市场，业务归区科委领导，为区属科技服务企业，实行有偿服务，自负盈亏。制定优惠政策，鼓励国有、集体、个体私营企业兴办科研机构，以提高企业的技术吸收与开发、创新能力；加强与科研设计机构、高等院校、企业之间的协作与联合；开拓技术市场，促进科技成果转化；运用市场调节，提高科技机构的自我发展能力和为经济建设服务的能力。至2010年，全区科技服务企业达到27家，其中技术贸易机构8家，主要从事科技信息服务和其他技术服务活动的民营科技企业19家。涉及钢铁、机械、电子、医药、农业、建材、化工等行业。与21所大专院校、科研单位建立稳定联系。组建科技咨询服务中心，100多位中高级专业技术人员组成咨询和信息网络，形成自负盈亏的技术经济实体。

三、改革科技经费拨款制度

1985年起，依据中共中央《关于科学技术体制改革的决定》和河北省政府《关于改革科技拨款管理办法的暂行规定》，安排科技“三项费用”（新产品试制费、中间试验费、重大科研项目补助费）拨款，路南区按照高于同级财政经常性收入增长速度列入计划。对实施的科技项目，实行合同制，逐步扩大有偿使用范围，提高有偿使用比例，明确偿还比例及期限。部分应用研究、基础研究和以社会效益为目的的研究项目，仍由财政拨款无偿使用。1990年，科技“三项经费”财政支出16.8万元。对主要从事技术开发的科研机构在5年内逐年消减事业费。

1993年始，与社会主义市场经济体制改革相适应，将各类直接为经济建设和社会发展服务的研究开发机构纳入市场运行轨道，鼓励各类研发机构实行科贸一体化，与企业合作经营；鼓励科研机构实行企业化管理；支持和扶植以市场为导向的技术中介机构等。财政对科研机构“三项经费”指标有偿使用占比逐年上升。是年，科技“三项经费”支出100万元。

1999年，改变财政投入方式，由对科研机构、科技人员一般支持，转为以项目为主的重点支持；国家科研计划实行课题制，推行项目招投标和中介评估制度；区科技型中小企业建立技术创新基金，为高新技术成果转化活动提供资金支持。

2006年，按照中共中央、国务院发布的《关于改进和加强中央财政科技经费管理的若干意见》，全面推行课题经费预算编制和评审制度，强化经费使用监管，科技经费管理逐步从注重分配转向注重管理和效益，变被动管理为主动管理。至2010年，基本构成财政直接投入、税收优惠，引导企业申请科技风险投资担保资金、吸引民间资本和技术等多元化科技投入机制。是年，科技支出达到832万元。

四、建立专业技术职务评聘制度

1987年开始在企业、事业单位进行专业技术职称评定。1989年年底区属专业技术人员2816人。1993年，依据《河北省各系列专业技术职务任职资格试行条例》和《河北省专业技术职务任职资格申报评审条例》，首次大规模对专业技术人员进行任职资格申报推荐与评审。制定已聘专业技术人员的考核考评机制。此后至2010年，专业技术人员的评定标准、岗位设置、评定与聘用程序日趋规范，专业技术人员管理步入科学化、规范化、常态化的运行轨道。是年，区属专业技术人员3248人。

第二节　教育事业改革

一、办学体制改革

1993年，按照中共中央、国务院颁发《中国教育改革和发展纲要》精神，逐步探索办学体制改革。1996年在南新道小学、实验小学、文北小学开办寄宿班，探索走读与寄宿双轨制办学模式。

1998年8月，唐山市十三中在全市率先打破国办惯例，建立国有民办学校——唐山市友谊中学。学校实行理事会领导下的校长负责制，资产国有、自主办学、自我发展。改制后学校实现国有资产增值，教育教学质量得到全面提高，成为一所受家长认可、具有一定知名度的窗口学校。2002年5月，唐山市第五职业高中和唐山市二十二中职业中专资源整合，成立唐山市路南区职业技术学校，扩大招生规模，推动路南区职业教育的发展。此后，开滦（集团）有限责任公司第十中学、福庄小学、双新小学、长青小学、南厂子弟小学、铁路第二小学、南厂中学相继与厂企剥离，划归路南区管理。

2006年，探索“建分校”“联合校”“新建校”均衡发展模式，将教育资源比较薄弱的唐山市五十七中和开滦三中合并，依托名校唐山市二十六中，组建分校，构建“统一管理、师资共享”“名校+分校”的办学模式；将名校实验小学与福庄小学、燕京小学与双新小学、友谊里小学与侯边庄小学结成帮扶联盟校；将友谊中学与开滦十中结成传帮带对子校，统一管理制度、管理方式及管理模式。建分校、“一托二”“一帮一”“一带一”联合校模式，扩大优质教育资源覆盖面，探索校际之间义务教育均衡发展的新路。2008 年 8 月，按照河北省人民政府办公厅《关于清理规范义务教育阶段试行办学体制改革学校的指导意见》，友谊中学由国有民办学校转制为民办学校。2010 年 9 月该校恢复国办体制。

二、学校管理体制改革

1992 年，以 3 所学校为试点推行教职工聘任制。1994 年扩大到 13 所，1995 年在条件具备的学校全面铺开，1998 年在全区推开。1999 年在实行教师聘任制、结构工资制和职称动态聘任制的同时，进行中小学校中层干部和机关岗位聘任制改革。2000 年，实行副校长竞聘制和校长任期制，逐步建立起以优化结构和提高质量为导向的教师资源配置机制、以公开招聘和竞争择优为导向的教师遴选机制、以业绩共享和能力水平为导向的教师评价机制、以爱岗敬业和创新创造为导向的教师激励机制。2003 年，制定《路南区中小学校长管理办法》，归属地方的原开滦学校与区属学校校级干部进行交流，薄弱学校的 20 多名校长交流调整，占校级领导的 20%，将懂科研、善管理的优秀干部选拔到领导岗位。2007 年，区教育局印发《路南区教育局关于教师交流支教工作的实施意见》，每学期安排名校骨干教师到薄弱学校支教，薄弱学校的教师到名校学习锻炼。至 2010 年，先后有 25 名省、市级骨干教师、名师到薄弱学校任教支教，63 名薄弱学校的教师到名校学习锻炼，推动强弱校间师资资源融合。

三、人才培养体制改革

1993 年，以素质教育为目标，以考核能力为重点，改革考试内容，小学毕业考试试行基础题加能力题。1998 年，以女织寨乡和实验小学为试点，探索等级制激励性评语实验，1999 年扩大试点，2000 年全区推开。学校工作坚持德育为先，注重学生“德、智、体、美、劳”全面发展。先后进行“语文注音识字，提前读写”、心理教育及英语口语教学等项实验项目；开展“三队一操一歌”（田径队、艺术队、能手队、校操、歌操）、“一校一品牌、一生双爱好”及体育大课间活动；加强劳动基地建设，使学生在参加实践活动的同时，学到劳动技能；注重培养学生的动手能力和创新精神，以科技示范校为龙头，开展丰富多彩科技活动。中考将体育加试成绩和理、化实验操作加试成绩纳入总分。

四、教育保障体制改革

1990 年起，将教育放在优先发展的战略位置，不断加大教育投入，努力改善办学条件。将农村、城市义务教育及非义务教育学校，全部纳入以财政拨款为主体的教育经费保障体系，确保教育经费附加足额征收，且全部用于教育。严格执行“收支两条线”，学校预算外收入全部上缴财政专户，实行统一管理。兴建居民住宅小区和旧城改造，按有关规定和统一规划配套同步建设幼儿园、小学和中学。坚持多渠道筹资，创造和正确运用“十大筹资法”，增加资金收入，足额落实区配套资金，保障城市和农村中小学生生均公用经费达到标准，支持城市和农村义务教育阶段中小学校舍维修改造。对每年财政超收所形成的新增财力，按一定比例用于教育支出，将教育支出作为财政支出的重点，所需经费全部纳入预算，有限安排，做到及时拨付并保持逐年增长。

第三节　文化事业与卫生事业改革

一、文化事业改革

中共十一届三中全会后，随着社会秩序的稳步好转和人民群众对文化娱乐生活需求的日益增长，各种类型的营业性舞会、茶座、卡拉 OK 开始流行。

1987 年，文化部、公安部、国家工商行政管理局联合发布《关于改进舞会管理的通知》（以下简称《通知》），正式认可营业性舞会等文化娱乐经营性活动。是年，路南区按照《通知》要求，加强管理，允许各机关、团体和企事业单位，根据需要有组织地为职工、青年办好集体舞会、交际舞会；有条件的文化艺术单位和其他文化场所，对内开放的宾馆、饭店及影剧院、体育场馆等，可举办向群众售票的营业性舞会；个别确有条件的文化个体户，也可试办营业性舞会。开办营业性舞会（厅），须报经区文化主管机关批准，经公安分局安全审查合格，并向工商行政管理机关申请登记，领取营业执照后，便可营业。

1988 年，文化部、国家工商行政管理局发布《关于加强文化市场管理工作的通知》，正式提出文化市场概念，同时明确文化市场的管理范围、任务、原则和方针，标志着"文化市场"的地位正式得到承认。是年，路南区依据文化部、国家工商行政管理局联合发布的《关于加强文化市场管理工作的通知》以及省市有关文件精神，印发《路南区文化市场管理暂行办法》，允许台球厅、卡拉 OK 厅、电子游戏室等文化活动进入文化市场经营。

1989 年，中共中央印发《关于进一步繁荣文艺的若干意见》，明确进一步繁荣文艺实行"双轨制"（一轨为国家扶持的少数全民所有制院团，另一轨为多种所有制的艺术团体）。至此，文化功能及范围日趋多样化，以营业性舞会和音乐茶座为发端的文化市场日益活跃。是年起，区政府贯彻落实中共中央《关于进一步繁荣文艺的若干意见》，坚持一手抓繁荣一手抓整顿，建立文化市场稽查制度，制定加快文化市场繁荣的惠及政策。歌舞厅、影像厅、业余表演团体、网吧、书报刊点、古玩、文艺培训等文化经营活动渐成气候。1990 年，全区从事书报刊、音像制品、印刷、打字复印、演出、歌厅、游艺厅、文艺培训等经营活动，以及文化产品制作的个体文化户达 146 家。1995 年，业余民营演出团体发展至 19 家，半专业民营演出团体发展至 2 家，音像经销商达 59 家，书报刊经营商 36 家，美术培训学校 5 所。

1996 年，中共十四届六中全会通过《中共中央关于加强社会主义精神文明建设若干重要问题的决议》，提出文化体制改革的任务应遵循文化发展的内在规律，发挥市场机制的积极作用，鼓励社会兴办文化事业。2000 年 10 月，中共十五届五中全会通过《中共中央关于制定国民经济和社会发展第十个五年计划的建议》，其中第一次在中央正式文件里提出"文化产业"这一概念，要求完善文化产业政策，加强文化市场建设和管理，推动文化产业发展。"文化产业"概念的提出，标志着国家对于文化产业的承认和对其地位的认可。以此为契机，区政府加强全区的文化市场建设，鼓励、倡导文明向上的文化活动。全区书报刊发行商发展至 49 家，歌舞厅 9 家、音像制品经营店 57 家、酒吧 16 家、半专业民营文化演出团体 6 个、业余演出团体 9 个。

2003 年，区政府落实《中共中央关于完善社会主义市场经济体制若干问题的决定》，强调健全文化市场体系，建立富有活力的文化产品生产经营体制；完善文化产业政策，鼓励多渠道资金投入，促进各类文化产业共同发展。同时依法规范文化市场秩序。2004 年，依据《中共中央关于加强党的执政能力建设的决定》，强调文化体制改革要以体制机制创新为重点，增强微观活力，健全文化市场体系，依法加强管理，促进文化事业全面繁荣和文化产业快速发展。

2005 年，落实中共中央、国务院发布的《关于深化文化体制改革的若干意见》，加强文化体制机制的创新，改进文化市场管理方式方法，增强文化市场活力，推进全区文化事业和文化产业的繁荣与发展。年底，全区有歌舞厅 13 家、音像制品经营店 47 家、网吧 28 家、酒吧 20 家、半专业民营文化演出团体 6 个、业余演出团体 9 个，图书门店（摊）57 个，书报刊市场 5 个，文物市场 1 个。

2007 年，区政府按照《唐山市建设文化大市规划纲要》，着手建立适应经济社会发展需要的公共文化服务体系和文化市场体系，积极打造文化大区。坚持以社区、农村为重点，加强群众文化活动的基本阵地、基本队伍、基本内容建设。深入开展彩色周末、假日文化等文化活动，推进社区文化、企业文化、乡村文化、校园文化建设，丰富群众的文化生活。同年，文化产业项目——开滦国家矿山公园完成立项申报、总体规划及一期工程初步设计，并开始建设。2008 年，开滦国家矿山公园被河北省文化厅命名为河北省第一批文化产业示范基地。10 月 22 日，开滦国家矿山公园博物馆主题展览预展。12 月 27 日，省委、省政府将开滦国家矿山公园列为河北省实施文化产业发展带动战略“大项目”。至此，开滦国家矿山公园的开工建设，开创全市文化事业向文化产业发展的先例。

2009 年 3 月 11 日，全省第一家省级文化创意产业示范园区——河北省文化创意产业园区在南湖生态城破土动工。项目位于路南区岳各庄路以北、紫天鹅庄以东，一期占地 26.7 公顷。包括创意产业核心区和 7 个以创意产业为主体的特色主题园区。七个特色主题园区分别为文化创意产业园区、动漫创意产业园区、陶瓷文化创意产业园区、工业设计创意产业园区、影视文化创意产业园区、影视戏曲文化创意产业园区和多媒体创意文化产业园区。是年，以文化产业带动文化事业发展，文化创意产业生态汽车文化展示园、宝珠国际家居文化展示广场开工建设。9 月 26 日，国务院《文化产业振兴规划》（以下简称《规划》）全文发布。《规划》的颁布实施，为全区文化产业振兴提供千载难逢的发展良机。2010 年，以《规划》为统领，加快文化产业项目建设。年底，河北省文化创意产业园初具规模，汽车文化展示园建成投入使用。全区共有歌舞厅 11 家、音像制品经营店 34 家、网吧 26 家、酒吧 16 家；半专业和群众性业余演出团队 49 个；图书门店（摊）36 个，书报刊市场 3 个；文物市场 2 个，书画市场 1 个，文物古玩经营户达 62 家，书画经营店 4 家；各类文化艺术培训学校 12 所。全区各类个体文化经营户达 268 家。文化产业规模逐步壮大；以公有制为主体、多种所有制共同发展的文化产业格局初步形成。

二、卫生事业改革

1976 年“7 · 28”唐山大地震，使路南区卫生设施夷为瓦砾。震后，路南医院全体职工在简易房内开诊。为便于患者就近就医，在税务庄、复兴路、胜利路、车站路、赵庄小区和区政府院内设立 6 个门诊部，医疗网点遍布全境。同时构筑市、区、街道三级医疗网，建起小山卫生院、西新村卫生院、文化北后街卫生院、刘屯卫生院等街道卫生院。街道卫生院除方便居民就近就医外，还担任卫生防疫和保健任务。

1980 年，落实卫生部《关于允许个体开业行医问题的请示报告》，国有、集体医疗机构一统天下格局被打破，医疗主体多元化日趋显现，为形成多种所有制形式并存的医疗服务机构奠定基础。同年起，依据卫生部颁布的《医院分级管理办法》，将医院功能、任务、设施条件、技术建设、医疗服务质量和科学管理等综合水平纳入医院分级管理范畴。同时按照《医院分级管理标准》，启动甲等医院创建活动。

1994 年后，继续放宽医疗服务领域的市场准入，鼓励发展私立医院，鼓励外资进入医疗服务市场，建立合资或独资医院，形成多元化的、适应市场经济要求的医疗服务供给体系。伴随医疗服务领域社会资本的陆续进入，商业化、市场化竞争日趋激烈。通过竞争以及民间经济力量的广泛介入，医疗服务领域的供给能力全面提高。医疗服务机构的数量、医生数量以及床位数量均比计划经济时期得到明显增长，技术装备水平全面改善，医务人员的业务素质迅速提高，能够开展的诊疗项目不断增加。此外，所有制结构上的变动、管理体制方面的变革以及多层次的竞争，明显地提高了医疗服务机构及有关人员的积极性，内部运转效率有了普遍提高。

1997 年，进行医院管理体制改革。在医院推行“细化管理、效益核算、考核奖惩、五定一奖”（定任务、定床位、定人员编制、定业务技术指标、定经费补助，对服务质量好、医德医风高尚的给予奖励）的管理办法，医疗、管理、服务质量均设定标准，以调动卫生机构和卫生医技人员积极性，提高服务质量和医技水平。

2000 年 7 月，改革药品监督管理体制，组建路南区药品监督管理分局，原区卫生局履行的药政管理职责移交新组建的区药品监督管理分局（2005 年 12 月，区药品监督管理分局撤销，辖区药品监督管理职责上收至唐山市食品药品监督管理局），主要职责是加强药品生产、购进、销售领域的检查监督，保障人民群众用药安全。

2001 年，依据《中共中央、国务院关于卫生改革与发展的决定》，卫生部印发的《城市社区卫生服务机构设置原则》《城市社区卫生服务中心设置指导标准》《城市社区卫生服务设置指导标准》，路南区开始建立社区卫生服务中心（站）。社区卫生服务中心由政府开办和管理，其性质为非营利性、公益性的城市基层卫生服务机构，原则上以街道办事处设置；服务站主要由社会力量开办。社区卫生服务在政府领导、社区参与、上级卫生机构指导下，以基层卫生机构为主体，全科医师为骨干，合理使用社区资源和医疗技术，以人的健康为中心、家庭为单位、社区为范围、需求为导向，以妇女、儿童、老年人、慢性病人、残疾人、贫困居民等为服务重点，以解决社区主要卫生问题、满足基本卫生服务需求为目的，融预防、医疗、保健、康复、健康教育、计划生育技术服务功能等为一体，有效、经济、方便、综合、连续的基层卫生服务。

2005 年，在各级各类医院开展管理年活动，促进医院端正办院方向，牢记服务宗旨，树立“以病人为中心”的理念，规范医疗行为，改善服务态度，提高医疗质量，降低医疗费用。

2006 年，国务院发布《关于发展城市社区卫生服务的指导意见》。此后，按照国务院以及卫生部要求，加快乡、街卫生院、村卫生室和城市社区卫生服务机构建设，实现基层医疗卫生服务网络的全面覆盖；加强基层医疗卫生人才队伍建设，特别是全科医生培养培训，着力提高基层医疗卫生机构服务水平和质量，农村居民小病不出乡，城市居民小病在社区，享有便捷有效的社区卫生服务。转变基层医疗卫生机构运行机制和服务模式，完善投入机制，逐步建立起分级诊疗和双向转诊制度。至此，城乡居民基本医疗卫生服务费用负担减轻，利用基层医疗卫生服务量明显增加。至 2010 年年末，全区医疗卫生服务机构达 256 个，其中区属医疗机构 244 个，驻区医疗机构 12 个。区属医疗机构中，含区属医疗卫生机构 3 个、厂企校办集体医院 4 个、社区卫生服务中心（站）19 个（其中社区卫生服务中心 5 个、服务站 14 个），乡卫生院 1 个、村卫生室 18 个，私人、民营医院 11 个，私人诊所 188 个。驻区医疗机构包括市属医院 7 个、企业医院 3 个，武警、部队医院各 1 个。全区医疗基础设施占地面积 32.82 万平方米，建筑面积 28.87 万平方米；从业人员 7319 人，其中医技人员 6398 人；病床达到 5546 张，医疗设备 9526 台（套）。以公立医院为主体，以社区卫生服务中心（站）为基础，以个体私营医疗卫生机构为补充，多种所有制形式并存，能满足人民群众多层次、多元化、个性化和特殊化需求的医疗卫生服务体系基本构成。

第四章　社会保障制度

改革开放前，社会保障制度面小且存在缺陷，覆盖范围仅限于国有企业职工和政府供养人员，这些人员按照规定的受益标准从国家获得医疗、养老、工伤等保障。农村则以家庭保障作为主要的保障形式，辅之以对鳏寡孤独等无人赡养的人员设置的敬老院等低水平的社会保障。1993 年后，按照《中共中央关于建立社会主义市场经济体制若干问题的决定》，开始建立多层次的社会保障制度。至 2010 年，最低生活保障制度、基本养老保险制度、失业保险制度、医疗保险制度、工伤保险制度、生育保险制度、城镇最低收入家庭住房保障制度等社会保障制度，逐步建立、健全、完善，构成覆盖全民的全方位、多层次的社会保障体系。

第一节　最低生活保障制度与基本养老保险制度

一、最低生活保障制度

1995 年前，最低生活保障为传统的社会救济制度，救济对象是城镇“三无”居民（无生活来源、无劳动能力、无法定赡养人或抚养人居民）、孤老、社会困难户、20 世纪 60 年代精简退职职工以及国家规定需要特殊救济的对象，救济方式是定期定量救济或临时救济。救济标准依经济发展逐步提高。

1996 年 9 月，开始试行城市居民最低生活保障制度，学院南路街道办事处为试点单位。保障对象主要是城镇“三无”人员及城市孤老等老民政对象。全区有 220 人被列入保障范围。12 月，区政府出台《路南区实施农村最低生活保障制度暂行办法》，规定保障金由区、乡、村各负担三分之一。

1997 年，区政府落实国务院《关于在全国建立城市居民最低生活保障制度的通知》，明确城市居民最低生活保障制度的保障对象，是家庭人均收入低于当地最低生活保障标准，持有非农业户口的城市居民。主要包括三类人员：无生活来源、无劳动能力、无法定赡养人或抚养人的居民；领取失业救济金期间或失业救济期满仍未能重新就业，家庭人均收入低于最低生活保障标准的居民；在职人员和下岗人员在领取工资或最低工资、基本生活费后以及退休人员领取退休金后，其家庭人均收入仍低于最低生活保障标准的居民。根据这一规定，失业人员在享受失业保险待遇期间，只要家庭人均收入低于最低生活保障标准的，可以同时申请城市居民最低生活保障待遇；失业人员享受失业保险待遇的期限届满后，不管其是否重新就业，只要家庭人均收入低于最低生活保障标准的，均可申请享受城市居民最低生活保障待遇。救济资金由市、区两级财政与机关、企事业单位分担。救济方式采取现金救济，包括定期救济与临时救济，或现金和实物相结合的救济方式。

1998 年 6 月，区政府出台《关于落实城市居民最低生活保障工作的实施意见》，保障对象由原来的“三无”人员，扩展到包括领取失业救济金期间或失业救济期满仍未能重新就业，其家庭月人均收入低于最低生活保障标准的居民：在职和下岗人员在领取工资、基本生活费后以及离退休人员领取离退休金后，其家庭月人均收入仍低于最低生活保障标准的居民。是年，保障标准为 145 元/人·月，保障对象有 2651 户、2758 人，共发放保障金 22.53 万元。1999 年、2003 年两次提高保障标准，分别为 150 元/人·月、156 元/人·月。2004 年，保障标准调整至 170 元/人·月。全区有保障对象 1255 户、2818 人，较上年度增加 84 户、164 人。全年发放保障金 329.64 万元。2005 年，保障标准增加至 222 元/人·月。

2004 年起，农村最低生活保障标准按市统一规定，执行 800 元/人·年，保障金按 1∶1 的比例由市、区两级分担。当年有 104 户、183 人纳入农村最低生活保障范围，发放保障金 7.62 万元。

自 2006 年始，城乡最低生活保障标准逐年提高。至 2010 年，辖区城市居民最低生活保障标准每人每月 310 元，农村低保标准每人每年 1540 元。是年，全区最低生活保障对象共有 1670 户、3141 人，其中城市 1510 户、2840 人，农村 160 户、301 人，核发保障金 772.77 万元。

二、基本养老保险制度

1985 年前，辖域实行传统的养老保险制度。依据国家有关规定，在劳动者年老或丧失劳动能力后，根据其对社会所作的贡献和所具备的享受养老保险资格或退休条件，按月或一次性以货币形式支付的保险待遇，主要用于保障职工退休后的基本生活需要。传统养老保险筹集、发放的主体为企业，财务模式统一为现收现付，基本不存在基金积累，且职工待遇水平、保险的社会性低，覆盖范围狭窄。1984 年，国家开始进行以社会统筹为主要内容的养老保险制度改革试点。1986 年 10 月，路南区按试点要求，成立社会保险经办机构。1987 年，开始征缴全民所有制企业合同制工人养老保险费。企业缴纳的退休养老基金，在缴纳所得税前列支，缴纳的数额为劳动合同制工人工资总额的 15% 左右。劳动合同制工人缴纳的退休养老基金数额不超过本人标准工资的 3%。

1988 年 6 月，开始在区属集体企业建立社会保险统筹基金机制。区政府印发《集体企业离退休费用社会统筹试行办法》，规定区直属集体企业职工的离退休费用，实行统一征收，统一发放，统一管理，统一核算。统筹项目包括十一项费用：离退休费、退职生活费、粮价补贴、肉价补贴、副食补贴、生活补贴、洗理费、取暖补贴、离退休人员加发工资、丧葬费、因工死亡供养直系亲属救济费。统筹基金的提取，本着"以支定收、略有结余"的原则，参加统筹的单位按照全部职工工资总额的 8% 和全部退休职工的退休费总额的 70% 上缴统筹基金。

1991 年，落实国务院《关于企业职工养老保险制度改革的决定》，养老保险开始由企业保障向社会统筹转变。1992 年 1 月，根据《河北省国营企业职工离退休养老保险金社会统筹规定（试行）》精神，在区属全民所有制企业建立职工基本养老保险基金省级统筹机制。养老保险基金的筹集，按照"以支定筹，略有积累"的原则，企业按统筹职工工资总额加离退休费总额之和的 16% 缴纳。3 月，区政府印发《街道集体企业职工退休养老保险金社会统筹暂行规定》，街道集体企业职工退休养老保险金开始纳入区集体企业养老保险金社会统筹。

1993 年 1 月，企业和职工个人缴纳的基本养老保险费分别记入《职工养老保险手册》，职工个人缴纳的基本养老保险费缴费标准，开始时可不超过本人标准工资的 3%。7 月，区政府印发《路南区关于企业职工实行社会养老保险统筹暂行规定》，规定所属工商企业必须向区社保机构投保，实现社会养老保险全区统筹；全民企业参加统筹的方式及具体办法按省有关规定执行。企业职工个人按本人工资总额的 2% 缴纳养老保险金。

1995 年，按照《国务院关于深化企业职工养老保险制度改革的通知》，明确基本养老保险费用由企业和个人共同负担，实行社会统筹与个人账户相结合，在理顺分配关系，加快个人收入工资化、货币化进程的基础上，逐步提高个人缴费比例。至此，社会统筹与个人帐户相结合的养老新模式确立。在这种模式下，全区企业与职工按一定比例承担保险金缴纳，交费分成社会统筹和个人账户两部分，个人账户归职工个人所有，社会统筹在区域内互助共济。

1997 年，落实《国务院关于建立统一的企业职工基本养老保险制度的决定》（以下简称《决定》），开始在全区统一企业职工基本养老保险制度。依据《决定》，区属企业缴纳基本养老保险费（以下简称企业缴费）的比例，不超企业工资总额的 20%（包括划个人账户的部分）。个人缴纳基本养老保险费（以下简称"个人缴费"）的比例，1997 年不得低于本人缴费工资的 4%，1998 年起，每两年提高 1 个百分点，最终达到本人缴费工资的 8%。按本人缴费工资 11% 的数额，为职工建立基本养老保险个人账户，个人缴费全部记人个人账户，其余部分从企业缴费中划人。随着个人缴费比例的提高，企业划入的部分逐步降至 3%。个人账户储存额，每年参考银行同期存款利率计算利息。个人账户储存额只用于职工养老，不得提前支取。职工调动时，个人账户全部随同转移。职工或退休人员死亡，个人账户中的个人缴费部分可以继承。本规定实施后参加工作的职工，个人缴费年限累计满 15 年的，退休后按月发给基本养老金。基本养老金由基础养老金和个人账户养老金组成。退休时的基础养老金月标准为全省上年度职工月平均工资的 20%，个人账户养老金月标准为本人账户储存额除以 120。个人缴费年限累计不满 15 年的，退休后不享受基础养老金待遇，其个人账户储存额一次支付给本人。《决定》实施前已经离退休的人员，仍按国家原来的规定发给养老金，同时执行养老金调整办法。《决定》实施前参加工作、实施后退休且个人缴费和视同缴费年限累计满 15 年的人员，按照新老办法平稳衔接、待遇水平基本平衡等原则，在发给基础养老金和个人账户养老金的基础上再确定过渡性养老金，过渡性养老金从养老保险基金中解决。依据《决定》，基本养老保险制度逐步扩大到城镇所有企业及其职工，城镇个体劳动者也要逐步实行基本养老保险制度。当年，全区参加养老保险的企业313家，在职职工1.54万人，离退休人员4933人；收缴养老金1911.3万元，征集率98.7%；全年支付离退休费1867.5万元，为36家受益企业下拨调剂金379.6万元。

1998年，全区养老保险范围扩大到机关、事业单位和城镇个体劳动者及私营企业。养老保险基金由单位和个人共同负担。国有企业，中国港澳台及外商企业的中方职工，私营企业，个体劳动者基本养老保险实行省级统筹。全区参加养老保险的企业122家，在职职工1.5万人，占在职职工总人数的98.9%，征集养老保险基金1800万元。

2002年，全区各类企业养老保险统筹执行统一标准，养老保险基金实行收支两条线管理，企业离退休人员的养老金全部通过银行、邮局等社会化渠道直接发放，确保当期养老金的按时足额发放。

2005年，落实国务院《关于完善企业职工基本养老保险制度的决定》，明确基本养老保险的主要任务是：确保基本养老金按时足额发放，保障离退休人员基本生活；逐步做实个人账户，完善社会统筹与个人账户相结合的基本制度；统一城镇个体工商户和灵活就业人员参保缴费政策，扩大覆盖范围；改革基本养老金计发办法，建立参保缴费的激励约束机制；根据经济发展水平和各方面承受能力，合理确定基本养老金水平；建立多层次养老保险体系；加强基本养老保险基金征缴和监管，完善多渠道筹资机制。依据国务院做出的《关于完善企业职工基本养老保险制度的决定》，全区城镇个体工商户和灵活就业人员参加基本养老保险的缴费基数，为上年度在岗职工平均工资，缴费比例为20%，其中8%记入个人账户，退休后按企业职工基本养老金计发办法计发基本养老金。同时改革基本养老金计发办法。从2006年1月1日起，个人账户的规模统一由本人缴费工资的11%调整为8%，全部由个人缴费形成，单位缴费不再划入个人账户。《国务院关于建立统一的企业职工基本养老保险制度的决定》（国发［1997］26号）实施后参加工作、缴费年限（含视同缴费年限，下同）累计满15年的人员，退休后按月发给基本养老金。基本养老金由基础养老金和个人账户养老金组成。退休时的基础养老金月标准以当地上年度在岗职工月平均工资和本人指数化月平均缴费工资的平均值为基数，缴费每满一年发给1%。个人账户养老金月标准为个人账户储存额除以计发月数，计发月数根据职工退休时城镇人口平均预期寿命、本人退休年龄、利息等因素确定。国发［1997］26号文件实施前参加工作，决定实施后退休且缴费年限累计满15年的人员，在发给基础养老金和个人账户养老金的基础上，再发给过渡性养老金。决定实施后到达退休年龄但缴费年限累计不满15年的人员，不发给基础养老金；个人账户储存额一次性支付给本人，终止基本养老保险关系。决定实施前已经离退休的人员，仍按国家原来的规定发给基本养老金，同时执行基本养老金调整办法。

2010年10月28日，《中华人民共和国社会保险法》正式颁布。依据《中华人民共和国社会保险法》规定，全区职工（公务员和参照公务员法管理的工作人员）全部参加基本养老保险。基本养老保险基金由用人单位和职工共同缴费。无雇工的个体工商户、未在用人单位参加基本养老保险的非全日制从业人员以及其他灵活就业人员可以参加基本养老保险，由个人缴纳基本养老保险费。基本养老保险实行社会统筹与个人账户相结合。基本养老保险基金由用人单位和个人缴费以及政府补贴等组成。用人单位按照国家规定的本单位职工工资总额的比例缴纳基本养老保险费，记入基本养老保险统筹基金。职工按照国家规定的本人工资的比例缴纳基本养老保险费，记入个人账户。无雇工的个体工商户、未在用人单位参加基本养老保险的非全日制从业人员以及其他灵活就业人员参加基本养老保险的，按规定缴纳基本养老保险费，分别记入基本养老保险统筹基金和个人账户。国有企业、事业单位职工参加基本养老保险前，视同缴费年限期间应当缴纳的基本养老保险费由政府承担。基本养老保险基金出现支付不足时，政府给予补贴。个人账户不得提前支取，记账利率不得低于银行定期存款利率，免征利息税。个人死亡的，个人账户余额可以继承。基本养老金由统筹养老金和个人账户养老金组成。基本养老金根据个人累计缴费年限、缴费工资、当地职工平均工资、个人账户金额、城镇人口平均预期寿命等因素确定。参加基本养老保险的个人，达到法定退休年龄时累计缴费满15年的，按月领取基本养老金。参加基本养老保险的个人，达到法定退休年龄时累计缴费不足15年的，可以缴费至满15年，按月领取基本养老金；也可以转入新型农村社会养老保险或者城镇居民社会养老保险，按照国务院规定享受相应的养老保险待遇。参加基本养老保险的个人，因病或者非因工死亡的，其遗属可以领取丧葬补助金和抚恤金；在未达到法定退休年龄时因病或者非因工致残完全丧失劳动能力的，可以领取病残津贴。所需资金从基本养老保险基金中支付。建立基本养老金正常调整机制。根据职工平均工资增长、物价上涨情况，适时提高基本养老保险待遇水平。个人跨统筹地区就业的，其基本养老保险关系随本人转移，缴费年限累计计算。个人达到法定退休年龄时，基本养老金分段计算、统一支付。建立和完善新型农村社会养老保险制度。新型农村社会养老保险实行个人缴费、集体补助和政府补贴相结合。新型农村社会养老保险待遇由基础养老金和个人账户养老金组成。参加新型农村社会养老保险的农村居民，符合国家规定条件的，按月领取新型农村社会养老保险金。建立和完善城镇居民社会养老保险制度。年末，全区企业城镇职工养老保险覆盖32275人（其中在职参保职工22129人，退休人员10146人）；机关事业单位养老保险覆盖7648人（其中在职参保职工达4728人，退休人员2920人）；老农保覆盖2078人；新型农村养老保险实现覆盖14个村、10412人（其中缴费人员7580人，享受待遇3073人）。

第二节　失业保险制度与医疗保险制度

一、失业保险制度

失业保险制度最早追溯至1950年。政务院颁布《救济失业工人暂行办法》，对失业人员实行失业救济与失业安置相结合的保障措施，通过以工代赈、生产自救、发放救济金等形式，保障失业者的基本生活。1956年，生产资料所有制社会主义改造完成后，国家实行统包统配、普遍就业的劳动制度，企业与员工建立终身固定的劳动关系。故此，就业模式与计划经济时代并存。20世纪70年代末，由返城知青、城镇中学毕业生、其他社会待业者组成的失业人员形成建国后第二次失业高峰，传统的就业体制已经无力解决失业问题，原有的就业制度受到挑战。面对严峻的就业形势，国家开始引入竞争机制，打破计划经济时期统包统配的就业制度，改变过去只靠全民所有制单位作为招工的单一渠道的做法，实行国营、集体、个体经济多种就业渠道。进入80年代中期，计划经济时期统包统配的就业制度再次受到冲击，劳动合同制度开始推广。

1986年，国务院颁布《国营企业实行劳动合同制暂行规定》，明确国营企业和国家机关、事业单位招收工人，除国家另有规定外，统一实行劳动合同制，即通过签订劳动合同，达到工人和企业相互选择、平等协商，用经济、法律和行政相结合的手段确定和调节劳动关系。国务院另颁发《国营企业辞退违纪职工暂行规定》，赋予企业辞退违纪职工的权力。至此，劳动合同制逐步取代劳动就业终身制，失业保险制度的建立随之成为必然。7月，国务院颁布《国营企业职工待业保险暂行规定》，待业保险制度建立。待业保险适用范围包括：宣布破产的企业；濒临破产的国营企业在法定整顿期间被精简的职工；国营企业辞退的工人；国营企业终止、解除劳动合同的合同制工人。待业保险金主要由企业承担，企业按全部职工标准工资总额1%缴纳，税前列支，社会筹集，统筹使用。职工待业期间，按工龄长短领取不等的待业救济金。10月，根据国务院颁发的《国营企业职工待业保险暂行规定》，路南区失业保险经办机构成立，负责辖区内国有企业待业保险基金的征缴及待业职工救济金的发放。待业保险基金的征缴按照每人每月2元，全区失业保险制度初步建立。

1992年，国务院制定《全民所有制工业企业转换经营机制条例》，加大国有企业经营和用人自主权的力度，全国出现第三次失业高峰。4月，国务院发布《国有企业职工待业保险规定》，对原有失业保险制度进行调整。即扩大失业保险覆盖面，将保险对象从原四种人员扩大到撤销和解散企业的职工，停产、整顿企业被精简的职工，企业辞退、除名或被开除的职工，宣告破产企业的职工等七类9种人员。同时，将基金统筹调整为市、县统筹，将缴费基数由企业标准工资总额改为工资总额。相应改变失业保险待遇计发办法，由按本人工资的一定比例给付改为按社会救济金的120%～150%计发。年内，全区扩大待业保险基金征缴覆盖面，将区属集体企业纳入征缴范围，征缴比例调整为企业工资总额的2%。

1998年12月，国务院第258号令颁布《失业保险条例》（以下简称《条例》）。《条例》改“待业保险”为“失业保险”，失业保险制度正式确立。翌年起，按《条例》要求，全区将失业保险覆盖至城镇企业事业单位及城镇企业事业单位的职工。职工失业保险费包括：城镇企业事业单位、城镇企业事业单位职工缴纳的失业保险费；失业保险基金的利息；财政补贴；依法纳入失业保险基金的其他资金。缴费办法：城镇企业事业单位按照本单位工资总额的2%缴纳失业保险费；城镇企业事业单位职工按照本人工资的1%缴纳失业保险费。城镇企业事业单位招用的农民合同制工人本人不缴纳失业保险费。失业保险基金用于下列支出：失业保险金；领取失业保险金期间的医疗补助金；领取失业保险金期间死亡的失业人员的丧葬补助金和其供养的配偶、直系亲属的抚恤金；领取失业保险金期间接受职业培训、职业介绍的补贴。领取失业保险金的人员：按照规定参加失业保险，所在单位和本人已按照规定履行缴费义务满1年的；非因本人意愿中断就业的；已办理失业登记，并有求职要求的。失业人员在领取失业保险金期间，按照规定同时享受其他失业保险待遇。同时规定，失业人员在领取失业保险金期间有下列情形之一的，停止领取失业保险金和其他失业保险待遇：重新就业的；应征服兵役的；移居境外的；享受基本养老保险待遇的；被判刑收监执行或者被劳动教养的；无正当理由，拒不接受当地人民政府指定的部门或者机构介绍的工作的。失业人员失业前所在单位和本人按照规定累计缴费时间满1年不足5年的，领取失业保险金的期限最长为12个月；累计缴费时间满5年不足10年的，领取失业保险金的期限最长为18个月；累计缴费时间10年以上的，领取失业保险金的期限最长为24个月。重新就业后，再次失业的，缴费时间重新计算。再次失业领取失业保险金的期限可以与前次失业应领取而尚未领取的失业保险金的期限合并计算，但是最长不得超过24个月。失业保险金的标准，按照低于当地最低工资标准、高于城市居民最低生活保障标准的水平。失业人员在领取失业保险金期间患病就医的，可以按照规定向社会保险经办机构申请领取医疗补助金。失业人员在领取失业保险金期间死亡的，参照当地对在职职工的规定，对其家属一次性发给丧葬补助金和抚恤金。单位招用的农民合同制工人连续工作满1年，本单位并已缴纳失业保险费，劳动合同期满未续订或者提前解除劳动合同的，由社会保险经办机构根据其工作时间长短，对其支付一次性生活补助金。城镇企业事业单位成建制跨统筹地区转移，失业人员跨统筹地区流动的，失业保险关系随之转迁。失业人员符合城市居民最低生活保障条件的，按照规定享受城市居民最低生活保障待遇。是年，全区参加失业保险企业180家，职工4.08万人，收缴失业保险金330万元。翌年，收缴失业保险金270万元，发放失业救济金80.62万元。

2000年8月起，失业保险费改由地税局代征。2004年，全区157家单位的9230人参加失业保险，全年征缴失业保险费194万元。同时，严格失业人员申领资格审核，规范受理审理登记程序，对符合条件的失业人员及时提供生活保障，全年为670人次发放失业救济金22.43万元。2005年，全区共有189家单位、1.15万人参加失业保险，新增参保人数2304人，征缴失业保险费230.9万元。

2010年10月28日，第十一届全国人大常委会第十七次会议通过《中华人民共和国社会保险法》。依据社会保险法规定，全区职工参加失业保险，由用人单位和职工按照国家规定共同缴纳失业保险费。失业人员符合下列条件的，从失业保险基金中领取失业保险金：失业前用人单位和本人已经缴纳失业保险费满1年的；非因本人意愿中断就业的；已经进行失业登记，并有求职要求的。失业人员失业前用人单位和本人累计缴费满1年不足5年的，领取失业保险金的期限最长为12个月；累计缴费满五年不足10年的，领取失业保险金的期限最长为18个月；累计缴费10年以上的，领取失业保险金的期限最长为24个月。重新就业后，再次失业的，缴费时间重新计算，领取失业保险金的期限与前次失业应当领取而尚未领取的失业保险金的期限合并计算，最长不超过24个月。失业保险金的标准，不得低于城市居民最低生活保障标准。失业人员在领取失业保险金期间，参加职工基本医疗保险，享受基本医疗保险待遇。失业人员缴纳的基本医疗保险费从失业保险基金中支付，个人不缴纳基本医疗保险费。失业人员在领取失业保险金期间死亡的，参照当地对在职职工死亡的规定，向其遗属发给一次性丧葬补助金和抚恤金。所需资金从失业保险基金中支付。个人死亡同时符合领取基本养老保险丧葬补助金、工伤保险丧葬补助金和失业保险丧葬补助金条件的，其遗属只能选择领取其中的一项。失业人员在领取失业保险金期间有下列情形之一的，停止领取失业保险金，并同时停止享受其他失业保险待遇：重新就业的；应征服兵役的；移居境外的；享受基本养老保险待遇的；无正当理由，拒不接受当地人民政府指定部门或者机构介绍的适当工作或者提供的培训的。职工跨统筹地区就业的，其失业保险关系随本人转移，缴费年限累计计算。以《中华人民共和国社会保险法》颁布为标志，全区的失业保险征缴与发放纳入法制化、规范化的运行轨道。2010 年，全区失业保险基金参保人数 11431 人，征缴金额 742. 26 万元，支出金额 555. 96 万元，累计基金结余 636. 92 万元。

二、医疗保险制度

医疗保险制度建立，最早溯至 20 世纪 50 年代，包括用于企业职工的劳保医疗制度，用于机关事业单位工作人员的公费医疗制度，用于农村居民的合作医疗制度。进入 90 年代，城镇国营、集体企业职工仍实行劳保医疗制度，机关和事业单位实行公费医疗制度。在农村，因推行家庭联产承包责任制，农村合作医疗制度失去经济基础，全部消亡。其间，传统的公费和劳保医疗体制缺陷日益凸显：医疗费用全部由财政和企业包揽，费用增长过快，财政和企业负担加重。医疗保险制度改革势在必行。

1998 年 12 月 14 日，国务院颁布《关于建立城镇职工基本医疗保险制度的决定》（以下简称《决定》），开始在全国建立城镇职工基本医疗保险制度。明确建立城镇职工基本医疗保险制度的原则是：基本医疗保险的水平要与社会主义初级阶段生产力发展水平相适应；城镇所有用人单位及其职工都要参加基本医疗保险，实行属地管理；基本医疗保险费由用人单位和职工双方共同负担；基本医疗保险基金实行社会统筹和个人账户相结合。覆盖范围和缴费办法：城镇所有用人单位，包括企业（国有企业、集体企业、外商投资企业、私营企业等）、机关、事业单位、社会团体、民办非企业单位及其职工，都要参加基本医疗保险。基本医疗保险原则上在全市范围内实行统筹。所有用人单位及其职工都按照属地管理原则参加所在统筹地区的基本医疗保险，执行统一政策，实行基本医疗保险基金的统一筹集、使用和管理。基本医疗保险费由用人单位和职工共同缴纳。用人单位缴费率控制在职工工资总额的 6% 左右，职工缴费率一般为本人工资收入的 2%。基本医疗保险基金由统筹基金和个人账户构成。职工个人缴纳的基本医疗保险费，全部计入个人账户。用人单位缴纳的基本医疗保险费分为两部分，一部分用于建立统筹基金，一部分划入个人账户。划入个人账户的比例一般为用人单位缴费的 30% 左右。统筹基金和个人账户的划定，按各自的支付范围，分别核算，不得互相挤占。确定统筹基金的起付标准和最高支付限额，起付标准原则上控制在当地职工年平均工资的 10% 左右，最高支付限额原则上控制在当地职工年平均工资的 4 倍左右。起付标准以下的医疗费用，从个人账户中支付或由个人自付。起付标准以上、最高支付限额以下的医疗费用，主要从统筹基金中支付，个人也要负担一定比例。超过最高支付限额的医疗费用，通过商业医疗保险等途径解决。基本医疗保险基金的银行计息办法：当年筹集的部分，按活期存款利率计息；上年结转的基金本息，按 3 个月期整存整取银行存款利率计息；存入社会保障财政专户的沉淀资金，比照 3 年期零存整取储蓄存款利率计息，并不低于该档次利率水平。个人账户的本金和利息归个人所有，可以结转使用和继承。基本医疗保险实行定点医疗机构（包括中医医院）和定点药店管理。离休人员、老红军的医疗待遇不变，医疗费用按原资金渠道解决，支付确有困难的，由同级人民政府帮助解决。二等乙级以上革命伤残军人的医疗待遇不变，医疗费用按原资金渠道解决，由社会保险经办机构单独列帐管理。医疗费支付不足部分，由当地人民政府帮助解决。退休人员参加基本医疗保险，个人不缴纳基本医疗保险费。对退休人员个人账户的计入金额和个人负担医疗费的比例给予适当照顾。

国家公务员在参加基本医疗保险的基础上，享受医疗补助政策。为了不降低一些特定行业职工现有的医疗消费水平，在参加基本医疗保险的基础上，作为过渡措施，允许建立企业补充医疗保险。企业补充医疗保险费在工资总额4%以内的部分，从职工福利费中列支，福利费不足列支的部分，经同级财政部门核准后列入成本。国有企业下岗职工的基本医疗保险费，包括单位缴费和个人缴费，均由再就业服务中心按照当地上年度职工平均工资的60%为基数缴纳。2002年4月，依据国务院颁布的《关于建立城镇职工基本医疗保险制度的决定》和省市统一部署，路南区组建医疗保险基金管理中心。6月，确定定点医院和定点药店，基本医疗保险制度正式实施。至年底，全区共有120个机关、事业单位参与医疗保险制度改革，涉及人数6579人。

2003年，启动医疗保险IC卡微机系统，多方筹措资金35万元，制发IC卡7000余张。10月，完成系统建设并投入使用。是年，制定《路南区公务员医疗补助实施暂行办法》和门诊特殊疾病政策规定。2004年，印发《路南区城镇职工基本医疗保险试行办法》。2005年，全区共有145家单位参加医疗保险，参保人员8354人，其中在职人员5850人，退休人员2504人；征收医疗保险费1208万元，支出896万元。办理大额理赔病例21人次，支付51.2万元。

2006年，全区机关、事业单位实施生育保险与医疗保险捆绑运行，实行定额补贴制度，资金由基本医疗保险统筹基金列支。3月17日，以建立大病统筹为主的新型农村合作医疗制度和医疗救助制度建立。区政府制定《新型农村合作医疗制度实施方案（试行）》，规定自2006年1月1日起实施。新型农村合作医疗基金采取农民个人缴费与政府资助相结合的方式筹集。农民每人每年缴纳15元，财政补助资金每人每年20元（其中市财政12元，区财政8元），年筹资标准35元。住院报销比例：在乡级卫生院住院起付线300元，补偿比45%；区级医院住院起付线2000元，补偿比40%；市级以上医院住院起付线4000元，补偿比35%；最高限额1万元。个人每人每年15元，其中6元进入个人账户。家庭账户门诊补偿每人每年最高补偿限额6元，其余9元由合作医疗统筹。补偿流程，分为门诊家庭账户补偿、住院医药费用补偿。门诊家庭账户补偿为每人每年最高补偿限额6元；住院医药费用补偿，由参合者持年度内定点医疗机构的合法有效票据、住院费用结算清单、诊断证明、转院证明、病历、身份证、合作医疗证，定期到合作医疗管理站申报，再到区合作医疗管理中心审批。药品补偿，按照《河北省新型农村合作医疗基本药物目录（试行）的通知》执行。工伤、意外、母子保健、未在新农合基本药物目录内等未经批准的不予报销。基金监管，实行由区新农合医疗管理委员会选定金融机构作为基金代理机构，设立基金专项账户，新农合基金全部纳入基金专户储存和管理。8月底前完成农村合作医疗基金的收缴。年末，全乡共有38个村，应参加新农合农业人口35612人，有34249人参加新型农村合作医疗，占农业人口的96.17%；全年共收缴参合个人基金51.33万元。

2007年7月，路南区机关、事业单位医疗保险上收至市统一管理。7月10日，国务院颁布《关于开展城镇居民基本医疗保险试点的指导意见》，启动实施城镇非就业居民基本医疗保险试点，重点解决中小学生、老人、残疾人等群体的看病就医问题。11月，依据国务院颁布的《关于开展城镇居民基本医疗保险试点的指导意见》，区成立医疗保险科，负责全区灵活就业人员和城镇居民医疗保险制度的落实。至年末，全区共有1700余人参加灵活就业人员医疗保险，4.44万人参加城镇居民医疗保险。

2010年10月28日，《中华人民共和国社会保险法》由中华人民共和国第十一届全国人民代表大会常务委员会第十七次会议通过，自2011年7月1日起施行。按照《中华人民共和国社会保险法》规定，全区职工普遍参加职工基本医疗保险，基本医疗保险费由用人单位和职工按照国家规定共同缴纳。同时要求，无雇工的个体工商户、未在用人单位参加职工基本医疗保险的非全日制从业人员以及其他灵活就业人员应参加职工基本医疗保险，由个人按照规定缴纳基本医疗保险费。建立和完善新型农村合作医疗制度、城镇居民基本医疗保险制度。城镇居民基本医疗保险实行个人缴费和政府补贴相结合。享受最低生活保障的人、丧失劳动能力的残疾人、低收入家庭60周岁以上的老年人和未成年人等所需个人缴费部分，由政府给予补贴。职工基本医疗保险、新型农村合作医疗和城镇居民基本医疗保险的待遇标准按照国家规定执行。参加职工基本医疗保险的个人，达到法定退休年龄时累计缴费达到国家规定年限的，退休后不再缴纳基本医疗保险费，按照国家规定享受基本医疗保险待遇；未达到国家规定年限的，可以缴费至国家规定年限。符合基本医疗保险药品目录、诊疗项目、医疗服务设施标准以及急诊、抢救的医疗费用，按照规定从基本医疗保险基金中支付。参保人员医疗费用中应当由基本医疗保险基金支付的部分，由社会保险经办机构与医疗机构、药品经营单位直接结算。同时规定，下列医疗费用不纳入基本医疗保险基金支付范围：应当从工伤保险基金中支付的；应当由第三人负担的；应当由公共卫生负担的；在境外就医的。医疗费用依法应当由第三人负担，第三人不支付或者无法确定第三人的，由基本医疗保险基金先行支付。基本医疗保险基金先行支付后，有权向第三人追偿。个人跨统筹地区就业的，其基本医疗保险关系随本人转移，缴费年限累计计算。年底，全区共有6.74万人参加城镇居民医疗保险，参保率达99.8%；共有4241人参加灵活就业人员医保。全区参加新型农村合作医疗的农民1.55万人，参合率96.26%。5年间，新农合累计补偿总费用647.13万元，其中住院补偿3835人次，补偿费用586.37万元；家庭账户补偿费用59.40万元；门诊补偿1.36万元。

第三节　工伤保险制度与生育保险制度

一、工伤保险制度

工伤保险制度的建立，最早源于1951年政务院颁布的《劳动保险条例》，实际运行中覆盖范围窄、缺乏社会互济和分散风险的功能，工伤认定标准模糊、赔偿标准过时、伤残等级鉴定缺乏统一标准等。

1994年7月5日，第八届全国人民代表大会常务委员会第八次会议审议通过《中华人民共和国劳动法》，规定劳动者“因工伤残或者患职业病”应依法享受社会保险待遇。至此，因工伤残或者患职业病职工合法权益成为法律保障的对象。

1996年3月，国家技术监督局颁布《职工工伤与职业病致残程度鉴定》（国标GB/T16180－1996）。8月，劳动和社会保障部发布《企业职工工伤保险试行办法》，对工伤保险的实施范围、工伤认定、待遇项目和支付标准、工伤保险基金和缴费制度、政策监督及组织实施等做出基本规定。强调要把工伤保险与工伤预防、工伤康复、工伤补偿相结合，实行社会统筹，变企业保险为社会保险，在全社会范围内分散工伤事故风险。突破工伤保险仅适用于国有企业和集体企业的局限，把工伤保险覆盖面扩大到各类企业及全体职工；规范工伤待遇项目和标准；实行工伤保险与安全生产相结合，实行差别率和企业浮动费率；制定工伤和职业病致残程度鉴定标准。《企业职工工伤保险试行办法》的颁布和实施，推进了工伤保险制度的改革，逐步规范、统一了企业职工工伤保险待遇标准，在一定程度上解决了伤残待遇和死亡待遇偏低的问题。标志着对多年沿用的工伤保险制度开始全面改革。1998年1月，路南区依据《企业职工工伤保险试行办法》，开始对企业职工工伤保险制度进行改革。新的工伤保险制度本着“以支定筹，留有储备”的原则，按各企业全员工资总额的0.5%～1%提取工伤保险基金，统筹使用。根据伤残程度保险待遇按月按本人工资的一定比例发给伤残抚恤金，或根据情况发给一次性伤残就业补助金。因工死亡除发给丧葬费外，对死者供养亲属给予抚恤，按月发给社会平均工资的30%～40%的抚恤金，直至失去供养条件为止；同时发给一次性补助金，标准为社会平均工资48个月至60个月的金额。为贯彻保险与预防相结合的原则，对发生事故的单位，在一个年度内，社保机构支付保险金，第一次按处理事故所需金额的95%支付，以后每次事故，支付金额递减5%，以示惩处；对未发生事故的单位，按企业上年度缴费总额的10%，一次性返还本单位，以示奖励。

2003年4月27日，国务院颁布《工伤保险条例》（以下简称《条例》），2004年1月1日起施行。这是自1951年制订、1953年修订颁布《中华人民共和国劳动保险条例》之后，第一次专门制订的具有法律效力的工伤保险法规。《条例》从法律上实现《中华人民共和国劳动法》赋予劳动者的工伤保险待遇权利，增强工伤保险待遇权的行使与保护机制，为建立和健全比较完善的社会保障法律体系奠定法律基石。《条例》规定，中华人民共和国境内的企业、事业单位、社会团体、民办非企业单位、基金会、律师事务所、会计师事务所等组织和有雇工的个体工商户应当依照本条例规定参加工伤保险，为本单位全部职工或者雇工缴纳工伤保险费。中华人民共和国境内的企业、事业单位、社会团体、民办非企业单位、基金会、律师事务所、会计师事务所等组织的职工和个体工商户的雇工，均有依照本条例的规定享受工伤保险待遇的权利。

2005 年 1 月 1 日，落实《河北省工伤保险实施办法》（以下简称《实施办法》），明确工伤保险基金实行全市统筹，规定用人单位以本单位全部职工上月的工资总额为基数，申报缴纳工伤保险费。难以确认工资总额的用人单位，按照上年度本地区职工月平均工资总额为基数，申报缴纳工伤保险费。工伤保险基金项目支出：工伤医疗费，一级至四级工伤人员伤残津贴，一次性伤残补助金，生活护理费，丧葬补助金，供养亲属抚恤金，一次性工亡补助金，辅助器具费，工伤康复费，工伤认定调查费，劳动能力鉴定费。工伤保险待遇：工伤职工需要暂停工作接受治疗的，在停工留薪期内，原工资福利待遇不变，由所在单位按月支付。停工留薪期一般不超过 12 个月。伤情严重或者情况特殊，经统筹地区劳动能力鉴定委员会确认，可以适当延长，但延长不得超过 12 个月。工伤职工评定伤残等级后，停发原待遇，按《条例》和本办法规定享受伤残待遇。工伤职工在停工留薪期满后仍需要治疗的，继续享受工伤医疗待遇。工伤职工在停工留薪期间，用人单位不得与其解除或者终止劳动关系。生活不能自理的工伤职工，在停工留薪期内需要护理的，由用人单位指派专人护理。经工伤职工或者其亲属同意，用人单位也可以按照本单位上年度职工月平均工资一人的标准支付护理费。工伤职工在工伤认定之前的医疗费用由用人单位垫付，工伤认定后符合工伤保险诊疗项目目录、工伤保险药品目录和工伤保险住院服务标准的，由经办机构予以报销。五级至十级工伤职工与用人单位解除或者终止劳动关系的，用人单位应当支付一次性工伤医疗补助金和伤残就业补助金。一次性工伤医疗补助金标准为解除或者终止劳动关系时统筹地区上年度职工月平均工资的 44 个月至 8 个月工资，其中：五级 44 个月，六级 38 个月，七级 26 个月，八级 20 个月，九级 14 个月，十级 8 个月；一次性伤残就业补助金标准为解除或者终止劳动关系时统筹地区上年度职工月平均工资的 22 个月至 4 个月工资，其中：五级 22 个月，六级 16 个月，七级 10 个月，八级 8 个月，九级 6 个月，十级 4 个月。工伤职工距法定退休年龄不足五年的，终止或者解除劳动关系时，一次性伤残就业补助金按每减少一年递减百分之二十的标准支付，距法定退休年龄不足一年的按百分之十支付。工伤职工达到法定退休年龄办理退休手续的，不享受一次性工伤医疗补助金和伤残就业补助金。工伤职工领取一次性工伤医疗补助金和伤残就业补助金后，由用人单位到经办机构办理工伤保险关系终止手续。符合享受失业保险待遇的，按规定享受失业保险待遇。重新就业后再次发生工伤的，按《条例》和本办法规定程序履行工伤认定和劳动能力鉴定手续，按照新认定和鉴定结论享受工伤保险待遇。伤残津贴、生活护理费、供养亲属抚恤金标准，由统筹地区劳动保障行政部门按照本地区职工平均工资增长率和城市居民生活费用变化等情况每 2 年调整一次。同年，区属各类企业及境内私营企业，按《条例》和《实施办法》要求，开始建立新的工伤保险制度，费率根据企业性质，参照工伤保险政策规定，在 0.5% 至 2% 之间，由参保单位缴纳，职工个人不缴费。2005 年，全区共有 161 家企业 9235 人参保，累计缴纳工伤保险费 51.2 万元。2007 年，工伤保险制度扩展至事业单位，征缴标准与企业工伤保险标准相同。

2010 年 10 月 28 日，《中华人民共和国社会保险法》颁布。规定职工参加工伤保险，由用人单位缴纳工伤保险费，职工不缴纳工伤保险费。路南区依据《中华人民共和国社会保险法》规定，明确工伤保险范围：职工因工作原因受到事故伤害或者患职业病，且经工伤认定的，享受工伤保险待遇；其中，经劳动能力鉴定丧失劳动能力的，享受伤残待遇。职工因故意犯罪、醉酒或者吸毒、自残或者自杀不认定为工伤。工伤保险基金支付：治疗工伤的医疗费用和康复费用；住院伙食补助费；到统筹地区以外就医的交通食宿费；安装配置伤残辅助器具所需费用；生活不能自理的，经劳动能力鉴定委员会确认的生活护理费；一次性伤残补助金和一至四级伤残职工按月领取的伤残津贴；终止或者解除劳动合同时，应当享受的一次性医疗补助金；因工死亡的，其遗属领取的丧葬补助金、供养亲属抚恤金和因工死亡补助金；劳动能力鉴定费。因工伤发生的费用，按照国家规定由用人单位支付：治疗工伤期间的工资福利；五级、六级伤残职工按月领取的伤残津贴；终止或者解除劳动合同时，应当享受的一次性伤残就业补助金。工伤职工符合领取基本养老金条件的，停发伤残津贴，享受基本养老保险待遇。基本养老保险待遇低于伤残津贴的，从工伤保险基金中补足差额。职工所在用人单位未依法缴纳工伤保险费，发生工伤事故的，由用人单位支付工伤保险待遇。用人单位不支付的，从工伤保险基金中先行支付。从工伤保险基金中先行支付的工伤保险待遇应当由用人单位偿还。由于第三人的原因造成工伤，第三人不支付工伤医疗费用或者无法确定第三人的，由工伤保险基金先行支付。工伤保险基金先行支付后，有权向第三人追偿。另规定，丧失享受待遇条件、拒不接受劳动能力鉴定、拒绝治疗的，停止享受工伤保险待遇。同年12月8日，国务院第136次常务会议通过《国务院关于修改〈工伤保险条例〉的决定》，自2011年1月1日起施行。至此，以《中华人民共和国社会保险法》的颁布和《国务院关于修改〈工伤保险条例〉的决定》的通过为标志，全区工伤保险制度的落实步入法制化的运行轨道。2010年，全区参加工伤保险基金1.59万人，征缴金额246.89万元，支出金额146.56万元。

二、生育保险制度

生育保险制度的建立始于1953年经修改的《中华人民共和国劳动保险条例》，条例增设孕产期医疗保险费项目，规定孕产期间检查费、接生费由企业支付；将小产产假延长，无论怀孕是否满3个月，产假均为30天，并增加难产或双胞胎生育产假，假期是在正常产假56天的基础上增加14天；将生育补助的5尺红布改为现金支付，即生育一个胎儿为4元，双生或多胎生育的，则每多生一个胎儿，每胎增加到8元。为确保生育保险待遇及时支付给女职工，劳动部制定《劳动保险条例实施细则》，国家统计局颁发《关于工资总额组成的规定》等，对生育保险待遇的有关问题作出详细规定。

1955年4月26日，政务院颁发《关于女工作人员生育假期规定的通知》，使女职工生育保险待遇的覆盖面从企业女职工扩大到机关、事业单位的所有女职工。此后的一段时期，生育保险待遇无大的改变，只是在加强可操作性方面进行微调。1962年，规定女职工因病休在6个月以内生育时，可以享受产假工资。1964年，明确女职工子宫外孕、葡萄胎属病理现象，可停工休息，按病假待遇处理。当年起，施行绝育结扎手术、放取绝育环或人工流产所发生的挂号费、住院费、检查费、医药费和手术费均予以报销。“文化大革命”期间，生育保险工作处于维持现状局面，生育保险的政策制定和研究工作处于停滞状态。

1986年，卫生部、劳动人事部、全国总工会、全国妇联联合印发《女职工保健工作暂行规定》（以下简称《规定》）。就女职工月经期保健、婚前保健、孕前保健、孕期保健、产后保健、哺乳期保健、更年期保健以及女职工应享受的合法权益做出规定。依据《规定》，区妇联、总工会深入企业，加强女职工生育政策的宣传与督办落实。

1995年，依据劳动部颁发的《企业职工生育保险试行办法》规定，全区建立生育保险费用社会统筹机制。生育保险根据“以支定收，收支基本平衡”的原则筹集资金，由企业按照其工资总额的一定比例向社会保险经办机构缴纳生育保险费，建立生育保险基金。企业缴纳的生育保险费作为期间费用处理，列入企业管理费用。职工个人不缴纳生育保险费。女职工生育按照法律、法规的规定享受产假。产假期间的生育津贴按照本企业上年度职工月平均工资计发，由生育保险基金支付。女职工生育的检查费、接生费、手术费、住院费和药费由生育保险基金支付。超出规定的医疗服务费和药费（含自费药品和营养药品的药费）由职工个人负担。女职工生育出院后，因生育引起疾病的医疗费，由生育保险基金支付；其他疾病的医疗费，按照医疗保险待遇的规定办理。女职工产假期满后，因病需要休息治疗的，按照有关病假待遇和医疗保险待遇规定办理。女职工生育或流产后，由本人或所在企业持当地计划生育部门签发的计划生育证明，婴儿出生、死亡或流产证明，到当地社会保险经办机构办理手续，领取生育津贴和报销生育医疗费。至1996年，全区共有47家企业5684名职工参加职工生育保险，全年累计收缴生育基金30万元，为49名职工支付生育基金12.7万元。此后，企业女职工生育保险政策逐步落实。1997年，参加生育保险的企业49家，在职职工6332人，收缴生育基金27.1万元，支付生育费用12.7万元，享受待遇的女职工74人。1998年，参加生育保险的企业50家，在职职工6273人，参统率（即实参加的企业个数占应参加企业个数的百分比）为79.4%，收缴生育基金15.9万元，基金征集率为67.9%，支付生育费用5.3万元，享受待遇的女职工29人。1999年，参保企业34家、3352人，征缴总额716.5万元，支付生育保险费3.7万元，享受待遇的女职工19人。

2010年10月28日，落实《中华人民共和国社会保险法》，规定女职工参加生育保险，由用人单位按照国家规定缴纳生育保险费，职工不缴纳生育保险费。用人单位已经缴纳生育保险费的，其职工享受生育保险待遇；职工未就业配偶按照国家规定享受生育医疗费用待遇。所需资金从生育保险基金中支付。生育保险待遇包括生育医疗费用和生育津贴。生育医疗费用包括生育的医疗费用、计划生育的医疗费用。按照国家规定，女职工生育享受产假，享受计划生育手术休假。生育津贴按照职工所在用人单位上年度职工月平均工资计发。当年，全区城镇职工生育保险与基本医疗保险实行一体化管理和服务，职工生育费用补贴由基本医疗保险统筹基金支付。基金统一征缴，支出分别列账管理。

第四节　住房制度改革

1976年“7·28”唐山大地震，路南区住宅全部震毁。恢复建设后的市统建房屋全部实行租赁，即福利分房。分房标准依家庭人口或职位确定住房单元和面积。1988年1月，开始进行住房制度改革。改革重点是提高住房租金，相应提高住房补贴标准。同年，市政府出台《旧公房出售实施办法》，规定公有住房可以向原承租人出售。1996年《唐山市直管旧公房出售办法》出台，规定直管公房以成本价出售，并享受标准价售房的优惠政策。建起住房公积金制度。1998年12月15日起，停止住房实物分配，单位购建的住房一律由职工购买，并不再享受优惠政策。至此，依家庭人口或职位确定住房单元和面积的福利分房制度成为历史。

一、提租补贴

1988年1月11日，市政府发布《唐山市城市住房制度改革试行方案》，住房制度改革的基本做法：“提租补贴（发券）劳人（职工）结合，建立基金，分步实转”，即在分步提高租金的同时，以1986年底职工工资为基数，发放相应比例的住房补贴。对超过现行住房标准和改革后新出租的公有住房，收取新标准租金。公有住房每平方米使用面积的平均月租金（准成本）定为1.08元，同时按住房的环境、层次及室内设施等因素，适当拉开差价。全市职工平均住房补贴系数为24%。按照“劳人（职工）结合”原则，其中18%按职工工资挂钩发放，6%按定额每个职工发放4.8元。租住公有住房的职工，由所在单位发给住房补贴。在总的租金水平和补贴系数不变的前提下，在三年内分三步实施。同年1月，开始进行住房制度改革第一步。在原住房月租金标准基础上每平方米提高租金0.24元，超住房标准部分一律按每平方米1.08元计收。实行新租金标准后，按补贴计算基数的6%发给职工住房补贴。住房标准、层次及设施等调剂因素差价，以及房租补贴办法，仍按原规定执行；取消原规定的住房未达控制标准的奖励办法和超标准住房收费办法

1989年9月，根据市政府《唐山市第二步城市住房制度改革实施方案》，将三步合并到二步，两步并作一步走。将公有住房使用面积月标准租金提高到每平方米1.08元，半永久住房每平方米1元，抗震

加固平房每平方米1.03元。同时调整设备、层次、朝向等因素形成的差价，增加环境差价。住房补贴发放实施“劳人结合”，即与工资挂钩，发给住房补贴的系数为18%，同时按月发给职工定额补贴4.8元。取消原承租人所在单位发放的房租明贴。区属各单位共有职工31628人，其中享受住房补贴的21125人，占总人数的66.79%。实施第二步住房制度改革后，按区属各单位月工资总额159.17万元为基数计算，共发放补贴38.79万元。补贴资金来源为财政拨款，占补贴总额的19.51%；从企业留利中筹集住房基金10%，占补贴总额的19.7%；列入成本费用，占补贴总额的60.79%。1990年，享受住房补贴人员21244人，补贴金额39.31万元。享受住房困难补助：离休干部及遗属17户，补助金额93元，职工及遗属16户，补助金额167元。1991年，享受住房补贴人员20657人，补贴金额458.63万元。享受住房困难补助：离休干部及遗属11户，补助金额969元，职工及遗属6户，补助金额974元。

1992年，执行新房新制度，全面贯彻国办发［1991］73号文件关于“先卖后租、新房新租、有偿租房”的原则，要求各单位立即停止无偿分房。凡于1992年1月1日后无偿分配的住房，一律按单位补交保证金。当年，享受住房补贴人员21475人，补贴金额469.67万元。享受住房困难补助：离休干部及遗属11户，补助金额968.76元，职工及遗属6户，补助金额974.04元。

1996年，公房标准租金：钢筋混凝土和砖混结构住房每平方米使用面积从1.08元提高到1.28元。半永久住房、地下室、半地下室住房、抗震加固平房、煤棚、独立厨房间，仍按市政发［1989］17号文件规定的租金标准执行。住房的应收租金，依据层次、设备、朝向、地面、环境类别等因素，以标准租金为基数进行差价调整。实施住房公积金制度后，逐步减少住房补贴。1996年，按现行住房补贴的80%发放。租金提高后，对离退休职工、社会优抚和救济家庭给予适当减免的照顾。

1999年3月1日起，公房标准租金在原来基础上提高0.2元/平方米，达到1.7元/平方米，租金的各项因素差价按规定的比例相应调整。同时相应调减在职职工原额房租补贴的30%，按原额的30%发放。

二、旧公房出售

1988年，唐山市人民政府出台《旧公房出售实施办法》，规定公有住房向原承租人出售。承租人购房坚持自愿原则，自愿放弃购房权，可由承租户中的其他同住直系亲属购买，不得转让他人购买。为加快住房商品化的进程，逐步实现住房私有化，购房人用自有资金首次付款不低于房价的30%。超过30%的，每增加10%，优惠房价2%，一次付清者优惠20%，一年内付清者优惠10%，二年内付清者优惠5%。

1996年，《唐山市直管旧公房出售办法》出台，规定直管公房以成本价出售，并享受标准价售房的优惠政策。出售公房按建筑面积计价。住房成本价按已使用时间折旧，楼房年折旧率2%，平房年折旧率2.5%，土地使用权出让金不折旧。购房价格按成本价给予3%的现住房折扣。职工购买公房给予工龄折扣，年工龄折扣额为所购住房成本价的6%。职工购房的工龄折扣只能享受一次。职工个人买房首次付款不低于30%，其余部分制定还款计划，在三年内还清。首次付款有困难的职工可向住房资金管理中心申请政策性抵押贷款，指标不足可以申请普通抵押贷款。有条件的单位，可以给职工贴息。购房人一次付清全部购房价款给予20%优惠。购买公有住房可免交契税。购房程序及产权界定：购房人持房本、户口簿和工龄证明到房管局售房办公室申请购房登记，符合购房条件的经核实面积、计算房价后，到当地房产交易所签订交易契约，并在三个月内到房屋产权监理处办理产权过户登记，领取私有房屋所有权证，凭私有房屋所有权证到土地管理部门领取土地使用权证。购买人购买的住房取得全部产权，可依法进入市场出售、出租，所得收益交纳有关税费后归个人所有。公有住房出售后，实行物业管理。住房的自用部位和设施由购房人自管自修，也可委托物业公司代修，费用自理；住房的公用部位和公共设施的维修费由产权人按住房建筑面积每年缴纳一次，具体标准由市物价局批准。房管局从售房收入中，提取30%作为公用部位和公用设施的维修。

1998年12月15日起，停止住房实物分配，单位购建的住房一律由职工购买，并不再享受优惠政策。为鼓励职工买房，凡1998年12月15日以前交付使用的公有住房，一律纳入旧公房出售范围，单位和职工个人共同出资购建住房的公产权部分也列入其范围。鼓励有关单位原来以标准价或其他方式出售的住房向成本价过渡。

三、建立住房公积金制度

1996年1月，根据市政府下发的《关于印发唐山市深化城镇住房制度改革实施方案的通知》，开始建立住房公积金制度。实行住房公积金范围：具有正式非农业户口的机关、团体、企事业单位的固定职工、劳动合同制工人、外商投资和中国港澳台商投资企业的中方职工和从农村招收的不转户粮关系的劳动合同制工人。住房公积金制度遵循“个人存储、单位资助、统一管理、专项使用”的原则。住房公积金所需资金：个人存储部分由职工个人承担。单位负担部分首先从住房补贴、住房折旧大修基金及其他可划转资金中转化，不足部分经同级财政部门核定；企业和自收自支事业单位在成本中列支；全额预算事业单位列入预算，差额预算事业单位按经费开支渠道比例列支。住房公积金由在职职工个人及所在单位，各按职工工资总额的5%逐月计提和存储。当年，职工个人和单位的住房公积金缴交率起步阶段按1%计控和存储，有条件的单位适当提高或一步达到5%。职工个人公积金缴交额等于职工个人上一年12月份的工资总额乘以住房公积金缴交率。当年参加工作、外地调入的职工、军队转业干部和复员军人，以参加工作或调入、转业、复员到本市后第一个月的工资计算公积金缴交额，从第二个月起建立住房公积金。在职职工个人按月缴存占工资一定比例的住房公积金，所在单位相应按月提供一定数额的住房公积金，两者均归职工个人所有，属于职工个人住房基金。住房公积金统一存入市住房资金管理中心，在建设银行和工商银行房地产信贷部开设的“住房公积金专户”。职工支取住房公积金只限预购、建、大修自住住房，直系亲属可以调剂使用。职工离退休时，本息一次结清兑付本人。职工调动由单位代办转储手续。职工去世，其余部分转入继承人或被遗赠人名下，职工住房公积金免征个人所得税。

1999年3月1日起，根据唐山市住房制度改革领导小组《关于进一步实施唐山市深化城镇住房制度改革实施方案》的意见的通知，单位和个人住房公积金缴交比例分别提高到5%。单位从自有资金中划转住房资金为职工住房公基金，有条件的可按8%～15%、个人6%的比例缴交住房公积金。职工购买、建造、大修自住住房，可使用本人及直系亲属的住房公积金；如购买经济适用住房资金不足时，可按规定向住房资金管理中心申请政策性抵押贷款。此后至2010年，住房公积金收缴无政策性变化。

四、建立最低收入家庭住房保障制度

2004年7月1日，区政府下发《唐山市路南区城镇最低收入家庭住房保障实施办法》。住房保障面积标准：每人10平方米（使用面积，下同）。廉租住房租金标准：楼房每月每平方米1元、平房每月每平方米0.8元，同时按照公有住房租金调剂因素进行差价调整。租赁住房补贴标准：按住房保障面积，每人每月每平方米4～7元，按公有住房租金调剂因素中的地段划分区域进行调整。住房保障对象为最低收入家庭中的无房户和人均住房面积低于10平方米以下的住房困难户。城镇最低收入家庭住房保障以租赁住房补贴、核减租金为主，以实物配租为辅。租赁住房补贴，是指区政府向符合住房保障条件的申请家庭提供租赁私有住房货币；租金核减是指公有住房产权单位依据区房管局的租金通知，对租住公有住房保障家庭减免租金；实物配租是指市、区政府向最低收入住房保障家庭直接提供廉租住房。政府鼓励住房保障对象采取租赁住房补贴的方式解决住房困难。城镇最低收入家庭住房保障条件：无房可居的或者现居住面积低于保障标准的最低收入家庭，可申请租赁住房补贴；已租赁公有住房的最低收入家庭，可申请核减租金，但实际居住面积高于保障面积标准的，其超出部分按同期公有住房租金标准执行，超出部分达到一套以上的，应当退出整套住房；最低收入家庭中无子女的老人、无亲属作为监护人的未成年人和因病丧失劳动能力无房可居的，可以申请实物配租；已租公有住房的，可以申请免交保障面积的租金，但实际住房面积高于住房保障面积标准的，只免收应予保障面积部分。实行办法：由申请人申请，居委会审核，街道办事处、乡（镇）政府签署意见，房产管理局复审批准。住房保障资金的管理，在区财政局设立住房保障资金财政专户，用于办理资金汇集和拨款等项业务；区房管局设立住房保障资金专账，用于办理资金收付业务。2004、2005、2006年，市财政局拨给路南区城镇最低收入家庭住房保障资金分别是4.57万元、12.6万元、30万元。

第五章　双向开放

1988年3月18日，国务院批准河北省秦皇岛、唐山、沧州3市12县为沿海经济开放区。4月8日，路南区对外经济贸易委员会组建，为区政府管理对外经济贸易工作的职能部门，专司对外招商与管理职责。至此，路南区双向开放开始起步。至2010年，全区中国港澳台及外商投资企业有6家（合资1家，独资5家），引进世界500强企业2家。实际利用外资2127万美元，比1990年增长16.58倍；出口总额1.63亿美元。1998—2010年共引进省外资金49.78亿元。

第一节　对外贸易

1990年，有出口创汇企业16家，外贸交货值（人民币）3590万元，同比增长36%。1994年，出口创汇大幅增长，达到712.67万美元，同期增长108.2%。1995年，外贸企业20家，全年外贸收购总值6800万元，出口总额658.53万美元。1996年起，国家放宽企业对外出口限制，政府扶持自营进出口企业扩大出口。至此，获得进出口经营权的外贸企业增多，全区对外贸易得到空前发展。1998年，出口总额1098万美元，比上年新增60.66%；2002年，出口总额1226万美元，同比增长52.30%；2003年，出口总额2710万美元，同比增长121%；2004年出口总额3659万美元，同比增长35.02%；2005年，出口总额6111万美元，同比增长67.01%。2008年，对外贸易经营权审批制度改为备案登记制度，企业外贸出口全面放开，外贸出口企业剧增，外贸出口额实现历史性突破。是年，外贸出口完成2.3亿美元，同比增长83.17%。2009年，因受国际金融危机影响，外贸出口增速放缓，出口完成1.44亿美元，同比下降37.20%。2010年，有所回升，外贸出口总额完成1.63亿美元，同比增长12.6%。

第二节　招商引资

一、外资引进

1988年，路南区对外贸易经济委员会成立，遂开展招商引资活动。翌年，建成外商独资企业1家，中外合资企业3家，总投资269万美元，其中外商投资55.7万美元。

1990年，坚持“路南以外就是外”招商引资战略，通过多种形式的招商引资，全面提升全区对外开放的档次和水平。是年，唐山索利德活性炭有限公司竣工投产。年底，累计签订外商投资和中国港澳台商投资企业9家，其中开业投产6家，直接利用外资121万美元。

1994年，在北京首次单独举办招商洽谈会。招商洽谈会上，电子设备厂与日本松下株式会社成功签约，合资兴办唐山松下电器产业有限公司，开创与国际大户合作的先河。全年签约35项，总投资4500万美元，合同利用外资2200万美元，实际到位外资903.19万美元。外商投资和中国港澳台商投资企业累计达到30家。在全市出口创汇、实际到位外资“双五百万”评比中名列前茅，被市政府评为“招商引资管理先进单位”。

1996年，将“老企业嫁接改造、机电工业、创汇农业、商贸繁荣”作为重点，有针对性地招商引资。动员经济主管部门广交朋友，把项目信息推荐给企业，供企业在筛选项目时有所选择。邀请韩国企业界代表团、中国东北亚经济促进会代表团到路南区参观考察。11月，邀请来克罗地亚商务参赞和中国华润公司、外经贸部领导参观电影机械厂、化工机械厂、隆义集团、金属工艺厂、肠衣厂、羊毛衫厂等企业，为路南区产品打入欧洲市场创造条件。年内，参加“5·18”省经贸洽谈会和“7·28”市投资贸易洽谈会，同时成功举办“路南区项目发布会暨招商洽谈会”，共签订利用外资合同6项，总投资1026.34万美元，合同利用外资552.27万美元。年内批准利用外资项目9个，实际利用外资307.24万美元。

1997年，以“善借外力，改造自己，加快双向开放步伐，扭转徘徊局面，力争重返全市先进行列”为目标，号召各有关部门和企业广交朋友；利用外商投资和中国港澳台商投资企业“以外引外”，寻求对外开放新的突破。年内批准利用外资项目4个，实际利用外资146.89万美元。

1998年，组织参加“3·26香港”“5·18河北省经贸洽谈会”和“中国首届陶瓷博览会”等7次大型经贸洽谈活动。先后6次以小团组形式赴欧洲、非洲等地区的15个国家招商洽谈。全年实际利用外资200.5万美元，同比增长36.5%。

1999年，创新招商方式，坚持组团招商、会议招商与常态性招商结合；发挥区信息中心的作用，及时收集、发布招商信息，实施网上招商；建立各乡、街及有关部门开放指标考核责任制，狠抓“四率”（签约率、履约率、外资到位率、投产开业率）的落实。对间接利用外资项目，遵循“借得来、用得好、还得上”的原则。制定优惠政策，重奖引进项目和外资的有功人员；拓宽开放视野，加强与非洲、亚洲等地区发展中国家的合资合作。年内批准利用外资项目4个，实际利用外资399.86万美元。

2001年，加强涉外联系，与国家外经贸部、美国亚太国际投资促进会等众多涉外机构和涉外中介组织建立联系，拓宽招商领域。通过国际互联网发布信息100余条，宣传路南，扩大影响，提高知名度。全年实际利用外资402.75万美元。

2004年起，路南以“9·18”唐山中国陶瓷博览会为契机，成功举办“2004年路南经济洽谈会”。2005年，强化“路南以外都是外”的思想，改进招商引资方式，积极参加各类经贸洽谈活动。全年实际利用外资409万美元。2007年，成功举办路南区经贸洽谈会，全方位宣传推介路南“大南湖、新路南”远景规划。年内，合同利用外资5030万美元，实际利用外资396万美元。

2010年，以旧城改造为契机，加强与外资房地产企业的联系。1月，由新加坡仁恒和美投资有限公司投资的仁恒和美房地产开发（唐山）有限公司，正式落户路南，是年底，全区实际利用外资2127万美元。

1990—2010年唐山市路南区实际利用外资一览表

表6-1　　　　单位：万美元

年份	实际利用外资	同比增长%	年份	实际利用外资	同比增长%	年份	实际利用外资	同比增长%
1990	121	-	1997	146.89	-52.19	2004	304	-33.22
1991	194.6	60.8	1998	200.5	36.50	2005	409	34.54
1992	80	-58.9	1999	399.86	99.43	2006	602	50.37
1993	387	383.75	2000	300.35	-24.89	2007	396	-34.22
1994	903.19	133.38	2001	402.75	34.09	2008	604	52.53
1995	183.45	-79.69	2002	316	-21.54	2009	2006	232.12
1996	307.24	67.48	2003	405	28.16	2010	2127	6.03

二、国内经济协作

1990 年，发挥环京津优势，争取与京津的科研单位、大公司联合办厂或建立协作关系，实现优势互补。聘请专家学者到区内担任经济顾问，对企业进行会诊，帮助引进项目，解决生产技术上的难题。1994 年，首家省外企业北京雪花集团与电影机械厂合作扩产微电机项目成功签约。

1996 年，与外经贸部、铁道部、中国华润公司、中国五矿公司、中国南洋公司、清华大学等建立较为稳固的关系。利用参加“5·18”省经贸洽谈会和“7·28”市经贸洽谈会的契机，正式签订国内经济联合项目 6 项，引进资金 2545 万元。

1998 年，加强与大专院校、科研单位的交流合作，共寻合作共赢发展大计。与清华大学、天津大学等 10 所院校建起战略伙伴关系。

2001 年，成功举办路南区“2001 年高新技术项目发布会”，邀请南开大学、中国机械科学研究院等 11 家科研单位发布项目 48 项，涉及机械、建材、农产品深加工等多个领域。当年，多渠道引进项目 25 个，引进资金 5000 万元；与南开大学、中国机械科学研究院等 11 家科研单位达成合作意向 11 项。

2004 年起，河北省（香港）投资贸易洽谈会，每年在香港举行。每次参会均组建以区领导为团长，政府相关部门为成员的招商团赴港招商考察。与会期间，宣传推介路南区经济发展优势，展示路南区良好发展前景和巨大发展潜力。

图 6-1　香港新世界地产落户路南　（区委宣传部）

2005 年，在“2005 年河北省（香港）投资贸易洽谈会”上，与北京嘉德恒信环保投资有限公司达成共识，促成世博大厦的招商引资。全年引进省外资金 2.9 亿元。2007 年，成功举办路南区经贸洽谈会，全方位宣传推介路南“大南湖、新路南”远景规划。洽谈会上，全市重点项目推介展引起广泛关注，其中小山仓储物流中心等项目成功签约，项目总投资达 18.18 亿元。年内，引进省外资金 2.1 亿元。

2008 年，围绕“开放创新、富民强区”的总战略，加大战略投资者的引进力度，成功引入大连万达集团、新华联集团、华商投资有限公司、红星美凯龙、北京金万墅集团等 10 余家大型企业到区投资。在第十一届“唐山·中国陶瓷博览会”上签约项目 5 个，投资总额达 95 亿元。成功举办“2008 路南区经贸洽谈会”，8 个项目签约，投资总额达 40.7 亿元。

2010 年 9 月 15 日，路南区参加首届“中国·曹妃甸临港产业国际投资贸易洽谈会”，高标准制作路南展区，区内有 7 家企业参会。洽谈会期间，路南区与中国电信集团成功签约，标志着数据及灾备中心项目正式落户路南。该项目总规模 33 亿元，其中中国电信集团公司唐山市分公司投资 3 亿元用于基础设施建设，IDC 及灾备项目容纳的服务器设备的总投资 30 亿元。年内先后引进北京和泓房地产公司、北京中赫集团等国内知名企业到区内投资兴业。同年 10 月，香港新世界房地产开发有限公司正式落户路南，参与大南湖开发。全区当年累计引进省外资金 39.8 亿元。

第三节　优惠政策

1995 年 11 月 5 日，区委、区政府印发《关于扩大对外开放的考核奖励试行办法》（以下简称《办法》）。《办法》规定，乡街及区直有关部门，凡全面完成责任目标，并有 1～2 个项目跨入市或省先进行列的为优秀；全面完成责任目标的为达标；未完成责任目标的为未达标。被当年确定为优秀档次的，区委区政府授予“对外开放先进单位”称号，对正职和分管副职通报表彰。被连续三年确定为优秀档次的，授予“对外开放优秀单位”称号，授予正职和分管副职“对外开放先进领导干部”称号。凡当年考核未达标的，对单位和班子正职给予通报批评，主要领导写出书面检查，对分管副职给予黄牌警告，正职和副职均不享受当年公务员奖励；连续两年未达标的，单位领导班子成员均不享受当年公务员奖励，对党政正职给予黄牌警告；连续三年未达标的，降免党政正职和分管副职的职务。鼓励出口创汇。对创汇额达到100万美元、200万美元以上的且比上年增长30%以上的，分别授予“出口创汇先进单位”“出口创汇优秀单位”称号。鼓励兴办合资合作企业。凡每年外资实际到位金额达到100万美元、200万美元以上的，分别授予“招商引资先进单位”“招商引资优秀单位”称号。对乡街和区直有关部门对外开放工作的经济奖励，按乡街和部门有限目标责任制考评奖励办法执行。同时鼓励外商投资和中国港澳台商投资企业和有自营进出口权的企业出口创汇。凡完成区年度指标计划的，计划指标部分，每创汇1美元，从出口成本中提取1.5分人民币；超出计划指标部分，每创汇1美元，提取4分人民币，用于奖励本企业在出口创汇中做出突出贡献的人员。对创汇额在50万美元、100万美元、200万美元以上且比上年增长30%以上的企业，分别授予“出口创汇骨干企业”“出口创汇先进企业”“出口创汇优秀企业”称号。对完成出口创汇100万美元以上的企业，按税后利润的1%计提奖励基金。鼓励企业开展外贸出口业务。对外贸出口总值超过300万人民币（含自营出口创汇和外贸收购值）的盈利企业，可按中方资本收益的1%计提奖金。出口值超过100万人民币或出口部分实现利润超过50万元人民币的，一次奖励企业5万元。鼓励创办境外贸易和非贸易性企业，搞跨国经营。境外企业效益好，中方资本年分得收益在30万美元以下的，可按中方资本收益的8%计提奖金。以上奖励所需资金由企业工资奖励基金中列支，奖励办法由企业自定。原则上领导班子奖励占奖金总额的40%，经企业主管部门审批后发放。另外对招商引资作出突出贡献的个人进行奖励作出规定。凡通过中介服务为路南区引进外资的，受益单位（投资中方）在投产前按资金到账当日汇率折合人民币一次性提取1%奖励引资人员。对一次性引进到位外资10万美元以上的本区农业户口中介人，奖励一个农转非指标。凡引进一个“三来一补”（即来料加工、来样加工、来件组装、补偿贸易）项目者，在第一、二、三年由受益单位逐年按本项目税后利润的5%、10%、15%，作为奖励。

1998年1月16日，区委、区政府下发《关于进一步加快对内、对外开放步伐的有关规定》，鼓励国内、外各界人士在路南区兴办企业。鼓励企业积极引进外资进行嫁接改造，调整优化产品结构。

2010年，区委、区政府印发《关于进一步扩大对外开放的实施意见》，明确，引进外资单体项目，按上年度到账外资的1%奖励引进项目的单位和人员。引进世界500强企业、中央直属企业投资的项目，一次性奖励引进项目的单位和人员2万元人民币；现有外商投资企业进行项目增资或利润再投资的，按其增资或再投资金额的1%奖励相关单位和人员；对外贸易奖励标准，年度外贸出口额超过500万美元、2000万美元、5000万美元的外贸出口企业，分别奖励1万元、3万元、5万元人民币。鼓励出口企业加快自主品牌建设，当年入选中国或商务部“出口名牌”的企业奖励10万元人民币；入选省级“出口品牌”的企业奖励5万元人民币；在国外注册产品商标的企业奖励1万元人民币。进出口企业当年进口国外先进技术、设备及短缺资源性产品的，按进口额的1‰兑现企业奖励，最高奖励金额不超过5万元人民币。国外经济与技术合作奖励标准，企业当年境外投资额在200万美元以上的，授予“境外投资先进企业”称号，奖励2万元人民币。企业境外承包工程并当年完成营业额1000万美元以上的，授予“境外承包工程先进企业”称号，按企业当年完成营业额的1‰进行奖励，最高奖励金额不超过5万元人民币。

第七编　经济综览

震后经过十余年的恢复建设，路南区经济开始复苏。但因科技水平低、规模小、抗风险能力差，经济发展后劲不足。1990 年，全区完成地区生产总值 1. 63 亿元，其中第二产业增加值 8313 万元，第三产业增加值 7948 万元，二次产业结构为 51. 12： 48. 88。全区入统商业网点 553 个，从业人员 8644 人，销售额 5. 32 亿元，完成社会消费品零售总额 2. 04 亿元。城镇合伙经营 105 户，651 人；个体工商户 5433 户，70470 人。城镇合伙经营、个体工商户总产值分别为 121. 49 万元、662. 04 万元。集贸市场成交额完成 1. 86 亿元。财政收入 5163 万元。1992 年 11 月，开平区的女织寨乡、梁家屯乡划归路南区管辖，路南区始有第一产业。翌年起，按照中共十四大确立的建立社会主义市场经济体制的目标要求，全面实施“五年计划”，加快农村经济体制改革步伐，改革工商企业经营管理体制，建立固定资产投入机制，转换经济增长方式，一、二、三产业结构及各产业内部结构发生明显变化，全区经济呈现出跨越式发展势头，综合经济实力明显增强。截至 2010 年，全区完成地区生产总值 64. 65 亿元，其中第一产业增加值 0. 72 亿元，第二产业增加值 9. 78 亿元，第三产业增加值 54. 15 亿元，人均国内生产总值达到 2. 72 万元。一、二、三产业比例为 1. 12：15. 13：83. 75。实现财政收入 33. 93 亿元。个体私营经济快速发展，成为区域经济运行主体。固定资产保持适度规模和速度，全年全社会固定资产投资额完成 105. 04 亿元，为一、二、三产业协调、可持续发展蓄积后劲。第三产业发展强劲，全区流通服务业网点达到 8610 个（未含交通运输业、金融保险证券业），实现社会消费品零售总额 61. 88 亿元。全区商品市场有 49 个，其中入统商品市场 34 个，市场成交额 218. 39 亿元。金融服务网点达到 57 家，其中银行业 8 家、网点 44 个，年末存款余额 925. 18 亿元，其中储蓄存款 519. 23 亿元；贷款余额 501. 66 亿元。保险业 8 家，保费收入 5. 99 亿元，理赔 8888. 55 万元。是年，房地产业完成房屋施工面积 374. 21 万平方米，完成房屋竣工面积 63. 91 万平方米，其中住房竣工面积 29. 85 万平方米。21 年间，全区共完成房屋施工面积 1455. 8 万平方米，竣工面积 733. 33 万平方米，其中住宅面积 173. 04 万平方米。第三产业增加值在地区生产总值所占比重，由 1990 年的 48. 88% 上升到 2010 年的 83. 75% 。第三产业成为区域经济的主导产业。

第一章　国民经济运行

1990—2010 年，区委、区政府以经济建设为中心，发挥区位优势，深化经济体制改革，优化产业结构，确定目标，突出重点，强化措施，抢抓机遇，经济运行质量不断提升，国民经济主要指标大幅增长，经济发展实现历史性跨越。

第一节　五年计划实施

一、“七五”计划实施（1986—1990）

“七五”时期，实行有计划的商品经济体制。全区在大规模拆迁复建和深化经济体制改革中，克服宏观不利因素，努力实现经济和各项社会事业快速发展。至“七五”末的1990年，全区完成地区生产总值1.63亿元，比“六五”末的1985年增长67.66%。全区有40家企业完成技术改造项目50项，总投资5702万元，其中全民企业投资占65.7%。财政收入5163万元，比“六五”末年增长49%，年均递增8.3%；通过对企业实行扶植政策、培植税源和强化征收管理，完成税收5713.69万元，比“六五”末年增长55.12%，平均递增9.18%。集贸市场在商品流通领域的作用日益突出，市场成交额达1.86亿元，比“六五”末年增长9.5倍，平均递增59.9%。实际利用外资121万元。外贸出口交货值3600万元人民币，比上年增长36%。固定资产投资额2969万元。年职工总数2.84万人，比“六五”末年增长3.53%；女职工和工程技术人员比重日趋上升，其中，工程技术人员比“六五”末年增长60.57%，增长速度高于生产人员增长速度，工程技术人员占职工总数的比重由“六五”末年的2.36%上升至3.73%。城镇居民人均可支配收入1692元。

二、“八五”计划实施（1991—1995）

“八五”期间，区委、区政府抓“两转”（企业转换经营机制、政府转变职能）、促“两转”（政府围着企业转、企业围着市场转），推进综合改革。以产权制度改革为突破口，以公有资产保值增值为主线，加快建立现代企业制度步伐，其中开元集团被列入全省现代企业制度试点单位。打破所有制和区、乡、街界线，推动企业存量资产的合理流动和优化配置，对毛巾厂实施破产，成为全省第一家破产的国有企业，全部职工得到安置。实施外向带动战略，发展外向型经济。以小康建设统揽农村工作全局，发展“两高一优”农业，农业基础地位得到加强，乡镇企业高速发展，农民收入进一步提高。工业整体素质不断提高。行业结构和产业结构进一步优化，初步形成以机电行业为主，化工、轻工、纺织服装、冶金、食品工业等行业并举的工业体系。第三产业迅速发展，商贸优势日益突出，新建、改扩建市场7个，增加营业面积12万平方米。

“八五”末，全区完成地区生产总值9.42亿元，比“七五”末的1990年增长4.79倍。其中，第一产业增加值完成6192万元，比1992年增长2.36倍；第二产业增加值完成4.21亿元，比1990年增长4.06倍，第三产业增加值完成4.59亿元，比1990年增长4.78倍。人均国内生产总值4341元。全社会固定资产投资5年累计完成6.85亿元，其中1995年完成2.5亿元，比1990年增长7.43倍。建成外商投资和中国港澳台商投资企业43家，实际利用外资183.45万美元。工业增加值达3.76亿元。地方财政收入5468万元。城镇居民人均可支配收入4547元，比1990年增长1.69倍；农民人均纯收入2092元，比1992年增长86.87%。市场成交额达到19.14亿元，比“七五”末的1990年增长9.29倍。社会消费品零售总额完成1.6亿元。

三、“九五”计划实施（1996—2000）

“九五”期间，利用唐山市被国家列为优化资本结构试点市和辖域被确定为综合配套改革试点区的机遇，实施“三产兴区、开放兴区、科教兴区”三大战略，推进以建立现代企业制度为目标的国有企业改革，组建企业集团，增强优势企业的规模效益；强化小企业产权制度改革，调整企业所有制结构和组织结构，改革形成整体推进、重点突破的良好态势。农业实现产业化经营，土地集约化经营扩大。以城区改造为契机，加强市场建设与管理，第三产业蓬勃发展。投资2.36亿元，新建北方陶瓷城、旧机动车交易市场、装饰装潢材料市场、水产批发市场等一批骨干规模市场，市场总数增至38个，总建筑面积38万平方米，比“八五”期间增加3.75倍。工业企业完成技改投资1.26亿元，比“八五”期间增长60%，累计开发国家、省级以上新产品205项。建成外商投资和中国港澳台商投资企业28家，5年间实际利用外资1354.84万美元，出口总额3214.29万美元，比“八五”期间增长62.05%。全区与外地达成各类经济技术联合协作项目54项，引进省外资金1.87亿元。累计取得市级以上科技成果18项，省级以上科技成果6项，科技成果推广应用率达80%。以松下焊机系列产品为代表的高新技术产业逐步兴起。全区批准设立股份制（股合制）企业43家，81家小微亏企业通过转、租、卖、破，实现存量资产优化配置；竞争性行业“国退民进”步伐加快，83%的国有企业转制为股份制企业和民营企业。以产权为纽带的企业集团发展到3个。社会保障制度改革向全方位一体化迈进，城镇国有（集体）企业职工养老保险、失业保险覆盖率分别达95%和90%，城乡最低生活保障覆盖率达100%。探索建立国有（集体）资产管理、监督、运营体系，消费品市场不断发展和完善，劳务、人才中介机构、资产评估等要素市场建设步伐加快。新改扩建城区道路25条，新增绿地面积43.9万平方米。在全市率先实现村村通油路。实施了铁匠庄、定福庄“平改楼”工程。

“九五”末，全区完成地区生产总值16.78亿元，比“八五”末的1995年增长78.13%，年均增长13.42%，其中，第一产业增加值完成7059万元，比“八五”末的1995年增长14%；第二产业增加值完成5.61亿元，比“八五”末的1995年增长33.35%，第三产业增加值完成10.46亿元，比“八五”末的1995年增长1.28倍。人均国内生产总值7425元，比“八五”末增长71%。全社会固定资产投资5年累计完成18.68亿元，其中2000年完成4.10亿元，比“八五”末的1995年增长63.86%。乡镇企业总产值完成17.6亿元，年均递增8.29%，实现利税1.1亿元，比1995年增长11.9%。乡村提前5年实现小康目标。社会消费品零售总额完成14.63亿元，比1995年增长8.12倍。全区市场成交额达到67亿元，年均递增28.5%。个体工商户和私营企业注册资金达到6.17亿元，实现产值3.43亿元，销售额4.82亿元，个体私营经济税收占地方财政收入的三分之一。大口径财政收入1.29亿元，比1995年增长1.36倍，年均递增6.1%，其中，地方财政收入7847万元，年均递增7.5%。实际利用外资300.35万美元。科技进步对经济增长的贡献率达到50%，比1995年提高19%，进入全国科技工作先进区行列。城镇居民人均可支配收入6802元，农民人均纯收入4238元，分别比1995年增长49.59%和1.03倍。

四、“十五”计划实施（2001—2005）

“十五”期间，实施“三兴（科教兴区、三产兴区、开放兴区）一强（工业强区）一拉动（城建拉动）”战略，坚持服、工、建、农四业并举，以项目建设为载体，加快经济结构调整，并取得明显成效。谋划实施各类项目331项，总投资33.55亿元，其中第三产业项目总投资28.2亿元，工业项目总投资5.14亿元，农业项目总投资0.21亿元。引入民营资本和现代经营管理模式，加速商贸流通等传统行业改造升级，基本形成具有路南特色、布局合理的市场体系。投资近7亿元，新改扩建各类市场23个，市场档次明显提高，商品交易日趋活跃。依托区位优势，发展连锁经营、品牌专卖等现代服务业态，三利国际、东方家园、家世界等著名商贸物流企业在区内落户。发展“总部经济”，成功引入网通公司、永胜集团等规模企业，为经济发展注入活力。依托唐山市钢铁资源优势，发展钢铁深加工、机电等重点行业，金泰祥钢结构有限公司、月生轧钢厂、鸿达汽车改装厂等企业实现快速发展。累计投入技改资金1.2亿元，培育高新技术企业4家，民营科技型企业70家。引进农业名优新品种32个，4个蔬菜品种获河北省统一颁发的无公害标识。推进产业化经营，荷花坑市场、南新道水产批发市场和香宇肉类制品厂被确定为农业产业化经营市级重点龙头企业。全区农业产业化经营率、农产品商品化率均超过90%。落实中央各项惠农政策，推进农村税费改革，减免农业税28.3万元，发放种粮直补资金28万元。5年累计引进省外资金8.35亿元，实际利用外资1836.75万美元，出口创汇总额1.35亿美元，高于“十五”

计划35.9个百分点。累计投入科技三项费262.5万元，完成重点科技开发项目47项。累计投入资金6亿元，完成正泰小区、荷花西苑等住宅建设项目4个，新增住宅面积30万平方米；翻修改造岳各庄路、唐胥路、复兴路等26条道路，铺设市政管线近5万米，城市综合配套能力明显增强。5年间累计完成全社会固定资产投资29.96亿元。举办各类就业推荐活动50场次，培训各类人员8500人次，开发就业岗位2.03万个，新增就业1.16万人，城镇登记失业率保持在4%以内。累计支付养老保险金3亿元、国有企业下岗职工基本生活费17.1万元、失业保险金242.4万元。

“十五”末，全区完成地区生产总值24.26亿元，比“九五”末的2000年增长44.57%。其中，第一产业增加值完成6596万元，比2000年减少463万元；第二产业增加值完成4.87亿元，比2000年减少3188万元；第三产业增加值完成18.73亿元，比2000年增长78.97%。人均地区生产总值10057元，比“九五”末增长73.83%。实现社会消费品零售总额23.36亿元，比2000年增长59.75%。各类市场发展至52个，营业面积46.5万平方米，完成市场成交额105亿元，比2000年增长56.72%。职业培训、社区服务、中介咨询等现代服务业发展迅速，新增各类服务项目120个。服务业从业人员7.2万人，占全部从业人员的77%。服务业在全区国民经济中所占比重达到77.4%，日益成为全区经济发展的主导产业。完成全部财政收入3.62亿元，其中，地方财政收入1.6亿元，比“九五”末的2000年增长1.03倍。城镇居民人均可支配收入10488元，农民人均纯收入4918元，分别比2000年提高54.19%和16.10%。高新技术产业总产值完成1亿元，科技进步对经济发展贡献率达55%，比2000年提高5个百分点。累计实现外贸出口额1.45亿美元。按照“一产调优、二产调强、三产调高”的思路，经过五年努力，第一产业稳步发展；第二产业在调整、改革、发展中适合辖域的新型城市工业体系开始建立；第三产业区域性的服务业大区位置已然确立。

五、“十一五”计划实施（2006—2010）

“十一五”期间，按照构建“实力路南、激情路南、生态路南、文化路南、幸福路南”的部署和“开发大南湖、建设新路南”的战略构想，全力打造环南湖生态经济圈整体框架。结合城市改造，建设唐山万达广场、新华联广场、世博广场等大型商业综合体和新华贸中心、渤海新世界、人民大厦、曙光大厦等商业商务大厦，新增商业面积90.4万平方米。谋划建设国际五金城、国际陶瓷城、国际石材城、南方国际商贸城等一大批专业商城。现代物流业发展迅速，中国北方国际钢铁交易配送物流中心被国家工信部确定为“两化融合”（即信息化和工业化的高层次深度结合，以信息化带动工业化、以工业化促进信息化，走新型工业化道路）试点项目，冀东现代物流中心已具雏形。以庞大汽贸为龙头的汽车销售业规模不断扩大，新建汽车专卖店32家。谋划建设占地13平方公里的侯边庄高新技术产业聚集区和占地4.36平方公里的曹妃甸路南区临港产业园，缓解工业发展用地不足问题。承接全市产业链延伸，发展钢铁深加工、装备制造和农副产品深加工等行业。年产100万吨的春兴不锈钢冷轧薄板项目建成投产，三川机械、鸿达汽车改装、仝泰钢结构、隆义集团等企业快速发展。依托南湖良好的生态环境，投资10亿元建设占地26.87公顷的河北省文化创意产业园，并以此为龙头，建设生态汽车文化展示园、宝珠国际家居文化展示广场等项目，南湖东岸文化创意产业带初步形成。发展信息、电子等高科技产业，成功引入总投资30亿元的中国电信数据与灾备中心项目，填补区内电子信息产业空白。累计拒批污染项目23个。全区工业企业于2007年全部实现达标排放，提前三年完成“十一五”减排目标。坚持“拆、规、建、管”并举，城乡面貌大变样。累计投资33.94亿元，拆除各类建筑物、构筑物570万平方米，占建成区总建筑面积的57%，腾出土地900公顷。投资240多亿元，启动长青楼、南湖西北片区、新华楼、建工楼、燕承楼和南新道平房等20多个区域旧城（乡）改造项目，改造面积440多万平方米，新增建筑面积210万平方米，是“十五”期间的4.2倍。组织编制东部交通枢纽站、爱民里等4个区域的控制性详规，实现规划全覆盖。基础配套设施进一步完善。投资近3亿元对30余条主次干道翻修改造，治理背街小巷33条。投资7000多万元绿化205国道、城市外环线等区域，累计新增绿化面积210.7万平方米，城区绿化覆盖率达到45.63%。完成居民小区供热计量及节能改造68.4万平方米。投资近3亿元，解决东南部集中供热等问题。投资1400余万元对全区环卫设施更新维护，在全市率先推行农村垃圾集中清运处理。投资1000多万元，在全市率先建成数字网格化城市管理和市民服务系统，形成全覆盖、精细化、无缝隙的监管网络体系。持续开展城市环境、市场秩序、“五小行业”等专项治理行动，城区环境大为改观。累计实现外贸出口额7.33亿美元，比“十五”期间增长4.06倍。完成重点科技项目开发40项。5年间累计完成全社会固定资产投资190.95亿元。累计新增就业2.5万人，城镇登记失业率控制在4%。累计发放最低生活保障金3265万元，为1312户低收入家庭提供廉租住房，救助大病特困群众1289人次。投资652万元新建区老年综合福利中心。建立“电子保姆”居家养老呼援系统，为全区75岁以上空巢独居老年人免费安装“一键通”呼叫设备。

“十一五”末，全区完成地区生产总值64.65亿元，年均增长16%，比“十五”末的2005年增长1.67倍。其中，第三产业增加值达到54.15亿元，比2005年增长1.89倍，年均增长17.4%，占地区生产总值的83.75%，比2005年提高6.6个百分点。人均地区生产总值2.72万元，比2005年增长1.71倍。完成全部财政收入33.93亿元，其中，一般预算收入4.62亿元。全年完成全社会固定资产投资105.04亿元，比2005年增长12.76倍，年均增长67.4%。其中第三产业完成固定资产投资102.78亿元，同比增长96.4%，占全区固定资产投资的97.9%，增速居全市前列。实现社会消费品零售总额61.88亿元。全区入统市场34个，成交额218.39亿元，分别比2005年增长1.65倍和1.1倍，年均分别增长21.2%、15.8%。批发零售、住宿餐饮业增加值占地区生产总值的56.9%，成为区域经济增长的支撑点。商贸服务业在国民经济中所占比重达到83.75%。全区科技服务企业达到27家，其中技术贸易机构8家，主要从事科技信息服务和其他技术服务活动的民营科技企业19家。外贸企业出口额1.63亿美元，实际利用外资2127万美元。全年城镇居民人均可支配收入达到19556元，同比增长8.3%，比2005年增长86.5%，年均增长13.3%；人均消费支出达到13522元，同比增长4.3%，比2005年增长1.6倍。农民人均纯收入8254元，同比增长13.9%，比2005年增长67.83%。全面落实独生子女父母退休时一次性3000元奖励等各项计生奖励政策。

第二节　主要经济指标

一、地区生产总值

1990年，完成地区生产总值（当年价）1.63亿元，其中第二产业增加值8313万元，第三产业增加值7948万元，二次产业之比为：51.12：48.88。人均GDP847元。

1992年11月，开平区的女织寨乡、梁家屯乡划归路南区管辖，路南区始有第一产业。1993年，加大农业投入和结构调整力度，一、二、三产业协调发展。当年，完成地区生产总值5.4亿元，其中，第一产业增加值完成2547万元，第二产业增加值完成2.83亿元，第三产业增加值完成2.32亿元。一、二、三产业增加值分别占地区生产总值的4.72%、52.38%、42.90%。人均GDP1791元。此后，区委、区政府将发展第三产业作为重点，深化企业改革，治理和整顿经济环境，国民经济实现快速增长。1995年，全区完成地区生产总值9.42亿元，其中第三产业增加值完成4.59亿元，首次超过第二产业增加值，第二产业增加值完成4.21亿元，第一产业增加值完成6192万元。一、二、三产业增加值比重为6.57：44.66：48.77。人均GDP4342元，比1990年增长4.13倍。

1996年后，实施“三大战略”（三产兴区、开放兴区、科教兴区），发展“三大优势”（商贸、机电、民营），国民经济进入结构调优，稳步发展阶段。1999年，全区地区生产总值达到16.12亿元，其中第三产业增加值突破10亿元，达到10.49亿元。一、二、三产业增加值比重为4.02：30.87：65.11，第三产业增加值在全区地区生产总值的占比居于首位。人均 GDP 达到 7170 元。

2006 年起，坚持走产业兴区、生态立区、管理强区发展之路，国民经济发展驶入健康、协调、快速发展轨道。当年，全区完成地区生产总值 28.57 亿元。2010 年，再次实现新的历史性跨越。完成地区生产总值 64.65 亿元，比 1990 年增长 38.76 倍。其中，第三产业增加值 54.15 亿元，比 1990 年增长 67.12 倍；第二产业增加值 9.78 亿元，比 1990 年增长 10.77 倍；第一产业增加值 7244 万元，比 1992 年增长 2.93 倍。三、二、一产业增加值分别占地区生产总值的 83.75%、15.13%、1.12%。人均 GDP 达到 27220 元，比 1990、2000 年分别增长 31.14 倍、2.67 倍。

1990—2010 年唐山市路南区主要经济指标一览表

表 7－1　　　　单位：万元

年份	生产总值		一产增加值		二产增加值		三产增加值		财政总收入
	当年价	可比价	当年价	可比价	当年价	可比价	当年价	可比价	
1990	16261	–	–	–	8313	–	7948	–	5163
1991	–	–	–	–	–	–	–	–	5259
1992	36596	–	1842	–	16223	–	18531	–	5545
1993	53985	–	2547	–	28279	–	23159	–	7834
1994	87664	–	4846	–	51101	–	31717	–	4645
1995	94202	59139	6192	2956	42073	31914	45937	24269	5468
1996	119200	72294	5603	2860	43354	36705	70243	32729	6206
1997	143538	87427	5811	3200	47222	42321	90505	41906	6659
1998	155716	96323	6472	3578	53485	44112	95759	48633	7094
1999	161171	99120	6479	2995	49750	42190	104942	53935	7728
2000	167798	105866	7059	3173	56105	48953	104634	53740	7847
2001	186108	186671	6429	7207	64637	63578	115042	115886	15623
2002	207122	208428	6742	6866	74883	73548	125497	128014	19370
2003	240771	234995	6138	6801	92200	83204	142433	144990	22938
2004	226140	220038	6704	6289	43380	38545	176056	175204	28121
2005	242578	233402	6596	6404	48714	45765	187268	181233	36155
2006	285717	273995	6699	5907	59114	53619	219904	214469	42033
2007	347649	316582	6647	5733	72211	64375	268791	246474	60807
2008	433365	371158	8753	5495	87935	68488	336677	297175	242883
2009	550318	446294	8920	5639	88709	74769	452689	365886	300035
2010	646521	517689	7244	4361	97821	86300	541456	427028	339329

说明：1990—1994 年可比价统计年鉴无数字。财政收入：1990—1993 年为财政总收入；1994—2000 年为地方财政收入；2001—2010 年为全部财政收入

1990—2010 年唐山市路南区人均 GDP 一览表

表 7 - 2　单位：元/人、万元

年份	总户数（户）	人口数（人）	平均人口	GDP 当年价	人均 GDP
1990	58593	192610	191932	16261	847
1991	60578	195291	193951	无资料	-
1992	66004	213437	204364	36596	1791
1993	67347	215918	214678	53985	2515
1994	66896	216397	216158	87664	4056
1995	67916	217498	216948	94202	4342
1996	69716	220895	219197	119200	5438
1997	69546	223637	222266	143538	6458
1998	69850	224694	224166	155716	6946
1999	69995	224861	224778	161171	7170
2000	76867	227218	226040	167798	7423
2001	71738	229681	228450	186108	8147
2002	72562	232330	231006	207122	8966
2003	73035	238651	235491	240771	10224
2004	73225	240707	239679	226140	9435
2005	73556	241796	241252	242578	10055
2006	73572	238060	239928	285717	11908
2007	74205	239327	238694	347649	14565
2008	76783	239729	239528	433365	18092
2009	76398	239116	239423	550318	22985
2010	77302	235912	237514	646521	27220

说明：平均人口 =（年初总人口 + 年末总人口）/2

二、财政收入

1990 年，完成财政收入 5163 万元。1992 年 11 月，女织寨、梁家屯乡划归路南区管辖，全区工、农、贸全面发展，财政收入稳步、持续递增。翌年，全区完成财政收入 7834 万元，比上年增长 41.28%，比 1990 年增长 51.73%。1996 年完成地方财政收入 6206 万元，同比增长 13.50%。1997 年全区大口径财政收入 1.18 亿元，其中，地方财政收入 6659 万元，比上年增长 7.3%。

2001 年，区委、区政府加大经济结构调整力度，加快非国有经济发展，财政收入快速增长，大口径财政收入达到 1.56 亿元，其中，中央级财政收入完成 5466 万元，地方财政收入完成 1.02 亿元。

2006 年起，以项目建设为载体，加快经济结构调整步伐，全面推进城市建设与改造，全区经济呈现出跨越式发展势头。当年，完成财政收入 4.2 亿元，比上年增长 16.26%，其中，中央级财政收入实现 2.02 亿元，比上年增长 16.06%；省级财政收入实现 4057 万元，比上年增长 18.89%；一般预算收入实现 1.8 亿元，比上年增长 15.91%。2008 年全部财政收入突破 20 亿元大关，达到 24.29 亿元，其中，一般预算收入 2.62 亿元。

2010 年，全部财政收入累计完成 33.93 亿元，同比增长 13.1%，其中，一般预算收入 4.62 亿元，同比增长 48.3%。

三、社会消费品零售总额

1989 年，治理经济环境，整顿经济秩序，靠拼搏求生存，靠内功求发展。商业在完成大面积拆迁复建同时，保持较快发展速度，恢复和巩固了传统繁商区的优势。到 1990 年年底，商业企业完成销售额 5.32 亿元，社会消费品零售总额为 2.04 亿元。

1993 年，投资 2490 万元扩建市场，新增建筑面积 3.65 万平方米。小山招商大厦、荷花坑肉类水产批发大厅等相继开工或竣工，街道工业小区、仓储区开始兴建，增盛南路果品市场投入使用，扩建、新建第一、二建材市场，陶瓷、生产资料、美食三条商业街已经形成。商业企业注重发展规模化与专业经营，利税百万的企业达到 7 家，其中专业化经营商业企业达 60% 以上。全年商业销售额达 9.63 亿元，比 1990 年增长 80.95%，社会消费品零售总额完成 1.62 亿元。个体私营经济数量增加，规模加大，成为区域经济发展的重要力量。年底，区境个体工商户发展到 8937 户，从业人员 1.21 万人，私营企业 38 家，分别比上年增长 42.60%、50.22%、13%。

1996 年，总投资 1.2 亿元的北方陶瓷城开始兴建。北方家具中心二期工程完工，成为北方较大的家具市场。机动车交易市场二期工程如期竣工。城区东南三角地商贸区成型并日趋繁荣。城乡市场商品供应充裕，购销两旺，是年实现社会消费品零售总额 2.66 亿元，比 1993 年增长 64.95%。1998 年，开发和培育一批新市场，社会消费品零售总额继续攀升，实现社会消费品零售总额 12.19 亿元，突破 10 亿元大关，比 1996 年增长 3.58 倍。

2000 年，本着“谁投资，谁受益”的原则，广泛吸引社会资本参加市场建设，巩固繁商优势。全年新建、改造市场 9 个，总投资 7318 万元，新增市场面积 7.46 万平方米，其中 7 个市场投入使用。荷花坑市场被列入全省重点扶持的八大市场之一，被农业部确定为定点批发市场。全年实现社会消费品零售总额 14.63 亿元。至 2004 年，商品经营多元化，经营业态多样化，大市场、大流通格局基本形成，社会消费品零售额连创新高，突破 20 亿元大关，达到 21.91 亿元。

2007 年，着力改造提升传统服务业，积极发展新兴商业，市场繁荣活跃。荷花坑农副产品市场全年完成交易额 45 亿元，名列全省第二，全国第十五位。全区实现社会消费品零售总额 30.34 亿元，再创历史新高。

2008 年后，围绕“巩固、发展、优化、提高”的原则，大力发展第三产业，社会消费品零售总额大幅提高。2010 年，完成社会消费品零售总额 61.88 亿元，比 1990 年增长 29.33 倍。

1990—2010 年唐山市路南区完成社会消费品零售总额一览表

表 7－3　　单位：万元

年　份	零售总额	年　份	零售总额	年　份	零售总额
1990	20365	1997	85933.2	2004	219104.2
1991	21315.5	1998	121908	2005	233646.2
1992	21515.8	1999	135777	2006	264446.3
1993	16148.8	2000	146254.1	2007	303426.9
1994	12451	2001	154199.5	2008	354788.2
1995	16034.5	2002	175396.5	2009	500692.8
1996	26637.1	2003	187833.5	2010	618764.3

四、实际利用外资和中国港澳台商资金

1988年7月，路南区成立外经贸委，承担贯彻国家、省、市鼓励外商投资和发展外向型经济的有关政策规定，加强同海外联谊，外引内联，结交合作伙伴，开展对外谈判和签约活动的职责。启动对外开放，外向型经济得到发展。1989年，建成外商独资企业1家，中外合资企业3家，总投资269万美元，其中，外商投资55.7万美元；现汇引进国外先进技术、先进设备2项，用汇337万美元。

1990年，对外开放不断深入，区委、区政府加大招商引资力度，通过以现有企业同外资“嫁接”和外商独资等形式，扩大外资利用规模。累计签定外商和中国港澳台商投资企业9家，总投资800万美元。化学、机铁铸造、标准件、羊毛衫、织袜厂5家区属企业与外资企业合资合作，另有台商兴办独资企业1家。全年外资企业总投资491万美元，注册资本380万美元，直接利用外资121万美元。出口创汇企业发展到19家，出口交货值3600万元人民币，比上年增长36%。

1992年，外向型经济呈现出签约项目多、规模由小到大、档次由低到高、外商投资比例扩大、合作范围拓宽等特点。全年签约项目22个，是前4年的1.6倍；投资总额7401万美元，是前4年的5.2倍；直接利用外资3428万美元，是前4年的7.8倍。

1994年，唐山电子设备厂与日本松下电器产业株式会社合资兴建唐山松下电器产业有限公司，首开全省、全市与国际大公司成功合作先河。是年，全区签约项目35项，总投资4500万美元，合同利用外资2200万美元（实际到位资金903.19万美元）。投产外商投资和中国港澳台商投资企业达到30家，出口交货值5000万元，出口总额712.67万美元。在全市出口创汇、到位外资“双五百万”评比中名列前茅。

1995年，加快实施“外向带动”战略，确立老企业嫁接改造、机电工业、创汇农业、商贸繁荣四个双向开放重点。全年新办合作企业10家，累计利用外资285.83万美元，出口创汇658.53万美元。当年实际利用外资183.45万美元。

1997年，实施“开放兴区”战略，全年实际利用外资146.89万美元。新投产外商和中国港澳台商投资企业2家，企业累计达40家。全年出口商品收购总值1.07亿元，出口创汇683.79万美元。

2000年后，区委、区政府实施“开放拉动”战略，进一步完善招商引资优惠政策，创新招商引资机制。利用唐山陶瓷博览会、项目发布会等招商引资；与国家外经贸部、美国亚太国际投资促进会等众多涉外机构和涉外中介组织建立广泛联系，拓宽招商领域，实际利用外资额逐年上升。是年，全区实际利用外资额300.35万美元，出口创汇额完成557.14万美元。2001年，实际利用外资额402.75万美元。2006年，实际利用外资额602万美元。

2010年，进出口总额22987万美元，同比增长25.9%，其中，出口总额完成1.63亿美元，同比增长12.6%，完成年度计划1.5亿美元的108.4%。实际利用外资额增至2127万美元，同比增长6%，完成年度计划726万美元的293%。实际利用外资额比1990年增长16.58倍。

第二章 经济结构

1990年，辖域经济以国有、集体经济为主，全年完成地区生产总值1.63亿元，第二、三产业结构比为51.12∶48.88。1992年11月，开平区的女织寨、梁家屯两乡划入路南区管辖，始有农业，产业结构发生变化。1993年，全区地区生产总值中，第一、二、三产业结构为4.72∶52.38∶42.90。1995年后，立足区位优势，加强商业设施建设，加快第三产业升级，批发零售业迅速发展；加大企业产权制度改革，增加立区行业、立区企业的固定资产投资，促进所有制及产业结构转型。至2010年，民营经济成

为路南区域经济运行主体。是年，全区完成地区生产总值 64.65 亿元，三次产业结构依次为 1.12 ∶ 15.13 ∶ 83.75。第三产业成为区域经济的主导产业。

第一节　所有制结构

一、国有经济

1990 年，全区有国有工商企业 18 家，其中国有工业企业 13 家，含轻工业 6 家，重工业 7 家，完成工业总产值 7197 万元；国有商业网点 5 个，完成商品销售额 1057 万元，分别占全区工业总产值和全区商业销售总额的 23.46% 和 1.99%。1992 年起，适应计划经济体制向市场经济体制转变，在国有企业推行所有权与经营权分离改革，并对经营困难企业撤、并、转。1993 年，唐山市电子设备厂兼并唐山第二无线电厂和唐山市电视机厂，首开唐山市国有企业兼并先河。唐山市人民服装厂并入唐山市毛巾厂，唐山市日用化工厂委托给文北金匙集团经营。是年，全民商业网点 3 个，商品销售额 752.6 万元，占全区商品销售总额的 0.78%。1997 年后，随着"国退民进"产权制度改革，企业所有制结构发生明显变化，个体、私营经济发展迅速，国有企业数量和市场份额逐年减少。至 1999 年，全区有国有工业企业 7 家，其中亏损企业 4 家，完成工业总产值 1789.5 万元（不变价），全民商业企业社会消费品零售额 209 万元，分别占全区该两项总值的 2.93% 和 0.15%。此后，企业改革步伐加快，通过股份制、重组、兼并、招股融资、破产、拍卖等资本运作方式，至 2010 年，区属已无国有企业。

二、集体经济

1990 年，全区有集体所有制工商企业 676 家，其中集体工业企业 143 家，完成工业总产值 2.31 亿元（1990 年不变价），占全区工业总产值 3.06 亿元的 75.49%。集体商业企业 533 家（含区直、街道、厂校），完成商品销售额 5 亿元，占全区商品销售总额 5.32 亿元的 94%。1992 年，确立社会主义市场经济体制目标，个体私营经济强劲发展，集体经济进入转型期，所占市场份额逐年减少。1995 年，有集体工商企业 234 家，其中工业集体企业 26 家，完成工业产值 1.3 亿元（不变价）；批发零售贸易业、餐饮业集体网点 208 个，完成销售收入 6.99 亿元。

1997 年起，产权制度改革整体推进，集体企业转型步伐加快。2000 年，年收入 500 万元以上工业集体企业 11 家，其中亏损企业 5 家，完成集体工业总产值 1.91 亿元（不变价）；占工业总产值的 25.81%。限额以上批发零售贸易业商品销售总额 1.8 亿元。全区社会消费品零售总额实现 14.63 亿元，其中，集体社会消费品零售总额 3.75 亿元，占全区社会消费品零售总额 25.67%。此后，随着企业现代产权制度的逐步建立，集体经济在所有制经济占比日趋减少。2005 年，入统工业企业 35 家，其中，集体工业企业减至 5 家，完成工业产值 22.84 亿元（当年价），占当年工业总产值的 18.46%；区属集体商业企业为零。2010 年，全区工业企业 726 家，工业总产值 22.28 亿元。其中，入统工业企业 40 家，工业总产值 21.64 亿元。入统集体企业降至 2 家，完成工业总产值 2.02 亿元，占全区全部工业总产值 22.28 亿元的 9.07%。

三、个体私营经济

1987 年 8 月，国务院发布《城乡个体工商户管理暂行条例》，个体私营经济发展有了政策支撑。此后，小山、建国路、二十九号小区市场新开和扩建，个体工商业户数和规模逐渐增加和扩大。翌年，全区有个体工商户 5231 户，从业人员 7639 人。1990 年有个人合伙经营、个体工商户 5538 户，从业人员 7691 人，注册资金 1793.21 万元，营业额 6963.5 万元，总产值 783.53 万元。其中，个体工商户 5433

人，从业人员7040人，注册资金994.11万元，营业额5871.93万元，总产值662.04万元。1992年，区委、区政府出台鼓励和支持发展个体私营经济的规定和措施，将发展个体私营经济以目标责任的方式落实到基层，个体私营经济进入快速发展阶段。是年，全区个体工商户达到6267户，从业人员8047人。

1995年4月，区政府成立私营工业园区办公室，负责私营工业园区的筹建和日后管理。10月，坐落在解放路南端的私营工业园区完成基础设施建设。至年末，全区城乡个体工商户1.4万户，从业人员2.48万人。完成生产总值3863万元，社会消费品零售额3.81亿元，销售总额4.76亿元。其中，个体批发零售贸易、餐饮业1.14万户，从业人员2.02万人，注册资金3387万元，销售总额4.3亿元，社会消费品零售额3.79亿元。个体工商户连续三年实现户数、资金、人员同步增长。此后，国家放开冰箱、彩电等人民生活必需耐用消费品的经营限制，允许私营企业和个体工商户经营煤炭、钢材等物资，大宗商品允许批发等，进一步激活个体私营经济。1996年，私营企业达到320家，个体工商户1.58万户，从业人员3.23万人。其中，资产达千万元以上私营企业6家，百万元以上私营企业20家；实现个体税收2763万元，个体税收占全区财政收入的25.23%。

1997年，区委、区政府制定政策，鼓励下岗职工持证经商，鼓励私营企业招聘下岗职工。是年，全区个体工商户发展到7598户，从业人员3.07万人，全区个体工商户注册资金8492万元；私营企业发展到371家，从业人员5358人，注册资金2.72亿元。在私营企业中，100万元以上规模企业33家，500万元以上企业9家。当年，现代工业园区完成二期开发，入驻企业48家，完成产值8000万元，上缴税金400万元。翌年，私营工业园区三期开发土地13.07公顷，为个体私营经济发展提供空间。年末，全区个体工商户达1.84万户，从业人员达3.27万人；私营企业发展到453家，从业人员6699人。私营企业完成工业总产值1.66亿元（不变价），私营经济完成社会消费品零售总额7948万元，个体经济完成社会消费品零售总额8.38亿元。个体私营经济纳税额占全区财政收入的32.5%。

1999年，区委、区政府制定《关于发展个体私营经济的若干政策规定》，区纪委、监察局制定《关于支持和保护个体私营经济发展的意见》，全区个体私营经济继续保持良好发展势头。全区个体工商户增至1.86万户，从业人员3.32万人，注册资金1.97亿元；私营企业发展至524家，从业人员8316人，注册资金4.14亿元。个体经济税收4351万元，占全区财政收入的36.07%，个体私营经济成为经济发展的重要支柱。此后，个体私营经济稳步发展。2001年，个体工商户达1.01万户，私营企业739家，从业人员2.92万人，注册资金7.93亿元。

2004年，国务院公布第一批取消部分行政许可的决定，国家对私营企业实行一视同仁的“国民待遇”，自此先后分四批取消或撤并部分行政许可。对市场准入申请的程序、时效等做出法律规定，再次拓展民营经济发展空间。2005年，个体工商户达到9183户，从业人员1.75万人；私营企业400家，从业人员2.01万人。限额以上批发零售贸易业私营企业销售总额达到2.09亿元；私营工业企业11家，完成产值52.69亿元，销售产值55.01亿元。

2010年，全区民营经济发展到1.67万户，其中，由路南工商局登记的民营经济1.05万户（私营企业1054家，个体工商户9426户）；唐山市工商局登记的民营经济3020户（50万元以上的有限公司）；唐山市工商局直属二分局登记的民营经济3144户（经营钢材、运输的独资企业144户，经营运输、中介类的个体工商户3000户）。限额以上批发零售贸易业私营企业全年实现商品销售总额462.21亿元，占全区限额以上批发零售贸易业商品销售总额的28.35%，比2005年增长220.15倍。

四、其他类型经济

1986年，随着改革开放，除国有、集体、个体经济之外出现了其他类型经济企业。同年路南区第一家合资企业——唐山台谊电子公司成立。1988年7月，美国加州索利德工业有限公司在路南区成立唐山索利德活性炭有限公司。1990年，全区有其他类型经济企业6家，其中入统外商及中国港澳台商投资工业企业2家，从业人员295人，完成产值281.6万元。1992年4月，唐山电影机械厂与台湾精益工业股份有限公司合资兴建河北山益电机有限公司。同年 7 月，唐山市玻璃厂与香港雅兰实业有限公司合资建立唐山万利汽车窗有限公司。双方共投资 478 万美元，注册资本 378 万美元。

1993 年 12 月，唐山市北方图象联营公司与美籍华人钟荣晖合资建立唐山荣晖全息图象有限公司。总投资 55 万美元，注册资本 40 万美元。是年 12 月，唐山市鹏程铸造工业公司与香港环球贸易公司投资 28 万美元兴建唐山鹏程玻璃制品有限公司。至年底，新建中外合资企业 7 家。1994 年 6 月，唐山市电焊条厂与新加坡信大企业有限公司共同投资 100 万美元兴建唐山信大焊接材料有限公司，唐山市路南区通鑫经营服务公司与美籍华人钟荣晖共同投资 21 万美元成立唐山玛莉莎服饰有限公司。此后随着对外开放力度的加大，外商投资企业逐年增加。1995 年新建合资企业 10 家，合同利用外资 400 万美元，实际利用外资 215 万美元。出口创汇 658. 53 万美元。年底，全区入统外商及中国港澳台投资企业 24 家，其中合资企业 18 家，独资企业 6 家，从业人数 2459 人，完成工业总产值 1. 85 亿元。

1997 年后，随着企业产权制度改革的推进，逐步形成股份合作企业、有限责任公司、股份有限公司等所有制形式（以下连同外商及中国港澳台商投资企业统称“其他类型经济”）。是年，累计实有外国及中国港澳台投资企业 70 家，累计投产企业 36 家（不含已注销和合同到期企业）。实际利用外资 146. 89 万美元，出口总值 683. 79 万美元。2005 年，全区累计实际注册外商及中国港澳台商投资企业 25 家，累计投产外商及中国港澳台商投资企业 10 家（不含已注销和合同到期企业）。是年实际利用外资 409 万美元，同比增长 34. 54%。股份合作工业企业 7 家，有限责任公司 6 家，股份有限公司 2 家。2010 年，有外资企业、股份合作企业 35 家，其中外商及中国港澳台投资企业 6 家，实际利用外资 2127 万美元。规模以上股份制工业企业 31 家，实现工业总产值 17. 69 亿元。两类企业所创产值占全区工业总产值的 80. 12%。

第二节　产业结构

一、三次产业结构

1990 年，路南区无第一产业。是年，二、三产业完成生产总值 1. 63 亿元（当年价，下同），产业比重为 51. 12：48. 88，第二产业占居主导地位。1992 年 11 月，开平区的女织寨乡、梁家屯乡划入路南区管辖，从此增加第一产业。是年，一、二、三产业比重为 5. 03：44. 33：50. 64。1994 年，全区实现生产总值 8. 77 亿元，其中第一产业增加值 4846 万元，第二产业增加值 5. 11 亿元，第三产业增加值 3. 17 亿元，一、二、三产业比重分别为 5. 53：58. 29：36. 18，第二产业比重达到高峰。

1995 年起，因产业结构不断调整，第二产业所占比重逐年下降，第三产业比重逐年上升。是年，全区生产总值完成 9. 42 亿元，其中第一产业增加值 6192 万元，第二产业增加值 4. 21 亿元，第三产业增加值 4. 59 亿元，一、二、三产业比重为 6. 57：44. 66：48. 77。第三产业占比首次超过第二产业，且第三产业呈现出持续、健康、快速发展势头。2005 年，全区生产总值完成 24. 26 亿元，其中第一产业增加值 6596 万元，第二产业增加值 4. 87 亿元，第三产业增加值 18. 73 亿元，一、二、三产业比例为 2. 72：20. 08：77. 20。

2010 年，全区生产总值完成 64. 65 亿元，其中第一产业增加值 7244 万元，第二产业增加值 9. 78 亿元，第三产业增加值 54. 15 亿元，一、二、三产业比例为 1. 12：15. 13：83. 75。第三产业增加值比 1990 年提高 34. 87%，第二产业增加值比 1990 年下降 35. 99%，第一产业增加值比 1992 年下降 3. 91%。第三产业已成为路南区的支柱产业。

1990—2010 年唐山市路南区三次产业构成一览表

表 7－4　　单位：万元、%

年份	生产总值	其中					
		第一产业		第二产业		第三产业	
		增加值	比重	增加值	比重	增加值	比重
1990	16261	–	–	8313	51.12	7948	48.88
1991	无资料	–	–	–	–	–	–
1992	36596	1842	5.03	16223	44.33	18531	50.64
1993	53985	2547	4.72	28279	52.38	23159	42.90
1994	87664	4846	5.53	51101	58.29	31717	36.18
1995	94202	6192	6.57	42073	44.66	45937	48.77
1996	119200	5603	4.70	43354	36.37	70243	58.93
1997	143538	5811	4.05	47222	32.90	90505	63.05
1998	155716	6472	4.15	53485	34.35	95759	61.50
1999	161171	6479	4.02	49750	30.87	104942	65.11
2000	167798	7059	4.20	56105	33.44	104634	62.36
2001	186108	6429	3.45	64637	34.73	115042	61.82
2002	207122	6742	3.26	74883	36.15	125497	60.59
2003	240771	6138	2.55	92200	38.29	142433	59.16
2004	226140	6704	2.97	43380	19.18	176056	77.85
2005	242578	6596	2.72	48714	20.08	187268	77.20
2006	285717	6699	2.34	59114	20.69	219904	76.97
2007	347649	6647	1.91	72211	20.77	268791	77.32
2008	433365	8753	2.02	87935	20.29	336677	77.69
2009	550318	8920	1.62	88709	16.12	452689	82.26
2010	646521	7244	1.12	97821	15.13	541456	83.75

说明：表内数字为当年价

二、产业内部结构

（一）第一产业内部结构

1992 年，第一产业以种植业为主，林、牧、渔业所占比重较小。是年，实现农林牧渔业总产值 3966 万元，其中种植业产值 3139 万元，林业产值 11 万元，牧业产值 704 万元，渔业产值 112 万元，农、林、牧、渔产值所占比重 79.15∶0.28∶17.75∶2.82。

1993 年，推进“两高一优”（高产、高效、优质）农业，加大对土地的投入力度，优化土地结构，提高高产土地面积，实现向高效农业转轨。是年，养殖户利用开滦采煤塌陷地周边空闲地和水面，进行畜牧和淡水养殖，且规模不断扩大，形成养殖小区和规模养殖场。全年完成农林牧渔业总产值 4375 万元，其中种植业产值 3308 万元，林业产值 8 万元，畜牧业产值 983 万元，渔业产值 76 万元，农、林、牧、渔产值所占比重 75.61∶0.18∶22.47∶1.74。种植业产值仍居首位，畜牧业产值略有升幅。

1994 年，投入 60 万元，新打机井 71 眼，扩大水浇地面积 86.67 公顷，增加管道灌溉面积 1 万延长米。全区粮食作物总产量达 6550 吨，棚菜面积 190.93 公顷，占蔬菜总面积的 26%。新建百头以上养猪场 5 个，养鸡场 7 个。特种养殖规模扩大，女织寨乡的獭兔、乌鸡养殖达到近万只。完成农林牧渔业总产值 9094 万元，其中种植业产值 7236 万元，林业产值 5 万元，畜牧业产值 1748 万元，渔业产值 105 万元，农、林、牧、渔产值所占比重为 79.57∶0.05∶19.22∶1.16。

1997 年，农业结构在调整中优化，且种养殖业规模日趋扩大。蔬菜种植面积增至 692 公顷，总产量 7.74 万吨。各类养殖户发展至 353 户，其中养殖大户 202 户。全区畜禽总量 16.05 万头（只）。已建成养殖基地 6 个，初步形成小基地、大群体的格局。全年全区完成农林牧渔业总产值 1.08 亿元，其中种植业产值 8866 万元，林业产值 5 万元，牧业产值 1760 万元，渔业产值 170 万元，农、林、牧、渔产值所占比重 82.09∶0.05∶16.29∶1.57。

1999 年，区委、区政府从路南区城郊型农业经济特点出发，确立畜牧、蔬菜、花卉为三大主导产业。年内各类养殖户发展至 494 户，花卉种植面积 13.33 公顷，“和平街北方花卉基地”被列为中国农业大学科研实验基地。2000 年，区委、区政府印发《关于 2000 年—2005 年农业结构调整的实施方案》，农业结构调整取得突破性进展。农、林、牧、渔产值所占比重为 74.38∶0.17∶21.69∶3.76。其中种植业产值小幅下降，渔业产值占第一产业总产值的 3.76%，为历年最高。

2001 年，农业结构调整转向发展设施农业、精品农业和特色农业。新建、改造蔬菜温室 310 栋，老谢庄千亩无公害蔬菜基地被列为全市重点农业园区和市级农业技术研修基地。全区蔬菜产值达到 2457 万元，比上年增长 10%。畜牧养殖业突出猪、鸡、鸽、羊四大主导产品，养殖专业户达 604 户，比上年增长 9%，畜禽存栏 30.94 万头（只），实现产值 2827 万元。畜牧业产值占比呈上升态势。花卉苗木种植面积 113.33 公顷，实现产值 740 万元。随着大南湖的改造绿化，林木面积大幅增加，林业产值达到 192 万元，创历史最高。

2003 年，调减大田作物 200 公顷，新建南刘屯、赵田庄等养殖小区 6 个，全区畜禽存栏达 42.91 万头（只）。花卉苗木种植面积累计 366.67 公顷，新增名优新品种 5 个。4 个蔬菜品种通过省级绿色蔬菜认证。2005 年，全区完成农林牧渔业总产值 1.07 亿元，其中种植业产值 5917 万元，林业产值 21 万元，畜牧业产值 4361 万元，渔业产值 381 万元，农、林、牧、渔产值所占比重为55.40∶0.20∶40.83∶3.57。2006 年，畜牧业占比达到历史最高为 45.14%。此后，随着南湖公园开发利用，南湖周边养殖场逐渐被拆除，养殖户减少。至 2007 年，路南区已无水产养殖，新增绿化覆盖面积 5.6 万平方米。2008 年，实有林地面积 186 公顷，当年造林面积新增 50 公顷，城区绿化覆盖率达 43%。2009 年，完成唐津高速公路和外环线通道绿化工程，绿化改造 23 个小区，新增绿地面积 18.5 万平方米。

2010 年，受农业结构调整和西北片区 19 个村搬迁改造影响，全区农作物播种面积 1234 公顷，比 1992 年减少 1260 公顷；蔬菜产量 1.95 万吨，比 1992 年减少 3.78 万吨；畜禽存栏 12.57 万头（只），比 1992 年减少 3.21 万头（只）。全区完成农林牧总产值 9635 万元，其中种植业产值 6318 万元，占比由 1992 年的 79.15% 降至 65.57%；林业产值 22 万元，占比由 1992 年的 0.28% 降至 0.23%，城市绿化率达 45.63%；畜牧业产值 3295 万元，占比由 1992 年的 17.75% 升至 34.20%；渔业产值为零。种植业仍为第一产业的主导产业。

1992—2010年唐山市路南区第一产业结构一览表

表7－5　单位：万元、%

年份	农林牧渔业总产值	其中							
		农业		林业		牧业		渔业	
		总产值	比重%	总产值	比重%	总产值	比重%	总产值	比重%
1992	3966	3139	79.15	11	0.28	704	17.75	112	2.82
1993	4375	3308	75.61	8	0.18	983	22.47	76	1.74
1994	9094	7236	79.57	5	0.05	1748	19.22	105	1.16
1995	11229	8434	75.11	3	0.03	2604	23.19	188	1.67
1996	10321	8498	82.34	3	0.03	1649	15.98	171	1.65
1997	10801	8866	82.09	5	0.05	1760	16.29	170	1.57
1998	11815	9676	81.90	2	0.02	1808	15.30	329	2.78
1999	11933	9431	79.03	19	0.16	2167	18.16	316	2.65
2000	12172	9053	74.38	21	0.17	2640	21.69	458	3.76
2001	11104	7733	69.64	192	1.73	2827	25.46	352	3.17
2002	11645	6766	58.10	17	0.15	4506	38.69	356	3.06
2003	9938	6091	61.29	41	0.41	3440	34.62	366	3.68
2004	10856	5895	54.30	82	0.76	4484	41.30	395	3.64
2005	10680	5917	55.40	21	0.20	4361	40.83	381	3.57
2006	10507	5634	53.62	95	0.91	4743	45.14	35	0.33
2007	9330	5590	59.92	142	1.52	3598	38.56	－	－
2008	11839	6762	57.11	86	0.73	4991	42.16	－	－
2009	11918	6951	58.32	9	0.08	4958	41.60	－	－
2010	9635	6318	65.57	22	0.23	3295	34.20	－	－

说明：1992年构成数按乡报数字的比例，用《路南区国民经济统计资料》的总计折算所得；数字为当年价

（二）第二产业内部结构

第二产业包括工业和建筑业。1990年第二产业增加值为8313万元，工业、建筑业增加值占比为97.85：2.15。2010年第二产业增加值达到9.8亿元，工业与建筑业增加值构成比为91.50：8.50。工业增加值比重由1990年的97.85%下降至2010年的91.50%，比1990年下降6.35个百分点；建筑业增加值比重由1990年的2.15%上升至2010年的8.50%，比1990年上升6.35个百分点。工业产值明显大于建筑业产值，工业仍为第二产业的支柱产业。

工业　1990年，路南区工业按所有制结构，划分为全民、集体、外商投资和中国港澳台商投资、其他企业等类型；按工业结构划分为重工业、轻工业。是年有工业企业410家，其中全民企业13家，集体企业143家，外商投资和中国港澳台商投资企业2家，其他经济类型企业252家。主要门类有机械电子、化工、纺织服装、食品等。全年完成工业总产值3.06亿元，完成工业增加值8134万元，轻工业和重工业总产值比重为51.73：48.27，轻工业产值比重高于重工业。

1993年起，乡镇工业企业迅猛发展，为第二产业增添活力。截至1996年，全部工业企业达541家，

其中乡以上工业企业263家（含轻工业93家，重工业170家）。随着机械制造业的兴起，重工业总产值比重高于轻工业。是年，根据入统工业企业产值计算，轻、重工业总产值比重为23.80∶76.20。轻工业行业主要有食品加工、食品制造、纺织、服装制品、家具、印刷等；重工业行业主要有机械制造、非金属矿业制品、金属制品等。

1997年，路南区对工业企业进行产权制度改革，彻底打破以公有制为主体的经营格局，工业经济形成国有、集体、个体私营、中国港澳台及外商合资及其他类型并存的经营机制，全民、集体工业企业逐年减少，个体私营工业企业呈上升趋势。当年，全区工业企业有962家，其中乡以上企业242家，占25.16%；村办企业118家，占12.26%；城镇联营工业和城乡个体工业企业602家，占62.58%，个体私营工业企业成为工业经济运行主体。工业经济按行业分类，已构成煤炭采选业、食品加工业、食品制造业、饮料制造业、纺织业、服装纤维制品制造业、皮革毛皮羽绒制品业、木材竹藤棕草制品业、家具制造业、造纸及纸制品业、印刷业、文教体育用品制造业、化学原料化学制品制造业、橡胶制品业、非金属矿物制品业、黑色金属冶炼压延加工业、有色金属冶炼压延加工业、金属制品业、普通机械制造业、专用设备制造业、交通运输设备制造业、电气机械及器材制造业、电子及通讯设备制造业、仪器仪表文化办公机械制造业、其他制造业共25大类，全年完成工业总产值17.82亿元，增加值4.15亿元。入统242家工业企业中，工业总产值11.95亿元，其中轻工业总产值2.73亿元，重工业总产值9.22亿元，轻、重工业分别占工业总产值的22.85%、77.15%，重工业总产值高于轻工业。

2005年，区委、区政府把项目建设作为扩展区域经济引擎，在东南部区域利用存量土地资源，重点谋划实施骨干工业项目和城区改造项目。围绕钢铁深加工、机电等重点行业，发展壮大主导产业。鸿达汽车改装厂、三川机械厂扩建、新华电缆厂等建设项目全面完工。隆义实业集团、鑫华铁粉厂等企业技改项目全面完工。是年，全部工业企业717家，其中，入统工业企业35家，规模以下工业企业294家，个体经营户388户。全部工业总产值19.29亿元，增加值4.57亿元，在第二产业增加值中所占比例为93.89%。在入统工业企业中，轻工业9家，重工业26家，增加值为3.11亿元，轻、重工业增加值占比分别为17.95%、82.05%。

2007年，工业经济服从城市建设总体规划调整和环境建设需要，实施战略性转型升级，影响城市建设总体规划的企业被关停或异地迁建；高能耗、重污染、效益低的企业被取缔。是年，全部工业总产值24.36亿元，增加值达到6.62亿元，轻、重工业比重为13.30∶86.70。年销售收入500万元以上工业企业完成总产值15.13亿元，完成增加值4.11亿元。重工业比重比1990年提高38.43个百分点。2009年，工业增加值达到8.15亿元，在第二产业增加值中所占比重为91.50%。轻、重工业比重为19.16∶80.84。重工业比重比1996年提高4.64个百分点。

2010年，全区工业企业形成煤炭开采和洗选业、农副产品加工业、食品制造业、家具制造业、造纸及纸制品业、化学原料及化学制品制造业、医药制造业、金属制造业、通用设备制造业、专用设备制造业、交通运输设备制造业、电气机械及器材制造业、仪器仪表及文化、办公机械制造业、废弃资源和废旧材料回收加工业15个门类的工业生产格局。精品钢材、专用设备制造、交通设备制造、电器机械及器材制造等成为区工业主导产业。是年，工业按登记注册类型分组为国有及国有控股企业、集体企业、股份合作企业、联营企业、有限责任公司、股份有限公司、私营企业、中国港澳台商投资企业、外商投资企业。全区全部工业企业726家，完成工业总产值22.28亿元。完成工业增加值8.95亿元，其中规模以上工业企业完成增加值5.52亿元。是年始，入统已无轻工业。

建筑业　1990年，有建筑企业11家，其中驻区国有建筑企业2家，区属集体建筑企业9家，完成建筑业增加值179万元，在第二产业增加值所占比例为2.15%。

1994年，个体私营建筑业崛起，当年注册个体私营建筑企业3家，分别是嘉威装饰制冷工程有限公司、鑫鑫装饰工程有限公司、泰伦装饰工程有限公司。1995年，全区有建筑企业31家，其中区内11家。单位工程施工689个，其中，新开工646个。竣工663个，其中，优良工程24个。房屋施工面积

8.9 万平方米，其中，新开工 4.09 万平方米。房屋竣工面积 5.65 万平方米。实现建筑业增加值 4518 万元。建筑业增加值在第二产业所占比例为 10.74%。

1999 年，市建设局下放建筑企业管理权限，将 8 家建筑装饰企业划归路南区。定福庄一期工程开工面积 27 万平方米，完成投资 2.4 亿元；铁匠庄平改楼工程开工 6 万平方米，竣工 5 万平方米；花园里二期工程 68 套住宅 4978 平方米全部竣工入住。是年，建筑业增加值达到 7285 万元，建筑业增加值在第二产业增加值占比为 14.64%。建筑业保持平稳较快发展态势。

2001 年，实施"城建拉动"战略，房屋开发建设得到较快发展。全区入统建筑企业 15 家，从业人员 3218 人。单位工程施工 621 个，其中，本年新开工 602 个。单位工程竣工 611 个，其中竣工优良工程 14 个。房屋建筑施工面积 10.4 万平方米，其中，本年新开工面积 3.9 万平方米。房屋建筑竣工面积 9.14 平方米。完成建筑业增加值 7433 万元，占第二产业增加值 11.5%。

2007 年起，落实省委、省政府"城镇面貌三年大变样"战略决策，建筑业迎来发展契机。是年，入统建筑企业 5 家，从业人员 1593 人。全区完成房屋建筑面积 6.20 万平方米，实现建筑业增加值 6000 万元，在第二产业增加值所占比重为 8.31%。2010 年，全区有入统等级内建筑企业 17 家（含驻区企业），从业人数 2.44 万人。房屋建筑施工面积 402.18 万平方米，完成建筑业增加值 8315 万元，占第二产业增加值的 8.5%。

1990—2010 年唐山市路南区第二产业增加值构成一览表

表 7-6　　单位：万元、%

年份	第二产业增加值	工业增加值	构成	建筑业增加值	构成
1990	8313	8134	97.85	179	2.15
1991	无资料	-	-	-	-
1992	16223	15635	96.38	588	3.62
1993	28279	25892	91.56	2387	8.44
1994	51101	46878	91.74	4223	8.26
1995	42073	37555	89.26	4518	10.74
1996	43354	38555	88.93	4799	11.07
1997	47222	41489	87.86	5733	12.14
1998	53485	46982	87.84	6503	12.16
1999	49750	42465	85.36	7285	14.64
2000	56105	49380	88.01	6725	11.99
2001	64637	57204	88.50	7433	11.50
2002	74883	63749	85.13	11134	14.87
2003	92200	80426	87.23	11774	12.77
2004	43380	41593	95.88	1787	4.12
2005	48714	45738	93.89	2976	6.11
2006	59114	56410	95.43	2704	4.57
2007	72211	66211	91.69	6000	8.31

1990—2010 年唐山市路南区第二产业增加值构成一览表

续表 7－6

年份	第二产业增加值	工业增加值	构成	建筑业增加值	构成
2008	87935	81365	92.53	6570	7.47
2009	88709	81479	91.85	7230	8.15
2010	97821	89506	91.50	8315	8.50

说明：数字为当年价

（三）第三产业内部结构

路南区第三产业包括批发和零售贸易业、住宿餐饮业、居民服务业、交通运输仓储业、房地产业，邮政电信业、金融保险业等。1990 年后，区委、区政府先后确立并组织实施“大市场、商贸城”“打造全市商务中心”“三产兴区”“建设区域性商贸中心、总部经济中心、物流基地，加快服务业发展的目标”等主体战略，第三产业呈现出跨越式发展态势。是年，重点发展荷花坑农贸市场、小山工业品专业批发市场，开发建设一批小区内市场。全区流通服务业机构网点达到 5839 个，从业人员 1.59 万人。第三产业在地区生产总值所占比重为 48.88%。

1992 年起，伴随社会主义市场经济体制的建立与完善，交通运输仓储业、社会服务业、金融保险证券业、邮政电信业、房地产业快速崛起。2005 年，第三产业增加值达到 18.73 亿元，占地区生产总值的 77.20%。至 2010 年，全区流通服务业网点发展到 8610 个（未含金融保险证券业）；批发和零售贸易业实现社会消费品零售额 59.28 亿元，占社会消费品零售总额的 95.81%；有商品市场 49 个，其中入统市场 34 个，市场成交额 218.39 亿元，比 2005 年增长 1.1 倍，年均增长 15.8%。金融服务网点达到 57 家，其中银行业 8 家、网点 44 个，证券业 3 家，典当业 2 家。年末存款余额 925.18 亿元，其中储蓄存款 519.23 亿元；贷款余额 501.66 亿元。保险业 8 家，保费收入 5.99 亿元，理赔 8888.55 万元。房地产业，完成房屋施工面积 374.21 万平方米，房屋竣工面积 63.91 万平方米。第三产业（不含邮政电信业、金融保险证卷业）实现增加值 54.15 亿元，在地区生产总值所占比重，由 1990 年的 48.88% 上升到 2010 年的 83.75%。第三产业成为区域经济的主导产业。

第三节　固定资产投资结构

一、投资规模结构

1990 年，路南区依据投资政策和市场需求，及时调整固定资产投资方向和规模。全年实施工业企业建设项目 35 项，其中省级技术改造项目 5 项，市级技术改造项目 15 项，合资项目 2 项，区级基本建设项目 13 项。全年完成固定资产总投资 2969 万元。

1992 年 11 月，开平区女织寨乡、梁家屯乡划入路南区管辖，投资方向与规模结构发生变化。至 1994 年，用于农村集体固定资产的投资达 6434 万元。1995 年，在国家宏观调控政策指导下，加大固定资产投资规模和速度。全年完成固定资产投资 2.5 亿元，比 1990 年增长 7.43 倍。其中，全民技改项目 4 项，投入资金 2039 万元；全民基建项目 9 项，投资 5484 万元；全民房地产开发项目 1 项，投资 705 万元；集体房地产开发项目 1 项，投资 371 万元；集体基建项目 8 项，投资 6733 万元；农村集体投资 4736 万元；农村个人投资 4971 万元。

1996 年，固定资产投资保持适度规模增长，达到 3 亿元。首次出现超亿元项目 2 个，分别是总投资

1.2亿元的小山商贸区、投资1.2亿元的中国北方陶瓷城建设项目。

1999年，固定资产投资达到3.89亿元。规模较大的投资项目有铁匠庄、石庄平改工程，计划总投资7200万元，完成投资3298万元；定福庄平改一期，总投资2.46亿元，完成投资3631万元。农村新增固定资产6061万元，施工面积5.18万平方米，竣工面积3.99平方米。2000年，全区固定资产投资规模稳定增长，全年累计新增固定资产4亿元，其中，基建新增5552万元，技改新增2677万元，城镇新增8366万元，农村新增5072万元，房地产新增1.61亿元，农村个人投资新增2300万元。谋划实施项目46项，其中，合资项目3项，技改项目12项，基建项目31项。投资超亿元项目4个，均为平改和区域旧城建经济适用房工程。投资超千万元项目6个，分别为大洪桥交通枢纽配套工程、建设南路两侧开发、高新技术工业小区建设、吉祥工业小区建设、地震科普纪念园建设、荷花坑区域经济适用房建设。

2001年起，加大市场改造（新建）、商品房开发、平改楼工程、工业生产、花卉工程、交通枢纽配套工程、荷花坑市场改扩建等大项目的投资规模，固定资产投资总量实现历史性突破。至2005年，全年完成固定资产投资8亿元。此后，固定资产投资总量逐年递增。2006年完成全社会固定资产投资9.01亿元；2008年，固定资产投资额首次突破10亿元大关，达到12亿元。

2010年，区委、区政府确立“三年再造一个新路南”的奋斗目标，城区危旧平房改造、平改楼工程、道路改造工程稳步推进。同时，唐山万达广场、生态汽车文化展示园、中国北方国际钢铁交易配送物流中心、新天地购物广场二期工程、中国唐山国际五金建材城、义乌国际小商品城、南湖休闲美食广场、东软软件园、春兴100万吨不锈钢冷轧薄板、高科技产业积聚区、南湖生态城中央商务区等大项目的启动，直接促进投资规模的扩张升级。全年固定资产投资完成105.04亿元，比1990年、2000年、2005年分别增长352.78倍、25.6倍、13.12倍。是年新增固定资产17.81亿元，比2005年增长3.8倍。其中第三产业固定资产投资全年完成102.78亿元，占全区固定资产投资总额的97.9%。21年间，全区入统的全社会固定资产投资总额累计达到246.73亿元，房屋施工面积累计1455.80万平方米，房屋竣工面积累计733.33万平方米。

1990—2010年唐山市路南区全社会固定资产投资规模一览表

表7-7　　单位：万元、平方米

年份	固定资产投资额	本年新增固定资产	房屋施工面积	房屋竣工面积
1990	2969	3341	23819	17343
1991	3020	240	44007	6671
1992	3719	3494	44994	34300
1993	17149	16107	200839	156546
1994	19593	17028	219661	160580
1995	25039	28842	167524	141820
1996	30012	30571	322203	325424
1997	37475	37830	231021	227711
1998	39332	36081	3118885	2894530
1999	38932	32330	423753	411319
2000	41028	40028	535615	278081
2001	45268	36993	188821	238661
2002	49154	40646	313888	222733

1990—2010 年唐山市路南区全社会固定资产投资规模一览表

续表 7 - 7　　　　单位：万元、平方米

年份	固定资产投资额	本年新增固定资产	房屋施工面积	房屋竣工面积
2003	57699	34370	456338	196780
2004	67430	52746	521907	261185
2005	80047	37105	730559	249429
2006	90100	42484	740325	479568
2007	88952	18733	195698	70386
2008	120016	22094	181459	40705
2009	560015	163823	2154507	280380
2010	1050371	178123	3742127	639119

二、投资产业结构

1990 年，路南区固定资产投资额 2969 万元，二、三产投资结构处于“二产较高，三产趋热”态势。1993 年始，随着一产的加入，三次产业投资构成发生变化。交通运输、商业服务、房地产业、工业项目等投资成为热点。1995 年，全社会固定资产投资额 2. 5 亿元，其中第一产业投资额 300 万元，第二产业投资额 1. 03 亿元，第三产业投资额 1. 45 亿元，三次产业投资额比例为 1. 20 ∶ 41. 06 ∶ 57. 74，第三产业投资额最高。在第三产业中，住宅建设投资额达 6143 万元，占第三产业投资额的 42. 49% 。

2001 年，全社会固定资产投资额 4. 53 亿元，其中地方固定资产投资额 4. 25 亿元。在地方固定资产投资额中，第一产业投资额 758 万元，第二产业投资额 7010 万元，第三产业投资额 3. 48 亿元。三次产业投资额比例为 1. 78 ∶ 16. 48 ∶ 81. 74。第三产业投资额大幅提高。在第三产业中，房地产建设、社会服务业、批发和零售贸易餐饮业投资额分别达 2. 59 亿元、3864 万元、2177 万元，分别占第三产业投资额的 74. 37% 、11. 11% 、6. 26% 。卫生、体育和社会福利业、教育、文化艺术和广播影视业、国家党政机关和社会团体、其他行业投资总额 2874 万元，占第三产业投资额的 8. 26% 。

2003 年，全社会固定资产投资额 5. 77 亿元，其中，地方固定资产完成投资额 5. 47 亿元。在地方固定资产投资额中，第一产业投资额 340 万元，第二产业投资额 6609 万元，第三产业投资额 4. 77 亿元，三次产业投资额比例为 0. 62 ∶ 12. 09 ∶ 87. 29。在第三产业投资中，房地产业、批发零售贸易餐饮业投资额分别达 2. 68 亿元、1. 26 亿元，占第三产业投资额的 56. 15% 、26. 34% 。居民服务和其他服务业、水利、环境和公共设施管理业、公共管理和社会组织、交通运输、仓储和邮政业、其他投资总额为 8354 万元，占第三产业投资额的 17. 51% 。

2007 年，全社会固定资产投资额完成 8. 9 亿元。在固定资产投资中，第一产业投资额缩减为零，第二产业投资额 4. 26 亿元，第三产业投资额 4. 63 亿元。三次产业投资额比例为 0 ∶ 47. 90 ∶ 52. 10。

2010 年，全社会固定资产投资额达到高峰，全年完成 105. 04 亿元。在固定资产投资中，第一产业投资额为零，第二产业投资额 2. 26 亿元，第三产业投资额 102. 78 亿元。三次产业投资额比为 0 ∶ 2. 15 ∶ 97. 85。21 年间，全社会固定资产投资额达到 246. 73 亿元，其中地方固定资产投资额 241. 94 亿元，个人投资 4. 79 亿元。

三、投资主体结构

1990 年，固定资产投资以国有为主体，全年完成固定资产投资 2969 万元（内资，下同），其中，国

有经济投资2262万元，集体经济投资707万元，投资比为76.19∶23.81。

1991年后，改革开放力度加大，外商及港台商合资合作、股份制等新型经济（以下简称“其他经济”）浮出，投资主体呈多元化格局，但国有投资依旧占主导地位。是年，全区固定资产投资3020万元，其中，国有经济投资1868万元，集体经济投资1152万元，投资比为61.85∶38.15。

1992年11月，开平区女织寨乡、梁家屯乡划入路南区管辖。翌年，固定资产投资增加农村集体投资和社会投资份额，国有投资份额大幅下降。是年，累计完成固定资产投资1.71亿元，其中，国有经济投资4763万元，城镇和农村集体投资1.02亿元，城乡个人及其他社会投资2200万元，投资比为27.78∶59.40∶12.82。1995年，固定资产投资2.5亿元，其中，国有经济投资8228万元，城镇及农村集体投资1.18亿元，农村个人投资4971万元，投资比为32.86∶47.29∶19.85。“八五”时期，全区固定资产累计投资6.85亿元，其中：国有经济投资2.51亿元，集体经济投资3.48亿元，个人及其他经济投资8686万元，投资比为47.58∶44.34∶8.08。

1996年后，企业产权制度改革不断深化，国有经济投资逐步减少，集体、个体和其他经济投资比重上升。是年，全区固定资产投资3亿元，其中，国有经济投资5672万元，集体经济投资1.97亿元，个人及其他经济组织投资4682万元，投资比为18.90∶65.50∶15.60。2000年，全区固定资产投资4.10亿元，其中，国有经济投资8229万元，集体经济投资3.05亿元，个人及其他经济组织投资2300万元，投资比为20.06∶74.33∶5.61。“九五”时期，全区固定资产累计投资18.68亿元，其中，国有经济投资3.37亿元，集体经济投资12.88亿元，个人及其他经济投资2.43亿元，投资比为18.08∶68.75∶13.17。

2001年起，个体私营经济投资逐步占居主导地位。是年，全区固定资产投资总额4.25亿元，其中，国有经济投资1.46亿元，集体经济投资7753万元，个人及其他经济组织投资2.02亿元，投资比为34.21∶18.22∶47.57。到2005年，全区固定资产投资总额为7.43亿元，其中，国有投资2963万元，集体投资1.32亿元，私营经济投资1.15亿元，个人及其他经济组织投资4.66亿元，投资比为3.99∶17.72∶15.53∶62.76。“十五”时期，固定资产投资累计28.1亿元，其中，国有投资4.66亿元，集体投资6.12亿元，私营经济投资1.15亿元，个人及其他经济组织投资16.17亿元，投资比为19.30∶22.03∶3.10∶55.57。

2006年起，随着“国退民进”和现代企业制度的建立完善，私营个体及其他经济组织成为投资主体。是年，全区固定资产投资总额8.82亿元，其中，私营经济投资4.02亿元，个人及其他经济组织投资3.57亿元，两项投资额达到7.59亿元，占当年投资总额的86.05%。

2010年，全年固定资产投资105.04亿元，其中，国有经济投资11.94亿元，集体经济投资4900万元，私营经济投资14.94亿元，个人及其他经济组织投资77.67亿元，投资比为11.37∶0.47∶14.22∶73.94。“十一五”时期，固定资产投资累计190.66亿元，其中国有投资15.3亿元，集体投资3.59亿元，私营经济投资29.08亿元，个人及其他经济组织投资142.69亿元，投资比为8.02∶1.88∶15.25∶74.85。

1990—2010年唐山市路南区固定资产投资主体结构一览表

表7-8　单位：万元

年份	投资总额		国有		集体		股份合作		其他有限责任公司		股份有限公司		私营（公司）		城乡个人及其他	
	数值	%	数值	%	数值	%	数值	%	数值	%	数值	%	数值	%	数值	%
1990	2969	100	2262	76.19	707	23.81	–	–	–	–	–	–	–	–	–	–
1991	3020	100	1868	61.85	1152	38.15	–	–	–	–	–	–	–	–	–	–
1992	3719	100	2907	78.17	812	21.83	–	–	–	–	–	–	–	–	–	–

1990—2010年唐山市路南区固定资产投资主体结构一览表

续表7－8　单位：万元

年份	投资总额		国有		集体		股份合作		其他有限责任公司		股份有限公司		私营（公司）		城乡个人及其他	
	数值	%	数值	%	数值	%	数值	%	数值	%	数值	%	数值	%	数值	%
1993	17149	100	4763	27.78	10186	59.40	–	–	–	–	–	–	–	–	2200	12.82
1994	19593	100	7298	37.25	10780	55.02	–	–	–	–	–	–	–	–	1515	7.73
1995	25039	100	8228	32.86	11840	47.29	–	–	–	–	–	–	–	–	4971	19.85
1996	30012	100	5672	18.90	19658	65.50	–	–	–	–	–	–	–	–	4682	15.60
1997	37475	100	7797	20.81	24641	65.75	–	–	–	–	–	–	–	–	5037	13.44
1998	39332	100	8800	22.38	21292	54.13	–	–	–	–	–	–	–	–	9240	23.49
1999	38932	100	3218	8.27	32714	84.02	–	–	–	–	–	–	–	–	3000	7.71
2000	41028	100	8229	20.06	30499	74.33	–	–	–	–	–	–	–	–	2300	5.61
2001	42548	100	14554	34.21	7753	18.22	–	–	–	–	–	–	–	–	20241	47.57
2002	45271	100	17660	39.01	9782	21.61	–	–	–	–	–	–	–	–	17829	39.38
2003	54658	100	5724	10.47	18609	34.05	–	–	–	–	–	–	–	–	30325	55.48
2004	64280	100	5671	8.82	11912	18.53	–	–	–	–	–	–	–	–	46697	72.65
2005	74325	100	2963	3.99	13170	17.72	13557	18.24	4382	5.89	28560	38.43	11543	15.53	150	0.20
2006	88186	100	2846	3.23	10051	11.40	18370	20.83	12970	14.70	3138	3.56	40241	45.63	570	0.65
2007	88952	100	4275	4.81	4400	4.95	13464	15.14	19157	21.53	35000	39.34	12656	14.23	–	–
2008	119066	100	5420	4.55	5309	4.46	–	–	17706	14.87	82617	69.39	8014	6.73	–	–
2009	560015	100	21065	3.76	11210	2.00	16000	2.86	349727	62.45	62785	11.21	80521	14.38	18707	3.34
2010	1050371	100	119384	11.37	4900	0.47	23000	2.19	644476	61.35	11400	1.09	149387	14.22	97824	9.31

四、资金来源结构

20世纪80年代末，路南区投资渠道主要是预算内资金、贷款等方式，二者占绝对份额。进入20世纪90年代，利用外资、自筹资金等各种融资渠道逐步拓宽。1990年，全社会固定资产投资资金总额为3369万元，其中，国家预算内资金投资59万元，国内贷款1050万元，利用外资129万元，自筹资金421万元，其他资金1710万元，分别占资金总额的1.75%、31.16%、3.83%、12.5%和50.76%。到“八五”末期的1995年，随着社会主义市场经济体制的初步确立，国有资产资金投入逐步减少，自筹资金、贷款、其他资金成为固定资产融资的主要渠道。全年固定资产投资资金总额2.5亿元，其中，国家预算内固定资产投资为零，国内贷款2645万元，利用外资3783万元，自筹资金9162万元，其他资金9449万元，分别占资金总额的0%、10.56%、15.11%、36.59%和37.74%。

“九五”末期，金融部门紧缩银根，贷款比重下降，自筹资金比重上升。2000年，全社会固定资产投资资金总额4.36亿元，其中，国内贷款5351万元，外资1179万元，自筹资金3.25亿元，其他资金4596万元，分别占资金总额的12.27%、2.71%、74.48%、10.54%。“十五”后，融资以自筹资金为主。2001年，自筹资金达到高峰，为3.9亿元，占固定资产投资资金来源总额的87.04%。2005年，自筹资金6.41亿元，占固定资产投资资金来源总额的78.56%。

“十一五”期间的2008年，自筹资金为历年之最，达到11.9亿元，占固定资产投资资金总额的99.21%。到2010年的5年间，融资总额为192.25亿元，其中，国内贷款15.97亿元，自筹资金155.24亿元，其他资金21.03亿元，分别占资金总额的7.43%、79.79%、12.78%。国家预算内资金和利用外资资金为零。

1990—2010年唐山市路南区全社会固定资产投资资金来源一览表

表7-9 单位：万元

年份	资金总额		国家预算内		国内贷款		利用外资		自筹资金		其他资金	
	数值	%	数值	%	数值	%	数值	%	数值	%	数值	%
1990	3369	100	59	1.75	1050	31.16	129	3.83	421	12.50	1710	50.76
1991	4092	100	-	-	2370	57.92	-	-	773	18.89	949	23.19
1992	3790	100	-	-	2215	49.75	-	-	1258	43.13	317	7.12
1993	17149	100	-	-	7270	33.88	846	3.94	2491	31.69	6542	30.49
1994	19593	100	-	-	2156	11.01	200	1.02	12456	63.57	4781	24.40
1995	25039	100	-	-	2645	10.56	3783	15.11	9162	36.59	9449	37.74
1996	30012	100	-	-	4948	16.49	1077	3.59	15819	52.71	8168	27.21
1997	37475	100	303	0.81	7551	20.15	-	-	21400	57.10	8221	21.94
1998	39332	100	756	1.92	2255	5.73	-	-	25766	65.51	10555	26.84
1999	32090	100	-	-	6020	18.76	-	-	24572	76.57	1498	4.67
2000	43598	100	-	-	5351	12.27	1179	2.71	32472	74.48	4596	10.54
2001	44844	100	-	-	2990	6.67	-	-	39034	87.04	2820	6.29
2002	48428	100	-	-	3040	6.28	-	-	32225	66.54	13163	27.18
2003	64436	100	-	-	4900	7.60	-	-	48360	75.05	11176	17.35
2004	62217	100	-	-	-	-	-	-	53309	85.68	8908	14.32
2005	81606	100	410	0.50	5070	6.21	-	-	64106	78.56	12020	14.73
2006	93690	100	-	-	6782	7.24	-	-	45964	49.06	40944	43.70
2007	98367	100	-	-	3000	3.05	-	-	95367	96.95	-	-
2008	120016	100	-	-	950	0.79	-	-	119066	99.21	-	-
2009	560015	100	-	-	143000	25.54	-	-	368334	65.77	48681	8.69
2010	1050371	100	-	-	6000	0.57	-	-	923669	87.94	120702	11.49

第八编　流通服务业

路南区位于唐山市中心区，有着悠久的繁商历史和得天独厚的商业发展环境。追溯至清代末期，小山一带便已成为远近闻名的“繁商区”，固有“小天津”之美称。1976 年，唐山“7·28”大地震，路南百年基业瞬间毁于一旦。至 1990 年的十余年恢复重建，商业设施基本达到震前水平甚至超过震前。流通服务业机构网点达到 6091 个，从业人员 1.63 万人，集贸市场成交额 1.86 亿元。第三产业实现增加值 7948 万元，在地区生产总值所占比重为 48.88%。1992 年起，随着社会主义市场经济体制的建立与完善，改革开放的深入，全民、集体商业企业陆续退出，个体私营商业占据“半壁江山”，成为商贸服务业运行主体，市场繁荣，购销两旺。此间，与社会主义市场经济体制建立和居民生活需求相适应，交通运输仓储业、社会服务业、金融保险证券业、邮政电信业、房地产业快速崛起。至 2010 年，全区流通服务业网点发展到 8610 个（未含运输业、金融业）；批发和零售贸易业实现社会消费品零售额 59.28 亿元，占社会消费品零售总额的 95.81%；有商品市场 49 个，其中入统市场 34 个，市场成交额 218.39 亿元，是 1990 年的 117.41 倍。金融服务网点达到 57 家，其中银行业 8 家、网点 44 个，年末存款余额 925.18 亿元，其中储蓄存款 519.23 亿元，贷款余额 501.66 亿元；保险业 8 家，保费收入 5.99 亿元，理赔 8888.55 万元；有证券业 3 家，典当业 2 家。房地产业，全区共完成房屋竣工面积 733.33 万平方米，其中住宅竣工面积 173.04 万平方米。流通服务业（第三产业）实现增加值 54.15 亿元，在地区生产总值所占比重，由 1990 年的 48.88% 上升到 2010 年的 83.75%。流通服务业成为区域经济的支柱产业。

第一章　批发与零售贸易业

1978 年前，商品流通领域实行计划管理，批发和零售贸易业在“发展经济，保障供给”总方针指导下，坚持“为政治、为生产、为群众服务”，国营商业在商品流通中起主导作用。中共十一届三中全会后，贯彻改革开放政策，鼓励发展个体商业，开放集贸市场，构建以国营商业为主体、集体合作商业为辅助、个体商业为补充的商品流通体系，批发与零售贸易业得到快速发展。1990 年后，先后实施区委、区政府确立的“拓市兴区”“大市场、商贸城”“三产兴区”“建设区域性商品集散中心、区域性商贸中心、区域性商务中心、区域性物流中心、全市旅游中心”“打造唐山市商业商务中心”等重要决策，巩固繁商优势，全方位构筑以生活资料为主的东部繁商区、以生产资料为主的东南部繁商区、以休闲娱乐和装饰装潢材料为主的中部繁商区、以日用消费品为主的西部繁商区“四大繁商区”，基本实现批发和零售贸易业由量的扩张到质的飞跃。至 2010 年，全区批发和零售贸易业企业发展到 6919 个（含个体经营户），是 1990 年的 11.07 倍；限额以上批发零售贸易业完成商品销售总额 163.03 亿元；城乡市场由 1990 年的 11 个发展到 49 个，其中入统市场 34 个，市场成交额 218.39 亿元。

第一节　经营体制

1990 年，境域商业经营体制有市、区属商业两大类（本志只记区属国有商业、集体商业、个体商业经营体制的发展与现状）。其中区属商业所有制类型有全民商业、集体商业、个体私营商业 3 种。国有、集体商业占居主导地位，个体私营商业是商品流通的重要补充。随着改革开放的深入，多种经济成分、多种经营方式、多条流通渠道、少流通环节的流通体制逐步建立，国有商业独家经营局面被打破，形成全民、集体、个体并存，相互竞争新格局。1992 年，鼓励个体私营经济发展，个体私营商业市场份额不断提升。1997 年起，按照社会主义市场经济体制要求，改革全民、集体商业经营体制，盘活国有、集体资产。国有商业通过“国退民进”，实现国有民营，或转为民营；区属商业企业经过租赁、放权、分立重组，股份制、股份合作制改造、兼并、买断、出售、拍卖、破产等产权制度改革，加快经营体制转换。至 2010 年，全区已无国有商业，集体商业企业只剩 4 家，个体私营商业成为批发和零售贸易业经营主体。

一、国有商业企业

1990 年，有区属国有商业企业 5 家，从业人员 130 人，实现销售额 1057 万元，其中批发 662 万元、零售 395 万元，实现两税 16.5 万元。1991 年，优势企业兼并劣势企业，国有商业企业减至 3 家，即解放路糖酒采购供应站、大世界商业楼、车站路百货商场。1993 年，区政府印发《唐山市路南区一九九三年经济体制改革要点》，开始在国有企业探索、试验股、托、调、改、租、卖、嫁等多种改革形式，推动国有企业（公有）资产合理流动和优化配置。同年 10 月，车站路百货商场被文北金匙集团兼并，国有商业减少到 2 家（解放路糖酒采购供应站、大世界商业楼）。1998 年 10 月，经区政府批准对大世界商业楼进行股份制改造，改制后的企业名称不变。企业改制后，负责接收原企业在册人员和原企业的债权债务。2000 年，解放路糖酒采购供应站国有资本退出，企业转为民有民营。至此，路南区已无国有所有制商业企业。

二、集体商业

1990 年，全区有集体商业企业 533 家（其中区直属 36 家，街道办 141 家，厂办、校办商业 356 家），从业人员 8270 人，完成商品销售总额 5 亿元，实现税收 1453.9 万元。1991 年，在区直属商业领域调整商业规模结构，压缩针纺、服装、五交化行业，扩大专业化批发企业规模。至 1992 年，区直属集体商业由 1990 年的 36 家减少到 18 家。

1995 年，在部分区属集体商业企业进行转、租、卖改革试点。1997 年 6 月 10 日，区政府批准商贸局《关于商业总公司进行分立重组的改革方案》，决定：将文胜矿山机械处分立，组建胜利商贸有限责任公司；将勤兴商店分立，组建股份合作制企业：将五金交电百货公司分立，组建股份制企业；将花园街商店向社会出售，收回资金，用于扩大经营和增资减债；将宏利五交化公司、液压气动元件公司、宏利达酒店、南洋烤鸡店、汇华装饰物料中心五个企业宣布解体。至 1998 年 3 月，区直属商业企业减少到 12 家，即：唐山市路南区大世界商业楼、唐山市路南区商业总公司、唐山市长城商贸总公司、唐山市路南区五金交电批发公司、唐山市宏源公司、唐山市路南区华东五金机械公司、唐山市路南区建国路五交化有限公司、唐山市红楼商场、唐山市路南区商业服务公司、唐山市路南区建国路五交百货公司、唐山市冀东机电化工公司、唐山市仪表供应站。同期，街道、厂办、校办等社会集体商业企业改革同步进行。

2000 年 10 月，区政府批准，由五金交电批发公司整体买断大世界商业楼。将大世界商业楼净资产

141.1万元，零值出售给五金交电批发公司。五金交电批发公司接收大世界商业楼全部职工及所有债权债务，继续统一缴纳养老保险金和失业保险金、医疗保险金，职工档案身份予以保留。

2002年11月25日，区长办公会议研究，同意路南区经济体制改革办公室批准路南区商业服务公司整体出售。至2003年4月，区直属集体商业企业已剩8家：唐山市路南区商业总公司、唐山市路南区五金交电批发公司、唐山市宏源总公司、唐山市路南区建国路五交化有限公司、唐山市红楼商场、唐山万世商贸有限公司、唐山市冀东机电化工公司、唐山市仪表供应站。是年7月，唐山市路南区五金交电批发公司更名为唐山市日新交电有限公司。

2004年7月10日，区政府批准，路南商业总公司整体出售。此后，区属集体商业企业产权制度改革逐步深入。至2010年，经过租赁、分立重组，股份制、股份合作制改造，兼并、买断、出售、拍卖、破产等产权制度改革，全区集体商业企业只剩4家。

三、个体私营商业

1990年，全区个人合伙经营商户达72户，从业人员404人，营业额998.61万元；个体商户3398户，从业人员4092人，营业额4741.97万元。1993年，开始在国有所有制企业探索试验股、托、调、改、租、卖、嫁等多种形式的改革。1995年，在部分区属集体商业企业进行转、租、卖改革试点。1997年起，以租赁、分立重组，股份制、股份合作制改造，兼并、买断、出售、拍卖、破产等多种形式的产权制度改革快速推进，国有、集体资本陆续退出，个体私营经济涌入，并在商业市场中所占份额不断提升。2004年起，国家对个体私营企业实行一视同仁的“国民待遇”，拓展个体私营经济发展空间，个体私营经济再次迎来千载难逢的发展契机。至2005年，全区个体私营企业已达7007家，从业人员1.7万人，注册资本2.89亿元。2010年，全区个体私营商业企业发展到1.05万家，从业人员3.29万人，注册资本（金）5.28亿元，其中限额以上批发零售企业有48家，年末从业人员4447人，个体私营商业成为批发零售贸易业经营主体。

第二节　商品经营

1990年，全区商业完成商品批发与零售总额5.32亿元。其中商品批发3.28亿元，零售2.04亿元。随着社会主义市场经济体制的逐步建立，商业流通体制改革进一步深化，商品经营范围和商品价格，除国家专卖专营商品外，其他商品全部实行自主经营，市场调节。市场商品琳琅满目，种类繁多，物资充裕，购销两旺。2010年，全区限额以上批发零售贸易业完成商品批发与零售总额163.03亿元，其中商品批发完成70.6亿元，商品零售完成92.43亿元；批发零售业实现增加值35.63亿元。

一、商品批发

1990年，全区商业完成商品批发额3.28亿元。其中国营商业完成批发662万元，集体商业完成批发3.11亿元，其他商业完成1043万元；在集体商业中，区直商业企业完成3788万元，街道商业完成1.14亿元，厂校商业完成1.59亿元。

1992年后，在8个区直属商业企业分两批进行“五放开”（即经营范围、经营方式、经营价格、分配制度、用工制度放开）改革试点，将全民商业单一批发改为批零兼营，从而实现以零带批、以零促批，促进经济效益的提高。1993年，全区商品批发企业完成商品批发总额8.01亿元，是1990年的2.44倍。

1994年，全区批发业完成商品批发额4.68亿元。主要有：食品饮料烟酒类2046万元、纺织品类3215万元、化妆品类30万元、日用品类520万元、家用电器类6888万元、文化体育用品类65万元、化工材料及制品类5982万元、建筑材料类2496万元、机电设备类1.64亿元。同年11月，中共十四届三中全会通过《关于建立社会主义市场经济体制若干问题的决定》，商品批发业迎来新的契机，批发范围亦扩展至五金交电、音像器材、自行车、摩托车、金银珠宝、家具、汽车等商品。

1997年，全区批发业完成商品批发总额7.45亿元。主要有：食品饮料烟酒类1972.7万元、针纺织品类514.6万元、服装鞋帽类41.5万元、化妆品类444.4万元、日用品类139.5万元、五金电工类7761.8万元、生活电器类1636.5万元、音像器材类38.7万元、自行车摩托车类1.64亿元、文化办公用品类23.6万元、家具类186万元、汽车类13.5万元、建筑材料类2313.7万元、木材类1024.2万元、化工材料类1.46亿元、机电设备类1.42亿元、煤炭及制品类71.6万元。与1994年比，商品批发总额增长0.59倍。

1998年，全区限额以上批发贸易业完成商品批发额1.42亿元。主要有：五金交电化工批发业2212.9万元，汽车、摩托车及配件批发业1.09亿元，食品、饮料和烟草零售业批发额1031.5万元。

2010年，全区限额以上批发贸易业完成商品批发额70.6亿元，其中矿产品、建材及化工产品批发业完成59.27亿元，机械设备、五金交电及电子产品批发业6.57亿元，汽车、摩托车及配件批发业6803万元，分别占商品批发额70.6亿元的83.95%、9.31%、0.96%。

二、商品零售

1990年，商品零售品种主要有粮食、食用植物油、猪肉、鲜蛋、水产品、盐、食糖、卷烟、酒、棉布、棉花化纤混纺布、涤棉混纺布、化纤布、呢绒、绸缎、汗衫背心、棉毛衫裤、卫生衫裤、各种服装、肥皂、洗衣粉、缝纫机、手表、自行车、半导体收音机、黑白电视机、彩色电视机、录音机、电风扇、洗衣机、电冰箱等30多类千余种。当年，全区商业企业完成商品零售额2.04亿元，其中国营商业完成零售额395万元；集体商业完成零售额1.89亿元（区直商业2708万元、街道商业5285万元、厂校商业1.09亿元）；其他商业完成零售额1085万元。

1991年起，生活资料价格陆续放开。是年，停用食糖票，1992年停用肉票（猪、牛、羊）、蛋票、肥皂票、居民购货证。1993年5月10日，粮食价格全面放开，由市场调节，粮票、油票、城镇居民粮食供应证宣布作废，“购物票证”成为历史。价格管理由国家直接管理为主，转向间接管理为主，形成国家定价、国家指导价和市场调节价三种价格形式并存，以市场形成价格为主的新的体制机制。商品市场呈现一派品种充裕，购销两旺，货畅其流的繁荣景象。1994年，全区零售业完成商品零售总额1.25亿元。主要有：食品饮料烟酒类2835万元、纺织品类916万元、服装鞋帽类145万元、日用品类591万元、家用电器类1332万元、文化体育用品类147万元、化妆品类131万元、首饰类1786万元、石油及制品类272万元、化工材料及制品类442万元、木材类305万元、建筑材料类691万元、机电设备类2769万元。

1995年，碘盐经营实行统一管理，小包装取代散盐和大包装。1996年生猪经营实行“定点屠宰、集中检疫、统一纳税、分散经营”，私屠乱宰得到治理。此后，随着经济发展，副食品种类更加丰富。啤酒、葡萄酒、各种饮料、肉禽类及制品、奶制品、水产品等充盈于市场；方便面、蜜饯、雪饼、干果、口香糖、膨化食品等各类小吃成为人们日常食品；食盐增加含铁、钙、锌、硒、低钠等微量元素新品种；彩色电视机、电冰箱、空调、洗衣机等家用电器成为家庭必须品，并从城市延伸到农村；各种品牌摩托车、电动车、汽车等交通工具抢滩市场，成为耐用消费品购销热点，少数富裕家庭开始购买轿车。

1997年，全区商品零售业（含大中小型企业）完成商品零售总额1.61亿元。主要有：食品饮料烟酒类1620.1万元、针纺织品类811.2万元、服装鞋帽类229.6万元、化妆品类175.6万元、钟表眼镜类97.2万元、日用品类239.1万元、五金电工类1164.7万元、生活电器类740.3万元、音像器材类132.1万元、自行车摩托车类8270.7万元、体育用品类24.2万元、文化办公用品类70.2万元、金银珠宝类

467 万元、家具类 46.2 万元、汽车类 25.1 万元、建筑材料类 403.3 万元、木材类 18 万元、化工材料类 249 万元、机电设备类 962.4 万元、石油制品类 396.7 万元。与 1994 年比，零售总额增长 0.29 倍。

1998 年，全区限额以上零售贸易业完成商品零售额 7369.9 万元。其中五金交电化工零售业完成 837.4 万元，汽车、摩托车及配件零售业完成 5474.1 万元，食品、饮料和烟草零售业完成零售额 1058.4 万元（副食品零售业）。

2000 年后，伴随居民生活水平的提高，各式空调、抽油烟机、电磁炉、电火锅、微波炉、液晶电视、数码相机、DVD、全自动洗衣机、节能冰箱（柜）等家用电器成为购销旺点，市场货源充足，各类品牌琳琅满目，花色齐全，应有尽有。

2010 年，除食盐、烟草实行专营外，其他所有商品全部由市场调节。日用百货种类增加，档次提升，更新换代快。中高档服饰，皮鞋、旅游鞋充盈于市场，成为居民穿着主流。金银珠宝饰品成为新宠。洗涤用品科技含量增加。日用化妆品引领居民美容新时尚。渔具、玩具市场日渐兴隆。是年，全区限额以上零售贸易业完成商品零售额 92.43 亿元。其中，主要有综合零售 1.7 亿元，文化体育用品及器材专门零售 4130 万元（图书零售），医药及医疗器材专门零售 1210 万元（药品零售），汽车、摩托车、燃料及零配件专门零售 89.05 亿元（汽车零售），五金、家具及室内装修材料专门零售 8820 万元（家具零售），分别占商品零售额 92.43 亿元的 1.84%、0.45%、0.13%、96.34%、0.95%。

1990—2010 年唐山市路南区批发零售业销售统计表

表 8－1　　单位：万元

年份	商业企业销售额			年份	商业企业销售额		
	小计	批发	零售		小计	批发	零售
1990	53206	32841	20365	2001	13090.3	10621.7	2468.6
1991	61198.4	39882.9	21315.5	2002	13086.9	10563.8	2523.1
1992	73928.6	52412.87	21515.77	2003	13400.8	10311.1	3089.7
1993	96275.7	80126.9	16148.8	2004	143267	138487	4780
1994	59228	46777	12451	2005	148324	145762	2562
1995	78180.1	62145.6	16034.5	2006	111662.6	108799.4	2863.2
1996	96573.3	75626.6	20946.7	2007	101261.7	99435.8	1825.9
1997	90641.5	74492.8	16148.7	2008	1157017.6	598053.3	558964.3
1998	21563	14193.1	7369.9	2009	1123326.2	685815.9	437510.3
1999	18869.5	12079.5	6790	2010	1630307.3	705968.3	924339
2000	17997.2	11421.6	6575.6	–	–	–	–

说明：1994 年、1995 年、1997 年数据为《唐山市路南区国民经济统计资料》大中型企业与小型企业批发零售合计数；1998 年数据为《唐山市路南区国民经济统计资料》“限额以上批发零售企业营业收入”；1999—2002 年数据为《唐山市路南区国民经济统计资料》“限额以上批发零售贸易业商品销售额”；2003—2010 年数据为《唐山市路南区国民经济统计年鉴》“限额以上批发零售贸易业商品销售额”，其中 2007 年为营业收入总额

第三节　经营场所

1990 年，经营场所主要集中于小山、建国路、车站路一带。此后，随着经济的不断发展和城市建设

向西推移，商贸服务业随之沿新华道南侧向西陆续建成世博大厦、华盛超市、新街、新华步行街（唐人街）、渤海早市、农贸南街摊群、华侨商厦批发市场、新华贸购物中心、轻工鞋城、三利百货、爱购时尚购物广场、新天地广场、唐山五交化市场、水果批发市场、南新道水产市场、万达广场，构建出由东向西的商业带布局。到2010年，全区商业网点规模、功能与布局日趋合理。

一、网点布局

路南区作为唐山市的中心市区之一，有着悠久的繁商历史和得天独厚的商业发展环境。追溯至清代末期，小山一带便已成为远近闻名的“繁商区”，固有“小天津”之美称。1976年唐山“7·28”大地震，路南百年基业瞬间毁于一旦。震后商业设施就地恢复建设；城市基础设施建设开始沿新华道南侧向西南方向扩展。截至1986年的十年恢复重建，商业设施基本达到震前水平甚至超过震前，城市建设初见规模。

1994年11月，京山线压煤改线工程竣工，在唐山站以西10公里处新建唐山站，新线开通后，原唐山站更名为唐山南站，所在线路更名为“七滦线”。1996年6月26日，客运全部转到新线运行，唐山南站成为只办理货运业务的一等货运站。随着唐山站的投入运营和城市建设的西扩，商业网点建设布局亦逐步沿新华道南侧由东向西推进。巩固昔日小山繁商优势倍受挑战。

1996年，实施“三产兴区”战略，开发北方陶瓷城、旧机动车交易市场、旧物市场，谋划在三角地一带再造一个繁商区；以建设大市场、搞活大流通为重点，完善市场网络，发展原有市场、培育新的市场、扶持骨干市场、壮大专业市场，巩固繁商区优势。同时，全力打造东部以荷花坑、交通枢纽周边、和平街花卉市场等为主的日用消费品市场群，南部以陶瓷、建材、汽车、旧物为主的生产资料市场群，中部以装饰装潢材料、摩托车为主的市场群，西部随着定福庄、铁匠庄平改培育新的市场群“四大市场群”；将小山、建国路两大商圈有机结合，建设成集商贸、娱乐、餐饮、休闲于一体的城中城；打造吉祥路、复兴路、车站路、胜利路、建设南路“五条特色商业街”；积极构筑农副产品产业群落，生产资料产业群落，特色产品产业群落，文化、旅游、娱乐、餐饮产业群落，劳务、咨询、信息、中介等新兴三产群落，高科技产品产业群落“六个产业群落”。

2001年，区委、区政府印发《关于进一步实施“三产兴区”战略的实施意见》，确定发展布局是：扩大南部生产资料市场群，包括旧物市场、竹木市场、汽车配件市场、新旧机动车交易市场、陶瓷市场及其他相关专业市场的拓展开发，其中陶瓷市场成为中国北方最大市场，在唐山市的南出口一带形成繁荣商区。扩大东部生活消费品市场群，将荷花坑市场扩建成蔬菜、肉类、水产、果品、粮油、副食及净菜加工、仓储等专营区组成的大型农副产品销售中心，并借以带动辖区内种植养殖业的结构调整；小山市场改建，依托服装市场，发展鞋类、床上用品、辅料、名优小吃、娱乐以及摩托车等行业的规模化经营，形成商业中心；建国路市场改造，发展以中档品牌服装为主的服装街和连锁专卖，形成居民休闲购物市场。开发中部繁商区，依托南湖公园，充分利用现有塌陷地，建设一批休闲、娱乐、文化、体育、旅游、餐饮等项目，形成具有自然田园风光的休闲娱乐带。开发西部繁商区，随着定福庄、铁匠庄平改工程竣工及郑各庄土地开发，建设大型日用百货市场和蔬菜供应市场，满足西部居民需求。发展五条商业街，在南新道、复兴路、胜利路、车站路、滨河南路两侧，建设特色商业街，突出南新道沿街装饰材料市场、南方灯具城的开发，扩大规模、增加品种、提高档次，向规模化、系列化方向发展。培育七条专业街，包括以老字号店铺为主的品牌服饰专业街建国路，以仿古建筑为主的百年老街胜利路，以床上用品和窗帘为主的专业步行街清真街，以服装鞋帽为主的专业步行街福宁街，以儿童用品为主的专业街新城街，以餐馆娱乐为主的专业街和平路，以摩托车为主的专营一条街解放路。以上多数规划项目付诸实施，再添路南繁商景观。

2003年，完善四大繁商区，即以生活资料为主的东部繁商区、以生产资料为主的东南部繁商区、以休闲娱乐和装饰装潢材料为主的中部繁商区、以日用消费品为主的西部繁商区，力求网点布局合理，功能完备，繁商辐射力强。

2005年6月，区委、区政府印发《关于加快服务业发展的意见》，确立建设区域性商贸中心、总部经济中心、物流基地的目标：打造中心商务区，建设以纪念碑广场区域为中心的核心商圈和新华道南侧总部经济带，成为全市总体规划中的与北部机场新区相呼应的城市中心商务区之一；建设南湖生态经济区，在南湖周边区域发展商务会议、观光农业、休闲旅游、餐饮娱乐等服务业项目；发展特色商业街区，建设新天地购物乐园、新街、新华步行街以及复兴路五交化一条街、车站路机电一条街、南新道汽车配件一条街，向主题特色鲜明、配套设施完备、著名品牌汇聚的方向运营。

2008年，贯彻省委提出的"城镇面貌三年大变样"总体部署，加快"六点六片"规划编制和启动。其中"六点"，即渤海大厦、渤海新世界、人民大厦、新华贸中心、曙光大厦、建国大厦，打造新华道南侧沿线六大标志性景观建筑；"六片"，即西南片区（现代化商业商住区和行政中心）、东南片区（生产资料现代物流区）、长青楼区域（市级商业商务中心）、南湖北岸区域（集吃、住、娱、购、游等为一体的现代商业带）、小山建国路区域（传统与现代相结合的商业商务区）、华岩南路区域（南湖与市区的商业连接带）。

至2010年，经过20余年的建设，全区商业网点整体布局，主要集中分布于东部区域、东南部区域、新华道南侧东西沿线以及西南部区域，即新华道南侧、南新道北侧，复兴路两侧、胜利路南侧。即：

东部区域，位于启新立交桥南侧、唐柏路西侧、建国路以东，已形成以企新购物广场、易中电子电脑城、小山服装批发大厦、小山小百批发市场、唐百集团东方购物广场、建国路步行街、唐山鞋城、荷花坑农副产品批发市场为中心的以汽车配件、电动车自行车、服装、小商品、日用工业品、服装鞋帽、美容美发用品、农副产品为主的商业聚集区。

东南区域，沿吉祥路两侧由东北向西南走向形成的以唐达旅馆物流、金元重工物流、吉祥路配载运输市场物流园、博宇物流、金匙物流、邱氏通达物流为主的物流产业带。沿复兴路两侧、新华东道南侧，形成以小五金为主的商业带，和以天河冷藏、荷花坑蔬菜批发市场、花卉市场、汽车修理、冀东旧物市场、冀东五交化市场、吉祥旧物交易城、吉祥旧车交易市场、吉祥旧金属交易市场、吉祥钢材市场、吉祥家具市场、唐山国际五金城、南方灯具家具城、万博源陶瓷城、南方灯具市场、炊具销售中心、中山装饰材料市场、金三角陶瓷建材城、宝丰陶瓷仓储站、中山陶瓷仓储基地、庞大集团汽车展示园、汽车大世界为主的商业聚集区。

新华道南侧东西沿线，形成以万达广场、世博大厦、华盛超市、新街、新华步行街（唐人街）、渤海早市、农贸南街摊群、华侨商厦批发市场、新华贸购物中心、轻工鞋城、三利百货、爱购时尚购物广场、新天地广场、唐山五交化市场、水果批发市场、南新道水产市场为中心的商业聚集区。

西南部区域，形成以定福里摊群、赵东摊群、吉利市场为中心的商业聚集区。

二、网点规模

1989年，辖境的商贸服务业，主要为传统商业和各类市场，且建筑规模小、经济效益低。全区有区直属商业43家，建筑面积40~2000平方米以内的企业39家，2000~4500平方米以内的企业4家；固定资产原值在100万~480万元的企业5家，100万元以下的38家；年营业额500万~6000万元的企业7家，500万元以下的企业36家。街道商业、社会商业的规模、经济效益亦远远低于区直属商业。

1990年起，区委、区政府立足区情，确立"拓市兴区""大市场、商贸城"的商贸振兴战略，以巩固繁商区优势。1993年，小山服装批发大厦动工兴建。项目占地1公顷，建筑面积2.23万平方米，总投资6000万元。营业大楼地上5层，地下1层，经营业态为服装批发兼零售。整个工程分两期进行。一期工程当年6月开工，1994年6月竣工，建筑面积1.7万平方米，投资2600万元；二期工程于1995年1月建成并投入使用，建筑面积6000平方米，投资1600万元。成为在全市有一定影响力的大商场。

1994年，打通建国路与小山之间的两条地下通道，使建国路、小山两个传统繁商区联成一体，形成一个占地30公顷，规模化专业市场与专业门店互为补充，面向城乡、辐射冀东的商贸“城中城”。同年2月，世博广场一期工程始建。该工程占地11公顷，建筑面积9.2万平方米，总投资5.6亿元。

1996年，唐山北方陶瓷城开工建设（后搬迁，改称“中国唐山国际陶瓷城”也称“万博源园国际陶瓷建材家居生活广场”“万博源陶瓷城”）。市场占地27公顷，建筑面积17.28万平方米，总投资1.2亿元，主营建筑陶瓷、卫生陶瓷、生活日用陶瓷、工艺美术陶瓷以及高中档大理石，经营方式批发零售兼营，时为河北省七大重点市场建设工程之一、北方最大的综合性陶瓷批发零售市场。

1999年7月，唐山南方灯具市场开工建设，12月竣工投入使用。市场占地0.87公顷，建筑面积0.5万平方米（经营面积0.4万平方米），有商铺44间，库房21间。时为唐山市建设最早、规模最大的专业灯具市场。

2001年起，加强批发市场体系、特色经营消费区域、便民商业服务群体“三大体系”建设，打造商贸大区。年内，启动车站路唐山中国电器城、南新道冀东五金城一期等市场建设工程8项，总投资4.1亿元。引入东方家园家居建材超市、家世界购物广场等现代商贸模式；拓展东南部汽车贸易城规模，新建专卖店6家，使该区域汽车专卖店达到32家；成功引进中石油天然气运输公司冀东分公司、三利国际、福斯特商贸等“总部经济”。2005年，新天地广场、华岩南路步行街、汽车文化广场、文化市场等陆续投入运营。2006年，东方家园家居建材超市建成开业，完成荷花坑市场信息化建设和南新道水产市场标准化改造，奔驰专卖店正式投入运营，唐齿汽配城一期工程完工。

2008年，按照“提升传统市场档次，建设区域性商品集散中心；提升商业业态，建设区域性商贸中心；突出发展总部经济，建设区域性商务中心；突出发展现代物流业，建设区域性物流中心；突出发展休闲旅游业，建设全市旅游中心”（以下简称“五大中心”）的决策目标，加快一站式、多功能、复合型商业广场和集商业与办公、居住、住宿、展览、餐饮、会议、娱乐等城市功能有机结合，商贸服务为一体的商贸综合服务体建设步伐。2009年，现代商贸业万达广场、新华贸中心建设快速推进；渤海大厦、渤海新世界、人民大厦等项目开工建设；南湖购物广场、企新购物广场投入使用；现代物流业陶瓷城区域整体改造启动实施，中国唐山北方国际钢铁交易及配送物流中心开始建设，中国唐山国际石材城一期工程建成使用；文化创意产业生态汽车文化展示园、宝珠国际家居文化展示广场开工建设，河北省文化创意产业园总部基地项目建设进展顺利。至2012年，世博广场一二期工程、万达广场、新华贸中心、南湖购物广场、企新购物广场等已运营。渤海大厦、渤海新世界、人民大厦、曙光大厦等项目正在建设。其中万达广场、世博广场、新华联广场、新华贸中心等多家由高级写字楼、高档住宅、产权旺铺等都市主流业态汇聚的城市综合体和新街、新天地广场等繁华商业区，囊括了金融、商贸、房地产、休闲娱乐等多种行业，为发展总部经济和楼宇经济奠定坚实的基础。

三、商品市场

20世纪40年代，荷花坑就已形成颇具规模的农副产品集市，农历逢四、九为大集，逢二、七为小集。1951年，人民政府在此征地1.07公顷，建立荷花坑市场，堪称唐山市最早的集贸市场。“文化大革命”期间被关闭。中共十一届三中全会后，荷花坑市场重新开放。1978年10月，经市政府批准，荷花坑市场由集日市场改为常日市场。1983年，市场建设进入快速发展阶段，工商行政管理部门开始在原地兴建封闭式大厅和棚台式交易市场，先后投资57.5万元，建成小商品批发厅2个、水产蔬菜批发厅1个、半封闭棚舍2栋、棚台2排、旅馆1个（建筑面积200平方米）。市场占地1公顷，总建筑面积2920平方米，可容纳标准摊位800余个、汽车货位50多个，存储蔬菜60万公斤。始称荷花坑农副产品批发市场。

1985年，市政府决定恢复建国路工贸市场，向“抗震十周年”献礼。该市场将北起新华东道、南至铁路天桥的原建国路、财神庙街、兴隆街、鱼市街、柴草市、大小九道弯、东局子、老车站等街区扩展在内，先后征集投资商户185家，集资2700万元，新建23栋商业楼，于1986年7月唐山抗震10周年前夕建成开业。市场进驻100余家国营、集体和私营企业，700余户个体摊贩，形成以公有制为主导，多种经济成份并存，公平竞争、优势互补的市场经营结构。

1990年，区工商局投资100万元，建设建筑面积1589平方米的大里路市场营业大厅，后又投资40余万元完善配套设施。市场占地1.4万平方米，建筑面积5874平方米。由两层封闭式永久性售货大厅，半封闭式售货棚台和活动板房组成。有固定水泥台案360个，其他摊位750个。当年，全区境内商品市场已达11个，分别是：荷花坑市场、农贸南街摊群（1977年陵园路市场）、吉祥路摊群（1977年吉祥路市场）、交大摊群（1982年交大市场）、大里路市场、南新道市场、增盛里市场、文北摊群（1985年文北市场）、建国路市场、小山工业品批发市场、第二建材市场。全区集贸市场成交量3.89亿吨，成交额1.86亿元。

1991年5月，在建设南路设夜市，短期内市场摊位发展到近300个，人流量数千人。10月，区工商局投资72万元，建筑面积1360平方米、容纳169个服装批发摊位的小山工业品批发大厅竣工。当月，小山工业品批发市场成交额突破亿元，两费（管理费，设施费）收入突破100万元，在全市集贸市场中名列第一名。12月24日，区委、区政府召开市场建设工作会议。区政府提出："动员全区力量，打好市场建设总体战""政府做后盾，工商局领衔主演，各部门通力配合""全区所有部门、单位都要为市场建设献计出力"，继而掀起路南区市场建设高潮。

1992年9月20日，由区工商局投资和个体工商户集资350万元，建筑面积5712平方米，容纳摊位360个的荷花坑小百货、小食品批发大厅峻工。年底，路南区市场成交额实现6.09亿元，两费（市场管理费、个体管理费）收入突破500万元，提前三年完成市场发展"八五"规划指标。

1993年，调整市场发展战略，打破"三个发展"（市场、个体、企业）齐头并进的格局，明确把市场建设摆到突出的"龙头"位置，加强重点市场建设。当年开工和峻工的主要工程项目有：小山招商大厦、荷花坑肉类水产批发大厅（与唐山市食品公司联合兴建）、唐山市建材市场（与女织寨乡联合兴建）、唐山市第二建材市场（与梁家屯乡联合兴建）、果品批发市场、建国路家俱市场、建国路市场鞋类大厅。全年市场建设总投资达2491万元。至1995年，全区共有集贸市场34个，总占地19.63万平方米，建筑面积9.14万平方米，总投资3161万元；市场成交额达到19.14亿元，成交量18.08亿吨。

图8-1　新华道农贸市场　（区委宣传部）

1996年，市场建设主体改由社会力量兴建。2001年，实行管办分离，路南区工商局将所办的14个市场全部移交给路南区市场建设服务中心，共移交资产6117万元，移交市场建筑面积4万平方米。

2001年，区委、区政府印发《关于进一步实施"三产兴区"战略的实施意见》，确定市场发展布局是：扩大南部生产资料市场群，包括旧物市场、竹木市场、汽车配件市场、新旧机动车交易市场、陶瓷市场及其他相关专业市场的拓展开发，其中将陶瓷市场建成中国北方最大市场，在唐山市的南出口一带形成繁荣商区。扩大东部生活消费品市场群，将荷花坑市场扩建成蔬菜、肉类、水产、果品、粮油、副食及净菜加工、仓储等专营区组成的大型农副产品销售中心，并借以带动辖区内种植养殖业的结构调整；小山市场改建，依托服装市场，发展鞋类、床上用品、辅料、名优小吃、娱乐以及摩托车等行业的规模化经营，形成商业中心；建国路市场改造，发展以中档品牌服装为主的服装街和连锁专卖，形成居民休闲、购物市场。通过实施"三产兴区"战略，市场建设步伐再次加快。到2005年，经过改建、扩建、新建，全区集贸市场达43个，有摊位1.81万个，经营户1.51万户，占地总面积190.97万平方米，建筑面积87.45万平方米。市场占地面积、建筑面积分别是1995年的9.73倍和9.57倍。

2006年，制定《唐山市路南区国民经济和社会发展第十一个五年规划纲要》（以下简称《纲要》）。

《纲要》将市场建设作为未来五年经济增长极，被列为打造唐山乃至冀东地区重要的商业商务区的突破口进行规划部署。《纲要》明确五年内，培育壮大“八大区域性市场”，即以农副产品批发零售为主的荷花坑市场，以纺织品和工业品批发零售为主的小山建国路市场，以机动车专卖为主的复兴路、唐柏路沿线机动车专卖交易市场，以钢材、陶瓷、旧物专卖为主的唐柏路、复兴路、岳各庄路一带生产资料交易市场，以新街步行街、新天地购物广场为主的现代购物市场，以果品专卖为主的南新道果品交易市场，以东方家园建材家居超市为主的南新道沿线装饰材料销售市场，南新道水产批发市场。按照《纲要》规划，进行规划部署，市场建设步入鼎盛发展期。同年，由唐山人达企业集团公司的下属单位唐山人达房地产开发有限公司投资4000万元，对南新道水产品批发市场进行标准化改造，建成综合交易大厅、批发区、仓储区、大型停车场、办公区以及配套的生活服务设施，占地4.1公顷，建筑面积2.22万平方米。其中，综合交易大厅经营面积5000平方米，可容纳300多个经营摊主；零售商铺档口150个；库房70个；仓储冷库2座，储量2万吨；大型停车场两处，可容纳300多辆车停放。

2010年，全区商品市场已发展到49个，市场占地120.37万平方米、建筑面积104.56万平方米，有经营户1.09万户、摊位1.17万个。入统市场34个，市场成交额218.39亿元。

2005年唐山市路南区市场一览表

表8－2

市场名称	市场类别	摊位个数	经营户数	占地面积（平方米）	建筑面积（平方米）	开业时间
荷花坑市场	农副产品专业市场	1210	1190	21300	18828	1951.1
小山工业品批发市场	工业消费品（服装）	1594	1200	16297	31836	1989
大里路市场	消费品综合	558	80	14003	5874	1983.1
建国路市场	消费品综合	560	520	10400	5900	1986.7
文北市场	消费品综合	260	260	2500	900	1985.1
花园街市场	消费品综合	80	80	1000	170	1991.7
南新道市场	消费品综合	100	110	1500	700	1984.7
交大市场	消费品综合	45	45	800	80	1982.6
农贸南街市场	消费品综合	212	287	2481	480	1977
增盛里市场	消费品综合	130	130	2000	1368	1985
吉利批发市场	消费品综合	200	200	4025	1900	1998.11
荷花坑金钟综合市场	农副产品专业（蔬菜）	30	30	3800	2300	1998.3
唐山市旧物交易市场	消费品综合	50	50	3500	3500	1998
冀东旧物市场	消费品综合	140	100	20000	8000	1997.5
唐山市吉祥旧物市场	消费品综合	125	125	66000	36000	1997.3
唐山市建材市场	生产资料（木材）	60	30	50000	552	1992.1
华夏商批发市场	消费品综合	40	40	1800	278	1993
唐山市副食品交易市场	消费品综合	40	40	20000	3770	1998.1
唐山市赛城电子市场	消费品综合	32	30	21344	2629	1998.9

2005 年唐山市路南区市场一览表

续表 8－2

市场名称	市场类别	摊位个数	经营户数	占地面积（平方米）	建筑面积（平方米）	开业时间
唐山市北方陶瓷城	工业消费品（陶瓷）	230	230	442688	172800	1997.5
唐山鞋城	消费品综合	480	480	4197	4197	1997.4
宠物市场	消费综合	150	70	4800	1260	1999.1
小山运输市场	生产要素（运输）	239	239	36000	1770	1997.6
双桥里市场	消费品综合	60	102	640	400	1998.5
南方灯具市场	消费品综合	30	30	8710	4310	1999.12
中山家装市场	消费品综合	50	50	3000	2700	2001.10
吉祥家具城	消费品综合	50	50	9000	7000	2000.10
吉祥家具广场	消费品综合	50	50	5000	3900	2001.3
吉祥家具市场	消费品综合	50	50	19980	11000	2000.8
南新道水产市场	农副产品专业（水产）	606	56	40000	22158	2000.7
中山装饰灯具大世界	消费品综合	90	90	16000	16000	2000.10
冀东五交化市场	工业消费品（五金化工）	150	20	6001	6110	2003
定福里摊群	消费品综合	30	50	200	－	1998.1
渤海综合市场	消费品综合	600	600	4857	4857	2003.1
热力商品交易城	消费品综合	500	500	4799	4799	2003.8
唐山市五交化市场	工业消费品（五金化工）	138	138	19596	19732	2002.12
唐山果品批发市场	消费品综合	－	32	59200	26800	－
赵东摊群	消费品综合	30	55	600	100	1998.1
宋北摊群	消费品综合	35	60	1330	672	1998.1
吉兴市场	消费品综合	30	45	500	100	1998
市诚信装饰材料市场	消费品综合	9064	7544	949848	435730	－
市中山装饰材料市场	消费品综合	－	22	10000	3000	2001

2010 年唐山市路南区市场一览表

表 8－3

市场名称	市场类别	摊位个数	经营户数	占地面积（平方米）	建筑面积（平方米）	开业时间
荷花坑市场	农副产品专业（蔬菜）	1210	1190	21300	110000	1951.01
吉祥路摊群（吉祥路市场）	消费品综合	－	110	800	800	1977.07
交大摊群（交大市场）	消费品综合	45	45	800	80	1982.06
农贸南街摊群（陵园路市场）	消费品综合	100	110	2481	480	1984.07

2010 年唐山市路南区市场一览表

续表 8 – 3

市场名称	市场类别	摊位个数	经营户数	占地面积（平方米）	建筑面积（平方米）	开业时间
文北摊群（文北市场）	消费品综合	260	260	2500	900	1985. 01
建国路市场	消费品综合	560	520	73000	79000	1986. 07
小山工业品批发市场	工业消费品（服装）	1594	1200	16297	31863	1989
渤海早市	消费品综合	923	900	6000	–	1992. 05
唐山果品批发市场	消费品综合	–	30	59200	26800	1992. 09
唐山市旧物交易市场	消费品综合	50	50	3500	3500	1996. 08
吉祥旧物市场	消费品综合	125	125	66000	36000	1997. 03
唐山鞋城	消费品综合	480	480	4197	4197	1997. 04
冀东旧物市场	消费品综合	140	100	20000	8000	1997. 05
华联商厦批发市场	消费品综合	40	40	1800	278	1997. 11
定福里摊群	消费品综合	30	50	200	–	1998. 01
赵东摊群	消费品综合	30	55	600	100	1998. 01
吉兴市场（南厂工房摊群）	消费品综合	30	45	500	200	1998. 01
宋北摊群	消费品综合	35	60	1330	672	1998. 01
金钟蔬菜批发市场（荷花坑正发蔬菜市场）	农副产品专业（蔬菜）	30	30	3800	2300	1998. 03
双桥里市场	消费品综合	60	102	640	400	1998. 05
吉利市场	消费品综合	200	200	4025	1900	1998. 11
吉祥钢材市场	生产资料（钢材）	150	150	73260	5000	2000
南新道水产批发市场	农副产品专业（水产）	606	56	40000	22158	2000. 07
吉祥家具市场	消费品综合	50	50	19980	11000	2000. 08
吉祥家具城	消费品综合	50	50	9000	7000	2000. 10
渤海综合市场	消费品综合	600	600	4857	4857	2001. 02
吉祥家具广场	消费品综合	50	50	5000	3900	2001. 03
唐山市中山装饰材料市场	消费品综合	22	22	10000	3000	2001. 07
唐山市新天地广场	消费品综合	1041	500	–	96138	2002. 05
唐山五交化市场	工业消费品（五金化工）	138	138	19596	19732	2002. 12
冀东五交化市场	工业消费品（五金化工）	150	20	6001	6110	2003
热力商品交易城	消费品综合	500	500	4799	4799	2003. 08
新街	消费品综合	430	950	25200	43000	2004. 05
步行街（唐人街）	消费品综合	479	479	22318	28940	2005. 1
爱购时尚购物广场	消费品综合	320	320	2480	8500	2005. 10

2010 年唐山市路南区市场一览表

续表 8－3

市场名称	市场类别	摊位个数	经营户数	占地面积（平方米）	建筑面积（平方米）	开业时间
易中电子电脑城	消费品综合	150	75	6670	4000	2006
唐山市东方家园建材超市	消费品综合	239	239	48000	57588	2006. 01
唐山市路南金三角陶瓷建材城（2006－2010 路南金三角配货服务站）	消费品综合	60	60	67900	68700	2006. 04
唐山市涌泉装饰材料市场	消费品综合	104	104	20000	4600	2007. 07
唐齿汽配城	消费品综合	－	500	20000	12000	2008. 01
吉祥金属市场	生产资料（钢材）	106	68	27000	3000	2008. 03
吉祥钢材市场	旧钢材	－	－	27550. 7	16744	2008. 3
吉祥钢材市场	新钢材	－	－	89388	48000	2008. 9
中山陶瓷仓储基地	消费品综合	180	180	163300	122500	2009
唐山路南北方花卉基地	消费品综合	30	20	2400	1100	2009
路南区钢材交易市场	生产资料（钢材）	32	32	100000	4780	2009. 05
吉祥旧机动车交易市场	消费品综合	22	22	20000	79920	2010. 05
唐山市路南宝丰陶瓷仓储站	消费品综合	－	34	80000	46200	2010. 10
唐山义乌小商品城	消费品综合	281	23	－	4831	2010. 12

第四节　零售业态

零售业态，分为有店铺零售业态和无店铺零售业态两类。按照零售业态分类原则，又分为食杂店、便利店、折扣店、超市、大型超市、仓储会员店、百货店、专业店、专卖店、家居建材商店、购物中心、厂家直销中心、电视购物、邮购、网上商店、自动售货亭、电话购物共 17 种零售业态。

一、有店铺零售业态

1978 年前，在计划经济条件下，因商品短缺，商品经营按行政划归三块经营，即米面粮油归粮店，菜蔬、肉制品等归副食品店，穿用等生活用品归百货店。商品经营亦实行传统的经营业态，即以百货商场、杂货店、小百货等为代表。商业网点尽量接近居民住地，方便顾客就近购物。城市中心位置由于通达性好、处于市民购物平均距离最小处等优势，遂成为百货商场与专卖店等传统经营业态的选址目标。

中共十一届三中全会后，商品日渐丰富，人们的生活水平逐步提高，生活用品的零售市场逐渐放开搞活，原先国有、集体一统天下格局，以及由行政划定的三大块的经营界限被打破，百货商场、杂货店、小百货、供应站、沿街门市部、居民小区副食店等传统的经营业态得到发展。至 1989 年，区直属商业达 43 家，街道商业 157 家，自然网店 176 个，社会商业网点 372 个，且大多分布于复兴路、建国路、胜利路、车站路、解放路两侧，商业繁华区及方便顾客就近购物的居民住宅区、主干线公路边，以及车站、医院、娱乐场所、机关、团体、企业事业所在地。

1992 年后，伴随社会主义市场经济体制的建立与逐步完善，商品的品质逐步从最低级的温饱型向享受型等多层次、多侧面过渡，商品的种类也日益丰富多彩。正是由于商品品类、品种的丰富、品质的提升、数量的激增，商品零售经营业态亦发生天翻地覆的变化。各种传统的经营业态开始逐步转型，经营方式由粮店、副食店、区域性的小百货店演变而成的各种专卖店、专业店、便利店、仓储商店、街区商场、购物中心、自由市场等，各种零售业态出现在大街小巷，形成你中有我，我中有你的经营格局。经营方式日趋灵活多样，呈现出少环节、多元化态势。为追求最大的商业利润，商品经营者的商品促销方式也由开放初期的“库存下移、商品展销、追集摆摊、送货下乡、预约汇货、上门服务”转向“打折让利、购物赠券、积分返利、有奖销售、广告促销、假日促销”等。生产厂家将产品销售渠道延伸，或直接派员设立网点（一般称经销处）经营，或委托代理商直销。随着商品物流量加大和渠道拓宽，集货、分货、配货、配装、配送运输等现代物流开始出现。百货商场、杂货店、小百货、供应站、沿街门市部等传统的业态形式，伴随超市、连锁店、专卖店等新兴销售业态和销售形式的崛起，开始失去以往经营品种多、覆盖面广、方便顾客就近购物的优势。而新兴起的商业业态，针对特定消费者的特定需要，按照一定的战略目标，有选择地运用商品经营结构、店铺位置、店铺规模、店铺形态、价格政策、销售方式、销售服务等经营手段，为消费者提供销售和售后服务。至此，以往传统的营销业态由销售主体地位逐步擅变为新兴业态的必要补充。同时，随着社会消费水平的提高和经济的平稳发展，为大型化、大众化的零售业态如货仓式商场、连锁店等零售业态发展提供契机。

1994 年 8 月，新华道菜市场更名为唐山华盛购物中心。1998 年，改革传统的经营业态，在全市率先建成第一个现代化超市——华盛超市，其全新的商品销售方式引起唐山商界巨大反响。此后，华盛超市河北小区连锁店、新华道连锁店、吉祥路连锁店、复兴路连锁店、正泰连锁店、南新东道连锁店、燕西连锁店等连锁超市陆续建成，经营商品主要有生鲜、食品、百货、杂品、服装、小家电等 1.5 万余种，年实现销售额 10 亿元。

2000 年，开始有直营连锁和加盟连锁。直营连锁按照“五统一”（统一采购、统一配货、统一培训调配人员、统一门店标志、统一结算）原则管理，经营成果归主营公司；加盟连锁由加盟者自行投资，人员由加盟者招聘，不统一结算，经营成果归加盟者。此间，电器专卖、服装专卖、鞋帽专卖等各类专卖店、专业店、专卖折扣店应运而生。专卖店涉及的专卖范围越来越宽，且呈越来越专、规模越来越大的发展趋势，并逐步形成连锁机制。

2004 年 3 月 1 日，世博大厦一期竣工，2005 年 12 月 30 日正式开业。三利国际购物中心、苏宁电器等多家连锁店以及中国农业银行、必胜客、河北恒信移动有限公司、三友眼镜有限公司、夏普公司、安邦保险、合众保险、太平人寿保险、奥的斯电梯、中国旅行社等企业相继进驻。大厦的地下 2 层品牌家电城，地下 1 层大型超市，地上 1 -4 层百货商场，5 层为美食城和大型游艺娱乐项目，6 层为高档餐饮场所，7 -8 层高档洗浴中心，9 -20 层高档写字楼。集购物、餐饮、娱乐，多功能、复合型为一体的大型卖场、集合体，矗立在路南境内，既成为市中心标志性的现代商贸服务景观，又是顾客完成一站式时尚消费的首选之地。

2006 年，全国大型建材家居连锁集团—中国东方集团在河北省开设的第一家建材家居大卖场东方家园，经营面积 4.8 万平方米。秉承“绿色环保，天天平价，一站购齐，先行赔付”的经营理念和销售业态。自开业起，迅速得到广大顾客的青睐，成为市民家庭装修，改善居家生活品质的必选购物卖场。2009 年 3 月 26 日，投资 80 亿元的万达广场开工建设，是年，万达广场完成投资 37.63 亿元。广场建成后，将成为全市投资规模最大、经营范围最广、吸纳顾客最多的综合性、一站式的大卖场和现代超商业态中的主力业态之一。

2010 年，商业经营业态的现状与发展趋势是：传统与新兴共存，相互交融，互为补充，形式各异，物竞其类，适者生存。即，有以香烟、酒、饮料休闲食品为主，独立、传统的无明显品牌形象的食杂店零售业态；以满足顾客便利性需求为主要目的便利店零售业态；以店铺装修简单、提供有限服务、商品价格低廉的小型超市、折扣店零售业态；以开架售货，集中收款，满足社区消费者日常生活需要，可分为食品超市和综合超市的经营业态；有以仓储会员店会员制为基础，实行储销一体、批零兼营，以提供有限服务和低价格商品为主要特征的仓储会员制零售业态；以在一个建筑物内，经营若干大类商品，实行统一管理，分区销售，满足顾客对时尚商品多样化选择需求的百货商场零售业态；以专门经营某一大类商品为主、或以专门经营或被授权经营某一主要品牌商品为主的专业店、专卖店零售业态；以专门销售建材、装饰、家居用品、家居建材为主的零售业态；以多种零售店铺、服务设施集中在由企业有计划地开发、管理、运营的一个建筑物内或一个区域内，向消费者提供综合性服务的商业集合体，即社区购物中心、市区购物中心、城郊购物中心的经营业态。以及由生产商直接设立或委托独立经营者，设立专门经营本企业品牌商品，或由多个企业品牌的营业场所集中在一个区域的零售业态。

二、无店铺零售业态

无店铺零售业态是指电视购物、邮购、网上商店、自动售货亭、电话购物等。1990 年起至 2010 年，随着模拟电视和数字电视的普及，商品经营者以电视作为向消费者进行商品推介展示的渠道，宣传商品质量及用途，赢得消费者信赖，并取得订单，送货到门。有的商家以邮寄商品目录为形式，向消费者进行商品宣介，待取得购买者同意，并通过邮寄的方式将商品送达给消费者。此后，伴随信息高速公路的建立，网络系统进入家庭，网络营销、在家购物，且无店铺销售的零售业态悄然兴起。由于网络商店选购商品不受时间和空间限制，对于那些行动不便，或事务繁忙，没有时间到物理店选购商品的消费者，不仅可以在世界上的任何地方、任何时间，在网上任意选购，而且网上购物还把网上定货和送货上门的时间分离开来，极大地方便消费者。另外，自动售货亭通过售货机进行商品售卖活动的零售业态开始出现；通过销售人员直接与消费者接触进行商品推介，以达到销售其产品或服务目的的零售业态已经普及；对于那些工作繁忙，活动不便的人群，通过电话完成销售或购买活动，已成为无店铺零售业态形式之一。

第二章　交通运输和仓储物流业

1989 年年末，全区拥有汽车队 21 个，载货汽车 3959 辆，完成货物运输增加值 171.15 万元，初步形成以国营运输为主体、企业运输为辅助、个体运输为补充，多渠道、多成分、多形式并存的多元化货物运输格局；始发、途径、终到路南境内的公交营运线路 15 条，线路长度 243.1 公里，站点 229 个；唐山站内配置有 4 条客车到发线，发送旅客 225 万人次；仓储物流业以传统的货物保管和空车配载为主。1994 年 11 月，京山线压煤改线工程竣工，在唐山站以西 10 公里处新建成唐山站。新线开通后，原唐山站更名为唐山南站，所在线路更名为“七滦线”。1996 年 6 月 26 日，客运全部转到唐山站新线运行，唐山南站成为只办理货运业务的一等货运站。随着商品流通体制改革的深入，城市建设、交通、电信业的快速发展，城市公共交通、公路运输业、仓储物流业崛起。至 2010 年，交通运输工具已发展到 3.47 万辆，其中大型载货车 2749 辆、小型载货车 4678 辆、专用载货汽车 1.67 万辆、载挂汽车 1.06 万辆，货物运输量 3799.4 万吨，货物周转量 3.04 亿吨公里，道路运输业实现增加值 10.5 亿元；城市公交营运线路发展到 53 条，新开线路 38 条，是 1990 年的 3.53 倍，线路长度 741.4 公里，是 1990 年的 3.05 倍，站点数量达到 1151 个，是 1990 年的 5.03 倍。当年，城市公共交通实现增加值 24 万元。21 年间，铁路共发送货物 8964 万吨，公路发送货物 24.68 亿吨（1991—2010 年）。物流仓储业，已形成唐柏路三角地仓储物流产业聚集带、吉祥路仓储物流聚集带、小山仓储物流聚集区“两带一区”格局。

第一节　公路运输业

一、货物运输

1989 年年末，全区拥有汽车队 21 个，载货汽车 3959 辆。其中专业运输车队 7 个，有载货汽车 462 辆，挂车 156 辆，计 3872 吨位，固定资产原值 2787 万元，年完成周转量 21.9 万吨公里；企业自备车队 14 个，载货汽车 3042 辆；个体货车 259 辆。完成货物运输增加值 171.15 万元。初步形成以国营运输为主体、企业运输为辅助、个体运输为补充，多渠道、多成分、多形式并存的多元化货物运输格局。具有较大规模的运输企业有 2 家，即唐山市第一运输公司、唐山市第二运输公司。其中唐山市第一运输公司辖 5 个汽车运输场，9 个汽车站，有各种车辆 1004 辆，其中载货汽车 584 辆，2884.5 吨位，年货运周转量 2.03 亿吨公里；唐山市第二运输公司在路南境内设有货运车队 7 个，有 2 吨以上货运汽车 462 辆，3029 个吨位，挂车 156 辆，843 个吨位，10 吨以上特种车 40 辆，825 个吨位，年运量 150 万吨，周转量 660 余万吨公里。

1991 年，交通运输部门退出运输市场，全区各种运输车辆减至 3185 辆，其中大型汽车 1117 辆、小型汽车 1801 辆、拖拉机 38 辆，机动摩托车 229 辆。完成货物运输量 250 万吨，货物运输周转量 1.62 万吨公里。

1992 年起，随着社会主义市场经济体制的建立与完善，商品市场的日益繁荣，货物周转量加快，带动公路货物运输业崛起。

1996 年，唐柏路三角地仓储物流聚集带、吉祥路仓储物流聚集带的形成，为货物运输业快速发展提供机遇与平台。1997 年 1 月，唐山市路南大发货物转运站建立。1999 年 3 月，唐山市交大货运联合车队组建，占地面积 1 万平方米，年营业额 1.45 亿元。当年，全区货运车辆达到 4296 部，其中大型载货汽车 1335 辆，小型载货汽车 2722 辆，专用载货汽车 42 辆，完成货运量 160 万吨，货物周转量 1.25 亿吨公里，货车总计里程 2483.6 万车公里。到 2000 年，货物运输量和周转量分别达到 160 万吨、1.02 亿吨公里，货车总计运行 2483.6 万车公里。

2001 年，为适应小山繁商区工业品、纺织品、各式服装等日益增大的交易量，应运而生唐山小山凯达运业有限公司、康乐达货运站等几家较大的物流运输企业，并配有两个停车场，可同时停放车辆 80 多辆。同年，唐山市大型货物运输公司汽车五队，车型由原来的半挂车、单机更新为自卸翻斗车，吨位由单车 5 吨提高到 8 吨、15 吨。车队以煤炭运输为主，承接煤炭代购、代储、代运、煤炭加工等业务，日承运能力近 2 万吨，成为唐山市最大的散装货物运输企业。同年 11 月，唐山市大件货物运输有限公司组建，有吊车 93 辆，货车 18 辆，具有超大、超宽、超重、超限设备的运载能力，年运量 3992 吨。2005 年，唐山通达特种货物运输有限公司成立运输车队，车辆达到 680 部，其中危险品运输车辆（融资）480 部、普通货运车辆（挂靠）200 部、公有车辆 2 部，年货运量达 100 余万吨。

2007 年 1 月，博宇仓储物流中心开始建设。2008 年 4 月，金匙物流园正式营业。2010 年 3 月，中国北方国际钢铁交易配送中心一期工程开工建设。仓储物流业形成金匙物流、博宇物流、吉祥配载运输市场和邱氏通达物流 4 个物流聚集园区。至此，汽车运输业再次迎来跨越式发展的新时期。当年，全区货运车辆达到 3.47 万辆，其中大型载货汽车 2749 辆，小型载货汽车 4678 辆，专用载货汽车 1.67 万辆，载挂汽车 1.06 万辆；年货物运输量和周转量分别达 3799.4 万吨和 3.04 亿吨公里。

二、长途客运

汽车长途客运南站　位于区境铁路唐山南站北 1 公里车站路西侧，隶属于唐山一运集团有限公司，始建于1948年，震后于1978年恢复重建。车站建有2层办公大楼1栋，有容纳千余人的候车大厅及售票厅、服务处、广播室、商店等设施。1989年，共有解放、东风、黄河、上海等大型轿车212辆，分为4个车队。行车范围北至燕山脚下，南至渤海岸边，西通津、京，并可抵省会石家庄，东达山海关可至东北三省。每天有始发班车通达各县、农场及廊坊、承德、沧州等地174条客运班线，营运里程2.18万公里，日发车272车次，完成客运量1627.3万人次，周转量6.9亿人公里。此后，根据运力，营运车辆略有增减。1990年有营运性车辆140部，营运班线163班次，日均客流量1600人次。1996年营运性车辆增至150部，日发车175班次，日均客流量1800余人。2001年日发班次增至183次，日均客流量2000余人次。2006年，日发车班次增至195次，日均客流量2400余人次。主要承担内蒙、辽宁及省内承德、平泉、宽城、秦皇岛、迁西、迁安、乐亭、唐海等地的旅客运输任务。2010年4月，按照城市建设统一规划，迁往胜利桥北500米唐古路西侧，与唐山市小山运输市场合并，更名为唐山汽车长途客运东站。

唐山市第二汽车站　1988年4月建成营运。负责160余部大客车和在原火车站（现唐山南站）广场附近经营出租的各种客货车管理工作。同时承担内蒙、辽宁及省内承德、平泉、宽城、秦皇岛、迁西、迁安、乐亭、唐海等地旅客运输任务。1989年，进出站车辆718部，完成客运量182.5万人次，周转量1.1亿人公里。1998年，迁往解放路，并入唐山市小山运输市场。

小山运输市场　1994年，为规范公路运输业市场，改变辖区客运车辆秩序混乱的经营状况，唐山市交通局与路南区采用股份制形式联合投资兴建小山运输市场。该市场坐落在路南区解放南路陈后街。1998年，第二汽车站并入小山运输市场。日发车273班次，分别发往遵化、滦南、滦县、乐亭、迁西、迁安、唐海等县，日均运送旅客2600余人。2003年，小山运输市场与唐山二运公司联合组建唐山市通达客运股份有限责任公司，进而扩大小山运输市场的经营规模。2008年奥运期间，小山运输市场共安全正点发车3.67万班次，安全运送旅客44.92万人次。2010年4月，唐山交通运输集团唐山长途客运东站正式投入运营，汽车长途客运南站、唐山小山运输市场停止运营，小山运输市场的231辆班线车整体调整到长途客运东站始发。

唐山汽车客运东站　隶属于唐山交运集团。2010年4月正式建成启用，是唐山市大型客运站之一，位于唐山市路南区唐古路起点500米西侧，由唐山客运南站和唐山市小山运输市场合并组建。承担着唐山市七县（滦县、滦南、乐亭、唐海、迁安、迁西、遵化），五区（丰南、丰润、曹妃甸、京唐港、南堡开发区），以及京、津、秦、承、辽宁、内蒙、山西、河南的县际、市际、省际道路旅客运输任务。进站车辆377部，客运班线246条，日发班车373车次，日均发送客流量5000余人次。

三、公路运输管理

道路养护　1992年，女织寨乡、梁家屯乡划归路南区后，区交通部门随之承担两乡的道路建设养护任务。1993年，完成南新道与唐胥路4.3公里油路新建工程，总投资84万元，其中乡自筹资金44万元。1994年，女织寨乡学警路至赵田庄、唐柏路至曹庄子大桥两条油路改建工程，总投资100万元，其中乡集资60万元。1995年，路南区在全市率先实现村村通油路。1995—1997年，共投入资金1675.95万元，新建油路、水泥路53.29公里，改造断头路、受损路22条。仅1995年就完成修建任务18.61公里，是1994年总额的2.3倍。1998—2000年，共投入资金1800万元，修建乡村级公路62公里。其中，1998年投资105万元，修建了10条乡村道路共计23.8公里；1999年投资10万元，修建10条乡村道路，共计18.8公里；

2000年，投资102万元，修建乡村道路20.82公里。为实现建养并举，区交通局与女织寨乡共同筹集资金组建乡道管理所，下设养护道班两个，对乡村道路负责日常管理和维护，从而延长道路的使用寿命。2003年，完成西小艾村道延伸、郑各庄至赵各庄断头路两项工程。西小艾村道长110米，宽4米，投资3万元；郑各庄至赵各庄断头路长630米，宽6米，投资30万元。两项工程的完工，将乡村道路延伸到蔬菜园区，使刘家过道、东小艾和西小艾等七、八个村的村民直接受益。同时，打通西电路与燕南路，实现区乡道网络贯通。

2005年，燕南路三期改造工程在原有基础上，向南延伸300米，宽6米，总投资40万元。另投资40万元对警西路、南燕路进行大修。2006年，新建、改建乡村道路工程3个：投资16万元，打通檀庄村北街与东礼尚庄的两条断头路；完成"区政府对百姓承诺的十大实事"的燕新路南延改造工程，总投资37万元；警侯线侯边庄中桥危桥改建工程，是经省厅立项并经市局地道处批准的新农村建设项目，总投资158.8532万元。在养护方面，投资10万元，对警赵路破损严重部位进行挖补，对燕新路、警钢路、警赵路三条道路两旁树木进行补栽绿化。2007年，重点完成《2007年区政府要为群众办好的10件实事》之一的警侯线侯边庄中桥危桥改建工程，总投资168万元。投资30余万元对警赵路、警西路、南燕路、燕南路、警曹路进行修补。并在燕新路、铁燕路、警西路、警赵路两侧植树500余棵。2008年，曹家庄中桥危桥改建工程被列为区政府"十件实事"工程之一，桥长76.08米，宽8米，总投资226万元。

养路费征缴 1989年，征收运管费33.6万元、养路费989.4万元。1990年起，强化源头管理，打击偷逃漏费行为，避免费款流失。1991年，征收公路养路费984.89万元，完成年征收任务的101.4%；收缴公路运输管理费48.2万元，完成年目标的161.7%。1996年，养路费征收权划归唐山市交通局。区交通部门只征收运管费。1998—2000年，3年共征收运管费317万元，分别为98万元、101万元、118万元。2003年，全年征收运管费320万元，达到历史同期最高水平。2006年，征收运输管理费、货运附加费、客票附加费，全年征收超950万元，同比略有增长。2007年运管费594万元，同比增长12.73%；货运附加费515万元，同比增长12.37%；均超额完成市局下达的征收任务。2008年，运管费、货运附加费等规费征收共计1029万余元。2009年1月1日起，实行费改税，取消养路费、运输管理费、附加费等各种收费项目。

汽车维修管理 1990年年初，境内的汽车修理厂已达96家。1991年，加强对汽车维修点的行业管理，严格经营范围，强化各修理厂家设备配置和升降机整顿及年内的审验；在修理厂组织开展争创最佳修理厂、文明修理厂等活动；加强修理工定级考试，完善技术检验站制度。1992年，加强汽修厂点的全面质量管理，与区武装部修理厂联合建成汽车技术检验站，使辖区车辆逐步纳入科学化的管理轨道。1993年，建成B级汽车综合性能监测站，提高车辆检测能力，保证修后车辆运输安全。1994年，加强汽修行业职工技术培训，成立汽修厂家协会。1998年开始，对汽修行业进行全面清理。至2000年，共查处无资质"黑户"37家，通知整顿的15家，取缔9家。同时，组织培训5批，共有714人次参加培训。2005年，比照新国标《汽车维修业开业条件》，对所属55家二类汽修企业进行整顿。通过整顿，认定合格34家，降级3家，限期整改18家。2007年，开展汽车维修专项检查，清查无证经营户126家，整顿超范围经营企业13家。2010年，全区共有汽车修理厂185家，其中一类修理厂10家，二类55家，三类120家。

运输市场管理 1981年，在路南区成立交通监理站。1986年1月6日，路南区交通局正式组建，负责全区客货运输的管理。下辖交通监理站、运输管理站。1987年5月，交通监管站移交公安部门。同年6月组建养路费稽征站。8月，组建火车站交通运输管理所。1992年，对个体客运班线管理体制进行改革，完成第二汽车站客运班线的招标，征收客运发展基金50万余元。1993年，巩固和发展客运管理的改革成果，把辖区所有个体运营车辆全部纳入运管改革轨道，新征收道路发展基金50余万元。1997年，按照唐山市交通部门关于强化货运服务业管理的统一部署，对货运配载业零散，经营不规范的问题进行摸底排查，并将排查结果纳入信息网络管理系统。2005年，严格营运车辆的审核审验制度。年内，共审验营运车辆8386辆，审验率达85%。2006年，在纪念抗震三十周年前夕，加大运输市场治理整顿力度，重点打击客运班线不按站点停靠、甩客、宰客，异地营运行为及非法营运出租车，整治无证无照和非法改装的人力、电动三轮车、占道修车、洗车等现象。共整治无证无照和非法改装的人力、电动三轮车120余辆；整治南新道、人民道两侧，机动车维修业户非法占道修车68家，下发整改通知书105份，下发违章通知书12份，规范洗车场15家；整治南新东道、解放路、汽车三站门口等路段机动车乱停乱放

200余辆；对部分严重违章车辆进行处罚，查处非法营运车辆200余部，异地经营车辆12辆；查处非法营运出租车487部。此后至2010年，加强经常性的检查监督，严厉打击非法营运行为，维护规范有序的营运秩序。

第二节　公共交通运输业

一、公交车营运

1990年，始发、途经、终到路南境内的公交营运线路有15条，线路长度243.1公里，站点229个。至2010年，随着城市化进程的推进，公共交通得以快速发展。公交营运线路发展到53条，新开线路38条，是1990年的3.53倍；线路长度741.4公里，是1990年的3.05倍；站点数量达到1151个，是1990年的5.03倍。当年，城市公共交通业实现增加值24万元。

唐山火车南站综合站　1986年4月，建成并投入使用，位于车站路东侧、唐山南站（原铁路唐山站）西侧，是震后建成的第一个新型公交枢纽站。有8、9、10、5、6、16、14、15路8条线路。1994年，铁路唐山站西迁后，公交线路和客流量随之减少。2007年，综合站成为6、12、16、18、48路线车辆的始发、中转场地。2010年，共有16、18、69、118、50、102路等线路车辆在此发车。

南新道车场　1988年9月始建，位于建设南路与南新道交叉口西80米处、南新道南侧，为10、11路始发车加油和停车场地。2000年7月，为8、13、28、36、41、66、76路公交车共用的首末站车场。2010年1月，因南新道拓宽改造被拆除。

启新立交桥综合站　1994年6月建成，位于新华东道与复兴路交叉口东南侧，2002年6月经土地置换后，向南迁至原路南区文体局院内。为2、3、5、11、54、69路车综合站点。

风井枢纽站　2006年11月，建成并投入使用，位于市区南部唐胥路风井路段东侧、开滦唐山矿业公司矿区南侧，为9、1、15路公交车的始发站，一公司所属1、6、9、14、15路停车场区。2010年，为14路首末站车场。

二、出租汽车营运

唐山出租汽车有限公司　组建于1980年5月，位于唐山市果品一条街南300米，经营车辆90余部。1996年增至430辆，车型以红色夏利为主。2005年，市政府对小10路、小14路线路转营，唐山出租汽车有限公司借此契机新增出租车105辆，车型以普桑、捷达为主。

唐山市凤南出租公司　成立于1995年12月8日，位于路南区永红桥南侧，有出租车38辆。2006年，适应城区客运市场需求，市政府决定所有短途客运班车转营出租车。转营后，22部出租车靠挂到凤南出租汽车公司，出租车增加到59辆。2010年出租车总量未变。

唐山通达集团出租汽车有限公司　1998年10月组建，是唐山市首批公司化经营的出租汽车公司之一，运营车辆100部，车型全部为富康。承租者以下岗职工为主。2006年，唐山通达出租汽车公司出租车车型统一更新为北京现代，并逐步更新为环保型双燃料出租车。公司共有出租车100辆。至2010年无变化。

第三节　铁路运输业

区内铁路运输主要是唐山南站（原唐山站），位于七滦线14公里（原京山线264公里）处，是北京铁路局管内客货运量较大的一等站。1976年唐山大地震，车站建筑和铁路设施几乎被毁，1983年重建。

站内配置正线2条，客车到发线4条，货车到发线6条，编解线8条。1994年11月，京山线压煤改线工程竣工，在现唐山南站以西10公里处新建成唐山站。新线开通后，原唐山站更名为唐山南站，所在线路更名为“七滦线”。

一、客运

原唐山站内配置有4条客车到发线。1990年，发送旅客225万人次。1990—1996年累计运送旅客1537万人，其中1996年上半年发送旅客74万人次。1996年6月26日，客运全部转到唐山站新线运行，唐山南站成为只办理货运业务的一等货运站。

二、货运

唐山南站担负着繁忙的货物运输业务，配有专用线22条（原35条），专用铁路3条（原4条），站内货场1座，货场总面积7.56万平方米，货物仓库6座，建筑面积5080平方米；货物站台3座，建筑面积3204平方米；装卸线4条，全长1475米，装卸有效长918米；货场一次堆货量6368吨。大型装卸机械有门式起重机3台，最大起重能力33吨，小型装卸叉车8台。1990年，对唐山站货场进行改造，全年发送货物516万吨。至2010年的21年间，共发送货物8964万吨。

第四节　仓储物流业

1990年，为传统式仓储，物资的输送、仓储、管理、控制主要依靠人工及辅助机械来实现。进出库物料移动和搬运工具，是由各种各样的输送车、吊车、堆垛机和升降机来完成，且仓储功能单一，出入库搬运劳动强度大、效率低，经济效益差。物流以空车配载为主，与传统式仓储无紧密联系。是年，完成仓储物流增加值（商业、物供和仓储业）3059万元。

1993年起，随着社会主义市场经济体制的建立与逐步完善，交通设施建设步伐加快，商品市场日趋繁荣，传统的仓库性质亦发生根本性变化，从单纯进行储存保管货物的静态储存，一跃进入多功能的动态储存新领域，并实现与交通运输业的有机结合，成为生产、流通的枢纽和服务中心，现代仓储物流业开始崛起。1996年，在205国道与唐柏路交叉口的东南侧，南北家具中心建成，占地7.74公顷，建筑面积7.4万平方米。吸引个体运输户在此聚集，专门承揽家具的同城运送。

1997年，唐山市吉祥实业（集团）公司在原北方陶瓷城内注册成立陶瓷城配载站，占地面积0.7公顷，建筑面积约2000平方米，总投资约800多万元，以经营普通货物运输、专用货物运输、普通货物仓储、货运代办、货物中转、运输信息服务、本地物流配送等业务为主。在陶瓷城配载站的带动下，很快沿吉祥路两侧聚集华泰物流、大唐盛世货运服务站、石家庄华泰物流唐山分公司、唐山市万通物流有限公司、唐山富香物流、和顺汇达物流、唐山市伊诺物流有限公司、唐山鹏运通货运公司、程宇物流等物流企业40余家。同年，小山工业品批发市场形成，唐山市路南大发货物转运站建立，占地面积300平方米，建筑面积60平方米，库房面积240平方米，实现货物运输与仓储服务的有机结合。

1998年，唐山全盛金属有限公司在205国道以南约100米的唐柏路东侧，建成“全盛钢板”物流基地。占地4公顷，建筑面积1万平方米，总投资1亿元。有大型龙门吊5台，大型平板机组3台，为主营各种板材、型材、管材，采购、销售、运输一条龙服务的物流企业。1999年3月，唐山市交大货运联合车队投入运营，占地面积1万平方米，建筑面积80平方米，仓储面积100平方米。

2001年，唐山新利达钢管有限公司建成“新利达钢管”物流基地，主营焊管、镀锌、管、复合管、PE管等。是年，唐山市玉兴货运有限公司建立，主要业务是物流策划、普货运输、大件运输、货运代理、同城配送。2004年，唐山金正钢板有限公司成立，在205国道以南约200米的唐柏路东侧，成立

"金正钢板"物流基地。注册资金0.4亿元，自备大型龙门吊3台，平板机、剪板机各3台，自有库房1.4万余平米。主营中厚板、热轧卷板、型材、热轧卷板、工角槽等。

2008年，博宇仓储物流中心正式投入使用。占地面积2公顷，建筑面积9100平方米，总投资3000万元。建有仓储量100万吨以上的露天货场，仓储量5万吨以上仓储库房，可停放车辆30辆以上的停车场。仓储物流中心实行物业化管理，先后有唐山顺发物流、唐山长城物流有限公司、唐山市通达物流公司、唐山大件货物运输有限公司、金星物流有限公司、唐山顺唐货物转运站、唐山虹达货运、唐山市路南老张货运经纪服务部、唐山市盛达物流中心、唐山谢氏（太平洋物流）等20余家企业入驻。联城物流、北京智胜物流有限公司、金峰货运、大展物流、凯捷风物流等外地物流企业设有工作站。主要经营方式，为国内物流、货物运输、货运代理、包车运输、大件搬运、小件物流等，经营范围涉及全国各地，本地物流可直达县区（市）和企业。同年，唐山金明食品有限公司停止生产，原址改建金匙物流园，企业占地2.33公顷，建筑面积8000平方米，是年4月正式营业。金匙物流园建有仓储量100万吨以上的露天货场，仓储量10万吨以上的库房，可停放车辆40辆以上的停车场。是集零担快运、物流配送、车辆挂靠为一体的专业货运公司。金匙物流园实行物业化管理，先后有华瑞物流、青岛即墨达诚物流公司、山东佳怡物流有限公司唐山路南区店、河北联诚物流唐山分公司、唐山市伊诺物流有限公司、唐山安泰物流有限公司、唐山金日顺达物流有限公司、唐山永盛昌物流有限公司、唐山金源物流、唐山辛克物流有限公司、唐山华顺达物流有限公司等30余家物流企业入驻。物流园的主要经营范围，为国内物流、货物运输、货运代理、包车运输、大件搬运、小件物流、上门收货、送货上门等，主要车辆为多种型号的封闭车、半封闭车、高栏车、平板车、保温车、特型车（超低、超宽、超长车等）以及不同种类的装卸机械等，经营领域涉及东北、华北、华东、华南、西北、西南等25个省（市）的地级以上城市。

2010年3月，中国北方国际钢铁交易配送中心一期工程开工建设，是年完成投资2.8亿元。是集网上交易、仓储、加工、配送、金融服务、中介服务为一体的钢铁交易中心，也是国内建成较早的具有数字化仓储管理功能的钢铁物流园区、国家工信部"两化融合"（信息化与工业化融合）示范企业，2010年度中国SOA（信息安全管理体系、计算机服务应用程序）十大解决方案之一、国务院"十二五"期间"核高基"（核心电子器件、高端通用芯片及基础软件产品的简称）重点支持平台，河北省十大物流示范项目。年底，路南区的物流仓储业，基本形成物流策划、物流信息、仓储配送、零担快运、空车配置、货运代理、货物中转、商务服务为一体的仓储物流体系；唐柏路三角地仓储物流产业聚集带、吉祥路仓储物流聚集带、小山仓储物流聚集区"两带一区"的发展格局。其中吉祥路仓储物流聚集带（不包括规模较大、自成管理体系的博宇仓储物流中心和金匙物流园），自西向东、自南向北建有唐山市麦氏宏达货运站、鸿成货运、唐山市鑫诚信物流有限公司、强龙货运、赤峰物流、众兴车队、熊熊货物转运站、博凯货运、鑫德隆货运、森腾旺物流、哈特物流、唐山市邱氏通达物流公司、煜棚货运、玉柱货运、唐山市路南交通货运配载站、安康达货运、鹏程物流、大军货运、老五鑫鑫配货中心等物流企业18家；唐柏路三角地仓储物流聚集带，沿205国道两侧聚集通达货运大同专线、博宇货运、兴盛车队、天天宏货运、光明货运、江山物流、冠兴车队、金泉车队、福顺达货运、国鑫货运联合车队、中集车辆联合卡车唐山中转库、唐山市路南达邦货运服务部等近30家物流企业；小山仓储物流聚集区，聚集唐山小山凯达运业有限公司、康乐达货运站、唐山市路南大发货物转运站等数家集客运、货运、仓储、转运、配货为一体的综合物流企业。全年完成增加值（包括交通运输、仓储和邮政业）10.69亿元。

第三章　邮政电信业

1990年，辖域有邮政支局4个。当年，完成增加值（交通运输、邮电通讯业）980万元。1998年10月，成立胜利路电信分局，主要开办函件广告业务、包裹业务、汇兑业务、报刊发行、集邮业务、特快专递业务以及电子商务、邮政储蓄。2009年5月，中国电信股份有限公司唐山分公司路南区营销中心设置。2010年，覆盖辖区的移动通信有中国移动、中国联通、中国电信、中国铁通4家。年内，全区拥有移动手机用户6.3万人。每百户居民家庭有移动手机192部，固定电话80部。

第一节　邮政业

一、函件广告业务

1987年11月10日，开办国内邮政快件业务。1991年12月1日，自办中国邮政贺年卡（有奖）明信片等业务。1995年10月，发售“中国明信片咨询卡”1900张。1997年9月，按省局部署，开展以《中邮专送》广告为主，代收代投广告为辅的广告业务，后广告业务延伸至信箱、路牌、灯箱、楼体、高塔为载体的多种领域。1998年7月1日，取消国内邮政快件、特种挂号、保价信函业务。2000年1月1日起，将国内邮件回执业务扩大到个人用户交寄的给据邮件。是年3月，商函打印封装设备投入使用。2008年，邮送广告改称为无名址信函。2010年，开发制作DM广告和“中邮时讯”广告。13年间，函件的累计业务量为449.39万件，实现业务收入484.18万元

1998—2010年唐山市邮政局路南网点邮政函件业务统计表

表8-4　　单位：万件、元

年份	业务量	业务收入	年份	业务量	业务收入	年份	业务量	业务收入
1998	24.08	18.05	2003	35.98	25.06	2007	9.59	20.67
1999	73.43	42.02	2004	18.38	37.26	2008	44.8	67.2
2000	48.26	28.72	2005	30.36	32.26	2009	22.45	71.49
2001	60.66	26.86	2006	27.8	37.08	2010	20.16	47.06
2002	33.44	30.45	-	-	-	-	-	-

二、包裹业务

20世纪80年代，邮政包裹业务分为普通和保价两类，按性质划分有民用包裹和商品包裹。1987年，增设大件包裹业务。1990年，邮政包裹实行保价，取消普通包裹和保价包裹类项，甲类保价包裹、乙类保价包裹和快递小包业务随之取消。同年，开办点对点集收集投包裹业务。2001年，开办国内快递包裹业务。至2010年的13年间，包裹的累计业务量为13.32万件，实现业务收入269.85万元。

1998—2010 年唐山市邮政路南网点局邮政包裹业务统计表

表 8－5　单位：万件、万元

年份	业务量	业务收入	年份	业务量	业务收入	年份	业务量	业务收入
1998	0.84	1.57	2003	1.09	21.33	2007	0.2	1.77
1999	0.96	12.42	2004	0.9	25.01	2008	1.15	41.87
2000	0.98	13.49	2005	0.92	19.72	2009	1.8	49.14
2001	1	17.45	2006	1.01	18.81	2010	1.62	45.16
2002	0.85	2.11	–	–	–	–	–	–

三、汇兑业务

1996 年 1 月 1 日起，调整邮政汇款限额：邮政汇票每笔最高限额由 5000 元调至 10000 元；邮政“高额汇款”最低限额由 500 元调整为 1000 元。1999 年 2 月 26 日起，开办国内邮政礼仪汇款业务。资费除按普通汇款资费计算外，每笔另收取吉祥卡服务费 1 元。8 月 1 日，开办电报入账汇款业务。2000 年 4 月 1 日，开办特快汇款业务。省内互寄的特快汇款（收件人在市县城区范围内的）实现“当日收寄，次日投递”。8 月 1 日，开办邮政汇款回执业务，该项业务以国家邮政局电子汇兑系统为载体，资费标准为 3 元/件。2006 年，在全部汇兑联网网点营业窗口加办汇兑、速递短信业务，实行包月制资费标准。2010 年，汇兑业务量 39.11 万张，实现业务收入 252.56 万元。

1998—2010 年唐山市邮政局路南网点邮政汇兑业务统计表

表 8－6　单位：万张、万元

年份	业务量	业务收入	年份	业务量	业务收入	年份	业务量	业务收入
1998	3.55	25.62	2003	3.8	24.42	2007	–	–
1999	5.28	28	2004	3.18	31.46	2008	–	–
2000	5.2	33.06	2005	2.72	31.5	2009	1	7.67
2001	5.11	29.46	2006	2.28	18.9	2010	2.66	19.45
2002	4.33	3.02	–	–	–	–	–	–

四、报刊发行

1998 年，报刊发行量为 256.05 万份，业务收入 52.25 万元。2000 年，在主要繁商区增设报刊零售亭。至 2010 年，报刊发行业务量、业务收入保持相对平稳的发展势头。

五、集邮业务

1990 年后，开办的邮政集邮基本类项有：邮资凭证类，包括邮票、各类邮资明信片、邮资信封、邮资邮简等；集邮制品类，包括各类信封类、明信片类、折卡类等；邮政用品类，包括各种邮戳、各种邮简，以及邮政使用的各种标签和单式；集邮活动类为各种纪念品。邮政集邮经营方式，以门市销售、预订销售、函购服务和上门服务为主要途径。同时，开办企业形象宣传年册、邮票个性化服务、集邮品定向开发、自制集邮品开发和集邮拓展产品等项业务，拓展集邮空间。2000 年 9 月，路南区集邮协会成立。2006 年 4 月，开展“白衣天使”邮票个性化专题服务活动，全区完成版面 300 幅。此后至 2010 年，集邮业务发行纳入常态。

六、特快专递

1991 年 9 月，为满足社会对 EMS（邮政特快专递服务）和第二届全国城市运动会在唐山举办期间对通信的需要，唐山市邮政局成立邮政速递分局，开办国际、国内邮政特快专递业务，局址位于路南区新华西道南侧。是年，业务量达到 1512 件。1993 年，开办特快专递和礼仪鲜花、礼仪汇兑在内的同城礼仪业务。10 月 9 日起，开办特快专递“当日递”业务。1998 年 9 月，开办特快专递本地业务，主要包括法院传票、身份证、驾驶证、银行票据、铁路提货单、交通处罚通知单、学生录取通知书等在同城或一定区域内的寄递业务。是年，邮政速递部门承揽市职业中学的录取通知书的投送任务。1999 年 7 月，开办居民身份证“快证”专递业务。2000 年 9 月 26 日，开办公民护照特快专递业务，中高考录取通知书的特快专递投送业务和居民身份证、驾驶证的直递业务，特快专递“次晨递”业务，特快专递代收货款业务。2004—2010 年，先后开展法院“法律文书回执特快专递”业务，中速经济快递业务，环渤海速递“限时递”（含次日上午递）等业务。

七、电子商务

2001 年 1 月 18 日起，与中国联通河北分公司合作，承担河北联通代理卡类销售业务、开户受理业务和代收费业务。2004 年 5 月 20 日始，在邮政营业网点开办代收中国电信话费业务。2006 年 1 月，开办诺基亚、联网等手机项目物流配送业务。2009 年，开办代发工资、代发农补、代收资费业务加代办邮储短信通知业务。2010 年 2 月下旬起，含路南区在内的全市首批 9 个主要营业网点开办代售火车票业务。同年，开通“缴费一站通业务”，成为邮政代收公共事业型项目费用的新服务项目。

八、邮政储蓄业务

自 1992 年 2 月，开办储蓄存款业务。1998 年，邮电分营，邮政储蓄网点和 ATM 机全部接入全国邮政金融计算机网，全国活期异地通存通兑业务全部开通。此间，代发工资和养老金、代收电信资费、代理保险、代理国债等邮储中间业务得到快速发展。2003 年，停止办理质押贷款业务。2004 年，开办邮政支付网代收货款业务。2010 年，吸纳存款 2.36 亿元。

第二节　电信业

一、有线通信

固定电话　辖域固定电话的安装与管理由市电信主管部门负责。1986 年，实现市内电话直拨。1993 年，开通程控交换设备，实现电话传输数字化，电话号码亦由 5 位升至 7 位。固定电话开始进入家庭。此后，伴随唐山市本地通信网的建设，市话业务得以迅速发展，居民固定电话入户率达 90% 以上。进入 21 世纪，由于移动电话和无线市话的广泛应用，固定电话用户趋减。2010 年，每百户居民家庭拥有固定电话 80 部。

公用电话　1990 年，区内公用电话甚少。此后，为加快公用电话发展，制定优惠政策，鼓励企业、私人电话代理公话业务。规定凡私人电话办理公话业务的，免收月租费；市话费按三分之一、长话费按一定比例留取作为酬金。公用电话收费标准，市话 0.30 元/1 次（每 3 分钟为一次），长途电话每次收 1.00 元，农话、市话每次收 0.20 元手续费，付给代办户。1998 年，推出比磁卡式公用电话更为先进和安全可靠的IC卡公用电话。2001年4月，开通智能IC卡业务，该业务集密码记帐和IC卡业务的优点于一身，实现一机多卡、一卡多能，具有拨号简单、计费准确、防盗打、保密性强的特点。之后两年里，智能IC卡公话发展迅速，基本达到主要街区每百米之内至少有一部智能IC卡电话。随着IC卡电话的大量安装使用，磁卡式和投币式电话先后退出公用电话行列。是年，电话收费标准，本地网营业区内通话首次每3分钟0.40元，以后每分钟一次0.20元；本地网营业区间通话，每分钟0.50元；国内长途电话每分钟0.70元；中国港澳台电话每分钟2.20元；国际长途电话每分钟8.20元。2010年，移动电话的普及，市区公用电话不复存在。

电话信息服务　1992年年初，市邮电局开办“160”人工信息台，为唐山最早的电话信息服务台。用户可通过电话询问市场供求、股市行情、家政服务、百科知识、专家热线等相关信息。1994年3月，开办“168”自动声讯信息服务台。“168”声讯业务是通过全国统一编码和话路异地直拨方式进行联网，方便用户异地查询。信息内容包括天气预报、商品价格、产品信息、交通旅游、政策法规、物资供求、科技成果、金融保险、文体娱乐等诸多类别。1995年4月，“168”信息台推出电话通信费资费自动查询。1998年，开通成人考试、自学考试、职称考试和供电、自来水、煤气等公众实用热线。2000年8月，“中国商品声讯服务”开通。此后至2010年，“110”报警电话、“112”市话障碍自动受理、“114”市内电话号码查询、“117”自动报时台、“119”火警、“120”急救中心、“121”天气预报等电话声讯服务达数十种。

长途电话业务　1987年10月，长途程控自动交换机开通，并进入全国长途电话网络，至此实现与国内各大城市的电话直拨。1994年，开办长途电话“200”电话卡业务。用户购买“200”电话卡后，便有了自己的账户，用户可利用任何一部电话直接拨叫国际、国内长途电话，通话费用直接从该账户中扣除。1997年起，先后推出“300”“800”业务。用户办理“300”业务后，可以以密码记账方式拨打国际、国内长途电话。“800”“400”业务为国际、国内长途直拨而由被叫用户集中付费业务。使用此业务的用户多为产品生产商、旅游、外贸部门及大公司等。2003年，推出IP直通车业务。该业务是用户以低资费拨打国际、国内长途电话或传真业务。进入21世纪，长途通信手段的自动化、智能化成为长途通信方式的主流，传统的人工长话拨打方式被方便、快捷的移动电话所代替，国内人工长途电话业务随之萎缩至冰点。

二、无线通信

无线寻呼　无线寻呼是用户利用公用电话网和无线寻呼系统，向被呼叫用户单方向传递音响、字母、数字或汉语话音等信息的一种通信方式。1989年11月8日，唐山市邮电系统寻呼设备开通。该系统为国家公用无线电寻呼网络，人工台号为“126”，自动寻呼台号为“127”。1993年8月，国家正式放开经营包括无线寻呼业务在内的9种电信业务。1996年，无线寻呼实现全国联网。1998年3月，无线寻呼银企对账系统开通（又称传呼银行），其采用寻呼方式向用户发送三重加密的银行对账单，企业无须去银行，便可知道自己账户上每天的资金流动及余额等帐务信息。2007年3月2日，信息产业部公示中国联通申请关闭“198/199”“126/127”“128/129”无线寻呼服务的通知。至此，延续18年的无线寻呼服务成为历史。

无线市话（小灵通）　无线市话网络始建于2000年。因执行单向收费，深受广大用户，尤其是中、低端用户欢迎。到2004年，已有50余种无线市话机型进入市场供用户选择。拓展无线市话业务，先后采取与固定电话捆绑、预存话费、终端促销、资费套餐优惠等一系列销售措施，用户扩增。2008年起，小灵通用户趋减。2010年，确认小灵通将于2011年1月1日起正式退市，为通讯新宠3G让路。2013年，小灵通彻底退市。

移动电话　1990年前，无线通讯业务只有电报、传真。1993年，模拟移动通信（手机）开始出现，俗称“大哥大”。因价格昂贵，只有少数人购买。1997年，数字移动通信开通，并逐步取代模拟移动通信。1999 年，“全球通”移动电话号码升至 11 位。2000 年，移动梦网业务正式推出。2001 年，停止经营模拟移动电话，转为数字电话。2002 年，手机上网业务正式商用。4 月 21 日，推出“燕赵行套餐卡”业务。2003 年，“动感地带”正式推出。同年，推出“唐山行”优惠业务。2006 年，“神州行”品牌实现国内自动漫游；“家园卡”资费推出；唐山实现单向收费。2007 年“飞信”业务推出。2009 年，电信重组，中国移动正式发布 3G 标识 G3。2010 年，覆盖辖区的移动通信有中国移动、中国联通、中国电信、中国铁通 4 家。年内，全区拥有移动手机用户 6.3 万人，每百户居民家庭有移动电话 192 部。

第四章　社会服务业

1989 年，全区共有独立核算的社会服务企业 44 家，自然网点 49 个，营业面积 3405 平方米，完成营业额 578 万元，实现利税 96 万元；个体服务业共有 394 户，年营业额 153.9 万元；合伙经营组织中的服务业共有 16 户，年营业额 26.23 万元。居民服务业完成增加值 421.7 万元。1992 年起，随着社会主义市场经济体制的建立与完善，住宿餐饮业、居民服务业、商务服务业、计算机应用服务和软件业、娱乐业、旅游业等社会服务业得到长足发展。至 2010 年，住宿餐饮业完成增加值 1.13 亿元，其中住宿业 2025 万元，餐饮业 9228 万元；居民服务和其他服务业完成增加值 8697 万元，其中居民服务业 6349 万元，其他服务业 2348 万元；商务服务业完成 3098 万元；信息传输、计算机服务和软件业完成 279 万元，其中电信和其他信息传输服务业完成 248 万元，计算机服务业完成 22 万元，软件业 9 万元；娱乐业完成 236 万元。

第一节　住宿餐饮业与居民服务业

一、住宿餐饮业

19 世纪末 20 世纪初，随着小山繁商区的兴起，“饭市”“饭庄”“饭馆”遍布于小山、建国路、车站路区域，与小山繁商区一并构成唐山的繁华闹市。

1976 年唐山地震，百年基业毁于一旦。震后经过恢复建设，餐饮住宿业获长足发展。至 1989 年，辖域市属餐饮业发展到 14 家，总建筑面积 1.87 万平方米，职工 1314 人；区属各类集体餐饮业 90 家，个体饮食业 682 户，合伙经营组织 6 个，完成营业额 2132.87 万元，实现公共饮食业增加值 831.64 万元。重点餐饮企业有鸿宴饭庄、九美斋饭庄、京东餐厅、华成饭店、华光餐厅以及永乐餐厅；旅店有京唐宾馆、曙光旅馆、永乐大旅社、民政宾馆等 26 家。

1990 年，唐钢宾馆建设，翌年 7 月建成投入使用。宾馆背靠最大的商业区——建国路步行街，占地 0.9 公顷，建筑面积 1.47 万平方米，总投资约 1 亿余元，主楼为 12 层，副楼 3 层。拥有豪华套房，豪标、普标及商务用房共 166 套，设有大餐厅、中餐厅及小餐厅 15 个，能同时容纳 600 人就餐，可承办各种宴会并拥有大、中、小会议室 5 个，附有商场、咖啡厅、美容美发厅、商务中心。成为辖区投资最多、规模最大，集商住、餐饮、商务服务为一体的住宿餐饮企业。同年，鼓励合伙经营、个体发展饮食服务业，从事饮食服务业的合伙经营、个体商户达到 1024 户，从业人员 1621 人，完成营业额 949.08 万元。全区实现公共饮食业增加值 1024 万元。

1993 年，开滦大酒店开工建设。酒店坐落在繁华的新华西道。主楼 14 层，裙楼 2 层，建筑面积 1.33 万平方米，总投资 2310 万元。酒店集餐饮、住宿、娱乐、健身、办公、商贸为一体，为三星级酒店。1998 年 9 月 28 日，酒店正式开业。经营范围主要有餐饮、住宿、会议接待、旅游等项目，年内营业额达 370 万元。同年，全区餐饮业社会消费品零售总额完成 1.72 亿元，实现增加值 2834 万元。此后，全区餐饮业进入平稳较快发展时期。1999 年餐饮业社会消费品零售总额完成 1.94 亿元，增加值 3192 万元；2000 年完成社会消费品零售总额 2.31 亿元，增加值 3588 万元；2001 年完成社会消费品零售总额 2.6 亿元，增加值 3405 万元。

2005 年 6 月 28 日，区委七届六次全会通过《关于加快服务业发展的意见》，为巩固提升商贸餐饮业作出部署，明确“坚持鼓励、支持同引导、管理并重，以商贸中心、特色街区、写字楼宇和专业市场群为依托，推动商贸餐饮业扩大规模，提高水平。大力发展新型经营业态，加快商贸流通现代化步伐。积极引进扶持连锁经营、特许经营等新型业态，推进规模企业连锁化、连锁企业规模化、连锁行业多样化、业态结构多元化，加快对传统业态的改造创新。推动连锁经营从传统零售业、餐饮业向服务业的多个领域渗透，从城市向农村消费市场延伸。”是年起，在改造提升传统餐饮住宿业的同时，谋划规模企业连锁化、连锁企业规模化、连锁行业多样化、业态结构多元化的总体发展布局。此后，一批多功能、复合型的餐饮住宿企业陆续动工兴建，全区的住宿餐饮业进入跨越式发展时期。2008 年，唐山南湖紫天鹅庄维景国际酒店项目开工；2009 年，唐山新华贸瑞津酒店、唐山万达洲际酒店投入建设。

2010 年，唐山南湖大酒店、唐山玖融居商务酒店、唐山温斯顿南湖大房酒店等项目动工兴建。同年，全区住宿餐饮业完成社会消费品零售总额 1.77 亿元。星级住宿业和限额以上餐饮企业完成营业额 4.91 亿元，客房收入 7097 万元，餐费收入 3.23 亿元，社会消费品零售额 2272.46 万元；星级以外住宿餐饮企业和个体户完成社会消费品零售额 5366.2 万元。住宿业增加值完成 2025 万元，餐饮业完成增加值 9228 万元。

二、居民服务业

1989 年，区内个人合伙经营和个体服务业有 203 户，其中个人合伙经营 9 户，从业人员 60 人，个体 194 户，从业人员 279 人，完成增加值 421.7 万元。服务领域涉及美容美发、沐浴、摄影、洗染、修理、家政服务等诸多行业。1992 年后，社会服务业实现持续较快发展。到 1995 年，全区社会服务业已达 1567 家，从业人员 2194 人，实现增加值 2397 万元。2008 年，根据省委、省政府提出的“城镇面貌三年大变样”要求，整合城市发展布局，长青楼区域、陶瓷城区域、南湖西北片区、新华楼、建工楼、南新道非住宅以及燕承楼等区域的拆迁，亦使全区居民服务业受到影响，美容美发业、沐浴业、洗染业等数量短时趋减。当年，入统居民服务和其他服务企业减至 37 户，完成增加值 5755 万元。2010 年，有所回升，从事居民服务业注册的企业有 85 家，完成增加值 8697 万元。

美容美发业　1990 年年初，有集体理发业网点 5 个，总建筑面积 890 平方米，职工 90 人；个体理发网点 53 个。此后，随着商贸流通体制的改革，集体理发业网点退出市场，个体理发成为市场主体。1995 年起，人们审美观念开始改变，美容护肤、焗油染发、花样烫发、新娘化妆渐成时尚。适应消费者美的追求，蒙妮坦、牛燕美容美发有限公司、秀芳四姐妹美容美发城福乐园分店、倪氏美容美体发艺名店、陈华美容有限公司、小文精剪店、唐汇美容美发有限公司、敬海美容美发店、康普美容保健有限公司等服务档次较高的美容美发店陆续抢占市场。2005 年，全区美容美发店发展到 145 家，从业人员 189 人。2010 年，美容美发店 104 家，从业人员 342 人，美容美发业已成为新的经济增长点。

沐浴业　1990 年年初，全区有国营曙光旅馆、渤海旅馆附设的两个浴池对外营业。1995 年，“浪淘沙洗浴”开业，服务项目包括洗浴、桑拿、按摩等。1998 年 4 月，唐山金宏饭店有限公司渤海浴池开业运营。2000 年 8 月，唐山凤凰娱乐有限公司东方明珠桑拿俱乐部竣工。2001 年 6 月，唐山专用汽车集团有限公司九九洗浴城建成。2002 年 1 月，唐山市京东餐厅曙光浴池营业。至 2005 年，全区浴池、洗浴中心、足浴中心等沐浴业达 36 户，从业人员 463 人，注册资金 593 万元。2006 年起，集沐浴、按摩保健、娱乐为一体的唐山市渝园足浴有限公司、唐山市路南金龙泉休闲会馆、唐山东方圣唐足浴有限公司、唐山圣足坊洗浴有限公司、唐山市路南碧水泉浴池店等多家沐浴业企业先后建成运营。至2010年，全区经工商注册的沐浴业企业已达46家。

洗染业 1990年，全区有洗染业1家，建筑面积844平方米，职工48人。随着服装、服饰发展日趋多样化、高档化，各类洗衣店（多称干洗店）应时出现。2000年，全区干洗店发展到20余家。服务项目包括洗衣（水洗、干洗及皮革、裘皮衣服的清洗、上光）、熨烫（定型整理、去除褶皱）、染色（染色加工）、织补（凭手工技能将破损物恢复原样）4项专业洗理，有的干洗店增加皮衣翻新项目。2007年6月，唐山泰铭洗染服务有限公司成立。2010年6月，唐山静洁洗染服务有限公司正式营业。主要经营衣物的干洗、水洗、染色、织补复原、服装加工、皮衣翻新，同时兼营家庭服务、洗涤设备、空调设备的维修服务。2010年，全区经工商注册的洗染业30户。

摄影业 辖域摄影业历史悠久。1909年，唐山最早的鸿璋照相馆在小山大街开业。另有十多个"照快像"的个体从事照相。此后到1949年，宏中、新新、大北、鸿璋等照相馆已形成规模。1990年年初，全区有市属国营照相馆4家，区属1家，港陆合资1家，街办1家，个体照相户24户。2000年，全区摄影业发展到15家；2005年达到36户，从业人员51人，注册资金140万元。伴随居民生活水平提高，服务项目除传统结婚照、毕业照、全家福外，还扩展至新娘化妆、个性写真、婴儿百岁照、孕妇照、证件快照，艺术摄影，金婚、银婚照（中老年人）摄影套系，数码彩扩，古装照，数码相机成像转录光碟和冲印，制作"胎毛笔""手脚印"等。2010年，全区经注册的专业摄影店45家，从业人数148人，注册资金216万元。当年，具有较大规模的摄影企业有唐山宏祥数码冲印有限公司、唐山市宏中摄影有限责任公司学院路分店、唐山市宏中照相有限公司车站路分店、唐山饮食服务（集团）有限责任公司华尚摄影分公司、唐山恒丰实业有限公司时代摄影部、唐山华山摄影有限公司、唐山市枫叶广告策划有限公司、唐山市路南常春藤婚纱影楼等。主要服务项目是摄影、摄影扩印，照相器材、摄影用品批发、零售，同时兼营打字、复印、印刷、婚纱出租，企业形象策划、制作、设计、代理，发布国内各类广告等。

修理业 1990年，全区有修理业243户（合伙经营7户、40人，个体236户、271人），完成营业额100.58万元。维修范围，小到钢笔、配钥匙、雨伞、台灯、仪器仪表、自行车、三轮车、钟表、衡器、日用器具及黑白铁器修理，大到农机、汽车修配、电视、冰箱、空调、制冷设备、通讯设备等100余项。1994年，全区修理业发展到459户，从业人员648人，实现营业额456.58万元，修理业个数、从业人员、营业额分别是1990年的1.89倍、2.08倍、4.54倍。1995年后，科学技术在工业生产得到广泛运用，产品质量明显提升，进入家庭的大宗耐用消费品实行"三包"，日常生活用品更新换代加快，修理项目及修理业户逐年减少。到2005年，全区从事修理的服务业户由1994年的459户、648人分别减至124户、314人，注册资金813万元。2010年，主要修理项目是液晶电视、电冰箱、洗衣机、空调、电热水器、微波炉等家用电器，汽车、摩托车、电动车等交通工具，电脑、手机等电子产品。是年，全区修理业网点28个，注册资金1193万元。

家政服务业 家政服务是指将部分家庭事务社会化、职业化，由社会专业机构、社区机构、非盈利组织、家政服务公司和专业家政服务人员来承担，帮助家庭与社会互动，构建家庭规范，提高家庭生活质量，以此促进整个社会的发展。20世纪80年代末90年代初，家政服务业兴起，且经营项目少，主要承担居民搬家、水暖安装、拆墙破窗等简单的体力服务。2000年起，居民收入逐年提高，一些家庭急、难、险、重的家务，开始借助家政服务中介解决，至此带动家政服务行业的快速崛起。2005年，全区经注册从事家政服务企业达7家，注册资金21万元。同年6月28日，区委七届六次全会通过《关于加快服务业发展的意见》，鼓励家政服务行业的发展。以此为契机，唐山市路南区婚姻服务部、唐山市丽洁家政服务有限公司、唐山天元清洁清洗有限公司、唐山市迅洁家政有限公司、唐山市佳宜保洁有限公司、天津金钥匙开锁服务有限公司唐山分公司、唐山市双扶家政服务有限公司、唐山市路南康净保洁有限公司等家政服务企业陆续注册运营。2010年，全区经工商注册的家政服务企业12家，主要服务项目亦由简单的依靠体力服务，逐步扩展至搬家保洁、管道疏通、水暖安装、拆装空调、家电维修、室内改线、粉刷房屋、安灯、专业开锁、居室清洁服务、室内装饰设计、婚姻介绍、婚纱出租，操持家务，护理老人，护理孕妇、产后新生儿、保育婴幼儿，护理病人，家庭保安以及家庭管家、家庭教育、学业辅导等带有一定服务技能的家务家政服务。有的兼营信息咨询、房地产中介、职业介绍等，其服务领域无所不包，家政服务呈现出社会化的发展趋势。

婚丧服务业　婚丧服务，历史渊源，早在改革开放前便已存在，只是未经注册。1992年起，尚未注册、松散型，且专门从事婚丧服务的组织及个人，开始在民间有偿提供婚丧服务。随着社会主义市场经济体制建立，婚丧服务开始融入市场机制，专门从事婚丧服务的机构应运而生。婚礼庆典服务内容扩展，包括：婚礼策划、婚礼主持、庆典装饰等；丧礼服务内容除组织丧礼外，还为用户提供联系乐队、纸张（指花圈、纸糊人马等）等一条龙服务。婚丧礼主持结束，收取一定数额的服务费。2005年后，婚丧礼仪相互攀比，服务方式多样化，婚丧服务费用逐年攀升，促使婚丧服务业迅速发展。至2010年，全区经工商注册的婚丧服务业企业有12家，其中婚庆公司6家，从业人员75人。

洗车租车业　1990年，全区无洗车租车业。1992年起，交通运输业的发展，带动租车业的崛起。2000年起，家庭轿车逐步进入家庭，洗车（汽车美容）业悄然兴起。至2005年，全区经工商注册的洗车（汽车美容）店7家，租车户2户。2010年，全区洗车租车业发展到15家，注册资金257万元，服务项目包括洗车、汽车美容、汽车保养以及车辆出租。

第二节　商务服务与计算机应用服务和软件业

一、商务服务

信息咨询业　信息咨询业起步于20世纪80年代初期。信息咨询的特点主要体现在，为满足改革开放政策所引起的逐步增加的社会咨询需求。主体力量是科研机构中的研究人员，参与和辅助领导决策的内部咨询机构。故信息咨询业的体制单一，咨询内容少，咨询活动的经济性和经营性不明显，咨询市场发展缓慢。1990年起，随着改革开放的深化，社会发展对咨询的需求日益增加，各系统、各部门和企业界需要通过信息咨询得到科技、经济发展的科学方案和方法。适应信息咨询业的发展趋势，专门受理各种信息咨询的机构顺势建立。当年，全区完成咨询服务业增加值55万元。1992年6月，中共中央、国务院作出《关于加快发展第三产业的决定》（以下简称《决定》），《决定》将“与科技进步相关的新兴行业，主要是咨询业（包括科技、法律、会计、审计等咨询业）、信息业和各类技术服务业”等列为加快发展第三产业的重点之一。同年，区委、区政府按照《决定》要求，组织专门力量，对加快信息服务、科技咨询业的发展进行探索与规划。

1994年，加快信息服务、科技咨询业的发展，区委、区政府明确信息咨询业要本着“政府组织，部门联办，多方筹资，相对集中”的原则，重点发展技术要素市场，组建大邦科技市场，面向企业和社会提供各种科技咨询、技术转让和信息服务，实现技术和信息商品化、产业化。至此，信息咨询业呈现出较快发展势头。1997年，全区信息咨询业有2户，2005年发展到11户。信息咨询范围，涉及经济协作信息、商品信息、家政服务、企业投资、营销策划、商务信息、旅游信息、劳务信息、房产信息、人力资源信息、货运信息、文化信息，企业形象策划、企业管理、投资意向咨询、财务咨询、商务信息咨询、贸易咨询、心理健康咨询、营养保健咨询、策划创意咨询、市场营销策划，会议及展览的策划、礼仪庆典服务咨询、企业信息咨询、税务咨询、投资咨询、验资咨询、审计咨询等诸多领域。同年6月28日，区委、区政府印发《关于加快服务业发展的意见》（以下简称《意见》）。《意见》支持律师、审计、会计、咨询和职业介绍等中介组织加快发展，形成具有一定规模和咨询力量的顾问队伍和智力服务网络；同时，围绕《意见》的贯彻落实，制定保证措施，推动信息咨询业的快速发展。至2010年，经工商注册的信息咨询企业已达40户，比2005年新增29户。

广告业 中共十一届三中全会后，随着商品市场的逐步放开，一种以“广告单子”为形式的纸质广告悄然兴起。热闹繁华的市区中心，经销人员将印有商家活动和商家品牌为宣传内容的广告单，向路人发放，形成改革开放后商品市场一道独特的风景线。但初期广告经营，规模小、效益差，专业水平低。此后，受纸质广告启发，门面广告、路牌广告、灯箱广告、公交车广告等闹市中的平面广告顺势而生。1992年，中共十四大确立社会主义市场经济体制的改革目标，商品市场彻底放开，为广告业的崛起提供契机。广告业随之成为广告创意、策划、设计、制作、展示、发布、检测、管理、调查、科技研发、技术推广、效果评估、媒体运营、品牌代理等形式多样，并获取利润的产业门类和市场经济的重要组成部分。同期，各类广告，蜂拥而至，形式庞杂，真伪难辨，广告主、广告经营者、广告发布者间也亦竞争无序。1994年，《中华人民共和国广告法》颁布，翌年实施。《中华人民共和国广告法》首次对广告主、广告经营者、广告发布者进行界定和规范。以《中华人民共和国广告法》的颁布实施为标志，广告业开始步入依法、健康发展的轨道。

1995年起，随着信息化步伐的加快，计算机软件在广告设计、制作、安装各个环节的广泛运用，各类广告千姿百态，日新月异。广告种类既有普通的路牌广告、墙壁广告、灯箱广告等平面广告，又有富有时代色彩的霓虹灯广告、电子喷泉广告等电子立体广告。色彩斑斓的广告在再现商品市场繁荣的同时，又为城市容貌增光添彩，广告业已成为经济社会发展不可或缺的推进剂。到2004年，全区依法登记注册的广告企业已达86户，从业人员258人，其中登记注册的广告公司56个。此后，伴随互联网的腾飞，新媒体、“流媒体”在广告中的普及，以及“植入式”等广告新形式的出现，广告已深刻的渗透到商贸服务、科技、教育、卫生、文化娱乐、居民生活等各个领域。至2010年，全区依法登记注册的广告企业已达149户，从业人员478人，其中广告公司113个。

二、计算机应用服务与软件业

20世纪80年代后期，计算机应用服务与软件业始兴。时在小山、建国路以及沿新华道南侧一线，有专门销售计算机及耗材的零星店铺，且经营规模小，品种单一，能使用计算机的只有党政机关和大中型国有企业。进入90年代后期，中共中央、国务院确立“以信息化带动工业化，以工业化促进信息化”，以及“优先发展信息产业，大力推广信息技术应用，走新型工业化道路，促进社会生产力跨越式发展”等一系列重大战略方针。至此，信息传输、计算机应用服务和软件业步入持续、快速、健康的发展轨道。党政机关开始运用计算机进行办公，亦有少数家庭购买计算机。

2000年起，随着信息技术的广泛应用和与日俱增的市场需求，带动计算机和软件产业的快速崛起。至2005年，全区信息传输、计算机应用服务和软件业达8户，营业收入2015万元，实现营业利润995万元，完成增加值196万元。经营范围除销售各种品牌电脑和电脑耗材外，兼有软件运用、快速打印、复印、装订、大图复印、扫描、缩放、CAD出图、晒图，名片、证卡制作，光盘刻录、收发传真、收发邮件；刻字、彩色激光打印、写真、喷绘画面以及网络工程、主页制作等业务项目。2006年后，互联网飞速发展，计算机进入普通家庭，计算机应用服务和软件产业再次迎来空前的发展机遇。2008年，全区从事信息传输、计算机销售、应用服务和软件业的企业达42个，营业收入3241.6万元，利润86.9万元，完成增加值86万元。2009年，营业收入4572.6万元，利润627万元，增加值234万元。利润与增加值创历史新高。2010年，全区信息传输、计算机应用服务和软件业有服务企业41家，完成营业收入8.3亿元，利润2.31亿元。比2005年分别增长5.13倍、41.19倍、23.22倍。实现增加值279万元。计算机应用服务与软件业已成为路南区新的经济增长点。

第三节　娱乐业与旅游业

一、娱乐业

20 世纪 80 年代末 90 年代初，歌舞厅、演艺厅、迪厅、KTV、夜总会、音乐茶座、台球、保龄球场、游戏厅、游艺场所等娱乐场所，以及兼营歌舞表演的酒吧、餐厅、咖啡厅等为顾客进行娱乐活动提供服务，并以盈利为目的的娱乐业开始兴起。1990 年，音乐茶座、卡拉 OK 开始在辖区流行。仅有的渤海电影院、西山口俱乐部时常举办丰富多彩的文化娱乐活动。彩色电视开始进入普通家庭，以盈利为目的的娱乐业受到冲击。1995 年前后，电子游戏厅经营红火。游戏机的游戏门类主要有：驾驶类、炮战类、火箭袭击类、趣怪类等游戏，具有紧张激烈的对抗竞技特点，故受到少年儿童的青睐。放学后，一些对游戏痴迷的少年儿童，顾不上放下书包，捏着零用钱就进入游戏厅，沉醉在变幻无穷的电子游戏中。后来游戏厅开始出现赌博、色情等不健康内容，老师和家长们惊呼“狼来了”。国家随即明文规定：除节假日外，电子游戏厅（室）一律不得向未满 18 周岁的青少年开放。至此，红火一时的电子游戏厅发展空间受到严格限制。

2000 年后，互联网业迅速崛起，“网吧”趁势而兴。大型歌舞厅逐渐退出娱乐舞台。卡拉 OK 小型歌舞厅、咖啡屋、KTV 包房、酒吧、网吧成为娱乐时尚。至 2005 年，全区有酒吧 10 家，网吧 22 家。当年完成娱乐业增加值（包括文化、体育）1073 万元。此后，随着“新媒体”“流媒体”“植入式”在娱乐业中的广泛运用，娱乐内容与形式发生深刻变化，逐步呈现出健康休闲（健康美容、健身娱乐）、文化休闲（文化创作、文化表演、文化展览）、娱乐休闲（大众娱乐、娱乐会所），多层次、多视角，与不同需求人群休闲娱乐相适应的休闲娱乐业态，并实现平稳较快发展。2006 年，全区完成娱乐业增加值 1299 万元；2007 年完成 1581 万元。2008 年开始，随着省委、省政府“城镇面貌三年大变样”工作部署的落实，城市拆迁改造步伐的加快，娱乐业设施及增加值锐减。是年，全区娱乐业增加值减少至 89 万元。2009 年略有上升，完成增加值 189 万元。2010 年，全区有网吧 28 家，酒吧 42 家，KTV3 家、台球室 4 家。当年实现娱乐业增加值 236 万元。

二、旅游业

1986 年 7 月，在纪念唐山“7·28”大地震 10 周年之际，位于市中心新华道南侧抗震纪念碑广场内的唐山抗震纪念碑、唐山抗震纪念馆建成。成为集防震减灾科普教育、爱国主义教育、旅游观光的重要场所和旅游景点之一。

1992 年，开滦旅行社（开滦大酒店旅行社有限责任公司），经河北省旅游局批准，唐山市工商局注册成立，填补区内无旅行社空白。

1997 年，中国青年旅行社唐山旗舰店、唐山沃尔玛中青旅旅游服务中心两家北京直营店相继开店营业。2000 年 6 月 16 日，唐山市天马国际旅行社注册运营。该社拥有高素质的旅游专业管理人员和服务热情、训练有素的导游队伍。承办国内散客、团队、各类会议、商务考察等旅游业务，并免费提供各种旅游咨询服务。开业后，以严谨的工作作风，规范的操作，优良的服务，实惠的价格，永恒的信誉为游客提供完美的服务。主要旅游线路：长线有桂林、南宁线路；海南三亚双飞线路；四川成都、九寨、黄龙线路；张家界、凤凰古城线路；厦门鼓浪屿、武夷山线路、江西景德镇线路等等。短线有北京一日游；天津欢乐谷一日游；白洋淀 2 日游；承德避暑山庄 2 日游；辽宁锦州、笔架山 2 日游；河南云台山 4 日游；山东、青岛 4 日游等。当年组团 10 个，旅游人数 350 人。

2002 年 7 月，唐山鸿源旅行社注册成立，隶属于唐山钢铁集团有限责任公司生活服务有限公司唐钢宾馆。成为集旅游接待、住宿餐饮、商务服务、交通客运、购物娱乐，具有综合服务功能的旅游饭店。此后，随着人们生活水平的逐步提高，旅游业迎来最佳发展时期。适应旅游消费需求，唐山阁瑞林旅行社有限责任公司、唐山市顺通国际旅行社有限公司等旅行社陆续注册营业。

2009年，唐山市金龙旅行社有限公司成立。该公司按照现代企业制度规范设立，旅游业服务人员均毕业于旅游管理院校，具有扎实的专业理论知识。当年，开辟大连线、华东线、锦州线、云南线旅游线路4条，4个团次、902人。

2010年5月27日，唐山信捷旅行社有限公司登记注册，主要经营入境旅游、国内旅游。年末，全区经注册的旅游企业已达34家。区内的主要旅游景点是：大钊公园、唐山抗震纪念碑、唐山抗震纪念馆、南湖生态城、开滦国家矿山公园（内建有开滦博物馆）、唐山地震遗址纪念公园（内建有中国·唐山地震博物馆、地震科普展馆、地震纪念展馆）、冀东烈士陵园、唐山机车车辆厂地震遗迹、原唐山十中地震遗迹、河北联合大学图书馆地震遗迹、唐山矿一号井、唐山植物园等。

第五章　金融业

中共十一届三中全会后，金融系统依据国家货币政策，加快机构网点建设，创新服务手段，千方百计融通资金，为地方经济社会又好又快发展提供有力的金融支持。至2010年，辖区金融业服务网点达到57家，其中银行业8家、网点44个，年末存款余额925.18亿元，其中储蓄存款519.23亿元，贷款余额501.66亿元。保险业8家，保费收入5.99亿元，理赔8888.55万元。证券业3家，其中1家累计佣金达到2.12亿元，实现利润1.63亿元，另2家年末入驻，准备开业。有典当业2家，共实现业务收入1820.85万元，利润393万元。

第一节　银行业

一、中国银行复兴路支行

1988年6月，中国银行复兴路办事处建立。2000年7月，改称中国银行复兴路支行。其间，主要业务为金融存贷，同时兼顾代销基金、中银“五宝”、代理保险、外汇宝、黄金宝、实时汇划、网上银行、中银理财、中银汇兑和中银都市卡等中间业务。至2010年，各项存款余额17.53亿元，其中储蓄存款余额3.74亿元；贷款余额5.58亿元；中间业务收入224万元。

存款　1988年6月，中国银行复兴路办事处建立，遂开展存款业务。1990年，坚持“控制总量，调整结构，保证重点，压缩一般，适时调节”的金融工作方针，促进出口创汇和对外开放，存款业务稳步、持续发展。年末各项人民币存款余额979.97万元，其中储蓄存款余额854.3万元。1995年，各项存款余额9690.74万元，其中储蓄存款余额9283.72万元，分别是1990年的9.89倍、10.87倍。1996年，以“存款立行，服务兴行，从严治行，盯住效益，强化改革，加快发展”为指导，建立《单所核算考核办法》和储蓄承包责任制，责利挂钩。同时发挥传统金融服务产品优势，开展微笑服务，并通过上门取款、送款、收送单等形式，密切银企关系，推动存款业务快速发展。年内，各项存款余额1.53亿元，其中储蓄存款余额1.33亿元。2007年，各项存款余额达11.27亿元，其中储蓄存款6.63亿元，比1996年分别增长6.38倍、3.99倍。此后，实施“存款一把手”工程，支行领导、各科室负责人带头访企存大户，密切银企关系，健全营销信息体系，通过联动营销、精细营销等形式，积极争揽系统性、行业性的存款客户，扩大优质客户群，降低筹资成本，在全员职工中倡导“一人在中行，全家拉存款”理念，广泛吸揽存款，各项存款业务大幅增长。2010 年，支行各项存款余额增至 17.53 亿元，其中储蓄存款余额 3.74 亿元，分别是 1990 年的 178.88 倍、43.78 倍。

1990—2010 年中国银行复兴路支行存款业务统计表

表 8－7　　单位：万元

年份	各项存款	其中储蓄存款	年份	各项存款	其中储蓄存款
1990	979.97	854.30	2001	51691.12	29652.74
1991	3097.76	2841.46	2002	64656.65	41983.75
1992	4037.40	3855.52	2003	64373.37	38383.53
1993	5254.95	4987.34	2004	73057.13	44280.54
1994	7324.99	7170.65	2005	89225.11	55034.70
1995	9690.74	9283.72	2006	100100	63500
1996	15274.47	13286.63	2007	112700	66300
1997	24638.82	18103.59	2008	85800	38800
1998	36444.08	26698.09	2009	86300	30800
1999	40871.28	24984.83	2010	175300	37400
2000	48146.75	26565.78	–	–	–

贷款　1990 年，以具有发展潜力的龙头企业、抗风险能力强的企业作为重点贷款对象进行扶持。年末，各项贷款余额 893 万元。1998 年起，根据重点企业不同需求，利用项目贷款、打包贷款、进口开征、承兑汇票、贴现贷款等多种金融工具，提高授信效率，实施组合投放，多渠道为企业融资，缓解企业资金压力。当年，各项贷款余额 1.24 亿元，是 1990 年的 13.91 倍。2001 年，贯彻“加强监管、适度投入、盘活大户、发展新大户、稀释不良资产、清理呆坏账”的信贷原则，严格贷款“三查”和审贷分离制，杜绝“人情款”发放。年内，圆满完成不良资产的剥离、清收任务。同时控制贷款投放量，贷款投放额减少到 7310 万元。2002 年，加大对重点项目的跟踪营销力度，积极争取上级行和主管部门的政策支持；创新服务机制，通过为重点客户提供综合化服务、建立高效快捷的信贷审批“绿色通道”等措施，加大票据业务融资力度。积极向上级行申请转贴现、申请审批“绿色通道”，千方百计缓解企业资金需求压力。集中资源优势，合力攻关前景看好的核心客户、重点客户以及经济效益较高的重点项目。同时，开展消费贷款和票据贴现业务，贷款业务大幅回升。年末，贷款余额 1.43 亿元。2006 年高达 11.05 亿元，创历史新高。此后贷款业务转向车贷，信贷投放额随之下降。2010 年，贷款余额 5.58 亿元，比最高年份的 2006 年减贷 5.47 亿元。

1990—2010 年中国银行复兴路支行贷款业务统计表

表 8 - 8　　　　单位：万元

年份	各项贷款	其中不良贷款	年份	各项贷款	其中不良贷款
1990	893	-	2001	7310	-
1991	1850	-	2002	14335. 05	1800
1992	2014	-	2003	20040. 73	-
1993	2263. 42	-	2004	28466. 78	950
1994	3449. 3	-	2005	69882. 3	-
1995	1873. 50	-	2006	110500	-
1996	9071. 97	-	2007	85500	-
1997	10730. 25	-	2008	70500	-
1998	12420. 47	3500	2009	67500	-
1999	9932. 81	-	2010	55800	-
2000	6546. 15	435	-	-	-

中间业务　1987 年起，陆续开办长城卡，结算等中间业务。1999 年开办储蓄卡代发工资，代收代付等业务。2002 年，开办网银业务、外汇业务、结算业务等。同年与保险公司签订代理销售保险产品协议，在柜台开办代销保险业务。2003 年，开办电子银行、发行国际标准信用卡业务。当年实现中间业务收入 71 万元。2010 年，中间业务收入达到 224 万元，是 2000 年的 5. 89 倍。

2000—2010 年中国银行唐山市复兴路支行中间业务收入统计表

表 8 - 9　　　　单位：万元

年份	金额	年份	金额	年份	金额
2000	38	2004	96	2008	212
2001	47	2005	108	2009	260
2002	55	2006	142	2010	224
2003	71	2007	186	-	-

二、中国建设银行唐山分行

中国建设银行唐山分行在路南区设有 9 个营业网点（唐山分行营业部、复兴路支行、新华道支行、友谊里支行、新华南楼储蓄所、国防道支行、友谊路储蓄所、龙福里支行、福乐园分理处），分别由复兴路支行、新华道支行、唐山分行营业部管辖。1993 年前，为政策性专业银行，代理财政职能，主要经办基本建设拨款并监督其合理使用，同时在部分分支机构开展存贷业务。1994 年，开始向商业银行转轨，遂开展存贷业务和信用卡、借记卡、自助银行、电子银行、代理保险等中间业务。当年起，坚持“以市场为导向，以客户为中心”的经营理念，以“服务地方经济，打造一流银行”为宗旨，为全市社会经济发展和大众生活质量提升提供优质金融服务，逐步打造功能完善、产品齐全、服务精良、内控严密的现代化商业银行。至 2010 年年末，分行营业部、新华道支行和复兴路支行 3 行存款余额达 70. 16 亿元，贷款余额 9. 26 亿元；实现中间业务收入 3491. 75 万元。

存款　分单位存款和储蓄存款两种。1987 年起，逐步开办储蓄存款业务。1990 年，贯彻实施“巩固、完善、提高、发展”方针，围绕增储额上单产，推行储蓄承包制，实行奖励增储政策等措施，促进存储业务提速发展。当年起，单位存款，逐步从基本建设领域扩展到政府机构、同业机构、事业法人机构以及工商企业、私营及个体企业等领域。1991 年，坚持企业存款和储蓄存款两手抓。1993 年，首次提出“存款兴行”理念，将吸存工作渗透到商业、供销、工矿企业、事业单位等领域。1996 年，贯彻总行“依托大行业、大企业经营”的双大战略，加强对大行业大企业客户对公存款的营销。同年，向商业银行转轨，在储蓄窗口推出“一米线”、使用文明用语等服务标准，实现储蓄业务通存通兑，开展以储蓄卡为基本载体，面向广大居民的代股民结算、代收代付、代发工资的“一卡三代”活动，促进储蓄存款快速增长。1999 年开始，面对国家增发国债、利率下调、开征利息税、股市活跃等对负债的影响，适应政策和市场变化，缩短管理半径，开辟新的储蓄存款增长点。依据市场变化，细分客户市场，拓展高中端客户群体。同时试行产品经理制，改造传统业务流程，扩展龙卡增值功能，为用户提供“一站式”服务。同时，细化营销举措，加大考核奖励力度，建立动态管理机制；以重点行业和重点客户为着力点，深入开展市场营销，储蓄存款保持持续、快速发展势头。至 2002 年年末，中国建设银行唐山分行在路南区 3 个分支机构，各项存款余额达 22. 17 亿元，其中储蓄存款余额 18. 09 亿元。2003 年，组织开展“营销金融套餐、扩大百亿成果”“抢市场、争份额、上台阶”“争创亿元所、县域行处争占比”等竞赛活动，广泛吸存揽储。发挥龙卡、“速汇通”等产品的拉动作用。拓展定期一本通、约定转存、自动转存等新业务，个人存款得到较快发展。年末，3 个支行各项存款余额达 27. 68 亿元，其中储蓄存款余额 21. 16 亿元，同比增长 24. 82%、16. 97%。2004 年，加强对重点大客户的跟进营销，坚持完善存款动态监测和通报制度，实现存款稳定快速增长。年末，各类存款余额 19. 82 亿元，其中储蓄存款 13. 11 亿元。2009 年起，按照“一行一策”要求，坚持“以客户为中心”的经营理念，突出发展个人业务，强化市场营销，存款业务呈现出跨越式的增长态势。年末，各类存款余额为 57. 26 亿元。2010 年年末，各支行各类存款余额达到 70. 16 亿元，其中储蓄存款余额 49. 66 亿元。

2002—2010 年中国建设银行唐山分行路南境内分支机构存款业务统计表

表 8－10　　单位：万元

年份	复兴路支行		新华道支行		营业部		合计	
	各种存款	其中储蓄存款	各种存款	其中储蓄存款	各种存款	其中储蓄存款	各种存款	其中储蓄存款
2002	56376. 00	45479	114185. 00	82413	51180. 00	53057	221741	180949
2003	72124. 00	58617	114905. 00	81100	89756. 00	71913	276785	211630
2004	41600. 00	24245	54829. 00	20675	101736. 00	86206	198165	131126
2005	45692. 00	28106	65583. 00	25817	105963. 00	93358	217238	147281
2006	66426. 00	30609	74806. 00	32954	124389. 00	104042	265621	265621
2007	93097. 00	38298	68306. 00	35501	150515. 00	119702	311918	193501
2008	108026. 00	53631	69305. 00	50694	180054. 00	143999	357385	248324
2009	182340. 00	76577	164892. 00	56098	225408. 00	170121	572640	302796
2010	273012. 00	187813	175315. 00	136624	253260. 00	172167	701587	496604

贷款　分为人民币贷款和外汇贷款业务。人民币贷款有短期贷款、中长期贷款和其他类贷款。1985 年，开办建筑业流动资金贷款。1987 年，开办工商企业流动资金贷款。1991 年 10 月，开办外汇存款、汇款、放款业务。此后，经过多年发展，逐步形成现汇贷款、贸易融资、境外筹资转贷款等种类齐全的

业务体系，支持国际结算等其他外汇业务的发展。1992 年，以住房制度改革为契机，发展房改金融和房地产金融业务。1998 年起，先后开办个人权利质押贷款、个人汽车贷款、个人消费额度贷款、个人住房装修贷款、个人助业贷款等个人消费贷款。中长期贷款，主要围绕基础设施建设项目和“大行业、大企业”开办中期流动资金贷款、固定资产贷款和其他中长期贷款。同时开办信托贷款、委托贷款和票据融资等业务。2003 年，提高资产运行质量，对个人银行业务与公司类业务分别施贷。个人银行业务主要发展以个人汽车消费贷款为对象的资产业务，兼顾发展个人额度贷款业务。针对近年出现的不良贷款现象，通过成立个贷审批小组，严格审贷分离，上调首付款比例，由经销商为购车人提供担保等系列措施，规避风险。公司类业务，确立清收压缩不良、积极营销优质贷款客户的经营方针，主管领导亲自挂帅，抽调骨干力量，苦打降低不良资产攻坚战。通过运用清收、法律诉讼、核销等手段，消化历史包袱，压缩、转化不良资产，优化资产质量。是年，开办代理资金信托计划资金收付业务。年末，3 个支行各项贷款余额大幅增长，达到 27.9 亿元，同比增长 7.62 倍。2006 年起，控制信贷规模，清缴不良贷款，资产质量管控能力不断增强，不良贷款呈逐年下降趋势。年末 3 个支行贷款余额 2.81 亿元，不良贷款 7494 万元，同期分别减少 17.66 亿元和 245 万元。2010 年，3 个支行贷款总额 9.26 亿元，与 2005 年比，年末贷款余额减少 11.21 亿元；不良贷款 732 万元，与 2005 年比，年末不良贷款减少 7007 万元。

2002—2010 年中国建设银行唐山分行路南境内分支机构贷款业务表

表 8－11　　单位：万元

年份	复兴路支行		新华道支行		营业部		合计	
	贷款	其中不良贷款	贷款	其中不良贷款	贷款	其中不良贷款	贷款	其中不良贷款
2002	10218	960	4536	893	17614	3539	32368	5392
2003	16943	850	11455	354	250673	2293	279071	3497
2004	13818	73	11737	790	213539	0	239094	863
2005	8726	3835	9951	1269	186024	2635	204701	7739
2006	6466	2577	10320	756	11291	4161	28077	7494
2007	3600	2096	28826	25	12189	3820	44615	5941
2008	6487	1985	30205	15	17996	3341	54688	5341
2009	5751	770	30945	4	36845	377	73541	1151
2010	12094	537	4071	32	76474	163	92639	732

中间业务　1990 年起，陆续开办信用卡、借记卡、自助银行、电子银行、代理保险、结算等中间业务。1992 年，试点发行万事达、维萨信用卡。1995 年开办代销商业保险业务。1996 年开办储蓄卡业务。1997 年，开通龙卡储蓄卡的省内异地交易功能。1999 年起，向社会陆续发行不同卡面的生肖卡，全面开办储蓄卡代发工资、代收代付、代股民结算等业务。2002 年，开始开办网银业务，实现中间业务收入 147.02 万元。同年起，先后与中国人寿、平安人寿、太保人寿、泰康人寿、新华人寿、太保产险等签订代理销售保险产品协议，开展各种营销竞赛活动，推动柜台代销保险业务的快速发展。此外，还开办外汇业务、结算业务等。2003 年，针对“非典”时期客户的心理特点，围绕电子银行“不受时间和地域限制、能避免因现金流通带来的疾病传播、减少交叉感染机会”等优势，对网上银行、“95533”客户服务电话等产品进行大规模宣传，促进电子银行业务的快速发展。之后，把电子银行作为战略性业务，不断丰富产品功能，加大营销宣传力度，着力提升品牌影响和市场份额。同年，发行国际标准信用卡，并

明确将双币种龙贷记卡作为重点产品，实现中间收入稳步增长。年末，实现中间收入287.08万元，同比增95.27%。至2010年年末，3个支行实现中间业务收入3491.75万元，相当于2002年的23.75倍。

2002—2010年中国建行唐山分行路南境内中间业务收入一览表

表8－12　　单位：万元

年份	中间业务收入			
	复兴路支行	新华道支行	营业部	合计
2002	66.76	59.51	20.75	147.02
2003	69.73	93.98	123.37	287.08
2004	67.68	75.11	197.67	340.46
2005	70.31	84.35	312.48	467.14
2006	228.49	130.99	939.35	1298.83
2007	451.19	401.79	1640.45	2493.43
2008	374.33	286.90	1616.89	2278.12
2009	492.47	366.98	1714.11	2573.56
2010	825.53	789.96	1876.26	3491.75

三、中国工商银行股份有限公司唐山分行

中国工商银行唐山分行成立于1984年。2005年，实施股份制改造，中国工商银行唐山分行改称为中国工商银行股份有限公司唐山分行。经过多年发展，金融产品不断推陈出新，已由成立之初的存款、贷款、结算等单一的传统业务，发展成为资产、负债、本外币结算、国际业务、银行卡、电子银行、代理等综合性业务；形成网贷通、幸福贷款、牡丹卡、贵宾理财、投资银行、企业年金、现金管理、财务管理等一大批强势品牌业务。由自助银行、电话银行、手机银行和网上银行构成的电子银行立体服务体系日益壮大，新的金融产品、金融品牌不断推出，市场份额稳步提高，市场竞争力显著增强。至2010年，中国工商银行唐山分行在路南下设有车站支行、凤凰支行、胜利支行三个支行和7个营业网点（刘屯支行、胜利营业室、唐古支行、建国支行、福乐园支行、南新嘉园支行、凤凰营业室）。年末各项存款余额663.64亿元，贷款余额358.06亿元，实现中间业务收入3299.61万元。

存款　1990年起，重点加快网点布局调整和柜面资源整合。在迁建低效网点同时，启动凤凰大厦支行综合柜员网点改造，着力打造全市精品网点。同时开展个人金融业务竞赛活动，营销理财金账户和牡丹灵通卡.e时代等核心产品，促进储蓄存款稳步增长。当年，各项存款余额37.29亿元，其中储蓄存款余额21.71亿元。到1995年，各项存款余额达83.96亿元，其中储蓄存款余额60.68亿元，分别是1990年的2.25倍、2.79倍。1996年，巩固重点客户，扩大银企合作。实施“挖潜和挖转并行，关系营销和产品营销并重”的存款竞争策略，积极整合营销资源，完善主办行和责任人制度，进而保持机构、同业存款的持续、快速增长。年末，各项存款余额高达104.52亿元，其中储蓄存款余额76.5亿元。2004年10月29日，开始存款利率由低位向高位调整，即由1.98%调整为2.25%，至此调动更多居民存储积极性，银行各项存款业务大幅增长。2005年，各项存款余额为276.36亿元，2008年达451.25亿元。2010年，储蓄存款利率由2.25%调整为2.5%，刺激存款的踊跃，储蓄存款再次实现新的跨越。年末，各项存款余额达到663.64亿元，其中储蓄存款余额412.52亿元。各项存款和储蓄存款分别是1990年的17.8倍和19倍。

1990—2010 年中国工商银行股份有限公司唐山分行路南境内分支机构存款统计表

表 8－13　　单位：万元

年份	各项存款	储蓄存款	年份	各项存款	储蓄存款
1990	372868	217139	2001	1746618	1244844
1991	447523	260152	2002	1927869	1365929
1992	526465	295546	2003	2087856	1478416
1993	575375	343802	2004	2334612	1620110
1994	637811	459803	2005	2763584	1860426
1995	839622	606758	2006	3176565	2040962
1996	1045172	765022	2007	3429295	2126879
1997	1177133	860239	2008	4512474	2829748
1998	1403861	1005825	2009	5783127	3340569
1999	1545494	1103928	2010	6636360	4125219
2000	1649450	1157117	–	–	–

贷款　1990 年起，制定贷款营销计划，理顺营销机制，加大优质客户、重点项目的贷款营销和投放力度。年内，各项贷款余额 36. 72 亿元。此后，信贷业务稳定增长。1998 年，贷款余额 132. 09 亿元，是 1990 年的 3. 6 倍。1999 年，将资产业务的有效扩张作为实现经营效益持续、快速增长的主要支撑，倾力竞争优质信贷市场。在全面调查和掌握重点项目建设和优质客户融资需求基础上，制定贷款营销计划，明确营销目标、重点和时间表，提高竞争效率，贷款投放快速增长。当年，各项贷款余额 146. 29 亿元，是 1998 年的 1. 11 倍。2000 年，按照“有进有退、重点开拓”的信贷方针，加强市场营销，注重信贷质量的维护，努力调整优化信贷结构，贷款额略有下降。各项贷款余额 110. 5 亿元，比 1999 年减贷 35. 8 亿元。2009 年起，重点加强个人住房贷款营销，建立封闭运行贷款模式，实现住房信贷资金的良性循环。同时，扩大经办汽车消费贷款的机构和特约经销商，加快汽车消费信贷业务的发展。是年，各项贷款余额 295. 22 亿元。2010 年，各项贷款余额达到 358. 06 亿元，是 1990 年的 9. 75 倍。

1990—2010 年中国工商银行股份有限公司唐山分行路南境内分支机构贷款统计表

表 8－14　　单位：万元

年份	各项贷款	其中不良贷	年份	各项贷款	其中不良贷款
1990	367221	–	1995	769278	–
1991	415922	–	1996	906925	–
1992	471400	–	1997	1035413	–
1993	576235	–	1998	1320909	–
1994	660659	–	1999	1462949	377501

1990—2010 年中国工商银行股份有限公司唐山分行路南境内分支机构贷款统计表

续表 8－14　单位：万元

年份	各项贷款	其中不良贷	年份	各项贷款	其中不良贷款
2000	1104967	366617	2006	1295598	125559
2001	1180871	378919	2007	1452754	131428
2002	1195664	332678	2008	2055857	105590
2003	1250251	308198	2009	2952177	67036
2004	1325611	344081	2010	3580588	24073
2005	1112859	112147	–	–	–

中间业务　1990 年起，陆续开办信用卡、借记卡、自助银行、电子银行、代理保险、结算等中间业务。1992 年，开始发行牡丹信用卡，1995 年开办储蓄卡业务。1997 年，开通灵通卡储蓄卡的异地交易功能。

1999 年起，向社会陆续发行不同卡面的生肖卡，同时开办储蓄卡代发工资、代收代付、代股民结算等业务。2001 年，开办企业和个人网银业务。先后与中国人寿、平安人寿、太保人寿、泰康人寿、新华人寿、太保产险等签订代理销售保险产品协议，开展各种营销竞赛活动，推动柜台代销保险业务的快速发展。2002 年，开办代理基金销售、外汇业务、结算业务等。2010 年，实现中间业务收入 3299.61 万元，相当于 2002 年的 14.36 倍。

2002—2010 年中国工商银行股份有限公司唐山分行路南境内中间业务收入统计表

表 8－15　单位：万元

年份	业务收入	年份	业务收入	年份	业务收入
2002	229.71	2005	375.02	2008	1801.72
2003	270.24	2006	624.02	2009	2707.6
2004	328.76	2007	1894.82	2010	3299.61

四、中国农业银行唐山分行第二营业部

1987 年 4 月 6 日，中国农业银行唐山中心支行第二营业部（位于胜利路 55 号）建立，6 月 8 日对外营业。1993 年，更名为中国农业银行唐山分行第二营业部。2003 年，东郊支行迁址，其所属营业网点税钢储蓄所划归第二营业部。第二营业部所辖营业网点为：小山分理处、胜利路储蓄所、南新东道储蓄所、税钢储蓄所。2004 年，新增 1 个营业室。主要经营存储业务、信贷业务等金融业务，同时开办代理农发行贷款业务、代理政策性银行业务、国际业务、代收代付、保险代理、银行卡等中间业务。至 2010 年，中国农业银行唐山分行第二营业部及所辖各网点各项存款余额为 31.92 亿元，其中储蓄存款余额 20.17 亿元；贷款余额 4.19 亿元。分别是 1990 年的 118.08 倍、336.24 倍、15.31 倍。中间业务收入 1294 万元。

存款　存款分为企事业单位存款、储蓄存款、同业存款。1989 年，开办大面额定期存单业务。制定《储蓄人员服务公约》，开展服务竞赛，促进存款业务发展。1990 年，各项存款余额为 2703 万元，其中储蓄存款余额 600 万元。1992 年，开办定期两便储蓄存款、大额特种储蓄存款、定期定额有奖储蓄、通知存款，以及个人大面额可转让定期存单等业务。1993 年，在全市率先开办贺卡储蓄业务，并实现通存

通兑。年末，存款余额5944万元，其中储蓄存款余额2717万元。1996年，开办“青少年爱心储蓄”业务，扩大存储覆盖面。1998年，开展以微笑服务、站立服务、挂牌上岗等为内容的文明优质服务和文明窗口创建活动，用优质的服务质量赢得储户信赖，存储业务实现稳步增长。年底，存款余额达1.85亿元，其中储蓄存款余额6604万元。2000年，存款余额2.65亿元，其中储蓄存款余额9196万元。2003年，存款余额6.74亿元，其中储蓄存款余额1.95亿元。2005年，突破十亿元大关，存款余额达到10.95亿元，其中储蓄存款余额5.48亿元。2009年，因分别向南湖投资公司、唐山万达广场投资公司投放资金19.5亿、20亿元，继而引起大额派生存款，各项存款余额攀升至43.53亿元。2010年，派生存款部分被消化，各项存款余额回落到31.92亿元，其中储蓄存款余额20.17亿元。

1990—2010年中国农业银行唐山分行第二营业部存款统计表

表8-16　　单位：万元

年份	存款	其中储蓄存款	年份	存款	其中储蓄存款
1990	2703	600	2001	29631	10231
1991	3481	689	2002	35231	13677
1992	4367	788	2003	67421	19493
1993	5944	2717	2004	88311	44576
1994	8869	2302	2005	109458	54847
1995	13048	2708	2006	157991	91463
1996	16067	4268	2007	141671	107393
1997	15907	4923	2008	194885	150712
1998	18471	6604	2009	435283	191842
1999	21889	8395	2010	319176	201743
2000	26534	9196	-	-	-

贷款　贷款分为工业贷款、商业贷款、基本技改贷款、专项贷款，以及个人消费贷款、助学贷款等。1990年，贷款余额为2736万元。此后，逐年递增。1991年3072万元，1993年4705万元，1994年5196万元。1995年，代理农发行贷款业务。1996年，代理农发行的贷款业务划转农发行。1998年，接收农发行、人行划转的专项贷款业务。年末，贷款余额2921万元。2000年4月，开始办理汽车消费贷款业务。9月起，开始办理个人消费贷款业务，主要以一手房按揭贷款和住房公积金贷款为主。其他消费贷款（住房装修贷款、大额耐用消费品贷款、小额质押贷款、助学贷款等）亦开办。年末，贷款余额5643万元。此后，适应经济发展和消费需求，各项贷款逐年上升。2001年为6760万元，2003年1.37亿元，2005年3.63亿元。2007年，达3.74亿元，创历史新高。2009年，为南湖投资公司、唐山万达广场投资公司分别投放贷款19.5亿、20亿元，作为固定资产投资，贷款余额35.89亿元。2010年，贷款余额回落，为4.19亿元，是1990年的15.31倍。

1990—2010年中国农业银行唐山分行第二营业部贷款统计表

表8-17　　单位：万元

年　份	贷　款	其中不良贷款	年　份	贷　款	其中不良贷款
1990	2736	-	1992	3456	-
1991	3072	-	1993	4705	-

1990—2010 年中国农业银行唐山分行第二营业部贷款统计表

续表 8－17　单位：万元

年　份	贷　款	其中不良贷款	年　份	贷　款	其中不良贷款
1994	5196	–	2003	13690	0
1995	5936	–	2004	27317	600
1996	7386	–	2005	36347	384
1997	8186	–	2006	37133	0
1998	2921	–	2007	37446	7747
1999	3029	–	2008	23639	0
2000	5643	–	2009	358892	0
2001	6760	–	2010	41901	1814
2002	7689	–	–	–	–

中间业务　1996 年，开办代理保险业务和“金穗万事顺卡”业务。2002 年，开办基金代理销售业务，以满足居民强烈的投资愿望需求。年内，实现中间业务收入 35 万元。2004 年，开办金穗信用卡、金穗喜羊羊与灰太狼联名卡、金穗台湾旅游卡、军人保障卡等中间业务，实现中间业务收入 204 万元，是 2002 年的 5.83 倍。2005 年，开办个人实物黄金代理业务。同年，银联国际标准金穗通宝卡发行，该卡是农行为追求现代生活的成长型客户群体量身定做的真正意义上的银联国际标准的借记卡产品；取得第三方存管银行资格，密切了与证券公司的合作；开展常年财务顾问、信托理财等投资类业务。至此，业务收入明显扩增，年内实现中间业务收入 264 万元。2009 年起，推出新一代网上银行，为客户提供创新、高效、安全、便捷的在线金融服务。同时开办电子商务服务，打造支持多种账户类型、多种结算模式、多种支付模式、多种支付渠道、多种行业应用的电子商务平台。2010 年，实现中间业务收入 1294 万元，是 2002 年的 36.97 倍。

2002—2010 年中国农业银行唐山胜利路支行中间业务统计表

表 8－18　单位：万元

年份	中间业务收入	年份	中间业务收入	年份	中间业务收入
2002	35	2005	264	2008	1042
2003	98	2006	571	2009	1267
2004	204	2007	937	2010	1294

五、唐山市商业银行

唐山市商业银行，成立于 1998 年 5 月 20 日，在原唐山市信用社联社及 27 家城市信用社的基础上组建，为市属股份制企业，唐山市唯一具有独立法人资格的地方性股份制商业银行。2009 年 8 月，唐山市商业银行总行由路北区迁至路南区新华西道 66 号。主营业务包括：吸收公众存款；发放短期、中期和长期贷款；办理结算；办理票据贴现；发行金融债券；代理发行代理兑付；承销政府债券、买卖政府债券；同业拆借；提供信用证服务及担保；代理收付款项及代理保险业务；提供保管箱服务；债券和票据回购业务。至 2010 年，唐山市商业银行在路南境内下设 4 家支行（唐山商业银行营业部、商业银行路南支行、商业银行南新道支行、商业银行华岩路支行）。年末，各项存款余额 34.73 亿元，其中储蓄存款 3.72 亿元；贷款余额 26.83 亿元；中间业务收入 28.89 万元。

存款 1998 年，商业银行存款业务主要是吸收公众存款，储蓄品种有活期、整存整取和零存整取，业务品种单一。年末各项存款余额 1.86 亿元，其中储蓄存款余额 5845 万元。2000 年 10 月，对外开办人民币单位通知存款业务和人民币单位协定存款业务，法人客户存款业务在原来活期存款和定期存款两个品种基础上新增两个品种。当年末，各种存款余额达 4.65 亿元，其中储蓄存款余额 1.04 亿元。2002 年，实现商业银行储蓄系统联网。各营业网点间均能通存通兑、通挂通解和通冻通解；在唐山市首家实现免填凭条业务。存储门类扩展，包括活期、整存整取、定活两便、零存整取、存本取息、整存零取、教育储蓄、通知存款等存款种类。年末，各项存款余额达 5.64 亿元，其中储蓄存款余额 1.32 亿元，分别是 1998 年的 3.02 倍、2.26 倍。2003 年，增加银行卡业务，开通自助设备和卡折一体的“卡本通”业务，储蓄种类不断丰富，储蓄存款呈现逐年稳定增长态势。2009 年，成立 30 余个事业部，配备专门人员，建立激励考核机制，商行各项存款业务实现量的扩增。是年，各项存款余额达 52.29 亿元，其中储蓄存款余额 4.9 亿元，创历史新高。2010 年，唐山市商业银行在路南区域范围内有 4 家支行，分别为唐山市商业银行营业部、唐山市商业银行路南支行、唐山市商业银行南新道支行、唐山市商业银行华岩南路支行。年末，存款余额 34.73 亿元，其中储蓄 3.72 亿元。分别是 1998 年的 18.62 倍、6.37 倍。

1998—2010 年唐山市商业银行路南境内网点存款统计表

表 8－19 单位：万元

年份	存款	其中储蓄	年份	存款	其中储蓄
1998	18645	5845	2005	92019	17592
1999	26326	6456	2006	125937	19727
2000	46466	10368	2007	124513	24733
2001	49418	8920	2008	165669	31122
2002	56372	13225	2009	522855	48998
2003	59342	11306	2010	347263	37230
2004	70798	12924	-	-	-

贷款 贷款分为短期贷款（工业贷款、商业贷款、建筑业贷款、外商投资和中国港澳台商投资企业贷款、私营企业贷款）、中长期流动资金贷款、个人消费贷款等。1998 年，坚持“服务地方经济、服务中小企业及市民”的市场定位，加大对地方基础设施建设及项目的信贷支持力度，重点支持行业龙头骨干企业发展，全力扶持中小企业发展。年内，共发放贷款 1.24 亿元。2003 年，开办委托贷款业务，协助市政府为下岗失业人员提供小额再就业担保贷款，为下岗失业人员创业点燃希望火种。2004 年，开办汽车消费贷款和个人房地产抵押贷款业务。2006 年，以市场和客户需求为导向，拓展信贷业务，不断开发新的信贷业务品种，探索新的信贷服务领域，改革服务方式，满足不同客户的个性化融资需求。年内，投放贷款 5.58 亿元，是 1998 年的 4.49 倍。2007 年，通过为唐山市城市建设投资有限公司发放置换贷款，使用贷款资金购买商业银行打包不良贷款的债权形式，完成不良资产的清转处置。对不良贷款通过清收、转化、核销等方式进行清转，实现不良贷款的按期剥离。年末，路南区内各家支行不良贷款均为零。2008 年起，通过发放固定资产贷款、流动资金贷款、流动资金循环贷款、贸易融资、银行承兑汇票贴现、个人经营性贷款、住房贷款和下岗失业人员小额担保贷款等多种形式，实现连续三年大幅递增。是年贷款余额 10.1 亿元，2009 年 25.5 亿元。2010 年，贷款余额 26.83 亿元，是 1998 年的 21.6

倍。

1998—2010 年唐山市商业银行路南境内网点贷款统计表

表 8－20　单位：万元

年份	贷款	其中不良贷款	年份	贷款	其中不良贷款
1998	12419	－	2005	32421	10532
1999	14312	－	2006	55786	8278
2000	43172	－	2007	40627	0
2001	40065	－	2008	101020	0
2002	28448	1110	2009	255080	720
2003	25909	15861	2010	268293	0
2004	23715	13293	－	－	－

中间业务　1998 年开始，陆续开办借记卡、卡本通、自助银行、电子银行、代收代付等中间业务。2004 年，开始发行银行卡。首次发卡，与石家庄市商业银行合作，发行银联“如意卡”，并开办卡本通业务。同期，布放自助银行设备 69 台，建设在行式自助银行。2008 年，独立发行银联标准卡—“盛唐卡”和“唐山市城通卡”，其中与唐山市城通公司联名发行的城通卡实现乘坐公交车功能。寻找合作伙伴，发展代收代付业务，为客户提供多方位的便捷服务。与自来水公司合作，在全市范围新建居民区受理代扣水费业务，发行代缴纳水费功能银联卡 8 万余张；与移动公司合作，开展银信通业务，通过移动短信行业网关，实现银行卡账户变动短信通知功能和移动手机短信缴费功能，初步建成短信银行，实现电子银行业务的新突破；在全行各网点开通有线电视代收费业务，协助有线电视网络有限公司解决用户缴费网点少的问题；发展收单业务，签订大润发、华盛超市、百货大楼等一批优质商户，安装 POS 机 776 台。2010 年，全行共发行“盛唐卡”和“唐山市城通卡”44.2 万张。路南区内 6 家支行共实现中间业务收入 28.89 万元。

1998—2010 年唐山市商业银行路南境内网点中间业务收入统计表

表 8－21　单位：万元

年份	中间业务收入						
	建国路支行	华岩南路支行	解放路支行	路南支行	增盛路支行	新华西道支行	合计
1998	0	0.52	0.23	0.98	0.65	0	2.38
1999	0.05	0.61	0.66	0.62	0.80	1.22	3.96
2000	0.28	0.81	0.56	1.53	1.40	2.58	7.16
2001	0.03	0.07	0.03	0.08	0.03	0.06	0.3
2002	0.50	0.60	0.45	1.36	1.33	0.94	5.18
2003	0.61	0.70	1.20	0.83	0.90	0.86	5.1
2004	1.15	1.42	1.27	1.10	2.76	0.63	8.33
2005	1.53	2.16	1.76	2.97	3.79	2.76	14.97
2006	3.26	3.30	1.53	4.38	7.85	4.73	25.05

1998—2010 年唐山市商业银行路南境内网点中间业务收入统计表

续表 8 - 21　　单位：万元

年份	中间业务收入						
	建国路支行	华岩南路支行	解放路支行	路南支行	增盛路支行	新华西道支行	合计
2007	2.59	2.57	3.99	3.04	10.86	3.99	27.04
2008	5.31	3.54	3.27	11.53	11.53	3.29	38.47
2009	2.43	44.10	2.64	2.52	116.47	4.14	172.3
2010	3.05	7.21	2.66	4.19	9.95	1.83	28.89

六、交通银行唐山分行

1988 年 7 月，交通银行唐山支行组建。1992 年 9 月 15 日，交通银行唐山支行改称分行。1999 年 12 月，交通银行唐山分行迁入新建办公大楼，位于新华东道 103 号。至 2010 年，交通银行唐山分行共设支行级 21 家，其中路南区共有 3 家，分别是解放路支行、西城支行、渤海支行。主营存贷业务，同时办理票据贴现业务；代理发行金融债券，代理发行、兑付、销售政府债券；代理收付款项，外汇存款、外汇汇款、外币兑换、国际结算；通过上级行办理代客外汇买卖，结汇、售汇；资信调查、咨询、见证业务、黄金投资产品的销售；代理保险等中间业务。年末，各项存款余额 22.18 亿元，其中储蓄存款 9.73 亿元；贷款余额 30.23 亿元；实现中间业务 421.19 万元。

存款　1990 年起，坚持“三个一流”（一流的工作效率、一流的服务质量、一流的银行信誉）的服务宗旨，牢固树立“存款立行”意识，强化与企事业单位的合作交流，积极拓宽合作渠道，各项存款业务稳定增长。1999 年，坚持以市场为导向，以质量为中心，以效益定取舍，实施 A 级客户战略，重点服务龙头企业，带动存款业务的提升。2003 年始，依托良好的客户基础，不断加大产品和服务创新力度，密切客户关系，解决客户金融服务需求。通过提供结算服务，争取结算存款；服务公用事业及代收付客户，加强板块联动；推动进出口企业实施“走出去”战略，沉淀国际外币结算存款等方式，持续壮大存款规模，保持存款稳定增长。至 2009 年，各项存款余额达 17.68 亿元，创历史最高。2010 年，各项存款余额突破 22.18 亿元，其中储蓄存款余额 9.73 亿元。

贷款　分行贷款的主要品种有：一般短期流动性贷款、中期流动性贷款，固定资产贷款，打包贷款、贴现贷款、银行承兑汇票、信用证、出口押汇、国内保理、进口代付、进口代收融资等业务。1988 年，交通银行唐山支行组建之初，信贷管理集中在业务发展部门。1992 年 9 月 15 日，交通银行唐山支行改称分行，建工业信贷部、农商信贷部、综合信贷部。之初，信贷管理以总行制定的贷款标准文本为依据，建立制度，完善信贷手续，调整信贷结构，加大清收力度，着力盘活存量。1994 年，以“调整结构，优化投向；防范风险，提高质量；到期收回，确保利息”为总体目标，改革信贷管理体制，将工业信贷部、农商信贷部、综合信贷部撤并为信贷业务部，建立信贷管理部。信贷业务部负责集中于分行办理的存贷款业务的开拓，负责原有贷款的管理与清收；信贷管理部侧重全行信贷工作的调查研究、管理、指导和检查。同时建立审贷分离、企业风险度量化管理制度，加强风险防范。1997 年，信贷工作坚持适度从紧的货币政策，坚持以提高信贷资产质量为中心，加强信贷管理，规范运作；加强培训，增强防御风险能力；调整信贷投放结构，建立贷款企业信用评级机制，信贷工作健康有序推进。2000 年，完善贷款管理手段，发挥贷审会职能，严格审查借款主体还款能力。定期对贷款主体进行抽查、调查、分析，规避风险，信贷管理步入规范、持续、健康运行轨道。2005 年，围绕市委、市政府确立的建设“经济强城、文化名城、滨海新城、宜居靓城”的奋斗目标，贯彻总行的授信政策，重点支持地方基础设施建设和行业龙头骨干企业发展。同时，加强信贷资产质量管理，严格不良贷款控制率。年末，所辖三家支行各项贷款余额1.7亿元。2010年，区内各支行贷款余额30.23亿元，是2005年的17.79倍。

中间业务　1999年6月，始办太平洋卡业务，丰富个金业务产品。2000年，开办“一卡通”“一本通”业务。7月，太平洋卡业务实现“全国通”。2001年，开通银证转账新业务，扩大卡产品使用范围。2002年起，先后开办代收移动电话费、代理保险和基金等新业务。开办开放式基金代销业务，开始发展资本市场相关业务，为个人客户提供新的投资渠道。2004年，全行网点实行一柜通业务。同年，网上银行、太平洋卡“港澳通”“得利宝”等一批新业务投入应用。2005年1月，开通太平洋银联卡“环球通”业务，在韩国、泰国和新加坡受理业务，太平洋卡使用范围更广；推出人民币理财产品；正式开办双利理财账户业务。至2010年，路南境内3家支行共实现中间业务收入421.19万元。

2002—2010年交通银行唐山分行路南境内网点中间业务收入统计表

表8-22　单位：万元

年份	中间业务收入			
	解放路支行	渤海支行	西城支行	合计
2002	4.01	-	-	4.01
2003	4.55	-	-	4.55
2004	4.57	-	-	4.57
2005	19.61	0.48	-	20.09
2006	39.33	1.73	2.37	43.43
2007	107.48	3.5	3.89	114.87
2008	550.44	13.63	13.86	577.93
2009	310	24.1	31.81	365.91
2010	287.82	64.6	68.77	421.19

七、中信银行唐山分行

中信银行唐山分行，成立于2007年7月，是首家进入唐山市的股份制商业银行。

存款贷款　2007年，存贷业务，坚持“以客户为中心，以市场为导向”，加强客户体系建设，存款业务取得突破性进展。信贷业务，贯彻执行总行“追求滤掉风险的真实效益”风险理念，积极争取总行制定的差异化信贷政策，规范信贷管理，不良贷款发生率为零。年末，各网点各项存款余额21.52亿元，其中储蓄存款3.71亿元；各项贷款余额9.7亿元。2010年7月，升格为总行直属分行。年末，各项存款63.44亿元，其中居民储蓄存款5.92亿元。分别是2007年的2.95倍、1.6倍；各项贷款余额67.51亿元，是2007年的6.96倍。全行净利润1.03亿元。

中间业务　中信银行唐山分行，同时开办国内外支付结算、银行卡、代理、担保及承诺、托管类、交易类、咨询顾问等各项中间业务。2007年年末中间业务收入71万元。2008年，中间业务收入1502万元，主要收入结构为：国际业务中间业务收入、咨询顾问业务收入、结算业务收入、代理业务收入和担保承诺业务收入等。2009年，中间业务收入1152.62万元，较2008年有小幅下降，收入结构保持稳定。2010年，中间业务收入达到1707.48万元，主要收入结构为：结算业务收入、担保承诺业务收入、咨询顾问业务收入、交易业务损益、代理业务等。

八、唐山市郊区农村信用合作联社

1996年前，女织寨信用社、梁家屯信用社、大里路信用社三家信用社隶属于唐山市郊区农村信用合作社联合社，且整个信用社经营管理归属于农业银行。同年10月，唐山市农村信用社与农行唐山分行脱离行政隶属关系，女织寨信用社、梁家屯信用社、大里路信用社经营管理随即脱离农业银行，隶属于唐山市郊区农村信用合作社联合社。由中国人民银行唐山分行行使对唐山市郊区农村信用合作社联合社及所辖信用社业务管理。1999年，清理整顿基金会。女织寨信用社接收女织寨乡基金会，梁家屯信用社接收梁家屯乡基金会。2005年4月，河北省农村信用社联合社正式成立。2006年12月，唐山市郊区农村信用合作社联合社更名为唐山市郊区农村信用合作联社。女织寨信用社、梁家屯信用社、大里路信用社为唐山市郊区农村信用合作联社的分支机构。2010年6月，大里路信用社由路南区迁址到唐山市高新区。至此，辖属路南区信用合作联社分支机构由三家变为两家，即女织寨信用联社、梁家屯信用联社。下辖7家分社（礼尚庄分社、警赵路分社、将军坨分社、福乐园分社、双新里分社、新华西道分社、南新道分社）未变。年末，各项存款余额21.59亿元，其中储蓄存款13.76亿元；贷款余额2万元。

存款 1990年起，农村信用社为适应经济增长和社会存款快速上升的需求，坚持“以客户为中心、以市场为导向、全力打造农民自己的银行”的经营理念，增设营业网点，储蓄存款由原来品种单一，逐步向“教育储蓄”“通知存款”“信用卡存款”“自动转存”“活期存折”“定期一本通”“信通卡”“农民工卡”“学子卡”等多元化发展，存款业务持续攀升。当年，辖内分支信用联社存款余额4845万元，其中储蓄2874万元。1991年，各项存款余额6193万元，其中储蓄存款3764万元。1994年，突破亿元大关，达到1.04亿元，是1990年的2.15倍。1995年后，农村信用社适应经济社会的快速发展，坚持“存款立社”方针，建立完善吸收储蓄存款考核和奖惩机制，开展存款小额指标竞赛。同时，通过开办各类代办业务、流动吸储等措施，实现存款总量稳步增长。当年底，各类存款1.42亿元，其中储蓄存款1.18亿元。1997年，各类存款跃至2.15亿元，其中储蓄存款1.63亿元；2000年，各类存款3.11亿元，其中储蓄存款2.27亿元，分别是1995年的2.19倍、1.92倍。2008年，城郊涉及大面积拆迁改造，政府发放的补偿款注入农村信用联社，各项存款和储蓄存款呈现跨越式发展态势。当年，各项存款10.29亿元，其中储蓄存款6.44亿元；2009年，各项存款15.79亿元，其中储蓄存款11.08亿元。2010年，各类存款余额达21.59亿元，是1990年的44.56倍，其中储蓄存款余额13.76亿元，是1990年的47.88倍。

1990—2010年唐山市郊区农村信用合作联社路南境内分支机构存款统计表

表8－23 单位：万元

年份	合计		女织寨信用社		梁家屯信用社		大里路信用社	
	存款	其中储蓄	存款	其中储蓄	存款	其中储蓄	存款	其中储蓄
1990	4845	2874	2123	1334	2213	1439	509	101
1991	6193	3764	2604	1699	2741	1882	848	183
1992	7328	4714	2995	2126	3164	2303	1169	285
1993	7668	5908	3198	2558	3445	2832	1025	518
1994	10397	7827	4943	3390	4200	3634	1254	803
1995	14209	11816	5915	5088	6112	5070	2182	1658
1996	16953	14196	7030	6244	7113	6130	2810	1822
1997	21534	16267	8233	6735	9068	7359	4233	2173

1990—2010年唐山市郊区农村信用合作联社路南境内分支机构存款统计表

续表8－23

年份	合计		女织寨信用社		梁家屯信用社		大里路信用社	
	存款	其中储蓄	存款	其中储蓄	存款	其中储蓄	存款	其中储蓄
1998	22737	18921	8876	7994	9372	8296	4489	2631
1999	28874	22225	10493	9399	12727	10088	5654	2738
2000	31124	22669	10846	8274	14150	11592	6128	2803
2001	34138	24080	13028	10085	14509	11021	6601	2974
2002	40270	25333	13809	10508	15374	11040	11087	3785
2003	46542	28462	17567	11687	16814	11692	12161	5083
2004	48537	29772	18068	13013	17466	13535	13003	3224
2005	52596	32095	19281	14178	19141	14866	14174	3051
2006	59702	35967	21286	14345	25475	18178	12941	3444
2007	77107	41469	24836	15462	38510	21159	13761	4848
2008	102918	64411	34816	22156	53204	34802	14898	7453
2009	157853	110837	48257	29907	73590	51022	36006	29908
2010	215898	137608	60644	38873	106039	58865	49215	39870

贷款　1990年起，发挥农村信用社信贷支农主渠道作用，支持农村经济结构和农业产业化结构的优化调整。当年末，贷款余额为2352万元。1992年开始，随着社会主义市场经济体制的逐步建立，在遵循“立足三农、服务三农”市场定位原则的同时，按照“效益优先、风险可控”的放贷方针，扩展信贷资金投放领域，调整优化信贷投向，培植“黄金”客户，积极营销房产、土地抵押等低风险贷款，使信贷业务始终保持稳定增长的良好势头。年末，贷款余额为4413万元。1996年，突破1.34亿元。2000年达2.28亿元，是1992年的5.17倍。2001年，为缓解农民贷款难问题，市政府转发市农金改办《唐山市农村信用社推广发放农户小额信用贷款实施方案》《唐山市创建“信用村、镇（乡）”工作实施方案》，在全市开始进行农户小额信用贷款和创建信用村、镇（乡）活动。活动中，建立健全农户信用档案和农户经济档案，颁发农户贷款证，评定信用村、镇（乡）和信用农户。同时，立足区域经济，注重把符合国家产业政策的项目和中小企业作为信贷扶持重点，加大信贷投放力度。年末，信贷余额2.56亿元，其中不良贷款1.57亿元。此后至2008年，调整信贷投放结构，加大贷款清收力度，各项贷款余额平稳上升，不良贷款逐年递减。年末，贷款余额3.38亿元，是2001年的1.32倍；不良贷款3699万元，与2001年比，减少1.2亿元。2009年起，将所辖信用社大部分贷款业务上收联社客户经理部集中经营管理，分支机构只办理小额贷款业务。至此，年末贷款余额降到5万元。2010年，降至2万元。

1990—2010年唐山市郊区农村信用合作联社路南境内分支机构贷款统计表

表8－24　单位：万元

年份	合　计		女织寨信用社		梁家屯信用社		大里路信用社	
	贷款余额	其中不良贷款	贷款余额	其中不良贷款	贷款余额	其中不良贷款	贷款余额	其中不良贷款
1990	2352	1	922	1	1014	–	416	–
1991	3291	4	1419	4	1530	–	342	–

1990—2010年唐山市郊区农村信用合作联社路南境内分支机构贷款统计表

续表8-24　　单位：万元

年份	合计		女织寨信用社		梁家屯信用社		大里路信用社	
	贷款余额	其中不良贷款	贷款余额	其中不良贷款	贷款余额	其中不良贷款	贷款余额	其中不良贷款
1992	4413	13	2079	13	1815	-	519	-
1993	5446	920	2188	920	2377	-	881	-
1994	6769	2384	2785	1093	3053	817	931	474
1995	7988	1294	3266	88	3596	725	1126	481
1996	13367	5404	5910	1333	5624	3326	1833	745
1997	14702	6928	6016	1300	6076	3540	2610	2088
1998	17055	9226	6531	3635	6891	3740	3633	1851
1999	21230	11290	7548	3893	9550	5359	4132	2038
2000	22817	12812	8182	4105	10054	6655	4581	2052
2001	25564	15670	9146	5054	11312	6544	5106	4072
2002	30061	19098	11064	6485	11927	8446	7070	4167
2003	28765	19127	11077	6799	12285	8393	5403	3935
2004	34873	18416	13155	6643	13231	8036	8487	3737
2005	35233	13250	12203	4396	13344	5796	9686	3058
2006	31956	10527	11351	3346	11859	4471	8746	2710
2007	33106	5939	13639	2814	11075	1897	8392	1228
2008	33799	3699	12214	1746	11964	1283	9621	670
2009	5	0	5	0	-	-	-	-
2010	2	0	2	0	-	-	-	-

第二节　保险业

一、中国人民财产保险股份有限公司唐山市路南支公司

中国人民财产保险股份有限公司唐山市路南支公司（以下简称“人保财险路南支公司”）隶属于中国人民财产保险股份有限公司唐山市分公司，办公地点位于路南区新华西道60号，即新华道与学院路交口西南角。主要经营机动车险、企业财产保险、家庭财产保险、货物运输保险、责任保险、船舶险、人身意外伤害保险、健康保险等保险产品，业务范围覆盖多种行业。1996年起，人保财险路南支公司奉行“忠诚服务、笃守信誉”的人保财险企业宗旨，发挥品牌优势、客户优势、再保险优势、资金优势、人才优势、网络优势等六大优势，依靠在同行业中领先的售后服务，赢得保户的支持与信赖和良好的社会口碑。当年，实现保费收入2064.1万元，理赔金额874.9万元，赔付率42.4%。2002年，随着家庭轿车的普及，交通运输业的快速崛起，各项保费收入快速增长。当年，保费收入2643.53万元，理赔

1633.7万元，赔付率61.8%。2004年保费收入跃至4839.2万元，创历史新高。2008年，保费收入5108万元，理赔2789.6万元，赔付率54.6%。2010年，实现保费收入8076.17万元，再创历史新高。理赔金额3585.01万元，赔付率44.39%，上缴利税1654.5万元。

1996—2010年人保财险路南支公司保费收入赔付一览表

表8－25　单位：万元

年份	保费收入	理赔金额	赔付率%	年份	保费收入	理赔金额	赔付率%
1996	2064.1	874.9	42.4	2004	4839.2	2603.5	53.8
1997	2108.1	933.1	44.3	2005	4228.6	2332.6	55.2
1998	787.5	447.1	56.8	2006	3784.1	2257	59.6
1999	915.5	410.1	44.8	2007	4537.1	2305	50.8
2000	1047.4	525.5	50.2	2008	5108	2789.6	54.6
2001	2023.1	832	41.1	2009	5108	2789.6	54.6
2002	2643.53	1633.7	61.8	2010	8076.17	3585.01	44.39
2003	3768.3	2448.2	65	–	–	–	–

二、中国平安人寿保险股份有限公司唐山中心支公司

1996年5月，平安保险（集团）股份有限公司在唐山筹建代办处，1997年，代办处停业整顿。1998年6月恢复营业，成立中国平安保险股份有限公司唐山支中心。2001年，长期（一年以上）寿险保费收入1.33亿元，短期（一年期以下）寿险保费收入1297万元，给、赔付（短期）758万元。2002年9月，经保监会批复，中国平安保险股份有限公司进行分支机构分设，寿险业务正式与产险分离，成立中国平安人寿保险股份有限公司唐山中心支公司。2003年1月，中国平安人寿保险股份有限公司唐山中心支公司正式挂牌（以下简称“平安人寿唐山中心支公司”）。支公司办公地点几经变迁，后于2004年5月，落住于新华西道110号信息大厦。2005年起，开办的险种有四种类型：养老型（“少儿平安终身保险”“钟爱一生”）；分红型（“三鸿保险”“三鑫保险”“常青树”）；投资型（“投连保险”“万能保险”）；健康型（“康乃馨”“DKV健康险”）等。由于个险业务占居主导地位，进而构成以分红险和万能险为主的险种结构。适应市场需要，先后推出智慧星、智胜人生、护身福、三鑫、尊越人生、世纪天娇等更为人性化的产品。所有保险产品覆盖人的生、老、病、死和教育、成长全过程。当年，长期（一年以上）寿险保费收入2.41亿元；短期（一年期以下）寿险保费收入1799万元，给、赔付（短期）927万元，短险给、赔付率78.87%。此后，保费收入始终保持稳定增长势头。2006年，长期（一年以上）寿险保费收入2.74亿元；短期（一年期以下）寿险保费收入2079万元，给、赔付（短期）1168万元，短险给、赔付率79.73%。2007年，长期（一年以上）寿险保费收入3.18亿元；短期（一年期以下）寿险保费收入1467万元，给、赔付（短期）799万元，短险给、赔付率80.44%。2008年，长期（一年以上）寿险保费收入4.58亿元；短期（一年期以下）寿险保费收入2582万元，给、赔付（短期）1966万元，短险给、赔付率84.25%。2009年，开拓保险市场领域，市场占有率扩增，各项保费收入达到历史新高。年末，长期（一年以上）寿险保费收入6.2亿元；短期（一年期以下）寿险保费收入1489万元，给、赔付（短期）1146万元，短险给、赔付率76.23%。2010年，保费收入下滑。长期（一年以上）寿险保费收入3.3亿元；短期（一年期以下）寿险保费收入减少到1018万元，给、赔付（短期）832万元，短险给、赔付率73.42%。

2001—2010年平安人寿唐山中心支公司保费收入赔付一览表

表8-26 单位：万元

年度	（一年以上）长期寿险保费收入	（一年期）短期寿险保费收入	给、赔付款（短险）	短险给、赔付率（%）
2001	13339	1297	758	-
2002	14075	5002	904	-
2003	21232	1418	843	83.59%
2004	22398	1521	754	77.24%
2005	24149	1799	927	78.87%
2006	27402	2079	1168	79.73%
2007	31789	1467	799	80.44%
2008	45836	2582	1966	84.25%
2009	61978	1489	1146	76.23%
2010	32951	1018	832	73.42%

说明：一年以上长期寿险保费收入、一年期短期寿险保费收入、给、赔付款（短险）来自监管统计口径。短险给、赔付率来自公司业务数据

三、中国大地财产保险股份有限公司新华西道营销服务部

2006年12月24日，中国大地财产保险有限公司唐山中心支公司新华西道营销服务部成立，开办的险种有：机动车辆保险、企业财产险、团体意外险等多种短期意外保险和各类财产保险。2007年，保费收入522.18万元，已决赔款224.58万元，赔付率47.86%。2008年，保费收入363.47万元，已决赔款253万元，赔付率60.15%。2009年，保费收入366.7万元，已决赔款251万元，赔付率66.35%。2010年，保费收入490.65万元，已决赔款277.31万元，赔付率72.06%。

四、华泰财产保险有限公司唐山中心支公司

华泰财产保险有限公司河北省分公司，前身为华泰财产保险股份有限公司河北省分公司，于2002年8月30日在石家庄成立，是河北保险市场第四家财产保险公司。华泰财产保险有限公司唐山中心支公司隶属于华泰财险河北省分公司，前身为华泰财产保险股份有限公司唐山中心支公司，成立于2005年8月。主要经营财产损失保险、责任保险；信用保险和保证保险；短期健康保险和意外伤害保险；上述业务的再保险业务；经中国保监会批准的其他保险业务。公司拥有诚信、规范、专业的员工队伍，客服热线40060-95509实行全年365天、全天24小时接入，能够为客户提供报案、咨询、出单、续保、理赔、投诉等全方位的专业化保险服务。2005年，完成保费收入508.11万元，理赔金额165.8万元。2010年，完成保费收入1018.63万元，理赔金额330.76万元。分别是2005年的2倍、1.99倍。6年间，累计完成保费收入4487.59万元，理赔金额1516.22万元，年均理赔次数448.8次，年均赔付率63.50%。

五、天安财产保险股份有限公司唐山中心支公司

2004年3月28日，天安财产保险股份有限公司唐山中心支公司正式成立。办公地点位于路南财经大厦5层。经营范围：承保人民币、外币的各种企业财产损失保险、家庭财产损失保险、建筑工程保险、安装工程保险、货物运输保险、机动车辆保险、船舶保险、能源保险、责任保险、保证保险、信用保险

（出口信用险除外）、短期健康保险和人身意外伤害保险；经总公司授权的其他财产保险业务。年内，完成保费收入1835万元，理赔152万元，理赔率18.99%。2005年起，先后与多家大型代理公司、车队及银行签订代理协议，优质的服务使合作项目及合作数量稳中有升。当年，承保唐山交通运输集团有限公司车险及道路承保人责任险。年末，完成保费收入1835万元，理赔金额152万元，理赔率29.19%。2010年，承保唐山冀东机电物贸公司一揽子保险、唐山佳华煤化工有限公司100万吨焦炉（北京焦化厂2008奥运会迁址工程）建筑工程险、安装工程险等大型保险项目。全年完成保费收入3408万元，理赔金额2047万元，分别是2004年的1.86倍、13.47倍。6年间，累计完成保费收入1.91亿元，理赔金额9747万元，年均理赔次数2496次，年均赔付率55.17%。

六、都邦财产保险股份有限公司唐山中心支公司

都邦财产保险股份有限公司唐山中心支公司是都邦保险河北分公司在唐山市区设立的唯一分支机构，2007年4月24日开业。办公地点位于路南财经大厦六层。该公司在遵化市、迁安市、丰润区、丰南区、乐亭县、滦南县等6个县（市）区均设有分支机构。开业起，公司秉承“修己安人，践行尽责”的企业核心价值观，强调笃守信誉，业务规范、服务领域不断拓宽。当年，完成保费收入1681.18万元，理赔金额53.92万元，理赔率41.17%。2010年，完成保费收入2262.1万元，理赔金额1609.63万元，赔付率60.94%。保费收入、理赔金额分别是2007年的1.35倍、29.85倍。4年间累计完成保费收入1.02亿元，理赔金额3973.56万元，年均理赔次数2653次，年均赔付率49.48%。

七、百年人寿保险股份有限公司唐山中心支公司

2010年1月26日，河北保监局批准筹建百年人寿保险股份有限公司唐山中心支公司。同年6月17日，百年人寿保险股份有限公司唐山中心支公司取得经营保险业务许可证。同年7月2日，正式开业。公司以“悦客户以服务、亲员工以眷顾、馈股东以价值、报社会以和睦”为企业使命，积极创新、锐意进取、稳健经营，不断提升企业抗风险能力，同时善尽社会责任，努力发展成为中国金融服务业最值得尊重、客户首选的保险业服务标杆，最终实现百年人寿“打造百年老店，创中国保险市场杰出品牌”的企业远景。2010年，一年以上长期寿险保费收入54万元，一年期短期寿险保费收入0.96万元，理赔金额0.54万元，综合给赔付率41.3%，短险给赔付率35.6%。

八、合众人寿保险股份有限公司唐山中心支公司

合众人寿保险股份有限公司唐山中心支公司成立于2008年1月15日，其前身为2006年10月16日成立的合众人寿河北分公司唐山营销服务部，地址位于新华西道2号（世博大厦）。公司下设3个营销服务部：丰南营销服务部、丰润营销服务部、遵化营销服务部。合众人寿产品体系覆盖传统的长期寿险、分红保险、重大疾病保险和短期险产品等种类。在探索和实践中，合众人寿提出“理赔不难”口号，推出“延滞付利息”等全国首创理赔六大特色服务，在产品和服务上创造出多项业内纪录。2006年，保费收入181.3万元，其中长期寿险174.6万元，短期寿险6.7万元，短期给赔付款0.1万元。2010年，实现保费收入1.065亿元，是2006年的58.84倍。其中：个人业务保费收入985.78万元，占总保费收入的9.26%；团体业务保费收入272.47万元，占总保费收入的2.56%；银行代理业务保费收入9391.9万元，占总保费收入的88.18%。全年理赔金额206.3万元；当日结案率84.33%，三日结案率93.28%，十日结案率96.27%。

第三节 证券业

一、财达证券有限责任公司唐山新华西道证券营业部

财达证券营业部于2007年12月经中国证监会批准接收原河北证券公司唐山新华西道营业部，新设更名为财达证券有限责任公司唐山新华西道证券营业部，注册地址为唐山市路南区新华西道110号信息大厦东裙楼，营业面积1849平方米。设立之初，营业部拥有有效客户1.6万户，存管资产8.9亿元；佣金收入5127万元，实现利润4263万元。伴随中国证券市场的发展和公司业务资格的完善，以及经营规模的扩大，营业部各项业务逐步完善和发展。截至2010年年底，累计佣金收入2.12亿元，上缴税金1080.49万元，实现利润1.63亿元。

二、长城证券有限责任公司唐山南新西道证券营业部

长城证券有限责任公司于1995年11月在深圳成立。公司现注册资本20.67亿元。股东分别是中国华能集团公司、长城证券深能源、中国核工业集团公司等国内知名大型国有企业集团。长城证券凭借规范稳健的经营作风，经过十多年努力，已经成长为一家资质齐全、业务覆盖全国的综合类证券公司。截至2008年12月31日，长城证券净资产达61.38亿元，净资本45.6亿元，两项指标在银行间市场公布年报的52家券商中分别排名第12位和第11位。长城证券唐山南新西道证券营业部成立于2010年12月14日，是长城证券在河北省的第一家营业部，内设有营业厅、咨询客服中心、营销中心以及多个VIP贵宾室，环境优雅、宽敞，且拥有一流的软硬件设备、专业化的员工队伍，高效细致的个性服务。

三、东莞证券唐山营业部

东莞证券有限责任公司，成立于1988年6月，是国有控股的综合类证券公司。业务范围涵盖证券经纪、证券投资咨询和证券投资咨询活动有关的财务顾问、证券承销与保荐、证券自营、证券资产管理、证券投资基金代销以及期货公司提供中间介绍业务。东莞证券唐山营业部是东莞证券有限责任公司于2010年底在河北省开设的第一家营业部，与北京、青岛、大连、辽宁等地区的营业部连接，辐射黄渤海经济地区。营业部坚持“规范、诚信、务实、创新”的经营理念，秉承“智慧创造财富、专业成就价值”的核心价值观，为广大客户提供优质的服务。

第四节 典当业

一、唐山海华典当有限责任公司

2002年5月，唐山海华典当有限责任公司成立，位于路南区新华西道116号，隶属于路南区商务局。开办的典当业务项目有质押典当、房地产抵押典当、鉴定评估及咨询服务。2002—2010年，累计实现业务收入1799.31万元，业务支出1406.28万元，实现利润393万元。

二、唐山市财盛典当有限公司

2010年3月26日，唐山市财盛典当有限公司成立，注册资本2000万元，并取得中华人民共和国商务部核发的典当许可证。4月28日正式挂牌营业。公司坐落于路南区新华西道98号（由于拆迁暂时迁

到路南区西电路南湖购物广场)。该公司为唐山百货大楼集团有限责任公司下属子公司，上级主管部门为唐山市商务局。经营范围：动产质押典当业务；财产权利质押典当业务；房地产抵押典当业务等。年内，实现营业收入21.54万元。

第六章　房地产业

1988年，以市政府出台《旧公房出售实施办法》为标志，路南区房地产业开始起步。1998年9月2日，省政府出台《关于深化城镇住房制度改革加快住房建设的通知》，明确规定从1998年12月15日起，全省城镇停止住房实物分配，逐步实行住房分配货币化。房地产业以此为契机快速崛起。2008年，贯彻省委、省政府“城镇面貌三年大变样”总体部署，实施城市大规模拆迁改造，房地产业再次迎来新的历史机遇。2010年，全区经工商注册，有房地产中介企业9家、物业管理企业33家、房地产开发企业84家，完成房屋建设竣工面积63.91万平方米，其中住房竣工面积29.85万平方米。21年间，全区共完成房屋施工面积1455.8万平方米，房屋竣工面积733.33万平方米，其中住宅竣工面积173.04万平方米（1990、1991、1992年无统计数据）。

第一节　房地产开发

一、开发项目

1976年“7·28”唐山大地震，境内2.91万间公产房和3.92万间私产房全部震毁。震后，按照市委、市政府确立的公建与私建“两条腿走路”方针，加快住宅设施的恢复建设。至1989年，全区共建成公建住宅小区32个，其中楼房967幢、3.59万套、183.81万平方米，平房9509套、36.12万平方米；另有自建住宅小区23个，8651间，建筑面积41.41万平方米，入住户数2458户、入住人口8438人。全区5.2万余户居民喜迁新居，占应搬迁入住总户的98.5%。

1990年起，适应城市居民住房需要，加快住房建设速度。全年房屋竣工面积1.73万平方米。1991年6月，位于人民医院北侧、大洪桥楼南侧的文北一期工程竣工，建成楼房25幢，建筑面积3.74万平方米。1992年10月，人民医院北侧、大洪桥楼南侧的文北二期工程竣工，楼房6幢，建筑面积2.97万平方米。

1997年开始，启动平改楼工程项目。12月，花园里小区（原区委老院内）的花园街一期工程竣工，建成楼房6幢，建筑面积9000平方米。至1998年，全区房屋竣工面积达289.45万平方米，其中住宅面积13.15万平方米。房屋竣工面积创历史之最，是1990年的167.31倍。

1999年6月，花园里小区商校南侧的花园街二期工程竣工，楼房6幢，建筑面积4300平方米。定福庄平改小区工程，竣工面积15.29万平方米。2000年，南新西道北侧学院路西侧的双新里工程，楼房12幢，建筑面积52214平米。年末，全区房屋竣工面积完成27.81万平方米，其中住宅面积16.26万平方米。

2001年，荷花坑区域的达北一期、达北二期工程先后竣工，楼房17幢，建筑面积分别为4.93万平方米、1.98万平方米；常泰里福乐园住宅楼（903－908楼）竣工面积5169平方米；29#小区商住楼竣工面积3744平方米；国防中段的水杉楼、银杏楼（商住）竣工面积3843平方米；49#小区增2、3楼，竣工面积9293平方米；255医院内金鑫楼竣工，建筑面积2.45万平方米；燕新里广鑫楼（101－103）

竣工，建筑面积1.55万平方米。年底，全区房屋竣工面积完成23.87万平方米，其中住宅面积10.57万平方米。

2002年起，住宅建设持续加快。年内，友谊里住宅工程、定福庄福乐园住宅工程、新石庄平改工程等住宅工程先后竣工。全年完成房屋竣工面积22.27万平方米，其中住宅面积9.02万平方米。2004年，位于南新西道南侧、燕新路中段的正泰一期工程竣工，楼房25幢，建筑面积14.95万平方米。2006年，位于复兴路以东，胜利路骨伤医院以南，第一造纸厂以西，五交化市场以北的荷花茗苑一期工程竣工，楼房5幢，建筑面积1.62万平方米。全年完成房屋竣工面积47.96万平方米，其中住宅面积27.98万平方米。

2007年，贯彻省委、省政府“城镇面貌三年大变样”战略部署，住宅建设再次提速，并实现新的跨越。当年，荷花茗苑二期工程竣工，建楼房12幢，建筑面积4.6万平方米；小山西楼工程竣工，楼房4栋，建筑面积34.8万平方米。全年完成房屋竣工面积7.04万平方米，其中住宅面积4.8万平方米。2009年，房屋竣工面积28.04万平方米，其中住宅面积3.94万平方米。2010年，完成房屋建设竣工面积63.91万平方米，其中住房竣工面积29.85万平方米。21年间，全区共完成房屋竣工面积733.33万平方米，其中住宅竣工面积173.04万平方米。

1990—2010年唐山市路南区房屋竣工面积一览表

表8－27　　　　单位：平方米

年份	竣工面积总量	其中住宅面积	年份	竣工面积总量	其中住宅面积
1990	17343	–	2001	238661	105738
1991	6671	–	2002	222733	90236
1992	34300	–	2003	196780	51764
1993	156546	6464	2004	261185	26680
1994	160580	72717	2005	249429	50447
1995	141820	70377	2006	479568	279843
1996	325424	121261	2007	70386	48000
1997	227711	82197	2008	40705	25278
1998	2894530	131502	2009	280380	39433
1999	411319	67336	2010	639119	298455
2000	278081	162635	小计	7333271	1730363

二、房地产企业选介

唐山市人达房地产开发有限公司　公司创建于2001年10月31日，国家二级房地产开发企业，注册资本5000万元。公司有正式员工45人，其中高级工程师6人、中级工程师12人、专业技术人员22人，大专以上学历者占91%。公司成立起，以“在为民造福中求生存，在回报社会中求发展”为目标，先后完成南新道水产批发市场、新天地购物乐园项目的开发建设。其中新天地购物乐园商业项目为唐山市“十五规划”重点建设项目，河北省2003年现代流通示范骨干项目。入驻企业有国美电器、华润万家、东方家园、日月生辉、图书古玩市场、新华书店、中国银行、工商银行等。业态组合丰富，涵盖居住、餐饮、休闲娱乐、购物、建材、图书古玩等。共完成土地开发9.78万平方米，建筑面积16.1万平方米。项目景观设计聘请国外知名的设计公司——加拿大H+M设计。2005年4月，项目竣工投入使用，成为市中心商贸流通的标志性建筑。

宝升昌（唐山）房地产开发有限公司　公司成立于2006年4月3日，注册资本1亿元，具有二级房地产开发资质。爱购时尚购物广场项目，2006年4月29日破土动工，规划占地2480平方米，总建筑面积8500平方米。是唐山市首个以流行为主题，以年轻人群为主力消费，集购物、休闲、娱乐于一体的大型时尚卖场，2007年1月正式开业；苹果家园项目，2008年10月破土动工，该项目位于滦县新城，规划占地7709.54平方米，总建筑面积1.4万平方米，2010年5月竣工并交付使用；2008年10月，景忠新城（一期）破土动工。项目位于迁西县三屯营镇邦宽公路西侧（原三屯营镇的瓷厂旧址），规划占地3.5万平方米，建筑面积5.13万平方米。项目包括2506平方米商业步行街，6幢48149平方米住宅楼。2009年9月竣工，2010年5月一期交付使用；2009年12月，承建的渤海新世界项目开工建设，预计2012年上半年交付使用。该项目为城市综合体，位于唐山市新华西道88号，占地9700平方米，总建筑面积8.65万平方米，楼高99.8米。主楼裙房1~5层规划为"购物中心"。6层以上东北侧为"高档写字楼"，西南侧为"高档住宅"。其居住、办公、购物、文化娱乐等多功能城市空间，通过广场、连廊彼此连接、相互作用，在改变建筑单体的沉闷氛围的同时，丰富业态，提升项目整体价值，营造独具魅力建筑空间；2010年12月，千玺广场（一期一组团）项目开工建设。项目位于迁西县县城，南临县城交通干道景忠西街，东临喜峰中路，西临太平路，北接凤凰西街。规划总用地面积48.7公顷，总建筑面积180万平方米。规划设计五星级酒店、购物中心、商业步行街、写字楼、高档住宅等。其中，一期一组团规划占地4公顷，主要建设情景商业步行街及6幢高档住宅，总建筑面积13.5万平方米。年末，共有在建项目总面积188.65万平方米

唐山正兴房地产开发有限公司　唐山正兴房地产开发有限公司始建于2005年8月，注册资本6219万元，属国家认证的二级资质房地产开发企业。有员工66人，其中具有中高级职称的工程师23名，各类专业技术人员36名。公司先后开发兴建华宁景苑商住小区（7万平方米、8幢住宅楼、464套住宅）、京唐港正兴佳苑（26万平方米、25幢住宅楼、2272套住宅）、"在水一方"商住小区（16万平方米、9幢住宅楼、1198套住宅）、"宁泽锦苑"商住小区（6万平方米、2幢住宅楼、317套住宅）、"丰宁锦苑"商住小区（4万平方米、2幢住宅楼、219套住宅）、"栋梁大厦"项目（1万平方米）。截至2010年，累计建造住宅楼46幢、4470套，建筑总面积60万平方米。

唐山瑞泰房地产开发有限责任公司　成立于2006年6月，注册资金2000万元，是具有国家二级房地产开发资质的企业。拥有中高级专业技术人员25名，高层管理人员12名。2008年3月，开工建设滦县永安里73#住宅楼项目，该项目地下一层、地上五层，总建筑面积3184平方米。4月，开工建设滦县文化里21#住宅楼项目，该项目建筑面积3163.6平方米，2009年9月28日竣工。截至2010年底，累计竣工建筑总面积6347.6平方米。在建项目：滦县"瑞泰华庭小区"住宅商业楼，建筑面积4.24万平方米，包括住宅建筑2幢，商业建筑1幢。2010年11月9日，开工建设唐山大业里区域改造项目（即现大业时代广场），建筑面积37.87万平方米，其中住宅区域，建筑面积14.04万平方米，包括住宅楼8幢、1576户；商业区域，建筑面积14.04万平方米，包括商业等配套设施14幢。至2010年，累计在建项目总面积42.11万平方米。

唐山美盛房地产开发有限公司　公司成立于2009年4月，国家四级资质，注册资金11亿元。有职工86人，其中高级专业技术人员2人，中级专业技术人员5人，大专以上学历者在员工中所占比例为73%。2010年4月，承建世博广场项目，总投资22.4亿元，建楼12幢（其中回迁5幢），建筑总面积64万平方米。经唐山劳动日报、唐山晚报评选，获得"唐山最具投资价值楼盘奖"。2010年，获首届唐山春季房展会"唐山房地产低碳联盟企业"称号。

唐山开滦茂华房地产开发有限公司 2010年1月，由唐山开滦房地产开发有限公司与茂华控股集团有限公司，共同出资组建唐山开滦茂华房地产开发有限公司，公司注册资金3亿元，其中唐山开滦房地产开发有限公司占51%，茂华控股集团有限公司占49%。公司拥有房地产开发四级资质。有职工31人，其中具有高级专业技术职称6人，中级专业技术职称9人，大专以上学历者占71%。2010年8月，相继开发南湖壹号低密度住宅和老唐山风情小镇项目。老唐山风情小镇项目，坐落在南湖生态公园核心地带。项目占地14亩，建筑面积近9万平方米，预计总投资9亿元。该项目被列为唐山市“十大标志性建筑”之一。项目由广东街、小山大世界、欧洲风情街等板块组成，实现文化景观与商业元素巧妙结合，打造极具文化底蕴的特色小镇。南湖壹號低密度住宅项目被评为唐山楼市图腾讯蓝房网“最值得珍藏别墅”和中房产信息集团新浪乐居网“唐山市民生优秀楼盘”。

第二节 房地产管理

一、公产房分配

1976年“7·28”唐山大地震前，执行“先急后缓、先军烈属、后一般市民”的房屋分配制度。1982年11月，市政府公布《唐山市恢复建设时期搬迁倒面若干问题的规定》，确定房屋分配标准是在“住得下，分得开”的前提下，2~3人户分配1住室单元，3~4人户分配1.75住室单元，4~5人户分配大2室或小3室单元，5人以上户分配3住室单元。由市统一分配。

1986年1月起，住房分配执行市政府《关于住房分配控制标准和收费办法的暂行规定》。本着“住得下、分得开”原则，按在册人口进行分配。凡满13周岁的可以分室，同性同居。一般职工住房面积（指建筑面积，下同）控制在42~50平方米之间；县级干部住房面积控制在60~70平方米之间；地（市）级干部住房面积控制在80~90平方米之间。高级和中级知识分子分别享受地（市）级和县处级干部待遇。在入住户审批上，对单职工户、家中有私房且离城区较近户及市内零散户，不再分配住房。对退休干部、科技人才、军转干部、晚婚青年住房优先解决。至1988年，全区共有5.2万余户居民迁入新居，恢复建设基本结束。

1988年，《唐山市城市住房制度改革试行方案》颁布，开始改革旧的城市住房制度。即：改革现行的低租金、福利性的住房制度，逐步把住房的生产、交换、分配、消费纳入有计划的商品经济轨道，促进消费结构和产业结构的合理化，实现住房建设资金良性循环；采取经济手段抑制住房的不合理需求和不正之风，更好地满足人们对住房日益增长的需要。同年，市政府出台《旧公房出售实施办法》，规定公有住房向原承租人出售。承租人购房坚持自愿原则，自愿放弃购房权，可由承租户中的其他同住直系亲属购买，不得转让他人购买。为加快住房商品化的进程，逐步实现住房私有化，购房人用自有资金首次付款不低于房价的30%，超过30%的，每增加10%，优惠房价2%，一次付清者优惠20%，一年内付清者优惠10%，二年内付清者优惠5%。同年，路南区成立建设开发公司，开始商品房的开发建设。

1989年10月，市政府决定改革现行住房分配制度，分配的方法由市直接对职工个人分配改为按在册人口和房源比例，对对口企业和行政事业单位分配，给予单位分配住房的自主权。市政府从房屋开发公司购买627套商品住宅，其中分配给路南、路北区行政事业单位75套。其余245套按照成本价的50%优惠补贴出售给市、区属企业（厂企分配权）。

1996年《唐山市直管旧公房出售办法》出台，规定直管公房以成本价出售，并享受标准价售房的优惠政策。购买人购买的住房取得全部产权，可依法进入市场出售、出租，所得收益交纳有关税费后归个人所有。

1998年9月2日，省政府出台《关于深化城镇住房制度改革加快住房建设的通知》，明确规定从1998年12月15日起，全省城镇停止住房实物分配，逐步实行住房分配货币化。为鼓励职工买房，凡1998年12月15日以前交付使用的公有住房一律纳入旧公房出售范围，单位和职工个人共同出资购建住房的公产权部分也列入其范围。鼓励有关单位原来以标准价或其他方式出售的住房向成本价过渡。至此，唐山市停止福利分房，福利分房制度随之成为历史。

二、公产房管理

1976年"7·28"唐山大地震，辖域住宅均被震毁。恢复建设后的市统建房屋全部实行租赁经营。公产住宅房管理，按建设资金来源性质，分房管部门直接管理（直管）和厂矿、企事业单位自行管理（自管）两部分。公产住宅房实行租赁经营，执行唐山市房屋租金统一标准和住宅房租补贴规定。

1982年，市政府重新修定《房屋租金统一标准和住宅房租补贴暂行规定》。租金构成因素主要有修缮、管理、折旧费和房地产税。计算公式：租金=（使用费基数±调剂因素）使用面积。民用房使用费基数分：钢筋混凝土结构、混合结构每平方米0.36元；砖木结构每平方米0.33元。调剂因素主要有窗口朝向、电梯、暖气和煤气设备、纱窗、平房沿街无院、室内无上下水等，每项减0.01~0.02元。按每户平均4人，每人使用面积11平方米，每平方米0.34元计算，月租金为14.96元，扣除补贴三分之二，职工实际负担4.98元，占职工平均收入的5%左右。

1984年，市政府发布《唐山市公有住房出售给个人的试行办法》，规定凡具有唐山市区正式户口的职工和居民均可申请购买住宅，对购房者实行补贴：企业职工买房，个人付原价款的三分之一；所在单位补贴三分之一，政府补贴三分之一。事业单位职工和城市居民买房，个人付原价款的三分之一，政府补贴三分之二。

1985年8月20日，市政府印发《唐山市公有房屋租赁管理暂行办法》，对出租人和承租人的权利与义务都作出规定。明确：凡公有住宅建筑设施，不经批准不得随意拆改；室内装饰装修改动建筑设施，需报房产管理部门批准后方可改动；对随意拆改室内隔断、壁厨、排气道等基础设施及室内吊顶损坏屋顶等现象，房产管理部门有权责令恢复原状或罚款处理。

1988年，按照《唐山市城市住房制度改革试行方案》要求，已出售旧公房不再无偿服务。

三、公有住房售后维修

1992年7月1日，建设部颁布《公有住宅售后维修养护管理暂行办法》。1996年，市政府出台《唐山市直管旧公房出售办法》。2000年2月28日，省建委颁布《河北省公有住房售后维修管理办法》，明确规定公有住房售后维修管理的责任分工：公有住房出售后其共用部位、共用设施设备的维修和管理由原售房单位负责。共用部位，指住户共用的住房主体承重结构部位，包括屋顶、楼板、梁、柱、内外承重墙体、基础、外墙面、楼梯间、走廊通道、垃圾道、烟道、排气孔道、公用门厅、内天井和设备层等；共用设施设备，是指居住小区、组团或者单栋住宅内住户共用的上下水管道、落水管、水箱、加压水泵、电梯、公用电视天线、供电线路、照明设施锅炉、暖气管道、煤气管道消防设施以及绿地、道路、信报箱、传达室、公共厕所、沟、渠、池、井、非经营性车场车库、公益性文体设施和共用设施设备使用的房屋等。自用部位自用设备的维修和管理由住房所有权人负责。住房的自用部位自用设备是指分户门及其以内的门、窗、屋面、内墙面、地面、非承重隔断墙、阳台、水、电、煤气的户表及其以内的管线、器具暖气分户阀门及其以内的管道、暖气片等独户住宅的院墙及其以内的建筑物、构筑物和配套设备等。公有住房售后共用部位、共用设施设备维修费的来源，是公有住房原售房单位应当建立的共用部位、共用设施设备的维修基金，专项用于公有住房售后住房共用部位、共用设施设备的维修、更新和改造。共用部位、共用设施设备维修费的依据和标准，根据唐价农字［1996］28号文件规定，共用部位、共用设施设备维修费按房屋建筑面积交纳，楼房每年每平方米1元，平房每年每平方米0.3元。共用部位、共用设施设备维修费不足时，由共同使用的房屋所有人按各自住房的建筑面积分摊续筹。

2002年5月起，执行国家建设部《住宅室内装饰装修管理办法》。住宅室内装饰装修，是指住宅竣工验收合格后，业主或者住宅使用人对住宅室内进行装饰装修的建筑活动。住宅室内装饰装修应当保证工程质量和安全，符合工程建设强制性标准。住宅室内装饰装修活动，禁止下列行为：未经原设计单位或者具有相应资质等级的设计单位提出设计方案，变动建筑主体和承重结构；将没有防水要求的房间或者阳台改为卫生间、厨房间；扩大承重墙上原有的门窗尺寸，拆除连接阳台的砖、混凝土墙体；损坏房屋原有节能设施，降低节能效果；其他影响建筑结构和使用安全的行为。装修人从事住宅室内装饰装修活动，未经有关部门批准，不得搭建建筑物、构筑物；不得改变住宅外立面，在非承重外墙上开门、窗；不得拆改供暖、燃气管道和设施。

四、产权产籍管理

1990年，根据市房字［1990］30号文件，开展直管公房登记、确权工作。路南区的产权产籍管理统一由市房产管理局（后改为住建局）及下设的房管部门负责。房屋登记由当事人到房屋所在地的房屋登记部门提出申请，登记部门受理、审核后进行登记和发放房产证。办理产权登记有三种情况：个人购置商品房办理产权登记，首先由开发企业申请房屋所有权初始登记，开发企业取得房屋所有权证后，个人才能办理产权登记；平改楼办理产权登记应由平改申请单位村委会或开发企业统一办理。申请单位先取得房屋所有权证后，再办理参加平改的个人房屋的所有权登记；存量房所有权转移登记，由买卖、互换、赠与的双方当事人共同提交应必备的相关材料进行产权登记。

五、小区物业管理

随着房地产项目的开发，房地产管理工作实现由单一管理公产房向以管理商品房即私有房为主的跨越。房产交易、确权等业务量日益加大，房屋管理范围和服务重点社会化程度不断提高，社区建设、物业管理趋于规范化。1995年5月12日，路南区第一家物业公司—唐山南方物业有限公司，在路南区文北房管所注册成立，负责文北西楼、荷花茗苑、双新里、友谊花园、正泰里永乐园五个居民小区的物业管理。涉及总建筑面积49.192万平方米，住宅5626套。各小区建有自行车棚、地上地下停车场，并由专人管理；小区设施齐全，实现全天候保洁，保安服务到位，居民居住环境良好。1999年起，随着房地产业的快速崛起，物业管理得到快速发展。当年，唐山市凤凰物业管理中心注册成立。截至2010年，全区物业管理企业达到37家，其中注册1000万元以上的有3家：唐山金匙荷花坑市场经营管理有限公司，注册资金2449万元；唐山哈喽物业服务有限公司，注册资金2000万元；唐山四季美盛物业服务有限公司，注册资金1000万元。注册资金100万元以上的有11家：唐山通达物业管理有限公司、唐山丽德物业服务有限公司、唐山滦洁物业服务有限公司、唐山博达物业服务有限公司、唐山尚城物业服务有限公司、唐山南湖休闲美食广场物业服务有限公司、唐山贸瑞物业有限公司、唐山万达广场商业服务有限公司、唐山南湖生态城物业服务有限公司、唐山信和物业服务有限公司、唐山维德行物业服务有限公司。

六、住房公积金管理

1996年1月1日，《唐山市住房公积金暂行办法》（以下简称《暂行办法》）颁布实施。《暂行办法》对公积金实行范围、交纳额度、来源、使用和提取均做出明确规定。住房公积金缴交额等于职工个人上一年12月份的工资总额乘以住房公积金缴交率。当年参加工作的职工，外地调入的职工，军队转业干部和复员军人以参加工作或调入、转业、复员到本市后第一个月的工资计算公积金缴交额，从第二个月起建立住房公积金。计算职工住房公积金缴交额的工资总额按国家统计口径计算。依据国务院住房公积金缴交率标准和唐政发［1996］34号文件规定，职工个人和单位的住房公积金缴交率各为职工工资总额5%。起步阶段暂按1%计提和存储，以后由政府公布逐步到位。有条件的单位可适当提高或一步到位。

个人缴存的住房公积金从本人工资中支付；单位计提部分首先从住房补贴、住房折旧基金及其他可划转资金中转划，不足部分经同级财政部门核定，机关、团体列入预算，企业进成本，事业单位按经费来源的比例分别列预算及进成本。

1999 年 2 月，根据市政府《关于进一步实施〈唐山市深化城镇住房制度改革实施方案〉的建议》有关规定，有条件单位可按单位 8% ~15%、个人 6% 的比例交纳住房公积金。职工购买、建造、大修自住房，可使用本人及直系亲属的住房公积金。购买住房资金不足可按规定向住房资金管理中心申请政策性抵押贷款，贷款总额不超过购房款 70%，期限不超过 20 年。同年 11 月，市房改办印发《关于调整职工个人住房公积金贷款有关规定的通知》，个人住房公积金贷款期限延长到 30 年。公积金贷款利率调为：5 年以下（含 5 年）按年利率 4.14% 执行；5 年以上按年利率 4.5% 执行。

2001 年 5 月，市房改办《关于提高住房政策性贷款额度的通知》规定，夫妻双方能够正常缴纳住房公积金的，贷款数额按所购住房价款的 70% 计算，最高不超过 12 万元；单职工贷款数额按购房价款的 50% 计算，最高不超过 8 万元。住房公积金不能正常缴纳的仍按夫妻双方个人账户积存公积金余额的 10 倍核定。住房公积金在满足兑付和政策性抵押贷款后的余额部分，由住房资金管理中心用于购买国债或发放住宅建设专项经营性贷款。此后至 2010 年，住房公积金缴纳标准、使用略有调整。

第九编　商业商务中心

路南区作为唐山市的中心区，既是中国近代工业摇篮的发祥地，亦是华北地区著名的繁商区。自1878年清政府在开平开办煤矿起，唐山一带的近代工业亦因煤而起、因煤而兴。近代工业的崛起，又带动域内小山一带商贸繁华，商业、饮食、服务业如雨后春笋般迅速发展。至19世纪末、20世纪初，小山一带已成唐山的商业中心、商品物流集散地，市场遍布、店铺林立、商贾云集、货畅其流，经逾百年而兴盛不衰。1976年“7·28”唐山大地震，域内百年基业毁于一旦。震后，经过抗震救灾、恢复建设，以及区街商业的“拾遗补缺”，很快恢复到震前水平。至1989年，区境商品销售额13.15亿元，占唐山市区商品销售总额的52.5%，其中区属商业销售额6.15亿元，经营规模和经济效益居全市五区之首。1990年后，区委、区政府先后确立并组织实施“大市场、商贸城”“打造全市商务中心”“三产兴区”“建设区域性商贸中心、总部经济中心、物流基地，加快服务业发展”等主体战略，并通过嫁接传统商业、改造专业市场、发展现代物流业、健全社区商业服务网络，进一步巩固路南区的繁商优势，提升繁商区在全市商贸服务领域的主体地位及引航作用。2008年，区委、区政府确立“提升传统市场档次，建设区域性商品集散中心；提升商业业态，建设区域性商贸中心；突出发展总部经济，建设区域性商务中心；突出发展现代物流业，建设区域性物流中心；突出发展休闲旅游业，建设全市旅游中心”的决策目标。2010年，区委、区政府将打造“三大中心”（即打造唐山市商业商务中心、文化创意中心、政务中心）作为未来几年的奋斗目标，并按照预定目标制定政策、统筹规划、招商引资、加大投入，全区商贸服务业步入跨越式发展的新时期。是年，全区完成第三产业增加值54.15亿元，占地区生产总值的83.75%；完成社会消费品零售总额61.88亿元，同比增长25.9%；市场成交额218.39亿元，同比增长11.8%。

第一章　决　策

19世纪末，小山的商业、饮食、服务业伴随近代工业的兴起而得到迅速发展。20世纪上半叶，小山一带每日行商络绎、坐商千余，形成名副其实的喧哗闹市，并助推了唐山现代工业的崛起。20世纪60年代初，贯彻“调整、巩固、充实、提高”八字方针，形成以国营商业为主体、集体合作商业为辅助、个体商业为补充的社会主义商品流通体系。20世纪下半叶后期，得益于中共十一届三中全会后的改革开放政策，区街商业异军突起，商业经济成为路南区财政的重要支撑，商业规模和经济效益位居唐山市各区之首。1990年起，区委先后确立“拓市兴区”“大市场、商贸城”“三产兴区”“建设区域性商品集散中心、区域性商贸中心、区域性商务中心、区域性物流中心、全市旅游中心”等重要决策，并组织实施，巩固繁商优势。2010年，倾力打造唐山市商业商务中心，与文化创意中心、政务中心并称为“三大中心”，推进商贸服务业由量的扩张到质的飞跃。

第一节　决策背景

繁商路南，历史久远。追溯至清代末年，随着开平煤矿的创办、铁路运输业的发展和辖域人口的剧增，在东局子、老火车站（今建国路）一带，很快形成一些以商品分类而命名的粮市街、鱼市街、柴草市、北菜市等早期街市，吸引大批外地商贾来此进行商业活动。

图9－1　20世纪初小山便宜街　（区档案局）

20世纪初，商业街市开始向铁路南侧的小山一带扩展，在便宜街（今胜利路）、东新街（今和平路）、新立街（今解放路）一带汇集众多百货、饮食、服务店铺，成为闻名遐迩的唐山闹市区。民国23年（1934年），在小山最高处兴建“大世界”商场，吃、穿、用、玩等功能融于一体，时为闹市区标志性建筑。嗣后，又有鹿鸣轩、德和、裕丰、九美斋等饭店，北洋、大陆、亚洲等旅馆，馨园、浴泉池、浴香园等浴池，隆义栈、瑞信栈等货栈，荣华顺、稻香村、一品香等商号，应运而生。其中仅东西约500米的便宜街，就汇聚日用百货、布匹绸缎、金银首饰、中西药品、估衣典当、海味杂货等各类商号近百家。民国34年（1945年），冀东地区最大的棉纱、棉布和服装批发零售市场“新世界”落成，市场内有工商户1108户，占唐山市全部工商户1542户的72%，成为唐山市名符其实的商业中心、商品物流集散地，故有“小天津”之盛誉。

中华人民共和国成立后，人民政府面对生产停滞、通货膨胀特别是凶猛的涨价风，通过加强社会主义国营商业、扶植和发展合作社商业、大量抛售低于市场价格商品等措施，很快扭转流通形势，稳定住市场秩序。1953年，在进行私营商业社会主义改造的同时，陆续对粮、油和棉布实行统购统销，并加强商业部门的行政领导，建立健全各类批发机构。1955年，私营棉布、新药业改为国营公司经销，百货、五金实行经销代销。9月，36个行业895户、960名个体商贩组成8个合作小组，实行集体经营，其余400户、558人继续自主经营。翌年，境内38个行业、411户私营商店实行公私合营。至此，以国营商业为主体、集体合作商业为辅助、个体商业为补充的社会主义商品流通体系基本形成。

1958年起，受“左”的思潮影响，以国营商业为主体、集体合作商业为辅助、个体商业为补充的社会主义商品流通体系被打破，集体与国营商店合并，取消集贸市场，商品流通渠道趋向单一。商业成份亦由多种并存改为国营商业一统天下的格局，商业网点也由“小、密、多”嬗变为“大、稀、少”，加之天灾人祸，商品供不应求现象日趋严重。1962年，区境社会购买力与商品可供量比例为1∶0.8，市场上凭票证和限量供应的商品多达83种，给人民生活带来严重困难。1963年，贯彻“调整、巩固、充实、提高”八字方针，通过发展地产商品，调整商品流通渠道，恢复供销合作社和合作商店（组），放开部分居民消费品商品价格，以及开放荷花坑自由市场等措施，促进城区商品市场复苏。“文化大革命”期间，商业又遭破坏，集市贸易被诬为“产生资本主义的温床”而关闭，合作社（组）重划国营，按区域组织商品流通的原则被束之高阁，再次造成工农业生产下降，商品供应日趋紧张。1971年凭票供应的商品又达22种，商业部门“赔钱有理，盈利受批”现象却习以为常、屡见不鲜。

1976年的“7·28”唐山大地震，商店、仓库全部倒塌，震毁商业零售网点157个、饮食服务网点132个、仓库27个，总建筑面积22.44万平方米，市民生活用品供应全部中断。震后，广大商业职工在党和政府的领导下，在解放军的帮助下，就地取材，搭建简易网点，及时组织商品供应，至年底全区有近120家店铺开业，新建流动售货点15个，相当于震前规模的40%。震后一周年之际，87%的商业网点恢复正常营业，且效益接近震前水平。

中共十一届三中全会后，贯彻改革开放基本国策，坚持以公有制为主体、以个体所有制为补充的经济制度；制定优惠政策，鼓励发展个体商业；开放集贸市场，商贸服务业进入快速发展期。至1989年，全区商品销售额13.15亿元，占唐山市区销售总额的52.5%，其中区属商业销售额6.15亿元，经营规模和经济效益居全市五区之首，形成以国营商业为龙头、以集体商业为主体、个体商业为补充、集贸市场遍布全区的商品流通格局。

第二节　决策历程

1990年起，区委、区政府确立“拓市兴区”发展战略，坚持规模化与专业化发展相结合的原则，致力于“大型商业企业上规模、上档次、上水平，小型企业专业化、系列化经营，区、乡、街、企四个轮子一齐转，校办、委办、劳服、民政各个系统一起抓，突出规模化和专业化经营”，发展“大商业”和新兴服务业，培育各类市场，巩固繁商区的区位优势。1993年，小山招商大厦主体工程完成，长城电器和京东大楼合并，成为在全市有一定影响力的大商场。1994年，打通建国路与小山之间的两条地下通道，使建国路、小山两个传统繁商区联成一体，形成一个占地30公顷，规模化专业市场与专业门店互为补充，拥有纺织服装、鞋类、布匹、家电、文化娱乐、餐饮服务等多个门类，生产、销售、运输、通讯等功能完备，具有6个专业化规模市场，面向城乡、辐射冀东的商贸“城中城”。1995年，小山、荷花坑市场跨入“全省十大市场”和“全国文明市场”行列。到1996年年底，全区各类商品市场总数达到34个，其中年交易额超亿元的5个，小山和荷花坑市场分列全省第三位和第五位；专业化经营水平获得较大提升，形成五交化、摩托车、自行车及配件、家用电器、金银饰品、钟表、电子元器件等八大系列；名优产品总经销、总代理涉及商品超过100种，其中五金交电批发的摩托车覆盖唐山及秦皇岛地区，销量名列全市前茅。全区完成商业销售额10.25亿元，集贸市场成交额35.97亿元。

1998年后，结合城中村改造，通过多元化投资形式，加强“四市、一城、两街”（荷花坑市场、五交化超市、南新道装饰材料市场、文化市场，汽车配件城，建国路专业街、南新道商业街）建设，巩固五金、化工、机电、摩托车等特色商业，开拓劳动力、信息、技术等要素市场，培育以经济适用住房、商业住房开发和物业管理为主的房地产市场和以产权评估、公正、仲裁、咨询、经纪代理等为主的服务市场，发展社区服务，努力构筑唐山市乃至辐射华北、东北区域的商贸中心。到2000年，全区社会消费品零售总额实现14.63亿元，市场成交额67.87亿元。

2001年，区委、区政府根据唐山市第七次党代会提出的“大力发展现代商贸业，建设和完善一批大型专业批发市场和仓储基地，努力把我市建设成为具有较强吸纳和配送能力的区域物流中心”的要求，加强批发市场、特色经营、便民商业服务三大体系建设，打造商贸大区。年内启动车站路唐山中国电器城、南新道冀东五金城一期等市场建设工程8项，总投资4.1亿元。到2005年，新天地广场、华岩南路步行街、汽车文化广场、文化市场等投入运营，引入东方家园家居建材超市、家世界购物广场等现代商贸模式；拓展东南部汽车贸易城规模，新建专卖店6家，使这一区域汽车专卖店达到32家；成功引进中石油天然气运输公司冀东分公司、三利国际、福斯特商贸等“总部经济”。2006年，东方家园家居建材超市建成开业，世博大厦招商工作全面展开，汽车文化广场二期工程建成使用，并在“9.16”陶瓷博览会期间成功举办路南区经贸洽谈会，签约项目8个。翌年，完成荷花坑市场信息化建设和南新道水产市场标准化改造，奔驰专卖店正式投入运营，唐齿汽配城一期工程完工，大地保险、华泰保险、中信银行等多家知名企业落户路南。

2008年，确立“提升传统市场档次，建设区域性商品集散中心；提升商业业态，建设区域性商贸中心；突出发展总部经济，建设区域性商务中心；突出发展现代物流业，建设区域性物流中心；突出发展休闲旅游业，建设全市旅游中心”（以下简称“五大中心”）的决策目标，并组织实施。至2009年，现代商贸业万达广场、新华贸中心建设快速推进，渤海新世界、人民大厦等项目开工建设，南湖购物广场、企新购物广场投入使用；现代物流业陶瓷城区域整体改造启动实施，中国唐山北方国际钢铁交易及配送物流中心开始建设，中国唐山国际石材城一期工程建成使用；文化创意产业生态汽车文化展示园、宝珠国际家居文化展示广场开工建设，河北省文化创意产业园总部基地项目建设进展顺利。是年，完成社会消费品零售总额50.07亿元，同比增长41.12%，增速居全市第一位；完成市场成交额195.38亿元，同比增长25.4%。

2010年，完善发展思路，将打造“五大中心”调整为打造“唐山商业商务中心、文化创意中心、信息中心”，并称之为路南区的“三大中心”。随后，“三大中心”又确定为“商业商务中心、文化创意中心、政务中心”。是年，以打造“三大中心”为目标，提升商业业态，引进中国电信、深圳茂业、新加坡仁恒和美等一批战略投资者；总投资80亿元的唐山万达广场，以及新华贸中心、南湖大酒店主体工程完工，曙光大厦奠基开工；南方国际商贸城、国际石材城等专业市场建成营业；中国唐山国际陶瓷城、国际五金城主体完工；唐山北方国际钢铁交易及配套物流中心项目进展顺利，占地12.5平方公里的冀东现代物流园区进入建设阶段；河北省文化创意产业园初具规模，汽车文化展示园建成投入使用，宝珠国际家居文化展示广场开工建设。是年，完成第三产业增加值54.15亿元，在全区生产总值中所占比重达到83.75%；社会消费品零售总额61.88亿元，同比增长25.9%；市场成交额218.39亿元，同比增长11.8%。

第二章　规　划

1992年开始，路南区将巩固发展繁商优势，努力发展大商业、搞活大流通、开拓大市场，全面发展第三产业，作为重点进行规划。截至2010年，循序渐进，依时、分阶段共进行5次规划。

第一节　1992—1995年商贸服务业发展规划

1992年，区委、区政府制订《唐山市路南区1992年—1995年第三产业发展规划》，提出：要摒弃“小三产”，树立“大三产”观念；发展大商业，搞活大流通；开拓大市场，建立具有路南特色的第三产业新格局。

一、空间布局

提高东部，将小山、建国路建成唐山市的商业中心；开发西部，建设新火车站商业群；发展中部，以新华副道及周围商业群为骨干，以专业化经营为特色，建成中部商业区。

二、产业布局

发展大商业　做大五金、化工、电器元件、家电、交通器材、食品加工等优势行业；做强针纺、服装、鞋帽、百货等热门行业；兴办妇女儿童用品、老年用品、新型装饰材料以及拍卖、租赁等专业商店。

搞活大流通　加快发展物资业、运输和仓储业、房地产开发以及金融、保险、广告装潢业。

开拓大市场　建设小山商业城，扩大荷花坑等骨干市场规模；统筹发展陵园路、卫国路、华岩路、增盛路、吉祥路、文化南北街、税务庄市场和渤海早市，形成功能完善、布局合理的市场网络。

第二节　1996—2000 年商贸服务业发展规划

1996 年，加快实施“三产兴区”战略：开发北方陶瓷城、旧机动车交易市场、旧物市场，谋划在三角地一带再造一个繁商区；以建设大市场、搞活大流通为重点，完善市场网络，发展原有市场、培育新的市场、扶持骨干市场、壮大专业市场；改善经营策略，推行“两总”（地区总代理和总经销），巩固繁商区优势。1999—2000 年，坚持以城区改造为依托，以现有市场为基础，建设全市商贸中心，辐射华北、东北。

一、空间布局

形成“一轴五线五区”：“一轴”，即以南新道为经济发展的中心轴线，沿街两侧开发成一条经济带；“五线”，即吉祥路、复兴路、胜利路、车站路、建设南路五条经济带；“五区”，包括建国路、小山、荷花坑一带以商贸为主集餐饮、娱乐为一体的综合商贸区，南出口一带以陶瓷、建材、汽车、旧物为主的专业批发区，建设南路一带以南湖公园为主的旅游区，老火车站周围开辟新的私营经济区，在高速公路出口和吉祥路沿线形成以高新技术和高效农业为主的经济开发区。

二、特色商业

打造“四大市场群、一个城中城、五条商业街、六个产业群落”。“四大市场群”，即东部以荷花坑、交通枢纽周边、和平街花卉等为主的日用消费品市场群，南部以陶瓷、建材、汽车、旧物为主的生产资料市场群，中部以装饰装潢材料、摩托车为主的市场群，西部随着定福庄、铁匠庄平改培育新的市场群。“一个城中城”，即将小山、建国路两大商圈有机结合，建设成集商贸、娱乐、餐饮、休闲于一体的城中城。“五条商业街”，即吉祥路、复兴路、车站路、胜利路、建设南路特色商业街。“六个产业群落”，即农副产品产业群落，生产资料产业群落，特色产品产业群落，文化、旅游、娱乐、餐饮产业群落，劳务、咨询、信息、中介等新兴三产群落，高科技产品产业群落。

第三节　2001 年商贸服务业发展规划

2001 年 9 月，区委、区政府下发《关于进一步实施“三产兴区”战略的实施意见》，对商业发展进行较详细规划，确定发展布局是扩大两个市场群、开发两个繁商区、发展五条商业街、培育七条专业街，经营策略是专业化、产地化、特色化、新型化。

一、南部生产资料市场群

包括旧物市场、竹木市场、汽车配件市场、新旧机动车交易市场、陶瓷市场及其他相关专业市场的拓展开发。其中陶瓷市场成为中国北方最大市场，在唐山市的南出口一带形成繁荣商区，力争年成交额达到 20 个亿以上。

二、东部生活消费品市场群

包括荷花坑市场扩建，占地18.47公顷，扩建后形成蔬菜、肉类、水产、果品、粮油、付食及净菜加工、仓储等专营区组成的大型农副产品销售中心，并借以带动辖区内种植养殖业的结构调整。小山市场改建，依托服装市场，发展鞋类、床上用品、辅料、名优小吃、娱乐以及摩托车等行业的规模化经营，形成商业中心。建国路市场改造，发展以中档品牌服装为主的服装街和连锁专卖，形成居民休闲购物市场。该区域改造完成后，市场成交额将达到60亿元以上。

三、中部繁商区

依托南湖公园，充分利用现有塌陷地，建设一批休闲、娱乐、文化、体育、旅游、餐饮等项目，形成具有自然田园风光的休闲娱乐带。

四、西部繁商区

随着定福庄、铁匠庄平改工程竣工及郑各庄土地开发，拟建一个大的日用百货市场和蔬菜供应市场，满足西部居民的需求。大里路市场提升改造，扩大招商范围。新建小区发展便民店，延长营业时间。

五、五条商业街

在南新道、复兴路、胜利路、车站路、滨河南路两侧，建设特色商业街，突出南新道沿街装饰材料市场、南方灯具城的开发，扩大规模、增加品种、提高档次，向规模化、系列化方向发展。

六、七条专业街

包括以老字号店铺为主的品牌服饰专业街建国路；以仿古建筑为主的百年老街胜利路；以床上用品和窗帘为主的专业步行街清真街；以服装鞋帽为主的专业步行街福宁街；以儿童用品为主的专业街新城街；以餐馆娱乐为主的专业街和平路；以摩托车为主的专营一条街解放路。

七、经营策略

专业化　巩固复兴路、南新道及南刘屯汽车、木材、陶瓷等专业化市场，提高荷花坑农贸市场、小山工业品批发市场辐射功能，力争与国际接轨。

产地化　结合城郊型农业特点，加强产地化专业市场建设，增加产地份额，促进老谢庄千亩无公害蔬菜基地、畜禽养殖基地、花卉基地建设，以市场繁荣促农业产业化发展。

特色化　围绕家电、食品、服装、文化用品等特色消费点以及文化、娱乐、休闲、观光、旅游等特色热点，加强特色街区、商贸区建设。

新型化　改造传统商业，发展连锁店、专卖店、物流配送、居民区小超市以及旅游、住宅、信息、广告咨询等新型服务产业，促进优化升级。

第四节　2002—2009年商贸服务业发展规划

2002年，启动小山区域综合开发，项目名称为唐山市小山国际商城，规划范围东至复兴路、南至南新道、西至京山铁路、北至小山住宅楼，占地30.89公顷，建筑面积51.3万平方米，计划投资16.03亿元，分为现代化购物中心、国际连锁商场、传统商业市场、餐饮业、零售商场、商务办公、住宅等功能区。

2003年，明确今后五年商贸流通业发展的目标是完善四大繁商区，即以生活资料为主的东部繁商区、以生产资料为主的东南部繁商区、以休闲娱乐和装饰装潢材料为主的中部繁商区、以日用消费品为主的西部繁商区。

2004年，大力发展新兴服务业，即做大做强传统行业，大力发展现代经营方式，培育壮大新兴行业。

2005年6月，区委、区政府印发《关于加快服务业发展的意见》，提出建设区域性商贸中心、总部经济中心、物流基地。具体目标：打造中心商务区，建设以纪念碑广场区域为中心的核心商圈和新华道南侧总部经济带，成为全市总体规划中的与北部机场新区相呼应的城市中心商务区之一；建设南湖生态经济区，在南湖周边区域发展商务会议、观光农业、休闲旅游、餐饮娱乐等服务业项目；发展特色商业街区，建设新天地购物乐园、新街、新华步行街以及复兴路五交化一条街、车站路机电一条街、南新道汽车配件一条街，向主题特色鲜明、配套设施完备、著名品牌汇聚的方向运营；巩固发展中心市场，加快市场改造提升，向大而强的方向发展；巩固提升商贸餐饮业，积极引进连锁经营、特许经营等新型业态，推进规模企业连锁化、连锁企业规模化、连锁行业多样化、业态结构多元化；加快发展现代物流业、商务服务业、社区服务业、社会保障服务业，积极开发房地产业。

2006年，《唐山市路南区国民经济和社会发展第十一个五年规划纲要》确定建设唐山乃至冀东地区重要的商业商务区：培育壮大八大区域性市场，即以农副产品批发零售为主的荷花坑市场，以纺织品和工业品批发零售为主的小山建国路市场，以机动车专卖为主的复兴路、唐柏路沿线机动车专卖交易市场，以钢材、陶瓷、旧物专卖为主的唐柏路、复兴路、岳各庄路一带生产资料交易市场，以新街步行街、新天地购物广场为主的现代购物市场，以果品专卖为主的南新道果品交易市场，以东方家园建材家居超市为主的南新道沿线装饰材料销售市场，南新道水产批发市场；大力发展总部经济，以世博大厦、渤海大厦、网通大厦等为依托，建设高档商住、写字楼，引进国内外知名大公司、大集团落户路南；积极发展现代服务业，建立大型物流配送基地、仓储物流区、新兴旅游、休闲、娱乐服务中心。

2008年，根据省委提出的“城镇面貌三年大变样”要求和市委八届四次全会将南湖生态城定为“四大主体功能区”（曹妃甸生态城、凤凰新城、南湖生态城、空港城）之一的决策，区委、区政府聘请国内外知名设计单位对小山、建国路、陶瓷城等10个重点区域和小山针纺商贸城等22个重点项目进行规划设计，提出“六点六片”的规划。其中“六点”即渤海大厦、渤海新世界、人民大厦、新华贸中心、曙光大厦、建国大厦，打造新华道南侧沿线六大标志性景观建筑；“六片”即西南片区（现代化商业商住区和行政中心）、东南片区（生产资料现代物流区）、长青楼区域（市级商业商务中心）、南湖北岸区域（集吃、住、娱、购、游等为一体的现代商业带）、小山建国路区域（传统与现代相结合的商业商务区）、华岩南路区域（南湖与市区的商业连接带）。

2009年6月，市委、市政府主要领导到路南区调研时指出，要紧紧抓住资源型城市转型、南湖生态城开发建设、现代服务业大发展三大机遇，把路南区打造成中心城区新的增长极。同年8月，市委、市政府决定在路南区域建设唐山“三大中心”，即唐山市商业商务中心、文化创意中心、政务中心。区委、区政府决定由区商务局牵头，编制战略性、前瞻性、指导性的发展规划，本着“小区域、大发展、多贡献”的发展理念，围绕“三带三中心”进行布局，大力发展第三产业。其中“三带”即环南湖生态经济带、新华道南侧楼宇经济带、南新道休闲商业带；“三中心”即长青楼区域市级商业商务中心、东南部市级综合商贸物流中心、西南片区市级行政中心。

第五节　2010年商贸服务业发展规划

2010年，区委八届五次全委（扩大）会议确定，依托重点项目建设，着力发展现代商贸流通业、现代物流业、高端服务业、旅游业，全力打造商业商务中心。同年，《唐山市路南区国民经济和社会发展第十二个五年规划纲要（草案）》确定全区发展空间布局为“一核三带六区”，即以大南湖中心区为发展核心，形成新华道南侧产业聚集带、南湖景观大道沿线产业聚集带，唐河（陡河）、青龙河滨河产业聚集带；东南部生产资料现代物流区、东北部生活资料现代物流区、西南片商业商住区、东南部新型居住区、曹妃甸临港产业区、侯边庄高新技术产业聚集区。其中，除曹妃甸临港产业区、侯边庄高新技术产业聚集区外，其余均属商业商务发展范畴，亦可概括为“一核三带四区”。

一、空间布局规划

“一核”即依托南湖良好的生态环境，挖掘南湖区域商业价值，提升文化内涵，加快商业商务、文化创意、休闲娱乐等产业发展，凸显南湖的多重带动功能。近期完成影视基地复建、万科南湖别墅、绿城南湖生态城中央商务区、中骏南湖一号、国家体育休闲示范区、河北省文化创意产业研发展示基地等项目建设。

“三带”即打造新华道南侧产业聚集带，南湖景观大道沿线产业聚集带，唐河、青龙河滨河产业聚集带。其中，新华道南侧产业聚集带，充分发挥区位优势，以新华道南侧标志性建筑为点，重点区域改造为面，着力发展总部经济、楼宇经济，打造沿新华道南侧的高端商业、商务、商住区，形成城市中心现代服务业聚集带。南湖景观大道沿线产业聚集带，以规划中的南湖第一景观大道建设为契机，在西电路、南新道、复兴路至205国道沿线建成一批风格各异、彰显特色、大气恢弘、极富现代魅力的标志性建筑，重点谋划发展文化娱乐、休闲购物、高档住宅、星级酒店、特色餐饮等项目，形成南湖北岸商业商贸聚集带。唐河、青龙河滨河产业聚集带，借鉴国内外沿河经济发展的成功经验，按照整体规划、分步实施的原则，因地制宜，对唐河、青龙河沿线进行综合开发，打造集商贸物流、生态居住、商业商务于一体的滨河产业带。

“四区”即打造东南部生产资料现代物流区、东北部生活资料现代物流区、西南片商业商住区、东南部新型居住区。其中，东南部生产资料现代物流区，位于吉祥路至联合村路以南、南湖引水渠至唐津高速以北、复兴路至唐柏路以东、唐河以西区域，重点以陶瓷城、北方国际钢铁电子交易中心、中国石材城等项目为核心，以钢材、陶瓷、石材、建材、汽车等交易为主要业态。东北部生活资料现代物流区，位于胜利路以南、花园街以北、文化南北街以东、唐河以西区域及小山区域、复兴路东侧区域，重点以荷花坑市场和南新东道六大市场建设、小山复兴路区域改造等项目为依托，以日用工业品和农副产品为主要业态。西南片商业商住区，通过推进西南片区安置区建设，将该区域建设成商业布局合理、配套设施齐全、群众生活便利的现代化新城区。东南部新型居住区，加快南出口区域改造，对东礼尚庄、西礼尚庄、檀庄等尚未改造的村庄进行平改，完善路、暖、电、讯等基础设施，建设南湖东岸新城区，实现主城区等值、均衡发展。

二、产业结构规划

传统商贸服务业 加快引进大型超市、大型批发市场、大型酒店、大型餐饮店项目，用新型商贸业态改造传统商贸业，做大做强商贸流通业，精心打造多功能商务区。

新型批发服务业 有重点地培育一批交易主体组织化、交易方式现代化、交易商品标准化，具有物资集散、信息发布及物流服务等多种功能的中高级批发市场，大力发展总分销、总代理，鼓励企业成为国内知名品牌产品、企业在唐山乃至环渤海地区的总分销商、总代理商。

特色餐饮业 积极培育餐饮业品牌和大型餐饮企业，促进连锁餐饮业、特色餐饮业、休闲餐饮业，推进餐饮业品牌化、特色化、规范化、规模化，全面提升餐饮业档次和水平。

现代物流业 依托区位优势拓展陆海空联运、加工配送、电子交易、批发零售、仓储等物流系统，做大陶瓷城、五金城、建材城、商贸城、汽车城、石材城、钢铁交易中心等现代物流园，打造冀东现代物流中心。

生态休闲旅游业　加强区内自然景观、人文景观、娱乐设施的开发利用，加快区内重点城建项目特别是高级宾馆、高档酒店等配套设施的建设，提供优质的硬件支撑和软件服务，提升旅游文化品位。

商业体系　加强商业网点空间布局和业态调整，构建以大型商贸流通企业、专业批发市场为主体，社区商业网点、便民店、专卖店为辅助，布局合理、结构优化、功能齐全、服务优良的现代商贸流通体系。

第三章　网点布局

1990 年，辖境的商贸服务业态，主要为传统商业和各类市场。其中，市属商业企业 93 家，销售额 6.2 亿元，规模较大的有唐山市五金化工批发公司、唐山市金属材料公司、唐山市百货公司；区属商业企业（独立核算点）574 个，销售额 13.15 亿元，规模较大的有长城电器商场、莆田五交化批发公司、五金交电百货公司、路南物资总公司；个体商业 3340 户，销售额 0.8 亿元；各类市场 26 个，市场成交额 1.86 亿元，成交额较大的有新华道农贸市场、荷花坑市场。1993 年，小山服装批发大厦建成营业。2000 年，建国路工贸市场改造成商业步行街。2004 年开始，新街、唐人商业步行街先后建成，新天地购物乐园投入使用。至 2010 年，由市场、商业步行街、商贸物流城、商业广场、超市连锁店、商贸服务综合体、星级酒店、仓储物流业等业态组成的商贸服务中心，初步形成格局。

第一节　市　场

1990 年，辖区有各类市场 26 个，其中大型市场 6 个，建筑面积 10.1 万平方米，摊位 4150 个，市场成交额 1.86 亿元。1994 年市场成交额增加到 15.27 亿元，占唐山市集贸市场成交额的 28%，列全市各区之首。1995 年，各类市场发展到 34 个，共占地 19.63 公顷，建筑面积 9.14 万平方米，市场成交额 19.14 亿元。1996 年，市场建设主体改由社会力量兴建。2001 年，实行管办分离，路南区工商局将所办的 14 个市场全部移交给路南区市场建设服务中心，共移交资产 6117 万元，移交市场建筑面积 4 万平方米。2002 年，第二建材市场注销。2005 年，胜利路市场拆除。2007 年后，按“城镇面貌三年大变样”要求和城市建设需要，大里路市场、南新道市场、增盛里市场、花园街市场、岳各庄唐山市建材市场、胜利路市场、唐山市北方陶瓷城、唐山市装饰装潢材料市场、小山运输市场、唐山市诚信装饰材料市场、唐山市副食品交易市场、宠物市场、唐山市赛城电子市场、南方灯具市场、中山装饰灯具大世界、中山家装市场等先后被拆除。2010 年，全区共有各类市场 49 个，共占地 120.37 万平方米，建筑面积 104.56 万平方米，其中入统市场 34 个，市场成交额 218.39 亿元。

一、荷花坑农副产品批发市场

荷花坑农副产品批发市场，位于胜利路东段南侧，东邻郊外菜园居民区、205 国道，南邻唐山市劳动教养所、荷花坑村，西邻融丰纸业，北临胜利路，占地 11.73 公顷，建筑面积 13.2 万平方米，总投资 3.6 亿元，是唐山市最大的农副产品批发市场。

荷花坑农副产品批发市场的前身是荷花坑集市，形成于 20 世纪 40 年代。当时在市郊结合部东侧有南北相邻的两个方圆各二三百米的坑塘，坑塘西侧是市区马家屯，北侧是开滦煤矿烟子池排水沟，东侧是开阔的菜地和庄稼地，南侧有几户散居农家院落，塘内水波荡漾、芦苇茂盛、莲藕成片，堤岸回环，间有杨柳，袭称荷花坑。40 年代初期，荷花坑一带始有菜农摆摊卖菜。以后，随着城市扩展，坑塘逐渐湮没，交易场地不断扩大，市场交易量迅速增加。到40年代中期，就已形成颇具规模的农副产品集市，农历逢四、九为大集，逢二、七为小集，并因位于荷花坑畔而得名。

1951年，人民政府在此购地1.07公顷，建立荷花坑农副产品交易市场，扩展交易场地，将周边菜摊和文北牲畜市场并入其内。同时，唐山市粮食局在此建立国营粮店，方便周边居民购粮；荷花坑大队建立集体旅店、大车店，方便外地商旅。每逢集日，除市区群众前来购物外，也云集了不少周边各县以及张家口、承德地区的商贩，旅馆、大车店等时常爆满。

20世纪60年代，受当时政策影响，70年代受“文化大革命”的冲击，商业贸易受到限制，市场经营逐渐萧条，曾两度被关闭。中共十一届三中全会后，随着改革开放方针政策的贯彻落实，荷花坑市场得以重新开放，并日益发展。1978年10月，经市政府批准，荷花坑市场由集日市场改为常日市场。1979年1月，恢复荷花坑工商行政管理所。

1983年，市场建设进入快速发展阶段。工商部门开始在原地兴建封闭式大厅和棚台式交易市场，先后投资57.5万元，建成小商品批发厅2个、水产蔬菜批发厅1个、半封闭棚舍2栋、棚台2排、旅馆1个（建筑面积200平方米），市场占地1.07公顷，建筑面积2920平方米，可容纳标准摊位800多个、汽车货位50多个，存储蔬菜60万公斤，并始称荷花坑农副产品批发市场。

1989年年底，蔬菜日上市量30万公斤，节日期间超过50万公斤，担负着全市70%以上的蔬菜供应。另经营肉类、水产、粮油、禽蛋、果品、小食品、小百货等70多个大类2000多种商品，来往商户涉及山东、广东、广西、云南、海南、内蒙等20多个省、市和地区，市场成交额3954万元。农副产品交易的火爆，带动周边县乡农民种植结构的调整，大棚蔬菜逐渐兴起。1990年，区工商局投资12.6万元，铺设水泥路面2493平方米。1991年，市场成交额7925万元。

1992年，由区工商局和个体工商户共同集资350万元，在市场内建成荷花坑小百货、小食品批发大厅，建筑面积5712平方米，容纳摊位360个。1993年，区工商局与唐山市食品公司联合兴建荷花坑肉类水产批发大厅，占地0.6公顷，建筑面积1.17万平方米，投资700万元。1994年3月，荷花坑农副产品批发市场被评为“93年度全国百强集贸市场”，列50个农副产品类第34位；是年12月27日，市政府常务会议决定扩建荷花坑市场，经多方努力，市场占地面积向南扩展1公顷。是年，市场成交额实现4.14亿元。

1995年，随着市场经济逐步深入，个体经济和农业生产快速发展，荷花坑市场在12年间累计投资1500万元，进行四次改扩建，市场占地扩大到2.13公顷，建筑面积1.88万平方米，摊位1800个，汽车货位50多个，市场成交额6.07亿元。1997年5月，被评为“河北省十大农副产品市场”，位列第三名。

2001年，荷花坑农副产品批发市场的资产管理，由唐山市路南区工商局移交唐山市路南区市场建设服务处。是年，唐山市路南区市场建设服务处与唐山市金匙实业（集团）有限公司（以下称金匙集团）依据市区建设总体规划，开始对市场进行全面升级改造。2002年3月6日，唐山市路南区市场建设服务处与唐山市金匙房地产开发有限公司共同订立《唐山市荷花坑市场经营管理有限公司章程》，成立唐山市荷花坑市场经营管理有限公司，注册资本2449万元，其中唐山市路南区市场建设服务处1200万元，占49%；唐山市金匙房地产开发有限公司1249万元，占51%。

2004年，先后完成规划用地建设10.4公顷，建筑面积11万平方米，总投资1.86亿元。其中，交易棚（厅）基础设施面积8.2万平方米，营业面积9.3万平方米。改扩建后的荷花坑农副产品批发市场，形成“六厅一场”格局，即粮油、蔬菜、食品、肉类、水产、小商品批发厅和中心交易广场，成为全省首家无露天交易平台的综合性商贸中心。市场有固定摊位3500个，从业人员1万人；市场日均交易量蔬菜80万～100万公斤，粮油30万公斤，肉类10万公斤，日客流量达4万人次，车流量3000辆次；经营品种发展到蔬菜、粮油、水产、禽蛋、熟食、小食品、茶叶、副食调料、干鲜果品、酒类、小百货、小家电、文体用品等15大类1万余种，辐射津、京、唐、晋、冀、鲁、豫、内蒙古、江、浙、福建、广西、广东、四川、黑、辽、吉等全国大多数省市区。

2006年，唐山市荷花坑市场经营管理有限公司追加投资900万元（包括国债资金310万元），完善数字化电子监控系统、通讯广播系统、小百厅中央空调系统、商品信息系统、电子交易结算系统、检验检测系统、产品质量追溯系统、综合办公管理系统，实现规范化、网络化、标准化管理。是年10月，被中国城市农贸中心联合会评为“全国百强农产品批发市场二十强”，河北省第二名，全市唯一的“国家双百市场工程”（商务部、财政部的建设100家全国性跨区域农产品批发市场、100家大型农产品流通企业）入选企业。2007年，完成交易额45亿元，名列河北省第二，全国第十五位。

2008年3月4日，唐山市路南区市场建设服务处与唐山市金匙房地产开发有限公司召开股东会议，形成《股东会纪要》，唐山市路南区市场建设服务处所占注册资本总额49%的股份，转让给唐山市金匙房地产开发有限公司。3月21日，唐山市荷花坑市场经营管理有限公司变更企业登记为独资公司。是年，依据商务部、农业部、国家税务总局、国家标准委《关于开展农产品批发市场标准化工作的通知》以及《农产品批发市场管理技术规范》，被确定为“农产品批发市场标准化”建设单位。

2009年，金匙集团投资5700万元对水产大棚和肉类交易大厅进行改造，由平面式布局改建成地下1层（保鲜冷库）、地上2层（交易大厅）的立体式布局，项目占地0.49公顷，建筑面积1.5万平方米。

2010年，金匙集团与女织寨乡西越河村共同投资4000万元，在原第二造纸厂旧址新建天河冷库，项目占地1.36公顷，建筑面积1.27万平方米。是年，实现市场交易额60.69亿元。

二、荷花坑金钟蔬菜批发市场

荷花坑金钟蔬菜批发市场位于市区东部，荷花坑农副产品批发市场的西南部，市场南北街以东、荷花坑农副产品批发市场以南、荷花坑村以西、唐山市公安局劳动教养所（简称劳教所）以北区域，占地0.91公顷，建筑面积6300平方米。市场以批发为主，兼顾零售，主要供应市、县区百分之七十以上企事业单位、大型超市，为冀东地区大型蔬菜批发供应集散地。荷花坑金钟蔬菜批发市场的前身是荷花坑正发蔬菜批发市场，始建于1995年，时为劳教所兴办的第三产业，也是唐山市“菜篮子”工程之一，占地0.38公顷，营业面积2300平方米，摊位600多个。

1998年，劳教所根据国家规定退出三产经营，场地（市场大厅）产权仍属劳教所，市场经营权和场地使用权转让给唐山金钟实业有限责任公司，并更名为荷花坑金钟综合批发市场。

2004年，唐山金钟实业有限责任公司取得唐山市饮食公司出让的土地0.53公顷，对荷花坑金钟综合批发市场进行改扩建，新增建筑面积4000平方米；在丰南区稻地镇付家坨村北新建冷库一处，名为唐山市丰南金钟恒温冷库，占地0.8公顷，建筑面积2000平方米，储存能力1000万吨。是年，荷花坑金钟综合批发市场更名为荷花坑金钟蔬菜批发市场。

2010年，荷花坑金钟蔬菜批发市场有省内外商户620个，经营蔬菜、调味品等20类200余种商品，经营方式以南菜北调、地产菜外销为主，日车流量500多辆，日人流量1万多人，蔬菜日交易量80万公斤，年交易额8亿元。

三、小山小百市场

小山小百市场位于唐山市小山水沟沿街传统繁商区内，解放路以东、老南菜市场以南、老华联商厦以西、水沟沿街以北区域，占地1.67公顷，经营面积1.25万平方米，其中室内建筑面积0.44万平方米，棚台面积0.81万平方米。

小山小百市场前身为唐山市工业品批发市场，始建于1983年。由于唐山“7·28”大地震后小山一带汇聚众多零散摊贩，小本经营，沿街摆摊叫卖，并逐年增多。为维护交通秩序，方便监督管理，路南区工商局遂在小山天桥一带沿街建起台案，形成以服装、布匹、小百货等为主的工业品临时市场。以后由于恢复建设搬迁倒面的原因，临时市场先后三次调整。1986年“7·28”前迁到胜利路西段、和平路北段东侧，用太阳伞和折叠床组成摊位，共有摊位346个。1987年，结合临时市场整治，在新城街以南、水沟沿街以北区域选址，建设长期性的固定市场，并命名为唐山市工业品批发市场（以后也称唐山市工业品批发中心），组织沿街商贩入市经营。至1990年，唐山市工业品批发市场有摊位620个，年营业额4945万元。

1991年10月，路南区工商局投资72万元，在市场内新建小山工业品批发大厅，建筑面积1360平方米，容纳服装批发摊位169个。是年，小山工业品批发市场成交额突破亿元，两费（管理费、设施费）收入突破100万元，在全市集贸市场中名列第一名。1994年3月，被评为河北省十强市场，列工业品类第五位。是年，完成市场成交额6.18亿元。1997年5月，被评为“河北省10大工业品市场”，位列第四名。2001—2003年，市场成交额分别为8000万元、8500万元、9200万元。2004年增加到1.5亿元，增速为63.04%。

2005年，唐山市工业品批发市场更名为小山小百市场，市场成交额完成1.8亿元。此后，市场成交额以平均每年14.86%的速度递增，到2009年，商业销售额实现3亿元。

2010年，市场有水泥摊位309个、布厅库房25间、板房20间、楼房33间，共有经营户86户，从业人员500人，经营品种主要有纺织品、针织品、小百货、布匹、鞋、帽、袜、内衣等，市场销售额完成2.7亿元。

四、小山服装批发大厦

小山服装批发大厦位于唐山市路南区小山繁商区内，和平路以东、福宁街以南、复兴路以西、水沟沿街以北区域，占地1公顷，建筑面积2.23万平方米，总投资6000万元。营业大楼地上5层，地下1层，经营业态为服装批发兼零售。

小山服装批发大厦原名小山招商大厦，始建于1993年，是路南区人民政府为繁荣经济、发展小山传统繁商优势决定兴建的，分两期进行，由路南区工商局承建并负责管理。一期工程于1993年6月开工，1994年6月竣工，建筑面积1.7万平方米，投资2600万元。二期工程于1995年1月建成并投入使用，建筑面积6000平方米，投资1600万元。大厦建筑高度20米，建筑耐火等级一级，电力负荷等级一级。大厦1～3层为商业区，4～5层为办公和服务区，共有摊位1560个。摊位的产权，按照建设单位投资、压片单位拆迁补偿折款、冀东水泥厂以水泥折抵投资的形式分配，按各自的投资比例确定摊位数量，其中路南区工商局1392个、小山工程处71个、烟草公司31个、人民服装厂9个、冀东水泥厂11个、农业银行46个。摊位的使用权，出售至2014年。二期工程建设的高档间69个，整体出租，现为库房。

1996年10月，小山招商大厦更名为小山服装批发大厦。2001年9月，实行“管办分家”，区属产权由路南区工商局移交路南区市场建设服务处。同时，大厦的所有房屋设施维护、设备维修以及水、电、暖风、冷风、应急、消防等管理，也由路南区市场建设服务处负责，所需费用由各产权单位按比例分摊。

2002年2月，小山服装批发大厦发生火灾，直接损失数万元。2003年，投资260万元安装消防自动喷淋灭火系统、报警系统、视频监控系统以及各种消防设施和工具，全天24小时处于运转状态。此后每年都投入20多万元，对大厦的消防喷淋设施、消防泵房、消防控制室、营业区域内的消火栓、灭火器等设施进行检查维护。

2005年投资300万元，安装中央空调系统。2008年投资28万元，完善营业区的视频监控系统，对扼制犯罪、安全秩序起到防范作用。2009年，投入130万元，更新改造防火卷帘门、照明线路、灯具、管网等设施。

2010年，小山服装批发大厦的经营业态以中、低档服装批发为主，日均客流量2万～3万人，市场成交额28亿元，从业人员3000人。服务管理体制进一步完备，引入现代化的商业信息系统、短途运输服务系统，开通小山至石家庄、白沟、细柳、义乌等地的汽车专线，并设有银行分理处，方便客户交易和群众购物。

五、唐山市果品批发市场

唐山市果品批发市场也称“果品一条街”，位于路南区增盛路南端的风井路两侧，北起南新道、南至锅底坑，南北长约500米，占地5.9公顷，两侧有货栈30家，总建筑面积6.67万平方米。市场以各自独立的商店、货栈、批发部等为经营主体，商贩来自全国各地，以干鲜果品批发为主，路边少有零售摊位，是唐山市区最大的果品集散地，销售范围覆盖全市及周边地区。

唐山市果品批发市场始建于1990年，时为女织寨乡的王前街、石庄等村和一些单位、个人，在沿街开办的贸易货栈，始称“果品一条街”或“风井路果品一条街”，以经营香蕉、桔子、西瓜等水果为主，货源主要来自广东东莞、普宁、浙江衢州、广西桂林、湖南邵阳、四川简阳、福建漳州、江西樟树等地。贸易货栈为商家提供食宿服务和货物储存、保鲜、代销等服务，按交易双方成交额的2%～5%收取管理费，作为自己的经营收入。时以石庄综合贸易货栈为最大，占地0.67公顷，年成交量1000万公斤，成交额600万元，货栈年经营收入约20万元。

1992年，全区的果品市场发展到31家，以批发、零售、代销各类水果和蔬菜为主，年成交额2.4亿元。但由于规模不等、分布零散等原因，管理秩序混乱，收费标准不一。路南区工商局制定《果品货栈管理办法》，将果品贸易货栈纳入集贸市场管理范围，规定各经营单位必须有货栈字号和名称，有固定管理机构和从业人员，有专人负责统计报表，按规定标准收取市场管理费，并从当年11月开始上报各自的经营情况。

1993年，路南区工商局投资80万元，在“果品一条街”建设果品批发市场，占地1.65公顷，建筑面积2786平方米，建有3幢永久性批发大厅和77间营业房。

2003年，果品一条街营业面积达到2.68万平方米。9月18日，《唐山市路南区人民政府关于开办唐山市果品批发市场的批复》，原则同意《女织寨乡人民政府关于将风井路果品一条街开办为唐山市果品批发市场的请示》，唐山市风井路果品一条街更名为唐山市果品批发市场。原一条街管委会也更名为市场管委会，设管理人员15名，负责交易监督、治安、环卫、交通治理等项管理，并制订《唐山市果品批发市场管理办法》。

2010年，唐山市果品批发市场占地5.9公顷，营业面积6.67万平方米，产权分属于路南区、开滦集团、木材公司、建设集团、王前街村、水利局以及个人投资，共有经营单位31家，从业人员2000人。

六、南新道水产批发市场

南新道水产品批发市场位于大南湖风景区北岸，南新东道252号，南新东道以南、老唐山风情小镇以东、南湖壹号以北、开滦唐山矿劳动服务公司以西区域，占地6.67公顷，建筑面积2.22万平方米，总投资8000万元，是唐山市最大的水产品批发市场，农业部定点市场、价格定点采集单位，全国AAA级文明市场。

图9－2　南新道水产批发市场　（区档案局）

唐山市南新道水产品批发市场始建于2000年5月，2001年1月正式投入运营，时为河北省政府批准立项的大型水产批发市场，唐山市“十五”规划的“菜篮子工程”重点项目，隶属于唐山市煤建总公司。10月，唐山市煤建总公司改制后，隶属于唐山人达集团公司。是年，市场有摊位606个，经营户56户。

2003年，被农业部定为“全国农产品加工流通大型企业”，被农业部水产局定为“全国农水产批发市场价格定点采集单位”，每周两次上报水产品交易数据。2004年，被市委、市政府授予“农业产业化经营市级重点龙头企业”称号。2005年，全国城市农贸中心联合会授予“2005年度全国水产品批发二十强市场”称号。是年，实现市场交易额11亿元。

2006年，由唐山人达企业集团公司的下属单位唐山人达房地产开发有限公司投资4000万元，对南新道水产市场进行标准化改造，建成综合交易大厅、批发区、仓储区、大型停车场、办公区以及配套的生活服务设施，占地4.1公顷，建筑面积2.22万平方米。其中，综合交易大厅经营面积5000平方米，可容纳300个经营摊位；零售商铺档口150个；库房70个；仓储冷库2座，储量2万吨；大型停车场两处，可容纳300辆车停放。管理服务进一步完善，设有便民饮水处、食堂、拾物招领处、广播室、录像监控室、20平方米的电子显示大屏、消费者投诉站、公平秤、客商购物交易咨询处、农行储蓄所，全天候保安和保洁。是年，市场有经营商户450户，实现交易额12亿元，经营范围主要是各种鲜活、冷冻水产品及干货批发零售，兼营副食调料、粮油、肉类、酒店用品等。

2007年，集团公司投资800万元在市场内建棚化批发区1.5万平方米，新建零售档口47套、1100平方米，并安装成套电子监控设备、电子显示大屏、海产品检验检测设备。是年，被农业部批准为第十三批“农业部定点市场”。

2008年6月，新华道农贸市场整体拆除后，部分商户转移到水产市场大厅内进行经营。路南区政府遂成立南新道水产市场管理办公室，出资租赁南新道水产品批发市场的大厅，对拆迁户进行安置，稳定商户经营。大厅共有摊位280个，其中属于人达地产南新道市场的84个，属于南新道水产市场管理办公室租用的摊位196个，年租金120万元。在政府租用的196个摊位中，经营调料摊位71个，经营水产冻货摊位56个，经营粮油、烟酒、干果、熟食摊位46个，经营牛羊肉摊位12个，机动摊位11个。

2010年，南新道水产批发市场除经营本市环渤海四县区（丰南区、唐海县、滦南县、乐亭县）海、淡水渔业产品和滩涂养殖产品外，还引进广东、广西、福建、浙江、江苏、山东、辽宁、北京、天津等地经销商入市经营，旺季日批发车辆400辆，年批发交易量25万吨。

七、渤海市场

渤海市场坐落在唐山市中心区西部，位于主干道国防道、新华西道、大里路、友谊路构成的网格内，包括渤海早市、宏兴商贸城、爱购商场等市场主体，人口密集，出行方便，10分钟商圈内涵盖人口10万多人，具有独特的地缘优势，为市区西部市民日常生活的主要购物场所。

渤海早市　渤海早市最早形成于1980年，随着地震后45号小区（也称赵庄小区）建成入住，在国防楼、立新西楼、西新东楼区域内的三级马路两侧，逐渐形成以蔬菜、水果、日用品为主的马路市场。

1987年4月7日，经工商部门批准正式开市，因最初是围绕渤海花园（位于45号小区中心位置、渤海影剧院南侧，原为小区绿地，后经城建部门多次改建，形成占地3249平方米的街区游园，园中建有雕塑、花坛、草坪，甬路两旁花草相间、柳树成荫，园内娱乐活动多样，习称渤海花园）摆摊而成市，且周围分布有渤海旅馆、渤海浴池、渤海华侨商厦、渤海影剧院等，而名渤海早市。早市由路南区工商局大里路工商所负责管理，商品种类也从最初的蔬菜瓜果、日用百货，逐渐发展为各类农副产品、生活用品和日用百货。

1996年6月，唐山市工商局在渤海市场召开早市管理现场会，路南区工商分局介绍渤海早市的管理经验。

1998年11月，早市内新建吉利市场，由华侨商厦有限公司投资建设，占地0.42公顷，建筑面积1900平方米，建有棚台式摊位300个，从业人员450人，主营肉食和水产品，月商品交易额18万元。此后，在吉利市场东侧和国防楼附近，自发形成布头市场，以品种繁多、价廉实惠而迅速发展。

2001年6月，唐山市工商局下发《关于市场管办分离和市场移交实施方案》，大里路工商所将渤海早市移交学院南路街道管理。学院南路街道办事处按照创建国家级卫生城要求，制定退路进场、划线定位、严格上市和退市时间等制度，取缔扰民的布头市场，整顿吉利肉食水产品棚台市场，加强规范化管理，改善市场环境。

2003年，路南区西半部纳入全市集中供热范围，唐山市热力总公司45号小区锅炉房停止使用，在锅炉房旧址改建棚台市场，称热力商品交易城，也称热力大院市场。市场北侧沿街建有商铺，主营服装和日用百货；东侧为棚室商铺，主营五金工具、水暖电料、炊事用具等生活用品；南侧为半封闭式棚台市场，主营各种瓜果、蔬菜、干果、粗杂粮、小食品等生活必需品。市场占地0.48公顷，建筑面积4799平方米，有固定摊位600个，从业人员900人，月成交额450万元。是年，宏兴菜市场建成投入使用，位于45号小区内宏兴商贸城南侧，系由原唐山市儿童食品厂院落改建而成，唐山百货大楼集团宏兴商贸有限公司投资，为半封闭式棚台市场，有固定摊位150个，主要经营熟食、早餐、水产品、熟肉制品、豆制品等。

2010年，渤海早市拥有吉利肉食水产品棚台市场、热力大院棚台市场、宏兴标准化菜市场，另在渤海南北街两侧形成的临时摊位160个，红星商贸城西侧固定经营店面160个、临时摊位110个，总计有各类经营摊台、店面1480个，市场成交额5704万元。

宏兴商贸城　坐落在45号小区中心位置，渤海东西街以南、渤海健身花园以西、国防楼以北、青年楼以东区域，占地0.44公顷，建筑面积7357平方米，总投资1300多万元。宏兴商贸城的前身是唐山市儿童食品厂，始建于1981年，隶属于唐山市商业局糖业烟酒公司。1987年5月，儿童食品厂与同属唐山市商业局糖业烟酒公司的综合食品厂、第二食品厂一道划归唐山市粮食局管辖，为独立核算单位。1997年，被唐山百货大楼集团兼并，改称唐山市百货大楼食品厂。2001年3月，企业进行所有制改革，由国营企业改制为股份制企业，法人名称为唐山百货大楼集团宏兴商贸有限责任公司。此后，公司先后多次投资，对原儿童食品厂旧址进行改建，建成宏兴商贸城。宏兴商贸城分为服装百货商场和菜市场两部分。其中，服装百货商场为2层建筑，占地0.3公顷，建筑面积4722平方米，总投资700万元，1层主营日用百货，2层主营服装，经营方式批发兼零售，以样式新颖、物美价廉、门类较多、品种齐全吸引顾客。菜市场为2层建筑，系原儿童食品厂的室外部分，坐落在服装百货商场南侧，封闭式大厅，占地0.14公顷，建筑面积2885平方米，总投资600万元，主营牛羊肉、禽蛋、豆制品。2010年，宏兴商贸城共有服装百货摊位410个，精品屋70个，水产摊位200个，实现商品销售额6000万元。

爱购时尚购物广场　习称爱购，坐落于唐山市路南区渤海东西街9号，占地0.25公顷，建筑面积8500平方米，总投资1500万元。爱购的前身是友谊街道制帽厂，始建于1985年，属街道集体企业，1990年资产总额61.3万元，职工47人。2003年，友谊街道制帽厂出售给唐山成功置业有限公司，整体拆除后改建商场。2006年，唐山成功置业有限公司隶属宝升昌（唐山）商业管理有限公司。2007年1月28日，爱购时尚购物广场正式开业，商场分为地下1层、地上4层，有300间独立单元式商铺及沿街门店，是唐山首座以流行时尚为主题，以年轻人为主要客源的青春潮流卖场。其中地下1层“儿童城”，主营孕婴用品、儿童服装、儿童玩具和鞋类；地上一层和沿街底商门店“生活秀”，主营儿童服装、饰品箱包、化妆用品、家居布艺、精致首饰、休闲美食饮品、手机美容和缴费；地上2层“时尚酷”，主营时尚女装、潮流男装、风情内衣、男女鞋类、精品箱包等；地上3层“儿童乐园”，主要有时尚美甲、美容美体美发、儿童DIY、手机电脑维修、化妆品、水吧、童装玩具、流行鞋品、男女装等多种业态。2010年，商场共有商家200户，从业人员400人，商业销售额2000万元。

八、唐山市吉祥旧机动车交易市场

唐山市吉祥旧机动车交易市场位于唐山市东南部，唐柏路与205国道交叉口西北侧（西行200米），东邻金利海加油站、南临205国道、西邻冀东汽车展示园、北邻东礼尚庄，占地13.33公顷，建筑面积7.99万平方米，总投资9000万元。市场经营各类二手车辆，以中高档车型为主。

市场始建于1995年，时值“中日韩青少年运动会”在唐山召开，由于位于增盛路南段西侧、南新道南侧的唐山市旧机动车市场阻碍交通而搬迁至此。6月19日开工，7月15日竣工并投入使用，由南刘屯村唐山吉祥实业公司投资兴建，占地6.67公顷，建有办公用房240平方米，围墙400延长米，车辆泊位1200个。9月，唐山吉祥实业公司更名为唐山市吉祥实业（集团）公司（简称“吉祥集团”），新迁建的旧机动车市场成为吉祥集团直属企业。市场下设市场服务处，与机动车管理部门、税务部门、保险公司等单位的派出机构联合办公。交易双方可直接在车辆交易大厅办理车辆买卖、转籍、过户、保险、年检等手续，快捷方便。市场交易通常采用现场交易和预约交易两种方式，其中待售车辆停于场区内，买卖双方当场敲定的称现场交易；待售车辆交易日当天不能及时到场，则由市场提供车辆相关信息，买卖双方场外敲定后再行办理交易手续的称预约交易。

1996年，机动车交易量达到6540辆，市场交易额1.35亿元，市场收入90万元，一年内收回全部投资，并获省级“文明市场”称号。1997—1999年，机动车交易量分别为6188辆、6357辆、9069辆，市场交易额分别为1.48亿元、1.71亿元、2.77亿元。

2000年，投资200万元，对市场路面进行全面翻建，使其达到国家等级标准。同时，配套完善市场消防体系、环卫设施、生活服务机构，形成集住宿、餐饮、娱乐、服务功能于一体的大型专业化市场。当年1月起，免收旧车进场费。2月，通过与唐山市公安局车管所协商，在市场内增设检测台，方便群众办理车辆过户交易手续。

2008年2月，唐山市公安局车管所在吉祥旧机动车交易市场设立二分所，方便群众办理手续。4月，该市场搬迁至东礼尚庄，即现址，经营面积扩大1倍。2010年，市场可同时容纳交易车辆2000辆，服务处有工作人员30名。

九、唐山市吉祥旧物交易城

唐山市吉祥旧物交易城位于复兴路南段东侧，复兴路35号，占地4.33公顷，建筑面积3.6万平方米，总投资2000万元，主营库存积压的服装、化妆品、图书音像、数码产品、家居家电、日用百货、炊事用具、旧机电等各类商品和闲置设备。

图9-3　吉祥旧物交易城　（区委宣传部）

吉祥旧物交易城的前身是红光食品厂和海鸥食品有限公司，前者是南刘屯生产大队的集体企业，始建于1979年；后者是南刘屯村与韩国企业联营的合资企业，始建于1988年。1996年，两个企业因经营困难而陆续停产，南刘屯村委会决定利用两个企业的经营场所，兴建旧物市场。

1998年4月，南刘屯村所属吉祥集团完成《唐山市吉祥旧物市场项目可行性研究报告》。7月24日，唐山市计划委员会下发《关于唐山市吉祥旧物市场项目可行性研究报告的批复》，批准该项目。

1998年5月20日，该项目开工建设，计划工期3个月，每提前一天奖励建筑队1000元。施工单位日夜兼程，如期竣工。同年9月，市场投入使用，名为唐山市吉祥旧物交易城。市场占地2.67公顷，建筑面积2.1万平方米，其中沿复兴路新建2层旧物交易楼0.88万平方米，框架结构，分为南北两段，跨度20米；楼房后侧新建两排1层的门店0.17万平方米，砖混墙体，钢梁屋脊，石棉瓦屋顶，水泥地面；利用原有厂房、办公室等设施改造1.05万平方米，配置物流和消防通道、机动车场、重型货物库房、临时周转库房、服务用房等配套设施。市场建设投资850万元，其中建设资金840万元，流动资金10万元；企业自筹350万元，申请银行贷款500万元。功能分区，1层为家电、家具、小五金等物资；2层为百货、针纺、服装、古董等物资；门店为大五金等较重型物资。市场设管理委员会，以南刘屯村委会为主，协调工商、税务、公安等部门共同参与，下设主任办公室、财务部、市场开发部、后勤部、治安联防办公室，负责市场的治安联防、环境卫生、市场缴费等综合性管理工作。

2002年上半年，再次投资10万元，对交易大棚进行改扩建。是年，被区政府确定为“路南区下岗工人再就业基地”。2010 年，市场有摊位 1000 个，入驻商家 200 户，市场销售额 4 亿元，市场经营收入 300 万元。

十、唐山市吉祥钢材市场

图 9－4　吉祥钢材市场（区委宣传部）

唐山市吉祥钢材市场位于路南区东南部，岳各庄大街东口，环城南路与唐柏路交叉口东南侧，北邻五金城、东邻冀东汽贸、南邻东礼尚庄、西邻南方灯具城，占地 8.94 公顷，建筑面积 4.8 万平方米，总投资 1000 万元。唐山市吉祥钢材市场由南刘屯村吉祥集团投资建设，始建于 1999 年，当年 3 月破土动工，5 月一期工程完工，8 月全部竣工。市场建有办公用房、营业用房（南北两排）、库房和货场，配备大型龙门吊、装卸叉车、汽车停车场和进出通道、电子地秤等配套设施，机械化作业覆盖整个场区。2000 年 5 月 16 日正式对外营业，当年进驻商家 23 户，主营各种碳钢、不锈钢型材和建材。2004 年，市场实行承包经营。2010 年，唐山市吉祥钢材市场入住商家 120 多家，其中年交易额 1000 万元以上的有 20 家，年交易额 500 万元以上的 30 家，从业人员 1000 人，主营各大钢铁企业生产的金属材料、钢材制品共 30 大类 1000 多个品种，市场交易额 7.76 亿元。

十一、唐山市吉祥家具广场

唐山市吉祥家具广场位于路南区复兴路 48 号，东邻复兴路，南邻韩后街，西邻复兴印刷厂、中南空调，北邻路南七星五交化商行，占地 3.4 公顷，建筑面积 2.19 万平方米，总投资 1000 万元。市场隶属于南刘屯村吉祥集团，股份制经营，主营各类实木家具、板式家具、钢木家具、办公家具、餐桌餐椅、各类沙发系列等产品。广场始建于 1999 年，由南刘屯村吉祥实业公司兼并区属集体企业摩托车齿轮厂后在原址改建，占地 2 公顷，建筑面积 1.1 万平方米，投资 400 万元。2000 年 7 月，利用停办的村属集体企业红光食品厂部分场址和迁出的汽车修理厂原址，也改建为家具市场，占地 0.9 公顷，建筑面积 0.7 万平方米，投资 300 万元。

2001 年 3 月，经南刘屯村“两委会”讨论，决定扩大经营场地，遂利用附近一块原第四生产队的闲置土地，改建成家具市场，占地 0.5 公顷，建筑面积 0.39 万平方米，投资 300 万元。8 月，南刘屯村委会决定对家具市场实行股份制经营，村委会以投入的土地入股，占总股份的 51%；面向村民募股 500 多万元，占股份的 49%。市场上缴的税金以及水电、防水、维修等费用，按股份均摊。2010 年，吉祥家具广场按照各自的经营实体，划分为复兴家具城、宏祥家具城、德清家具城，各自独立经营，自负盈亏。

十二、唐山市吉祥旧金属市场

图 9－5　吉祥旧金属市场（区委宣传部）

唐山市吉祥旧金属市场坐落于路南区复兴路 8 号，与唐山市吉祥旧物交易城隔路相望，东临复兴路、南邻高级轿车修理厂、西邻洗煤厂旧址、北邻沿路商家，占地 2.76 公顷，建筑面积 1.67 万平方米，总投资 500 万元。市场原为南刘屯村第四生产队的园田，地震后成为唐山机车车辆厂职工安置房，一直占用 20 余年。1999 年安置房拆除后，土地回归南刘屯村，开始清除废墟，筹建吉祥旧金属市场。2000年3月，市场建成投产，占地1.33公顷，建筑面积3000平方米，共投入资金70万元，建办公室8间，经营摊位200个。投入使用后不到两年，便收回全部投资。2003年，由吉祥集团投资，对旧金属市场进行扩建，始成现在规模。2004年，旧金属市场开始实行承包经营。2010年，市场销售额实现4841万元。

第二节　商业步行街

2000年，唐山市第一条商业步行街建国路商业街改造完成，将商业、服务、休闲、文化以及市场有机结合，成为新的商业业态。2004年，新街开工建设。2005年，新街、唐人街先后建成并投入使用，再填路南“商业文化名片”。

一、建国路商业街

建国路商业街位于唐山市中心区东部，鸿宴饭庄老址东侧的马路以东、东方购物广场以南、金匙桥以西、友谊桥以北区域，东邻京山铁路，占地7.3公顷，建筑面积7.8万平方米，为大型综合性商业步行街。建国路商业街的前身是130多年前形成的唐山商业发祥地的粮市街，从最初的瑞生成绸缎庄、同兴顺杂货店、鸿发泰五金店、大同帽庄、中德药房、慎余书局、义盛永烧鸡铺等老字号商店开业起，至20世纪20年代初，业已形成冀东地区的早期商业中心。1945年抗战胜利后，粮市街改称建国路。唐山解放后，唐山市百货商场等国有大型商家先后建立，建国路依旧是唐山市的繁商区，与位于京山线另一侧的小山繁商区相互呼应。1976年的大地震，使百年基业瞬间夷为一片废墟。震后虽恢复简易营业，但市场规模、周围环境以及经营业态难比之前。

图9-6　建国路市场　（区档案局）

1985年，唐山市人民政府决定恢复建国路工贸市场，向“抗震十周年”献礼，将北起新华东道、南至铁路天桥的原建国路、财神庙街、兴隆街、鱼市街、柴草市、大小九道弯、东局子、老车站等街区扩展在内，先后征集投资商户185家，集资2700万元，新建23幢商业楼，于1986年7月唐山抗震10周年前夕建成开业。市场进驻100多家国营、集体和私营企业，700多户个体摊贩，形成以公有制为主导，多种经济成份并存，公平竞争、优势互补的市场结构。市场经营方式以零售为主，兼营批发，经营范围包括日用百货、服装、鞋帽、针纺织品、土产陶瓷、家用电器、五金电料、音像眼镜、皮货灯具等千余种商品，以及饮食、旅店、洗染、游艺、修理等服务性行业。市场布局以唐山市百货公司商场为龙头，位居一号主楼位置，充分发挥国营商业主渠道作用；各商业楼中的集体和私营商场，专业性强，适销对路，经营特色突出；市场大街两侧的个体亭台摊贩，则以机动灵活、拾遗补缺的经营机制，时髦、新奇、价格灵活的小商品以及良好的服务态度而取胜。

1990年年初，建国路工贸市场拥有国营、集体、个体营业门市170家，棚台摊位450多个，日客流量4万~5万人次，年营业额2797万元。1993年，建国路家具市场建成，占地0.45公顷，投资107.5万元，有家具展销大棚60间、铝合金板房30余间。是年，建国路鞋类大厅建成投入使用，为棚顶式大厅，面积2000平方米，投资23万元。1994年，市场成交额1.51亿元。1995年，市场成交额1.68亿元，并获“河北省文明集贸市场”称号。

2000年，建国路工贸市场被改造为唐山市第一条商业步行街。2003年，位于建国路商业街一号楼的市属国有企业唐山市百货公司被唐山百货大楼集团兼并，成为唐百大集团控股子公司，更名为东方购物广场有限责任公司。2008 年 9 月，路南区政府对市场内违章建筑、外跨建筑、2 层后接层建筑等进行拆除，累计拆除北国商行等单位的违章建筑 184 处，拆除面积 9439 平方米，清理废墟 2.03 万吨，打通消防通道，市场面貌得到进一步改善。

2010 年，建国路商业街共有商户 107 户，其中主街 53 户、副街 54 户，摊位 560 个，形成以经营日用百货、服装、鞋帽、箱包、针纺织品、土产陶瓷、家用电器、五金电料、音像产品、眼镜、皮货、灯具等千余种商品以及餐饮、旅店、洗染、游艺、修理等服务业为主的综合性繁商区，年营业额 6 亿元。

二、唐人街

唐人街也称新华步行街，位于新华道与光明路交叉口东南侧，东邻唐山美中女子医院、南邻友谊里楼，西临光明路，北临新华道，占地 1.2 公顷，建筑面积 1.7 万平方米。唐人街所在地域，原为地震后城市建设的预留地。1999 年，路南区城建局将其改造为城市绿地，草坪、花卉、各种绿化树木相互映衬，成为城市一景。2002 年，路南区文体局又增设各类健身器具和多条健身路径，成为路南区西部规模最大的综合性健身广场。2003 年 10 月，健身广场被拆除，唐人街项目开工建设。2005 年 7 月，唐人街建成并投入使用。唐人街的建筑为低层、群式建筑，东西向布局，共建有条式楼 17 幢。其中：3 层的营业楼共 10 幢，1 ~2 层为商铺，3 层为写字间；2 层的营业楼共 7 幢，全部为商铺。步行街共有独立单元商铺 476 套，独立写字间 196 间。唐人街的商业业态，初建时定位为“不夜城”，以餐饮、娱乐、文化等经营为主。投入使用后，由于唐山流动人口较少，北方人尚不习惯“夜生活”，商业经营则以餐饮、风味小吃、中低档服装为主。

2010 年，唐人街的经营范围为烟酒、餐饮、摄影、美容美发、售后服务、电信、网吧、眼镜、广告、旅行社、旅馆、医院、诊所、拍卖、投资咨询、毛衣加工、服装、酒吧、饰品、箱包、足疗、娱乐、钢铁信息、乐器、药店、培训学校、房产评估、黄金玉器、网络公司、宠物商店等诸多行业，其中肯德基、豪客来、时尚客等快餐连锁企业设有分店，天之食府饺子城等餐饮店食客较多，唐山五官医院、唐山御文化协会、唐山御文化研究会等进驻街区。是年，共有经营商户 215 户，商业销售额 1.2 亿元。

三、新街

新街地处华岩南路商业中心地段，新华道与国防道之间，北起新华道、南至国防道，东西宽约 50 米，南北长约 500 米，占地 2.52 公顷，建筑面积 4.3 万平方米，总投资 1.8 亿元。新街原为唐山市的交通干道之一，唐山“7·28”大地震后网格状交通体系中的一部分，即华岩南路中段。2002 年 7 月，唐山市总商会温州商会经过考察，上报市政府《唐山市总商会温州商会关于兴建温州商贸步行街的可行性报告》，拟将华岩路改建成温州商业步行街。

图 9－7　华岩路新街（区委宣传部）

2004 年，路南区对华岩南路两侧单位和零散商户进行拆迁。是年，由唐山市总商会温州商会投资，清华大学规划设计研究院设计的商业步行街开工建设。2005 年 12 月 8 日，商业步行街正式开业，并定名为新街。

新街的临街建筑，为 2 层条式商铺，南北向临街分布，框架结构。建筑布局采用南方城市便宜街的方式，临街两侧底层为大小不等的独立店铺，上层则全部贯通，以免除顾客频繁上下楼之苦。街心设有零售亭、花坛、建筑小品雕塑，周边有风味小吃街和水果蔬菜店铺，方便居民休闲和逛街购物。新街毗邻华联商厦、三利购物、百货大楼集团，是集购物、休闲、娱乐、餐饮、旅游于一体的多元化商业步行街。经营定位是“时尚”，以品种齐全、价格便宜而著称。

2010 年，新街底层商铺共有 101 家，以经营国内外知名品牌的服饰专营店为主；2 层为小商品城，共有商户 315 家，主要经营饰品、箱包、鞋帽、服装等；街内有大型商场 3 家，美食城 1 家。

第三节　商贸城

1995 年起，路南区商贸工作开始侧重“培育大市场”。1997 年，唐山北方陶瓷城建成投入使用。1999 年，冀东汽车市场、南北家具中心、南方灯具市场等一批规模较大的专业市场相继落成。2005 年开始，依据国家“十一五”规划纲要提出的扩大内需，增强消费对经济的拉动作用要求，进一步推进现代化商贸城建设，构筑集商贸与物流为一体，综合交易、会展、物流、旅游、餐饮等多功能，用商贸带动物流，以物流促进商贸，拓展新型商贸模式。2007 年，唐齿汽配城一期工程建成。2009 年，金三角陶瓷建材城开业，唐山国际石材城一期工程开工建设。2010 年，南方国际商贸城一期工程建成并投入使用，中国北方国际钢铁交易配送物流中心一期工程基本建成，唐山国际五金城、中国唐山国际陶瓷城开工建设。

一、金三角陶瓷建材城

金三角陶瓷建材城位于唐柏路以东、205 国道以南、中山陶瓷建材城以西、丰南区大夫坨村以北区域，习称“三角地”，市场占地 6.79 公顷，建筑面积 6.87 万平方米，总投资 0.3 亿元。金三角陶瓷建材城其前身是南北家具中心，1995 年 7 月开工建设，1996 年 1 月正式开业，占地 7.74 公顷，建筑面积 7.4 万平方米，投资 2600 万元，主营各类家具。是年，市场有商家 140 家，营业额 4000 万元。2006 年，市场转型为物流配送，并更名为唐山市路南金三角仓储配货服务站，有商铺 169 间，进驻商家 160 家，营业额 1 亿元。2008 年，由于 205 国道改线，新建的立交桥从院内穿过，政府征用市场土地 0.95 公顷及地上建筑物。2009 年，北方陶瓷城整体拆迁，其中 80 余家商户被安置进场经营，遂改营陶瓷建材。2010 年，市场更名为唐山市路南金三角陶瓷建材城，有商户 90 多家，经营商品有各类陶瓷、装饰材料等 500 余种，批发兼零售，辐射华北、东北等地。

图 9－8　中国北方陶瓷城　（区委宣传部）

二、中山陶瓷建材城

中山陶瓷建材城也称中山陶瓷仓储基地，紧邻金三角陶瓷建材城，位于金三角陶瓷建材城东侧，占地 16.33 公顷，建筑面积 12.25 万平方米，总投资 2.4 亿元，隶属于唐山中山实业（集团）有限责任公司。中山陶瓷建材城始建于 2009 年，是由于中国北方陶瓷城需要搬迁为安置商户而建，当年开工、当年建成并投入使用。2010 年，入驻商铺 180 户，主营建筑陶瓷、卫生陶瓷、日用陶瓷、礼品陶瓷等国内外名牌产品。

三、宝丰陶瓷仓储站

宝丰陶瓷仓储站紧邻中山陶瓷仓储基地，位于其东侧，与金三角陶瓷建材城、中山陶瓷建材城西东向并列于205国道南侧，共同构成金三角陶瓷建材市场的经营主体。宝丰陶瓷仓储站始建于2007年，2009年建成投产，占地7.33公顷，建筑面积5.8万平方米，总投资3000万元。虽名仓储站，但主要功能为批发、零售和仓储，主营建筑陶瓷和卫生洁具。2010年，市场进驻的商户55家。

四、庞大汽贸城

庞大汽贸城也称庞大汽车文化展示园，坐落于路南区东南部的信息物流园区，复兴路南端两侧。占地面积22.41公顷，建筑面积24.79万平方米，总投资11.25亿元。汽贸城隶属于庞大汽贸集团股份有限公司（简称庞大汽贸集团），既是大型专业汽贸物流基地，也是集汽车展厅、汽车专卖店、汽车配套项目、休闲购物中心及文化展示中心为一体的汽车文化展示园。

庞大汽贸城始建于2000年，时由庞大汽贸集团的前身冀东机电设备有限公司租用农村土地，投资兴建唐山市冀东汽车交易市场（也称冀东汽贸），是冀东机电设备有限公司“唐山市冀东现代国际商贸物流中心项目”的子项目，位于复兴路以东、环城南路以南、女织寨村以西、以北区域，占地面积约2公顷，建筑面积1.5万平方米，总投资约1亿元，建有广州本田店、北京现代店、长安昌河店、东风风神店等汽车专卖店。

图9－9　庞大汽车文化产业园　（区委宣传部）

2007年12月27日，冀东机电设备有限公司变更为庞大汽贸集团。2008年，庞大汽贸集团为满足汽车市场快速发展需要，决定在路南区建设一个“集团公司第一、全国项目建设第一”的集汽车专卖、配套项目、休闲购物中心、高档汽车展厅和汽车文化展示中心为一体，为消费者提供一条龙服务的综合汽车文化展示项目，即“唐山市路南区汽车文化展示园”，为爱车族提供一个展示、交流、欣赏的平台，并于10月正式启动。汽车文化展示园建设分三期进行，其中：一、二期项目坐落在复兴路南端西侧，即吉祥路以南、复兴路以西、地震纪念馆以东、南外环路以北区域，用地17.21公顷，建筑面积14.1万平方米（其中汽车展示中心1.21万平方米，休闲购物中心4.19万平方米，会员俱乐部1万平方米，汽车专卖店5.72万平方米，汽车配套项目1.68万平方米，小餐饮0.3万平方米），建筑密度81.9%，容积率80%，绿化率40%，项目总投资4.84亿元。三期项目坐落在复兴路南端东侧，复兴路以东、吉祥路以南、女织寨村以西、南外环路以北区域，占地面积5.2公顷，建筑面积10.69万平方米，建筑密度40.4%，容积率1.58，绿化率27.7%，总投资6.41亿元。

2009年7月，汽车文化展示园一期工程开工建设。2010年5月18日，一期工程竣工投入使用。一期工程建有唐山景鸿、唐山文盛、冀东斯巴鲁、冀东菱通、唐山庞大祥川等汽车销售服务有限公司，唐山庞大汽车俱乐部，中兴汽车唐山轩浩特许经营点、比亚迪汽车唐山新丰销售服务店、现代汽车唐山海派特约店、一汽马自达汽车唐山庞大赫峰店、郑州日产唐山庞大浩翔专营店等4S店。

五、唐齿汽配城

唐齿汽配城位于唐山市路南区胜利路2号，胜利路与吉祥路（老205国道）交会处的西南侧，占地7公顷，建筑面积5万平方米，总投资1.8亿元。汽配城与荷花坑市场紧密衔接、相互依托，与传统繁商区小山、建国路隔复兴路相望，地理位置优越，交通便利，商业氛围浓重。汽配城场内设有汽车摩托车配件区、工程机械配件区、汽车装具用品区、汽车快修、汽车装饰美容区“五大功能区”，市场定位为批发兼零售的综合汽配市场，是集汽车配件、汽车装潢、汽车用品、汽车快修等为一体的专业化汽配市场，也是唐山市现有规模最大的汽配城。唐齿汽配城由唐山齿轮集团有限公司（成立于1999年4月，国有独资公司，国内汽车零部件行业的大型骨干企业，其前身是原唐山齿轮厂）投资兴建，其法人单位是唐山唐齿汽配城有限公司。项目共分三期建设，其中：一期工程占地2万平方米，建筑面积1.3万平方米，投资0.45亿元，全部建筑为钢结构，沿街建筑为3层，其余为2层，分为A、B、C、D、E、F五栋营业楼，配套建有酒店、洗车房、修理车间等设施；二期工程占地2.2公顷，建筑面积1.2万平方米，投资0.31亿元，建有汽配大卖场和修理一区、二区，对一期工程进行添平补齐；三期工程占地2.8公顷，建筑面积2.5万平方米，投资1.04亿元，重点突出品牌建设，目前尚处规划设计阶段。

2007年，唐齿汽配城一期工程开工。2008年，一期工程竣工，5月31日举行开业仪式并正式营业。是年，二期工程也相继开工。10月，唐齿汽配城加入全国汽配联合会组织，并被列入全国重点培育市场。

2009年6月4日，唐山唐齿汽配城有限公司举行开业一周年商户代表座谈会，就唐齿汽配城一期经营状况、管理中存在的问题以及二期工程建设和运营等开展讨论，确定“同舟共济、走向繁荣”营销方略。

2010年5月31日，唐齿汽配城举行开业二周年庆典活动，其间实行优惠销售。是年，一汽集团一发备品制造有限公司唐山分公司、唐山兴国汽车维修设备销售公司、唐山市金源汽车用品厂、彭大汽配、华普、唐山市路南区琦利汽配商店、鲁华汽车地毯、唐山吉利汽保工具批发中心、唐山市博威贸易有限公司、唐山市福美达汽车用品商行、唐山市兴运汽配批发中心、小蒋汽保、唐山中惠汽车音响批发中心、亚龙汽车真皮座套、唐山市路南业丰汽车配件经销处、迪士尼汽车饰品京津冀总代理、唐山市宝马专业批发汽车装具材料商行、恒艺汽车用品批发商行、唐山靓车汽车用品商行、同兴汽配（变速箱系统专家）、唐山市路南德众汽配经销处、唐山市卓慧汽车零部件商行、唐山鹏杰汽保工具大全、顺诚汽车配件商行、唐山成信汽保设备经销处等100多商户进驻。

六、唐山国际石材城

唐山国际石材城位于唐山市东南部，东临三川机械、南临警西路、西临205国道、北临环城水系，占地19.13公顷，建筑面积6万平方米，总投资6亿元。唐山国际石材城由锐意建材有限公司开发建设，主营各类荒料板材、高档石材，兼营奇石、园林石、景观雕塑等工艺品，经营方式为仓储、加工、展销、批发、零售以及物流配送、电子交易、信息发布为一体的石材加工展销基地，产品辐射京、津、冀及东北地区。

2009年4月，唐山国际石材城开工建设，是年一期工程竣工。2010年，二期工程开工建设，一期工程投入使用，入驻各类石材企业260家，实现营业额2亿元。

七、南方灯具家具城

南方灯具家具城也称“南方国际商贸城”，位于路南区南外环路中段，唐柏路与南外环交叉口东行200米道南，东邻庞大汽贸城（原唐山市冀东汽车交易市场）、南临吉祥钢材市场、西临富丽饭店旁的在建写字楼、北临南外环，与唐山国际五金城隔南外环路相望，占地2.73公顷，建筑面积6.1万平方米（其中经营面积3万平方米，仓储面积1万平方米，办公、餐饮等配套服务设施2万多平方米），总投资1.4亿元。商城主营各类灯具、照明设备及电工产品，经营方式批发兼零售，为华北地区单体面积最大的灯具市场。南方灯具家具城的前身是唐山南方灯具市场，位于南新西道中段（南新道18号），始建于1999年，系广场街道所属工业瓷厂旧址改建，7月开工建设，12月竣工投入使用，并于12月18日举行开业仪式。市场由唐山市温州商会个人投资兴建，股份制企业。市场占地0.87公顷，建筑面积0.5万平方米（经营面积0.4万平方米），有商铺44间，库房21间，经营各种品牌灯具2万种，从业人员170人，以品种全、价格廉、品质优、服务好而受到欢迎，时为唐山市建设最早、规模最大的专业灯具市场。2000—2004 年，5 年间盈利 3500 万元。

2010 年 2 月，在“城镇面貌三年大变样”中，南方灯具市场被整体拆除，规划到现址重建，并更名为南方国际商贸城。3 月，南方国际商贸城一期工程开工建设，占地 1.6 公顷，建筑面积 4 万平方米，投资 0.7 亿元。12 月 18 日，一期工程竣工并举行开业仪式，同时更名为南方灯具家具城，当年入驻商户 140 余家。南方灯具家具城的主体建筑为 3 层营业楼，其中 1 ~ 2 层为灯具展卖厅，3 层为家具展卖厅。营业楼配备中央空调，解决冬季供暖和夏季降温问题；装配自动扶梯，方便顾客选购；安装自动烟感报警、自动喷淋灭火等消防系统，保障消防安全。南方灯具家具城的法人单位为南方国际商贸有限公司，下设行政部、财务部、商业管理部、物业管理部。商城引进先进店的运营管理体系，突出品牌化优势，努力打造一流的购物环境。

八、唐山国际五金城

唐山国际五金城位于路南区东南部，复兴路与南外环路交会处的东北侧，南邻南外环路、北邻吉祥路、西邻万博源陶瓷城和汽车文化园三期、东临春兴不锈钢冷轧薄板厂，占地 18.47 公顷，建筑面积 46 万平方米，总投资 20 亿元。唐山国际五金城由唐山温商房地产开发有限公司开发建设，是集交易、展示、电子商务、信息交流、仓储、配送、货运以及金融等功能为一体的超大规模五金专业交易中心，也是华北地区最大的专业化、现代化、国际化的五金集散中心。唐山国际五金城的启动，始于 2008 年。在“城镇面貌三年大变样”中，路南区为进一步落实“产业兴区”发展战略，提升城市形象，拟对原北方陶瓷城区域进行改造，启动“市级综合物流商贸中心区陶瓷城区域改造项目”，时唐山国际五金城就坐落其间，与中国唐山国际陶瓷城等同为其子项目之一。是年 10 月，唐山市温州商会与路南区政府签署投资意向书，决定在此投资建设温州国际五金城，用以扩大五金、电气、阀门、轴承、化工、电线电缆等行业的经营规模，改善经营环境，实现集中经营。意向书确定，温州国际五金城占地面积 6.67 公顷，建筑面积 20 万平方米，投资 7.5 亿元。

图 9－10　唐山国际五金城　（区委宣传部）

2009 年，唐山市政府批准陶瓷城区域整体改造方案，唐山国际五金城项目获得批准，并调整到当前规模。唐山国际五金城的建设，规划分 3 期进行，其中：一期工程占地 8.46 公顷，建筑面积 21.48 万平方米，主体建筑为 31 幢商铺楼（地上 4 层、地下 1 层）；二期工程占地 1.96 公顷，建筑面积 6.83 万平方米，主体建筑为 5 幢沿街商业楼（地上 5 层、地下 1 层）；三期工程占地 6.38 公顷，建筑面积 15.40 万平方米，主体建筑为 10 幢商铺楼（地上 4 层、地下 1 层），7 幢公寓楼（11 ~ 15 层），以及垃圾中转站、公厕等附属建筑。建筑结构均为框架结构。唐山国际五金城的商铺楼，地上 1 ~ 3 层为商铺，4 层为阁楼，套内建筑面积 80 ~ 135 平方米；沿街商业楼 1 ~ 3 层为商铺，套内建筑面积 450 ~ 500 平方米，4 ~ 5 层为办公和写字楼；地下建筑主要是停车场、变电室、人防工程等。唐山国际五金城的建筑格局，将集中型市场与临街商铺相结合，采用“户户通路、铺铺临街”的建筑布局，在商贸城中间位置和北侧设置大型货物卸货区，地下设置大型停车场，满足商家交通物流需求；分户仓储与集中仓储相结合，满足商家的仓储需求；为税务、工商等部门和银行等金融机构预留位置，确保商户不出五金城即可满足生活和经营需求。运营管理实行“户式经营、集约管理”，整合现有五金商户，推行节约化、系统化、信息化，扩大唐山国际五金城的区域影响力，打造环渤海区域内重要的五金产品集散中心。

2010 年 4 月，唐山国际五金城首批工程开工建设，包括一期工程全部和三期工程中的 10 幢商铺楼部分，建筑面积28万平方米。6日，举行奠基仪式。是年12月，首批工程主体竣工。12月12日，由唐山市路南区人民政府、唐山市工商业联合会、唐山市温州商会共同主办，唐山温商房地产开发有限公司承办的“首届环渤海五金论坛暨唐山国际五金城胜利封顶仪式”，在南湖维景国际酒店会议中心报告厅举行，路南区委、唐山温商房地产开发有限公司、唐山德力西电气有限公司的主要领导分别致辞，12家入驻企业与唐山国际五金城项目代表现场签约，商务部研究院信用管理处、全国工商联五金机电商会等五金行业营销管理专家出席本届论坛，专家们围绕中小企业信用管理与商业发展、五金行业发展及行业管理模式等问题进行深入研讨，为进驻的中小五金企业提供理论指导。

九、中国唐山国际陶瓷城

中国唐山国际陶瓷城也称万博源国际陶瓷建材家居生活广场、万博源陶瓷城，位于路南区东南部吉祥路中段，唐柏路以东、吉祥路以南、吉祥新路以西、南外环以北区域，占地6.33公顷，建筑面积18.91万平方米，总投资5亿元，主营陶瓷（包括唐山及各地精品陶瓷、陶瓷配件、生产机械等相关产品）、建材两大类，兼顾金融、餐饮、商务等服务，具有批发、零售、仓储、配送、产品展示等多种功能，为唐山市陶瓷建材行业中规模最大的集散中心、大型综合商城。中国唐山国际陶瓷城的前身是唐山北方陶瓷城，1995年河北省发改委立项，1996年开工建设，1997年建成并投入使用。市场占地起初规划44公顷，后划给春兴不锈钢薄板厂17公顷，实际占地27公顷（南刘屯村23.7公顷，岳各庄村3.3公顷），建筑面积17.28万平方米，总投资1.14亿元，主营建筑陶瓷、卫生陶瓷、生活日用陶瓷、工艺美术陶瓷以及高中档大理石，经营方式批发零售兼营，时为河北省七大重点市场建设工程之一、北方最大的综合性陶瓷批发零售市场。唐山北方陶瓷城由南刘屯村吉祥集团投资兴建，旨在整顿唐柏路两侧马路市场，将马路经营引入市场经营，既可缓解唐柏路交通堵塞状况，又为村民开创致富门路。市场主体包括“陶瓷一条街”，长1200米、宽25米的二级水泥马路，面积3万平方米；沿街门市共230套，每套均为108平方米的二层独体门店，建筑面积2.5万平方米；专门库房10万多平方米；配套设施1.78万平方米。2001年，市场完成营业额2.8亿元，上缴税金315.8万元。2002年，完成营业额2.4亿元，上缴税金294.5万元。2007年10月，因唐山市修建外环线，市场部分建筑被拆除。是年，有经营户316户，市场交易额2.81亿元。

2008年，在“城镇面貌三年大变样”中，路南区为破解产业分散以及规模小、档次低等难题，启动陶瓷城区域整体改造，并委托规划设计单位进行设计。2009年，唐山市政府批准整体改造方案，原址规划建设中国唐山国际陶瓷城、唐山国际五金城等项目。5月，唐山市路南区市场建设服务处、陶瓷城区域整体改造项目指挥部组织整体拆迁。

图9-11　万博源国际陶瓷城　（区委宣传部）

2010年6月，中国唐山国际陶瓷城法人单位万博源国际陶瓷建材家居生活广场注册成立，为唐山仝泰集团下属控股子公司。9月，中国唐山国际陶瓷城项目开工建设。主要建筑包括：综合交易中心大楼，建筑面积8.05万平方米，其中地上1~4层建筑面积6.45万平方米，为陶瓷建材商场及展厅；地下1层1.6万平方米，设有机动车停车库、人防工程以及水、电、空调、采暖等设备机房。沿街商铺，地上3层，建筑面积2.43万平方米（含管理用房面积992平方米），分为A、B两种规格，其中A型进深24米，标准商铺为612米，1~3层为一个独立单元，建筑面积230平方米；B型进深30米，标准商铺为615米，1~3层为一个独立单元，建筑面积

280 平方米。公寓大楼，地上 11 层、地下 1 层，建筑面积 3.82 万平方米，其中地上部分建筑面积 3.37 万平方米，首层为商场及展厅，2～4 层平面为大空间多功能厅，5～11 层为公寓式酒店套房；地下 1 层建筑面积 0.45 万平方米，设有机动车停车库、人防工程以及水、电、空调、采暖等设备机房。唐山国际陶瓷城的建筑密度 47.08%，容积率 2.99，绿地率 25%，预置泊车位 980 辆，其中地上 480 辆、地下 500 辆。

第四节　商业广场

随着经济的快速发展，大型零售业逐步向一站式、多功能、复合型方向发展。2005 年新天地购物乐园开业，2009 年万达广场、南湖休闲美食广场开工，2010 年世博广场、新华联广场投入建设，商业广场成为市民购物休闲等活动的重要场所。

一、新天地商业广场

新天地商业广场也称新天地购物乐园，是唐山市"十五"期间规划的重点建设项目、河北省 2003 年现代流通示范型骨干项目，坐落在唐山市百货大楼核心商圈之内，建设路以东、国防道以南、文化路以西、南新道以北区域，占地 10 万平方米，建筑面积 15 万平方米（其中商业经营面积 12 万平方米，商务、办公及配套服务面积 3 万平方米），总投资 4.5 亿元。

新天地商业广场 2003 年开工，2005 年 1 月 28 日正式开业，由唐山人达企业集团公司（成立于 2001 年 10 月 31 日，地址路南区建设南路苑南街，是融房地产、市场开发、国内贸易等为一体的综合型企业）投资，人达房地产开发有限公司开发建设。商场按照国际流行的商业模式进行布局和店面组合，其中商业主力店占 52%，文化娱乐业占 30%，餐饮和康体业占 18%；经营定位是"购物乐园"，为唐山市较大的集购物、休闲、娱乐、餐饮为一体的大型商业购物中心。

2006 年，北京东方家园家居建材超市、华润万家生活日用品超市、国美电器、金百万美食广场、酒吧、日月生辉 KTV 等主力店铺相继入驻并开业。2007 年，中国银行、中国工商银行等金融企业进驻。是年 11 月 18 日，唐山市书刊市场、新天地古玩市场开业。2009 年 1 月 21 日，新华书店因原址拆迁，入驻广场四层。2010 年，新天地商业广场实现销售额 20 亿元。

二、万达广场

万达广场位于唐山市商业中心区核心位置，文化路以东、新华道以南、增盛路以西、国防道以北区域，与唐山百货大楼、抗震纪念碑广场、大钊公园等隔路相望，由万达投资置业有限公司投资建设，为唐山市首座营业面积超百万平方米的大型城市综合体。

广场占地面积 22.73 公顷，规划建筑用地 21.27 万平方米，为商住混合用地，容积率 3.56，绿化率 35%。建筑用地分为 A、B、C、D、E、F、G 共 7 个地块。其中：A 地块为商业广场，由 1 个 5 层集中商业、局部 3 层商业内置步行街、2 幢 23 层中高端写字楼和 2 幢 25 层高级公寓、大型超市等组成，其中 1 层以主力店为主，2 层以精品店为主，3 层为餐饮商业街为主；B 地块为五星级酒店和会所区，由万达洲际酒店、会所、3 幢住宅楼等组成；C 地块为回迁商住区，由 5 层集中商业、1 幢公寓组成；D、F 地块为商住区，由住宅、底商、内置步行街等组成；E 地块为回迁住宅区，由回迁住宅、回迁商铺等组成；G 地块为回迁商务区，由路南区经贸大楼、回迁住宅、小学、幼儿园等组成。广场建筑面积 110.49 万平方米，其中地上建筑 104.8 万平方米，包括购物中心 21 万平方米，五星级酒店 4.7 万平方米，写字楼 14 万平方米，住宅 38 万平方米，底商 3.5 万平方米，回迁 23.6 万平方米；地下建筑约 5 万平方米。总投资约 80 亿元。万达广场汇集购物中心、高档住宅、黄金旺铺、高级写字楼、国际五星级酒店、国际

图 9－12　万达广场　（区委宣传部）

影城、新华书城、健身中心、精品步行街、时尚量贩 KTV、电玩娱乐天地、特大型品牌超市等十二大都市业态，将吃、喝、玩、乐、购等生活元素融汇一体，是唐山市首座集大型购物中心、五星级酒店、甲级 5A 写字楼、公寓、高档住宅、商铺等多种业态为一体的大型城市综合体。其中，万达集团自持商业经营面积 24 万平方米，拥有沃尔玛、万达影城、万达百货等主力店品牌 14 个，室内步行街品牌 126 个，其中有丝芙兰、星巴克、呷哺呷哺、味千拉面、热风、MUX 等 60 多个国际国内知名品牌，有 ZARA、HM、优衣库、C&A 等 4 个国际时尚品牌，有 MISSSIXTY、ENERGIE、CK、MassimoDutti、PullandBear 等 10 个国际二线品牌。

万达广场的现址，为地震后恢复建设的 22 号小区，有开滦矿务局建设的第一批楼房 79 幢，其中 2 层居民住宅 74 幢，3 层居民住宅 5 幢，总套数 1425 户，建筑面积 6.74 万平方米，砖混结构，名长青楼。2007 年 8 月，市委、市政府鉴于长青楼区域虽位处商业中心区，但由于 30 年来的风雨侵蚀，以及存在原始设计建筑物低矮、空间狭窄、建筑形式单一、与城市发展不协调等问题，决定实施长青楼区域整体改造。9 月，大连万达集团与市政府洽谈长青楼区域整体改造项目建设。

2008 年 3 月 7 日，长青楼区域地震安全性评价、地质灾害危险性评估相继完成。8 月 19 日，唐山市启动长青楼区域改造项目，为河北省“城镇面貌三年大变样”重点工程，唐山市“50 项重点项目”之一。9 月 26 日，在唐山曹妃甸临港产业国际合作会议签字仪式上，长青楼区域改造项目、红星美凯龙建材家具城、唐山保时捷汽车展示中心、小山建国路区域改造、冶金物流装备中心等项目（同为路南区本次签约的“五大项目”）成功签约，确定长青楼区域改造由大连万达集团投资建设。10 月，长青楼区域改造项目拆迁动员、补偿安置工作正式开始，动迁居民 1694 户（居民中开滦工亡户、伤残户、低保户等占有一定比例），公建、商业等非住宅单位 312 户（其中涉及产权 86 户、非住宅产权户对外承租 128 户、增盛里市场经营户 98 户），涉拆建筑面积 18.37 万平方米。路南区组建长青楼区域改造工作指挥部，下设协调组 4 个、拆迁组 18 个、签约组 20 个和法制组、司法鉴定组、后勤保障组各 1 个，抽调工作人员 300 余人，10 月 31 日开始居民住宅拆迁补偿安置协议签订，11 月 6 日开始商业和公建等非住宅拆迁补偿安置协议签订，历时 2 个月完成全部动迁工作。

2009 年 3 月 26 日，万达广场开工建设，并举行开工仪式。2010 年 7 月 6 日—9 月 18 日，按照《长青楼住宅回迁安置方案》，回迁居民选取房号。是年，万达广场完成投资 37.63 亿元，占工程总量的 47%。

三、世博广场

世博广场位于主干道新华道与建设路交会处西南，新华道以南、建设南路以西、妇幼保健院以北、29 号小区南北街以东区域，毗邻唐山百货大楼、万达广场等大型购物中心和抗震纪念碑广场、大钊公园等文化景点，占地 18.33 公顷，建筑面积 73.2 万平方米，总投资 35.6 亿元，具有高端住宅、大型购物中心、国际生活超市、高档影剧院、甲级写字楼、酒店式公寓等多元业态，为集购物、休闲、娱乐、办公、居住为一体的城市综合体。世博广场由唐山美盛房地产开发有限公司（成立于 2009 年 4 月，注册资金五亿元，是由北京福裕投资有限公司和唐山世博大厦有限公司共同投资成立的房地产综合开发企业，公司下设办公室、规划部、营销部、工程部、财务部、造价部共五部一室）投资建设，唐山世博大厦物业管理有限公司负责日常管理。工程共分三期进行，其中一期工程为世博大厦，二期工程为当前的世博广场，三期工程尚在规划中。

世博广场一期工程 世博大厦，位于新华道与建设路两大交通要道交汇处的西南侧，新华西道2号，爱购商场以东、新华道以南、建设路以西、世博广场以北区域，占地面积11公顷，建筑面积9.2万平方米，总投资5.6亿元。世博大厦始建于1994年2月，由中国有色金属工业西安勘察设计研究院设计，中建二局四公司施工。2004年3月1日，世博大厦竣工，主楼高84米，地上21层、地下2层。2005年12月30日，世博大厦正式开业，三利国际购物中心、苏宁电器等多家连锁店以及中国农业银行、必胜客、河北恒信移动有限公司、三友眼镜有限公司、夏普公司、安邦保险、合众保险、太平人寿保险、奥的斯电梯、中国旅行社等企业相继进驻。大厦的地下2层是品牌家电城，地下1层大型超市，地上1~4层百货商场，5层为美食城和大型游艺娱乐项目，6层为高档餐饮场所，7~8层高档洗浴中心，9~20层高档写字楼。2010年，世博大厦入住商家68家，商品销售额1.17亿元。

世博广场二期工程 为大型城市综合体项目，包括住宅、酒店式公寓、大型购物中心、超级市场、高品质写字楼以及回迁安置房等，占地7.33公顷，建筑面积64万平方米，总投资30亿元。二期工程用地容积率3.4，绿化率30%，建筑布局分为3个地块，其中，B1地块为商业综合区，位于地块北部，由地下1层地上5层的商场、2幢29层公寓、1幢25层的写字楼组成；B2地块为开发住宅区，共7幢楼，其中1~2层为现代风格的沿街商业，3层以上为简欧风格的住宅；B3地块为回迁住宅区，由5幢板楼和2个裙房组成，户型合理，设计简约，比邻大钊公园，方便观景。小区的绿化景观，采用点、线、面结合的方法，于入口处设大面积园林绿化景观。小区设有地下停车场，各层电梯均可直接到达，且商业停车位与住宅停车位相互隔离，方便管理。小区的物业管理，采用组团式封闭管理，配备智能安防系统，为居民生活提供安全保障。世博广场二期工程也称新华楼区域改造项目，现址为地震后恢复建设的29号小区的一部分，居民住宅楼层高5~6层，有住宅户1266户，非住宅8户，建筑面积7万平方米。2010年1月5日，新华楼区域改造项目正式动迁签约。是年4月29日，开工建设，并举行开工仪式。是年，完成建设投资2亿元，占工程总量的6.7%。

世博广场三期工程 城市综合体项目，在二期工程的西侧，原第九中学和现在的新华楼小学区域，占地8.67公顷，其他各项指标和最终方案在规划之中。

四、新华联广场

新华联广场坐落于唐山市中心区的核心位置，位于国防道以北、新华道以南、卫国路以东、陵园路以西，占地14.7公顷，建筑面积39万平方米（地上建筑31万平方米，地下建筑8万平方米），总投资20亿元。项目由唐山新华联置地有限公司（隶属于北京新华联集团，为全国500强企业）投资建设，建筑设计采用周边式布置，围合出开阔的中心绿地，高层建筑以短板为主，造型上体现新古典主义的法式建筑风格，形成区域性标志，是集商业、住宅、公寓、写字楼、园林为一体的欧式绿色城市综合体。新华联广场的现址，为地震后恢复建设的33号小区，也称建工楼小区。2010年1月5日，建工楼区域改造项目开始正式动迁，签订拆迁补偿协议，涉及居民1050户，公建单位8户，总建筑面积7万平方米。是年3月，新华联广场开工建设，包括12幢17~33层高层商住楼、1幢高层公寓楼和沿街商业，其中公寓楼地下3层，商住楼地下2层。是年12月，实际完成项目投资4.18亿元，占工程总量的21%。

图9-13 新华联广场 （区委宣传部）

五、南湖休闲美食广场

南湖休闲美食广场，地处唐山大南湖风景区内，位于建设路与风井路交汇处的东北区域，东临风井路、南邻规划中的交大遗址、北临矿山公园二期（以规划中的吉祥路延伸至铁路线为界）、西邻建设南路（西北部以开滦铁路线为界），占地9.32公顷，建筑面积10.7万平方米，投资5.5亿元，由唐山市城市建设投资有限公司投资建设。

南湖休闲美食广场，是唐山市2009年重点建设项目之一，也是唐山市第一个集旅游、休闲、娱乐、餐饮、度假为一体，汇聚中、高档餐饮、洗浴、酒吧、演艺、酒店等商业业态的休闲商业区。其目标和定位是，通过提升多样化的餐饮文化业态，满足消费者的多层次需求，引领唐山的品质生活潮流，打造休闲美食新天地。

南湖休闲美食广场的用地，分为A、B、C、D4块，建有32幢独体建筑。其中，A地块有独体建筑4幢，建筑面积0.74万平方米，有中高端老字号餐饮、特色京东菜、中高端川菜、高端官府菜等业态；B地块有独体建筑16幢，建筑面积4.17万平方米，有韩式烧烤、日本料理和西餐厅、火锅城和特色中餐、家常菜、酒吧街、快捷酒店等业态；C地块有独体建筑6幢，建筑面积3.2万平方米，有演艺性餐饮、养生馆、娱乐城、高端洗浴、影院、夜总会等业态；D地块有独体建筑6幢，建筑面积2.6万平方米，有高端海鲜餐饮、高端川菜、江浙菜、淮扬菜、商务酒店及高端餐饮、特色高端餐饮、健身会所、美容美发以及银行、便利店、烟酒行等业态。

南湖休闲美食广场的建筑风格，将欧式风格和唐山历史文化相融合，体现大南湖生态特点，打造休闲性、地标性商业建筑群。其风格特点主要分为两类，即A地块和B地块的殖民地风格建筑，C地块和D地块的欧式风格建筑。广场内配套服务齐全，设施先进，建有1200个停车位，各单体建筑的电梯直通地下车库，压缩式垃圾处理设在地下。功能划分为三个区域，即西部高档酒店区，北侧沿铁路大型休闲娱乐区，沿增盛路小型餐饮区。建筑单元的大小，充分考虑业态需求，单体建筑面积从300平方米到8000平方米不等，且为大体量建筑进行二次分割做事先预置，配备双套供水、电力、燃气、采暖系统。

2009年8月，南湖休闲美食广场正式开工建设。2010年12月，完成投资4亿元，占工程总量的72.7%。

第五节　超市连锁店

随着市场经济的的发展，消费者品牌意识的增强，品牌经营、连锁经营逐渐占据市场主导位置。自1998年华盛超市面市起，超级商场逐渐成为主流业态。2010年，华盛超市、华润万家、肯德基、红星美凯龙家居连锁商场等成为现代化品牌经营的代表，全区各类品牌连锁店达到105家。

一、华盛连锁超市

华盛超市是唐山超市业的领军企业，唐山市第一家现代化大型综合超市，也是河北省20家大型流通龙头企业之一。法人单位是唐山华盛超市有限公司，总部地址新华东道74号，位于唐山市中心商圈核心位置。华盛超市的前身是新华道菜市场，始建于1984年，是唐山“7·28”大地震之后，唐山市政府为解决群众吃菜问题而实施的“十大好事”之一。菜市场位于新华道以南、消防支队以西、唐山市公安局交警支队事故处以北、增盛路以东区域，占地0.68公顷，建筑面积3800平方米，营业面积2000平方米。是年9月28日正式开业，初名为自选商场，后改为传统柜台式经营，隶属唐山市蔬菜公司。商场开业之时，尚处商品短缺的计划经济年代，占据天时地利优势，客源较多、效益较好，曾一度辉煌。后随市场放开、商业网点增多，企业之间竞争加剧，商场的优势逐渐失去，经济效益滑坡。1989年，商场固

图9－14　华盛超市　（区委宣传部）

定资产163万元，职工168人，营业额110.05万元，利润1.51万元，但实际上是虚盈实亏，跌到开业后的最低谷。

1990年后，新华道菜市场采取划小核算单位、保本点核算法、干部实行聘任制、职工实行优化组合等措施，改革经营机制和分配制度，调动职工的积极性。同时，确立“发展批发、繁荣零售、突出主营、搞活兼营”的经营方向和“人无我有、人有我优、人优我廉、人廉我转”的经营策略，推行“门市销售、外联销售、批发销售、出摊销售、送货上门、九折销售”等多样化销售方式，形成“商品齐全、购买方便、价格公道、讲究信誉”的经营特色，企业经营逐年好转。1991—1992年，销售额分别增长41.05%和61.31%，利润分别增长14.3倍和169.5%。1993年1月，被市政府定为“经营无主管、综合改革试点单位”，行政隶属唐山市商业局。是年，销售额增长45.62%，利润增长64.5%。

1994年8月，新华道菜市场更名为唐山华盛购物中心，其字冠因地处唐山市新华东道、增盛路口而名“华盛”。营业室分中厅、东厅和西厅3部分，其中中厅为主建筑，方形，高15米；东西两厅为长方形，低于中厅，一横一竖列于中厅两侧。商场有职工216人，固定资产4354万元，下设9个批发部，20个零售部组及冷食厂、熟肉加工厂、美容美发厅等单位，有50吨冷库及制冷设备，经营烟酒茶糖、糕点饼干、副食调料、罐头食品、清真食品、儿童食品、冷热饮料、速冷食品、禽肉野味、冷鲜水产、毛线、化妆品、洗涤用品、日用百货等，共30多个大类5000多种商品。商场以大众化顾客为主要服务对象，荟萃全国各地名优特食品，销售市场覆盖全市（市区、各县区）及东北、江浙等部分地区。是年销售额增长50.98%，利润增长14.7%。1995年，企业完成商品销售总额7523万元，实现利润129万元，创出商场开业以来最高水平，成为唐山市规模最大的食品商场，唐山市十大零售企业之一。

1998年，对传统的经营模式再次升级改革，在全市率先建成第一个现代化超市。9月，华盛购物中心更名为华盛超市，总部仍设在新华东道74号；原华盛购物中心经营主体改称华盛超市新华道店，市场定位是生活型超市。1999年2月，华盛超市在河北小区开设第一家连锁店。2001年，由国有企业改制为股份制企业，并进入中国连锁企业百强之列。2002年2月6日，华盛超市南新道店开业，位于南新道与大里路交会处东南侧，营业面积3500平方米，年销售额8000万元。

2004年，华盛超市正泰连锁店开业，位于西电路与新岳道交会处东南侧（正泰小区北门西侧，新岳道2号、4号底商），营业面积1600平方米。2005年12月，华盛超市吉祥路连锁店开业，位于路南区吉祥路21号（小山街道南厂东里社区居委会市民中心楼内，女织寨乡政府对面），营业面积570平方米。同年，华盛超市复兴路连锁店开业，位于路南区复兴路229号，营业面积240平方米。当年，华盛超市有限公司荣获“全国商业信用企业”“中国商业名牌企业”“全国食品商品百强企业”“3·15”特别贡献奖等荣誉称号。

2008年9月28日，华盛超市赵庄连锁店开业，位于45号小区渤海东西大街，营业面积500平方米，是华盛超市有限公司的第41家直营连锁店，主营生鲜、食品、百货、杂品、服装、小家电等1.5万余种商品。是年，华盛超市有限公司获“河北省商业名牌企业”“河北省商业信用AAA级企业”“河北省文明单位”等荣誉称号。

2010年4月20日，华盛超市南新东道连锁店开业，位于南新道与复兴路交口西南角，营业面积1480平方米，弥补市区东南部住宅群商业设施不足。9月24日，华盛超市燕西连锁店开业，位于燕京小区内，营业面积440平方米。是年，唐山华盛超市有限公司拥有1个配送中心、49家直营连锁店，其中坐落在路南区域内的连锁店有新华道店、南新道店、正泰店、吉祥路店、复兴路店、赵庄店、南新东道店、燕西店，经营商品主要有生鲜、食品、百货、杂品、服装、小家电等 1.5 万种，员工 2200 人，实现销售额 10 亿元，企业资产净值 1.6 亿元。

二、唐山百货大楼集团路南连锁店

唐山百货大楼集团是集百货、超市、电器、物流、典当、餐饮于一体的大型商贸集团，也是河北省商贸龙型企业、唐山市最大的商业企业，集团总部位于新华东道 125 号。

东方购物广场　原为唐山百货公司百货商场，始建于 1986 年 9 月，也称建国路 1 号楼。1987 年，企业提出“品种全、价格廉、质量好、服务优”的经营战略，“零售和批发两条腿走路”的经营方针，“顾客至上、信誉第一”的经营宗旨，经济效益以每年 20% 的速度递增。1992 年，排名全国百家经济效益最佳商场的第 74 位，河北省十大零售商店的第 6 位。1993 年，投资 2600 万元进行改造，加盖营业楼第 4 层，加装中央空调、滚梯，改善购物环境，建筑面积增加到 1.1 万平方米。1994 年 8 月，改制为股份制企业。同年 10 月，河北省唐山百货集团公司组建后，唐山百货公司为唐山百货集团公司的骨干企业。2003 年，唐山百货大楼集团有限责任公司兼并唐山百货公司，组建以大众品牌、百姓价位为特色的东方购物广场，经改造后建筑面积增加至 1.2 万平方米，商场主体为地上 4 层建筑，设男装、女装、百货、针织、鞋帽、超市 6 个商品部，经营 50 个大类、3 万多种商品，是集百货与超市业态相结合的综合性购物广场。2010 年，商品营业额 1.57 亿元。

企新购物广场　2009 年 9 月 30 日，唐山百货大楼集团企新购物广场开业。广场位于市区东部的启新立交桥南侧（路南区复兴路 52 号），北临新华东道、西临复兴路、南临京山线、东临文化南北街，占地 0.4 公顷，建筑面积 2.8 万平方米。主体建筑方形，框架结构，地下 1 层、地上 6 层。其中，地下 1 层及 1 层为大型综合超市，建筑面积 8700 平方米，2～3 层经营百货类商品，4～5 层为家居商场，地上 6 层为办公区。商场经营的主要商品，包括日用百货、男女时装、运动休闲、数码通讯、鞋帽箱包、针纺家居、文体办公等 30 多个大类 2 万多种商品。2010 年，商品营业额 5365 万元。

图 9－15　唐百大企新购物　（区委宣传部）

南湖购物广场　2009 年 12 月 15 日，唐山百货大楼集团南湖购物广场开业。广场位于路南区西南部（西电路 42－1 号），北临西电路、西邻中石油加油站、东邻永乐园底商、南邻永乐园住宅，占地面积 0.51 公顷，建筑面积 1.9 万平方米。主体建筑方形，框架结构，地下 2 层、地上 4 层，建筑高度 20.09 米，营业面积 1.2 万平方米。其中，地下 2 层为家具专卖；地下 1 层和地上 1 层为超市；地上 2～4 层为珠宝首饰、家用电器、服装鞋帽等百货。南湖购物广场集购物、休闲、服务等多功能于一体，是市区西南部的大型现代化综合商场。2010 年，商品营业额 7179 万元。

图 9－16　唐百大南湖购物广场　（区委宣传部）

三、华润万家连锁超市

华润万家超市，法人为唐山华润万家生活超市有限公司，系天津华润万家在北方地区大型综合卖场业态的业务单元，其前身为1998年开业的唐山家乐有限公司，后改为唐山家世界超市有限公司。2007年3月，中央直属国有控股企业集团、世界500强企业华润（集团）有限公司收购家世界连锁集团，遂更名为华润万家，是华润（集团）有限公司旗下的零售连锁企业集团。2006年，华润万家新天地店开业，位于新天地购物乐园，经营面积6000平方米，主要经营食品、日用品等2万多种商品。

四、东方家园

东方家园是东方家园建材超市的简称，在路南区唯一的分店是东方家园唐山新天地店，位于唐山新天地广场（也称唐山新天地购物乐园）南端，经营面积4.8万平方米，投资1.8亿元。东方家园唐山新天地店，隶属于全国最大的家居建材连锁企业——中国东方集团（全称为中国东方集团股份有限公司），是其在河北省开设的第一家建材家居大卖场，注册法人是唐山市东方家园建材超市有限公司。

2003年9月，在第六届中国唐山陶瓷博览会期间，东方家园签约进驻唐山新天地广场。2006年7月1日，东方家园正式开业。时为唐山市规模最大、经营模式最先进的建材家居专业超市，唐山市“十五规划”重点建设工程，河北省现代流通示范骨干企业，全国连锁大型仓储式建筑装饰材料自选超市。东方家园引进美国THEHOMEDEPOT（家居货栈）的经营理念和管理模式，以“统一采购、统一营销、天天平价、一站购齐”为主要特色，把家装、建材、家居、家具用品的销售和服务结合起来，实行建材超市、家居超市、家具广场、家装市场“四位一体”的经营模式。主要经营木材、建材、墙地面覆盖材料、油漆涂料、五金工具、管材管件、电工电料、灯具、园艺、厨卫用品等10大部类，6万余种商品，并拥有国内外名优品牌数千个。东方家园唐山新天地店，主体建筑分为4层。其中，1～2层为建材精品店，主要经营各类名牌地板、瓷砖、吊顶、卫浴洁具、灯具、散热器、艺术玻璃等名优产品；3层为建材超市和墙纸、窗帘、布艺城，主要经营各类名牌油漆、涂料、五金工具、开关插座、锁具拉手、家居饰品、管材管件等；4层为家具广场，主要经营板式家具、韩式家具、办公家具、实木家具、软体家具、藤木家具等。2010年，东方家园唐山新天地店实现商品营业额2382.72万元。

五、肯德基连锁店

肯德基（Kentucky Fried Chicken肯塔基州炸鸡），通常简称为KFC，是来自美国的著名连锁快餐厅，隶属于百胜全球餐饮集团（Yum！BrandsInc.）。2010年，坐落在辖境的连锁店共计3家，分别是肯德基路南光明路店、路南文化路店、路南新华贸店。

第六节　商贸服务综合体

路南区的商贸服务综合体，最早可溯于民国23年（1934年），白月亭在小山最高处兴建集吃、穿、用、玩为一体的“大世界”联营商场，以建筑新颖、设施完备、新潮繁华而著称，吸引周边的几十家商号落成，引领了小山繁商区的快速发展。2005年，世博大厦投入使用，成为市中心区的新地标。2008年，路南区引导商业产业升级改造，将商业与办公、居住、旅店、展览、餐饮、会议、文娱等城市功能有机组合，开始建设渤海大厦等一批商贸服务综合体，加快商业业态多样化进程。位于新华道南侧沿线的渤海大厦、渤海新世界、人民大厦、新华贸中心、曙光大厦、建国大厦，成为路南区“六大标志性景观建筑”，打造新华道南侧的高端商业、商务、商住带，并与西南片区、东南片区、长青楼片区、南湖北岸区域、小山建国路区域、华岩南路区域，统称为商务商业中心建设的“六点六片”。2010年，“六点”中的新华贸中心、渤海新世界、人民大厦、曙光大厦尚在建设。

一、新华贸中心

新华贸中心位于新华西道与华岩路交会处西南角，东临华岩路、西临陵园路、南接住宅区、北临新华道，占地1.4公顷，建筑面积13万平方米（地上建筑9万平方米，地下建筑4万平方米），投资7亿元，是集购物、休闲、娱乐、社交、会议、商务等为一体的商业中心及现代都市商业综合体。新华贸中心由购物中心、写字楼、铂金公寓3部分组成。其中，购物中心营业面积6万平方米，包括地下1层大型综合超市，第四代华润万家超市旗舰店入驻，营业面积1.1万平方米，经营上万种商品；地上1～4层是体验式主题商业购物街，东西长约150米，分为精品百货区、餐饮美食区、温馨家居区、欢乐家庭区、快乐宝宝区、健康保健区、数码E世界产品区、和谐生活服务区等八大主题商业街区；地上5层配置多功能数码影院和电子游艺中心，以及24个档口的集全国各地风味特色小吃的美食广场。写字楼，主体建筑为塔式建筑，高110米，为唐山市区最高建筑，设计新颖，配套服务完善，营业面积3万平方米。铂金公寓，为酒店式公寓，营业面积8000平方米。新华贸中心的经营特点，以青年时尚和多元化购物为主题，打造购物休闲中心，与周边的唐百、华联形成互补格局。

新华贸中心的前身是新华道集贸市场，始建于1984年，市场占地1.4公顷，建筑面积7600平方米，建有综合厅、鱼肉禽蛋厅、熟制品厅、批发厅、小吃厅等5个大厅及厅外售货长廊，是当时华北地区最大的室内农副产品交易市场和国家级文明市场。至2007年，新华道集贸市场共拥有5个交易大厅、1000余个固定摊位、697家商户、2000余名从业人员，经营项目有水产、粮油、副食、海鲜品、烟酒、干鲜果品、餐饮、蔬菜等21个行业。

2008年6月30日，新华道集贸市场停止营业，市场内697家经营户分别迁入南新道水产品批发市场和名汇购物广场。2008年9月，完成现场拆迁。2009年4月，完成各项前置手续和各项施工准备。是年5月16日，新华贸中心正式开工，由唐山华岩房地产开发有限公司开发建设。2010年8月29日，110米高的写字楼主体建筑封顶，并举行封顶仪式。

二、渤海新世界

渤海新世界也称宝升昌广场，位于唐山市新华西道88号，新华道以南、渤海南北街以东、新华西道小学以北、协和医院以西区域，占地0.98公顷，建筑面积8.5万平方米，投资8亿元。项目由唐山宝升昌集团有限公司投资，唐山宝升昌房地产开发有限公司开发建设，北京龙安华城建筑设计有限公司深圳分公司设计。渤海新世界地理位置优越，商业氛围浓厚，内部环境优美，建有高端购物中心、国际顶级影院、主题连锁餐厅，是集餐饮、旅游、住宿、商贸、休闲、购物于一体的大型综合商贸大厦。渤海新世界为高层建筑，框架剪力墙结构，楼高约100米，地下3层，地上25层。其中：大厦的地下2～3层为库房、停车场、设备用房，地下1层为8000平方米连锁超市和2000平方米下沉式广场；地上1～6层为裙式基座，是大厦的商业经营主体（其中1～3层为时尚精品购物中心，4层为主题餐厅，5层为休闲餐厅、儿童乐园，6层为健身房，另在4～6层的西半部设置7个国际连锁院线影厅，在裙楼顶部设置露天酒吧和住宅用户私享的空中花园）；基座以上分为一座塔楼和一座板楼，其中东侧塔楼为写字楼，西南板楼为高档住宅；大厦的主楼北侧，配有5000平方米的城市广场。渤海新世界所在场址，其前身是唐山市渤海影剧院，始建于1981年，1983年1月投入使用，为唐山市地震后第一座多功能专业化影剧院，也是唐山市区西部群众主要的文化场所。2008年12月14日，渤海影剧院被整体拆除。2009年8月，渤海新世界项目奠基并开工。2010年年底，在建项目完成投资3.45亿元，占工程总量的43.13%。

三、人民大厦

人民大厦现址，为唐山市人民印刷厂旧址，位于新华西道58号。2008年，在“城镇面貌三年大变样”中，印刷厂被整体拆除。11月27日，人民大厦举行奠基仪式，并开工建设。工程占地1.42公顷，建筑面积8.86万平方米，投资7.6亿元。大厦的主体建筑地下部分3层，建筑面积2.22万平方米；地上部分有裙楼、写字楼、酒店3部分，其中裙楼为2~3层、写字楼23层、酒店24层，建筑高度96.11米，建筑面积6.38万平方米。经营业态为集酒店、公寓式写字楼、商业、餐饮、康体等为一体的综合性商贸大厦，其中商业、酒店、康体等营业面积6.4万平方米，写字楼2.25万平方米，其他0.21万平方米。2010年，完成工程投资4.75亿元，占工程总量的62.5%。

图9－17　新华道人民大厦　（区委宣传部）

四、曙光大厦

曙光大厦位于新华东道与车站路交会处西南区域，车站路162号，北临新华道、东临车站路、南邻开滦十中、西邻开滦集团公司，占地约2公顷，建筑面积15万平方米，投资7.6亿元。曙光大厦主体建筑为25层商业用楼，楼高约90米。大厦沿车站路排开，南与开滦国家矿山公园相呼应，成为唐山市又一新的景观带。大厦经营业态，以五星级酒店经营为主体，集餐厅、宾馆服务、购物、娱乐等为一体的综合性商业大厦，唐山著名餐饮企业京东餐厅将回迁进驻。曙光大厦为旧城改造项目，在原京东餐厅、曙光浴池、曙光旅馆、开滦集团车库、路南区物价局等单位的旧址上改建。2009年9月2日开始拆除，18日结束，拆除面积1.3万平方米。2010年11月20日，曙光大厦项目开工建设，并举行开工仪式。

第七节　仓储物流业

1990年，路南区的仓储物流，以果品批发贸易货栈为市场主体，但尚未形成独立业态。1996年，唐山南北家具中心建成，唐柏路三角地始有物流配送，但物流配额规模较小。1997年1月，唐山市吉祥实业（集团）公司陶瓷城配载站注册建立，吉祥路物流带逐渐形成。2000年，唐山市邱氏通达实业有限公司成立，相继建立储运分公司和唐山市邱氏通达物流公司。2001年起，唐山小山凯达运业有限公司、康乐达货运站、大发货物转运站陆续建立，小山仓储物流区初步形成；金三角仓储配货服务站、强龙物流、博宇仓储物流中心、金匙物流园先后建成并投入运营。2009年，贯彻国务院《物流业调整和振兴规划》，加快发展融合运输业、仓储业、货代业和信息业等为一体的复合型仓储物流产业。至2010年，已初步形成唐柏路三角地仓储物流聚集带、吉祥路仓储物流聚集带、小山仓储物流聚集区“二带一区”规模，全区有仓储企业39家、运输企业467家，其中博宇仓储物流中心、金匙物流园、中国北方国际钢铁交易配送中心等具有一定规模的仓储物流企业47家。

一、仓储物流聚集带（区）

仓储物流聚集带（区）有唐柏路三角地仓储物流聚集带、吉祥路仓储物流聚集带、小山仓储物流聚集区。

唐柏路三角地仓储物流聚集带　位于路南区东南部，唐柏路两侧（东礼尚庄村以南、郑家庄村以北区域），南北总长约3公里，205国道立交桥从中间位置东西向横跨，以批发、仓储、小型货运、物流配送等业态为主，主打物流商品为各类钢材和建材，为自发形成的仓储物流聚集带。唐柏路三角地仓储物流聚集带形成于1996年，在205国道与唐柏路交叉口的东南侧，建有南北家具中心，占地7.74公顷，建筑面积7.4万平方米。

1998年，唐山全盛金属有限公司成立后，在205国道以南约100米的唐柏路东侧，建立“全盛钢板”物流基地，占地4公顷，建筑面积1万平方米，投资1亿元，有大型龙门吊5台，大型平板机组3台，主营各种板材、型材、管材，为采购、销售、运输一条龙服务的物流企业。2001年，唐山新利达钢管有限公司成立，建立“新利达钢管”物流基地，主营焊管、镀锌管、复合管、PE管等。是年，唐山市玉兴货运有限公司建立，主要业务是物流策划、普货运输、大件运输、货运代理、同城配送。

2004年，唐山金正钢板有限公司在205国道以南约200米的唐柏路东侧，建立“金正钢板”物流基地，注册资金0.4亿元，自备大型龙门吊3台，平板机、剪板机各3台，自有库房1.4万平方米，主营中厚板、热轧卷板、型材、工角槽等。2006年，南北家具中心转型为物流配送，并更名为唐山市路南金三角仓储配货服务站（2009年转营陶瓷建材，并更名为金三角陶瓷建材城）。

2010年，唐柏路三角地仓储物流聚集带除以上具有一定规模企业外，另有天钢钢板、贵和彩钢、唐山不锈钢市场、唐山盛鑫钢材市场、通达货运大同专线、博宇货运、兴盛车队、八方停车场、天天宏货运、光明货运、江山物流、冠兴车队、金泉车队、力源宾馆货运聚集点（问航货运、鑫昊货运、兴达货运、顺旺发货运、路发货运、腾飞货运、荣朋货运）、福顺达货运、国鑫货运联合车队、中集车辆联合卡车唐山中转库、唐山市路南达邦货运服务部等近30家物流企业在此聚集。

吉祥路仓储物流聚集带　位于路南区东南部，路南区现代物流园区范围内，西起复兴路，向东经学警路南口，向北至胜利路，全长约5公里，在沿路两侧建有众多规模不等的仓储物流企业，以大件运输、整车发货、空车配货、吊车装卸、叉车装卸、零担配送、散货仓储等业务为主。

吉祥路仓储物流聚集带形成于1997年。是年1月，唐山市吉祥实业（集团）公司在原北方陶瓷城内注册成立陶瓷城配载站，占地0.7公顷，建筑面积2000平方米，投资800万元，以经营普通货物运输、专用货物运输、普通货物仓储、货运代办、货物中转、运输信息服务、本地物流配送等业务为主。是年，受陶瓷城配载站影响，沿吉祥路两侧聚集数家小型物流场店，以专业经营运输、仓储、配货、送货上门等业务为主。

2008年，随着吉祥路仓储物流聚集带的形成，又影响和引领物流企业向物流带的聚集。其中华泰物流、大唐盛世货运服务站、石家庄华泰物流唐山分公司、唐山市万通物流有限公司、唐山富香物流、和顺汇达物流、唐山市伊诺物流有限公司、唐山鹏运通货运公司、程宇物流等40余家物流企业入驻陶瓷城配载站。2009年，因原北方陶瓷城区域整体改造，陶瓷城配载站亦因场地拆除而撤销。是年，位于南新东道90号的唐山市邱氏通达物流公司，因南新道扩路而迁到吉祥路30号。

2010年，吉祥路仓储物流聚集带（不包括规模较大、自成管理体系的博宇仓储物流中心和金匙物流园），自西向东、自南向北建有唐山市麦氏宏达货运站、鸿成货运、唐山市鑫诚信物流有限公司、强龙货运、赤峰物流、众兴车队、熊熊货物转运站、博凯货运、鑫德隆货运、森腾旺物流、哈特物流、唐山市邱氏通达物流公司、煜棚货运、玉柱货运、唐山市路南交通货运配载站、安康达货运、鹏程物流、大军货运、老五鑫鑫配货中心等物流企业18家。

小山仓储物流聚集区　位于解放路以东、福宁街以南、菜市小学以西、南新东道以北区域，占地约2公顷，建筑面积约3000平方米，投资0.8亿元，为松散型物流聚合区。小山仓储物流区形成于2001年，是为适应小山繁商区工业品、纺织品、各式服装等日益增大的交易量而发展起来的，有唐山小山凯达运业有限公司、康乐达货运站、唐山路南区大发货物转运站等几家较大的物流企业，并配有两个停车场，可同时停放车辆80多辆。各经营主体之间相互没有业务联系，门店和场地互不相接，各自独立经营。其中：唐山小山凯达运业有限公司位于和平路26号，是集客运、货运、仓储、转运、配货为一体的综合服务实体，并有唐山至石家庄的客、货运输专线，在石家庄设有分公司，主要负责向全国各省市的货物中转；康乐达货运站位于解放路与福宁街交叉口，主要业务范围包括大件运输、整车发货、空车配货、零担配送、散货仓储等多种业态；唐山市路南大发货物转运站位于小山工业品市场内，水沟沿街7号，主要业态为集中接货、上门送货。2010年，小山仓储物流的物流总量8000万吨，营业额1000万元，从业人员90人。

二、仓储物流企业选介

辖域具有一定规模的仓储物流企业47家，其中博宇仓储物流中心、金匙物流园、中国北方国际钢铁交易配送中心位于前列。

博宇仓储物流中心　位于吉祥路与刘屯北街交叉口的东北侧，吉祥路27号，东邻南刘屯村、南临吉祥路、西临刘屯北街、北邻南刘屯村，占地2公顷，建筑面积0.91万平方米，投资3000万元。中心的全称为唐山市路南博宇仓储物流中心，隶属于南刘屯村吉祥集团。博宇仓储物流中心的前身是南刘屯村的铁路专用陶瓷厂，始建于1988年，是专门为铁路企业生产电磁设备的村办工厂。2006年，铁路专用陶瓷厂停产后，在原址改建博宇仓储物流中心。

2007年1月，博宇仓储物流中心对村民公开招标，由村民承包经营。2008年，博宇仓储物流中心正式投入使用，建有仓储量100万吨以上的露天货场，仓储量5万吨以上仓储库房；可停放车辆30辆以上的停车场；3排独立式商铺和10余间客房。博宇仓储物流中心大门西侧建有火锅店和餐馆，便于各地客商开展业务和来往司机住宿生活，且紧邻吉祥路，交通方便。中心内实行物业化管理，先后有唐山顺发物流、唐山长城物流有限公司、唐山市通达物流公司、唐山大件货物运输有限公司、金星物流有限公司、唐山顺唐货物转运站、唐山虹达货运、唐山市路南老张货运经纪服务部、唐山市盛达物流中心、唐山谢氏（太平洋物流）等20多家企业入驻，联城物流、北京智胜物流有限公司、金峰货运、大展物流、凯捷风物流等外地物流企业设有工作站。博宇仓储物流中心的主要经营方式，为国内物流、货物运输、货运代理、包车运输、大件搬运、小件物流等，经营范围涉及全国各地，本地物流可直达县区（市）和企业。2010年，博宇仓储物流中心的物流总量近亿吨，营业额1000万元，从业人员96人。

金匙物流园　金匙物流园也称唐山市路南金匙物流转运站，位于路南区东南部，新规划的生产资料现代物流区内，吉祥路中段（吉祥路29号），东临学警路、南临吉祥路、西邻南刘屯村、北邻南刘屯村，占地2.33公顷，建筑面积0.8万平方米，投资7000万元，是集仓储、停车、住宿、餐饮为一体的物流集散地。

金匙物流园的前身是唐山金明食品有限公司，始建于2004年，为金匙集团的中韩合资企业，主要生产炒货类和干果类的各种烘烤花生、膨化食品及休闲食品，年产量8000吨，营业额2000万元，分为内贸和外贸两部分，其中外贸产品主要销往韩国、荷兰、日本、瑞典。

2008年，唐山金明食品有限公司停产，原址改建金匙物流园，是年4月正式营业。金匙物流园建有仓储量约100万吨以上的露天货场，仓储量10万吨以上的库房，可停放车辆40辆以上的停车场；有普通客房10余间，大门两侧有多家便利餐馆，方便客商和司机住宿生活；南临吉祥路，交通方便。其法人单位是唐山金匙物流有限公司，隶属于唐山金匙集团，是集零担快运、物流配送、车辆挂靠为一体的专业货运公司。金匙物流园实行物业化管理，先后有华瑞物流、青岛即墨达诚物流公司、山东佳怡物流有限公司唐山路南区店、河北联诚物流唐山分公司、唐山市伊诺物流有限公司、唐山安泰物流有限公司、唐山金日顺达物流有限公司、唐山永盛昌物流有限公司、唐山金源物流、唐山辛克物流有限公司、唐山华顺达物流有限公司等30多家物流企业入驻。物流园的主要经营方式，为国内物流、货物运输、货运代理、包车运输、大件搬运、小件物流、上门收货、送货上门等；主要车辆为多种型号的封闭车、半封闭车、高栏车、平板车、保温车、特型车（超低、超宽、超长车等）以及不同种类的装卸机械等；经营范围涉及东北、华北、华东、华南、西北、西南等25个省（市）的地级以上城市；本地物流可直达县区（市）和企业。2010年，金匙物流园的物流总量1亿吨，营业额1200万元，从业人员214人。

中国北方国际钢铁交易配送中心　中国北方国际钢铁交易配送中心也称唐山北方国际钢铁交易中心

及配套物流中心、钢铁物流综合服务园区，是集网上交易、仓储、加工、配送、金融服务、中介服务为一体的钢铁交易中心，也是国内建成较早的具有数字化仓储管理功能的钢铁物流园区、工业和信息化部“两化融合”（信息化与工业化融合）示范企业、2010 年度中国 SOA（信息安全管理体系、计算机服务应用程序）十大解决方案之一、国务院“十二五”期间“核高基”（核心电子器件、高端通用芯片及基础软件产品的简称）重点支持平台、河北省十大物流示范项目。

园区位于复兴路南端，南临外环路（205 国道）、西临学警路、东邻女织寨村、北邻经适房项目二期，占地 30.67 公顷，规划建筑面积 30 万平方米，总投资 11 亿元。

中国北方国际钢铁交易配送中心隶属于唐山市佳源贸易发展有限责任公司（简称“唐山佳源”，成立于 1996 年，主营业务涉及钢铁贸易、电子商务、连锁仓储、物流金融、精密加工、产业园区等六大板块，现为中国物流与采购联合会会员单位、河北省现代物流协会会员单位、河北省金属材料流通协会会员单位，河北省钢铁流通领域龙头民营企业），是唐山佳源的综合钢铁物流服务项目，与唐山市佳源贸易有限责任公司、唐山市北方佳源钢材加工配送有限责任公司、北京恒信佳源贸易有限责任公司、唐山市钢领房地产开发有限责任公司等同为其控股企业。

中国北方国际钢铁交易配送中心的建设，共分三期进行。其中一期工程占地 6.11 公顷，建筑面积 8.5 万平方米，投资 3 亿元，主要建有：连锁数码监管仓库，利用数字技术和软硬件架构实现无缝对接，日处理现货钢材能力 5 万吨；北方国际信息服务中心，包括电子交易中心、钢铁信息中心、物流金融中心、现货交易中心、物流服务中心等，打造钢铁信息和钢铁交易相互结合的产业链；北方国际高端商务中心，利用互联网技术实现商流、物流分离，优化办公环境，为入驻企业提供综合商务服务；大通网，包括大宗商品在线交易 B2B 平台、具有自主知识产权的 ERP/dt1688 云计算信息化平台等，实现钢铁厂商、贸易商、终端用户无缝对接，优化钢铁产业链。二期工程占地 15.33 公顷，建筑面积 5 万平方米，投资 2 亿元，主要建有厂房式仓储中心、商贸物流服务区、露天堆场仓储区以及沿街商铺、超市、餐饮、停车带等配套服务设施，以满足钢材存储、零散钢材分销、物流配套服务、高档办公物业等方面需求，为交易中心的物流配套项目。三期工程占地 9.2 公顷，建筑面积 16.5 万平方米，投资额 6 亿元，主要建有钢材精密切割加工中心、精品钢剪切加工中心及配套的连锁数码仓库，并引进国际先进的德国 TRUMPF（通快）、瑞士 Bystronic（百超）、普瑞玛大功率数控激光切割机及数控折弯机、日本 KOIKE 等机等离子切割设备以及螺纹钢加工、棒材加工、型材加工等设备，采用物流深加工模式，提高材料利用率。全部工程完成后，可形成 1000 万吨的年钢材仓储、加工与配送能力，可同时容纳 600 家物流企业进行经营活动，同时土地利用率可提高 60%、钢材加工成材率可提高 40%、库存管理成本可下降 30%、客户采购成本下降 25%，形成可持续发展的现代服务业新模式。

2008 年 12 月，中国北方国际钢铁交易配送中心的法人单位唐山北方国际钢铁电子交易中心有限责任公司成立，各项工作全面启动，并参照国家《大宗商品电子交易规范》，按照以现货为基础、互联网为载体的原则，确定钢铁电子交易、现货挂牌交易等多种灵活交易模式，并被列入河北省 2009 年度第一批重点项目、唐山市“101 项市长分包重点项目”之一。

2010 年 3 月，中国北方国际钢铁交易配送中心一期工程开工建设，完成投资 2.8 亿元，占工程总量的 27.45%。

第八节　住宿餐饮业

路南区的餐饮业源于 19 世纪末，在粮市街一带和开滦唐山矿、南厂等厂矿门前，汇聚起推车、挑担、棚舍叫卖的商贩。最早的店铺是位于东局子（今建国路市场北头）的“渣粥李”饭铺，建于清光绪二十四年（1898 年）。最早的饭庄是位于便宜街（今解放路）的“九美斋”，建于民国 14 年（1925

年）。民国23年（1934年）大世界商场建成后，餐饮业迅速发展成独立行业，时大型的多称饭庄，中型的多称饭馆，小型的则称饭铺。民国26年（1937年），著名老字号鸿宴饭庄开业，现为国家特级（五钻）酒家。1984年京东餐厅开业，1989年获“河北省十大饭庄优质服务竞赛第二名”。1990年，辖域有市属餐饮业14家，区属各类集体餐饮业90家，个体饮食业682户，合伙经营组织6个。1991年唐钢宾馆落成，1998年开滦大酒店开业，均为三星级旅游涉外饭店。2008年，唐山南湖紫天鹅庄维景国际酒店、中心花园酒店等投入建设。2009年，唐山新华贸瑞津酒店投入建设。2010年，唐山玖融居商务酒店、唐山温斯顿南湖大房酒店等开工建设。是年，路南区境内星级住宿业和限额以上餐饮业年营业额达到4.91亿元。

一、鸿宴饭庄

鸿宴饭庄是唐山乃至冀东久负盛名的饭店之一，开办于民国26年（1937年），坐落在兴隆街（今建国路）。创始人杨廷珍，原是养正轩饭庄的服务员（俗称“跑堂”），后来作为牵头人，请当时颇有名望的启新水泥股份有限公司的刘沛亭出面招股，共招募股东34人，集资现大洋3600元，成立董事会，并买下唐山兴隆街路南一片土房，盖起20间雕梁画栋的铺面，建起鸿宴饭庄。是年9月30日（农历八月二十六）开张营业，饭庄大堂门楣正中悬挂红木牌匾，书“鸿宴饭庄”，正门两侧书有楹联，上联为“包办酒席、南北大菜、中西两餐”，下联为“喜寿果贡、应时小卖、随时便座”。鸿宴饭庄的服务对象，时以中上层人士为主；服务内容，以包办酒席为主，兼营家常便饭和时令小吃；经营特点，以别具风味的菜肴和殷勤周到的服务而见长。在饭菜制作上，聘请著名厨师掌灶，饭菜既丰富多彩，又具有特殊风味。同时也根据风俗习惯兼营应节食品，如端阳节的八角粽子、元宵节的元宵、特殊需求的喜寿花供之类食品，有小孩满月的百子图、为老人祝寿的寿桃、办丧事用的四飞禽、四走兽、八仙人物等，随要随做。在经营服务上，殷勤周到、灵活多样。承办婚宴酒席时，营业厅变作礼堂，为新婚宴席服务。饭菜可预订，也可点菜现炒。同时，还可为顾客当司仪赞礼，代邀乐队或代租马车，代请宾客。饭庄的外开业务，有送饭、菜到家庭、企业、厂矿和机关，也有顾客自家设宴时被点名师上门服务，此项业务曾开展到东矿、马家沟、滦县、山海关等地。鸿宴饭庄何名“鸿晏”，是否有假“鸿门之宴”的轰动效应，而引世人关注等的初衷，无从考究。此后几年，鸿宴饭庄的地盘不断扩张，先后兼并养正轩、广义兴、小桃园等3家名店，在竞争中逐渐超越同行，跃居唐山餐饮业的“龙头”，成为唐山最有名气的饭庄，常有方圆百里宾客慕名而来。

图9－18　鸿宴饭庄　（区委宣传部）

1945年抗战结束后，面对国民党“接收大员”满天飞，大部分股东产生动摇，纷纷提出撤股分红。而饭庄的伙计们则联名上书董事会，要求只撤股金、不分设备，可以把设备折价留在店里。最后，由7位新股东接手鸿宴饭庄的经营，董事会的股东也由34人减为7人。1948年12月，唐山解放后，由于部分股东对新政权了解甚少，对私营工商业政策理解不透，加之发生几起劳资纠纷，鸿宴饭庄曾一度关门歇业，三年后又重新开业。1956年，实行公私合营，鸿宴饭庄成为国家资产，但仍保持原有的经营范围和服务方式，业务持续兴旺。1961年，鸿宴饭庄与同是老字号的九美斋两家饭店，改办“高级食堂”，供应海鲜、肉、蛋等菜肴，高价经营，在历时三年中两店实现销售额641.8万元，利润310万元。

1976年“7·28”唐山大地震，全部建筑被毁，震后在原地搭建简易大棚坚持营业。1986年9月，鸿宴饭庄迁至新华东道南侧的新址（新华东道42号，建国路市场西侧，现为鸿宴饭庄建国路店），为3

层楼房建筑，占地0.4公顷，建筑面积1840平方米，营业面积1000平方米。其中，一楼设置大、小餐厅，二楼设置风格各异的单间雅座，可供300名顾客同时就餐。经营范围仍以高中档宴席和风味小吃为主，还备有各种经济小吃。菜肴的口味以冀菜为主，兼做粤菜、川菜，侧重熘、炒、烧、炸、烤、炖、烩、蒸、煮、烙等，品种多达600余种，并包办燕菜席、全家福席等。1988年，晋为省级先进企业。1989年，营业额为330.4万元，利润25.5万元，有职工110人。1995年2月，被省贸易厅命名为省级明星企业。

2001年，企业改制，实行股份制，全员入股。是年，被中国烹饪协会评定为“中华餐饮名店”。2004年，鸿宴饭庄经过3次改扩建，建筑面积扩展到3200平方米，1楼为卡拉OK多功能餐厅，2~3楼为格式各异富丽堂皇的单间雅座，可供600人同时就餐。年内，先后有10余名特级烹调技师、面点师到日本、德国等进行烹调献艺。2005年，直属分店“白孔雀餐厅”开业，位于新华东道开滦招待所东侧，建筑面积2000平方米，设装潢新颖的单间雅座贵宾厅，可同时接待200人就餐。是年1月，鸿宴饭庄被全国酒家酒店等级评定委员会评定为“国家特级（五钻）酒家”。

2006年10月，商务部公布第一批“中华老字号”，全国共有434家企业榜上有名，鸿宴饭庄名列其中。是年，被河北省工商局认定为“河北省著名商标”。2010年8月15日，鸿宴饭庄南湖店首期店铺开业，位于建设路与增盛路交叉口东北侧，建设南路增9号，南湖休闲美食广场5-101号，也是首家进驻广场的企业。

二、京东餐厅

京东餐厅始建于1983年，位于新华东道与车站路交叉路口西南侧，车站路北段，占地1157.1平方米，建筑面积1653平方米。1984年4月，京东餐厅正式开业。餐厅设有风味小吃部和炒菜部两大餐厅，建有园林式建筑的单间雅座和高级小餐厅，以经营“冀东菜系”为主，兼营粤、川、鲁菜系以及京式烤鸭和风味小吃等。餐厅的菜谱随季节变化，总数达千余种，其中名菜有三吃大虾、金鱼虾球、清蒸腰花、芙蓉鸡片、醋椒鱼条、京式烤鸭等，名点有各种宴席糕点、八宝饭、三鲜圆笼蒸饺等。餐厅开业后，以饭菜技艺上乘、服务热忱周到见长，很快博得国内外宾客赞誉，成为唐山“7·28”大地震后餐饮界快速崛起的新秀。

1986年，京东餐厅营业收入130万元，利润11.9万元。1988年，被省政府评为先进企业，晋升为国家中二型企业，市级文明单位，并连续3年获省十大系统“爱卫杯”竞赛第一名，省十大饭庄竞赛第二名和优胜单位。1989年，在全省10大饭庄优质服务竞赛中获得第二名。当年营业额为234.9万元，利润25.1万元，有职工120人，其中获特级、一级等职称的厨师、面点师和服务员占70%。

1996年，先后投资200余万元，对餐厅进行改扩建和内外装修，建筑面积增加到2400平方米，营业面积扩大到1740平方米，可同时接待600人用餐。餐厅的主体建筑为2层阁楼式建筑，古今结合的庭院式布局，中西结合的装修格调，外观新颖，风格独特，设备新潮考究，装饰古朴典雅。其中，营业楼的1层为中式装饰，设有京东歌舞厅、卡拉OK多功能厅、中高低档单间雅座、小吃部等；营业楼的2层为西式装饰，设有咖啡厅、单间雅座等；庭院内建有花园、假山、水池、喷泉，池中游鱼戏水，园内鲜花绿草，环境幽雅宜人。整个餐厅具有餐饮、娱乐、休闲等多种功能，在为国内消费者服务的同时，还接待来自日本、美国、德国以及中国港澳台等20多个国家和地区的宾客3000余人次，成为唐山乃至冀东一带高档名店之一。2001年，企业改制，实行股份制。

2008年，经多次改扩建和内外装修，餐厅建筑面积增至4300平方米，可同时容纳700人用餐。餐厅职工人数达到163人，具有三级以上各类专业技师117人（其中河北特级烹饪大师5人、河北烹饪名师5人、特级烹调师18人、特级面点师6人、特级服务师9人，其他专业人员74人），先后有6名烹调师被日本、美国、澳大利亚、卢森堡等国家的餐饮企业外聘。同时，在省级以上烹饪技术大赛中，多次获得团体及个人金牌。9月，在“城镇面貌三年大变样”中，京东餐厅停止营业，随同曙光浴池、曙光旅馆、开滦集团车库、路南区物价局等单位被总体拆除，原址建设曙光大厦，待建成后重新进驻。

三、唐钢宾馆

唐钢宾馆坐落于唐山市中心区东部，新华东道28号，北临新华道、东临和平路、南邻东方购物广场、西临建国路，占地0.9公顷，建筑面积1.47万平方米，投资1亿元。唐钢宾馆隶属于唐钢集团有限责任公司，建筑设计新颖，内部装饰华丽，服务周到，环境舒适，是集住宿、餐饮、商务及旅游、娱乐健身为一体的涉外三星级酒店。宾馆背靠本市最大的商业区建国路步行街，东临公交总站，地理位置优越，交通便利。

唐钢宾馆始建于1990年，1991年7月建成投入使用。主楼为12层，副楼3层，拥有豪华套房、豪标、普标及商务用房166套，设有大餐厅、中餐厅及小餐厅15个，能同时容纳600人就餐，可承办各种宴会并拥有大、中、小会议室5个，附有商场、咖啡厅、美容美发厅、商务中心。

2002年，随着宾馆的发展以及客源市场的需求，成立鸿源旅游公司，形成住宿、餐饮、商务及旅游、娱乐为一体的饭店经营实体。2003年12月31日，被省旅游局评定为“三星级酒店”。2007年，投资6000万元进行整体装修改造。宾馆主楼划分为餐饮、客房、会议3个主要功能服务区。其中餐饮部设有宴会厅、大餐厅各1个，豪华餐厅2个，小包间17间，可同时容纳800余人就餐；菜肴以北京烤鸭为主，兼有京东菜、川菜等地方特色名菜；选料制作精细，讲究色、香、味、型统一，适宜企事业单位以及个人、家庭举办交谊活动和宴请宾客。客房部设有行政套房、豪华套房、商务套房、豪华标房等不同种类客房159间，床位284张，配有程控电话、电视、电脑、冰箱、桑拿浴房、上网终端等设施。会议区设有贵宾厅2个、多功能厅及大、中、小会议室各1个；会议厅内设备齐全，功能完善，适合召开8~300人的各类会议，可同时承接400人参会。同时，宾馆还设有商务中心、商品部、大堂吧，备有5000平方米大型停车场。宾馆旅行社设有国内旅游及代买车票服务项目。还可提供送餐、洗衣、叫醒服务，前台贵重物品保险柜、美容美发、免费停车、大巴或轿车租赁等服务。

2008年4月，开办唐钢宾馆老北京烤鸭店，也称老北京烤鸭店唐钢宾馆分店。位于主楼西侧，隶属于唐山市海峡经济贸易中心（成立于2001年，注册地址唐山路南区电厂路133号）。唐钢宾馆老北京烤鸭店共有19个大包间，13个小包间，2个贵宾厅，宴会厅、大餐厅可承接大型婚宴和会议，可容纳1000人同时就餐。2010年，唐钢宾馆实现销售额3420万元。

四、开滦大酒店

开滦大酒店位于唐山市新华西道76号，新华西道与大里路交叉口东南侧，大里路以东、新华道以南、京唐宾馆以西、立新东楼住宅区以北区域，占地0.85公顷，建筑面积1.96万平方米，其中营业面积1.59万平方米，资产总额0.71亿元。酒店拥有餐饮、客房、会议中心、KTV娱乐以及办公、配套服务等功能区，是集餐饮、住宿、娱乐、商贸、旅游、办公为一体的涉外三星级酒店，隶属于开滦（集团）有限责任公司。

开滦大酒店始建于1993年，是开滦矿务局从市政府购入的恢复建设在建项目，主体建筑为框架结构小高层，主楼14层，裙楼2层，建筑面积1.33万平方米，投资2310万元。1998年9月28日，开滦大酒店正式开业，并接收开滦矿务局的直属单位小吃城、开滦旅游公司，经营范围主要有餐饮、住宿、会议接待、旅游等项目，当年实现营业额370万元。

1999年，酒店实行全员风险抵押承包经营、员工岗位工资制和动态劳务化管理，当年完成营业额1190万元。是年12月，经河北省委、省政府批准，开滦矿务局更名为开滦（集团）有限责任公司（简称“开滦集团”），开滦大酒店属开滦集团非煤产业中的酒店旅游业，为开滦集团直属企业之一。是年12月28日，被评定为“三星级涉外酒店”。2000年，开滦大酒店调整内设机构，下设餐饮娱乐部、客房部、工程部、商贸部、旅行社、小吃城、火锅城、装潢公司等部门，员工总数257人，其中管理人员

19人，生产服务人员238人。是年，在全市同行业中率先推行服务质量承诺制，获“河北省文化管理先进单位”“唐山市消防先进单位”“唐山市青年文明号”等光荣称号，全年完成营业额1659万元。2001年，酒店自主研发“开滦大酒店十大金牌菜”；8月，组建阎瑞林农牧畜产有限公司。是年，获河北省“三星级文明窗口单位”“省级青年文明号”荣誉称号，完成营业额2033万元。

2002年2月27日，以开滦大酒店为主体，组建开滦（集团）有限责任公司酒店旅游集团（企业内部习称“酒旅集团”），原隶属酒店的小吃城、商贸公司、旅行社被划出，随同开滦大酒店一起划归酒旅集团。5月1日，酒旅集团正式运转，下辖7个馆（店）所，资产1.7亿元，员工573人，是集住宿、餐饮、度假、旅游、会议、娱乐、商贸为一体的跨地区多元化经营集团。是年，开滦大酒店有各种等级客房100套，床位近200个，餐位1100个，完成营业额1593万元。

2007年，依据河北省国资委关于主辅分离、辅业改制等政策进行企业所有制改革，由原来国有独资企业，改制成由开滦（集团）有限责任公司、开滦大酒店员工持股会、唐山凤凰网络电子技术有限公司共同出资，开滦（集团）有限责任公司相对控股的股份制企业。是年10月17日，唐山开滦大酒店有限责任公司成立；10月22日，开滦（集团）有限责任公司酒店旅游集团撤销；12月26日，唐山开滦大酒店有限责任公司完成工商注册，注册资本6800万元。2008年，酒店改由开滦集团多种经营事业部代管，实行独立经营、内部承包，下属小吃城、开滦旅行社（含商贸有限公司、装潢公司），全年完成营业额2766万元。

2010年，酒店下设房务部、餐饮部、后勤工程部、保安部、经营财务部、人力资源部、综合办公室等部门和旅行社、洗衣房、西安饺子宴、KTV娱乐城等下属单位，服务项目主要有住宿、餐饮、会议、烟酒零售、房屋出租、洗衣等19大项，同时还有客房送餐、互联网服务、贵重物品保管、叫醒服务、VIP客人接待、旅游咨询等特色服务。其中：酒店餐饮服务，经营面积3100平方米，配有风格各异的包厢17个和大中型宴会厅3个，可同时容纳102桌、1000余人就餐，主营京东菜系、粤菜系、川菜系以及本地菜系，酒席、套餐、自助餐服务兼营。酒店房务服务，配有标准间A、标准间B、豪华标准间、三人套房、行政套房、商务大床等客房103间，床位193个，同时配备卫星电视、中央空调、24小时热水供应等配套服务和消防报警安全设施。酒店会议中心，有容纳30人以上会议厅4个、100人以上会议厅1个、150人以上会议厅2个，并配备投影仪、幕布、宽带接入、无线有线话筒以及数字视听系统，可举办20人到300人规模的各类会议，能同时接待参会人员1000人。酒店商务中心，提供打字、复印、传真、票务、旅游咨询等服务。酒店商场，位于酒店前厅西侧，经营日用百货、烟酒茶糖、瓷器礼品、鞋类箱包等商品。KTV娱乐服务，拥有天上人间练歌城、足疗保健等康乐设施，能够满足宾客休闲健身需求。酒店的企业文化，重点打造开滦1878主题文化酒店，在餐饮走廊、包厢、客户休息区等部位悬挂开滦老照片，在筷套、口布、餐具等主要客用品上印有代表开滦特色的标识，使顾客在接受服务的同时体会到开滦百年文化的精髓。是年，完成营业额2809万元，在岗员工216人。

五、唐山万达洲际酒店

唐山万达洲际酒店，位于唐山市的核心地段，文化路11号（唐山万达广场内），新华副道与文化路交叉口的东南侧，北临新华副道、东临长青街、南邻小哥俩超市、西临文化路，占地0.8公顷，建筑面积4.77万平方米，投资2亿元，是集餐饮、客房、休闲、健身、会议为一体的五星级酒店，且毗邻唐山抗震纪念碑和大钊公园，置身于万达综合商圈内，地理位置优越，出行便利，人流密集，商业繁华。

酒店由大连万达集团投资建设，唐山万达广场商业管理有限公司负责管理，是唐山万达广场的子项目之一。2009年3月26日动工建设，2010年10月26日主体封顶。酒店主体建筑坚持传统与现代元素相结合，建筑风格雍容典雅，分为主楼和裙楼两部分，其中主楼地下2层、地上22层，裙楼地下2层、地上6层。酒店功能分区：1~5层为餐饮商务区，设有790平方米的酒店大堂、全日制自助餐厅、港式风格酒吧、2000平方米中式餐厅和典雅包房、1200平方米的多功能宴会厅、10个大小会议厅以及商务中心，宾客可享受中西合璧的自助午餐和晚餐，品尝鸡尾酒，欣赏钢琴演奏，承接各类大中型会议和论坛，举办各式宾宴、婚宴、交谊等活动；酒店6层配备健身中心，宾客可在阳光泳池中戏水，跑步机上运动，水疗中心里放松身心；酒店的7～18层为客房区，配有285间时尚典雅的客房，其中有98平方米的洲际高级套房、84平米的套房、42平方米的洲际行政房、尊贵大床房、尊贵双床房、洲际景观房、豪华双床房、豪华大床房，配有款式新颖的豪华家私、高速宽带、音响设备、独立的淋浴区和浴缸，设施齐全完备。

六、唐山南湖大酒店

唐山南湖大酒店地处唐山市中心区，新天地商业广场西侧，建设南路11号（原刘庄煤矿旧址），南临苑南街、西临建设南路、北邻苑南楼小区，占地2.43公顷，建筑面积11.8万平方米，投资14亿元，是集住宿、餐饮、酒吧、夜总会、健身、休闲娱乐、洗浴为一体的综合性酒店。

唐山南湖大酒店由唐山南湖大酒店有限公司开发建设，2010年开工，当年完成投资6.26亿元，占工程总量的44.71%。主体建筑分为主楼和副楼，其中：主楼地下1层、地上10层，建筑高度50米，建筑面积7.1万平方米（地下部分1.7万平方米，地上部分5.4万平方米）；副楼地下1层，地上4层。酒店的总体设计以“前卫、时尚、立足创新、追求完美”为理念，借鉴中西方同类酒店装修风格，简约典雅、大方俊朗、造型别致、风格独特，内部装修豪华舒适。酒店的功能，划分为客房区、餐饮区、洗浴区、夜总会和酒吧区、会议区以及商务中心。其中，酒店的客房区，有大中小客房196套，分为特价房、豪华双床房、豪华大床房、商务套房、商务豪华套房、行政套房等不同规格。房间内配有独立的浴缸和淋浴、中央空调、小冰箱、房间保险箱、独立写字台、国内长途电话、有线/卫星电视、语音留言、迷你酒吧等现代设备，还有雨伞、针线包等便利服务，各种电器、插座、浴具、床具等完备齐全。酒店的餐饮区，有可容纳500人的宴会厅，50间装修风格不同的中餐厅、西餐厅、日式餐厅、港式火锅等包房，8间日韩铁板烧包房，还有散座厅、咖啡厅、大堂吧、酒吧、茶室，附加自助早餐，可同时容纳1300人用餐。菜肴种类，以国内八大菜系为主，兼营亚欧等地的流行佳肴。酒店的洗浴区，拥有亚洲最大的游泳、洗浴、冲浪、按摩等多功能浴池，配有休息厅、美体美发厅、网吧、图书厅、健身房、按摩包房以及24小时免费食品自助餐厅，可以同时为1000位以上的宾客提供服务，其中游泳池和健身中心采用穹顶设计，采光良好，宾客可直接仰视天空，享受融入大自然的感觉。酒店的夜总会和酒吧区，自成独立体系，设有50间KTV包房及卡拉OK厅，配备优质的数码音响设备。酒店的会议区，建有可容纳300人的大型会议室，可容纳500人的多功能厅，以及规模不等的中、小会议厅，配备了投影设备、舞台及配套设备、数码音响等设备。酒店的商务中心，提供洗衣服务、叫醒服务、旅游服务、美容美发、免费停车、免费报纸、礼宾服务、接机服务、旅游票务服务、外币兑换、邮政服务、代客泊车、行李存放以及前台贵重物品保险柜等服务，酒店还建有鲜花店、理发美容室、自动取款机、无线上网公共区等设施。

图9-19　唐山市南湖大酒店　（区委宣传部）

七、唐山温斯顿南湖大房酒店

唐山温斯顿南湖大房酒店，坐落于唐山市南湖风景区核心位置，建设南路增9号南湖休闲美食广场2-501号，北邻大佬披萨店、东临风井路、南邻湘园足浴、西与哥顿国际音乐俱乐部隔路相望，营业面积1500平方米，45间客房，床位64张。

2010年，唐山温斯顿南湖大房酒店开工建设。酒店由唐山湘园足浴保健有限公司（成立于2003年3月，全国连锁企业，主要从事综合保健服务，旗下有湘园热公馆、湘园精品店、湘园养生会馆、湘园帝景店、湘园开发区店、温斯顿南湖大房酒店、温斯顿西餐厅等，涉足足疗、洗浴、酒店、餐饮等行业）投资，按四星级标准筹建的商务酒店。主体建筑为3层别墅型楼房，欧式风格，格调新潮，装修豪华。酒店位于南湖生态园林酒店群内，洗浴世界、俏江南、美食广场、音乐会所、影视城等环绕四周，虽地处繁华地段，但周边环境宜人，夜晚幽静，地理位置优越，出行十分便利。酒店的客房服务，有标准间、标准大床间、商务间、商务大床间、豪华套房、豪华商务大床房等客房45间（套），房间内格调高雅、空间开阔、光线明亮、设施齐全，配有卫星电视、国内直拨电话、高速宽带上网等现代设施，房间宽大，物品精致，环境幽静，可以满足商务出行、家庭度假、旅游休闲等各类需求。酒店的餐饮服务，建有中餐厅和西餐厅，早餐以自助餐为主，中餐和晚餐提供具有温斯顿餐厅特色的精美中餐和西餐，可同时容纳约80～90人就餐。康体、娱乐、会议服务，建有精品足疗保健、推拿按摩、迪斯科舞厅、SPA保健、夜总会，不同规格的中、小会议室，可容纳约30～50人同时开会。设有商务服务中心，有楼层管家服务、大堂免费报纸、免费停车、代客泊车、出租车、商场、前台保险柜、专职行李员、洗衣服务、旅游服务、行李存放服务、叫醒服务、公共区无线上网、免费旅游交通图等。

八、唐山新华贸瑞津酒店

唐山新华贸瑞津酒店，位于路南区新华西道30号，新华贸中心的主体建筑内，营业面积2万平方米，是集特色餐饮、公寓式酒店客房、现代化多功能会议中心于一体的公寓式商务酒店。

2009年5月，新华贸中心开工建设。主楼高25层。酒店的客房服务，为公寓式酒店客房，有公寓标准间、公寓大床房、行政公寓大床房等70间（套），装修奢华，下榻舒适，空间私密，生活设施设备高雅齐全，房间配有国内直拨电话、国际直拨电话、电子磁卡门禁、安全消防系统、普通分体空调、洗衣机、电视、冰箱、电脑、写字台、沙发、座椅、文具用品、窗帘、雨伞、特色床具、瓶装水、针线包、熨斗、熨衣板、阳台、迷你酒吧、保险箱、电热水壶、厨房、厨房用具、咖啡机、茶壶、浴衣、洗漱用品、24小时热水、吹风机、拖鞋、卫生间清洁备品、淋浴间、剃须/化妆镜、毛巾、夜床礼遇、管家服务、无烟客房、房间消毒等设施。酒店的餐饮服务，有酒店大餐厅、中餐厅、自助餐厅、宴会厅、餐厅包间、茶室等，其中大餐厅、宴会厅能容纳250人以上同时就餐。餐厅布置温馨浪漫，设施齐全，可承接大型婚礼和宴请等活动。酒店的休闲服务，有KTV歌舞厅、棋牌室、儿童俱乐部。酒店的会议中心，拥有会议室、多功能厅、贵宾休息室等，配有数码音响、无线麦克、讲台、舞台、点歌设备、投影设施等，可承接各种大型会议。酒店商务中心，有免费停车场、收费接机服务、会议室、地下停车场、多功能厅、送餐服务、医疗支援、美容美发、擦鞋服务、叫醒服务、商场、鲜花店、邮政服务、行李存放服务、滚梯、电梯、公共区域监控系统、无障碍通道、大巴或轿车租赁服务等。

九、唐山丽达快捷酒店

唐山丽达快捷酒店，位于路南区胜利路57号，东邻中国农业银行复兴路支行、南临胜利路、西邻鸿泽诊所、北邻文北居民小区，营业面积1780平方米，78间客房，床位150张，是集住宿、餐饮、洗浴于一体的三星级综合性商务快捷酒店。

2008年，唐山丽达快捷酒店开工建设。2009年6月22日，正式开业。酒店主楼3层，副楼2层。酒店紧邻小山繁商区、荷花坑农副产品批发市场、文北市场群、人民医院等，商业繁荣，交通便利。酒店住宿服务，有标准双人间、标准单人间、三人间客房78间（套），室内设施齐全，装修尊贵典雅，设有26寸液晶电视、免费高速宽带、独立卫生间、24小时热水供应等设施。酒店的餐饮服务，为全国知名连锁餐厅，经营港式简餐，以快捷、健康、味美、价廉为宗旨，并能免费提供外送，承接各种会议订餐、自助餐等，提供优质便捷的服务。酒店的休闲设施，有卡拉 OK 厅、棋牌室。酒店会议服务，有容纳 150 人的大会议室 1 个，室内宽敞明亮，装修庄重典雅，配有投影机、音响、无线话筒、点歌系统、舞台灯光设施；有容纳 20 人的小会议室 1 个，配有投影仪等设备。2010 年，唐山丽达快捷酒店实现营业额 320 万元。

十、唐山玖融居商务酒店

唐山玖融居商务酒店，位于唐山市南湖风景区核心位置，建设南路增 9 号南湖休闲美食广场 3－101 号，东临场内的建成路、南邻俏江南唐山南湖店、西邻金水湾商务休闲酒店、北邻中影国际影城，营业面积 2600 平方米，39 间客房，床位 48 张，是三星级综合酒店。

2010 年，唐山玖融居商务酒店开工建设。酒店主体为 4 层楼房，设计风格时尚典雅，装修豪华，具有住宿、休闲、会议、商务服务等功能。其中：酒店的住宿服务，有双人标准间、商务大床间、豪华商务间、豪华情趣间、总统间等客房 39 间（套），客房空间开阔、装修豪华，配有中央空调、公共卫生间、淋浴间、卫星电视、高速宽带上网、多种规格电源插座等设施，写字台、沙发、座椅、窗帘、瓶装水、电热水壶、洗漱用品等各类生活设施齐全，24 小时供应热水，可以满足商务出行、家庭度假、旅游休闲等各类住宿要求。酒店休闲服务，有 KTV/歌舞厅。会议服务，有大小会议室，可容纳 30～50 人同时参加会议。酒店商务中心，提供免费停车、公共区域免费无线上网、会议室、叫醒等服务，配有滚梯、电梯、公共区域监控系统。

第十编　工业　建筑业

震后经过十余年恢复建设，全区工业企业以街办企业为主，规模小。1985 年，市属机械、化工、轻工、电子等 13 家全民企业和 18 家集体企业陆续下放至区。1987 年，市属二轻系统 13 家集体企业划归区属。区属工业企业总量、人员素质、技术、设备设施、管理水平明显变化。至 1990 年，全区有国有工业企业 13 家，完成工业总产值（1990 年不变价）7197 万元；集体工业企业 143 家，完成工业总产值（1990 年不变价）2.31 亿元；外商投资和中国港澳台商投资企业 2 家，完成工业总产值 281.6 万元。全区工业企业完成工业总产值（1990 不变价）3.06 亿元。基本构成金属制品、通用设备制造、电气机械及器材制造、农副产品加工、食品制造、纺织、服装鞋帽制造、化工原料及化学制品制造等 25 个门类。1992 年起，适应计划经济体制向市场经济体制的转变，推行企业所有权与经营权分离，加强企业内部人、劳、分配套体制改革，促进企业发展。1997 年，以建立现代企业制度为目标，整体推进产权制度改革，企业经营体制发生变化，国有、集体工业企业逐年减少，个体私营工业企业呈上升趋势。全区有工业企业 962 家，其中乡以上企业 242 家，占 25.16%；村办企业 118 家，占 12.27%；城镇联营工业和城乡个体工业企业 602 家，占 62.58%，个体私营工业企业成为工业经济运行主体。全年完成工业总产值 17.82 亿元。至 2010 年，全区共有入统工业企业 726 家，完成工业总产值 22.28 亿元。其中销售收入 500 万元以上及国有和控股企业 35 家，完成工业总产值 14.12 亿元；销售收入 500 万元以下及非国有和国有控股及村以下企业 691 家，完成工业总产值 8.16 亿元。工业企业增加值完成 8.95 亿元，占第二产业增加值的 91.5%，占全区地区生产总值的 13.84%。初步形成精品钢材、装备制造、农副产品深加工等主导产业，开元集团成为国内机电行业龙头企业。

1990 年，全区共有建筑企业 11 家，其中 9 家为区直、街道企业，承揽建筑工程能力低，竞争力差。1992 年起，随着城市建设的提速、房地产业的发展，建筑业进入快速发展期。至 2010 年，入统等级内建筑企业 17 家（含驻区企业），其中国有建筑企业 1 家，集体企业 2 家，其他经济 14 家。期末从业人员 2.44 万人。全年完成房屋施工面积 374.21 万平方米；完成建筑业总产值 66.09 亿元，其中国有建筑企业完成 43 万元；集体企业完成 1.84 亿元；其他经济完成 64.25 亿元。实现利润总额 1.95 亿元。完成建筑业增加值 8315 万元，占第二产业增加值的 8.5%。21 年间，完成房屋施工面积 1455.80 万平方米，竣工面积 733.33 万平方米。

第一章　工　业

1990 年，全区有区直国有工业企业 13 家，集体工业企业 143 家，外商及中国港澳台商投资工业企业 2 家。另有个人合伙经营工业、手工业、个体等其他经济类型工业企业 252 家，形成以机械电子、化工、纺织服装、食品为主导的工业格局。1997 年，产权制度改革，打破以公有制为主体的经营格局，形成国有、集体、个体私营、中国港澳台及外商合资及其他类型并存的经营机制，其中个体私营工业成为工业企业运行主体。至 2010 年，全区共有工业企业 726 家，全部从业人员年平均人数为 1.16 万人。完成工业总产值（当年价）22.28 亿元，其中销售收入 500 万元以上及国有和控股企业 35 家，完成工业总产值14.12亿元；销售收入500万元以下及非国有和国有控股及村以下企业691家，完成工业总产值8.16亿元。工业企业增加值完成8.95亿元，占地区生产总值的13.84%。现代新兴工业崛起，精品钢材、装备制造、农副产品深加工成为主导产业，企业竞争力和产品质量明显提高。

第一节　经营体制

一、国有工业企业

1990年，有区属国有工业企业13家：唐山市玻璃制品厂、唐山市电子设备厂、唐山市电影机械厂、唐山市化学厂、唐山市毛巾厂、唐山市量具厂、唐山市标准件厂、唐山市日用化工厂、唐山市第二造纸厂、唐山市坩埚厂、唐山市工业发酵厂、唐山市第二无线电厂、唐山市建华化工厂。全年平均职工人数4200人。完成工业总产值7197万元（1990年不变价），占全区工业总产值的23.46%。1993年，在国有工业企业试行国有（公有）资产委托经营责任制，通过兼并、合并、出租、转产、拍卖、破产等形式，优化企业组织结构。是年，唐山市电子设备厂兼并第二无线电厂，唐山市人民服装厂合并至唐山市毛巾厂，唐山市日用化工厂委托文北金匙集团经营。1994年，唐山市电子设备厂成立松下电子有限公司。是年，唐山市毛巾厂宣布破产，成为唐山市第一家破产的国有工业企业。1995年，探索产权制度改革路径，以唐山市电子设备厂为核心，通过投资、控股和参股等形式，联合自动焊接设备有限公司、焊接变压器有限公司、电焊机有限公司和唐山松下产业机器有限公司4家企业，组建开元集团。年底，区属国有工业企业有11家，完成产值3986万元。1997年起，全面推进产权制度改革，国有工业企业通过改制或依法破产，或成为股份合作制企业、股份制企业，或通过出售变为个体私营企业。至2010年，全区已无区属国有工业企业。

二、集体工业企业

1990年，有集体工业企业143家。其中区直企业34家，分别是电线厂、仪表厂、煤矿设备厂、铁路机械设备厂、无线电变压器厂、第三橡胶厂、化工机械厂、前进化工厂、保温材料厂、锅炉容器厂、铁路清筛机厂、线材厂、电器厂、窗纱厂、摩托车齿轮厂、机铁铸造厂、第三造纸厂、羊毛衫厂、织袜厂、酶制剂厂、畜药厂、第六服装厂、霓裳时装厂、金属工艺厂、制刷厂、金属制品厂、第二金属制品厂、刃具厂、第四木器厂、第五木器厂、塑料梳棉厂、肠衣厂、人民服装厂、第二印刷厂；街办企业97个；校办企业12家。全年平均职工人数1.51万人。完成工业产值2.31亿元（1990年不变价），占全区工业总产值的75.49%，实现利润893.65万元。

1993年起，对集体工业企业试行国有（公有）资产委托经营、嫁接改造、兼并、合并。唐山市第二印刷厂委托民政局经营，更名为唐山市工业自动化仪表厂；唐山市制刷厂、唐山市金属制品厂分别委托给广场办事处和金匙集团经营；唐山市第四木器厂更名为唐山市家具厂；唐山市汽车制动件厂归属路南区学院路街道办事处。同时新建复兴袜厂、思达袜厂、百灵袜厂、海潮新型涂料厂、昌盛线缆有限公司、恒山精密铸造有限公司。

1997年后，依据国家政策和企业经营实际，集体企业进入调整改制阶段。是年，唐山市肠衣厂、唐山市刃具厂、唐山市电器厂、唐山市线材厂、唐山市化工机械厂改制为股份制企业；唐山市特铸厂合并至唐山市第一橡胶厂，第一橡胶厂由集体所有制改为全民所有制企业；唐山市第三造纸厂被女织寨乡光华造纸厂整体兼并，更名为唐山市光华造纸厂。

2000年，唐山市电焊条厂（唐山市信大焊接材料有限公司）被路北区民营企业唐山鸿鹏实业集团有限公司购并；唐山市刃具厂撤销，成立唐山市良源刃具有限公司；唐山市铁路清筛机制造厂改制后更名为唐山铁路工务器材制造有限公司；助友装饰有限公司和助友餐具消毒有限公司合并为唐山市助友实业有限公司，整体购买唐山市路南区服装厂；唐山市家具厂和唐山市第五木器厂合并为唐山市家具厂；煤矿专用设备厂由个人承债式购买。2001年，保温材料厂改制为私营股份制企业；唐山市金属工艺厂更名为唐山市金艺首饰厂；唐山市电器厂改制后更名为唐山电器有限公司；唐山市家具厂改制后更名为唐山市家具有限公司；唐山市制刷厂改制后更名为唐山木星实业有限公司；织袜厂、化工机械厂、保温材料厂、金属工艺厂、线材厂、铁路清筛机制造厂、仪表厂、电器厂等企业改制为私营企业；制动件厂、唐山市第六服装厂出售。2004年，唐山煤矿设备厂整体出售，第二金属制品厂依法破产。2007年，霓裳时装厂破产，羊毛衫厂、仪表厂、第一胶鞋厂、前进化工厂整体出售。2008年，保温材料厂因城市规划拆迁，搬迁至古冶。2009年4月，金艺首饰厂依法破产。至2010年，全区集体企业仅存2家：华达总公司、专用设备制造厂。完成工业总产值2.02亿元，占当年全部工业总产值的9.07%。

三、个体私营工业企业

1990年，全区有个人合伙经营工业、手工业户10户，个体工业、手工业户242户，共有从业人员431人，拥有资金93万元，完成工业产值265.1万元。1994年，区委、区政府为发展个体私营经济，利用震后废墟地，开辟兴建唐山市首家私营企业开发区——路南区现代工业园。1999年，制定《关于发展个体私营经济的若干政策规定》，鼓励、支持个体私营经济持续、健康发展。至2003年，建成路南区现代工业园、吉祥工业加工区、虹桥工业加工区、交大工业加工区，入驻企业124家，总投资2.02亿元。2008年，个体私营工业企业增至500余家。2010年，个体私营工业企业达663家，全部从业人员年平均人数3545人。其中规模以上入统企业28家，全年完成工业总产值17.1亿元。个体私营工业企业总产值占当年全部工业总产值的79.02%，个体私营企业成为工业经济运行主体。

四、外商及中国港澳台商投资工业企业

1986年，路南区第一家合资企业——唐山台谊电子公司成立。1988年，美国加州索利德工业有限公司建立外商独资企业——唐山索利德活性炭有限公司。1990年，入统外商及中国港澳台商投资工业企业有唐龙铸造有限公司、燕龙时装制衣有限公司2家，从业人员295人，完成产值281.6万元。

1991年，区委、区政府将外引内联、发展外向型经济作为振兴经济的重要举措，对外开放取得较大进展。至1993年，新建中外合资企业7家，即唐山智能电子有限公司、河北山益电机有限公司、唐山万利汽车窗有限公司、唐山荣晖全息图象有限公司、唐山鹏程玻璃制品有限公司、唐山信大焊接材料有限公司、唐山玛莉莎服饰有限公司。

1995年，实施“外向带动”战略。新建合资企业10家，合同利用外资400万美元，实际利用外资215万美元。外贸商品收购总值达6800万元，出口创汇658.53万美元。当年，全区入统外商及中国港澳台投资企业24家，其中合资企业18家，独资企业6家，从业人数2459人。完成工业总产值1.85亿元。

2000年起，部分合资企业因解体、被吊销营业执照、合同到期，外商及中国港澳台投资企业总数呈下降趋势。2005年，入统外商及中国港澳台投资工业企业11家，其中合资企业8家，独资3家，实际利用外资409万美元。是年底，实际注册外商投资和中国港澳台商投资企业25家，累计投产企业10家。

2010年，外商及中国港澳台投资工业企业减至2家：唐山索利德活性碳有限公司和唐山澳晶陶瓷有限公司。完成工业总产值2630.30万元，占当年全部工业总产值的1.18%。

五、其他类型工业企业

20世纪80年代起，改革开放催生出国有、集体、个体经济之外的其他工业企业类型。1990年，全区有其他经济类型工业企业6家。1997年后，随着产权制度改革的深入，股份合作、有限责任公司、联

营等类型企业陆续涌现。2000 年，规模以上工业企业中有股份合作企业 2 家，联营企业 1 家，有限责任公司 5 家，占企业总数的 27. 59%；完成工业产值 4. 34 亿元，占规模以上入统工业企业总产值的 54. 64%。

2010 年，其他经济类型工业企业完成工业总产值 2. 25 亿元，占全部工业总产值的 10. 1%。其中股份有限公司 1 家，完成工业总产值 2973 万元；有限责任公司 6 家，完成工业总产值 1. 7 亿元；其他企业 1 家，完成工业总产值 2519. 7 万元。

第二节　行业分类

一、煤炭开采和洗选业

1974 年，刘庄煤矿建矿，矿区面积 0. 75 平方公里，生产规模年产 6 万吨，批准开采深度 -24 米至 -291 米标高。1975 年，唐山市南富庄丰南煤矿在本区域建矿，矿区面积 2. 99 平方公里，年生产能力 3 万吨，批准开采深度由 -100 米至 -190 米标高。至 1990 年，辖区共有煤炭开采企业 3 家，即开滦矿务局唐山矿、刘庄煤矿、南富庄丰南煤矿。1993 年，南富庄丰南煤矿更名为唐山增盛煤矿。2007 年，按照市委、市政府“城镇面貌三年大变样”总体部署，刘庄煤矿、增盛煤矿被关闭。至 2010 年，煤炭开采仅有开滦（集团）唐山矿业公司 1 家。该公司从业人员 5704 人，固定资产 12. 61 亿元；年产原煤 428. 55 万吨，生产洗精煤 191. 4 万吨；综采机械化程度达 100%。

二、农副产品加工业

1990 年，入统农副产品加工业企业有肠衣厂、福利油厂、炼油厂、福利综合炼油厂、万里香烧鸡厂 5 家，主要产品有食用油、烧鸡、酱肉、肠衣、肝素钠等，年均职工人数 396 人，年创工业产值 1435. 3 万元。1991 年，河北香宇食品有限公司成立。至 2010 年，规模以上农副产品加工业企业有唐山隆义实业（集团）公司万里香烧鸡厂、河北香宇食品有限公司 2 家。完成工业总产值 1. 57 亿元，其中主营业务收入 1. 08 亿元。

三、食品制造业

1990 年，入统食品制造业企业有唐山市食品厂、四远香糕点厂、儿童食品厂、一品香糕点厂、康复食品厂、利康食品厂、青山食品厂、园林香糕点厂 8 家，主要生产各类中西糕点，年均职工人数 329 人，完成工业产值 914. 4 万元。随着社会主义市场经济体制的逐步建立与完善，产品质量低、市场销售差的食品制造企业陆续退出市场。至 1995 年，入统食品制造企业减至 4 家，即唐山市海鸥保健食品有限公司、唐山市大世界、唐山市宏源冷食厂、唐山市华悦食品厂，完成工业总产值 1511. 1 万元。2010 年，规模以上食品制造业企业仅剩 2 家：唐山隆义实业（集团）公司四远香糕点厂、统万珍极食品有限公司唐山分公司。完成工业总产值 3674. 3 万元，其中主营业务收入 3524. 8 万元。

四、纺织业

1990 年，入统纺织业企业有羊毛衫厂、织袜厂、毛巾厂、荣华制线厂 4 家，年均职工人数 2601 人，完成工业总产值 4074 万元。产品有各类毛巾、线袜、丝袜、轴线、晴纶棉毛衫裤等。年生产针棉制品折用纱线 1044 吨、单面类衫裤 168. 49 万件、晴纶羊毛衫 4. 32 万件、出口毛巾 25. 66 万打、棉毛类衫裤 80. 77 万件。其中唐山市毛巾厂研发的“金钟”牌整理色块，获河北省优秀新产品二等奖。1991 年，唐山市织袜厂研制开发的刺绣 1V/C 公主袜获河北省优秀科技产品三等奖。1993 年起，因纺织企业产品单一，市场竞争力低，经济效益下滑。1997 年后，企业产权制度改革整体推进，织袜厂、羊毛衫厂相继出售。至 2010 年，已无规模以上纺织企业。

五、纺织服装鞋帽制造业

1990 年，入统纺织服装鞋帽制造业企业有第六服装厂、霓裳时装厂、人民服装厂、建新时装厂、第二服装厂、第一童装厂、第二童装厂、第三童装厂、布鞋厂、四季服装加工厂、小山服装厂、华美服装厂、制帽厂、燕龙制衣有限公司 14 家，年均职工人数 1279 人，完成工业总产值 1910. 1 万元。年产布鞋 1. 88 万双、服装 165. 62 万件。

1994 年 6 月，通鑫经营服务公司与美籍华人钟荣晖共同投资 21 万美元成立唐山玛莉莎服饰有限公司。1995 年，入统企业 5 家，年均职工人数 405 人，完成产值 855. 7 万元。1997 年后，企业相继改制，或出售、或破产、或被吊销营业执照。至 2010 年，无规模以上纺织服装鞋帽制造企业。

六、家具制造业

1990 年，入统家具制造业企业有市第四木器厂、市第五木器厂、红星木器厂、木器厂、吉祥木器厂、刘屯木器厂 6 家，年均职工人数 342 人，年生产家具 14. 78 万件，完成工业总产值 314. 4 万元。1993 年 10 月，唐山市第四木器厂更名为唐山市家具厂。2000 年 12 月，唐山市第五木器厂并入唐山市家具厂。2001 年 12 月，唐山市家具厂更名唐山市家具有限公司。至 2010 年，规模以上家具制造企业仅有唐山市宝珠家具有限公司 1 家，完成工业产值 1. 2 亿元，其中主营业务收入 1. 14 亿元。

七、造纸及纸制品业

1990 年，入统纸制品制造业企业有唐山市第二造纸厂、唐山市第三造纸厂、唐山市纸绳厂 3 家，年均职工人数 709 人，完成工业产值 1219 万元。产品有箱板纸、再生牛皮纸、卫生纸等，年产机制纸及纸板 9305 吨。1995 年，入统企业 2 家，年均职工人数 569 人，完成产值 1653 万元。1997 年，开始产权制度改革，唐山市第三造纸厂被女织寨乡光华造纸厂整体兼并，更名为唐山市光华造纸厂；唐山市第二造纸厂由个人购买，更名为唐山市东顺纸业有限公司。至 2010 年，规模以上纸制品制造企业有唐山新华包装实业有限公司、唐山泰瑞包装有限公司 2 家，完成工业产值 4521. 5 万元，其中主营业务收入 3862. 8 万元。

八、印刷和记录媒介复制业

1990 年，印刷业和记录媒介的复制企业有唐山市第二印刷厂、永红桥印刷厂、福星印刷厂、小山印刷厂、复兴印刷厂 5 家，均为街办企业，主要印刷办公用品、账簿，承接刻字业务。年均职工人数 215 人，完成工业总产值 155. 2 万元。1993 年 12 月，唐山市北方图象联营公司与美籍华人钟荣晖合资建立唐山荣晖全息图象有限公司，主要生产全息防伪标志和全息装饰材料。1995 年，入统企业 2 家，即第二印刷厂、荣辉全息图象有限公司，年均职工 127 人，完成产值 18 万元。至 2010 年，无规模以上印刷业和记录媒介复制企业。

九、化学原料及化学制品制造业

1990 年，入统化学原料及化学制品制造企业有唐山市日用化工厂、唐山市前进油墨厂、唐山市建华化工厂、唐山市化学厂、唐山市前进化工厂、唐山市酶制剂厂、唐山市福利日用化工厂、路南溶剂厂、唐山市合成材料厂 9 家。产品有肥皂、粗甘油、轻重质碳酸钙、活性炭、硫酸铝、醇酸清漆、稀料、香精、润滑油、淀粉酶等，年生产肥皂 1697 吨、活性炭 69 吨、活性钙 1124 吨、油漆 223 吨。年均职工人数 1587 人，完成产值 3465. 4 万元。1995 年，日用化工厂委托给金匙集团经营。同年，研制开发出“太太梦”系列产品，以价廉物美占领市场，并成为洗涤产品中的名牌。当年，入统企业5家：唐山市日用化工厂、唐山市化学厂、唐山市前进化工厂、唐山市忠华化工有限公司、唐山市索利德活性炭有限公司。年均职工人数1613人，完成产值4251.5万元。1997年后，因企业改制，以及企业调整产品结构等原因，规模以上化学原料及化学制品制造企业锐减。至2010年，规模以上化学原料及化学制品制造企业仅有唐山索利德活性炭有限公司1家，完成工业产值1055.5万元，其中主营业务收入1745万元。

十、医药制造业

1990年，入统医药制造业企业有唐山市畜药厂，年均职工人数65人，完成产值42.5万元。至2010年，规模以上医药制造企业仅有唐山市参花制药集团有限公司1家，主要生产参花牌五大系列98个品种用药。完成工业产值1452.1万元，其中主营业务收入821.8万元。

十一、塑料橡胶制品业

1990年，入统塑料橡胶制品企业有橡胶厂、第三橡胶厂、橡胶塑料厂、和平橡胶塑料厂4家，产品有再生胶、橡胶制品、绝缘矿工靴、颈部牵引器、橡胶杂件等，年均职工人数547人，完成产值1482.5万元。此后，因塑料橡胶制品业高耗能、高污染、低效益，被列为治理重点，企业或转产或被依法取缔。1995年，入统企业1家，即第三橡胶厂，年均职工人数532人。至2010年，已无规模以上塑料橡胶制品企业。

十二、非金属矿物制品业

1990年，入统非金属矿物制品企业5家：玻璃制品厂、保温材料厂、工业瓷厂、玻璃钢厂、坩埚厂，年均职工人数1267人，完成产值2412万元。产品有酒瓶、罐头瓶、粘土坩埚、轻质耐火砖、膨胀珍珠岩、玻璃钢冷却塔、玻璃钢船等。年生产玻璃钢制品7吨、日用玻璃制品1.3万吨、卫生陶瓷8.4万件、耐火材料制品4244吨。

1991—1992年，玻璃制品厂开发生产的“旋开系列玻璃饮料瓶”“薄壁轻易罐头瓶”分获“河北省优秀科技产品二等奖”“河北省科技成果奖”。1993年，坩埚厂研制开发的“金盾”牌粘土坩埚在华北第二届、河北第七届科技交易会上获得金奖。1995年，入统企业8家：坩埚厂、玻璃制品厂、保温材料厂、鹏程玻璃制品有限公司、怡盛陶瓷有限公司、华玲洁具有限公司、福禄搪瓷有限公司、永利建筑型材有限公司。年均职工人数1731人，完成产值6068.9万元。1996年，唐山奥晶陶瓷有限公司成立，主要生产陶瓷通道锁和陶瓷工艺品，年产陶瓷通道锁10万把。1997年，唐山市玻璃制品厂改制，更名为唐山市玻璃集团有限公司；保温材料厂实施股份制改造，与坩埚厂合并。2004年，唐山市玻璃集团有限公司因资金紧缺全面停产，翌年8月，依法破产。2008年，保温材料厂因城市规划搬迁至古冶。截至2010年，已无规模以上非金属矿物制品企业。

十三、黑色金属冶炼及压延加工业

1990年，入统黑色金属冶炼及压延加工企业有唐龙铸造有限公司、华南铸造厂、光华铸件厂、翻砂厂、红光金属铸造加工厂、复兴铸造厂、机铁铸造厂7家，主要生产铁、铜、铝铸件及水暖零件。年均职工人数115人，年生产出口管件163吨、811消防管件20吨，完成工业产值240.1万元。1993年4月，唐龙铸造有限公司破产。适应环境保护要求，黑色金属冶炼及压延加工企业逐年递减。1995年，入统企业1家，即平整板厂，完成工业产值17.4万元。至2010年，无规模以上黑色金属冶炼及压延加工企业。

十四、金属制造业

1990年，入统金属制造业企业有金属制品厂、刃具厂、燕山钛铁厂、永丰线材厂、窗纱厂、福利综合厂、第二金属制品厂等20家，产品有均质器、消毒器、烤漆板椅、金属家具、黑白铁制品、元钉、铅丝、铁窗纱、铅丝布、还原钛等。年均职工人数1912人，年生产中、小农具1.5万件，完成工业总产值3517.4万元。1994年6月，市电焊条厂与新加坡信大企业有限公司共同投资100万美元，兴建唐山信大焊接材料有限公司。1997年，开始产权制度改革。线材厂改制，更名为唐山市线材有限公司；刃具厂实施股份制改造，成立唐山市良源刃具有限公司；信大焊接材料有限公司被路北区民营企业唐山鸿鹏实业集团有限公司购并；第二金属制品厂依法破产。至2010年，规模以上金属制造企业有唐山市同顺工贸有限公司1家，完成工业产值1186.9万元。

十五、通用设备制造业

1990年，入统通用设备制造企业有机加工厂、标准件厂、衡器油漆厂、铸件制造厂、螺丝厂、永生紧固件厂、电子设备厂、煤矿设备厂、锅炉容器厂、电影机械厂、起重配件厂、水泥机械厂、水泥设备安装修理厂、消防器材厂14家，年均职工人数1896人，完成产值2982.5万元。主要产品有紧固件、电焊机、锅炉、压力容器、矿用连击电铃、磁力启动器、振动输送机、微机电、电影胶片接片机、螺丝、垫圈、保险叉子、起重链条、手链条等，年生产紧固件1378吨，生产出口紧固件5146.6万件。当年，电子设备厂研制开发的NBC－3508－Ⅱ双头自动焊机获河北省优秀新产品一等奖，1992年，NIC3205M角焊机获河北省优秀新产品三等奖。1995年2月，电子设备厂更名为唐山市开元集团总公司。是年，与日本松下电器产业株式会社合资项目竣工投产，成为全国焊接设备生产基地。至年底，全区入统企业8家：四方工业炉厂、标准件厂、电子设备厂、煤矿设备厂、锅炉容器厂、唐雄紧固件有限公司、自动焊接厂、电焊机厂。年均职工人数1488人，完成产值3861.4万元。2010年，规模以上通用设备制造业企业有9家：唐山长城电焊机总厂有限公司、唐山市路北顺达矿山设备研究所、唐山市协力胶带运输设备有限公司、唐山任氏包装设备有限公司、唐山智能电子有限公司、唐山市专用设备机械厂、唐山市路南区昆仑重型机械厂、唐山金明机械有限公司、唐山市建新钢球有限公司。完成工业总产值2.95亿元，其中主营业务收入2.87亿元。

十六、专用设备制造业

1990年，入统专用设备制造企业有化工机械厂、长城机械厂、风机厂3家，主要产品有离心机、烘干机、风机。年均职工人数281人。年产化工设备424吨，完成工业总产值467万元。1999年，成立三川钢铁机械制造有限公司，主要生产转炉成套设备。2000年11月，化工机械厂改制为私营股份制企业，更名为唐山化工机械有限公司。至2010年，规模以上专用设备制造企业有唐山建华机械制造有限公司、唐山市万达机械设备制造有限公司、唐山汇力科技有限公司、唐山汇通金源科技有限公司、唐山现代电器厂、唐山市三川钢铁机械制造有限公司、唐山宏冶创新机械制造有限责任公司、唐山化工机械有限公司、唐山市万达石油化工管件厂、唐山市化学厂有限公司、唐山市博大环境工程机械有限公司、中国重型汽车集团唐山市宏远专用汽车有限公司12家。主要生产碳酸钙、磷酸氢钙成套设备及其他化工、建材、冶金单元设备，炼钢用钢水包、铁水包、钢水包车、转炉湿旋脱水机、重力脱水器等产品。完成工业总产值5.09亿元，其中主营业务收入4.66亿元。

十七、交通运输设备制造业

1990年，交通运输设备制造企业有铁路机械设备厂、铁路清筛机厂、变速箱制修厂、运输设备厂、冀唐汽修厂、摩托车齿轮厂等10家，产品有链轮链条、铁路清筛机、滚丝机、汽车配件等。年均职工人数765人。完成工业产值824.2万元。1992年7月，玻璃厂与香港雅兰实业有限公司合资建立唐山万利汽车窗有限公司，主要生产汽车窗总成和安全玻璃制品。2000年，铁路清筛机厂开发的新产品“DZQS－108ⅢA型单边小型枕底清筛机”获“国家新产品奖”。至2010年，规模以上交通运输设备制造企业4家：唐山华达总公司、唐山中铁实业有限公司、唐山市鸿达汽车改装有限公司、唐山华鼎机械制造有限公司。完成工业产值7.73亿元，其中主营业务收入7.39亿元。

十八、电气机械及器材制造业

1990年，入统电器机械及器材制造企业有第二无线电厂、电线厂、电气厂、无线电变压器厂、电机修理厂、低压电器厂、红星电线厂等10家，产品有电焊机、电缆、电线、电缆叉头、小型变压器、电器零件等。年均职工人数912人，年生产电力电缆914公里、电线5034公里、电子元件2.11万只、电焊条388.5吨，完成工业产值2277.8万元。1991年5月，唐山智能电子有限公司成立。电器厂生产的“驰骋”牌直流稳压充电自动接档电源获河北省优秀科技产品三等奖。1992年4月，唐山电影机械厂与台湾精益工业股份有限公司合资兴建河北山益电机有限公司。1993年1月，电子设备厂兼并第二无线电厂。1994年，智能电子有限公司研制开发的ZN牌水泥改装机和微机控制系统，先后荣获全国建材行业机电产品展示金奖、河北省第四届发明展览会金钥匙奖、新技术信息发布金奖，和河北省建材新产品称号。1995年11月，昌盛线缆有限公司成立。全年入统企业10家：电器厂、电缆厂、山益电机厂、智能电子有限公司、松下电子有限公司、台谊电子有限公司、龙加电子有限公司、华悦电子有限公司、振龙煤矿电器有限公司、焊接变压器厂。年均职工人数1567人，完成产值8036.7万元。至2010年，规模以上电器机械及器材制造企业3家：唐山天奇电子有限责任公司、唐山市华新电缆有限公司、唐山小猫电缆有限公司。完成工业总产值1.01亿元，其中主营业务收入9548.5万元。

十九、仪器仪表及文化、办公用机械制造业

1990年，入统仪器仪表及文化、办公用机械制造企业有仪表厂、量具厂，年均职工人数457人，完成产值436.7万元。主要产品有游标卡尺、热工仪表。年生产量具2.28万件。2000年12月，量具厂更名为唐山量具有限公司。2007年6月，唐山量具有限公司破产。2008年6月，仪表厂整体出售。至2010年，规模以上仪器仪表及文化、办公用机械制造业企业有唐山华光自动化设备有限公司。完成工业总产值5190.9万元，其中主营业务收入4436.6万元。

二十、工艺品及其他制造业

1990年，有工艺品及其他制造企业3家：制刷厂、塑料梳棉厂、金属工艺厂，年均职工人数391人。完成产值1069.6万元。产品有金银饰品、景泰蓝工艺品、日用工业用刷、棉絮、被褥套。年生产出口景泰蓝633件。2001年1月，金属工艺厂更名为唐山市金艺首饰厂。2002年1月，制刷厂改制为唐山木星实业有限公司。2009年4月，金艺首饰厂破产。至2010年，已无规模以上工艺品及其他制造业企业。

二十一、废弃资源和废旧材料回收加工业

1990年，入统废弃资源和废旧材料回收加工业企业有隆义栈综合公司轮胎翻新厂，年均职工人数18人，完成产值59万元。至2010年，规模以上废弃资源和废旧材料回收加工业企业有河北钢铁建设集团新型建材有限公司1家。完成工业总产值3717.6万元，其中主营业务收入3917.2万元。

1990年唐山市路南区入统工业企业一览表

表10－1　　单位：万元

行　业	单位名称	完成产值（90年不变价）	年平均人数
总计	143家	29683.6	16310
农副产品加工业	唐山市肠衣厂	331	212
	唐山市福利油厂	106.5	14
	唐山市炼油厂	199.9	38
	唐山市福利综合炼油厂	228	13
	唐山市万里香烧鸡厂	569.9	119
食品制造业	唐山市食品厂	31	12
	唐山市青山食品厂	3.2	10
	唐山市一品香糕点厂	89	32
	唐山市儿童食品厂	90.4	31
	唐山市康复食品厂	155.8	28
	唐山市四远香糕点厂	407.6	135
	唐山市园林香糕点厂	37.4	32
	唐山市利康食品厂	100	49
饮料制造业	唐山市米酒厂	25.1	16
	唐山市工业发酵厂	286	203
纺织业	唐山市羊毛衫厂	1361	720
	唐山市织袜厂	939	793
	唐山市毛巾厂	1745	1071
	唐山市荣华制线厂	29	17
纺织服装、鞋、帽制造业	唐山市第六服装厂	594	239
	唐山市霓裳时装厂	300	316
	唐山市人民服装厂	94	54
	唐山市燕龙制衣有限公司	208.6	45
	唐山市建新时装厂	184	125
	唐山市第二服装厂	26.7	34
	唐山市第二童装厂	77.4	90
	唐山市第三童装厂	15.2	26
	唐山市布鞋厂	8	11
	唐山市第一童装厂	153	145
	唐山市四季服装加工厂	40.7	32
	唐山市小山服装厂	95.5	71

1990 年唐山市路南区入统工业企业一览表

续表 10－1　　单位：万元

行　业	单位名称	完成产值（90 年不变价）	年平均人数
纺织服装、鞋、帽制造业	唐山市华美服装厂	59	28
	唐山市制帽厂	54	63
皮革毛皮羽毛（绒）及其制品业	唐山市皮革制品厂	24.7	17
	唐山市皮件厂	32.5	13
家具制造业	唐山市第四木器厂	81	131
	唐山市第五木器厂	103	100
	唐山市红星木器厂	18.4	18
	唐山市木器厂	14.1	21
	唐山市吉祥木器厂	78.9	53
	唐山市刘屯木器厂	19	19
造纸及纸制品业	唐山市第二造纸厂	504	280
	唐山市第三造纸厂	709	319
	唐山市纸绳厂	6	110
印刷业和记录媒介复制业	唐山市第二印刷厂	39	98
	唐山市永红桥印刷厂	33	35
	唐山市福星印刷厂	20.2	26
	唐山市小山印刷厂	44.5	35
	唐山市复兴印刷厂	18.5	21
文教体育用品制造业	唐山市大众墨汁厂	24.7	19
	唐山市永红桥墨水厂	18	9
	唐山市玩具厂	16	14
化学原料及化学制品制造业	唐山市日用化工厂	472.3	125
	唐山市前进油墨厂	151.3	18
	唐山市建华化工厂	739	379
	唐山市化学厂	463	346
	唐山市前进化工厂	1179	480
	唐山市酶制剂厂	195	140
	唐山市福利日用化工厂	213.6	60
	唐山市路南溶剂厂	39.6	20
	唐山市合成材料厂	12.6	19
医药制造业	唐山市畜药厂	42.5	65

1990年唐山市路南区入统工业企业一览表

续表10－1

单位：万元

行　业	单位名称	完成产值（90年不变价）	年平均人数
橡胶制品业	唐山市第三橡胶厂	1131	410
	唐山市橡胶厂	100	48
	唐山市橡胶塑料厂	84.5	52
	唐山市和平橡胶塑料厂	167	37
塑料制品业	唐山市光明塑料厂	16.5	32
非金属矿物制品业	唐山市玻璃制品厂	1389	713
	唐山市保温材料厂	620.7	302
	唐山市工业瓷厂	250.2	123
	唐山市玻璃钢厂	68.1	48
	唐山市坩埚厂	84	81
黑色金属冶炼及压延加工业	唐山市唐龙铸造有限公司	73	无数据
	唐山市华南铸造厂	31.2	33
	唐山市光华铸件厂	33	21
	唐山市翻砂厂	48.1	22
	唐山市红光金属铸造加工厂	33.8	21
	唐山市复兴铸造厂	21	18
	唐山市机铁铸造厂		
金属制造业	唐山市窗纱厂	142	139
	唐山市福利综合厂	130.9	67
	唐山市金属制品厂	622	237
	唐山市第二金属制品厂	270	149
	唐山市刃具厂	100	81
	唐山市兴华五金厂	6	4
	唐山市电焊条厂	110.7	70
	唐山市燕山钛铁厂	406	123
	唐山市五金修配厂	7	9
	唐山市园艺工具厂	73.6	72
	唐山市第三金属制品厂	46.5	41
	唐山市福利金属制品厂	143	147
	唐山市小山五金厂	129.6	130
	唐山市线材厂	1172	481
	唐山市永丰线材厂	29	16
	唐山市锅炉维修厂	11.2	20

1990年唐山市路南区入统工业企业一览表

续表10－1　　单位：万元

行　业	单位名称	完成产值（90年不变价）	年平均人数
金属制造业	唐山市锅炉处	21	46
	唐山市锅炉安装队	29	22
	唐山市复兴锅炉维修队	15	15
	南厂工房锅炉装修厂	52.9	43
通用设备制造业	唐山市机加工厂	167.5	41
	唐山市标准件厂	560	380
	唐山市衡器油漆厂	68.5	26
	唐山市铸件制造厂	34.7	43
	唐山市螺丝厂	245.8	84
	唐山市永生紧固件厂	28	24
	唐山市电子设备厂	541	178
	唐山市煤矿设备厂	634	564
	唐山市锅炉容器厂	240	225
	唐山市起重配件厂	151.9	81
	水泥机械厂	58.6	27
	唐山市消防器材厂	22	17
	唐山市水泥设备安装修理厂	15.5	58
	唐山市电影机械厂	215	148
专用设备制造业	唐山市长城机械厂	11	14
	唐山市风机厂	44	21
	唐山市化工机械厂	412	246
交通运输设备制造业	唐山市铁路机械设备厂	115.8	137
	唐山市铁路清筛机厂	281	284
	唐山市变速箱制修厂	16.7	30
	唐山市运输设备厂	57.7	60
	唐山市冀唐汽车修理厂	11	9
	唐山市汽车小修厂	26	14
	唐山市汽车修理厂	100	84
	汽车修理厂	29.5	28
	唐山市复兴汽车修理厂	26.5	31
	唐山市摩托车齿轮厂	160	88

1990 年唐山市路南区入统工业企业一览表

续表 10－1　单位：万元

行　业	单位名称	完成产值（90 年不变价）	年平均人数
电气机械及器材制造业	唐山市第二无线电厂	30.2	92
	唐山市电线厂	1614	279
	唐山市无线电变压器厂	97.4	93
	唐山市电器厂	219	234
	唐山市机电工程公司	133	119
	唐山市电机修理厂	6	11
	唐山市低压电器厂	52	36
	唐山市红星电线厂	38	24
	唐山市蓄电池厂	64.2	12
	唐山市小山蓄电池厂	24	12
仪器仪表及文化、办公机械制造业	唐山市仪表厂	291	250
	唐山市量具厂	145.7	207
工艺品及其他制造业	唐山市制刷厂	373	217
	唐山市塑料梳棉厂	82.6	34
	唐山市金属工艺厂	614	140
废弃资源和废旧材料回收加工业	唐山市隆义栈综合公司轮胎翻新厂	59	18

说明：此表不含驻区企业

2010 年唐山市路南区入统工业企业一览表

表 10－2　单位：万元

行　业	单位名称	完成产值（当年价）	固定产合计	固定资产净值	主营业务收入
农副产品加工业	唐山市隆义实业（集团）公司万里香烧鸡厂	8586.6	1364.9	545.5	5200.6
	河北香宇食品有限公司	7155.3	613.5	612.3	5579.3
食品制造业	唐山市隆义实业（集团）公司四远香糕点厂	2099.5	286.2	286.2	1629.6
	统万珍级食品有限公司唐山分公司	1574.8	274.2	274.2	1895.2
家具制造业	唐山市宝珠家具有限公司	11988	1334.6	1147.8	11354.0
造纸及纸制品业	唐山新华包装实业有限公司	2825.4	205	204.9	2526.4
	唐山泰瑞包装有限公司	1696.1	796.2	796.2	1336.4
化学原料化学制品制造业	唐山索利德活性炭有限公司	1055.5	44.1	44.1	1745
医药制造业	唐山市参花制药集团有限公司	1452.1	1924.8	1924.8	821.8
金属制品业	唐山市同顺工贸有限公司	1186.9	230.4	230.4	1186.9

2010年唐山市路南区入统工业企业一览表

续表10－2　　　　单位：万元

行　业	单位名称	完成产值（当年价）	固定产合计	固定资产净值	主营业务收入
通用设备制造业	唐山长城电焊机总厂有限公司	1130	886.4	734.5	1021.3
	唐山市路北顺达矿山设备研究所	613.4	10.8	10.8	1098.2
	唐山市协力胶带运输设备有限公司	868.1	28.7	28.7	864.1
	唐山任氏包装设备有限公司	8764.3	231.3	231.3	8793.1
	唐山智能电子有限公司	7667.4	1395.9	1395.9	8053.5
	唐山市专用设备机械厂	1882.1	134.8	134.8	1017.1
	唐山市路南区昆仑重型机械厂	4080.5	1394.9	1394.9	2494.5
	唐山金明机械有限公司	2888.5	177.8	124.7	2888.5
	唐山市建新钢球有限公司	1655.6	1199.4	764.4	2432.2
专用设备制造业	唐山建华机械制造有限公司	1077.2	325	32.6	1233.6
	唐山市万达机械设备制造有限公司	6859.3	686.3	679.5	6859.3
	唐山汇力科技有限公司	3033.6	232.6	232.6	2573.7
	唐山汇通金源科技有限公司	6209.9	2960.5	2960.5	6182.5
	唐山现代电器厂	2427.7	204.1	204.1	2427.7
	唐山市三川钢铁机械制造有限公司	10139.8	3560.8	3214.3	8814
	唐山宏冶创新机械制造有限责任公司	4971.1	1916.4	1913.9	4770.2
	唐山化工机械有限公司	2519.7	1124.6	1124.6	2519.7
	唐山市万达石油化工管件厂	7074.7	185.6	185.6	4339
	唐山市化学厂有限公司	2974	226.7	223.8	3188.8
专用设备制造业	唐山市博大环境工程机械有限公司	638.5	336.7	239.2	648.5
	中国重型汽车集团唐山市宏远专用汽车有限公司	3010.3	582	577.1	3010.3
交通运输设备制造业	唐山华达总公司	18305.4	3454.5	3418	17301.2
	唐山中铁实业有限公司	2938	872.8	872.8	2938
	唐山市鸿达汽车改装有限公司	50957.2	2878	2878	48677.9
	唐山华鼎机械制造有限公司	5072.9	1603.2	1603.2	4962.8
电气机械及器材制造业	唐山天奇电子有限责任公司	1084.4	133.3	119.6	536.9
	唐山市华新电缆有限公司	8360	1097.3	1097.3	8357
	唐山小猫电缆有限公司	654.6	405.3	405.3	654.6

2010 年唐山市路南区入统工业企业一览表

续表 10 - 2　单位：万元

行　业	单位名称	完成产值（当年价）	固定产合计	固定资产净值	主营业务收入
仪器仪表及文化、办公用机械制造业	唐山华光自动化设备有限公司	5190.9	181.2	181.2	4436.6
废弃资源和废旧材料回收加工业	河北钢铁建设集团新型建材有限公司	3717.6	5578.1	5270.4	3917.2

第三节　企业选介与名优产品

一、企业选介

开滦（集团）唐山矿业公司　前身为开滦矿务局唐山矿，系煤炭部所属国有企业。地处新华东道以南，为全国唯一坐落于市中心的国有特大型煤矿。1999 年 12 月，开滦矿务局改制成立开滦（集团）有限责任公司，唐山矿改制为唐山矿业公司。2002 年，开滦实行专业化重组，唐山矿业公司由开滦集团煤业公司分管，属开滦集团三级单位。该公司采取综采和综放两种采煤工艺，所产原煤发热量在 19.2MJ/KG 以上，为低灰、低硫、高发热量的优质、环保动力煤。主要产品为 1/3 焦 10 - 12 级冶炼精煤，具有高粘结性、高热值等特点，各项指标接近肥煤，可称优质三分之一焦煤。公司自成立起，坚持在企业制度、管理体制、经营机制、发展方式和经营方式上进行改革，实现了从“工厂制”到“公司制”、从传统经营模式到现代企业经营模式的转变。通过理顺职能，技术改造，引进、推广先进设备和技术，提高矿井原煤生产水平和安全可控度，建立内部市场，实施精细化管理等项措施，企业生产能力明显提高。2010 年，共有职工 5704 人，其中专业技术人员 258 人。固定资产 12.61 亿元。原煤产量 428.55 万吨，洗精煤 191.40 万吨。公司荣获“河北省质量标准化管理集体三等奖”“质量标准化特级矿井”、省级“文明单位”、省级“思想政治工作优秀企业”“省政府国资委所出资企业先进集体”称号。曾被中煤政研会命名为“全国煤炭系统文明矿”。

图 10 - 1　开滦唐山矿业公司　（开滦集团）

唐山齿轮集团传动机械有限公司　位于胜利路 2 号，前身为唐山齿轮厂制动件、锻工、铸工、齿轮和制修车间。主要生产轻型汽车制动器，为唐山齿轮厂加工齿轮、微型汽车变速器毛坯。2004 年，成立唐山齿轮集团传动机械有限公司，为唐齿集团全资子公司，是专业螺伞齿轮和减速机生产基地。公司注册资本 3000 万元，占地 1.5 公顷，建筑面积 7000 平方米。拥有德国克林贝格 G80 磨齿机、YKD2280 数控弧齿铣齿机、YK2080G 数控弧齿锥齿轮磨齿机、MB6745A 磨刀机、YK9580 数控滚检机、Y2250 弧齿铣齿机、CKJ6163 数控车床等螺伞制齿设备，最大加工模数 15，外圆 800，相应的车、铣、磨等设备数十台套。2005 年 3 月，通过 ISO 9001：2000 质量管理体系认证。2008 年，开始研发两级行星齿轮减速机构，速比：120、输出扭矩70000NM。

唐山新城酿造有限责任公司　位于南新东道2号，前身为唐山市调味酿造厂。1989年，有职工280人，主要生产设备32台（套），固定资产338万元，完成工业总产值304万元。主要产品有酱油、食醋、豆面酱、酱腌菜等5大类40余个品种。1991年，唐山市蔬菜糖酒公司将停产的市粉豆厂成建制合并至调味酿造厂，企业经济效益下滑。1995年，唐山市调味酿造厂被分离出去，归属市贸易局，因财政、税务政策支持，企业得以生存。但至20世纪90年代末，由于市场竞争加剧，加之企业设备陈旧、人浮于事，企业濒临破产。2001年，经市国资委批准，改组为股份合作制，更名为唐山新城酿造有限责任公司，有职工120人。2003年，与石家庄珍极酿造集团合作，成立石家庄珍极酿造集团唐山分公司，投资600多万元对厂房设备整修改造。“新城”酱油，被“珍极”品牌所取代，市场占有率大幅提高。2009年，石家庄珍极酿造集团唐山分公司变更为统万珍极食品有限公司唐山分公司。2010年年底，固定资产净值274.2万元。完成工业总产值1574.8万元，其中主营业务收入1895.2万元。

唐山开元企业集团　位于高新技术开发区，前身为唐山市电子设备厂，1971年建厂。1992年12月，组建电焊机有限公司等3个股份制企业。1994年8月，与日本松下电器公司投资兴建唐山市松下产业机器有限公司。1995年2月，组建开元企业集团。2010年，企业集团下辖核心企业唐山开元电器有限公司，成员企业唐山开元自动焊接系统有限公司、唐山开元松下焊机销售有限公司、唐山松下产业机器有限公司、唐山神钢焊接材料有限公司等11家企业。主要生产销售各种焊接设备及相关产品十余类近50个品种。企业先后被授予河北省“五一”劳动奖状、全国“五一”劳动奖状等称号。

图10－2　唐山化工机械厂　（区委宣传部）

唐山市化工机械有限公司　前身为唐山市化工机械厂，1958年始建。2000年11月，改制为股份制企业，更为现名。占地3.35公顷，建筑面积2万平方米。系国内碳酸钙、磷酸氢钙成套设备及其他化工、建材、冶金单元设备主要制造厂，河北省石化厅、中国化工装备总公司确定的无机盐单元设备定点生产厂。拥有BR1级（Ⅰ、Ⅱ类）压力容器设计制造许可证、三级保密资质认证、三级军工产品生产资格认证。2010年，有员工200余人，其中高级工程师3人，工程师12人，高级技师2人，技师10人，持证高压焊工50人。固定资产1124.6万元。已形成煅烧、分离、干燥、筛分、输送五大类40多个品种及压力容器的批量生产能力，年产量达8000多吨。年创产值2519.7万元，其中主营业务收入2519.7万元，实现利税300多万元。公司研制生产的新产品“旋液过滤机”“自动加速机”“XR－1000A微机控制调速型上悬式离心机”，分获“河北省优秀新产品奖”“河北省科技进步奖”，前排式、后排式化灰机获国家实用新型专利。企业被命名为“河北省知识产权优势培育企业”。

唐山市化学厂有限公司　位于唐柏路2号，1953年始建。占地5.23公顷。为生产特种劳动防护用品专业企业。拥有装配生产线12条，通用设备及专业设备150台套，各种工装模具175套。2010年，成为中国纺织品商业协会安全健康防护用品委员会理事会理事单位，并通过武器装备科研生产许可证现场审查。当年完成工业产值2974万元，其中主营业务收入3188.8万元。曾连续多年获“环保达标”“花园式工厂”“诚信单位”“利税大户”“文明单位”“重合同守信用企业”“AA级劳动关系和谐企业”等荣誉称号。

唐山智能电子有限公司　1988年始建，原址南新西道付92号，后迁至高新区荣华道7号。占地0.99公顷，建筑面积6185.23平方米。注册资本592.68万元。主要生产WKB水泥包装机，产品销往除港、澳、台、藏之外的所有省区。2010年，有员工145人，企业资产总额4526万元，年创工业产值

7667.4万元，销售收入8053万元，税金629万元。公司累计获得国家实用新型专利16项、发明专利1项、软件著作权证书4项。产品先后被唐山市和河北省政府授予“WKB包装机科技成果奖”，被列入国家级新产品，被中国质量检测协会授予“国家权威检测达标产品”。企业相继被认定为“双软认证企业”“河北省省级信用优良企业”“中国AAA级重质量、守信用企业”、河北省“高新技术企业”，被评为“河北省工业企业计量工作先进单位”。

图10－3　隆义实业　（区委宣传部）

唐山隆义实业（集团）公司　位于复兴路192号，1978年成立。下设万里香烧鸡厂、四远香糕点厂、隆义清真食品有限公司、稻香村商场。主要生产经营熟肉制品、中西糕点、清真糕点，产品远销京、津、唐及秦皇岛。“万里香”“四远香”为河北省著名商标。万里香烧鸡、四远香糕点，历史悠久，为河北省名牌产品。2010年，公司有职工620人，注册资金480万元，完成产值1.07亿元，其中主营收入6830.2万元。

图10－4　鸿达汽车改装公司　（区委宣传部）

唐山市鸿达汽车改装有限公司　位于吉祥里，2002年始建。占地5.33公顷，建筑面积3.16万平方米。为国家发改委公告定点专用车生产中型企业。主要产品有：半挂车、自卸汽车、混凝土搅拌运输车。年生产各种专用车辆达5000多台套。2010年，拥有员工600余人，其中，中高级工程技术人员28人，管理人员45人。固定资产净值2878万元。完成工业总产值5.1亿元，其中主营业务收入4.87亿元。公司有5条现代化生产线，有数控等离子切割机、液压剪板机、折弯机、卷板机、大型涂装设备、二氧化碳气体保护焊机、埋弧自动焊机等生产设备300余套。可生产仙达牌普通半挂车、厢式半挂车，仓栅半挂运输车，钢包运输车，散装水泥运输半挂车，低平板运输半挂车，集装箱运输半挂车，运油半挂车，自卸汽车，混凝土搅拌运输车，泵送机械等多种系列车型。与一汽、二汽、陕汽、重汽、欧曼、红岩等国内各大汽车底盘厂家建立长期合作关系。产品远销东欧、阿拉伯地区，在唐山地区市场份额中占50%。

图10－5　宝珠家具　（区委宣传部）

唐山市宝珠家具有限公司　位于吉祥路9号，前身为吉祥木器厂，始建于20世纪70年代。占地1.3公顷。为设计、制造、营销、服务一体的家具制造企业。主要生产设备260余台套，有实木、板式、钢木、喷涂4条流水生产线。主要产品有：卫浴、办公家具、教学家具、民用家具、宾馆家具、餐饮家具、沙发、实木门、橱具等八大系列、2000多个品种，年生产能力50余万件（套），产品远销美国、加拿大。2010年，公司有职工680余人，固定资产

1334.6 万元，年创产值 1.2 亿元，主营业务收入 1.14 亿元。“宝珠”牌家具连续多年被河北省家具协会评为优等（A 级）产品，授予“绿色环保家具”称号，被河北省消费者协会评为“河北省消费者信得过产品”。企业通过 GB/T19001—2000—ISO 9001：2000 质量管理体系标准认证，被唐山市工商局授予“守合同重信用企业”。曾为人民大会堂河北厅、国家体育总局、奥申委、足球训练中心等单位提供配套办公家具。

唐山市三川钢铁机械制造有限公司 位于女织寨村南，1999 年 4 月成立。占地 6.27 公顷，建筑面积 2.2 万平方米。主要产品为转炉成套设备。公司核心技术为“颗粒阻尼减振技术”，即将设备由原来的实心结构变为封闭的中空结构，在中间填充阻尼颗粒，通过颗粒之间相互作用吸收高频振动，达到降低设备运行时的噪音、提升设备精度的效果。此项技术比传统铸造工艺节约 40% 的原材料，缩短 30% 的加工制作工期，极大地降低了生产成本。公司与中国科学院工程研究所签定技术合作协议，在企业建立大型冶金机械装备阻尼减振降噪机理与应用技术中试基地，已申请国家专利 3 项。2010 年，公司有职工 300 多人，其中工程技术人员 30 多人；拥有大、中型设备近百台（套）；固定资产 3560.8 万元；完成工业产值 1.01 亿元，其中主营业务收入 8814 万元。企业通过国家 ISO 9001 质量体系认证，获得国家颁发的 B 级余热锅炉制造许可证，多次获“重合同、守信用”“科技进步”“精神文明建设”等奖励和表彰。

图 10－6 唐山市三川公司制造的熔炼炉体 （区委宣传部）

河北香宇食品有限公司 位于燕新路 8 号，1991 年成立。占地 0.47 公顷。产品包括灌制品、酱卤制品、熏烤制品、真空制品四大类 150 多个品种，年生产能力达 1 万吨。销售网络覆盖唐山市区及周边县、市，辐射京、津、秦及东北等地。公司坚持“生产一代，研制一代，储备一代”的思路，每年都有新产品问世。2008 年研制出烧烤肠，2009 年研制出粉肠、豆卷，2010 年研制出松花鸡腿。上市后受到消费者青睐，成为香宇的龙头代表产品。2010 年底，有员工 205 人，其中残疾员工 59 人。固定资产 613.5 万元。完成产值 7155.3 万元，其中主营业务收入 5579.3 万元。

图 10－7 香宇食品有限公司主要产品 （区委宣传部）

唐山宏冶机械集团有限公司 位于解放路扶轮后街，1989 年始建。占地 1.08 公顷（含女织寨乡新建场地）。系集研发、设计、制造、安装、服务于一体，为石油、冶金行业生产制造成套技术装备的综合性专业制造企业。主导产品有系列长冲程智能抽油机、系列游梁式抽油机和多辊不锈钢可逆冷轧机等。2010 年，有员工 150 人，其中，中高级科技人员 20 人，各类中高级技术工人 100 人，从事研发科技人员 18 人。主要生产和检测设备 158 台套，年产各型系列抽油机 300 台、多辊不锈钢可逆冷轧机 10 台套，产品销往吉林油田、辽河油田、冀东油田、大庆油田和新疆塔河油田。拥有固定资产 1916.4 万元。完成工业产值 4971.1 万元，其中主营业务收入 4770.2 万元。相继通过 ISO 9001：2008 质量管理体系、ISO 14001：2004 环境管理体系和 OHSAS 18001：2001 职业健康安全管理体系认证，拥有游梁式抽油机生产许可证和无游梁式抽油机生产许可证、低压成套开关设备中国国家强制性产品认证书（CCC 证书）。公司长期与西南石油大学、河北理工大学和天津冶金设计院研究院建立合作关系，累计投入研发经费513.97万元，开发长冲程智能抽油机、数字化节能抽油机、双井直线抽油机、无游梁式链条抽油机、多辊不锈钢可逆冷轧机、高效斜板式气液分离器、游梁式抽油机智能变频调速装置等多项新产品，其中长冲程智能抽油机和多辊不锈钢可逆冷轧机获河北省科学技术研究成果。公司已拥有多项自主知识产权，申请专利52项，获得专利授权48项，其中发明专利3项。被认定为河北省高新技术企业。

唐山市参花制药集团有限公司　位于南新西道南侧，青龙河东岸。前身为唐山市第一制药厂，1965年成立，系集科研、生产为一体的综合性制药企业。占地5公顷，建筑面积3.5万平方米。公司采用国内、国际先进技术装备，年产片剂10亿片、硬胶囊剂1亿粒、颗粒剂1.2亿袋、栓剂1800万粒。主导产品为参花牌五大系列：虎娃牌小儿用药、康佑尼牌妇科用药、感冒类用药、心脑血管用药、肠胃用药系列，计98个品种。2010年，拥有员工182人，其中执业药师6人，工程师12人，其他技术人员36人。固定资产1924.8万元。全年完成工业总产值1452.1万元，其中主营业务收入821.8万元。

二、名优产品

“开优”牌12级三分之一焦冶炼精煤　开滦（集团）唐山矿业公司生产的精煤产品“开优”牌12级三分之一焦冶炼精煤，具有高粘结性、高热值等特点，各项指标接近肥煤。洗末煤产品灰分达38%左右，发热量约4000大卡，是优质动力煤。主要供应宝钢、首钢等国内各大钢铁企业和京津唐等地炼焦制气企业。

长冲程智能抽油机　由唐山宏冶机械集团有限公司研制，应用于中国石油冀东油田、辽河油田、吉林油田、新疆塔河油田。该机依靠控制电机的正反转实现抽油杆直线往复运动，具有节能显著、智能化程度高、机械效率高、操作简便、耐用等特点。经中石油节能检测中心以及使用单位（辽河油田）测试证明：功率因数为1，吨液提升百米耗电0.45kWh/t100m，比常规游梁式抽油机节能50%以上，机械效率达80%以上，系统效率达52.9%。2008年，中石油节能检测中心对冀东油田30台18型长冲程智能抽油机随机抽查测试结果显示，综合平均节电25%，部分油井节电高达40%以上。是年，获国家知识产权局“国际专利产品金奖”。

THDK系列多辊高精度不锈钢可逆冷轧机　由唐山宏冶机械集团有限公司研制生产，为机、电、仪、液一体化的自动化成套设备。其创新之处：上下辊箱采用不同形体结构，增加凸度调节和辊径补偿装置，采用正压喷射冷却润滑形式，在机前机后增设真空除油装置和EPC对中导位装置；压下采用中间液压压下，下斜楔自动调整轧线水平标高。具有板型好、尺寸精度高、维修方便、运行成本低等特点。

万里香烧鸡　始创于1944年。1976年唐山大地震后，为恢复地方名牌食品，隆义栈居委会投资兴办万里香烧鸡铺。在保持传统风味基础上，博采十大名鸡众长，创制出“型似琵琶、色泽棕红、香烂适口、香醇甜嫩、味道纯正”的“万里香”扒鸡。投放市场后引起轰动，北京八大饭店之一的长城饭店清风阁餐厅将万里香扒鸡列入菜谱，称之为“宫廷万里香”。“万里香”扒鸡在制作中坚持“五不用”，即肉鸡不用，病死鸡不用，白条鸡不用，未经检疫的鸡不用，各种辅料不是正宗的不用。1998年，获河北省优质产品。2000—2004年，被评为“河北省优质产品”“河北省第八届技术交易会金奖”、河北省第二届至第八届消费者信得过产品。2005年，

图10-8　万里香系列产品　（区委宣传部）

获“河北省第八届中国新产品博览会金奖”。2006 年，通过 QS 市场准入。

四远香糕点　始创于 1944 年，是唐山驰名糕点。1982 年，聘请糕点技师张继良担任生产顾问，注重在风俗习惯、营养价值，品种式样方面进行创新，开发研制出多种口味糕点。红果蛋糕、奶油花蛋糕、糖花布丁、广东火腿月饼等先后被评为市级优质产品。2006 年中秋节，推出翡翠、甜玉米、香芋、板栗、黑芝麻、巧克力等 50 多种苏式、中式、真空包装改良月饼。是年，被评为“第十二届中国月饼节优质月饼”。先后被评为“河北省优质产品”“消费者信得过产品”“著名品牌”“新产品博览会金奖”。

“唐人”牌特种劳动防护用品　由唐山化学厂有限公司生产，主要有防毒面具、防毒口罩、防尘口罩、长管面具、矿工自救器以及各种用途的活性炭药剂。各类产品均取得国家质量监督检验检疫总局颁发的工业产品生产许可证、国家“LA”特种防护用品安全标志，享有独立进出口权。2008 年 10 月，通过质量管理体系认证。2009 年 5 月，通过军工产品质量体系认证。6 月，通过国家三级保密资格认证。12 月，荣获“河北省著名商标”。

LB－50 系列水泥包装机　智能电子设备厂生产，专利号为 ZL955222641.3，具有计量准确，使用寿命长，调整、维修方便等特点，本系统包装机不采用压缩空气作为控制源，无需气动元件即可实现包装袋压紧和松开以及闸板关闭和掉袋等自动功能。该机最主要的特点是，采用强制挤压水泥灌装方式，故水泥受强力挤压密度大，含气量小，不充气胀袋，灌装速度快。能适应各种纸袋、复合袋、复膜塑编袋及普通塑编袋的水泥包装。该系列水泥包装机包括有单嘴（LB－50D 型）、两嘴（LB－50L 型）、四嘴（LB－50S 型）等机型。并分别有微机控制型和机电综合型两类。LB－50 系列水泥包装机主要用于水泥生产线上的水泥包装，也可用于其他流态性能好的粉料或颗粒状物料的定量包装。该产品 1997 年被评为“唐山市优秀新产品”，获“国家级优秀新产品”称号。

第四节　经营管理

一、劳动用工

1978 年前，全民、集体工业企业劳动用工实行计划管理。中共十一届三中全会后，企业用工政策逐步放开，企业用工更具灵活性。1986 年，企业实行承包经营，经营者（厂长、经理）根据需要定编、定岗、定员，职工竞争上岗。1995 年，率先在唐山市玻璃制品厂试行全员劳动合同制，从科室到车间，实行优化组合，在分配上重点向一线职工倾斜。1998 年，推广、完善全员劳动合同制。企业根据生产经营需要自主用人，劳动者根据个人意愿自主择业，企业与职工灵活确定合同期限。区劳动管理部门，围绕劳动关系调整和劳动合同签订、履行制定具体实施办法。至 2003 年，每年劳动合同签订率均保持在 95% 以上。2008 年，《中华人民共和国劳动合同法》颁布实施，企业享有更加充分的用工自主权。企业通过人才市场和劳动力市场，招聘所需技术人员和工人。区劳动管理部门强化对劳动合同的签订、变更、解除等关键环节的监督检查，提高劳动合同的签订率和规范化，以保障劳动者合法权益。

二、工资奖金

20 世纪 80 年代，企业工人工资分配由政府统一规定和管理。1992 年，推行计件工资、百元产值（销售额）工资含量包干及承包经营等按劳取酬的工资制度，福利、奖金纳入工资之中，不再单独发放。1993 年，将工资分配权返还企业，企业有权决定工资、奖金分配的额度和档次。1995 年，实行工资增长指导线制度，向企业发布工资增长指导线，要求企业根据自身经济增长情况适时增加职工工资。同年，实行最低工资标准制度，并逐年递增。1996 年，成立区劳动监察大队，依法对企业违背劳动法律法规、私招滥雇、不签订劳动合同、随意解雇工人、强制职工超负荷劳动、工资偏低、任意克扣和拖欠职工工资、不按规定缴纳职工社会保险等问题监督检查。2008年，制定系列配套增资措施，突出向低收入群体、高技能人才、从事艰苦劳动的职工倾斜，同时对高温高空、有毒有害、矿山井下、流动施工等岗位津贴标准进行调整。至2010年，区职工最低工资标准已提升至900元。区劳动监察大队累计对用人单位监察3000次，年度审查500余家，受理劳动保障监察案件1400余起，下达整改通知书200份、处罚事先告知书48份，对违法严重的单位依法给予行政处罚，劳动关系双方的合法权益得到维护。

三、技术质量

1984年，在全区工业企业推行全面技术质量管理。多数企业设置技术科、质量检查科，车间设技术员，并建立产品质量目标管理制度，严格按照产品标准、工艺要求，以及国际、国家、部、厂级标准生产产品。同时，购置各种检测仪器，完善质量检查手段，产品质量有所提高。1989年，生产品种400余项，创省优产品27项、部优产品7项、市优产品32项。1990年，区属企业全部配备技术科、质量检查科，车间配备专兼职质量检查员。1997年后，随着产权制度改革的不断深入和市场竞争日趋激烈，各企业更加重视技术质量管理和产品质量检测。截至2010年，已有73家企业通过质量管理标准体系验证。

四、生产销售

1986年起，实行承包经营制，企业所有权和经营权逐步分离。供销渠道改为自采自销，企业通过产品宣传、订货会、推销等方式参与市场竞争。1990年，企业更加重视销售环节，以销定产成为制定生产计划的重要前提。1997年，随着产权制度改革的不断深入，以及市场竞争日趋激烈，各企业将营销作为主要业务部门，配备专业营销团队，利用各种营销手段，推销企业产品。营销人员及时收集、反馈市场信息，为企业产品定位与发展提出具体建议。同时，建立售后服务队伍，对企业产品追踪管理，实行上门安装、调试、维修。至2010年，区规模以上企业全部建立企业网站，对外宣传企业产品、管理信息、技改成果，实现产品订单网络化，送货、安装、调试、维修一站式服务。

五、财务管理

20世纪80年代初期，区属全民、集体工业企业，财务管理制度健全，均配有工业成本会计、现金出纳等专业财务管理人员。街道工业企业规模小，财务管理制度及人员配备相对较差。1986年起，有计划对财会人员进行培训，以提高其业务素质和水平。1987年，推行企业厂长离任审计制度、年度审计制度，重点审计固定资产、流动资产、经济效益、债权债务等，企业财务管理日趋制度化、规范化。

1998年后，配合企业产权制度改革，区财政、审计部门加强对企业财务审计、资产评估、产权界定等方面的审查，解决个别企业账物不符，核算不准问题；督促企业坚持月度财务分析制度，帮助企业降低成本。2002年，区属工业企业相继改制为民营企业，财务由企业自己管理，区财政、审计、税务等部门依法对其实施监督。至2010年，规模以上工业企业财务制度健全，财会队伍稳定。

六、安全生产

20世纪80年代初，区安全生产委员会组织开展大规模安全生产宣传教育活动，督促企业严格制定安全生产公约和安全生产责任制度，增加劳动保护福利设施，定期组织安全生产联查和检查。各工业企业均设置安全科，安排专职人员负责安全生产。部分企业实行安全生产一票否决制，并将安全生产与年终评比表彰相结合，降低重大事故发生率。2004年，在企业建立安全生产目标管理责任制，加强日常隐患排查，保障安全生产资金投入；督促企业为职工缴纳工伤保险，配备劳动防护用品。2009年，开展“法人代表安全生产承诺落实”活动，与危险化学品、建筑施工、机械加工以及人员密集场所等重点行业的270多家企业签订安全生产承诺书，并加强督导。在全区开展安全生产大检查行动，分层次组织各类安全生产教育培训，增强企业主体责任意识。至2010年，未发生较大安全生产责任事故。

第二章　建筑业

1976年“7·28”唐山大地震后，伴随城市震后复建，建筑业迅速发展。到1984年，全区有建筑企业20余家，有职工4000余人。1989年，按国家建设部统一部署，对集体建筑企业进行整顿，部分基础薄弱、设备技术条件落后，经济效益差的建筑企业关停并转。1997年后，随着建筑业改革深入与发展，其所有制形式、产业规模和结构、市场管理等方面均发生明显变化。至2010年，入统等级以内建筑企业17家，其中国有企业1家，集体企业2家，个体私营等其他企业14家，期末从业人员2.44万人。全年完成房屋施工面积374.21万平方米。建筑业增加值完成8315万元，占地区生产总值的1.29%。

第一节　经营体制

一、国有建筑企业

1990年，辖区有国有建筑企业2家，均为驻区企业，分别是开滦基本建设公司、唐山市第一建筑工程公司。1997年，唐山市第一建筑公司改称唐山建设集团有限责任公司。1999年12月，开滦基本建设公司更名为开滦（集团）建设工程有限责任公司。2003年，经市政府批准，唐山建设集团有限责任公司国有资本全部退出，成为员工持股的股份制企业。2006年，开滦（集团）建设工程有限责任公司改制为开滦集团公司相对控股的有限责任公司，持股比例55.67%。至2010年，国有建筑企业仅剩1家，资产总计998万元，期末从业人员150人。全年完成建筑业总产值43万元，利润26万元。

二、集体建筑企业

1990年，有区属集体建筑企业9家，其中区直企业1家，即路南区建筑工程公司，为集体所有制二级建筑企业。另有街办集体企业8家。此后，区属建筑企业呈缓慢发展态势。至1995年，区属集体建筑企业达11家，拥有职工203人；全年竣工工程64个（优良2个），竣工面积2.1万平方米；完成总产值2173万元，创利润99.9万元。随着建筑市场竞争日趋激烈，市场准入门槛提升，以及体制改革不断深化，集体建筑企业呈逐年萎缩趋势。至2010年，辖区有集体建筑企业2家，资产总计7822万元，期末从业人员2412人。完成建筑业总产值1.84亿元，利润121万元；完成房屋建筑施工面积6.32万平方米。

三、个体私营建筑企业

1994年，嘉威装饰制冷工程有限公司、鑫鑫装饰工程有限公司、泰伦装饰工程有限公司成立。1997年，西礼大华建筑队、国泰工贸有限公司、安达建筑公司、现代建筑安装工程有限公司、唐山步春建筑有限公司、仝泰建筑安装工程有限公司、涌泉装饰、庆龙装饰公司、西礼新城建筑队相继成立。1999年，路南城市建筑安装工程公司改制为股份制企业，更名为南方建筑公司。同年，市建设局下放建筑企业管理权限，将8家建筑装饰企业划归路南区，安达建筑有限公司迁往路北区。至2010年，共有等级内个体私营等其他建筑企业14家，资产总计54.9亿元，期末从业人员2.18万人。完成建筑业总产值64.25亿元，利润1.94亿元。

第二节　企业构成

一、房屋和土木工程建筑企业

1990年，有房屋和土木工程建筑企业3家：路南区建筑工程公司，路南区第三工程处、第四工程处。此后，房屋和土木工程建筑企业一直处于缓慢发展状态，且规模较小，多为街道企业。1995年，有房屋和土木工程建筑企业4家，分别是路南台联建筑工程公司、刘屯建筑工程队、路南建筑工程公司、路南城市建筑安装工程公司。1998年后，实施建筑企业准入制，无资质等级企业逐渐退出市场。区建筑工程公司整体出售，刘屯建筑工程队、西礼新城建筑队、金匙建筑公司相继注销。同时，唐山安达建筑工程有限公司、唐山现代建筑安装工程有限公司、唐山步春建筑安装有限公司相继成立。至2010年，入统等级内房屋和土木工程建筑企业6家：唐山建设集团有限责任公司、唐山步春建筑有限公司、唐山现代建筑安装工程有限公司、唐山市滨海建筑安装工程有限公司、唐山昆仑建筑安装有限责任公司、唐山市南方建筑安装工程有限公司，年创产值5.71亿元。

二、建筑安装企业

1990年，建筑安装企业有永红桥水暖工程队、机电工程公司等6家，均为街道企业。1995年，建筑安装企业仅剩2家：路南机电工程公司、永红桥水暖工程队。自1997年起，建筑行业分工逐步细化，建筑安装从房屋和土木工程中分离出来，独立承担房屋水、电、暖和卫生设施安装。2003年后，麒麟防水公司、科富防腐公司成立，均为防腐保温企业；新增水暖电劳务分包2家，起重设备专业承包、送变电专业承包企业各1家；注销政艺、诚天航水暖电、路南区机电公司3家企业。至2010年，入统等级内建筑安装企业2家：唐山市水利工程处、唐山市自来水公司劳动服务公司。

三、建筑装饰企业

1990年，建筑装饰工程均由区建筑工程公司承担。1993年，建筑工程公司美化工程队成立，专职建筑装饰业务。此后，建筑装饰企业呈快速发展趋势，至1997年，建筑装饰企业发展到6家，分别是区建筑工程公司美化工程队、精艺装饰工程有限公司、鑫鑫装饰工程有限公司、嘉成装饰制冷工程公司、泰伦装饰工程有限公司、国泰工贸有限公司，其中泰伦装饰工程有限公司、国泰工贸有限公司资质等级为装饰三级。至2010年，入统等级内建筑装饰企业4家，即唐山市天德广告装饰有限公司、唐山市天宇腾达建筑装饰工程有限公司、唐山开滦天盛建筑装饰工程有限公司、唐山涌泉建筑装饰工程有限公司。年创建筑业总产值1.33亿元，利润801.29万元。

第三节　企业选介与优质工程

一、企业选介

开滦建设（集团）有限责任公司　位于路南区增盛东街3号，为驻区大型建筑企业集团。公司始建于1953年，时称开滦矿井建设公司。1986年2月，成立开滦基本建设公司。1999年12月，更名为开滦（集团）建设工程有限责任公司。2002年，进行专业化重组，成立唐山开滦建设（集团）有限责任公司。下设矿建工程处、建筑第一工程处、建筑第二工程处、机电安装工程处、地矿工程处、制冷工程处、综合工程处、淮东工程处、哈密工程处9个工程处，及电梯安装、装饰装潢、机电制修、设备租赁、计量检测5个专业化分公司。另有勘察设计、房地产开发、爆破等参股公司。拥有矿山工程施工总承包一级，房屋建筑工程施工总承包一级，机电安装工程施工总承包一级，装饰装修工程专业承包一级，电梯安装工程A级，送变电工程、钢结构工程和起重设备安装工程专业承包二级，市政公用工程施工总承包三级，地基与基础工程和消防设施工程专业承包三级，固体矿产勘查乙级，地质钻探甲级及压力容器、锅炉安装等多项专业资质。至2010年，有职工2000余人，其中，中高级工程技术、经济管理人员600人，一、二级建造师117人。企业注册资金1亿元，总资产6.61亿元。大型机械设备总台数2016台（套），技术装备率4.99万元/人，动力装备率42千瓦/人。技术装备率高于全国平均水平50个百分点，动力装备率高于全国水平9.1个百分点，新度系数高于全国水平17个百分点。公司年施工能力20亿元以上，完成建筑业产值11.47亿元，利润457万元，全员劳动生产率47万元/年·人。公司先后获“全国安全生产优秀施工企业”“中国工程建设科技创新示范单位”“全国质量管理QC（质量控制）成果优秀奖”“全国煤炭建设文明施工先进单位”“中国建筑企业信誉AAA级”“全国煤炭行业优秀施工企业”“河北省建筑业优秀施工企业”“河北省建筑业诚信企业”“河北省建筑管理先进单位”“河北省工程建设质量管理优秀企业”等称号。被国务院命名为“全国地质勘查功勋单位”，位列“中国建筑企业500强企业”第166位。

唐山建设集团有限责任公司　为驻区大型建筑企业集团。1949年2月始建，历称唐山市建筑公司、河北省建筑总公司唐山分公司、河北省第六建筑公司、河北省第二建筑公司、唐山地区建筑公司、唐山市第一建筑公司。1997年，改制为国有独资的唐山建设集团有限责任公司。2003年，经唐山市政府批准，国有资本全部退出，成为员工持股的股份制企业。集团公司下属河北省唐山宏达房地产开发有限公司、唐山长虹涂料有限公司、唐山建设集团建筑劳务有限公司、唐山通用建筑工程检测有限责任公司、唐山宏达物业服务有限公司5个子公司。拥有房屋建筑工程施工总承包一级，建筑装修装饰工程专业承包一级，市政公用工程施工总承包二级，机电安装工程施工承包二级，混凝土预制构件专业二级，预拌商品混凝土专业二级，轻钢结构设计乙级，钢结构工程专业承包二级，房地产开发二级等多重资质。

2010年，有员工1760人，其中，各类专业技术职称人员685人（高级职称48人，中级职称185人），国家一级建造师61人，二级建造师81人。曾获“全国先进施工企业”“全国建筑业AAA信用企业”“中国500家最大规模建筑业企业”“河北省百家优势企业”“河北省建筑业十强企业”等称号。

唐山现代建筑安装工程有限公司　位于路南区创新路6号，1999年3月成立。企业资质为房屋建筑工程施工总承包二级。2010年，有职工5600余人，其中专业技术人员420余人，各类专业技术工人3900余人；有大中型建筑施工机械设备330台（套），固定资产4335万元。全年完成竣工面积8.46万平方米，年创产值2.48亿元、利税1505万元。累计创省安济杯、省优质工程、省用户满意工程、省级文明工地、市优质工程等100余项，多次被省、市政府命名为“先进建筑施工企业”“诚信企业”“重合同守信用企业”“优秀私营企业”及“文明单位”等荣誉称号。承接的“中德合作既有住宅建筑节能改造示范项目”，受到建设部科技司和德方高度评价，为河北省乃至全国大面积推广建筑节能改造提供了参考与借鉴。

图10－9　全泰建筑公司　（区委宣传部）

唐山市仝泰建筑安装工程有限公司　2002年10月成立，为区属大型建筑施工企业。拥有房屋建筑工程总承包一级、钢结构工程专业承包二级、管道工程专业承包三级、预拌商品混凝土三级、机电设备安装工程专业承包二级资质。2010年，有职工586人，其中专业技术和经济管理人员321名（高级工程师12人，中级工程师126人），固定资产4700余万元，年创产值2亿多元。公司先后承建唐钢医院住院部病房楼工程、唐山中厚板有限公司主厂房工程、唐钢260万吨/年钢联工程、唐钢一炼钢生产薄板配套改造工程、唐山中厚板有限公司轧钢主厂房工程、唐钢集团办公大楼装修工程、女织寨乡宾馆综合楼工程、唐山国际五金城商住楼29#楼工程等。单位工程一次检验合格率均达100%、部分合格率达92%、合同履约率达100%。公司先后被市建设局评为管理先进单位，被省建筑业协会评为质量、安全管理先进单位。唐山职业技术学院实训楼工程、唐钢冷轧酸洗镀锌工程，获2006年度唐山市建筑工程新唐杯奖（市优质工程）。

唐山步春建筑有限公司　2000年3月成立，注册资金600万元，为房屋建筑工程总承包三级资质。2010年，拥有专业技术人员95人，其中工程师15人，助理工程师30人，技术员30人，经济管理师10人，二级建造师10人。有机械设备195台（套）。公司强化内部管理，实行施工员、质检员、安全员、预算员等持证上岗，保证施工质量。公司承建工程一次交验合格率均达100%，优良率达80%以上，多次荣获市级优质工程、文明工地、先进企业、“重合同、守信誉”企业、“百日安全无事故”先进单位等称号。

路南区建筑工程公司　位于解放路东侧，系区属集体所有制建筑企业，隶属区城建环保局。20世纪60年代初组建，占地面积554.2平方米，建筑面积456.48平方米。成立初期主要承接小型民用建筑和企事业单位的房屋维修业务。1976年“7·28”唐山大地震后，迅速发展为具有二级资质的建筑企业。先后完成第一塑料厂、衬衣厂、纸箱厂、木器厂等中小型工业建筑和唐山四中、五中等学校的复建工程。其中承建的建筑陶瓷厂球磨工段、市供销社营业楼、四中教学楼、五中综合楼均被评为唐山市优质工程。1986年起，接收市二轻基建队、区部分街道办事处建筑工程队。1990年，有正式职工409人。1994年，完成产值2100万元，完成利润12万元。2002年6月，公司整体出售。

二、优质工程

开滦国家矿山公园　系国土资源部批准建设的首批国家矿山公园之一，项目规划面积30.75万平方米，一期工程为“中国近代工业博览园”，其中博物馆框架结构为地上4层，地下2层，建筑面积7486.23平方米，建筑高度20.25米，由开滦建设（集团）有限责任公司建筑第一工程处承建。2007年开工，2008年竣工。2010年，被河北省建筑业协会授予“河北省建设工程安济杯奖（省优质工程）”，被中国煤炭建设协会授予“太阳杯”质量奖。

开滦林西医院急、门诊楼工程　由开滦建设（集团）有限责任公司建筑分公司承建。工程框架为剪力墙结构，建筑面积1.51万平方米。2006年，被唐山市建筑业协会授予“唐山市新唐杯质量奖”。

山东济宁矿业集团花园煤矿工程　2007年，开滦建设（集团）有限责任公司公司综合工程处，承建山东济宁矿业集团设计能力90万吨的花园煤矿工程，包括地面生产系统、洗煤厂、绞车房等土建安装工程。2010年竣工。同年，该工程被中国煤炭建设协会授予煤炭行业“太阳杯”质量奖。

三、行业管理

技能培训　1990年，技能培训由唐山市城建局人教处负责，唐山市建工中专具体实施。培训内容涉及瓦工、木工、钢筋工、架子工、油漆工、电工、管工、焊工、以及定额、材料、计划、财会等课程。区城建局建管科，协助市城建局开展各种技能培训的组织、报名工作。至2010年，唐山现代建筑安装工程有限公司参加各种技能培训累计人数213人次，参加省、市统考33场，参训率达100%，及格率100%。

资质审查　区住建局承担辖区建筑企业资质申办、年检初审职责。1998—2010年年底，共完成28个单位的资质初审。

质量监督　1984年前，建筑工程质量监督由唐山市城乡建设委员会工程技术科负责。1985年4月，成立唐山市建筑工程质量监督站。1992年7月，唐山市建筑工程质量监督站更名为唐山市建筑工程质量监督检测站，专门负责建筑工程的质量监督。2009年，在河北省内首批实行住宅分户验收制度，有效减少工程质量问题。截至2010年，境内建筑工程质量监督管理仍由市住建局建筑工程质量监督检测站统一管理。

工程监理　1995年6月，路南区第一家工程监理企业—唐山方圆工程建设监理有限责任公司成立。至2010年，全区共有工程监理企业5家，其中甲级1家，乙级4家，从业人员384人，其中国家注册监理工程师87人。监理范围涉及房屋建筑工程、市政公用工程、矿山工程。监理企业在保证工程质量、施工安全等方面发挥了重要作用。

市场整顿　1990年，建筑市场整顿由唐山市城建局建筑市场稽查办统一负责，区人劳社保局劳动监察大队着重对建筑企业劳动用工和工资情况予以监督。2003年，制定《执法程序实施细则》《违法违规工程催办通知书》《未经验收投入使用工程稽查通知书》《建筑市场各方主体违法违规行为处罚摘要》和《建设工程施工过程中部分违法违规行为处罚摘要》，以提高执法对象法律意识。坚持对工程项目从开工到竣工验收全程动态跟踪管理，重点稽查合同内容，桩基工程、主体工程以外的装饰装修、塑钢门窗、保温、防水、消防设备、电梯安装工程等专项分包，以及违反工程建设的强制标准、竣工不验收就投入使用等违法违规行为。与此同时，区劳动监察大队将劳务用工和工资支付情况纳入日常稽查，建立企业月报制度；深入施工现场，通过查验资料和与民工座谈，摸清在建工程劳务用工和工资支付情况，发现苗头及时警告，督促企业及时兑现。至2010年，已为13家建筑公司、1000余名农民工追讨工资470余万元。

安全施工　1990年，辖区建筑企业安全生产监督管理由唐山市建筑工程施工安全监督站负责。各企业参照河北省建筑系统《安全生产检查评分标准》《安全生产先进企业标准》，均设置安全科、安全部，配备安全员，并制定《安全生产教育培训制度》《安全生产检查制度》《安全技术措施管理制度》《安全生产考核奖罚制度》《防护用品使用管理制度》等若干制度，加强安全生产管理。市建筑工程施工安全监督站每月定期组织各部门到施工现场进行安全检查，按照检查结果实施奖罚。2002年起，各企业相继通过OHSMS（ISO 18000）职业健康安全管理体系认证，多次获市级“安全生产先进单位”“百日安全无事故先进单位”称号。至2010年，全区建筑企业共有安全员198人，持证上岗率达100%。

第十一编 农 业

1992年10月前路南区为纯城区。1992年11月，原属开平区的女织寨乡和梁家屯乡划归路南区管辖。年末，全区共有2个乡，38个行政村，其中农业村30个，市民村8个。全区有耕地1931.73公顷，粮食作物总产6241吨，完成农林牧渔业总产值3966万元（当年价，下同），其中：农业总产值3139万元，林业总产值11万元，畜牧业总产值704万元，渔业总产值112万元。农民人均纯收入1119.5元。1996年6月，梁家屯乡并入女织寨乡。至2010年，全区有1个乡，38个行政村，耕地面积1018公顷，比1992年减少913.73公顷。乡村总户数14117户，农业人口34220人。完成农林牧总产值9635万元，其中农业总产值6318万元，林业总产值22万元，畜牧业总产值3295万元。完成增加值7244万元，占地区生产总值的1.12%，农民人均纯收入8254元，比1992年增长6.37倍。农业机械总动力4.11万千瓦。农村经济实力明显增强，城郊型农业稳步推进。郑家庄村、南刘屯村被确定为省、市农村现代化试点村。

第一章 农业生产力

1992年12月，全区有耕地面积1931.73公顷。乡村总户数13366户，农业人口36468人。农村劳动力2.2万人。随着农村经济体制改革的深入和农业结构调整，以及城市化进程的加快，农用土地逐年减少，农村剩余劳动力逐步转向非农产业。至2010年，全区有耕地1018公顷，比1992年减少913.73公顷。农村劳动力资源30048人，其中从业人员2.69万人。农业机械总动力4.11万千瓦，比1992年增加2.28万千瓦。农业生产条件明显改善，生产力水平显著提高。

第一节 农业劳动力

一、劳动力素质

1993年，成立区工农教育委员会，乡村配备业教干部。是年起，以乡、村成人教育学校为依托，因地制宜开展农民技术教育。先后开办林果、蔬菜、养殖、财会、乡企等培训班，向农村劳动力传授各类实用技术。至1995年，共举办各类技术培训班518期，受训人数3.24万人次。1996年，编写《商品牛生产技术》《康贝尔鸭旱养技术》教材，举办《中华人民共和国动物检疫法》和猪、鸡、鸭常见病防治培训班。2000年后，陆续举办专题知识讲座15次，开办宣传专栏42期，购买、制作光盘5320张。通过对农民的文化补习和实用技术培训，农村劳动力素质明显提高。至2005年，全区农村从业人员2.43万人，其中小学文化程度3218人，占13.25%；初中文化程度13091人，占53.88%；高中文化程度5087人，占20.94%；中专文化程度2324人，占9.57%；大专及以上文化程度574人，占2.36%。

2009年始，组织开展农村劳动力阳光培训、百万农民大培训活动。至2010年，共举办乡级各类技术培训班620期，参加学习农民1.65万人次。通过开办农民技校和各类技术培训班，农村劳动力普遍掌握养猪、养牛、养鸡、养羊和棚菜生产及食用菌栽培等技术，部分劳动力还掌握了服装及食品加工、机动车驾驶、工程建筑、机械加工等技术。是年，全区有农村劳动力资源30048人，从业人员26941人。在从业人员中，小学文化程度3422人，占从业人员12.70%，比1996年减少2902人；初中文化程度12997人，占从业人员48.24%，比1996年增加2388人；高中文化程度5472人，占20.31%，比1996年增加3591人；中专文化程度3522人，占13.07%，比1996年增加3277人；大专及以上文化程度1528人，占5.67%，比1996年增加1496人。农村劳动力普遍掌握1~3门劳动技能，劳动力文化水平明显提升。

二、劳动力从业

1992年，有农村劳动力2.2万人，其中整劳动力1.8万人，半劳动力0.4万人，且多在乡村集体企业从业。随着家庭联产承包责任制的推行和城市化进程加快，大批剩余劳动力开始从农业转向非农产业。

1996年，农村劳动力总资源2.09万人，实有劳动力2.02万人，其中男劳力9204人，女劳力10970人。在实有劳动力人口中，从事农林牧渔业6270人，占31.08%；工业5839人，占28.94%；建筑业850人，占4.21%；交通运输仓储和邮电通信业1331人，占6.61%；批零贸易餐饮业2521人，占12.50%；金融保险业35人，占0.17%；地质勘查和水利管理业19人，占0.09%；房地产业15人，占0.07%；社会服务业371人，占1.84%；卫生体育和社会福利业83人，占0.42%；教育、文化艺术和广播电影电视业85人，占0.42%；科学研究综合技术服务业8人，占0.04%；国家党政机关、社会团体43人，占0.21%；其他行业2704人，占13.40%。

2005年，全区有农村劳动力资源2.56万人，实有劳动力2.43万人，其中男劳动力1.24万人，女劳动力1.19万人。在劳动力人口中，从事农林牧渔业6861人，占28.24%；工业6915人，占28.46%；建筑业1183人，占4.87%；交通运输仓储和邮电通信业1786人，占7.40%；信息传输计算机服务和软件业179人，占0.74%；批发零售业4940人，占20.33%；住宿和餐饮业689人，占2.84%；金融业63人，占0.26%；房地产业16人，占0.07%；租赁和商务服务业340人，占1.40%；科学研究技术服务地质勘查业29人，占0.11%；水利环境和公共设施管理业14人，占0.05%；居民服务和其他服务业1001人，占4.12%；教育104人，占0.42%；卫生、社会保障和社会福利业63人，占0.25%；文化体育娱乐业48人，占0.19%；公共管理社会组织人员63人，占0.25%。此后，随着建筑业、现代物流业的发展，农村劳动力转移呈现多元化发展态势。2008年，全区农民劳务收入1.63亿元，劳务收入占农民人均纯收入的70%；农村运输业收入1.38亿元，成为农民增收的重要来源。

2010年，全区有农村劳动力资源3万人，实有劳动力2.69万人，其中男劳动力1.36万人，女劳动力1.33万人。在劳动力人口中，从事农林牧渔业5094人，占18.91%；工业7370人，占27.36%；建筑业1447人，占5.37%；交通运输仓储和邮电通信业2819人，占10.46%；信息传输计算机服务和软件业202人，占0.75%；批发零售业6036人，占22.41%；住宿和餐饮业1038人，占3.85%；金融业82人，占0.30%；房地产业129人，占0.48%；租赁和商务服务业621人，占2.30%；科学研究技术服务地质勘查业87人，占0.32%；水利环境和公共设施管理业84人，占0.31%；居民服务和其他服务业1519人，占5.64%；教育153人，占0.57%；卫生、社会保障和社会福利业93人，占0.35%；文化体育娱乐业38人，占0.14%；公共管理社会组织人员129人，占0.48%。总的看，从事第一产业农村劳动力人数呈下降趋势，比1996年减少12.17个百分点，从事第三产业人数不断上升。

第二节 农业机具

1992年，全区有耕作、播种、排灌、收获、加工、副业、运输等农业机具1500台（辆），总动力1.83万千瓦。1995年，农业机具总量达到1510台（辆），总动力2.76万千瓦。1996年，梁家屯乡并入女织寨乡，各类农业机械2612台（辆），总动力2.96万千瓦，其中柴油机7321千瓦，汽油机1.82万千瓦，电动机4051千瓦。2004年，中央农机购置补贴政策实施，全区动力机械更新步伐加快，一批落后机械被淘汰。2005年，全区各类农业机具达2007台（辆），机械总动力2.35万千瓦，其中柴油机1.75万千瓦，电动机5988千瓦。至2010年，全区有各类农业机械2062台（辆），比1992年增加562台（辆）；总动力4.11万千瓦，比1992年增加2.28万千瓦。农业机械化水平不断提高。

一、农机种类

耕作机械 1992年，耕作机械以35、55马力的四轮拖拉机、75马力的链轨拖拉机和12马力的手扶拖拉机为主，主要用于稻田耕作。1996年两乡合并，全区有大中小型拖拉机301台，总动力3771千瓦；大中小型配套农具121台。当年实际机耕面积1700公顷，机械播种面积1400公顷，机械收获面积1847公顷。2005年，有大中小型拖拉机336台，总动力4380千瓦；大中小型拖拉机配套农具144台。当年机耕面积750公顷，机械播种面积810公顷，机械收获面积400公顷。随着城市规模的扩展，耕地面积逐年减少。至2010年，全区有大中小型拖拉机634台，总动力8885千瓦；大中小型拖拉机配套农具108台。机耕面积670公顷，机械播种面积630公顷，机械收获面积130公顷。

农用排灌动力机械 农田排灌动力机械以电动机、柴油机、农用水泵为主。1992年，全区有农用排灌机械650台。1996年，农用排灌动力机械876台，总动力3618千瓦；农用水泵869台。2000年，农用排灌动力机械896台，总动力4928千瓦。有效排灌面积1718公顷。2005年，全区有农用排灌机械980台，总动力5860千瓦；农用水泵980台。机电排灌面积减至1330公顷。2010年，农用排灌机械与2005年持平。机电排灌面积为910公顷，比2000年减少808公顷。

收获机械 1992年，全区有收获机械670台。20世纪90年代中期，引入“新疆2号”自走式联合收割机，因其割幅适中、收净率高、运转灵活，受到用户欢迎。1996年，郑各庄、季家屯等村有小麦收割机11台，总动力674千瓦，型号主要为新疆2号和北京东风。当年全区机械收获面积1847公顷。2000年，有联合收割机17台，总动力875千瓦；机动收割机41台，总动力85千瓦，机械收获面积1200公顷。2005年，有联合收割机21台，总动力780千瓦；自走式机动割晒机38台，总动力1370千瓦。小麦联合收割机以“新疆2号”为主，稻田联合收割机以“久保田”“福田谷神”为主。当年机械收获面积400公顷。2010年，有联合收割机19台，总动力80千瓦，机械收获面积130公顷。

农副产品加工机械 1992年，有农副产品加工机械340台。1996年，有碾米机27台，磨面机29台，总动力433千瓦。2000年，有碾米机27台，总动力90千瓦。2005年，全区有粮食加工机械26台，总动力128千瓦。2010年，有油料加工机械5台，粮食加工机械200台，农副产品加工机械总动力9845千瓦。

运输机械 1992年，有运输机械220辆。1996年，有农用载重汽车298辆，总动力2.06万千瓦。此后随运输市场发展，运输机具剧增。2005年，全区农用运输车增至462辆。2010年，因耕地减少和村改居建设，运输机械减至116辆，比1992年、2005年分别减少104辆、346辆。总动力减至1980千瓦。

其他农业机械动力 1992年，有其他农业机械动力1830千瓦。2000年，其他农业机械动力增至1.99万千瓦。2005年，减至3066千瓦。2010年，全区有其他农业机械动力1.45万千瓦。

二、农机管理

1992年11月，开平区女织寨乡、梁家屯乡划归路南区。翌年2月，路南区始建农业农村工作办公室，农机管理为其职能之一。是年，下设女织寨乡、梁家屯乡2个农机管理站，负责对全区农业耕种、农机维修、农机技术指导、机手培训、技术推广等服务。1996年6月，女织寨乡、梁家屯乡合并为一个乡，仍保留2个农机服务站。2010年，农机管理无变化，有农机管理人员16人。

第三节　耕　地

1992年，有耕地1931.73公顷，农民人均占有耕地0.79亩。随着国家基建及开滦采煤塌陷、大南湖开发、乡村企业占地、农民建房、道路建设等，耕地逐年减少。2000年耕地为1739公顷。2005年，耕地总面积1420公顷，比1992年减少511.73公顷。2010年年末，全区有耕地1018公顷，比1992年减少913.73公顷，农民人均占有耕地0.45亩，比1992年减少0.34亩。

一、水田

1992年，全区有水田285.6公顷，占耕地面积14.78%。1994年，在女织寨乡东部扩展水田47.73公顷，用于水稻种植。是年，女织寨乡扩建2个农机扬水站，由乡农机站统一安排调度水源。2005年，随着农业产业化经营的发展和水源减少，水田面积相应递减。至2010年，全区有水田31公顷。占当年耕地面积的3.05%。水田面积比1992年减少254.6公顷。

二、旱田

1992年，有旱田1646.13公顷，占耕地面积85.22%。其中水浇地1438.27公顷，占耕地面积74.44%，主要分布于女织寨乡东部。1993年，投入40万元打机井19眼，扩大水浇地面积46.67公顷。1995年，投入66万元打机井29眼，修复机井18眼，新增水浇地66.67公顷。1996年，旱地1543.13公顷，占耕地面积86.37%，其中水浇地面积1374.20公顷。随着农村水利设施建设加强，旱地面积逐渐减少，至2002年已无旱地。2005年，有水浇地1334公顷，多分布于女织寨乡东西部地区，东部有侯边庄、曹家庄、赵田庄、檀庄、女织寨村、郑家庄等村，西部有王禾庄、赵各庄、将军坨、郑各庄等村，主要种植小麦和玉米。2010年，全区有水浇地987公顷，比1992年减少451.27公顷。

第四节　农田水利

一、农网灌溉设施

1992年，女织寨乡有扬水站2个，即扬水北站和扬水南站，专用于稻田灌溉。1993年，女织寨乡政府投资20万元，新建扬水站一座。1996年，完成女织寨乡曹庄陡河大坝三处大缺口恢复工程，新做管线40米，回填土方3100立方米。拓宽青龙河、檀庄村三通（原黑水沟、友谊河、唐柏路排水沟交汇处）处。是年，全区实有耕地1903公顷，其中有效灌溉面积1413公顷。2002年，取消稻田种植，扬水站停用。2005年，路南区出台《关于建立农田水利设施市场化管理体制的意见》，采取机井拍卖、租赁等形式，对农田水利设施管理进行改革，逐步向市场化方向过渡。至2006年，全区所有农业用机井，全部采取不同的承包形式，杜绝长流水、长通电等浪费现象，提高灌溉设施的使用寿命。2010年，全区有扬水站3座。通过推行节水灌溉工程，地下节水管道达到14.03万长米，石渠3500长米。

二、机井灌溉

1992年，女织寨乡、梁家屯乡有机井131眼，水浇地面积1438.27公顷。后随实施兴修水利、打井办电工程，机井数量不断增加，到1996年，农用机电井达到854眼。2000年，实有配套机电井338眼，有效灌溉面积1718公顷。2005年年末实有机电井854眼，配套机电井784眼，由于耕地面积减少，年内有效灌溉面积1420公顷，机电排灌面积1330公顷。2010年，配套机电井784眼，有效灌溉面积和机电排灌面积910公顷。

第二章　农业综合开发

1993年始，路南区将农业综合开发列入发展城郊高效农业总体规划，坚持“城乡一体，优势互补”发展方针，稳步实施中低产田改造、发展“两高一优”（农业高产值、高效益、优质农产品）工程。同时，以改造煤炭开采塌陷地和稻田开发为重点，改造中低产田，整体推进吨粮田建设和高产高效示范基地建设。至2010年，全区累计投入资金6000万元，改造中低产田1006.67公顷；培植市级农业产业化龙头企业4家。农业抵御自然灾害的能力明显增强，农业商品化、产业化、高效化水平不断提升。

第一节　发展高产高效农业

一、“吨良田”建设

1992年11月，区划调整，开平区的女织寨乡、梁家屯乡划归路南区管辖。翌年，区政府制定“吨良田建设标准”，年内共建“吨良田”666.67公顷，有520户成为“吨良田户”。2000年，调整种植结构，“吨良田”建设告一段落。

二、高产高效示范区建设

1995年始，发展高产高效农业。1996年实施“11622”工程：建立一个机制，即土地流转机制，推进现有耕地的集约化经营；办好一个实验场，即刘营庄百亩蔬菜优种试验基地；建立6个粮菜示范小区，即：1个200亩蔬菜示范区、1个2000亩玉米示范区、1个2000亩水稻和3个小麦示范区；发展2个养殖基地，即王禾庄养猪、养鸡基地和侯边庄、曹家庄综合养殖基地；搞好两个开发，即塌陷地综合开发和程各庄集贸市场开发。至2001年，“11622”工程实施取得阶段性成果，在205国道以东建成老谢庄千亩无公害蔬菜基地，带动周边地区蔬菜种植业，共达225.33公顷；建成赵田庄、侯边庄专用玉米、小麦示范区533.36公顷；建成侯边庄、檀庄为中心的养殖小区，占地20公顷，养殖户达152户，畜禽存栏5万头（只）。在唐胥路西侧，建成占地40公顷的王禾庄、木匠庄养殖小区和马庄、赵各庄专用小麦、玉米种植区，在西小艾、郑各庄等村建成占地66.66公顷的新型蔬菜种植区。此后，高产高效示范区建设步伐加快。2002年，全区建成以西越河为中心的高科技养鸽基地、以老谢庄为中心的千亩日光温室蔬菜基地、和平街花卉基地。2010年，唐山邱氏通达农业科技示范园正在建设中。

第二节　改造中低产田与农业产业化经营

一、改造中低产田

1993年起，路南区兴修水利，打井办电，对中低产田进行改造。是年投入40万元打机井19眼，扩大水浇地面积46.67公顷。1996年，在东部侯边庄、曹家庄、赵田庄、檀庄等村改造低产田，兴建水渠800米，建成侯边庄、郑家庄2个千亩小麦示范基地。檀庄村将低洼易涝地改造成稻田，面积达20公顷。西礼尚庄村、岳各庄村利用开滦采煤塌陷地改造成稻田13.33公顷。1997年，全区投资100万元，新打机井和修复机井39眼，兴修水利工程4项。是年，粮食总产达到6950吨，其中夏粮总产2220吨，单产370公斤，双创历史最好水平。2005年，改造中低产田800公顷，开垦荒地53.33公顷。至2010年，累计改造中低产田1006.67公顷，投入资金6000万元。

二、农业产业化经营

图11－1　假日草莓采摘　（区女织寨乡）

1996年，按照“发挥优势，服务城市，富裕农村，体现特色”的发展思路，将压粮田，上蔬菜，兴花卉，办养殖，建基地，育龙头作为产业化经营主攻方向，对农业结构进行战略性调整。1997年，区委、区政府制定《关于推进农业产业化实施意见》，确定以增产增效为目标，将牛羊、猪鸡、水产品、蔬菜、饲料等7大类农副产品作为优先发展目标，调整农业产业布局。至2001年，逐步培植并建成南新道水产批发市场、荷花坑批发市场、香宇肉类制品厂、隆义实业集团4个市级农业产业化重点龙头企业。2005年，突出城郊特色，围绕绿色、安全主题，培植农业产业化项目6个，分别是：唐山市金明食品有限公司二期巧克力花生生产项目、唐山市隆义实业集团公司万里香烧鸡厂改扩建项目、女织寨乡赵田庄邱氏通达农业科技示范园项目、盛华蛋品厂蛋品项目、茂源农庄冬枣项目、檀庄村百亩蔬菜基地和百亩养殖基地项目。2008年，以荷花坑蔬菜市场为龙头，带动东部13个村蔬菜生产。2010年，荷花坑市场经营管理有限公司、南新道水产品批发市场、河北香宇食品有限公司、隆义实业集团被确定为农业产业化经营市级重点龙头企业。

第三章　种植业

1992年，全区农作物总播种面积2494公顷，其中，各类粮食作物播种面积1493.47公顷，粮食产量6241吨；经济作物播种面积19.40公顷；其他作物播种面积981.20公顷，其中蔬菜969.47公顷，总产量5.73万吨。粮食作物、经济作物、其他作物分别占农作物总播种面积的59.88%、0.78%、39.34%。随着种植结构调整，农作物种植比例发生变化。2005年，农作物总播种面积2442公顷，其中：粮食播种面积1338公顷，经济作物播种面积44公顷，蔬菜播种面积1060公顷。粮食、经济作物、蔬菜分别占农作物播种面积的54.79%、1.8%、43.41%。2010年，农作物总播种面积减至1234公顷，其中：粮食播种面积728公顷，经济作物17公顷，蔬菜489公顷，分别占农作物播种面积的59%、1.37%、39.63%。粮食、蔬菜产量分别比1992年减少2031吨、3.79万吨。

第一节 作物种类

一、粮食作物

1992年，路南区粮食作物主要有小麦、玉米、水稻，其次是高粱、谷子、大豆、马铃薯等。粮食作物播种面积1493.47公顷，其中夏粮作物472公顷，秋粮作物1021.47公顷，分别占粮食播种面积的31.60%和68.40%。粮食作物平均亩产278.6公斤，总产量6241吨。1999年，粮食作物种植面积1460公顷，总产量7153吨，其中夏粮产量创历史最高达2960吨。2001年，粮食作物种植面积达到高峰，当年种植面积1474公顷，粮食总产创历史最高达8231吨。2004年，根据中央1号文件精神，降低农业税率，加大对农业补贴力度，调动农民种粮积极性。翌年，粮食播种面积回升，总量增加，粮食播种面积1338公顷，粮食总产量7310吨。此后，由于农业结构调整和耕地减少，粮食种植面积呈递减趋势。2010年，粮食播种面积减至728公顷、总产量减至4210吨，比1992年播种面积和总产量分别减少765.47公顷、2031吨。

小麦 1992年，播种面积472公顷，占粮食播种面积的31.60%，总产2263吨，占粮食总产的36.26%，平均亩产319.6公斤。1996年，播种面积386公顷，总产1881吨，平均亩产324.87公斤。2005年，播种面积422公顷，总产1994吨，亩产315公斤。2006年后，由于推广优种，普及增产技术，虽然种植面积减少，但总产不断增加。2008年，播种面积255公顷，总产1405吨，亩产达到367公斤。2010年，小麦播种面积减至143公顷，总产量762吨，亩产355.24公斤。

玉米 1992年，播种面积584.40公顷，占粮食播种面积的39.13%，亩产256.10公斤，总产2244.98吨，占粮食总产量的35.97%。1996年，播种面积增至652公顷，亩产300公斤，总产2934吨。2005年，播种面积772公顷，亩产378.84公斤，总产4387吨。2010年，玉米播种面积减至536公顷，亩产384.83公斤，总产量3094吨。与1992年相比，播种面积减少48.40公顷，亩产提高128.73公斤，总产量增加849.02吨。

水稻 1992年，播种面积278.20公顷，亩产362.23公斤，总产1511.6吨。1994年，为利于水稻生产，女织寨乡政府筹资30万元，对北起陡河（现渔人码头）南至丰南大夫坨排水沟清淤，全长4000米。1995年，水稻面积达到259公顷，亩产483.40公斤，总产1878吨；水稻旱育稀植200公顷，亩产达到550公斤，总产1650吨。1996年拓宽青龙河道，对檀庄村的三通（原黑水沟、友谊河、唐柏路排水沟交汇处）处进行治理，周边20公顷荒地变成稳产稻田。2001年，关闭扬水站，稻田种植面积减少。

2005年，水稻播种面积减至105公顷，亩产505.40公斤，总产796吨。2010年，水稻种植面积仅剩30公顷，亩产564.44公斤，总产254吨。种植面积比1992年减少248.20公顷，总产减少1257.60吨。

薯类 1992年，播种面积18.40公顷，亩产234.96公斤，总产64.85吨。此后因种植结构调整，薯类种植面积逐年减少。2005年，播种面积1公顷，亩产400公斤，总产6吨。2010年，播种面积15公顷，亩产391.11公斤，总产量88吨。比1992年种植面积减少3.40公顷，亩产增加156.15公斤，总产增加23.15吨。

豆类 豆类主要是间作。1992年，播种面积78.47公顷，亩产66.35公斤，总产78.10吨。2005年，播种面积23公顷，亩产156.52公斤，总产54吨。2010年，播种面积4公顷，亩产200公斤，总产12吨。播种面积比1992年减少74.47公顷，亩产增加133.65公斤，总产减少66.10吨。

1992—2010 年唐山市路南区粮食作物播种面积和产量一览表

表 11－1

年份	粮食作物播种面积（公顷）	平均单产公斤/公顷	总产量（吨）	夏收粮食			秋收粮食		
				播种面积（公顷）	单产公斤/公顷	产量（吨）	播种面积（公顷）	单产公斤/公顷	产量（吨）
1992	1493.47	4179	6241	472	4794	2263	1021.47	3894	3978
1993	1353	4460	6035	379	4100	1554	974	4601	4481
1994	1444	4536	6550	435	4193	1824	1009	4684	4726
1995	1393	4907	6836	425	4751	2019	968	4976	4817
1996	1343	5017	6738	386	4873	1881	957	5075	4857
1997	1325	5245	6950	400	5500	2200	925	5135	4750
1998	1370	4931	6756	480	5550	2664	890	4598	4092
1999	1460	4899	7153	533	5553	2960	927	4523	4193
2000	1076	5176	5570	533	4950	2638	543	5400	2932
2001	1474	5584	8231	567	4727	2680	907	6120	5551
2002	1307	4409	5763	533	4908	2616	774	4066	3147
2003	1084	5221	5660	353	4136	1460	731	5746	4200
2004	1164	5391	6275	312	4593	1433	852	5683	4842
2005	1338	5463	7310	437	4730	2067	901	5819	5243
2006	1303	5974	7784	436	5177	2257	867	6375	5527
2007	1245	5918	7368	386	5394	2082	859	6154	5286
2008	1050	5750	6038	277	5549	1537	773	5823	4501
2009	787	6205	4883	118	5644	666	669	6303	4217
2010	728	5783	4210	158	5380	850	570	5895	3360

二、经济作物

主要有棉花、花生。1992 年，经济作物播种面积 19.40 公顷，仅占农作物播种面积的 0.78%，亩产 127.32 公斤，总产量 37.05 吨。1996 年，种植经济作物 14 公顷，占农作物播种面积的 0.62%。2005 年，经济作物播种面积增至 44 公顷，其中棉花种植 11 公顷，亩产 54.55 公斤，总产 9 吨；花生种植 33 公顷，亩产 202 公斤，总产 100 吨。2010 年，种植经济作物 17 公顷，全部为花生，占农作物播种面积的 1.37%。

棉花 种植面积较小，主要分布在区域东部和西部沙壤地，品种有金字棉 1 号、金华 1 号等。2004 年，播种面积 50 公顷，亩产 60 公斤，总产 45 吨。2007 年，播种面积减至 6 公顷，亩产 66.67 公斤，总产 6 吨。2010 年，无棉花种植。

花生 1992 年，播种面积 19.40 公顷，亩产 127.29 公斤，总产 37.04 吨。1995 年，播种面积 15 公顷，亩产 146.67 公斤，总产 33 吨。2000 年始引进优良品种，花生总产、亩产逐年提高。2005 年，播种面积 33 公顷，亩产 202 公斤，总产 100 吨。2010 年，花生播种面积 17 公顷，亩产 266.67 公斤，总产 68 吨。播种面积比 1992 年减少 2.4 公顷，亩产增加 139.38 公斤，总产增加 30.96 吨。

三、蔬菜

蔬菜生产为路南区农业三大主导产业之一，有着传统种植优势。蔬菜种植形式有露地、地膜、中小棚、大棚和日光温室5种类型。1992年，主要品种有菠菜、葱、黄瓜、西红柿、大白菜、萝卜、茄子、豆角等。全年蔬菜种植面积969.47公顷，占农作物总种植面积的38.87%，亩产3940.57公斤，总产5.73万吨。

1993年起，蔬菜品种逐年增加，主要以白菜、菜花、西红柿、黄瓜、芹菜及短期叶菜类为主，另有少量小西红柿、佛手瓜、油麦菜、生菜、空心菜、彩椒等新品种。引进品种有香菜、甜椒、油菜、生菜、台湾圣女西红柿、美女樱桃西红柿、紫甘蓝、绿菜花、桐蒿、蛇豆、杭椒等20多个品种。改良品种有生菜、黄瓜、油菜等。随着种植结构调整，蔬菜种植面积和经济效益逐年提高。1998年，蔬菜种植增至1124公顷，亩产5134.34公斤，总产8.66万吨，创历史最高。

2000年，将蔬菜做为农业结构调整的主攻方向之一，通过技术更新和新品种引进，蔬菜种植逐步向地方品种特色化、特色品种名优化方向发展，种植面积不断扩大，特色化、规模化发展加快，无公害蔬菜发展迅速，安全质量不断提高，蔬菜产业化经营体系初步形成。2005年，蔬菜种植面积1060公顷，亩产3974.84公斤，总产量6.32万吨，实现总产值4582万元。2006年后，蔬菜种植面积逐年减少。至2010年，蔬菜种植面积减至489公顷，亩产2651.67公斤，总产1.95万吨，蔬菜种植面积、亩产、总产分别比1992年减少480.47公顷、1288.90公斤、3.78万吨。

1992—2010年唐山市路南区蔬菜种植一览表

表11-2

年份	种植面积（公顷）	平均单产（公斤/公顷）	总产量（吨）	年份	种植面积（公顷）	平均单产（公斤/公顷）	总产量（吨）
1992	969.47	59109	57304	2002	1263	59377	74993
1993	853	69592	59362	2003	1260	59921	75500
1994	1069	57038	60974	2004	1160	58793	68200
1995	961	62745	60298	2005	1060	59623	63200
1996	889	74469	66203	2006	769	56001	43065
1997	692	111878	77420	2007	720	43719	31478
1998	1124	77015	86565	2008	636	43368	27582
1999	902	85335	76972	2009	600	41917	25150
2000	1536	52566	80741	2010	489	39775	19450
2001	1247	58365	72781	-	-	-	-

1992—2010年唐山市路南区农业生产一览表

表11-3

年份	种植业总产值（万元）	农作物播种面积（公顷）	农民人均纯收入（元）
1992	3139	2494	1119.5
1993	3308	2225	1253

1992—2010 年唐山市路南区农业生产一览表

续表 11－3

年份	种植业总产值（万元）	农作物播种面积（公顷）	农民人均纯收入（元）
1994	7236	2529	1586
1995	8434	2369	2092
1996	8498	2239	3326
1997	8866	2041	3870
1998	9676	2503	4042
1999	9431	2466	4115
2000	9053	2638	4238
2001	7733	2721	4352
2002	6766	2570	4417
2003	6091	1114	4550
2004	5895	1262	4732
2005	5917	2442	4918
2006	5634	1354	5115
2007	5590	1286	5830
2008	6762	1111	6413
2009	6951	1474	7247
2010	6318	1234	8254

说明：1992 年构成数按女织寨乡、梁家屯乡报数字比例，用《路南区国民经济统计资料》总计折算所得；产值、增加值均为现价

附：

老谢庄无公害蔬菜基地简介

路南区女织寨乡老谢庄村，地处唐山市东南郊，是传统的蔬菜专业村，全村有 70% 以上农户从事蔬菜生产。2000 年，与教育科研单位河北农业大学、唐山市农业科学研究院开展技术对接，发展花卉蔬菜种植业。年内，村民集资 850 万元，村两委投资 180 万元，市、区、乡科技奖励 20 万元，建成花卉蔬菜示范园 65 公顷，高标准温室大棚 450 栋。全村发展大棚、中棚 53.33 公顷，小棚 13.33 公顷。其中，大棚以西红柿、甜椒、黄瓜、茴香、樱桃萝卜等速生菜为主，中小棚以生菜、黄瓜、油菜为主。2003 年被市农业局命名为千亩无公害蔬菜基地，传统品种有芹菜、西红柿、豆角、黄瓜，另有少部分花卉生产。亩产蔬菜 800～1000 公斤，亩产效益 5000～8000 元。2005 年，全村蔬菜面积 80 公顷，亩产效益 8000～10000 元。2010 年，全村 907 户，总人口 2411 人，有耕地 99.6 公顷，全村总收入 1.4 亿元，人均收入 8254 元。

第二节　种植技术

一、粮食作物种植技术

种子更新　1992年，以村为单位建立良种场，确定女织寨乡侯边庄、郑家庄等村为小麦繁种基地，面积20公顷；曹家庄、赵田庄、王禾庄等村为玉米繁种基地，面积266.67公顷。玉米品种以杂交为主，主要有唐抗系列、冀单、冀农、冀元、冀凌、京单、浚单、东单、濮单、北京德育18、富友625、郁青1号、正交白轴、河北秀青、石玉等等，其中浚单和石玉，轴细粒长，生育期短，亩产达1000公斤。1995年，小麦品种主要有京冬8号，属冬性中熟品种，株高85厘米左右，穗纺锤形，长芒，红粒，穗粒数30个，千粒重46克。籽粒灌浆速度快，抗倒能力强、抗干热风，落黄好。一般亩产400公斤左右，高产每亩500公斤。最佳播种期为9月28日至10月6日，基本苗300万株/公顷。引进水稻品种有垦稻3、垦育12。1996年，女织寨乡、梁家屯乡各建种子技术推广站，负责种子推广及供应。年内引进玉米品种唐抗五等。2003年，引进玉米优良品种“中田二号”，该品种具有抗旱、早熟、高产等特点，每亩可留秧苗3800株，亩产1000多公斤，是出口玉米罐头的极好原料。至2010年无变化。

栽培技术　1992年，推广水稻旱育稀植技术，试验抛秧技术。1993年，引进玉米包衣技术。1999年起，推广夏玉米铁茬播种技术，试种258公顷，2000年后大面积推广。2005年，小麦节水栽培367公顷，亩增产20～25公斤。至2010年，粮食作物栽培技术无大变化。

科学施肥　1992年，农作物施肥以化学肥料为主，农家肥为辅。普遍使用氮磷钾三元素复合肥和适宜小麦、玉米、蔬菜等作物生长的配方专用肥。2000年，农业化肥施用量（折纯量）1167吨，其中，氮肥729吨，磷肥7吨，钾肥82吨，复合肥349吨。2005年，农业化肥施用量（折纯量）921吨，其中氮肥589吨，磷肥30吨，钾肥112吨，复合肥190吨。2010年，农业化肥施用量（折纯量）587吨，其中，氮肥234吨，每亩施用16～18公斤；磷肥21吨，每亩施用10公斤；钾肥47吨；复合肥285吨，每亩施用25公斤。

二、经济作物种植技术

1992年，引进花生地膜覆盖和化学除草技术，并推广防早衰技术。2000年，花生播种面积11公顷，亩产121.21公斤，总产20吨，全部为地膜覆盖。2005年，花生种植面积增至33公顷，总产100吨，亩产202公斤，比露地栽培提高60公斤。2010年，地膜花生播种面积17公顷，亩产266.67公斤，总产68吨。

三、蔬菜种植技术

20世纪90年代开始，蔬菜种植在原有传统种植基础上，逐步引进新品种、新技术。至2010年，全区蔬菜新优品种的普及率达98%以上。小拱棚一年四茬的栽培技术已具有本区技术配套特色。棚内铺膜、二氧化碳施肥技术均得以广泛应用，生产效益逐年上升。

品种更新　1992年起，蔬菜改良品种和杂交品种得到推广。至1995年，推广面积较大的西红柿品种有弘春，黄瓜品种有唐秋一号，菜花品种有白峰、雪山等；大白菜品种有玉田包尖、冀东4号；芹菜品种有玻璃翠、四季西芹等。1996年后，主栽品种不断更新。其中西红柿品种有中杂9；黄瓜品种有北京102；辣椒品种有益都椒；秋黄瓜主要品种有唐秋1号、贵妃翠、翠果、华丰1号、绿翡翠、四季秋胜、乐选1号、9801、津优等，栽培面积占秋黄瓜的80%以上。引进新特菜蔬菜品种有田七菜、绿菜花、樱桃萝卜、樱桃西红柿、油麦菜、空心菜等。种植甘蓝品种有早春种植的早熟品种“报春”“北京早熟”，中晚熟的“京丰1号”“秋丰”等。甘蓝新品种有“8398”“春甘45”。花椰菜新品种有津雪88。至2010年，全区蔬菜新优品种普及率达到98%。

图11－2 大棚苦瓜丰收 （区女织寨乡）

栽培技术 1992年起，在老谢庄、西越河村、女织寨村、张丁庄推广塑料大棚、日光温室栽培技术。2005年，调整设施菜、露地菜比例，设施栽培技术普遍推广。全区有菜田面积达到1060公顷，其中保护地466.6公顷。日光温室以冬春茬蔬菜生产为主，品种主要有芹菜、西红柿、豆角等；大棚栽培以西红柿、茄子、甜椒、菜花、秋黄瓜、茼蒿、樱桃萝卜等品种为主；中小棚以春提前生菜、黄瓜、油菜为主。露地菜栽培主要采取上下两茬，品种以大路菜为主。至2009年，全区无公害农产品达7个，分别是西红柿、黄瓜、豆角、菠菜、芹菜、菜花、菜笋。2010年，建成40公顷设施菜田，引进香菜、生菜、西红柿、黄瓜、杭椒5个优良品种，在老谢庄进行试种。是年，全区菜田面积489公顷，其中温室菜40公顷，大棚菜37.26公顷，中小棚菜25.8公顷，地膜菜35公顷，露地菜350.94公顷。实现早春菜、越夏菜、秋延后菜、深冬菜均衡生产，常年上市。

第三节 种植业管理

一、种子管理

1992年，在女织寨乡、梁家屯乡各设种子公司，负责种子供应。1993年，建立路南区种子公司，经营管理全区农作物种子。1996年，专门成立路南区种子管理站，监督管理种子市场。2000年12月，《中华人民共和国种子法》颁布实施，打破计划经济体制下的定点、定区域模式，种子市场彻底放开。2005年，加大种子市场的监督管理，共出动执法人员160余人次，对14个农业生产资料经营户进行2次专项清理整顿，查处侵犯注册商标专用权案件1起，查扣假冒“三北”牌、“三北六号”玉米种子1000余公斤，并对当事人罚款1.1万元。2010年，种子管理职能上归市主管部门，区主管部门协作。

二、农药管理

1992—1996年，农药管理由市主管部门负责。1997年12月，根据国务院颁布的《中华人民共和国农药管理条例》，路南区成立农药管理站，负责农药经营许可证审批、农药市场监督管理、农药质量检验和农药生产经营人员培训。2003年8月，开展毒鼠强专项整治工作。2005年，加强农药市场监管，共检查农药经营单位24家，清查吉林省天达生物药品研究所生产的“抗猪病高免血清”等假兽用生物制品和未经省畜牧局批准的兽用生物制品中试产品，及时消除疫情隐患，保护养殖业发展。2010年此项业务由市主管部门负责，区农业部门协作。

三、化肥管理

1992年，化肥经营管理以供销社为主，农业、质监、工商部门为辅。2004年，面对化肥市场价格涨幅大、假化肥流入市场等问题，区主管部门于2、7、9月份三次组织检查人员开展农资市场价格特别是化肥价格检查，共检查农资经营单位8家，对未按规定明码标价的行为责令改正，并当场发放价格政策提醒函，重点查处从外省流入市场的假化肥。2005 年春耕期间，依据市物价局制定下发的《关于加强 2005 年三夏期间农资价格和市场监管的通知》要求，加大“无证、无照、无标识生产和经营活动”检查监督力度，对 2 家化肥经销单位未明码标价进行指正，发放提醒函。设置价格举报电话，建立经销单位档案，实行价格申请备案，加强价格监测。是年，全区化肥经营单位 54 家，全部纳入管理范围。2006 年 6 月，农业部《肥料登记管理办法》发布实施，肥料监督管理由市农业主管部门负责。

四、农技管理

1993 年始，农业技术管理由区农业主管部门负责。女织寨乡、梁家屯乡各设 1 个农业技术推广站，负责农业技术培训、技术指导、引进推广优良品种等工作。此后，与农业结构调整相适应，不断创新服务方式，拓展服务领域。2005 年，举办各类生产技术培训讲座 52 场次，参训农民 1 万余人。至 2010 年，累计举办培训班（讲座）30 期次，开展巡回讲座 22 场次。培训各类科技骨干 1200 余人，发展农业科技示范户 80 户。

五、植保检疫

1993 年始，建立区植物保护检疫站，负责农作物病虫害及农业外来有害生物防控，承担农作物生物灾害和重大农作物病虫害信息的收集、汇总、普查，预测预报并制定防治措施。年内，根据农作物病虫害等情况，提前介入普查、预测，指导农民针对不同病虫害，采取不同方式及时防治，以保证农作物损失减少至最低程度。2002 年，在女织寨等村发现美国白蛾，及时组织检疫和防治。对豆角、菠菜、萝卜等蔬菜种子进行重点检疫。2003 年起，坚持每年产地检疫面积 4.5 公顷。2005 年，区、乡两级分别设立专职检验员，区设立植物保护站，承担植物保护与检疫两个职能。后随农业比重减少，至 2010 年，植物检疫工作基本未开展。

六、无公害蔬菜生产与品牌认证

2000 年，发展老谢庄、西越河一带千亩棚菜基地，谋划“和平街北方花卉基地”方案，并组织实施。2003 年，对全区 30 个村、867.7 公顷土地进行环境现状评价。当年，有西红柿、甘蓝、菜花、豆角 4 个蔬菜品种经河北省无公害农产品办公室认定为无公害农产品。至 2006 年，全区已建成 40 公顷设施菜田，形成东片以老谢庄千亩无公害基地为中心，西片以东小艾、西小艾生菜生产小区为中心的无公害蔬菜产业带，蔬菜保护地面积发展至 158.17 公顷。西红柿、黄瓜、豆角、菠菜、芹菜、菜花、菜笋分别获河北省颁发的无公害标识。老谢庄、女织寨等 11 个村的蔬菜种植基地通过河北省农业厅认证，被评为“河北省唐山市女织寨乡无公害农产品基地”。2010 年，随着南湖西北片区 19 个村搬迁改造，蔬菜种植面积锐减。

图 11－3　无公害蔬菜基地　（区女织寨乡）

第四章　林果业

1990 年后，通过义务植树和有计划人工造林，林木面积逐年增加。1992 年年末实有林地面积 247 公顷。2001年，在205国道以西，南湖公园内预留林地绿化千余亩。2004年造林面积265公顷。2010年，规划林地达到652公顷，其中有林地533公顷，未成林96公顷，宜林地23公顷，干鲜果品产量100吨，引进花卉品种30余个。

第一节　花卉苗木

一、花卉苗木

1992年，路南区花卉种类主要有草本花卉、木本花卉两大类。1年生的有牵牛花、波斯菊、百日红、一串红、鸡冠花、夜来香等。2年生的有石竹、金鱼草等，多年生或宿根类有君子兰、文竹、倒挂金钟、绣球、吊兰、菊花、仙人掌等。引进的花木有铁榆、金橘、橡皮树、白玉兰、紫玉兰等30多个品种。后随城市绿化需要，花卉苗木种植呈快速发展趋势。至1999年，全区花卉种植面积达13.33公顷，养花专业户30户，其中经营2公顷的大户4户。

2000年7月，投资750万元建成老谢庄村花卉园区，占地70公顷，其中示范园区30公顷，建高标准温室大棚450座，花卉远销北京、天津、赤峰等地。2002年，该园区被命名为区科技示范基地。2004年被评为市级农民科技研修基地。

2010年，苗木基地主要有：外环路花卉基地、南苑花圃、岳各庄花圃、南刘屯苗圃、西越河苗圃、大南湖苗圃，占地面积211.73公顷，其中花卉种植面积45公顷，盆栽植物276万盆。成为唐山苗木生产的重要基地之一。

二、中国唐山北方花卉基地

中国唐山北方花卉基地是1999年5月经省市计委立项，与中国农业大学及省、市农研所合作，列入唐山市花卉发展的一项重点工程，地处唐山市路南区女织寨乡和平街村。该基地占地13.33公顷，总投资2880万元，其中固定资产投资2680万元，主要用于日光温室、大棚、道路、展厅、门市等投入，流动资金200万元，年收入可达1232万元，投资回收期3.5年。基地建4200平方米花卉展销大厅、花卉养殖基地各1个。第一大厅为交易大厅，设摊位90个，第二、第三大厅为生产、育苗大厅。全年培育苗木100万盆（株），收入600万元，纯收入300万元。2010年，入驻北方花卉基地的专业户达50户；基地先后引进百日草、福禄考、非洲茉莉、铁树、元宝树、发财树、竹兰、夏威夷椰子、滴水观音等花卉品种100余个，成为唐山花卉生产重要基地之一。

第二节　林　果

一、林木

1992年，造林14公顷，零星植树6万株，育苗2.33公顷，幼林抚育19.47公顷，成林抚育4.33公顷。1998年，以“一沟、七路”为重点开展四旁植树造林，一沟，即以南刘屯、檀庄等8个村沟渠为重点绿化造林。七路，即以木匠庄村网路、马庄唐胥路、侯边庄水渠等沟路和林网路为重点造林绿化。是年，人工造林2公顷，零星植树2万株，幼林抚育面积10公顷，成林抚育面积5公顷。2002年，在唐津高速公路绿色通道植树1.2万株，占地面积12公顷。2005年，造林13公顷，育苗9公顷40万珠，苗木产量达220万株。2010年，有林地533公顷，比1992年、2005年分别增加286公顷、333公顷。林木品种主要有杨树、刺槐、柳树、桧柏、臭椿、油桧和侧柏等。

二、果品

1992 年，有将军坨、程各庄、石庄、郑各庄、马庄、大洪桥、女织寨 7 个果园基地。主要果品有红果、柿子、苹果、桃、杏、枣、梨、山楂、葡萄等。1993 年，果品产量 354 吨。1998 年，生产果品 56 吨，其中苹果 6 吨，葡萄 26 吨，其他 24 吨。2005 年，果园面积 66 公顷，生产果品 380 吨，其中葡萄 130 吨，梨 50 吨，桃 120 吨，红枣 20 吨，红果 40 吨，其他 20 吨。此后，调整种植结构，果品产量逐年减少。2010 年，全区果园面积 57 公顷。全区果品产量 100 吨，其中葡萄 15 吨，桃 10 吨，苹果 15 吨，红枣 20 吨，柿子 20 吨，红果 20 吨。

第五章　养殖业

1993 年始，养殖户在南湖塌陷区利用空闲地发展养殖业，后逐渐形成规模。利用开滦采煤塌陷地水面进行鱼类养殖。1999 年，全区各类养殖户达 494 户，初步建成西越河养鸽基地、侯边庄养猪基地、老谢庄养猪基地、王禾庄养鸡小区、南刘屯小尾寒羊养殖小区、岳各庄养猪小区。2006 年，南湖周边养殖场拆除，养殖户锐减。2007 年，路南区已无水产养殖。2010 年，全区养殖场（户）共 181 个。养殖小区 5 个，大型养猪场 3 个。期末存栏猪 1.14 万头，羊 100 只，牛 200 头，家禽存栏 11.40 万只，家禽出栏 15.69 万只。畜禽年产量 3474 吨，其中年产肉类总产量 1324 吨，奶类产量 655 吨，禽蛋产量 1495 吨。

第一节　养殖种类与规模

一、养殖种类

畜禽　1992－2010 年，猪品种有长白猪、大约克、杜洛克、皮特兰、本地黑猪等。肉羊饲养量不大，均为私养，品种有传统山羊、小尾寒羊。肉鸡品种为艾维因肉鸡。奶牛全部为荷斯坦牛（黑白花牛），肉牛为西杂肉牛。家禽包括海兰蛋鸡和鸭。

1992—2010 年唐山市路南区畜禽生产一览表

表 11－4　单位：头、只、吨

年份	畜禽年末存栏总数	大牲畜年末存栏		其他畜禽年末存栏			肉类总产量	奶类产量	禽蛋产量
		大牲畜总数	大牲畜从事农役的	猪	羊	禽			
1992	1578.43	603	427	2475	938	153400	无数据	553	1210
1993	–	600	100	3100	1000	无数据	650	750	1004
1994	–	607	–	3637	2033	无数据	1386	902	1110
1995	199434	534	–	4100	2100	192700	1365	1160	1853

1992—2010 年唐山市路南区畜禽生产一览表

续表 11 – 4 单位：头、只、吨

年份	畜禽年末存栏总数	大牲畜年末存栏		其他畜禽年末存栏			肉类总产量	奶类产量	禽蛋产量
		大牲畜总数	大牲畜从事农役的	猪	羊	禽			
1996	305340	508	100	3077	1655	300000	1116	375	798
1997	160500	400	–	3300	1600	155200	1589	357	931
1998	163800	300	–	6600	1300	155600	1263	490	935
1999	164900	400	100	6800	1600	156000	1304	150	2171
2000	265200	600	100	7000	1600	255900	2001	1380	1535
2001	309400	600	100	7100	1600	300000	1447	1845	1596
2002	373700	800	–	8000	2600	362300	1675	2445	1935
2003	429100	1200	100	15000	2800	410000	2210	2690	2250
2004	372500	1200	–	15800	2500	353000	2271	2800	2180
2005	355500	1200	200	14800	800	338500	2293	2900	2200
2006	298800	800	200	14500	300	283000	2426	3100	2647
2007	180500	600	–	11000	200	168700	1171	3113	1711
2008	346500	900	–	18900	300	326400	1327	2104	2615
2009	275100	500	–	16600	200	257800	1822	1588	2758
2010	125700	200	–	11400	100	114000	1324	655	1495

鱼类 利用开滦采煤塌陷地形成的水面进行养殖。品种有鲤鱼、鲢鱼、草鱼、鲫鱼等。

二、养殖规模

畜牧养殖 1992 年，畜牧饲养以户养为主。1993 年，养殖户利用村中空闲地和南湖塌陷坑周边空闲地进行分散养殖。1995 年后逐渐发展成养殖小区和规模化养殖场。饲养品种由以养猪为主转向多品种发展。至 1998 年，全区初步建成西越河村肉鸽养殖基地、侯边庄养猪基地、岳各庄综合养殖基地、王禾庄养殖小区、岳各庄养猪小区、檀庄养殖小区、老谢庄工场化“迪卡”养猪场、郑各庄养牛场。

2000 年，全区养猪专业户发展到 198 户，存栏 7000 头；养鸡专业户 152 户，存栏 25.59 万只。建成万只养鸡厂 4 个，专业户 33 户，全区养鸡 59 万只，年产蛋 200 万公斤，并进行商标注册。木匠庄肉鸡养殖专业户 15 户，存栏 5 万只。南刘屯村投资 10 万元养殖小尾寒羊，建羊舍 43 间，建消毒池 1 个，存栏达到 200 只。2003 年以后，畜牧业成为区农业三大主导产业之一。到 2005 年，先后建成王禾庄村、马庄村、郑各庄村、铁匠庄村、木匠庄村、郑家庄村、檀庄村、东礼尚庄村、赵田庄村、侯边庄村、曹家庄村十几个村的养殖小区和四个规模化养殖场。是年，存栏 60 头以上的规模养猪户发展到 59 户，饲养生猪存栏 1.48 万头。饲养家禽存栏 33.85 万只。存栏 100 只以上养禽大户 81 户。2006 年开始，随着农村城市化步伐加快和大、小南湖的开发利用，土地面积不断减少，湖周边养殖场逐步被拆，畜牧业逐渐萎缩。2010 年，全区养殖场（户）共 181 个，其中万只蛋鸡饲养场 2 个，千只中小蛋鸡饲养场 72 个，禽类存栏 11.4 万只；生猪存栏 1.14 万头，其中 500 头以上生猪养殖场 1 个，中小型生猪养殖场（户）86 个；发展奶牛养殖户 20 户，牛存栏 200 头。

淡水鱼养殖　1992年，主要利用采煤塌陷地水面进行淡水鱼养殖，且未形成规模。全年淡水养殖面积15.18公顷，产量84.5吨。1998年，产量总计631吨，其中草鱼350吨，鲤鱼100吨，鲢鱼150吨，鲫鱼31吨。2000年，有养鱼专业户36户，养殖面积263.3公顷，鱼类产量660吨。2005年，总产量与2000年持平。2006年后，随着大南湖采煤塌陷地水面的征用与开发，养鱼户锐减。至2007年，路南区已无水产养殖。

第二节　养殖技术

一、饲养方法

猪　20世纪90年代前，饲养方法以传统的户养方法为主。饲料多用糠、麸、玉米面等，经和水搅拌加热喂养，生长速度慢。1993年后，饲养方法由传统喂养向科学喂养转化，推广各种维生素、微量元素等添加剂的配比使用。饲料种类分公猪料、仔猪料、母猪哺乳期料、妊娠期料、空怀期料等。2005年，普及生猪快速育肥技术，年出栏达到1.8万头。2010年，生猪存栏达1.14万头，年出栏1.43万头。规模化养殖已成为路南区养殖业发展的趋势。

鸡　1993年后，养殖方式发生变化，普通笼养被制式鸡舍所取代。饲料由自由加工转为混合饲料、添加剂、预混饲料等。2005年，饲养方式有散养、集中两种，其中规模养殖以固定鸡舍集中养殖为主，零星养殖以户养为主。2010年，饲养方式无变化。

二、改良繁育

1992年前，猪繁育配种为公猪本交。1993年始，猪繁育开始推广三元杂交（先用优良的外国公猪与本地母猪配种，在其所生的优良子猪中选育母猪，再用另一个品种的外国公猪与其交配，其所生后代为育肥猪，这一过程叫作三元杂交）和猪人工授精技术。猪人工受精精液由开平、丰南等地提供，并由提供精液单位或个人到区内进行技术操作。2005年，有雏鸡孵化场2个，年内向农户提供鸡雏10万只。至2010年，因拆迁等原因，亦无鸡雏孵化场。大型猪场数量锐减，仅剩赵田庄、侯边庄、南刘屯村3个百头以上规模养猪场。

第三节　养殖业管理

一、饲料管理

1993年始，饲料经营由路南区农业部门负责管理，每年组织人员对饲料经营者进行全面检查或抽查。2001年，《河北省饲料和饲料添加剂管理条例》（简称《条例》）颁布实施，饲料、饲料添加剂的生产、经营纳入依法管理轨道。当年起，区农业主管部门依据《条例》规定，加大抽检力度，严厉查处违禁药品超范围、超剂量使用兽药及饲料添加剂行为。至2005年，共执法检查45人次，查处违法、违规行为2起。到2010年，饲料管理无大变化。

二、兽药管理

1993年始，兽药经营由路南区农业部门负责管理。1994年建立兽药经营许可证制度，无证经营随之被取缔。2003年，以整顿兽药市场秩序为契机，引导经营企业建立质量检查、入库、科学保管、卫生安全、销售核对等制度。2005 年，查处无证经营兽药案件 2 起，经营假冒伪劣兽药案件 3 起。2010 年，兽药管理纳入常态化依法管理轨道。

三、技术服务

1993 年，路南区农业主管部门通过印发材料、科技下乡、技术咨询等形式开展农业技术服务工作。1996 年，推广女织寨乡兽医站与养殖场（户）签订服务协议经验。是年，2 个兽医站与养殖场（户）签订协议 852 份；为农户提供优质兽药和饲料 720 吨；帮助销售仔猪 3000 头，肉鸡 10 万只，鲜蛋 50 吨；引进优种猪 85 头，奶牛 35 头。2001 年，抽调 20 名技术骨干组成科技服务小分队，随车携带治疗药品，入养殖场（户），即开方又卖药，为农民提供畜禽养殖服务。2010 年，建立技术人员联系村 24 个，联系户 324 户，推广玉米秸秆青贮等先进技术 5 项，帮助农民解决技术难题 30 余个。

四、疫病防疫

1992 年，畜禽疫病防疫由女织寨乡、梁家屯乡兽医站承担。2001 年 5 月，女织寨村有 3 头奶牛发病，经强制扑杀，防止疫情扩散。口蹄疫病（五号病）防治措施为隔离、封锁、消毒。2004 年，亚洲地区暴发高致病性禽流感。1 月，区政府办公室下发《关于做好防治禽流感工作的紧急通知》。2 月 10 日，召开全区防治工作会议进行部署。成立防治禽流感领导小组和指挥部，制定《路南区高致病性禽流感防治应急预案》。区级设立疫情测报站，乡设疫情监测点，村和养禽场设立疫情报告员，形成场、村、乡、区四级疫情报告网络。实行疫情“日报告”和“零报告”制度，全天 24 小时监控。全区组织防疫人员 20 多人，成立 4 个专业免疫注射小组，对散养家禽，逐村、逐户免疫注射，确保村不漏户、户不漏禽、禽不漏只。对存栏 1000 只以上、实行程序化免疫的养禽场防疫密度达 100%。同时，严防外疫流入，设立公路临时检查消毒站，由畜牧、公安、卫生、交通等部门抽调人力，24 小时值班，加强对外地运输禽只和禽产品车辆的消毒检疫。至 2010 年，全区无禽流感疫情发生。

五、动物检疫

1992 年，动物检疫由女织寨乡、梁家屯乡兽医站承担。1993 年，建立畜禽出栏、补栏报检备案制度。产地检疫重点为动物交易市场、饲养场、加工厂（点）。1996 年，两乡兽医站合并，更名为女织寨乡兽医站。配合市主管部门负责路南区动物检疫工作。2000 年起，将养殖专业村、规模养殖场作为重点，派驻专人检疫，对分散养殖户实施流动检疫。对购入猪只进行补栏前检疫、隔离观察和免疫补针。2003 年 1 月，女织寨乡兽医站更名为路南区动物防疫监督站，由区农村经济局统一管理，负责全区的动物防疫工作。2004 年，建立路南区女织寨乡动物防疫站，由区农村经济局统一管理，核定全额事业编 4 名。是年，动物检疫率达到 100%。2008 年 12 月，在女织寨乡动物防疫站增设畜禽产品质量安全监督科。2009 年 11 月，女织寨乡动物防疫站更名为路南区动物卫生监督所和动物疫病预防控制中心，负责动物检疫防疫工作。至 2010 年，全区动物产地检疫率达 98%，规模养殖场（户）产地检疫率 100%。

六、奶源排查

2008 年，石家庄三鹿集团“奶粉事件”曝光后，为确保牛奶食品安全，区动物检疫部门共排查奶牛养殖户 34 户，存栏奶牛 900 头，其中产奶牛 72 头。2010 年年初，用 1 个月时间再次对奶牛养殖户使用违禁药品和奶源进行清查，共排查奶牛散养户 20 户，存栏奶牛 118 头，其中乳牛 35 头。取缔个体流动收奶站 1 个。

第十二编　经济管理

1978年，实行计划经济体制，政府按计划配置资源，工业生产由政府下达计划指令，重要生产资料统一分配调拨，粮食统购统销，城市居民消费品按计划供应。1984年，贯彻《中共中央关于经济体制改革的决定》，实行公有制基础上的“有计划的商品经济”体制，即计划经济管理体制逐步实行以中、长期为重点的计划体系，实施指令性计划、指导性计划和市场调节三种管理形式；财政实行“划分收支，分级包干”“划分税种，核定收支，分级包干”的财政管理体制；物价管理根据“有计划的商品经济”体制要求，逐步由“调放结合，以调为主”向“放调结合，以放为主”的方向过渡，改变政府定价集中过多，流通商品价格统的过死的价格管理体系，扩大市场调节范围，进而形成国家定价、国家指导价、市场调节并存的格局。1992年后，按照中共十四大确立建立社会主义市场经济体制的目标和《关于建立社会主义市场经济体制若干问题的决定》，确立社会主义市场经济体制的基本框架和目标。此后，按照社会主义市场经济体制目标要求，逐步建立指导性计划和以中、长期计划为主体的计划体系，加强对经济走势的监测和预警、预报，建立计划、金融和财政之间相互配合的制约机制；价格管理由政府直接管理为主，逐步转向间接管理为主，绝大多数商品价格放开，形成政府定价、政府指导价和市场调节价三种价格形式并存，并以市场形成价格为主的新的体制机制；工商行政管理、审计、国土资源管理、质量技术监督等政府经济管理部门，按照社会主义市场经济体制目标要求，逐步由微观转向宏观，管理模式亦由行政管理型转变为管理服务型。1994年实施分税制财政管理体制。2005年改革宏观调控体制，除关系国计民生及必须由政府控制的领域及行业外，全部由市场调节，适应社会主义市场经济体制运行的宏观调控体系基本形成。2008年10月，受世界性金融危机影响，政府将宏观调控的重点由保持经济平稳较快发展转到防止经济过快下滑，具体政策由稳健的财政政策和从紧的货币政策转为积极的财政政策和适度宽松的货币政策。2010年，适应国家经济走出金融危机影响，路南区政府转变和完善发展计划、财政、物价、工商、审计、国土资源等管理经济职能，压减行政许可，简政放权，最大限度减少行政干预，为经济社会全面、协调、可持续发展提供服务和法律保障。

第一章　计　划

1980年6月，路南区设立计划统计科。1984年10月路南区建立计划委员会，与统计局合署办公。1985年8月区计划委员会与区经济委员会合并为路南区经济计划委员会，下设计划股负责计划工作。1993年，根据中共中央确立社会主义市场经济体制发展目标的要求，计划管理逐步突出宏观性、战略性、政策性，把重点放到中长期计划上，合理确定国民经济和社会发展战略目标，加强经济发展预测、总量的调控。1998年起，坚持“微观搞活、宏观管好”的原则，除关系国家经济全局的重要项目外，其余项目全部放开。此后至2010年，适应社会主义市场经济体制的宏观调控计划体系基本构成。其间，计划管理机构也几易其名，至1996年名称为计划与经济贸易委员会，2002年为发展计划局，2005年以后为发展改革局。其主要职责是：拟订并组织实施全区国民经济和社会发展战略、中长期规划和年度计划；统筹协调经济社会发展，研究分析经济形势，提出全区国民经济发展和优化经济结构的目标、政策建议；指导推进和综合协调经济体制改革；规划重大建设项目和生产力布局；推进经济结构战略性调整等。

第一节 计划编制

一、五年计划编制

1985 年，路南区编制《唐山市路南区 1986—1990 年国民经济和社会发展计划》。1988 年后，随着经济体制改革和计划管理体制改革的深化，指令性计划范围逐步缩小，市场调节作用加大，计划编制仅限于突出宏观调控和重点建设项目、技术改造和引进项目的计划平衡。至 2010 年 21 年间，全区共编制 5 个五年计划。

第七个五年计划（1986—1990 年） 1985 年，制定《唐山市路南区 1986—1990 年国民经济和社会发展计划》（以下简称“七五”计划）。重点包括经济工作、恢复建设工作和城市管理工作，涉及工业生产、劳动工资、基本建设、物资和大中专毕业生分配计划等内容。“七五”计划确定的总目标是：团结全区人民，调动一切积极因素，经过一番艰苦的努力，把路南区建成一个经济、科技、文化、体育、教育事业比较繁荣，环境优美，人民生活舒适、方便的新型市区。1987 年，对计划进行补充和完善，明确“七五”末的主要奋斗目标为：到 1990 年工业总产值达到 18680 万元，平均每年递增 7%，提前一年实现工业产值翻一番，工业利润达到 1956 万元；社会商品经营总额达 35000 万元，平均每年递增 8%；财政收入达到 4637 万元，平均每年递增 6%。全面完成复建扫尾工作，改革和完善城市管理体制，实现环境保护、城市管理的经常化、制度化、规范化，全面改革市容市貌，基本实现“改变面貌，美化环境，建设比较优美、舒适的新型市区”的奋斗目标。实现人口规划控制目标，科技教育，卫生体育和其他各项工作，力争达到全市第一流水平，实现社会风气根本好转。

第八个五年计划（1991—1995 年） 1990 年，制定《唐山市路南区“八五”经济和社会发展规划》。计划制定重点是：牢牢把握“抓住机遇、深化改革、扩大开放、促进发展、保持稳定”的工作方针，积极推进综合改革，逐步建立起与社会主义市场经济相适应的企业运行机制和机构运行机制。以产权制度改革为突破口，抓住公有资产保值增值这条主线，积极推进公有资产委托经营，加快推行股份制和股份合作制，积极推进现代企业制度的建立。发展第三产业、个体私营经济和外向型经济，积极推进市场建设。按可比价计算，地区生产总值 1995 年达到 8 亿元，“八五”期间平均年递增 30% 以上。财政收入 1995 年达到 9000 万元，“八五”期间平均年递增 12% 以上。

第九个五年计划（1996—2000 年） 1995 年，制定《唐山市路南区国民经济和社会发展“九五”计划和 2010 年长期规划》。计划重点是：实施“科教兴区”和“外向带动”两大战略，发挥机电、商贸、民营经济三大优势，高优发展一产，高效发展二产，高速发展三产，使全区到本世纪末实现国民经济总量显著增加，全区经济转入以市场需求为导向的持续、快速、健康发展阶段。到 2000 年，按可比价计算，地区生产总值达到 18.33 亿元，比 1980 年实现翻四番半，“九五”期间年均递增 18%；实现人均地区生产总值比 1980 年翻四番，达到 8300 元以上。2010 年远景目标：全区地区生产总值平均每年增长速度达到 15%。按可比价计算，2010 年全区地区生产总值实现比 2000 年翻两番，达到 74 亿元，人均地区生产总值达到 3.27 万元左右，平均每年增长 14.7%。

第十个五年计划（2001—2005 年） 2000 年，制定《唐山市路南区国民经济和社会发展“十五”计划纲要》。计划重点是：着力推进经济体制和经济增长方式两个转变，继续实施“科教兴区”“开放兴区”“三产兴区”三大战略，以城区改造为主线，加快城市现代化建设进程；加快经济结构调整，促进产业结构优化和升级；以深化企业改革为中心环节，全面推进各项改革；加速实施“开放兴区”“科教兴区”战略，推动全区经济的外向化和整体素质的提高；加强社会主义精神文明和民主法制建设，促进社会全面进步。2005 年，全区国内生产总值达到 29 亿元，“十五”期间年均增长 11%；人均国内生产总值达到 12700 元，年均递增 10.1%。全区财政收入达到 1.85 亿元，年均递增 7.5%，其中地方财政收入达到 1.15 亿元，年均递增 8%。

第十一个五年计划（2006—2010 年） 2005 年，制定《唐山市路南区国民经济和社会发展第十一个五年计划纲要》。计划重点是：加速经济结构调整，培育壮大八大区域性市场（即以农副产品批发零售为主的荷花坑市场、南新道水产批发市场中心；以纺织和工业品批发、零售为主的小山、建国路中心；以汽车专卖为主的复兴路、唐柏路沿线汽车专卖交易中心；以钢材、木材、陶瓷、旧物专卖为主的唐柏路、复兴路、岳各庄路一带生产资料交易中心；以新街、新天地购物广场为主的华岩路—文化路沿线品牌专卖现代化购物中心；以果品专卖为主的南新道果品交易中心；以“东方家园”建材家居超市为主的南新道沿线装饰材料销售中心；以纪念碑广场、大南湖区域建设为主的旅游、休闲、娱乐服务中心）。大力发展总部经济，积极发展现代服务业，形成具有路南特色的服务业产业新格局，打造服务业强区；调整工业经济布局，全面完成工业企业改制，加强项目建设，改造提升传统产业，重点发展壮大钢铁深加工、机械制造、轻化工行业三大主导产业，使路南工业由“散、弱、低”向“集、强、高”方向发展。同时，推进清洁生产，发展循环经济，初步形成以资源节约型、清洁生产型、生态环保型为特征的循环经济格局；加强城市基础设施建设，加快推进中西部平改工程、东部城区改造工程；统筹城乡协调发展，逐步使路南区农村向城市化发展迈进。“十一五”期间，全区生产总值年均增长在 13% 以上，力争人均突破 2 万元，努力实现比 2000 年翻两番的目标；财政收入增速不低于生产总值增速，比 2000 年翻两番以上。

二、专项计划编制

专项计划依国民经济和社会发展制定，是中长期计划的补充和完善。1988 年，路南区编制《路南区 1989—2000 年商业发展规划纲要》《路南区 1989—2000 年工业发展规划》和《路南区 1988—2000 年街道工业发展规划》。1991 年，编制《路南区商业发展十年规划和“八五”计划》。1992 年，编制《路南区 1992—2000 年果树发展规划》《路南区 1992—1995 年第三产业发展规划》。1995 年，编制《路南区 1995—2000 年畜牧业发展规划》《路南区经贸委“九五”规划》。1997 年，编制《路南区 1997—2000 年农业龙形经济发展规划》。1999 年，编制《路南区 1999—2010 年质量兴区、名牌兴企战略规划及措施》。2000 年，编制《关于唐山现代民营科技园区的发展规划》。2001 年，编制《关于大力实施龙头工程、加快发展农业产业化经营的“十五”规划》。

2006—2010 年，先后编制《路南区“十一五”时期农业产业化发展规划纲要》《路南区“十一五”时期第三产业发展规划纲要》《路南区“十一五”时期服务业发展规划纲要》《路南区“十一五”时期工业发展规划纲要》《路南区“十一五”时期城市建设与发展规划纲要》《路南区“十一五”时期经济体制改革发展规划纲要》《路南区“十一五”时期外向型经济发展规划纲要》《路南区“十一五”时期社会保障发展规划纲要》《路南区“十一五”时期民政事业发展规划纲要》《路南区“十一五”时期科技事业发展规划纲要》《路南区“十一五”时期教育体系建设发展规划纲要》《路南区“十一五”时期文化事业发展规划纲要》《路南区“十一五”时期公共卫生体系建设发展规划纲要》《路南区“十一五”时期生态建设和环境保护发展规划纲要》《路南区“十一五”时期财政税收规划纲要》《路南区“十一五”时期现代、虹桥、吉祥、交大工业加工区规划纲要》《路南区“十一五”时期女织寨乡工业加工区规划纲要》。

三、年度计划编制

1990 年，计划重点是贯彻治理整顿和深化改革方针，稳定和发展区街经济，深化街道体制改革，推进实体化进程。1991年，计划重点是以“质量品种效益年”活动为契机，注重产品质量，调整产品结构，通过发展外向型经济、深化企业改革、加强宏观调控、巩固和发展繁商区优势等一系列措施，使全区经济进入稳定发展时期。

1994年，计划重点是贯彻中共十四届三中全会《决定》精神，以理顺产权为核心，转换企业经营机制，以转变政府职能为重点，推进配套改革。同时，把握区位优势，以振兴机电工业、改造传统工业为重点，扩大双向开放；以推进商贸繁荣为目标，加强市场建设，开拓第三产业。1995年，计划重点是理顺产权关系，深化企业改革；依托“两环”（京津、渤海）优势，实施全方位开放；发展优势产品，改造传统工业；组建企业集团，扩大规模效益；拓宽三产领域，扶植民有经济；提高乡镇企业素质，发展产业化农业。1996年，计划重点是以经济建设为中心，加快经济体制和经济增长方式两个根本性转变，实施“科教兴区”“开放兴区”“三产兴区”三大战略，发展机电、商贸、民营经济三大优势。1997年，计划重点是以建设宽裕型小康为目标，加快农业和农村经济发展；加大结构调整力度，着力提高工业经济增长的质量和效益；因企制宜，注重实效，集中力量推进全区企业改革；大力促进非公有制经济发展，培育新的经济增长点；加大开放工作力度，提高对外开放水平。

2000年，计划重点是大力发展城郊型特色农业，促进农村经济再上新台阶；深入开展结构调整年活动，努力推进全区工业经济健康发展；全力实施城区改造工程，构筑区域特色经济发展新格局；快速发展第三产业，促进个体私营经济发展，全面推进企业改革和综合配套改革。2002年，计划重点是按照区委“三兴、一强、一拉动”（三产兴区、科教兴区、开放兴区、工业强区和城建拉动）战略，加快农业、工业结构调整，巩固繁商优势，提高管理水平，加快个体私营经济发展，推动区域经济的全面繁荣。

2005年，计划重点是弥补“两开”（开滦、开元集团）划出减少经济总量的损失。遵循“三兴、一强、一拉动”策略，通过“稳定一产、提高二产、强化三产”，使全区主次产业结构进一步优化，确保完成“十五”计划。2006年，计划重点是实施五大主体战略（三产兴区、科教兴区、开放兴区、工业强区和城建拉动），突出四大重点带动（立区工商项目、东南部老城区改造、南湖经济生态区和城乡一体化），全面推进三个统筹发展（经济社会、三次产业、东西部和城乡），深化结构调整，增强经济发展后劲。

2008年，计划重点是全面实施“开发大南湖、建设新路南”主体战略，按照“强化一个结合求发展、坚持六个面向要效益”的工作思路，全力打造南湖生态经济区，以“六点六片”（“六点”即渤海大厦、渤海新世界、人民大厦、新华贸中心、曙光大厦、建国大厦，打造新华道南侧沿线六大标志性景观建筑；“六片”即西南片区、东南片区、长青楼区域、南湖北岸区域、小山建国路区域、华岩南路区域为突破，大力发展现代服务业）；以“两园”（2个新的装备制造园）、“双百”（百万吨精品钢材生产和百万吨钢材消耗）为重点，不断优化工业结构，努力实现经济又好又快发展。2009年，计划重点是深入实施“依托大南湖，服务大南湖，开发大南湖，建设新路南”的主体战略，以项目建设为支撑，大力发展第三产业，调优做强第二产业，巩固提升第一产业，着力打造“实力路南、魅力路南、幸福路南”，为实现三年再造一个新路南的奋斗目标奠定坚实的基础。2010年，计划重点是强化项目建设，全力打造商业商务中心、物流中心、文化创意中心，全面推进新型城市工业化进程，继续实施城镇面貌三年大变样攻坚。科学编制“十二五”发展规划，为科学发展示范区建设奠定坚实基础。

第二节　计划管理

一、工业计划

1978年前，对工业计划实施“三定”（定品种、定产值、定产量）一包（包销售）管理。中共十一届三中全会后，工业生产及购销计划由指令性转向指导性，工业企业由单纯的生产型转变为生产经营型，产品由国家包销改为企业自销，企业在完成上缴利税后，所余自己支配，出现亏损，国家一般不再补贴。企业转换经营机制后，原有指令性计划管理范围日趋缩小，企业自主权不断扩大，经济效益提高。1990年前后，经济发展一度过热。加强宏观调控管理，运用经济政策和调节手段综合平衡协调，帮助企业建立健全工业生产制度，引导企业调整产业、产品结构，企业逐步摆脱困境。1998年起，随着工业企业产权制度改革，现代企业制度逐步建立与完善，工业计划管理适应市场经济需求，转向围绕实施名牌战略，培育扶持机电、化工、食品等行业，加快产品结构调整。2001年，工业计划分解下达年销售500万元以上工业企业总产值、增加值、利税增长率、产销率和乡镇企业增加值、利税等指标。2010年，工业计划只分解下达完成规模以上企业工业增加值、增长率等指标。

二、农业计划

1993年，农业计划分解下达农业总产值、粮食播种面积、粮食总产量、农村经济总收入和农民人均纯收入等指标。1996年，增加农业增加值及增长率等指标。2000年，增加蔬菜、畜牧、花卉等农业支柱产业专项指标。2005年，农业计划分解下达农业增加值、农民年人均纯收入等指标。至2010年，农业计划只下达农业总产值及增长率、农民人均纯收入两项指标。

三、商业计划

1978年前，商品流通领域实行计划管理。国家将工业品统购后，逐级批发到销售部门。重要工业品，如自行车、缝纫机、布匹、食糖、食盐等按计划定量供给。国营商业实行统收统支，赢利后上缴财政，用款时申请下拨，亏损由财政补贴。1979年后，商品流通领域本着搞活市场、繁荣经济、物畅其流的原则，扩大商业企业自主权。企业进货渠道由单一的逐级批发改为自行采购、批发，或从厂家直接进货。除煤炭、钢材、木材、石油、化肥、农药、烟草等重要物资实行计划管理外，其余商品均自采自销。

1984年后，企业自主权逐步扩大，指令性计划范围缩小，商业计划多由企业自主编制。1993年起，随着社会主义市场经济体制的逐步建立，商业企业经营体制发生深刻变化，商业企业计划完全自主编制。至2010年，全区商业计划只分解下达社会消费品零售总额及增长率、实际利用外资、实现出口总额及增长率等指标。

四、社会事业计划

1985年，教育、文化、体育、卫生、科技、社会保障、民政等各项事业发展均列入经济发展“五年计划”，事业单位经费由政府依照计划逐年拨付。1990年，社会事业计划开始以宏观管理为主，年度国民经济和社会发展计划只下达城镇居民人均可支配收入及增长率、人口自然增长率、符合政策生育率和环境保护等几项主要指标。2000—2010年，社会事业发展计划中增列城镇新增就业人数和城镇登记失业率两项指标。

五、物资计划

生产资料计划　1978年，金属材料、煤炭、石油、木材、机电、建材、汽车、化工等生产资料实行计划管理。1979年起，生产资料供应实行计划内和计划外双轨制。计划内生产资料按计划内指标分配，平价供应；计划外则自行采购，议价出售。计划外物资销售量逐渐增多，计划内物资所占比重逐渐缩小。1985年后，国家放宽生产资料管理，大部分物资由市场调节供求，计划部门只按上级下达的指标，对煤炭、钢材、木材等几种生产资料进行管理。1992年始，国家对物资供应停止双轨制，生产资料计划管理随之结束。

生活资料计划　1978年，居民生活所需粮、棉、油、棉布、食盐、火柴、食糖等生活资料凭票按计划供应。1983年停用购物券和布票。1984年停用牛奶供应证。1987年停用侨汇券。1991年停用食糖票。1992年停用肉票（猪、牛、羊）、蛋票、肥皂票、居民购货证。1993年5月10日，开放粮油价格，流通几十年的粮票、油票、城镇居民粮食供应证宣布作废，“购物票证”彻底退出历史舞台。

六、固定资产投资计划

20世纪70年代末，基建项目投资需提前报送计划，按照市下达的年度基建投资控制指标分期实施。项目投资需省追加投资指标，立项经省批准。县（区）可批准不占用地市指标、且不超过5万元的项目。县、区属企业技术改造项目自筹资金由县（区）主管部门批准。资金使用接受审计、银行等部门对资金来源、使用情况、预决算等审计和监督。1985年，区经济计划委员会建立后，基建立项按管理权限分别由市计委和区经济计划委员会批准。1990年前后，按省市控制固定资产投资规模有关规定，对在建项目进行清理，停、缓建一批非生产性建设项目。是年，全社会固定资产投资额2969万元。

1994年，建立项目管理责任制，明确百万元以上技改（新建）项目由区主要负责人与实施项目单位签订责任状，百万元以下项目则由企业主管部门与项目实施单位签订责任状，银行、税务等职能部门与项目实施单位签订项目服务责任状。项目办对投资500万元以上项目跟踪管理，逐项目建立台账，逐月反馈、汇总项目投资进度。2004年，制定项目管理办法，全面落实项目责任制。对列入区重点的59个建设项目，每个项目明确由1名区级领导负责督查，并确定责任部门一抓到底。

2005年开始，按照国务院关于投资体制改革的决定，河北省政府出台对固定资产投资项目实行核准（或备案）的规定，对于不使用财政与专项资金的项目，取消项目建议书、可行性研究报告、初步设计的原审批程序；实行国家产业政策目录内项目核准制，产业政策目录外项目投资3000万元以下、50万元以上项目实行区发改部门备案制度。是年，完成全社会固定资产投资8亿元，占年计划7.4亿元的108.1%。

2008年，为加快项目建设进度，组建重点项目建设指挥部、重点项目办公室，实行领导干部分包项目、重点项目全程代办等制度，形成较为完善的组织领导体系。同时，积极争取市直部门支持，在全市率先召开规划设计、土地、银企对接会，有效解决制约项目建设的难点问题。是年，全社会固定资产投资12亿元，比上年增长34.92%。

2009年，建立完善重点项目领导分包、乡街盯办、后备干部代办、职能部门联办等制度，探索实施项目拆迁、以专题对接会推进手续跑办等项目推进新模式。全年累计谋划重点项目180个，计划总投资1000亿元。其中，超亿元项目102个，超10亿元项目28个；6个项目被列入省重点，56个项目被列入市重点。年内，完成全社会固定资产投资56亿元，占年计划36亿元的156%，同比增长3.7倍。

2010年，以“依托大南湖、服务大南湖、开发大南湖，建设新路南”主体战略为指导，以“打造唐山市商业商务中心、文化创意中心、政务中心”为抓手，以南湖生态城西北片区整体改造工作为重点，强力推进项目建设。5年累计谋划实施各类重点项目195个，其中，超80亿元项目4个，超30亿元项目14个，超10亿元项目39个。年内，完成全社会固定资产投资105.04亿元，同比增长87.6%，完成年计划73亿元的143.89%。

第二章　统　计

1986年，路南区撤销计划统计科，始建统计局，专门负责全区人口、工业、商业、劳动工资、财政、税务、市场、物资、基建、房改、文教、体育、民政等内容的统计。1988年9月，统计局与区计委合并，名称为计划统计局。1989年4月两机构分设，恢复统计局建制。1993年4月，撤销统计局，组建计划统计委员会。1996年6月，撤销计划统计委员会，分别成立计划与经济贸易委员会和统计局。此后，统计局一直是路南区政府的常设工作部门之一。随着全区经济社会的不断发展，其统计方法不断改进，统计手段不断更新，统计范围不断扩展，统计制度不断完善。至2010年，全区已形成专业定期统计、专项调查统计和地方统计调查为内容的统计网络。统计工作也从过去单纯的汇总数据，发展到监督、咨询、服务为一体的综合性统计。

第一节　经济社会发展统计

一、综合统计

1990年，综合统计的内容为全区行政区划、面积、人口密度、国内生产总值、人口变动、计划生育、财政税收、文教、体育、民政等。1994年，增加总产出和国民生产总值（当年价、可比价）统计。1996年，增加工农业总产值、经济和社会发展目标统计。2001年，增加乡镇国民生产总值、国内生产总值构成项目指标统计。2003—2010年，停止国内生产总值统计，增加地区生产总值统计。

二、专项统计

农业统计　1992年年末开始设农业统计。统计内容包括：农作物播种面积和产量、社会总产值、乡镇企业总产值、工农业总产值、农村经济收入分配和效益、乡镇企业主要财务指标、林业生产、牧业、渔业生产及耕地面积等9项。1993年，入统内容增加渔业产品产量、农村非农行业总产值、农业总产值及农产品产值、农林牧渔业增加值、农村固定资产结构。停止林业生产统计。

1996年，新增统计内容有：农村基层组织基础设施及农机情况、干鲜果品产量、林业生产、灾情情况。停止农村经济收入分配和效益统计。1999年，停止畜牧业生产、渔业生产、农村社会总产值、灾情情况统计，恢复农村经济收入分配和效益统计。2000年，恢复畜牧业生产、渔业生产、农村社会总产值、灾情情况统计。2001年，增加农业生产条件统计。停止农村基层组织基础设施及农机情况、畜牧业生产、渔业生产、农村社会总产值、灾情情况、农村经济收入分配和效益统计。

2002年，农作物播种面积和产量改称主要农产品生产情况；干鲜果品产量改为水果生产统计；增加耕地面积情况、蔬菜瓜果及特种作物生产情况统计；恢复畜牧业生产、农林牧渔业总产值、农村非农行业总产值统计。停止农业总产值和商品产值、农林牧渔业增加值统计。2003年，增加农林牧渔业中间消耗和增加值统计，恢复农林牧渔业总产值统计。2004年，增加农村乡镇统计网络建设情况和林业生产情况统计。2005年，停止农村乡镇统计网络建设情况、乡镇企业主要经济指标统计。2007—2010年，停止渔业生产情况统计，其他内容无变化。

农村社会经济调查统计　1993年，首次开展农村社会经济调查统计，调查对象为唐山市统计局抽取的路南区20户农村住户，调查内容为农民家庭经济生活收支情况。1996年，农村社会经济调查情况正式编入路南区国民经济统计资料。入统内容有：农村住户基本情况、总收入和纯收入、总支出、现金收入情况和农民人均纯收入分组等。

1997年，增加农村住户出售产品情况统计。1999年，停止现金收入情况和农民人均纯收入分组统计。2000年，恢复农民人均纯收入分组统计，同时，停止出售产品情况统计。2001年，停止农民人均纯收入分组统计，恢复出售产品情况统计。2002年，增加农村住户住房情况、期末主要耐用消费品拥有情况、住户按人均纯收入分组情况统计，停止农村住户出售产品情况统计。2003年，农村住户经济调查采用一套表，即农村居民家庭收入与支出表，主要包括总收入、总支出、纯收入、可支配收入等4大项15小项27个分项统计内容。至2010年，除2004年发布一份农村住户调查公报表外，统计内容无变化。

工业统计　1990年，入统内容包括按经济类型、隶属、轻重工业、各企业的分月份工业总产值（1990年不变价），分月份主要工业产品产量、出口产品生产与交货情况，全民所有制独立核算工业企业净产值和主要财务指标，集体所有制和其他经济类型独立核算工业企业主要财务等5项指标。

1992年，增加分月份工业销售产值（1990年不变价）、乡及乡以上独立核算国有企业工业经济效益综合指数完成情况统计。停止分月份主要工业产品产量、出口产品生产与交货情况统计。1993年，增加全部工业主要财务指标统计。停止分月份工业销售产值（1990年不变价）、乡及乡以上独立核算国有企业工业经济效益综合指数完成情况统计。

1995年，停止分月份工业总产值（1990年不变价）统计，增加工业总产值（年度）（现价、不变价）统计，将全民、集体、其他、乡街工业企业主要财务指标内容并入全部工业企业主要财务指标统计。1996年，工业统计内容调整为全部工业企业个数及工业总产值、乡及以上工业企业个数及工业总产值和销售产值、乡及乡以上独立核算工业企业经济指标、乡以上工业经济效益综合指数4项。同时，为满足市达目标考核工作要求，增加经济和社会发展目标完成情况、全部工业总产值完成情况分解表、全区经济发展指标完成情况、工业经济效益综合指数完成情况4项快报资料。

1997年，停止乡以上工业经济效益综合指数统计。1998年，工业统计内容调整为全部工业企业个数及工业总产值、年销售收入500万元以上及国有和国有控股工业主要经济指标、500万元以下非国有工业企业及全部个体经营主要经济指标3项。1999年，停止500万元以下非国有工业企业及全部个体经营主要经济指标统计。2001年，将年销售收入500万元以上及国有和国有控股工业主要经济指标统计更名为500万元以上工业企业主要经济指标统计，共86项指标。2007—2008年统计内容有工业企业主要经济指标，停止全部工业企业个数及工业总产值统计。2009—2010年，增加全部工业企业个数及工业总产值统计。

国民经济核算统计　1990年，统计内容只有国民生产总值构成统计。1992年，增加社会总产值和国民收入统计。1993年，增加总产出（当年价、可比价）统计，停止社会总产值和国民收入统计。1995年，增加按生产法计算的国民生产总值（当年价、可比价）统计。1996年，增加国内（民）生产总值审核参考统计。1998年，停止国内（民）生产总值审核参考统计。2001年，增加乡镇国民生产总值综合统计。2002年，增加国内（民）生产总值审核参考指标统计。2003年，统计指标体系有所调整，入统内容包括总产出（当年价、可比价）、地区生产总值（当年价、可比价）、地区生产总值构成项目、地区内生产总值构成项目、地区生产总值审核参考指标5项。2005年，增加乡镇地区生产总值综合统计。2006—2010年，停止地区内生产总值构成项目、乡镇地区生产总值综合统计。

固定资产投资及建筑业统计　1990年，固定资产投资统计内容包括全民和集体基本建设投资完成情况2项。1991年起，建筑业纳入统计范围，入统内容包括建筑业财务成本完成情况、建筑业施工生产完成情况、建筑业净产值3项。1993年，停止建筑业净产值统计。

1995年，固定资产投资统计范围包括全民技改、全民基建、全民房地产开发、集体房地产开发、集体基建、农村集体个人等5部分。统计内容有计划投资、投资完成情况及各种分组指标90项。1996年，固定资产投资及建筑业统计指标体系有较大变动。入统内容有：按经济类型分，全社会固定资产施工项目和投资；按用途分，国有和其他固定资产施工项目和投资，国有和其他经济新增固定资产投资；按经济类型分，全社会固定资产投资和拨款、城镇私人建房、农村集体固定资产投资、农村个人固定资产投资、全社会新增固定资产、全社会房屋施工和竣工面积、建筑业企业生产情况、建筑业企业财务状况等项。

1998年，停止按用途分国有和其他经济。新增固定资产统计。1999年，停止按用途分国有和其他固定资产施工项目和投资，按经济类型分全社会固定资产投资和拨款、城镇私人建房、农村个人固定资产投资，按经济类型分建筑业企业财务状况统计。2000年，增加按经济类型分全社会固定资产投资和拨款，按经济类型分建筑业企业财务状况统计。停止农村集体固定资产投资统计。2001—2010年，固定资产投资指标体系有所调整，入统内容有：全社会固定资产投资完成情况、地方固定资产投资完成情况、全社会固定资产投资资金来源情况、全社会固定资产、房屋施工和竣工面积等项。

物资能源与水消费统计　1990年，入统内容为全民所有制和集体所有制工业企业主要原材料能源消费与库存。1991年，增加工业企业产品销售与库存总值统计。1992年，增加物资购进、消费和库存总值统计，停止工业企业产品销售与库存总值统计。

1993年，统计内容调整为行政事业单位、商业企业原材料、能源消费与库存，全区工业企业原材料消费与库存4项。1994—1995年，统计内容再次调整，主要包括原材料消费与库存、主要能源消费与库存，工业企业工业产值综合能耗等项。1996年，停止工业企业产值综合能耗统计。1998年，统计指标体系调整，入统内容有工业企业能源购进、消费量、工业企业能源库存等项。

2001年，统计口径改为规模以上工业企业，统计指标无变动。2003年，将原2项统计合并为规模以上工业企业能源购进、消费及库存1项统计。2004年，增加规模以上工业企业水消费统计。2007年，增加工业企业能源购进、消费与库存附表，补充资料2项统计，次年，又停止该统计。

2009—2010年，增加工业企业水消费补充资料统计。

国内贸易统计　1990年，统计内容有全区商业经营情况，全区集体所有制商业商品购、销、存情况，城镇合伙经营组织、个体工商业户基本情况，集贸市场成交情况，集贸市场商品购销情况5项。

1993年，增加全区批发零售贸易业经营情况（商业）、商业企业商品销售库存情况统计，停止全区商业经营情况，全区集体所有制商业商品购、销、存情况统计。1994年，批发零售贸易业商品销售库存类统计替代商业企业商品销售库存情况统计，批发零售贸易业餐饮业经营状况统计替代全区批发零售贸易业经营情况（商业）统计。1995年，停止城乡集贸市场商品购销情况统计。

1996年，统计指标体系调整，统计内容有批发贸易业机构网点和人员、餐饮业机构网点和人员、社会消费品零售总额、大中型批发零售贸易业餐饮业财务状况、市场分类情况、集贸市场成交情况6项。1997年，增加批发零售贸易业商品销售库存类值、批发零售贸易业商品销售库存总值统计。停止批发贸易业机构网点和人员、餐饮业机构网点和人员、市场分类情况、集贸市场成交情况4项统计。

1998年，入统内容为限额以上批发零售贸易业商品购进、销售、库存总额，限额以上批发零售贸易业、餐饮业财务状况，社会消费品零售总额3项。

2006年，统计指标体系调整，统计内容有星级住宿业和限额以上餐饮业经营情况，限额以上批发零售贸易业商品购进、销售、库存总额，社会消费品零售总额，星级住宿业和限额以上餐饮业财务状况，限额以上批发和零售业企业财务状况，市场成交额6项。2008年，停止星级住宿业和限额以上餐饮业经营情况、限额以上批发零售贸易业商品购进、销售、库存总额2项统计。至2010年，统计内容无变化。

对外经济统计　1993年，设立对外经济统计，内容包括外商投资和中国港澳台商投资企业生产经营情况。1994—1995年，增加外商投资和中国港澳台商投资企业外商投资情况统计。1996年，统计指标体系调整。入统内容有利用外资情况、已投产外商投资和中国港澳台商投资企业个数、实际利用外资额、外商投资和中国港澳台商投资企业基本情况、已投产利用外资项目名称、外贸商品收购总值、实际出口额7项。1997年，停止利用外资情况统计。1998年，再度恢复利用外资情况统计。2001年，停止外贸商品收购总值统计。2006年，统计指标体系调整，统计内容有外国及中国港澳台地区投资企业生产经营主要指标、出口创汇、实际利用外资、引进省外资金等4项。2008—2010年，停止引进省外资金统计。

劳动工资统计　1990年，入统内容为全区职工人数与工资、全区工业企业职工人员分类、城镇待业人员情况3项。1993年，统计指标体系调整，统计内容有全区职工人数与工资、全民职工人数与工资、集体职工人数与工资、街道职工人数与工资、其他经济职工人数与工资、区外服职工人数与工资、城镇待业人员情况7项。1994年，统计内容只保留全区职工人数与工资1项。1996年，统计指标体系调整，入统内容为全部从业人员与工资、分行业从业人员与工资、单位从业人员变动情况、分行业私营个体从业人员4项。2005年，停止单位从业人员变动情况统计。2008—2010年，停止分行业私营个体从业人员统计。

财政税收统计　1990年，入统内容为财政收支情况、税收情况2项。1992年，增加城市信用社金融活动情况统计。1994年，税收情况统计分国家税收和地方税收2项内容。1996年，统计指标体系调整，统计内容为地方财政收入、财政支出和税收收入3项。2001年，统计指标体系调整，内容包括财政收支情况、部门财政收入情况分解表、税收收入3项。2005—2010年，统计指标体系调整，入统内容有财政收支情况和税收收入2项。

交通运输统计　1991年，交通运输纳入统计。统计内容有交通运输工具、公路客货运量2项。1996—2010年，统计内容仅包括交通专业年度基本状况1项。

科学文化教育卫生体育统计　1990年，入统内容为中学基本情况、小学基本情况、中小学教职工基本情况、幼儿园基本情况4项。1991年，增加体育发展情况、残疾人残疾状况、医院工作情况3项。1993年，增加自然科学独立科研机构人员、课题及成果推广情况，科学技术研究成果及推广应用，农村文教情况3项统计。停止残疾人残疾状况统计。1994年，增加职业中学基本情况、卫生机构床位人员情况2项统计。1995年，停止体育发展情况统计。1996年，增加文化事业机构和人员统计，恢复体育发展情况统计。2004—2010年，停止医院情况统计。

民政婚姻及社会安全统计　1990年，只有民政福利事业基本情况1项统计。1996—2010年，入统内容为社会优抚情况、社会救济情况、民政事业费支出、火灾情况4项。

服务业统计　2004年，设立服务业统计，统计内容为行政事业单位财务状况、除个体行政事业外分行业财务状况、除个体和行政事业外财务状况、个体经营户财务状况4项。2005年，统计指标体系调整，入统内容为公共管理和社会组织财务状况、行政事业单位财务状况、服务业企业财务状况3项。2007年，停止公共管理和社会组织财务状况统计。2008年，停止行政事业单位财务状况统计。2009—2010年，恢复行政事业单位财务状况统计。

市政公共事业统计　1996年始，设市政公共事业统计。至2010年，统计内容仅有城市道路和排水情况1项。

第二节　国情国力普查

一、农业普查

第一次农业普查　1997年1月，路南区开展全国第一次农业普查。普查标准时点为1996年12月31日。普查对象为全区范围内各种类型的农业经营单位、农村住户、乡镇企业、行政村和乡镇。普查资料有农村住户调查表、非农村住户类农业生产经营单位调查表、行政村调查表、乡镇调查表，以及非农乡镇企业基本情况卡片和农业用地卡片。普查内容涉及农业生产经营单位数量、规模、结构、生产性固定资产数量、劳动力素质等基本情况。为做好普查工作，全区共设38个普查区，208个普查小区。选聘普查指导员39名，普查员209名。

第二次农业普查 2007年，开展全国第二次农业普查。普查标准时点为2006年12月31日24点。普查对象为境内从事农业生产经营和服务的单位、农村住户、从事农业生产经营活动的非农村住户、行政村和乡镇。普查分四个阶段进行：2005—2006年12月底为准备阶段。2007年1月1日至4月1日为普查阶段，主要任务是入户登记、表格复查、分类编码、数据录入等。共有238名普查员进村入户普查登记，内容包括农业生产条件和农业生产经营、农村基础设施、社会服务和农村经济、农民生活状况、农村劳动力流动和就业情况。2007年4月1日至12月底，对普查资料进行系统审核、重点抽查、数据处理、质量评估和统一发布。2008年1月1日至12月底，建立农业普查数据库，进行资料开发，并对工作进行总结。

二、工业普查

1996年1月1日，进行全国第三次工业普查。普查时点为1995年12月31日，普查时期为1995年度。普查范围包括全部乡及乡以上工业企业，国营单位和符合企业四条标准的村办工业、私营工业、城乡合作经营及个体工业企业。普查内容有工业企业基本情况，财务状况，劳动情况，生产、销售、库存情况，原材料、能源消耗与库存情况，主要工业产品生产能力、质量等。普查结果：全区工业企业558家，其中乡及乡以上工业企业254家；完成工业总产值（当年价）10.69亿元，其中乡及乡以上工业企业完成工业总产值（当年价）8.55亿元，利税总额4938.8万元。

三、人口普查

第四次人口普查 1990年，开展全国第四次人口普查。普查对象为具有中华人民共和国国籍并在路南区境内常住自然人。普查标准时点为1990年7月1日零时。普查时期为1989年7月1日至1990年6月30日。普查内容包括21项，其中按人填报项目15项，即姓名、与户主关系、性别、年龄、民族、户口状况和性质、1985年7月1日常住地状况、迁来本地的原因、文化程度、在业人口的行业及在业人口的职业、不在业人口状况、婚姻状况、妇女生育、存活子女数、1989年1月1日以来的生育状况；按户口填报6项，即本户编号、户别、本户人数、本户出生人数、本户死亡人数、本户中离开本县（市）一年以上的人数。全区普查乡级单位共8个街道办事处，普查区188个（居委会184个，集体户4个），调查小区576个。普查结果：1990年7月1日零时，全区共55461户（其中家庭户54968户，集体户493户），常住人口197948人。性别比（以女性为100，男性对女性的比例）为100∶109.82，人口自然增长率为7.71‰，人口密度7917.9人/平方公里。家庭户平均人口为3.29人。全区总人口与第三次人口普查1982年7月1日零时的217915人相比，8年间减少19967人，降低9.16%。

第五次人口普查 2000年，开展全国第五次人口普查。普查对象为具有中华人民共和国国籍并在路南区境内常住的自然人。普查标准时点为2000年11月1日零时，普查时期为1999年11月1日至2000年10月31日。普查内容包括总户数、人口和性别构成，民族、年龄、受教育程度，行业、职业人口数，家庭婚姻，生育、死亡，迁移人口和住房等。普查结果：2000年11月1日零时，全区常住人口245499人（包括外来人口，不包括外出人口）。1999年11月1日至2000年10月31日，人口出生率为8.1‰，死亡率5.2‰，自然增长率2.9‰。2000年11月1日零时，全区总户数76639户，平均每个家庭户的人口为2.86人。性别比（以女性为100，男性对女性的比例）为100∶106.25。

第六次人口普查 2010年，开展全国第六次人口普查。普查对象为在中华人民共和国境内居住的自然人（包括中国公民和中国境内的境外人员，不包括定居在境外的中国公民和在中国境内短期停留的境外人员）。普查标准时点为2010年11月1日零时，普查时期为2009年11月1日至2010年10月31日。普查内容有人口和住户基本情况，包括姓名、性别、年龄、民族、户口登记状况、受教育程度、行业、职业、迁移流动、社会保障、婚姻、生育、死亡、住房情况等（普查短表有18项，长表有45项）。普查结果：全区总户数73896户，常住人口225036人。2009年11月1日至2010年10月31日，人口出生率为5.69‰，死亡率5.82‰，自然增长率－0.13‰。2010年11月1日零时，全区常住人口中共有家庭户69334户，家庭户人口195354人，平均每个家庭户的人口为2.82人，比2000年第四次人口普查的2.86人减少0.04人。总人口性别比（以女性为100，男性对女性的比例）为100∶106.10。

四、第三产业普查

单位普查登记 1993年10月，对1991—1992年第三产业单位经营、资产、人员等情况普查登记。普查范围包括地质勘查、水利、农林牧渔、交通运输、仓储、邮电通信、批发和零售贸易、餐饮、房地产、社会、综合技术、金融、保险业等为生产和生活服务的部门，卫生、体育、社会福利、教育、文化、艺术、广播、电影、电视、科学研究事业等为提高科学文化、居民素质的部门以及国家机关、党政机关、社会团体、基层群众自治组织等管理国家、社会服务部门。普查内容有第三产业、行政事业单位、个体户、乡镇主要综合指标、企业单位机构、户数、人员、财政收支、总产出、增加值及构成等情况。

清查工作 2003年，开展全省第三产业清查工作。清查登记的标准时点为2003年8月31日24时，清查时期为2002年度和2003年1—8月。清查对象为全区境内从事第三产业的全部法人单位、产业活动单位和个体经营户。清查范围包括新国民经济行业分类中的15个门类和1个大类。具体包括农、林、牧、渔和服务业，交通运输、仓储和邮政业，信息传输、计算机服务和软件业，批发和零售业，住宿和餐饮业，金融业，房地产业，租赁和商务服务业，科学研究、技术服务和地质勘查业，水利、环境资源和公共设施管理业，居民服务业，教育、卫生、社会保障和社会福利业，文化、体育和娱乐业，以及公共管理和社会组织等。清查结果：全区共有第三产业法人单位1267个，其中，单产业法人单位1171个，多产业法人单位96个。1267个法人单位中，企业法人1007个，事业法人86个，机关法人61个，社团法人13个，其他法人100个（其中居委会57个，村委会38个）。在85个教育文化科研机构中，有初等教育34个，中等教育22个，高等教育3个，医院12个，律师事务所9个，科研机构5个。全区共有集贸市场16个，摊位2972个，从业人员4218人。

五、基本单位普查

第一次全国基本单位普查 1996年12月31日，进行第一次全国基本单位普查。普查对象为法人单位及法人单位附属的产业活动单位。普查内容包括单位基本标识、经济类型、主要属性、所属行业、从业人员、企业规模和营业状态等。经普查，全区共有法人单位1051个，产业活动单位116个。

第二次全国基本单位普查 2001年12月31日，进行第二次全国基本单位普查。普查对象为境内法人单位及所属的产业活动单位，包括各类企业法人、事业单位法人、机关法人、社会团体法人和其他法人及其所附属的农业、工业、建筑业、交通运输业、批发零售贸易业、餐饮业、服务业等产业活动单位。普查标准时点为2001年12月31日，普查资料的调查年度为2001年。普查实行在地统计原则，即按单位所在地的新增区域进行登记和上报普查资料。普查内容包括各类单位的基本标识、主要属性、基本状态和主要总量指标。经普查，全区共有法人单位1907个，占全市的6.75%，其中，单产业法人单位1746个，多产业法人单位161个。全部法人单位从业人员214328人，占全市的13.59%。产业活动单位2354个，占全市的6.39%，其中，多产业法人所属的产业活动单位609个。全部产业活动单位从业人员226035人，占全市的13.82%。

六、经济普查

第一次全国经济普查 2005年，进行第一次全国经济普查。普查对象为全区从事第二产业和第三产业活动的法人单位、产业活动单位以及个体经营户。普查范围包括采矿业，制造业，电力、燃气及水的生产和供应业，建筑业，交通运输、仓储和邮政业，信息传输、计算机服务和软件业，批发和零售业，住宿和餐饮业，金融业，房地产业，租赁和商务服务业，科学研究、技术服务和地质勘查业，水利、环境资源和公共设施管理业，居民服务和其他服务业，教育、卫生、社会保障和社会福利业，文化、体育和娱乐业，以及公共管理和社会组织等。普查内容涉及单位基本属性、从业人员、财务状况、生产经营（商品销售）情况、生产能力、原材料和能源消耗、科技活动情况等。普查的标准时点为2004年12月31日，普查资料的调查年度为2004年。全区共划分普查小区90个，其中行政村38个，社区（居委会）52个，选调普查员142名，选聘普查指导员20名。经普查，2004年年末，全区共有从事第二、三产业法人单位1544个，其中，企业法人单位1298个，机关、事业法人单位130个，社会团体法人单位5个，其他法人单位111个。产业活动单位1695个，其中，第二产业267个，第三产业1428个。个体经营户16495户，其中，第二产业474户，第三产业16021户。

第二次全国经济普查　普查的标准时点是2008年12月31日，资料调查年度为2008年。共清查法人、产业单位2762个，比第一次经济普查时的1695个增长62.95%，平均年增长10.26%；共普查个体户17305户，比第一次经济普查的16495户增长4.91%。

第三节　监督服务

一、咨询服务

1990年起，按国家和地方统计部门制定的统计报表，依法逐级填报，并由统计局汇总。各类报表按时限分为月报、季报、半年报、年报。每月初，统计部门将上月社会经济发展情况，将数据编印成册，提供给党委和政府及各经济主管部门，为领导了解和掌握经济发展动态及科学决策提供依据。每年6月份出版上一年度《国民经济统计年鉴》汇编，并发布《国民经济和社会发展统计公报》。统计部门还根据统计数据变化情况，分析经济运行态势和基本规律，撰写统计调研报告；坚持将统计服务作为工作职能，定期公布全区经济运行情况和分乡街主要经济指标完成情况，发放《路南区经济月报》。至1996年，共发布统计信息110期，撰写统计分析报告25篇。

2004—2005年，撰写统计分析和统计信息157篇，其中，专题分析13篇，调查报告14篇，进度分析和统计信息130篇。被区委、区政府采用53篇，转发16篇，常委参阅1篇。2010年，为唐山市统计局、区委、区政府提供统计专题报告和统计信息62篇，被采纳15篇。21年间，坚持每年印发《唐山市路南区统计年鉴》，共发放《路南区经济月报》250余册，接待统计咨询200余人次，查询统计数据千余条。

二、执法检查

1983年《中华人民共和国统计法》）颁布实施，统计工作步入有法可依、依法治统轨道。1990年，为保障统计数据的真实可靠性，统计局在全区开展统计普法活动，先后下发《加强统计法制建设》《路南区统计局关于实施统计报表管理制度的决定》《对主要统计指标进行评审的暂行办法》《路南区统计部门数据质量责任制暂行规定》等文件，规范统计程序及责任。1991—1996年，定期组织统计执法大检查12次（每年2次），不定期抽查6次，每年抽查面约占统计调查单位的15%左右。共查出迟报、漏报、虚报等30多项，涉及14个单位和21个企业，分别予以通报批评。对严格按统计程序操作、数据真实、及时上报统计报表的单位予以表彰。

2002年9—10月，针对唐山广源房地产开发有限公司拒报“房地产开发统计基层标准表”，依照统计法律法规有关规定，向该公司下发《统计检查查询书》《统计行政处罚事先告知书》《统计行政处罚决定书》，并做出罚款1.5万元的处理决定。2003年年初，对长城电焊机厂迟报统计月报表，发出统计违法查询书。

2008年，针对唐山鸿基织业有限公司“工业企业水消费”统计报表、唐山长城电焊机总厂有限公司“工业企业能源购进、消费及库存”统计报表、唐山金百万餐饮有限公司“星级住宿业和限额以上餐饮业经营情况E202－2”统计报表，逾期未报，分别向以上公司发出统计报表催报通知书。其间，将统计组织、人员、制度齐全，岗位责任具体，人员分工明确，统计资料档案完整，图表上墙，原始记录、进度台账和历史资料管理系统化、规范化的小山街道办事处统计站、女织寨乡统计站、电子设备厂、玻璃厂等单位作为典型推广。至2010年，统计执法检查已纳入规范化、法制化运行轨道，统计的真实性、全面性得到保证。

第三章　财　政

1984年5月，路南区政府撤销财政科，成立财政局。此后，财政局一直是区政府的常设工作部门之一。其职责主要是贯彻执行国家财政、税收的法律法规及方针政策，根据全区国民经济和社会发展总体规划，制定全区年度财政收入计划及中长期发展规划，编制年度区本级预决算草案，对全区财力及国有资产实施有效管理。改革开放初期，执行的是“分级包干”的财政管理体制。1994年实行分税制改革。1998年起，加强财政监督，有序开展部门预算、集中支付、政府采购、“收支两条线”等制度改革创新和管理创新。至2010年，已逐步构建起公共财政框架体系，且地方财政实力和宏观调控能力不断增强。

第一节　财政收支

一、预算内财政收支

预算内财政收入　分为企业所得税收入、工商税收入和其他收入。其中，工商税收入是财政收入主体。1990年，全年完成财政收入5163万元，其中，工商税收入4972万元，比上年增长4.1%，增收的主要原因为控制减免税。1992年11月，开平区女织寨乡、梁家屯两乡划归路南区。1993年始增农业四税（农业税、农林特产税、耕地占用税、契税）收入。是年，落实中央宏观调控政策，停止执行税收减免政策，调高商品零售营业税税率，全区财政收入增至7834万元，其中，工商税收完成7497万元，企业收入54万元，农业四税收入122万元，其他收入39万元，教育费附加收入122万元。

1994年实行分税制。受新财税体制及增资影响，地方财政收入完成4645万元。1997年，根据《河北省契税实施办法》，农业税率由1989年的6%调整为4%。当年农牧业税和耕地占用税完成120万元。1998年，以“培植税源、调控适度、节俭开支、振兴财政”为思路，全区地方财政总收入完成7094万元，比去年增长6.53%。其中，工商税收完成6341万元，比上年增长6.11%。

2002年，中央对企业所得税基数进行调整，路南区企业所得税基数由年初的1635万元调整为960万元，政策性减少返还506万元。同时受一些部门经费上划等因素影响，增加上解285万元，全年可用财力减少预算950万元。为确保财政预算顺利执行，开展增收节支活动，加大税费征管力度，并争取上级专项补助，全年预算实现收支平衡。按新政策计算，全区大口径财政总收入1.94亿元。一般预算收入完成8445万元。是年，农村税费改革，农业税计税主粮由小米改为小麦，税率实行差别比例税率，同时增加农业税附加。

2004 年，农业税税率由 2000 年的 6.79% 调整为 3.79%，并停征农业特产税。全年大口径财政收入完成 2.81 亿元，其中一般预算收入 1.21 亿元。2005 年，农业税税率继续下调至 1.79%。年内减征农业税 27.79 万元。2006 年起，停征了烟叶以外的农业税费。

2010 年，强化财税收入分析督导和收入细化管理，落实对纳税企业奖励政策，科学规范非税收入，做到应收尽收。全部财政收入完成 33.93 亿元，同比增长 13.1%，占年度预算的 100%。其中一般预算收入 4.62 亿元，同比增长 48.3%，占年度预算的 126.1%。全区税收收入完成 23.79 亿元。其中国税收入 18.75 亿元，地税收入 5.04 亿元。全年下发奖励资金 554.36 万元。耕地占用税、市专享收入较年初预算分别超收 5886 万元、310 万元，财政直管收入入库 1.26 亿元，占年初预算的 187.31%。

预算内财政支出　1990 年，区财政总支出 2993.3 万元，为调整预算的 97.34%，滚存结余 531.3 万元。主要支出项目包括：企业挖潜改造支出 300 万元，城市维护建设费支出 216.7 万元，文教卫生事业费类支出 969.1 万元，抚恤和社会福利救济费支出 73.1 万元，行政管理费支出 306.8 万元，公、检、法支出 195.9 万元，价格补贴支出 27.3 万元，机关和企业复建等其他支出 824.7 万元。

1993 年，全区财政总支出 4509 万元，完成调整预算的 97.46%。执行中，为弥补经费不足，由预算外资金调入 402 万元。主要支出项目有：企业挖潜改造支出 467 万元，科技三项费用支出 100 万元，支援农村生产支出 30 万元，城市维护费支出 442 万元，文教卫生事业费支出 1716 万元，抚恤和社会福利救济费支出 182 万元，行政管理费支出 821 万元，公检法支出 304 万元，其他支出 220 万元，教育费附加支出 122 万元。

1997 年，按照“适度从紧”财政政策，硬化预算约束，基本保证全区公教人员工资发放和重点支出需要。全区地方财政总支出 5986 万元，完成预算的 96.64%。财政赤字 79 万元，通过年终调入预算外资金 79 万元，实现收支平衡。1998 年，全区地方财政总支出 6668 万元，完成调整预算的 102.05%。主要支出项目包括：企业挖潜改造及科技三项费用支出 115 万元，支援农村生产支出 17 万元，教育事业费支出 1581 万元，科学事业费支出 16 万元，卫生经费支出 511 万元，各部门事业费支出 356 万元，抚恤和社会福利救济费支出 122 万元，行政事业单位离退休经费支出 1101 万元，社会保障补助支出 50 万元，行政管理费支出 843 万元，公检法支出 647 万元，城市维护费支出 500 万元，专项支出 217 万元，其他支出 488 万元，基金支出 8 万元。财政赤字通过年终调入实现预算收支平衡。

1999 年，由于增加差旅费补贴、调整低收入人员工资等因素，全区财政总支出 7713 万元，完成预算的 108.97%，比上年增长 15.67%。财政赤字 79 万元，通过年终调入预算外资金 79 万元，实现收支平衡。2000 年，全区财政总支出 9285 万元，完成预算的 99.89%。财政赤字通过年终调入预算外资金，实现收支平衡。

2002 年，一般预算支出 1.44 亿元。主要支出项目包括：公教人员工资性支出 9377 万元，行政事业单位医疗保险支出 288 万元，企业养老保险基金支出 3587 万元，下岗职工基本生活保险和再就业资金支出 148 万元，城镇居民最低生活保障金支出 283 万元，失业保险基金支出 106 万元，农业支出 42 万元。

2006 年，完成财政支出 3.24 亿元。其中，区本级一般预算支出（不含专款）2.88 亿元，完成预算的 100.86%，同比增长 23.46%，财政预算实现收支平衡。主要支出项目包括：城市维护费支出 3547 万元，教育事业费支出 5658 万元，医疗卫生经费支出 118 万元，文体经费支出 8 万元；发放各类社保资金 1.5 亿元，救助贫困居民 3.98 万人次；投入资金 150 万元用于社区建设；向上级争取企业改制资金 4900 万元，妥善解决企业改制后职工安置问题；公检法司支出 3061 万元；筹措资金 3900 万元，落实机关事业单位工资制度改革及兑现全区行政事业单位工作人员误餐和差旅费补贴；投入资金 67 万元，用于文明生态村建设、农村劳动力转移培训和动物防疫体系建设；全面停止农业税，减轻农民负担 29 万元；发放粮食直补资金 48 万元，使 7000 余农户受益；投入资金 10 万元，落实农村计生家庭奖励政策；投入资金 24 万元，用于提高农村低保水平。

2010 年，一般预算支出达到 8.56 亿元，同比增长 30.85%。主要支出项目包括：发放各类社保资金 2.05 亿元；再就业专项资金 1971 万元；医疗卫生支出 5146 万元；足额安排教育经费支出 15549 万元，科学技术支出 832 万元，农业支出 448 万元；增发工资及增缴社会保险 104 万元用于落实工资福利政策；拨付 9947 万元确保重点项目支出需要，全面落实惠农政策，发放粮食直补及农资直补资金 127 万元，补贴家电下乡专项资金 402.05 万元。

1990—1993 年唐山市路南区财政总收入、总支出一览表

表 12－1　单位：万元

年份	财政总收入	比上年 ±%	财政总支出	比上年 ±%
1990	5163	4.00	2993.3	28.67
1991	5259	1.86	2874.8	－3.96
1992	5545	5.44	2947	2.51
1993	7834	41.28	4509	53.00

1994—2000 年唐山市路南区地方财政总收入、财政总支出一览表

表 12－2　单位：万元

年份	地方财政总收入（一般预算收入）	比上年 ±%	财政总支出	比上年 ±%
1994	4645	－	4673	3.64
1995	5468	17.72	4806	2.85
1996	6206	13.50	5424	12.86
1997	6659	7.30	5986	10.36
1998	7094	6.53	6668	11.39
1999	7728	8.94	7713	15.67
2000	7847	1.54	9285	20.38

2001—2007 年唐山市路南区大口径财政收入、一般预算支出一览表

表 12－3　单位：万元

年份	大口径财政收入	比上年 ±%	一般预算支出	比上年 ±%
2001	15623	－	12468	－
2002	19370	23.98	14426	15.70
2003	22938	18.42	18504	42.34
2004	28121	22.59	24605	32.97
2005	36154	28.57	28647	16.43
2006	42032	16.26	32392	13.07
2007	60807	44.67	43735	35.02

说明：2001—2007 年为大口径财政收入，2001 年与 2000 年不可比

2008—2010 年唐山市路南区全部财政收入、一般预算支出一览表

表 12 -4　单位：万元

年份	全部财政收入	比上年 ±%	一般预算支出	比上年 ±%
2008	242883	-	52456	-
2009	300035	23. 53	65439	24. 75
2010	339329	13. 10	85628	30. 85

说明：2008—2010 年为全部财政收入，2008 年与 2007 年不可比

二、预算外财政收支

预算外资金收入　预算外资金收入主要源于行政事业单位收入、基金、附加收入及其他收入。1985 年前，预算外资金收入由各部门自行管理。1985 年，预算外资金收入单独建账。

1986 年始，预算外资金实行财政集中代管和计划管理制度。1989 年，全区共有计划管理和财政集中代管户数 69 户，其中财政部门 8 户、企业主管部门 2 户、国营企业 13 户、行政事业单位 46 户。全年预算外收入 1944. 9 万元。1990 年，预算外可用资金 596. 55 万元。1993 年，预算外资金收入增加乡自筹统筹收入。此后，预算外资金收入逐年递增，1994 年、2001 年、2002 年预算外资金收入分别是 349 万元、2651 万元、3024 万元。

2004 年，按照财政部发布的《关于加强政府非税收入管理的通知》规定，预算外收入统称“非税收入”。是年，全区非税收入达 2788 万元。2005 年，加强非税收入管理，严格执行票款分离和罚缴分离制度，规范“非转经资产”（非经营性资产转为经营性资产）收入管理，全区非税收入资金增至 3010 万元。

2007 年，继续加大对非税收入管理力度，按照“以票制费”原则，严格票据发放使用和管理，健全“收费专管员目标及督导”制度，做到应收尽收，均衡入库，非税收入达到 4507 万元。

2010 年，全年完成非税收入 1. 63 亿元，完成预算的 168. 49%。其中，纳入预算内的非税收入完成 1. 26 亿元，完成预算的 187. 31%；预算外收入 3777. 89 万元，完成预算的 126. 29%。

预算外资金支出　1990 年，预算外资金支出单独建账，全年完成预算外资金支出 596. 55 万元。其中，正常经费支出 375. 5 万元（个人部分 268. 5 万元，公用部分 107 万元），专项支出 221. 05 万元。在预算外资金支出中，环境卫生支出 227. 9 万元，园林绿化支出 112. 4 万元，市政建设支出 145. 8 万元，城管监察支出 30. 1 万元，中小学校舍维修支出 30 万元，其他支出 20. 3 万元，预留新出台个人部分需用资金 30 万元。1992 年，推行行政事业单位企业化管理，鼓励事业单位创收以弥补事业经费不足。区工商局、区防疫站、区文教局 3 个单位用创收资金抵顶财政拨款 95 万元。1994 年，预算外资金滚存结余 39 万元。

1995 年后，预算外资金重点用于企业扩建改造、农贸市场建设和补充财政开支等。是年，调入预算外资金 163 万元，实现财政收支平衡。1996 年，增加城市维护、文教卫生科技事业、公检法和行政管理费等项开支，预算外资金支出呈逐年增加趋势。1998 年，通过年终调入预算外资金 369 万元，实现预算收支平衡。

2000 年，调入预算外资金 589 万元补充预算内经费不足。2004 年，预算外资金支出按《唐山市预算资金管理办法》执行。即部门和单位在财政部门核定的预算外收支计划内，安排使用预算外资金。按照《事业单位财务规则》规定与预算内资金统筹使用，专项资金专款专用。2010 年，全区纳入预算的非税收入资金 1. 26 亿元，用于补充预算内资金支出。是年纳入预算的非税收入资金支出比 1990 年增加 20 倍。

第二节　财政监管

一、预决算编制

1990 年后，预决算（草案）由财政部门负责编制，然后由政府向本级人民代表大会作总预算草案报告，经本级人民代表大会审议、批准本级总预算草案及本级总预算执行情况的报告。财政部门负责组织本级总预算的执行，具体编制本级预算调整方案，定期向本级政府或上级政府财政部门报告本级总预算的执行情况。

1991 年，探索“零基预算”制度。1992 年，在预决算编制中，坚持“量入为出、量力而行、统筹兼顾、有保有压、确保平衡”原则，改进和加强预算管理。实行“三保、一压、一平衡”方针，即保证人员经费、保证改革政策出台、保证重点项目支出，压缩公用经费和高档消费品的购置，其他经费保持上年水平。是年，公用经费比 1991 年节支 259. 2 万元。

1999 年起，实行综合财政预算管理，将财政预算内、外资金捆绑使用，以弥补预算内资金不足。2004 年，深入推进预算改革，细化部门预算，增加预算管理透明度。2006 年，部门预算、社保预算和政府采购预算编制同步进行。

2007 年，财政预算编制以构建新的政府收入分类体系、支出功能分类体系和支出经济分类体系为内容，实行新的政府收支分类科目编制。2009 年，区直部门预算编制首次使用省级部门预算编报软件，按照部门预算精细化管理要求，健全财政供养人员基础信息库，细化项目支出预算，明确支出类型，统筹预算内外收入，实行部门综合预算，体现公共财政职能，加大社会事业建设和民生事业投入。2010 年，进一步规范项目支出预算编制。具体分为专项业务费支出和发展性项目支出两大类，并以政法、城建两部门为试点，探索部门项目支出滚动预算编制。

二、企业财务管理

1990 年，企业财务管理以内部资金管理为重点，国有企业统一使用标准化账薄、凭证，并遵循国有企业报表考核办法，推进企业财务管理达标升级。1992 年，对企业国有资产评估登记，有 24 家工商企业评估登记国有资产 5826. 7 万元。1994 年，配合税费改革，加强企业新旧会计制度的账务处理和政策衔接。1995 年，对企业资产折旧年限、企业财务费用、业务招待费、外企工资补贴等进行调整。

1997 年，制定《加强国有企业财务监督的实施意见》《国有企业财产监督管理条例》，加强对企业财务的管理。选择路南日化厂、路南五金厂作为企业财务管理和扭亏企业试点，帮助企业建立销售大包干、原材料节约、业务招待费开支及包装物回收等财务管理制度，挤出预算内时间差资金 555 万元支持企业发展，企业新增利税 25 万元。2003 年，对国有企业应收账款制度和企业会计制度的有关财务政策作出新规定，并对外商投资企业加强财务监管。

2004 年起，对改制企业进行清产核资及债权核实工作。2007 年，清理解决电影机械厂拖欠贷款问题。妥善解决华通线缆有限公司资产转让问题，共收缴资产转让费 1677. 82 万元。对泰兴实业总公司、铁路清筛机厂等企业债务清收，清收国有资本金及欠款共计 200 万元。与市财政局协调，将原建华化工厂土地拍卖款 4974 万元返还区财政。

2010 年，对华融公司所辖债务人涉及区企业进行调查核实，查清与华融公司有债务往来的 20 家区属企业债务资金 4000 余万元。对怡盛陶瓷厂、华东五金厂、勤兴商店产权转让评估报告进行备案；对前进化工总厂、金艺首饰厂破产评估报告进行核准。

三、行政事业费管理

1990年，对行政事业单位实行经费包干管理，从设备购置、人员编制、社会集团购买、公用经费、邮电费、水电费等方面予以控制。

1992年，建立“编制经费双包干”和“经费随人走”制度，重点支持事业单位按有关规定组织收入，并逐步纳入预算管理。对差额单位，由财政保个人支出，改由收入重点用于个人部分支出；由收入抵顶财政拨款，改以专款形式用于单位发展事业，以增强单位组织收入动力，减轻财政负担。1994年，与各预算单位签定经费包干责任状，并建立定期考核制度。1996年，将预算内外资金捆绑使用，形成新的资金使用制度，收支挂钩，结余奖励。

1997年，对全区党政机关、事业单位小汽车核编定编，按规定审批小汽车13辆，审核资金195万元。1998年，事业费实行“核定收支、定额或定向补助、超支不补、结余留用”预算管理办法。同年，清理公费安装住宅电话和购买移动电话，实行移动电话定编控制，电话折价出售，话费定额补助，超支自负。1999年，行政事业性收费和罚没收入纳入“收支两条线”，建立“单位开票、银行代收、财政统管”的管理体制。2000年1月，行政事业单位及社会团体机动车辆维修、燃油、保险均实行定点管理。7月，全区行政事业单位实行行政性收费票款分离。

2002年，深化财政集中收付制度改革，在10个单位试点基础上，将区直财政拨款行政事业单位44户纳入财政集中收付管理，覆盖面达100%。2007年，将乡街财政资金及城建、教育、卫生系统全部纳入财政集中统一管理，全区70户单位全部纳入集中支付管理。2010年，行政事业费管理仍执行压减后的支出预算方案。

四、公费医疗资金管理

1990年，公费医疗执行“定点医疗，门诊包干，个人结算，比例报销”（门诊包干，门诊药费按工龄长短，以不同比例报销，住院费一律报销90%，个人负担10%）的管理办法。针对当年公费医疗费用超支40万元情况，实施“定额补贴、个人限额自负”的规定。

1992年，建立公费医疗办公室，负责公费医疗报销，财政局对资金监督管理。年内，针对报销中出现的问题，采取与患者对话方式，面对面解决问题，并出台跨科转诊等一系列制度。全年公费医疗支出231万元，比1991年减少25万元，人均支出600元。1994年，享受公费医疗单位86个，4200人，年初预算支出为250万元，超支64.3万元。1996年，细化门诊、住院等报销办法，明确在职人员门诊就医费用报销由按比例改为按工龄划段，确定标准，个人包干，不足自负；技术拔尖人才、省劳模、离退休干部、二等乙级以上残废军人到定点门诊就医，据实报销；住院定点按比例报销。

1999年12月，根据《国务院关于建立城镇职工基本医疗保险制度的决定》，全区所有用人单位，包括企业（国有、集体、外商投资企业等）、机关、事业单位、社会团体、民办非企业单位（非盈利性社会服务活动组织）及职工全部参加职工基本医疗保险。门诊实行定额包干，节约归己，超支不补；住院费实行“个人垫付，半年报销，比例负担，3万元封顶”，按定额包干给医院，超支由医院、公费医疗办公室分别负担。2000年，医疗费用由单位和个人双方负担，医疗费用按工资总额的6.5%缴纳，职工按工资的2%缴纳，下岗职工按区上年度社会平均工资的60%缴纳。同时，除执行住院费个人垫付、半年报销、按比例负担、封顶报销办法外，门诊药费按年龄档次定额包干，超支自负。

2002年，基本医疗保险制度正式实施，确定定点医院和定点药店，共有120个机关事业单位办理医疗保险登记，涉及6579人，均制发医疗保险证。2003年，为解决参保人买药难，保险报销手续繁琐等问题，启动医疗保险IC卡微机系统，多方筹措资金35万元，制发7000余张IC卡，10月份投入使用。年内，落实《路南区公务员医疗补助实施暂行办法》和门诊特殊疾病政策。基本医疗保险最高支付限额由2.5万元提高至3万元；大额补充医疗保险最高支付限额由15万元提高至20万元。至此，以基本医疗保险为主体，以大额补充医疗保险、公务员医疗补助、企业补充医疗保险、困难企业参保等为补充的多层次医疗保险体系基本建立。

2005 年，依据唐山市城镇职工基本医疗保险工作领导小组印发《关于提高大额补充医疗保险缴费标准的通知》，规定缴费标准由每人每年 72 元提高至 84 元。2006 年，为企业职工参加医疗保险做准备同时，机关事业单位实施生育保险与医疗保险捆绑运行，实行定额补贴制度，资金由基本医疗保险统筹基金列支，提高在职公务员医疗补助比例。

2007 年，机关事业单位、区属企业医疗保险由市统一管理。启动城镇职工灵活就业人员、城镇居民医保工作。至年底，全区共有 1068 家企业、1700 名灵活就业人员、44432 名城镇居民参加医疗保险，城镇居民参保率达 64.8%。2008 年，全市医保工作实现全覆盖，区内各中小型企业直接去市医保中心开户为职工缴纳医疗保险，全区城镇居民医疗保险和灵活就业医疗保险人数稳步增长。至 2010 年年底，共有 67394 人参加城镇居民医保，参保率达 99.8%。共有 4241 人参加灵活就业人员医疗保险。

五、预算外资金管理

1985 年前，预算外资金收入由各部门自行管理。1986 年，贯彻河北省《关于控制消费基金增长的规定》，对工商局、交通局等 15 个单位的各项事业、行政性收费实行财政代管，同时对国营企业的预算外资金以“计划管理、政策引导”的方式进行管理。

1990 年，建立计划用款和审批制度。1992 年，实行财政全额管理，执行“收支两条线”，被代管单位在开户银行开立“收入”和“支出”账户，收支相抵净结余交财政专户储存。1993 年，预算外资金在实行“专户储存、计划管理、财政审批”办法基础上，将财政专户储存与票据收费管理、自筹基本建设审批和发放奖金结合。票据实行“限量购买、买新核旧”原则。售出票据 2563 本，核销 1320 本。审批自筹基建资金项目 13 个，资金 1344 万元。

1996 年 2 月，执行《河北省票据管理办法》。1997 年，按照《关于加强预算外资金管理的决定》（国发［1996］20 号）及省、市要求，改革预算外资金管理，推动三权归位，即所有权归国家，调控权归政府，管理权归财政。制定《唐山市路南区预算外资金管理试行办法》《银行账户管理规定》。明确预算外资金纳入统筹管理，编制预算外收支计划；实行收支两条线，收入交财政专户存储，支出由财政按计划拨款，超年初支出计划必须经区长审批后财政方可拨款。完成票据交接、核实工作，重新建立票据明细账；举办 2 期预算会计培训班，统一全区预算外资金管理财务操作程序；结合物价、审计、监察等部门组成预算外资金执法监察小组，开展执法监察，重点检查面达 30%，查出违纪金额 45.6 万元，上缴财政资金 23.6 万元。

1998 年，根据新财务会计制度要求，建立收入、经费、会计核算体系及报表体系。年内，区财政局成立收费管理科，专司预算外资金管理。

1999 年，为解决坐收坐支问题，建立行政事业性收费票款分离制度。2000 年，落实“收支两条线”管理规定，行政事业性收费和罚没收入实行“票款分离”和“罚缴分离”。停止单位收入过渡户，将收入直接纳入财政专户或国库，堵塞支出漏洞。对 24 个一级会计单位的预算外收支进行检查，规范财务制度。对 22 户二级会计单位开展“收支两条线”专项检查，至年底共查出违纪资金 128.6 万元。

2001 年，完善票据印制、销售、审验等手续制度，加强票据检查，规范票据管理。2002 年始，契税由财政部门直接征收。当年，预算外收入 3024 万元，较 2001 年 2651 万元增长 14.07%。2003 年，对预算外资金按户建立征管档案；加强票据管理，票据发放与资金上缴财政金库、财政专户相结合；实行预算外资金专户管理和征收重点建设项目资本金制度；大规模清理单位资金账户；建立预算外财政专项资金奖惩制度。通过上述措施，全区 69 个单位的 64 个项目全部实现“两分离”。

2004 年，将教育系统预算外资金纳入“收支两条线”监管范畴，与教育局联合制定《关于完善学校预算外资金管理的规定》，为学校实行“一费制”管理奠定基础。是年，预算外资金管理改称非税收入管理后，开展非税收入网络建设，改进和提升收费管理软件技术性能，实现收费管理机构与代收银行、代收银行与执收执罚单位间信息联网；进一步规范全区国家机关罚没和暂扣财物管理。2005年，对政府非税收入调查摸底，清理收费项目，编制收费项目目录。

2006年，加强非税收入管理。制定《路南区财政票据管理办法》，从票据源头规范执收执罚行为；实行非税收入专管员制度，坚持票款同行、查缴并举，做到应收尽收；建立收费、罚没收入台账，进行动态监管；开展专项检查，重点对公、检、法及其他25个部门落实“收支两条线”规定情况进行检查，严格督导财政直管收入足额入库。

2009年，着重对有罚没收入、行政事业性收费的部门和单位的票据使用进行审验，并与财政专户核对。年内，进一步规范财务管理。与区纪委、监察局组成专项检查组，对全区68个单位的罚没收入、行政事业性收费、资产出租收入、专项收入、其他收入和各项支出进行专项检查；在党政机关和事业单位开展“小金库”专项治理工作，自查面达100%，重点检查单位28个。2010年，根据市确定的年度财政收入目标，编制非税收入年度预算，将任务合理分解。继续完善票据管理体系，确保财政票据管理程序化、规范化。

六、财政监督

1990年起，路南区按照国务院和省政府统一部署，以“自查从宽、被查从严、实事求是、宽严适度”为原则，每年开展一次税收、财务、物价大检查。1992年，抽调161人，组成42个检查组，对490户工商企业、10户行政事业单位重点检查，查出违纪金额46.5万元，收缴入库37.4万元，有28个单位受到经济处罚。

1993年后，区财政、纪检、审计、物价部门每年组织开展一次针对全区行政事业单位的“收支两条线”专项检查。是年，清理财政周转金269.3万元。在一年一度的税收、财务、物价大检查中，重点检查3397家企事业单位和个体经营户，查出违纪金额102.4万元，入库107.9万元（含罚款5.5万元）。1995年，对27个执法部门的罚没收入进行检查，32万元罚没收入足额入库。清收财政周转金123万元。2003年6月，区财政局设立监察室，对全区行政、企事业单位财政资金实施监督检查。

2006年，制定《路南区专项资金管理办法》《路南区财政专项资金拨付、使用、管理、监督运行流程图》，采用专项检查与日常检查相结合、外部检查与内部检查相结合办法，对财政资金的拨付、使用和管理全程监督。对全区上年度专项资金全面检查，共检查教育、城建、公安、乡街等28家单位，涉及农业、教育、卫生、社会保障及企业挖潜等25项需清理的检查项目资金，清理资金总额近8000万元，对查出的问题资金进行限期整改，并逐月跟踪资金查纠情况及进度，整改问题资金达300多万元。对各街道办事处专项资金、女织寨乡2002—2005年度乡村两级农村税费改革转移支付资金的使用情况全面检查，对发现的问题及时写出书面检查报告，提出解决意见。全面审核乡街2005—2006年上半年账目，在此基础上制定《2007年乡街预算收支编制原则》。内部监督按照以检查促规范的原则，对预算内外资金收缴、入库及上缴预算外资金专户、其他财政收支及内部财务收支、财务制度执行情况进行检查，规范财务管理，提高资金使用效益。

2007年，对全区2005、2006年度重点审计项目资金、各类专项资金清理摸底，共清理专项资金62项，涉及资金1.37亿元。在清理摸底基础上，对财政负责的上年财政专项资金重点检查，共检查专项资金20项，涉及财政资金2867万元，清理不合理使用资金73万元，对查出的问题资金限期整改，并逐月跟踪资金查纠情况进度。整改问题资金11万元。

2010年，对全区行政、企事业单位财政资金使用情况、“小金库”情况，与人民利益密切相关单位各项资金（含有价证券）收支及其形成的资产情况监督检查。对财政投资项目进行评审，共完成评审项目289个，核减金额1800.48万元，核减率为24.43%。

七、政府采购

1999年3月，区政府成立政府采购办公室。凡列入政府采购项目且金额在规定起点以上的开支，均实行政府采购。2000年，制定《路南区政府采购定点购油管理暂行办法》《路南区政府采购汽车定点维修管理暂行办法》。当年计划采购83万元，实际采购66万元，节约资金17万元，节支率20.48%。

2003年，《中华人民共和国政府采购法》实施，政府采购步入法制化、规范化轨道。当年，路南区成立政府采购中心，制定《路南区政府采购工作实施意见》，对采购范围、采购资金、采购账户、采购目录均做出具体规定。全区纳入采购预算的采购资金为217.14万元，实现采购资金190.97万元，节约采购资金26.17万元，节约率12.05%。2004年5月，将政府采购办公室采购业务移交政府采购中心，实现管办分离。

2005年，强化政府采购工作机制，制定《供应商准入暂行办法》《路南区公开招标开标程序》《唐山市路南区评标工作守则》《政府集中采购流程图》《路南区政府采购简易程序》《路南政府采购结算程序》等工作规程。通过公开招标，定点管理，竞争谈判，小规模询价等多种采购形式，扩大采购项目，拓展采购领域。是年，全区纳入采购预算的采购资金为1608万元，实现采购资金1357万元，节约采购资金251万元，节约率15.6%。

2006年，区直单位、教育系统和城建系统（除自收自支、企业化管理的事业单位外）共101家单位全部纳入政府采购范围，大宗办公用品购置、车辆保险、印刷、会议、冬季取暖用煤、维修服务、工程等均纳入政府采购项目。政府采购工作中坚持计划管理，严格落实政府采购预算，增强采购规范性和计划性，并加大招标采购比重，提高采购效益。仅1—10月份，采购金额1988万元，其中，招标金额为1596万元，占采购总额的80.28%。

2007年，将乡政府、街道办事处纳入采购范围。至此，政府采购实现全区全覆盖。是年，将东南部集中供热工程列为重点，按时完成锅炉及附属设备、主要材料、施工工程、施工监理四项招标采购工作，预算金额3583万元，节支额396万元，节支率11.05%。对省内试点工程——唐山市路南区网格化城市管理和市民服务系统进行公开招标采购，预算额346万元，中标额176万元，节支170万元。

2009年，进一步规范政府采购行为，增加公开透明度，扩大服务范围。严格执行采购目录及限额标准，强化对代理机构的监管，执行采购合同化管理；建立由采购单位、代理机构、检察院（监察局）及区采购办现场抽取评审专家制度，网上公布信息，接受社会监督；提高公开招标采购比重，加大供应商库的扩容力度。公开招标2341万元，占全部采购额的68%。新增供应商30家，累计达516家。共审批、组织政府采购572批次，实际结算金额3439万元，采购预算金额4057万元，比预算节约资金618万元。

2010年，政府采购中心划归财政局。至年底，全区纳入采购预算的采购资金为2.46亿元，实现采购资金达2.14亿元，节约采购资金3148万元。政府采购项目实现应纳尽纳、应管尽管。

八、社会保障资金管理

1998年，路南区将企业职工养老保险基金、机关事业单位职工基本养老保险基金纳入社会保障基金财政专户管理。1999年，依据《失业保险条例》，将失业保险基金纳入社会保障基金财政专户管理。

2002年，依据《河北省保险费征缴暂行条例》，由地税负责代征企业养老保险基金和失业保险基金。是年，全区发放企业职工养老保险金3587万元；下岗职工基本生活保障及再就业资金148万元，救助下岗职工11707人次；发放城镇居民最低生活保障金283万元，救助20300人次；发放失业保险基金106万元，救助失业人员1080人。

2003年，依据《唐山市城镇居民最低生活保障实施办法》，将城市居民最低生活保障资金列入同级政府年度财政预算财政专户。依据《关于促进下岗失业人员再就业资金管理有关问题的通知》（唐财社［2003］24号），筹集再就业资金，并纳入社会保障基金财政专户管理。2004年，按照《唐山市农村居民最低生活保障暂行办法》，将农村居民最低生活保障资金列入同级政府年度财政预算财政专户。

2006年，依据《唐山市路南区新型农村合作医疗制度实施方案（试行）》，将新型农村合作医疗基金纳入社会保障基金财政专户管理。按照积极稳妥、足额保障的原则，对社会保障资金收支预算认真审核，并细化指标，以月份收支预算控制专项资金发放，跟踪动态发展，及时增减调整，避免资金被挤占和挪用；把好资金监督关，重点检查城乡低保对象档案和账户、社会保障平台资金、最低收入家庭住房补贴资金、退役士兵安置、抚恤专款情况，确保社会保障政策落实到位。至10月底，共发放企业离退休人员基本养老金4569万元，发放率达100%；城乡居民最低生活保障资金407万元，3718人全部得到救助，其他各类社会保障对象也及时得到补助。

2008年起，企业养老保险基金由市财政统筹管理。2009年，依据《唐山市路南区新型农村社会养老保险办法（试行）》，将新型农村社会养老保险基金纳入社会保障基金财政专户管理。2009年后，失业保险基金由市财政统筹管理。至2010年9年间，累计征缴机关事业单位职工养老保险基金3.92亿元，支付3.75亿元；发放城镇居民最低生活保障资金4374万元。

九、会计培训

1989年，全区有会计单位63个，聘任会计457人。区财政部门对符合条件的会计人员颁发会计证，并组织会计人员参加培训。1992年，区属企业执行全国统一新财务、会计制度。1993年，结合新财务会计制度，组织两期会计培训班，培训工业企业财会人员248名，全部合格。同时，组织250名财会人员参加全国技术资格考试。1994年，围绕税制改革，举办会计培训班，有900人参加。培训内容包括《企业会计准则》和《企业财务通则》。通过培训，实现会计核算制度和财务管理模式的重要转变。

1996年，组织三期89人参加的会计电算化培训班及会计资格考试报名、珠算通级报名、路南首届会计法规知识竞赛。1998年，执行新的会计制度。财政总预算会计按新记账软件要求建立新账，理顺拨款手续，进行会计核算，反映预算收支执行情况。

2000年，《中华人民共和国会计法》颁布实施，全年举办《中华人民共和国会计法》培训班10期，培训人员2000人次。2002年，对全区财会人员进行后续教育和新企业科技制度培训，对80个单位会计法执行情况进行专项检查。2007年，贯彻新会计法准则，对全区行政事业单位200余名会计人员进行财政政策法规、会计基础工作、财务制度管理等业务培训，会计管理工作进一步规范。2008年，组织区内2000名会计人员参加全国会计知识大赛，并荣获唐山市优秀组织奖。2010年，全区共有会计从业人员5279人，其中，高级会计师1人，中级会计师310人，助理会计师520人，有会计资格证书5279人。

十、国有资产管理

1990年，区政府制定《行政事业单位国有固定资产管理实施细则》，并对全区固定资产实行建账、建卡管理。1992年，对48户行政事业单位进行资产清查，登记国有资产总额1.43亿元。

2002年2月，撤销国有资产管理局，成立国有资产管理委员会办公室，设在区财政局国有资产管理科。2003年6月，区政府制定《路南区加强国有资产管理的规定》，规范国有资产管理。是月，区财政局按上级要求撤销产权科，职能并入国有资产管理科。

2004年，国有资产管理委员会办公室制定各类国有资产管理规定，全面清查国有资产存量，清理债权。对全区行政、企事业单位资产进行年统和产权登记，对固定资产进行清查，绘制国有资产分布图。对近20年遗留财政债权彻底清理，总金额达5000万元，涉及企业和单位43家，按照资金收回的可能性大小进行分类，清理出有望收回资金2200万元。

2005年，撤销国有资产管理委员会办公室，其职能由区财政局国有资产管理科承担。2006年，建立覆盖全区行政事业单位的“固定资产管理软件系统”网络体系，对资产数据进行动态管理；实施资产专管员制度，完善国有资产台账，做到“一户一卡、专人负责”；开展固定资产清查，以物对账，以账查物，兜清底数。在此基础上首次对各单位财务主管和固定资产专管员近200人进行固定资产软件培训，提高各单位资产管理水平；做好企业改制工作，确保资产安全和完整。是年，进行国库集中收付制度改革，将区城建和区教育分中心统一纳入集中收付中心管理。

2007年，对全区110户行政事业单位资产清查，确认资产总额4.7亿元，负债总额1.16亿元，净资产总额3.54亿元。对清查过程中资产盘盈、盘亏、损失等核实、审批，并通过社会中介机构进行专项审计，审计面达100%。盘活国有资产，对大理路市场公开拍卖，取得拍卖资金2800万元；对车站路原果品市场、城建苗圃资产进行活化，取得活化资金40余万元。

2009年，成立区财政投资评审中心，负责财政投资项目概算（含标底评审）、预算（含执行过程中的重大设计变更、预算调整等）、竣工决（结）算和绩效评价的评审工作。年内，利用一个月时间，对全区100户行政事业单位进行"固定资产软件"专项培训；全面清查行政事业单位房屋、设备，乡街办事处下属企业改制，社区资产情况，机关车辆使用等情况；对临时机构的固定资产进行登记，将其纳入全区资产管理。同年，全区行政事业单位资产总额共5.65亿元，其中，固定资产总额3.82亿元。为105家行政事业单位办理国有资产产权登记。加强项目管理，对投资项目事前、事中、事后全程评审。至年底，累计完成评审项目563个，其中竣工决算项目471个，标底评审项目65个，概算评审项目27个。评审总投资1.23亿元，审减不合理支出3261.6万元，审定工程总造价9033.45万元，核减率26.53%。2010年，对全区行政事业单位资产进行核实清理，完善国有资产统计台账，健全国有资产监管机制，防止国有资产流失。

十一、国债管理

1984年，开始发行国库券。发行对象为国营企业、集体企业、企业主管部门和地方政府、行政事业单位和个人。任务数为21.3万元，完成数为23.9万元，完成任务112.21%。公购任务分配到各单位，个人部分自认与分配相结合。1989年，任务数为150万元，完成数为160.3万元，其中公购部分完成57.3万元，职工个人部分完成103万元。1993年，按期超额完成793.45万元国库券发行任务。2002年，国债发行移交银行代管，财政取消国债管理职能。

十二、农业税管理

1992年11月，开平区女织寨乡、梁家屯乡划归路南区。1993年始，征收农业"四税"（农业税、农林特产税、耕地占用税、契税）。各农户在缴纳农业税同时，按人头地亩缴纳公积金、公益金、管理费三项村提留和乡村两级办学经费、计划生育费、优抚费、民兵训练费、修建乡村道路费（简称"三提五统"）。农林特产税、耕地占用税、契税实行申报纳税制度，纳税人按有关规定进行纳税申报。当年征收农业税113万元。1998年后，由于国家建设征地和个人建房占地等因素，计税土地面积逐年减少。

2002年，农村税费改革，停止"三提五统"，农业税附加比例最高不超过农业税正税的20%，农业税附加全部返还村级组织，用于村干部报酬、五保户供养、办公经费等。全区计税面积1698.28公顷，计税产量为205.5公斤，人均负担26.27元，人均减少27.32元，减少总额108万元，减少比例为50.98%。2003年，应征农业税100.2万元，减征47.79万元，减征后的资金缺口全部由区财政转移支付。2005年，减征农业税27.79万元。2006年1月1日起，《农业税条例》废止，停止除烟叶以外的农业税费征收。

第四章　国家税务

1955年3月，唐山市税务局路南区分局成立。1981年，对国营企业征收工商税，对集体企业征收工商税和工商所得税。1983年、1984年，分别进行两次利改税。至1990年，共开征29个税种，全年税务总收入5713.69万元，其中工商税收5003.63万元。1991年税收总收入5749.81万元，其中工商税收5033.03万元。1992年税收总收入6227.72万元，其中工商税收5338.30万元。1993年税收总收入8742.89万元，其中工商税收7829.72万元。1994年，进行分税体制改革，唐山市税务局路南区分局撤销，分别成立唐山市路南区国税局、唐山市路南区地税局。当年起，唐山市路南区国税局（以下简称“区国税局”）坚持聚财为国，执法为民的税务工作宗旨，推进依法征税、依法治税，建立健全纳税服务体系，充分发挥税收筹集财政收入和调节经济、调节分配的作用，确保经济稳步增长。2010年，共开征工商税16种，完成国税收入18.75亿元，比1994年增长29.05倍。区国税局连年被评为省级“文明单位”。

第一节　税费征收减免

一、征收

1994年，国税、地税分设后，国税征收范围有增值税、消费税、车辆购置税、企业所得税和个人所得税。共完成税收6238.79万元，其中工商税收5501.84万元，企业所得税162.50万元，教育费附加151.38万元，国家能源交通重点建设基金196.53万元，国家预算调节基金226.26万元，其他收入0.28万元。1996年，实现税收6404.7万元。是年起，实施“高速发展三产”战略，商贸服务业得到跨越式发展，成为国税新的增长源。至2000年，全区国税收入3.57亿元。

图12-1　国税征收宣传入超市　（区国税局）

2003年后，国税收入呈逐年递增势头。2005年共完成税收7.98亿元，其中税收收入7.84亿元，出口退税620万元，股份制所得税744万元，其他收入22万元。2010年，全年实现税收18.75亿元，其中增值税17.43亿元，消费税35万元，个人所得税451万元，城建税93万元，企业所得税1.26亿元。全年税收收入比1994年增长29.05倍。

1990—2010 年唐山市路南区国税税收统计表

表 12 – 5 单位：万元

年份	税收总额	年份	税收总额	年份	税收总额
1990	5713.69	1997	7027	2004	67305
1991	5749.81	1998	7016.31	2005	79786
1992	6227.72	1999	7304	2006	22482
1993	8742.89	2000	35712	2007	29851
1994	6238.79	2001	40449	2008	152167
1995	6602	2002	39575	2009	169800
1996	6404.7	2003	47709	2010	187480

说明：1990—1993 年为国地分税前税收

二、税费减免

1994—2000 年，对销售避孕药品和用具企业，批发和零售种子、种苗、化肥、农药、农机企业，销售自行开发生产的软件产品企业，民政福利企业，资源综合利用企业，废旧物资回收经营企业等 78 家企业减免增值税 1560 万元。2005 年，共减免税收 2749.5 万元，其中福利企业减免 941.5 万元，资源利用企业减免 409 万元，废旧物资企业减免 1399 万元。其间，对新办第三产业、福利企业、农村信用社、新办劳动服务企业等减免企业所得税。至 2007 年，累计为 390 户企业减免企业所得税 4750 万元。

2008 年，重点对国债利息收入、符合条件的居民企业之间的股息、红利等权益性投资收益、高新技术企业、综合利用企业、安置残疾人工资加计扣除、企业科技研发费加计扣除、小型微利企业减免所得税。共减免税收 1450.5 万元，其中避孕药品和用具企业减免 5.2 万元，批发和零售的种子、种苗、化肥、农药、农机企业减免 17.8 万元，软件企业减免 86 万元，福利企业减免 871 万元，资源利用企业减免 156 万元，小型微利企业减免 185 万元，高新技术企业减免 110 万元，综合利用企业减免 19.5 万元。

2009 年，减免税收 1312.89 万元，其中避孕药品和用具企业减免 3.5 万元；批发和零售的种子、种苗、化肥、农药、农机企业减免 21.58 万元；软件企业减免 101 万元；福利企业减免 734 万元；资源利用企业减免 244 万元；小型微利企业减免 200.08 万元；高新技术企业减免 0.92 万元；综合利用企业减免 7.81 万元。

2010 年，共减免税收 1560.63 万元，其中避孕药品和用具企业减免 7.85 万元；批发和零售的种子、种苗、化肥、农药、农机企业减免 15.18 万元；软件企业减免 121 万元；福利企业减免 654 万元；资源利用企业减免 360 万元；小型微利企业减免 310.18 万元；高新技术企业减免 0.98 万元；其他企业 91.44 万元。

第二节 税收管理

一、纳税登记

1994 年，国税、地税分设后，国税机关依据《中华人民共和国税收征收管理法》，开始依法对纳入国税征收范围的纳税人进行纳税登记。全年有 1136 户进行纳税登记。1998 年，贯彻落实国家税务总局发布的《税务登记管理办法》，在全区范围换发税务登记证，并对清理出的漏管户、丢失税务登记户，均按政策进行补税罚款处理。

2004 年，依据国家税务总局新修订的《税务登记管理办法》，规范税务登记的发放、使用和管理工作。将纳税人税务登记纳入信息化管理程序，所有税务登记均录入 CTAIS（中国税收征管信息系统）中。至 2005 年，全区税务登记工商户增至 1.11 万户，比 1994 年的 1136 户增加 9967 户。

2006 年 8 月 1 日起，按照《国家税务总局关于换发税务登记证件的通知》要求，统一换发、启用新税务登记证件。此次换发税务登记证，国税局、地税局执行统一税务等级代码，即一个纳税人只有一个税务登记代码，便于国税、地税进行户籍比对和信息交换。2007 年 1 月 1 日起，旧税务登记证件不再有效。12 月 31 日，完成换发税务登记证工作，共换发税务登记证 4105 户，其中企业 1535 户，个体 2570 户。至 2010 年，全区办理税务登记的纳税人共有 1.12 万户，其中企业 3287 户，持证个体工商户 7938 户。

二、纳税申报

1994 年，建立以增值税为核心的流转税制，同时辅以消费税和资源税，统一内资和外资企业所得税制。将增值税纳税人分为一般纳税人和小规模纳税人。一般纳税人增值税通过微机进行申报，小规模纳税人仍以纸质申报为主。当年，纳税申报率达 98%。

2002 年，实施企业所得税收入分享改革。在中央企业收入所得仍由国税征管前提下，由地方和国家共享地方企业收入所得。新登记注册的企事业单位所得税，由国家税务局征收管理。

2004 年，根据《河北省国家税务局关于实施多元化申报纳税改革的意见》，按照自愿选择原则，允许各种申报纳税方式共存。个体定额户实行简易申报，纳税人在金融网点开设存款账户，委托金融机构在存款账户划转税款，完成纳税申报；小规模纳税人实行电话报税；企业纳税人实行网上申报，利用计算机和报税软件生成申报和缴税信息，借助互联网络传输完成纳税申报。逐步形成以网上申报、电话申报、简易申报和委托银行划税为主，直接申报纳税、邮寄申报纳税等申报纳税方式为辅的申报纳税格局。

2009 年 6 月始，推行税库银联网缴税方式，基本实现无现金缴税。至 2010 年，全区共有纳税人 1.12 万户，其中网上申报纳税人 3909 户，简易申报纳税人 5221 户（不含起征点以下纳税人），手工上门申报 91 户。国税纳税申报率达 100%。

三、发票管理

1994 年，根据《中华人民共和国发票管理办法》，对增值税纳税人使用的增值税专用发票、工业、商业企业销货发票、加工修理发票的领、用、存情况进行不定期检查，严格执行发票管理办法。1999 年，落实国家税务总局下发的《增值税防伪税控系统管理办法》，加强发票监管力度。

2006 年，建立发票管理新机制。在有效控制增值税专用发票和其他扣税凭证基础上，开展大额普通发票稽核比对工作。建立健全违法开具发票纳税人信息库，公开查处普通发票违法行为，建立小规模纳税人发票验旧信息与申报收入比对机制，实行票表比对，基本实现“以票控税”，杜绝税款流失。年内，使用专用发票有三联次和六联次两种。

2010 年，根据《河北省国家税务局关于印发普通发票简并票种统一式样工作实施方案》的通知要求，简并普通发票（不含增值税普通发票）的票种和规格，使用普通发票 A、B、C、D、E、F 六类和运输发票、机动车销售发票、二手车发票。通过简并发票种类，强化机打票使用，压缩手工发票，合理使用定额发票，解决信息采集等手段，提升发票管理水平。建立集发票开具、发票验旧、信息采集、真伪查询和分析比对等功能于一体的普通发票监控管理系统，逐步实现从“以票控税”向“信息管税”的转变。共核查疑点发票 330 份，有问题发票 94 份，其中假发票 88 份，虚开发票 6 份，罚款 36 万元。至 2010 年年底，共检查各类发票 1.56 万份，涉及企业或个体 453 家，补缴税款 528 万元。

四、征管稽查

1994 年，区国家税务局稽查局成立，开展纳税人、扣缴义务人和其他税务当事人履行纳税义务、扣缴义务和其他纳税义务情况的例行检查，当年检查 69 户，其中企业 56 户、个体工商户 13 户，查补税款 136.5 万元，罚款 14.6 万元。至 1999 年 5 年间，共检查各类纳税户 520 户，查补入库税款、罚款及滞纳金 1152.7 万元。2000 年，稽查工作重点转向各类专项、专案检查；稽查方法亦由单一账簿检查改为账内账外相结合；账簿检查与实地调查相结合；询问外调取证相结合。共检查各类纳税户 106 户，查补税款 408.34 万元，罚款 18.79 万元。

2005 年，建立和实施“税收分析、纳税评估、税务稽查和责任追究协调联动”工作机制，发挥稽查专司偷、逃、骗、抗税案件的查处职能。检查各类纳税户 637 户，查补税款 1073.67 万元，罚款 54.03 万元。至 2010 年，累计检查 4530 户，查补税款 6764.5 万元，罚款 935.89 万元。

1994—2010 年唐山市路南区税务征管稽查统计表

表 12－6 单位：万元

年份	国税征管稽查			年份	国税征管稽查		
	检查户数	查补税款	罚款		检查户数	查补税款	罚款
1994	69	136.5	14.6	2003	464	460.68	18.98
1995	78	142.8	15.8	2004	617	391.15	31.85
1996	82	163.2	17.4	2005	637	1073.67	54.03
1997	93	172.5	16.4	2006	435	449.1	282.17
1998	96	186.4	23.5	2007	345	699.19	212
1999	102	236.8	26.8	2008	559	731.72	84.8
2000	106	408.34	18.79	2009	313	1157.09	93.48
2001	184	205.37	7.16	2010	78	13.09	6.3
2002	272	136.9	11.83	－	－	－	－

第五章 地方税务

1994 年，唐山市地方税务局路南区分局撤销，分别成立唐山市路南区地税局（以下简称“区地税局”）和唐山市路南区国税局。当年起，区地税局着眼经济社会长远发展，依据政策培植税源，强化征管力度；坚持依法治税，整顿纳税秩序，优化纳税环境；坚持依法行政，规范征管行为，提高征管质量。2010 年，完成税费收入达 5.04 亿元，比组建初期的 2539.52 万元增长 18.86 倍，成为地方财政收入的主要来源。

第一节　税费征收减免

一、税费征收

1994年，地税系统征收税种有：营业税，按计税营业额3%～20%的征收比例征收；新的企业所得税，按年纳税所得18%、27%、33%征收；土地增值税，按土地增值额的30%、40%、50%、60%比例征收；资源税，按照不同课税数量征收；始征车船税。全区共征收税费2539.52万元，其中，工商税收1242.81万元，企业所得税1275.75万元，教育附加20.96万元。

1995年，征收副食品价格调节基金，对餐饮业、娱乐业和旅店业，分别按1.5%～3.5%比例征收。同年，征收义务教育费。1996年，集贸市场、个体工商户、涉外企业，凡缴纳营业税、个人所得税和教育费附加的（除铁路、银行总行、保险总公司缴纳的以外），改由区地税局征收。1997年，文化事业建设费由区地税局征收，征收比例为3%。全年完成税收4557.7万元。

图12-2　地税征收进店面　（区地税局）

1999年，按照新修订的《中华人民共和国个人所得税法》规定，个人所得税按5%～45%征收。2002年，基本养老保险费和失业保险费改由区地税局负责征收。全年完成地方税收9618.54万元。

2006年后，由于受金融危机、政策性调整及拆迁等多重因素影响，减收因素大幅增加。区地税局坚持大税重管，小税精管的工作思路，税费征收保持连续增长势头。2007年，完成税收总计2.49亿元，其中主要税收有：营业税收入9142万元，资源税22万元，土地使用税651万元，企业所得税6543万元，个人所得税3471万元。2010年税收增至5.04亿元，其中，营业税收入2.48亿元，个人所得税7676万元，城建税4056万元，车船税1194万元，房产税1019万元，土地税1115万元，印花税1900万元，资源税43万元，企业所得税5214万元，土地增值税3427万元。全年税收收入比1994年增长18.86倍。

1994—2010年唐山市路南区地税税收统计表

表12-7　单位：万元

年份	税收总额	年份	税收总额	年份	税收总额
1990	-	1997	4557.7	2004	13011.3
1991	-	1998	4938.30	2005	18430
1992	-	1999	5036	2006	20918
1993	-	2000	5320	2007	24928
1994	2539.52	2001	7547.6	2008	29386
1995	2891	2002	9618.54	2009	35609
1996	4358.6	2003	11350	2010	50436

二、税费减免

1994 年，区地税局负责全区 1866 户私营工商企业、4710 户有证个体工商业户和 23 个集贸市场的税收征管。当年起，依据国家有关发展民营经济、居民服务业，扶持下岗职工再就业等方面税收优惠政策和唐山市地方税务局《减（抵）免税审批终身负责制》的要求，制定《路南区地方税务局加强减（抵）免税管理实施意见》，规定凡企业纳税人符合减免政策的，由企业申请，属区局职权范围的就地审批，需上级审批的签署意见后上报市局审定。1999 年，减半征收固定资产投资方向调节税，2000 年 1 月暂停征收。2001 年 1 月，停止征收屠宰税。至 2010 年的 17 年间，累计减免、抵免各类税收 2000 余万元。

第二节　登　记

一、纳税登记

1994 年，按国家税务总局《关于办理税务登记的通知》，进行纳税登记。登记范围包括国营企业、集体企业、社办企业和个体业户。并规定：应当自领取营业执照之日起 30 日内，持营业执照、银行账户证明、居民身份证、护照、有关合同章程、协议书或税务机关要求提供的其他有关资料，向主管税务机关申报办理税务登记。税务机关审核无误后，发给税务登记证件。税务登记证件不得转借、涂改、损毁、买卖或者伪造。税务机关对税务证件每年验证 1 次，3 年更换 1 次。对不按期办理税务登记的单位和个人处以 5000 元以下罚款；如有转业、合并、分设、联营等变更，应向税务机关申请变更登记，对按期不办理者处以 5000 元以下罚款。同时对乡镇企业以上的各级企业，实行“纳税登记薄”制度，对个体工商业户实行“纳税鉴定书”制度，对纳税人实行属地管理。是年对境内 1866 户私营以及工商企业、4710 户有证个体工商业户、23 个集贸市场零散税收的地方税收征管进行登记工作。2005 年，对全区 1584 户企业、2277 户个体工商进行登记管理。至 2010 年年底，全区办理税务登记的纳税人共有 8916 户，其中企业 3567 户，有证个体工商户 5349 户。

二、纳税申报

1994 年后，纳税申报方式随税制改革不断完善，从上门申报到自核自缴、电话申报、电子申报、银行划缴、网络申报，申报手段逐步呈现多元化。当年，税收任务 2257 万元，实际申报入库 2539. 52 万元，占年任务的 111. 63%。1997 年，建立办税服务大厅，为纳税人提供优质、便捷、高效服务。年内，统一纳税人税务代码和纳税申报表，并规定未按期申报缴纳的纳税人，一律执行加、扣、罚制。此后，纳税申报步入正轨，实际申报入库量逐年递增，2000 年同比增收 47 万元，增长 0. 89%；2005 年同比增收 5419 万元，增长 41. 65%。2010 年，共申报入库各项收入 6. 61 亿元，同比增收 1. 79 亿元，增长 37%。其中，申报入库各项税收 5. 04 亿元，同比增收 1. 48 亿元，增长 41. 64%，税收总量排入全市前 10 名，增长幅度跃居全市首位；入库社保费 1. 27 亿元，同比增长 21. 4%，高于全市增幅 7 个百分点；入库其他规费收入 3039 万元，同比增长 35. 67%。

三、发票管理

1994 年，依据《中华人民共和国发票管理办法》，建立健全发票管理制度，实行“三清”（手续清、账目清、责任清）、“四专”（专人负责、专库存放、专账登记、专款专用）、“五防”（防火、防盗、防霉烂变质、防鼠咬、防虫蛀），发票管理工作步入制度化轨道。1997 年，按照唐山市地方税务局下发的《饮食业菜单、娱乐业酒水单管理办法》，加强饮食业菜单、娱乐业酒水单管理。2001 年后，修订《发票管理目标考核办法》，按“以票管税，以票控税”原则，对欠税企业供票控制，使发票管理制度化、规范化。2002 年 5 月，推广使用税控收款机，开展发票“双奖”活动。按照《唐山市地方税务局饮食业菜单娱乐业酒水单洗浴业作业单管理暂行办法》，在饮食等服务业和娱乐业，全面推广使用“三单”（娱乐业酒水单、洗浴业作业单、餐饮业菜单）。至 2010 年发票管理无变化。

四、征管稽查

1994 年 9 月，路南区地税分局稽查局挂牌成立，负责全区范围内日常税收检查、专项税收检查和重大涉税案件查处工作。实行案件计划报批制度和稽查工作限时办结制度，避免因重复检查或随意检查而加重纳税人负担。1995 年，检查税务登记户 31 户，缴纳滞纳金 12 万元，罚款 7.6 万元。2000 年，检查 52 户数，罚款 11.5 万元。2005 年，检查 132 户数，查补税款 167.87 万元，罚款 4 万元，至 2010 年的 17 年间，累计检查 1670 户数，查补税款 241.25 万元，罚款 56.79 万元，缴纳滞纳金 23.68 万元。

第六章　物价管理

1981 年 1 月区政府设立物价科。1986 年，区政府撤销物价科，成立物价局。物价监管逐步由“调放结合，以调为主”向“放调结合，以放为主”转变。随着社会主义市场经济体制的建立与完善，物价管理职能逐步由管价为主向以管费为主的宏观调控转变，加强教育、卫生、涉农、涉企等领域收费的监督检查，维护价格秩序。

第一节　价格管理与非经营性收费管理

一、价格管理

1984 年，中共十二届三中全会通过《中共中央关于经济体制改革的决定》，确立在公有制基础上的“有计划的商品经济”体制。物价管理根据“有计划的商品经济”体制要求，逐步实现“调放结合，以调为主”向“放调结合，以放为主”的方向转变。改变政府定价集中过多，流通商品价格统的过死的价格管理体系，扩大市场调节范围，逐步形成国家定价、国家指导价、市场调节并存的格局。是年，路南区物价检查所成立，共查处价格违法案件百余起，罚没款 2000 元。

1990 年，以紧俏耐用消费品价格，化肥、农药价格和部分非商品收费等为重点，查处违规案件 172 起，罚没金额 12.12 万元。1991 年起，生活资料价格陆续放开。是年，停用食糖票。1992 年停用肉票（猪、牛、羊）、蛋票、肥皂票、居民购货证。1993 年 5 月 10 日，粮食价格全面放开，由市场调节，粮票、油票、城镇居民粮食供应证宣布作废，“购物票证”成为历史。价格管理由国家直接管理为主，转向间接管理为主，形成国家定价、国家指导价和市场调节价三种价格形式并存，并以市场形成价格为主的新的体制机制。到 1996 年，除部分药品、成品油、电价、化肥等工业品价格由国家统一定价或由国家制定最高零售限价外，绝大部分商品价格放开。

1997 年，全国人大常委会审议通过《中华人民共和国价格法》。价格法的颁布，以法律形式确立由市场价格形成为主的价格形成机制，市场定价比重进一步扩大。2000 年，组织开展粮、油、肉、蛋等副食品价格市场、节期供应市场、涉企、涉农行政事业单位、汽车修理行业、加油站及成品油市场等专项检查 20 余次，开展明码标价集中治理 6 次。共查处各类价格收费违法案件 46 件，罚款 1.64 万元。

2003 年，非典型性肺炎疫情出现后，区物价局按照河北省物价局《关于对与“非典”防治相关的药品价格实行干预措施的紧急通知》和河北省防治“非典”工作领导小组办公室《关于保证市场商品供应的紧急通知》文件要求，以及市、区两级政府工作部署，尽快稳定物价，稳定社会秩序。至6月，先后出动286 人次，对辖区132 家药店、诊所、粮店、超市等进行检查，查处违反限价单位42 家；对28 家违价情节轻微的单位进行政策提醒、警示、责令限期纠正；对14 家违价情节严重的单位予以重罚。

2007 年起，加强节日市场价格监管，着力整顿市场价格秩序；组织开展农资价格和涉农收费专项检查，维护“三农”利益；组织开展药品和医疗服务价格专项检查，减轻患者就医负担；组织开展教育专项检查，解决上学难、上学贵问题；组织开展房地产价格专项整顿，规范房地产市场价格秩序；组织开展成品油市场价格专项检查，稳定市场，促进供应；组织开展涉企收费检查，减轻企业负担，促进区域经济发展；加强对物业服务收费的管理，完善物业服务价格管理制度。2010 年，将医疗、教育、房地产行业、机动车维修行业作为重点，加强常态性的监督检查，共开展检查150 余次，检查单位330 余家，查处违法单位65 家，处罚金额4. 9 万元。

二、非经营性收费管理

1990 年7 月，按《河北省收费许可证、行政事业性收费票据审验暂行规定》，实施收费许可证年审制度。全年共核发“河北省收费许可证”130 家，使文教、卫生、公安、城建、工商、土地等21 个系统420 个收费项目基本理顺。1991 年，依据中共中央、国务院《关于坚决制止乱收费、乱罚款和各种摊派的决定》，停止28 个系统121 项收费。1995 年，共审验行政事业性收费许可证120 个。同时，加强无证收费和乱收费现象的监督检查，杜绝不合理收费倾向的发生。1998 年，按唐山市政府停止第三批行政事业性收费项目的通知，停止收费项目48 个。2000 年，结合收费许可证审验，检查收费执行、收费工作规范化情况，全年核发行政事业性收费许可证77 个。2010 年，全区共审验换发收费许可证188 个，其中行政事业性收费57 个，经营性收费131 个。取缔目录外行政事业性收费项目28 项，停止经营服务性收费项目6 项，转为市场调节收费项目14 项，规范行政事业性收费项目14 项，规范经营服务性收费项目5 项。

第二节　价格评估

1997 年9 月，路南区价格事务所成立，负责价格鉴证与评估。2002 年，价格事务所更名价格认证中心，增设“涉案物品鉴证中心”。2005 年12 月，成立车辆定损中心，负责市中心区交通事故车辆及事故引起的公共设施损失评估定价工作。2007 年，受理各类价格鉴证案件167 件，涉案金额291 万元；受理各种交通事故车辆及事故引起的公共设施损失案件2973 件，涉案金额3566 万元。2008 年，受理各种交通事故车辆及事故引起的公共设施损失案件2973 件，涉案金额3421 万余元；受理价格鉴证（刑事案件）137 件，价格认证（社会、法院等）10 件，涉案金额337 万余元。完成大南湖垃圾山附近27 家企业拆迁的评估及长青楼区域改造整改工作的评估工作。

2009 年，价格认证中心全年出具各类涉案物品价格鉴定报告160 起，案值537 万元，参与并出具各类价格认证评估报告83 起，案值超过5750 万元。共受理各种交通事故车辆及事故引起的公共设施损失案件1582 件，涉案金额2331 万余元。2010 年，价格认证中心出具各类涉案物品价格鉴定报告132 起，案值450 万元，参与并出具各类价格认证评估报告11 起，案值32 万元。至年底，累计受理各类价格鉴证案件超过720 件，涉案金额超过1000 万元；共受理各种交通事故车辆及事故引起的公共设施损失案件1606 件，涉案金额2959 万余元。

第七章　审　计

1984年3月，路南区审计局成立，为区政府的常设工作部门。1990年3月，组建路南区审计事务所。1999年，区审计事务所与审计局脱钩。至2010年21年间，相继对政府固定资产投资、区党政机关科级领导干部和国有控股企业厂长（经理）任期经济责任、社会保障资金、区本级预算执行情况和其他财政收支情况等进行全面审计监督。共完成审计项目1026个，查处各类违纪违规资金3.39亿元，上缴财政罚没款586.22万元，核减基本建设工程款5483万元。

第一节　国家审计

一、财政收支审计

财政收支审计工作始于1986年。1990年，全区共有审计单位42个。一级预算单位审计覆盖率为100%，审计总金额为3741.96万元，查出违纪金额29.05万元，占审计总金额的0.78%。1991年，审计范围逐步扩大，先后对60个单位进行审计，总金额达4364.7万元，查出违纪违规金额41.15万元。对预算单位审计覆盖面达到100%。同时，对文教系统19个基层三级单位全部进行审计。1992年，财政收支审计重点转向二级以下预算单位审计。被审单位44个，审计总金额1.06亿元，查出违纪违规资金102.67万元，涉及违控、账目差错、预算内资金转移至预算外、账外账等问题。

1996年，贯彻落实《中华人民共和国审计法》，始对区本级财政预算执行情况进行审计。在对本级财政审计同时，将审计覆盖面延伸至城建局、教育局、公安分局、卫生局等单位。1997年后，将设账外账、应缴未缴财政专户、不按规定收费和坐支现金等问题作为审计重点，帮助违纪违规单位建立健全规章制度。2004年，对财政预算执行情况进行审计，查出违规资金711.54万元，要求纠正资金75.86万元。至2010年，累计审计247个单位，查处违纪违规资金1.13亿元，增加财政收入257万元。

二、财务收支审计

1990年，对3个区属企业财务收支试审，审计总金额6937万元，查出违纪资金27.59万元，上缴财政17.61万元。对12个工商企业进行承包责任制审计和抽查审计（其中，期中审计3个、终结审计3个、抽审4个），审计总金额6937万元，查出违纪金额24.85万元，上缴财政1.99万元。对区属企业中存在的超提效益工资、漏纳税款、私设小金库等问题进行纠正。1991年，对16个国营工商企业1991年1—9月经济效益审计，审计总金额1.21亿元，查出违纪违规金额19.86万元，上缴财政5.86万元。对4个区属国营工业企业进行第一轮承包终结审计，审计企业存在利润不实、潜在亏损、厂长基金超支严重、私设小金库、漏纳税金问题。审计总金额5052万元，查出违纪违规资金69.62万元，罚款3122元。

1992年，区政府批转《路南区审计局关于对区属国营、集体工商企业进行全面审计的意见》。组织38人，分成12个审计组对区属国营、集体工商业1992年财务收支、经营成果、资产等情况进行审计。对16户工商企业进行审计，审计总金额1.13亿元，查出违纪违规资金138.97万元。

1993年，在市审计局等配合下，用半年时间对区属67家国营、集体工商企业1992年度财务收支、经营成果真实性、合法性及财产物资真实、完整性全面审计，审计总金额5.85亿元，查出违规资金2185.46万元、违纪资金123.67万元，查出漏提漏纳各种税金40.97万元，上缴财政17.11万元。对全区6个街道办事处31家利税较大重点企业1992年经营成果进行审计，审计总金额1.55亿元，查出违纪金额97.11万元，上缴财政53.61万元，罚款1.04万元，审计核减利润111.19万元。

1994年起，每年对乡街所属工商企业和获特殊贡献奖的区直工商企业资产、负债、损益等情况进行审计。1995年，审计10万元以上项目5个，查出违纪金额10.8万元。是年，对财务收支进行试审，查出弄虚作假、虚报冒领、固定资产账物不符、滥发钱物、私设小钱柜和截留罚没收入违纪金额8.2万元。2000年，完成市局授权的对区工商分局财务收支审计任务。至2010年，累计审计单位511个，查处违纪违规资金4894万元，上缴财政97万元。共审计出账外资产207万元，预算外收入未缴专户资金387万元。

三、经济责任审计

1997年，区委、区政府下发《路南区行政事业单位领导干部离任经济责任审计工作规定》，经济责任审计工作开始起步。2000年，区委、区政府印发《关于科局级干部任期、离任经济责任审计实施办法》。翌年，完成对6名县级以下党政领导干部任期经济责任审计，查出违规资金168.3万元。

2005年，区委、区政府下发《关于进一步规范领导干部任期经济责任审计工作的意见》，在审计内容上突出经济决策权、经济治理权；在审计结果上，坚持客观性、准确性和全面性的原则，分清直接责任、主管责任和领导责任。经济责任审计工作步入规范化、制度化、科学化发展轨道。是年，对12名领导干部、厂长、经理进行离任审计，查出违纪违规资金49.9万元。2006年，对13位领导干部任期经济责任审计，查出违纪违规金额482.59万元。

2010年，落实中共中央办公厅、国务院办公厅印发的《党政主要领导干部和国有企业领导人员经济责任审计规定》，加大领导干部任中审计比例，强化延伸审计力度，坚持向资金使用的效益性延伸，向被审计单位所属二、三级单位延伸，向经济运行的全过程延伸。至年底，先后有129名科级干部接受任期经济责任审计，均对其做出实事求是、客观公正评价。

四、固定资产投资审计

1988年，区审计局设置基建投资审计专职人员，开始对固定资产投资审计监督。1990年，审计自筹资金基建单位8个，共审资金73.6万元，核减资金2万元。1991年，进行基本建设开工前审计20户，审计总预算649万元。审定5个工程，总造价54.4万元，核减资金8.9万元，占总投资16.36%。1992年，审计开工项目11个，工程投资942.5万元，审计覆盖面100%。工程预决算审计18项，审计总投资1620.63万元，核减投资204.53万元。

1993年后，将促进城乡建设、控制固定资产投资规模、维护财经纪律作为审计重点，全年审计核减工程款271.85万元。2001年，结合整顿和规范市场经济秩序，完成基建预决算审计17个，审计工程总造价8088.1万元，审减工程款550.47万元。

2003年，区政府印发《关于加强基本建设项目审计监督工作的通知》，成立固定资产投资审计科。共审计工程项目19个，审计项目投资5187万元，核减工程款275万元。2004年，完成16个工程项目审计，审计项目投资总额4885万元，核减工程款1379万元。2005年，审计建筑工程项目29个，审计工程总投资8917万元，审后核减工程款1439万元，占投资总额的16.14%。

2008年，以“城镇面貌三年大变样”为契机，加大对政府投资审计力度。探索以施工预算、招投标文件和合同文本为重点的事前审计；以工程计量、合同外计价、隐蔽工程、工程变更和零星结算为内容的期中审计；以项目结算、财务收支为主要内容竣工审计。完成固定资产投资审计40项，审计工程总造价5187.45万元。1990年至2010年21年间，共完成227个投资审计项目，报审结算价4.01亿元，审减工程款5483万元。

五、专项审计

1990 年，对各街道办事处、区相关单位先后进行审计和复审，审计总金额 51 万元，查出违纪违规资金 8521.67 元，上缴财政 6121.41 元，罚款 1871.93 元。1991 年，对 7 个街道办事处发放 1988 年度承包奖进行专项审计，审计总金额 35.49 万元，查出违纪违规金额 11.62 万元，上缴财政 6.4 万元。1992 年，对预算外财务收支和退休养老保险基金、待业保险基金审计，审计总金额 1579.7 万元，查出违纪违规资金 23.14 万元。

2002 年后，对行政事业单位专项资金进行审计，并把社保资金作为重点。每年对养老保险基金、最低生活保障资金、再就业资金、医保资金等投入、征收、管理和使用上进行审计监督。2003 年，对“非典”防治专项资金和社会捐助款物的收集、管理、上缴情况跟踪审计。2004 年，对区民政局、教育局、女织寨乡教育组、卫生局、计生局、再就业局、女织寨乡政府 2003—2004 年自然灾害、社会救济、危房改造、布局调整、公共卫生防疫体系建设、计划生育药具、农村劳动力培训和农业税灾情减免情况进行审计检查。延伸审计友谊街道办事处、学院路街道办事处等 6 个街道办事处的城镇低保专项资金。

2005 年，根据省政府关于在全省开展专项资金综合治理部署，开展对农村人畜饮水、农村劳动力转移培训、扶贫、救济救灾、农村中小学危房改造、计划生育药具 6 项专项资金审计。2007 年，对全区 2006 年度城镇企业基本养老保险、城镇职工基本医疗保险、失业保险、工伤保险、生育保险 5 项基金收支及管理使用情况进行审计，对企业欠缴基金问题提出建议并进行纠正。2008 年，四川汶川地震后，开展对捐赠资金物资和特殊党费的跟踪审计。至 2010 年，累计对 60 个单位进行审计，查出违规违纪资金 1763 万元，上缴财政 33 万元。

六、审计调查

1991 年，首次开展审计调查工作。是年，审计调查重点是配合质量品种效益年活动，计划完成调查项目 3 个，实际完成 4 个，涉及被调查单位 63 个。1995 年，对 5 家区属国营企业审计调查，提出审计建议 12 条，写出审计调查报告 5 篇，调查资金 1020 万元，查处违纪金额 48 万元。2000 年，先后完成 30 个单位的审计调查，涉及应收账款、国有资产、贷款、招待费、工资收入分配项目及养老保险扩面和部分未参保企业情况等，发现普遍性问题 6 个，提出合理化建议 6 条，被政府采纳 6 条。2005 年后，对区属企业、合作基金会、村级财务管理、基建项目和行政事业单位固定资产等方面审计调查，对有账无物，有物无账，形成账外资产及损失浪费现象提出改进建议和措施。至 2010 年，累计完成 182 个单位的审计调查，涉及应收账款、国有资产、贷款、招待费、工资收入分配等项目，发现普遍性问题 75 个，提出合理化建议 115 条，被政府采纳 87 条。

第二节　内部审计与社会审计

一、内部审计

1985 年，按照《国务院关于审计工作的暂行规定》，始建内部审计机构。1990 年，全区有内审机构 11 个，人员 45 人，其中专职人员 25 人。年内审计 118 个单位，审计覆盖面达 37%，审计总金额 1.27 亿元，查出违纪金额 69.99 万元，促进增收节支金额 80.28 万元。1991 年，共审计 416 个单位，查出损失浪费资金 1378.5 万元，促进增收节支 290.15 万元。

1992 年，审计局设立内审工作指导股。全年审计 257 个单位，查出损失浪费资金 105.47 万元，促进增收节支 41.49 万元，纠正违规资金 43.63 万元。1993 年，机构改革，全区内审机构增至 12 个，专职人员9人，兼职人员15人。年内，共审计77个单位，审计资金总额9083.33万元，查出违规资金41.18万元。

1995年起，加强内审队伍建设，内审项目逐年递增。是年，内审机构总数达到19个，有专兼职人员73人。共审计49个单位，其中财务收支审计7个，经济效益审计17个，其他审计项目25个；查出损失浪费金额5.80万元，纠正违纪金额15.36万元。1997年，审计单位71个，查出违纪金额241万元，促进提高经济效益金额318万元。1998年，完成审计项目117个，查出损失浪费21.3万元，促进增收节支23万元，纠正违规资金56.28万元。

2000年，制定下发《内审工作实施意见》和《内审工作考核标准》，完善内审业务指导工作。是年，共审计119个单位，查出损失浪费资金21.3万元，查出违纪违规资金56.28万元，增收节支23万元。2003年后，随着企业改制的逐渐完成，内审机构和人员逐渐减少。至2010年，全区内审机构13个，有专兼职人员19人。全年审计124个单位，查出损失浪费资金52.7万元，违纪违规资金43.63万元，增收节支20.75万元。

二、社会审计

1990年3月，区审计事务所成立，依法承担社会审计工作，业务范围包括工商企业验资、财政收支审计、经济签证、业务咨询、基本建设审计、资产评估、承包离任审计、清理债权债务等。是年，为1056个单位核验资金，资金总额为3.14亿元；完成审计局委托审计项目6项，审计单位13个；接受外部委托审计4项，在一定程度上弥补审计局基建审计力量的不足。1991年，审计项目9个，涉及320个单位（户），审计总金额1.24亿元，查出违纪违规金额43.08万元。

1993年，审计事务所由年初4人增至8人。开展企业验资、财务收支审计、厂长离任审计、案件签证、建账建制、基本建设等审计，实现业务收入29.61万元，为建所以来最高水平。1995年，完成业务收入51.5万元，其中，验资完成365户，资产评估完成13户，审计查证完成7户，咨询完成4户，经济案件鉴定1户，基本建设完成审计12项；审计工程总造价4606.62万元，总审减965.82万元。至1997年，社会审计实现收入201万元，完成审计2026项，其中，验资1545项，财务收支审计228项，评估100项，基建审计120项，其他35项。1998年，审计事务所业务收入44.33万元，完成验资95户，财务审计21户，基建审计37项；审计工程造价4459万元，审增6.4万元，审减688.1万元。

1999年，区会计事务所合并至审计事务所，审计事务所由全民所有制改为由注册会计师（含注册评估师）个人出资的有限责任会计师事务所，成为民营社会中介机构，并与审计局彻底脱钩。是年，社会审计实现业务收入71.66万元。至年底，审计事务所共完成审计事项2750个，核减基建预决算2637万元。被评为河北省县（区）十强审计事务所。此后至2010年审计局已无社会审计职能。

第八章　工商行政管理

1977年12月，路南区工商行政管理科撤销，成立路南区工商行政管理局。1994年6月，路南区工商行政管理局划归唐山市工商行政管理局，实行垂直领导，更名为唐山市工商行政管理局路南区分局。2007年11月，更名为路南区工商行政管理局。其主要职责是运用行政、经济、法律手段，维护辖区市场经济秩序，确认市场主体资格，规范市场主体行为，保护生产者、消费者的合法权益。截至2010年，全区在册个体工商户1.02万户，其中私营企业2785户，从业人员5.06万人。荷花坑市场、小山市场被国家工商局命名为“全国文明市场”，大里路市场、建国路市场被省工商局命名为“省级文明市场”。

第一节　工商企业登记管理

一、内资企业登记管理

1988年，《中华人民共和国企业法人登记管理条例》（简称《条例》）颁布，为企业法人登记提供了法律依据。路南区工商分局依据《条例》规定，依法确认企业法人资格、依法年度年检、依法核准变更登记。同时，从有利于开放搞活，有利于发展生产力出发，制定《路南区关于放宽工商行政管理的意见和措施》，就放宽企业名称、放宽企业性质、放宽企业经营范围作出明确规定。

1992年，区工商分局制定《关于支持搞活国营大中型企业，地方骨干企业生产经营的意见》《解放思想，转变观念，改进企业登记管理工作，简化手续，加强管理，促进经济发展的意见》《关于加强对企业监督管理的意见》，为企业发展提供宽松环境。全区具有法人资格的国有企业、集体企业、私营企业、联营企业和股份企业进入快速发展期。截至1994年，全区共有工业企业法人资格828家，从业人员3.4万人，注册资金2.9亿元；商业企业1155家，从业人员1.15万人，注册资金1.88亿元；服务业企业387家，从业人员4056人，注册资金3580万元；交通运输业企业27家，从业人员2895人，注册资金861万元；建筑业企业35家，从业人员3671人，注册资金1338万元；房地产业企业5家，从业人员84人，注册资金424万元；金融业企业67家，从业人员985人，注册资金3823万元；保险业企业4家，从业人员43人，注册资金24万元；农、林、牧、渔、水利、地质勘探、科学研究、综合技术服务、教育、文化、广播电视等企业，具有法人资格的企业共47家，从业人员774人，注册资金824万元。

1997年起，按照“建立适应市场经济要求，产权清晰、权责明确、政企分开、管理科学的现代企业制度”总要求，实施“国退民进”，全面推进产权制度改革。至此，国有、集体企业通过改制，或依法破产、出售，或成为股份合作制企业、股份制企业，具有法人资格企业逐年锐减。至2002年，工业企业中具有法人资格的内资企业173家，比1994年减少655家；商业、服务业、交通运输业分别为465家、83家、17家，比1994年分别减少690家、304家、10家。

2003年6月，区工商分局印发《关于在注册登记工作中实施绿色通道工程优化发展环境若干意见》。《意见》规定在企业注册登记时要减少登记程序、实行首办责任制、缩短办照时限、完善经济户口制，同时放宽登记条件、放宽经营范围、完善前置审批、简化登记资料，为企业提供政策支持。至2005年，全区共有内资企业1375家，其中，工业187家，商业208家，服务业72家，交通运输业7家，建筑业11家，金融业32家，保险业752家，农、林、牧、渔、水利、科学研究、综合技术服务、教育、文化等其他106家。

2006年，区工商分局印发《关于实施网络化管理，提高监管效能的意见》，营造公平公正、规范有序、和谐诚信的市场环境，促进内资企业加快发展。至2008年年底，全区内资企业达1300家，其中制造业220家、批发零售业713家、住宿和餐饮业31家、农林牧渔业、建筑业、交通运输仓储业、信息技术、软件和信息技术服务业、房地产业、租赁和商务服务业、科学研究和技术服务业、居民服务、修理和其他服务业、文化、体育和娱乐业共336家。

2009年起，区工商局先后印发《关于在工商行政管理系统全面推进行政指导工作意见》《关于支持中小企业发展的若干意见》，放宽名称核准、出资方式、经营范围、经营方式、有效期限、经营场地等35项准入条件，全力支持中小企业发展。至2010年，全区共有内资企业1298家，其中制造业217家、批发零售业696家、住宿和餐饮业30家、农林牧渔业、建筑业、交通运输、仓储和邮政业、信息技术、软件和信息技术服务业、房地产业、租赁和商务服务业、科学研究和技术服务业、居民服务、修理和其他服务业、文化、体育和娱乐业共355家。

二、中国港澳台及外商投资企业登记管理

1993 年 4 月，区工商分局设立外商投资企业登记管理处，承担全区外商投资企业的登记初审、出资检查、年检初检和登记违法行为的调查职能。此后至 2010 年，所担负的中国港澳台及外商投资企业登记初审、出资检查、年检初检和登记违法行为的调查职能任务无变化。

三、个体私营经济登记管理

1987 年 8 月，国务院颁布《城乡个体工商户管理暂行条例》。1988 年 6 月，颁布《私营企业暂行条例》，个体私营经济纳入依法登记管理轨道，个体私营经济所有者权益得到法律保护。8 月，区工商分局制定《关于放宽工商行政管理的意见和措施》，对个体和私营经济注册登记条件适度放宽，个体工商业得到空前发展。当年，全区个体工商户达到 5231 户，从业人员 7639 人，成为“社会主义公有制的必要补充”。1992 年，进一步放宽经营范围，除国家明令禁止的项目和商品外，其余所有商品允许个体私营经营，且允许开办批发业务。1997 年，制定《关于进一步发展个体私营经济，促进下岗职工再就业的若干意见》，在放宽登记条件、优先安排摊位、鼓励私营企业招聘下岗职工、组织培训等方面作出明确规定，为下岗职工实现再就业提供保障。

2003 年起，实施个体私营企业注册登记“绿色通道工程”，优化个体私营经济发展环境。同年，印发《关于贯彻落实鼓励支持个体、私营经济的实施意见》，主要内容是：在注册登记中实施“绿色通道工程”，简化手续，放宽条件，缩短办照时间，打造市场准入方便、快捷通道；开展“服务质量年活动”，将工商管理型转变为服务型工商；开通 160027 绿色通道服务热线，快捷提供政策、业务、信息咨询；推行“四制”，即首办责任制、跟踪服务制、建立联系点制、联络员制，为个体私营经济发展提供制度保证；办事公开，公开登记注册条件、注册程序、收费标准、公示示范文本，制作公示栏，发放办照样本和指南等。宽松的政策，便捷的服务，为个体私营经济实现持续、健康发展，创造出千载难逢的发展机遇。至 2005 年，全区个体工商户达到 9183 户，从业人员 1.77 万人，注册资金 1.51 亿元。2006 年，开展“绿色通道工程”，缩短审批时限，简化办理程序。2008 年，全区个体工商户 9685 户，从业人员 1.94 万人，注册资金 1.96 亿元。

2009 年，转发国家工商总局《关于进一步促进个体私营经济发展的若干意见》，鼓励个体私营经济做大、做强。出台便民措施 52 条，为个体私营经济发展提供宽松环境，个体私营经济进入快速发展期。年底，全区个体工商户达到 1.03 万户，从业人员 28997 人，注册资金 3.65 亿元。2010 年，全区民营经济发展到 1.67 万户，其中，由区工商局登记的民营经济 1.05 万户，从业人员 3.29 万人，注册资本金 5.28 亿元；由市工商局登记的民营经济（50 万元以上的有限公司）3020 户；由唐山市工商局直属二分局登记的民营经济 3144 户。

第二节　商标广告管理

一、商标管理

1983 年 3 月，《中华人民共和国商标法》开始实施，标志着商标管理步入依法管理轨道。1990 年起，组织企业开展“重商标、创名牌”活动，通过广泛宣传、积极培育、开发新产品、提高商品质量、打造企业信誉等措施，营造争创全国驰名商标氛围。1992 年 6 月，唐山市宝珠家具厂生产的钢、木制家具“宝珠”商标，被省工商行政管理局认定为“河北省著名商标”，成为路南区第一个著名商标。1995 年 8 月，唐山市太太梦日化有限公司生产的洗涤液，注册“太太梦”商标，被省工商行政管理局认定为

"河北省著名商标"。

2001年，扩展商标培育领域，由过去生产企业延伸至服务企业。唐山市华盛超市有限公司"超市"，注册为"华盛"商标。贯彻《中华人民共和国商标法》，打击假冒商标和商标侵权案件。至2005年，全区共立案查处假冒商标和商标侵权案件383起，罚没款108余万元，没收假商标标识及包装装璜7890多个，没收印制工具113件，并将查获的假冒商品公开销毁、曝光。年内，唐山隆义实业（集团）公司万里香烧鸡厂的熏鸡产品，注册为"万里"商标，获得省工商行政管理局认定的"河北省著名商标"。此后，加强商标的宣传、开发、培育，提高企业商标自我保护意识和创名牌意识，企业商标注册剧增。至2010年，全区注册商标608个，其中，"华盛""宝珠""万里""四远""意美适家""唐人""登山""智星""和发"9个商标被认定为河北省著名商标。

二、广告管理

1987年12月，国务院颁布的《广告管理条例》开始实施。1988年1月，国家工商行政管理总局制定《广告管理施行细则》，广告管理纳入法制化轨道。是年，区工商管理局开始对广告经营、兼营单位进行年检登记。

1995年起，加大对虚假广告打击力度，规定：广告主利用广告弄虚作假，欺骗用户和消费者的，责令其在相应范围内发布更正广告，并视情节通报批评，另处三倍以下罚款；广告经营者帮助广告主弄虚作假的，视情节通报批评、没收非法所得，处三倍以下罚款；情节严重的，责令停业整顿、吊销营业执照或广告经营许可证；给用户和消费者造成损失的，负连带赔偿责任。至2000年，共查处播发虚假广告案件19起，广告经营企业13家，查处违法张贴广告案件11件，纠正不恰当广告行为18件，清理路牌广告32块、不规范户外广告28个。

2005年开始，将消费者普遍关注的医疗机构及药品经营单位发布的违法广告作为整顿重点，严厉查处播发虚假广告行为。全年共立案查处违法案件2起，罚没款3万元，没收非法印刷品广告40余张，依法审查各类广告30余条，查处虚假污秽广告2起。至2010年，全区累计立案查处违法案件30起，依法审查各类广告95条，查处虚假污秽广告2起，罚没款20余万元。年内，依法登记注册的广告企业增至149家，其中，广告公司113家，共有从业人员478人。

第三节　经济合同管理

一、合同鉴证与备案

1982年7月，《中华人民共和国经济合同法》颁布实施，开始用法律形式规范法人、其他经济组织、个体工商户、农村承包经营户之间合同的设立、变更和终止活动。区工商分局设立合同科，依法审查合同的真实性、合法性。至1990年，共鉴证合同242份，合同金额2100万元；合同备案510份，合同金额3155万元。1999年，依据新修订的《中华人民共和国合同法》，取消合同备案。2003年，组织4次合同大检查，共检查企业35个、经济合同4万份，总金额1.5亿元，查出违约或条款不健全合同5份。至年底，全区鉴证经济合同6.34万份，合同金额16.51亿元，为企业挽回经济损失1.72亿元。2010年，共查处欺诈虚假合同10起，办理财产抵押登记80份，鉴证各类经济合同8.5万份。

二、查处利用合同进行的违法行为

1982年起，依据《中华人民共和国经济合同法》，省政府《关于执行〈中华人民共和国经济合同法〉的暂行规定》要求，查处利用合同进行违法行为的重点是：注意发现无效合同、违约合同和违法合同，以免造成经济损失。视情节轻重，危害大小，分别给予批评教育、警告、罚款、没收非法所得、责令停业整顿、吊销营业执照等处罚。1996 年，将利用建筑、农资、加工承揽、购销等合同进行欺诈行为作为打击重点，制定《打击合同欺诈专项执法行动方案》。同时在纪念碑广场展开宣传，发放宣传材料 2.5 万份；公开举报电话，组织企业全面自查自纠，深入重点企业进行检查。2000 年，加大违法合同案件、欺诈虚假合同案件的打击力度，保证经济合同签订依法、依规、有序。至 2010 年的 21 年间，累计查处欺诈虚假合同案件 218 起，罚款 75 万元。

三、合同争议调解

1983 年，区工商分局成立经济合同仲裁庭，开始对各类经济合同纠纷进行调解、仲裁。1995 年，由于经济合同仲裁体制转轨，区经济合同仲裁委员会、仲裁庭及派出仲裁庭全部撤销，经济合同仲裁工作终止。至年底，共受理经济合同纠纷 5541 件，解决争议金额 1.31 亿元，裁决无效经济合同 12 件，处罚违法经济合同 14 起，为 465 家企业追回欠款 1560 万元。2004—2006 年，举办经济合同法培训班 37 期，培训人员 1670 名。至 2010 年的 21 年间，共受理经济合同纠纷案件 1480 件，解决争议金额 18 万元，对 57 起经济合同给予罚款处分，为 950 户企业追回欠款 4650 万元。

四、开展“重合同、守信用”企业活动

1984 年，依据省工商行政管理局等六部门联合发出的《关于开展“重合同、守信用企业”活动的通知》精神，开始在工业、商业等企业开展“重合同、守信用”活动。1985 年，“重合同、守信用”活动拓宽领域，要求凡在全民和集体所有制企业、合作经济组织、经济联合体、实行独立核算的工业、商业、物资、运输、基本建设等企业均可参加。1999 年 3 月《中华人民共和国合同法》颁布，同年 10 月 1 日起施行，沿用多年的《中华人民共和国经济合同法》作废。“重合同、守信用”企业活动改为“守合同、重信用”企业活动，更加突出合同法的重要性。至 2004 年，全区有 56 家企业被市政府授予“守合同、重信用”企业荣誉称号。是年起，对“守合同、重信用”企业的命名，不再以政府名义进行，改由省、市工商行政管理机关命名。

2006 年度，全区获省工商局命名的“守重企业”6 家，获市工商局命名的“守重企业”64 家；2007 年度，全区获省工商局命名的“守重企业”7 家，获市工商局命名的“守重企业”64 家；2008 年度，全区获省工商局命名的“守重企业”2 家，获市工商局命名的“守重企业”45 家；2009 年度全区获省工商局命名的“守重企业”2 家。2010 年，上级工商机关停止“守合同、重信用”企业评选工作。

第四节　市场管理

一、维护市场秩序

1990 年，重点监督和查处无照经营、强买强卖、欺行霸市、哄抬物价、以次充好、以假冒真、掺杂使假、缺斤短两等非法行为；严把市场准入关，加强对市场开办单位和各类经营者的主体资格管理；制定市场食品、饮食和环境等卫生标准，严禁有毒有害食品在市场出售，市场秩序明显好转。

1992 年，按照《河北省城乡集贸市场管理工作试行规则》，在全区各主要市场设立工商行政管理所，实行驻场式管理。1994 年开始，按照《河北省商品交易市场管理办法》和《唐山市集贸市场管理办法》规定，由开办单位向工商行政管理机关提出申请，取得市场登记证后进行营业。饮食业、食品行业从业人员需持健康合格证和营业执照经营。1999 年，建立市场“管办分离”管理体制。政府建立市场服务中心，专司市场建设职能，工商行政管理机关负责管理和监督。

2001年7月，原工商行政管理机关所辖市场移交地方政府管理，区成立市场管理委员会。是年，落实国务院、河北省、唐山市关于整顿和规范市场秩序的指示精神，严格执行登记管辖权限，禁止越权登记；严格执行登记管理的条件和程序，禁止随意降低法定条件；严格执行法律法规规定的专项审批，禁止随意增加不必要的审批。取缔无照、无场地、无资金企业。2002年4月，区市场管理委员会更名为市场建设服务中心。

2003年，开展防治“非典”市场整治行动，查获非法罐装消毒液500余桶，并将案件移交公安机关处理。2004年《中华人民共和国行政许可法》实施后，停止市场登记证行政许可项目审批。市场开办实行企业化管理，市场开办主体到工商企业登记注册部门直接办理企业工商核准登记。是年，全区共办理市场登记证39个。

图12-3　地摊商品质量检查　（区工商局）

2008年，开展“迎奥运、保安全”市场整治活动。全局出动执法人员2800余次，检查食品经营户6400余家，封存问题奶制品2174公斤。

2009年，开展防治“禽流感”市场专项整治行动，督导市场主办单位和经营者开展经营场地“消杀”工作，检查经营生鲜肉类和禽类产品经营户1800余次，取缔活禽经营户5家。

2010年，贯彻《中华人民共和国食品安全法》，加大对流通领域食品安全监管力度，落实索证索票、进销货台账管理制度。开展食品安全宣传活动3次，张贴、散发宣传材料3万余份、标语235条，检查食品经营户6500户次、批发市场80个次。荷花坑市场、小山工业品批发市场、建国路市场、大里路市场等14个市场先后被评为国家、省、市文明集贸市场。

二、市场服务

1990年，根据国务院颁布的《城乡集市贸易管理办法》，向进入市场的经营者收取市场管理费，工业品、大牲畜按不超过成交额1%收取，其他商品按不超过成交额2%收取，成交额不足5元免收管理费。全年收取市场管理费105万元。以市场服务便民为宗旨，在市场内设置公平秤、信息栏、咨询服务处，整理、编辑《市场信息》刊物为业户服务。在各集市设置保健箱、针线包、便民秤、打气筒、饮水处、商品寄存处和代销处等便民项目。围绕《中华人民共和国经济合同法》的实施，宣传《工矿产品购销合同条例》《农副产品购销合同条例》《关于组织实施（经济合同法）和咨询服务的通告》等有关法律、法规，方便企业进行咨询。

1998年，随着现代企业制度的建立与完善，失业、再就业人员增多，市场服务重点转向为下岗失业人员排忧解难。简化营业执照办理程序，市场摊位优先安排，管理费用优先减免。是年，为下岗职工免收管理费9万元；对300多名持有“再就业优惠证”的下岗人员免费办理营业执照，免收各种行政性收费。

2003年，实施“阳光收费”工程，规范行政收费行为。各项收费严格按照国家和省批准的范围和标准执行，杜绝借企业年检办照之机，为有关部门代收，或收取与行政执法无关的各种资金和费用；实行收费公开制度，加强对收费行为监督；完善收费及票据使用管理制度；落实行政性收费政策，让利于民。从5月1日至9月30日，对“非典”影响较大的行业，减半收取市场管理费。

2008年，根据财政部、国家发展改革委、国家工商行政管理总局《关于停止征收个体工商户管理费和集贸市场管理费有关政策的通知》，自2008年9月1日起，停止征收市场管理费。

第五节　经济监督检查

1990 年，每到重要节日均开展节期打假集中行动，重点查处假冒和过期变质食品、饮料、烟酒、服装；针对区域特点，对假冒伪劣低压电器、电线电缆、汽车配件、装饰材料开展专项集中行动；积极开展反不正当竞争和取缔非法传销，严厉打击虚假宣传、违法广告、商标侵权和商业贿赂。共检查个体摊位 597 个，查处假冒伪劣商品违法总值 158 万余元。

1991 年，在市区较大市场和百货大楼门前举行假冒伪劣商品巡回展览。开展迎“城运”市容市貌整治，共清理流动商贩乱设摊点 31 处，撤销违章摊群 6 个，拆除板房 332 间，取缔无照经营 240 户，清理取缔乱摆摊点 4300 户次，拆除户外广告 1043 块。投资 227 万元，对市场设施进行改扩建，经营环境进一步改善。

1995 年起，扩大对假冒伪劣商品的打击战果。是年，查处 3 起经销假冒“松下 2188”彩色电视机案，查扣假冒彩电 169 台，涉非法经营额百万元，罚款 21. 12 万元。1998 年，查处路南某五交化批发站经销假冒摩托车一案，共查扣假冒摩托车 88 辆。开展打击走私专项活动，打击对象为法人走私，重点商品涉及两车（汽车、摩托车）两油（食用油、成品油）两料（纺织原料、化工原料）、卷烟、感光材料、通讯器材、家用电器、黄金文物等。对有进出口权的企业、外商投资企业和所有涉外企业全面检查。

1999 年，开展元旦、春节打假战役。共出动执法人员 760 人次，检查大小市场 22 个、门市店铺 1400 家、生产企业 440 家。查获仿冒蒙古王酒 1380 瓶、冒牌新京酒 274 瓶、假娃哈哈 AD 钙奶 1. 1 万余瓶；查扣硫磺熏制银耳 692 箱，冒牌超级 VCD33 台和部分假盐、假化妆品和不合格调味品等，总标值 54 万元。2000 年，制定《打假集中行动方案》，重点查处假冒伪劣食品、酒、农药、化肥、种子、卷烟、钢材、汽车配件、药品、一次性输液器、化妆品等商品，以及群众反映强烈的假冒伪劣商品集散地、市场和具有明显一地一品或一点多品制假售假的地区及虚假广告。

2003 年，区工商分局印发《2003 年“扫黄打非”专项行动方案》，加强网吧、歌舞厅、洗浴等场所的监管。对未经主管部门批准，擅自设立的书报刊亭、电子出版物和音像制品经营场所坚决取缔；清缴非法出版物；整顿印刷和复印企业。2005 年，建立整治虚假违法广告专项行动联席会议制度，联席部门包括工商分局、宣传部、公安分局、监察局、纠风办、卫生局、食品药品监督管理局等，以提升对虚假、违法广告的打击态势。

2007 年上半年，查处路南区某化工有限公司生产销售假冒伪劣的化工产品一案，给予当事人 41 万元的罚没款行政处罚，成为区工商分局有史以来罚没款最多的行政处罚案件。全年共查办“两虚一逃”案件 4 起，罚没款 50 万余元。2010 年，查获假冒伪劣润滑油 133 桶，皮鞋 141 双，SKF 轴承 1 套，盗版光盘 1000 张，少儿版假人民币 500 张。5 年间，累计罚没款入库 1134 余万元，市场经济秩序明显好转。

第九章　质量技术监督

1984 年，标准、计量工作由区计经贸委技术科负责。1993 年 6 月，路南区质量技术监督局成立，与区科学技术发展委员会合署办公。1995 年 3 月，与计经贸委合署办公。2001 年 3 月，与区计经贸委分离，更名为唐山市质量技术监督局路南区分局。主要负责《中华人民共和国产品质量法》《中华人民共和国标准化法》《中华人民共和国计量法》的行政执法任务。至 2010 年，区质量技术监督部门实施“质量兴区、名牌兴企”战略，强化“执法为民”理念，加强计量、标准化、质量、特种设备安全监察等工作的管理与服务，为促进全区经济又好又快发展提供质量保障。

第一节　计量管理

一、计量服务

1984年2月27日，国务院发布《关于在我国统一实行法定计量单位的命令》，市制计量单位开始向法定计量单位过渡。1985年2月起，杆秤生产由市制称改为公斤（千克）秤。1986年7月1日，《中华人民共和国计量法》颁布实施，计量检定、制造、修理、销售、使用开始纳入依法管理轨道。是年，各经营单位市制称改换公斤（千克）称完成，各商店普换米尺。1990年，完成向法定计量单位的过渡。全区共改制各类计量器具370台，其中压力表80台、血压计30台、台秤230台、万能材料试验机30台。

1993年，按照《河北省计量器具分类管理办法（试行）的通知》精神，指导全区建立计量器具台帐30本，将计量器具按“A”“B”“C”三类依次填写。建立计量监督管理体系，对政府机关、统计、出版、新闻报刊、广播等部门使用法定计量单位情况进行检查。

1996年，建立“计量器具强检手册”年审制度，完善强检计量器具的管理，共年审22家，检定计量器具2600余件。

1998年，实施“质量兴区、名牌兴企”战略，将企业计量合格单位评定和计量许可证管理作为重点。指导唐山市玻璃厂、唐山市化工机械厂开展“降废减损、挖潜增效”活动，帮助企业挖潜增效10万余元。在全区推行ISO 10012计量保证体系标准。1999年，组织开展“学邯钢、抓计量”活动，计量管理逐步引向深入。2000年，在全区推行计量体系认证与计量合格确认，完善计量工作定级升级考核机制。

2002年，首次对水表、电表、燃气表、热量表安装使用前强制检定，共强制检定12家、2500余件计量器具。

2003年，加强对“非典”医用计量器具的监管。共对18家医疗卫生单位计量器具使用情况重新登记造册，建立管理档案，计量器具合格率达100%。2005年，加强集贸市场计量监督管理，要求集市主办者对市场内计量器具登记造册，设置公平秤，建立强检手册。2007年，在5家生产企业开展“C”标志的推广使用及能源进企业活动。

2008年始，利用两年时间，在全区开展“关注民生、计量惠民”专项行动和“诚信计量进市场、健康计量进医院、光明计量进镜店、服务计量进社区”服务活动，累计达14次，检查单位78家次，其中重点单位如荷花坑市场、南新道水产批发市场，计量器具受检率达100%。

2010年，开展诚信计量活动。率先在集贸市场、加油站、餐饮业、商场超市、眼镜店等单位建立以经营者自我承诺为基本框架的诚信计量体系。是年，全区共有5家企业通过计量验收，计量器具受检率、计量合格率均达100%。

二、计量监督

1993年，区质量技术监督局成立，遂对计量器具制造单位、验光配镜单位、加油站、集贸市场、商场超市、医疗单位等开展计量专项监督检查。1994年，对2个较大农贸市场计量器具及定量包装食品进行两次大规模监督检查，复检摊点58个，检定计量器具62台（件），合格60台件，合格率为96.77%。

1998年，按照国家质量技术监督局《定量包装商品计量监督规定》和《零售商品计量监督规定》，对白酒、饮料、农药、化肥、水泥、油漆等定量包装产品监督检查。共立案查处14家经销海产品饭店

“缺斤少两”行为，没收不合格计量器具22台。

2004年，开展眼镜制配场所计量监督检查，对全区25家眼镜店进行摸底，建立管理档案。2006年，对20家加油站的117台加油机主板加装铅封，破获2起加油站利用税控板计量作弊的违法案件，罚没上缴29万元。开展“计量惠民”行动，对南新道水产批发市场、荷花坑批发市场和女织寨乡卫生院在用计量器具免费检定。

2008年，加强对涉奥（奥运会）食品企业计量监督检查，要求企业配备合格计量器具，建立和规范使用制度，并配备专（兼）职人员管理。年内，对3个较大农贸市场计量器具及定量包装食品进行5次大规模监督检查，复检摊点500个，检定计量器具520台（件），合格512台件，合格率为98.46%。

至2010年，累计检定各种计量器具2万台（件），其中强检计量器具1万台（件）；监督抽查20次、35个单位，处理违法案件12起，没收非法定计量器具23件；调解计量纠纷19起，发放强检手册28册。

第二节　标准化管理

一、服务标准化

1993年，在服务领域开展标准化工作。2004年，依据河北省地方标准《洗衣业服务质量规范》《河北省洗衣服务业质量等级确认办法》，对20家洗衣店进行等级确认。2005年，区质量技术监督分局申请承担河北省地方标准《社区服务通用要求》起草任务，并经省质量技术监督局批准列入《2005—2006年河北省地方标准制修订任务》。翌年，《社区服务通用要求》通过省质量技术监督局标准专家组审核验收，成为河北省第一个社区服务标准。

2007年4月，由区质量技术监督分局牵头，会同区委宣传部、区民政局、福乐园社区、卫国楼社区等单位，联合起草《和谐社区评价准则》。2007年8月，顺利完成《和谐社区评价准则》起草工作。2009年，福乐园社区被河北省确定为首个社区服务标准化试点单位。区质量技术监督分局组织精干力量，强化对试点工作的指导和监督，及时解决困难和问题。2010年，福乐园社区获“河北省服务业标准化示范单位”荣誉称号。

二、企业标准化

1993年起，企业标准化管理开始列入区质量技术监督分局工作职能之一。通过实施标准化管理，把企业生产全过程的各个要素和环节组织起来，逐步实现企业生产活动的规范化、科学化、程序化。当年搜集各级各类标准120个，其中，国家标准80个，部级标准30个，地方标准10个。1995年，实施《工业产品执行标准证书制度》，对工业产品执行标准登记注册。1996年，通过查标、对标、制标，提高产品有标率。全年共搜集各级各类标准200个，标准储量达700个。年产值在20万元以上乡镇企业24个，有标率达到100%；街道办企业60家，有标率92%。1998年，在全区开展消灭无标工作，抽查企业10家，并通过省级验收。

1999年始，在市属工业企业、外商及中国港澳台商投资企业、股份制工业企业和驻区部属、省属工业企业开展消灭无标生产工作。至2010年，共办理“河北省工业产品执行标准证书”498家；帮助企业备案企业标准129项，为全区110家企业发放产品标准执行证书；完成80家企业190种产品的采标认可，并使用采标标志认可证。企业有标率从1993年的62.5%提高至99%，其中唐山市华新电缆有限公司获得“采用国际标准产品标志证书”。

第三节　产品质量管理

一、产品质量监督

产品质量监督工作始于1993年。1994年，对粮油、食品、饮料、钢材、机砖等八大类150种产品监督检验。1995年，产品检验范围增加石油产品1项，由八大类扩大到九大类共180种，监检企业覆盖率85.4%。

1997年，按照国务院办公厅《关于开展严厉打击制售假冒伪劣商品违法犯罪活动联合行动的通知》，开展“打击假冒、保护名优”“打假保真、扶优治劣、服务企业、发展经济”活动。全年共查获假冒伪劣产（商）品20种500件，罚款8万元。

1999年，实施“质量兴区、名牌兴企”战略，与区计经贸委、工商分局、公安分局、工业局、总工会联合开展“质量月”活动。2002年，将“端窝点、抓大案、整市场”作为打假重点，查处各类案件280起，端掉各类制假、售假黑窝点25个，查获假冒伪劣商品总货值800余万元。

2003年，对国有及年产品销售收入500万元以上非国有制造业工业企业开展质量状况普查，对规模以上35家企业建立质量档案。是年，围绕区域重点市场、重点商品开展打假治劣活动。共出动检查人员2000人次、车辆600辆次，查处以经销假冒进口汽车配件、超标生产自卸车箱体、炮制假酒黑窝点为典型的大案要案11起，查获假冒伪劣商品总货值达600万元。

2004年，开展“打假保优”活动，会同区工商、公安、环保等部门，针对“阜阳奶粉事件”，对荷花坑市场、农贸市场、各超市进行不合格奶制品拉网式检查，查封19家销售不合格奶制品的经营单位。查出国家明令禁用的剧毒杀鼠剂甘氟袋装34袋、瓶装267支；查获假冒上海复合地板200箱、假冒天津灯塔油漆400箱、假酒90件、假冒轴承350箱，查封某钢材市场劣质螺纹钢100吨，查处无证电线电缆30家；销毁不合格食品5400公斤；端掉制假、售假窝点11个；查获假冒伪劣商品总货值900余万元。

2005年，开展以食品安全为重点的打假活动。查获用工业烧碱和工业双氧水加工海产品案件3起，用工业盐加工肉制品案件2起，加工劣质小食品案件4起，生产假冒食品案件18起，伪造篡改食品生产日期案件8起，查获假冒伪劣商品总货值30万元。2008年，对5家涉乳食品生产企业三聚氰氨专项抽查，共抽检产品30批次，批次合格率为100%。查获某村炼制地沟油黑窝点，现场销毁地沟油1吨。

2009年，率先在食品企业实行视频监管，5家肉制品加工企业被确定为重点整治对象。开展食品添加剂专项整治，对26家食品生产企业添加剂备案，审查食品添加剂200余种，清理不符合GB2760－2007要求的食品添加剂100余种。至2010年年底，共为78家食品生产加工获证企业、强制性产品认证获证企业、工业产品生产许可证获证企业建立质量档案。共有河北省名牌产品3个，河北省优质产品7个。工业产品质量抽查合格率由1994年的63.8%提高至98.75%。

二、产品抽样抽检

1993—2002年，路南区产品抽检工作由市质监局负责。2003年，实行抽检分离，抽样工作由行政管理人员或执法人员实施，从源头上抓好质量管理。质检机构检验人员不再到企业抽样。2004年起，唐山市质量技术监督局委托区质量技术监督分局负责监督抽检工作。至2010年，共抽检各类产（商）品25种、2346批次，工业产品质量抽查合格率由2004年的87.54%提高至98.75%。

第四节　特种设备安全管理

1990—2001 年，电梯、起重机械、厂内机电车辆、客运索道、游艺机和游乐设备、锅炉、压力容器、防爆电气等特种设备安全监察由区劳动人事局监督管理。2002 年 1 月，特种设备安全管理划归区质量技术监督分局负责。是年，在全区范围开展锅炉、压力容器、电梯、起重机械普查及气瓶和压力管道整治工作，对 68 家企业、233 台在用特种设备普查登记。

2004 年，强化特种设备安全监察，消除安全监察管理盲区。对 4 吨以下锅炉，一、二类压力容器，压力管道，10 吨以下起重机械，厂内机动车辆使用等进行登记。对企业 220 名特种设备作业人员进行培训，合格率达 100%。2005 年，组织开展压力管道普查工作，普查登记压力管道 0.59 万米。2006 年起，组织为期三年的特种设备执法检查。至 2008 年，共组织专项行动 22 次，涉及锅炉、压力容器、电梯、起重机械、公园游乐设施计 1.5 万台（次），发现安全隐患 1000 余处，及时下达《特种设备安全监察指令书》。2009 年后，城市住宅建设加快，住宅层次渐高，电梯数量亦增。当年，对 300 台电梯进行安全监察，合格率达 100%。至 2010 年，累计普查登记特种设备 2200 台（件），检验特种设备 1060 台，合格率达 98.6%，排查安全隐患 37 处，下达《特种设备安全监察指令书》30 份，开展大型安全整顿治理活动 8 次，确保特种设备安全运行。

第十章　国土资源管理

1988 年 8 月前，路南区国土资源管理工作由区城市建设环境保护局土地管理办公室负责，9 月，区土地管理局成立。1995 年，区土地管理局归属唐山市土地管理局管理，更名为唐山市土地管理局路南区分局，并被列为路南区双重领导部门之一。2002 年，改称唐山市国土资源局路南区分局（以下简称“区国土分局”）。其主要职责是：贯彻落实国家、省、市国土资源法律、法规、政策；负责所在行政辖区内的地籍权属变更调查；会同上级部门编制土地利用总体规划；建立国土资源统计管理档案；制定基本农田开发保护计划；负责各类建设用地的征用划拨、审查和报批工作等。至 2010 年，区国土分局坚持土地保护基本国策，编制《土地利用总体规划》，依法保护土地所有者和使用者的合法权益，严格保护耕地，加强建设用地审查、报批和地籍管理，为全区经济社会发展提供强有力的资源保障。

第一节　土地利用规划

1991 年，按照国土资源部要求，在全区进行第一次土地详查，并着手编制《土地利用总体规划》。1994 年，完成《土地利用总体规划》编制。

1997 年 10 月，修编和调整《土地利用总体规划》，增补乡级规划。规划基期年为 1996 年，目标年为 2010 年。1998 年 4 月，《土地利用总体规划》修编完成。该规划总体目标为：在保护耕地前提下，强化土地利用为城市发展和服务功能。合理安排建设用地，协调处理好城市建设与其他土地利用关系；搞好城郊土地利用，加强菜篮子等工程建设，保护好城郊土地资源；治理和保护环境，建设环境优美的城市及城郊。土地利用规划至 1996 年：路南区土地总面积 6120.3 公顷，其中：耕地总量 1921.28 公顷、园地 65.51 公顷、林地 55.14 公顷、居民点工矿用地 3038.31 公顷，交通用地 158.58 公顷，水域 339.11

公顷，未利用地 542.37 公顷。规划至 2010 年：土地总面积 6120.3 公顷；耕地总量为 1534.28 公顷。与 1996 年相比耕地减少 387 公顷；园地总量增加 7.49 公顷；林地总量增加 14.86 公顷；居民点工矿用地增加 399.69 公顷；交通用地增加 22.42 公顷；水域减少 9.11 公顷，未利用土地减少 48.35 公顷。按照 1997 年《土地利用总体规划》，1996 年耕地面积 1921.28 公顷的 45% 为基本农田保护面积，基本农田保护面积为 864 公顷；到 2010 年年末，辖区耕地保有量不少于 750 公顷，基本农田保护面积不少于 200 公顷。

1998 年，市政府利用开滦采煤塌陷地筹建南湖公园。2000 年前后建成小南湖，面积约 300 公顷。2006 年，市政府决定由小南湖扩建大南湖，筹建南湖生态城，范围北起南新道，东至建设路，西至西电路，南至丰南新 205 国道，总面积（含丰南）约 1.03 万公顷。其中路南部分约 3500 公顷，核心区（含丰南）约 3800 公顷。2009 年基本建成。至 2010 年，辖区实际耕地保有量为 1017 公顷，基本农田保有量为 215.8 公顷。

唐山市路南区土地利用规划结构调整表

表 12-8　　单位：公顷

地类＼年份	1996 年	1997—2000 年土地面积增减	2000 年	2001—2010 年土地面积增减	2010 年	至 2010 年土地增减面积合计
土地总面积	6120.3	0.00	6120.3	0.00	6120.3	0.00
耕地	1921.28	-116.00	1805.28	-271.00	1534.28	-387.00
园地	65.51	0.00	65.51	7.49	73.00	7.49
林地	55.14	14.86	70.00	0.00	70.00	14.86
牧草地	0.00	0.00	0.00	0.00	0.00	0.00
居民点工矿用地	3038.31	117.69	3156.00	282.00	3438.00	399.69
交通用地	158.58	22.42	181.00	0.00	181.00	22.42
水域	339.11	-3.64	335.47	-5.47	330.00	-9.11
未利用地	542.37	-35.33	507.04	-13.02	494.02	-48.35

第二节　征地管理

一、征地审批

1990 年，征地审批权限执行《中华人民共和国土地管理法》和《河北省土地管理条例》规定。征用划拨耕地 3 亩以下，其他土地 10 亩以下的，由县、区人民政府批准，并逐级上报省土地管理局备案；征用耕地 10 亩以下，其他土地 20 亩以下的由市人民政府批准，报省土地管理局备案；超过上述限额的，报省人民政府审批。征地程序为：用地单位持项目批准文件向土地管理部门提出用地申请；拟定用地方案，安置补偿方案，签订征地协议书；按照审批权限逐级报批；批准后颁发土地使用证，一次性或按工程进度分期交付土地，核减被征地单位土地数量。

1993 年，依据《河北省土地管理实施办法》第十四条规定，使用集体所有的土地建设的乡镇企业和乡（镇）村公益事业、公共设施，有下列情形之一的，由土地管理部门报县级人民政府批准，注销土地使用证，收回用地单位的土地使用权：乡镇企业和乡（镇）村公益事业、公共设施停办、拆除或者迁移的；未经原批准机关同意，连续两年未使用土地的；非法转让土地的；依照土地管理法律、法规和规章的规定应当收回土地使用权的。

1999 年，依据修改后的《中华人民共和国土地管理法》，凡涉及农用地转为建设用地的，先办理农用地转用审批手续，同时办理征地审批手续；省、市人民政府批准的道路、管线工程和大型基础设施建设项目、国务院批准的建设项目用地，涉及农用地转为建设用地的，由国务院批准；在土地利用总体规划确定的城市和村庄、集镇建设用地规模范围内，将农用地转为建设用地的，按土地利用年度计划分批次由原批准土地利用总体规划的机关批准；在已批准的农用地转用范围内，集体建设项目用地，由市、县（区）人民政府批准；上述以外的项目建设用地，涉及农用地转为建设用地的由省、市人民政府批准。并规定：征用基本农田及以外的耕地超过 35 公顷，其他土地超过 70 公顷，由国务院批准。征用规定以外的土地由省、市人民政府批准，并报国务院备案。是年，执行《河北省土地管理条例》规定，明确有下列情形之一，确需调整土地所有权的，必须经省人民政府批准，由县级以上人民政府组织实施：因修建大型水利工程、保护生态环境和改善自然环境恶劣地区农民生活条件等原因，国家组织农民集体迁移的；因交通、水利等工程项目改变位置的；因实施土地利用总体规划必须调整土地的；其他原因确需调整土地的。第二十五条规定：占用基本农田以外的耕地及未利用地从事养殖业、不建设永久性建筑物的，应当按照临时用地办理审批手续，建设永久性建筑物的，应当按照建设用地办理审批手续。

2004 年，依据修正的《中华人民共和国土地管理法》第二条第四款，国家为了公共利益需要，可以依法对土地实行征收或者征用并给予补偿。至 2010 年，征地审批程序及审批权限无较大变化。

二、征地补偿

1992 年 11 月，开平区女织寨乡、梁家屯乡划归路南区，即开展征用土地经济补偿工作。是年，依据《中华人民共和国土地管理法》《河北省土地管理条例》有关条款，征用土地补偿费按年产值的 6 倍计算，每年年产值计算标准为：一般旱地 300 ~ 450 元；水浇地 450 ~ 700 元；一般菜地（指常年种菜的地）700 ~ 900 元；大棚菜地达 80% 以上者 900 ~ 1200 元；粮菜间作（混作）的按其所占比例计算；安置补助费：征用人均耕地 3 分以下的村庄耕地，安置补助费需经省批准，最高不超过年产值的 14 倍，加上土地补偿费不超过年产值的 20 倍；征用平原地区人均耕地 3 分以上 5 分以下安置补助费最高不超过年产值的 10 倍，加上土地补偿费不超过年产值的 16 倍；征用平原地区人均耕地 5 分以上 1 亩以下，安置费最高不超过年产值的 6 倍，加上土地补偿费最高不超过年产值的 12 倍。地上附着物补偿标准：青苗每亩 300 ~ 500 元；果树每株 3 ~ 900 元；地上建筑物补偿标准：民用瓦房每平方米 60 ~ 70 元，牲畜棚每平方米 40 元，猪圈每个 300 ~ 400 元，简易猪圈每个 100 ~ 200 元，水井每眼 250 ~ 450 元，机井每眼 300 ~ 15000 元。

1999 年，《河北省土地管理条例》规定，征地补偿标准为：征用耕地的土地补偿费，为该耕地被征用前三年平均年产值的 6 倍至 10 倍；征用耕地以外的其他农用地和建设用地的土地补偿费，为该土地所在乡（镇）耕地前三年平均年产值的 5 ~ 8 倍；征用未利用地的土地补偿费，为该土地所在乡（镇）耕地前三年平均年产值的 3 ~ 5 倍；征用耕地的安置补助费，为该耕地被征用前年平均年产值的 4 ~ 6 倍；征用耕地以外的其他农用地和建设用地的安置补助费，为该土地所在乡（镇）耕地前三年平均年产值的 4 ~ 6 倍；征用未利用地的，不支付安置补助费。依照本条例第三十九条和第四十条规定支付土地补偿费和安置补助费后，尚不能使需要安置的农民保持原有生活水平的，经省人民政府批准，可以再增加安置补助费。但是，土地补偿费和安置补助费的总和不得超过下列限额：征用耕地的，不得超过该耕地被征用前三年平均年产值的 30 倍；征用耕地以外的其他农用地和建设用地的，不得超过该土地所在乡（镇）耕地前三年平均年产值的 25 倍。征用土地的青苗补偿费按当季作物的产值计算。地上附着物补偿费标准由设区的市人民政府制定，报省人民政府批准后执行。土地被征用后应当核减所征用土地的农业税、农业特产税和农产品定购任务。征用时，未收获当年作物的，当年核减；已收获的，下年核减。新增建设用地的土地有偿使用费，专项用于耕地开发和土地整理，任何单位和个人不得挪用。各级上缴比例由省人民政府根据《中华人民共和国土地管理法》作出规定。原有建设用地的土地有偿使用费，全部留给市、县人民政府，专项用于城市基础设施建设和土地储备。为公共利益或者为实施城市规划进行旧城区改建，需要收回国有土地使用权的，由市、县土地行政主管部门拟订方案，报原批准机关或者有批准权的人民政府批准后实施。对原土地使用权人应当按照下列标准给予补偿：原以划拨方式取得国有土地使用权的，提供新的用地或者按照征用土地的补偿标准给予补偿；原以出让或者作价入股方式取得国有土地使用权的，按照剩余年限的土地使用权价格给予补偿；原以租赁方式取得国有土地使用权的，按照评估租金高出实际租金的数额与剩余年限折算的现值给予补偿。非农业建设使用国有农牧场农用地，乡（镇）村公共设施和公益事业建设使用农民集体所有的土地的，应当为原土地使用者提供新的用地或者予以安置，也可以按照征用土地安置补助费的标准给予补偿。

2003 年以前，境内农用地征收补偿多为因开滦采煤后塌陷形成的水淹地，根据市政发［1988］9 号文件的规定，采取一次性包干，征地费用视土地所处位置、地类以及地上附着物等情况确定，征地补偿费在 0. 9 万元～1. 7 万元之间。2003 年后，在征收农村集体土地时采取划片大包干的做法，所征收土地的补偿费用大多为 3. 2 万元/亩。

2008 年，依据路南政函［2008］139 号文件要求，全区征收农村集体土地不再划分区片价，而是采取统一的征收标准。土地补偿费和安置补助费包干合计 10. 1 万元/亩，其中土地补偿费占 10/16，安置补助费占 6/16。地上青苗及附着物补偿包干 6. 5 万元/亩。

2009 年，依据路南政函［2009］281 号文件要求，2009 年年底再次调整征地补偿标准，土地补偿费和安置补助费为 11. 5 万元/亩。以上标准一直沿用至 2010 年。

1990—2010 年唐山市路南区农用地转用征收补偿统计表

表 12 -9　　单位：万元/亩

年份	补偿费用	年份	补偿费用	年份	补偿费用
1990	09 -1. 7	1997	09 -1. 7	2004	3. 2
1991	09 -1. 7	1998	09 -1. 7	2005	3. 2
1992	09 -1. 7	1999	09 -1. 7	2006	7 +3
1993	09 -1. 7	2000	09 -1. 7	2007	7 +4
1994	09 -1. 7	2001	09 -1. 7	2008	10. 1 +6. 5
1995	09 -1. 7	2002	09 -1. 7	2009	10. 1 +6. 5
1996	09 -1. 7	2003	3. 2	2010	11. 5 +6. 5

说明：费用为土地补偿费、安置补助费两项费用合计；“ +” 前为土地补偿费，“ +” 后为安置补助费和青苗补偿费

第三节　占地管理

一、国家建设用地

1990 年，国家征用土地 15. 89 公顷。1993 年，征用土地 24. 81 公顷。1998 年，唐山市政府将境内南部采煤塌陷区征为国有土地，规划为南湖生态森林公园，征用土地 43. 62 公顷。1999 年，国家征用土地 40. 66 公顷。2003 年，征用土地 44. 39 公顷。2008 年，随着大南湖建设，国家征用土地达到高峰，为

251.69公顷，是1990年的14.84倍。2010年，因国家建设，征收集体所有土地计858.46公顷，其中农用地724.44公顷（耕地569.2公顷）；建设用地119.45公顷；未利用地14.57公顷。

1990—2010年唐山市路南区国家建设用地统计表

表12-10　　单位：公顷

年份	建设用地	年份	建设用地	年份	建设用地
1990	15.888	1997	2.066	2004	0
1991	21.992	1998	43.623	2005	2.7059
1992	21.4027	1999	40.6587	2006	124.955
1993	24.8096	2000	0	2007	93.467
1994	3.376	2001	6.1395	2008	251.6855
1995	20.913	2002	0	2009	164.3402
1996	22.572	2003	44.39	2010	97.2668

说明：按照项目占地统计，其中2003-2010年间含有国有用地及部分建设用地

二、集体建设占地

境域集体建设大规模占地始于1992年。当年集体建设占地3.49公顷。1993年，贯彻落实《中华人民共和国土地管理法》，乡、村集体建设用地实行计划管理。1998年后，建立存量建设用地储备库，对非农用地实行申报会审制，乡、村集体建设用地自此逐年减少。至2000年3年间，集体建设占地为零。

2001年始，随着农业产业结构调整、农村集体平改楼建设和村集体经商占地的实施，集体建设占地呈上升趋势，2004年达到高峰，为16.92公顷。2005年后逐年下降。至2010年，集体建设占地为零。21年间，集体建设共占地44.2公顷，年均占地2.1公顷。

1990—2010年唐山市路南区集体建设占地统计表

表12-11　　单位：公顷

年份	面积	年份	面积	年份	面 积
1990	0.01	1997	6.3808	2004	16.9172
1991	-	1998	-	2005	0.5418
1992	3.4913	1999	-	2006	0.4151
1993	2.344	2000	-	2007	-
1994	0.5445	2001	0.3654	2008	0.188
1995	-	2002	0.4151	2009	-
1996	2.8605	2003	9.7228	2010	-

三、农民建房占地

1992年，依照《中华人民共和国土地管理法》，农民建房用地实行指标管理。1996年，农民建房审批实行村、乡、区“三级联审”“三级验收”制度，并公开申请、上报、批准名单，增加透明度。全年批准农民建房333户，占地4.66公顷。1997年，由于政策调整暂停审批一年。2005年始，因基本农田

和耕地保护指标限制，不再分配宅基地指标。审批宅基地指标延续2004年未用完的指标。至2009年，共审批1146户（含农转非村），占地约16.45公顷，其中耕地1.87公顷。2010年，停止宅基地审批。

1996—2010年唐山市路南区农民建房占地年度审批统计表

表12-12　单位：亩

年份	户数	占地面积	年份	户数	占地面积
1996	333	69.962	2004	57	14.089
1997	0	0	2005	76	16.941
1998	150	30.956	2006	17	4.25
1999	133	27.176	2007	36	7.34
2000	52	12.53	2008	25	5.511
2001	77	18.041	2009	21	4.433
2002	96	18.668	2010	无	无
2003	73	16.925			

四、工矿企业用地

1990年，工矿企业用地为15.89公顷。1995年，工矿企业用地为20.91公顷。1998年，为加快区域经济发展，加大招商引资力度，工矿企业用地面积达到高峰，为41.97公顷。2006年，工矿企业用地为30.23公顷。2009年，工矿企业用地减至8.12公顷。至2010年的21年间，工矿企业用地共计225.74公顷，年均占地10.75公顷。

第四节　开发复垦

一、土地开发

1990年，区境土地99%以上被工矿企业、居民住宅、商业建筑、交通设施所覆盖。1992年，开平区女织寨乡、梁家屯乡划归路南区，土地开发工作逐渐开始。但因土地面积所限，土地开发工作甚微。1997—2010年，共开发未利用土地48.35公顷，主要是用于城市和工矿建设。

二、土地复垦

1993年，将砖厂取土和采煤塌陷波及地列为重点，开始进行土地复垦。1997年，女织寨乡郑家庄村原砖厂取土坑复垦，种植果树，增加9.03公顷。1999年始，利用开滦塌陷地复垦建设南湖公园。2000年，唐津高速取土区21.4公顷全部复垦。2004年，区农业资源调查结果，全区18个村近530公顷耕地（占全区耕地总面积34%），不同程度遭受开滦采煤塌陷波及。波及村采取各项补救措施，在波及破坏较重地区种植林地、苗圃，使耕地得到有效利用。2009年，卫星图片执法检查，区境监测发现34个图斑，涉及25宗地，监测面积70.39公顷。需拆除复耕的图斑7个，涉及7宗地。经过恢复治理，土地基本恢复原貌。至2010年，南湖生态城土地复垦面积达3800公顷。

第五节 地籍管理

一、土地调查统计

1991 年 5—10 月，开展全国第一次土地资源和土地权属调查。查清行政边界、各类土地面积和土地权属。调查结果：全区土地全部为国有土地，总面积 2068.07 公顷。其中，商业金融业用地 230.6 公顷，占 11.15%；工业用地 524.41 公顷，占 25.36%；市政公用设施用地 60.74 公顷，占 2.94%；公共建设用地 204.39 公顷，占 9.88%；住宅用地 376.05 公顷，占 18.18%；交通用地 413.33 公顷，占 19.99%；特殊用地 22.54 公顷，占 1.09%；水域用地 12.12 公顷，占 0.59%；农用地 20.89 公顷，占 1.01%；其他用地 203 公顷，占 9.81%。

2004 年，与区农经局、统计局、交通局等部门联合，对全区农业资源进行调查，出具土地资源调查分析评价报告。土地利用现状为：全区土地总面积 6120.3 公顷。其中，农用地 1990.42 公顷（耕地 1561.82 公顷、园地 53.08 公顷、林地 184.89 公顷、其他农用地 190.63 公顷）；建设用地 3854.18 公顷（居民点及独立工矿 3765.77 公顷、交通用地 83.64 公顷、水利设施用地 4.77 公顷）；未利用地 124.92 公顷；其他土地 150.77 公顷。

2007 年 12 月 1 日，全国第二次土地调查全面启动，2008 年 10 月完成。主要调查农村土地利用更新成果、土地位置、类型、面积、分布等状况；查清全区集体土地所有权和国有土地使用权状况；建立土地利用数据库，构建省、市、区土地调查数据库及管理系统，实现土地调查信息互联共享。基本农田调查：依据基本农田保护区划定和调查材料，在土地利用现状图上落实基本农田地块的位置、范围，掌握全区基本农田的数量、分布和保护状况；城镇地籍调查：调查城市、重点建制镇内部每宗土地的地类、面积和权属，建立城镇地籍信息系统，掌握每宗土地的位置和利用状况，以及土地的所有权和使用权状况；专项用地调查及统计：在土地利用现状调查和城镇地籍调查的基础上，查清工业、基础设施、金融商业服务、开发园区和房地产等用地的分布和利用现状；同一时点变更：通过变更调查，将区级土地调查成果统一到 2009 年 10 月 31 日同一时点，逐级汇总上报，建立土地资源变化信息的调查统计、及时监测与快速更新体制；利用土地权属调查材料，加快推进土地登记发证，完成农村集体土地所有权登记发证工作。此次调查结果，全区土地总面积 6084.24 公顷。按权属划分，国有土地面积 3566.45 公顷，占全区土地总面积的 58.62%；集体土地面积 2517.79 公顷，占全区土地总面积的 41.38%。按用途划分，耕地面积 1138.53 公顷，占土地总面积的 18.71%；园地面积 55.20 公顷，占 0.91%；林地面积 322.78 公顷，占总面积的 5.31%；草地面积 28.33 公顷，占总面积的 0.47%；城镇村及工矿用地 3974.57 公顷，占总面积的 65.32%；交通运输用地 231.22 公顷，占总面积的 3.80%；水域及水利设施用地 213.78 公顷，占总面积的 3.51%；其他土地 119.83 公顷，占总面积的 1.97%。

2008 年 3 月，按照全市统一部署，进行城镇地籍调查。以宗地为调查单元，查清每一宗土地的位置、权属、界线、数量和用途等基本情况。地籍勘丈按国土资源部《城镇地籍调查规程》要求，通过 GPS 卫星定位系统引导采集，并利用 MAPGIS 地理信息系统软件，处理图形和数据汇总。区国土资源分局负责权属调查，地籍测量分别由省地勘局第二、第五地质大队等单位承担。10 月，完成地籍勘测，年底完成地籍权属调查并通过验收。此次调查，收集的资料，包括 1990 年详查土地利用现状图 7 幅，土地利用更新调查数据库（mapgis 格式）、土地利用变更资料，民政堪界资料，辖域内 1∶1 万航空正射影像图 7 幅。完成地籍图绘制，共绘制地籍图 670 幅、宗地图 4885 张，成果经唐山市土地管理局验收通过。调查中，采用室内影像判读和外业实地核实相结合的方法，达到图、数、实地一致，数据准确。调查结果，全区总面积为 6084.24 公顷。

二、土地登记

土地登记的基本程序可分为土地登记申请、地籍调查、权属审核、注册登记、核发证书五个步骤。

三项非农业建设用地登记　1987 年 2 月，按照中共中央、国务院、省、市部署，在全区范围内开展 1950 年以后的国家建设、乡镇企事业建设和农村居民建房（简称“三项非农业建设用地”）用地的清理和发证工作。5 月中旬开始逐门逐户勘测丈量，至 10 月底全区清理工作基本完成。经过清理测量、审查处理、确权发证程序，对经审查确认的单位和个人合法用地，国家建设单位依法征用的土地，颁发国有土地使用证。1989 年以前全区应登记 4961 宗地，实际登记 3572 宗，占应登记数的 72%。未登记的主要原因是手续不全。

1991 年起，依据《中华人民共和国土地管理法》和《河北省土地管理条例》规定，组织辖域内的国有土地、集体土地建设用地使用者，向土地管理部门申报，并进行确权登记。截至 1994 年，国有土地共登记发证 312 宗，集体建设用地登记发证 15 宗。

1995 年，规定国有土地使用者，集体土地建设用地使用者，在达到“手续完备，权属合法，界址清楚，面积准确”的条件后，准予登记和发证。是年，城镇国有土地登记 165 宗，集体建设用地 2 宗。2002—2005 年，发放土地证书 19259 本，其中完成初始登记 59 宗、国有和集体建设用地登记 19259 宗。

2006—2010 年，发放土地证书 7067 本，其中完成初始登记 107 宗、国有和集体建设用地登记 7067 宗。21 年间，全区共办理土地登记 40764 宗，发放土地使用证 40764 本，其中国有建设用地登记发证 24576 本，集体建设用地登记发证 16188 本。

1990—2010 年唐山市路南区土地确权登记统计表

表 12 - 13　　单位：宗

年份	国有建设用地	集体建设用地	合计
1990	28	1	29
1991	31	0	31
1992	41	2	43
1993	57	8	65
1994	155	4	159
1995	165	2	167
1996	708	169	877
1997	1515	7	1522
1998	975	27	1002
1999	1209	288	1497
2000	3403	671	4074
2001	4921	51	4972
2002	3427	12126	15553
2003	1357	248	1605
2004	754	393	1147
2005	650	304	954
2006	759	226	985
2007	1071	570	1641

1990—2010 年唐山市路南区土地确权登记统计表

续表 12－13　　单位：宗

年份	国有建设用地	集体建设用地	合计
2008	1489	391	1880
2009	1465	544	2009
2010	396	156	552
合计	24576	16188	40764

农村宅基地登记　1992 年，开平区女织寨乡、梁家屯乡划归路南区管辖，各村宅基地均不同程度存在无批示建房、批少占多、非法转让、权属不清等历史遗留问题。2001 年 4 月，区国土资源分局按照市委办公厅、市政府办公厅唐办字［2001］25 号文件精神和唐山市国土资源局的工作部署，对路南区的农村宅基地进行全面清理，2002 年 6 月底，清理工作全部完成，共解决各类历史遗留问题 3948 宗，为女织寨乡 34 个行政村 16488 户、14585 宗宅基地全部换发农村宅基地使用证。2005 年，农民建房 76 户，占地面积 1. 13 公顷。2010 年，宅基地审批终止。

集体土地所有权确权登记　2002 年 4 月，根据国土资源部《关于依法加快集体土地所有权登记发证的通知》和省、市部署，对农村集体土地所有权进行确权登记。区国土资源分局制定《关于集体土地所有权登记发证的安排意见》；深入各村和企业单位，搜集查阅权属资料，签订权属界线协议书 500 余份；采用土地三级分类标准，测定坐标点 3724 个，埋设界桩 3269 个；解决和协调各类权属纠纷 300 余起，制作各种图件 550 幅。11 月，农村集体土地所有权确权登记工作结束，共完成 34 个行政村、135 宗集体土地所有权资料的组卷和 135 个集体土地所有权的确权登记发证工作。

土地变更登记　1990 年起，强化土地二级市场管理，凡土地使用权发生转让、出租、抵押行为的，及时依法进行变更登记。结合商品房出售，开展变更登记；结合公产房出售给个人，在办理房产变更同时办理土地使用权变更登记；结合企业破产、转产、兼并、分立，开展土地使用权变更登记。至 2005 年，共完成农村宅基地转移登记 16488 宗、商品房转让登记 108 宗。2006—2010 年，共完成农村宅基地转移登记 1320 宗、商品房转让登记 2695 宗。

第六节　土地监察

1990 年起，依据《中华人民共和国土地管理法》，加强土地违法案件的查处力度。至 1997 年，共清查各类违法占地行为 153 宗，处理 149 宗。

2003 年，重点对 4 个工业园区占地情况进行全面核查整顿。是年，共查处各类违法占地 19 宗，占地 10. 01 公顷，其中自行拆除 4 宗，收缴罚款后纳入二级市场 5 宗；移交法院裁定不拆除 1 宗，罚款并案 1 宗；市局批准补办用地手续 1 宗；移交法院强制执行 7 宗。

2007 年，按照省监察厅、省国土资源厅《关于进一步查处土地违法案件专项行动实施意见》要求，对全区 2005 年 1 月至 2006 年 10 月以来新增建设用地清理复查，查出违法用地行为 6 宗，下达处罚决定已拆除到位 1 宗，下达处罚决定书申请法院强制执行 5 宗。

2008 年起，国土资源部利用卫星遥感监测图片对辖域新增建设用地变化进行检查。是年，查出区内图斑 10 块，涉及 8 宗地，其中涉及违法用地 5 宗，面积 22. 76 公顷，罚没收入 65 万元。2009 年，利用卫星图片执法检查，共监测发现图斑 34 个，涉及 25 宗土地，其中需拆除复耕图斑 7 个，涉及 7 宗地。经区政府组织，7 宗违法占地建筑全部拆除，恢复治理土地约 7 公顷。其余卫星图片执法检查所涉及违法占地4宗，全部申请法院强制执行。

2010年，卫星遥感监测图斑130个，涉及130宗地，监测面积157.59公顷，经实地勘查未发现违法用地图斑。全年查处违法占地5宗，全部申请法院强制执行。21年间，共查处各类违法占地254宗，其中申请法院强制执行36宗。

第十一章　安全生产管理

1990—2003年，安全生产监督工作由区劳动人事局负责。2004年，区安全生产监督管理局成立（以下简称“区安监局”）。其主要职责是：贯彻落实国家、省、市安全生产法律、法规和政策；督导、协调各有关部门和乡街的安全生产工作；组织全区安全生产大检查和专项督查；负责组织安全事故调查处理和重大事故应急救援工作；指导协调全区安全生产行政执法。至2010年，区安监局充分发挥职能作用，广泛开展安全生产宣传教育、加强特种作业人员的培训，加大对重大危险源的监控和重大事故隐患的排查力度，确保全区未发生较大生产安全责任事故，为建设平安路南发挥保障作用。

第一节　宣传培训

一、宣传

1990年起，每年举办安全生产周、安全生产月、夏季安全生产百日无事故竞赛、安全生产知识竞赛等活动，增强员工反“三违”（违章指挥、违章作业、违反岗位安全纪律）意识。开展送安全文化进社区活动，举办安全板报巡展。2004年，加强对企业职工三级（厂级、车间、班组）安全教育，开展安全月、安全周活动。2006年，以“安全发展，国泰民安”为主题，在全区组织开展安全生产宣传活动。共悬挂横幅、标语、挂图60余条，出动宣传车21辆次，设置展板20块、咨询台7个，发放宣传材料1.2万份。组织职工观看安全生产影视、录像、图片，加强安全警示教育。2010年，以“安全生产月”活动为契机，加强安全生产宣传教育。先后参加全市统一组织的“三友杯”安全生产动漫大赛、安全生产万人答题、大型宣传咨询日、隐患排查治理、法人代表承诺落实以及应急救援演练周等活动。

二、培训

1990—2003年，区劳人局有计划地对区属企业的厂长、经理和安全生产专职干部进行培训、复训。培训内容为安全生产管理、劳动保护方针政策、安全生产责任制、伤亡事故管理等。2004年，对企业厂长、经理160余人进行安全生产培训，加油站、危险化学品经营单位和冶金企业负责人计64人取得省发安全资格证书。

2005年，加强对企业职工三级（厂级、车间、班组）安全教育，开展安全月、安全周活动。组织重点企业班组长，特种行业、危化行业、汽修行业、木器加工行业从业人员500余人参加培训，有300余名电工、焊工经培训复审合格。

2008年，对336名企业管理人员进行业务培训。聘请专家对117名新上任的村“两委”班子成员、56名“一对一”结对子的社区、村干部进行安全生产培训。2009年，建立和落实“三级培训”制度。安排专人负责安全生产培训工作，并根据企业规模、行业类别分层次制定培训计划，联合有资质培训机构开展培训22期，3678人参加。组织安监执法人员参加全省统一培训，合格率100%。对乡街安监站

43 名安监人员及村、社区进行执法和安全生产法律法规知识培训。

2010 年，进行企业和建筑行业特种作业人员、教育系统负责人的安全教育，举办培训班 8 期。在生产行业，组织开展“六个一”（组织每个员工接受一次安全生产岗位专题培训、组织开展一次应急救援演练、对安全救护装置进行一次校验和补充、开展一次安全生产行业之间内部互查、开展一次安全生产基础工作的评比、进行一次安全生产建议征集）活动，举办培训班 40 期，培训各类人员 1726 人。

第二节　安全生产监督

一、重点监控

1990 年开始，区劳动保护监察机构的监督重点为重大工程建设，监督形式是深入现场监督监察。2004 年，随着社会经济的不断发展，安全生产监督管理领域不断延伸，由单一的生产单位扩展到众多的经营单位、公共事业单位、人员密集场所等。是年，区安监局重点对工业企业及加油站实施监督。2006 年，重点监控人员密集场所和危险化学品。2007 年，对机加工企业、危化品经营企业进行安全检查；对基础管理薄弱和缺乏行业安全的企业进行业务指导和重点监察。2008 年，重点监控机加工、商贸、轻工行业。2009 年，对危化品经营存储企业进行安全检查，加强对从业人员的安全生产教育，加强企业安全管理。2010 年，重点监控机加工企业、职业危害企业，严格执行职业危害管理制度，对涉及职业危害要素的经营、使用单位生产情况统计建档。

二、专项治理

1990 年起，安全生产主管部门将安全事故易发行业、部位作为治理重点，定期深入现场监督检查。2005 年，联合各执法部门对大型市场、学校、网吧、洗浴等人员密集场所和重点工业企业督导检查。组织安全生产“百日会战”、安全生产“百日综合执法检查”和春节、五一、十一期间安全检查等活动，共组织日常检查和联查 565 次，发现规章制度不健全、安全措施不完善、作业环境不符合要求、违章指挥、违章作业等各类不安全因素 1350 余项，并当场进行纠正。

2007 年，按照省、市关于安全生产专项整治工作要求，对人员密集场所、危险化学品、建筑施工现场、重点工业企业、锅炉压力容器使用单位开展专项整治，发现并消除事故隐患 357 项。2009 年，组织开展安全生产集中攻坚行动、依法打击非法经营和隐患排查“集中整治月”活动，对商贸、机械、轻工、建筑等行业进行检查 116 次，下达执法文书 227 份。

2010 年，以冬季安全生产大检查为契机，对重点行业企业进行梳理，明确重点监控部位，进行拉网式安全检查。共检查各类企业 5507 家次，查出隐患 2785 项，整改隐患 1958 项。开展“百日执法专项行动”。共出动执法人员 1563 人次，检查生产经营单位 248 家次，查处隐患 667 项，当场整改隐患 130 项，限期整改 537 项。严格落实安全生产主体责任，巩固深化“法人代表安全生产承诺落实”活动成果，先后与危险化学品、机械加工以及人员密集场所等重点行业领域的 270 余家企业签订安全生产承诺书。

三、现场查治

1990 年开始，重点对建筑施工单位和易燃易爆、有毒有害物品生产经营企业、重点化工企业进行专项检查，加强对机械、建材、纺织、轻工、商贸等行业的安全监管，定期检查重点部位、重点环节。2004 年，现场监察企业 78 家，提出督促整改建议 1300 余条。2005 年，将危险化学品等作为重点整治领域，现场监察企业 164 家次，查出安全隐患 286 条，整改 286 条，整改率 100%。2006 年，确定监管重点，多次对加油（气）站、学校、医院等使用危险化学品场所进行专项检查；对全境 10 户加油（气）

站等重大危险源单位实施经常性检查。

2007年，督导危险化学品行业企业和300人以上其他行业规模企业制定本单位安全应急预案并备案，组织高危行业企业半年至少进行一次应急演练。2009年，重点监控9家危险化学品企业，对安全管理人员开展应急处置技能培训。

2010年，对全区危化储存、销售企业进行摸排，重点对9家加油站登记备案。至年底，累计现场监察1289户，提出督促整改建议587条，查处事故隐患9000余条，督促落实整改9000余条。年内，核发烟花爆竹经营许可证58份。

四、生产安全演练

2004年，对人员聚集的在建工地和大型超市、机加工企业、危险化学品企业等进行突发事故应急处置救援预案演练，共有25个企业和单位计500人参加演练。2005年，组织25家企业开展应急救援演练，其中机加工企业6家，危险化学品10家，另有人员密集场所5家，其他单位4家，参加演练人员600人，组织应急救援演练投入4万元。2009年，组织32家企业开展应急救援演练，其中机加工企业9家，危险化学品13家，另有人员密集场所6家，其他单位4家，参加演练人员共600人，组织应急救援演练投入5万元。2010年，举行应急演练1次，参演人数1000人，动用设备20套，投入演练资金7万元。开展应急救援演练2次，参加演练单位26家，参演人员4600余人，动用应急救援装备76台次，投入应急救援演练资金2.6万元。

五、职业卫生监管

2008年，根据《河北省作业场所职业卫生监督管理办法》，作业场所职业卫生监管职能由区卫生监督所划归区安监局，职业卫生监督管理科随即成立。年内，对全区职业危害企业进行摸底，组织114家企业开展职业病危害申报和备案，并对其职业危害情况进行动态监管。2009年，有157家职业病企业在安监局登记备案，其中121家通过市局审核，申报完成率达77%。是年，接触职业危害作业的职工达1300人。2010年，23家企业列入职业病危害申报范围。至年底，登记备案的169家职业病危害企业已有81%完成申报工作。

六、协同监管

1990年，区安全生产委员会协调督导各成员单位和各乡街履行监管职责，开展各项安全生产隐患排查，并形成常态。2004年，组织教育、工商、文体、公安等部门，对大型市场、学校、网吧、洗浴等人员密集场所和重点工业企业进行综合检查和专项整治，对未制定应急救援预案、责任制不落实、制度不健全、安全管理人员不到位、库房设置不合理、消防设施不完善等130项隐患下达整改通知书。

2006年，协同文化、公安、质监、工商等管理部门，对大型市场、学校、网吧、洗浴等人员密集场所和重点工业企业督导检查。共组织日常检查和联查285次，发现规章制度不健全、安全措施不完善、作业环境不符合要求、违章指挥、违章作业等各类不安全因素900多项。

2008年，召开19次安全生产工作会议和专题会议，下发36份安全生产文件；组织企业自查、主管部门专项检查和各部门联查4569家次，排查各类隐患2888项，依法下达1072份各类执法文书，并在规定时限内进行复查。2009年，组织联合执法，出动执法人员1637人次，检查各类企业3954家次，对128家人员密集场所监督检查，下达整改通知书59份，彻查整改各类隐患843项。2010年，组织工商、公安、环保、工信、质监等部门，协调联动，先后开展11次联合行动，检查、复查企业9284家次，排查隐患1132项，整改率达到98.7%。

第十三编　中国共产党组织

中共唐山市路南区委按照《中国共产党章程》《中国共产党地方委员会工作条例（试行）》规定，坚持党的代表大会制度，听取和审议同级委员会的工作报告；听取和审议同级纪律检查委员会的工作报告；讨论本地区范围内的重大问题并做出决议；选举同级党的委员会；选举同级党的纪律检查委员会。党的代表大会闭会期间，由其选举产生的全委会履行同级党组织的领导机关职能，执行上级党组织的指示和同级党代表大会的决议，领导本地区的工作。常委会在全委会闭会期间行使委员会职权，执行上级党组织的指示和全委会的决议，主持经常工作。其间，区委常委会发挥领导核心职能，确立政治建设、经济建设、文化建设等决策，加强思想建设、制度建设、作风建设，提高统全局、把方向的决策能力和执政水平；区委组织、宣传、统一战线、政法、机关党建、农村、老干部、信访、党史研究、党校等部门，自觉服从服务改革、发展、稳定大局，创新务实，履职尽责；纪委（监察）机关发挥党政监督职能，加强党性党风、政风政纪教育，构筑惩治与预防腐败制度体系，纠正行业不正之风，严肃查处违法违纪案件，为实现全区经济社会全面、协调、可持续发展保驾护航。

第一章　党　员

1990年，全区有党员5214名，其中年龄在46岁及以上的占67.38%，女性党员占党员总数31.51%，少数民族党员占党员总数0.94%，大专以上学历党员占党员总数的8.53%，均分布在城区各行各业。1992年11月，开平区女织寨乡、梁家屯乡划归路南区管辖，始有城乡分布。是年起，重视在中青年、知识分子、妇女、少数民族以及生产一线发展党员。至2010年，全区有党员13161名，其中45岁以下占31.06%，女性党员占党员总数37.03%，少数民族党员占党员总数1.76%，大专以上学历党员占党员总数的33.56%。

第一节　党员构成

一、年龄构成

1990年，全区有党员5214名，其中35岁以下495名，占党员总数的9.49%；36~45岁1206名，占23.13%；46~55岁1054名，占20.22%；56~60岁923名，占17.7%；61岁及以上的1536名，占29.46%。1992年起，重视在中青年及生产一线发展党员。是年党员总数6889名，其中35岁以下859名，36~45岁1705名，46~55岁1416名，56~60岁1006名，61岁及以上1903名。35岁以下、36~45岁党员总数分别较1990年增加364名、499名。2010年，全区有党员13161名，其中35岁以下2420名，占党员总数的18.39%；36~45岁1667名，占12.67%；46~55岁1639名，占12.45%；56~60岁1904名，占14.46%；61岁及以上的5531名，占42.03%。党员总数较1990年增加7947名。

1990—2010 年唐山市路南区中共党员年龄构成统计表

表 13 - 1　　单位：人

年份	35 岁以下	36 ~ 45 岁	46 ~ 55 岁	56 ~ 60 岁	61 岁及以上	合计	年份	35 岁以下	36 ~ 45 岁	46 ~ 55 岁	56 ~ 60 岁	61 岁及以上	合计
1990	495	1206	1054	923	1536	5214	2001	1198	1458	2572	1102	3483	9812
1991	464	1295	1073	902	1743	5477	2002	1255	1431	2637	1171	3608	10102
1992	859	1705	1416	1006	1903	6889	2003	1366	1423	2655	1244	3761	10449
1993	1066	1881	1564	995	1828	7334	2004	1466	1471	2529	1352	3806	10624
1994	850	1841	1595	983	2373	7642	2005	1710	1508	2327	1516	3946	11007
1995	885	1775	1736	951	2461	7808	2006	1866	1601	2109	1621	4513	11710
1996	951	1736	1870	938	2573	8068	2007	1975	1788	2018	1776	4532	12089
1997	1099	1653	2001	960	2698	8411	2008	2076	1833	1909	1886	4830	12534
1998	1191	1588	2298	1007	2876	8960	2009	2153	1670	1761	1926	5208	12718
1999	1172	1617	2442	959	3009	9199	2010	2420	1667	1639	1904	5531	13161
2000	1177	1546	2631	989	3138	9481	-	-	-	-	-	-	-

二、性别构成

1990 年，全区有党员 5214 名，其中男性党员 3571 名，占党员总数的 68.49%；女性党员 1643 名，占党员总数 31.51%。2010 年，全区党员 13161 名，其中男性党员 8288 名，占党员总数的 62.97%；女性党员 4873 名，占党员总数 37.03%。与 1990 年比，男性党员增加 4717 名；女性党员增加 3230 名。

1990—2010 年唐山市路南区中共党员性别构成统计表

表 13 - 2　　单位：人

年份	性别构成		合计	年份	性别构成		合计
	男	女			男	女	
1990	3571	1643	5214	2001	6817	2995	9812
1991	3749	1728	5477	2002	6925	3177	10102
1992	4855	2034	6889	2003	7118	3331	10449
1993	5228	2106	7334	2004	7164	3460	10624
1994	5434	2207	7642	2005	7360	3647	11007
1995	5566	2242	7808	2006	7603	4107	11710
1996	5742	2326	8068	2007	7860	4229	12089
1997	5974	2437	8411	2008	8061	4473	12534
1998	6290	2670	8960	2009	8057	4661	12718
1999	6419	2780	9199	2010	8288	4873	13161
2000	6564	2917	9481	-	-	-	-

三、民族构成

1990 年，全区有党员 5214 名，其中汉族党员 5165 名，占党员总数的 99.06%；少数民族党员 49 名，占党员总数 0.94%。2010 年，全区有党员 13161 名，其中汉族党员 12929 名，占党员总数的 98.24%；少数民族党员 232 名，占党员总数 1.76%。与 1990 年比，汉族党员增加 7764 名；少数民族党员增加 183 名。

1990—2010 年唐山市路南区中共党员民族构成统计表

表 13－3　单位：人

年份	民族构成		合计	年份	民族构成		合计
	汉族	少数民族			汉族	少数民族	
1990	5165	49	5214	2001	9643	169	9812
1991	5440	37	5477	2002	9934	168	10102
1992	6823	66	6889	2003	10273	176	10449
1993	7278	56	7334	2004	10436	188	10624
1994	7573	69	7642	2005	10817	190	11007
1995	7732	76	7808	2006	11513	197	11710
1996	7986	82	8068	2007	11880	209	12089
1997	8322	89	8411	2008	12319	215	12534
1998	8810	150	8960	2009	12504	214	12718
1999	9045	154	9199	2010	12929	232	13161
2000	9325	156	9481	–	–	–	–

四、文化构成

1990 年，全区有党员 5214 名，其中大专以上学历 445 名，占党员总数的 8.53%；中专学历 449 名，占 8.61%；高中 502 名，占 9.63%；初中 1688 名，占 32.37%；小学 1747 名，占 33.51%；文盲 383 名，占 7.35%。初中以下学历党员占居多数。1993 年，按照入党积极分子与发展党员 5∶1 的比例，加强入党积极分子的培养；建立“团员推优、分级管理、系统培训、考察登记、预审预批”制度；优先发展高中文化以上的工人、农民、知识分子中的优秀分子入党，逐步改善党员队伍文化结构。

2010 年，全区有党员 13161 名，其中大专以上学历 4413 名，占党员总数的 33.56%；中专学历 1525 名，占 11.58%；高中 1741 名，占 13.22%；初中 3985 名，占 30.27%；小学 1408 名，占 10.70%；文盲 89 名，占 0.67%。与 1990 年相比，大专以上学历人数增加 3968 名，所占比例提高 25.03 个百分点；中专学历增加 1076 名，所占比例提高 2.97 个百分点；高中学历增加 1239 名，所占比例提高 3.59 个百分点；初中学历增加 2297 名，所占比例下降 2.1 个百分点；小学学历减少 339 名，所占比例下降 22.81 个百分点；文盲减少 294 名，所占比例下降 6.68 个百分点。

1990—2010年唐山市路南区中共党员文化构成统计表

表13－4 单位：人

年份	大专以上	中专	高中	初中	小学	文盲	合计	年份	大专以上	中专	高中	初中	小学	文盲	合计
1990	445	449	502	1688	1747	383	5214	2001	1909	1259	1197	3207	1998	242	9812
1991	481	509	652	1763	1793	369	5477	2002	2094	1291	1256	3299	1989	173	10102
1992	544	628	762	2272	2288	400	6889	2003	2317	1339	1285	3616	1703	189	10449
1993	633	674	847	2457	2351	372	7334	2004	2574	1361	1342	3508	1664	175	10624
1994	705	767	906	2556	2355	353	7642	2005	2877	1393	1384	3570	1621	162	11007
1995	777	795	931	2640	2332	333	7808	2006	3508	1442	1421	3581	1607	151	11710
1996	867	854	997	2731	2310	309	8068	2007	3726	1492	1502	3652	1577	140	12089
1997	942	912	1071	2902	2293	291	8411	2008	4016	1510	1581	3770	1533	124	12534
1998	1301	1163	1107	2932	2177	280	8960	2009	4047	1510	1684	3886	1479	112	12718
1999	1480	1238	1146	2978	2095	262	9199	2010	4413	1525	1741	3985	1408	89	13161
2000	1675	1236	1176	3090	2053	251	9481	－	－	－	－	－	－	－	－

第二节 党员分布

一、城乡分布

1990年，全区有党员5214名，全部分布在城市。1992年11月，开平区的女织寨乡、梁家屯乡划归路南区管辖，其中女织寨乡有党员861名，梁家屯乡有党员539名。是年，全区党员总数为6889名，其中分布在城市的5489名，占79.68%；分布在乡镇的1400名，占20.32%。1996年，女织寨乡与梁家屯乡合并，分布在乡镇的党员总数为1570名（其中女织寨乡911名，梁家屯乡659名），占全区党员总数的19.46%。2010年，全区有党员13161名，其中分布在城市的10914名，占82.93%；分布在乡镇的2247名，占17.07%。

二、行业分布

1990年，全区党员总数为5214名，其中工业1145名，占总数的21.97%；商业165名，占总数的3.16%；建筑和公用事业93名，占总数的1.78%；文教卫生335名，占总数的6.43%；机关1057名，占总数的20.27%；街道党员2419名，占总数的46.39%。1992年，始有农业。年末，全区党员总数为6889名，其中工业1460名，占总数的21.19%；农业655名，占总数的9.51%；商业182名，占总数的2.64%；建筑业109名，占总数的1.58%；文教卫生435名，占总数的6.32%；机关1201名，占总数的17.43%；街道党员2843名，占总数的41.27%；其他4名，占总数的0.06%。2010年，全区党员总数为13161名，其中工业802名，占总数的6.1%；农业2247名，占总数的17.07%；商业527名，占总数的4.0%；建筑43名，占总数的0.33%；文教卫生871名，占总数的6.62%；机关2327名，占总数的17.68%；街道党员5769名，占总数的43.83%；其他575名，占总数的4.37%。

1990—2010 年唐山市路南区中共党员行业分布统计表

表 13－5　　单位：人

年份	工业	农业	商业	建筑	文教卫生	机关	街道	其他	合计
1990	1145	–	165	93	335	1057	2419	–	5214
1991	1172	–	187	93	347	1125	2553	–	5477
1993	1575	1078	188	119	474	1299	2597	4	7334
1994	1575	1101	198	145	512	1288	2813	6	7642
1995	1554	1126	201	151	434	1382	2953	7	7808
1996	1576	1141	229	190	474	1396	3050	9	8068
1997	1578	1173	264	221	496	1614	3055	10	8411
1998	1480	1702	207	21	580	1143	3420	407	8960
1999	1007	1757	75	42	467	1539	4017	225	9199
2000	1078	1816	279	38	480	1383	4164	243	9481
2001	1055	1836	220	42	503	1493	4363	300	9812
2003	1187	1790	176	41	562	1554	4716	423	10449
2004	1034	1783	172	41	711	1584	4853	446	10624
2005	824	1857	212	41	749	1738	5153	433	11007
2006	803	1933	259	41	758	1905	5441	570	11710
2007	761	2051	309	41	781	2042	5512	592	12089
2008	783	2135	421	40	822	2187	5631	515	12534
2009	761	2207	501	38	839	2226	5634	512	12718
2010	802	2247	527	43	871	2327	5769	575	13161

说明：本表中 1998 年以前的“建筑”行业一栏，包括“公用事业”行业的党员数量

第二章　党的代表大会

1989—2010 年，中共唐山市路南区共召开党的代表大会 5 次。按照《中国共产党章程》规定，中共唐山市路南区代表大会及其委员会任期届满，均召开党的代表大会进行换届选举。出席党的代表大会代表构成，有各级领导干部、各类专业技术人员、各条战线先进模范人物、解放军、武警部队等各方面的代表。代表由党员选举产生，依据《中国共产党地方组织选举工作条例》规定的办法和程序进行。党的委员会在代表大会召开前，负责对代表的产生程序和代表资格进行初步审查。代表大会成立的代表资格审查委员会在听取党的委员会的审查情况报告后，提出代表资格审查报告。经大会或大会主席团通过的代表，获得正式资格。党的代表大会的任务是听取和审查同级委员会的报告；听取和审查同级纪律检查委员会的报告；讨论本地区范围内的重大问题并作出决议；选举同级党的委员会；选举同级党的纪律检查委员会。党的代表大会期间选举同级党的委员会、同级党的纪律检查委员会的办法及程序，亦按《中国共产党地方组织选举工作条例》进行。

第一节 代表产生

一、第四次代表大会代表产生

1989年10月，区委依据《中国共产党章程》《中共中央组织部关于党的地方各级代表大会若干具体问题的暂行规定》和上级要求，印发《中共路南区委关于做好区第四次党代表大会代表选举工作的通知》，确定中共唐山市路南区第四次代表大会的代表总数为200名。根据各党委、直属总支党员人数和经济、文化、科学技术的发展水平，并照顾到区直党政机关领导干部多少等情况，划分15个选举单位，明确相应的代表名额和代表条件。各选举单位召开党员大会，按照分配的名额充分酝酿、民主推荐；党总支或党支部根据多数党员意见，确定代表候选人预备名单；报经召开党员代表大会的委员会原则同意后，由各选举单位召开党员大会，以无记名投票方式进行选举。选举方法实行差额选举。选举时限从文件下发之日起，到是年11月15日结束。时有党员4767名，选举产生代表197名，占全区党员总数的4.13%。其中：领导干部109名，占代表总数的55.32%；各类专业技术人员27名，占代表总数的13.71%；先进模范人物60名，占代表总数的30.46%；军人1名，占代表总数的0.51%。有妇女代表45名，占代表总数的22.84%；少数民族代表4名，占代表总数的2.03%；年龄在45岁以下的中青年代表81名，占代表总数的41.12%。

二、第五次代表大会代表产生

1992年10月10日，区委上报《中共唐山市路南区委关于召开中国共产党路南区第五次代表大会的请示》并经市委批准，决定12月中旬召开中国共产党路南区第五次代表大会，代表名额170名，占全区党员总数的2.55%。后经区委第26次常委会研究并报经市委批准，改为180名，占党员总数的2.7%。1992年10月26日，区委下发《关于做好第五次党代表大会选举工作的通知》，划分选举单位18个，并根据各选举单位党员数量多少和工作要求分配名额，明确各选举单位须召开党员代表会议或党员大会，以无记名投票的方式和差额选举的办法，选举产生党代表。选举工作从11月17日开始，至12月10日结束。时有党员6679名（其中正式党员6485名，预备党员194名），共选出代表180名，占党员总数的2.7%。其中领导干部97名，占代表总数的53.89%；各类专业技术人员18名，占代表总数的10%；先进模范人物65名，占代表总数的36.11%。有妇女代表32名，占代表总数的17.78%；少数民族代表4名，占代表总数的2.22%；年龄在45岁以下的中青年代表55名，占代表总数的30.56%。文化程度，大专以上文化程度的47名，占26.11%；中专、高中文化程度的62名，占34.44%；初中文化程度的43名，占23.89%；高小以下文化程度的28名，占15.56%。入党时间，抗日战争时期入党的代表2名，占1.11%；解放战争时期入党的代表2名，占1.11%；中华人民共和国成立后至"文化大革命"前入党的62名，占34.44%；"文化大革命"期间入党的67名，占37.22%；"文化大革命"后入党的47名，占26.12%。

三、第六次代表大会代表产生

1998年2月16日，区委依据《中国共产党章程》《中国共产党地方组织选举工作条例》，印发《中共唐山市路南区委关于召开选举出席区第六次代表大会代表工作会议的通知》，确定中国共产党唐山市路南区第六次代表大会于1998年3月召开，代表名额共245名。区委划分选举单位22个，并根据各选举单位的党员人数和工作需要，分配相应的应选代表名额，明确了代表条件和代表产生程序。由各选举单位按照分配名额，采用自下而上的方式提名并经过充分酝酿和考察，确定代表候选人；各选举单位召开党的委员会全体会议，按不少于应选代表百分之二十的差额确定代表候选人预备人选；党员总数不足100人的单位召开党员大会，党员总数在100人以上的单位召开党员代表大会，进行直接选举，确定正式代表。代表选举工作自文件下发之日开始，至2月28日结束。时有党员8068名，选举产生代表245名，占党员总数的3.04%。其中有领导干部141名，占代表总数的57.55%；各类专业技术人员41名，占代表总数的16.73%；先进模范人物61名，占代表总数的24.90%；解放军2名，占代表总数的0.82%。有妇女代表75名，占代表总数的30.61%；少数民族代表8名，占代表总数的3.27%；年龄在45岁以下的中青年代表120名，占代表总数的48.98%。文化程度，大专以上文化程度的114名，占代表总数的46.53%；中专、高中和初中文化程度的120名，占代表总数的48.98%；高小以下文化程度的11名，占代表总数的4.49%。入党时间，抗日战争时期入党的代表2名，占代表总数的0.82%；解放战争时期入党的代表3名，占代表总数的1.22%；中华人民共和国成立后“文化大革命”前入党的15名，占代表总数的6.12%；“文化大革命”期间入党的95名，占代表总数的38.78%；“文化大革命”后入党的130名，占代表总数的53.06%。

四、第七次代表大会代表产生

2003年4月1日，区委依据市委《关于县（市）区党委换届工作的实施意见》，印发《中共唐山市路南区委关于选举出席第七次代表大会代表工作的通知》，明确以200名代表为基数，每180名党员增加1名代表，确定出席第七次代表大会的代表为255名。区委根据所辖党组织的数量、党员人数和工作需要，划分选举单位23个，并确定了每个单位的代表名额、代表条件、代表产生的程序。各选举单位按照分配名额，采取自下而上的方式提名，在充分酝酿协商的基础上，根据多数党组织或多数党员的意见提出代表候选人初步人选；选举单位对候选人初步人选进行全面考察，尤其要考察他们在关键时刻、重大原则问题上的政治立场，并征求所在单位和有关方面的意见后，向区委组织部报告；由选举单位召开党委会（总支部委员会），按不少于应选代表百分之二十的差额确定代表候选人预备人选；代表候选人预备人选名单报送区委审查，经原则同意后召开党代表会议或党员大会选举；各选举单位进行选举前，要对代表候选人预备人选进行充分酝酿，根据多数选举人的意见确定候选人，然后直接采用候选人数多于应选人数的差额选举办法进行正式选举。派出机关按照市委关于“县（市）区党委派出的代表机关，不能召开党代表大会，这些机关出席县（市）区党代表大会的代表，可由所属机关党组织召开党代表大会或党员大会选举产生”的规定，由各选举单位召开代表会议或党员大会选举产生；区直机关党工委出席区第七次党代表大会的代表，由所辖机关的党组织召开党员大会选举产生，由区直机关党工委负责组织工作；参加区第七次党代表大会的军人代表，由路南区武装部党委组织选出。同时规定，党员人数在100名以上的党委（含100名），应当召开党代表会议，代表名额一般应少于同级党代表大会的代表名额；党员不足100名的党委（总支）均召开党员大会，到会的党员人数必须超过应到会党员人数的五分之四；选出的代表报区委审批。选举工作从是年2月开始，至大会召开前结束。时有党员9812名，选举产生代表255名，占党员总数的2.60%。在当选的代表中，有领导干部144名，占代表总数的56.47%；各类专业技术人员44名，占代表总数的17.25%；先进模范人物64名，占代表总数的25.10%；解放军和武警部队3名，占代表总数的1.18%。有妇女代表72名，占代表总数的28.24%；少数民族代表7名，占代表总数的2.75%；年龄在45岁以下的中青年代表128名，占代表总数的50.20%。文化程度，大专以上文化程度的210名，占代表总数的82.35%；中专、高中和初中文化程度的44名，占代表总数的17.25%；高小以下文化程度的1名，占代表总数的0.4%。入党时间，抗日战争时期入党的代表1名，占代表总数的0.40%；解放战争时期入党的代表2名，占代表总数的0.78%；中华人民共和国成立后至“文化大革命”前入党的6名，占代表总数的2.35%；“文化大革命”期间入党的60名，占代表总数的23.53%；“文化大革命”后入党的186名，占代表总数的72.94%。

五、第八次代表大会代表产生

2006年6月13日，区委七届八次全会讨论通过《中共唐山市路南区第七届委员会第八次全体会议关于召开中国共产党唐山市路南区第八次代表大会的决议（草案）》和区委书记于大中代表区委所作的《关于〈中共唐山市路南区第七届委员会第八次全体会议关于召开中国共产党唐山市路南区第八次代表大会的决议（草案）〉的说明》。会后印发全会通过的《中共唐山市路南区第七届委员会第八次全体会议关于召开中国共产党唐山市路南区第八次代表大会的决议》，决定于2006年6月召开第八次代表大会，代表名额为237名。按照有利于充分发扬党内民主、有利于讨论决定问题和代表具有广泛性的原则，确定代表构成比例，划分选举单位24个。代表产生程序，由选举单位依据代表名额分配方案，召开党员大会或党代表会议，以无记名投票方式差额选举产生，其中代表候选人的差额比例不少于百分之二十。代表的选举，自6月14日区委下发《关于选举出席区第八次党代表大会代表工作的通知》开始，至6月27日结束。时有党员11710名，选举产生代表237名，占党员总数的2.02%。其中领导干部142名，占代表总数的59.92%；各类专业技术人员47名，占代表总数的19.82%；先进模范人物45名，占代表总数的19.00%；解放军和武警部队3名，占代表总数的1.26%。有妇女代表73名，占代表总数的30.80%；少数民族代表5名，占代表总数的2.11%；年龄在45岁以下中的青年代表134名，占代表总数的56.54%。文化程度，大专以上文化程度的181名，占代表总数的76.37%；中专、高中文化程度的39名，占代表总数的16.46%；初中学历的17名，占7.17%；高小以下文化程度的人数首次为零。入党时间，解放战争时期入党的代表2名，占代表总数的0.84%；中华人民共和国成立后至“文化大革命”前入党的4名，占代表总数的1.69%；“文化大革命”期间入党的31名，占代表总数的13.08%；“文化大革命”后入党的200名，占代表总数的84.39%。

第二节　党的代表大会及其全委会

一、第四次代表大会及其全委会

1989年12月11—15日，中国共产党唐山市路南区第四次代表大会在京唐宾馆召开，应出席会议代表197名，实际到会190名。大会听取和审议区委书记彭耀先代表中国共产党唐山市路南区第三届委员会所作的《坚定信心，团结奋斗，在治理整顿中推动全区各项事业稳步发展》的工作报告，听取和审议区纪委书记贾山林代表中国共产党唐山市路南区纪律检查委员会所作的《依照党章从严治党，为建设好的党风而努力奋斗》工作报告，并通过相关决议；大会审议通过《党费收缴、管理和使用情况的报告》；大会以无记名投票方式，采取先差额预选再等额选举的办法，选举产生中国共产党唐山市路南区第四届委员会委员30名、候补委员5名；大会以无记名投票方式，采取先差额预选再等额选举的方法，选举产生中共唐山市路南区纪律检查委员会委员15名。至1992年12月5日，共召开7次全委会议。

第一次全委会议　1989年12月15日，中国共产党唐山市路南区第四届委员会第一次全委会议在京唐宾馆召开，应到会委员30名、候补委员5名，实际到会委员30名、候补委员5名。会议采取无记名投票方式，差额选举中国共产党唐山市路南区第四届委员会常务委员会委员9名，等额选举书记1名、副书记3名。会议通过中国共产党唐山市路南区纪律检查委员会第一次全体会议选举结果的报告：应到纪委委员15名，实到15名，差额选举纪委常委7名，等额选举纪委书记1名、副书记2名。

第二次全委（扩大）会议　1990年8月13日，中国共产党唐山市路南区第四届委员会第二次全委（扩大）会议召开，听取并审议通过区委书记彭耀先代表区委常委会所作的《全党动手，全民动员，认真实施“依法治区、科教兴区”发展战略，为振兴路南而奋斗》的工作报告；审议并通过《中国共产党路南区第四届委员会第二次全体会议关于认真实施“依法治区、科教兴区”发展战略的决议》。

第三次全委（扩大）会议　1991年1月12日，中国共产党唐山市路南区第四届委员会第三次全委（扩大）会议召开，听取并审议区委书记彭耀先代表区委常委会所作的《振奋精神，团结奋斗，努力开创1991年各项工作的新局面》的工作报告。

第四次全委（扩大）会议　1991年8月6日，中国共产党唐山市路南区第四届委员会第四次全委（扩大）会议召开，听取并审议区委书记彭耀先代表常委会所作的《彭耀先同志在区委四届四次全委会议上的工作报告》。

第五次全委（扩大）会议　1992年1月10，中国共产党唐山市路南区第四届委员会第五次全委（扩大）会议召开，听取并审议区委书记彭耀先代表区委常委会所作的《脚踏实地，继往开来，开创各项工作新局面，迎接党的十四大》的工作报告。

第六次全委（扩大）会议　1992年7月10—11日，中国共产党唐山市路南区第四届委员会第六次全委（扩大）会议召开，听取并审议区委书记祝允林代表区委常委会所作的《解放思想，真抓实干，为全区经济跃上新台阶而奋斗》的工作报告。

第七次全委（扩大）会议　1992年12月5日，中国共产党唐山市路南区第四届委员会第七次全委（扩大）会议召开，中心议题是筹备召开中共唐山市路南区第五次代表大会，研究部署有关事宜和任务。

二、第五次代表大会及其全委会

1992年12月17—20日，中国共产党唐山市路南区第五次代表大会在区政府大礼堂召开。应出席会议代表180名，实到170名，因病因事请假10名。大会听取和审议区委书记祝允林代表中国共产党唐山市路南区第四届委员会所作的《认真贯彻十四大精神，加快改革开放步伐，为实现全区经济跳跃式发展和各项事业大跨度前进而奋斗》的工作报告，听取和审议区纪委书记张宝善代表中国共产党唐山市路南区纪律检查委员会作的《全面履行纪检工作职能，更好地为全区经济建设服务》的工作报告，并作出相应决议；大会审查通过党费收缴、管理和使用情况的报告；大会以无记名投票方式，采取先差额预选再等额选举的办法，选举产生中国共产党唐山市路南区第五届委员会委员33名、候补委员5名，其中连任的16名，占42.11%，比上届提高4.93%。当选的区委委员、候补委员年龄结构：平均年龄48.12岁，比上届降低1.24岁；40岁以下的7名，占18.42%，比上届提高9.85%；41至45岁的7名，占18.42%，比上届降低4.43%；46至50岁的15名，占39.47%，比上届提高19.47%；51岁以上的9名，占23.68%，比上届降低36.32%。文化结构：大专以上文化的18名，占47.37%，比上届提高4.51%；中专和高中文化的9名，占23.68%，比上届降低3.46%；高小以下文化的2名，占5.26%，比上届降低3.31%。入党时间：抗日战争时期入党的1名，占2.56%，比上届降低3.15%；解放战争时期入党的1名，占2.56%，比上届降低8.87%；中华人民共和国成立后至“文化大革命”前入党的23名，占60.52%，比上届降低19.48%；“文化大革命”后入党的15名，占39.47%，比上届提高8.04%。在当选的区委委员、候补委员中，有妇女委员4名，占10.52%，比上届降低0.9%；少数民族委员2名，占5.26%，比上届降低0.44%。大会以无记名投票方式，采取先差额预选，再等额选举的方法，选举产生中国共产党唐山市路南区纪律检查委员会委员19名，其中连任的3名，占15.78%，比上届降低25.39%。当选的纪委委员年龄结构：平均年龄46.59岁，比上届降低1.26岁；40岁以下的5名，占26.31%，比上届提高2.78%；41至45岁的6名，占31.57%，比上届提高8.04%；46至50岁的5名，占26.32%，比上届降低3.09%；51岁以上的3名，占15.79%，比上届降低7.74%。文化结构：大专以上文化的5名，占26.32%，比上届提高8.67%；中专和高中文化的7名，占36.84%，比上届提高1.55%；初中文化的5名，占26.32%，比上届提高2.79%；高小文化的2名，占10.53%，比上届降低24.76%。入党时间：抗日战争时期入党的没有；解放战争时期入党的没有；中华人民共和国成立后、“文化大革命”前入党的8名，占42.10%，比上届降低10.84%；“文化大革命”后入党的11

名，占57.89%，比上届提高22.60%。在当选的纪委委员中，有妇女委员4名，占21.05%，比上届提高10.29%；少数民族委员1名，占5.26%，比上届降低6.50%。至1998年3月6日，共召开11次全委会议。

第一次全委会议　1992年12月20日，中国共产党唐山市路南区第五届委员会第一次全委会议在区政府小礼堂召开，应到会委员33名、候补委员5名，实际到会委员33名、候补委员5名。会议采取无记名投票方式，差额选举中国共产党唐山市路南区第五届委员会常务委员会委员11名；采取无记名投票方式，等额选举书记1名、副书记3名。新当选的常务委员文化结构，大专以上的9名，占81.82%，比上届提高26.22%；初中以下的2名，占18.18%，比上届降低15.13%。入党时间，中华人民共和国成立后"文化大革命"前入党的8名，占72.73%，比上届降低16.16%；"文化大革命"后入党的3名，占27.27%，比上届提高16.16%。连选连任的5名，占45.45%；平均年龄43.9岁，比上届降低3.4岁；本届没有妇女常委，比上届降低11.11%；有少数民族常委1名，占9.09%，比上届提高9.09%。会议通过中国共产党唐山市路南区纪律检查委员会第一次全体会议选举结果的报告：应到纪委委员19名，实到19名，会议采取无记名投票方式，差额选举纪委常委9名，等额选举纪委书记1名、副书记3名。

第二次全委（扩大）会议　1993年7月26—27日，中国共产党唐山市路南区第五届委员会第二次全委（扩大）会议召开，听取并审议区委书记祝允林代表区委常委会所作的《认清形势，调整工作部署，突出工作重点，加大工作力度，夺取今年经济工作和各项事业全面胜利》的工作报告；讨论通过《关于加快机械电子行业发展的意见》《关于大力发展个体和私营经济的意见》《关于加快推行股份制经营的意见》《关于发掘和引进人才的暂行规定》4个文件。

第三次全委（扩大）会议　1994年1月18—19日，中国共产党唐山市路南区第五届委员会第三次全委（扩大）会议召开，听取并审议区委副书记、区长徐景田代表区委常委会所作的《突出发展主旋律，强化改革最强音，争取全区经济发展和社会各项事业的新胜利》的工作报告；听取区委书记李建国所作的《把握区位优势，集中发展强项，建设有特色的区域经济》的工作报告。

第四次全委（扩大）会议　1994年12月22—23日，中国共产党唐山市路南区第五届委员会第四次全委（扩大）会议召开，听取并审议区委书记李建国代表区委常委会所作的《在中共路南区委五届四次全会上的讲话》；审议并通过区委《关于加强基层党组织建设的意见》《关于在全区党员中开展建设有中国特色社会主义理论和党章学习活动的实施意见》《关于中共唐山市路南区委员会工作条例》《关于建立区直机关为基层服务责任制，加强民主测评的意见》《关于加强企业家队伍建设的意见》5个指导性文件。

第五次全委（扩大）会议　1995年5月11日，中国共产党唐山市路南区第五届委员会第五次全委（扩大）会议召开，传达中共唐山市第六次党代表大会代表选举工作的有关文件，研究召开路南区党员代表会议的有关事项。会后，于5月16日召开中共路南区代表会议，应到代表185名，实到154名，采取无记名投票方式差额选举（差额率25%）出席唐山市第六次党代表大会的代表16名，其中市领导干部3名，区领导干部8名，专业技术人员2名，工人、农民和其他劳动者3名。

第六次全委（扩大）会议　1995年12月5—6日，中国共产党唐山市路南区第五届委员会第六次全委（扩大）会议召开，听取并审议区委书记李建国代表区委常委会所作的《团结拼搏，负重奋进，为建设经济强区而奋斗》的工作报告；听取并审议通过《唐山市路南区国民经济和社会发展"九五"计划和2010年长期规划》。

第七次全委（扩大）会议　1996年8月9—10日，中国共产党唐山市路南区第五届委员会第七次全委（扩大）会议召开，传达学习江泽民总书记、李鹏总理在视察唐山期间所作的重要指示；听取并审议区委副书记、区长徐景田代表区委常委会所作的《徐景田同志在区委五届七次全会上的讲话》；听取并审议区委副书记孙福成所作的题为《不断加强党的建设和社会主义精神文明建设，促进社会全面进步》

工作报告，区委副书记周晓成所作的题为《打击犯罪，化解矛盾，竭尽全力做好稳定工作》工作报告；会议讨论通过区委、区纪委在党建、市容市貌整治、社会稳定、纪检监察等方面向全会提交的书面讲话材料。

第八次全委（扩大）会议　1996年12月27—28日，中国共产党唐山市路南区第五届委员会第八次全委（扩大）会议召开，听取并审议区委书记李建国代表区委常委会所作的《李建国同志在区委五届八次全委（扩大）会议上的讲话》；讨论通过《唐山市路南区1996—2000年精神文明建设实施纲要》。

第九次全委（扩大）会议　1997年7月18日，中国共产党唐山市路南区第五届委员会第九次全委（扩大）会议召开，听取并审议区委书记徐景田代表区委常委会所作的《认清形势，坚定信心，明确目标，真抓实干，为全面完成今年各项经济工作任务而奋斗》的工作报告。

第十次全委会议　1997年10月15日，中国共产党唐山市路南区第五届委员会第十次全委（扩大）会议召开，听取并审议批准区委组织部《关于中国共产党唐山市路南区第六次代表大会筹备情况》的报告。

第十一次全委会议　1998年3月6日，中国共产党唐山市路南区第五届委员会第十一次全委（扩大）会议召开，审议并通过召开中国共产党唐山市路南区第六次代表大会的议程，决定中国共产党唐山市路南区第六次代表大会于1998年3月10—12日上午8时在区政府礼堂举行。

三、第六次代表大会及其全委会

1998年3月10—12日，中国共产党唐山市路南区第六次代表大会在区政府礼堂召开。应出席会议代表245名，实到229名。大会听取和审议区委书记徐景田代表中国共产党唐山市路南区第五届委员会所作的《抓住机遇、开拓进取，加快全区经济和社会各项事业的发展，为实现跨世纪宏伟目标而努力奋斗》的工作报告，听取和审议纪委书记王庆江代表中国共产党唐山市路南区纪律检查委员会所作的《深化教育、加强监督，不断推进党风廉政建设》的工作报告，并作出相关决议；审查通过党费收缴、管理和使用情况的报告；大会以无记名投票方式，采取先差额预选再等额选举的办法，选举产生中国共产党唐山市路南区第六届委员会委员33名、候补委员5名，其中连选连任的10名，占26.32%，比上届减少15.79%。当选委员、候补委员的年龄结构：35岁以下的3名，占7.89%；36岁至45岁的15名，占39.47%；46岁至55岁的19名，占50%；56岁以上的1名，占2.63%。文化结构：大专以上文化程度的31名，占81.58%，比上届增加34.21%；高中（含中专）文化程度的7名，占18.42%，比上届减少5.26%。入党时间：1949年10月至1966年4月入党的2名，占5.26%，比上届减少55.26%；1966年5月至1976年9月入党的18名，占47.37%，比上届增加47.37%；1976年10月以后入党的18名，占47.37%，比上届增加7.9%。在当选的委员和候补委员中，有妇女委员4名，占10.53%；有少数民族委员1名，占2.63%，比上届减少2.63%。大会以无记名投票方式，采取先差额预选，再等额选举的方法，选举产生中国共产党唐山市路南区纪律检查委员会委员13名，其中连选连任的3名，占23.08%，比上届增加7.3%。当选纪委委员的年龄结构：35岁以下的1名，占7.69%；36岁至45岁的5名，占38.46%；46岁至55岁的7名，占53.85%。文化结构：大专以上文化程度的8名，占61.54%，比上届增加35.22%；高中（含中专）文化程度的5名，占38.46%，比上届增加1.62%。入党时间：1966年5月至1976年9月入党的9名，占69.23%，比上届增加69.23%；1976年IO月以后入党的4名，占30.77%，比上届减少27.12%。在当选的纪委委员中，有妇女委员4名，占30.77%，比上届增加9.72%；有少数民族委员有1名，占7.69%，比上届增加2.43%。至2003年4月5日，共召开13次全委会议。

第一次全委会议　1998年3月13日，中国共产党唐山市路南区第六届委员会第一次全委会议召开，应到会委员33名、候补委员5名，实际到会委员33名、候补委员5名。会议采取无记名投票方式，差额选举中国共产党唐山市路南区第六届委员会常务委员会委员11名，等额选举书记1名、副书记3名。

在常务委员中，连选连任的2名，占18.18%，比上届减少27.27%；有妇女委员1名，占9.09%，比一上届增加9.09%；有少数民族委员1名，占9.09%，比上届增加9.09%。年龄结构：35岁以下的2名，占总数的18.18%；36岁至45岁的4名，占36.36%；46岁至55岁的5名，占45.45%。文化结构：大专以上文化程度的9名，占总数的81.82%；高中（含中专）文化程度的2名，占18.18%。入党时间：1966年5月至1976年9月入党的3名，占总数的27.27%，比上届增加27.27%；1976年10月以后入党的8名，占72.73%，比上届增加45.46%。会议通过中国共产党唐山市路南区纪律检查委员会第一次全体会议选举结果的报告：应到会纪委委员13名，实际到会13名，采取无记名投票方式差额选举产生常务委员7名，等额选举书记1名、副书记2名。在常务委员中，连选连任的4名，占总数的57.14%；妇女常务委员1名，占总数的14.29%，比上届减少19.33%；没有少数民族常务委员。年龄结构：35岁以下的1名，占总数的14.2%，比上届增加14.2%；36岁至45岁的3名，占42.9%，比上届增加20.68%；46岁至55岁的3名，占42.9%，比上届减少34.88%。文化结构：大专以上文化程度的5名，占总数的71.43%，比上届增加59.89%；高中（含中专）文化程度的2名，占常务委员总数的28.57%，比上届减少59.89%。入党时间：1966年5月至1976年9月入党的4名，占总数的57.14%，比上届减少42.86%；1976年10月以后入党的3名，占42.86%，比上届增加42.86%。

第二次全委（扩大）会议　1998年7月29—30日，中国共产党唐山市路南区第六届委员会第二次全委（扩大）会议召开，听取并审议通过区委书记徐景田代表区委常委会所作的《坚定信心，振奋精神，集中精力，狠抓重点，确保全年各项指标任务的圆满完成》的工作报告。

第三次全委（扩大）会议　1999年1月7—8日，中国共产党唐山市路南区第六届委员会第三次全委（扩大）会议召开，听取并审议通过区委书记徐景田代表区委常委会所作的《创新务实，拼搏进取，为圆满完成跨世纪战略任务而努力奋斗》的工作报告；听取并审议常务副区长周庆均所作的《开拓创新，知难而进，全力做好今年经济工作》的经济工作报告。

第四次全委（扩大）会议　1999年7月28日，中国共产党唐山市路南区第六届委员会第四次全委（扩大）会议召开，听取并审议通过区委书记徐景田代表常委会所作的《突出工作重点，深挖发展潜力，确保全年指标任务的圆满完成》的工作报告。

第五次全委（扩大）会议　1999年12月28—29日，中国共产党唐山市路南区第六届委员会第五次全委（扩大）会议召开，听取并审议通过区委书记徐景田代表常委会所作的《加快城区改造步伐，构筑区域特色经济，努力把一个繁荣美好的新城区胜利推向二十一世纪》的工作报告；听取并审议区委副书记、区长郑立波所作的《抢抓发展机遇，深化改革创新，强力推进调整，努力实现全区经济持续快速健康发展》的专题报告；审议通过《唐山市路南区城区改造方案》《关于推进企业改革和发展的实施意见》《关于进一步加强技术创新，大力发展高新技术，努力实现产业化的实施意见》《关于加快发展个体私营经济的工作意见》4个文件。

第六次全委（扩大）会议　2000年7月26—27日，中国共产党唐山市路南区第六届委员会第六次全委（扩大）会议召开，采取工作汇报、讨论发言的方式，讨论通过《关于加快服务业发展的意见》《关于加强就业再就业和社会保障工作的意见》《关于全面推进社区建设的意见》3个文件；会议结束时区委书记徐景田代表区委常委会作《落实“三个代表”要求，巩固“三讲”教育成果，确保全年各项任务的圆满完成》的讲话。

第七次全委（扩大）会议　2000年12月27日，中国共产党唐山市路南区第六届委员会第七次全委（扩大）会议召开，听取并审议通过区委书记徐景田代表区委常委会所作的《坚定信心，乘势前进，努力实现新世纪和“十五“计划良好开局》的工作报告；讨论并审议通过《路南区国民经济和社会发展“十五“计划纲要（草案）》。

第八次全委会议　2001年6月23日，中国共产党唐山市路南区第六届委员会第八次全委（扩大）会议召开，讨论通过出席中国共产党唐山市第七次代表大会的代表侯选人名单，确定区党代表会议的选举办法、日程以及议程安排。

第九次全委（扩大）会议　2001年7月30日，中国共产党唐山市路南区第六届委员会第九次全委（扩大）会议召开，听取并审议通过区委副书记、区长崔长征代表区委常委会所作的《认清形势，坚定信心，为实现全区经济跨越式发展而努力奋斗》的经济工作报告；听取区委书记于大中代表常委会所作的《认真实践"三个代表"重要思想，深入贯彻落实市七次党代会精神，努力把建设更繁荣更美好现代化新城区的伟大事业推向新阶段》的讲话。

第十次全委（扩大）会议　2001年12月26日，中国共产党唐山市路南区第六届委员会第十次全委（扩大）会议召开，听取并审议通过区委书记于大中代表区委常委会所作的《实践"三个代表"，坚持与时俱进，努力推进国民经济跨越式发展和社会全面进步》的工作报告。

第十一次全委（扩大）会议　2002年7月19日，中国共产党唐山市路南区第六届委员会第十一次全委（扩大）会议召开，听取并审议通过区委书记于大中代表区委常委会所作的《团结拼搏，务实创新，负重奋进，强区富民，努力推进路南经济跨越式发展和社会全面进步》的工作报告；听取并审议通过区委副书记、区长郭彦洪所作的《认清形势，扎实苦干，确保全年各项目标任务圆满完成》的工作报告；听取区委副书记张继成所作的《学习先进，鼓足干劲，齐心协力推动全区经济跨越式发展》的专题报告。

第十二次全委会议　2002年11月21日，中国共产党唐山市路南区第六届委员会第十二次全委（扩大）会议召开，审议并通过《中国共产党唐山市路南区第六届委员会第十二次全体会议关于召开中国共产党唐山市路南区第七次代表大会的决议》，确定了中国共产党唐山市路南区第七次代表大会召开的时间、地点，会议的主要议程，代表名额、分配原则及产生办法。

第十三次全委会议　2003年4月5日，中国共产党唐山市路南区第六届委员会第十三次全委（扩大）会议召开，审议并通过区委书记于大中在第七次党代会上代表第六届委员会所作的《创新务实、奋勇争先，加速推进路南区全面建设小康社会进程（草案）》的工作报告；审议并通过区纪委书记房香在第七次党代会上代表中共路南区纪律检查委员会所作《与时俱进、开拓创新，不断推进党风廉政建设和反腐败斗争深入开展（草案）》的工作报告；审议并通过《中共唐山市路南区委关于创新务实，奋勇争先，加速推进全面建设小康社会进程问题的决定（草案）》。会议决定：中国共产党唐山市路南区第七次代表大会于2003年4月7日上午8时在区政府礼堂开幕。

四、第七次代表大会及其全委会

2003年4月7—9日，中国共产党唐山市路南区第七次代表大会在区政府礼堂召开。应出席会议的代表255名，实到252名，因病因事缺席3名。大会听取和审议区委书记于大中代表中国共产党唐山市路南区第六届委员会所作的《创新务实、奋勇争先，加速推进路南区全面建设小康社会进程》的工作报告，听取和审议区纪委书记房香代表中国共产党唐山市路南区纪律检查委员会所作的《与时俱进、开拓创新，不断推进党风廉政建设和反腐败斗争深入开展》的工作报告，并作出相关决议；审查通过党费收缴、管理和使用情况的报告；以无记名投票方式，采取先差额预选再等额选举的方法，选举产生中国共产党唐山市路南区第七届委员会委员33名、候补委员5名，其中连选连任的16名，占42.1%，比上届增加15.78%。当选的区委委员、候补委员的年龄结构：35岁以下的3名，占7.9%；36岁至45岁的14名，占36.84%；46岁至55岁的20名，占52.63%；56岁以上的1名，占2.63%。文化结构：大专以上文化程度的35名，占92.1%，比上届增加10.52%；高中（含中专）文化程度的3名，占7.9%，比上届减少10.52%。入党时间：1966年5月至1976年9月入党的12名，占31.57%，比上届减少15.8%；1976年10月以后入党的26名，占68.43%，比上届增加21.06%。在当选的区委委员、候补委员中，有妇女委员4名，占10.52%；少数民族委员1名，占2.63%。大会以无记名投票方式，采取先差额预选再等额选举的方法，选举产生中国共产党唐山市路南区纪律检查委员会委员13名，其中连选连任的4名，占30.76%，比上届增加7.68%。当选的纪委委员年龄结构：35岁以下的1名，占7.7%；36岁至45岁的7名，占53.84%；46岁至55岁的5名，占38.46%。文化结构：大专以上文化程度的11名，占84.6%，比上届增加23.06%；高中（含中专）文化程度的2名，占15.4%，比上届减少46.14%。入党时间：1966年5月至1976年9月入党的5名，占38.46%，比上届减少30.77%；1976年10月以后入党的8名，占61.54%，比上届增加30.77%。在当选的纪委委员中，有妇女委员3名，占23.07%，比上届减少7.7%；有少数民族委员有2名，占15.38%，比上届增加7.69%。至2006年6月30日，共召开9次全委会议。

第一次全委会议 2003年4月9日，中国共产党唐山市路南区第七届委员会第一次全委会议召开。应到会委员33名、候补委员5名，实际到会委员33名、候补委员5名。会议采取无记名投票方式，差额选举中国共产党唐山市路南区第八届委员会常务委员会委员12名，等额选举书记1名、副书记4名。在新当选的常务委员中，连选连任的8名，占66.67%，比上届增加48.49%；没有妇女常务委员，比上届减少9.09%；没有少数民族常务委员，比上届减少9.09%。年龄结构：35岁以下的1名，占8.33%；36岁至45岁的6名，占50%；46岁至55岁的5名，占41.67%。文化结构：大专以上文化程度的12名，占100%。入党时间：1966年5月至1976年9月入党的3名，占25%，比上届减少2.25%；1976年10月以后入党的9名，占75%，比上届增加2.25%。会议通过中国共产党唐山市路南区纪律检查委员会第一次全体会议选举结果的报告：应到会纪委委员13名，实际到会13名，全会采取无记名投票方式，差额选举产生常务委员7名，等额选举书记1名、副书记2名。在新当选的纪委常务委员中，有妇女常务委员2名，占总数的28.57%，比上届增加14.28%。年龄结构：35岁以下的1名，占总数的14.2%；36岁至45岁的3名，占42.9%；46岁至55岁的3名，占42.9%。文化结构：大专以上文化程度的7名，占总数的100%。入党时间：1966年5月至1976年9月入党的2名，占总数的28.57%，比上届减少28.57%；1976年10月以后入党的5名，占71.43%，比上届增加28.57%。

第二次全委（扩大）会议 2003年7月8日至10日，中国共产党唐山市路南区第七届委员会第二次全委（扩大）会议召开，听取并审议通过区委书记于大中代表区委常委会所作的《弘扬抗非精神，加快发展步伐，确保全年各项目标任务的圆满完成》的工作报告。

第三次全委（扩大）会议 2004年1月9日，中国共产党唐山市路南区第七届委员会第三次全委（扩大）会议召开，听取并审议通过区委书记于大中代表区委常委会所作的《加快发展步伐，实施二次创业，努力推进路南经济和社会各项事业的新腾飞》的工作报告；听取区委副书记、区长曹全民就全区项目建设、安全稳定等所作的讲话。

第四次全委（扩大）会议 2004年7月21—22日，中国共产党唐山市路南区第七届委员会第四次全委（扩大）会议召开，听取并审议通过区委书记于大中代表区委常委会所作的《牢固树立和认真落实科学发展观，加速推进路南经济社会全面协调可持续发展》的工作报告。

第五次全委（扩大）会议 2004年12月28日，中国共产党唐山市路南区第七届委员会第五次全委（扩大）会议召开，听取并审议通过区委书记于大中代表区委常委会所作的《认真落实科学发展观，努力提高执政能力和水平，推动路南经济社会全面协调可持续发展》的工作报告；听取并审议通过《中国共产党路南区第七届委员会第五次全体会议关于深入贯彻党的十六届四中全会和省市委全会精神，大力加强党的执政能力建设的决议》。

第六次全委（扩大）会议 2005年6月22—23日，中国共产党唐山市路南区第七届委员会第六次全委（扩大）会议召开，听取并审议通过区委书记于大中代表区委常委会所作的《围绕中心、突出重点，推动路南经济社会更快更好地发展》工作报告；讨论通过区委、区政府《关于加快服务业发展的意见》《关于加强就业再就业和社会保障工作的意见》《关于全面推进社区建设的意见》3个文件；与会人员对全区重点项目进行交流观摩。

第七次全委（扩大）会议 2005年12月21日，中国共产党唐山市路南区第七届委员会第七次全委

（扩大）会议召开，听取并审议通过区委书记于大中代表区委常委会所作的《中共路南区委常委会工作报告》；听取区委副书记、区长曹全民代表区委常委会所作的《关于制定路南区国民经济和社会发展第十一个五年规划建议的说明》，审议通过《中共路南区委关于制定国民经济和社会发展第十一个五年规划的建议》；听取区委书记于大中在会议结束时代表区委常委会所作的《更快更好发展，构建和谐路南，以优异成绩迎接纪念唐山抗震三十周年》讲话。

第八次全委会议 2006年6月13日，中国共产党唐山市路南区第七届委员会第八次全委会议召开，听取区委书记于大中《关于〈中共唐山市路南区第七届委员会第八次全体会议关于召开中国共产党唐山市路南区第八次代表大会决议（草案）〉的说明》，审议通过《中共唐山市路南区第七届委员会第八次全体会议关于召开中国共产党唐山市路南区第八次代表大会的决议》。

第九次全委会议 2006年6月30日，中国共产党唐山市路南区第七届委员会第九次全委会议召开，审议并通过区委书记于大中在中国共产党唐山市路南区第八次代表大会上所作题为《全面落实科学发展观，为实现“三突破一同步”而努力奋斗（草案）》的工作报告；审议并通过区纪委书记房香在中国共产党唐山市路南区第八次代表大会上所作题为《全面履行职责，加大防治力度，不断开创党风廉政建设和反腐败工作新局面（草案）》的工作报告。

五、第八次代表大会及其全委会

2006年7月4—6日，中国共产党唐山市路南区第八次代表大会在区政府大礼堂召开。应出席会议代表237名，实到229名，因病因事缺席8名。大会听取和审议区委书记于大中代表中国共产党唐山市路南区第七届委员会所作的《全面落实科学发展观，为实现“三突破一同步”而努力奋斗》的工作报告，听取和审议区纪委书记房香代表中国共产党唐山市路南区纪律检查委员会所作的《全面履行职责，加大防治力度，不断开创党风廉政建设和反腐败工作新局面》的工作报告，并通过相应决议；审查通过《中国共产党唐山市路南区第七届委员会关于党费收缴、管理和使用情况的报告》；采取无记名投票方式，先差额预选再等额选举的办法，选举产生中国共产党唐山市路南区第八届委员会委员33名、候补委员6名；采取无记名投票方式，先差额再等额的方法，选举产生中国共产党唐山市路南区纪律检查委员会委员15名；以无记名投票方式，差额选举产生出席中国共产党唐山市第八次代表大会的代表15名（其中各级领导干部12名，占80%；各类专业技术人员2名，占13.3%；劳动模范1名，占6.77%。有女代表4名，占26.7%；有少数民族代表1名，占6.7%；50岁以下的代表11名，占73.3%）。至2011年6月22日共召开7次全委会议。

第一次全委会议 2006年7月6日，中国共产党唐山市路南区第八届委员会第一次全委会议在区政府小礼堂召开。应到会委员33名、候补委员6名，实际到会委员33名、候补委员6名。会议采取无记名投票方式，差额选举中国共产党唐山市路南区第八届委员会常务委员会委员11名，等额选举书记1名、副书记3名；通过中国共产党唐山市路南区纪律检查委员会第一次全体会议选举结果的报告；听取当选的区委书记于大中代表常委会所作的《牢记使命，不负重托，全面完成区第八次党代会确定的各项目标任务》的讲话。

第二次全委（扩大）会议 2007年3月3日，中国共产党唐山市路南区第八届委员会第二次全委（扩大）会议召开，听取并审议通过区委书记于大中代表区委常委会所作的《科学发展、和谐发展，为建设繁荣文明和谐路南而努力奋斗》的工作报告。

第三次全委（扩大）会议 2008年1月17日，中国共产党唐山市路南区第八届委员会第三次全委（扩大）会议召开，听取并审议通过区委书记于大中代表区委常委会所作的《加快建设繁荣文明和谐路南，为在全市率先建成幸福之区而努力奋斗》的工作报告。

第四次全委（扩大）会议 2009年1月5日，中国共产党唐山市路南区第八届委员会第四次全委（扩大）会议召开，听取并审议通过区委书记刘桂东代表区委常委会所作的题为《团结拼搏、奋发图强，为实现三年再造一个新路南而努力奋斗》的工作报告；审议通过区委、区政府《关于进一步加快民营经济发展的决定》《关于进一步加快服务业发展的决定》2个文件。

第五次全委（扩大）会议　2010年1月18日，中国共产党唐山市路南区第八届委员会第五次全委（扩大）会议召开，听取并审议通过区委书记刘桂东代表区委常委会所作的题为《抢抓机遇，乘势而上，全面实现“三年再造一个新路南”的奋斗目标》的工作报告；审议通过《中共路南区委关于进一步加强党风廉政建设的意见》《中共路南区委关于加强和改进新形势下基层党组织建设的意见》《中共路南区委关于创建学习型党组织的意见》3个文件。

第六次全委（扩大）会议　2010年12月7日，中国共产党唐山市路南区第八届委员会第六次全委（扩大）会议召开，听取并审议通过区委书记刘桂东代表区委常委会所作的《团结拼搏，奋发图强，为实现科学发展、争先进位的奋斗目标而努力奋斗》的工作报告；听取区委常委、常务副区长张文明就《中共路南区委关于制定国民经济和社会发展第十二个五年规划的建议（审议稿）》所作的说明，审议通过《中共路南区委关于制定国民经济和社会发展第十二个五年规划的建议》。

第七次全委（扩大）会议　2011年6月22日，中国共产党唐山市路南区第八届委员会第七次全委会议召开，听取区委书记刘桂东代表区委常委会对提请全会审议的《关于召开中共路南区第九次代表大会的决议（草案）》以及区第九次党代会的有关问题所作的说明，审议通过《中共唐山市路南区第八届委员会第七次全体会议关于召开中共唐山市路南区第九次代表大会的决议》。

第三章　组织机构

依据《中国共产党章程》，辖域党的领导机关是中共唐山市路南区代表大会及其选举产生的委员会。1989年12月至2006年7月，先后召开中共唐山市路南区第四至第八次代表大会，选举产生中共唐山市路南区第四至第八届委员会，各届第一次全委会选举产生常务委员会和书记、副书记，并报中共唐山市委批准。1990年，中共唐山市路南区委员会下设13个常设工作机构、1个直属事业机构、8个派出代表机关、9个议事协调机构；全区有基层党委12个、党总支15个、党支部415个；中共唐山市路南区纪律检查委员会下设4个工作机构。1992年12月，始有乡党委。1994年1月，始建基层党工委。2004年9月，街道党委改建为党工委。2010年，中共唐山市路南区委员会下设7个常设工作机构、1个直属事业机构、8个派出代表机关、23个议事协调机构；全区有基层党工委10个、党委15个、党总支84个、党支部575个。中共唐山市路南区纪律检查委员会下设7个工作机构，另有派驻纪检组6个、基层纪工委15个（详见第七章纪检＜监察＞）。

第一节　区委全委会人员组成

一、中共唐山市路南区第四届委员会

1989年12月15日，中共唐山市路南区第四次代表大会选举产生中共唐山市路南区第四届委员会，选举委员30名，候补委员5名。同日举行第一次全委会，选举产生常务委员会委员9名，书记1名、副书记3名。1990年8月，区委委员、常委、副书记廉国安故去。1992年3月，区委书记彭耀先离职，区委副书记祝允林升任书记；区委委员、常委贾山林升任副书记；区委委员孟祥荣升任区委常委；增补徐景田为区委委员、常委、副书记。1992年12月，增补王永顺、毕晓明、刘之俊、魏文成为区委委员、常委。

中共唐山市路南区第四届委员会书记、副书记、常务委员名表

表13－6

职　务	姓　名	籍　贯	任职时间
书　记	彭耀先（满族）	河北省丰南县	1989.12—1992.3
	祝允林	山东省郓城县	1992.3—1992.12
副书记	祝允林	山东省郓城县	1989.12—1992.3
	廉国安	河北省秦皇岛市	1989.12—1990.8
	孙福成	河北省唐山市	1989.12—1992.12
	徐景田（回族）	河北省唐山市	1992.3—1992.12
	贾山林	河北省遵化县	1992.3—1992.12
常务委员	彭耀先（满族）	河北省丰南县	1989.12—1992.3
	祝允林	山东省郓城县	1989.12—1992.12
	廉国安	河北省秦皇岛市	1989.12—1990.8
	孙福成	河北省唐山市	1989.12—1992.12
	贾山林	河北省遵化县	1989.12—1992.12
	张宝善	河北省香河县	1989.12—1992.12
	赵楚坡	河北省丰润县	1989.12—1992.3
	赵丽梅（女）	河北省唐山市	1989.12—1992.11
	孙凤凯	河北省玉田县	1989.12—1992.12
	徐景田（回族）	河北省唐山市	1992.3—1992.12
	孟祥荣	河北省唐山市	1992.3—1992.12
	王永顺	天津市宝坻区	1992.12—1992.12
	毕晓明	河北省丰南县	1992.12—1992.12
	刘之俊	安徽省涡阳县	1992.12—1992.12
	魏文成	河北省丰润县	1992.12—1992.12

二、中共唐山市路南区第五届委员会

1992年12月20日，中共唐山市路南区第五次代表大会选举产生中共唐山市路南区第五届委员会，选举委员33名，候补委员5名。同日举行第一次全委会，选举产生常务委员会委员11名，书记1名、副书记3名。1993年8月，区委委员、常委、书记祝允林离任，李建国任区委委员、常委、书记；1994年3月，区委委员、常委张宝善离任；4月，增补王离湘为区委委员、常委。1995年1月，区委委员、常委、副书记贾山林离任，区委委员、常委刘之俊、魏文成离任，增补周晓成为区委委员、常委、副书记，王雪峰、董树扶为区委委员、常委，高家祥为区委委员；4月，增补宋桂荣为区委委员、常委；9月，增补赵山为区委委员、常委。1996年5月，区委委员、常委王永顺离任，增补陈绍增为区委委员、常委。1997年1月，区委委员、常委、书记李建国离任，区委委员、常委、副书记周晓成离任，区委委员、常委、副书记徐景田升任书记，增补郭彦洪、郑立波为区委委员、常委、副书记。1998年1月，区委委员、常委孙凤凯、毕晓明、宋桂荣离任，增补符晓光、周庆钧、王庆江为区委委员、常委。

中共唐山市路南区第五届委员会书记、副书记、常务委员名表

表13－7

职　务	姓　名	籍　贯	任职时间
书　记	祝允林	山东省郓城县	1992.12—1993.8
	李建国	河北省保定市	1993.8—1997.1
	徐景田（回族）	河北省唐山市	1997.1—1998.3
副书记	徐景田（回族）	河北省唐山市	1992.12—1997.1
	孙福成	河北省唐山市	1992.12—1998.3
	贾山林	河北省遵化市	1992.12—1995.1
	周晓成	河北省唐海县	1995.1—1997.1
	郭彦洪（女）	北京市	1997.1—1998.3
	郑立波	河北省丰润县	1997.1—1998.3
常务委员	祝允林	山东省郓城县	1992.12—1993.8
	徐景田（回族）	河北省唐山市	1992.12—1998.3
	孙福成	河北省唐山市	1992.12—1998.3
	贾山林	河北省遵化市	1992.12—1995.1
	张宝善	河北省香河县	1992.12—1994.3
	孟祥荣	河北省唐山市	1992.12—1995.1
	孙凤凯	河北省玉田县	1992.12—1998.1
	王永顺	天津市宝坻区	1992.12—1996.5
	毕晓明	河北省丰南市	1992.12—1998.1
	刘之俊	安徽省涡阳县	1992.12—1995.1
	魏文成	河北省丰润县	1992.12—1995.1
	李建国	河北省保定市	1993.8—1997.1
	王离湘	河北省滦南县	1994.4—1995.4
	周晓成	河北省唐海县	1995.1—1997.1
	王雪峰	河北省涞水县	1995.1—1998.3
	董树扶	河北省唐山市	1995.1—1998.3
	宋桂荣（女）	河北省唐山市	1995.4—1998.1
	赵　山	河北省玉田县	1995.9—1998.3
	陈绍增	河北省唐山市	1996.5—1998.3
	郑立波	河北省丰润县	1997.1—1998.3
	郭彦洪（女）	北京市	1997.1—1998.3
	符晓光	河北省滦南县	1998.1—1998.3
	周庆钧	河北省玉田县	1998.1—1998.3
	王庆江	辽宁省盖县	1998.1—1998.3

三、中共唐山市路南区第六届委员会

1998年3月12日，中共唐山市路南区第六次代表大会选举产生中共唐山市路南区第六届委员会，选举委员33名，候补委员5名。同日举行第一次全委会，选举产生常务委员会委员11名，书记1名、副书记3名。是年6月，区委委员、常委赵山离任；7月，区委委员付长海、纪俊祥离任；9月，增补王力为区委委员、常委。1999年7月，区委委员、常委、副书记孙福成离任，增补李俊民为区委委员、常委、副书记。2000年1月，区委委员、常委、副书记郑立波离任，增补崔长征为区委委员、常委、副书记；3月，区委委员、常委、副书记郭彦洪离任；8月，增补刘阁云为区委委员、常委；12月，增补孙辉福为区委委员、常委。2001年6月，区委委员、常委、书记徐景田离任，增补于大中为区委委员、常委、书记，区委委员、常委王庆江升任副书记；10月，区委委员、常委、副书记王庆江离任，区委委员、常委王雪峰、陈绍增升任副书记，增补房香、潘树文为区委委员、常委；11月，区委委员、常委、副书记崔长征离任。2002年2月，区委委员、常委周庆均升任副书记，增补魏文成为区委委员、常委；3月，区委委员、常委符晓光离任；5月，区委委员、常委陈绍增离任，增补张继成为区委委员、常委、副书记；7月，增补严俊堂为区委委员、常委。2003年3月，区委委员、常委、副书记郭彦洪、周庆钧离任，增补曹全民为区委委员、常委、副书记。

中共唐山市路南区第六届委员会书记、副书记、常务委员名表

表13－8

职　务	姓　名	籍　贯	任职时间
书　记	徐景田（回族）	河北省唐山市	1998.3—2001.6
	于大中	河北省唐山市	2001.6—2003.4
副书记	郑立波	河北省丰润县	1998.3—2000.1
	孙福成	河北省唐山市	1998.3—1999.7
	郭彦洪（女）	北京市	1998.3—2003.3
	李俊民	河北省玉田县	1999.7—2003.4
	崔长征	河北省三河市	2000.1—2001.11
	王庆江	辽宁省盖县	2001.6—2001.10
	王雪峰	河北省涞水县	2001.10—2003.4
	陈绍增	河北省唐山市	2001.10—2002.5
	周庆钧	河北省玉田县	2002.2—2003.3
	张继成	河北省唐山市	2002.5—2003.4
	曹全民	河北省唐山市	2003.3—2003.4

中共唐山市路南区第六届委员会书记、副书记、常务委员名表

续表 13－8

职　务	姓　名	籍　贯	任职时间
常务委员	徐景田（回族）	河北省唐山市	1998.3—2001.6
	郑立波	河北省丰润县	1998.3—2000.1
	孙福成	河北省唐山市	1998.3—1999.7
	郭彦洪（女）	北京市	1998.3—2003.3
	符晓光	河北省滦南县	1998.3—2002.3
	王庆江	辽宁省盖县	1998.3—2001.10
	周庆钧	河北省玉田县	1998.3—2003.3
	王雪峰	河北省涞水县	1998.3—2003.4
	董树扶	河北省唐山市	1998.3—2003.4
	赵　山	河北省玉田县	1998.3—1998.6
	陈绍增	河北省唐山市	1998.3—2002.5
	王　力	山东省泰安市	1998.9—2003.4
	李俊民	河北省玉田县	1999.7—2003.4
	刘阁云	河北省丰南市	2000.8—2003.4
	孙辉福	河北省廊坊市	2000.12—2003.4
	崔长征	河北省三河市	2000.1—2001.11
	于大中	河北省唐山市	2001.6—2003.4
	房　香	河北省迁西县	2001.10—2003.4
	潘树文	河北省卢龙县	2001.10—2003.4
	魏文成	河北省唐山市	2002.2—2003.4
	张继成	河北省唐山市	2002.5—2003.4
	严俊堂	河北省魏县	2002.7—2003.4
	曹全民	河北省唐山市	2003.3—2003.4

四、中共唐山市路南区第七届委员

2003 年 4 月 9 日，中共唐山市路南区第七次代表大会选举产生中共唐山市路南区第七届委员会，选举委员 33 名，候补委员 5 名。同日举行第一次全委会，选举产生常务委员会委员 12 名，书记 1 名、副书记 4 名。2004 年 1 月，区委委员张学宁离任。2005 年 6 月，区委委员、常委严俊堂离任，增补潘友忠为区委委员、常委。2006 年 1 月，候补委员代颖光离任；5 月，增补王雪增为区委委员、常委、副书记；6 月，增补孙春生为区委委员、常委。

中共唐山市路南区第七届委员会书记、副书记、常务委员名表

表 13 -9

职　务	姓　名	籍　贯	任职时间
书　记	于大中	河北省唐山市	2003.4—2006.7
副书记	曹全民	河北省唐山市	2003.4—2006.7
	魏文成	河北省唐山市	2003.4—2006.7
	董建宝	河北省唐山市	2003.4—2006.7
	房　香	河北省迁西县	2003.4—2006.7
	王雪增	河北省新乐市	2006.5—2006.7
常务委员	于大中	河北省唐山市	2003.4—2006.7
	曹全民	河北省唐山市	2003.4—2006.7
	魏文成	河北省唐山市	2003.4—2006.7
	董建宝	河北省唐山市	2003.4—2006.7
	房　香	河北省迁西县	2003.4—2006.7
	严俊堂	河北省魏县	2003.4—2005.6
	张一民	河北省滦南县	2003.4—2006.7
	贾向东	河北省滦南县	2003.4—2006.7
	潘树文	河北省卢龙县	2003.4—2006.7
	王　力	山东省泰安市	2003.4—2006.7
	刘阁云	河北省唐山市	2003.4—2006.7
	孙辉福	河北省廊坊市	2003.4—2006.7
	潘友忠	河北省乐亭县	2005.6—2006.7
	王雪增	河北省新乐市	2006.5—2006.7
	孙春生	河北省玉田县	2006.6—2006.7

五、中共唐山市路南区第八届委员会

2006 年 7 月 6 日，中共唐山市路南区第八次代表大会选举产生中共唐山市路南区第八届委员会，选举委员 33 名，候补委员 6 名。同日举行第一次全委会，选举产生常务委员会委员 11 名，书记 1 名、副书记 3 名。2007 年 5 月，区委委员、常委、副书记曹全民离任，张国栋任区委委员、常委、副书记；6 月，区委委员、常委、副书记王雪增离任，区委委员、常委张一民、王力、孙辉福、孙春生离任，区委委员王玉成、吴占国离任，张进霜、刘国忠、张文明、朱建峰、王东群任区委委员、常委。2008 年 3 月，区委委员、常委、书记于大中离任；刘桂东任区委委员、常委、书记；7 月，区委委员毕登义离任。2009 年 7 月，区委委员、常委潘树文离任；12 月，区委委员、常委王东群离任；10 月，杨丽娟任区委委员、常委。2010 年 4 月，区委委员、常委、副书记张国栋离任，杨明贵任区委委员、常委；6 月，区委委员、常委潘友忠离任，孟庆挺任区委委员、常委。

中共唐山市路南区第八届委员会书记、副书记、常务委员名表

表13－10

职　务	姓　名	籍　贯	任职时间
书　记	于大中	河北省唐山市	2006.7—2008.3
	刘桂东	河北省迁西县	2008.4—2011.8
副书记	曹全民	河北省唐山市	2006.7—2007.5
	王雪增	河北省新乐市	2006.7—2007.6
	房　香	河北省迁西县	2006.7—2011.1
	张国栋	河北省滦县	2007.5—2010.4
	徐昌盛	河北省遵化市	2011.1—2011.9
常务委员	于大中	河北省唐山市	2006.7—2008.3
	曹全民	河北省唐山市	2007.6—2007.5
	王雪增	河北省新乐市	2006.7—2007.6
	房　香	河北省迁西县	2006.7—2011.1
	潘友忠	河北省乐亭县	2006.7—2010.6
	张一民	河北省滦南县	2006.7—2007.6
	贾向东	河北省滦南县	2006.7—2011.9
	潘树文	河北省卢龙县	2006.7—2009.7
	王　力	山东省泰安市	2006.7—2007.6
	孙辉福	河北省廊坊市	2006.7—2007.6
	孙春生	河北省玉田县	2006.7—2007.6
	张国栋	河北省滦县	2007.5—2010.4
	张进霜（女）	河北省唐山市	2007.6—2011.8
	刘国忠	河北省遵化市	2007.6—2011.9
	张文明	河北省唐山市	2007.6—2011.9
	朱建峰	河北省高阳县	2007.6—2011.9
	王东群	河北省滦县	2007.6—2009.12
	刘桂东	河北省迁西县	2008.4—2011.8
	杨丽娟（女）	河北省沧州市	2009.10—2011.9
	孟庆挺	山东省曲阜市	2010.6—2011.5
	杨明贵	河北省滦南县	2010.4—2011.9
	徐昌盛（满族）	河北省遵化市	2011.1—2011.9
	马继泉	河北省遵化市	2011.5—2011.9

第二节　工作机构

一、常设工作机构

1990 年，中共唐山市路南区委员会（以下简称“区委”）下设 13 个常设工作机构，分别是：区委办公室、组织部、宣传部、统一战线工作部（简称“统战部”）、政法领导小组办公室、政策研究室、信访办公室、精神文明建设委员会办公室（简称“文明办”）、对台工作领导小组办公室、老干部科、组织员办公室、社会治安综合治理办公室（简称“综治办”）、区直机关党委。其中，信访办公室、老干部科为区委、区政府双重领导机构；政法领导小组办公室、文明办、综治办、对台工作领导小组办公室为议事协调机构的办事机构。

1991 年 4 月，撤销政法领导小组及其办公室，恢复政法委员会（简称“政法委”）。1992 年 3 月，对台工作领导小组办公室更名为台湾工作领导小组办公室；11 月，撤销老干部科和区直机关退休干部管理站，建立老干部局。1993 年 2 月，建立农业农村工作办公室，为区委、区政府管理农村农业工作的职能部门，列政府系列；4 月，根据路南发［1993］8 号文件进行机构改革，撤销政策研究室，其职能并入区委办公室；组织员办公室、党史研究室、老干部局（二级局）并入组织部；文明办并入宣传部；对台工作领导小组办公室并入统战部；社会治安综合治理办公室并入政法委。1994 年 6 月，根据路南区编字［1994］7 号文件，信访办公室更名为信访局，由区委办公室管理。

1996 年 7 月，根据路南发［1996］11 号文件，成立农村工作委员会，与区政府农业委员会合署办公，一个机构、两块牌子。1999 年 6 月，根据路南区机构改革方案，区委农村工作委员会更名区委农村工作部，与区政府农业委员会合署办公，一个机构、两块牌子。2002 年 4 月，进行机构改革，区委农村工作部更名为区委农村工作委员会。改革后区委下设区委办公室、组织部、宣传部、统战部、政法委、农村工作委员会 6 个常设工作机构。

2010 年，区委下设区委办公室、组织部、宣传部、统战部、政法委、农村工作委员会、机构编制委员会办公室 7 个常设工作机构。

二、直属事业机构

1990 年，区委下设区委党校 1 个直属事业机构。1991 年 12 月，成立党史研究室。1993 年 4 月，根据路南发［1993］8 号文件进行机构改革，党史研究室并入组织部。2010 年，区委直属事业机构 1 个，即区委党校。

三、派出机构

1990 年，区委下设区直属机关党委、友谊街道党委、学院南路街道党委、西新村街道党委、永红桥街道党委、小山街道党委、文化北后街街道党委、税务庄街道党委 8 个派出机构。1993 年 5 月，成立钱家营矿区街道党委。1994 年 1 月，建立经济贸易委员会工作委员会（以下“工作委员会”简称“工委”）；3 月，根据路南区［1994］4 号文件，西新村街道更名为广场街道，街道党委更名为广场街道党委。1996 年 6 月，撤销直属机关党委，成立区直属机关工委。2000 年 7 月，撤销工业党委，建立工业局工委、民营经济发展管理局工委。2002 年 2 月，撤销工业局工委、民营经济发展管理局工委。2004 年 9 月，根据路南字［2004］31 号文件，友谊街道、学院南路街道、广场街道、永红桥街道、小山街道、文化北后街街道、钱家营矿区街道的党委全部改建为街道工委。

2010 年，区委下设 10 个派出机构：直属机关工委、友谊街道工委、学院南路街道工委、广场街道工委、永红桥街道工委、小山街道工委、文化北后街街道工委、钱家营矿区街道工委、惠民道街道筹建处工委、梁家屯路街道筹建处工委。

第三节　基层组织

一、党委

1990 年，全区有党委 12 个。其中，区委直属党委 11 个：小山街道党委、文化北后街街道党委、永红桥街道党委、友谊街道党委、学院南路街道党委、税务庄街道党委、西新村街道党委、区直属机关党委、工业党委、文教党委、人民武装部党委；二级党委（隶属于区委所属的党委、党工委的基层党委，习称二级党委）1 个：玻璃厂党委，隶属于工业党委。

1991 年 6 月，建立商业党委、工商行政管理局党委、城市建设环境保护局党委、唐山市公安局路南区分局党委。1992 年 11 月，唐山市行政区划调整，原开平区梁家屯乡、女织寨乡划归路南区管辖，其乡党委亦归属路南区委；原路南区税务庄街道划入开平区，其街道党委亦归属开平区委。

1993 年 4 月，撤销工业党委、商业党委、文教党委、城市建设环境保护局党委，建立企业党委、教育党委、建设党委。1994 年 1 月，撤销企业党委，成立经济贸易委员会工委；3 月，西新村街道党委更名为广场街道党委；5 月，成立钱家营矿区街道党委；6 月，工商行政管理局党委更名为唐山市工商行政管理局路南区分局党委。1995 年 2 月，建立唐山开元集团公司党委，隶属于经济贸易委员会工作委员会，二级党委。

1996 年 6 月，撤销区直属机关党委、经济贸易委员会工委、建设党委，建立区直属机关工委、工业党委、贸易局党委、城乡建设管理委员会党委；原女织寨乡、梁家屯乡党委合并为女织寨乡党委。

1997 年 1 月，唐山市玻璃厂党委更名为唐山玻璃（集团）有限公司党委，隶属于工业党委。2000 年 5 月，撤销唐山市工商行政管理局路南区分局党委，改建为总支部。2002 年 2 月，撤销工业局工委、民营经济发展管理局工委、贸易局党委，建立经济贸易局党委、市场建设服务中心党委；10 月，女织寨乡南刘屯村总支部改建为南刘屯村党委，隶属于女织寨乡党委；金匙集团公司党支部改建为金匙集团公司党委，隶属于文化北后街街道党委。2003 年 6 月，唐山开元企业集团党委随企业迁至唐山市高新技术开发区。

2005 年 5 月，友谊街道福乐园党总支、燕京里社区党总支和广场街道新华里社区党总支、卫国楼社区党总支改建为社区党委，分别隶属于友谊街道和广场街道工委；8 月，唐山玻璃（集团）有限公司党委因企业破产而撤销。2006 年 1 月，撤销经济贸易局党委，建立工业经济促进局党委。

2007 年 12 月，城市管理综合执法大队党总支改建为党委，系区委直属党委。是年，路南区国家税务局党总支改建为党委，隶属于区直机关工委。2009 年 1 月，市场建设服务中心党委更名为商务局党委；4 月，因唐山市公安局路南区分局的人事管理权限上收，撤销唐山市公安局路南区分局党委；6 月，友谊里社区党总支改建为社区党委，隶属于友谊街道工委。

2010 年 3 月，城市管理综合执法大队党委更名为唐山市城市管理局路南执法大队党委；12 月，工业经济促进局党委更名为工业和信息化局党委，城乡建设管理局党委更名为住房和城乡建设局党委。是年，全区有党委 15 个，其中区委直属党委 7 个（女织寨乡党委、工业和信息化局党委、商务局党委、教育党委、住房和城乡建设局党委、唐山市城市管理局路南执法大队党委、人武部党委），二级党委 8 个（南刘屯村党委、金匙集团公司党委、福乐园社区党委、燕京里社区党委、新华里社区党委、卫国楼社区党委、友谊里社区党委、路南区国家税务局党委）。

二、党总支

1990 年，全区共有基层党总支 15 个。其中：工业系统 8 个，有全民所有制工业企业的唐山市化学厂总支部、唐山市建华化工厂总支部、唐山市标准件厂总支部、唐山市毛巾厂总支部，集体所有制工业企业的唐山市羊毛衫厂总支部、唐山市煤矿专用设备厂总支部、唐山市织袜厂总支部、唐山市前进化工厂总支部；商业系统 1 个，即路南区商业总支部；区委直属党总支 4 个，即工商行政管理局总支部、城市建设环境保护局总支部、离退休干部总支部、唐山市公安局路南区分局总支部；公用事业单位 1 个，卫生总支部；其他行业 1 个。

1991 年 6 月，商业党总支、工商行政管理局党总支、城市建设环境保护局党总支、唐山市公安局路南区分局党总支撤销，改建党委；11 月，电缆厂党支部改建为党总支。1992 年 3 月，城建环保系统的环境卫生管理站、市政设施管理处党支部分别改建为党总支；8 月，建立卫生局党总支；11 月，唐山市行政区划调整，原开平区梁家屯乡党委所属 21 个行政村中的总支部 4 个、女织寨乡党委所属 17 个行政村中 9 个村的总支部随其党委归属路南区委。是年，全区共有基层党总支 28 个。

1994 年 1 月，在区政府工作部门、直属事业单位和企业管理部门增设劳人局、民政局、房管局、交通局、物资总公司直属总支部 5 个；9 月，成立国家税务局党总支、地方税务局党总支，隶属于区直属机关党委。1995 年 7 月，唐山市羊毛衫厂党总支随企业破产而撤销。1996 年 6 月，女织寨乡机关、教育组党支部改建为女织寨乡机关、教育组总支部；直属工商企业党总支由 9 个减至 5 个；7 月，唐山市煤矿设备厂党总支、唐山市织袜厂党总支撤销。1997 年 7 月，成立织袜厂党总支。

1998 年 7 月，成立检察院党总支，隶属于区直属机关党工委；11 月，撤销女织寨乡大洪桥村、岳各庄村党支部，改建大洪桥村、岳各庄村党总支。1998 年 12 月，区属工商企业的党总支由 5 个增加至 7 个。是年，全区共有基层党总支 34 个。1999 年，区属工商企业的总支部由 7 个增加至 8 个（增加唐山市保温材料厂党总支）。2000 年 5 月，撤销唐山市工商行政管理局路南区分局党委，改建党总支。2001 年 7 月，唐山市建华化工厂党总支更名为唐山市东顺化工有限公司党总支。2002 年 2 月，民营局党总支撤销；10 月，女织寨乡南刘屯村党总支改建为南刘屯村党委，隶属于女织寨乡党委；12 月，唐山市化学厂党总支更名为唐山市化学厂有限公司党总支。

2003 年 4 月，成立路南区人民法院党总支，隶属于区直属机关党工委。是月，街道系统共建立社区总支部 29 个，其中友谊街道 4 个，学院南路街道 9 个，广场街道 9 个，小山街道 2 个，文北街道 5 个；区属工商企业共有党总支 8 个，即唐山市电缆总厂、化学厂、东顺化工有限公司、标准件厂、鸿基袜厂、前进化工总厂、化工机械有限公司、保温材料厂党总支；区委直属党总支 8 个，即卫生局党总支、离退休干部党总支、劳动人事和社会保障局党总支、房产管理局党总支、交通局党总支、物资局（物资总公司）党总支、民政局党总支、唐山市工商行政管理局路南区分局党总支。8 月，建立环境建设办公室（爱卫办）党总支；区直机关党工委下辖党总支 4 个。2004 年 7 月，成立国土资源局党总支，隶属于区直机关党工委。

2005 年 3 月，建立友谊街道正泰里永乐园社区、友谊南里社区党总支；5 月，友谊街道福乐园社区、燕京里社区党总支及广场街道新华里社区、卫国楼社区党总支改建为社区党委；是月，广场街道二五五医院社区党支部改建为党总支；6 月，小山街道建立联合里、花园里社区和双桥里、南宋里社区党总支。2006 年 1 月，环境建设办公室（爱卫办）党总支更名为城市管理综合执法大队党总支；9 月，文化北后街街道文西社区、花园街社区、马家屯社区党支部改建为社区党总支。

2007 年 5 月，唐山市电缆总厂党总支因企业注销而撤销；10 月，唐山鸿基袜厂有限公司党总支因企业注销而撤销；11 月，唐山市工商行政管理局路南区分局党总支更名为路南区工商行政管理局党总支；12 月，正泰里社区党支部更名为正泰里福兴园社区党总支，唐山市前进化工总厂党总支因企业出售而撤销；是年，路南区国家税务局党总支改建为党委，隶属于区直机关党工委。2008 年 4 月，成立花园里社区党总支、联合里社区党总支、双桥里社区党总支、宋南里社区党总支、南厂东里社区党总支、南厂西里社区党总支、吉祥里社区党总支；6 月，燕京里社区党委下设燕京东里社区党总支、燕京西里社区党总支。是年，共有 19 个社区党支部改建为社区党总支。2009 年 3 月，新建正泰里开源社区党总支；6 月，友谊里社区党总支改建社区党委，唐山隆义实业（集团）公司党支部改建为党总支。

2010 年 4 月，物资局党总支从区直属党总支中分离，归属小山街道党工委管理；5 月，成立财政局党总支、发展改革局党总支；12 月，人事劳动和社会保障局总支部更名为人力资源和社会保障局党总支。是年，全区共有党总支 84 个，其中区委直属 9 个、区直机关党工委所属 4 个、工业和信息化局党委所属 3 个、住房和城乡建设局所属 2 个、女织寨乡党委所属 17 个、街道党工委所属社区党总支 49 个。

三、党支部

1990 年，全区有基层党支部 415 个。其中，工业系统 87 个，商业系统 9 个，党政机关 49 个，公用事业单位 6 个，街道系统 224 个，文教卫生系统 30 个，建筑行业 1 个，其他行业 9 个。1992 年，全区有党支部 506 个，净增 91 个，其中，工业系统增加 35 个，商业系统增加 16 个，机关增加 8 个，公用事业增加 6 个，金融系统增加 1 个；文教卫生系统由于原开平区 3 所中学划归路南区后等原因新增 4 个；农业系统由于原开平区梁家屯乡、女织寨乡划归路南区以及乡镇企业发展等原因新增 62 个；街道系统由于税务庄街道、光明里等划出以及调整规模等原因减少 41 个；建筑和其他行业持平。

1998 年，由于梁家屯、女织寨两乡合并，劳人局、民政局，房管局、交通局、物资总公司（局）、大洪桥村、岳各庄村党支部改建为党总支，钱家营矿区街道建立，工商企业撤并、新建、破产等原因，全区党支部总数由 506 个减至 483 个。其中：工业系统由 122 个减至 58 个，商业系统由 25 个减至 10 个，党政机关由 57 个减至 54 个，公用事业由 12 个减至 3 个，医疗卫生机构由 1 个增至 4 个，建筑行业由 1 个增至 4 个，金融系统仍保持 1 个，教育系统保持 33 个，农业系统由 62 个增至 81 个，街道及其他系统由 233 个增至 235 个。

2003 年，由于工商企业所有制改革、调整社区居（家）委会规模以及唐山市第五十六中学撤销、路南区环境建设办公室（爱卫办）改建党总支、南刘屯村党总支改建党委等原因，全区党支部总数减至 476 个，减少了 7 个。其中：工业系统增至 65 个，商业系统增至 21 个，党政机关增至 129 个，公用事业增至 15 个，医疗卫生机构增至 6 个，建筑行业减至 3 个，金融系统 0 个，教育系统增至 42 个，农业系统减至 46 个，街道及其他系统减至 149 个。

2006 年，由于工商企业所有制改革，撤销女织寨乡卫生院党支部，增加区属小学党支部，永乐园社区、友谊南里社区、二五五医院社区、联合里（花园里）社区、双桥里（宋南里）社区建立党总支，福乐园社区、燕京里社区、新华里社区、卫国楼社区建立党委，钱家营矿区街道等增设社区党支部等原因，全区党支部总数增至 529 个，增加 53 个。其中：工业系统减至 63 个，商业系统增至 26 个，党政机关减至 115 个，公用事业减至 13 个，医疗卫生机构减至 5 个，建筑行业保持 3 个，金融系统 0 个，教育系统增至 43 个，农业系统增至 83 个，街道及其他系统增至 178 个。

2010 年，全区党支部总数为 575 个，其中工业系统 62 个、商业系统 28 个、党政机关 96 个、公用事业 13 个、医疗卫生 6 个、建筑行业 3 个、金融系统 0 个、教育系统 41 个、农业系统减至 82 个、街道及其他系统 244 个。

第四章　区委常委领导班子自身建设

历届区委依据《中国共产党章程》《中国共产党地方委员会工作条例（试行）》规定，加强常委领导班子的的思想建设、制度建设、作风建设，提高区委统全局、抓大事、定决策、把方向的执政水平，密切党同群众的血肉联系，发挥区委政治领导核心作用，塑造想民、亲民、为民形象。

第一节　思想建设

1990 年，区委针对改革开放、治理整顿、开展反对资产阶级自由化斗争的实际，组织常委一班人学习马克思主义哲学，以读原著为主，坚定马克思主义信仰，增强政治敏锐性和驾驭局势能力。

1992 年，学习邓小平南方谈话，明确姓“社”与姓“资”的判断标准，查摆“恐资病”的表现和原因；弄懂计划和市场都是经济手段的科学论述，摆正经济稳定发展与经济飞跃的关系，增强发展意识；深刻理解“要警惕右，但主要是防止左”的含义，加快改革步伐；摆正“两手抓”的关系，做到两手硬。1994 年，贯彻落实《中共中央关于建立社会主义市场经济体制若干问题的决定》，组织部分领导干部和部分企业领导出国考察学习，进一步解放思想、开阔视野，确立“强改革、大开放、快发展”的思想。

1998 年，区委按照省、市委规定，组织常委学习《邓小平建设有中国特色社会主义理论学习纲要》《三代领导核心论民主集中制》等必读书目，开展解放思想大讨论，落实学习日制度。2000 年 3 月，区委遵照《中共中央关于在县级以上党政领导班子、领导干部中深入开展以“讲学习、讲政治、讲正气”为主要内容的党性党风教育的意见》，决定在区委、人大、政府、政协四大班子中（扩大到区委组织部、宣传部、办公室、纪委、检察院、法院六个部门）开展“三讲”集中教育活动，坚定建设有中国特色社会主义的理想信念，提高政治鉴别力、政治敏锐性和民主决策、科学决策水平。

2001 年起，建立区委理论中心组，组织副县级以上领导干部学习邓小平理论、“三个代表”重要思想，并“走出去”到南方先进城市和地区考察，借鉴先进经验查找不足、改进工作。开展“实现国民经济跨越式发展和社会全面进步”大讨论，提出了“三兴一强一拉动”“四业并举”“六个始终坚持”的发展举措。其中，“三兴一强一拉动”，即科教兴区、开放兴区、三产兴区，工业强区，城建拉动。“四业并举”，即“服、工、建、农”四业并举。“六个始终坚持”，即始终坚持一切从实际出发，走符合自身实际、具有自身特色的发展道路；始终坚持发展这个第一要务不动摇，抓住一切有利机遇加快发展步伐；始终坚持正确处理改革发展稳定的关系，在稳定的前提下推进改革发展；始终坚持富民强区目标，让广大人民群众共享发展成果；始终坚持“两手抓、两手都要硬”，物质文明、政治文明、精神文明协调发展；始终坚持党要管党，加强和改进党的建设。

2003 年，区委制定《关于兴起学习贯彻“三个代表”重要思想新高潮的实施意见》，区委理论学习中心组坚持每周一次集中学习制度，通过读原文、专家辅导、观摩交流等形式，加强对“三个代表”重要思想的理解，并撰写心得体会文章，提高学习效果。2005 年，在全区党员队伍中开展以实践“三个代表”重要思想为主要内容的保持共产党员先进性教育，全区副县级以上党员领导干部带头参加，开展“七个一”活动，即进行一次学习交流，听取一次形势报告，上好一堂党课，开展一次调研，抓好一批联系点，帮扶一个贫困户，开好一次生活会，努力做表率。3 月，开展“学习大钊精神，争作时代先锋”主题教育实践活动，区级党员领导干部前往李大钊纪念馆重温入党誓词，参观李大钊事迹展览，向李大钊塑像敬献花篮。

2007 年，在全区开展科学发展观学习实践活动，区委领导班子成员全程参加“学习提高、对照检查、案例剖析、整改落实”四个阶段的学习和整改，重点把握科学发展观的内涵和基本要求，找准有悖于科学发展的突出矛盾和问题，完善发展路径，推进科学发展的实践；召开“全面落实科学发展观建设繁荣文明和谐新路南”宣讲大会，区委书记带头查找全区发展中存在的差距，提出贯彻落实科学发展观的新举措；组织班子成员参观曹妃甸新区，奠定敢闯敢试的决心和信心；深入企事业单位进行考察，总结科学发展的“闪光点”；开展献计献策活动，汇聚建设繁荣文明、和谐新路南的举荐良策；举办落实科学发展观工业经济案例剖析会，作出《坚持科学发展，加快工业振兴》的剖析报告；围绕开发建设大南湖，转变思想观念，明确南湖生态区在经济社会发展中的功能定位，确立“开发大南湖，建设新路南”“强化一个结合求发展，坚持六个面向要效益”的发展思路（“一个结合”，即以提高人民群众幸福指数为落脚点，将加快经济发展与构建和谐路南紧密结合，全力打造生活富裕、和谐安宁、富于创新、充满活力的现代化中心城区；“六个面向”，即坚持走内涵挖潜、提速增效的精细型发展道路，面向大南湖开发、城区改造、传统服务业上档升级、工业园区建设、总部经济发展、深化改革开放要效益），从而实现五年经济总量翻番、再造一个新路南的宏伟目标。

2008—2010年，区委制定《中共路南区委常委领导班子开展深入学习实践科学发展观活动实施方案》，区委常委会围绕忧患意识不强、又好又快发展意识不强、创新能力不强、经济结构调整紧迫感不强、对外开放广度深度不够、民本意识不到位六个方面的问题，举行科学发展专题论坛，剖析原因，提出改进措施；举办深入学习实践科学发展观活动辅导报告会，系统讲解科学发展观提出的背景、理论的形成和完善过程、在科学发展过程中面临的问题等；举办区委理论中心组科学发展观学习论坛，全体成员结合自身分管工作，组织专题交流讨论；举办中心组学习暨提高领导干部执政能力专题报告会、学习会；开展学习实践科学发展观活动“回头看”，巩固和扩大学习实践活动成果。区委向全区广大党员干部群众发出倡议书，号召全区上下振奋精神、开拓进取、求真务实、凝心聚力、创新思维、勇于攻坚，在开发大南湖、建设新路南的科学发展道路上实现新跨越。在全区开展科学发展示范单位、科学发展示范企业创建活动和“效率年”活动，推动学习实践活动深入开展；举办“实践科学发展观我为路南添光彩”主题演讲，讴歌在科学发展实践中涌现出的新典型、新事迹、新风貌；召开贯彻落实科学发展观情况分析报告群众评议会，邀请党代表、人大代表、政协委员、群众代表等社会各界代表300人，对深入学习实践科学发展观活动的开展情况进行全面检验和评价。通过学习实践，区委客观审视区情区力，提出了“开放创新、富民强区”“小区域、大发展、多贡献”“依托大南湖、服务大南湖、开发大南湖、建设新路南”等发展理念，确立了“以科学发展观为统领，以项目建设为支撑，大力发展第三产业，调优做强第二产业，巩固提升第一产业，团结拼搏，奋发图强，三年再造一个新路南”的发展目标。

第二节　制度建设

一、思想作风建设制度

1990年，区委作出《关于加强常委班子自身建设的若干规定》，强调要在政治上、思想上、行动上同党中央保持一致，坚持四项基本原则，执行党的民主集中制，积极开展党内思想斗争，接受党员和群众的监督；建立健全必要的工作制度，防止削弱和脱离党的领导的错误倾向发生，纠正干部人事工作中的不正之风。

1993年，区委遵照“靠制度建党、按制度办事、用制度管人”的原则，制定《关于进一步加强区委常委班子思想作风建设的若干规定》《党建工作例会制度》《党委抓党建责任制》等工作制度，加强党内生活的规范化、制度化建设。

1998年，区委建立中心组周四理论学习日制度，固定集中学习时间，提高学习效果。此后至2010年，区委先后制定《关于改进机关作风，下大力解决文山会海问题的意见》《常委会学习制度》《常委会关于进一步转变作风的规定》，合并和压缩会议，减少文件，加强常委自身思想作风建设和常委会制度建设。

二、民主集中制的组织制度

1990 年，区委贯彻落实《中共中央关于加强党的建设的通知》精神，制定《中共路南区委员会议事规则》，确定区委的议事形式主要是常委会和全委会，必要时可召开一定范围的扩大会，吸收有关方面负责人列席；遵循“决策之前深入调研，决策之中民主集中，决策之后贯彻执行”的决策程序，及时总结经验、纠正偏差、反馈情况；会议均由书记召集并主持，并请区人大常委会主任、政协主席列席常委会议，团委书记必要时列席常委会议，区纪委委员列席全委会议，必要时可根据会议内容扩大其他有关人员列席，实现集体领导制度化、决策民主化和科学化。同时，对全委会议议事内容、常委会议议事内容以及议事制度、议事原则、议题准备、催办和落实等做出具体规定。

2000 年，区委制定下发《中共唐山市路南区委工作职责和议事规则》，进一步明确区委的主要职责、区委全体会议的程序、区委常委会的议事范围和议事原则、区委书记办公会的主要议事内容，并对提高会议决策的民主化、科学化水平，严格保密纪律，适当增加区委常委会议的透明度，坚持通报情况制度，减少会议、改进会风等，作出约束性规定。

2002 年，区委重新制定《中共唐山市路南区委工作职责和议事规则》，进一步明确区委的主要职责，完善区委例会制度，包括区委全体会议召开、议题确定、到会人数、表决方式、会议文件处理程序、会议纪律、表决原则；区委常委会的议事范围、议事决策遵循的原则、议题的提交和确定、议题的会前准备与沟通、会议的召开、会议的科学民主决策、会议的出席和列席、会议纪要的撰写和签发、议定事项的督办落实；区委书记办公会议的主要议事内容、会议召开、会议议题、会议议程、会议记录和纪要、会议通过的文件签发、会议内容保密规定，以及提高会议决策民主化、科学化水平，严格保密纪律，适当增加会议透明度，坚持通报情况制度，减少会议、改进会风、提高会议质量等内容。

2004 年 1 月，区委结合县级领导班子民主集中制学习教育活动中查摆出的问题和征求到的意见，制定《中共唐山市路南区委关于加强民主集中制建设的意见》，强调民主集中制是党的领导最高原则，必须得到贯彻执行，即：要按照“集体领导、民主集中、个别酝酿、会议决定”的要求，加强和改善区委的集体领导；明确区委书记对区委的工作负总责，对贯彻民主集中制负主要责任，区委班子成员在集体领导中肩负重要责任，自觉维护集体领导的权威；正确处理集体领导与个人分工负责的关系，做到事事有人管、人人有专责；珍惜团结，维护班子团结共事的良好局面。同时明确，建立健全区委常委会重大事项决策制度，推进决策的民主化、科学化，实行重大事项决策前征求意见制度，按议事规则决定重大事项；严格执行《党政领导干部选拔任用工作条例》，完善和落实民主推荐制度、干部考察工作责任制度、征求同级纪检监察机关意见制度、新提任干部全部公示制度、试用期制度，按民主集中制的要求选拔任用干部；坚持民主生活会制度，每年不少于 2 次，开展批评与自我批评，对查摆出的问题要限时改进，提高民主生活会质量；进一步完善和落实党内民主，区委常委会每年向全委会报告 1 次工作，接受全委会的审议和对其组成人员履行职责情况的评议；建立健全情况通报和情况反映制度，拓宽党内民主渠道；维护党员依法行使揭发、检举、控告权利，组织专门力量进行调查处理，并负责向检举人、控告人作出答复；认真落实党内选举制度，切实保障党员的选举权和被选举权；建立常委会决议监督检查制度。

2008 年 6 月，区委依据维护上级党委权威、维护大局，坚持解放思想、实事求是、与时俱进，坚持总揽全局、协调各方，坚持党的民主集中制等组织原则，制定《中共唐山市路南区第八届委员会议事规则》。明确区委全委会在区党代表大会闭会期间是区级党组织的领导机关，执行上级党组织的指示和区党代会的决议，领导全区的工作，履行对全区政治、经济、文化、社会建设和党的建设及其他涉及全局性的重大事项作出决定，制定贯彻执行上级党组织及区党代表大会重大决策和部署的相关措施，听取和审议区委常委会的工作报告，对区委常委会及其成员的工作进行监督等 7 项职责；决定上级党组织及区党代表大会重大决策和部署的贯彻意见，常委会工作报告，全区全局性、战略性的重大事项等 6 项议事范围；遵循区委全委会一般每年召开2次，遇有重要情况可随时召开，议题由区委常委会提出，根据表决结果作出决定等5项程序。明确区委常委会在区委全委会闭会期间，行使区委全委会职权，执行上级党组织的指示和区委全委会的决议，主持经常工作，履行向全委会负责并报告工作，组织实施上级党组织的指示和全委会决议，对全区政治、经济、文化、社会建设和党的建设等方面经常工作中的重要事项作出决定等7项职责；决定传达学习中央和省、市的重要会议、重要文件、重大决策部署及中央和省、市领导的重要讲话、重要指示精神，结合实际研究贯彻落实意见，研究决定全区经济建设、政治建设、文化建设、社会建设、党的建设等有关重大问题，讨论决定全局性重大决策等10个方面的议事范围；遵循区委常委会会议由区委书记召集并主持，一般每月召开2次，如遇重要情况可随时召开，事先确定会议议题，根据表决结果作出决定等会议程序。

三、反腐倡廉制度

1990年，区委贯彻《中共中央关于加强党同人民群众联系的决定》，制定《关于保持党政机关干部清正廉洁问题若干规定》，要求党政机关尤其区委常委做到“九不准”，即：不准用公款大吃大喝，不准以任何借口和名义向下级索要物品，不准向下级机关或企业乱摊派，不准凭借职权为自己、子女、亲友谋取不正当的和非法好处，不准在招工、招干、人员调配、提拔干部等问题上徇私情、照顾关系，不准从个人恩怨出发亲亲疏疏、罗织“关系网”、排斥异己、危害团结，不准争功诿过、弄虚作假、欺上瞒下、骗取荣誉和奖励，不准党政机关和党政干部经商办企业，不准对歪风邪气漠然置之。

1994年，区委根据中纪委提出的县（处）级以上领导干部廉洁自律五条规定和重申的新五条规定，加强领导干部廉政建设，制定领导干部廉洁自律四项制度，即领导干部个人及家庭重大事项报告制度、对新任职务领导干部的廉政谈话制度、党风监督员和特邀监察员制度、科（局）级党政领导班子及其成员廉政档案制度。

1998年6月，区委印发《中共唐山市路南区委关于加强党风廉政建设的意见》，提出要坚持民主集中制，凡重大决策、重要干部任免、重要事项安排和大额度资金的使用，都必须经过集体讨论，严禁个人说了算；各级党政班子至少每半年召开1次领导干部廉洁自律专题民主生活会，检查民主集中制执行情况和廉政建设落实情况；贯彻执行《中共中央纪律检查委员会关于重申和建立党内监督五项制度的实施办法》，落实有关纪检监察机关履行监督职责、各级党政机关和领导干部自觉接受监督方面的各项制度，对违犯党纪的党委（党组）或它的成员的查处，重要干部的考察、酝酿和决定，纪检监察机关领导干部提名等，都要依规进行；各级纪委书记（纪检组长）参加同级党委（党组）研究人事安排等重大问题的会议，监察局长（监察室负责人）列席同级政府常务会议（行政领导班子会议）；落实省委提出的建立三项党内监督制度的决定，建立各级党委年终党风廉政建设情况报告制度，上级纪委向下级党委批办信访件和违纪案件并要结果制度，上级纪委每年年终查阅下级党委研究反腐败工作记录和书记的讲话及批办案件情况制度；建立健全党风廉政建设责任制及责任追究制，班子成员实行“一把手”负总责、分管领导各负其责，对完不成党风廉政建设和反腐败工作任务的，要查明原因，分清责任，加以追究。

1999年，区委制定《关于进一步加强对落实中央严禁公费出国（境）旅游工作规定的通知》《关于党政机关领导干部出国（境）审批和管理工作的规定》，杜绝公费出国（境）旅游现象的发生。9月，区委制定《中共唐山市路南区委关于加强干部监督管理的意见》，建立分级监督、逐级负责的干部监管制度。是年，健全完善领导干部廉政档案制度。

2000年2月，区委制定《关于落实从严治党方针的五条意见》，强调要深入开展党性党风党纪教育，增强广大党员干部的廉洁自律意识；建立健全有效制约机制，切实加强领导班子和领导干部的监督；突出责任追究，全面落实党风廉政建设责任制；加强对监察工作的领导，确保纪检监察机关正确履行职能。4月，区委印发《关于严格禁止县级领导干部公车私用的规定》，规定现职县级（含副县）领导使用的交通工具（小汽车）为工作用车，严格禁止公车私用；遇有特殊情况确需用车的，执行因私用车收费制度，按百公里耗油量收费；家居市内的县级领导（含副县），上下班确需接送的，根据路程远近按每月15元和20元标准交费。

2001年，区委围绕狠刹奢侈浪费之风、搞好机关廉政建设，制定9个方面的自律规定：不准违反规定接受和赠送现金、有价证券和支付凭证；不准用公款请客送礼、大吃大喝，不准组织和参加用公款支付的高消费娱乐活动；不准接受下属单位及企、事业单位用公款安排的私人旅游活动，不准用公车旅游；不准接受与其行使职权有关系的单位和个人以及外商、私营企业主提供的各种奖励和赞助活动；不准任何单位和部门借过节之机违反规定滥发钱物；不准大操大办婚丧喜庆事宜、借机敛财；不准领导干部接受任何形式的代币购物券（卡）；节日期间党政机关一律不准搞相互走访拜年或联谊活动；严禁党员干部参与任何形式的赌博活动。

2002年5月，根据市委、市政府下发的《唐山市领导干部报告个人重大事项实施细则》，在全区党政机关、人大机关、政协机关、审判机关、检察机关和群众团体的副科级以上（含副科级）领导干部中，实行个人重大事项报告制度。报告事项包括本人及子女婚事情况，操办直系亲属丧事情况，本人、配偶、子女因私出国（境）情况，配偶、子女去国外留学情况，本人及配偶、子女营建（含集资）、买卖、装修、出租房屋情况，搬迁新居情况，配偶、子女经商办企业情况，本人及配偶、子女受聘于外商投资和中国港澳台商投资企业或外国企业驻华、中国港澳台企业驻境内代办机构情况，本人及直系亲属购买商业保险情况，个人及配偶、子女购买汽车情况，配偶、子女受到执法执纪机关查处或涉嫌犯罪的情况，本人认为应当向组织报告的其他重要事项。同时，区委印发《关于进一步规范外出考察学习活动的通知》，强调要严格控制外出考察学习，严格审批程序，严肃财经纪律，并要加强监督、搞好检查。

2007年2月，区委印发《中共路南区第八届委员会常委会议事决策规则》《中共路南区第八届委员会常委会关于进一步转变作风的规定》《中共路南区第八届委员会常委会学习制度》《中共路南区第八届委员会常委会委员廉洁从政约法三章》四个规范性文件，进一步加强常委会自身建设。4月，区委批转区纪委、监察局《关于禁止领导干部大操大办婚丧喜庆事宜的规定》，要求领导干部本人及近亲属婚丧事宜，一律实行事前、事后“双报告”制度，其中操办婚嫁事宜10天以前报告，操办丧事即时报告，事后15日内书面报告办理过程及遵守规定情况，并在当年民主生活会上作为个人述职述廉内容如实说明。

2010年，进一步加强反腐倡廉制度建设，完善“领导抓、抓领导”“一级抓一级、一级带一级”的领导机制，指导30家牵头单位建立了协调会议制度，把监督检查作为推进工作的重要手段，加强对领导班子和领导干部的考核，保证惩治和预防腐败体系有效运转。

第三节　作风建设

一、改进工作作风

1990年，落实《中共中央关于加强党同人民群众联系的决定》，区委加强常委班子的作风建设。要求各常委坚持实事求是的思想路线，理论联系实际，一切工作都从实际出发，掌握真实情况，因地制宜开展工作；坚持联系群众、深入群众、依靠群众，关心群众疾苦，与群众打成一片，恢复党与群众的鱼水关系；坚持批评与自我批评，克服好人主义、不敢批评、不让批评、只报喜不报忧的不良倾向，反对互相迁就、无原则的一团和气，保证党的肌体健康，充满活力。

1995年起，在领导干部中开展“形象工程”建设，强调领导干部必须坚持党的政治纪律和民主集中制原则，保证政令畅通；提倡轻车简从，反对横攀竖比；提倡按标准住房，反对以房谋私；提倡奉献精神，反对拜金主义；提倡勤俭节约，反对铺张浪费；提倡多读书少应酬，反对用公款从事娱乐活动，树立良好的政治形象、公仆形象、改革形象、楷模形象。

1996年，区委印发《关于实施“鱼水工程”密切党和政府同人民群众联系的意见》，要求区委领导带头开展“想民、爱民、为民”活动。1997年4月，区委制定《关于在全区党政机关开展讲学习、讲政治、讲正气，争做优秀公仆，创建文明机关活动的意见》，要求区委领导干部带头，搞好机关形象建设，开展“三办”（热心办、马上办、办得好）活动。

1999年，区委作出《关于在全区领导班子和领导干部中广泛开展“大兴学习调研之风，提高领导决策水平”活动的实施意见》，区委常委会广开民主渠道，发动各级领导干部为路南发展献计献策，围绕解放思想、推进区街经济发展和非公有制经济发展、积极运作城区改造工程等进行深入调研，开拓发展思路。是年，全区收到献计献策200多条，各级领导干部撰写调研报告50多篇。

2001年，区委常委转变工作作风、提高办事效率，按照“一岗双责”要求和常委分工，将六条战线的33项重点工作进行细化分解，明确责任领导和责任部门、承办单位和负责人、协办单位和负责人、落实时限和任务，并签订责任状；加强考核督导，采取集中调度、现场办公、实地督查等形式，加强各项重点工作任务的催办、查办和督办，并以《督查通报》形式通报工作进度；对各项重点工作目标完成情况进行考核。2002年，区委制定《2002年加强和改进党的作风建设工作安排意见》，对改进领导干部的思想作风、学风、工作作风、领导作风和生活作风，解决存在的突出问题提出明确要求。

2005年4月，区委、区政府决定在全区党的机关、人大机关、政府机关、政协机关、审判机关、检察机关、人民团体以及具有行政管理职能的单位及其工作人员中，开展机关效能建设，并制定下发《中共路南区委、路南区人民政府关于2005年开展机关效能建设的实施方案》。效能建设从当月开始，历经学习动员、自查自纠、建章立制、考评总结四个阶段，重点查找解决办事拖拉、推诿扯皮、暗箱操作、会议多、文件多、评比多、检查多、应酬多以及存在的思想保守、知识储备不足、创新意识欠缺、执行能力不强和庸、懒、散、做表面文章等问题。

2010年，开展“作风建设年”活动，区委常委深入基层开展调查研究，查实情、访民生、听民意，结合分管工作查找存在问题，努力改进工作，塑造想民、亲民、为民形象。

二、廉洁自律

1990年起，区委贯彻落实中共十三届六中全会精神和《中共中央关于加强党同人民群众联系的决定》，加强党风和廉政建设，要求常委自觉抵制官僚主义、主观主义、形式主义和消极腐败，检查有无官僚主义、形式主义、挥霍浪费以及以权谋私、假借各种名目蚕食企业等不正之风，维护常委班子的集体领导形象。

1994年，对照中共中央提出的廉洁自律五条规定（不准经商办企业、不准在各类经济实体中兼职、不准买卖股票、不准在公务活动中接受礼金和各种有价证券、不准用公款获取各种形式的俱乐部会员资格或用公款参与高消费的娱乐活动），区委要求区五套班子成员带头自查自纠，并召开各民主党派、各阶层人士座谈会，征求意见。

1996年5月，区委批转区纪委、监察局制定的《关于清理纠正领导干部违反规定建房住房问题的实施意见》，对党的机关、人大机关、政府机关、政协机关、审判机关、检察机关、群众团体、事业单位的领导干部，重点是县级领导干部，有无违反规定建房、住房问题，作为廉洁自律的主要内容进行专项清理。清理工作分为学习动员、申报登记和自查自纠、组织核查、检查验收四个阶段，依据中纪委关于领导干部在建房住房方面必须遵循的“八个不准”（不准违反住房制度改革规定压价购买住房，不准利用职权为自己和子女、亲友购买住房提供优惠条件，不准用公款超标准为个人装修住房，不准用公款为个人及亲友买房、建私房和从事营利活动，不准违反规定参加集资建房，不准违反规定建私房，不准违反规定多占住房，不准用公款购买、建造超标准住房），清理纠正违规建私房和一户占多套住房问题。

1999年，区委制定《关于区委、区政府领导班子成员党风廉政建设责任分解表》，根据分管工作，明确各自责任，加强对党风廉政建设和反腐败工作的领导。2001 年，制定《路南区委、区政府领导同志党风廉政建设责任范围和重点工作分解的通知》，明确区委书记对全区党风廉政建设负总责，分管领导对分管部门党风廉政建设负总责，各级领导对本单位党风廉政建设负总责，完善党委统一领导下的党风廉政责任制；根据中央纪委《关于各级领导干部接受和赠送现金、有价证券和支付凭证的处分规定》和市纪委监察局《关于对领导干部收受有关单位和个人的现金、有价证券进行集中清纠的通知》，组织全区 29 名县（处）级领导干部进行个人自查、如实申报，组织清纠。

2002 年 5 月，区委责成区纪委制定《关于 2002 年度领导干部廉洁自律工作的安排意见》，要求各级领导干部一律不准收受下属单位或者个人的现金、有价证券和支付凭证；禁止领导干部到企业和单位报销应由本人及其配偶、子女支付的个人费用；领导干部配偶、子女不准在该领导干部管辖的业务范围内个人从事可能与公共利益发生冲突的经商办企业活动；狠刹奢侈享乐、铺张浪费歪风；不准个人擅自决定企业的大额度资金运作、生产经营和企业改革的重大决策、重要的人事任免。

2007 年 2 月，区委制定常委会委员廉洁从政“约法三章”，从廉洁自律行为规范、党风廉政建设责任制、自觉接受监督制约三个方面，作出约束性规定，筑牢拒腐防变的思想道德防线。6 月，召开区委常委扩大会议，专题学习《中共中央纪委关于严格禁止利用职务上的便利谋取不正当利益的若干规定》，组织区委常委进行自查，教育党员领导干部严格自律。

2010 年，区委加强惩治和预防腐败体系建设，主要措施有：把惩治和预防腐败体系建设纳入区委、区政府的重要议事日程，强调区委常委做出表率，律人先律己；成立以区委书记为组长、全体党政班子成员参与的惩治与预防腐败领导小组，形成党委统一领导、党政齐抓共管的工作局面；区委常委会定期研究反腐倡廉工作，研究推进惩治和预防腐败体系工作的方法措施，定期通报有关情况；制定《2010 年度区委常委、区政府副区长党风廉政建设职责范围及党风廉政建设和反腐败工作分工》，明确党政班子成员在抓好业务工作的同时抓好党风廉政建设，做到“一岗双责”；制定《2010 年牵头单位和协办单位工作任务分解表》，将各项工作任务细化到 30 个牵头部门；制定《区直部门 2010 年度贯彻落实党风廉政建设和反腐败工作部署的分工意见》，将 39 项反腐倡廉工作分解到相关职能部门，定期汇报进度，对工作不到位的，区纪委挂帐督办；严格考核制度，将惩治和预防腐败体系建设纳入经济社会发展总体规划和对领导班子、领导干部考核评价范围，与党建、经济、稳定等中心工作一同考核；全区各党（工）委（党组）、党总支层层将党风廉政建设责任进行分解，在全区形成一级抓一级的责任体系。

第五章　重要决策

区委认真履行《中国共产党章程》《中国共产党地方委员会工作条例（试行）》所赋予的职责，立足区情，把方向、统全局、抓大事、定政策，围绕政治建设、经济建设、文化建设实施科学决策，推进全区经济社会全面、协调、可持续发展，发挥领导核心作用。

第一节　政治建设决策

一、思想建设决策

1990 年，区委印发《关于开展社会主义思想教育（试点）的实施意见》，确定学院南路街道办事处、法院、玻璃厂、化工机械厂、第九中学、个体劳协建国路分会 6 个单位为试点单位，在党内开展马克思主义群众观点和党的群众路线再教育，使广大党员、干部明确“一切为了群众，一切依靠群众，从群众中来到群众中去”的群众路线，解决群众观念淡漠问题。

1992 年，在全区开展“解放思想大讨论”，重点“把握七个观点、树立七个观念、强化七个意识”，即：把握基本路线管一百年的观点，树立坚持社会主义道路、反对和平演变的根本措施是发展经济的观念，强化“中心”意识；把握“抓住机遇、发展自己”的观点，树立机遇均等、努力竞争的观念，强化发展意识；把握改革要大胆试、大胆闯的观点，树立敢为天下先的观念，强化闯、冒、试意识；把握“革命是解放生产力、改革也是解放生产力”的观点，树立改革开放是强国之路的观念，强化改革开放意识；把握警惕右又要防止“左”、当前主要是防止“左”的观点，树立生产力观念，强化唯实求真意识；把握不争论的观点，树立实践第一、实践出真知、空谈误国、实干兴邦观念，强化务实意识；把握两手抓的观点，树立经济要大上、党建和精神文明建设要加强的观念，强化政治和法律意识。

1993 年 4 月，区委决定在全区范围内开展为期三个月的“抓住机遇、加快发展”大宣传、大讨论，并配合经济建设着力抓好“五个一工程”，即学好《市场经济知识》一本书，拍摄一部反映全区经济建设成果的录像片，抓出一批好典型，拿出一份有分量的调查报告，创出一台高质量的好戏。

1994 年 12 月，区委印发《关于在全区党员中开展建设有中国特色社会主义理论和党章学习活动的实施意见》，提出利用三年时间，在全体党员中开展中国特色社会主义理论和党章学习活动。

1995 年 5 月，区委决定在全区开展“三学、三查、三克服、一坚持”活动（即学理论、学党章、学孔繁森，查世界观、查人生观、查价值观，克服个人主义、拜金主义、享乐主义，坚持全心全意为人民服务的宗旨，也称“3331”活动）。通过教育，提高党员干部的宗旨观念，纠正党员干部中存在的个人主义、拜金主义和享乐主义倾向，解决政府机关纪律松弛、工作推诿、办事扯皮、制度不健全问题。

1996 年，区委印发《关于实施“鱼水工程”密切党和政府同人民群众联系的意见》，加强群众路线教育，开展三项活动，即：在全区党员和群众中开展“三热爱”（热爱党、热爱祖国、热爱社会主义）教育，激发艰苦奋斗、奋发图强精神；在党政机关中开展“想民、爱民、为民”活动，树立让群众“高兴、放心、满意”思想，选树“想民、爱民、为民”先进典型及“优秀人民公仆”；在基层党员和农村党员中，进行党的基本理论、基本知识和先锋模范作用教育，开展“学理论、学党章、学先进，比思想、比贡献，做新时期合格党员”竞赛活动。

1998 年 3 月，区委印发《关于在全区组织开展“进一步解放思想加快发展”大讨论活动的安排意见》，决定集中一个半月时间，学习《解放思想，实事求是，团结一致向前看》《思想更解放一些，改革的步子更快一些》《一心一意搞建设》《在武昌、深圳、珠海、上海等地的谈话要点》以及中共十五大报告等文献，进一步加深对邓小平“解放思想、实事求是”“三个有利于”“发展才是硬道理”等观点的理解。4 月，根据全国组织工作会议精神，区委下发《关于在全区局（科）级领导班子中进行思想作风整顿的意见》，决定利用一个月时间，进行思想纪律作风集中整顿，以解决政治理论素养较低，不注重理论学习，缺乏政治敏感性问题；敬业精神较差，缺乏强烈的革命事业心和政治责任感，安于现状、不思进取、贪图享乐、拜金主义问题；自由主义严重，缺乏大局意识问题；不懂党的规矩，民主集中制坚持不好，重大问题不研究、不讨论、决策不准等问题。

1999 年，区委印发《关于在全区组织开展以解放思想促跨世纪发展的“大学习、大调研、大讨论”活动的安排意见》，决定集中 4 个月时间，围绕解放思想、加快发展开展大讨论，力求摆脱传统观念和体制的束缚，破除封闭保守的思想意识，摒弃计划经济体制的老观念、老办法，解决阻碍经济发展的深层次矛盾，推动经济快速发展。

2000 年，按照中共中央《关于在县级以上党政领导班子、领导干部中深入开展以“讲学习、讲政治、讲正气”为主要内容的党性党风教育的意见》要求和省市统一部署，在县级领导干部中开展“三讲”教育活动，全区四大领导班子为“三讲”教育活动主体，同时将区委办公室、组织部、宣传部、区纪委、区人民检察院、区人民法院领导班子纳入教育范围。区委制定《领导班子、领导干部“三讲”教育实施方案》《关于进一步加强党员干部理论教育的实施意见》，以整风精神进行开门整改，重点解决学风、思想作风、工作作风、生活作风等方面存在的突出问题。

2002年，区委印发《关于开展机关作风和纪律教育整顿活动的意见》《关于开展以“增强事业心责任感，转变作风抓落实”为主题的思想作风整顿活动实施意见》，在全区各级党组织中开展集中教育整顿，重点查找党员、领导干部中存在的宗旨观念淡漠，事业心、责任感不强，作风飘浮、工作不扎实等问题。

2004年，开展“作风建设年”活动。区委印发《关于在全区广泛深入地开展以“坚定信心、加快发展，探索中心区特色发展之路”为主题的解放思想大讨论活动的安排意见》，在全区开展解放思想学习讨论、调查研究、总结交流活动；下发《关于在全区党政机关开展作风整顿活动的意见》，在全区党政机关（包括人大机关、政协机关、审判机关、检察机关、人民团体和依照公务员法管理的事业单位）开展作风整顿，通过学习动员、查摆问题、整改落实、完善制度，重点解决学风不浓、不能理论联系实际，思想作风萎靡、精神不振，不思进取、无所作为，作风漂浮、工作不深入，领导作风官僚、宗旨意识不强、服务意识差，干部生活作风散漫、不拘小节、不重自身形象等问题；下发《关于在全区广大党员中开展“定责、践诺、评十佳”活动的通知》，针对不同行业特点定责践诺，推动“一名党员一面旗帜”活动深入开展。

2005年，区委印发《关于深入开展保持共产党员先进性教育活动的实施意见》，在全区党员干部中开展以实践“三个代表”重要思想为主要内容的保持共产党员先进性教育，时间安排一年半，分三批（党政机关和部分事业单位、城市基层和乡机关、农村基层）进行，每批6个月，分为学习动员、分析评议、整改提高三个阶段。通过先进性教育，重点解决党员队伍中存在理想信念动摇，宗旨观念和党员意识、执政意识淡薄，学习风气不浓，思想观念陈旧，组织纪律松弛，带领群众前进的能力不强等问题；解决部分基层党组织中存在的凝聚力、战斗力不强，教育管理功能弱化，甚至软弱涣散、作用发挥不好等问题；解决群众反映强烈，涉及群众切身利益，关系社会稳定等方面的突出问题。

2007年5月，区委印发《关于在全区党员干部中开展科学发展观学习教育活动的意见》，按照“分层次、有重点、重实效”的原则，开展为期4个月的教育活动，以准确把握科学发展观的基本内涵，即：坚持把发展作为第一要务、和谐作为第一责任、提高人民群众的幸福指数作为第一追求，坚定不移地走科学发展、和谐发展的道路。活动过后，区委又下发《关于在全区党员干部中深入开展解放思想大讨论活动的意见》，以“科学发展、和谐发展，建设繁荣文明和谐路南”为主题，以努力在全市率先建成“幸福之区”为目标，开展解放思想大讨论，巩固科学发展观教育成果。

2009年，以“科学发展示范区和人民群众幸福之区建设”为主线，以“加快发展、突出重点、改善民生、维护稳定、狠抓落实”为总要求，开展深入学习实践科学发展观活动“回头看”，并先后组织四次大规模外出学习考察，邀请专家学者进行新型工业化等专题讲座，开创科学发展新局面。

2010年，区委八届五次全体（扩大）会审议通过《中共唐山市路南区委关于进一步加强党风廉政建设的意见》《中共唐山市路南区委关于加强和改进新形势下基层党组织建设的意见》《中共唐山市路南区委关于创建学习型党组织的意见》三个文件，进一步明确思想教育工作的方向，按照“高举旗帜、围绕大局、服务人民、改革创新”的总要求，围绕“三年再造一个新路南”的奋斗目标，统筹推进“激情路南、实力路南、生态路南、文化路南、幸福路南”建设，为率先建成科学发展示范区和人民群众幸福之区提供思想保证。

二、精神文明建设决策

1987年，精神文明建设列入区委的重要议事议程，以“四化”（工业现代化、农业现代化、国防现代化和科学技术现代化）建设为重点，开展“三抓两开展”活动，即：抓好“四项基本原则”教育，抓好“四有”（有理想、有道德、有文化、有纪律）教育，抓好反对资产阶级自由化教育；开展学雷锋活动，开展文明单位创建和厂街共建、警民共建活动。

1989 年，精神文明竞赛成为全区各行各业政治教育的重要内容，即在“窗口”服务行业，开展“五组三优”竞赛活动；在执法监督部门，开展优质服务和创建文明队所活动；在街道和居委会，开展文明街道办事处、文明生活小区创建活动，文明街（路）达标活动；在工业系统，开展创建文明工厂竞赛活动；在教育系统，开展创建文明学校活动；在全区开展“振兴路南立功”活动。

1991 年，区委批转路南区精神文明建设委员会《关于在全区开展“学雷锋、迎城运、做贡献”活动，把全区精神文明建设提高到一个新水平的安排意见》，精神文明建设重点围绕“迎城运”（第二届全国城市运动会）展开。

1994 年，区委制定《唐山市路南区创建文明城区竞赛活动的实施方案》，在全区开展创建文明城区竞赛活动；依据中共中央印发的《爱国主义教育实施纲要》，批转宣传部制定的《贯彻落实爱国主义教育实施纲要的意见》，明确爱国主义教育的内容与形式。

1996 年 4 月，区委制定《关于“九五”期间加强社会主义精神文明建设工作的试行意见》，确定“九五”期间全区社会主义精神文明建设的指导思想和今后 5 年的基本目标，精神文明建设开始纳入经济社会中长期发展规划。12 月，区委五届八次全委（扩大）会议审议通过《唐山市路南区 1996－2000 年社会主义精神文明建设实施纲要》，确定“九五”期间精神文明建设的工作重点是：抓理论学习，搞好思想建设；抓基础设施，搞好阵地建设；抓城乡环境，搞好形象建设；抓素质教育，搞好思想道德建设；抓创建活动，搞好城乡文明建设；抓宗旨教育，搞好廉政勤政建设；抓综合治理，搞好稳定社会建设；抓文艺繁荣，搞好城乡文化建设；抓协调服务，搞好社区建设。加强领导的措施是：健全党政领导班子实绩考核机制，将物质文明与精神文明两个成果一并进行考核；健全精神文明建设投入机制，设置精神文明建设专项基金；健全精神文明建设激励机制，对做出突出贡献的单位和个人给予名誉表彰和物质奖励。

1997 年，区委印发《路南区 1997 年度社会主义精神文明建设工作要点》，确定文明城区创建活动的主要内容是：在农村开展争创“星级文明户”活动，即争创五爱星、法纪星、致富星、计生星、科技星、文教星、新风星、义务星、卫生星、团结星农户；城区开展争创“星级文明和谐家庭”活动，即争创家庭和睦星、邻里团结星、遵纪守法星、移风易俗星、清洁卫生星家庭；在机关、企事业单位和各行业开展文明村、文明单位、文明行业、文明机关、文明职工、文明城区创建活动，提高社会文明程度；治理城乡环境，加强形象建设；继续实施“鱼水工程”，密切党群干群关系；倡导科学、文明、健康的生活方式，树立良好的社会新风尚；繁荣文化事业，搞好城乡文化建设；创造良好的社会秩序，维护全区的政治稳定和社会安定；发现、培养、树立各类先进典型，开展“十百千”典型选树活动（“十”即按类别选树十类先进典型群体，包括十大公仆、十名精神文明建设先进工作者、十名优秀教师、十名白衣天使、十名人民卫士、十大服务明星、十名巾帼模范、十名优秀少先队员、十名优秀厂长经理、十名文明经营户；“百”即选树 100 名先进标兵，其中学雷锋标兵 10 名，职业道德标兵 40 名、文明市民标兵 40 名、文明村民标兵 10 名；“千”即评选 1000 户文明家庭），促进两个文明建设整体水平提高。6 月，区委、区政府印发《唐山市路南区创建社会良好秩序平安工程实施意见》，其中要求到“九五”末“安全文明乡村”达到 60%。10 月，区委、区政府下发《关于路南区创建文明城区竞赛活动实施方案》，决定在全区 1 个乡、7 个街道、12 个系统和区直机关、企事业单位中开展文明创建竞赛活动，竞赛内容包括社会风气良好、环境整洁优美、公共秩序井然、服务高效优质、文化生活丰富、基础设施完善等六个方面。

1998 年 6 月，按照《唐山市宽裕小康文化示范镇标准》，组织创建宽裕小康文化示范镇活动。

1999 年 2 月，区委在《关于贯彻〈中共中央关于农业和农村工作若干重大问题的决定〉的实施意见》中提出，要以创建“十星级文明家庭”“文明村”“文明单位”等活动为主要形式，加强农村社会主义精神文明建设；要对农民进行爱国主义、集体主义和社会主义教育，进行党的基本路线和方针政策教育，进行社会公德、职业道德、家庭美德教育，进行科学文化知识和法律法规教育，提高农民的思想道德素质和科学文化素质；要组织实施“小康文化工程”，丰富群众文化生活，引导农民移风易俗、革除陋习、反对封建迷信，倡导健康民俗，坚决扫除“黄、赌、毒”等社会丑恶现象，加强农村文化建设。3月，区委下发《关于开展“三迎四创”活动的安排意见》，决定在全区开展迎接中华人民共和国成立50周年、澳门回归、新世纪，创建全国文明城市、国家卫生城市、国家园林城市和全国双拥模范城市。

2001年，区委印发《关于“十五”期间加强社会主义精神文明建设的意见》，强调要大力加强思想道德建设，在全区干部群众中牢固树立正确的理想信念；大力发展文化事业，不断满足人民群众日益增长的物质文化需求；深入开展群众性精神文明创建活动，全面提高城区文明程度；建立健全党委统一领导、党政主要领导亲自抓、各方面分工负责的领导体制，实行目标责任制。

2002年2月，区委批转精神文明建设委员会《关于在全区深入开展共建文明社区活动的实施意见》，确定共建社区活动的指导思想、共建范围、共建形式、共建内容及标准和表彰奖励办法。5月，区委下发《关于创五城工作的安排意见》，以提高市民整体素质和文明程度为目标，开展创建全国文明城市、国家卫生城市、国家园林城市、国家环保模范城市和全国双拥模范城市活动（也称创五城活动）；下发《关于深入开展“树立行业新风，优化发展环境”活动的实施方案》，在公安司法、行政执法、经济管理等28个部门实施行风考核评议，围绕职能转变、服务意识、办事效率、工作态度、依法办事、为民办事以及纠正乱收费、乱罚款、乱摊派和吃、拿、卡、要、报等问题，进行公开承诺和自查整改，区委、区政府组织明查暗访和评议考核，进一步解决影响党群、干群关系，制约发展环境的不正之风问题。6月，依据《全国社区建设示范活动指导纲要》，区委下发《关于争创全国社区建设示范区的实施方案》，提出改革创新社区管理体制，繁荣社区文教体事业，搞好社区文明共建的目标要求，力争全区80%的街道、社区达到全国社区建设示范街道、示范社区标准，全区争创全国社区建设示范区。

2003年，区委作出《中共唐山市路南区委关于创新务实奋勇争先加速推进全面建设小康社会进程若干问题的决定》，针对加强精神文明建设提出四个方面要求，即：弘扬“团结拼搏、创新务实、负重奋进、强区富民”的路南精神，开展爱党、爱国、爱家乡教育，使之成为全区人民奋勇争先的精神动力；落实《公民道德建设实施纲要》，深入开展道德教育，树立良好的道德风范；扎实开展示范社区、文明社区、文明行业等精神文明创建活动，不断丰富创建内容，创新活动载体，提高创建水平，塑造文明城区新形象；发挥典型的示范带动作用，巩固老典型，培育新典型，带动全区精神文明建设向更高水平迈进。6月，区委下发《关于开展文明生态村创建活动的实施意见（试行）》《关于2003年文明生态试点村建设的实施方案》，确定文明生态村建设相关的物质文明建设、精神文明建设、政治文明建设标准与内容。11月，区委下发《关于在全区农村普遍开展“讲科学、讲文明、全面建设小康社会”教育活动的实施方案》，也称“两讲一建”活动，以讲科学为重点，宣传唯物论、无神论和科学知识、宗教政策，营造崇尚科学、讲究文明、反对邪教、抵制封建迷信活动的文明氛围，动员农民群众科技致富、勤劳致富。

2004年，区委办公室印发《路南区创建全国文明城工作方案》，对照中央文明委颁发的《全国文明城市测评体系（试行）》，重点实施六大工程，即公民素质提高工程、城市环境优化工程、社会秩序稳定工程、社会风尚文明工程、社会事业繁荣工程、全民创建创优工程。7月，区委办公室印发路南区创五城工作领导小组制定的《创建国家卫生城“百日会战”实施方案》，重点是“开展六大战役，实施四项工程”，即开展城市容貌综合整治、集贸市场综合整治、居民小区、三级马路、单位卫生综合整治、清除围城垃圾、行业卫生综合整治、除“四害”六大战役，实施基础设施改建、基础设施维护、环境保护、全民健康教育四项工程。

2006年，区委对照《全国文明城市测评体系》标准，制定《路南区2006－2008年度创建文明城市工作规划》《全国文明城市测评体系及路南区创建任务责任分解》，将思想道德建设扎实有效、市容环境整洁优美、社会秩序稳定优良、社会风气健康向上、社会事业全面进步、创建活动蓬勃开展、城市经济发展繁荣、组织领导坚强有力8个方面的指标作为创建标准，确定“一年科学谋划、重点攻坚，一年深化创建、全面达标，一年巩固成果、奋力争先”的推进计划。

2007年7月，区委印发《关于创建全国文明城市重点工作推进方案》，确定实施“四大工程”，即：实施道德教育工程，体现科学发展观学习教育成果，开展市民行为规范年活动、志愿者服务活动和“文明乘车、文明游园、文明观演、文明行车、文明走路、文明餐饮、文明购物、文明待客、文明过节、文明养犬”公民道德实践活动，推进居民道德评议，选树先进典型；实施文明创建工程，开展文明单位创建、“城市文明看窗口”规范化服务达标、争创全国和谐社区建设示范区、文明生态村创建、“文明城市知识进家庭”等活动；实施城区建设工程，推进东南部小区供热和危旧平房改造、南湖生态经济圈建设、老城区改造、网格化城市管理和市民服务系统、城市绿化美化；实施综合治理工程，加大环境卫生整治力度，规范窗口行业服务行为，治理公共场所不文明行为和市场环境秩序。

2009年，区委印发《关于深入推进全国文明城市创建工作的实施意见》，确定2009—2011年度全国文明城市创建活动的主要任务是：对照《全国文明城市测评体系》，突出抓好市民文明素质工程，开展“六个百”活动，即聘请100名文明城市督导员进行督导引导，建立100个精神文明宣传栏加强宣传，聘请100名文明礼仪辅导员示范讲解，聘请100名教师进社区指导青少年教育，招募100名社区志愿者与未成年人结对帮扶，组织100个文明单位开展特色创建活动；抓好市容市貌综合整治工程，治理公共部位、背街小巷、小区市场和城乡结合部的环境卫生，提高城区绿化覆盖率；抓好市政管理服务创优工程，推行城市精细化、网格化管理，完善基础设施建设；抓好“五小”行业管理，集中整治小美容美发店、小浴池和游泳池、小餐馆、小网吧、小酒吧歌厅等小型休闲娱乐场所的经营秩序，改善经营秩序和卫生环境；抓好社区管理服务升级工程，建设现代化、信息化市民服务平台，推进文化、科技、教育、卫生、法律“五进社区”，创建文明生态小区、文明社区、文明楼道、文明家庭。

2010年，精神文明建设以“在全市率先建成科学发展示范区和人民群众幸福之区”为目标，以建设社会主义核心价值体系为主线，广泛开展“文化路南”主题文化活动，通过文明礼仪进农村，感恩和谐进社区，诚实守信进企业，历史文化进校园，廉洁勤政进机关，激发全区人民热爱路南、建设路南的昂扬斗志；深入实施市民素质提升工程、未成年人教育关爱工程、文明创建示范工程、窗口行业满意工程“四大工程”，进一步提升群众性精神文明创建水平；继续开展文明城创建活动，落实“城镇面貌三年大变样”要求，实现“三年再造一个新路南”的目标。

三、支持人大依法监督、政协民主监督

1990年4月，区委印发《关于认真贯彻〈中共中央关于坚持和完善中国共产党领导的多党合作和政治协商制度的意见〉的意见》，提出要认真坚持协商制度，每年由区委领导出面邀请民主党派、工商联负责人和无党派人士举行协商会不少于2～3次，一般情况下每季度召开座谈会1次，就全区大政方针、发展规划、重要人事安排和两个文明建设等重大问题进行协商讨论，听取民主党派、无党派人士提出的政策性建议。7月，区委批转区政协《关于政治协商、民主监督的暂行规定》，进一步明确人民政协的主要职能，政治协商与民主监督的目的、内容、形式、程序、制度，政协委员在政治协商、民主监督中的权利与义务，党政部门尊重支持政协工作等。同时还明确，政协主席、副主席可列席区委、区人大常委会、区政府常务会议，政协各专门委员会负责人可应邀参加党政有关部门的重要会议；党政有关部门与政协各专门委员会建立联系制度，尊重委员依法视察、考察、调查和举报的权力；政协委员所在单位要经常倾听委员意见，为委员的调查研究、参政议政提供方便。

1991年11月，区委批转《政协路南区委员会关于提案工作细则》，进一步明确办理提案的机构和职责，提案的提出、审查、办理、答复、立卷存档，提案委员会组织对提案办理情况进行视察等。

2000年5月，区委制定《中共唐山市路南区委工作职责和议事规则》，规则明确，凡邀请区人大、

区政协党组书记参加的会议，注意倾听他们对一些重大问题的意见和建议，正确的予以采纳；坚持会商制度，对重大决策，应广泛征求人大、政协意见、建议，做到会商于会议决定之前。

2003 年 3 月，区委在《中共唐山市路南区委关于创新务实奋勇争先加速推进全面建设小康社会进程若干问题的决定》中提出，要全面落实人民代表大会及其常委会的各项职能，充分发挥人民政协、民主党派和群团组织作用，最广泛地调动一切积极因素。

2005 年 10 月，区委制定《关于加强人大工作的意见》《关于加强政协工作的意见》，支持和保证人大及其常委会依法行使重大事项决定权，发挥人民政协参政议政、协商监督职能。

2010 年 1 月，区委八届五次全会报告提出，继续坚持和完善人民代表大会制度和共产党领导的多党合作、政治协商制度，积极支持区人大、政协组织依法依章履行职能。

四、加强基层民主政治建设

1990 年，区委在《关于加强企业党组织建设的若干意见（试行）》中提出，要加强对职工代表大会、工会、共青团的领导，动员和支持职工参加民主管理，协调厂长与职代会及其他群众组织之间的关系，发挥职工的主人翁作用，保证党、政、工、团按照各自的职责进行工作。

1996 年 5 月，区委下发《关于在全区农村普遍推行村务“两议七公开”制度的实施意见》，明确农村民主政治建设实施“两议七公开”制度的具体内容和要求，其中“两议”即在每个村建立党员代表议事会、村民代表议事会，凡重大问题均须经过党员代表议事会和村民代表议事会讨论决定；“七公开”即财务收支、征购提留、计划生育、电费电价、宅基地使用证发放、各业承包、村干部责任目标及待遇公开，在规定时限内予以公布。

1997 年 6 月，区委印发《关于深化农村村务公开，加强民主管理的意见》，明确建立健全民主选举制度、村民会议和村民代表会议制度、民主议政日制度。

1998 年 4 月，区委印发《关于对农村基层民主政治建设各项工作实行目标责任管理的意见》，把加强农村民主政治建设纳入乡、村领导班子考核范围。6 月，区委制定《中共唐山市路南区委关于加强党风廉政建设的意见》，规定要依法依规搞好政务公开和村务公开，凡涉及基层群众切身利益以及群众普遍关心的问题，除有明确要求不准公开的事项以外，主管部门和承办单位都要把政策规定、办事程序、办事结果及时公布于众，接受社会监督。8 月，区委下发《1998—2000 年农村基层组织建设规划》，提出推进“三大体系”建设，即坚强有力的基层组织体系，配套齐全的民主管理制度体系，科学规范的基层组织体系。

1999 年 2 月，区委印发《关于在全区推进四项公开工作的意见》，进一步推进村务公开、政务公开、厂务公开、校务公开。5 月，区委办公室、区政府办公室下发《关于全面推进村民自治，进一步加强农村基层民主法治建设的意见》，完善“两委”（支委会、村委会）、“两会”（村民会议、村民代表会议）、“两组”（民主理财小组、民主监督小组）等村级民主监督体系，健全民主选举制度和村民代表会、民主议政日、民主理财、村务公开、民主评议制度以及村规民约，加强农村基层民主法制建设。是月，区委召开社区服务工作会议和依法治区工作会议，进一步推进村务公开，强调村里的大事要由村民做主，村民关心的问题要向村民公开，从制度上保证村民享有的当家作主权利；推进政务公开，按照公正执法、公正办事、转变职能、方便群众的要求，对群众最为关注的热点问题和应该公开的重大事项，及时向群众公开；推进厂务公开，凡涉及企业生存发展的重大决策以及财务收支、职工福利等职工关心的问题，都要向职工公开，让职工知情；推进校务公开，重点是中小学收费、教育集资、大中专毕业生分配等热点问题，完善相关制度。

2000 年 1 月，区委印发《唐山市路南区第五届村民委员会换届选举工作实施方案》，结合换届工作，修订《村民自治章程》《村规民约》《村民会议制度》《村民代表会议制度》《民主评议村委会成员制度》《村务公开制度》《财务管理、审计制度》《村委会工作制度》《岗位目标责任制度》和村委会下设的工作委员会的工作制度。3 月，区委办公室转发路南区厂务公开工作领导小组《关于在改制企业、新建企业推行厂务公开民主监督制度的实施意见》，在企业中建立厂务公开工作领导小组、专项公开工作小组、厂务公开工作监督小组，要求在规定时限内，公开企业的发展规划、年度计划、生产经营状况和企业改制情况，企业招工、解聘情况、职工工资发放、职工奖惩、劳动保护、安全生产情况，企业职工保险福利和职工养老、工伤、失业、医疗等社会统筹保险金交纳情况，集体合同的签订和履行情况，大宗物资采购供应情况，业务招待费使用情况，选举、罢免企业厂长（经理）和民主评议干部情况等。4 月，区委下发《关于全面加强城市社区建设的实施意见》《路南区社区建设三年规划》，决定合理调整社区居委会规模，加强社区居委会基础设施建设，优化社区居委会干部结构，加强示范社区创建工作，深化社区管理和服务；社区居民委员会实行“1 +5”工作模式，即建立 1 套社区组织管理体系（社区党组织、社区居民代表大会、社区议事协商委员会、社区居委会），建立健全 5 个社区工作站（社区服务工作站、社区文教体活动站、社区卫生服务站、社区安全警务站、社区环境管理站）；居委会干部通过社会招聘、民主选举、竞争上岗等方式产生。

2002 年 6 月，区委印发《关于争创全国社区建设示范区的实施方案》，对社区管理体制进行改革，建立健全民主选举、民主决策、民主监督机制。8 月，区委下发《关于推行“一制三化”工作机制，进一步强化农村党支部领导核心地位的意见》，决定加强党支部领导下的村民自治运行机制建设，推进党支部工作规范化、村民自治法制化、民主监督程序化。

2003 年 1 月，区委印发《关于进一步深化社区建设的意见》，推进社区思想政治工作网络化（试点）工作，建立社区党建工作联席会制度和社区议事委员会制度。3 月，区委作出《中共唐山市路南区委关于创新务实奋勇争先加速推进全面建设小康社会进程若干问题的决定》，明确要扎实推进民主法制建设，坚持和完善各项民主制度，拓宽公民政治参与的渠道，保障人民的经济政治文化权益；扩大基层民主，完善村民自治、城市居民自治和职工代表大会制度，深入推进政务、厂务、村务、校务公开。

2005 年，区委制定《关于健全和完善“五项公开”工作的实施意见》，区委办公室、区政府办公室转发民政局《关于健全和完善居务公开的实施方案》，进一步完善政务、村务、厂务、校务、居务五项公开制度。

2010 年 1 月，区委八届五次全会报告提出，更好地发挥工会、共青团、妇联等人民团体联系群众的桥梁和纽带作用，加强和完善村、居自治组织建设，提高自治水平，在全区形成同心同德、齐心协力推动科学发展、跨越式发展的良好局面。

第二节　经济建设决策

一、三产兴区决策

震后经过十余年的恢复建设，商贸设施达到甚至超过震前水平。至 1990 年，全区完成社会商品零售总额 2.04 亿元，实现第三产业增加值 7948 万元。是年起，按照中共路南区第四次代表大会确立的区街经济“为农业服务、为大工业服务、为人民生活服务、为出口服务”的目标，加强商品流通体系建设，重点发展小山、荷花坑、建国路、大里路四大集贸市场。1991 年，在流通领域坚持“工贸、商贸结合，生产与流通并重”，加快集贸市场建设，构建工商贸“三位一体”的商贸流通体系。

1992 年 1 月，区委四届五次全会报告提出，第三产业发展重点是搞好结构调整，批发企业向规模效益型发展，零售企业向专业型发展，发展前店后厂和商办工业，实现工商互补；树立“大商业”观念，扩大流通渠道，开发农村市场，发展新的服务项目；调整库存结构，妥善处置贬损，增加花色，扩大销量；提高职工素质，改善服务态度。8 月，区委提出“一治三兴”发展战略，即依法治区、科教兴区、开放兴区、拓市兴区，其中在拓市兴区方面要求实现“高起点、大跨度、超常规、跳跃式”发展。11月，区委制定《唐山市路南区1992—1995年第三产业发展规划》，确定商业发展的总体格局是：提高东部，将小山、建国路建成全市的商业中心；开发西部，建设新火车站商业群；发展中部，以新华道周围商业群为骨干，以专业化经营为特色，建成中部商业区；发展“一委一点”和个体私营经济，形成方便居民生活的星罗棋布的商业网络。12月，中共路南区第五次代表大会将“拓市兴区”发展战略完善为“发挥繁商区优势，实施拓市兴区战略，大力发展第三产业”。主要内容有：按照“提高东部、振兴西部、开发城乡结合部”的总体构想和“专业经营、突出特色、积极投入、扩大规模、主动出击、辐射内外”的24字方针，提高整体效益，巩固繁商区地位；发挥优势、壮大市场，打通小山与建国路市场之间的地下涵洞，扩大荷花坑市场规模，新建陶瓷一条街和果品批发市场，加快建材市场建设，形成以小山建国路、荷花坑、果品、建材四大市场为主的市场群体，发展仓储运输、通讯联络、饮食住宿等服务业；树立“大三产”的观念，抓好金融保险、房地产、海陆运输、物资交流、广告装潢等新兴行业开发，组建专业化公司，发展信息咨询、居民服务、文化娱乐等行业，促进第三产业全面协调发展。

1993年8月，区委五届二次全委（扩大）会议明确，发展第三产业，要坚持规模化与专业化发展相结合，大型商业企业上规模、上档次、上水平，小型企业向专业化、系列化方向发展；培育发展各类市场，搞活流通；拓展海运、物资、房地产、广告装潢、外贸五大公司的经营领域，发展信息服务、科技咨询、金融保险等新兴行业；筹措资金，确保小山大厦工程建设；增加各乡街对第三产业的适度投入。

1994年，区委五届三次全会决定将市场建设作为重点，实施“12459”工程，即打造一个精品商贸城（小山建国路商贸城），实施两大工程（小山招商大厦工程和小山建国路立交桥工程），建设四区（现代工业园区、区街工业小区、马家屯和文北商品住宅区、仓储区）、五市（建材市场、果品批发市场、文化市场、物资市场、旧物交易市场）、九街（新华副道美食街、复兴路五交化一条街、水沟沿清真用品一条街、唐柏路陶瓷一条街、唐古路汽车修理配件一条街、解放南路商业街、南新东道商业街、增盛里商业街、学院南路电子一条街）。

1995年12月，区委立足区情，审时度势，在区委五届六次全会确立“三产兴区”发展战略，与科教兴区、开放兴区同为全区“三大战略”。

1996年起，围绕“三产兴区”发展战略的实施，重点加强市场建设，提高小山、建国路市场档次，抓紧环唐柏路市场建设，扩大荷花坑市场规模，发展运输市场，培育南新道两侧繁商一条街；改革商业流通体制，大型商业企业尝试代理制和连锁经营，小型商业企业要向精品店、专营店、特色化发展，并采取租一批、卖一批、改造一批的办法，抓好几个大的，放活一片小的；拓宽三产领域，开发信息咨询、中介服务、要素市场等高层次的新兴产业，在新行业新领域寻求大的突破；加快小山建国路商贸区、三角地商贸区建设，发展北方陶瓷城、家具市场等专业市场，在老火车站一带发展果品批发、大宗物资周转、仓储等产业。

1998年，重点培育发展东部商贸区，以陶瓷城等为龙头带动建材、家具、旧物、机动车市场繁荣；改建扩建荷花坑、小山、建国路三个市场；规范人民路摩托车配件一条街、增盛路果品一条街、车站路机械设备零部件一条街三条商业街；开发火车站装饰材料市场、汽贸交易市场、南新道临街市场三个市场；发展社区服务业，使之成为新的增长点。

1999年，重点巩固繁商优势，扩大蔬菜和服装产地型批发市场建设，实施荷花坑市场扩建，旧机动车市场设施完善，果品市场建成集仓储、批发、交易、运输为一体的大型市场；建设一批新型市场，包括老火车站劳动力市场、信息咨询市场、技术市场、人才市场等；发展社区服务市场，开展中介服务、便民服务。2000年，扩大市场群建设规模，在南部形成以旧物交易、新旧汽车交易、陶瓷等为主的生产资料市场群，东部形成以蔬菜、百货、服装为主的日用消费品市场群，中部形成以灯具、中高档装饰材料为主的装饰材料市场群。

2001年，加强规模批发市场建设，重点抓住一个契机（以荷花坑市场改扩建为契机，提高大型市场的集散能力和知名度），干好一个“点睛之笔”（小山区域的改造），建好一个“中间开花”工程（南新道家居文化广场建设），形成全市批发市场龙型经济的龙头；重视特色商业街开发，建设骨干街道繁商经济带和家电、食品、服装、文化用品等特色消费点，把路南主要街道建成各具特色的经营消费区域；发展居民区小超市、零售商业网点，建设小型永久性商业网络，方便居民购物需求；运用计算机网络等现代技术，改造传统商贸，发展专卖、连锁、配送等现代商业企业和信息、技术、劳动力等新兴三产，建设现代商业。9月，区委制定《关于进一步实施“三产兴区”战略的实施意见》，提出要按照“专业化、专卖化、产地化”要求，抓好现有商贸网点的巩固、完善、转型，科学规划布局，避免无序竞争，建设规模批发市场体系、特色消费体系、便民服务体系，到“十五”末期，第三产业增加值19.1亿元，年均递增11.15%，在国民经济中的比重稳定在63%～65%。

2003年，按照“一产调优、二产调强、三产调高”思路，以打造生态文化商务中心区为目标，重点抓好四大市场群落建设，即中部生态文化中心商务区、东南部生产资料市场群、东部传统市场群、西部日用消费品市场群。同年，区委作出《关于创新务实奋勇争先加速推进全面建设小康社会进程若干问题的决定》，提出“三产兴区”的主要措施：建设商贸大区，以设施现代化、管理规范化、经营品牌化为方向，以优化结构、提升档次、增强竞争力、扩大再就业为目标，构建传统服务业和新兴服务业齐头并进、协调发展的新格局；巩固提升传统服务业，实现商贸流通现代化，形成以骨干批发市场为主体，沿街门市和小区便民服务体系相结合，信息化为先导，连锁经营、现代物流配送、代理制和计算机信息管理等现代流通组织方式为一体的市场体系建设；培育新兴服务业，完善社区服务业，壮大休闲娱乐业，发展文化、体育、运输等产业，使之尽快成为新的经济增长点。

2004年起，发展“总部经济”，加强“商贸大区”建设，巩固提高传统市场和传统行业，保持商贸业领先地位。主要措施有：以市场贸易、零售批发为基础，巩固老市场，开发新型市场和特色市场，重视产地型市场，发展连锁经营、物流配送、特许经营、电子商务等新兴业态；以“总部经济”为龙头，打造城市中心商务区，建设以纪念碑广场区域为中心的核心商圈、新华道南侧总部经济带、南湖生态经济区、特色商业街区，引进金融、保险、信息、商务中介等现代服务业，巩固发展商贸、餐饮、休闲、娱乐等传统服务业，把路南区建成全市的商业流通中心、总部经济中心、金融和商务服务中心，成为唐山市总体规划中的中心商务区之一；发展新兴服务业，提升传统繁商区的内涵，重点发展现代物流业、社区服务业、房地产开发。

2005年6月，区委印发《关于加快服务业发展的意见》。确定的指导思想是：围绕唐山建设“区域经济中心城市”和现代化沿海大城市框架，通过政府引导、市场运作、企业经营、多元投入，大力发展生活服务业（包括社区服务、商贸餐饮服务等）、生产服务业（包括现代物流、总部经济、商务服务等）、公益服务业（包括科技、教育、文化、体育、社保等），全面提高服务业的质量和水平。主要目标是：2007年全区服务业增加值力争达到24亿元，年均增长约12%；2010年全区服务业增加值力争达到33亿元，年均增长约12%；2020年基本形成现代化服务业体系，建成区域性商贸中心、总部经济中心和物流基地。工作重点：打造中心商务区，建设南湖生态经济区，发展特色商业街区，巩固中心市场，提升商贸餐饮业，加快发展现代物流业和商务服务业，社区服务业和社会保障服务业，房地产业，教育、文体、卫生服务业。12月，区委七届七次全会讨论通过《中共路南区委关于制定国民经济和社会发展第十一个五年规划的建议》，提出要巩固传统服务业，大力发展现代服务业，加快中心商务区建设，逐步形成由一个总部群落、一批现代化商场和商业街、一批现代物流基地、一个高效物流交通运输中转中心和一批品牌社区服务企业共同构成的产业发展格局，培育出3～5个千万元以上税收大户，建成全市有影响的商业商务区。

2006年7月，中共路南区第八次代表大会明确，今后五年要巩固提升传统服务业，发展壮大现代服务业，优先发展总部经济和现代物流经济，培育新兴产业，形成与经济发展相吻合、与城市现代化进程相协调、与城乡居民需求相适应的服务业体系，打造传统繁商区的新优势。具体内容有：加快传统商贸改造升级，以荷花坑、小山、新华道农贸和南新道水产等骨干市场为重点，推行现代经营管理方式，提高经营档次、规模和效益；发展现代商贸模式，以新天地、新街等为重点，培育商业步行街、连锁超市、汽车专卖等新型商业业态；优先发展“总部经济”，加快启动渤海大厦建设，引进国内外知名企业总部，逐步形成新华道南侧总部经济带；发展现代物流业，结合东南部老城区改造和东出口大洪桥交通枢纽建设，以钢材、陶瓷等生产资料为重点，建设东南部仓储物流区和大型物流配送基地；发展社区服务业，拓宽服务范围，提高品牌效应，重点扶持培育一批社区服务企业；发展法律、会计、金融、保险等各类中介服务组织，引导文化、体育等产业健康发展；谋划大南湖周边开发，以休闲娱乐、生态旅游等为重点，构建环南湖休闲经济带。通过五年努力，逐步形成由一个总部群落、一批现代化商场和商业街、一批现代物流基地、一个高效物流交通运输中转中心和一批社区服务品牌构成的服务业发展新格局。

2007年3月，区委八届二次全会提出，要牢牢把握发展第一要务，突出发展现代物流业，加快发展总部经济，引进和培育金融、保险、证券、法律、会计、审计等中介服务机构，改造提升传统服务业，建设全市商业商务中心区，成为全市的商业中心、农副产品集散中心、钢材物流中心、汽车贸易中心、五交化产品交易中心、装饰装潢材料销售中心。4月，在全区开展科学发展观学习教育活动中，区委提出“五年再造一个新路南”发展目标，其中第三产业重点改造传统市场，引进新兴商业业态，发展总部经济、楼宇经济，壮大社区服务业，培育社区服务龙头企业。

2008年1月，区委八届三次全会提出，要把发展服务业作为推进经济结构调整、转变发展方式的重要环节和战略举措，重点发展生产性服务业，创新发展消费性服务业，大力发展新型高端服务业，协调发展城乡服务业。具体措施有：抓好“两提升、三突出”（即提升传统市场档次，建设区域性商品集散中心；提升商业业态，建设区域性商贸中心；突出发展总部经济，建设区域性商务中心；突出发展现代物流业，建设区域性物流中心；突出发展休闲旅游业，建设全市旅游中心），规划好“六点”建设（即新华道南侧沿线的渤海大厦、渤海文化大厦、人民大厦、新华大厦、曙光大厦、建国大厦等六大标志性景观建筑），抓好“六片”开发（即西南片区、东南片区、长青楼区域、南湖北岸区域、小山建国路区域、华岩南路区域的开发建设），加快传统商贸大区向现代服务强区的转变。4月，在《路南区科学发展规划》中提出，要大力发展第三产业，“三年再造一个新路南”。

2009年1月，区委八届四次全会明确，要以建设“三带三中心”为重点，发展第三产业。其中，“三带”即环南湖生态经济带，依托正在建设的地震遗址、国家矿山、交大旧址等主题公园，重点发展城市文化体验、休闲地产、旅游服务等产业；新华道南侧楼宇经济带，依托新华道南侧标志性景观建设，发展金融保险、现代商业、商贸物流等现代服务业；南新道休闲商业带，结合南新道区域危旧平房整体搬迁，发展生态购物、特色餐饮等生活性服务业，形成集吃、住、行、娱、购、游等为一体的现代商业长廊。“三中心”即长青楼区域市级商业商务中心，以万达广场为重点，发展高档百货、超五星级酒店等新型高端服务业；东南部市级综合商贸物流中心，依托陶瓷城区域改造，对东南片区现有物流进行系统整合，重点发展钢铁、陶瓷、建材等生产性服务业；西南片区市级行政中心，打造集高档住宅、星级酒店、会展经济、行政服务业为主的生态型示范新城区。

2010年1月，区委八届五次全会报告提出，要以在全市率先建成科学发展示范区和人民群众幸福之区为主线，全力打造唐山市商业商务中心、文化创意中心、政务中心。要着力发展现代商贸流通业，实施水产市场、果品市场搬迁改造，建设中国唐山国际水产品交易中心、中国唐山国际干鲜果品物流交易中心，完成荷花坑市场改扩建和新天地二期改造项目，加快传统市场上档升级；着力发展现代物流业，完成陶瓷城区域整体改造、中国唐山北方国际钢铁交易及配送物流中心项目主体工程，启动中国唐山国际石材城二期工程，谋划复兴路两侧区域改造，加快建设12平方公里冀东现代物流城建设；优先发展高端服务业，完成万达广场主体工程，商场、酒店投入使用，加紧建设新华贸中心、人民大厦、渤海新世界、南湖大酒店、渤海大厦、曙光大厦、建国大厦一期、世博二期工程，引进金融保险、科技信息、中介服务等企业，形成高端商业商务带；积极发展旅游业，借助南湖生态资源和现有旅游资源，发展工业旅游和休闲旅游，谋划举办“第一届南湖旅游文化节”；服务业增加值增长23%以上，超过50亿元，占地区生产总值的81%，形成服务全市、辐射京津冀和东北亚地区的现代服务业聚集地。“三产兴区”发展战略的全面实施，第三产业呈现出跨越式发展态势，成为路南区域经济的主导产业。

二、工业强区决策

震后经过十余年恢复建设，工业经济开始复苏。至1990年，全区有区属全民工业企业13家，集体工业企业143家（其中区属集体企业34家，街道集体企业97家，校办工业企业11家，区内服务业1家），外商投资和中国港澳台商投资工业企业2家，基本构成以公有制为主体，以机械电子、化工、纺织服装、食品为主导的工业格局，全区实现工业总产值3.06亿元（按1990年不变价格计算）。是年起，按照中共路南区第四次代表大会要求，加快区街工业结构调整步伐，以开发新产品为突破口，对占半数以上的平销、滞销产品，按照国家产业政策进行抑产转产调整；对适销对路和能够增加有效供给的产品，上质量、多增产，防止滑坡；对生产非优势产品的企业，引导其向大企业靠拢，在甘当配角上做文章；对亏损企业，通过优势企业带动劣势企业，寻求扭亏出路；发展街道工业，保持“甘当配角、拾遗补缺”特色，提高管理水平和技术素质。

1991年，区属工业以“质量、品种、效益年”为主线，抓产品结构调整，引进大项目，发展合资企业，努力走出低谷、积蓄后劲；街道工业以“巩固基础、突出重点、扶植骨干企业”为主线，抓质量、抓品种、抓技改、抓投入，实现再次起飞。

1992年，中共路南区第五次代表大会决定，今后五年经济发展实施“10211工程”，即到“八五”末期，工业产值达到10个亿，外贸交货值达到2个亿，工业和三产各创利税1亿元。此后，围绕“10211工程”的实施，优先发展电子行业，重点做强电子焊接集团和电子企业集团两大集团企业；巩固提高机械行业，重点发展电子设备厂和华安公司两大龙头企业；注重发展机电一体化，在计算机及其应用产品、电子医疗器材、通讯设备以及铁路、煤矿专用设备等方面，努力开发新技术，走机电一体化路子，促进两大行业相互融合渗透。1997年，按照社会主义市场经济体制改革目标，开始对企业产权制度进行改革。1999年，企业产权制度改革进入攻坚阶段，对效益较好的企业，采取国家或集体控股、职工参股的形式推进公司制改革；对骨干企业推进企业集团建设；对中小企业实行股份制和股份合作制；对“两停一亏”（停产、半停产、亏损）企业采用分块启动以及兼并、出售等形式进行改革。同时，立足城郊区位优势，调整乡镇企业经济结构，加快二次创业，重点谋划三角地工业小区建设，尽快形成管理相对独立、功能比较完善、布局比较合理的乡镇企业发展园区。是年12月，区委印发《关于推进企业改革和发展的实施意见》，要求国有资本逐步退出竞争性行业，除遇特殊情况，不再兴办独资的国有工商业；继续实施“集团”战略，着力培育销售收入千万元以上、利税百万元以上的龙头骨干企业；脱困活小，加快企业转制，通过兼并、联合、股份制、中外合资、出售、租赁等多种形式，进行资产重组。改革的逐步深入，为工业经济发展带来契机。同月，区委六届七次全会面对全区工业经济呈现出的快速发展态势，确立“工业强区”发展战略。此后，围绕“工业强区”战略的实施，以市场为导向，以企业为主体，以优化工业布局，培育支柱企业、名牌产品为重点，加快工业改组和改造。主要措施有：实施“退二进三”，退出居民区或商业区的工业企业，对具有开发价值的，分期分批迁入工业小区；加快工业结构优化升级，机电行业发展智能化机械、微电机、电子仪器仪表等数控技术，食品行业发展现代杀菌技术、微生物技术、真空保鲜技术，化工行业发展日用化工和精细化工产品，轻工行业加快新产品开发，推进电子信息、环保产业、新材料、新能源等新兴产业；推进企业结构调整，打破地域、所有制界限，寻求企业间的联合兼并。2002年，扩大总量，盘活存量，提升工业经济的贡献率。明确产业定位，重视高新技术产业，发展劳动密集型产业和机械、化工、冶金、轻工（食品、造纸）、陶瓷五大骨干行业；培植利税大户，开展名牌产品创建活动，建设高效益、高附加值企业；拓展发展空间，推进南刘屯高新技术园区和吉祥、虹桥、交大工业园区建设，并按照“谁引户谁得税”原则广泛招商；完善政策，扩大开放，加强工业项目的引进。

2003年，区委印发《关于加快工业经济发展的实施意见》，确定今后五年工业经济在全区国民经济中所占比重，由2002年的35%提高到40%。具体措施有：巩固壮大优势产业，即巩固提高机械电子行业，扩张食品、家具加工业，培植建材行业和钢材加工业；加快工业园区开发建设，即加快吉祥工业园区、虹桥工业园区、交大高新技术园区建设，五年内再开发一个占地200亩以上的工业园区；实施名牌带动，即培育发展山益电机有限公司迈瑞德、化工机械有限公司天骄、华通线缆有限公司汇达等品牌，巩固提升金匙集团太太梦、隆义集团万里香、四远香、化学厂唐人等品牌，整合壮大开元集团松下、万通线缆有限公司万通等品牌，扩大骨干龙头企业的品牌效应，构筑品牌群体优势；推进工业企业信息化，推广“4C+E”，即计算机辅助设计（CAD）、计算机辅助制造（CAM）、计算机辅助工艺管理（CAPP）、计算机集成制造系统（CLMS）、企业资源计划（ERP），通过信息化带动工业化。是年3月，区委作出《中共唐山市路南区委关于创新务实奋勇争先加速推进全面建设小康社会进程若干问题的决定》，决定提出，利用先进适用技术嫁接改造传统产业，扩大总量、盘活存量，发展经济效益好、土地占用少、环境污染小的新型工业企业，加快工业发展速度，使之成为全区经济的重要支撑和财政收入的主体；加快工业小区建设，在搞好现有工业园区建设的基础上，在女织寨乡区域开发新型工业小区，使其成为工业发展的主战场；巩固壮大优势产业，依托唐山市产业优势，延伸产业链，发展钢铁、机电、食品、轻工、化工、建材六大主导产业，将辖区发展成为加工业为主的工业区；加快企业产权制度改革，发挥各类所有制企业的市场竞争优势；实名牌战略，发挥松下、金匙、华通、长城、隆义集团等重点企业的龙头作用，培育名牌产品；加强企业战略性研究和质量认证、环境认证管理，提高企业竞争力和可持续发展能力。

2006年7月，中共路南区第八次代表大会再次将“工业强区”战略作为今后五年实现经济社会全面、协调、可持续发展的主体战略之一，强调工业经济要以高附加值、劳动密集型、土地集约型和环保型为发展方向，培育骨干企业与发展中小企业相结合，打造符合中心城区发展要求的新型城市工业体系；加快调整工业布局，结合城乡一体化，把女织寨乡作为工业发展的主战场，谋划制定工业用地规划；依托唐山精品钢材、装备制造和优质建材三大基地建设，把钢铁深加工、机械制造、轻化工三大主导产业做优做强；加快传统行业升级改造步伐，鼓励企业积极引进利用、消化吸收高新技术和先进适用技术，提高产品竞争力；引导企业建立现代企业制度，引进现代管理模式和先进管理经验，实施品牌战略和体系认证管理，提高企业素质。

2008年，继续实施“工业强区”战略，全力推动新型城市工业快速崛起，实现城区经济跨越发展。主要措施有：以产业链经济为中心，以“两园”（沿海工业园、女织寨工业园）、“双百”（国家“双百工程”）为重点，大力发展技术含量高、就业容量大、节约环保、优质高效的工业项目；做强主导产业，促进产业集群，加快发展精品钢材、装备制造、农副产品深加工三大主导产业；加强园区建设，促进企业集聚，女织寨乡工业加工区向钢铁精加工和装备制造业集群发展，再谋划建设6~7平方公里的工业园区，发展“飞地经济”；提升企业素质，促进管理集约，引导规模企业逐步建立“产权清晰、权责明确、管理科学”的现代企业制度，加快建立总工程师、总会计师、总工艺师“三总师”制度，建立新产品研发基金和研发制度，提升综合竞争力。

2009年，围绕“三园三基地”建设，调优做强第二产业。其中“三园”，即高新技术装备制造园（侯边庄），力争达到4平方公里，引进高科技装备制造企业；软件创意园，依托南湖的生态环境和毗邻京津的人才优势，引入软件设计与研发、虚拟加工企业；高新技术产业园，盘活吉祥工业园区土地，引进高新技术项目。“三基地”，即中国石油装备制造基地，发展石油勘探开采、石油高新技术开发等产业，形成企业聚集区；中国唐山国家应急救援装备研发基地，谋划引进飞艇、新一代直升机、无人化装备制造研发等项目和与之配套的商务、培训、会展等相关产业；新能源产业基地，整合现代工业园区及周边土地资源，谋划引进太阳能电池项目，形成绿色能源产业集群。同时，加快精品钢材、装备制造、农副产品深加工等主导产业发展，引导规模企业向沿海转移。

2010年1月，区委八届五次全会报告提出，要按照新型工业化的要求，做强主导产业，培育新兴产业，加快发展新型城市工业。主要措施有：整合现代、吉祥两个工业园区及周边土地资源，加快精品钢材、装备制造、农副产品深加工等主导产业发展；引进低碳、节能、环保的高新技术产业项目，培育发展新兴产业；加快侯边庄高新技术产业聚集区建设，已入园的6家企业年内建成投产；按照“低碳节能、绿色环保”要求，启动8.94平方公里的曹妃甸路南区临港工业园建设，制定园区发展规划和优惠政策，搞好园区规划设计，在全市率先启动填海造地、率先启动园区建设、率先引企入园，引进无人机、无人艇、飞艇等高科技项目，年内确保2家以上企业落户园区。“工业强区”战略的实施，为路南区域经济实力的整体提升奠定了坚实的物质基础。

三、农业产业化发展决策

1992年11月，女织寨、梁家屯两个乡的38个村由开平区划归路南区，辖域始有农业。

1998年1月，区委印发《促进农业产业化发展的规定》，提出要以优化品种、提高质量、增加效益为中心，发展壮大主导产业，推进农业产业化发展。围绕《促进农业产业化发展的规定》的实施，确定10项扶植政策：集中有限资金，扶持重点项目；对新建的农副产品批发市场免收2年管理费，第3年收取50%；鼓励支持农口单位参与农业产业化经营，享受优惠政策；鼓励外商投资农业综合开发和新技术、新产品的项目，经营期10年以上的，减免所得税期满后给予部分税金财政返还；支持专业合作社、农民协会、研究会等社会化服务组织建设，在税收方面给予适当优惠；农业科技人员及具有一定企业管理水平的人才，经组织人事部门安排到区级龙头企业或基地服务的，三年内保留原单位工作关系、工资照发、服务收入归已，大中专毕业生到龙头企业工作，保留干部身份，从报到之日起享受转正定级工资并上浮二级，连续工作满三年以后固定一级，同时再上浮一级工资；发挥区、乡、村投资导向投资作用，集中财力推进农业产业化；发挥农户主体作用，把有限的资金最大限度地用于农业产业化经营；完善土地承包政策，建立土地流转机制；对在农业产业化建设中有突出贡献的单位和个人，根据贡献大小给予奖励。

1999年1月，区委的工作要点提出，要积极寻求“四个突破”（农业产业化发展、小企业放开搞活、市场建设与管理、社区建设），其中农业产业化突破重点是：以蔬菜、畜牧、花卉为主导产业，建设三个千亩棚菜示范基地（老谢庄、西越河千亩温室基地，津唐高速沿线五村千亩新菜田基地，王禾庄、程各庄千亩蔬菜及深加工基地），建成三个养殖基地（西越河肉鸽基地、侯边庄养殖基地、南刘屯综合养殖基地）、三个养殖小区（王禾庄养鸡小区、岳各庄养猪小区、檀庄养猪小区）、三个养殖场（将军坨和西礼尚庄千亩塌陷地养猪场、西小艾百头牛养殖场、老谢庄“的卡”养猪场），扩大“中国唐山北方花卉基地”建设规模。

2000年，区委工作要点中提出，要以蔬菜、畜牧、花卉为主导产业，加快农业产业化发展进程。主要措施有：发展区域特色蔬菜产业，抓好三个千亩棚菜示范基地建设，即老谢庄、西越河千亩温室基地，沿津唐高速公路五村建成千亩新设施菜田，沿西电路建成王禾庄、程各庄千亩胡萝卜、生菜基地；发展规模化畜牧业养殖，扩大三个基地（西越河肉鸽养殖基地、侯边庄养猪基地、南刘屯综合养殖基地），管好三个养殖小区（王禾庄养鸡小区、岳各庄养猪小区、檀庄养猪小区），建设三个养殖场（将军坨和西礼尚庄千亩塌陷地养猪场、西小艾百头牛养殖场、老谢庄的卡养猪场），新上一个综合养殖基地和一个规模养殖场项目；扩大花卉产业规模，按照“多元投资、统一管理、分散经营”战略，重点抓好“中国唐山北方花卉基地”建设。是年3月，区委、区政府在《关于2000年—2005年农业结构调整的实施方案》中提出，要调整农业产品结构，引进名优特品种，尽快更新换代；调整农业种植结构，扩大高效经济作物比重，推进粮经二元结构向粮经饲三元结构转变；调整农业产业结构，发展养殖业和加工业，把畜牧养殖业建成全区农业的第一主导产业；调整区域布局，培育主导产品，壮大支柱产业，实现优势产品规模调大、农产品品质调优。其中调整的重点是，大力发展畜牧养殖、蔬菜两大主导产业，加快培育花卉、食用菌、饲料饲草三个新的增长点和速生点。保证措施主要有，进一步加强农田水利等基础设施建设，发展节水农业核设施农业；坚持以科技为依托，实施"科技兴农"战略，普及和推广先进适用技术，培育和发展名优特新品种，引进和开发高新技术和先进种养模式。是年，农业农村工作围绕农业增收、农民增收、农村稳定，发展城郊型特色农业，减少大田种植面积，增加蔬菜和花卉种植面积，培育规模化养殖大户和专业化养殖小区，在岳各庄、檀庄等五个养猪小区推广迪卡猪养殖，发展三元杂交瘦肉型猪养殖，以王禾庄为中心扩大养鸡规模，以西越河为中心扩大肉鸽养殖规模，用2~3年时间建成华北地区较大的特禽养殖基地。

2001年8月，区委六届九次全会强调，农业要发挥近郊优势，走现代高效农业发展之路，着重引进优质高效的先进品种和生产技术，发展蔬菜、花卉苗木、畜牧三大主导产业；要以老谢庄千亩无公害蔬菜基地、和平街花卉基地为典型，推广"公司加农户"产业化模式，发展农业龙型经济，提高农业产业化水平和组织化程度。

2002年12月，在全区发展个体私营经济工作总结表彰大会上，区委书记于大中在《深入贯彻十六大精神推动个体私营经济实现健康快速发展》的讲话中指出，要大力培育农业产业化龙头，围绕畜牧、蔬菜、花卉苗木三大主导产业，鼓励个体私营企业积极参与农业产业化经营，加快传统农业向现代农业的转变，培育新兴特色产业，为农民增收致富开辟空间。

2003年，区委印发《关于大力推进农业产业化经营的实施意见》《关于创新务实奋勇争先加速推进全面建设小康社会进程若干问题的决定》，明确加快农业产业化进程，要引入工业化思维，立足城郊优势，坚持走产业化、工业化道路；加快农业结构调整，发展壮大畜牧、蔬菜、花卉苗木三大主导产业，推进精细种植业、精品养殖业、精深加工业，提高农产品市场竞争力；培育和引入农业产业化龙头企业和中介组织，壮大农业龙型经济。

2006年7月，中共路南区第八次代表大会明确今后五年，农业要以服务城市为方向，以增加农民收入为核心，实行商农结合、工农结合，加强特色农产品基地建设和南湖周边生态农业产业园区建设，扩大绿色蔬菜、花卉、苗木种植，推动农产品深加工、精加工，发展城市周边特色农业。此后，围绕中共路南区第八次代表大会部署，重点发展农副产品深加工产业，支持隆义集团、香宇食品等企业把现有品牌做大做强，扶持和发工贸、茂原农庄等企业发展壮大，形成一批农业产业化龙头企业。2008年，强化一产与二、三产业融合发展，将农业产业化融入工业加工生产链条和市场销售链条，发挥农业产业化龙头企业作用，扩大特色蔬菜、花卉、果品种植规模，提高休闲观光农业效益，促进农民增收。

四、开发大南湖、建设新路南决策

开滦唐山矿位于唐山市中心，井田范围由市中心经西南郊延至丰南区。1878年，唐山矿1号竖井开凿。经过130多年的煤炭开采，市区周边已形成200平方公里的采煤下沉区，其中辖域南部有28平方公里。采沉区内，村庄迁移、农田废弃、坑洼遍布，居民称其为"南大洼"。

1977年5月，经国务院批准的《新唐山建设总体规划》，将"南大洼"区域列入风景区规划范围，即：利用开滦采煤塌陷地兴建水上活动区；利用地震废墟堆积假山，修建亭阁、水榭、码头；保留机车车辆厂铸钢车间、牛马库断裂带、十中断裂带、吉祥路行道树错位地震遗迹，供国内外专家考察；重修革命先烈邓培故居。以后，由于恢复建设资金、地质等原因，多年未建，至1996年，"南大洼"区域一直为周围村庄的养殖场、城市垃圾填埋场、西郊电厂等企业的废渣排放场，每天约有700吨生活和建筑垃圾填埋到这里，区域内环境恶劣，卫生脏乱差，臭气熏天，蚊蝇扑面，被喻"溃烂的城市疮疤"，成为迟滞城市发展的瓶颈。

1997年，市委、市政府开始将南部采沉区治理提上重要议事日程，决定将“南大洼”建成集休闲、娱乐为一体的南湖公园，并责成有关部门编制区域治理规划，城建部门对核心区坑塘进行治理，组织全市机关、厂矿、部队、院校以及居民开展义务植树，路南区在建设中首当其冲，局部区域面貌得到改善。

1999年12月，区委六届五次全会就落实市委、市政府建设南湖公园决策作出部署，即加快城区改造步伐，对塌陷地进行综合开发，建设具有城郊特点的特色农业；依托南湖公园，多种形式开发利用塌陷地，植树、种草、净水，开发娱乐设施、休闲轻体房、金属材料市场等项目，形成中部繁商区。此后，建设具有城郊特点的特色农业经济开始起步，截至2002年，沿西电路已建成王禾庄、程各庄千亩胡萝卜、生菜基地，在南湖及周边区域已建成王禾庄养鸡小区、岳各庄养猪小区、将军坨和西礼尚庄千亩塌陷地养猪场、西小艾百头牛养殖场。

2003年4月，中共路南区第七次代表大会再次将南湖公园改造提上日程，会议明确，要结合老城区改造和大南湖区域内企业搬迁，开发女织寨乡区域，谋划建设新的工业园区；结合大钊公园、南湖公园、新天地购物广场建设，发展文化、体育、运输、娱乐和休闲旅游等产业；结合南湖生态园区周边改造，启动轻钢结构新型住宅组团建设。

2004年1月，区委七届三次全会报告提出，谋划南湖生态园区周边新天地商业广场、华岩南路步行街、建设南路汽车文化广场、石庄园中园高档商务区等工程建设，建设城区中部南湖生态文化商务中心区，开创南湖经济时代；依托南湖生态园区、抗震纪念碑、纪念馆等标志性建筑和文教资源优势，开发休闲旅游项目，发展文化教育产业，培育新的经济增长点；结合大南湖区域绿化改造和南新道平房改造，建设西南部高标准商住区。12月，区委七届五次全会报告提出，建设生态城区，与商贸大区、文教强区同为全区的三大目标。

2005年6月，区委、区政府在《关于加快服务业发展的意见》中提出，建设南湖生态经济区，依托南湖国家级湿地公园、抗震纪念碑广场、纪念馆等自然和人文资源，依据唐山市南湖生态园区总体规划，在南湖周边区域谋划建设以服务业为主的生态经济区，发展商务会议、观光农业、休闲旅游、餐饮娱乐等项目。是年12月，区委七届七次全会通过的《中共路南区委关于制定国民经济和社会发展第十一个五年规划的建议》明确，“十一五”期间，要突出南湖经济生态区建设（与立区工商项目、东南部老城区改造、城乡一体化同为四大重点），推进城乡统筹发展，建设经济发展、社会和谐、生态良好、环境优美的现代化中心城区；遵循大南湖建设规划，统筹采煤波及区内平房和危房搬迁改造，培育仓储物流、休闲娱乐、生态旅游等新型业态，构建环南湖休闲经济带。

2006年7月，中共路南区第八次代表大会报告提出，今后五年，要结合大南湖生态建设，参与国家发改委实施的煤炭工业城市采煤塌陷区综合治理，构建环南湖休闲经济带。

2007年3月，区委八届二次全会报告提出，加强南部采沉区生态绿化建设，抓好主次干道两侧的植绿扩绿，扩大居民小区、单位庭院绿化面积，营造城市森林，还绿于民。4月，在全区开展科学发展观学习教育活动中，区委提出“强化一个结合求发展、坚持六个面向要效益”的发展思路（即强化经济快速发展与构建和谐路南相结合，打造生活富裕、和谐安宁、富于创新、充满活力的现代化中心城区，面向大南湖开发要效益，面向城区改造和土地再利用要效益，面向传统服务业上档升级要效益，面向总部经济要效益，面向工业小区建设要效益，面向深化改革扩大开放要效益），“开发大南湖、建设新路南”的发展战略，“五年再造一个新路南”的发展目标，即到2012年，全区生产总值和财政收入分别达到70亿元和10亿元，实现翻番。

2008年1月，区委八届三次全会报告提出，按照市委八届四次全会提出的“开放创新、富民强市”要求，全面实施“开发大南湖，建设新路南”主体战略，把规划面积91平方公里的南湖生态城，建设成为在国内享有较高知名度和美誉度的休闲旅游胜地、文化创意园区，注重文化与经济的和谐发展，提升文化的商品属性和价值，培育新的经济增长点。是年4月，编制《路南区科学发展规划》，提出“小区域、大发展、多贡献”的发展理念，确定“开放创新、富民强区”总战略和“依托大南湖、服务大南湖、开发大南湖、建设新路南”的主体战略，明确“以科学发展观为统领，以项目建设为支撑，大力发展第三产业，调优做强第二产业，巩固提升第一产业，团结拼搏、奋发图强，三年再造一个新路南”的奋斗目标。主要措施有：统筹推进大南湖开发建设，精心打造集生态、商务、文化等功能为一体的综合旅游区；加快南湖生态风景区和东岸运动休闲商贸区、西岸滨湖高档居住区、北岸特色商业区的开发建设步伐，打造环南湖生态经济圈；提升服务业发展的质量和档次，构建集商业商务、现代物流、金融保险、文化旅游等为一体的现代服务业体系，打造现代服务业强区；启动新华道南侧六大城市标志性景观建筑建设，做好长青楼区域组团化改造，建成全市最大、档次最高、业态最优的商业商务区，打造全市商务中心；以现有专业商城为依托，推进小山区域、建国路区域、复兴路、车站路两侧传统市场改造，发展现代物流业，培育在全省乃至全国有影响的大型现代化专业商城；依托大南湖生态城建设，挖掘境内旅游资源，推进南湖园林酒店、地震遗址公园、唐山工业发祥史景区等项目建设，发展城市旅游文化产业。

2009年1月，区委八届四次全会报告提出，全区按照“小区域、大发展、多贡献”的理念，坚持“开放创新、富民强区”的总战略和“依托大南湖、服务大南湖、开发大南湖、建设新路南”的主体战略，大力发展第三产业，调优做强第二产业，巩固提升第一产业，打造激情路南、实力路南、魅力路南、幸福路南。

2010年1月，区委八届五次全会报告提出，以在全市率先建成科学发展示范区和人民群众幸福之区为主线，走产业兴区、生态立区、管理强区的发展之路，打造唐山市商业商务中心、文化创意中心、政务中心，推进激情路南、实力路南、生态路南、文化路南、幸福路南建设。

五、开放兴区决策

1988年3月，国务院批准唐山“一市五县”（唐山市、滦县、滦南县、乐亭县、唐海县、丰南县）为沿海开放地区（属秦唐沧环渤海开放系列），辖域随之进入沿海开放之列，享受国内沿海开放地区优惠政策，全区外向型经济开始起步。

1995年起，区委先后印发《关于扩大对外开放的考核奖励试行办法》《关于进一步加快对内对外开放步伐的有关规定》，明确乡街及区直有关部门，凡全面完成责任目标，并有1~2个项目跨入市或省先进行列的为优秀，全面完成责任目标的为达标，未完成责任目标的为未达标；鼓励国内外各界人士在路南区兴办外商投资和中国港澳台商投资企业，投身区内经济建设；鼓励企业积极引进外资进行嫁接改造，调整优化产品结构。

2003年3月，区委制定《关于创新务实奋勇争先加速推进全面建设小康社会进程若干问题的决定》，开始将“开放兴区”战略纳入经济社会发展主体战略之一，以加快对外开放步伐。主要措施有：强化“路南以外都是外”思想，实行全方位、多渠道、宽领域对外开放；合理有效利用外资，推进服、工、建、农四大产业对外开放；改进招商方式，实行多批次、小团组、实效化以及定位、定点、对口招商的新策略；发挥工业园区招商引资的龙头带动作用，引导知名企业在路南区投资兴业；扩大出口，培育拳头产品和创汇大户，完善出口代理制，鼓励支持企业积极申办自营进出口经营权；实施“走出去”战略，支持有实力企业开展跨国经营；扩大对内开放，开展广泛招商和产业转移承接。

2010年，坚持“走出去”与“引进来”相结合，采取“小团组”招商、定向招商、专题招商、展会招商等多种渠道，实行全方位、多层次、宽领域对外开放，吸引战略投资者来路南投资。

六、发展民营经济决策

“文化大革命”期间，个体私营经济被视为“资本主义尾巴”受到限制。中共十一届三中全会后，全党工作重心转移到以经济建设为中心上来，按照国营、集体、个体一起上的方针，个体工商业作为国有经济、集体经济的补充得到发展。

1989 年 12 月，中共路南区第四次代表大会明确，在保证公有制经济主体地位的前提下，一方面要发展个体经济、私营经济和其他多种经济成分，一方面要加强监督管理，加强思想教育，抑制消极作用，发挥积极作用。1990 年起，按照中共路南区第四次代表大会确定的有条件发展个体经济、私营经济和其他多种经济成分的要求，加强对个体经济的引导与管理，坚持定点经营，限制个体批发，使个体经济在合法经营的前提下得到适度发展。

1992 年 12 月，中共路南区第五次代表大会明确发展第三产业要按照中共十四大确立的社会主义市场经济体制的目标，坚持国家、集体、个人一起上，制定优惠政策吸引外地客商，试办个体、私营经济开发区，鼓励个体经济、私营经济更好更快发展，发挥补充作用。

1993 年 7 月，区委五届二次全委（扩大）会议再次强调，要在大力发展公有制经济基础上，突出发展非公有制经济，概括起来是“四句话”，即“思想转过来，政策活起来，管理严起来，发展热起来”。其中“思想转过来”，认识到在社会主义市场经济条件下，个体私营经济已经不仅仅是公有制经济的补充，而是社会主义市场经济体系中的重要组成部分；“政策活起来”，为个体私营经济创造宽松的政策环境，做到“五个不限制”，即发展比例不限制、发展速度不限制、从业人员和经营规模不限制、经营范围不限制、经营方式不限制；“管理严起来”，加强对个体私营经济的管理和对个体私营业主的教育，对无照经营者予以取缔，对欺行霸市者予以惩处，对弄虚作假、欺骗国家、偷税漏税、坑害消费者的行为依法严惩，提高经营者的职业道德和文明素质；“发展热起来”，全社会都要关注和支持个体私营经济发展，制止不合理收费和乱摊派，严肃处理执法人员“吃拿卡要”和贪赃枉法、以权谋私等不正之风，并为个体私营业主解决诸如资金、场地、信贷以及“水电气暖”等问题，规划建设个体商业一条街、私营工业小区。会上，讨论通过《关于大力发展个体和私营经济的意见》，为个体私营经济快速发展提供政策保障。是年，全区个体工商户发展到 8937 户，从业人员 12088 人，私营企业达到 38 家，个体和私营企业户数分别比上年增长 18% 和 138%。

1995 年 8 月，召开私营企业工会联合会成立大会，产生第一届私营企业工会联合会。12 月，区委五届六次全会工作报告提出，要进一步解放思想，一视同仁地对待和支持民有经济发展，制定政策，提供宽松环境，吸引更多本埠、外埠人员来路南经商办实业；非公有制经济办公室要加强同民有企业的联系，及时给予必要的帮助，解决实际问题；加快工业园区建设，拓展发展空间，现代工业园区的一期、二期工程要全部完成，为个体私营经济搭建发展平台。

1997 年，按照“扶植、引导、规范、服务”的要求，建立路南区个体私营经济发展协调领导小组，制定个体私营经济发展规划和优惠政策，召开个体私营业者表彰大会，理顺个体私营经济管理服务体制，寓管理于服务之中；治理“三乱”（乱罚款、乱收费、乱摊派），优化个体私营经济发展环境；鼓励私营经济向规模型、效益型、科技型发展；推进现代工业园区的三期工程建设。

1998 年，按照中共路南区第六次代表大会要求，加强个体私营经济的扶持引导，创造宽松环境，放手发展个体私营经济；允许个体私营经济通过联合、兼并、买断、租赁、参股、嫁接改造等方式，参与国有和集体企业改革；推动个体私营经济上规模、上档次、上水平。

1999 年，区委印发《关于贯彻〈中共中央关于农业和农村工作若干重大问题的决定〉的实施意见》，要求放手放胆发展个体私营经济，落实鼓励个体私营经济发展的政策，在税费、用人等方面为私营企业开绿灯，创造有利于个体私营经济发展的宽松环境；扩大北方陶瓷城、旧机动车市场、旧物市场、建材市场等市场建设，为个体私营经济发展提供场地和空间。是年 7 月，区委、区政府在《关于大力发展个体私营经济的若干政策规定》中明确，对年纳税 10 万元以上的私营企业、5 万元以上的个体工商户分别授予“明星私营企业”和“先进个体工商户”称号，并分别奖励“农转非”指标 1 ~ 3 个和 1 个；对注册资本 100 万元、300 万元、500 万元以上的私营企业，一次性奖励“农转非”指标 1 个、2 个、3 个，以后每年注册资本每增加 100 万元奖励“农转非”指标 1 个；对年纳税额 20 万元以上或注册资本达到500万元以上的私营企业，予以挂牌保护；对合法经营、年缴税额超过上年度基数30万元、40万元、50万元以上的，从下年度开始分别返还地税10%、20%、30%，作为企业的技改基金；放宽个体私营经济经营范围和经营方式，除国家明令禁止的行业和商品外，均允许生产经营；鼓励个体私营经济向科技型转变，对新办和新认定的科技型个体私营企业，2年内所得税减半征收；对企业技术改造新增效益部分，依法纳税后全额返还2年，减半返还3年；对从事电子、生物、通讯等高新技术项目所需占用的土地，土地出让金按80%收取，3年免收土地使用金。同时，还对“三型”私营企业（规模型、科技型、外向型）优先进行工商登记，鼓励个体私营经济参与企业产权制度改革、市场开发、吸收下岗失业职工、安置残疾人员等。是月8日，区委、区政府作出决定，授予13家私营企业为1998年度“明星私营企业”称号，授予20户个体工商户为“1998年度先进个体工商户”称号。是年12月，区委、区政府在《关于进一步加强技术创新，大力发展高新技术，努力实现产业化的实施意见》中提出，通过营造支持民营科技企业发展的政策环境，鼓励科技人员和社会各界采取多种形式创办民营科技企业，推进民营科技企业上规模、上水平；争取在现代工业园区的基础上，建立唐山市现代民营科技园区，大力发展多种形式的民营科技企业；民营科技企业当年安置下岗、失业职工占本单位职工总数50%以上的，经批准可享受劳服企业的税收支持政策，低于本单位职工人数50%的，先征后退所得税。

2000年1月，区委印发《关于加快发展个体私营经济的工作意见》，提出要进一步解放思想，对个体私营经济在全区经济发展中的地位和作用进行再认识，增强发展个体私营经济的紧迫感和责任感；落实省市区发展个体私营经济的相关政策，消除不利因素，营造良好发展环境；健全个体私营经济管理机构和管理体系，扶植支柱企业和利税大户，助推个体私营经济发展；拓展个体私营经济发展空间，搞好现代工业园区管理，谋划西部民营工业园区建设。是年计划，年内私营企业发展到600家，注册资金达到4.6亿元，个体私营工业产值、营业额和消费品零售增幅均分别增长20%以上。

2003年3月，区委在《中共唐山市路南区委关于创新务实奋勇争先加速推进全面建设小康社会进程若干问题的决定》中提出，要进一步深化对发展非公有制经济的认识，加快发展非公有制经济，为区域经济发展注入新的活力；要落实各项政策，在项目审批、技术进步、信息咨询、销售外联等方面提供优良服务；扩大非公有制经济的投资领域，鼓励民间资本和国外资本投资参股国有企业改革和市政基础设施建设，使非公有制经济成为“服工建农”四大产业发展的主力军；扶持有特色、有条件的民营企业向规模型、科技型、外向型方向发展，支持和帮助各类非公有制企业组建企业集团，建立现代企业制度，加快体制、科技和管理创新；表彰为辖区经济发展做出突出贡献的优秀私营企业家，在全社会营造重视非公有制经济发展的良好氛围。

2004年1月，区委七届三次全会工作报告提出，要推广引入滦河集团等大企业的成功经验，盘活新华道、建设路、南新道、文化路等重点繁华区域沿街闲置资产，建设写字楼、办公楼等商业楼宇，引进大企业、大集团特别是民营企业进驻路南建立商务办事处，打造现代企业中心区。

2006年起，贯彻落实中共路南区第八次代表大会确立的“三兴一强一拉动”战略，引导个体工商户的生产经营向名优特方向发展，引导民营企业向现代城市工业、现代服务业、社区服务业、科技型企业集团、总部经济等方向发展。

七、城建拉动决策

1990年，路南区延续1984年7月调整后的区划，辖域面积24.63平方公里，城市建设有工业、仓库、居住、风景、道路、工程设施、商业等功能分区，其中纪念碑广场及附近区域为唐山市商业中心，新华道农贸市场、荷花坑市场为唐山市区大型农贸市场，小山和建国路为唐山市繁商区。是年起，以创建卫生城、整治区容区貌、改善城乡环境为重点，加强城市建设。

1998年起，按照中共路南区第六次代表大会部署，开始综合谋划城区建设布局，即以市区南出口整治为契机，完善市场规划，带动东部繁商区发展；配套建设东南部道路、排水等基础设施，形成以复兴路、南新道为依托的商贸经济带；完善以旧机动车市场、陶瓷市场、建材市场为主的市场网络，形成与建国路、荷花坑、小山市场相呼应的市场群，成为全区经济发展新的增长点；加快小城镇建设步伐，推进平改楼、城中村改造，基本实现城乡一体化；抓好塌陷地、废墟地的整体规划和综合开发，提高城区建设总体水平。7 月，区委召开六届四次全会，确立城区改造的主体框架，即建设 3 大市场群（南、东、中），改造 1 个城中城（小山），完善 4 条商业街（车站路、复兴路、南新道和胜利路），开发 3 个民营企业发展区（科技型、外向型、一般型），新建一批居民住宅区，实施好塌陷地开发利用。12 月，区委六届五次全会讨论通过《唐山市路南区城区改造方案》，明确城区改造的重点是：改造 6 条道路及管网配套，即贯通南新道（车站路—复兴路），拓宽复兴路（启新环岛—吉祥路），改造胜利路（复兴路—胜利桥），延伸滨河路（新华东道—吉祥路），新建建设南路（南新道—唐胥路），贯通文化南北街（新华道—吉祥路）；建设五条商业街，即在南新道、复兴路、胜利路、车站路、滨河路两侧建设高标准的商业街；改扩建 6 个居民小区；构筑 3 大市场群，即以生产资料为主体的南部市场群，以日用消费品为主体的东部市场群，以休闲及相关市场为主体的中部繁商区；开发三个工业园区，即高新技术企业园区、吉祥民营企业园区、虹桥民营企业园区。

2000 年 7 月，在区委六届六次全会上，区委明确城建工作的重点，即抓好“两路（建设南路、南新道）、一桥（永红桥）、一口（南出口）、一区（马家屯小区）、五市（荷花坑市场、金属市场、文化市场、花卉市场、装饰装潢市场）、两街（建国路专业街、南新道商业街）”开发建设。

2001 年，区委六届九次全会提出：在唐山市总体规划框架下，积极协调、主动参与，提出城区以及居民小区建设的近、中、远期方案，搞好辖区城建规划；抓好沿街经济带的建设，以新华道、南新道、复兴路、国防道等骨干道路为载体，加强繁华地区商贸服务企业建设；加强商住结合的住宅小区建设和“平改楼”工程，谋划“温州村”建设，以商引人、以人促商；加强市政基础设施建设和骨干道路改造建设，完善路、水、电、暖、燃气、通讯、有线电视等综合配套设施；加强城区环境建设，实现“绿美亮净”，建设园林城市。

2003 年 2 月，区委印发《关于加快城市建设的实施意见》，明确：要在唐山市城市建设总体规划框架内，将辖区按功能划分为“四个区域”，即商贸居住区（增盛路以西、光明路以东、新华道以南、南新道以北区域），以提高城市管理水平、完善城市功能、综合配套开发为主；商贸旅游区（南湖公园区域），结合唐山市中心商贸区和纪念碑广场、大钊公园、新天地购物广场的综合发展，以生态环境建设为主，购物、休闲、娱乐、项目配套建设并举；老城改造区（增盛路以东、唐古路以西、吉祥路以北、新华道以南区域），以平改楼、街景改造为主；工业建设区（复兴路以西、卡外街以东、南新道以南、岳各庄道以北区域），为工业园区建设区域。要加强道路网络建设，重点提高 4 横（新华道、国防道、南新道、唐胥路）4 纵（友谊路、建设路、复兴路、吉祥路）主干道、8 条次干道（车站路、增盛路、文化路、华岩路、卫国路、学院路、大里路、光明路）的路面档次，实施唐胥路外环线、学院路南延建设，构筑便捷快速的道路交通网络。要加强住宅建设，保持一定规模，发挥投资和消费双重拉动作用，今后五年以东部老城区改造为主攻方向，加快“平改楼”步伐；以城区西部为基点，拓展新小区建设，以改善市民居住环境，提高人民生活质量。加强市政设施建设，今后五年要以提高道路档次、修补断头路及道路两侧硬化、绿化、美化、亮化为重点，谋划实施复兴路、吉祥路、胜利路、唐胥路、岳各庄路拓宽改造，学院南路向南延伸，打通 20 条断头路，使唐胥路、岳各庄路、吉祥路成为城市的南外环路，学院南路成为新的南出口，减少境内交通压力，方便群众生产生活；按照建设沿海大城市要求，结合道路改造，配套建设供水、供热、供气等地下管网设施；乡村道路建设要逐步形成“干支结合、村村相连、服务城市、协调发展”的格局，到 2007 年有 50% 的乡村道路由四级路面标准提升到三级路面标准。加强园林绿化建设，以创建国家级园林城市为目标，以南湖生态园林建设为核心，重点搞好西电路、陡河带状公园南延、华岩南路、卫国南路、学院南路、大里南路等道路绿化美化，南出口、南新道、国防道绿化改造，49 号小区绿地、建国园等公共绿地绿化更新改造，提高城市绿化水平。

2004年12月，区委七届五次全会提出，以建设生态城区为目标，强化城市基础设施建设，加快岳各庄路拓宽改造、京山铁路老线立交工程建设、胜利路和文化北后街翻修改造，谋划增盛路、和平路、车站路改造和学院南路南延工程，加强主次干道地下管网改造建设，推进给排水、煤气、热力、电力、电信、环卫等市政公用设施综合改造建设，完善城市功能；统筹城区东西部发展，加快东部老城区改造步伐，抓好爱民里区域70公顷土地分区详规、达北三期工程、大洪桥区域“平改楼”工程，谋划康复村改造，利用3~5年时间，把东部区域打造成现代化新型城区；统筹城乡发展，按照城市建设标准制定城中村改造方案，谋划荷花坑、和平街、西部六个城中村、南新道平房区“平改楼”工程，置换玻璃厂、燕京家具厂、怡盛陶瓷等企业资产，建设西南部新型居住小区，推进城市化进程。

2006年7月，中共路南区第八次代表大会确立今后五年城市建设要坚持以科学规划为先导，贯彻落实唐山市城市核心区《区域交通改造规划》《老路南区道路路网专项规划》《唐山市东南部分区规划》，提高东部、发展中部、完善西部，全面实施12平方公里老城区改造，有序推进基础设施建设，将路南区建设成为交通便捷、设施配套、功能完善、环境优美、适宜人居和创业的现代化中心城区。

2007年3月，区委八届二次全会工作报告提出，要抓住全市城市建设总体规划修编的契机，重点编制5个专项可控制性详规，即东部城区改造及综合配套规划，加快推动老城区改造；南出口改造规划，使其与推进城乡一体化、建设商业、物流中心和工业加工园相结合；沿新华道南侧标志性经济文化建筑规划，改造提升现有城市景观，谋划建设新的标志性建筑；南新道平房采煤沉降区综合整治规划，谋划建设一批商业性、休闲性特色景观和商业建筑；新农村建设规划和城中村改造规划，推进城乡一体化进程。要高质量、高品位推进城乡建设，重点实施五大工程，即人民群众安居工程，抓紧实施大洪桥、达北东自建等平房区改造工程，报批南富庄平改工程，谋划爱民里区域平改项目和南新道平房区域整体搬迁改造，加快建设西部青龙河区域新型居民住宅小区；基础设施完善工程，推进路、水、电、气、暖、通讯、污水等城市基础配套设施建设；城市品位提升工程，抓好城市主要交通干道、出入口等重点地段、重点区域的绿化、美化、亮化，建设象征唐山文化和精神的标志性建筑；城市环境改善工程，依法依规强力拆除违章建筑和私搭乱建，整饬沿街城市容貌，加强南部采沉区生态绿化建设和主次干道两侧的植绿扩绿，营造城市森林；农村城市化工程，谋划东礼、西礼、檀庄平改和郑家庄搬迁项目，加快实施大洪桥平改、王禾庄整体搬迁、郑各庄区域平改项目，建设高标准农民新村，形成新农村建设的示范。

2008年1月，区委八届三次全会报告提出，要按照省委“一年一个样、三年大变样”的要求，切实加强城乡建设与管理，全力打造宜居城区。报告强调，要进一步完善城市规划，做好东部老城区改造控制性详规、新华道南侧沿线标志性景观建设规划、南新道南侧中段市场群建设规划、复兴路两侧改造规划以及爱民里、花园里、联合里等区域整体改造等专项控制性详规，完成大白井区域建设控制性详规，努力实现重点区域控制性详规的全覆盖。要加快城区改造步伐，开工建设渤海大厦、建国大厦，启动人民大厦、新华大厦建设，谋划渤海文化大厦、曙光大厦项目，打造新华道南侧沿线六大标志性景观建筑；配合长青楼区域组团化改造，谋划南富庄区域平改；按照东南部12平方公里分区规划，完成大洪桥平改、达北东自建平改等工程，启动清真食品厂、肠衣厂厂区改造和爱民里、花园里、联合里区域平改；按照西南部大型滨湖居住区建设规划要求，加快新石庄平改、定福庄三期平改、王禾庄整体避险搬迁、三胶商住楼开发、惠民里小区经济适用房建设、玻璃厂区域开发建设以及郑各庄、岳各庄、偏坡等村（居）平改建设。要加强基础设施建设，按照统筹规划、适度超前、综合配套的原则，全面推进路、水、电、气、暖等基础设施配套建设。要加快农村城市化进程，推进“村改居”工程和平改步伐。

2009年1月，区委八届四次全会报告提出，以“城镇面貌三年大变样”为抓手，加快城乡一体化进程，提高城区区域承载能力，改善群众生活居住条件，打造适宜人居创业的现代化中心城区。会议强调，要坚持高起点规划，抓住全市规划权限下放的机遇，编制完成重点区域的控制性详细规划和各种专项规划，聘请国内外一流的机构和团队，使每个项目都成为样式别致的旅游景观，成为传承百年的艺术精品。要坚持高标准建设，突出一个重点（以道路为重点的基础设施建设），打好两个攻坚战（拆违拆迁攻坚战、环境综合整治攻坚战），实施三项改造（农村平房改造、危旧平房改造、原有工业厂区改造）。要按照城乡规划、基础设施、产业发展、公共服务、社会管理“五个一体化”的要求，加快农村城市化进程，实现工业向园区集中、土地向规模集中、农民向城区集中，逐步消除城乡二元结构。

2010年1月，区委八届五次全会召开，会议强调，要坚持规划引领，提高重点区域控制性详细规划的前瞻性、预见性，增强文化内涵，提升城市品位，科学定位城区发展。要坚持基础先行，加强市政道路建设，完善公用设施，加大城区绿化升级改造力度，全方位增强城市功能。要坚持统筹发展，按照“生活相对集中，土地相对集约，生产资料相对集合”的原则，对东南部各村实施组团平改、产业开发，加速农村城市化进程。随着“城市拉动”战略的深入实施，路南区已由原地震废墟崛起的简易城区，逐步建成楼房鳞次栉比、道路交通便捷、抗震性能良好、生产生活条件便利、人居环境整洁优美的新型城区。

附：

新唐山动迁速度是这样创造的

——关于南湖生态城西北片区整体改造拆迁工作的调查

（2010年1月28日）

拆迁是城市建设中的“第一难”，是城镇面貌“三年大变样”的第一关。然而，在南湖生态城西北片区拆迁指挥部办公室有这样一组数字令人惊叹：

图13－1　机关干部逐户做搬迁动员　（区委宣传部）

2009年12月28日，历经5天，青龙河治理征地拆迁战役全线告捷，征地22公顷，拆除建筑面积2.2万平方米；

2009年12月31日，历经7天，南湖生态城133.33公顷征地工作全部完成；

2010年1月21日，历经15天，西电路拓宽路南境内49处非住宅、2.1万平方米的建筑物、构筑物全部拆除完毕，涉及118户住宅已全部签订拆迁补偿协议，并已腾清房屋，具备进场施工条件；

2010年1月23日，历经14天，第一批3721宗宅基地评估确认工作全部完成，签订安置补偿协议3642份，占第一批任务的97.8%；第二批拆迁任务发放签约顺序号1531个，占总任务量的70.7%……

图13－2　拆迁动员大会　（区委宣传部）

在2009年12月30日召开的南湖生态城西北片区整体改造启动拆迁动员大会上，区委提出，从现在起南湖生态城西北片区整体改造将进入实质性动迁阶段时，很多人对拆迁工作顺利推进还持怀疑态度。然而仅仅20多天后，无论是居住在此还是过往群众，都切身感受到什么是“新唐山动迁速度”。

南湖生态城西北片区位于西电路以东，南新道以南，建设路以西，唐胥路以北，共涉及路南区20个村居（19村、1个社区），总占地7.9平方公里。有住宅8275户，村民23078人，宅基地6499宗，建筑面积74.42万平方米；非住宅541户，建筑面积29.86万平方米。

南湖生态城西北片区整体改造拆迁——审时度势的战略抉择

实施如此大规模的改造拆迁，在唐山市乃至河北省的城市建设中还尚属首次。这一决策，是市委、市政府深谋远虑、审时度势的战略抉择，是造福人民、加快发展的历史选择，具有划时代的里程碑意义。

图13-3　南湖西北片区原貌　（区委宣传部）

——这一决策，源于一种高瞻远瞩的眼界。市委八届三次全会以来，市委、市政府团结带领全市人民，深入贯彻落实科学发展观，以科学发展示范区建设为总揽，相继作出建设唐山湾"四点一带"和"四城一河"等战略部署，特别是举世瞩目的首届曹妃甸论坛的成功举办，在全市上下形成科学发展、可持续发展的强烈共识。在领导全市科学发展的具体实践中，市委、市政府不断加深对市情的审视与思考，越来越清晰的认识到，实施旧城区生态化改造是加快资源型城市转型的必由之路，也是促进经济社会发展的客观需要。实施南湖生态城西北片区的整体改造刻不容缓，不仅能够有效破解土地等发展瓶颈制约，而且对调整产业结构，转变发展方式，构建现代产业体系，实现可持续发展具有重大的现实意义和深远的历史意义。

——这一决策，源于人民群众的期盼。南湖生态城西北片区虽地处中心城区，但居住条件、整体环境比较差，配套设施不完善，甚至连最基本的垃圾处理能力都没有；有的村遇到雨雪天气，道路泥泞不堪，给村民生活带来诸多不便；有的村已经没有耕地，部分村民生活困难；有的村宅基地审批受到严格限制，住房紧张，连子女结婚都受到影响，村民要求改造的呼声非常强烈。对这一区域进行整体改造，村民的幸福指数将极大的提高。从经济方面分析，西北片区平房价值大约在10万元左右，改造后楼房的价值将达到50至80万元，每户居民的财产将大幅增加。同时，村民也将真正过上城市生活，养老、就医、入学等问题得到有效保障。

——这一决策，源于"三年大变样"的必然要求。按照省委、省政府城镇面貌"三年大变样"的决策部署，市委、市政府以宜居城市建设为抓手，用大思路、大手笔、大投入促大变化，城市功能逐步完善，城市品位显著提升。南湖生态城的开发建设，成功探索了资源型城市转型模式，成为实现科学发展的经典之作。实施南湖生态城西北片区整体改造势在必行，必将对汇聚发展资源，改善城市面貌、提高城市品位起到积极的推动作用。

——这一决策，源于一种敢冒风险的勇气。任何重大决策都是有风险的，尤其是在当前，面对国际金融危机的不利影响，国内经济企稳回升的基础还不稳固。大量事实说明，机遇总是青睐有准备的人，偏爱勇于和敢于冒险的人。一个真正干事创业为民的党委、政府，必须敢于承担前进道路上的风险，决不能因为害怕风险而停滞不前。市委、市政府在坚持科学论证的基础上，以对党的事业、对人民、对唐山未来发展高度负责的精神，抢抓机遇、顺势而为，毅然做出实施南湖生态城西北片区整体改造的决策。整体改造完成后，一个占地13平方公里、容纳14.2万人口宜居宜业的现代化生态中心城区将拔地而起，为唐山市建设科学发展示范区和人民群众的幸福之都，再添浓墨重彩的一笔。

——位置优越，这里将成为唐山市新的政务中心。随着市委、市政府的南迁，城市重心将向南转移，南湖生态城西北片区将是真正意义上的城市中心区。

——环境优美，这里将成为唐山市最大的生态居住区。随着南潮生态城的开发建设，大南湖独有的生态优势将进一步彰显，特别是周边区域内的所有污染企业将全部外迁，环境将彻底改观，面貌焕然一新。

——设施完备，这里将建成高标准、高档次的现代化居住区。

农村将全部实现城市化，学校、市场、医院、市民服务中心等生活服务设施一应俱全。同时，还将在周边区域陆续兴建奥体中心等公共设施，居住环境将最舒适。

缜密实施——“新唐山动迁速度”的冲刺过程

南湖生态城西北片区整体改造，是河北省实施“城镇面貌三年大变样”以来规模最大的区域改造工程，是唐山市迄今为止影响最大的拆迁改造项目。按照市委要求，南湖管委会负责规划、建设、开发，路南区负责征地、拆迁和行政管理。面对如此复杂的系统工程，时间紧、任务重、范围广、涉迁群众多，尤其正值两节期间，又赶上50年不遇的寒潮来袭，天寒地冻，工作难度可想而知。区委、区政府站在讲政治的高度，坚定信心、迎难而上，举全区之力，集中领导，集中时间，集中力量，打响了一场声势浩大的拆迁攻坚战。

领导重视，一线指挥。市委、市政府从一开始就高度重视西北片区整体改造工作，专门成立由市政府主管领导任总指挥，区政府主要领导任副总指挥，市直有关单位负责人为主要成员的南湖生态城西北片区拆迁指挥部。办公室设在路南区。路南区政府专门成立支持唐山市南湖生态城西北片区拆迁工作指挥部。为了更好地推进西南片区整体改造工作，市委主要领导亲自向国土资源部积极争取133.33公顷用地指标，破解土地瓶颈难题；市政府主要领导关注拆迁工作，多次给予指导，提出具体要求。指挥部总指挥多次深入现场，召开协调会议，研究解决推进中的实际问题。南湖生态城西北片区改造工作指挥部切实发挥指挥、督导、组织和协调的作用，有力地推动工作的进展。路南区四套班子成员，元旦携带慰问品看望全体参战人员，有效地激发参战人员的工作热情。办公室领导坚持一线办公，和全体工作人员一起摸爬滚打、同甘共苦，全身心投入拆迁工作，充分发挥带头作用；深入村民家中做工作，带头包户拆迁，以自身行动影响和带动乡村两级干部的工作热情。

团结协作，合力攻坚。路南区委、区政府将西北片区整体改造作为全区建设发展的“一号工程”，抽调科级干部、后备干部、公安干警、综合执法队员以及女织寨乡机关干部、村两委成员等近1000人组成庞大的工作队伍，先后成立综合协调、协议签订等28个动迁、拆迁工作小组，全面开展拆迁工作。全区各单位制定支持西北片区拆迁工作方案，从人力、物力、财力上对拆迁工作给予全力支持。区纪委、组织部、宣传部、政法委、法院、公安分局等单位专门成立支持西北片区拆迁工作领导小组，在指挥部现场办公，配合指挥部办公室开展各项工作。工作中创新用人机制，坚持在拆迁一线锻炼、选拔、培养干部，为一大批优秀干部脱颖而出搭建平台。全体工作人员充分发扬五加二、白加黑的工作作风，奋勇争先，努力拼搏，夜以继日，忘我地工作。他们从早上7点一直忙到深夜，累了、困了就在村委会裹着棉大衣打个盹儿；天冷路滑，有的冻伤了脚，有的还碰伤了胳膊；有的嗓子哑了说不出话，就用纸笔和群众交流；有的持续高烧、血糖骤升，每天输完液就往现场跑；有的老人孩子生病，顾不上去看一眼，连续奋战在一线……20多个日日夜夜，西北片区的广大村民见证了工作组立党为公、执政为民、心系群众的工作作风；见证了他们不怕苦、不怕累、顽强拼搏的大无畏精神。

图13－4　西北片区居民踊跃签订搬迁协议　（区委宣传部）

周密安排，高效推进。科学制定拆迁补偿安置政策。经过深入调研，科学论证，在政策允许的范围内，拆迁补偿、回迁安置等各方面实现拆迁补偿、回迁安置等各方面群众利益最大化。如置换比例，按照政策规定达到最高线1∶1；回迁安置房，充分考虑群众居住习惯，设计成板式结构在生活、就医、入学、低保、救助等方面推出了多项保障措施，从根本上解决涉迁群众的后顾之忧。惠民利民的拆迁政策，赢得了群众的广泛拥护和支持，一些村民自觉地从“要我拆”变成“我要拆”。在1月9日正式签约发放顺序号的第一天，千余名群众早早来到现场排队等候，最长的等了整整11个小时。当天就发放了签约顺序号2810个，占总户数的34%。广泛深入宣传。充分利用报刊、电视、广播等媒体，广泛宣传，积极发动。制作展牌、张贴公告、悬挂条幅，发放宣传材料千余期，仅耗用纸张就达3吨多。派出两辆宣传车、组成三个宣讲组，深入到各村（居）进行巡回讲解。19个入户动迁组、1000余名工作人员深入到村民家中，逐村逐户，认真细致地宣讲拆迁政策、动员群众搬迁、倾听百姓呼声，形成铺天盖地政策宣传声势。面对个别拆迁户不理解、不配合，反复讲政策、讲道理，不怕“闭门羹”、笑对“冷面孔”，用耐心细致的工作化解个别拆迁户的怨气，许多群众在认真算好“旧院变新楼的经济账、农民变市民的提升账、村庄变城市的环境账”后，理解了党委、政府的良苦用心，看到生活的美好前景，加快了搬迁的速度。坚持公开透明运作。各工作组坚持依法依规、严格按政策办事、规范操作。配一把尺子量到底。公开拆迁法规政策、公开拆迁补偿标准。公开拆迁完成时间；统一政策、统一标准、统一口径；设立举报箱、接待岗，全面接受群众监督。区纪委专门派出工作组，常驻拆迁工地，全天候接受群众举报，发现问题随时随地处理。整个动迁过程，没有发生违法违纪问题，实现依法拆迁、阳光拆迁。

图13-5　西北片区村民喜迁新居　（区委宣传部）

以人为本，和谐动迁。始终坚持把维护涉迁群众的根本利益放在动迁工作的首位，切实做到了把拆迁户的担忧考虑在前，把服务迁户的实际困难解决在前，把服务拆迁户的工作做在前。解决租房难题。8000多户居民短时间内要安置，其中困难户、低保户以及老弱病残等特殊群体又较多，指挥部把服务被拆迁户迁居作为重点，迅速成立房源调查组和房源联络组，积极为搬迁居民联系可租房源、解决租房难题。关爱扶助弱势群体。指挥部主动为符合条件的拆迁户办理低保、申请廉租房，积极为存在困难的拆迁户提供临时过渡房、免费搬家。经多方协调，将58名住房困难的弱势群体全部安排入住老年福利院，并为5名困难群众减免入住费用。解决签约难题。为缩短签约时间，指挥部租用大、小型客车免费接送签约村民；搭建彩钢棚，供群众等候签约；组织100名青年志愿者在签约现场为群众提供优质、便捷服务。发挥典型示范作用。马庄村87岁的老人马有财，主动配合工作人员开展工作，亲自编写支持拆迁的快板书，当起义务宣传员，不但自己全力支持拆迁改造工作，还动员亲属和其他村民积极配合政府工作。他的示范带动作用，对动迁工作产生积极作用。全面开展“一个党员一面旗帜、党徽在拆迁一线闪光”活动。所有在拆迁一线工作的共产党员及被拆迁村、居的全体党员实行挂牌上岗，亮出身份、明确责任、树立形象、彰显作用，形成争先进、作表率的良好氛围。开展送温暖活动。指挥部对拆迁区域内涉及的520户老党员、老干部、军烈属、低保户等全部进行走访慰问，把党和政府的温暖送到千家万户，用真情暖人心，用亲情促拆迁。

宝贵启示——“新唐山动迁速度”的实质所在

南湖生态城西北片区启动拆迁工作以来，仅用20多天，就基本完成动迁任务，实现高效拆迁、和谐拆迁、安全拆迁，创造出“新唐山动迁速度”。速度在以人为本中产生，速度在为民服务中产生，速度在作风转变中产生。首战告捷，激发了全区上下科学发展、加快发展的信心和士气，再一次证明路南人能干事、干成大事、干成难事的豪迈气概，也为我们留下了诸多宝贵的启示：

启示一：以人为本、造福于民是确保拆迁成功的坚实基础。作为一个城市而言，发展的根本目的就是为了人民群众的福祉，让人民群众的幸福感与城市化同步。正是基于这样的认识，市委、市政府一开始就把拆迁工作摆到政治和民生的高度来看待，把着眼点放在解决现阶段城市问题、造福于民上。无论是出台政策，还是动迁安置，始终做到换位思考，最大限度的让群众受惠得利。实践证明：只要我们始终把群众利益放在第一位，充分理解他们“舍小家、为大家”做出的巨大牺牲，把群众当亲人，带着感情做工作，设身处地为他们着想，真心实意为他们服务，就能赢得群众的广泛理解和支持。只要有了群众的支持和参与、理解和信任，再大的困难也会迎刃而解，我们的事业就会无往而不胜.，

启示二：领导重视、形成合力是确保拆迁成功的坚强保证。这次动迁工作之所以拆出效率、拆出和谐，主要得益于各级领导高度重视，得益于市、区相关部门协调联动、齐抓共管的强大合力，得益于集中优势兵力打硬仗、整合多方力量办大事的体制机制。实践证明：推进工作落实，领导重视，就能激发潜力、催生动力。无论干什么事情，领导既要挂帅，又要出征，遇到棘手问题不回避，亲力亲为，盯紧不放，一抓到底，就会产生强大的感召力、带动力和群体效应，广大干部群众就会受感染、受鼓舞，变压力为动力，很多现实的困难就会在群策群力中迎刃而解，发展的步伐就会在戮力同心中提速加快。

启示三：敢于攻坚、真抓实干是确保拆迁成功的重要环节。这次动迁规模大、范围广、任务重、时间紧，拆迁位置地处城乡结合部，居民结构复杂，各种社会矛盾、利益交织，其艰巨性、复杂性前所未有。正因其难，方显本色。市区两级政府、拆迁指挥部和市直有关部门，强化责任，合力攻坚。全体工作人员不顾天气严寒，抢时间、赶进度、保质量，全身心投入工作，靠高度的责任心和顽强的工作作风，啃下了一个个“硬骨头”，攻破了一个个“老大难”。实践证明，无论干什么工作，只要每一位党员干部都抱着对党、对人民、对事业高度负责的态度，直视矛盾、直面困难、勇于承担、敢于碰硬，对认准的事情沉下心来、扑下身子、真抓实干，就一定能够不断创造科学发展的新业绩。

启示四：公开公正、规范操作是确保拆迁成功的有效之举。拆迁工作之所以难，难就难在各种利益关系的解决上。解决这一问题的关键就是规范操作。在南湖西北片区整个动迁过程中，之所以没有发生违背政策、损害群众利益的行为，没有出现徇私舞弊、优亲厚友的现象，没有发生大规模集体访，是因为工作中严格实行了“三公开、三统一”，有效保证涉迁群众的知情权、参与权、监督权。实践证明，公开公正就能得到群众拥护，规范操作就能能到群众信服。不管干什么事情，只要不藏不掖、不捂不盖，群众就能主动接受和配合，工作也容易打开局面。只要我们坚持好这一工作方法，着力营造风清气正的干事环境，就能调动上上下下的积极性，凝聚方方面面的智慧和力量，不断开创科学发展示范区建设的崭新局面。

（路南区委办公室）

一曲科学发展示范区建设的新乐章

——长青楼区域整体改造暨万达广场项目建设的调查

（2008年12月31日）

长青楼作为唐山市震后初期建设的老小区，在见证了新唐山的沧桑巨变后，正经历着一场凤凰涅槃、浴火重生的嬗变。2008年8月19日，随着唐山市人民政府、路南区人民政府与大连万达集团就建设万达广场项目正式签约，拉开唐山市迄今为止最大单体旧城改造项目的序幕，奏响科学发展示范区建设征程中的一曲新乐章。

乐章是这样构思的

长青楼地处抗震纪念碑广场东侧，占地22.73公顷，有居民1694户，公建、商业等非住宅单位312家，总建筑面积18.37万平方米。实施如此大规模的整体改造，在唐山市的城市建设史上尚属首次。这一决策是市委、市政府审时度势、着眼大局的战略决策，是造福人民、加快发展的历史选择，向世人展示了唐山市加快建设科学发展示范区的坚定决心。

——这一抉择，源于一种高瞻远瞩的眼界。2006年起，市委、市政府团结和带领全市人民，认真贯

彻落实胡锦涛总书记视察唐山时的重要指示精神，以“建设科学发展示范区，建设人民群众的幸福之都”为目标，越来越清晰的认识到，实施旧城改造是打造宜居靓城的必由之路，也是促进经济社会发展的客观需要。基于此，实施长青楼整体改造的重大设想浮出水面。尤其是当前，应对全国经济受国际金融危机影响速度放缓，市委、市政府果断作出实施长青楼区域整体改造的战略决策，这是市委、市政府扩大内需、拉动发展、积蓄后劲的科学决策，必将对全市经济发展起到重大带动作用，使宜居靓城建设迈出实质性步伐。

图 13-6　长青楼拆迁现场　（区委宣传部）

——这一抉择，源于人民群众的热盼。长青楼小区是震后开滦集团建设的第一批公建小区，1984 年投入使用。住宅楼房面积狭小，最小的户型建筑面积仅为 31 平方米，远远低于全市 45 平方米的最低住房标准。小区里没有卫生服务设施，没有群众休闲健身场地，绿地面积更是少之又少。经过 30 年的风剥雨蚀，小区内基础设施严重老化。通过前期调查，支持改造的小区居民占总户数的 99.28%，尽快实施改造，已成为长青楼居民最现实、最迫切的要求。市委、市政府对该区域实施整体改造的重大决策，顺民心，得民意，小区居民热烈拥护。

——这一抉择，源于“三年大变样”的必然要求。省委把加快城镇化建设摆在活跃全局的位置，向全省发出实现城镇面貌“三年大变样”的号召。唐山市作为河北省的第一经济强市，城市建设水平却处在全省中下游。如何改变这一现状？这是一个必须用实际行动回答的问题。长青楼位于城市中心，住宅区低矮破旧，周边商业均为自然业态，繁杂落后，整体景观与现代城市形象极不相符，实施整体改造势在必行。这将为唐山市实现“三年大变样”添上浓墨重彩的一笔。

乐章是这样谱写的

思想的深邃与群众的热盼，共同汇聚成创作的源泉。长青楼区域整体改造这曲气势恢弘的科学发展乐章，已孕育于笔端。

2007 年 8 月，市委、市政府正式决定实施长青楼区域整体改造项目，成立项目改造领导小组，由市政府主管领导任组长，开滦（集团）公司领导、市政府办公厅领导、路南区政府主要领导任副组长，成员涉及发改委、城乡规划局等 15 个市直有关部门的主要负责人。

然而，如何在长青楼区域原有区位优势、产业优势中，更多的融入文化、生态、景观元素，使之成为唐山的新地标，成为科学发展示范区建设的新成果？理性的思索支撑着创新的实践。

在市委、市政府主要领导的密切关注和大力支持下，借鉴国内外先进经验，吸收现代城市建设理念，经反复论证，一个集区域性景观板块、商业旗舰、文化中心、市民服务区“四大功能”于一体的现代建筑群跃然纸上，勾画出长青楼区域整体改造的宏伟蓝图。整个改造项目计划总投资 80 亿元、建筑面积达 90 万平米，其投入之高、规模之大，堪称唐山城市建设史上的空前壮举。

——将着力打造区域景观板块。聘请国际知名规划设计专家，与世界参照，建设高水准的城市地标，使每一座建筑都成为旅游文化景点，成为百年后的历史文物。

——将着力打造区域商业旗舰。整合现有产业基础，建设超五星级酒店、高档百货等高端商业设施，商业面积达 38 万平方米，可提供就业岗位 1.5 万个，形成结构合理、功能齐全的一流商业商务中心区。

——将着力打造区域文化中心。深入挖掘、充分利用唐山市特别是长青楼周边区域文化资源。凸显市民文化、抗震文化、南潮文化、生态文化、商业文化，让现代文明与历史底蕴相得益彰。

——将着力打造区域市民服务区。在建设高档公寓、住宅的同时，建设现代化的学校、幼儿园、老年活动中心及大面积的城市绿地，让群众在功能合理、居住舒适、环境优美的生活空间中尽享发展成果。

面对长青楼区域寸土寸金的区位优势和美好的发展前景，众多开发商跃跃欲试。市委、市政府最终选择大连万达集团。2007年9月，大连万达集团代表应邀赴唐，随即开始一场历时一年的艰苦谈判。

为实现群众、企业与政府三者利益的互利共赢，领导小组办公室在紧密结合国家和省市有关政策、充分考虑群众意愿的基础上，深入研究、仔细测算，起草并逐步完善合作协议。期间，先后与大连万达集团直接洽谈15次，电话、信函联系126次。

2008年6月22日，市委主要领导会见了大连万达集团董事长，双方坦诚交换意见，达成高度共识。8月19日，市委、市政府和大连万达集团共同签署《唐山市长青楼小区及周边整体改造项目协议书》。

乐章是这样奏响的

长青楼区域涉及居民、公建、商业等住宅、非住宅单位2006户。其中既有居民，又有企业；既有学校，又有市场；既有省属，又有市辖；既涉及到产权，又涉及到对外承租，构成复杂。随着与大连万达协议签署完毕，长青楼区域整体改造拆迁工作的重任，就压在了路南区委、区政府的肩上。按照协议约定，全部拆迁任务必须在翌年2月19日之前完成，工期仅6个月时间。但这期间又恰逢旧历春节，按照传统习俗，将有前后一个月的时间不能组织施工，特别是11月中旬将进入供暖期，如果供暖期间组织拆迁难度将会更大。3个月，2006户，这在大多数“老城建”的眼里简直是不可能完成的任务。

11月28日，大连万达集团副总经理来唐察看项目进展情况，被眼前的一组数字惊呆了：截止到11月27日，已签约1957户，占总户数的97.6%；已拆除建筑面积16万平方米，占总建筑面积的87%。唐山万达广场项目拆迁速度之快、群众支持率之高，创造大连万达全国布局26个项目拆迁中的奇迹，也创造唐山市乃至河北省城建拆迁史上的“长青楼速度”！

——科学指挥。市委、市政府从一开始就将长青楼区域整体改造工作放到重要位置，周密部署、科学指挥。市委主要领导多次亲临一线、现场指挥，作出重要指示，即使是在率团出访日本、韩国期间，还几次电话询问长青楼拆迁事宜。市政府主要领导先后7次召开会议进行调度。路南区委、区政府更是站在讲政治、顾大局的高度，举全区之力，打破常规，强力推进，先后召开各种会议200多次。许多拆迁居民动情的说，从他们的身上，我们真真切切的感受到情系百姓的真情实意。

——高效团队。为整体推进拆迁工作，路南区委、区政府及时选调科、股级干部，后备干部，志愿者350多人，组成庞大的工作队伍，先后成立工作小组31个。工作中实行“分包作战”，采取倒排工期，挂图作战的方式，将住宅、非住宅区域划分成若干个小区域，再将小区域细化成楼、门、户并分包到组、承包到人。工作中创新“用人机制”，坚持在拆迁一线检验干部、发现人才，为一大批优秀干部脱颖而出搭建展示自我、发挥才干的平台，调动起广大干部群众的工作热情。市发改委、市城乡规划局等15个市直有关部门也与路南区委、区政府密切配合，积极开辟“绿色通道”，缩短时间，简化程序，形成拆迁工作整体合力。

——周密组织。制定保障群众利益的安置补偿方案。领导小组办公室经过深入调研，科学制定《长青楼区域拆迁补偿安置方案》，充分体现以人为本的发展理念，用居民的话讲：“我们想到的，政府想到了；我们没想到的，政府也为我们想到了。”都说拆迁安置工作是天底下最难的工作，但长青楼区域整体改造拆迁签约工作却得到居民群众的主动配合。在10月31日正式签约的第一天，千余名群众早早来到现场排队等候，最长的等了整整17个小时。仅两天就签约391户，占总户数的23%，创下唐山市拆迁史上签约速度的奇迹。实施公开透明的运行机带。扩大群众的知情权，确保每个环节都做到公开、公平、公正、透明运作。公开拆迁政策法规，公开安置办法，公开安置补偿标准，公开工作制度，公开操作程序，阳光拆迁，让群众一目了然。为彻底打消部分群众对签约的公正性、回迁选房不确定性的疑虑，在签约现场就对签约号、选房顺序号进行公示，全面接受群众监督。做好深入细致的群众工作。工作组的同志们坚持换位思考，想群众之所想、急群众之所急，把党和政府的温暖送到群众们的心中，用真情暖人心，用亲情促拆迁。近两千户居民短时间内要安置，其中困难户、低保户、工亡户以及老弱病残等特殊群体又较多，工作组把服务被拆迁户迁居作为重点，迅速成立房源联络组，腾出会议室，邀请全市14家中介机构进驻，进行现场对接，推介房源，有些同志还先行为群众垫付租金。组织50名青年志愿者在签约现场为群众提供优质、便捷服务。关爱扶助弱势群体。长期卧床不起的植物人田俊利是产权人，但因身体原因无法到现场签约也无法进行公证，工作组的同志们主动提供上门服务，协调公证处，召集家属确定产权继承人，让其代表签字、签约，并留下音像资料做好证据保全。同志们的实际行动感动广大群众，因公致残的开滦矿工陈福存亲自送来“公仆典范、为民所想”锦旗一面。

图13－7 建设中的长青楼回迁楼 （区委宣传部）

——深入宣传。积极营造支持参与的浓厚氛围，充分利用报刊、电视等媒体，宣传改造工程的目的意义、政策法规、工作进展情况以及支持拆迁改造的先进典型事迹，省、市14家媒体累计刊发各类稿件120余篇。先后制作展牌、宣传橱窗百余期，张贴标语、发放明白纸，广泛宣传安置补偿方案、工作程序，仅耗用纸张就达2吨多，形成铺天盖地的政策宣传声势，做到家喻户晓、妇孺皆知。坚持“请进来”和“走出去”相结合，举办4期政策宣传大讲堂活动，邀请每家每户的代表都来参加，在互动中解疑释惑。扩展宣传阵地，组织15人的网络论坛宣传组，建立专门博客，全面引导网上舆情，对各种不良言论及时跟帖辟谣，形成肯定、支持工程建设的网上舆论导向。同时，巧借全省“三年大变样”城建工作现场会在唐召开之际，选准该区域违章建筑、区属办公机关及部分市属公建单位这个突破口，先期进行拆除，既表明市、区两级政府拆迁改造的决心，又对该区域拆迁改造工作形成强大的攻势。

——和谐氛围。坚持“一岗三责”，把社会稳定、安全生产与推进改造拆迁同时部署，三个方案同时制定。把推动改造拆迁工作与信访稳定工作同时抓，工作重心下沉、信访窗口前移，变上访为下访、约访。18个入户动迁组、百余名工作人员深入到群众家中，在耐心宣讲拆迁政策、动员群众搬迁的同时，诚心实意倾听群众的呼声和意见，疏导汇总，对3个共性问题、2个特殊问题进行认真研究解决。成立法律服务组，组织区法院和司法局的资深法律专家为拆迁工作提供司法解答，为房屋产权纠纷提供司法解释、司法公证。选聘群众舆情信息员、网上舆情搜集员，及时获取、研判各种负面思想舆论倾向，做到闻动先知、未动先知，掌握工作的主动权。对困难群体实施救助，组织区总工会、慈善协会积极为特困家庭、特困群众捐款，解决他们的燃眉之急。强化社会治安综合治理，增派专门警力，就改造工程实施昼夜巡望。严厉打击违法犯罪行为，在该区域内举行两次公开捕处大会，净化社会治安环境。把推进改造拆迁与安全生产工作同时抓。高度重视安全工作，层层签订安全工作责任状。严格操作规程，保障施工作业安全。把推进改造拆迁与党风廉政建设工作同抓。将廉政建设贯穿拆迁工作始终。在工作人员中开展法律暨法规、预防犯罪教育活动，强化廉洁自律意识。对拆迁补偿款实行公开发放，严格执行拆迁人、被拆迁人和拆迁管理人三方签字程序，确保被拆迁人按政策及时得到补偿。全面加强廉政监督。区纪委、检察院全程参与、全程监督，紧紧抓住资金使用等主要环节，从源头上把好廉政关，在拆迁现场设立举报箱、公开举报电话。拓宽廉政工作新模式，采用公开招投标的方式确定拆迁工作队伍，有效地促进拆迁工作的进展。

乐章是这样永恒的

通过对长青楼区域整体改造的调研，我们获得许多宝贵的启示。这些科学发展的音符，必将汇聚成为科学发展示范区建设这一雄伟乐章中的主旋律。

启示之一：建设科学发展示范区，就要有高站位、大手笔的开拓精神，以思想的大解放推进事业的

图 13－8　今日长青楼（万达广场）（区委宣传部）

大发展。长青楼区域整体改造，源起市、区两级政府思想解放、顺应发展大势的战略之举，是创新发展思路、转变发展模式、提升城市品位的积极探索。实践表明，思想解放到哪里，改革开放的清泉就会流到哪里。因此，加快建设科学发展示范区，必须始终坚持以解放思想为先导，彻底打开解放思想这一“总阀门”，以新的思想境界、新的思维方式分析问题、解决问题；必须不断强化大局意识，正确审视自身发展，科学分析差距和不足、优势和潜力，主动将本地本部门的工作放在全局中找位置、定目标；必须不断强化进取意识，以大胆闯、大胆试的勇气，敢于干大事业，敢于在不利的环境中甘冒风险，成就大事，敢于在落后的条件下不等不靠，创造条件干出科学发展的一流业绩。

启示之二：建设科学发展示范区，就要有团结协作、集中攻坚的整体合力，以强烈的责任意识抢抓发展机遇。长青楼改造建设，是市区两级政府和企业正确应对严峻挑战、抢抓空前发展机遇，密切合作、特事特办的成功实践。事实证明，推进经济社会又好又快发展，一方面取决于各种客观因素，另一方面取决于主观因素，只要各级党政机关自觉把思想和精力投入到加快科学发展示范区建设上来，自觉服从服务于科学发展的大局，同心同德、群策群力，就能及时抓住并利用好机遇。因此，加快建设科学发展示范区，各级党委、政府及党员领导干部，必须进一步增强科学发展的历史使命感和时代责任感，准确把握发展大势，及时发现机遇，努力化机遇为加快发展的动力；必须进一步强化抢抓机遇的意识，以时不我待的紧迫感，心往一处想，劲往一处使，上下联动，部门互动，努力把每一次机遇转化成现实优势。

启示之三：建设科学发展示范区，就要用重点突破、整体推进的科学方法，牢牢把握重点项目建设这个经济社会发展的关键。长青楼区域整体改造，从一开始谋划，就被市区两级政府作为一个具有战略意义的重大项目，项目的各个重要环节，都得到了市区领导的广泛关注和大力支持。实践表明，项目是经济发展的载体，没有项目一切都无从谈起，只要把重点项目建设作为搞好经济工作的重要支撑，想方设法为重点项目建设创造条件，千方百计就一定能推进经济社会跨越发展。因此，加快建设科学发展示范区，必须牢固树立抓项目就是抓发展的强烈意识，遵循国家产业政策，适应市场需求，顺应群众，把积极引进战略投资者放在项目建设的首要位置，切实加大重点项目谋划力度；必须健全和落实项目建设责任制，将区域经济发展产生巨大影响的重点项目，纳入各级各部门的职责，整合资源，成立专门组织，加强领导、明确分工，集中力量，科学推进项目尽快落地。

启示之四：建设科学发展示范区，就要有以人为本、心系百姓的公仆情怀，真心实意切实维护群众利益。长青楼区域整体改造在投入资金、动迁面积、涉及户数方面均为唐山市历史之最，涉及众多群众的根本利益。工作中，工作人员处处考虑群众的根本利益，各个环节都依法依规进行，各个方面都尽心维护群众的根本利益，想群众之所想、急群众之所急，用实际行动践行人民利益至上的宗旨。科学发展的实践表明，科学发展不是与民争利，而是要把人民群众的利益摆在最高位置，最大限度的满足群众需要、实现群众利益，提高群众生活水平。因此，加快建设科学发展示范区，必须坚持立党为公、执政为民，不断强化宗旨意识，努力为提高群众幸福指数倾心尽力，为加快科学发展尽职责；必须努力为群众争得最大利益，对那些有利于发展、有利于富民的事情，要积极地争、努力地做；必须将原则性与灵活性有机结合，具体问题具体分析，从维护大多数群众的根本利益出发，采取有效措施，妥善处理和化解各种问题和矛盾。

启示之五：建设科学发展示范区，就要有艰苦奋斗、真抓实干的优良作风，紧紧依靠群众，努力开创科学发展的新局面。长青楼区域整体改造是一项复杂的系统工程，正是有了广大干部的夜以继日、埋头苦干、无私奉献和广大群众的充分理解、广泛支持、积极参与，才使得党委、政府的决策得以落到实处。实践再次证明，只有始终坚持党的群众路线，大力弘扬艰苦奋斗、真抓实干的优良作风，才能在推进科学发展的道路上取得一个又一个胜利。因此，加快科学发展示范区建设，必须坚持一切为了群众，一切依靠群众，充分激发群众参与建设幸福家园的积极性和主动性；必须发扬艰苦奋斗、顽强拼搏的作风，越是事业艰辛、任务艰巨、条件艰苦，广大党员干部越要以身作则、奋发有为、廉洁自律，用高尚的品德、崇高的党性、廉洁的正气感染群众，引导广大群众攻坚克难，拼搏进取；必须发扬求真务实、真抓实干的作风，认准了的事情就“一竿子插到底”，锲而不舍地抓好落实，以特别能组织、特别能战斗、特别能奉献的精神凝聚和激励广大群众，共创美好未来。

（路南区委办公室）

第三节　文化建设决策

一、科教兴区决策

1990年8月，区委四届二次全会审议通过《全党动手、全民动员，认真实施“依法治区、科教兴区”发展战略，为振兴路南而奋斗》的工作报告，将“科教兴区”列为全区经济和社会发展战略决策之一。“科教兴区”分为“科技兴区”和“教育兴区”，其中“科技兴区”，即按照量力而行的原则，以科普和群众性小革小改为基础，以新产品开发、推广科技成果为重点，以调整产品结构为方向，着眼于市场，依托科研部门和大专院校，全面推动技术进步。主要措施有：确定区属企业科技达标标准、街道办事处科技示范标准，在全区的企业和街道办事处中开展科技达标活动；依靠科技进步加强各企业的技术改造和新产品开发，逐步形成一批技术骨干企业；广泛发动科技人员、职工群众，开动脑筋、献计献策，开展群众性的小改小革活动；提高企业管理水平，搞好企业升级，以国家二级企业标准、市级先进企业标准和区级先进企业标准为目标，力争每年都有一批企业的产品质量指标、节能降耗指标、经济效益指标达到升级标准。“教育兴区”，即以提高普通教育质量为基础，发展职业技术教育和成人教育，巩固和完善“三教统筹”的教育体系。主要措施有：继续改革和理顺幼儿教育的管理体制，加强幼教师资培养，提高幼教水平，国办幼儿园、街道中心幼儿园、民办公助幼儿园达到国家规定的一类园标准；调整中小学校的布局，改革教学方法，切实减轻学生负担，提高普通教育质量；筹建路南区劳动技校，办好路南服装研究所，完善第五职业高中的整体改革，探索在本区实行定向招生、委托代培等制度，发展职业技术教育；继续抓好干部、职工岗位培训，使新工人岗前培训率、企业班组长以上干部培训率、工程技术人员和管理人员继续教育面都达到国家规定标准，技术工人等级培训率，中、小、幼儿教师继续教育面逐年进步，把成人教育办出新水平。

1992年8月，区委转发路南区知识分子工作领导小组制定的《关于在全区知识分子中广泛开展振兴路南献计立功竞赛活动的意见》。1997年5月，批转下发《中共唐山市路南区知识分子工作领导小组关于1997年度知识分子工作要点》。1998年1月，下发《关于加速科技进步的实施意见》。

1999年9月，区委印发《创建全国科技工作先进区的实施意见》，决定成立创建全国科技工作先进区领导小组，在全区开展“创建全国科技工作先进区”活动，历时一年，分为宣传发动、资料编辑、整理组卷、总结自查、检查验收五个阶段，创建标准共10项27条，并将具体指标分解到16个责任单位和责任部门。12月，区委印发《关于进一步加强技术创新，大力发展高新技术，努力实现产业化的实施意见》，提出要紧紧围绕加速传统产业改造和技术升级、加快高新技术产业化、发展民营科技企业、推进农业现代化进程四个重点，发挥企业技术创新主体作用，扩大开放、深化改革、增加投入，促进科技经济一体化。主攻方向是：在精细化工、机电一体化、生物工程、新材料和高效节能技术等重点领域，加强高新技术研究开发和引进吸收，培育机电一体化装备、智能仪表、化工产品、食品研制与开发、农副产品深加工以及环保机械等有区位优势和特色的高新技术产业。战略目标是：今后1年、10年和20年，科技进步对经济增长的贡献率分别达到50%、60%和70%，高新技术产业技工贸总收入分别占全区国内生产总值的10%、20%和30%，市级以上科技成果推广应用率分别达到75%、85%和90%，万人拥有科技人员的比率按时阶递增10个百分点，农业优良品种和先进技术覆盖率由现在的95%，逐年提高2－3个百分点，到2010年实现普及。重点任务是：运用高新技术改造传统产业，即利用数控技术和机电一体化技术改造机电行业，用精细化工产品改造化工行业，用现代杀菌技术、微生物技术、真空保鲜技术等改造食品行业，轻工和建材行业则要结合实际发展玻璃窑炉模糊控制技术和节水卫生洁具等；发展新的高新技术和机电一体化项目，重点发展大型机电一体化机械、二氧化碳保护焊机、新型环保成套设备以及太阳能、沼气等高效节能技术和新能源开发利用；加快农业和农村经济发展中关键技术的推广应用，健全禽畜良种的培育、繁殖和推广体系，加快农业科技园区建设；发展多种形式的民营科技企业，鼓励科技人员和社会各界采取多种形式创办企业、增加投入、引进新项目，争取将现代工业园区建成唐山市民营科技园区。要求区内骨干企业，要建立技术开发机构，加强与市内外大专院校、科研院所的联合协作；技术改造要以市场为导向，注重与高新技术产业发展相结合；鼓励科技人员创办各种形式的民营科技企业，大力发展科技中介服务机构；完善农业科技推广服务体系，多渠道增加科技投入；实施“人才工程”，采取“走出去，请进来”的办法，加强与重点院校开展技术合作，加大人才培养、引进、储备力度。是年，全区委托院校培养专业技术人才87人，引进研究生2人、本科生43人、专科生72人，储备人才4398人（其中高职258人、中职1830人、初职2310人），选拔专业技术拔尖人才12人。

2000年，区委下发《关于进一步深化教育改革推进教育现代化的发展纲要》，提出要多渠道落实教育投入，加快现代教育技术硬件建设，开展教育技术培训，进一步改善办学条件，到2001年建成“唐山市教育现代化先进区”。

2003年3月，区委下发《关于创新务实奋勇争先加速推进全面建设小康社会进程若干问题的决定》，提出要深入实施“科教兴区”战略，即要加强科技创新体系建设，系统引进加快产业优化升级的先进适用技术；进一步加大科技投入，鼓励支持企业建立研发机构和与高等院校、科研院所开展技术合作；深化科技体制改革，落实鼓励科技创新的政策；推进教育改革，巩固基础教育，逐步普及高中阶段教育，构建小学、初中、高中阶段相配套的教育网络；深入实施“人才工程”，完善引进人才政策，健全科学合理的用人机制。是年，教育战线开展“三名”（名师、名校、名校长）工程评选活动和“普九”验收活动。

2004年起，区委先后下发《关于建设教育强区的实施意见》《关于加强科技工作的意见》，为全面实施“科教兴区”重要决策提供保障。教育事业的发展，要深化教育体制改革，优化教育布局，改善办学条件，提高管理水平，进一步推进素质教育，打造高中教育品牌，扩大职业教育和成人教育规模，实施“三名工程”（名师、名校、名校长），建设教育名区。科技事业，明确“三个面向一个优先”（科技工作要面向经济建设、面向人才建设、面向长远需求，优先发展），在工作布局上突出“两个重点”（引进先进成熟适用技术、开发新产品），在工作机制上健全“两个体系”（健全科技创新体系、完善科技政策体系），在发展环境上打造“三个平台”（科技人才平台、科技合作平台、科技发展与公共服务平台），围绕全区经济社会工作中心，抓好科技项目建设和科技发展环境建设。主要措施有：采用高新技术和先进适用技术，改造提升优势传统产业，重点扶持钢铁深加工、机电、轻工化工、建材等主导产业；依靠科技进步，发展具有城郊特色的现代农业，实现主要农产品品种、质量升级换代；推进社会发展领域的科技进步，发展循环经济，加强节约型社会发展和自然环境保护；建立科技创新服务体系，推动企业成为研发主体，提升企业的研发创新能力；建立稳定的财政投入机制，作为公共战略性投资列入同级财政预算，不低于本级财政总支出的1%，支持高新技术研发、新产品开发、重点技术项目引进；引导企业加大科技投入，足额提取技术开发费用，大中型企业不低于当年销售收入的1.5%，科技型中小企业不低于3%，高新技术企业不低于5%；强化人才资本意识，探索年薪制、项目收益分配制等薪酬制度，调动科技人员的积极性，发挥人才在科技事业中的核心作用。

2006年7月，中共路南区第八次代表大会要求，今后五年要以打造教育强区为目标，深化教育改革，优化教育结构，调整教育布局，积极实施素质教育，巩固提高义务教育水平，加强普通高中建设，发展职业教育、成人教育、学前教育、特殊教育和社区教育，促进各类教育均衡发展，全面提高办学质量和办学效益，推动教育事业更快更好发展；发挥企业技术创新和科技投入的主体作用，造就一批知名企业，打造知名品牌。

2007年3月，区委八届二次全会提出，要加强与区内外大企业大集团的联系，积极引进投资规模大、产业关联度大、技术含量高、辐射带动力强的重大项目；要坚持循环经济的理念，把投资强度和环评标准作为新上项目的重要依据；要推进科技创新，突出企业的创新主体地位，增强技术开发和自主创新能力，提高产品科技含量和附加值，形成一批自主创新产品；要支持企业实施知识产权战略、品牌战略和标准化战略，运用先进适用技术、成熟技术和现代服务技术、经营方式，改造提升传统产业和行业，引进高新技术发展高新技术产业。

2008年1月，区委八届三次全会报告提出，深入实施“科教兴区”战略，统筹发展科技事业、教育事业、卫生事业、文体事业。要依托骨干企业，引进吸收先进适用技术和高新技术，提高自主研发能力。加快义务教育均衡发展，扩大职业教育规模，加快农村教育城市化进程，落实各类教育救助和资助政策，把教育摆在优先发展位置，打造具有路南特色的和谐教育。

2009年1月，区委八届四次全会报告提出，引导现有企业加强自主创新、技术改造和信息化建设，提高产品的技术含量和企业核心竞争力。开展教育创优工程，以实施素质教育为重点，促进农村教育城市化、城市教育大发展，力争经过三年的努力，义务教育、特殊教育跻身全国先进，学前教育、职业教育跨入全省先进，普高教育、成人教育达到全市先进，并谋划建设一所较大规模的特色学校。

2010年1月，区委八届五次全会报告提出，要引导企业建立现代企业管理制度，加强自主创新、技术改造和信息化建设，提高产品的技术含量和企业核心竞争力；引导企业增强品牌意识，培育自主品牌和高附加值产品，争创著名商标和驰名商标。要优先发展教育事业，巩固和扩大现有教育优势，加大教育投入，加强师资交流，整合教育资源，促进教育均衡发展。

二、建设文化创意产业中心决策

2007年3月，区委八届二次全会工作报告提出，鼓励和扶持发展工业设计、广告传媒、软件研发等文化创意产业。是年，区政府委托北京市营造无限建筑设计事务所完成《唐山市路南区南湖生态创意文化园城市设计》，后改称河北省文化创意产业园，园区规划面积24.2公顷，功能区分为“一轴、一带、三大片区”，即园区内以南北向地震断裂带为绿化景观轴，以西侧陡河为滨河景观带，西东向分列别墅区、创意产业园区、商业区三大片区。

2008年1月，区委八届三次全会报告提出，要依托南湖生态城建设，配合做好地震遗址公园、国家矿山公园等主题公园建设；谋划建设邓培故居等纪念性场馆，大力发展文化创意产业和影视文化产业，建设文化创意基地。

2009年1月，区委八届四次全会提出，依托南湖的生态环境和毗邻京津的人才优势，积极引入软件设计与研发、虚拟加工企业，建设软件创意园，调优做强第三产业。6月24日市委、市政府主要领导来路南区现场办公，指示路南区要紧紧围绕南湖生态城的开发建设，牢牢把握资源型城市转型、南湖生态城开发建设、现代服务业大发展的历史发展难得机遇，坚持高起点、高质量、高效益方针，实施产业兴区、生态立区、管理强区战略，建设唐山市的商业中心、文化创意中心、政务中心，把路南区打造成主城区新的增长极。12月，区委制定《唐山市文化创意中心发展规划（2009—2015年）》，将文化创意产业园扩大到文化创意产业带，空间布局自北向南为工业创意产业聚集区、商业创意产业聚集区、文化创意产业聚集区、休闲娱乐创意产业聚集区，产业布局为时尚消费、休闲旅游、高端商务、工业研发、软件设计、农业休闲观光等6个重点产业。

2010年1月，区委八届五次全会提出，以科学发展观为统领，突出区域文化特色，将创意产业与三次产业融合发展，建设集生态、经济、文化功能于一体的工业创意、商业创意、文化创意、休闲娱乐创意等产业集群，全力打造“文化创意中心”。具体指标有：抓紧河北省文化创意产业园总部基地建设，年内入园项目投入使用，并启动二期工程建设；在岳各庄路北侧区域，发展汽车文化展示、家居展示等时尚消费创意项目；适时举办首届中国唐山家居文化展示节；协调利用机车车辆厂旧址，发展旅游创意项目；挖掘小山历史文化资源，谋划启动小山区域整体改造，规划设计百年小山文化一条街，发展文化创意项目；文化创意产业增加值要超过3亿元，占地区生产总值的5%以上。

第六章　党的工作

1990—2010年，区委组织、宣传、统一战线、机关党建、农村、老干部、信访、党史研究、党校等工作部门，自觉服从服务于改革、发展、稳定大局，紧紧围绕区委工作中心和重要决策履行各自职责，为落实“党要管党，从严治党”要求和发挥区委领导核心作用做出了应有贡献。

第一节　综合协调工作

区委综合协调部门为区委办公室，主要职能：围绕区委工作中心，发挥参谋助手、综合协调、督导落实、政策研究、服务保障等职能。

一、综合工作

1990年，按照“超前谋划、提前介入、上下结合、创新创造”的要求，先后完成区委四届二次全会报告，“依法治区、科教兴区”大讨论活动和大宣传活动的实施方案，区委《关于加强企业党组织建设的若干意见》等文稿，推进“依法治区、科教兴区”深入开展，加强企业党组织建设。

1992—1997年，起草区委四届五次全会工作报告《脚踏实地，继往开来，开创各项工作新局面，迎接党的十四大》，四届六次全会工作报告《解放思想，真抓实干，为全区经济跃上新台阶而奋斗》，四届七次全会关于第五次党代会工作报告《认真贯彻十四大精神，加快改革开放步伐，为实现全区经济跳跃式发展和各项事业大跨度前进而奋斗》和会议筹备工作报告，区委《全面推进综合改革，促进我区经济跃上一个新台阶》《开展解放思想“大讨论”》等文件，区委五届二至九次全会工作报告；完成《路南区社会主义思想教育试点工作四项制度》《关于进一步加强区委常委班子思想作风建设的若干规定》《关于加强基层党组织建设的意见》《关于中共唐山市路南区委员会工作条例》《关于建立区直机关为基层服务责任制，加强民主测评的意见》等规范性文件；参与起草《关于加强机械电子行业发展的意见》《关于大力发展个体和私营经济的意见》《关于推行股份制经营的意见》《关于发掘和引进人才的暂行规定》《关于区直工业、合资企业干部管理试行意见》《唐山市路南区国有经济和社会发展“九五”计划和2010年长期规划》《关于“九五”期间如何加强社会主义精神文明建设工作的试行意见》；完成《路南区1996—2000年精神文明建设实施纲要》《村务“两议七公开”制度的实施意见》《关于进一步放开放活区属企业的实施意见》《关于深化农村村务公开，加强民主管理的意见》等指导性文件。

1998年，起草第六次党代会工作报告《抓住机遇、开拓进取、加快全区经济和社会各项事业的发展，为实现跨世纪宏伟目标而努力奋斗》，区委六届一次全会领导讲话。2000年，首次提出将“工业强区”与“三产兴区”放在同等工作高度来看待，并写入《路南区国民经济和社会发展“十五”计划纲要（草案）》。至2002年的4年间，先后起草区委六届二至十一次全会工作报告；完成《抢抓发展机遇，深化改革创新，强力推进调整，努力实现全区经济持续快速健康发展》《落实“三个代表”要求，巩固“三讲”教育成果，确保全年各项任务的圆满完成》《学习先进，鼓足干劲，齐心协力推动全区经济跨越式发展》等专题报告；参与起草《再就业解困工作意见》《唐山市路南区城区改造方案》《关于推进企业改革和发展的实施意见》《关于进一步加强技术创新，大力发展高新技术，努力实现产业化的实施意见》《关于加快发展个体私营经济的工作意见》《建立思想政治工作联席会议制度》《关于2000—2005年农业结构调整的实施方案》《关于进一步深化教育改革推进教育现代化的发展纲要》《关于发展社区教育的意见》《关于全面加强城市社区建设的实施意见》《关于创“五城”工作的安排意见》《关于调整居（家）委会规模组建社区居委会的实施意见》等指导性文件。

2003年，起草第七次党代会工作报告《创新务实，奋勇争先，加速推进路南区全面建设小康社会进程》；完成《关于建设社区党建工作协调机制的意见》《加快发展服务业的实施意见》《关于加快工业经济发展的实施意见》《今后五年加快城市建设的实施意见》《推进农业产业化经营的实施意见》等重要文件。至2006年上半年的3年间，完成区委七届一至九次全会工作报告和重要讲话；起草《关于深入贯彻党的十六届四中全会和省市委全会精神，大力加强党的执政能力建设的决议》《关于制定国民经济和社会发展第十一个五年规划的建议》等重要文件；起草《关于加快服务业发展的意见》《关于加强就业再就业和社会保障工作的意见》《关于全面推进社区建设的意见》等指导性文件；起草《关于加强民主集中制建设的意见》等规范性文件；参与起草《社区服务通用要求》等。

2006年7月，完成第八次党代会工作报告《全面落实科学发展观，为实现“三突破一同步”而努力奋斗》的起草工作和八届一次全会上的领导讲话稿。2007年，提出“大南湖、新路南”的发展主题。2008年，完成《严格落实科学发展三项制度》《关于深化干部制度综合配套改革的实施意见》等规范文件，起草《路南区科学发展规划》《区委议事决策规则》《科学发展三项制度》等29项制度文件。2009年，起草工作报告、项目汇报会、“双先”表彰、干部作风建设等各类讲话40余篇，起草科学发展示范村、新民居建设、重点项目建设、经济发展等汇报材料20余篇。

2010年，起草工作报告、领导讲话、发言提纲、汇报材料等80余篇。截至是年年底的21年间，累计起草领导讲话文稿1000余篇，工作汇报等综合性文稿400余篇，撰写领导署名文章、新闻稿件100余篇。

二、督查工作

1990年4月，区委办公室设督查组（后称督查科），围绕区委决策履行督查职能。1995年7月，督查科升格为区委督查室，为区委常设机构，靠挂区委办公室。是年，全区党委系统督查工作实行量化考核，并下发《路南区党委系统督查工作考核评比办法（试行）的通知》，推进督查工作规范化、制度化建设，完善督查工作机制。1996年7月，机构改革，区委督查室由靠挂改为设在区委办公室。

2002年，以贯彻区委六届十次和十一次全会精神为主线，开展督查质量年活动，全年承办市、区领导交办事项37项，其中督查件6件、阅处件31件，办结率100%。

2003年，围绕企业改制、阳光行动、四季度攻坚等6个专题开展督查，共组织全区性检查活动12次；加强信息反馈，有4篇工作信息被市委《督促检查工作》采用；承办市领导交办事项23项，其中督查件2件，阅处件21件，办结率100%。

2004年，将促进领导批办事项和重要决策部署的有效落实贯穿于督查工作的全过程，做到三个及时把握，即及时把握区委工作思路理出重点，及时把握全区工作动态抓好大事，及时把握基层工作进展情况提出意见，提高督办工作的效率和质量。围绕卫生城创建、项目建设等重点课题，深入基层开展调查研究，提出督查建议3项。是年，承办市领导批办督查事项26项，其中立项督查6项，办结率100%，阅处件20件，均按时限办结。

2005年，督查工作采取调度督查、通报督查、联合督查、观摩督查等多种手段，围绕全区中心工作，确定6大项、55小项督查重点，并逐一明确目标要求、形象进度、责任领导、承办单位和具体责任人，深入基层和项目现场进行督办，推进决策督查。其中，重点项目督查，有新华步行街、新街、新天地购物广场、达北三期、王禾庄整体搬迁、不锈钢项目、鸿达汽车改装厂扩建及特困企业改制等15个。专题督查，有创卫督查，下发整改督办单10份；会风督查，对不按时参加全会会议的有关人员进行通报，加强机关效能建设。联合督办，解决正泰老小区居民冬季供暖问题；运作第二金属制品厂破产工作，使长期停产的近300名职工得到安置。批办督查，承办市、区领导交办的督查事项25项，办结率100%。利用《督查通报》《督办反馈》内刊，推广各乡街好的经验做法，对工作开展不利的有关单位通报批评。

2006年，按照“求准求真”的原则和“把专项督办工作往深里做、往实里做”的要求，开展“督查队伍建设年和工作质量提升年”活动，加强重大决策事项落实情况的反馈，提高督办件质量，强化工作协调，增强督查工作的实效性。是年，承办省市领导批办督查事项18项，区委领导批办事项21项，其中4项报送结果，办结率实现100%；围绕区委重大决策部署、阶段性重点工作、迎接抗震三十周年环境综合整治，反馈《领导决策检查》3期、《环境整治反馈专刊》19期。

2007年，按照“科学、规范、有序”要求，加强决策督查和专项督查，先后对党的建设、经济工作、拆违拆迁、城建“一号工程”、数字网格化建设、污染企业治理、项目建设和十七大精神学习等重点工作进行重点督查；加强督查信息反馈，“坚持以人为本，着力改善民生，不断提高人民群众幸福指数”的做法得到省委督查室领导肯定，“突出重点，强化措施，路南区全力做好春节和‘两会’期间稳定工作”“坚持‘六个方面’，实现科学发展，利用五年时间再造一个新路南”做法被市委《督促检查工作》刊发；承办领导交办的督查事项56项，按要求报送结果56项，办结率100%。

2008年，围绕经济建设、拆违拆迁、旧城改造、信访稳定、项目攻坚等重点工作开展督查，在领导关注、群众关心、干部兴奋点上较真劲，推动区委决策落实。是年，完成市区领导交办的督查事项114项，按要求报送结果114项，办结率100%；配合科学发展观学教活动，开展破解难题督查督办，做到随时督查、定期调度；做好文明城创建督导工作，完成《督导工作日报》23期。

2009年，按照“主观能动、主动参与、密切配合”的要求，加强重点项目督查，对进展慢、落地难的项目，先后3次下达督办落实通知，分析问题症结，寻求解决办法，督促整改落实；在全区百日推进行动期间，多次深入各乡街，就道路保洁、小区卫生、市场整治等进行明察暗访，及时通报检查情况，确保环境整治扎实推进；“领导干部大接访”期间，逐项跟踪督办领导议定事项，加快问题解决；值班备勤、甲流防控、安全生产等工作及“干部作风建设年”活动，发挥督促检查职能。是年，督办群众来信67件，全部按要求报送结果；向市委督查室反馈重要会议和决策部署贯彻落实情况12次。

2010年，联合有关部门就食品药品安全、违法占地治理、安全生产等开展专项督导检查，先后印发《工作进展》29期。

三、研究工作

区委政策研究室成立于1987年11月，为区委常设工作机构，设在区委办公室。1993年4月，撤销区委政策研究室，其职能并入区委办公室。1996年7月，区委办公室精简内设机构，调研工作并入综合调研科。

2008年9月，成立区委研究室，设在区委办公室，主要职责是：负责研究国家经济发展产业政策，围绕全局性、倾向性、前瞻性的重大课题组织调研；围绕区委的中心工作，对全区政治、经济、社会发展等方面的问题进行调查研究，提出意见和建议，为区委决策提供参考；收集、整理、传递社会经济信息，建立和管理本区经济资源信息库，为全区招商引资工作提供参考。

2009年，围绕区委中心工作，开展《关于加强农村基层党组织建设》《路南区文化创意产业发展分析与研究》《重点项目建设进展中相关问题的建议和下步工作措施》《以项目建设为支撑，全力推进区域经济发展》《长青楼区域整体改造暨万达广场项目建设的调查与思考》等专题调研，并形成研究报告；起草《加快路南区服务业发展的决定》《加快路南区民营经济发展的决定》《路南区项目建设攻坚行动实施方案》等重要文件，完成文稿7万字；协调民政局、人劳社保局等有关部门，围绕改善民生开展调查研究，就建立新型农村社会养老保障制度、提高班主任教师津贴待遇等提出建议。

2010年，围绕经济发展、改善民生、促进和谐、推进“城镇面貌三年大变样”开展系列调研，其中《新唐山动迁速度是这样创造的——关于南湖生态城西北片区整体改造拆迁工作的调查与思考》《采取三项措施全力保障南湖重点项目建设》《上海外滩华丽转身带给我们的启示》《内蒙古“金三角”地区的成功崛起带给我们的启示》《大力发展现代物流业打造唐山市商品物流集散中心——关于路南区现代物流业发展的调研》等调研文章得到省市区有关领导的肯定；服务区委决策，起草区委文件7万字；编纂《调研资料》专刊30期，文稿25万字；围绕服务业上档升级、现代物流业迅速发展，提出意见和建议。

四、信息工作

1990年1月，区委办公室设信息调研组，履行综合、协调、参谋、服务职责，承担区委信息整理和编辑工作，指导协调党群系统信息调研工作，逐步健全信息工作网络，信息工作得到各级领导重视。1992年3月，信息调研组分为信息组（后称信息科）和调研组。

1994年，根据中共中央办公厅《关于向中央办公厅报送重要信息实施办法》，实行向中央办公厅报送重要信息制度。

1995年，区委办公室印发《关于对党群系统信息工作达标争先的考评办法》，对全区党群系统信息工作实行规范化、科学化管理。

1998年，区委办公室印发《关于加强对紧急重要信息报送工作的通知》《关于转发省委办公厅〈建立紧急信息瞒报、漏报、迟报情况通报制度的通知〉的通知》，提高对报送紧急信息工作重要性的认识，建立健全紧急信息及时报送制度，明确紧急信息报送工作责任，规范和加强紧急信息报送工作。

2000年，将全区的重点工作、领导和群众关注的社会热点难点问题作为全区信息工作的重点，并成立社区服务信息网络中心，设立“86812345”热线电话，信息工作取得重要进展。

2002年4月，机构改革，确定信息科的职责是：负责区委总体工作部署和重大决策信息的收集、整理和反馈，编辑内部刊物；负责全区党委系统信息工作的协调和指导；承担区委常委会、常委扩大会、党政联席会议的会议纪要的撰写工作。6月，建成路南区委信息网站，及时发布信息动态，实现网上政务公开。是年，编发《路南信息》290期，其中，上报信息260期，上报信息采用率比上年提高15%，各级领导对信息的批示率上升20%；完成常委（扩大）会议、党政联席会议的记录、整理、编发工作，编发常委（扩大）会议纪要17期，党政联席会议纪要3期，领导现场办公会议纪要5期，推动了决策议定事项的有效落实。

2003年11月，召开全区党委系统信息化建设工作会议，推进路南区信息联网基础建设，有步骤地建设党务工作应用系统，实现信息工作的规范化与多元化。当年，编发《路南信息》348期，其中上报信息285期，上报信息采用率同比提高50%；编发常委（扩大）会议纪要15期，党政联席会议纪要3期，重点工作办公会议纪要1期。

2004年，信息工作充分发挥窗口作用，在项目建设、社区建设、社保再就业工作、创卫工作、稳定工作、教育、商贸等方面进行全面宣传。全年编发《路南信息》110期，上报《网络信息摘要》40期；编发常委（扩大）会议纪要16期，党政联席会议纪要3期。

2005 年初，配合市委办公厅完成区公务内网建设的升级及“智通 - OA”办公系统的安装与测试；建成区机关大楼 Internet 局域网，拓宽信息渠道。是年，编发上报信息 382 篇，其中编发的网络调研信息“各地发展社区服务业的经验”得到市委领导的批示；《书记言论》“提高执政能力，建设和谐城区”在省委办公厅《情况交流领导干部专刊》上刊发；编发常委（扩大）会议纪要 17 期，党政联席会议纪要 2 期，重点工作办公会议纪要 1 期。

2006 年，全年上报中办、省、市工作反馈信息 130 篇，网络信息摘报 150 篇，社情民意类信息 60 篇；编发《路南信息》55 期，其中反映农村基层组织建设成果的《唐山市路南区着眼于新农村建设，不断加强农村基层组织建设》被省委《专报》采用；编发常委（扩大）会议纪要 17 期，党政联席会议纪要 2 期，重点工作办公会议纪要 3 期。

2007 年，根据国家保密局、国务院信息化工作办公室《关于加强党政机关计算机信息系统安全和保密管理的若干规定》，严格做好信息安全工作，按照“谁主管谁负责、谁运行谁负责”的原则，要求各部门在其职责范围内，负责本单位计算机信息系统的安全和保密管理。是年，上报中办、省、市信息 235 篇，编发网络信息摘报 150 篇，社情民意类信息 60 篇，下发《路南信息》95 期；编发常委（扩大）会议纪要 22 期，重点工作办公会议纪要 2 期。

2008 年，区委建立路南区信息化领导小组，并在全区开展网络与信息安全检查及“回头看”，确保信息安全。围绕经济建设、拆违拆迁、旧城改造、信访稳定、五项攻坚等区委工作重点，编发《路南信息》140 期，上报信息 115 条，被市采用 40 条；编发常委（扩大）会议纪要 18 期，党政联席会议纪要 5 期，重点工作办公会议纪要 9 期。

2009 年，围绕区委不同阶段的决策重点、工作难点、社会热点、经验亮点和建国 60 周年庆祝活动，上报中办、省、市工作信息 180 篇，摘报网络信息 50 篇，编发《路南信息》220 期，其中 40 篇动态信息在《唐山快报》上刊发；编发常委（扩大）会议纪要 9 期，党政联席会议纪要 12 期，重点工作办公会议纪要 22 期。

2010 年，信息工作围绕项目建设、产业发展、城乡面貌提升、民生保障和社会稳定等，挖掘信息内涵，探索工作亮点。全年上报中办、省、市工作信息 130 篇，摘报网络信息 80 篇，编发《路南信息》170 期，其中 30 篇动态信息在《唐山快报》上刊发；编发常委（扩大）会议纪要 16 期，党政联席会议纪要 12 期，重点工作办公会议纪要 43 期。

五、文件传输

1987 年，发文用“路南区办发”“区办发”“路南区发”“路南发”“区发”等发文字号。1996 年，根据《中国共产党机关公文处理条例》，全区党委系统机关公文种类主要有决议、决定、指示、意见、通知、通报、报告、请示、批复、规定、函、会议纪要等。1999 年 10 月，按照《河北省公文处理工作保密管理暂行规定》，加强全区各单位公文处理工作中的保密工作，严格保密纪律。2000 年 10 月，根据《中国共产党机关公文处理条例》《河北省党委机关公文处理细则》，区委印发《关于进一步规范党委机关公文工作的意见》，推进全区党委机关公文工作的规范化、制度化、科学化建设。《意见》规定：机关公文主要包括决定、意见、通知、通报、报告、请示、批复、规定、函和会议纪要 10 个文种；区委大字头有“路南发”“路南呈”两种文号，区委小字头有“路南字”“路南干字”“路南呈字”“路南函字”四种文号，区委办大字头有“路南办发”“路南办呈”两种文号，区委办小字头有“路南办字”“路南办呈字”“路南办函字”3 种文号；《办公室通报》主要用于刊登区委书记、副书记及其他常委的重要讲话；白头文件编号使用“路南办文［××××］××号，用于不能列入上述各类文件范围的、关于某件具体事务的行文，但需加盖机关印章。

2006 年 8 月，区委印发《关于加强党委机关公文规范化建设的意见》，对公文的起草、格式、报送、审签程序、校核、公文管理以及加强组织领导七个方面的规范化，作出具体规定。此后至 2010 年，无变化。

第二节　组织工作

一、党员发展

1990年，按照中共中央办公厅印发的《发展党员工作细则（试行）》，重视在工农业生产第一线发展党员，吸收有文化的优秀工人、农民、知识分子入党，严把党员入口关。

1993年起，党员发展贯彻“坚持标准、保证质量、改善结构、慎重发展”方针，按照入党积极分子与发展党员5∶1比例，确立入党积极分子培养比例；建立“团员推优、分级管理、系统培训、考察登记、预审预批”制度，加强入党积极分子培养；优先发展生产第一线党员，吸收35岁以下、高中文化以上的工人、农民、知识分子中的优秀分子入党，逐步改善党员队伍老化和文化偏低状况。截至1997年，全区共发展党员928名，多数为生产第一线的35岁以下、高中文化以上的工人、农民、知识分子中的优秀分子。

1998年，发展党员实行“六有”（有入党申请书、有齐全的政审材料、有积极分子培养考察表、有支部大会讨论记录、有基层党委考察报告、有组织员谈话记录）、“三清楚”（本人政治历史清楚、现实表现清楚、社会关系清楚）、“四不接收”（培养时间不足一年的不接收、没有经过培训的不接收、有问题尚未查清的不接收、未经过组织谈话的不接收）制度，加强党员发展工作制度化、规范化建设，严把“选苗、培养、考察、审批”四道关口，全年发展新党员249名。

1999年，区委组织部会同团区委、妇联实施“推优”工程，建立乡（街）、村（居）两级“推优”工作网络，完善“推优”工作程序，使“推优”成为发展青年、妇女加入党组织的主渠道；制定倾斜政策，重点培养吸收农村和生产一线的优秀青年和妇女中的优秀分子加入党组织，优化党员队伍结构；通过“交任务、压担子”，有针对性地把入党积极分子派到艰苦工作岗位，磨练意志，经受锻炼，增长才干；探索在新型经济组织中党员发展的新路径，拓展党员发展新领域。

2001年，区委组织部制定《关于实行发展党员公示制的意见（试行）》，建立发展党员“公示制”，即通过推行“公推公测、公示、集体会审、集体审批、跟踪考察、责任追究”六项制度，严把发展党员选拔关、监督关、审批关、转正关、职责落实关，规范党员发展工作程序，确保新发展党员质量。同时，在基层党组织中统一建立党员管理“四账三簿两册”，即党员增减台账、党组织增减台账、申请入党人员增减台账、基层单位数量增减台账，党员动态情况登记簿、党组织动态情况登记簿、申请入党人员动态情况登记簿，党员花名册、申请入党人员花名册，完善党员管理信息库。

2002年起，把发展优秀青年、农民入党纳入经常化，按照“坚持三个标准，发挥三个作用”原则，即坚持生产一线的占75%、35岁左右的占75%、高中以上文化程度的占75%标准，也称“三个75%”，发挥区委组织员办公室督导作用、乡（街）党委把关作用、村（居）党支部培养教育作用，做好发展党员工作；建立党员发展“三公一票”制度，即公推党外优秀人才、群众公认度测评、全程公示、投票表决，保证党员发展工作质量。至2005年，全区党员总数达到11007名，其中“十五”期间发展党员872人（其中35岁以下的占69.3%，高中以上文化程度的占84.4%，生产一线的占77.2%），党员队伍的年龄、文化结构和分布状况得到进一步改善。

2006—2010年，针对社区党员、农民党员相对老化，非公经济组织党员队伍相对薄弱的状况，依托党校、远程教育站点、“双育工程”基地，培训生产一线、非公经济组织人员以及知识分子、社区工作者、农村青年中的优秀分子；建立入党积极分子数据库，实行动态管理；各级团组织加强“推优”工作，优化积极分子队伍的年龄结构；落实新党员入党材料预审制度，严把党员队伍“入口”关。

二、党员教育管理

1989 年 2 月，区委贯彻中共中央批转中央组织部《关于建立民主评议党员制度的意见》，建立民主评议党员制度，通过学习教育、自我评价、民主评议、组织考察、表彰和处理等民主评议活动，加强对党员的经常性教育、管理和监督，检查和评价每个党员在坚持党的基本路线的实践中，特别是在治理经济环境、整顿经济秩序、全面深化改革中发挥先锋模范作用的情况，表彰优秀党员，处置不合格党员，清除腐败分子，提高党员素质，增强党组织的凝聚力和战斗力。

图 13－9　路南三日一网党员活动制度启动仪式
（区委组织部）

1998 年，在全区党员干部中开展党的“三基本”（党的基本理论、基本路线和基本知识）学习教育，在科级领导干部中开展“六对照、六查找、六强化”教育，即对照“三讲”要求，查找政治思想和立场是否坚定，强化政治意识和纪律意识；对照共产主义和建设有中国特色社会主义信念，查找是否具备为人民服务和奉献精神，强化宗旨观念和敬业爱岗意识；对照民主集中制原则，查找领导干部思想作风是否民主、班子是否团结，强化党性观念；对照廉洁自律的有关条款，查找有无违法违纪现象，强化艰苦奋斗、廉洁勤政意识；对照思想作风整顿要求，查找世界观、人生观、价值观存在的问题，强化克己奉公意识；对照所担负的工作，查找完成任务是否脚踏实地，强化求真务实的意识。当年，在民主评议党员中，共评议出不合格党员 15 名，其中除名 13 名，开除党籍 1 名，留党察看 1 名。

2001 年，在全区党员中开展“三个代表”重要思想学习教育和“一名党员一面旗帜”活动，增强党员的责任意识，发挥党员的先锋模范作用。

2005—2006 年，按照中央和省、市委的统一部署，在全区 321 个单位的 10747 名党员中，分三批开展以实践“三个代表”重要思想为主要内容的保持共产党员先进性教育，每批 6 个月，分为学习培训、分析评议、整顿提高三个阶段。教育活动结束后，全区安排三个月时间进行“回头看”。

图 13－10　路南社区网格化管理　（区委组织部）

2007 年，在全区农村、城市社区和企业党员中，开展“设岗定责”活动，建立日常学习制度、党员联系群众制度、党内关怀制度、党员双重管理双重考评制度、公开评议制度、党员发展和处置制度等，完善党员自我教育、自我管理、自我提高、自我监督的长效机制。

2008—2010 年，加强党的建设管理服务体系建设，开办“路南党建网”“路南区党员群众服务平台”“手机短信服务平台”“12371 党员咨询热线网络平台”，加强党建信息交流，提高管理服务水平；组织党员干部参加“三日一网”“党徽在岗位闪光”等实践教育活动，增强党员意识，提高综合素质；开展学习实践科学发展观教育活动，树立科学发展理念，明确科学发展思路，构建科学发展新机制。

三、基层组织建设

1990 年 5 月，区委印发《中共唐山市路南区委关于加强企业党组织建设的若干意见（试行）》，确立企业党组织的政治核心地位。9 月 7 日，区委召开基层党组织建设经验交流会，12 个基层党组织作经验交流。11 月，在唐山市机关党建工作会议上，区直机关党委作“突出党员教育、加强机关党建工作”的交流发言。

1992 年 6 月，根据《中共河北省委关于地市县委抓基层组织建设的若干规定》，区委下发《中共唐山市路南区委关于开展基层党组织“分类、升级、达标”活动的意见》，决定将街道、企业和学校的基层党组织分为四类，其中一类为先进、二类为达标、三类为基本达标、四类为后进。按照“一类、二类党支部抓巩固提高，三类党支部抓进档升级，四类党支部抓整顿转化”的工作部署和“一类支部上水平、二类支部升台阶、三类支部变面貌、消除四类支部”的目标要求，采取分类管理、典型示范、目标激励、检查监督等措施，指导各基层组织对照四个类别标准自认类别、制定升级措施、与党委签订《升级达标责任书》开展升级活动，加强基层党组织工作规范化、系统化、科学化建设。12 月，在河北省街道党建工作会议上，小山街道隆义栈居委会党支部作“发展壮大集体经济，增强党支部的凝聚力”的经验介绍，受到省委领导赞扬。是年，区委印发《关于开展“学赶隆、双、燕，争创万元居”的实施意见》，要求全区学习小山街道隆义栈居委会党支部、学院南路街道双新二居委会党支部、友谊街道燕京五居委会党支部的先进经验，争创产值超万元的居委会，推动“一委一点”建设和居民服务全面发展。

1994 年，围绕奔小康目标，落实农村党建工作“四个一”要求，即选好一个书记、建好一个班子、谋划一条致富路子、健全一套制度，加强农村基层党组织建设；按照“整体部署，突出重点，全面推进”的思路，加强新型经济组织党的基层组织建设。是年 12 月，区委召开五届四次全委（扩大）会议，讨论通过《关于加强基层党组织建设的意见》，对各级基层组织建设提出了具体要求。其中，农村基层党组织实现“五个好”，即建设一个好班子，尤其要有一个好书记，培养锻炼一支好队伍，选准一条发展经济的好路子，完善一个好经营机制，健全一套好制度。企业基层组织实施“四个二”工程，即强化两项责任（强化一手抓党建的责任、一手抓生产经营的责任），提高两个素质（提高企业党员干部党务工作素质和经营管理素质），协调两方面关系（协调好党政、党群两方面的关系），发挥两个作用（发挥党组织战斗堡垒作用和党员先锋模范作用）建立现代企业制度。街道基层组织开展“学赶隆、双、燕（即：隆义栈、双新二、燕京五居委会）、争创万元居党支部”活动，总结推广典型经验，抓好居委会党支部建设，评选 10 个“明星支部”、10 名优秀党支部书记、10 名党员标兵。机关、学校和其他行业基层组织开展“分类、升级、达标”活动，立足行业特点，制定加强和改进自身建设的具体措施和规划。加强对基层党组织建设的领导，区委每季、各党委每月至少专题研究一次基层党建工作，及时解决基层党组织建设中出现的新问题；健全党的基层组织建设责任制，区委书记、各基层党委书记是第一责任人，主管副书记要用主要精力抓党建；坚持党委成员抓基层党建“定点包片”制度，区委常委包乡街，乡街党委成员包村和居委会，经贸党工委成员包重点企业，经常深入下去进行具体指导。同时，区委制定《农村基层组织建设三年整顿目标（1995—1997）》，明确今后三年集中整顿的工作方针、任务责任、具体要求以及转化的具体措施，提出三年基层党组织建设工作规划的指导意见，并要求各级党组织作出相应规划。

1995 年，贯彻省委关于开展“基层组织建设落实年”活动的工作部署，区委建立常委会每季一次党建工作例会制度和区五套班子党建联系点制度，通过“沉”到基层、“蹲”在点上、解剖“麻雀”，解决基层建设中出现的热点难点问题。7 月，区委从区直机关抽调 44 名干部，分别派驻农村、厂企抓党建。是年，区委制定《农村党支部等级管理工作意见》《关于实施乡、村两级党组织书记“素质工程”的意见》《争创优秀乡镇党委、优秀农村党支部意见》，以小康建设统揽全局，以“五好”（支部班子好、党员队伍好、活动开展好、制度建设好、作用发挥好）为目标，“抓龙头、摆龙尾、强龙身”（即抓两头带中间)，推进农村党支部五级（“明星”支部、一级支部、二级支部、三级支部、四级支部）管理，进一步加强农村基层党组织建设。

1996年，全区坚持以宽裕型小康建设统揽农村工作全局，按照“五个好”（好班子、好队伍、好路子、好体制、好制度）的标准，加强农村基层组织建设；建立和完善县级领导干部包村联系点制度，区五套班子党员领导干部每人负责1个后进村的转化工作；开展机关部门包村活动，组织38个区直部门，按照“政府部门包乱村、经济部门包穷村、组织部门包散村”的原则，分别对38个村实行“承包责任制”；在农村推行村务“两议七公开”制度，统一规定村务公开的内容、程序、时间和阵地。至1996年8月，在全区38个农村基层组织中，有“明星党支部”3个，占农村基层组织的7.9%；一级党支部28个，占73.68%；二级党支部5个，占13.16%；三级党支部2个，占5.26%；有36个党支部实现“五个好”，占97.74%；全区一个乡、38个行政村均达到《河北省农村小康建设规划纲要》小康乡村标准。在全区7个街道109个居（家）委会党支部中，有优秀党支部48个，占总数的44.1%；中间状态的56个，占51.4%；中间偏下的5个，占4.5%；街道“万元居”党支部由13个增加到22个。在全区72个企业基层党组织中，比较好的32个，占44.44%；一般的36个，占50%；比较差的4个，占5.56%。是年，由区委组织部、宣传部牵头，在全区基层党员干部中开展评选“优秀人民公仆”活动。

1997年，加强农村党组织建设，开展“外学苏南、内学刘屯”活动，组织农村干部到苏南地区、河南临颍、石家庄郊区等地参观学习，长见识、增才干；选树南刘屯“双亿元村”的先进典型，推广在经济建设中加强基层党建工作的经验，增强党员干部发展经济意识，寻找适合本村特点的经济发展新路；选好“领头雁”，调整农村支部班子35个，选拔政治素质好、有经营头脑的支部书记7名，对思想保守、进取意识差的村干部进行必要调整；完善各项规章制度，推进基层民主政治建设，明确村级农村党支部、村委会、经联社、治保会、民调组、民兵、共青团、妇联八个组织的职责，统一规定农村党支部每月5日的“党员活动日”，健全民主选举、民主议事、民主决策、民主管理和民主监督五项民主政治制度，农村财务、集体资产、农民负担三项经济管理制度，村民代表议事会、党员议事会制度，村内财务收支公开、“三提五统”、宅基地审批、项目发包、土地承包、计划生育等村务管理制度。是年，区委表彰农村优秀党支部19个；全区有4个村实现产值“亿元村”，38个村年收入均在10万元以上；全区农民向村“两委会”提合理化建议230条，被两委班子采纳70条。在加强街道党组织建设中，按照“抓党建、定制度、促规范”要求，区委组织部制定和完善《街道党建工作七项制度》《居委会党支部建设七项制度》《关于对街道老党员加强教育管理的意见》《党委班子民主生活会联络员制度》，用制度保证基层党建工作深入开展；以发展委办经济、促进社区服务统揽全局，加强“一委一点”建设，培育发展“万元居”；选好党支部书记，配好党支部班子；开展主题鲜明、形式多样、方法灵活的“党员奉献岗”活动。在加强企业党组织建设中，以保证企业深化改革、转换经营机制、促进两个根本性转变、提高经济效益统揽全局，召开企业党建专题研讨会，就企业党组织政治核心作用如何发挥、党建工作如何适应新形势等进行调研；适应现代企业制度，制定《关于加强企业党组织建设意见》，落实“企业建到哪里，就在哪里建立党组织”，将企业改制与党组织设置同步规划、同步实施，在企业中建立党组织；加强企业党建基础管理，区委组织部协助区经贸委党工委印发《关于整顿企业党组织的意见》，制定《企业党组织议事规则》，规范企业党建工作，保证党组织在企业中政治核心作用的有效发挥。

1998年8月，区委印发《农村基层组织建设三年规划》《中共唐山市路南区委关于实施乡、村两级党组织书记“素质工程”的意见》，实施为期三年的乡、村两级党组织书记“素质工程”，提高干部的政策水平、文化水平以及统筹领导新农村建设的能力，其中要求乡党委书记达到大专以上文化，村党支部书记80%以上达到中专以上文化。是月，区委组织部制定《关于进一步加强以党支部为核心的村级组织体系建设的意见》，建设“五好”村党支部，抓好村民自治组织、群团组织和集体经济组织建设，形成坚强有力的村级组织体系。是年，按照“组织健全、制度落实、活动经常”的要求，整顿乡、街、企和系统党委（总支）下属的党支部60个，占全区党支部总数的13%，进一步增强了党的基层组织战斗力和凝聚力。

1999年，区委印发《关于创建农村基层组织建设工作先进区委活动的实施意见》，明确了三项职责，即区委抓基层组织建设的职责，区委书记第一责任人和乡党委书记直接责任人的职责，区、乡党委组织员办公室直接责任部门的职责；完善了五项制度，即区、乡两级党委例会制度，基层组织建设联系会议制度，调度会制度，督查制度，基层组织建设考评制度。2000年，区委办公室转发区委组织部、区总工会《关于加强新建企业党的建设和工会工作的意见》，组织企业党的基层组织开展"党员责任区""党员模范岗""争旗创优"活动。同年，在全区开展"建章立制年"活动，完善街道党建工作制度、居委会党支部建设制度、街道老党员教育管理制度、乡街党委党员活动日制度、党委班子民主生活会联络员制度、党支部包片联户制度、党员目标管理制度、党员学习制度、党员奉献日制度、党员分类管理制度和在职党员双重管理制度等16项规章制度，使街道和社区党建工作步入规范化轨道。2001年，区委组织部转发省委《关于新形势下充分发挥村党支部领导核心作用的意见》，在各村建立健全与新形势要求相适应的村党支部领导下的村民自治运行机制。是年，在福乐园、卫国楼、花园里、联合村4个社区党支部中开展"在职党员奉献在社区"试点工作。区委组织部、区总工会、团区委联合制定《关于在非公有制经济组织中建立党、工会、团组织的意见》，要求凡有正式党员3名以上的非公有制经济组织，都应当建立党的基层组织。其中，党员人数在3名以上、50名以下的，应建立党支部；党员人数不足3名的，可就近与其他组织中的党员建立联合党支部；党员人数超过或接近50名、100名的，可分别建立党的总支部委员会、党的基层委员会；党员人数少、暂不具备建立党组织条件的，应抓紧把工会、共青团组织先建立起来，为建立党组织创造条件；在个体工商户党员相对集中的地方，就近就地建立党组织。

2002年，结合社区管理体制改革，把103个居（家）委会合并为52个社区居（家）委会，为每个社区核定1个事业编，专门用于党总支（支部）书记岗位。是年，区委印发《关于对社区党员实行分类管理的意见》《关于在职党员参加社区活动的意见》，将社区党员统一划分为在职党员、离退休党员、个体工商户党员、流动党员四大类型，要求对在职党员实行"双重管理"，流动党员实行动态管理，离退休党员"退休不褪色"，下岗失业党员"失业不失志"，年老体弱党员"思想不落伍"。当年全区52个社区全部建立"在职党员活动站"，组建党员志愿者服务队127个，参加社区活动的在职党员1700多人，结合各自工作和专长定期开展服务活动。是年，区委印发《关于对乡、街党委党的基层组织建设工作的考评办法》《建立"一制三化"工作运行机制，加强农村"两委"班子建设的实施意见》，指导和督促乡、街党委落实好抓基层组织建设工作责任；在全区38个村建立党支部领导下的村民自治运行机制和党支部工作规范化、村民自治法制化、民主监督程序化的村务工作制度。是年，区委以创建"基层组织建设先进区"为目标，落实"两个责任"（区委抓党建责任、区委书记带头抓党建责任），发挥"两个作用"（乡、街和村、居两级党组织的领导核心作用），建设"两支队伍"（农村、社区干部队伍和党员队伍），加强"三级创建"工作。全区有6个街道党委、14个社区党支部达到"五个一"标准，女织寨乡党委达到"六个好"标准，22个村党支部达到"五个好"标准，两个后进村党支部全部转化，"一制三化"（党支部领导下的村民自治运行机制和党支部工作规范化、村民自治法制化、民主监督程序化）样板村3个。全区27家改制企业党组织全部实现整体过渡；在符合建党组织条件的非公有制企业中，新建党支部6个；在个体工商户党员集中的地方，建立个体劳动者协会党支部；在全区非公有制经济组织的党支部中，统一建立理论学习制度、民主议事制度、党支部例会制度、民主生活会制度和民主评议党员制度。

2004年，加强街道党建工作，将7个街道党委全部改建为街道党工委，作为区委的派出机构，加强街道党组织对区域性党建工作的组织、指导和协调功能；建立区、街、社区三级协调机制，形成以街道党工委为核心、以社区党组织为基础、以社区全体党员为主体、辖区内各类党组织共同参与的社区党建工作新格局。

2005 年，贯彻落实中共中央和省、市委《关于深入开展农村党的建设“三级联创”活动的意见》，区委印发《中共唐山市路南区委关于深入开展农村党的建设“三级联创”活动的实施方案》，以创建农村党建先进区、“五个好”（领导班子好、党员队伍好、工作机制好、小康建设业绩好、农民群众反应好）乡党委和农村党支部为目标，开展“三级联创”活动。是年，非公有制经济组织党组织建设工作，以健全组织、发挥作用、选树典型为主要内容，努力扩大党在非公有制经济领域的工作覆盖面，全区先后选派 61 名党建指导员，深入 80 家非公有制经济组织开展指导协调工作。

2006 年起，农村党组织实施“连心工程”，建立包村联户和“一岗双责”制度；企业党组织贯彻区委《非公有制企业党组织建设工作规则》《关于加强和改进非公有制经济组织党建工作的意见》，建立健全非公有制经济组织党建联席会议制度，形成相互配合、各负其责、齐心协力抓党建的工作格局；机关事业单位党组织，以“提速、提质、为人民、促发展”为主题，加强机关效能建设。

2008 年，区委制定《关于推行社区党建网格化管理的实施意见》，把全区 56 个社区划分成 272 个责任网格，按照“网格设置到位、组织覆盖到位、责任包干到位、党员活动到位、民情汇集到位、志愿服务到位”的目标要求，明确网格管理责任，建立网格互动机制、社区关爱机制、民情收集机制、党建信息反馈机制；制定《路南区社区党建示范点标准》，在定福里、双新二、南新西里、富庄东里、花园里、马家屯等 6 个社区开展品牌示范社区创建活动；开展社区党员“领岗履责做先锋”主题活动，有 1200 名社区党员自主认领责任岗，与困难群众结成帮扶对子 860 对；加强社区流动党员教育管理，坚持定期摸排暂住人口制度，按照“适时、适宜、适度”原则，组织流动党员参加社区服务活动；加强在职党员“八小时以外”管理，开展“党员奉献在社区”活动，组织社会实践活动 22 次，为社区群众解决实际问题 61 件（次）；完成社区党组织换届选举，社区班子成员平均年龄下降 8. 7 岁，大中专及以上学历比例提高 18. 7%；19 个社区党支部升格为党总支，在全区 56 个社区党组织中设党委 4 个、党总支 52 个。进一步加强农村党组织建设，按照区委制定的《关于开展“双联共建、互帮互助”活动的实施意见》《关于在科学发展新形势下加强基层党组织建设的意见》，开展农村党建工作“三级联创”活动（即在区、乡、村三级党组织中，开展农村基层组织建设先进区、“五个好”乡镇党委、“五个好”农村党组织联创活动），形成“县级领导联系、机关部门帮扶、社区参与共建”的“三级联动、三级联帮”共建格局，探索“城乡党的基层组织互帮互助”机制；加强农村党员队伍建设，采取个人自荐、村民推荐、党员推荐的办法，从大中专毕业生、退伍回乡军人、种植养殖大户、在外务工经商人员中推选“能人”充实农村后备人才库，选聘 8 名高校毕业生到村工作；按照“三公一票”制度发展新党员 21 名；开展农村党员“设岗定责、包片联户”活动，每人分包一片责任区，帮扶联系 10 户村民；实施“新路南、新农民”素质工程，免费培训农村党员 250 名，提高农村党员带头致富和带领群众致富的“双带”本领；按照上级要求，平稳推进村“两委”换届选举工作。进一步加强非公有制经济组织党组织建设，在全区 314 家非公有制经济组织中建立党组织 103 个，其中 48 家规模以上非公有制企业全部单独建立党组织，并按照“建立一个、规范一个、巩固一个”的要求，完善“三会一课”制度和党员发展、党费收缴管理、民主评议、厂务公开等制度，培养“双强型”（党务工作能力强、经营管理能力强）企业党组织书记，开展“筑坚强堡垒、树先锋形象、促和谐发展”活动，涌现出华光自动化设备公司党支部、任氏包装公司党支部、五交化市场党支部等一批新典型。

2009 年 3 月，按照“组织设置网格化、党员管理精细化、活动载体特色化、社会服务亲情化”要求，开展“社区党建工作规范化建设年”活动，营造“管理有序、服务完善、文明祥和”的社会生活秩序，为路南区实现“两个率先”（率先建成科学发展示范区、率先建成人民群众幸福之区）提供组织保证。

2010 年，街道社区党的基层组织建设，以“强化核心、突出中心、凝聚人心”为主线，开展“四化三有”创建活动，即“组织设置网格化、党员管理精细化、社区服务亲情化、社区党建科学化，有扎实基础、有明显特色、有典型经验”，全区共设立党建工作网格 272 个，建立楼栋、楼院党支部 286 个，组建楼门党小组722个；搭建社区党员活动载体，开展党员责任区、党员示范岗、设岗定责和结对帮扶等党员服务活动，设置民事调解岗、扶贫助困岗、文体活动岗、治安巡逻岗等20个类别720个服务岗位，建立帮扶对子907对，让社区党员有权管事、有岗履责；开展社区示范点创建活动，打造基层党建服务品牌，福乐园、卫国楼、燕京里被评为唐山市首批“社区党建示范点”，花园里社区“五联共建牵手网”、双桥里社区“社情民情流水线”、南新西里社区“干群恳谈快速路”、燕京里社区“爱心传递接力棒”、福乐园社区“代托代办直通车”等示范创建活动均取得明显成效。加强企业党的基层组织建设，区委先后制定下发《关于做好非公有制经济组织深入开展创先争优活动有关工作的通知》《关于加强和改进非公有制经济组织党建工作的意见》《关于进一步做好向非公有制经济组织选派党建指导员工作的通知》，通过单独组建、派员帮建、园区联建、行业统建、龙头领建、社企联建六种方式，灵活设置非公有制企业党组织；完善非公企业党务公开、“三会一课”等制度，开展创先争优活动；按照“有场所、有设施、有标志、有党旗、有书报、有制度”的“六有”要求，加强基层党组织阵地建设。是年，全区48家规模以上非公有制企业，均建立“常年、全员、全面”关爱党员、服务员工的“365阳光驿站”，增强企业党组织的凝聚力和号召力；金匙集团公司党委筹集资金20万元设立“爱心基金”，将全区建国前入党的农村老党员和未享受离退休待遇的城镇老党员全部纳入爱心助养范围。机关事业单位党的基层组织建设，着眼于建设一流队伍、培养一流作风、创造一流业绩，巩固保持共产党员先进性教育成果，在机关党组织中开展“党组织创五好、党员五带头”活动和创先争优主题实践活动，塑造机关党员与时俱进的新形象，促进以“提速、提质、为人民、促发展”为主题的机关效能建设，提高机关“为经济发展服务、为基层群众服务”能力。农村党的基层组织建设，以“三级联创”活动为契机，深入实施“龙头工程”，选好配强村“两委”班子；实施“堡垒工程”，有5个村被确定为区级农村党建示范点，有26个村达到“五个好”党支部标准。

四、干部管理

干部培训　1990年，按照市委统一部署和《唐山市培养教育青年干部工作的五年规划（1987—1992）》，先后完成《坚持四项基本原则，反对资产阶级自由化》《建设有中国特色的社会主义》两本书的学习培训、干部中专专修班培训，组织部分街道党委书记参加唐山市乡（镇）街道党委书记培训班，提高全区干部队伍政治思想素质。

1991年，区委印发《关于改进和加强干部培训工作意见》《关于培养教育青年干部工作意见》，将建设有中国特色社会主义理论和党章的学习教育纳入干部和党员教育规划。全年举办培训班6期，培训科级领导干部226名、中青年干部52名、农村党支部书记37名。

1997年5月，制定《唐山市路南区1997—2000年干部培训规划》，对政治理论培训作出安排，其中科级领导干部集中脱产培训时间累计不少于50天，一般干部集中脱产培训时间累计不少于30天。培训内容：政治理论培训，重点掌握马克思主义基本原理和邓小平建设有中国特色社会主义理论；业务知识培训，掌握必备的业务知识和技能，40岁以下青年干部掌握微机操作的基本原理和操作规程；法律知识培训，掌握必备的法律知识；文化知识培训，全区所有干部达到中专以上文化程度，其中45岁以下科级干部和区直各部门党政班子成员80%以上、一般干部70%以上达到大专以上文化程度，区属企业的厂长经理90%以上达到中专以上文化程度并具有中级职称，45岁以下的农村支部书记80%达到中专以上文化程度。按照理论联系实际和统筹规划、分级分类培训原则，突出重点，抓好培训，即坚持干部理论学习日制度，抓好科级干部培训；选拔“拔尖人才”“科技十佳”，抓好科技干部的培训；轮训38个村总支、支部书记，抓好农村干部培训；采取专题研讨、短期培训、参观考察、院校进修等形式，抓好外向型经济人才培训；加强对干部培训工作的领导，明确各级各部门的职责，把领导干部的学习情况和理论素质列入考核的重要内容，作为提拔使用的重要依据；健全干部培训投入机制，加强党校阵地建设。翌年，建立干部学习激励和约束机制，干部述职时，把“述学”作为重要内容；评议干部时，同时评议干部的学习情况；考核干部时，考核干部的学习成绩。全年分类分级培训各级干部1164人次；举办科级领导干部培训班3期，培训副科以上干部239名。

2002年，适应中国加入WTO后面临的新形势，加强全区各级领导干部的外语、计算机、世贸组织基本知识的学习培训。全区共组织干部培训班17期，培训干部1200人次。2004年，组织各类培训班42期，其中有132名干部参加学历教育。

2008年，围绕“依托大南湖、服务大南湖、开发大南湖、建设新路南”主体战略的实施，开展教育培训，全年举办各种培训班14期，培训干部1130人。其中，举办政治理论培训班4期，培训干部285人；举办业务理论和技能知识培训班10期，培训干部793人；完成省、市委调训18期，52人次。

2010年，按照分类培训、分类指导和集中培训与分散学习相结合、理论学习与实践锻炼相结合、课堂培训与实地考察相结合的要求，采取专题讲座、案例教学、网络教育、实地考察等方式，开展多种形式的教学活动，提高学习效果。全区共举办各类培训班31期，培训干部6200人次，其中政治理论培训班10期1270人次，业务技能培训班21期4930人次；推荐选派12名优秀中青年干部参加硕士研究生报名报考；选调各级调训学员36期78人次，其中参加省级培训9期12人次，市级培训6期24人次，其它专业性培训3期3人次；调训县级干部10期14人次，调训科级干部8期25人次。

干部考核 1987年，成立党政机关目标管理办公室，负责党政干部的年度目标考核。是年起，每年末考核各级领导班子、领导干部的岗位目标完成情况，并将考核结果作为领导干部奖惩、调整和任免依据。

1993年，加强中层领导班子考核，并制定《关于区直工业企业领导干部管理试行意见》《关于中外合资（合作）经营企业高级管理干部试行意见》，对区直39个中层领导班子、138名科级干部、56名企业厂级干部进行民主考评。

1995年7月，区委成立路南区干部考核委员会，承担领导班子及干部的考核职责，并制定《关于乡街、区直单位党政领导班子及其成员实绩考核奖惩办法》，按照“分类考核、结构记分、系列排队、综合平衡”的要求，将领导班子及其成员评定标准分为实绩突出、实绩比较突出、实绩一般、实绩较差和优秀、称职、基本称职、不称职各四档，并以此兑现奖惩。1998年，加强干部政治理论学习考核，重点考核干部运用理论解决实际问题的能力和成果，并把考核结果与使用挂钩。

2002年，区委办公室、区政府办公室印发《关于乡街、区直单位科（局）级领导班子和领导干部考核实施办法》，明确领导干部年度考核结果，按有关规定实施奖惩，对当年评为优秀的，给予嘉奖或记三等功奖励，并通报表彰；连续三年评为优秀的，晋升一级级别工资。其中，领导班子实绩突出奖励面控制在30%以内，领导干部优秀的奖励面控制在15%以内。

2004年，按照考核奖励有关政策规定，对科级领导班子和领导干部、党群系统一般干部进行考核，落实干部奖惩制度。是年，表彰奖励科级优秀党员干部和先进工作者83名（抗击“非典”二等功5名、三等功11名，向市呈报二等功2名、嘉奖65名），表彰奖励党群系统一般干部133人，其中评为优秀20人。

2008年，按照《路南区科学发展综合考评办法（试行）》要求，制定《路南区科级领导班子和领导干部综合考评办法（试行）》，将科级领导班子和领导干部的科学发展责任和目标量化细化，建立科级领导干部实绩台账，实行科级领导班子考核末位淘汰制度。

2010年，健全干部考核评价机制，建立健全上级评价、同级评价、群众评价、考评组评价、考评责任单位评价为一体的多元化干部评价体系，突出对乡街固定资产投资、财政收入、项目建设、区直单位职能业务、领导干部执行能力等重点内容的考评；健全职能部门日常监控、统计部门定期监控、督查部门重点监控、组织部门整体监控的全方位、立体化监控机制，对全区重点工作目标完成情况实施全方位、立体化监控；严格落实科学发展问责制，定期召开全区科学发展问责会议，区委、区政府主要领导当场问责，并将问责情况纳入平时考评范围，督促各级领导班子和领导干部履责谋发展；加强考评结果运用，把综合考评结果作为改进工作和领导干部调整使用、教育培养、管理监督、激励约束、奖励评先的重要依据，促进“创建科学发展好班子、争当科学发展好干部”活动深入开展。是年，全区共评选优秀科级领导班子33个、优秀科级干部72人；评选科学发展好班子18个，科学发展好干部28人；选树对标达标旗帜，表彰“两优一先”，共表彰先进基层党组织46个、优秀党务工作者58名、优秀共产党员160名；表彰奖励项目建设先进单位17个、先进个人（优秀党员干部）28名；表彰“十佳教师”、德育教育先进工作者、优秀教育工作者等58人；表彰对外开放工作做出突出贡献的单位12个。同时，对各类先进，采取媒体宣传、事迹宣讲、拉练观摩、红色文艺调演等形式进行广泛宣传，营造“学习先进、崇尚先进、争当先进”的浓厚氛围。

干部监督　1988年，按照中共中央批转的《中央组织部关于建立民主评议党员制度的意见》要求，建立民主评议党员制度，处置不合格党员。1991年5月，贯彻落实省委组织部《关于干部、人事工作纪律的若干规定》，建立干部考察任免制度、集体讨论制度、离退休制度、干部谈话制度、干部回避制度，并对干部违反组织纪律的行为进行检查和处理。

1992年4月，区委制定《中共唐山市路南区委关于加强干审工作的意见》，区委组织部建立干审组，为干审工作专门常设机构，区直各党委设立兼职干部审查员，具体负责干部监督。1994年，区委制定《关于进一步加强基层党委思想作风建设的若干规定》，出台领导干部个人及家庭重大事项报告制度、新任职务领导干部廉政谈话制度、党风监督员和特邀监督员制度、科（局）级党政领导班子及其成员廉政档案制度。1995年，制定《关于加强干部监督工作的意见》《关于建立领导干部任期经济责任审计制度的意见》《关于推荐干部任前公示制度的实施意见》，加强各级领导干部监督。

1997年1月，区委组织部、区审计局印发《路南区行政事业单位领导干部经济责任审计工作规定》，加强全区党政机关、事业单位的主要负责人任职期满、提职、调动、辞（免）职或离退休前等任期内的经济责任审计，重点审计任职期间应承担的经济责任和经营业绩。

1998年，区委制定《加强干部监督管理工作的暂行规定》，按照“分级负责、分级管理”原则，落实区管干部谈话诫勉、重大问题组织涵询、离任审计、执法执纪部门联系通报等制度，杜绝和减少干部队伍中违法违纪问题发生。是年，区委组织部诫勉谈话6人。

1999年9月，区委印发《中共唐山市路南区委关于加强干部监督管理的意见》，明确监督的主要内容，建立工作述职报告、重大事项集体决策、党风廉政建设、干部考核、民意测评、干部交流与回避、离岗代理制等制度。

2003年，在科（局）级领导干部中开展“诺廉、述廉、评廉、考廉”活动，实行科（局）级领导干部任期、离任经济审计，建立《干审情况专报》《在职领导干部在社区中表现监督卡》，并依据《党政领导干部选拔任用工作条例》健全领导干部报告个人重大事项制度、回复组织涵询制度、诫勉谈话制度、领导干部收入申报制度、出国境审查等一系列制度，完善干部监督体系。是年，共完成领导干部离任及任期经济责任审计93人，领导干部诫免谈话31人次，对115名新提任的科级干部进行任前廉政谈话，对3名领导干部进行组织函询。

2008年，制定《路南区科级领导班子研究决策重要事项规则》，加强民主集中制建设，从源头上防范权力滥用和腐败行为的发生。全年对3名领导干部进行经济责任审计，完成28名县级领导干部收入和重大事项申报工作；落实定期联系通报制度，掌握干部动态信息；选聘30名干部监督员，加强对领导干部生活圈、社交圈的日常监督。

2010年，落实干部选拔任用工作责任追究、有关事项报告和评议、离任检查等制度，实施选拔任用全程监督。是年，完成县级领导干部收入申报工作；8批23人次因公因私出国（境）的报批、审批工作；对140名新调整科级干部进行登记备案；对离任的21名科级党政正职及区属中学行政一把手，进行离任审计。

干部调配任免　1990年，区委选拔任用干部按照“革命化、年轻化、知识化、专业化”的要求，坚持群众民主推荐、组织考察、集体研究讨论的干部任免程序，改善各级领导班子的年龄结构、文化结构、专业结构；执行试用期制度，凡由区委提拔任命或推荐的中层干部，均实行一年试用期，试用期满称职的，依照法规和任免程序正式任命，不称职的回原单位担任原职级。

1991年，区委完善干部任免程序，实行单位和群众双重民主推荐选拔干部，同时重视妇女干部的培养、选拔、任用。是年，全区党政机关共有妇女干部355人，其中局（科）级妇女干部44人，占全区妇女干部总数的12%；股级妇女干部117人，占全区妇女干部总数的32%；区级班子配有妇女领导干部；7个街道有妇女干部8人，区党群系统50%的部门、82%的基层党委、40%的区政府各系统的单位均配备妇女领导干部。在河北省选拔培养妇女干部工作会议上，区委作了“努力搞好培训，为妇女干部健康成长打好基础”的经验介绍。

1993年，贯彻《全民所有制工业企业转换经营机制条例》，妥善安置在机构改革中涉及职务变动的中层干部104名，调整厂级领导班子17个，任命干部40人次。

1995年，区委加强对青年干部的培养教育，抽调年轻干部参加各级党校理论培训，选调年轻干部到大中专院校培训，分期分批组织年轻干部到经济发达地区考察学习，提高综合素质；建立挂职锻炼制度，从区直机关选拔40名中青年干部到乡、街和企业任（挂）职，其中任乡、街党政正职的9人，占乡、街党政正职总数的22.5%；推行干部轮岗交流制度，为优秀中青年干部脱颖而出创造良好环境。是年，按照“公开、平等、竞争、择优”的原则，在全区范围内公开招聘外经委主任和女织寨乡副乡长、科委主任。

1999年5月，区委印发《中共唐山市路南区委关于干部选拔任用工作的若干意见》，明确选拔任用干部应坚持的党管干部、德才兼备、群众路线、公开透明、坚持程序等原则，选拔任用的干部必须具备的政治理论、政治立场、思想作风、政治责任心、群众路线、文化水平等素质。按照依法管理和分类管理要求，建立“分级管理、下管一级”的管理制度，即区委协助市委管理县级干部，直接管理科局级干部，委托所属党委、党组及组织人事部门管理股级干部，加强日常监督和管理。9月，区委印发《中共唐山市路南区委关于选拔任用干部实行公示制的意见（试行）》，对拟提拔任用的副科级领导干部实行公示制度。

2000年起，推行公开选拔领导干部和党政机关干部竞争上岗制度，在全区范围内公开选拔副科级领导干部4名。2001年3月，贯彻落实市委《深化干部人事制度改革，加强高素质干部队伍建设的意见（试行）》，实行按规定比例公开选拔、中层职位竞争上岗、年度考核与民主推荐、政绩突出优先选拔以及任前公示、聘任制、试用期制、任期制、交流轮岗等制度，选拔任用领导干部；健全和完善谈话、诫勉、报告制度，恢复组织函询、考察考核制度，推进领导干部选拔任用制度改革。其中公开选拔的程序包括：公布职位和任职条件，组织推荐、群众推荐或个人自荐，资格审查，笔试，面试答辩，根据笔试和面试结果择优进行组组织考察，按干部任免程序办理任职手续，并实行一年试用期制度。是年，区法院的中层领导岗位实行竞聘上岗。2002年，在区公安分局和区检察院实行中层领导岗位竞聘上岗，通过公开报名、资格审查、演讲答辩、民意测评、组织考察确定人选，并经书记办公会讨论酝酿、区委常委会集体研究决定，使一批年富力强、素质较高的年轻干部走上中层领导岗位。

2003年，区委按照《党政领导干部选拔任用工作条例》的规定，制定《关于干部选拔任用及管理工作意见》，落实民主推荐、民主评议、民主测评、德能勤绩廉全面考察、区委常委会集体讨论决定等制度，选拔任用干部。

2008年，区委制定《关于深化干部制度综合配套改革的实施意见》，按照“让善于领导科学发展的人上，不会领导科学发展的人让，阻碍科学发展的人下”和“以公论识人才、靠能力定取舍、重实绩用干部”的用人导向，建立干部提名、推荐、考察、任用、管理、监督制度，采取“一讲二推”形式，即“一次演讲（述职演讲）、两次推选（第一次民主推荐、第二次民主推荐）”，在全区范围内公开推荐选拔和调整科级领导干部42名。统筹做好年轻干部、妇女干部、党外干部选拔工作，优化各级领导班子结构，全区配备妇女干部的部门19个，占全区28个党政部门总数的67.9%；配备妇女干部34人，占同级干部总数的22.5%；配备县级党外干部4人，科级党外领导领导干部9人。

2010年，贯彻执行《党政领导干部考察预告制、任前公示制、试用期制的意见》《关于选拔任用领导干部实行常委会投票表决的实施意见》等规定，进一步提升干部选任工作科学化、民主化、制度化水平；引入竞争机制，加大公开选拔和竞争上岗工作力度，拓宽用人视野，为优秀人才搭建发挥作用平台；严格发布公告、报名、面试、考察、体检等程序，面向全市公开选聘区法院、检察院工作人员15名；采取培养型、互补型、挂职型等形式，加强干部交流。是年，在科级领导班子之间交流干部113人，其中正科级48人，副科级65人；对提职的科级干部全部实行考察预告制、任前公示和试用期制；对区属单位主要负责人、乡街党政正职及乡人大主席、街道人大工作室主任调整变动实行常委会票决制。

后备干部培养　1990年起，区委制定《关于局（科）级后备干部的选拔管理意见》《关于企业后备干部的推荐、管理办法》，实施科级后备干部“双五十工程”，即选拔50名40岁左右的优秀中青年干部，选拔50名35岁以下的优秀青年干部；区委统战部、区委组织部联合下发《关于举荐非中共干部担任有关机关和部门领导职务的通知》，选任和储备非中共后备干部。1998年，坚持群众路线和群众公认原则，通过民主推荐、层层筛选、组织考察程序，在全区58个单位中考核确定科（局）级后备干部95名。2002年，结合社区换届选举工作，区、街分别建立社区后备干部人才库。翌年，全区选拔社区后备干部170名。

2008年，以“素质优良、数量充足、门类齐全、结构合理”为原则，加强后备干部培养和储备。全区选拔40岁以下科级后备干部143人，占同级干部总数的73.3%（其中正科级后备干部40人，占同级干部的56.3%；副科级后备干部103人，占同级干部的58.1%）；科级党外后备干部20人。按照“因人施教、因人施策、严格管理”要求和“提要求、教方法、指路子”的工作思路，建立领导干部与选调生结对培养制度，搞好“传帮带”，全年接收安置选调生24人。

2010年，创新干部选拔任用机制，按照“培养干部在一线，任用干部重一线”的用人导向，先后选派干部14批1100人次参加南新道南侧危旧房、燕承楼等区域拆迁改造工作，选派695名干部深入长青楼区域回迁居民群众中做维护稳定工作，选派400名机关干部参加“万名干部下基层”活动。是年，先后从重点工作一线提拔任用科级干部65名；按照市委《关于公开选拔县级党政领导班子后备干部的通知》要求，通过差额提名、差额推荐、差额考察、差额酝酿、差额表决等程序，推荐上报县级党政领导班子副职后备干部推荐人选12名。

五、人才和知识分子工作

1989年，区委建立知识分子领导小组。1990年8月，区委四届二次全委（扩大）会议确定“依法治区、科教兴区”发展战略，将人才与知识分子工作列入“科教兴区”的重要内容，并建立优秀知识分子评选与拔尖人才选拔制度。截至1992年12月的3年间，全区共选拔拔尖人才18名，评出优秀知识分子282名。

1993年7月，区委五届二次全会讨论通过《关于发掘和引进人才的暂行规定》，建立发掘和引进人才的政策保障机制和激励机制。

1994年12月，区委五届四次全会通过《中共唐山市路南区委关于加强企业家队伍建设的意见》，为企业家脱颖而出创造宽松的政策环境。区委意见强调，企业家的选拔培养，要坚持“公开、平等、竞争、择优”原则，打破部门、职业、身份、所有制等的界限，不拘一格选拔企业经营者；要引入竞争机制，逐步扩大聘任制，完善选举制，缩小委任制；支持党政机关懂经济、会管理的干部到企业任职，对愿意到企业去并适合工作的，上浮一级工资，保留行政编制一年；对企业中层以上优秀管理人员、大专院校经济管理专业的毕业生，逐人登记建档，分级分类建立企业家人才库，实施动态管理，壮大企业家后备人才队伍。企业家的管理，按照市场经济要求，建立现代企业制度，每年对在岗的工商企业领导者进行全面考核，建立实绩档案，并对经营管理不善的及时调整；实行企业家命名制度，对业绩突出的命名为区级企业家，每两年评一次；建立企业家协会、企业家奖励基金和企业家休假、人身保险、个人家庭财产保险等制度，优先享受转干、直系亲属“农转非”等政策。翌年7月，区委、区政府下发《关于命名表彰首批区级企业家的决定》，23名厂长、经理被命名为首批区级企业家。

2002年8月，区委组织部、区人事劳动和社会保障局印发《关于选拔应届优秀毕业生工作的意见》，确定每年选拔10名应届大学本科毕业生或毕业研究生，也称“选调生”，年龄25岁以下（研究生年龄可适当放宽），到基层培养锻炼。2005年10月，区委、区政府制定《关于加强科技工作的意见》，要求充分发挥人才在科技事业中的核心作用，强化人才的引进、培养和使用，壮大科技人员队伍。

2010年，编制《路南区中长期人才发展规划纲要（2010—2020年）》，以提高各类人才能力素质为核心，完善人才引进、培养、使用、激励等政策，整合组织、人事、区委党校、教育、卫生、农业、科技等部门人才工作资源，创新机制、优化环境，满足各类人才需求。

六、党员电化教育

1996年7月，成立路南区党员电化教育工作站（简称电教站，后改称党员电教中心），主要职责是根据全国党员电化教育大纲和省、市党员电化教育工作计划，落实全国、全省通用教材和地方特色教材的征订、发行工作，检查基层党组织的播放收看工作，收集和反馈工作信息，制作适合本地情况的党员电教片。

2008年4月，党员电教中心更名为党员电化（远程）教育中心。是年，全区建成终端站点40个，开展党员电化教育；落实“三簿一册”制度，即党员电化教育收看情况登记簿、讨论情况登记簿、信息反馈登记簿、播放收看点名册；制作完成《都市新农村建设者之歌》《让民心凝聚在党旗下》两部电教专题片，加强农村党建示范点建设。

2010年，党员电教工作按照“夯实基础、服务大局、突出特色、体现实用”的要求，重点加强农村、社区党员干部现代远程教育终端站点建设，统筹终端站点的“建、管、学、用”，实现站点管理规范化、播放收看经常化。是年，挖掘全区党建工作亮点，拍摄制作了《党徽在攻坚一线闪光》《百舸争流千帆竞》《落实创先争优打造一流信访》等6部专题电教片，宣传报道“三日一网”“创先争优”等活动纪实新闻36篇，撰写信息12篇。其中，电教专题片《党徽在攻坚一线闪光》获河北省“创先争优”课件观摩评比三等奖。

七、组织史资料征编

1990年6月，根据中共中央组织部、中央党史资料征集委员会、中央档案馆和省、市委组织部统一部署，编纂完成《中国共产党河北省唐山市路南区组织史资料（1948—1987）》，共收录中共路南区组织史资料、路南区政权系统组织史资料、路南区地方军事系统组织史资料、路南区统一战线系统组织史资料、路南区群众团体系统组织史资料等五个部分的文献资料约30万字。征编程序分为资料征集、编纂、审核、出版共4项，其中“资料征集”实行分级负责制，即：各单位的相关资料，由各承编单位负责资料的收集、核实并整理，报区委组织部征编科；涉及全区、重大活动和事项的相关资料，由区委组织部负责收集、整理；区委组织部负责编纂工作，编纂稿分报市委组织部和区委初审、终审，定稿后报批出版。征编工作历时5年，查阅大量同期历史资料，走访老干部1100人次。1991年1月由河北人民出版社出版发行。

1994年1月，编纂完成《中国共产党河北省唐山市路南区组织史资料（1987—1992）》，共收录中共路南区组织史资料、路南区政权系统组织史资料、路南区地方军事系统组织史资料、路南区统一战线系统组织史资料、路南区群众团体系统组织史资料、路南区部分企事业单位组织史资料、中共路南区组织史文献资料7个部分的文献资料约30万字，历时7个月。1994年11月由河北人民出版社出版。

2000年6月，编纂完成《中国共产党河北省唐山市路南区组织史资料第三卷（1992.12—1998.3）》，共收录中共路南区组织史资料、路南区政权系统组织史资料、路南区地方军事系统组织史资料、路南区统一战线系统组织史资料、路南区群众团体系统组织史资料、路南区部分企事业单位组织史资料、路南区所属村（居）委会党组织书记及村（居）委会主任名录等7个部分文献资料55.7万字，历时3年零6个月。2000年12月由河北人民出版社出版。

2004年5月，编纂完成《中国共产党河北省唐山市路南区组织史资料第四卷（1998.3—2003.4）》，共收录中共路南区组织史资料、路南区政权系统组织史资料、路南区地方军事系统组织史资料、路南区统一战线系统组织史资料、路南区群众团体系统组织史资料、路南区部分企事业单位组织史资料等六个部分文献资料40万字，历时1年。2004年10月由中共唐山市委机关印刷厂印刷。

2007年8月，编纂完成《中国共产党河北省唐山市路南区组织史资料第五卷（2003.4—2006.7）》，共收录中共路南区组织史资料、路南区政权系统组织史资料、路南区地方军事系统组织史资料、路南区统一战线系统组织史资料、路南区群众团体系统组织史资料、路南区部分企事业单位组织史资料等6个部分文献资料29.7万字，历时9个月。2008年7月由中共唐山市委机关印刷厂印刷。

第三节　宣传工作

一、思想建设

1990年，在党内开展马克思主义群众观点和党的群众路线再教育，组织全区党员干部学习中共十三届六中全会《关于加强党同人民群众联系的决定》，解决群众观念淡漠问题，增强党员干部的公仆意识；开展党的“三基教育”（党的基本理论、基础知识、基本路线教育）、党的四项基本原则（坚持社会主义道路、坚持人民民主专政、坚持中国共产党的领导、坚持马列主义、毛泽东思想）教育，反对否定、怀疑、摆脱或削弱党的领导的错误倾向，警惕资产阶级的“和平演变”；开展社会主义思想教育，引导党员群众树立正确的世界观、人生观、价值观；开展学雷锋、学焦裕禄、学付显忠、学习本区优秀党员的活动，总结省级优秀共产党员、市管处工人李连芳的事迹，并制作专题电教片《铺路石》在全区播放。

1992年，以学习贯彻邓小平南方谈话、中共十四大精神为主线，在全区开展为期三年的“解放思想大讨论”，用一个理论（建设有中国特色社会主义理论）、一条路线（党的基本路线）、一个体制（社会主义市场经济体制）、一个决策（加快改革开放和现代化建设步伐的决策）武装全区党员头脑；开展“抓住机遇、加快发展”大宣传大讨论，举办中心理论学习组和区属企业“一把手”参加的抓机遇促发展研讨会，组织专题报告会7场，进一步解放思想、更新观念；在全体党员中开展中国特色社会主义理论和党章学习活动，掌握国家发展战略、精神文明建设、对外开放、坚持走社会主义道路、群众路线和群众观点、领导干部一定要讲政治等方面的主要内容；开展学习“三本书”活动，即学习江泽民提倡的著名经济学家马洪主编的《什么是社会主义市场经济》、国家科委组织编写的《现代科学技术基础知识》和李岚清编写的《中国利用外资基础知识》；开展“以人为本创大业”讨论活动。

1995年，在全区开展“三学、三查、三克服、一坚持”活动，也称“3331”活动，提高党员干部宗旨观念，纠正党员干部中存在的个人主义、拜金主义和享乐主义倾向，解决政府机关纪律松弛、工作推诿、办事扯皮、制度不健全问题；在企业开展社会主义、爱国主义、集体主义教育，加强和改进新形势下的企业思想政治工作。1996年，在党员干部中开展群众观点和群众路线再教育活动，实施“鱼水工程”，开展“三热爱”（热爱党、热爱祖国、热爱社会主义）教育和“想民、爱民、为民”活动；在基层党员和农村党员中开展“学理论、学党章、学先进，比思想、比贡献，做新时期合格党员”竞赛活动；建立理论学习考试制度，对县级以上领导干部、科（局）级领导干部、一般干部按级别集中考场、编排考号、统一时间、设置监考，并作为制度逐年延续。

1997 年，在党政机关开展“讲学习、讲政治、讲正气，争做优秀公仆，创建文明机关”活动，评选人民满意的公务员和“三讲”文明机关。1998 年，开展“进一步解放思想加快发展”大讨论，加快改革步伐，一心一意搞建设；对全区局（科）级领导班子进行思想作风整顿，重点解决理论学习、敬业精神、大局意识、民主集中制等方面存在的问题。1999 年，以“解放思想促跨世纪发展”为主题，开展“大学习、大调研、大讨论”，对社会主义市场经济理论进行再学习，破除封闭保守意识，推动经济快速发展；对乡村干部进行农村政策法规集中培训，落实农民减负、土地延包、推进村民自治等各项政策。

2000—2004 年，在区四大班子和纪委、组织部、宣传部、检察院、法院、公安分局六个单位领导班子及其领导干部中开展“三讲”教育，以延安整风精神进行开门整改，重点解决学风、思想作风、工作作风、生活作风等方面存在的突出问题；在全区开展“两个面向”（面向新世纪、面向加入世界贸易组织）主题学习，学习世贸知识、市场经济知识和科学发展知识；在各级领导班子中开展“三个代表”重要思想学习教育，深入理解“三个代表”重要思想的本质内涵；开展以“创新务实、奋勇争先，努力走在全省最前列”为主题的解放思想大讨论和“科学发展观每日一题”学习活动，树立“第一要务是发展，核心是以人为本，基本要求是全面协调可持续发展，根本方法是统筹兼顾”的科学发展理念；开展“定责、践诺、评十佳”活动，加强行业作风建设；开展机关纪律作风整顿，按照《中共中央关于加强和改进党的作风建设的决定》，落实“八个坚持、八个反对”，查找一些部门和单位的干部尤其是领导干部中存在的群众观点、宗旨观念淡漠，事业心、责任感不强，作风飘浮、工作不扎实等问题。

2005—2006 年，在全区 321 个部门和单位、10747 名党员中，分期分批开展保持共产党员先进性教育，每批 6 个月，重点解决党员队伍中存在理想信念动摇、组织纪律松弛、能力不强和基层党组织中存在教育管理功能弱化、凝聚力、战斗力不强等问题；以“提速、提质、为人民、促发展”为主要内容，开展机关效能建设，重点解决办事难、行为不规范、素质不高、作风不实、效率低下、文山会海等问题。

2007—2009 年，在党员干部中开展科学发展观学习教育和深入学习实践科学发展观活动，按照“分层次、有重点、重实效”的要求，开展集中学习、个人自学和专题辅导，准确把握科学发展观的基本内涵，把发展作为第一要务、和谐作为第一责任、提高人民群众的幸福指数作为第一追求，确立“大南湖、新路南”的发展战略；以努力在全市率先建成“幸福之区”为目标，开展解放思想大讨论，树立科学发展、和谐发展思想，建设“繁荣文明和谐路南”。

2010 年，按照“高举旗帜、围绕大局、服务人民、改革创新”的总要求，围绕“三年再造一个新路南”的奋斗目标，开展创建学习型党组织活动和继续深入开展学习实践科学发展观活动，推进“激情路南、实力路南、生态路南、文化路南、幸福路南”建设决策的实施。

二、社会宣传

1990 年，贯彻落实《中共中央关于加强党同人民群众联系的决定》，在党员干部中开展马克思主义群众观点、党的群众路线教育，宣传各类先进典型；召开企业思想政治工作会议，宣传表彰“思想政治工作优秀企业”“优秀企业思想政治工作者”；召开全区教育工作会议，研究部署学校的思想政治工作，加强爱国主义教育和国防教育。

1992 年，围绕贯彻中共十四大精神、学习邓小平南方谈话和建立社会主义市场经济体制，宣传改革开放政策，引导党员、干部、群众解放思想、更新观念。

1993 年，召开全区学习中共十四大精神经验交流会暨宣传思想工作会议，文教局、工商局、友谊街道、学院南路街道、小山街道党委介绍加强和改进宣传思想工作的先进经验。翌年，召开全区党建暨企业思想政治工作经验交流会，提出“在继承中求发展、在改进中求加强”的工作思路，加强企业思想政治工作；下发《关于加强改革中宣传思想工作的若干意见》。

1995 年，中日韩体育交流会举办前后，开展“爱唐山、迎盛会、做贡献”活动；围绕区政府改革措施出台，组织全区宣传干部进行专项调研，总结选树先进典型，召开形势报告会，宣传改革成效；开展“纪念唐山震后建设发展”主题宣讲活动，举办专题报告、演讲会、知识竞赛、有奖征文，排演大型文艺演出《凤凰颂》，创作《唐山、唐山》《地震文化与社会发展》《中国人民解放军唐山抗震救灾事迹报告选》等书册，宣传经济和社会发展成就；选树长城电器公司资产重组和轻工联办技校党支部加强基层党建工作的先进典型，并在《唐山劳动日报》头条位置刊发长篇通讯；召开全区思想政治工作会议，刘屯派出所、女织寨乡西礼尚庄村、区信访局三个单位在会上介绍经验，建华化工厂等 9 个单位向大会递交典型交流材料。

1997 年，迎接香港回归，举办香港回归大型图片展、中国近代史题材优秀影片展映、爱国诗词和革命歌曲演唱会、“我盼祖国统一”知识竞赛等主题宣传活动；结合“鱼水工程”，在全区开展“优秀人民公仆”评选，评出区级“优秀人民公仆”10 人，推选市级“优秀人民公仆”1 人。

1998 年，学习贯彻中共十五大精神，以“充分发挥企业党组织的政治核心作用，建立与现代企业制度相适应的政工管理体制”为主要内容，开展“建立现代企业制度与改进思想政治工作”征文活动，收集征文 100 篇；配合全区“讲政治、顾大局、保增长、做贡献”活动，加强企业的思想政治工作。

1999 年，组织“喜迎建国 50 周年”大型文艺汇演、游园、爱国主义宣传教育月、纪念碑广场升旗仪式等活动，庆祝中华人民共和国成立 50 周年；开展“迎接澳门回归祖国”活动，张贴宣传画、召开座谈会、组织花会表演，创造喜庆气氛；开展“大学习、大调研、大讨论”活动，围绕党的建设、精神文明建设、社会稳定、非公有制经济发展等课题开展调研，想办法、定措施、找出路，迎接 21 世纪的到来；围绕城区改造，开展“我为路南发展献计献策”活动，收到基层干部意见和建议 200 条、调研报告 50 篇；在农村党员中，开展“读书兴农”活动；在企业开展“读书兴企”活动，举办厂长、经理培训班 1 期，参训人员 36 人。

2000 年，区委印发《关于加强和改进思想政治工作的若干意见》，建立思想政治工作联席会议制度、形势报告会制度；举办“社区文化展演暨爱国主义电影周”，夜晚在纪念碑广场组织文艺节目演出，在社区放映爱国主义题材电影；在全区党员、干部、群众中开展“爱党、爱国、爱家乡”竞赛活动；在农村开展“双思”（致富思源，富而思进）教育，引导农民“忆创业之路，明致富之源，立进取之志”；在全区开展“两个面向”（面向新世纪、面向加入世界贸易组织）主题教育，学习世贸知识、市场经济知识和科学发展知识。2001 年，组织“庆祝建党 80 周年”文艺晚会和党史知识竞赛、演讲比赛等系列宣传活动。

2003 年，围绕中共十六届三中全会提出的“科学发展观”，在全区范围内组织“科学发展观每日一题”活动。

2006 年，纪念“唐山抗震 30 周年”，组织“我看震后 30 年”有奖征文，《弘扬抗震精神与树立社会主义荣辱观》《抗震精神是伟大民族精神在唐山的具体体现》《为抗震精神注入新的时代内涵》《弘扬抗震精神全面提升我区精神文明建设水平》《诠释抗震精神内涵狠抓街道全面发展》5 篇征文获一等奖，另有二等奖 8 篇，三等奖 10 篇；举办“回顾抗震历史、弘扬抗震精神”主题报告会、“感受家乡巨变”图片展等系列活动。

2007—2009 年，举办“我为奥运做贡献”主题实践活动，宣传奥运精神和新唐山人文精神，争做文明市民；弘扬“奉献、友爱、互助、进步”的志愿精神，向四川汶川地震灾区捐款捐物；举办“忆过去、看今朝、游南湖、促发展”系列活动，将大南湖的变化转变成激励科学发展的动力；举办“迎国庆，迎论坛”书画摄影展暨科学发展成果展，参展作品 500 幅。

2010 年，围绕“三城”（全国文明城、全国健康城、国家卫生城）联创开展宣传，印发《唐山市民文明公约》《唐山市民文明规范》《致全区广大市民的一封信》等宣传材料，在小区主干道和支路醒目位置悬挂标语条幅，利用社区、村、学校的橱窗、板报、宣传栏宣传科学知识，编印《南湖生态城西北片区宣传专刊》，制作南湖生态城西北片区回迁工作《倾心打造百姓安居乐业的幸福家园》专题片，协调《唐山劳动日报》《唐山晚报》、唐山电视台、环渤海新闻网等媒体，对南湖生态城西北片区、南新道南侧区域危旧房动迁工作及时跟进报道，做到“报纸每天见字、电视每天见影”，累计发稿105篇；开展“寻找身边的榜样”典型选树活动，选树在项目建设、拆违拆迁、城市建设、精神文明创建活动中涌现出的先进典型21人，在各社区进行先进事迹巡回报告；开展“百场大戏进社区”“百场健康知识讲座进社区”活动，宣传先进文化和科学健康知识。

三、外宣工作

1990年，围绕“依法治区、科教兴区”开展外宣工作，深入基层发现新闻点，撰写有份量的新闻稿件；围绕“金秋艺术节”等大型系列演出开展宣传，报道宣传场面和效果，推进精神文明建设。全年在市级以上媒体发稿190篇。

1991年，以纪念抗震15周年、第二届全国城市运动会在唐山举办的契机，开展经济发展成就宣传和“学雷锋、迎城运、做贡献”活动宣传，展现路南区经济社会发展的成果和经验。

1993年，区委宣传部下发《关于加强和改进对外宣传工作的意见》，围绕加强党建和精神文明建设、优化投资环境和优惠政策、坚持开放兴区、科教兴区、拓市兴区、依法治区等方面开展宣传，扩大路南区经济和社会发展的社会知名度，努力“让全市了解路南、全省知道路南”。是年，机构改革、推行股份制、组建企业集团、国有资产委托经营等重大改革举措成为对外报道的重点，新闻稿件《重奖冲击波》《换脑工程效应》《路南实行国有资产委托经营》等在省、市报刊、电台刊播，并产生轰动效应。

1995年，对外宣传工作围绕发展城市型经济、外向型经济、发挥商贸优势以及争创学习型机关、争做学习型干部等进行专题报道，全区发稿2000篇，发稿总量在全市县区位居前列，其中在《唐山劳动日报》发头条新闻9篇，获市以上新闻奖11篇，5名优秀通讯员受到市以上新闻单位表彰。

1996年，借助抗震救灾20周年大型纪念活动，加强“科教兴区、开放兴区、三产兴区”三大战略阶段性成果宣传。1997年起，围绕创建文明城区、文明行业，重点报道共创文明、追求文明、崇尚文明的新做法、新风貌；围绕“三迎四创”活动，宣传报道从严整治市容市貌的具体做法、生活小区治理“五乱”等工作，营造良好的创建氛围。

2000年，按照“围绕中心、贴近基层、狠抓重点、服务大局”的要求，加强先进典型宣传和全区重点工作宣传，主要有：在《人民日报》等国家级新闻媒体宣传全国拥军模范常玉珍的先进事迹；在省、市级新闻媒体宣传友谊街道福寿公寓、燕五居委会、燕六居委会服务群众的先进事迹，物资局、隆义栈居委会加强思想政治工作的先进事迹；在全区总结推广保温材料厂、地税局、环保局、双新二居委会等单位两个文建设的先进经验；在《河北日报》头版头条位置报道《路南区用先进的科学文化教育干部群众》的经验；在中央人民广播电台《新闻与报纸摘要》节目报道社区精神文明建设的成绩；在《河北日报》《河北经济日报》开设路南专版，宣传经济建设和社会发展；联系唐山电视台等6家市级媒体，集中报道在城区改造、巩固“三讲”成果、解放思想求发展等方面涌现的先进典型，用正确的舆论导向引导各条战线不断深化改革、创新工作、加强两个文明建设。是年，全区各单位在市级以上媒体发稿648篇。

2003年，区委宣传部编发内部刊物《路南宣传》。2004年，以“树正气、讲团结、求发展”为主旋律，加强各类先进典型宣传，普及“非典”防治知识。是年，全区在市级以上媒体刊播稿件1013篇，其中省以上媒体刊播219篇。

2005年，配合全区开展的保持共产党员先进性教育，进行学教方式、思想观点、成果转化等方面的宣传报道；在唐山电视台新闻综合频道，建立《今日路南》电视栏目。是年，全区各单位在市级以上媒体刊播稿件1349篇，其中《特色社区建设在路南》《天涯芳草绿满坡——路南区在职党员进社区活动纪实》《通透式办公在路南》《路南面貌换新颜》等稿件在《唐山劳动日报》作整版报道。

2006年，围绕总结“十五”成就和制定“十一五”规划，重点宣传服务业发展、工业项目建设、社区建设、就业再就业等重点领域取得的成就，全区在市级以上媒体刊播稿件1266篇（省以上媒体刊播345篇），其中综合展示路南“十五”建设成就的通讯《路南乘势而上求突破》《服务群众聚民心——路南党建工作纪实》《唐山市路南区发展服务业惠及千家万户》《路南商业：老树新花》《路南：老城也见新气象》，反映推进就业再就业工作的《民生之本最关情》，讴歌奉献在社区先进典型《王海燕：咱群众的贴心人》等报道，在社会上引起很好反响。

2007年，围绕打造沿海经济隆起带、扩大路南美誉度加强对外宣传，并利用《今日路南》内刊和电视栏目的资源优势，宣传各类先进典型和人民群众最关心的“实事工程”。是年，全区在市级以上媒体刊播稿件1055篇，其中省以上媒体刊播337篇。

2008年，以“三年再造一个新路南”发展目标、“大南湖、新路南”的城市定位开展宣传，努力“上大稿、攻头版、上头条、造强势”，重点宣传抢抓机遇、奋发有为的良好形象，突出城市建设、就业民生、经济发展的重点工作，拆违拆迁、绿化攻坚、区域改造的成果，经贸洽谈、招商引资的项目建设，学习实践科学发展观、转变经济发展方式、破解发展难题的举措。全区在市级以上媒体刊播稿件1036篇，其中国家级媒体刊播12篇，省以上媒体刊播98篇，市级媒体刊播926篇。

2009年，围绕发展和惠民主题，突出宣传路南区经济和社会发展的新成果、新经验，其中，《撑起大伞遮风雨——路南区帮扶下岗失业人员再就业纪实》《路南举办大型就业岗位推介会》《惠民，从百姓健康细节入手——路南区开展“健康路南、幸福人民”行动见闻》《全民健身律动凤凰城》《健康，夏日里的风景——来自“健康路南，幸福人民”行动报告》等稿件，在社会上引起很好反响；《唐山万达广场项目正式开工》《文化创意产业园将打造成为全省示范园区》《路南开展项目建设百日攻坚行动》等重要新闻稿件，展示出路南区“大上项目、上好项目”的发展态势；南湖生态城西北片区拆迁改造的做法，引起各级媒体的关注，《中国纪检监察报》《中国建设报》等国家媒体对此进行重点报道。

2010年，围绕“激情路南、实力路南、生态路南、文化路南、幸福路南”开展宣传，推进全区经济社会“又好又快发展”。全区在市级以上各类媒体刊播稿件800篇，其中省级以上媒体刊播197篇。

四、扫黄打非

1990年，按照“一手抓繁荣，一手抓管理”方针，由区委宣传部牵头，协调区文体局、公安分局、工商局等职能部门，集中开展“扫黄打非”专项行动，净化文化市场。

1993年起，依据《河北省文化市场管理责任制》，制定《唐山市路南区文化市场管理责任制》，层层签订责任状，规范文化市场管理。是年，组织全区性“扫黄打非”活动8次，依法处罚违法经营点7个，收缴黄色、非法出版物465册，封存600册。1995年，组织全区性文化市场检查28次，收缴非法出版物654册，处罚违法经营户14家，取缔无证经营户5家，罚款1.1万元，吊销游戏厅“文化经营许可证”8家；开展冬季集中“扫黄打非”活动1次，重点打击音响、电子出版物领域制黄贩黄及非法出版活动，查出并销毁黄色出版物4000册。

1996年开始，全区以“改善文化环境、优化文化氛围、提高文化品位”为主旨，实施“文化清洁”工程，加强文化市场规范化管理和日常稽查，重点治理台球、电子游戏厅，改变混乱无序状况。截至1999年，全区共开展“扫黄打非”集中行动86次，收缴罚款10万元，依法处置违法经营点30家，收缴黄色非法出版物1万册，电子游戏板120块。

2000年，加强对全区游戏厅经营者、新闻出版行业（书报刊物、打字复印、印刷厂）经营者、音像经营者的管理、教育和法律法规培训。是年，集中开展“扫黄打非”行动6次，检查市场126场次，取缔电子游戏厅8家、无证复印打字部13家、音像点4个、无证游动书刊商贩12家，收缴电子游戏板28块、图书1000多册、盗版光盘3128片；取缔冀东、吉祥、荷花坑3个旧货市场内的音像制品经营摊点，规范文化市场经营秩序。

2003年，查办建国路市场内涉嫌贩黄窝点2个，查缴黄色出版物500册。2006年，重点治理网吧接纳未成年人和超时营业、盗版音像制品、涉黄文化制品等，对发现问题的单位进行批评教育并限期整改。

2010年，坚持文化市场日常管理与集中检查结合，重点查缴政治性非法出版物、盗版教辅教材读物、含有封建迷信淫秽暴力内容的书刊和音像制品。全年组织集中行动12次，清查娱乐场所241家（次），处罚违规网吧10家；取缔无证音像散摊25个，收缴非法音像制品4000盘；取缔无证书刊散摊4个，收缴盗版书刊2500册。

五、政工专业职称评聘

1990年，建立思想政治工作人员专业职务评聘工作制度，评聘工作1年1次，参评范围为国有企业、集体企业和党组织健全的合资企业、乡街企业、非参照《国家公务员暂行条例》管理的事业单位中符合申报参评条件的人员。政工职称评定程序是：单位报名、英语考试、评定审批、岗前培训、发放证书，其中高级政工师、政工师须分别经省、市职称评定办公室审批确定。被评为政工职称的人员即取得任职（聘任）资格，聘任期限为1－3年，受聘人员享受相应等级工资待遇。至2001年，全区共评定高级政工师10人、政工师89人、助理政工师56人、政工员25人；聘任高级政工师8人、政工师65人、助理政工师43人、政工员18人。2009—2010年，取消事业单位政工职称评聘资格，只允许国有企业人员参评。

第四节　农村工作

一、落实农村政策

完善家庭联产承包责任制　1992年11月，开平区女织寨乡、梁家屯乡计38个行政村划归路南区管辖，辖域始有农业。是年，贯彻落实《中共中央关于进一步加强农业和农村工作的决定》，深化农村改革，稳定家庭联产承包经营责任制，并实行统分结合的双层经营体制，即集体统一经营的主导层次和家庭分散经营的基础层次，发展壮大农村集体经济。

1998年8月，根据《中共中央办公厅、国务院办公厅关于进一步稳定和完善农村土地承包关系的通知》精神，开始进行土地二轮延包，即在第一轮土地承包基础上，再延长承包期30年。翌年2月，区委下发《关于贯彻落实〈中共中央关于农业和农村工作若干重大问题的决定〉的实施意见》，落实土地延包30年不变政策，纠正“两田制”（即将集体的土地划分为口粮田和责任田），全部转为责任田；机动地以村为单位，不得超过耕地总量的5%。至2003年，土地延包工作全部完成。在38个村中，有农业村29个，市民村9个。二轮土地承包工作分为三种情况：9个市民村（定福庄、太平庄、岳各庄、石庄、王前街、新艾庄、新袁庄、铁匠庄、铁艾庄）基本失地，维持原状；女织寨、曹家庄、老谢庄等村，由于一轮土地承包到期后群众满意，同意维持原状，即在第一轮承包的基础上未做变动，直接延长30年；其余农业村本着“大稳定、小调整”以及“动账不动地”等办法，在第一轮土地承包到期后，进行适当调整，承包期延长到30年。共落实土地延包面积1133.93公顷，涉及农户9397户，签订土地承包合同8992户，发放证书8273份。

2005年，贯彻落实《中共中央关于进一步加强农村工作提高农业综合生产能力若干政策的意见》《中共河北省委、河北省人民政府关于做好2005年农业和农村工作的实施意见》，成立农村土地承包仲裁委员会，下设仲裁庭，设在区农村经济局，负责土地承包仲裁事宜，妥善解决农村土地承包纠纷；对农村土地承包法律政策贯彻落实情况进行专项检查。

2007年，按照“公开、公平、公正，依法依规，维护稳定”的原则，组织各村开展二轮土地延包工作再检查，调处矛盾纠纷，稳定和完善以家庭承包经营为基础、统分结合的双层经营体制，保障农民的土地使用权，维护农村土地承包当事人的合法权益，促进农业、农村经济发展和农村社会稳定。

2010年，开展《中华人民共和国农村土地承包法》专项检查，对违反土地承包政策的行为进行纠正。是年，随着南湖生态城西北片区整体开发建设和统筹城乡发展工作的推进，农村土地不断被征用，尚有15个村存在承包地。

建立土地流转机制　1998年，贯彻《中共中央关于农业和农村工作若干重大问题的决定》，按照自愿有偿的原则，依法推进土地使用权合理流转。2000年3月，区委转发《路南区委农工部关于建立农村集体土地承包经营权流转机制的意见》，按照“平等协商、自愿、有偿”原则，可以依法采取转包、出租、互换、转让或者其他方式，流转通过家庭承包取得的土地承包经营权。

2002年，贯彻《中共中央关于做好农户承包地使用权流转工作的通知》，明确在长期稳定家庭承包经营制度基础上，允许农户对承包土地使用权合理流转，流转期限不得超过农户承包土地的剩余承包期；农户承包地使用权流转必须坚持依法、自愿、有偿原则，不能强制推行，不准乡政府或村级组织出面租赁农户的承包地再进行转租或发包的“反租倒包”；规范企事业单位和城镇居民租赁农户承包地，不得擅自改变土地农业用途；建立流转合同档案，妥善调解和处理土地流转纠纷。

2003年，全区二轮土地承包全部完成，土地流转仍按照“依法、有偿、自愿”的原则，全区流转土地面积473.87公顷，其中郑家庄、荷花坑、刘营庄三个村实行集体流转、统一补贴，签订统一的流转合同；西礼、东礼、马庄、赵各庄、将军坨等7个村实行连片转包、承包费归己；更多的村是自愿转让、利益找补。

2004年3月，按省市要求，对土地延包流转情况逐村调查摸底。全区29个农业村，有土地流转的23个村，流转土地面积336.33公顷。其中，有6个村（大洪桥、荷花坑、南刘屯、郑家庄、西礼尚庄、刘营庄）实行集体流转，流转土地面积174.2公顷。

2005年，全区共调解1999年以来的征占地纠纷7宗，涉及地块16个，土地面积54.02公顷，采取发放劳力安置补助费、有机动地的村调整用地等方式解决，安置农业人口4496人。各村的解决方案、金额、步骤等，均由村民代表大会讨论确定，全部资金纳入村级财务核算，做到专款专用、账目公开，杜绝暗箱操作。

2009年，成立农村土地经营权流转交易工作领导小组，将原区级交易中心与乡服务站合并，统一设立路南区农村土地经营权流转交易中心；制定《农村土地承包经营权流转管理办法》，规范土地流转程序。是年，全区流转土地60公顷。

2010年，在女织寨乡赵田庄村建设唐山市邱氏通达农业科技示范园，规划占地面积46公顷，年内流转土地18.69公顷；全区机动地总量44.07公顷，占全区耕地总量的3.9%，未超出5%的规定标准，经营方式为各村对外出租，出租收益主要用于村民福利。

减轻农民负担　1992年，路南区始有农业和农村工作。按照国务院《农民承担费用和劳务管理条例》，农村实行“三提五统”，即村级组织向农民收取公积金、公益金和管理费三项提留（其中公积金用于农田水利基本建设、植树造林、购置生产性固定资产和兴办集体企业，公益金用于“五保户”的供养和特别困难户的补助、合作医疗保健以及其他集体福利事业，管理费用于干部报酬和管理开支），乡政府向农民征收农村两级办学、计划生育、优抚、民兵训练、修建乡村道路等民办公助事业费用五项统筹。

1993年2月，区委成立农村工作办公室，建立减轻农民负担工作领导小组。是年，贯彻落实《农业法》和中共中央办公厅、国务院办公厅印发的《关于切实减轻农民负担的紧急通知》，全区农村“三提五统”纳入法制化轨道；明确提取项目和数额控制在农民上年人均纯收入5%限额以内；建立农民负担预决算制度、农民负担监督卡制度、农民负担专项审计制度、举报制度，对村有资金和账目实行“村财乡管、村账乡管”的“双代管”制度。

1994 年 6 月，按照市委、市政府《关于切实做好减轻农民负担工作的通知》，对农村中小学乱收费、报刊发行摊派、农村建房押金费、农村电费等进行清理，禁止违规收费。

1996 年，区纪委、监察局会同区农委，对“三提五统”执行情况进行检查，女织寨乡、梁家屯乡上年和当年的“三提五统”额度均在国家规定不超过人均纯收入 5% 的范围之内。

1997 年，进一步规范减轻农民负担监督的“三项制度”，即“三提五统”提留预决算制度、监督卡制度、专项审计制度，把农民应承担的村提留、乡统筹和义务工、劳动积累工分解到户；农民负担监督卡由区农委统一印制，每年 3 月底前发放到户，凭卡收费；每年开展 1 次农民负担大检查和专项审计。是年，全区农民人均纯收入 3870 元，乡统筹征收比例按 2.5% 计算，人均应收 93.12 元，人均实收 47.87 元，占人均纯收入的 1.29%，人均少收 45.25 元。

1999 年 5 月，区委、区政府印发《关于开展“农村政策落实年”活动的实施意见》，要求全面做好减轻农民负担工作，不出现提留统筹费超过 5% 的村，不出现因加重农民负担引发的严重事件，不出现不按法律程序出台的收费、集资项目，农民承担的直接负担不变，社会负担明显降低。10 月，区委对减轻农民负担领导小组进行调整，成员单位由 14 个增加到 17 个。是年，全区精简乡村两级人员 26 名，压缩车辆 6 辆，为农民减轻负担 75.5 万元，其中减少征收统筹款 29 万元，减少农民负担开支 40 万元，减少招待费开支 5 万元，收缴被侵占款项 1.5 万元。

2002 年 12 月，取消村级招待。是年，贯彻市委、市政府下发的《唐山市农村税费改革试点方案》，取消乡统筹费、农村教育集资等向农民征收的行政事业性收费和政府性基金、集资，取消屠宰税。

2003 年，农业税按 7% 的税率征收，应征税 100.31 万元，扣除社会减免（对特困户、军烈属、伤残军人、残疾人和孤寡老人给予社会减免）8386.5 元，实征农业税 99.47 万元。

2004 年，取消农业特产税。农业税按 4% 征收，应征 55.45 万元，扣除社会减免 4657 元，实征农业税 54.99 万元。是年，女织寨乡 8 个村 2273 户种粮农民的 533.33 公顷庄稼遭到暴雨、冰雹袭击，得到灾欠减免补贴 7.2 万元，并按照“先征后返”政策落实到每个农户。是年，实行粮食直补政策的第一年，为 25 个村 6432 户种粮农民（土地面积 913.33 公顷）发放粮食直补资金 14.04 万元。

2005 年 5 月，开展减轻农民负担专项治理，确定实现农民减负“三不一确保”目标，即不出现超过规定标准收取税费的行为，不出台违反中央和省规定加重农民负担的项目，不发生因农民负担引发的严重事件和恶性案件，确保农民税费改革后农民负担不反弹；发放农民负担监督卡 2.4 万张，调处信访案件，开展政策咨询；纠正乱收费，减轻农民负担 9.9 万元；取消村级车辆 60 辆，为农民减负 90 万元；继续实行粮食直补政策，为 27 个村 6191 户农户发放粮食直补资金 14.5 万元；通过查办违法案件，为农村追回外欠款 125 万元；为农民工追讨拖欠克扣工资 5.69 万元。是年，政策性减轻农民负担 56.89 万元，其中：农业税再次调减 2 个百分点，按 2% 征收，实际征收 27.49 万元，减税 47.79 万元；农业税灾欠减免 8.3 万元；农业税社会减免 0.8 万元。

2006 年，《中华人民共和国农业税条例》废止，农业税取消，“三提五统”成为历史。

2010 年，制定《2010 年农民负担专项治理工作方案》，年初将农民负担监督卡 3 万张全部下发到 38 个村，实行“明白监督”；对涉及农民负担的 14 个单位执行政策情况进行专项检查，落实税收和收费价格公示制，杜绝加重农民负担问题反弹；落实各项惠农政策，发放良种补贴、水库移民后期扶持资金等共计 37 万元。

二、指导农村小康建设

1992 年，在全区农村开展奔小康大讨论，对照小康建设标准，实施“一把手工程”，逐级签订责任状，培育骨干企业和亿元村。至 1993 年，全区有 20 个村达到小康建设标准。

1994 年 6 月，区委以小康建设统揽农村工作全局，印发《关于农村奔小康工作的意见》，建立小康建设领导小组和办公室，制定《唐山市路南区农村小康标准（试行）》，明确农村奔小康的建设标准及目标。1995年，全区38个村全部达到《河北省农村小康建设规划纲要》规定的小康乡村标准。

1997年3月，区委、区政府印发《路南区宽裕型小康乡村建设实施意见（1997—1999）》，在全区开展宽裕型小康乡村建设。总体目标是：全区所辖农村80%以上要在1999年前实现宽裕型小康村，女织寨乡在1999年建成宽裕型小康乡。考评办法：按照“生产发展、生活富裕、乡风文明、村容整洁、管理民主”的总体要求，分四个方面对小康村进行考评，即经济发展，村强民富；设施良好，环境优美；社会进步，保障健全；乡风文明，管理民主。并制定具体的量化指标，实行“一票否决”。翌年1月，经检查验收，南刘屯、郑家庄、大洪桥、荷花坑、西越河、檀庄、东礼、西礼、王禾庄、郑各庄、新袁庄、陈庄12个村，首批达到宽裕小康标准。女织寨乡被市委、市政府命名为小康乡，郑家庄村被评为省级小康示范村。1999年，组织实施“小康文化工程”，引导农民移风易俗、反对封建迷信、革除陋习，扫除“黄赌毒”等社会丑恶现象，倡导健康民俗；开展宽裕型小康村创建活动。至2001年，全区38个村全部实现宽裕小康建设目标。

三、指导文明生态村建设

2003年6月，区委、区政府印发《关于开展文明生态村创建活动实施意见》《关于2003年文明生态试点村建设的实施方案》，召开全区文明生态村建设工作会议，确定区财政局、城建局、交通局、房管局、科委、民政局6个包村单位，宣布全区文明生态试点村16个，其中市级2个、区级4个、乡级10个，全区文明生态村创建活动正式起步。9月，区文明生态村创建办公室制定《2004—2007年文明生态村创建实施方案》，规划全区38个村到2007年全部建成文明生态村。

2004年3月，区委、区政府印发《关于深入开展文明生态村创建活动的实施意见》，区创建文明生态村工作领导小组下发《关于创建文明生态村精神文明建设任务具体标准》，全区确定市、区、乡三级文明生态重点村17个，其中2004年市级重点村1个（郑家庄），区级重点村6个（南刘屯、老谢庄、大洪桥、西小艾、西礼尚庄、东礼尚庄），乡级重点村10个。是年，全区投入文明生态村创建资金2213.37万元，提升农村绿化、硬化、净化、美化水平。区文明办下发《路南区文明生态村精神文明建设考核标准（试行）》，对村民教育、“十星级”文明农户、有线电视入户等10个方面进行考评。

图13－11　迎奥运建绿色家园签名活动　（区委宣传部）

2005年3月，区委印发《关于2005年路南区文明生态村创建工作的意见》，把文明生态村建设作为“一把手工程”列入创建全国文明城、国家卫生城的重要内容，进一步健全区领导包村联系点和区直部门包村共建、多元化资金投入、长效管理三个机制，推进村庄绿化、院街净化、道路硬化“三化”建设，促进经济、政治、社会全面协调发展。是年，确定文明生态村创建村7个，其中市级2个（东礼尚庄、刘家过道）、区级2个（东小艾、刘营庄）、乡级3个（赵田庄、檀庄、郑各庄）；全区投入“三化”资金175.4万元。至2007年，全区38个村全部创建成文明生态村，女织寨乡成为文明生态乡。

2008年，郑家庄、将军坨被评为市级文明生态示范村，东礼尚庄、大洪桥被评为市级社会主义新农村建设示范村。

2010年，全区建成农村“三化”（村庄绿化、院街净化、道路硬化）建设示范村16个，其中西越河被评为市级文明生态村建设示范村、河北省文明生态村。

四、加强农村民主政治建设

1993 年，结合乡村开展的社会主义思想教育活动，在乡、村两级实行“两公开一监督”制度，即公开办事制度、公开办事结果，接受人民群众监督。乡机关公开的内容：涉民事项的办理程序，干部职工的行为规范、职业道德、工作纪律，全乡经济发展规划、年度计划、主要经济指标，重点项目建设的立项和实施情况，财务收支、宅基地审批、计划生育指标、各种统筹款、罚没款的收缴和使用，以及党员干部的违法违纪处理情况。各村公开的内容：全年财务收支情况，村干部的工资、奖金分配，土地及企业承包合同的内容与兑现情况，国家征占土地费和青苗补偿费的收入和使用情况，照顾二胎指标和建房指标的发放等。公开形式：采取公开栏、广播宣传和召开人代会、党代会、村干部会、村民代表会或村民大会、党员大会形式公开，属于长期的事项长期公开，季节性的随季节公开，时令性的一事一公开。

1996 年起，结合“依法治区”，全面推进依法治村，加强对《村规民约》的检查、监督和考核，在全区各村实行“两议七公开”制度，即各村建立村民代表议事会、党员代表议事会，实行财务收支、征购提留、计划生育、电费电价、宅基地发放、各业承包、村干部责任目标及待遇公开，推进民主管理。

1997 年，区委、区政府印发《关于深化农村村务公开，加强民主管理的意见》，落实农民四项民主权利，即民主选举、民主决策、民主管理、民主监督，并开展提合理化建议活动，发动村民向村“两委会”提合理化建议 460 条，被各村采纳 180 条。

1999 年，区委印发《关于 1999 年村务公开的意见》《路南区农村基层民主政治建设目标责任管理意见》，加强两委（支委会、村委会）、两会（村民会议、村民代表会议）、两组（民主理财小组、民主监督小组）村级组织体系建设，健全民主选举制度、村民代表会议制度、民主议政日制度、民主理财制度、村务公开制度、民主评议干部制度和村规民约，实现村民自我管理、自我教育、自我服务。同时，结合创建农村基层组织建设工作先进区委活动，确定王禾庄、东礼尚庄、西越河、南刘屯、西小艾、和平街 6 个村为全区民主管理示范村，其中东礼尚庄村、南刘屯村被确定为省、市级首批村务公开和民主管理示范单位，发挥先进典型的带动作用，推进民主管理。是年，在村干部离任审计中，查出违反财经制度和财经纪律案件 7 件，依法追究刑事责任 3 人，党纪政纪处理 5 人。

2005 年，区委印发《关于健全和完善村务公开和民主管理制度实施意见》，全面贯彻《中共中央办公厅、国务院办公厅关于健全和完善村务公开和民主管理制度的意见》的文件精神，先后举办农村干部培训班，培训农村基层干部 802 人次、村民代表 756 人次、党员 1509 人次、民主理财小组和民主监督小组组长 89 人次，规范村务公开和民主管理；加强农村“三资”（资产、资源、资金）管理，完善农村财务审计、财务账目逐笔逐项公开制度和民主理财制度；按照“五规范一满意”（公开的阵地、时间、内容、程序、管理规范和群众满意）要求，规范公开内容和程序；建立农村财务委托代理服务制度和电算化管理制度，清账理财，签订委托代理协议，实行“五统一”，即统一财务制度、统一票据、统一会计核算、统一公开、统一建档，解决新形势下农村财务管理中存在的突出问题，维护农村社会稳定。是年，完成第六届村委会换届选举。

2009 年，区农工委制定《村集体资金、资产、资源监督管理工作责任追究办法》《关于进一步规范农村集体经济活动的规定》《村集体资产资源招投标实施办法》，在女织寨乡成立农村财务委托代理服务中心、招投标中心，对各村进行清产核资，引导各村建立集体资产民主管理和有偿使用制度、收费公示制度、财务预算和执行情况报告制度。

2010 年，区委印发《关于健全和完善村务公开的实施意见》，各村选举村务公开和民主理财监督小组，完善党务、村务、财务监督制度，突出监督涉及群众切身利益和群众关心的重要事项。

第五节　统一战线工作

一、理论宣传

1990年，区委统战部贯彻落实《中共中央关于加强统一战线工作的通知》，举办统战理论和政策培训班，编印《统一战线理论知识读本》《民族宗教政策》《新时期统一战线重要文件汇编》《统战干部应知应会手册》等学习宣传资料，开展爱国统一战线的理论和方针政策宣传。

1995年起，围绕改革开放、经济建设、“和平统一”“一国两制”开展专题宣传，增强宣传工作的针对性；召开统战理论与实践研讨会，就新时期统战工作的特点、民主党派自身建设、新形势下宗教工作应注意的问题、如何搞好对台工作、坚持“反分裂、反台独”等进行学习体会交流；建立宣传报道组，充实人员，领导带头撰写文章，《围绕中心工作发挥提案作用》等2篇文章在《河北日报》发表，5篇论文在市委统战工作专门会议上交流并获奖；举办新政协委员培训班、民族宗教理论培训班，学习统一战线理论；召开台湾形势报告会、座谈会、台胞台属恳谈会，分析国际国内形势，批判李登辉访美和分裂祖国的言行。至1996年，全区共举办各类学习班、座谈会、研讨会、报告会等135班次，交流心得体会文章108篇，出板报、橱窗48期。

1997年起，将统战宣传工作纳入党的宣传工作体系，先后开展《中华人民共和国香港特别行政区基本法》和江泽民“关于解决台湾问题八点主张”的学习宣传活动；组织开展民主党派工作、党外干部工作、海外统战工作、民族宗教工作调研，撰写《进一步健全和完善民主监督、政治协商制度，推进民主政治建设》《加强党外后备干部工作，搞好党与非党合作》《推进祖国统一寄希望于台湾同胞》等调研报告，并在各级媒体刊发宣传稿件31篇；组织“三胞”眷属参加“迎回归澳门知识竞赛”，召开庆祝建国50周年座谈会，开展“回眸50年，迈向新世纪”征文活动；召开各民主党派、工商联学习邓小平理论心得交流会，组织统战对象学习《中国台湾问题干部读本》《一个中国原则和台湾问题白皮书》，宣传“和平统一、一国两制”原则。

2003年，遵照中央统战部、宣传部、外宣办联合下发的《关于加强中国共产党领导的多党合作和政治协商制度宣传的意见》，加强多党合作制度政策宣传和民主党派重要活动、重要会议报道。2004年，召开不同层次座谈会12次，发征询函100份，印发《祖国宝岛台湾》宣传册2000册，召开中秋茶话会、迎春茶话会，座谈台海形势，批判“台独”分子的分裂行径。2005年，组织统战对象学习《中华人民共和国反分裂国家法》。

2008年，在全区统战系统开展学习实践科学发展观活动，召开各民主党派、工商联学习实践科学发展观活动论坛，组织全区700多人参加统一战线知识竞赛。

2009年，以新中国成立60周年、人民政协成立和多党合作制度确立60周年为契机，组织开展征文、知识竞赛、摄影书画展等活动。

2010年，在各民主党派中开展“社会主义核心价值体系学与行活动”，聘请人文社会科学领域专家学者对社会主义核心价值体系进行辅导。

二、党外人士推荐工作

1990年，各级党委重视党外人士的推荐选拔。至1998年，推选无党派年轻后备干部33人，同时区委统战部被市委统战部评为1998年度党外人士安排工作先进单位。2000年，区委推荐并经选举任职的非中共县级领导干部2人，由党委推荐并任职的非中共科级干部35人。2003—2006年，经区委推荐并选举任职的非中共副区长1人、人大常委会副主任1人、政协副主席2人；由党委推荐并任职的非中共科级干部21人；推荐非中共副科级后备干部29人。2007—2010年，经区委推荐并选举任职的非中共副区长1人、人大常委会副主任1人、政协副主席2人；由党委推荐并任职的非中共科级干部26人。

三、落实民族宗教政策

1990年，落实中共中央、国务院批转的中央统战部、国家民族事务委员会《关于民族工作几个重要问题的报告》精神，开展民族团结进步创建活动，支持发展清真食品网点，尊重少数民族风俗习惯。

1992年起，建立健全民族宗教工作制度和民宗工作档案；制定优惠政策，鼓励支持少数民族群众兴办企业；经常深入清真寺等宗教场所了解情况、倾听意见和建议、沟通感情；按照省市要求，制止赴保定非法朝圣活动，保证社会敏感期间的政治稳定；按照国务院《宗教活动场所管理条例》和国务院宗教局《宗教活动场所登记办法》，对宗教场所依法进行登记。

2000年，开展经常性清真食品检查，保证食品安全；对清真寺管理委员会班子进行调整和充实；建立宗教场所年检制度。2003年，成立路南区天主教爱国联络小组。

2004年起，围绕“共同团结奋斗、共同繁荣发展”这一主题，持续开展民族团结进步创建活动，确定每年的十月为“民族团结月”，广泛宣传党的民族政策、相关法律法规和民族知识，营造“汉族离不开少数民族、少数民族离不开汉族、各少数民族之间也相互离不开”的“三个离不开”氛围；区委统战部会同区委宣传部、区民政局、民族宗教办公室，联合开展“推进全区民族团结进步知识竞赛”；发展清真食品生产和经营，满足少数民族群众生活需求；培训有关部门领导、宗教场所管理人员和教职人员，提高政策观念和法纪观念；依法管理宗教事务，取缔非法聚会点；在宗教活动场所以及信教群众中开展“双五好”创建活动，即争创五好宗教活动场所、争做五好信教群众；加强同清真寺的联系与沟通，每逢回族开斋节、圣纪节等重大节日，区四大班子有关领导及相关部门负责人到清真寺看望和问候，向回族群众送去节日祝贺；对教职人员政治上关心，安排宗教界人士担任人大常委1名，人大代表和政协委员6名；经济上帮助，每年发放民族宗教上层人士生活补贴1.13万元。

2009年，区委办公室、区政府办公室印发《关于推进我区城市民族工作科学发展的实施方案》，进一步加强对城市民族工作的领导，区委建立城市民族工作领导小组，街道建立城市民族工作指导站，社区建立城市民族工作联络站、少数民族群众联谊平台、司法援助平台、文化交流平台，健全城市民族工作表彰制度、联席会议制度、工作情况通报制度、政策法规学习制度、联谊访问制度、信访接待制度。是年，在全区宗教界开展历时8个月的“弘扬爱国爱教传统、共建和谐唐山”主题教育，区委统战部被市委评为先进指导单位，清真寺被评为先进宗教场所，清真寺的民主管理经验作为先进典型在全市宗教界推广。

2010年，在全区宗教界开展“一争双创”活动，即争做“爱国爱教模范”，创建“五型”（学习型、民主型、服务型、法治型、创新型）宗教团体，创建“和谐寺观教堂”；在宗教团体、宗教活动场所、宗教教职人员和信教群众等多个层面开展爱国爱教学习实践活动。是年，清真寺教长穆德巍撰写的《论伊斯兰教的和谐观》作为优秀文稿辑入唐山市《解经阐释文集》，清真寺被评为市“和谐寺观教堂先进单位”。是年，区委在各乡街设置统战部长职位（由宣传部长兼任统战部长），明确民族宗教的职责和要求，健全区、乡（街）、村（社区）三级民族宗教工作网络。

四、民主党派与工商联工作

1990年开始，贯彻落实《中共中央关于加强党同人民群众联系的决议》《中共中央关于坚持和完善中国共产党领导的多党合作和政治协商制度的意见》，召开各种形式的民主协商会、座谈会，就区委工作报告、“一府两院”工作报告、重要人事安排等开展讨论，征询意见和建议。聘请民主党派和非党人士担任党风监督员、特约监察员、特约审计员、教育督导员，聘任单位按期通报年度计划、年度总结和重要事项实施情况，为受聘人员订阅专业刊物，保障工作待遇。

1994年，协助工商联完成换届选举。1995年，引导各民主党派、工商联建立领导班子议事制度、基层组织工作制度、党派社会活动制度、机关工作制度、民主党派与区委统战部的工作联系制度；召开民主党派、工商联自身建设经验交流会，发挥好民主党派、工商联在两个文明建设中的作用。

2003年8月，区委印发《关于进一步加强统战工作的意见》，支持民主党派、党外人士参政议政，引导民主党派、工商联围绕“三兴一强一拉动”决策的制定与实施，以及城区改造、产业结构调整、企业改制、“光彩事业”（以扶贫开发为主题的社会事业）开展调研，提出意见和建议。

2010年，发挥民主党派参政议政和民主监督职能，组织各民主党派、工商联、无党派人士献计献策，在区政协七届四次会议上提出提案47件，在全国两会期间征求党外人士对国际、国内形势的看法和意见建议16条，为唐山市“十二五”规划献计16条；组织召开“季度座谈会”，就《政府工作报告（征求意见稿）》向各民主党派征求意见；召开“转变发展方式，调整经济结构，实现科学发展”献计献策座谈会，引导各民主党派建言献策；指导各民主党派开展“抓重点、建机制、创品牌”活动，其中民建路南工委建立的“爱心基金”，九三学社路南工委开展的“送医药、送科技下乡”活动，民进路南工委开展的“谏真言、献良策”活动，民革路南工委开展的“爱岗敬业，塑参政党形象”活动，民盟路南支部开展的“社区服务进万家”活动，农工党路南支部开展的“健康路南、幸福人民志愿服务”活动，均组织的有声有色，富有成效。是年，有6名民主党派成员被推荐为路南区“廉政使者”。

五、对台工作

1983年5月11日，区委恢复建立对台工作领导小组。1987年11月，成立中共路南区委对台工作领导小组办公室，挂靠区委统战部。1988年7月，成立路南区台属联谊会（后改称路南区海外联谊会），有理事15人。1991年，路南区有台属150户、340人，去台人员168人，在台亲属308人，其中有120户保持通信联系。1992年3月27日，中共路南区委台湾工作领导小组办公室改称中共唐山市路南区委台湾工作办公室（唐山市路南区人民政府台湾事务办公室），1993年4月并入区委统战部。1994年，路南区有台属158户、304人，在台亲属310人。1999年4月，组织“三胞”（港澳同胞、台湾同胞、海外侨胞）眷属参加《人民日报》社等联合举办的“天爵杯”迎澳门回归知识竞赛。2007年12月，区委台湾工作办公室（唐山市路南区人民政府台湾事务办公室）组织“海峡两岸姊妹学校”教育交流考察团赴台交流考察，唐山市友谊中学、路南区实验小学、路南区文北小学分别与台湾高雄市阳明国民中学、台湾高雄市阳明国民小学、台湾高雄县福成国民小学建立“海峡两岸姊妹学校”关系。是年，召开反“独”促“统”座谈会18次。2010年，区委台湾工作办公室（唐山市路南区人民政府台湾事务办公室）组织台属参加市台办举办的“情牵两岸、心系统一”涉台知识竞赛，开展涉台教育，全区有900名台属参加学习竞赛；协同区政协组织归侨、侨眷、台胞台属举办新春、中秋茶话会、台湾形势报告会，向台胞台属寄送贺年卡，促进同台胞台属的相互联系和沟通；开展两岸交流，累计接待台胞216人次，组织赴台交流考察团6批次；协助路南区建新钢球厂引进台资500万美元，新建两条深加工生产线。年底，路南区有台属95户、172人，在台亲属193人。

六、党外知识分子工作

1990年，区委成立知识分子工作领导小组。落实党外知识分子政策，在全社会营造尊重知识、尊重人才氛围，创造有利于党外知识分子发挥作用的环境和条件。重大决策，区委认真听取党外知识分子的意见和建议，及时通报有关情况，发挥党外知识分子的民主监督和参政议政的作用。推荐党外知识分子担任各级政府领导职务。

1993年后，适应党外知识分子分布广、流动性大特点，加强跟踪调研，建立知识分子联谊制度，把党外知识分子凝聚成高层次、多学科、辐射面广、综合性强的高智能人才群体。制定优惠政策，鼓励党外知识分子领办、协办民营科技实体，施展才华，建功立业。

2001 年，加强对全区党外知识分子的统计和队伍分析，掌握党外知识分子分布及在各条战线发挥作用情况，解决党外知识分子工作与生活中遇到的难题。2009 年，推荐市党外知识分子联谊会理事 5 人，推荐区地税局特约税务监察员 5 人。

2010 年，开展“爱岗位、献良策、做贡献”活动，引导党外知识分子学习党的基本理论、基本路线，树立正确的世界观、人生观和价值观。有 1 名党外知识分子被市委统战部评为党外知识分子“爱岗位、献良策、做贡献”活动先进个人。

七、非公有制经济领域统一战线工作

1990 年，区委适应全区非公有经济加快发展趋势，将加强非公有经济统一战线工作列入重要日程。1992 年，中共十四大确立社会主义市场经济体制的目标，非公有经济发展迎来契机。区委因势利导，加快市场建设和私营工业园区建设，为非公有经济发展搭建平台。1996 年，私营工业园区建成，有 30 余户私营企业入驻园区。1997 年 9 月，路南区召开非公有制经济人士经验交流暨表彰大会，区委印发《路南区个体私营经济（1998—2000）发展规划》，非公有经济发展实现新的跨越。

2003 年，在全区非公有制经济人士中开展“争当优秀建设者”活动。鼓励非公有经济人士兴办慈善事业。2004 年，全区民营企业为市老促会（中国老区建设促进会）捐款 6 万元，为教育捐款 100 余万元。

2005 年起，连续六年组织企业参加唐山市招聘洽谈会，先后提供就业岗位 1267 个。2008 年，区工商联会员中的民营企业家为四川地震灾区捐款 162 万元。2009 年，统战部、工商联召开“面对危机、迎接挑战”民营企业家代表座谈会，与会代表围绕保增长促发展开展讨论；鼓励和支持民营企业参与再就业工程和“光彩事业”。

2010 年，组织民营企业参加唐山市“百家民企进老区帮千户”活动，金匙集团向革命老区西高村捐助 5 万元修路款。区委、区政府制定优惠政策，继续鼓励非公有经济发展。至年末，全区个体私营经济发展到 1.67 万户，其中，由路南工商局登记的民营企业 1.05 万户（私营企业 1054 户，个体工商户 9426 户）；唐山市工商局登记的民营企业 3020 户（50 万元以上的有限公司）；唐山市工商局直属二分局登记的民营企业 3144 户（经营钢材、运输的独资企业 144 户，经营运输、中介类的个体工商户 3000 户）。非公有经济成为区域经济的重要支撑和市场经济运行主体。

第六节　信访工作

一、人民群众来信来访受理

1990 年，区信访受理部门面对因治理整顿等原因引起的热点难点问题增多、信访数量增加的现状，按照“热心办、马上办、办得好”要求，认真处理人民群众的来信来访。全年受理信访 434 件次，办理中央、省、市三级要结果案件 18 件。

1996 年起，妥善处理农村基金会清理整顿、工商企业产权制度改革中的利益调整、职工就业再就业、失业职工和特困退休职工生活、平改楼等与群众利益密切相关的热点难点问题，严格控制进京访、赴省集体访和单人访，保持社会政治稳定。

2010 年，群众来信来访反映的问题，主要集中在房屋拆迁、社会保障、企业改制等方面。全区共收到群众来信 79 件，较上年下降 28.9%；来访 1084 件次、5066 人次（集体访 300 批次、3781 人次，单人访 784 件次 1285 人次），较上年下降 16.3%；受理国家、省、市三级交办案件 32 件（国交 1 件、省交 11 件、市交 20 件），按期结案率达 100%；督办区领导接访批示的案件 47 件，年内反馈结果的 45 件。

二、领导接访包案制度

1990，解决信访“三多”（进京上访多、信访老户多、集体上访潜在因素多）问题。区委落实市委、市政府提出的“抓认识、分层次指导，抓制度、落实责任制，抓组织、健全市县乡三级信访工作网络，抓查办、督促基层领导干部包案”的要求，建立领导接访包案制度。7月，建立主要领导挂牌接待制度。是年，全区各级领导专门开会研究信访问题78次，主要领导办案187件，结案135件。

1992年，信访工作以“保中心、保稳定”为主旨，落实领导接待日和包案办案制度，按照“亲自阅批群众来信、亲自接待重要来访、亲自办理重要信访事项”的要求，党政领导及时处理群众反映的热点难点问题，并对重大信访事件跟踪办理。1996年，成立路南区解困领导小组，制定《解困资金筹集办法》，全年筹集资金200万元，用于解决特困企业、特困职工生活问题；筹集1100万元，兑付约4000户居民储户在各基金会的存款，缓解基金会与储户之间的矛盾。1998年，建立领导定期接待日制度。2000年，按照市委、市政府《关于依法治理信访工作的决定》，在区、乡（街）、村（居）三级实施信访工作“一把手工程”，进一步完善一级抓一级的信访领导责任制，把握信访工作主动权。

2001年，区委落实市委、市政府印发的《关于县级党政领导接待日工作规定（试行）》，坚持“属地管理、分级负责”和“谁主管、谁负责”原则，完善领导干部信访接待日制度、预约接待制度，规定每周四为领导接待日，党政班子成员以轮流值班形式负责当天的来信来访，倾听群众意见，帮助群众解决实际问题。

2003年，区委按照市委、市政府《关于实行信访稳定工作领导责任制及查究制度的意见》，建立信访稳定工作“四定”领导责任制度，即定包案领导、定责任单位、定协办单位、定办结时限，明确党政领导干部在信访工作中的责任、责任查究内容、责任查究办法。

2007年，结合信访工作年度责任目标考核，区委、区政府建立健全领导班子会议制度、领导负责制度、领导干部接待日制度、领导干部下访制度，主要内容有：党政班子每年至少召开4次会议，研究分析信访工作，解决信访突出问题；落实信访工作领导责任制，按照“一岗双责”要求，做到分工明确、责任到人，并逐级签订信访工作责任状；坚持领导干部接待日制度，每年年初对党政领导接待日作出安排，做到每周至少接待一次，并向社会公示接待领导的姓名、职务、分管工作及接待时间、地点；落实主要领导接待日制度，党政主要领导每人每年定期接待不少于3次；坚持重大集体访预约接待，保证“接待一案，办结一案”；提高领导接待日信访事项办理质量，按照“谁接待、谁负责处理”“一包到底、一案一清”“包接待、包协调、包督办、包落实、包稳定”“敞开接待与预约接待相结合”等规定，抓好调处和落实工作，并做到逐案有结案报告，群众来访接待率达到100%；坚持领导下访日制度，乡街和区直有关单位领导，按照“携案下访”要求，根据分管范围上门走访信访人，做好思想政治工作。

2008年7月，按照中央和省委要求，开展“县委书记大接访活动”。11日，区委、区政府主要领导带领9名党政班子成员以及50名乡街、区直单位的主要负责人，在区信访接待中心集中接待群众来访，与群众面对面交流，实打实解决热点难点问题。当天接待涉法涉诉、劳动工资、平改拆迁等来访17批次33人次，其中当场解决3件，交办案件8件，重新立案调查1件，责成属地单位做好思想疏导5件。8月21日，区委、区政府领导对重点信访案件开展“回头看”，回访和约谈上访群众，推动大接访活动进一步深入。两个月内，区委、区政府共组织8次大规模集中接访，其中区委、区政府主要领导接待各类案件82件，接待上访群众184人次，其余县级领导接访110批次154人次；当场解决案件7个，限期解决169批次290人次，14名上访老户息诉罢访，40个上访“专业”户保证不再越级上访。是年，信访部门将信访案件线索梳理分类，找出重点难点案件，由区委、区政府领导亲自接访处理，全区县级领导接待上访群众295批次718人次，其中35件彻底息诉罢访，限期解决212件，思想疏导24件。

2010年，继续开展“领导干部大接访”活动，区直单位每天安排1名科级领导干部接访，实行“五包责任制”（包掌握情况、包解决问题、包教育转化、包稳控劝返、包依法处理），努力把矛盾化解在基层和萌芽状态；安排区四套班子领导每天轮流到区信访局接访，重点做好“钉子案”“骨头案”的息诉罢访；完善领导接访包案制度，区委、区政府主要领导带头参加领导接待日活动，亲自阅批群众信访件，协调解决重大信访事项；定期召开区委常委会、政府办公会、党政联席会研究信访工作，明确区委副书记为联席会议第一召集人，调整6名县级领导为联席会议召集人，共召开全区信访工作联席会议10次，召开信访案件协调调度会30次。

三、加强基层基础工作

1990年，加强区、街、委（厂、校）三级信访网络建设，建立分级负责制度和属地管理制度，保障群众信访渠道、信息反馈渠道、办案渠道畅通。1995年，集中开展《信访条例》宣传，引导群众以理性、合法、文明的形式表达诉求，建立畅通、有序、务实、高效的信访工作秩序，全年无进京、赴省集体访和单人访。1996年，在重点企业增设兼职信访人员，层层建立信访工作责任制，减少集体访。2000年，落实市委、市政府《关于依法治理信访工作的决定》，建立联合接访制度，对来访群众反映的问题，现场明确责任主体和协办单位，确定解决方案，制定办理标准，限时结案。

2007年，结合信访工作年度责任目标考核，加强信访服务中心（接待室）建设，在乡街设立信访服务中心，区直有关单位设立来访群众接待室，做到有牌子、有房子、有群众侯谈桌椅、饮水机等设施；实现网上处理信访事项、报送信息数据；建立有效防范和化解社会矛盾纠纷的工作机制，乡街和区直单位对信访苗头和隐患每月至少排查1次，一般问题2个月内化解完毕，复杂疑难问题不超过3个月；坚持“四个到位”制度，即思想疏导到位、处理程序到位、政策法规宣传到位、稳控工作到位，遏制重大集体访、群体性事件和恶性信访事件的发生。

2010年，按照“一岗双责、属地管理、一票否决”三项原则，建立社情民意反映制度，重大事项公示、听证、咨询制度，信访责任追究制度，进一步落实信访责任制，规范信访工作；采取综合协调、集中攻坚、重点突破等措施，集中全区各级各方面的力量，做好积案的协调与化解，确保全区政治安定和社会稳定；加强路南区信访联合受理服务中心建设，制定《群众信访联合受理服务中心工作职责》《群众来访接待与调处工作细则》《路南区信访问题调处工作规则》《信访稳定工作责任追究实施细则》《信访代理制度》，按照信访联席会议决定16家职能部门全部进驻中心，所有来区访的案件全部进入中心，严格“服务规范、运行有序”工作标准和“四级会诊”（中心工作人员、中心副主任、中心主任、联席会议）工作程序，做好矛盾化解工作。是年，全区共接待和处理上访积案384件，成功化解信访案件225件，化解率58.6%，为群众解决标的资金200万元；多方筹集资金2286.48万元，彻底解决街属企业改制遗留的集体访、重复访等信访积案；在财政资金紧张的情况下，先期垫付3143万元，用于解决荷花茗苑186户居民信访反映的燃气、用电等问题。

四、规范信访受理办理程序

1990年，群众来信来访由信访部门直接受理。1996年8月，区委、区政府依据国务院《信访条例》《河北省信访条例》，按照市委、市政府关于“分级上访、两级解决、三级终结、强化责任、双向制约”的信访原则，制定《关于贯彻落实〈信访条例〉实行分级上访制度的若干规定（试行）》，建立起分级上访制度。

1998年，实行信访工作双向规范工作制度，即承办信访事项的责任主体单位必须与信访人签订全市统一制式的《信访双向责任书》，责任书内容主要有信访人反映的问题、权利义务和要求、承办单位责任、办理标准、办结时限等，同时约定在信访事项办理过程中，信访人不再越级上访，双方签字盖章。

2000年6月，区委、区政府印发《关于贯彻落实市依法治理信访工作决定的实施方案》，按照“依法治访、违法追究、双向责任、注意导向”的要求开展依法治访活动，先后建立依法治理信访工作领导小组和办公室，开展法制宣传，落实双向规范、联合接待、按月排查信访隐患等制度，运用正反两方面典型引导群众自觉用法律维护自己的合法权益，维护信访秩序。

2005年，贯彻落实《河北省信访事项办理程序》，统一信访事项的接待受理、调查处理、复查、复核、办理延期、办理结果报告与审查、督查督办、查询程序，规范《信访事项办理双向责任书》《信访事项办理双向责任书（告知书）》《信访事项答复意见书》《信访事项复查答复意见书》《信访事项复核答复意见书》等文书格式；按照市委办公厅、市政府办公厅和市联席会议办公室的统一要求，推广路北区河北路街道办事处信访疏导代理制度的经验，试行信访代理制度，变群众上访为信访代理员“上访”，疏导群众不会访、无序访和走弯路问题；贯彻国务院新颁布的《信访条例》，推行信访案件听证会制度，妥善解决群众反应的热点难点问题。

2010年，区委、区政府按照市委办公厅、市政府办公厅印发的《关于建立群众信访代理制度的意见（试行）》，进一步规范信访代理制度，明确信访代理制度的指导思想、基本原则、总体目标、代理机构、代理员的权利义务、代理范围、代理程序，实行“三级代理终结”制度，即在区建立信访代理服务中心，在乡（街）建立信访代理服务站，在村（社区）建立信访代理室，按照“信访委托、双向承诺，属地管理、逐级代理”的原则和“对口接待、联合调处、就地化解”要求，为被代理人“操心、说话、跑腿”。

五、信访案件协调督办

1995年起，区委、区政府实行重大疑难案件重点协调督办制度，规定凡被列为重大疑难案件，均由区领导亲自接访、亲自办案、亲自协调处理；凡重点信访隐患，集中交办，落实办案责任，加大督办力度。

2004年，成立集中处理信访突出问题及群体性事件联席会议领导小组并下设办公室（设在信访局），建立集中处理信访突出问题及群体性事件联席会议制度，解决农村土地征用、城镇房屋拆迁、企业改制、涉法涉诉等重大疑难信访案件。

2006年，调整集中处理信访突出问题及群体性事件联席会的职能，由侧重信访事项的转办交办向协调督办转变，重点协调督办对社会影响大、处理协调难、久拖无果的案件，上级或本级领导交办的大要案，涉及多部门（多单位）的案件的协调督办。协调督办的程序是：听取案件汇报（或批阅信访件、接待上访人），组建联合调查组调查案情，研究解决方案，拟定处理意见，召开见面会协议处理，并对有争议的信访案件采取“三重新”（重新协调、重新督办、重新办理）措施，促使案件快办快结。

2010年3月，集中开展“信访攻坚月”活动，按照属地管理要求，对排查出的集体上访、重复上访、非正常进京上访等重大信访隐患和市、区领导批办的重点案件，做好矛盾化解、人员稳控和协调督办工作，先后督查督办16件重大信访案件，有关责任部门和单位均采取有效措施及时化解。是年8月，路南区涉法涉诉联合接访服务中心成立，并正式接访办公，安排专人负责接待和调处涉及区法院、检察院、司法局的信访问题，答复群众的相关咨询和求助。涉法涉诉联合接访工作，实行“三受理、五不受理”，即：受理反映全区政法机关问题，本辖区内需要跨地区协调的问题，有重大社会影响的涉法涉诉信访问题；不受理尚在司法程序之中的信访问题，非涉法涉诉信访、已经作出终结决定、已经签订息诉罢访协议、已经解决到位并给予司法救助的案件，经过中央政法机关和省、市政法机关复查而当事人仍然上访的问题，以及违法闹访被依法处理的，原则上不受理其以此为由提起的信访问题。9月，区处理信访突出问题及群体性事件联席会议下发《处理信访突出问题“百日攻坚”活动实施方案》，按照“一起案件、一个处置班子、一套处置方案、一本处置台账”的要求，落实领导包案、接访、约访制度，规范信访秩序，在全区开展信访事项排查梳理和各类信访突出问题集中化解“百日攻坚”活动，减少重复上访、越级上访和集体上访的发生，为推进科学发展示范区和人民群众幸福之区建设创造良好社会环境。

六、信访工作目标考核

1998 年 6 月，依据国务院《信访条例》《河北省信访条例》《河北省逐级信访制度》，区委办公室、区政府办公室印发《路南区信访工作目标管理考核办法（试行）》，将信访工作纳入乡科级领导班子年度目标考核范围。

2000 年 4 月，区委办公室、区政府办公室印发《路南区信访工作年度责任目标考核办法及实施细则》，按照“分级负责、科学合理、便于操作、实事求是，有利于调动基层工作积极性，有利于初访解决问题、控制重访，有利于大幅度地减少群众进京、赴省、去市、来区越级集体访”的原则，制定信访工作年度责任目标百分制考核办法。考核及奖惩办法：区信访局每月向全区通报各单位群众进京、赴省、去市、来区信访案件情况，每半年联查责任目标的运行情况，年终对各单位的信访工作年度责任目标进行总考，并依据考核积分，评出信访工作实绩突出单位和先进单位及个人，报区委、区政府批准后通报表扬和奖励；对信访工作连续三个月考核落后，或因处理不当激化矛盾，造成严重后果的单位，给予通报批评；三个月后无改进的，给予“黄牌”警告；仍无转变的，执行“一票否决”，并追究有关领导的党政纪责任。

2001 年，区委、区政府完善《信访工作责任目标考核办法》，将落实领导责任纳入年度整体工作考核之中。

2007 年 8 月，区委、区政府依据国务院新修订的《信访条例》和《唐山市信访工作年度责任目标及考核办法》，对原考核办法进行修订，印发《路南区信访工作年度责任目标及考核办法（试行）》，按照“标准科学合理、操作公开透明、评价客观公正”的原则，对信访工作岗位职责和工作任务进行量化和细化，建立绩效评价制度。考核结果划分实绩突出、先进、达标、不达标四个档次，其中被评为实绩突出、先进的单位和先进个人，由区委、区政府给予表彰和奖励，对不达标的单位和责任人进行通报批评。同时规定，因工作不到位和方法不当，引发大规模越级进京、赴省、到市集体上访或异常上访，造成恶劣影响的；对中央、省、市三级交办案件未按信访工作程序办理、到期未能办结，或因调查不细、适用政策不当、领导把关不严出现退查的，对责任单位实行“一票否决”。

2010 年，按照市委、市政府《关于建立健全信访稳定工作综合调控新机制的实施意见》，完善各乡街和区直单位的信访工作年度考核办法，细化考核内容，量化工作指标；健全“动态管理、量化考核、千分制考评”“一票否决”制度，有效防止信访调处工作“不及时、不到位、不作为”现象发生。

第七节　党校工作

一、教师队伍

1990 年，区委党校有教师 11 人，其中本科文化程度的 7 人。1994 年，教师队伍仍为 11 人，其中，专职教师 8 人，兼职教师 3 人；大专文化程度 4 人，本科文化程度 7 人。1996—2000 年，先后有 6 名教师参加经济管理、涉外经济、法律等专业大专、本科的函授进修，有 60 人次对口到省、市委党校接受短期培训。2000 年年底，有教师 9 人，其中专职 6 人、兼职 3 人；大专文化程度 4 人、本科 5 人；高级讲师 3 人、讲师 5 人、助理讲师 1 人。2002 年 4 月，根据路南区机构改革方案，区委党校内设 3 个职能科室：办公室、教研室、组教室。核定事业编制 10 人，其中校长 1 人（由区委副书记兼任），常务副校长 1 人，副校长 1 人，股级职数 3 人。2009 年，党校实有人数 11 人，其中专职教师 7 人，兼职教师 4 人；参照《中华人民共和国公务员法》管理的 6 人（内设的党务和行政部门），执行事业单位专业技术职务的 5 人；有高级讲师 3 人，讲师 2 人，助理讲师 1 人。2010 年，有教师 9 人，其中大专文化程度 2 人，本科文化程度 7 人；高级讲师 4 人，讲师 3 人，助理讲师 2 人。是年，以“转变工作作风，提高培训质量”为主题，开展“一个支部一个主题，一名党员一份承诺”活动和创先争优活动，组织政治业务学习和研讨交流 12 次，努力培养“政治强、业务精、作风硬”的教职工队伍。

二、教学工作

1990 年，党校教学紧密围绕改革开放和反对资产阶级自由化展开，主要培训内容是马克思列宁主义基础理论、社会主义初级阶段理论、党的基本路线、建设有中国特色社会主义理论，培训方式以课堂教学为主，辅以课堂讨论，做到讲听互动。同时，与市委党校开展联合办学，举办文秘、政工、行政管理 3 个专业党政干部中专专修班，半脱产培训，学制一年半。

1991 年 3 月，区委印发《中共路南区委关于加强党校工作的意见》，明确党校在新时期要发挥好“三个阵地、一个熔炉”作用，即培养领导骨干的阵地，研究党建理论的阵地，学习、研究、坚持和发展马克思主义、毛泽东思想的阵地，干部党性锻炼的熔炉，重点培训中层（正副科级）领导干部，包括区属企业厂长经理级、中学校长级干部。

1996 年，随着国际国内形势变化和社会主义市场经济体制目标的逐步确立，培训内容亦作相应调整，加大市场经济知识、现代科技知识、现代管理知识、法律知识、历史知识五个方面的授课比重。教学方法由过去的单一校内教师授课为主，调整为外聘专家学者、领导干部讲课与党校教师讲课相结合，辅之以声像资料教学、组织学员进行课堂讨论、参观考察、撰写调研报告及心得体会文章等方法，努力提高教学效果。举办农村后备干部职业中专班，开设政治类、管理类、经济科技类等 20 门课程，学制三年，在籍学员 45 人，经考试考核，成绩合格者由省教委颁发中专毕业证书。

2002 年，完成远程教育 C 级站的建站工作，与中央党校主体班课程联网，建成多媒体教室，教师授课实现多媒体课件教学。同时，组织学员开展课堂讨论、外出参观考察、撰写调研报告及心得体会文章。

2006 年，把贯彻落实科学发展观、构建社会主义和谐社会、建设社会主义新农村、领导科学、新时期党的建设作为教学重点，建立主办单位、派出单位和党校“三位一体”的学员管理体制，实行“四考一鉴定”（即考德、考能、考勤、考绩和学习鉴定）制度，完善干部培训学习档案，并将考核结果作为晋升职务的依据之一，提高学员的政治素质和执政能力。

2010 年，区委党校会同区委组织部举办信息工作暨数字网格化党建模式培训班，培训干部 140 人；会同区文明办举办“携手共建新社区，文明礼仪进万家”培训班，培训干部 120 人；会同老干部局举办老干部系统经济形势培训班，培训离退休干部 40 人；举办新提任科级干部培训班和中青年干部培训班；组织教师深入区直部门、乡街和社区开展理论宣传 10 场次，受教育党员干部近 400 人次；利用中央党校远程教学网，录制专题课 40 讲 90 课时，制作教学光盘 40 张，编印《干部学习培训参考教材》2 本，约 20 万字。当年，在全市党员教育“五项竞赛”（优秀党员教育工作者、先进基层党校、优秀党员教育电视专题片、优秀党课教材、党员教育优秀文章评比竞赛）活动中，区委党校获市委宣传部授予的“先进基层党校”称号。

三、教学研究

1990 年，区委党校坚持科研与教学齐抓并举，制定科研计划和科研岗位目标，以教学促科研，以科研带动教学。当年起，围绕基层党组织建设、理论教育、精神文明建设、企业思想政治工作等开展理论研究，取得阶段性理论研究成果，截至 1995 年，全校在市级以上报刊杂志、理论研讨会上发表论文 15 篇，主编、合作撰写、出版各类教材、论文集 14 部。

1997 年起，围绕解放思想、坚持实事求是思想路线，加大改革开放力度，培育有理想、有道德、有文化、有纪律的社会主义公民等专题，开展教学研究。至 1998 年，共发表论文 18 篇，其中在国家级刊物发表5篇，获国家级二等奖4篇；在省级刊物上发表4篇，均获省级二等奖。1999年，区委党校被评为唐山市党校系统理论科研工作先进单位。截至2000年年底，全校在市级以上报刊和理论研讨会上发表文章50篇，参与编纂、撰写各类教材、论文集近20部，其中15篇文章在国家级、省级报刊发表并获奖。

2001年后，围绕学习贯彻邓小平理论和“三个代表”重要思想，加强对社会主义市场经济理论、经济体制改革、党风廉政建设、建设中国特色社会主义、全面建设小康社会等方面的理论与实践研究。到2005年，全校有52篇论文在市级以上理论刊物、学术研讨会上获奖，其中国家级5篇、省级8篇、市级39篇，区委党校被评为唐山市市级机关党务系统信息调研工作先进单位。

2006年起，贯彻落实中共十六届五中全会精神和《中共中央关于制定国民经济和社会发展第十一个五年规划的建议》，围绕全面落实科学发展观、加强党的执政能力建设和先进性建设、坚持发展这个党执政兴国的第一要务、加强和改善宏观调控、着力推进改革开放、加快调整经济结构和转变经济增长方式、正确处理改革发展稳定的关系等重大理论课题，开展科研活动。2008年，获唐山市社科联征文活动优秀组织奖。2009年，区委党校获全市党校系统“纪念建国60周年”征文活动优秀组织奖。

2010年，围绕“大南湖、新路南”主体战略，以民生建设为重点，开展理论科研，完成市级以上科研论文8篇，其中《变迁、发展、成就——从衣食住行看唐山30年之变迁》获“唐山在变，你知道吗?”主题征文三等奖，《我国国防和军队的现代化建设》教案获唐山市“党校系统国防教育优秀教案评选”二等奖。截至是年年底，“十一五”的5年间，全校发表国家级论文2篇，省市级论文38篇，区级论文25篇，另有多篇论文在省市级有关研讨交流会上获奖。

第八节 区直机关党建工作

一、党员教育

1990年，贯彻落实中共十三届五中全会精神和《中共中央关于进一步治理整顿和深化改革的决定》，抓好“三基教育”，即马克思主义基本理论、党的基本路线、党的基本知识教育；贯彻中共中央组织部《关于建立民主评议党员制度的意见》，开展民主评议党员活动，区直机关47个总支（支部）522名党员参评，其中评为合格的519名，暂不合格的3名；评选出优秀党员、好党员15名。

1992年，在机关党员中先后开展中国特色社会主义理论教育、“三观”（人生观、价值观、世界观）教育、“三热爱”（热爱党、热爱祖国、热爱社会主义）教育和“创优质服务、优秀作风、优良环境，做人民满意公务员”活动，引导党员树立正确的世界观、人生观、价值观。

2000年，开展“讲文明、树新风、除陋习，争做文明唐山人”活动，举办各类讲座和知识竞赛，组织党员到冀东烈士陵园接受爱国主义教育。

2004年，开展警示教育，组织机关党员观看《立党为公、执法为民先进事迹报告》专题片，学习《中国共产党党内监督条例（试行）》《中国共产党纪律处分条例》，参加两个条例相关知识考试。

2005年，制定《路南区区直机关党工委开展党员先进性教育的实施意见》，以学习实践“三个代表”重要思想为主要内容，开展共产党员先进性教育，先后组织党员学先进、学党章，提高党员的政治觉悟；参加唐山市“加强机关效能建设，优化发展环境”知识竞赛答题和专题调研活动，撰写调研文章40篇、论文21篇，其中机关党工委常务副书记孟德撰写的《加强机关党建工作，努力提高执政能力》被市党工委评为二等奖，并被中央党校《新时期领导干部论坛》刊发；开展“一帮一扶贫济困”“一名党员，一面旗帜”主题实践活动，为残疾人捐款14万元。

2007年5月，区委印发《关于在全区党员干部中开展科学发展观学习教育活动的意见》，组织机关党员开展科学发展观学习实践活动，为期4个月，分为学习提高、对照检查、案例剖析、整改落实四个阶段。配合教育活动，按照“围绕中心、建设队伍、服务群众”的要求，开展“创先争优、争做人民好公仆”教育实践活动，提高机关党员的综合素质；举办“升国旗、唱国歌”活动，150名党员干部在双新小学参加升旗仪式。

2010年，组织基层党组织开展理想信念、宗旨意识、廉洁从政“三项教育”，创建学习型党组织；开展国情、党情、市情、区情、民情“五情”教育，把学习成果转化为推动发展的实际行动；举办“追寻红色足迹、争当发展先锋”党务干部培训班，组织区直机关30名党务干部赴李大钊纪念馆接受革命传统教育，重温入党誓词，激励党务干部坚定理想信念；举办区直机关党员培训班，所属基层党组织近百名党员参加培训。同时，在党员队伍中开展“干部作风年”“三日一网”（每月最后一个周日为党员活动日；每月第一个周六为党代表工作日；每年七月一日为党章日；唐山共产党员网站）活动，推动科学发展示范区建设。区直机关组建便民连心服务队72个，组织千名党员志愿者开展“热心、暖心、诚心”进社区、进居家义务服务活动，资助贫困家庭，为群众做好事做实事，密切党和群众的血肉联系。

二、基层组织建设

1990年，按照《中国共产党发展党员工作细则（试行）》要求，坚持把发展党员重点放在第一线，吸收大中专文化以上、35岁以下优秀知识分子入党，改善党员队伍结构。

1992年起，区直机关党工委先后制定《三年机关基层党组织建设发展规划》《关于加强区直机关基层党组织建设的意见》，做好换届选举工作，举办支部书记培训班、组织工作研讨会，加强机关党组织建设。

1997年，贯彻党员发展“坚持标准、保证质量、改善结构、慎重发展”的“十六字”方针，建立“三公一票”（公推、公评、公示和票决）制度，严格按照党员标准和党员发展工作程序，做好入党积极分子的挑选、培养、教育和考察工作。

1998年，贯彻《中国共产党党和国家机关基层组织工作条例》，制定《加强机关党工委组织建设的实施意见》，进一步规范基层党建工作，并倡导“人人都是投资环境，事事都是路南形象”，从大处着眼、从小事抓起，加强党员队伍建设。

1999年起，以创建“党的建设先进区”为总目标，以创建先进基层党组织为核心内容，开展“党组织创五好、党员五带头”活动和“党员示范岗”活动；以“提速、提质，为人民、促发展”为主要内容，加强机关效能建设。是年，实行党员挂牌上岗；发动机关党员干部献爱心，为残疾儿童捐款6万元，为法律援助捐款1.8万元。

2004年，完成68个基层党组织（支部）的换届选举。2005年起，开展争先创优活动，先后组织党支部书记赴华东五市学习组织建设经验，组织党员科级干部进行组织工作培训和党建知识答题，选树先进党组织、优秀党支部书记、优秀共产党员，建立入党积极分子“团员推优、分级管理、系统培训、考察登记、预审预批”工作机制，把好党员“入口关”。

2010年，机关党工委下辖基层党委1个、党总支4个、党支部41个，有党员879名，其中受到表彰的先进基层党组织8个、优秀支部书记10名、优秀共产党员63名。截至是年年底，自1990年以来的21年间，共发展党员296名，接收预备党员320名。

三、党风廉政建设

1990年，在党员队伍中开展反对极端个人主义和“一切向钱看”思想教育，在基层党组织建立“两公开一监督”（公开办事制度、公开办事结果、接受群众监督）制度，加强机关党员队伍的作风建设和廉政建设，密切党同人民群众联系。

1991年，按照“党委包支部、支部包党员、党员带群众”要求，建立党风廉政建设责任制和重大事项报告制度，至1992年共召开党风廉政建设监督员会议14次，各类调研和座谈会25次，征集意见函27份。

1999年，在机关党员中通报反面典型案件，开展警示教育；召开党员干部廉洁自律专题民主生活会，进行自查自纠；加强党风廉政考核机制建设，将廉政建设列入目标管理。

2004年，按照区委《关于在科（局）领导干部中开展“诺廉、述廉、评廉、考廉”工作的实施意见》，组织区直机关科级干部人人签订《廉洁自律承诺书》；将中纪委确定的“四大纪律、八项注意”制成桌牌和警示牌，接受群众监督；与区纪委联合举办“书墨飘香倡廉风”主题书画、摄影作品展，活跃廉政文化。

2005年，学习贯彻中共中央《建立健全教育、制度、监督并重的惩治和预防腐败体系实施纲要》，组织机关党员学习纲要原文，举办相关知识答题，增强新形势下反腐倡廉自觉性。

2010年，进一步健全党员干部监督管理机制，加强对基层党员领导干部党风廉政建设责任制落实情况的考核监督，对党员遵守党纪政纪、廉洁自律以及八小时以外的社会表现情况进行有效监督，增强机关党员队伍的凝聚力和向心力。

第九节　党史研究

1991年12月，建区委党史研究室（简称“党史研究室”），为区委的工作机构，负责辖域中共党史的征集、整理、编纂、研究工作。1993年4月，党史研究室并入区委组织部。1996年6月，党史研究室定为区委管理的事业机构。

1998年初，组织编纂《中共唐山市路南区历史大事记》（以下简称《大事记》）。2000年，征编《中共路南年鉴资料》，逐年入编《中共唐山年鉴》。

2003年10月，完成《大事记（1948—2003）》编纂，近60万字。翌年1月，由中央文献出版社出版发行。是年，征集《大事记（2004—2010）》资料，并结合路南区换届选举，举办大型画展《辉煌的成就、腾飞的路南》，在机关、部队、学校、社区等地巡回展览。

2006年，牵头组织全区各部门回顾总结震后30年（1976—2006年）本区经济和社会发展所取得的巨大成就，整理编辑《前进的路南——纪念唐山抗震三十年》历史资料，约18万字。

2007年，开展路南区抗战时期人口伤亡和财产损失专题调研，撰写《路南区抗战时期人口伤亡和财产损失课题调研报告》，约1万字，详细记载日军侵华时期给路南区造成的人员伤亡和财产损失情况，并入编出版发行的《唐山抗战伤亡损失纪实》。

2008年，开展社会主义新农村发展情况调查，撰写《坚持科学发展观，建设都市农村——来自省级文明生态村西越河村的调研报告》，约5000字，并入编出版发行的《唐山新农村三十年（1978—2008）》；撰写《改革开放与中国特色社会主义理论浅析》论文，获河北省委党史研究室优秀论文奖。

2010年4月，整理、撰写《路南区第一个党支部》《邓培与唐山地方党组织》等专题资料，记述邓培创建和领导唐山（路南）党组织的经过和斗争情况，约5000字。7月，开展革命遗址遗迹调查，撰写《路南区革命遗址遗迹调查资料》，由文字和图片组成，约2000字，入编出版发行的《唐山革命遗址遗迹揽要》。12月，撰写《保持先进性，提高执政能力，是我党执政兴国的成功实践和基本任务》论文，获市委党史研究室二等奖。是年，完成《大事记（2004—2010）》编纂，约10万字。21年间，共征编史记文献资料3份，88万字；年鉴资料11份，10万字；专题报告5份，2.2万字；党史研究论文和展稿3份，2万字。

第十节　老干部工作

一、落实老干部待遇

1990年，全区有离退休干部537人，其中机关事业单位427人，企业110人。按照《中共中央关于建立老干部退休制度的决定》关于“基本政治待遇不变，生活待遇还要略为从优”的规定，保障老干部的相应待遇。

1992年起，老干部局按规定每年为离退休老干部订阅《人民日报》《河北日报》《唐山劳动日报》，并实行按职级阅读文件制度，每年向老干部通报政治、经济和社会发展等重要情况，保证老干部应享受的政治待遇。

1996年，按照省政府《关于机关、事业单位离退休人员增加离退休费的通知》要求，增加离退休费。

1997年，区委、区政府制定《路南区企业离休干部“两费”统筹暂行办法》，建立离休干部“两费”（离休费、医药费）保障机制，由区财政和社会保险机构统筹统发。是年，确定每年10月份为“全区敬老宣传月”，并规定凡重大节日必须走访慰问。

2002年，区委、区政府制定《路南区离休干部“两费”保障暂行办法》，按照“单位尽责、社会统筹、财政支持、加强管理”的原则，建立和完善离休干部离休费、医药费保障机制和财政支持机制，确保离休干部的离休费按时足额发放，医药费按规定实报实销。2003年起，为离休干部和县级实职退休干部每年免费健康检查。

2004年，区委、区政府制定《关于建立和完善离休干部“三费”保障机制的实施意见》，对离休干部的离休费、医疗费、专项经费作出明确规定：企业离休干部医药费纳入财政管理，离退休费按时足额发放、无拖欠；离休干部的医药费由过去半年报销1次改为每季度报销1次；严格执行离休干部护理费、遗属生活费、特困离退休干部帮扶救助等规定，离退休干部的各项经费列入财政预算。

2006年，进一步完善离休干部“三个机制”（离休费保障机制、医药费保障机制、财政支持机制），保证有效运转，明确行政事业单位由同级财政负担，企业参加基本统筹，社会化优先发放，规定的统筹项目全部纳入基本养老保险，确保离休干部的离休费按时足额发放、医药费按规定实报实销。是年，离休干部每人每年发放医药费周转金4000元，同时实行离退休干部春节慰问制度，其中离休干部慰问金150元、退休干部70元。2007年，离休干部每人每年发放的医药费周转金增至5000元，2009年增至1万元。

2010年，为全区120多名县级以上的离退休干部免费安装“电子保姆呼叫系统”；每年一次的体检范围扩大到全体离退休干部，全年为2000多名退休干部进行健康体检；建立为80岁以上老干部过生日制度，重阳节慰问80岁以上老人70多名；协助处理8名离退休干部逝世善后事宜；坚持离退休干部春节慰问制度，发放离休干部和县级以上退休干部春节慰问金每人500元、科级以下退休干部每人200元。同时，关心老干部的政治待遇，每月编印1期《学习资料》《区情通报》，按职级为老干部订阅报纸和《老人世界》，为各支部订购《共产党员》《党建研究》期刊，为每个支部和副县以上老干部每人发放1份区委综合内刊《今日路南》，聘请有关专家作国内经济形势分析报告。同时，老干部局也进一步改进工作，开展党员公开承诺践诺活动和“五心”（思想上热心、工作上诚心、服务上耐心、标准上细心、解难上用心）活动，落实“五规范”（语言规范、仪表规范、行为规范、服务规范、环境规范）制度，以“深怀爱老之心、恪守为老之责、大兴敬老之风、善谋乐老之策、多办利老之事”为己任，努力让老干部满意。

二、组织老干部活动

1990 年起，组织老干部开展多种形式的文体活动，每年举办老干部春季趣味运动会、健康知识讲座、周边城市一日游，为老有所乐创造条件。1994 年，组建老干部门球队，举办路南区老干部门球邀请赛，参加唐山市和各系统举办的门球比赛。1997 年，成立离退休干部党总支，下设 10 个离退休干部党支部，选配党性强、威信高、讲奉献、身体好的老干部担任离退休干部党支部书记和委员，并举办支部书记培训班，坚持每月 1 次上站会，按照“三会一课”要求开展组织生活，提高党组织的凝聚力。1998 年，投资 10 万元建立老干部活动中心和门球场，为老干部开展文体活动提供平台。2001 年，开办路南区老年大学，开设声乐、舞蹈、书法、英语初级班、英语提高班 5 门课程，招收学员 382 人。当年起，老年大学连续两年被省、市老干部局评为老年教育先进单位。2005 年，组织老干部参加导引养生、导引保健、舒心平血、形体诗韵等健身操的习练和表演，其中导引养生操代表队在全市比赛获一等奖。2010 年，组织离退休老党员开展争创“四心”老干部党组织、争做“四好”老干部党员活动，即争创关心科学发展、倾心维护大局、热心公益事业、尽心促进和谐的党组织，争做学习活动好、教育后代好、家庭关系好、发挥余热好的老党员，全区 160 名老党员担任邻里关系调解员、不文明现象劝阻员、低碳家庭监督员等社会公益职务；举办老干部“关心科学发展”主题论坛，征询意见和建议 20 多条；开展“赞颂辉煌历程，共祝祖国生日”活动，组织老党员重温入党誓词，唱国歌、颂国业；选树典型，示范带动，表彰区级优秀老干部党支部 1 个、优秀党务工作者 1 名、优秀老干部党员 3 名，各类先进老党员 99 名，推荐市级表彰的优秀老干部党支部 2 个、优秀老干部党员 3 名；举办老干部党支部书记培训班，到天津参观学习先进经验，创建学习型党组织。

三、发挥老干部作用

1990 年起，区委重视发挥老干部余热和关心下一代协会作用，聘请离退休老干部担任校外辅导员，加强对青少年革命传统教育。

图 13－12　友谊里老干部志愿者为群众义务修车（区委宣传部）

1993 年 4 月，路南区关心下一代协会改为路南区关心下一代工作委员会（简称“区关工委”），其办公室设在老干部局，主要职责是发挥老干部、老党员、老工人的政治优势，指导有关部门齐抓共管，做好青少年的政治思想工作，培养合格的社会主义“四有”新人。是年，区关工委组织“五老”（老干部、老红军、老党员、老教师、老科技工作者）投身社会公益活动，开展青少年法制教育、革命传统教育和爱国主义教育。

1995 年，结合纪念抗日战争胜利 50 周年，由抗战老干部组成“爱国主义教育巡回报告团”，为全区 30 多所中小学作“勿忘国耻、爱我中华”爱国主义专题报告。

1996 年 7 月，区关心下一代工作委员会办公室并入老干部局。是年，为纪念红军长征胜利 60 周年，区关工委召开纪念大会，请老干部向青少年代表授旗，教育青少年不忘革命传统。1997 年，在全市率先开展“青少年自我保护”教育，受到社会普遍欢迎，离休干部张跃兰被评为河北省“关心下一代先进个人”。2000 年，结合学校“减负”，配合中小学校举办“家长学校”，取得良好效果。

2006 年，动员离退休干部担任廉政监督员、网吧协助员、义务治安员、义务交通员、传统教育宣讲员等，为离退休干部发挥余热搭建平台。

2010年，选聘13名老干部担任7个社区的未成年人活动站辅导员，协助社区开展未成年人思想教育，为在校学生讲述革命传统和爱国主义教育课6场次；区委邀请离退休老干部参与听政议政活动。是年，全区有800多名离退休干部参加社区各类教育活动，成为推进经济和社会发展的一支重要力量。

第七章　纪律检查（监察）

1993年4月，区纪委与区监察局合署办公。区纪委、监察机关认真履行《中国共产党章程》《中华人民共和国行政监察法》赋予的职责，开展党风党纪和政风政纪教育，加强制度建设，构筑惩治和预防腐败体系，加大执法监督检查，依法查处违法违纪案件，保证公正廉洁，维护党纪政纪尊严。

第一节　组织机构

一、工作机构

1989年12月，中共路南区第四次代表大会选举产生区纪委，下设办公室、检查室、审理室3个工作机构。1990年1月，建立控告申诉室，常设工作机构增至4个。1991年6月，路南区廉政工作领导小组办公室靠挂区纪委。1993年4月，区纪委与区监察局合署办公，实行一套工作机构、两个机关名称的体制，履行党的纪律检查和政府行政监察两项职能。

1996年7月，根据区编字［1996］11号文件，区纪委（监察局）下设办公室、信访科、党风廉政教育办公室、纪检监察科、执法监察科、审理科6个工作机构。2002年4月，根据区编字［2002］7号、54号文件，区纪委（监察局）下设办公室、信访室、党风廉政教育办公室、检查室、执法监察室、审理室。2008年9月，设立干部管理室，副科级规格，为区纪委常设工作部门。2010年，区纪委下设办公室、信访室、党风廉政教育办公室、检查室、执法监察室、审理室、干部管理室7个常设工作机构。

二、纪检派出机构

纪律检查工作委员会　1990年，区纪委没有派出的纪律检查工作委员会（以下简称纪工委）。2004年3月，建立政法委纪工委；9月，街道纪委全部改为纪工委。2008年9月，建立第一、二、三、四纪工委（监察分局）。2010年12月，建立梁家屯路街道筹建处纪工委、惠民道街道筹建处纪工委。是年，区纪委共下设14个纪工委。其中：纪工委（监察分局）4个，即第一、第二、第三、第四纪工委（监察分局）；直属纪工委1个，即政法委纪工委；街道纪工委9个，即友谊街道纪工委、学院南路街道纪工委、广场街道纪工委、永红桥街道纪工委、小山街道纪工委、文化北后街街道纪工委、钱家营矿区街道纪工委、梁家屯路筹建处街道纪工委、惠民道街道筹建处纪工委。

派驻纪检组　1994年9月，区纪委向路南区国家税务局派驻纪检组。1996年1月，区纪委向路南区人民法院派驻纪检组。1998年3月，区纪委分别向路南区人民检察院、路南区地方税务局派驻纪检组。2000年12月、2004年3月、2005年3月，区纪委先后向唐山市工商行政管理局路南区分局、路南区司法局、路南区综合执法大队派驻纪检组。2008年9月，撤销区纪委派驻路南区综合执法大队纪检组。2010年，区纪委共有路南区人民法院纪检组、路南区人民检察院纪检组、路南区国家税务局纪检组、路南区地方税务局纪检组、路南区工商管理局纪检组、路南区司法局纪检组6个派驻纪检组。

三、基层纪委

1990年，区纪委没有基层纪委。1992年4月，在各街道建立纪委；11月，行政区划调整，开平区梁家屯乡、女织寨乡划归路南区管辖，路南区税务庄街道划归开平区，遂建立中共梁家屯乡纪委、女织寨乡纪委，撤销中共路南区税务庄街道纪委。12月，建立路南区直属机关纪委、路南区教育局纪委。是年，全区有10个基层纪委，其中区直部门纪委2个、乡街纪委8个。

1993年2月，由于唐山市再次区划调整，根据唐山市人民政府［1992］193号批复，在原丰南市域内组建钱家营矿区街道，归路南区管辖，遂于5月建立钱家营矿区街道纪委。1994年3月，西新村街道更名为广场街道，西新村街道纪委随之更名为广场街道纪委。1996年2月，建立路南区工业局纪委；6月，梁家屯乡并入女织寨乡，遂撤销梁家屯乡纪委。

1998年3月，撤销路南区工业纪委；建立路南区公安分局纪委。6月，建立路南区城建局纪委。2003年，建立路南区经济贸易局纪委、路南区市场建设服务中心纪委。2004年9月，根据路南字［2004］31号文件，街道纪委改建为街道纪工委。2005年12月，路南区经济贸易局纪委更名为路南区工业经济促进局纪委。

2008年9月，进行派驻机构改革，保留垂直管理部门和政法系统纪检监察机构，对其余区直机关和乡街实行统一管理，撤销路南区直属机关纪委、路南区教育纪委、路南区城建局纪委、路南区工业经济促进局纪委、路南区市场建设服务中心纪委，成立4个纪工委（监察分局），即第一、第二、第三、第四纪工委（监察分局），其中第一、第二纪工委（监察分局）面向乡镇（街道），第三、第四纪工委（监察分局）面向区直部门。2009年4月，因唐山市公安局路南区分局人事管理划归唐山市公安局管辖，唐山市公安局路南区分局纪委随之划转。

2010年，区纪委下设基层纪委1个，即女织寨乡纪委。

第二节　纪检（监察）工作

一、党风（纪）政风（纪）教育

1990年起，贯彻落实《中共中央关于加强党同人民群众联系的决定》，对党员干部进行共产主义理论教育、理想和宗旨教育、党的纪律教育，组织党员干部收看《在权力与金钱面前》《锦旗下的鬼蜮》《京兆梦》等党风党纪录像教育片，重点解决党员干部中存在的“一切向钱看”思想以及个人主义倾向；开展“端正党风达标创先”活动，增强党员干部的党性和党纪观念，坚定党员干部的理想信念。翌年，区纪委、区委组织部、宣传部印发《在全区党员中开展党内法规教育的安排意见》，组织全区党员系统学习《中国共产党章程》《关于党内政治生活的若干准则》和中纪委颁发的《关于共产党员在经济方面违法违纪党纪处分的若干规定（试行）》《关于共产党员违反社会主义道德党纪处分的若干规定》《党员领导干部犯严重官僚主义失职错误党纪处分的暂行规定》《关于叛逃、出走的共产党员党籍、党纪处理的暂行规定》，提高党员的法纪观念。在全区机关党员干部中开展“三查三评”（查宗旨观念，评思想上马克思主义的群众观点和全心全意为人民服务的意识树得牢不牢；查工作，评是否坚持以经济建设为中心、积极参加经济“大合唱”、深入实际为基层排忧解难；查作风，评党纪观念和先锋模范作用发挥得好不好）活动，重点解决“疲懒浮满争散滑怕”（思想疲沓、缺乏事业心，懒于动脑、混天磨日，作风漂浮、不务实事，盲目自满、不思进取，争功诿过、要权要利，纪律松懈、作风散漫，处事奸猾、投机取巧，怕字当头、畏首畏尾）问题，转变机关作风。1992年，召开党风党纪教育演讲会，讲身边的人和事，对党员干部进行示范性教育；播放录像206场；总结表彰小山招商大厦、物资局、高低压电器厂等防腐保廉先进典型13个。

1995年，在党员领导干部中实施“形象工程”，维护党的政治纪律，保证政令畅通。教育党员领导干部做到“一坚持一树立”“五提倡五反对”“二十个不准”。其中“一坚持一树立”，即坚持党的政治纪律和民主集中制原则，树立良好形象。“五提倡五反对”，即在乘车方面，提倡轻车简从，反对横攀竖比；在住房方面，提倡按标准住房，反对以房谋私；在物质利益方面，提倡奉献精神，反对拜金主义；在工作和生活作风方面，提倡多读书少应酬，反对用公款从事娱乐活动；在公务活动方面，提倡勤俭节约，反对铺张浪费。“二十个不准”，即在涉及政治纪律、物质待遇、生活作风和工作作风、公务活动等6个方面，制定了不准有令不行、不准弄虚作假、不准违规住房建房、不准为地方、部门和小团体利益损害国家、集体、群众利益等20项具体规定。

1996年开始，在全区连续三年实施“鱼水工程”，密切党和政府同人民群众的联系。1998年，为全区“党风廉政教育年”，区委印发《中共唐山市路南区委关于在全区局（科）级领导班子中进行思想作风整顿的意见》，利用一个月时间开展思想作风整顿，重点解决局（科）级干部和领导班子存在的政治理论素养偏低、敬业精神较差，安于现状、不思进取，贪图享乐、拜金主义，缺乏大局意识，对党的民主集中制不知、不会、不学等问题；印发《中共唐山市路南区委关于加强党风廉政建设的意见》，坚持正确的舆论导向，加强经常性的党风廉政教育，开展“廉政勤政十佳”评选活动，严肃查处违法违纪案件；落实《中共中央、国务院关于党政机关厉行节约制止奢侈浪费行为的若干规定》，严格控制新建和装修办公楼，严格控制各种会议，严格控制各种庆典活动，严禁用公款大吃大喝、挥霍浪费，严格控制用公款安装住宅电话或购买移动电话，严格控制各种检查，禁止形式主义的评比和达标活动，严格按规定配备和更换小汽车，严格管理公费出国（境）；组织全区党员干部参加中纪委举办的《中华人民共和国行政监察法》知识竞赛，全区共有1083名干部参加。是年，选树廉政勤政先进典型13名，并组织巡回报告会，宣讲先进事迹；召开党员干部廉政教育大会，公开处理违纪案件4起、违纪人员7名。

1999年2月，确定为“党纪条规学习月”，全区4000余名党员参加学习，重点学习《中国共产党纪律处分条例（试行）》。是年，区纪委、监察局会同区委组织部、宣传部，开展党风廉政建设和反腐败理论学习教育活动，并召开廉政建设报告会，由省级劳动模范、优秀企业家、开元集团总裁柳宝成和被誉为“两轴清风、严格执法”的国税干部白云霞等报告个人的先进事迹，进一步端正党员干部的世界观、人生观、价值观。

2000年3月，在国有企业（含国有控股企业）党政班子及成员中开展“四集中”（集中教育、集中查纠、集中评议、集中整改）教育活动，重点学习《中共中央关于国有企业改革和发展若干重大问题的决定》《邓小平论党风廉政建设和反腐败》《中共唐山市委关于落实从严治党的五条意见》等文件，增强国有企业领导班子和领导干部廉洁自律意识，自觉带头遵纪守法。同年8月，区纪委、监察局会同区委宣传部、区文明办、区妇联下发《关于在全区开展“廉内助”评选活动的意见》，决定在各乡街、区直机关各部门、事业单位以及区属企业的领导干部配偶中，开展评选“廉内助”活动。评选标准为：具有较高政治觉悟，支持配偶廉政勤政，自觉抵制到家中的请客、送礼、说情等不正之风，当好家庭“纪委书记”，受到群众好评；具有较高思想道德素质和乐于奉献的高尚情操，严以律已、以身作则，不插手、不干预配偶职责范围内的事情，教育子女及其他家庭成员遵纪守法、不以权谋私；支持配偶的工作，密切联系群众，主动挑起家庭生活重担，创造良好家庭环境。评选办法：单位普选、基层推荐、区评表彰。是年，全区计划评选“廉内助”10名，实际评选16名，其中报市参评2名，并全部进行了表彰。

2001年，唐山市“廉内助”事迹报告团到区作报告，全区党员干部500多人到会聆听；宣传本区“廉内助”的先进事迹，辑印《无怨无悔的付出》《把好家门，当好家庭“纪委书记”》《勤廉兼优，实业家庭结硕果》等典型事迹报道文章；组织全区性的“清风颂”文艺汇演。

2002年，区纪委、监察局会同区委组织部、宣传部、区总工会、区妇联，在全区开展评选“双廉”活动，即评选廉勤兼优的领导干部和廉内助。评选范围：乡街、区直机关各部门、事业单位副科以上干部或配偶，区属企业党政正职领导干部或配偶。评选条件：廉勤兼优领导干部应符合政治坚定、清正廉洁、勤政为民、责任心强要求；“廉内助”按照《唐山市路南区领导干部“廉内助”评选管理办法（暂行）》执行，应具备支持配偶廉政勤政、不以权谋私、不插手干预配偶职责范围内的事情等条件。是年5月，区纪委、监察局下发《关于在全区开展党纪政纪条规学习教育月活动的安排意见》，组织党员学习《中国共产党纪律处分条例（试行）》《中华人民共和国行政监察法》《党政领导干部廉洁从政若干准则》等法律法规，提高党员干部的法纪观念。7月，全区评出“廉勤兼优的领导干部”21名，“廉内助”20名（其中市级“廉内助”1名），并予以表彰。配合机构改革，区委、区政府下发《关于开展机关作风和纪律教育整顿活动的意见》，着力解决部分领导干部理想信念淡薄、宗旨意识不强、廉洁自律不严等突出问题。

2003年，区纪委、监察局会同区委组织部、宣传部印发《关于在全区科（局）级以上领导干部中开展从政道德教育活动的实施意见》，组织党员干部尤其是各级领导干部重温“两个务必”，有针对性地开展“三项教育”，即正面典型示范教育、反面典型警示教育、党纪政纪条规教育，增强党员干部的廉洁自律意识。

2004年，实施廉政文化“五进”工程，即廉政文化进社区、进农村、进校园、进家庭、进机关。其中：廉政文化进社区，以福乐园、永乐园两个社区廉政文化建设为示范，开展“党纪条规送基层、反腐倡廉进社区”活动，并成为全省宣教现场会和全国廉政文化现场会的参观点；廉政文化进农村，全区38个行政村全部建立廉政文化教育基地，并推出荷花坑村、西越河村两个先进典型；廉政文化进校园，全区中小学校全部建立廉洁文化小景点，友谊中学和第二实验小学成为省纪委、省教育厅联合召开的“廉洁文化进校园”现场会和全国廉政文化现场会的参观点；廉政文化进家庭，在重要节假日向领导干部家属发放廉政提示函，赠送廉政光盘和书籍；廉政文化建设进机关，财政局、国税局、地税局等单位采取建立廉政文化墙、廉政宣传栏等方式，构建机关廉政教育阵地。同时，举办“书墨飘香倡廉风”书画摄影作品展、“清风礼赞”廉政文艺汇演、群众性廉政歌曲创作、廉政电影进村入居展映周、廉政歌曲大家唱、廉政格言警句征集等群众性廉政文化活动，并建立廉政短信群呼平台，定期向科级以上领导干部发送廉政短信，提示领导干部时刻不忘拒腐防变。是年，区委对45名走上新领导岗位的干部进行集体廉政谈话。

2005年6月，举办路南区“书墨飘香倡廉风”暨庆祝建党84周年书画摄影展，参展作品200多件，展期1周。9月，中纪委驻教育部纪检组领导视察燕京小学的廉政文化进校园和校务公开工作。10月，开展廉政文化建设观摩活动，组织区内各单位纪委书记、纪检组长参观各乡街及区公安分局、工商分局、国税局、地税局、教育局等12个廉政文化建设示范点。

2006年1月，举行“清风礼赞”廉政文艺汇演，全区20多个单位参与演出，用快板、歌舞、小品等形式针贬时弊、讴歌英模，500多名党员干部观看演出。5月，省纪委、省教育厅纪委等领导视察路南区第二实验小学“敬廉崇洁”教育，包括科技活动室、“敬廉崇洁大家谈”学习园地、“红领巾电视台”电脑手抄报、学唱“八荣八耻”新歌谣等。6月，中纪委副书记刘峰岩视察永乐园社区廉政文化建设，并指示要认真总结廉政文化建设的特点、规律，探索建立长效机制，形成一批实践成果、制度成果和理论成果，进一步增强廉政文化的穿透力、吸引力、感染力。要重点抓好社会主义荣辱观教育，在全社会形成以廉为荣、以贪为耻的良好风尚，为反腐倡廉打下良好基础。11月，全国廉政文化建设现场会及理论研讨会的与会人员150多人，视察永乐园社区廉政文化建设，考察路南区廉政文化进社区、进家庭的开展情况。12月，区纪委、监察局会同区委组织部、宣传部、冀东汽贸，举办“树荣辱观、唱正气歌”主题演唱会，全区有26支代表队参加演出，700多名党员干部观看演出。

2007年，组织全区副科级以上党员领导干部对照《中共中央纪委关于严格禁止利用职务上的便利谋取不正当利益的若干规定》，自查自纠利用职务上的便利为请托人谋取不正当利益的行为，逐人填写《利用职务上的便利谋取不正当利益自查报告表》。2008年12月，区纪委、监察局会同区妇联召开全区科级干部家庭助廉大会，宣读《家庭助廉倡议书》，观看《廉洁治家警示录》教育片，构筑家庭反腐倡廉防火墙。

2010年6月，区纪委、监察局在全区开展“廉政使者”活动，其中“廉政使者”由党代表、人大代表、政协委员、党政群机关工作人员、离退休干部、新闻工作者、民主党派或无党派人士、企业界代表、文化、教育、医疗、科技工作者及乡街、村（社区）居民代表等志愿人士组成，具有传播廉政文化、宣传廉政知识、开展廉政教育、掌握廉政动态、监督从政行为、优化发展环境六项职能。是月10日，在永乐园社区举行“廉政使者”活动启动仪式，市、区纪委领导出席，并为路南区廉政使者指挥中心揭牌，为廉政使者队伍授旗，200多名廉政使者面对队旗宣誓，支持反腐倡廉，传播廉洁文化，监督廉政勤政，参与廉政建设。是年，全区廉政使者队伍达到738人，建立了25个活动站和86个活动小组，先后开展了“学习廉政准则、展廉政使者风采、争做廉政模范”演讲比赛、“进百家门、入百家户、访百家人”党风廉政建设宣传、“我为廉政献一计”献计献策活动，发放廉政使者联系卡1000份，反馈廉政意见和建议400多条；永乐园社区、国税局成为廉政文化进社区、进机关的示范基地；在各社区、学校、农村均建立廉政文化阵地；对拟提拔的20名科级干部进行了党纪政纪法规知识考试；邀请中国传媒大学博士生导师曾庆瑞教授作题为《文艺风尚的低俗和社会生活的乱象》的专题讲座，增强党员干部拒腐防变能力。

二、惩治和预防腐败体系建设

1990年，在全区各系统建立“两公开一监督”制度，即公开办事制度、公开办事结果、接受群众监督，增加政务透明度，开展源头治理，防止和减少腐败现象发生。

1997年，区委、区政府成立预防职务犯罪指导委员会，负责全区惩治和预防腐败的组织协调、方案制定与实施；路南区人民检察院成立预防职务犯罪办公室，坚持惩防并举方针，与企事业单位签订《廉政共建协议书》，加强廉政教育，落实廉政制度，惩治贪腐案件，营造“不想贪、不能贪、不敢贪”的良好局面。1998年，贯彻落实《中共中央国务院关于厉行节约制止奢侈浪费行为的若干规定》，制定《关于路南区党政机关及其工作人员住宅电话和移动电话管理暂行办法》《关于路南区党政机关及其工作人员住宅电话和移动电话管理暂行办法的补充规定》，实行移动电话“定编管理、限额报销”和住宅电话“定额补助、超支自负、节约归已”的管理制度。

图13－13　路南国税局接受预防职务犯罪教育（区国税局）

1999年，落实中共中央、国务院印发的《关于实行党风廉政建设责任制的规定》，建立领导班子全面责任、主要负责人第一责任、其他领导班子成员主要责任的一级抓一级、层层抓落实的工作责任制。区委主要领导与基层各党（工）委、总支“一把手”签订责任状，把党风廉政建设作为党的建设和政权建设的重要内容，纳入领导班子、领导干部目标管理，与经济建设、政治建设、文化建设、社会建设以及生态文明建设和业务工作紧密结合，一起部署、一起落实、一起检查、一起考核。区委召开全区预防职务犯罪指导委员会（扩大）会议，讨论通过《路南区预防职务犯罪指导委员会工作制度》，并加强招待费使用情况监督，建立“领导审批、使用报告、单独列项”以及招待费使用“一次一批、一次一卡、分级统计”的财务管理制度；取消村级区内公务招待；建立党风廉政建设督办卡制度。

2001年，区委制定《关于科（局）级领导干部任期离任审计实施办法》，建立由区委组织部、区纪委、监察局、劳动人事局、审计局为成员单位的领导离任和任期经济审计联席会议，加强领导干部离任前的经济责任审计；建立惩治预防重点建筑工程职务犯罪委员会，从源头上加强治理；进一步抓好村务公开、政务公开、校务公开，巩固国有企业、国有控股企业、集体企业、集体控股企业的厂务公开，并延伸到改制企业、非公有制企业。

2002 年，区委、区政府改革行政审批制度，17 个行政执法单位进入行政审批服务中心，开展“一站式办公、一条龙服务”；改革财政收付制度，全区 43 个会计单位全部纳入财政集中收付，落实“收支两条线”和“政府采购”；完善经济责任审计，对 21 名科级领导干部进行离任审计，对 25 名任现职满三年的领导干部进行任期审计；改革干部人事制度，建立公开选拔、竞争上岗、民主推荐、任前公示、试用期制度，其中提任党政正职实行区委常委会票决制度；撤销、移交政法机关所办企业，解除与政法机关的靠挂关系；建立健全区乡两级政府机关、区属企业、农村和中小学校政务、厂务、村务、校务公开制度。

2003 年，区委、区政府印发《关于开展“阳光行动”优化发展环境的实施方案》，按照“公开透明、便于监督”要求，规范行政审批行为，实现“阳光审批”；规范各种收费行为，实现“阳光收费”；规范市场交易行为，实现“阳光交易”；规范政府采购、医药购销行为，实现“阳光采购”。7 月，区委转发区纪委《关于对科（局）级领导干部实行廉政谈话制度的意见》，对在任领导干部实行常规性谈话，对新任科级领导干部实行岗前提示性谈话，对群众有反映的领导干部实行诫勉性谈话，并将谈话记录存入被谈话人廉政档案。

2004 年，区委、区政府制定《大项目审批代办制实施办法》《关于加强收费管理、实施“阳光收费”的意见》《产权交易实施办法》《关于建筑及装饰装修工程招投标工作的实施办法》等文件，规范行政行为，防止腐败案件发生。2007 年 4 月，区纪委、监察局印发《关于禁止领导干部大操大办婚丧喜庆事宜的规定》，建立领导干部及近亲属办理婚丧事宜报告制度。

2010 年，区委印发《2010 年度区委常委、区政府副区长党风廉政建设职责范围及党风廉政建设和反腐败工作分工》《区直部门 2010 年度贯彻落实党风廉政建设和反腐败工作部署的分工意见》《2010 年牵头单位和协办单位工作任务分解表》，将 39 项反腐倡廉工作分解到 30 个牵头单位和相关部门，形成一级抓一级、一级带一级的工作局面；成立惩治与预防腐败领导小组，完善党政领导班子成员“一岗双责”责任制，加强对惩治和预防腐败工作的组织领导；加强党政机关权力监控机制和效能机制建设，强化权力运行制约和监督，全区共确定行政权力 1125 项，查找出“廉政风险点”848 个，制定廉政风险监控措施 1000 多条，并将每项措施落实到具体领导、科室及工作人员，形成管理层级清晰、管理任务明确、责任追究规范的工作格局；在全区机关推行服务承诺制、首问负责制、限时办结制、超时默许制、AB 岗制度，落实集中采购、工程招投标制度，新建行政审批管理系统，开办在线查询、申报办理、投诉举报等业务，提高服务质量；完善行政行为和执法行为监督体系，拓宽民主监督渠道，选配行风监督、评议员 3600 名，加强行风监督，为建设廉洁政治，实现“干部清正、政府清廉、政治清明”提供制度上的保障。

三、执法监督检查

1990 年，以清理整顿收受礼品、公款吃喝、讲排场阔气、化公为私、超标住房和违规建房、执政不公、滥发奖金实物、预算外资金和“小钱柜”等为重点，进行执法监督检查。1991 年，按照区委提出的“经济大合唱”要求，对可能出现的“三乱”（乱收费、乱罚款、乱摊派）行为进行监督检查，共清理乱收费 21 项，审查罚款 25 项，清理乱摊派资金 7.6 万元。

1996 年，区纪委、监察局会同区农委对减轻农民负担开展执法检查，重点是农村的“三提五统”，即农村集体提留的公积金、公益金、管理费，乡镇统筹的教育附加费、计划生育费、民兵训练费、民政优抚费、民办交通费，农民负担均在国家规定的人均纯收入 5% 的标准之内。

1998 年，执法监督检查的重点是政法机关经商办企业、换届选举工作、教师聘任、行政管理和行政执法部门的政务公开，以及建筑市场、企业效能、企业重大伤亡事故、教育经费使用情况、统计执行情况、两节期间农民负担情况、农村干部违法施政等，并开展预算外资金、收支两条线专项治理，重点检查 29 个单位，查出违纪金额 136 万元，其中罚（没）款 19.1 万元，从源头上预防和治理腐败。

1999 年，围绕落实政府采购制度、农村土地延包政策、企业环境污染治理、粮食市场整顿、教师聘任制、政法机关违法办案、重点建筑工程项目建设、农村基金会整顿等进行检查监督，处理违法违纪案件 4 起，涉及干警 6 名；保证投资 3.7 亿元的定福庄平改楼项目验收合格；催缴个人借款 9 户，清理企业拖欠 2 家。

2001 年，拓宽执法监察领域，遏制腐败现象发生，加强了社会保障基金使用情况执法监察，督促劳动人事、民政、财政等部门完善相关制度，按月上报统计数据，纠正部分企业资金上缴不及时现象；加强了全区重点工程项目执法监察，围绕建筑市场工程招投标、工程审批、工程质量等关键环节，建立惩治预防重点建筑工程职务犯罪委员会；加强产品质量执法监察，检查钢材、建筑机械、成品油、电线电缆、低压电器、食品、饮料、化妆品以及荷化坑市场、汽车摩托车生产企业的产品质量，取缔从事违法生产的企业 25 家、经营假冒伪劣产品的商店 20 家，销毁伪劣钢材 130 余吨。

2006 年，开展对奢侈浪费和可能影响领导干部公正廉洁履行职务的问题进行专项治理，即狠刹公款吃喝玩乐风，控制新建和装修办公楼，控制会议和庆典，清理公款安装住宅电话和购买移动电话，清理超标准小汽车，控制公费出国（境）及旅游，清理违规收受现金和有价证券，狠刹企业领导干部违规个人经商办企业等，增强各级领导干部的廉洁自律意识。

2009 年 6 月，区委印发《路南区治理“小金库”重点检查实施方案》，将违反法律法规及其他有关规定，应列入而未列入符合规定的单位账簿的各项资金（含有价证券）及其形成的资产，全部纳入治理范围。

2010 年，健全劳动监察机制，设立农民工投诉专口，按照“快立案、快调查、快处理、快结案”的“四快”要求，开展多种形式的劳动执法监察活动，共受理农民工投诉 2 起，追讨农民工工资 423.8 万元；对全区机关工作人员纪律作风、服务质量、工作效率等情况进行三次集中监督检查，共发现问题 3 大类 9 小项，涉及 14 个单位，责成所在单位进行教育，并跟踪监督。

四、纠正部门行业不正之风

1990 年，针对一些单位暴露出的用公款请客送礼、大吃大喝，用公款、公车旅游或变相旅游，滥发奖金、实物和各种补贴，私设“小钱柜”，带有行业特点的“吃拿卡要”等不正之风，加强综合治理，维护党的纪律，密切党同群众的血肉关系。1991 年，区委办公室、区政府办公室印发《关于制止“三乱”工作安排意见的通知》，加强对乱罚款、乱收费、乱摊派违法行为的治理整顿，共清理乱收费 21 项，审查罚款 25 项，清理乱摊派资金 7.6 万元。1993 年，在继续整治“三乱”的同时，集中清理和纠正党政机关以权经商、办经济实体、公费出国（境）旅游问题。

1994 年 10 月，区委、区政府印发《关于清理党政机关及其工作人员利用职权无偿占用企业钱物问题的实施意见》，全面清理利用职权无偿占用企业的交通工具、通讯设备、现代化办公设备、声像器材及其他高档贵重物品，假借各种名义为充作本单位小金库或为职工谋福利而从企业调用的资金，为谋取本部门、本单位小团体利益，以各种名义向企业索要赞助款和应由机关或个人支出而由企业予以报销的各种费用。是年，在全区开展“三清一刹”纠风工作，即清理公费出国（境）旅游，清理党政机关及其工作人员利用职权无偿占用企业钱物，清理党政机关办经济实体，狠刹乱收费不正之风。通过全面核查和清理，共查明四年来出国组团 69 个；清理机关占用企业钱物 61.5 万元；撤销党政机关所办经济实体 17 家，划转 6 家，保留 9 家；收缴违规乱收费 26.3 万元。从是年起，贯彻落实国务院《关于禁止在公路上乱设站卡乱罚款乱收费的通知》，开始治理公路“三乱”，即乱设站卡、乱罚款、乱收费。1995 年，将减轻农民负担、清理和纠正中小学乱收费作为纠风工作重点，建立农民负担决算、监督卡和专项审计三项制度，减少不合理的农民负担 2.25 万元；检查重点学校 12 所，清理和纠正不合理收费 1.19 万元，处以罚款 3582 元。

1999 年，落实“收支两条线”，核查 168 个行政执收执罚部门，取消不合格账户 39 个，查处违纪金额 120 万元，收缴罚没款 32.9 万元，对 15 个单位的主要领导进行诫免谈话和通报批评，并召开加强“收支两条线”管理大会，印发《预算外资金管理的纪律规定》。围绕减轻农民负担，重点开展农村中小学乱收费、农村电价超限价、报刊摊派、乡级修路集资四项专项治理，减少向农民收费 4 项，共计 75.5 万元；辞退从农村招聘的临时工作人员，节省资金 40 余万元；查处侵占农民利益案件 1 起，收缴违纪金额 1.5 万元。推进“四项公开”，即村务公开、政务公开、厂务公开、校务公开，其中，村务公开由“两议七公开”扩大到“两议十二公开”，政务公开推行到 22 个行政执法部门，厂务公开推广到 6 个国有企业、16 个集体企业、24 个乡街企业，校务公开普及到全部 41 所中小学校、幼儿园。制止医药购销中的不正之风，药品调价 60 多种，核减药价 1.5 万元。

2001 年，建立医疗机构药品集中招标采购制度，组织公开招标采购 2 次，涉及 86 个药种；对药品经营市场实施监督，配合药监局查处违规经营 40 多户，没收假劣药品 1100 瓶（箱），假器械 600 件（套），处罚金额 4 万元；落实“收支两条线”，对全区 33 户行政事业单位的罚没收入、行政事业性收入、预算外资金收支、执行政府采购和购控制度等进行核查，查出违纪金额 74 万元，收缴及罚款 10.7 万元，部分单位串用财政票据、奖金发放不规范、隐瞒预算外资金收入等问题得到纠正；企业减负的重点转向减轻乡镇企业负担，检查重点企业 10 个，纠正不合理收费 9 项。2002 年 8 月，区纪委、监察局下发《关于严格执行党政机关汽车配备和使用管理规定的通知》，制止违规违控购车和配车。是年，全区开展“树立行业新风、优化发展环境”活动，评出优胜单位 8 个、先进单位 4 个、达标单位 17 个。

2003 年起，对执纪执法部门实行年度民主评议行风和民主评议机关作风制度。是年，评出行风建设优胜单位 8 个、先进单位 6 个、行风建设标兵 10 名，评出机关作风建设优胜单位、先进单位各 10 个、作风建设标兵 15 名。2008 年，区纪委、监察局会同行政服务中心在区委党校联合举办行政审批制度改革培训班，全区 29 个具有行政审批职能单位的 102 人参加培训，重点推行“并联审批”“超时默许”“成建制进驻”三种审批模式，加快“电子政务”“网上审批”等业务建设。

2010 年，对 25 个重点单位的各项资金及其资产进行全面检查，取缔“小金库”；从区财政、发改、审计、城建等部门抽调业务骨干，组成专项督导检查组，检查投资 150 万元以上的重点项目 12 个；设立农民工投诉专口，专门受理农民工投诉，及时为农民工追讨企业拖欠的工资；完善《村集体资产资源招投标办法》《进一步规范村集体经济活动的规定》《村集体三资管理责任追究办法》，严格执行票据使用管理和资金开支审批制度，并选定西越河、荷花坑、郑各庄三个村为“村务公开示范村”建设试点，召开全区现场观摩会，加强村级班子内部监督；巩固治理教育乱收费、减轻农民负担、治理公路“三乱”成果，查处不正之风。

五、违纪违法案件查处

1990 年起，重点查处贪污贿赂、倒买倒卖、非法牟利、弄权勒索、贪赃枉法、腐化堕落和严重以权谋私等违法违纪案件。1991 年，全区查处党内违纪案件 8 件，其中开除党籍 1 人。1993 年，查处大案要案 6 件，审理违纪案件 11 件，查处违纪金额 129 万元，党政纪处分 6 人，并召开公开处理大会进行警示教育。

1994 年，纪检、监察部门按照区委提出的抓领导干部廉洁自律、抓宣传教育、抓重点行业、抓重点部位、抓大案要案、抓制度建设的“六抓”要求，建立“四定一包”制度，即定人员、定方案、定时限、定质量、领导包案，加强违法违纪案件查处力度。全年共清理侵占企业钱物金额 61.5 万元；立案查处违纪案件 9 起，其中大案 4 起，涉及党政干部 14 人，年内查结 8 起，党政纪处分涉案人员 12 人（其中开除党籍3人，移交司法机关1人，警告等其他处分8人），挽回经济损失11万元。

1998年，区纪委建立重要案件、疑难案件、典型案件统一调度、综合协调、重点督办机制，加大案件查处力度。全年立案查处各类违法违纪案件12件，其中大要案7件；当年结案11件；党政纪处分11人，有4人被开除党籍；挽回经济损失49万元。

1999年，集中力量查处司法机关和行政执法机关索贿受贿、贪脏枉法案件，农村干部失职给集体利益造成重大经济损失的案件，企业领导干部以权谋私、玩忽职守造成企业重大经济损失或出现重大责任事故的案件；查处党政机关违反中央八项规定奢侈浪费的典型案件，违反组织原则和组织纪律跑官要官、买官卖官的案件，违反党风廉政建设责任制规定的失职渎职案件；查处在企业改制中以权谋私、私自变卖资产、任意侵占或挥霍企业资财，造成资产流失的违法违纪案件。全年召开案件管理小组重点疑难案件协调会8次，基层案件查处工作专门会议6次；查结案件13件，处分违纪党员和行政监察对象13人，其中撤销党内职务4人、留党察看1人、开除党籍1人、行政撤职2人、开除公职1人。

2002年，成立大案要案协调小组，建立领导包案责任制度、全员办案制度、“一案双报告双建议”制度、案件联席会议制度、基层办案责任制度，并强化基层纪委的职能，拓宽案件线索来源渠道，加强对违法违纪案件的查处。2007年，制定《关于纪检监察机关、司法机关和审计等行政执法机关在移送案件和案件线索工作中相互协作配合的规定》，建立案件线索每月通报制度。2010年，纪检、监察机关共立案12件，结案12件，其中开除党籍3人，撤销党内职务2人，严重警告2人，警告3人。

1994—2010年唐山市路南区受党纪政纪处分人员一览表

表13－11

年份	受处人数	其中				处分类别												其中双重处分
						党纪处分					政纪处分							
		科级干部	一般干部	一般党员	其他人员	开除党籍	留党察看	撤销党内职务	严重警告	警告	开除	开除留用察看	撤职	降级	记大过	记过	警告	
1994	12	–	3	9	–	–	–	–	1	5	4	–	–	1	1	–	1	1
1995	8	2	6	–	–	–	1	–	1	2	–	–	–	–	2	2	1	1
1996	12	3	7	–	2	1	1	–	1	–	–	–	4	–	2	3	3	3
1997	9	–	2	7	–	2	1	–	–	5	–	–	–	1	–	–	1	1
1998	11	–	–	–	–	4	1	–	–	1	–	–	–	–	1	–	4	–
1999	13	3	5	5	–	1	1	4	1	2	2	–	2	–	–	2	1	3
2000	10	3	4	1	2	2	–	–	1	2	1	–	–	–	–	2	3	1
2001	8	–	8	–	–	5	2	–	1	–	–	–	–	–	–	–	–	–
2002	8	–	6	1	1	2	1	1	1	2	–	–	–	–	–	–	1	–
2003	12	3	6	–	3	3	1	–	3	2	–	–	–	–	–	1	2	–
2004	9	3	3	1	2	3	2	–	2	1	–	–	2	–	–	–	1	2
2005	10	1	3	5	1	2	1	–	3	4	1	–	–	–	–	–	–	1
2006	10	2	5	2	1	2	–	1	1	4	–	–	–	–	–	–	2	–

1994—2010 年唐山市路南区受党纪政纪处分人员一览表

续表 13 - 11

年份	受处人数	其中				处分类别												其中双重处分
						党纪处分					政纪处分							
		科级干部	一般干部	一般党员	其他人员	开除党籍	留党察看	撤销党内职务	严重警告	警告	开除	开除留用察看	撤职	降级	记大过	记过	警告	
2007	4	1	3	–	–	1	–	–	–	2	–	–	–	–	1	–	–	–
2008	10	3	4	3	–	4	2	1	–	3	–	–	–	1	–	–	–	1
2009	10	–	3	6	1	4	3	–	–	3	–	–	1	–	–	–	–	1
2010	10	–	1	8	1	3	–	2	2	3	–	–	–	–	–	–	–	–

六、信访案件处理

1990 年，在各党委、总支建立信访领导小组，实行领导干部接待群众来信来访制度，加强基层信访组织建设，构筑区、乡（街）、村（居委会）三级信访受理网络。1991 年，纪检机关受理群众信访 78 件，立案处理 21 件，为国家挽回经济损失 30 余万元。1994 年，受理群众来信来访和电话举报 110 件（次），属于纪检监察业务范围的 65 件（次），其中纪委领导直接接访 56 件（次），占接访总量的 50.9%。1998 年，受理群众来信来访和电话举报 146 件次，属于纪检监察业务范围的 68 件次，按期结案率和当年结案率均为 100%。1999 年，按照“注重排查、主动超前、防止激化、确保稳定”要求，规范信访案件接待、受理、立案、查处程序，并组成两个下访小组，深入基层倾听群众意见和呼声，排查隐患。全年受理属于纪检监察业务范围的群众来信来访 57 件，通过信访渠道排查化解信访隐患 56 件。2006 年，建立信访服务中心，组织开展“信访问题集中处理月”，畅通群众信访诉求渠道。2007 年，组织全区性矛盾排查和化解矛盾纠纷活动，避免因处理不到位引发的赴省进京访。2010 年，建立信访矛盾隐患月排查制度，对排查出的 30 件信访矛盾隐患进行化解，逐案落实责任人；严格落实重要信访件领导包案、双向承诺、督办反馈制度，预防集体访。全年受理群众来信来访和举报投诉 60 件次，全部按照分工归口的原则进行办理。

第十四编　人民代表大会

1990—2010年，路南区共召开五届人民代表大会。历届人民代表大会第一次会议，均选举产生新一届人民代表大会常务委员会主任、副主任、常务委员，人民政府区长、副区长，人民法院院长，人民检察院检察长。各届人民代表大会依据《中华人民共和国人民代表大会和地方各级人民代表大会选举法》规定，依法确定代表名额、划分选区，依法组织选民登记和选举。所选代表既注重先进性，又注重广泛性。历届人民代表大会常务委员会，履行《中华人民共和国地方各级人民代表大会和地方各级人民政府组织法》所赋予的职责，依法行使决定权、监督权、任免权。至2010年，路南区历届人民代表大会常务委员会共召开例会278次，其中听取和审议区人民政府、人民法院、人民检察院工作报告273项；作出决定、决议198项；督办代表建议、批评和意见1936件；接待人民群众来信来访2061人次，受理申诉、控告案件和其他信访1227件；任免国家机关干部680人次，保证了法律、法规和上级人民代表大会及其常务委员会决议的遵守和执行。

第一章　人民代表

人民代表大会的代表有中共党员、共青团员、民主党派、无党派人士，有干部、工人、农民、军人，也有妇女、少数民族等，均依照法律规定选举产生，具有广泛的代表性。

第一节　代表产生

1990—2010年，路南区历届人民代表的选举一般分为建立组织、制定方案，宣传发动，选区划分、选民登记，提名、协商确定代表候选人，投票选举五个阶段。每届代表的选举一般历时2～4个月。

1990—2010年唐山市路南区历届人民代表大会代表选举统计表

表14－1

届别	选举时间	选民登记		提名协商确定代表候选人（人）		参选率（%）	代表名额	代表人数
		选区数（个）	选民登记数（人）	提名人数	正式候选人数			
十	1989.10－1990.01	99	135957	1161	301	91.8	201	201
十一	1992.11—1993.01	120	172338	1591	349	94.1	224	224
十二	1997.11—1998.01	92	139070	514	249	87	162	162
十三	2002.11—2003.02	91	176766	285	253	96.6	162	162
十四	2007.05—2007.07	91	170798	392	258	94	163	163

第二节 代表构成

路南区历届人民代表中，中共党员、非党人士、干部、军人、工人、农民、知识分子、妇女、少数民族等均占一定比例，体现广泛性和代表性。第十届人民代表中，非党人士、妇女代表所占比例高，分别为40.30%、34.83%。第十三届人民代表中，工人代表所占比例高，为76.54%。

1990—2010年唐山市路南区历届人民代表大会代表构成表

表14－2　　　　单位：人

年份	届次	代表总数	中共党员	干部	解放军	知识分子	工人	农民	科教文卫	非中共人士	民主党派	无党派	妇女	共青团	少数民族	其他
1990	十	201	114	44	1	59	37	–	–	81	3	–	70	3	4	60
1993	十一	224	150	48	1	–	78	20	15	–	4	70	66	–	4	62
1998	十二	162	106	55	–	–	107	–	56	–	58	–	2	–		
2003	十三	162	116	38	1	–	124	–	51	–	42	–	8	–		
2007	十四	163	106	47	1	–	45	–	52	5	–	48	–	5	–	

第二章 人民代表大会会议

1990—1993年，唐山市路南区第十届人民代表大会任期3年。自1993年2月第十一届始，改为每届任期5年。至2010年，唐山市路南区人民代表大会历经五届，共召开人民代表大会23次。

第一节 第十届人民代表大会会议

一、第十届人民代表大会第一次会议

1990年2月27日至3月4日，在唐山酒家召开。出席会议代表201名。会议听取和审议区长祝允林代表区人民政府作的《政府工作报告》、区财政局副局长高淑梅（女）代表区人民政府作的《关于1989年度财政预算执行情况的报告》、区人大常委会主任幺焕煜代表第九届人民代表大会常务委员会作的《人大常委会工作报告》、区人民法院院长刘雅善作的《人民法院工作报告》、区人民检察院检察长李宝贵作的《人民检察院工作报告》，并作出相应决议。选举幺焕煜为第十届人民代表大会常务委员会主任，张永凤、刘连浩、宋桂荣（女）为副主任；选举祝允林为人民政府区长，赵楚坡、王桂盛、孟祥荣、杨秀英（女）、宋树祥为副区长；选举吴书先为人民法院院长，亢梦庚为人民检察院检察长。会上，共收到代表议案、建议、批评和意见336件。

二、第十届人民代表大会第二次会议

1991 年 4 月 12—15 日，在唐山酒家召开。会议听取并审议区长祝允林代表区人民政府所作的《政府工作报告》、区财政局局长鲍中和代表区人民政府所作的《关于 1990 年度财政预算执行情况的报告》、区人大常委会主任幺焕煜所作的《人大常委会工作报告》、区人民法院院长吴书先所作的《人民法院工作报告》、区人民检察院检察长亢梦庚所作的《人民检察院工作报告》，并形成相关决议；听取并审议通过财经审查委员会《关于财政预算、决算的审查报告》、议案审查委员会《关于议案审查的报告》。选举马云江为区第十届人民代表大会常务委员会副主任，增选常务委员 1 名。会上区人大代表柳宝诚、杨大生、张家林、吴兆对、高俊岐、刘金贵分别以《我为区经济工作的腾飞添砖加瓦》《继续深化普法，推动依法治区工作》《路南区教育的希望之所在》《在商业经营中的体会和建议》《关于提高我区工业企业经济效益的建议》《对街道工业企业发展前景的展望》为题发言。会上，共收到代表议案、建议、批评和意见 248 件。

三、第十届人民代表大会第三次会议

1991 年 11 月 21 日，在唐山酒家召开。会议听取并审议区长祝允林代表区人民政府所作的《政府工作报告》、区财政局局长鲍中和所作的《关于 1991 年度财政预算执行情况的报告》、区人大常委会主任幺焕煜所作的《人大常委会工作报告》、区人民法院院长吴书先所作的《人民法院工作报告》、区人民检察院检察长亢梦庚所作的《人民检察院工作报告》，并形成相关决议。会议听取、审议并通过区长祝允林所作的《唐山市路南区关于“八五”期间经济和社会发展规划纲要（草案)》报告，并批准正式实施。

四、第十届人民代表大会第四次会议

1992 年 4 月 7—10 日，在唐山饭店召开。会议听取审议代区长徐景田代表区人民政府所作的《政府工作报告》、区财政局局长鲍中和所作的《关于唐山市路南区 1991 年财政决算和 1992 年财政预算的报告》、区人大常委会主任幺焕煜所作的《人大常委会工作报告》、区人民法院院长吴书先所作的《区人民法院工作报告》、区人民检察院检察长亢梦庚所作的《人民检察院工作报告》。补选徐景田为区第十届人民政府区长。会上，共收到代表议案、建议、批评和意见 177 件。

第二节　第十一届人民代表大会会议

一、第十一届人民代表大会第一次会议

1993 年 2 月 12—16 日，在区政府礼堂召开。出席会议代表应到 224 名，实到 215 名。会议听取和审议区长徐景田代表区人民政府作的《政府工作报告》、区财政局局长曹双印作的《关于唐山市路南区 1992 年财政决算和 1993 年财政预算（草案）的报告》、区人大常委会主任幺焕煜作的《人大常委会工作报告》、区人民法院院长吴书先作的《人民法院工作报告》、区人民检察院检察长亢梦庚作的《人民检察院工作报告》，并通过以上报告，分别作出决议。会议选举马云江为区第十一届人民代表大会常务委员会主任，杨秀英（女）、刘连浩、张尚义、李广明为副主任；选举徐景田为区人民政府区长，孟祥荣、王桂盛、赵丽梅（女）、高家祥、鲍中和为副区长；选举吴书先为区人民法院院长，毕玉福为区人民检察院检察长；选举出席唐山市第十一届人民代表大会代表 46 名。会上，共收到代表议案、建议、批评和意见 245 件。

二、第十一届人民代表大会第二次会议

1994 年 4 月 25—28 日，在区政府礼堂召开。出席会议代表应到 201 名，实到 198 名。会议听取和审议区长徐景田代表区人民政府作的《政府工作报告》、区财政局局长谭素英（女）作的《关于唐山市路南区 1993 年财政决算和 1994 年财政预算（草案）的报告》、区人大常委会主任马云江作的《人大常委会工作报告》、区人民法院代院长张宝善作的《人民法院工作报告》、区人民检察院检察长毕玉福作的《人民检察院工作报告》，并通过以上报告，分别作出决议。会议决定接受吴书先辞去区人民法院院长职务，补选张宝善为区人民法院院长。此次会议共收到代表议案、建议、批评和意见 128 件。

三、第十一届人民代表大会第三次会议

1995 年 2 月 27 日至 3 月 2 日，在区政府礼堂召开。出席会议代表应到 198 名，实到 192 名。会议听取和审议区长徐景田代表区人民政府作的《政府工作报告》、区财政局局长谭素英（女）作的《关于唐山市路南区 1994 年财政决算和 1995 年财政预算（草案）的报告》、区人大常委会主任马云江作的《人大常委会工作报告》、区人民法院院长张宝善作的《人民法院工作报告》、区人民检察院检察长毕玉福作的《人民检察院工作报告》，并通过以上报告，分别作出决议。会议通过和决定接受马云江辞去区人大常委会主任职务，孟祥荣、王桂盛、高家祥辞去区人民政府副区长职务；补选贾山林为区人民代表大会常务委员会主任，毕晓明、魏文成、刘广洙为区人民政府副区长，增补人大常委会委员 1 名。此次会议共收到代表议案、建议、批评和意见 110 件。

四、第十一届人民代表大会第四次会议

1996 年 3 月 20—22 日，在区政府礼堂召开。出席会议代表应到 214 名，实到 192 名。会议听取和审议区长徐景田代表区人民政府作的《人民政府工作报告》、区财政局局长谭素英（女）作的《关于唐山市路南区 1995 年财政决算和 1996 年财政预算（草案）的报告》、区人大常委会主任贾山林作的《人大常委会工作报告》、区人民法院院长张宝善作的《人民法院工作报告》、区人民检察院检察长毕玉福作的《人民检察院工作报告》，并通过以上报告，分别作出决议。会议决定接受 3 名区人大常委会委员辞去职务。此次会议共收到代表议案、建议、批评和意见 122 件。

五、第十一届人民代表大会第五次会议

1997 年 2 月 26—28 日，在区政府礼堂召开。出席会议代表应到 222 名，实到 170 名。会议听取和审议代区长郑立波代表区人民政府作的《人民政府工作报告》、区财政局局长谭素英（女）作的《关于唐山市路南区 1996 年财政决算和 1997 年财政预算（草案）的报告》、区人大常委会主任贾山林作的《人大常委会工作报告》、区人民法院代院长常荣才作的《人民法院工作报告》、区人民检察院检察长毕玉福作的《人民检察院工作报告》，并通过以上报告，分别作出决议。会议补选郑立波为区人民政府区长、常荣才为区人民法院院长，补选区人大常委会委员 1 名。此次会议共收到代表议案、建议、批评和意见 101 件。

第三节　第十二届人民代表大会会议

一、第十二届人民代表大会第一次会议

1998 年 2 月 9—13 日，在区政府礼堂召开。出席会议代表应到 162 名，实到 150 名。会议听取并审议区长郑立波代表区人民政府作的《政府工作报告》、区财政局局长谭素英（女）作的《关于唐山市路

南区 1997 年财政决算和 1998 年财政预算（草案）的报告》、区人大常委会主任贾山林作的《人大常委会工作报告》、区人民法院院长常荣才作的《人民法院工作报告》、区人民检察院检察长毕玉福作的《人民检察院工作报告》，作出相应决议。会议选举孟祥荣为区第十二届人民代表大会常务委员会主任，赵丽梅（女）、李广明、李贺旺、郑国为副主任；选举郑立波为区人民政府区长，周庆钧、魏文成、刘广洙、张一民、王丽芝（女）为副区长；选举魏波为区人民法院院长，李仕勋为区人民检察院检察长；选举出席唐山市第十一届人民代表大会代表 46 名。会上，收到代表议案、建议、批评和意见 77 件。

二、第十二届人民代表大会第二次会议

1999 年 1 月 26—28 日，在区政府礼堂召开。出席会议代表应到 162 名，实到 152 名。会议听取和审议区政府常务副区长周庆钧代表区人民政府作的《政府工作报告》、区财政局局长谭素英（女）作的《关于唐山市路南区 1998 年财政预算执行情况和 1999 年财政预算（草案）的报告》、区计经贸委主任白玉琦作的《关于唐山市路南区 1998 年国民经济和社会发展计划执行情况与 1999 年国民经济和社会发展计划（草案）的报告》、区人大常委会主任孟祥荣作的《人大常委会工作报告》、区人民法院院长魏波作的《人民法院工作报告》、区人民检察院检察长李仕勋作的《人民检察院工作报告》，并作出相应决议。会议通过《关于征集议案及代表建议批评和意见的（草案）规定》。此次会议共收到代表建议、批评和意见 69 件。

三、第十二届人民代表大会第三次会议

2000 年 2 月 16—18 日，在区政府礼堂召开。出席会议代表应到 161 名，实到 140 名。会议听取和审议代理区长崔长征代表区人民政府作的《人民政府工作报告》、区财政局局长谭素英（女）作的《关于唐山市路南区 1999 年财政预算执行情况与 2000 年财政预算（草案）的报告》、区经贸委主任白玉琦作的《关于唐山市路南区 1999 年国民经济和社会发展计划执行情况与 2000 年国民经济和社会发展计划（草案）的报告》、区人大常委会主任孟祥荣作的《人大常委会工作报告》、区人民法院院长魏波作的《人民法院工作报告》、区人民检察院检察长李仕勋作的《人民检察院工作报告》，并通过以上报告，分别作出决议。大会选举崔长征为路南区人民政府区长。此次会议共收到代表建议、批评和意见 33 件。

四、第十二届人民代表大会第四次会议

2001 年 1 月 16—18 日在区政府礼堂召开。出席会议代表应到 163 名，实到 146 名。会议听取和审议区长崔长征代表区人民政府作的《关于唐山市路南区国民经济和社会发展“十五”计划纲要的报告》、区财政局局长谭素英（女）作的《关于唐山市路南区 2000 年财政预算执行情况与 2001 年财政预算（草案）的报告》、区经贸委主任白玉琦作的《关于唐山市路南区 2000 年国民经济和社会发展计划执行情况与 2001 年国民经济和社会发展计划（草案）的报告》、区人大常委会主任孟祥荣作的《人大常委会工作报告》、区人民法院院长魏波作的《人民法院工作报告》、区人民检察院检察长李仕勋作的《人民检察院工作报告》，并通过以上报告，分别作出决议。此次会议共收到代表建议、批评和意见 41 件。

五、第十二届人民代表大会第五次会议

2002 年 3 月 19—21 日，在区政府礼堂召开。出席会议代表应到 164 名，实到 148 名。会议听取和审议代理区长郭彦洪（女）代表区人民政府作的《政府工作报告》、区财政局局长王彩霞（女）作的《关于唐山市路南区 2001 年财政预算执行情况与 2002 年财政预算（草案）的报告》、区发展计划局局长白玉琦作的《关于唐山市路南区 2001 年国民经济和社会发展计划执行情况与 2002 年国民经济和社会发展计划（草案）的报告》、区人大常委会主任孟祥荣作的《人大常委会工作报告》、区人民法院院长魏波作的《人民法院工作报告》、区人民检察院检察长李仕勋作的《人民检察院工作报告》，并通过以上报告，

分别作出决议。会议决定接受孟祥荣辞去区人民代表大会常务委员会主任职务，接受李广明、郑国辞去区人民代表大会常务委员会副主任职务；补选周庆均为区人民代表大会常务委员会主任、唐福松为副主任；补选郭彦洪（女）为区人民政府区长。此次会议共收到代表建议、批评和意见47件。

第四节　第十三届人民代表大会会议

一、第十三届人民代表大会第一次会议

2003年4月12—16日，在区政府礼堂召开。出席会议代表应到163名，实到162名。会议听取和审议代理区长曹全民代表区人民政府作的《人民政府工作报告》、区发展计划局局长刘建全作的《关于唐山市路南区2002年国民经济和社会发展计划执行情况与2003国民经济和社会发展计划（草案）报告》、区财政局局长王彩霞（女）作的《关于唐山市路南区2002年财政预算执行情况和2003年财政预算（草案）的报告》、区人大常委会主任周庆钧作的《人大常委会工作报告》、区人民法院代院长李风艳（女）作的《人民法院工作报告》、区人民检察院代检察长王玉成作的《人民检察院工作报告》，并作出相应决议。会议选举周庆钧为区第十三届人民代表大会常务委员会主任，刘广洙、唐福松、王丽芝（女）、刘进成为副主任；选举曹全民为区人民政府区长，王力、刘长锁、刘国忠、张进霜（女）、侯汝彦为副区长；选举李风艳（女）为区人民法院院长，王玉成为区人民检察院检察长；选举出席唐山市第十二届人民代表大会代表36名。会上，收到代表议案、建议、批评和意见80件。

二、第十三届人民代表大会第二次会议

2004年2月11—12日，在区政府礼堂召开。出席会议代表应到162名，实到154名。会议听取和审议区长曹全民代表区人民政府作的《政府工作报告》、区发展计划局局长刘建全作的《关于唐山市路南区2003年国民经济和社会发展计划执行情况与2004年国民经济和社会发展计划（草案）的报告》、区财政局局长王彩霞（女）作的《关于唐山市路南区2003年财政预算执行情况与2004年财政预算（草案）的报告》、区人大常委会主任周庆钧作的《人大常委会工作报告》、区人民法院院长李风艳（女）作的《人民法院工作报告》、区人民检察院检察长王玉成作的《人民检察院工作报告》，并分别作出决议。同意1名常务委员终止本职务。会上，收到代表建议、批评和意见80件。

三、第十三届人民代表大会第三次会议

2005年2月22—23日，在区政府礼堂召开。出席会议代表应到162名，实到148名。会议听取和审议区长曹全民代表区人民政府作的《政府工作报告》、区发展计划局局长刘建全作的《关于唐山市路南区2004年国民经济和社会发展计划执行情况与2005年国民经济和社会发展计划（草案）的报告》、区财政局局长王彩霞（女）作的《关于唐山市路南区2004年财政预算执行情况与2005年财政预算（草案）的报告》、区人大常委会主任周庆钧作的《人大常委会工作报告》、区人民法院院长李风艳（女）作的《人民法院工作报告》、区人民检察院检察长王玉成作的《人民检察院工作报告》，并分别作出决议。会议通过《唐山市路南区第十三届人民代表大会第三次会议选举办法》，接受3名常务委员辞去本职务，补选常务委员4名。会上，收到代表建议、批评和意见58件。

四、第十三届人民代表大会第四次会议

2006年2月9—10日，在区政府礼堂召开。出席会议代表应到159名，实到144名。会议听取和审议区长曹全民代表区人民政府作的《关于唐山市路南区国民经济和社会发展第十一个五年规划纲要的报

告》、区发展改革局局长刘建全作的《关于唐山市路南区2005年国民经济和社会发展计划执行情况与2006年国民经济和社会发展计划（草案）的报告》、区财政局局长王彩霞（女）作的《关于唐山市路南区2005年财政预算执行情况与2006年财政预算（草案）的报告》、区人大常委会主任周庆钧作的《人大常委会工作报告》、区人民法院院长李凤艳（女）作的《人民法院工作报告》、区人民检察院院长王玉成作的《人民检察院工作报告》，审议通过《唐山市路南区国民经济和社会发展第十一个五年规划纲要》，并分别作出决议。此次会议共收到代表建议、批评和意见52件。

五、第十三届人民代表大会第五次会议

2007年2月6—8日，在区政府礼堂召开。出席会议代表应到159名，实到133名。会议听取和审议区长曹全民代表区人民政府作的《政府工作报告》、区发展改革局局长刘建全作的《关于唐山市路南区2006年国民经济和社会发展计划执行情况与2007年国民经济和社会发展计划（草案）的报告》、区财政局局长韩铁梅（女）作的《关于唐山市路南区2006年预算执行情况和2007年预算（草案）的报告》、区人大常委会主任周庆钧作的《人大常委会工作报告》、区人民法院院长李凤艳（女）作的《人民法院工作报告》、区人民检察院检察长王玉成作的《人民检察院工作报告》，并作出相应决议。听取计划预算审查委员会《关于唐山市路南区2006国民经济和社会发展计划执行情况与2007年国民经济和社会发展计划（草案）的审查报告》《关于唐山市路南区2006年预算执行情况和2007年预算（草案）的审查报告》。通过《唐山市路南区第十三届人民代表大会第五次会议选举办法》。会议选举董建宝、刘阁云为区第十三届人民代表大会常务委员会副主任，增选常务委员1名；同意1名常务委员终止本职务；接受1名常务委员辞去本职务。会上，收到代表建议、批评和意见39件。

第五节　第十四届人民代表大会会议

一、第十四届人民代表大会第一次会议

2007年7月28—30日，在区政府礼堂召开。出席大会的代表应到163名，实到155名。会议听取和审议代区长张国栋代表区人民政府作的《政府工作报告》、区人大常委会主任周庆钧代表第十三届人大常委会作的《人大常委会工作报告》、区人民法院院长李凤艳（女）作的《人民法院工作报告》、区人民检察院代检察长张炳泽作的《人民检察院工作报告》，并作出相应决议；通过《唐山市路南区第十四届人民代表大会第一次会议选举办法（草案）》《关于征集代表议案、建议、批评和意见的规定》；同意接受曹全民辞去区人民政府区长职务，王玉成辞去区人民检察院检察长、检察委员会委员职务；选举董建宝为区第十四届人民代表大会常务委员会主任，张一民、王丽芝（女）、刘进成、刘阁云为副主任，常务委员18名；选举张国栋为区人民政府区长，潘树文、王东群、孙辉福、刘军、杨丽娟（女）为副区长；选举李凤艳（女）为区人民法院院长，张炳泽为区人民检察院检察长。会上，收到代表议案、建议、批评和意见36件。

二、第十四届人民代表大会第二次会议

2008年3月11—12日，在区政府礼堂召开。出席大会代表应到160名，实到147名。大会听取和审议区长张国栋代表区人民政府作的《政府工作报告》、区发展改革局局长刘建全作的《关于唐山市路南区2007年国民经济和社会发展计划执行情况与2008年国民经济和社会发展计划（草案）的报告》、区财政局局长韩铁梅（女）作的《关于唐山市路南区2007年财政预算执行情况与2008年财政预算（草案）的报告》、区人大常委会主任董建宝作的《人大常委会工作报告》、区人民法院院长李凤艳（女）作的《人民法院工作报告》、区人民检察院检察长张炳泽作的《人民检察院工作报告》，并作出相应决

议。同意 1 名常务委员终止本职务。会上，收到代表议案、建议、批评和意见 16 件。

三、第十四届人民代表大会第三次会议

2009 年 2 月 8—9 日，在区政府礼堂召开。出席大会代表应到 161 名，实到 152 名。大会听取和审议区长张国栋代表区人民政府作的《政府工作报告》，区政府向大会提交的《关于唐山市路南区 2008 年国民经济和社会发展计划执行情况与 2009 年国民经济和社会发展计划（草案）的报告》《关于唐山市路南区 2008 年财政预算执行情况和 2009 年财政预算（草案）的报告》；听取和审议区人大常委会主任董建宝作的《人大常委会工作报告》、区人民法院院长李凤艳（女）作的《人民法院工作报告》、区人民检察院检察长张炳泽作的《人民检察院工作报告》，并作出相应决议。决定 2 名常务委员终止本职务。会上，收到代表议案、建议、批评和意见 26 件。

四、第十四届人民代表大会第四次会议

2010 年 2 月 25—26 日，在区政府礼堂召开。出席大会代表应到 162 名，实到 153 名。大会听取和审议区长张国栋代表区人民政府作的《政府工作报告》，审议区政府《关于唐山市路南区 2009 年国民经济和社会发展计划执行情况与 2010 年国民经济和社会发展计划（草案）的报告》《关于唐山市路南区 2009 年财政预算执行情况和 2010 年财政预算（草案）的报告》；听取和审议区人大常委会主任董建宝作的《人大常委会工作报告》、区人民法院院长李凤艳（女）作的《人民法院工作报告》、区人民检察院检察长张炳泽作的《人民检察院工作报告》，并作出相应决议。同意免去潘树文、杨丽娟（女）、王东群区人民政府副区长职务。决定接受 1 名常务委员辞去本职务。会上，收到代表议案、建议、批评和意见 24 件。

第三章　人大常委会

路南区人民代表大会常务委员会是路南区人民代表大会的常设机关，对本级人民代表大会负责并报告工作。依照《中华人民共和国地方各级人民代表大会和地方各级人民政府组织法》赋予的职责，行使对全区重大事项决定权，对“一府两院”（即区人民政府、区人民检察院、区人民法院，下同）工作监督权和对国家机关工作人员任免权。到 2010 年，路南区人民代表大会常务委员会共召开例会 278 次，其中听取和审议“一府两院”工作报告 273 项，作出决议、决定 198 项，接待群众来信来访 2061 人次，受理申诉控告案件和其他信访 1227 件，督办代表建议 1936 件，依法任免国家机关干部 680 人次。

第一节　人大常委会产生与构成

路南区人民代表大会常务委员会由本级召开的人民代表大会选举产生。1990—2010 年共选举产生 5 届人民代表大会常务委员会（简称“人大常委会”）。

一、人大常委会产生

路南区人大常委会由本级召开的人民代表大会选举产生。换届时召开第一次会议，由代表等额选举人大常委会主任，差额选举副主任、委员若干名，组成新一届人大常委会。两届之间，出现主任、副主任、委员缺额时，在召开届间人民代表大会时，由人民代表大会代表投票补选。1990—2010 年，人大常委会共接受 17 名委员辞职申请，补选主任 2 名、副主任 1 名、委员 14 名。

二、人大常委会人员构成

1990 年 3 月，选举产生路南区第十届人大常委会，由 18 名委员组成，其中主任 1 名、副主任 4 名、委员 13 名。至 1993 年 2 月换届时，组成人员无变化。

1993 年 2 月，选举产生路南区第十一届人大常委会，由 17 名委员组成，其中主任 1 名、副主任 4 名、委员 12 名。在 17 名组成人员中，连任委员 5 名，占 29.41%；新进委员 12 名，占 70.59%。5 名主任、副主任年龄在 50 岁以上，平均年龄 51.8 岁，比上届降低 1.25 岁；大专以上文化程度 1 名，占 20%；中专和高中文化程度 2 名，占 40%；初中文化程度 2 名，占 40%。1995 年 3 月，接受 2 名委员辞职，其中主任 1 名。同时补选委员 2 名，其中主任 1 名。1996 年 3 月，接受 3 名委员辞职。1997 年 2 月，补选委员 1 名。至 1998 年 2 月本届任期届满时，有委员 15 名，其中主任 1 名、副主任 4 名。

1998 年 2 月，选举产生路南区第十二届人大常委会，由 19 名委员组成，其中主任 1 名、副主任 4 名、委员 14 名。在 19 名组成人员中，连任委员 6 名，占 31.58%；新进委员 13 名，占 68.42%。主任、副主任中 50 岁以下 1 名，平均年龄 51 岁，比上届降低 0.8 岁；大专文化程度 3 名，占 60%；中专和高中文化程度 2 名，占 40%。至 2002 年 3 月共接受 10 名委员辞职，其中主任 1 名、副主任 2 名，同时补选主任 1 名、副主任 1 名、委员 8 名。是年 2 月，1 名委员病故。至 2003 年 4 月本届任期届满时，有主任 1 名、副主任 3 名、委员 14 名。

2003 年 4 月，选举产生路南区第十三届人大常委会，由 19 名委员组成，其中主任 1 名、副主任 4 名。5 名主任、副主任中，50 岁以下 2 名，51 岁以上 3 名，平均年龄 52 岁，比上届增长 1 岁。至 2005 年 2 月共接受 4 名委员辞职申请，同时补选委员 4 名。至 2007 年 7 月本届任期届满时，有主任 1 名、副主任 4 名、委员 14 名。

2007 年 7 月，选举产生路南区第十四届人大常委会，由 23 名委员组成，其中主任 1 名、副主任 4 名、委员 18 名，比上届增加 4 名委员。5 名主任、副主任中 56 岁以上 1 名，55 岁以下 4 名，平均年龄 53 岁，比上届增长 1 岁；文化结构明显优化，全部为大学、大专文化程度。至 2010 年，5 届人大常委会均设非中共副主任 1 名、女性副主任 1 名。

1990—2010 年唐山市路南区人大常委会主任、副主任名表

表 14 - 3

届　别	姓　名	职　务	政治面貌	籍　　贯	任职时间
十届	么焕煜	主 任	中共党员	唐山市丰润区	1990.2—1993.2
	刘连浩	副主任	非党人士	河北省玉田县	1990.2—1993.2
	张永凤	副主任	中共党员	河北省清苑县	1990.2—1993.2
	宋桂荣（女）	副主任	中共党员	唐山市古冶区	1990.2—1993.2
	马云江	副主任	中共党员	唐山市路北区	1991.4—1993.2
十一届	马云江	主 任	中共党员	唐山市路北区	1993.2—1995.3
	贾山林	主 任	中共党员	河北省遵化市	1995.3—1998.2
	杨秀英（女）	副主任	中共党员	山东省曲阜市	1993.2—1998.2
	刘连浩	副主任	非党人士	河北省玉田县	1993.2—1998.2
	张尚义	副主任	中共党员	河北省滦南县	1993.2—1998.2
	李广明	副主任	中共党员	河北省遵化市	1993.2—1998.2

1990—2010 年唐山市路南区人大常委会主任、副主任名表

续表 14－3

届　别	姓　名	职　务	政治面貌	籍　　贯	任职时间
十二届	孟祥荣	主　任	中共党员	河北省唐山市	1998. 2—2002. 3
	周庆钧	主　任	中共党员	河北省玉田县	2002. 3—2003. 4
	赵丽梅（女）	副主任	中共党员	河北省唐山市	1998. 2—2003. 4
	李广明	副主任	中共党员	河北省遵化市	1998. 2—2002. 3
	郑　国	副主任	中共党员	河北省唐山市	1998. 2—2002. 3
	唐福松	副主任	中共党员	河北省乐亭县	2002. 3—2003. 4
	李贺旺（不驻会）	副主任	非党人士	河北省唐山市	1998. 2—2003. 4
十三届	周庆钧	主　任	中共党员	河北省玉田县	2003. 4—2007. 7
	刘广洙	副主任	中共党员	河北省唐山市	2003. 4—2007. 7
	唐福松	副主任	中共党员	河北省乐亭县	2003. 4—2007. 7
	王丽芝（女）	副主任	非党人士	唐山市丰南区	2003. 4—2007. 7
	刘进成	副主任	中共党员	唐山市丰南区	2003. 4—2007. 7
	董建宝	副主任	中共党员	河北省唐山市	2007. 2—2007. 7
	刘阁云	副主任	中共党员	唐山市丰南区	2007. 2—2007. 7
十四届	董建宝	主　任	中共党员	河北省唐山市	2007. 7—
	张一民	副主任	中共党员	河北省滦南县	2007. 7—
	王丽芝（女）	副主任	非党人士	唐山市丰南区	2007. 7—
	刘进成	副主任	中共党员	唐山市丰南区	2007. 7—
	刘阁云	副主任	中共党员	唐山市丰南区	2007. 7—

三、人大常委会机构

人大常委会工作机构　1988 年 6 月，路南区人大常委会建立法制工作委员会、城建工交工作委员会、教科文卫工作委员会、财经工作委员会，是路南区人大及其常委会的专业工作机构，为区人大及其常委会、常委会组成人员及人大代表行使职权、履行职务、发挥作用提供专业方面的服务。1992 年 4 月，建立人事代表工作委员会，下设人事代表工作室。1997 年 10 月，各专门机构撤销。

人大常委会办事机构　1990 年，路南区人大常委会下设 5 个办事机构，即办公室、法制工作室、城建工交工作室、教科文卫工作室、财经工作室。其中，办公室为综合协调办事机构，内设行政股、秘书股；法制工作室、城建工交工作室、教科文卫工作室、财经工作室为各工作委员会的办事机构。1992 年 4 月，建立人事代表工作室，为人事代表工作委员会的办事机构。

1993 年 4 月，根据《中共唐山市路南区委员会关于区直机关机构设置的通知》，撤销法制工作室、城建工交工作室、教科文卫工作室、财经工作室、人事代表工作室，建立代表法制工作室、财经文卫工作室。

1997 年 10 月，根据路南区机构编制委员会《关于印发〈唐山市路南区人大机关机构改革方案〉的通知》，撤销代表法制工作室、财经文卫工作室，建立法制科、教科文卫科、财经科。

1998年11月，建立代表人事科。此后机构保持不变。

2010年，路南区人大常委会下设办公室、法制科、教科文卫科、财经科、代表人事科共5个办事机构。

人大常委会派出机构　1992年4月，在文北、小山、永红桥、西新村、学院南路、友谊、税务庄（是年11月划归开平区）街道建立人大工作室，为路南区人大常委会的派出机构。1994年3月，西新村街道人大工作室更名为广场街道人大工作室。1997年10月，根据路南区机构编制委员会《关于印发〈唐山市路南区人大机关机构改革方案〉的通知》，撤销文北、小山、永红桥、广场、学院南路、友谊街道人大工作室，每个街道改派1名联络员。2002年4月，撤销文北、小山、永红桥、广场、学院南路、友谊街道的联络员，重新设立人大工作室。2010年12月，建立惠民道街道筹建处人大工作室、梁家屯路街道筹建处人大工作室。至年底，路南区人大常委会共设立派出机构8个，即文北、小山、永红桥、广场、学院南路、友谊街道人大工作室，惠民道街道筹建处、梁家屯路街道筹建处人大工作室。

第二节　人大常委会例会

按照《中华人民共和国地方各级人民代表大会和地方各级人民政府组织法》规定，区人大常委会会议每两个月举行一次。会议议题、召开时间由主任会议拟定。常委会举行会议时，“一府两院”和政府有关部门负责人列席会议，听取意见，回答询问。会议形成的纪要、决议、决定等重要文件编入《公报》，并发至“一府两院”及有关部门和人大代表。常委会每年召开一次有“一府两院”负责人参加的专门会议。1990—2010年，人大常委会共举行例会278次，听取审议“一府两院”工作报告273项，作出决议、决定198项。

一、第十届人大常委会例会

共举行例会43次。听取审议“一府两院”工作报告36项，涉及区属企业、区街工业、商业、财政、审计、监察、公安、计划生育、教育、普法、城市建设、机构改革等方面，其中有关经济工作报告18项，作出决议、决定18项。听取审议《中华人民共和国行政诉讼法》《中华人民共和国义务教育法》等31部法律法规执行情况报告19项，其中作出决议、决定9项。专题听取审议科技工作报告3次。

二、第十一届人大常委会例会

共举行例会92次。听取审议“一府两院”工作报告，包括工业、农业、乡镇企业、国民经济和社会发展计划、财政、审计、土地管理、外经外贸、城乡建设、交通运输、文教卫生、计划生育、普法、公安等20多个部门对32部法律法规的执行情况；通过对73部法律法规执行情况的检查、调查、视察，其中作出决议、决定54项。

三、第十二届人大常委会例会

共举行例会81次。听取审议“一府两院”工作报告92项，涉及下岗职工再就业、教师聘任制的运行、教师队伍建设、城市建设与管理等群众关心的热点问题和重大事件等，其中作出决议、决定57项。

四、第十三届人大常委会例会

共举行例会35次。听取审议“一府两院”工作报告57项，其中作出决议、决定34项；围绕下岗职工就业和再就业、健全城乡低保和社会救助体系、推动教育事业全面发展、繁荣文化市场和发展文化产业、加强社区建设、完善新型农村合作医疗制度、加快城市建设管理、强化社会治安综合治理等方面，提出切实可行建议、意见80条。

五、第十四届人大常委会例会

共举行例会27次。听取审议“一府两院”工作报告62项，其中作出决议、决定26项；围绕人民群众普遍关注的建立社会救助体系、提高困难群体生活保障、优化教育资源、巩固开展特色教育、食品安全卫生、村委会换届选举、就业再就业、群众文体活动、新型农村社会养老保险、农村合作医疗、拆迁补偿款到位情况等有关民生问题，专题听取区政府的相关工作报告，并将新型农民养老保险、就业再就业议题列为重点督办议题。

第三节　主要工作

路南区人大常委会认真履行《宪法》赋予的决定权、监督权、任免权，围绕区委工作重心，在经济建设、社会发展及人民群众反映强烈的热点问题等方面，加强工作监督和法律监督，强化制度建设，规范工作程序和运行机制，为经济社会全面、协调、可持续发展提供法律保障。

一、推进普法工作

1990年年初，结合换届选举，广泛宣传《中华人民共和国全国人民代表大会和地方各级人民代表大会代表法》《中华人民共和国全国人民代表大会和地方各级人民代表大会选举法》。1991年，落实第二个五年普法规划，开展《中华人民共和国宪法》《中华人民共和国全国人民代表大会和地方各级人民代表大会组织法》《中华人民共和国全国人民代表大会和地方各级人民代表大会选举法》《中华人民共和国全国人民代表大会和地方各级人民代表大会代表法》等学习活动和法律知识竞赛。1996年，对“三五”普法规划实施情况检查监督。1998年起，连续三年专题听取区政府关于“三五”普法和依法治区情况报告，针对存在问题提出意见和建议。

2002年，在总结“三五”普法经验基础上，作出《关于实施第四个五年普法依法治区规划的决议》（以下简称“四五”普法规划），提出“努力实现由提高全民法律意识向提高全民法律素质的转变，实现由注重依靠行政手段管理向注重运用法律手段管理的转变，全方位推进依法治理”的工作目标，推进依法治区进程向纵深发展。2003年，开展送法进村、进社区、进学校、进企业“送法四进”活动，至2005年的4年间，先后举办《中华人民共和国宪法》（包括宪法修正案）和《中华人民共和国行政许可法》《中华人民共和国行政诉讼法》《中华人民共和国青少年权益保障法》《保护和促进民营经济发展条例》《中华人民共和国反分裂国家法》《中华人民共和国公务员法》等专题法制讲座7次，连续三年听取和审议区政府关于“四五”普法工作情况报告，推进普法工作向广度和深度延伸。

2006年，人大常委会专题听取区政府《关于“五五”普法规划实施情况的报告》，作出《关于实施普法依法治区第五个五年规划的决议》，提出创新普法模式和方法，扩大普法覆盖面等方面的建议。此后至2010年的5年间，先后举办《中华人民共和国劳动合同法》《中华人民共和国突发事件应对法》《中华人民共和国就业促进法》《中华人民共和国村民委员会组织法》《中华人民共和国国家赔偿法》《中华人民共和国循环经济促进法》专题法制讲座6次，聆听讲座人数600人次；举办《中华人民共和国物权法》《中华人民共和国食品安全法》《中华人民共和国民事诉讼法》《中华人民共和国行政诉讼法》和《中华人民共和国各级人民代表大会常务委员会监督法》大型法制讲座5次。

二、执法检查

1990年，区人大常委会监督检查《中华人民共和国土地管理法》和《河北省土地管理条例》《中华人民共和国食品卫生法》《中华人民共和国审计法实施条例》（以下简称《审计条例》）等法律法规的贯彻执行情况，其中对《审计条例》贯彻执行情况做出初审论证，提出建议18件；就《中华人民共和国食品卫生法》执行情况调查走访7个集贸市场，19个国营、集体、个体餐馆，21个食品摊点，并写出调查报告，提出建设性意见；针对有法不依、执法不严、以权压法、以言代法等问题，作出《关于实行部门执法责任制的决议》（以下简称《执法责任制决议》），并开展执法评先活动，共评出执法先进集体5个、模范执法工作者2名。

1993—1997年，听取和审议《全民所有制工业企业转换经营机制条例》《中华人民共和国城市居民委员会组织法》等法律法规执行情况的报告；重点检查《中华人民共和国税收征收管理法》《河北省计划生育条例》《河北省预算外资金管理条例》《中华人民共和国全国人民代表大会和地方各级人民代表大会代表法》《中华人民共和国全国人民代表大会和地方各级人民代表大会选举法》《中华人民共和国地方各级人民代表大会和地方各级人民政府组织法》《中华人民共和国土地管理法》《中华人民共和国农业法》《中华人民共和国农业技术推广法》《中华人民共和国乡镇企业法》《中华人民共和国劳动法》《中华人民共和国科技进步法》《河北省科技进步条例》《中华人民共和国刑法》《中华人民共和国刑事诉讼法》《中华人民共和国会计法》《中华人民共和国注册会计师法》《河北省会计条例》等法律法规的贯彻实施情况。

1998年，围绕贯彻落实基本国策、经济发展、“三农”（农村、农业和农民）工作、企业改革、社会稳定、市场经济等方面开展执法检查40多次，涉及农村、土地管理、产品质量、城市规划、社会保障、环境保护、义务教育、水土保持等领域近60部法律法规的贯彻实施。对涉及人民群众生产生活的食品卫生、城市建设、社会治安等法律法规的贯彻实施，坚持反复检查、跟踪监督、常抓不懈。实施名牌战略，开展产品质量执法检查，监督规范和整顿市场经济秩序。持续开展环保执法检查，督促区政府加大执法检查力度，彻底解决多年未决的老大难问题，如期完成“一控双达标”（主要污染物排放总量控制在国家规定的排放总量指标内，所有工业污染源排放污染物要达到国家或地方规定标准，环境空气和地面水环境质量达到功能分区标准）任务。

2003年，围绕经济和社会发展中的重大事项和人民群众普遍关注的热点、难点问题，开展《中华人民共和国环境保护法》《河北省环境保护条例》《中华人民共和国农村土地承包法》《中华人民共和国劳动法》《中华人民共和国治安管理处罚法》等30多部法律法规贯彻实施情况执法检查26次。

2007—2010年，成立执法检查组，深入相关单位和部门，采取调查问卷、实地查看、座谈讨论、走访群众、专题审议的方式，对贯彻落实《中华人民共和国环境保护法》《中华人民共和国义务教育法》《中华人民共和国安全生产法》《中华人民共和国公路法》《中华人民共和国劳动合同法》《中华人民共和国律师法》《中华人民共和国档案法》《中华人民共和国人口和计划生育法》《中华人民共和国食品卫生法》《中华人民共和国教师法》的工作情况进行执法检查，跟踪问效，督促相关执法部门解决存在问题。其中，在执法检查《中华人民共和国环境保护法》贯彻落实情况时，提出整治重大污染源与维护群众日常生活环境相结合，与宜居靓城建设相结合的建议，督促金兴化工厂、轻质保温材料厂、建设集团一公司等企业治污整改。

图14-1　人大代表到学校检查贯彻落实义务教育法情况　（区人大办公室）

三、司法监督

1990 年，区人大常委会采取听汇报、召开执法人员座谈会、组织人大代表视察、听取群众对执法部门的意见等形式，加强司法监督。是年，将人民代表视察提出的 26 条意见和 22 件人民群众信访、申诉，提交检、法两院落实。1994 年，对免诉、缓刑案件逐案进行检查，并关注一些重特大案件侦破工作。

1998 年，围绕执法责任制和“两错”（错案和执法过错）责任追究制的落实，加强对执法主体的监督。年内，组织公、检、法执法大检查 2 次；听取和审议检、法两院严打整治斗争，打击经济犯罪，刑事、经济、民事审判，反贪污贿赂、法纪检察、民事行政检察等专题工作报告 20 项。制定《关于开展案件听审工作暂行办法》，作出《关于批准部分人大代表为人民法院陪审员的决定》，强化司法监督。至 2002 年，共派出听审团、陪审员 110 余人次，参加 20 多起人民群众普遍关心和在区内有重大影响的案件庭审，增强审判工作的透明度和公正性。对人民群众反映强烈的“执行难”问题，以受理群众申诉控告为切入点，通过听汇报、重点交办、跟踪督办等形式，督促区人民法院加大执行力度，维护人民群众合法权益。

2003 年，以提高监督质量，增强监督实效为重点，专题听取区人民检察院关于公诉、法律监督、侦查监督工作情况的报告，区人民法院关于审判监督、未成年人审判、执行情况的报告，并提出建设性意见。制定《唐山市路南区人大常委会述职评议试行办法》。至 2006 年 4 年间，先后对百名审判、检察人员进行述职评议；旁听和评议法院庭审活动 11 次，评议法官、检察官 23 人次，提出工作建议 50 条。

2010 年，听取区人民检察院关于审判监督、监所检察、侦查监督、预防职务犯罪和加强渎职侵权检察工作等专项工作报告，区人民法院关于行政审判、执行、立案工作情况和《中华人民共和国法官法》《中华人民共和国民事诉讼法》贯彻执行情况报告，针对存在问题提出整改意见。

四、财经工作监督

1990 年，区人大常委会按照宏观把握、微观服务的原则，加强财经工作监督，听取和审议国民经济和社会发展计划、预算执行情况报告和审计工作报告，并提出意见和建议。针对全区经济滑坡、效益下降状况，深入 8 个企业和单位调研，了解企业生产情况，找出问题和解决方法；听取和审议区政府关于工业企业扭亏增盈情况报告，建议区政府及有关部门抓住效益不放松，处理好速度和效益的关系。对外商投资和中国港澳台商投资企业发展中存在问题，提出“在发展外向型经济上，要坚持积极又慎重的原则”建议。

1991—1993 年，围绕经济建设突出问题加强财经工作监督，先后听取审议区政府《关于区直工业企业二期承包工作情况的报告》《关于商业企业九一年承包情况的报告》《关于开展“质量、品种、效益年”活动情况的报告》《关于 1992—1995 年第三产业发展规划的报告》，提出完善企业承包经营机制，加强内部管理，增强政府服务意识的建议。针对国民经济和社会发展计划及财政预算执行、非公有制经济发展、重点项目建设、市场体系建设、国有资产保值增值、规范建筑市场等经济建设中的重大问题，提出意见和建议。针对全区经济运行中存在问题，提出在农村经济建设上，加大农业投入，加强农田基本建设；在企业经营管理上，进一步解放思想、转变观念，加速产品结构调整，强化企业管理；在区、乡、街企业发展中，推行多种形式的产权制度改革，落实资产经营责任制，确保国有资产保值增值；对停产企业，妥善安置下岗职工等建议。区政府对建议和意见高度重视，先后制定措施加以解决，保证全区经济良性发展。

1998 年起，加强国民经济计划、运行及财政预算监督，执行年初审查通过、年中审议监督、年末审查落实的监督制度。其中，审查经济计划，突出调整结构、提高效益和项目建设等方面；审查预算，强调收支平衡，掌握资金投向，保证各项事业发展情况；审查国民经济完成情况，侧重企业调查，听取经济管理部门报告，并提出意见和建议。对预算的年度调整和审计，每年听取报告并作出决议。对常委会围绕经济运行所作决议决定执行情况、经济建设和改革开放中的重要事项及问题等，认真审议，深入调研，专题视察，督促区政府及主管部门改进工作。对农业、企业改制、对外开放、个体私营经济发展、市场建设与管理、城区改造等重点工作实施监督，专题听取区政府关于企业改制及改制后运行情况报告，对未改制企业提出优化工业结构、提高经济运行质量和效益的建议。

2003 年，强化经济运行和财政预算监督，深入经济管理部门和企业，调查经济运行情况和预算执行情况，并就推进重点项目建设、加大产业调整力度、提高经济运行质量、深化企业改革、加强软环境建设等提出改进意见和建议；加强预算管理，深化预算改革，严格依法治税，加大整改力度；要求区政府对同级审计发现问题认真纠正、整改，并将结果及时报区人大常委会。

2005 年，科学规范预算监督机制，将听取同级审计报告和批准区政府上年度决算列入常委会议题，体现对预算监督的完整性和规范性，推动本级财政决算和同级审计法制化、规范化。同时，关注“十五”计划完成情况和“十一五”规划编制工作，提出加快东南部老城区改造，建立大南湖经济圈等长远发展规划的意见和建议。

2007 年始，密切关注“十一五”规划实施进程，客观分析经济发展形势，定期听取和审议区政府年度计划和预算执行情况报告，企业改制工作情况报告，提出加大固定资产投资力度、注重发展循环经济、推进城市建设改造步伐、培植稳固支柱型税源、加强重点领域重点支出管理、推进难点企业改制进程，以及探索科学发展新途径、解决发展瓶颈、推进项目建设、整合传统企业资源、拓展发展空间等意见和建议，引起区政府及有关部门高度重视，促进全区“三突破一同步”（实现经济总量和效益大的突破、实现社会事业发展大的突破、实现城市建设和管理大的突破，实现物质文明、政治文明和精神文明同步协调发展）目标任务、“大南湖，新路南”发展战略和“十一五”规划顺利实施。围绕本级财政工作，提出深化预算改革，加强财源建设，规范预算管理，优化支出结构，强化专项和预算外资金审计，加强预算执行和财政收支监管等意见、建议。

2010 年，听取和审议区政府关于“十一五”规划中期项目调整情况及 2009 年重点项目进展情况、关于“1212”城建工程（“一个完善”，即完善城市基础设施；“两个推进”，即推进精细化管理，推进城市生活等值化进程；“一个落实”，即围绕科学发展观，落实科学发展模式实验示范工作；“两个加强”，即加强干部队伍建设，加强制度建设）建设情况报告，召开承担区内重点项目的人大代表座谈会，提出抓住“三大机遇”、优化产业结构、推进项目建设、扩大经济总量、加快经济发展方式转变、构建城乡一体化发展格局等意见建议，推进全区经济健康发展。

五、社会事业监督

1990 年，听取科技、文化、教育工作汇报，开展调查研究，提出文化市场管理混乱、文化工作亟待加强，科教兴区虽有起色，但在科技促进生产力发展等方面需进一步加强的建议。1993 年，对文化教育、食品卫生、劳动保险、下岗职工再就业等人民群众关注的热点进行监督检查，参与代表 700 多人次；对 42 个基层所站进行行风评议，解决群众反映的热点问题 87 项。1998 年，通过听取和审议政府专题工作报告、执法检查、调查视察、追踪检查等方式，督促区政府解决食品卫生、环境卫生、教育资源综合利用等民生问题。

图 14－2　人大代表深入村居检查文体设施　（区人大办公室）

2003 年，专题听取抗击“非典”、社会保障、科学教育、文化卫生、人口与计划生育等工作报告30余项，围绕下岗职工就业和再就业、健全城乡最低生活保障和社会救助体系、推动教育事业全面发展、繁荣文化市场和发展文化产业、加强社区建设、完善新型农村合作医疗等方面提出切实可行的意见和建议80多条。

2007年，组织专题调研，有计划听取东南部集中供热工程进展、早餐工程建设、群众性文体活动开展情况、社区建设、食品安全监管、教育均衡发展、流动人口计划生育管理等专题报告，提出打造优质“一号工程”（东南部生活小区冬季供暖）、规范早餐市场健康发展、加快群众文体活动发展等符合科学发展意见和建议60条。

2010年，听取区政府关于建立社会救助体系、提高困难群体生活保障、优化教育资源、开展特色教育以及食品卫生、就业再就业、新型农村养老保险、农村合作医疗运转等13项民生专题报告，提出改进意见。强化民生工程日常监督，重要事项列入主任会议重点督办议题。组织区、乡人大代表和常委会委员深入基层实地调研，听取汇报，与群众座谈，了解民情民意，倾听百姓呼声，主动做好群众工作。

六、视察、调查

1990年，结合司法监督，组织人大代表视察6次，收集意见26条；对公交企业亏损、文化市场建设、餐馆及食品摊点卫生等视察和调查47次；围绕迎城运工作，组织市、区两级代表视察4次，各工作委员会组织专题性视察8次，代表小组和代表个人单独持证视察100余次，对发现的问题当场提出改进意见，限期解决。

1993年起，围绕全区经济社会发展重大问题、法律法规贯彻执行情况开展调查和视察，深入电影机械厂、仪表厂、化学厂3个试点单位，调查了解公有资产委托经营取得的成效和存在问题，提出改进措施；对划归的梁家屯乡、女织寨乡经济发展情况和教育状况进行调查，提出切实解决教育费附加不到位和教师缺编等建议；结合司法监督，调查检、法两院经济检察、民事审判、告诉、申诉工作；围绕《中华人民共和国劳动法》《中华人民共和国教育法》《中华人民共和国教师法》《中华人民共和国企业法》贯彻执行情况调查和视察，并向区政府提出切实可行的建议；面临物价上涨，群众呼声强烈，组织代表对区内8个市场、5个粮店的肉、菜、粮、油价格及质量明察暗访，撰写调查报告，为市委、市政府提供基层物价调查信息。至1997年的5年间，共组织市、区人大代表综合性视察8次，各类型视察调查52次，各工作委员会组织专题性视察16次。

图14-3　人大代表到民营企业车间视察（区人大办公室）

1998年，着重对“一府两院”执法责任制，政府政务公开、村务公开落实情况，“严打”整治斗争，司法所建设情况，检、法两院民事行政检察、民事审判工作情况开展调查和视察，促进依法行政。

2003年，围绕执法主体，调查执法责任制和“两错”责任追究制的落实情况、科技重点项目建设、城市管理、就业再就业和社会保障等项工作。2007年，围绕全区项目建设、拆违拆迁、“城镇面貌三年大变样”进展情况、绿化攻坚工作视察3次；围绕食品安全、农产品质量、餐饮业安全问题，专项视察3次。

2010年，针对区政府的“十件实事工程”，组织省、市、区三级人大代表视察评估投资项目，听取区政府书面汇报，提出加大惠民工程投入、实现城乡等值化的建议；结合司法监督，视察检、法两院反贪污贿赂、公诉、刑事审判、民事审判、执行等工作，听取专项汇报，提出针对性建议。

七、信访案件督办

1988年11月，区人大常委会建立举报中心。1990年，信访工作的接待、登记、批转、催办、结案等工作制度不断健全，上访案件依其性质分别处理，即：一般案件，登记后转有关部门处理，直接答复本人；重大案件，转有关部门查处并报结果；疑难案件和群众多次申诉案件，派人查阅案卷或调卷审查后，向有关部门提出意见，督促执法部门依法办理。办案中，坚持走访当事人了解情况、回访当事人征询办理意见两个环节，提高办理质量。至1992年，共接待群众来信来访147件次，均件件有着落，事事有回音。

1998年，建立常委会领导接待来访制度、“分级负责、归口办理”制度、个案听审制度，妥善处理人民群众来信来访。

2003年，制定《唐山市路南区人大常委会信访工作暂行规定》，明确重大信访案件领导批办，主任会议定期听取信访工作汇报，案件办理做到“百分之百登记、百分之百分析归类、百分之百交办、百分之百有答复”（也称“四个百分之百”）等工作制度。1990年至2010年的21年间，共受理申诉控告案件及其他信访1227件，接待来访2061人次，涉及审判、执行、公安、企业改制、选举、补贴发放、征地等方面，均按“四个百分之百”要求办结，批办率为100%。

八、代表建议办理

1990年，收到代表建议、批评和意见220件，其中涉及城市建设及管理67件，工商管理13件，人民生活12件，其他方面27件，需转市有关部门67件。收到10人以上代表联名议案28件，其中属于区人大职权范围的20件，涉及城市建设、居委会建设、工商、教育、计划生育等方面。按照《关于征集议案及建议、批评和意见的规定》，将职权范围内的20件议案转区政府有关部门办理。范围之外的8件议案，分别委托驻区市人大代表向市人大常委会提出，或要求区政府向市有关部门反映并协助办理。1993年，共收到代表建议、批评和意见245件，采取交办问题盯着办、重大问题联合办、热点问题现场办、疑难问题领导办以及普访提意见代表、走访承办单位等措施，全部得到落实。1995年，收到代表建议、批评和意见110件，各承办单位采取调查研究、登门走访、与代表协商座谈等方式，承办落实。

1998年，制定《唐山市路南区人大常委会关于代表建议、批评和意见的提出和办理办法》，规范代表建议办理工作。至2002年的5年间，收到代表建议、批评和意见267件，承办部门在法定时限内全部办结并答复代表。其中，对青龙河、荷花坑黑水沟治理及农村电网改造等问题的解决，取得显著社会效益。

2003年始，采取听取阶段性汇报、主任会议督办、参与现场办理、全程跟踪督办等措施，加大督办力度，提高办理质量。至2010年的8年间，共收到代表建议、批评和意见372件。通过区政府及各承办部门努力，“对渤海早市进行综合整治”“侯边庄危桥改造”“改造东南部居民生活小区基础设施”“提高‘241’（2002年12月31日之前列入街道办事处正式编制的原集体企业人员，共计241人）人员工资待遇问题”“关于加快城市建设改造，努力使小山区域项目得以实施”“关于加快西外环线公路设施配套问题”“关于解决失地农民的养老问题”“东南部居民冬季供暖”“加快路南区东南部工业园区基础设施建设”“加快路南平改力度，尽快改善居民住房条件”“关于49#小区部分道路雨水和污水排放问题”“关于增加社区工作人员数量和提高其工资待遇”“关于解决路南区企业退休人员医保问题”等一批重点建议得以圆满解决，社会反响良好。其间，充分发挥驻区的市人大代表作用，通过驻区的市人大代表向市人代会提出议案和建议，“加快唐山市东南部老城区改造步伐”“东部三个办事处境内的路灯问题”“刘庄煤矿塌陷问题”等多个建议得到圆满办理，其中“尽快解决东南部小区居民冬季供暖问题”建议被市人大常委会主任会议列为重点督办件，并引起市委、市政府高度重视，被市政府列为“一号工程”，得到彻底解决。

九、人事任免

20世纪80年代，区人大常委会制定《唐山市路南区人大常委会关于任免国家工作人员的暂行办法》（以下简称《暂行办法》），明确规定：坚持任人为贤的干部路线和德才兼备的干部标准，干部任免严格考核，严格履行法律程序。1990年，完善任免程序和制度，修订《暂行办法》，坚持“五不任”（“一府两院”不提请不任；没有经过法律考试的、考试不合格的不任；没有经过考核的不任；群众不拥护的不任；没有述职报告的不任）制度，依法行使任免权。

1994年，出台《唐山市路南区人大常委会主任会议关于对决定任命的政府组成人员提交年度工作目标责任书和年度述职报告的意见》，要求被任命干部每年初报告上年度岗位目标完成、执法责任制落实及廉政建设等情况。至2002年的9年间，共任免“一府两院”和区人大常委会机关工作人员455名；对21名政府工作人员颁发任命书，有5名被任命干部表态发言。

2003年，出台《唐山市路南区人大常委会人事任免办法》《唐山市路南区人大常委会述职评议试行办法》，规定任命干部均须履行问卷调查、民主测评、听取和审议履职报告、人大代表参与评议、投票表决等程序。是年，对被任命的区民政局、审计局、农经局、监察局、文体局、财政局、发改局、司法局、科技局等主要负责人，检、法两院的检察、审判人员共计17名干部，进行了述职评议。

2010年，坚持和完善被任命人员年终工作报告制度，要求被任命人向区人大常委会书面报告执行国家法律法规、依法行政和公正司法、以及落实人大及其常委会决议决定等履职情况。当年任免干部68人。

十、指导乡街人大工作

1992年11月，开平区的梁家屯乡、女织寨乡划归路南区管辖，区人大常委会开始履行指导乡人大工作职能。1993年年初，作出《关于区划变更补选乡人大代表和召开人民代表大会等有关问题的决议》，部署补选乡人大代表及召开乡人大代表大会事宜。

1996年6月，梁家屯乡并入女织寨乡。翌年1月，对女织寨乡人大换届选举工作给予指导。是年10月，撤销6个街道人大工作室，保留6名人大联络员。

1998年起，制定和完善乡、街人大工作制度，加强对乡街人大工作的指导。坚持每年对乡、街人大工作人员培训一次，内容涉及法律、法规及乡街人大工作性质、地位、作用、人大代表工作等；组织乡、街人大工作人员赴外地学习考察、订阅《人民代表报》《中国人大》等报刊资料；印发《区人大常委会文件》《区人大信息》。在人大换届选举时段，区人大常委会对选举指导思想、时间安排、代表构成、组织领导等提出要求，并深入乡街指导；将乡街换届选举各阶段实施意见、工作日程、报表及选举办法、选票、公告等59种文书式样辑印成册下发至各乡街。

2006年，乡街代表联系组建立“三卡一档”（人大工作登记卡、代表活动登记卡、社情民意卡、人大代表工作档案），辑印《唐山市路南区人大代表履职常用知识手册》。2009年，探索区、乡街代表联动机制，坚持每月定期上站制度，组织乡街人大代表学习交流，开展视察检查活动。至2010年，完善区、乡街代表联动机制，创新乡街人大上站制度，丰富基层人大工作交流内容，提高基层人大工作水平。

十一、代表工作

1990年，区人大常委会修订《唐山市路南区人大常委会关于人民代表工作的暂行办法》，出台《关于开展评选先进代表联系组、先进小组和优秀代表活动的意见》，建立五联系（常委会成员带头联系、机关同志分口联系、轮流值日接待联系、列席常委会会议重点联系、赠送资料普遍联系）制度，加强与代表的联系。通过为代表订阅《人民日报》，分期提供《代表工作讲义》，赠送《怎样当好人民代表》

《代表经验材料汇编》等学习材料，帮助代表拓宽视野，开阔思路，提高议政水平。以街道办事处为单位，建立代表联系组，召开现场交流会，相互学习经验。学院南路街道办事处代表联系组的“制度上墙”“代表之家”等做法受到市人大领导关注和好评。

1998年起，制定和完善代表学习制度、培训制度、联系制度，并通过座谈会、经验交流会，以会代训，指导代表提高依法履职能力和水平。加强与代表的联系，建立常委会主任联系代表、代表走访选民、选民评议代表、代表视察评议制度。及时向代表通报区委重大决策、区人大常委会和“一府两院”工作开展情况。邀请代表列席区人大常委会会议，参与调查视察、执法检查和评议活动。每年有计划组织人大代表（包括驻区的省、市人大代表）围绕经济建设、城市管理、社会治安以及群众反映的热点问题，开展视察检查活动，有针对性地提出改进“一府两院”工作建议。加强对代表联系组的指导，制发《关于组织人大代表开展“议政日”活动的实施意见》，发挥代表联系组作用，规范代表活动。

2003年，围绕全区中心工作，有计划、有针对性地组织代表参加法制讲座、述职评议、案件听审、行风评议等各项活动，为代表履职提供广阔空间。坚持开展半年集中走访代表活动，全面了解代表履职情况，广泛征求代表对人大常委会和“一府两院”的工作建议，不断改进区人大常委会自身工作，并及时将代表建议转交给“一府两院”，增强代表履职积极性。尝试并开展部分基层人大代表向原选区选民进行述职并接受选民评议和代表到原选区走访选民活动，密切人大代表与原选区选民的联系，激发代表依法履职的使命感和责任感。

2007年，对全体代表提出“四个带头”（人大常委会各位主任及副主任、人大常委会机关、人大常委会组成人员、党员和人大代表要带头学习宣传贯彻党的十七大精神）、“五个结合”（学习党的十七大精神与人大工作实际相结合、与推动发展基层民主政治建设相结合、与转变人大机关工作作风相结合、与学习宣传法律法规相结合、与谋划明年工作相结合），提高代表对中共“十七大”精神实质、“科学发展观”内涵的认识和理解。组织人大代表围绕“三年再造一个新路南”“城镇面貌三年大变样”战略目标，开展调研和视察活动，调动代表依法监督的主动性和实效性。出台《关于区十四届人大代表开展“三个一”活动的意见》，把开展“三个一”（代表每年走访一次本选区选民，向选民述职，征求选民意见，当好选民代言人；代表每年就本选区内经济和社会发展、群众关注的热点问题搞一次调研，形成书面调查报告，提出合理化建议；代表每年为选民办一件实事）活动作为激活闭会期间代表活动的引擎，制定方案，完善机制，要求每位代表深入选区召开一次座谈会、提交一份有分量的建议、为选区群众办一件实事。活动中，学院南路人大工作室组织代表，针对辖区内人防工程存在重大安全隐患问题进行专题调研，以10人联名方式提出“修缮地下人防工程，关停人防工程的商业出租”的建议，引起区政府高度重视，及时进行整顿，消除安全隐患。

2010年，开展代表回原选区述职以及走访选民活动，落实“双卡”（履职登记卡、活动登记卡）制度，促进代表履职规范化、制度化。

十二、自身建设

1990年，针对换届后委员新的特点，组织常委会成员学习贯彻中共十三届六中全会精神，以及《中华人民共和国宪法》《中华人民共和国地方各级人民代表大会和地方各级人民政府组织法》等法律法规，提高委员依法履职观念。将每两个月召开1次的主任会议改为每两周召开1次。在对上届人大常委会制定的规章制度修改、补充和完善的同时，建立调查研究、定期向主任会议汇报工作和填写《人大常委会例会意见书》《办理情况反馈书》等制度，使人大常委会工作趋于制度化、规范化。

1993年，组织委员学习社会主义市场经济理论及相关法律法规。组织开展“两大一争”（大兴调研之风，大练调查研究基本功，争取人大工作主动权）活动，倡导人大常委会组成人员想（想大事）、议（议大事）、抓（抓大事）、献（献计策）、立（立足宏观决策）、着（着眼微观服务），有针对性地围绕中心、突出重点、调查研究，并取得显著效果。至1997年，共撰写触及各个领域调查报告118篇，为常委会审议和区委决策提供可供借鉴的依据。当年，修订《唐山市路南区人民代表大会常委会工作规范化办法》《开展议政日活动》等规定，建立常委会领导接待来信来访、常委会主任联系代表、代表走访选民、选民评议代表、代表视察评议、人事任免、对被任命干部述职评议等项制度，推动常委会和代表工作有序运行。

图 14－4　人大代表到警示教育基地参观学习
（区人大办公室）

2000 年，组织开展“三讲”（讲学习、讲政治、讲正气）教育。人大常委会按照“三讲”教育活动要求，认真学习，查摆问题，剖析自己，征求意见，开展批评与自我批评，制定整改措施，搞好“回头看”，促进了人大常委会组成人员整体素质提高。

2005 年，深入开展以实践“三个代表”重要思想为主要内容的保持共产党员先进性教育活动。结合开展效能建设、评议机关作风，进一步加强内部管理，严明工作纪律，为提高工作效率和质量提供制度保证。

2007 年，围绕强素质、增团结、促发展工作思路，积极参与学习中共十七大精神、全区解放思想大讨论和献计献策等活动。深入系统地学习《中华人民共和国全国人民代表大会和地方各级人民代表大会代表法》《中华人民共和国地方各级人民代表大会和地方各级人民政府组织法》《中华人民共和国各级人民代表大会常务委员会监督法》，从妥善处理好委员职务与本职工作关系、切实增强做好人大常委会工作的责任感和使命感、提高常委会组成人员的履职能力和水平、加强与人大代表和人民群众的密切联系等方面，提出明确要求。依据《中华人民共和国各级人民代表大会常务委员会监督法》《中华人民共和国地方各级人民代表大会和地方各级人民政府组织法》，制定下发《唐山市路南区人大常委会组成人员守则（试行）》，完善《唐山市路南区人大常委会议事规则》《唐山市路南区人大常委会主任会议议事规则》等 6 项工作制度，提升各项工作制度化、规范化水平。依据区委统一部署，组织开展科学发展观学习教育活动，着力解决思想观念、发展思路、工作作风等方面存在问题，增强人大工作科学发展的主动性和前瞻性。按照建设科学发展示范区和加强机关效能建设要求，紧密联系实际，加强纪律作风建设，形成职责明确、分工负责、规范有序、务实高效的运行机制，常委会调研水平和常委会、主任会议质量不断提高。

2009 年，以“干部作风建设年”活动为契机，制定《唐山市路南区人大常委会“干部作风建设年”活动实施方案》，明确规定重点工作一天完成，常规工作三天完成；坚持“一岗双责”，狠抓党风廉政建设；开展建设科学发展示范机关活动，严格机关纪律，切实提高机关干部执行能力。

2010 年，围绕创建学习型、效能型机关，加强机关作风建设，开展“创先争优”活动，完善工作制度，贯彻《廉政准则》，努力打造为民、务实、清廉的工作氛围。

第十五编　人民政府

1990年2月27日至3月4日，唐山市路南区第十届人民代表大会第一次会议，选举产生唐山市路南区第十届人民政府区长、副区长，并于两个月内由本级人民代表大会常务委员会任命人民政府领导人提请的局长、委员会主任、科长。组成新一届人民政府，既是唐山市路南区第十届人民代表大会的执行机关，也是地方国家行政机关。至2010年，唐山市路南区共召开第十届至十四届共5届人民代表大会，历届人民代表大会第一次会议均选举产生本届人民政府区长、副区长，依据法律规定组成本届人民政府。唐山市路南区第十届至十四届人民政府认真履行《中华人民共和国地方各级人民代表大会和地方各级人民政府组织法》赋予的职责，不断加强政府机关的自身建设，自觉接受监督，坚持科学决策和依法行政，全面实施三产兴区、工业强区、开放兴区、科教兴区、农业产业化经营、城建拉动、开发大南湖建设新路南、文化创意产业等决策，落实人口调控、土地保护、环境保护三项基本国策，建立健全基本养老保险、失业保险、医疗保险、工伤保险、女职工生育保险、最低生活保障等社会保障制度，努力构筑全方位、多层次的社会保障体系，实现全区经济跨越式发展和社会事业的统筹发展。

第一章　区政府组成

1990年2月27日至3月4日，唐山市路南区第十届人民代表大会第一次会议，选举产生唐山市路南区第十届人民政府区长、副区长。至2010年，唐山市路南区共召开第十届至十四届共5届人民代表大会，历届人民代表大会第一次会议均选举产生新一届人民政府区长、副区长，组成新一届人民政府。

第一节　区政府领导人员组成

一、第十届人民政府领导人员组成

1990年3月，唐山市路南区第十届人民代表大会第一次会议选举产生唐山市路南区第十届人民政府区长1名、副区长5名。到1993年2月，有区长1名，副区长7名。

二、第十一届人民政府领导人员组成

1993年2月，唐山市路南区第十一届人民代表大会第一次会议选举产生唐山市路南区第十一届人民政府区长1名、副区长5名。1995年2月，调整副区长3名。1997年1月，区长徐景田因工作需要调任，任命代理区长1名；2月，补选代理区长为区长。至1998年2月，有区长1名、副区长5名。

三、第十二届人民政府领导人员组成

1998年2月，唐山市路南区第十二届人民代表大会第一次会议选举产生唐山市路南区第十二届人民

政府区长1名、副区长5名。2000年1月后，调整区长3名、副区长2名。到2003年4月，有区长1名、副区长6名。

四、第十三届人民政府领导人员组成

2003年4月，唐山市路南区第十三届人民代表大会第一次会议选举产生唐山市路南区第十四届人民政府区长1名、副区长5名。

五、第十四届人民政府领导人员组成

2007年7月，唐山市路南区第十四届人民代表大会第一次会议选举产生唐山市路南区第十四届人民政府区长1名、副区长6名。2010年4月，区长张国栋因工作需要调任，由常务副区长主持区政府工作。至12月，有副区长5名。

唐山市路南区第十至十四届人民政府区长副区长名表

表15－1

届别	职务	姓名	籍贯	任职时间
第十届（1990.3—1993.2）	区　长	祝允林	山东省郓城县	1990.3—1992.3
	代区长	徐景田	河北省唐山市	1992.3—1992.4
	区　长	徐景田	河北省唐山市	1992.4—1993.2
	副区长	赵楚坡	唐山市丰润区	1990.3—1992.3
	副区长	孟祥荣	河北省唐山市	1990.3—1993.2
	副区长	王桂盛	河北省滦南县	1990.3—1993.2
	副区长	杨秀英（女）	山东省曲阜市	1990.3—1993.2
	副区长	宋树祥	河北省威县	1990.3—1993.2
	副区长	高家祥	唐山市路北区	1992.3—1993.2
	副区长	赵丽梅（女）	河北省唐山市	1992.12—1993.2
	副区长	鲍中和	河北省献县	1992.12—1993.2
第十一届（1993.2—1998.2）	区　长	徐景田	河北省唐山市	1993.2—1997.1
	代区长	郑立波	唐山市丰润区	1997.1—1997.2
	区　长	郑立波	唐山市丰润区	1997.2—1998.2
	副区长	孟祥荣	河北省唐山市	1993.2—1995.2
	副区长	王桂盛	河北省滦南县	1993.2—1995.2
	副区长	赵丽梅（女）	河北省唐山市	1993.2—1998.2
	副区长	高家祥	唐山市路北区	1993.2—1995.2
	副区长	鲍中和	河北省献县	1993.2—1998.2
	副区长	毕晓明	唐山市丰南区	1995.2—1998.2
	副区长	魏文成	河北省唐山市	1995.2—1998.2
	副区长	刘广洙	河北省唐山市	1995.2—1998.2

唐山市路南区第十至十四届人民政府区长副区长名表

续表 15－1

届别	职务	姓名	籍贯	任职时间
第十二届（1998.2—2003.4）	区　长	郑立波	唐山市丰润区	1998.2—2000.1
	代区长	崔长征	河北省三河市	2000.1—2000.2
	区　长	崔长征	河北省三河市	2000.2—2001.12
	代区长	郭彦洪（女）	北京市	2001.12—2002.3
	区　长	郭彦洪（女）	北京市	2002.3—2003.4
	代区长	曹全民	河北省唐山市	2003.4—2003.4
	副区长	周庆钧	河北省玉田县	1998.2—2002.2
	副区长	魏文成	河北省唐山市	1998.2—2003.4
	副区长	刘广洙	河北省唐山市	1998.2—2003.4
	副区长	张一民	河北省滦南县	1998.2—2003.4
	副区长	王丽芝（女）	河北省唐山市	1998.2—2003.4
	副区长	刘国忠	河北省遵化市	2001.3—2003.4
	副区长	侯永坤（女）	河北省枣强县	2001.7—2003.4
第十三届（2003.4—2007.7）	区　长	曹全民	河北省唐山市	2003.4—2007.5
	代区长	张国栋	河北省滦县	2007.5—2007.7
	副区长	王　力	山东省泰安市	2003.4—2007.7
	副区长	刘长锁	河北省唐山市	2003.4—2007.7
	副区长	刘国忠	河北省遵化市	2003.4—2007.7
	副区长	张进霜（女）	河北省唐山市	2003.4—2007.7
	副区长	侯汝彦	河北省唐山市	2003.4—2007.7
第十四届（2007.7—2010.12）	区　长	张国栋	河北省滦县	2007.7—2010.4
	副区长	潘树文	河北省卢龙县	2007.7—2009.10
	副区长	王东群	河北省滦县	2007.7—2010.2
	副区长	孙辉福	河北省廊坊市	2007.7—2010.4
	副区长	刘　军	河北省唐山市	2007.7—2010.12
	副区长	杨丽娟（女）	河北省沧州市	2007.7—2009.10
	副区长	张迪（挂职）	辽宁省沈阳市	2009.6—2010.10
	副区长	张进霜（女）	河北省唐山市	2009.10—2010.12
	副区长	于志辉	河北省唐山市	2009.10—2010.12
	副区长	罗会芹（女，挂职）	河北省滦南县	2010.2—2010.10
	副区长	张文明	河北省唐山市	2010.4—2010.12
	副区长	谢雪生（挂职）	河北省遵化市	2010.4—2010.12

第二节　区政府工作机构

一、常设工作机构

1990 年，唐山市路南区人民政府（以下简称“区政府”）下设局、委、办、科等常设工作机构 30 个，即：办公室、公安分局、司法局、计划经济委员会、劳动人事局、工商局、商业局、民政局、财政局、审计局、文教局、卫生局、城市建设环境保护局、物价局、统计局、交通局、物资局、监察局、土地管理局、房产管理局、科学技术委员会、体育运动委员会、计划生育委员会、对外经济贸易委员会、人民防空办公室、爱国卫生运动委员会办公室、编制办公室、档案科、目标管理岗位责任制办公室、经济体制改革办公室。1992 年 4 月，撤销经济体制改革办公室，成立综合改革办公室。5 月，成立国有资产管理局。是年，区政府共设 31 个常设工作机构。

1993 年 4 月，区政府进行机构改革，根据路南发［1993］8 号文件，档案科、目标管理岗位责任制办公室并入政府办公室；撤销城市建设环境保护局，组建建设委员会，成立环境保护局（环境保护局、土地管理局并入建委，均为二级局）；撤销文教局，成立教育局、文化局（文化局为二级局，设在宣传部，日常工作由宣传部管理）；物价局并入工商局；爱国卫生运动委员会办公室并入卫生局；编制委员会办公室靠挂劳动人事局；撤销统计局、计划经济委员会、商业局、国有资产管理局，组建计划统计委员会、工业生产办公室、第三产业办公室、公有资产管理局；监察局与纪律检查委员会合署办公；人民防空办公室并入人民武装部；计划生育委员会更名为计划生育局；房产管理局改为事业编制。区委与区政府合设领导的部门 3 个，分别是：农业农村工作办公室、综合改革办公室、信访办公室。改革前政府共设 31 个工作部门，改革后共设 22 个部门，政府行政部门减少三分之一，人员编制控制数比原实有人数减少 39.7%。同年 6 月，成立技术监督局，靠挂计划统计委员会。

1994 年 1 月，撤销工业生产办公室、第三产业办公室，成立经济贸易委员会；6 月，区工商行政管理局行政业务归唐山市工商局领导，并更名为唐山市工商行政管理局路南区分局；9 月，公有资产管理局更名为国有资产管理局。

1995 年 3 月，建立街道企业办公室；4 月，区土地管理局归属市局为唐山市土地管理局路南区分局；5 月，区环境保护局归市局为唐山市环境保护局路南区分局；7 月，撤销目标管理岗位责任制考核办公室，成立干部考核委员会办公室（靠挂区委组织部）。

1996 年 4 月，区人民武装部归属军队建制，为中国人民解放军唐山市路南区人民武装部，区人民防空办公室靠挂其中。

1996 年 6 月，区政府进行机构改革，根据路南发［1996］11 号文件，撤销农村经济办公室，成立农业委员会，与农村工作委员会合署办公，一个机构，两块牌子；撤销计划统计委员会，分别成立计划与经济贸易委员会和统计局；组建教育文化体育局（原三个部门仍独立办公）；撤销建设委员会，成立城乡建设管理局；撤销综合改革办公室，成立经济体制改革办公室；人民防空办公室由人民武装部代管。改革后政府部门比原来减少 6 个，精简机构 21%，人员编制数比原实有人数减少 34.56%。至 1998 年 3 月，区政府常设工作部门有 27 个，即：办公室、街道企业办公室、经济体制改革办公室、外事侨务工作办公室、爱国卫生运动委员会办公室、公安分局、司法局、计划与经济贸易委员会、质量技术监督局、劳动人事局、机构编制委员会办公室、民政局、财政局、国有资产管理局、审计局、教育局、文化局、体育运动委员会、文化局、卫生局、城乡建设管理局、统计局、计划生育局、对外经济贸易合作局、监察局、科学技术委员会、人民防空办公室。

1999 年 12 月，质量技术监督局归属唐山市质量技术监督局，为双重领导部门。

2000年7月成立政府督查室，设在区政府办公室；撤销街道企业办公室；8月，组建路南区文化体育局。

2002年4月，区政府进行机构改革，保留办公室、财政局、审计局、卫生局、文化体育局、统计局、计划生育局、教育局、城乡建设管理局、对外贸易经济合作局、公安分局、司法局、民政局、监察局（与纪律检查委员会合署办公）。撤销计划与经济贸易委员会，组建发展计划局、经济贸易局。撤销农业委员会，组建农村经济局，与区委农村工作委员会合署办公，一个机构两块牌子。成立环境建设办公室。科学技术委员会更名为科学技术局。劳动人事局更名为人事劳动和社会保障局。机构编制委员会办公室是区机构编制委员会的常设办事机构，既是区委的工作机构，也是政府的工作机构，为议事协调机构的办事机构。事业单位登记管理局与编委办公室合署办公。人民防空办公室为国防动员委员会的常设机构，也是区政府人民防空的主管部门，为议事协调机构的办事机构。督查室、外事侨务办公室、法制办公室、经济体制改革办公室设在政府办公室；爱国卫生运动委员会办公室设在政府办公室，对外保留名称。民族宗教办公室设在民政局，对外保留名称。国有资产管理局改为国有资产委员会办公室，设在财政局。撤销工业（局）总公司、民营经济发展管理局，其行政职能并入经济贸易局、市场建设服务中心。到2003年4月。区政府常设工作部门18个（不含合署办公机构），分别是：办公室、财政局、科学技术局、审计局、卫生局、文化体育局、统计局、计划生育局、教育局、城乡建设管理局、经济贸易局、发展计划局、公安分局、司法局、经济贸易局、民政局、人事劳动和社会保障局、环境建设办公室；合署办公机构两个，监察局（与区纪律检查委员会合署办公）、农村经济局（与区委农村工作委员会合署办公）；另设议事协调机构的办事机构2个，分别是：编制办公室、人民防空委员会办公室；区政府办公室内设机构5个，分别是：督查室、外事侨务办公室、法制办办公室、经济体制改革办公室、爱国卫生运动委员会办公室。

2003年8月，爱国卫生运动委员会办公室由政府办公室分离出来，成立环境建设办公室（爱国卫生运动委员会办公室），与环境建设办公室合署办公，一个机构两块牌子。

2005年12月，根据市委、市政府关于印发《路南区人民政府机构改革方案的通知》，区政府进行机构改革，保留办公室、财政局、科学技术局、审计局、卫生局、文化体育局、统计局、教育局、城乡建设管理局、公安分局、司法局、民政局、人事劳动和社会保障局、监察局（与区纪律检查委员会合署办公）、农村经济局（与区委农村工作委员会合署办公）；撤销经济体制改革办公室和区发展计划局，组建发展改革局；撤销经济贸易局，组建工业经济促进局；撤销对外贸易经济合作局，组建商务局；将安全生产监督管理局纳入政府工作部门；计划生育局更名为人口和计划生育局；撤销设在财政局的国有资产委员会办公室，其职能由财政局承担；将环境建设办公室由政府工作部门调整为直属事业机构，更名为城市管理综合执法大队，与爱国卫生运动委员会办公室合署办公。到2006年7月，区政府常设工作部门共18个（不含合署办公机构），分别是：办公室、财政局、科学技术局、审计局、卫生局、文化体育局、统计局、教育局、城乡建设管理局、公安分局、司法局、发展改革局、工业经济促进局、商务局、安全生产监督管理局、人口和计划生育局、民政局、人事劳动和社会保障局；合署办公机构2个，分别是：监察局（与区纪律检查委员会合署办公）、农村经济局（与区委农村工作委员会合署办公）；另设议事协调机构的办事机构2个，分别是：编制办公室、人民防空委员会办公室。

2009年2月，根据市委办公厅、市政府办公厅关于印发《理顺城市公安分局管理体制工作实施方案的通知》，区公安分局整建制上划唐山市公安局管理。

2010年4月，根据市委办公厅、市政府办公厅关于印发《路南区人民政府机构改革方案的通知》，区政府进行第五次机构改革，撤销工业经济促进局，组建工业和信息化局，将发展改革局的工业行业管理、信息化管理职责与工业经济促进局的职责整合划入工业和信息化局；将发展改革局承担的经济合作管理职责划入商务局（挂招商局牌子）；将爱国卫生委员会办公室职责划入卫生局（挂爱国卫生运动委员会办公室牌子）；将物价局并入发展改革局（挂物价局牌子）；交通局更名为交通运输局；城乡建设管理局更名为住房和城乡建设局；人事劳动和社会保障局更名为人力资源和社会保障局；人民防空办公室由议事协调机构的办事机构改为区政府工作部门；机构编制委员会办公室单独设置，列区委机构序列，既是区委的工作机构，又是区政府的工作机构。机构改革后，区政府设工作部门18个，分别是：办公室、财政局（国有资产管理办公室）、发展改革局（物价局）、工业和信息化局、人口和计划生育局、教育局、住房和城乡建设局、民政局（民族宗教事务局）、人民防空办公室、人力资源和社会保障局、审计局、司法局、统计局、卫生局（爱国卫生委员会办公室）、文化体育局、安全生产监督管理局、科学技术局（地震办公室）、商务局（招商局）；合署办公机构2个，分别是：监察局（与区纪律检查委员会合署办公）、农村经济局（与区委农村工作委员会合署办公）；改革后无议事协调机构的办事机构。

二、直属事业机构

1990年1月，区政府有直属事业单位1个：地名地方志办公室，4月，更名为地方志办公室。1992年9月，成立机关事务管理局。

1993年4月，根据路南发［1993］8号文件，房产管理局为事业局；采煤搬迁办公室由临时机构转为行政事业机构，并入建设委员会。

1996年6月，依据路南发［1996］11号文件，物价局（与物价检查所一个机构、两块牌子）、交通局为正科级事业单位；撤销房产开发公司，成立房产开发经营总公司，与房产管理局一个单位，两块牌子，为区政府直属正科级事业单位；机关事务管理局挂区直机关后勤服务中心牌子，为事业单位；地方志办公室、非公有制经济办公室为事业单位，由政府办公室管理；建立社会保险局和劳动就业服务局，为自收自支事业单位，由劳动人事局管理；采煤搬迁办公室并入建委，是年7月改自收自支事业单位。

2000年7月，根据区编字［2000］10号文件精神，撤销非公有制经济管理办公室，组建民营经济发展管理局。

2001年7月，根据区编字［2001］8号文件精神，建立路南区市场管理委员会。

2002年4月，机构改革，撤销民营经济发展管理局；撤销市场管理委员会，建立市场建设服务中心；档案局（馆）由区委系列改为政府系列；采煤搬迁办公室、地方志办公室为部门所属事业单位。

2005年12月，根据路南发［2005］12号文件，房产管理局退出直属事业单位序列，其行政职能交由房产管理中心承担；环境建设办公室更名为城市管理综合执法大队，爱国卫生运动委员会办公室与城市管理综合执法大队合署办公，由政府工作部门调整为直属事业机构。

2008年8月，市场建设服务中心更名为市场管理办公室。

2009年3月，城市管理综合执法大队（爱卫办）更名为唐山市城市管理行政执法局第六大队（爱卫办）。9月，采煤搬迁办公室更名为支持重点建设办公室（简称“支重办”）。

2010年3月，唐山市城市管理行政执法局第六大队（爱卫办）更名为唐山市城市管理局路南执法大队。9月，市场管理办公室更名为市场建设管理办公室。12月，物价局并入发展改革局。是年，区直属事业单位有5个，分别是：机关事务管理局（区直机关后勤服务中心）、交通局、市场建设管理办公室、档案局（馆）、唐山市城市管理局路南执法大队（爱卫办）。部门所属事业单位2个：支持重点建设办公室、地方志办公室。

三、双重领导机构

1990年1月，区政府有双重领导部门1个：税务局。1994年5月，根据市编委文件，区工商局行政业务收归唐山市工商行政管理局领导，改称唐山市工商行政管理局路南区分局。

1994年9月，根据国务院国办发［1993］87号文件和省税务局冀人发［1994］46号文件，撤销区税务局，分别建立区国家税务局和区地方税务局。

1995年4月，根据市编委文件，区土地局行政归属唐山市土地管理局领导，更名为唐山市土地管理局路南区分局。5月，根据唐机编字［1995］67号文件，区环境保护局行政归属唐山市环境保护局领导，更名为唐山市环境保护局路南区分局。到1998年，路南区有双重领导部门6个。分别是：路南区国家税务局、路南区地方税务局、唐山市工商行政管理局路南区分局、唐山市土地管理局路南区分局、唐山市环境保护局路南区分局、唐山市规划管理局路南规划分局。

1999年12月，根据省政府办公厅关于《河北省人民政府批转省技术监督局质量技术监督管理体制改革方案的通知》精神，区质量技术监督局归属唐山市质量技术监督局，垂直领导。

2000年5月，根据区编字［1999］21号文件精神，成立路南区药品监督管理局。

2002年3月，根据唐国土资［2002］17号文件精神，唐山市土地管理局路南区分局更名为唐山市国土资源局路南区分局。到2003年4月，区政府有双重领导部门8个，分别是：路南区国家税务局、路南区地方税务局、唐山市工商行政管理局路南区分局、唐山市国土资源局路南区分局、唐山市环境保护局路南区分局、唐山市规划管理局路南规划分局、唐山市质量技术监督局路南区分局、唐山市路南区药品监督管理局。

2005年12月，根据路南发［2005］12号文件精神，撤销唐山市路南区药品监督管理局。到2006年7月，路南区共有双重领导部门7个。

2007年11月，唐山市工商行政管理局路南区分局更名为唐山市路南区工商行政管理局。2009年2月，根据市委办公厅、市政府办公厅关于印发《理顺城市公安分局管理体制工作实施方案的通知》，区公安分局整建制上划唐山市公安局管理。

2010年12月，区政府有双重领导部门8个，分别是：唐山市环境保护局路南区分局、唐山市城乡规划局路南区分局、唐山市国土资源局路南区分局、唐山市质量技术监督局路南区分局、唐山市路南区工商行政管理局、唐山市路南区国家税务局、唐山市路南区地方税务局、唐山市公安局路南区分局。

第二章　区政府重要会议

1990年起，区政府依据《中华人民共和国地方各级人民代表大会和地方各级人民政府组织法》，设立政府全体会议和常务会议，根据工作需要设置区长办公会议。2009年，增设专题会议。至2010年，区政府共召开全体会议22次、常务会议225次、区长办公会议333次、专题会议51次。

第一节　区政府全体会议与常务会议

一、区政府全体会议

1990年，区政府延续以往的会议制度，由区长或区长委托负责常务工作的副区长召集和主持，由区长、副区长、区政府各部门行政正职组成，其他与会人员根据会议的内容需要确定，一般每半年召开一次。会议的主要任务是：传达贯彻中共中央、国务院，省委、省政府，市委、市政府和区委的重要指示、重大决策、决定，以及区人民代表大会及其常务委员会的决议；讨论决定和部署区政府的重要工作；通报工作情况，协调各部门的工作；讨论重要行政措施和区政府工作中的重大事项；讨论其他需要区政府全体会议讨论的事项。到2010年，区政府共召开政府全体（扩大）会议22次。

二、区政府常务会议

1990 年，区政府常务会议由区长或区长委托负责常务工作的副区长召集和主持，由区长、副区长组成，其他与会人员根据会议需要确定，并邀请区人大、区政协有关领导列席，一般每月召开一次，如有需要可临时召开。会议的主要任务是：传达贯彻中共中央、国务院，省委、省政府，市委、市政府和区委的重要决策和部署，并结合实际，对全区工作进行研究部署；讨论决定区政府工作中的重要事项；讨论通过向区人民代表大会及其常务委员会的工作报告和提请审议的议案；讨论通过由区政府制定发布的行政措施和重要决定；听取副区长和区政府部门的重要工作情况汇报；讨论决定区政府各部门和各乡、街道办事处请示区政府的重要事项；研究讨论机构设置、调整和人事安排、奖惩等事项；通报和讨论区政府其他事项。至 2010 年，区政府共召开区政府常务会议 225 次，议定具体事项 448 件。其中：涉及传达贯彻中共中央、国务院、省委、省政府、市委、市政府和区委的重要决策部署，并结合实际对全区工作进行研究部署的 15 件，占 3.35%；涉及讨论决定区政府工作中的重要事项的 119 件，占 26.56%；涉及讨论通过向区人民代表大会及其常务委员会的工作报告和提请审议议案的 19 件，占 4.24%；涉及讨论通过由区政府制定发布行政措施和重要决定的 90 件，占 20.09%；涉及听取副区长和区政府部门的重要工作情况汇报，讨论决定区政府各部门和各乡人民政府、街道办事处报请区政府的重要事项 184 件，占 41.07%；涉及研究讨论机构设置、调整和人事安排、奖惩事项 21 件，占 4.69%。

第二节　区长办公会议与专题会议

一、区长办公会议

1990 年，区政府延续以往的会议制度，区长办公会议由区长或区长委托两名以上副区长召集，区政府有关部门和有关方面负责人参加，研究、处理区政府日常工作中的重要问题，根据需要不定期召开。到 2010 年，区政府共召开区长办公会议 333 次，议定具体事项 567 件。其中：涉及农村经济 3 件，占 0.53%；涉及工业经济 51 件，占 8.99%；涉及三产服务业 38 件，占 6.7%；涉及改革 56 件，占 9.88%；涉及对外开放 3 件，占 0.53%；涉及征收搬迁和城市建设 223 件，占 39.33%；涉及城市管理 25 件，占 4.41%；涉及社会事业 69 件，占 12.17%；涉及财政税收 46 件，占 8.11%；涉及安全稳定 23 件，占 4.06%；涉及土地 13 件，占 2.29%；涉及规划 8 件，占 1.41%；其他 9 件，占 1.59%。

二、区政府专题会议

2009 年起，根据工作需要，区政府建立专题会议制度，由副区长受区长委托或按分工召开，研究、协调和处理区政府工作中分工范围内的专门事项，不定期召开，参会范围根据会议内容确定。到 2010 年，区政府共召开专题会议 51 次，议定具体事项 51 件。其中：涉及工业及改革的 3 件，占 5.9%；涉及农业的 1 件，占 1.9%；涉及城建房改的 38 件，占 74.5%；涉及科教文卫的 4 件，占 7.9%；其他事项 5 件，占 9.8%。

第三章　区政府自身建设

1990 年起，区政府认真贯彻依法治国方略，深入开展政风政纪教育，加强制度建设、效能建设和廉洁自律建设，精简机构、转变职能，全面推进依法行政和科学行政，自觉接受人大依法监督和政协民主监督，不断提高施政能力和执政水平，努力打造务实、高效、廉洁政府。

第一节　政风建设

一、政风政纪教育

1990年，针对国际国内形势，在政府系统开展马克思主义基本原理教育、四项基本原则教育、国情教育、法制和纪律教育，抓好哲学的再学习和马列著作、毛泽东著作的学习，扭转干部队伍理论底子薄的状况，增强明辨是非能力；加强政府系统的思想政治工作，开展学雷锋、学赖宁活动，坚持“政治业务两手抓”，把握住各项工作的政治方向；抓好业务培训，提高政府部门的工作效能。

1992年起，组织政府机关干部学习《邓小平文选》第三卷和中共十四届三中、四中全会精神，用建设有中国特色社会主义理论统一思想和行动；学习市场经济知识，研究市场规律，树立符合社会主义市场经济发展的新观念；学习法律法规和政策，增强依法行政意识，运用经济和法律手段组织经济活动、管理社会事务；开展三查三评”（查宗旨观念，评思想上马克思主义的群众观点和全心全意为人民服务的意识树得牢不牢；查工作，评是否坚持以经济建设为中心、积极参加经济“大合唱”、深入实际为基层排忧解难；查作风，评党纪观念和先锋模范作用发挥得好不好）和“三学、三查、三克服、一坚持”（即学理论、学党章、学孔繁森，查世界观、人生观、价值观，克服个人主义、拜金主义、享乐主义，坚持全心全意为人民服务的宗旨）活动，转变机关思想和工作作风，解决思想疲沓、作风漂浮、不思进取、纪律松弛等问题；在科局级领导干部中开展“形象工程”，严格“二十个不准”（即在政治纪律、乘车、住房、物质利益、工作和生活作风、公务活动六个方面规定的不准有令不行、不准弄虚作假、不准违规住房建房、不准为地方、部门和小团体利益损害国家、集体、群众利益等20项禁令），进一步加强纪律作风建设，树立人民公仆的良好形象；运用违纪案件等反面典型开展反腐倡廉教育，加强政府自身廉政建设。

1997年，在政府机关开展创建“三讲”文明机关和争做人民满意公务员活动，把为人民谋利益作为想问题、定政策、办事情的出发点和落脚点，推进政务公开，落实服务承诺制度，方便群众、取信于民。

1998年，结合党风廉政教育年活动，对政府局（科）级领导班子进行思想作风整顿，解决不思进取、贪图享乐等问题；开展厉行节约、制止奢侈浪费活动，树立艰苦奋斗过紧日子思想。2000年，在国有企业（含国有控股企业）党政班子及成员中开展集中教育活动，贯彻落实中央及省市委关于从严治党、依法施政的指示精神，增强领导干部廉洁自律意识，自觉带头遵纪守法。

2001年，以建设“廉洁、勤政、务实、高效”政府为目标，贯彻落实《中共中央关于加强和改进党的作风建设的决定》提出的“八个坚持、八个反对”，加强政府工作人员作风建设，纯洁政风；加强干部的政治理论、专业知识和世贸组织基本规则学习，掌握当代经济、科技、法律、金融、国际贸易、外语、信息技术等基础知识，提高政府领导经济和社会发展的能力；在区政府领导班子与各部门之间，建立民主集中、上下联动的工作机制，保持团结向上的精神状态和进取意识，形成心往一块想、劲往一处使、拧成一股绳、共同干事业的工作局面。

2005年，结合“保持共产党员先进性”教育，对政府工作人员加强纪律教育，查找纪律观念淡薄、作风散漫、个别领导干部放松对自身要求等问题，落实整改措施40条，提高公务员队伍的政治和业务素质，建设学习型机关。2007年，在公务员队伍中开展邓小平理论、“三个代表”重要思想和科学发展观学习活动，树立正确的政绩观，增强执政为民的自觉性；学习《中华人民共和国公务员法》，开展多种形式的教育培训，提高公务员在新形势下做好工作的本领；开展“三项教育活动”，即正面典型示范教育、反面典型警示教育、党纪政纪条规教育，提高法纪观念。

2008 年，举办行政审批制度改革培训班，全区 29 个具有行政审批职能单位的 102 人参加培训，重点推行并联审批、超时默许、成建制进驻三种审批模式，加快电子政务和网上审批等业务建设。2009 年，召开纪律作风警示教育大会，对违纪案件查处情况进行通报，严肃干部纪律作风整顿；倡导“六讲七要”，即讲贡献、讲政治、讲纪律、讲大局、讲团结、讲学习，心胸要坦荡、处事要公正、从政要廉洁、待人要诚信、作风要正派、工作要勤奋、心理要阳光，克服厌战情绪、自满情绪、畏难情绪、享乐情绪、浮躁情绪，开展比学赶超活动，推进干部队伍的自身建设。

2010 年，贯彻《中共中央关于加强和改进新形势下党的建设若干重大问题的决定》和中共中央办公厅印发的《关于推进学习型党组织建设的意见》，及时召开政府全体会议，研究和改进政府工作，推进自身建设；从政治上对领导班子和领导干部提出明确要求，必须做到“八讲三不一敢”，即讲政治、讲学习、讲纪律、讲宗旨、讲团结、讲责任、讲效能、讲正气，不允许打折扣、搞变通、变相拖延，敢于担当；加强廉政准则的学习，通过自学、专题学习、教育培训以及开展“组织一场演讲比赛、撰写一篇心得体会、召开一次民主生活会、组织一次闭卷考试”活动，增强廉政意识，人人争做廉政模范；加强警示教育，组织干部收看警示教育电教片，科级以上领导干部、基层站所队主要领导、执法执纪部门中层以上干部签订廉政承诺书，增强党员干部的拒腐防变能力；开展“寻找身边的榜样”活动，选树在项目建设、拆违拆迁、城市建设、精神文明创建活动中涌现出的先进典型 21 人，并组织先进事迹巡回报告会，激发干劲，鼓舞士气。

二、制度建设

1990 年，区政府围绕职能发挥，健全岗位职责、工作权限、办事程序、纪律制度，堵塞易发问题漏洞；建立领导接待日制度、同群众对话制度、集体办公制度，增加工作透明度，密切政府同群众联系；围绕群众和企业反映的热点问题，对公安分局、税务分局、工商局、交通局、物价局、市容监察中队、卫生防疫站等 65 个基层所站进行整训，自查自纠吃喝风、人情风、收礼风、摊派风以及纪律松弛、过度执法、“冷硬横”等七个方面问题，实行“两公开一监督”制度；加强预算外资金管理，防止资金滥用，制止乱摊派、乱收费问题，建起统一收费、财政代管、定期拨付、强化监督制度。1994 年，建立区长和部门重点工作责任制，实行重点工作月调度和督办反馈制度。

1996 年，结合“鱼水工程”，贯彻区委《关于加强科级以上领导干部廉政建设的决定》，建立定期深入基层调查研究、洁身自好拒腐防变、以身作则、开展批评与自我批评以及严禁经商做买卖等项制度，严明政纪；按照“五规范一满意”（规范政务公开程序、阵地、内容、时间、地点，群众满意）要求，建立政务公开制度。1997 年，结合“讲学习、讲政治、讲正气，争做优秀公仆，创建文明机关”活动，改进工作作风，完善政务公开制度、干部学习考核制度、窗口行业和执法执纪部门服务承诺制度、公务员“能上能下”制度，倡导“热心办、马上办、办得好”的“三办”精神。

2001 年，进一步转变工作作风，密切联系群众，坚决破除本本主义、形式主义和官僚主义，办好区长公开电话，努力解决人民群众生产生活中遇到的困难和问题；建立科局级领导干部离任审计制度，对任职期间的经济责任、财经纪律落实和执行情况进行监督；设立政风监督员，对干部的工作、生活、社交三圈进行全天候监督；建立诫勉谈话制度、收入申报制度、收受礼品登记制度、公务接待审批制度，减少和杜绝违法违纪案件；开展政风行风评议，对履行职责、依法行政、工作效能、行业管理、廉洁从政、政务公开等实行监督；落实信访“四定一包”制度，即定领导、定人员、定时限、定责任、包息诉，实行全程负责，把每一起上访案件落到实处；加强对政府采购的监督。

2005 年，以转变政府职能、促进依法行政为目标，严格落实行政执法责任制和行政执法过错、错案追究制，推进政府工作法制化，提高行政执法水平；加大对公务员队伍的教育和监督，健全严格依法行政制约机制，防止以权谋私、徇私舞弊、贪赃枉法现象发生，建设“作风过硬、纪律严明、廉洁奉公、群众信赖”的公务员队伍；开展领导干部纪律作风大检查活动，剖析思想、工作、生活等方面存在的突出问题，规范各级干部从政行为。

2006 年，贯彻省委《关于进一步推动工作落实的决议》，按照打造高效务实政府的要求，从提高人的素质入手，不断强化制度约束和监督机制，解决“隔着车窗看，绕开矛盾转”以及工作心猿意马等问题，避免和杜绝不重视落实、不善于落实、只“作秀”不做事的现象发生，提高执政能力；严格廉政制度，狠刹公款吃喝玩乐风，控制新建和装修办公楼，控制会议和庆典，清理公款安装住宅电话和购买移动电话，清理超标准小汽车，控制公费出国（境）及旅游，清理违规收受现金和有价证券，狠刹企业领导干部违规个人经商办企业；严格执行政府采购制度，开展政府采购工作规范年活动，规范政府采购预算编制、计划管理、采购程序和政府采购申报、审批、购买、结算制度，落实招标“五制”（现场监督、现场资质审查、现场投标、现场开标、现场定标制度），扩大政府采购范围，提高资金使用效益，堵塞公用资金使用漏洞；推进依法理财制度建设，落实政府收支分类改革、部门预算管理改革、国库集中收付改革，规范财政资金管理，解决国有资产管理不规范、运营不封闭等问题，建设法治财政；坚持监察学会年会制度，加强监察理论研讨，运用纪检监察理论研讨成果指导实践。

2007 年，以“创新科学发展机制，创建科学发展示范区”为主题推进制度建设，制定《路南区政府系统科学发展责任制度》《路南区政府系统科学发展目标管理制度》《路南区科学发展综合考评办法》，采取千分制定量考核、实绩分析、民主测评、综合评价的方法，考核部门责任履行情况、岗位目标完成情况、重点任务落实情况、人民群众满意情况和党风廉政建设情况。2008 年，结合“效率年”活动，对科学发展“三项制度”（路南区政府系统科学发展责任制度、目标管理制度、综合考评制度）进行细化，对各单位、各部门的科学发展职责、目标逐年分解，突出抓好工作落实，做到责任人员、责任部门、完成时限、工作效果“四落实”，真正起到奖优罚劣的作用，把制度建设转化为科学发展的实际成果。

2009 年，结合“干部作风建设年”活动，贯彻落实河北省纪委等四部门联合下发的《关于狠刹不良风气的规定》，抓好“十个严禁”的落实，加强专门机关监督、群众监督、社会监督、舆论监督，对群众反映的问题实行“有诉求必受理、有线索必查办”，治理干部中存在的推诿扯皮、冷硬横刁、吃拿卡要、违规收费、违法处罚、违规评比、违规行政、大吃大喝、公款旅游等不良风气。

2010 年，贯彻中央组织部《关于加强干部选拔任用工作监督的意见》，落实选任监督“十个严禁”，杜绝违反规定程序选拔任用干部、营私舞弊提拔干部等严重违纪行为；结合“五五”普法，加强法律教育，提高政府公职人员的法律意识、法律责任和执法水平；严格服务承诺制、首问负责制和限时办结制，提高行政效率和服务水平；坚持社情民意反馈制度和重大事项公示、听证、咨询制度，提高政府的诚信度。

三、效能建设

1990 年起，在政府系统开展“热心办、马上办、办得好”活动和“管理年”活动，转变政府职能，提高办事效率；深入基层开展调查研究，转变坐等上门的衙门作风；利用预算外间歇资金支持企业技术改造，解决流动资金困难问题；通过减免税形式，扶植企业发展，增强企业发展后劲。

2003 年 6 月，按照《中共路南区委、路南区人民政府关于开展民主评议机关（行业）作风的意见》，以转变观念、职能和作风，增强服务大局意识，简化办事程序，提高办事效率等为重点，在全区乡街、区直机关和具有行政管理职能的事业单位及社会服务单位、金融服务部门，开展民主评议机关（行业）作风活动，打造品牌行业，建设服务型机关。参评单位分为行风评议和作风评议两类，其中将具有行政审批职能的政府部门和与人民群众生活密切相关的社会服务单位，列入以群众监督为主体的行风评议范围，采取问卷评议、听证评议、日常考核的办法，发动群众对各单位的办事态度、办事效率、办事公开程度、特权行为等进行评议监督；将各乡街机关和未列入行风评议的政府职能部门，列入以效能考核为主要内容的作风评议范围，采取社会评议、代表视察、工作考核的办法，重点评议各单位的服务态度和效能建设，落实首问责任制和一站式服务制，杜绝推诿扯皮、态度蛮横等衙门作风。此评议活动既是延续下来的行风评议，也是后来所称的机关效能建设。

2005 年 4 月 14 日，召开路南区机关效能建设暨民主评议工作会议，对 2004 年度民主评议优胜单位、先进单位进行表彰，并要求各单位进一步加强机关效能建设，开展民主评议活动，推进路南区经济社会全面发展。是月，按照《中共路南区委、路南区人民政府关于 2005 年开展机关效能建设的实施方案》，以“提速、提质、为人民、促发展”为主题，在全区开展为期 9 个月的效能建设活动，通过学习动员、自查自纠、建章立制、考评总结四个阶段，重点解决审批事项多、群众和企业办事难、文山会海、效率低下以及工作人员行为不规范、素质不高、作风不实等问题。10 月 20 日，召开路南区机关效能建设质询会，来自社区、企业、人大代表及政协委员等不同领域的 9 名机关效能监督员，就路南区各机关和单位效能建设情况进行质询，相关单位负责人当场答复，对暂不能解决的问题给予合理解释。11 月，召开全区领导干部警示暨纪律教育大会，对个别干部失职渎职和机关效能建设明察暗访中发现的问题进行通报，对一些干部大局意识差、民主集中制执行不到位、作风散漫、表率作用发挥不好等问题给予批评。

2008 年，结合开展“效率年”活动，加强行政服务中心建设，通过“并联审批”“超时默许”“成建制进驻”三种审批模式，加快“电子政务”建设；建立发改、规划、国土、环保等部门重点项目联合审批制度，方便企业，提高效率；落实首席代表制，解决窗口无审批权问题；以“创新观念、创新体制、创新服务、优化发展环境”为主题，开展行风评议和单位承诺活动。

2009 年，结合“干部作风建设年”活动，以“打造效率路南、创造一流业绩”为主题，落实“三提三减”，即提高行政效率、提高工作水准、提高群众满意度，减低行政成本和企业运行成本、减轻基层负担、减少腐败现象；削文山、填会海，精简文件，减少和合并会议，反对官僚主义、形式主义；推行“一线工作法”，各级领导干部深入基层开展调查研究，实行现场办公，做到“力量向一线倾斜，情况在一线了解，问题在一线解决，创新在一线体现，成效在一线检验”；完善电子政务、并联审批、超时默许、零成本注册制度，推行首问责任制、即受即办制、一次性办结制、联合办理制、跟踪服务制以及预约服务、上门服务、节假日对外服务、绿色审批通道、投资项目审批代办等工作制度。

2010 年，完善项目建设领导干部分包、项目全程代办、无缝对接等制度，深化行政审批制度改革，开展亲商安商活动，从简从快办理项目的初审、立项、登记、注册、发证等手续，全面推进大南湖和重点项目开发，加强机关效能建设。

四、廉洁自律建设

1990 年，区政府以“廉洁、务实、高效”为宗旨，发挥领导干部率先垂范作用，树立“律己足以服人，身先足以率人，轻财足以聚人”的思想，用实际行动教育和影响身边的人，坚持反腐保廉工作常抓不懈；健全制度，堵塞漏洞，分级管理，层层负责，落实党风廉政建设责任制，实现廉政建设的规范化、制度化；关注和解决群众的热点问题，加强党内监督、群众监督、舆论监督；坚持关口前移，强化源头治腐，推进廉政文化建设；开展“诺廉、述廉、评廉、考廉”活动，建立干部队伍拒腐防变的预防体系；开展专项资金综合治理，建立健全规章制度，保证专项资金的规范使用；集中查处大案要案，实行领导包案制度，严厉查处腐败分子。是年，受理贪污、受贿、索贿、以权谋私、挪用公款、敲诈勒索、奢侈浪费等违法违纪案件线索 92 件，立案查处 25 件，为国家和集体挽回经济损失 10 万元；纠正一批建私房和评定职称中的不正之风；为全区副科以上干部建立廉政档案。

1993 年，按照中央和省、市、区委要求，在政府机关开展反腐败斗争，突出加强领导干部的廉洁自律、查办大案要案、狠刹群众反映强烈的不正之风，全年立案查处 10 件，行政处分 6 人，移送司法机关 2 人。

1994 年，严格执行省委“五条规定”和补充规定，要求各级领导干部率先垂范，管好自己、带好队伍；整顿基层所站，整饬不正之风。

2002 年起，按照标本兼治、综合治理要求，继续开展反腐败斗争，严厉查处违法违纪案件；加强执法监察，发挥行政监察、审计等职能部门作用，及时纠正违法行为，推进科学管理；加强源头治腐，开展专项资金综合治理，落实政府采购、建设工程招投标等项制度，保障资金的合理使用，有效预防腐败案件发生。2008 年，对建设工程、城市拆迁、政府采购等全部实行公开招投标。

2010 年，明确政府成员廉政建设分工，抓好分管工作的反腐败体系建设；开展“公正执法、执法为民”教育整顿，提高干部的法纪意识和政策观念，减少和杜绝违纪案件发生；推进源头治腐，大兴艰苦奋斗、勤俭节约之风，完善绩效考评制度，加大行政问责力度，营造风清气正、廉洁高效的政务环境。

第二节　政府职能转变

一、精简政府机构

1993 年 4 月，按照“小政府、大服务、精兵简政”原则，进行第一次机构改革，重点突出职能转变，政府工作部门由 33 个减少到 22 个，精简三分之一，人员编制控制数比原实有人数减少 39.7%。1996 年 2 月，按照“三定”（定机构、定职责、定编制）要求，进行第二次机构改革，推行国家公务员制度，政府工作部门由 22 个减少到 18 个，精简 18.2%。2002 年 4 月，按照“精简、统一、效能”的原则，进行第三次机构改革，进一步推进政府职能转变，区政府工作部门保留 18 个，全区行政编制精简 16.13%。2005 年 12 月，按照完善社会主义市场经济体制和推进政治体制改革的要求，进行第四次机构改革，政府工作部门仍旧保留 18 个，政府职能向经济调节、市场监管、社会管理、公共服务转变。2010 年 4 月，按照“转变政府职能、理顺职责关系、明确和强化责任、调整优化组织结构、完善管理体制、严格控制机构编制”的要求，进行第五次机构改革，区政府工作部门保留 18 个。

二、建立宏观调控体系

1990 年，根据《中共中央关于经济体制改革的决定》、国家计委《关于改进计划体制的若干暂行规定》的相关要求，宏观调控体制遵循“公有制基础上的有计划的商品经济”思想，实行指令性计划、指导性计划和国家计划指导下的市场调节三种管理形式，并以五年计划的方式制定长远规划，编制行业规划、地区规划、国土规划和若干专项规划；投资体制执行 10 类没有还款能力的建设项目实行拨款、其他建设项目实行“拨改贷”、投资主体实行分层次管理的体制；价格体制执行“调、放、控”相结合方针，国家定价商品坚决管死，放开的紧俏工业消费品实行提价申报，重要工农业生产资料实行专营，计划外工业生产资料实行最高限价；财政体制实行“划分税种、核定收支、上解递增包干、增长全留”的管理体制；税务体制实行“以税代利”。

1991 年，开始征收固定资产投资方向调节税。1992 年，计划体制试行两年滚动；取消生产资料价格“双轨制”，试行市场调节。

1993 年，按照建立社会主义市场经济体制目标要求，对符合国家产业政策的 5000 万元以下交通、能源、原材料项目、3000 万元以下一般加工项目、500 万美元以下技术引进项目，由区政府审批，报市计委备案；投资项目分为公益性、基础性和竞争性三类，其中公益性项目实行政府投资，基础性项目以政府投资为主吸收社会投资，竞争性项目由企业自主投资、自承风险；街道财政实行“定收定支、收入全额上交、超收分档次分成、支出下拨、结余留用”的财政体制。1994 年，实行分税制财政管理体制，将全部财政收入划分为中央固定收入、中央地方共享收入和地方固定收入三部分；实行国税、地税分设分收体制。1995 年，地税开征副食品价格调节基金税。

1998 年，大多数商品和服务价格实行市场调节价，极少数商品和服务价格实行政府指导价或者政府定价；对乡、街实行“核定基数、收支挂钩、超收分成、欠收自负”的财政体制；恢复征收储蓄存款利息个人所得税。2000 年，停止征收固定资产投资方向调节税。2002 年，停止征收屠宰税。

2004 年，根据《国务院关于投资体制改革的决定》，实行“市场引导投资、企业自主决策、银行独立审贷、融资方式多样、中介服务规范、宏观调控有效”的新型投资体制；乡、街实行“基本稳定需要，超收比例分成，固定利益基数”的财政体制；调高个体经营者增值税起征点至 5000 元。

2006 年 1 月 1 日，随着《农业税条例》被废止，“农业四税”（农业税、屠宰税、牧业税、农林特产税）全部取消。2008 年，企业所得税税率统一调整为 25%。2009 年，社区医疗服务收费实行“三统一”，即统一收费项目、统一收费标准、统一用药价格。

2010 年，计划内容突出经济社会发展规划，将计划指标改为预期指标，针对国民经济和社会发展中的重大问题提出具体的政策措施和调控方案；价格体制除电价、水价、燃气、燃油等涉及国计民生重要商品价格仍由国家定价外，其他商品价格由市场调节；乡、街改行“基本稳定需要、超收分档分成、固定利益基数、鼓励项目增长、适度调蓄平衡”的财政体制。

第三节　科学依法行政

一、科学行政

1990 年，面对全面治理整顿，在提高科学行政水平方面，政府成员深入基层和企业开展调查研究，广泛听取社会各界的建议和意见，及时调整发展方略；坚持民主集中制，落实区长办公会议、政府常务会议、政府全体会议制度，重大问题一律经集体讨论决定，形成集体智慧，防止和杜绝“一言堂”，提高集体决策水平；政府领导干部与民主党派负责人和无党派人士开展交朋友活动，经常进行思想交流，互通情况，增进了解，改进工作；重视人大代表、政协委员的建议和提案办理工作，政府年内召开 2 次常务会议，专门听取办理情况汇报。在经济工作方面，工业生产坚持“面向市场，调整结构”，由粗放型向集约型转变，由劳动密集型向技术密集型转变；第三产业坚持“四为”方针，走为农业服务、为大工业服务、为人民生活服务、为出口服务道路；在“放权搞活”的基础上，探索招标承包、全员承包、资产增值、风险抵押、企业之间优化组合、企业干部招贤选配、职工优化劳动组合、建立企业利益共同体等一系列改革措施，摆脱“谁先整改谁吃亏”思想，克服企业的短期行为，理顺国家、企业和个人三者关系。在办理人大代表、政协委员的建议和提案方面，先后解决了建国路市场喝水难、第四中学操场维修、大学路和文化南北街等道路维修、小学生课余负担过重、幼儿教育受到冲击、中小学师资青黄不接、开展第二课堂、居委会办公用房、市场卫生死角死面、企业监管不够到位、小区绿化美化差、路灯不亮、营业执照年检时间长以及教育局、化工局、邮电局工房环境卫生不达标等问题。

1991 年，贯彻全国纪检工作会议精神，政府系统推行“两公开、一监督”，即公开办事制度、公开办事结果、接受群众监督，做到政务公开；按照区委确定的“协商于决策之前、监督于执行之中”要求，认真听取政协委员和民主党派成员的建议和意见，支持开展视察活动，重视视察报告成果的运用。1992 年，发挥人大代表和政协委员的智力优势，动员各界人士为改革开放献计出力。1994 年，加强同人民代表、政协委员的联系，办理人大代表建议和政协委员提案 227 件，办结率 100%，基本满意率 98.3%。

1995 年起，立足区情，加快经济体制改革，按照“一、二、三产并进、优势互补”的发展思路，先后实施“拓市兴区”“三产兴区”“工业强区”“科技兴农”“结构调整年”“大农业”“大商业”以及组建“十大集团企业”、居民区或商业区的工业企业实行“退二进三”等发展措施，推进区街经济发展；按照“思想转过来，政策活起来，管理严起来，发展热起来”的思路，彻底转变对非公有制经济的认识，理顺个体私营经济管理服务体制，发展非公经济和“明星私营企业”。

2000年开始，按照“三个代表”重要思想要求，政府成员转变工作作风，经常深入基层开展调查研究，每年领导干部深入基层调研时间不少于2个月，建设“勤政、务实、廉洁、高效”政府；按照“三个有利于”标准，破除本本主义、形式主义、官僚主义，树立发展意识和机遇意识，全力推进“三兴一强一拉动”发展战略的落实，加快经济社会统筹发展；坚持一切为了群众、一切依靠群众的工作路线，继续实施为民办实事工程；坚持将年度各项经济指标完成情况、群众关注的社会热点问题等，向区级离退休老干部、民主党派、工商联和无党派人士代表进行情况通报，诚恳征求建议和意见，并认真研究采纳，改进政府工作，提高决策的民主化和科学化水平；办好区长公开电话，努力解决人民群众生产生活中的实际问题，从严治政，依法行政。

2004年起，贯彻落实《中共中央关于加强党的执政能力建设的决定》，按照“必须坚持科学执政、民主执政、依法执政”的要求，政府系统各级各部门坚持依法治国基本方略，坚持科学思想的指导，坚持重大事项集体决策、政务公开、决策失误责任追究等制度，建立与社会主义市场经济运行规律相一致的思想观念和管理体制，加强对权力运行的制约和监督，全面推进科学行政。2005年，贯彻《中华人民共和国公务员法》，按照“公开、平等、竞争、择优”的原则和法定的权限、条件、标准、程序，规范公务员的管理，保障公务员的合法权益，加强对公务员的监督，建设高素质的公务员队伍，促进勤政廉政，提高工作效能。

2006年开始，把每年的12月份确定为“献计献策月”，集中征求群众的建议和意见。先后以“抢抓新机遇、建设新唐山”“建设科学发展示范区，把唐山建成人民群众的幸福之都”“变挑战为机遇，加快建设科学发展示范区和人民群众幸福之都”“开放创新、富民强区，深入推进科学发展示范区和人民群众幸福之都建设”“转变发展方式，调整经济结构，实现科学发展”为主题，开展5次全民献计献策活动。

2007年5月，结合科学发展观学习教育实践活动和解放思想大讨论，围绕“全面落实科学发展观，建设繁荣文明和谐新路南”开展献计献策活动，共收到建议和意见24类426条，形成22项促进科学发展的调研成果。是年，区政府领导和相关部门多次走出去，学习借鉴北京、沈阳、大连、深圳、长沙等地的先进经验，确定打造环湖生态经济圈，发展文化、旅游产业，实现科学发展新跨越；创新城市管理体制，率先在全市建成数字网格化城市管理新模式；走挖掘内涵、提速增效之路，加快工业振兴；破解土地瓶颈，提高土地资源集约利用率；加强项目建设，拉动区域经济发展。是年，实施重点项目44个，总投资77.1亿元；工业企业对经济增长的贡献率达到29%。

2008年，区政府举行“科学发展规划暨农村城市化发展规划”签约仪式，委托河北理工大学按照近期、中期、远期三个阶段，对路南区科学发展与农村城市化发展作出规划，其中科学发展规划涉及科学发展的目标、建设科学发展示范区的路径、科学发展示范区建设的保障体系等内容，农村城市化发展规划则涉及农村城市化功能定位、项目支撑、空间布局等内容；举办推动市场建设主题论坛，发展专业市场和朝阳企业；召开乡街科学发展观论坛，进一步解放思想、树立信心、创新思维、正视差距，明确“服工建农”四业在全区经济社会发展中所占地位，选准发展主攻方向，集中现有土地存量，促进项目建设取得实质性进展，特别要抓好财源项目和高新技术项目，增加经济总量，增强发展后劲；组织区直各部门、各乡街主要负责人，赴迁安就城市绿化、新农村建设、旧城改造和环境综合整治等工作进行考察调研，完成拆违拆迁、重点产业项目、绿化、环境整治、平改坡工程、公路沿线环境整治、环城水系南湖引水工程、学院南路南延工程等八大攻坚任务；开展区长大接访活动，面对面倾听群众呼声，实打实解决涉法涉诉、劳动工资、平改拆迁、拖欠工程款等问题；政府有关领导深入基层和企业开展安全生产、城市建设、环境管理等暗访暗查，发现隐患进行整改，加大日常监管力度；实行项目对接会制度和攻坚项目问责制度，完成22个项目的规划设计和长青楼区域改造等14项攻坚任务。

2009年，利用“三日一网”党员活动和政务公开网站，开展网络互动，听取党员和群众有关加快南出口和危旧平房改造步伐、重建小山和建国路老商业街辉煌、政府主导城市建设等方面的建议和意见；组织老干部参观重点项目，为路南的经济建设和各项社会事业的发展建言献策；邀请区人大代表视察2009年政府10件实事的落实情况，听取代表就提高城市管理水平、健全农村社会保障体系、做好扶弱养老工程等方面提出的建议和意见；建立老科技工作者协会，形成智囊。

2010年2月，在区人大、区政协会议期间，政府派员参加由28名担任区人大、政协委员组成的工商联合会会员献计献策会，围绕实现路南经济跨越式发展，收集有关加快中小企业发展、项目建设、南湖生态城西北片区改造、提高群众幸福指数、加强政策法规培训等方面的建议和意见31条。是年，区政府抢抓资源型城市转型、南湖生态城开发建设、经济结构调整三大历史机遇，坚持走产业兴区、生态立区、管理强区的发展之路，促进国民经济健康快速发展；开展“创新与项目建设年”活动，采取“谋划一批、储备一批、跑办一批、建设一批”措施，抓好项目建设；落实城镇面貌“三年大变样”要求，群策群力、多措并举，实现城乡面貌改观，不断提升公共服务水平；本着高标准、科学性、前瞻性原则，聘请由国家行政学院专家组成的规划编制专业团队，围绕全局性和战略性问题、涉及路南长远发展问题、涉及群众根本利益的民生问题，进行深入调研和献计献策活动，并将专家提出的发展理念与路南区的实际情况相结合，确定“一核三带六区”的发展格局，完成19个专项规划和7个乡街区域发展规划，为今后发展奠定基础；制定下发《关于办理区十四届人大四次会议代表建议、批评和意见的若干要求》，完善《路南区承办工作考核评比办法》，以“让代表满意，让人民放心”为目标，做好代表建议的承办工作，共收到涉及经济发展、城市建设、人劳社保、道路交通等各个方面问题的代表建议24件，解决和基本解决16件，占总数的67%，列入规划逐步解决的8件，占建议总数的33%。

二、依法行政

1990年，区政府贯彻《中共中央关于进一步治理整顿和深化改革的决定》，遵循“廉洁、务实、高效”的宗旨，采取“服从大局，主动整顿，靠拼搏求生存，靠内功求发展，千方百计渡难关”的措施，加强经济建设、城市建设和各项社会管理，搞好治理整顿；政府各部门落实依法治区要求，开展整风肃纪活动；加强政府同人大政协的沟通联系，通过现场办公、面对面答复等方式，办理人民代表、政协委员的建议和提案；学习贯彻《中华人民共和国行政诉讼法》《中华人民共和国行政复议条例》，加强对行政处罚案件的审核，减少和杜绝行政瑕疵和执法错误，使行政执法逐步走上规范化、制度化道路，提高依法行政水平。

1993—1999年，政府机关各级各部门学习贯彻《国家公务员暂行条例》《中华人民共和国国家赔偿法》《中华人民共和国行政处罚法》《中华人民共和国行政复议法》，依法确定国家公务员必须履行的义务、享有的权利、职务分类和级别等，对国家公务员队伍实行科学管理，保证队伍结构优化和政治廉洁；颁发行政执法机关和行政执法人员“行政执法证”，规范、监督和促进政府机关依法行使职权；建立国家赔偿责任制度，依法保障公民权利，调整公私利益，减少和杜绝行使行政职权时的侵权行为发生；依法确定行政处罚主体，规范处罚程序，保证行政处罚相对人的合法权益，杜绝不法行为；遵循“合法、公正、公开、及时、便民”的原则，做好行政复议工作，做到有错必纠。

2002年，区政府成立法制办公室，依法开展法制工作信息交流、法制理论研究、政府规范性文件制作与备案审查、政府规范性文件的清理及修订和废止、政府系统行政执法、行政复议、行政诉讼等工作，全年发放行政执法监督检查证件69个，受理行政复议案件4件；成立路南区行政服务中心，按照“一口对外、一门受理、一次告知、一站办公、一地办结”的工作程序，对政府主要涉民事务实行统一管理、联合办公，并建成精神文明建设的综合示范服务窗口；对信访工作实行双向规范，逐步走上制度化、法制化轨道；设立区长公开电话，方便群众求助和投诉，搭建政府与人民群众之间的连心桥；自觉接受人大的法律监督和政协的民主监督，承办区以上人大代表建议和政协委员提案995件，办结率100%，代表、委员满意率或基本满意率达到100%；学习贯彻《行政法规制定程序条例》《规章制定程序条例》，规范行政规章的制定程序，保证行政规章质量。

2003—2005年，贯彻《中华人民共和国行政许可法》《中共中央关于加强党的执政能力建设的决定》，对行政执法和行政监督检查人员进行应知应会考试，应考人数1258人，实考人数1257人（其中补考101人，考试成绩不及格的3人），及格率99.7%；依法清理行政许可事项，清理和减少审批事项123项；贯彻“有法可依、有法必依、执法必严、违法必究”的法制工作方针，推进依法行政，在国税局、工商分局等单位推行行政权力公开透明运行，依法查处违法违规行为，遏制腐败问题发生。

2006年，在行政服务中心建立《五星级窗口考核》《百分制考核》《路南区行政服务中心工作规范》《路南区行政服务中心工作人员服务规范》等规章制度，增加进驻中心的行政部门，扩大服务范围，落实“八公开”（审批主体、审批内容、审批依据、审批条件、审批程序、审批时限、收费标准、收费依据公开）制度和一次性告知、首问负责制度，即时办结率达到90%以上；规范政府采购预算编制和计划管理，开展政府采购规范年活动，政府采购额首次突破2000万元。

2007年，办理人大代表、政协委员建议74件、提案119件，按时办结率100%。2008年，建立持证上岗执法检查机制，在职在岗人员持证上岗率100%，二线人员执法证全部上缴主管部门，规范行政执法证件核发，维护政府公信力；改革行政审批制度，削减行政许可事项86项，非许可类行政审批事项24项，减少不必要的审批环节；自觉接受人大及其常委会的法律监督、工作监督，支持政协民主监督、政治协商和参政议政，全年承办人大代表建议和政协委员提案68件，代表、委员满意率和基本满意率100%。2009年，按照《河北省行政执法新法规培训教程》，利用周末和节假日分批分期对执法人员进行集中培训，每期20天，培训内容涉及物权法、行政许可法、政府信息公开条例、行政复议法实施条例、突发事件应对法等相关内容，培训过后组织闭卷考试。

2010年，规范文件审核备案、行政执法监督检查、行政复议以及各类公文的把关审核等工作，制定规范性文件40件，废止、失效20件，检查各类行政处罚案件800件，审查行政复议案件10件，审核新增执法人员119人；成立路南区人民政府法律专家咨询委员会，提供依法行政咨询论证，参加重大疑难案件讨论，对重要决策提出法律意见；开展权力运行廉政风险防范管理，采取网评、网定等措施，加强廉政风险预警和防范。

第四章　区政府施政辑要

区政府贯彻落实中共唐山市路南区第四至第八届代表大会提出的发展战略和区委在各个时期的部署，全面实施三产兴区、工业强区、开放兴区、科教兴区、农业产业化经营、城建拉动、开发大南湖建设新路南、文化创意产业等决策实施，落实人口调控、土地保护、环境保护三项基本国策，构筑全方位、多层次的社会保障体系，统筹发展经济和各项社会事业。

第一节　实施经济建设决策

一、实施三产兴区决策

1990年，区政府按照中共路南区第四次代表大会确定的“区街经济走为农业服务、为大工业服务、为人民生活服务、为出口服务的道路”“坚持多层次、多渠道发展”的要求，加强市场管理，查处违法经营，壮大小山、荷花坑、建国路、大里路四大集贸市场，全年完成商业销售额5.3亿元，集贸市场成交额1.86亿元。

1992年起，按照区委确立的“拓市兴区”战略，加快商贸设施建设。至1995年，先后建成小山建国路商贸城、小山招商大厦、马家屯和文北仓储区、建材市场、果品批发市场、文化市场、物资市场、旧物交易市场以及新华副道美食街、复兴路五交化一条街等9条商业街。

1994年起，区政府按照区委五届六次全会确立的“三产兴区”发展战略，完善小山建国路商贸区和小山运输市场，开发南部三角地市场群、北方陶瓷城、北方家具中心、旧机动车交易市场。

1997年起，对商业企业进行股份制改造，引入资金，增强发展后劲；引导商业企业向“专、精、全”方向发展，形成各自特色；构筑以三角地商贸区、小山建国路商贸区、荷花坑市场为主体的市场体系，加强市场建设。2001年，结合制定《唐山市路南区2000年国民经济和社会发展计划执行情况与2001年国民经济和社会发展计划的报告》《关于进一步实施“三产兴区”战略的实施意见》，进一步确定：加强规模批发市场建设，重点抓住一个契机（以荷花坑市场改扩建为契机，提高大型市场的集散能力和知名度）、干好一个“点睛之笔”（小山区域的改造）、建好一个“中间开花”工程（南新道家居文化广场建设），形成全市批发市场龙型经济的龙头；重视特色商业街开发，建设骨干街道繁商经济带和家电、食品、服装、文化用品等特色消费点，把路南主要街道建成各具特色的经营消费区域；发展居民区小超市、零售商业网点，建设小型永久性商业网络，方便居民购物需求；加快市场出售变现，活化资产，积累建设资金；探索市场管理新机制，鼓励市场走企业化管理之路，实现行政管理型向业主管理型转变；运用计算机网络等现代技术改造传统商贸，发展专卖、连锁、配送等现代商业企业和信息、技术、劳动力等新兴三产，建设现代商业；加强繁商区的市政、房屋、市场和服务配套体系建设，改善经营居住环境。至2002年，5年间累计投资2.24亿元，新建扩建市场17个，并向专业型、规模型、产地型发展，其中，解放路摩托车市场、人民路摩托车配件市场、金属市场、中山装饰装潢材料市场、五交化市场日益壮大，东南部生产资料市场群、东部生活资料市场群、中部装饰装潢材料市场群初步形成，“两总”（总经销、总代理）业务不断壮大，信息、中介、法律服务等现代服务业兴起，社区服务业居全市领先水平。

2003年起，按照“一产调优、二产调强、三产调高”的思路，通过政府引导、市场运作、企业经营、多元投入，加快发展服务业，重点抓好四大市场群落（中部生态文化中心商务区、东南部生产资料市场群、东部传统市场群、西部日用消费品市场群）建设，发展现代物流配送、连锁超市、商业步行街、总部经济等新型业态，建设商贸大区。2004年，加快现代物流配送、连锁超市、商业步行街等新型业态建设，研究借鉴写字楼在中心城市的商贸功能，发展“总部经济”，加强“商贸大区”建设。

2006年后，按照中共路南区第八次代表大会提出的打造传统繁商区新优势，建设商业商务中心区的工作目标，在新华道南侧沿线规划建设“六点六片”，在辖域东西轴向规划建设“三带三中心”，先后引进三利国际购物中心、东方家园家居建材超市、奔驰专卖等知名企业和大地保险、华泰保险等总部经济200多家，谋划各类服务业项目91个，总投资660.4亿元。2009年，完成第三产业增加值45.27亿元，四年增长130.9%，年均递增23.27%；实现市场成交额195.4亿元，4年增长86.1%，年均递增16.8%。

2010年，贯彻落实区委八届五次全会精神，全力建设唐山市商业商务中心。是年，现代商贸业万达广场完成总投资的48%，新华贸中心项目落地，新华联广场、世博广场、曙光大厦、渤海新世界、人民大厦等项目正在建设；现代物流业中国北方国际钢铁交易配送物流中心一期工程、唐山南方国际商贸城、中国唐山国际五金建材城一期工程等进入运营，新华医药物流基地等正在建设。年末，全区流通服务业网点发展到8610个（未含运输业、银行业、保险业），实现社会消费品零售额61.05亿元，市场成交额218.39亿元。

二、实施工业强区决策

1990年，面对经济秩序全面治理整顿，全区工业遇到能源紧张、资金短缺、市场疲软以及原材料、燃料、电力涨价等困难，区政府按照中共路南区第四次代表大会提出的“面向市场、调整结构”要求，对区街工业结构进行调整，抑产转产平销滞销产品，增产适销对路产品，开发新产品，推进技术进步；加强企业管理，开展“双增双节”（增产节约、增收节支）活动，开源节流，降耗增效；开展基础管理达标“管理年”活动，进行升级达标考核，挖掘企业潜力，引导企业在困境中求生存求发展；改革经营体制，组织优势企业兼并劣势企业，上规模出特色；发展街道工业，甘当配角、拾遗补缺。是年，全区完成工业总产值3.06亿元，比上年增长8.19%。

1991年，区政府按照“大稳定、小调整”原则，组织区直工业进行第二期承包，承包内容包括资产增值、全员风险抵押等26项，承包期限1年，当年签订承包合同的企业37家，占应承包企业总数的82.22%；在区属企业开展“质量、品种、效益年”活动，优化产品结构、产业结构；在街道企业推进“四抓”，即抓质量、抓品种、抓技改、抓投入，巩固基础，突出重点，扶植骨干企业。

1992年起，贯彻落实中共路南区第五次代表大会提出的“10211工程”，即到“八五”末期，工业产值达到10个亿，外贸交货值达到2个亿，工业和三产各创利税1个亿，进一步调整产品结构，加速技术改造，发展高新技术。先后组建了3个企业集团，即以电子设备厂为核心的开元集团，引进消化日本松下公司的先进技术和管理经验，时为国内最大的生产电焊机系列产品的企业；以小山隆义栈为核心的食品集团，提高万里香扒鸡、四远香糕点等的市场占有率；以唐山金匙实业公司为核心的金匙集团，将生产、流通、广告、娱乐、餐饮集为一体。同时，抓好企业管理，致力扭亏增盈，力保“三增两降一提高”（乡及乡以上独立核算工业增加值增长17%，利税增长44%以上，工业企业技改投资增长20%以上；工业企业亏损额降低50%，乡及乡以上独立核算工业企业产品可供销售天数降低2~3天；综合经济效益指数提高2个百分点）目标的实现。

1996年，开展“学邯钢、学开元（唐山开元集团有限责任公司）”活动（也称“双学”活动），加强企业管理，实现扭亏限亏；依靠科技进步，推进新产品开发和嫁接改造；依据企业经营情况，采取兼并一批、下放一批、出售一批、转制一批的办法，推进企业产权制度改革。

1997年，将工业企业扭亏增效作为重点，压缩亏损面、降低亏损额，区属亏损企业由上年的25家减少到20家，减少亏损额度200万元；坚持保增长，稳中求进，抓好清筛机厂、仪表厂等6家企业的技改项目建设，培育一批利税大户，启动一批停产、半停产企业复产；深化企业改革，煤矿专用设备厂、坩埚厂等13家企业实行股份合作制，玻璃厂、电影机械厂等4家企业建成有限责任公司；继续开展“双学”活动，引导企业调结构、促管理，在10家企业推行“小指标”分解，即将全厂的主要经济指标进行层层分解，落实到车间、班组、人头，做到车间有指标，班组有台账，职工有任务，按月、季考核评比，奖勤罚懒；依靠科技进步组织新产品开发，放手引进资金，放开协作联合。是年，通过兼并、合并、嫁接改造、破产、股份制、股份合作制以及组建企业集团的方式，区直工业企业有19家完成改制，占区属工业企业总数的34%，融资717万元，盘活闲置资产3254万元，收回股本金79万元，经济效益平均提高30%，其中玻璃厂改制被列入全市50家现代企业制度改革试点，肠衣厂效益增幅较大。

1998年，成立企业复产督导小组，帮助停产、半停产企业尽快复产，当年有第二金属制品厂、建华化工厂、电影机械厂、霓裳制衣厂、煤矿设备厂、第一橡胶厂相继恢复生产，电焊条厂被猴王集团兼并。翌年，全区启动停产、半停产企业复产18家，新增产值4000万元。

2000年，按照区委六届七次全会提出的“工业强区”发展战略，突出“扩充总量、提高质量”两项要求，重点发展机电、钢铁、食品、轻工、化工、建材六大主导产业，引进高新技术产业，发展劳动密集型产业；对启动生产无望的企业，引入社会资金进行改制；对严重污染的企业，实施“退二进三”；开发建设现代、吉祥、虹桥、交大工业园区，占地近千亩，并按照“谁引户谁得税”原则开展招商；培育规模企业。

2003 年，按照区委《关于加快工业经济发展的实施意见》，盘活存量，扩大总量，巩固壮大优势产业，加快工业园区开发建设，实施名牌带动，稳定和培育税源。2004 年，抓住唐山钢铁产业链延伸的机遇，发展钢铁深加工和机械装备制造业，其中有投资 10 亿元的不锈钢冷轧钢板项目，三川机械、金泰祥钢构、鸿达汽车改装等钢铁深加工项目，华通电缆、化工机械、宏远工程公司扩建等传统钢铁加工项目，鑫华铁分厂技改。

2005 年，依托全市资源优势和城市中心区的人才、技术、区位优势，围绕壮大机电、钢铁、食品、轻工、化工、建材六大主导产业，发展科技型、劳动密集型、资源节约型和环保型都市工业，发展钢铁深加工和新兴制造业，鼓励开发高新技术，夯实税源基础。

2007 年起，按照区委八届二次全会提出的大力发展新型城市工业要求，重点发展精品钢材、装备制造、农副产品深加工三大产业，先后落实工业项目 18 项，总投资 14. 17 亿元；初步建成占地 23. 53 公顷的侯边庄高新技术产业聚集区，其中起步区有 6 家企业入园（2 家企业投产，4 家企业在建）；完成占地 66. 67 公顷的曹妃甸路南区临港产业园首期造地规划设计工作和起步区填海造地工程，有 5 个项目入驻园区开工建设；加强规模以上工业企业经济指标管理，确保工业经济持续快速发展。至 2010 年，全区共有工业企业 726 家，完成工业总产值 22. 28 亿元，初步形成精品钢材、装备制造、农副产品深加工等主导产业，其中开元集团成为国内机电行业龙头。

三、实施农业产业化决策

1992 年 11 月，女织寨、梁家屯两个乡的 38 个村由开平区划归路南区，域内始有农业。是年，贯彻中共路南区第五次代表大会精神，按照“城乡一体、优势互补、紧密结合、整体效益”的思路，坚持以农业为基础，发展高产、优质、高效农业；增加农业投入，改善水利等基础设施；深化农村改革，稳定家庭联产承包经营责任制和统分结合的双层经营体制；建立健全社会化服务体系，搞好产前、产中、产后服务。全区完成农林牧渔业总产值 3966 万元，其中农业总产值 3139 万元。

1994 年起，贯彻区委五届三次全委精神，围绕小康建设总目标，调整农业产业结构，构筑农村产业化经营体系。当年，设施蔬菜种植面积达 190. 93 公顷，优质粮菜新品种应用面积超过 600 公顷；新建养猪场 5 个、养鸡场 7 个。至 1996 年，养殖业成为农村经济第一主导产业，初步形成东部和西部两大养殖区，有专业养殖户 290 户，畜禽产值占农业总产值的 42%；蔬菜种植业为第二主导产业，占农业总产值的 37%；玉米、水稻、经济作物、林业等其他产业，占农业总产值的 21%。

1997 年，以建设宽裕型小康乡村为目标，推进农业产业化经营，蔬菜种植和畜牧养殖规模大幅增加，占农业总产值的 89%。全区规模种植大户 40 个，集约种植面积 210. 4 公顷；畜禽饲养 25 万头（只），其中规模养殖大户 202 个，有养殖基地 6 个。

1998 年，区政府制定《促进农业产业化发展的规定》，鼓励发展壮大主导产业，加快农业产业化发展步伐。是年，建成现代化农业科技园 1 个，规模养殖小区 2 个，养殖基地 6 个，养殖户总数 430 户，禽畜饲养总量 50 万头（只），实现畜牧产值 2500 万元，占农业总产值的 38. 47%；蔬菜总产量 8. 6 万吨，产值 2400 万元，占农业总产值的 36. 93%；粮食总产量 6756 吨，粮食等其他产业占农业总产值的 24. 6%。

1999 年，花卉种植业成为农村经济的新兴产业，花卉种植专业户 22 户，种植面积 13. 33 公顷，其中和平街花卉基地被列为中国农业大学科研实验基地。

2001 年，蔬菜种植上升为第一主导产业，种植面积 466. 67 公顷，产值 2547 万元，占农业总产值的 34. 7%；畜牧养殖专业户 604 户，畜禽存栏 30. 94 万头（只），产值 2827 万元，占农业总产值的 25. 46%，居于农林牧渔总产值第二位。

2003 年起，以建设文明生态村总揽农村工作，发展畜牧养殖、蔬菜种植、花卉苗木三大主导产业。

2004年，确定荷花坑市场、南新道水产批发市场、香宇肉类食品厂为农业产业化经营市级重点龙头企业，引导农业适应市场需求，发展适销对路产品；建设无公害蔬菜标准化大棚，推广一年四茬栽培技术，发展无公害农业；成立专业合作组织，发展“订单农业”，订单种植面积37.67公顷。2007年，围绕农民增收、农业增效，依托区位优势，发展城郊特色农业和观光农业，老谢庄、和平街、西越河花卉、蔬菜种植基地初具规模，茂源农庄、赵田庄农业观光园初步建成；坚持一产与二、三产业融合发展，将农业产业化融入工业加工生产链条和市场销售链条，走现代化、企业化、规模化经营道路。

2010年，在女织寨乡赵田庄村建设唐山市邱氏通达农业科技示范园，发展蔬果种植和观赏鱼养殖。是年，随着大南湖开发建设以及农村城市化进程加快，南湖绿化生态修复工程及境内主要道路绿化工程实施，以及南湖西北片区19个村搬迁改造，全区农作物播种面积1234公顷，比1992年减少1260公顷。全区完成农林牧渔业总产值9635万元，农、林、牧产值占比为65.57∶0.23∶34.20，种植业仍为第一产业的主导产业。

四、实施开放兴区决策

20世纪60年代中后期，路南区始有对外贸易，出口产品主要有肠衣、纺织品、服装等，经营方式由河北省对外进出口公司统一下达任务并组织出口。

1988年，唐山被列入沿海开放城市，路南区外向型经济开始起步。区政府主要领导带队，到沿海先进地区学习考察，借鉴外地经验；召开全区发展外向型经济动员大会，传达学习国务院《加快沿海地区对外开放和经济发展的报告》《关于沿海地区发展外向型经济的若干补充规定》等文件，奖励10个出口创汇先进企业和有功人员；建立对外经济贸易委员会，制定借资发展、搭船出海的发展措施。到1989年，共签订涉外项目协议6项；建立外商独资企业1家，中外合资企业3家；出口创汇企业13家，完成交货值3452万元，创汇876万美元。

1990年，按照中共路南区第四次代表大会报告提出的大力发展外向型经济要求，利用现有的“以进养出”“三来一补”项目，兴办外商投资和中国港澳台商投资企业；帮助企业解决资金、场地、人才等实际问题，扩大现有出口产品的生产；抓信息、找项目，寻求新的合作伙伴。是年，签约9个合资、独资企业协议，总投资800万元；批准开业合资企业6家，直接利用外资121万美元；出口创汇企业19家，外贸交货值3600万元。1991年，抓住沿海开放的机遇，新办合资企业6家，独资企业2家，吸引外资438.5万美元；新增出口企业3家，整机出口实现零的突破，出口交货值3685.4万元。

1992年，落实区委“开放兴区”发展战略，实行全方位的双向开放政策，对内开放抓重点，突出横向联合、企业重组和引进京津冀地区的资金、技术和人才；利用外资抓提高，突出老企业改造和城区改造；对外贸易抓开发，突出发展出口创汇企业、出口创汇产品和自营出口；对外经济抓开拓，突出发展轻纺、服装等行业，推向国际市场跨国经营；小企业的双向开放，先改造，后嫁接。是年，全区外商投资和中国港澳台商投资企业68家，已经投入生产的30家，合同利用外资5601万美元，累计创汇1559.8万美元。

1996年，以大开放促进全区经济大发展为宗旨，进一步扩大对外开放，制定《关于加强中外合资合作经营企业管理暂行办法》，规范外商投资和中国港澳台商投资企业管理，先后新建外商投资和中国港澳台商投资企业3家，撤销不合格外商投资和中国港澳台商投资企业15家，外商投资和中国港澳台商投资企业总数56家，与欧、美、中国港澳台等十几个国家和地区建立合资合作关系。1997年，加强外向型经济人才培训，加大区委党校主体班涉外经济管理知识教学比重，选派优秀年轻干部到经贸院校进修，开展各种专题研讨、短期培训、参观考察等活动，提高干部对涉外经济的基本素质和决策能力。是年，实施“外向带动”战略，突出产业重点，推进全方位开放。其中：第一产业重点是吸收外资，发展蔬菜加工、肉牛养殖，综合开发塌陷地和粉煤灰，变废为宝；第二产业重点是嫁接改造传统工业，发展壮大机电行业以及化工、医药、建材等其他行业；第三产业重点是市场建设与房产开发。

1998年，落实区委《关于进一步加快对内、对外开放步伐的有关规定》，实施“对内开放找项目，对外开放引资金”措施，鼓励国内外各界人士在路南区投资办厂，鼓励企业利用外资进行嫁接改造，鼓励外商租赁、买断区内企业；采取“以产品引外资”“以较高回报率引外资”的方式，吸引外资参与工业企业嫁接改造、城区改造、农产品深加工项目；树立“路南以外都是外”“民营经济是开放主体”等观念，多层次引资，扩大对外开放规模；利用“5·18”廊坊经贸洽谈会、“9·18”唐山陶瓷博览会以及北京现代农业与高科技合资合作洽谈会、温州项目恳谈会、香港、海参崴等项目招商会，开展招商引资工作。是年，签订合作协议10项，达成内联项目13个，投入生产6项，引进省外资金4049万元；成立小组团，6次赴欧洲、非洲考察招商。至2002年，五年引进项目41个，成立外商投资和中国港澳台商投资企业34家；累计利用外资1619.46万美元；引进区外资金2.5亿元。

2003年，开展“招商、亲商、安商、富商”服务活动，强化“路南以外都是外”“人人都是路南形象，事事都是投资机遇，处处都是投资环境”的服务意识，推进全方位、多渠道、宽领域对外开放；改进招商策略，通过多批次、小团组、实效化以及定位、定点、对口招商，发挥工业园区招商引资的龙头带动作用，引导知名企业在路南区投资兴业；扩大出口，培育拳头产品和创汇大户，完善出口代理制，鼓励和支持企业申办自营进出口经营权。至2006年，累计引进省外资金10亿元，实际利用外资2878.76万美元，出口创汇1.68亿美元，连续四年被评为“唐山市出口创汇先进单位”，中陶实业等6家企业被评为唐山市出口创汇骨干企业，并先后有北京东方家园有限公司、河南双汇集团等知名企业到路南区投资，中石油冀东销售公司、永胜集团、世博大厦、三利国际购物中心等企业落户域内。

2007年，按照区域经济一体化要求，完善招商引资优惠政策，创新招商引资机制，发挥企业招商引资的主体作用，把企业推向市场的主战场；利用科学发展（曹妃甸）论坛、唐山陶瓷博览会以及各种招商会、洽谈会，宣传路南、推介路南，用优良的环境和服务吸引投资者；发挥商会、侨联、行业协会作用，拓展招商引资领域。至2009年，共引进省外资金13.66元，实际利用外资3006万美元，出口创汇4.89亿美元。

2010年，坚持“走出去”与“引进来”相结合，开展全方位、多层次、宽领域招商引资，实现超常规、跨越式发展。截至年末，全区中国港澳台及外商投资企业有6家，其中合资企业1家，独资企业5家；引进世界500强企业2家；实际利用外资2127万美元，出口创汇1.63亿美元。全区自1998年贯彻区委“加快对内对外开放步伐”要求以来的13年间，共引进省外资金49.78亿元。

五、实施开发大南湖、建设新路南决策

1990年，南湖区域尚未进行大面积开发，周围村庄利用采煤塌陷地养猪、牛、羊、鸡、鸭等畜禽，同时也是城市垃圾填埋场、西郊电厂等企业的废渣排放场。是年，区政府对老路南塌陷预留区开始利用。至1996年，基本形成规模化的养殖区域。

1997年，按照市委、市政府提出的“变劣势为优势，化腐朽为神奇”南湖塌陷区治理方略，开始对南部采沉区进行修复治理，清理中心区域的坑塘，改造垃圾山，修建便道和甬路，在坑塘周围植树造林、绿化美化。

1999年，按照区委六届五次全会精神，全面加快城区改造步伐，对塌陷地进行综合开发和利用，发展城郊型特色农业。翌年，南部采沉区的核心区南湖公园（也称小南湖）建成，占地面积5平方公里。2002年，在南湖公园周边区域建成王禾庄养鸡小区、岳各庄养猪小区、将军坨和西礼尚庄千亩塌陷地养猪场、西小艾百头牛养殖场，沿西电路建成王禾庄、程各庄千亩胡萝卜、生菜基地，成为路南区现代农业产业化基地之一。

2003年起，结合老城区改造、南湖区域内企业搬迁，养殖场所和设施相继拆除，开始谋划建设新的工业园区，发展文化、体育、运输、娱乐和休闲旅游产业，规划汽车文化广场，谋划南新道平房改造，构建环南湖休闲经济带。2005年，对南部采煤沉降区治理修复，改变脏乱差的恶劣环境，以集中清除各

种垃圾和私搭乱建为重点，组织清墟、拆违攻坚战，同时开展大规模的“一人一树暨营造城市森林”活动。

2008年，根据市委八届四次全会精神，南湖生态城被列为全市“四大主体功能区”（曹妃甸生态城、凤凰新城、南湖生态城、空港城功能区）之一，区委、区政府作出“依托大南湖、服务大南湖、开发大南湖，建设新路南”的战略决策，加快东岸运动休闲商贸区、西岸滨湖高档居住区、北岸特色商业区的开发建设步伐，打造环南湖生态经济圈。是年，围绕南湖区域开发和三次产业发展，全区谋划各类项目118个，总投资730.3亿元；配合南湖生态城扩湖植绿、地震遗址公园建设、建设南路拓宽绿化、学院南路南延工程等项目建设，累计拆违拆迁230万平方米，腾出土地516.8公顷。

2009年，区政府围绕南湖区域开发，全年谋划各类项目180个，总投资超过1000亿元。其中，河北省文化创意产业园总部基地项目全面启动，生态汽车文化展示园、宝珠家居建材广场（也称宝珠国际家居文化广场、宝珠国际家居文化展示广场、宝珠国际家居文化展示中心）等文化产业开始建设；郑家庄、大洪桥、新石庄3个村的改造工程开工建设，侯边庄、东西礼尚庄等11个村的新民居建设进入规划，累计完成投资5.8亿元。是年，路南区主动参与南湖生态城的开发建设，累计拆违拆迁80万平方米，征地240公顷，土地流转266.7公顷。

2010年，区政府抢抓南湖生态城开发建设、资源型城市转型、经济结构调整三大历史机遇，全年谋划各类项目195项，总投资1407亿元。其中，河北省文化创意产业园项目已完成投资6亿元（陶瓷展馆已正式营业，其余七个子项目主体已完工），汽车文化展示园一期工程建成并投入使用，宝珠家居建材广场一期工程正式开工，紫檀艺术博物馆、东软软件园、汽车试乘试驾冒险中心等项目进入规划，大南湖东岸的文化创意产业带框架基本形成。

第二节 实施城建拉动决策

1990年，区政府针对路南区恢复建设起步晚、市政设施落后于城市发展等现状，投入1147.82万元，完成小山小区9200平方米住宅楼建设，花园街等3个自建小区市政配套设施，修复风井路等5条道路，解决菜市等4所小学和幼儿园供暖等13件实事；按照“条块结合、专群结合”原则，实施绿化和市容工作体制改革，向街道下放权力，充实人员，发动群众参与城市管理和绿化美化。1991年，以“迎城运”为契机，围绕城市绿化、美化、净化、硬化，开展市容市貌整治。

1992年，落实区委四届五次全会精神，完善“条块结合、以块为主，专群结合、以群为主”的工作体制，软件硬件一起抓，加强卫生城建设。按照中共路南区第五次代表大会要求，多方筹措资金，增加城乡建设和管理的投入，改善城乡面貌；按市中心区的统一规划，高标准、高起点搞好乡村建设；抓好塌陷区、采煤波及区和预留地的规划、开发和利用。1993年12月28日，连接小山繁华区和建国路繁华商业区的金匙桥（铁路地道桥）工程开工建设，1994年9月28日竣工通车。

1997年，加强城市基础设施建设，重点解决路难走、水难排、厕所难进、垃圾难清、市容难管“五大难点”问题。其中，东部城区道路排水改造完成，路、水、厕、停车场、垃圾转运站达到文明卫生城标准；全区乡村主干道路全部达到硬化标准；完善小区环境卫生长效清扫保洁制度，楼前、楼后和小区道路每天清扫保洁，达到“三不”（不隔天、不甩段、不丢堆）、“六净”（路面净、路牙净、收水口和污水井周围净、树坑净、便道净、周围环境净）要求和“三无一净”（无杂草、枯枝败叶，无碎石瓦块、废弃土，无果皮、纸屑、污物，地面净）标准。

1998年，贯彻中共路南区第六次代表大会精神，谋划城区建设布局，促进经济建设与城市建设协调发展；学习合肥经验，抓好城市建设和管理，提高环境卫生整体水平。是年，贷款1280万元，打通南新东道；筹资208万元，建设岳各庄路；与开滦合作投资143万元，治理黑水沟；投资119.5万元，推进城区绿化；房产管理开始由“管理开发”向“开发管理”转变，完成旧工房出售，投资2542万元实施铁匠庄、定福庄等平改楼工程。

1999年，贯彻区委六届四次全会精神，实施城区改造，用以解决辖区发展空间狭小、基础设施欠账较多、城市整体形象和环境建设不尽人意、财政日子越过越紧、发展后劲乏力等问题。是年，定福庄一期、铁匠庄平改、花园里二期等工程相继竣工，竣工面积33.5万平方米，完成投资3亿元，实现税金800万元。2000年，城区改造全面铺开，马家屯平改一期工程以及建设南路延伸、南出口改造、青龙河改造、永红桥道路拓宽等市政工程相继开工，项目总数18个，投资2.9亿元，增加财政收入近千万元。

2001年1月，区政府谋划制定《路南区国民经济和社会发展“十五”计划纲要（草案）》，对“十五”期间的城市建设作出规划，科学确定城市功能，将西部改造成高品质商住区，中南部建成高档次的旅游休闲区，开发建设高新技术、虹桥、吉祥三个工业园区；改造小山、建国路市场，建成高标准商贸商务区；在学警路一带，开发建设高效益环保型工业园区；唐柏路南出口，建成省级工贸示范园区；环城郊一带，结合特色农业开发，建成商工贸农相结合的经济带；加强住宅小区建设，实施“平改楼”工程，改建、扩建若干个居民小区，总建筑面积达到100万~150万平方米，总投资10亿元~15亿元；加强城市基础设施建设，拓宽复兴路、车站路，改造胜利路，新建滨河南路，贯通文化南北街；继续实施“美、亮、活”工程，主次干道及居民小区保洁率达到100%，新建居民小区绿地面积达到30%，旧居民小区绿地面积不低于20%，搞好新建道路、乡村道路、南湖公园绿化工程，到“十五”末新增绿地50万平方米，植树20万株以上；加快农村城市化进程，到“十五”末，建成3个有区域特色的工贸小区，即南出口省级工贸示范小区、大洪桥工贸小区、定福庄工贸小区，对地处城乡结合部的10个村庄实施“平改楼”工程，并逐渐向外围村庄扩展。是年8月，区委六届九次全会确立“城建拉动”战略，加快城市现代化建设步伐。同年起，区政府围绕“城建拉动”战略的实施，制定城区近、中、远期建设方案和规划，按照“五配套”（市政设施、物业管理、绿化美化、市容建设、社区便民服务设施配套）标准，加强城市基础设施建设；调整城建规划布局，盘活存量土地，调整重点部位规划用地；实施“九路、三区、七场”建设，其中：“九路”即贯通建设南路三期工程，打通文化路、友谊中街，治理整顿西电路，改造燕南路、学警路、达后街、旱桥路、岳各庄路，谋划复兴路改造；“三区”即加快正泰、石庄平改楼、福乐园三个住宅小区建设；“七场”即五交化、大里路、荷花坑二期、文化、丰田专卖五个市场年内竣工并交付使用，小山针纺大厦主体竣工、局部运营，南新道家居文化广场部分投入使用。是年，启动城区改造项目30个，投资7亿元。翌年，再启各类项目71项，完工28项，拉动固定资产投资4.92亿元。至2002年年底，先后完成定福庄、铁匠庄、荷花西苑等平改工程64.9万平方米，总投资10亿元；结合“三迎四创”“创五城”“两小两市一部”综合整治等，改造主次干道27条，打通断头路20条；完成小山、渤海早市、果品一条街等市场改造。

2003年，加快“四个区域”（商贸居住区、商贸旅游区、老城改造区、工业建设区）和住宅、道路建设，加强城市环境容貌综合整治，推进农村城市化建设。至2007年的五年间，先后投入7135万元，翻修主次干道38条次，并建成大洪桥唐山主枢纽客货转运站配套工程；投资5900万元，完成28个旧小区物业改造和东南部旧小区集中供热；投资1000万元，在全省率先建成“数字网格化城市管理和市民服务系统”；推进东南部老城区改造、惠民里小区征迁、205国道改线工程，拆迁面积20.35万平方米；植树45万株；开工建设项目121项，总投资82.67亿元。

2008年，谋划实施各类项目118个，总投资730.3亿元；拆迁面积230万平方米，腾出土地516.8公顷；投资710万元，翻修道路8条。是年，路南区被评为“河北省三年城镇面貌大变样先进集体”。

2009年，编制完成南湖生态城西北片区、东部交通枢纽站、爱民里等重点区域的控制性详细规划和商业商务中心、文化创意中心、现代物流中心的发展规划，谋划实施各类项目180个，计划总投资1000亿元（其中超亿元的项目102个，占总数的57%；超10亿元的28个，占总数的16%）。当年，开工建设项目64个，竣工15个；累计拆迁183万平方米；城乡改造新增建筑面积163万平方米；投资3500万元，完成南新道东延；投资1.4亿元，翻修道路29条，打通断头路12条，整修背街小巷28条。

2010年，谋划各类项目195项，计划总投资1407亿元，其中在建项目58个，竣工和投入使用23个；投资1.5亿元，用于道路建设、翻修和桥梁维护；相继实施西南片区、新华楼、建工楼、燕承楼等重点区域改造工程，累计拆除各类建筑和构筑物570万平方米，腾出土地66.7公顷。

第三节　实施文化创意产业中心建设决策

1990年，域内有剧场、书馆、职工俱乐部、文化馆、文化站、电影院、录像厅、图书馆、企事业单位图书室等文化场所52个，美术培训学校1所。文化市场亦有零星的书报亭、经营音像制品的个体音像摊点。1993年，区政府坚持“以文补文、以文养文”，扶植文化馆注册演艺公司（艺鑫五交化公司），开办“星光舞厅”，鼓励民营文化经营户发展。翌年，各类文化经营户达226户。

2007年，落实区委八届二次全会提出的鼓励和扶持发展工业设计、广告传媒、软件研发等文化创意产业的总体部署，配合有关单位加强地震遗址公园、国家矿山公园等主题公园建设；谋划建设邓培故居等纪念性场馆、河北省文化创意产业园、生态汽车文化展示园、唐山宝珠国际家居文化展示中心，发展文化创意产业和影视文化产业，建设文化创意基地。

2009年12月，区委制定《唐山市文化创意中心发展规划（2009—2015年）》，将文化创意产业园扩大到文化创意产业带，空间布局自北向南为工业创意产业聚集区、商业创意产业聚集区、文化创意产业聚集区、休闲娱乐创意产业聚集区，产业布局为时尚消费、休闲旅游、高端商务、工业研发、软件设计、农业休闲观光等6个重点产业。

2010年1月，区委八届五次全会提出，以科学发展观为统领，突出区域文化特色，将创意产业与三次产业融合发展，建设集生态、经济、文化功能于一体的工业创意、商业创意、文化创意、休闲娱乐创意等产业集群，全力打造“文化创意中心”。区政府全面实施区委决策，开滦国家矿山公园、唐山地震遗址纪念公园、中国近代工业博物馆、北京书画院、汽车文化展示园一期工程、陶瓷展馆等文化产业相继建成投入使用，河北省文化创意产业园初具规模，宝珠家居建材广场开工建设。

第四节　实施科教兴区决策

一、推进技术创新

1990年，区政府按照区委四届二次全会确立的“科技兴区”决策，制订《科技兴区五年规划》，明确区属企业科技达标标准和街道企业科技示范标准，开展科技达标活动；加强科技信息交流，与15家高等院校和科研单位建立信息交流机制，帮助企业与科研院所建立技术合作关系，为企业提供科技信息150条，被企业采用5条；注意发挥科技带头人的作用，抓好科技项目立项和新产品开发，引进专利2项，科技项目立项12项（市级2项，区级10项）；加强科普工作，经济主管部门建设科技工作者之家，在学院南路街道建立全区第一个基层科委；在科技人员中开展“讲理想、比贡献”活动，发动企业和街道开展岗位练兵和技术培训，提高职工技术素质；计划开发新产品31项（列入省计划的20项、市计划的6项、区计划的5项），当年投产16项；计划实施技改项目36项（列入市以上的7项、区级29项），当年完成24项（市级以上3项、区级21项）。1991年，在街道办事处等基层单位建立科协组织，加强科普宣传，调动科技人员积极性，引进和推广先进技术34项。

1992年，在全区知识分子中，开展“三比三赛三看”竞赛活动，即比思想、赛奉献，看谁“科教兴区”意识浓，不计报酬、无私奉献多；比工作、赛干劲，看谁立足本职、忘我工作，拼搏向上干劲足；比贡献、赛成果，看谁发挥知识优势，克服困难、刻苦攻关，取得成果多、贡献大。科技工作围绕“转变职能、参与经济、搞活科技、服务社会”要求，制定激励政策，开发高新技术，引进科技人才；与大专院校、科研单位建立联系，建立科技信息网络和科技咨询网络；开展科技兴街、科技兴厂、科技兴店活动，引导全区人民形成共识。是年，与中科院、航天部、清华大学、河北工学院等17家单位建立稳定信息联系，并与其中4家签订合作协议，发布科技信息1661条，介绍项目106个，其中7个项目被企业引进；开发市级以上新产品3项，进驻高新技术开发区企业3家；实施技术改革和技术攻关24项，增加效益153万元。

1993年，开展“科技进步年”活动，推进科技进步、管理进步、人才进步。其中，推进科技进步，研究市场需求，加大科技投入，有针对性地解决关键技术，引进新项目，开发新产品，扭转区街经济产品落后、技术落后、设备陈旧的现状，实现高起点；推进管理进步，大胆借鉴外商投资和中国港澳台商投资企业的管理模式和管理经验，推行精细化管理、指标化管理、责任化管理，向国际标准靠拢，向管理要效益，解决管理水平低下问题；推进人才进步，转变传统的用人观念，摆脱苛求完美、过多强调政治的倾向，制定更优惠的政策广招人才。是年，通过“鹊桥工程”，区科委、科协和有关部门搜集发布科技信息300项，被企业采纳21项。

1994年起，贯彻区委五届三次、八次全会和第六次代表大会精神，落实《中华人民共和国科学技术进步法》，加强科技进步宣传教育，树立科学技术是第一生产力的思想；推进科技体制改革，组建实体型“大邦”技术市场，发展民营科研机构和厂办科研机构；加大科技投入，推广科技新成果，运用新技术改造传统企业；开发引进人才，发挥现有人才作用，选准、管好、用活“四支队伍”，即专业技术拔尖人才队伍、跨世纪科技人才队伍、企业和乡村科技副职队伍、专家咨询服务队伍；建立科技进步奖励制度，在区内企业开展科技进步评比活动，对做出突出贡献的企业和科技人员给予奖励；创造有利于科技进步的外部环境，落实各项优惠政策，支持企业技术开发。到1998年，先后搜集发布科技信息1500条；开发重点科技项目84项，其中列入国家和省计划的13项，列入市计划的12项，列入区重点项目的59项；发展民营科技型企业19家，改造老企业3家，全区科技型企业达到41家；引进科技人才54名；高新技术技工贸总收入达到4500万元，科技进步对经济增长的贡献率42%。

1999年，围绕加速传统产业改造和技术升级、加快高新技术产业化、发展民营科技企业、推进农业现代化进程四个重点，组织企业“外学邯钢、吉化，内学国丰、惠达”，探索适宜企业自身发展的管理体制和营销策略，加强技术创新，发展高新技术，加快现代产业化建设进程，争创全国科技工作先进区。

2001年，区政府制定《路南区国民经济和社会发展“十五”计划纲要（草案）》，确定“十五”期间科技发展规划，即提高科技在经济增长中的含量，引进光电一体化、精细化工、生物工程、新材料和高效节能技术，改造传统产业；发展科技中介、科技信息网络等服务机构，建立区、乡街、企业信息中心；培养引进高层次人才，万人拥有科技人员比率比“九五”末提高10个百分点。2002年，坚持以科技为先导，开展科技进厂、下乡活动；重视科学技术信息传播，建立科学技术服务体系。年内，共发布科技信息400条，开发高新技术产品60项，省级以上科技成果推广运用率从68%提高到73%；发展民营科技型企业5家，全区科技型企业达到46家；实现高新技术技工贸总额2.6亿元，科技进步对经济增长的贡献率提高到52%。是年，路南区被科技部授予“全国科技工作先进区”称号。

2003年，按照区委《关于创新务实奋勇争先加速推进全面建设小康社会进程若干问题的决定》，加强科技创新体系建设，加大科技投入，深化科技体制改革，完善引进人才政策，健全科学合理的用人机制。全年开发重点项目13项，申报省级新产品5项，市级新产品1项，市级以上科技成果推广运用率75%；高新技术产业总产值4.58亿元，民营科技企业技工贸总收入1.2亿元，科技进步对经济增长的贡献率54%；引进各类人才75人。

2005年10月，区委、区政府印发《关于加强科技工作的意见》，明确科技工作要“三个面向、一个优先”，即科技工作要面向经济建设、面向人才建设、面向长远需求，优先发展；突出“两个重点”，即引进先进成熟适用技术，开发新产品；健全“两个体系”，即健全科技创新体系和科技政策体系；打造“三个平台”，即科技人才平台、科技合作平台、科技发展与公共服务平台。主要措施有：采用高新技术和先进适用技术，改造提升优势传统产业，重点扶持钢铁深加工、机电、轻工化工、建材等主导产业；依靠科技进步，发展具有城郊特色的现代农业，实现主要农产品品种、质量升级换代；推进社会发展领域的科技进步，发展循环经济，加强节约型社会发展和自然环境保护；建立科技创新服务体系，推动企业成为研发主体，提升企业的研发创新能力；建立稳定的财政投入机制，支持高新技术研发、新产品开发、重点技术项目引进，科技投入不低于本级财政总支出的1%；引导企业加大科技投入，足额提取技术开发费用，大中型企业不低于当年销售收入的1.5%，科技型中小企业不低于3%，高新技术企业不低于5%；强化人才资本意识，探索年薪制、项目收益分配制等薪酬制度，调动科技人员积极性，发挥人才在科技事业中的核心作用。是年，实施重点科技项目13项，引进省外技术25项，培育民营科技型企业13家，市级以上科技成果推广运用率达到77%，高新技术产业总产值1亿元。

2007年，贯彻区委八届二次全会精神，坚持循环经济理念，把投资强度和环评标准作为新上项目重要依据，推进科技创新，发展高新技术产业，增强科技创新能力对经济社会发展的支撑力。是年，完成重点科技项目开发7项，引进省外技术项目18项，组织申报科研与发展计划17项；高新技术产业完成总产值1.5亿元，同比增长22.95%；市级以上成果转化率达到77%。2008年，依托骨干企业，引进吸收先进适用技术和高新技术，提高自主研发能力，完成重点科技项目开发8项，引进省外技术项目18项；高新技术产业实现总产值1.8亿元，同比增长20%；市级以上科技成果转化率达到79%；路南区被评为“河北省知识产权优势培育区”。2009年，投入科研经费1880万元，完成科技项目开发9项；实现高新技术产业总产值2.25亿元；市级以上重点科技成果转化率达到80%，科技对发展的支撑力度得到进一步提升。2008—2009年，连续两年被省科技厅评为“全省科技工作先进区”。

2010年，贯彻区委八届五次全会精神，引导企业增强品牌意识，培育自主品牌和高附加值产品，建立现代企业管理制度，实施科技创新、高新技术企业培育、科技招商引智、科技创新平台建设等科技工程，全年开发重点科技项目10项，引进省外技术项目19项；市级以上重点科技成果转化率达到81%；高新技术产业总产值达到2.7亿元，同比增长20%。自1990—2010年的21年中，全区累计完成区级以上新产品、新技术开发项目288项，获得授权专利1102项，其中发明专利113项，实用新型专利839项，外观设计专利150项；获市级以上科技奖励280项。

二、提高教育教学水平

1990年，区政府实施区委四届二次全会确立的“科教兴区”决策，按照“三教统筹、全面发展”要求，优先发展教育，推进“教育兴区”。是年，建立教育经费逐年增长机制，教育拨款669.5万元，比上年增加24.29%；筹款188.8万元，增扩建教学和体育设施，解决学校供暖问题，加装音体美劳教学设备和电教仪器，添置桌椅，改善办学条件；调配补充教师87人，满足中小学入学“高峰年”的需要；支持学校开展勤工俭学，创收120万元，比上年增长20%；制订《教育兴区五年发展规划》，实施“134”纲要，即争创一流教育，用好素质论、成功论、创造论三大基础理论，抓好干部队伍建设、教师继续培训、教育装备更新、教育成果规划四项重点工作，推进普教、职教、成教三大教育。1991年，中考成绩名列市区第一。

1992年，贯彻中共路南区第五次代表大会精神，在教育系统开展“经济要大上，教育怎么办”大讨论，端正办学方向；深入教育改革，推行定编、定岗、定工作量的管理体制和评优竞争机制；增加教育经费，改善办学条件；开展勤工俭学，发展校办经济。是年，区财政拨付教育经费和教育附加费989.4万元，同比增长16.7%，人均教育经费为全市15个县区之首；社会各界支持教育，捐资助教35万元；

校办企业发展到52家，产值1320万元，利润200万元；普通教育的中考成绩保持较高水平，连续三年（1990—1992年）列市区第一，职业教育为本区企业输送毕业生200人，成人教育培训在职人员1162人。1993年，投资600万元，解决由于新增1350人初中生源而带来的学校扩容问题。

1994年起，贯彻国务院《中国教育改革和发展纲要》和《中华人民共和国教师法》，加强基础教育，发展职业教育和成人教育，探索与全区经济发展相适应的人才培养途径，维护教师合法权益，提高教师素质，结合实际推进教育改革。是年，“双基”（普通中小学基本知识、基本技能教育）工作通过省验收，达到国家标准，被评为九年义务教育达标区；艺术教育受到国家教委好评。到1997年，小学“三率”（入学率、巩固率、升学率）均为100%，中考“三率”连续保持全市先进水平，职工教育、扫盲教育、农民教育、社会力量办学、初中后再教育六项成人教育指标均居全市前列。

1998年，制定《关于实行教职工聘任制的意见》，在全区43个单位推行教师聘任制，分层逐级进行全员岗位聘任，对落聘人员且不接受组织安置的按自动离职处理，此后教职工聘任制成为一项经常性制度。是年，第十三中学实行国有民办体制改革。

2000年起，落实《关于进一步深化教育改革推进教育现代化的发展纲要》，推进素质教育工程，稳步提高教育质量；推进教育现代化工程，改善办学条件；加强教师队伍建设，提高整体素质；加强教学管理，保障学校安全，创建教育现代化先进区。是年，艺术教育被评为全国先进单位。2002年，路南区被市政府命名为“两基”工作先进城区。2003年，开展“三名”（名师、名校、名校长）工程，再次通过“普九”验收。2004年，中考成绩再次跃居全市首位。2006年，第五中学被评为“市级示范高中”。

2007年，全区义务教育教学质量不断提高，中考成绩再创全市第一，18项指标名列全市前茅；普通高中、特教、成教等各类教育均衡发展，职业教育校企联合、校校联合办学模式初步确立；学前教育、中小学管理、民办教育获市级先进单位称号。2008年，路南区获“唐山市教育先进区”“河北省依法治校先进区”称号。2009年，中小学教育继续保持全市领先水平，中考成绩五个学科的平均分、及格率、优秀率等18项指标均居全市第一，职业教育、成人教育以及民办教育整体水平明显提高，开放式素质教育试验示范工作取得阶段性成果。

2010年，贯彻区委八届五次全会精神，优先发展教育事业，巩固和扩大现有教育优势，加大教育投入，加强师资交流，整合资源，进一步促进各类教育均衡发展。是年，投资1730万元，完善硬件设施，为教师统一着装；整合教育资源，撤并第39中学，恢复友谊中学国办体制；优化教师配置，清退149名代课教师，面向全市公开招聘75名教师；幼儿教育、义务教育、高中教育、特殊教育、职业教育、成人教育协调发展，高标准通过河北省教育督导评估。

第五节　落实三项基本国策

一、落实人口调控国策

1985年，建立人口控制目标管理责任制，由区计划生育委员会与区直机关各部门、街道办事处、企事业以及市属单位共77家签订《计划生育承包制合同》，明确责任义务和承诺目标，控制计划外生育。当年，全区出生2282人，出生率12.7‰，自然增长率8.74‰，计划生育率99.8%，一孩率100%，节育率100%。1988年，全面推行“双轨承包制”（即各单位主要领导向上级承包和向下级承包），向境域所有单位下达《计划生育通知书》，与各街道办事处签订《计划生育承包责任书》，全区育龄夫妇与单位签订《计划生育合同书》，并在各街道建立个体劳动者协会分会，将计划生育工作列入其工作范围。是年，全区人口出生率12.64‰，计划生育率99.6%，综合节育率100%，无多胎生育。

1989年起，贯彻《河北省计划生育条例》，加强基础工作和流动人口管理，开展依法治理。当年，全区人口出生率11.1‰，低于市达指标6.57个千分点，计划生育率99.95%，高于市达指标0.25个百分点，综合节育率100%。1990年，实行按片按楼管理，层层落实人口规划和奖惩政策，严格二胎生育审批手续，全区计划生育率首次实现100%。1991年，贯彻落实国家计生委、国家计委、人事部、财政部、民政部、公安部、国家统计局七部委联合颁发的《人口计划管理暂行办法》和《中共中央、国务院关于加强计划生育工作，严格控制人口增长的决定》，加强宣传教育，推行人口目标管理，计划生育工作继续在全市保持领先水平。

1992年11月，开平区女织寨乡、梁家屯乡划归路南区管辖，并划入人口目标管理范畴。是年，坚持思想教育为主、避孕为主、经常性工作为主的"三为主"方针，加强计划生育工作法制化、制度化、规范化建设，完善人口目标管理责任制，落实区、街、委三级承包制度，对流动人口、"黑婚"等重点人口进行走访，摸清底数，强化管理，各项指标均超额完成市达指标，计划生育率连续三年保持100%。

1994年，开始对准婚夫妇进行婚前检查，当年婚检率为58.9%。1995年，进一步完善考核办法，兑现奖惩制度，严格统计求实率，开展季度普查活动，重点做好流动人口和农村的计划生育管理工作，全区人口出生率7.64‰，计划生育率100%，统计求实率100%。1997年，坚持计划生育工作"三为主""三结合"（计划生育工作与发展经济相结合，与帮助农民勤劳致富奔小康相结合，与建设文明幸福家庭相结合）方针，完善人口控制目标管理责任制，加强统计求实、季度普查和流动人口管理，全区人口出生率7.19‰，人口自然增长率2.1‰，计划生育率99.94%。翌年，全区人口出生率降至6.09‰，计划生育率99%，被评为全市先进单位。

1999年，开展计划生育工作"四清理"活动，采取自下而上、突出重点、强化宣传、群众监督、自查为主、定点抽查的方法，分为宣传发动、开展自查、问题处理、检查验收四个阶段，集中清理自1989年《河北省计划生育条例》颁布以来，发生的瞒报出生人口、党员和干部违纪超生、计划外生育费征收违规、节育措施落实不到位问题。是年，全区人口出生率7.14‰，计划生育率100%。

2000年起，贯彻落实《中共中央、国务院关于加强人口与计划生育工作稳定低生育水平的决定》，开展计划生育工作综合治理，加强流动人口、特殊人群的计划生育管理和生殖健康服务。2001年，全区人口出生率6.36‰，计划生育率99.79%。

2003年，区委、区政府制定《关于计划生育综合治理工作的意见》，成立路南区人口与计划生育综合治理领导小组，并在乡街建立相应机构，完善"依法管理、村（居）民自治、优质服务、政策推动、综合治理"的人口与计划生育工作机制；根据各级党政机关、基层组织、人民团体的工作职能，划分人口与计划生育综合治理责任单位，明确工作职责，支持人口与计划生育基本国策落实，其中，计划生育局、公安分局、工商分局、民政局、经济贸易局、人事劳动和社会保障局、卫生局、教育局、文体局、财政局、房管局为责任主体单位，宣传部、检察院、法院、工会、共青团、计划生育协会、残疾人联合会等为协作义务单位，各村民委员会、居民委员会以及部队、其他机关和社会团体为配合责任单位；建立人口与计划生育综合治理社会网络，按照"属地管理、单位负责、居民自治、社区服务"原则，区委、区政府每年与乡街和有关部门签订责任状，各系统主管部门与本系统各单位签订责任状，各乡街与辖境的各类企业和社会单位签订责任状，形成一级抓一级、层层抓落实的工作局面；加强人口与计划生育综合治理工作制度建设，健全例会制度、工作报告制度、监督制约制度、考核奖惩制度、"两错"（错案和执法过错）追究制度、"一票否决"制度、举报制度、社会抚养费征收制度等，依法依规做好人口与计划生育工作。

2004年起，以流动人口和特殊人群为重点，加强计划生育利益导向机制和服务体系建设，创建计划生育优质服务区，保持低生育水平。2006年，通过全省流动人口计划生育"双居"工程（流动人口"居住地管理、居民化服务"工程）示范城区检查验收，流动人口计划生育管理逐步走向经常化、法制化、规范化轨道。

2007年，开展“四清三落实”活动，即出生情况清、现孕情况清、应落实避孕节育措施人员清、应征收社会抚养费的人员和数额清，把避孕节育和外孕补救措施、社会抚养费征收、党政纪处分落到实处，并制定《唐山市路南区实行免费婚前医学检查的实施意见》，实施惠民计生工程，对出生缺陷实施一级干预。2009年，落实计划生育奖励扶助政策，兑现企业独生子女父母退休时一次性3000元奖励。

2010年，以稳定低生育水平为中心，开展法律法规、优生优育、婚育新风、生殖健康知识等为主要内容的宣传教育，促进婚前优生、产后优育、男女平等风气的形成；建立“一把手”负总责、班子成员各负其责、具体目标落实到人的责任制度，每周例会、难点调研、定期通报的督导调度制度，表彰奖励先进、通报批评后进的奖惩制度；做好孕前服务和育龄服务，开展关爱女孩和助学、助困活动，落实各项优惠政策；实施出生缺陷干预，严厉打击“两非”（非医学需要的胎儿性别鉴定和非医学需要的人工终止妊娠行为）；依法征收社会抚养费；在全市率先开展流动人口“绿色服务”，即加强依法管理、利益引导和优质服务；深入实施计生惠民工程，落实计划生育奖励扶助政策，发放各项奖励资金272余万元。是年，全区出生人口1255人，人口出生率5.71‰，符合政策生育率99.68%，自然增长率0.51‰，计划生育率、节育率、符合政策生育率均达市达指标。

二、落实土地资源保护国策

1990年，贯彻《中华人民共和国城镇国有土地使用权出让和转让暂行条例》，国有土地使用权确权登记212户，发证201户，处罚超占户24户。1991年5月，按照国土资源部要求，在全区进行第一次土地资源数量和土地权属情况调查，全区土地全部为国有土地，总面积2068.07公顷。6月25日，是第一个全国“土地日”，以“土地与国情”为宣传主题，悬挂大型过街横幅10幅，大型标语61条，张贴小型标语904条，展牌、黑板报268个，有线广播164次，出动宣传车1辆，宣传栏12个，印发宣传材料1.6万份，受教育人数20万人。1992年5月，依据《唐山市国有土地使用权出让和转让暂行办法》，对全区土地交易市场进行清理整顿，制定土地市场管理制度和职责，建立市场管理台账。同年起，开始逐年收取土地使用金和租金，改变了国有土地使用上的无偿、无限期、无流动制度，形成有偿、有限期、有流动的土地使用制度。是年，按照“依法、有限、有偿”使用土地原则，依法清缴各种费用55万元；完成采煤塌陷区和波及区总体开发利用规划；开发利用人防工程1201平方米。

1993年，贯彻落实《中华人民共和国土地管理法》和《河北省土地管理实施办法》，进一步加强土地使用管理：对乡村集体建设用地实行计划管理；完成友谊、学院南路、西新村3个街道地籍测量和确权；对女织寨乡塌陷坑、西大洼（现为南湖核心区域）的开发利用进行论证和勘测；制定土地有偿使用管理办法，收取规费200万元；落实农田保护区面积1473.8公顷。1995年，完成小山、文北、友谊、学院路、西新村等街道土地权属调查和地籍测量，女织寨、梁家屯乡建设用地全面复查；完善地籍归档工作；建立国家、集体、农村宅基地审批发证制度；完成《土地利用总体规划》编制。

1996年，农民建房审批实行村、乡、区“三级联审”“三级验收”制度，公开申请、上报、批准名单，增加透明度。是年，根据《唐山市土地利用总体规划》，路南区耕地面积1921.28公顷，基本农田保护面积864公顷。1997年，对全区非农业建设用地进行清查，从5月24日开始到11月底结束，历时6个月，共清查出各类违法占地153宗，处理149宗，占总数的97.3%；10月，修编和调整《土地利用总体规划》，增补乡级规划。1998年，加强对乡村集体建设用地管理，建立存量建设用地储备库，对非农用地实行申报会审。是年，市政府利用开滦采煤塌陷地筹建南湖生态森林公园，征用土地43.62公顷。

1999年6月，根据唐山市土地管理局《关于印发1999年唐山市土地证书年检工作方案的通知》，实行“凭证管地、持证用地”，由土地管理部门对全区国有土地使用证书进行年检和查验。到12月底，全区应检1534宗，实检1459宗，年检率95%，通过年检率93%，查出实际使用面积与证书不符、改变使用用途、企业改制未处置土地资产、未办理登记手续等102宗，均依法进行处理。

2000年4月，在全区开展查处违法占地的“春季行动”，共查处各类违法占地案件10宗。8月，开展“秋季行动”，查处遗留的违法占地案件39宗。是年，小南湖建成，面积约300公顷；唐津高速公路经过两年建设形成取土区21.4公顷，全部复垦。2001年4月，区土地分局按照全市统一部署，开始对农村宅基地进行全面清理，逐村逐户实地丈量核实，完成一户整理一户，完成一村整理一村，至翌年6月完成全部清理工作，共清理核实女织寨乡34个行政村（另4个村为市民村）宅基地14585宗，集体建设用地182宗，解决各类历史遗留问题3948宗，均按规定核发农村宅基地使用证。

2002年，按照《唐山市路南区集体土地所有权确权登记发证工作实施方案》，由国土资源部门对38个行政村的集体土地进行所有权确权登记，运用GPS卫星定位系统确定坐标点5618个，设立界桩3269个，确定权属面积4351.9公顷，耗资202万元。按照《中华人民共和国土地管理法》，严格控制占用耕地，保证重点建设需要，促进经济发展。年末，区政府回顾总结本届工作，五年累计开发闲置土地资源43.6公顷，引入企业92户，加强工业园区建设；累计投资6.6亿元，完成住宅建设60多万平方米，实施平改工程，带动土地增值；完成农村集体土地所有权确权登记和发证、农村宅基地治理、土地二级市场管理等工作，在全市处于领先地位。

2003年1月，按照唐山市国土资源局《关于进一步整顿土地市场秩序工作安排意见》，开始对全区范围内的土地市场秩序进行全面整顿，重点是辖区内的4个工业园，共查处各类违法占地19宗，占地面积10.01公顷，全部依法进行处理。其中，自行拆除4宗，收缴罚款纳入二级市场5宗，经法院裁定不拆除1宗，罚款并案1宗，经批准补办用地手续1宗，移交法院强制执行7宗。

2004年，根据区委七届五次全会要求，着手东部城区14平方公里分区规划、南湖生态区规划。依据修正后的《中华人民共和国土地管理法》，执行国家征收或者征用土地，必须严格依法执行并给予补偿政策。2005年，加快东南部分区规划和土地利用总体规划修编，为科学规划城市建设、推进可持续发展奠定基础；开展土地市场秩序治理整顿，土地资源综合利用率显著提高；结合企业“退二进三”改造，完成玻璃集团、三胶厂区土地性质变更，实现可持续发展；因基本农田和耕地保护指标限制，不再分配宅基地指标。

2006年，继续治理土地市场秩序，加强土地资源保护和合理利用，并做好农村土地延包流转工作，被评为省级“土地市场治理整顿先进单位”。是年，市政府决定将“小南湖”扩建成“大南湖”，筹建南湖生态城，辖域范围北起南新道、东至陡河、西至新京山铁路、南至丰南新205国道，总面积（含丰南）约1.03万公顷，其中路南部分约3500公顷，核心区（含丰南）约3800公顷。

2007年，开始对位于市中心区内的友谊、学院南路、广场、永红桥、小山、文化北后街6个街道进行第二次土地调查，摸清全区土地利用状况。翌年10月，提交地籍勘测成果，建立和完善土地调查、统计和登记制度，实现土地调查成果信息化管理和社会化服务，满足经济建设和国土资源管理要求。2008年，农民建房占地面积0.18公顷。

2009年，按照区委八届四次全会要求，累计拆除各类建筑物、构筑物183万平方米；参与南湖生态城的开发建设，征地240公顷，土地流转266.7公顷；再次调整征地补偿标准，土地补偿费和安置补助费为11.5万元/亩；审批农民建房21户，占地面积0.3公顷；盘活工矿企业用地8.1公顷。

2010年，编制《路南区土地利用总体规划（2010—2020年）大纲》，新一轮土地利用总体规划辖区面积6084.2公顷，河北省国土资源厅原则批准通过；全年查处违法占地5宗，全部申请法院强制执行；落实重点建设项目用地指标144.53公顷；完成南湖西北片区整体搬迁改造、青龙河治理绿化、西电路拓宽改造等项目，共计227.06公顷；农用地转用、征收补偿费标准提高到18万元/亩；国家建设用地97.26公顷；不再批准农民建房占地。年底，辖域实际耕地保有量1017公顷，基本农田保有量215.8公顷；自1997年以来的13年间，共开发未利用土地48.35公顷，全部用于城市和工矿建设；自1988年以来的22年间，共办理土地登记40764宗，发放土地使用证40764本。

三、落实环境保护国策

1990 年后，因陡河、青龙河常年接纳生活污水、工业废水、生活垃圾，水质逐年恶化，路南区环境监理站（设在城建局）定期或不定期对污染源进行抽查、检验；建立建设项目环保审批制度，由路南区城建局负责，项目审批的标准为：符合国家产业政策、城市总体规划布局和环境功能区划要求，符合“清洁生产”、污染物排放标准要求，满足国家和地方规定的污染物排放总量控制指标，能维持或改善地区环境质量等。1992 年，投资 4437 万元，治理环境，加强环境保护。1993 年，对全区 327 家企业摸底调查，确定有污染的企业 69 家，依据国家政策收取排污费的 43 家，立项污染治理的 6 家，对新上项目的 20 家实行“三同时”（建设项目的防治污染设施，必须与主体工程同时设计、同时施工、同时投入使用）。是年，办理涉及环保的人大代表建议和政协委员提案 6 件，群众来信来访 27 件。

1995 年，进一步加强烟尘排放监控，建成 5 个烟尘控制小区和文北西楼绿化样板小区；对污染企业进行调查摸底，建立工业企业监察档案、信访档案、污染企业规范化管理档案、燃煤锅炉台账等 225 家，其中区属企业 43 家，乡街企业 182 家；制定禁止噪声实施方案，在中、高考期间做好“禁噪”工作；取缔境内“十五小”企业 8 个，其中小土炼焦厂 7 个，土法炼铁厂 1 个。

1997 年起，按照河北省环境保护委员会《关于实施“环保形象工程”解决冒黑烟问题的紧急通知》要求，在全区范围内对超标燃煤设施进行限期治理，并与 17 家责任单位签订限期治理责任书。是年，全区投资 588 万元，完成治理项目 385 项，其中改造治理窑炉 10 座、锅炉 142 台、茶炉 120 台、大灶 113 台。1998 年，投资 713 万元，治理域内 21 家企业的 96 台燃煤设施。1999 年，投资 550 万元，完成青龙河 1028 米区段河道清淤、砌筑河堤护坡、修建护栏、河岸两侧绿化等改造工程。

2000 年，根据国务院《关于环境保护若干问题的决定》，开展“一控双达标”行动，即主要污染物排放总量控制在国家规定的排放总量指标内，所有工业污染源排放污染物要达到国家或地方规定标准，环境空气和地面水环境质量达到功能分区标准。区政府成立以常务副区长为组长、主管环保工作的副区长为副组长、环保等相关部门“一把手”为成员的“一控双达标”工作领导小组，制定《路南区环境保护“一控双达标”攻坚行动方案》，召开“一控双达标”动员大会和 13 次现场办公、调度会，使环境治理工作得以顺利进行。是年，纳入“一控双达标”管理的企业 192 家，其中无污染的企业 30 家，限期治理达标的企业 98 家。经过治理，取缔重度污染企业 6 家，自然停破产 58 家；治理工业废水项目 30 个、工业窑炉 36 个，工业生产锅炉 30 个、取暖锅炉 10 个，取缔茶（浴）炉及灶类 30 台，总投资 1272 万元。通过“一控双达标”攻坚行动，有效控制路南区污染加剧的趋势，初步改善环境质量。是年，“环保形象工程”进入第四年。当年投入资金 191 万元，治理 37 家企业的燃煤设施 49 台（套），实现治理率 100%；投资 238 万元，取缔市中心区范围内 1 吨及 1 吨以下手烧燃煤炉 328 台。经过 4 年的不间断努力，“环保形象工程”取得可喜成绩，共投资 1400 万元，先后改造工业窑炉、锅炉和企业茶炉、大灶等超标燃煤设施 427 台（套），取缔 1 吨及 1 吨以下手烧燃煤炉 328 台，基本解决建成区、国道省道两侧可视范围内冒黑烟问题。

2001 年，贯彻《建设项目环境保护管理条例》，实行建设项目环境影响评价制度，严格污染物排放的国家标准和地方标准，防止建设项目产生新的污染。继续实施环保“形象工程”，提高治理标准，由治理取缔 1 吨（含）以下燃煤锅炉提高到取缔 2 吨（含）以下燃煤锅炉，并开始推广燃气、燃油、电等清洁能源。是年投资 324.7 万元，治理改造燃煤锅炉 282 台（套）。推进“退二进三”政策落实，即在产业结构调整中缩小第二产业、发展第三产业。开展“绿色环保社区”建设，福乐园等 4 个社区被唐山市环保局授予“绿色环保社区”称号。

2002 年，继续开展“一控双达标”治理活动，严格建设项目审批，限期治理改造燃煤设施 173 台（套）；继续开展“环保绿色社区”建设和“保护环境、从我做起”活动月，按照“部门联动、齐抓共管”和“谁主管、谁负责”原则，全面加强对居民生活小区、小街小巷、城乡结合部、农贸市场、餐馆摊点、道路两侧、公共场所的重点区域、重点部位、重点场所的集中整治，突出解决乱堆乱放垃圾和乱扔废弃物问题，随意排放污水、超标排放废气问题，乱贴广告、图片、纸张、乱写乱画问题，乱停乱放车辆问题，占道经营和马路市场问题。

2003 年，坚持“环保第一审批权”，落实环境影响评价和环境保护“三同时”制度，严格控制新的污染源，实施环保形象工程，提高城区环境质量，全年拒绝审批污染项目 47 项。继续开展“一控双达标”治理，投入资金 324.7 万元，完成超标燃煤设施治理 279 台（套），超过市达指标 106 台（套）；控制工业企业污染源反弹，拆除生产线 5 条；“两禁”（禁止企业生产、使用、销售含磷洗涤用品，禁止燃烧秸秆）工作收效显著。是年，根据国家环保总局《关于开展清理整顿不法排污企业保障群众健康环保行动的通知》，将南湖、陡河、青龙河周边饮用水水源地列为重点监控区域，成立监察小组，建立巡查、立案、查处等制度，实施不间断监控，发现问题及时处理。2004 年，辖域南部采煤沉降区生态建设获“迪拜国际改善居住环境最佳范例奖”。

2005 年，进一步完善“环保第一审批权”和“三同时”审批制度，加强环境监管，完成创建省级环保模范城阶段性任务；实施文明生态村建设，新增文明生态村 7 个；新增绿地覆盖面积 22 公顷、园林绿地面积 20 公顷、公共绿地面积 11 公顷，绿地覆盖率达到 33%。经过 5 年的努力，环保“形象工程”收到很好成效，全区燃煤设施由“十五”初的 1607 台（套），减少到“十五”末 256 台（套），5 年累计减少燃煤设施 1351 台（套），其中强制拆除超标燃煤设施 720 台（套），采用集中供暖或用电、天然气等清洁能源代替等方式改造燃煤锅炉 631 台（套），总投资 1012.41 万元。

2006 年，加强对新建、改建、扩建项目、技术改造项目、可能对环境造成污染和破坏的工程项目的环保预防监控，提高大气和环境质量；实施陡河、青龙河路南段环境整治，将 3 个向两河排放生活污水的排污口纳入城市污水管道；实施“节能减排计划”，取缔燃煤设施和污染严重企业；加强环境保护和生态建设，推进南部采煤沉降区拆迁、绿化工作；深入实施城市绿化工程，3 年共植树 52.6 万株，新增绿地面积 84.7 万平方米；成功解决侯边庄、新艾庄村民生活饮用水超标问题。

2007 年 5 月，区政府制定《关于落实科学发展观加强环境保护工作的实施意见》，把环境保护摆上更加重要的战略位置，实现“三个转变”，即从重经济增长轻环境保护转变为保护环境与经济增长并重，从环境保护滞后于经济发展转变为环境保护与经济发展同步，从主要用行政办法保护环境转变为综合运用法律、经济、技术和必要的行政办法解决环境问题，改变先污染后治理、边治理边破坏的状况，在保护环境中求发展；坚持环保基本国策，用科学发展观统领环保工作，推进生态区建设，发展循环经济，加快产业结构调整，坚决禁止不符合国家产业政策和环保准入条件、高能耗、高污染、对生态环境安全产生重大影响的项目，在发展中落实保护，在保护中促进发展；突出污染防治重点，加快重点流域水污染治理，深化大气污染防治，推进城市环境综合治理，加强农牧村环境保护，努力改善城乡环境；严格环境保护法律制度，认真执行环境影响评价制度、“三同时”制度、污染物排放总量控制制度、污染物排放许可证制度，对新上项目实行环境容量“一票否决”，禁止无证排放，强化环境执法监督；加强体制机制改革创新，完善环境管理体制，探索环保经济激励机制，健全环境保护长效机制，推进“四大体系”（环境污染监控体系、环保科技支撑体系、环境保护资金投入体系、环境保护公共参与体系）建设，营造人人爱护环境、保护环境、建设环境的社会氛围；切实加强领导，完善环境质量行政领导负责和环保政绩评价考核制度，强化环境保护责任追究。实施意见明确了“十一五”期间环境保护目标：到 2010 年，污染物排放总量得到有效控制，二氧化硫排放总量、化学需氧量、烟（粉）尘、氨氮排放量，均在 2005 年的基础上分别削减 20%；城市环境质量有所改善，全区水、大气和声环境质量基本达到功能区要求，城市人均公共绿地面积大于 10 平方米；生态环境恶化趋势得到控制，生态建设和环境保护全面实施并取得初步成效，农村环境质量基本保持稳定，城镇生活垃圾无害化处理率达到 100%，规模化养殖场和集中式养殖区粪便综合利用率大于 90%，工业固体废物处理利用率大于 80%，危险废物、医疗废物安全处理处置率达到 100%，放射性废物收贮率达到 100%；建立较为完备的环境执法监督体系，环境监管能力进一步提升，形成环境保护长效管理机制。是年，率先打响全市安全整顿治污减排百日攻坚战，投入688万元，对6家耗能高、污染高、不具备安全生产条件的企业实施深度治理，其中唐山市保温材料厂投资320万元把燃煤窑炉改为煤气发生炉，吉祥线材厂投资30万元对酸洗车间进行了深度治理，光华造纸厂投资90万元对锅炉除尘设备、生产工艺和废水回收进行改造，唐山市钢丝厂投资3万元将明火炉加装了脱硫除尘器，唐山市宏盛陶瓷有限公司投资240万元将燃煤遂道窑改为煤气发生炉，轻质保温材料厂投资5万元加装了脱硫除尘器；关闭取缔7家无环保手续、污染严重的企业，全区共减排二氧化硫209吨、化学需氧量262吨；引导企业采用先进技术，改进生产工艺，能源消耗持续下降，单位GDP电耗下降7.14%，单位工业增加值能耗下降22.3%，处于全市最低；加快企业“退二进三”，一批高耗能企业彻底退出生产领域，引入河北钢铁建安公司炉渣综合利用项目，发展循环经济；开展“一人一树暨营造城市森林”活动，新增绿化覆盖面积5.6万平方米。

2008年，区政府制定《关于改善城区大气环境质量，加强烟气排放设施综合治理攻坚行动方案》，取缔4吨以下燃煤锅炉，规定4吨及以上燃煤锅炉安装高效脱硫除尘设施；将锅炉整治工作纳入各单位年终考核目标，对未完成任务的单位实行环保“一票否决”。年内，投资719万元，取缔燃煤锅炉165台，安装高效脱硫除尘设施12台。加快城区工业企业“退二进三”，拆迁位于城区黄金地段企业200家，腾出土地用于发展服务业。

2009年，加大对燃煤锅炉综合整治力度，区政府印发《唐山市路南区人民政府关于继续深入推进燃煤锅炉综合整治工作的通知》，将辖区85个单位的114台锅炉列入整治范围，共投资870万元进行拆改。加大“退二进三”工作力度，果断关停重点排污企业唐山市光华造纸厂，将位处市中心的唐山市华通线缆厂搬迁至丰南沿海工业园区，节能减排指标在全市保持领先水平。淘汰落后产能，全年单位GDP能耗同比下降5.1%，单位增加值能耗同比下降7.83%。全年环境空气质量，二级及优于二级天数达到329天，占总天数的90.1%。

2010年，把锅炉整治触角深入到农村市场，实行全方位无缝隙管理，全年投资270万元，取缔14家单位的燃煤锅炉17台；推进居民小区节能改造，全年完成既有居住供热计量及节能改造16.8万平方米；开展工业领域对标行动，引进吸收先进适用节能技术和工艺，全年单位生产总值能耗同比下降5.07%，单位工业增加值能耗同比下降8.87%；对大洪桥饮用水源地环境，进行排查和整治；新增绿化面积18.5万平方米，城市绿化率达到45.63%；坚持建设项目“三同时”制度，审批建设项目221个，拒批污染项目3个。“十一五”期间，全区共审批建设项目1032个，拒批污染项目23个，环境影响评价和“三同时”执行率均为100%。

第六节　建立社会保障制度

1984年，唐山市职工退休退职审批权下放至区。路南区开始遵照国务院《关于工人退休退职的暂行办法》，履行区属企业、区直单位职工退休、退职审批职能。1986年11月，成立路南区社会保险事业管理所，接管全民合同制工人养老保险金收缴工作。是年，按照国务院《国营企业实行劳动合同制暂行规定》《国营企业职工待业保险暂行规定》要求，建立失业保险制度。1988年7月，建立路南区离退休费统筹委员会，区政府制定《集体企业离退休费用社会统筹试行办法》，按在职职工工资总额的6%和离退休费的70%提取统筹基金。1989年，增加非因工死亡补助和直系亲属救济费两个救助项目。

1990年，区属全民、集体企业实行职工劳保医疗制度，机关事业单位实行公费医疗制度；完善全民企业离退休制度、集体企业离退休费用社会统筹制度、失业保险制度。1992年2月，区委办公室、区政府办公室下发《关于进一步做好保险工作的通知》，规定区内企业向中国人民保险公司投保，以财产保险为主，积极参加财产附加险、机器损坏保险等。对其遭受自然灾害或意外事故所造成的损失，企业不得在“营业外支出”项目列支，财政不再核销或拨款，主管部门不再给予弥补。企业职工社会养老保险，执行《国务院关于企业职工养老保险制度改革的决定》，按照由国家、企业和个人三方共同负担的原则，建立基本养老保险基金制度。3月，区委、区政府下发《街道集体企业职工退休养老保险金社会统筹暂行规定》，将街道集体企业职工退休养老保险金，纳入区集体企业养老保险金社会统筹范围。

1993年起，按照《中共中央关于建立社会主义市场经济体制若干问题的决定》，开始建立健全社会保险、社会救济、社会福利、优抚安置和社会互助等多层次的社会保障制度。至2010年，基本养老保险制度、失业保险制度、医疗保险制度、工伤保险制度、生育保险制度、最低生活保障制度、城镇最低收入家庭住房保障制度，以及五保供养、救济、优抚等社会保障等制度，得到逐步健全和完善，构成覆盖全民的全方位、多层次的社会保障体系。

第五章　行政事务

1990年起，区政府按照《中华人民共和国地方各级人民代表大会和地方各级人民政府组织法》赋予的职责，加强人事劳动管理，建立健全社会保险制度；落实拥军、优抚、社会福利、社会救济、五保供养、退伍军人安置政策；加强编制监督，控制编制总量；建立行政审批制度，简化审批环节，提高行政效率；加强法制督查，促进依法行政。通过加强行政事务管理，统筹经济社会全面、协调、可持续发展。

第一节　综合协调工作

一、综合调研

综合工作　1990年起，区政府办公室按照把方向、议大事、谋全局的原则，重点做好上半年、下半年、全年政府工作安排和总结，政府全体会议材料，人大会议上的政府工作报告，重要会议传达贯彻方案，计划生育等表彰会上的发言材料，政府自身建设有关规定，全区性重要活动的部署与总结等方面的文稿起草工作。至1996年，完成综合性工作总结等文稿65篇，经济工作、社会管理工作、全民义务植树动员等会议文稿160篇。

1997—1999年，围绕“迎接十五大、确保社会稳定”，加强就业再就业、安全生产、国企改革，召开表彰先进生产工作者等各类大会，撰写总结、讲话、报告材料等文稿70篇。

2000年，起草《国民经济和社会发展“十五”计划纲要的报告》等综合性文字材料10篇，围绕教育、城市建设与管理等专项重点工作撰写文字材料30余篇。

2001—2004年，起草政府工作纲要、全会讲话等综合性材料300余篇；围绕工业园区建设、企业改革、创建国家卫生城、军转安置等工作，起草相关文字材料90余篇；撰写政府工作大事记22篇，主持辞、发言稿10篇，起草区领导重要活动信息、会议纪要等各类文字材料510篇。

2005年，整理区政府重点工作完成情况及重点工作安排192篇，完成《2004年政府工作报告》《在路南区十三届政府第三次全体会议上的讲话》等各类综合材料10篇。2006年，完成《在路南区十三届政府第四次全体会议上的讲话》等各类综合材料10篇，其他材料240篇，整理汇总区长及办公室的重点工作完成情况及安排30份。2007年，起草各类文字材料160篇。

2008年，起草政府工作报告、全会讲话等综合性材料10篇，起草奥运安保及信访稳定动员大会、城乡环境卫生整治动员大会、项目建设暨经济形势分析会议、民营企业家座谈会等讲话材料 200 余篇。

2009 年，起草政府工作报告、区长述廉报告以及政府全体会、重点项目调度会、文明城创建和“城镇面貌三年大变样”动员大会、工业重点项目调度会等重要会议上的领导讲话材料 40 篇；完成《城镇面貌三年大变样工作进展情况的汇报》《疑似甲型 H1N1 流感密切接触者追踪情况的报告》《关于五项攻坚行动进展情况的汇报》《科学谋划、狠抓落实，倾力打造唐山市“三大中心”》《攻坚克难展新姿、意气风发换新颜，路南区城乡面貌实现大变样》《以城市化为目标，统筹城乡发展》《关于绿化唐山持续攻坚行动进展情况的汇报》等总结、汇报材料 31 篇；编写区政府和政府办公室的重点工作安排 184 篇。

2010 年，起草政府工作报告、汇报等综合性材料 10 篇；撰写《在南湖生态城西北片区拆迁指挥部节后拆迁工作动员大会上的讲话》等文稿 150 余篇；完成《问渠哪得清如许，为有源头活水来》《心系民愿，为民解忧，倾力打造人民群众幸福之区》《科学拆迁，和谐拆迁，创造“四零奇迹”》等经验材料 5 篇；完成区政府主要领导在《唐山声音》栏目专访手稿的文字材料；完成《搬迁礼赞——唐山市南湖生态城西北片区拆迁改造纪实》一书的编稿工作，协助完成《从长青楼到万达广场》一书的编纂工作。

调研工作 1990—1998 年，围绕企业产品结构调整、发展校办经济、计划生育等工作开展调研，形成领导参阅材料 20 余篇。

1999—2002 年，围绕国企改革、“九五”工作完成情况及“十五”工作计划开展情况、专业市场建设、个体私营经济发展等开展调研，形成领导参阅材料 5 篇，撰写《优化环境，拓展空间，加快个体私营经济发展》《关于果莱龙型经济发展及产业化经营情况的调研报告》《关于全区股份制企业发展的几点思考》《赴南方学习考察的考察报告》调研材料 4 篇，其中在《唐山经济》上刊发 1 篇。

2003—2006 年，撰写农村劳动力转移、社区就业、小区市场管理、项目建设、社会保障等专题调研报告 12 篇，领导参阅材料 2 篇，其中《关于路南区产权制度改革的调查与思考》在《唐山经济》上刊发。

2007 年，围绕贯彻“大南湖、新路南”发展思路，广泛开展调查研究，形成《开发大南湖，建设新路南，全力打造环南湖生态经济圈》《坚持以人为本，着力改善民生，不断提高人民群众幸福指数》《加强三产服务业建设，促进路南经济可持续发展》《打造数字化城市的探索和实践——路南区实施“三网并行、三网联动”的调查》《细节入手、多措并举，全力打造资源节约型和环境友好型新城区——路南区关于节能降耗工作的调查与思考》5 篇调研材料，并在《唐山经济》上刊发。是年，区政府办公室被评为全市政府系统调研工作先进单位。

2008 年，围绕提高城镇化水平、推进南湖开发和环南湖生态经济圈建设等全区重点工作开展调研，形成领导参阅材料 10 篇。

2009 年，开展调查研究，完成《赴秦皇岛、大连等地学习考察情况的报告》《开拓创新、突破瓶颈，着力破解困扰三年大变样的难点问题》《“项目拆迁”是推进城镇面貌三年大变样的金钥匙》《践行一线工作法，真抓实干谋发展》《以城镇面貌三年大变样为契机，在科学发展的道路上实现新跨越》《蹲点调研是解决农村改革发展问题的“金钥匙”》《路南区文化创意产业发展思考》《关于赴广州、桂林、南京等地学习考察的报告》《“农改超”经营模式的研究与探索》《新型农村养老保险制度的探索与实践》《城市拆迁难点问题及对策研究》《首届曹妃甸论坛带给我们的启示》《科学发展谱新篇，小区域、大发展、多贡献》《心系民愿、为民解忧，倾力打造人民群众幸福之区》等调研报告 14 篇。

2010 年，撰写《第一难题的难与不难》《结构调优、转变加快，路南经济运行指标实现“四高四低”》《路南区在转变经济发展方式上实现跨越式发展》调研报告 3 篇。

二、政务督查

2000 年 7 月，路南区政府督查室成立，履行区政府赋予的督查职能，即围绕政府中心工作，按照分解立项、跟踪督查、综合反馈程序，实施催报检查、协助督查、调研督查、协调督查、组织检查，“敦促慢的，推动停的，纠正偏的，惩治顶的”。截至2010年的10年间，共办理领导批示交办事项4210件，办结率达98%以上；组织各类督查及调研活动260次；向区领导呈报督查专报520期。

督查机制　2006年，区政府印发《关于进一步加强政务督查工作的意见（试行）》《路南区政府系统政务督查工作考核办法（试行）》，按照“围绕中心、有令必行、实事求是、注重实效、客观公正”的原则，通过督促、检查、协调、反馈等手段，加强政务督查，及时了解情况和存在的问题，协调关系，提出建议，维护政令畅通，确保党和国家的方针、政策以及政府各项决策、工作措施贯彻落实，并对决策督查、专项督查、政务督查业务建设等实行计分考核制度，年底通报考核结果。

2007—2010年，贯彻落实区委、区政府印发的《关于进一步加强对落实科学发展观情况的监督检查的实施方案》《路南区科学发展综合考评办法（试行）》《路南区关于进一步促进科学发展的目标管理制度（试行）》《路南区关于进一步促进科学发展的问责制度（试行）》，加强对科学发展观落实情况、损害群众利益的突出问题、机制体制改革、整风特别是领导干部作风建设等方面的监督检查，合理调配监督力量，健全问责规范，强化监督检查成果运用。

决策督查　自2001年起，区政府每年印发年度主要工作目标督促检查要点，从全面督查、专项督查两方面，提出区政府主要工作督查要点，落实主体责任。

2006年，区政府提出督查要点64项，实行全程跟踪督查、定期分析评估制度，确保就业再就业、三下乡、城区路网和文明生态建设、采煤波及地王禾庄村整体搬迁、推行新型农村合作医疗等惠民实事如期完成。

2007年，区政府提出97项督查要点，围绕改善居民居住环境、加强城区路网建设、文体基础设施建设、农村基层组织建设、创建和谐社区示范城区、改善办学条件等实事工程，开展全程跟踪督查，加快工作进度。是年，路南区在办理市政府督查事项考核中，得分在全市名列第三。

2008年，区政府提出108项督查要点，围绕推进农村教育城市化、文体设施建设、城区路网建设、发展社会化养老服务事业、完善社区卫生服务网络、改善农村饮用水质量等实事，开展全程跟踪督查。

2010年，区政府督查要点增加到111项，全程跟踪督查社会保障体系、就业再就业、南新道东延工程建设、提高城乡特困群众保障水平、发展社会福利事业、“三个一”健康体检、校舍安全工程、移风易俗等惠民实事。

批办督查　2000年起，区政府督查室重视每一件领导批示事项的督查，广泛听取各方意见，深入现场了解情况，分析问题产生的原因，探索解决问题的有效途径，按照“批则必查，查则必清，清则必办，办则必果”要求，确保事事有着落，件件有回音。至2010年，共办理国务院、省、市领导批示件430件，区领导批示件3780件，按时办结率100%；呈报《督查事项专报》520期；编发《政务督查》1150期；组织阶段性重点工作和重大突发事件的专项督导检查260项次，有效保证区政府各项重点工作得到落实。

三、政务信息

1985年，区政府下发《关于加强信息反馈工作的意见》，在政府系统建立信息反馈制度，明确区政府办公室要有1名副主任主抓，3名工作人员专抓；各街道、政府各部门安排1－2名信息工作人员，并由1名领导负责信息工作；明确信息工作人员的任务，建立信息工作例会制度、工作报告制度、督促检查制度和资料积累制度；设置《情况反馈》《工作简报》《专题报告》《政府工作短讯（快讯）》专刊。1990年，《路南区街道企业积极进行产品结构调整》等5篇信息被评为唐山市政府系统1990年度优秀信息。

1991年，编发《政府工作动态》149期、《情况反映》57期、《工作简报》81期、《信息参考》7期、《报市信息》85期、《部门领导一席谈》4期，其中《路南区计划生育率首次达到100%》等5篇信息被评为唐山市政府系统1991年度优秀信息。1992年，《路南区大力发展校办经济》等20条信息被市政府信息处采编，区政府办公室被评为唐山市政府系统1992年度信息报道工作先进单位。

1993年，编发各类信息400期，其中《报市信息》131期，《政府工作动态》160期，《情况反映》35期，《信息参考》51期，其他信息23期，被市府信息处采纳编发30篇。

1994年，区经贸委、电子设备厂、文化北后街街道办事处、福星五交化公司被确定为市级信息联系点，可直接向市政府办公厅报送信息。

1995年，区政府制定《路南区政府信息工作达标争先考核办法》，要求各乡、街每年上报信息不少于100篇，并实行记分考核和奖励制度。是年，各乡街、政府各部门及区政府驻京办事处上报信息稿件2300篇；政府办公室编发《工作简报》34期、《情况反映》45期、《政府工作动态》42期、《报市信息》79期；年终评选信息工作先进单位8个、先进工作者8名。

1997年，区政府下发《唐山市路南区政府系统信息工作目标管理考评方法》，将被考核单位分为四组，实行按组别定指标、按数量和质量计分、按档次考评制度，年终评选出信息工作先进单位、优秀信息工作者，对各组最后一名给予通报批评。1998年，区政府办公室被评为唐山市政府系统信息管理工作先进单位。1999年，全区评选信息工作先进单位11个，优秀信息工作者11名。2002年，政务信息工作被市政府办公厅评为信息工作先进单位，总分列区场组第二名。

2008年，政务信息开设领导重要活动、工作交流、综合信息、政府全会反馈、统计专刊、报市信息、信息业务专刊、专题信息八大类专刊，并加强信息工作规范化、制度化建设。

2009年，区政府办公室共编发政务信息238期，其中，《领导重要活动》98期，《综合信息》28期，《报市信息》15期，《工作交流》35期，《专题信息》13期，《统计专刊》3期，《领导批示》2期，《信息业务专刊》4期，其他信息40期。

2010年，区政府办公室共编发政务信息95期，其中，《领导重要活动》25期，《综合信息》41期，《工作交流》10期，《信息业务专刊》6期，其他信息13期。

第二节　人事管理

一、干部来源

1990年，行政事业单位干部主要来源于组织录用、大中专毕业生、军队转业干部、调入等渠道。2000年，按照“市场导向、政府调控、双向选择”的原则，取消国家统一分配，干部主要来源渠道发生变化。2008年，按照市委组织部、市人事局关于转发《公务员调任规定（试行）》的通知精神，建立公务员录用、晋升、调动、交流制度。至2010年，行政事业单位干部主要来源于公开录用、军队转业干部、调入等渠道。

大中专毕业生分配　20世纪80年代中期，大中专毕业生分配为计划安置，重点是充实区直党政机关、企事业单位。1989年，大中专毕业生分配以“双向选择”为主，“指令性计划分配”为辅，统筹安排，合理使用，重点面向企业、面向基层。

1990年，区委组织部、区劳动人事局印发《关于干部调配工作若干问题的通知》，强调各部门各单位未经批准，不得擅自接收大中专毕业生。明确按照双向选择原则，用人单位需在大中专毕业生年度需求计划之内，事先提出申请，并填写“接收毕业生统计表”，经区劳动人事局审核，报市大中毕业生分配办公室批准，否则不予承认。1996年，鼓励大中专毕业生到基层工作，安置去向面对乡、街道和区属国营、集体企业。

2000年，按照“市场导向、政府调控、双向选择”的原则，取消国家统一分配政策，建立“毕业生自主择业、市场调节就业、政府促进就业”的大中专毕业生就业机制。教育、卫生系统所需毕业生实行面向社会，公开招聘，通过笔试、面试，择优录用。2001年，实行多形式、多渠道安置毕业生就业，各单位新进人员全部实行聘任制。

2002年8月，区委办公室、区政府办公室转发区委组织部、区人事劳动和社会保障局《关于选拔应届优秀大学毕业生工作的意见》，确定每年选调10名左右优秀大学毕业生。选调工作坚持公开、平等、择优原则。选调程序包括：组织人事部门公布选调生条件、标准、待遇；组织自愿报名；进行资格筛选（考核、面试、答辩、体检）；初选名单和分配方案报区领导审批。至2010年，全区共接收选调生11批次、36人，全部安置到乡（街）工作。

军队转业干部安置 1990年，军队转业干部安置工作，坚持以计划分配与推荐选用相结合，贯彻妥善安置、合理使用、人尽其才、各得其所的原则，在需要加强的政法、经济监督、金融等部门，以及其他有增干任务的部门和单位优先安排军队转业干部。对自愿到边远艰苦地区工作的转业干部，在职务安排、生活待遇上给予优待和鼓励。当年，军队转业干部主要安排到区直属机关和企业。

1995年起，因企业职工待遇相对较低，军队转业干部多安排到行政、事业单位和待遇较高的企业，且做到当年转业，当年安置到岗。1998年，军队转业干部安排按指令性计划进行安置分配，重点充实政法、安全和执法监管等部门。

2000年，是完成中共十五大提出的三年裁减军队员额50万任务，做好军队转业干部安置工作的最后一年，军队转业干部安置仍采取指令性计划分配办法。计划分配的军队转业干部由党委、政府负责安排，优先充实政法和执法监管等部门。同时，鼓励和引导军队转业干部到国有大中型企业、高科技产业和国家重点建设工程、新建扩建单位等领域工作，鼓励到非公有制企业工作或自办企业。

2007年，国家对军队转业干部的安置实行计划分配和自主择业相结合的方式。国家下达的机关、团体、事业单位的年度增人计划，首先用于安置军队转业干部。对自主择业的军队转业干部，采取提供政策咨询、组织就业培训、拓宽就业渠道、向用人单位推荐、纳入人才市场等措施，为其就业创造条件。党和国家机关、团体、企业事业单位在社会上招聘录用人员时，对适合军队转业干部工作的岗位，优先录用、聘用自主择业的军队转业干部。对从事个体经营或者创办经济实体的自主择业的军队转业干部，在政策上给予扶持，金融、工商、税务等部门视情提供低息贷款，及时核发营业执照，按照社会再就业人员的有关规定减免营业税、所得税等税费。此政策延续至2010年无变化。

干部调入 1990年，区委组织部、区劳动人事局印发《关于干部调配工作若干问题的通知》，明确党政群机关、事业单位编制不增、不调；企业管理人员按规定比例配满不调。党政群机关、企事业单位的干部调整和调动，按照干部管理权限审批；区内党政群机关，事业单位干部的调整和调动，都必须办理行政调转手续和工资关系；由区外和企业调入党政群机关，事业单位的，首先履行商调手续，经组织、人事部门考试考核批准后，方能办理行政、工资关系，用人单位不得先行签署意见；区内企业之间干部调动，也要经区劳动人事局办理商调和调转手续；从外地调入专业技术干部，按照提高质量、控制数量，保证急需的原则，除必须符合市有关文件规定的条件外，市区内还必须有正式住房；为加强工资基金的管理和方便干部的统计，区内党群机关部门间干部调动，由组织部办理调转手续；政府机关各部门，街道办事处，各事业单位间的干部调动由劳动人事局办理调转手续；党群机关和政府机关，街道办事处、事业单位间的干部调动由组织部，劳动人事局办理调转手续；干部调出（入）区的由劳动人事局办理调动手续。无论哪种形式的调动，凡未经组织人事部门办理行政关系的，工资管理部门不予调整工资基金计划；区直机关各部门一般不得擅自从事业单位借调工作人员，因工作需要必须借调的，用人单位事先提出申请，经区委组织部或劳动人事局请示主管领导批准后，由组织人事部门负责调剂。2001年至2010年，因工作需要，由区外调入路南区党群系统工作的干部55人。

公务员录用 2006年1月，《中华人民共和国公务员法》正式颁布实施。根据此法规定，录用担任主任科员以下及其他相当职务层次的非领导职务公务员，采取公开考试、严格考察、平等竞争、择优录取的办法。2008年，按照市委组织部、市人事局关于转发《公务员调任规定（试行）》的通知精神，建立公务员录用、晋升、调动、交流制度。至2010年，通过公务员考试，全区党群系统、区政府机关、区人民法院、区人民检察院共录用公务员17人。

二、干部任免

1981年，区政府所属部门和下属股（所）、街道办事处、事业单位以及中小学、幼儿园、区属工商企业均实行行政任免。区委组织部考察拟任免科级干部，其中正科级干部报区人大常委会决定任免，副科级干部由区政府常务会决定任免。股级干部由各部门、单位考察，区政府常务会决定任免。1988年，区政府首先在区工商局、学院南路街道办事处和刘屯公安派出所进行股级以下工作人员聘任制试点，随后在区政府11个部门和5个街道办事处推行。1989年，公开招聘路南医院院长和实验小学校长，将竞争机制引入事业单位。

1993年，区委印发《中共唐山市路南区委关于干部选拔任用工作的若干意见》，明确选拔任用干部的指导思想、标准、程序，以及分级管理和下管一级的原则，区委协助市委管理县级干部，直接管理科局级干部，委托所属党委、党组及组织人事部门管理股级干部。

1998年，区委、区政府印发《关于选调干部（工人）到街道居委会任职的意见》，决定选调22名干部到22个居委会担任党支部书记、副书记、居委会主任、副主任或办事员等职务。12月下旬组织报名、筛选。翌年1月上旬组织考试、审批，月底前到位。6月底前，再选调23人到23个居委会任职。党政群机关年龄在35岁以下的“五大”毕业生被选派到居委会任职，身份是工人的，可以申报转为国家干部，连续两年考核不称职的，退回原单位，恢复原工人身份及待遇。

1999年6月12日，区委印发《中共唐山市路南区委关于选派脱产干部到农村任职工作的意见》，规定脱产干部职工到村任职，重点是经济上的贫困村、列为1999年整顿的后进村和村情复杂、不稳定的重点村。下村任职的干部职工可以担任村党支部书记、副书记、村委会主任助理。不是党员的，可在村委会或其他村级组织中任职。按照“人选村、村选人”的双向选择方法，逐人定村定位。按照市委要求，首批选派11名，其中区直机关、事业单位选派8名，女织寨乡选派3名。

2000年5月16日，区委组织部、区劳动人事局印发《关于党政机关推行竞争上岗的试行意见》。实施范围：区委系统、政府系统各部门及各乡、街内设机构股级领导职位及部分适合竞争上岗的科级领导职位。在遇有职位出现空缺，因机构调整、重组或现有人员超出职数限额，按规定进行职位轮换，有必要通过竞争确定有关职位人选的情况下，通过公开竞争确定人选。竞争上岗的程序：制定公布方案，公开报名，资格审查，考试，演讲答辩，民主测评，组织考察，决定任命。

2005年12月12日，区委组织部、区人事劳动和社会保障局印发《关于进一步规范股级干部选拔任用工作的实施意见》。意见适用选拔任用区委委托组织部、政府党组及人事劳动和社会保障局、政法委等部门管理的乡（街）、党政群机关、事业单位股级干部。适合通过竞争上岗选拔股级干部的，应采取竞争上岗的方式。事业单位部分岗位可以实行聘任制。竞争上岗、聘任制的程序和方法按有关政策规定执行。

2008年，按照区委制定的《深化干部制度综合配套改革的实施意见》，建立起提名、推荐、考察、任用、管理、监督等干部选拔任用各个环节相衔接的干部任免制度体系。2009年，突出一线培养选拔干部，到项目建设、信访稳定、新农村建设等科学发展一线经受锻炼、提高素质、增长才干。选派干部实行“四不变”“三优先”，即原工资渠道、身份编制、岗位职务、福利待遇不变；同等条件下优先晋职、优先评优、优先提拔。

2010年，先后选派干部14批1100余人次，参加南新道南侧危旧房、燕承楼等区域拆迁改造；选派695名干部深入长青楼区域回迁居民群众中做维护稳定工作；选派400余名机关干部参加“万名干部下基层”活动。

三、干部考核

1990 年，实行年终考核制度，对工作业绩突出的，分别授予先进工作者、模范工作者称号，或记功、记大功、升级、升职、通令嘉奖。

1995 年起，按照人事部《国家公务员考核暂行规定》《国家公务员奖励暂行规定》和《河北省事业单位工作人员考核实施办法》的要求，干部考核内容为德、能、勤、绩四个方面，考核结果分为优秀、合格（称职）、基本合格（基本称职）、不合格（不称职）四个等次。考核为优秀等次的人员，所占比例一般不超参加考核人数的 10%，最高控制在 12%。考核结果与辞退、调整职务和工资福利挂钩，连续两年考核为合格（称职）以上等次的人员，晋升一档职务工资；机关行政单位中连续三年考核评定为优秀的，晋升一级级别工资；事业单位中连续两年考核评定为优秀的，晋升一档职务工资，每次晋升人数不超过单位总人数的 6%。行政奖励由原 7 种改为 5 种，即授予荣誉称号、记一等功、记二等功、记三等功、嘉奖。

2002 年，区委组织部、区人事劳动和社会保障局印发《关于路南区党政群机关、事业单位工作人员、事业单位专业技术人员 2002 年度考核工作实施意见》，考核工作坚持“德、能、勤、绩”全面考核，以德为先，以绩为主，按照领导评鉴与群众评议、平时考核与年度考核、自下而上与自上而下、定性考核与定量考核相结合的原则进行。考核等次标准：机关和行使国家行政职能、从事行政管理活动单位的工作人员，分优秀、称职、基本称职、不称职；机关所属事业单位的各级各类职员、专业技术人员，分为优秀、合格、不合格。考核程序为：考核动员，个人总结和述职，群众测评，考核小组审核提出考核等次，部门领导班子根据考核意见结合平时考核情况提出考核分数和年度考核等次。2010 年，政府股级及其以下干部年度考核内容为“德、能、勤、绩、廉”五个方面，考核程序分为个人总结述职、群众测评、领导评价，评为优秀的进行公示，如无异议，宣布考核结果，兑现奖惩。

四、干部培训

1990 年起，干部培训的重点内容是马克思列宁主义基础理论、建设有中国特色社会主义理论及社会主义市场经济理论，公务员基础知识、专业知识。培训方式，集中培训与个人自学相结合。至 1995 年，政府机关共举办各类培训班 29 期。1996 年起，重点进行社会主义市场经济理论，现代科技和管理知识，法律、WTO、计算机初级和中级应用知识等培训。至 2000 年，共举办各类培训班 42 期，培训政府机关干部 2184 人。进入 21 世纪，干部培训以宣传、学习马克思列宁主义、毛泽东思想、邓小平理论、“三个代表”重要思想、科学发展观和领导科学、电子政务、公共管理（MPA）知识、突发事件应对法等为主要内容，至 2010 年，累计举办各类培训班 74 期，培训干部 5532 人次。

五、干部福利

1985 年，路南区进行第一次工资改革，实行职务结构工资，由基础工资、职务工资、工龄津贴、奖励工资四部分组成。1989 年 7—8 月，为 1420 名机关、事业单位工作人员调升一级工资，人均月增资 6.3 元，升级面 36%；为医院护士提高 10% 护士津贴。1993 年，进行第二次工资改革，行政机关干部的工资改由基础工资、职务工资、级别工资和工龄工资组成。事业单位干部、工人工资改由职务工资和活工资两部分组成，其中全额拨款事业单位活工资按“职务工资数额 3 ÷ 7”计算，差额补贴事业单位按“职务工资数额 4 ÷ 6”计算，自收自支事业单位活工资按“职务工资数额 4.5 ÷ 5.5”计算，补贴部分包括剩余津贴（男 84.5 元，女 92.5 元）、职务津贴（按职务高低计算）。2000 年 1 月，职务津贴调整为科员、办事员 50 元，副科级 60 元，正科级 70 元，副处级 80 元，正处级 90 元。12 月起，差旅费为每人每月 100 元。2004 年 7 月，再度调整职务津贴标准，其中科员、办事员 230 元，副科级 260 元，正科级 290 元，副处级 340 元，正处级 410 元。2005 年 7 月起，差旅费和误餐费补贴标准分别为每月 100 元。

2007 年 1 月起，差旅费增至每月 200 元，误餐费每月 300 元。至 2010 年无变化。

第三节　劳动管理

一、劳动用工

1989 年，路南区多以行政方式配置劳动力资源，全区有职工 14462 人，其中全民固定工 3676 人，占职工总数的 25.42%；集体固定工 10096 人，占职工总数的 69.81%；合同制工人 568 人，占职工总数的 3.93%；临时工 122 人，占 0.84%。1995 年，自《中华人民共和国劳动法》颁布实施起，企业可根据生产经营需要，职工可根据个人意愿，灵活确定劳动合同期限，国家宏观调控、企业自主用人、劳动者自主择业的新型劳动用工形式逐步形成。1998 年，围绕劳动关系调整，完善劳动合同、集体合同制度，指导和管理劳动合同、集体合同签订、签证，劳动合同、集体合同签订步入规范化、常态化管理轨道。至 2003 年，全区企业劳动合同鉴证率达 95% 以上。2008 年，《中华人民共和国劳动合同法》颁布实施，劳动合同签订及劳动者的合法权益得到法律保障。至 2010 年，依法加强对劳动合同签订、变更、解除等关键环节的监督检查，提高劳动合同的签订率和规范程度，明确企业及职工双方权利及义务，保护企业和劳动者双方合法权益。

二、工资福利

20 世纪 80 年代，企业工人工资分配和增长由政府统一规定和管理。1992 年推行计件工资、百元产值（销售额）工资含量工资及承包经营等按劳取酬的工资制度，福利、奖金纳入工资，不再单独发放。1993 年，将工资分配权还给企业，由企业决定工资、奖金分配的额度和档次。1995 年，实行工资增长指导线制度，企业根据发布的工资增长指导线，适时为职工增加工资。同年，开始实行最低工资标准，并逐年递增。2008—2010 年，提高一线职工收入水平，突出向低收入群体、生产岗位的高技能人才、从事艰苦劳动的职工倾斜，重点提高高温高空、有毒有害、矿山井下、流动施工等岗位职工津贴标准。全区从业人员 12825 人，在岗职工 12507 人，年人均劳动报酬 27103 元，在岗职工平均工资 27413 元。

1996—2010 年唐山市路南区城镇从业人员工资一览表

表 15 – 2

年份	年末从业人员（人）	在岗职工（人）	年人均劳动报酬（元）	在岗职工平均工资（元）
1996	49207	46712	4498	4459
1997	45397	43304	4721	4679
1998	42811	40651	4479	4402
1999	40602	38470	4689	4876
2000	38973	37294	5616	5464
2001	33943	32414	6404	6278
2002	33299	31787	7010	6915
2003	31330	30451	7337	7232

1996—2010 年唐山市路南区城镇从业人员工资一览表

续表 15 - 2

年份	年末从业人员（人）	在岗职工（人）	年人均劳动报酬（元）	在岗职工平均工资（元）
2004	11243	10974	10065	10161
2005	10916	12651	12521	12627
2006	13163	12801	14048	14209
2007	12738	12417	18707	18956
2008	12456	12075	24541	24629
2009	12775	12392	25787	26224
2010	12825	12507	27103	27413

三、劳动监察

1990 年，少数企业违背劳动法律法规，私招滥雇，不签订劳动合同，强制职工超负荷劳动，任意克扣、拖欠职工工资、加班费等现象时有发生，企业职工合法权益难以保障。1995 年，《中华人民共和国劳动法》颁布实施，规定劳动者享有平等就业和选择职业的权利、取得劳动报酬的权利、休息休假的权利、获得劳动安全卫生保护的权利、接受职业技能培训的权利、享受社会保险和福利的权利、提请劳动争议处理的权利以及法律规定的其他劳动权利。至此，劳动者的合法权益得到法律保护。1996 年，路南区劳动监察大队成立，开始依法履行劳动监察职能。是年，依据《中华人民共和国劳动法》《违反〈中华人民共和国劳动法〉行政处罚办法》，加强对侵害职工合法权益的企业进行重点监察。

2003 年，依据国务院新颁发的《禁止使用童工的规定》，加强用工市场的劳动监察。规定用人单位使用童工的，按照每使用 1 名童工每月处 5000 元罚款的标准给予处罚；在使用有毒物品的作业场所使用童工的，按照《使用有毒物品作业场所劳动保护条例》规定的罚款幅度，每使用 1 名童工每月处 5000 元罚款的标准，从重处罚。并责令用人单位限期将童工送回原居住地交其父母或者其他监护人，所需交通和食宿费用全部由用人单位承担。逾期仍不将童工送交其父母或者其他监护人的，每使用 1 名童工每月处 1 万元罚款，并由工商行政管理部门吊销其营业执照或者由民政部门撤销民办非企业单位登记；用人单位是国家机关、事业单位的，由有关单位依法对直接负责的主管人员和其他直接责任人员给予降级或者撤职的行政处分或者纪律处分。单位或者个人为不满 16 周岁的未成年人介绍就业的，按照每介绍 1 人处 5000 元罚款的标准给予处罚；职业中介机构为不满 16 周岁的未成年人介绍就业的，吊销其职业介绍许可证。

2004 年起，贯彻国务院《劳动保障监察条例》，重点检查用人单位遵守劳动保障法律、法规和规章的情况；受理对违反劳动保障法律、法规或者规章行为的举报、投诉；依法纠正和查处违反劳动保障法律、法规或者规章的行为。当年，接待企业职工投诉 825 人次，查处侵害职工合法权益案件 77 件，涉及人数 98 人，追讨拖欠报酬 8 万元。至 2008 年，共接待职工投诉 3091 人次，查处违反劳动法案件 357 件，涉及人数 709 人，追讨拖欠报酬 217 万元。

2010 年，将拖欠农民工工资作为重点，加大劳动监察力度，维护农民工合法权益。当年，区劳动监察大队接到唐山市国际五金城拖欠农民工工资投诉举报，迅速组织力量展开调查，协调相关部门联合行动，敦促施工方及时支付被拖欠农民工工资 500 万元；为参与南湖生态城建设的 13 家建筑公司 1000 余名农民工追讨工资 470 万元；与相关部门调解，妥善处理文化创意产业园施工期间拖欠 230 名农民工资

180 万元案件。年底，区劳动监察大队共监察用人单位 3000 次，受理劳动保障监察案件 1400 起，下达整改通知书 200 份、处罚事先告知书 48 份。

四、劳动争议仲裁

1999 年 6 月，路南区保险仲裁科成立，承担调解和仲裁劳动争议案件。到 2007 年，共受理劳动争议案件 173 起。2008 年 5 月，新修订的《中华人民共和国劳动法》《中华人民共和国劳动合同法》出台后，由于劳动者依法自我保护意识增强，劳动争议案件逐年递增。至 2010 年，共受理劳动争议案件 176 起，个体私营企业劳动用工不规范、企业工伤事故引起的劳动争议占受理案件的 80%，案件调解率 75%，劳动争议案件结案率年均 95%。

五、就业与再就业

职业介绍　1992 年，加强劳务市场管理，成立路南区职业介绍所，建立求职登记和务工许可证制度，城镇待业人员、企业下岗待业人员和农村劳动力全部经劳务市场向企业输送。1993 年，向开滦系统输送井下轮换工 78 人，向 26 家企业输出劳务输出工 4728 人，待业青年就业率 72%。1995 年，建成以人员交流、职业介绍、职业培训为平台的劳动力市场。2003 年，区政府投资 140 余万元扩建就业服务大厅，提供档案寄存、社会保险、职业指导、劳动合同鉴证等一条龙、一站式服务。至 2010 年，有 1.52 万名下岗失业人员实现再就业，城镇登记失业率控制在 4%，低于市达指标 0.2 个百分点，办理就业失业登记证、再就业优惠证 2.26 万本，保管下岗人员及待业人员档案 5213 份。

再就业服务　1998 年，路南区国有企业下岗职工生活保障和再就业工程领导小组成立，相关单位亦成立临时机构，负责发放下岗职工救济金。至 2002 年，累计支付再就业基金 372 万元，下岗职工由最初的 1568 人减至 306 人，在下岗再就业中心领取基本生活费的由最初的 594 人减至 46 人。累计培训 2880 人次，推荐下岗、失业职工 3230 人次，城镇登记失业率控制在 4% 以下，安置率 75% 以上。

图 15－1　就业推介助拆迁　（区委宣传部）

2003 年，重点在政府开办的公益性岗位和党政机关、事业单位的空岗优先安排“4050”（下岗职工中女 40 岁以上，男 50 岁以上）困难群体人员。安排大龄就业有困难的企业或单位，由区财政出资按其吸纳就业人数给付岗位补贴。同年，建立街道和社区劳动保障组织，有 98 名下岗职工被聘为劳动保障协助员。

2004 年，在再就业服务中，坚持以增加就业岗位为目标，以落实再就业政策为主线，以优化再就业服务为手段，创新工作思路，实现新就业 609 人，安置各类下岗失业人员 294 人；在全市率先启动“就业服务进社区”活动，实现新就业 510 人，安排下岗失业人员 297 人；重视民营经济发展，创造更多就业机会，实现新就业 523 人，安置下岗失业人员 103 人。

2005 年，启动“全就业社区”创建活动，区就业服务局被市政府命名为“再就业先进单位”。2007 年，有 22 个充分就业社区达到省级考核标准，14 个达到市级考核标准。2008 年，按规定为 2537 人发放“再就业优惠证”，为 340 名下岗后自谋职业、自主创业的人员办理小额贷款申请。至 2010 年，全区共安置“4050”人员 3730 名。

就业与再就业培训　1990 年，培训工作由培训中心负责，主要为初高中毕业生提供就业技能培训。2002 年，路南区启动“再就业工程”，并将职业培训重点由对初高中毕业生就业前培训转向以下岗失业人员为主的转岗再就业培训。2003 年，成立培训科，以凤凰职业技能培训基地为龙头，以银河、博策、五洲等民办学校及路南职业技能培训学校为骨干，全面开展就业再就业培训工作。到2004年6月，共培训下岗失业人员941人次。2005年，根据唐山市《关于组织实施农村劳动力转移培训阳光工程的意见》，在全区实施农村劳动力转移前的引导性培训、短期职业技能培训、创业培训和农业科技培训为内容的农村劳动力转移培训阳光工程。2006年，为全区农村劳动力开办为期2天的劳动法规、职业道德、安全生产常识、就业指导等引导性培训，共有20个班次、600余人参加。开展为期5天的汽修、焊工、车工等阳光工程技能培训，共10个班次、200人参加。其中，引导性培训占市达培训任务的75%，技能性培训占市达培训任务25%。全区再就业技能培训2120人（市达目标2100人），完成年目标的101%。至2010年，累计培训下岗失业人员1.2万人次。

第四节　社会保险管理

一、基本养老保险

路南区基本养老保险经办机构成立于1986年10月。1987年，始征全民企业合同制工人养老保险费。企业缴纳的退休养老基金在缴纳所得税前列支，缴纳的数额为劳动合同制工人工资总额的15%左右，劳动合同制工人缴纳的退休养老基金数额为不超过本人标准工资的3%，按月转入社会保险专门机构在银行开设的“退休养老基金”专户。

1988年6月，区政府颁布《集体企业离退休费用社会统筹试行办法》，规定区直属集体企业职工离退休费用实行统一征收、发放、管理和核算，建立社会保险统筹基金。统筹基金本着“以支定收、略有结余”的原则提取，参加统筹的单位按全部职工工资总额的8%和全部退休职工的退休费总额的70%上缴统筹基金，初步解决老企业退休职工退休费发放难题。

1992年3月，区政府印发《街道集体企业职工退休养老保险金社会统筹暂行规定》，将街道集体企业职工退休养老保险金纳入区集体企业养老保险金社会统筹。1993年7月，区政府下发《关于企业职工实行社会养老保险统筹暂行规定》，明确区所属工商企业全部参保，并实行全区统筹，全民企业参加统筹的方式及具体办法按省有关规定执行，企业职工个人按本人工资总额的2%缴纳养老保险金。1995年6月，区政府颁布《全民企业离退休费直接发放试行办法》。10月，在5家企业试点发放，涉及离退休人员400名，月发放总额13.2万元。1997年，全区参加养老保险的企业313家，在职职工1.54万人，离退休人员4933人，收缴养老金1911.3万元，支付离退休费1867.5万元，为36家受益企业下拨调剂金379.6万元。

1998年，全区养老保险范围扩大到机关、事业单位和城镇个体劳动者及私营企业，国有企业、中国港澳台及外商企业的中方职工以及私营企业和个体劳动者基本养老保险实行省级统筹。至2005年，企业养老保险参保单位369个1.2万人；机关事业养老保险参保人数0.5万人，实有离退休人员2057人，全年支付养老金273.02万元，累计结余1504.06万元。

2009年8月，启动新型农村社会养老保险工作，采取“个人交费40%、村集体补助30%、财政补贴30%”的运行模式。在具体实施过程中，多部门协调联动，多渠道宣传，建立层级负责制，抽调专人深入乡村上门服务，受到群众欢迎。年底，有14个村1.04万人参保，个人缴费2025.82万元，村集体补助1519.36万元，参保率达80.3%。为符合领取待遇的1889人发放养老金90.68万元。

2010年，路南区被列入唐山市新型农村社会养老保险工作试点单位，并获得市级补贴资金170万元。年末，全区企业城镇职工养老保险覆盖32275人（其中在职参保职工22129人，退休人员10146人）；机关事业单位养老保险覆盖7648人（其中在职参保职工达4728人，退休人员2920人）；老农保覆盖2078人；新型农村养老保险实现覆盖14个村、10412人。

二、失业保险

路南区失业保险经办机构成立于1986年10月，负责区内国有企业待业保险基金的征缴及待业职工救济金的发放。待业保险基金按每人每月2元征缴，通过企业开户银行以托收无承付和企业交纳支票的形式征缴。1993年，区属集体企业纳入征缴范围，征缴比例调整为企业工资总额的2%。至1998年，全区参加失业保险企业180个，职工4.08万人，收缴失业保险金330万元。2000年8月，失业保险费由地税局代征。2010年，依据《中华人民共和国社会保险法》规定，全区职工参加失业保险，由用人单位和职工按照国家规定共同缴纳失业保险费，全区的失业保险征缴与发放纳入法制化、规范化的运行轨道。缴纳失业保险费满一年、非因本人意愿中断就业、已经办理失业登记并有求职要求的享受失业保险待遇。失业保险金按月发放，标准低于最低工资标准、高于城市居民最低生活保障标准。依据缴费年限确定领取失业保险金的期限，最长为24个月。失业者在领取失业保险金期间患病，还可领取医疗补助金。失业者在领取失业保险金期间死亡，其遗属可领取丧葬补助金和遗属抚恤金。此外，失业者在领取失业保险金期间，还可接受职业培训和享受职业介绍补贴。

三、工伤保险

1998年1月，路南区开始改革企业职工工伤保险制度，本着“以支定筹，留有储备”的原则，按各企业全员工资总额的0.5%～1%提取工伤保险基金，统筹使用。至2005年，全区共有161家企业、9235人参加企业职工工伤保险，累计缴纳工伤保险费51.2万元。2007年，工伤保险范围扩展至事业单位，征缴标准与企业工伤保险标准相同。2010年，依据新颁布的《中华人民共和国社会保险法》，明确工伤保险范围为职工因工作原因受到事故伤害或者患职业病，且经工伤认定的，享受工伤保险待遇。职工工伤保险由用人单位缴纳工伤保险费，职工不缴纳工伤保险费。截至年底，共有1.59万人参加工伤保险，征缴工伤保险费246.89万元，工伤保险基金支出146.56万元。

四、企业女职工生育保险

1988年，路南区根据国务院发布的《女职工劳动保护规定》，依规维护女职工在就业、劳动时间、产假、孕期保护及其他福利待遇等。1995年，路南区落实劳动部颁发的《企业职工生育保险试行办法》，按照“以支定收，收支基本平衡”的原则筹集资金，建立生育保险费用社会统筹机制。至1996年，全区共有47家企业5684名职工参加职工生育保险，全年累计收缴生育基金30万元，为49名职工支付生育基金12.7万元。1998年，参加生育保险的企业增至50家6273人，参统率79.4%，收缴生育基金15.9万元，支付生育费用5.3万元，享受待遇的女职工29人。1999年，参保企业34家3352人，征缴总额716.5万元，支付生育保险费3.7万元，享受待遇的女职工19人。2006年，机关事业单位生育保险与医疗保险捆绑运行。2010年，全区城镇职工生育保险与基本医疗保险实行一体化管理和服务，职工生育费用补贴由基本医疗保险统筹基金支付，基金统一征缴。

五、基本医疗保险

20世纪90年代，城镇国营、集体企业职工实行劳保医疗，机关和事业单位实行公费医疗，费用全部由企业和财政承担，费用增长过快，缺乏有效的制约机制，企业和财政负担加重。2002年4月，路南区实施医疗保险制度改革，成立医疗保险科和医疗保险基金管理中心。至年底，共有120个机关事业单位、6579人参加医疗保险。2007年7月，路南区机关事业单位医疗保险上收至市统一管理。同年10月，启动城镇职工灵活就业人员医保工作；11月，实施城镇居民基本医疗保险；12月，区属企业1.07万职工始在市医保中心参保。截至年底，全区共有1700人参加灵活就业人员医保，4.44万人参加城镇居民医疗保险，参保率64.8%。2008年，全市医保政策全覆盖，区内各中小型企业可直接去市医保中心开户为职工缴纳医疗保险。截至2010年，全区共有6.74万人参加城镇居民医保，参保率99.8%；4241人参加灵活就业人员医保。

第五节　民政事务

一、拥军

1990年，路南区拥军以元旦、春节及“八一”期间到驻地走访慰问，为驻军办实事、做好事、送温暖为主要形式。1992年，制定军地联席会、联络员上站、检查评比、总结表彰等6项活动制度，将双拥工作落到实处。“八一”前夕，召开庆“八一”双拥工作暨命名表彰大会，命名3个双拥模范街道办事处，表彰34个双拥先进单位和73名先进个人。会后，各街道办事处组织为驻军部队、军烈属办实事活动。区、街双拥领导小组带着节日礼品到驻军单位、连队、医院病区进行慰问。小山、友谊等街道办事处组织为亲人解放军做鞋垫、拆洗被褥等活动。全区各行各业为优抚对象做好事2500件，受到部队官兵好评。年内，区民政局被市委、市政府、军分区命名为“双拥工作先进单位”。

1995年，区政府用于双拥活动经费4万元，为驻军和优抚对象送慰问品折合2万元，帮助40名驻军子女解决入学困难，为军烈属做好事1356件。

1998年，将双拥工作重点放在军民共建上，其中友谊街道办事处与武警三支队、小山街道办事处与市消防支队结成两个军民共建对子。春节期间走访慰问8个驻军单位，赠送慰问品1.5万元（含优抚对象182户）。2000年，定期走访慰问所辖部队，在军民共建活动中为部队办实事12件。

2002年春节，走访慰问驻军时，了解到武警机动大队由于驻防偏僻，没有有线电视，区委、区政府责成区民政局与唐山有线电视台联系，出资近4万元为部队架设专线1200米，安装了有线电视。2003年，元旦、春节及“八一”期间，区委、区政府等有关部门领导，分别走访慰问72师、唐山军分区、消防支队、二五五医院、武警三支队、武警市支队、武警医院、武警大队、通讯营9个驻军部队，送去饮水机、水果等慰问品，受到官兵欢迎。2004年，加强对双拥工作领导，区、乡（街道）均成立由主要领导任组长的双拥工作领导小组，各村（居委会）、企业、学校普遍建立“军人家庭服务中心”和送温暖活动小组。元旦、春节、“八一”等重大节日，则利用电视、板报、宣传栏等形式，宣传双拥工作方针、政策，通过召开座谈会、组织文艺演出等方式，扎实有效推进拥军优属、拥政爱民活动的蓬勃发展，形成双拥工作常抓不懈，先进典型层出不穷的良好态势。至2005年，“军人家庭服务中心”和送温暖活动小组基层组织普及率达95%。燕京里社区居委会被评为“全国社区双拥共建先进单位”和“全国军民共建社会主义精神文明先进单位”。

2007年，全区共开展军（警）民共建活动20多次，文艺联欢12场次，家访谈心80人次，为群众办实事30件。2008年春节前夕，区委、区政府召开新春茶会会，邀请驻军部队团以上领导共议军地建设。四川汶川发生特大地震后，区领导深入驻区部队与灾区籍官兵座谈，鼓励他们发扬勇往直前的精神，战胜自然灾害，并向其发放救助金3万元。

2010年，以福乐园社区为试点，探索具有自身特色的基层双拥工作新模式，即“六个一”（建立一套双拥组织领导机制、建立一个拥军优属服务站、军民共育一所少年军校、设立一个优抚对象活动室、组织一支双拥文艺宣传队、培育一条拥军商业街）模式。年内，福乐园社区争创“全国双拥示范社区”工作通过省级验收。坚持军地互访制度，推进军地融合式发展。截至2010年，路南区共有300名干部战士在部队立功受奖。

二、优抚

优抚对象包括烈士家属、病故军人家属、因公牺牲军人家属、现役军人家属、伤残军人、在乡老复员军人、带病回乡退伍军人、参战涉核退役人员等。1989 年，全区享受定期定量补助 73 户、79 人，其中补助烈属 30 户、复员军人 11 人，发放补助 2.99 万元。1990 年始，建立国家、社会、群众三结合的优抚工作制度。对参战军人家属、平暴军人家属、在部队立功军人家属，给予精神上、物质上的特殊优待，尤其对义务兵家属生活上出现的特殊困难，政府部门及时解决、临时定补。建立区、街、居三级军人家庭服务指导体系，加强拥军优抚工作。严格执行国家优抚抚恤标准，优抚资金专款专用，优抚事业费纳入年度财政预算。全区共为优抚对象解决子女入托 27 人，入学 7 人，就业 8 人，住房 4 户，买煤 180 吨，买粮 2000 公斤。

1992 年，全区有优抚对象 3950 人，其中烈属 136 人，病故军人家属 26 人，伤残军人 264 人，复员军人 13 人，现役军人家属 3514 人。当年，因物价上涨，调整 41 户烈属、病故军人家属、复员军人粮食补贴，发放临时补助 30 人次，补助款 2466 元。完成全区定期抚恤换证工作，全年发放抚恤金 2.5 万元，伤残保健金 3.1 万元，义务兵优待款 31 万元。至 1993 年，已形成系列化、网络化、制度化的优抚工作体制。

1995 年，全区有城市义务兵 661 人，发放义务兵优待金 19.3 万元；优抚临时补助 78 人，发放补助金 4580 元。两乡优抚对象优待金全部实行乡统筹，优待金达到乡人均生活水平，每年 1700 元。新接收烈属 1 人，新批烈属 2 人，烈属、因公牺牲军人家属、病故军人家属定期抚恤均达到省规定最高标准。新评伤残军人 2 人，为 44 名复员军人换发新证，并提高定补标准。城乡优抚金全部达到或超过省、国家规定标准。除执行国家规定优抚政策外，还为优抚对象解决实际困难。妥善安置 40 名驻军女子入学，为优抚对象免费查体，减免 17 名烈军属药费 5588 元。

1996 年，区政府印发《拥军优属保障基金暨实施农村优抚对象优待金社会统筹管理使用办法》，对优待金社会统筹对象、统筹标准、统筹办法、优待保障金的用途及发放方法作出具体规定。优待保障金主要用于向义务兵家属优待，现役军人立功受奖奖励，优待义务兵家属特困户，“三属”、二等乙以上伤残军人的补差优待，老复员军人和三等伤残军人特困户适当优待，个别带病还乡退伍军人的困难补助。当年，为烈属 25 人、因公牺牲军人家属 4 人、病故军人家属 11 人、伤残军人 252 人、老复员军人 40 人、现役军人 720 人，落实优抚待遇。

1997 年，按国家规定，调整“三属”抚恤金标准，发放临时补助 7987 元。全区筹集拥军优属资金 130 万元，超额完成市达 121 万元的任务。1998 年，提高城镇“三属”月抚恤金至每人 35 元，老复员军人每人每月提高 5 元，涉及 65 户。按规定为优抚对象发放临时补助 9000 元。

2001 年，会同财政部门落实抚恤、定补、自然增长机制。为义务兵家属 367 人发放优待金 15.1 万元。先后两次为 65 个抚恤对象提高抚恤标准，累计增资 1.5 万元。全年为优抚对象减免医疗费 1.5 万元，涉及 45 人次。针对优抚对象生活、住房等方面困难，走访调查，临时补助 21 人次 2600 元，冬救补助 5 人，发放补助金 2.5 万元。

2003 年，全区有各类优抚对象 1920 人，其中享受国家抚恤优待的 722 人，包括“三属”29 人，伤残军人 248 人，老复员军人 34 人，现役战士 411 人。年初，为各类优抚对象提高优待抚恤标准。年底全部发放到位。其间，为解决优抚对象看病难、住院难问题，为伤残军人、在乡老复员军人和“三属”建立定点医院，费用减免 10% ~30%。印发《关于解决优抚对象医疗费报销的暂行规定》，对在乡二等乙级以上的伤残军人统一由区卫生部门负责实报实销，在乡二等乙级以下、三属、在乡老复员军人，按照相应制定的药费减免政策执行。全年为优抚对象减免医疗费 2 万多元。建立基层拥军优属服务小组 111 个，党政各级领导干部结对帮扶重点优抚对象 100 户，帮助解决优抚对象在生产、生活上的难题。对家庭生活困难的优抚对象给予临时性补助，发放临时补助 7000 多元，发放冬季购煤款 8000 多元。

2005年，将家庭生活困难的优抚对象纳入低保范围，发放临时困难补助，全年发放4万元。2006年，通过政府财政拨一点、优抚专项经费出一点、社会各界捐助一点的渠道，完善优抚对象保障金制度，解决优抚对象生活、住房、医疗方面的实际困难。全区优抚对象保障金达30万元以上，全年为各类优抚对象报销医疗费5.7万元。

2007年，落实各项优抚政策，先后两次提高抚恤金标准，全年发放抚恤金136.9万元。报销重点优抚对象医疗费2.9万元。2008年，走访全区58名重点优抚对象，发放慰问金4.06万元。为243名伤残军人发放抚恤金64.4万元。为108名2007年年底入伍士兵办理优待安置证。为2名原8023退役人员、2名参战退役人员、2名涉核退役人员落实每人每月100元的政策补助。2009年，提高优待抚恤标准，按时足额发放伤残军人及“三属”抚恤金和老复员军人、参战涉核人员定期补贴329.7万元。制定新的《重点优抚对象医疗保障办法》，为81名重点优抚对象参加城镇居民医保注入资金1.85万元。为在乡1~6级伤残军人办理城镇职工医疗保险的相关手续。为重点优抚对象发放春节一次性补贴、采暖补贴，各项慰问款物16.78万元。为伤残军人配戴或更换矫形器，办理伤残鉴定和优抚对象审核批准工作。

2010年，落实优待抚恤标准自然增长机制，其中抚恤标准在全省最高。全年核发抚恤金277.13万元，涉及352名重点优抚对象。城市义务兵家属优待金每年3720元，农村按上年度农民人均纯收入水平给予优待，共核发优待金131.66万元。加强优抚对象参保参合工作，参保参合率达95%。投入27.38万元，解决优抚对象生活、医疗、住房困难。

三、退伍军人安置

1990年，路南区退役士兵、转业士官、城镇义务兵均得到妥善安置。1993年2月10日，成立路南区复员退伍军人安置办公室。按照国家新调整的安置政策，退伍义务兵随用工单位改革，实行劳动合同制，依法保障其第一次就业。年内接收并安置回乡退伍军人19人。1994年，国家对志愿兵转业集中交接。路南区将转业志愿兵（士官）重点安置到效益好的企业。至1995年，共接收安置城乡退伍义务兵716人，专业军士39人。1996年，国家鼓励退役士兵自谋职业的政策不断完善，明确对自谋职业人员，当地政府给予一次性经济补助和政策优惠。年内接收城镇退伍义务兵195人，志愿兵14人，7月底前全部安置。军地两用人才开发使用率达90%以上。

2000年，实施城镇退役士兵安排就业和自谋职业相结合的安置办法。转业士官和荣获个人二等功以上奖励的退伍义务兵、城镇复员士官，优先安置到效益较好的单位，其他符合安置条件的城镇退役士兵，原则上自谋职业，不愿自谋职业的可自找单位或由政府在剩余计划内调剂分配。全年接收退伍义务兵406人，其中志愿兵34人，农村义务兵26人，按标准落实城市义务兵待分配期间生活补助费33.8万元，首次对10名自谋职业的退役士兵给予一次性经济补助。待分配期间培训率达93%以上，安置率100%。

2002年，《唐山市城镇退役士兵自谋职业暂行办法》印发，对自谋职业范围、补助标准、办理程序、优惠政策作出具体规定，为自谋职业提供政策依据。2003年，全区接收市移交退役士兵档案199人，其中转业士官30人，城镇退伍义务兵163人，农村退伍义务兵6人。在需要安置工作的193人中，复工复职3人，自谋职业13人。接收部队复员干部1人，复员士官1人，均为其办理落户手续，并在区、乡两级协调下，得到妥善安置。全年发放退役士兵待安置期间生活补助费近20万元、自谋职业经济补助费20万元。按时完成上级下达的培训计划和安置任务，培训率达95%，开发使用率达100%。

2004年，国家九部委出台扶持城镇退役士兵自谋职业优惠政策，从享受优惠政策的资格、就业服务和社会保障、成人教育和普通高等教育、个体经营、税收、贷款、户籍7个方面，对自谋职业城镇退役士兵享受的优惠政策作出明确规定。是年，接收市移交退役士兵档案258人，其中转业士官38人，城镇退伍义务兵211人，农村退伍义务兵9人，均按上级要求完成培训和安置任务。2005年，接收退役士兵档案229人，其中城镇退役士兵223人，农村退役士兵6人，需要安置工作223人。年初，组织退役士兵报到登记、办理落户手续，分街道进行政策培训。编印《退役士兵必读》，让退役士兵了解优抚安置政策。发挥社区服务组织作用，为家庭生活不富裕且有临时就业要求的优抚对象推荐、安置临时就业。

2007 年，接收退役军人 174 人。在对城镇退役士兵培训中，采取集中授课、面对面咨询、到省重点“一号工程”曹妃甸工业基地实地参观学习等方式，组织学习国家就业政策，端正就业观念，倡导自谋职业。同时，对 1983 年以来未能安置工作的 248 名退役军人和原 8023 退役人员、云南边防保卫战退转人员，配合区政法委做好稳定工作，逐人疏导思想，听取意见，落实相关政策，全区退役人员无一上访。2008 年，接收 2007 年度退役士兵 179 人，其中转业士官 12 人、城镇退役义务兵 167 人。安置铁路 33 人、唐钢 17 人、供电 1 人、开滦 63 人、陶瓷 12 人、其他企业 30 人、自谋职业 11 人，发放自谋职业补助费 43. 2 万元，保证第一次安置就业。2010 年，接收 2009 年冬季退役士兵 205 人（城镇 197 人，农业 8 人），接收转业士官 18 人。办理退役士兵自谋职业手续 8 人，发放生活补助金 30. 5 万元。有 18 名退役士兵参加会计、汽车驾驶、面点、计算机专业培训。配合市安置办，完成 2008 年冬季退役士兵安置工作，办理自谋职业 14 人，核发一次性补助金 61. 5 万元。21 年中，路南区共接收退伍军人 4602 人，安置到厂企、事业单位 945 人，回乡务农 458 人。自谋职业 349 人，发放自谋职业费用 1226. 2 万元。其间，按照上级有关政策，认真做好军队离退休人员安置工作，并严格落实军休干部政治、生活待遇。全区共接收四批军队无军籍职工 48 人。

1999—2010 年唐山市路南区退伍士兵自谋职业补助费标准

表 15 - 3　　单位：元

退伍时间	两年义务兵	一期士官	二期士官	转业士官
1999. 12	10000	-	-	15000
2000. 12	16000	17000	18000	24000
2001. 12	16000	17000	18000	24000
2002. 12	18500	19500	20500	28000
2003. 12	30000	33000	36000	45000
2004. 12	30000	33000	36000	45000
2005. 12	30000	33000	36000	45000
2006. 12	30000	33000	36000	45000
2007. 12	46000	49000	52000	70000
2008. 12	55000	58000	61000	90000
2009. 12	55000	58000	61000	90000
2010. 12	70000	73000	76000	110000

四、社会救济

1993 年，因去冬今春雨雪少，旱情持续时间长，女织寨乡、梁家屯乡农业生产受灾 266. 7 公顷，减产 313 吨，区政府拨付救灾款 3000 元，以解群众燃眉之急。1995 年，落实城市救济对象生活标准，为 78 名救济对象提高生活标准，由原来每人每月 70 元，提高到 100 元，为 175 名困难户发放救济款 1. 74 万元。利用节期走家串户进行慰问，走访 35 户，发慰问款 3500 元。1996 年，两节期间，发动各乡（街）、居委会对境域孤老和特困户组织慰问，发放慰问款 3500 元。1997 年，组织两次捐助活动，捐衣物15万件。区拨救灾款10万元，发放临时救济款2.44万元，涉及279人。1998年，为28例白内障患者做复明手术。对临时特殊困难群体发放临时救济款3.7万元。

2000年，全区捐助救灾款8.1万元，下拨救灾粮2.09万公斤、化肥160吨，解决34个村、68户，57个居委会、291户老弱病残家庭吃粮困难。2003年，完善赈灾救济组织网络，区、乡分别建立救灾救济机构，发现灾情及时调查了解和上报。年初结合春旱灾情，为156户村民下拨专项资金，购买粮食1万公斤，保证农村困难群体的基本生活。2003年，“两节”期间，为全区356户特困户、148户孤老户发放米、面、油及棉衣、被褥等生活用品，为全区4429特困群体发放临时补助51万元，为51户城市孤老和38户农村五保解决冬季取暖问题。在抗击“非典”斗争中，向市局争取资金2.7万元，购置专项药品，发放给全区1135户低保对象，为他们购置大米、面粉等生活必需品，确保特困群体的基本生活。为乡敬老院拨资金2万元，解决冬季取暖问题。临时补助167人，补助金额3.6万元，其中药费2.5万元。办理收养登记6份，程序严格，手续健全。

2004年，全区春荒、火灾及夏季冰雹涉灾12个村，4608户，1.11万人，受灾面积552.6公顷，发放救灾粮1.25万公斤，发放救灾款23.9万元。同年，区政府印发《关于特殊困难群众医疗救助（暂行）办法》。救助对象包括：城、乡低保对象；农村五保供养人员；各乡因患大病后影响到基本生活的困难家庭成员。未参加基本医疗保险的城乡低保对象、农村五保户，凭《低保金领取证》、五保供养证到定点医院就医时，免收普通挂号费，对各项检查费、手术费、治疗费、住院床位费减免15%。农村低保对象和五保户参加新型农村合作医疗的，资助其缴纳个人应负担的资金，享受合作医疗待遇；城乡低保对象中的“三无人员”（无劳动能力、无经济收入、无法定赡抚养人），一次医疗费超过1000元时按20%救助；城乡低保对象中无劳动能力人员（老年人、重度残疾人、大病患者），一次医疗费用超过2000元时按15%救助；其他低保对象一次医疗费用超过4000元时按10%救助；非低保困难群众患大病后影响家庭基本生活的，根据其家庭实际情况，给予适当医疗救助；每位救助对象享受医疗救助的最高限额全年累计为3000元。“两节”前夕，对451户特困家庭和187户社会孤老发放米、面、粮、油及棉衣、棉被等生活用品，走访慰问部分贫困家庭。办理收养登记5人，手续齐全，程序合法，登记合格率100%。

2005年上半年，为特困户购买春荒救济粮1万公斤，发放救灾补助2万元，有25个村186户受灾群众得到救济。年底，根据低温天气造成部分人员缺衣少被情况，对需救助的家庭及时发放棉衣裤（套）、棉被等救灾物品，折合2.03万元。当年，落实《路南区医疗救助办法》，全区70户患重病、大病困难群众家庭得到救助，发放救助金9万元。配合区房管局、教育局开展住房、教育专项救助，并配合区计生局落实计划生育导向机制，对计生特困户给予优先照顾。开展经常性社会捐助，组织开展以“扶贫济困送温暖”和“携手慈善共创和谐”为主题的“捐助月”活动，募集资金10万元。加强“爱心超市”建设，友谊街道办事处、小山街道办事处先后建成“爱心超市”，各社区发挥“社会捐助点”作用，使特困群众生活得到保障。

2006年春季，女织寨乡发生严重旱灾，333公顷大田农作物出苗率只有70%左右。8月，该乡16个村遭受风灾。9月郑家庄果树遭受虫灾。全年发放救济粮10.53吨，救济人口361人，发放救济金3.2万元。贯彻《特殊困难群众医疗救助（暂行）办法》，救助困难群众156人，发放医疗救助金10.54万元。两节期间，筹措资金18.7万元，走访慰问特困户、孤老户、残疾家庭；为没有取暖设备的孤老、低保户发放煤款补助8400元；为43户低保户发放救助慰问金1.22万元；发放大米2.5万公斤、面粉5000公斤、食用油2550公斤、棉衣150套、棉被122条。节前共慰问城乡特困群众1000户，其中农村五保户、低保户280户，城市“三无人员”、低保户720户。全区现有地震截瘫人员245人，其中地震截瘫知青17人，困难企业地震截瘫9人，享受城市低保地震截瘫55人。按市民通字［2006］027号《关于提高我市地震截瘫知青生活救助标准的通知》要求，对符合条件的3人提高救助标准，全年发放救助金4800元。纪念抗震30周年之际，为区内地震截瘫人员发放轮椅，全区245名地震截瘫人员的轮椅全部发放到位。现有捐站点55个，全区共捐款15.63万元。有爱心超市16个，共接受捐款8.072万元，接受物资折款12万元，救助人数3206人。与三利国际购物携手成立的唐山市首家与大型超市联合开办的“爱心超市”，年内共为路南区100名特困户提供7.3万元的生活用品、粮油及副食品。纪念抗震三十周年之际，三利国际购物中心为每一位“爱心之家”登记在册的贫困家庭发放粮、油，物资，折款6000元。捡拾被遗弃婴幼儿4名，其中3名婴儿，1名幼儿，全部平安送至市民政局福利院。共救助流浪乞讨人员4名，送至唐山市流浪人口救助管理站。

2007年3月4日凌晨，突降大雪，女织寨乡郑家庄、郑各庄、老谢庄、张丁庄、西越河、和平街6个村不同程度受灾，蔬菜及鲜花大棚被大雪压塌，受灾面积1.5公顷。灾后发放救灾款2万元。同年，干旱、低温天气造成区内1029人缺衣少被缺粮，遂发放春荒救济粮7475公斤。对需救助的家庭及时发放棉衣裤、棉被、救灾粮等救灾物品，折合5.03万元。根据《唐山市特困群众救助办法》，到第三季度，共救助困难群众123人，其中城市居民111人，农村居民12人，发放医疗救助金10.8万元，有效缓解因病致贫群众的就医压力。扶助残疾人员，为55名地震截瘫人员落实低保，为3名地震截瘫知青提高生活救助标准，为34名生活困难的震截瘫人员发放医疗救助金1.44万元。收救被遗弃幼儿5名，收救流浪乞讨人员4名，全部进行妥善安置。全区设有捐助站（点）62个。计生、教育、房管、政法、劳动就业以及组织、宣传、工青妇等多个部门开展联手救助活动，有2387名干部职工参加“一助一”和“多助一”活动，帮扶群众2335户，救助款物40多万元。

2008年，制定《路南区汛期救灾工作应急预案》和《路南区自然灾害救助应急预案》，编印《路南区防灾减灾宣传册》，建立区、乡（街）、村（社区）三级灾情信息网络。年内，发动社会各界为灾区捐款415.464万元，捐物折款43.41万元，财政拨付款项4.6万元，累计463.474万元。其中，为全区228户灾民发放春荒救济粮9500公斤，使用资金3.2万元。累计医疗救助困难群众152人，其中城市低保家庭108人、农村低保家庭8人、城市低保边缘家庭34人、特困家庭专项救助2人，发放医疗救助金26.47万元。救助地震截瘫人员24人，发放医疗救助金1.48万元。救助流浪乞讨人员2人。

2009年，完善《路南区特殊困难群众医疗救助（暂行）办法》，研究制定《路南区特困家庭救助办法（草案）》。全年累计救助困难群众215人，发放救助金46万元。两节期间，为低保家庭发放春节一次性补贴、采暖补贴154.37万元。党政机关干部开展“一助一”活动，走访慰问城乡低保家庭1857户，发放慰问款物折款22.2万元，帮助困难群众度过祥和欢乐的新年和春节。对全区孤残儿童进行摸底调查，办理《孤儿福利证》，落实孤残儿童生活补助政策，做好弃婴救助工作。

2010年，加强医疗救助和特困救助工作，救助特困家庭123人，核发救助金21.98万元。新年春节期间，全面走访慰问全区1656户城乡低保家庭和部分低保边缘家庭。注意做好与医疗保险、住房保障等工作的衔接，社会救助体系进一步完善，保障能力有了新的提高。

五、社会福利

1996年，区福利院全年接收老人64人次，其中社会孤老18人次，自费入院老人46人次。2005年，全区有福利机构20所，床位1081张，入住718人，入住率66.4%。工作人员105人，服务人员183人。全区每千名老人拥有福利机构床位37.3张，超过国家福利事业发展规划城市每千名老人拥有10张床位的标准。2006年，为百岁老人发放保健补贴1900元，办理老年优待证3600个。区老龄办联合哈药集团医药药材公司金晚霞老年事业推广中心，为全区60岁以上老年人办理“金晚霞老年健康随行卡”4190张。此卡由老年人随身携带，便于老年人外出活动发生意外及时救助，还可凭此卡免费参加“金晚霞健康服务中心”举办的文体活动并享受免费体检。

2007年，加强对社会福利机构的安全管理，多次对区福利院、老年公寓、乡敬老院、其他民营福利企业进行检查，完善消防设施和消防安全检查制度。强化对老年人的服务，在全区建立老年人台账、百岁老人档案；与市老龄委、市老年保健协会等单位联手，启动“健康百年”养生论坛，举办大型健康讲座和“关爱老年人送健康进家庭”活动；慰问10名贫困老人，发放慰问金5000元；落实百岁老人优待政策，先后发放保健补贴4600元；办理“老年优待证”200个、“金晚霞健康随行卡”150张。

2008年，按照“服务主体多元化、服务客体社会化、服务方式多样化、服务队伍专业化、经营机制市场化”要求，发展社会福利事业。全区社会化养老机构达20家，床位1281张，平均每千名老人拥有床位42.7张，高于市达22张床位的标准。占地1.33公顷、总投资1500万元的综合老年福利中心开工建设，区敬老院完成搬迁。累计发放百岁老人保健补贴4350元，办理老年优待证450个，免费为5530名60岁以上老年人拍摄肖像照。走访慰问贫困老人10人，发放慰问金5000元。

2009年，制定《社会办福利机构甲型H1N1流感应急预案》，加强对社会办福利机构的疫情防御工作。组织服务人员培训，提高养老服务机构服务水平。在福乐园社区开展居家养老电子保姆呼援系统建设试点工作。至2010年，已为393名75岁以上空巢独居老人安装“电子保姆”呼叫设施，并开通居家养老呼援服务系统。

六、五保供养

1995年，全区56户“五保”（对男65岁、女60岁以上的鳏、寡、孤、独老人和未满16岁的孤儿实行保吃、保穿、保住、保医、保葬的“五保”制度）对象全部实行五保供养，入院率98%，供养率100%。供养资金实现乡统筹，统筹标准人均达1000元。两乡敬老院，一所被评为省级先进院，一所被评为市级先进院。1996年，区民政部门拨付专款1万元，用于敬老院建设和改善院民生活。至年底，全区有五保对象47人，集中供养46人。

1997年，市、区拨款6万元，修缮乡敬老院，扩建多功能老人活动室、浴室，整修道路。对入住老人房间进行规范化管理。当年，实现对五保对象三个百分之百（五保供养率、集体供养率、乡统筹率）。2000年，全区有农村五保对象37户69人，全部集中女织寨乡敬老院管理，年人均生活费2700元。

2001年，新增社会办老年公寓1个。老年公寓和福利院收养老人145人，其中自费133人，孤老12人。年底，农村五保对象共有41人，人均生活水平3700元。2003年，女织寨乡有五保老人47人，多数靠集体供养，吃住在幸福院。改善幸福院内部环境，投资13万元新建活动室，安装暖气、电视VCD等。对散养五保户，经常联系，保证其正常生活。2006年，制定《农村五保供养工作实施细则》。至年底，全区有五保户90人，其中集中供养37人，分散供养53人，全部落实五保供养政策，五保供养经费全部纳入区、乡财政预算。

2008年，老年综合福利中心一期工程投入使用，集中供养的“五保”老人和城市“三无”人员全部迁入新居，居住环境大为改观，年人均生活水平达到4200元，高于市达3324元标准。当年，全区统一供养79人，其中集中供养40人，分散供养39人，集中供养率50.6%，高于市达50%的标准。2009年，全区农村“五保户”65人，其中集中供养52人，分散供养13人，集中供养率80%。2010年，城市“三无”和农村“五保”供养工作加强，综合福利院建设水平全省领先。

七、慈善事业

2007年11月29日，按照《中国慈善事业发展指导纲要》要求，路南区慈善协会成立。本着“依靠社会办慈善、办好慈善为社会”和“上为党和政府分忧，下为困难群众解愁”的原则，开展慈善募捐和救助工作。年内发放慈善款47.98万元、助医款20万元、助老款25.89万元、助困款55.6万元。

2008年，接收社会各界慈善捐款82万元，累计募集善款445万元。先后助医、助残、助学12.59万元，其中，为9个低保特困家庭大病救助7万元；为31户贫困残疾人家庭每户购置29英寸彩色电视机，用款3.69万元；救助11名低保家庭大学生1.9万元。市慈善总会救助4个家庭，发放救助金4万元；区慈善协会救助5个家庭，发放救助金3万元；对11名特困老人帮扶救助，发放慈善救助金5500元；对家庭发生重大变故的困难家庭实施救助，救助因重病导致贫困的王前街村民1万元，因返校途中

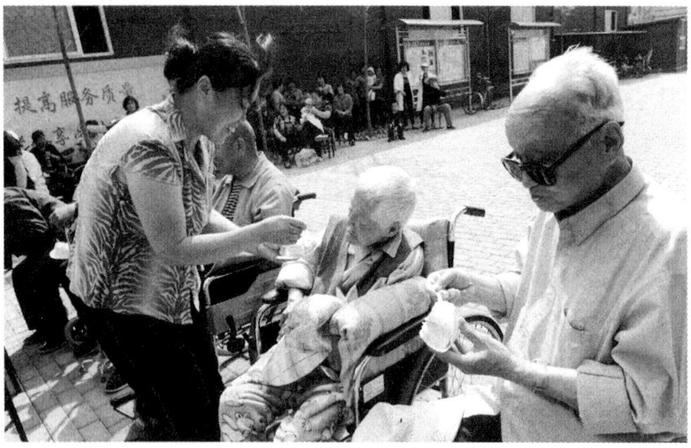

图 15－2　花园里助残日　（区委宣传部）

发生重大交通事故被致重伤的大学生 2 万元；南方雪灾专项募捐 13.08 万元，四川项募捐 397.99 万元。为四川地震灾区募捐衣物 1903 件，价值 30.83 万元。全区有 2 人被评为“唐山市慈善之星”，10 个单位被授予“唐山慈善贡献奖”。

2009 年，完善慈善捐助网络，在宾馆、饭店、大型购物商场等人口密集场所，安置慈善捐款箱 9 个，方便居民慈善捐助。配合市慈善总会为域内实验小学、侯边庄小学免费配置弱视治疗仪；开展“慈善一日捐”活动，收到各界爱心人士捐款 34 万元；开展迎国庆书画作品名展名家作品义捐义卖活动，市书法协会、美术协会、摄影协会名家捐赠作品 112 幅，18 名企业家义购捐款 88.1 万元。全年累计筹集善款 122.1 万元。发挥慈善机构“帮一点”作用，共救助各类困难群众 172 人，使用善款 34.1 万元。开展慈善助学活动，汶川地震专发放慈善助学金 10 万元；开展慈善助老活动，重阳节期间为域内 70 岁以上享受低保待遇生活特殊困难的老人每人救助 200 元，发放救助金 2 万元；配合市慈善总会宝业集团“帮一点”活动，对 12 名特困老人进行帮扶救助，发放慈善救助金 6000 元；开展临时性救助活动，发放救助金 28.5 万元；开展慈善助医活动，救助 21 户因重大疾病造成家庭生活困难的特困家庭，每户发放救助金 5000 元，累计发放救助金 10.5 万元（市慈善总会出资 4.2 万元，区慈善协会出资 6.3 万元）。

图 15－3　养老院健身公园　（区委宣传部）

2010 年，举办“寒门学子进校园”慈善助学晚会，开展寻访百位慈善老人系列宣传，在唐山人民广播电台制作“帮一点”“在这里闪光”和“爱心涌动凤凰城”等 6 期专题节目，编发“唐山慈善”简报 5 期 750 份，在各级新闻媒体刊播稿件 103 篇。是年，接收荣川集团、唐山天壤房地产开发有限公司定向捐款 15 万元，募集助学善款 154 万元，接收玉树、舟曲赈灾捐款 679 万元，接收首批“慈善十元捐”平民募捐 11.4 万元，“慈善一日捐”募集善款 32.82 万元。通过慈善助困、助学、助残、助老活动，救助特困家庭 32 户、42 人，核发慈善救助款 11.95 万元。配合中华慈善总会开展视敏儿童救助项目培训及基地建设，救助困难群众 1700 人次，救助支出累计达 1694 万元。“寒门学子进校园”活动救助贫困大学新生 671 名。

八、有奖募捐

1992 年，销售社会福利有奖募捐券 50 万张，为社会福利筹集资金 11 万元。1993 年，动员社会力量，采取集中销售与平时销售相结合，广泛筹集社会闲散资金，促进社会福利事业发展。至 6 月底，共销售 102 万元，积累社会福利基金 39.5 万元，上交省市 19.1 万元、本级 20.4 万元。至年底，已将筹集的 90 万元有奖募捐，全部用于社区服务中心建设。至 1994 年 5 年间，累计销售福利彩票 523 万元，获福利基金 166 万元，其中区留成 102 万元，支持社会福利设施建设和社会福利生产。1995 年，销售奖券

53 万张、106 万元，获福利基金 20.99 万元。连续 6 年荣获省有奖募捐先进单位称号。1998 年 5 月 2—10 日，举办大型社会福利彩票发行工作，销售彩票 119 万张、357 万元，提取社会福利基金 138 万元。此后至 2010 年，社会福利彩票由社会发售。

九、最低生活保障

最低生活保障制度包括城市居民最低生活保障制度和农村居民最低生活保障制度。

城市居民最低生活保障　1996 年 9 月，路南区民政局在学院南路街道办事处开始进行城市居民最低生活保障试点。10 月，印发《关于城市居民最低生活保障线实施办法》，明确保障对象主要是“三无”人员（无生活来源、无劳动能力、无法定赡养人或抚养人居民）和城市孤老等。是年，全区 220 人列入保障范围，临时补助 114 人，发放补助款 1.98 万元。

图 15－4　友谊里爱心超市　（区委宣传部）

1997 年，在上年首批 220 人保障金全部足额兑现后，按照动态管理原则，经过调查核实，全区有 297 人享受城市居民最低生活保障待遇，全部兑现保障金。1998 年 6 月，城市居民最低生活保障制度在全区正式建立。保障对象由原来“三无”人员，扩展到包括领取失业救济金期间或失业救济期满仍未能重新就业，且家庭月人均收入低于最低生活保障标准的居民，在职和下岗人员在领取工资、基本生活费后以及离退休人员领取离退休金后且家庭月人均收入仍低于最低生活保障标准的居民。申请城镇低保的家庭，人均月收入低于当年低保标准的，按照《唐山市城镇居民最低生活保障办法》规定，由社区、街道办事处、县级民政部门三级审核批准。对低保家庭成员及收入发生变化的，经社区居委会、街道办事处评议、审核后，张榜公示，签署意见报县级民政部门办理变更手续。县级民政部门按审批程序及时为其办理提高、降低保障金或终止低保待遇手续。保障对象每人每月补助 140 元。是年，享受低保 2651 户，2758 人，落实保障金 22.47 万元。2000 年，城市享受低保 3698 户，6740 人，落实保障金 58.33 万元，最低生活保障率 100%。

2003 年，贯彻落实国务院和省民政厅关于低保扩面的紧急通知精神，将符合条件的困难职工和城镇居民全部纳入保障范围。按照新出台的《唐山市城镇居民最低生活保障实施办法》，对全区低保对象进行拉网式调查摸底，填表登记，重新规范低保工作程序，健全各项工作制度，对低保档案重新审核，并实行区、街、居三级管理，基本实现低保标准科学化，资金列支正常化，实施运作程序化。年底，纳入低保范围 1.31 万户，2.98 万人，累计使用资金 275.32 万元，人均差额补助 93 元。

2004 年，完善低保公示制度，在乡街 52 个社区全部制作低保工作公开栏，自觉接受群众监督。组织培训各街道办事处、社区居委会低保工作人员，重新审核低保家庭。开展低保工作自查自纠，重点落实各项低保政策到位情况、低保工作透明情况、低保工作动态管理情况、低保资金专账管理情况。

2006 年，启动“城镇低保管理系统软件”，实现低保数据网络管理。全区享受城市低保 1554 户、3375 人，占全区总人口的 1.6%，累计发放低保金 476.69 万元，人均补差 120 元。2007 年，落实城乡低保家庭在校学生救助工作，对城市低保家庭的小学、初中、高中、专科以上学生，每人每月分别提高 10 元、20 元、50 元、100 元的最低生活保障金，惠及城镇家庭 765 人。是年，针对肉价上涨影响低保家庭生活状况，对城镇低保对象实行肉价补贴，标准为每人每月 25 元，后又增补 10 元。补贴时间从 2007 年 8 月起到 2007 年 12 月。共发放肉价补贴 45.6 万元。

2008 年，对低保对象实行“社区每月核实、街道每季检查、民政机关每半年抽查、群众投诉每件必查”的动态管理，做到“阳光操作、应保尽保”。是年起，连续三年上调城镇低保标准，每人每月从225元增至270元，2009年提高至285元，2010年增至310元。2010年，全区纳入城市低保1510户、2840人，发放低保金740.03万元。低保标准、人均补差均处全省最高。13年间，全区享受城镇低保对象累计15.63万户次、32.32万人次，发放保障金4487.06万元。

1998—2010年唐山市路南区城镇居民享受低保统计表

表15－4

年份	户数	人数	金额（万元）	年份	户数	人数	金额（万元）
1998	1220	1269	22.47	2005	1444	3168	427.96
1999	1284	1451	43.45	2006	1554	3375	476.69
2000	1308	1561	58.33	2007	1465	2989	523.37
2001	1357	1727	72.02	2008	1536	3041	687.37
2002	1368	2299	140.22	2009	1494	2893	690.19
2003	1490	2814	275.32	2010	1510	2840	740.03
2004	1447	3199	329.64	–	–	–	–

农村居民最低生活保障　1996年12月，区政府出台《路南区实施农村最低生活保障制度暂行办法》，规定保障金由区、乡、村各负担三分之一。翌年，全区有63人享受农村最低生活保障待遇。1998年，正式实施农村居民最低生活保障制度。全区有农村低保户148户、276人，年发放低保金4100元。

2001年，调整农村低保标准，每人每月增至90元。2004年，新的农村低保政策颁布，组织培训乡主管领导、民政助理及村委会主任，让其了解低保政策。按规定完成农村低保对象的摸底、申报、核实、审批工作，并对低保档案规范管理，一户一档、一村一盒，区、乡、村三级存档。年底，全区有农村低保户328户、652人，年保障金7.62万元，全部足额发放到位。

2005年，按照《唐山市农村居民最低生活保障工作程序及操作规范（试行）》，规范低保管理工作。凡申请农村低保的家庭，人均年收入低于当年低保标准的，按照《唐山市农村居民最低生活保障办法》规定，由村、乡、区三级审批。区、乡、村在每年年初对农村低保家庭进行复查。对低保对象家庭成员及收入发生变化的，经村委会、乡政府评议、审核后，张榜公示，签署意见后报区民政部门办理变更手续。区民政部门按审批程序及时为其办理提高、降低保障金或终止低保待遇手续。当年，全区农村低保达120户、227人，发放低保金11.34万元。

2006年，对农村低保统一调标，标准为1000元/人/年，低保所需资金全部纳入区财政预算。女织寨乡政府还为低保群众每户每年增加560元保障金，使路南区农村低保处于全市最高水平。2007年，落实城乡低保家庭在校学生救助工作，对农村的小学、初中、高中、专科以上学生，每人每月分别提高8元、15元、50元、100元，惠及农村家庭35人。2008年起，连续3年提高农村低保标准。全额保障标准每人每年从1000元调整到1200元。2009年，低保标准由1200元/人/年提高到1300元/人/年。2010年，低保标准从1300元/人/年提高到1540元/人/年，享受农村低保638户、1200人，发放低保金32.74万元。低保标准、人均补差均处全省最高。13年间，全区享受农村低保对象累计5439户次、1.05万人次，发放保障金168.39万元。

1998—2010年唐山市路南区农村享受低保统计表

表15－5

年度	户数	人数	金额（万元）	年度	户数	人数	金额（万元）
1998	96	186	0.41	2005	120	227	11.34
1999	103	201	0.43	2006	171	340	20.75
2000	103	201	0.43	2007	183	362	21.58
2001	103	201	0.43	2008	219	431	38.44
2002	103	201	0.43	2009	173	311	33.35
2003	103	201	0.44	2010	160	301	32.74
2004	116	223	7.62	－	－	－	－

十、地名管理

1990年，按照《地名管理条例》《地名管理条例实施细则》，加强对地名命名、更名的管理，完善地名命名审批制度。1992年，命名开滦矿务局、唐山矿的3处住宅楼；对光明路、友谊路、大里路、学院路、卫国路、华岩路、文化路等与路北区交叉路段，进行门牌调查、登记、设置；标准化处理各居、家委会应用名称，为市城乡基层政权组织名录提供资料，为国家地名大辞典补充词条；完成《河北省地名词典》《唐山地图册》等地名发行工作。1995年，安装保泰楼、建国里、赵庄小区楼门牌510块，复兴路、华岩路新建门牌10块，完成205国道7个村的村标安装。1996年，命名新建38栋居民楼，并安装楼门牌，对205国道旁村标进行安装。

1997年，完成同路北、开平、丰南两区一市之间野外踏勘任务，达到全线基本贯通。与之有关的会议纪要、联合实施方案、三方交汇点协议书及图文资料均上报市民政局。11月底前埋设好预定的5块（同路北2块、丰南2块、开平1块）边界线界桩。1998年，完成开平、路北、丰南两区一市的边界踏勘工作，沿线47公里全线贯通。5月底前，完成郑各庄、西礼尚庄两个小康村地名标，205国道旁荷花坑村、郑家庄村两块高标准碑式标志设置。

1999年5月始，编纂路南区地名资料，历时19个月，全书共15万字，2000年12月完稿。2000年7月，根据《唐山市民政局关于在全市开展城市农村街路巷楼（院）门牌整顿的实施方案》，经区政府研究决定，对全区城乡街路巷楼（院）门牌的命名设标情况调查摸底，重新登记造册。区政府专门成立地名标志整顿领导小组，制定实施方案，召开有乡、街主管领导和有关部门负责人参加的动员大会，全区城乡街路巷楼（院）门牌整顿迅速展开。经两个多月努力工作，摸清了全区7个街道、1个乡、38个村和22条主干道、95条街巷干道情况。

2001年，按时完成与路北区、丰南市、开平区38公里的边界线资料整理工作。2001年，完成38个村村标，南新道、西电路200余块门牌的安装。2002年9月，与区环境办、公安分局、工商分局等部门联合，在全区范围内开展门牌整顿，加强对地名管理和对违规行为的查处力度。12月底，新命名7个新建住宅小区和95条街巷干道。

2003年，贯彻落实《唐山市地名管理条例》，加大宣传力度，编印《地名小常识》手册，发放至乡、村，街道、社区。完成唐山市地名图路南部分校审工作。制定《关于抓紧做好城市地名标志设置工作确保完成设标任务的实施方案》，成立领导小组，如期完成全区街、巷、楼门牌调查摸底和对主干道、部分副道地名标志的更新和维护。2004年，根据冀国土资法［2004］4号文件、国家发展改革委员会等四部委联合下发的清理整顿现有各类开发区的决定，对“工业园区”原有6条街道恢复老名称，2条街道重新命名，更换11个街巷标牌和63户沿街门牌。做好建立地名数据库各项准备工作，对全区局级以上单位、国家大型企业、主要道路状况等进行全面普查。

2006年，规范地名管理，严格命名、更名手续。摸底调查全区地名情况，完成村庄布局状况调查表录入工作，详细记录38个行政村的人口、面积、村干部人数等情况。审批南方房地产开发有限公司所开发项目“荷花茗苑”住宅小区命名。2007年，实施“地名公共服务工程”，办理地名确认、申报、证明事项156项次，搞好地名设标和地名数据库升级工作，配合网格化管理设计单元界线图，为区域发展和城市建设提供服务。

2008年，办理地名确认、申报、证明事项106项次。完成开滦唐山社区服务中心开泰楼住宅小区、泰安房地产开发公司金安苑住宅小区、正泰里惠民园小区等新建工程项目的命名初审、报批工作。按照市局区划地名工作会议要求，完成各乡、街及村、居区划面积以及人口数量的调查摸底工作。校审唐山市新版地图路南区部分。办理沿街门牌16块。为群众出具办理房产交易、出租、工商办照、办身份证、上户口用证明信42份。2009年，办理地名确认、申报、证明事项38项次。遵循地名勘界及行政区划工作原则，解决边界纠纷、界定有争议地界——燃气公司的煤气存储罐区域归属问题。在唐山万达广场、嘉元六合、荷花上院、荷花盛世等重点项目地名的审批中，采取专人盯办方法，确保项目建设顺利进行。

2010年，经深入调查研究，报请唐山市民政局和河北省民政厅调查论证、批复，筹建惠民道街道办事处和梁家屯路街道办事处。为适应城市基层治理需要，区政府批准设立龙湖泓庭、金岸世铭、惠民园第一、惠民园第二、惠民园第三、惠民园第四、万达长青、万达广场第一、万达广场第二计9个社区居民委员会。7-8月，贯彻落实中央综治办《关于开展平安边界建设的意见》和民政部《关于落实开展平安边界建设意见的通知》精神，加强边界管理，与路北、开平签订共建协议书；与丰南区民政局联合检查行政区域界限，补充丢失界桩，对位置不符的进行复位。

十一、村委会换届选举

1992年11月，开平区梁家屯乡、女织寨乡划归路南区管辖。此前，依据《中华人民共和国村民委员会组织法（试行）》，先后进行了第一、第二届村民委员会换届选举。

图15-5 村民委员会换届选举 （区委宣传部）

1993年12月至1994年4月，按照《唐山市路南区村民委员会换届选举实施办法》，路南区进行第三届村委会换届选举。选举程序包括推选村民选举委员会（由主任、副主任和委员共5至9人组成），制定选举办法，组织选民登记，推选候选人，依法组织正式选举，推选村民代表，推选监督机构，做好工作移交。共登记选民2.89万人，投票2.77万人，参选率95.85%，38个村共选举产生新一届村委会成员147名、主任38名。

1997年2月1日至3月10日，路南区进行第四届村委会换届选举工作。选举前，广泛宣传发动，区、乡、村分别成立第四届村委会换届选举工作领导小组，乡党委总体谋划，具体指导各村进行选民登记、提名候选人、投票选举等组织实施工作。乡党委、乡政府抽调机关股级以上干部包村，问题较多、工作难度大的村由党、政主要领导亲自包，亲自抓。民政部门主动当好政府参谋，深入基层，了解情况，反馈信息，为党委、政府制定方案出谋划策。先后召开3次区级、8次乡级动员培训会议、3次村干部会议、6次包村干部调度会议，学习相关文件，统一思想认识，根据各村实际情况把握尺度，分类指导。此次选举共有选民2.89万人，参选

2.77万人，参选率达95.85%。经过差额、直选，38个村依法选举产生新一届村委会成员147名，其中村委会主任38名（连选连任24名，新当选的14名），副主任15名，委员94名。3人建制的21个村，五人建制的15个村，7人建制的2个村。选举工作结束后，乡党委、乡政府利用3天时间培训村两委班子成员，明确职责，整章建制。

2000年1月1日至4月5日，进行路南区第五届村民委员会换届选举。区委、区政府下发《关于印发〈路南区第五届村民委员会换届选举工作实施方案〉的通知》，明确第五届村委会换届依法直选。换届开始，区派出工作组。各乡、村两级建立选举工作领导小组，协助各村制定实施方案，确定选举日程，并张榜公布，依法确定选民资格、公布选民名单和发放选民证等。引导村民按照标准酝酿和提名村民委员会成员候选人，按得票多少依法确定村民委员会成员候选人。进入选举阶段，正式候选人的确定实行差额选举，由全体选民直接投票产生。候选人确定后，全体选民以无记名投票方式，直接投票选举产生村民委员会委员。全体选民再以直接投票方式选举产生村主任、副主任，当场颁发当选证书。全区38个村全部完成村委会换届选举，共选出村委会主任38名，副主任14名，委员95名。

2003年6—8月，进行第六届村委会换届选举。此次选举，仍规定村民委员会主任、副主任和委员，由村民直接选举产生。村民委员会的选举，由村民选举委员会主持。村民选举委员会由主任和委员组成，由村民会议、村民代表会议或者各村民小组会议推选产生。村民选举委员会成员被提名为村民委员会成员候选人，应当退出村民选举委员会。村民选举委员会成员退出村民选举委员会或者因其他原因出缺的，按照原推选结果依次递补，也可以另行推选。同时规定，年满十八周岁的村民，不分民族、种族、性别、职业、家庭出身、宗教信仰、教育程度、财产状况、居住期限，都有选举权和被选举权，但是，依照法律被剥夺政治权利的人除外。村民委员会选举前，应当对参加选举的村民进行登记：户籍在本村并且在本村居住的村民；户籍在本村，不在本村居住，本人表示参加选举的村民；户籍不在本村，在本村居住一年以上，本人申请参加选举，并且经村民会议或者村民代表会议同意参加选举的公民。已在户籍所在村或者居住村登记参加选举的村民，不得再参加其他地方村民委员会的选举。登记参加选举的村民名单应当在选举日的二十日前由村民选举委员会公布。对登记参加选举的村民名单有异议的，应当自名单公布之日起五日内向村民选举委员会申诉，村民选举委员会应当自收到申诉之日起三日内作出处理决定，并公布处理结果。选举村民委员会，由登记参加选举的村民直接提名候选人。候选人的名额应当多于应选名额。村民选举委员会应当组织候选人与村民见面，由候选人介绍履行职责的设想，回答村民提出的问题。选举村民委员会，有登记参加选举的村民过半数投票，选举有效；候选人获得参加投票的村民过半数的选票，始得当选。当选人数不足应选名额的，不足的名额另行选举。另行选举的，第一次投票未当选的人员得票多的为候选人，候选人以得票多的当选，但是所得票数不得少于已投选票总数的三分之一。选举实行无记名投票、公开计票的方法，选举结果当场公布。选举时，设立秘密写票处。登记参加选举的村民，选举期间外出不能参加投票的，可以书面委托本村有选举权的近亲属代为投票。村民选举委员会应当公布委托人和受委托人的名单。选举前，加大宣传力度，38个村利用有线广播宣传6500次，出板报、橱窗286期，书写宣传标语780条，印发宣传提纲、选民须知等2.6万份，宣传教育面达96%以上。换届选举工作做到思想认识、工作、领导“三到位”。成立路南区第六届村委会换届选举工作领导小组，下设办事机构，制定详细周密的实施方案。换届选举过程中，区主要领导多次听取换届选举工作汇报，经常深入到乡、村研究解决选举中的重点、难点问题。全区23名县级党员领导干部分别与23个村建立联系点，加强指导和监督检查，帮助解决实际困难。全区形成党委统一领导，人大监督检查，政府组织实施，民政部门具体指导，有关部门密切配合的工作机制。选举每个阶段开始前，组织选举工作人员、包村干部和村民选举委员成员进行业务培训，共组织培训班12期，培训1500人次。选举中，严把选民登记关、候选人提名关、选举程序关。全区38个村有37个村组织选举，有选民2.84万人，参加投票2.74万人，参选率为96.3%。共选举新一届村委会干部125名。

2006年1月24日，区委、区政府印发《关于第七届村民委员会换届选举工作的实施方案》《关于成立路南区第七届村民委员会换届选举工作领导小组的通知》，部署第七届村委会换届选举工作。此次换届选举，从2月初开始至4月底结束。全区38个村有36个村选举成功，共选出新一届村委会成员120人。

2009年1月，区委组织部、区民政局印发《关于共同做好第八届村委会换届选举工作的通知》，规定全区38个村村委会选举日分别为1月13日和1月16日。为保证选举工作顺利推进，各包村部门派出的换届选举工作协助员，换届选举工作联络员、观察员全部到村帮助开展工作。截至1月23日，有34个村依法完成村委会换届选举，产生村委会成员116人。未完成换届选举工作的有郑家庄、西小艾、木匠庄、侯边庄4个村，其后也相继完成换届选举。通过换届选举，一大批政治素质好、领导能力和协调本领强的优秀人才被选进新一届村委会，使村级组织班子更加精干高效，规章制度得到健全和完善；各村普遍设立新一届民调、治保等村委会下属委员会，推选出新一届村民代表和村民小组长，制定村委会成员任期目标和工作计划，推进农村各项工作顺利进行。

十二、社区建设

组织建设 1990年，全区建有192个居委会，其中友谊路街道办事处23个，学院南路街道办事处30个，西新村街道办事处38个，永红桥街道办事处25个，税务庄街道办事处27个，小山街道办事处22个，文北街道办事处25个，钱营街道筹建处2个。1992年，组织各街道办事处、居委会相关人员学习《中华人民共和国城市居民委员会组织法》，考核、调整居委会班子，将年轻有能力的人员充实到居委会。有41个居委会改建为家属委员会，占改建总数的52%。

1995年，基层组织建设取得显著成效。有1个街道办事处、1个居委会获国家明星街道办事处、明星居委会称号，有1个居委会、1名居委会主任分别被评为河北省“先进居委会”“先进居委会主任”。1996年，区民政局协同有关部门落实居委会成员240元补贴，为17名1995年退下来的居委会干部发放一次性补贴款。为19个居委会解决办公用房。当年起，对居（家）委会组织现状进行调研，为调整居（家）委会机构提供参考。翌年4—9月，按照《中华人民共和国城市居民委员会组织法》，完成第三届居（家）委会换届。

2001年，在全市率先印发《关于调整居委会规模、组建社区居委会的实施意见》，本着有利于自治、管理和发挥功能的原则，将原有109个居（家）委会调整为52个社区。新建社区分为以重要街巷、道路为界划分的“地缘型社区”，以独立完整的居民小区为单位划分的“单元型社区”，以单位职工家属居住区划分的“单位型社区”三大类。各社区成立初，同步建立健全社区党组织、社区居民代表大会，选举产生社区居民委员会，并完善5个工作站（社区服务工作站、社区卫生服务站、社区文教体活动站、社区安全警务站、社区环境管理站），形成具有路南特色的社区组织“1+5”管理模式。5个工作站有机结合，相互协调，发挥整体效益，形成以社区居委会为中心，条块结合、以块为主、责权利相统一的社区管理体系。按照《示范社区考核标准》和《唐山市社区居委会资格标准》，全面加强社区居委会建设。年内，有13个居委会被市局命名为示范社区居委会，常泰里福乐园被评为“省级文明社区”，路南区被河北省确定为“创省社区建设示范城区试点”。

2002年7月25日，印发《中共唐山市路南区委、唐山市路南区人民政府关于加强社区干部队伍建设的意见》，明确每个社区班子中有1名45岁以下的班子成员，有1名大专以上学历的文化人，有1名熟悉社区工作的明白人；要坚持任人唯贤的干部路线，多渠道多形式、依法、依规选拔任用社区干部。

2003年，协调指导永红桥街道办事处做好居委会规模调整工作，指导制定社区居委会规模调整实施方案；引导改革社区用人机制，对社区干部进行公开招聘；落实《中华人民共和国城市居民委员会组织法》，严格把握选举程序。经调整，原11个社区合并调整为10个，对原年龄较大，文化水平较低的干部进行调整。

2004年，推进社区民主政治进程。通过召开居民代表大会，在所有社区建立协商议事委员会。是年，召开会议100余次，协调解决社区各类矛盾纠纷和居民关注的热点问题60余次（个）。印发《关于第二届居委会换届选举的实施意见》，对居委会成员年龄、文化程度、政治面貌和个人身份等提出更加符合社区建设需要的标准。改革选举办法，开展换届选举前人员的调查摸底，为换届选举做好准备。

2005年3月中旬至5月中旬，举行第二届社区居委会换届选举工作。参加投票居民代表1750人，参加选举投票率93.5%，选出社区居民委员会委员284名。其中，经社会招聘、竞争上岗等方法公开招聘、选拔优秀社区人才237名。7个街道办事处的51个社区居委会全部一次选举成功。

2006年，在各社区建立居委会工作制度、民主议事制度、民主评议制度、居务公开制度、协商议事委员会制度等。部分社区建立社区听证会，通过民主协商形式，参与社区事务管理与服务。在全市率先制发《路南区社区工作者管理办法》，两次组织社区工作者培训班，有390多名社区工作者参加培训。开通社区网上交流平台，注册建立社区QQ群，社区书记、主任等通过网络开展工作交流。

2007年，按照省、市民政部门《关于开展"建设和谐社区示范单位"创建活动的通知》精神，制定《路南区关于争创全国建设和谐社区示范区的实施方案》《和谐社区示范区检查验收细则》，召开动员大会，明确"三个五好"的社区组织建设标准、"三个100"的社区基础设施建设标准、"十项服务"（预约办理服务、及时登门服务、学生托管服务、家政便民服务、家庭看护服务、老年保健服务、征询意见服务、提供信息服务、巡视巡查服务、邻里互助服务）的社区服务标准、以及社区建设成员单位所承担的职责任务。经检查验收，49个社区达到标准，占全部54个社区的91%。友谊、学南、广场、永红桥、小山、文北6个街道被市民政局命名为"建设和谐社区示范街道"，路南区被省人民政府命名为"河北省和谐社区建设示范区"。加强基层民主政治建设，按照"五统一"要求实行居务公开，统一公开内容、公开时间、公开程序、公开地点、公开监督管理方式，对社区办理的低保、社保等确认事项，优抚、救济等给付事项，社区规划、年度计划、财务收支等重要事项，一律实行"阳光操作"、公正透明办理。实行社区干部述廉评廉制度，搞好社区工作者培训，全年举办社区书记、主任培训班两期48学时，重点学习《"十一五"社区服务体系发展规划》《搞好社区十项服务的方法要求》《社区干部应知应会手册》等内容。

2008年，完成第三届社区换届选举工作，居民代表投票率95.5%，选举产生社区居委会成员364人，平均年龄35.7岁，其中党员占41.2%，大专以上文化程度占65.9%。提高社区工作者工资保险待遇，工资从每月827元提高到1199.42元，并对社区干部参加"三险"情况进行调查，为加强社会保障提供依据。

2009年，按照"民主自治、管理有序、服务完善、治安良好、环境优美、文明祥和"的建设标准，扎实推进和谐社区创建工作，福乐园社区被民政部授予"全国和谐社区建设示范单位"。积极开展社区科学发展模式试验示范工程，以"15分钟便民服务圈"（百姓只要步行15分钟，就可以享受到社区卫生、养老、就学以及到便民菜店站购物等一系列服务）为标准，打造"听政议政、学习教育、文化交流、社区服务、社会组织互动"五个中心，健全和提高社区服务居民能力。全区有12个社区市民中心达到科学发展模式标准。建立专职社区工作者工资、福利待遇增长机制，实现养老、失业、工伤、医疗等社会统筹保险。

2010年，健全民主协商议事制度，完善社区居务公开制度、民主评议制度，基层民主建设得到加强。提高社区工作者社会保险缴费基数，区财政每月为每人缴纳的"四险"提高至562.01元，增加57.46元。出台《路南区无生活来源离任社区工作人员生活补贴实施办法》，全区373名在社区工作十年以上无生活来源社区工作人员，得到高于低保标准10%的生活补贴。推进社区廉政文化建设，正泰里永乐园社区被推选为全市廉政文化建设观摩点，受到市纪委充分肯定。新建社区居委会9个。截至年底，全区共有65个社区居（家）委员会。

社区服务　1992年，发挥民政部门在社区服务工作中的组织、协调指导作用，发动各方力量，从群众需要和社区条件出发，兴办各种福利和服务设施，建老年活动室44个、老年婚姻介绍所8个、敬老院

1 所、福寿公寓 2 所、幼儿园 44 所、儿童午餐食堂 18 个、老年餐馆 1 个、青少年活动室 148 个、孤老残包户组 198 个、社区服务中心 8 个，组建志愿服务组 105 个、志愿服务者 2000 人，形成以街道办事处为主体，以居委会为依托的涉及十大方面 49 个项目的服务网络，初步实现社区服务系列化、工作制度化、管理规范化。

1995 年，投入 10 万元用于社区服务中心的硬化建设，使社区服务中心成为老年人寄养服务、婚姻系列化服务、医疗健身服务、残疾人康复服务、政府招待餐饮服务、群众娱乐服务为一体的服务组织。收养入住老人 103 人次，年营业额 34.4 万元。居委会社区服务网点与发展经济网点并举，已形成存车、修理、服装、托老托幼、食品、医疗、书刊、饮食加工等门类众多、范围广泛的服务网络。年底，城区 163 个居（家）委员会，有 122 个建立固定服务网点，占居（家）委会的 75%。区域内有多功能社区服务中心 1 个，另有 3 个老年公寓，街居两级建各类社区服务组织 255 个，社区服务业拥有固定资产 1500 多万元。1996 年，加强区、街两级社区服务基地建设，全区有各项服务设施 318 个，便民利民服务网点 186 个，志愿者服务组织 362 个，专兼职服务人员 1.5 万人，服务内容 1.2 万项。社区服务中心全年收住老人 200 多人次，纯收入 9 万元。

1998 年 6 月 25 日，区政府印发《路南区社区服务业发展意见》，明确规定社区服务对象、服务项目、再就业服务、福利和公益实体所享受的优惠政策、服务资金筹措方式等 13 项内容。年内，投资 15 万元用于社区服务。是年，路南区被民政部命名为首批"全国社区服务示范城区"，被省委、省政府确定为"开拓社区服务市场、拓宽下岗职工再就业渠道"试点区。

2001 年，拓展社区服务新领域。6 月 12 日，常泰里福乐园社区服务中心成立，开办计划生育、法律咨询、优抚、家政、残疾人服务等服务功能。在上年友谊街道办事处试点开通"86812345"社区热线同时，为城区 5 个街道办事处均配齐一部热线电话，为居民提供更加快捷服务。9 月，区委、区政府印发《关于全面加强城市社区建设的实施意见》，对加强社区居委会、深化社区服务、发展社区文化体育、美化社区环境、抓好社区教育、完善社区卫生服务网络、搞好社会治安等作出安排和部署。至 2002 年，城区 6 个街道已有 2 个建起多功能服务中心，全区 70% 以上社区居委会建有 50 ~ 100 平方米的社区服务站。基本形成老年人、优抚对象、助残康复、医疗保健、扶老托幼、家政、就业保障、信息中介等八大系列 50 多个服务项目的社区服务体系。到年底，全区有各类服务设施和便民、利民服务网点 518 个，志愿者服务组 364 个，专兼职志愿者 3.4 万人，服务基地 125 个，签订"一助一"长期协议的服务对象 1500 余名。累计创建国家级文明社区 1 个、省级 8 个、市级 8 个。路南区社区建设经过民政部验收成为首批"全国社区建设示范区"。

2003 年，唐山市首家社区志愿者协会在路南区成立。同年，在全市率先开展争创"全就业社区"活动，各街道和社区以"个性服务、贴心服务、诚信服务"为宗旨广开社会就业渠道，定期举办"就业服务进社区"活动，累计举办各类就业推荐活动 50 场次，培训各类人员 8500 人，开发就业岗位 2.03 万个，安置就业 5242 人。被民政部、中国社会工作协会授予"全国社区志愿者先进单位"，被省政府命名为"社区建设工作先进市辖区"。2005 年，在全省首家开发区及社区信息管理系统，为各街道办事处、社区居委会配备电脑、打印机及配套办公设备。

2006 年，以开展"社区服务年"为抓手，推动全区社区服务良性健康发展。是年，指导广场、永红桥街道建成以服务居民为核心、落实政府公共服务职能、实行"一站式"便民服务的街道社区服务中心。推进社区服务标准化工作。经多次调研，对《社区服务通用要求》反复修改并定稿。此标准通过省专家组验收，并经省发布为河北省地方标准。在对常泰里福乐园社区、卫国楼社区先行贯标试点基础上，指导双新二社区、建国里社区、花园里社区、文北西楼社区等进行社区服务标准化建设。创立"路南社区服务"标识，在全区 900 多家社区服务企业，选取 100 多家诚信经营、信誉度高、有一定示范作用并愿意为社区居民尤其是社区弱势群体提供无偿、低偿服务的商户作为路南区社区服务加盟商，为服务社区居民搭建平台。将区政府各部门办事指南、常用电话号码、社区周边各类服务网点等信息汇编成册，通过与企业合作形式免费发放到居民手中，实现社区服务全覆盖。发挥社区志愿者协会作用，制定《关于进一步做好社区志愿服务工作的意见》，指导各街道社区按照“五有”（有服务项目、有服务队伍、有活动计划、有活动档案、有服务基地）标准规范社区志愿服务机制建设。重阳节前夕，组织社区开展“爱心映晚霞”大型社区志愿服务活动，近7000名社区志愿者开展义务家电修理、裁剪、理发、慰问等面向社区老年人的志愿活动。

2008年，社区服务信息化建设进一步加强。调整和修改社区服务信息网站页面，规范信息格式，筛选和录入各街道社区上报信息，完善“2321890”社区服务热线内容，完成各种信息的录入，为路南区数字化市民服务系统平台开通创造条件。引入市商业银行社区缴费“一卡通”项目，在福乐园社区率先试行，对其他具备安装条件的社区调查摸底，为居民就医、通讯、购物等提供方便。完善社区服务信息化硬件设施，在有条件的社区安装电子触摸屏、电子显示屏、“三面翻”。2009年，新建和扩建社区市民中心22个，总投资597万余元。全区市民中心达到34个。

2010年，二五五社区市民中心建成投入使用，福乐园、吉祥里、花园里、双新二等社区市民中心改造提升，各社区市民中心办公服务用房面积全部达标，90%的社区市民中心达到400平方米以上，拥有电脑、打印机、投影仪等现代化设备。通过完善市民中心五大服务功能，落实六站六室一场一校服务场所（计生服务站、社区卫生服务站、社区警务站、未成年人活动站、志愿者服务站、爱心救助站；市民议事室、图书阅览室、文体娱乐室、便民服务室、助残康复室、敬老服务室；市民学校；户外活动场），市民中心服务居民的能力显著提高。

十三、婚丧管理

婚姻登记　1990年，路南区婚姻登记工作由各乡、街道负责办理，全年办理结婚登记1629对，办理离婚138对，离婚率0.58%。

1992年9月，路南区民政局婚姻登记处成立，婚姻登记转由区民政局婚姻登记处集中办理。婚姻登记依初审—受理—审查—登记（发证）程序进行。结婚登记所需证件包括：双方户口本、身份证、本人无配偶以及与对方当事人没有直系血亲和三代以内旁系血亲关系的签字声明；离婚登记证件包括：双方户口本、身份证、结婚证、双方当事人共同签署的离婚协议书。全年依法登记结婚1819对，办理协议离婚208对，合格率100%。进行婚前教育40场次。

1995年，婚姻登记严格执行《婚姻登记条例》，坚持做到“三核实、一服务”（即核实户口本、身份证、证明信、热情服务）。全年办理结婚登记1743对，离婚238对，登记合格率100%。合法结婚率98%以上，结婚登记求实率达95%以上。接待调解离婚346对，补办解除夫妻关系证明信2对，补办夫妻关系证明信49对。

1996年，争创标准化登记处，对1992—1996年的婚姻档案进行整理、抄写、装档，并实现婚姻登记微机化管理。全年办理结婚登记1652对，办理离婚登记244对，补夫妻关系证明27对，接待离婚381对。登记合格率100%，婚姻登记率达97%以上。1999年，路南区婚姻登记处被唐山市民政局命名为“唐山市标准化婚姻登记处”。

2001年4月28日，新婚姻法颁布实施，遂组织有关人员学习培训，提高登记人员业务、政策水平。全年办理结婚登记1874对，离婚登记322对，补办夫妻关系证明书56对，解除夫妻关系证明书16对，登记合格率达100%，登记求实率达98%以上。

2003年9月24日，施行《婚姻登记工作暂行规范》；10月1日，新《婚姻登记条例》颁布实施，婚姻登记办理程序和所需证件材料均发生变化。取消婚姻登记由单位或村（居）委员会出具证明、强制婚检的规定，增加补办婚姻登记、无效婚姻和可撤销婚姻规定；取消婚姻登记机关对当事人弄虚作假、骗取婚姻登记的撤销权，将有关婚姻登记的现行规定进行合并，同时启用新版结婚证、离婚证。婚姻登记照片实行统一照相、统一背景、统一尺寸、统一排号。全年办理结婚登记2164对，离婚登记423对，办理夫妻关系证明60对，解除夫妻关系证明60对，全部整理归档。经市、区检查验收，结婚登记合格率100%。

2004年，婚姻登记坚持“三不登”（没有户口本、身份证不登，双人不到场不登，身份证、户口本不相符不登）原则。全年办理结婚登记2602对，离婚登记597对，为群众查阅档案出具婚姻证明380人次。婚姻登记合格率100%，被省民政厅命名为“二级标准化婚姻登记处”。2006年，坚持“三要件”制度（身份证、户口本、个人声明）和“三不登记”原则，全年办理结婚登记2544对，离婚登记658对，补办夫妻关系证明238对，补办解除夫妻关系证明18对，办理收养登记8份。登记合格率100%。

2007年，加强婚姻登记工作规范化建设，开展“争创文明窗口”活动，实行文明接待、和谐调解、严格程序、依法办理，提高服务质量。全年登记结婚2262对，登记离婚616对，补办结婚登记388对，补办解除婚姻关系证明29对，无一差错，登记合格率100%。2009年，被评为“省级婚姻登记规范化建设示范单位”。2010年，办理结婚登记4464对，离婚登记860对，离婚率3.6%，登记合格率100%。21年间，累计办理结婚登记4.19万对，办理离婚登记8581对，年均离婚率1.7%。

殡葬管理　1990年起，加强殡葬管理，开展移风易俗宣传教育，引导当事人文明、依法殡葬。1992年，全区火化尸体945件，火化率100%。1995年，民政局与文明办、公安分局、工商分局、税务分局及各街道办事处协调联动，清理整顿丧葬用品市场，与丧葬用品点签订责任状；建立街道办事处报表、公安局销户、殡仪馆出具火化单、派出所核实、居委会核实等制度。是年，全区死亡1118人，全部火化。

1997年，区政府印发《关于加强丧葬习俗改革的实施意见》，并在文北街道办事处进行丧葬活动集中管理试点。2000年，结合定福庄小区平改楼，对原有坟地迁移马庄进行树葬试点，以区政府名义下发限期清平现有坟头的通告，平掉坟头3000余座，扩耕还田10公顷。2001年，完善殡葬“四核实”制度，即：乡街与村居核实，乡、街与派出所销户核实，民政局与乡、街核实，民政局与火化场核实。火化率达100%。当年，根据市政府要求，将高速公路、铁路两侧可视坟头全部平掉精神，全区动用推土机3台，出动机关干部150人次，用4天时间平掉坟头5000余座，扩耕还田20公顷。完成市达4个树墓公墓任务。配合有关单位检查境内丧葬用品点12次，对违法经营进行纠正。

2003年，进行丧葬习俗改革，成立全市第一家殡仪协会，有会员72人，殡仪活动走向科学、文明、节俭轨道。2004年3月，召开全区殡仪服务经验交流大会，对殡仪服务员进行培训，提高其业务水平。春季，结合大南湖建高尔夫球场项目，多次和女织寨乡政府协调东礼、西礼、岳各庄村委会共同做好群众工作，群众自动迁出尸骨2500余具，平掉坟头2500余座，平坟2000余座，建树葬公墓1个。当年，路南区被省民政厅评为“殡俗改革工作先进区”。2007年，倡导绿色殡葬，规范公墓管理，提高殡葬管理和殡仪服务水平。全区死亡1321人（其中回民3人），火化率（伊斯兰教除外）100%。2008年，积极应对因清明节被确定为全国法定节假日而出现的集中祭扫情况，确保清明节安全文明祭祀。针对南湖扩湖迁坟工作难度大、时间紧、任务重情况，认真做好调查摸底、现场勘测、公告发布等前期工作，民政局经请示区政府印发了《迁坟工作方案》，迁坟整体工作进展顺利，至9月2日全面完成。

2010年，落实《民政部关于进一步深化殡葬改革促进殡葬事业科学发展的指导意见》，开展殡葬“优质服务月”活动，火化率连续21年保持100%。制定《路南区清明节期间突发事件应急预案》，做好与群众祭扫相关的服务保障、交通疏导、消防安全等工作。围绕“文明祭扫、平安清明”主题，发放宣传单4000份，悬挂条幅148条，宣传清明文化，营造文明新风。

十四、社团管理

1990年，社团管理含社会团体登记和民办非企业单位登记。申请成立社会团体须填写《社会团体登记申请书》和《社会团体法人登记申请书》，经审批发给法人登记证，并由登记管理机关向社会公告。申请成立民办非企业单位经业务主管部门审查同意，并由登记管理机关作出准予登记或不准予登记的决定。批准为民办非企业单位要有规范的名称、组织机构和活动场所，有与其业务活动相适应的从业人员和合法财产。经登记注册的社会团体，每年须经主管部门检验。

1998年，国务院发布《社会团体登记管理条例》和《民办非企业单位登记管理暂行条例》，社会团体的登记、审验依法得到规范。是年，完成全区社团组织财务审计、自查、主管部门的审查，撤销不符合重新登记条件的社团组织3个。2000年，对全区219个民办非企业单位调查摸底，对25个民办非企业复查登记。2001年，对全区13个社团进行年检，全部合格。完成教育、科技类20个民办非企业单位的复查登记发证。2003年，发展社团组织2个、民办非企业19个。全区社团10个，民办非企业31个。2004年，对全区13家社团、31家民办非企业单位进行年检，为1家社团和19家民办非企业单位办理注册登记手续。

2006年，坚持以服务为宗旨，培育发展和监督管理并重原则，加强民间组织管理。全区新登记社团组织1家、民办非企业单位2家。变更5家民办非企业单位法人、地址、名称等。进行社区民间组织情况调研，基本摸清全区各类民间组织的情况。开展"立足自律诚信，真情回报社会"为主题的民办非企业单位自律与诚信建设活动，有4家被评为市级诚信单位，2家被评为市级优秀单位，1家被评为省级诚信单位。

2007年，按照"管理规范、布局合理、结构优化、功能到位、作用明显"的原则，加强对民间组织的培育和管理，简化审批程序，强化自律和诚信建设，重点加大教育、科技、文化、卫生、体育、社会福利等重点领域的发展力度。全年办理社团登记4个，变更登记3个。全区通过年检的社会团体12个，免检的1个，未参加年检的1个，年检合格率93%；通过年检的民办非企业单位31个，免检的4个，未参加年检的2个，年检合格率94%。

2009年，重点培育文体健康类社区民间组织。按照区委、区政府《健康路南、幸福人民行动方案》，在各个社区开展民间组织健康促进活动，有114个民间组织、1380人参与文化体育、卫生康复等项活动。2010年，依法对社会团体和民办非企业年检。与区纪委、财政局联合开展社会团体"小金库"专项治理工作，规范社团行为。创新社区公益类社会组织备案制度，活跃社区文化，推进社区基层自治。

第六节　民族宗教管理

1990年，路南区民族宗教事务管理办公室成立，靠挂区委统战部。1996年，民族宗教事务工作列为区政府职能部门。2002年，建立路南区民族宗教事务办公室，靠挂区民政局，负责贯彻执行党的各项民族、宗教政策，管理少数民族事务。

一、民族工作

中共十一届三中全会后，民族工作恢复。为少数民族群众恢复原民族身份；制定优惠政策，鼓励支持少数民族群众兴办企业。1990年，全区有少数民族14个，人口1354人。1998年，对全区民族情况进行调查统计。配合有关部门维护社会稳定，确保无一人一车到保定非法朝圣事件的发生。2003年，路南区被市政府评为"民族团结进步模范单位"。

2006年，以全市开展"民族团结月"活动为契机，制定民族团结进步创建活动实施方案，举办民族知识答题竞赛活动，印发试卷3600份，下发至村（居）。为156名少数民族考生开具证明，更改民族成份13人。加强清真食品出售点以及清真餐饮饭店等重点部位的监管力度。根据群众举报，得知余顺斋清真食品厂存在经营非清真食品"了花"问题，遂组织工作人员调查取证，并对该厂予以罚款，维护回族群众的合法权益。

2007年，区委、区政府围绕"共同团结奋斗，共同繁荣发展"这一新时期民族工作主题，印发

《唐山市路南区关于推进社区民族团结进步工作的实施意见》，深入开展民族团结进步创建活动。民政局制定相应配套文件，确定创建民族团结进步社区、民族团结进步家庭标准，发动群众投身到“民族团结进步”活动中来。各街道和社区广泛发动群众，宣传党的民族政策、民族知识以及法律法规，自觉尊重少数民族风俗习惯，维护民族团结；重点加强清真食品大检查、清真寺安全检查、宗教界稳定、民族成分更改、少数民族考生民族类别证明、少数民族家庭状况调查等工作，落实党的民族政策，维护少数民族的合法权益。

2008年，组织各乡（街）、村（社区）深入住户调查，逐户登记核对，摸清少数民族群众分布情况，建立工作台账。健全乡（街）民族宗教工作领导机构，明确村、社区一名工作人员专抓民族工作，形成区、乡（街）、村（社区）三级组织网络。围绕共同团结奋斗、共同繁荣发展主题，制定《路南区民族团结进步创建活动实施方案》，深入开展民族团结进步“五进”（进机关、进企业、进学校、进乡村、进社区）活动，为少数民族群众做好事、实事。年内，为少数民族考生出据证明信96封，办理更改民族手续20人。2009年，建立少数民族群众统计台账，确保统计数字全面、真实。建立“路南区民族工作网”，宣传民族政策，进行经验交流。以“民族团结月”活动为契机，组织社区举办群众性文化活动，丰富民族文化。

2010年，完善城市民族工作科学发展模式，各民族共同团结进步、共同繁荣发展的良好氛围更加浓厚。热情做好更改民族成份、应届考生办理少数民族证明等服务工作，妥善处理民族纠纷，确保社会和谐稳定。友谊街道办事处福乐园社区在民族团结进步创建活动中被评为“河北省第六届民族团结进步模范集体”。

二、宗教工作

1989年，唐山市清真寺在路南区重建。1990年，路南区宗教工作围绕清真寺展开。区民族宗教事务管理办公室通过各种途径、各种宗教节日和宗教活动，向穆斯林群众宣传党的宗教政策和法律法规。1991年，按照国务院《宗教活动场所管理条例》和国务院宗教局《宗教活动场所登记办法》，对宗教场所依法登记。1995年4月，唐山市清真寺被批准为伊斯兰教活动场所。1997年，区民政局与区委统战部联合，深入清真寺等宗教场所，与教派负责人和信教群众沟通感情。2000年，调整清真寺管委会班子，完成宗教场所年检和清真食品检查。

2006年，按照市委统战部和市民宗局部署，自3月起对基督教私设聚会点情况摸底调查，并对非法聚焦点予以取缔。做好全年重大节假日期间宗教界稳定工作。协助区法院、公安部门审理案件2件，完成清真寺证照的更换。

2008年，加强宗教工作情报网络建设，在各宗教组织和宗教活动场所，安排信息联络员，责成其关注所在组织、场所的稳定安全。建立信息联络员日报告、零报告制度，有情况报情况，无情况报平安。按照“统一指挥、功能齐全、反应灵敏、运转高效”要求，制定《路南区宗教突发性事件应急预案》，建立应对和处置宗教突发事件的工作原则、事件分级、工作体系、应急响应以及监控、预警和报告等工作制度，明确各个部门和单位责任。按照“属地管理、逐级负责”和“谁主管、谁负责”的原则，落实宗教工作目标管理责任制。区宗教工作小组领导和成员包重点乡街、包宗教场所和教职人员、包重点人物。开展隐患排查，对影响宗教领域安全稳定的非法宗教活动苗头、宗教场所安全隐患、境外渗透情况、分裂破坏活动动向等潜在不稳定因素进行拉网式摸排，及时处置100多名河南“僧人”非法演出问题。年内，协调工商、公安、质监、商务等部门，先后3次检查清真食品市场，检查中发现和群众来信来访举报的问题及时处理。在宗教界开展争创“五好宗教活动场所”、争当“五好信教群众”活动，规范信教群众依法从教。年内，全区有五大宗教，宗教活动场所（清真寺）1处，有教职人员5人，信教群众1186人。

2009年，落实《河北省清真食品管理条例》，配合市民宗局等部门检查清真食品市场，发现问题及时处理。在宗教界开展“弘扬爱国爱教传统、共建和谐唐山”主题教育活动。

2010年，在宗教界开展“和谐寺观教堂创建”活动，协助清真寺制定具体工作方案，明确创建组织、创建标准、具体要求和考评内容，将创建活动落到实处。加强日常督导检查，指导清真寺对照创建标准，查找差距和不足，发现问题及时改正，自觉接受群众监督。年内，路南区清真寺被评为唐山市“和谐寺观教堂先进单位”。

第七节　机构编制管理

一、机构精简

1993年4月，根据路南发［1993］8号文件，路南区进行第一次机构改革。改革按照“小政府、大服务、精兵简政”的总体构想，突出职能转变，精心组织改革。经过第一次机构改革，党政机构由改革前的68个减至42个，机构减少38.23%。其中区政府工作部门由33个减至22个，机构精简三分之一，人员编制控制数减少39.7%。此后，改革以“精简、统一、效能”为原则，着重推进政府职能转变。至2010年，先后又于1996年2月，2002年4月，2005年12月，2010年4月，进行4次政府机构改革，编制管理得到总量控制。

二、编制监督

1990年，区编委办公室设在区人事劳动局。当年，区编委转发市编委《关于认真贯彻市发（1990）6号文件精神，继续严格控制机构编制膨胀的通知》，规定凡属增设或更改机构、机构升格、增加人员编制和领导职数，必须报经编委审核，由区委、区政府批准；未经批准，任何单位不得自设机构，擅自增加人员编制；区直机关各部门不准干预其他单位的机构编制事宜。严把入口关，超编单位不准进人；满编单位出一进一，先出后进；缺编单位立足内部调剂，杜绝人员逆向流动。翌年7月，区编委、区委组织部、区劳动人事局、区财政局联合印发《关于改革区直机关编制管理办法试行编制经费包干的意见》，决定自7月1日起在区直党、政、群机关各部门试行编制经费包干，并就包干范围与基数、奖罚办法、奖金发放等作出明确规定。

1992年8月1日，区委、区政府印发《关于进一步加强机构编制管理的通知》，决定区直党政群机关的机构编制一律冻结，事业单位机构编制原则上也要冻结。冻结后新增工作任务，通过转变职能，提高工作效率来完成。特殊需要的，经过综合平衡，在现有人员数额内调剂解决，有增有减，实有人员总量不再增加，个别特殊需要进人时，要坚持有出有进，多出少进，先出后进的方法，由单位向编制部门写出专题报告，经编委会审议决定，编委主任签批。1992年11月25日上午，市编委召开路南、路北、开平三区行政区划调整后有关机构、编制、人员交接会议。三区行政区划调整后，将开平区梁家屯乡、女织寨乡的党政群机关、中小学、公安派出所、工商所、交通管理所等机构和两乡行政编制30名（梁家屯乡14名，女织寨乡16名）、公安编制14名、司法编制2名及实有人员（包括国家正式干部、聘用制干部、全民工、集体工、临时工）成建制移交给路南区管理；将路南区税务庄街道办事处机关、公安派出所、中小学、幼儿园等机构和该办事处行政编制11名、公安编制12名、司法编制1名及实有人员成建制移交给开平区管理；路南区乡、街道办事处行政编制由129名增至148名、公安编制由221名增至223名、司法编制由27名增至28名。

1994年7月5日，区编委、区委组织部、区劳动人事局、区财政局联合印发《关于1994年区直机关编制经费包干意见》，决定在区直机关继续实行编制经费包干制度。是年10月17日，区委、区政府印发《关于冻结机关、事业单位机构编制和人员调配的通知》，明确从现在起到全市机构改革前，对区直机关、乡机关、事业单位的机构、编制实行冻结；除中央、省、市有明文规定外，一律停止增设机构、扩大编制、提高机构规格、增加领导职数；一律禁止由区外和企业单位调入各类人员；严禁超职数配备干部。确需增人的空编单位补充人员，按以下原则办理：区直机关、乡街机关由机关现有人员中调剂；事业单位由区直机关、事业单位现有人员中调剂；事业单位人员原则上不向机关流动，自收自支事业单位的人员不向财政拨款的事业单位流动。

1996年，围绕国家公务员制度的建立和党政机关、事业单位第二次机构改革，对区直机关机构设置、人员分流情况进行核实，拟定部门“三定”（定机构、定职责、定编制）方案，为精简政府机构和人员做好前期准备。对各单位精简后“三定”执行情况进行重点监督，巩固政府机构改革成果。10月25日，区编委、区委组织部、区劳动人事局、区财政局联合印发《关于切实巩固改革成果、进一步加强机构编制管理、控编、减员的若干规定》，凡机关和各类事业单位机构的设立、撤销、合并、确定规格、改变名称、核定职责任务、人员编制和领导职数以及明确机构性质和经费开支渠道等有关机构编制事宜，均由编制部门一家承办，编委领导一支笔审批，编委一种文件下达。其他任何部门都无权办理机构编制事宜，也不得以文件、会议纪要、领导讲话等形式干预机构编制工作，一律先报编制部门，由编制部门审核后按规定的审批程序和权限报批，不得越级申报。工资基金管理部门要严格按编制部门核定的编制数额核定工资基金，全面推行编制经费双包干制度。继续实行增人呈报和“批准增人通知单”制度。一律不准自行增加行政编制，也不准在党政机关使用事业编制，杜绝政事混编。

1998年12月16日，区编委办公室、区委组织部、区劳动人事局、区财政局、区卫生局联合发出通知，决定从1999年元月起，在全区党政群机关、事业单位全面实行《机构编制管理证》和《编制验证单》制度，以加强人员编制事前控制和事后监督，巩固机构改革成果，防止人员编制再度膨胀。

2000年，围绕机构改革，对各单位机构编制情况进行调查摸底，重点调查各单位所承担的职能，包括职能转移或下放、与其他单位职能交叉、重复情况，各单位在人员编制、领导职数、内设机构等方面的意见和建议。为科学、合理设置机构提供决策依据。

2002年，区编委办公室改区人事劳动局管理为区政府管理。印发《关于严格控制事业单位机构编制和人员增长的通知》《关于实行事业单位机构编制下管一级审批制度有关问题的通知》《关于进一步加强机构编制管理有关问题的通知》，加强编制的监督检查，规范机构编制管理审批程序，严格控制编制指数。

2007—2010年，落实国务院颁布的《地方各级人民政府机构设置编制管理条例》，中央编办、监察部关于印发《机构编制监督检查工作暂行规定》的通知精神，对全区机构编制管理执行情况进行常态化的监督检查，实现编制管理总量控制；定期评估机构和编制的执行情况，及时提出评估结果、调整机构编制的建议，为政府机关录用、聘用、调配工作人员、配备领导成员和核拨经费提供依据。

三、事业单位登记

2000年起，根据国务院《事业单位登记管理暂行条例》，开始对事业单位进行登记，颁发“事业单位法人证书”。2001年7月18日，组建路南区事业单位登记管理局，与编委办公室合署办公，负责全区事业单位法人初始登记、备案登记、变更登记、注销登记。2007年，根据唐山市机构编制委员会办公室《关于成立路南区事业单位登记管理局的批复》的文件精神，路南区事业单位登记管理局从区编办中独立。是年，登记的事业单位72家。2008年，增至75家。2009年减为74家。2010年，执行河北省机构编制委员会办公室印发的《关于做好事业单位网上登记管理有关工作的通知》，基本实现各事业单位网上在线申请、协商、受理、审核、修改、核准、反馈以及年检等登记管理工作的网上登记管理。截至2010年，参加事业单位法人证书年检的单位有75家。

第八节 法制督查与建议提案办理

一、法制督查

2002年，路南区政府法制办公室成立，负责全区政府行政执法、行政复议、行政诉讼等工作。全年认定核发行政执法监督检查证件69个，受理行政复议案件4件，调解2件。

2004年3月9日始，分三批举办全区贯彻行政许可法培训班，参训人数1410人，指导相关部门建立和完善受理审查行政许可制度、行政机关实施行政许可责任追究制度等，落实行政许可法的配套制度。5月15日，组织行政执法和行政监督检查人员证件年检考试，应参考1258人，实考1156人，补考102人，及格率99.7%。2005年5月8日，某饭店经营人邵某某不服区卫生局行政处罚决定，提出行政复议。6月17日，在充分调查研究基础上，依法做出撤销卫生局处罚决定、驳回邵某某经济损失赔偿请求的行政复议决定。邵某某不服起诉至路南区法院，8月10日，路南区法院依法维持复议决定。

2006年4—10月，区政府法制办协同城管、工商等部门3次专项检查国旗生产、销售和使用情况，累计出动执法车辆60余台次、人员400余人次，查处非法销售国旗行为2起，责令改进国旗悬挂20余起。2007年9月17日，印发《关于进一步加强行政处罚、行政许可监督检查的通知》，建立行政许可、行政执法等案卷评查机制，强化部门监督职责，确保公正、文明执行公务。

2008年9月，按照区委、区政府《关于印发开展“效率年”活动实施方案通知》要求，组织全区行政处罚案卷检查3次，行政许可案卷检查2次，累计评查各类行政处罚、行政许可案卷400余件，受理行政复议案件1起，法律咨询5件。清理核定行政许可事项54项、非行政许可审批事项21项。完成行政执法证件核发工作。2009年4月7日，举行行政执法人员新法规考试，涉及区直行政执法部门24个，执法人员598人，其中新增执法人员293人。

2010年，加强规范性文件清理备案、行政执法监督检查、行政复议及各类公文的把关审核。清理审核报备规范性文件41件，废止3件，失效17件。下发各部门执法证件306个，新增执法人员119人。按照《唐山市罚没财务专项检查实施方案》要求，检查、规范执法单位行政执法案卷及罚没物资处置情况。成立路南区政府法律专家咨询委员会，审查行政复议申请10件。9年间，区法制办公室累计组织2360人参加行政执法和行政监督检查人员证件年检考试工作，统一换发行政执法证件和行政执法监督检查证件。共受理行政复议案件8件，调解2件，撤销2件；办理行政应诉案件1件；组织专项检查活动7次。开展全区行政处罚案卷检查2次、行政许可案卷检查4次，检查各类行政处罚、行政许可案卷2200余件。

二、建议与提案办理

1990年起，区政府在建议与提案办理过程中，实行政府主要领导亲自抓，分管领导具体抓，各位副区长协调配合的工作机制。区政府办公室按建议提案内容进行登记、分类，逐件填写公文处理表，初步确定承办部门，提出办理时限和要求，按领导分工将建议报主管区长审定后交由相关部门办理。严格落实责任，制定下发办理要求等相关文件，将建议提案办理工作作为考核各单位及一把手政绩的重要依据。为提高承办质量，区政府办公室通过电话催办、上门督办、跟踪督办等形式，将督办工作贯穿于办理工作的始终，保证了办理工作如期完成。对承办量较大、“热点”“难点”问题较集中的部分承办单位，会同政府督查室进行检查、抽查、复查。对代表、委员不理解或不满意的建议，及时与承办单位联系，要求重新答复，跟踪督办，直至代表、委员满意或表示理解为止。对各承办单位报送的答复件，区政府办公室逐件进行审核，对个别单位答复意见不使用本单位文头纸、答复内容过于笼统等现象，责成原承办单位重新办理。按照《唐山市路南区政府系统承办人大代表建议政协提案工作考核评比办法（试行)》，将承办工作按领导重视程度、承办网络与制度建设、办理速度与质量、工作反馈等考核内容量化赋分，增强考核工作的科学性和可操作性。至1992年，区政府共承办建议提案1084件，其中区人大、政协转来1039件，全部按时办结。

2006年，区财政局承办十三届人大四次会议阎瑞林代表提出的“加强国有资产监管”的建议，先后出台《路南区国有资产管理办法》《国有资产处置的补充规定》《关于规范管理各单位非转经资产管理规定的通知》《关于进一步加强国有资产管理工作的意见》等文件，使国有资产监管得到加强。区房管中心承办董秀兰代表提出的“建国南里小区物业化管理”的建议，与永红桥街道办事处共同努力，争取资金32.7万元，对小区进行绿化和硬化改造，规范停车场地，并为居民配备休闲桌椅，给居民创造更加舒适的居住环境。以此为契机，区政府又投资39万元，完成全区直属小区环境治理工程，新增绿化面积1200平方米。并争取市专项维修资金147万元，完成市属8个旧小区（大洪桥楼、文北楼、东爱国里楼、晨光楼、小山楼、建工楼、新华楼、南新道平房）主路维修、29#小区绿化等工程，旧小区面貌焕然一新。

2009年，就区十四届人大三次会议张树山代表提出的“发挥繁商区域优势，搭建扶植中小企业平台”的建议，区政府组织相关部门进行深入研究，提出搭建三大平台扶植中小企业发展的措施：搭建沟通平台，建立政府与企业互动机制，利用商务之窗为中小企业构建网络信息平台，通过会议招商、网络招商、组团招商、以商招商等多种形式，积极为企业发布招商项目信息；搭建融资平台，充分利用优惠扶植政策，鼓励引导担保公司为中小企业提供担保，充分发挥财政的杠杆作用，完善担保机制，提高担保公司积极性，先后为中小企业融资890万元；搭建激励平台，宣传促进企业发展的优惠政策，增强服务意识，优化企业发展环境，将优惠政策落到实处，先后对18家中小企业落实了奖励，共计24万元。同年，区政府承办建议提案83件（建议25件，提案58件），全部按时答复完毕。其中，代表建议得到解决和基本解决的16件，占建议总数的64%，列入规划逐步解决的9件，占建议总数的36%。委员提案得到解决和基本解决的50件，占提案总数的86.2%；列入规划逐步解决的8件，占建议总数的13.8%。代表委员对办理结果满意和基本满意的达100%，与代表委员走访见面率达100%。

2010年，针对区政协七届四次会议任经纬委员提出的“关于对我区实施农村城市化过程中解决农民就业问题”的提案，区政府十分关注，责成人事劳动和社会保障局认真办理。人事劳动和社会保障局本着以人为本的原则，科学制定实施方案，同时以南湖生态城西北片区为重点，全面开展失地农民就业工作。开展引导性培训，将失地农民纳入创业政策扶持范围，在贷款发放、税费减免、信息咨询等方面提供支持，共发放小额贷款495万元，带动就业400余人。开展职业技能培训，通过开展电子商务、商业营销、美容美发等各种技能培训，增强失地农村劳动力就业、创业能力，再就业率达到60%以上，动态消除“零就业家庭”达100%。举办大型就业推介活动，为失地农民搭建就业平台，提供就业岗位5000余个，经营摊位2000余个。是年，区政府共承办建议和提案88件，其中市政府交办的建议和提案5件，区人大建议24件，区政协提案59件。建议提案按时办结率98%，解决问题比例占50%以上，答复函件规范率98%，与代表委员走访见面率98%，代表委员基本满意率98%。

第九节　行政审批与外事

一、行政审批

2002年11月22日，路南区行政审批服务中心成立，负责全区行政审批工作的组织、协调、监督、管理和服务职能。至年底，工商分局、国税局、地税局、公安分局、卫生局、文体局、技术监督分局、城建局、规划分局、人劳社保局、发展计划局、民政局、司法局、计生局、物价局、外经局、环保分局、国土资源分局等18个部门进驻服务大厅。中心实行统一管理、联合办公，按照“一口对外、一门受理、一次告知、一站办公”的工作程序运行。共接待来人来访及咨询服务1400余人次，审批服务项目100多个，办理证照815件。

2003—2004年，中心以“方便群众、服务经济”为宗旨，阳光操作，一站式办公，一条龙服务，自觉接受群众监督。探索和改进管理方式，实现服务中心公开办公的程序化、部门承办快捷化、人员管理规范化、监督检查网络化、文书资料档案化管理。

2005年，贯彻落实《中华人民共和国行政许可法》，简化办事程序，提高工作效率。全年受理各类审批事项1.32万件，办结1.32万件，办结率100%；受理群众咨询服务1.3万人次。

2006年，加强和规范中心建设与管理。出台《唐山市路南区人民政府关于加强服务中心建设的意见》《唐山市路南区行政审批制度改革领导小组办公室关于进一步规范进驻区行政服务中心部门（单位）行政审批事项的意见》《唐山市路南区行政服务中心进驻单位窗口工作人员考核评比办法》《唐山市路南区行政服务中心关于进一步规范区行政服务中心建设的意见》。通过加强硬件设施建设，完善服务机制、考评机制，拓展服务内容，行政审批工作取得长足进展。当年，进驻中心的单位由18个增至28个，进驻审批事项262项，办理各类审批事项1.28万件，受理各类咨询1.03万人（次），收到服务对象赠送的锦旗36面、表扬信148封。

2007年，组织相关部门和单位，清理、核实市列行政审批事项基本目录和区列行政审批事项目录，形成路南区行政审批及服务事项基本目录，包括行政审批职能部门28个，行政审批及服务事项261项。修订和完善《五星级窗口考核》《百分制考核》等考核办法，编印《路南区行政服务中心管理制度汇编》，做到有章可循。同年，区工商局取消注册登记大厅，整合内部科室，成建制进驻中心。全年中心共办理各类审批事项1.73万项，受理各类咨询1.89万人（次）。

2008年，改革进驻方式，制定《成建制进驻中心实行方案》和《路南区行政审批首席代表设立暂行办法》，按照《中华人民共和国行政许可法》，推进国税、地税、发展改革、卫生、环保、城建、公安、交通、文体、人劳社保、商务、工商局等12个部门成建制进驻中心，对民政、教育、财政、农经、安监、编办、国土、工促、综合执法、司法、统计、人防、房产、残联、人口和计生、物价、质监17个部门设立代表制，全权履行进驻部门的审批职能，从根本上解决窗口“收发室”，“两头受理、两头审批”等问题。全年办理各类行政许可审批事项2.33万项，解答各类咨询2.54万人（次）。

2009年，探索公开透明快捷高效的运行机制，开辟重点项目行政审批“绿色通道”。对重点项目实行特事特办，马上办、立即办，推行上门服务、预约服务、延时服务，不受节假日、作息时间限制。推行并联审批工作，凡是涉及两个以上部门办理的，全部按照“一门受理、转告相关、分头审批、限时办结、集中回复”的工作机制。至年底，共办理各类审批事项1.75万件，受理各类咨询1.82万人。

2010年，清理行政许可、非行政许可事项和行政服务事项127项，其中行政许可102项，非行政许可事项21项，行政服务事项4项，削减行政许可、非行政许可事项60项。推行网上审批、咨询、网上申报、表单下载、统计与监管，利用电子监察系统，全程跟踪、监察、督办行政审批过程。简化审批环节，提高行政效率。到年底，办理各类审批事项1.31万件，受理各类咨询1.36万人（次）。

二、外事

1990年起，外事部门主动参与有外商参与的境遇考察、经贸洽谈活动。1996年，利用“7·28唐山市经贸洽谈会”契机，邀请韩国企业界代表团到路南区参观考察，洽谈合作意向。是年11月，邀请克罗地亚商务参赞和中国华润公司、外经贸部领导到电影机械厂、化工机械厂、隆义集团、金属工艺厂、肠衣厂、羊毛衫厂等企业参观考察，为路南区产品打入欧洲市场创造条件。1998年，组织参加“3·26香港经贸洽谈会”。先后6次以小团组形式赴欧洲、非洲等15个国家招商洽谈。2001年，适应加入世界贸易组织需要，与外经贸部、美国亚太国际投资促进会等众多涉外机构和涉外中介组织建立广泛联系，拓宽招商领域。此后至2010年，每年在香港举行的河北省（香港）投资贸易洽谈会上，路南区均组建以区领导为团长，政府相关部门为成员的招商团赴港招商考察。

第十节　机关事务管理

1990年，路南区政府机关后勤事务由政府办公室行政科负责。1992年9月，组建区机关事务管理局，挂机关事务服务公司牌子，负责统管区直机关行政事务和后勤保障。1996年7月，根据区编字［1996］50号文件，区机关事务管理局挂区直机关后勤服务中心牌子，一套人马，两块牌子，为区委、区政府管理区直机关行政事务和后勤服务工作的事业机构，由区政府办公室管理。内设办公室、行政科、文印科、财务科4个职能科室。2002年4月，区机关事务管理局为政府直属事业机构。是年，网通公司投资60余万元，在管理局设立电话程控机房，节省通讯经费9万余元。2003年，在区机关大礼堂东侧，新建容纳200人的小礼堂，解决会务场地问题。

2007年7月，成立区政府保卫科，由机关事务管理局代管，负责机关大院安全保卫、车辆疏导工作，并协助公安机关和信访部门做好上访人员的管理。2008年，投资500余万元，装修机关办公楼，对水、电、网络进行节能改造。2009年，与唐山移动公司合作，开办路南区机关公务网业务，为干部职工工作交流搭建平台，年节省通话费用15万元。

2010年12月，根据路南政办函［2010］55号文件，机关事务管理局为区委、区政府主管机关事务的直属事业单位。是年，组织车辆安全隐患大检查、驾驶员培训。投资3万元改造机关食堂，增设售饭窗口，添置烤箱等设备，增加食品种类，丰富职工餐桌。

第十六编　政治协商会议

中国人民政治协商会议唐山市路南区委员会（以下简称“区政协”）历经五届委员会。每届委员会在不断完善政协组织，健全各项制度，加强自身建设的同时，紧紧把握团结和民主两大主题，积极履行政治协商、民主监督、参政议政职能。期间，共召开全体委员会议 21 次，收到委员提案 2554 件，审查立案 2382 件，按时办结率 100%。其中，区委、区政府及相关部门采用 1542 件，占全部提案的 60.38%，委员满意率达 95%以上。表彰优秀提案 240 件、优秀提案工作者 231 名、优秀提案单位 9 个、提案承办先进单位 80 个。

第一章　政协委员

历届政协委员的产生，遵循各界推荐、协商、政协常委会讨论通过、公布四个阶段，委员来自中国共产党、各民主党派、无党派、群众团体、农工商、科教文卫等不同党派、界别，充分体现政协委员的广泛性、代表性和整体结构的科学性、合理性。

第一节　政协委员产生

政协委员产生一般经过提名推荐、协商确定建议名单、政协常委会讨论通过和公布等步骤。推荐渠道包括专门委员会建议，各民主党派、无党派人士、各人民团体、各个界别等协商提出，委员推荐。区委组织部和统战部对推荐名单综合平衡、反复协商形成建议名单，经提交区政协主席会议审议同意后，由区政协常务委员会协商表决，委员过半数同意即予通过。对通过的委员颁发委员证书。

第二节　政协委员构成

历届区政协委员由中国共产党、各民主党派、无党派、群众团体、农工商、科教文卫等不同党派、界别人员组成，既注重委员的广泛性、代表性，又突出委员政治结构、文化结构、年龄结构的合理性。区政协第三届委员会第一次全体会议有委员 107 名，其中区委 5 名，民主党派 17 名，人民团体 10 名，科技界 18 名，教育界 12 名，经济界 5 名，医疗卫生界 4 名，体育文化界 3 名，民族宗教界 4 名，归侨三胞 8 名，乡街 8 名，特邀 13 名；委员平均年龄 46.65 岁。此后，区政协各届委员会委员总数与文化层次呈上升趋势。区政协第七届委员会第一次会议，共有委员 156 名，比第三届增加 49 名；具有大中专以上学历 123 名，占委员总数的 78.85%，比第三届提高 35.9 个百分点，为历届最高。委员平均年龄为 42.6 岁，比第三届低 7.7 岁。

区政协历届委员会委员构成多有变化。第四届委员会委员，党外人士 74 名，妇女 37 名，分别占委员总数的61.2%和30.58%，为历届最多。第五届委员会委员中少数民族12名，占委员总数的9.16%，为历届最多。第六届委员会委员中工商业联合会15名，中共党员60名，分别占总数的10.64%、42.5%，为历届最多。第七届委员会中经济界28名，为历届最多，占委员总数的17.95%；具有中专以上文化程度123人，占委员总数的78.85%，为历届最高。

政协唐山市路南区委员会第三届至第七届委员构成表

表16－1　　单位：人

届别	委员总数	其中																				
		中共党员	民革	民盟	民建	民进	农工党	工商联个协	工会	共青团	妇联	教育	科技	工商业	农业	医疗卫生	体育文化	民族宗教	归侨三胞	乡街	特邀	大中专以上文化
第三届（1990.2—1993.2）	107	5	4	3	3	4	3	4	2	2	2	12	18	5		4	3	4	8	8	13	46
第四届（1993.2—1998.2）	121	5	3	3	3	3	3	6	2	2	2	8	11	20	3	4	2	5	8	10	18	92
第五届（1998.2—2003.4）	131	7	3	3	3	3	3	12	2	2	2	8	9	20	9	5	2	4	6	9	19	96
第六届（2003.4—2007.7）	141	7	3	3	3	3	3	15	1	2	2	10	9	22	8	6	2	4	6	9	23	99
第七届（2007.7—2010.12）	156	15	3	3	3	3	3	9	2	2	2	11	6	28	6	7	3	6	5	17	22	123

说明：此表为每届委员会第一次全体会议时委员数。

第二章　政协委员会全体会议

1990—1992年，政协唐山市路南区第三届委员会任期三年。1993年起改为任期五年。至2010年，政协唐山市路南区委员会历经五届。每届政协委员会第一次全体会议选举主席、副主席、秘书长和常务委员，听取和审议常务委员会工作报告，讨论并通过政治决议；列席同级人民代表大会会议，听取“一府两院”工作报告和财政预决算报告，参与重大事务讨论协商等，行使委员民主监督、参政议政的权利。

第一节　第三届委员会全体会议

一、第三届委员会第一次全体会议

1990年2月26日至3月2日，在京唐宾馆召开。应出席委员107名，实到107名。会议听取和审议区政协主席高玉成作的《政协唐山市路南区第二届委员会常务委员会工作报告》和区政协副主席王希杰作的《政协唐山市路南区第二届委员会提案委员会工作情况报告》，通过政协唐山市路南区第三届委员会第一次全体会议政治决议。会议选举政协唐山市路南区第三届委员会常务委员14名，选举谷守义为区政协主席，张绍仁、杨淑敏（女）、谷显成、吴世信为副主席。列席区人大十届一次会议，对“一府两院”工作报告协商讨论。会议期间收到委员提案110件，审查立案105件。

二、第三届委员会第二次全体会议

1991年4月8—12日，在唐山宾馆召开。出席会议委员108名。会议听取和审议区政协主席谷守义作的《政协唐山市路南区第三届委员会常务委员会工作报告》和区政协副主席杨淑敏（女）作的《政协唐山市路南区第三届委员会提案委员会关于三届一次会议以来提案工作情况报告》，通过政协唐山市路南区第三届委员会第二次全体会议政治决议。补选政协唐山市路南区第三届委员会常务委员1名。列席区人大十届二次会议，对“一府两院”工作报告协商讨论。会议期间收到委员提案70件，审查立案68件。

三、第三届委员会第三次全体会议

1992年4月6—9日，在唐山宾馆召开。出席会议委员117名。会议听取并审议区政协主席谷守义作的《政协唐山市路南区第三届委员会常务委员会工作报告》和区政协副主席杨淑敏（女）作的《政协唐山市路南区第三届委员会提案委员会关于三届二次会议以来提案工作报告》，通过政协唐山市路南区第三届委员会第三次全体会议政治决议。增选赵楚坡为区政协副主席。列席区人大十届四次会议，对“一府两院”工作报告协商讨论。会议期间收到委员提案146件，审查立案82件。

第二节　第四届委员会全体会议

一、第四届委员会第一次全体会议

1993年2月9—13日，在京唐宾馆召开。应出席会议委员121名，实到121名。会议听取并审议区政协主席谷守义作的《政协唐山市路南区第三届委员会常务委员会工作报告》和政协副主席杨淑敏（女）作的《政协唐山市路南区第四届委员会提案委员会关于三届一次会议以来提案工作报告》，通过政协唐山市路南区第四届委员会第一次会议政治决议。会议选举政协唐山市路南区第四届委员会常务委员18名，选举谷守义为政协唐山市路南区第四届委员会主席，宋桂荣（女）、张绍仁、谷显成、赵涓、边立中为副主席。表彰优秀提案13件、优秀提案者12名。列席区人大十一届一次会议，对“一府两院”工作报告协商讨论。会议期间收到委员提案并审查立案124件。

二、第四届委员会第二次全体会议

1994年4月23—25日，在区政府礼堂召开。应出席委员121名，实到委员119名。会议听取并审议区政协主席谷守义作的《政协唐山市路南区第四届委员会常务委员会工作报告》和区政协副主席宋桂荣（女）作的《政协唐山市路南区第四届委员会提案委员会关于四届一次会议以来提案工作报告》，通过政协唐山市路南区第四届委员会第二次全体会议政治决议。表彰优秀提案13件、提案先进个人13名。列席区人大十一届二次会议，对“一府两院”工作报告协商讨论。会议期间收到委员提案并审查立案113件。

三、第四届委员会第三次全体会议

1995年2月27日至3月1日，在京唐宾馆召开。应出席委员121名，实到委员119名。会议听取并审议区政协主席谷守义作的《政协唐山市路南区第四届委员会常务委员会工作报告》和区政协副主席宋桂荣（女）作的《政协唐山市路南区第四届委员会提案委员会关于四届二次会议以来提案工作情况的报告》，通过政协唐山市路南区第四届委员会第三次全体会议政治决议。会议同意接受区政协主席谷守义离任请求，补选孟祥荣为主席。表彰优秀提案11件、提案先进个人10名，党派1个。列席区人大十一届三次会议，对“一府两院”工作报告协商讨论。会议期间收到委员提案并审查立案103件。

四、第四届委员会第四次全体会议

1996年3月19—21日，在京唐宾馆召开。应出席委员131名，实到委员129名。会议听取并审议区政协主席孟祥荣作的《政协唐山市路南区第四届委员会常务委员会工作报告》和区政协副主席张绍仁作的《政协唐山市路南区委员会提案委员会关于四届三次会议以来提案工作情况的报告》，通过政协唐山市路南区第四届委员会第四次全体会议政治决议。同意接受赵楚坡辞去副主席职务请求；补选常务委员4名，补选何占观为政协副主席。表彰优秀提案15件、优秀提案者12名、优秀提案单位3个。列席区人大十一届四次会议，对“一府两院”工作报告协商讨论。会议期间收到委员提案并审查立案154件。

五、第四届委员会第五次全体会议

1997年2月25—27日，在京唐宾馆召开。应出席委员137名，实到委员134名。会议听取并审议区政协主席孟祥荣作的《政协唐山市路南区第四届委员会常务委员会工作报告》和区政协副主席张绍仁作的《政协唐山市路南区第四届委员会提案委员会关于四届四次会议以来提案工作情况的报告》，通过政协唐山市路南区第四届委员会第五次全体会议政治决议。表彰优秀提案15件、优秀提案者12名、优秀提案单位3个。列席区人大十一届五次会议，对“一府两院”工作报告协商讨论。会议期间收到委员提案并审查立案161件。

第三节　第五届委员会全体会议

一、第五届委员会第一次全体会议

1998年2月9—12日，在京唐宾馆召开。应出席委员131名，实到128名。会议听取并审议区政协主席孟祥荣作的《政协唐山市路南区第四届委员会常务委员会工作报告》和区政协副主席张绍仁作的《政协唐山市路南区第四届委员会提案委员会关于四届一次会议以来提案工作情况报告》。选举常务委员20名，选举鲍中和为政协唐山市路南区第五届委员会主席，毕玉福、何占观、唐福松、郑泰山为副主席。通过政协唐山市路南区第五届委员会第一次全体会议政治决议。表彰优秀提案17件、优秀提案者16名、优秀提案单位1个。列席区人大十二届一次会议，对“一府两院”工作报告协商讨论。会议期间收到委员提案并审查立案147件。

二、第五届委员会第二次全体会议

1999年1月26—8日，在京唐宾馆召开。应出席委员133名，实到129名。会议听取并审议区政协主席鲍中和作的《政协唐山市路南区第五届委员会常务委员会工作报告》和区政协副主席毕玉福作的《政协唐山市路南区第五届委员会提案委员会关于五届一次会议以来提案工作情况报告》。通过政协唐山市路南区第五届委员会第二次全体会议政治决议。表彰优秀提案15件、优秀提案者14名、优秀提案单位1个。列席区人大十二届二次会议，对“一府两院”工作报告协商讨论。会议期间收到委员提案并审查立案144件。

三、第五届委员会第三次全体会议

2000年2月15—17日，在京唐宾馆召开。应出席委员130名，实到118名。会议听取并审议区政协主席鲍中和作的《政协唐山市路南区第五届委员会常务委员会工作报告》和区政协副主席毕玉福作的《政协唐山市路南区第五届委员会提案委员会关于五届二次会议以来提案工作情况报告》。补选刘进成为政协副主席。通过政协唐山市路南区第五届委员会第三次全体会议政治决议。表彰优秀提案14件。列席区人大十二届三次会议，对“一府两院”工作报告协商讨论。会议期间收到委员提案并审查立案126件。

四、第五届委员会第四次全体会议

2001年1月15—17日，在京唐宾馆召开。应出席委员136名，实到126名。会议听取并审议区政协主席鲍中和作的《政协唐山市路南区第五届委员会常务委员会工作报告》和区政协副主席毕玉福作的《政协唐山市路南区第五届委员会提案委员会关于五届三次会议以来提案工作情况报告》。选举常务委员5名。通过政协唐山市路南区第五届委员会第四次全体会议政治决议。表彰优秀提案14件、优秀提案者17名。列席区人大十二届四次会议，对“一府两院”工作报告协商讨论。会议期间收到委员提案113件，审查立案107件。

五、第五届委员会第五次全体会议

2002年3月18—20日，在京唐宾馆召开。应出席委员134名，实到125名。会议听取并审议区政协主席鲍中和作的《政协唐山市路南区第五届委员会常务委员会工作报告》和区政协副主席毕玉福作的《政协唐山市路南区第五届委员会提案委员会关于五届四次会议以来的提案工作情况的报告》。增补常务委员6名，补选王庆江为政协副主席。通过政协唐山市路南区第五届委员会第五次全体会议政治决议。表彰优秀提案12件、优秀提案者12人。列席区人大十二届五次会议，对“一府两院”工作报告协商讨论。会议期间收到委员提案139件，审查立案120件。

第四节　第六届委员会全体会议

一、第六届委员会第一次全体会议

2003年4月12—15日，在区政府礼堂召开。应出席委员141名，实到137名。会议听取并审议区政协主席鲍中和作的《政协唐山市路南区第五届委员会常务委员会工作报告》和区政协副主席毕玉福作的《政协唐山市路南区第五届委员会提案委员会关于五届五年来提案工作情况报告》。选举常务委员23名，选举鲍中和为政协唐山市路南区第六届委员会主席，董树扶、李贺旺、李铁柱、吴占国、吴跃宏为副主席。审议通过政协唐山市路南区第六届委员会第一次全体会议政治决议。表彰优秀提案15件，优秀提案者23人。列席区人大十三届一次会议，对“一府两院”工作报告协商讨论。会议期间收到委员提案130件，审查立案128件。

二、第六届委员会第二次全体会议

2004年2月10—12日，在区政府礼堂召开。应出席委员152名，实到145名。会议听取并审议区政协主席鲍中和作的《政协唐山市路南区第六届委员会常务委员会工作报告》和区政协副主席董树扶作的《政协唐山市路南区第六届委员会提案委员会关于六届一次会议以来提案工作情况报告》。通过政协唐山市路南区第六届委员会第二次全体会议政治决议。表彰优秀提案 11 件，优秀提案者 13 名。列席区人大十三届二次会议，对“一府两院”工作报告协商讨论。会议期间收到委员提案 101 件，审查立案 95 件。

三、第六届委员会第三次全体会议

2005 年 2 月 21—23 日，在区政府礼堂召开。应出席委员 157 名，实到 131 名。会议听取并审议区政协主席鲍中和作的《政协唐山市路南区第六届委员会常务委员会工作报告》和区政协副主席董树扶作的《政协唐山市路南区第六届委员会提案委员会关于六届二次会议以来提案工作情况报告》。选举常务委员 7 名。通过政协唐山市路南区第六届委员会第三次全体会议政治决议。表彰优秀提案 11 件、优秀提案者 13 名。列席区人大十二届三次会议，对“一府两院”工作报告协商讨论。会议期间收到委员提案 109 件，审查立案 106 件。

四、第六届委员会第四次全体会议

2006 年 2 月 8—10 日，在区政府礼堂召开。应出席委员 155 名，实到 134 名。会议听取并审议区政协主席鲍中和作的《政协唐山市路南区第六届委员会常务委员会工作报告》和区政协副主席董树扶作的《政协唐山市路南区第六届委员会提案委员会关于六届三次会议以来提案工作情况报告》。通过政协唐山市路南区第六届委员会第四次全体会议政治决议。表彰优秀提案 13 件、优秀提案者 13 名。列席区人大十三届四次会议，对“一府两院”工作报告协商讨论。会议期间收到委员提案 95 件，审查立案 94 件。

五、第六届委员会第五次全体会议

2007 年 2 月 6—8 日，在区政府礼堂召开。应出席委员 155 名，实到 137 名。会议听取并审议区政协主席鲍中和作的《政协唐山市路南区第六届委员会常务委员会工作报告》和区政协副主席董树扶作的《政协唐山市路南区第六届委员会提案委员会关于六届四次会议以来提案工作情况报告》。通过政协唐山市路南区第六届委员会第五次全体会议政治决议。表彰优秀提案 11 件、优秀提案者 11 名。列席区人大十三届五次会议，对“一府两院”工作报告协商讨论。会议期间收到委员提案 91 件，审查立案 89 件。

第五节　第七届委员会全体会议

一、第七届委员会第一次全体会议

2007 年 7 月 27—30 日，在区政府礼堂召开。应出席委员 156 名，实到 138 名。会议听取并审议区政协主席魏文成作的《政协唐山市路南区第六届委员会常务委员会工作报告》和区政协副主席吴跃宏作的《政协唐山市路南区第六届委员会提案委员会关于六届五次会议以来提案工作情况报告》。选举常务委员 22 名，选举魏文成为政协唐山市路南区第七届委员会主席，侯汝彦、吴跃宏、刘仕俭、王玉玲（女）为副主席。审议通过政协唐山市路南区第七届委员会第一次全体会议政治决议。表彰优秀提案 9 件、优秀提案者 9 名。列席区人大十四届一次会议，对“一府两院”工作报告协商讨论。会议期间收到委员提案 95 件，审查立案 92 件。

二、第七届委员会第二次全体会议

2008 年 3 月 10—12 日，在区政府礼堂召开。应出席委员 156 名，实到 137 名。会议听取并审议区政协主席魏文成作的《政协唐山市路南区第七届委员会常委会工作报告》和区政协副主席吴跃宏作的《政协唐山市路南区第七届委员会提案委员会关于七届一次会议以来提案工作情况报告》。审查通过政协唐山市路南区第七届委员会第二次全体会议政治决议。表彰优秀提案10件、优秀提案者10名。列席区人大十四届二次会议，对“一府两院”工作报告协商讨论。会议期间收到委员提案82件，审查立案80件。

三、第七届委员会第三次全体会议

2009年2月7—9日，在区政府礼堂召开。应出席委员156名，实到135名。会议听取并审议区政协主席魏文成作的《政协唐山市路南区第七届委员会常委会工作报告》和区政协副主席吴跃宏作的《政协唐山市路南区第七届委员会提案委员会关于七届二次会议以来的提案工作情况报告》。审查通过政协唐山市路南区第七届委员会第三次全体会议政治决议。表彰优秀提案9件，优秀提案者9名。列席区人大十四届三次会议，对“一府两院”工作报告协商讨论。会议期间收到委员提案71件，审查立案69件。

四、第七届委员会第四次全体会议

2010年2月24—26日，在区政府礼堂召开。应出席委员156名，实到138名。会议听取并审议区政协主席魏文成作的《政协唐山市路南区第七届委员会常委会工作报告》和区政协副主席吴跃宏作的《政协唐山市路南区第七届委员会提案委员会关于七届三次会议以来的提案工作情况报告》。审查通过政协唐山市路南区第七届委员会第四次全体会议政治决议。表彰优秀提案12件、优秀提案者12名。列席区人大十四届四次会议，对“一府两院”工作报告协商讨论。会议期间收到委员提案81件，审查立案77件。

第三章　政协委员会

政协唐山市路南区委员会全体会议选举产生常务委员会（以下简称“区政协常委会”），是区政协常设机关，主持区政协日常工作，并负责召集、主持区政协全体会议。1990—2010年，区政协历经五届，每届常委会依据《中国人民政治协商会议章程》规定，审议提交区政协全体会议文件，组织实施区政协全体会议决议及上级政协所作决议；在区政协全体会议闭会期间，审议通过提交唐山市路南区人民代表大会及其常务委员会或唐山市路南区人民政府的重要建议案；决定区政协工作机构设置和变动，并任免其领导成员；组织政协委员学习理论、参政议政、履行民主监督权力，征集、办理委员提案，开展祖国统一和海外联谊活动。

第一节　政协常委会

一、政协常委会人员构成

区政协常委会由政协唐山市路南区委员会主席、副主席、秘书长和常务委员组成，其候选人由参加政协唐山市路南区委员会各党派、团体、各民族和各界人士协商提名，经全体会议选举产生。在历届常委会构成中，政治结构比较稳定，中共党员所占比率保持在30%左右；文化结构与年龄结构均有较大变化，常务委员年龄日趋年轻化，文化层次不断提升。第三届14名常务委员中50岁以上占93%，大专以上学历占43%；第五届20名常务委员中50岁以上占25%，为历届最低；第六届23名常务委员中40岁以下占35%，为历届最高；第七届22名常务委员中，大专以上学历占82%，比第三届提高39个百分点。

政协唐山市路南区委员会历届常务委员会构成表

表16－2

届别	职　务	人数	政治结构		文化结构			年龄结构		
			中共党员	群众	大专以上	初中以上	小学	30～40岁	40～50岁	50岁以上
第三届	主席	1	1	－	－	1	－	－	－	1
	副主席	4	2	2	3	1	－	－	－	4
	常务委员	14	4	10	6	7	1	－	1	13
第四届	主席	2	2	－	－	2	－	－	－	2
	副主席	5	2	3	3	2	－	－	－	5
	常务委员	17	4	13	6	11	－	－	4	13
第五届	主席	1	1	－	1	－	－	－	－	1
	副主席	4	3	1	1	3	－	－	1	3
	常务委员	20	5	15	15	4	1	4	11	5
第六届	主席	1	1	－	1	－	－	－	－	1
	副主席	4	2	2	4	－	－	1	3	－
	常务委员	23	9	14	19	4	－	8	6	9
第七届	主席	1	1	－	1	－	－	－	－	1
	副主席	4	2	2	4	－	－	1	1	2
	常务委员	22	7	15	18	4	－	6	10	6

政协唐山市路南区第三至第七届委员会主席、副主席名表

表16－3

届别	姓　名	政治面目	职　务	籍　贯	任职时间
第三届	谷守义	中共党员	主席	唐山市丰润区	1990.2—1993.2
	杨淑敏（女）		副主席（不驻会）	唐山市丰润区	1990.2—1993.2
	谷显成（诚）		副主席（不驻会）	唐山市丰润区	1990.2—1993.2
	吴世信		副主席	河北唐山	1990.2—1993.2
	张绍仁	中共党员	副主席	唐山市玉田县	1990.2—1993.2
	赵楚坡		副主席	唐山市丰润区	1992.4—1993.2
第四届	谷守义	中共党员	主席	唐山市丰润区	1993.2—1995.3
	孟祥荣	中共党员	主席	河北唐山市	1995.2—1998.2
	宋桂荣（女）	中共党员	副主席	唐山市古冶区	1993.2—1998.2
	张绍仁	中共党员	副主席	唐山市玉田县	1993.2—1998.2
	谷显成（诚）		副主席（不驻会）	唐山市丰润区	1993.2—1998.2
	赵　涓		副主席（不驻会）	河北唐山	1993.2—1998.2
	边立中		副主席（不驻会）	唐山市丰南区	1993.2—1998.2
	何占观		副主席	唐山市丰润区	1996.3—1998.3

政协唐山市路南区第三至第七届委员会主席、副主席名表

续表 16－3

届别	姓　名	政治面目	职　务	籍　贯	任职时间
第五届	鲍中和	中共党员	主席	河北献县	1998.2—2003.4
	毕玉福	中共党员	副主席	北京通县	1998.2—2003.4
	何占观	中共党员	副主席（不驻会）	唐山市丰润区	1998.2—1999.12
	唐福松	中共党员	副主席（不驻会）	唐山市乐亭县	1998.2—2003.4
	郑泰山		副主席（不驻会）	唐山市玉田县	1998.2—2000.12
	刘进成		副主席（不驻会）	唐山市丰南区	2002.2—2003.4
第六届	鲍中和	中共党员	主席	河北献县	2003.4—2007.7
	董树扶	中共党员	副主席	河北唐山市	2003.4—2007.7
	李铁柱		副主席（不驻会）	河北唐山市	2003.4—2007.7
	李贺旺		副主席（不驻会）	河北唐山市	2003.4—2007.7
	吴占国	中共党员	副主席（不驻会）	河北围场	2003.4—2007.7
	吴跃宏		副主席	河北唐山市	2003.4—2007.7
第七届	魏文成	中共党员	主席	河北唐山市	2007.7—
	侯汝彦	中共党员	副主席	河北唐山市	2007.7—
	吴跃宏		副主席	河北唐山市	2007.7—
	刘士俭	中共党员	副主席	河北唐山市	2007.7—
	王玉玲（女）		副主席	河北藁城	2007.7—

二、政协常委会例会

第三届政协常委会共召开例会 16 次。协商讨论《中共唐山市路南区第四次代表大会工作报告（征求意见稿）》《中共唐山市路南区第五次代表大会工作报告（征求意见稿）》和《唐山市路南区经济和社会发展规划纲要（草案）》；听取区政府关于开展“质量、品种、效益”年活动情况通报及政协委员对活动调查、视察情况汇报；通过关于经济发展、企业改制、文化教育、环境整治和食品卫生情况等调查报告 28 篇；审议通过《政协唐山市路南区委员会提案工作细则》；专题学习《中共中央关于坚持和完善中国共产党领导的多党合作和政治协商制度的意见》《中共中央关于制定国民经济和社会发展十年规划和“八五”计划的建议》《中华人民共和国国民经济和社会发展十年规划和第八个五年计划纲要》《江泽民总书记在庆祝中国共产党成立 70 周年大会上的重要讲话》等文献。

第四届政协常委会共召开例会 29 次。重点学习政协全国委员会《关于政治协商、民主监督、参政议政的规定》（以下简称《规定》）和中共中央转发《规定》的通知、《中国人民政治协商会议章程》、老一辈革命家和以江泽民为核心的中共中央关于人民政协的论述等；审议通过政协唐山市路南区第四届委员会增补调整委员名单；听取区政府关于商业企业经营机制改革、农村经济发展、贯彻实施《中华人民共和国教师法》等情况通报；听取相关委员会关于全区经济发展调查情况汇报，并讨论通过关于“发展农村规模化养殖”“街道企业第二次创业”“文化市场建设与管理”“加强社会主义精神文明建设”等调查报告；协商讨论全区经济发展、精神文明建设、社会稳定和改革开放等专题，提出意见建议 200 余条；听取提案办理情况汇报并通过关于表彰优秀提案的决定等。

第五届政协常委会共召开例会20次。听取个体私营经济发展、农业产业化经营、财政体制改革、结合城区改造和建设发展第三产业、改善经济环境、促进经济发展、加快企业产权制度改革、扩大农民增收渠道、工业项目建设等方面10个专题调研情况汇报；围绕下岗职工再就业、依法治区、中小学生素质教育等重点问题进行协商讨论，提出专项建议5条；听取提案办理情况汇报，讨论通过关于表彰区政协五届四次会议以来优秀政协委员、优秀政协工作者、优秀提案及优秀提案者名单；专题学习邓小平理论和“三个代表”重要思想，中共十五大、十六大报告，江泽民在建党八十周年和人民政协成立五十周年大会上的讲话，李瑞环重要讲话，《一个中国的原则与台湾问题白皮书》，人民政协业务知识，WTO知识等。

第六届政协常委会共召开例会18次。邀请区政府领导及相关职能部门协商讨论社区文化建设、发展现代服务业调研结果；听取关于工业园区建设、城区改造、社会养老保险、社会主义新农村建设等专题调研情况汇报；讨论通过关于预防禽流感、城市环境治理、“普九”教育、清真食品市场经营等16篇视察报告；听取提案办理情况汇报；专题学习“三个代表”重要思想、中共十六届六中全会精神、科学发展观、《中共中央关于加强中国共产党领导的多党合作和政治协商制度的意见》《中共中央关于进一步加强人民政协工作的意见》等。

第七届政协常委会共召开例会11次。其间，听取关于专业市场建设、农村社会养老保险、村改居问题等专题调研情况汇报；听取城市拆违拆迁、重点项目建设、南湖西北片区开发等重点工作情况通报和区政协委员就此重点工作开展对口协商、视察活动汇报等。

第二节　组织机构

一、工作机构

1987年11月，区政协设立提案委员会、学习委员会、文史资料委员会、经济科学技术委员会、教育文化卫生委员会、祖国统一联谊委员会共6个专门委员会，为政协委员会全体会议闭会期间组织委员进行经常性活动的工作机构，在常委会和主席会议领导下开展工作。

1993年2月，区政协调整工作机构设置，文史资料委员会、教育文化卫生委员会合并为文教卫体委员会；经济科学技术委员会更名为经济建设科技委员会；增设社会法制委员会。

1995年6月，区政协再次调整工作机构设置，学习委员会更名为学习文史委员会；经济建设科技委员会更名为经济委员会；增设城乡建设管理委员会。工作机构总数增至7个，即经济委员会、提案委员会、文教卫体委员会、社会法制委员会、学习文史委员会、祖国统一联谊委员会、城乡建设管理委员会。至2010年，区政协工作机构的名称、数量没有变化。

二、办事机构

1987年，区政协设立政协办公室，为政协常委会的办事机构，负责综合协调工作。1990年1月，增设经济科学技术委员会、提案委员会办公室；教育文化卫生委员会、文史资料委员会办公室；祖国统一联谊委员会、学习委员会办公室，为专门委员会的办事机构，负责办理专门委员会的日常事务。

1993年2月，撤销经济科学技术委员会、提案委员会办公室，教育文化卫生委员会、文史资料委员会办公室，祖国统一联谊委员会、学习委员会办公室，保留办公室。

1997年10月，根据《唐山市县（市）区政协机构改革的实施意见》和区编字［1997］7号文件，区政协下设综合办公室、经济建设科、宣教科共3个科室。

2002年4月，根据《政协唐山市路南区委员会机关机构改革方案》，区政协下设综合办公室、经济建设科、宣教科、提案科共4个科室。至2010年，区政协办事机构的名称、数量没有变化。

第三节　主要工作

政协唐山市路南区历届常委会团结政协委员和各届人士，围绕区委、区政府中心工作，认真履行自身职能。通过召开全委会、常委会和主席会议，协商讨论重大经济问题和社会事务，为党政科学决策提供依据。强化民主监督，建立健全提案工作机制，提升提案质量和承办实效。坚持“团结、民主”两大主题，巩固和壮大新时期爱国统一战线。挖掘和展现域内文化，调查、征集和整理文史资料。加强自身建设，提高内在素质，增强参政议政能力。

一、参政议政

1990年，组织70名委员深入14家工商企业、6所中小学进行知情视察，对全区经济发展、企业改制、文化教育、环境整治、食品卫生等29个专题进行调查。各专门委员会开展各种调查、视察、通报情况活动52次。1991年，在全国第二届城市运动会召开前夕，组织市（驻区市政协委员）、区两级部分委员，对有接待任务的22家旅馆环境、饮食卫生、服务质量及区内地段环境卫生状况进行视察，提出改进意见和建议，均被采纳。

1993年，围绕事关社会稳定的“两停一亏”企业职工思想动态及安置、创建卫生城、社会治安综合治理等工作，开展专项视察、调查活动，撰写专题调查报告12篇。其中，关于路南区部分企业经济纠纷情况的专题调查，指出经济纠纷增多，造成大量资金在债务中“搁浅”问题应引起高度重视，提出加强法制教育，完善经济合同，加强销售队伍建设等5条建议，被区委《上报信息》《信息特刊》和市委《唐山信息》采用。关于路南区企业股份制改造情况的调查，提出“要积极稳妥、加强宣传、防止国有资产流失”等10余条建议，得到区委、区政府充分肯定。

1996年，组织具有相关专业知识和能力的委员，深入企业、农村、学校、机关开展调查、视察活动，提出意见建议百余条。其中，关于组建太太梦洗涤集团的建议被区政府采纳；关于解决下岗职工安置问题的建议引起区劳动人事局及工商分局高度重视，并通过各种渠道安置下岗职工2000余人；关于发展农村规模化养殖、街道企业第二次创业、文化市场建设与管理、加强社会主义精神文明建设等调查报告10篇，通过区委《调研专刊》《信息》转发给区委常委参阅。

1998年，围绕区政府“下岗职工再就业”工作部署，在委员中开展“我为再就业工程献一策”活动，通过走访企业、街道，召开下岗职工代表座谈会、政府部门协调会，实地考察劳务市场和再就业安置基地等渠道，征集委员提案87件，提供就业岗位40余个，其中实施动态管理、加强转岗培训、增强企业消化能力、培育劳动力市场、发展社区服务等建议，被区委、区政府纳入《1998年唐山市路南区再就业解困工作意见》，并得到省、市政协领导肯定。围绕全区经济发展重大问题，对个体私营经济发展、农业产业化实施、财政体制改革、结合城区改造和建设发展第三产业、改善经济环境、促进经济发展、加快企业产权制度改革、扩大农民增收渠道、工业项目建设等开展专题调研，提出22个方面60多条意见、建议，大部分被吸纳到区委、区政府决策之中。

2002年，围绕工业强区战略实施，以“加强工业项目建设，扩充经济总量”为题，对全区工业项目建设情况进行调研，提出合理化建议。针对公办职业教育滑坡及民办职业培训存在问题，组织文教卫体委员深入学校、企业及相关部门调研，提出深化职业教育体制改革、扶植和发展民办职业教育、完善资格证书制度和实施就业准入制度等四方面建议，引起区委、区政府关注，并被相关部门采纳落实。为反映社情民意，广泛开展“三个一”活动（提供一条好信息、提出一条合理化建议、写出一份高质量提案），共收到委员反映社情民意卡176份，征集各类社情民意400余条。其中群众关注的学校周边环境治

图 16－1　政协委员视察城市规划　（区政协办公室）

理、渤海早市扰民、城市社区建设等热点问题及时得到解决。区政协被省政协确定为社情民意直报点。

2008 年，将区委、区政府最关注、群众最关心的现实问题列为重点，组织经济界委员对全区农村社会养老保险工作进行专题调研，提出制定合理缴费标准、争取上级支持、发展农村经济等建议，区政府责成有关部门采纳建议，研究解决办法。对渤海大厦、长青楼区域拆迁以及新天地二期等重点项目进展情况开展两次大规模视察，《唐山新闻》《今日路南》等媒体给予报道。坚持联络员定责和网络化反馈制度，把反映社情民意纳入委员职责，共征集委员社情民意 35 件。经归纳整理，报市 4 件、区 13 件，其中关于完善荷花坑市场管理秩序、加强路南区道路安全治理信息被采纳落实。

2010 年，组织委员赴江苏、四川、河南等地考察村改居、新农村建设，撰写《关于路南区村改居问题的调研报告》，参与制定《唐山市路南区新农村建设规划》《唐山市路南区新农村建设实施方案》，为政府重点工作实施提供智力支持。对涉及民生问题开展对口协商 5 次，其中关于向南湖景区增加公交车、解决胜利路交通堵塞等问题，在对口协商中得到解决。将反映社情民意纳入《委员管理办法》，共搜集社情民意 35 条，分别报市 11 条、区 4 条，其中关于加强荷花坑市场消防工作被相关部门采纳落实。

二、政治协商与民主监督

1990 年，坚持主席列席区委常委会议、有关副主席列席区政府常务会议制度，直接参与区内重大问题研究。至 1992 年，先后对政治、经济、文化教育、城市管理和群众生活等方面重要决策提出意见和建议 27 条，得到区委领导肯定。

1993 年起，着重对“五年计划”、《社会主义精神文明建设发展纲要（草案）》事关全区大政方针的制定与实施，以及“一府两院”工作报告提出意见和建议。至 1997 年，累计提出各种意见和建议 200 余条，为区委、区政府科学民主决策提供依据。

2001 年，通过大会发言、小组讨论、书写提案、与区委、区政府领导专题座谈交流等形式，对“十五”计划纲要、国民经济和社会发展计划、“一府两院”工作报告进行协商讨论，提出前瞻性、可行性意见建议 19 条。其中，就构建适应民营经济发展管理体制问题，提出“调整结构，理顺职能；调整管辖范围，实行属地管理；调整财政体制，调动增收的积极性；组建行业协会，规范企业的市场行为；撤销临时性执法单位，规范行政执法行为”的建议；对加快城区环境卫生建设问题，提出“改革环卫管理体制，建立完善环卫工作责任制；搞好两个结合，改善硬件环境；科学规划，彻底改变路南环卫现状”等建议，为区委、区政府研究部署经济体制改革，解决城区环境卫生管理深层次矛盾提供重要参考依据。同时，积极探索新形势下民主监督新机制。民主评议工作，坚持把握“三项原则”（所评内容与区委、区政府中心工作产生同频共振；群众非常关注、反响较大；通过评议能产生实际效果）选定民主评议对象，转化评议意见、建议，以《情况反映》报告区委、区政府，并由政协主席直接向被评议单位领导通报评议结果。是年，除继续对公、检、法、税务部门进行评议外，增加区劳人局、区物价局两个行政执法部门为评议对象。翌年，以“树立行业新风，优化发展环境”行风评议活动为契机，对全区相关部门在更大范围、更高层次上实施民主监督。聘请 38 名委员担任行风监督员，组织委员深入基层明察暗访 40 余人次，参加各种专项评议座谈会 60 余人次，填写征求意见卡 500 余份，以推动行风好转。

2005 年，针对发展现代服务业、提高工业整体实力等重大问题，集思广益，共谋良策，向区委、区政府反馈意见建议 21 条，均被采纳。就社区文化建设、发展现代服务业等调研结果，邀请区政府领导及相关部门专题协商，并向区委提出具体意见建议10条，为区委决策提供科学依据。聘请200余名委员担任行风监督员，组织26名委员参加机关效能建设质询会、政法系统专项整顿听证会、行风评议听证会，就群众关注的热点、难点问题，提出整改意见18条。

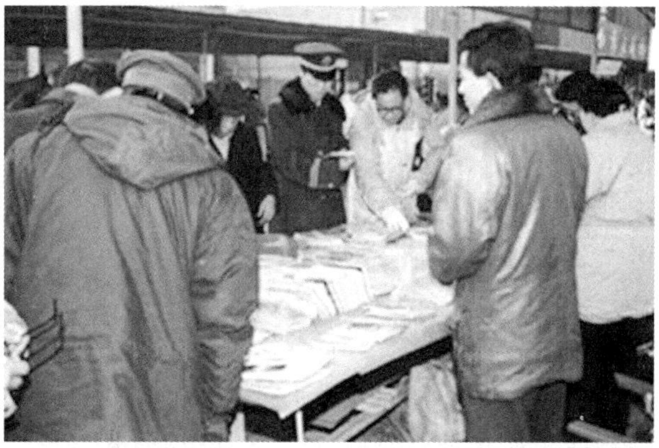

图16－2　政协委员检查文化市场　（区政协办公室）

2008年，坚持和完善知情明政制度。通过召开学习报告会、情况通报会、专题座谈会等形式，对“大南湖、新路南”主体战略实施和东南部集中供暖等重大问题广泛协商，累计向区委提出对策建议46条。其中，关于学院南路开发、青龙河治理等建议，引起区委、区政府重视，并采纳落实。开展民主评议活动，先后组织40名政协委员对全区科学发展观学习实践活动、公推公选干部工作和28家行风主体单位行风建设情况，进行民主评议监督。

2010年，对“三大中心”（商业商务中心、文化创意中心、政务中心）建设、南湖生态城开发、“城镇面貌三年大变样”等重点工作协商讨论，提出对策建议72条。其中，关于实施南新道拓宽改造、加强拆迁村资产管理、提高社区工作人员待遇等建议，引起区委、区政府重视；关于向南湖景区增加公交车、解决胜利路交通堵塞等民生问题，在对口协商过程中得到解决。加强对行政执法、司法部门行风专项监督，有54名委员参与66家参评单位民主测评；5名委员应邀参加全区科学发展模式示范工作民主评估；为40余个单位填写征求意见函，提出整改意见200余条。

三、征集办理提案

1990年，全区有75名委员提出提案110件。其中，经济13件，城市建设管理30件，文教卫生21件，社会治安4件，其他42件，涉及区计经委、商业局、物价局等16个承办单位。区政府对提案工作十分重视。区长亲自主持召开政府常务会议，听取提案工作汇报；明确1名副区长具体主抓。9月，区政府办公室成立提案法制股，专司人大代表议案和政协委员提案办理工作。是年年底，除14件涉市提案转市政府外，其余96件基本办复。其中，被采纳50件，占52.08%；列入计划准备实施18件，占18.75%；难以实施，向提案者说明和尚未答复28件，占29.17%。

1991年起，区政协、区政府逐步加强提案工作常态化、制度化、规范化建设，出台《政协唐山市路南区委员会提案工作细则》。1993年，对该细则予以修订，建立审查立案制度、党派提案处理方法、反馈意见的处理、立卷归档等配套制度。

1994年，区政府修订《办理人大代表建议和政协委员提案工作考核评比办法》《关于人大代表建议和政协委员提案办理结果参考标准》，翌年印发《办理人大代表建议和政协委员提案工作的规定》，推进提案承办工作。区政协在规范提案工作同时，探索提案征集、办理新思路，采取“通报情况、组织协调、会前征集、会中发动、重点选题”的方式，调动委员撰写提案积极性、创造性；通过实施“座谈协商、联合办案、现场视察、跟踪督办及重点问题重点办，紧迫问题立即办，多头问题协调办”举措，提高提案的办结率。

1998年，提案承办工作实行区长审批制、“一号提案”和主席包案制及承办部门领导亲办制度，并纳入领导班子议事日程和岗位责任目标。是年，区房管局在承办文北西楼供暖问题提案时，克服重重困难，投资105万元对原有设备更新、维修，彻底解决群众反映强烈问题；区城建局承办常记功臣幸福院污水排放问题提案，局长亲自协调争取资金，加修3座污水井，圆满解决问题。翌年，区城建局、教育局等单位承办委员联名提出的二十二中门前道路损毁严重，亟待修复提案时，筹资26万元，修路190米，安装排水管线300米，使拖延多年老案彻底解决。

2001年，开展“四抓”（抓培训，提高委员素质和参政议政积极性；抓知情，拓宽委员视野；抓征集，提高提案的数量和质量；抓办理，确保委员提出的意见建议落到实处）活动，提高提案撰写、办理和服务质量。制定《关于政协提案审查立案的实施办法》《关于跟踪督办政协提案的实施办法（试行）》，使审查立案、跟踪督办不断规范化、制度化。加强与政协唐山市委员会提案委员会联系，规范涉市提案交办、督办工作。

2004年，制定提案办理“135”规定（收到提案后当天登记、审查，3天后转交，5天后跟踪催办），通过主席督办、联合督导、跟踪督办等形式，加大对重点提案、集体提案督办力度。当年，征集提案101件。其中，委员个人提案70件，集体和联名提案25件。经审查，立案95件，涉及城建类40件，科教类19件，工交类12件，劳动人事类10件，其他14件。承办中，以委员们最关注的市场建设与管理、城市基础设施建设、老小区物业改造等问题作为督办重点，调动各方面力量协调解决。年底，95件立案提案全部办理完毕，其中58件被采纳落实，占61.05%；27件列入计划，逐步落实，占28.42%；向提案者作出解释说明的10件，占10.53%。提案答复满意和基本满意率为100%。

2010年，坚持以重要提案为督办重点，邀请提案者参与重点提案事前沟通、事中协商、办理结果征询意见活动；组织开展提案办理“回头看”活动；加强与承办单位联系与协作，提高提案督办水平。是年，共收到83名委员个人或联名提案81件，审查立案77件，涉及经济建设38件，民生民情24件，科教兴区等15件。被采纳56件，占立案总数的72.7%；列入规划逐步解决19件，占24.7%。委员满意和基本满意率为100%。1990—2010年的21年间，累计征集提案2552件，审查立案2382件，被区委、区政府及相关部门采纳1542件。其间，表彰优秀提案240件、优秀提案者231名、优秀提案单位9个、提案承办先进单位80个。

四、祖国统一和海外联谊

1990年，区政协联合区委统战部、对台办，邀请中央统战部徐尚元到路南区作关于台湾形势报告；组织“三胞”眷属参观正在建设中的唐山港，介绍国家、唐山市及路南区发展外向型经济有利条件，宣传招商引资政策，使其通过“知情”进而出力。是年，圆满完成旅居台湾40余年的田海彭、刘怀诚回大陆探亲接待任务。

1993年起，利用传统节日召开委员和各界人士座谈会、茶话会，宣传路南区投资环境、优惠政策，欢迎“三胞”到唐探亲访友、观光旅游、实地考察和投资办实业；开展“写一封书信，招一个客商，交一个朋友，献一条妙计”活动。至1997年，共召开座谈会、茶话会16次，与会600余人次；寄发书信480封；接待考察和观光旅游51人次；引进资金545.5万元，兴办外商投资和中国港澳台商投资企业14家。2000年，组织委员学习国家主席江泽民关于台湾问题八点主张和《一个中国的原则与台湾问题》白皮书，集中收看台湾问题音像片，坚定维护祖国统一的原则立场，揭批“台独”势力及其分裂祖国罪恶行径。

图16-3　三胞眷属中秋茶话会　（区政协办公室）

2003—2007年，每年举办“三胞”眷属中秋茶话会，区委、区政府领导到会祝贺。会上，宣传改革开放政策，通报全区经济和社会发展情况，鼓励“三胞”眷属加强与海外亲友联谊，为招商引资牵线搭桥。举办各界人士迎春茶话会，宣传“一国两制”构想和促进祖国统一八项主张，学习《中华人民共和国反分裂国家法》和中共中央总书记胡锦涛就新形势下发展两岸关系提出的四点意见。协调配合有关部门，接待“三胞”及其眷属30多人次回乡探亲、观光旅游。2010年，加强与社会新阶层、“三胞”及其眷属的联系与沟通，发挥“三胞”眷属、归侨侨眷牵线搭桥作用，吸引外商投资兴业。

五、文史资料征集

1991年，区政协文史委员会共召开6次会议，研究部署文史资料第六辑征编工作。抽调专人，参与市政协关于小山史稿征集及《唐山大地震百人亲历记》撰写工作。1996－1997年，参与市政协《唐山名粹丛书》编辑工作，完成《冀东烈士陵园》《唐山地震遗址》《万里香烧鸡》等篇章。2008－2009年，完成省、市政协《文史资料全书》路南区政协应征史料（一）的编撰工作，共7部分，38篇，9.5万字，以介绍、录记形式展示路南区悠久历史和文化内涵。

政协唐山市路南区委员会文史资料撰写一览表

表16－4

篇目名称	供稿人
小山漫忆	
小山忆旧	肖铃
小山商业概况	洪泽、王杏纯
小山明珠－大世界	赵抚琴
话说小山大世界的“四天”	时光
唐山剧场	唐艺
唐山“落子”（评剧）与小山“永盛茶园”	韩长存
小山皮影戏简述	王芜
记享誉一时的天光影社	郎棣
唐山日报	余第
小山“图书”租赁业	梁毅
曲艺名人－段少舫	
忆解放初期的冀东建国学院	杨伯英
河北省立第四中学的由来和发展	
丰滦中学的始末	
小山的文化摇篮－“绅商小学”	刘继福
漫忆钱庄银号和银市	
著名的“大路饭店”	赵鹤群、于泽元、刘浩仁
简话隆义栈今昔	刘继福
我所知道的德成面粉厂	白化明
略叙小山医药行的过去	
小山三“浴池”简介	赵岐山
“渣粥李”史话	李英
天桥轶事	吴书先、史国权

政协唐山市路南区委员会文史资料撰写一览表

续表 16 – 4

篇目名称	供稿人
无障碍住房 – 唐山康复村	吴书先、史国权
路南区的唐山之最	
弘扬爱国精神当继郭君之志	吴书先、史国权
著名厨师郭金明	洪泽、张凤贤
浴池师傅张昆	李克信、张印荣
理发师于明海	赵抚琴
脚病世医“保福和”	段少舫
与死神同在的三十天	孙来幸
抚孤	金玉环
永远值得发扬的抗震精神	吴书先
青帮轶事	刘瑞峰、刘振英
小山的“在礼”	徐冠洲、吕秀敏
小山“土膏店”	王弼臣
妓女苦难	

六、自身建设

1990 年，区政协建立学习中心组和统战理论研讨组，组织委员学习政治理论和统战理论；邀请唐山工学院教授专题辅导马克思主义哲学；围绕现代化建设时期，人民政协如何发挥作用，搞好“四个服务”等问题，召开座谈会 6 次，撰写论文 9 篇，其中 2 篇在市政协组织的统战理论研讨会上交流；举办培训班 3 期，重点学习《中国人民政治协商会议章程》《中共中央关于坚持和完善中国共产党领导的多党合作和政治协商制度的意见》；制定《政协唐山市路南区委员会关于政治协商民主监督的暂行规定》《政协唐山市路南区委员会会议规则》及学习制度、对口协商制度，政协工作日趋规范。

图 16 – 4　政协委员参观李大钊纪念馆
（区政协办公室）

1993 年，针对换届后新委员多的特点，组织委员系统学习邓小平建设有中国特色社会主义理论、全国政协八届一次会议和全国统战工作会议精神；围绕“人民政协的光辉历程、性质、地位、作用、组织形式，政协委员的职责、权利和义务，委员提案的作用和如何写提案”等内容，先后举办新委员培训班 3 期；制定《关于政协加强同各民主党派之间联系的意见》《专门委员会的工作职责、工作制度》。1995 年，印发《关于政治协商、民主监督、参政议政的实施细则》，推进政协工作规范化、制度化、科学化建设。

2000 年，开展以“讲学习、讲政治、讲正气”为主要内容的党性党风教育，以胡长清、成克杰等反面教材为主要内容的警示教育，以“三个代表”重要思想为主要内容的宗旨教育和“三讲”教育，制定《关于加强常委会自身建设的试行意见》，从加强理论学习、密切联系委员、积极建言献策、树立良好形象四方面作出规定。2002年，完善《关于政治协商、民主监督、参政议政的实施细则》等7项规定，建立健全全委会议、常委会议、主席会议、专委会议、提案工作、社情民意等9项制度，制定工作标准，规范工作程序，明确工作职责，保证各项工作活跃有序开展。

2005年，深入开展保持共产党员先进性教育，有针对性制定加强与委员联系、丰富委员活动、加强学习培训三项整改措施，通过广征意见，委员、群众对整改落实情况满意率达100%。巩固教育成果，建立健全定期学习、岗位目标、绩效考核长效机制。加强对委员的管理，制定《关于加强委员管理的暂行办法》，调整各专门委员会、委员联络组成员构成，使组织、界别设定更加符合工作需要。

2008年，深入开展科学发展观学习实践活动，主席、专门委员会主任带头深入基层，调查研究，并结合新农村建设、老城区改造、专业市场建设进行案例剖析；围绕南湖区域、钢材市场迁建遇到的实际问题，研究办法，破解难题；转变机关工作作风，加强岗位练兵，提高工作效率，搞好对委员的服务，树立良好队伍形象。

2010年，加强机关作风建设，通过开展优秀政协委员评比表彰活动，提高委员综合素质。是年，有4名委员被市政协评为“十佳”政协委员，有3名委员获特别提名荣誉称号，32名委员被评为区优秀政协委员。通过组织委员学习考察，提高联络组、界别和党派活动质量。

第十七编　民主党派　人民团体

1982—2010年，中国国民党革命委员会、中国民主建国会、中国民主同盟、九三学社、中国民主促进会、中国农工民主党6个民主党派先后在路南区恢复建立基层组织。人民团体除妇女联合会、工商业联合会、科学技术协会、总工会、共产主义青年团在中华人民共和国成立后组建外，残疾人联合会、归国华侨联合会均在1990—2010年间建立。各民主党派基层组织坚持中国共产党“长期共存，互相监督，肝胆相照，荣辱与共”的方针，充分发挥参政议政、民主监督作用，积极参与物质文明、政治文明和精神文明建设，为改革、发展、稳定做出了贡献。各人民团体自觉接受中国共产党的领导，在维护工人合法权益、加强青少年培养教育、提高妇女合法地位、推进科技创新、关心残疾人事业等方面，发挥出中国共产党联系群众的桥梁和纽带作用。

第一章　民主党派

1982年8月，中国民主建国会恢复建立路南区支部。1983年，中国民主同盟建立路南区支部委员会；中国农工民主党在路南区设置党小组。1989年，中国国民党革命委员会成立路南区工作委员会；中国民主促进会成立路南区工作委员会。2007年，九三学社在路南区建立工作委员会。至2010年，共有6个民主党派在路南区设有基层组织。

第一节　中国国民党革命委员会路南区基层组织

一、组织机构

1989年，中国国民党革命委员会（简称“民革”）建立路南区工作委员会，时有党员53人。2000年，民革路南区工委下设4个支部，即第一、二、三、四支部。2010年3月，民革第一、二支部合并为民革一支部，民革第三、四支部合并为民革二支部。截至2010年，共有党员71人，其中具有高级技术职称的24人。先后有9人任市、区政协委员，1人（工委主任）任区政协常委。

图17－1　民革委员和小学生共庆“六一”儿童节
（区委统战部）

二、主要活动

自1989年民革路南区工委成立起，注重对全体党员进行思想政治教育，组织党员学习中国共产党领导的多党合作理论和《中国国民党革命委员会章程》，积极组织党员参政议政。1994 年 5 月，民革河北省支部工作经验交流会在唐山召开，民革路南区第一支部在会上介绍参政议政经验。翌年 7 月，唐山市组织召开由各民主党派参加的基层组织经验交流会，民革路南区第一支部的《凝集力和向心力是民革组织的生命线》典型发言反响较大。2001 年，围绕区委、区政府中心工作参政议政，向市、区政协提交提案 21 件。2009 年，组织党员开展“医疗进社会，健康唐山行”活动，在龙悦新居对居民进行口腔保健辅导，并送去口腔保健用品；在福乐园社区举办健康唐山行知识讲座，受到社区居民欢迎。2010 年，在儿童节来临之际，捐款 7000 元，购买文具和用品，送到就读于路北区西窑小学农民工子女手中，并义务为其做眼科、牙科、内科检查。

第二节　中国民主建国会路南区基层组织

一、组织机构

1982 年，中国民主建国会（简称“民建”）恢复建立路南区支部。1990 年 6 月，中国民主建国会成立路南区工作委员会，下设 5 个支部。2010 年，共有会员 181 人，且多数会员具有大专以上学历和中级以上职称，有 1 人为海外归来博士。会员中，有省人大代表 1 人、市政协委员 12 人，担任民建省委委员 1 人。

二、主要活动

1990 年始，定期组织会员学习《中国民主建国会章程》和中国共产党的多党合作理论，进行爱国主义教育；组织民建中的政协委员积极建言献策，参政议政，并规定每年在政协会议上提出提案不少于 3 件。2010 年，协助有关部门和工商企业培训科技人才 119 人次，为经济社会可持续发展尽心尽力。

第三节　九三学社路南区基层组织

一、组织机构

2007 年 8 月，九三学社成立路南区工作委员会。2009 年，有社员 72 人，设主任委员 1 人，副主任委员 3 人。下设唐山市人民医院、唐山市职业技术学院、唐山市妇幼保健院、河北理工大学 4 个支社。2010 年，社员中有省政协委员 2 人，市政协委员 4 人，区政协常委 1 人，区人大常委 1 人。

图 17－2　九三学社专家开展义诊活动　（区委统战部）

二、主要活动

2007—2010 年，定期组织社员学习九三学社发展史，围绕经济社会发展及与人民群众切身利益相关的难点、热点问题开展调研，建言献策，参政议政。同时每年开展一次送医、送药、送科技下乡活动，为路南区经济和社会发展做出贡献。

第四节　中国民主促进会路南区基层组织

一、组织机构

1989年，中国民主促进会（简称“民进”）成立路南区工作委员会。2000年，民进路南区工委下辖唐山市第九中学支部、民进进修学校支部、民进路南区联合一支部、民进路南区联合二支部、民进老干部支部共5个支部，每个支部设主任、副主任各1人，共有会员32人，其中在职会员29人，退休会员3人。会员分布在文化、教育等行业，均具有高、中级职称，有县处级干部1人。2010年，共有在职人员31人，退休25人，主要分布在文化教育行业，均具有中、高级职称，有县处级干部1人并担任过路南区政协副主席一职，高级职称有35人。

二、主要活动

1990年起，民进路南区工委定期组织委员学习《中国民主促进会章程》，组织委员参加民进市委和工委组织的学习、外出考察、扶贫济困、送医送药、送书下乡等活动。1997年，民进进修学校支部的市政协委员参与市政协文史资料《唐山大地震百人亲历记》编写工作，该书获河北省“五个一工程奖”。2003年，在“非典”期间，民进九中支部的区政协委员向市政府提出“非典”期间利用电视媒体开设中、小学“空中课堂”的建议被采纳。2008—2010年，组织委员向汶川地震灾区和贫困地区捐款捐物，其中有一委员一次向西藏贫困地区捐款8万元。围绕区委中心工作，组织委员开展考察、走访、调研活动；围绕区政府中心工作积极参政议政。3年间，委员中的政协委员每年在区政协会议上提出提案均在6件以上，其中每年都有2~3件提案被评为优秀提案，并被唐山市电视台、《唐山晚报》等新闻媒体报道。

第五节　中国民主同盟路南区基层组织

一、组织机构

1983年，中国民主同盟（简称“民盟”）成立路南区支部。1990年，民盟路南区支部设主任委员1人，副主任委员1人，共有盟员19人，其中16人为教育工作者，3人为工程师。2010年，民盟路南区支部有盟员20人，其中教育工作者16人，工程师2人，医务工作者2人，平均年龄62岁；退休人员10人，在职人员10人。先后有4人任区政协常委，10人任区政协委员。

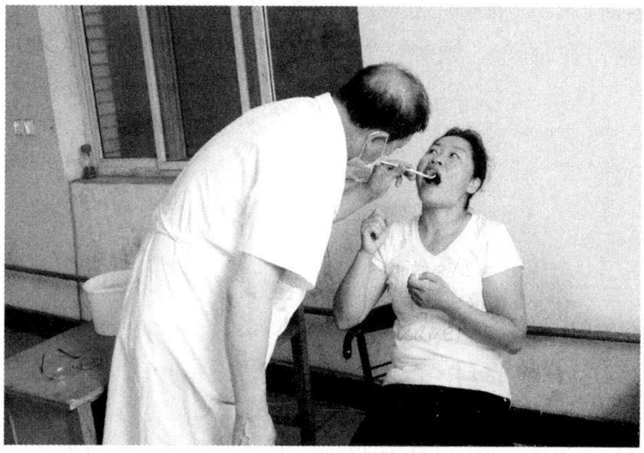

图17－3　民盟委员下乡义诊　（区委统战部）

二、主要活动

1990年始，民盟路南区支部在盟员中开展经常性的思想政治教育，组织盟员学习《中国民主同盟章程》、中国共产党多党合作理论，提高盟员参政议政能力和水平。2009 年，组织民盟中的政协委员为经济社会发展献计献策，其中《大南湖开发应优先开发旅游资源》《大南湖开发应首先解决失地农民的民生问题》《大南湖开发应充分利用太阳能》《解决将破产企业职工的医保问题》《关注好我区的食品安全》等 7 个提案，提交至市、区政协会议，引起市、区领导高度关注。2002—2009 年，因历年所提提案针对性强，决策参考价值高、份量重，连续 8 年获民盟市委提案组织优胜奖。2010 年度，被民盟唐山市委评为先进支部，被民盟河北省委评为优秀支部。

第六节　中国农工民主党路南区基层组织

一、组织机构

1983 年 6 月，中国农工民主党（简称“农工党”）在路南区成立支部，有党员 3 人。至 1990 年，有党员 9 人，其中医务工作者 8 人，文艺工作者 1 人。2010 年，农工党路南区支部设主任委员 1 人，副主任委员 2 人，有党员 13 人，其中市政协委员 1 人，区政协委员 2 人。

图 17－4　农工委员深入社区义诊　（区委统战部）

二、主要活动

1990－2010 年，农工党路南区支部定期组织党员学习《中国农工民主党章程》和中国共产党多党合作理论，经常对党员进行爱国主义教育；积极组织党员参加市、区政协组织的各项视察活动；发动党员在每年市、区政协会议上提交建设性提案；组织医药卫生界的党员到农村义诊；开展为地震灾区捐款、为聋哑儿童献爱心等公益性活动。

第二章　人民团体

中共十一届三中全会后，区总工会、共产主义青年团、妇女联合会、科学技术协会、工商业联合会的组织机构逐步健全，残疾人联合会和归国华侨联合会相继恢复和建立，各人民团体全面履行各自职能，在促进区域经济发展，推动社会事业进步等方面发挥重要作用。

第一节　总工会

一、组织机构

1979 年 11 月，路南区总工会第一次会员代表大会召开，选举产生区总工会第一届委员会。至 1989 年，全区共有工会组织 163 个，会员 1.89 万人，占职工总数的 88.6%。1991 年 1 月，经区编制委员会批准，区总工会设办公室、组宣部、生产部、女工部 4 个职能部门。1996 年 7 月，机构改革，内设办公室、组宣部、生产生活部，内设机构由 4 个减至 3 个。2002 年 4 月，机构改革，取消内设机构。2008 年

1月，撤销总工会职业介绍所，成立私营企业工会联合会。至2010年，全区基层工会组织有292个（其中系统工会5个，乡街工会7个），工会会员6.02万人。

二、代表大会

1990年9月20日，路南区总工会在唐山酒家召开第二次会员代表大会。出席会员代表152名，特邀代表37名。会议听取和审议《区总工会第一届委员会工作报告》，选举产生路南区总工会第二届委员会委员27名，常务委员7名，其中主席1名，副主席2名。

1996年4月25日，路南区总工会第三次会员代表大会在区礼堂召开。出席会议会员代表151名，特邀列席代表36名。会议听取并审议《区总工会第二届委员会工作报告》，并通过上述报告，作出相关决议。大会选举产生区总工会第三届委员会委员21名，选举产生常务委员9名，其中主席1名，副主席2名。

2005年7月26日，路南区总工会第四次会员代表大会在区政府礼堂召开。出席大会会员代表150名，特邀代表30名。会议听取并审议《区总工会第三届委员会工作报告》，并通过上述报告，作出相关决议。大会选举产生区总工会第四届委员会委员25名，其中主席1名，常务副主席1名，副主席2名。

三、主要工作

职工教育 1990年，路南区总工会以培养“四有”（有理想、有道德、有文化、有纪律）职工队伍为目标，加强职工爱国主义、集体主义教育，受教育面达96%以上。举办理论骨干培训班35期，参加培训人数1000余人。1992—1994年，在企业职工队伍中开展“学理论，当主人，促改革，增效益”活动，引导职工为企业节能增效献计献策。

2002年，组织职工学习《中华人民共和国工会法》，引导职工依照宪法和法律规定行使民主权利，发扬主人翁作用，积极参与本单位的民主决策、民主管理、民主监督。2006年，开展“三热爱”（爱党、爱国、爱社会主义）和世界观、人生观、价值观教育，引导职工遵守社会公德和职业道德，做文明公民，当文明职工。

2010年，结合贯彻《中华人民共和国工会法》《中华人民共和国劳动法》，有针对性进行普法教育，在企业举办各类培训班53期，参训干部职工3900余人次，企业职工依法维权和自我保护意识明显增强。

维护职工合法权益 1990年，在区属企业和部分街办企业推行“风险共担，利益共享”的“双保合同”管理，以维护职工合法权益。1995年，依据《中华人民共和国劳动法》，成立由区总工会、经贸委、劳动人事局参加的贯彻《中华人民共和国劳动法》领导小组，印发《关于在全区贯彻〈劳动法〉，抓好企业签订集体合同工作的安排意见》，召开全区集体签订劳动合同动员大会，全面贯彻《中华人民共和国劳动法》。至1997年，全区有32家企业按要求签订集体合同，维护职工权益。

1999年起，落实企业职工知情权、协商权和监督权，完善企业职代会制度。同年，选树唐山市化学厂、唐山市化工机械厂等6个单位作为试点，实行厂务公开，总结厂务分开的经验与做法，增强企业职工的知情度和对企业发展的关注度。2006—2009年，以创建和谐劳动关系，构筑和谐企业为目标，健全“五大维权机制”（协调劳动关系，帮扶救助，民主管理，劳动安全卫生保障，劳动争议预防调处），建立完善企业职工工资增长和工资集体协商制度、企业工资支付信用制度，全区工资集体协商率达到70%。

2010年，在各乡、街工会建立协调信访机制，负责企业职工信访代理，缓解非公有制企业职工维权难，全区共协调解决劳动纠纷争议112起，涉及职工223人次，依法维护职工的合法权益。

组织开展群众活动 1990年，开展“双增双节”（增产节约、增收节支）、“金马杯”生产劳动竞赛和“振兴路南立功竞赛”活动，有60%的职工参加竞赛，其中有6个单位获市先进单位称号；有6人参加省技术能手比赛，有2人参加全国技术能手比赛。其中在“金马杯”比赛中，全区新增产值405万元，创经济效益344.6万元。

1994年，开展“学理论，爱岗位，做贡献”，争做“四有职工”（有理想、有责任、有激情、有技能）、“四自女工”（自强、自律、自尊、自爱）活动和“振兴中华”读书活动，教育职工不断提高思想道德、技术技能和科学文化素质，建设有理想、有道德、有纪律的职工队伍。全区有42人被评为市级先进生产（工作）者，8人被评为省、市级劳动模范，1人获全国“五一”劳动奖章。1996年，在基层工会开展“创一流工会”竞赛，在各类企业中开展职代会达标活动，基层企业职代会发展到141个，基本实现职代会“组织体系网络化、行使职权规范化、各项工作制度化”的达标要求。1999年，开展劳动保护竞赛和“八五”效益杯劳动竞赛，举办各类企业业务技术培训班110期，培训职工1.5万人，培训率达95%；组织各项技术比赛60场次；在职校、夜校举办女职工培训班233期。2002年，开展“一条小建议，一颗主人心”、女职工“五创”（创优质产品，创新技术，创高质量，创高效益，创一流服务）活动，职工提出合理化建议1.8万条，其中被采纳3000条，技术攻关258项，建议和意见转化为经济效益680.8万元。

2006年起，在企业及职工中开展“建功立业”“创先争优”“创新示范岗”“争当创新能手”等主题竞赛活动，号召职工“提一条合理化建议，创一项新技术成果，提一项节能减排措施，创一招绝活绝技，献一条持续发展妙计”，努力争创“知识型、创新型、效益型、节能型、和谐型”的时代先锋工作者。至2009年，职工共提合理化建议1180条，开发技术创新成果29项，为企业创造经济效益3000余万元；有17个先进集体和59名先进职工分别荣获振兴唐山二等功和三等功称号，评选出全国劳动模范1名，市级劳动模范52名。2010年，区总工会被唐山市总工会评为先进县区总工会、“双服务”先进单位，被中共唐山市委、市政府荣记“振兴唐山三等功”。

第二节　中国共产主义青年团

一、组织机构

1989年，中国共产主义青年团路南区委员会（以下简称“团区委”）共设基层团委17个，总支13个，支部282个，有团员3878名。此后，组织机构略有调整。至1992年，有系统团委3个，团总支4个，团支部14个，共有团员4212名。其中团支部与1989年比减少268个。1998年，设基层团委5个，团总支12个，团支部13个，共有团员5252名。2010年，有基层团委7个，团总支8个，团支部21个，团员6050名。

二、代表大会

1990年11月12日，召开中国共产主义青年团路南区第六届代表大会，参加会议代表149名。会议审议并通过题为《高举团旗跟党走为振兴路南贡献青春》的工作报告；选举产生中国共产主义青年团路南区第六届委员会委员23名，候补委员7名，其中常委6名，书记1名。

1994年5月3—5日，召开中国共产主义青年团路南区第七届代表大会，参加会议代表151名。会议审议并通过题为《团结带领全区青年为加快路南改革开放和经济建设做贡献》的工作报告；选举产生中国共产主义青年团路南区第七届委员会委员23名，候补委员7名，其中常委7名，书记1名。

1998年10月3—5日，召开中国共产主义青年团路南区第八届代表大会，参加会议代表145名。会议审议并通过题为《开拓创新，振奋精神，为路南经济振兴再做贡献》的工作报告；审议并通过《关于团费收缴使用情况》的报告；选举产生中国共产主义青年团路南区第八届委员会委员23名，候补委员7名，常委7名，其中书记1名，副书记1名。

2004年10月20日，召开中国共产主义青年团路南区第九届代表大会，参加会议代表145人。大会审议并通过唐静代表共青团路南区第八届委员会所作的题为《以实干兴团、以育人强团，为全面建设小康社会、推进唐山努力走在全省最前列而努力奋斗》的工作报告；审议并通过《关于团费收缴使用情况》的报告；选举产生中国共产主义青年团路南区第九届委员会委员23名，候补委员7名，常委7名，其中书记1名，副书记1名。

三、主要工作

思想政治教育　1990年，团区委在团员中开展“学雷锋树新风，做贡献”思想教育，培养造就“四有”新人。1994年，贯彻落实《爱国主义教育实施纲要》，在团员青年中开展历史教育、传统文化教育、社会主义初级阶段理论与改革发展成果教育、中国国情教育、社会主义民主法制教育、国防与国家安全教育、民族团结教育以及“和平统一、一国两制”方针的教育，弘扬爱国主义、集体主义、社会主义主旋律。1998年，纪念“五四”运动80周年，开展团的知识竞赛和“党在我心中”“我为团旗增光彩”主题教育活动，有1000名中学生在乐亭李大钊雕像前举行成人宣誓仪式。

2007年，结合纪念建团85周年，开展“青春建功新路南”主题实践活动，1200余名团员青年代表重温入团誓词。2008年，开展争当“科学发展小标兵”“科学发展青年能手”“争创科学发展青年示范号”“科学发展示范团委”等学习实践活动，培训各界青年代表300名。2009年，以“倡导先进文化”“共建和谐路南”“争做路南诚信青年”为主题，组织报告会、读书会、队会、团会，全区各级团组织共举办专题报告会110场，培训骨干1000名，队日活动3810次，成立红歌合唱团20个，开展主题红歌会3485场。

2010年，开展“我与祖国共奋进，建设美好新路南”主题教育，先后组织国庆61周年系列成就宣讲、唱红歌颂经典、讲党史等10项重点活动，建红歌合唱团55个，举办红歌会100余场，经典颂读会和故事会60余场；征集优秀红色谏言1500余条；举办青少年演讲比赛和“南湖高歌”“团旗飘扬”“红领巾之声”等文化活动15项；开展18岁成人仪式教育，组织2.3万名学生参加“红领巾与家乡共成长”活动，加强青少年思想道德教育。

青年志愿者行动　1990年，以“帮残助残”“为奉献者奉献”“城市公益活动”为主导内容，开展“一助一”“多助一”青年志愿者行动，并将康复村作为全区青年志愿者助残服务基地，有近千名青年志愿者长期为残疾人提供家政、电器、理发、裁剪等服务。

1994年，开始招募青年志愿者，至1996年三年间，共招募青年志愿者2800人，建成青年志愿者助残服务站4个，结成“一助一”服务对子320对。7月，中共中央总书记、国家主席、中央军委主席江泽民视察康复村时，亲切接见青年志愿者。2001年1月，团中央第一书记周强到唐山视察时，对康复村青年志愿者助残工作给予高度评价。

2003年，以抗击“非典”，关爱健康为主题，开展“拒绝不文明行为，青年志愿者在行动”活动，成立志愿者抗击“非典”突击队，协助有关部门开展白色垃圾清理、卫生死角整治、社会治安巡逻。2008年，组织全区团员青年向四川汶川地震灾区捐款36.7万元；组织社会各界献爱心捐款30万元。同年，团区委被团省委、省文明办评为“全省扶残助残”先进单位，被团省委授予“全省青年志愿者行动优秀组织奖”；唐山第二十二中学团委被省团委评为“全省青年志愿者帮孤助老工作先进单位”。

2010年，开展“绿化攻坚先行”“三城联创，我先行”“文明礼仪在身边，健康生活爱路南”主题实践活动，参加人员4000余人次，清理垃圾110吨，修剪树木1000余棵，浇灌花草480平方米，开展社区义诊39场，服务群众2.9万人次。

青工青农工作　1990年，在企业青年工人中开展生产劳动竞赛和岗位大练兵活动，评选创建青年文明号班组16个，评出技术能手186人。1995年，开展青工大比武活动，近千名青年参加赛前培训，400多名青年参加各类比赛，有25名青工获得“技术标兵”称号，82名青工获得“技术能手”称号。1996

年，印发《关于开展争创青年文明号活动实施意见》，在团员青年中开展“创建青年文明号”活动。到1997年，共创国家级青年文明号2个，省级青年文明号1个，市级青年文明号35个。2010年，在农村青年中开展“更新观念，立志创业，争当社会主义新农村的建设者”教育活动，共组织计算机知识普及、家电维修、特色蔬菜种植等各类培训15场次，培训农村青年2200余人次。是年，团区委获得“全市培训青年星火带头人活动组织奖”。

希望工程　1990年，启动“爱心托起希望”“光彩事业心系希望工程”，共筹措资金35万元、物资价值18万元，资助贫困失学儿童2800名。2003年，开展“献一份爱心，助一名学生，育一个希望”救助活动，累计捐款12万元，救助贫困学生、失学儿童1429人。2004年，开展认亲结对救助活动，交纳特殊团费，救助特别贫困生40名。2009年，实施“新世纪爱心接力计划”，筹措帮扶资金30余万元，救助贫困生1000名。2010年，开展“希望工程圆梦行动”“红领巾书屋捐赠”“老区爱心直通车”等各类救助活动11场次，累计投入帮扶资金19万元，救助贫困生260人。

少先队工作　1990年，对少年儿童进行“爱祖国、爱人民、爱劳动、爱科学、孝敬父母、爱护公共财物”教育，促进少年儿童“德、智、体、美、劳”全面发展。1994年起，配合基础教育从应试教育向素质教育的战略转变，培养少年儿童健康向上的人格意识和初步的生存、发展技能，在少年儿童中开展“中国少年雏鹰行动”“新风尚、小红花”“我为燕赵描新图”“红领巾队礼行动”“新世纪我能行”等适合少年儿童特点，且喜闻乐见的活动，引导少年儿童健康成长。至1998年，共涌现出“十佳少年”15名，优秀辅导员38名。2000年，团区委被团省委评为河北省少先队工作先进单位，被中共唐山市委、市政府命名为儿童工作先进集体；2003年，获团省委“红领巾队礼行动”优秀组织奖；2010年，区少先队总辅导员董辉被团中央评为少先队优秀辅导员。

青少年权益保护　1992年，贯彻落实《中华人民共和国未成年人保护法》，实施未成年人“保护阳光计划”工程，构筑未成年人权益保护体系。2002年，开展“新世纪青少年维权爱心活动”“创建青少年安全放心网吧”“创建优秀青少年维权岗”“学校周边环境整治”等活动，为青少年健康成长创造良好的社会文化环境。2004年，区人民法院被团中央等11部委授予“优秀青少年维权岗”荣誉称号。2009年，开展“青少年法制安全文化节”活动，举办讲座30余场次，上报征文稿件4000余篇，参与网上答题8500余人。2010年，与司法、教育等部门结合，在各中小学校开展“守护生命，远离伤害——青春自护行动”，加强青少年面对特殊事件的应变能力和紧急情况下的自救能力。

组织建设　1991年始，开展基层团组织“达标升级”活动。治理部分基层团组织涣散，配齐配好各级团干部，完善各项制度。至1998年，全区优秀团支部达30%，合格团支部达65%，不合格团支部控制在5%以下。2003年，会同区委组织部召开全区团的基层组织建设会议，下发《关于进一步加强团的基层组织建设的意见》，在全区开展“创建五四红旗团组织”活动，共涌现标杆团组织10个，优秀团组织32个，达标团组织16个。8月，开展“一团一品”项目创建活动，内容涉及组织建设、阵地建设、志愿服务、维权服务、项目策划等五个方面。10月，完成女织寨乡所属38个行政村团组织换届直选，选出团支部书记、委员72名，平均年龄24岁。建立健全团员后备青年人才库。

2005年，召开非公有制企业组织工作会议，部署在非公有制企业建立团的基层组织。年内，有6个非公制企业建立团的组织。下发《全区社区党团共建工作实施意见》《全区在职在校团员参加社区活动的通知》《加强社区团员管理的意见》，在符合条件的社区建立团组织13个。2007年起，按照“班子建设好，主题活动好，阵地建设好”的基本标准，开展“五四红旗团组织”达标创建活动。截至2010年，全区共创建标杆团组织10个，优秀团组织18个，区直团组织达标率100%。

第三节　妇女联合会

一、组织机构

1989年，路南区妇女联合会（以下简称“区妇联”）共在街道设置妇联组织7个。此后，随着经济社会的发展和妇女地位的提高，基层妇联组织逐步健全。到1992年，下属基层妇联组织扩展至183个，其中系统妇联会4个。1994年起，新增房管局、工业和贸易系统、物资局（总公司）、交通局、卫生局、个体劳动者协会、公安分局等9个系统妇联会。至1998年，全区有基层妇联会23个，其中系统妇联会13个，乡妇联会1个，街道妇联会7个。2010年，全区有基层妇联23个，其中系统妇联会15个，乡妇联会1个，街道妇联会7个。

二、代表大会

1990年5月13—15日，召开路南区第六次妇女代表大会，出席代表132人。会议审议并通过题为《动员妇女振作精神，拼搏进取，为振兴路南做贡献》的工作报告，选举产生路南区第六届妇女联合会执行委员会委员23人，其中主席1人，副主席1人。

1997年6月25—27日，召开路南区第七次妇女代表大会，出席代表150人。会议审议并通过题为《团结动员全区妇女为建设经济强区建功立业》工作报告，选举产生路南区第七届妇女联合会执行委员会委员27人，其中主席1人，副主席1人。至2010年，未召开妇女代表大会。

二、主要工作

引导妇女参与经济建设　1990年起，引导妇女发扬自尊、自信、自立、自强精神，兴办各类经济实体，发展妇女儿童事业。1997年，全区基层妇联共建各类经济实体160个。

1998年，以发展特色经济为重点，组建妇女专业技术学会3个，兴办家庭农场4个、养殖场16个。2005年，兴办劳动服务站、售货亭167个，使1372名妇女实现再就业。2010年，成立农村科技指导服务中心，聘请专家教授讲课，培训妇女干部，举办女能手事迹报告会3场，推广新技术5项。

“巾帼建功”与“双学双比”竞赛活动　1991年起，按照全国妇联、劳动部、人事部、卫生部等12个部委的号召，在妇女中开展“学政治、学文化、学科学、学技术、学管理，比思想、比质量、比服务、比成绩、比竞赛”的“巾帼建功”活动。区妇联建立领导小组，制定实施方案，先后组织了“巾帼助困行动”“巾帼创业行动”“巾帼社区服务工程”“树立行业新风，促进行业文明”以及“巾帼文明岗”进行业、进社区、进乡村活动。至2008年，整个活动持续17年，共评选“巾帼建功”先进单位170个，先进个人340名，市以上“三八红旗手”47名。同年起至2010年，在农村妇女中开展“双学双比”（学文化、学技术、比成绩、比贡献）“巾帼扶贫行动”“三八绿色工程”活动，提高农村妇女素质。

维护妇女儿童合法权益　1992年，贯彻《中华人民共和国妇女儿童权益保护法》，举办培训班13期，参训人数360人，处理涉及妇女儿童合法权益来信来访21件。1995年，制定《唐山市路南区妇女发展规划（1996—2000）》，成立妇女儿童维权保护委员会。1999年，举办《中华人民共和国妇女权益保障法》培训班5期、知识竞赛2次，发放宣传材料600份。

2003－2004年，在乡街及派出所建立妇女儿童维权投诉站、家庭暴力投诉站，维护妇女儿童合法权益。2010年，以保护未成年人身心健康，保障未成年人合法权益，促进未成年人品德、智力、体质全面发展为主题，会同工会、团区委等单位，进行《中华人民共和国未成年人保护法》的宣传，制作宣传条幅9幅，调解涉及妇女儿童的家庭纠纷15起。

文明创建　1985年起，将“五好家庭”（政治进步、生产工作好，家庭和睦、尊敬老人好，教育子女、计划生育好，移风易俗、勤俭持家好，邻里团结、文明礼貌好）创建活动，纳入精神文明建设规划。1993年，开展“争创五好家庭”活动，共评出五好家庭3294户，评出五好模范户80户。1997年，贯彻中宣部、民政部、国家教委等18个部委《关于深入持久开展“五好文明家庭”创建活动的联合通知》，将“五好家庭”创建调整为“五好文明家庭”创建，即爱国守法，热心公益好；学习进步，爱岗敬业好；男女平等，尊老爱幼好；移风易俗，少生优育好；勤俭持家，保护环境好。2003年，在农村开展文明生态村创建活动和“创三化（净化、绿化、美化）活动，涌现出区级“三化”庭院800个，评出“十星级”文明户4880户，评选出“卫生星”标兵户100户。

第四节　归国华侨联合会

一、代表大会

1986年6月13—15日，召开路南区第一届归侨侨眷代表大会，出席代表13名。会议通过《关于成立唐山市路南区归国华侨联合会的决议》；选举产生路南区第一届归国华侨联合会，选举主席1名，副主席2名，委员5名。

1996年1月10—12日，召开路南区第二届归侨侨眷代表大会，出席代表23人。会议选举产生路南区第二届归国华侨联合会，选举主席1名，副主席2名，秘书长1名，委员11名。

2003年12月18日，召开路南区第三届归侨侨眷代表大会，出席代表34人。会议选举产生路南区第三届归国华侨联合会，选举主席1名，副主席3名，秘书长1名，委员10名。

二、主要工作

1990年，学习贯彻《中华人民共和国归侨侨眷权益保护法》，依法保护归国华侨侨眷的权益。1993年起，在归侨侨眷中开展“贡献一计，传达一条信息，介绍一个人才，引进一个项目，推销一个产品”的“五个一”活动。到1995年，归侨侨眷共引进项目18个、资金6800万元。6月，组织归国华侨侨眷学习《华侨联合会章程》，健全归国华侨侨眷会员制度、组织制度，设立会徽。2008年始，组织归侨侨眷参政议政，到2009年，共提出各种建议、意见69条，其中28条被政府采纳。2010年，加强对《中华人民共和国归侨侨眷权益保护法》的宣传贯彻，及时化解矛盾，妥善解决归侨侨眷生产、生活中的实际困难，坚持“患重病必访，有困难必访，婚丧必访”，把党和政府的关怀送到归侨侨眷家中。

第五节　科学技术协会

一、组织机构

1986年3月，路南区科学技术协会（以下简称“区科协”）成立，下设专业学会、协会7个，会员310名。1990年，专业学会、协会发展到18个，会员760名。1995年，专业协会14个，会员1016名。2010年，专业学会、协会39个，农村科普小组38个。

二、代表大会

1986年3月3日，路南区科学技术协会第一次会员代表大会召开，参加会议代表30人。会议听取、审议并通过《唐山市路南区科学技术协会章程》；选举产生路南区科学技术协会第一届委员会，选举委员9名，主席1名，副主席1名。

1990年12月12日，路南区科学技术协会第二次会员代表大会召开，参加会议代表61人。会议听取、审议、通过第一届委员会工作报告。会议选举产生路南区科学技术协会第二届委员会，选举委员25名，主席1名，副主席2名。

1996年9月13日，路南区科学技术协会第三次会员代表大会召开，出席会议代表96人，特邀代表10人。会议听取、审议并通过第二届委员会关于《肩负起“科教兴区”的光荣使命，为路南区经济腾飞而奋斗》的工作报告。会议选举产生路南区科学技术协会第三届委员会，选举委员23名，主席1名。至2010年，未召开会员代表大会。

三、主要工作

科普宣传　1990年，以弘扬科学精神、普及科学知识、传播科学思想和科学方法为重点，开展科普进居委会、科普进企业、科普进校园活动，在学校、企业建科普园地318处，办科普墙报31个。

1994年，结合创建卫生城，更换社区科普画廊内容，扩展科普画廊面积433平方米；在7个街道张贴“珍惜资源，崇尚科学”等科普标语，发放科普图片，放映科技录像、电影，受教育人数达9.8万人。1995年，以服务三农为重点，组织农技协会、农村科普示范基地和农村科普小组开展科普、科技下乡17次，发放资料3万册。2003年10月，路南区中小学科技中心在区第二实验小学落成。2006年，召开“科教兴区”现场会，制作科普展牌1600块，建科普画廊300平方米，小学生创作科幻画160幅，举办“多彩科普周末进社区”活动28场次，受教育群众2万多人。2008年，举办路南区首届“青少年科技节”。是年，以创建青少年科技示范学校为平台，开展科技创新大赛和科技传播活动。在国家、省、市组织的“科技创新大赛”中，获得青少年科技创新奖的有50项、100人；新建科普示范学校6所、科普活动室40个。2009年，开展“低碳生活科普行动”，倡导低碳生活、健康生活、绿色生活理念。2010年，开展科技下乡、服务“三农”宣传活动，共为村民讲授科技课24次，放映科技录像40场，受教育人数1.3万人。

科技培训　1990年起，建立科技培训制度。到1997年，共举办计算机、缝纫、修表、家用电器维修等实用技术培训班9期，参加培训人员2458人。2005年，按照唐山市科协的统一安排，启动为期三年的“百万农民科技大培训”活动，组建农村服务小分队，传授现代农业科技知识，举办农民科技培训班4期，发放科技宣传资料2000份。2006年，结合纪念抗震救灾30周年，举办24场防灾应急科普知识培训，以提高群众在自然灾害突发情况下的应变能力。2007年，举办为期三个月的通用技术培训，组织专业教师、技术骨干深入企业授课，面对面向职工传授钳工、车工、铆工、焊工等通用技术。2008年起，组织部分科技人员及专家对区属企业、乡街企业的产品结构进行考察，围绕企业经济结构调整、产品创新等方面开展学术讨论，截至2009年，共开展经济结构调整、产品创新等学术讨论16次，专家教授提建议48项。2010年，举办焊工、钳工、车工、蔬菜种植等技术培训13期，培训人数2628人。

金桥工程　1990年，区科协制定下发《科技进步实施方案》。1993年，按照中国科协的统一安排组织实施“金桥工程”，制定《唐山市路南区“金桥工程”实施方案》，发动科技工作者面向企业和农村广泛开展群众性的创新服务、技术服务、合作服务、科技交流，搭建科技与企业、科技与农村、科技成果与转化、科技与经济之间的桥梁，增强企业自主创新能力，推动农村科技与经济发展。1997年，全面调查区属企业、乡街企业、校办企业的产业结构，聘请大专院校教授开展学术交流，组织工程技术人员提合理化建议，先后为8个乡街、19家企业提供技术咨询和技术服务98项，发布科技信息1528条。2007－2010年，邀请北京大学、中国农业大学、河北工业大学等院校到路南区发布科技信息、洽谈合作项目，有4个单位与院校签订合作意向，2个单位与院校正式签约。

第六节　工商业联合会

一、组织机构

“文化大革命”期间，路南区工商业联合会（以下简称“区工商联”）瘫痪，一切活动停止。中共十一届三中全会后，区工商联机构恢复。到1989年，共有工商联会员单位239家。1992年，有会员545家。1996年，根据区编字［1996］40号文件，设行政编制3人，会长1人，副会长2人。年内有工商联会员66家。2010年，有会员763家，其中企业会员481家。

二、代表大会

1989年3月9日，路南区工商业联合会召开第三次会员代表大会，出席会议代表103人。会议听取并审议赵宜生代表路南区第二届委员会所作的工作报告。会议选举产生路南区工商业联合会第三届执行委员会，选举委员13人，选举会长1人，副会长4人。

1991年8月20日，路南区工商业联合会召开第四次会员代表大会，出席会议代表66人。会议听取并审议周春清代表路南区第三届委员会所作的工作报告。会议选举产生路南区工商业联合会第四届执行委员会，选举委员25人，选举会长1人，副会长4人。

1994年11月18日，路南区工商业联合会召开第五次会员代表大会，出席会议代表104名，特邀代表8名。会议听取并审议《团结拼搏，积极进取，为加快路南区非公有制经济发展而奋斗》的工作报告；选举产生路南区工商业联合会第五届执行委员会，选举委员21人，选举会长1人，副会长5人。

2002年9月6日，路南区工商业联合会召开第六次会员代表大会，出席会议代表46人。会议听取并审议付林文所作的《爱国敬业，诚实守信，做合格的社会主义建设者》的工作报告。会议选举产生路南区工商业联合会第六届执行委员会，选举委员28人，选举会长1人，副会长11人。

2007年1月11日，路南区工商业联合会召开第七次会员代表大会，出席会议代表46名，特邀代表25名。会议听取并审议付林文代表路南区第六届委员会所作的《抓住新机遇，做出新贡献，努力开创路南区工商联工作新局面》工作报告，选举产生路南区工商联第七届执行委员会，选举委员14人，选举会长1人，副会长12人。

三、主要工作

宣传教育　1990年，区工商联在19家非公有制企业会员单位中开展反对资产阶级自由化教育，引导会员坚定只有中国共产党才能挽救中国，只有社会主义才能发展中国的理想信念。1995年，在会员企业中开展“爱国、敬业、守法”教育，倡导非公有制企业积极参与社会公益活动，争做优秀社会主义事业的建设者。2000年，开展“做文明市民，创礼仪路南”宣传教育，印发《唐山市民文明礼仪手册》《唐山市民文明公约》等宣讲资料，营造讲文明、懂礼节、守法纪的氛围。2005—2010年，开展“致富思源、富而思进、义利兼顾、奉献社会”教育活动，增强私营企业主奉献社会意识。

参政议政　1990年，组织会员对全区工业经济发展布局、结构、产品质量等方面进行调研，撰写《路南区工业企业发展存在的问题》的调研报告，为区委、区政府制定工业经济发展战略提供决策依据。1998年，组织会员中的人大代表、政协委员开展视察、调研、建言献策活动，其中商业企业会员提出的关于推进路南区行业商会发展的建议，被区委、区政府采纳。2003年，以加强工商联自身建设为题，组织会员就路南区工商联职能建设、队伍结构、存在问题及对策进行调研，撰写《路南区工商联组织建设及情况》的报告，受到区委、区政府、市工商联的好评。2005年始，组织会员就全区经济发展、人民群众关注的热点、难点问题及城市建设等方面重要课题进行调研。至2010年，会员中的人大代表、政协委员共提合理化建议210条，提案70件。

咨询服务　1990年，为优化经济发展环境，区工商联通过召开座谈会、查账目、摆问题等方式，对非公有制会员企业收费项目全面清查，建立民营企业缴费登记制度、检查备案制度，从源头上治理"三乱"（乱罚款、乱集资、乱摊派）和"吃拿卡要"。2001年，组织23家非公有制企业参加唐山市工商联举办的第二次"唐山市中小企业融资洽谈会"，为5家企业争取到银行贷款支持。2010年，为解决非公有制企业用工难题，与区就业局联合举办两场用工招聘会，有36家企业进场招聘，提供就业岗位1100个，当场达成招聘协议812人。

图17-5　工商联面向企业成立维权服务中心
（区委统战部）

第七节　残疾人联合会

一、组织机构

1989年，路南区残疾人联合会（以下简称"区残联"）成立，未设内部工作机构，日常工作靠挂在区民政局。1996年7月，区残联定编为事业单位，副科级，设在区民政局。1998年3月，增设执行理事长。2000年，从区民政局析出，独立为正科级单位，内设康复科、就业服务所、办公室3个职能科室，持有中华人民共和国第一代残疾证残疾人数4905人，占全区总人口的2.16%。2010年，内设机构有康复科、就业服务所、办公室3个职能科室，当年，持有中华人民共和国第二代残疾证残疾人数4849人，占全区总人口的2.1%。

二、代表大会

1989年12月1日，召开路南区残疾人联合会第一次会员代表大会，参加会议代表82人。会议听取并审议《团结奋进，改革创新，开创我区残疾人工作的新局面》的工作报告。会议讨论并通过《唐山市路南区残疾人联合会章程实施细则》。会议选举产生路南区残疾人联合会第一届委员会，选举主席1人，副主席6人，理事长1人，委员17人，聘请名誉主席1人。

1993年10月21日，召开路南区残疾人联合会第二次会员代表大会，参加会议代表85人。会议听取并审议《抓住机遇，努力奋斗，加快发展我区的残疾人事业》工作报告。会议选举产生路南区残疾人联合会第二届委员会，选举主席1人，副主席6人，理事长1人，委员16人，聘请名誉主席3人。

2003年7月15日，召开路南区残疾人联合会第三次会员代表大会，参加会议代表105人。会议听取并审议《与时俱进，继往开来，努力开创我区残疾人事业新局面》工作报告。讨论并通过《关于贯彻中国残疾人联合会章程的实施细则》。选举产生路南区残疾人联合会第三届委员会，选举主席1人，副主席4人，理事长1人，聘请名誉主席3人。

2007年10月12日，召开路南区残疾人联合会第四次会员代表大会，参加会议代表122人。会议听取并审议《与时俱进，求真务实，全力推进我区残疾人事业再上新台阶》工作报告。会议选举产生路南区残疾人联合会第四届委员会，选举主席1人，副主席6人，理事长1人，副理事长1人。

三、主要工作

残疾人就业　1990年，全区有残疾人2147人，占全区总人口的1.11%。有福利企业34个，职工1200人，其中残疾职工391人，占比32.58%，残疾人在福利企业就业的占残疾人总数的18.21%。

1992年后，建立健全路南区残疾人联合会机构，各街道办事处均建起基层残疾人协会，为残疾人开辟就业渠道。至1994年，全区残疾人就业率保持在98%以上；残疾人自谋职业80人，部分成为个体经济的佼佼者。1995年，有残疾人3036人，占全区总人口的1.45%。有福利企业34个，职工1030人，其中残疾职工436人，残疾人占比42.52%，安排残疾人在福利厂就业占残疾人总数的14.36%。

1997年10月，在全区进行按比例就业摸底调查，对507名未就业残疾人登记造册。2000年，有残疾人4905人，占全区总人口的2.16%。有福利企业34个，职工1062人，其中残疾职工459人，残疾人占比43.22%，安排残疾人在福利厂就业占残疾人总数的9.36%。

2001年，区政府下发《关于贯彻落实〈河北省分散按比例安排残疾人就业规定〉的通知》，为残疾人就业提供政策保障。2003年3月27日，路南区农村税费改革领导小组、残疾人联合会等联合下发《关于农村残疾人农业税减免照顾的意见》，鼓励和引导农村残疾人自主创业，开发种植养殖业。

2004年11月，路南区福利企业协会成立。2005年，路南区残疾人就业信息网络开通，为残疾人就业搭建信息平台。当年，全区有残疾人6075人，占总人口的2.51%；有福利企业32个，职工986人，其中残疾职工452人，残疾人占比45.84%，安排残疾人在福利厂就业占残疾人总数的7.46%。

图17-6　残联开展职业技能培训竞赛　（区残联）

2007年，提高残疾人就业能力，开展入户调查，实名登记，建立残疾人就业、失业和培训需求档案，有针对性开展残疾人技能培训。同时，以促进就业为导向，以城镇登记失业的残疾人和未继续升学的应届初、高中毕业残疾学生为主要培训对象，重点进行电脑维修、手机维修、计算机平面设计、美容美发、面点、按摩、插花等技术培训。开展残疾人就业保障金征缴工作，以地税代征方式，加大征缴力度，为安排残疾人就业打下坚实基础。截至2010年的4年间，集中安置残疾人就业160人，分散按比例安置残疾人就业123人，实现个体就业98人。先后涌现出唐山香宇肉联厂、唐山万达设备制造有限公司等爱心企业，使残疾职工就业岗位稳步增加，维护家庭和社会的和谐稳定。年底，全区有残疾人4849人，占全区总人口的2.1%。有福利企业17家，职工719人，其中残疾职工311人，残疾人占比43.25%，安排残疾人在福利厂就业占残疾人总数的6.41%。

1990—2010年唐山市路南区福利企业安排残疾人就业统计表

表17-1

年份	福利企业数	职工总人数	残疾职工人数	残疾人占比%	年份	福利企业数	职工总人数	残疾职工人数	残疾人占比%
1990	34	1200	391	32.58	1994	34	1026	436	42.50
1991	34	1157	421	36.39	1995	34	1030	438	42.52
1992	34	1165	435	37.34	1996	34	1029	437	42.47
1993	34	1026	435	42.40	1997	34	1031	439	42.58

1990—2010 年唐山市路南区福利企业安排残疾人就业统计表

续表 17－1

年份	福利企业数	职工总人数	残疾职工人数	残疾人占比%	年份	福利企业数	职工总人数	残疾职工人数	残疾人占比%
1998	34	1030	439	42.62	2005	32	986	452	45.84
1999	34	1029	459	44.61	2006	25	855	413	48.30
2000	34	1062	459	43.22	2007	23	822	401	48.78
2001	34	1031	461	44.71	2008	23	819	400	48.84
2002	34	1023	469	45.85	2009	23	821	399	48.60
2003	32	985	452	45.89	2010	17	719	311	43.25
2004	32	987	452	45.80	-	-	-	-	-

扶贫工作　1990 年起，对无独立生活能力的残疾人和家庭贫困的残疾人加大救助力度。至 1999 年的 10 年间，共投入帮扶救助残疾人资金 18 万元，慰问贫困残疾人家庭 600 余户。2003 年，筹集资金 3 万元，帮助农村贫困残疾人发展种植和养殖业，有 9 户贫困残疾人走出贫困。2006 年始，开展干部、党员“一帮一、一助一”活动，号召全区党员干部帮助残疾人脱贫。至 2010 年，共结成帮扶对子 25 个，累计帮扶资金 65 万元，有 312 户贫困残疾人脱贫。落实社会养老保险、医疗保险以及最低生活保障制度，实现贫困残疾人应保尽保。

康复工作　1990 年起，开展白内障复明、小儿麻痹后遗症矫治、聋儿听力语言训练三项救治工作。到 1998 年，共完成白内障复明手术 203 例，小儿麻痹后遗症矫治 61 次。经过强化训练的聋儿达到三级康复标准。2003 年，成立残疾人康复活动指导站和精神病防治康复技术指导中心，另在唐山市协和医院、路南区妇幼保健院等医院，分别建立肢体残疾、视力残疾、听力语言残疾、智力残疾康复指导中心。2005 年，投资 65 万元，在 54 个社区建立残疾人康复活动室，购置残疾人康复训练器材 972 件。2007 年，加大对残疾人服务力度，为全区 38 个行政村每村配备 1 名残疾人专职委员。2009 年，开展“万人复明”活动，为 120 名贫困白内障患者免费手术，实现白内障零障碍。2010 年，开展“助视、助听、助行、助精”四项救助工程，全区近 500 多人得到康复救助。依托康复训练中心，指导 20 名低视力儿童进行康复训练，培训聋儿 15 名，训练智残儿童 32 名，提高残疾儿童生活自理能力。为残疾人提供用品用具 358 件，改善残疾人生活、生存条件。

残疾人体育事业　区残联以培智学校为基础，坚持“育德、培智、强体”育人目标，以开展特奥体育运动为出发点，积极开展特奥活动示范区创建活动，使学生的素质得到全面的提高。1994 年 9 月，在“远南”残疾人运动会上，路南区培智学校残疾人吕毅获得 C8 组铁饼、标枪金牌各 1 枚，田径 800 米银牌 1 枚，获得田径 100 米、400 米铜牌各 1 枚；残疾人石磊获得 C8 组田径 1500 米银牌 1 枚，200 米铜牌一枚。同年，中共唐山市委、市政府为“远南”功臣庆功，吕毅获唐山市一等奖，奖给 21 英寸彩电 1 台，石磊获唐山市二等奖，奖给电冰箱 1 台。1996 年 11 月，残疾学生张志军参加在上海举行的亚太地区特奥会和香港特奥城市邀请赛，荣获金牌 1 枚，银牌 6 枚。2000 年 12 月，路南区培智学校残疾学生石磊、郭立国、甄洁参加香港特奥会城市邀请赛，共获金牌 5 枚。

2002 年 5 月，路南区培智学校残疾学生周文俊参加在济南举行的全国残运会，获田径 200 米金牌 1 枚，并打破全国纪录。11 月，周文俊又参加在韩国釜山举行的第八届远南运动会，获田径 200 米金牌 1 枚，打破全国纪录。2005 年 5 月，参加全国残疾人运动会田径锦标赛，荣获 100 米、200 米、400 米 3 枚金牌，分别打破全国纪录。7 月，参加在南京举行的第六届全国残疾人运动会，荣获 5 枚金牌。

2010 年 9 月，路南区培智学校残疾学生女子篮球队参加第五届全国特奥会，获 A 组第二名，受到全国残联表彰。

第十八编　武　装

1990年，辖域有地方军事组织路南区人民武装部（以下简称“区人武部”），驻区军事组织有中国人民解放军第二五五医院、中国人民解放军北京军区66008部队64分队、中国人民武装警察部队唐山市消防支队、中国人民武装警察部队河北省总队第三支队、中国人民武装警察部队河北省总队唐山医院。1996年4月，区人武部由地方建制收归军队建制。2005年6月，中国人民武装警察部队河北省总队第三支队与中国人民武装警察部队河北省总队唐山市支队合并，成立中国人民武装警察部队河北省总队唐山市支队。至2010年，辖域军事组织有中国人民解放军路南区人民武装部、中国人民解放军第二五五医院、中国人民解放军北京军区66008部队64分队、中国人民武装警察部队唐山市消防支队、中国人民武装警察部队唐山市支队、中国人民武装警察部队河北省总队唐山医院。

第一章　军事组织

1990年，辖域有区人武部和驻军单位5个。1996年4月，区人武部由地方建制改归军队建制，下辖基层武装部。此后，因企业改制，基层武装部数量略有变化。

第一节　中国人民解放军唐山市路南区人民武装部

区人武部始建于1961年10月，受唐山市人民武装部和路南区区委双重领导，负责全区民兵和征兵工作。1963年9月改隶唐山市路南区，易名为唐山市路南区人民武装部。1971年，改为军队建制，称中国人民解放军唐山市路南区人民武装部。1986年4月，由军队建制改为地方建制，性质为地方军事领导指挥机关和兵役工作机关，隶属于路南区区委和中国人民解放军唐山军分区。

1996年4月，根据中共中央有关文件，区人武部由地方建制收归军队建制，称中国人民解放军唐山市路南区人民武装部，系正团级单位，为地区军事领导指挥机关，兼同级人民政府的兵役机关，接受上级军事机关和同级地方党委、人民政府双重领导。区人武部党委第一书记由区委书记兼任，区人武部长任区委常委。辖乡、街道、基层武装部和企业武装部。后因企业改制，所辖基层武装部数量减少。2010年，区人武部仍下辖有基层武装部。

第二节　驻区中国人民解放军

中国人民解放军第二五五医院前身系华北军区后勤部第一后方医院，始建于1954年5月，时驻丰润县（现丰南县）胥各庄镇，1955年6月移驻区境。1965年10月，改隶北京军区后勤部第八分部，称二五五医院。该院主要担负驻军医疗保障任务。1983 年起收治地方伤病员。2008 年 5 月，组成医疗队参加四川汶川大地震抢险救灾。2010 年 4 月，奔赴青海玉树地震灾区参与抢险，以医疗技术高、服务质量好颇受地震灾区广大人民群众信任和爱戴。

第三节　驻区中国人民武装警察部队

一、中国人民武装警察部队河北总队唐山市支队

中国人民武装警察部队河北省总队唐山市支队（简称“武警唐山市支队”），由原武警河北省第三支队与原武警唐山市支队合并组建而成。原武警河北省第三支队前身为河北省独立第三团，隶属唐山军分区。1983 年 3 月，由独立三团改编为中国人民武装警察部队河北省总队第三支队。原武警唐山市支队，系 1982 年 6 月由实行兵役制的武装、边防、消防 3 个警种统一组建而成（1983 年 1 月正式成立），隶属于唐山市公安局和武警河北总队双重领导。2005 年 6 月，中国人民武装警察部队河北省总队第三支队与中国人民武装警察部队唐山市支队合并，建立中国人民武装警察部队唐山市支队。2010 年，支队自移驻区境以来，在维护社会治安、保卫重点设施，战备值勤、军事训练以及支援地方经济建设等方面均做出突出贡献。

二、中国人民武装警察部队河北省总医院唐山分院

隶属于中国人民武装警察部队河北总队后勤部，为一所集医疗、预防、保健、科研为一体的综合性部队医院。始建于 1985 年 7 月，1988 年 1 月开诊，其职责是为武警支队官兵提供医疗保障。同时，面向社会，为广大患者服务。该院与唐山市老年保健协会共同创办唐山市老年病研究所。2002 年，被批准为唐山市城镇职工基本医疗保险定点医院，被中国太平洋保险公司指定为唐山市交通伤救治中心。

三、中国人民武装警察部队唐山市消防支队

前身系唐山市公安局消防大队。1965 年 5 月，改称河北省唐山市公安消防大队。1970 年 4 月，划归中国人民解放军唐山市人民武装部代管，改称中国人民解放军河北省唐山市公安军事管制委员会消防大队。1972 年 11 月，复归唐山市公安局领导，并恢复河北省唐山市公安消防大队名称。1981 年 8 月，改为河北省唐山市公安消防支队。1983 年 1 月，纳入中国人民武装警察部队编制序列，受中国人民武装警察部队唐山市支队、唐山市公安局双重领导，改称中国人民武装警察部队唐山市支队消防处，对外称河北省唐山市公安消防支队。

1985 年 9 月，中国人民武装警察部队唐山市支队消防处从中国人民武装警察部队唐山市支队析出，更名为中国人民武装警察部队唐山市消防支队，隶属于中国人民武装警察部队河北省消防总队。2004 年 3 月，成立第八中队。2010 年，中国人民武装警察部队唐山市消防支队，以“隐患险于明火，防范胜于救灾，责任重于泰山”为己任，贯彻“预防为主，防消结合”的工作方针，牢固树立为人民服务的宗旨意识，全面提高部队战斗力，增强灭火和抢险救灾能力，为全市的社会稳定和经济发展起到保驾护航作用。

第二章　义务兵征集与预备役兵员管理

义务兵征集多在每年冬季进行。征兵工作一般经过建立组织、征兵登记、征兵动员、体格检查、政治审查、审批定兵、新兵交接和安全运输等步骤。预备役登记结合退伍军人接收安置一并进行。

第一节　义务兵征集

一、征兵机构

区人武部是路南区人民政府兵役征集机关。1990—2010 年，每次征兵工作开始前，均成立兵役征集工作领导小组，负责制定征兵工作总体方案、组织征兵、宣传发动及与接兵部队的协调等工作。小组成员为区有关领导、人武部、公安、卫生及其他有关部门负责人。领导小组下设办公室，负责征兵工作的具体组织。乡、街建立相应机构，负责具体工作。征兵工作中，认真落实各项责任制，严把“上站体检、政治审查、审批定兵”三关，以确保兵员质量。

二、征兵登记

1985 年 10 月，国务院、中央军委颁布《征兵工作条例》。此后，兵役机关依据《征兵工作条例》要求，坚持每年 9 月 30 日前对当年 12 月 31 日以前年满 18 岁的男性公民进行征兵登记。兵役登记一般需本人前往，如因特殊情况适龄公民本人不能前往登记的，由其亲属或委托人代为登记，对无正当理由不按时参加登记的，应视情节依法予以处罚。征兵机关对登记对象进行目测、询问、身份审查和注册登记。对通过兵役登记确定应征公民，颁发“中华人民共和国河北省公民兵役证”。

2001 年 9 月，国务院、中央军委新修改的《征兵工作条例》颁布实施。规定“每年 12 月 31 日以前年满 18 岁的男性公民，应当被征集服现役。根据军队需要，可以按前款规定征集女性公民服现役。”“根据军队需要和本人自愿的原则，可以征集当年 12 月 31 日以前年满 17 岁未满 18 岁的男女公民服现役”，“依照法律被剥夺政治权利的人，不征集。被羁押正在受侦查、起诉、审判的或者被判处徒刑、拘役、管制正在服刑的公民，不征集”。兵役征集年龄及性别略有放宽，政治条件更加严格。此后至 2010 年征兵登记程序没有变化。

三、征兵动员

征兵伊始，区人武部、基层人武部逐级召开会议，传达征兵命令、工作方案，下达兵员名额，明确工作纪律。通过广播、标语、黑板报等形式宣传《中华人民共和国兵役法》（以下简称《兵役法》）和《征兵工作条例》，营造“参军尽义务，当兵最光荣”“一人当兵，全家光荣”舆论氛围，有效激发广大适龄青年参军热情。

四、体格检查

应征公民体格检查分为目测和体检两步。目测初审由乡、街道武装部组织应检人员到指定地点进行。目测后，按略高于当年兵员名额的比例确定到区接受体格检查的人员，并接受封闭式体检。1990—2002 年，征兵体格检查以国防部颁发的《应征公民体格条件》和有关规定为依据。2003—2010 年，征兵体检标准按国防部颁发的《应征公民体格检查标准》《应征公民体格检查办法》和有关规定执行。

五、政治审查

1990 年，依据公安部、总参谋部、总政治部《关于征集公民服现役的政治条件的规定》，对经体格检查合格的拟征兵员进行政治审查。1996 年，执行《关于征兵政治审查组织实施工作的规定》。2005 年起，执行总参谋部、总政治部《关于颁发征兵政治审查工作规定的通知》。政治审查的内容包括：应征公民的年龄、户籍、职业、政治面貌、宗教信仰、文化程度、现实表现以及家庭主要成员和主要社会关系成员的政治情况等，重点是应征公民的现实表现。政治审查时，先由机关、团体、企事业单位的保卫部门和乡、街公安派出所，根据区征兵办公室的安排和要求，对体格检查合格的应征公民进行审查。初审合格者，再由区征兵办公室复审，以确保新兵政治质量。

六、输送新兵

应征公民政治审查合格后，由区兵役机关全面衡量、择优批定新兵。定兵时坚持“四优先”“三从严”“三不送”。即：现实表现好的优先，党团员优先，家庭富裕的优先，文化程度高的优先；身体有问题的从严，群众有反映的从严，现实表现不好的从严；不符合条件的不送，问题一时搞不清的不送，接兵部队不同意的不送。被批准服现役的新兵输送，一般为部队派人接兵、部队派人领兵、征集部门送兵、新兵自行报到等四种形式输送部队。

第二节　预备役兵员管理

1992 年，根据《兵役法》关于“军官退出现役时，符合预备役条件的，转入军官预备役”的规定和中央组织部、人事部、公安部、财政部、总参谋部、总政治部《关于在全国开展转业干部预备役登记工作的通知》，区人武部成立干部预备役登记工作领导小组，设立办公室，负责对新转业干部转服预备役登记，对超龄的作退出预备役登记，对死亡、身体不能正常工作和出国定居的注销预备役登记。同年起，按照国务院、中央军委《退伍军人预备役登记统计暂行规定》，开始结合退伍军人接收安置，对退伍军人进行预备役统计。凡符合预备役条件的退伍军人，填写“退伍军人服预备役登记卡片”，并在《退伍军人证明书》上盖“服预备役”专用章。免服预备役退伍军人，在《退伍军人证明书》上盖“免服预备役”专用章。同时建立健全退伍军人服预备役档案，进行分类、专项管理，以保证战时召之即来，来之能战。军队转业干部、退伍军人经登记确定为服预备役的人员具有民兵、预备役士兵双重身份。预备役部队以现役军人为骨干，以预备役军官、士兵为基础，按照编制对入编预任官兵单独组织训练。每年训练按编制名额三分之一，并按上、下两个半年分期进行。参训官兵每期需完成统一规定数量的训练日。训练科目为：基础训练、实弹射击、战术演练、战备演练（包括抗洪抢险、维护社会稳定、反恐等）。未编入预备役部队的预备役人员仍随民兵参加军事训练。

1995—2010 年，历行战争动员潜力调查，为战时实施快速动员奠定基础。调查结束后，对各类人员、物资进行分类登记，分项造册、建档、指定专人管理，建立严格的管理制度。

第三章　民　兵

1990 年，民兵工作按“三落实”（组织落实、政治落实、军事落实）的要求建立组织，开展教育和训练。1991 年，以国务院、中央军委颁布实施的《民兵工作条例》为契机，开始对民兵组织进行全面整顿，整顿内容包括：对民兵进行宣传教育、民兵出入转队、调配干部、工作总结、清点装备、健全制度、集结点验等工作。同年落实江泽民提出的“政治合格、军事过硬、作风优良、纪律严明、保障有力”的总体要求，对民兵进行实战条件下的实战演练。2003—2010 年，按照“双应”（急时应急、战时应战）一体化要求，组织民兵参加抗击“非典”与抢险救灾、“巡防维稳”“三城联创”等活动，民兵组织及民兵“双应”能力增强。

第一节　组织建设

1990 年，建有民兵团。1992 年，落实《民兵工作条例》，进行民兵整组和达标连队创建活动，构筑大型企业建民兵团，中小型企业建民兵营、连的建制体系。1993 年始，按照“减少数量，提高质量，抓好重点，打好基础”的要求，每年进行一次组织调整。调整以“民兵按照便于领导、便于活动、便于执行任务的原则编组”，重点放在基干民兵、专业技术分队和应急分队上，达到编组合理，组织健全，统配满员。2003 年，以“巩固成果、突出重点、狠抓落实、全面提高”为工作思路，以“有利于领导、有利于提高质量、有利于开展活动、有利于执行任务、有利于平衡负担”为原则，合理调整民兵组织布局，加强民兵应急分队、民兵专业技术分队和民兵对口专业分队建设。

第二节　军事训练与组织活动

一、军事训练

1990 年，民兵的军事训练遵照总参谋部颁布的《民兵军事训练与考核大纲》进行，对参加军事训练的基干民兵进行考核，考核合格后由区人武部进行登记。当年，按照战、组、训、储一体化要求，将专职武装干部、民兵干部和专业技术兵作为训练重点，统一食宿，集中训练，训练结束后，进行考核测验。1993 年，重点训练对象为专职武装干部、民兵连排长、防化兵和步兵，主要科目有实弹射击、队列、战术、擒敌技术等。经考核，合格率均达 100%。1998 年，立足建立一支平时能随时执行维护社会稳定、抢险救灾，战时能拉得出、用得上、打得赢的精干民兵队伍，突出教练员、民兵干部、专业技术分队、民兵应急分队训练。通过自训和联训相结合，加强应急分队应对突发事件能力。2006 年，为适应未来信息战的特点和要求，在河北理工大学组建民兵网络攻防分队，经过有针对性的专业训练，很快形成战斗力。2010 年，加强医疗防役分队和供电抢修分队遂行任务能力建设。以《民兵军事训练与考核大纲》为依据，突出教练员、民兵干部、专业技术分队、民兵应急分队训练。组织专（兼）职武装干部和民兵干部集中训练 3 期，完成民兵应急分队训练演练 3 期 375 人次。

图 18－1　路南人武部组织民兵训练　（区委宣传部）

二、组织活动

1990 年，组织活动以应急维稳、抢险救灾、参建活动为主。在元旦、春节等传统节假日及重大政治活动期间，组织民兵值勤、护路、护村、护厂、设卡，维护社会治安；在防汛、防火高峰期到来前制定预案，组织民兵抢险队伍，应对突发事件；承担地方生产和建设上急、难、险、重等任务。

1991 年元旦、春节期间，组织民兵开展“刹三风、树新风”活动（即刹赌博、迷信、红白事大操大办风，树立社会主义新风），发挥民兵在弘扬社会新风中的带头作用。第二届全国城市运动会期间，组织千余名民兵先后 5 次到唐山市体育中心参加义务劳动，平整地面 3500 平方米，植树 360 棵，挖树沟 300 多米，发动民兵为城运会捐款 2400 余元。汛期，组建基干民兵防汛抢险队，确保全区安全度汛。

2001 年 3 月，开展“学雷锋”活动，有 300 多名民兵上街义务修理自行车、修理电器、出诊和清理卫生。2003 年，组织民兵开展抗击“非典”活动。全区出动民兵 1000 余人次，配合有关部门深入宣传防疫知识，整治环境卫生，协助排查、监控来往人员等，为严防疫情传播发挥重要作用。2008 年 7 月，奥运火炬在唐山市传递，组织 150 名民兵担负奥运火炬传递安保任务。2010 年，组织民兵参与“巡防维稳”“护路保畅”、支持城市拆迁改造和“三城联创”等活动，组建安全警戒、应急、车辆抢修、后勤保障等分队，为创建“和谐路南、生态路南”发挥主力军作用。

第四章　国防教育

1990 年 11 月，路南区国防教育办公室成立（以下简称“国教办”），开始承担对学校及社会进行国防教育职能。教育中，贯彻“全民参与、长期坚持、讲求实效”的工作方针，坚持经常性教育与集中教育相结合、普及教育与重点教育相结合、理论教育与行为教育相结合的原则，通过开办“少年军校”国防教育进课堂，发放宣传资料、征文、知识竞赛、文艺演出等灵活多样形式进行国防教育，增强全民“国家兴亡，匹夫有责”的思想观念和踊跃参与国防建设的自觉性。

第一节　学校国防教育

1991 年，以创办“少年军校”为载体，开展适合中小学生特点的国防教育。先后创办“文北小学少年军校”“南新道小学少年军校”“菜市小学少年军校”。组织中、小学校参加各级国防知识竞赛、征文、演讲、军歌比赛、兵器绘画等活动，教育学生增强国防观念。1994 年，根据中共中央《爱国主义教育实施纲要》，在 32 所中、小学校建立军训制度，组织开展“军营一日”活动，通过亲身感受，熏陶学生“心系国防、壮我国威”国防意识。1999 年，组织 45 所中小学校参加全国举办的“迎国庆保卫 21 世纪中国万校国防教育”系列活动，共有 4.06 万名师生参加，举办演讲比赛 40 场次，撰写论文 3.18 万篇，答卷 2.64 万份。第二实验小学六年级学生胡奕辰撰写的《中国应该拥有自己的航母》一文在《中国少年报》上刊载并获奖。2004 年，参加中宣部、共青团中央、全国少工委、中国科协和国家国防教育办公室联合开展的“爱中华、奔小康、强国防”国防教育系列活动，唐山一中学生张萌获国防知识竞赛国家三等奖。

2005 年，依据《河北省开展业余少年军校活动实施办法》，以少年军校为载体，对新生入学进行一周的军事训练。年内，围绕普及国防知识，各学校将国防教育与课堂知识渗透相结合，劳技课与了解常规兵器知识相结合，体育与军训相结合，激发学生热爱国防热情。路南区第二实验小学在校园内创建少年军校电视台，定期直播“国防之声”“法制星空”“校园采风”等节目。针对不同年级，提炼出渗透国防教育案例120个，融入国防教育课堂宣讲。唐山军分区和市委宣传部、区委宣传部，在唐山电视台协助下，将该校创建的少年军校活动拍摄成20分钟的纪实片《筑起我们新的长城》，送中央电视台和全国九届人大四次会议上进行转播宣传。该校三次获“河北省先进业余少年军校”称号。2005年11月，被省国防动员委员会授予先进少年军校。2010年，将国防教育列入中小学教学大纲，制定教育计划，并以《中华人民共和国国防教育法》《中华人民共和国国防法》《中华人民共和国军事设施保护法》《中华人民共和国人民防空法》等法律法规作为普及教育内容。学校国防教育步入规范化、制度化、常态化教育轨道。

第二节　社会国防教育

1990年，对全民进行国防理论、国防知识、国防历史、国防法规、国防形势与任务、国防技能等专题教育，强化全民国防意识。1997年，以《中华人民共和国国防法》颁布实施为契机，将近千份国防教育资料下发至厂企、乡街、学校、机关，收集征文200份、问卷调查500份。1993年，印发《关于搞好国防教育的通知》，在28个基层人武部建立国防教育领导小组，全面负责国防教育的组织与实施。同年，组织“民兵之家”创建活动，加强国防教育阵地建设。至1998年，全区共建“民兵之家”150个，国防教育活动室98个，设立板报墙报293个，宣传橱窗160个。2000年9月20日，在唐山抗震纪念碑广场举行首次“全民国防教育日”活动，2000余人参加宣传活动。是年，贯彻落实《中华人民共和国国防法》，组织各级领导干部学习国防知识和现代战争知识，邀请军事专家作国防形势报告，组织国防知识竞赛和国防知识年度考核。

2001年起，将每年9月第三个星期六定为“全民国防教育日”，届时，以不同形式在唐山抗震纪念碑广场进行国防教育宣传活动。2003年，加强国防教育阵地设施设备和宣传队伍建设。全区共建国防教育宣传阵地24个，面积达2273平方米，有板报、展牌78块，图书2.12万册，广播器材13套，电视机62台，放像设备21套，选聘国防教育宣传员280人。2010年，围绕国防教育进社区、进课堂、进班组活动的实施，巩固国防教育阵地成果，全区用于国防教育的阵地由2003年的24个扩展至28个，国防教育宣传员由280名发展至1124名。

第五章　人民防空

1990年，区人民防空领导小组改称区人民防空委员会，下设人民防空办公室（以下简称“人防办”），承担全区战备、防空的工作职能。2002年，本着“专业对口，平战结合，便于领导，便于指挥”的原则，成立通信专业队、抢修抢险专业队、消防专业队、防化防疫专业队、医疗救护专业队、运输专业队、治安专业队和人防工作站。其中，通信专业队由驻区的中国移动通信、中国网通公司负责；抢修抢险专业队，由区城建局、燃气站负责；消防专业队，由区公安分局消防科负责；防化防疫专业队，由环保分局、防疫站负责；医疗救护专业队，由区卫生局协调各医院负责；治安专业队，由区公安分局负责；运输专业队，由区交通局、环卫站负责。女织寨乡和文北、小山、永红桥、广场、学院南路、友谊6个街道各设人防工作站，保证战时城市防卫作战、群众疏散和消除空袭后果。2010年，贯彻落实《中华人民共和国人民防空法》，建立健全人民防空指挥体系，加强防空警报、人防工程设施建设与管理，通过多种形式加大人民防空宣传力度，增强全民防空意识。21年间，因人防工作实绩突出，多次受到上级主管部门表彰。2002 年获唐山市“平战结合先进单位”。2006 年获唐山市“人防工作先进单位”。2008 年，获唐山市“人防宣传教育先进单位”“防空警报建设先进单位”。2010 年获“全市人防工程维护管理先进单位”。

第一节　人防设施管理

1990 年起，坚持每年对防空工程检查维护，防止雨水倒灌、塌方、渗水，保证人防工程和设施符合应战要求。2004 年，始收人防建设费。同时按照“战时用于防空、和平时代对外出租“的平战结合原则，依法收取平战结合费。至 2010 年，共收缴人防建设费 98 万元，收取平战结合费 124 万元。

第二节　人防教育

一、学校教育

1990 年，将人防教育纳入学校课程安排，明确不少于 10 个课时。全区开课率 100%，受教育率 95%，考试及格率 95%，优秀率 60% 以上。1999 年，开展《中华人民共和国人民防空法》知识百题竞赛活动，共向学校发放答卷 840 份。2001 年，在唐山市初级中学防空知识教育中，全区共有 11 所学校、79 个班级、3400 名学生参加，受教育面达 100%。2006 年，以友谊中学、开滦十分校为示范点，建立人防教育展室，组织学生观看资料片，开设电子课堂，激发学生的爱国热情，增强人防意识。至 2010 年，学校人防教育人数达 5000 人次。

二、社会教育

1990 年，通过发放资料、组织学习等形式在社区普及人民防空知识。1995 年，印发人防教育宣传册 3000 册，发放至城区各中小学、部分企业、街道。2001 年 8 月，组织居民开展防空知识竞赛，增强全民防空意识。2002 年，省人防办到路南区视察人防工作，对燕五居委会社区防空教育工作给予高度评价和充分肯定，其经验在全省推广。2003 年，在唐山抗震纪念碑广场集中开展全民人防教育日活动，印发宣传品 3000 份，制作展牌 4 块，近万人受到教育。

2004 年，协助市人防办，举办唐山市“人防杯”人民防空法律、法规知识竞赛。共组织大型活动 3 次，印发宣传材料 6000 份，开展人防知识答卷 2 次，自编自演节目 20 多个，演出 10 场次，办板报 100 期。2006 年，以《中华人民共和国人民防空法》颁布 10 周年为契机，组织开展中学生人民防空有奖知识竞赛、小学生人民防空书画比赛。设立政策咨询台答疑解问，制作展牌 20 块，悬挂条幅 6 条，发放宣传资料 8000 份，参与活动群众 5000 人。2007 年，建立 8 个人防宣传阵地，将福乐园社区作为人防社会宣传主要场所，防空知识教育开课率、普及率达 100%。至 2010，全区共建 7 个人民防空宣传教育示范小区，受教育群众达 2 万余人。

第十九编　政　法

1990 年起，区公安机关以严厉打击暴力犯罪和团伙犯罪为重点，不断强化社会治安综合治理，依法对户政、消防、出入境、国家安全保卫等工作履职尽责，为社会秩序稳定提供保障。检察机关坚持依法对公安机关侦查的案件进行审查，决定是否批捕、公诉；依法对公安机关的侦查活动和人民法院的刑事审判活动进行监督；依法侦办贪污贿赂、渎职侵权和职务犯罪案件，检察监督职能明显增强。审判机关坚持依法审判法律规定由基层人民法院管辖的刑事、民事、行政等一审案件；依法受理和审查各类告诉、申诉、再审案件；依法办理刑事、民事、行政、行政强制执行等案件的审查和立案，审判工作创出佳绩。司法行政机关坚持心系民生，服务群众，把“民生司法”引入实践，制定并组织实施“五年普法”规划；人民调节工作贯彻“调防结合、预防为主”方针，及时化解矛盾；安置帮教工作实现程序化、制度化；法律援助工作以“服务人民、奉献社会、扶贫助弱、维护公正”为宗旨，为特殊群体提供法律援助。

第一章　公　安

1990 年起，唐山市公安局路南区分局（以下简称“区公安分局”）坚持从严治警，履职尽责，严厉打击各种刑事犯罪，严肃查处治安案件，多措并举加强户政、特种行业、危险物品及出入境等管理，强化计算机信息安全监察，出色完成国内各级安全保卫任务。至 2010 年的 21 年间，共破获各类刑事案件 1.84 万起，抓获犯罪嫌疑人 1.13 万人；查处各类治安案件 2.08 万件。区公安分局连续 4 年被省公安厅评为“全省优秀公安局”，连续两年被省公安厅评为“全省公安机关执法先进单位”。1 个派出所被公安部评为“先进集体”，4 个派出所被公安部授予“全国一级公安派出所”，巡警大队被公安部、团中央授予“全国青年文明号”荣誉称号。

第一节　打击违法犯罪

一、刑事案件侦破

1990 年起，将盗窃、抢劫、杀人、强奸等犯罪作为打击重点，通过开展“百日会战”等专项行动和集中打击，形成强大攻势，震慑犯罪分子。是年，立刑事案件 126 起，其中盗窃 66 起，抢劫 14 起，诈骗 2 起，杀人 2 起，强奸 5 起，流氓 3 起，其他 34 起。破获 94 起，占立案数的 74.6%。

1991 年，针对“两抢一盗”（抢夺、抢劫、盗窃）侵财侵权案件频发，公安机关加强预警防范和重点部位巡逻蹲守，从重从快打击盗抢等刑事犯罪。全年立刑事案件 1359 起，其中盗窃案 1245 起，为历年最高，占立案总数的 91.61%；抢劫案 20 起，占立案总数的 1.48%。1994 年，继续以惩治打击“两抢一盗”犯罪为重点，巩固严打成果。全年立刑事案件 138 起，其中盗窃 55 起，抢劫 31 起，诈骗 6 起，杀人7起，强奸8起。破获102起，占立案数的73.9%。

1998年，开展以破大案、追逃犯、打团伙为主线的“利剑行动”，局领导分片包干，深入基层检查督导，检、法两院提前介入，依法快侦、快捕、快诉，破获刑事案件468起，其中重特大案件262起，打掉团伙29个，缴获赃款赃物折款192.8万元；抓获各类违法犯罪嫌疑人308人，其中抓获流窜犯95人，抓获在逃犯66人。1999年，成功侦破一起贩毒大案，打掉两个跨省贩毒团伙，涉案7人，缴获海洛因852.1克、大烟膏300克、大麻70克，假币5000元。2000年，破获两起抢劫杀害出租车司机案件。

2001年起，根据犯罪分子跨区域作案、互相勾结团伙作案、盗销一体流水作案、智能化技能化专业作案等特点，加大严打整治力度，遏制刑事案件高发态势。到2004年，共破获各类刑事案件870起，占立案数的159.3%。

2008年，以奥运安保为重点，调整警力，优化打击手段，开展“春季攻坚”“夏季风暴”“秋风行动”。通过案情分析、摸排走访、蹲守布控等措施，一举侦破市局督办的马某某系列诈骗案19起，涉案金额数十万元；破获盗窃团伙1个，涉案总值180余万元。全年立刑事案件1178起。2010年，开展“春季百日严打会战”，全年共破获刑事案件133起，抓获犯罪嫌疑人136人。

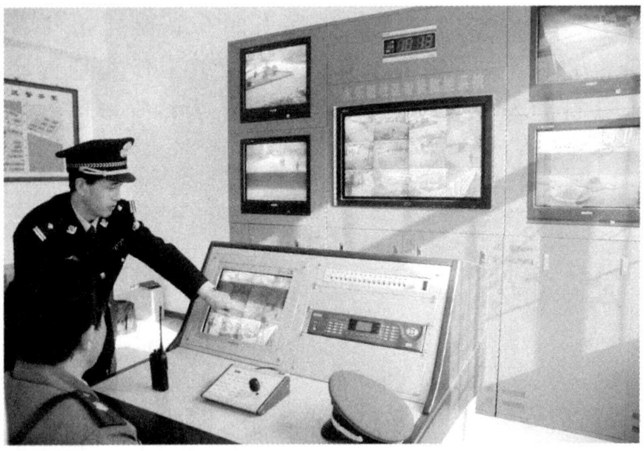

图19-2　创建智能化治安防范小区　（路南区公安分局）

二、治安案件查处

1990年，以“发案少、秩序好、社会稳定、群众满意”为目标，运用巡控手段和防控网络，开展社会治安清查治理行动。是年，共发生治安案件138件，查结131起，行政拘留131人。1992年起，打造城区动态社会治安防控体系。通过破现案以快制胜、打团伙出重拳、攻积案深挖细审、充分利用综合信息网络系统协查等措施，严厉查处治安案件。至1995年，境内共发生治安案件619起，查结率96%，拘留102人。1996年，治安案件发案119件，为历年最低。2002年，由于流动人口增多，社会治安案件凸显，发生治安案件1176件，比2001年提高27%。此后，区公安机关及时调整警力配置，优化打击手段，多警种协调联动，社会治安整治初见成效，发案数逐年下降。2004年降为680件，2007年降至395件。2009年起，打架斗殴、寻滋闹事等扰乱公共秩序案件频发，治安形势严峻，全年发生各类治安案件2665件，2010年增至5389件，是1990年的39.05倍。

第二节　户政管理

一、常住人口管理

1990年3月，经上级批准，组建户政科，主管户籍户政工作。是年，对全区企事业单位191名人口普查抽调人员组织集中学习、培训，协助派出所做好第四次全国人口普查工作。1993年11月，永红桥派出所被列为人口信息计算机管理试点单位。该所利用4个月时间，将境内2.3万条居民户口登记内容全部录入计算机，成为唐山市第一个人口信息实现计算机管理的派出所。1994年4月9日，在永红桥派出所召开全市人口信息计算机管理现场会予以推广。1995年，全区实现人口信息计算机管理。2007年10月，户口迁移实行一站式办公，即户口迁移只到户口迁入地派出所办理，无需在原迁出地派出所办理任何手续。2010年，在第六次全国人口普查工作中，变更、更正户口4.09万条，解决疑难户口17份，核查重点人员574人，排查矛盾纠纷59起，发现案件线索20件，破案15起，抓获逃犯2人。

二、暂住人口管理

1990年，将人口流动密集、出租简易房作为暂住人口清查重点，进行地毯式排查。是年，全区暂住人口8561人，其中涉及工业1047人、建筑业694人、运输业94人、商业1951人、服务业791人、保姆17人、投靠亲属3562人、其他405人。登记暂住户口6541人。

1991年，按照“谁主管谁负责，谁用工谁负责，谁出租谁负责”原则，建立暂住人口管理机制，完善用工单位、出租房主、责任区民警责任，流动人口管理逐步规范化。1995年起，贯彻《河北省暂住人口治安管理办法》，坚持每年对流动人口进行清理，逐一登记、建档。

2004年，完善入户排查与网上比对相结合的暂住人口管理机制，全年登记暂住人口1.35万人，办证率96%，发函率100%、上网比对率100%。通过清查，破获各类刑事案件135起，抓获犯罪嫌疑人59人，其中在逃犯5人；取缔非法传销团伙3个，涉及140人。2010年，全区暂住人口8957人，其中务工4100人，经商2500人，服务500人，借读培训30人，其他1827人。办理暂住证1800人。

三、户口申报与注销

出生户口申报　1998年7月22日前，婴儿出生1个月内，需到其母亲所在地派出所申报户口，其户口性质（即农业户口或非农业户口）随母亲。1998年7月22日后，实行婴儿落户随父随母自愿政策。

户口注销　2001年8月7日起，对出国、出境及被判处徒刑、劳动教养、少年管理人员注销户口。2003年8月7日后，取消对出国、出境人员及被判处徒刑、劳动教养、少年管教人员注销户口规定。死亡人口注销需持户口本、身份证、医院死亡证明、居委会证明，7日之内到户口所在地注销户口。

四、户口迁移

1992年，公安部印发《关于使用计算机填写户口迁移证的通知》，要求于当年9月1日起，户口迁移证可以使用计算机填写，样式和填写要求不变。1996年1月1日起，省内外迁移一律使用新的户口迁移证件（含准迁证）。2010年，根据《河北省人民政府关于加快城市化进程的实施意见》，规定“凡在县城以上城市稳定居住6个月以上或购置住房的，均可登记为城镇户口，免收城镇建设增容费和其他各类费用”。

户口迁入　1990年共迁入人口3036人，其中省内迁入2267人，省外迁入769人。迁入人口中，投靠亲友562人，结婚816人，务工人员1021人，其他637人。1992年11月，唐山市行政区划调整，路南区税务庄划归开平区管辖，开平区梁家屯、女织寨乡划归路南区管辖，是年迁入人口3445人。2002年，迁入人口达到高峰。是年迁入人口17982人，其中省内迁入16911人，省外迁入1071人。迁入者中，务工人口3257人，投靠亲友2163人，其他12562人。2005年，迁入6839人，其中投靠亲友1621人，结婚迁入1658人，务工人员3008人，其他552人。2010年，迁入人口2791人，其中务工人员1069人，投靠453人，结婚迁入792人，其他477人。

户口迁出　1990年，迁出人口共计2505人，其中务工人员和上学人员相对较多，分别为917人、789人，结婚415人，其他384人。2001年，迁出人口中，务工人员897人，上学578人，结婚587人，其他221人。2005年，迁出人口中较多的为务工人员1987人，上学1673人，结婚1089人，其他969人，共计5718人。2010年迁出人口4633人，其中务工人员1761人，上学1521人，结婚891人，其他460人。

五、农转非

1991年1月1日起，实行“农转非”计划指标卡制度，指标控制在1.5%左右。农转非的条件包括：

夫妻互相投奔、子女投靠父母、父母投靠子女。是年，办理农转非 874 人，其中招生 652 人，顶工 173 人，随军 8 人，离休 3 人，职工家属 3 人，矿工家属 31 人，落实政策 4 人。2003 年 10 月 1 日，唐山市取消“农转非”计划指标和“农转非”户口审批，取消“农业户口”和“非农业户口”户籍登记制度，只登记“家庭户”“集体户”。从此农村人口的户口迁移不再受农转非政策控制。

六、居民身份证办理

1990 年，城乡结合部派出所由乡镇管理改为公安机关管理。是年，持证人口 129412 人。1991 年始，外出经商、打工未归及尚未发证人员补证；对损毁、遗失身份证的和新进入 16 周岁年龄的公民制发身份证。是年，持证人口共 134781 人。2000 年，全区持证人口 185133 人。2004 年，办理身份证 8288 个。配合第二代居民身份证换发，对居民身份证编码清理和纠错。共入户核实 73167 户、237221 人。发现人户分离 4327 户，解决 227 户；重户口 4 人；常住人口待定人员 85 人，解决 77 人；应销未销户口 66 人，全部注销；纠错 417 个；核对改正户口项目 1864 个；新采集照片 2157 张；发现线索 1 条，抓获犯罪嫌疑人 1 名，破获盗窃案 1 起。2005 年 10 月 1 日，以赵庄派出所、友谊里派出所两个所为试点单位，集中开展换发第二代身份证工作。2006 年，全区换发二代身份证工作全面展开。2010 年，发放第二代身份证 3951 个，纠正公民身份证号码重错号、重户口 194 人。

第三节　特种行业管理

一、审批

从事特种行业经营，需向公安机关提出申请，经审查合格领取“特种行业经营许可证”后，向工商行政管理部门领取营业执照。1990 年，全区有特种行业 188 家，从业人员 987 名。1995 年起，特种行业呈现快速发展势头。至 1998 年，全区特种行业发展到 567 家，其中旅店 139 家、废旧金属回收 66 家、刻字店 16 家、放映厅 6 家、歌舞厅 48 家、机动车修理 98 家、复印部 76 家、锻造业 9 家、浴池 24 家、游戏厅 50 家，从业人员 2009 人。2005 年，完善约束机制，加强对特种行业规范化管理。建立从业人员上岗培训制度、年度审查制度、违法犯罪情况通报制度、安全防范制度，在旅馆业和机动车修理业增加人员信息上传制度，为公安机关抓获网上逃犯提供线索和依据。随着市场经济的激烈竞争、优胜劣汰及对特种行业的依法依规从严监管，特种行业减少。至 2010 年，特种行业由 1998 年的 567 家减至 105 家。

二、检查整顿

1990 年，通过例行检查、突击抽查、定点搜查等形式，对特种行业进行检查和清理。清查旅店过程中，破获刑事案件 15 起，其中大案 4 起，抓获各类违法犯罪人员 127 人；通过检查废旧回收站，破案 18 起，其中大案 1 起，取缔 66 家不符合要求的回收站；清查娱乐场所 29 处，发现不安全因素 7 起，当场纠正 6 起。全年查处赌博案件 31 起、卖淫嫖娼案件 7 起、制作传播贩卖淫秽物品案件 4 起、拐卖妇女案件 1 起，收缴淫秽画册、书刊 504 本、淫秽录像带 8 盘。1995 年，加强对特种行业清查、整顿力度。责令 3 家歌舞厅停业整顿，49 家娱乐场所限期整改，吊销 2 家旅店安全许可证。2005 年，以治理娱乐场所作为特种行业监管突破口，出动警力 1046 人次，查处“黄、赌、毒”案件 32 起，违法人员 89 人。2010 年，组织开展“娱乐服务场所集中专项整治”“扫黄打非”等行动，检查特种行业、公共娱乐场所 159 次，发现隐患 163 处，当场整改 135 处，限期整改 28 处，查处“黄、赌、毒”案件 4 起，违法人员 9 人。

第四节 危险物品管理

一、民用爆炸物品管理

1990年后，每逢春节期间，加强危爆物品的安全检查。1995年，收缴爆炸物品两箱，炸药400公斤。1998年，会同其他执法单位，在春节前后烟花爆竹销售旺季，集中三天时间，开展拉网式检查，查获私炮1万余头。此后至2010年，建立烟花爆竹燃放制度，即每年农历十二月二十三开始至次年正月十五期间，允许燃放烟花爆竹，其他时间禁止燃放。

二、非军用枪支弹药管理

1990年，按照《中华人民共和国枪支管理办法》规定和公安部统一部署，对民用枪支一律收缴，统一封存。是年，共缴获并封存民用枪支650支，警用自卫手枪25支。1995年，收缴各类非法枪支167支，其中钢珠枪17支，小口径枪49支，猎枪65支，气枪15支，电击枪6支，军用枪2支，其他改造枪13支；收缴子弹120发、管制刀具31把。1996年，收缴非法枪支533支、子弹3539发。

1997年，开展秋季严打整治专项行动，收缴非法枪支134支、子弹655发。2000年，收缴内保单位保卫部门使用的手枪13支、民间猎枪2支、气枪36支、子弹476发、手榴弹3枚、各类炮弹300余发。2006年，在全区范围内开展集中整治爆炸物品、枪支弹药、管制刀具专项行动，出动警力1.26万人次、警车5897辆次，收缴各类枪支8支、子弹235颗、弩1把、管制刀具9350把，逮捕1人，刑事拘留4人，治安拘留4人，警告并罚款2人。2008年，北京奥运会开幕前夕，收缴管制刀具583把、仿真枪145支、气枪11支、子弹688发、火箭筒引信20枚。2010年，开展危爆物品专项整治战役，收缴各类仿真枪28支、气步枪3支、子弹387发、管制刀具156把。

三、剧毒物品及其他危险物品管理

1990年起，对剧毒物品和其他危险品实行采购、存储、使用许可证制度，即由单位提出申请，经公安机关审查，符合条件的核发许可证，准许存储、使用。存储、使用单位须专人负责，专库保管。2005年，重新核实存储、使用剧毒危险化学品的单位，纳入规范化管理。是年，全区储存、使用危险化学品单位32家。至2010年，对剧毒物品及其他危险物品均做到依法监管。

第五节 出入境管理

1990年，全区有6人出国留学和出境探亲，入境探亲17人。1995年，加强外管工作宣传力度，强化服务意识，共为89人办理出境和前往边境手续。2000年，全年入境14人，出境187人；前往边境67人；查处虚假护照26份；境外人员户口申报率、准确率、合格率均达100%。2005年，简化出国护照申领手续，实行“按需申领护照”制度，建立“不准出境人员通报备案系统”“国家工作人员出国（境）管理系统”和“出国（境）管理系统与人口信息系统联网”三个管理系统，从源头上防范和杜绝出国（境）弄虚作假、异地申请；加大对出入境违法犯罪活动查处力度，严厉打击组织偷渡和非法移民等违法犯罪行为。至2010年，累计出境1万余人次，入境600余人次。

第六节　110报警服务及特警巡防

一、110报警服务

1996年10月筹建。12月1日，开通广场110报警服务。1997年6月3日，刘屯110报警服务运行。2006年，110报警服务台由2个增至10个，每个派出所均设一个110报警服务台。2010年，制定110接处警《执法情景行为规范》，并建立配套措施，实现接处警情“零上访”、当事人“满意率100%”目标。15年间，110报警服务共出警15.35万次，出动警力46.05万人次，其中涉及刑事案件1.37万起，治安案件1.97万起，纠纷1.12万起，交通肇事7650起，火灾390起。

二、特警巡防

1994年6月成立巡警大队。是年，通过巡逻盘查、快速出警、便衣蹲守等方式破获各类案件4007件，抓获各类犯罪嫌疑人2840人；打掉犯罪团伙45个，抓获团伙成员275人；收缴管制刀具2540把；调解各类纠纷5220起；救助危难群众1.13万人次；参与处置群体性事件390件。“两抢一盗”等可防性案件下降39%。1995年，通过巡查执法，抓获违法人员144人，移交案件45起；查处治安案件81起，治安处罚649人；调解治安纠纷737起；缴获非法枪支、管制刀具53件，查收黄色音像制品及非法出版物370余册。

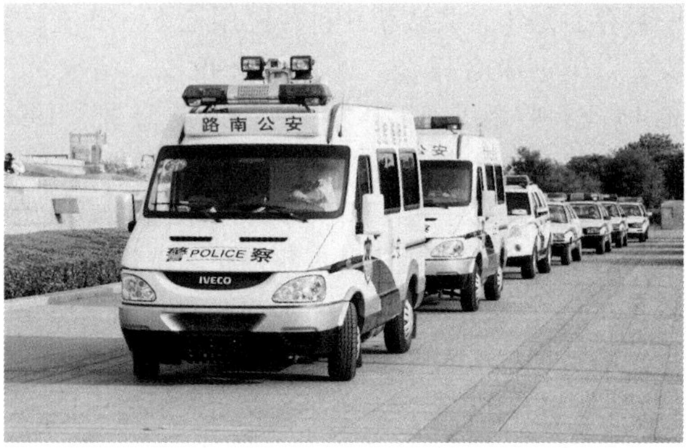

图19－3　特警巡逻（路南区公安分局）

1997年，查处违章摊点3632处，纠正违章8469次，疏导变通1269起，纠正违章广告牌369处，整顿脏乱差市场路段247处，清除迷信摊点258处。2004年，招聘协勤150人，专职防范力量增至238人。是年，全面推行治安防范承包责任制。2006年，加强巡逻防控队伍正规化建设，制定和完善《唐山市公安局路南分局巡防大队工作细则》，组织巡防队员开展队列、擒敌拳、警棍术实用技术演练。白天，8个徒步巡逻小组以新华道为主，重点防控“两抢一盗”案件；夜间，10个自行车巡逻小组沿街巡控。全年共抓获违法犯罪嫌疑人358人，打掉抢劫、盗窃犯罪团伙16个，其中重大盗窃团伙3个，挽回经济损失40余万元。2007年5月，更名为巡警特警大队。2008—2010年，加强对案件多发重点路段、重点部位、重点时段的巡逻控制，每天有三分之二以上的巡控民警、150名巡防队员街头巡逻，全面布控。

第七节　计算机安全监察

2000年，将计算机安全监察纳入工作职责，要求凡与国际互联网计算机联网的单位和个人，均在公安机关登记备案。同时，保障计算机信息系统应用安全，加强网吧、网络重点部门和重点单位的管理。2006年，除组织经营业主参加市局考试考核外，半年至少组织一次由法人代表、经营负责人和安全员参加的培训。是年，对网吧进行安全审核；按照“谁主管、谁负责，谁检查、谁负责”的原则，层层签订责任状，实行倒查责任追究制；通过明察暗访、拉网式清查等方法，加大对营业性网吧监督检查力度。2007年，在治安大队设立网络管理员，专门负责网络安全监督。2010年12月，组建网络安全保卫大队，负责计算机信息网络安全监察。是年，对731个QQ群进行舆情监控，查找网络社区1200余个，发现辖区相关信息80余条，其他信息300余条，发现并上报异地有害信息3500余条，编写舆情信息18条。对全区非经营性互联网上网服务场所调查摸底，查明全区互联网网站47家，非经营性互联网上网服务场所248家，完成1250名重点人员信息采集。

第八节　消防管理

1990年，消防单位为唐山市公安消防支队四中队。2004年3月，唐山市公安消防支队八中队成立，隶属唐山市公安消防支队。至2010年，路南区共有消防四中队、消防八中队两支专业消防队伍。

一、消防设备

1990年，共有消防车4辆，其中干粉消防车1辆，泡沫消防车1辆，"解放"消防车两辆。1996年，投资132万元购置各类灭火器360个、消防水带870米、水枪19只，其他灭火用具400余件。另投入130余万元用于火险隐患整改，共整改较大火险隐患6项，一般火险隐患460多项。2010年，消防四中队、消防八中队共有消防车5辆，其中东风140水罐消防车1辆、东风143水罐消防车1辆、泡沫消防车1辆、斯太尔水罐消防车1辆、五十铃抢险救援消防车1辆。

二、消防宣传

1990年，消防宣传的主要形式为标语和单位内提示性标志。1998年9月，以《中华人民共和国消防法》颁布实施为契机，组织开展"119"消防宣传活动，出动宣传车10部，全区受教育人数达15万人，受教育率90%以上。2001年，深入贯彻落实《中华人民共和国消防法》，通过以会代课、媒体报道、张贴标语、举办培训班等多种形式进行消防宣传。召集各街道办事处有关人员参与消防例会13次，举办消防培训班1次，张贴标语500余次。2004—2005年，开展消防宣传活动48次，举办消防培训班10次，张贴标语3000余条，受教育面达1.7万人次。2010年，消防宣传围绕"人人参与消防，共筑平安生活"主题，以"人人受到消防教育、人人增强防范意识、人人提高消防法制观念"为目标，出动宣传300余次，发放《家庭防火知识》《消防法规汇编》等2000余份。

三、安全检查

1990年，将易发火灾部位作为重点，坚持定期检查与经常性检查相结合，发现火灾隐患及时整治。1996年，组成自查、联查、稽查小组102个，出动1150人次，查出各类火险隐患和消防违章行为842项，整改处理836项，整改率达98%。全年下达法律文书335份，其中稽查笔录326份，停产、停业通知书7份，火险隐患整改通知书2份；取缔非法摊点6个，吊销营业执照2个，罚没款1.25万元。1998年，《中华人民共和国消防法》颁步实施，消防纳入依法监管轨道。

2000年，依据《中华人民共和国消防法》，对荷花坑市场及小山批发市场等大型市场防火设施进行排查，发现火灾隐患3起，下发火险通知书15份，整治非法用电7处。2001年，以易燃易爆单位、造纸行业、集贸市场，公共娱乐场所为重点，开展5次消防安全大检查，共检查单位526个，查处各类隐患198项，当场整改22项，限期整改175项，下发《责令当场改正通知书》22份、《责令限期改正通知书》69份、《复查意见》69份、《消防安全检查意见书》407份；审核建筑项目35项，验收40项，下发《建筑工程消防设计审核意见书》35份、《建筑工程消防设计验收意见书》40份；调查处理火灾事故9起；调查处理信访案件2起。

2003年，开展消防安全大检查5次，检查单位200余个，查处各类火灾隐患130余项，下发《责令当场改正通知书》10份、《责令限期改正通知书》96份、《复查意见书》96份、《消防安全检查意见书》86份；审核建筑项目17项，验收6项，下发《建筑工程消防设计审核意见书》17份、《建筑工程消防设计验收意见书》6份；调查处理火灾事故3起；办理行政处罚案件4起，罚款2.5万元。

2005年，通过检查确定消防安全重点单位40个，其中存放、使用易燃易爆物品单位13个，公共聚集场所15个，医院、学校、幼儿园10个，银行、宾馆2个。同年，除日常消防监督检查外，共开展消防安全大检查9次，检查单位500余个，查处各类火灾隐患230项，当场整改36项，限期整改194项，下发《责令限期改正通知书》80份、《复查意见书》78份；办理消防安全检查手续55项，下发《消防安全检查意见书》55份；开展消防宣传活动48次；办理行政处罚案件16起，罚款1.7万元；调查处理火灾2起。

2010年，将日常监督检查与重大节日、重大活动消防安全集中专项治理有机结合，监督检查、抽查单位180家，发现火灾隐患156处，其中责令当场整改火灾隐患148处，下发《责令改正通知书》8份，罚款1.55万元。

第二章　检　察

1990年起，路南区人民检察院（以下简称“区检察院”）认真履行《中华人民共和国宪法》和法律赋予的职能，依法承担职务犯罪侦查、刑事犯罪案件审查逮捕、审查起诉等任务，并对侦查机关的侦查活动，刑事、民事、行政诉讼审判活动实施监督。至2010年，共受理审查批捕案件3543件、6181人；批准或决定逮捕各类犯罪案件3265件、5597人；不批准逮捕278件、584人。审查起诉各类犯罪案件4139件、6779人；提起公诉3842件、6145人；免予起诉78件、136人；不起诉14件、18人；建议公安机关撤回45件、99人；移送其他检察院160件、381人。查办贪污贿赂等职务犯罪案件283件、330人，为国家和集体挽回经济损失1736万余元。查办渎职侵权案件93件、106人。受理民事、行政申诉案件341件，立案145件，其中提请抗诉、建议提请抗诉76件，不提请抗诉、建议不提请抗诉15件，建议法院处理13件，息诉38件，移送相关部门3件；不立案196件。区检察院1999年被河北省人民检察院评为“检察机关基层建设五好检察院”；2005年、2007年被市政法委授予“人民满意政法单位”称号；2008—2010年连续3年被市委、市政府授予“精神文明建设先进单位”称号。

第一节　法律监督

一、侦查监督

审查批捕　1990年，区检察院承担区公安分局，开滦公安分局，芦台、汉沽农场公安分局和自侦部门提请逮捕、决定逮捕的案件审查。在审查逮捕工作中，坚持“两个基本”（基本犯罪事实清楚、基本犯罪证据确凿）和“两个提前”（提前介入公安机关侦查活动、提前介入公安机关预审活动）原则，依法从重从快打击违法犯罪分子。全年受理各类审查逮捕案件161件、281人，批捕152件、261人。1991年，相继开展“挖团伙、打流窜、追逃犯、迎城运”百日治安整顿、反盗窃斗争集中统一行动和“扫黄”“除六害”专项斗争。特别是在第二届全国城市运动会期间，三个月内配合公安行动5次，批捕29件、32人，为城运会召开创造良好的治安环境。1992年，取消对芦台、汉沽两农场公安分局提请逮捕案件管辖权。1997年、1998年，《中华人民共和国刑事诉讼法》《中华人民共和国刑法》修改，刑事案件标准调高，刑事案件总量有所下降。两年共受理各类审查逮捕241件、379人，批准逮捕218件、356人。

2003年，与公安机关密切配合，重点打击有组织犯罪、杀人、抢劫、绑架等严重暴力犯罪和盗窃、抢夺等多发性犯罪。全年受理重特大案件53件、76人，占批捕案件的31%。尤其在抗击“非典”非常时期，建立24小时受案制度，成功办理唐山市首例借“非典”之机招摇撞骗案。

2009年，按照最高人民检察院《关于省级以下人民检察院立案侦查案件由上一级人民检察院审查决定逮捕的规定（试行）》，区检察院自侦部门立案侦查的案件，由唐山市人民检察院侦查监督部门审查逮捕，并对侦查活动进行监督。

2010年，以“惩黑除恶”为重点，打击带有黑社会性质的团伙犯罪。当年受理冯某某等35人涉嫌开设赌场、聚众斗殴、寻衅滋事案件，对32人作出批准逮捕决定，3人因证据不足，撤回公安机关继续查证。

1990—2010年唐山市路南区人民检察院审查批捕案件统计表

表19－1

年份	受理		审结			
			批准（决定）逮捕		公安主动撤回及不（予）批准逮捕	
	件数	人数	件数	人数	件数	人数
1990	161	281	152	261	9	20
1991	122	175	116	167	6	8
1992	116	185	111	177	5	8
1993	120	201	116	185	4	16
1994	118	261	107	239	11	22
1995	133	224	124	199	9	25
1996	175	354	164	333	11	21
1997	110	183	106	179	4	4
1998	131	196	112	177	19	19
1999	160	242	142	211	18	31
2000	168	272	153	244	15	28
2001	151	290	138	249	13	41
2002	232	441	227	430	5	11
2003	210	297	189	255	21	42
2004	241	406	224	361	17	45
2005	215	367	200	325	15	42
2006	195	370	183	342	12	28
2007	228	414	211	374	17	40
2008	208	379	180	330	28	49
2009	171	317	150	274	21	43
2010	178	326	160	285	18	41

侦查活动监督 1990年，对公安机关和自侦部门在侦查活动中就羁押期限、收集证据、强制措施执行监督。2003年，设立驻公安机关联络室，重大复杂案件依法提前介入，依法快捕快诉。2006年，介入侦查同防错防漏深挖余罪相结合、介入侦查同侦查活动监督相结合、介入侦查同综合治理工作相结合的原则，履行对侦查活动的监督，通过提前介入重特大案件，适时提出侦查建议。2009—2010年，开展捕后诉前侦查监督、捕后变更强制措施和“另案处理”以及“在逃”案件的专项监督。制定《书面纠正违法使用规范》《提前介入和引导取证实施办法》《引导侦查制度》《共同协商议案制度》；会同公安机关下发《刑事案件办案质量反馈制度》《关于对刑事案件中“另案处理”案件规范化管理制度的试行办法》，保证“侦、捕、诉、判”案件质量提升。

刑事立案监督 1996年，履行《中华人民共和国刑事诉讼法》赋予检察机关立案监督权，与公安机关协商建立常态监督机制——刑事立案备案审查制度，并在工作中依法对侦查机关不立案或立案后不进行侦查、侦查后不及时结案等违法问题实施监督。是年，刑事立案监督案175件、354人。1999年，发现高某涉嫌强奸，只被劳动教养3年，经立案监督后被起诉到区法院，一审判处高某有期徒刑10年。此案件被入编市检察院典型案例。2007年，贯彻执行“宽严相济”的刑事政策和《审查逮捕案件质量标准》，建立未成年人犯罪案件办理机制。全年办理刑事立案监督案件43件、48人，逮捕33件、36人，发现徇私舞弊线索并移交反渎部门1件。至2010年，共向公安机关做出书面纠正违法案件71件，立案监督220件、324人。

二、刑事审判监督

审查起诉 1990年，审查公安机关、检察机关自侦移送起诉、免予起诉或不起诉案件，决定是否提起公诉、免予起诉或不起诉，出庭支持公诉，对公安机关和自侦部门的侦查活动、法院刑事审判活动实施监督。全年受理审查起诉案件153件、262人，提起公诉143件、238人，免于起诉10件、24人。1993年，配合公安机关开展反盗窃、打击卖淫嫖娼夏季攻势。是年，受理审查起诉案件125件、203人，提起公诉111件、182人，免予起诉12件、19人。

1997年，《中华人民共和国刑事诉讼法》取消检察机关免予起诉权。1999年，试行主诉检察官办案责任制，把好证据关、定性关、程序关和法律关。全年受理审查起诉案件177件、258人，提起公诉170件、242人。2004年6月，公诉科在办理市人民检察院交办的王某受贿、巨额财产来源不明案的庭审中，最高人民检察院派员到庭审现场，将庭审过程录制成专题片，作为全国典型案例宣传教育材料。是年，从速办结公安部督办的葛某等42人涉嫌组织、领导、参加黑社会性质团伙案。

2006年后，加强与公安、法院等机关的沟通和协调，形成“严打”合力。至2007年，受理各类移送审查起诉案件520件、861人，经审查提起公诉480件、781人，结案率、有罪判决率均达100%。2009—2010年，实施“宽严相济”刑事政策，试行“刑事和解”制度，在办案中化解矛盾，积极推进未成年人犯罪案件办案方式改革。两年受理各类审查起诉案件470件、853人，提起公诉422件、706人，移送市检察院17件、74人。

1990—2010年唐山市路南区人民检察院审查起诉案件统计表

表19－2

年份	受理		审结									
			提起公诉		免予起诉		不起诉		建议撤回		移送他院	
	件数	人数	件数	人数	件数	人数	件数	人数	件数	人数	件数	人数
1990	153	262	143	238	10	24	–	–	–	–	–	–

1990—2010 年唐山市路南区人民检察院审查起诉案件统计表

续表 19－2

年份	受理		审结									
			提起公诉		免予起诉		不起诉		建议撤回		移送他院	
	件数	人数	件数	人数	件数	人数	件数	人数	件数	人数	件数	人数
1991	151	226	138	198	13	28	–	–	–	–	–	–
1992	150	238	125	208	25	30	–	–	–	–	–	–
1993	125	203	111	182	12	19	–	–	1	1	1	1
1994	133	263	119	240	9	12	–	–	2	3	3	8
1995	128	195	120	173	8	22	–	–	–	–	–	–
1996	191	328	190	327	1	1	–	–	–	–	–	–
1997	129	211	125	206	–	–	1	1	1	1	2	3
1998	167	239	159	225	–	–	0	0	1	2	7	12
1999	177	258	170	242	–	–	0	0	–	–	7	16
2000	180	283	168	263	–	–	0	0	–	–	12	20
2001	172	289	159	265	–	–	0	0	1	1	12	23
2002	253	440	241	402	–	–	3	3	–	–	9	35
2003	231	351	215	322	–	–	0	0	–	–	16	29
2004	264	397	249	367	–	–	0	0	2	4	13	26
2005	282	430	266	397	–	–	0	0	2	6	14	27
2006	217	351	202	329	–	–	0	0	1	1	14	21
2007	303	510	278	452	–	–	1	1	1	1	23	56
2008	263	452	242	403	–	–	2	3	9	16	10	30
2009	225	420	196	330	–	–	6	9	13	46	10	35
2010	245	433	226	376	–	–	1	1	11	17	7	39

诉讼监督 1990 年，移送法院提起公诉的案件，一并移送量刑建议卡；开庭发表公诉意见时，阐明量刑建议理由。至 1995 年，依法追诉 13 件、13 人，退补 1 件、1 人，改变定性 3 件、17 人，改变罪名 1 件、1 人。

2008 年，设立从立案至侦查终结的全程跟踪监督机制，对在询问中发现的线索予以监督，对以罚代刑人员和证据不足的涉案人员补充证据后追捕追诉，对在逃人员及另案处理人员严格审查。是年，追捕 1 人，追诉 5 人，改变定性 5 件、7 人。

2010 年，重点对“另案处理”案件加强监督检查。成立专门组织，制定详细工作方案。在审查实体同时，注重审查程序；在审查判决是否“畸轻畸重”同时，注重审查法定“从轻、减轻、从重”情节适用是否恰当，真正做到“敢抗诉、会抗诉、抗诉准确”。是年，依法提起刑事抗诉 5 件、12 人。

1990—2010 年唐山市路南区人民检察院诉讼监督案件统计表

表 19－3

年份	追诉		退补		改变定性		改变罪名		抗诉		提出纠正违法、检察建议
	件数	人数	件数	人数	件数	人数	件数	人数	件数	人数	件数
1990	3	3	–	–	–	–	–	–	0	0	–
1991	1	1	–	–	–	–	–	–	0	0	–
1992	1	1	–	–	–	–	–	–	1	1	–
1993	0	0	1	1	–	–	–	–	0	0	–
1994	2	2	–	–	1	12	1	1	1	2	–
1995	6	6	–	–	2	5	–	–	2	4	–
1996	9	9	–	–	2	2	3	3	1	1	–
1997	4	4	5	15	3	3	5	5	2	3	–
1998	0	0	8	12	–	–	–	–	0	0	–
1999	4	4	–	–	–	–	2	2	4	4	1
2000	7	7	–	–	–	–	–	–	3	3	–
2001	1	1	–	–	6	6	–	–	6	11	20
2002	8	8	3	5	3	4	5	5	8	13	5
2003	1	1	3	8	5	7	3	3	0	0	8
2004	12	12	3	4	5	10	–	–	0	0	–
2005	2	2	–	–	4	7	–	–	2	3	–
2006	3	3	–	–	6	14	–	–	1	1	–
2007	4	4	–	–	6	9	5	5	2	6	9
2008	5	5	–	–	5	7	–	–	2	10	9
2009	2	2	–	–	6	6	–	–	3	5	15
2010	3	3	–	–	8	10	–	–	5	12	12

三、人民监督员监督

2004 年，成立人民监督员办公室，聘请 5 名人大代表、政协委员担任人民监督员，重点对直接受理的自侦案件中不服逮捕决定的，拟撤案和拟不起诉的，对职务犯罪案件法院判无罪，拟提出抗诉的案件进行监督。2005 年，向人民监督员征求意见，共征求到肯定性意见 5 条、改进性建议 5 条。至 2008 年，共邀请人民监督员对 7 起案件实施监督，其中不服逮捕案 6 件、6 人，拟撤销案件 1 件、1 人，均实现程序监督与实体监督高度统一。2009 年，人民监督员工作由唐山市人民检察院负责。

第二节　惩治职务犯罪

一、反贪污贿赂

1990年，把惩处贪污、贿赂、挪用公款、偷税、漏税、抗税等职务犯罪作为重点，有针对性地开展专项斗争，注重查处大案要案。立案侦查15件、19人，大案要案4件，为国家和集体挽回经济损失57万元。1995年，重点打击虚开、代开增值税发票违法行为。全年立案22件、25人，其中大要案8件，挽回经济损失60多万元。1999年，针对农村占地、房屋拆迁造成干群矛盾突出问题，立案侦查某村干部贪污案，平息村民集体上访事件。2000年，通过走访、讲课、检察建议等形式帮助改制企业整章建制，防止国有资产流失，先后侦破开滦矿务局某公司某人贪污公款大案、另外两人挪用公款特大案件等。2001年，运用测谎技术侦破某公司贪污案，为唐山市反贪系统高科技辅助破案的首例事件。

2005年，查办某药业公司某某挪用公款特大案件，是企业改制过程中典型犯罪案件；侦查终结开滦集团有限公司驻外办事处工作人员挪用公款特大案件。2006年，在金融证券、交通、卫生、建筑、教育、电力、土地等领域，集中开展惩治商业贿赂犯罪专项活动，立案10万元以上案件6件、6人，为国家和企业挽回经济损失90余万元。2007年，立案侦查贪污贿赂案件7件、10人，全部移送审查起诉，挽回经济损失80余万元。

2008年，开展“反贪工作百日集中办案”和“深入查办涉农职务犯罪，保障社会主义新农村建设”活动，全年立案侦查贪污贿赂案件4件、9人，追逃2人，为国家和集体挽回经济损失近百万元。2010年，共立案3件、10人，挽回经济损失35万元；提出检察建议17份。

1990—2010年唐山市路南区人民检察院查处反贪污贿赂案件统计表

表19－4

年份	立案数（件）	涉案人数	挽回经济损失（万元）	个案建议（份）
1990	15	19	57	–
1991	17	21	24	–
1992	18	19	46	–
1993	15	19	12	–
1994	21	22	50	–
1995	22	25	60	–
1996	40	40	80	–
1997	21	21	151	–
1998	8	11	60	9
1999	10	10	80	14
2000	8	8	140	6
2001	11	12	80	23
2002	16	16	161	33
2003	12	14	213	44

1990—2010 年唐山市路南区人民检察院查处反贪污贿赂案件统计表

续表 19－4

年份	立案数（件）	涉案人数	挽回经济损失（万元）	个案建议（份）
2004	13	16	65	8
2005	8	12	17	4
2006	6	6	90	9
2007	7	10	80	7
2008	4	9	100	14
2009	8	10	135	8
2010	3	10	35	17

二、反渎职侵权

1990 年，检察部门克服线索少、阻力大等多重困难，开展“立案标准宣传月”活动。1991 年，受理案件线索 27 件，立案侦查 7 件，立案数量列唐山市五区之首。1993 年，针对唐钢集团财务管理混乱、各项制度不健全现象，及时向其提出书面检察建议，限期整改。1994 年，历经 4 个月侦破全国罕见特大公安人员刑讯逼供致死人命、匿尸灭迹案。1996 年，按照《中华人民共和国刑事诉讼法》和《中华人民共和国刑法》，渎职侵权检察部门受案范围界定在渎职犯罪和国家机关工作人员利用职权实施的侵犯公民人身权利和民主权利的犯罪。由此，受案数量明显减少，全年立案 1 件、1 人。2000 年，以惩治司法腐败为重点，立案侦查 3 件，全部为司法工作人员犯罪案件，侦结率 100%，有罪判决率 100%。

2005 年后，先后办理惊动中央军委、泄露军校招生试题的故意泄露国家秘密案；区某单位工作人员玩忽职守案；玉田县某单位工作人员滥用职权案。上述三案均被选入河北省侵权渎职检查十大优秀案例。

2010 年，受市检察院指定，查办唐海县法官玩忽职守案，立案 3 件、3 人，为受害方挽回经济损失 1100 万元，为全省罕见基层法院腐败案。21 年间，反渎职侵权检察部门共立案侦查 247 件。

三、预防职务犯罪

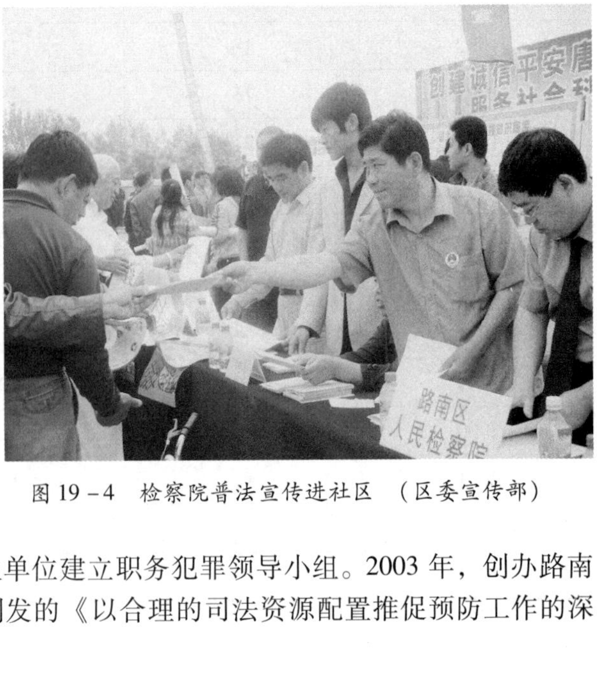

图 19－4　检察院普法宣传进社区　（区委宣传部）

1997 年，成立预防职务犯罪办公室。1999 年，形成“党委统一领导，纪委组织协调，党政齐抓共管，部门各负其责，依靠群众积极参与”的大预防格局。2000 年，加强重点建设工程中职务犯罪预防工作，向区委、区政府提出建立“路南区惩治预防重点建设工程职务犯罪指导委员会”“关于路南区国有（集体）企业改制中加强会计档案管理、防止会计档案毁损丢失”的建议。同时，与区地税局、市劳教所等单位签订行业预防协议，构筑全方位多层次职务犯罪预防体系。2001 年，在辖区召开副科以上干部、村党支部书记、村委会主任等近 400 人参加的预防职务犯罪工作会议，并在乡、街和 12 个局级单位建立职务犯罪领导小组。2003 年，创办路南区预防职务犯罪指导委员会内部刊物《警鉴》，其中刊发的《以合理的司法资源配置推促预防工作的深入开展》一文，得到中纪委肯定。

2009 年，围绕民生、民利、重点领域，采取多种形式开展职务犯罪预防工作。先后深入 38 个村走访调查涉农问题；利用村委会换届之机，检察长亲自讲授警示教育课；对投资亿元以上 7 个项目重点预防，设立两个驻重点项目建设工程检察室。

2010 年，对长青楼改造、南新道平房整体搬迁、定福庄平改楼等 38 项工程专项预防，共组织宣讲法制课 169 次，图片展览 62 次，召开廉政座谈会 74 次，向区委、区政府提出决策性建议 28 件，进行个案分析 16 件。

1990—2010 年唐山市路南区人民检察院预防职务犯罪统计表

表 19－5

年份	宣讲法制课（次）	图片展览（次）	廉政座谈会（次）	决策建议（件）	个案分析（件）	重点工程立项（项）
1998	－	－	－	－	－	－
1999	16	12	－	2	2	1
2000	31	9	－	2	－	5
2001	6	4	－	2	－	2
2002	9	5	－	5	－	2
2003	4	6	12	1	3	2
2004	19	3	7	2	3	1
2005	17	2	9	1	4	2
2006	11	－	23	1	－	1
2007	13	10	1	5	－	2
2008	16	3	11	2	－	2
2009	5	5	5	2	－	7
2010	22	3	6	3	4	11

第三节　民事行政与监所检察

一、民事行政检察

1991 年，民事行政检察科设立后，着重开展法制宣传，将民事行政检察工作的性质、任务、工作程序和标准公之于众，提高认知度。初期，受案少。至 1996 年受理案件 114 件，立案 5 件，提请抗诉 2 件。1997 年，对符合抗诉条件的，坚决依法提出抗诉；对法院裁判正确的，做好当事人的息诉服判工作。全年受理群众申诉 30 件，立案 10 件，提请抗诉 5 件，其中原判决主体不明确的 2 件，事实不清、证据不足的 2 件，属地管辖错误的 1 件。

1998 年，针对“民告官”案件中存在的当事人不会告、不愿告、不敢告问题，多渠道收集案源线索。全年受理各类民事行政案件 29 件，其中立案 4 件，向法院提出检察建议 2 件，移交有关部门 1 件，其余息诉。2003 年，抓抗诉、抓改革、抓宣传，查错误裁判根源，规范程序，拓展空间。全年受案 12

件，立案11件，抗诉7件。2004年，以“保护财政周转金”为重点，关注财政周转金在发放、使用、回收过程中的情况，防止国有资产流失。受理各类案件20件，提请抗诉10件，当事人撤回申诉或上报市检察院10件。

2007年，在民事审判和行政诉讼活动监督中，坚持“抗诉、息诉并举，监督、服务双行”的办案原则，有效化解矛盾纠纷。全年共受理申诉案件16件，提请抗诉1件，建议提请抗诉1件，建议不提请抗诉2件，息诉6件，不立案和作其他处理等6件。

2010年，在办理提请抗诉的关某申诉唐山市绿世纪房地产开发有限公司商品房买卖合同纠纷一案时，纠正区人民法院违反专属管辖和法定程序的错误，维护了申诉人的合法权益。

二、监所检察

1990年，重点对劳动教养管理所执行法律和劳动教养方针、政策情况，以及对劳动教养人员接受改造情况进行监督，认真处理劳动教养人员及其家属的审诉控告，对劳动改造、劳动教养人员重新犯罪、暂予执行等社会服刑人员刑罚执行活动和监管活动是否合法，实行法律监督。全年审阅劳教卷宗238册，与劳教人员谈话197次，安全检查42次，物品大检验10次，提出检察建议15份，纠正违法报告书5份。

1993年5月，按照市检察院要求，区检察院从看守所撤回派驻人员。次年，设驻唐山市劳动教养管理所检察室并派驻人员。1994年，全年审阅劳教卷207册，与劳教人员谈话108次，安全大检查39次，提出检察建议8份，纠正违法报告书11份。1996年，立案5件，其中监管干警渎职犯罪1件、在教学员刑事犯罪1件、挪用公款1件、重伤案1件、申诉案件1件。1997年，立案侦查劳教所监管干警玩忽职守造成2名学员逃跑案件，办理学员申诉案件5件，初查案件线索6件，办理刑事案件1件。2000年，建立案件审查、加减期审查、安全检查、定期谈话巡视制度，加强执行监督。在对“四外一缓”人员（即监外就医、监外执行、所外就医、所外执行、缓刑）调查基础上，逐人建立档案和卡片，坚持每月考察1次。通过复查，对已不符合监外执行条件的建议收监1人。

2002年起，督促劳教所安装电视监控设备，加强安全防范。同时，协助公安、法院、司法行政部门，核实、纠正监外执行罪犯脱管漏管情况。至2009年，劳教场所全部安装三级监控设施。

2010年，驻唐山市劳动教养管理所的检察工作，转由市检察院监所处负责。区监所检察工作重点围绕减刑、假释、保外就医专项监督进行。21年间，共审查劳教档案4538册，发出检察建议174份，纠正违法通知书54份，与劳教学员谈话1547次，参加劳教所召开的管教会138次、审批会42次；受理不服劳动教养决定申诉17件；开展安全大检查508次、物品大检验122次；办理河北省监狱管理局冀东分局移送起诉案件32件。

1990—2010年唐山市路南区人民检察院监所检察统计表

表19－6

年份	审阅劳教卷（册）	与劳教人员谈话（次）	安全大检查（次）	物品大检验（次）	参加管教会（次）	参加审批会（次）	检察建议（份）	纠正违法报告书（份）	在押犯重新犯罪起诉卷（件）	受理管教学员申诉（件）
1990	238	197	42	10	7	4	15	5	–	–
1991	214	120	56	12	3	5	18	2	–	5
1992	176	124	48	9	5	3	32	13	–	–
1993	183	70	43	6	6	2	12	6	–	–
1994	207	108	39	5	7	4	8	11	–	–

1990—2010年唐山市路南区人民检察院监所检察统计表

续表19-6

年份	审阅劳教卷（册）	与劳教人员谈话（次）	安全大检查（次）	物品大检验（次）	参加管教会（次）	参加审批会（次）	检察建议（份）	纠正违法报告书（份）	在押犯重新犯罪起诉卷（件）	受理管教学员申诉（件）
1995	198	152	32	10	9	1	15	4	-	-
1996	215	129	30	3	7	3	4	-	-	-
1997	176	111	24	4	5	2	2	1	-	5
1998	275	98	26	7	4	-	12	-	-	-
1999	301	84	24	7	7	1	30	-	-	-
2000	229	65	20	4	6	-	9	2	-	-
2001	312	53	16	6	9	4	7	-	-	-
2002	332	34	18	8	5	1	2	6	-	-
2003	350	27	25	3	7	2	3	-	2	-
2004	126	12	12	8	10	1	1	-	5	5
2005	201	10	16	6	8	1	-	-	2	-
2006	108	36	11	5	9	2	2	3	-	-
2007	138	33	12	3	7	1	-	-	-	-
2008	159	37	5	1	8	2	1	-	1	2
2009	346	35	6	4	7	3	1	1	9	-
2010	54	12	3	1	2	-	-	-	13	-

第四节 控告申诉

1990年，建立检察长接待日制度，重大告急案件检察长亲自接待处理。全年处理各种来信来访168件，其中立案侦查起诉9件，免诉12人，为国家和集体挽回经济损失4.2万元。1992年，对群众来信来访分类处理，全年办理信访案件192件，其中自办12件，转反贪、法纪部门45件。1995年，接待群众来信来访93件次，其中来信69件次，来访24件次。初查8件，结案8件，处理告急案件2件，结案率100%。1998年，开展“人民检察为人民”举报宣传月活动。在沿街重要路口设置宣传栏和举报箱，散发宣传品2000余份，接待法律咨询85人次。是年查结案件线索11件，其中立案1件、2人，为国家挽回经济损失1.5万元；发出书面检察建议1份；批办重要案件4件。

2000年，开展“依法治访促稳定”活动，引导群众依法有序上访。全年受理信访案件129件，化解矛盾62人次。2002年，实行“首办责任制”，依照“统一受理、归口管理”原则，及时分流控告、举报信件，把问题解决在初始阶段。2009年，集中处理涉检上访案件，努力做好国庆、全国“两会”及曹妃甸论坛等特殊时期信访稳定工作。

2010年，受理来信来访118件，其中群众来信41件，来访77件、173人。集体访13件、91人，化解矛盾纠纷、解答法律咨询33件、48人；办理上级交办案件8件，成功办理第一起国家赔偿案件。21年间，共接待来信来访2933件，受理举报272件，立案侦查终结23件，挽回经济损失9.7万元；受理申诉 15 件，案件办结率达 100%；化解矛盾纠纷、解答法律咨询 1438 人次。

第五节　法警工作

1990 年，法警工作由院办公室负责，主要承担法律文书送达、协助执行传唤、拘传，参与提审搜查等项职责。1996 年，设立法警队。1997 年，在司法警察中开展懂检察业务、懂办案程序、会使用武器械具、会擒拿技术、会微机操作岗位练兵活动；组织参加河北省检察机关首届法警业务竞赛，获得百米绳铐押解第一名、拳术集体项目第二名。2005 年，更新警械具，配置专用押解车辆 1 辆。2006 年，法警队在执行看守过程中及时阻止犯罪嫌疑人企图自残事件。至 2010 年，法警队共提押犯罪嫌疑人 429 人次，看押犯罪嫌疑人 336 人次，执行拘传和其他强制措施 68 人次，执行传唤 1287 人次，送达法律文书 6380 份，执行搜查任务 110 次，保护案件现场 15 次，赴省外执行押解任务 4 人次，协助侦查人员省外取证 6 人次，协助办案人员对犯罪情节轻微的犯罪嫌疑人宣告不诉 10 余次，保护公诉人出庭公诉 120 余次，到各地协助办案人员提审犯罪嫌疑人及开庭 30 余次。

1990—2010 年唐山市路南区人民检察院法警工作统计表

表 19－7

年份	提审（人次）	看押（人次）	传唤（人次）	送达法律文书（份）
1990	26	25	78	340
1991	28	21	84	310
1992	34	19	102	340
1993	44	19	132	335
1994	29	22	87	350
1995	28	25	84	279
1996	49	40	147	475
1997	32	21	96	307
1998	12	11	36	275
1999	11	10	33	291
2000	11	8	33	316
2001	13	12	39	328
2002	18	16	54	494
2003	15	14	45	396
2004	17	16	51	448
2005	13	12	39	469
2006	6	6	18	369
2007	11	10	33	66
2008	10	9	30	60
2009	12	10	36	72
2010	10	10	30	60

第三章 审 判

1990年起，路南区人民法院（以下简称“区法院”）认真履行《中华人民共和国宪法》和法律赋予的职能，坚持“以事实为依据，以法律为准绳”，独立行使刑事、民商事、行政审判权；建立案件评查和人民陪审员制度，强化审判监督；加大案件执行力度，为经济社会协调、可持续发展提供强有力的司法保障。至2010年，共审理刑事案件4684件，民事案件2.52万件，行政案件196件，行政非诉执行案件359件，审判监督案件228件，执行案件8294件，为人民群众挽回经济损失9112.48万元。

第一节 刑事审判

一、刑事案件审判

1990年，针对“两抢一盗”案件增多趋势，实施繁简分流程序，加快审判节奏。简易程序10日内结案，普通程序25日内结案，案件庭审结束立即合议，当庭宣判。至1992年3年间，共审结盗窃案件205件、527人，占整个刑事案件的42%。

1993年起，建立主办人、合议庭、庭长、审判委员会层层把关、层层负责制。对于具有重大影响的案件、团伙犯罪案件、跨区域犯罪案件、带有黑社会性质的犯罪案件，提前介入，优先审理。至2000年，共受理各类刑事案件1549件，依法判处各类犯罪分子2018人。

2001—2003年，按照中央对“严打”斗争部署，共开展9次“严打”整治战役。其中，在全省范围内率先对黑恶势力犯罪定罪量刑，判处4个黑社会性质犯罪团伙，依法判处七年以上有期徒刑10人；在防治“非典”紧要关头，审结全省首例破坏防“非典”工作的张某某招摇撞骗案。3年间审结各类刑事案件969件、1479人。

2006年，将严重暴力犯罪和抢劫、盗窃等多发性犯罪作为打击重点。当年审结刑事案件395件，其中处理重大结伙型和在市、区有重大影响的刑事案件10件。2007年，坚持严打方针不动摇，贯彻“宽严相济”的刑事政策。对具有法定从重、加重处罚情节的犯罪分子从严惩处，对初犯、偶犯、未成年人犯罪、犯罪情节较轻人员，以及主动投案自首、退还赃物人员，依法从轻、减轻处罚。全年审结“两抢一盗”犯罪案件109件、166人。

2009年，将盗窃、抢劫、交通肇事、故意伤害、诈骗、抢夺、职务侵占、聚众斗殴等15种罪名案件纳入量刑规范化范围，一人一表，量刑情节写入量刑表格，避免发生畸轻畸重现象。实施量刑规范化后，刑事案件上诉率与2008年同比下降6%，一审服判息诉率高达72.4%，当庭宣判率为26.8%。全年共审结各类刑事案件203件，比2008下降17.5%。

2010年，依法对17件诈骗拆迁款、寻衅滋事阻挠拆迁的刑事案件严惩，既教育广大群众，又为区项目建设营造良好社会环境。21年间，区法院累计审结各类刑事案件4684件，判处各类犯罪分子6163人。其中判处10年以上（含10年）有期徒刑359人，5～10年有期徒刑652人，5年以下（含5年）有期徒刑4187人，拘役549人，管制416人，缓刑1947人。

二、职务犯罪审判

1990年起，依法对贪污、受贿、挪用公款，渎职、侵权等职务犯罪案件进行审判。至1992年，共审结贪污、受贿案件22件、28人。1993年后，社会主义市场经济体制逐步建立，在计划经济与市场经济新旧体制转换过程中，由于行政权力过多介入经济活动，加之国有企业所有者虚位，产权不清晰，管理制度尤其是财务管理制度不健全，职务犯罪案件呈明显上升趋势。至1997年，审结贪污、受贿、挪用公款等经济犯罪案件92件、108人，渎职案件2件，为国家、集体挽回经济损失100余万元。2002年，审结全市有重大影响的周某、李某、王某等行贿受贿案件。2007—2010年的4年间，审判机关共审结贪污贿赂案件29件、38人，渎职犯罪案件2件、2人。

三、少年法庭

1995年，开始筹备青少年审判庭，起草《少年合议庭刑事审判实施细则》《帮教协议》《失足少年审前调查表》《失足少年家庭情况调查表》。1999年，成立刑事审判第二庭，重点审理少年犯罪案件；成立少年犯罪合议庭，配备庭长1名，副庭长1名，干警2名。2000年，少年审判工作全面开展。经过探索实践，总结出一套行之有效的工作方法，即出庭前勤走访，掌握情况细；法律勤讲解，维权工作细；注重勤教育，思想工作细；判后勤回访，帮教工作细。2004年，少年法庭被共青团中央、中央综治办、最高人民法院等11个部门联合授予第四届“全国优秀青少年维权岗”称号。截至2005年，共审理青少年犯罪案件104件，80%青少年回归社会，没有重新犯罪。少年法庭连续多年被省、市团委、法院系统授予“优秀青少年维权岗”称号，被河北省未成年人保护委员会授予“未成年人保护工作先进集体”荣誉称号。至2010年，区法院累计审理未成年人犯罪案件371件、715人。

附：

关于路南区人民法院少年法庭青少年违法犯罪审判工作的情况调查

青少年犯罪已成为全球普遍关注的社会问题。未成年人往往法律意识淡薄、法律知识匮乏，且情绪不稳定，自控能力差，在外界影响和刺激下容易突发犯罪，不计后果，其盲目性给社会、家庭、学校包括青少年本身均造成极大危害。1999年起，路南区人民法院积极探索预防和减少青少年违法犯罪的有效途径，不断加强未成年人的教育管理，注重培育青少年健康的心理和人格，营造有利于青少年健康成长的社会环境。2006年共受理各类诉讼案件94件（其中未成年案件25件）；2007年受理各类公诉案件115件、192人犯（其中未成年人犯罪案件30件35人犯，占案件总数的26.09%）；2008年共受理各类公诉案件96件、170人犯（其中未成年人犯罪案件21件31人犯，占案件总数的21.88%）；2009年共受理各类刑事案件76件、152人犯（其中未成年人犯罪案件13件33人犯，占案件总数的17.11%）；2010年共受理各类刑事案件89件、151人犯（其中未成年人犯罪案件13件21人犯，占案件总数的14.61%），未成年人犯罪呈逐年下降趋势。因路南区人民法院在未成年人审判和青少年维权方面取得可喜成绩，多次受到表彰。1999年起，连续三年被团市委、市中级人民法院授予“优秀青少年维权岗”称号，2000年被河北省未成年人保护委员会授予“未成年人保护工作先进集体”荣誉称号。2001、2002、2003连续三年被省高院、团省委授予“优秀青少年维权岗”荣誉称号。2004年被团中央、中央综治办、最高人民法院等11个部门授予第四届“全国优秀青少年维权岗”称号，被市委、市政府授予一等功荣誉称号。2005年获得唐山市未成年人思想品德教育“红旗单位”荣誉称号。连续保持“全国优秀青少年维权岗”称号。

坚持审判工作与做当事人思想工作相结合。路南区人民法院少年法庭在不断探索的过程中逐步形成“四勤四细”的工作思路。即：庭前勤走访，掌握情况细；法律勤讲解，维权工作细；注重勤教育，思想工作细；判后勤回访，帮教工作细。案件审理前，主审法官详细了解每个未成年犯的生活环境、成长经历、性格特点、社会交往、心理状态及犯罪前后表现，为开庭审理和制定帮教措施打下基础。案件审理中，审判人员坚持不厌其烦地向未成年犯宣传法律知识，促使他们知法懂法，真正从内心悔过，并认真对待违法犯罪应承担的法律后果。同时，审判人员还从做好未成年犯的思想政治工作入手，引导他们悔过自新，守法纪、讲道德、讲理想，把案件审理过程变为未成年犯转变思想、提高觉悟的过程。此外，在回访帮教的过程中，审判人员给每个未成年犯建立个人档案，对未成年犯判后思想状态、改造情况、工作生活表现、帮教措施的落实情况等记入档案，以便适时修正帮教重点，帮助未成年犯树立信心。近年来，刑二庭的法官们坚持对少年犯跟踪帮教，牺牲无数个星期天和节假日，走访辖区50多个单位和部门，帮失足青年找学校、找工作，期间共建立帮教档案312份，收到帮教对象思想汇报1200余份，回访300多人次，帮教违法犯罪的未成年人和有劣迹的在校学生621人。

在审判方式上实行“圆桌审判”。传统的法庭设计格局有利于对被告形成震慑力，但是这种审判方式不适合未成年人，未成年人心智并不成熟，坐在传统的被告席里接受审判，可能会对他们造成极大的心理压力，极不利于以后的教育、感化和挽救。未成年被告人与法官坐在一张圆桌上开庭，审判人员像家人、朋友一样对被告人进行面对面的教育疏导，营造平等的庭审氛围，体现对未成年被告人的人格尊重，并通过以人性化、亲情化的方式感化他们，使被告人感受到家庭般的温暖，最大限度减轻未成年被告人的恐惧和抵触心理。刑二庭的法官们回访出狱未成年犯80多人次，用实践证实这种审判方式，确实能够收到良好的法律效果和教育效果。

注重在各个审判环节维护未成年人的合法权益。为做到全方位立体维权，路南法院将维权领域扩大到立案、审判、执行和审判监督各个环节，对与未成年人成长相关的子女抚养纠纷、抚养费纠纷、变更抚养关系纠纷、监护权纠纷、探视权纠纷、涉及未成年人的继承纠纷、道路交通事故人身损害赔偿纠纷，侵权人或被侵权人是未成年人的特殊类型侵权案件，以及易引发未成年人犯罪的故意伤害、非法拘禁等刑事案件都给予高度关注。对涉及未成年人的697起案件全部开通绿色通道，针对涉及未成年人的特殊性，实行优先调解、优先开庭、优先合议，并将调解贯穿到审判的全过程，不以简单了结案件作为案件审理的最终目标，而是力求法律效果与社会效果的统一，把“不能让孩子停一天课”，作为处理涉及青少年维权案件的一项重要原则，既不耽误青少年的学习，又让家长节省诉讼开支，从而使青少年的合法权益得到及时、有效的保护。

全面开展法校共建活动。路南人民法院与辖区15所中小学校建立法校共建关系，9名干警兼任9所中小学校的法制副校长，坚持每月上一次法制课。院长、副院长先后25次亲自为学生讲法制课，受到在校师生们的广泛好评。与辖区学校共同组织学生开展法律知识竞赛、学法演讲15次，受益学生7万余人次，达到强化中小学生法律意识和社会公德意识的目的。

发出司法建议函。向未成年被告人所在学校及教育部门发出司法建议函42次，建议学校加强法制教育和思想道德教育，增设必要的法制课程。针对学校中存在的高年级学生敲诈低年级学生，学校周边环境复杂，录像厅、迪厅、网吧等娱乐场所向青少年传播暴力、色情等不健康文化源头等九个问题，及时向区教育局、文化局、公安局发出司法建议函，共同构筑预防未成年犯罪屏障。

开展送法进社区活动。先后56次与钱家营矿、双新里、永乐园、福乐园等企事业单位和社区，共同开展以青少年维权为主题的法制宣传教育活动。在永乐园社区、福乐园社区创建“青少年维权岗”和“家长学校”，指定水平高、业务精的法官定期到社区进行法律讲座，向社区赠送法律光盘，印发法制宣传材料，进行法律咨询，向基层组织和社区群众宣传《中华人民共和国未成年人保护法》《中华人民共和国预防未成年人犯罪法》等法律，与社区组织一同加强对学生寒暑假期间的管理：组织学生成立青少年志愿者服务队，办法制画报，组织法制讲座，开展各种有益的社会活动，从时间上将校内校外的法制教育活动紧密结合，共同为青少年健康成长营造良好的社会环境。

组织劳教人员“现身说法”。通过内容生动直观、系统的典型事例展览和讲座，同时配以真实案例为内容的宣传讲牌，利用一幅幅触目惊心的画面、生动的案例，加深青少年学生知法守法的意识。组织判后青少年到就业基地、革命传统教育基地进行参观学习、植树劳动等活动。

（王乃江）

第二节　民商事审判与行政审判

一、民商事审判

1990年，经济审判由民事审判庭负责。审判的案件主要包括购销、工程承包、加工承揽、货物运输、借款、财产租赁等方面，全年共审结各类经济纠纷案件190件，审理其他民事案件657件。

1993年，离婚案件在民事案件中居首位，占民事案件总数的61.2%。后随着经济体制改革深入和商品经济发展，民事案件数量、内容、结构均发生明显变化，且经济纠纷案件逐渐成为民商事案件的主体。1998年，依法审理改制企业核销银行债务案件12件，帮助企业减轻债务5664万元。因经济纠纷案件居高不下，引导企业运用诉前保全、诉讼保全、先行给付等财产保全措施，维护自身合法权益。全年审理案件424件，为企业挽回经济损失3975.78万元。2002年，经济审判庭改为民事审判第三庭，经济纠纷案件按地域分配到3个民事审判庭。

2003年起，由于企业改制、资产重组引发的劳动争议、资产争议、经营管理权争议、股权争议等案件攀升，纠纷成为民商事案件的审判重点。是年，审结复兴商贸有限公司职工资产争议集团诉讼案等新型案件101件。2006年，受理因企业改制引起的劳动争议案件84件，企业破产案件3件；审判企业追索欠款案件168件，标的额4100余万元。

2008年后，将下岗职工、农民工、老人、妇女、儿童等弱势群体案件、民生案件、群体性纠纷案件等列为重点，力争快立、快审、快结。至2010年的21年间，共审结各类民商事纠纷案件2.52万件，其中婚姻案件6532件，占全部民商事案件的25.92%；债务纠纷案件6386件，占25.34%；损害赔偿案件6251件，占24.8%；赡养抚养扶养继承案件3745件，占14.86%；其他案件2291件，占9.09%。

二、行政审判

1990年起，围绕《中华人民共和国行政诉讼法》颁布实施，加强对行政诉讼法的学习、研究，探索行政案件协调沟通方式，慎重处理每一起行政诉讼案件，做到不随意限缩行政诉讼受案范围，不额外增加受理条件，解决原告不知告、不会告、不敢告、不能告问题。至1997年，共审理行政案件39件。

1999年后，围绕全区工作重点、重点工程和矛盾突出案件，积极探索工作新思路，提高裁判公信力。当年，以区委确定的唐柏路工程拓宽和石庄平房拆迁改造为重点，先后完成37件非诉行政执行案件。2004年，在非诉行政执行尤其是城市规划、非法占地、征收社会抚养费等矛盾较为突出的案件时，加强与政府有关部门沟通，确定最佳执行方案，避免不稳定因素发生。2009年，因房屋征收搬迁引发较多行政争议，通过推行公开举证、质证、认证或公开听证等方式，均得到圆满解决。

2010年，在长青楼、陶瓷城、建工楼、新华楼、南湖生态城西北片区等区域改造搬迁中，加大行政审判调解力度，诉前化解行政争议745件，和解、撤诉案件11件，诉前化解行政纠纷案件18件。21年间，依法审理并审结各类行政案件196件，其中维持行政决定87件，撤销行政决定23件，撤诉5件，驳回起诉18件，驳回诉讼请求19件，其他10件。受理行政非诉执行案件359件，执结359件。

第三节　执行判决与审判监督

一、执行判决

1990 年，为解决执行庭执行力量与执行任务不相适应、执行案件积压问题，执行庭增加 2 名干警，并从公安和有关单位借调 3 人参与执行，全年执行案件 198 件。1992 年，执行工作被列入法院工作重要议程。确定 1 名副院长主抓，选配责任心强、年轻有为的干警充实执行庭，配备交通工具、通讯器材等装备。全年执行案件 275 件。

1994 年，随着案件结构发生变化，对移送、申请执行的经济案件，依据偿还能力不同区别对待，主要包括：冻结、划拨资金、查封、扣押、变卖财产、行政拘留、以物抵债、民劳抵债等双方协商、分期执行、中止或终止等。是年，自动履行率达到 60% 以上。1995 年，调整执行策略，注重执行社会效果。全年执行标的额高达 3315 万元，执行案件自动履行率达 75%。1998 年，将基金会案件执行工作放在首位，优先执行，共为基金会执行回现款 1500 万元。2001 年，强化申请执行人的举证责任，加强 8 小时外的执行。全年受理各类强制执行案件 515 件，执结 506 件，拘传 60 人，拘留 64 人；划拨现款及扣押、拍卖其他有形资产折款 2015 万元。2004 年 3 月，优化执行职权配置，在执行庭基础上建立执行局，内设综合协调科、执行一庭、执行二庭。

2007 年，开展“集中突击执行”活动，对有履行能力而拒不履行法定义务的被执行人，依法强制执行，执行行动 43 次。2009 年，开展“清积”活动，通过分散执行与集中执行相结合、威慑执行与政治思想攻势相结合、法院与其他部门联动协助相结合，最大限度缓解“执行难”。是年，执结案件 763 件，执行标的额 2100 万元。

2010 年，完善立案、审判、执行协调配合机制，依法采取保全措施，确保案件执行；健全执行款物集中收付管理，规范委托鉴定、评估、拍卖工作，推行执行公开，提升司法公信力；着力构建社会征信体系，完善执行联动威慑机制，提高执行实际到位率。是年，受理执行案件 561 件，执结 561 件，执结率达 100%，执结标的额 7000 万元。21 年间，累计执结各类执行案件 9815 件，执结标的额达 4.91 亿元。

1990—2010 年唐山市路南区人民法院执行案件统计表

表 19－8　　单位：人

年份	执行收案	执结	执行和解	执行中止	执行标的额（万元）
1990	198	157	31	10	253.52
1991	282	258	16	8	300
1992	275	238	28	9	390
1993	210	200	5	5	406
1993	298	279	178	5	1146.96
1994	418	391	294	–	3519

1990—2010 年唐山市路南区人民法院执行案件统计表

续表 19－8 单位：人

年份	执行收案	执结	执行和解	执行中止	执行标的额（万元）
1995	397	376	–	–	3315
1996	415	383	–	–	3028
1997	439	399	–	–	3267
1998	458	436	–	–	3180
1999	474	430	–	–	3258
2000	471	459	–	–	3200
2001	515	506	–	–	2015
2002	461	419	36	6	2870
2003	369	224	87	58	1551
2004	852	852	–	–	1963
2005	580	580	–	–	1750
2006	427	220	80	24	1300
2007	362	358	157	72	1800
2008	586	581	130	171	1500
2009	767	763	168	227	2100
2010	561	561	–	–	7000

二、审判监督

1990 年，告诉申诉审判庭承担审判监督、申诉再审、审查告诉立案、来信来访接待等任务。1991 年，实行院长接待日、“首问负责制”。1996 年，建立案件评查监督机制，主要是审查立案、审理、执行程序是否合法，案件事实是否清楚，适用法律是否正确，判决结果是否得当。通过带着问题下访，强化周通报、月调度，妥善处理一批缠访多年的上访案件。建立案件评查监督机制，全年无一发还，无一改判。1998 年，依法公正审理每件再审案件。原判错案坚决依法改判；原判正确案件认真做好当事人的息诉服判工作，能调则调，案件调解结案率 38. 4%。

2000 年 11 月，落实“立审分离，审监分离”原则，撤销告诉申诉庭，成立审判监督庭。2005 年，加强审判案件质量管理，建立信访案件当事人回访制度。上级交办、督办的信访案件，回访率达 100%。

2007 年，完善案件质量评查制度和人民陪审员制度，邀请区人大代表视察法院工作，旁听评议庭审，自觉接受监督。全年人民陪审员参与合议庭审理案件达 200 余件。2008 年，依据新修订的《中华人民共和国民事诉讼法》，区法院不再承担民事申请再审案件的审查和依申请再审启动的民事再审案件的再审工作，仅承担依照职权进入再审和涉及事实证据的民事抗诉再审案件。

2009 年，强化监督机制，制订《案件质量监督管理规定》《案件质量监督管理补充规定》，明确提出审监庭对所有待判案件的判决书定期抽样预审，发现问题，及时纠正。专项评查二审改判案件，分析改判原因，分清改判责任。全年评查案件 1000 件，受理申诉和再审案件 19 件，审结 19 件，其中改判 9 件。

2010年，邀请人大代表和政协委员旁听开庭审理案件12次；提请区人大常委会任命人民陪审员34名，全年参与审理各类案件395件。21年间，共审结申诉案件271件，其中审结刑事申诉案件117件，民事申诉案件125件，行政申诉案件29件；审理本院决定再审63件、上级法院指定再审案件35件。

第四章　司法行政

1990年，路南区司法局（以下简称“区司法局”），以维护社会稳定、促进社会和谐为目标，认真组织制定司法行政工作的长期规划和年度计划，组织法制宣传和“五五”普法规划的制定与实施；建立健全民事调解组织，深入基层开展和指导民事调解与矛盾排查；加强对刑释解教人员管理，加强律师、公证、司法鉴定和对劳动教养人员、刑满释放人员的安置帮教等工作的监督与指导，为追寻诚信、平安、和谐路南做出积极贡献。增加社区矫正职能，加强对社区矫正人员的管理，维护社会稳定。至2010年，全区基层人民调解组织共调解各类纠纷3.98万件；接收刑释解教人员594名，帮教率达100%，安置率98%；解答法律咨询1.69万人次，代写法律文书9327件；接待群众来访1.3万人次。1995年、2005年两度被市政府评为“普法工作先进区”。2010年，法律援助中心被省司法厅评为“实绩突出单位”。

第一节　法制宣传

一、“二五”普法宣传

1990年，重点宣传《中华人民共和国行政诉讼法》，增强行政人员依法行政的法律意识。1991年，根据“二五”普法规划，组织领导干部和执法人员学习《中华人民共和国产品质量法》《中华人民共和国公司法》《中华人民共和国劳动法》等法律法规。在街道、乡村，通过答卷、举办培训班等形式开展普法教育。至1995年，有1500人参加普法答卷活动；举办法制培训班6期，1200余人参训；举办法制讲座30余次、法律咨询活动15次；发放宣传材料3万余份。

二、“三五”普法宣传

1996—2000年“三五”普法期间，重点宣传《中华人民共和国反不正当竞争法》《中华人民共和国消费者权益保护法》《中华人民共和国农业法》《中华人民共和国妇女权益保护法》等法律法规。共发放“三五”普法读本1.3万套、各类普法读物3.2万册。在中小学开展“律师送法进校园”和“聘任法制副校长”等活动。公、检、法、司、工商、税务、劳动等执法部门专门组成60人的普法讲师团，授课150次，受教育面达3万人次。

三、“四五”普法宣传

2001年，依据《唐山市2001—2005年法制宣传教育和依法治市规划》《唐山市2001年法制宣传教育和依法治市实施方案》，制定2001—2005年“四五”普法规划和实施方案。并组织开展以“增强法制观念，推进依法治国”为主题的“12·4”全国法制宣传日活动。

2004年，选聘35名法制副校长，建立6所社区法制学校，通过举办法制教育专题讲座、模拟法庭、劳教中违法青少年现身说法等形式，对中小学生、社区居民进行法制教育。至2005年，共组织普法讲师团及普法骨干，深入学校、农村、社区、企业进行法律宣传教育50余次，制做普法图板1万余块，印刷宣传资料2万余份，受教育群众达10万人次。

四、“五五”普法宣传

2006年，“五五”普法初始，围绕社会主义新农村建设、区重点工程建设等，宣传《中华人民共和国农业法》《中华人民共和国土地管理法》《中华人民共和国农村土地承包法》《中华人民共和国继承法》等法律法规。组织开展送法下乡35次，参加人员200余人次，接受群众法律咨询160人次，上法制课100场次。2007年，制定《关于深入开展“送法下乡”活动的实施意见》，组织送法下乡35次，印发法制宣传资料10万余份，上法制课150场（次），接受群众法律咨询230人（次）。

2009年7月，在长青楼组织“法制集中宣传月”活动，加强对重点拆迁区域和重点人群的宣传教育。出动法制宣传车10辆次，发放法制宣传资料千余份，接受法律咨询50余人次。至2010年的5年间，在农村分三期对村委会主任进行法律培训；在学校开展“法律进校园”活动，受教育学生达2万多人次；连续五年对国家公职人员进行法律知识考试，合格率达100%。集中授课40余次，印发法制宣传资料2万余份，出动法制宣传车70余辆，悬挂标语150余幅，解答法律咨询3000余人（次）。

第二节　民事调解

一、调解组织

1990年，在全区7个街道设立人民调解委员会。1995年，在7个街道、1个乡及区企调解组织实行划片管理，由所在乡、街司法所协助做好调解工作。1998年，在集贸市场、企业、新建住宅小区、流动人员聚集地，新增7个协调、指导联络点。2002年8月，各乡、街道在民营企业建立企业、车间、班组三级民事调解组织，并制定相应规章制度。2004年，全区80%以上的非公有制企业均建立人民调解委员会或调解领导小组。2009年，与法院配合成立诉前调解委员会，实现人民调解与司法调解有机结合。2010年，在乡街、社区（村）共建调解委员会97个，有调解干部374人，楼院调解信息员、入户调解员3100人，志愿者484人，形成区、乡（街）、村（社区）、组四级排调网络。

二、纠纷调解

1990年，人民调解主要涉及婚姻、家庭、邻里、赔偿等方面的民事纠纷。在调解中，贯彻“调防结合、以防为主”的方针，针对难点、热点纠纷开展调解，缓解利益冲突。坚持抓早、抓小、抓苗头，及时把矛盾消灭在萌芽状态，严防民间纠纷激化，全力维护社会稳定。全年共调解各类纠纷584件。1994年起，在基层人民调解组织中开展“四无”（无民间纠纷引起的刑事案件，无民间纠纷引起的治安案件，无民间纠纷引起的自杀案件，无民间纠纷引起的群体性械斗）活动，建立“四无”活动责任考核制度。至1999年，基层人民调解组织共调解各类纠纷1.39万起。

2000年后，民事调解坚持“深入基层、加强调研、稳定队伍、夯实基础、狠抓落实”的指导思想，强化组织建设，建立约束机制。当年，在全区7个乡、街和90个社区（村）成立社区法律服务调解中心。2004年，在基层民调组织中建立“四牌一图”（“四牌”即调委会工作原则牌、调委会工作纪律牌、调委会工作制度牌、调委会工作指示牌；一图即调解工作网结图）上墙制度，“五薄一册”（“五簿”即学习会议登记簿、纠纷排查簿、调解登记簿、法制宣传登记簿、安置帮教登记簿；“一册”即调解人员花名册）登记制度，村（居）委会每周、街道每半月、区每月一次的纠纷排查制度，重要会议、重大节日实行重点排查制度。同时对重点人、重点户、重点事做到重点调解，及时把问题解决在萌芽状态。

2006 年，制定《关于进一步完善民间纠纷排查调处机制，提高人民调解工作的实施方案》，建立重大纠纷日报告和零报告制度。组织 7 个基层司法所，对矛盾纠纷开展月排查、月调解、月反馈，有效避免矛盾激化或民转刑案件的发生。2009 年，司法部部长吴爱英视察女织寨乡司法所，对基层人民调解、法制宣传等工作给予高度评价。至 2010 年，全区基层人民调解组织共调解各类纠纷 3.98 万件。

第三节　安置帮教与社区矫正

一、安置帮教

1998 年，成立刑释解教人员安置帮教工作协调小组，办公室设在区司法局。是年，区司法局设立安置帮教科。1999 年，在区、乡镇（街道）、村（居）三级建立帮教组织，负责引导、扶持释解人员。全年接收帮教人员 13 人，建立帮教基地 1 个。2001 年，将帮教工作延伸至监狱，提前介入，变出狱后被动说教为出狱前强化培训，打好基础，防止二次"回炉"。2002 年 8 月，在冀东监狱召开亲情教育规劝大会；10 月，到市劳教所向 160 名路南籍劳教人员赠送法律书籍，并召开帮教工作座谈会。

2006 年，依据国家八部委《关于进一步做好刑释解教人员促进就业和社会保障工作的意见》，加强对释解人员的排查，及时了解和解决释解人员思想、生活、工作等方面的问题。是年，全区共有刑满释放人员 50 人，均及时得到帮教安置。2007 年，以"安其身、暖其心、帮其富、促其变"为思路，加强对释解人员的排查与管理。

2010 年，加强基层帮教组织建设，落实帮教责任。全年共接收刑释解教人员 594 名，建立帮教基地 1 个，为 7 名刑释解教人员解决低保和住房问题。帮教率达 100%，安置率为 98%，重新犯罪率为零。

二、社区矫正工作

2010 年 1 月，依照最高人民法院、最高人民检察院、公安部、司法部《关于在全国试行社区矫正工作意见》，路南区成立社区矫正工作办公室，司法局成立社区矫正管理科，履行社区矫正工作职能。会同区公安分局、检察院、法院下发社区矫正工作方案，为各司法所统一制作"社区矫正工作站"标牌，印制工作流程图，使工作有章可循。在全市率先提出"1 +2 +1"矫正帮教工作模式，即为每名矫正人员在村（居）委会确定两名帮教人，并与矫正人员的一名家庭成员签订双向责任书，确定监管人。该模式的提出与成功实践，受到市政法委充分肯定和表彰。是年，共接收社区矫正人员 71 人，其中保外就医 9 人，管制 4 人，缓刑 14 人，假释 4 人，剥夺政治权利 40 人。通过定期走访、回访，进行教育，帮助解决生产和生活困难，社区矫正率、社区帮教率 100%，安置率达 95% 以上。释解人员思想稳定，无一人重新犯罪。

第四节　律师事务与公证事务

一、律师事务

1990 年，区律师事务所为事业编制，有律师 5 名。全年办理律师事务 726 件，代写法律文书 1021 份。1996 年 12 月，区律师事务所与司法局脱钩改为合伙制，自我管理、自我发展、自我约束、自我经营。1998 年，针对律师事务所管理差、收费不统一、制度不健全、乱设办公地点等问题，根据有关规定进行规范。2005 年，加强律师队伍建设，开展"讲诚信、树形象"活动，强化学习培训，搞好职业道德教育。2007 年，加强律师事务所规范化建设，统一制作律师业务公开栏，将律师姓名和照片、收费标准等内容向社会公开。全年共收案 379 件，其中民事 251 件，刑事 96 件，非诉讼代理 32 件，避免经济损失 600 余万元，挽回经济损失 150 余万元。2009 年，组织律师开展“保增长促发展”专项法律服务活动。引导律师参与政府有关重大法律问题的咨询活动。2010 年，全区有 4 家律师事务所，执业律师 69 名。

二、法律援助

2000 年，区司法局成立“148”法律服务热线。2001 年 7 月，建立法律援助中心。根据“服务人民、奉献社会、扶贫助弱、维护公正”的宗旨，开展法律法规宣传和咨询工作，共解答法律咨询 683 人次，代写法律文书 226 件，接待群众来访 298 人次。2002 年，随着养老保险、医疗保险、拆迁安置等民生问题的增多，法律援助范围不断扩大，全年解答法律咨询 812 人次。2004 年 8 月，在 7 个街道司法所建立法律援助联络站，形成以援助中心为主、以联络站为辅的法律援助体系。2005 年，接待来访群众 56 人，提供援助 10 起，办结 10 起，其中民事 8 起，刑事 2 起，解答咨询 1500 人次。至 2010 年的 11 年间，区法律援助中心共解答法律咨询 1.69 万人次，代写法律文书 9327 件；接待群众来访 1.3 万人次，为企业和个人挽回经济损失 200 余万元。

三、公证事务

1990 年起，经济类公证大幅上升，主要涉及企业投标、银行借款合同、政府采购招标、国有土地拍卖等，全年办理公证 100 余件。

2002 年，开展“办证进家、送证上门”活动，主动登门办理的数量占全部公证业务的 50%。2005 年，加强公证事务管理，规范执业行为，严格公证程序，开展诚信和公证质量教育，建立质量监督员制度、公证质量每月自查制度、互查制度、公证流转程序实施办法等内部管理制度，全年办理各类公证 2394 件。2006 年，加强与房产管理部门、土地管理部门及银行等单位的业务沟通，拓宽服务领域。全年办理各类公证 1100 件，业务收入 25 万元。2008 年 9 月，区公证处整合至市司法局公证处，更名为唐山市华忆公证处。

第五章　政法委工作

1990 年起，路南区政法委在政法系统开展各种形式系列教育活动，指导和协调组织政法队伍建设；进行执法执纪检查，支持督促政法各部门依法行使职权；受理人民群众来信来访，办理涉法涉诉信访案件；指导社会治安综合治理，综合运用政治、经济、行政、法律、文化教育等手段，化解不安定因素，减少和预防犯罪，使社会治安秩序明显改善。

第一节　研究指导和协调组织政法队伍建设

1990 年起，整顿基层所站，查处政法干警中存在的“吃、拿、卡、要”不正之风；在政法系统开展“学雷锋，争创优秀卫士”评比竞赛活动。1994 年，开展集中教育整顿，查找思想、纪律、作风方面存在的突出问题，其中公安机关自觉查摆吃喝、作风粗暴、公仆意识差、纪律散漫、工作消极等问题 568 个次，检察院、法院、司法局查摆各种问题 468 个次。

1996年6月，区委办公室转发区委组织部、政法委《关于加强和改进政法干部管理工作的若干意见》，明确区检察院副检察长、法院副院长、公安分局正副局长和正副政委、司法局正副局长的任免，由区委组织部、政法委对提出的初步人选共同考察，提出任免意见，由区委组织部报区委常委会决定；区委政法委正副科级领导干部的任免，由区委组织部考察，提出任免意见，报区委常委会决定；政法系统正副局（科）级领导干部的任免，需报市委政法委审查同意后再办理任免手续；其他正副科级人员的任免，由所在单位提出初步意见，区委组织部和政法委共同考察，由区委组织部报区委决定；股级干部的任免，由所在单位提出初步意见，由区委组织部和政法委考核决定，由组织部办理任免手续。8月，区委政法委下发《关于进一步开展岗位练兵活动的意见》，在公安机关派出所、巡警大队、联防队、政保、治安、户政、刑侦、内保、法制、预审等单位和部门，检察院的刑侦、反贪、法纪、监所、控申等检察部门，法院的经济、民事、刑事等审判部门，开展岗位练兵活动。通过学习和培训，政法干警全面掌握本部门的职责范围、工作任务、工作程序和相关法律法规，基本达到"两活"（活档案、活地图）"两不倒"（考不倒、问不倒）"三熟悉"（熟悉自己的职责范围、岗位目标、常用法律知识）"三精通"（精通本职岗位工作程序、与本职业务有关的常用法律法规、与本职业务有关的现行政策），做到"七能七会"（能正确执行党的路线、方针、政策，会宣传教育群众；能正确理解和执行有关法律条款，会解答群众的有关问题；能正确适用法律，会起草法律文书和建立卷宗；能及时发现隐患苗头，会化解矛盾；能开展调查研究，会写调研报告；能妥善处理工作中发生的各类矛盾和突发事件，会独立开展工作或独立办案；能与群众打成一片，会做群众工作）。

1997年，在全区政法机关先后开展"鱼水工程""形象建设""讲争创"（讲学习、讲政治、讲正气，争当优秀卫士，创建文明机关）活动，创建"三讲"政法领导班子。其中公安机关选树了全国优秀民警董秀丽，河北省优秀民警、路南区十佳公仆宋海生，用身边的先进典型、先进事迹开展理想信念教育。同时，按照市委政法委《关于参加全市1997—1999年创建文明城市竞赛活动的实施意见》，在全区政法系统开展了"四个教育"（宗旨观念教育、法纪教育、廉政勤政教育、职业道德教育）和"四个活动"（学雷锋、学先进、争创优秀卫士评比竞赛活动；学济南交警、树良好形象活动；社会评警风警纪活动；岗位练兵活动）。

1998年8月，区委批转《中共路南区政法委员会关于预防政法系统违法违纪的暂行规定（试行）》，建立政法部门党委（党组）和处（庭、科、所、队、室）政治业务学习制度、政法干警考试考核制度、党委（党组）生活会制度、重大事项报告制度以及办案登记制度、重特大案件疑难案件集体决定制度、"两错"（错案和执法过错）追究制度、选人用人制度、财务管理制度。

2004年，在全区政法系统开展"执法为民树形象"活动和为期40天的纪律作风整顿，解决少数干警"冷横硬推、吃拿卡要"及违法违纪办案问题；召开政法系统思想政治工作会议暨典型经验交流会，选树先进集体和先进个人；举办股级后备干部培训班，参训人员40人；召开民主行风评议质询会，聘请40名社会各界人士和有关领导进行行风评议；评选"十佳干警"。其中，公安机关结合自身特点，学习任长霞"立警为公、执法为民"，开展思想纪律作风整顿，争创"零违纪队伍"；司法行政系统开展了分层次有针对性的岗位业务"大练兵"活动。

2005年，在全区保持共产党员先进性教育中，政法系统开展"规范执法行为，促进执法公正"大讨论，提高干警政治理论水平，增强宗旨观念，改进服务工作。

2006年，政法系统开展"八荣八耻"社会主义荣辱观教育，做到"知荣明耻，争荣止耻"；开展"执法质量年"活动，建立执法档案，完善执法质量考评机制，整治特权思想、侵权行为和失职渎职，树立公正执法良好形象；坚持从优待警，实施"暖警工程"。

2007年，按照"政治建警、从严治警、素质强警、机制励警、从优待警"要求，开展"反对特权思想、树立良好警风"教育活动，整肃政治纪律，改进机关作风；开展"立警为公，执法为民"教育，选树执法为民先进典型，涌现"2007唐山政法战线十大杰出人物""唐山市十大杰出青年""全国司法行政系统先进工作者”“唐山市人民满意政法干警”“唐山市优秀法官”各1名；开展岗位练兵活动，组织学习培训75班次，培训政法干警978人次，完成学历进修45人；优化政法队伍干部配备结构，调整政法系统股级干部36人；政法队伍实现“零违纪”。

2008年，政法工作按照“服务大局、以人为本、和谐司法、公平正义”要求，在政法系统以防范恐怖袭击和突发群体性事件为重点，开展“迎奥运苦练基本功”培训活动，从政治练兵、法律练兵、业务练兵三方面入手，加强政策、法律和体能、技能、战术的学习和训练，制定反恐处突预案，以保证“拉得出、上得去、打得胜”。

2009年，以“干部作风建设年”活动为载体，在全区政法系统开展“听民声、察民情、知民意、解民忧、护民权”主题实践活动和“防事故、防违纪、防渎职”教育，倡导“与群众交朋友”“问策问计于民”“为民办实事”，强化立警为公、执法为民理念，争做“范党育式政法干警”，推动政法队伍建设上台阶上水平。

2010年，全区政法系统开展社会主义法治理想信念教育，端正政法干警执法理念，规范执法程序，严格执法纪律；开展争先创优活动，评选“双十佳”（十佳政法单位、政法干警）；开展“阳光执法”活动，组织500多名政法干警深入拆迁一线，与群众交朋友，做好群众思想工作；开展“公正执法，执法为民”教育整顿，端正执法理念，完善干警执法档案，提高公正执法能力和水平。是年，调整政法系统股级干部27人，其中新任股级干部17人。

第二节　支持和督促政法各部门依法行使职权

1990年，在政法系统进行执法执纪检查，采取各单位自查自纠、政法委全面检查、市政法委随机检查、大案要案跟踪检查的方式，重点检查执法不严、有法不依问题。按照财政部《关于加强公检法部门罚没收入管理和保证办案经费的通知》，组织政法各部门对罚没和追赃收入开展专项检查，严厉查处单位和部门对罚没和追赃收入截留、坐支、挪用和私分等违反财经纪律行为，建立收支两条线的财务管理制度。检察机关对检察人员执行“八要八不准”（要热爱人民，不准骄横霸道；要服从指挥，不准各行其是；要忠于职守，不准滥用职权；要秉公执法，不准徇私舞弊；要调查取证，不准刑讯逼供；要廉洁奉公，不准贪赃枉法；要提高警惕，不准泄露机秘；要接受监督，不准文过饰非）情况进行检查。

1992年4月起，根据司法部下发的《司法行政机关执法监督检查工作规定（试行）》，司法行政机关建立每年1次的执法监督检查制度，按照自我检查为主、上级抽查和组织互查为辅的要求，重点检查律师、公证、法制宣传、人民调解、基层法律服务等工作的执法执纪情况，加强司法行政机关规范化、制度化建设。

1995年，在全区政法系统建立办案责任制和错案追究制；法院实行立审分离、审执分离审判方式改革；司法行政部门对律师公证体制进行改革。

1997年7月，对全区政法系统证件使用和治安联防队伍进行清理整顿。是年，全区政法系统围绕有法不依、执法不严、违法办案、权钱交易、刑讯逼供、徇私舞弊、贪赃枉法等突出问题，违反中央政法委“四条禁令”（绝对禁止政法干警接受案件当事人请吃喝、送钱物，绝对禁止对告诉求助群众采取冷漠、生硬、蛮横、推诿等官老爷态度，绝对禁止政法干警打人、骂人、刑讯逼供等违法乱纪行为，绝对禁止政法干警参与经营娱乐场所或为非法经营活动提供保护）行为，群众反映强烈的热点问题，进行自查自纠，杜绝“人情案、关系案、金钱案”。

1998年4月，对1997年办案情况开展执法大检查，自查各类案件3597件，自查率100%；查出有问题的案件202件，占自查案件总数5.6%；挂账督办22件，是年解决21件，立案调查并纪律处分干警2名。6月，按照中央政法委《关于加强党委政法委执法监督工作的意见》，执法监督工作列入政法委基本职能和重要工作内容，协助区委加强对政法各部门执法工作的党内监督，保证执法部门正确贯彻执行党的路线、方针、政策，解决执法不严、执法不公、监督不力的问题，加强各部门协调配合，改善执法环境，维护社会主义法制的尊严与统一。

1999年6月，按照市委政法委《关于进一步明确执法检查自查自纠阶段有关政策通知》要求，对政法系统执法检查有关事项作出政策性规定：对一般违法违纪主动自查自纠的，不再追究责任；对办错案和严重违法违纪的，主动检查、纠正、挽回影响的，视情节免予追究或从轻、减轻追究；对有问题不主动查纠的，从重追究责任；对隐匿证据、搞攻守同盟或威胁知情人、报复举报人的，依法严惩。10月，根据省委政法委《关于严格依法办事坚决纠正超期羁押问题的通知》，开展超期羁押问题专项检查，纠正执法不严、执法不公、执法不廉问题。是年，全区共检查1998年办理的各类案件3730件，发现有问题案件66件，纠正66件。是年，路南区公安分局被评为"唐山市政法系统专项执法检查先进集体"。

2000年，根据省委政法委《关于进一步加强全省政法系统枪支管理和使用规定的通知》，全区政法机关枪支实行集中统一保管，并规定：因工作需要配枪的，必须执行上班或执行任务前领取枪支，下班或完成任务后一律交回的制度；确因工作需要必须随时携带的，填写审批表，报政法部门负责人批准。

2001年，按照司法部《司法行政机关执法监督检查工作规定》，司法行政机关实行上级机关对下级机关、上级业务部门对下级业务部门的各项执法活动实施监督制度。2001年6月，对"严打"活动期间的办案纪律开展查纠，重点查纠该立案不立案、该捕不捕、该诉不诉、重罪轻判、丧失原则、收受礼物、刑讯逼供、非法拘禁、违法处罚等问题。

2003年，按照《中华人民共和国公安部"五条禁令"》《河北省委政法委约法三章》《河北省高级人民法院"六个严禁"》《河北省检察机关七条禁令》等规定，对枪支管理使用、酒后驾车、工作时间饮酒、参与赌博等行为开展专项检查。

2004年3月，检察机关对审查起诉工作实行"一月一评议"制度，通过回看庭审录像，查找庭审中公诉举证、法庭辩论、心理素质等方面存在的不足与问题，提高公诉水平。

2005年，在全区政法系统开展执法质量考评、"阳光"执法、信访"绿色通道"三项活动；按照《最高人民法院、最高人民检察院、公安部关于严格依法履行职责切实保障刑事案件办案质量的通知》，开展公正执法、提高办案质量、保障社会公平执法检查，并建立涉法涉诉、重点上访案件处理工作责任制，控制越级上访。

2009年12月，根据全市政法系统加强执法监督工作电视电话会议精神，提出"四围绕四强化"要求，即围绕容易发生徇私枉法、权钱交易的执法岗位和执法环节强化执法监督，围绕容易发生违规违法办案、执法不文明的岗位和环节强化执法监督，围绕容易发生玩忽职守、失职渎职和执法不作为的岗位和环节强化执法监督，围绕容易发生地方、部门保护主义、违法干预办案的执法环境强化执法监督，规范执法行为，保障执法公正。

2010年，区委政法委下发《关于进一步加强新形势下执法监督工作的意见》《关于建立执法监督工作机制的实施意见》，区政法部门制定《关于加强民事行政执行案件法律监督实施细则》《关于施行民行申诉案件联席会议制度暂行规定》《捕后变更强制措施操作规程》等制度，进一步规范执法监督；建立案件质量评查制度，组织案件质量评查活动2次，评查案件200件，纠正存在质量缺陷案件6件，减少越级访、重复访、跨部门等非正常涉法涉诉信访案件；开展政法机关"三零"（单位零事故、执法零过错、干警零违纪）目标管理，建立干部作风廉政档案；开展减刑、假释、保外就医等专项检察，加强诉讼监督；开展"阳光执法活动"，建立和完善政法干警执法档案，推进司法和行政执法规范化建设；实行110接处警"逢警必录"制度，摄录110警情1.05万起，纠正执法不规范23人次；实行讯问职务犯罪嫌疑人和重大刑事案件犯罪嫌疑人全程录音录像制度，实现案件动态管理和实时监督；建立执法瑕疵档案，落实执法过错责任追究制。

第三节　涉法涉诉信访案件办理

1990 年，区委政法委受理人民群众来信来访主要有：不服政法部门处理的上诉（申诉）案件；因管辖不明有关部门互相推诿的案件；已经作出处理决定但长期没有执行的案件等，均按照“分级负责、归口办理”的原则，交由相关部门负责办理，政法委负责督办。

1994 年，全区政法系统连续 10 年无信访积案，无进京、赴省上访。

2004 年，在政法系统开展“两抓一保”活动，即抓矛盾纠纷排查调处，抓治安隐患排查整治，确保社会政治稳定。全年接待群众上访 160 人次，处理群众来信 89 件；办结省交办督办 32 件，市交办督办信访案件 31 件，规定时限内办结率 100%。

2005 年，根据国务院颁布的《信访条例》和中央政法委《涉法涉诉信访案件终结办法》，对人民群众来信来访涉及人民法院、人民检察院、公安部门和司法行政部门处理的信访案件，确定为涉法涉诉信访，由政法系统负责受理。

2008 年奥运期间，针对涉法涉诉信访案件频发的现状，区委、区政府建立涉法涉诉救助基金制度，司法救助涉法涉诉案件 7 件，发放救助金 29.55 万元。

2009 年，贯彻中央政法委《关于进一步加强和改进涉法涉诉信访工作的意见》，完善领导干部信访接待制度，主要领导干部一般每月安排一天接待群众来访，领导班子成员定期轮流接访；建立信访联席会制度，综合运用法律、政策、经济、行政、教育等手段，采用调解、协商、疏导等办法，按照“一般抓小、疑难抓巧、激化抓早”“定领导、定单位、定办结时限”要求，化解上访积案；完善信访台账；推行涉法涉诉信访代理制度。是年，司法救助案件 13 件，发放救助金 154.85 万元。

2010 年 7 月，路南区涉法涉诉联合接访服务中心成立，政法各部门进驻中心开展联合接访，并举行发布会，为市区首家涉法涉诉联合接访服务中心。联合接访服务中心实行“三受理、五不受理”原则，即受理反映全区政法机关问题、本辖区内需要跨地区协调的问题、有重大社会影响的涉法涉诉信访问题；不受理尚在司法程序之中的信访，非涉法涉诉信访，已经作出终结决定、已经签订息诉罢访协议、已经解决到位并给予司法救助的案件，经过中央政法机关和省、市政法机关复查而当事人仍然上访的案件，违法闹访被依法处理后仍以此为由提起的信访案件。9 月，在全市涉法涉诉信访攻坚会战总结表彰会议上，路南区涉法涉诉信访工作获得优胜奖。是年，受理信访案件 48 件，化解 40 件，息诉罢访率 83%；司法救助案件 7 件，发放救助金 47.17 万元；处理违法上访人员 71 人。

第四节　指导社会治安综合治理

1990 年，路南区社会治安综合治理办公室（以下简称“综治办”）成立，与区委政法委合署办公。1991 年，区综治办依据《中共中央、国务院关于加强社会治安综合治理的决定》，贯彻“打防结合、预防为主，专群结合、依靠群众”的工作方针，明确社会治安综合治理打击、防范、教育、管理、建设、改造的“六项任务”，采取“抓系统、系统抓”“条块结合、以块为主”等措施，综合运用政治、经济、行政、法律、文化、教育等手段，化解不安定因素，减少和预防犯罪，社会治安秩序明显改善。

一、法制教育

1991 年，结合“二五”普法规划实施，通过举办法制讲座、培训班、法律宣传日、宣传周等活动，开展全民法制教育，把普法工作纳入各单位的考核内容。1995 年，举办“千家百人”社会治安综合治理成果展示，表彰综合治理工作中涌现出来的先进典型；组织全区1500人参加普法答卷活动；举办法制培训班6期，参加培训1200人；举办法制讲座30次、法律咨询活动15次；发放宣传材料3万份。1996年，结合“三五”普法，组织普法讲师团深入各单位授课150次，受教育人数达3万人；在各中小学开展“律师送法进校园”“聘任法制副校长”活动。2006年，在青少年中开展“为了明天”法制教育宣传周，制做普法图板1万块，印刷宣传资料2万份，并根据不同年龄青少年身心特点，举办故事会、案例分析会、法律知识竞赛，通过现身说法、情景训练、模拟法庭等方式进行普法教育。2008年，区委制定《关于深入开展“送法下乡”活动的实施意见》，组织送法下乡35次，印发法制宣传资料10万份，上法制课150场（次），接受群众法律咨询230人（次）；组织社区志愿者组成宣传小分队，进社区、进工地、进厂矿宣传法律知识。2010年，结合“五五”普法开展法制宣传，上法制课40次，印发各种法制宣传资料2万份，出动法制宣传车70辆次，悬挂标语150幅；法制副校长为中小学生上法制课35次；审判机关开展“送法下乡、送法进企、送法入校”活动。

二、打击犯罪

1990年起，开展反盗窃斗争，至1992年，公安机关破获盗窃案件367件。1998年，以“破大案、追逃犯”为主攻方向，开展“利剑行动”，通过深挖细查、网上通缉、蹲坑守候等措施，抓获各类犯罪嫌疑人308人，其中抓获流窜犯95人、在逃犯66人，破获刑事案件468起。2001年起，开展“打黑除恶”“治爆缉枪”“防非维稳”“春季严打会战”“暑期风暴”“两打一防”（打击盗窃、抢劫犯罪活动，防范控制刑事案件）等专项行动，截至2004年的4年间，公安机关破获各类刑事案件313起。2006年起，针对路南区地处闹市、流窜犯罪增多的形势，以打击“两抢一盗”（抢劫抢夺、盗窃案件）和“命案必破”为重点，开展严打整治斗争。至2010年的5年间，公安机关累计侦破刑事案件200起。

三、整治社会治安秩序

1990年，加强对旅宿、洗浴、餐饮服务、公共娱乐、废旧金属收购等重点行业清查整顿，治理违法经营。1995年，开展以收缴非法枪支、管制刀具为重点的维护稳定活动。2000年，以整治卖淫嫖娼、赌博、吸毒贩毒等社会丑恶现象为重点，协调公安、法院、司法等8个职能部门，开展为期6个月的大规模专项整治。2005年，以创建“平安路南、和谐路南”为目标，集中打击“黄、赌、毒”等社会丑恶现象；整顿学校周边秩序，取缔学校周边200米以内的电子游戏厅、台球厅，处罚经常拦截学生索要钱财的劣迹青少年14人。2008年，以“平安奥运”为中心，加强农贸市场、商品批发市场等人员聚集区域的治安防范，增设安保站，充实安保人员，确保社会稳定。2009年，在国庆及曹妃甸论坛期间，加强治安隐患排查和治理，对大型商场、车站等敏感场所加强安检管控。2010年，加强对群众反映强烈的突出治安问题和治安“乱点”进行整治，协调各方力量全力攻坚，省挂牌的治安乱点地区“吉祥里区域”摘牌，建国路区域藏、羌族“卖刀”乱点得到遏制，荷花坑市场全年实现“零发案”，隐匿“新街商圈”的21名现行扒窃违法人员被抓获，打掉盘踞唐山及秦皇岛等地用弹弓击碎玻璃盗窃车内财物，作案30起、案值20多万元的犯罪团伙。整治娱乐服务场所，开展“扫黄打非”专项行动，查出治安隐患163处，其中当即整改135处，限期整改28处；查处“黄赌毒”案件4起，违法人员9人，罚款5000元；查处治安案件2548起，治安拘留233人、收容教育5人、罚款23人、做其他处理7人，收缴各类仿真枪20支、气步枪3支、子弹387发、管制刀具156把。

四、基层基础建设

1990年，按照社会治安综合治理“谁主管、谁负责”原则，加强易发案地和重点部位防控，健全基层组织建设台账、帮教工作台账、出租管理台账。1993年，区委、区政府下发《关于实施社会治安综合治理一票否决权制的暂行办法》，层层建立社会治安综合治理目标管理责任制和检查监督制度、定量考核制度、评比奖惩制度，形成“抓系统，系统抓”“条块结合、以块为主”的工作机制。1996年，健全组织，为各乡街配齐专抓社会治安综合治理的党政副职和专职人员二至三人；组建由老党员、老干部、退休老工人参加的义务联防队，完善治保会组织。2000年，在全区38个行政村建立社会治安综合治理工作站，每站配备专职保安5名、民情信息员10名。2005年，加强基层派出所、司法所、法庭、乡街综治办、社区综治工作室基础建设，在城区建立一区一警、一区两警或一区多警的警务机制；在农村划分警备区，重点村驻警，周边村联勤；增设卫星定位巡逻车，提高基层应对突发事件的快速机动力。2010年，投资200万元，购置桑塔纳巡控警车，安装GPS卫星定位系统，为巡控民警配备350兆对讲机、摄录仪等设备，建立“平安互助网”“社区联防网”，实现全区技防设施全覆盖。

五、矛盾纠纷排查

1990年，在各居（家）委会成立基层调解组织，排查化解矛盾，防止民间矛盾纠纷激化。1998年，基层调解工作向集贸市场、企业、新建住宅小区、流动人员聚集地延伸。2010年，在乡街90个村（社区）建立调解委员会，有调解员374人，志愿者484人。

六、刑释解教人员改造

1990年，逐一登记刑释解教人员，掌握本人居住、工作、生活、现实表现及其家庭情况，有针对性的进行帮教。1998年，成立刑释解教人员安置帮教工作协调小组及其办公室。翌年，在区、乡（街）、村（居）三级建立帮教组织，负责对刑释解教人员的教育、引导、扶持。当年，建立帮教基地1个，接收刑释解教人员13人。2000年，建立“四外一缓”人员（即监外就医、监外执行、所外就医、所外执行、缓刑）档案和卡片，每月考察一次。2001年，将帮教工作延伸至监狱，提前介入，变出狱后被动说教为出狱前强化培训，防止二次“回炉”。在冀东监狱召开亲情教育规劝大会，向160名路南籍劳教人员赠送法律书籍并召开帮教工作座谈会。2006年，依据中央综治委、司法部、公安部、劳动和社会保障部、民政部、财政部、国家税务总局、国家工商行政管理总局八部委联合印发的《关于进一步做好刑释解教人员促进就业和社会保障工作的意见》，及时了解和解决释解人员思想、生活、工作等方面的问题。2010年，依照最高人民法院、最高人民检察院、公安部、司法部《关于在全国试行社区矫正工作意见》，区司法局会同公安分局、检察院、法院下发社区矫正工作方案，并与矫正人员家庭成员签订双向责任书，形成以司法干警、村居干部和矫正对象的家庭成员为主体的矫正帮教机制。是年，完善区、乡（街）、村（居）三级安置帮教工作网络，加强对刑释解教人员的教育和监管，建立安置帮教组织26个，安置帮教小组628个，有帮教工作人员1861人；建立刑释解教人员台账，落实衔接、管控、帮教、安置措施。

第二十编　精神文明建设

20世纪80年代初，主要是在广大人民群众特别是青少年中开展“五讲、四美、三热爱”（讲文明，讲礼貌，讲卫生，讲秩序，讲道德；心灵美、语言美、行为美、环境美；热爱祖国，热爱社会主义，热爱中国共产党）活动，并确定每年三月为“文明礼貌月”。1988年，精神文明建设纳入年度工作计划和中长期经济社会发展规划，并将培育有理想、有道德、有文化、有纪律的社会主义“四有”新人作为精神文明建设总目标，对全民进行理想教育、道德教育、爱国主义教育；组织开展争创文明社区、文明市民、文明职工、文明单位、文明行业等活动，以及军（警）民共建、厂（街）村共建、校街共建、干群共建，创建文明村镇、文明生态村和文明农户等活动。全方位的社会主义精神文明创建活动，涌现出一大批无私奉献、爱岗敬业、见义勇为、助人为乐、扶贫济困、兴办公益事业等先进个人和先进集体。1994年起，坚持以科学的理论武装人，以正确的舆论引导人，以高尚的精神塑造人，以优秀的作品鼓舞人，精神文明建设硕果累累。2007年，全区38个行政村全部达到文明生态村建设标准。至2010年的21年间，全区被命名为国家级文明单位13个；省级文明单位93个、文明社区3个、文明乡村2个、军民共建先进单位2个；市级文明单位198个、文明社区129个、文明市场35个、文明乡村26个、文明建设先进单位189个、军民共建先进单位55个。在唐山市“学雷锋十佳”月评选中，全区有205人（单位）榜上有名，占全市“学雷锋十佳”总人数的8.13%。

第一章　规划考核

1984年4月，路南区“五讲四美三热爱”（简称“五四三”）活动委员会成立，下设办公室。1987年3月，“五四三”活动委员会更名为精神文明建设委员会，下设办公室，与宣传部合署办公，承担精神文明建设宣传教育、创建活动组织实施等职责。1988年，开始将精神文明建设纳入经济社会发展总体规划和各级领导班子年度责任考核目标。此后至2010年，围绕新形势下精神文明建设所面临的新任务，制定与之相适应的发展规划、实施方案，完善考评考核机制，精神文明建设的指导、协调、组织功能日益加强，管理、考核、评比机制日趋完善。

第一节　规划部署

1988年，精神文明建设纳入经济社会年度发展计划和中长期发展规划，并与年度发展计划与中长期发展规划同时部署，同步实施。1991年，区文明办制定《关于在全区开展“学雷锋、迎城运、做贡献”活动，把全区精神文明建设提高到一个新水平的安排意见》。

1993年，制定下发《学雷锋、爱路南、创建文明城区》系列活动具体办法，组织干部群众参加义务劳动、为民服务、开展评选学雷锋十佳突出事迹活动。1995年，对“三学、三查、三克服、一坚持”（学理论、学党章、学孔繁森；查世界观、人生观、价值观；克服个人主义、拜金主义、享乐主义；坚持为人民服务的宗旨）活动进行规划部署。在区直机关开展“争做人民公仆、创建文明机关”活动，在政法系统开展“争做人民满意警察”活动，在教育系统开展“忠诚党的教育事业、争当优秀园丁”活动，在窗口服务单位开展“为民服务”活动，在区直、乡街企业中开展“爱岗敬业、无私奉献”活动。1996年，印发《唐山市路南区1996—2000年社会主义精神文明建设实施纲要》。2001年，制定《关于“十五”期间加强社会主义精神文明建设的意见》，明确指导思想、基本目标和工作重点。2002年，印发《关于在全区深入开展共建文明社区活动的实施意见》，明确共建范围、共建形式、共建内容及标准、表彰、奖励办法。同时，对区直机关包社区结对子进行责任分工。2003年，制定《精神文明建设2003年工作要点》，重点实施理论武装工程，公民道德建设基础工程，政府、企业、个人诚信工程，文明社区帮扶工程，优化环境工程。印发《关于开展文明生态村创建活动的实施意见（试行）》，引导农民做现代文明农民，过现代文明生活，建现代文明生态家园。同时，选择6个村作为高标准文明生态村创建试点。2005年，制定《关于2005年深入推进创建全国文明城市工作实施意见》，将全国文明城市测评体系及重点任务分解到各单位。2007年，制发《关于创建全国文明城市重点工作推进方案》，按照《全国文明城市测评体系》基本指标中七大项、119小项的A级标准和特色指标对标达标，落实《全国文明城市测评体系及路南区创建任务责任分解》和《路南区2006—2008年度创建文明城市工作规划》，部署实施道德教育、文明创建、城区建设、综合治理四大工程20项重点工作。该文件成为创建文明城市工作重点推进的指导性文件。2010年，制定《路南区关于深入开展“四个一批”创建活动的实施方案》，组织开展“一批十星级文明农户示范村、一批三化建设示范村、一批文明集市、一批农村文化广场建设示范村”创建活动。

第二节　考核评比

1990年，精神文明建设考核以单项创建活动考核为主，包括文明单位考核、文明行业考核、文明生活小区（社区）考核。考核采取定期和不定期、普查和抽查、自查和互查、明查和暗查相结合的方法。定期考核一般在半年和年终进行，以单位自查为主，上级主管部门随机抽查为辅，邀请区人大代表、政协委员参加。依考核结果评选文明单位和精神文明建设先进个人。1992年，按照省、市精神文明建设委员会统一要求，区文明单位命名表彰改为两年1次。被命名表彰的文明单位实行动态管理，每年复查1次，发现水平下降或重大问题，视情节轻重给予通报批评、限期改正、警告甚至撤销荣誉称号。1995年，建立干部实绩考核制度，将精神文明建设考核纳入年度目标考核之中，精神文明建设不达标单位取消评先进资格。1996年，印发《关于对1994—1995年度文明单位奖励的通知》，规定省级文明单位可一次性向职工增发1个月标准工资，市级文明单位可一次性增发半个月标准工资，区级文明单位可一次性每人发100元奖金。是年，学雷锋标兵、文明单位、文明市民、“五星级家庭”、道德模范等评选纳入年度评比表彰范围。2006年，区委、区政府印发《路南区文明单位创建管理办法》，对文明单位评选与命名、报批程序、参评资格、一票否决、表彰奖励、惩处办法、文明单位管理等作出详细规定。2010年，完善精神文明建设激励机制，制定《路南区精神文明专项资金奖励实施方案》，对做出突出贡献单位和个人给予物质奖励。是年，区委、区政府召开表彰大会，对在两个文明建设中做出突出成绩的先进单位和个人予以表彰。

第二章　思想教育

通过演讲会、报告会、歌咏比赛等形式，对党员、干部、群众进行共产主义理想教育、道德教育、爱国主义教育；加强以为人民服务为核心的社会公德、职业道德、家庭美德教育。在中小学生中开展热爱国旗、理想信念、学生行为规范、素质教育系列活动，构建学校、家庭、社区“三位一体”教育机制。

第一节　理想道德教育

一、理想教育

1989年，以国际国内形势为背景，有针对性进行坚信党的领导、正确认识形势、自觉维护安定团结政治局面等教育活动，引导党员、干部、群众正确认识国家的前途与命运，坚定建设有中国特色社会主义信念。1997年，开展共产主义理想与现实、社会主义信念等专题教育，举办各类培训班28期，4053人受到系统培训和轮训。

1998年，农村以宽裕小康建设为重点，进行以核心价值观为主要内容的思想教育，引导农村干部和农民树立建设有中国特色社会主义共同理想；大中专院校、中小学校，利用课堂、班会、组织演讲等形式进行理想教育，引导学生树立正确的世界观、人生观、价值观。

2008年，进行党的基本理论、基本路线、基本纲领、基本经验教育，教育干部群众坚定对马克思主义的信仰，坚定社会主义信念。截至2010年21年间，共举办各类理想教育专题报告会3500场，受教育者达13.9万人次。

二、道德教育

1990年，在全区各行各业开展爱岗敬业、诚实守信、办事公道、服务群众、奉献社会的职业道德教育。1991年，开展以社会公德、社会主义职业道德为主要内容的道德教育。各单位制定职业道德规范，经汇总完善，区文明办辑印《路南区社会公德规范》并下发。是年，集中对党政机关干部、企事业单位职工、街道居民、中小学生、个体经营者进行社会道德、社会公德教育。1993年，落实《唐山市学校德育达标二十条》，建立区级德育基地8处，校级德育基地300处，青年团校10所，青年党校2所，学雷锋小组178个，青年志愿者服务队207个，雏鹰小队3000多个。1996年，制定《关于在全社会广泛开展遵守社会公德“十不”规范活动的安排意见》。分别在城区、农村、中小学校、窗口单位进行不同层次不同内容的社会公德教育。1997年，创建“星级文明家庭”，开展“破陈规陋习，树文明新风”活动，组织居民学习《唐山市民文明读本》《唐山市民文明手册》。

1999年，开展“知规范、讲文明、人人争做文明市民标兵”活动，共评选出区级文明市民标兵15人。举办学雷锋典型事迹报告会、演讲会12场次，选树基层学雷锋先进典型80人，评选出区级学雷锋标兵10人，其中常玉珍、何广明被评为市级“学雷锋十大杰出人物”。

2000年，在农村开展“乡规民约”“文明村民”及尊老、敬老宣传教育活动。结合教育活动的开展，推行子女赡养老人协议书制度。西礼尚庄村签订赡养协议1200份。老谢庄村建立“夕阳之家”村民互助幸福院1处。2003年，落实《公民道德建设实施纲要》，倡导爱国守法、明礼诚信、团结友善、勤俭自强、敬业奉献。是年，将9月20日定为“公民道德宣传日”。通过专题讲座、知识竞赛、演讲比赛、图片展览、文体表演、广告宣传等形式，进行道德和法制宣传教育，党政机关和企事业单位干部职工受教育面达100%，有三分之一的居民和村民进入“道德课堂”接受系统教育。2007年，以“三德”（社会公德、职业道德、家庭美德）和“三优”（优美环境、优良秩序、优质服务）建设为重点，开展诚信路南、青年志愿者行动、巾帼志愿者服务及“知荣明耻、告别陋习、走向光明”等道德教育实践活动。

2010年，聘请100名文明礼仪辅导员，以《公民基本道德规范》《路南区文明礼仪知识手册》为教材，开展文明礼仪讲解示范活动。是年，有1人获第二届唐山市道德模范奖，1人获提名奖。

第二节　爱国主义教育

图20－1　路南实验小学爱国主义教育活动（区教育局）

1990年，利用冀东烈士陵园、唐山抗震纪念馆、潘家峪惨案遗址、李大钊纪念馆等爱国主义教育基地，对青少年进行爱国主义和革命传统教育。1994年，组织实施爱国主义教育“五个一”工程（发挥一个课堂主渠道作用，阅读一批爱国主义教育课外读物，观看一百部优秀影视片，建立一批学校德育基地，聘请一批校外德育辅导员）。建立12个校级德育基地，聘请党政、工农、科教、部队、司法等部门相关人员为校外德育辅导员。规定全日制小学除特殊情况外，星期一早晨和重大节日、纪念日以及开学典礼、毕业典礼、运动会等大型集体活动，举行庄严的升旗仪式。1996年，在青少年中组织开展“六个百工程”（熟读100本爱国主义图书，观看100部爱国主义影视片，熟知100名爱国主义人物，讲述100个爱国主义故事，诵读100首爱国主义诗词，学唱100首爱国主义歌曲），对党员、群众进行中共党史、近代史教育。1997年，围绕“双庆”（庆十五大、庆新中国成立四十八周年）和香港回归，开展“洗百年国耻，震中华国威”系列教育活动，举办“迎香港回归、庆祖国繁荣”万人签名暨群众歌咏大会，组织观看爱国主义教育题材电影。在教育系统开展“祖国在我心中”征文演讲系列教育活动，并组织学生参加全市爱国主义教育知识竞赛，荣获一等奖。2010年，在学校组织开展以“怀爱国之情、树报国之志、践爱国之行”为主题的爱国主义教育基地巡学活动，使广大青少年普遍接受一次爱国主义教育。结合爱国教育主题，组织社会考察和社会服务活动。通过征文、主题演讲、专题讲座、知识竞赛、观看优秀影视片等形式，向广大人民群众进行爱党、爱国、爱家乡教育。

第三章　创建活动

1990年起，围绕提高人民思想道德素质、改善城乡环境、提升行业整体水平的创建目标，开展形式多样的精神文明创建活动。至2010年，精神文明建设创建活动拓展至文明城市创建、文明乡村创建、文明社区创建及文明单位、文明家庭、文明行业创建等全方位、多领域。通过丰富多彩的创建活动，逐步形成物质文明建设与精神文明建设协调发展的良好局面。

第一节　文明城市与文明乡村创建

一、文明城市创建

1990 年，以创建文明城市为目标，组织开展首次大规模的“做文明公民、创文明场所、建文明城市”宣传活动，干部群众走上街头义务劳动，擦洗候车亭、交通护栏、公益灯箱广告牌，清除白色垃圾。

1991 年，第二届全国城市运动会期间，开展“爱唐山、迎盛会、做贡献”主题创建活动。重点在商业、卫生、工商集贸市场等窗口服务行业，开展“学雷锋、迎城运、创三优”竞赛活动，先后命名竞赛示范单位42 个。1994 年，开展创建文明城区竞赛活动，“窗口”行业普遍推行“语言、仪表、行为、服务、环境”基本规范。1996 年，组织创建文明城市“六大活动”，即全民素质提高、机关建设表率、窗口服务满意、社会风尚文明、优美环境建设、良好秩序管理活动。全区有 14 个单位获唐山市“1994—1996 年度创建文明城区竞赛活动突出贡献单位”称号。1997 年，组织中小学生开展“万名青少年学雷锋，净化百区百街奉献日”活动，广大师生利用双休日，走上街头参加公益劳动。在团员、青年中开展“爱心拥抱社会、共创文明城区”奉献日统一大行动，参与社区服务、清扫卫生、美化环境、劝阻不文明行为和帮孤助残敬老活动。1998 年，以居民小区环境卫生和新华道全国文明示范街创建为重点，全面开展文明城区竞赛活动，在全市考评中名列五区之首，《人民日报》、新华社、《光明日报》、河北电视台等相继予以报道。

图 20－2　机关干部深入街区清理废墟　（区委宣传部）

1999 年起，开展“三迎四创”（迎接新中国成立 50 周年、迎澳门回归祖国和迎新世纪；创建文明城市、卫生城市、园林城市和双拥模范城市）活动。在城区植树绿化，清理铁路、公路干线两侧白色垃圾，整治“两小一部一市”（小街、小巷、城乡结合部、集贸市场）环境卫生，改善城区空气质量，治理环境污染。2007 年，制定《唐山市路南区创建全国文明城市重点工作推进方案》。组织开展“我为文明城市创建寻亮点、找差距、献一计”活动，共收到群众意见、建议 1217 条，梳理出好意见 236 条，采纳建议 45 条。同时，开展“文明城市知识进家庭”有奖问答，中小学生“小手拉大手，共创文明”“文明城市看窗口”优质服务竞赛，发放文明城市创建宣传单 5 万余份，志愿者义务劳动达 15 万人次。

2010 年，制定《唐山市路南区全国文明城市测评体系责任分解》，明确具体标准和完成时限，建立健全区、乡街、社区三级工作网络。加大创建宣传力度，印发《市民手册》、创建全国文明城市宣传单等 20 余万份，制作橱窗、板报 367 块、温馨服务卡 1 万余张，出动宣传车 2 辆。年内，组织开展创建“文明城区”竞赛活动、“八大示范创建”（创建文明示范大道、文明示范工地、文明示范集市、文明示范商业街、文明示范机关大院、文明示范生态小区、公共文明示范区、文明示范窗口）活动，及市场整治、“五小行业”（小美容美发店、小浴场、小餐馆、小游泳馆、小休闲娱乐场所五类经营性公共场所）整治、小区环境卫生治理、重点环境整治、城市精细化管理 7 个专项战役。开展“人人争做文明人”宣传劝阻活动、“走访千楼万家，创建文明城”活动。全区共成立 45 个工作队、130 个工作组，260 名机关干部深入居民家中开展城区公共文明指数问卷调查，征集各类意见建议 5680 条，涉及六大类 22 个方面。累计投入4520万元对居民楼、小区绿地、小区道路、公厕进行整治、改造，新增公园绿地13.86万平方米。是年，路南区被省委、省政府授予“全省三年大变样先进集体”称号。

二、文明乡村创建

1993年，以改善村容村貌为切入点，着重治理“五乱”（粪土乱堆、垃圾乱倒、柴草乱垛、街道乱占、污水乱流）。开展以刹“三风”（赌博、封建迷信、婚丧事大操大办）、除“六害”（卖淫嫖娼、制作贩卖传播淫秽物品、聚众赌博、拐卖妇女儿童、贩毒吸毒和利用封建迷信骗财害人）为主要内容的科普文明村创建活动。1995年，将创建文明村镇与小康建设相结合，明确提出农村精神文明建设要以“引导农民奔小康”为目标，以推广、普及科技知识，倡导文明、健康、科学生活方式为创建主要内容。全区38个村全部达到小康村标准，女织寨乡被市委、市政府命名为小康乡。

图20－3　西越河村新貌　（区委宣传部）

2003年，开展以优化生态环境，发展生态经济，建设生态文化为重点的文明生态村建设活动。区委、区政府印发《关于开展文明生态村创建活动的实施意见（试行）》和《关于2003年文明生态试点村建设的实施方案》等文件，召开文明生态村创建工作会议，确定区创建领导小组成员单位及当年6个试点村。共投入资金430万元，硬化道路5.5公里，铺便道板2950平方米，安装路灯76盏，种树22万株，栽花草4149平方米，清理垃圾2.6万吨，拆除私搭乱建30余处，清扫路面1230平方米。至2006年，有26个村达到文明生态村创建标准，其中南刘屯村、西礼尚庄村被评为省级文明生态村。2007年，全区38个村达到文明生态村建设标准。女织寨乡创建成文明生态乡。

2009年，巩固文明生态村创建成果，集中开展环境卫生综合整治行动3次。投资70余万元，清理违章、老旧建筑2015平方米、不规范广告牌匾33处，粉刷墙体、楼体6000平方米。女织寨乡、西越河村、老谢庄村、太平庄村获2008—2009年度唐山市文明村镇称号；西越河村、东礼尚庄村、铁匠庄村、郑各庄村、岳各庄村、定福庄村获唐山市文明建设先进村镇称号。10月，南湖生态城西北片区整体改造暨危旧平房改造拆迁全面启动。

2010年，组织开展农村精神文明建设“四个一批”（一批十星级文明农户、一批文明示范村、一批文明集市、一批农村文化广场）活动。建成农村“三化”（城市化、工业化、营业产业化）建设示范村16个，农村文化广场16个，有16个村参与十星级文明农户评选。西礼尚庄村608户村民全部签订“赡养协议”。5个城中村改造基本完成，新建2个新民居。全年用于环境整治、解决“城镇面貌三年大变样”项目征地拆迁等资金达625万元。

三、精神文明建设典型村

西越河村　东临陡河，西临205国道，北靠荷花坑市场。全村298户969人。耕地面积20公顷，是传统的蔬菜专业村。该村“两委”（党支部委员会、村民委员会）班子团结带领全村党员干部群众大胆创新，真抓实干，2002年投资1.2亿元进行旧村改造，为村民建6层楼房12幢，建筑面积615万平方米。2008年建成二层别墅362套，建筑面积6万平方米，户均一套别墅、一套楼房。投资4150万元，为村民安装天然气，硬化路面4万平方米，铺设上下水管道3万米，安装不锈钢太阳能灯杆150盏，为各户安装太阳能取暖设备，新建村民中心、健身广场、中心花园等公共设施。村容村貌得到极大改善，村民幸福指数不断提高。该村先后被评为唐山市绿化先进单位、唐山市新民居建设先进单位、唐山市创建科学发展示范村先进单位、唐山市文明生态村建设示范村、唐山市文明村（镇）和唐山市十大最美乡村、河北省“文明村”“中国特色村”“全国文明村镇”。

老谢庄村 位于路南区东南郊，大南湖中心区域。全村耕地面积99.6公顷，总人口2411人，2010年人均纯收入8254元。创建文明村活动中，科技致富纳入文明建设重点内容，以千亩无公害蔬菜基地为依托，引导农民种植蔬菜、花卉。村两委会投入专项资金，通过“请进来，走出去”等多种形式，聘请专家传授技术，组织农民去北京、天津、乐亭等地参观学习，收到良好效果。温室大棚单棚收入提高到1.2万元，花卉生产形成产、供、销、绿化一条龙产业，农民收入提高80%以上。成立环境卫生专职清理队伍，逐户清运垃圾。投资40万元打井2眼，解决村民健康饮水问题。每月为60岁以上村民发放生活补贴每人200元，解决村民老有所养问题。建立“夕阳之家”村民互助幸福院和村民活动室，满足村民精神文化需求。为保证社会安定，建立联防制度，积极组织村民联防夜巡，村内无较大刑事案件和重大事故发生。多次被评为市级文明村。

南刘屯村 地处路南区东南部。全村1212户3747人，其中农业人口2558人，城镇人口1189人。该村建有100多平方米多功能活动室、50平方米广播室，另有图书阅览室，藏书5000余册、光盘500张。村委会办公院内，建有乒乓球、羽毛球场地。2010年，在开展星级文明户创建活动中，注重抓点带面，有60%以上的户达到十星级文明户。村民文化生活丰富多彩，唐山电视台“直播50分”栏目曾多次报道。村自办《南刘屯村报》贴近百姓生活，深得村民喜爱。该村被评为省级文明生态村并多次荣获市级文明单位。

图20-4 南刘屯村村委会 （区委宣传部）

第二节 文明社区与文明单位创建

一、文明社区创建

1988年始，按照市文明委下发的《关于开展创建文明区、文明街、文明生活小区竞赛方案》要求，在全区开展内含5类35项共100分的文明小区竞赛活动。1995年，小山街道办事处被民政部授予“中国街道之星”称号。隆义栈居委会被授予“全国模范居委会”称号。1997年，评出文北西楼、49号小区、增盛楼小区、29号小区为城区精神文明示范小区。同时，组织开展创建“安全文明生活小区”活动，有30个小区通过“安全文明生活小区”验收。1998年，制发《唐山市路南区创建文明社区实施方案》，围绕教育、服务、文化、环境、治安、管理6个方面开展文明社区创建活动。8月中旬，全市创建文明社区现场会在辖域召开，路南区在会上做经验介绍。是年，三分之一的生活小区通过文明生活小区达标验收，其中16个小区分别获得文明示范、优胜、先进生活小区称号。创建文明城区竞赛获得全市五区总分第一名。至1999年，全区又有三分之一的生活小区通过文明小区达标验收，并涌现出市级文明小区4个。2000年5月中旬，全省创建文明社区经验交流会在唐山召开，路南区作为主会场，友谊街道办事处、福寿公寓、常记功臣幸福院作为观摩点进行经验介绍。年内，开展示范社区创建活动，80%的社区居委会均达到示范社区标准。2001年，路南区被河北省政府命名为“河北省社区服务示范区”。全区113个居（家）委会与市、区80多个机关、部队、学校、企事业单位建立共建关系，签订共建协议。共建双方共投资200万元，改善小区设施，完善服务功能。8月，市委宣传部、市粮食局、区司法局、区劳人局、区城建局、区民政局、区房管局、区教育局等单位派出工作组进驻区11个村（西小艾、西礼、东礼、女织寨、王禾庄、刘家过道、赵各庄、太平庄、南刘屯、东小艾、侯边庄）进行“双思”教育活动，召开村民大会38次，参加人数2.23万人次，召开党员大会38次，参加人员达3500人次，张贴标语1240条。组织区工商、地税、国税、土地、交通等12个单位与6个居委会结成共建对子，完善社区硬化、绿化、美化设施，小区环境明显改善。当年，福乐园社区被评为省级文明社区和国家级文明社区。

2003年，在全市率先探索“1+5”（一套社区组织管理体系和社区服务工作站、社区文体活动站、社区卫生服务站、社区安全警务站、社区环境管理站）社区管理新模式，受到民政部肯定并推广。至2005年，路南区先后被民政部、省政府评为“全国社区建设示范区”和“河北省社区建设先进市辖区”，有15个社区获省、市“文明社区”称号。2007年，参加由市文明办和《唐山晚报》组织开展的“最具幸福感社区、村庄”评选活动。路南区友谊街道福乐园社区获“最具幸福感社区”称号。是年，双桥里社区被全国老龄工作委员会评为“全国敬老模范社区”。

2009年，完善“1+5”社区建设新模式，以打造“15分钟服务圈”为重点，开通数字网格化（一种精细的社会管理服务模式。把社区划分成若干个单元网格，以责任制为依托，运用现代数字技术搭建信息化服务平台，为群众提供更直接、高效服务）市民服务系统。年内，开展文明生态示范小区创建活动，通过组织居民学习《唐山市民低碳生活守则》，培养其科学文明健康生活方式，提高环保意识。开展社区志愿服务活动，建立由社区居委会成员、居民小组（楼）长、社区服务项目负责人、社区志愿者服务站（队、组）负责人组成的社区服务工作站、助困基金、爱心超市等帮困扶贫机制。开展“安全文明小区”创建活动，教育居民远离“黄、赌、毒”和非法宗教与邪教活动。开展“雷锋进社区”活动，为居民提供方便快捷服务。是年，友谊街道福乐园社区被民政部评为“全国和谐社区建设示范社区”，有15个社区获“2008—2009年度唐山市文明社区”称号，13个社区获“2008—2009年度唐山市文明建设先进社区”称号。

2010年，开展“健康唐山、幸福人民”文明活动，重点推行健康幸福社区典型、社区特色门诊典型。当年，政府投资300万元，对全区6.7万名45岁以上城镇无业人员和农村村民免费体检，并建立居家养老服务系统，为75岁以上空巢独居老人免费安装“电子保姆”呼叫一键通设备。启动“文化路南，百场大戏进社区”活动，全民健康文化活动丰富多彩。开展“健康生活进家庭，争做健康路南人”活动，举办万户家庭低碳生活百题答卷。组织开展以城中村回迁居民小区为重点的文明生态示范小区创建活动。开展创建文明型社区、党建型社区、平安型社区、学习型社区、全就业型社区、关爱老年型社区、服务型社区等活动，以品牌特色创建提升社区建设水平。

附：

友谊街道常泰里福乐园社区创建文明社区纪实

常泰里福乐园社区，地处唐山市西南部。筹建于1999年12月。管辖范围：东起友谊路与南新道交叉点至光明路与南新道交叉点，往南至西电路，共有住宅楼91幢，总面积34.07万平方米。有居民4828户，近1.5万人（其中社区居委会管理3583户，9812人）。是唐山市规模较大、人口较多的社区。2001年起，先后被国家有关部委评为“全国百家学习型社区”“全国创建文明社区示范点”“全国先进基层党组织”“全国和谐社区建设示范社区”“全国商业示范社区”“全国少数民族流动人口管理示范点”“巾帼文明健身队”“交通安全社区”。曾被省委、省政府及有关部门授予“省级文明单位”“河北省老年体育工作先进集体”“河北省社区教育先进单位”“百万老年人健身活动社区”“党建工作红旗单位”“河北省先进社区妇联组织”“河北省民族团结进步模范集体”“宣传工作先进单位”“河北省服务业标准化示范单位”“河北省科普示范社区”“河北省文明社区”等荣誉称号。

图20－5　省级文明单位——福乐园社区　（区委宣传部）

特色民族工作。社区有少数民族11个，人口207人。其中回族82人，满族82人，朝鲜族、藏族、苗族、黎族、土家族、锡伯族、壮族、蒙古族、瑶族等其它少数民族人口43人，少数民族人口占社区总人口的1.38%。社区紧密围绕“共同团结奋斗、共同繁荣发展”主题，长期开展民族团结进步创建活动。加强领导，落实职责任务。制订民族工作、学习、通报、信访等各项制度，工作脉络清晰，社区民族工作向着科学、规范、高效的方向发展；社区两委成员分包楼栋，经常深入到少数民族居民家中，了解他们的生活现状和需求，实现民族团结进步网络全覆盖。关注困难少数民族居民的生活，及时为回民沙运芳办理居民最低生活保障，充分体现党和政府的关怀；72岁的藏族老人穷达，她用歌声传递感谢和祝福，影响和带动全社区的居民自觉维护民族团结、共筑社区稳定和谐。在社区网站，加大民族知识、政策法规的宣传力度，引导社区居民尊重少数民族的风俗习惯；利用LED电子显示屏等现代化手段，对落实少数民族优惠政策的信息和办理程序等进行宣传，帮助少数民族居民便捷地办理各种事务；在社区中心广场周边设置少数民族风情展示园，共有47块展牌，帮助社区居民了解生活在我们身边的少数民族习俗。

特色社区服务。稳定再就业人员收入。社区采取各种措施，走访用户，开发业务来源，印制宣传材料、产品说明、给客户发感谢信，为再就业人员联系业务。扩大服务范围，改进服务态度。利用一楼综合服务大厅平台，把信息服务、街政民政服务、计划生育服务、再就业服务、家政热线服务、法律咨询服务、治安调解服务等功能，为居民提供一站式、一条龙服务，为下岗失业人员介绍推荐工作。志愿者服务活动经常化、规范化、制度化。成立爱心服务站，经常性开展义诊、送医送药、打扫卫生、赠送慰问品等活动。社区志愿者服务活动，已由节日化、专题化转变为常态化。对重点服务对象，社区为他们发放志愿者服务卡，志愿者定期上门服务。大专院校大学生志愿者开展法律援助、心理咨询、为空巢老人送去温暖、精神慰籍等服务，建起下届接上届的接力传递制度。

特色文明建设。开展特色主题评选活动。组织“五星级文明家庭”评选及“精神文明特色楼”“十佳典型人物”争创活动。社区成立道德评议会，倡导树立社会主义荣辱观，打造学习型社区，居民终身教育机制初步形成。老年大学开办的英语、书法、音乐、舞蹈班学员达150多名，教学规范质量高，深受老年人喜爱。为迎接北京奥运，阶梯英语走进社区，许多家庭妇女参加英语学习，并结合教学，举办英语趣味游戏活动。老年健康保健知识讲座，平均每月举办一期。青少年思想道德、普法、科普、计划生育、职业技术培训等各种专题讲座和短训班常办常新。文体活动丰富多彩。群众性文体活动、全民健身运动蓬勃开展，大型主题活动增加。彩色周末、综艺大看台、革命历史题材影片放映、皮影进社区，各种专题歌舞晚会经常举办，“三八妇女节”“六一儿童节”“九九重阳节”等，分别举办适合妇女、儿童、老人的文体活动，如文艺汇演、趣味游戏、棋牌比赛等。

特色和谐社区。创新管理体制。福乐园社区在全市最早实践社区组织“1+5”工作体系，即1套完整的社区组织体系（社区党组织、社区居民代表大会、社区居委会、社区协商议事委员会），居委会下设5个专项工作站（社区服务站、社区警务站、社区文教体活动站、社区卫生服务站、社区环境管理站）。社区党组织、社区居委会及其下属的专项工作站职责分明、关系协调，工作形成合力，党组织领导的充满活力的居民自治机制已日臻成熟。2010年，社区有工作服务用房1700多平方米，平均每百户35平方米。发挥党组织作用。对社区的直管党员、在职党员、流动党员登记造册，实行分类服务和管理。完善自治功能。社区居民委员会自治功能完善，各项工作制度健全、有章可循。建有应急处理、利益诉求、矛盾调处等协调机制。壮大民间组织，社区有慈善捐助、文体娱乐、科普教育和生活服务等各类社会组织15个，积极参与各项社区活动，登记备案率达到100%，社区居民参与率达到65%。社区成立唐山市第一家业主委员会，业主委员会依法维护业主权利和履行义务，物业服务机构具备相应资质，依法经营，无重大物业纠纷事件，社区居民对物业服务满意率达到80%，居委会能够对物业公司进行有效指导和监督。畅通信息化服务渠道。社区现有电脑14台、电话2部、大型电子显示屏和电子触摸屏各1个，建有社区网站和全日制呼叫热线等设施，利用“社区信息管理系统”数据库和社区论坛、社区邮箱等现代信息技术手段开展服务，居民可以通过社区综合信息平台反映诉求、获得服务。

（友谊街道福乐园社区）

二、文明单位创建

1989年，结合创建文明城，重点在街道、厂企、学校、执法等单位开展创建文明单位活动。有8个单位获唐山市“文明单位”称号，9个单位获唐山市“文明建设先进单位”称号。1990年，在行政执法、经济管理部门，开展“四职一纠”（树职业理想、讲职业道德、守职业纪律、练职业技能、纠正行业不正之风）竞赛活动。1996年，在企业开展争当文明职工、创建文明单位活动；在学校开展争当文明师生、创建文明班级和文明学校活动；在党政机关开展争当优秀公仆、创建文明机关活动；在部队驻地开展军民共建精神文明、创建双拥共建先进单位活动。

图20-6　动员全区人民共创诚信平安路南　（区委宣传部）

1997年，印发《文明单位管理办法》《文明职工评选办法》，完善文明单位的评选审核、年度自查、中途走访、群众评议、动态管理等项制度，文明单位创建活动日趋规范化、科学化。年内，评选出省级文明单位3个。1999年，组织工商、公安、税务、卫生等19个行政执法和“窗口”服务单位开展规范化服务达标、星级单位创建、创建文明行业夺杯竞赛活动。组织评选、命名、表彰1998年度区级文明单位88个、文明建设先进单位97个、共建先进单位18个。

2005年，印发《唐山市路南区居民道德评议章程》，组织窗口行业“迎抗震三十周年，展窗口文明风采”规范化服务达标竞赛活动。推行语言、仪表、行为、服务、环境五种规范，树立“八荣八耻”（以热爱祖国为荣、以危害祖国为耻；以服务人民为荣、以背离人民为耻；以崇尚科学为荣、以愚昧无知为耻；以辛勤劳动为荣、以好逸恶劳为耻；以团结互助为荣、以损人利己为耻；以诚实守信为荣、以见利忘义为耻；以遵纪守法为荣、以违法乱纪为耻；以艰苦奋斗为荣、以骄奢淫逸为耻）社会主义荣辱观。是年，有7个单位被评为河北省“2004—2005年度文明单位”。

2010年，创建文明单位与创建文明城相结合，开展“三城”（全国文明城、国家卫生城、全国健康城）联创，打造绿色路南，建设生态家园活动。区工商局对辖区内20个市场进行检查督导，取缔无照经营户32户，整改经营户93户，解决消费者投诉55起。组织创“三优”（创“文明优质服务示范单位”“文明优质服务示范窗口”和“文明优质服务标兵”）活动和低碳生活全民行动。先后有荷花坑农副产品批发市场、小山工业品批发大厦被评为国家级“文明市场”；大里路市场、建国路市场被评为省级“文明市场”。荷花坑工商分局被省委、省政府授予“2008—2009年度省级文明单位”称号。区市政设施管理处、区交通局运管站等18个单位被评为市级“文明建设先进单位”；区地税局、国税局等19个单位被评为市“文明单位”。

第三节　文明行业与文明家庭创建

一、文明行业创建

1990年，在税务、工商、交通、商业、公安、卫生系统开展树职业理想、讲职业道德、守职业纪律、练职业技能、纠正行业不正之风“四职一纠”竞赛活动。1994年，巩固“四职一纠”竞赛活动成果，组织检察、法院、司法、审计、环保、城管、土地管理、技术监督等部门参加竞赛活动，并在商贸、医疗卫生、公共事业、文化娱乐、个体托幼等行业和窗口单位，开展“学习张家港、创建文明区、塑造新形象”规范化服务达标竞赛活动。1997年，在行政执法、经济管理和与人民生活密切相关的18个窗口服务行业，开展“人民公仆杯”“优质服务杯”竞赛夺杯活动。共评出优胜参赛系统4个，先进参赛系统11个，标兵单位18个，优质服务先进个人45人。1998年，在工商、公安、税务、卫生等19个行政执法和窗口服务行业，组织开展以讲“四职”（树职业理想、讲职业道德、守职业纪律、练职业技能）、树立“五种形象”（执法形象、廉政形象、办事形象、服务形象、仪表形象）为主要内容的规范化服务达标、星级单位创建、第二轮创建文明行业夺杯竞赛活动。活动中，做到“五个示范”：即爱岗敬业、乐于奉献，精神境界做示范；扎扎实实、敢打硬仗，工作作风做示范；雷厉风行、说办就办，工作效率做示范；文明执法、热情周到，服务态度做示范；洁身自好、秉公办事，廉洁自律做示范。在乡街企业开展“两个争创”（争创文明企业、争创文明职工）活动；在企业开展“三讲三做”（讲职业道德，做文明职工；讲公共道德，做文明公民；讲家庭美德，做文明成员）活动。

2000年，开展“百家窗口创文明”活动，有35个“窗口”单位达标晋档，评出三星级单位30个，二星级单位26个，一星级单位38个，评选文明行业优胜系统10个，先进系统9个。2006年，结合创建文明城，在窗口行业开展自觉遵守职业道德规范、诚实守信、文明服务、自觉抵制和纠正各种行业不正之风活动。

2009年，围绕“文明迎论坛（首届曹妃甸论坛），环境大提升”百日推进行动，组织卫生、交通、工商、税务、城建、土地等部门开展“文明服务、优质服务”竞赛活动。同时，在党政机关、执法部门、窗口单位集中开展“迎国庆、讲文明、树新风、明礼仪”宣传教育活动。

2010年，以“展示窗口形象、创建文明城市”为主题，在行政执法部门，管理职能部门，社会服务部门，设有服务窗口且直接与居民群众联系的科、室、院、队、站、所，以及服务大厅等服务窗口，开展“五比五赛”（“比礼仪、赛文明；比服务、赛和谐；比环境、赛秩序；比作风、赛形象；比创新、赛业绩”）活动和“创三优”（优美环境、优良秩序、优质服务）活动。

二、文明家庭创建

1990年，路南区将文明家庭创建工作纳入重要议事日程。1993年始，在农村开展创“三户”（遵纪守法户、五好家庭户、双文明户）活动。

1995年，开展“五好家庭”（遵纪守法好、勤俭持家好、移风易俗好、团结互助好、清洁卫生好）创建活动，评出五好家庭2936户、五好模范户26户。1996年，开展“星级”文明家庭、文明农户创建活动。通过开办文明家庭教育学校、推广子女赡养老人协议书制度等形式，加强以尊老爱幼、男女平等、夫妻和睦、邻里团结、勤俭持家为主要内容的家庭美德教育。

1997年，区制定《关于开展“星级”文明家庭活动的实施意见》。在农村开展争做“十星级”（致富星、守法星、计生星、教养星、和睦星、科技星、文化星、义务星、卫生星、新风星）文明户活动；在城区开展创建“五星级文明家庭”（守法星、敬业星、和睦星、文化星、新风星）活动。年内，创建

“星级”文明家庭示范点 18 个。翌年，在 38 个村评出十星级农户 3802 户，占参评户数的 28.22%；在城区 114 个居委会开展创建“五星级文明家庭”活动，覆盖面达 90%。2001 年，开展文明新风进万家活动。选树尊老、敬老、爱老、助老模范典型，推进家庭文明建设。是年，友谊福寿公寓院长何广明荣获“全国老年事业开拓奖”，有 18 人被评为区“爱心助老模范”“尊老敬老好儿媳”。

2003 年起，在农村开展“创‘三化’（绿化、美化、净化）”庭院、“争‘十星’之家”竞赛活动。是年，有 1.18 万农户参与，评选出高标准“三化”庭院 800 个；评出十星级文明农户 4880 户，占参评户数的 41.36%，比创建初期提高 13.14%；评选出“卫生星”标兵户 100 户。2009 年，开展学习型家庭示范区创建活动，友谊街道永乐园社区被全国妇联、民政部、环境保护部、文化部、国家广电总局五部门联合授予“全国创建学习型家庭示范区”。2010 年，开展创建文明城活动，按文明城对标达标。开展“情暖万家扶贫济困”“一帮一”帮扶、关爱空巢老人活动。层层开展科学发展示范家庭评比表彰活动，培养树立一批科学发展示范家庭。社区参加评选五星级文明家庭 1.35 万户，评选出五星级文明家庭 7361 户，乡村参加创建十星级文明家庭 1.47 万户，评选出十星级文明家庭 1.32 万户，占总户数 89.6%。陈英等 4 个家庭被评为“唐山市科学建家百颗星”家庭，福乐园社区李秀春、吉祥里社区隋惠敏分别被评为唐山市“十大孝星”和敬老好儿媳。

第四节　志愿者活动与携手共建

一、志愿者活动

全区志愿者活动始于 1993 年，参与者多为学生、青年，帮扶对象为孤残等弱势群体。是年，开展“一助一”服务、“希望工程”、社区服务志愿者、大型活动服务志愿者、扶贫帮困志愿者活动。1994 年，区妇联实施“春蕾计划”，解决贫困女童就学和生活问题。是年，志愿者服务中心成立，除日常志愿服务外，每逢元旦、春节、“学雷锋活动纪念日”“全国助残日”“抗震纪念日”“国际志愿者日”，均开展“践行志愿者精神，倡树助残风尚”主题活动。

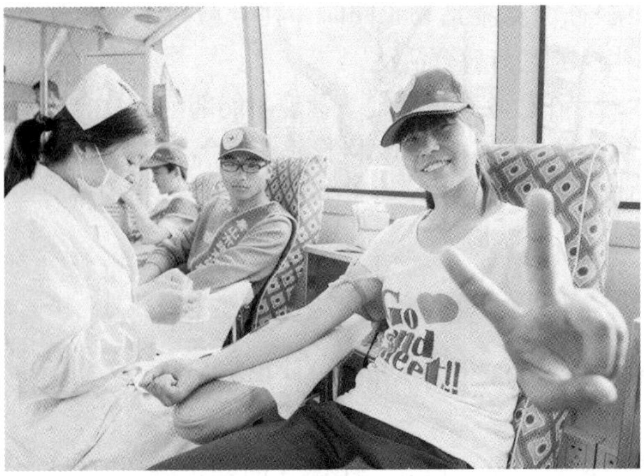

图 20－7　青年志愿者踊跃献血　（区委宣传部）

1996 年，中共中央总书记江泽民视察唐山康复村时了解到青年志愿者活动情况，高兴地称赞：“志愿者活动是两个方面，一方面对青少年是个教育，一方面是弘扬中华民族传统美德。”总书记高兴的对截瘫病人说：“你们有困难就找青年志愿者。”这是总书记首次对全国青年志愿者活动予以肯定。路南青年志愿者活动走在全国前列，中央电视台“焦点访谈”栏目、唐山电视台“热点透视”栏目均对此予以报道。

1998 年，“社区志愿者协会”“学雷锋小组”等群众性组织，常年坚持活动。全区社区志愿者协会的 6000 多名志愿者，累计为群众义务看病 1800 人次，修自行车 5000 多辆，理发 3000 多人次，修表 2000 余块，修电器 3000 多件，修煤气灶、买煤、买粮、接送病人等 6000 件次。2000 年，建立青年志愿者服务站和农村志愿者服务基地 10 个，招募相对稳定的志愿者 2000 人。青年志愿者“一助一”长期服务结对达 500 对。2001 年，河北理工大学教师于江获“中国青年志愿者服务银奖”。

2003 年，成立唐山市志愿者协会路南区分会，下设青年志愿者、巾帼志愿者、老年志愿者、科普志愿者、环保志愿者、公务员志愿者6个志愿者工作指导委员会。开展“希望工程”“青年文明号”“送温暖”“春蕾计划”“手拉手”“巾帼建功立业”等活动。全区共有志愿者4500人，结成长期帮扶对象800对，直接受益群众1.5万余人。

2009年，加强社区志愿者服务队伍的管理，推行志愿者注册制度，完善志愿者和老弱病残优抚对象台账，详细记录帮扶人的服务项目、特长，以及帮扶对象的需求内容。选派“三支一扶”大学生志愿者到社区提供为期两年的志愿服务。同时，利用“五四”青年节、“助残日”“重阳节”等节日，为特殊群体义务查体、举办老年健康知识讲座。

2010年，开展学雷锋志愿服务活动、爱心送温暖活动。组织志愿者深入社区、农村，与贫困户、空巢老人、残疾人等结对帮扶，为其提供教育、科技、医疗保健、法律援助、文化娱乐等多种志愿服务。开展以“弘扬雷锋精神，共创文明城市”为主题的志愿者洁城行动。组织志愿者清理社区、主次道路垃圾，清除小广告和乱涂乱写乱画，清洗擦拭交通护栏等各类公共设施。

二、携手共建

本着资源共享、互惠互利、互帮互学的原则，在全区开展驻唐部队与社区、乡村军（警）民共建；各企事业单位与生活小区或周边农村厂街（社区）共建；党政机关与社区（村）干群共建活动，推动精神文明建设向纵深发展。

军（警）民共建　1990年，开展军（警）民共建竞赛活动，召开军（警）民共建座谈会，总结交流共建经验，组织开展军（警）民共建纪念、联欢等活动，密切军（警）民关系。1992年，武警唐山支队一大队与老谢庄村结成共建单位。1994年，在唐山市第四次创建全国双拥模范城检查验收活动中，福乐园社区、常记功臣幸福院等4个单位作为巡检点顺利通过验收。1998年，武警唐山支队组成志愿者服务队，利用节假日到路南老年公寓、路北区福寿公寓等居民小区义务劳动。解放军第二五五医院定期组织专家医疗小分队到市光荣院、功臣幸福院为老功臣体检。武警河北总队第三支队与友谊里街道办事处共建点、武警唐山市消防支队与市康复村共建点、武警河北总队唐山医院与福寿公寓共建点，被评为唐山市“模范军民共建点”。2003年，创建全国卫生城“百日会战”，武警官兵连续三天冒着酷暑帮助社区清理死角死面。武警河北总队第三支队五中队帮助社区成立少年业余军校，利用寒暑假定期派人进行培训，受到家长欢迎。友谊街道办事处深入武警唐山支队和武警河北总队唐山医院开展“五进军营”活动，并为优抚对象和军烈属提供结对帮扶、健康保健等“五项服务”。2005年，武警唐山支队组成志愿者服务队，利用节假日到老年公寓义务劳动。市消防四中队与小山街道结成军民共建单位，并对多家单位开展冬季消防专项集中治理检查。是年，区人民武装部与区第二实验小学、解放军第二五五医院与常记功臣幸福院、武警河北总队唐山医院与福乐园社区，被评为“2004—2005年度唐山市军民共建先进单位”。翌年，燕京里社区被评为全国“军民共建社会主义精神文明先进单位”。

2007年5月，钱家营社区与市公安交警一大队、唐山人民广播电台联合举办“保护生命，平安出行”暨告别不文明行为大型活动启动仪式。社区与交警一大队合作，在社区主干道两侧制作安装交通宣传牌板28块，设置交通警示标识10处，划设交通警示线、斑马线，安装限速装置5个，修建能容纳55辆汽车的社区停车场，改善机动车乱停乱放状况。至2010年，每年“八一”“元旦”“春节”期间，区委、区政府分别走访慰问驻军部队和优抚对象，组织文艺团体为驻地官兵演出文艺节目。驻地官兵为15所学校军训学生3.78万人次，为学校、地方企事业单位培训3.6万余人。驻军部队累计支援地方义务劳动日2万多个，出动车辆300台次，植树22万余棵，栽种草坪6000多平方米，清理垃圾近千吨，为群众义诊2万人次。通过共建活动，小区内的军地单位50%以上被评为精神文明建设先进单位，75%的家庭被评为“十星级文明家庭”。先后有1个单位获国家级“军民共建先进单位”，2个单位获河北省“军民共建先进单位”，55个单位获唐山市“军民共建先进单位”。有300余名干部战士在共建活动中立功受奖。福乐园社区先后被市评为“军民共建先进单位”“双拥共建模范社区”。常玉珍获

“全国拥军模范”称号。

附：

武警唐山支队一大队军民共建事迹

武警唐山支队一大队自1992年始，与老谢庄村形成共建单位。经多年努力，共建活动取得丰硕成果。“爱民果园”“爱民蔬菜基地”“爱民渠”应运而生。累计为老谢庄种植基地挖果树坑2800个，挖水渠3000多米，平整路面1900多平方米，植树18万余株。开展智力扶贫活动。为村民提供科学种田、饲养家畜等合理化建议，被采纳实施100余条，捐赠农用科技图书200余册。利用节假日、驻训期，为村民开办“农业科技培训班”16期，培训500余人，受到驻地村民欢迎。主动扶持帮助贫困残疾人孟庆旺，使其生活条件得到改善。开展“春蕾助学’活动，每年捐资近万元，使50名家庭困难中小学生重返校园。选派40人担任校外辅导员，培训唐山一中、二中、唐山学院、河北联合大学等院校学生以及地方企事业单位职工4.5万人。积极参加唐山市文明城创建活动，先后在南湖公园、燕山公墓等地进行植树造林、清运垃圾。1995年，被河北省委、省政府、省军区授予“军民共建先进集体”。2002—2010年连续9年被唐山市委、市政府授予“双拥共建先进单位”。2007年，被唐山市委、市政府记“振兴唐山集体二等功”。2010年4月被唐山市委、市政法委授予“2009年唐山政法战线执法为民优秀政法单位”荣誉称号。

校街共建 校街共建活动伴随文明创建活动始终。早在20世纪80年代中期，各级各类学校即与附近街道、居委会开展共建文明小区活动。

1990年，友谊街道办事处社区与唐山市二幼、宏兴商贸有限责任公司与路南电大、友谊中学携手共建，相互支援、帮助。“六一”儿童节，友谊街道办事处、宏兴商贸有限责任公司共同出资4000余元购买礼物，送给二幼的小朋友。同年，路南区创建唐山市第一个“红领巾文明一条街”。1996年，纪念唐山抗震20周年，出动师生2万余人次，与街道、社区居民共同开展净化、美化家园活动。2006—2007年，友谊中学、唐山市二幼出资4200元为养老所、社区购置生活及办公用品，并参加社区拔草等义务劳动。宏兴商贸有限责任公司出资3.6万余元，对社区特困党员、特困职工和残疾人等进行慰问。2009年，路南电大、第五中学、区职业技术学校、唐山市职业技术学院、河北理工大学等校师生，组成志愿小分队到社区开展清理白色垃圾、铲除小广告等活动。2010年，各中小学校与街道社区联手，组织青年志愿者、学生与低保户、特困户、特困军烈属、残疾人等低保救助群众结成帮扶对子，每逢节假日到困难群体家中开展服务活动。

部门共建 1993年，以改善村容村貌为切入点，乡干部分工包村，共同创建文明乡村。1995年，确定区直机关38个单位对应全区38个村，分工包村开展农村小康村建设。其中，区地税局分包女织寨乡侯边庄村时，筹措资金2万元为村委会更新办公设备，清理垃圾300余吨，垫矿渣600吨，新铺道路1000米，粉刷墙壁250平方米，改变村容村貌。区地税局被评为唐山市学雷锋“十佳”单位。

1997年，“星级”文明家庭创建活动，区直部门实行“包星”单位责任制。致富星由农办负责；科技星由科委负责；守法星由政法委牵头，公安分局、检察院、法院、司法局共同负责；计生星由计生局负责；和睦星由妇联牵头，司法、民政负责；养教星、义务星由妇联、司法、民政、教育共同负责；文化星由教育、文化体育和妇联、民政共同负责；敬业星由组织部、宣传部、总工会负责；卫生星由城建局牵头，爱卫办、环保分局负责；新风星由民政局、团委负责。并将获“星”情况纳入年度精神文明建设目标考核内容。

1999年，区直单位各部门与居民小区结成共建对子，共入户发放《市民文明公约》《唐山市社会公德“十不”规范》等宣传品1万余份，制作小型公益宣传牌120个；多次组织机关干部开展“星期六义务奉献日”活动，治理小区脏、乱、差，拆除街道违章建筑；筹资20万元为小区建草坪、修甬道、建宣传橱窗，改善居民居住环境。至2003年，共有24个区直单位与12个社区结成共建文明社区对子。

2010年，开展创建市级示范村活动，安排12个帮建单位开展帮扶活动。创建办召开3次帮建工作调度会，各帮建单位落实“五帮”（帮规划、帮发动、帮资金、帮培训、帮活动）要求，支持创建。活动中，深入实地检查50多次，印发指导性文件4个、简报16期。

第四章　文明风范

1990年始，路南区按唐山市文明办要求，组织实施月评“学雷锋十佳”人物，季评学雷锋标兵、文明市民标兵，年评学雷锋“十大”杰出人物、道德模范活动。至2010年，全区涌现出一批敬业奉献、孝老敬亲、见义勇为、助人为乐、扶贫济困、拾金不昧、舍己救人、兴办公益事业、自强不息、艰苦创业、诚实守信、科技创新等先进集体和先进人物。

第一节　敬业奉献

马彦平　汉族，中共党员，1973年入唐山矿，曾任开滦唐山矿井运区起重班长、井运区经营副区长等职，2004年退休。工作期间，他多次被评为开滦、唐山市劳动模范和优秀共产党员，曾先后4次获“河北省劳动模范、煤炭工业部劳动模范”等称号。1990年5月，马彦平被授予全国“五一”劳动奖章。马彦平所从事的井下起重工作是一个高风险的工种，而他一干就是20多年。20多年里，他作为井运区起重班长，带领全班工友出色地完成一个又一个艰巨复杂的井下抢险、吊运设备、井筒维护任务，为矿山建设和发展奉献出全部心血。1976年“7·28”唐山大地震，父母被砸伤、外祖父罹难。他顾不上安置家人，就投入到矿山恢复生产的抢险工作之中。他冒着余震的危险，爬上一号井绞车房，支起一颗颗立柱，为保证震后一号井安全运行，将大量排水设备按时吊运井下，他吃住在矿上，每天没时没点地工作，整整坚持数十日，直到排水设备到位正常运转。1994年，马彦平担任井运区经营副区长，虽岗位变了，但他那种对工作兢兢业业的态度没有变。带领所属职工，先后对电机车控制器、空压继电器、3吨矿车轮以及吊14吨电机车轮实施技术改造，实现节支降耗资金近百万元，被员工们公认为“矿山红管家”。1998年的一天，因3号井喂煤机发生事故，仓内近几十吨的煤流入散煤收集处，已堵塞泄水眼，如不处置，将会造成全矿停产，且井下八九人有被水淹危险。他让员工把绳索系在自己腰上，深入事故现场，经过近4个小时的处理，煤、水通道疏通，既保证大井的提升，又保证了井下工友的安全。2000年5月，一次井下107滚笼插眼，造成大井不能正常出煤。当时，马彦平正值完班准备回家，听到这一消息，马上赶到现场，不顾个人安危和领导劝阻，将棕绳系在腰上，深入到放煤点内，一点一点的将木料等杂物清理干净，保证正常放煤。可马彦平衣服已被水淋透，成了“煤泥人”。

张福兴　天津铁路分局唐山站职工。1994年4月6日凌晨3时50分，1208次列车在唐山站京山线岳各庄道口附近停车。正在值班的张福兴发现距离道口东侧180米处列车经过的正线有列车停留，他意识到这是列车脱钩。根据值班员指示，张福兴摸黑往返于两个列车之间，检查车辆状态，指挥本机务连挂，迅速完成列车继续运行的技术作业，4时4分列车重新启动。5时30分，张福兴又发现按计划接入唐山站的1213次列车有一节60吨敞车车门门轴脱落，随时有坠落危险。他及时报告行车集中楼，经整理加固车门后列车继续运行。6时许，张福兴再次发现通过的1210次列车一节车皮装载的枕木向车厢后部滚动，再次报告行车集中楼，第三次避免事故发生。1994 年 4 月，获唐山市“学雷锋十佳”称号。

刘韧 女，中共党员，唐山市人。河北省特级教师。原路南区南新道小学、第二实验小学校长。在教育天地辛勤耕耘多年，因工作成绩突出，1996 年，被国家授予“教书育人孺子牛金球奖”，并获奖金 1 万元。她把这笔钱作为基金，设立“育才励学奖”，用以奖励优秀生、进步的后进生，以及资助家境困难学生。40 名品学兼优的学生受到奖励，10 名困难生得到资助。刘韧无私奉献、情系教育的行动受到领导和广大师生称赞。自参加工作起，先后被评为“全国优秀班主任”“全国优秀教育工作者”“特级教师”“优秀少儿工作者”“教育系统巾帼标兵”，并获金质奖章，“河北省首批优秀教育世家”“河北省明星家庭”。曾任全国第七届、八届人大代表，省、市、区党代会代表，唐山市政协八届常委、九届委员。多次被评为省、市、区三级劳动模范，省、区“优秀党务工作者”和“优秀共产党员”。1995 年被评为“全国劳动模范”。1996 年 7 月，获唐山市“学雷锋十佳”称号。

路南区公安分局巡警防暴大队 路南区公安分局巡警防暴大队充分发挥巡警的职能作用，不断延伸警务触角，加大巡控力度，实现“110”中队与路巡中队、治安岗亭出警联动新机制，抓获嫌疑人数、破案数、打击处理数名列分局前列。警民共建活动突出，常年坚持护送东新街小学、长青小学、实验小学学生放学过马路。与福寿公寓、常记功臣院结成警民共建单位，常年坚持为老人做好事。由于工作成绩突出，被公安部、团中央命名为“全国青年文明号”。2002 年 10 月，获唐山市“学雷锋十佳”称号。

孙秀兰 女，主任护师，河北唐山人，原唐山市人民医院护理部主任，2003 年退休。现任唐山市护理学会理事长。1960 年 10 月参加工作，1982 年 12 月加入中国共产党。1987 年被评为全国卫生文明先进工作者。1989 年荣获“第三十二届国际南丁格尔奖章”，这是国际护理界的最高荣誉，时任全国政协主席李先念亲自为她颁奖。是年被评为全国“三八”红旗手、“全国先进工作者”。1993 年被选为第八届全国人大代表。1999 年应中国红十字会总会执行委员会邀请，作为特邀代表出席中国红十字会第七次全国会员代表大会。

王海燕 女，路南区广场街道党工委副书记兼卫国楼社区党委书记。她所在的社区是震后首批复建的老小区，居民以开滦唐山矿职工和家属为主体，下岗失业、无业人员多，就业压力大。王海燕高度重视再就业工作，对下岗失业人员实行动态管理，分类指导，贴近服务，实现从求职登记、推荐就业、职业技能培训到代办优惠证、小额贷款、用工协议等一站式管理、一条龙服务。仅一年多时间就使社区的失业率由最初的 10% 下降到 2.9%，受到领导好评和居民拥护。2003 年 9 月，被授予“河北省优秀社区工作者”。2004 年被评为“全国再就业先进工作者”，受到温家宝总理的亲切接见。2005 年 1 月，获唐山市“学雷锋十佳”称号。

赵丛生 路南区环境卫生管理处工人、汽车驾驶技师。1984 年始，从事垃圾清运工作，坚持每天早晨 4 点到岗，5 点准时出车。遇到领导交待新任务，从不讲条件立即出车。没有任务，就保养车辆，车辆完好率、出车率、安全率在全队首屈一指，年年被评为优秀驾驶员。他放弃节假日，对所辖路段垃圾日产日清，保证居民在整洁干净环境中过节。所在车组人员负责的垃圾池不仅清运及时，且干净彻底，经常收到居民表扬信和表扬电话，被群众称为信得过车组。他积极献爱心，2008 年四川汶川发生地震灾害时，尽管他家庭经济困难，仍捐款 450 元。领导和职工评价其：是最好用的司机，是最实在、最不会偷懒的人，是个不知疲倦的“老黄牛”。1991 年 12 月，被省建委评为“河北省城建行业优秀服务竞赛先进个人”；1998 年 11 月，被省建委评为“城市市容环境卫生先进个人”，并被授予“城市美容师”称号。1999 年 4 月，被评为“河北省劳动模范”。2002 年 4 月，被中华全国总工会授予全国“五·一”劳动奖章。2006 年 6 月，被省委授予“优秀共产党员”称号。

赵国峰 历任开滦唐山矿采煤二区采煤机组组长、工会副主席，中共十六大代表。1978 年参加工作起，热爱矿山、献身矿山。1998 年，经多年实践，总结发明“三直一平割煤法”“超前持梁控顶法”等采掘新技术，在全矿推广后收到显著效益。20 余年间，每天提前 1 小时下井，为工友们做好开工前准备工作，晚 1 小时上井做好收工验收。20 多个春节均在井下采煤岗位度过，共加班加点献工时 1.59 万个，折合2000个工作日，奉献节假日726天，累计为国家多出煤27.46万吨，多创效益3295万元。多次被市总工会、煤炭部评为劳动模范。1996年，获全国“五一”劳动奖章。2000年被授予“全国劳动模范”。是年12月，省委、省政府作出《关于在全省开展向“新时期职工楷模”赵国峰同志学习的决定》，2004年被省政府授予“河北省特等劳动模范”。2009年被中华全国总工会授予“全国十大劳动领跑者”。

张富　满族，中共党员，开滦（集团）有限责任公司唐山矿业分公司准备区农民工，中级工。2002年6月到唐山矿业公司准备区参加工作。六年多时间里，他始终以开滦新时期的职工楷模——赵国锋为榜样，学国锋精神，做有为青年，吃苦耐劳、无私奉献、刻苦钻研技术。自学《液压基础知识理论》《综合机械化采煤应知应会》《综采支架移架操作法》和开滦教培中心下发的采支工应知应会等高级教材，全面掌握综采支架及设备的安装工艺与操作技术，成为一名综采安装战线上的优秀采支工。综采工作面运输线路长、巷道坡度大，挡车器的开启和闭合都需要人工近距离操作，容易伤及下方挡车器的操作人员。张富根据自己所学的液压基础知识，利用业余时间进行实地测量，自行设计出液压式挡车器，实现挡车器的远方操作，不仅节省人力、提高效率，而且增加运输人员的安全系数。张富在干好本职工作的同时，还关心周围员工的生活，发挥党员的先锋模范作用，带头为大病员工捐款、捐物。2008年1月南方冰雪灾害、5·12四川汶川大地震，两次捐款500元。他连续多年被公司评为先进工作者。2005年被评为“河北省十大杰出进城务工人员”，获得河北省“五一”劳动奖章。2008年11月，全国优秀农民工表彰大会上获“全国优秀农民工”称号。同年，获开滦集团公司劳动模范称号。

张素娟　女，中共党员，唐山市第二十六中学特级教师。从事教育工作几十年，以事业至上，无私奉献，舍小家顾学生，她的学生说：“只要是我们需要的时候，张老师一定在。”原本较差的班，她当班主任后，进步很快，考入一类学校学生超30%，有5人获市数学、化学奥赛一等奖，班级连续三年被评为“文明班先进集体”。2000年毕业的初三（4）班被评为“省级先进班集体”，全班中考平均分470分，超过省重点高中录取分数线，唐山电视台作专题报道。2003年，所教年级考入唐山一中46人，居路南区第一，在唐山市名列前茅。她对待学生像自己的孩子，对待同事像自己的兄弟姐妹，她所带的青年教师已成为教育教学骨干。参与编写《竞赛培优》《三维目标导学与测评》《新课标教师备课方略》《素质教育教学研究》等书。多次获路南区记功奖励、学雷锋标兵和名师称号，先后被评为唐山市“十佳教师”“河北省实验教学标兵”“三育人先进个人”和省、市、区劳动模范。2010年被评为“全国劳动模范”。

第二节　孝老敬亲

张东芸　女，原唐山市商业技工学校教师。1991年始，和丈夫共同承担起赡养孤寡舅婆母的义务。舅婆母无儿无女，地震丧夫后一直和公婆生活，她公婆去世后，舅婆母年事已高，张东芸夫妇毅然把照料老人的事情担当起来。70多岁的老人疾病缠身，他们没有嫌弃，而是想尽办法四处奔波为老人求医治病。生活中，给予老人无微不至的关怀，热了为老人扇扇子，冷了为老人买来电褥子，平时给老人做可口饭菜。老人生病期间，夫妇二人昼夜轮流伺候，接屎接尿，直至老人恢复健康。老人逢人便说，张东芸夫妇比亲生儿女还要亲。2000年3月，张东芸获唐山市“学雷锋十佳”称号。

邓兰芳　女，路南区永红桥街道南富庄社区居民。她一家5口人，公公在大地震中被砸成高位截瘫，生活不能自理，丈夫因下岗精神压力过大患上精神分裂症，婆母患胃癌住进医院，家里还有不满4岁的孩子需要照顾。面对家庭困难和重重压力，邓兰芳不离不弃，以人间大爱毅然承担起照顾家人责任。她每天伺候完公公就到医院守护婆母，还要去精神病院看望丈夫。2001年婆母去世，侍奉公公的责任全部落在她一人身上。公公于心不忍总想绝食自尽，邓兰芳便安慰老人，陪老人聊天，消除其思想顾虑。她给老人买药、敷药、换洗衣服、做可口饭菜。由于老人高位截瘫多年，大小便困难，邓兰芳就用手推揉公公小肚子帮助排尿，大便解不下来就用手抠。邓兰芳敬老爱老的行为受到社区居民交口称赞。2004年，荣获唐山市“学雷锋十佳”称号。

刘广芹　女，路南区燕京里社区巾帼志愿者。1997年，得知社区孤寡老人齐俊廷因病急需照顾时，便主动承担起照料老人义务。数年间，刘广芹成了齐俊廷家的常客，买菜、做饭、洗衣服、剪指甲、梳头，大事小事帮着干，并抽时间陪老人聊天。每年老人生日，刘广芹等几位巾帼志愿者都要准备一桌菜、一个寿糕，让老人感受到家的温暖。刘广芹克服家庭困难，无微不至地照顾齐俊廷老人，她的行为在社区居民中赢得一致称赞。2005年3月，获唐山市“学雷锋十佳”称号。

第三节　见义勇为

刘长存　唐山市商业学校学生。1994年8月10日晚，歹徒李某某企图强奸女服务员，他挺身而出，不顾个人安危，对犯罪分子罪恶行径进行斥责，被歹徒用弹簧刀在背部连扎7刀，致使心脏破裂，循环系统衰竭而牺牲。刘长存从小学到中学，一直担任学生干部，各学科成绩优异，曾荣获物理、化学竞赛二等奖，连续多年被评为“三好学生”。他平时热爱集体，乐于助人，思想要求进步，坚持以雷锋、徐洪刚为榜样，是一位深受邻里喜欢、同学爱戴、教师称赞的好学生。1994年，获唐山市“学雷锋十佳”称号。1998年9月2日，被省民政厅批准为革命烈士。

张靖宇　河北联合大学97级工业设计班学生。1998年1月2日，在回家乘坐的客车上，与持刀殴打乘客和女乘务员的歹徒搏斗。虽身负重伤，仍死死抓住歹徒不放，最终与赶到的警察一起将歹徒擒获。张靖宇被学校授予“见义勇为优秀大学生”“优秀共青团员”称号。团省委、省教委联合发文，号召全省广大青年学生、共青团员向张靖宇学习，并授予他“见义勇为大学生”称号。1998年2月，获唐山市“学雷锋十佳”称号。

李克平　唐山市新华书店文化用品经营部副经理。2003年6月12日下午3时许，李克平路过路北区中院街附近时，忽听有人高喊：“抓小偷，有人砸车偷包了！”他冲到街上，骑上摩托车紧追不舍，最终将骑着摩托车的歹徒逼进煤研所社区一个死胡同。丧心病狂的歹徒掏出随身携带的锯齿尖刀刺向他的左手背，刀从掌心穿出，鲜血顿时涌出。但他强忍剧痛，继续与歹徒搏斗。后与赶来民警和群众将嫌犯擒获。他在危急时刻见义勇为、挺身而出、勇斗歹徒的壮举受到群众赞扬。2003年6月，获唐山市“学雷锋十佳”称号。

刘子忠　路南区女织寨乡郑各庄人。2007年7月18日，持续6小时的暴雨，淹没了郑各庄南青龙河大桥两侧护栏，河水涨至4米。中午12时，女织寨乡西小艾村1名中学生放学骑车经过时，连人带车被湍急的水流卷入河中，情况十分危急。正在查看庄稼的刘子忠见状，立即跑过去，一个猛子扎进河里。但因水流过急，落水学生被浪头卷入水下。经他奋力寻找，终于抓住少年穿的雨衣，将其托至河岸。后经乡亲们相救，落水学生被送往医院抢救，两天后平安出院。《燕赵都市报》和唐山电视台“直播50分”栏目分别报道刘子忠见义勇为事迹。2007年7月，荣获唐山市“学雷锋十佳”称号。2009年12月，获市政府授予的“唐山市见义勇为模范”荣誉称号。

闫建新　路南区人大办公室司机。2008年元旦，闫建新外出办事在唐柏路与南外环交叉口处，看见由南向东转弯的一辆集装箱车将一名骑自行车的妇女刮倒。当时路边有三四个人拦其停车，车没停。只见妇女满头是血倒在路上，当即死亡，而肇事车依然没停。见此情景，闫建新非常气愤，立即拦住一辆黑色轿车，去追肇事车辆。大约追出两三公里时，几辆车将肇事车拦住，并迅速报警，将肇事司机交给110和交警事故处民警。2009年12月，获市政府授予的“唐山市见义勇为模范”荣誉称号。

第四节　助人为乐

张启柱　唐山市国税局路南区分局小山税务所副所长。1990年2月5日下午3时许，张启柱行至市啤酒厂附近，见一名4岁左右男童在路旁积雪中哭喊，经询问，得知孩子因玩耍迷路。张启柱脱下大衣裹起冻得发抖的孩子，按着孩子指引方向踏着积雪，顶着寒风找了4个多小时，终于把孩子送到机场南楼家中。1990年2月，获唐山市“学雷锋十佳”称号。

袁洪珠　女，唐山站乙班客运计划员。1992年6月的一天，445次列车即将进站，等车的一位老人突然摔倒在地，口吐白沫，全身瘫软。身体瘦弱的袁洪珠见状，奋力将老人背下天桥，安置在计划室，随后取出速效救心丸放在老人嘴里。几分钟后，老人慢慢地睁开双眼。看到老人暂时脱离危险，袁洪珠的心才平静下来。她又跑到站前广场，雇来出租车，将老人送到开滦医院。因救人忘带钱，她将身上唯一的证件作为抵押，医院才破例把病人收留住院。回到家，她又拿250元钱返回医院送到老人手中，老人感动得只是流泪，一句话也说不出来。老人住院期间，袁洪珠每天送去可口饭菜，像服侍自己的亲人一样给老人喂饭喂药、端屎端尿，直到老人亲属从家中赶来。后得知，这位老人名叫杨贵仁，71岁，昌黎县朱各庄乡朱各庄村人，这次到唐山看完病准备乘445次列车回家，没想到还没上车心脏病就突然发作。老人出院后，儿子和女儿专程到车站，送来锦旗和感谢信，称赞袁洪珠是“活雷锋”，是旅客的贴心人。1992年6月，获唐山市“学雷锋十佳”称号。

甄友余　开滦基建公司劳模，1981年退休。甄友余所住刘庄工房是平房区，人口稠密，垃圾乱堆乱放，小区街道两侧杂草丛生。为改善居住环境，他不顾自己老寒腿、有胃病，坚持每天清晨清扫街道。他自己花钱买水泥修建街道防水墙，用自家砖石铺设路面。一天中午清除垃圾时突然晕倒，家人劝他别再去了，第二天他还是照干不误。居民们被他的行为所感动，自觉不乱扔垃圾，还自发到新闻单位请记者宣传报道他的事迹。1991年，他先后为安徽灾区、张北县地震灾区捐款1000元。多年清扫街道用的工具都是自己花钱购买的，街道给他买扫帚的钱，全部交了党费。1998年12月，获唐山市“学雷锋十佳”称号。

王希贤　路南区双新东里社区居民。自1984年退休，20年如一日坚持义务为居民读报，受到称赞。他退休后发现部分居民不爱读报、看新闻、听广播，喜欢扎堆打牌玩麻将，便自订报纸，给大家读报传播健康的生活知识。渐渐地玩牌的人少了，听王希贤读报的人多了。此后，不管王希贤走到哪儿，总有人问他：“大爷今天有啥新闻，给我讲讲吧。”交通楼存车处两位看车人，因起早贪晚，没时间看电视，王希贤就定时把自家报纸送至看车人手中，使他们既解除寂寞，又增长见识。王希贤家附近有个女孩得了肾炎，体形发生变化，思想压力大，不愿见人。王希贤便把《健康咨询报》《家庭医生》上有关内容剪下送给她，并鼓励她树立信心战胜病魔。在双新东里社区，王希贤被居民称赞为义务读报宣传员、精神文明的传播者。2005年7月，获唐山市“学雷锋十佳”称号。

张立明　路南区永红桥街道富民楼社区居民。1997年起，坚持每年无偿献血。2005年11月27日，他在市中心血站无偿献血时得知，医院抢救病人急需3人份AB型血小板，目前只有2人份，他伸出胳膊说：“我是AB型血，抽我的”。由于抢救及时，病人转危为安。2006年5月25日中午，张立明准备吃午饭，中心血站来电话说医院一危重病人急需AB型血小板，他马上赶到血站献血，病人得到及时抢救，病人家属感激万分。11年间，他累计无偿献血2.4万毫升、全血2400毫升、血小板27人次，总量相当于5个成年人全身的血液。2007年8月，获唐山市“学雷锋十佳”称号。

路南区青年志愿者　路南区青年志愿者助残服务站于1996年成立。青年志愿者大力弘扬“奉献、友爱、互助、进步”的志愿者精神，无偿为康复村残疾人提供家政、卫生保洁、家电维修、理发裁剪、医疗咨询、陪护、文娱等服务，累计服务人数达4.5万人次。2008年1月，获唐山市“学雷锋十佳”称号。

第五节　扶贫济困

薄岚　女，路南区南新道小学学生。1998年，张家口市张北县地震后，她在全市小学生中第一个捐款100元，并用自己积攒的500元压岁钱，购买学习用具和生活用品，捐赠给灾区小朋友。在她的倡议和带动下，设置班级小药箱和节约零用钱捐款箱。她先后被评为校级“三好学生”“优秀学生干部”，路南区“十佳少年”“文明少年”，唐山市“燕赵文明行动好少年”。1999年，被市教委授予“十佳少年”称号。

于江　河北联合大学自动化系教师。1987年夏的一天，在上班路上看到一位截瘫病人吃力地摇着轮椅，上前询问才知轮椅已坏。这天起，于江在自动化系联络20名大学生，组成轮椅维修队，定期到唐山市截瘫养疗院和残疾人康复村，义务为500多名截瘫患者维修轮椅。学生毕业一届又一届，可维修队工作从没停止。他为残疾人免费修理电器100多件，修理电瓶车20多辆；免费向残疾人传授家用电器维修技术，先后培训数十名残疾人和十多名下岗职工，累计奉献工时达1000多小时，带动11人走出生活困境。期间，被团市委评为“唐山市十大杰出青年志愿者”，被团中央授予“中国青年志愿者服务银奖”。2000年6月，获唐山市“学雷锋十佳”称号。

路南区机关干部　1988年，同是地震孤儿的张小秋和张丽华组成幸福家庭。然而14年后，丈夫张小秋患上淋巴癌。因家庭并不富裕，张丽华所在单位路南区交通局干部职工当即捐款8000元。经治疗，张小秋病情有所稳定，但无力承担后期巨额治疗费用。区委书记于大中看到《唐山劳动日报》对此事的报道，决定以区文明委名义下发文件，号召全体机关干部为其捐款，帮助地震孤儿战胜病魔，早日康复。当区委副书记王雪峰代表区委、区政府和全体机关干部，将1.7万元捐款送到张小秋手中时，张小秋夫妇激动地说：“我们虽是孤儿，但没有一点孤儿的感觉，感谢党和社会的关心。”2002年12月，路南区机关干部集体获唐山市“学雷锋十佳”称号。

栾付相　河北联合大学退休教师。1983年起，除任课教学外还义务担任6个系30个班的班主任和政治思想导师，所带的班学风浓，求上进，各项成绩名列前茅。他免费去各地讲学，作教书育人报告500余场。在家境并不富裕情况下，资助多名贫困学生复学，并于1998年为洪涝灾区一次性捐款4200元。80岁生日时，他郑重宣布：“百年之后将遗体捐赠给医科院校供医学研究和教学之用”，此举赢得社会各界高度赞誉。2003年2月，获唐山市“学雷锋十佳”称号。

龚亚辉　女，路南区国税局干部。陕西延长县罗子山乡木芽村二年级学生冯曹琴有两个妹妹、一个弟弟，家中人均年收入只有200元，生活拮据。龚亚辉与冯曹琴结对后，坚持每学期寄钱和学习用品，鼓励冯曹琴努力学习。通过12年无私资助，冯曹琴终于考取四川内江师范学院，成为罗子山恢复高考后第二个考入大学的。龚亚辉的义举得到单位同事支持，大家纷纷捐款，仅半天时间就捐款6120元。龚亚辉又拿出省吃俭用的2000元钱和崭新的衣物连夜乘火车赶赴延安，将寄托着路南国税干部职工深情厚意的捐款送到冯曹琴手中。2003年8月，获唐山市“学雷锋十佳”称号。

刘义　唐山市第二中学退休教师，居住在路南区永红桥街道建国里社区。他多年来积极投身社会公益事业，坚持拾荒助学。刘义老人退休后，看见大街上被扔掉的各种塑料、废纸等物品都有可再生利用价值，就开始捡拾废品，卖掉后把换回来的钱攒起来，帮助社会上需要帮助的人。刘义先后于2001年捐给自己家乡迁安上屋小学1000元，为学校购置教学设备。2002年，在回乡探亲时，刘义掏出300元捐给5名特困学生，还资助有困难的老人150元。为美化、绿化楼前环境，刘义拿出300元到市场购买100棵月季花、10棵绿树种植在小区。2006年，刘义了解到迁安市建设文明生态村，便又拿出资金1000元，帮助家乡搞建设。11月23日，回家乡再次资助上屋村五名特困学生1000元。2007年9月，老人又将拾荒换来的2000元钱用于公益事业。是年，被评为“感动唐山十大爱心人物”。

苏小庆　唐山市第四中学教师。苏小庆的父母年事已高，身体多病，苏小庆找保姆李玉艳，到家里照料父母的日常生活。李玉艳在工作中尽心尽力，让苏小庆一家非常感动。长时间接触，苏小庆发现李玉艳常常心神不宁，有一次还将水壶中的水烧干。苏小庆预感到一定有什么事情让李玉艳有所牵挂，于是主动和她聊天，询问她是否有什么困难。谈话中得知李玉艳是因为丈夫身患尿毒症无钱医治，家中还有一名智障儿子，生活困难才被迫外出打工的。苏小庆当即开车把李玉艳送回家，并去看望她患病的丈夫和儿子。看到李玉艳家的困境，他把李玉艳的丈夫接到唐山东华肾病医院进行治疗，为其交付住院费2000余元。还把他们的大儿子接到唐山进行专门的智力测试，并凭借医疗证明帮助李玉艳家办理低保。李玉艳丈夫在医院治疗一周后出院，苏小庆又把他接到自己家中进行调养，其病情稳定后才让他们回到迁安家中。苏小庆利用节假日多次驱车前去探望，并拿出自己积攒的1万元为李玉艳丈夫治病。2008年11月1日苏小庆无私帮助李玉艳一家的感人事迹在唐山“直播50分”栏目播出，感动众多观众。是年11月，获唐山市“学雷锋十佳”称号。

路南区工商局　1998年起，路南区工商局先后捐款3.28万元，资助一名清华大学的贫困学生完成学业并考入剑桥大学深造。1998年3月，荣获唐山市“学雷锋十佳集体”。2004年，先后捐款9540元，资助30名小学春蕾女童重返校园。2007年，成立路南区工商局“红盾助学基金”，全局干部职工积极响应，踊跃捐款，同时在各个注册登记窗口设置“红盾助学基金”爱心捐款箱，号召经营者奉献爱心，为家境贫寒的孩子重返校园架起理想的桥梁。2009年开展“爱心助春蕾”活动，在区妇联组织的捐助现场捐资5000元资助5名贫困女大学生完成学业。被市妇联授予“春蕾计划爱心单位”称号。

第六节　拾金不昧

王海涛　唐山市第四中学学生。1999年5月10日中午放学后，王海涛在旧货市场拾到一个棕色皮包，内有现金3000多元，另有项链、戒指、各种证件及价值10多万元有效票证。王海涛拾到包后，全家人都为失主着急。王海涛父亲给刘屯派出所打电话，但无结果。后来依据包内电话本上的手机号码终与失主取得联系。原来失主在执行公务时不慎被偷，小偷在被追过程中弃包而逃，恰被王海涛拾到。为表示感谢，失主当场拿出1000元钱表示感谢，被王海涛婉言谢绝。5月17日，失主给唐山四中送去一块写有“拾金不昧，雷锋式好少年”牌匾，感谢学校培养的好学生。6月，被市教委通报表扬。

孟祥涛　河北联合大学自动化系学生。2000年1月7日中午，孟祥涛在回家途中路过丰南批发市场时，拾到一个装有4万元现金的手提包。经多方询问，最终将手提包还给失主。为表示感谢，失主拿出2000元现金送给孟祥涛，被孟祥涛婉言谢绝。事后，失主送来锦旗和感谢信，信中赞誉孟祥涛拾金不昧的行为。2000年2月，获唐山市“学雷锋十佳”称号。

单浩　路南区新华西道小学学生。2000年2月6日，单浩与父母在北京参加冬令营时，无意中发现一个钱包，内有1万元存单、工作证、身份证等。单浩和父母在原地等候失主，无人认领，便将钱包交至当地派出所。派出所当天下午找到失主。事后，失主给学校寄来表扬信，感谢新华西道小学培养了拾金不昧、品德高尚的单浩。2000年4月3日，被市教委通报表扬。

苏广有　路南区新华道集贸市场个体经营者。2000年5月4日，苏广有从冷库拉货回市场时，发现车内有一个钱包。打开见有3个工商银行存折和1张美元存单，总价值10万元，另有存款密码、手章、身份证、工作证等物品。他即刻到派出所报告，并协助民警查找失主。在几经周折仍未找到失主情况下，第二天他又按身份证找到另一派出所，依然没有线索。8日早晨，终于找到失主。当失主买来礼品表示感谢时，苏广有婉言谢绝，并表示“经商更要讲仁义，不当之财不能取。”2000年5月，获唐山市“学雷锋十佳”称号。

刘龙飞　唐山九中初一（13）班学生。2001年12月21日中午，刘龙飞在上学路上拾到一个黑色钱包。打开一看内有储金卡六张、身份证一张和一张4.9万元的存款单，总价值5万余元。看到这么多钱物，他首先想到的是失主一定心急如焚，决心一定要找到失主。他在原地等候失主许久不见有人前来认领，于是把钱包交到学校。学校领导非常重视，立即根据身份证上的地址与失主所在社区联系，辗转找到失主。当失主拿到失而复得的钱包时非常激动，再三对唐山九中和拾金不昧的学生刘龙飞表示感谢。2001年12月，获唐山市"学雷锋十佳"称号。

李昂　唐山九中初三（10）班学生。2005年4月3日晚，李昂在军鑫里楼附近拾到钱包1个，内有人民币7000多元、外币3000多元。面对重金，李昂想到的是失主焦急的心情，在家长协助下，迅速与公安部门取得联系，最终找到失主。2005年4月，获唐山市"学雷锋十佳"称号。

第七节　舍己救人

郭云亭　女，原唐山市第一幼儿园园长兼党支部委员。1976年7月27日晚，恰好是她和另外两名同事值班，当晚园内共有33个幼儿住宿，最大的6岁，最小的两岁半。后半夜，随着一阵骇人的声音传来，大地随之剧烈颤抖，仅几秒钟，房屋倒塌声、人员呼叫声便连成一片。还未弄清是怎么回事，她和另外两位同事及33个孩子全部被埋在倒塌的屋内。她感到全身疼痛异常，但她第一个念头就是"快救孩子！"她强忍疼痛，奋力扒掉压在身上的砖石瓦块，从废墟中站立起来，她找到并救出两位同事，然后摸黑从空隙中钻进废墟，凭借孩子们的哭声，摸住一个救一个，3小时内将33个孩子全部救出，并安置到安全地带。当她拖着疲惫的身体，心急如焚地赶到离幼儿园只有几十米远的家时，自家的房屋已被夷为平地。在邻居帮助下，她终于找到4位亲人，但因错过抢救时机，老母亲和三个孩子全部遇难。忍着失去亲人的巨大悲痛，郭云亭又回到自己的岗位。天刚亮，孩子们便哭喊着要吃饭、喝水。可他们哪里知道，地震造成断电断水，粮食全被埋在废墟下面。正在这时，郭云亭的爱人从丰润县徒步赶来，听到4位亲人遇难，这位坚强的汉子没有落泪，而是毅然加入到照顾孩子们的行列。他与郭云亭一起为孩子们搭简易棚，白天到十几里以外的农村找水找粮，夜里陪伴孩子们为他们壮胆，直到解放军救援部队到来，33个孩子安然无恙。2006年7月25日，在市精神文明建设委员会主办的纪念唐山抗震30周年活动中，郭云亭当选"感动唐山十大新闻人物"。

李玉林　曾任唐山矿工会主席、党委副书记。1975年、1976年两次被评为唐山市劳动模范。1976年7月28日凌晨唐山大地震，李玉林有幸脱险。当时他想到的第一件事就是"赶快向北京中南海打电话，报告唐山的灾情！"。他立即赶往矿区，此时矿区已成一片废墟，电话无法打通。情急之中，他与其他3名同事在震后半小时，驾驶救护车快速向北京方向驶去。他们心急如焚，心里想着"早一点向中央报信，就会早一点派部队来救援，废墟下的唐山人民就能早点得救。"途中，他们开的车经常被人群堵塞，但只要喊出"我们是向北京报信的"，路上人群就会克服困难让出一条通道。28日早晨7时多，救护车终于开进北京城。他们一边问路，一边开车急奔中南海……。8时15分，李玉林在卫兵引领下第一个跑进中南海紫光阁，向中央领导报告灾情。此时距离他们从地震中心地带出发已近5个小时。中央首长迎出来，大声喊到："哪个是李玉林？"李玉林走上去哭着说："首长们，唐山发生地震，全平了，100多万人压在废墟下！"听着李玉林哭述，6位在场的国家领导无不落泪。李玉林当即向中央领导建议3条救援方案：派解放军、派医疗队、派矿井救护队。一道道电波划破中南海的上空，迅速传向全国各地，抗震救灾行动迅速展开。10时左右，中央成立抗震救灾指挥部。当日，救援人员火速赶往唐山，大批救灾物资汇聚唐山……。3天后，李玉林才知道父母、大儿子等14位亲人在地震中遇难。1996年，美国著名记者珍妮采访李玉林时，问他："我不明白，你不是政府官员，不是一方首领，也不从事与地震相关的工作，就是一名普通的矿工，怎么就想到而且能够去见到国家总理报告此事呢？"李玉林郑重回答："这是由我们党的性质决定的。我是一名共产党员，入党时宣过誓，有困难时挺身而出是我的义务。你们西方人信上帝，我们只信马克思主义，我相信只有共产党才能救这百万遇难者。而中央领导是共产党的领导人，他和我们普通党员是同志的关系，有什么不能见的!”。“我对不起我的家人，但我对得起党；我算不上什么抗震英雄，我只不过是一名合格的党员。”1976年9月李玉林被评为“抗震救灾英雄”。2006年7月25日，在市精神文明建设委员会主办的纪念唐山抗震30周年活动中，李玉林当选“感动唐山十大新闻人物”。

第八节　兴办公益事业

张跃兰　女，路南区广场街道办事处离休干部。她把培养教育下一代作为有生之年一项事业，默默奉献着余热。自1989年起，把自家庭院作为活动基地，建起“爱心辅导站”，并从自己有限的工资里积攒出5000余元，购买桌椅板凳、电脑、棋类、球类及儿童读物1000余册，订阅《中国少年报》《燕赵都市报》《中国火炬》《共产党员》等报刊杂志。“爱心辅导站”定期对学生进行爱国主义教育、革命传统教育、法制教育、国内外形势教育。通过丰富多彩的社会实践活动、文体活动、学习活动，使学生增长科学文化知识，促进身心健康。张跃兰获河北省“1999—2000年关心下一代先进个人”称号。2001年，获唐山市“学雷锋十佳”称号。

何广明　女，铁路退休职工。1988年带领几名退休工人在路南区友谊街道办起全省第一所老人公寓—福寿公寓。起初，只有5位老人入住，有工作人员3人。为发展老年事业，她发动社会100多个单位捐助，并争取各级政府支持，使公寓规模不断扩大。2010年，公寓使用面积达1075.9平方米，固定资产300多万元，入住老人达150人，有工作人员50人，其中下岗职工占90%。何广明和她的员工摸索一整套护理措施，从起居、饮食、娱乐、健身、康复多层面为老人提供优质服务。1996年，面对社区下岗职工增多情况，又成立“爱心服务中心”，先后安置下岗职工6000余人。全国人大、妇联、总工会、共青团、文明办、民政部等10多个部委的领导和澳大利亚、瑞典以及17个非洲国家代表团来公寓参观考察。1992年，何广明被全国老龄委授予“全国老年事业开拓创新带头人”称号，公寓被评为“全国老年事业开拓创新先进集体”。2001年和2002年，分别被评为“全国巾帼建功带头人”“全国三八红旗手”。2002年2月，何广明出席全国再就业工作会议。“爱心服务中心”被央视“焦点访谈”以《小社会大舞台》为题向全国播出。2006年10月，获唐山市“学雷锋十佳”称号。

常玉珍　女，路南区常记商场总经理。1979年，开始从事个体经营，靠白手起家、艰苦创业、守法经营，逐渐富裕起来。她致富不忘回报社会，自愿资助公益事业。1995年，出资700万元，建成一所2700平方米的革命功臣幸福院和革命老区孤儿村，免费供养19名立过战功的孤老复员军人和13名革命老区孤儿。1997年，出资300万元在迁西县建起功臣疗养院和军人度假村，无偿接纳革命功臣和军人避暑疗养。同年，常玉珍被国家民政部、解放军总政治部评为“全国拥军优属模范”。2000年11月，被全国妇联、中央电视台、人民日报等授予“全国十大女杰”。2003年12月，被人事部、民政部、解放军总政治部评为“爱国拥军模范”。2007年9月，获“全国道德模范提名奖”和“全省十大道德楷模”称号，获唐山市“学雷锋十佳”称号。

图20-8　常玉珍和老红军　（区委宣传部）

第九节　自强不息

姚翠芹　女，唐山市截瘫疗养院休养员。1970年参军，在解放军某部文工队任演员。1976年退役后在中国建设银行唐山分行任会计员。唐山大地震时受伤致残。医学界判断像她这样的高位截瘫病人最长只能活15年，然而在党和政府及社会各界的关怀、照顾下，姚翠芹以超人的毅力和顽强的生命力，乐观面对生活每一天。她擅长文学创作、演唱和绘画。为报答党和人民给予的第二次生命，从1979年开始，她用手中的笔歌颂党和社会，先后在《中国青年报》《河北日报》《冀东文艺》《唐山文艺》等报刊发表《红梅初绽》《剪掉长长的发辫》《超越死亡临界线》《长城情》等40余篇文学作品；撰写并出版“梅兰竹菊”系列作品：《焦竹听雨》《寒梅映雪》《幽兰凝露》《雏菊傲霜》4部散文集，在文学界引起不小轰动。1981年，参加首届中国残疾人艺术节演出，自己作词并演唱的《我是幸福的残姑娘》获艺术节奖杯。1985年3月随艺术团到中南海演出，受到中央领导接见。1991年11月，她参加联合国十字框架减灾会议，一位墨尔本领导动情地说：“唐山伟大，唐山的残疾人也创造了伟大。”1992年参加全国残疾人卡拉OK大赛，获民族唱法第一名。2001年开始学习国画并绘制完成12米长卷《百猫嬉戏图》，诠释着对生活的热爱和向往。作为中国作家协会会员、河北省音乐家协会会员、唐山市“三八”红旗手的她与命运顽强抗争的事迹已载入《中国残疾名人辞典》《全国优秀复转军人列传》等书，被中央、省、市多级媒体报道。被誉为“唐山的张海迪”。

黄思邈　女，路南区新华楼小学二年级学生。她3岁时父亲去世，母亲患有严重的类风湿关节炎，生活不能自理。她从小就学会照顾妈妈。每天早晨早早起床帮妈妈洗漱，做早饭，中午回家后帮患有脑血栓后遗症的姥姥做午饭，下午放学后洗些小件衣物，只有吃完晚饭后才能腾出时间复习功课。妈妈住院期间，她白天上学，晚上到医院陪妈妈，成了医院最小的陪床。小思邈学习认真刻苦，成绩在班里名列前茅，她还积极参加学校和班里组织的各项活动。1999年，被评为路南区“十佳少年”。2000年7月，被市教委通报表扬。

段利国　路南区广场街道新华楼社区居民。12岁时被父亲送到市体校练习柔道。经两年多的刻苦训练及多层选拔，1995年进入河北省柔道队开始专业化训练。2002年，获得世界柔道锦标赛第二名和世界柔道青年锦标赛冠军。2005年10月，代表河北队获得第十届全国运动会男子柔道无差别级冠军，赢得河北省男子柔道首枚金牌，为河北省、唐山市争得了荣誉。同年11月，获唐山市“学雷锋十佳”称号。

周文俊　原路南区培智学校学生。1998年年初，周文俊以增强体质补偿缺陷为出发点参加校运动队，通过科学系统训练，凭借自身坚强意志和必胜信心，在2001年全国残疾人锦标赛中，包揽38级100米、200米、400米及跳远4枚金牌。同年5月，在济南举行的全国残运会上，获田径200米金牌1枚，并打破全国记录。2003年9月，在南京举行的第六届全国残运会上，获5枚金牌。2004年，在雅典残奥会上，获得3银1铜。同年，在全国残疾人锦标赛上，将T38级200米的世界纪录提高0.4秒。2005年5月，参加全国残疾人田径锦标赛，获100米、200米、400米金牌，同时分别破全国记录。2006年，远南运动会获5枚金牌。2008年，周文俊在北京残奥会上为国增光，再摘3枚银牌。2010年广州亚残运会获4枚金牌。除此之处，他还在法国、韩国、中国香港等地的比赛中获得9枚金牌。

第十节　艰苦创业

高俊岐　路南区小山街道隆义栈居委会党支部书记、隆义实业（集团）公司董事长兼总裁。多年艰苦创业，开拓进取，带领职工将一个只有8间简易房、800元贷款的街办小店，发展成拥有2678万元总资产、420名职工的综合性集团公司。1998年，公司完成销售额1786万元，实现利税430万元。为企业发展，高俊岐真抓实干，大胆创新，确保每年上一个新项目，开发1～2个新产品；他注重发挥企业自身优势，实施名牌产品战略，创出万里香烧鸡、四远香糕点等省市名优产品。在抓企业发展同时，注重居委会基础设施和精神文明建设投入。先后投资百万元建起居委会办公楼、幼儿园、门球场；修建花坛，栽草种树，绿化美化小区环境；安装路灯、自控楼门灯；成立“家庭服务站”，设专人照顾12户军烈属孤老户；在全市率先开办“文明市民学校”，进行文明市民知识教育。隆义实业（集团）公司多年被评为省、市、区级文明单位；隆义栈居委会被民政部命名为“全国模范居委会”。高俊岐先后获省、市级优秀青年、劳动模范等荣誉称号。1999年9月，获唐山市“学雷锋十佳”称号。

柳宝诚　唐山市路南区人，唐山开元企业集团党委书记、董事长，高级经济师，中国焊接协会副理事长，中国电焊机行业协会理事长，全国劳动模范，第十届和第十一届全国人大代表。唐山开元企业集团的前身是唐山市电子设备厂。1984年，他担任厂长以来，积极改革，锐意进取。先后提出“改变人事制度，改变分配制度，转变经营思想”的改革方针，大胆推进企业改革，使电子设备厂走出困境。1992—1993年，兼并唐山市第二无线电厂和唐山市电视机厂，首开唐山市国有企业兼并先河。1994年，与日本松下电器公司合资成立中国焊接行业第一家中外合资企业——唐山松下产业机器有限公司。1995年，以电子设备厂为核心组成的唐山开元企业集团正式成立，成为全国第一家焊接产业集团。开元集团的主要成员企业有唐山松下、唐山神钢、唐山开元装备、唐山开元机器人系统、唐山开元特焊等11家公司。产品涵盖所有焊接领域，产品均居世界领先水平，出口世界二十多个国家和地区；在国内造船、汽车、机车车辆、石油化工、核电设备、工程机械等行业市场占有率第一，成为包括国家体育场“鸟巢”在内诸多重点建设项目的首选和指定产品。经过近30年的不懈努力，唐山开元企业集团已发展成为电焊机行业中国第一、亚洲前三、世界前十的世界著名焊接产业集团。积极推进国有企业改制，按照现代企业制度要求组建产业集团，企业不断发展壮大。1997年6月，唐山松下捐资在唐山市设立“唐山松下环境保护奖励基金”，已有300余位为唐山市环保事业做出突出贡献的市民获得表彰。2000年，柳宝诚被评为“全国劳动模范”。是年8月，获唐山市“学雷锋十佳”称号。在他的带领下，单位先后被评为“唐山市文明单位”“振兴唐山先进单位”“河北省双爱双评先进企业”“河北省改革与发展先进企业”“河北省文明单位”，并获河北省“五一”劳动奖状、全国“五一”劳动奖状。

孙贺荣　路南区女织寨乡王禾庄村农民，曾任区政协委员。1973年从书店买来养鸡书籍，利用农闲时节钻研养鸡技术，在院内建起存栏500只的鸡舍。经过几年精心饲养，取得良好收益。1994年4月，在村西建起大型养鸡场，当年赢利10万元。为回报社会，向缺少资金的乡亲提供资金支持，免费提供技术服务。在他的带领下，村里陆续建成35个养鸡场，形成规模养殖小区，鸡存栏总数达30万只，资产800万元，年实现利润200万元。群众称其为“致富带头人，办实事的贴心人”。2003、2005、2007年被评为唐山市“劳动模范”。2009年，被评为河北省“劳动模范”。

第十一节　科技创新

郭立稳　中共党员，硕士生导师，河北省新世纪“三三三人才工程”第二层次人选，河北理工大学资源与环境学院院长，第五届中国煤炭劳保科技学会矿井通风专业委员会常务理事，河北省矿业协会理事、主席团成员，河北省人大常委会城建环保工委专家咨询组成员，《中国矿业》杂志社理事会理事及河北冶金能源、安全、环保学术委员会委员。郭立稳主要从事安全工程、矿山安全、采矿工程方面的研究。2000 年他参研的“石门揭煤动力现象三分类预测预报技术的研究”达国际先进水平，获煤炭部科技进步二等奖。2001 年研制的“干式钻孔除尘装置”达国内领先水平，获唐山市科技进步二等奖。2003 年参研的“煤与瓦斯突出机理的球壳失稳机理”获国家安全生产监督管理局安全科技一等奖。针对开滦矿区自然发火严重的状况，他主持研究“开滦矿区自然发火规律”，达到国际先进水平，创造上亿元的效益，获河北省科技进步三等奖。2004 年完成的河北省自然科学基金“含瓦斯煤破裂的热效应研究”达到国际先进水平。

任吉堂 河北理工大学冶金与能源学院教授。近年来他主持完成的多项纵、横项科研课题，大部分课题在理论上产生一定影响，在生产上显现出巨大的经济效益。“全连续冷轧钢筋成套设备”发明专利，是一项在冷轧钢丝生产领域有着巨大影响的项目，他的这项专利设备打破冷轧钢丝生产过程要停车卸卷的操作，实现连续不间断作业，同时能在运行过程中实现自动换卷、自动计量等功能。由他主持的“冷却介质中重悬浮颗粒对控冷效果的作用机理和应用”研究项目在国际上首次提出验证冷却液中的重悬浮颗粒是提高冷却效率的有利因素，是可以利用的载能体的这一全新的概念，成为这一领域内唯一获得国家自然基金资助的项目。此成果的问世，给出有效的破坏阻隔冷却水与轧件热交换的蒸汽屏障的方法，使得这一国际性难题得以较好解决。应用效果表明，他发明的专利设备超过当代国际公认为最先进的泊迷尼和达涅利公司的穿水设备，该专利设备已经被多家公司采用。他先后获得市级科技进步一等奖 3 项，省级科技进步二等奖 1 项、三等奖 2 项，科技部中国发明协会“第十四届全国发明展览会”铜奖；2003 年中国国际专利与名牌博览会“金奖”等奖项。2006 年，被评为唐山市自然科学学科领军人物和“唐山市劳动模范”。

张景华 女，中共党员，唐山市人民医院主任医师。在乳腺、腹盆腔及腹膜后肿瘤诊断、手术、综合治疗等方面颇有建树。作为第一主研人完成的“不同压力 CO2 气腹 LC 对肩部疼痛、机体应激及免疫功能影响”项目，获市科技进步一等奖、省科技进步三等奖。主持完成的“胃癌及其区域淋巴结相关分子生物学标志物的基础与临床研究”获省科技进步二等奖。在国家核心期刊发表论文 20 余篇，主编、参编著作 3 部。主持制定医院发展规划及医护人员再教育、科研奖励等各项规章制度，推进肿瘤技术的发展，在全市率先对肿瘤疾病的手术、放疗、化疗、热疗、中西医治疗进行整合，构建比较完善的肿瘤诊疗体系框架。2007 年被全国妇联等单位授予“全国巾帼建功标兵”称号。

王宝贵 中共党员，开滦集团有限责任公司钱家营矿业公司开拓二区机电队队长。河北省特等劳动模范。参加工作以来，先后有“皮带运行警示装置”“红外线扫描探测巷道运输截人语言警示装置”“斜巷排水系统多级泵迁移及安装创新”等 60 多项科研成果应用于煤炭生产实践，“斜巷绞车松车自动带电联锁装置”“水幕与喷浆机电气闭锁”两个科研项目获得国家专利，为企业创利 1300 万元。向公司提各类合理化建议 187 条，实现综合创效 1000 多万元，为矿井安全高效建设作出突出贡献。2009 年，被评为“河北省特等劳动模范”。

刘家顺 河北理工大学经济管理学院院长、教授，产业经济、企业管理、矿山技术经济硕士研究生导师，中国企业管理研究会理事、中国工业经济研究与开发促进会理事、唐山市政府特约研究员，唐山市人大财经委委员。2000 年由他主持完成的科技部立项的软科学项目《唐山市技术创新发展战略及规划研究》，构建了唐山市科技创新体系建设的总体框架和战略发展的思路。主持研究《唐山“十五”科技发展计划和 2015 年远景规划研究》和《唐山市“十一五”科技发展规划》等课题，为市政府制定两个五年科技规划提供科学依据。出版学术著作 9 部、发表学术论文 50 余篇。获省、市优秀教师、“优秀中青年社科工作者”“唐山市首届社会科学优秀青年专家”“唐山市技术创新先进个人”“唐山市自然科学领军人物”等多项荣誉称号。

陈连生 中共党员，教授，硕士生导师，河北理工大学科研处科技开发科科长，河北省冶金学会轧钢学术委员会委员。陈连生在科技创新工作中关注前沿技术发展，致力于材料加工技术研究与创新。他主持完成的“薄板坯连铸连轧辊磨损行为及预报系统研究”属边缘学科，涉及学科范围广、任务重。项目研究前后历时7年，他精心组织金属材料、压力加工、机械制造、数学分析、力学、计算机、自动控制等多学科的科研力量，进行联合攻关。依托唐钢、宝钢、樊钢等大型钢铁企业，进行大量的数据实测、参数优化及控制改进，收到提高板带产品板形质量、优化轧辊使用周期、降低轧辊消耗的效果，取得直接经济效益2383.34万元。该项目获省科技进步三等奖。陈连生先后获得科技成果11项，其中10项为国际先进水平；9项获省、市科技进步奖，其中省部级科技进步一、二、三等奖5项，市级一等奖3项；主持或参与承担“国家自然基金”“国家科技部重点推广计划”“河北省自然基金”“河北省科技攻关项目”“唐山市科技研究与发展计划”等纵向课题14项以及企业委托项目18项；在国内外学术期刊上发表学术论文30余篇；主持或参与完成的“高速连铸凝固与控制技术研究”“连轧低温轧制工艺优化”“PC轧机主要参数的研究”“冷却介质中重悬颗粒对控冷效果的作用机理研究与应用”等项目，累计取得经济效益达1.2亿元。

贾晓鸣　教授，河北理工大学机械设计及理论和机械制造自动化两学科硕士生导师，机械设计制造方向的学科带头人。在完成教学工作的同时，他积极投身科研工作，其研究方向主要是绿色制造技术。成立磨擦学及绿色制造技术研究所，针对金属切削加工中的磨擦特点和润沿机理，以磨擦学、表面化学、切削原理等理论为指导，研究在使用切削液情况下的刀具磨损状况，提出改善对策，开发绿色切削液；研究不使用切削液的刀具自润滑技术，即开发刀具的软涂层技术；探讨绿色制造——干切削实施的可能性，实现绿色切削加工。他主持完成省市科研项目11项，均达到国际先进水平。有5项课题获省、市科技进步奖。其中省科技进步三等奖两项，市科技进步一等奖两项，市科技进步二等奖一项。

张文市　中共党员，高级技师。1981年参加工作，1989年调入开滦钱家营矿机掘队。1990年后，他连续15年被评为开滦系统劳动模范，连续四次被评为唐山市劳动模范，先后两次被评为河北省劳动模范。1995年荣获全国煤炭系统“十大”杰出岗位能手称号，2001年荣获全国“五一”劳动奖章，2004年被河北省总工会授予“河北省职工创新能手”称号。2005年4月被国务院授予“全国劳动模范”。2005年8月5日，开滦党委作出《关于开展向全国劳动模范张文市学习活动的决定》，号召全体开滦员工“学习张文市事迹，争做本岗位专家”。张文市所在的钱家营矿业公司是年设计产煤400万吨的大型现代化矿井。随着示范型“双高”矿井建设的不断深入，新设备、新技术、新工艺不断在生产中应用，对职工自身素质要求就更高。他原来只有初中文化，为适应工作需要，他努力学习科学文化知识，刻苦钻研技术。除自学外，他还参加函授采煤大专班，系统学习《采煤机械》《地质学》等有关书籍。他在多年理论学习和总结实践经验的基础上，整理、编写《掘进机常见故障的分析处理方法》《AM－50、S100掘进机使用、维修和保养》等技术材料，成为钱家营矿业公司掘进机司机的培训教材。通过努力，他由一名普通工人成为一名高级技师。在多年的实践中，他还成功探索出在不同地质条件下的6种快速割煤法，使整个机掘队每年多进尺都在3000米以上，为企业创造出良好的经济效益。他还与他人合作，先后完成对掘进机切割头涨套、十字连接块、爬爪减速器伞齿轮等多项技术改造和攻关课题，累计创综合利润100余万元。他参加集团公司级生产准备会战30多次，3次打破煤巷、半煤岩巷道机掘单孔月进尺全国记录。他坚持早下井，晚上井，献轮休，打高效，创水平，年年实现个人驾机割煤4500米以上，创出公司机掘系统个人驾机割煤的最高记录。他坚持把自己掌握的技术知识和实践经验传授给工友，利用业余时间举办各种技术培训班300多场次，带徒弟16人。张文市凭着对煤炭事业无限热爱，靠着坚定不移的信念和钢铁般的意志，在全国煤矿煤巷掘进行列中，留下闪光的足迹。

宋晓勇　中共党员，开滦唐山矿业分公司开拓区机电队机电维修工，全国技术能手。2007年，他被唐山矿业公司评为生产标兵，被开滦集团公司评为“劳动模范”和“三级岗位带头人”。2008年1月，被开滦集团公司推荐为河北省首批“燕赵金牌技师”评选活动候选人。在2008年3月开展的全国“安全发展、安全中国”好矿哥好矿嫂评选活动中，被评为“全国十佳好矿哥”。4月28日，获全国“五一”劳动奖章。1988 年 9 月，宋晓勇考入开滦技工学校电器设备检修专业，学习期间多次被评为优秀班干部并获得奖学金。1991 年 9 月分配到开滦唐山矿业公司开拓区机电队。他勤奋好学，善于钻研技术，赢得老师傅们的赞誉。开拓区的机电设备技术含量较高，他通过自己努力和老师傅们帮助，很快就能独立检修和排除疑难故障，成为生产骨干。1996 年他对单位的废旧蓄电池机车充电设备进行修复和技术改造，为单位节约资金几十万元，被开滦集团公司团委授予“开滦十佳青年岗位能手”称号。同年，他被评为“唐山市百名优秀青年”和“河北省青年岗位能手”。2003 年光荣加入中国共产党。为提高自身业务素质，2003 年 11 月，他考入河北能源职业技术学院矿产资源与建工系采矿工程专业，经过几年的刻苦学习，2006 年取得大专学历。自 1998 年起，他多次被单位推荐参加唐山矿业公司、开滦集团公司的技术比武，每次比赛都取得优秀成绩，多次取得第一名。2004 年和 2006 年参加开滦集团公司技术比武，分别取得第六名和第四名的好成绩。2007 年 3 月，他参加开滦集团公司组织的“开滦杯”综采维修电工培训班大赛，顺利通过选手淘汰赛，并代表开滦集团公司参加第二届“开滦杯”全国煤炭行业职业技能大赛，夺得冠军。他还获得综采维修电工高级技师职业资格，被煤炭工业协会授予“煤炭行业优秀技术能手”称号，被劳动和社会保障部授予“全国技术能手”称号。

赵刚　中共党员，2002 年任唐山市人民医院副院长，2008 年任党委书记兼副院长。从医以来，将“上善若水，大医精诚”作为人生理念，成功完成 3600 多台手术，为众多肿瘤患者带来生的希望。他时时以“医乃仁术，无德不立”告诫自己。在担任科主任期间，所在的普瘤科被确定为唐山市七个重点学科之一。在工作中严把医护质量关，医院在市护理技术比武中获团体总分五连冠。作为学术带头人，他带领课题组成员科技攻关，使多项肿瘤诊治技术达到国际先进水平，乳腺癌诊断准确率达 97%，诊断特异性达 100%。获省科技进步三等奖 5 项、市科技进步一等奖和二等奖各 2 项、国家专利 1 项，在核心期刊发表论文 20 余篇。他以出色的工作成绩赢得广泛赞誉，被推选为省乳腺癌专业委员会副主任委员、省医学会肿瘤分会副主任委员、省医学会外科分会委员、市抗癌协会副理事长、市医学会肿瘤分会副主任委员，同时兼任《中国综合临床》杂志理事、《中国临床康复》杂志编委。2008 年被评为“唐山市劳动模范”、市“自然科学学科领军人物”、第五批市管优秀专家。2009 年，获全国“五一劳动奖章”。

王希柱　中共党员，唐山市人民医院副院长，副主任医师，华北煤炭医学院副教授、硕士研究生导师，市医学会内科学会副主任委员、秘书长，市老年医学研究会副理事长，省中西医结合学会心血管病分会常务理事，河北省“三三三人才工程”第三层次人选。王希柱对事业有着强烈的责任感。他任市人民医院副院长后，积极推进 ISO 9001 国际标准质量管理，使全院医疗质量水平实现质的飞跃。2004 年由他主持编写的《唐山市卫生系统 ISO 9000 质量管理体系指导手册》，在全市卫生系统进行推广，取得良好的社会效益和经济效益。在业务技术研究方面，王希柱注重理论与实践相结合，已成为市心内科专业的骨干。他曾成功组织抢救一嗜络细胞瘤切除术中心脏骤停 19 分 36 秒的患者，率先利用 r－tpA 成功治疗市内首例急性肺栓塞。他主持“盐酸纳洛酮在重症颅脑损伤中的应用研究”课题，获省级自然基金资助。至 2010 年，他撰写的“中青年肺栓塞 21 例临床分析”等 16 篇论文，在国家级、省级刊物上发表。

1990—2010 年唐山市路南区入选月评唐山市学雷锋“十佳”个人名表

表 20－1

姓名	单　位	主要事迹	评选时间
潘玉昆	唐山市人民医院	春节三天未归家监护危重病人	1990. 2
张启柱	路南区小山税务所	雪地护送走失幼子找到亲人	1990. 2
何春凌、李敏侠、韩风雪、谢玉明	唐山市卫生学校	利用寒假义务行医	1991. 2

1990—2010 年唐山市路南区入选月评唐山市学雷锋“十佳”个人名表

续表 20－1

姓名	单　位	主要事迹	评选时间
王硕中	唐山市卫校附属医院	将数十年收藏的 1400 册宝贵医学书刊无偿献给医院	1991. 4
马亚军	路南区文北派出所	干警智擒通缉逃犯	1991. 10
杜跃然	唐山市人民医院	不分份内份外，为患者排忧解难	1991. 10
司晶伟、王秀芝、李亚东	唐山市武警支队	见义勇为，擒拿抢钱歹徒	1991. 11
孙宝玲	天津铁路分局唐山站	热心帮助外地孕妇顺利分娩	1992. 1
张玉春等	唐山市工商银行建国路信用社	不畏强暴勇斗持械抢劫团伙	1992. 2
苏秀芹、陆永芹	唐山市蔬菜糖酒公司南新道店	4 年为顾客义务裁剪服装 4000 余件	1992. 3
魏文涛	唐山市卫生学校	为抢救落水同学英勇献身	1992. 6
苏幼坡	唐山工程技术学院	不慕高薪，全身心投入教育事业	1993. 5
刘国平	唐山市人民警察学校	及时抢救煤气中毒夫妇	1993. 6
袁洪珠	天津铁路分局唐山站	待旅客如亲朋，热心照料一外地老人	1993. 6
高　璐	唐山市第一中学	顽强拼搏，荣获国际中学生物奥林匹克竞赛银牌	1993. 7
韩敏利、刘同义	唐山市人民医院放射科	18 年热心照顾残疾人	1994. 3
张福兴	天津铁路分局唐山站	连续三次及时果断排除机车险情，保障国家财产安全	1994. 4
孙　玲	唐山市第一中学	为国育才，锐意进取，成果丰硕	1994. 7
袁洪珠	天津铁路分局唐山站	待旅客如亲人，辗转三医院使一外地患病老人转危为安	1994. 11
刘　韧	路南区南新道小学	自力更生，勤工俭学，促进教育教学工作	1995. 4
苏星友	唐山市人民医院	坚持三年护理一重症患者	1995. 6
张建民等	启新立交桥公共汽车中转站	抢救路遇病危老人	1995. 12
刘长存	唐山市商业学校	不畏强暴，勇斗持刀歹徒英勇献身	1996. 2
刘　韧	路南区南新道小学	无私奉献，将 1 万元奖金投入教育事业	1996. 7
王同焕	开滦矿务局	发挥余热，一年回收废旧物资价值 140 多万元	1996. 9
常玉珍	路南区常记商场	多年热心社会公益事业	1996. 10

1990—2010年唐山市路南区入选月评唐山市学雷锋“十佳”个人名表

续表20-1

姓名	单　位	主要事迹	评选时间
杨晓泉、齐晓静	唐山市工商银行新华西道储蓄所	维护储户利益不顾个人安危，协助公安部门抓歹徒	1996.11
李子忠	唐山市卫生学校	坚持17年义务为群众修电器	1997.3
张乃东	新华道集贸市场	勇斗歹徒，保护经营者安全	1997.8
刘恩永	唐山农行小山分理处	尽职尽责，使储户被盗14万元存折失而复得	1997.10
周素芝	唐山市第五医院	14年如一日，爱岗敬业无私奉献	1998.1
张靖宇	河北理工学院	临危不惧斗歹徒	1998.2
张国秀、佟德兴	路南区地税局	及时抢救车祸受重伤村民	1998.3
甄友余	开滦基建公司	义务美化居民区17年	1998.12
轩维存	唐山市妇幼保健院	不恋“绿卡”高薪，心系祖国优生事业	1999.1
张艳爱	唐山市煤气总公司路南分公司收费二所	爱岗敬业，心系用户，情暖万家	1999.1
郝超杰	唐山十三中	不畏病魔，自强学习，十三中师生热情相助奉献爱心	1999.2
杨秀英	唐山市人民医院	连续7次无偿献血	1999.3
母欣、王雅维	开滦大酒店保安部	自觉保护国家财产，使公共电缆免受损失	1999.5
武耀武	路南区女织寨乡南刘屯村	无私奉献，为村民办实事	1999.5
高俊岐	唐山隆义实业（集团）公司	带领群众艰苦创业，开拓进取，使集体经济不断发展壮大	1999.9
李秀英	唐山市抗震纪念馆	真抓实干，带领抗震纪念馆创出良好社会效益	1999.11
赵国峰	开滦唐山矿业公司	大力发扬奉献精神，扶贫济困	2000.1
张东芸	唐山市商业技工学校	持之以恒，义务照顾舅婆母	2000.3
苏广有	新华道集贸市场	辗转数日，将拾到的十万存款归还失主	2000.5
于　江	河北理工学院	积极投身志愿者服务事业	2000.6
王连义	路南区城建局	救助受伤女童	2000.7
梁英华	河北理工学院	忠诚爱教，勤奋工作，实现教学科研双丰收	2000.8
柳宝诚	唐山市开元企业集团	依靠职工改革兴企，将一个特困小厂发展成为名牌企业集团	2000.8
孟祥涛	河北理工学院	拾金不昧，巨额现金还失主	2001.2
胡志荣	开滦大酒店	拾金不昧，17万元巨款还失主	2001.6
王建立	唐山市金匙实业（集团）有限公司	高标准开发建设福乐园社区	2001.8

1990—2010 年唐山市路南区入选月评唐山市学雷锋“十佳”个人名表

续表 20－1

姓名	单　位	主要事迹	评选时间
张永岩	路南区地方税务局建国路税务所	发扬雷锋钉子精神，开发“人机结合”监控系统，促进税收任务完成	2001.9
张跃兰	路南区广场街道办事处	自办“爱心辅导站”，为少年儿童的健康成长发挥余热	2001.12
刘龙飞	唐山市第九中学	品德高尚，拾金不昧	2001.12
金胜恩	唐山市总工会	20 年如一日照顾截瘫病人	2002.3
池　明	农行建设南路支行国泰花园储蓄所	拾金不昧，寻失主全心全意为客户	2002.12
栾付相	河北理工学院	教书育人，关心下一代	2003.2
白　洋	唐山市第九中学	捐助贫困地区同学	2003.3
李克平	唐山市新华书店	见义勇为，勇斗歹徒	2003.6
龚亚辉	路南区国税局	12 年如一日资助陕北贫困女孩	2003.8
乔凤兰	唐山市人民医院	爱岗敬业，为患者默默献爱心	2003.12
索修远、康慷、乔赋、王骁	唐山市第九中学	救助患病老人不留名	2004.1
李凤兰	唐山市冀东园林工程公司	创办企业回报社会	2004.3
邓兰芳	路南区永红桥街道南富庄社区	敬老爱老	2004.4
姚远志	唐山市人民医院	迎难而上，积极为物主寻回现金	2004.6
金海涛	唐山市妇幼保健院	热情服务农民	2004.7
邢本善	路南区文北街道花园街社区	七旬老人两年义务修补路面 500 平方米	2004.7
周文俊	路南区培智学校	残奥会上创辉煌	2004.9
王海燕	路南区广场街道	热心社区再就业工作	2005.1
陈大枫	路南区燕京里社区	义务举办老年英语培训班	2005.2
张国滨	河北理工大学	全部精力投入教学科研工作	2005.3
刘广芹	路南区燕京里社区	连续八年义务照顾 86 岁老人	2005.3
李　昂	唐山市第九中学	拾金不昧	2005.4
王希贤	路南区双新东里社区	义务为居民读报 20 年	2005.7
刘亚丽	唐钢宾馆	巨款及时交失主	2005.9
段利国	路南区广场街道	奋力拼搏，十运会上创辉煌	2005.11
阚春凤	盛兴鹏达物资有限公司	致富不忘回报社会	2006.4
陈秀荣	路南区学院南路街道西新楼社区	成立唐山市第一支老年健身腰鼓队	2006.5
何广明	路南区友谊街道福寿公寓	敬老爱老	2006.10
闫永生	路南区个体户	路遇昏倒老人积极相救	2007.1

1990—2010 年唐山市路南区入选月评唐山市学雷锋“十佳”个人名表

续表 20－1

姓名	单　位	主要事迹	评选时间
刘双林	唐山市妇幼医院	五年资助双胞胎姐妹	2007. 5
刘　义	路南区永红桥街道建国里社区	拾荒助学献爱心	2007. 5
张永来	路南区友谊街道	勇擒窃贼	2007. 6
刘子忠	路南区郑各庄	勇救落水中学生	2007. 7
张立明	路南区永红桥街道富民楼社区	11 年坚持无偿献血	2007. 8
常玉珍	常记商场	助人为乐	2007. 9
高丽莉	路南区联合里社区	向邻居奉献爱心	2007. 9
金川、米磊	新华中专	万元存折送失主	2008. 4
王永刚	开滦唐山矿	临终前嘱托家人向灾区捐款	2008. 5
张立明	开滦唐山矿业公司	坚持十年无偿献血	2008. 6
郭鹏程	开滦矿业集团	捐献造血干细胞，挽救安徽青年生命	2008. 6
刘索生	宏兴商贸有限责任公司	8 年捐款 7 万多元帮助弱势群体	2010. 2
孙彩云	路南区胜利路小学	左脚骨折，坚持上课	2010. 5
王建立	唐山金匙实业公司	热心公益事业	2010. 8

说明：“十佳”名录资料来源唐山市文明办辑印的《唐山市雷锋月月有》上、下册和文明网

1990—2010 年唐山市路南区入选月评唐山市学雷锋“十佳”群体名表

表 20－2

单　　位	主要事迹	评选时间
唐山市长城电器商场	警民合力擒拿携枪抢劫巨款歹徒	1990. 8
工商银行唐山分行路南办事处全体职工	全体职工向城运会捐款	1990. 10
唐山市卫生学校	学习雷锋活动坚持不懈	1990. 11
唐山市人民医院急诊科	医护人员医德高尚	1991. 3
天津铁路分局唐山站	齐心协力运送垂危儿童	1991. 4
路南区新华楼小学	义务维护交通秩序	1991. 4
赵东居委会	“学雷锋志愿者协会”为群众做好事	1991. 5
路南区税务分局	干部职工为国分忧为家乡出力	1991. 6
天津铁路分局唐山站	开展重点车次站台送水服务	1991. 6
天津铁路分局唐山站	优质服务，迎接八方城运嘉宾	1991. 8
唐山市卫校附属医院	热心为受伤运动员寻找在唐亲属	1991. 9
唐山市财贸干校	师生节假日义务劳动	1992. 1
唐山市妇幼保健院等单位	医务工作者发扬无私奉献精神，抢救一特殊血型患者	1992. 1

1990—2010年唐山市路南区入选月评唐山市学雷锋"十佳"群体名表

续表20－2

单　　位	主要事迹	评选时间
路南区小山街道党委	组织党员开展"奉献岗"活动	1992.6
工商银行路南办事处	上门服务，使全市620万元捐资助教款及时入库	1992.8
路南区工商局火车站工商所	帮助山东老人找到亲人	1992.9
路南区新华道集贸市场管理处	连续3次荣获"全国文明集贸市场"称号	1992.11
路南区新华道集贸市场管理处	为经营者提供优质服务	1993.9
天津铁路分局唐山站客运甲班服务组	热心救护山东产妇	1994.1
唐山市工商银行车站办事处赵庄储蓄所	完善服务手段，二月份吸储超额完成全季任务	1994.2
天津铁路分局唐山站	尽心竭力，保障客运高峰旅客乘车安全	1994.2
唐山市精神康复医院	努力提高服务水平，赢得患者信赖	1994.7
南新西里房管站	扶弱助残，14年如一日为截瘫家庭送温暖	1994.9
路南区女织寨乡西礼尚庄村	尊老敬老，签订"赡养协议"，促进家庭关系和睦	1994.9
天津铁路分局唐山站	广大干部职工无私奉献，在路局、分局多项评比中名列前茅	1994.10
唐山市公交总公司	二公司扶残助弱不计得失，为弱智儿童增设专线专车	1994.10
路南区实验小学	加强德育建设，使教改、精神文明建设双丰收	1994.10
唐山市工商银行胜利路办事处	机智果断，破获一起预谋抢劫储蓄所案件	1994.11
路南区国税局	个体税收全市首家突破2000万元大关	1994.11
路南区地税局	全力支持小康村建设，使侯边庄村容村貌焕然一新	1995.1
唐山市工商银行车站路办事处	不分份内份外，费尽周折，为储户追回冒领存款	1995.4
路南区地税局	加强规范化服务，使队伍建设迈上新台阶	1995.4
唐钢宾馆	全体员工无私奉献，优质服务，受到日韩运动员称赞	1995.8
工商银行车站办事处赵庄储蓄所	为一孤儿追回万元遗产	1995.11
路南区友谊街道燕五居委会	自筹资金7万余元用于精神文明建设	1996.1
路南区小山工业品批发市场	市场创"三优"争一流	1996.2
路南医院	应急便民组建全市首家"流动式"医院	1996.2
唐山市卫生学校	师生常年资助特困学生	1996.4
唐山市截瘫疗养院	15年热心为震后截瘫病人实行特殊服务	1996.7
唐山工商银行赵庄储蓄所	"两个文明"成绩显著	1996.12
路南区地税局	个体税收居全市地税系统第一位	1996.12
唐山建国路一号楼	服装商场职工热心帮助内蒙老人	1997.1
唐山市精神康复医院	医护人员全心全意为患者服务	1997.1
唐山民族饭店	职工解急救难，使患重病顾客转危为安	1997.4
唐山市第五医院	"六姐妹"待精神病患者如亲人	1997.6

1990—2010年唐山市路南区入选月评唐山市学雷锋“十佳”群体名表

续表20－2

单　位	主要事迹	评选时间
天成中专	慷慨助学，使特困生王秀丰继续求学	1997.10
路南医院	千方百计抢救一稀有血型患者	1998.1
唐山市路南工商分局	资助清华大学特困生	1998.3
路南区友谊街道燕六居委会	创建文明社区，为居民服务	1998.10
路南区友谊街道福寿公寓	为社会提供优质服务	1998.11
唐山市人民医院	打破常规，全力抢救13位亚硝酸盐中毒患者脱险	1999.2
开滦大酒店	以人为本，优质服务树形象	1999.3
路南区西新村派出所	警民同心协力抓获持枪抢劫歹徒	1999.5
唐山市人民医院	热情救助受灾职工	1999.6
路南区地税局	真诚为企业服务，被誉为纳税人的贴心机关	1999.11
唐山市人民医院	成功救治心脏骤停患者	1999.11
唐山市截瘫疗养院一病区	常年坚持开展岗位敬老服务活动	2000.1
唐山市卫生陶瓷厂釉烧车间	科技攻关小组大胆创新，荣获国家优秀质量成果奖	2000.2
唐山市第一中学	踊跃捐款救助患病学生	2000.2
路南区工商分局	捐款资助清华大学贫困学生赴美留学	2000.6
唐山市人民医院	及时救治一名电击伤患者	2000.9
路南区宝珠家具	为营造城市森林，绿化美化唐山捐款献爱心	2001.3
路南赵庄工商所	热心援助一江西少女	2001.5
俏夕阳舞蹈队	六次荣获全国大赛一等奖	2001.6
开滦医院赵庄保健站	12年照顾孤寡老人	2002.4
建南房管所	多年坚持扶弱济残献爱心	2002.5
路南区小山市场派出所	民警热心帮助山西辛根虎找回两个孙女	2002.5
建行唐山广场办事处	荣获国家级“青年文明号”	2002.7
路南区法院	与唐山晚报、靖民律师事务所联手帮陕西农民工讨回工钱	2002.7
唐山市人民医院	免费为爱心助学教师刘贺福治病	2002.8
唐山市人民医院	免费专车接送癌症患者放疗	2002.9
路南区公安分局巡警防暴大队	发挥警务职能，警民共建成绩显著	2002.10
路南区机关干部	为患病地震孤儿捐款	2002.12
唐山市妇幼保健院	积极救治弃婴	2003.2
唐山市人民医院	为迁安贫困肾病女生献爱心	2003.2
开滦钱家营矿业公司	帮助农民工解除后顾之忧，稳定民心促生产	2003.5
路南区友谊里派出所	开展邻里互助守望活动	2003.7
武警唐山医院	尊老爱老奉献唐山人民	2003.10

1990—2010年唐山市路南区入选月评唐山市学雷锋“十佳”群体名表

续表20－2

单　　位	主要事迹	评选时间
赵庄房管所	深夜为居民排忧解难	2003.10
路南区环卫处清运队	开展爱心救助活动	2004.2
路南区卫国楼社区	依托社区加强未成年人思想道德教育	2004.6
路南区工商分局女织寨工商所	想民为民受到经营者和当地居民好评	2004.8
路南区法院	关注青少年成长，维护青少年合法权益	2004.10
路南区劳动人事局	为打工妹讨回“救命钱”	2004.10
唐山市协和医院内二科医护人员	六年悉心照顾多病老人	2004.10
唐山市第二中学	全校师生爱心救助贫困学生	2005.1
唐山商业银行路南支行	多方帮扶“文明生态村”搞创建	2005.2
路南区福乐园社区	高度重视社区教育	2005.4
路南区燕京里社区	开展军民共建工作	2005.8
路南区广场街道卫国楼社区	被评为全国“双合格”优秀（示范）家长学校	2005.10
路南区幸福摇篮双语幼儿园	老师爱心救助患病女童赵晟洁	2005.12
路南区市场建设服务中心	荣获“全国十佳市场服务中心”称号	2006.2
唐山市第五医院“八兄弟”	“八兄弟”护理组岗位做奉献	2006.5
唐山市人民医院	情系贫困重症白血病少女李燕	2006.9
唐山市排水公司	多方筹措资金47万元解决南新道工房排水问题	2006.9
路南区双桥里社区	获全国敬老模范社区	2007.3
唐山市协和医院	积极开展“温馨夕阳”活动	2007.3
唐山凤凰技校	为贫困家庭子女献爱心	2007.4
路南区友谊南里社区	被评为河北省特奥活动示范社区	2007.11
路南区青年志愿者助残服务站	十年奉献康复村	2008.1
路南区法院	荣膺全国“三八红旗集体”称号	2008.2
唐山市自来水公司赵庄服务所青年志愿者	交特殊团费，帮扶贫困家庭	2008.3
路南区执法大队	队员助外地母女团聚	2008.3
路南区城建局市政处	市政监察人员舍身救火传美名	2008.7
华盛超市新华道店收款部	荣获全国“青年文明号”称号	2008.9
路南区将军坨小学	全体师生踊跃为患病学生王臣捐款	2008.11
开滦集团公司	职工无偿献血	2009.5
新华中专毕业生	向贫困生捐赠物品	2009.6
开滦集团公司	340名员工紧急义务献血	2009.11
唐山职业技术学院	爱心春蕾社连续六年资助家庭贫困女童	2010.4

说明：“十佳”名录资料来源唐山市文明办辑印的《唐山市雷锋月月有》上、下册和文明网

1990—2010 年唐山市路南区获省部级以上表彰单位名表

表 20 – 3

单位名称	获奖名称	批准单位	获奖年度
荷花坑农副产品批发市场	省级文明集贸市场	河北省工商局	1990
化工机械厂	先进单位	河北省石化厅	1990
小山工业品市场	省级文明集贸市场	河北省工商局	1990
建国路市场	省级文明集贸市场	河北省工商局	1990
小山街道司法所	防止民间纠纷激化一等奖	河北省司法厅	1990
区增盛楼居委会老年体协	全国老年体育工作先进单位	全国老年体协	1990
第五职业高中	省级职教示范校	河北省教委	1990
唐山市第二中学	先进基层党组织	河北省教委	1990
第五职业高中	职业技术教育先进单位	河北省政府	1991
第五职业高中	示范性职业技术学校	河北省教委	1991
路南区文教局	电化教育先进单位	河北省教委	1991
路南区文教局	勤工俭学先进单位	河北省教委	1991
化工机械厂	安全管理达标单位	河北省计经委	1991
化工机械厂	文明单位	河北省委、省政府	1991
化工机械厂	安全卫生先进企业	河北省石化厅	1991
燕五居委会	文明单位	河北省委、省政府	1991
路南区文教局	学赖宁活动先进单位	河北团省委、省教委	1991
路南区文教局	河北省勤工俭学先进单位	河北省教委	1991
第五职业高中	职业技术教育先进单位、示范性职业技术学校	河北省教委	1991
开滦矿务局党委	先进基层党组织	河北省委	1991
河北省武警总队唐山市支队党委	武警部队先进支队党委	中国人民武装警察总队政治部	1991
开滦矿务局	抗震救灾先进集体“五一”劳动奖状	中华全国总工会	1991
唐山地震资料陈列馆	《唐山地震资料展览》地震科普专项奖一等奖。	国家地震局	1991
河北省武警总队唐山市支队党委	武警部队先进支队党委	中国人民武装警察总队政治部	1992
路南区	河北省普通高等学校招生工作先进集体	河北省教育委员会、河北省招生委员会	1992
化工机械厂	思想工作达标单位	河北省石化厅	1992
荷花坑市场	国家级文明集贸市场	国家工商总局	1992
荷花坑市场	省级文明市场	河北省工商局	1992
小山批发市场	省级文明市场	河北省工商局	1992

1990—2010 年唐山市路南区获省部级以上表彰单位名表

续表 20－3

单位名称	获奖名称	批准单位	获奖年度
大理路市场	省级文明市场	河北省工商局	1992
小山街道办事处	拥军优属工作先进单位	河北省委、省政府、省军区	1992
路南区审计局	审计系统先进集体	河北省审计厅	1992
福寿公寓	老年事业先进集体	全国老龄委	1992
路南区文教局	全国少儿工作先进集体	国家教委、国家少工委	1992
路南区文教局	普高招生先进集体	河北省教委	1992
燕京小学	少年队优秀大队	河北省教委	1992
小山办事处	拥军拥属先进单位	河北省委、省政府	1992
小山工商所	先进工商所	河北省工商局	1992
工商分局财务股	省工商系统财务工作先进单位	河北省工商局	1992
路南区法院	诉讼费管理先进工作单位	河北省高院	1992
路南区总工会	女职工先进集体	河北省总工会	1992
路南区中小学科技中心	全国少年儿童校外教育工作先进集体	国家教委、文化部、全国总工会、共青团中央、全国妇联、中国科协	1992
文北街道办事处司法所	全国优秀法律服务所	司法部	1992
开滦矿务局	全国煤矿安全生产先进单位	中国统配煤矿总公司	1992
开滦安监局	全国煤矿先进安监局	中国统配煤矿总公司	1992
开滦钱家营矿安监处	全国煤矿先进安监处	中国统配煤矿总公司	1992
开滦矿务局	支护工作先进局	中国统配煤矿总公司	1992
开滦矿务局唐山矿	坑木场管理标兵矿	中国统配煤矿总公司	1992
开滦矿务局钱家营矿	坑木场管理标兵矿	中国统配煤矿总公司	1992
唐山抗震纪念馆	地震科技外事工作一等奖	国家地震局国际合作司	1992
唐山抗震纪念馆	地震科技外事工作二等奖	国家地震局国际合作司	1993
开滦矿务局唐山矿	现场管理先进单位	中国煤炭企业协会	1993
小山街道办事处司法所	一级法律服务所	河北省司法厅	1993
小山文化站	国家级标准文化站	文化部	1993
文北文化站	国家级标准文化站	文化部	1993
化工机械厂	安全卫生先进企业	河北省石化厅	1993
燕五居委会	文明单位	河北省委、省政府	1993
路南区审计局	先进集体	河北省审计厅	1993
玻璃集团公司	文明单位	河北省轻工业厅	1993
唐山市第一中学	河北省劳动技术教育先进单位	河北省教委	1993

1990—2010 年唐山市路南区获省部级以上表彰单位名表

续表 20－3

单位名称	获奖名称	批准单位	获奖年度
路南区	教育学会工作先进单位	河北省教委、省教育学会	1994
路南区教育局	语言文字工作省级先进单位	河北省语委	1994
唐山市第一中学	体育卫生先进单位	河北省教委	1994
唐山市第二中学	先进基层党组织	河北省委	1994
路南区工商分局	省工商系统财务管理先进单位	河北省工商局	1994
路南区个体劳动者协会	先进单位	河北省工商局、河北省个体劳动者协会	1994
小山工业品批发市场	省级文明市场	河北省工商局	1994
荷花坑农副产品批发市场	省级文明市场	河北省工商局	1994
大理路市场	省级文明市场	河北省工商局	1994
建国路市场	省级文明市场	河北省工商局	1994
荷花坑市场管理处	省工商系统先进工商所	河北省工商局	1994
路南区教育局	特殊教育先进集体	河北省教委	1994
隆义栈综合公司	省级文明单位	河北省委、省政府	1994
隆义栈综合公司党支部	省级先进党组织	河北省委	1994
路南区教育局	语言文字工作先进单位	河北省教委	1994
路南区培智学校	特殊教育先进单位	河北省教委	1994
路南区第二培智学校	特殊教育先进单位	河北省教委	1994
楼南居委会	模范调委会	司法部	1994
路南区司法局基层科	民调先进集体	河北省委、省政府	1994
商业总公司	三星级服务单位	河北省商业厅	1994
路南区审计局	先进集体	河北省审计厅	1994
唐山抗震纪念馆	地震科技外事工作二等奖	国家地震局国际合作司	1994
路南区教育局	国防教育先进单位	河北省政府	1995
南新道小学	国防教育先进单位	河北省政府	1995
文北小学	国防教育先进单位	河北省政府	1995
刘屯派出所	先进集体	公安部、人事部	1995
隆义栈居委会	全国模范居委会、“河北第一居”	民政部	1995
隆义栈综合公司	无假冒伪劣食品饮料经营单位	河北省工商局	1995
小山街道办事处	中国街道之星	民政部	1995
玻璃集团公司	省十佳企业	河北省轻工厅	1995
双新二居委会	模范居委会	河北省委、省政府	1995
化工机械厂	文明单位	河北省委、省政府	1995

1990—2010 年唐山市路南区获省部级以上表彰单位名表

续表 20－3

单位名称	获奖名称	批准单位	获奖年度
化工机械厂	先进企业	河北省政府	1995
个体劳协	文明单位	河北省委、省政府	1995
隆义栈居委会	全国模范居委会	民政部	1995
路南区审计局	先进集体	河北省审计厅	1995
小山批发市场	全国文明市场	国家工商总局	1995
路南区交通局	地方道路养护先进单位	河北省交通厅	1995
唐山市第一中学	文明单位	河北省委、省政府	1995
路南区统计局	工业普查先进集体	河北省统计局	1995
路南区工商分局	全省工商行政管理系统先进县级工商局	河北省工商局	1995—1996
路南区工商分局	全省工商行政管理系统廉政建设先进集体	河北省工商局	1995—1996
路南区工商分局	全省发展个体私营经济竞赛杯活动先进单位	河北省工商局	1995—1996
化工机械厂	重合同守信用先进单位	河北省工商局	1995—1996
路南区劳动者协会	省级文明单位	河北省工商局	1995—1996
路南区消费者协会	河北省保护消费者权益先进集体	河北省工商局	1995—1996
路南区消费者协会财务科	系统财务工作先进集体	河北省工商局	1995—1996
开滦矿务局钱家营矿	现场管理先进单位	中国煤炭企业协会	1995
开滦矿务局	中国煤炭工业优秀企业	中国煤炭企业协会	1995
唐山抗震纪念馆	地震科技外事工作二等奖	国家地震局国际合作司	1995
唐山抗震纪念馆	爱国主义教育基地称号	河北省委、省政府	1996
唐山抗震纪念馆	全国中小学爱国主义教育基地	国家教委、民政部、文化部、国家文物局、团中央、总政治部等六部（委）	1996
唐山抗震纪念馆	先进集体	河北省地震局	1996
开滦矿务局	全国部门造林绿化“四百佳”单位	全国绿化委员会	1996
开滦矿务局	1993—1996 年煤炭质量信得过单位	煤炭部	1996
开滦矿务局	煤炭工业部干部人事档案工作先进集体	煤炭部	1996
开滦矿务局	全国干部人事档案工作先进单位	中共中央组织部、人事部、国家档案局	1996
唐山市第二中学	先进基层党组织	河北省委	1996
隆义栈综合公司	省贸易系统明星企业	河北省贸易厅、省人事厅、省财贸工会	1996
隆义栈党支部	河北省先进基层党组织	河北省委	1996
隆义实业（集团）公司	省级文明单位	河北省委、省政府	1996

1990—2010 年唐山市路南区获省部级以上表彰单位名表

续表 20 – 3

单位名称	获奖名称	批准单位	获奖年度
刘屯派出所	先进集体	河北省公安厅	1996
路南区国税办税大厅	最佳办税服务厅	国家税务局	1996
隆义实业集团	省文明单位	河北省委、省政府	1996
隆义栈党支部	先进基层党组织	河北省委	1996
路南区	“普九”工作先进单位	河北省政府	1996
路南区物资局	省级明星企业	河北省人事厅	1996
路南区总工会	财务工作先进集体	河北省总工会	1996
小山工业品批发市场	省级文明市场	河北省工商局	1995—1996
荷花坑农副产品批发市场	省级文明市场	河北省工商局	1995—1996
大理路市场	省级文明市场	河北省工商局	1995—1996
建国路市场	省级文明市场	河北省工商局	1995—1996
化工机械厂	安全防范先进单位	河北省公安厅	1995—1997
路南区交通局	道路养护先进单位	河北省交通厅	1996
增盛里税务所	文明税务所	河北省地方税务局	1996
学院路小学	全国体育传统学校先进单位	国家体委	1996
路南区物资局	明星企业	省物资流通协会、省人事厅	1996
唐山市第一中学	文明单位	河北省委、省政府	1996
路南区统计局	国家级先进集体	国家统计局	1996—1997
路南区防疫站	计划免疫先进集体	河北省卫生厅	1997
学院路小学	省级田径传统学校	河北省体委	1997
隆义实业（集团）公司	省食品工业优秀企业	河北省贸易委员会	1997
玻璃集团公司	安全先进单位	河北省公安厅	1997
福寿公寓	再就业工程先进集体	河北省政府	1997
化工机械厂	质量管理先进单位	河北省化工厅	1997
燕六居委会	文明单位	河北省委、省政府	1997
郑家庄村	文明单位	河北省委、省政府	1997
个体劳协	文明单位	河北省委、省政府	1997
路南区总工会	帮扶扭亏先进集体	河北省总工会	1997
路南区老年体协	老年体育工作先进集体	河北省老年体协	1997
路南区教育团委	1997 香港回归大型系列活动先进集体	团中央	1997
路南区	“两基”工作先进城区	河北省政府	1997
路南区统计局	全国基层单位普查先进集体	国普办	1997
唐山市第二中学	全国群众体育先进单位	国家体委	1997

1990—2010年唐山市路南区获省部级以上表彰单位名表

续表20－3

单位名称	获奖名称	批准单位	获奖年度
唐山市第二中学	安全防范先进单位	河北省公安厅	1997
唐山抗震纪念馆	地震外事工作二等奖	国家地震局	1997
唐山抗震纪念馆	防震减灾工作先进集体	河北省地震局	1997
唐山抗震纪念馆	先进集体	河北省地震局	1997
赵庄晨练辅导站	老年体育工作先进集体	河北省老年体协	1998
唐山市第一中学	全国中小学现代教育技术实验学校	教育部	1998
唐山市第一中学	文明单位	河北省委、省政府	1998
唐山市第一中学	劳动技术教育先进学校	教育部基础教育司	1998
唐山市第一中学	中小学普通话工作优秀单位	河北省语委、省教委	1998
唐山市第二中学	巾帼建功先进单位	河北省教委	1998
唐山市第二中学	1996—1997年度文明单位	河北省委、省政府	1998
唐山市第二中学	优秀考点	河北省教委	1998
赵庄工商所	创建文明行业先进窗口单位	河北省委、省政府	1998
路南区工商分局	工商行政管理系统先进集体	河北省工商局	1997—1998
路南区	社区服务示范城区	民政部	1998
唐山市第一中学	中小学德育示范学校	河北省教委	1998
唐山市第一中学	劳动技术教育先进学校	教育部基础教育司	1998
路南区国土分局	财务管理先进单位	河北省国土资源厅	1998
实验小学	素质教育先进单位	河北省教委	1998
燕京小学	素质教育先进单位	河北省教委	1998
路南区教育局	省级语言文字工作先进集体	河北省语委	1998
小山服装批发市场	国家级文明市场	国家工商总局	1998
荷花坑市场	文明市场	河北省工商局	1997—1998
荷花坑市场	全省农业产业化经营十大专业市场	河北省政府	1998
开滦矿务局	全国优秀企业“金马奖”	中国企业管理协会	1998
开滦矿务局	全国煤炭系统争当青年岗位能手活动优秀组织单位	煤炭工业部、共青团中央	1998
开滦矿务局	“全国职工体育先进单位”	中华全国总工会	1998
增盛里税务所	文明税务所	河北省地方税务局	1999
荷花坑市场	百强市场	河北省政府	1999
荷花坑市场	河北省农副产品十大市场	河北省政府	1999
路南区教育局	体育卫生工作先进单位	河北省教委	1999
路南区	“普九”工作先进单位	河北省政府	1999
福寿公寓	文明单位	河北省委、省政府	1999

1990—2010 年唐山市路南区获省部级以上表彰单位名表

续表 20 – 3

单位名称	获奖名称	批准单位	获奖年度
路南区个体劳协	文明单位	河北省委、省政府	1999
唐山市妇幼保健院	全国卫生系统先进单位	人事部、卫生部	1999
开滦矿务局	河北省企协系统先进企业	河北省企业管理协会	1999
解放军第二五五医院	全军重点应急机动卫勤力量建设先进单位	解放军总后勤部卫生部	1999
路南区工商分局	工商管理先进集体	河北省工商局	1999—2000
赵庄税务所	文明税务所	河北省国税局	1991—2000
路南区工商分局	省工商行政管理系统先进集体。	河北省工商局	1999—2000
唐山市第一中学	河北省青年思想政治工作先进集体	共青团河北省委	2000
唐山市第一中学	河北省青少年科技教育工作先进集体	河北省科协、河北省教育厅	2000
路南区物价局	行政执法文明单位	河北省政府	2000
赵庄工商所	全国先进工商所	国家工商总局	2000
路南区	爱国卫生先进单位	河北省政府	2000
路南区	科技工作先进区	科技部	2000
路南区国保大队	争创活动先进集体	河北省公安厅	2000
路南区	“两基”工作先进区	河北省教委	2000
路南区	全国科技工作先进区	科技部	2000
唐山市第五医院	全省卫生系统安全文明达标单位	河北省公安厅、河北省卫生厅	2000
唐山市第一中学	文明单位	河北省委、省政府	2000
唐山市第二中学	1998—1999 年度文明单位	河北省委、省政府	2000
唐山市第二中学	河北省中小学校心理教育实验示范学校	河北省教育厅	2000
唐山市第二中学	教代会工作先进单位	河北省教育厅、教育工会	2000
河北省武警总队第三支队	驻监狱部队营房建设先进单位	司法部、武装警察总队	2000
路南区	社区建设示范城区	河北省政府	2001
唐山市第五医院	河北省园林单位	河北省建设厅	2001
赵庄税务所	服务一级单位	河北省国税局	2000—2001
唐山市妇幼保健院	河北省深化改革优质服务百家医院	河北省卫生厅	2001
路南区地税局	文明单位	河北省委、省政府	2001
唐山市第一中学	全国 18 岁成人仪式教育活动优秀组织奖	共青团中央	2001
唐山市第一中学	河北省五四红旗团委	共青团河北省委	2001
唐山市第一中学	河北省“五一”劳动奖状	河北省总工会	2001
唐山市第一中学	河北省先进基层党组织	河北省委	2001

1990—2010 年唐山市路南区获省部级以上表彰单位名表

续表 20－3

单位名称	获奖名称	批准单位	获奖年度
赵庄工商所	全国工商行政管理系统先进工商所	国家工商总局	2001
隆义栈居民区党支部	先进基层党组织	河北省委组织部	2001
路南区人劳社保局	优秀青年维权岗	劳动和社会保障部	2001
福乐园社区	文明单位	河北省委、省政府	2001
金匙集团	文明单位	河北省委、省政府	2001
路南区工商分局	文明单位	河北省委、省政府	2001
唐山市路南常记商场	消费者信得过单位	河北省消费者协会	2001
路南区公安巡警防暴大队	全省公安系统“争创”活动先进集体	河北省公安厅	2001
开滦集团公司	全国“五一”劳动奖状	全总书记处、全国总工会	2001
开滦集团党委统战部	河北省企业统战工作先进单位	河北省委统战部	2001
开滦集团审计部	全国煤炭内审工作先进单位	全国煤炭内审学会	2001
开滦集团公司团委	河北省青年职工创新创效优秀组织单位、全国青年思想政治工作创新先进集体	河北省团委	2001
开滦集团科协	全国企业科协先进集体、全国科技工作者之家	中国科协	2001
唐山市妇幼保健院	河北省深化改革优质服务百家医院	河北省卫生厅	2001
解放军第二五五医院	后勤应急保障旅卫生营荣立集体三等功	北京军区联勤部	2001
唐山市第二中学	省教育系统先进工会集体	河北省教育工会	2001
唐山市第二中学	河北省中小学德育示范学校	河北省教育厅	2001
唐山市第二中学	河北省示范性普通高中	河北省教育厅	2001
巡警大队	全国青年文明号	公安部、团中央	2002
唐山市第一中学	河北省文明单位	河北省委、省政府	2002
唐山市第一中学	河北省示范性普通高中	河北省教育厅	2002
小山市场管理处	省级工商行政管理系统先进工商所	河北省工商局	2002
梁家屯工商所	河北省窗口行业三星级单位	河北省工商局	2002
办税服务厅	最佳办税厅	河北省国税局	2002
建国路税务分局	文明税务所	河北省国税局	2002
农贸市场税务分局	文明税务所	河北省国税局	2002
路南区物价局	价格监测工作先进区	河北省物价局	2002
中共路南区委	“三个代表”教学活动先进区委	河北省委	2002
福乐园社区	全国交通安全社区	公安部	2002
友谊街道办事处常泰里福乐园社区	首批全国创建文明社区示范点	中央文明办、民政部	2002

1990—2010 年唐山市路南区获省部级以上表彰单位名表

续表 20－3

单位名称	获奖名称	批准单位	获奖年度
友谊街道办事处福寿公寓	全国巾帼文明示范岗	全国妇联	2002
常泰里福乐园社区	河北省文明单位、河北省文明社区	河北省委、省政府	2002
卫国楼社区	“三个代表”学教活动先进党组织	河北省委	2002
唐山市第二中学	2000—2001 年度河北省文明单位	河北省委、省政府	2002
唐山市第二中学	河北省现代教育技术实验学校	河北省教育厅	2002
唐山抗震纪念馆	防震减灾宣传工作先进集体	中共中央宣传部、中国地震局	2002
路南区工商分局	省级文明单位	河北省委、省政府	2000—2002
路南区工商分局	文明单位	河北省委、省政府	2002—2003
唐山开元集团	文明单位	河北省委、省政府	1996—2002
唐山开元集团	全国“双优”奖	中国外商投资企业协会	2002
唐山开元集团	全国五一劳动奖状	中华全国总工会	2002
赵庄派出所	全国一级公安派出所	公安部	2002
巡警大队	全省人民满意公安基层单位	河北省公安厅	2002
巡警大队	全国青年文明号	公安部、团中央	2002
路南区教育局	语言文字工作先进集体	河北省教育厅	2002
路南区教育局	关心下一代工作先进集体	河北省教育厅	2002
路南区司法局	民调宣传工作先进单位	司法部	2002
路南区	“两基”工作先进城区	河北省政府	2002
路南区	“三五”普法先进单位	河北省政府	2002
路南区	社区建设示范区	民政部	2002
唐山科技职业技术学院	全国职业教育先进单位	教育部、劳动和社会保障部、国家经贸委	2002
唐山市妇幼保健院	河北省卫生系统先进单位	河北省卫生厅、河北省人事厅	2002
唐山市截瘫疗养院	民政工作先进单位	河北省政府	2002
路南区总工会	厂务公开先进单位	河北省总工会	2002
路南区老年体协	全国老年体育工作先进单位	河北省老年体协	2002
开滦集团公司	全国质量效益型先进企业	中国质量协会	2002
开滦集团党委统战部	河北省企业统战工作先进单位	河北省委统战部	2002
唐山市第五医院	省卫生系统文明服务 3 星级单位	河北省卫生厅、文明委	2002
唐山市截瘫疗养院	民政工作先进单位	河北省政府	2002
解放军第二五五医院	计划生育工作先进单位	北京军区联勤部	2002
解放军第二五五医院	对台宣传工作先进单位	北京军区政治部	2002

1990—2010 年唐山市路南区获省部级以上表彰单位名表

续表 20－3

单位名称	获奖名称	批准单位	获奖年度
解放军第二五五医院	先进团级党委	北京军区联勤部	2002
唐山市妇幼保健院	河北省卫生系统抗击非典斗争先进集体	河北省卫生厅	2003
唐山市第二中学	多种教学媒体综合运用实验研究实验学校	河北省教育厅、中央教科所课题组	2003
唐山市第二中学	全省学校卫生工作先进单位	河北省卫生厅	2003
唐山市第一中学	河北省五四红旗团支部	共青团河北省委	2003
唐山市第一中学	园林式单位	河北省建设厅	2003
开滦集团	中国煤炭工业创新先进单位	全国煤炭工业科技大会	2003
路南区老年体协	百万老年人健身活动优秀组织奖	河北省老年体协	2003
路南区工商分局	工商行政管理系统先进集体、全省工商系统财务管理先进单位	河北省工商局	2002—2003
路南区工商分局	河北省工商行政管理系统先进集体	河北省工商局、省人事厅	2003
路南区私协、个体经济协会	全国个协私协系统先进单位	中国个体劳动者协会	2002—2003
小山市场管理处	先进工商所	河北省工商局	2002—2003
路南区民用品维修行业协会、路南区维修行业管理办公室	省级先进单位	河北省工商局	2003
赵庄工商所	全省工商行政管理系统先进工商所	河北省工商局	2003
路南区	“两基”教育先进城区	河北省政府	2003
唐山市第二十二中学	帮孤助残工作先进集体	共青团河北省委	2003
路南区	全国青少年创新大赛奖	全国科协、科技部	2003
女织寨乡司法所	残疾人维权示范岗	司法部、中国残联	2003
路南区国税局	河北省文明单位	河北省委、省政府	2003
唐山市国土资源局路南区分局	全国国土系统信访工作先进集体	国土资源部	2003
赵庄派出所	全国一级公安派出所	公安部	2003
路南区公安分局	全省严打整治斗争工作先进集体	河北省政法委	2003
巡警大队	全省优秀公安基层单位	河北省公安厅	2003
巡警防暴大队	集体二等功	河北省公安厅	2003
文北派出所	全省优秀公安基层单位	河北省公安厅	2003
路南区教育局	教育督导先进集体	河北省教育厅	2003
路南区教育局	勤工俭学先进集体	河北省教育厅	2003
路南区教育局	“五四”红旗团委	共青团河北省委	2003
路南区物价局	信息工作先进区	河北省物价局	2003
五金交电批发公司	优秀企业	河北省经贸委	2003

1990—2010 年唐山市路南区获省部级以上表彰单位名表

续表 20－3

单位名称	获奖名称	批准单位	获奖年度
路南区国土分局	行风建设先进集体	河北省国土资源厅	2003
路南区国土分局	先进单位	河北省国土资源厅	2003
路南区友谊街道办事处	抗击非典先进集体	河北省委、省政府	2003
路南区女织寨乡党委	抗击非典先进集体党组织	河北省委、省政府	2003
路南区法院	优秀青少年维权岗	河北省高院、团省委	2001—2003
福寿公寓	文明单位	河北省委、省政府	2001—2003
福寿公寓	巾帼文明示范岗	全国妇联	2003
双新二社区	先进单位	河北省民政厅	2003
唐山市路南常记商场	河北省质量服务诚信示范单位	河北省质量检验协会	2003
唐山市路南常记商场	诚信建设示范单位	全国市场诚信建设组织委员会	2003
唐山市人民医院	河北省抗击非典斗争先进集体	河北省委、省政府	2003
河北省武警总队第三支队党委	先进党委	中共中国人民武装警察部队委员会	2003
唐山市第一中学	河北省先进集体	河北省政府	2004
唐山市第一中学	河北省文明单位	河北省委、省政府	2004
唐山市第二中学	2002—2003 年度河北省文明单位	河北省委、省政府	2004
路南区私协、个体经济协会	个协私协工作先进单位	河北省工商行政管理局、河北省个体劳动者协会、河北省私营企业协会	2004
西礼尚庄村	省级文明示范村	河北省委、省政府	2004
南刘屯村	省级文明示范村	河北省委、省政府	2004
路南区民政局	经常性社会救助工作和地名数据库建设先进单位	河北省民政厅	2004
路南区法院	全国优秀青少年维权岗	中央综治办、最高法院等 11 个单位	2004
路南区工商分局	文明单位	河北省委、省政府	2004
常泰里福乐园社区	党建工作红旗单位	河北省委	2004
友谊中学	河北省五四红旗团支部	共青团河北省委	2004
永红桥派出所	全国一级公安派出所	公安部	2004
路南区公安分局	全省治安防控工作优秀单位	河北省委政法委	2004
路南区工商分局	全省工商行政管理系统信息化工作先进单位	河北省工商局	2004
路南区工商分局	全省工商行政管理系统新闻宣传工作先进集体	河北省工商局	2004
唐山市路南常记商场	诚信建设示范单位	全国市场诚信建设组织委员会	2004

1990—2010年唐山市路南区获省部级以上表彰单位名表

续表 20-3

单位名称	获奖名称	批准单位	获奖年度
路南区地税局	文明单位	河北省委、省政府	2000　2002 2004　2006 2008　2010
唐山市截瘫疗养院	2002—2003年度文明单位	河北省委、省政府	2004
开滦集团公司	中国侨联工作先进集体	中国侨联	2004
开滦集团	2003—2004年度科协先进集体	中国煤炭学会	2004
唐山市截瘫疗养院	2002—2003年度文明单位	河北省委、省政府	2004
唐山市妇幼保健院	价格、计量信得过单位	河北省物价局、省质量技术监督局	2004
解放军第二五五医院	“贯彻从严治军方针创新实践活动”先进单位	北京军区联勤部	2004
唐山抗震纪念馆	评为AAA级旅游景点	国家旅游局	2004
河北省武警总队第三支队	连续4年预防事故案件工作先进单位	中国人民武装警察总队	2004
河北省武警总队唐山市支队	解决“五个重点问题”先进单位	中国人民武装警察总队	2004
开滦集团公司	全国优秀博士后工作站	全国优秀博士后表彰暨博士后工作会议	2005
路南区地税局	文明单位	河北省委、省政府	2004—2005
路南工商区分局	文明单位	河北省委、省政府	2004—2005
唐山市友谊中学	文明单位	河北省委、省政府	2004—2005
唐山市金匙实业有限公司	文明单位	河北省委、省政府	2004—2005
唐山隆义实业（集团）公司	文明单位	河北省委、省政府	2004—2005
唐山市人民医院	文明单位	河北省委、省政府	2004—2005
唐山市路南区常泰里福乐园社区	文明社区	河北省委、省政府	2004—2005
唐山市路南区女织寨乡南刘屯村	文明村	河北省委、省政府	2004—2005
唐山市第一中学	河北省中小学德育工作先进单位	河北省教育厅	2005
唐山市第二中学	河北省节约用水管理工作先进单位	河北省节水办	2005
唐山市第二中学	贯彻《学校体育工作条例》优秀学校	河北省教育厅	2005
唐山市第二中学	河北省园林式单位	河北省建设厅	2005
增盛里税务所	先进集体	河北省地方税务局	2005
路南区维修行业管理办公室	全省维管系统先进单位	河北省工商局	2005
路南区老年体协	河北省老年健身活动先进单位	河北省老年协会	2005

1990—2010年唐山市路南区获省部级以上表彰单位名表

续表20－3

单位名称	获奖名称	批准单位	获奖年度
路南区法院	全国法院宣传思想工作先进单位	最高人民法院政治部、人民法院报社	2005
路南区	省级再就业工作先进单位	河北省劳动和社会保障厅	2005
路南区	国家级全民健身周先进单位	国家体育总局	2005
路南区	省级文化市场管理先进单位	河北省文化厅	2005
路南区	民政工作先进区	河北省政府	2005
燕京里社区	全国社区双拥共建先进单位	全国双拥工作领导小组	2005
路南区法院	思想宣传工作先进单位	最高人民法院	2005
路南区市场建设服务中心	全国十佳市场服务中心	商务部中国市场指导委员会	2005
路南区地税局	省级文明单位	河北省文明办	2005
友谊街道福乐园社区	全国百家学习型社区	中央文明办、民政部等单位	2005
友谊街道燕京里社区	全国军民共建社会主义精神文明先进单位	中央宣传部、解放军总政治部	2005
广场街道卫国楼社区	全国“双合格”优秀（示范）家长学校	全国“双合格”家庭教育宣传实践活动领导小组	2005
友谊街道燕京里社区	全国文化先进社区	中央文明办、文化部	2005
路南区文体局	人民健身周先进单位	国家体育总局	2005
永红桥派出所	全国一级公安派出所	公安部	2005
路南区公安分局	全省优秀公安局	河北省公安厅	2005
永红桥派出所	全省优秀公安基层单位	河北省公安厅	2005
友谊里派出所	全省优秀公安基层单位	河北省公安厅	2005
解放军第二五五医院	战备工作先进单位	北京军区联勤部	2005
解放军第二五五医院	新闻宣传工作先进单位	北京军区联勤部政治部	2005
解放军第二五五医院	纪念建党84周年党的知识网上答题竞赛二等奖	北京军区联勤部政治部	2005
唐山市第二中学	河北省中小学德育工作先进单位	河北省教育厅	2005
唐山市第二中学	学校安全工作先进单位	河北省教育厅	2005
唐山市第二中学	2004—2005年度河北省文明单位	河北省委、省政府	2005
唐山市第二中学	河北省文明单位	河北省委、省政府	2006
唐山市第二中学	河北省先进基层党组织	河北省委	2006
唐山市第一中学	全国“三八”红旗集体	全国妇联	2006
路南区维修行业管理办公室	全省维管系统先进单位	河北省工商局	2006
路南区民用品维修行业协会梁家屯维协分会	河北省民用品维修行业协会系统实绩突出单位	河北省工商局	2006
路南区法院	优秀人民法院、宣传工作先进单位	河北省最高人民法院	2006

1990—2010年唐山市路南区获省部级以上表彰单位名表

续表20－3

单位名称	获奖名称	批准单位	获奖年度
路南区教育局	学校工作先进集体	河北省教育厅	2006
路南区第二培智学校	2001—2005年全国特奥工作先进单位	中国残联、国家体育总局	2006
路南区公安分局	全省优秀公安局	河北省公安厅	2006
友谊里派出所	全省优秀户政窗口单位	河北省公安厅	2006
赵庄派出所	全省“三基”工程建设先进基层单位	河北省公安厅	2006
刑警大队	全省优秀公安基层单位	河北省公安厅	2006
增盛里税务所	工作实际突出单位	河北省地税局	2006
增盛里税务所	窗口单位	河北省精神文明建设委员会	2006
化工机械有限公司	2006—2008年百家重点科技示范企业	河北省科技厅	2006
唐山市截瘫疗养院	第七届河北省优秀青年志愿者服务集体	共青团河北省委、河北青年志愿者协会	2006
唐山市截瘫疗养院	2004—2005年度文明单位	河北省委、省政府	2006
唐山市截瘫疗养院	第七届河北省优秀青年志愿者服务集体	共青团河北省委、河北青年志愿者协会	2006
唐山市截瘫疗养院	2004—2005年度文明单位	河北省委、省政府	2006
唐山市第五医院	八兄弟护理组健康卫士楷模	河北省卫生厅	2006
唐山市协和医院	“十五”期间全省残疾人康复工作先进集体	河北省卫生厅、财政厅、教育厅、民政厅、公安厅等单位	2006
唐山市妇幼保健院	三下乡先进集体	河北省委宣传部、省文明办	2006
唐山市妇幼保健院	妇幼保健工作先进单位	河北省卫生厅	2006
唐山市第一中学	河北省教育系统先进集体	河北省教育厅、河北省人事厅	2007
唐山市第二中学	河北省安全文明校园	河北省教育厅、公安厅等单位	2007
唐山市第二中学	全省基层平安建设示范单位	河北省社会治安综治委	2007
路南区法院	全国三八红旗集体	全国妇联	2007
双桥里社区	全国敬老模范社区	全国老龄办、民政部、教育部等单位	2007
路南区民政局	全省民政工作先进区	河北省政府	2007
福乐园派出所	一级公安派出所	公安部	2007
路南区公安分局	全省优秀公安局	河北省公安厅	2007
路南区公安分局	全省实施社区和农村警务战略先进集体	河北省公安厅	2007
学院南路街道办事处双新四社区	省级充分就业社区	河北省劳动和社会保障厅	2007
学院南路街道办事处立新西里社区	省级充分就业社区	河北省劳动和社会保障厅	2007
唐山市路南常记商场	信用优良企业	河北省统计局等单位	2007

1990—2010年唐山市路南区获省部级以上表彰单位名表

续表20－3

单位名称	获奖名称	批准单位	获奖年度
路南区国税局办税服务厅	河北省文明单位	河北省委、省政府	2007
开滦集团	全国职工体育示范单位	中华全国总工会、国家体育总局	2007
开滦集团	最佳信息化战略奖最佳IT治理奖	国务院信息化工作办公室、国家发改委、科技部、商务部、国家信息化测评中心	2007
开滦集团公司党委	河北省先进基层党组织	河北省委	2007
开滦集团	第十七届全国发明展览会金奖	中国科学技术协会	2007
唐山市妇幼保健院	巾帼行业特色杯先进集体	河北省巾帼建功领导小组	2007
唐山市妇幼保健院	妇幼卫生工作先进单位	河北省卫生厅	2007
解放军第二五五医院	维权工作先进单位	北京军区	2007
解放军第二五五医院	全区后勤训练先进单位	北京军区联勤部	2007
解放军第二五五医院	新闻宣传工作先进单位	北京军区联勤部	2007
解放军第二五五医院卫生营	全面建设先进基层单位并荣记集体三等功	北京军区联勤部	2007
唐山市协和医院	河北省先进工会组织	河北省工会	2007
唐山市人民医院护理部	巾帼文明岗	中华全国妇女联合会、全国妇女“巾帼建功”活动小组	2007
唐山市妇幼保健院	创建“诚信医院”活动先进单位	河北省卫生厅	2008
唐山市妇幼保健院	河北省“三八”红旗集体	河北省妇女联合会	2008
唐山市妇幼保健院	文明单位	河北省委、省政府	2008
唐山市截瘫疗养院	2006—2007年度文明单位	河北省委、省政府	2007—2008
开滦集团	2007—2008年度全国“讲理想、比贡献”活动先进集体	中国科协、国家发改委、科学技术部、国务院国资委	2008
开滦集团	全国投入产出调查先进集体	国家统计局	2008
开滦集团公司党委	河北省思想政治工作先进集体	河北省委	2008
路南区科技局	全省科技管理工作先进县（市、区）科技局	河北省科学技术厅	2008
唐山市经济检查支队路南区大队	全省工商系统经检机构规范化建设先进单位	河北省工商局	2008
路南区公安分局	全省优秀公安局	河北省公安厅	2008
路南区公安分局	全省县级公安机关执法质量优秀单位	河北省公安厅	2008
路南区公安分局	河北省实施社区（农村）警务战略优秀县级公安局	河北省公安厅	2008
友谊里派出所	全省公安机关正规化建设“先进派出所”	河北省公安厅	2008

1990—2010年唐山市路南区获省部级以上表彰单位名表

续表20－3

单位名称	获奖名称	批准单位	获奖年度
福乐园派出所	全省实施社区和农村警务战略先进派出所	河北省公安厅	2008
赵庄派出所	全省实施社区和农村警务战略样板警务室	河北省公安厅	2008
女织寨派出所	2005—2007无违纪先进单位	河北省公安厅	2008
巡特警大队	“全省奥运安保百日大巡逻活动”先进集体	河北省公安厅	2008
消防大队	第29届奥运会消防保卫工作先进大队	河北省公安消防总队	2008
路南区公安分局	河北省流动人口管理工作先进集体	河北省流动人口管理工作协调小组	2008
路南区工商局荷花坑分局	全省个私协会工作先进单位	河北省工商局	2008
路南区工商局荷花坑分局	河北省工商行政管理系统先进基层分局	河北省工商局	2008
唐山市经济检查支队路南区大队	河北省工商行政管理系统先进经济检查大队	河北省工商局	2008
路南区工商学会	河北省工商学会工作先进单位	河北省工商局	2008
唐山市第一中学	模范职工之家	河北省总工会	2008
唐山市第一中学	河北省文明单位	河北省委、省政府	2008
唐山市第一中学	全国“五四”红旗团委创建单位	团中央	2008
唐山市截瘫疗养院	2006—2007年度文明单位	河北省委、省政府	2008
唐山市第五医院	抗震救灾重建家园工人先锋号	中国科教文卫体工会	2008
开滦精神卫生中心	抗震救灾重建家园工人先锋号	中国教科文卫体工会	2008
唐山市协和医院	巾帼文明岗	全国妇联	2008
唐山市协和医院	河北省创建诚信医院先进单位	河北省卫生厅	2008
唐山市妇幼保健院	创建“诚信医院”活动先进单位	河北省卫生厅	2008
唐山市妇幼保健院	河北省“三八”红旗集体荣誉称号	河北省妇女联合会	2008
唐山市妇幼保健院	文明单位	河北省委、省政府	2008
解放军第二五五医院	先进团级党委	北京军区联勤部	2008
解放军第二五五医院	后勤训练先进单位	北京军区联勤部	2008
解放军第二五五医院	新闻宣传工作先进单位	北京军区联勤部	2008
解放军第二五五医院卫生营	首届华益慰杯“优质服务爱军精武”	北京军区联勤部	2008
解放军第二五五医院卫生营	集体三等功	北京军区联勤部	2008
唐山市第二中学	河北省依法治校示范校	河北省教育厅	2008
唐山市第二中学	河北省文明单位	河北省委、省政府	2008

1990—2010 年唐山市路南区获省部级以上表彰单位名表

续表 20－3

单位名称	获奖名称	批准单位	获奖年度
唐山市协和医院	河北省三星级职代会	河北省总工会	2008
唐山市人民医院	文明单位	河北省委、省政府	2008
唐山市人民医院党委	思想政治工作先进集体	河北省委	2008
唐山市人民医院	全国抗震救灾英雄集体	卫生部	2008
唐山市人民医院	全国抗震救灾英雄集体	中共中央、国务院、中央军委	2008
路南区	全省三年大变样先进集体	河北省委、省政府	2008
路南区教育局	文明单位	河北省文明办	2008—2009
路南区地税局	文明单位	河北省文明办	2008—2009
路南区国税局办税服务厅	文明单位	河北省文明办	2008—2009
路南区工商局荷花坑分局	文明单位	河北省文明办	2008—2009
路南区广场街道办事处	文明单位	河北省文明办	2008—2009
冀东汽车销售有限公司	文明单位	河北省文明办	2008—2009
唐山市第一中学	河北省校务公开示范校	河北省教育厅	2009
唐山市第一中学	国家级语言文字规范化示范学校	教育部语言文字工作委员会	2009
唐山市第二中学	河北省校务公开示范校	河北省教育厅	2009
唐山市协和医院	省先进职工之家	河北省总工会	2009
路南区科技局	全省科技管理工作先进县（市、区）科技局	河北省科学技术厅	2009
花园里党总支	省级先进基层党组织	河北省委	2009
路南区国税局办税服务厅	河北省文明单位	河北省委、省政府	2009
路南法院刑二庭	省级青年文明号	河北省创建青年文明号活动组委会	2009
路南区公安分局	全省执法质量示范单位	河北省公安厅	2009
福乐园派出所	全省优秀公安基层单位	河北省公安厅	2009
路南区维修行业管理办公室	维管系统全面建设先进单位	河北省工商局	2009
路南区工商局荷花坑分局	省级文明单位	河北省委、省政府	2008—2009
唐山市第五医院	河北省企业事业单位治安防范先进单位	河北省公安厅	2008—2009
区老年体协	全国百万群众户外健身优秀组织奖	河北省老年体协	2009
唐山市妇幼保健院	企业事业单位内部治安防范工作先进单位	河北省公安厅	2009

1990—2010年唐山市路南区获省部级以上表彰单位名表

续表20－3

单位名称	获奖名称	批准单位	获奖年度
开滦集团	中国优秀诚信企业	中国企业联合会、中国企业家协会	2009
开滦集团	全国文明单位	中央文明委	2009
开滦集团	煤炭工业节能减排先进企业	中国煤炭工业协会、中国煤炭加工利用协会	2009
解放军第二五五医院	全国抗震救灾英雄集体	中共中央、国务院、中央军委	2009
解放军第二五五野战方舱医院	全国抗震救灾英雄谱	中共中央宣传部	2009
解放军第二五五医院	全国抗震救灾医药卫生先进集体	卫生部、国家食品药品监督管理局、国家中医药管理局、总后勤部卫生部	2009
解放军第二五五医院野战医疗所党支部	全国抗震救灾先进基层党组织	解放军总政治部	2009
解放军第二五五医院野战方舱急诊和重症监护联合党支部	抗震救灾先进基层党组织	北京军区	2009
解放军第二五五野战方舱医院	抗震救灾先进团单位	成都军区抗震救灾总指挥部	2009
解放军第二五五医院	先进团级党委	北京军区联勤部	2009
解放军第二五五医院	计划生育工作先进单位	北京军区	2009
解放军第二五五医院	“因你而骄傲”先进集体	北京军区联勤部	2009
解放军第二五五医院	新闻报道工作先进单位	北京军区联勤部	2009
唐山市南湖生态城管委会	“全国生态文化示范基地”	国家林业局、中国生态文化协会	2009
唐山市协和医院	创“诚信医院”活动先进单位	河北省卫生厅	2009
解放军第二五五医院	党风廉政建设先进单位	北京军区联勤部	2010
解放军第二五五医院	国庆首都阅兵联勤保障先进单位	北京军区联勤部	2010
开滦集团	河北省知识产权优势培育工作先进单位	河北省知识产权局	2010
开滦集团	全国煤炭工业设备管理优秀单位	中国煤炭工业协会	2010
开滦集团	“安康杯”竞赛优胜企业	中华全国总工会	2010
开滦集团	企业财务决算工作先进单位	河北省财政厅	2010
开滦集团	河北省企业文化建设示范单位	河北省国资委	2010
联合里社区	河北省充分就业社区	河北省劳动和社会保障厅	2010
路南区科技局	全省科技管理工作先进县（市、区）科技局	河北省科学技术厅	2010
小山隆义里社区	河北省充分就业社区	河北省劳动和社会保障厅	2010

1990—2010年唐山市路南区获省部级以上表彰单位名表

续表20－3

单位名称	获奖名称	批准单位	获奖年度
唐山市质量技术监督局路南区分局	民主评议优胜单位	河北省质量技术监督局	2010
友谊街道永乐园社区	全国创建学习型家庭示范社区	全国妇联、民政部等五部门	2010
路南区文体局	全国体育先进单位	国家体育总局	2010
路南区文体局	全国全民健身活动先进单位	国家体育总局	2010
女织寨乡政府	河北省城镇面貌三年大变样工作模范集体	河北省委、省政府	2010
路南区科技局	全省科技管理工作先进单位	河北省科技厅	2010
路南区公安分局	全省公安机关执法质量先进集体	河北省公安厅	2010
路南区公安分局	全省公安机关“学边防守条令”夺标竞赛组织工作优胜单位	河北省公安厅	2010
学院南路街道办事处双新二社区	全国综合减灾示范社区	国家减灾委员会、民政部	2010
唐山市第五医院	星火燎原奖	中国医师协会	2010
唐山市妇幼保健院	全省医药卫生系统先进单位	河北省卫生厅、河北省食品药品监督局	2010
唐山市妇幼保健院	企业事业单位内部治安防范工作先进单位	河北省公安厅	2010
解放军第二五五医院	离退休干部移交安置工作先进单位	北京军区联勤部	2010
解放军第二五五医院	新闻报道工作先进单位	北京军区联勤部	2010
唐山市第二中学	河北省职代会星级单位	河北省总工会	2010
唐山市第二中学	河北省文明单位	河北省委、省政府	2010
唐山市协和医院	省AAA级和谐单位	河北省总工会	2010
唐山市协和医院	职工先锋号	河北省总工会	2010
唐山市人民医院	文明单位	河北省委、省政府	2010
唐山市人民医院	全国抗震救灾英雄集体	中共中央、国务院、中央军委	2010
河北省武警总队唐山市支队	河北省城镇面貌三年大变样工作特别贡献奖	河北省委、省政府	2010
唐山市南湖生态城管委会	中国最佳休闲中央公园	中国（国际）休闲发展论坛组委会	2010

第二十一编　科学技术

1987年，区委、区政府确立"科技兴区"发展战略，通过加强科技工作的组织领导，调动科技人员技术革新积极性，推进科技事业加快发展。至1989年，全区有38项科研成果通过市级以上鉴定。1990年，科技事业发展纳入"科教兴区"主体战略之一，区委制定并组织实施《科技兴区五年发展规划》。1993年，开展"科技进步年"活动，加强新产品、新技术的开发及应用，加大技改投入力度，全年共有24种新产品通过省部级鉴定，搜集发布科技信息280多条，被区街企业采纳21条。1995年，贯彻《中共中央、国务院关于加速科学技术进步的决定》，编制《路南区"九五"科技发展规划》，引进推广科技成果，实施科技示范区、示范乡（村）及示范企业工程，组织科技星火培训，引进选拔科技人才，科技事业进入快速发展时期。是年，完成重点科研项目10项，引进高新技术5项，培育高新技术企业3家，引进科技人才54名，发展民营科技企业5家。1997年，唐山市光华造纸厂、唐山市轻工机械厂、唐山市万达石油管件厂、唐山市怡盛陶瓷有限公司被河北省乡企局命名为科技型企业。2000年，全区高新技术企业达到5家，高新技术企业技工贸总收入完成1.1亿元；发展民营科技企业34家；培育技术创新示范企业2家，完成新产品新技术开发32个。被国家科技部授予"全国科技工作先进区"称号。2008—2009年，路南区连续两年被省科技厅评为"全省科技工作先进区"。至2010年的21年中，全区累计完成区级以上新产品、新技术开发项目288项，获得授权专利1102项，其中发明专利113项，实用新型专利839项，外观设计专利150项。获市级以上科技奖励280项。

第一章　科技机构与队伍

1990年年初，全区有科技机构39个，其中区属科技机构23个，驻区科技机构16个。全区专业技术人员9553人（含自然科学和社会科学，下同）。后随"科技兴区""科教兴区"战略的实施，科技创新和科技人才倍受重视。2005年，全区科技机构、研发机构和科技服务企业达77家，专业技术人员13929人。其中区属科技和科技服务机构42个，专业技术人员3242人；驻区单位科研机构35个，实验室达到37个，实验中心4个，专业技术人员10687人。2010年，全区科技机构、研发机构和科技服务企业增至80个，其中区属科技机构54个，驻区单位科技机构26个。专业技术人员1.52万人，其中区属专业技术人员3248人，驻区专业技术人员1.2万人。

第一节　科技机构

一、区属科技机构

1989年，有区属科技机构23个，其中厂办科研机构16个，民办科研机构7个。民办科研机构有：唐山市燕京肾病研究所、唐山市北方中医杂症研究所、唐山市电子应用技术研究所、唐山市交大科技应用研究所、天津科技服务公司唐山咨询处、石家庄燕赵科技研究院唐山分院、唐山新华星期日工程师事务所。1990年，实施“科教兴区”战略，科技事业发展快速。至1994年，全区从事科学研究和综合技术服务事业科研机构达38个。2000年起，加强科研机构、民间特色研发机构、农业技术研修基地、网络服务平台建设，科技机构的自主创新能力、产业带动能力和科技服务能力明显提升。2005年，全区科技和科技服务机构有42个。2010年达到54个，其中被市科学技术局认定研发机构8个；被区科技局认定研发机构16个；区工商局注册的科技服务企业30家，分别涉及钢铁、机械、电子、医药、农业、建材、化工等行业。

唐山市协力胶带运输设备有限公司　2002年成立，系河北省科技企业、河北省高新技术企业、河北省知识产权优势培育企业，中国重机协会、中国带式输送机理事会会员单位。主要研制生产带式输送机保护装置及工业自动化测控设备。已与北京理工大学建立了产学研合作关系。承担的主动告知混合传输全方位生命探测与定位系统开发、双检测式胶带安全防护装置研究与开发项目被列入唐山市科研与发展计划。2010年，公司有职工50人，其中大专以上学历18人，工程师7人。产品有开关类、清扫器类和隔爆类三大系列五十多个品种。累计获国家专利13项。

唐山长城电焊机总厂有限公司　2004年改制为有限公司，为各种金属焊接设备的设计、开发、制造专业厂家，是唐山市电焊机工程技术研究中心。至2010年，公司拥有固定资产760万元，职工106人，其中大专以上学历26人。已与北京工业大学、北京航空航天大学等建立产学研合作关系。该企业长期致力于研发国内领先的数字化产品，多项技术被列入国家、省、市科研计划。其中“IGBT逆变式CO2保护焊机”获唐山市科技进步三等奖，被列入河北省中小企业创新资金项目支持；“WSEM系列逆变直流多用氩弧焊机”获唐山市科技进步二等奖；国家火炬计划焊接科技园区创建项目“全数字化弧焊机电源系统”获唐山市科技进步三等奖。投资5000万元、占地1.33公顷的长城焊机研发基地，正在争创河北省企业技术工程研究中心。累计获国家专利4项。

唐山才德电气设备有限公司　原称唐山市现代电器厂，1994年成立，2009年10月改现称。系研发、生产、销售矿山、隧道工程等运输机电设备的专业厂家，主要产品有工矿电机车用变频调速器系列、蓄电池电机车用隔爆变频调速器系列、架线式工矿变频调速电机车、防爆特殊型蓄电池交流牵引电机车等，在国内同行业中处于技术领先水平。至2010年，公司拥有固定资产339万元，职工92人，其中大专以上学历32人。研制开发的矿用防爆特殊型12吨蓄电池变频调速电机项目被列为区推进传统优势产业创新项目。

唐山科汇达仪器仪表有限公司　2002年成立，为专业从事智能流量计装置研发、生产、经营及自动化控制工程设计、施工的民营高科技企业。主要产品有KHD系列智能弯管流量计、超声波流量计、热式气体质量流量计、标准节流装置等，同时承揽企业能源计量监控管理系统、城市集中供热控制管理系统、企业安全监测管理系统等设计、施工。至2010年，企业拥有固定资产200万元，职工18人，均为大专以上学历。已通过ISO 9000质量体系认证，被评为“AAA级诚信企业”，累计获专利6项。拥有河北省认定的0.2级实流标定系统，具有中华人民共和国制造计量器具许可证。

2010年唐山市路南区区级以上科技研发机构一览表

表21－1

机构名称	成立时间	单位名称	级别
唐山市路南区老谢庄千亩无公害蔬菜基地	2001	唐山市路南区女织寨乡老谢庄村委会	区级
唐山市路南区和平街花卉基地	2001	唐山市路南区城建局组培室	区级
唐山市电焊机工程技术研发中心	2004	唐山长城电焊机总厂	市级

2010 年唐山市路南区区级以上科技研发机构一览表

续表 21－1

机构名称	成立时间	单位名称	级别
唐山市化工机械设计研究所	2004	唐山化工机械有限公司化工机械设计研究所	市级
唐山市路南区老谢庄农业技术研修基地	2004	唐山市路南区女织寨乡老谢庄村委会	市级
唐山市电信电缆工程技术研究中心	2005	河北华通线缆制造有限公司	市级
唐山汽车改装工程技术研究中心	2006	唐山市鸿达汽车改装有限公司	市级
唐山矿用防爆组合电器开关工程技术研究中心	2006	开滦华光电器厂	市级
唐山任氏包装设备有限公司研发中心	2007	唐山任氏包装设备有限公司	市级
唐山市路南区利民城建公用设施研发中心	2007	唐山市路南区利民城建公用设施研发中心	区级
唐山市路南区北方矿井水害防治技术研究所	2007	唐山市路南区北方矿井水害防治技术研究所	区级
唐山市同创伟业电子有限公司研发中心	2008	唐山市同创伟业电子有限公司	市级
唐山市路南区冀东宫颈疾病研究所	2009	唐山市路南区冀东宫颈疾病研究所	区级
唐山市协力胶带运输设备有限公司研发中心	2009	唐山市协力胶带运输设备有限公司	区级
唐山市现代电器厂研发中心	2009	唐山市现代电器厂	区级
唐山宏冶创新机械制造有限公司研发中心	2009	唐山宏冶创新机械制造有限公司	区级
唐山市三川机械制造有限公司研发中心	2009	唐山市三川机械制造有限公司	区级
唐山汇力科技有限公司研发中心	2009	唐山汇力科技有限公司	区级
唐山智能电子有限公司研发中心	2009	唐山智能电子有限公司	区级
唐山实创选煤科技有限责任公司研发中心	2010	唐山实创选煤科技有限责任公司	区级
唐山东正电气自动化设备厂研发中心	2010	唐山东正电气自动化设备厂	区级
唐山天源光电照明器材厂研发中心	2010	唐山天源光电照明器材厂	区级
唐山市化学厂有限公司研发中心	2010	唐山市化学厂有限公司	区级
中国重型汽车集团唐山市宏远专用汽车有限公司研发中心	2010	中国重型汽车集团唐山市宏远专用汽车有限公司	区级

二、驻区科研机构

1990 年，有驻区科研机构 16 个，其中独立科研机构 6 个，即：唐山市农业科学研究所、唐山市化工研究所、唐山市机械电子研究所、唐山市服装研究所、唐山市塑料研究所、唐山市彩色蜡染研究所。重点科研中心（室）10 个，即：开滦矿务局科研所、河北省地震工程研究中心、矿山系统工程研究室、矿物工程研究室、凝固理论研究室、连杆机构动力学研究室、稀土元素荧光分析研究室、硅酸盐研究室、地震与灾害地质研究室、材料科学与工程研究室。

1996 年，整合科技资源，科研机构减至 10 个，分别为河北省地震工程研究中心、矿山采流工程研究室、机械电子研究室、连杆机构弹性动力学研究室、稀土元素荧光分析研究室、硅酸盐研究室、露天采矿研究室、机械电子新技术研究室、开滦科研所、唐山市化工研究所。

2000 年，开滦集团改制，取消科研所，成立技术中心。此后，驻区科技机构总量呈逐年上升趋势。2001 年，驻区科技机构达到 14 个，其中科学研究业有：唐山市冀东疑难杂症研究所、唐山市路南区宏达矿山机械设备研究所、唐山市康复技术开发研究所、唐山燕赵科技研究院、唐山供电设计院科技开发部；综合技术服务业有：河北地震局唐山中心台、唐山市路南汽车综合性能检测站、河北省唐山市化工研究所、唐山市植物保护检疫站、唐山市林果技术研究所、唐山市果桑技术推广站、唐山开滦勘察设计有限公司、唐山供电设计院、唐山市工业技术研究所。

2005年，科研机构35个，实验室37个，实验中心4个。其中省市级重点实验室9个，即：河北省无机非金属材料实验室、河北省地震研究中心、河北省现代冶金技术实验室、唐山市无机非金属材料重点实验室、唐山市结构与振动工程重点实验室、唐山市新型环保技术重点实验室、唐山市冶金技术重点实验室、唐山市机电产品创新设计中心重点实验室、唐山市海洋资源综合利用研究中心。

2006年，省市级重点实验室发展至11个。后随科研机构外迁、撤销、重组，驻区科研机构呈减少趋势。至2010年，驻区科研机构26个，其中依托河北联合大学省级重点实验室6个、市级重点实验室12个。

开滦技术中心（开滦科研所） 1979年，开滦组建矿区科技情报网，在科研所成立情报室，负责掌握国内外煤炭科技发展方向，收集编译煤炭科技资料，进行科研宣传教育、专利申报等项服务。1989年始，开滦科研机构承担科研与科技管理双重职能（对外称科研所，对内为科技处）。1990年年底，全所共有82人，设有开采、机械化、自动化、环保、计量、科技情报、科技管理7个科室。1995年，科研所成立科技开发部。1998年，根据矿务局理顺职能、精减机构要求，全所实行切块经营。2000年2月，取消科研所编制，成立技术中心，下设环保工程、采煤工程、电器工程、机械工程、信息工程、热电工程、化工工程、机电加工、信电、设计10个研究所，1个综合经营管理部，1个科技展览服务中心。技术中心主任由集团公司总经理兼任，常务副主任由总工程师兼任，设有技术委员会和专家委员会。2002年，技术中心被河北省经贸委评为“河北省优秀企业技术中心”。2005年10月，国家发改委等四部门联合下发公告，确认开滦技术中心为国家级企业技术中心。2007年起，集团公司在技术中心先后建立“博士后工作站”和“特邀院士工作站”。是年，在438家国家认定的企业技术中心中排名第182位，在煤炭系统内排名第3位，在河北省16家国家认定技术中心中排名第8位。截至2010年，开滦共有重要科研项目1596项，其中7项获国家发明奖，74项获国家级科技进步奖，159项获省（部）级科研成果奖，7项取得技术专利。

河北省地震工程研究中心 1985年依托唐山工程技术学院成立。2000年2月，通过省级重点实验室验收，被纳入省重点实验室管理序列。研究方向为城市综合防灾、建筑工程抗灾减灾、工程环境与减灾。2010年，研究中心有工作人员47人，其中正高级职称15人，副高级职称19人，中级职称12人，初级职称1人。拥有高层次人才2人。实验室拥有科研用房面积2700平方米，仪器设备数量619台（套），原值895.6万元。曾担任《城市抗震防灾规划标准》《城镇防灾避难场所设计规范》以及《城镇综合防灾规划标准》主编。完成“大型复杂结构体系的关键科学问题及设计理论研究”“智能水平——竖向复合隔震系统研究”“防止钢筋混凝土框架建筑竖向连续倒塌的研究”3项国家自然科学基金项目，研究成果均达到国际先进水平。“十一五”期间，实验室获省部级科技进步一、二等奖各1项，三等奖3项；出版专著11部，发表学术论文760余篇；获国家专利6项。在研国家自然基金项目3项，国家“十一五”科技支撑计划项目两项。

河北省现代冶金技术重点实验室 2005年7月依托河北理工大学成立，2007年12月通过验收。主要研究方向有7个，即：资源综合利用与原料优化、炼铁新技术与理论、品种钢及其纯净化理论与工艺、连续铸钢与凝固理论、金属塑性成型过程的模拟与控制、轧钢新技术与工艺优化、生态化钢铁。2010年，有在编人员53人，其中正高级职称27人，副高级职称16人。博士生导师3人，硕士生导师31人。具有博士学位35人，燕赵学者1人，享受国务院政府特殊津贴2人，教育部教学指导委员会委员3人。国家级优秀教师、先进工作者1人，教育部新世纪人才1人，河北省教学名师1人，省优秀教师3人。担任中国金属学会、中国能源学会理事3人。担任国家自然科学基金会评委1人。担任国家级学会理事的10人。实验室面积4120平方米，拥有仪器设备1430台，价值1898万元。自实验室建立以来，获科技奖励27项，其中国家科技进步二等奖1项，省科技进步一等奖3项，省科技进步二等奖2项，省科技进步三等奖21项；获得专利38项；发表学术论文800余篇，被收录150余篇，出版专著与教材14部；获省优秀教学成果一等奖2项、二等奖2项、三等奖3项，省精品课程4项。累计承办国际学术会议1次，国家级学术会议2次，区域性学术会议4次，设立开放课题12项，到实验室进行共同研究人数68人次。

河北省矿业开发与安全技术实验室　2005年，由河北理工大学、煤炭科学研究总院唐山研究院、开滦（集团）有限责任公司共同建设，2007年3月通过验收。主要研究方向为：矿山安全理论与技术、采矿工艺与技术、资源开采中矿山压力及岩层移动控制的基础理论、矿物加工与资源高效利用、矿山生态恢复与重建。2010年在编人员50名，其中正高职称24名，副高职称19名，中级职称7名。博士28名，硕士16名，博硕比例占总人数的88%。先后承担和完成国家科技攻关课题1项，国家自然基金课题3项，科技部“863”计划课题1项，“十一五”国家科技支撑计划课题4项，省自然基金、省部级课题10项，横向课题数十项，经费总额达2000多万元；获省部级科技进步一等奖1项、二等奖9项、三等奖7项；出版专著10部，发表学术论文200篇；申请各项专利17项；培养硕士研究生6名。

第二节　科技队伍

一、区属科技队伍

1989年年底，共有区属科技人员3841人（含自然科学和社会科学）。科技队伍中，专业技术人员2816人，占科技人员总数的73.31%。其中副高级以上职称47人，占专业技术人员总数的1.67%；中级职称547人，占19.42%；初级职称2222人，占78.91%。重点分布在工业、教育、卫生、财会、统计等系统。随着经济和社会事业的发展，区属专业技术队伍不断壮大，结构发生明显变化，中高级职称所占比例逐年上升。1997年，全区专业技术人员增至4464人，其中副高级以上职称268人，占专业技术人员总数的6%；中级职称1855人，占41.56%；初级职称2341人，占52.44%。2005年，区属专业技术人员有3244人，其中正高级职称3人，占专业技术人员总数的0.09%；副高级职称381人，占专业技术人员总数的11.75%；中级职称1616人，占49.82%；初级职称1131人，占34.86%。2010年，区属专业技术人员3248人，其中正高级职称3人，占专业技术人员总数的0.09%；副高级职称411人，占专业技术人员总数的12.65%；中级职称1670人，占51.42%；初级职称1036人，占31.90%。主要分布在厂企、教育、文化、医疗卫生等系统。

二、驻区科技队伍

1990年，驻区专业技术人员有6434人，其中科研院所（室）349人，企业1978人，院校1022人，医疗卫生行业专业技术人员3085人。2000年，驻区专业技术人员增到10306人，其中科研院所（室）525人，企业4787人，院校1255人，医疗行业3739人。2010年，驻区专业技术人员发展至12036人，其中科研院所（室）852人，企业3939人，院校2659人，医疗卫生行业4586人。

第二章　科技市场与科技成果

1990年起，全面实施“科技兴区”“科教兴区”战略，科技事业取得长足发展，科技创新能力明显增强。至2010年，区属获市级以上科技奖励和科研成果221项，其中科研成果163项。在科技奖励和科研成果中，有8项为国际先进，39项为国内首创，75项为国内先进，17项省内首创，24项省内先进。市级以上新优产品科技成果奖励58项。推广应用科技成果133项，应用率达85.42%；引进农业新品种、新技术36项。驻区单位获省（部）级以上科技成果奖励220项。

第一节　科技市场

1994年1月，经区政府第42次常务会议研究，成立区级实体型“大邦”科技技术市场，负责为企业提供技术服务、技术咨询，业务归属区科委。该市场按照“谁投资、谁受益”的原则，实行有偿服务，自收自支，独立核算、自负盈亏。是年，重点科技立项25项。技术市场共为区内介绍科技项目100余项。到1997年年底，全区共完成技改项目135项，投入技改资金3.4亿元，共开发优秀新产品77项。科技进步对经济增长贡献率达到40%。2010年，区规模以上40个工业企业中有6个开展科技活动，参与人员137人。21年间，科技活动经费支出达1079万元。

第二节　科技成果

1990年起，全面实施“科技兴区”“科教兴区”战略，推动科技和经济紧密结合，着力构建以企业为主体，市场为导向，产学研相结合的技术创新体系。注重提高自主研发水平，引进推广新技术、新产品、新工艺，加强知识产权保护，科技创新和科技成果转化能力不断提升。至2010年，全区自主创新成果累计达140项；引进农业优良新特品种36个，引进省外工业新技术182项；专利申请量1594项，专利授权量1102项，其中发明专利113项，实用新型专利839项，外观设计专利150项。

一、自主创新成果

1990年起，重点在钢铁深加工、机电、轻化工、建筑、交通运输、医药卫生等行业开发新产品、新技术。至2010年的21年间，自主创新成果主要有：冶金连铸结晶器、高纯度还原铁材、冷拔无焊钢管、CO2保护焊机、湿法活性钙干燥机、高分子聚合物双向拉伸格栅、衬胶防腐管道、防毒面具、高效节能砌块、工业窑炉砌筑、炉渣砖、路面抗滑能力恢复工程车、锅炉节能技术、“霞普气”技术、“钢渣水泥”技术、“早强水泥”技术、高速公路脱空处理系统、重型车辆中碳合金钢弧焊机器人自动化焊接技术、弧焊机器人智能化离线编程技术、工程机械底盘开发、汽车及其零部件专用检测设备开发、锅炉烟气脱硫除尘成套设备、工业循环冷却水的水质稳定处理、红外车型自动识别分类系统、高等级公路路面状况智能检测车系统、阻燃聚氯乙烯电缆料的开发、混杂改性聚丙烯专用料、水性环保型纸塑复合胶粘剂、聚丙烯的无滴阻燃技术、聚丙烯的交联改性技术、有机食品（绿色食品深加工）、木耳酱、木耳小包装素食菜、分割冷却猪肉的保鲜技术、“室内杀手”甲醛快速测定仪、超临界水氧化法处理高浓有机废水技术、采用静压传动的工业电动车、卧螺离心机新技术、膜式水冷壁混合气体保护焊接自动化生产线、高性能减震器（隔振器）、直流无刷电机控制器、异步电机软启动装置、逆变焊机数字化技术、逆变电焊机软开关技术、橡胶析出物分析、不锈钢板爆炸焊接技术、900mm 二十辊高精度板材可逆冷轧机、APF 有源电力滤波器、IGBT 逆变串级调建、逆变电源、XTS 系列变频自动卷网电磁筛、DK 系类多功能防喷装置、核电站 IE 级 K3 类低烟无卤阻燃电力电缆、核电站 IE 级 K3 类低烟无卤阻燃控制和仪表电缆、核电站 IE 级 K3 类低烟无卤阻燃同轴射频电缆、复合保温板、矿用隔爆兼安全型交流电动机软启动组合开关、矿用隔爆兼本质安全型变频调速装置、数控立式绕线机技术、TC－M 多声道超声波流量计技术、变频调速器技术、城市道路清扫车制造技术、核电站电缆制造技术、FQJ－50 型浮选机研制技术、1450 六辊精密板材可逆冷轧机设计制造技术、选装包装机地面无线监控系统、直流低压太阳能金卤灯系列产品研制技术、橡胶硫化工艺的改进技术、电磁计量技术、水泥搅拌运输车操作系统、农业地下水资源智能卡管理系统技术、高频高压电子辐照技术、往复式销齿滑动格栅除污机研制技术、反流式虹吸补养器研制技术、MZ7－1000A 软开关数字化 IGBT 逆变埋弧直流焊机开发技术、磁悬浮风光互补风力发电机、高温耐强腐蚀防腐涂料、人性化信号灯、长冲程智能抽油机、纵向撕裂检测器、打滑检测器、速度检测仪、公路测试车、桥梁检测车、变频调速电机车、全数字化埋弧焊机逆变电源系统、气动调油装置、前（后）排式回转化灰机、斜板澄清器、吸泥——除藻船试制、系列井下气液分离器、MSB 模式壁全数字化组合焊机系统、铁路客车上水监控系统、双相集热式蒸汽（热水）机组、矿上电机车软启动器技术、XLXQ 型旋转式清扫器、物料在线监测（微波物料水位检测仪）、油水检测仪、系列地面大型油气水多相分离器、30 吨重型变频调速电机车、公交变频调速器、GPS 全球定位系统生产厂区、大功率半导体节能照明集成系统、桁架式桥梁检测车、斜板式气液分离器、主动告知混合传输全方位生命探测与定位系统开发、水泥搅拌运输车操作系统研究与改进、军品 FYHO3 型防毒氧化罐、炼钢用煤气回收技术、低压余热发电技术、无功补偿装置、滤波器、超宽带雷达对生命的探测技术、非磁性铁矿资源的有效利用研究与示范技术、油田地质数模分析软件、汽车后翘焊接机器人、电压无功综合智能控制器、捣阁装置电路板、北方国际钢铁电子交易软件、负压式曝气补偿器、缺血性中风三联疗法临床研究、环保节能医疗垃圾焚烧炉、动物检疫中心建设、截瘫合并泌尿系感染及褥疮治疗技术、扩创一期缝合术、六位一体疗法、成熟第三磨牙移植、人工种植牙、叶状螺旋种植体骨质吸收的对比观察临床研究、非切口面颈部表皮囊肿临床研究、免疫分子生物学诊断技术、试管婴儿技术、微创加网疝修补术、三维索引技术等 136 种创新成果。此间，由唐山智能电子有限公司研制开发的智能化数字识别系统，属计算机快速录入领域（OCR）与图像处理相结合的分支。该系统以车牌号码自动识别为基础，能对机动车辆自动登记、验证、监控、报警。自研制成功后，年产百余套，年创工业总产值 2200 万元、利税 440 万元。唐山同创伟业电子公司研制开发的 TC 智能节水测控系统项目，应用于地表水和地下水计费中。自研制成功后，已在省内外推广应用 1500 台，实现销售收入 3000 万元，创利税 800 万元。

1990—2010 年唐山市路南区区属单位获市级以上新优产品科技成果奖励表

表 21－2

成果名称	完成单位	鉴定及获奖情况	获奖时间
NBC－3508－Ⅱ型双头自动焊机	唐山市电子设备厂	河北省优秀新产品一等奖	1990
“金钟”牌整理素色块	唐山市毛巾厂	河北省优秀新产品二等奖	1990
万里香烧鸡	唐山市路南区隆义实业公司	河北省优质产品奖	1990
WDKX 型户外低压限荷总控制箱	唐山市电器厂	河北省优秀科技产品三等奖	1990
刺绣 1V ／ C 公主袜	唐山市织袜厂	河北省优秀科技产品三等奖	1991

1990—2010 年唐山市路南区区属单位获市级以上新优产品科技成果奖励表

续表 21 －2

成果名称	完成单位	鉴定及获奖情况	获奖时间
“驰骋”牌直流稳压充电自动接档电源	唐山市电器厂	河北省优秀科技产品三等奖	1991
旋式系列玻璃饮料瓶	唐山市路南区玻璃厂	河北省优秀科技产品三等奖	1991
双支内绕式陶瓷铂热电阻感温元件	唐山市仪表厂	通过河北省新产品鉴定	1991
悬挂点焊机	唐山市电子设备厂	通过河北省新产品鉴定	1992
金盾牌粘土坩埚	唐山市坩埚厂	华北第二届、河北省第七届科技交易会金奖	1993
自调便携式颈部牵引器	唐山市路南区友谊橡胶厂	通过河北省新产品鉴定	1993
镭射幻影防伪材料	唐山市北方图像联营公司	通过唐山市级鉴定	1994
ZN 牌水泥改装机和微机控制系统	唐山市智能电子有限公司	全国建材行业机电产品金奖，河北省第四届发明展览会金钥匙奖，河北省建材新产品、新技术信息发布金奖	1994
I 型清筛机	唐山铁路清筛机厂	河北省第九届技术交易会暨第六届发明博览会组委会金奖	1995
小化肥自动加煤系统	唐山化工机械厂	河北省第九届技术交易会暨第六届发明博览会金奖	1995
I 型冰箱电视	唐山电影机械厂	河北省第九届技术交易会暨第六届发明博览会金奖	1995
重垢液体洗涤剂	唐山日化厂	河北省第九届技术交易会暨第六届发明博览会金奖	1995
R 型清筛机	唐山铁路清筛机厂	河北省第九届技术交易会暨第六届发明博览会金奖	1995
防水涂料	唐山海潮新型建材厂	河北省第九届技术交易会暨第六届发明博览会金奖	1995
太太梦系列产品	唐山日化厂	河北省第十届技术交易会暨第七届发明博览会金奖	1996
弹簧软床垫	唐山家具厂	河北省第十届技术交易会暨第七届发明博览会金奖	1996
帽子系列产品	唐山人民帽厂	河北省第十届技术交易会暨第七届发明博览会金奖	1996
4.5 升冲落式坐便器（配套）	唐山金匙实业（集团）公司	通过建设部科技成果评估	1999
水膜除尘器	唐山市路南区风机厂	通过河北省级鉴定	1999
包装用聚乙烯（PE）降解膜（袋）	唐山市天利降解塑料有限公司	通过唐山市级鉴定	2000
万里香烧鸡	唐山路南区隆义实业公司	河北省优质产品、省第八届技术交易会金奖	2000
玻璃熔窑多变量模糊控制与智能优化系统应用研究	唐山市玻璃（集团）有限公司	通过河北省级鉴定	2002
2YK1636 琴弦振动筛	唐山铁路工务器材制造有限公司	唐山市科技进步二等奖	2003

1990—2010 年唐山市路南区区属单位获市级以上新优产品科技成果奖励表

续表 21 - 2

成果名称	完成单位	鉴定及获奖情况	获奖时间
BHLY 型系列水泥包装机	唐山智能电子公司	通过河北省高新技术产品复审	2003
TH - FRP 玻璃钢门窗	唐山添晖玻璃钢制品公司	通过河北省高新技术产品认定	2003
衬胶防腐管道	唐山兴达橡胶制品有限公司	通过唐山市级鉴定	2003
逆变式 CO2 气体保护焊机	长城电焊机总厂有限公司	通过唐山市级鉴定	2004
高纯度还原铁粉	唐山市路南区鑫华铁粉厂	通过唐山市级鉴定	2005
万里香烧鸡	唐山路南区隆义实业公司	河北省著名品牌、省第八届中国新产品博览会金奖	2005
民间特色研发机构建设	唐山化工机械有限公司化工机械设计研究所	通过唐山市级验收	2005
水性印刷开槽机传动齿轮侧隙的调整及润滑方式的改造	唐山新华包装事业有限公司	通过唐山市级验收	2005
核电站用 IE 级 K3 类低烟无卤阻燃电力电缆控制和仪表电缆、同轴射频电缆	河北华通线缆制造有限公司	通过河北省级鉴定	2006
WSEM 系列逆变式交直流多用氩弧焊机	唐山长城电焊机总厂有限公司	通过唐山市级鉴定	2006
逆变式 CO2 保护焊机（NB7 - 500IGBT 型）	唐山长城电焊机总厂有限公司	唐山市科技进步三等奖	2006
额定电压 15KV 及以下 XLPE 或 ERP 绝缘船用电缆	河北华通线缆制造有限公司	唐山市科技进步三等奖	2006
WSEM 系列逆变式交直流多用氩弧焊机（500A）	唐山长城电焊机总厂有限公司	唐山市科技进步二等奖	2007
GDCF 高效动态超细分级机	唐山鸿升科技发展有限责任公司	唐山市科技进步二等奖	2007
唐山同创伟业电子有限公司研发中心建设	唐山同创伟业电子有限公司	通过唐山市级验收	2007
CPI 清洗液态食品运输车	唐山市鸿达汽车改装有限公司	通过唐山市级验收	2007
煤矿综采工作面集中控制系统	唐山华光自动化设备有限公司	通过唐山市级验收	2007
核电站用电缆	河北华通线缆制造有限公司	唐山市科技进步三等奖	2008
全数字化弧焊机逆变电源系统	唐山长城电焊机总厂有限公司	通过唐山市级鉴定	2008
TC 智能节水测控系统研究与示范工程	唐山同创伟业电子有限公司	通过唐山市级鉴定	2008
TC - M 多声道超声波流量计	唐山同创伟业电子有限公司	通过唐山市级验收	2008
高压矿用电缆粗钢丝编织金属绕包电缆	河北华通线缆制造有限公司	第三届中国民营企业科技产品博览会金奖	2008
900mm 二十辊高精度板材可逆冷轧机	唐山宏冶创新机械制造有限公司	通过唐山市级新产品鉴定	2009

1990—2010 年唐山市路南区区属单位获市级以上新优产品科技成果奖励表

续表 21－2

成果名称	完成单位	鉴定及获奖情况	获奖时间
长冲程智能抽油机	唐山市宏金科技有限责任公司	通过唐山市级鉴定	2009
全数字化弧焊机逆变电源系统	唐山长城电焊机总厂有限公司	唐山市科技进步三等奖	2009
唐山市装备制造行业专利技术开发与实施	唐山化工机械有限公司	通过唐山市级验收	2009
唐山市装备制造行业专利技术开发与实施	唐山市宇清环保机械有限公司	通过唐山市级验收	2009
NB7－500IGBT 型逆变式 CO2 保护焊机	唐山长城电焊机总厂有限公司	通过唐山市级鉴定	2010
900mm 二十辊高精度板材可逆冷轧机	唐山宏冶创新机械制造有限公司	唐山市科技进步三等奖	2010
太阳能金卤灯控制器研发	唐山天源光电照明器材厂	通过唐山市级鉴定	2010

1990—2010 年唐山市路南区驻区单位获省部级以上科技成果奖励表

表 21－3

项目名称	完成单位	主研人员	获奖等级	获奖时间
人工活瓣间置空肠胆管十二指肠吻合术	唐山市人民医院	倪文奎、周志祥、赵健	河北省科技进步三等奖	1990
唐山地方铁矿山技术经济评价	唐山工程技术学院采矿系	杨福海、朱明、窦习章、卢文学、徐东强、甘德清等	河北省冶金企业集团公司科技进步三等奖	1990
邯邢冶金矿山管理局库存物资管理优化及物资管理信息系统软件研究	唐山工程技术学院、邯邢冶金矿山管理局	李耀娟、朱明、梁克钧、刘宗久、许国奇	河北省冶金企业集团公司科技进步二等奖、河北省科技进步三等奖	1990
切分——最少蝶式孔型角钢轧制新工艺	唐山工程技术学院、丰润县冶金工业公司	马义德、李增德、宋义、葛敏、刘占英	河北省冶金企业集团公司科技进步一等奖、河北省科技进步二等奖	1990
ZLRJ－I 型智能流量热量积算仪	唐山工程技术学院、唐山市热力公司	李志、张景和、解慧、杨金生、裴宏昌等	唐山市科技进步一等奖、河北省科技进步三等奖	1991
高强度冷拉拔－冷轧螺纹钢筋产品及其生产工艺	唐山工程技术学院、唐山市线材厂	任吉堂、陈旭敏、姚远、李贺旺、齐绍华	河北省冶金企业集团公司科技进步二等奖、河北省科技进步三等奖	1991
三辊开坯机浅槽轧制新工艺研究	唐山工程技术学院、遵化钢铁厂	刘占英、魏玉环等	河北省教委科技进步三等奖	1991
矿山系统规划优化研究	唐山工程技术学院、唐山钢铁公司	李耀娟、梁克钧、陈林生、崔玉峰、张新浩、唐瑞等	河北省科技进步四等奖	1991

1990—2010 年唐山市路南区驻区单位获省部级以上科技成果奖励表

续表 21－3

项目名称	完成单位	主研人员	获奖等级	获奖时间
中药治疗血栓闭塞性脉管炎临床研究	唐山市卫生学校附属医院	李志田	河北省科技进步三等奖	1991
连杆机构弹性动力学研究	唐山工程技术学院	张策、陈树勋、王子良、黄永强	河北省教委科技进步一等奖、河北省科技进步三等奖	1992
LYCX9－1 型冷压球团成型机	唐山工程技术学院、邯郸地区齿轮厂	王正君、裴宏昌、杨文生、路春光、李耀刚、段润宝、李付贵、安延明	河北省教委科技进步二等奖、河北省科技进步四等奖	1992
人工晶体植入术	唐山市卫生学校附属医院	黄晓岩	河北省卫生厅科技进步三等奖	1992
KJ－GW200 型拱型支架滚弯机	开滦（集团）有限责任公司	开滦（集团）有限责任公司	国家发明四等奖	1993
膀胱气钡造影法及五对比的研究	唐山市人民医院	尹哲生、韩敏利、高孝堂、庞金池、徐福贵	河北省科技进步三等奖	1993.
露天排土场优化排放与尾矿复垦工艺研究	唐山工程技术学院、河北省冶金矿山公司	杨福海、刁利民、徐东强、刘炳山 、刘章、甘德清、蔚迟昆、寸镇和等	河北省科技进步三等奖	1993
合成硅线石陶瓷窑具	唐山市华美陶瓷有限公司、唐山工程技术学院	田仲明、孙靖、韩继奎、郭宝利、陈嘉庚、张文丽	河北省科技进步三等奖	1993
全军医疗器械定货系统	解放军第二五五医院	张爱平	军队科技进步二等奖	1993
五例世界首报染色体新核型及四种人群的细胞遗传研究	解放军第二五五医院	何家超	军队科技进步三等奖	1994
血栓灵治疗脑血栓形成临床研究	唐山同济医院	唐山同济医院	河北省卫生厅科技进步二等奖	1994
肝脾动脉化疗肝癌合并门静脉癌栓	唐山市卫生学校附属医院	邓福生	河北省卫生厅科技进步二等奖	1994
肠系膜下动脉灌注化疗晚期乙状结肠癌	唐山市卫生学校附属医院	幺文博	河北省卫生厅科技进步三等奖	1994
解痉通脉丸治疗雷诺氏症	唐山市卫生学校附属医院	李志田	河北省科技进步四等奖	1994
森田疗法对慢性精神分裂症的应用	开滦精神卫生中心中	王学义、马文有、孙贺祥、张素花等	河北省科技进步三等奖	1995
气动式喷火调油器	解放军第二五五医院	宋乃国	军队科技进步二等奖	1995
血栓灵治疗脑血栓形成临床研究	唐山同济医院	唐山同济医院	河北省科技进步三等奖	1995
自体下颌成熟第三磨牙移植术	唐山市卫生学校附属医院	李云霞	河北省科技进步二等奖	1995

1990—2010 年唐山市路南区驻区单位获省部级以上科技成果奖励表

续表 21 - 3

项目名称	完成单位	主研人员	获奖等级	获奖时间
血栓灵治疗脑血栓形成临床研究	唐山市卫生学校附属医院	杨宝元	河北省科技进步三等奖	1995
静脉炎丸治疗深部静脉炎	唐山市卫生学校附属医院	李志田	河北省科技进步三等奖	1995
开滦范各庄矿隐形导水构造探查与治理技术研究	开滦（集团）有限责任公司	开滦（集团）有限责任公司	国家科技进步三等奖	1996
“保心药枕”治疗劳力型心绞痛疗效观察	唐山市人民医院	陈振仁、孙文采、许仁普、董大泉、邢赛玲	河北省科技进步三等奖	1996
智能电针治疗精神分裂症临床疗效的对照研究	开滦精神卫生中心	张本、孟素荣、于江、权长庚、孙贺祥、李文通、史秋英	河北省卫生厅科技进步二等奖	1996
智能电针治疗精神分裂症临床疗效的对照研究	开滦精神卫生中心	张本、孟素荣、于江、权长庚、孙贺祥、李文通、史秋英	中国煤炭部科技进步三等奖	1997
开滦“三加一”管理格局的构建与应用	开滦（集团）有限责任公司	开滦（集团）有限责任公司	中国煤炭企业管理现代化创新成果二等奖	1998
间隔装药爆破技术在露天矿山大规模工业生产中的应用	河北理工学院、唐山冀东水泥厂股份有限公司	杜金弘、吕广忠等	河北省科技进步三等奖	1998
BNS 高级微乳状切削液的制备	河北理工学院	贾晓鸣、张秀玲等	河北省科技进步三等奖	1998
唐山地震与华北东部地震灾害及其对策研究	河北理工学院	王景明、王春胜等	河北省科技进步三等奖	1998
企业重组论（专著）	河北理工学院	杨洁	河北省第六届社科优秀成果二等奖	1998
科技期刊情报的创造性与老化（论文）	河北理工学院	刘瑞兴	河北省第六届社科优秀成果三等奖	1998
现代组织资源的开发与管理（专著）	河北理工学院	王绍玉	河北省第六届社科优秀成果一等奖	1998
论翻译中的动态平衡（论文）	河北理工学院	阎德胜	河北省第六届社科优秀成果一等奖	1998
女性内生殖器切除后激素变化及对生命治疗的影响	唐山市妇幼保健院	李桂荣	河北省科技进步三等奖	1998
慢性精神分裂症患者骨矿物质含量与森田疗法的对照研究	开滦精神卫生中心	王学义、马文有、于振剑、孙贺祥、张素花等	中国煤炭部科技进步三等奖	1998

1990—2010年唐山市路南区驻区单位获省部级以上科技成果奖励表

续表21－3

项目名称	完成单位	主研人员	获奖等级	获奖时间
慢性气管炎的实验与临床研究	唐山市卫生学校附属医院	杨宝元	河北省卫生厅科技进步一等奖	1998
直肠癌扩大淋巴清除术式改良的临床研究	唐山市人民医院	徐建华	河北省科技进步三等奖	1999
下颌智齿冠周龈瓣切除术的电烧灼法	唐山市人民医院	李健、姚国润、代成林、陈红、丁新国	河北省科技进步三等奖	1999
连铸系列保护渣研制技术	河北理工学院	朱立光、杨春政、王硕明、刘杰、韩小华、柳洪义、唐国章	河北省教委科技进步二等奖	1999
河北省地方矿业开发引起的环境问题及防治对策	河北理工学院	邹继星、李富平、张锦瑞、王玉萍、王日升	河北省教委科技进步二等奖	1999
铁矿粉造块复合添加剂技术及工艺的研究	河北理工学院	张玉柱、即建峰、李振国、翟长明、田家兴、张震、韩秀丽、刘文合、赵贺明、张志霞	河北省科技进步二等奖	1999
露天开采边坡稳定性研究及神经网络专家系统	河北理工学院	徐东强、柴建设、李富平、徐立军、常全明	河北省科技进步三等奖	1999
低温烧成日用瓷的研制	河北理工学院	陈加庚、张文丽、田仲明、孙靖、郭宝利	河北省科技进步三等奖	1999
唐山市综合防灾的研究	河北理工学院	苏幼坡等	中国建设部科技进步一等奖	1999
卫陶牌洁具	唐山市卫生陶瓷厂	唐山市卫生陶瓷厂	国家优秀新产品奖	1999
汾渭裂谷及周期性的现代活动	河北理工学院	王景明、李昌存、倪玉兰、韩秀丽	河北省科技进步一等奖	2000
炼铁烧结过程中智能测水系统	河北理工学院	吕庆、郑申白、蒋武峰、王汝梅	河北省科技进步一等奖	2000
连铸系列保护渣研制	河北理工学院	朱立光、王硕明、杨春政、刘杰、柳洪义、韩小华、唐国章	河北省科技进步三等奖	2000
钢铁冶金过程的数学解析与模拟	河北理工学院	张玉柱、艾立群	河北省科技进步三等奖	2000
开滦煤炭生产与产品组合战略	开滦（集团）有限责任公司	开滦（集团）有限责任公司	河北省企业管理现代化创新成果一等奖	2001
大倾角厚煤层综放开采关键技术	开滦（集团）有限责任公司	开滦（集团）有限责任公司	煤炭工业十大科技奖	2001
抗压健康合剂治疗亚健康临床研究	唐山市人民医院	张德江、冯计辰、张宝素、刘凤环、王连芬	河北省科技进步三等奖	2001

1990—2010 年唐山市路南区驻区单位获省部级以上科技成果奖励表

续表 21 - 3

项目名称	完成单位	主研人员	获奖等级	获奖时间
竖炉热震动筛含碳球团直接还原理论及工艺研究	河北理工学院	吕庆、尹海生	河北省科技进步一等奖	2001
冀东磁铁矿烧结成矿规律及生产上的应用	河北理工学院	张玉柱、于勇	河北省科技进步一等奖	2001
岩爆发生机制和预测研究及工程应用	河北理工学院	徐东强、杨中东	河北省科技进步三等奖	2001
高速连铸凝固特征及结晶优化研究	河北理工学院	朱力光、邸光明等	河北省科技进步三等奖	2001
机立窑高温带稳定控制系统	河北理工学院	刘保相、郑占申等	河北省教育厅科技进步一等奖	2001
工科数学网络考试系统	河北理工学院	刘春风、郑占申等	河北省教育厅科技进步三等奖	2001
窄带钢生产工艺的优化与创新	河北理工学院	牟文恒、张国滨等	河北省科技进步二等奖	2001
铁矿粉造块理论及生产技术、工艺创新	河北理工学院	张玉柱	河北省省长特别奖	2002
唐山铁矿生态复垦优化及推广	河北理工学院、唐山首钢马兰庄铁矿有限责任公司、唐山市国土资源局	杨福海	河北省科技进步二等奖	2002
直接还原竖炉中碳、硫、磷分配规律及反应机理的研究	河北理工学院	吕庆	河北省自然科学奖三等奖	2002
煤造气制备碳化铁化学反应机传热规律的研究	河北理工学院	吕庆	河北省自然科学奖三等奖	2002
高档釉面砖提质、节能、技术创新示范线	唐山陶瓷集团唐山市建华陶瓷厂、河北理工学院	徐树成	河北省科技进步三等奖	2002
河北省平原地裂缝调查与防治研究	河北理工学院	王景明	河北省科技进步三等奖	2002
煤炭企业专业化重组的设计及实施	开滦（集团）有限责任公司	开滦（集团）有限责任公司	第十届全国企业管理现代化创新成果二等奖	2003
社会转型时期不同职业（岗位）群体主要社会应激源与心理健康研究	开滦（集团）有限责任公司	开滦（集团）有限责任公司	河北省企业管理现代化创新成果一等奖	2003
高速连铸凝固与控制技术	河北理工学院	朱立光	河北省科技进步一等奖	2003

1990—2010年唐山市路南区驻区单位获省部级以上科技成果奖励表

续表21-3

项目名称	完成单位	主研人员	获奖等级	获奖时间
棒材热连轧力能参数预报系统	唐钢、河北理工学院	张国滨	河北省科技进步三等奖	2003
有限电视网络安全防范管理智能放大器	唐山凤凰网络电子技术有限公司、河北理工学院	曾屹	河北省科技进步三等奖	2003
高强度预应力钢筋生产工艺优化	河北理工学院、唐山唐源特殊钢筋有限公司	刘战英	河北省科技进步三等奖	2003
开滦矿区自然发火规律的研究	开滦集团、河北理工学院	秦庚仁	河北省科技进步三等奖	2003
马兰庄铁矿最终边坡角及排土优化	河北理工学院	李富平	河北省科技进步三等奖	2003
催化湿式氧化处理焦化废水	河北理工学院	梁英华	河北省冶金办科技进步一等奖	2003
热轧带钢卷取温度智能控制	河北理工学院	彭力	河北省冶金办科技进步二等奖	2003
数理方程的反问题和稳定性研究	河北理工学院	田立平	河北省冶金办科技进步二等奖	2003
社会转型期企业不同职业（岗位）群体主要社会应激源与心理健康研究	开滦精神卫生中心	张本、马文有	河北省煤炭工业行业协会特等奖	2003
卫陶牌洁具	唐山市卫生陶瓷厂	唐山市卫生陶瓷厂	河北省科技进步二等奖	2003
开滦专业化重组的设计与实施	开滦（集团）有限责任公司	开滦(集团)有限责任公司	中国煤炭企业管理现代化创新成果一等奖	2004
开滦集团公司发展战略研制与实施	开滦（集团）有限责任公司	开滦(集团)有限责任公司	中国煤炭企业管理现代化创新成果一等奖	2004
开滦矿区自然发火规律研究，	河北理工学院	秦庚仁	部级第二届安全生产科技成果二等奖	2004
冷却介质中重悬浮颗粒对控冷效果的作用机理研究与应用	河北理工大学、宣化钢铁公司	任吉堂	河北省科技进步三等奖	2004
薄板坯连铸连轧轧辊磨损行为及预报系统研究	河北理工大学	陈连生	河北省科技进步三等奖	2004
远程计量监测监视管理信息系统	河北理工大学	陈琳	河北省科技进步三等奖	2004
催化湿式氧化处理焦化废水	河北理工大学	梁英华	河北省科技进步三等奖	2004

1990—2010 年唐山市路南区驻区单位获省部级以上科技成果奖励表

续表 21 - 3

项目名称	完成单位	主研人员	获奖等级	获奖时间
烧结竖炉智能控制系统	河北理工大学	娄国焕	河北省科技进步三等奖	2004
单体泵智能检测系统	唐山百川智能机械有限公司、河北理工大学	孙铁强	河北省科技进步三等奖	2004
水基切削液废液处理技术	河北理工大学	贾晓鸣	河北省教育厅科技进步三等奖	2004
单片单板微机兼容示教板的研制	河北理工大学	邓红	河北省教育厅科技进步三等奖	2004
煤炭企业以构建和谐企业为目标的压力管理	开滦（集团）有限责任公司	开滦（集团）有限责任公司	国家级企业管理现代化创新成果二等奖	2005
开滦集团公司可视化综合调度系统	开滦（集团）有限责任公司	开滦（集团）有限责任公司	河北省企业管理现代化创新成果一等奖	2005
市场化精细管理	开滦（集团）有限责任公司	开滦（集团）有限责任公司	河北省企业管理现代化创新成果二等奖	2005
物资招标采购的有效实施	开滦（集团）有限责任公司	开滦（集团）有限责任公司	河北省企业管理现代化创新成果二等奖	2005
10 米特厚煤层综放开采高产高效综合配套技术的研究与应用	开滦（集团）有限责任公司	开滦（集团）有限责任公司	河北省科技进步三等奖	2005
深厚冲击层特厚膨胀粘土快速冻结技术研究与应用	开滦（集团）有限责任公司	开滦（集团）有限责任公司	煤炭工业十大成果奖	2005
幽邃银星装饰釉的研制	河北理工大学	高雅春	河北省科技进步二等奖	2005
轻钢骨混凝土剪力墙结构性能的研究	河北理工大学	苏幼坡	河北省科技进步三等奖	2005
基于人工智能与 Elman 神经网络预测的轧钢加热炉优化控制研究	河北理工大学、唐山赛福特电子信息工程公司	杨友良	河北省科技进步三等奖	2005
机车检修标准作业间及远程故障诊断系统	唐山百川智能机器有限公司、河北理工学院	杨金川	河北省科技进步三等奖	2005
晶雕堆花装饰环保型高档陶瓷内墙砖及其加工工艺的研究	河北理工大学	赵越清	河北省科技进步三等奖	2005
石钢高炉碱金属和锌状态的研究与应用	石钢、河北理工大学	胡宾生	河北省科技进步三等奖	2005
炼焦配煤新工艺开发应用与优化配煤	唐钢、河北理工大学	胡宾生	河北省科技进步三等奖	2005

1990—2010年唐山市路南区驻区单位获省部级以上科技成果奖励表

续表21－3

项目名称	完成单位	主研人员	获奖等级	获奖时间
$CaO_2+SiO_2+Al_2O_3+MgO+FeO$五元渣系热力学性能的研究	河北理工大学	吕庆	河北省教育厅科技进步二等奖	2005
矽卡岩型铁矿有用元素综合利用研究	河北理工大学	邹继兴	河北省教育厅科技进步二等奖	2005
幽邃银星装饰釉的研制	河北理工大学	高雅春	河北省教育厅科技进步二等奖	2005
节能爆气膜的研制	河北理工大学	曹国凭	河北省教育厅科技进步三等奖	2005
ROKOP连铸坯横裂纹的研究	河北理工大学	王硕明	河北省冶金科技进步二等奖	2005
人工神经网络技术在中小型转炉终点静态模型的应用	邢台钢铁公司、河北理工大学	冯聚合	河北省科技进步三等奖	2005
儿童非典型肺炎诊断、鉴别诊断及病原学研究	唐山市妇幼保健院	庞保东	河北省科技进步三等奖	2005
唐山大地震对人类心身健康远期影响系列研究	开滦精神卫生中心	张本、徐广明、马文有、孙贺祥、姜涛、谷岩、于振剑、孟雪梅、苗丽玲、牛俊红、孙太起、刘小芸	中国煤炭工业协会中国煤炭学会科技进步三等奖	2005
卡马西平预防情感精神障碍	唐山市第五医院	徐建国	河北省技术成果三等奖	2005
河北省精神障碍的现况调查	唐山市第五医院	徐建国	河北省科技进步一等奖	2006
RMDC企业管理模式的构建与实施	开滦(集团)有限责任公司	开滦(集团)有限责任公司	河北省企业管理现代化创新成果一等奖	2006
开滦集团治理与管控的有效实施	开滦(集团)有限责任公司	开滦(集团)有限责任公司	河北省企业管理现代化创新成果一等奖	2006
煤与瓦斯突出区域的地质动力区划	开滦(集团)有限责任公司	开滦(集团)有限责任公司	煤炭工业科技进步一等奖	2006
盐酸纳洛酮在急性重型颅脑损伤治疗的应用研究	唐山市人民医院	王宝民、王希住、胡艳玲、张茹、刘丽檀	河北省医学会优秀医学科技成果奖	2006
别嘌呤醇对高血压病患者血管内皮功能的影响	唐山市人民医院	王希住、宋巧凤、宋月霞、胡万宁	河北省医学会优秀医学科技成果奖	2006
乳腺癌手术前后血清扩散因子（Satter Factor）水平测定的意义	唐山市人民医院	赵刚、刘远廷、蔡海峰、牛凤玲、马杰	河北省科技进步三等奖	2006
端粒酶抑制剂叠氮胸苷（AZT）放射增敏作用实验研究	唐山市人民医院	刘卫东、胡万宁、耿丽萍、王轶楠	河北省科技进步三等奖	2006

1990—2010年唐山市路南区驻区单位获省部级以上科技成果奖励表

续表21－3

项目名称	完成单位	主研人员	获奖等级	获奖时间
唐钢超薄热带生产线技术集成与自主创新	河北理工大学	河北理工大学	国家科技进步二等奖	2006
铁矿粉造块应用复合添加剂技术及工艺	河北理工大学	张玉柱	河北省科技进步一等奖	2006
薄板坯连铸连轧低碳高强钢的生产工艺与应用研究	河北理工大学	冯运莉	河北省科技进步二等奖	2006
热轧窄带钢专家系统	河北理工大学	张国滨	河北省科技进步三等奖	2006
环境友好型多功能复合陶瓷添加剂	河北理工大学	孙晓然	河北省科技进步三等奖	2006
棒材组织性能预报与控制研究	石家庄钢铁有限责任公司、河北理工大学	陈连生等	河北省科技进步三等奖	2006
唐山冀东水泥股份有限公司石灰矿生产管理优化	河北理工大学、冀东水泥股份有限公司	张志礼	河北省教育厅科技进步二等奖	2006
新型高温大红陶瓷颜料的研制	河北理工大学	高雅春	河北省教育厅科技进步二等奖	2006
碳化硅－赛隆材料凝胶注模成型及烧结性能研究	河北理工大学、唐山六方碳化硅公司	卜景龙	河北省教育厅科技进步二等奖	2006
常见精神疾病患者骨密度系列研究	开滦精神卫生中心	马文有、张本、孙贺祥、于振剑	河北省煤炭工业科技进步三等奖	2006
颈针的临床应用研究	解放军第二五五医院	王胜	军队医疗成果三等奖	2006
电针治疗腰间盘突出症的疗效评价及机理研究	解放军第二五五医院	王胜	黑龙江省人民政府科技进步二等奖	2006
煤炭企业预算、绩效与薪酬“三位一体”管理系统建设	开滦（集团）有限责任公司	开滦（集团）有限责任公司	国家级企业管理现代化创新成果二等奖	2007
全面预算、绩效评价和薪酬管理三位一体管理控制模式的构建与实施	开滦（集团）有限责任公司	开滦（集团）有限责任公司	河北省企业管理现代化创新成果一等奖	2007
实行财务集中管控，防范企业财务风险	开滦（集团）有限责任公司	开滦（集团）有限责任公司	河北省企业管理现代化创新成果一等奖	2007
开滦集团全面预算、绩效评价和薪酬管理三位一体管理控制模式的构建与实施	开滦（集团）有限责任公司	开滦（集团）有限责任公司	中国煤炭企业管理现代化创新成果一等奖	2007
深部开采瓦斯涌出规律及防治技术研究	开滦（集团）有限责任公司	开滦（集团）有限责任公司	河北省科技进步三等奖	2007

1990—2010年唐山市路南区驻区单位获省部级以上科技成果奖励表

续表21-3

项目名称	完成单位	主研人员	获奖等级	获奖时间
千米深部大倾角特厚煤层综合机械化放顶煤开采技术研究	开滦(集团)有限责任公司	开滦(集团)有限责任公司	河北省科技进步三等奖	2007
矿井特大功率提升机全数字控制系统的开发与应用	开滦(集团)有限责任公司	开滦(集团)有限责任公司	中国煤炭工业协会科技进步一等奖	2007
急诊PCI与静脉溶栓疗法对急性STEMI近期疗效的对比分析	唐山市人民医院	贾红娟、王希柱、刘春荣、王国利、陈淑媛	河北省科技成果三等奖	2007
PET显像联合血清扩散因子（SF）在乳腺癌诊断和治疗中的应用价值	唐山市人民医院	赵刚、胡万宁、蔡海峰、牛凤玲、马莉	河北省科技进步三等奖	2007
贺斯用于健康人对免疫系统在体外的影响(应用)	唐山市人民医院	甘建辉、马杰、胡万宁、夏英华、蔡海峰	河北省科技成果二等奖	2007
不同压力氧气腹LC对肩部疼痛、集体应激及免疫功能的影响	唐山市人民医院	张景华、曹月敏、胡万宁、马杰	河北省科技进步三等奖	2007
卡托普利对高血压病患者血清脂联素水平、内皮功能的临床研究	唐山市人民医院	王国利、宋月霞、王希柱、陈淑媛	河北省医学会科技成果三等奖	2007
电脑教学挂壁遥控键盘的研制	河北理工大学	邓红	河北省冶金学会科学技术二等奖	2007
B/S结构企业管理信息系统的开发与应用	河北理工大学	李耀刚	河北省冶金学会科学技术三等奖	2007
以海水为介质的循环冷却水中碳钢缓蚀剂的研究	河北理工大学	梁英华	河北省科技进步二等奖	2007
纳米材料制备及应用关键技术研究——熔融分相法制备纳米TiO2材料	河北理工大学	张文丽	河北省技术发明二等奖	2007
转炉钢厂品种钢冶炼及连铸技术开发与应用	河北理工大学	朱立光	河北省科技进步三等奖	2007
几丁聚糖预防输卵管通液术后再阻塞的临床研究	唐山市妇幼保健院	杨建春	河北省科技进步三等奖	2007
智能电针仪治疗抑郁性障碍临床疗效的对照研究	开滦精神卫生中心	王丽萍、张本、姜涛、郑琳、王恩燕、孟雪梅、岳玲梅	中国煤炭工业科学技术进步三等奖	2007
建立京唐港流向储装运物流管理系统，实现综合效益最大化	开滦（集团）有限责任公司	开滦（集团）有限责任公司	中国煤炭企业管理现代化创新成果三等奖	2008

1990—2010 年唐山市路南区驻区单位获省部级以上科技成果奖励表

续表 21－3

项目名称	完成单位	主研人员	获奖等级	获奖时间
难选、极难选稀缺煤种高效分选综合技术的研究	开滦（集团）有限责任公司	开滦（集团）有限责任公司	中国煤炭工业协会科技进步一等奖	2008
直肠重建术在低位直肠癌 Dixon`s 术中的应用及临床意义（应用）	唐山市人民医院	赵刚、李景武、赵辉、张学鹏	河北省科技成果二等奖	2008
肺泡气－动脉血氧分压差在肺栓塞诊治中的应用	唐山市人民医院	姚艳敏、韩益平、宋巧凤、王希柱	河北省医学会科技成果二等奖	2008
铁尾矿在建筑工程混凝土中应用的研究	河北理工大学	封孝信	河北省建设行业科技进步一等奖	2008
离散型中小制造企业的可重构定制化信息集成系统	河北理工大学	路春光	河北省科技进步二等奖	2008
铁尾矿在建筑工程混凝土中的应用	河北理工大学	封孝信	河北省科技进步二等奖	2008
含钾钠 CaO—SiO2—Al2O3—MgO 四元渣中 SiO2 活度及硫钾钠容量的研究	河北理工大学	吕庆	河北省科技进步三等奖	2008
高炉料高温强度研究及相关检测系统的开发	河北理工大学	方觉	河北省科技进步三等奖	2008
利用污水处理厂废弃物生产生态建筑材料	河北理工大学	李海英	河北省科技进步三等奖	2008
金属－氮化物结合刚玉滑板抗损失机理研究	河北理工大学	卜景龙	河北省科技进步三等奖	2008
V－N 合金在高强结构钢中的应用研究	河北理工大学	冯运莉	河北省科技进步三等奖	2008
唐山市采煤塌陷区生态修复关键技术研究与示范	河北理工大学	张锦瑞	河北省科技进步三等奖	2008
妊高症患者血清尿酸变化对围产儿及孕妇预后的影响	唐山市妇幼保健院	李桂荣	河北省科技进步三等奖	2008
常用抗癫痫药物对儿童癫痫的疗效、安全性基础与临床的对比研究	唐山市妇幼保健院	庞保东	河北省科技进步三等奖	2008

1990—2010年唐山市路南区驻区单位获省部级以上科技成果奖励表

续表21-3

项目名称	完成单位	主研人员	获奖等级	获奖时间
慢性创伤后应激障碍临床研究	开滦精神卫生中心	王丽萍、张本、姜涛、于秀萍、郑琳、于振剑、张顺、张素娟	河北省科技成果三等奖	2008
抗生素电超导靶向给药治疗小儿细菌性肠系膜淋巴结炎	唐山协和医院	刘青	河北省卫生厅科技进步二等奖	2008
大型矿业集团节能减排项目及管理	开滦(集团)有限责任公司	开滦(集团)有限责任公司	国家级企业管理现代化创新成果二等奖	2009
国有企业党建创新现代管控系统研发及应用	开滦(集团)有限责任公司	开滦(集团)有限责任公司	河北省企业管理现代化创新成果一等奖	2009
矿山大功率高性能电力传动关键技术与应用	开滦(集团)有限责任公司	开滦(集团)有限责任公司	国家科技进步二等奖	2009
京山铁路煤柱注浆减沉综放安全高效开采技术研究与应用	开滦(集团)有限责任公司	开滦(集团)有限责任公司	河北省科技进步二等奖	2009
开滦集团公司自动化建设总体规划及实施应用	开滦(集团)有限责任公司	开滦(集团)有限责任公司	中国煤炭工业协会科技进步一等奖	2009
京山铁路煤柱注浆减沉综放安全高效开采技术研究与应用	开滦(集团)有限责任公司	开滦(集团)有限责任公司	中国煤炭工业协会科技进步一等奖	2009
黄芪、灯盏花素对实验性糖尿病大鼠肾脏保护作用的研究（应用）	唐山市人民医院	薛艳云、刘宝义、张立新、李英	河北省科技成果二等奖	2009
肿瘤病人酵母菌药物敏感性的研究及其分子流行特点（应用）	唐山市人民医院	张丽娜、李艳华、胡万宁、李树义	河北省科技成果二等奖	2009
不同剂量他丁类药物对肺动脉压及内皮功能脑钠肽的影响（应用）	唐山市人民医院	朱艳辉、王希柱、付君民	河北省科技成果二等奖	2009
2型糖尿病血清基质金属蛋白酶活性与高血压的相关性研究	唐山市人民医院	周秀艳、胡万宁、侯振江、李艳华	河北省医学会科技成果三等奖	2009
乳腺癌早期诊断和治疗的系列研究	唐山市人民医院	赵刚、李金锋、蔡海峰、张瑞娟	河北省科技进步三等奖	2009
SB7-H3和生长素对原发性高血压内皮、颈动脉硬化的影响	唐山市人民医院	宋月霞、王希柱、贾红娟	河北省科技成果二等奖	2009

1990—2010年唐山市路南区驻区单位获省部级以上科技成果奖励表

续表21－3

项目名称	完成单位	主研人员	获奖等级	获奖时间
不同剂量的阿托伐他汀对高血压血管内皮功能及脑钠肽的临床研究	唐山市人民医院	刘春荣、王希柱、宋巧凤、贾红娟	河北省科技成果三等奖	2009
血必净注射液对严重创伤患者凝血系统的影响	唐山市人民医院	张宏伟、魏立友、刘永亮、	河北省科技成果二等奖	2009
蛇椒洗剂的研制及临床应用	唐山市人民医院	王晓慧、刘晓杰、郭淑红、庞金荣、杨丽杰	河北省科技成果二等奖	2009
控制高尿酸血症与血管内脾功能的临床研究	唐山市人民医院	宋巧凤、张茹、王希柱、姚艳敏	河北省科技成果二等奖	2009
肿瘤可溶性抗原和金葡素超抗原构建肿瘤疫苗的基础研究及临床应用	唐山市人民医院	么文博、李文平、张庆波、边洪荣	河北省科技进步三等奖	2009
单孔非气腹腔镜手术器械的研制	唐山市人民医院	张景华	河北省科学技术三等奖	2009
EZH2基因在膀胱癌组织表达及与紫杉醇治疗之间关系的研究	唐山市人民医院	董桂兰	中国煤炭工业科学技术三等奖	2009
城市与工程抗震防灾关键技术研究	河北理工大学	苏幼坡	河北省科技进步一等奖	2009
焦化废水处理新技术的研究	河北理工大学	梁英华	河北省科技进步三等奖	2009
粗苯回收过程智能控制系统技术	河北理工大学	张庆凌	河北省科技进步三等奖	2009
煤层赋存一氧化碳规律及其应用研究	河北理工大学	郭立稳	河北省科技进步三等奖	2009
低硅烧结成矿机理与关键技术	河北理工大学	张玉柱	河北省科技进步三等奖	2009
连铸中间包高性能内衬材料的研究与开发	河北理工大学	涂军波	河北省科技进步三等奖	2009
用固体电解质电池资源化处理钢铁工业二氧化碳的研究	河北理工大学	王岭	河北省自然科学三等奖	2009
血管内皮生长因子（VEGF）与异位妊娠的关系研究	唐山市妇幼保健院	高淑凤	河北省科技进步三等奖	2009
物流企业基于资源整合的煤炭供应链管理	开滦（集团）有限责任公司	开滦（集团）有限责任公司	国家级企业管理现代化创新成果二等奖	2010

1990—2010年唐山市路南区驻区单位获省部级以上科技成果奖励表

续表21－3

项目名称	完成单位	主研人员	获奖等级	获奖时间
创新煤炭专业物流发展模式，支撑开滦集团结构调整和经济转型	开滦(集团)有限责任公司	开滦(集团)有限责任公司	河北省企业管理现代化创新成果一等奖	2010
构建现代物流产业体系,促进集团公司转型发展	开滦(集团)有限责任公司	开滦(集团)有限责任公司	中国煤炭企业管理现代化创新成果一等奖	2010
科学发展示范型矿井建设的探索与实践	开滦(集团)有限责任公司	开滦(集团)有限责任公司	中国煤炭企业管理现代化创新成果三等奖	2010
开滦矿区深部矿井复杂条件下软岩巷道支护理论与技术	开滦(集团)有限责任公司	开滦(集团)有限责任公司	河北省科技进步二等奖	2010
深部大倾角综放面瓦斯与自燃火灾综合防治技术研究	开滦(集团)有限责任公司	开滦(集团)有限责任公司	河北省科技进步三等奖	2010
MW级同步和鼠笼交流提升机三电平变频调速控制系统研究	开滦(集团)有限责任公司	开滦(集团)有限责任公司	中国煤炭工业协会科技进步一等奖	2010
三镜联合中药治疗肝内外胆管结石的临床研究	唐山市人民医院	郑树云、吴晓平、赵建杰	河北省中医药科学技术二等奖	2010
痰热清防治放射性肺损伤的临床疗效观察及细胞因子参与的机理研究	唐山市人民医院	杨俊泉、王晓红、张静	河北省中医药科学技术二等奖	2010
中药单剂联合抗脑缺血/再灌注损伤作用研究	唐山市人民医院	赵喜庆、吉训明、汪萍	河北省中医药科学技术二等奖	2010
EZH2和P16在甲状腺癌表达关系研究（应用）	唐山市人民医院、华北煤炭医学院	朱卫东、王鑫、郭凤芹	河北省科技进步二等奖	2010
肾脂肪囊内注射灯盏细辛、甲强龙介入治疗慢性肾小球肾炎的临床研究（应用）	唐山市人民医院	唐艳玲、赵志华、刘志伟	河北省科技进步三等奖	2010
钢的洁净化与无缺陷凝固关键技术及应用	河北联合大学	朱立光、王硕明、张彩军、王书桓、陈连生、陈伟、黄永建、刘占玲、高永春、邸光明	河北省科技进步一等奖	2010

1990—2010 年唐山市路南区驻区单位获省部级以上科技成果奖励表

续表 21－3

项目名称	完成单位	主研人员	获奖等级	获奖时间
陶瓷材料系列化、目标化设计研究	河北联合大学、唐山陶瓷股份有限公司	张文丽、王瑞生、彭福华、金建国、商灵芝、孙靖、詹经、曾雄丰	河北省科技进步二等奖	2010
卫生陶瓷施釉机器人	河北联合大学、唐山惠达陶瓷（集团）股份有限公司	李占贤、黄金凤、吴萍、王家金、丁奇志、孙淑惠、张进、杜伟建、王玮钊、于江	河北省科技进步三等奖	2010
新型高速铁路道岔用高锰钢的研制	河北联合大学	张贵杰、李海英、王海群、王海涛、邵大华、邱常明、张荣华、李杰、张洪哲、陈川	河北省科技进步三等奖	2010
儿童难治性癫痫耐药的基础与临床研究	唐山市妇幼保健院	庞保东	河北省科技进步三等奖	2010
战役卫勤快速支援系统实际应用研究	解放军第二五五医院	郑晓东	军队科技进步三等奖	2010
社区危害性饮酒的集体心理治疗及干预研究	唐山市第五医院	马建华	河北省科技成果三等奖	2010

二、引进推广成果

农业新品种、新技术引进推广 1993 年始，重视农业新品种、新技术的引进与推广。至 2010 年，先后引进推广荷兰玛瓦西红柿、红栗南瓜、美国大速生菜、大花汇兰、火鹤、非洲菊、三倍体毛白杨、金枝槐、冬枣、荷兰鸽等 36 个优良、新特品种，其中 7 个蔬菜品种获河北省统一颁发的无公害标识。

粮食引进品种主要有玉米王、水稻花育 3 号、小麦京核 3 号、小麦京东 8 号、“9128”水稻等。玉米品种自 1992 年后以杂交玉米为主，有唐抗系列、冀单、冀农、冀元、冀凌、京单、浚单、东单、濮单、北京德育 18、富友 625、郁青 1 号、正交白轴、河北秀青、石玉等。其中浚单和石玉 10 号，轴细粒长，生育期短，亩产达 1000 公斤，很受农户欢迎。小麦品种 2003 年以前以“中优 9507”“京 9428”“超优 66”为主。2003 年以后以“京冬 8 号”“京 9843”“轮选 987”为主。引进推广农业新技术有：塑料地膜覆盖栽培技术、水稻壮秧剂技术、绿星植物生长调节剂技术、水稻旱育秧技术、水稻抛秧种植技术、复合肥技术、有机肥技术等。

蔬菜引进品种和新技术主要有“栗蘑栽培技术”“L402”西红柿、“台湾圣女”樱桃西红柿、荷兰玛瓦无限生长西红柿、“西芹”“天津实心芹”“药食两用南瓜”“米帮塔食用仙人掌”等。

林果引进推广的新技术有大棚节能温室、高垄栽培及膜下暗灌、滴灌、微灌等。品种有油桃、冬枣、李子、黄金梨、水晶梨、木瓜、“玉兰”“金吉奶果”等。花卉、树木种植品种有：火鹤、大花汇兰、温馨兰、郁金香、非洲菊、杜鹃花、新几内亚凤仙、一品红、“三倍体毛白杨”“金枝槐”“香花槐”“84—K 杨”。引进推广新技术主要有植物保护剂防治技术和土壤消毒种植技术。

养殖业引进新品种有荷斯坦奶牛、北京黑白花牛、长白猪、杜洛克瘦肉型猪、三元杂交瘦肉型猪、约克夏、皮特夏、瑞士奶山羊、小尾寒羊、落地王鸽，白羽王鸽、安哥拉长毛兔、矮种马。肉鸡引进艾维茵、罗丝 308、AA 罗斯 1 号、皮特森、慢羽 AA、海波罗、叭伯德等。引进、示范、推广新技术有奶牛良种快繁、生猪快速育肥、畜禽防病治病等。

工业新产品、新技术引进推广　1990年起，工业引进推广新产品、新技术、新工艺、新材料，以增强企业在市场中的生存能力。至2010年21年间，共引进省外新技术182项，主要有自冷智能型高频开关整流模块、电子警察、激光热处理技术、微机调控上旋式离心机、工农业地下水智能卡管理系统等高新技术和先进适用技术。

1990—2010年唐山市路南区区属科研成果及推广应用一览表

表21－4　单位：项

年份	小计	科研成果					小计	推广应用		
		国际先进	国内首创	国内先进	省内首创	省内先进		已应用	未应用	应用率（%）
1990	1	–	–	–	1	–	1	1	–	100
1991	1	1	–	–	–	–	1	1	–	100
1992	1	–	–	–	1	–	1	1	–	100
1993	3	–	1	1	1	–	–	–	–	–
1994	18	–	6	5	6	1	18	10	8	55.6
1995	18	–	6	5	6	1	18	10	8	55.6
1996	8	–	4	4	–	–	8	6	2	75
1997	12	–	–	10	–	2	12	9	3	75
1998	4	–	–	4	–	–	4	4	–	100
1999	13	–	–	8	–	5	13	13	–	100
2000	13	–	–	8	–	5	13	13	–	100
2001	11	–	–	6	–	5	11	8	3	72.7
2002	5	–	–	3	–	2	5	5	–	100
2003	8	–	1	5	–	2	8	7	1	87.5
2004	7	2	3	–	2	–	7	6	1	85.7
2005	6	–	5	1	–	–	6	6	–	100
2006	8	–	2	6	–	–	8	7	1	87.5
2007	10	–	3	6	–	1	10	10	–	100
2008	8	–	5	3	–	–	8	8	–	100
2009	3	2	1	–	–	–	3	3	–	100
2010	5	3	2	–	–	–	5	5	–	100
总计	163	8	39	75	17	24	160	133	27	

第三章　地震监测与新能源开发

20世纪60年代后期，在部分厂矿、学校等处设立测震点，进行地震监测。1977年12月，路南区地震办公室成立，承担群测群防组织领导职责，后撤销。2010年，地震办公室恢复设立，主管全区防震减灾工作。新能源开发包括沼气开发和太阳能综合利用。至2010年间，全区共建沼气池17个，年产沼气11.86万立方米。通过太阳能综合利用，节煤1.02万吨。

第一节　地震监测

20世纪60年代后期，在唐山机车车辆工厂、开滦唐山矿、唐山一中、唐山二中和开滦十中等处设有群众测震点。1976年7月28日，唐山发生大地震。翌年12月，路南区成立地震办公室，设在科委，负责群测群防的组织领导。1981年，区地震办公室撤销。1989年，在群众测震点使用水位观测仪、水氡仪和地倾斜仪等检测仪器设备。2010年地震办公室重新设立，主管全区防震减灾工作。1980年至2010年，共发生33次4级左右余震，其中1990—2010年21年间，共发生4.5～5.3级地震10次，因震级小，故未造成生命和财产损失。

第二节　新能源开发

一、沼气开发利用

路南区沼气能源开发始于1996年。因女织寨乡处城乡结合部，且沼气原料不足，沼气能源开发需求量较小，未形成规模。至2008年年底，全区有10个村建有沼气池17个，总计1300立方米，其中和平街村350立方米，西越河村15立方米，老谢庄村15立方米，曹家庄村60立方米，侯边庄村100立方米，梁家屯村180立方米，赵田庄村100立方米，南刘屯村300立方米，季家屯村20立方米，马庄村160立方米。年产气总量11.86万立方米。在所建沼气池中，有猪——沼——厕“三位一体”、猪——沼——厕——菜“四位一体”模式沼气池9个。2009年始，随着19个村平改楼工程的实施，至2010年，全区沼气池减至12个。

二、太阳能综合利用

20世纪80年代，重点推广真空管太阳能热水器、太阳能塑料袋热水淋浴器、太阳能温室建造、太阳能楼房建造等技术。至2010年，全区共有太阳能热水器1.12万台，采光面积1.71万平方米；塑料大棚28公顷，采光面积28.15万平方米；太阳能温室146.67公顷，采光面积146.72万平方米；太阳能畜禽舍326座，采光面积9.8万平方米。西越河村在全区率先引进太阳能加电辅的混合取暖技术，为新建362套村民别墅安装太阳能地暖设备，结束几百年来靠烧柴取暖的历史，每年节约标准煤1800吨。通过太阳能综合利用，全区年节煤1.02万吨。

第四章　科学普及

1990年，科学普及以城区居民和在校学生为主体，普及内容为反对迷信、崇尚科学、倡导文明健康生活方式等方面。1993年，在城区开展科普进居委会、科普进企业、科普进校园等活动的同时，将科学普及拓展至农村。至2010年，在城区累计发放各类科普宣传材料50余万份，受教育群众13.6万人次；在农村建立3个科普示范基地；在青少年科技创新大赛中，有166项科技作品获省以上奖励。

第一节　城区与农村科普

一、城区科普

1990年起，以弘扬科学精神、普及科学知识、传播科学思想和科学方法为重点，运用展览、电影、广播、报刊等形式加强科普宣传。组织开展科普进居委会、科普进企业、科普进校园等活动，传授科学知识。至2010年，在城区共建成高标准科普画廊11处，科普长廊1564平方米，科普墙报、科普园地349处，制作科普展牌6400块。在社区建科普活动站90个，成立老年科普大学10所，路南区福乐园社区被评为市级科普示范基地。累计组织科普培训、咨询、讲座、宣传等活动1764场次，发放各类科普宣传材料50余万份，接受各类咨询服务群众达9.2万人次，受教育群众13.6万人次。

图21-1　定福里社区科普长廊　（区委宣传部）

二、农村科普

1993年，以服务“三农”（农村、农业、农民）为重点，以农技协、农村科普示范基地和农村科普学校为依托，开展科普宣传和技术培训。至1997年，共开展科技下乡15次，发放资料3万册；举办计算机、缝纫、修表、家用电器维修等实用技术培训班9期，参加培训人员2458人。此后，开展创建科普文明村（居）、“科技星”文明家庭活动。至1999年，共举办中短期培训班19期，播放科技录像25场次，发放科技资料500份，培训农村劳力8500人次。引进试验项目15项，示范项目15项，培训推广项目9项，累计培养农民技术人员47人，培养初级技术骨干239人。

2000年起，推广高效节能日光温室蔬菜和一年“三种三收”配套栽培模式，通过举办培训班、巡回讲座、光盘教学、现代远程教育等方式，对农民进行蔬菜、花卉、畜牧、林果等技术培训。是年，举办专题知识讲座15次，受教育面达8.65万人次；开办宣传专栏42期，购买制作光盘5320件。2001年，特邀北京大明蔬菜研究所、市植保站专家教授到女织寨乡传授农业科技知识。共举办集中培训班15期，受训人数800余人次；放录像20场次；印发材料2000余份。至2003年，在农村共建立3个科普示范基地，分别是省级科普示范基地——老谢庄千亩无公害蔬菜示范基地、南刘屯现代农业园区养殖示范基地和西越河苗木种植示范基地。

2005年，在唐山市科协启动为期三年的“百万农民科技大培训”活动中，路南区聘请专家组建农村服务小分队，深入农户传授现代农业科技知识。当年共举办农民科技培训班4期，发放科技宣传资料2000份。

2010年，围绕农业部“冬春农业科技大培训”目标，组织开展实用技术、提质增效、农民创业等培训，参训农民达2000余人次。开展科技下乡宣传活动，共为村民讲授科技课24次，放映科技录像40场，受教育人数达1.3万人。

第二节　青少年科普

1990 年，以创建青少年科技示范校、开展青少年科技创新大赛为载体，以区科技中心、科普活动室和社区活动中心为主要阵地，组织形式多样的青少年科技教育活动。1992 年 6 月，区科技中心被授予“全国少年儿童校外教育工作先进集体”称号。1996 年 6 月，大学路小学曹思硕获河北省小发明一等奖，唐山十三中魏怡获河北省小发明二等奖，另有 6 名中小学生获河北省小发明、小论文三等奖。2007 年，唐山一中被中国科协确认为“全国青少年科技创新教育基地”。

图 21－2　路南实小科学实验　（区教育局）

2008 年，举办首届青少年科技节，创建青少年科技示范学校，开展科技创新大赛、科技传播活动。其中，在国家、省、市组织的“科技创新大赛”中，有 50 项 100 人获青少年科技创新奖。2009 年，第 24 届河北省创新大赛决赛在唐山一中举办，该校被评为全国青少年科技创新大赛基层赛事优秀组织单位。至 2010 年，全区建有 1 个科技馆（在区第二实验小学院内）、6 所科普示范校、40 个科普活动室。获青少年创新大赛全国二等奖以上科技作品 6 项，获河北省一等奖科技作品 160 项。是年，唐山一中被中国科协确立为“中国科协科技工作者调查站点”。

第五章　科技管理

1977 年 12 月，路南区科学技术委员会（以下简称“区科委”）建立，履行科技事业年度、中长期发展规划的制定、科学技术的引进、推广，知识产权以及科技经费管理等项职责。1986 年，与区科学技术协会（以下简称“区科协”）合署办公。1992 年，区科委内设办公室、科技股、高新技术办公室。1996 年 7 月，科委内部科室撤销。2002 年，改称路南区科学技术局，并与区科协分立，主管全区科学技术工作。2010 年，新增防震减灾职能，设路南区地震办公室，行政编制 3 人。至年底，全区基本形成区、乡（街）、村三级科技管理体系。

第一节　计划与经费管理

一、计划管理

1990 年，路南区科技事业发展开始纳入国民经济与社会发展年度计划和中长期发展规划。此后，每年初编制科技发展计划，组织基层单位提出课题，科技管理部门综合筛选。其中在省、市范围内属于新产品、新技术、新工艺的项目优先申报，其余列入发展计划。除申报上级科技项目外，科技主管部门每年围绕区委、区政府工作中心，抓重点项目，给予科技资金引导。加强与高校、科研单位合作，通过联合建立科研机构、开发项目、召开技术对接洽谈会、专家考察指导等活动，引进人才和技术，增强企业自主创新能力。加强科技环境建设，搭建科技创新平台。至2010年，完成区级以上重点科技项目开发240项，市级以上重点科技项目开发113项，引进省外技术92项。4个单位被命名为市级技术工程研发中心和民间特色研发机构、农业技术研修基地；高新技术产业总产值达1亿元，科技进步对经济增长贡献率达55%。

二、经费管理

1990年，路南区科技经费主要包括事业费、科研费以及国家、省、市三级科技项目经费。事业费由财政直接拨付，科研费由项目承担单位与科技部门签订合同后，由财政和上级科技主管部门分别拨付。主要用于科研项目，实行专款专用，按项建账。项目完成后，列出项目总支出，并经财政和审计部门审核。区科技行政主管部门和区财政本着“科学立项、公共服务、择优支持、公正透明、统筹安排”的原则，每年编制科学技术研究与发展计划，根据法定比例提取科技三项费用，按财务制度办理划拨手续，并及时足额拨付项目承担单位。区财政、科技主管部门对项目进展及资金使用情况，定期检查，跟踪项目进度，以保证达到项目计划书要求。当年列入技改项目84项，列入省、市以上技改计划17项，总投资1.45亿元，新增固定资产8600万元；向市申报高新技术产品19项，经专家鉴定12项；开发新产品110项，列入省市计划51项。

2005年，区规模以上企业科技活动经费支出总额798万元，其中，新产品开发经费支出364万元，科研基建支出81万元。

2006年，共完成区级重点科技项目开发40项，投入科研经费1.12亿元，项目完成后，当年实现产值2.94亿元，新增利税6080万元。逆变式CO2保护焊机（NB7－500IGBT型）7个新产品获市级科技进步奖。共申报上级科研计划74项，“900mm二十辊高精度板材可逆冷轧机”等32个经济社会发展项目分别被列入国家、省、市科研与发展计划，获得上级科研经费无偿支持706万元。任氏包装、唐山市化工机械有限公司等5家企业被确定为省知识产权优势培育单位，入选的企（事）业单位为全市各县（市）区之首。全区共获授权专利74项，走在全市前列。高新技术产业总产值每年均以20%以上的速度增长。

2010年，区规模以上企业科技活动经费达到1079万元。获得上级科技资金无偿资助172万元，全年完成10项区级重点新产品技术开发任务，比上年增长11%，有5个项目被列入国家、省、市科研计划。全年实现高新技术产业总产值2.7亿元，比上年增长20%，高新技术产业增加值实现8987万元，比上年增长20.25%。全年引进省外技术项目19项，比上年增长5%。专利授权量达到117项。

第二节　知识产权管理

1985年，贯彻落实《中华人民共和国专利法》，制定创新奖励政策，鼓励发明人申报专利，保护知识产权。1990年，组织新产品的研制开发和项目申报、上级立项到期项目的鉴定验收工作，研制一批，鉴定一批，加速科技成果转化。至2010年，全区专利申请累计1594项，授权专利1102项，其中发明专利113项，实用新型专利839项，外观设计专利150项。

1990—2010 年唐山市路南区专利申请、授权统计表

表 21－5　　单位：项

类别	申请										授权									
年份	合计	按专利类型分			专利申请						合计	按专利类型分			专利授权					
							其中										其中			
		发明专利	实用新型专利	外观设计专利	非职务发明	职务发明	大专院校	科研单位	工矿企业	机关团体		发明专利	实用新型专利	外观设计专利	非职务发明	职务发明	大专院校	科研单位	工矿企业	机关团体
1990	16	1	15	0	11	5	0	0	5	0	6	0	6	0	5	1	0	0	0	1
1991	35	0	34	1	28	7	0	0	3	4	19	0	18	1	12	7	0	0	6	1
1992	29	2	25	2	22	7	0	0	5	2	21	0	20	1	15	6	0	0	3	3
1993	47	8	37	2	37	10	0	1	4	5	34	0	33	1	26	8	0	0	5	3
1994	54	11	41	2	48	6	1	0	1	4	21	0	20	1	19	2	0	0	1	1
1995	32	2	30	0	27	5	1	0	4	0	40	1	38	1	36	4	0	0	2	2
1996	40	7	33	0	29	11	3	0	7	1	19	0	19	0	14	5	0	0	4	1
1997	42	2	29	11	38	4	0	1	2	1	20	1	19	0	18	2	1	0	0	1
1998	115	52	56	7	107	8	0	1	7	0	26	1	21	4	22	4	1	0	2	1
1999	61	4	52	5	47	14	2	0	10	2	58	1	47	10	51	7	1	0	6	0
2000	78	9	56	13	61	17	1	0	12	4	60	6	45	9	45	15	1	1	11	2
2001	59	9	43	7	48	11	0	0	10	1	45	3	37	5	37	8	2	0	6	0
2002	75	5	47	23	66	9	0	0	9	0	50	1	30	19	42	8	0	0	8	0
2003	79	13	54	12	63	16	0	0	16	0	50	6	28	16	45	4	0	0	4	0
2004	104	18	62	24	84	20	17	0	2	1	59	3	42	14	47	13	1	1	11	0
2005	79	14	55	10	38	41	30	2	9	0	72	4	54	14	58	14	12	0	1	1
2006	87	22	51	14	63	24	20	0	4	0	74	8	57	9	35	39	27	3	9	0
2007	123	38	69	16	52	71	65	0	6	0	95	13	61	21	67	28	25	0	3	0
2008	148	38	97	13	55	93	79	2	11	1	105	19	77	9	42	63	58	0	5	0
2009	154	68	85	1	22	132	109	2	20	1	111	25	77	9	43	68	54	3	9	2
2010	137	58	75	4	51	86	61	2	23	0	117	21	90	6	37	80	53	3	23	1
合计	1594	381	1046	167	997	597	389	11	170	27	1102	113	839	150	716	386	236	11	119	20

1990—2010 年唐山市路南区部分科研获专利统计表

表 21－6

专利名称	专利号	专利单位	专利人	专利类型
高炉干法除尘系统煤气温控新工艺及装置	ZL90103984.5	唐山工程技术学院、沙城钢铁厂	张仁贵、张玉柱、赵大裕、史进军等	发明专利
单楔预切分轧制角钢工艺及孔型改造	ZL90100332.8	唐山工程技术学院、丰润县冶金工业公司	马义德、李增德、宋义、葛敏、刘占英	发明专利

1990—2010 年唐山市路南区部分科研获专利统计表

续表 21－6

专利名称	专利号	专利单位	专利人	专利类型
复合井负压分采采油装置	ZL200420003359.6	唐山宏冶机械集团有限公司	唐山宏冶机械集团有限公司	实用新型
复合井窗口膨胀纵向波纹管密封装置	ZL200420003360.9	唐山宏冶机械集团有限公司	唐山宏冶机械集团有限公司	实用新型
复合井窗口膨胀套管密封装置	ZL200420003361.3	唐山宏冶机械集团有限公司	唐山宏冶机械集团有限公司	实用新型
一趟钻组合作业管柱	ZL200420003362.8	唐山宏冶机械集团有限公司	唐山宏冶机械集团有限公司	实用新型
复合井斜面再入工具	ZL200420003363.2	唐山宏冶机械集团有限公司	唐山宏冶机械集团有限公司	实用新型
复合井顶部悬挂再入工具	ZL200420003364.7	唐山宏冶机械集团有限公司	唐山宏冶机械集团有限公司	实用新型
复合井钻井外斜面定位定向工具	ZL200420003365.1	唐山宏冶机械集团有限公司	唐山宏冶机械集团有限公司	实用新型
复合井负压合采采油装置	ZL200420003366.6	唐山宏冶机械集团有限公司	唐山宏冶机械集团有限公司	实用新型
滑套式阻流器	ZL200420003367.0	唐山宏冶机械集团有限公司	唐山宏冶机械集团有限公司	实用新型
复合井多弹性相贯定位定向悬挂器	ZL200420003369.X	唐山宏冶机械集团有限公司	唐山宏冶机械集团有限公司	实用新型
锁块式液压丢手工具	ZL200420003368.5	唐山宏冶机械集团有限公司	唐山宏冶机械集团有限公司	实用新型
底部传动立式抽油机	ZL200920005557.9	唐山宏冶机械集团有限公司	唐山宏冶机械集团有限公司	实用新型
长冲程智能胶带抽油机	ZL200620000902.8	唐山宏冶机械集团有限公司	唐山宏冶机械集团有限公司	实用新型
游梁绳轮双井互动自平衡抽油机	ZL02117014.2	唐山宏冶机械集团有限公司	唐山宏冶机械集团有限公司	发明专利
丛式多井互动自平衡机电液一体化智能抽油机	ZL02117011.8	唐山宏冶机械集团有限公司	唐山宏冶机械集团有限公司	发明专利
并联式游梁丛式多井互动自平衡抽油机	ZL02233251.0	唐山宏冶机械集团有限公司	唐山宏冶机械集团有限公司	实用新型
绳轮游梁组合丛式井互动自平衡抽油机	ZL02233253.7	唐山宏冶机械集团有限公司	唐山宏冶机械集团有限公司	实用新型
液压游梁丛式多井互动自平衡抽油机	ZL02233250.2	唐山宏冶机械集团有限公司	唐山宏冶机械集团有限公司	实用新型
液缸绳轮丛式多井互动平衡抽油机	ZL02233252.9	唐山宏冶机械集团有限公司	唐山宏冶机械集团有限公司	实用新型
液缸单缸丛式多井互动平衡抽油机	ZL02233254.5	唐山宏冶机械集团有限公司	唐山宏冶机械集团有限公司	实用新型
“L”形多井互动自平衡抽油机	ZL02233247.2	唐山宏冶机械集团有限公司	唐山宏冶机械集团有限公司	实用新型
串联式游梁丛式多井互动自平衡抽油机	ZL02233256.1	唐山宏冶机械集团有限公司	唐山宏冶机械集团有限公司	实用新型

1990—2010年唐山市路南区部分科研获专利统计表

续表21－6

专 利 名 称	专利号	专利单位	专利人	专利类型
从式多井互动自平衡机电一体化智能抽油机	ZL02117013.4	唐山宏冶机械集团有限公司	唐山宏冶机械集团有限公司	发明专利
从式井“Y”型互动自平衡机电一体化智能抽油机	ZL02239745.0	唐山宏冶机械集团有限公司	唐山宏冶机械集团有限公司	实用新型
从式井“V”型互动自平衡机电一体化智能抽油机	ZL02240102.4	唐山宏冶机械集团有限公司	唐山宏冶机械集团有限公司	实用新型
从式井绳轮互动自平衡机电一体化智能抽油机	ZL02240101.6	唐山宏冶机械集团有限公司	唐山宏冶机械集团有限公司	实用新型
从式井“T”型下置式互动自平衡机电一体化智能抽油机	ZL02239747.7	唐山宏冶机械集团有限公司	唐山宏冶机械集团有限公司	实用新型
从式井“T”型上置式互动自平衡机电一体化智能抽油机	ZL02239746.9	唐山宏冶机械集团有限公司	唐山宏冶机械集团有限公司	实用新型
分支井尾管头旋转装置	ZL02239748.5	唐山宏冶机械集团有限公司	唐山宏冶机械集团有限公司	实用新型
底部移机式无游梁智能抽油机	ZL03214322.2	唐山宏冶机械集团有限公司	唐山宏冶机械集团有限公司	实用新型
自旋式油管扶正器	ZL200420055298.8	唐山宏冶机械集团有限公司	唐山宏冶机械集团有限公司	实用新型
抽油机非金属配重	ZL200920267819.9	唐山宏冶机械集团有限公司	唐山宏冶机械集团有限公司	实用新型
直线抽油机悬绳器导向装置	ZL200920305216.3	唐山宏冶机械集团有限公司	唐山宏冶机械集团有限公司	实用新型
直线抽油机井口自让位装置	ZL200920305216.3	唐山宏冶机械集团有限公司	唐山宏冶机械集团有限公司	实用新型
直线抽油机导向轮折叠装置	ZL200920305215.9	唐山宏冶机械集团有限公司	唐山宏冶机械集团有限公司	实用新型
双井直线抽油机	ZL200920305985.3	唐山宏冶机械集团有限公司	唐山宏冶机械集团有限公司	实用新型
沙漠用直线抽油机耐高温电控柜	ZL200920305984.9	唐山宏冶机械集团有限公司	唐山宏冶机械集团有限公司	实用新型
机械采油井捞砂器	ZL200920305956.7	唐山宏冶机械集团有限公司	唐山宏冶机械集团有限公司	实用新型
常闭式抽油机制动器	ZL200920305954.8	唐山宏冶机械集团有限公司	唐山宏冶机械集团有限公司	实用新型
抽油机载荷自动检测装置	ZL200920310443.5	唐山宏冶机械集团有限公司	唐山宏冶机械集团有限公司	实用新型
具有手动压紧装置的瓦块式自动器	ZL200920310469.X	唐山宏冶机械集团有限公司	唐山宏冶机械集团有限公司	实用新型
井口自动检测装置	ZL200920310466.6	唐山宏冶机械集团有限公司	唐山宏冶机械集团有限公司	实用新型
塔式风力发电辅助电驱动无游梁抽油机	ZL201020654553.6	唐山宏冶机械集团有限公司	唐山宏冶机械集团有限公司	实用新型
无游梁双井抽油机用可调井口滚筒	ZL201020654554.0	唐山宏冶机械集团有限公司	唐山宏冶机械集团有限公司	实用新型

1990—2010年唐山市路南区部分科研获专利统计表

续表21－6

专利名称	专利号	专利单位	专利人	专利类型
常规游梁抽油机智能电机直驱装置	ZL201020688695.4	唐山宏冶机械集团有限公司	唐山宏冶机械集团有限公司	实用新型
动滚轮平衡连续抽油杆抽油机	ZL201020688696.9	唐山宏冶机械集团有限公司	唐山宏冶机械集团有限公司	实用新型
游梁平衡短游梁抽油机	ZL201020688635.2	唐山宏冶机械集团有限公司	唐山宏冶机械集团有限公司	实用新型
树脂钢丝复合材料连续抽油杆	ZL201020688691.6	唐山宏冶机械集团有限公司	唐山宏冶机械集团有限公司	实用新型
带有开闸板感应机构的水泥包装机	ZL200820136719.8	唐山智能电子有限公司	唐山智能电子有限公司	实用新型
有粗细流灌装控制装置的水泥包装机	ZL200820136720.0	唐山智能电子有限公司	唐山智能电子有限公司	实用新型
弱磁性铁矿石的选矿新工艺及其专用的新型强磁干选机	ZL200710129707.2	唐山智能电子有限公司	唐山智能电子有限公司	发明专利
带有安全装置的汽车袋装水泥装车机	ZL200620138425X	唐山智能电子有限公司	唐山智能电子有限公司	实用新型
新型强磁干选机	ZL2007200034361	唐山智能电子有限公司	唐山智能电子有限公司	实用新型
强磁干选机	ZL2007200034376	唐山智能电子有限公司	唐山智能电子有限公司	实用新型
WKB水泥包装机微机控制系统软件	2009SR047271	唐山智能电子有限公司	唐山智能电子有限公司	软件著作权
ZN－装车计数控制系统软件	2009SR047270	唐山智能电子有限公司	唐山智能电子有限公司	软件著作权
ZN－计数器系统软件	2009SR047298	唐山智能电子有限公司	唐山智能电子有限公司	软件著作权
电子警察系统软件	2009SR047297	唐山智能电子有限公司	唐山智能电子有限公司	软件著作权
一种FN系列缝焊机调速装置	ZL201020523658.8	唐山长城电焊机总厂有限公司	唐山长城电焊机总厂有限公司	实用新型
一种BX1系列节能焊机变压器硅钢片铁芯固定装置	ZL201020523666.2	唐山长城电焊机总厂有限公司	唐山长城电焊机总厂有限公司	实用新型
一种阻焊机系列次级线圈	ZL201020523674.7	唐山长城电焊机总厂有限公司	唐山长城电焊机总厂有限公司	实用新型
一种交流电焊机动铁调整系统	ZL200920216451.3	唐山长城电焊机总厂有限公司	唐山长城电焊机总厂有限公司	实用新型
天车电子防撞保护器	ZL02291011.5	唐山市协力胶带运输设备有限公司	王志国	实用新型
托辊	ZL02232850.5	唐山市协力胶带运输设备有限公司	王晓晨	实用新型
胶带输送机保护装置用数字显示式地址编码器	ZL200720102337.9	唐山市协力胶带运输设备有限公司	王志国	实用新型
液压全自动胶带纠偏装置	ZL200620128093.7	唐山市协力胶带运输设备有限公司	王志国	实用新型

1990—2010 年唐山市路南区部分科研获专利统计表

续表 21－6

专利名称	专利号	专利单位	专利人	专利类型
胶带输送机用清扫刷床	ZL200720101887.9	唐山市协力胶带运输设备有限公司	王志国	实用新型
胶带运输机液压全自动纠偏装置	ZL200720195212.5	唐山市协力胶带运输设备有限公司	王志国	实用新型
皮带输送机无轴承塑料托辊	ZL200520024453.4	唐山市协力胶带运输设备有限公司	王志国	实用新型
胶带输送机滚刷清扫装置	ZL200520024449.8	唐山市协力胶带运输设备有限公司	王志国	实用新型
皮带输送机电感式纵向撕裂检测器	ZL200520024448.3	唐山市协力胶带运输设备有限公司	王志国	实用新型
输送机皮带防撕裂装置	ZL200820077147.0	唐山市协力胶带运输设备有限公司	王志国	实用新型
拉绳急停开关	ZL200720149158.0	唐山市协力胶带运输设备有限公司	黄文林、王志国	实用新型
数字显示式溜槽堵塞检测器	ZL201020103400.2	唐山市协力胶带运输设备有限公司	王志国	实用新型
打滑检测器（非接触式）	ZL201030107323.3	唐山市协力胶带运输设备有限公司	王志国	外观设计
不断流管道取压阻塞反吹装置	ZL200920350245.1	唐山科汇达仪器仪表有限公司	唐山科汇达仪器仪表有限公司	实用新型
一体化插入式弯管流量测量装置	ZL200920275881.2	唐山科汇达仪器仪表有限公司	唐山科汇达仪器仪表有限公司	实用新型
一体式防盗仪表箱	ZL200920275883.1	唐山科汇达仪器仪表有限公司	唐山科汇达仪器仪表有限公司	实用新型
仪表取压装置防冻封包	ZL200920275882.7	唐山科汇达仪器仪表有限公司	唐山科汇达仪器仪表有限公司	实用新型
在线带压打孔装置	ZL200920275879.5	唐山科汇达仪器仪表有限公司	唐山科汇达仪器仪表有限公司	实用新型
自循环式插入流量计检定装置	ZL200920275880.8	唐山科汇达仪器仪表有限公司	唐山科汇达仪器仪表有限公司	实用新型
安全链锁装置	ZL03245225.X	唐山化工机械有限公司	唐山化工机械有限公司	实用新型
湿法活性钙干燥机	ZL03245179.2	唐山化工机械有限公司	唐山化工机械有限公司	实用新型
前排式化灰机	ZL200520104583.9	唐山化工机械有限公司	唐山化工机械有限公司	实用新型
后排式化灰机	ZL200520104582.4	唐山化工机械有限公司	唐山化工机械有限公司	实用新型
列管干燥机的布管结构，	ZL200620023948.X	唐山化工机械有限公司	唐山化工机械有限公司	实用新型
斜板澄清器	ZL200620024467.0	唐山化工机械有限公司	唐山化工机械有限公司	实用新型
气动调油装置	ZL200720309111.6	唐山化工机械有限公司	唐山化工机械有限公司	实用新型
旋流式气动搅拌装置	ZL200820114571.8	唐山化工机械有限公司	唐山化工机械有限公司	实用新型
蒸汽管式回转干燥机的集气排水装置	ZL200920254005.1	唐山化工机械有限公司	唐山化工机械有限公司	实用新型
自制隔室手动推注造影剂装制	ZL2005126.8	解放军第二五五医院	彭主龙	实用新型

1990—2010年唐山市路南区部分科研获专利统计表

续表21－6

专利名称	专利号	专利单位	专利人	专利类型
医用穿刺导引装置	ZL200520024619.2	解放军第二五五医院	邹子扬	实用新型
医用反向镊子	ZL200520024620.5	解放军第二五五医院	邹子扬	实用新型
颅脑手术瞳孔观测镜的研制	ZL95213798.8	解放军第二五五医院	刘树新	实用新型
半月板手术刀	ZL95208753.7	解放军第二五五医院	李柱林	实用新型
往复式持针器	ZL94219479.9	解放军第二五五医院	李柱林	实用新型
往复式缝合针	ZL94218949.3	解放军第二五五医院	李柱林	实用新型
颅骨封	ZL200420096045.5	解放军第二五五医院	陈俊峰	实用新型
医用低温舱	ZL03209397.7	解放军第二五五医院	陈俊峰	实用新型
医用热舱	ZL03209398.5	解放军第二五五医院	陈俊峰	实用新型
医用经络－穴区带全身熏蒸治疗床	ZL200420016740.6	解放军第二五五医院	陈俊峰	实用新型
多腔隔膜式防爆内胎	ZL03209396.9	解放军第二五五医院	陈俊峰	实用新型
水面减蒸发装置	ZL03209399.3	解放军第二五五医院	陈俊峰	实用新型
可降解颅骨固定装置	ZL200420115956.8	解放军第二五五医院	陈俊峰	实用新型
一次性密闭式溶药加药器	ZL94223942.3	解放军第二五五医院	杨静	实用新型
备皮刀	ZL95202742.9	解放军第二五五医院	李敏	实用新型
牛膝通络胶囊	ZL98101748.7	唐山同济医院	贾巨	发明专利
PET显像联合血清扩散因子(SF)在乳腺癌诊断和治疗中的应用价值	ZL 200620128559.3	唐山市人民医院	赵刚、胡万宁、蔡海峰、牛凤玲、马莉	实用新型
乳腺癌早期诊断和治疗的系列研究	ZL200620128559.3	唐山市人民医院	赵刚、李金锋、蔡海峰、张瑞娟	实用新型
一种用于乳腺癌根治手术后的胸带	ZL20102010177.4	唐山市妇幼保健院	唐山市妇幼保健院	实用新型
矿用直流电源微型轨道电焊机	ZL 96 210938.X	唐山才德电气设备有限公司	高利民	实用新型
矿用直流电机斩波电源	ZL 98246412.6	唐山才德电气设备有限公司	高利民	实用新型
矿用直流电源交流电机变频调速器	ZL 99253425.9	唐山才德电气设备有限公司	高利民	实用新型
矿井电机车照明灯	ZL 00244071.7	唐山才德电气设备有限公司	高金德	实用新型
隔爆变频调速器的散热器	ZL 200920148131.9	唐山才德电气设备有限公司	高金才	实用新型

第三节　队伍管理

一、职称评聘

1990 年，专业技术人员职称评聘工作由路南区科委负责（驻区企事业单位专业技术人员职称评聘由市科委负责并延续至 2010 年未变）。1992 年，初级任职资格评审、认定和中高级资格评审推荐申报工作归属区劳动人事部门负责。1993 年，依据《河北省各系列专业技术职务任职资格试行条例》和《河北省专业技术职务任职资格申报评审条件》，首次大规模对专业技术人员进行任职资格申报推荐及评审。当年，评审通过高级专业技术人员 79 人，中级 702 人，初级 693 人。2003 年、2007 年省职改办两次对《河北省专业技术职务任职资格申报评审条件》进行修改。明确职称评定遵循个人申请、单位考核、组卷上报等程序。其间，依据《河北省事业单位专业技术人员聘任结构比例指导性标准》《唐山市事业单位专业技术人员职务聘任管理办法（试行）》《路南区事业单位专业技术职务聘任管理暂行办法》《路南区事业单位专业技术职务结构比例指导性控制幅度》规定，制定专业技术职务结构比例配置方案。各事业单位在职改部门核定的结构比例内设置岗位，明确职责、权限和任职条件。对已设置的专业技术岗位，按照公开、公平、公正原则，依据空岗情况，按岗择优聘任。无空余岗位的不得增聘。企业单位实行自主聘任，无比例指标控制。2008 年，根据唐人字［2008］23 号《唐山市事业单位岗位设置管理实施细则（试行）》通知精神，对事业单位岗位设置进行审核。共审核审批 94 套岗位设置方案，设立专业技术岗位 2782 个，其中副高级以上 360 个，中级 1242 个，初级 1180 个。2009 年，根据冀职改办字［2009］83 号《关于做好全省事业单位专业技术岗位聘用工作的通知》、唐职改办字［2009］66 号《关于做好全市事业单位专业技术岗位聘用工作的通知》、唐职改办字［2009］80 号《关于进一步规范全市事业单位专业技术岗位聘用工作的通知》、区人劳［2009］7 号《关于做好全区事业单位专业技术岗位聘用工作的通知》等文件精神，进一步明确聘用工作原则、程序、步骤和要求，严格执行政策规定，合理进行专业技术岗位聘用；坚持职称聘任程序，由区人劳局审批事业单位岗位设置；对晋升高一级职务人员、调入专业技术人员的聘任，若单位有空岗，由单位申报区人劳局审核、审批。至 2010 年，区属专业技术人员 3248 人，其中正高级职称 3 人，副高级职称 411 人，中级职称 1670 人。

二、专业技术人员考核

1991 年年初，召开全市专业技术人员 1990 年度考核管理工作会议，对企事业单位专业技术人员进行年度考核。1997 年起，执行冀人［1996］35 号《河北省事业单位工作人员考核实施办法》，按照岗位职责和承担任务，对专业技术人员进行考核，以品德和绩效考核为重点，并依据考核结果实施奖惩。此后至 2010 年，年度考核一般于年末或翌年初进行。被考核人均进行个人总结、述职，参与群众测评。主管领导在听取群众意见基础上，根据平时考核结果，提出考核等次意见。考核组对主管领导人提出的考核意见进行审核。单位负责人确定考核等次，并将考核结果以书面形式通知被考核人。考核坚持德、能、勤、绩全面考核，注重工作实绩。年度考核的结果分为优秀、合格、基本合格、不合格四个等次。被确定为优秀等次的人数，一般掌握在本单位参加年度考核总人数的 15% 以内。年度考核结果作为调整工作人员岗位、工资和发放绩效工资以及实施奖惩、培训、辞退的依据。工作人员在年度考核中被确定为合格以上等次的，按照有关规定增加薪级工资，发放绩效工资。工作人员年度考核被确定为不合格等次的，本年度不计算为竞聘更高等级岗位的任职年限，一年内不得晋升职务，不增加薪级工资。年度考核工作结束后，将《事业单位工作人员年度考核登记表》及《奖励审批表》报人事部门审核盖章并装入本人人事档案。不参加年度考核的专业技术人员，不能申报晋升职称，申报专业技术职务计算任职年限时，减去未考核年度。

三、专业技术人员继续教育

1992 年 7 月，区政府下发《唐山市路南区人民政府关于印发专业技术人员继续教育工作实施意见的通知》，规定区属企事业单位已取得高、中、初级专业技术职务和新从事专业技术工作的人员，每年都要有计划、分层次，分期分批参加本单位和主管部门组织的继续教育活动。1993 年，区人劳局下发《关于转发〈河北省专业技术人员继续教育证书制度实施管理办法〉（试行）的通知》，明确继续教育证书全面记载专业技术人员参加继续教育情况，是专业技术人员评聘、晋升的重要考核内容之一。是年，共有 920 名中高级专业技术人员获得继续教育证书。此后，继续教育证书每年验证 1 次，区人劳局对所属单位专业技术人员继续教育证书进行初验，经市人事部门审验无误后，统一加盖河北省专业技术人员继续教育审验合格专用章。2000 年，区人事部门加大对专业技术人员继续教育力度，根据形势和工作需要组织培训。2002 年，在全区开展世界贸易组织基础知识培训，参训人员 2395 人。2003 年，开展计算机网络知识培训，参训人员 2305 人。2007—2008 年，对专业技术人员进行创新能力培训和考核，共有 2499 人参加。2010 年，组织知识产权继续教育培训，参训人员达 2600 人。

四、人才交流

1988 年 5 月，区建立人才劳务市场，以引进人才为主。通过制定住房、子女就业、工资待遇等方面的优惠政策，引进专业人才，为人才交流提供平台。1992 年 3 月 14 日，路南区人才交流中心成立。21 世纪起，随着大中专毕业生安置工作转为市场化，推荐大中专毕业生就业成为人才交流工作重点。除按规定每月组织参加“就业进社区”活动外，每年组织区内企业参加市大型人才交流洽谈活动。至 2010 年，共接收大中专毕业生 146 人，引进人才 300 人，实行人事代理 778 人，集体代理 19 家，存档数达 1886 卷。累计引进各类人才 2687 人，接收、推荐、安置各类大中专毕业、委培生 2638 人。

第二十二编　教　育

1990年，境内有各级各类学校（园）153所，其中幼儿园24所（含国办2所），学前班51个，小学22所（含厂企小学2所），特殊教育学校2所，普通中学10所（含驻区5所），中等职业技术教育学校8所（含驻区5所），高等教育学校1所，成人教育学校8所（含教育部门办1所），教师进修学校1所，另有社会力量办学26所。各级各类在校（园）生3.9万人。1991年，实施“科教兴区”战略，教育事业步入持续、快速、健康发展轨道。教育结构日趋优化，义务教育保持全市领先水平，特殊教育、普高教育初步形成办学特色，民办教育规范程度大幅提高；教育投入不断加大，办学条件明显改善；教育管理日臻完善，教师素质与教学质量逐步提高；教育成果更加显著。1994年，首次通过河北省“普九”（普及九年义务教育，下同）达标验收；1997年、2000年、2003年高标准通过省复查验收，连续3次被省政府命名为“两基”（基本实施九年义务教育、基本扫除青壮年文盲）工作先进区。2006年、2009年、2010年分别通过省教育、教学督导评估验收。2007—2010年度连续被市政府授予“教育工作先进区”称号，先后荣获“全国阳光体育先进区”“全国艺术教育先进区”“河北省特殊教育先进区”“唐山市推进义务教育均衡发展先进区”等称号。至2010年，共获国家级荣誉45项、省级荣誉178项、市级荣誉492项；教师在省级以上发表论文565篇，中小学生在省以上学科知识大赛中获奖1014人次。境内有各级各类学校（园）129所，其中幼儿园30所（含国办2所），小学24所，代管小学2所，特殊教育学校1所，初中6所，代管中学2所。中等职业技术学校、成人学校、教师进修学校、电大分校各1所，普通高中3所。社会力量办学53所，高等教育学校4所，全区各级各类全日制在校（园）生6.98万人。21年间，区属职业高中为社会培养9481名中等职业技术人才，域内普通高中为大专院校输送新生3.61万人，

第一章　教育结构

1986年，开始实施普及九年义务教育，推动中小学教育由应试教育向素质教育转变。1997—2004年，贯彻《中华人民共和国民办教育促进法》《中华人民共和国民办教育促进法实施条例》，民办全日制各类教育得到较快发展。至2010年，全区形成以公办教育为主体，民办教育为补充，学前教育、基础教育、职业教育、成人教育、高等教育协调发展的教育结构。

第一节　学前教育

1990年，有国办、街道办、企业办幼儿园24所，教学班（含小学附设学前班）126个，在园（班）幼儿4920人，其中幼儿园幼儿2347人。2000年有幼儿园16所，教学班（含小学附设学前班）124个，在园（班）幼儿4075人，学前三年入园率达85%。2005年，幼儿园总数增到31所，教学班151个，在园（班）幼儿4559人，学前三年入园率达90%。至2010年，全区有幼儿园30所、教学班188个，在

园（班）幼儿5834人，学前三年入园率98%。学前教育基本普及。

一、幼儿园

1990年，有幼儿园24所，在园幼儿2347人，教职工284人。依据国家教委1990年2月1日颁发的《幼儿园管理条例》，区属各幼儿园统一使用河北省编教材，即语言、计算、音乐、美工、体育、常识等6科。教师在教学中根据幼儿年龄特点，选择以游戏为基本活动形式开展教学。1992年后，由于教育布局调整、部分厂企搬迁和企业改制等原因，幼儿园数量呈递减趋势。1995年幼儿园减至21所，其中教育部门办17所，其他部门办4所。共有66个教学班，在园幼儿2713人，教职工175人。1996年6月1日起，全区开始实施国家教委颁发的《幼儿园工作规程》。1998年起，乡办、村办、企业办、民办幼儿园陆续兴起。2000年，第一所民办幼儿园——金色童年幼儿园创办。2005年，第一所农村国办幼儿园——博艺幼儿园筹建。当年，全区幼儿园增至31所，其中教育部门办14所，集体办12所，其他部门办5所，教职工486人。2008年，随着南湖大规模开发、危旧平房改造及2016年世界园艺博览会申办成功，路南区开发项目趋多，部分幼儿园在项目开发中被拆除。2010年，全区共有幼儿园30所，其中国办幼儿园2所，小学附设幼儿园8所，民办幼儿园15所，代管园5所。在30所幼儿园中，有省级示范园3所，一类园7所，二类园9所，三类园5所，未定类园6所；有教学班188个，在园幼儿5834人，教职工705人，其中专任教师382人。学前三年入园率达98%。各幼儿园均设有活动室、儿童厕所、盥洗室、保健室、办公用房和厨房，配备适合幼儿特点的桌椅、玩具架、盥洗用具，以及必要的教具、玩具、图书和乐器、电脑等，有与保育、教育相适应的活动场地。寄宿制幼儿园配备了儿童单人床。

图22－1　唐山市第二幼儿园　（区教育局）

唐山市第二幼儿园　位于路南区赵庄45号小区。前身为路北区赵庄幼儿园。始建于1953年。1982年恢复建设后改为现称。1984年划归路南区，为区属公办园之一。2010年有教学班10个，在园幼儿580人，教职工52人，占地面积0.49公顷，建筑面积2457平方米。该园为双语教学示范园、托幼机构卫生保健示范园，是河北省学前教育研究实验基地。曾完成省“十五”课题《调整教师定位，改善教师行为》，省“十一五”课题《运用现代信息技术，创新家园沟通模式》《教师的教育语言对不同类型幼儿性格的影响》。省“十二五”课题《幼儿园关于活动设计与评价对促进不同层次教师专业发展的研究》成功立项。1996年，该园被省教委评为河北省示范幼儿园、河北省一类幼儿园。先后被评为唐山市安全目标管理先进单位、唐山市文明建设先进单位、唐山市花园式单位、唐山市幼儿教育工作先进集体、唐山市绿色学校、唐山市诚信平安校园、唐山市示范性教师专业发展学校。

博艺幼儿园　为路南区第一所也是唯一一所农村独立公办幼儿园，筹建于2005年9月，由刘营庄小学改建而成。占地0.18公顷，建筑面积1000平方米。2010年有教学班5个，在园幼儿170人，入园率达95%以上；教职工17人，其中专任教师10人。该园按照多元个性教育需要设置幼儿综合活动室、图书室、微机活动室、户外体育设施、沙地、种植角等设施，为幼儿健康成长和快乐生活提供良好环境和条件；以“艺体”结合为特色，使幼儿获得全面发展；以肢体律动为园本课程，同时开设户外活动、舞蹈、美术、微机、英语、儿歌律动、图书阅览、蒙氏教育等课程，成功探索出一条“艺体结合、多元发展、内涵提升”农村幼儿园发展之路。被评为河北省一类幼儿园、首批河北省农村示范幼儿园、唐山市幼教先进单位。

小博士早期教育幼儿园　2002年由张念一创办。初期租用路南区新华西道小学校舍，总面积500平方米。设3个教学班，在园幼儿32人，教职工12人。2006年、2009年，分别建立小博士早期教育幼儿园正泰里永乐园分园、盛泰分园。2010年与新加坡科思达教育集团共同投资合办唐山爱儿坊鹭港幼儿学苑，招生数量逐年增加。至2010年，4所园占地面积0.92公顷，建筑面积6980平方米。共有教学班34个，在园幼儿826人，教职员工139人，其中专任教师71人。2006年7月28日晚，正在唐山考察的中共中央总书记、国家主席、中央军委主席胡锦涛接见小博士早期教育幼儿园创办人张念一，并向小博士早期教育幼儿园的小朋友和老师表示亲切的问候。新华社发表题为《“唐山的未来一定会更加美好！”——胡锦涛总书记与唐山康复村和小博士幼儿园负责人一席谈》的报道，中华人民共和国中央人民政府官方网站、《河北日报》《中国教育报》、人民网等均有刊登。该园先后荣获“全国民办教育先进集体”“全国优秀民办幼儿园”“唐山市先进教育单位”“唐山市诚信单位”“唐山市优秀民办非企业单位”等荣誉称号。

2010年唐山市路南区幼儿园一览表

表22－1　　单位：所、个、人

园名	创办年份	现园址	班级数	幼儿数	教职员工数		占地面积（公顷）	建筑面积（平方米）	幼儿园性质
					合计	其中专任教师			
唐山市第二幼儿园	1953	赵庄小区	10	580	52	22	0.49	2457	国办
河北联合大学幼儿园	1958	联合大学院内	7	263	25	16	0.2	1780	民办
南盐幼儿园	1959	南堡开发区	8	270	43	23	0.9	1990	代管
唐山师范学院附属幼儿园	1983	燕京小区	9	412	47	28	0.31	1394	代管
唐山市海港幼儿园	1999	海港开发区	6	220	33	22	0.79	2530	代管
金色童年幼儿园	2000	偏坡小区	8	271	39	17	0.25	2000	民办
小博士早期教育幼儿园新华西园	2002	赵庄小区	7	184	27	14	0.17	1000	民办
小太阳幼儿园	2002	文北希望花苑	7	167	25	14	0.21	1487	民办
东方之星幼儿园	2003	福乐园小区	3	69	13	7	0.03	240	民办
文北小学附属幼儿园	2004	文北小学	4	163	12	9	0.1	424	附设
郑家庄小学附属幼儿园	2004	郑家庄小学	6	149	8	6	0.16	1120	附设
西礼小学附属幼儿园	2004	西礼小学	4	97	4	3	0.06	300	附设
女织寨小学附属幼儿园	2004	女织寨小学	3	89	4	3	0.15	234	附设
老谢庄小学附属幼儿园	2004	老谢庄小学	4	119	6	6	0.14	1254	附设
侯边庄小学附属幼儿园	2004	侯边庄小学	6	194	8	6	0.07	500	附设
王禾庄小学附属幼儿园	2004	王禾庄小学	2	23	2	2	0.15	410	附设
金蓓蕾幼儿园	2004	东新街小学	3	98	11	5	0.03	330	民办
幸福摇篮幼儿园	2004	滦承小区	9	206	25	15	0.47	3800	民办
民族幼儿园	2004	路南区小佟庄	3	81	9	2	0.2	580	民办
海港小博士幼儿园	2004	海港开发区	10	295	39	20	0.98	2200	代管

2010 年唐山市路南区幼儿园一览表

续表 22 – 1

园名	创办年份	现园址	班级数	幼儿数	教职员工数		占地面积（公顷）	建筑面积（平方米）	幼儿园性质
					合计	其中专任教师			
南厂伙伴幼儿园	2005	南厂楼 59 – 6	5	150	15	7	0.05	350	代管
路南区博艺幼儿园	2005	女织寨乡刘营庄	5	170	17	10	0.18	1000	国办
小博士早期教育幼儿园永乐园	2006	正泰里永乐园小区	12	302	45	24	0.24	1780	民办
铁路二小附属幼儿园	2007	铁路二小	3	86	7	4	0.08	293	附设
彩虹艺术幼儿园	2008	路南第二实小	7	148	23	14	0.2	1500	民办
大拇指幼儿园	2008	永红桥车站路	8	217	41	24	0.06	519	民办
小太阳幼儿园	2008	荷花茗苑小区	11	298	47	22	0.21	1657	民办
南小艺术幼儿园	2009	南厂小学	4	120	13	5	0.1	491	民办
小博士早期教育幼儿园盛泰分园	2009	盛泰庄园小区	6	132	26	12	0.21	1900	民办
金色明天幼儿园	2010	荷花名苑小区	8	261	39	20	0.22	1500	民办
合计	–	–	188	5834	705	382	7.41	37020	

二、学前班

1990 年，有小学附设学前班 51 个，在校幼儿 2573 人。1995 年，小学附设学前班 40 个，在校幼儿 1978 人。由于出现部分学校学前班与附近幼儿园争生源问题，1997 年，停办新华西道小学、燕京小学、国防楼小学、联合村小学 4 处学前班。将军坨、岳各庄 2 所农村学前班改办为乡、村中心园。1998 年，实验小学、南新道小学开办寄宿班，后因房舍不足，两所学校停办学前班。1999 年，新雷、英才民办学前班成立，南盐小学增设学前班。2004 年，全部取消学前班。

1990—2010 年唐山市路南区学前教育一览表

表 22 – 2　　单位：所、个、人

年份	在园（班）幼儿总数	幼儿园		学前班		年份	在园（班）幼儿总数	幼儿园		学前班	
		园数	幼儿数	班数	幼儿数			园数	幼儿数	班数	幼儿数
1990	4920	24	2347	51	2573	1997	3184	19	1849	36	1335
1991	4780	24	2240	50	2540	1998	3123	22	1923	32	1200
1992	4493	22	2023	48	2470	1999	3286	21	1966	35	1320
1993	4120	20	1715	46	2405	2000	4075	16	2259	57	1816
1994	4106	15	1804	43	2302	2001	4163	16	2583	42	1580
1995	4691	21	2713	40	1978	2002	4353	22	2948	44	1405
1996	3406	15	1733	46	1673	2003	5232	25	3509	44	1723

1990—2010 年唐山市路南区学前教育一览表

续表 22－2

年份	在园（班）幼儿总数	幼儿园		学前班		年份	在园（班）幼儿总数	幼儿园		学前班	
		园数	幼儿数	班数	幼儿数			园数	幼儿数	班数	幼儿数
2004	4428	25	4428	–	–	2008	5368	34	5368	–	–
2005	4559	31	4559	–	–	2009	5878	34	5878	–	–
2006	4815	32	4815	–	–	2010	5834	30	5834	–	–
2007	5067	34	5067	–	–	–	–	–	–	–	–

第二节　初等教育

一、小学教育

1990 年，有小学 22 所（含厂企 2 所），教学班 353 个，在校生 16461 人，学制为 6 年，统一使用人教版和冀教版教材。是年，东新街小学进行小学五年制试点实验，小学入学率、巩固率、毕业率分别达 100%、99.1%、99.27%。1992 年 11 月，路南、路北、开平区划调整，原属开平区梁家屯乡和女织寨乡 15 所小学划归路南区，接收学生 3806 人；原属路南区 3 所小学划归开平区。1993 年 7 月，撤销东礼尚庄小学，学生到西礼尚庄就读；刘营庄小学并入老谢庄小学；曹家庄小学并入侯边庄小学。1996 年 9 月，定福庄小学并入岳各庄小学。是年，有乡村小学 11 所。

1998 年起，取消小学毕业会考升学制度，学生划片招生，就近升入初中。至 2000 年 10 年间，先后撤并刘屯小学、达南小学、第二培智学校、国防楼小学。2000 年，第二实验小学投入使用。是年共有小学 30 所，教学班 400 个，在校生 15766 人。2003 年，厂企学校划归地方。路南区先后接收开滦长青实验小学、福庄小学、双新小学，铁路第二小学，南厂小学 5 所学校。为促进义务教育均衡发展，本着调整教育布局，整合教育资源，消灭薄弱学校原则，结合城市区域拆迁改造项目，先后撤并龙泉寺小学、赵田庄小学、吉祥路小学、大学路小学、学院路小学 5 所学校；拆改长青实验小学、将军坨小学、岳各庄小学、郑各庄小学、南新道小学 5 所学校。至 2010 年，全区共有小学 26 所，其中代管小学 2 所。教学班 348 个，在校学生 13049 人。小学入学率、巩固率、毕业率均达到 100%。

实验小学　位于路南区卫国路 6 号。是一所区属国办完全小学。该校始建于 1957 年，原为新刘庄小学分校。1962 年独立，命名为陵园小学。1968 年 8 月，唐秦警备区的红星小学并入该校，隶属于路北区文教科。1984 年 9 月划归路南区管辖。1987 年 1 月改现称。学校占地 1.05 公顷，建筑面积 3900 平方米。1990 年，该校被市教委定为市级电教试点校。学校拥有现代化教育教学设施，实现班班通，校园网、互联网广泛应用于教育教学和各项活动之中。作为河北省教育科研先导校，一直承担着多项国家、省、市级实验课题的研究工作，并分获河北省“十五”“十一五”教育技术科研成果一、三等奖。2008

图 22－2　路南区实验小学校园　（区教育局）

年9月，实验小学开放式素质教育实验班正式成立。经两年多实验，实验班的学生在课堂上行为规范，思维活跃，综合素质得到长足发展。该校先后获得全国科技示范校、全国少先队“红旗大队”、河北省教育科研先导校、河北省素质教育示范校、河北省体育教学传统校、河北省德育示范校、唐山市文明单位、唐山市文明校园等荣誉称号。2010年有教学班32个，在校生1467人，教职工88人。

燕京小学　位于路南区燕京小区。占地0.98公顷，建筑面积3240平方米。为区属国办完全小学。始建于1981年8月，原为路北区南新西道小学，1984年9月，划归路南区，更名为燕京小学。该校现代教学设施设备齐全，有高标准图书馆等8个专用教室。注重素质教育，持续开展体育大课间活动，培养学生终身锻炼意识。强化特色教学，自主开发校本课程，其中必修课有《中华经典诗文》，选修课程有轮滑、剪纸、折纸、绘画、科技制作、电脑动画、合唱、舞蹈等。加强对科研工作的激励和引导，承担的国家“十一五”课题《课改中的小学语文教学》获优秀课题奖，省级课题《信息技术与各学科教学的有效整合研究》顺利结题。该校先后荣获河北省素质教育示范校、河北省德育工作示范校、河北省“自主学习”实验校、河北省教学工作先进校、河北省艺术教育示范校等称号。2010年，有教学班24个，教职工51人，学生1182人。

侯边庄小学　位于路南区陡河西畔侯边庄村南，后迁至侯边庄主街。占地2.01公顷，校舍面积3040平方米。是一所区属国办农村小学。该校硬件设施齐全。建有河北省一级图书馆，藏书12619册；配有高标准微机室、美术室、音乐教室、少先队室、科学实验室、文理科仪器室、体育器材室等专用教室；各班配备多媒体教学设备，校园网班班通。学校以“夯实基础、提高素质、发展个性、学有所长”为育人目标，突出品牌意识，强化特色教育。将腰鼓立为品牌，将书法定为校本课程，将艺术教育作为特色。开设琵琶、二胡、扬琴、纸浆画、串珠、京剧、书法等课程，组建广播电台等10多个社团。民乐队连续十多年在全市中小学生文艺汇演中获一等奖；民乐合奏《高山青》获全国小学生优秀节目展演三等奖、河北省节目展演一等奖；京剧《智斗》获全国催新人国际交流选拔大赛二等奖、市一等奖；京剧《四郎探母》选段获唐山市中小学文艺汇演二等奖。学校被命名为“唐山市花园式示范校”“唐山市绿化先进单位”“唐山市群艺馆艺术教育培训基地”，并通过唐山市德育示范校评估。2010年有教学班18个，在岗教师30人，在校生520人。

二、特殊教育

1990年年初，有特殊教育学校2所，其中一所由曲艺表演艺术家段少舫1987年10月个人创办（1998年底停办），另一所为1988年4月在燕京小区境内（原南新道幼儿园）成立的区第一个公办培智班，附属于国防楼小学。1990年9月，在燕京小区建路南区培智学校，有教学班3个，智障学生35人，教师10人，学校占地面积0.16公顷，建筑面积480平方米。1992年11月，该校易名为路南区第一培智学校，有教学班5个，学生64人，教职工13人。是年，路北区培智学校划归路南区，更名为路南区第二培智学校，校址位于建国里小区东侧，有教学班4个，学生50人，教师14人。1994年8月，两所培智学校合并为唐山市路南区培智学校，迁入49号小区（友谊里小区）新址。是年有教学班10个，学生120人，教师28人，学校占地面积0.43公顷，建筑面积2133平方米。2001年，学校新建职教楼和综合楼，修缮旧楼，为智障学生营造良好的生活和学习环境。校园占地0.55公顷，建筑面积4800平方米，生均建筑面积21.3平方米。2010年，全校有教学班8个，学生76人，教职工28人，其中小学高级教师25人，一级教师3人，学历达标率100%。学校实施分类教学，根据学生智力高低、能力大小和兴趣爱好按年级段分组。开设烹饪、缝纫、编织、洗衣、生活自理、识字、计算、绘画、体育、劳动技能等课程。因地制宜创办音乐教学模式，并取得显著成效。创编的舞蹈《春天乐》曾参加“福彩杯”第五届全国残疾人艺术优秀节目汇报演出，获得作品创作奖、表演三等奖及辅导三等奖，被中央电视台以《迟开的花朵绽新蕾》为题报道。省、市新闻媒体从不同角度多次对学校素质教育宣传报道；省内多家特教同行多次到校交流观摩，累计达700余人次。学校获唐山市特殊儿童劳技大赛总成绩优胜奖，被唐山市残联命名为“唐山市智障人士职业教育培训基地”，被评为“全国特奥工作先进单位”“河北省特教先进校”“河北省特殊教育先进单位”“唐山市特奥篮球特色校”。该校学生在国际、国内体育比赛中共获金牌56枚，残奥会银牌6枚、铜牌1枚。180名毕业生中有72人走上工作岗位。

1990—2010年唐山市路南区小学教育一览表

表22－3

年份	学校（所）	教学班（个）	在校生（人）	入学率（%）	巩固率（%）	毕业率（%）
1990	22	353	16461	100	99．1	99．27
1991	22	347	15788	100	100	99．05
1992	22	331	15277	100	100	100
1993	31	397	17101	100	100	100
1994	31	383	16370	100	100	100
1995	29	368	15074	100	100	100
1996	29	360	14585	100	100	100
1997	29	366	14995	100	100	100
1998	30	374	15035	100	100	100
1999	29	388	14880	100	100	100
2000	30	400	15766	100	100	100
2001	30	404	16031	100	100	100
2002	30	404	15349	100	100	100
2003	29	395	14510	100	100	100
2004	29	391	15014	100	100	100
2005	28	386	14417	100	100	100
2006	28	379	13874	100	100	100
2007	28	375	13481	100	100	100
2008	28	367	13394	100	100	100
2009	27	372	13678	100	100	100
2010	26	348	13049	100	100	100

第三节　中等教育

一、初中教育

1990年，有区属初中学校5所，教学班76个，在校生3667人。1992年，路南、路北、开平区划调整，属于开平区的唐山市五十五中、唐山市五十六中、唐山市五十七中划归路南区，接收学生1451人，教职工 151 人。1993 年 5 月，唐山市二十六中分校（校址在光明里小学）与唐山市二十六中剥离，独立建制唐山市第十三中学。1994 年，唐山市五十五中并入唐山市五十六中。1998 年，唐山市五十六中学并入唐山市第四中学。唐山市十三中被确定为唐山市第一所义务教育阶段办学体制改革实验校，更名为唐山市友谊中学。2003 年 12 月，开滦矿务局第十中学划归路南区管辖，2004 年 5 月，更名为唐山市开滦第十中学。7 月，唐山市第二十九中学与唐山市第二十二中学合并，撤销唐山市二十九中学，初中部分并入唐山市第四中学。2005 年 8 月，唐山市开滦第十中学更名为唐山市友谊中学开十分校。10 月，唐山市五十七中与开滦三中合并，更名为唐山市第二十六中学分校。2008 年 9 月，唐山市友谊中学由国办学校转制为民办学校。2009 年 4 月，唐山市友谊中学开十分校恢复为唐山市开滦第十中学。2010 年，唐山市第三十九中学撤销，分别并入唐山市第四中学和唐山市开滦第十中学。唐山市友谊中学恢复国办体制。是年共有初中 6 所，教学班 162 个，在校生 7725 人。代管学校 2 所，即：南堡盐厂子弟中学、唐山市海港中学。

唐山市第九中学　位于路南区华岩南路东侧新华楼小区，为区属国办初级中学。始建于 1962 年，原名唐山市文化路中学，1964 年改为现称。1981 年 7 月划归路北区，1984 年 7 月划归路南区管辖。1985 年 8 月，唐山市第四十五中学并入该校。2006 年 2 月，投资 393 万元兴建综合科技楼，建筑面积 3103. 8 平方米，2007 年 1 月投入使用。综合科技楼设有高标准物理电学实验室、力学实验室、化学实验室、生物实验室、心理咨询室、多功能报告厅，另有 2 个计算机教室，图书馆馆藏图书和电子图书 3. 6 万册。该校曾承担河北省“自主学习、自主发展”研究课题，参加全国中学 JIP（JIP 实验是联合国科教文组织为适合城乡中学学生综合能力发展的一套完整教育方案）第三轮教改实验和心理健康教育实验等。先后获中国西部教育顾问学校、全国中小学心理健康教育先进学校、河北省勤工俭学先进单位、唐山市思想政治工作先进单位、唐山市普及九年义务教育先进单位、唐山市体育艺术教育工作优秀学校、唐山市德育工作示范学校、唐山市教育科研先导校、唐山市体育传统项目学校、唐山市科技教育工作示范校、唐山市和谐校园等称号。至 2010 年，学校占地 2. 41 公顷，建筑面积 9857. 8 平方米，有教学班 36 个，学生 1855 人，教职工 190 人，专任教师中具有大学本科学历 148 人，高级教师 46 人。

唐山市友谊中学　位于路南区国防道与友谊路交口处，隶属于区教育局。前身为唐山市第十三中学，1993 年 5 月建校，1998 年 7 月更名唐山市友谊中学，为全市首家国有民办初级中学。2004 年，原开滦双新第二小学校区划归友谊中学，称东校区，原校区为西校区，总建筑面积 1. 27 万平方米。2008 年 9 月，友谊中学转制为独立民办学校。该校坚持“成人—成才—成功”的育人理念。开设自编校本课程《演讲与口才》；设置英语口语课，聘请外籍教师教学；成立管乐、民乐、声乐、舞蹈、美术、体育、生物、科技等多个课外活动小组。开展早自习 10 分钟硬笔书法、语文课五分钟命题即兴演讲训练、二胡进课堂等项活动，提高学生综合素质。2000 年后，中考成绩连续多年居全区第一，全市前三名。学校连续多年被评为省、市文明单位，省级花园式学校。2010 年 9 月，恢复为国办中学。是年，有教学班 37 个，在校生 1820 人，教职工 194 人，专任教师中具有大学本科学历 150 人，高级教师 53 人，教师达标率 100%。

唐山市第二十六中学　位于路南区南新西道 47 号。前身为唐山市第一职业中学，始建于 1964 年 2 月。1968 年 5 月，唐山一职与七职合并改为现称。1970 年 7 月，唐山市外语分校并入二十六中，成为一所完全中学。1981 年 7 月，划归路北区。1984 年 7 月划归路南区。1992 年，高中停止招生。学校建有综合电教实验楼，设有高标准理化生实验室、多媒体教室、微机室、多功能厅、语音室、音乐教室、美术室、体育器材室。将领导示范工程、教师成长工程和学生成才工程建设纳入常效管理机制，制定《领导自律制度》《教师在校一日常规》《学生自主管理制度》。通过开展每日一次教学总结、每周一次班主任培训、每两周一次课改研讨、每月一次校长讲座活动，提升师生整体素质。连续多年毕业生中考毕业率、及格率、优秀率、平均分及历年升入重点高中人数居全市前列。先后被评为河北省 AAA 级和谐校园、河北省语言文字规范化、校本课程、信息技术、网络教学与效绩研究实验校、唐山市文明单位、唐山市实验教学先进校。至2010年，学校占地1.93公顷，建筑面积9000平方米，有教学班32个，教职工175人，在校生1400人。

1990—2010年唐山市路南区属初中教育一览表

表22-4　单位：所、个、人

年份	学校	教学班	在校生	年份	学校数	教学班	在校生
1990	5	76	3667	2001	8	176	8837
1991	6	106	5444	2002	8	178	9572
1992	6	131	6812	2003	9	209	10144
1993	9	178	9135	2004	8	203	10144
1994	10	196	10528	2005	8	206	9464
1995	10	204	11277	2006	7	195	9037
1996	10	193	11002	2007	7	193	9850
1997	11	181	9791	2008	7	188	9312
1998	11	163	8369	2009	7	173	8787
1999	8	140	7415	2010	6	162	7725
2000	8	156	8020	-	-	-	-

二、高中教育

1990年，有区属普通高中1所，即唐山市二十六中学，教学班3个，在校生126人。1992年，唐山市二十六中停办高中。1996年，唐山市第四中学恢复普高招生，成为完中。1998年，唐山市第二十二中学独立建制，集普高、职专、职高、技工高中为一体的综合高中。

2002年8月，唐山市第五职业高中开办高中教育，更名为唐山市第五中学。2004年，唐山市第四中学高中部并入唐山市第五中学。2006年，唐山市第五中学通过市级示范性普通高中评估验收，被认定为市级示范性高中。驻区学校唐山一中、唐山二中，开滦二中均为河北省重点高中，教育教学质量在唐山市乃至河北省处于领先水平；唐山市海港中学高中部（业务由路南区代管），办学水平、教育质量在市区有一定知名度。1997年起，伴随市场经济应运而生的民办高中，即唐山市方正中学、唐山市汇文中学、唐山市进才中学、唐山市民进高中曾成为区高中教育中亮丽的闪光点。后因生源减少，学校拆迁等原因，民办和驻区高中学校陆续外迁、停办。至2010年，区属普通高中仅剩1所，即唐山市第五中学，有教学班22个，在校生1043人；驻区普通高中2所，即唐山二中、开滦二中西校区。代管唐山市海港中学高中部。

唐山市第一中学　始建于1902年，前身系直隶永平府中学堂和华英书院。原校址位于路南区友谊路2号，占地7公顷，建筑面积4.5万平方米。2010年9月迁至路北区友谊路西侧、翔云道369号。为河北省首批重点中学之一、河北省首批示范性高中，隶属于唐山市教育局。有66个教学班，在校生3312人。教职工313名，专任教师267人，具有高级职称130人。教师中有全国名师1人，全国优秀教师1人，全国模范教师3人，河北省名师10人，河北省骨干教师21人，特级教师14人，全国教学大奖赛一等奖获得者4人，外籍教师10人。学校谨守“严、爱、勤、朴”校训，倾力打造“高考升学、竞赛保送、海外留学”三驾马车。连续十余年高考成绩居全省前列。先后获清华大学、北京大学、复旦大学、中国人民大学等8所名校的“中学校长实名推荐”资质，并成为清华、北大等几十所高校的优质生源基地。至2010年，曾获得中国百强中学、共和国60年特别贡献学校、河北省校务公开示范校、省、市文明单位、德育工作示范学校、振兴新唐山立功单位、高中工作先进学校、教育科研先导学校、电教工作先进学校、劳动技术教育示范学校、先进基层党组织、唐山市爱国主义教育基地、唐山市科学素质教育基地、唐山市和谐学校、振兴唐山先进学校等荣誉称号。累计获得国家奖项12项、省级23项、市级49项。自建校以来已培养优秀毕业生4万多名，其中两院院士8名。共产主义运动先驱李大钊（在校名李耆年），爱国志士蒋卫平、郭友三等曾就读于该校。

图22-3　唐山市第二中学校园一角　（唐山市第二中学）

唐山市第二中学　始建于1945年7月，时称唐山市立中学（校址在孔庙旧址）。1955年更名为河北省唐山市第二中学。1985年迁入路南区文化北后街爱国里。2010年9月迁至唐山一中原校址（路南区友谊路2号）。隶属于唐山市教育局。为河北省、唐山市重点中学之一，省示范性高中。在校学生3800人，教职工276人，专任教师205人，其中硕士研究生毕业26人，大学本科学历168人，高级职称89人。该校以培养能力、开发智力为目标，实行分类推进的教学方法，学生的及格率、优秀率、升学率均居全市先进行列。先后荣获全国群众性体育工作先进单位、河北省先进基层党组织、河北省安全文明校园、河北省德育工作先进单位、河北省学校卫生工作先进校、河北省现代教育技术示范校、河北省学校安全工作先进集体等荣誉称号。连续十四年被评为河北省文明单位、唐山市高中工作先进校，4次被评为振兴唐山先进单位，连续三年获市委管理的领导班子考核优秀单位，学校党总支连续三年获“唐山市教育系统先进基层党组织”称号。

唐山市第五中学　位于路南区南新西道126号。始建于1952年，前身为唐山汇文中学。1981年7月划归路南区管辖。1988年9月独立建校，更名为唐山市第五职业高中。2002年8月改为现称，隶属于区教育局。该校秉承“德高品尚、厚积薄发”的育人思想，以培养“举止高雅、习惯良好”人才为目标，规范办学，民主管理。学校建有高标准运动场、计算机室、语音室和国家一类标准的全开放式实验室，教学全部实现网络化。提倡自我教育、自我管理、自我服务、主动发展的“三自一主”德育教育模式，促进学生全面发展。坚持走特色办学之路，尤其是传媒特色班的建立，为培养应用型传媒人才，提升办学水平打下坚实基础。学校2006年被认定为河北省依法治校示范校、唐山市示范性普通高级中学，2008年被确立为河北传媒学院优质生源基地。至2010年，学校占地2.45公顷，建筑面积8848平方米。有教学班24个，在校学生1043人，毕业率100%，学生思想品德合格率100%；教职工130人，其中高级教师35人。

1990—2010年唐山市路南区区属高中教育一览表

表22-5　　单位：所、个、人

年份	学校数	教学班数	在校生数	年份	学校数	教学班	在校生数
1990	1	3	126	1994	1	48	2188
1991	1	2	76	1995	1	51	2203
1992	停办	-	-	1996	3	55	2291
1993	停办	-	-	1997	3	63	2546

1990—2010 年唐山市路南区区属高中教育一览表

续表 22－5

年份	学校数	教学班数	在校生数	年份	学校数	教学班	在校生数
1998	2	80	3620	2005	1	22	902
1999	2	98	4408	2006	1	21	946
2000	2	98	5716	2007	1	18	624
2001	2	98	5014	2008	1	20	699
2002	1	6	441	2009	1	21	833
2003	1	20	841	2010	1	22	1043
2004	1	20	841				

三、中等职业技术教育

1990 年，中等职业技术教育学校有 8 所，其中驻区学校 5 所，即：唐山机车车辆厂技工学校、唐山市商业学校、唐山市财贸干校、唐山市人民警察学校、唐山钢厂技工学校；区属学校 3 所，即唐山二十九中与唐山市纺织局联合办的纺织技校、唐山二十二中与唐山市轻工业局联合办的轻工技校、唐山市第五职业高中。2001 年 4 月，落实《中国教育改革和发展纲要》，市属唐山市卫生学校、唐山市商业学校、唐山市财贸干校和唐山市农业学校合并为一，组建唐山职业技术学院。2002 年 8 月，原唐山市第五职业高中与唐山市二十二中综合高级中学整合，成立唐山市路南区职业技术学校。2010 年，区属职业技术学校仅剩 1 所，在校生 910 人。21 年间，区属职业技术学校为社会输送中、初级技术人才 9481 人。

唐山市第五职业高级中学　位于路南区南新西道 126 号，前身为 1964 年建立的唐山市第五中学。1980 年，该校附设 4 个职业班。1983 年取消高中班。1988 年取消初中班，成为独立建制的职业高中。1989 年，全校有 24 个班，学生 930 人，教职工 114 人。初期开设服装、钳工、硅酸盐、商经管理 4 个专业，其中服装专业兴盛时学生多达 700 余人。服装专业设有服装厂，钳工专业设有金工车间和实习室；硅酸盐专业设有生产车间。服装厂为河北省学生服定点厂，碳素厂是市十佳校办企业之一。1991 年始与邢台职业技术学院接轨，开设服装专业对口大专班。服装专业学生的童装习作多次在唐山电视台专题报道，连续两年成功举办服装专业学生毕业设计作品展示会。1998 年，学校开设服装设计与制作、服装表演与工艺、计算机应用、商品营销、士兵预备役、会计电算、钳工、汽修等专业。各专业技术等级考核初级工通级率保持 100%，中级工合格率逐年提高，其中服装专业达 90% 以上，钳工专业高达 100%。服装、钳工、计算机专业师生在国家、省、市专业技能大赛中，屡创佳绩。2000 年有教职工 108 人，其中具有高级职称教师 12 人，中级职称教师 40 人，专业技术教师 26 人。至 2002 年，学校为经济建设培养 4000 余名中、初级专业技术人才，有近 200 名优秀毕业生升入对口专业高等院校深造。该校先后被命名为河北省示范性职业技术学校、河北省职业技术教育先进单位、省级重点职业学校、省级勤工俭学先进单位。同年 8 月，该校与唐山市第二十二中综合高级中学合并。

唐山市路南区职业技术学校　位于路南区新华东道旱桥街 1 号，为路南区唯一一所国办省重点中等职业教育基地。该校成立于 2002 年 8 月，由唐山市第五职业高中和唐山市第二十二中综合高级中学合并而成。该校先后与多家商企、学校联合办学。2004 年与冀东物贸集团联合办学，开设汽车维修、汽车营销、汽车商务等专业。2005 年与华盛超市集团签订联合办学协议，开设超市营销专业。2006 年与河北唐钢冶金高级技工学校联合办学，开办机电钳工、机电电工专业。2007 年与天津立博职业技术学校联合，开办移动通讯技术专业。2009 年 4 月与唐山机车车辆厂高级技工学校联合成立路南职校唐山机车车辆厂

图 22－4　路南职业技术学校　（区教育局）

高级技工学校分校，开设机械维修、车工、钳工、电工、铆工、焊工、计算机平面设计、计算机应用、形象设计等专业。至 2010 年，学校拥有 3 个计算机教室，有汽车发动机、汽车底盘、汽车配件、汽车模具、钳工、电工、铆工、焊工、机加工、形象设计 10 个专业实训室，设置专业 12 个，有教职工 68 人，在校生 1422 人。先后被命名为河北省重点职业技术学校，荣获唐山市职业教育先进单位、唐山市中等职业学校学生技能竞赛维修电工三等奖、唐山市中等职业技术学校学生技能大赛团体三等奖。连续数年就业率达 94%，中级工通过率 92%。

1990—2010 年唐山市路南区区属中等职业教育一览表

表 22－6　　单位：所、个、人

年份	学校数	班数	在校学生数	毕业生数
1990	3	47	2061	559
1991	3	44	1963	677
1992	3	44	1965	659
1993	2	40	1416	448
1994	2	44	1635	455
1995	2	45	1697	536
1996	2	41	1692	596
1997	4	56	2539	720
1998	3	45	1677	609
1999	3	34	1348	500
2000	3	31	1383	494
2001	1	29	1199	406
2002	2	27	956	359
2003	1	12	534	94
2004	3	11	546	189
2005	3	16	850	214
2006	3	22	1181	327
2007	3	22	1128	324
2008	1	18	1008	379
2009	1	13	858	457
2010	1	14	910	479

第四节　高等教育

一、普通高等教育

1990 年，境内全日制高等学院有 1 所，即唐山工程技术学院（后改称河北理工学院、河北理工大学、河北联合大学），有教职工 1215 人，专任教师 465 人，在校生 6029 人。2001 年 4 月，应教育发展需要，唐山市卫生学校、唐山市商业学校、唐山市农业学校、唐山市财贸干部学校合并建立唐山职业技术学院。2003 年 4 月，河北工业职业技术学院唐钢分院更名为唐山科技职业技术学院。2010 年 10 月，河北科技大学纺织工学院唐山分院（南校区），由路北区迁至唐山二中原校址（路南区文化北后街爱国里）。截至 2010 年，境内有河北联合大学、唐山职业技术学院、唐山科技职业技术学院、河北科技大学纺织工学院唐山分院（南校区）4 所高等院校，在校生 35199 人，教职工 4770 人，其中专任教师 2428 人。

河北联合大学　2010 年 5 月由原河北理工大学和原华北煤炭医学院组建而成，是一所以工学、医学为主，理学、经济学、管理学、文学、法学、艺术协调发展，包括研究生教育、留学生教育、本科教育、专科教育、继续教育等多种办学层次和形式的综合性大学，隶属于河北省教委。2010 年有教职工 3499 人，专任教师 1651 人，各类全日制在校生 4 万人，其中校本部在校生 13289 人。校本部位于唐山市新华西道 46 号，原系唐山铁道学院部分科系成建制转入的天津大学矿冶系（前身为 1895 年创办的北洋西学学堂矿务学学门）组建而成，曾沿用唐山矿冶学院、唐山工学院、河北矿冶学院、唐山工程技术学院、河北理工学院、河北理工大学等名称。1990 年年初，校本部占地 35.3 公顷，建筑面积 14 万平方米，有 7 个学系、16 个专业，教职工 1215 人，本科生 2829 人，成人教育在校生 3200 余人。1998 年始与中科院、东北大学、北京科技大学、中国军事医学科学院、中国医科大学等单位联合培养博士研究生。现有 75 个一批、二批本科专业，17 个硕士一级学科，121 个硕士二级学科，4 个专业学位授权类别，12 个工程硕士专业学位授权领域，具有以同等学历申请硕士学位授权以及推荐优秀应届本科毕业生免试攻读硕士学位研究生资格。拥有 10 个国家级特色专业和 12 个河北省重点学科和重点发展学科；建有 6 个研究中心、10 余个市级重点实验室。有国家级、省级教学团队 8 个，特色专业 30 个，精品课 51 门，本科教育创新高地 11 个，人才培养模式创新试验区 2 个，实验教学示范中心 8 个。英语专业四级通过率连续 6 年达 96% 以上，其中 3 年达 100%，专业八级通过率连续 5 年达 96% 以上。先后与美国麻省州立大学、日本北海道大学和日本山形大学医学部等 10 个国家的 20 多所大学建立了合作关系。学校于 2007 年开始全日制留学生教育，目前在校留学生近 200 人。本科教育开展 50 多年来，共培养 10 余万名专业技术及管理人才。就业率连续多年名列省内前茅。胡锦涛、江泽民、温家宝、朱镕基、贾庆林、李长春等党和国家领导人以及许多驻华使节、国内外知名人士曾到校考察。

唐山职业技术学院　位于路南区新华西道 120 号。2001 年 4 月，由原唐山市卫生学校、唐山市商业学校、唐山市财贸干部学校和唐山市农业学校合并组建而成，是一所专科层次的全日制公办普通高等学校，实施专科层次的职业技术教育。2010 年在校生 1.2 万人，教职工 830 人，其中专任教师 490 人，高级职称 295 人。学院下设临床医学、口腔、护理、管理、财经、信息工程、文法、机电工程、农林工程 9 个系，另有基础部等 5 个教学部及继续教育学院。与北车集团唐山轨道客车有限责任公司、北京军区总医院、曹妃甸实业公司等企业密切合作，建有 148 个稳固的校外实训基地。创办全国第一个动车组技术专业；在全国高校较早组建产学研一体化的农民专业化合作组织——“山里甜”农民专业合作社。学院拥有动车组技术、汽车检测与维修、口腔医学技术、园林、会计、物流、酒店管理等 12 个优势专业和专业群，其中口腔医学技术专业为河北省首批示范性专业。各级各类课题立项 142 项，其中科技部项目及全国教育科学规划项目 3 项，获市级以上成果奖 48 项；累计培训各类人员 3 万人次、职业技能鉴定

1.5 万人次；果树新品种推广覆盖 5 个省 18 万亩，为农民增收近亿元；与法国巴黎东部——马恩河谷大学等教学机构达成友好合作框架协议并实现互访；被省教育厅确定为第四批省重点建设示范性高职院校。学生荣获省级以上技能竞赛奖励 30 多项，整体就业率一直保持在 96% 以上。毕业生阮国强、王新分别受到国务院总理温家宝和中央纪律检查委员会书记贺国强接见。

图 22－5　科技职业技术学院实验室　（唐山科技职业技术学院）

唐山科技职业技术学院　位于路南区警钢路 68 号。原称河北工业职业技术学院唐钢分院，2003 年 4 月更名为唐山科技职业技术学院，隶属于河北钢铁集团唐山钢铁集团有限责任公司，是一所专科层次的全日制高等职业技术学院。2010 年，全日制在校生 7866 人，教职员工 319 人，专任教师 222 人，以硕士生为骨干，中高级职称达 80% 以上。占地 22.6 公顷，建筑面积 15.5 万平方米，固定资产总值近 2 亿元，教学仪器设备总值为 3316 万元。学院开设冶金技术、机电一体化技术、计算机应用技术、经济信息管理等 19 个专业，涵盖材料与能源、制造、资源开发与测绘、电子信息、财经、旅游 6 个专业大类，面向全国 15 个省市招生。设有经劳动和社会保障部认定的职业技能鉴定中心，能对 200 个专业工种进行中、高级职业技能鉴定。与河北钢铁集团矿业公司、曹妃甸实业发展公司、首钢京唐钢铁公司、太阳石药业、保定长城汽车等几十家大中型企业建立稳定的人才供需关系，累计为企业输送毕业生达 3000 多人，培训唐钢职工 18315 人次。先后被授予“全国职教先进单位”“国家高技能人才培养示范基地”“河北省园林式单位”“唐山市职业教育先进单位”“唐山市食品卫生 A 级单位”“唐山市扶贫工作先进单位”等荣誉称号。

二、电大学历教育

1984 年，区电大工作站建立，当年招收第一批党政干部专修科学员 8 人。1995 年，区电大开办免费入学、宽进严出的“三沟通”（函授、卫星电视教育、自学考试）学历教育大专班。是年财会专业招生 175 人，经济法专业招生 72 人。1998 年，路南电大工作站升格为路南电大分校。至 2010 年，共有在职教职工 27 人，其中任课教师 21 人。在校生 1305 人，其中全日制中专生 55 人，教育专、本科学员 632 人，奥鹏网络教育专、本科学员 545 人，燕山大学函授学员 73 人。开设园艺、护理、会计、法学、计算机信息管理、小学教育、教育管理等 20 多个专业。累计培养各类人才 1.2 万人。学校先后被评为省级奥鹏网络教育先进单位、唐山市电大招生工作先进集体。

第五节　成人教育

一、扫盲教育

20 世纪 80 年代初，各街道办事处成立扫盲工作小组，配备业余教育干部，层层签订扫盲工作责任书，开展扫盲教育。1990 年，全区文盲半文盲（15 周岁及以上不识字或识字很少的人）18015 人，占总人口的 9.10%，青壮年文盲 222 人，其中 156 人丧失学习能力。当年完成对 66 名文盲扫盲。此后，提高扫盲成效，在全区建立青壮年文盲继续教育档案，通过开办夜校、文化补习等形式，使其达到能看浅显通俗报刊、写简单字、会简单计算的文化水平。2000 年，全区文盲人口 10110 人，其中丧失学习能力的

145 人，青壮年非文盲率达 99.85%，脱盲后巩固率达 100%。与 1990 年第四次全国人口普查相比，全区文盲半文盲由 9.10%降至 4.12%。同年 12 月，顺利通过省“普九”和“扫盲”工作复查验收。2010 年，全区文盲人口（15 岁及以上不识字的人）3308 人，与 2000 年第五次全国人口普查相比，减少 6802 人，文盲率由 4.12%降至 1.64%，下降 2.48%。

二、民办职业技术教育

1990 年，辖区有社会力量办学 26 所。后经 1992 年、1994 年两次清理整顿，保留规范化社会力量办学学校 23 所，其中技术培训类 18 所，包括电脑、照相、财会、汽摩修理、传统养生、服装裁剪、美容美发、艺术等专业。办学形式适应不同层次学员需求，做到脱产与业余相结合；高、中、低档次相结合；脱产班与双休日班相结合。1998 年，社会力量办学单位发展到 31 所，其中技术类 16 所，专业由原有的 11 个发展到 14 个。2002 年，《中华人民共和国民办教育促进法》颁布，民办学校得到快速发展。至 2010 年，民办学校达到 53 所，其中培训学校 36 所，涉及 12 个专业。累计培养各类人才 9 万人。

三、职工教育

20 世纪 80 年代，机关、企事业单位职工教育以文化补习为主，补习对象为初中以下学历及“文化大革命”期间初中毕业的在岗职工。

1990 年后，职工教育转向岗位技能培训、补习高中文化、学历进修等。当年，工业局、贸易局及 6 个街道办事处分别开办乡企、财会等培训班，提高职工素质。各企业通过培训、岗位练兵、技术比赛等形式，提高职工岗位技能，涌现出电焊条厂、福星五交化公司、隆义栈综合公司、机电工程公司、振华纺织品批发站等街办集体企业职工教育先进典型。21 世纪，职工教育领域拓宽。各单位围绕工作职能，组织开展业务知识、电脑使用技术、现代化办公技能、企业现代化管理等项内容培训。至 2010 年，开办各类培训班 1207 期，培训 76582 人次。通过创业培训、电子商务技能等项培训，受益面达 4500 人。

四、农民技术教育

1992 年起，以乡、村成人教育学校为依托，因地制宜开展农民技术教育。乡成人教育学校先后开办林果、蔬菜、养殖、财会、乡企培训班，对农民进行职业技术教育。至 1995 年，乡成人教育学校共举办各类技术培训班 518 期，受训人数达 3.24 万人次。1996 年始，开展“燎原在冬春”大培训活动，至 2000 年共举办中短期培训 19 期，播放科技录像 25 场次，发放科技资料 500 份，培训农村劳动力 8500 人次；引进试验项目 15 项，示范项目 15 项，培训推广项目 9 项，累计培养农民技术人员 47 人，培养初级技术骨干 239 人。乡成校编写《商品牛生产技术》《康贝尔麻鸭旱养技术》教材，举办动物检疫法和猪、鸡、鸭常见病防治培训等，促进畜牧业的发展。是年，推广高效节能日光温室蔬菜和“三种三收”配套栽培模式，对农民进行实用技术培训，并通过实施区、乡、村三级职业技术培训网络建设，探索与区职校、成校、乡农科站、乡小学实现教育资源共享培训新途径。针对女织寨乡蔬菜、花卉、畜牧、林果产业发展需要，通过举办培训班、巡回讲座、光盘教学、现代远程教育等方式，对农民进行培训，共举办专题知识讲座 15 次，受教育达 8.65 万人次，开办宣传专栏 42 期，购买制作光盘 5320 件。另组织村干部、农民、龙头企业管理人员到周边先进地区参观学习，聘请农业专家到田间地头现场指导，公开区、乡服务电话，为农民提供咨询和上门服务。通过多途径、多形式培训，农民受训人数累计达 5 万人次。2001 年，特邀北京大明蔬菜研究所、市植保站专家教授到女织寨乡传授农业科技知识，共举办集中培训班 15 期，受训人数 800 余人次，放录像 20 场次，印发材料 2000 余份。2010 年，围绕农业部冬春农业科技大培训目标，组织开展实用技术培训、提质增效培训、农民创业培训等，参训农民达 2000 余人次。

五、自学考试学历教育

1986 年，区建立自学考试委员会，下设办公室，与区招生办公室合署办公。主要承担成人大专、大本自学考试报名、辅导、登记、发放书籍等职能。1990 年，参加自考人数为 2105 人，累计毕业 184 人。至 2010 年，全区参加自学考试 1.5 万人次，累计毕业 6437 人，其中大专 4235 人，大本 2202 人。

第二章　教师队伍

20 世纪 90 年代初期，区属教师队伍以公办教师为主，民办教师、代课教师为辅，大专以上学历占 38.15%，中高级职称约占教师总数的三分之一。后按学历达标要求，各级各类教师通过进修培训、自考等形式，不断提高学历标准。民办教师通过招考转为国办教师，教师整体素质明显提高。至 2010 年，具有大专以上学历的教师比重上升至 93.12%，中高级职称人数比例达 56.44%，国办教师占教师总数的 95.04%。小学学历达标率为 100%，初中 99.6%，高中 89%。教师社会地位和生活待遇逐年提高，尊师重教氛围日益浓厚。21 年间，先后有 18 名教师当选为市以上人大代表和政协委员。教师获市级以上荣誉称号 737 人次。与 1990 年相比，教师月平均工资增加近 6 倍。

第一节　队伍结构与分布

一、队伍结构

体制结构　1990 年，区属有教职工 1308 人，其中公办教师 1166 人，占 89.14%；民办教师 122 人，占 9.33%；代课教师 20 人，占 1.53%。1995 年，有教职工 1628 人，其中公办教师 1558 人，占 95.7%；民办教师 59 人，占 3.62%；代课教师 11 人，占 0.68%。后随着中小学入学高峰的到来，以及寄宿制、民办教育的兴起，教师数量呈上升趋势，且民办教师通过师范招考，多转为国办教师。2000 年，有教职工 1877 人，其中公办教师 1864 人，占 99.31%；民办教师 6 人，占 0.32%；代课教师 7 人，占 0.37%。2002 年，民办教师全部转为国办教师。至 2010 年，共有教职工 2298 人，其中公办教师 2184 人，占 95.04%，代课教师 114 人，占 4.96%。

学历结构　1990 年，区属有在职教师 1308 人，其中大学本科以上学历 200 人，占 15.29%；专科学历 299 人，占 22.86%；中专、高中学历 809 人，占 61.85%。1998 年、1999 年经过脱职培训、“三沟通”进修，教师学历层次逐步提高。至 2000 年，有在职教师 1877 人，其中大学本科以上学历 393 人，占 20.94%；专科学历 890 人，占 47.41%；中专、高中学历 594 人，占 31.65%。与 1990 年比，11 年间本科学历提高 5.65 个百分点，专科学历提高 24.55 个百分点，中专、高中学历下降 30.2 个百分点。2005 年，有在职教师 2285 人，具有大学本科以上学历 914 人，占 40%；专科学历 1050 人，占 46%；中专、高中学历 321 人，占 14%。2010 年，在职教师 2298 人，具有研究生学历 2 人；占 0.09%；大学本科以上学历 1314 人，占 57.18%；专科学历 826 人，占 35.94%；中专、高中学历 156 人，占 6.79%。与 2000 年比，11 年间本科以上学历提高 36.24 个百分点，专科学历下降 11.47 个百分点，中专、高中学历下降 24.86 个百分点。高学历教师数量逐年递增，教师学历结构趋于合理。

职称结构　1987 年，区首次实行教师专业技术职务评聘。1990 年，区属共有高级职称 66 人，占 5.04%；中级职称 359 人，占 27.45%；初级职称 536 人，占 40.98%；未定职称 347 人，占 26.53%。

1993 年起，教师职称评聘工作逐步走向制度化、规范化、经常化。至 1995 年有高级职称 95 人，占 5.84%；中级职称 622 人，占 38.2%；初级职称 722 人，占 44.35%；未定职称 189 人，占 11.61%。2005 年，有高级职称 263 人，占 11.5%；中级职称 1138 人，占 49.8%；初级职称 756 人，占 33.1%；未定职称 128 人，占 5.6%。2010 年，有高级职称 271 人，占 11.79%；中级职称 1026 人，占 44.65%；初级职称 805 人，占 35.03%；未定职称 196 人，占 8.53%。

1990—2010 年唐山市路南区区属教师结构一览表

表 22－7　　单位：人

年份	教师总数	其中				文化			年龄			职称			性质		
		小学	初中	高中	其他	大学本科及以上	大学专科	中专	30 岁以下	31～49 岁	50 岁以上	高职	中职	初职	公办	民办	代课
1990	1308	560	424	116	208	200	299	809	273	791	244	66	359	536	1166	122	20
1991	1263	560	429	113	161	205	322	736	289	730	244	64	364	545	1177	68	18
1992	1270	563	432	116	159	218	343	709	307	699	264	74	388	580	1183	68	19
1993	1507	650	572	120	165	218	518	771	410	791	306	82	470	699	1429	61	17
1994	1550	661	601	123	165	218	549	783	436	798	316	99	561	676	1489	52	9
1995	1628	698	647	122	161	226	620	782	490	856	282	95	622	722	1558	59	11
1996	1715	763	736	120	96	226	721	768	510	916	289	100	613	692	1675	20	20
1997	1752	805	736	115	96	229	768	755	539	927	286	97	641	719	1719	20	13
1998	1754	792	686	114	162	255	833	666	545	928	281	114	621	769	1740	4	10
1999	1804	808	717	113	166	272	899	633	577	944	283	114	622	823	1788	4	12
2000	1877	874	701	115	187	393	890	594	614	987	276	123	715	845	1864	6	7
2001	1836	845	695	107	296	476	938	422	604	996	236	14	735	877	1828	1	7
2002	1886	864	732	104	186	542	1009	335	612	1031	243	199	811	756	1879	0	7
2003	1993	893	790	107	203	631	1034	328	600	1138	255	245	927	713	1986	0	7
2004	2028	919	781	128	328	683	1019	326	583	1173	272	265	961	710	2021	0	7
2005	2285	1125	813	124	223	914	1050	321	553	1377	355	263	1138	756	2277	0	8
2006	2326	1099	887	124	216	1093	967	266	554	1433	339	293	1168	648	2268	0	58
2007	2320	1074	912	119	215	1128	951	241	548	1422	350	297	1188	606	2231	0	89
2008	2374	1078	953	123	220	1274	901	199	512	1470	392	291	1231	593	2260	0	114
2009	2332	1055	996	125	156	1321	834	177	463	1479	390	293	1202	574	2213	0	119
2010	2298	1025	963	129	181	1316	826	156	406	1518	374	271	1026	805	2184	0	114

说明：此表为路南区属学校教师情况统计

二、队伍分布

1990 年，区属共有教师 1308 人，其中小学教师 560 人，占 42.81%；初中教师 424 人，占 32.42%；高中教师 116 人，占 8.87%；其他类学校（园）教师占 15.9%。1995 年，有教师 1628 人，其中小学教师698人，占42.87%；初中教师647人，占39.74%；高中教师122人，占7.5%；其他类学校（园）教师占9.89%。2000年，有教师1877人，其中小学教师874人，占46.56%；初中教师701人，占37.35%；高中教师115人，占6.13%；其他类学校（园）教师占9.96%。2005年，有教师2285人，其中小学教师1125人，占49.23%；初中教师813人，占35.58%；高中教师124人，占5.43%；其他类学校（园）教师占9.76%。2010年，共有教师2298人，其中小学教师1025人，占44.6%，初中教师963人，占41.91%，高中教师129人，占5.61%，其他类学校（园）教师占7.88%。

第二节　教师待遇

一、政治待遇

20世纪90年代后，教师社会地位和政治地位明显提高，形成尊重知识，尊重人才、尊师重教的社会风气，教师参政议政、行使民主权利意识逐渐增强。南新道小学校长刘韧曾当选为第七届、第八届全国人大代表。2000年，在全区教育系统开展“名师、名校长”和“十佳”教师评选活动，推举产生8位名师、6位名校长，并受到区委、区政府表彰和奖励。至2005年，区属已有2名教师当选为省政协委员，9名教师当选为市政协委员，6名教师当选为市人大代表，9名教师当选区人大代表。至2010年，区属教师获省以上荣誉称号109人次，其中全国教育系统劳动模范1人，全国优秀教育工作者2人，全国优秀教师1人，全国中小学名师1人；获市级荣誉称号628人次；获区级荣誉称号2349人次。全区经河北省人民政府批准的特级教师36人，其中区属8人。

1990—2010年唐山市路南区河北省特级教师名表

表22－8

姓名	性别	出生年月	文化程度	工作单位	奖励名称	批准时间
王淑英	女	1944.7	高中	唐山市路南区东新街小学	特级教师	1990
郑东秀	男	1945.11	大专	唐山市路南区郑家庄小学	特级教师	1991
孙　玲	男	1938.11	大学本科	唐山市第一中学	特级教师	1993
孙敬丽	女	1941.3	大学本科	唐山市第一中学	特级教师	1993
刘汉臣	男	1941.11	大学本科	唐山市第一中学	特级教师	1993
洪　莹	女	1945.1	中师	唐山市路南区学院路小学	特级教师	1994
赵国侠	女	1945.2	中师	唐山市路南区燕京小学	特级教师	1994
刘　韧	女	1945.6	本科	唐山市路南区南新道小学	特级教师	1994
周少华	男	1945.10	大学本科	唐山市第一中学	特级教师	1997
鲁东升	男	1946.12	大学本科	唐山市第一中学	特级教师	1997
张　萍	女	1952.8	大学本科	唐山市第一中学	特级教师	1997
齐善坡	男	1942.4	大学本科	唐山市第一中学	特级教师	1999
孙荣华	女	1945.3	大学本科	唐山市第一中学	特级教师	1999
郑连德	男	1945.4	大学本科	唐山市第一中学	特级教师	1999
张维廉	女	1946.11	大学本科	唐山市第一中学	特级教师	1999

1990—2010年唐山市路南区河北省特级教师名表

续表22-8

姓名	性别	出生年月	文化程度	工作单位	奖励名称	批准时间
刘克让	男	1949.7	大学本科	唐山市第一中学	特级教师	1999
杜永来	男	1950.6	大学本科	唐山市第一中学	特级教师	1999
李和平	男	1945.2	大学本科	唐山市第一中学	特级教师	2001
夏　秦	女	1952.10	大学本科	唐山市第一中学	特级教师	2001
张再香	女	1959.11	大学本科	唐山市第一中学	特级教师	2001
汪印祚	男	1963.11	大学本科	唐山市第一中学	特级教师	2001
张志军	男	1964.1	本科	唐山市第二中学	特级教师	2001
吕东伟	男	1955.10	大学本科	唐山市第一中学	特级教师	2004
臧秀清	女	1957.7	大学本科	唐山市第一中学	特级教师	2004
耿立志	男	1965.2	大学本科	唐山市第一中学	特级教师	2004
何秀勤	女	1963.11	本科	唐山市第四中学	特级教师	2006
张素娟	女	1964.8	本科	唐山市第二十六中学	特级教师	2007
于素云	女	1961.2	大学本科	唐山市第一中学	特级教师	2007
杨　智	男	1954.6	大学本科	唐山市第一中学	特级教师	2008
张兰英	女	1963.6	大学本科	唐山市第二中学	特级教师	2008
姬秀华	女	1965.11	本科	唐山市第四中学	特级教师	2008
王　君	男	1958.1	大学本科	唐山市第一中学	特级教师	2009
张玉娟	女	1958.10	大学本科	唐山市第一中学	特级教师	2009
吴瑞亮	男	1962.6	大学本科	唐山市第一中学	特级教师	2009
毕开金	男	1966.8	大学本科	唐山市第一中学	特级教师	2009
王卫国	男	1970.8	大学本科	唐山市第一中学	特级教师	2009

1990—2010年唐山市路南区属教师获省级以上奖励名表

表22-9

姓名	性别	出生年月	文化程度	获奖时所在单位	荣誉称号	批准时间	批准单位
王淑英	女	1944.7	中师	胜利路小学	小学特级教师	1990	河北省人民政府
刘金花	女	1944.8	大学	唐山九中	优秀教师	1991	河北省人事厅
刘振奇	男	1944.2	大专	二十二中	省优秀教师	1991	河北省经委
唐云得	男	1939.1	中专	二十二中	省优秀教师	1991	河北省经委
郑东秀	男	1945.11	大专	郑家庄小学	义务教育先进个人	1991	河北省人民政府
郑东秀	男	1945.11	大专	郑家庄小学	河北省勤工俭学先进个人	1991	河北省教育委员会
郑淑文	女	1948.8	中师	将军坨小学	先进专业技术工作者	1991	河北省人事厅
王　唐	男	1950.1	大专	第五职业高中	全国优秀教师	1991	国家教育委员会、人事部

1990—2010 年唐山市路南区属教师获省级以上奖励名表

续表 22 - 9

姓名	性别	出生年月	文化程度	获奖时所在单位	荣誉称号	批准时间	批准单位
郑东秀	男	1945.11	大专	郑家庄小学	全国优秀教育工作者	1991	国家教育委员会、人事部
刘振奇	男	1944.2	大专	二十二中	省优秀教师	1992	河北省经委
唐云得	男	1939.1	中专	二十二中	省优秀教师	1992	河北省经委
刘玉环	女	1953.7	大专	二十二中	省优秀教师	1993	河北省轻工业厅
刘　韧	女	1945.6	高中	南新道小学	全国优秀教育工作者	1993	国家教委、劳动人事部
张小银	男	1945.12	大专	二十二中	省先进工作者	1995	河北省轻工业厅
刘　韧	女	1945.6	高中	南新道小学	河北省劳动模范	1995	河北省人民政府
朱贺芝	女	1944.8	大专	二十二中	省优秀教师	1996	河北省轻工业厅
赵瑞成	男	1957.2	大本	实验小学	河北省优秀教育工作者	1997	河北省教委
李春秀	女	1965.5	本科	双新小学	优秀教师	1999	教育部
刘庆芝	女	1950.12	中专	友谊里小学	优秀教师	1999	教育部
裴　伟	女	1976.11	大本	实验小学	河北省教学标兵	2001	河北省教育厅
潘秀琴	女	1946.10	专科	二十六中	省三育人标兵	2001	河北省教育厅
冯春玉	男	1974.2	大本	实验小学	河北省教育技术装备系统先进个人	2001	河北省教育厅
李淑英	女	1950.11	大专	友谊中学	优秀教育先进工作者	2001	河北省教育厅
郑东秀	男	1945.11	大专	郑家庄小学	河北省优秀教育工作者	2001	河北省教育厅、河北省人事厅、河北省教育工会
陆　玲	女	1970.11	大专	实验小学	河北省优秀辅导员	2002	河北省教育厅
杨晓燕	女	1970.4	本科	培智学校	特教先进个人	2003	河北省教育厅
张素娟	女	1964.8	本科	二十六中	省三育人标兵	2003	河北省教育厅
韩秀玉	女	1966.9	大专	唐山九中	模范教师	2004	河北省人事厅
王淑萍	女	1966.8	本科	友谊里小学	省家长学校先进个人	2004	河北省教育厅、河北省妇联
陆　玲	女	1970.11	大专	实验小学	河北省学校图书馆先进个人	2004	河北省教育厅
赵　红	女	1976.1	大专	郑各庄小学	输送人才先进个人	2004	河北省教育厅、体育局
刘京伟	女	1975.11	大本	岳各庄小学	河北省优秀教师	2004	河北省教育厅、河北省人事厅、中国教育工会河北省委员会
何秀勤	女	1963.11	本科	二十六中	省骨干教师	2005	河北省教育厅
张素娟	女	1964.8	本科	二十六中	省骨干教师	2005	河北省教育厅
杨巧丽	女	1969.9	本科	二十六中	省骨干教师	2005	河北省教育厅
马立华	女	1981.5	双本科	双新小学	优秀辅导员	2006	河北省教育厅
张艳霞	女	1958.6	大本	唐山二幼	科研先进工作者	2006	河北省教育学会幼儿教育专业委员会
张艳霞	女	1958.6	大本	唐山二幼	三育人标兵	2006	河北省教育厅、教育工会
白丽萍	女	1961.11	大专	培智学校	特教先进工作者	2006	河北省教育厅

1990—2010年唐山市路南区属教师获省级以上奖励名表

续表22－9

姓名	性别	出生年月	文化程度	获奖时所在单位	荣誉称号	批准时间	批准单位
高建民	女	1974.3	大本	唐山二幼	科研先进工作者	2006	河北省教育学会幼儿教育专业委员会
马立华	女	1981.5	双本科	双新小学	优秀辅导员	2007	河北省教育厅
张艳霞	女	1958.6	大本	唐山二幼	省模范教师	2007	河北省教育厅、人事厅
梁雪松	男	1975.12	大本	郑各庄小学	中小学骨干教师	2007	河北省教育厅
何秀勤	女	1963.11	本科	二十六中	省骨干教师	2007	河北省人民政府
张素娟	女	1964.8	本科	二十六中	省劳模	2007	河北省人民政府
马立华	女	1981.5	双本科	双新小学	优秀辅导员	2008	河北省教育厅
张凤萍	女	1966.3	本科	二十六中	省骨干教师	2008	河北省教育厅
张立晖	女	1976.2	本科	二十六中	省骨干教师	2008	河北省教育厅
孙　静	女	1976.9	本科	二十六中	省骨干教师	2008	河北省教育厅
何秀勤	女	1963.11	本科	二十六中	全国中小学名师	2008	河北省教育厅
朱福新	男	1968.9	本科	二十六中	省三育人标兵	2008	河北省教育厅
马立华	女	1981.5	双本科	双新小学	优秀辅导员	2009	河北省教育厅
贾　阳	女	1979.8	本科	双新小学	优秀大队辅导员	2009	团省委
张庆华	男	1959.7	本科	成人教育学校	招生服务先进个人	2009	中央广播电视大学
张　蕊	女	1976.2	大专	文北小学	优秀辅导员	2009	河北省少工委
魏晓辰	女	1970.11	本科	长青实验小学	省名师	2009	河北省教育厅
李　凌	女	1977.7	本科	友谊里小学	省优秀辅导员	2009	河北省教育厅、河北省少工委
甘丽霞	女	1972.8	本科	二十六中	省骨干教师	2009	河北省教育厅
张建红	女	1972.4	本科	二十六中	省骨干教师	2009	河北省教育厅
高建民	女	1974.3	大本	唐山二幼	优秀辅导教师	2009	联合国规划署、中国少年先锋队全国工作委员会
张庆华	男	1959.7	本科	成人教育学校	奥鹏招生先进个人	2009	河北广播电视大学
马立华	女	1981.5	双本科	双新小学	优秀辅导员	2010	河北省教育厅
张素娟	女	1964.8	本科	二十六中	全国劳动模范	2010	国务院
高建民	女	1974.3	大本	唐山二幼	网络研修之星	2010	中国教师研修网
柳　絮	女	1970.8	大本	唐山二幼	网络研修之星	2010	中国教师研修网
顾耕耘	女	1962.11	专科	唐山二幼	网络研修之星	2010	中国教师研修网
张立东	女	1969.9	本科	长青实验小学	省优秀教师	2010	河北省教育厅
陈东利	男	1970.7	大本	实验小学	省优秀教师	2010	河北省教育厅
赵玉珍	女	1965.4	大本	实验小学	省优秀教师	2010	河北省教育厅
刘荣智	男	1964.11	本科	文北小学	省模范教师	2010	河北省教育厅

二、工资福利待遇

1987 年，实行教师职称评聘，工资依职称套改，工资普增两级，个别教师提高工资 4 ~5 级。1993 年，实行教师职务工资制，教师月平均工资达到 500 元左右。同时执行奖励和福利政策，规定凡连续两年年终考核优秀的人员，晋升一个工资档次。教师享有增加 10% 津贴的待遇。将解决教师住房问题列入重要议事日程。至 1997 年，共为教师解决住房 80 余套。1999 年，中小学教师月工资平均 660 元。2001 年，实行教师专业技术职务等级工资制，两次调整工资标准。教龄在 20 年左右的教师，月工资在千元以上。2002 年起，每隔两年晋升一级工资。2005 年增发交通补贴和误餐补贴。2006 年进行工资套改。2009 年实行绩效工资。2010 年教师月平均工资达到 3339. 39 元。特级教师，每月除基本工资外，另享受省政府津贴。在医疗、退休、离休、困难补助等方面，教师与党政机关工作人员享受同等待遇。

第三章　教育经费与设施设备

1976 年，唐山地震使路南教育教学设施、设备毁于一旦。经十多年恢复建设，到 1989 年，区属中小学、成人教育学校、教师进修学校及国办幼儿园的办学条件基本恢复到震前水平。随着经济快速发展，教育经费逐年递增，办学条件明显改善。2010 年，区财政对教育拨款 1. 61 亿元，是 1990 年的 24 倍，教学用房、办公用房和生活辅助用房均符合建设标准，教育装备水平大幅提升，教育实现跨越式发展。

第一节　教育经费

一、经费来源

教育经费以财政拨款为主，其次是学校自筹预算外资金。1990 年，教育经费总投入 858. 3 万元，其中预算内教育经费 669. 5 万元，城市教育费附加 122. 4 万元。1991 年，区政府下发《唐山市路南区人民政府关于进一步发展勤工俭学的通知》，对学校勤工俭学工作提出具体要求。各校积极谋划创办校办企业，吸引资金，增加学校收入。勤工俭学由简单的学生劳动到创办企业形成规模。创办联营企业是学校办企业的主要方法，名为“借鸡下蛋”。到 1994 年年底，全区校办企业达到 132 个。1995 年，教育经费总投入 2750. 4 万元，其中预算内教育经费 1828. 3 万元，城市教育费附加 185 万元，农村教育费附加 108. 3 万元，勤工俭学收入用于教育 116. 4 万元，学杂费、捐款及其他经费 512. 4 万元。1996—1998 年，全区临街学校破墙开店，出租房屋成为学校创收主要渠道。为增加对教育的投入，部分学校还相继办起寄宿教育，规模逐渐扩大，学校收入稳步增加，改善了办学条件。友谊中学进行国有民办试点，学校收入增加。仅 1999 年 7 月至 2000 年教育部门就减少财政拨款 56 万元，减轻了区财政负担。2000 年，为弥补教育经费不足，探索和运用“十大筹资法”（项目筹资、联办筹资、政策筹资、社会筹资、统管筹资、观念筹资、改革筹资、借贷筹资、三产筹资、挖潜筹资）筹集资金，实现教育经费“三个增长”（政府对教育财政拨款增长高于财政经常性收入的增长；政府对教育财政拨款按在校学生人数平均的教育费用逐步增长；教师工资和学生平均公用经费逐步增长）。全年教育经费总投入 4730. 6 万元，为 1990 年的 5. 51 倍。2003 年，勤工俭学收入用于教育经费达到 503 万元，是 1991 年 65 万元的 7. 74 倍。2010 年，教育经费总投入 1. 88 亿元，其中预算内教育经费投入 1. 6 亿元，城市教育费附加投入 2010 万元，勤工俭学收入用于教育经费达372.7万元，是1990年1.1万元的338.82倍。

二、经费管理

1990年，区财政和教育部门对教育经费负主要管理责任。负责落实区财政投入，组织和指导中小学校预算的编制、执行和决算工作，管理和培训学校财会人员，监督中小学校经费使用。1992年，唐山市区划调整，原开平区女织寨乡、梁家屯乡15所小学、3所中学划归路南区，在经费安排上开始向农村学校倾斜。区财政和教育部门在安排中小学校预算时，优先确保基本办学条件和基本教育教学需要，确保教师工资按时足额发放，确保学校的正常运转，并加大对薄弱学校和教学点的支持力度。优先保证基本支出，分轻重缓急合理安排项目支出。1999年，区教育局相继制定《关于加强财务管理和基建管理的规定》《关于加强教育系统内部审计工作的暂行办法》《资金管理暂行办法》等，除继续严格教育经费和预算外资金管理外，要求中小学校规范经费使用程序，完善内控机制，严格按照批准的预算安排支出，严格执行国家规定的开支范围及标准。各项支出按实际发生数列支，不得在学校公用经费中开支人员经费，不得挤占和挪用专项资金，严禁私设小金库、账外设账、公款私存和虚列支出等。2000年，教育经费支出分为人员经费、公用经费两部分。人员经费占主要部分，包括在职教职工工资、津贴、福利、奖金以及社会保障费（离退休工资等）等；公用经费包括公务费、业务费、设备购置费、维修费、基建支出等。至2010年，教育系统的会计基础工作得到加强，教育经费得到合理使用，中小学每年生均教育经费、生均公用经费和教师工资逐年增长，并按政策规定全部到位。财务管理更趋规范化。

1990—2010年唐山市路南区区属教育经费一览表

表22-10　单位：万元

年份	合计	预算内教育经费	城市教育费附加	农村教育费附加	校办企业、勤工俭学收入用于教育	学杂费、捐款集资及其他	较上年增长%
1990	858.3	669.5	122.4	–	1.1	65.3	–
1991	934.7	712.9	67.6	–	65	89.2	8.90
1992	1113.5	905.1	84.3	–	–	124.1	19.13
1993	1843.7	1254.7	102	56.4	120.9	309.7	65.58
1994	2694.4	1939.4	100	68.6	102.8	483.6	46.14
1995	2750.4	1828.3	185	108.3	116.4	512.4	2.08
1996	2857.5	1905.6	180	90.7	107.9	573.3	3.89
1997	3061.8	1907.2	210	115	114.3	715.3	7.15
1998	3376.2	2405.3	211.2	101	65.7	593	10.27
1999	3548	2539.8	192	70	124.7	621.5	5.09
2000	4730.6	3116.8	229	110	279.2	995.6	33.33
2001	4853	3316	236	–	412	889	2.59
2002	5014	3425	248	–	432	909	3.32
2003	6622	4464	290	–	503	1365	32.07
2004	7841.5	6086	594	–	137.5	1024	18.42

1990—2010 年唐山市路南区区属教育经费一览表

续表 22－10　单位：万元

年份	合计	预算内教育经费	城市教育费附加	农村教育费附加	校办企业、勤工俭学收入用于教育	学杂费、捐款集资及其他	较上年增长%
2005	8126.2	6608	427	－	227.2	864	3.63
2006	8710.9	6962	568	－	298.5	882.4	7.20
2007	9722.7	7180	1533	－	366.7	643	11.62
2008	12553.4	10560	1395	－	233.4	365	29.11
2009	14413.6	11672	1905	－	277.1	559.5	14.82
2010	18766.7	16053	2010	－	372.7	331	30.20
合计	124393.1	95510.6	10889.5	720	4358.1	12914.9	－

第二节　设施与设备

一、教育设施

1976 年“7·28”唐山大地震后，各校（园）初步建起过渡性、半永久校舍及简易实验室等配套设施。1979 年，大规模复建开始。至 1994 年省“普九”达标验收时，小学校舍建筑面积达 5.59 万平方米，生均 3.45 平方米；初中校舍建筑面积 10.32 万平方米，生均 11.9 平方米。1996 年，中小学危房全部消除，危改工作全面完成。2000 年，学校基础设施经省政府验收，达到或超过省颁标准。2010 年，全区各类学校校舍建筑面积 23.3 万平方米（不包括驻区教育设施），其中幼儿园校舍建筑面积 3.7 万平方米；小学校舍建筑面积 8.69 万平方米，生均 7.73 平方米；初中校舍建筑面积 6.03 万平方米，生均 8.28 平方米；高中校舍建筑面积 1.32 万平方米，生均 12.6 平方米；职业技术学校校舍建筑面积 2.55 万平方米，生均 18.7 平方米；特殊教育学校建筑面积为 0.48 万平方米，生均 21.3 平方米；教师进修学校建筑面积 0.26 万平方米；成人教育学校建筑面积 0.27 万平方米。28 所学校建有计算机教室和多媒体教室，33 所学校建有语音教室。

二、教学设备

1990 年年初，教学设备简陋。1994 年，迎接省“普九”评估，加大教学仪器设备投资力度，教学技术装备大幅提高，“两机一幕”（幻灯机、录音机、投影幕）进入课堂，教学仪器装备达到省一类标准。

图 22－6　路南区实验小学微机教学　（区教育局）

1996 年，成立区教育信息中心，实现 ISDN 拨号上网；与广电网络合作，成立唐山市第一家教育城域网络，20M 光纤上网，用户 200 人。至 2006 年，教育教学设备累计投入 1.2 亿元。2010 年，投入 2868 万元购置图书、更新器材、加强实验室建设，提高现代教育技术装备水平。同年年底，全区学校共藏书103.7万册，比1990年增加79.5万册，各校均实现借阅管理自动化，84%的学校图书馆（室）达到省一级标准。音乐、体育、美术和科技活动器材均达到省一类标准，器材利用率、学生参与率均达100%。小学、初中各专用教室均达到省一类标准；各校实验室全部安装多媒体，配备专用微机，中小学演示实验、分组实验开出率均达100%；50%的学校完成实验室新标准达标，达标率在全市领先。全区共享100M宽带，实现校校互通，家校互通，师生互通，局、校、班互通三级网络。38%的学校被省、市命名为“现代教育技术实验校”。

第四章　教育成果

1994年，路南区“普九”工作顺利通过河北省验收，成为唐山市首批达标县区之一。1997年、2000年、2003年经三次“普九”复查，软硬件建设日趋完善，学校管理水平、办学条件、教育教学质量明显提高。截至2010年，境内普通高中累计为大专院校输送新生3.61万人，其中区属高中为大专院校输送新生1265人，职业高中为社会培养中等职业技术人才9481人。

第一节　普及九年义务教育成果

1994年，区顺利通过首次河北省“普九”达标验收。至2003年，先后三次高标准通过省复查验收，并被省政府命名为“两基”工作先进区。2006年、2010年两次高标准通过河北省教育督导评估验收。连续四年在唐山市教育评估工作中被市政府授予“教育工作先进区”。2010年教育工作获国家级荣誉5项，省级荣誉4项、市级荣誉50项。

一、普及程度

1990—2000年间，普及九年义务教育工作取得丰硕成果。小学、初中、特教入学率分别由100%、98.6%、81.7%逐步达到100%、100%、92%。小学在校生巩固率均达100%，初中在校生巩固率由98.4%增至99.7%。2006年，接受省政府教育督导评估。当年小学、初中入学率均达100%，在校生巩固率分别达100%、99.92%。2010年，学前三年教育得到普及，学前三年幼儿入园率保持100%；小学、初中适龄儿童入学率始终保持100%；15周岁人口初等教育完成率、17周岁人口中等教育完成率均保持100%；三类残疾适龄儿童入学率达到98.2%。全区常住人口中文盲为3308人，比2000年减少6802人，文盲率降至1.64%。青少年非文盲率达到99.9%。

二、师资队伍

1990年，小学专任教师学历达标率95.5%，初中专任教师学历达标率83%，特教专任教师学历达标率100%。2000年，小学专任教师学历达标率99.7%，初中专任教师学历达标率92%，特教专任教师学历达标率100%。2010年，小学、初中专任教师学历达标率分别为100%、97%，比1990年提高4.5和14个百分点，特教专任教师学历达标率保持100%；校长学历合格率达100%。

三、办学条件

1990年，小学、初中生均占地面积分别为15.2平方米、20平方米；生均建筑面积分别为5平方米、7平方米。1994年，省政府“普九”验收时，小学、初中生均占地面积分别为21.7平方米、23.58平方米；生均建筑面积分别为3.45平方米、11.9平方米。在班班有教室的基础上，配齐专用教室。教学仪器、电教设备、音体美劳器材，城市初中、小学达一类标准，农村初中、小学达二类标准。小学生人均图书8.8册，初中生人均11.4册。2000年，小学、初中生均占地面积分别为19.7平方米、20.3平方米；生均建筑面积分别为4.5平方米、6.23平方米。小学、初中校舍达到坚固、够用、适用，无危房、危墙。2010年，小学、初中生均占地面积分别为24.47平方米、22.10平方米；生均建筑面积分别为7.73平方米、8.28平方米。

四、教育经费

1990年，区财政拨付教育经费669.5万元，小学生均教育事业费195.46元，初中为450.12元。1991年，区财政对教育拨款为712.9万元，小学、初中生均教育事业费分别为212.78元、455.59元；生均公用经费分别为58.45元、119.09元。1997年、2000年、2003年经省政府三次复查验收，财政对教育拨款实现“三个增长”，城市、农村教育费附加做到足额征收，全额拨付，无挤占、挪用现象。2005年，区财政对教育拨款6608万元。小学、初中生均教育事业费分别达3405元、4382元；生均公用经费分别为290元、802元。2010年，区财政对教育拨款1.61亿元。小学、初中生均教育事业费分别达4350元、6554元；生均公用经费分别达1330元、1672元。

五、学校管理

1990年起，在各学校开展规范化管理活动，健全规章制度，明确岗位职责，学校实现有序管理。1996年始，将学校规范化管理纳入综合评估内容，推进常规性目标、发展性目标管理，逐渐构筑科学、系统的管理体系和评价体系。对校园环境进行绿化、美化、硬化、特色化建设，学校面貌发生显著变化。经历年省、市两级评估验收，学校管理更加规范，并形成特色。

六、教育质量

1990年始，坚持德育为首，依法治教，义务教育普及程度、教学质量和学生素质得到巩固和提高。至2010年，在省、市评估验收中，学校周边治理工作高标准达标，在校生无违法犯罪现象。严格执行国家和省制定的课程计划和课程标准，开齐学科，开足课时。小学毕业年级学生各科合格率均达98%以上，初中毕业年级学生各科合格率均达90%以上。保证学生体育锻炼时间每天不少于1小时，小学毕业年级学生体育合格率均达98%以上，视力合格率均达92%以上；初中毕业年级学生体育合格率均达到96%以上，视力合格率均达到81%以上。

第二节　素质教育成果及科研成果

一、素质教育成果

1990年起，区属各级各类学校注重学生德、智、体、美、劳全面发展。当年创建唐山市第一个“红领巾文明一条街”。文北小学长期开展“小交警”活动。1991年，路南区被团省委、省教委授予“学赖宁活动先进单位”称号，区教育团委被评为“省级五四红旗团组织”“唐山市少先队工作先进集体”。同年，新华楼小学、新华西道小学被省体委、省教委命名为“省级体育传统校”。1994年，组织全区中小学生参加全国第四届“让精神世界更美好”读书活动，获国家级组织金奖；“爱我中华、爱我家乡”读书活动获国家教委优秀组织奖；“两史一情”知识竞赛获全国优秀组织奖。1995年，实验小学、文北小学、燕京小学、西礼小学被唐山市教委命名为“素质教育示范校”。1996年，学院路小学被评为“全国体育传统项目先进学校”。

1996 年，中共中央总书记江泽民视察唐山康复村时，了解到唐山二十二中青年志愿者活动情况，高兴地称赞：“志愿者活动是两个方面，一方面对青少年是个教育，一方面是弘扬中华民族传统美德。”

1999 年始，开展体现自主性学习的“一个中心（学生为中心）、一条主线（学生认知规律）、三个基本点（出趣、领悟、创造）”“113”教改模式实验。在加强课堂教学规范化管理的同时，每年各中小学组织 1 次教学活动，每两年全区举办 1 次“素质教育理论与实践”研讨会，总结经验，在全区推广。初中数学、物理、化学等学科竞赛成绩、中考 18 项指标、考入唐山一中人数均保持全市上游水平。

2001 年，“第十届全国青少年科技创新大赛”，有 7 名选手获国家、省、市奖励。中小学生科技工作被评为全国先进单位，美育工作被评为全国艺术教育工作先进单位。2005 年，唐山市二十六中九年级学生刘思壮在“全国青少年信息学奥林匹克分区联赛河北赛区提高组复赛”中，喜获一等奖，成为全省唯一荣获一等奖的初中生。2006 年，西礼小学的舞蹈《我的小乌龟》获“华北五省市舞蹈大赛”少年组一等奖。

2008 年，科学发展模式——路南实验小学开放式素质教育实验班正式开班。当年，区教育局先后获“河北省第二届阳光体育冬季长跑优秀组织奖”“唐山市学校体育艺术工作先进单位”。至 2010 年，在组织中小学生参加奥数、作文、英语、美术、音乐、体育等省以上各类知识、艺术比赛中，有 2014 人次获奖，其中获国家级奖项 118 人次，省级奖项 896 人次。曾 4 次成功承办省、市素质教育现场会和全国中学“JIP”实验评估会，实施素质教育做法受到各级领导好评。

二、教育科研成果

1987 年，在全市率先建立教育科研室，开展教育理论研究，编写《教育三论资料汇编》及《教育三论讲义》。1991—1995 年，在全区教育系统集中学习研究“教育三论”（素质教育论、成功教育论、创造教育论），以推动中小学整体改革运行。在全国中小学整体改革委员会举办的校长研修班上，教育局原局长李树棻以自撰《教学原理与评价》为题进行辅导。1996 年，集中学习研究创新教育理论、教育现代化理论、信息技术理论，开展自主学习改革实验。燕京小学等学校承担自主学习实验任务，区教师进修学校、实验小学、学院路小学承担中央教科研的国家教委重点课题《素质教育理论与实践研究》实验。共有 3 篇论文在国家级刊物发表，有 12 篇论文获市级教育科研论文奖。

2000 年，实验小学被省教育厅命名为教育科研先导型实验学校。2008 年 5 月，实验小学再度接受唐山市“开放式素质教育”实验，进行《在开放式素质教育中培养学生主体性的研究》和《开放式素质教育中提高教学有效性策略的研究》课题研究。此间，全区中小学共承担市级以上“十五”教育科研课题 42 项，其中省级以上课题 30 项。承担“十一五”课题 40 项，其中国家课题 5 项，省级课题 30 项，市级课题 5 项。

2010 年，全区共有 172 项教育科研成果获奖，其中国家级 15 项、省级 25 项、市级 132 项，在国家级、省级、市级刊物上分别发表论文 24 篇、130 篇、107 篇。21 年间，区属各级各类学校教师的教育、教学论文在省（部）级以上刊物共发表 1565 篇。

第三节　人才培养成果

一、基础教育成果

1990 年，区属普通高中为大专院校输送新生 48 人。2005 年达 80 人。2010 年达 168 人，是 1990 年的 3.5 倍。至 2010 年，境内普通高中累计为大专院校输送新生 3.61 万人。中、小学校为国家队、省队、解放军队输送乒乓球专业人才13人。

二、职业技术教育成果

1990—2010年，区属中等专业职业技术教育先后培养实用型技术人才9481人。他们在经济建设中大都成为技术能手或科技带头人。

三、成人教育成果

1990年后，随着多渠道、多元化办学，成人教育取得较快发展。1994年10月，扫盲工作顺利通过省级验收。至2000年，全区社会力量办学单位为社会培养各类人才近8万人，仅1995年即为社会培训技术人才1.97万名。2001年，路南区被市教委确定为社区教育实验区，并先后召开省市两级社区教育工作现场会。2003年，被确定为全国社区教育实验区。11月，区教育局被评为河北省社区教育先进单位，成人教育学校被评为河北省奥鹏网络教育先进单位。至2010年，区教育局连续多年被评为唐山市成人教育先进单位、唐山市民办教育先进单位。

第五章　教育管理

1982年2月建立教育局，撤销文教科。1984年，路南区教育行政管理机构为文教局。1993年4月，撤销文教局，成立教育局和文化局，其中教育局单设，文化局靠挂区委宣传部。1996年7月机构改革，撤销教育局，成立教育文化体育局。是年，教育局单设。至2010年的21年间，教育行政管理部门坚持依法治教，加强对教育教学的宏观指导，重视干部队伍特别是教师队伍的自身建设，保证了全区教育事业持续、快速发展。

第一节　教学管理

一、教学计划

1990—1993年，小学执行省教育行政管理部门下发的全日制六年制教学计划。课程设置1—3年级为语文、数学、体育、音乐、美术，4—6年级另设思想品德、自然常识、历史，5—6年级另设英语课。学生每周在校活动26课时。初中执行国家教育部制定的教学计划。初一开设政治、语文、数学、英语、历史、地理、生物、音乐、体育、美术、文体科技和班团活动计12门课程；初二增设物理，共13门课程；初三不再设历史、地理、生物，增设化学、生理卫生，共12门课程。每周均为42课时。高中执行国家教育部制定的教学计划。普通高中必修课设思想政治、语文、数学、信息技术、外语、物理、化学、生物、历史、地理、体育和保健、艺术以及综合实践活动；选修课设数学、信息技术、物理、化学、生物、历史、地理7门学科，以及地方和学校根据学生兴趣要求和发展需要开设的课程。每学年52周，教学时间40周。高一、高二年级每学年上课35周，复习考试3周，社会实践和劳动技术教育2周；高三年级上课22周，复习考试12周，社会实践和劳动技术教育2周。每周按5天安排教学，周活动总量34课时，每课时45分钟。幼儿园、中专类学校和职业高中学校执行国家教委、省教委制定的教学计划。各校每学年第一学期9月1日开学，至次年1月中、下旬（春节前）结束；第二学期自次年2月中、下旬（春节后）开学，7月中旬结束。1994年，国务院颁布新工时制，各级各类学校的教学计划相应调整，周课时减少6～7课时。1998年9月，全区小学从3年级始设英语课，周课时为3课时。至2010年，各级各类学校依据教育部或省教育厅下发的教学计划、课程设置组织教学。

二、教学制度

1990年始，根据教学实践，各学校制定一系列行之有效的教学制度，包括教学常规管理、学生课堂常规、布置与批改作业、考试、校本教研制度等。2005年，市教研室颁布中小学教学常规，区教研室制定相应评估制度，对学校领导工作及教师备课、讲课、听课、批改作业、学生辅导等情况检查督导。至2010年，教学制度无大变化。

三、考试与招生

各校考试制度分为平时检测、期中考试、期末考试、毕业升学考试。期中、期末考试分别在每学期的期中、期末进行。试卷由区教研室统一命题，统一考试，按照平时30%，期中30%，期末40%的比例作为学生成绩计入档案。成绩不及格的学生留级。2006年9月1日起，实施修改后的《中华人民共和国义务教育法》，小学取消留级制度。新一轮教改后，探索科学的评价机制，重视平时对学生的考核，考核的方式分为形成性评价、阶段性评价、总结性评价，更加注重全面、综合地考查学生素质。至2010年，小学升学考试由本校命题，毕业生划片就近升入初中。初中升学考试由全省统一命题，考试、阅卷、录取由全市统一组织。高中毕业考试，参加全省统一组织的普通高中学业水平考试（2010年前为会考），各科成绩合格，取得高中毕业证书；升学考试由国家统一命题，全省统一组织考试，考试时间、科目、阅卷、登统、公布成绩、体检、填报志愿、录取等流程按当年国家、省统一规定和要求，由区招生委员会负责组织。

第二节　行政管理

一、依法治教

1990年，区文教局设立教育督导机构，负责监督、检查和指导全区各中小学、幼儿园贯彻执行国家教育法律、法规和政策情况。是年，开展“爱事业、爱学生、厚爱后进生”活动，加强对后进生管理。制定了关于实施“依法治区，科教兴区”发展教育工作的五年规划。

同年，在全区教育大会上提出了一种精神（高标准，严要求、争上游、创一流的工作精神），三个教育理论（素质教育、成功教育、创造教育），四项系统工程（干部教育的系统工程、教师队伍的岗位继续教育系统工程、教育设备与技术装备的系统工程、教育发展成果目标规划系统工程）的教育理念。1993年始，落实《河北省中小学常规管理若干意见》，以燕京小学为试点，在全区开展“十项管理”（学校行政管理、教职工管理、德育管理、教学管理、体育管理、财务管理、校园环境管理、图书管理、文书资料档案管理、实验室管理）规范化达标活动。1994年，开展“管理育人、教书育人、服务育人”活动，提高依法治校、依法执教水平。1996年，将学校规范化管理纳入综合评估内容，以保持学校规范化、精细化管理的连续性。

1999年起，选派34名优秀干警兼任中小学法制副校长，通过讲座、知识竞赛、法制教育展览等形式对青少年进行法制教育。将教育法规职责分解到各部门、各科室、各学校，纳入年度工作目标评比、考核。在教育执法检查中重点查处违规收费、办补习班、有偿家教、体罚和变相体罚学生等行为。2010年，继续加大依法治辍力度，把好入学关、转学关、新学期开学关、初二分化关和初三提前离校关；建立月报上站制度、督导检查制度和辍学学生返校通知制度；对在校生巩固率未达标学校，在评先中实行一票否决；针对学习困难、行为偏差和家庭困难的学生，开展“爱生行动”“一助一爱心行动”“真情送温暖”等活动，通过帮扶，城市初中年辍学率控制在1%、农村低于3%。

二、队伍管理

干部管理　1990—1996年，实行校长任命制和党支部领导下的校长负责制，除个别学校校长由区委组织部任命，其余均由文教局（教育局）任命、管理、考核。2006年，建立年度目标完成情况考核、群众民主测评、领导评价的综合考评机制，对干部一年工作做出定性定量分析，考评结果与干部选拔、任用、奖励挂钩。2008—2010年，相继出台《进一步加强学校领导班子建设的实施意见》《中层干部和后备干部的管理规定》和《中层以上干部评价方案》。每年由教育局组织开展多层次、多专题的校长岗位培训；建立中层后备干部人才库，定期考核，并竞聘上岗，聘期3年；建立岗位目标责任制，实施干部任前谈话、任期教育培训、任期评价等制度。

教师管理　1990年，以师德教育为中心，以落实《教师职业道德规范》和《教师十忌》为基本内容，以青年教师为重点，加强教师队伍管理。1992年，开展师德整顿活动，制定师德评价10条标准。1993年起，每年度评选“十佳”教师、优秀教师。1995年，对教师进行“三字一画一话”（毛笔字、钢笔字、粉笔字、简笔画、普通话）基本功培训。1999年后，完善师德考核机制，把师德考核与教师聘任、评职、评先结合起来，实行一票否决制。充分发挥教师进修学校培训中心、干部培训基地等功能，先后开展全员岗训、骨干教师培训、班主任培训、薄弱学科教师培训、综合教育技术培训、英特尔未来教育培训、小学校级干部培训、学历补偿教育和学历提高培训、继续教育培训，每年累计培训达2000余人次。坚持新教师培训准入制度，从师德修养、教育法规、教育教学方法、心理健康等多方面对新教师进行培训和跟踪指导，至2010年，累计培训新教师和青年教师1943人次。

三、学籍管理

按照省、市学籍管理要求，小学、初中均实行“划片招生、学生相对就近免试入学”的招生政策。各小学在学生入校初即建立学籍档案，学生入学、转学、休学、复学、期末考试成绩、操行评语、学生自我评价、家长评价等均记录于学籍档案。2005—2010年，建立学籍电子档案。普通高中学生按《河北省高中学生登记表》进行管理。职业学校、民办教育全日制学校等均按照国家教委有关学籍管理规定进行。管理内容包括学生基本情况、学生评语、考试成绩、社会实践活动、体能测试、健康检查、家庭情况7项内容。

第二十三编　文　化

1990年开始，区委、区政府贯彻落实“百花齐放，百家争鸣”的文艺方针，“一手抓繁荣，一手抓发展”，逐步建立起以文化馆为龙头，以乡、街文化站为纽带，以村（居）活动室、个体文化户为依托的四级文化网络阵地；群众文艺表演形式丰富多样，陆续推出一批具有路南特色的文艺作品；文化下乡、彩色周末、文化艺术节等群众文化活动深入开展；文艺创作硕果累累；文化市场日趋繁荣，群众精神生活丰富多彩。至2010年，全区已建成文化站8个、文化室77个、文化户268户；有各类表演团体50个；创作并推出上百件优秀文艺作品；图书发行、档案、志鉴编修和文物保护工作迈上新台阶；文化管理步入规范化、制度化、法制化轨道；开滦国家矿山公园打造成国家AAAA级旅游景区。

第一章　群众文化

1990年，全区文化机构有区文化馆和7个街道文化站。随着群众文化活动需要，文化网络建设快速发展。至2010年，全区已形成区、乡（街）、村（社区）、户四级文化服务网络，构筑起以政府、集体、个人、社会办文化的多元化格局。以广大群众为主体的艺术团、健身队、舞蹈队等表演团体常年活跃在基层，文化进社区、进企业、进校园、进机关活动深受群众欢迎，“社区文化艺术节”“百场大戏进社区”“红色电影进社区”以及广场文化、社区文化成为路南区群众文化活动品牌，丰富多彩的文化活动为广大群众搭建“站出来、靓出来、赛出来、乐起来”的文化平台，全区群众文化活动呈现出规模大、平民化、形式多、参与广的特点。

第一节　文化网络

1990年，路南区设有区文化馆和7个街道文化站。1996年，经过撤并整合，全区文化站达到8个。2000年后，适应群众文化发展需要，加大对基层文化服务网点的规划和建设投入，全区文化服务网点日趋增多，各项设施设备齐全，群众文化活动丰富多彩。至2010年，全区共有文化站8个，文化室77个，文化户268户，已形成区、乡（街）、村（社区）、户四级文化服务网络。

一、文化馆

1990年，路南区文化馆隶属区文教局，设音乐、舞蹈、戏剧、美术摄影4个专业组，使用面积36平方米。1993年，机构改革，区文教局析为教育局和文化局，文化馆归属文化局，下设音乐、舞蹈、戏剧、美术摄影4个专业组和办公室、辅导组。2000年8月，区文化局与体育局合并成立路南区文化体育局，文化馆划归文体局管理。至2009年，区文化馆办公地点多次搬迁。2010年，随文化馆自身发展需要，区委、区政府积极筹建路南区文化馆和图书馆，并拟定将馆址设在万达广场路南区政府办公大楼二、三层，文化馆、图书馆建筑面积分别为1600平方米。

二、文化站

1990 年，路南区所辖 7 个街道办事处均建有文化站。1992 年 11 月，开平区女织寨乡、梁家屯乡划归路南区，路南区税务庄街道划归开平区。是年，有文化站 8 个。1993 年，小山文化站、文化北后街文化站被文化部命名为“国家级标准文化站”。1994 年 1 月，钱营矿区街道办事处建立文化站，全区文化站达到 9 个。

1996 年，梁家屯乡并入女织寨乡，文化站减至 8 个。分别是：文化北后街文化站、小山文化站、永红桥文化站、广场文化站、学院南路文化站、友谊里文化站、钱营矿区文化站、女织寨乡文化站。

1999 年，女织寨乡投资 37 万元，建立综合文化站，占地面积 298 平方米，内设文娱活动室、电教室和图书室。2000 年，全区各文化站共有各类活动室 34 个、房屋 55 间，占地 2295 平方米；各种乐器 25 种、387 件，演出服装 611 套件；藏书 1. 37 万册；拥有固定资产 24. 24 万元。

2000 年后，适应群众文化活动发展需要，对全区文化站升级改造，新建或改扩成集文化活动、图书阅览、宣传教育、文艺演出、科技推广、科普、文艺培训以及体育、保健等活动为一体的资源共享型综合文化站。2009 年，全国文化信息资源共享工程路南区支中心立项，投入资金 30 万元购置中心设备。

2010 年，投入资金 35. 5 万元，用于基层文化站点设备购置。8 个乡街社区文化活动中心建筑面积达 1200 平方米，各种服务设施较为齐全，全年组织文化活动累计达 150 多次。全区基本形成以文化馆为区级支中心，各乡街文化站、村文化活动室为基层服务点的公共文化服务网络。

三、文化室

1990 年，方便居民读书阅览，各居委会普建文化室。1993 年起，小山街道办事处各社区整合资源，建立社区文化室 6 个，总面积 530 平方米。至 2010 年，全区 56 个社区、38 个行政村，建有文化活动室 77 个，其中 38 个行政村全部建有文化活动室。友谊、小山、广场、永红桥、文北、学院南路、钱营矿区街道办事处文化活动室建筑面积共 3516 平方米，室外文化活动场所面积 3. 06 万平方米。全区有文化共享工程社区服务点 42 个，各文化室内备文体设施、器材、图书、报刊，有条件社区组建花会队、综艺演唱队和业余文艺表演队，经常开展多种类型的文化活动，其中友谊街道办事处福乐园社区、广场街道办事处二五五社区、学院南路街道办事处双新东里社区、文北街道办事处花园街社区，多次被评为市区文化建设先进社区，女织寨乡南刘屯村文化室多次被评为市区文化建设先进村。

四、个体文化户

1990 年，路南区民营文化渐兴，从事书报刊、音像制品、印刷、打字复印、演出、网吧、歌厅、文艺培训等经营活动，以及文化产品制作的个体文化户 146 户。2005 年增至 188 户。2010 年，增加图书门店（摊）、文物市场、书画市场和业余演出团体，个体文化户达 268 户。

五、影剧院

渤海影剧院坐落在新华西道，是唐山地震后第一座新建影剧院，于 1983 年 1 月 6 日正式投入使用，建筑面积为 4500 平方米。中间观众大厅设坐席 1325 个，西侧为观众休息厅，备有锅炉采暖和冷风降温设施。前厅设游艺室、小卖部等。影剧院的附属建筑有餐厅、招待所、会议室等，可供演员休息、餐饮和召开会议。舞台宽 16 米，深 16 米，空间高度 24 米，有手动吊杆 40 道，舞台设有 90 回路可控光台，总用电量 200 千瓦。舞台两侧台各为 90 平方米，副台为 80 平方米。后台设有化妆室、休息室、服装室、更衣室，配有洗脸、淋浴室等，供演员使用。影剧院先后接待 100 多个国内外艺术表演团体，许多著名艺术家曾在此登台献艺。2000 年 9 月，首届中国评剧艺术节在唐山举办起，渤海影剧院便一直是艺术节最主要的演出场所。2008 年 4 月，在渤海影剧院举行的“CCTV（唐山）国际幽默大汇演”更是受到观众热捧。12月，渤海影剧院服从市区发展规划，整体拆迁。

六、俱乐部

开滦唐山矿工会俱乐部，又名西山口俱乐部，地处新华道中心地段，该俱乐部始建于20世纪40年代，毁于1976年“7·28”唐山大地震。1978年7月复建，1989年8月改为立体声电影院，1993年底再次改造，成为集文化娱乐、餐饮住宿、商业为一体的多功能文化活动场所。总建筑面积5270平方米，建筑为钢架、网状结构，其他设施为混凝土框架结构，前厅外台阶为天然花岗石，外观典雅豪华。俱乐部舞台宽15米，深14米，台口高度8米，舞台空间高15米，两侧台各65平方米，副台80平方米。舞台共有电动吊杆17道，整个舞台幕布为阻燃材料制成，并备有台毯，舞台可供演出时用电100千瓦，装有130余个灯位。舞台后化妆室面积164平方米，装潢讲究，并设有演员更衣室及休息室。观众厅设有桥梁式帆布软席1500座。两侧厅为观众休息厅，前厅设有小卖部。俱乐部配有餐厅，面积600平方米。另有80个床位的旅馆，豪华小影厅、镭射厅、商店等其他服务设施。开滦唐山矿工会俱乐部曾先后接待100多家国内外著名文艺团体在此献艺，多次被评为全国煤炭系统及省市先进单位。2000年9月，首届中国评剧艺术节在唐山举办起，开滦唐山矿工会俱乐部便成为艺术节最主要的演出场所。

图23-1　开滦唐山矿俱乐部　（区委宣传部）

第二节　表演团体与表演种类

一、表演团体

专业表演团体　专业表演团体仅有开滦艺术团一家，于2004年年初成立，隶属于开滦集团文体中心文联，有演职人员46人，主要从事戏剧、舞蹈、歌唱、相声、小品等艺术表演。5月，参加在上海举行的“庆祝开滦精煤股份A股成功上市文艺演出会”。2005年，在四年一度的全国煤矿艺术节上，推出以歌颂“矿工老哥”为主题的综合性文艺节目，荣获最佳组织单位和金牌，获8个十佳单项奖。

2006年“五一”前夕，开滦艺术团与中央电视台、煤矿文工团合作，录制反映开滦深厚文化底蕴、企业自主创新能力和开滦工人阶级精神风貌的特别节目——“我们的节日”。节目在中央电视台一套节目黄金段播出后，引起社会强烈反响。同年，为“培育煤矿安全文化，塑造本质型安全人”，推出自己创作、自己编导的专场文艺节目，并深入基层单位巡演，有近万名员工及家属受到安全教育。

2007年，由国家体育总局、中华全国总工会联合主办的奥运会倒记时一周年大型文艺演出上，开滦艺术团代表全国煤炭行业参演，舞蹈《影姿奥运情》以其独特的韵味、俏皮的舞姿，博得观众阵阵喝彩。

2008年8月，喜迎北京第29届奥运会开幕，开滦艺术团受中华全国总工会和北京市政府之邀，参加天安门广场全健排舞表演。庆祝开滦建矿130周年，与中国煤矿文工团联合创意策划编排反映开滦百年历史的大型歌舞《百年追梦》，并于10月在开滦举行首场演出。2009年元月14日晚，《百年追梦》在北京人民大会堂隆重上演。9月，庆祝新中国成立60周年，河北省企业（行业）职工文艺展演中，艺术团选送的歌曲《跨时代的问候》《圆月亮》，集体舞《少女之春》，相声《戏与歌》，小品《警》分获金、银、铜奖。除参加展演外，艺术团还积极参与国家、河北省在开滦召开的国际物流、企业文化建设、纪检监察经验交流暨现场观摩会等活动，到场演出祝贺，受到各级领导和与会代表高度赞扬。2010 年 5 月，开滦艺术团赴蔚州公司、物流公司、唐山矿业公司慰问演出。

业余表演团体　1990 年，张淑敏组建双新东里评剧艺术团，由业余评剧爱好者组成。观众多为社区群众，平时每周演出两场。主要戏目有《杨三姐告状》《打金枝》《夺印》《杨家将》《刘巧儿》《凤还巢》等选段。友谊里社区韩玉珍组建舞蹈队，主要在社区表演健身舞、交谊舞，演练规模最多时达 30 人。

1996 年，冯福莲、刘建新组建双新四社区评剧艺术团，每周二、四在双新健身广场演出，主要表演《梅花亭》《人面桃花》《四平山》《秦香莲》等传统剧目。2000 年，王桂霞组建解放军 255 医院社区合唱队，演员为离退休干部和职工，演唱歌曲多为 20 世纪 70 年代前革命歌曲，另有反映现实生活的现代歌曲。9 月，参加唐山市彩色周末演出活动，荣获一等奖。

2003 年，福乐园社区于贵丽、杨子敏、黄卫斌分别成立福乐园社区舞蹈队、社区合唱团、社区京剧团，经常在社区广场、市民中心进行业余表演。2006 年 1 月，友谊南里社区组建哆来咪乐团，主要参加街道办事处和社区的群众性活动。2007 年 7 月，王翠芳组建友谊南里社区合唱队，有队员 19 人，主要参加老年大学和社区组织的群众性文艺活动，地点主要是五区十县，合唱队曾多次获得市、区级奖励。

2010 年，全区共有群众性业余表演团体 49 个，含半专业表演团体 8 个。乡、街 80% 以上村和社区有秧歌队、舞蹈队、民乐队、戏曲演唱队。这些表演团体多为自娱自乐，亦有小部分从事营业性演出。

二、表演种类

民间花会　20 世纪 90 年代，花会表演较为活跃，多在节庆期间举行，主要形式有舞狮子、扭秧歌、跑驴、挂花灯、霸王鞭、走旱船、放焰火等。

1993 年，在纪念毛泽东诞辰 100 周年系列活动中，路南区选送的花会节目在市花会调演中获优秀组织奖。1995 年 2 月，在全市花会调演赛中，区文化局组织 10 支花会队参赛，其中友谊、文北、学院南路街道办事处 3 支参赛队表演的地秧歌、跑旱船、腰鼓节目获一等奖。7 月，区文化局组织友谊、文北、学院南路街道办事处花会队参加市“彩色周末”花会表演。国庆节期间，组织全区花会调演，共出动 526 人次、车辆 10 余辆。

1997 年 10 月，庆祝中共第十五次全国代表大会胜利召开，区文化局组织大型花会调演，由 40 多个代表队中选出 16 个代表队参加表演，其中有 3 个代表队获一等奖。1998 年，永红桥街道办事处花会队制作的井陉拉花、定州吹歌、吴桥杂技节目荣获河北省文化厅颁发的民间花会改革创新奖。

2001 年春节期间，市文艺会演，广场街道办事处花会队编演的《五父拜寿》、文北街道办事处花会队表演的《跑驴》节目获二等奖。2003 年 2 月，文北街道办事处花会队参加北京龙潭花会大赛，获三等奖。2008 年“两节”期间，区文体局组织开展首届社区花会民间艺术大赛。30 多支花会队 400 多名演员表演高跷、腰鼓、小车会、跑旱船、地秧歌等精彩的民间花会节目，万余名观众观看演出，通过比赛有 8 支花会队获一等奖。2009 年，路南区选送的传统秧歌“刘云打母”在“新农村、新农民”秧歌大赛中获得二等奖。2010 年，花会活动形式由演出逐渐转变为娱乐健身，其中难度大、技术复杂的表演逐渐退出舞台。

戏曲　20 世纪 90 年代初，戏曲种类主要有河北梆子、京剧、评剧、皮影、唐剧等。1996 年 6 月，路南区与市群艺馆、市戏剧家协会在常记戏楼联合举办“河北省京剧票友大赛”之唐山赛区“路南杯”比赛。此次大赛参赛人数众多，经过两天角逐，共有 17 人获奖。2002 年，举办区评剧票友赛。2004 年，举办评剧名票、戏迷进社区大联欢活动。2008 年，先后两次举办评剧票友赛，并组织业余评剧演出队创作一批紧贴时代的优秀评剧节目，如《邻里守望》《科学发展记心间》等。2010 年，举办评剧演唱会，开展百场大戏展演活动，在福乐园社区、燕京里社区、王禾庄村、西礼尚庄村等22个村（居）演出25场，深受到群众欢迎。

曲艺　主要有快板书、天津快板、山东快书、山东琴书、相声、乐亭大鼓、京东大鼓、京韵大鼓、小品、杂技等，其中小品、快板书、相声较为常见。1993年，区文化馆创作、区税务局演出队表演的小品《生日蛋糕》，在全市税务系统文艺调演中荣获特别奖。1996年，在河北省曲艺小品大赛中，区文化馆创演的小品《发财梦》《家》分获第二名和第五名。2000年，区文化馆组织创作的小品《生日》参加全国“群星奖”角逐，并获铜奖。10月，在全市企业文化汇演荣获表演一等奖。2005年，女织寨乡文化站创作并演出小品《骗子》，参加路南区春节晚会文艺汇演，获得表演一等奖。2008年，路南区精心创作一批群众喜闻乐见作品，如快板《逛路南》《群策群力捷报传》，话剧小品《妈妈》《搬家》等，其中话剧小品《妈妈》被评为河北省优秀社区节目二等奖。

综艺演唱　1990年后，具有专业水平的音乐人创办的音乐培训班及综艺演唱速成班涌现，声乐、器乐人才增多，其演唱水平及演奏水平提高。早期演唱以民族和美声为主，后通俗唱法逐渐流行，并出现大批网络蹿红歌曲。早期器乐演奏多为民族乐器，后增加西洋乐器及电声乐器。演奏曲目选择自由广泛，演奏形式发生较大变化。综艺演唱形式以自由组合、自娱自乐为主，涌现出一批由群众自发组织的合唱队。1994年，由市音协组织，区文化馆参与创作、排演的《京唐大港》组歌，获国际合唱节“和平鸽”金奖。随演唱事业迅速发展及人们关注程度不断提高，长年举办卡拉OK大赛、歌咏大赛，群众自创歌曲成为时尚，如说唱节目《夸内助赞公仆》、表演唱《倾力打造新路南》《大南湖的昨天、今天和明天》等。这些作品结合现实生活，具有鲜明的时代特色。2009年，在“幸福的歌声”唐山市社区居民歌咏大赛中，路南区选送的《沁园春——曹妃甸》《天堂来信》两首原创作品获得二等奖。

舞蹈　20世纪90年代初，境内舞蹈形式单调，主要有民族舞、健美操和交谊舞。随着人们对文化需求的多样化，舞蹈培训班应运而生。区文化馆、社区文化中心定期举办舞蹈辅导班，学校则有专业老师或者辅导员进行辅导，另有一些专业教师开办的舞蹈培训班，长年进行舞蹈培训。1998年，区文化馆建立舞蹈培训基地，通过培训，涌现出大批舞蹈专业人才。其中，女织寨乡村民陈秀荣编导的舞蹈《纤夫的爱》参加全国首届舞蹈大赛，获一等奖。2000年，境内有各种非专业舞蹈队23个。舞蹈形式趋于多样化，增加太极扇、街舞、魔力球、机械舞，老年迪斯科、广场舞等表演形式，群众自创水平不断提升。如友谊街道办事处福乐园舞蹈队自编的《风彩唐城》《小看戏》《欢庆》等多次获奖。2005年始，在全区每年举行的艺术节上，民族舞、国际标准交际舞和艺术健美操被列为参演节目。2009年，在全市“健康的青春、舞动的旋律”街舞、健身操大赛中，区选送的街舞表演获第一名。

第三节　文化活动

一、日常活动

1990年后，随着人们生活水平的提高和文化设施的日益完善，群众文化活动蓬勃发展，日常群众性娱乐活动有演唱会、周末交谊舞会、广场健身舞、筷子舞、扇子舞及各类中小型文艺联欢、宣传演出、习书练字等，活动项目普及广泛，层面较宽，参加人数众多。1996年，有群众日常文化活动场所145个，其中固定活动网点26个，不固定活动点119个。影响较大的有大钊公园西门外的晨练点、农贸市场西门外的娱乐点、金属公司大厅前的娱乐点。2000年后，加强“文化广场”建设，每天有20余支、200余人的文艺演出队伍活跃在各文化广场。2010年，全区有综艺演唱、京剧、评剧、秧歌、舞蹈等各类群众性文艺活动队伍118支，有文体演出骨干2955人。他们常年活跃在基层，直接影响和带动群众广泛参与文化活动。

二、彩色周末

“彩色周末”活动始于1995年，活动时间主要在5—9月各周末。1996年，区文化局将“彩色周末”活动调整为“彩色周末四季大家乐”文化工程，改一季活动为四季活动。1997年，路南区被市评为群众文化活动先进区，区文化局被评为“省级彩色周末活动先进集体”。1999年后，“彩色周末”活动地点包括纪念碑广场、公园、小区文化广场等；节目种类有评剧、独唱、合唱、民间舞、剑术、诗歌朗诵、相声、健身操及高跷等。2000年，区文体局再度被评为河北省“彩色周末”活动先进单位；广场街道办事处的15个单位被评为唐山市“彩色周末”活动先进集体。至2010年，“彩色周末”活动已形成较大规模，每年参与活动群众达数万人次，活动形式多样，丰富多彩。

图23-2 惠民园文化广场 （区委宣传部）

三、节日文化

1990年起，每逢元旦、春节、元宵节、儿童节、建党节、建军节、国庆节和其他重要传统佳节、纪念性节日，区文化馆、乡街、社区、学校均举办文艺会演、调演、晚会、游园、灯展等多种庆祝活动。1993年6月，区文化馆协同文教局举办中小学生文艺会演。1995年，庆祝国庆节，梁家屯乡、小山街道办事处等单位举办机关联欢会；女织寨乡、广场街道办事处等单位组织乒乓球、篮球和各种棋类比赛；友谊里街道办事处组织花会表演；区文体局组织文企联姻庆祝活动和书法、绘画大赛；学院南路街道办事处举办“演讲、卡拉Ok比赛”。1996年春节期间，组织广场文化活动，历时13天，演出27场，成为节期群众文化生活热点。1997年“新春大家乐”活动期间，在大钊公园举办“大型灯盏游园”活动。开展“金秋大家乐”活动，组织正月灯展、花会调演、元宵晚会、各类展览等8场次，组织活动点示范队表演800场次。2005年两节期间，开展“假日文化”活动，组织40场文体活动，主要形式有戏剧演唱、秧歌、花会、健身腰鼓等，活动范围遍及54个社区38个村，参与群众上万人。至2010年，节日文化活动日益增多，受到群众广泛喜爱，成为路南区文化发展新亮点。

四、文艺赛事

自1990年，为丰富群众业余生活，每年举办文艺会演、单项比赛、文艺调演等。1993年年底，由区文化局组织辅导的百人合唱队，在全市纪念毛泽东诞辰100周年职工歌咏比赛中获冠军。

1996年，纪念唐山抗震20周年，组织开展书法、绘画大赛，歌咏大赛，“河北省京剧票友大赛”，共有9人获一等奖，13人获二等奖，5人获三等奖，14人获优秀奖，2人获荣誉奖。参加“河北省京剧票友大赛”，由区文化馆创作并演出的小品《发财梦》《家》夺得第二名和第五名。另有小品《小花》《情系海港》分别在省市获奖。

1997年，组织迎香港回归系列活动。举办书法绘画大赛和群众歌咏比赛，共评出一等奖6人，二等奖13人，三等奖17人。由区文化馆创作并主演的小品《生日》参加1997年全国“群星奖”角逐，获铜奖。

2001年，举办以“纪念中国共产党成立80周年”为主题的文化展演活动和歌咏大赛，区老干部局合唱队演唱的歌曲《四渡赤水出奇兵》《爱我中华》获得金牌，并在全市歌咏大赛中取得第一名。

2002年，区文体局在全市纪念毛泽东《在延安文艺座谈会上的讲话》发表60周年活动中，获全部五项活动的一等奖、小康文化建设成果展一等奖，两个文艺节目分获特殊贡献奖和贡献奖；美术、书法作品分获一、二、三等奖；2 篇基层文化建设征文分获一、二等奖。

2005 年，区工商分局文艺艺术团在唐山市“3·15”消费者权益日宣传演出活动中，表演的《工商之歌》《模特表演》《生日》，分别获汇演一等奖、表演一等奖。2006 年在燕京健身体育公园举办社区中老年人舞蹈大赛，11 支队伍参赛，评出一等奖 1 人、二等奖 2 人、三等奖 4 人。

2008 年，组织参加唐山市评剧票友大赛，路南区有 7 人参赛，5 人获奖；参加唐山市建设社会主义新农村文艺调演，路南区 3 个节目均获优秀奖；在唐山市群众歌咏大会中，路南区获一等奖；在“三友杯”第五届中国评剧票友大赛中，路南区 2 名选手获奖；在唐山市街舞、健身操大赛中，5 名参赛者摘得桂冠；在全市“幸福的歌声”社区居民歌咏大赛中，路南区参赛队取得第二名好成绩；在全市庆“六一”少儿国标舞大赛中，路南区参赛队取得摩登舞第一、二名和拉丁舞第三名成绩。

2010 年，在各级赛事活动中，共获省级以上奖项 68 个，其中一等奖 18 个，二等奖 26 个，三等奖 21 个，优秀组织奖 3 个；市级奖项 32 个。

五、文化交流

1990 年起，先后有中国京剧团、海政歌舞团、总政文工团、唐山评剧团等著名文艺团体应邀到路南区文艺演出。2009 年，区文化体育艺术节期间，邀请唐山京剧团国家一级演员马占明、赵燕、闫瑞芳等表演节目，受到观众热烈欢迎。在全区庆祝新中国成立 60 周年“唱红歌、迎国庆”文艺晚会上，海政歌舞团著名演员马玉卿表演独唱《芦花》《我爱你，中国》，为晚会添色。2010 年，区文体局、唐山演艺集团共同承办，教育局协办新年红歌演唱会，特邀著名男低音歌唱家马子玉、马子越、马子兴“马氏三兄弟”，其精彩表演，让现场气氛高潮迭起，掌声雷动。在路南区“走向春天”新春联欢会上，国家京剧院二团团长、国家一级演员、“梅花奖”得主、程派传人李海燕，唐山演艺集团公司副总经理、中国戏剧梅花奖获得者、国家一级演员罗慧琴先后展示艺术风采，赢得观众阵阵掌声。

六、文化下乡

文化下乡活动始于 20 世纪 90 年代中期。区文化馆下乡小分队常年保持 3～5 个，为农村送去文艺、图书、报刊，并根据农时需要，放映种植、养殖技术科教片，帮助建立文化室。1996 年，在文化下乡活动中，共在两乡 8 个村进行 8 场演出，观众达 4000 余人；为两乡文化站各赠价值 1200 元图书。此次活动，市有线电视台和《唐山劳动日报》均作报道。1997 年，在演出、赠书基础上，开展电影下乡活动，仅上半年演出电影 17 场，观众达 1 万人。

1998 年，组织专业演员下乡演出，分组包村辅导，送去书籍及音像制品。年内，共开展 6 次文化下乡活动。在区文化馆带动和辅导下，群众自发成立 22 个秧歌队、1 个武术队，每逢节日，文化站均组织农民举行花会、卡拉 OK 竞赛活动。

2000 年后，扩大文化下乡规模，至 2002 年，累计开展各种形式的文化下乡活动 152 场，观众约 9 万人次；赠送图书 1 万余册；下乡辅导 30 次，接受辅导 1000 余人次。

2004 年，组织唐山市在全国和省文艺竞赛中获奖的音乐、舞蹈、小戏、小品类节目深入农村、厂矿巡回演出，集中一批作家、艺术家和书画家深入农村送好书、送好戏、送春联、送字画等，变“文化下乡”为“乡下文化”。各级电影发行放映单位广开片源，组织发行适合农村观众观看的影片。

2005 年，深入女织寨乡各村开展文体宣传活动 50 场，936 名演员参加演出；放映电影 9 场；赠书 1500 余册；发放创文明城等宣传材料万余张，吸引观众 3 万余人。2007 年，先后出动车辆 350 余次，组织 1300 余人次下乡巡回演出。共开展文体下乡演出活动 50 场，放映电影 10 场，赠书 2000 余册，印发宣传材料 3000 份。

2009 年，以“庆祝建国 60 周年”为主题开展“送电影送戏下乡进社区”活动，送戏下乡、下基层

140 余场，范围遍及 56 个社区、38 个村，观众人数达 10 万余人。2010 年，区文体局分别获河北省“文化下乡先进集体”和唐山市“文化、科技、卫生三下乡先进集体”称号。

七、举办艺术节

1990 年，路南区举办“1990 年金秋艺术节”，2500 余人参加 32 场演出，80% 的节目为自编、自导、自演。其中话剧《雷锋》演出 24 场，观众达 2 万多人。1993 年，组织以纪念毛泽东诞辰 100 周年为主题的第二届文化艺术节。2002 年 8 月，首届路南区社区文化节在广场街道办事处拉开序幕。整个活动出动业余演职人员 2000 余人，演出 18 场次。2003 年 8 月中旬至 12 月底，举办路南区第二届社区文化艺术节，活动内容涉及影、视、歌、舞、剧等多种群众喜闻乐见的艺术形式。其中，老干部艺术团在唐山市首届社区文化艺术节合唱《党啊，亲爱的妈妈》《走进新时代》《爱我中华》《四渡赤水出奇兵》等歌曲，获一等奖。2004 年 6 月至年底，路南区第三届文化体育艺术节召开。其间，共举办大型系列活动 17 项，参与群众达 10 万人次。路南区向市艺术节选送的 34 项艺术精品全部获奖。2005 年后，分别以“保持共产党员先进性，加快建设文化强区步伐，构建和谐路南，推进小康社会建设”“纪念中国共产党成立 80 周年”“迎接 2008 北京奥运”“纪念国庆 60 周年”“倡导健康文化”为主题，举办第四至第九届路南区社区文化体育艺术节。艺术节期间，推出一批群众喜爱的文艺作品，其中部分作品获省、市级以上奖励。

第二章　文艺创作

1990 年始，路南区文艺创作新人辈出，硕果累累，众多作品深受广大群众喜爱，多项作品荣获各种荣誉称号和奖励。至 2010 年，全区有文学组织 5 个，文艺创作者 49 人，其中省级以上协会会员 4 人，创办《今日路南》等文艺园地 2 个。在小说、散文、报告文学、民间文学、戏剧、小品、音乐、舞蹈、美术、书法、摄影、雕刻等诸多文艺表现领地，推出上百件优秀作品，文艺园地繁花似锦。

第一节　文学创作

一、小说

1991 年，唐山矿赵朕撰写女性小说《异曲同工的和鸣》，获河北省第三届文艺理论“金鹿奖”。1999 年后，开滦李芮的小说《生命的一种诠释》《槐花梦》《鸳鸯》获“中国煤矿文联乌金奖”，《开口说话》获“阳光文学奖”。2000 年，唐山市文联一级作家方明出版小说集《后福》。2002 年，开滦矿务局工会干部刘晓滨与刘三伶合作创作的《记者的故事》获“河北省五个一工程奖”。省作家协会会员、路南区建设银行姚翠琴创作的《假如给我三天光明》获唐山市文化艺术节征文二等奖。2005—2010 年，陆续发表小说有：文寰的《夕阳下的寻觅》，张宇天的《浩劫奇梦》，何玉湖的《燃烧的家园》《隐形拳手》，刘晓滨的《红戒指令》《阳光地带》《三棵树》，张建国的历史小说《姚广孝演义》《孙膑演义》《成吉思汗》，刘宝亮的《人魂》，肖波的历史小说《秦桧》《告状之后》，李助新的《惊世奇观》，王离湘、刘晓滨合作的《等待地震》，杨海光的长篇历史小说《蔡京》，贾玮的长篇历史小说《严嵩》等。

二、报告文学

1991 年，开滦工会干部石金城撰写的《小镇太阳神》，获富豪杯“人民文学奖”。1993 年，冀东烈士陵园管理处卞江创作，以描写抗日英雄节振国为题材的长篇纪实文学《威震敌胆》，由北京师范大学出版社出版。1997 年，刘晓滨创作的反映唐山改革开放发生巨大变化的报告文学《唐山唐山》，获河北省精神文明建设“五个一工程”奖。2000 年，唐山市园林局工会干部唐建文创作，反映反腐败内容的报告文学《罪恶的选择》，获河北省法制故事大奖和创作一等奖。2001 年，任荣会发表长篇纪实文学《开平寻梦》，创作的长篇报告文学《庚子遗恨》，获第四届全国煤矿文学乌金奖、长篇报告文学二等奖。2003 年，开滦唐山矿工人齐翔创作的《夏伟华和他的妻子》，获河北省第十届文艺振兴奖。2005 年，开滦许和平的报告文学《太阳系的星座》、李光蕊的报告文学《农民走窑汉》、祝雅丽的报告文学《皮影舞·俏夕阳·追访》获全国煤矿第三届艺术节“潞安杯”第五届全国煤矿文学乌金奖。2007 年，开滦矿务局工会干部杨迎新创作的《应景之景》，获河北省第十一届文艺振兴奖；报告文学《叶公醒来之后》以整编整版整幅发表于《杂文报》，并获全国《杂文》征文三等奖。2008 年，小山街道办事处郝来男创作的《我家之小康，国家之大同》刊登在《唐山劳动日报》第四版。

三、民间文学

1990 年，张建国组织采写的 4 部长篇历史小说《诸葛亮演义》《姚广孝演义》《孙膑演义》和《徐茂公演义》在内部发行。1993 年，区文化馆根据国家开展“民间文学”“民间故事”“民间歌谣”三套集成编写工作部署，组织人员调查和整理采集民间传说 3 篇，民间故事 2 篇，快意歌谣 20 篇，民间儿歌 11 条，民间谚语 7 大类 381 条，劳动号子 5 条，叫卖小调 12 条，歇后语 158 条，辑录成《路南民间故事选》，在内部发行。2008 年，区文化站征集民间文学资料，采集整理民间传说《常明庵的传说》《七妹与蛇郎》，编辑《路南民间故事选》。2009 年，开滦矿务局唐山矿工会干部赵朕采集整理的《财神庙的传说》，获河北省第三届民间文艺作品“长城奖”。2010 年，区文化站干部赵新民采集整理的《熊外婆的故事》，获唐山市民间文学三等奖，并被收录到路南《民间故事集锦》。

四、散文

1990—2003 年，陆续发表的散文作品有：开滦李光蕊的散文《温情的小巷》，张丽钧的散文集《畏惧美丽》《依偎那座雪峰》《花海銘香》，李贵胜的散文集《海韵》，碧青的散文集《谁会送我一双香草鞋》，杨静的散文集《倾诉与倾听》等。2004 年后，开滦作家老剑（王建政）陆续出版散文集《许愿》《老插记事》《走出巴东》，长篇纪实文学《我与大龙脉》。其中《许愿》和《我与大龙脉》两度获得由中国作家协会、中国煤矿文联和中国煤矿文化宣传基金会联合举办的全国煤矿文学乌金奖提名奖。至 2010 年，已出版肖波的散文集《缘槐琐语》，李志强的散文集《碎银集》，张丽钧的散文集《看见阳光就微笑》，刘恩辉的散文集《柳絮丝语》，王志勇的散文《我泼自己三瓢水》，姚翠芹的散文集《焦竹听雨》《寒梅映雪》《幽兰凝露》《雏菊傲霜》，孟翔聚的散文集《栗花香》。龚乃全的休闲散文集《半途而废》《烟缸闲趣》和乡土散文集《沙土地》，赵晓平的散文集《行云有影》，杨荻的散文集《尘世是唯一的天堂》，分获第六届全国煤矿文学“乌金奖”。此间，古枫（李大为）发表散文《寂静的角落》《绝壮的音乐》《洞中一日》。

五、诗歌

1990 年，诗歌作品有方明的诗集《这一条断裂带》；开滦矿务局工会干部刘振奎撰写的诗歌《黄河风》，获首届河北省田园诗歌优秀作品奖；开滦矿务局矿工报社干部祝雅丽撰写的诗集《寄语》获河北省第二届文艺振兴奖。1993 年，河北理工学院教师孙东地先后在《诗刊》《诗歌》《河北文学》等刊发表诗歌百余首，后结集出版《流向远方的水》《七月思绪》《我愿成为一支笔》《这不是那个黄昏》《访鲁迅故居》等，共收集 90 年代创作诗歌百余首。1995 年，开滦矿务局干部刘晓滨撰写的诗歌《行者》，荣获河北省“党魂”征文奖。2000 年，广场街道办事处干部张耀兰撰写的《洒向孩子都是爱》，长青小学教师赵晗撰写的《为建小康而奋发读书》《我眼中的小康社会与精神文明》，分别获唐山市社区文化艺术节征文比赛诗歌二等奖。2003 年，冯玉志的诗集《岁月拾零》、郑玉恒的诗集《耕文讲稿》、张玉成的诗集《从午后抵达》、邓树民的诗集《庶民集》、常利的诗集《雪梅香》、贾志勇的诗歌集《蚂蚁寻海》、孟昭民的诗词作品集《逸梦阁诗词选》等相继在各级报刊上发表。其中孟昭民被吸收为中华诗词学会会员，刘晓滨被吸收为中国楹联学会会员。2005 年，开滦祝雅丽的诗集《灵魂在高处》、张玉成的诗集《从午后抵达》获第五届全国煤矿文学“乌金奖”。

六、影视戏剧

1992 年，区文教局组织创作的反映农村精神风貌的话剧《小花》，参加唐山市第三届戏曲演出，获戏曲大赛一等奖。1995 年，区文化局组织创作的话剧小品《情系海港》，参加唐山市第四届戏曲大赛，获唐山市第四届戏曲大赛二等奖。2000 年，区文化馆组织创排评戏节目《情里守望》《科学发展记心间》，参加河北省戏曲调演，获优秀剧目展演一等奖、优秀配音奖、优秀演员奖。2005 年，区文化馆创作的《平凡岗位平凡人》，参加唐山市第四届社区文化艺术节戏剧小品比赛，荣获戏曲演出一等奖；评剧《黛诺》选段获三等奖。2008 年，区文化馆组织创作唐剧《唱唱咱们新唐山》，获唐山市第三届戏曲艺术节三等奖。其间，开滦集团老剑（王建政）、任荣会与人合作，先后编写戏剧电影电视剧《西柏坡》《成兆才》，话剧《打春》等。其中《成兆才》获国家广播电影电视总局 2007—2008 年度飞天奖、戏曲电视剧二等奖和第二十五届中国电视金鹰奖电视剧三等奖。他们与人合作编写拍摄的 24 集电视连续剧《大龙脉》，经中央电视台电视剧频道（8 套）黄金时段播出后，《人民日报》《光明日报》《中国煤炭报》《河北日报》等多家新闻媒体对该剧给予较高评价，2009 年，获河北省精神文明建设“五个一工程奖”。2010 年，曹海田创作的配乐朗诵剧《搬迁礼赞》，参加唐山市“七一”文艺会演，获演出一等奖。

七、曲艺

1990 年，开滦唐山矿社区文化中心创作的皮影《火焰山》，获中国唐山国际皮影艺术展演优秀演出奖。1995 年，区文化馆创作相声《发财梦》。1998 年，区文化局创作的快板《逛路南》，获唐山市文化汇演表演一等奖。1999 年，区文化局文化站创作山东快书《骗子》。2000 年，创作天津快板《生日》。2003 年，创作相声《家》。2005 年，区税务局创作相声《生日蛋糕》。2006 年 12 月，由路南区选送的曲艺作品《播撒真情》，在第五届唐山市社区文化艺术节戏剧新作品大赛中获一等奖。2007 年，区文化馆创作的快板《文明和谐新路南》、区教育局创作的快板《群策群力捷报传》，参加第六届社区文化体育艺术节演出，深受群众喜爱。2010 年，区工商局创作快板剧《搬家》。

八、小品

20 世纪 90 年代，小品创作硕果累累。1990 年，区文化馆创作的《生日》，获唐山市文化艺术汇演一等奖。1993 年，区文化馆为区税务局创作并演出的小品《生日蛋糕》，在市税务系统文艺调演中获特别奖。1995 年，开滦工人陈名亮创作《矿工》。1996 年，在河北省曲艺小品大赛中，由文化馆创作并演出的小品《发财梦》《家》获得第二名和第五名。区文化馆创作的小品《小花》《情系海港》分别在省市获奖。1997 年，区文化馆组织的小品《生日》参加全国“群星奖”角逐，获得铜奖，并在全市企业文化汇演中获创作、表演一等奖。1999 年，区文化馆编排小品《骗子》。2000 年，曹海田创作话剧小品《大好人》，得到观众一致好评。2005 年，区文化馆创作《“拆”字背后》。2008 年，创作群众喜闻乐见的话剧小品《搬家》。2010 年，由吕长春编剧、高建民作曲的小品《妈妈》，在河北省优秀社区文艺节目的评选中，被评为河北省优秀社区节目二等奖。

第二节　艺术创作

一、音乐

1990 年，开滦矿务局工会干部郭宝生创作的歌曲《睡吧，我的她》，获河北省田园新歌优秀作品奖和全国广播优秀新歌奖。郝立轩作词、石金城作曲的《银杏树生长的地方》，获第五届“中国广播奖”和“广播新歌优秀作品银奖”。2000 年，开滦工会干部刘振奎创作、石金城作曲的《工会是咱共同的歌》《开滦之歌》《小竹桥》获河北省总工会特别奖和河北省总工会三等奖。2004 年，郝立轩作词，石金城、杨煜作曲的歌曲《唐山之歌》，获中国合唱节银奖。10 月，区文化馆王乃宽、张秀梅、褚艳辉作词、作曲的《倾力打造新路南》，获唐山市文艺汇演优秀作品奖。2008 年，区文化馆王乃宽、褚艳辉作词作曲《希望之歌》《大妈为奥运做点啥》和表演唱《三杯酒》，在唐山市新农村文艺汇演中获表演优秀奖。2010 年，区文体局作词作曲的歌曲《我说唐山就是宝山》，获河北省征歌三等奖。

二、舞蹈

20 世纪 90 年代初，舞蹈创作渐兴，且创作质量不断提高。1991 年，在河北省第二届舞蹈比赛中，开滦矿务局钱营矿兰剑、刘建编导创作的舞蹈《脊梁》，获编导一等奖、表演三等奖和服装设计奖。

1995 年，区文化馆自创排练的舞蹈《茉莉花》《风采唐城》《小看戏》等，在唐山市社区文化艺术节比赛中获舞蹈三等奖。2000 年，开滦矿务局文工团编导范锦才创作的舞蹈《扳不倒》，在河北省燕赵新苗杯舞蹈大赛中获一等奖。同年，其创作导演的舞蹈《夕阳多娇》，在河北省群星舞蹈大赛中获二等奖。

2001 年，在华北五省市区第七届舞蹈大赛中，区文化馆馆长赵新民创作编导表演的舞蹈，获创作表演二等奖；开滦矿务局干部范锦才创作导演的舞蹈《醉夕阳》，获舞蹈比赛一等奖。2004 年，路南区选送的秧歌舞《花鼓》，在第四届唐山市社区文化艺术节秧歌大赛中获创新奖。

2005 年，开滦矿务局文工团编导范锦才，以舞蹈艺术作品中美的内容、美的形式、美的形象及三者间关系为切入点，对舞蹈的美进行本质探讨。由他担任创作导演的“俏夕阳”老年舞蹈队，先后获国家级比赛金奖 5 次，一等奖 7 次，省级比赛金奖 3 次。

2006 年，舞蹈《俏夕阳》参加央视春节晚会，成为春晚一大亮点，并获春晚歌舞类一等奖。后“俏夕阳”老年舞蹈队在石家庄、昆明、上海、广州等全国大城市累计演出 200 余场，先后获全国老年健身舞蹈大赛告别奖、全国第十届“群星奖”金奖、全国老年文艺调演金奖、全国“四进社区”文艺汇演获金奖。

2008 年，区文体局陈玉霞创作表演的民族舞蹈《激情奥运》，在唐山市社区文化艺术节舞蹈大赛中荣获三等奖。2009 年，区文体局集体创作表演的《健康的青春，舞动的旋律》，在唐山市第八届社区文化艺术节上荣获健身操大赛一等奖。2010 年，女织寨乡文化站，文北街道文化站，广场街道文化站创作表演的舞蹈《风采唐城》《小看戏》《欢庆》，在唐山市第九届社区文化节上荣获 2 个创作二等奖，2 个表演二等奖、1 个创作三等奖、1 个表演三等奖。

三、美术

1990 年，孙海文创作的国画《盼总理再来》，参加河北省新中国成立 40 周年美术展览大赛，获一等奖。1994 年，开滦矿务局工会干部周祖光创作的国画《采煤交响曲》，开滦文化馆干部郑瑞章、程彪创作的国画《野山晨早》《太阳魂》，参加全国产业文联美术、书法、摄影优秀作品展，获全国优秀作品展览奖。

1995 年，河北理工大学艺术学院教授李勤、徐士钦创作的国画《自然的韵律》，参加河北省美术作品展，获一等奖，并入选全国第八届美展精品展。同年，程彪创作的油画《太阳魂》，参加全国文联画展，获优秀奖，此作品同时获全国煤矿职工第四届美术、书法、摄影展一等奖。1997 年，马庆武创作的美术作品《细雨》，获河北省工艺美术协会举办的“河北省艺术陶瓷大赛”银奖。

1999 年，小山街道办事处刘文圃创作的水彩画《葡萄》，参加河北省庆祝建国 50 周年美术精品展美术展，获银奖，并入选由文化部和中国美术家协会联合主办的第九届全国美展。2001 年，程彪创作的油画《热舞》，获“爱我中华”中国油画大赛优秀作品奖。2003 年，孙淑文创作的陶艺作品《断想》《吉祥》，参加全国第二届陶艺展，获一等奖。2004 年，其创作的人物画《雪域子孙》，获河北省第七届燕赵群星奖和老年组美术作品一等奖，并入选全国第十三届“群星奖”美术优秀作品展。

2005 年，马庆武创作的作品《四季平安图》，参加上海中华文化遗产民族民间艺术博览会荣获银奖，作品被组委会收藏。开滦张霖生国画《闲云幽居》、庞宝金的招贴画获“唐钢杯”河北省企业（行业）界第六届员工美术书法摄影展览美术类一等奖，张英杰的《荷花送清香》获二等奖，薄惠明、杨东生获三等奖。

2006 年，孙淑文与乔文科、刘文甫合作完成绘画长卷《唐山大地震》，国画《温情》《雄关曙韵》等作品，获第五届唐山市社区文化艺术节书画作品展览一等奖。同年，马庆武创作的作品《群芳浴春图》，参加中国文化美术协会举办的陶瓷美术展览会，获中国“2006 年十大陶瓷艺术家最佳美术银奖”，作品被中国收藏杂志社收藏；李学忠创作的水彩画《社火》《南湖写生组画》，入选唐山市纪念抗震救灾 30 周年书画展，河北省首届水彩、粉画展，获唐山市画展一等奖。

2008 年，马庆武创作的名流画参加慈善拍卖会拍卖，所拍款全部支援汶川灾区，马庆武被中国美术协会、香港国际陶瓷协会授予“重建汶川、爱心大师”荣誉称号。在唐山市第七届文化艺术节绘画展览中，韩芙蓉的《温家宝与儿童》《柿子与和平鸽》，王圣历的《南山高隐图》，王洪爽的《墨竹》，王富桐的《富贵牡丹》等作品获一等奖。

2009 年，孙淑文作品参加上海世界博览会中国元素活动区文化艺术展，获河北省纪念新中国成立 60 周年美展优秀奖，国画《泉鸣幽谷》参加第八届唐山市社区文化艺术节“金色田野”农民美术、书法、摄影作品展，获国画类二等奖。马庆武创作的陶瓷美术作品《红楼诗意》，参加中国景德镇国际陶瓷博览会，被组委会评为“最佳艺术奖”，作品被中国收藏杂志社收藏。

2010 年 7 月，李学忠的水彩画《老机器》《南湖写生》，入选第一届全国水彩粉画展。

四、书法

1990 年，张耀来创作的作品获首届全国农民书法大赛优秀奖，作品被北京赛区收藏。1995 年，魏润州创作的书法作品，参加中国美术家协会“当代文人书画艺术大展赛”，获金奖，被编入《当代中华文人书画经典》，作品被北京华夏京都书画研究院收藏。创作的楷书作品参加首届大运河文化“武夷花园杯”中国书画大赛，获一等奖，作品被北京通州博物馆收藏。2000 年，创作的楷书作品，参加“桔子洲”杯全国书法大赛，获一等奖，被授予“中国当代书画艺术名人 500 佳”称号。创作的书法参加全国“唐宋杯”书法大赛，获“银奖”，作品收藏在《当代书画艺术家精品大典》。2003 年，创作的硬笔书法，参加“中国当代文人书法艺术大赛中”，获艺术大赛“金奖”，作品收藏在《当代中华文人书画经典》。

2004 年，韩畅的楷书作品，在河北省第七届书画大赛中获书法大赛“燕赵群星奖”，作品被河北省书法大赛组委会收藏。

2005 年，魏润州创作的硬笔书法作品，参加中国民族书画院举办的书法大赛，获书法大赛一等奖，被授予“中国当代书画艺术杰出成就奖”，作品被民族书画院收藏。2006 年，创作的书法作品参加纪念中国共产党建党85周年首届“和谐杯”全国书法作品大赛，被评为一等奖，魏润州获“首批全国文化和谐使者”称号。

2008年，李云奇创作的书法作品，获“第七届中韩书画家优秀作品交流展”优秀作品奖。2009年2月28日，胡抗美、王家新、刘金凯三人书法展暨路南区“三年大变样”汇报展在唐山博物馆开幕。张耀来书法作品“东方世龙”，在全国庆祝新中国成立60周年书法大赛上获金奖，作品被北京赛区组委会收藏。

2010年，魏润州创作的书法作品，参加全国文联协会举办的书法大赛，获“国家艺术金奖”，作品入编《百世经典》。魏润州被授予“中华民族杰出艺术家”荣誉称号。

五、摄影

1990年3月，开滦矿务局王珑拍摄的《奉献者》《记忆》两幅作品，参加全国摄影大赛，获优秀作品奖。1995年6月，拍摄的《金色的远方》，获全国第三届尼康杯摄影艺术大奖赛鼓励奖，《暮歌》获河北省优秀摄影作品银牌奖。

1996年，开滦矿务局孙明拍摄的《快乐的矿工》，在《河北日报》发表，获河北省第十三届摄影展金牌奖；《开拓者》获“河北省美术好生活百名摄影师作品大赛一等奖”。2000年，南厂干部郭凤祥的摄影作品《组照》《神奇的清东陵》获河北省“夕阳红杯”摄影大赛一等奖。

2003年，开滦矿务局陈启亮在《河北日报》《唐山日报》《唐山晚报》等报刊发表摄影作品10余幅，其中《矿工》在河北省“夕阳红杯”摄影大赛中获二等奖。女织寨乡齐丽娜的摄影作品《美丽的庄园》《南湖晚霞》，参加唐山市“迎国庆书画摄影展暨科学发展成果展”，获一等奖。

2005年，开滦矿务局孙明的《班中餐》、袁福利的《力量的延伸》、李庆新的《过把瘾》，分别获“唐钢杯”河北省企业（行业）界第六届员工美术书法摄影展览摄影类二、三等奖和优秀奖。2008年，袁福利作品《火树银花不夜天》参加河北省第十九届摄影艺术展，获艺术类铜奖。2009年，在唐山市第八届社区文化艺术节摄影作品比赛中，赵连生的《厕所变迁》《荷花坑市场》，宋玉山的《喜摘草莓》均获三等奖。

2010年，开滦矿务局王珑的作品《采掘光明的人》获第23届全国摄影展银牌、第20届河北省摄影展金牌奖。在唐山市“三年大变样摄影展”中，肖常的摄影作品《丹霞》获二等奖，郭凤祥的参赛作品《走进大南湖》获三等奖。在唐山市第九届社区文化艺术节上，宋玉山拍摄的《鸟瞰新唐山》《南湖处处美如画》获二等奖。

六、雕刻

1989年，中央美术学院教授、博导、学术委员会常设小组成员，首都规划委员会专家委员，中国工艺美术学会雕塑委员会会长钱绍武接受唐山市人民政府委托，为唐山大钊公园雕刻《李大钊纪念像》。前后历时3年辛勤创作，于1991年在纪念李大钊诞辰100周年之际，完成大作。像高4.5米、宽7.5米，用100多吨花岗石砌成，是目前国内最大的半身人像雕塑。作品将李大钊的头和肩夸大，用2块大型花岗岩，1块横的1块竖的，2块大石头拔地而起，方正的岩石，刚直不阿，简朴、大方、浑厚、开阔，像一座屹立在中华大地上不可动摇的泰山，表现了李大钊“铁肩担道义，妙手著文章”的英雄气概。此作受到业内人士和社会的广泛好评，曾四次发表于《人民日报》，并有专文介绍，还刊于《文艺报》《文化报》《北京周报·海外版》《人民日报·海外版》《中国青年报》《工人日报》以及台湾《雄师》美术杂志等。1992年获“20世纪中国大展”的学院金奖，刊于《人民画报》，并入选文化部选编的《中国美术五十年》大型画册。

2004年，在唐山市第三届社区文化艺术节手工艺品及“唐山瑰宝”皮影雕刻艺术作品展览中，李炜创作的《葫芦烫画》获一等奖，戚桂芝创作的《披肩》获三等奖。

2006 年，南厂工会职工郑宝峰继承祖辈传统木版年画制作工艺，尤其在矿物质色绘画方面有所继承和发展。其创作的作品《女锻工》《“上游”在奔驰》发表在“铁路职工报”，《三国关羽》《三秋图》《鱼樵耕读》等作品被唐山民俗博物馆收藏。

2009 年，钱绍武创作的《李大钊纪念雕像》获新中国成立六十年城市雕塑成就奖。

2010 年 8 月，唐山南湖国际城市雕塑创作营暨主题城市雕塑展活动启动，来自中国、加拿大、德国、西班牙、希腊等 20 个国家和地区的 40 位世界知名雕塑艺术家携作品齐聚南湖。本次雕塑创作活动是以唐山为背景，以“工业痕迹，现代生活”为主题，通过现场选材、雕刻制作等互动性强的雕塑制作，来实现艺术与城市的结合，打造雕塑艺术东西方文化融合的平台，同时推动唐山公共艺术事业发展。年末，由中国著名画家韩美林设计创作的中国最大铜塑、唐山十大标志性建筑之一的“丹凤朝阳”在南湖城市中央生态公园落成。雕塑分为基座和铜雕两部分，总高度 70 米。其中基座净高 9.23 米，铜雕净高 60.77 米，重 447 吨。中间为球形，寓意“太阳”，上下两部分为两组“凤凰”。在八尊狮子的拱卫下，铜雕高耸入云，形成独特的审美效果和视觉冲击力。“丹凤朝阳”意寓唐山“浴火重生”，飞向幸福、吉祥、光明、美好的明天。

第三节　电影《唐山大地震》拍摄

2008 年，是唐山“7 · 28”大地震 32 周年。32 年前的地震灾难在中国人民尤其是唐山人民心里留下难以泯灭的记忆。

图 23－3　万人观看电影《唐山大地震》（区委宣传部）

2008 年 3 月 5 日，在国家广电总局副局长赵实和电影局副局长张洪森筹划下，召开关于筹拍电影《唐山大地震》的会议。此次会议有两个议题，即电影投入额度和导演选定。会议最终确定投资额度为 1.2 亿元，其中华谊投资 5300 万元，中国电影集团投资 700 万元，唐山市政府出资 6000 万元。在导演选择方面，唐山市政府主张启用国内知名导演，运用名导在影视方面娴熟的技艺，诠释电影《唐山大地震》表现的情感和内涵。经多方洽谈，最终与著名导演冯小刚达成合作协议。

为拍摄电影《唐山大地震》，冯小刚在唐山南湖建设总面积 1.3 万平方米的影视外景地，成功复原 20 世纪 70 年代唐山小山一带的民俗风情和城市景观。为营造逼真的视觉效果，剧组请曾经为电影《指环王》做过特效的新西兰威塔工作室，用 10 个月时间搭建整条街 1 比 12 的模型；请韩国团队做地裂效果，将设备铺在地下，然后种树埋土；为让主楼坍塌场景更加合理，请来英国 MPC 公司，并调用军用设备，对楼房进行三维透视扫描，通过物理测试计算出楼房倒塌的每一个步骤和对周边环境造成的影响；为保证长镜头的真实性和连贯性，采用 MCC 运动控制摄影系统，用多次拍摄合成一个镜头，并保证每一次镜头运动的速度、角度和上一次的轨迹一样。

电影《唐山大地震》于 2009 年 7 月 1 日开始拍摄，12 月份拍摄完成。2010 年 5 月份完成后期制作。为展现大地震的惨烈，外景地在电影拍摄中被爆破炸毁，变成一片废墟。7 月 12 日，电影《唐山大地震》在唐山市举行全球首映式。

第三章　文化市场

1990年起，路南区坚持一手抓管理，一手抓发展，促进文化市场不断繁荣。至2010年，全区有网吧26家，歌舞厅11家，酒吧16家，音像经销商34家，书报刊市场3个，文物市场2个，书画市场1个，书画经营店（院）4家，半专业和群众性业余表演团体49个，图书门店（摊）36个，印刷复印店19家。

第一节　市场构成

一、音像市场

20世纪90年代初，音像市场经营以戏剧、曲艺、音乐等音像制品居多。90年代中后期，随着录像机、VCD、DVD进入家庭，录像带、激光影碟涌入市场，影像内容随之扩展至影视、戏曲、音乐、教育、卫生保健等方面。至1995年，音像经销商达59家。2000年起，音像经营朝规模化、规范化发展，部分商贩在城区开辟门市，在专业市场摆摊设点。年内，音像经销商有57家。2005年，随着网络发展，电脑普及，音像市场逐步萎缩，经销商减至47家。2010年，仅剩34家。

二、书报刊市场

20世纪90年代前，书报刊由新华书店和邮政系统经营。1990年后，书报刊个体经销户开始出现。后随市场放开和个体私营商业恢复，以及广大群众对文化需求日益增长，书报刊经营发展迅速。1995年达到36家，分布在各市场、街道、社区。2000年发展至49家。经销户或经营新版书刊，或专营旧刊旧书，有的开设门市，有的在街头开设书报亭，有的在集贸市场摆摊设点。其中，唐山一中学校东门北侧书刊亭三家连排，渤海早市街心公园西侧露天6家成片，新天地有20多家商户专门经营图书报刊，每家每年经营书刊数百种、近万册。2010年，全区有书报刊市场3个，书报刊经销户36家。

三、书画市场

1990年，境内营业性书画装裱店仅有1家，兼营字画。2000年后，开始出现书画院和公司。2010年，全区营业性书画装裱店、字画店达4家，其中形成规模的有李建创办的风阁书画院、柳宝山创办的南湖书画院、王伟创办的书承斋文化艺术有限公司。

四、演出市场

1990年，喜剧爱好者相继组建戏剧、皮影、歌舞、音乐、曲艺、评戏、歌唱、花会等业余表演团队。1995年，业余民营演出团体达到19家，半专业民营演出团体2家。演出以欢庆节日、老年寿诞、婚丧嫁娶、开业庆典、婴儿满月、商品促销等居多。半专业民营演出团体每年演出近50场，每场收费200～1000元不等。业余演出团体每年演出近200场，均为义务演出，不收取任何费用。此后，演出市场日益繁荣，表演团体日渐增多。2010年，半专业表演团体达到8家，每场收费500～1000元不等；各类群众性业余表演团体49家，演出250场。

五、文物古玩市场

文物古玩市场兴起于20世纪90年代中期，由集贸市场工艺品、旧器物摊点发展而成。开始设在新华楼农贸市场（早市），多为个人和亲友家藏旧物出售，后发展至由外地采购后出售，其中到天津、北京文物古玩市场采购者居多，逐步练就了一批专业、半专业的文物古玩经营商。经销品种主要有古铜器、玉器、瓷器、书画、钱币、毛主席纪念像章等。至2010年，文物古玩经营户达62家，主要分布在华岩路步行街、荷花坑市场东侧、新天地市场、光明路东新华步行街等地，经销品种增加古木器、漆器、旧版典籍、民俗文物等。

六、文艺培训市场

1990年3月，东方美术培训学校成立，为路南区第一家民营培训学校，招收学生26人。此后，顺应家长对子女成才培养的需求，文艺培训市场发展迅速。1995年，美术培训学校发展至5个。2005年，音乐、舞蹈、美术等专业艺术学校达到9个。2010年，音乐、美术、舞蹈、歌舞等专业艺术学校发展至12个，在校学生290人。文艺培训市场的形成，造就了一批具有各类文艺特长的后备人才。其中东方美术培训学校学生有5项作品获省、市级奖励，另有13名同学分别被开滦一中、唐山市第八中学以文艺特长生录取。年内，全区规模较大的艺术类培训学校有路南区A+综合培训学校、路南区彩虹智能多元培训学校、华夏艺术培训学校、路南区紫藤培训学校、路南区新理念培训学校，共招收学生1335人，开设美术、舞蹈、古筝、书法等专业。

第二节　市场管理

20世纪90年代初，依据河北省《图书报刊出版管理条例》《图书管理实施细则》《关于加强营业性歌舞娱乐场所管理办法》和唐山市《关于禁止经营性电子游戏场所对中小学生开放的决定》，制定《治理整顿文化市场岗位责任制》《关于“扫黄打非“工作的意见》；成立由宣传、文化、公安、工商等部门参加的“扫黄打非”工作领导小组，建立稽查队伍，对文化市场进行定期和不定期检查，遏制违规经营行为。1993年，组织突击性检查4次，定期检查12次，查禁违法书刊120册，收缴非法出版物1500余册、淫秽色情音像制品1700盒，停业整顿书刊、音像、歌舞、录像经营户6家，取缔无证经营书店、音像店、录像厅9家。1995年，重点治理游戏厅违规经营行为，联合有关部门统一检查5次，定期检查39次，不定期检查59次，全年大规模突击检查3次，共收缴、查获违禁书刊1300册，关停游戏厅15家，收缴赌博游戏机集成电子板块50块，销毁赌博机20台，收缴淫秽色情音像制品398盘。

1998年起，通过明查暗访，对网吧、游艺厅进行重点检查，至2000年的三年间，共收缴销毁非法印刷印制书刊1398册，依法关停违规经营的网吧、游艺厅15家，收缴赌博机集成电子电路板块35块，收缴淫秽色情音像制品586盘，累计罚款3.5万元。2001—2005年，依法对文化市场集中检查10次，检查文化市场和网吧39家，责令停业整顿6家，停业网吧5家，关闭游艺厅3家，收缴赌博机集成电子电路板块36块，销毁赌博游戏机13台；联合各部门对文化市场集中大规模检查9次，停业整顿文化经营门店、摊点45家，取缔无证经营摊点13家。2006年后，以“扫黄打非”专项整治工作为重点，对全区文化市场进行全方位整治。至2010年，共取缔无证经营35家（次），收缴非法出版物2300册，收缴盗版音像制品5400盘，收缴销毁赌博机集成电子电路板块180块，处罚违规经营户20家，罚款2.2万元。

第四章　图书发行阅览

随着经济繁荣和社会进步，图书发行呈逐年增长趋势。与之相适应，公共图书馆，单位图书室设施逐步完善，藏书量每年递增。2010 年，全区藏书 120 万册以上的图书馆 1 个，50 万册以上图书馆 1 个，5 万册以上图书馆 2 个，3 万册以上的图书馆 3 个，1 万册以上的图书馆 13 个，5000 册以上的图书馆 4 个，1500 册以上家庭书屋 38 个，2000 册以上的文化站 5 个。

第一节　图书发行

一、新华书店

1990 年，路南区域内仅有大型书店 1 家，即唐山市新华书店，位于文化路 11 号，建筑面积 7000 平方米，有职工 185 人。经营图书及音像制品 4.5 万余种，年销售图书 240 万册，实现营业利润 55 万元。1999 年 3 月，新华书店人、财、物统一上收，由河北省新华书店集团垂直管理，体制由事业单位改为事业单位企业管理。2000 年，新华书店有职工 196 人，经营图书 7 万种，年销售 150 万册，实现利润 40 万元。2001 年，新华书店营业大楼改扩建，2003 年 3 月建成营业，更名为“唐山书城”，营业面积 1.14 万平方米，图书品种 11 万种。至 2005 年，内部职工 230 人，经营图书 8 万种，年销售 130 万册，实现利润 10 万元。2008 年 12 月，新华书店整体拆迁，暂时租赁新天地华润万家四层、远洋城二层，总建筑面积 7660 平方米。2009 年，销售各类图书 230 万册，销量最好的属文化教育、少儿读物两类图书。2010 年，市新华书店仅有新天地店和远洋城店。市新华书店多年荣获河北省新华书店系统教材、教辅发行先进单位，青少年读书教育活动全国发行特等奖和唐山市精神文明建设先进单位，省市“消费者信得过单位”荣誉称号。年销售图书 218 万册。

二、基层销售点

1993 年 3 月，唐山市新华书店在建设路、复兴路、西窑、钢厂桥、建国路等繁华地段建立 5 个门市部，总面积 1.28 万平方米，经营图书品种 5 万余种，创利润 57.3 万元。2005 年，撤销西窑门市部。2006 年，撤销复兴路门市部，改为出租经营图书。2009 年 5 月，建设路门市部整体售出。此间，个体图书经销户快速发展，形成新华书店与个体经营共存互补的销售格局。2010 年，路南区有新华书店基层销售点 2 个，个体图书经销户 36 个。

第二节　图书阅览

一、区、乡（街）、企业图书馆

1990 年，路南区图书馆和文化馆设在文教局二楼，建筑面积不足 70 平方米，工作人员 3 人，藏书 1.76 万册，报刊 136 种。是年，在 7 个街道办事处建立公共图书室，藏书总量 1.05 万册，报刊 63 种，杂志 101 份。开滦集团有图书馆 18 个，藏书 54 万余册。2000 年后，各乡街公共图书室陆续扩建为图书馆。是年，全区厂企公共图书馆（室）藏书量在2万册以上的主要有开滦集团公司直属机关工会图书馆、唐山矿图书馆，所藏图书分为纪实文学类、小说类、外国文学类、文化教育类、医疗卫生类、综合类、期刊杂志七大类。2010年，全区8个乡（街）文化站全部建立图书馆，藏书近6万册，其中女织寨乡文化站图书馆建筑面积64平方米、藏书2.3万册，小山街道办事处文化站图书馆建筑面积58平方米、藏书1.6万册，文化北后街街道办事处图书室建筑面积14平方米、藏书8000册。开滦投入资金对图书馆改造升级，设置图书藏室、阅览室和办公室，配备专职图书管理员，购入图书管理软件系统，实现微机化管理。开滦集团公司直属机关工会图书馆、唐山矿图书馆藏书量均达4万册以上。

二、学校图书馆（室）

1990年，路南区有区属和驻区学校图书馆32个，专兼职工作人员135人，图书馆总面积4036.5平方米，藏书总量157.74万册，电子图书4.1万册。其中藏书3万册以上学校6所，分别是河北理工学院图书馆藏书35万册、报刊96种；唐山九中图书馆藏书6万册、报刊48种；唐山市第二十六中学图书馆藏书5万册、报刊56种；开滦十中图书馆藏书3.3万册、报刊38种；唐山市第四中学图书馆藏书4万册、报刊39种；唐山市第五中学图书馆藏书3.1万册、报刊19种。中小学校藏书平均每个小学生22册，中学生31册。之后，区教育局制定“大馆舍”“小馆舍”并举工作思路，对区属中小学图书馆进行改造。1998年，推行“一型三式”（超市型，开放式，书吧式，自助式）建馆模式，体现“资源共享、特色明显、管理精细规范”的特点

2003年，河北省第三次“普九”复查，投资85万元，改造一批具有不同风格的中小学图书馆，其中有学院路小学“扬帆”主题图书馆、友谊里小学的“日出”主题图书馆、燕京小学的“原野”主题图书馆、新华楼小学的“惜时”主题图书馆、东新街小学的“书海遨游”主题图书馆、文北小学的“书香阁”主题图书馆，第四中学图书馆由原来的200平方米扩展至400平方米。

2004年3月，区教育局建立信息中心，光纤入校，并引进图书“自动化管理软件”，实现各校信息资源共享。2006年4月，路南区参加全省图书管理经验交流会，获省团体总分第二名，并获图书管理一等奖。

2008年，丰富馆藏资源，区教育局在图书购置上实行统一配备与“1∶1”奖配相结合制度，即学校主动购书，教育局则对其进行“1∶1”的资金奖配，调动学校购书积极性。2009年，全区统一配备资金达80余万元。

2010年，多媒体设备进入各校图书馆，图书馆实现“馆内课堂化”。是年，全区区属中小学校馆藏图书103.7万册，小学生生均藏书33册，中学生生均藏书42册。累计有18所学校图书馆被评为省一级图书馆。路南区教育局获国家级图书馆先进集体称号。河北联合大学逸夫图书馆被评为河北省甲级图书馆，藏书120万册，电子图书260万种，数据库26个，自建特色数据库13个。唐山职业技术学院图书馆馆藏纸质书刊73.47万册，中文纸质期刊1560种，外文纸质期刊11种，过刊3万册，建有6个特色电子资源数据库，电子期刊7447种。

三、家庭（农家）书屋

1990年，城乡居民家庭藏书数量较少，且藏书以政治宣传类居多，另有少量文学、科技类书籍。后随物质生活水平的提高，家庭购书日益增多，出现自办书屋。2005年，居民自办图书活动室56个，藏书9000册。2006年，对全区百名六年级小学生家庭藏书情况进行调查，藏书1000册以上的5户，500～1000册的13户，300～500册的19户，100～300册的36户，100册以下的9户。其中，霍淑华藏书1400余册，既有国内外名著原版及经典著作，又有社会类、辅导教材及现代文学、艺术类等书籍。除自己阅读外，另向唐山二十六中学学生开放。2009年起，为满足农民精神文化需求，在女织寨乡各村始建农家书屋。2010年，38个行政村全部建起家庭书屋。每个书屋投入近3万元，配备图书1500册，报刊

30种，电子音像制品100种（张），并对配备出版物登记，统一编目，分类陈列。为提高农家书屋服务质量，除健全《管理员岗位职责》《农家书屋管理制度》《图书借阅制度》外，对每名图书管理员进行岗前培训，并规定每周不少于5天开放时间，以满足广大农民看书需求。

第五章　文物博物

路南区地处市中心区，无专门文博职能管理部门。受1976年“7·28”唐山大地震破坏，原有古遗址、古建筑已遭受毁灭性破坏。震后经过恢复建设，文物保护得到加强。2010年，区内存有近现代建筑遗址4处，国家级重点文物保护单位2处，河北省重点文物保护单位2处。驻区文博单位2处。

第一节　文　物

一、双桥里东桥

位于双桥里西桥东30余米处，为京山铁路线铁路桥，下行桥墩始建于光绪十五年（1889年），上行桥墩始建于民国四年（1915年）。唐山解放后曾于1950年、1955年两次大修，1958年基础改建。桥梁整体为方条石垒砌，桥下行为木质支座，侧线为钢轨支座，下部为连续桥梁双孔，孔长25.3米，宽2.6米，高6.5米，中墩柱宽0.75米。该桥西侧与铁路平行有6米宽的公路，供机动车及行人行驶，一堵砖墙隔开轨道和公路，墙内火车行驶，机动车于墙外南北相同，桥洞可供行人或小型车辆通过。火车通行处桥面铺设3条铁轨，东侧两条为水泥枕轨道，西侧一条为木质枕木轨道，桥面东侧有铁栏杆和铁网围栏。桥梁、铁路、公路、人行桥洞仍在交叉使用中。该桥是唐山市建造最早的铁路、公路、行人立体运输桥，是唐胥铁路的重要组成部分。其石质桥墩历经百年和强烈地震并未损坏，对其依法保护将为研究中国近代工业史、铁路创建史、路桥建造工艺及路桥结构力学等提供重要佐证。

二、开滦唐山矿一号井

始建于清光绪五年（1879年）。早在光绪二年（1876年），开平矿务局创始人唐廷枢选定井位。光绪四年（1878年），将从英国订购的钻机设备运至工地，并由英国矿师巴尔督率工人安装完毕。年内，正式开钻探煤。当时探得一号井下有煤6层，按日产500～600吨计算，可供60年开采。

图23-4　1878年，开平矿务局建立。1881年，唐山矿开始出煤，这是中国近代最早使用机器开采的大型煤矿，被誉为“中国第一佳矿。”　（开滦档案馆）

光绪五年（1879年），由开平矿务局雇佣的英籍矿师白内特主持，在钻探处采用炸药、放炮、汽绞提矸的西法开凿一号井筒。一号井作为唐山矿提升井，井深600英尺（183米），在距地表200英尺（61米）、300英尺（91.5米）、500英尺（152.5米）处，分别开凿3条井下平巷，与一号井和当时开凿的二号井贯通，平巷的上巷供通风，中巷和下巷为运煤巷道。光绪七年（1881年），井架、绞车等机器安装完毕，即开始出煤。一号井成为中国第一眼采用机械提升的矿井。

一号井井筒建设，有别于昔日小煤窑，井筒为圆型，用料石砌井壁，井径4.27米，井架当时采用木井架，高20余米，天轮直径2米，采用自重15吨的三层罐笼提煤。后于光绪二十九年（1903年）改为双层罐笼，每层可装两个煤车。

一号井下的巷道按西方近代大煤矿采掘工艺布置，拱型巷道用料石、块铁筑成，坚固宽大，为中国最早竖井阶段石门开拓方式，一直延用至今。至光绪十年（1884年），一号井下巷道长10余公里，其中5.63公里铺设小铁道，用于马拉运煤。

清光绪十六年（1890年），一号井筒向下延深至4水平。是年9月20日《益闻录》曾记载一号井情况，并称赞："按此井深而坚牢，出煤之多（当年产煤25.9万吨），速而省工，诚中国第一佳矿也。"唐山矿一号井建成后，不仅使中国采煤业为之一振，也使西方诸国感到惊诧，赶来参观的欧美煤矿专家在参观一号井后称赞道："唐山矿的煤井在设计、建筑和材料方面可以和英国以及其他地方最好的煤矿媲美。"

光绪三十一年（1905年），一号井延深至5水平。1938年又由5水平延深至7水平，成为当时中国最早、最大矿井。

新中国成立后，国家代管开滦，开始有计划对唐山矿一号井进行技术改造。1952年，将一号井延深至9水平，汽绞车改为电绞车，木制井架改成钢井架，罐笼改为6吨箕斗，并在一号井下开拓新采区。1955年，在一号井安装使用加拿大产MT—1200马力单电机拖动绞车，井眼延深至-479.8米。1970年，再次对一号井实施技术改造，将单电机拖动改为双电机拖动，增装1台国产YB—18/51—12型500KW电机，箕斗鎔量增至9.5吨，提升深度为-543米，年提升能力达到150万吨。

1976年"7·28"唐山大地震，一号井遭到破坏，井架歪斜，绞车房倒塌，井下被淹，后在辽宁抚顺矿务局协助下，于当年8月20号恢复提升，10月1日正式提煤。

20世纪80年代至90年代，一号井提升能力一直稳定在150万吨以上。2009年年底，唐山市文管处将唐山矿一号井申报"河北省国家级文物保护单位"及中华人民共和国"全国重点文物保护单位"。

2013年5月，唐山矿1号井以"路南区清代开滦唐山矿早期工业遗存"项目，被国务院批准为第七批全国重点文物保护单位。

三、唐山矿达道

光绪七年（1881年），开平矿务局唐山矿出煤后，由于质优价廉，加之有唐胥铁路和运煤河沟通外部市场，很快占领华北、华东市场。为满足全国各地对开平煤需要，增开林西矿之后，又于清光绪二十一年（1895年），在距唐山矿一号井西北3华里处开凿新井，称西北井。因流沙层过厚，建井一度中止。后于光绪二十三年（1897年），在岩石裸露处选址建井，井深125米，光绪二十五年（1899年）开始出煤。

图23-5　唐山矿达道　（开滦档案馆）

新建西北井实为唐山矿一号井之附井，系独立提升系统，产量并入唐山矿。为使西北井所产煤能从唐山矿一号井架下的唐胥铁路转运销售，在唐山矿与西北井间修筑3华里长的联络铁路支线。因唐山矿一号井与西北井之间相隔一条东西向的广东街（为唐山市当时主要街道，今改新华道），故于光绪二十五年（1899年），在广东街路基下开凿南北走向的隧道式桥洞，使火车可经此直达西北井，并取通达久远之意，称其为“达道”。该达道为拱型券砌式隧洞结构，采用掏挖方法开凿，净高5.7米，宽7.65米，全洞长65.1米。南北洞口上方各镶有一块石碑，上写“达道光绪己亥二十五年四月初四开平矿务局”字样。

隧洞从地基到券顶全部为条型料石券拱而成，坚固无比，虽经百年沧桑，特别是1976年唐山大地震，丝毫无损，上下一直通行汽车、火车（主要作为飞机场和粮库转运支线）。

西北井共经营26年，通过这条达道向外转运出265万吨煤炭，后因多次透水淹井，难以治理，于1920年2月关闭，达道随之成为历史遗迹。

2009年，经唐山市文物管理处考证，决定将唐山矿一号井及坐落在一号井北侧的唐山矿达道（俗称北大碹）确定为申报省级重点文物保护单位及全国重点保护文物。

2013年5月，唐山矿达道以“路南区清代开滦唐山矿早期工业遗存”项目，被国务院批准为第七批全国重点文物保护单位。

四、唐山铁路南站

原铁路唐山站，是中国历史上第一条自建铁路——唐胥铁路起点。清光绪五年（1879年）5月，动工修建唐胥轻便铁路。光绪八年（1882年）年初，唐山火车站建成并正式营业，站址选在市内天桥东侧老站道口处，站线为两股。后因各种原因造成路基塌陷影响行车安全，于光绪三十三年（1907年）西迁至现址。火车站建筑为典型的英式风格，站舍外观酷似皇冠形状，为二层建筑，设有候车室、售票室和行李房。1976年唐山大地震中，唐山火车站遭到毁灭性破坏。但在铁路唐山南站仍在使用的老站铁路建筑设施仍保留三处最具代表性的历史遗迹，分别是“旅客天桥”“候车钢架雨棚”“铁路水塔”。

图23－6　震前唐山火车站（现唐山南站）　（区档案局）

旅客天桥　建于1922年，为钢梁结构，桥高5.9米，桥梁延长段长度为48.3米，跨越6股铁道线。1976年唐山大地震中，出站口方向的引桥护栏被砸弯，后经整修复原，但痕迹依见。该天桥仍在继续使用。

候车雨棚　有大、小两座雨棚，均为尖顶铁瓦木结构，位于上行站台上。小雨棚建于20世纪20年代，高5.6米，面积250平方米。大雨棚建于20世纪50年代初，高7.5米，面积756平方米，四周共有32根木柱。唐山大地震后，多根木柱断裂，整个雨棚向东侧倾斜。抢修扶正时更换16根木柱，依然十分壮观。

铁路水塔　位于站前南侧围墙外，钢筋混凝土结构，建于1939年。高24米，容积30吨。该水塔在唐山大地震中安然无恙，一直为铁路部门主要供水设施。

第二节　博　物

一、开滦博物馆

坐落于有着130年历史、具有“中国第一佳矿”美誉的唐山矿区内，为开滦国家矿山公园标志性建筑，隶属开滦集团公司。2007年年底筹建，2008年10月建成并对外开放，2009年入围全国博物馆十大精品陈列。占地1.5万平方米，建筑面积7400平方米。是河北省爱国主义教育示范基地、河北省首批文化产业示范基地。

图23－7　开滦博物馆　（开滦档案馆）

开滦博物馆从外观设计上，既吸收了原开滦天津矿务总局大楼元素，也融进开滦绞车房建筑风格，赋予其鲜活的煤炭行业特征。从空间布局上，博物馆正前方耸立着由原中央美院副院长侯一民教授设计制作的“世纪追梦”雕塑，彰显出几代开滦矿工薪火相传的“特别能战斗”的精神。序厅主题雕像——矿魂，高6米，长14米，由20吨黄铜铸成，共雕塑79个人物，巧妙地反映开滦人矢志不渝地追求和梦想。

博物馆展陈设计以“黑色长河”为主题，展陈面积3000余平方米，展线达600余米。内容分为“序厅”“煤的史话”“洋务运动与中国近代煤炭工业兴起”“一座煤矿托举起两座城市（唐山和秦皇岛）”“他们特别能战斗”和“百年基业长青”六部分。共陈列展出展品600多件，分早期工业、革命历史、地质化石等类别，囊括从远古的树化石，到开滦煤矿所有时期的文物。馆内还展出中国迄今存世最早的股票——“开平矿务局股分票”，以及记录100多年中国企业管理细节的“羊皮蒙面大账本”等十分珍贵的“镇馆之宝”。

博物馆陈列展示汇集雕塑、泥人彩塑、绘画等艺术手段，恰当运用图片、文字、实物、电动图表、场景复原以及多媒体等方式方法。其中大型多媒体景观——“森林与海洋的曼舞”讲述了煤的由来与生成；融知识性、趣味性、高科技于一体的“古代采煤”幻影成像情景剧，生动再现明清采煤场景；270度大型环幕数字影片——“百年追梦”，向游客讲述着民族工业命运多舛、跌宕起伏、永不言败、奋勇抗争的历史与未来。

开滦博物馆馆藏一、二等级文物一览表

表23－1

等级	文物名称	数量	等级	文物名称	数量
1	开滦建矿征地乾隆二十七年地契	1张	2	开滦医院用美国产X光机	1台
1	光绪七年开平矿务局股分票	5张	2	中国第一台煤水泵木样	1台
1	光绪七年开平矿务局股分票	1张	2	华北人民政府任命徐达本原件	1件
1	光绪十七年开平老股票及取息存折	1张	2	开平矿务公司股票1901年	11张
1	唐胥铁路铁轨	1段	2	开平矿务公司股票1912年F0940号	1张

开滦博物馆馆藏一、二等级文物一览表

续表 23－1

等级	文物名称	数量	等级	文物名称	数量
1	开平矿务局 1901－1912 年大帐本	28 本	2	滦州矿务股份有限公司记名戌 01221 股票	1 张
1	开平矿权诉讼伦敦高等法院诉讼记录	1 本	2	泥金彩绘“慧威灯佛”	1 尊
1	开滦双环标识设计手稿	1 本	2	泥金彩绘“才光明佛”	1 尊
1	开滦发电厂五号发电机组	1 组	2	泥金彩绘“窟庄严佛”	1 尊
1	国务院总理周恩来签发孙然的任命书	1 本	2	泥金錾花大肚佛	1 尊
2	开滦砖商标审定书	1 本	2	豆青铁花团寿纹瓶	1 件
2	开滦 1901－1949 年大帐本	38 本	2	开滦代金券	10 张
2	1878 年开平矿务局招股章程	1 章	2	滦州矿务股份有限公司无记名股票	1 张

说明：开滦博物馆馆藏文物由文物鉴定专家根据相关标准鉴定后评出一、二、三级，但因种种原因未向国家递交申报。

二、中国·唐山地震博物馆

位于京山铁路东侧、唐胥路北侧的唐山地震遗址纪念公园，2010 年建成。占地 41.33 公顷，总投资 4.9 亿元，为中国最大地震主题展馆。展馆总建筑面积 1.2 万平方米，分为地震科普展厅和地震纪念展厅。地震科普展厅为地上一层，分为地震科学、地震活动观测、地震灾害防御、地震紧急救援、地震活动体验、人类美好梦想等 7 部分，主要展示地震科普知识、国内观测预报地震的高科技手段，建有地震体验环幕影厅、4D 影院、逃生演练培训教室等，利用声、光、电等形式宣传和普及防震减灾科学知识。地震纪念展厅于 2009 年建成，包括序厅和劫难篇、救灾篇、自强篇、振兴篇、发展篇 6 部分。共展出照片近 500 幅，实物近 400 件，复原式景观 4 组，蜡像 30 余尊。向人们展示唐山大地震造成的巨大灾难，以及震后唐山人民在全国人民支援下抗震救灾、重建家园的伟大壮举。

第三节　遗　迹

一、侵华日军军事设施

侵华日军暗堡　位于唐山机车车辆厂西北，东侧紧邻铁路，北侧为唐山南站西值班区，为守护铁路而修建。暗堡地上建筑为圆柱形，高 0.72 米，直径 1.7 米，地下有防空洞，顶部有 5 个小孔，外壁有 6 个枪眼，均已封死。暗堡为钢筋混凝土结构，保存尚好。

图 23－8　位于新华东道旱桥的侵华日军碉堡（区委宣传部）

侵华日军碉堡　位于新华东道南侧旱桥。为抗日战争时期日本侵略军为掠夺唐山煤炭等资源在京山、唐秦铁路沿线而建。岗楼间距一般为 500～1000

米不等，采用钢筋混凝土浇筑，整体圆形，直径约 4 米。顶有岗台，周围设有瞭望孔和射击孔。岗楼分东、西、南 3 个方向设一楼门，门高 2 米，宽 0.5 米。多年来，由于京山——唐秦铁路沿线改造频繁，大部分岗楼已被拆除，仅存少量。其中旱桥路东侧桥上仍有一座保存完好。

唐山机车车辆厂内碉堡　位于唐山机车车辆厂院内。碉堡为圆柱状，钢筋混凝土结构，高 4.3 米，直径 5 米。四周密布枪眼，主体向南侧倾斜且开裂，北侧、南侧残损。整体保存较差。

二、地震遗迹

河北理工大学图书馆地震遗迹　系国务院批准的国家重点保护的地震遗迹之一。震前，图书馆建筑面积 4900 平方米，建筑造型为“T”形，由两部分组成：前为三层高的阅览厅，可容纳 750 人；后为四层书库，藏书 20 余万册。地震发生时，图书馆刚刚建成不久，尚未交付使用。在地震波冲击下，图书馆发生错综倒塌。阅览厅西部由北向南倒塌，原先的房顶倒塌平铺至南边小路，中间部分垂直下落，东部山墙震裂，主体直立保留。书库一层在强烈的地震波中被粉碎，现为原二、三、四层，且楼的整体向北偏东方向位移 1 米。该地震遗址对研究地震科学和研究建筑物结构具有参考价值，曾吸引数万名国内外专家、学者参观，成为感受唐山地震最直观的地标。

图 23－9　河北理工大学图书馆地震遗址
（河北理工大学宣传部）

原唐山十中地震遗迹　位于复兴路西侧，东距唐山“断裂带”约 2000 米，为唐山地震烈度Ⅺ度区，周边属民居和商用房混杂区。以标志碑为基点，地理座标为北纬 39°36.42′，东经 118°11.84′。地震中沿“断裂带”两侧极震区地表发现大量构造裂隙，一系列雁行状排列羽状裂隙构成 1 条长约 8000 米的构造带，方向为北东 30°，最大水平位移 2.3 米，具有明显的“扭性”特征，对地表建构筑物、树行造成垂直和水平方向位移，线性地物如道路、墙基、地下水管道及树行表现十分明显。保护范围内房基、小路分别被两条相互平行、方向为北东 50°的裂隙错断，水平位移 1 米，垂直位移 0.5 米；地下水管道被另一条北东 40°的裂隙错开，水平位移 1 米，垂直位移 0.3 米。震后对此 3 处构造运动形迹加以保护，使之成为地质学、构造地质学、新构造学、地震学的教学基地，同时也为地震监测预报、地形观测提供场地，中国地震局第一监测中心唐山台即驻于此。震后 30 余年，先后有 50 多个国家约近千名专家、学者到此考察。1980 年，该遗迹经报国务院同意列为唐山重点保护地震遗迹之一。1993 年，河北省政府核准为河北省重点文物保护单位。2005 年，中国地震局批准为国家防震减灾科普教育基地。2006 年，经国务院批准列为国家重点文物保护单位。至 2010 年，原唐山十中地震遗迹无明显变化。

唐山机车车辆厂地震遗迹　位于宏观震中西部约 2 千米处，烈度为 XI 度。以标志碑为基点，地理坐标为北纬 39°35.74′，东经 118°10.59′。遗迹现位于唐山地震遗址公园园内西北部，为原唐山机车车辆厂铸钢车间，由原唐山铁道学院桥隧系设计，开滦矿务局土建公司施工，建于 1959 年，建筑面积 9072 平方米，保护范围 3.64 万平方米。此车间分东、中、西三跨。东跨长 150 米，宽 18 米，高 15.61 米；中跨长 162 米，宽 18 米，高 12.22 米；西跨长 144 米，宽 24 米，高 12.45 米。地基为砂质黏土，杯型柱基，预制装配结构，重屋顶，砖墙。地震中，三跨厂房仅留扭曲、倾斜部分立柱，周边墙、柱全部倒塌，顶架落地。厂房南东处一砖砌烟囱，原高 35 米，顶部“甩头”，局部震“酥”，形成“套筒”式，仅存 19.1 米。唐山机车车辆厂震害典例，可供建筑学、土木工程学、材料力学、地震地质学等学科教学、科研、考察。1980 年，经报国务院同意列为唐山重点保护地震遗址之一。1993 年 7 月，河北省政府核准为河北省重点文物保护单位。2008 年，被列为国家重点文物保护单位，并整体并入唐山地震遗址纪念公园。至2010年，唐山机车车辆厂地震遗迹保存完好。

唐山地震遗址纪念公园　西邻京山铁路，南接岳各庄大街，东靠庞大汽车文化产业园，北望大学路。建于2008年，占地40万平方米，总投资4.9亿元。公园设计方案采用国际竞标方式面向全球征集，建设以原唐山机车车辆厂铁轨为纵轴，以纪念大道为横轴，划分为地震遗址区、纪念水区、纪念林区、纪念广场等区域，充分体现出“对自然的敬畏、对生命的关爱、对科学的探索、对历史的追忆”这一宗旨。

图23－10　唐山地震遗址纪念公园　（开滦档案馆）

地震遗址区即原唐山机车车辆厂铸钢车间。纪念广场占地3万平方米，地面由黑白相间大理石铺成，是供人们纪念亲人、凭吊逝者的重要场所。广场正前方为纪念水池，占地3万平方米。广场左侧为地震纪念墙，由五组13面墙体组成，全长493米，每面墙高7.28米，代表7月28日，纪念墙距水面19.76米，代表1976年，预示着逝者与生者的时间和空间距离。纪念墙上，镌刻着唐山大地震24万罹难者同胞的名字。纪念墙北侧正后方为纪念林，占地14万平方米。

紧邻纪念墙西侧为中国·唐山地震博物馆地震科普展馆和地震纪念展馆，总建筑面积1.2万平方米，是国内最大的地震主题展馆。纪念展馆位于博物馆地下1层，通过展出照片、实物、复原式景观、蜡像，展示出唐山大地震造成的巨大灾难以及震后唐山人民在党中央的关怀领导下，在中国人民解放军和全国人民支援下，抗震救灾、重建家园的伟大壮举。科普展馆地上、地下各1层，是一个以纪念展馆为依托，以科技馆的展示方式，全面介绍古今中外地震现象，普及宣传地震知识，彰显地震学科总体形象的主题性专业科普馆，其布展面积6500平方米，分为序厅、地震科学展厅、地震活动观测展厅、地震灾害防御展厅、地震紧急救援展厅、4D动感影院、防灾体验教室等。人们在这里可以亲身感受地震的强大力量，了解掌握逃生避险自救的相关知识，接受应对多种自然灾害的培训教育。

附：

唐山地震遗址纪念公园唐山大地震罹难者纪念墙记

图23－11　唐山大地震罹难者纪念墙　（区委宣传部）

燕山砀莽，渤海涛平，原丰土沃，河畅渠清，兹地形胜，物阜民熙，因古韵之遗风，绪文明之传承。

然天行有舛，丙辰之岁降奇灾于唐山。是时地维崩裂，城邑颓毁，家园瞬时夷为墟土，繁盛转目化作云烟，二十四万乡亲殁于瓦砾，七千余家庭阖门罹难。悲夫，母子骤然而别，夫妻遽然而散，白发诀英年之子，幼孤失双慈之怙，兄弟阴阳两隔，挚爱音信杳绝。斯人类之巨殇、家国之巨痛，海内同哀、全民共咽。

我唐山人民临此灭顶之灾，显慷慨英杰之本色。冒余震之危、飞石之险，匍匐互救、扶危拯绝，慷慨舍身、义薄云天。幸赖中央关怀、举国支援，军民携手、同赴危艰，栉风沐雨、重整家园。抗灾之壮举惊天地、泣鬼神，谱就公而忘私、患难与共、百折不挠、勇往直前之壮曲高歌。

逝者已矣，魂系故园。念灾害之无情，嘱后来以铭记：天道有常，人与自然宜和谐共处；大爱无疆，同胞手足应守望相助。有中国共产党之英明领导，有社会主义制度之无比优越，有人民子弟兵之忠贞可靠，有自主命运人民之英勇无畏，纵灾难不足以危，艰险不足以惧，实国家之大幸、人民之福祉。

物换星移，三十二载，唐山儿女承感恩、博爱、开放、超越之精神，当建设繁荣、文明、和谐新唐山之大任，忧近谋远、励志图新，历经十年复建、十年振兴、十年快速发展，经济腾飞，城乡日新，社会和谐，民生改善。又建大港，筑新城，开油田，山海辟利，沧桑巨变。今巨擘绘科学发展蓝图、万众图幸福之都愿景，示范区展现于冀东沃野，曹妃甸崛起于渤海之滨。回望桑梓，山原葱茏，海晏河澄，人民安居乐业，百业欣欣向荣。

维当盛世，愈缅逝殇。由父母之思，以百姓之愿，于南湖整饬之初，即辟地五百余亩，投资五亿余元，就地震遗址，筑奠怀之园。培花为坛，哀朝露易晞。植柏成林，表壮志弥坚。曲流水为环绕，思将无竭。砌碎石为广场，痛弗或忘。敬列长壁，镌罹难者名讳，拓凭吊之所，使后来者有人文之思。

工程高就，勒石以铭，谨慰亡者，并与生者勉。是为记。

中共唐山市委
唐山市人民政府
二零零八年九月

第四节　唐山抗震纪念碑

唐山抗震纪念碑位于市中心新华道南侧抗震纪念碑广场内，1985年6月修建，由河北省建筑设计院李拱辰、齐志达、张玉立3人合作的设计方案设计，1986年7月建成。

图23－12　唐山抗震纪念碑　（区委宣传部）

纪念碑由主碑和副碑组成。主碑碑座高3米，碑身高30米，由4根相互独立的梯形变截面钢筋混凝土碑柱组成，主体上端造型有四个收缩口，犹如伸向天际的巨手，象征人定胜天。碑身四周高1.5米处，为8幅花岗岩浮雕，象征着全国四面八方的支援。浮雕记述了唐山人民在全国支援下抗震救灾、重建家园的英雄业绩。在碑身高8.5米处镶有一块长3.86米、宽1.6米的不锈钢匾额，上刻胡耀邦题写的“唐山抗震纪念碑”碑名。副碑位于主碑北侧33.5米处，碑宽9.5米，高2.96米，用花岗岩石块以废墟形式砌成，表现唐山地震的历史事件。碑身长4.3米，高1.6米，正面为磨光青花岗岩石镶嵌，上面镌刻碑文，记载地震时间、灾害以及抢险救灾，建设新唐山等内容。碑文由中国书法家协会常务理事夏湘平书写。背面为磨光青花岗岩镶嵌，上镌刻英文碑文。

主碑和副碑建在一个大型台基座上，台基四面有四组台阶，踏步均为4段，每段7步，共28步，象征“7·28”这一难忘时刻。

附：

唐山抗震纪念碑碑文

唐山乃冀东一工业重镇，不幸于一九七六年七月二十八日凌晨三时四十二分发生强烈地震。震中东经一百一十八度十一分，北纬三十九度三十八分，震级七点八级，震中烈度十一度，震源深度十一公里。是时，人正酣睡，万籁俱寂。突然，地光闪射，地声轰鸣，房倒屋塌，地裂山崩，数秒之内，百年城市建设夷为墟土，二十四万城乡居民殁于瓦砾，十六万多人顿成伤残，七千多家庭断门决烟。此难使京津披创，全国震惊，盖有史以来为害最烈者。

然唐山不失为华夏之灵土，民众无愧于幽燕之英杰，虽遭此灭顶之灾，终未渝回天之志。主震方止，余震频仍，幸存者即奋挣扎之力，移伤残之躯，匍匐互救，以沫相濡，谱成一章风雨同舟、生死与共、先人后己、公而忘私之共产主义壮曲悲歌。

地震之后，党中央、国务院急电全国火速救援。十余万解放军星夜驰奔，首抵市区，舍死忘生，排险救人，清墟建房，功高盖世。五万名医护人员及干部民工运送物资，解民倒悬，救死扶伤，恩重如山。四面八方捐物赠款，数十万吨物资运达灾区，唐山人民安然度过缺粮断水之绝境。与此同时，中央慰问团亲临视察，省市党政领导现场指挥，诸如外转伤员、清尸防疫、通水供电、发放救济等迅即展开，步步奏捷。震后十天，铁路通车；未及一月，学校相继开学，工厂先后复产，商店次第开业；冬前，百余万间简易住房起于废墟，所有灾民无一冻馁；灾后，疾病减少，瘟疫未萌，堪称救灾史上之奇迹。

自一九七九年，唐山重建全面展开。国家拨款五十多亿元，集设计施工队伍达十余万人，中央领导也多次亲临指导。经七年奋战，市区建成一千二百万平方米居民住宅，六百万平方米厂房及公用设施。震后新城，高楼林立，通衢如织，翠荫夹道，春光融融。广大农村也瓦舍清新，五谷丰登，山海辟利，百业俱兴。今日唐山，如劫后再生之凤凰，奋翅于冀东之沃野。

抚今追昔，倏忽十年。此间一砖一石一草一木都宣示着如斯真理：中国共产党英明伟大，社会主义制度无比优越，人民解放军忠贞可靠，自主命运之人民不可折服。爰立此碑，以告慰震亡亲人，旌表献身英烈，鼓舞当代人民，教育后世子孙。特制此文，镌以永志。

唐山市人民政府

一九八六年七月二十八日

第六章　档　案

1990年，路南区设有档案科（馆），为区委、区政府双重领导机构，统一管理党政机关、企事业单位档案。1996年7月，档案科（馆）改称档案局，局馆合一，为区委、区政府直属事业单位，承担原档案科职能。2002年4月，实行局馆一体制，一个机构、两块牌子，为区政府直属事业机构，授权行使全区档案事业行政管理和档案保管利用职能。区档案局认真履行职责，广泛开展档案法律法规宣传，强化业务指导与培训，严格目标管理考核，依法监督，加强馆库建设，档案事业实现质的飞跃。2003年7月，路南区档案馆经河北省档案局验收，晋升为为省一级档案馆，2008年6月晋升为国家二级档案馆。至2010年，档案馆馆藏档案6.72万卷，提供利用6.8万人次。档案保管及利用基本实现数字化。全区档案管理步入法制化、规范化轨道。

第一节　档案馆

一、档案保管

1990年，区档案馆有馆库3间，50平方米，内置档案箱23套、文件资料柜10个、卡片橱1个，配有照像、录音、电视及防湿、吸尘等设备。2002年，区委、政府投资150万元建成新型档案馆，总建筑面积1100平方米。馆内设阅览室、展室、裱糊室和政府公开信息查阅中心；购置手摇移动密集架14组，目录柜和资料柜12组，并配备新型微机、打印机、复印机、刻录机等现代化办公设备。至2010年，各库房均配有空调，备有防火、防盗、防水、防潮、防蛀、防日光及紫外线、防尘、防污染等设施设备，并安装防盗、防火监控自动报警设备。期间，为方便档案管理和开发利用，编制按全宗排列的案卷、索引、文件编号等目录册，制定《档案接收制度》《档案安全保管制度》《档案保密制度》《档案统计制度》《档案鉴定与销毁制度》等项制度，建立“档案工作人员岗位责任制”。

二、档案接收

1990年，区档案科共接收区委、区政府、区人大、区政协等部门档案1459卷，其中撤销单位档案264卷，死亡人事档案128卷，累计馆藏档案4115卷。此后，为进一步丰富馆藏资源，依据《河北省档案接收和收集管理办法》，不断加大档案接收力度，陆续将拆迁、公证、计划生育等专项档案接收进馆，共接收计划生育档案1399卷，接收2008年以前公证档案2.2万卷。至2010年，档案馆实有全宗67个，馆藏档案资料总计7.1万卷，其中档案6.72万卷，资料3813册。各类档案目录均录入微机，实现微机检索。

三、档案编研

1990—2010年，先后编研《档案志初稿》《人大会议简介》《路南区7·28唐山大地震遇难名册》《路南区档案馆爱国主义教育资料简介》《1984—1996年路南区大事记》《路南区党代会简介》《路南区档案效果汇编》《路南区情》。

四、开发利用

截至2010年，为落实政策、经济体制改革、编史修志、民生，为机关各部门工作和领导决策共提供利用6.8万人次、4.2万卷次。当年，鉴定开放满30年档案280卷；利用爱国主义教育基地举办展览，共接待参观者2500余人次。

五、信息化建设

2003年，完成馆藏全宗档案文件级目录录入，共录入13.81万条。开通互联网，设有“路南档案网”网页。2010年，启动档案数字化工程，配齐扫描所需硬件设备，包括服务器、机柜、交换机、不间断电源、高速扫描仪、立式空调、大容量移动硬盘等。对馆藏248万幅档案全文数字化扫描，录入目录33万条。

第二节　档案行政管理

一、法律法规宣传

1988年1月1日，《中华人民共和国档案法》颁布实施，以此为契机，区档案行政管理部门加大法制宣传力度。每年利用《中华人民共和国档案法》宣传月、法制宣传日及重大节日纪念日，通过摆放展牌、橱窗展示、悬挂条幅、散发宣传品、新闻媒体等形式，开展《中华人民共和国档案法》宣传活动，并定期对基层档案员进行档案法规培训。至2010年，制作展牌116个，悬挂条幅428幅、散发宣传品2万余份，举办档案法规培训29次。通过广泛宣传，增强全社会档案法制意识。

二、指导培训

自1990年起，坚持每年举办档案业务培训，内容包括《机关文件材料归档范围和保管期限规定》《国家重点建设项目文件归档要求与档案整理规范》《国家档案局8号令》等。同时，根据上级要求和形势需要，加强对村（社区）级档案、重点建设项目及企业档案的指导力度，及时介入、主动服务，跟进指导，规范管理。至2010年，全区村（社区）级建档率达到100%，重点建设项目及企业档案完整规范，档案管理步入法制化、规范化轨道。

三、目标管理

1990年，根据河北省档案局《关于档案工作等级目标考核标准》要求，建立档案目标管理考核机制，全区有4个基层单位分别达到省二级和省三级。1992年，有10个基层单位分别达到省二级和省三级。至2010年，区直机关各部门档案管理全部晋级，在全市率先实现机关档案室升级“一片红。”

四、依法监督

1990年起，区档案行政管理部门依照《中华人民共和国档案法》，强化档案行政执法监督。2000年后，重点清理、修订行政许可项目，充实完善许可项目法律依据。制定《路南区档案局行政执法责任制方案》，对执法职责、内容、程序提出规范性要求。至2010年，通过档案执法与业务指导相结合、普遍检查与专项检查相结合、执法查处违规问题与法制教育相结合，先后对区直机关、企业、农业农村档案工作进行20余次执法检查，为档案事业发展创造良好的法制环境。

第七章　志鉴编修

1985年7月，按照唐山市人民政府关于编修县、区志的统一部署，路南区成立以区长为主任的路南区地方志编纂委员会，开创路南区志编修先河。2000年12月，《唐山市路南区志》由海潮出版社出版。至2010年，全区共出版区志1部、专业志5部、专业年鉴3部。

第一节　志　书

一、《唐山市路南区志》

1985 年 7 月，区政府成立“路南区地方志编纂委员会”，区长任编委会主任，8 月，地方志地名办公室成立，为正科级常设事业单位。发布《关于征集路南区志资料的通告》，并开始前期准备工作，相继制订区志篇目和资料搜集题纲。1990 年 7 月，《唐山市路南区志》编修启动。通过辑印辅导材料、举办修志人员培训班，组织修志人员外出取经、反复完善志书篇目、分头组织试写初稿等方法和措施，全区掀起修志热潮，共有 55 个单位投入人力、物力编写基层志，修志队伍达 170 余人。至 1993 年 6 月，共复印和笔录资料 60 余万字，搜集地图、照片 50 余幅，录制口碑录音带 10 余盘，各基层单位报送资料 200 余万字。年底完成《唐山市路南区志》初稿，计 40 万字。后因资金与人员变动，区志总纂搁浅。

1997 年，唐山市修志工作会议后，路南区第四次调整编纂委员会，重新明确主编和编辑人员，开始区志总纂工作。经过反复修改、调查核实、增补资料，10 月完成第二稿，11 月完成送审稿，约 72 万字，分别报送编委成员及省、市有关部门审核、把关。

1998 年 1 月 7 日，在京唐宾馆召开《唐山市路南区志》稿评审会。会上，省市地方志办公室领导、专家及修志同行对《唐山市路南区志》志稿给予高度评价，一致认为该稿篇目设置科学合理，记述内容比较丰富，是一部“基础较好、基本成功的志稿”。同时，也从篇目设置、编纂格局、体例内容以及文法数字等方面提出许多建设性修改意见。会后，对意见综合分类整理，组织编纂人员分头修改。10 月，修订稿呈市地方志编纂委员会审阅定稿，2000 年 12 月送交海潮出版社印刷出版。区志上限 1862 年，下限 1989 年，设概述、大事记及 20 编内容。主编王铁志、张建宁、郭锡瑞、李春光、孟庆顺，副主编张金蕊、王荔芝。开本 1/16，56 印张，140 万字，印数 1000 册。

二、《路南区工商行政管理志》

2004 年年初启动，2009 年 10 月完成。该志上限 1987 年，下限 2005 年，由前言、概述、大事记、分志、附记组成，共计 15 篇。主编李占长，副主编李友生、刘泽久。书型 16 开本，225 页，内部印刷。

三、《开滦煤矿志》

2004 年 4 月，开滦集团公司根据《唐山市第二轮市、县志编纂实施方案》，启动《开滦煤矿志》续编工作，由开滦档案馆组织实施。初定志书断限为 1989—2003 年（前五卷下限为 1988 年），后为落实国家地方志 20 年续修规定，将志书下限延至 2008 年。2011 年 5 月，完成全卷统编、送审、修改，6 月由新华出版社出版。全书设 27 编，全面记述 1989—2008 年开滦生产建设、改革开放、科技创新、企业文化、党建等方面取得的成就。主编殷作如，副主编王建政、侯成金、焦建国，执行主编李志龙。书型 16 开本，67 印张。

四、《河北理工学院校志》

1986 年成立校史办公室。1992 年 3 月成立校志编辑委员会。1995 年 9 月完成校志编纂工作。全书共 15 篇，全面记述学院 1958—1995 年发展变化。主编刘义、史纯泉，编辑何运禄、王凤琴。16 开本，23.75 印张，59 万字。1996 年 5 月，由冶金工业出版社出版，发行 1500 册。

五、《唐山职业技术学院志》

唐山职业技术学院是2001年4月30日，经河北省人民政府批准，由原唐山市卫生学校、唐山市商业学校、唐山市农业学校、唐山市财贸干部学校合并组建，属国家全额拨款的教育事业单位、国办全日制普通高等学校。《唐山职业技术学院志》在学院院志编纂委员会领导下，由院志编纂小组负责实施。院志于2008年年初始编，2010年年底完成。上限2001年4月，下限2011年4月。共11篇，记述建院以来十年发展变化。院志编纂委员会主任李德敏、刘学东，院志编纂小组组长谢善培，顾问刘志。17开本，148页。2011年4月，内部印刷。

六、《唐山市开滦二中志》

2007年，在开滦二中建校60周年之际，重新组织编写《唐山市开滦二中志》。该志以记述为主，综合运用述、记、志、传、图、表、录等形式，编写内容以时为经，校务工作为纬。上限始于1947年秋，下限至2007年9月30日。概述、大事记置于志首，正文共有6章，设章、节、目3个层次。内部印刷。编委会主任马宏文、张定跃，主编马宏文、曹国富。

七、《唐山市路南区公安志》

1990年11月开始编纂，1992年9月完成，11月定稿。该书上限1949年12月，下限1991年12月。设概述、机构、治安管理、户籍户政、经济文化保卫、镇压肃清反革命和打击刑事犯罪。后附大事记、编后语。全书7万字，101页。附照片20张。内部印刷。

该书由《路南区公安志》编辑委员会编纂。主编张仲友、胡凤林、副主编张志德、刘振坤、宋景泉、高继永、任春敏、王才。主笔秦兰芝，编辑陈德勇、王克俭、冯锡忠、唐耀生。

八、《开滦精神卫生中心院志》

该书是在1998年版《开滦精神卫生中心院志》的基础上，由开滦精神卫生中心医院编纂。2008年1月开始编纂，是年11月定稿。上限1973年，下限2008年5月。志首设前言、概况、领导题词、院歌、黑白及彩色图片。依次设医院沿革、管理机构、医疗工作、护理工作、门诊工作、医技科室、进修与教育、学术与科研工作、后勤工作、经营管理工作、党群工作、医院荣誉、社会学术团体及职务、医院文化、直面灾难拯救心灵共十四章。后附大事记。全书7万字，内部印刷。主编刘春华，成员许瑞芬、彭精芬、张浩然，各部门人员参与撰稿。

第二节　年　鉴

一、《唐山市路南区统计年鉴》

2003年，路南区统计局开始编辑发行《唐山市路南区统计年鉴》（此前为《唐山市路南区国民经济统计资料》），主要收录路南区各行业、各部门经济和社会等方面当年统计资料，反映路南区该年国民经济和社会发展历程。路南区统计年鉴为内部辑印，每年辑印一册。

二、《河北理工学院年鉴（2001）》

2001年，开始编写年鉴，由河北理工学院院长办公室院志编辑室负责实施。主编陈宗耀，副主编张学军。年鉴由学院概况、重要讲话和文件、党政机构设置及单位负责人、教职工人员情况、教学科研、研究生教育、学生情况、学校财务情况、后勤情况、表彰和奖励、大事记等十部分组成，大16开本，12印张，22万字，内部印刷，印数500本。《河北理工学院年鉴》连续编写辑印3年。2004年，因教育部批准更名为河北理工大学，改为《河北理工大学年鉴》。直至2010年，《河北理工大学年鉴》每年一册，年鉴结构和版式无大变化。

三、《开滦年鉴》

1952年，开始编写《开滦年鉴》，1962年停办。1988年，在编修开滦煤矿志的同时，重新进行年鉴的编写。至1988年，出版上限为1963年、下限1985年的开滦年鉴1部；1991年出版上限为1986年，下限为1990年的开滦年鉴1部。1991年起，每年出版1部（每年出上一年的年鉴）。由内部印刷，开滦（集团）有限责任公司档案馆负责编写。至2010年无变化。

第八章　陵园与纪念馆

冀东烈士陵园和唐山抗震纪念馆均座落在路南区，其中，冀东烈士陵园被民政部和省委、省政府，市委、市政府命名为“爱国主义教育基地”，被省政府、省军区命名为“国防教育基地”，被省委命名为“首批河北省中共党史教育基地”。1989年，冀东烈士陵园被国务院批准为“全国重点烈士纪念建筑物保护单位”。唐山抗震纪念馆被省委、省政府，市委、市政府批准为爱国主义教育基地。

第一节　冀东烈士陵园

冀东，是共产主义运动先驱李大钊的故乡，也是中国北方革命运动的重要基地。早在第一次国内革命战争初期，这里就建立了中国共产党基层党组织；抗日战争时期，冀热辽根据地是全国19块根据地之一；解放战争时期，冀东是辽沈、平津两大战役的主要支撑点。在民族解放和人民革命的艰难历程中，无数共产党人和爱国志士血洒这片热土。为了纪念这些牺牲的先烈，1955年省政府报请国务院批准在唐山市修建冀东烈士陵园。1958年，清明节竣工并向社会开放。陵园内埋葬着第一次、第二次国内革命战争、抗日战争、解放战争和抗美援朝战争中在冀东牺牲的部队营职和地方区职以上领导干部；是唐山、秦皇岛两市以及北京、天津、辽宁、内蒙等地进行革命传统教育和爱国主义教育的重要阵地。

图23－13　冀东烈士陵园　（冀东烈士陵园）

冀东烈士陵园位于唐山市路南区陵园路2号，南临南新道，北靠国防道，座北朝南，占地面积7.5万平方米。主体建筑有古典牌楼式大门、烈士纪念塔、烈士纪念馆和烈士墓区。1976年大地震时所有建筑被夷为平地，复建工程于1986年竣工。烈士陵园由大门、纪念塔、纪念馆三大主体烈士纪念建筑物构成，三大主体建筑物在中轴线上由南向北依次排列。

陵园大门是高大雄伟的汉白玉牌楼，正中墨色花岗岩扁额上镌刻着聂荣臻元帅亲笔题写的“冀东烈士陵园”6个大字。沿主甬路往北约百米，在洁白的三层护栏内，通体汉白玉砌成的烈士纪念塔巍然耸立。塔高35米，顶部三重飞檐，一颗硕大红星在塔尖熠熠生辉。塔身四面镌刻着朱德、林伯渠、彭德怀、萧克题词。南面朱德的题词为："为人类解放事业而牺牲的烈士们永垂不朽"；东面林伯渠的题词为："气壮河山，功昭日月"；北面彭德怀的题词为："烈士之血，革命之花"；西面萧克的题词为："烈士们的革命精神永垂不朽"。

冀东烈士纪念馆位于园内中部，建筑面积2149平方米，规模为省内同级纪念馆之最。馆名由萧克题写。外墙用真石漆喷涂，建筑物顶部金黄色玻璃瓦压顶，使这座中西合璧式的大型建筑物更加古朴凝重、雄伟壮观。纪念馆前的东、西两侧苍松翠柏中，分别矗立着20位在冀东乃至全国有较高威望的冀东革命英烈的铜像。纪念馆内有冀东革命烈士斗争业绩展，主展线长度为255米，辅助展线长60米。陈列内容的时间跨度为1919年—1949年（即新民主主义革命时期的三十年）。空间跨度为河北、辽宁、内蒙古及京、津二市部分地区。内容设计在成功运用"人""史"结合的基础上，着重加大"物"的份量，所展文物、实物（包括复制品）1042件（套），其中国家级文物411件（馆藏国家一级文物18件，二级文物57件，三级文物336件）。通过整体环境的布局，相关文物的有机结合，大型景观及现代声像技术的运用，更加合理地利用陈列空间，使之更具有真实性、直观性，从而加重整个陈列的历史份量。纪念馆有238名烈士的照片和简历介绍，同时着重展示38位烈士的英勇事迹。他们当中有中共早期工人运动著名领袖邓培、早期革命家于方舟、华北抗日联军第一支队司令王平陆、八路军著名抗日将领包森、陈群、抗日民族英雄节振国和民族女英雄王册等著名烈士，也有爆炸英雄邵洪生这样普通战士的代表。

烈士纪念馆北部为通体汉白玉装饰性拱桥，拱桥新颖别致，大气壮观，拱桥北部为烈士墓区，总面积为4749平方米，由166座烈士墓和2座纪念亭组成，安葬着178位烈士。改造后的烈士墓区，原花岗岩墓沉降，地平面形成统一规格的长方体，长方体内绿草茵茵，特制书形碑庄重大方，洁白无暇，静置在长方体内，象征着每位烈士都是一本厚重的教科书，需要人们认真地去研读。两座方正的纪念亭高高耸立，庄严气派，象征着烈士精神万代传承。墓区周围栽植黄杨长廊、冷季草坪、大型花坛，烘托点缀着圣洁肃穆的烈士墓区。

1993年起，冀东烈士陵园管理处出版以民族英雄节振国抗日事迹为主线的《威振敌胆》和冀东主要将领小故事全集的《神炮》两本书籍。1996年，参与编写河北省爱国主义教育基地资料丛书《冀东烈士陵园》。

1998年，园区开始进行大规模维修改造。省、市两级财政共投入资金480万元对纪念馆及护栏进行改陈、修缮。纪念馆外墙面修缮时将原混凝土结构改为真石漆喷涂，将纪念塔、纪念馆四周水泥护栏改为草白玉大理石护栏。同年，由国家级专家设计布展的《冀东革命烈士斗争业绩陈列》投入使用。

2003年，将50多年来积累的文字、图片、文物等资料进行整理，编印烈士事迹、烈士诗歌、文物介绍为主要内容的宣传册《冀东烈士陵园文苑》《冀东革命英烈故事选》。

2005年8月，出版反映冀东英烈英雄事迹的《冀东魂》一书，此书获"唐山市第十届社会科学优秀成果三等奖"。2006年组织编辑出版《冀东火》画册，受到社会各界广泛称赞。2007年组织编辑出版《冀东情》革命文物荟萃。同年，为《中国博物馆志（河北卷）》撰写《冀东烈士陵园纪念馆》。

2009年，中央预算内投入资金370万元，市财政配套资金160万元，总计530万元对烈士墓区及园区甬路进行第三次保护性改造，以进一步适应城市环境快速发展的需要。

第二节　唐山抗震纪念馆

唐山抗震纪念馆原名为"唐山地震资料陈列馆"，始建于1986年，建筑面积1488平方米，是为纪念1976年"7·28"唐山大地震，纪念唐山人民抗震救灾的伟大业绩，弘扬抗震精神，普及防震减灾科普知识，教育后世子孙而建立的永久性纪念馆。1995年被省委、省政府确定为"河北省爱国主义教育基地”。

1996年7月，在参加纪念唐山抗震救灾20周年活动中，江泽民、李鹏分别于26日、28日到唐山视察并参观抗震纪念馆。同年，为纪念抗震救灾20周年，市委、市政府投资2400万元对原馆进行改扩建，同时更名为“唐山抗震纪念馆”。扩建后的纪念馆占地面积2500平方米，建筑面积5380平方米。在基本保留建馆初期建筑结构、尊重原有“天圆地方”设计思想与建筑风格的同时，对整体建筑进行较大规模的改造与扩建，在展馆西侧新加建办公设备管理区，对馆内空调、消防、监控、电气系统等进行更新，并新增设电动扶梯、直升电梯、残疾人坡道等设施，使展馆功能更加科学完备而富有人性化。改造后的纪念馆内有大型综合性展览《今日唐山——唐山市建设成就展览》。展览共分9部分。第一部分综合介绍唐山的地理位置、资源分布以及震后的发展情况；第二部分客观反映唐山大地震给唐山人民的生命财产造成的极其惨重的损失，记述唐山人民在党的领导和全国人民的支援下抗震救灾、重建家园的英雄壮举和伟大业绩；第三部分至第九部分展示在地震废墟上崛起的新唐山的风姿。被国家教委、民政部、文化部、国家文物局、共青团中央、中国人民解放军总政治部联合确定为“全国中小学爱国主义教育基地”。2001年6月，被中宣部命名为“全国爱国主义教育示范基地”，2004年，被中国地震局命名为“全国防震减灾科普教育基地”。

2006年，纪念唐山抗震30周年，唐山市对抗震纪念馆再次进行改扩建，并于7月24日落成迎宾。再次改扩建后，占地面积扩大到3500平方米，建筑面积7300平方米，展陈面积4200平方米，展线长度620延米。对馆内空调、消防、电气系统等更新换代，使展馆功能更加科学完备。改扩建后，馆内陈列展览为《唐山抗震成就展览》。按照将唐山抗震纪念馆打造成一座独具特色的集时代性、科学性、纪念性于一体的综合性精品展馆的总体要求，在展陈设计方面，采用全新设计理念，注重观众感受与互动性。通过场景复原、大型浮雕、艺术造型等现代化展陈手段的综合利用，将整个展馆营造成气势恢宏的展陈空间。《唐山抗震成就展览》，包括序和9个部分组成。分别为：（序）渤海明珠—唐山；百年城市，工业奠基；罕见震灾，举世震惊；抗震救灾，气壮山河；新城崛起，生机盎然；防震减灾，造福人民；蓝色思路，走向世界；经济建设，跨越发展；和谐社会，繁荣文明；展望未来，再创辉煌。展览共设置景观模型及艺术品21个，等离子电视6台，电子触摸屏4台，实物展品共3大类50余件套，照片400余张，静态图表12个，光电图表14个，文字版31个。三组巨幅铜制浮雕展示了唐山的过去、现在和未来；大型地台模型直观展示唐山的地形、地貌及行政区划，地震科普电影给观众身临其境感觉的同时又了解了地震科普知识；FLASH动画片用非写实的手法介绍唐山陶瓷历史、工艺及流程，集知识性、趣味性于一身。展览以突出重点、体现特点、展现亮点为原则，充分展示震后30年，特别是1996—2006年，唐山人民弘扬抗震精神，建设繁荣美好新唐山所取得的辉煌成就。同时以实事求是、尊重历史、相信科学为原则，充分挖掘历史资料，加大历史沿革、抗震救灾、防震减灾的展出内容。展览充分体现回顾创业历程，告慰罹难同胞，追忆八方恩情，教育后世子孙，激励全市人民为建设经济发展、社会和谐的新唐山而努力奋斗的主题思想。7月28日，纪念唐山抗震救灾30周年之际，胡锦涛亲临唐山视察并参观抗震纪念馆。

唐山抗震纪念馆还充分发挥防震减灾科普教育基地作用，积极开展防震减灾宣传工作。其中《地震科普展览》获国家地震局防震减灾宣传优秀奖，《防震减灾科普巡回展览》获国家地震局防震减灾科普宣传图画类三等奖，并到11个县（市）区进行巡回展出；“前进中的唐山防震减灾事业展览”，参加全国防震减灾会议展出。唐山抗震纪念馆同时也是国家3A级景区、首批河北省国防教育基地。1990年至2010年接待国内外各阶层人士约300万人次，党和国家领导人近80位，世界五大洲近百个国家的外宾数万人次。

附：

党和国家领导人到抗震纪念馆参观考察活动一览

1986年7月28日，中共中央政治局委员、国务院副总理万里为唐山抗震纪念碑揭幕，并到馆参观。8月5日，全国人大常委会副委员长廖汉生来馆参观。8月19日，全国人大常委会副委员长陈丕显来馆参观。8月21日，全国人大常委会委员长彭真来馆参观。10月20日，全国政协副主席王首道来馆参观。

1987年3月17日，全国政协副主席马文瑞来馆参观。8月7日，中共中央政治局委员、国务院副总理吴学谦来馆参观。8月23日，中共中央顾问委员会常委、全国政协副主席程子华来馆参观。中共中央顾问委员会副主任宋任穷来馆参观。9月19日，全国人大常委会副委员长孙起孟来馆参观。

1988年7月23日，中共中央政治局常委胡启立来馆参观。8月18日，中共中央顾问委员会委员、国务委员王芳来馆参观。8月21日，全国政协副主席谷牧来馆参观。

1989年5月6日，中共中央政治局委员、国务院副总理田纪云来馆参观。5月8日，全国政协副主席卢嘉锡来馆参观。

1991年9月20日，中共中央政治局委员、国务委员李铁映来馆参观考察。9月26日，全国政协副主席杨成武来馆参观。10月27日，全国人大常委会副委员长倪志福来馆参观。

1992年5月22日，全国人大常委会副委员长赛福鼎·艾则孜来馆参观。7月30日，中共中央政治局常委、国务院总理李鹏来馆参观考察。

1994年4月2日，全国人大常委会副委员长李沛瑶来馆参观。8月3日，国务委员宋健来馆参观考察。11月26日，国务委员、国家计划生育委员会主任彭珮云来馆参观。

1996年7月26日，中共中央总书记、国家主席、中央军委主席江泽民来馆参观。7月28日，中共中央政治局常委、国务院总理李鹏，中共中央政治局委员、国务院副总理吴邦国，中共中央政治局委员、中央书记处书记、中央宣传部部长丁关根，中共中央政治局委员、国务委员李铁映，中央军委副主席张万年，国务委员宋健来馆参观考察。

2000年2月24日，中共中央政治局常委、国务院总理朱镕基来馆参观。5月11日，中共中央政治局委员、中央书记处书记、国务院副总理温家宝来馆参观。国家地震局局长陈章立陪同。8月29日，全国人大常委会副委员长铁木尔·达瓦买提及夫人一行15人来馆参观。铁木尔题词："弘扬抗震精神，建设现代化新唐山"。

2001年9月18日，全国政协副主席万国权、省政协主席吕传赞来馆参观。

2002年6月21日，全国政协副主席杨汝岱来馆参观。

2005年10月，全国政协副主席徐匡迪，国务院副总理曾培炎来馆参观。

2006年7月27日，全国政协副主席董建华到唐山抗震纪念馆，参观《唐山抗震成就展览》。7月28日上午，中共中央总书记、国家主席、中央军委主席胡锦涛，全国政协副主席张思卿到唐山抗震纪念馆，参观《唐山抗震成就展览》，并亲切接见地震孤儿"党氏三姐妹"。

2007年6月，中央政治局常委、全国政协主席贾庆林，全国政协民宗委副主任肖作福来馆参观。9月，全国人大常委会副委员长韩启德，全国人大常委会副委员长、中科院院长路甬祥，中共中央书记处原书记、最高法院原院长任建新，外交部原部长李肇星来馆参观。

2008年4月2日，教育部司长李仁和来馆参观。4月19日，共青团中央书记处书记张晓兰来馆参观。8月27日，中央政治局委员、中央书记处书记、中宣部部长刘云山来馆参观。8月28日，全国政协常委李仲孚来馆参观。8月31日，中共中央政治局委员、中央军委副主席、国防部部长迟浩田上将来馆参观。

2009年8月7日，国防部部长梁光烈来馆参观。8月14日，国务院副秘书长、机关事务管理局局长焦焕成来馆参观。8月29日，中共中央政治局原常委、国务院原总理李鹏来馆参观。9月3日，原财政部部长项怀诚来馆参观。

2010年，外交部原部长唐家璇来馆参观。5月15日，中央党史研究室主任曲青山来馆参观。

外国友人参观抗震纪念馆情况一览

1986年9月28日，美国依阿华州塞达拉皮兹市市长坎尼来馆参观。

1987年6月27日，日本酒田市收入役樱井求一来馆参观。10月13日，美国记者索尔兹伯里来馆参观。

1988年2月6日，法兰西共和国公安消防代表团来馆参观。3月24日，英国林肯市访问团、市政院议员梅特卡夫来馆参观。5月16日，参加中、不第五轮边界谈判的不丹代表团团长、贸易和工业部副大臣奥姆·普拉丹等8人来馆参观。6月10日，孟加拉国孟中人民友协主席赫达·米尔扎来馆参观。10月29日，瑞典马尔默市政府代表团来馆参观，其中有市政院第一副主席和第二副主席。

1989年4月1日，伊朗懋赫辛·纳里曼议员率领伊朗住房与城建部代表团来馆参观。10月16日，智利驻华使馆武官古铁雷斯和夫人来馆参观。11月16日，波兰驻华大使沃西尼亚克、波兰烟煤总公司副总经理普什柴维奇来馆参观。

1990年3月4日，古巴驻华大使格拉来馆参观。3月27日，非洲驻华使节夫人小组来馆参观。5月22日，日本酒田市代表使节团、酒田市议会议长星川八郎来馆参观。8月23日，古巴政府外交部副部长奥斯卡·奥拉马斯来馆参观。9月12日，各国驻华使馆武官夫人来馆参观。10月23日，日本酒田市市长相马大作来馆参观。11月12日，泰国少年法院院长阿敦吉·吉提雅卡拉来馆参观。

1990年，德黑兰大学地球物理研究所所长来馆参观。

1991年11月10日，阿曼苏丹国驻华大使萨利赫来馆参观。

1992年5月28日，酒田市市长大沼昭来馆参观。10月11日，蒙古民防指挥部主任贡·达木丁苏伦少将来馆参观。10月20日，英国林肯市访问团、市长本内奇来馆参观。11月1日，俄罗斯列宁格勒州苏维埃主席瓦·阿·古斯托夫来馆参观。

1993年4月22日，比利时东弗兰德省省长赫曼·巴萨查来馆参观。10月8日，瑞典驻华大使林德思来馆参观。10月18日委内瑞拉国民议会众议院副议长莉利安·阿维洛·阿莱曼来馆参观。

1995年8月26日，英国林肯市市长杰弗里·埃里斯来馆参观。

1999年6月16日，美国、加拿大、新西兰驻华大使参赞一行10人来馆参观。题词："唐山人民的精神和能力无疑是超过了7级地震的能量，前面是一片光辉灿烂的明天。"6月12日，拉美七国驻华大使一行20人参观。题词："对你们及你们城市人民的努力工作态度表示钦佩。"乌拉圭大使阿尔瓦罗·阿尔瓦罗斯题词："你们这座伟大的城市取得了了不起的成就，向唐山人民表示祝贺"；阿根廷大使费德里科·卡洛斯·巴特费尔题词："唐山是人类为追求繁荣和创造伟业通过了个人和集体力量不断奋斗的光辉历史"；厄瓜多尔大使费尔南多·科尔多瓦·博萨诺题词："重建和复建胜过损失和死亡，反映了你们作为全人类的伟大支柱，全人类的榜样"；玻利维亚大使马里奥·伯埃罗·索里亚题词："唐山是一只名副其实的凤凰，就象凤凰山一样崛起复活"；加拿大驻华大使馆参赞布鲁斯·霍华德题词："我深深地被唐山人民的精神所感动，正是这种精神使唐山再次崛起"；美国驻华大使馆副参赞比尔·蔡瑞德题词："深刻地展示了唐山的地震以及唐山人民取得的伟大成绩及现代化建设"。7月20日，朝鲜地震代表团一行5人来馆参观。9月13日，科特迪瓦总理办公厅主任驻华大使一行10人来馆参观。题词："非常感谢唐山市的盛情邀请，这次展览展示了76年唐山的地震以后唐山人民表现出来的勇气和力量，合理的重建使唐山成为一座功能齐全，设施完备，更加美丽的城市。"

2000年3月6日，日本神户大学学生来馆参观。3月26日，越南共产党代表团一行15人来馆参观。

5 月 19 日，国土资源部美国复垦专家 20 人来馆参观。5 月 27 日，日本酒田市政府代表团 10 人来馆参观。酒田市长阿部寿一题词“友好常在”。9 月 25 日，希腊共产党代表团一行 8 人来馆参观。10 月 18 日，埃塞俄比亚总理府国有企业管理局一行 9 人来馆参观。

2001 年 3 月 8 日，韩国贸促会 10 人来馆参观。4 月 21 日，越南共产党代表团 12 人来馆参观。4 月 26 日，英国共产党代表团 5 人来馆参观。8 月 1 日，联合国儿童基金会 30 人来馆参观。10 月 30 日，美国轮椅协会工作人员到馆参观。

2002 年 6 月 17 日，孟加拉减灾考察团来馆参观。8 月 9 日，英国林肯友好城市中学生代表团来馆参观。

2003 年 2 月 20 日，非洲驻华使节夫人代表团来馆参观。

2004 年，意大利政府代表团来馆参观。

2005 年 8 月，欧盟委员会副主席雅克·巴洛特一行来馆参观.9 月，瑞典马尔默市铜管乐队来馆参观。欧盟委员会副主席雅克. 巴洛特来馆参观。

2007 年，美国交通运输代表团参观。马来西亚总议长来馆参观。马来西亚代表团来馆参观。法国图尔市政府来馆参观。新加坡中华总商会来馆参观。英国国际项目管理协会来馆参观。陶博会与会驻华使节来馆参观。韩国参赞来馆参观。新加坡南洋理工大学来馆参观。新西兰威多摩市市长考察团来馆参观。新加坡国家发展部部长马宝山来馆参观。新加坡康盛集团来馆参观。新加坡吉宝集团来馆参观。意大利生态城考察团来馆参观。荷兰南荷兰省考察团来馆参观。南荷兰省副省长达惠斯女士来馆参观。日本伊藤忠株式会社来馆参观。

2008 年 1 月 5 日，新加坡驻华使馆来馆参观。3 月 9 日，67 个国家驻华武官夫人来馆参观。3 月 10 日，北海道大学代表团来馆参观。3 月 15 日，韩国驻华公使来馆参观。3 月 16 日，加拿大多伦多商会代表团来馆参观。4 月 8 日，印尼（华侨）考察团来馆参观。4 月 14 日，新加坡吉宝集团来馆参观。4 月 18 日，亚太合作组织代表团来馆参观。10 月 14 日，南荷兰省省长来馆参观。10 月 17 日，印度共产党国际部部长来馆参观。

2009 年 6 月 5 日，俄罗斯驻华大使来馆参观。9 月 19 日，挪威代表团来馆参观。

2010 年 6 月 3 日，蒙古国法官培训班来馆参观。7 月 21 日，美国密西西比大学学生来馆参观。

第九章　开滦国家矿山公园

开滦国家矿山公园项目是由市政府主导、开滦集团公司具体运作的文化产业项目，被纳入唐山市“十一五”发展规划。2005 年 5 月开始启动。至 2007 年，完成立项申报、总体规划及一期工程初步设计等工作，并开始建设。2008 年，开滦集团公司把大力发展文化产业列入企业发展战略。4 月 7 日，开滦国家矿山公园被省文化厅命名为河北省第一批文化产业示范基地。10 月 22 日，开滦国家矿山公园博物馆主题展览预展。12 月 27 日，省委、省政府将开滦国家矿山公园列为河北省实施文化产业发展带动战略“大项目”，实施重点督导。2009 年 3 月，开滦国家矿山公园通过由国土资源部组织的“国土资源科普基地”评审。8 月获“河北省爱国主义教育基地”荣誉称号。10 月 18 日，开滦博物馆《黑色长河》大型主题展览荣获“全国博物馆十大精品陈列最佳综合效益奖”，成为河北省第一家获此殊荣的企业博物馆。2009 年 9 月 23 日，开滦国家矿山公园正式开园。2010 年，开滦国家矿山公园基本完成一期工程建设，转入运营阶段。12 月 20 日，国家旅游局下发《关于批准发布天津滨海航母主题公园等 73 家景区为国家 4A 级旅游景区公告的决定》，正式批准开滦国家矿山公园为国家 AAAA 级旅游景区。

第一节　公园规划与设计

一、申报立项

2005年5月，按照国土资源部要求，开滦集团开始启动国家矿山公园申报工作。7月11日，完成申报材料准备及报送；7月22—23日，经专家评审，开滦国家矿山公园成为国内首批28家国家矿山公园之一。10月9日，国土资源部批准开滦国家矿山公园项目。2006年9月5日，开滦集团公司批准开滦国家矿山公园项目立项。2008年6月，开滦与中国地质大学正式签署申报世界矿山公园材料委托编制合同。同年12月，加入河北省博物馆协会并申报河北省爱国主义教育示范基地、国家一级博物馆、国家第九届“十大精品陈列”前期准备。

二、规划制定

2007年6月5日，开滦集团公司委托深圳市景观园林装饰设计工程有限公司编制《开滦国家矿山公园设计及博物馆设计》方案。9月10日，《开滦国家矿山公园近代工业博览园一期工程初步设计》通过专家组评审。

图23－14　开滦国家矿山公园　（开滦档案馆）

按照项目规划，开滦国家矿山公园规划面积70余万平方米，其中：矿山公园两大园区占地面积25万平方米，两地之间相距约2.5公里，由矿区铁路相连，空间布局呈现“东北——西南”方向哑铃型格局，拟在开滦用地范围内进行建设；与矿山公园捆绑开发的房地产和商业综合体占地面积约45万平方米（部分属非开滦用地）。

建设总投资和住宅开发投资合计29.06亿元。其中，建设项目总投资7.4亿元。分三期完成，一期工程投资1.96亿元，二期工程投资3.68亿元，三期工程投资0.53亿元，项目开发及相关费用1.29亿元；住宅开发投资21.6亿元。

一期为“中国近代工业博览园”（唐山矿A区工业广场）揭碑开园工程，建设周期为2007年下半年至2008年年底，主要建设开滦博物馆、主碑、副碑、“三大工业遗迹”景观、观光廊桥、徽记广场、雕塑园、园区大门等；二期为“生态休闲娱乐园”（大白井）建设工程，建设周期为2008年年底至2009年年底，主要建设以“西洋风韵”“民俗风情”“靓城风采”为设计构思的建设项目；三期为“中国近代工业博览园”（唐山矿A区）其他建设项目，建设周期为2009年至2010年年底，主要建设安全文化体验区、创意园、井下生产工艺探秘区、园区景观及两园之间的铁路沿线景观环境工程等。

二期“生态休闲娱乐园”建设工程，规划中主要考虑与“中国近代工业博览园”相连接的开放式休闲娱乐环境空间模式，最大限度地巧妙利用“大白井”的现有条件、地形和地貌。采取环境更新、生态恢复和文化重现等手段，通过科学的规划和建设，使之成为融生态自然景观与人文历史景观于一体，生态效益、经济效益和社会效益统一的新型休闲旅游场所。

规划中严格遵循唐山市总体规划，以及“市中心以文化科普为特色的休闲旅游带”和唐山大南湖公园建设规划，通过矿区小火车线路的连接，既保持与工业博览园相连的开放式休闲娱乐空间，又有让游客亲身体验参与的环境，整体上保持综合环境的可持续发展。首先，强调“亲水”和“亲绿”的理念，最大限度地加大公园的绿化面积和水体面积，引入特色树种、灌木和花草，并按季节变化有机组合，构成独特的园林绿化景观，与唐山南部“绿色唐城”融为一体。其次，园区贯穿老唐山“洋脉”风格，以典型历史文化建筑风貌为平台，营造“矿山风情园”，在寻找传统中求现代；以矿山风情街区与老唐山市井民俗为主要吸引物，在娱乐、休闲、体验、鉴赏的多重内容中更好地满足不同人群、不同层次、不同取向的需求。最后，在浓重的文化氛围之中，巧妙地嵌入酒店、餐饮、娱乐、购物等其他旅游要素，让这些场所的建筑和装修，渗透着这座城市的历史文脉，既互为背景，又各有千秋。利用唐山矿储煤场（大白井）原址，以“西洋风韵”“民俗风情”“靓城风采”为风格定位，其中的一组，复建体现西风东入的建筑群落和娱乐设施，以“老开滦酒店”“洋房子”等构成的风情景观充分体现“洋脉”；而另一组街区景观，凸显老唐山小山、广东街一带的市井民俗特色，以搭建浓缩的风情小镇群落为手段，复原老矿山商业风情街区；婚庆广场，则在浓重的文化氛围之中，巧妙地嵌入现代时尚商业元素，使之成为一处亮点景观。体现唐山中西文化交汇、南北文化相融的鲜明特点。同时，与相邻的唐山市大南湖公园规划相融合。大南湖公园是在开滦煤矿塌陷区上建起来的生态恢复园区，是矿山公园概念的生动体现，“生态休闲娱乐园”将与大南湖融为一体，实现生态效益、经济效益、与社会效益的和谐同步提升。

2008 年，开滦国家矿山公园项目被正式纳入唐山市大南湖开发整体规划。

附：

特色景点规划

西洋风韵　开滦建局初期就有着先行国际化的历史，在园区按这段历史进行有选择的风貌再现，营造出一处具有怀旧情调的西洋风韵景区，包括有：

老开滦酒店。始建于 1901 年英国人骗占开平矿务局之初，原名为唐山俱乐部，1929 年改名为唐山高级职员俱乐部，主建筑为 2 ~3 层英式建筑，附属建筑为多幢花园小洋房。整个建筑仿照当年唐山俱乐部建设，内设酒吧、舞厅、台球厅、图书厅、电影放映室等，室内布置非常豪华、考究，所用家具均为西式风格。另外还建有游泳池、洗浴中心、餐厅等配套服务设施。是休闲、娱乐、及举行高端会议的佳所。

花园洋房度假会议酒店。原来开滦洋房子别墅区坐落在凤凰山南麓，洋房子布局上均为一家一院，自成系统。解放前，洋房子一直是唐山特权人物的一种象征。现除赵各庄矿 10 号洋房子幸存下来以外，其余的都毁于 1976 年大地震中。为了让游人至此可在追忆和体验中国工业化初始阶段，欧式生活方式对于北方煤城的影响和熏染，特在开滦酒店对面的花窖地铁上规划为度假会议酒店，酒店为花园洋房建筑，每幢洋房有着不同的主题与情调，供用户选择。酒店相对独立于城市道路西侧，与南湖零距离相接，有着极好的生态绿色环境，加上建造成顶级的建筑配置、顶级的设施以及一流的服务管理，再有整个休闲娱乐区的配套，将来一定是唐山各种国际论坛与各界小型峰会的首选场地。

康体水会馆。利用规划场地现有的游泳馆等设施，进行包装、改造、增加建筑和相应的活动与服务内容，与老开滦酒店形成风貌统一的整体。

火车站广场。西洋风韵景区还有一个火车站广场，有着原汁原味的西式火车站建筑，广场从建筑风格到地面铺装，从路灯标牌到绿化配植都着力于表现出景区的主题，给游人营造出恍若隔世的感觉。

民俗风情　唐山这座因煤而兴起的城市有着自己丰厚的民俗文化，这些民俗文化有着中西交汇、南北相融的鲜明特点，是这座城市最早开发者的印迹，体现了煤矿与城市的发展过程。通过展现这些独特的民俗风情，打造出只有在唐山才能看到的文化旅游景观。民俗风情景区包括：

广东会馆与广东街。仿建具有代表性的广东会馆不仅是一座景观建筑，更是一个承载历史文化的载体。复建广东会馆和广东街，重现唐山开发者的历史遗踪，可以极大的满足游客怀旧的心理需要。

永盛茶园与“小山”。是唐山市井文化的代表，是评剧的发源地。在这个充满市井民俗的街区，沿用过去曾经叫响的老字号商铺组建美食街。

窑神庙。在民俗风情区还复建有一座窑神庙，在这里强烈的体现了文化与生活的渊源关系，能给游人以视觉上的冲击与心灵上的震撼。也是给现代人提供体验与参与民俗活动的重要场所。重修窑神庙可以让游人在感受历史沧桑的同时，更深切地感受社会主义新中国的优越性。

靓城风采　以婚庆广场为核心的休闲娱乐区，切合唐山南湖片区打造成绿野唐城的理念，为游客打造最轻松、最靓丽的环境，营造最幸福、最快乐的氛围。庆典广场（婚庆广场）位于“生态休闲娱乐园”的中心区域，是园区重大活动的中心场所。

广场周边有大礼堂、小礼堂、花烛洞房、露天剧场等建筑环绕，一条宽大浓密的林荫大道从南至北直通庆典广场，为进入这个场地设置重要的空间铺垫，构成庆典场所的高规格和仪式感。大礼堂是一座洁白的欧式建筑，位于庆典广场正中间，座北朝南，是大型庆典活动的主场，可以举行各种传统与时尚的人生庆典活动，如婚礼、毕业典礼、中榜谢师、成人仪式，也可以为政府、企业、品牌举办一些推广活动，如颁奖、选美、时装秀等，还可以作为电视节目录制现场。小教堂位于庆典广场的西侧，是新人选择举办西式婚礼仪式的场所，也是城市人生活、信仰多样化的一个有益补充。教堂有钟塔，设有牧师、管风琴，能原汁原味地展现西式婚礼的典雅和浪漫的氛围。花烛洞房坐落在庆典广场东边，是新人选择中式婚礼仪式的场所。在这里人们能体验传统结婚仪式以及其中的浓浓民族文化风情。除了正式的婚典，空闲时这里可以安排由游客充当新郎、新娘的参与性游戏，让游客体验一回传统式婚礼的温馨与浪漫。露天剧场在庆典广场的西南边，设施完备，剧场定期为游客演出节目。“中国近代工业文明摇篮”将是露天剧场最重要的主题之一。北方缺水，孩子们少有亲水游戏的地方，本案特意在林荫大道的西边辟出一块地建一个水上乐园，通过截、放、提、灌、冲等控水比赛的游戏，培养出小朋友互助、谐调、敏捷等品质。加深对水形态的感知，并由此加深对中国“水”文化（上善若水、以柔克刚、满招损、谦受益等）的理解以及对珍惜水资源的认识。

三、展陈设计

2007 年 12 月，开滦博物馆布展大纲开始起草。至 2008 年 3 月 20 日，大纲（初稿）编制完成，博物馆布展设计题目暂定为“黑色长河”，共六章。

2008 年 5 月，开滦博物馆内部展陈设计最终确定由中国红色展览专家、清华大学洪麦恩教授领衔担纲，展陈主题为“黑色长河”，展陈面积 3000 多平米，展线长 600 多米。展陈内容分“煤的史话”“洋务运动与中国近代煤炭工业兴起”“一座煤矿托举起两座城市”“他们特别能战斗”和“百年基业长青”五大部分。

2009 年，对开滦博物馆“森林与海洋的曼舞”“世纪追梦”及“抗震救灾”多媒体动感景观进行修改，并设立开滦历史文化藏品系列展柜。

2010 年 4 月 3 日，对开滦国家矿山公园“井下探秘游”设计方案进行补充完善，添加煤矿灾险 3D 影院和滚梯等设计，扩大探秘撷英出口处的旅游服务中心面积，增强探秘和服务功能。7 月至 9 月，对开滦博物馆第五部分展区重新进行布置。

四、主碑设计

2007 年，开滦国家矿山公园专家委员会确定主碑名称为“世纪追梦”，主要体现开滦建矿 130 年矢志不渝追求强国富民、民族复兴之路的世纪追求与梦想，体现开滦作为中国近代工业摇篮的历史文化底蕴，反映“特别能战斗”的开滦矿工前赴后继与大自然抗争，为中国革命和建设做出突出贡献的精、气、神，展示煤文化和煤矿特色的主题内涵。

2008 年 1—4 月，在海内外征集 57 件主碑创意设计方案，有 5 件入围，入选方案空缺。经商议，开滦决定委托中国壁画学会会长、原中央美院副院长、中华人民共和国第三、四套人民币设计者侯一民教授承担“世纪追梦”主碑设计和制作，5 月 13 日正式发出委托书。

第二节　公园建设

2007 年 3 月 28 日，开滦国家矿山公园正式进入建设期。10 月 12 日，开滦国家矿山公园开工奠基。经过两次招标，12 月 19 日，开滦建设集团成为博物馆工程施工建设单位。年底，完成博物馆及分展区一二期搬迁、废墟清理和场地平整。

2008 年 1 月 3 日，一期工程（中国近代工业博览园）开工。开滦监理公司、开滦质量监督站开始投入图纸会审、基础坐标划定等工作。6 月，组织矿山公园工程第三次拆（搬）迁；12 月，组织第四次拆（搬）迁。截至当年 12 月，完成开滦博物馆、主（副）碑、南（西）大门、中心广场“三大工程”建设及达道景观工程、“第一佳矿”展厅外装修及内部改造等工程。

2009 年，“电力纪元 1906”和“中国第一佳矿 1878”两个分展馆外部装修、开滦徽记广场、园记碑、《开滦赋》碑、“中国第一佳矿”景观、达道景观、铁路源头景观、LED 影视屏、南大门停车场、园区整体绿化等 32 项工程完工，并通过相关部门验收。“井下探秘游”地下作业项目 106 米上山斜巷于 9 月 21 日精准贯通；12 月底贯通巷道主体结构全部竣工、基本完成给排水、采暖、电力管网施工和观光廊桥焊接及屋顶更换等大部分主体结构工程。

2010 年，完成“井下探秘游”所需井下“采、掘、开、机、运、通”六大系统设备调拨。7—9 月，调拨大型设备器材 50 多架、458 件（套）、近 200 多吨。年底，“井下探秘游”完成硬件建设和一期景观工程节点目标。

同年，“开滦魔力之地”基础结构施工全面完工。1 万平方米空间布局结构改造完成水暖电系统总体设计，并启动矿工生活雕塑、3 组圆雕和 16 个工件雕塑小品的设计制作。

第三节　公园管理

2007 年 4 月，开滦矿山公园筹建处成立。同年 12 月，组建开滦国家矿山公园建设专家委员会。2009 年 3 月，开滦集团公司正式成立“开滦（集团）有限责任公司博物馆”，与开滦国家矿山公园筹建处合署办公。

一、项目融资

开滦矿山公园主要围绕矿业遗迹保护、矿山环境治理、博物馆建设等进行融资立项，并积极申报国补资金。同时，寻求社会融资。开滦集团公司制定国补资金与企业自筹资金“一比一”配比政策，为矿山公园一期工程建设提供资金支持和政策保证。2007 年，申请到位国补资金 1220 万元。是年 9 月 16 日，开滦集团公司与广东奥飞动漫文化产业公司集团签订《开滦国家矿山公园项目投资意向书》。

2008 年，继续就“矿业遗迹保护和生态环境治理专项国补资金”立项申报。7 月，与唐山市残联、唐山市盈泰珠宝有限公司达成联合开发二期工程“老唐山风情小镇”投资合作意向；10 月，参加“2008 东北亚暨环渤海文化产业招商洽谈会”和“深圳（中国）高科技成果发布交易会”。12 月，向唐山市发改委正式上报“建设开滦国家矿山公园旅游投资项目专项建设资金申请”。是年，争取河北省“开滦矿业遗迹专项保护资金”2800 万元、国土资源部下拨“博物馆建设引导资金”600 万元、唐山市文产办“项目建设引导资金”360 万元；新增立项申报 3500 万元。

2009 年，将“煤矿地质环境综合治理”“煤矿采煤塌陷地质环境治理”“矿业遗迹保护”等项目确定为国补资金渠道立项。全年申报的5个资金项目方案全部通过评审。分别是：《唐山矿半道巷地质环境治理》（401万元省财政补贴）、《唐山矿大白井储煤厂地质环境治理》（1200万元国补资金）、《开滦国家矿山公园旅游投资项目专项建设资金》（25万元）、《唐山矿老矿区地质环境治理》（2800万元国补资金）、《唐山市南湖矿山公园采空塌陷区地质环境治理》（220万元国家财政补贴）。全年共争取到位资金1626万元。

2010年，上报国家发改委《中国铁路源头博物馆及沿线景观工程》（拟融资800万元）已通过立项。是年年底，开滦国家矿山公园项目已累计争取省和国家财政补贴9026万元。

二、展陈制作

开滦博物馆内部展陈制作由北京清尚公司、水晶石数字科技有限公司等单位承担。其中“百年追梦”大型弧幕影片由水晶石数字科技有限公司等单位承担。天津泥人张彩塑工作室承担旧唐山民俗风情彩塑微缩景观设计制作；永一格展览展示有限公司承担“森林与海洋的曼舞”大型多媒体景观设计制作。

2008年9月底具备预展条件。10月22日，开滦国家矿山公园博物馆主题展览预展。此后，根据各方意见对展区进行完善调整。

2009年，对主馆二层东厅实施全面改造，补充完善开滦地质构造、开平煤田及矿井分布沙盘，增加开滦煤基产业链景观模型。

2010年，开滦博物馆第五展区完成改展，全新的《百年开滦、基业长青》展区，运用抬升式地台、环幕数字影片、电子沙盘、触摸屏等展陈手段，充分展现2008—2010年开滦调整转型、跨越发展的新思维、新成就，成为全景式展示开滦调整转型、跨越式发展新成就的宣传窗口。

三、文物征集

2007年12月，开滦下发《开滦企业文物征集及管理暂行办法》《开滦企业文物征集工作实施意见》，文物征集正式启动。

2008年，成立文物组，负责文物征集。2月29日，举行“开滦知名人士文物捐献仪式”。开滦知名人士捐出历次参加全国党代会、人大会、劳模表彰会证件、证书和奖章、照片等。8月27日，中共中央政治局委员、书记处书记、中宣部部长刘云山视察矿山公园，作出“加强文物线”指示。此后，专家委员会成员赴北京、上海、内蒙、东北等地寻购地质类、照片类、文献类文物，共购置硅化木、石炭纪、二叠纪化石等文物20余件。是年，内部调拨早期大型工业器物15件，内部征集工业文物百余件。

2009年，开滦博物馆将开滦百余年来积淀保存的明清及民国初期的264件珍贵文物进行陈列。7月，河北省文物局对开滦博物馆馆藏文物进行等级鉴定，鉴定结果为：国家一级文物47件，二级文物72件，三级文物326件。

四、构建文化旅游产业总体框架

2009年，开滦集团提出文化旅游产业“三点一线”整体战略格局，即开滦国家矿山公园一期工程“中国北方近代工业博览园”、二期工程“老唐山风情小镇”、唐山矿新工业园区“开滦现代矿山工业示范园”三个点，同中国第一条准轨铁路（唐胥铁路）串连的“龙号机车游览线”，总面积达109.13公顷。是年8月，编制完成《开滦国家矿山公园二、三期工程可行性研究报告》和《开滦文化旅游产业报告》。

2010年，制定《开滦发展文化产业总体思路》。在此基础上，形成《开滦文化产业发展规划（草案）》。该规划提出“加快项目开发和市场化进度，加快文化资源整合重组，将工业文化资源富集地转化为经济发展优势，把文化产业培育成集团公司新的经济增长极”的指导思想；勾勒出以项目建设为依托，体系健全、结构合理、竞争力强、品牌效应突出，实现文化产业又好又快发展的十年发展蓝图；制定六大战略目标、五大实施重点和三大战略步骤，搭建起开滦文化产业发展总体框架。

第二十四编　卫生　体育

1990年，全区各级各类医疗卫生机构157个，医疗卫生设施占地面积21.93万平方米，建筑面积14.32万平方米，医疗卫生技术人员4151人，病床2431张，医疗设备866台（套）。1994年起，随着社会主义市场经济体制的逐步建立，社会办医准入政策的实施，以及适应人民就医看病需求，医技队伍、医疗设施面积、医疗设备质量逐年扩增，医疗卫生服务的承载力和现代化医疗水平不断增强；爱国卫生运动扎实推进；妇幼保健、卫生防疫工作水平明显提升。至2010年，全区医疗卫生机构256个，其中区属医疗机构244个。设施占地面积32.82万平方米，建筑面积28.87万平方米。医疗卫生人员总数为7319人，其中技术人员6398人，病床5546张，医疗设备9526台（套）。卫生防疫以食品、饮用水及公共场所、学校卫生管理为重点，加强经常性的监督监测，全区水质检测合格率从1990年的85.6%提高到2010年的96.2%；疫苗接种率达到规定要求；妇女病治疗率和婴幼儿患病普查率分别在99%和96%以上；地方病、慢性病、职业病、传染病得到有效控制。贯彻落实《全民健身计划纲要》，全民体育活动得到快速开展。2010年，全区的体育设施面积达到9.69万平方米。有社区体育健身路径54条，村民健身广场16处；学校体育设施有400米标准田径运动场6个、200米以上小型运动场23个、排球场5个、篮球场30个、乒乓球场45个、全套单双杠等体能训练设备56个。21年间，路南区运动员累计在省级以上各项比赛中获奖210项，其中省级87项，国家级83项，国际级40项。

第一章　医　疗

1990年，全区有各级各类医疗卫生机构157个，其中区属医疗卫生机构144个，驻区医疗卫生机构13个。伴随社会主义市场经济体制的建立与完善，国有、集体医疗机构一统天下的格局被打破，个体私营医疗机构进入医疗服务领域，逐步构成以公立医疗机构为主体，以个体私营医疗机构为补充，多种所有制医疗机构并存的医疗服务体系。至2010年，全区医疗卫生服务机构256个，其中区属医疗机构244个，驻区医疗机构12个。在区属医疗机构中，有民营医院12家，个体诊所188个。全区医疗基础设施占地面积32.82万平方米，建筑面积28.87万平方米；从业人员7319人，其中医技人员6398人；病床5546张，医疗设备9526台（套）。医疗队伍结构日趋优化，医技人员防病治病能力明显增强。

第一节　医疗机构

一、区属医疗机构

1990年，有区属医疗机构144个，即区属医院1个，妇幼保健站1个，卫生防疫站1个，厂企、校办医院（卫生科）4个（含唐山机械电子工业局医院、唐山一运医院、唐山市一建医院、唐山工程技术学院卫生科），街道卫生院4个（含小山卫生院、西新村卫生院、文化北后街卫生院、开滦小山联合医院），厂企、校、幼儿园卫生所（室）79个，民营医院1个，个体诊所53个。

1992年11月，行政区划调整，开平区女织寨乡、梁家屯乡划归路南区管辖，所属卫生院各1个和村级诊所12个一并划归路南区。

1993年6月，梁家屯乡卫生院更名为梁家屯医院。是年，因集体工业企业试行国有（公有）资产委托经营、嫁接改造、兼并、合并，部分校（园）卫生室撤销，厂企、校卫生所（医务室）由1990年的79个锐减至26个。1995年唐山机械电子工业局医院更名为“唐山骨伤医院”。

1996年，梁家屯乡并入女织寨乡，原隶属于梁家屯乡的梁家屯卫生院以独立法人机构被保留。1998年增加南陈庄、定福庄村2个卫生室。至此，全区38个村全部建立卫生室。

2000年，各街道开始筹建卫生服务中心（站）。同时个体私营医疗机构进入快速发展期，全区医疗机构总量呈上升趋势。2002年9月，唐山骨伤医院划归唐山市卫生局管理，更名为“唐山市第十医院”。

2005年，区属医疗卫生机构达269个，其中区属公立医院1个，民营医院6个，社区卫生服务中心（站）8个，区妇幼保健站1个，区卫生防疫站1个，厂企、校医院3个，乡卫生院1所，私人诊所及门诊部发展到248个（含乡村38个卫生室）。2006年11月，区卫生防疫站更名为“路南区疾病预防控制中心”（路南区卫生监督所）。

2010年，实施城中村危旧平房改造工程，梁家屯卫生院原址拆迁，部分私人诊所停办。是年，区属医疗卫生机构减至244个，分别是区属公立医院1个，妇幼保健院1个，疾病预防控制中心（卫生监督所）1个，厂企、校办集体医院4个，社区卫生服务中心（站）19个（其中社区卫生服务中心5个、社区卫生服务站14个），乡卫生院1个，村卫生室18个，私人、民营医院11个，诊所188个。

唐山市路南医院　位于南新东道120号。始建于1960年7月，系集体所有制综合性医院。其前身为5个诊所，即：和平诊所、解放路诊所、卫协诊所、牙科联合诊所、和平路中医门诊部。1990年，业务科室设有内科、外科、妇科、眼科、口腔科、中医科、药剂科、理疗科、放射科、骨外科、烧伤病房以及心脑血管病专科。有病床95张，建筑面积4800平方米，工作人员181人，其中医技人员142人。1994年，晋升为二级甲等医院。下设车站路诊所、胜利路诊所、复兴路诊所。1993—1998年先后投资437万余元，改建病房，购置美国产1200SX型全身CT机、多参数监护仪等先进医疗设备23套。医院增设肛肠科、CT室、检验科、功能检查科、耳鼻喉科。增设赵庄门诊部。有病床100张，固定资产978万元，其中器械394万元，年业务收入710万元。2001年，先后改扩建门诊收费大厅及药房。2003年，增设皮肤病、性病科，开设友谊里社区服务中心、新华楼社区服务中心、友谊里门诊部、南新道门诊部。2004年9月，区政府与华北煤炭医学院附属医院签订《托管协议》，路南医院正式委托给华北煤炭医学院附属医院管理，并更名为“华北煤炭医学院附属医院路南分院”。2006年，投资2400万元购进伽玛刀治疗仪，成立伽玛刀治疗中心。至2010年，医院占地面积1.21万平方米，建筑面积8655.7平方米。以外科、口腔科、眼科、神经内科，消化内科、烧伤科、肛肠科为重点学科，有病床120张，职工203人，其中医技人员149人。

路南区妇幼保健院　现址位于友谊路友中街友谊甲8楼西侧，原名路南区妇幼保健站，2002年8月改现称。始建于1978年，原址在大业里。隶属于区卫生局，为全民事业单位。建站时，有工作用房28平方米，工作人员3人，其中医技人员1人。1988年迁入国防道赵庄房管所东侧路南区防疫站院内，与路南区防疫站合用办公楼，工作用房84平方米，设有妇保科、儿保科、检验科。此后根据妇幼保健事业发展需要，增加人员编制，购置所需设备。截至1990年，全院有医疗技术人员10人，其中西医师5人。主要设备有产床、显微镜、干燥箱、恒温箱、冷强光透照仪等。1994年，增加分光光度计、血红蛋白仪、微量振荡器、离心沉淀器等设备。1998年，增设婚检科。2002年投资178万元，建占地面积759平方米，建筑面积1347平方米综合楼。8月由国防道旧址迁至现址。2003年4月，增设儿科、外科、妇科、不孕不育科、预防保健科、功能科、放射科。2006年，增设口腔科、康复科、计划生育门诊、妇女保健科、儿童保健科、婚检科、检验科等科室。至2010年，有工作人员28人，其中医技人员23人，副高职称1人、中级职称10人、初级职称12人，有设备31台（套）。妇女病治疗率和婴幼儿患病普查率分别达到99%和96%以上。

路南区疾病预防控制中心（路南区卫生监督所） 现址为国防道52号，始建于1956年，原名为路南区卫生防疫站。1990年，占地面积1230平方米，有建筑面积1200平方米的办公楼1座。工作人员42人，其中卫生技术人员32人。内设防疫科、食品卫生科、环境卫生科、检验科、劳动卫生科、卫生宣传科等业务科室。承担着全区防病灭病和卫生监督监测、卫生执法等项职能。1998年起，内设机构调整，因需增加人员编制。设防疫科、监督一科、监督二科、监督三科、检验科、宣传科、劳动卫生科，在职职工54人。2001年12月，增设学校卫生科、综合科、消杀科，撤销宣传科。2006年11月，机构改革，区卫生防疫站更名为“路南区疾病预防控制中心”（路南区卫生监督所），两块牌子，一套人马。至2010年，有工作人员65人，其中卫生技术人员47人，在专业技术人员中，副主任医师2人，主治医师12人。

女织寨乡卫生院 始建于1958年，原为女织寨人民公社联合诊所，后几经更名，1983年始为现称。该院位于唐柏路408号，系集体所有制综合卫生院。1992年11月由开平区划归路南区。是年，医院占地面积3600.18平方米，建筑面积784平方米。医院设有内科、妇产科、牙科。有职工36人，专业技术人员35人，其中中级职称4人。床位43张。有心电图机、B超机、口腔治疗台、血压计、听诊器、黑白B超机等设备15台（套）。2004年6月，梁家屯医院领导班子并入该院，分属办公，保留独立体制。2005年12月，该院上划由区卫生局直管，至此结束乡管卫生院的历史。2006年，改扩建医疗用房，增设中医科。至2010年，医院占地面积3600.18平方米，建筑面积3803平方米。有职工60人，其中专业技术人员56人，床位49张，设备47台（套）。

2010年唐山市路南区区属医院及卫生、保健机构统计表

表24-1　　　　单位：平方米、人

医疗机构名称	占地面积	建筑面积	从业人员			床位数（张）	主要设备（台、套）	类别	注册（成立）时间	所有制形式	诊疗科目
			总数	医疗卫生技术人员	其他人员						
唐山市路南医院	12064.8	8655.7	203	149	54	120	75	医院	1960	集体	内科 中医 牙科
唐山同济医院	5333.37	2844	65	57	8	75	40	医院	1953	集体	综合
河北联合大学医院	1500	1700	23	23	-	30	30	医院	1985	全民	综合
唐山市路南区妇幼保健院	759	1347	28	23	5	20	31	医院	1978	全民	妇、儿保健
路南区卫生监督所	1230	1200	65	47	18	-	20	卫生	1956	全民	卫生监督
一运集团有限公司医院	2026.32	1886.70	17	17	-	30	25	医院	1948	国企	综合
唐山路南区女织寨乡卫生院	3600.18	3803	60	56	4	49	47	医院	1958	集体	综合
唐山心理医院	12000	8000	152	132	20	200	20	医院	1988	集体	心理科、精神科
唐山五官医院	800	2500	66	66	-	40	19	医院	2006	民营	眼、耳鼻喉科
唐山市路南区小山卫生院	250.21	336.52	25	25	-	25	30	医院	1979	私人	综合
唐山平安医院	29584	2048.48	41	41	-	30	38	医院	1998	私人	不孕不育科
唐山胜利医院	1230	1000	16	16	-	20	7	医院	2006	私人	综合

2010年唐山市路南区区属医院及卫生、保健机构统计表

续表24-1 单位：平方米、人

医疗机构名称	占地面积	建筑面积	从业人员			床位数（张）	主要设备（台、套）	类别	注册（成立）时间	所有制形式	诊疗科目
			总数	医疗卫生技术人员	其他人员						
唐山中西医骨科医院	4600	3600	75	75	-	50	10	医院	2010	私人	骨科
唐山路南脉管炎医院	1200	882	16	16	-	30	27	医院	1994	私人	血管病科
唐山冀东妇产医院	2162.42	4475	100	84	16	50	45	医院	2004	民办	妇产科
唐山复兴医院	1500	2000	60	49	11	20	35	医院	2010	民营	综合
唐山肛肠医院	784	2600	60	50	10	20	20	医院	2007	私人	肛肠科
唐山路南京唐生殖健康医院	10000	8000	71	67	4	50	41	医院	1990	民营	生殖科
唐山京东医院	800	3000	16	16	-	20	30	医院	2005	私人	中医

二、驻区医疗机构

1990年，驻区医疗卫生机构有13个，其中：市属7个，分别是唐山市人民医院（唐山市第一医院）、唐山市第四医院（又名唐山市结核病医院、唐山市肺科医院）、唐山市妇幼保健院、唐山市截瘫疗养院、唐山市卫生学校附属医院、唐山市第五医院、唐山市卫生防疫站；驻区企业医院4个，分别是天津铁路分局唐山铁路医院、开滦矿务局精神病医院、中铁一局唐山医院、开滦钱家营矿医院；部队医院2所，分别是中国人民解放军第二五五医院、唐山武警医院。1996年，天津铁路分局唐山铁路医院迁至路北区境。2002年6月，开滦矿务局精神病医院更名为“开滦（集团）有限责任公司医疗集团精神病院”。3月，唐山骨伤医院更名为“唐山市第十医院”，划归市卫生局管理，12月开滦（集团）有限责任公司医疗集团精神病院挂牌成立“华北煤炭医学院附属开滦精神卫生中心”（简称开滦卫生中心）。2003年，中铁一局唐山医院更名为“唐山友谊医院”。是年，开滦钱家营矿医院更名为“开滦医疗集团钱家营医院”。2004年唐山市卫生学校附属医院改称“唐山市协和医院”。2005年6月，开滦医疗集团钱家营医院更名为“开滦职业病防治院”。2006年，唐山市卫生防疫站迁至路北区境。至2010年，驻区医疗卫生机构12个，其中：市属7个，分别是唐山市妇幼保健院、唐山市人民医院、唐山市协和医院、唐山市截瘫疗养院、唐山市第十医院、唐山市第四医院、唐山市第五医院；驻区企业医院3个，分别是唐山友谊医院、开滦精神卫生中心、开滦集团职业病防治院；武警、部队医院各1个，分别是唐山武警医院、解放军第二五五医院。

唐山市人民医院（唐山市肿瘤医院） 位于胜利路65号，始建于1943年，是唐山市大型综合性医院之一。1990年，医院占地面积4922.30平方米，建筑面积2.63万平方米；在职人员620人，其中专业技术人员446人；有床位420张。1995年1月，被命名为河北省爱婴医院。同年7月，经唐山市卫生局审核评定为二级甲等医院，有大型医疗设备592（套），在职人员650人。2002年，该院在河北省首批、唐山市首家获得ISO 9001（2000）质量体系认证证书。2003年普瘤科被列入市级重点学科。是年，唐山市法医鉴定中心在该院成立。2004年，成立唐山市肿瘤放射治疗中心、唐山市乳腺疾病防治中心。2008年9月，纳入三级综合医院管理。拥有1个省级医学重点学科：乳腺外科；3个市级医学重点学科：普瘤科、头颈肿瘤科、放化科；另有4个市级重点发展学科：心内科、神经外科、重症医学科、骨软组织肿瘤科。2009年放化科、头颈科、心内科、神经外科、重症医学科、骨软组织肿瘤科被列为市级重点发

展学科。2010 年，医院占地面积 4922.3 平方米，建筑面积 5.69 万平方米；有大型医疗设备 2136 台（套），在职人员 1155 人，设 19 个住院病区，开设专业 99 个，44 个诊疗科室，13 所协作医院，3 个社区服务站，1 所分院。医院设有唐山市肿瘤放射治疗中心、唐山市乳腺疾病防治中心、唐山市法医鉴定中心。21 年间，该院有 71 项科研成果获奖，其中获省以上科技奖励 32 项、发明专利 2 项、市以上科研项目成果 34 项，科研成果推广应用获国际先进 2 项，国内先进 1 项。

唐山市妇幼保健院（唐山市妇儿医院）　位于建设南路 14 号，1983 年 9 月由原唐山市妇幼保健所和唐山市商业医院合并而成，是震后获联合国儿童基金会资助的河北省最大、华北地区较大的一所市级妇幼保健院。担负着全市妇幼保健、医疗、科研培训、计划生育技术指导、健康教育和信息管理等六大社会职能，另担负着华北煤炭医学院临床教学和科研工作任务。该院为爱婴医院，产科是河北省产科规模最大、床位数最多、年分娩量最大的医疗机构，是医院自身的支柱科室。1990 年，该院占地 2.46 万平方米，建筑面积 2.06 万平方米，有床位 323 张，大型医疗设备 50 台（套），医护人员 750 人。1999 年，被评为国家“三级甲等”妇幼保健院。该院以降低孕产妇死亡率、婴儿及 5 岁以下儿童死亡率为工作重点，妇女保健、儿童保健、妇科、产科、病婴科、儿内科、儿外科、生殖遗传等学科均处于全市领先水平，个别科室处于省内领先水平。生殖遗传科为全市重点学科。开设与妇幼保健工作相一致的少女门诊、乳腺疾病门诊、儿童营养及微量元素门诊、非手术治疗小儿包茎门诊、生长发育矮小肥胖门诊、儿童早教门诊、儿童心理卫生门诊，同时开展儿童感觉统合训练、脑电生物反馈治疗。2004 年被省卫生厅批准为产前诊断机构。2005 年，新建病房楼 1 座，新增建筑面积 1.46 万平方米。2007 年河北省卫生厅确定“唐山市妇儿医院”为该院第二名称。2008 年，与泰达国际心血管病医院合作，在唐山率先开展小儿心脏外科手术。同年，新建 B 超楼 1 座，新增建筑面积 1875 平方米。2009 年通过河北省卫生厅人类辅助生殖技术专家组评审，获得技术资质，成为省会石家庄外唯一一家具有该项技术资质的单位。2010 年，全院占地面积 2.5 万平方米，建筑面积 4.1 万平方米，有床位 700 张；职工 1200 人，其中中高级职称 308 人。在妇科、产科、儿科等支柱科室中培养了一批年富力强、知识结构合理、临床经验丰富的专业技术人才。同年年底，资产总值 3.5 亿元，其中专业设备总值 1.01 亿元，有万元以上设备 500 台（套）。

唐山市协和医院　位于新华西道 78 号，1982 年开诊，时名唐山地区第三医院。1983 年 5 月，唐山地、市合并改为“唐山市卫生学校附属医院”。2004 年，更名为“唐山市协和医院”。1990 年，该院占地面积 2.94 万平方米，建筑面积 1.45 万平方米，有床位 350 张，医疗人员 376 人，大型医疗设备 87 台（套）。1994 年起，扩建基础设施，购置医疗设备。截至 1995 年，大型医疗设备有 187 台（套），医疗人员 645 人。2008 年 10 月，新建病理综合楼，新增建筑面积 3000 平方米。医院内设唐山市腔镜中心、唐山市口腔医院、唐山市牙病防治中心、唐山市耳鼻咽喉疾病诊治中心、唐山市皮肤性病防治中心、唐山市病理检验暨培训中心。2010 年，全院建筑面积达到 2.93 万平方米，开设专科门诊 40 个，病房 25 个，有病床 650 张，医疗设备 313 台（套）；有医疗人员 873 人，其中医疗技术人员 712 人，硕士生导师 3 人，博、硕士研究生 28 人，正高级职称人员 41 人。承担省市科研项目 8 项，实施科技创新 26 项。与北京协和医院、301 医院、海军总医院、同仁医院、上海瑞金医院等国内知名大医院保持紧密的技术协作关系，搭建起现代化远程医疗辅助系统，实现远程会诊和技术资源共享，患者足不出市便可享受国内最优秀的专家服务。

图 24－1　唐山市协和医院　（唐山市协和医院）

唐山市第四医院　位于学警路南端，也称唐山市结核病医院、唐山市肺科医院。前身是 1954 年 4 月建立的河北省工会第二工人疗养院。1956 年 7 月改为肺结核疗养院。1975 年 10 月，该院析为“唐山市第四医院”和“唐山市结核病防治所”。1981 年 1 月，迁至现址。是唐山市卫生局直属的一所以治疗结核病为主、集医疗、预防、保健为一体的专科医院，也是市内唯一一所治疗结核病的医保定点医院。1990 年，占地面积 5956.5 平方米，建筑面积 5163.76 平方米，设有科室 16 个，床位 70 张，医护人员 128 人，大型医疗设备（10 万元以上，以下同）16 台（套）。1995 年，建筑面积 5452.61 平方米，有床位 100 张，医护人员 158 人，医疗设备 19 台（套）。2005 年，设备增加到 31 台（套），医护人员 157 人。2010 年，医院建筑面积为 5853.61 平方米，有医护人员 188 人，床位 200 张，医疗设备 42 台（套），设有结核内（1～4）科、呼吸内科、B 超室、心电图室、CT 室、放射科、检验科、药剂科等 16 个科室。年门诊量 7000 余人次、年入院 1500 余人次。

唐山市第五医院　位于南新西道与光明路交叉口东北侧。是市卫生局直属的一所精神、心理疾病专科医院。其前身是 1958 年 10 月，唐山市民政局在大城山北坡创建的精神病收容所。1967 年 1 月，更名为“唐山市精神病医院”，1969 年 9 月，隶属于市卫生局。1975 年 10 月改为现称。1989 年，更名为“唐山市精神康复医院”。1990 年，该院占地面积 3.03 万平方米，建筑面积 8904.78 平方米，额定床位 280 张，医护人员 215 人，日均门诊量 39 人，年均住院天数 99.5 天，住院病死率为零。内设心理病区、神经症病区、中西医结合病区、老年疾病治疗中心、酒药依赖治疗中心、精神病重症男女病区等科室。开展心理治疗、认知治疗、系统脱敏治疗、理性情绪治疗、森田疗法、四联调整疗法、全息疗法、中西医结合治疗等特色疗法。1991 年，成立“精神疾病司法鉴定组”。1997 年，更名“唐山市第五医院”为第一名称，“唐山市精神康复医院”为第二名称。2000 年，年门诊、急诊量 1.49 万人次，年入院 1192 人次，病床使用率 92%。2004 年，经省卫生厅批准，成立“唐山市心理咨询中心”。2 月，经市卫生局批准成立“唐山市心理卫生知识培训基地”，成为全市第一个市级心理卫生知识培训专业机构。2005 年，成立西医结合病区。2006 年，经河北省司法厅批准，成立“精神疾病司法鉴定中心”。2010 年 5 月，成为唐山师范学院心理系教学实习基地。同年年底，全院额定床位 280 张，医护人员 242 人，年门诊、急诊量 3.62 万人次，年入院 1657 人次，病床使用率 113.02%。大型医疗设备 76 台（套）。

图 24－2　唐山市第五医院（唐山市第五医院）

唐山市第十医院　位于胜利路 124 号，是一所以健康体检、中医骨伤康复、社区卫生服务三大中心为主要业务支撑的综合诊疗机构。1974 年始建于文化北后街，震后复建于沟东，1986 年迁建于现址。1990 年，医院名称为“唐山市机械电子工业局医院”，占地面积 3560.02 平方米，建筑面积 2210.74 平方米；有医疗技术人员 71 人，其中主治医师 3 人；病床 60 张，为小型综合性医院。1995 年 6 月，医院更名为“唐山骨伤医院”，仍隶属于唐山市机械局，行业归口路南区卫生局，为全国骨伤科医院学术研究会直属医院，业务以骨科为主，小综合为辅。1998 年 12 月，与唐山市公安局交警支队事故处理处联合建立交通伤现场抢救队。2002 年 3 月，划归唐山市卫生局管理，更名为“唐山市第十医院”。2005 年 5 月 19 日，成立唐山市健康体检中心，该中心是经河北省卫生厅、唐山市卫生局批准成立的唐山市首家独立于医院之外的国有专业体检机构。2006 年 11 月，筹建唐山市中医骨伤康复中心，翌年初挂牌营业。2010 年，医院占地 3980.02 平方米，建筑面积 5998.35 平方米，有职工 180 人，其中医技人员 119 人；病床 120 张，医疗设备 65 台（套）。医院自此形成集体检专科及康复专科为主体的大专科、小综合

（内、外、妇、骨）的运营模式。

唐山市截瘫疗养院　位于南新西道9号，隶属于唐山市民政局，系震后适应截瘫病人疗养需要而建。1990年，占地面积3万平方米，建筑面积8130平方米，有床位204张，医护人员124人。1995年，建324平方米二层办公楼及会议室，设有4个病区、4个医技科室及7个职能科室。1996年，新建病房楼2234.6平方米。2004年，续建西门诊二层941平方米，新建彩钢复合板大礼堂262.5平方米。添置彩超，心电分析系统，移动X线诊断系统等医疗设备。2010年，医院建筑面积达到1.19万平方米，有床位204张，医疗设备25台（套），医护人员107人。

图24-3　唐山市截瘫疗养院（唐山市截瘫疗养院）

唐山市友谊医院　位于唐山市新华西道友谊路口中街，隶属于铁一局，原名铁一局二处医院。2003年更名为“唐山市友谊医院”。1990年，医院占地面积1.42万平方米，建筑面积4832平方米，有床位120张，大型医疗设备31台（套），医护人员106人。内设内科、外科、妇产科、儿科、眼科、口腔科、中医科等临床科室14个；设有药剂科、检验科、放射科、功能检查科等医技科室6个。创伤外科及心理康复科为医院专科特色。特色科室有妇产科、疼痛外科。2010年，该院建筑面积为9867平方米，床位200张，大型医疗设备37台（套），医护人员119人，其中中、高级专业技术人员65人，有正、副主任医师20名。

开滦精神卫生中心　位于学警路花园街，始建于1973年，是开滦（集团）有限责任公司医疗集团的一所下属专科医院。1988年10月，从市郊冶里村迁入现址。是年占地面积4620.23平方米，建筑面积2376.53平方米，开设床位150张。1993年7月，更名为“开滦矿务局精神卫生中心”，医院占地面积增至7933.73平方米。2002年6月，更名为“开滦（集团）有限责任公司医疗集团精神病院”。2002年12月，挂牌成立“华北煤炭医学院附属开滦精神卫生中心”（简称开滦精神卫生中心），成为华北煤炭医学院本科教学实践基地。设有精神病一至三区、康复病区、神经症病区、中西医病区、森田病区和医技科室；常设精神科门诊和专家心理门诊。装备有脑电图、脑地形图、彩色经颅多普勒治疗仪、多功能B超诊断仪等现代化医疗设备。2007年11月，挂牌成为“新乡医学院教学实习基地”。2008年9月，挂牌成为“唐山师范学院教学实习基地”。2010年，医院占地面积1.24万平方米，建筑面积6642.59平方米，开设病床300张；有职工154人，其中主任医师3人（其中教授2人），副主任医师5人（其中副教授1人），主治医师12人。

开滦职业病防治院　位于钱家营矿生活区内，始建于1988年12月，原为开滦钱家营矿医院。1990年，医院占地1.67万平方米，建筑面积9502.69平方米；有病床130张，医技人员194人。1995年5月，被唐山市卫生局命名为二级甲等医院。1997年8月，创建爱婴医院并通过检查验收。2003年6月，划归开滦医疗集团，更名为“开滦医疗集团钱家营医院”。2005年6月16日，更名为“开滦职业病医院”。2007年1月，通过中国煤矿尘肺病治疗基金会专家组肺灌洗技术的评估验收，确定该院具备开展肺灌洗技术的条件。3月，被中国煤矿尘肺病治疗基金会指定为定点医院。2008年9月11日，被河北省劳动和社会保障厅批准为河北省工伤尘肺康复试点机构。2009年9月，被河北省人力资源和社会保障厅定为河北省唯一一家工伤保险、工伤尘肺康复试点机构医院，被华北煤炭医学院定为预防医学系医学教学基地。2010年3月，开滦职业病医院与预防保健中心合并，更名为“开滦职业病防治院”，内设职业健康体检科、职业病诊断科、肺灌洗科、职业病区、手术室、内科、外科、放射科、功能科、检验科、药剂科等20个科室。是年医院有医疗技术人员172人，其中主任医师3名、副主任医师7名、主治医师26名。是唐山市唯一一所集职业健康监护、尘肺病治疗和康复为一体的尘肺职业病专科医院。

图 24－4　解放军第二五五医院　（解放军第二五五医院）

解放军第二五五医院　是唐山市唯一一所军队中心医院。始建于1953年1月，是全军重点应急机动卫勤力量之一，是一所集战备、医疗、教学、科研为一体的综合性医院，是唐山市双拥先进工作单位和定点医保十佳单位。二五五医院在提高卫勤保障能力的同时，自身建设也全面快速发展。医院综合实力不断攀升。二五五医院在执行历次急难险重任务中均圆满完成任务，并取得优异成绩。在1976年唐山地区抗震救灾及1987年防御作战医疗救护中分别被荣记集体二等功；1999年被总部授予“全军重点应急机动卫勤力量建设先进单位”；2001年、2006年、2007年的军事活动中分别被荣记集体三等功；2007年，医院卫生营被评为首届“华益慰杯”奖；医院党委连续8年被评为先进团党委；在2008年汶川、2010年玉树抗震救灾中，被中共中央、国务院、中央军委授予“全国抗震救灾英雄集体”称号，被列入中宣部“抗震英雄谱”，被藏区百姓称为高原上的“生命方舟”。

第二节　医疗设施设备

一、医疗设施

1990年，全区医疗设施总占地面积为21.93万平方米，建筑面积14.32万平方米，其中，区属医疗机构占地面积3.30万平方米，建筑面积1.88万平方米；驻区医疗机构占地面积18.63万平方米，建筑面积12.44万平方米。在区属医疗机构设施中：区属及厂企、校办医院（含私立医院）、卫生保健机构8家，占地面积2.63万平方米，建筑面积1.59万平方米；街道卫生院4所，占地面积3886平方米，建筑面积886平方米；厂企校及私人诊所（室）132个，占地面积2770平方米，建筑面积2068平方米。

1992年11月，开平区女织寨乡、梁家屯乡划归路南区管辖，所属卫生院、诊所一并移交路南区管理，医疗设施占地面积、建筑面积分别增加5300.8平方米、1872.42平方米。翌年起，唐山市协和医院、唐山市截瘫疗养院、唐山市妇幼保健院等驻区医疗机构陆续改扩建。至1995年，全区医疗设施总占地面积达到22.65万平方米，建筑面积15.56万平方米。

2000年，在街道开始筹建社区卫生服务中心（站）。是年起，个体医院、私人诊所亦快速发展，医疗设施面积逐年扩增。至2005年，全区医疗设施总占地面积达26.84万平方米，建筑面积20.81万平方米，其中，区属医疗机构占地面积为8.22万平方米，建筑面积5.84万平方米；驻区医疗机构12个，基础设施占地面积18.63万平方米，建筑面积14.97万平方米。

2010年，实施城乡危旧平房改造工程，个体和村级诊所相应减少。是年，全区医疗设施总占地面积为32.82万平方米，建筑面积28.87万平方米，其中，区属医疗机构占地面积14.19万平方米，建筑面积9.97万平方米；驻区医疗机构占地面积18.63万平方米，建筑面积18.90万平方米。在区属医疗设施中，区属19所医疗及保健机构（含私立医院、厂校医院）占地面积9.14万平方米，建筑面积5.99万平方米；乡卫生院（含村卫生室）占地面积4912.66平方米，建筑面积4655.48平方米；社区卫生服务中心（站）19个，占地面积3.29万平方米，建筑面积2.21万平方米；188个诊所占地面积、建筑面积分别是1.26万平方米、1.31万平方米。

1990—2010 年唐山市路南区部分年份医疗机构基本建设表

表 24－2 单位：平方米

年份 单位	1990		1995		2000		2005		2010	
	占地面积	建筑面积	占地面积	建筑面积	占地面积	建筑面积	占地面积	建筑面积	占地面积	建筑面积
区属	32967.72	18850.7	36832.72	17811.44	68282.28	48414.41	82155.74	58412.18	141893.74	99725.6
驻区	186349.46	124367.01	189662.96	137772.96	179048.24	135459.14	186273.48	149677.49	186273.48	188987.5
合计	219317.18	143217.71	226495.68	155584.4	247330.52	183873.55	268429.22	208089.67	328167.22	288713.1

二、医疗设备

1990 年，全区医疗机构有病床 2431 张，主要医疗设备 866 台（套）。其中区属医疗机构有病床 263 张，主要医疗设备 181 台（套）；驻区医疗机构有病床 2168 张，主要医疗设备 685 台（套）。1994 年起，社会办医条件准入与放开，以及群众对疾病诊断、治疗需求，各医疗机构改造、淘汰旧设备，购置新设备，以求在激烈的市场竞争中占据主动。至 2000 年，全区各级各类医疗机构有病床 3343 张，其中区属 493 张，驻区 2850 张；设备 5824 台（套），其中区属 323 台（套），驻区 5501 台（套）。2005 年，全区各级各类医疗机构有病床 4486 张，其中区属 829 张，驻区 3657 张；主要医疗设备达到 6832 台（套），其中区属 459 台（套），驻区 6373 台（套）。2010 年，全区各级各类医疗机构病床达到 5546 张，是 1990 年的 2.28 倍，其中区属 1328 张，驻区 4218 张；主要医疗设备 9526 台（套），是 1990 年的 11 倍，其中区属 855 台（套）、驻区 8671 台（套）。

（一）区属医疗机构医疗设备

1990 年，区属医疗设备量少，只适应简单的诊疗需要。主要医疗设备有 X 光机、心电图机、黑白 B 超机、血压计、听诊器等。各厂企、校诊所（室）靠血压表、听诊器进行病情诊断。此后至 2010 年，区属各医疗机构适应群众诊断治疗，淘汰落后设备，购置新设备。

路南医院医疗设备 主要有 γ－刀、CT 机、X 光机、CR 机、全自动生化仪、心电监护仪、颅内多普勒（TCD）、中频治疗仪、骨伤治疗仪、针灸治疗仪等。

路南区疾病预防控制中心（卫生监督所）医疗设备 主要有原子吸收分光光谱仪、紫外/可见分光光谱仪、酶标仪、测汞仪、1/万电子天平等。

路南区妇幼保健院医疗设备 主要有分光光度计、血红蛋白仪、微量振荡器、生化超微量酶标分析仪、洗胃机、胎心监测仪、电动吸引器、B 型超声波诊断仪、微量元素分析仪、半自动生化分析仪等。

河北联合大学校医院医疗设备 主要有 500MAX－光机、日产心电图机、全自动血球检测仪、全自动生化分析仪、尿十项检测仪、血流变检测仪、口腔治疗椅、多功能腰椎牵引床、微波治疗仪、超短波治疗仪等医疗设备。

唐山同济医院医疗设备 主要有日本产光电 8430 心脏中心监护系统、7200K 心脏除颤监护仪、钾钠氯分析仪、动态心电图机、无创伤治疗仪、脑电地形图机、彩色颈颅多普勒、血流变测试仪、肺功能测试仪及中药制丸机、高速离心机、心脏监护仪、双定位碎石机、索诺声彩超、全自动生化分析仪、日本产美能肺功能测试仪及自动煎药机等医疗设备。

唐山第一运输有限公司医院医疗设备 主要有检验仪、X 光机、心电图仪、血流变（化验）仪、彩超机等医疗设备。

唐山冀东妇产医院医疗设备 主要有母亲/胎儿监护仪、宫腹腔镜及配置系统、X 光机、B 超诊断仪

（四维）、体外电场热疗机、不孕症治疗仪、妇科红外光谱治疗仪、多功能治疗仪（盆疗仪）、多功能微波手术器、生物组织包埋机、医用低速离心机、全自动生化仪、全自动血凝仪、尿液分析仪（十一项）、孔式手术无影灯、数码阴道镜等。

唐山路南京唐生殖健康医院医疗设备　主要有美国绿激光前列腺汽化镜、500 毫安数字 X 线机、全自动生化分析仪、德国 wolf 宫腹腔镜、德国 wolf 影像监视系统、膀胱境、美国 COOK 导丝、腔道介入治疗仪、生物介入导融仪、离子肽治疗仪、沃尔曼综合治疗仪、微波治疗仪、全自动麻醉机、精液分析仪、微米光治疗仪、螺旋光子治疗仪、多参数心电监护仪、纳米治疗仪、吸引器、男性功能监测诊断治疗仪等医疗设备。

唐山心理医院主要医疗设备　主要有迈瑞 DC－3 彩色多普勒超声系统、醒脉通电痉挛治疗仪。

唐山五官医院医疗设备　主要有德国内窥镜系统、美国 DNR 低温等离子消融仪、YSG－1 切割吸引器、多参数心电监护仪、麻醉机等医疗设备。

唐山肛肠医院医疗设备　主要有 KDH 全自动红光治疗仪、大肠水疗保健——美国大力神水疗机、韩国肛门镜、超声药物熏洗治疗机、SUNDOM 半导体激光治疗机、HCPT 肛肠治疗仪、美国 PPH 技术、日本无痛电子肠镜、排粪造影仪、纳米导融治疗仪、丹麦新一代多普勒胃肠彩超等。

唐山平安医院医疗设备　主要有超导前列腺治疗仪、多谱勒血流仪、电子阴道镜、激光治疗仪、微米光治疗仪、不孕不育治疗机、孔脉治疗机等。

唐山复兴医院医疗设备　主要有宫腔镜检查仪、腹腔镜治疗仪、美国 cook 导丝、不孕不育治疗仪、输卵管通液仪、电子阴道镜、美国等离子治疗仪、体外短波治疗仪、体外碎石机治疗仪等。

唐山中西医骨科医院医疗设备　主要有日本阿洛卡骨密度检测仪、北京万东 X 光机、西门子螺旋 CT、三位牵引床、牵引椅、中药熏蒸仪、骨质增生治疗仪、药物电泳治疗仪、射频热凝靶点治疗仪、北京万东 C 型臂设备等。

（二）驻区医疗机构医疗设备

驻区医院医疗设备明显优于区属医疗设备。1990 年，主要设备有大型 X 光机、B 超机、彩超机、心电图监护机、心电监护、原子吸收分光光度计、722 型分光光度计、MMPI 电脑专家诊断系统、肿瘤探测仪、麻醉机、全自动生化分析仪、手术显微镜、胃镜、支气管镜、结肠镜、宫腔镜、脑血流图机、核磁共振机、CT 机、心脏超声诊断仪、血管造影机、危重病人心肺功能管理系统、动态心电图机、日本产光电 8430 心脏中心监护系统、7200k 心脏除颤监护仪、钾钠氯分析仪、高压氧仓及大型手术室设备等。此后至 2010 年，驻区各医疗机构适应群众诊断、治疗需求，提高在市场经济条件下生存与竞争能力，陆续淘汰、更新医疗设备。

唐山市人民医院医疗设备　主要有德国西门子直线加速器、美国拓能 X－刀治疗系统、派特/CT、数字血管造影机、氩氦刀、远红外热成像系统及综合治疗配套齐全的肿瘤放射治疗设备。并拥有核磁共振、生物芯片检测仪、神经外科定向导航系统、德国西门子 CT 机、多功能数字化胃肠造影机、德国西门子数字减影机，德国目乐数字显微镜、美国惠普 5500 彩色多普勒、日本欧林帕斯全自动血液分析仪、十二指肠电镜、胃电镜、结肠电镜、以色列腹腔镜及手术器械，美国产心电监护系统、呼吸机、麻醉机、碎石机等诊疗设备。

唐山市协和医院医疗设备　主要有日本东芝 16 层螺旋 CT、德国全套腔镜手术系统、美国 100W 钬激光手术系统、惠普 5500 彩超、大型 C 型臂 X 光机、数字化摄片系统、磁共振成像系统、复合彩光皮肤治疗仪、全中央监护系统及病人监护仪、荷兰彩色超声波系统、富士能内窥镜、遥控胃肠机、全自动生化分析仪、飞利浦彩超、全自动血球计数仪等万元以上医疗设备 220 台套。

唐山市妇幼保健院医疗设备　主要有高档彩色 B 超及腹腔镜、宫腔镜、阴道镜、日本 ToshibaPV－8000 彩色多普勒高档超声诊断仪、美国 Sonosite Plus180 便携式彩超仪、丹麦产 KEYPOLIVT 肌电诱发电位仪、胎儿心电图机、美国 Contour plus 最先进的数字化乳腺 X 光机、德国 SIEMENS 亚秒螺旋 CT 机、德国AGFA计算机放射影像处理系统、美国史赛克腹腔镜、芬兰进口的高档麻醉机、日产7060全自动生化分析仪、美国Nova全血急诊分析仪、美国纽邦婴儿呼吸机、床旁监护仪、数字化影像处理系统、东芝数字胃肠机、新生儿呼吸机、远红外辐射式新生儿抢救台、暖箱、蓝光箱、蓝光床、经皮胆红素测定仪、微量血糖测定仪、多功能心电监护仪、无痛分娩设备、中心供氧和吸引装置、新生儿辐射台、电动多功能产床、胎儿电子监护仪、血凝仪、血气分析仪、彩色多普勒超声仪、产后盆底康复治疗仪、微波理疗机、输液泵、负压吸引器、雾化吸入器、呼吸机（伽利略、纽邦E360）、CPAP呼吸机、多功能心电监护仪、视频脑电图仪、生物反馈治疗仪、低频电子脉冲治疗仪、痉挛机治疗仪、医用智能汽疗仪、纤维支气管镜、肺功能仪、百万级层流净化室、空气净化器、移动式紫外线消毒机、电动雾化器、Drager、Babylog8000plus、i－STAT血气分析仪、婴儿暖箱、早产儿培养箱、婴儿抢救台、洗胃机、除颤器、微量输液泵、床边X光机、高级显微镜、微量血糖测定仪、处置室等诊疗设备。

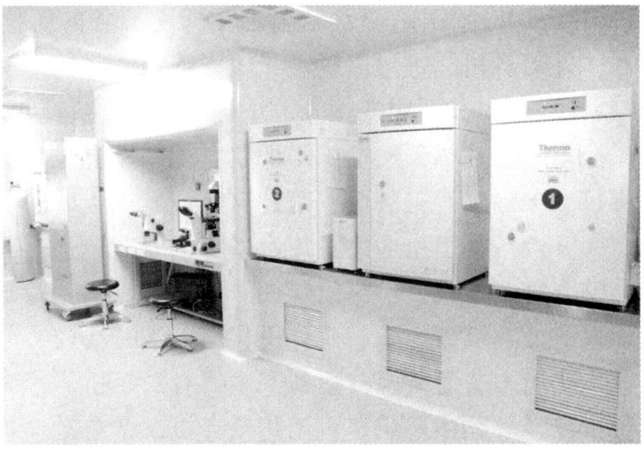

图24－5　唐山市妇幼保健院生殖胚胎培养室
（唐山市妇幼保健院办公室）

唐山市第四医院医疗设备　主要有纤维支气管镜、大型CR机、彩色多普勒、全自动生化分析仪等医疗设备。

唐山市第五医院医疗设备　主要有F820雪球计数仪、日本光电雪球分析仪、电解质分析仪、尿液分析仪、血液分析仪、心脑电图机、脑电地形图机、B超机、原子吸收分光光度计、人格智力测验、MMPT电脑专家诊断系统、500毫安X光机、全自动血球仪、血流变仪、除颤监护仪、呼吸机、多参数监护仪、超声经颅多普勒血流分析仪、彩超等诊疗设备。

开滦集团职业病防治院医疗设备　主要有X光机、肺功能仪、全自动生化分析仪、血液粘度仪、数字化摄影X光机、彩超、呼吸机等诊疗设备。

唐山市截瘫疗养院医疗设备　主要有B超机、B超彩显仪、摇控X线透视机、心电监护除颤仪、半自动生化仪、脑电地形图仪、多参数监护仪、医用对讲传呼系统、医用监视系统、全自动尿液分析仪、血液粘度仪、血液细胞分析仪、呼吸机、彩超、心电分析系统、电瓶式移动X线系统、火焰光度记、心脑治疗仪、电热压力蒸汽灭菌器、BM－200型尿十项自动分析仪、自动血流变测试仪、全自动血细胞分析仪、80－2台式低速离心机、500毫安X光机、CR系统等医疗设备。

唐山市第十医院医疗设备　主要有多参数监护仪、LHZT电脑脉冲治疗仪、BME－9062C多参数心电监护仪、多功能摇摆锯、骨伤治疗仪、显微镜XTS－4A、电脑中药熏蒸机DXE－1、心电监护仪9062F、B超GE、骨密度测定仪（CM－100）、雅培全自动血球仪（CD1400＋EX）、美国贝克曼全自动生化系统（CX7）、中勤世帝全自动血流变仪LG（R－80A80孔）、MZ－8800数码电子阴道镜、BLT－2000B经颅多普勒血流仪、MZ－6830红外线乳腺透视仪、SW－61A普及Ⅱ微波治疗仪、动脉硬化检测仪（VS－1000）、彩超（GELOGTQ3）、WYCY－KP36微量元素测定仪、移动式X光机、血凝仪、酶标仪、洗板机、300IB半导体激光治疗仪、X光透视机F－108V（300mA）、500mAX光机（HP50－RA）、飞利浦彩超HDI4000、冷光五孔无影灯IF－920/620、洗片机TQ－14T、DXZ电脑中药熏蒸机、日本科尼卡CR机、日本光电全自动血球仪（MEK－6318K）、飞利浦HD7彩超、迈瑞（BS－400）全自动生化仪、X线诊断机（HF50－RA）、全自动血流变仪（LBT－N6）、BP－203RPE－Ⅲ欧姆龙动脉硬化检测装置、东芝SSA－550A黑白全数字B超机等医疗设备。

解放军第二五五医院医疗设备　主要有GE64排智能CT、GE双排螺旋CT、西门子AXIOMIconosR200数字胃肠造影机、LUNATM－260全身伽马刀、PHILIPS核磁机、月亮神全数字直线加速器、

PHILIPSDR；PET；全自动生化分析仪、全自动化学发光免疫分析仪、彩色多普勒超声诊断仪、复式脉冲体外碎石机、进口膀胱镜、输尿管镜、肾镜、美国LSX5.31准分子激光治疗仪、德国ZEISS眼科显微镜、法国Quantel眼底激光、法国Moria微型旋转角膜刀、全自动制镜设备、眼底血管造影机、德国海德堡光学断层扫描仪、美国丹迪肌电图诱发电位仪、脑电视频监测系统、日本奥林巴斯胃镜肠镜、血液透析仪、国际先进狼牌腹腔镜、宫腔镜、美国施乐辉椎间盘镜等设备。

开滦精神卫生中心医疗设备　主要有醒脉通ECT治疗仪、肌电反馈仪、多参数监护仪、心电图机、电脑心脏测定仪、经络治疗仪、脑功能诊断治疗仪、煎药机、脑电地形图仪、半自动血细胞分析仪、自动血流变测试仪、电解质分析仪、尿液分析仪、彩色经颅多普勒、B超机等设备。

唐山友谊医院医疗设备　主要有彩超机、全自动生化分析仪、电脑中药熏蒸多功能治疗机、电解质分析仪、电脑中药熏蒸多功能治疗机、全自动血流变分析仪、胎儿监护仪、三氧治疗仪、C型臂X射线机、便携式数字B超机、微量元素分析仪、多参数监护仪、柯达POC成像系统（CR）、射频消融疼痛治疗仪、煎药机、医疗设备、脊柱内窥镜、心电监护仪、牙科X射线机、电子阴道镜、宫腔镜、经颅多普勒（TCD）、妇科电动检查床、黄疸治疗仪、母婴监护仪、罗氏全自动生化分析仪、多参数监护仪、利普刀、黄韧带咬钳、牙科综合治疗机、裂隙灯显微镜等设备。

第三节　医疗队伍

1990年，全区各级各类医疗机构从业人员4610人，其中医疗技术人员4151人。从业人员中，区属医疗机构从业人员1132人（含私立医院及诊所，下同），其中医疗技术人员1066人；驻区医疗机构从业人员3478人，其中医疗技术人员3085人，有副主任医师级以上168人，主治（主管）医师428人。

1995年，全区各级各类医疗机构从业人员达5638人，其中区属1243人，驻区4395人；各级各类医疗技术人员达4820人，其中驻区医疗机构医疗技术人员3697人，有副主任医师级以上234人，主治（主管）医师708人；区属医疗机构有医疗技术人员1123人，其中副主任医师级29人，主治（主管）医师176人。2000年，各级各类医疗机构有从业人员5520人，其中区属1271人，驻区4249人；各级各类医疗技术人员4825人，其中区属医疗技术人员1086人，有副主任医师级49人，主治（主管）医师287人；驻区医技人员3739人，其中主任医师级44人，副主任医师级276人，主治（主管）医师813人。2005年，各级各类医疗机构从业人员6402人，其中区属1672人，驻区4730人。各级各类医疗技术人员5459人，其中驻区4027人，有主任级医师级137人，副主任级医师级493人，主治（主管）级医师979人；区属医疗技术人员1432人，其中主任医师级1人，副主任级医师级67人，主治（主管）医师476人。

2010年，各级各类医疗机构从业人员达7319人，其中区属2005人，驻区5314人；各级各类医疗机构医技人员6398人。各级各类医疗机构从业人员、医技人员分别比1990年增加2709人、2247人。在区属医疗机构中，有医疗技术人员1812人，其中主任医师级1人，副主任医师级79人，主治（主管）医师577人，医师354人，助理级医师485人，护师187人，护士129人。驻区医疗技术人员有4586人，其中主任医师级246人，副主任医师级763人，主治（主管）医师908人，助理医师1499人，其他1198人。

1990—2010年唐山市路南区部分年份医疗卫生技术人员、设备一览表

表24-3　　单位：人、套（台）、张

年份 \ 单位	1990			1995			2000			2005			2010		
	专业技术人员	病床	设备	专业技术人员	病床	设备	专业技术人员	病床	设备	专业技术人员	病床	设备	专业技术人员	病床	设备
区属	1066	263	181	1123	455	286	1086	493	323	1432	829	459	1812	1328	855
驻区	3085	2168	685	3697	2723	3055	3739	2850	5501	4027	3657	6373	4586	4218	8671
合计	4151	2431	866	4820	3178	3341	4825	3343	5824	5459	4486	6832	6398	5546	9526

第四节　医疗技术

一、中医

各综合医院均设中医门诊或中医科，个体诊所亦有中医门诊。中医临床除采用传统望、闻、问、切“四诊”外，逐步应用检验、放射、心电图、超声波、彩色多普勒、CT机等仪器作辅助诊断，诊断的符合率和治愈率不断提高。同时对中风病、风湿病、肝病、结石、胃病、妇科病、糖尿病、癫痫病、心血管病、骨伤骨病、肛肠、痔瘘等疑难病症为诊治重点。开发丸、散、膏、丹、胶囊、眼液、擦剂等中药制剂。对久治不愈的咳嗽、喘息、脑梗死后遗症、头晕、健忘、言语不利、半身不遂、顽固性高血压、慢性胃肠病、慢性肝病、肾胆结石症、冠心病、眩晕病、严重的神经衰弱、更年期综合症、抑郁症、慢性风湿病、骨关节病、腰椎病、关节肿胀、活动受限、动脉闭塞症、静脉炎、脉管炎、顽固性痛经、崩漏（子宫内膜增厚）、不孕症、反复滑胎、卵巢囊肿、盆腔炎症包块及积液、男性病及男性不育症、精子数量少、性功能障碍、慢性肾病、肾炎、周身水肿等病症重点攻关，因症施药，不断提高治疗效果。

各医院中医科开展的治疗偏瘫类疾病如脑梗塞、脑出血引起的偏瘫、面瘫、单瘫、失语、耳鸣、吞咽困难、肌肉萎缩、肢体麻木等；疼痛类疾病如三叉神经痛、偏头痛、颈椎病、肩周炎、腰椎间盘突出症、膝关节痛、风湿病等疾病有确切疗效；疑难杂症如心、脑供血不足、低血压、心动过缓、血小板减少、过敏性鼻炎、哮喘、失眠、植物神经功能紊乱、月经不调、痛经、盆腔炎、更年期综合症、血尿、慢性肠炎、眼肌麻痹性复视等疗效显著。

唐山市协和医院（前身为唐山市卫生学校附属医院，下同），运用中药汤剂辩证给药，配合中药浸浴、中药泡洗、针灸、拔罐及静脉给药等多种治疗途径改善风湿免疫性疾患；股动脉加压灌注、中药浸注、中药泡洗、局部换药及静脉给药等多种治疗途径治疗脉管炎、动脉硬化性闭塞症、静脉炎、静脉曲张、大动脉炎等疾病，均取得多项科研成果。

唐山市第十医院（中医骨伤康复中心），以中医正骨、整脊、亚健康调理、术后及各种疾病后遗症的康复治疗为主，运用推拿、按摩、牵引、针灸、中频脉冲、中药熏蒸及泡洗等治疗方法，引进中医整脊的观念，对各种颈椎、腰椎病、下肢骨关节疾病等进行综合调理。用于临床的有颈椎病十步疗法、腰椎病八步疗法、肩周五步疗法、头部五步疗法，引进“骨寿散”治疗骨性关节炎，自制“三黄汤”“复方甘灵散”治疗骨髓炎，应用经络疏通治疗仪、颈椎复位治疗仪配合自制“通经活络液”“颈椎1.2.3号方”、“腰椎1.2.3.4号方”“强直性脊柱炎方”“股骨头坏死方”等治疗骨关节炎和骨髓炎，以及自拟饮片开展足疗、中药浴、中药雾化、离子导入、针灸、拔（走）罐、推拿按摩、小针刀等中医手法及物理疗法，治疗颈椎病、腰椎间盘突出症、腰部扭伤、肩周炎、骨质增生、坐骨神经痛、风湿关节炎等均有显著疗效。同时开展慢性支气管炎、哮喘的穴位注射治疗及减肥、药浴足疗、心脑血管疾病、内脏及下肢调理等特色治疗，对头痛、失眠、多梦、抑郁症、更年期综合症、胃肠功能紊乱、脏腑功能减退等杂症治疗。

唐山市同济医院，自制“牛膝通络胶囊，获国家发明专利；“痹汤加中药离子导入治疗类风湿性关节炎的临床研究”获唐山市科技进步一等奖。

开滦精神卫生中心，建立生物反馈治疗室，开展生物反馈治疗及电脑康复治疗，以及耳针、手针、头针、肠线埋藏、穴封、梅花针、电针、艾灸、“电百印”和激光针灸治疗等，其中“电百印治疗抑郁症”等论文在专科杂志上发表；智能电针仪对治疗精神分裂症、抑郁症、焦虑症、抑郁性神经症、癔症、睡眠障碍等各种精神疾病疗效显著，其研究成果获煤炭部科技进步三等奖、中国煤炭工业科学进步三等奖、省市科技进步奖。

唐山市人民医院，开设中医门诊及中医病房，对久治不愈的咳嗽、喘息、脑梗死后遗症、头晕、健忘、言语不利、半身不遂、冠心病、顽固性高血压、慢性胃肠病、慢性肝病、肾胆结石症、眩晕病、神经衰弱、更年期综合症、抑郁症、慢性风湿病、骨关节病、腰椎病、关节肿胀活动受限及中药治疗妇科病等方面有较好疗效。“黄芪、灯盏花素对实验性糖尿病大鼠肾脏保护作用的研究”获唐山市科技进步二等奖；“蛇椒洗剂的研制及应用”获河北省中医药学会科技进步二等奖。

唐山市妇幼保健院，自拟中药催产汤，临床观察100例，产妇总产程缩短、出血量减少；应用中西医结合方法自拟促排卵方剂配合西药及超声引导下介入治疗不孕症；自制中药制剂——盆腔炎1号、盆腔炎2号灌肠，配合超短波理疗，治疗妇科盆腔炎症等均有显著疗效。温水足浴在妇科术后病人护理中得到有效应用。开设儿童药浴室、中医理疗室，运用多种自有制剂治疗各种小儿及成人皮肤病。用自行研制的中药保留灌肠超短波治疗各种输卵管不通、输卵管积水的不孕症患者；同时开展产后催乳及乳房保健推拿及体型恢复、针灸减肥等。

解放军第二五五医院，“电针治疗腰椎间盘突出症疗效评价与机理研究”获河北省科技进步二等奖；“颈针的临床应用研究”获解放军总后勤部医疗成果三等奖。

二、西医

（一）内科

各综合医院普设内科，部分个体私营诊所亦有内科门诊。随着医疗部门分工日益细化，西医内科逐步分解为心内科、神经内科、消化内科、呼吸内科等，以适应不同患者就医需求和西医各科专业化的发展趋势。

心内科 即心血管内科。是区内各级各类医院大内科为了诊疗心血管疾病而设置的临床科室。治疗的疾病包括冠心病、高血压、心律失常、房颤、阵发性室上性心动过速、心衰、心肌炎、先天性心脏病、心肌病、房间隔缺损、风湿性心脏病、心肌梗死、心绞痛、急性感染性心内膜炎、心肌缺血扩张型心肌病、室性心动过速、预激综合症、室间隔缺损、心脏瓣膜性疾病、肥厚型心肌病、肺动脉高压、高血脂、动脉导管未闭、心脏神经官能症、心包积液、肺动脉口狭窄、继发性高血压、心包炎、动脉粥样硬化、心内膜炎、低血压、三尖瓣下移畸形、急性房颤、阵发性房颤、药物性心肌病、主动脉瓣关闭不全、心律失常型右室心肌病、慢性房颤、主动脉瓣狭窄、特发性肺动脉高压、肥厚型梗阻性心肌病、原发性肺动脉高压、无症状性心肌缺血、劳累性心绞痛、自发性心绞痛、家族性肺动脉高压、心肌桥、结核性心包炎、心肌致密化不全、永久性房颤、急性心力衰竭、持续性房颤、混合性心绞痛、慢性心衰、寄生虫性心肌炎、心脏骤停、非阵发性房室交界区性心动过速、房性早搏、房性心动过速、房室交界区性逸搏、房室交界区性期前收缩、房室传导阻滞、二尖瓣狭窄、二尖瓣关闭不全、多瓣膜病、窦性心动过速、窦性心动过缓、窦性停搏、窦房传导阻滞、病态窦房结综合症、窦性心律不齐、病毒性心肌炎、肺动脉瓣关闭不全、室内传导阻滞、特异性心肌病、缩窄性心包炎、室性早搏、心房扑动、三尖瓣狭窄、三尖瓣关闭不全、妊娠合并心脏病、克山病、急性心包炎、肺动脉瓣狭窄、限制型心肌病等疾病。围绕心血管疾病的救治，各医院通过普通超声心动图、负荷超声心动图、心肌 ECT、平板运动试验、动态血压、动态心电图等开展无创检查，为心血管病诊断提供帮助。

1980 年，唐山市人民医院在患者心脏内成功植入第一例永久型心脏起搏器。1994 年，路南医院内科成功抢救心脏停跳 7 分钟患者 1 例，2003 年 7 月，成功开展第一例急性心肌梗死溶栓治疗。至 2010 年，各综合医院心内科共完成数百例永久型心脏起搏器植入、人工心内膜临时起搏射频消融 200 余例；完成各种介入治疗手术近万例，其中冠脉造影 2000 余例，PTCA500 余例，急性心肌梗死急诊 PTCA 数百例。年内收治各类心血管病病人 1850 人次，抢救成功率 >95%。

解放军第二五五医院心内科在开展心血管疾病介入治疗的基础上，成功开展急性肺动脉栓塞急诊介入治疗技术，取得满意疗效。

神经内科　各综合医院均开设神经内科，科内设有重症监护室，对脑血管疾病、脑炎、脊髓炎、头痛、神经痛、异动症、癫痫、帕金森氏综合征、肌无力、共济失调等病症开展临床治疗。

1993 年，唐山市人民医院神经内科，临床应用抗栓酶三号，大剂量冲击疗法与常规疗法并用，治疗脑梗塞效果显著。

1994 年，唐山市同济医院“血栓灵治疗脑血栓形成临床研究”，荣获河北省卫生厅科技进步二等奖，1995 获河北省科技进步三等奖。同年，唐山市卫生学校附属医院治疗缺血性脑血管病及急性脑梗死的早期治疗形成较为完整的治疗方案并取得疗效。

2004 年，唐山市人民医院神经外科“脑出血规范化外科治疗”入选国家“十五”科技攻关课题组推广应用研究。解放军第二五五医院神经医学部，以癫痫病诊断和治疗为切入点，组织癫痫疾病的普查、诊断和治疗及基层卫生机构癫痫疾病规范化治疗工作。同时建立脑卒中单元，开展脑肿瘤、脑外伤、脱骨髓疾病、脑部炎症性疾病、帕金森病等椎体外系疾病以及神经肌肉疾病等神经系统常见多发疑难病的诊断治疗。

消化内科　各综合医院相继将内镜技术应用于临床，普遍开展内镜下取异物、食管狭窄扩张术、息肉高频电切术、微波碎石术治疗胃石症、粘膜下注射止血术、食管气管放射支架术等技术。应用内镜技术，对食道、胃、肠道肿瘤早期患者进行诊断治疗，并对晚期食道癌在内镜引导下进行施治等。介入治疗消化道（食道、胃、十二指肠、小肠、结肠）及消化腺（肝胆胰）疾病的治疗技术在各医院得到普遍应用。

呼吸内科　各综合医院均设呼吸内科，施治呼吸系统疾病。1989 年，唐山市人民医院临床开展图像处理技术应用于尘肺诊断的初步探讨，获河北省卫生厅科学技术进步二等奖，1990 年 12 月，获河北省科技进步四等奖。同时开展的肺心病诊断和治疗、纤维支气管镜检查慢性肺心病 260 例分析、川芎嗪加脉通治疗慢性肺心病等 48 例项目研究取得进展。

2006 年 12 月 26 日，开滦职业病防治院为开滦矽肺患者成功进行首例肺灌洗治疗。年内，唐山市第四医院在粟粒性肺结核、肺结核合并大咳血救治中积累丰富经验。至 2010 年，驻区各综合医院呼吸内科，应用纤维支气管镜引导经鼻气管插管机械通气，纤维支气管镜吸痰等技术抢救重症呼吸衰竭病人，应用肺功能测定仪对肺部疾患进行诊断、分期、预后判断，对心胸外科手术期风险进行评估等技术日愈成熟。胸腔闭式引流技术、胸膜穿刺活检术、肺穿刺活检术等医疗技术应用率为 100%。对于慢性阻塞性肺疾病、支气管哮喘、肺部感染性疾病、弥漫性间质性肺疾病、肺癌、慢性呼吸衰竭等多种呼吸系统常见疾病均有完善的诊治流程，治愈好转率达 95%。急性呼吸窘迫综合征、重症肺炎、急性呼吸衰竭、休克、呼吸心跳骤停等各种危重症已积累救治经验并取得明显疗效。是年，解放军第二五五医院在玉树抗震救灾期间，野战方舱重症组医护人员成功抢救一例高原肺水肿及合并脑水肿病人，该病例被誉为玉树抗震救灾“一号病例”，得到国务院总理李克强及各级领导的高度重视，对成功抢救该病人给予高度评价及认可。

（二）外科

外科分为普通外科（简称普外）、心胸外科、泌尿外科、矫形外科、神经外科、烧伤整形科、肝胆外科、乳腺外科等。各科依患者病情对症施治。

普通外科　各综合医院和部分专科医院均开设普通外科。唐山市人民医院人工活瓣胆管十二直肠间置吻合术获唐山市科技进步二等奖、河北省卫生厅科技进步三等奖，钛板固定髌突骨折的临床研究获唐山市科技进步二等奖。引进腹腔镜技术开展的阑尾切除术、先天性巨结肠切除术，十二指肠切除术、胃全切除术等技术应用娴熟。开展的乳腺癌根治术，使患者5年及10年生存率明显提高。该院普通外科已成为治疗危重症、腹部外伤、休克抢救，腹部外科、肛肠外科、甲状腺外科、腹壁疝外科为特色的临床科室。

1994年，路南医院成功实施开颅手术及开胸手术的治疗项目。2000年后，驻区各大综合医院依据造影及胃镜、肠镜采集的标本病理活检技术，对胃癌、肠癌术前、术中诊断准确率达100%，手术成功率进一步提高。

2003年，唐山市卫生学校附属医院成立腔镜中心，将腔镜技术广泛应用于胃大部切除、肠切除、阑尾切除及疝气修补等领域。该院能成熟开展乳腺癌保乳根治术、乳腺良性肿瘤及乳腺增生切除术、乳腺癌术后乳房再造术、乳房下垂悬吊术、小乳隆乳术、巨大乳房缩小成形术、腹腔镜结肠癌根治切除术、腹腔镜直肠癌根治切除术、腹腔镜胆囊切除术、腹腔镜胃大部切除术、腹腔镜脾切除术和脾修补术等。唐山市妇幼保健院普通外科治疗各种急腹症（急性阑尾炎、急性肠套叠、肠梗阻、消化道穿孔等）、腹股沟斜疝、鞘膜积液、胆道疾患、腹腔肿瘤、腹部创伤、全身软组织感染、先天性肌性斜颈、淋巴血管瘤、婴幼儿巨结肠及直肠肛门畸形等技术广泛应用于临床。唐山市第十医院开展手外伤、血管损伤、手功能重建（再植术）、骨折创伤、交通伤、工伤等复杂外伤均有独到之处。2008年，美国微笑列车启动仪式在唐山市协和医院启动，开始为0～40岁的唇腭裂患者实施免费治疗。

2009年，路南医院外科实施的全髋关节置换术、乳癌根治术及结肠癌左半结肠切除术获得成功。

2010年，医疗单位开展的特色外科手术有：治疗巨大甲状腺肿术、甲亢性心脏病术，甲状腺癌根治术，微小切口治疗下肢静脉曲张、激光治疗下肢静脉曲张术，无张力疝修补治疗腹股沟疝、股疝、切口疝、脐疝术，抢救治疗肝硬化消化道出血、胃肠出血、胃穿孔、腹部外伤、肝脾破裂、胃肠破裂术，治疗胃肠肿瘤术、梗阻术，治疗内外痔、混合痔、肛瘘、肛裂、肛周脓肿术，腹腔镜阑尾切除术、腹腔探查、胃穿孔修补、肠粘连松解、肠部分切除、结肠癌根治术，小儿疝囊结扎术等。唐山市截瘫疗养院在治疗截瘫合并滑囊炎型褥疮“清创一期缝合术”，成功率达98%以上。

神经外科　各医院开设的神经外科，治疗范围为：脑血管疾病为脑出血、脑梗塞、脑血管畸形、脑动脉瘤等；脑肿瘤性疾病为脑膜瘤、胶质瘤、垂体瘤、听神经瘤、三叉神经等；脊髓疾病为肿瘤及血管畸形等；颅脑外伤疾病为硬膜外及硬膜下血肿、开放性颅脑损伤等；先天畸形疾病为脑积水、小脑扁桃体下疝畸形等病症。其中唐山市人民医院神经外科的《脑出血规范化治疗》入选国家“十五”科技攻关课题组项目。

胸外科　唐山市人民医院、唐山市协和医院、唐山妇幼保健院开设胸外科，主要治疗肺癌、食管癌、纵隔肿瘤、胸壁肿瘤等良、恶性肿瘤的胸部疾病。唐山市人民医院能成功实施婴幼儿先天性肺及食管疾患临床治疗，以及肺癌根治术、中晚期肺癌综合疗法、食管中上段癌二切口经食管床颈部吻合术，胸腺瘤伴重症肌无力“严重型”胸腺瘤切除术，外伤性支气管断裂吻合修补术，支气管袖状切除，支气管成型等大中型手术。

2008年，人民医院完成唐山市首例电视胸腔镜及电视纵隔镜手术，该技术在河北省处于领先水平，与国内各大肿瘤医院有广泛的业务往来。2009年获市科技局科技成果奖，2010年获河北省卫生厅科技成果奖。其中微创外科——胸腔镜手术治疗填补冀东地区空白。使肺癌患者尤其是IIIa期患者的术前分期准确，治疗计划规范，肺癌的治疗效果显著。唐山市妇幼保健院心胸外科，具有治疗漏斗胸、食道闭锁、胸腔闭式引流、先天性心脏病房间隔缺损、室间隔缺损、动脉导管未闭、肺动脉瓣狭窄等疾病的能力。

肝胆外科 1987年，唐山市人民医院始设肝胆外科。1989年，唐山市卫校附属医院开设肝胆外科。

1990年，唐山市人民医院将人工活瓣胆总管间置空肠吻合术研究成果应用于临床，通过分期切除或瘤体无水酒精注射技术，开展不同类型的肝切除术。1996年，在全市率先开展了腹腔镜和十二指肠镜治疗技术，开展的电视腹腔镜下胆囊切除术（LC）、选择性胰胆管造影术（ERCP）、十二指肠乳头切开（EST）网篮捞石术，填补唐山市及河北省北部地区空白。1999年投资115万元，引进以色列数字电视腹腔镜系统和日本产电子十二指肠镜等先进设备，填补微创外科领域新技术。每年收治来自省内外及周边地区的肝胆胰脾主要疾病患者800余人，完成各类手术600余例。

2005年，唐山市协和医院引进腹腔镜设备及技术。应用腔镜技术开展胆囊切除、肝脏疾病腹水的鉴别诊断、肝囊肿、原发性肝癌切除术，应用电子十二指肠镜实施胆管结石、胆道蛔虫、胆囊肿瘤、胰腺肿瘤及胰腺管结石、网篮捞石及碎石术，应用内镜十二指肠乳头切开联合腹腔镜胆囊切除术治疗胆囊结石，选择性胰胆管造影等。至2010年，各医院微创外科，共完成3252例腹腔镜胆囊切除术。同时实施巨大肝癌切除术，肝段切除治疗肝内胆管结石术，胆管癌根治术，WHIPPLE等腹部大型手术。在肝胆胰微创腔镜外科方面，完成彩超引导下PTBD术治疗梗阻性黄疸及RF治疗肝癌微创介入技术。对急性胰腺炎经皮引流的综合治疗，十二指肠镜联合腹腔镜，腹腔镜联合胆道对梗阻性化脓管炎的治疗达到国内先进水平。

泌尿外科 唐山市人民医院、唐山市协和医院应用钬激光开展汽化电切术治疗前列腺增生及膀胱癌，腹腔镜下肾囊肿切除、肾上腺肿瘤切除、肾切除、肾肿瘤根治术等。

1998年，唐山市人民医院开展全膀胱可控性回盲肠代膀胱术、肾巨大结石摘除术。尤以手术综合治疗肾癌、膀胱癌及前列腺癌具有丰富经验。

2004年，唐山市协和医院开展钬激光治疗技术。实施前列腺增生、前列腺剜除术，较同种疾病开放性手术费用低30%～40%。唐山市妇幼保健院泌尿外科，能成功实施肾母细胞瘤、肾盂积水、隐睾、精索静脉曲张、尿道下裂、两性畸形、阴茎下弯、睾丸肿瘤、阴囊急症、腹腔镜阑尾切除术、巨结肠根治术、幽门环肌切开术、美克尔憩室切除术、腹内隐睾引降术、精索静脉高位结扎术、脾切除术等技术。解放军第二五五医院独家引进德国REVOLIX2微米激光、英国佳乐（GYRUS）等离子前列腺电切镜、GRS电磁热疗系统、德国狼牌（R. WOLF）输尿管镜及气压弹道碎石机。对治疗前列腺等疾病具有更安全、快捷、彻底、可靠、痛苦小、时间短、费用低、疗效好等优点。唐山路南京唐生殖健康医院开设泌尿外科、妇科、前列腺、男性功能障碍、男女生殖感染、生殖整形、男女不孕不育等诊疗科目；独家开展输精管造影、睾丸附睾穿刺精子分析、人工助孕、绿激光前列腺增生汽化术等先进技术。

2010年，各医院泌尿外科开展的膀胱全切原位回肠新膀胱术、保留肾单位的肾部分切除术、经尿道前列腺电切术、腹腔镜肾癌根除术、腹腔镜肾上腺肿瘤切除术、泌尿生殖系统畸形矫正，以及包茎包皮切除、阴茎整形、男性性功能障碍与不育症治疗、男性计划生育手术、尿道综合症治疗等多项新技术，已居省内领先水平。其中唐山市人民医院的《脊髓损伤膀胱功能重建技术》《绿激光治疗腺性膀胱炎》《膀胱肿瘤端粒酶活性表达》三项科研成果获省、市科技进步奖。

乳腺外科 唐山市人民医院乳腺外科成立于1986年，是以手术为主综合治疗乳腺肿瘤的临床专业科室。2002年，被评为市级医学重点学科。该科专司标准规范化的乳腺肿物穿刺活检术、乳腺癌改良根治术、保乳术、乳腺癌术前新辅助化疗、乳腺癌术前新辅助内分泌治疗、乳腺癌新辅助靶向治疗、前哨淋巴结切除活检术、麦默通微创手术等。其中乳腺癌前哨淋巴结切除活检术、乳腺癌新辅助靶向治疗、麦默通微创手术等多项新技术在国内外处于领先地位。2006年承办由中国抗癌协会主办的“百万妇女乳腺普查工程”起，每年完成高龄乳腺癌晚期乳腺癌罕见乳腺肿瘤转移性乳腺癌等各种疑难手术近300台。

同时推广保乳手术，开展全国领先的乳房再造整形技术，包括乳腺癌术后乳房再造乳头乳晕再造缩乳术等。保乳手术的开展实现与国际化乳腺癌手术方案的有效接轨。乳腺癌根治后整形包括Ⅰ期及Ⅱ期再造填补唐山市空白。开展的“乳腺癌手术前后血清扩散因子水平测定的意义”“符合线路F－脱氧葡萄糖显像联合血清扩散因子测定对乳腺癌的诊断价值”“乳腺癌早期诊断和治疗的系列研究”等均达到国际先进水平，获得省科技进步奖。“正电子发射断层扫描固定器”和“肢体水肿治疗仪”获得国家专利。2010年该科被评为省级医学重点学科。

（三）烧伤整形科

1990年，路南医院与唐山市工人医院合作，成立工人医院烧伤整形路南医院病区，设置ICU监护病房，开设普外科、骨外科、烧伤整形外科，收治、抢救特重烧烫伤病人。唐山市人民医院、解放军第二五五医院烧伤科开展的烧伤治疗技术，总治愈率达98.57%。各医院烧伤整形科开展的烧伤、烫伤、火焰烧伤、挤压伤、化学物品烧伤、放射性损伤、呼吸道吸入性损伤、各种功能部位深度烧伤、接触性电烧伤的临床治疗均取得明显疗效，部分技术达到国内领先水平。

（四）肛肠科

肛肠疾病是指发生于肛门和大肠部位的疾病，其中发生在肛门直肠肠段最多。常见肛门部疾病有痔疮、肛裂、肛瘘、肛周脓肿、肛乳头瘤、肛隐窝炎、化脓性大汗腺炎、肛门狭窄、肛门失禁、肛门湿疣、肛门湿疹、肛门瘙痒症、肛门周围神经性皮炎、肛门接触性皮炎、肛门白化斑、肛门癣、肛门闭锁、肛管炎、耻骨直肠肌综合症、骶尾部畸胎瘤、肛门良性和恶性肿瘤、肛管皮肤缺损、直肠尿道瘘、蛲虫病、直肠癌、直肠类癌、直肠息肉、脱肛、直肠前突、直肠炎（溃疡性、放射性、淋菌性、非淋菌性、非特异性等）、克隆氏病、直肠阴道瘘、直肠内套叠、肛门直肠损伤和异物、粪嵌塞、肛门直肠神经官能症、孤立性直肠溃疡综合症等数十余种。各综合医院均设肛肠门诊，有的亦设肛肠科。其中，唐山肛肠医院是唐山市一家以诊治肛肠疾病为特色的专科医院。内设痔瘘科、小儿肛门病科、大便障碍性疾病科、肛门病科、胃肠消化科、大肠内科、大肠外科、女性肛肠诊疗中心等临床科室，以及药剂科、检验科、功能检查科等医技科室。该医院花巨资引进先进的肛肠医疗设备：即KDH全自动红光治疗仪、大肠水疗保健——美国大力神水疗机、韩国肛门镜、超声药物熏洗治疗机、SUNDOM半导体激光治疗机、HCPT肛肠治疗仪、美国PPH技术、日本无痛电子肠镜、美国螺旋CT机、排粪造影仪、纳米导融治疗仪、丹麦新一代多普勒胃肠彩超等，以辅助对肛肠疾病的有效治疗。擅长采用中西医结合的方法治疗各种内痔、外痔、混合痔、肛瘘、肛裂、脱肛、肛乳头瘤、肛乳头肥大、肛管狭窄、慢性结肠炎等肛肠疾病。

（五）妇产科

唐山市妇幼保健院是唐山市唯一一所按妇科、产科专业分设门诊及病区的专科医院。各综合医院普设妇产科门诊、病区、待产室、产房、婴儿室等。高危妊娠门诊对高危孕产妇实行专案管理。1992年2月17日，市妇幼保健院在唐山市中心血站及大连市中心血站配合下，成功抢救一名RH阴性（稀有罕见）血型不全流产大出血濒临死亡的患者。

图24－6　妇幼检验设备　（唐山市妇幼保健院办公室）

1993年，各大医院创建爱婴医院，妇产科取消婴儿室，实行母婴同室。

1995年，路南医院成功实施子宫内膜异位症的半根治术及根治术、子宫肌瘤、卵巢肿瘤剔除术。

1996年，唐山市人民医院应用化疗药物配合手术治疗子宫颈癌、卵巢癌、恶性葡萄胎及绒毛膜上皮癌等。唐山市妇幼保健院先后将腹腔镜、阴道镜、宫腔镜技术引进妇科临床，妇科疾病诊疗效果明显提升。各医院妇产科均能成熟开展宫外孕、卵巢囊肿、子宫肌瘤、子宫内膜异位症、慢性盆腔痛及输卵管再造、功能性子宫出血、宫颈癌、宫颈息肉等多种急慢性妇科疾病的腔镜微创手术治疗。

2004 年 7 月，经河北省卫生厅批准，河北省产前诊断中心在唐山市妇幼保健院设立。该中心设有高危妊娠门诊，开展孕前优生优育咨询、孕产妇规范、系统的孕期检查，对妊娠期高血压疾病的预测及筛查，妊娠期糖尿病筛查、产前诊断，微量元素及尿碘检查，胎儿远程监护及胎儿监护。建立孕妇营养门诊，对孕期进行营养指导，控制孕妇及胎儿体重。对胎儿先天性疾病及遗传性疾病进行筛查，降低出生缺陷发生。开设孕妇学校，指导孕妇了解孕期知识、提倡阴道分娩，开展孕妇保健操，对孕妇进行培训。冀东妇产医院采用"超高频 LEEP 刀"微创治疗宫颈糜烂，拥有"三镜一丝"（输卵管镜、宫腔镜、腹腔镜、cook 导丝）技术，帮助患者解决不孕不育。2010 年对妇科常见病、多发病的治疗，主要有生殖系统各类炎症、盆腔炎症及炎性包块、功能失调性不规则子宫出血，各种原因引起的闭经、痛经，不孕症及早孕保胎，子宫肌瘤、卵巢囊肿、子宫脱垂和单纯性阴道修补术等。

（六）儿科

唐山市妇幼保健院是唐山市按专业设置儿科门诊和病区的专科医院。内设新生儿科、小儿神经科、小儿肾脏科等科室。唐山市卫校附属医院等亦有儿科门诊及病房，收治 0～14 岁患儿。

1987 年，唐山市妇幼保健院开始从事小儿癫痫病临床研究。1996 年 12 月，增设小儿血液科。1997 年成立新生儿重症监护室（NICU），专门收治 0—28 天的病理新生儿。年内成为华北地区治疗新生儿疾病的专科病区。同期，唐山市人民医院在儿科综合病区设新生儿重症监护室（NICU），对新生儿缺氧缺血性脑病、新生儿窒息、新生儿硬肿症、新生儿黄疸、新生儿颅内出血等危重症患儿实施有效治疗。1998 年引进视频脑电图，开展对小儿睡眠中癫痫发作类型、临床表现与脑电图定位的关系及惊厥发作性脑损伤的研究。2002 年，小儿神经内科被确定为市级医学重点学科。2003 年，《伴有枕部发作波的儿童癫痫八例报告》《轻度胃肠炎伴发良性婴幼儿惊厥临床研究》分别在《中华儿科杂志》《中国实用儿科杂志》发表。2008 年，唐山市妇幼保健院在全市率先开展小儿先天性心脏病的手术治疗。当年，被河北省卫生厅命名为河北省小儿先天性心脏病救治定点医院。此后门诊量、收治率攀升。截至 2010 年，该院年门诊量连续三年保持在 2. 5 万余人次以上，病房收治病人 2 万余人次，其中新生儿科年收治患儿 1700 人次，危重症占 60%，抢救成功率达 97%，抢救早产儿胎龄最小 26 周，体重最低 760 克。

（七）耳鼻喉科

耳鼻喉科主要诊治急慢性鼻炎、鼻窦炎、咽喉炎、扁桃体炎、中耳炎等常见疾病。

1996 年 9 月，唐山市人民医院成立唐山市耳鼻喉会诊中心。翌年，唐山市卫校附属医院（唐山市协和医院前身）成立耳鼻咽喉疾病诊治中心，该中心为河北省规模最大的耳鼻咽喉疾病诊治和科研基地，市级医学重点学科，专司耳鼻喉疾病诊治与研究。

1997 年，唐山市人民医院引进鼻内窥镜系统，在市内率先开展鼻腔、鼻窦疾病的诊治、鼾症的诊治研究。1999 年，开展鼻内窥镜手术、喉显微手术。2000 年，在全市医疗系统率先开展保留悬雍垂腭咽成型术，使患者在改善症状的同时得以保留咽腔的正常生理结构，提高术后生活质量。引进便携睡眠仪检测系统，使得 OSAS 的诊断治疗一体化、系列化。同时致力于喉癌的综合治疗和发音重建。开展耳显微手术。2008 年，按照北京协和医院耳鼻喉科标准，配备现代化的科学管理软件，购置先进的医疗设备，治愈患者听力、治疗鼾症，诊治各种急慢性鼻炎、咽炎、鼻息肉、鼻咽喉癌。

2010 年，唐山市人民医院、唐山市协和医院等综合、专科医院耳鼻喉科（中心），加强耳鼻咽喉疾病的手术根治，最大限度减少患者痛苦。主要手术有：喉垂直半切术、喉水平半切术、鼻缺损修复术、显微手术治疗耳肿瘤、听小骨重建术、外耳道重建术、先天性外中耳畸形矫治手术、电子耳蜗植入术、根治化脓性中耳炎、鼻中隔矫正术、前颅底手术、鼻息肉、鼻肿瘤及鼻窦囊肿、肿瘤摘除术、嗓音功能手术、微创摘除声带息肉及咽喉肿物根治术等。其中唐山市人民医院以肿瘤医院为依托，开展耳鼻咽喉肿瘤介入治疗。同年3月，唐山市妇幼保健院耳鼻喉科建立听力筛查中心，共完成新生儿听力筛查3万余例，为38例极重度感音神经性耳聋做人工耳蜗移植术。唐山五官医院通过对耳鼻喉疾病十余年的研究，结合世界最新的研究成果，总结出了治疗耳鼻喉疾病的一整套体系，成功为数万余例耳鼻喉疾病患者解决了疾病的痛苦。拥有德国STORZ鼻内窥镜微创技术、美国DNR数字等离子技术、微创神经阻断术、鼾症治仪疗法、喉内窥镜显微技术、七重因子修复耳神经疗法技术。

（八）眼科

1990年，各综合医院、专科医院治疗常见的眼科疾病有：中心浆性液视网膜病变、干眼症、交感性眼炎、夜盲症、失明、弱视、散光、沙眼、白内障、糖尿病视网膜病变、结膜炎、老花眼、色盲、虹膜异色症、视网膜色素变性、视网膜中央动脉阻塞、视网膜脱落、近视、远视、针眼、雪盲症、霰粒肿、青光眼、飞蚊症等。

1995年，路南医院引进白内障超声乳化技术，开展白内障超声乳化及人工晶体植入、白内障超声乳化联合人工晶体植入及青光眼联合术；同时开展球内异物取出术、清白联合手术、抗青光眼手术。之后，采用液氮冷冻治疗血管瘤、翼状胬肉、角膜炎、肉芽肿等20余种手术。唐山市人民医院眼科白内障超声乳化复明手术深受患者好评。擅长白内障、青光眼、眼外伤、斜视、弱视、眼眶肿瘤等治疗；尤以眼眶肿瘤治疗造诣颇深。唐山市妇幼保健院开始对新生儿开展眼底疾病筛查。解放军第二五五医院眼科开展准分子激光手术治疗近视眼、白内障超声乳化手术，在糖尿病眼底血管造影、眼底激光治疗、儿童斜视弱视治疗、复杂眼外伤救治等方面经验丰富，年手术在1200例以上。

（九）口腔科

1990年，各综合医院普设口腔科，部分专科医院亦设口腔门诊，少数个体专科诊所开办镶牙、正畸业务及口腔常见病的治疗。1996年7月，唐山市口腔医院开诊，该院设在唐山市卫校附属医院。1997年8月，唐山市牙病防治中心在该院建成。1999年，人民医院"下颌智齿冠周龈瓣切除术的电烧灼法"获河北省卫生厅医学科技进步三等奖。2002年，唐山市口腔医院口腔科被确定为市级医学重点学科。2003年起，该院承担国家口腔执业医师资格考试命审题和唐山市口腔临床技能考试评定任务。2004年聘请专家开展颌面部肿瘤摘除手术、牙种植技术、直丝弓矫正技术、套筒冠技术等，其中牙体病、牙周病治疗、口腔修复、正畸，口腔颌面外科、儿童牙病防治、"人工种植牙"等技术达到先进水平，在省内居于领先地位。2007年该医院成为美国"微笑列车"唇腭裂免费治疗公益项目定点医院。

2010年，各医院口腔科、个体口腔门诊开展的临床治疗口腔疾病有：龋病、牙体缺损、牙髓病、牙根尖周病、牙周疾病、口腔黏膜病变等。口腔肿瘤的上下颌骨切除术、颈淋巴清扫术、下颌骨切除腓骨移植术、颊癌切除额瓣转移修复术、唇缺损皮瓣修复术、颌面部创伤钛板钛钉固定术等，以及炎症、畸形、颞颌关节疾病、三叉神经痛、牙槽外科、涎腺疾病。缺牙修复、美容性矫治修复、修复性治疗、方丝弓矫正技术、直丝弓矫治技术、活动矫治、各类牙体缺损、牙列缺损、牙列缺失及颌骨缺损的修复，口腔正畸等的治疗技术。口腔内科、颌面外科、口腔修复、正畸等多专业学科医疗服务，开展口腔健康维护、美容牙科、牙周系统治疗、颌面部外伤整复、口腔颌面部肿瘤手术、口腔种植、精密修复等特色口腔医疗。

（十）骨科

各综合医院均设有骨科，开展骨科常见病多发病的诊疗。唐山协和医院应用骨关节镜，成熟开展膝关节内的各种运动损伤及老年骨关节炎，如半月板损伤，交叉韧带断裂，骨性关节炎早期，滑膜炎，骨刺形成，关节积液等疾病的诊断与治疗，优良率达90%。能独立完成关节镜下膝关节骨折复位内固定术、人工膝关节置换术、微创髋关节人工关节置换术、应用臀中肌骨瓣移植治疗股骨颈骨折、应用带旋髂深动脉血管蒂髂骨瓣移植术、自体骨髓移植治疗股骨头缺血性坏死等。解放军第二五五医院创伤骨科，可完成各种复杂的创伤骨科手术、脊柱矫形术、在椎间盘突出、椎管狭窄及颈椎病、关节病等方面形成优势，在创伤及战伤救治上形成特点，是北京军区创伤骨科重点科室。新引进的国际先进的关节镜系统，能够对各种关节疾患进行准确的检查、治疗。对于批量地震创伤伤员救治处于国内领先地位。断指、断肢再植、软组织缺损皮瓣转移及骨髓炎、骨不连的治疗在唐山地区处于领先地位。唐山中西医骨伤医院，开展有颈椎病、腰椎病、直性脊柱炎、股骨头坏死、疼痛、微创、特种针法、颈腰椎推拿、理疗等专业化特色诊疗科室及骨科病理实验室等。2010 年开展了微创射频热点凝靶点技术、椎间盘臭氧融核技术。

（十一）肺结核专科

唐山市第四医院又名唐山市结核病医院、唐山市肺科医院。是以治疗结核病为主的定点医院。主要诊治结核病、呼吸系统常见病及各类疑难杂症。开展的结核菌快速培养、菌型鉴定、药物敏感实验、结核感染 T 细胞检测 r－干扰素实验、多耐药结核病的基因检测、结合分枝杆菌 DNA 检测等特色项目，对多耐药结核病、久治不愈疑难性结核合并症患者及结核危重症患者的综合救治积累了诊疗经验。对结核危重病人的抢救如结核性脑膜炎、粟粒性肺结核、肺结核合并大咯血、结核病合并糖尿病或其它基础病等，能达到最佳治疗效果，抢救成功率均达到市领先水平。

（十二）精神病防治科

唐山市第五医院、开滦精神卫生中心、唐山心理医院是治疗精神、心理疾病的专科医院。其业务主要针对病人生理、心理、社会等诸多因素所致精神障碍、精神活性物质（酒、麻醉药品、精神药品等）所致精神障碍、精神分裂症、情感性精神障碍、偏执性精神障碍、心理生理障碍、人格障碍和性心理障碍、精神发育迟滞、儿童少年期及老年性精神障碍进行有效防治。主要治疗手段：药物治疗、个性心理治疗、集体心理治疗、行为治疗、无抽搐 ECT 治疗、智能针灸治疗、脑功能诊断和治疗、声光、音乐治疗、各种工娱治疗等。通过治疗，引导患者控制异常精神活动，增进心理健康水平，提高生活质量。唐山市第五医院采用药物、氦氖激光、经络氧、声光影像、磁疗、针灸、心理行为治疗等中西医结合方法，治疗精神分裂症、情感性精神障碍、应激障碍、神经症、心身疾病、精神活性物质（酒、麻醉药品、精神药品等）所致精神障碍、人格障碍、脑器质性精神障碍、躯体疾病伴发精神障碍、儿童、老年性精神疾患及内科综合病等有显著疗效。设有开放性、封闭性病房，并承担全市精神卫生指导预防、康复工作。

解放军第二五五医院灾害心理危机干预救助中心暨心理科，于 2008 年汶川地震救灾中全面开展了灾害心理救援，推动了灾害心理救援理论的应用。中心（灾害心理危机干预救助中心）拥有各种类型的测量软件，能够对各类人群进行心理测量，帮助来访者更好地了解自身心理状态，为科学诊断提供理论依据，辅助心理咨询和治疗顺利进行。中心购置了国内领先的心理治疗仪器和设备，包括个体沙盘、团体沙盘、心理放松治疗仪、催眠治疗仪、旋转仪、摇摆仪、各种身心训练仪、心理宣泄训练系统和智能身心反馈训练仪器及专业心理训练设备（迷宫、仿真拓展训练、智能呐喊宣泄放松系统、注意力稳定系统训练、记忆（识记、保持、再认、重现）系统训练、智能行为方式转移注意力系统训练、团体活动系统以及亲子训练系统）等。尤其对军人应对突发事件模拟系统训练及创伤后应激障碍的治疗有独特疗法。

（十三）肿瘤科

1988 年 8 月，唐山市人民医院成立肿瘤科，主要以胸腹部、盆腔肿瘤切除术及部分肿瘤根治术为主。12 月 12 日，唐山市肿瘤医院（唐山市人民医院分别挂唐山市人民医院、唐山市肿瘤医院两块牌子）成立并开诊，填补市内空白。该院设普通肿瘤科和专科肿瘤科，普通肿瘤科治疗范围定位于头颈部、腹部、盆腔肿瘤；专科肿瘤科以食管、肺和纵膈肿瘤为治疗重点。在总编制床位内设肿瘤病床 100 张。同年，经唐山市卫生局、河北省卫生厅批准，在肿瘤医院设市级肿瘤病理会诊中心、肿瘤放射治疗中心、乳腺疾病防治中心、市肿瘤防治研究所。1990 年 6 月，该院成立放化疗科。1991 年，引进模拟定位机、直线加速器、后装机、深部 X 线治疗机等肿瘤放射治疗设备并投入使用。治疗方法主要有放疗、化疗、免疫治疗、内分泌治疗、基因治疗及分子靶向治疗。年内，对中晚期肺癌进行放、化疗联合治疗，对鼻咽癌、食道癌、胃癌、乳腺癌、宫颈癌、直肠癌实施外照射与腔内照射相结合治疗，对脑胶质细胞瘤组织间插植放疗，对肝癌移动条照射与化疗相结合的综合治疗等均初见成效。1992 年 3 月至 1994 年 4 月，对晚期恶性肿瘤放化疗扶正研究，引进、开发中下段直肠癌扩大根治术、晚期肝癌姑息手术等新疗法新技术。1998 年 8 月，成立肿瘤骨软科，实施局部体外循环、热药灌注治疗术，使肢体恶性肿瘤患者得到根治性治疗，避免截肢。2002 年该院普瘤科被确定为市级医学重点学科。同年，“后程超分割放射局部加温及全身化疗联合治疗局部晚期浅表肿瘤”“体内伽玛刀在肿瘤治疗中的应用”“胸腹水免疫细胞化学技术及癌细胞检验研究”三个项目被列入市级重点技术项目，其中前两项由唐山市肿瘤医院承担，后一项由唐山市协和医院承担。截至 2010 年，唐山市肿瘤医院从建院起共收治肿瘤患者 11.09 万人次。逐步完善局部晚期肺癌、食管癌外科综合治疗方案，将局部晚期肺癌的术后 5 年生存率由过去的 10% 提高到 30%。是年，唐山市协和医院肿瘤放化疗科开诊。

（十四）麻醉科

各医院普设麻醉科。1990 年，唐山市人民医院成功实施“嗜铬细胞瘤切除术”麻醉，将传统的硬膜外阻滞子宫切除术由两点穿刺置管改为一点穿刺置管，以降低并发症发生。此后开展的先天性心脏病、新生儿及高龄、嗜铬细胞瘤等各种疑难杂症、各种腔镜手术的配合及麻醉，腰硬联合麻醉病人自控镇静等技术获得唐山市科技进步一等奖 1 项、二等奖 2 项和三等奖 1 项；另承担省、市级科研项目 4 项。同时运用先进的麻醉镇痛技术，开展无痛胃肠镜、无痛人流、无痛分娩，无痛宫腔镜检查与治疗等，保证患者在术后免受疼痛折磨。运用口服药物和仪器治疗、脊神经和交感神经阻滞、病变区域注射或关节腔药物连续输注、放射介入神经毁损、多种 PCA（病人自控镇痛）持续镇痛等技术，诊疗顽固性疼痛、慢性疼痛、手术后疼痛等。唐山市妇幼保健院麻醉科配合小儿外科，对先天畸形出生极低体重早产儿（最低体重 1.5 千克）、足月新生儿，实施肛门闭锁、肠闭锁、食道闭锁、腹壁外翻全麻，及腹腔镜下幽门环切术成功率达 100%，对小儿气管异物取出麻醉效果独特，对患有重度妊高症和血小板减少实施全麻剖产术，保证母婴安全可靠。此间，各医院麻醉业务由手术室拓展至门诊、病房，并应用到对人体生理机能的检测、调控和术后并发症的防治。

（十五）技术检查

医学影像检查　1989 年，唐山市妇幼保健院通过超声引导介入，治疗妇科疾病 10 余种。1990 年，唐山市人民医院应用国产 X 线机，通过胸部摄影，对肺部病变、尘肺进行检查。1996 年，唐山市妇幼保健院配合临床科室，开展经食道超声心动图检查。1997 年进行阴道超声检查，通过检查，对未破裂宫外孕做出诊断及跟踪观察，诊断子宫内膜早期病变、粘膜下子宫肌瘤等疾病。2000 年开展介入超声检查，行卵泡穿刺取卵第一例试管婴儿临床妊娠。穿刺治疗卵巢单纯囊肿治愈率达 95%。

2003 年，唐山市人民医院、唐山市妇幼保健院、唐山市卫生学校附属医院等单位，引进 C 型臂 X 光机、核磁共振及介入治疗系统，用于危重病人的特殊诊断治疗。同年，唐山市妇幼保健院应用数字胃肠机开展妇产科、小儿外科相关病种介入治疗。2004 年，进行“高频 B 超诊断新生儿先天性肥厚幽门狭窄”治疗，治疗小儿急性肠套叠盐水灌肠复位术成功率达 92%。此后，为提高医疗诊断水平，满足患者需求，各医疗单位陆续更新医学影像检查设备。

2010 年，全区用于医学影像检查的主要设备有：X 光成像仪器、CT（普通 CT、螺旋 CT）、正子断层扫描（PET）、超声（B 超、彩色多普勒超声、心脏彩超、三维彩超）、核磁共振成像（MRI）等。医学影像检查范围拓展为：X 光成像（X-ray）检查，电脑断层扫描（CT）检查，核磁共振成像（MRI）检查，超声成像（ultrasound）检查，正子断层扫描（PET）检查，脑电图（EEG）检查，脑磁图（MEG）检查，眼球追踪（eye-tracking）检查，穿颅磁波刺激（TMS）等现代成像技术检查。其中唐山市人民医院、唐山市协和医院、唐山市妇幼保健院、解放军第二五五医院拥有不同国家生产的不同功能的黑白、彩色 B 超诊断仪，高频微焦点乳腺摄片机（乳腺钼靶照像）；应用 ECT 显像开展的放射免疫检验、化学发光检验、核素显像、核素治疗，并对甲状腺疾病，肺栓塞及骨肿瘤等疾病，研究疾病的病因、发病机制、形态结构、功能和代谢等方面的改变，揭示疾病的发生发展规律，为防治疾病提供必要的理论基础和依据。唐山市肿瘤医院成立的唐山市肿瘤病理会诊中心，主要任务是开展活体组织检查、病理诊断分析。唐山市卫生学校附属医院1997年成立病理诊断暨培训中心，全市各医院的疑难病理学检查均送至该院病理诊断中心检验，并由病理诊断中心出具病理学报告。该院对肿瘤的规范化病理诊断（淋巴瘤、乳腺癌、胃肠道癌、胸腹水及痰癌细胞等）方面在市内、省内处于领先水平，2002年被确定为市级医学重点学科，2010年成为全市领军科室。

检验化验　各医院均设检验科。检验化验范围：全血细胞分析、尿液分析、血流变、心肌酶谱、肝功、肾功、血脂分析、糖化血红蛋白、肝脏纤维化指标、细菌亚群、性激素、全身免疫性疾病检测、肿瘤相关因子、甲亢系列、AFP（甲胎蛋白）、CEA（癌胚抗原）、CA125（肿瘤标志物）、CA191（肿瘤标志物）、肝炎系列、艾滋病、各种细菌培养及药敏等检验项目。

第二章　妇幼保健

路南区妇幼保健工作机构始建于1978年，主要承担妇女“五期”（月经期、孕期、产期、哺乳期、更年期）保健、妇女病普查、幼儿健康状况调查、母子保健系统管理、女工保健、儿童、托幼机构工作人员健康查体及颁证等职能。1990年，孕产妇系统管理率、儿童保健系统管理率分别为81%、92.9%。2005年起，因取消孕产妇和儿童保健系统管理预收费、专职保健人员减少等多种原因，使孕产妇和儿童保健系统管理率呈逐年下降趋势。截至2010年，孕产妇系统管理率、儿童保健系统管理率，由1990年的81%、92.9分别下降至62.2%、71.05%。21年间，孕产妇住院分娩率为100%。

第一节　妇女保健

一、孕产妇保健

1990年，开始实施母子保健系统管理。以“早发现、早检查、早保健康”为原则，为持卡孕妇建立保健手册，使母子保健系统管理范围，由原来部分管理扩至全区13个地段116个居委会。区卫生局、区计生委、区妇联、区总工会联合制定《路南区母子保健制度》，规定从1990年6月起，规划内怀孕妇女在领取准生证时，建立孕产妇系统管理卡，统一使用省母子系统管理手册，并将保健手册作为儿童入托、入学健康参考依据。全年有155对新婚夫妇入保，早孕入保91人。全年共有孕产妇752人，实施孕产妇系统管理609人，系统管理率达到81%，早孕建卡478人，建卡率78.5%，均高于河北省规定65%的指标要求。筛选出高危孕产妇104人，实行专案管理达100%。孕产妇产前定期检查、产后访视率分别达90%以上，产后42天检查率为80%。1995年，共管理孕产妇1200人，其中产妇810人，孕产妇系统管理率达95%，早孕建卡率65%，产后访视率达到95%，产后42天检查率80%；筛查出高危孕产妇190人，全部进行专案管理；新生儿访视率达85%。至2010年，孕产妇管理日益系统化、规范化、常态化。当年，孕产妇管理776人，孕产妇系统管理率达到62.2%，比1995年下降32.8%；早孕建卡率91.9%，产后访视率达到64.47%；对高危孕妇筛查率，由2000年的7%提高到9.2%，筛查出高危孕产妇110人，实行三级专案管理，并全部进行诊治，诊治率达100%。21年间，孕产妇住院分娩率为100%。落实农村妇女新生儿分娩补助政策，每名产妇补助400元，由女织寨乡卫生院发放。

二、妇女病防治

1990年起，妇女病普查工作由区妇幼保健站每年进行1次。全年妇女病普查任务7000人，实查7616人，查出宫颈类疾病2532人，盆腔炎637人，阴道炎553人，子宫肌瘤162人，卵巢肿物113人，外阴白色病变18人，总患病率为52.72%。宫颈刮片率达95%，治疗人数为3238人。是年，对区直机关、中小学校、电子设备厂等单位妇女1186人进行宫颈癌和乳腺癌检查，根据检查结果对症治疗。1992年，被查人数10243人，查出患病人数4021人，患病率39.26%，治疗率为99.4%。1995年，为1500名妇女进行宫颈涂片化验。2005年，为患病率最低年份，被查人数8490人，患病人数1390人，患病率16.37%，治疗率为100%。2006年，区妇幼保健站配合区计生局，对友谊街道7个社区的下岗、无业、流动人口的已婚妇女进行生殖健康义诊，共检查233人，患病160人，患病率占总查人数68.67%。

2010年，被查人数21694人，患病人数6295人，患病率为29.02%，治疗率保持在100%。21年间，检查分析妇科疾病，患宫颈糜烂者居首，阴道炎次之，乳腺癌、宫颈癌再次之。

1990—2010年唐山市路南区妇女病普查普治统计表

表24－4　　单位：人

年 份	实查人数	患病人数	患病率%	治疗人数	治疗率%
1990	7616	3238	42.52	3086	95.31
1991	8831	2833	32.08	2816	99.4
1992	10243	4021	39.26	3998	99.4
1993	7419	2947	39.72	2885	97.9
1994	11157	4181	37.47	4126	98.7
1995	8742	3529	40.37	3483	98.7
1996	9439	2959	31.35	2959	100
1997	6374	2196	34.45	2196	100
1998	4658	1471	31.58	1471	100
1999	10475	3823	36.50	3823	100
2000	7683	3020	39.30	3020	100
2001	11123	3085	27.74	3085	100
2002	8882	2757	31.04	2757	100
2003	9394	2378	25.31	2378	100
2004	7554	1310	17.34	1310	100
2005	8490	1390	16.37	1390	100
2006	8333	1960	23.52	1960	100
2007	10900	2307	21.17	2307	100
2008	10432	3257	31.22	3257	100
2009	16939	3575	21.11	3575	100
2010	21694	6295	29.02	6295	100

1990—2010 年唐山市路南区妇女病普查主要疾病分类统计表

表 24－5 单位：人

年份	实查人数	阴道炎	宫颈糜烂	宫颈癌	乳腺癌	尿瘘	Ⅱ度以上子宫脱垂
		人数患病数（%）	人数患病数（%）	人数患病数（%）	人数患病数（%）	人数	人数
1990	7616	553（5.95）	2532（27.26）	0	1（0.01）	0	0
1991	8831	655（7.42）	2178（24.66）	0	0	0	0
1992	10243	855（8.35）	2531（24.71）	0	2（0.02）	0	1（0.01）
1993	7419	456（6.15）	1825（24.60）	0	4（0.05）	0	0
1994	11157	650（5.83）	3240（29.04）	0	1（0.01）	0	1（0.01）
1995	8742	1071（12.25）	3471（39.70）	1（0.01）	2（0.02）	0	2（0.02）
1996	9439	1532（16.23）	2110（22.35）	0	1（0.01）	0	1（0.01）
1997	6374	135（2.12）	949（14.89）	3（0.05）	2（0.03）	0	0
1998	4658	90（1.93）	732（15.71）	0	1（0.02）	0	0
1999	10475	95（0.91）	1345（12.84）	0	0	0	1（0.01）
2000	7683	53（0.69）	1205（15.68）	0	1（0.01）	0	2（0.03）
2001	11123	163（1.47）	1333（11.98）	1（0.01）	2（0.02）	0	0
2002	8882	129（1.45）	670（7.54）	0	2（0.02）	0	0
2003	9394	32（0.34）	547（5.82）	0	1（0.01）	0	0
2004	7554	20（0.26）	594（7.86）	1（0.01）	2（0.03）	0	0
2005	8490	27（0.32）	491（5.78）	1（0.01）	3（0.04）	0	0
2006	8333	5（0.06）	666（7.99）	9（0.11）	2（0.02）	0	0
2007	10900	29（0.27）	898（8.24）	1（0.01）	3（0.03）	0	0
2008	10432	976（9.36）	1517（14.54）	2（0.02）	0	0	0
2009	16939	1214（7.17）	2287（13.50）	1（0.01）	1（0.01）	0	0
2010	21694	4017（18.52）	2264（10.44）	0	0	0	0

第二节 幼儿保健

一、幼儿保健系统管理

1990 年，按属地管理原则，建立儿童保健系统管理机制。是年，7 岁及其以下儿童 9098 人，其中有 8454 人纳入儿童保健系统管理范畴，管理率为 92.9%，超过河北省下达管理率 85% 指标要求。同时，对 8454 名儿童进行体重、体格检查，身高超均值者为 5998 人，达超率 70.95%，体重达超值者 5993 人，达超率 70.89%；共筛查出体弱儿童 69 人，全部进行专案管理。1 岁以下小儿 772 人，投维生素 D 药物 756 人，投药率 97.93%。1991 年，将全区 13 个地段内 7 岁以下儿童 7002 人，其中 6951 人纳入儿童保健系统管理，管理率为99.27%，为建立儿童保健系统管理制度后，儿童保健系统管理率最高年份。

1995年，纳入儿童保健系统管理的7岁及其以下儿童共8501人，疾病矫正率达95%，筛查出体弱儿110人，全部进行专案管理。同时为727名入托儿童进行肝功、表抗、血常规、尿常规、血型等项目检查。

2000年，为7岁以下儿童体检计3674人次，体检率达97.5%；为1053名入托儿童进行健康检查，其中表抗阳性儿童10人，治疗率达100%；对5所幼儿园849名儿童进行健康查体和口腔保健，预防和治疗龋齿398人。儿童系统管理率为72.9%，体弱儿童专案管理率达到95%。

2005年，对7岁以下3159名在园所和176名入托儿童进行查体，其中口腔保健486人，微量元素检查801人，血型检查497人。在所查儿童中，查出贫血1人，龋齿1070人，心脏杂音10人，沙眼3人，弱视1人，表抗阳性1人，水痘2人。当年儿童保健系统管理率为76.95。

2006年，为2405名入托儿童进行健康检查，其中查出表抗阳性儿童4人，治疗率100%。对境内32个托幼园所3596名儿童进行为期3个月的健康查体，其中查出龋齿1540人，轻度贫血35人，心脏杂音5人，沙眼39人，弱视6人，扁桃体肿大139人，表抗阳性1人，治疗率达100%。至2010年的21年间，共为全区7岁以下儿童体检7.3万人次，体检率达到98.9%；5岁以下儿童死亡率、婴儿死亡率由2000年7.37‰、6.32‰分别降至2010年的1.6‰、0.8‰。因取消儿童保健系统管理预收费，专职保健人员减少等原因，儿童保健系统管理率呈逐年下降趋势。是年，全区儿童保健系统管理率为71.05%。

二、幼儿病防治

1990年6月，分别建立3个保健试点、3个示范性托幼园所，对幼儿病进行重点防治。保健试点是：唐山市妇幼保健院为小儿生长发育监测点、出生死亡监测点；唐山市人民医院为肺炎、腹泻防治点；唐山市卫校附属医院为小儿佝偻病、贫血防治试点。示范性托幼园所是：矿院幼儿园、燕五托儿所、唐山市第二幼儿园。其中，唐山市人民医院地段小儿肺炎腹泻防治试点，全年共监测托幼园所幼儿513人，其中发现肺炎患儿39人，患病率7.6%；腹泻36人，患病率7.02%。唐山市卫校附属医院地段小儿佝偻病、贫血防治试点，全年共监测托幼园所幼儿597人，其中发现佝偻病患儿98人，患病率16.41%；贫血患儿41人，患病率6.8%。同时，对托幼园所2535名3岁以内儿童进行预防小儿佝偻病查体，其中佝偻病患病人数为222人，患病率8.75%，治疗率为100%。随机对托幼园所4723名7岁及其以下儿童进行血色素检查，查出贫血儿童99人，患病率2.1%，治疗率100%。对3700名托幼园所2岁以内小儿进行常规驱虫，并对其中500例进行追踪观察。从“三早”（早期预防、早期发现、早期矫治）入手开展儿童系统综合管理，使小儿“四病”（肺炎、腹泄、佝偻病、贫血）发病率逐年下降。

1995年，对2岁及其以下小儿营养性缺铁性贫血进行普查防治2141人，患病38人，治疗率100%；对0~2岁小儿佝偻病进行防治2882人，患病146人，治疗率100%。小儿肺炎、腹泻发病率分别为5.7%、5.05%；小儿佝偻病、贫血发病率分别为12.06%、5.32%。对周岁内婴儿进行预防佝偻病投药，投药率达100%。2000年，小儿肺炎、腹泻发病率分别为3.22%、3.41%；小儿佝偻病、贫血发病率分别为8.02%、3.73%。对周岁内婴儿进行预防佝偻病投药，投药率100%；对2周岁及其以下小儿营养性缺失性贫血进行普查2141人，查出患病儿38人，治疗率100%；对2周岁及其以下佝偻病进行普查2882人次，查出患病儿146人，治疗率100%。

2005年，小儿肺炎、腹泻发病率下降，分别为1.71%、1.82%；小儿佝偻病、贫血发病率分别为4.23%、1.52%。治疗率均为100%。

2010年，对全区3岁内儿童糖丸进行普服，共普服1.38万例。小儿肺炎、腹泻发病率分别为0.92%、0.74%；小儿佝偻病、贫血发病率分别为3.51%、0.45%。治疗率均达100%。

第三节　婚前检查

1994 年，路南区妇幼保健院依据《河北省婚前健康检查管理办法》，成立婚检科，开始履行婚前健康检查职责。主要检查项目为肝功、表抗、血型、胸透、性病等。当年婚检率为 58.9%。后将婚前健康体检纳入婚姻登记程序，体检率逐年上升。1998 年 7 月，按照《河北省婚前保健工作规范》要求，在婚检科建立婚检工作人员岗位职责、疾病管理制度、资料管理制度、婚前卫生指导、咨询制度以及主检医师责任制，婚前健康检查程序日趋规范。

2000 年，共进行婚前医学检查 2310 人，其中暂缓结婚 9 人，婚检率达 95.6%。至 2003 年的 10 年间，全区累计婚检 31636 人，其中在唐山市妇幼保健院体检 4526 人；在路南区妇幼保健院体检的 27110 人中，共检出疾病 3331 人，患病率 12.29%，其中患传染病 52 人、生殖系统疾病 564 人、内科系统疾病 172 人，需暂缓结婚的 77 人。同年 10 月 1 日，依照新修订的《中华人民共和国婚姻法》规定，是否作婚检由男女双方自愿。自此至 2004 年 9 月，婚检率下降至 1.3%，2006 年婚检率仅为 0.94%。

2008 年 4 月起，实施欲婚男女青年免费婚检政策，婚检率 10.8%。此后逐年下降，2010 年婚检率为 6.87%。

第三章　卫生防疫

路南区卫生防疫站始建于 1956 年。2006 年 11 月，机构改革，卫生防疫站划为路南区卫生监督所、路南区疾病预防控制中心，两所机构合署办公。主要承担食品卫生、公共场所卫生、学校卫生、饮水卫生和职业卫生的监督监测，查处违反《中华人民共和国食品卫生法》和国务院颁布的《公共场所卫生管理条例》的违法行为，开展计划免疫和地方病、传染病防治，确保人民群众身体健康和卫生、食品安全。

第一节　卫生监督检测

一、食品与公共场所卫生监督检测

1990 年，依据《中华人民共和国食品卫生法（试行）》、国务院颁布的《公共场所卫生管理条例》要求，对辖区 714 个食品生产经营单位、1748 个市场内的个体食品摊点进行卫生监督和检测，检测乳类、肉类、酒类、饮料和调味品共 154 份，合格率达 80.5%；体检 7888 人次，责令 18 名传染病携带者调离食品生产工作岗位；对 243 户食品生产违法经营单位进行处罚，没收禁止生产销售的软包装饮料 1250 袋，罚款 52 户、3162 元。核发食品卫生许可证 1748 个，食品从业人员健康证 7503 个，许可证发放率达 100%。

1991 年，以迎接全国城市运动会在唐山市召开为契机，开展街头食品百日整顿及卫生监督检查联查活动。对辖区内 200 家小餐馆、130 户饮食摊点、14 个熟肉食加工点、165 家熟肉销售摊进行重点整治，抽样监测肉制品、酒类、调味品、植物油、糕点、冷食等 245 份，合格率 83%；检测餐具 380 份，合格率 84%。

1994 年，配合唐山市创建省级卫生城活动，重点对街头摊点和“六小行业”（小餐饮店、小网吧、小理发美容店、小歌舞厅、小旅馆、小浴室）进行治理和整顿。检查街头摊点 350 户，责令停业 12 户。建立餐具消毒站，全区 280 个中小餐馆的餐具统一送至消毒站消毒。对全区食品从业人员进行体检，发放健康合格证 1. 17 万个。

1995 年，第三届中日韩青少年体育交流大会在唐山市举办。其间，出动监督员 600 人次，对辖区内负责接待运动员的 6 家宾馆进行饮食、住宿和环境卫生检查，及时监督整改发现问题，确保运动会成功举办。区卫生防疫站被市委、市政府授予“第三届中日韩青少年体育交流大会最佳服务奖”。

1999 年，围绕“三迎四创”（迎新中国建国 50 周年、迎澳门回归、迎新世纪，创文明城、创卫生城、创园林城、创双拥模范城）活动，开展卫生监督 1. 7 万户次，行政处罚 357 户次，罚款 1. 31 万元；采样检测食品 1623 份，合格率 98. 3%；检测餐具消毒 4736 份，合格率 88. 6%。净化和规范食品市场，取缔无证生产小食品“黑窝点”4 家，销毁非法生产食品 2400 公斤。

2003 年，抗击“非典”期间，对公共场所通风、消毒等卫生设施进行重点检查，对违反《中华人民共和国食品卫生法》的单位和个人严肃查处，共销毁不合格食品 536 公斤，处罚 123 户、罚款 2. 28 万元，吊销卫生许可证 1 户，取缔非法经营 85 户。

2005 年，重点对进入流通环节的食品和供餐单位进行综合整治，组织拉网式监督检查 25 次，取缔各类无证经营户 317 户，吊销卫生许可证 11 户，取缔、查抄黑窝点 57 户，收缴、销毁各类不合格原料及产品 1000 余公斤，暂扣各类加工工具 175 件（套）。新发和换发卫生许可证 1715 个，其中食品行业卫生许可证 1545 个，公共场所卫生许可证 170 个；办理健康证、培训合格证各 9832 个，健康体检查出的“五病”（痢疾，伤寒，病毒性肝炎，活动期肺结核，化脓性、渗出性或接触性皮肤病）患者 43 人，全部调离。

2009 年，在餐饮业中开展卫生许可及日常监督量化分级管理，实行许可量化等级评定制度。310 户被评为 B 级单位，80 户被评为 C 级单位。

2010 年，结合唐山市“三城联创”（创建“全国文明城市”“国家卫生城市”“国家环保模范城市”）活动，组成 7 个督导组，对“五小”（小餐馆、小旅馆、小浴池、小酒吧、小理发店），展开大规模监督检查 20 余次，出动监督员 2240 人次，车辆 324 车次，对卫生不达标的 29 户经营单位下达整改通知书，查封无证照经营单位 19 家。

二、学校卫生监督检测

1989 年，在 5 所学校设监测点，监测学生 2741 人，监测疾病有假性近视、龋齿、沙眼、蛔虫、头虱 5 种，患病 1419 人，其中假性近视、龋齿、蛔虫、头虱、沙眼分别为 435、911、6、0、67 人，患病率分别为 15. 87%、33. 23%、0. 22%、0%、2. 44%。1990 年，对非监测点的 5 所中学、18 所小学共 9437 名学生进行常见病检查与治疗，其中假性近视 2238 人，治疗有效 1279 人，有效率为 57. 15%；沙眼患者 1246 人，治愈 631 人，有效率为 50. 64%；龋齿患者 2274 人，治疗 2149 人，有效率为 94. 50%；蛔虫患者 280 人，服药排虫 248 人，有效率为 88. 57%。

2000 年，在全区 38 所中小学建立学生健康档案，建档率 100%。组织学生体检 2. 5 万人，其中患视力低下、龋齿、贫血的患病率分别为 76. 02%、35. 7% 和 5%，矫治率均达到 96% 以上。加强学校食品卫生监督整治，为 20 所学校的小卖部、7 所学校的集体餐厅办理了卫生许可证和从业人员健康证。

2010 年，建立学生食堂量化分级管理体制。经过 7 次考评，辖区 22 个幼儿园、学校食堂有 2 个定为 A 级、20 个定为 B 级。全区中小学卫生环境、食品和饮用水经常性监督监测覆盖率为 100%。年均体检学生近 2. 2 万人。

三、生活饮用水质量监督检测

1989年始，每年对境内自来水源（共11家水井）进行水质监督检测。1990年，重新审核、更换11家水井的卫生许可证，组织制水人员体检21人次，发放制水人员健康证21人次。同时，对抽取的水井水样色度、浊度、水温、pH值、铁、总硬度、氯化物、砷、硫酸盐、亚硝酸盐、氨氮、铬、锰、细菌总数、大肠菌群等18项指标化验，依据检测结果进行监督指导，水质监测合格率为86.6%。1992年11月，开平区女织寨乡和梁家屯乡划归路南区管辖，开始对38个自然村60口自备水井和3家二次供水单位进行水质监督检测，水质合格率为85.6%，不合格项主要为水的硬度和硝酸盐氮超标。2010年，对38个农村监测点的自备井水、1个施工工地生活用水和3个二次供水单位进行水质抽样监测，共采集各类水样57份，合格55份，合格率96.49%。对32户城市末梢水进行水质监测，合格率96.2%。建立健全农村生活饮用水和二次供水管理档案，督导各供水点主管人员进行健康体检，办理健康证，确保生活饮用水卫生安全。

第二节　计划免疫与疾病防治

一、计划免疫

1990年，建立预防接种卡制度，全年共完成全区1.48万名7岁以下儿童七种疫苗4.44万人次和“四苗”（麻疹疫苗、卡介苗、白百破疫苗、乙脑疫苗）接种任务，其中小儿麻痹疫苗1.28万人次，麻疹疫苗6227人次，百白破混合制剂8291人次，卡介苗5927人次，白破二联3943人次，乙脑疫苗4774人次，乙肝疫苗2435人次。“四苗”接种率均达99.52%，超过省下达85%指标；新生儿建卡率100%，卡介苗接种率达100%。

1992年，制定《计划免疫工作实施计划》，由区妇幼保健院、乡（社区）卫生院负责“四苗”接种。连续三年开展“秋季攻势”“壁垒行动”“攻坚行动”，形成消灭脊髓灰质炎的免疫屏障。

1996年，深入38个行政村，对7岁以下儿童接种情况逐一核对。同时对流动儿童进行调查摸底。凡未接种疫苗的及时建卡补种。

1999年，建立常规计划免疫率、AFP、麻疹、新生儿破伤风监测系统，“五苗”（卡介苗、脊髓灰质炎减毒活疫苗、百白破三联混合制剂、麻疹疫苗和乙肝疫苗）接种率达100%。

2005年始，为新生儿建立预防接种卡制度。是年，建卡率、“四苗”初免率、新生儿乙肝疫苗首针及时接种率分别达到98%、95%、95%。完成2.8万名儿童第二类疫苗（流感、乙脑、流脑、水痘、麻风腮、甲肝等）的预防接种。

2010年，接种疫苗22种、4.88万剂次，新生儿建卡率、“四苗”初免率、新生儿乙肝疫苗首针及时接种率分别达到98%、95%、95%以上。城市和农村乙肝疫苗接种率分别达到95%和85%以上。是年，麻疹强化免疫工作获河北省“麻疹强化免疫工作先进单位”称号。

二、疾病防治

传染病防治　1990年，共发生菌痢、肺结核、肝炎、麻疹、淋病和梅毒等6种传染性疾病，发病人数共728例，发病率为373.6/10万。通过加强食品卫生管理、改善环境等综合措施，防止病从口入，使传染病发病率逐步下降，1995年为189.49/10万。

1996年，开展霍乱防治工作，在全区各医疗机构分别建立肠道门诊。对唐山市人民医院、唐山市卫校附属医院、唐山市妇幼保健院、路南医院等医疗单位排出的污水，定期进行“02”菌（为肠杆菌科弧菌）培养，完成外环境疫源检测。

1999 年，针对肺结核发病人群略升，重点开展肺结核防治工作。通过对肺结核的临床快速诊断，完成涂阳（痰检时，涂片检查结核杆菌的一种指标）肺结核病人 35 例（任务指标 33 例），全程督导管理 230 余人次。同时进行肺结核防治知识宣传，提高全民对预防肺结核病重要性的认识。全年传染病发病率 151. 67/10 万。

2003 年 4 月 22 日至 7 月 2 日，全区境内抗击非典型肺炎（简称“非典”）。对密切接触者 177 人全部进行流行病学调查、医学观察隔离，并对接触者住所进行重点消毒。是年，组建防治霍乱领导小组和防疫医疗小分队，对各医疗单位霍乱防治及肠道门诊、消毒隔离、疫情报告、计划免疫工作进行检查督导。共发现法定传染病 11 种，发病数 261 例。通过及时治疗，全区传染病发病率控制在 112. 34/10 万以内。

2008 年 1 月 3 日，首例手足口病发生。随即建立 24 小时疫情网络直报制度，及时掌握疫情动态，加强密切接触者的医学观察，及时采取有效治疗措施，控制疫情蔓延。至 2010 年，按照《中华人民共和国传染病防治法》相关规定，加强疫情监测，流行病学重点调查，使传染性疾病得到有效控制。当年完成重症病例 68 例、社区首发病例 35 例的流行病学调查，防止重大传染病爆发与流行。

地方病防治　地方病主要为碘缺乏病（俗称“大脖子病”）。1990 年始，连续 9 年完成每月 1 次对 25 户居民食盐和 25 个食盐零售单位食盐碘含量的监测。1999 年，对辖区内 400 名小学生进行甲状腺抽检，其中触诊 I 度肿大 5 人，肿大率为 1. 25%；对 200 名小学生进行尿碘测定，中位数为 121. 56 毫克/升，无一例小于 50 毫克/升。2004 年，制定《路南区碘盐监测实施细则》，通过连续、系统收集监测数据，及时发现问题并采取相应的干预措施，保障居民食用合格碘盐。2010 年，深入居民家中，加强食用盐监测。在“碘缺乏病控制日”开展宣传活动，布置展牌 15 个，发放宣传品 6000 余份，受教育人数达万人。当年采样食用盐 600 份，合格 572 份，合格率为 95. 33%。

职业病防治　1990 年，为接毒、接尘作业工人体检 340 人次，未见职业病，建档率 100%。完成河北省统一部署的电镀行业卫生学调查、监测。

1997 年起，连续三年对区属工业企业产生的尘、毒进行监测，监测粉尘作业点各年度分别为 80、29、52 个，合格率分别为 50%、44. 8%、53. 6%，监测毒物作业点各年度均为 16 个，合格率分别为 60%、40%、56. 7%。根据监测结果，依法查处严重危害职工健康行为，督促企业加强卫生防护，确保职工健康。

2002 年 5 月，《中华人民共和国职业病防治法》（以下简称《职业病防治法》）颁布实施，为预防、控制和消除职业病危害，保护劳动者健康及其相关权益，提供法律依据。2004 年，依法举办企业负责人和职业卫生管理人员《职业病防治法》培训班，参训人数 1800 多名。配合唐山市卫生局、唐山市公安局开展放射卫生专项整治，对辖区内 7 家放射源使用单位进行 9 户次监督检查，放射性场所监督检测率 100%。从业人员放射知识培训率 100%，体检率 100%，个人剂量检测率 100%。

2010 年，通过宣传栏、悬挂标语、印制职业病常识的宣传品、组织专业技术人员现场咨询等形式，进行《职业病防治法》宣传活动，提高全民对职业病防治工作的认识。组织接毒、接尘作业工人健康体检，未发现职业病或疑似职业病人。

第四章　农村医疗保健

1992 年 11 月，唐山市区划调整，开平区女织寨乡和梁家屯乡划归路南区管辖，辖区开始有农村建制。农村初级卫生保健工作正式纳入发展规划。2006 年，新型农村合作医疗开始建立。2010 年，梁家屯卫生院因城市拆迁撤销。全区参加新型农村合作医疗的农民达15509人，参合率为96.26%；村级初级卫生保健网络基本形成，有乡卫生院1个，村卫生室18个，医技人员98人。

第一节　初级卫生组织与保健

一、初级卫生组织

1992年11月，原开平区女织寨乡、梁家屯乡划归路南区。是年，有乡卫生院2个，村卫生室12个，医技人员72人，其中两乡卫生院51人，村卫生室12人。1993年，区卫生局研究制定农村卫生、妇幼保健规划和措施，对农村基层卫生组织加强管理。1996年6月，梁家屯乡并入女织寨乡，梁家屯卫生院以独立法人资格被保留。全乡辖38个行政村，有村卫生室36个。

1998年，村卫生室数量达到38个。其中乡卫生院管辖有12个卫生室，其余26个以个体或村办形式存在。至1999年年底，乡村两级卫生组织逐步形成了"六统一"（人员、行政、业务、财务、药品购销、收费）的管理模式。

2005年12月，女织寨乡卫生院上划到区政府，归区卫生局直管，结束17年乡政府管理卫生院的历史。2006年4月，区财政拨款100万元，利用国拨资金20万元，国债资金30万元，女织寨乡卫生院自筹78万元，新建门诊楼1169平方米，卫生技术人员由原来51人增加到61人，床位由28张增加到43张，并增设中医科。实现了房屋、人员、设备三配套。2007年，以华北煤碳医学院附属医院路南分院对口支援为契机，对38个村卫生室41名医务人员进行培训。按照统一标准，对各村卫生室进行全面验收，对符合条件的32个村卫生室颁发执业许可证。为符合条件的村卫生室统一购置诊疗床、消毒灯、医疗柜等装备。2010年，梁家屯卫生院被划入城市平改拆迁范围而被拆除。区主管部门制定了村卫生室建设规划，按照"一村一室"要求，对符合条件的村卫生室颁发执业许可证。完成了乡卫生院和村卫生室标准化建设工作，对乡卫生院和32个村卫生室进行了标准化改建，乡卫生院已建成市级标准化卫生院，村卫生室标准化率已达80%，农村医疗保健条件得到提高。是年年底，因城中村改造，全乡由原来38个村卫生室减少到18个，共有乡村医生115人，其中乡卫生院60人，村卫生室55人。

二、保健工作

根据卫生部、财政部1992年9月2日下发的《关于加强农村卫生工作若干意见的通知》，1993年，按唐山市主管部门要求，路南区农村初级卫生保健工作进入普及阶段。农村预防保健日常工作由乡卫生院指派乡村医生专职负责。1995年，结合小康村建设，推行乡村两级卫生组织一体化管理。1997年，组织医务人员开展下乡送医送药活动，为贫困农民发放爱心服务卡，农民凭卡到路南医院就诊，免收诊费，各项检查减免20%。2000年，开展"农民健康教育行动"，完善预防保健网，每村设疫情报告员1名，负责本村传染病和突发卫生事件的报告。组织医疗下乡活动18次，出动医务人员260人次，为村民免费提供医疗咨询和检查。2002年始，按照《中国农村初级卫生保健发展纲要》要求，区深化医疗改革，健全农村卫生服务体系，完善服务功能，实行多种形式的农民医疗保障制度，解决农民基本医疗和预防保健问题，落实疾病预防控制措施。加强对孕产妇和儿童的管理，提高农村孕产妇住院分娩率。2003年，结合农村创建文明生态村活动，加大了农村改水、改厕力度，改善了农村居民的劳动和生活环境。同时，开展健康教育和健康促进，推进"全国亿万农民健康促进行动"（原"全国九亿农民健康教育行动"）。2006年，组织医疗下乡12次，健康体检870余人次，疾病咨询360余人次，健康宣传400余人次，发放药品50种，折合人民币4000余元。至2010年，完善和发展农村合作医疗，探索实行区域性大病统筹，逐步建立贫困家庭医疗救助制度，实行多种形式的农民医疗保障制度，为农村群众提供了方便、实惠的医疗服务。

第二节　农村合作医疗

一、参保对象

2006 年 3 月 17 日，区政府印发《路南区新型农村合作医疗制度实施方案（试行）》及《路南区新型农村合作医疗实施细则（试行）》，自 2006 年 1 月 1 日起实施。规定新型农村合作医疗保险制度是由政府组织、引导、支持，农民群众自愿参加，个人、集体和政府各方筹资，以大病统筹为主的农村医疗互助共济制度。参加对象为：凡不享受公费医疗保险的，拥有本区农村常住户口（包括农转非）的居民均可参加新型农村合作医疗。是年，全乡共有 38 个村，应参加新农合农业人口 35612 人，有 34249 人参加新型农村合作医疗，占农业人口的 96.17%；录入参合人员信息 4.33 万条，发放新型农村合作医疗证 1.35 万本。全年共收缴参合个人基金 51.33 万元，为 35 名低保户免收参合个人基金 525 元。2010 年，因部分村民参加城镇医疗保险，全区参加新型农村合作医疗保险的农民减至 15509 人，参保率 96.26%。

二、筹资方式

2006 年，按照区政府印发的《路南区新型农村合作医疗制度实施方案（试行）》及《路南区新型农村合作医疗实施细则（试行）》规定，农民参加新型农村合作医疗保险，坚持自愿参加原则，农民以家庭为单位自愿参加新型农村合作医疗，并按照有关规定，履行缴费义务，按时足额缴纳合作医疗经费。新型农村合作医疗基金采取农民个人缴费与政府资助相结合的方式筹集。农民每人每年缴纳 15 元，财政补助资金每人每年 20 元（其中市财政 12 元，区财政 8 元），年筹资标准 35 元。2008 年，应参加新农合农业人口 34227 人，参加新农合 29560 人。本年度农民个人缴费 44.24 万元，区级补助 35.60 万元，市级补助 36 万元，省级补助 47 万元，中央补助 188 万元，存款利息收入 1.33 万元。本年度全区新型农村合作医疗筹资总额 352.17 万元。2010 年，新农合最高支付限额提高到全区农民人均纯收入的 6 倍以上，封顶线由 2006 年的 1 万元提高到 5 万元。筹资标准由 2006 年每人每年 35 元提高到每人每年 140 元。

三、补偿标准

根据 2006 年 3 月 17 日区政府制定的《路南区新型农村合作医疗制度实施方案（试行）》及《路南区新型农村合作医疗实施细则（试行）》规定，补偿分为门诊家庭账户补偿、住院医药费用补偿、药品补偿。门诊家庭账户补偿：参合者在年度内持定点医疗机构门诊有效票据、合作医疗证、身份证件、专用处方等，经合作医疗管理中心审核补偿，每人每年最高补偿限额 6 元。住院医药费用补偿：由参合者持年度内定点医疗机构的有效票据、住院费用结算清单、诊断证明、转院证明、病历、身份证、合作医疗证，定期到合作医疗管理站申报，再到区合作医疗管理中心审批。药品补偿：按照《河北省新型农村合作医疗基本药物目录（试行）的通知》执行。工伤、意外、母子保健、未在新农合基本药物目录内等未经批准的不予报销。住院报销比例：在乡级卫生院住院起付线 300 元，补偿比 45%；区级医院住院起付线 2000 元，补偿比 40%；市级以上医院住院起付线 4000 元，补偿比 35%；最高限额 1 万元。个人每人每年 15 元，其中 6 元进入个人账户。家庭账户门诊补偿每人每年最高补偿限额 6 元，其余 9 元由合作医疗统筹。

2010 年，调整住院补偿标准，住院补偿比：在乡级定点医疗机构住院起付线由 2006 年 300 元，补偿比 45%，改为乡级起付线 100 元，补偿比 80%；在区级定点医疗机构住院起付线由 2006 年 2000 元，补偿比 40%，改为起付线为 300 元，补偿比 60%；在市级以上定点医疗机构住院由 2006 年的起付线

4000 元，补偿比 35%，改为起付线 2000 元，补偿比 40%；在市以外及非定点医疗机构住院起付线 2000 元，补偿比 35%。是年，因部分村民参加城镇医疗保险，全区农民参加新型农村合作医疗 15509 人，参合率 96.26%。至 2010 年的 5 年间，累计补偿 647.13 万元，其中住院补偿 3835 人次，补偿 586.37 万元；家庭账户补偿 59.40 万元；门诊补偿 1.36 万元。政策范围内补偿比达到上级要求 70% 以上。

四、基金监管

2006 年，随新型农村合作医疗保险制度的实施，区政府建立相应基金监管机构，即由区新型农村合作医疗管理委员会选定金融机构设立专用账户。个人缴费部分由参加者以户为单位，按照家庭、村委会、乡政府逐级上缴，乡政府具体负责辖区内个人缴费部分的筹集工作。农村特困户、五保户、孤寡老人、烈属、三等甲级以下（含三等甲级）革命伤残军人等经区民政部门核实后，个人缴费部分由区财政给予全额资助。个人上缴资金一次到位，中途不予退还、补办。至 2010 年无变化。

2006—2010 年唐山市路南区农民参加新型农村合作医疗一览表

表 24－6　　单位：万元

年份	参合人数	参合率	支出					最高支付限额
			住院人次	住院支出	慢病支出	家庭账户支出	支出合计	
2006	34249	96.17	124	24.38	–	6.96	31.34	1
2007	31014	90.61	511	79.79	–	8.59	88.38	1
2008	29560	86.36	1504	174.64	–	26.02	200.66	1.5
2009	14448	98.89	849	120.26	–	12.82	133.08	2
2010	15509	96.26	847	187.3	1.36	5.01	193.67	5

说明：2009、2010 年参合率为农民参加城镇和新农合医保合计数

第五章　抗击非典型性肺炎

2003 年春，传染性非典型性肺炎（以下简称“非典”）袭入中国。4 月 22 日辖区发生疫情。区委、区政府高度重视，沉着应对，依靠科学，依靠群众，果断处置，全区党员、干部和群众“众志成城、同舟共济”抗击“非典”。

第一节　组织与宣传

一、组织领导

2003 年春，传染性“非典”袭入中国。4 月 24 日，区委、区政府成立由区党政“一把手”负总责的“非典”防治领导小组，领导小组下设办公室，全区各单位成立相应领导机构。随后召开区防治“非典”专门会议，确定由区防疫站监控疫情，从人员、物资、药械等方面做好防大疫准备；组建疫情监控、消杀、防疫督导、医疗救治、流行病学调查、社会宣传等专项工作小组；制定《路南区非典型性肺

炎应急控制预案》，层层健全各项工作责任制，明确一把手为本单位防“非典”第一责任人，各乡街党政领导班子成员分包联系点，区直各单位领导班子成员把分管的机关科室和下属单位作为联系点，各级领导干部坚守岗位，保障24小时值班。建立逐级防控排查制度，一级对一级负责，一级对一级报告，做到“早发现，早报告，早隔离，早治疗”。

5月3日，在区卫生局设立防治非典型肺炎办公室，下设综合督导、疫情监控、医疗救治、后勤保障四个办事机构，具体承担防“非典”领导小组交办的重要任务，协调、督导、检查各项防非工作的落实。组建以区卫生防疫站为中心，以乡（街）卫生院（社区卫生站）为依托，以村（居委会）卫生室（个体诊所）为基础的三级疫情监测报告网络。共设疫情监测报告站9个，村（居委会）疫情报告点91个，报告人员501名，防控组织网络覆盖全区8个乡街、38个村、53个社区居委会。

9月1日，执行“非典”疫情“日报告”“零报告”制度，即各医疗单位向区防疫站报告，区防疫站向区卫生局、市防疫站报告，区卫生局向市卫生局报告。

9月4日，区“非典”防治工作领导小组转发《唐山市人民政府关于防治“非典”转入常态长效管理的实施意见》。区防疫站、区境13所医院分别设置2名和配备26名疫情网络直报人员。区防疫站组建由52名专业技术人员组成的突发事件应急处理小分队，分为“流调”（流行病学调查）、消杀、消毒、疫情、后勤保障5个组。区路南医院成立由10名专业技术人员组成的医疗救治小分队，各分队实行24小时值班。区防疫站的监督人员每周到各医疗单位进行一次疫情信息搜集，并明确4名“流调”人员在应急预警状态下进驻发热门诊，一旦发生疫情迅速开展工作。防治“非典”工作转入常态、长效管理轨道。

二、宣传教育

2003年4月22日，区卫生局组织召开60余人参加的防治“非典”动员暨培训会议，对各医疗单位、宾馆、饭店、车站等公共场所负责人进行总动员及预防“非典”知识培训。此后举办医护人员培训班、应急机构人员培训班4次，使防治人员掌握疑似病人前期诊断、科学治疗观察、组织实施隔离、公共场所消毒以及自我防护等方面的知识和技能，提高防治水平。全区各单位“非典”防治工作领导小组下设宣传组，逐级开展以宣传《中华人民共和国传染病防治法》、唐山市人民政府公告和防治“非典”的措施、办法为内容的社会宣传。其中女织寨乡累计发放防治“非典”宣传材料11.5万份，制作固定、流动宣传板1082块，张贴标语5996条，群众抗“非典”知识深入人心。

5月7日，路南区市场建设服务中心在小山服装批发市场、新华道农贸市场等地，累计发放传单1.42万张，张贴标语950条，举办板报6期。广场办街道事处悬挂宣传条幅39条，制作板报165块，向居民发放宣传册762册、传单4.65万份。

5月8日，机关干部捐款8万余元，工商联支委捐款12万余元，冀东汽贸捐赠3辆汽车，金匙集团捐赠50部“小灵通”电话，金美达公司捐赠1吨消毒液，支持、配合抗击“非典”工作。区委、区政府对支持、配合抗击“非典”工作的先进单位和个人进行弘扬。

5月10日，按照《唐山市各级各类学校防治“非典”工作方案》，各学校在放假前印制《致学生家长的一封信》，介绍防治“非典”知识和在家应注意的事项。

5月15日后，区防治“非典”工作领导小组每日编发1期“非典”防治宣传简报，通报防治“非典”工作进展。

第二节　维护稳定与防控救治

一、维护稳定

5月初，不法商人借抗“非典”之机非法经营医疗用品，哄抬物价。工商、公安、物价等部门依据有关法律法规和《路南区预防非典型性肺炎市场监管和维护稳定工作方案（预案）》要求，依法对境内经销“非典”物品药店、商店进行拉网检查。至5月6日，共查获非定点工厂生产无产品执行标准的“隔离防护服”厂家2家，封存200套半成品和100多套成品，货值6000余元。端掉大学路5号非法制造二氧化氯消毒液窝点，查获消毒液成品991桶，货值10万余元。严厉打击囤积居奇、哄抬物价、行骗牟利、散布谣言、蛊惑群众、制造社会恐慌等违法行为。查处哄抬物价、制假贩假分子834人，刑拘5人，市场物价恢复稳定，群众生活正常。

二、防控救治

2003年4月22日凌晨3点30分，开滦医院报告唐山市首例疑似“非典”病例。女织寨乡王禾庄曹某某10天前去张家口途径北京（疫区）转车。返唐山后，于三天前发烧38.7℃，咳嗽、少痰、偶有血丝，右下肺有小片状阴影，左纹理增粗，经专家诊断疑似非典型性肺炎病例，随后转到唐山市传染病医院隔离治疗。当日，区委、区政府召开紧急会议，部署防控工作。区卫生局会同市卫生防疫站消杀科、流行病科，对王禾庄小学、村民委员会、病人家中进行消毒，并展开流行病学调查。为防止疫情扩散，区防疫、公安部门会同女织寨乡，组建一线指挥部，进驻王禾庄村。防疫、公安、乡村干部负责对患者家属实行24小时医学隔离和健康状况监控，如出现不适由女织寨乡卫生院送至市传染病医院诊治。每天对居所和院落喷药消毒。在女织寨乡各村主要道口设置检查点，由1名村干部负责，对进出村车辆进行消毒，人员测量体温。摸排常住人口、暂住人口、外地返乡人员，做到乡不漏村，村不漏户，户不漏人，人不漏项，全乡排查人员达1446人。发现发热人员及时送发热门诊进行医学观察，与“非典”及疑似患者接触者做医学隔离处理。区卫生防疫站全力以赴投入防控，出动人员对学校、幼儿园、集贸和批发市场、早市、超市等33家（处）进行消杀督导。

4月24日，区市场建设服务中心制定《关于进一步做好防治非典型性肺炎工作，加强市场往来车辆、人员管理的通告》，对小山批发市场、新华道集贸市场等到疫区进货车辆逐一建立档案，每天逐个测量进货人员体温两次，实施持续21天建档跟踪。境内歌舞厅、洗浴场、影剧院、录像厅、网吧等对社会开放的172家经营性场所全部关闭。是日，路南区发热门诊设在女织寨乡卫生院，同时抽调医护人员组成医疗组，共同组建发热门诊。路南医院成立由10名专业技术人员组成的医疗救治小分队，各分队实行24小时值班。征用女织寨乡卫生院办企业“南郊宾馆”（唐柏路408号）改做留观站。

4月27日，区委办公室、区政府办公室发出《关于在全区范围内开展预防性消毒工作的通知》，在全区开展预防性消毒工作。同时印发《路南区预防消毒实施方案》《防治“非典”消毒技术规范》。

至5月6日，全区累计报告非典型性肺炎临床诊断病例7例，其中治愈出院6例，排除1例。报告疑似病例5例，均全部排除。此间，累计出动468人次处理现场，督导消杀面积480万平方米，使用消毒药液40吨。培训消毒技术人员130名，消毒员420人。采购防护用品隔离衣700余套、防护靴近200套、防护眼镜400多付、手套1000多双、一次性口罩帽子2000多套，自制16层纱布口罩1000多个。对177名与“非典”密切接触者采取医学隔离观察，设隔离点70个。先后对4439人进行流行病学调查，绘制完成每例“非典”临床诊断病例、疑似病例、密切接触者的传染链，并进行个案分析，为追查传染源、传播途径、制定对策提供依据。将北京、山西、广东等疫区流入人员作为排查重点，共排查2369

人，其中910人来自北京。此后区内无新增“非典”及疑似病例，“非典”防治工作取得阶段性胜利。

5月8日，在唐山火车站派驻“非典”检查站，由区直15个单位33人组成，24小时全天候坚守，防止疫情进入唐山、流入路南。

5月10日，区委、区政府主要领导参加环境卫生治理，并亲自督导检查整治情况。全区约1200名党员干部参加义务劳动，出动清运车辆30余部，清运垃圾30余吨，治理卫生死角10处，清扫路面1.2万平方米。同日，唐山市防治“非典”工作领导小组印发《唐山市各级各类学校防治非典型性肺炎工作方案》的通知，按照通知要求，各级各类学校教学区、生活区每日至少一次消毒，严禁师生到疫区出访和旅游，对师生每日进行体温测量。

5月13日，按照唐山市政府《关于加强发热门诊和发热病人管理的通告》，全区各药店停售退热药，发热病人一律到发热门诊就诊。

5月27日，区防“非典”领导小组办公室下发《关于开展返乡来唐人员复查工作的通知》，区直各部门、各乡街立即组织实施，以社区居委会、村委会、机关企事业、学校为单位，逐户、逐人排查、登记、造册，逐级把关。

6月10日，区防“非典”领导小组办公室印发《关于做好当前消毒工作的紧急通知》，鉴于34天无新增和续发病例，规定：各机关、企事业单位保持好环境卫生，可不再进行预防性消毒；卫生间、电梯间、门把手要进行重点预防性消毒；对人口流动性大的公共性场所，需对室内地面及公众经常接触的重点部位和器具进行定期消毒；对垃圾污物重点消毒（特别是医院）；各学校、托幼机构、医院坚持长期消毒。

截至2003年7月2日，发热门诊共报告发热人数18人，其中路南区境内7人。向境外发放“逢热必控”通知单11个。全区累计投入财政资金500万元用于预防、抗击“非典”。

第六章　医政药政管理

1989年，路南区建立医院分级管理体制，组织区属医院实施甲等医院创建活动。2000年，始建融医疗、预防、保健、康复为一体的社区卫生服务机构，以方便群众就医，减轻群众负担。2003年，将社会办医纳入达标规范评级管理体系，保障社会办医医疗质量。2009年，按市委、市政府组织开展的“健康唐山幸福人民”活动要求，实施“医疗惠民工程”，为居民家庭及居民本人建立健康档案。2010年，开展“医院管理年”“医疗质量万里行”活动，医疗安全、就诊环境明显改善。

第一节　医政管理

一、医院管理

1990年起，依据卫生部颁布的《医院分级管理办法》，将医院功能、任务、设施条件、技术建设、医疗服务质量和科学管理等综合水平纳入医院分级管理范畴。按照《医院分级管理标准》，启动甲等医院创建活动。1994年6月，唐山同济医院被卫生部门评为一级甲等医院，路南医院被批准为二级甲等医院。

1997年，贯彻落实中共中央、国务院《关于卫生改革与发展的决定》和第一次全国卫生工作会议精神，综合推进卫生事业改革。在医院推行“细化管理、效益核算、考核奖惩、五定一奖”（定任务、定床位、定人员编制、定业务技术指标、定经费补助，对服务质量好、医德医风高尚的给予奖励）的管理办法，医疗、管理、服务质量均设定标准，调动卫生机构和卫生医技人员积极性，提高服务质量和效率。2000年，建立医疗机构分类管理机制，将医疗机构按非营利性和营利性进行分类登记，分别实行不同经济政策和管理措施，鼓励社会力量发展卫生事业。

2003年，贯彻落实《国家医疗机构管理条例》和《关于加强社会办医机构管理的规定》，规范社会办医机构，对机构名称、场所、人员、诊疗科目进行核实，核发上岗人员上岗证；对非法从事性病诊治进行重点执法检查；加强从业人员的职业道德、职业纪律和职业素质教育。2004年，成立临床专业质量控制中心。制定《医疗缺陷管理的若干规定》，防范医疗事故，确保医疗安全。2005年起，按照卫生部统一部署，组织开展为期三年的“医院管理年”活动。活动以提高医疗质量、保障医疗安全、改进服务流程、改善就诊环境、方便病人就医为内容，活动划分为部署、实施、总结三个阶段。“医院管理年”活动的开展，使医院管理更趋规范、科学。2009年，响应市委、市政府“健康唐山、幸福人民”活动号召，组织实施“医疗惠民工程”，在二级以上公立医院设立惠民病（房）床107张，占总床位的9.9%；组织相关医疗单位为每1个家庭和每位居民制定健康计划，建立健康档案。2010年，在医院开展“医院管理年”和“医疗质量万里行”活动，使医院质量管理得到加强。

二、社会办医管理

1990年，对个体、民营医院（诊所）进行执业整顿，同时在2个民营医院，53个个体诊所开展“信得过单位”评选活动。是年，评出信得过单位6个，占11.32%；经整顿，达到执业标准的44个，占83%；对5个未达执业标准的个体诊所暂扣执业执照，限期改正，待整改验收合格后重新发照。1991年，实施个体医疗机构、从业人员准入制度。在政府的监督管理下，引导和规范各种社会力量进入医疗服务领域。1994—2000年，按照《中华人民共和国执业医师法》、国务院《医疗机构管理条例》、省政府《医疗机构管理实施办法》和省卫生厅《对医疗机构名称进行清理整顿的通知》《加强义诊管理的通知》要求，对医疗市场进行整顿，规范个体医疗机构120家，其中西医诊所109家，中医诊所11家。2003年始，社会办医纳入达标规范评级管理体系，推荐优秀民办医院参加由市卫生局组织的“社会办医达标模范医疗机构”评选。专项清理整顿社会办医。至2005年，民营医院有6个，私人诊所及门诊部发展到248个（含乡村38个卫生室），共责令整改37家，注销执业许可证11家，行政处罚5家；处理无证行医15起，非法义诊7起，游医药贩29起；查处私自经营生物制品4起；清理药房非法坐堂医21家。累计罚款2.1万元。2010年，将民办医疗机构纳入卫生系统“医疗质量安全及医疗文书书写规范”“创建绿色安全医院”“医院管理年”管理范畴，全年民办医疗机构达标合格率在95%以上。

三、社区卫生服务

2000年，按城区人口分布，区筹建社区卫生服务中心（站）。社区卫生服务中心（站）以改善居民卫生条件为目标，做好常见病、多发病、慢性病防治和康复。以妇女、儿童、老年人、残疾人为重点，以深入居民家庭服务为主要形式，开展社区卫生服务。社区卫生服务中心（站），除日常诊治服务外，另担负卫生常识和科普宣传教育及计划生育、妇幼保健、计划免疫等任务，融医疗、预防、保健、康复、计划生育为一体。社区卫生服务无统一标准和模式，其服务范围处于探索和试运行阶段。2001年，全区共审批社区卫生服务站3家，分别是永红桥街道交大铁路社区卫生服务站、文北街道爱国里社区卫生服务站、友谊街道福乐园社区卫生服务站。

2008年，制定社区卫生服务标准，各级政府在政策和资金上给予支持、投入，为每个社区卫生服务中心配备双向转诊救护车，提高社区卫生服务中心的转诊能力。

2010年，全区共建社区卫生服务机构19个，其中社区卫生服务中心5个，社区卫生服务站14个。19个社区卫生服务机构，隶属公立医院8个，厂企医院6个，民营医院5个，统一由卫生部门监管。有医务人员584人，其中医技人员502人，覆盖全区7个街道，服务人口19.35万人。

2010年唐山市路南区社区卫生服务中心（站）一览表

表24－7　　单位：人、平方米、张

机构名称	始建时间	占地面积	建筑面积	床位	人员		医技人员									
					人员总数	医技人员	主任医师级	副主任医师级	主治医师级	医师	助理医师	中医师	主管护师	护师	护士	其他
友谊街道办事处路南妇幼保健院社区卫生服务中心	2002.10	759	1347	20	28	23	–	1	10	–	5	–	2	3	2	5
友谊街道办事处福乐园社区卫生服务站	2001.8	289	289	9	8	8	–	1	1	–	–	–	4	1	1	–
友谊街道办事处永乐园社区卫生服务站	2008.8	252	252	4	11	9	1	–	5	–	–	1	–	1	1	2
学院南路街道办事处开滦康复医院社区服务中心	2005.1	1500	1500	37	20	18	–	–	4	–	2	–	8	4	–	2
学院南路街道办事处立新西里社区卫生服务站	2008.9	150	150	5	8	6	–	2	–	1	1	–	1	–	1	2
学院南路街道办事处偏坡联合社区卫生服务站	2006.6	150	150	3	8	7	–	1	2	–	1	1	2	–	–	1
学院南路街道办事处国防西新社区卫生服务站	2008.7	210	158	6	6	5	–	1	–	2	–	–	–	1	1	1
学院南路街道办事处双新里社区卫生服务站	2008.9	165	165	8	5	5	–	–	1	1	1	–	–	–	2	–
广场街道办事处同济医院社区卫生服务中心	2008.10	5333.37	2844	75	65	57	–	1	13	–	37	–	–	–	6	8
广场街道办事处燕南社区卫生服务站	2008.6	199	199	6	6	5	–	–	1	–	–	–	1	2	1	1
广场街道办事处新华里社区卫生服务站	2008.9	300	300	6	6	5	–	–	2	1	–	–	–	1	1	1
永红桥街道办事处交大铁路社区卫生服务站	2001.7	500	400	8	8	7	–	1	1	–	2	–	–	1	2	1
永红桥街道办事处南富庄社区卫生服务站	2009.4	200	200	6	6	6	–	1	–	1	1	–	1	1	1	–
小山街道办事处第十医院社区卫生服务中心	2008.9	3560.02	2210.74	120	180	148	4	1	16	–	127	–	–	–	–	32
小山街道办事处南厂西里社区卫生服务站	2005.7	200	200	6	4	4	–	1	–	1	–	–	–	1	1	–
小山街道办事处联合里社区卫生服务站	2005.7	240	195	9	6	5	–	1	–	–	2	–	–	1	1	1
文北街道办事处爱国里社区卫生服务站	2001.7	2026	1886	30	5	5	–	2	1	–	–	–	1	–	1	
文北街道办事处马家屯社区卫生服务站	2003.1	168	168	8	9	7	–	–	1	2	–	–	–	–	4	2
钱家营街道开滦钱家营医院社区卫生服务中心	2010.3	16686	9502	130	195	172	2	7	41	21	33	2	35	14	17	23

四、教育培训

1990年，加强区属医疗卫生人员的医务培训，鼓励医疗卫生人员在职培训、脱职轮训和学历教育。派出12名医务人员到外地进修。1992年，建立院外学习流动制度，组织路南医院医技人员参加省、市医学知识培训讲座38次，选派3名医技人员到天津等地进修。1996年，实施“科教兴医”人才发展战略。1998年，落实唐山市关于实施以重点学科建设、重点学科技术项目、培养跨世纪学术带头人的三项“兴卫工程”，投资20余万元用于学科建设和人才培养。至2005年，共有417名医务人员参加专业技术教育及各类职业培训，其中获得硕士学位5人，获得大专以上学历202人。2006年，贯彻《中华人民共和国执业医师法》《中华人民共和国护士管理办法》，组织执业医师资格考试128人，医师注册320人；执业护士资格考试65人，护士再次注册78人。杜绝无资质人员从事医疗卫生工作。2010年，采取政策引导、市场调解、建立医疗对口支援制度等形式，引导区直医疗单位医护人员向乡、街卫生院有序流动，改善基层医疗机构的专业技术结构和服务水平，实现城乡医疗资源均衡发展。加强与北京、天津等地权威医疗机构的联系，分期分批选派骨干医护人员外出学习进修，组织医护人员参加权威部门举办的大型临床理论研讨会，不断提高医护人员的医技水平。

五、无偿献血

1990年，按逐级下达的指标，区相关部门组织公民无偿献血，一般每两年组织1次。参加无偿献血的公民，经检查合格后抽血200毫升。至1998年，共组织5次献血，上站体检3542人，合格1771人，献血33.4万毫升。2000年，取消按计划指标献血，弘扬“无偿献血，奉献爱心”的人道主义精神。至2010年，全区参加体检1893人，1457人献血，献血28.5万毫升。

第二节　药政管理

1990年，路南区卫生局履行药政管理职责。2000年7月，组建路南区药品监督管理分局，原区卫生局履行的药政管理职责移交新组建的区药品监督管理分局。2005年12月，区药品监督管理分局撤销，辖区药品监督管理职责上收至唐山市食品药品监督管理局。

一、药品管理

1990年，药品专人管理、实耗实销。经营单位和使用单位配备熟悉药物的药学专业人员，建立登记账薄，记载购入、使用、消耗等情况。限制性、毒性和剧毒药品设明显标记，不与普通药品混杂存放。1996年，区卫生局印发《各级医疗单位药品防假采购的规定》，规定医疗单位购药可通过自主采购和防假联购站统一采购两种形式。自主采购必须从有市卫生局药品准销证的厂家购进，否则对当事人、责任人给予处罚，以保障药品安全。1998年，国家放宽药品零售企业准入条件，零售药店进入药品市场。

2000年7月，组建路南区药品监督管理分局，原区卫生局履行的药政管理职责移交新组建的区药品监督管理分局。翌年8月起，建立药品信息发布制度，区药品监督管理分局每月向300余户药品经营和各使用单位发布信息，公布不合格药品、撤销批准文号药品、无批准文号药品、暂停和停止销售使用的药品等情况，保障人民群众用药安全。2004年，开展“药品放心”工程，要求药品经营企业应在药品监督管理部门规定的时间内，按照《药品经营质量管理规范》（以下简称“GSP”）要求，通过认证并取得认证证书。是年，取得GSP达标认证药品经营企业35家。在农村建立药品监管“两网”（供应网、监督网），乡聘请1名监督员，2名协查员，38个自然村各聘请1名药品监督信息员，由村治保主任或妇女主任兼任。

2005 年，组织“推进阳光服务，优化路南环境”宣传活动，解答消费者难题，接受医药经营单位咨询，发放合理用药、辨别假药宣传品 300 份，展示假劣药品、医疗器械 27 种。

二、市场管理

1990 年起，加强药品市场的监督检查。至 1992 年，共检查 18 次，查出假药 170 多种；勒令 17 家不符要求的药店停业整顿并限期整改，取缔 12 家；立案查处伪劣药案 60 起，其中万元以上大案 4 起，价值 12 万元，罚款 8 万元；销毁假劣药品价值 13 万元。1994 年，纪念《中华人民共和国药品管理法》颁布九周年，在建国路、抗震纪念碑广场、火车站等繁华地段，向市民现场展示假劣药品，设打假信箱及热线电话，奖励举报人。

2000 年，打击制售、贩卖假药行为。9 月，在一废弃学校内发现生产、制作假中草药、中药饮片窝点，查获药品 580 种批，标值 75 万元，罚款 6.75 万元。2001 年，组织打假联合行动 3 次，查处违法违规行为 44 起，立案 39 起，查处 4 起；查获假劣药品 161 种批，假劣医疗器械 1.7 万件。与广场派出所联合行动，端掉非法经营黑窝点 3 个，其中，在一无证倒卖药品窝点查获药品 320 种（批），标值 2.4 万元，罚款 1 万元；在车站路红十字医院药房查获假药“消亢灵”22 盒，标值 1.2 万元，罚款 1.5 万元。

2002 年，按照河北省药品监督管理局《关于对全省药品生产企业、药品经营企业、医疗机构直接接触药品工作人员开展体检工作的通知》，对辖区 265 名药剂人员进行健康检查，查出的患传染病者一律调离药剂岗位。规范药品流通秩序，组织打假联合行动 3 次，出动执法人员 4300 余人次，检查单位 2100 户次，立案 82 件，其中假劣药案件 36 件，无证经营医疗器械 1 件，无证经营药品 23 件，超范围经营 5 件，无购进记录或记录不规范 16 件，销售进口药品未索取相关材料 1 件，查获假劣药品 87 种批，没收非法经营药品 720 种批，没收非法经营器械 1230 件（套）。按照唐山市药品监督管理局关于查处“望爱哥补肾强身片”的紧急通知，查获药品 2068 盒，标值 3 万元。全年对药品和医疗器械行政执法结案率、药品经营企业检查覆盖率、乡卫生院以上医疗单位检查覆盖率、乡村医生检查覆盖率均达 100%。

2003 年“非典”期间，对预防“非典”用药、器械、防护用品实施全方位监督检查，组织联合行动 4 次，出动 2800 人次，车辆 1216 辆次，检查单位 1500 户次，立案查处案件 32 件，其中假劣药案 15 件，无证经营案 17 件，查获假劣药品 40 种批，查获无证经营药品 50 种批，涉案标值 9.246 万元，罚款 10.2 万元，取缔无证经营 4 户，端掉“地下”诊所 1 个。2004 年，以打击伪劣药械为重点，整顿规范药械市场秩序，取缔无证经营黑窝点 2 个，查获伪劣治疗仪 4 种 37 台、药酒 163 瓶，总案值 4.65 万元。

2005 年，对某医院科室非法经营自制药剂，手段隐蔽，逃避执法人员检查事实，进行调查取证处理，并由唐山电视台制作成三期专题片，在唐山电视台播放，有力震慑不法分子。12 月，区药品监督管理分局撤销，辖区药品监督管理职责上收至唐山市食品药品监督管理局。

第七章　爱国卫生运动

1990 年，路南区爱国卫生运动组织协调机构为区爱国卫生运动委员会（简称“爱卫会”），下设办公室（简称“爱卫办”）。爱国卫生运动以健康教育、除害防病，治理环境卫生为重点，通过组织发动、协调督导、考核考评等手段，推动爱国卫生运动全面开展。1991 年，路南区在全市爱国卫生达标竞赛评比中获得第一名，在全省十大系统“爱国卫生流动奖杯”竞赛中，夺得四项第一。1994 年，区爱国卫生工作荣获市政府“特殊贡献奖”。2008 年，南刘屯村、西越河村创建成省级卫生村。

第一节 健康教育

20世纪80年代起，健康教育日趋经常化、制度化，每逢“全国爱国卫生运动月”，均组织发动全区各单位、各行各业干部职工开展健康教育和爱国卫生运动。1990年，在抗震纪念碑广场，出动宣传车350余辆次，文艺演出30余场次，设立卫生咨询站20余个，设立宣传展牌1500余块，标语5100余条，发放宣传材料15万份，对市民进行健康教育。

1991年，将健康知识教育列入中小学、托幼机构教学计划，培养学生从小养成讲卫生、爱卫生的良好习惯。在居委会建立健康知识教育大课堂，定期或不定期向居民进行健康知识普及教育。是年，唐山市承办第二届全国城市运动会，开展以“人人参与迎城运、倡导健康生活新理念”为主题的健康教育和卫生宣传活动，营造迎城运和爱国卫生运动氛围。

1996年，纪念唐山抗震20周年，发动境内各医疗单位20家，在抗震纪念碑广场，进行爱国卫生运动宣传和全民健康教育，设立卫生咨询站20个，摆放宣传牌150块，张贴悬挂标语1300条，发放宣传材料10万份，接受健康教育2万余人。

2001年4月，利用“全国爱国卫生运动月”，在农村进行“养成良好生活习惯，讲究卫生，不乱倒生活垃圾，不乱泼污水，保持环境卫生从我做起”的教育活动，推动农村卫生工作的开展。按照唐山市创建国家卫生城市总体部署，开展创建对标达标活动，全面推行社区、医院、机关、厂企、公共场所、农村、学校7种健康教育模式，健全健康教育资料管理，为创建工作奠定基础。

2007年，制定社区、农村健康教育与烟草控制项目实施方案，建立健康教育阵地10个，印发教育资料1万多份。社区卫生服务机构聘请专家到社区、村举办防治糖尿病、高血压、心脏病等健康教育知识讲座30场（次）。

2010年，按照市委、市政府关于开展“健康唐山，幸福人民”的活动要求和创建唐山健康城市的总体部署，区委、区政府制定“健康路南，幸福人民”活动实施方案。活动内容包括健康教育、健康环境、健康饮食、健康文体、健康服务、健康生活、健康社会、健康单位等诸多方面。开展健康教育与疾病预防紧密结合，实施健康“火种计划”，由24名医疗专家组成健康教育讲师团，深入农村、社区进行义诊及宣传教育活动，共发放健康教育手册4万余份；开辟健康教育短信平台，用温馨健康短信送去健康和关爱；组织发动征集“健康金点子”活动，征集“健康金点子”2.2万余条；开展健康教育进医院、进校园、进机关、进社区、进企业、进农村、进家庭，“百场大戏进社区”“百场健康知识讲座进社区”“百题万户知识竞答”活动，共举办健康知识讲座3200多场次，为72个社区（村）举办文艺演出1200多场次，参与群众达30万人次；开展“三个一”（开展一次健康体检、建立一个健康档案，制定一个健康干预计划）工程，投入900多万元，为12万余人45周岁以上村民和城市无业居民进行健康体检，对5000余名0～7岁儿童做先天性心脏病筛查，对1.6万名“三高”（高血压、高血脂、高血糖）人群，用科学方法进行慢性病干预，广大群众的健康意识得到提高。

第二节 除害防病

一、灭鼠

1990年始，灭鼠工作纳入爱国卫生工作的重要内容，坚持有组织的开展春、秋两季全民灭鼠活动。每年4～5月份和9～10月份集中灭鼠10～20天。1994年，采取政府组织，全民参与，在城市社区、公共绿地、农村田间等地段集中投药灭鼠，全区共培训灭鼠骨干 1928 人，投入鼠药 5.5 吨，投药覆盖率和到位率均达 100%。灭鼠率达 97%，市区鼠密度由 3.7% 降到 0.1%；市内村庄鼠密度由 13.8% 降到 1.5%。实现城区灭鼠防役达标。

2000 年起，结合唐山市创建国家卫生城市活动，开展灭鼠。至 2005 年，共组织灭鼠培训 70 期，集资购药 5 吨，城区鼠密度由 6% 降至 0.5%。2007 年购鼠药 5 吨，分发到城区各单位和居民小区，并安排专人跟踪投药效果。2009 年在城区商场、超市、垃圾转运站、垃圾填埋场、建筑工地、绿地等处共投放鼠药 2 吨。

2010 年，坚持"三统一"（统一部署、统一灭鼠、家鼠野鼠统一灭），"三集中"（集中人力、物力、时间），"三结合"（领导、技术、群众相结合；突击灭鼠与经常灭鼠相结合；药品消杀与多种工具灭鼠相结合），"五不漏"（不漏单位、村、户、房间、死角），筹资 3 万元，购药 5 吨，鼠密度降至 0.2%，灭鼠成果得到巩固。

二、灭蚊、蝇、蟑螂

1990 年，通过全民参与，综合防治与化学药物消杀并举，综合整治蚊、蝇、蟑螂滋生地。1994 年夏季，成立专业消杀队伍，与区防疫站消杀队密切配合，利用物理及化学药物进行灭杀，使蚊蝇密度降低。1997 年，重点对各种水体（河流、沟渠、游泳池、喷泉）、废品收购站、建筑工地、垃圾池、公共厕所、下水道等重点部位进行综合治理，共使用化学药物 1.2 吨，消杀面积 110 万平方米，覆盖全区企事业单位 3500 家。1999 年，加强蚊、蝇、蟑螂密度监测，依据监测结果消杀。其中在文北和永红桥街道社区设蚊密度监测点 2 个；在农贸市场、饭店、绿化地带每月监测蝇密度 3 次；在宾馆、民宅、饮食店设蟑螂密度监测点 3 个，每月发放监测盒 50 个。根据检测情况及时组织消杀。

2003 年，"非典"期间，按照国家、省、市紧急部署，迅速行动，掀起环境卫生整治高潮。组织人员对器具、车辆进行化学药物消毒消杀。成立消杀队，对城区住宅楼口、垃圾箱等重点部位进行药物消杀，累计组织 300 余人次，消毒面积 20 余万平方米，使用化学药物 1500 公斤，有效控制疫情。

2006 年起，采取综合防治措施，加强垃圾斗、垃圾口、楼梯口、厕所及重点部位蚊、蝇、蟑螂的定期喷药消杀。集中三个月时间到重点单位发放药物，组织有关单位对蚊、蝇、蟑螂自行灭杀。

2010 年，按照"以城带乡，城乡并重，突击攻坚，长效保持"的原则，开展城乡环境整合治理突击月活动和城区环境综合治理"百日攻坚"行动，先后组织 3000 人次，投入资金 1.5 万元，购药 800 公斤，治理蚊、蝇、蟑螂孳生地 150 余处。

第三节　改水改厕与卫生治理

一、改水改厕

1976 年唐山地震前，市区公厕均为旱厕，地震中全部震毁。震后延续复建旱厕，清掏方式为人工清掏、马车清运。

1984 年，在主要繁华街道建水冲厕所，水冲厕所墙裙、粪沟和小便池均使用白瓷砖砌成，蹲位隔墙由白瓷砖或马赛克砌成，水泥或马赛克瓷砖铺地。厕所外建长方形化粪池，粪便顺管道流入池内，适时清掏，减少污染。至 1990 年，境内有公共厕所 962 座（含厂企），其中水厕 16 座，分布在剧院、市场、车站、广场等人流密集处。1992 年在西新东楼等处建成 5 座水冲厕所。随着城市建设步伐加快，住宅卫生设施逐步普及，公共厕所数量减少，档次提高。1999 年，有公共厕所 632 座，其中水厕 34 座。

2005 年起，实施旱厕改水厕工程。至 2007 年年底，水厕增加到 128 座。2008 年开始，因居民小区、商业区等改造拆迁、道路扩宽，部分旱厕、水厕被拆除。至2010年，全区共有公共厕所271座，其中水厕118座，占总数43.54%。围绕社会主义新农村建设，加快农村厕所改造步伐，完成农村厕所改造1.38万户。

二、卫生治理

1990年，制定《路南区居民小区卫生管理制度》，小区卫生管理步入常态化。1996年，结合纪念唐山抗震20周年，开展市容市貌综合整治和“两小两部一市”（小街、小巷、城乡结合部、单位内部、集贸市场）综合治理。区爱卫办与各相关单位、门店签订门前“三包”（包卫生、包绿化、包秩序）责任书，实行门前“三包”、门内达标责任制，城区环境卫生状况明显改观。2000年，治理白色污染，加强垃圾袋管理，严格控制使用可降解塑料制品。投入4万余人次，出动车辆850余车次，治理卫生死角1280余处，清除垃圾、废墟6790余吨。

2005年，结合唐山市创建国家卫生城市活动，建立健全长效管理机制。区政府办公室印发《关于居民小区和城中村清扫保洁监督考核办法》《关于道路清扫保洁监督考核办法》《关于集贸市场清扫保洁监督考核办法》《关于“五小”行业卫生监督管理办法》《关于居民小区和支路清扫保洁对外发包的实施意见》等文件，推进城市环境面貌的改进。2006年，对照国家卫生城市创建标准，确定“三个一”工作机制（明确一个评分标准、建立一个考评小组、制定一个考核方案），每月组织一次城区环境卫生考评，并公布考评结果。至2010年，区政府共投入资金4520万元，对卫生进行综合治理，其中投入各类清扫保洁资金500余万元；发动居民群众、厂企单位、在校学生、机关干部参与全民义务劳动，治理卫生死角，累计投入73.5万人次，车辆1.78万辆次，治理卫生死角2.68万处，清除各类垃圾、废墟14.65万吨，城区净化水平和城市品位显著提升。

第八章　体　育

1976年“7·28”唐山大地震，路南区的体育设施全部震毁。震后经过十余年的恢复重建，体育设施逐步配套。1995年，《中华人民共和国体育法》（以下简称《体育法》）颁布实施，体育事业发展纳入法制化、群众化发展轨道。1996年起，贯彻落实《全民健身计划纲要》，建立健全群众体育协调组织网络，举办群众喜闻乐见的体育活动；举办各种形式的运动会；组队参加上级举办的各种赛事，推动全民体育活动蓬勃开展，并取得优异成绩。至2010年，全区体育设施面积9.69万平方米。有社区体育健身路径54条，村民健身广场16处；学校体育设施有400米标准田径运动场6个、200米以上小型运动场23个、排球场5个、篮球场30个、乒乓球场45个、全套单双杠等体能训练设备56个。全区体育工作跻身于国家、省、市先进行列，先后5次获国家级奖励，7次获省级奖励。运动员在省级以上各项比赛中获奖210项，其中省级87项，国家级83项，国际级40项。

第一节　体育设施

1976年唐山地震，全区的体育设施夷为废墟。1982年11月，工人体育馆在原址复建，工程主体为钢筋混凝土框架结构，建筑面积6367.93平方米。至1989年，区属中小学共有篮球场19个，足球场3个，排球场3个，200米田径场5个，250~300米田径场4个，400米田径场2个，540平方米乒乓球室1个。唐山一中建成建筑面积8995平方米体育馆1座，400米跑道标准田径运动场1个，场内有标准足球场1个；标准蓝、排球场12个和建筑面积1700米的室外游泳池1个。河北联合大学建有游泳池1个，标准田径运动场1个。1995年，唐山二中室内运动馆落成，建筑面积3898.7平方米。

2002年5月11日，燕京体育健身公园开工建设，7月建成，总投资100余万元，为河北省全民健身示范工程。公园占地9900平方米，设健身广场、老年区、青年区、儿童区、球类、棋类、足磨路径等10个活动区，安装健身休闲器材65件。是年，全区运动场地达到47个。

2004年，按体育总局部署，进行第五次体育场地普查。普查结果：全区共有体育场地182个，体育场地总占地27.74万平方米，建筑面积9.29万平方米，场地面积24.92万平方米，人均体育场地1.08平方米。在体育场地中，其中标准场地115个，非标准场地67个。在标准场地中，有体育场1处、游泳池5个、综合房（馆）2个、武术房1个、健身房7个、台球房馆10个、田径场4个、小运动场14个、水上运动场1个、篮球场46个、门球场11个、排球场13个。

2005年，唐山科技职业技术学院建成标准塑胶田径场地1个、足球场地1个、篮球场地6个、排球场地3个、网球场地2个、室内乒乓球场地1个（10张乒乓球台）、室内羽毛球场地1个。

2007年，在南湖公园建成唐山南湖国际高尔夫俱乐部，占地233.33公顷，球道全长7136码，设计标准杆72杆，建有十八洞国际锦标级双湖景观球场。投资52万元，在全市率先实现社区体育健身路径全覆盖。沃特体育用品公司以赞助形式在燕京体育健身公园和各社区健身路径场地安装价值5万元的休闲椅50套。

2008年7月，在文北社区建生态健身苑，总投资180余万元，11月底落成投入使用。占地12亩，设有健身设施85件，分老年、中年、青年、儿童、残疾人活动区，有篮球场2个、门球场1个、羽毛球场1个，惠及群众3万余人。

2009年，投资100余万元整体改造燕京体育健身公园，改造后的公园有各种健身器材87件，分康复区、乒乓球区、青少年区、中老年区、健身舞蹈区、儿童区、棋牌区、多功能区。设门球场1个、篮球场1个、羽毛球场2个。另有文化休闲长廊。农民体育工程亦实现全覆盖，建成村民健身广场38处。

2010年，因城市建设需要，部分健身场地被拆除。至年底，全区各类体育设施建筑面积共计9.69万平方米。社区体育健身路径达到54条，村民健身广场16处；学校体育设施有400米标准田径运动场6个、200米以上小型运动场23个、排球场5个、篮球场30个、乒乓球场45个、全套单双杠等体能训练设备56个。路南区文北生态健身苑被河北省体育总局命名为“省级社区体育健身俱乐部”。

第二节　体育活动

一、学校体育

1975年，《国家体育锻炼标准》（以下简称《标准》）由国务院颁布实施。依据《标准》，教育系统开始将达标结果作为学校评先、三好班级、三好学生评选的重要条件，坚持每年对各学校落实《标准》情况进行考核验收。

1990年，由国家教委、国家体委、财政部、人事部、建设部共同拟订的《学校体育工作条例》（以下简称《条例》），经国务院批准发布施行。以《条例》实施为契机，在各校开展以“体育达标”、广播操、课外活动为主要内容的学校群体活动。全区中学生达标率为85%，小学生达标率为97.29%，有6所小学和3所中学被评为“达标先进校”。1992年，中学生达标率上升为89.1%，小学生达标率为98.1%，均超过规定标准。1994年，开展“两课”（体育课、课外活动）及“三队一操”（体育队、艺术队、能手队、校操）活动，全区中小学生达标率达到98.5%，85%以上的学校达到验收标准。路南区学院路小学被命名为省级传统项目学校。翌年，学院路小学被推荐为全国体育传统项目先进学校，成为全市唯一获此殊荣的学校。

1995年，《中华人民共和国体育法》颁布实施。按照《中华人民共和国体育法》要求，将体育课列为考核学生学业成绩的科目，要求学校按照《国家体育锻炼标准》，组织学生开展多种形式的课外体育活动、课外训练和体育竞赛，规定学校每学年举行一次全校性的体育运动会。建立学生体格健康检查制度；教育、体育和卫生行政部门加强对学生体质的监测。

1997年，贯彻落实《全民健身计划纲要》，建成省级传统学校2所、市级6所，其中学院路小学被国家体委和国家教委评为国家级项目传统学校先进单位。全区43所中小学体育达标水平在全市名列前茅。

2003年，唐山科技职业技术学院体育教学采取普修教学和专项教学两种方式，教学内容包括足球、篮球、排球、羽毛球、乒乓球、田径、体操和拳击等。每年定期召开春季田径运动会，不定期举办趣味运动会、广播操比赛、篮球赛、拔河比赛等，组织学生进行早操和课外体育活动。

2006年，在全区各学校开展开放性、集体性体育活动，并将课外体育活动纳入日常教学计划，做到人人有体育项目、班班有体育活动、校校有体育特色。2008年1月，组织近千名中学生参加唐山市第十届“中国人寿保险杯”元旦长跑及市直机关“健身日”活动。

图24－7　侯边庄小学体育品牌——腰鼓　（区教育局）

2009年，实施“一校一品牌，一生双爱好”工程，发动青少年学生积极参与。组织春、冬季运动会，开展大课间、冬季三项（跳绳、踢毽子、长跑）活动和广播操、眼保健操比赛。坚持“每天活动一小时”，让学生走进操场，走到阳光下，走向大自然，锻炼身体，提升艺术修养。唐山职业技术学院在河北省大学生运动会上获得“体育道德风尚奖”。

2010年，各学校持续开展“两课”“三队一操”和冬季长跑活动，保证学生每天1小时的体育活动锻炼时间。河北联合大学注重学生体育的趣味性、广泛性，在学生中进行乒乓球、羽毛球、篮球、长跑接力、拔河比赛和趣味体育比赛等，为学生营造良好的体育氛围，被河北省教育厅评为实施《国家学生体质健康标准》先进单位，校体育部被河北省教育厅评为“优秀体育部”。全区100%的学校参加“体育推标”活动，学生达标率100%，学校达到《学校体育工作条例》规定的比率为100%。唐山职业技术学院获“2009年河北省高校体育工作状态优秀单位”和“体育道德风尚奖”荣誉称号。

1990—2007年唐山市路南区中学生田径运动最高纪录一览表

表24－8

时间	姓名	性别	单位	运动会名称	项目	成绩
1990	李岩清	女	唐山一中	市中学生运动会	铅球（4公斤）	12.87m
	李泽恩	男	唐山九中	省运会	跳高	2.00 m
	张学明	男	唐山九中	区春运会	标枪（600克）	55.44 m
	高　峰	男	唐山五中	区春运会	400米栏	59″6

1990—2007 年唐山市路南区中学生田径运动最高纪录一览表

续表 24 - 8

时间	姓名	性别	单位	运动会名称	项目	成绩
1992	申　森	女	唐山十三中	省八届运动会	跳高	1. 68 m
	张志国	男	唐山二十九中	省八届运动会	跳远	7. 12m
	董建军	男	唐山四中	市运动会	三级跳远	14. 32m
1993	吴海倩	女	唐山三十九中	市运动会	100 米栏	17″
	刘运芬	女	唐山二十六中	区运动会	标枪（600 克）	42. 92m
	王小滨	男	唐山九中	区运动会	3000 米	9′29″
1994	赵立强	男	唐山五中	区运动会	铁饼（2 公斤）	35. 88m
	代表队	男	路南区	市运动会	4×100 米接力	43″7
1995	刘振林	男	唐山二十九中	市运动会	110 米栏	15″7
1996	熊加华	男	唐山九中	区秋运会	5000 米	16′37″
	韩　静	女	唐山九中	区运动会	400 米	1′01″3
	陈立娟	女	唐山九中	区运动会	铅球（4 公斤）	11. 92m
	王宝华	男	唐山九中	市运动会	100 米	10″8
	王宝华	男	唐山九中	全国中运会	200 米	22″4
	刘宇光	女	唐山一中	省青少年运动会	100 米栏（84CM）	14″5
1997	代表队	女	路南区	市运动会	4×100 米接力	51″4
	张朝明	女	唐山二十六中	市运动会	跳远	5. 56m
	张朝明	女	唐山二十六中	区运动会	三级跳远	12. 30m
1998	刘　佳	女	唐山四中	市运动会	100 米	12″
	李建红	女	唐山四中	区春运会	200 米	24″8
	张朝明	女	唐山一中	省中学生运动会	三级跳远	12. 56 m
2000	申　森	女	唐山一中	省中学生运动会	跳高	1. 74 m
2001	刘春旺	男	唐山四中	区运动会	铅球（7. 26 公斤）	11. 73m
	孟　宇	女	唐山一中	市重点高中运动会	200 米	25″1
	关　颖	女	唐山一中	市重点高中运动会	400 米	58″2
	校代表队	女	唐山一中	市重点高中运动会	4×100 米接力	49″4
2002	校代表队	女	唐山一中	省中学生运动会	4×400 米接力	356″40
	闫群峰	男	唐山九中	区秋运会	铅球（6 公斤）	13. 70m
	姜　戎	女	唐山一中	市中学生运动会	800 米	217″03
	姜　戎	女	唐山一中	省中学生运动会	1500 米	441″85
	刘子媛	女	唐山一中	省中学生运动会	3000 米	1030″82
2004	刘雪岩	女	唐山一中	市中学生运动会	400 米栏	105″72

1990—2007 年唐山市路南区中学生田径运动最高纪录一览表

续表 24-8

时间	姓名	性别	单位	运动会名称	项目	成绩
2005	董　双	女	唐山一中	省青少年运动会	100 米栏（76CM）	14″67
	董　双	女	唐山一中	市重点高中运动会	100 米	12″
	崔　爽	女	唐山一中	市中学生运动会	铁饼（1 公斤）	44.25 m
	李　洁	女	唐山一中	区运动会	标枪（600 克）	47.09 m
2006	张　涛	男	唐山二十六中	区运动会	铁饼（1.5 公斤）	44.50m
	闫泽坤	男	唐山九中	区运动会	标枪（700 克）	57.60m
2007	曹　玉	女	唐山一中	春季田径运动会	跳远	5.74 m

1990—2001 年唐山市路南区小学生田径运动最高纪录一览表

表 24-9

时间	姓名	性别	单位	运动会名称	项目	成绩
1991	王小彬	男	学院路小学	市运动会	1500 米	4′24″4
1993	陈　杰	男	学院路小学	区运动会	跳高	1.75m
1994	刘振林	男	实验小学	市运动会	100 米栏	13″1
	代表队	男	路南区	市运动会	4×100 米接力	46″
	许　宾	男	学院路小学	区运动会	标枪	53.34m
	张朝明	女	燕京小学	市运动会	跳高	1.59m
	张朝明	女	燕京小学	市运动会	跳远	5.23m
1996	胡　伟	男	燕京小学	区运动会	400 米	53″9
	宋　亮	男	学院路小学	区运动会	铅球	15.46m
	刘运芬	女	岳各庄小学	市运动会	标枪	35.32m
1997	洪　波	男	实验小学	区运动会	100 米	11″2
	李　程	女	实验小学	市运动会	200 米	26″9
	王小彬	男	学院路小学	市运动会	800 米	2′5″7
1998	高　明	男	老谢庄小学	区运动会	跳远	6.19m
	郑　路	女	西礼小学	市运动会	100 米	12″9
	赵丽华	女	学院路小学	市运动会	80 米栏	12″7
2001	王　路	男	学院路小学	区运动会	200 米	23″24

二、社会体育

农民体育　1992 年，女织寨乡和梁家屯乡分别举办第三届运动会。1995 年，女织寨乡举办第四届全乡运动会，有 17 个村的村民和部分企业代表参加。1996 年，梁家屯乡并入女织寨乡。1997 年，女织寨乡举办第五届运动会，有 38 个村的村民和部分企业代表参加。路南区农村体育被省体委命名为“亿万农民健身先进区”称号。2005 年，女织寨乡在南刘屯村举办第六届运动会，38 个村的村民和部分企业代表参加。2006 年农历正月十三，市体育局和区文体局在女织寨乡郑各庄小学联合举办“体育三下乡”暨“迎新春，闹元宵”文体展演。2009 年 11 月 8 日，女织寨乡第七届全民健身运动会在郑家庄小学举行，230 余名运动员分别参加青年、中年、老年组铅球、跳远、跳绳、托球跑等 4 个项目的比赛。2010 年，农村体育取得长足发展，基本实现体育活动资金有保障，体育管理有人员，活动场地有设施，组织参赛有代表队，农闲有活动，节假日有比赛的群众体育活动机制。是年，女织寨乡获“省级体育先进乡”荣誉称号。农民王祝成个人投资创建武术健身馆，亦在全市武术比赛中取得好名次。

图 24－8　农民趣味运动会　（区委宣传部）

社区体育　1990 年，全区有社会体育指导站 40 个，晨练点 120 余处，居民体育活动形式 20 余种。1997 年，适应全民健身运动开展，各街道办事处建立全民健身领导小组，配备专（兼）职人员，组织居民开展太极拳、导引养生功、木兰拳、腰鼓、武术、健身柔力球、抖空竹、毽球、秧歌等适合不同人群锻炼的运动项目。区文体局制定《路南区文化体育先进社区（村）评定办法》《路南区优秀文体站长评选标准》《路南区乡街文体工作标准》，调动各街道办事处、社区争创体育先进社区的积极性。

2002 年，建立社区体育领导小组，将群众性体育工作列入工作计划，宣传、发动、组织居民开展经常性体育健身活动。举办大型社区“家家乐趣味运动会”，根据儿童和老年人特点开设 20 个竞赛项目，举办门球、乒乓球、羽毛球等单项比赛 5 次。

2007 年，投资兴建文北生态健身苑、燕京体育健身公园，为开展不同规模、不同项目、不同人群的体育活动提供平台。是年，路南区在全市率先实现社区健身路径全覆盖。友谊街道办事处燕京里社区被评为“国家级体育先进社区”。

2010 年，组织优秀骨干到各社区巡回展演，引导居民开展导引养生、腰鼓、秧歌、太极拳、武术、木兰拳、柔力球、健身操、健身舞、门球、毽球、抖空竹等健康向上的群体活动。

老年体育　1986 年 8 月，成立路南区老年人体育协会（以下简称老年体协），负责老年体育工作的协调与组织。至 1990 年，区老年体协基层分会发展到 6 个，会员 630 人。全区有导引养生功、老年迪斯科、太极拳、太极剑、长跑、门球等健身队 144 个，每天有 2000 余人参加晨练。1988 年，赵庄晨练辅导站被评为河北省老年体育先进集体。

1991 年，老年体育活动丰富多彩，一批老年体育活动先进单位和个人相继涌现。增盛楼居委会获“全国老年体育先进单位”称号，老年体协副主席王若男获“全国老年体育先进工作者”称号。1992 年，全区有活动小组 129 个，晨练点 116 个，经常参加体育活动的老年人达 6000 余人。区老年体协被省体委、省体育总会授予“老年体育工作先进单位”。增盛楼老年体协分会被评为“全国老年体育工作先进集体”。

图 24－9　老年健身操　（区委宣传部）

1995 年，在第三届中日韩青少年体育交流大会上，组织中老年筷子舞、青年华尔兹舞、少年斗牛士舞总计近千人参加开幕式表演，向世界展示从废墟中崛起的路南人民的精神风貌。

1996年，老年体育骨干陈秀荣发起成立全市第一支腰鼓队。2003年，路南区老年体协获河北省“百万老人健身活动”优秀组织奖。陈秀荣创办的腰鼓队，被全国妇联、体育总局授予“全国亿万妇女巾帼文明健身腰鼓队”称号。2005年，开展以“五好”（老年体协组织建设好、老年体育队伍建设好、健身活动开展好、场地设施建设好、活动经费落实好）、“三化”（老年体育健身普及化、健身场地设施基本现代化、老年体育健身活动科学化）为标准的老年体育示范区创建活动。2007年，友谊街道办事处老年体协第一个达标，被市老年体育协会命名为“老年体育活动示范单位”。至2009年，卫国楼社区、西新东楼社区、燕京里社区、隆义里社区、建国里社区、文西社区、南刘屯村的体育协会相继获此殊荣。

2010年，全区有各级老年体育协会92个，成员654人，活动站点（队）153个。举办形式多样的老年健身活动近700次，参加各项健身活动的老年人近4万人，占老年人总数的76%。其中，参加太极武术健身的950人，木兰系列300人，腰鼓850人，秧歌600人，导引养生270人，健身操和健身舞400人，门球120人，健步走、登楼梯、打羽毛球、打乒乓球、踢毽、抖空竹、下象棋等健身的3万余人。学院南路街道办事处、广场街道办事处、福乐园社区、南北街社区、檀庄被市老年体育协会命名为老年体育活动示范区达标单位（村）。全区共创建市级老年体育示范区达标单位13个。21年间，区老年体育协会先后两次获“全国老年体育工作先进单位”，五次获“河北省老年体育工作先进单位”荣誉称号，年年被评为市“老年体育工作先进单位”。

图24－10　伤残运动员周文俊在12届残奥会勇夺3银1铜　（区文体局）

伤残人体育　1985年4月7日，路南区首届残疾人运动会开幕，370多名运动员参加各项竞技角逐。1987年3月，在全国第二届残疾人运动会中，截瘫女运动员李冬梅获轮椅竞速和铅球两项冠军。1989年6月在加拿大国际比赛上又夺取两枚金牌。1990年，以区培智学校为基地，积极开展特奥活动示范区创建活动。区残疾人运动员自强不息，奋力拼搏，多次参加省、国家、国际体育比赛，连创佳绩。1994年，在北京举行的远东及南太平洋残疾人运动会上，区残疾运动员获得两金、两银、两铜的优异成绩，为国家争得荣誉。1996年11月8日，培智学校张志军在上海召开的第一届亚太地区特殊奥林匹克运动会上，夺得1枚金牌，并和队友获3枚银牌。2004年10月27日，路南区在培智学校召开第十二届雅典残奥会庆功会，会上，为代表中国出征雅典残奥会并夺得3银1铜的周文俊和培养他的学校、教练庆功，并颁发奖金。

2009年4月22日，路南区第七届残疾人运动会在培智学校举行，有400名残疾人运动员参加定点投篮、50米跑等六大项比赛。至2010年，路南区残疾人运动员在省级以上体育比赛中，累计获得金牌60枚，其中国际级29枚，国家级15枚，省级16枚；银牌15枚，其中国际级7枚，国家级7枚，省级1枚；铜牌5枚，均为国际级。

第三节　竞技体育

一、市级竞技成果

1990—1991年，路南区少年业余体校在市田径运动会上获第二名。

1992年，唐山四中学生董建军在唐山市运动会上，获得跳远第一名、男三级跳第二名。在市第三届青少年运动会上，路南区青少年运动员夺得35枚金牌、31枚银牌、36枚铜牌，取得总分第二名的优异成绩。在唐山市职工田径运动会上，开滦矿务局获男、女团体第一名。1994年，在全市中小学田径运动会上，路南区小学组和高中组分获总分第二名。唐山九中学生王小兵在唐山市中学生运动会上，夺得3000米第一名、5000米第一名。1995年4月，唐山九中学生王宝华在唐山市中学生运动会上，夺得跳远、100米、200米3个第一名。2000年8月，路南区组队参加唐山市首届全民运动会乒乓球比赛，其中男队获得单项、团体冠军，女子获团体第三名。在首届全民运动会篮球总决赛中，路南区代表队获得第三名。

2001年，组织参加市体委举办的唐山市首届社区群众体育大会“宏中杯”家庭乒乓球比赛，广场街道办事处王振香、周振平夫妻组合获得第三名。在唐山市首届社区群众体育大会家庭趣味运动会上，永红桥街道陈雪娟、学院路街道李国臣获得体质测试10×4往返跑、握力比赛项目的第一名。2002年，唐山二十六中学学生董冉在唐山市运动会上，获得田径100米第一名。2003年，第二实验小学在唐山市运动会上，获得团体操第一名，唐山二十六中学生李博夺得跳高第二名。

2004年，在唐山市运动会上，唐山二十六中学学生李丽芝（女）夺得三级跳第一名。2005年4月，唐山九中学生刘斌斌在唐山市中学生运动会上，夺得铁饼第一名。2006年，组织参加唐山市第七届“海华杯”中国象棋精英赛甲组比赛，开滦代表队获团体第二名，蒋凤山获田径比赛第一名，窦超获第三名。2007年，参加“迎奥运”倒计时一周年唐山市“体彩杯”街头三对三篮球赛，路南区获第三名。

2008年，参加唐山市“迎奥运职工体育活动月”羽毛球比赛，开滦男、女队分获团体总分第一名，杨连强获男子单打比赛冠军、李永获男子单打比赛亚军；孙爱娟获女子单打亚军。在唐山市第七届青少年运动会上，路南区在摔跤、田径、游泳、跆拳道、乒乓球、篮球、足球、武术8个项目比赛中，共取得19块金牌、30块银牌、21块铜牌，及团体总分第六名的好成绩。同年9月，在唐山市第一届社区体育大会上，路南区代表队在竞技项目健身路径比赛中夺得第一名。

2009年，在唐山市第十届“海华杯”象棋比赛中，开滦象棋队获团体第一名。在唐山市第一届“健康唐山，幸福人民”全民健身优秀项目电视展播大奖赛中，路南区选送的全国第四套健身秧歌表演获得一等奖。

2010年，组织9支代表队参加唐山市首届健身气功站点联赛，在五禽戏、易筋经、六字诀和八段锦四大项目比赛中，共斩获个人项目一等奖2个、二等奖2个、三等奖2个，集体项目一等奖1个、二等奖1个、三等奖2个。组织6支代表队参加唐山市益智体育“打六家”网络扑克电视大赛，其中学院路街道代表队获得亚军，永红桥街道代表队获得季军。

二、省级竞技成果

1990—2010年，路南区体育健儿在省级体育比赛中多次取得优异成绩，累计获得奖项87项，其中冠军（含第一名、金牌）68项，亚军（含第二名、银牌）5项，第三名（含铜牌）7项，第四名2项，第五名3项，第六名2项。

1990—2010年唐山市路南区参加省级体育比赛竞技成果表

表24－10

参赛时间	参赛个人或代表队	所在单位	运动会名称	奖　项
1991	李冬梅（女）	截瘫疗养院	河北省第二届残运会	铅球金牌
	李冬梅（女）	截瘫疗养院	河北省第二届残运会	铁饼金牌
1992	郑　鑫	唐山一中	河北省中学生运动会	跳高、三级跳均获冠军
	马福山	唐山一中	河北省中学生运动会	110米栏冠军
	张文会	唐山一中	河北省中学生运动会	标枪冠军

1990—2010 年唐山市路南区参加省级体育比赛竞技成果表

续表 24－10

参赛时间	参赛个人或代表队	所在单位	运动会名称	奖　项
1993	马福山	唐山一中	河北省青少年运动会	甲组跳远冠军
	任　丽	唐山一中	河北省青少年运动会	甲组跳高冠军
	严宗迅	唐山一中	河北省青少年运动会	乙组跳远冠军
	郑　琨	唐山一中	河北省青少年运动会	跳高冠军
1994	搏　华	唐山一中	河北省中学生运动会	跳高冠军
	吴伟玮	唐山一中	河北省中学生运动会	跳高冠军
1995	李冬梅（女）	截瘫疗养院	河北省第三届残运会	铅球金牌
	李冬梅（女）	截瘫疗养院	河北省第三届残运会	铁饼金牌
1998	申　森	唐山一中	河北省中学生运动会	跳高冠军
1999	李冬梅（女）	截瘫疗养院	河北省第四届残运会	女子 10 米气手枪金牌
	李冬梅（女）	截瘫疗养院	河北省第四届残运会	男女混合 10 米气手枪金牌
2000	申　森	唐山一中	河北省中学生运动会	跳高冠军
	刘玉杰	唐山一中	河北省中学生运动会	标枪冠军
	郑　义	唐山一中	河北省中学生运动会	铁饼冠军
	赵东坡	唐山一中	河北省中学生运动会	100 米冠军
2001	周文俊	培智学校	河北省残疾人运动会	100 米、跳远、铅球均获第一名
	代　唯	培智学校	河北省残疾人运动会	100 米第一名
	健美操代表队	唐山一中	河北省中学生健美操比赛	健美操团体第四名
	篮球代表队	唐山一中	河北省篮球比赛	篮球第三名
2002	甄　杰	培智学校	河北省首届特奥会	100 米、200 米、跳远均获第一名
	郭立国	培智学校	河北省首届特奥会	400 米第一名、铅球第二名
	张　磊	培智学校	河北省首届特奥会	乒乓球第一名
	周文俊	培智学校	河北省第五届残疾人运动会	100 米、200 米、400 米均获第一名
	孙黎明	唐山一中	河北省青少年中学生运动会	800 米冠军
	一中田径队	唐山一中	河北省十一届中学生运动会	田径队获乙组团体总分第一名
	贾新利	唐山一中	河北省中学生运动会	跳远冠军
	刘雪岩	唐山一中	河北省中学生运动会	400 米栏冠军
	孟　宇	唐山一中	河北省中学生运动会	100 米冠军
	姜　戎	唐山一中	河北省中学生运动会	1500 米冠军
	吴　静	唐山一中	河北省中学生运动会	跳高冠军

1990—2010年唐山市路南区参加省级体育比赛竞技成果表

续表24－10

参赛时间	参赛个人或代表队	所在单位	运动会名称	奖项
2002	郑　义	唐山一中	河北省中学生运动会	铅球冠军
	王景鹏	唐山一中	河北省中学生运动会	标枪冠军
	孙黎明	唐山一中	河北省中学生运动会	800米冠军
2003	李冬梅（女）	截瘫疗养院	河北省第五届残运会	铅球金牌
	李冬梅（女）	截瘫疗养院	河北省第五届残运会	铁饼金牌
2004	董　双	唐山一中	河北省中学生运动会	100米冠军
	篮球队	唐山一中	河北省中学生篮球比赛	篮球团体第三名
2005	董　双	唐山一中	河北省青少年中学生运动会	100米冠军
	于　海	培智学校	河北省残疾人游泳田径锦标赛	铅球、铁饼均获第一名
2006	足球队	培智学校	河北省第六届残疾人运动会	脑瘫足球第一名
	景学义	开滦矿务局	河北省首届中国象棋名人战	象棋第一名
2006	蒋凤山	开滦矿务局	河北省首届中国象棋名人战	象棋第六名
	李冬梅（女）	截瘫疗养院	河北省第六届残运会	铅球金牌
	李冬梅（女）	截瘫疗养院	河北省第六届残运会	铁饼金牌
2007	王　川	唐山二十六中	河北省青少年运动会	100米第二名
2008	郑　爽	唐山第四中学	河北省射击锦标赛	射击第五名
2009	李泽恩	唐山九中	河北省中学生运动会	跳高第一名
	象棋队	开滦矿务局	河北省象棋锦标赛	团体冠军
	景学义	开滦矿务局	河北省象棋锦标赛	象棋个人冠军
	窦　超	开滦矿务局	河北省象棋锦标赛	象棋亚军
	张浩然	唐山一中	河北省中学生运动会	跳远冠军
2010	足球队	培智学校	河北省第七届残疾人运动会	脑瘫足球第一名
	曹　威	胜利路小学	河北省第十三届运动会艺术体操比赛	艺术体操第一名
	30名学生	路南实验小学	华北赛区“三十一脚”集体项目	第一名
	李冬梅	截瘫疗养院	河北省第七届残运会	铅球金牌
	李冬梅	截瘫疗养院	河北省第七届残运会	铁饼金牌
	田径代表队	唐山市职业技术学院	河北省第十六届大学生运动会	男子田径团体第五名 女子田径团体第三名
	女排、女篮代表队	唐山市职业技术学院	河北省第十六届大学生运动会	女排乙组第五名 女篮乙组第六名
	任志超	唐山科技职业技术学院	河北省第十六届大学生运动会	男子跳远第一名
	任建新	唐山科技职业技术学院	河北省第十六届大学生运动会	男子跳高第二名
	任志超	唐山科技职业技术学院	河北省第十六届大学生运动会	男子跳高第四名

1990—2010 年唐山市路南区参加省级体育比赛竞技成果表

续表 24－10

参赛时间	参赛个人或代表队	所在单位	运动会名称	奖　项
2010	王冬阳	唐山市职业技术学院	河北省第十六届大学生运动会	铅球金牌
	王冬阳	唐山市职业技术学院	河北省第十六届大学生运动会	铁饼金牌
	卢慧艳	唐山市职业技术学院	河北省第十六届大学生运动会	100 米栏金牌
	刘悦	唐山市职业技术学院	河北省第十六届大学生运动会	女子 400 米金牌
	刘悦	唐山市职业技术学院	河北省第十六届大学生运动会	女子 800 米金牌
	卢慧艳、刘　悦、兰雪飞、赵艳丽	唐山市职业技术学院	河北省第十六届大学生运动会	4×400 接力银牌
	卢慧艳、刘　悦、陈　琳、骆海兰	唐山市职业技术学院	河北省第十六届大学生运动会	4×100 接力铜牌
	赵艳丽	唐山市职业技术学院	河北省第十六届大学生运动会	女子 5000 米铜牌
	赵艳丽	唐山市职业技术学院	河北省第十六届大学生运动会	女子 1500 米铜牌
	唐佳蕾	唐山市职业技术学院	河北省第十六届大学生运动会	铅球铜牌

三、国家级竞技成果

1991 年，全国煤矿第二届“乌金杯”田径比赛，开滦男子代表队获团体第一名，女子代表队获团体第二名。1996 年，全国第五届“娃娃杯”乒乓球比赛，新华楼小学乒乓球比赛获团体第一名。

1998 年，“全国第三届百城市国际奥委会主席杯”自行车总决赛，开滦矿务局刘东明获男子组第八名。2002 年，全国残疾人田径举重锦标赛，培智学校周文俊分别获得 100 米、200 米、跳远三个项目第一名。

2006 年，全煤第十三届“乌金杯”中国象棋比赛，景学义获男子个人第一名；赵丽华获女子个人第一名；领导干部组刘树德、刘启三、蒋凤山分获第一、二、三名。2009 年，全国煤矿“乌金杯”象棋、围棋比赛，开滦象棋队获象棋比赛团体第三名，杨中君获干部组第一名，赵丽华获女子个人第二名；开滦物流队获围棋团体第三名、王霁芸获个人第二名。

2010 年，全国煤矿第四届“乌金杯”嗒嗒球比赛，赵彦鹏、杨连强分获男子单打冠亚军，魏臣、李英获男子双打第二名，张玉梅、马淑红获女子双打第二名，孙爱娟获中老年组女子单打第二名。21 年间，全区体育运动员在国家级体育比赛中共获得奖项 83 项，其中第一名（含金牌）36 项，第二名（含银牌）14 项，第三名（含铜牌）9 项，第四名 3 项，第五名 3 项，第六名 4 项，第七名 1 项，第八名 3 项，第九名 3 项，第十二名 2 项，第十四名 3 项，获优胜队、纪念奖各 1 项。

1990—2010 年唐山市路南区运动员参加国家级体育比赛竞技成果表

表 24－11

参赛时间	参赛个人或代表队	所在单位	运动会名称	奖　项
1990	李冬梅（女）	截瘫疗养院	全国残疾人田径锦标赛	铅球金牌
	李冬梅（女）	截瘫疗养院	全国残疾人田径锦标赛	铁饼金牌
1991	开滦代表队	开滦矿务局	全国煤矿第二届“乌金杯”田径比赛	田径：男子团体第一名 女子团体第二名

1990—2010年唐山市路南区运动员参加国家级体育比赛竞技成果表

续表24－11

参赛时间	参赛个人或代表队	所在单位	运动会名称	奖　项
1992	女篮代表队	新华楼小学	全国苗苗杯小学篮球	女篮第三名
1993	李冬梅（女）	截瘫疗养院	全国残疾田径锦标赛	铅球金牌
	李冬梅（女）	截瘫疗养院	全国残疾田径锦标赛	铁饼金牌
	李冬梅（女）	截瘫疗养院	全国残疾田径锦标赛	标枪金牌
1994	开滦女队	开滦矿务局	全国煤矿第七届“乌金杯”女篮赛	篮球第四名
	开滦围棋队	开滦矿务局	全国煤矿第四届“乌金杯”围棋赛	围棋第三名
1995	开滦男队	开滦矿务局	全国煤矿第五届“乌金杯”乒乓球赛	乒乓球第六名
1996	女篮代表队	新华楼小学	全国第十一届苗苗杯女篮邀请赛	女篮优胜队
	乒乓球代表队	新华楼小学	全国第五届“娃娃杯”乒乓球比赛	乒乓球团体第一名
	女篮代表队	新华楼小学	全国第五届“娃娃杯”女篮比赛	女篮第三名
	李冬梅（女）	截瘫疗养院	全国第四届残运会	铅球金牌
	李冬梅（女）	截瘫疗养院	全国第四届残运会	铁饼金牌
	李冬梅（女）	截瘫疗养院	全国第四届残运会	标枪金牌
1997	开滦女篮	开滦矿务局	全国煤矿第十届“乌金杯”女子篮球赛	篮球赛第四名
	景学义	开滦矿务局	全国象棋锦标赛	象棋第六名
	李冬梅（女）	截瘫疗养院	全国残疾人田径锦标赛	铅球金牌
	李冬梅（女）	截瘫疗养院	全国残疾人田径锦标赛	铁饼金牌
	李冬梅（女）	截瘫疗养院	全国残疾人田径锦标赛	举重67.5公斤级别金牌
1998	赵各庄矿组队	开滦矿务局	全国煤矿第三届职工运动会	举重男子团体第五名
	景学义	开滦矿务局	全国中国象棋个人赛	象棋男子甲组第14名
	刘东明	开滦矿务局	“全国第三届百城市国际奥委会主席杯”自行车总决赛	自行车男子组第八名
2000	李冬梅（女）	截瘫疗养院	全国第五届残运会	铅球金牌
	李冬梅（女）	截瘫疗养院	全国第五届残运会	铁饼金牌
2001	周文俊	培智学校	全国残疾人田径举重锦标赛	100米第一名、200米第二名、跳远第二名
2002	周文俊	培智学校	全国残疾人田径举重锦标赛	100米第一名、200米第一名、跳远第一名
2003	周文俊	培智学校	全国第六届残疾人运动会	100米、200米、400米、4×100米、4×400米接力，均获第一名
	李冬梅（女）	截瘫疗养院	全国第六届残疾人运动会	铅球银牌
	李冬梅（女）	截瘫疗养院	全国第六届残疾人运动会	铁饼银牌

1990—2010 年唐山市路南区运动员参加国家级体育比赛竞技成果表

续表 24－11

参赛时间	参赛个人或代表队	所在单位	运动会名称	奖　项
2004	周文俊	培智学校	全国残疾人田径锦标赛	100 米、200 米、400 米均获第一名
	脑瘫足球队	培智学校	全国残疾人脑瘫足球锦标赛	脑瘫足球第九名
	李冬梅（女）	截瘫疗养院	全国残疾人田径锦标赛	铅球金牌
	李冬梅（女）	截瘫疗养院	全国残疾人田径锦标赛	铁饼金牌
2005	周文俊	培智学校	全国残疾人田径锦标赛	100 米、200 米、400 米均获第一名
	脑瘫足球队	培智学校	全国残疾人脑瘫足球锦标赛	脑瘫足球第九名
2006	脑瘫足球队	培智学校	全国残疾人脑瘫足球锦标赛	脑瘫足球第九名
	景学义　蒋凤山 汤卓光　宋国强 杨德琪　郝继超	开滦矿务局	“启新高尔夫杯”全国象棋甲级联赛	象棋第八名
	景学义	开滦矿务局	第十三届全煤“乌金杯”中国象棋比赛	象棋男子个人第一名
	赵丽华（女）	开滦矿务局	第十三届全煤“乌金杯”中国象棋比赛	象棋女子个人第一名
	赵树德	开滦矿务局	第十三届全煤“乌金杯”中国象棋比赛	象棋领导干部组第一名
	刘启三	开滦矿务局	第十三届全煤“乌金杯”中国象棋比赛	象棋领导干部组二名
	蒋凤山、程　龙、郝继超、窦　超	开滦矿务局	第十三届全煤“乌金杯”中国象棋比赛	象棋第三、六、八、十二名
	李冬梅	截瘫疗养院	全国篮球残疾人锦标赛	篮球铜牌
2007	开滦女队	开滦矿务局	全国煤矿第四届运动会	篮球第三名
	开滦女队	开滦矿务局	全煤第四届职工运动会	田径第五名
	开滦男队	开滦矿务局	全煤第四届职工运动会	田径第七名
	景学义　杨德琪	开滦矿务局	全民健身与奥运同行“首都家居联盟杯”全国象棋双人表演赛	象棋纪念奖
	李冬梅	截瘫疗养院	全国第七届残运会	篮球第五名
2008	开滦象棋队	开滦矿务局	“惠州华轩杯”全国象棋甲级联赛	象棋第 12 名
	开滦女篮	开滦矿务局	全国煤矿第十七届“乌金杯”女子篮球赛	篮球第三名
	刘启三、朱联邦、马炳权、刘贺生	开滦矿务局	全国煤矿第十三届“乌金杯”乒乓球比赛	乒乓球团体第二名
2009	开滦象棋队	开滦矿务局	全煤“乌金杯”象棋、围棋比赛	象棋团体第三名
	开滦物流围棋队	开滦矿务局	全煤“乌金杯”象棋、围棋比赛	围棋团体第三名
	杨中君	开滦矿务局	全煤“乌金杯”象棋、围棋比赛	象棋干部组第一名
	赵丽华（女）	开滦矿务局	全煤“乌金杯”象棋、围棋比赛	象棋女子个人第二名
	尚凤珍（女）	开滦矿务局	全煤“乌金杯”象棋、围棋比赛	象棋女子个人第四名
	王霁芸（女）	开滦矿务局	全煤“乌金杯”象棋、围棋比赛	围棋个人第二名

1990—2010 年唐山市路南区运动员参加国家级体育比赛竞技成果表

续表 24－11

参赛时间	参赛个人或代表队	所在单位	运动会名称	奖　项
2010	张　红、宋春丽、邓　龙、崔　杨、侯　静、孙　雪	培智学校	全国第五届特奥会	篮球五块银牌
	脑瘫足球队	培智学校	全国残疾人脑瘫足球锦标赛	脑瘫足球第六名
	开滦代表队	开滦矿务局	第四届全国体育大会	象棋：专业团体第十四名、业余团体第十四名

四、国际级竞技成果

1990—2010 年，路南区体育运动员在国际级体育比赛中共获得奖项 40 项，其中第一名（含冠军、金牌）26 项，第二名 8 项，第三名 6 项。

1990—2010 年唐山市路南区运动员参加国际体育比赛竞技成果统计表

表 24－12

参赛时间	姓名	单位	运动会名称	赛区地点	项目	奖项
1994	吕　毅	培智学校	远东及南太平洋第六届残运会	北京	C8 铁饼、标枪、800 米、100 米、400 米	第一名、第一名、第二名、第三名、第三名
	石　磊	培智学校	远东及南太平洋第六届残运会	北京	C81500 米、200 米	第二名、第三名
	李冬梅（女）	截瘫疗养院	远东及南太平洋第六届残运会	北京	铅球	金牌
1994	李冬梅（女）	截瘫疗养院	远东及南太平洋第六届残运会	北京	铁饼	金牌
	李冬梅（女）	截瘫疗养院	远东及南太平洋第六届残运会	北京	标枪	金牌
1999	李冬梅（女）	截瘫疗养院	远东及南太平洋第七届残运会	泰国	铅球	金牌
	李冬梅（女）	截瘫疗养院	远东及南太平洋第七届残运会	泰国	铁饼	金牌
	李冬梅（女）	截瘫疗养院	远东及南太平洋第七届残运会	泰国	标枪	铜牌
2002	周文俊	培智学校	第八届“远南”残疾人运动会	韩国	100 米、200 米、跳远	第一名、第一名、第一名
	周文俊	培智学校	第三届世界残疾人田径锦标赛	法国	100 米、4×400 米、4×100 米	第二名、第二名、第三名
	姜　森	培智学校	澳门特奥会城市邀请赛	澳门	篮球	第一名
	崔　阳	培智学校	澳门特奥会城市邀请赛	澳门	篮球	第一名
	甄　杰	培智学校	澳门特奥会城市邀请赛	澳门	篮球	第二名
	侯　婧	培智学校	澳门特奥会城市邀请赛	澳门	篮球	第三名
2003	周文俊	培智学校	东亚区残疾人田径锦标赛	香港	100 米、200 米、400 米	第一名、第一名第一名

1990—2010 年唐山市路南区运动员参加国际体育比赛竞技成果统计表

续表 24－12

参赛时间	姓名	单位	运动会名称	赛区地点	项目	奖项
2004	周文俊	培智学校	第二届世界残奥会	雅典	100 米、4×100 米、4×400 米、200 米	第一名、第一名第一名、第二名
2006	周文俊	培智学校	第九届远南运动会	吉隆坡	100 米、200 米、400 米、4×100 米、4×100 米接力	5 枚金牌
2007	张　红　周丹霞 侯　静　袁　征 孙　雪	培智学校	第十二届世界特奥会	上海	篮球	2 枚金牌
2008	周文俊	培智学校	第十三届残奥会	北京	男子 100 米 T38 级 男子 200 米 T38 级	2 枚银牌
2010	刘斌斌	唐山九中	第一届国际青少年奥运会	新加坡	链球	冠军

附：

残疾人优秀运动员李冬梅

李冬梅，女，回族，1963 年出生于唐山市路南区。13 岁时在大地震中腰椎受伤导致截瘫，1981 年来到唐山市截瘫疗养院生活。震前，她酷爱体育，在学校曾获路南区运动会跳远冠军。震后，她凭借着对体育的热爱，自强不息，刻苦训练，先后参加国内外各种残疾人运动会，荣获 39 枚金牌，5 枚银牌，3 枚铜牌的傲人成绩，多次被评为优秀运动员并获体育道德风尚奖，2009 年被唐山市政府授予振兴唐山三等功。

图 24－11　远东及太平洋第六届残运会三块金牌得主——李冬梅（区文体局）

震后的李冬梅也曾对生活失去信心，但倔强的她很快找到人生希望。1986 年在河北省第一届残运会上，李冬梅参加 800 米轮椅竞速、铅球及铁饼等项目，一举获得 3 枚金牌，从此与体育结下不解之缘。在 1994 年的远东及南太平洋第六届残运会上又为国争光，夺得铅球、铁饼、标枪 3 枚金牌。随后在 1999 年的远东及南太平洋第七届残运会中，又夺得铅球、铁饼 2 枚金牌及标枪项目的铜牌。在赛场上，李冬梅被称为“铁人”，因为她竞技时的拼命与顽强，使她多次蝉联“河北省残运会”“全国残运会”及“全国残疾人田径锦标赛”中铅球、铁饼、标枪三个项目的冠军。如今，李冬梅仍在赛场上拼搏不息，赛场成了她一生的追求。战胜伤残，战胜自己，李冬梅在轮椅上迈出了灿烂人生，实现着自己的人生价值。

第四节　体育管理

一、管理网络

1973年8月，路南区设体育运动委员会，负责全区体育工作。1986年8月，区老年体育协会成立，下设11个工作委员会，专门负责组织老年人开展各项活动，指导老年人科学锻炼、科学养生。至1990年初，全区建有社会体育指导站40个，拥有社会体育指导员26名。1996年6月，根据路南发［1996］11号文件，组建教育文化体育局。7月，根据区编字［1996］35号文件，成立文化体育局，为区政府主管全区体育工作的职能部门。至2010年，每个村（社区）均有1～2名体育专职人员。全区拥有国家级社会体育指导员4人、一级社会体育指导员27人、二级社会体育指导员150人、三级社会体育指导员57人。全区构建起区、街道（乡）、社区（村）三级体育管理网络。

二、举办体育竞赛活动

1992年8月，新华楼小学承办全国“苗苗杯”小学生篮球比赛。1996年8月6日，该小学又承办全国第五届“娃娃杯”乒乓球赛。全区举办区级各类运动会6次。此后，举办区级运动会实现常态化。1997年，举办区级以上运动会16次。1999年，举办区级以上运动会12次。2000年，探索多元化、多形式的全社会办体育的资金投入机制，全年举办区级各类运动会16次。

2001年，举办路南区第一届全民运动会，设男女、老中青3个组别的田赛、径赛共38项。在体育中心田径场进行社区体育大会健身项目表演赛。在第二实验小学举办社区体育大会家庭乒乓球比赛，决出家庭二人组、三人组的前三名。举办社区群众体育大会暨家庭趣味运动会，历时3个月，共8000名群众参与，900多人参赛。全年举办区级体育运动会7次。

2002年，唐山一中成功承办河北省第十一届中学生运动会。区文体局举办路南区首届社区体育艺术节，历时2个月，开展各类体育比赛50余次，参赛人员达2万人次，吸引观众近10万。2003年，区文体局指导燕京里社区举办以“科学健身、增强体质、战胜非典”为主题的趣味运动会。

2004年，举办第二届家庭趣味运动会和路南区第二届全民运动会。2006年，举办全民健身周启动仪式暨“沃特杯”体育健身路径比赛、“沃特杯”三人篮球赛、“北京体之杰”唐山市第一届健身路径比赛。

2007年，路南区组织“南方地产杯”第二届乒乓球比赛、第四届社区运动会暨“今晚霞杯”特色健身项目比赛。2008年10—12月，连续四次承办中国乒乓球俱乐部超级联赛（路南赛区）的4场赛事。2009年，完成“361°”中国乒乓球俱乐部超级联赛路南赛区的比赛承办工作，扩大路南知名度和影响力。

2010年5月，河北联合大学承办河北省第十六届大学生运动会，并获得“优秀组织单位奖”和团体总分第一名好成绩。路南区承办中国乒乓球俱乐部超级联赛（路南赛区）的赛事。在天天乒乓球俱乐部举办的路南区老年乒乓球比赛，全区有7支代表队百余人参加比赛。

三、组织参加体育赛事

1992年，路南区组织青少年运动员参加唐山市第三届青少年运动会。1994年，组织代表队参加唐山市职工运动会。1996年，新华楼小学组队参加全国第十一届“苗苗杯”女子篮球邀请赛。1999年，组队参加唐山市第五届青少年运动会。2000年，参加唐山市首届全民运动会乒乓球、篮球项目比赛。2001年，组织参加市体委举办的妇女门球赛、唐山市首届社区群众体育大会“宏中杯”家庭乒乓球比赛、唐山市首届社区群众体育大会家庭趣味运动会、唐山市首届社区群众体育大会。2003 年，路南区组织老年人参加唐山市首届“社区星光老年文体艺术节”老年健身操、木兰拳、太极拳等比赛；组织参加唐山市第六届青少年运动会田径、乒乓球、篮球、足球项目比赛。2006 年，参加唐山市三人制篮球赛。2007 年 8 月 8—10 日，参加为期三天的“迎奥运”倒计时一周年唐山市“体彩杯”街头三对三篮球赛。2008 年，备战唐山市第七届青少年运动会。此次运动会路南区共参加摔跤、田径、游泳、跆拳道、乒乓球、篮球、足球、武术 8 个项目的比赛。组织 3 个代表队 195 名运动员，参加唐山市第一届社区体育大会 8 个项目和 1 个展演项目的比赛。2009—2010 年，组队参加唐山市第一、二届“健康唐山，幸福人民”全民健身优秀项目电视展播大奖赛。组织 9 支代表队参加唐山市首届健身气功站点联赛，包括五禽戏、易筋经、六字诀和八段锦四大项目比赛。组织 6 支代表队参加唐山市益智体育“打六家”网络扑克电视大赛。

四、开展全民健身活动

1990 年，在职工中开展以广播操为重点的体育活动，各单位组织职工在每天上午和下午各抽出 10 分钟做工间操。利用工余、假日组织体育竞赛、文体晚会以及其他有益于身心健康的体育活动。1995 年，唐山市将毛泽东“发展体育运动，增强人民体质”题词的纪念日（6 月 10 日）定为“体育日”，所在周定为“全民健身活动周”。以此为契机，举办群众性健身活动，包括健身秧歌、健身腰鼓、气功、柔力球、武术、健身操等 20 余项，活动持续时间长达几个月，吸引群众近万人。

1996 年，贯彻落实《全民健身计划纲要》，成立市、区两级体育指导站 35 个。是年，团体锻炼达标 2.34 万人。2001 年，组织 800 余名各界群众代表在抗震纪念碑广场参加市体委举办的迎接新世纪元旦长跑活动。利用彩色周末、文化下乡活动之机，举办首届路南区全民运动会。3 月 8 日，组织参加市体委举办的妇女门球赛。是年，全区团体锻炼达标 2.32 万人。

2003 年，举办路南区首届全民健身运动会。在燕京体育健身公园举行全民健身周活动启动仪式。2004 年，以“彩色周末”“假日文化”为载体，组织开展群众性文体活动 130 余场，成功举办唐山市全民健身周启动仪式暨路南区第二届全民运动会、路南区第三届文化体育艺术节，群众业余文化生活日益丰富。

2005 年 2 月 21 日，在抗震纪念碑广场组织体育健身舞蹈表演，吸引众多爱好者广泛参与和观看。“两节”（春节、国庆节，下同）期间，组织 40 场有特色、效果好、群众喜闻乐见的文体活动。形式有秧歌、健身腰鼓等。活动范围遍及 54 个社区、38 个村，参与群众上万人。举办第二届社区运动会暨全民健身周启动仪式，组织形式新颖、声势浩大的入场仪式和 7 项大型团体操表演，设立 14 个大众体育比赛项目，以示范效应带动和影响群众性的体育健身活动深入开展。

2006 年，开展内容丰富、形式多样的文体活动，成功举办第五届社区文化体育艺术节和体育健身路径比赛等大型文体活动 6 次，组织开展文体下乡 50 次，文体展演 30 余场，受到群众普遍欢迎。市体育局和区文体局在女织寨乡郑各庄小学联合举办“体育三下乡暨迎新春，闹元宵”文体展演。“两节”期间，各社区共举办活动 30 余场，举办全民健身周启动仪式暨“沃特杯”体育健身路径比赛。

2007 年 1 月 1 日，组织 800 人参加唐山市人寿保险杯元旦长跑活动。成功举办社区文化体育艺术节、社区运动会等大型活动 7 次，各类文体展演 100 多场。圆满完成河北省第十二届运动会“开滦集团杯”火炬传递活动暨路南区 2007 年全民健身周启动仪式。2008 年 4 月 30 日，在南湖公园举行“迎奥运倒计时 100 天”全民健身活动。

2009 年，为纪念北京申奥成功，国务院批准从 2009 年起每年 8 月 8 日定为“全民健身日”。是年，举行“全民健身日”万人健步行活动启动仪式，来自全区各乡街、各单位、各部门的干部群众 1000 余人参加活动。

2010 年，组织“全民健身”万人健步行活动，举办特色体育健身项目展演、第八套广播体操大型表演。围绕“文化路南”建设，组织开展“全民健身日”活动，掀起全民参与体育健身热潮。

五、体育人才培养输送

1990年，根据优势专长，在重点中小学建立田径、球类等专项训练队，确定传统体育项目学校，开办业余体育学校，加强体育人才培养。向市体校输送人才13人。1993年，全区向上级输送体育人才16人，其中省体校5人、市体校11人。1995年，《中华人民共和国体育法》颁布实施，国家实行运动员技术等级制度。翌年，全区有等级运动员71人，其中二级运动员6人、三级运动员65人。向上级输送体育人才15人，其中省体校2人、市体校13人。2003年，有等级运动员141人，其中一级6人、二级25人、三级110人。向上级输送体育人才16人，其中省体校2人、市体校14人。2004年，有等级运动员111人，其中一级1人、二级14人、三级96人。向上级输送体育人才16人，其中省体校2人、市体校14人。2006年，有等级运动员76人，其中一级1人、二级15人、三级60人，向上级输送体育人才10人，其中省体校2人、市体校8人。1990－2006年向上级输送体育人才186人。2010年，唐山一中有近百名优秀运动员被输送到北京体院、北京科技大学、北京师范大学等知名大学，体育特长生升学率保持在100%。

六、裁判员审批申报

1990年，经审核批准，全区有二级裁判6人，三级裁判12人。1995年，《中华人民共和国体育法》）颁布，国家实行裁判员技术等级制度，以此为标志，裁判员技术等级的申报与审批纳入依法管理轨道。1996年，有等级裁判19人，其中一级裁判1人、二级裁判13人、三级裁判5人。2003年，有等级裁判62人，其中一级2人、二级20人、三级40人。2004年，有等级裁判162人，其中一级2人、二级30人、三级130人，创历史新高。2006年，有等级裁判39人，其中一级3人、二级16人、三级20人。此后至2010年，裁判员的等级标准与申报审批程序未变，定期申报、审批步入常态。

第二十五编　人　物

本编由人物传、人物名表组成。人物传以“生不立传”为原则，共收录立传人物19名，其中限内（1990—2010年）人物14名，限外人物（2000年版《唐山市路南区志》未记人物）5名。人物表收录1990—2010年域内专家学者、劳动模范、革命烈士等各类人物1050人（次）。人物传记述以卒年为序；专家学者、劳动模范人物表记述以批准时间为序；正高级专业技术人员按单位（单位排序不分先后）及评定时间为序；革命烈士的记述以牺牲时间为序。

第一章　人物传

本章收录路南区籍及在路南区域工作且有影响的立传人物共19人，其中路南区籍人物2人、在路南区出生人物1人、客籍人物16人。

第一节　限内人物传

本节记述路南区域1990—2010年立传人物14人，其中路南区籍人物1人、客籍人物13人。

魏文涛

魏文涛（1970. 6. 15—1992. 6. 14）　遵化市东新庄镇前毛庄人，1970年6月15日出生。生前是唐山市卫生学校学生、学生会主席、雷锋班班长。

1992年6月14日，他和老师、同学到陡河水库郊游。郊游结束时，有位同学到岸边洗脚不慎落入水中，眨眼间湍急的河水将其冲出很远，人们惊恐地呼喊着。正在岸边的魏文涛闻声疾步跑过来大喊一声：“我会水，我去救人!”他来不及脱衣服，“扑通”一下跳入水中。陡河水库水深流急，漩涡一个接一个。魏文涛奋不顾身游到落水同学身旁，迅速抓住其衣服，右手抱着她，左手用力划水向岸边游去。见此情景，水性不强的老师和同学们也都跳入水中拼命向他俩游去。无情的流水飞快地旋转着，强大的吸力死死地拖着魏文涛。魏文涛时而浮出水面，时而沉入水中，但是他仍然紧紧地拖着落水同学用力划着。水流陡然将魏文涛和同学冲出100多米，精疲力尽的魏文涛再次浮出水面，只见他挣扎着扬起胳膊喊了声“老师!”，便被河水吞没。魏文涛舍己救人的事迹在当地广为流传。魏文涛虽然仅在校两年，却给师生留下深刻印象。1990年9月，入学不久的魏文涛庄严地向党组织递交了入党申请书，从此，时时用自己的行动实践对党的誓言。魏文涛家境困难，他是靠贷款上的学，每个学期的生活费都是母亲从村里借来的。所以，每次寒暑假他从不休息，或护校，或到外地打短工挣取生活费。他从不领一分钱困难补助，也从不乱花一分钱，但对同学却很慷慨。同学生病住院时他用自己的生活费为其挂号、买药，买滋补品和可口饭菜，自己却几天不吃菜啃干馒头。班里生活委员发助学金，少了15元，魏文涛主动拿出

10 元帮她补上。希望工程捐款，魏文涛是班里捐得最多的一个。他关心同学，多次半夜送患病同学去医院。每逢风雨天，同学们晒在外面的衣服被风吹落或被雨浇湿，他总是第一个冲出去将衣服拾起，抖干净叠好，等同学来认领。寒暑假往往最后一个离校，开学提前几天到校打扫卫生，安排学生会工作，用三轮车接送同学。学校女生多，魏文涛主动组织男同学成立保卫小组，每天晚上带领同学在校园巡视察看。他尊重老师，时常主动帮助年老体弱教师干力气活，带头在全校开展为老师送一杯水活动，得到老师一致称赞。他热爱学校，学生饭厅门坏了，魏文涛顾不上吃饭，找来工具将门修好。学校有长明灯、长流水现象，魏文涛每天晚自习后跑遍两个教学楼几十个教室关灯关水。他坚持每天整理存车棚里乱停放车辆，从未间断。1992 年 6 月，魏文涛被评为唐山市学雷锋十佳。是年，河北省委追认其为中共党员，河北省政府追认他为革命烈士，并号召全省青年学生向他学习。

侯宝政

侯宝政（1895. 7. 1—1993. 3. 23）　河北省迁安县人，1895 年 7 月 1 日出生在河北省迁安县（今迁西）罗家屯镇。全国第二、三届人大代表，全国第五届政协委员。新中国成立后任开滦煤矿第一任总工程师，煤炭系统第一批一级工程师。曾任河北省煤管局总工程师兼副局长、煤炭部技术委员会副主任。

1925 年，侯宝政以优异成绩成为南开大学首届矿科毕业生。1925—1934 年，在辽宁北票矿工作 9 年，先后担任采煤工程师和设计课课长。1934 年 3 月进入开滦煤矿工作。1950—1956 年，先后担任林西矿矿长、开滦总管理处设计处处长、基本建设处处长、局总工程师、中国煤炭科学院开滦分院院长等职务。1953 年，国家第一个五年计划实施，开滦煤炭生产纳入国家经济计划指标。时任开滦煤矿总工程师的侯宝政担任技术总指挥。1954—1957 年，侯宝政运用开拓、掘进中的机械化、深孔掏槽法、循环作业等快速掘进的先进经验，使开滦四个老矿技术水平发生明显变化。探索总结出矿井水患治理的成功经验。主持开滦煤矿周围地质勘探和井田范围的划分，审查范各庄矿、吕家坨矿、荆各庄矿、林南仓矿及巍山等新井的设计和开发规划。1957 年，侯宝政调河北省煤矿管理局任总工程师兼副局长后，继续主持以上各矿的建设和开发。在他指导下，范各庄、吕家坨两座矿井先后在60 年代初期和末期建成，成为接续开滦生产的骨干矿井。针对唐家庄矿煤层埋藏浅、井田范围内剩余储量不多特点，提出从技术改造的角度重视开发徐家楼区的意见。对70 年代以后成为开滦后续生产矿井的荆各庄矿和林南仓矿的开发设计、以及卑家店、国各庄等勘探性质的小矿，也拿出自己的开发设想和打算，这些宝贵的意见，对形成上述煤矿的设计及新井建设，产生重要影响。他对河北省局部煤矿的开发，开滦煤矿继续扩建和更新改造，以及全省煤炭的科技进步，都做出重大贡献。他主持和领导了井陉两个煤矿的恢复、兴隆煤矿的开发、下花园煤矿的改造。他的足迹踏遍邢台、章林、甸子、柳江、三河等矿区。1963 年，侯宝政调任煤炭工业部技术委员会副主任后，带领一个专家技术鉴定小组，对全国各地区的续建、缓建矿井存在的重大技术难题进行会诊分析，现场解决各种技术问题70 多个，拓宽了中国煤炭业再生之路，为国家节省资金 11 亿多元。“文化大革命”中，年事已高的侯宝政，不顾自己的处境和地位，仍在为煤炭工业的生存和发展分忧。1966—1968 年，他依旧不辞辛苦奔波在全国各大煤炭基地，为维持当时的煤炭产量和煤炭事业的发展呕心沥血。1993 年 3 月 23 日，侯宝政在北京去世，终年 98 岁。

邹　桐

邹桐（1917.4—1993.5.29）　河北省定县人，1917年4月出生。1937年2月加入中国共产党，同年参加革命工作。抗日战争时期，历任山西介休军官教导三团连工作员、太岳农救总会农委书记、组织部长，冀氏县委副书记等职。解放战争时期，任太岳二地委办公室主任、民运部部长等职。1948年入中共中央华北局党校学习。新中国成立后，邹桐历任中共中央华北局党校组教科长、中共唐山市委组织部副部长、开滦赵各庄矿党委书记兼矿长、开滦煤矿总管理处党委副书记兼副主任、开滦煤矿党委书记、中共唐山市委委员。调离开滦后，曾任河北省煤矿管理局局长、党组书记，煤炭工业部副部长，燃料化学工业部副部长，煤炭工业部顾问等职。1993年5月29日病逝于唐山，终年76岁。

邓宝廷

邓宝廷（1929.5—1993.8）　河北省沧县人，1929年5月出生。1954年参加工作，历任唐山工务段养路工、巡道工等职。

他对巡道工作认真负责，在他管辖的地段，线路外观整齐，排水通畅，扣件密贴，质量检查月月优良，被称为质量信得过的人。他巡道20多年，共防止事故30多起。1979年、1980年被评为天津市劳动模范。1983年5月退休。1993年8月，邓宝廷因病去世，终年64岁。

张增春

张增春（1924—1993.10）　唐海县第六农场曾家湾村人，1924年出生。童年时期，在其祖父正骨医学熏陶影响下，对医学产生浓厚兴趣。后随父亲学习祖传正骨医学，走上从医道路。1948年，张增春同其他3人合办唐山小山医疗诊所，负责唐山市路南区卫生防疫工作。

1950年年初，参加筹建唐山路南医院，后任骨科诊室主任兼路南区卫协秘书。1966年“文化大革命”开始后，张增春被遣送回原籍“劳动改造”。回到曾家湾后，坚持利用劳动之余在自家为患者诊病治病，并向儿子传授接骨正骨医术。1976年7月28日，唐山丰南一带发生强烈地震，波及柏各庄农垦区。大震过后，张增春带着儿子迅速走遍全村，救治几十名受伤群众。随后，在第一生产队队部搭起临时帐篷，建临时诊所，接诊、诊治农场、丰南县、滦南县等附近村庄的伤员。在无设备、无器械，无包扎物品的情况下，当地群众主动献出棉花、白布和竹板，张增春凭着精湛的医术和惊人的毅力在震后为被砸人员接骨、正骨、治伤。震后第二天晚上，为8位重症伤者做正骨手术。震后，张增春免费救治伤员6000余人，用去白布500尺、竹板10余捆。1978年，建第六农场医院，张增春被聘为骨科大夫、副院长，十里八乡和邻县的患者纷纷慕名到院就诊，骨科门诊成为该院的特色门诊。1993年10月，张增春因病去世，终年69岁。

荣毅民

荣毅民（1920.10—1994.12.24）　河北省阜城县杨门周村人，1920年10月出生。1938年6月参加革命工作，1939年4月加入中国共产党。历任阜城县战武会阜东县办事员、区长、公安股长、科长，晋冀鲁豫北方大学教务科长，华北工学院党总支委员，华北企业部商工接管组党组长。新中国成立后，历任开滦唐山矿军代表联络组组长，唐山矿矿长，开滦基建局局长，开滦煤矿总管理处副主任、主任。1973年任河北省煤炭工业管理局副局长。1975年任河北省煤炭工业管理局副局长兼党组副书记。1980年6月至1983年2月，任开滦党委书记、局长职务。曾当选为中国共产党第十二次全国代表大会代表。1994年12月24日在石家庄去世，终年74岁。

孙越崎

孙越崎（1893.10.16—1995.12.9）　原名毓麒，浙江绍兴平水铜坑（现平江镇同康村）人，1893年10月16日出生。从青年时代起，就投身反帝、反封建的爱国民主运动。“五四”运动期间，任北洋大学学生会会长，满怀激情，积极参与发动、组织天津学生罢课游行，被校方开除。经蔡元培帮助，后转入北京大学矿冶系学习，1921年毕业。

从1924年起，他应聘创办中俄官商合办的穆棱煤矿，被任命为中方矿务股长兼机械、工程股长。1929—1932年，在美国斯坦福大学和哥伦比亚大学研究院深造，并到美、英、法、德、苏联等国考察油矿和煤矿。1932年回国，任国防设计委员会专员兼矿室主任、陕北油矿探勘处处长、河南焦作中福煤矿公司总工程师、总经理、湖南湘潭煤矿公司总经理、四川天府、嘉阳、威远、石燕四煤矿公司总经理，并兼任甘肃玉门油矿局总经理等职。1934年，他带领工程技术人员在陕北延长、延川一带勘探石油，打出中国人钻的第一口油井。

1937年抗日战争爆发后，他在大后方开办煤矿，供应四川50%以上煤炭需求。他在荒无人烟的高寒戈壁，与工人和技术人员一起，建成国内第一座石油基地——玉门油矿。被誉为“煤油大王”。

抗日战争胜利以后，孙越崎先后任河北平津敌伪产业处理局局长，国民党政府资源委员会副委员长、委员长、行政院政务委员、经济部长兼资源委员会主任委员等职。在关系国家前途命运的重要历史关头，孙越崎以民族大义为重，毅然决然作出选择，站到共产党领导的人民革命一边。1948年10月，他以行政院政务委员兼资源委员会委员长身份，在南京召开重要工矿企业和部分负责人秘密会议，确定“坚守岗位、保护财产、迎接解放、办理移交”的方针。此后，他在中共地下党的帮助下，冒着生命危险，组织员工开展护厂护矿斗争，拒绝执行蒋介石当面下达的拆迁资源委员会所属工厂设备去台湾的命令，将所属近千个大中型厂矿企业及3万科技、管理人员完整移交给共产党，对新中国成立后国民经济的恢复和发展起到重要作用。

1949年5月，他辞去在国民党政府中所任一切职务，去了香港，公开与国民党决裂。到香港后，他策划资源委员会驻港的国外贸易事务所员工开展斗争，组织“保护矿产品委员会”。11月14日，通电全国宣告起义，使大量稀有矿产得到保护，受到毛泽东主席复电嘉勉。

中华人民共和国成立以后，孙越崎先后担任中央财政经济委员会计划局副局长、河北省人大常委会副主任、河北省政协副主席、煤炭工业部顾问等职。他还是第二、三、四届全国政协委员，第五、六、七届全国政协常委，第八届全国政协委员，曾应聘担任欧美同学会名誉会长、中国辛亥革命研究会名誉理事长等多种社会职务。

1952年7月，孙越崎接到调开滦工作的通知，12月30日到开滦任职，担任总管理处副主任。1976年唐山地震后调离唐山。他在1952年至1966年担任开滦煤矿总管理处副主任期间，曾主管技术工作。虽当时年事已高，但深入井下100多次。他在开滦工作生活20余年，曾担任唐山市民革主任委员、河北省民革负责人、唐山市政协副主席等职。他1950年加入中国国民党革命委员会，历任河北省民革主委、中央常委、中央副主席、中央监察委员会主席、中央名誉主席。他带领民革广大成员，为建设有中国特色的社会主义，为坚持和完善中国共产党领导的多党合作和政治协商制度做出有益贡献，深受民革成员的敬重和爱戴。他是建三峡大坝反对派代表人物之一。1995年12月9日，孙越崎在北京去世，终年102岁。

阎达开

阎达开（1913.5—1997.2.8）　原名阎凤善，曾用名阎明、高建林、周绍林、周建林。河北省乐亭县樊家坨村人，1913年5月出生。

1931年加入共青团，同时加入中国共产党，以教员身份为掩护进行党的地下工作。抗日战争全面爆发后，阎达开任中共冀东特委代理书记。参与组织和领导了冀东人民抗日武装起义（又称冀东暴动），任冀东抗日联军第一路军临时党委书记兼副总指挥、总指挥等职。为冀东抗日根据地的创立和建设做出了重大贡献。1939年12月，任冀东区党委组织部部长。1940年5月到延安，曾任中央党校三部副主任。从1945年12月起，先后任冀东区党委民运部部长、组织部部长。1948年12月至1952年7月，历任中共唐山市委书记、市军管会主任，唐山市委副书记兼代理市长、市总工会主席。1952年12月至1954年4月，阎达开任开滦煤矿党委书记、总管理处主任、中共唐山市委第二书记兼市政协主席等职。1954年4月起，阎达开历任中共河北省委副书记、副省长兼计委主任、省政协主席，省委书记处书记，天津市委第二书记等职。1972—1992年，历任天津市革委会副主任、市委常委，市委书记、市政协主席、市人大常委会主任、中央顾问委员会委员等职。阎达开是中国共产党的七大、八大、十二大、十三大、十四大代表，四届、五届全国人大代表。1997年2月8日，阎达开在天津去世，终年84岁。

雷清亮

雷清亮（1972.7—1999.7.6）　河北省魏县德政镇德二村人。1972年7月出生，1990年12入伍。1997年6月加入中国共产党。生前系唐山市驻军某部分队长兼技术员。他所负责的85公里长的线路，要翻越30座大山、12条河，沿途山高路陡，有的山海拔1200米。为便于对国防光缆的维护，上级决定在沿线增设巡检标石，每块重40公斤的标石要人工扛上山，他咬紧牙关，手脚并用，全程共扛74块，成为全分站扛标石最多的人。1996年夏扑救山火，他被山火烧焦头发，胳膊、腿上划出道道血口，保住了集体山林。他关心战士，被战友们亲切地称为“雷大哥”。他关爱社会，助人为乐。每次巡线，他嘱咐战士严格遵守纪律。他家境困难，但每月拿出20元帮助当地一位贫困老人。1998年长江流域发生水灾，他一次捐出200元和4套衣服。

1999年7月6日清晨，他带领新战士江洪涛巡线，当巡至滦河北岸739号标石时，由于上游水库放水，平时只有30余米宽的河面，增到近100米宽，河水翻腾咆哮，不时冲刷着河岸，国防光缆的安全受到威胁。见此情景，雷清亮对小江说：“我下去检查一下情况，为连队抢修赢得时间。下面很危险，你在岸上等着，没有我的命令不准下来。”说完便脱下外罩，顺着光缆走向，趟水检查光缆。走出10米左右，一股激流将他冲入暗沟，瞬间消失在湍急的河水中。战士江洪涛在岸上大声呼唤“分队长！”但他始终没有浮出水面。牺牲时年仅27岁。9月10日，解放军总政治部批准雷清亮为革命烈士。

王鑑三

王鑑三（1916—2002. 6. 29） 唐山市路南区西越河村人，1916 年出生。1935 年 12 月参加革命工作，1936 年 1 月加入中国共产党。

1935 年 12 月，王鑑三在天津市河北省立工业学院读书时参加“一二·九”学生运动，随后参加中华民族解放先锋队。1937 年 9 月，参加工人武装自卫队，任晋西北新军工卫旅二十一团六连政治指导员。1939 年 3 月至 1943 年 1 月，历任新军工卫队二十二团一营二连连长、二营营长、政治教导员、二十二团政治处副主任、主任等职。其间，带领所属部队在敌后开展游击战争，先后参加攻打东社、马西、云周麻堡、平川村、田家门等战斗。解放战争初期，王鑑三先后任牡丹江军区东安分区三支队政治部副主任，东安分区警卫团副政治委员、政治委员。1947 年参加夏季攻势四平战役、秋季攻势和冬季攻势皖南战役三次大的战役。1948 年参加秋季攻势、锦州战役、辽西战役。1949 年 3 月任第四野战军四十七军后勤部政治处主任。新中国成立后，王鑑三先后担任第四野战军政治部组织部副部长，四十七军干部大队大队长兼政委，四十七军政治部组织部部长。1951 年 9 月，任志愿军第四十七军一四一师副参谋长。1954 年 7 月至 1957 年 10 月任四十七军一四一师炮兵副师长，四十七军炮兵副军长。1958 年任广州军区炮兵司令部副参谋长。1960 年 7 月任广州军区炮兵副司令员，被授予少将军衔。曾获“三级独立自由勋章”“三级解放勋章”等多项殊荣。1973 年 1 月王鑑三离职休养后，时刻关心家乡的建设和发展，帮助公社和西越河村购买拖拉机，为本村安装小喇叭入户，宣传毛泽东思想。将“三级解放勋章”赠送给唐山一中，感恩回报母校。1988 年荣获中国人民解放军二级红星功勋荣誉章。2002 年 6 月 29 日，王鑑三在广州军区广州总医院因病去世，终年 86 岁。

薛学生

薛学生（1932. 11—2003. 8） 唐山市丰南区人，1932 年 11 月出生。1952 年参加工作，历任唐山铁路工务段养路工、副领工员、安全员等职。他对工作认真负责、兢兢业业。1976 年 7 月 28 日，唐山大地震时他正在段内值班。从废墟中爬出后，他用手扒出十余名值班人员，并组织职工投入线路抢险工作，为尽快恢复通车做准备。在无水、无电、无粮的困难条件下，不分昼夜带领职工抢修线路，经过 7 天的艰苦工作，通坨线开通，随后京山线上下行开通。在抗震救灾期间，他妻子震亡，大儿子几次到段内找他，为了工作他一直未能回去，直到线路开通后，才骑自行车回家照看，第二天又回到抢修一线。1977 年，他参加全路抗震救灾表彰大会，被铁道部荣记一等功，同年被评为天津市工业学大庆先进个人。1985 年 11 月退休。2003 年 8 月，薛学生因病去世，终年 71 岁。

王　林

王林（1915. 1—2004. 4. 28） 原名王绍陵。河北唐山人，1915 年 1 月出生，1930 年考入唐山一中（原省立四中）。1931 年“九一八”事变后，他和同学们一起参加抗日宣传活动。1933 年春，王林秘密参加中国共产主义青年团，同年转为中国共产党党员，参加党的地下工作，在天津、北平一带活动。1934 年后曾任中共中央北方局秘书长、中央出版发行部副部长等职。到开滦之前任冀东十三分区专员兼财经办事处主任。1948 年 12 月 21 日，中国人民解放军唐山市军事管制委员会发出训令，特派王林为驻开滦矿务局军事代表。1949 年 5 月，中共中央华北局批准建立开滦党委，王林任第一届开滦党委书记。

同年8月，总军事代表派王林为驻开滦矿区军事代表，管理各矿联络组事宜。1950年3月，王林调中央人民政府燃料工业部工作。历任燃料工业部副部长、电力工业部副部长、水利电力部副部长、中共陕西省委书记、西北局书记处书记。1979年后任电力工业部第一副部长、部党组第二书记、国家能源委常务副主任。1982年起，任国务院上海经济规划办公室主任。1997年5月离职。王林是中国共产党的七大、八大、十二大代表，在中共十三大上当选为中顾委委员，是第五、六届全国人大代表。2004年4月28日，王林因病在北京去世，终年89岁。

贺秉章

贺秉章（1914. 2. 26—2007. 3. 28）　曾用名贺炳章。陕西省子洲县南沟岔村人，1914年2月26日出生。1929年加入中国共产党，开始从事地下革命工作。历任党的地下支部书记，中共子长、安塞、延安县县委书记。抗日战争期间，参加中央党校学习，历任中共绥德地委委员，米脂县县委书记、县长、县参议会议长，中共清涧县县委书记、副县长等职。1945年参加党的七大。抗日战争胜利后，曾任中共晋察冀边区下属中共冀热辽区第十七地委副书记、东进工作队第一支队队长等职。1946年，贺秉章任十二地方委员会常委。1948年10月任书记，兼十二军分区政委。1949年8月至1952年8月，贺秉章任中共唐山地委第一任书记，兼任唐山军分区书记。1954年5月至1956年3月，任唐山市委第三书记。其间，1954年5月至1955年3月，贺秉章兼任开滦党委书记（省委委员）、总管理处主任（1954年5月至9月）。调离开滦后，曾任煤炭工业部部长助理，1958年任煤炭工业部副部长、党组成员。“大跃进”中因反对浮夸，被扣上“右倾机会主义”帽子，受到降职处分。1960年10月至1964年7月任山西煤炭管理局副局长、党组成员。1964年至1978年7月任北京煤炭科学研究院第一副书记、院长，书记。其后再次担任煤炭工业部副部长、党组成员。1981年任煤炭工业部顾问，世界采矿会中国采矿委员会主任委员，世界采矿组织委员会委员，中国煤炭学会理事长。1995年离休。贺秉章是第六、七届全国政协委员。2007年3月28日，贺秉章因病在北京去世，终年93岁。

张国滨

张国滨（1950. 9—2007. 12. 28）　1950年9月出生于黑龙江省哈尔滨市。1968年上山下乡到黑龙江建设兵团，1974年8月加入中国共产党。1977年毕业于西安冶金建筑学院轧钢专业。河北理工大学冶金与能源学院教授，硕士生导师。

他主讲本科生课四门、研究生课两门专业基础理论课程。主讲的金属塑性变形理论课程，2001年被学校评为“优秀课程”，2002年该课又被评为河北省“精品课程”。在完成教学任务的同时，他还承担国家经贸委、河北省科技厅、河北省教育厅及唐山市科技局等纵向课题8项，邯钢、鞍钢、唐钢、承钢、石钢等大型钢铁企业横向课题13项。其中达到国际先进水平的成果2项、国内领先水平成果1项。其主研完成的河北省科技厅项目“热轧窄带钢的工艺优化与创新”课题，成功解决当时国内热轧窄带生产中存在的一系列问题，在窄带生产线上开发出较宽超薄的新产品，填补市场空白。2001年该项目给唐钢带钢厂带来5000万元的利润，当年荣获中国金属学会、中国钢铁协会“冶金科技进步二等奖”、河北省“科技进步二等奖”。其“棒材力能预报系统”项目，于2001年8月6日通过省科技厅组织的专家鉴定。该成果成功地解决棒材热连轧各机架负荷的合理分配和过载保护等重要问题。2003年已推广至承钢、石钢等大型企业，均取得良好的经济与社会效益。据统计，他的研究成果为国家创造2亿多元的经济效益。累计发表论文33篇，其中国家核心期刊11篇、被EI检索7篇，被CA检索2篇。2004年5月，他被确诊为结肠癌肝转移，医生断言他的生存期仅有3~6个月。面对突如其来的病魔，他所表现出来的沉稳、乐观超出常人想象。出院后，以顽强的毅力坚持在教学、科研第一线，忍着剧烈的化疗反应，指导7名研究生的课题研究。不仅如此，还承担河北省教育厅、唐山市科技局和企业5项课题研究工作，其中“热轧窄带钢力能预报的研究”“热轧窄带钢专家系统的开发与应用”已经完成。“邯钢中板厂坯料设计与生产计划专家系统”成功并应用。他的工作精神，体现出一个共产党员舍己忘我、无私奉献的高尚情操，被人们誉为“钢铁教授”。其事迹在校园及社会上引起强烈反响，也引起国务院和河北省委领导的高度重视。国务委员陈至立，河北省委书记白克明、副书记刘德旺分别做出重要批示。河北理工大学党委，中共唐山市委，河北省教育工委、教育厅、教育工会等先后做出向“钢铁教授”张国滨学习的决定。新华社、《光明日报》《河北日报》《唐山劳动日报》《唐山晚报》以及唐山电视台等媒体先后报道他的事迹。张国滨多次被河北理工大学评为优秀共产党员、先进工作者、优秀教师。获唐山市“十佳教师”“优秀共产党员”，河北省“优秀共产党员”“全国优秀教师”“全国劳动模范”称号。2007年12月28日，张国滨去世，终年57岁。

第二节　限外人物传

本节记述路南区1990—2010年限外人物5人，其中路南区籍人物1人、在路南区出生人物1人、客籍人物3人。

史　民

史民（1916.9.27—1946.4.28）　原名李廷章，化名史民。祖籍广东省中山县。1916年9月27日出生在唐山市南厂（机车车辆厂）一个工人家庭。1937年只身奔赴革命圣地延安，1938年加入中国共产党。由于他成熟稳重，机敏过人，党组织便派他到中央城工部训练班学习。后分配他到唐山开滦林西矿，秘密开展党的地下工作，从此化名史民。

为便于开展工作，蒙蔽敌人，经党组织同意与黎华结婚，并在家里建立机关联络点。史民在不断收集情报的同时，还积极做好策反工作，搜集枪支弹药，为革命积蓄力量。1945年8月15日，日本投降，史民身份得以公开。他初任东矿工委书记，后任路南工委副书记。1946年4月28日拂晓，因叛徒告密，一百多名敌人直奔开平区王辇庄，将史民的住房围个水泄不通。史民意识到情况严重，立即将身边的文件、党员花名册烧毁。疯狂的敌人砸门而入，看到阁楼里只有史民一人，便朝他乱枪齐发。史民冒着弹雨沉着应战，子弹打光后，便将仅剩的两颗手榴弹投向敌群，随着两声巨响，把冲进来的敌人炸得血肉横飞，史民也不幸中弹。敌人将他从阁楼上拖到院中。当他从昏迷中醒来，看见狞笑的敌人时，马上挣扎着站起来，怒目而视，并返身去夺敌人的枪，不料一把抓到刺刀上，鲜血顺着手指流了下来。当天中午，敌人用枪逼迫着将全村老百姓集合起来，将遍体鳞伤、五花大绑的史民押到众人面前，敌军官叫史民跪下，史民强忍伤痛，昂首挺胸坚强地站着不动。敌人气急败坏，拟将他拉到国民党唐山党部去，史民宁死不从。敌军官恼羞成怒，向他开枪射击。史民倒下了，惨无人道的敌人又用刺刀在他身上乱戳，史民虽全身血肉模糊，但双眼仍愤怒地睁着。牺牲时年仅30岁。

周学熙

周学熙（1866. 1. 12—1947. 9. 26）　字缉之，别号止庵。1866 年 1 月 12 日出生在安徽省建德县（今东至县）一个封建官僚家庭。

1896 年，周学熙被委以开平矿务局驻上海售煤处主任之职。1898 年任开平矿务局会办，次年升任总办。周学熙就任开平总办后，1899 年，着手恢复停办 6 年的唐山细绵土厂（即今启新水泥厂前身）。1900 年，重建中的唐山细棉土厂被英商霸占。1902 年 11 月，周学熙被袁世凯委派参与收开事宜。第一次收开失败后，周仅从英人手中将唐山细棉土厂采用赎买方法赎回。周学熙将其更名为唐山洋灰公司，后于 1907 年组成启新洋灰股份有限公司。从 1909 年起，启新洋灰公司还在附近投资建立了马家沟机器造砖厂（马家沟耐火材料厂前身）、启新磁厂（唐山陶瓷厂前身）、启新机修厂（水泥机械厂前身），初步形成了近代唐山建材工业格局。1906 年后，周学熙任天津道、长芦盐运使、直隶按察使，其间除上述收回启新洋灰公司自办外，又经历他一生办实业中最艰难也最重要的一件事——创办北洋滦州官矿有限公司。在袁世凯的支持下，1907 年 6 月，周学熙在天津城内的玉皇阁设立北洋滦州官矿有限公司，并很快派人在马家沟一带买地，选址钻探。由于政府政治、经济上的支持和扶植，又有直隶总督撑腰，他创办的滦州煤矿很快显出振兴之势，对英商控制下的开平公司构成直接威胁。开平矿务有限公司对滦州煤矿采取了围剿和压制政策。随后，开平、滦州两矿展开了激烈竞争。周学熙与英人就煤矿的生死存亡展开抗衡。在开平、滦州两矿联合交涉中，面对屈辱的联合条件，周学熙几次派代表向英方提出反建议，亲自出面协商，力争使对方在利润分配上做出让步。1912 年 6 月 1 日，滦州公司与开平公司正式签立联合合同，成立开滦矿务总局。周学熙辞去滦州煤矿总经理之职，并坚辞联合后的开滦矿务总局华方总理一职不就。同年 7 月，他出任袁世凯北洋政府财政部长，1913 年 5 月 16 日辞职。1915 年年初，周学熙再度出任袁政府财政总长，以平衡袁政府内交通系与皖系的矛盾。此间，他不忘兴办实业。1916 年他在天津创办华新纺织股份有限公司，先后在天津、青岛、唐山、河南汲县建立华新公司的 4 个纺织厂。华新公司成为当时北方最大的纺织企业。周学熙任华新总经理。1919 年北洋政府总统徐世昌鉴于周学熙有志于棉纺业且颇有管理经验，曾任命他为全国整理棉业局督办。是年，周学熙受聘出任总行设于天津的中国实业银行总理。1925 年，周学熙陆续辞去各公司职务，退出实业界。后在天津居所设立家塾“师古堂”，督课周氏家族及一些亲友子弟在此读经学诗习字，还延聘宿儒训释、编印古籍，有《师古堂丛稿》《古训选编》传世。晚年除尊崇儒学外又笃信佛教，闭门念佛，自称松云居士。日本投降后，周迁居北京，1947 年 9 月 26 日去世，终年 81 岁。

孙　然

孙然（1910—1967. 6. 30）　曾用名孙焕然，吉林省东丰县大阳崴得胜沟人，1910 年出生。1928 年毕业于东北讲武堂，1937 年 10 月参加革命工作，1938 年 1 月加入中国共产党。抗日战争期间，历任冀西游击队供应处处长、冀中北上先遣队支队司令员、晋察冀抗大二分校队长等职。1945 年东北光复后，回东北工作，任西安军分区副司令员兼参谋长，领导保安三旅在西安、东丰和西丰一带参加解放战争。1946 年 7 月任东北财经委员会工矿处副处长。同年到鸡西接管矿区。1947 年 11 月，任东北工矿处副处长兼鸡西办事处处长。1948 年，在东北工矿处鸡西办事处的基础上，组建鸡西矿务局，任局长。新中国成立后，任东北煤矿管理局副局长、局长，北京煤矿总局局长。后任开滦煤矿总管理处主任。1965 年任河北省煤炭工业管理局局长。1967 年 6 月 30 日因受极“左”路线迫害不幸去世，终年 57 岁。

张文佑

张文佑（1909. 8. 31—1985. 2. 11） 河北省唐山市西礼尚庄人，1909 年 8 月 31 日出生。1951 年加入中国民主同盟。1956 年加入中国共产党。

1934 年毕业于北京大学地质系。至 1949 年，在中央研究院地质研究所历任助理研究员、副研究员、研究员。其间，曾在美国地质调查局、英国剑桥大学学习并作地质考察，并兼任国立中央大学理学院地质系教授。新中国成立后，任南京军管会接管中央研究院领导小组成员，全国地质工作计划指导委员会委员。1951 年起，任中国科学院地质研究所副所长兼大地构造室主任，后任所长、名誉所长、所学术委员会主任，国务院学位委员会委员，国家科委地质矿产组副组长，中国能源委员会顾问，中国科学院生物学地学部（后为地学部）学部委员（院士）、地学部常委等职。1984 年 11 月起，兼任南京大学地质系教授。曾当选为第三届全国人大代表，第五、六届全国政协委员，中国科学院主席团成员，中国地质学会副理事长，中国石油学会副理事长，中国地质学会构造地质专业委员会副理事长，北京市地质学会代理事长。早在 20 世纪 30 年代，张文佑即在北京西山解决中国北方震旦系与寒武系的分界问题，在坨里一带建立新的白垩纪地层剖面，在桂林完成山字型等构造系形成过程和力学机制的模拟实验。50 年代中期，率先提出鲁中断裂带（后称之为郯庐断裂带）以及该断裂带产有原生金刚石的论断，并在该带找到国内规模最大的原生金刚石矿床。1956 年考察柴达木盆地后，提出隐蔽区有可能出油的论断，并为勘探实践所证实。他提出中国东部包括冀中、松辽等大型厚层沉积盆地有石油远景的见解，参与了国内石油天然气勘探基地由西向东移的战略决策。1974 年提出“定洼探边”“定洼探隆”观点，提高油气储采比，开创油气勘探新局面。他提出的断块煤田的见解——断裂形式和性质控制成矿环境、成矿部位及煤田深层地下水的观点，亦为实践所证实。他主张多学科综合研究大地构造，并提出“上天、入地、下海”的研究方向。提出“断块构造学说”，并将其发展成为以线形构造为本的大地构造学说。他在大庆和其他油田的发现过程中做出突出贡献。张文佑一生发表论著计 170 余篇。主编了新中国第一幅《中国大地构造图》，完成其说明书《中国大地构造纲要》，为国内外最有影响、最详细阐述中国大地构造的著作。主持编写了《中国及邻区海陆大地构造图》和《中国及邻区海陆大地构造》，使断块构造学说更趋完善。1984 年，他编著的《断裂构造导论》出版。他曾荣获国家自然科学奖一等奖、二等奖、三等奖、全国科技大会重大科技成果奖和两项中国科学院科技成果一等奖。1985 年 2 月 11 日，张文佑去世，终年 76 岁。

纪钜凯

纪钜凯（1910—1986） 天津市人。1933 年毕业于交通大学唐山工程学院。曾任山东省胶济铁路局工程师。建国后，历任开滦煤矿地质测量处主任工程师、唐山煤炭科学院矿山测量研究室主任等职。1980 年套改为高级工程师职称。

纪钜凯在开滦工作期间，解决技术难度较大的长距离井巷贯通测量和用定向钢丝进行竖井导入标高问题，为开滦煤矿的恢复和生产建设做出贡献。1956 年担任唐山煤炭科学院矿山测量研究室主任后，曾随副院长田野赴苏联考察矿山测量研究项目。主持室内矿山测量研究工作，参与唐山煤炭科学研究院的建设规划，创建国内第一个地表沉陷相似材料模型试验室，担任阜新海州露天矿边坡稳定研究课题负责人，主持制定《全国生产矿井测量规程》。20 世纪 50 年代末 60 年代初，在矿山测量、矿用测量仪器及铁路下、建筑物下、水体下采煤研究中，起了组织领导和技术指导作用。1986 年，纪钜凯因病去世，终年 76 岁。

第二章　人物名表

本章收录1990—2010年路南区域人物1050人（次），其中享受国务院政府特殊津贴和省级有突出贡献专家人物50人（次），获省部级以上先进奖励人物212人（次），正高级专业技术职务人员518人，革命烈士32人（含限外补录27人），冀东烈士陵园烈士238名。

第一节　专家名表

1990—2010年，路南区域获享受国务院政府特殊津贴和省级有突出贡献专家50人（次）。

1990—2010年唐山市路南区享受国务院政府特殊津贴和省级有突出贡献专家一览表

表25－1

姓名	性别	出生年月	工作岗位	单位	专家类别	获得年度
吕方润	男	1924.12	教学	河北理工大学	国特贴	1991
黄汉国	男	1935.9	教学	河北理工大学	国特贴	1992
王子平	男	1934.6	教学	河北理工大学	国特贴	1992
韩天恩	男	1934.12	教学	河北理工大学	国特贴	1992
马义德	男	1934.8	教学	河北理工大学	国特贴	1992
朱占升	男	1936.2	教学	河北理工大学	国特贴	1992
艾有年	男	1930.1	卫生检验	唐山市防疫站	国特贴	1992
姚硕龄	男	1934.3	肿瘤外科	唐山市人民医院	国特贴	1992
钟亚平	男	1945.4	总工程师	开滦矿务局	国突贡	1992
王朕增	男	1936.4	教学	河北理工大学	国特贴	1993
梁克钧	男	1929.9	教学	河北理工大学	国特贴	1993
杨福海	男	1934.12	教学	河北理工大学	国特贴	1993
冯家瑞	男	1937.1	农学	唐山市农研所	国特贴	1993
王祖云	女	1932.1	玉米育种	唐山市农科院	国特贴	1993
彭淑觉	男	1934.8	放射	唐山铁路医院	国特贴	1993
陆公伯	男	1942.11	机械制造	唐山齿轮集团	国特贴	1993
李治田	男	1960.7	中医	唐山职技学院	国特贴	1993
游双兰	女	1934.5	农学	唐山市农科院	国特贴	1993
张玉柱	男	1956.11	冶金工程	河北理工大学	国特贴、省突贡	1995 2000
金仲鸣	男	1948.11	化学	唐山一中	国特贴	1997

1990—2010年唐山市路南区享受国务院政府特殊津贴和省级有突出贡献专家一览表

续表25－1

姓名	性别	出生年月	工作岗位	单位	专家类别	获得年度
李云霞	女	1956.12	医疗	唐山市卫校附院	省突贡	1998
刘保相	男	1957.6	数学与应用数学	河北理工大学	省突贡	2002
么文博	男	1958.12	普外科	唐山市人民医院	省突贡	2002
钟亚平	男	1945.4	总经理、副董事长	开滦集团	国特贴	2002
朱立光	男	1965.2	冶金工程	河北理工大学	省突贡、国特贴	2004 2010
李桂荣	女	1954.11	医疗	唐山市妇幼保健院	国特贴	2004
李建民	男	1957.6	副总经理	开滦集团	国特贴	2004
殷作如	男	1960.12	副总经理、总工程师	开滦集团	省突贡	2004
易建平	女	1963.10	医疗	唐山市妇幼保健院	省突贡	2005
吕　庆	男	1954.9	冶金工程	河北理工大学	省突贡、国特贴	2002 2006
梁英华	女	1964.2	化学工程与工艺	河北理工大学	省突贡	2006
李建民	男	1957.6	副总经理	开滦集团	省突贡	2006
殷作如	男	1960.12	总经理	开滦集团	国特贴	2006
裴　华	男	1954.12	副董事长、党委副书记、纪委书记	开滦集团	省突贡	2006
庞保东	女	1954.2	医疗	唐山市妇幼保健院	省突贡	2007
李福进	男	1957.1	测控技术及仪器	河北理工大学	省突贡	2008
郭立稳	男	1964.4	安全工程	河北理工大学	省突贡	2008
胡万宁	男	1964.2	医疗	唐山市人民医院	省突贡	2008
张文学	男	1956.11	董事长、党委书记	开滦集团	国特贴	2008
杨　中	男	1950.3	保留集团公司正职待遇	开滦集团	国特贴	2008
张文市	男	1962.10	掘进机司机	开滦钱家营矿掘一区	国特贴	2008
易建平	女	1963.10	医疗	唐山市妇幼保健院	国特贴	2009
裴　华	男	1954.12	副董事长、党委副书记	开滦集团	国特贴	2010
赵　刚	男	1963.10	医疗	唐山市人民医院	省突贡	2010
高淑凤	女	1963.5	医疗	唐山市妇幼保健院	省突贡	2010
高士伟	男	1979.6	直属中队中队长	开滦救护大队	国特贴	2010
赵国锋	男	1955.1	副调研员	开滦唐山矿业公司	国特贴	2010
冬伯文	男	1959.9	副总经理	开滦集团	省突贡	2010
付贵祥	男	1958.4	副总经理	开滦集团	省突贡	2010
苏幼坡	男	1956.3	建筑工程	河北联合大学	省突贡	2010

第二节　先进人物名表

1990—2010年，路南区域共有212人（次）被省部级以上单位授予劳动模范、先进个人、先进工作者、记功等荣誉称号。

1990—2010年唐山市路南区获省（部）级以上劳动模范、先进人物一览表

表25－2

姓名	性别	获奖时工作单位	获奖名称	授奖单位	获奖年度
马彦平	男	开滦唐山矿井运区	全国“五一”劳动奖章	中华全国总工会	1990
王玉松	男	松下电器	河北省劳动模范	河北省政府	1990
魏运城	男	河北省总队第三支队	二等功	武警河北省总队	1990
侯旌斌	男	河北省总队唐山市支队	二等功	武警河北省总队	1990
张少泽	男	唐山市化工机械厂	全国“五一”劳动奖章	中华全国总工会	1990
祝允林	男	唐山市路南区政府	普法先进个人	中宣部、司法部	1990
王若男	男	路南区增盛楼居委会	先进工作者	全国老年体协	1990
张少泽	男	唐山市化工机械厂	河北省劳动模范	河北省政府	1990
马彦平	男	开滦唐山矿井运区起重班	河北省劳动模范	河北省政府	1990
刘　韧	女	路南区文北小学	河北省优秀教师	河北省政府	1991
郑东秀	男	郑家庄小学	义务教育先进个人	河北省政府	1991
王　唐	男	第五职业高中	全国优秀教师	国家教育委员会、人事部	1991
郑东秀	男	郑家庄小学	全国优秀教育工作者	国家教育委员会、人事部	1991
王建国	男	河北省总队第三支队	二等功	武警河北省总队	1992
张少泽	男	唐山市化工机械厂	河北省劳动模范	河北省政府	1992
马彦平	男	开滦唐山矿井运区起重班	河北省劳动模范	河北省政府	1992
柳宝诚	男	唐山市电子设备厂	河北省劳动模范	河北省政府	1992
何广明	女	福寿公寓	开拓创新带头人、全国老有所为先进集体带头人奖	全国老龄委	1992
郑东秀	男	路南区女织寨乡教育组	先进工作者	河北省政府	1992
胡秀文	男	路南区工商局	河北省市场建设先进工作者	河北省政府	1992
杨国清	男	路南区工商局	河北省市场建设先进工作者	河北省政府	1992
李贵祥	男	开滦唐山矿井运区	河北省劳动模范	河北省政府	1992
尹春水	男	路南区工商局商标广告股	打假先进个人	河北省政府	1993
王玉松	男	松下电器	河北省劳动模范	河北省政府	1993
张国栋	男	路南区工商局商标广告股	打假先进个人	河北省政府	1993
王　君	男	唐山一中	全国优秀教师	教育部	1993

1990—2010 年唐山市路南区获省（部）级以上劳动模范、先进人物一览表

续表 25－2

姓名	性别	获奖时工作单位	获奖名称	授奖单位	获奖年度
董春荣	女	唐山市截瘫疗养院病区	河北省劳动模范	河北省政府	1993
刘　韧	女	路南区南新道小学	全国优秀教育工作者	人事部、国家教委	1993
柳宝诚	男	唐山电子设备厂	优秀共产党员	中共河北省委	1993
张麦浪	男	河北省总队第三支队	二等功	武警河北省总队	1993
尚加红	男	河北省总队唐山市支队	二等功	武警河北省总队	1993
柳宝诚	男	唐山电子设备厂	优秀共产党员	中共河北省委	1994
刘　韧	女	路南区南新道小学	全国教育系统巾帼标兵	国家教委	1994
赵国峰	男	开滦唐山矿采二区	全国煤炭工作劳动模范	国家煤炭工业部	1994
张少泽	男	唐山市化工机械厂	河北省劳动模范	河北省政府	1995
李贵祥	男	开滦唐山矿井运区	河北省劳动模范	河北省政府	1995
尚振昆	男	唐山市卫校附属医院	先进工作者	卫生部	1995
刘　韧	女	路南区南新道小学	河北省劳动模范	河北省政府	1995
柳宝诚	男	唐山电子设备厂	优秀共产党员	中共河北省委	1995
刘　韧	女	路南区南新道小学	全国劳动模范	国务院	1995
李秀文	男	路南区双新二居委会	先进个人	中共河北省委、省政府	1995
董秀丽	女	路南区永红桥派出所	全国优秀人民警察	公安部	1995
王淑英	女	路南区东新街小学	全国语言文字规范知识竞赛优秀组织者奖	国家语言文字办公室	1995
马彦平	男	开滦唐山矿井运区	河北省劳动模范	河北省政府	1995
马彦平	男	开滦唐山矿井运区	煤炭工业部劳动模范	煤炭工业部	1995
李贵祥	男	开滦唐山矿井运区	煤炭工业部劳动模范	煤炭工业部	1995
赵国峰	男	开滦钱家营矿综采一队	河北省劳动模范	河北省政府	1995
赵国峰	男	开滦钱家营矿综采一队	煤炭工业部劳动模范	煤炭工业部	1995
孙秀兰	女	唐山市人民医院护理部	河北省劳动模范	河北省政府	1995
张立明	男	唐山火车站	河北省劳动模范	河北省政府	1995
刘瑞申	男	路南区女织寨乡郑家庄造纸厂	河北省劳动模范	河北省政府	1995
李玉荣	女	唐山市起重机电器厂	全国优秀乡镇企业家	农业部	1995
刘文平	男	河北省总队第三支队	二等功	武警河北省总队	1995
金仲鸣	男	唐山市第一中学	河北省劳动模范	河北省政府	1995
柳宝诚	男	唐山电子设备厂	优秀共产党员	中共河北省委	1996
刘　韧	女	路南区南新道小学	全国家庭教育优秀园丁	国家教委、全国妇联	1996
刘　韧	女	路南区南新道小学	全国教书育人孺子牛金球奖	国家教委、香港柏宁顿集团	1996
邱希军	男	承德下板城油料仓库	二等功	北京军区	1996

1990—2010年唐山市路南区获省（部）级以上劳动模范、先进人物一览表

续表25－2

姓名	性别	获奖时工作单位	获奖名称	授奖单位	获奖年度
赵国峰	男	开滦唐山矿采二区	全国“五一”劳动奖章	中华全国总工会	1996
王淑英	女	路南区胜利路小学	首届全国规范汉字书写大赛指导奖	国家语言文字办公室	1997
柳宝诚	男	唐山电子设备厂	优秀共产党员	中共河北省委	1997
常玉珍	女	路南区常记功臣幸福院	拥军优属先进个人	中共河北省委、省政府、省军区	1997
孙秀兰	女	唐山市人民医院护理部	河北省优秀人民公仆	中共河北省委	1997
赵国峰	男	开滦钱家营矿综采一队	扭亏增盈先进工作者	河北省政府	1997
赵明晓	男	河北省总队唐山市支队	二等功	武警河北省总队	1997
刘　义	男	河北省总队第三支队	二等功	武警河北省总队	1997
张再香	女	唐山一中	全国模范教师	教育部	1998
柳宝诚	男	唐山电子设备厂	优秀共产党员	中共河北省委	1998
孙效忠	男	河北省总队唐山市支队	二等功	武警河北省总队	1998
张世和	男	河北省总队唐山市支队	二等功	武警河北省总队	1998
崔胜军	男	河北省总队第三支队	二等功	武警河北省总队	1998
赵丛生	男	路南区城建局环卫处清运队板车分队	河北省劳动模范	河北省政府	1998
柳宝诚	男	唐山电子设备厂	优秀共产党员	中共河北省委	1999
刘保相	男	河北理工大学理学院	全国“五一”劳动奖章	中华全国总工会	1999
郑汉成	男	女织寨乡郑家庄村	河北省劳动模范	河北省政府	1999
武耀武	男	女织寨乡南刘屯村	河北省农业劳动模范	河北省政府	1999
向绍新	男	建新钢球厂	河北省劳动模范	河北省政府	1999
王　珍	男	唐山市制酒厂	河北省劳动模范	河北省政府	1999
马有河	男	建华化工厂	河北省劳动模范	河北省政府	1999
黄树荷	男		河北省劳动模范	河北省政府	1999
贾文柱	男	唐山电影机械厂	河北省劳动模范	河北省政府	1999
张振科	男	唐山制酒厂	河北省劳动模范	河北省政府	1999
裴庆武	男		河北省劳动模范	河北省政府	1999
侯秀芬	男	唐山市毛巾厂	河北省劳动模范	河北省政府	1999
刘九红	男	解放军第二五五医院院务处	二等功	北京军区	1999
李春秀	女	双新小学	优秀教师	教育部	1999
刘庆芝	女	友谊里小学	优秀教师	教育部	1999
李新元	男	开滦唐山矿总工程师室回采组	河北省劳动模范	河北省政府	1999
张文市	男	开滦钱家营矿掘进队机掘组	河北省劳动模范	河北省政府	1999

1990—2010 年唐山市路南区获省（部）级以上劳动模范、先进人物一览表

续表 25 - 2

姓名	性别	获奖时工作单位	获奖名称	授奖单位	获奖年度
马建军	男	河北省总队唐山市支队	二等功	武警河北省总队	1999
柳宝诚	男	开元集团	全国劳动模范	国务院	2000
张国滨	男	河北理工大学冶金与能源学院	全国劳动模范	国务院	2000
李效武	男	河北省武警总队唐山市支队	第三届“中国武警十大忠诚卫士”	中国武警总部	2000
常玉珍	女	路南区常记功臣幸福院	第三届中国“十大”女杰	全国妇联、中央电视台	2000
赵国峰	男	开滦唐山矿采二区	全国劳动模范	国务院	2000
张文市	男	开滦钱家营矿业分公司机掘队机掘组	全国“五一”劳动奖章	中华全国总工会	2001
刘　韧	女	路南区第二实验小学	优秀党务工作者	中共河北省委	2001
曾庆忠	男	路南区女织寨乡司法所	全国司法行政系统先进工作者	人事部、司法部	2001
赵国峰	男	开滦钱家营矿综采一队	优秀共产党员	中共河北省委	2001
赵国峰	男	开滦钱家营矿综采一队	第七届全国职工职业道德十佳标兵	全国职工职业道德建设指导协调小组	2001
梁英华	女	河北理工学院化工系	全国优秀教师	教育部	2001
柳宝诚	男	唐山开元集团	优秀党务工作者	中共河北省委	2001
何广明	女	福寿公寓	巾帼创业带头人	全国妇联	2001
何广明	女	福寿公寓	“三八”红旗手	全国妇联	2001
赵丛生	男	路南区城建局环卫处清运队板车分队	全国“五一”劳动奖章	中华全国总工会	2001
崔立新	女	路南区外事侨务办公室	全国社区侨务工作先进个人	国务院侨务办公室	2002
于文甫	男	路南区民政局	先进工作者	河北省政府	2002
孟庆田	男	路南区卫生防疫站	先进个人	卫生部	2002
么国兴	男	路南区环保分局	一等功	河北省政府	2002
赵国峰	男	开滦钱家营矿综采一队	全国技术能手	劳动和社会保障部	2002
常玉珍	女	路南区常记商场	爱国拥军模范	人事部、民政部、总政治部	2003
李继安	男	唐山市路南医院	抗“非典”先进工作者	中共河北省委、省政府	2003
马惠英	女	小山隆义里社区	全国社区志愿者先进个人	民政部	2003
王淑英	女	路南区胜利路小学	河北省劳动模范	1989 年教育部、人事部评定、2003 年河北省政府重新认定	2003
赵福山	男	路南区物价局	先进个人	国家计委	2003
王志义	男	路南区司法局	先进个人	司法部	2003
李尚泽	女	路南区计生局	全国人口和计划生育法制建设先进个人	国家人口计生委	2003
杨思荣	男	路南区工商分局	优秀工商行政管理人员	工商行政管理总局	2004

1990—2010年唐山市路南区获省（部）级以上劳动模范、先进人物一览表

续表25－2

姓名	性别	获奖时工作单位	获奖名称	授奖单位	获奖年度
张文市	男	开滦钱家营矿掘进队机掘组	河北省劳动模范	河北省政府	2004
王海燕	女	路南区卫国楼社区居委会主任	全国再就业先进工作者	劳动和社会保障部、人事部	2004
王学红	女	唐山一中	全国模范教师	教育部	2004
李丽娜	女	友谊街道	思想政治工作先进个人	中共河北省委、省政府	2004
李丽娜	女	友谊街道	优秀党务工作者	中共河北省委	2004
张素娟	女	唐山二十六中	河北省先进工作者	河北省政府	2004
张一民	男	中共唐山路南区农工委	河北省先进工作者	河北省政府	2004
常玉珍	女	路南区常记功臣幸福院	中华孝亲敬老楷模	全国敬老爱老组委会	2004
赵国峰	男	开滦钱家营矿综采一队	河北省特等劳动模范	河北省政府	2004
郑焕金	男	唐山市协和医院	省级优秀共产党员	中共河北省委	2004
梁英华	女	河北理工学院化工系	河北省先进工作者	河北省政府	2004
李昌存	男	河北理工大学科研处	河北省优秀教师	河北省政府、省教育厅	2004
刘连存	男	唐山华盛超市有限公司	河北省劳动模范	河北省政府	2004
高玉梅	女	路南区女织寨乡老谢庄	河北省劳动模范	河北省政府	2004
于志辉	男	区市场建设服务中心	全国十佳市场服务中心主任	商务部中国市场指导委员会	2005
王宝臻	女	小山街道花园里社区	全国“五好”家庭标兵户	全国五好家庭创建活动领导小组	2005
张文市	男	开滦钱家营矿业分公司机掘队机掘组	全国劳动模范	国务院	2005
王宝珍	女	小山双桥里社区	全国第五届五好文明家庭标兵户	全国妇联	2005
高占稳	男	唐山市协和医院	优秀工会工作者	中国教科文卫体工会全国委员会	2005
张国滨	男	河北理工大学	全国先进工作者	全国总工会	2005
赵丛生	男	路南区城建局环境卫生管理处板车分队	优秀共产党员	中共河北省委	2005
张国滨	男	河北理工大学	全国优秀教师	全国总工会	2006
张玉柱	男	河北理工大学	河北省劳动模范	河北省政府	2006
何广明	女	福寿公寓	中华孝亲敬老之星	全国敬老爱老助老主题教育活动组委会	2006
石　峰	男	路南区赵庄派出所	全国优秀社区民警	公安部	2007
侯汝彦	男	路南区政府	全国地质灾害群测群防突出贡献奖	国土资源部	2007
张素娟	女	唐山二十六中	河北省劳动模范	河北省人民政府	2007
张铁明	男	开滦唐山矿调度室	全国煤炭系统劳动模范	劳动和社会保障部、中煤协会	2007
刘占春	男	开滦钱家营矿业分公司安装二队	全国煤炭系统劳动模范	劳动和社会保障部、中煤协会	2007

1990—2010年唐山市路南区获省（部）级以上劳动模范、先进人物一览表

续表25－2

姓名	性别	获奖时工作单位	获奖名称	授奖单位	获奖年度
郑晓东	男	解放军第二五五医院	二等功	北京军区	2007
杨克强	男	解放军第二五五医院外二科	军区优秀医学专家	北京军区	2007
马君艳	女	解放军第二五五医院医务处	军区优秀护士	北京军区	2007
郭立稳	男	河北理工大学	教育系统先进工作者	教育部	2007
张景华	女	唐山市人民医院	全国“巾帼建功标兵”	中华全国妇女联合会等单位	2007
李全刚	男	河北省武警总队唐山市支队	优秀士官人才三等奖	中国武警总部	2007
李全刚	男	河北省武警总队唐山市支队	优秀士官人才二等奖	中国武警总部	2008
刘晓华	男	路南区公安分局	河北省奥运工作先进个人、二等功	中共河北省委、河北省政府	2008
王晓壮	男	路南区工商局	全国工商系统12315行政执法体系建设先进个人	工商行政管理总局	2008
霍卫军	男	路南区工商局	流通环节产品质量和食品安全专项整治工作先进个人	工商行政管理总局	2008
丁宝玉	男	解放军第二五五医院干部病房	军区保健工作先进个人	北京军区	2008
陈宏光	男	解放军第二五五医院医务处	全军优秀参谋	总参谋部	2008
宋晓勇	男	开滦唐山矿业分公司开拓区	全国“五一”劳动奖章	中华全国总工会	2008
易建平	女	唐山市妇幼保健院	全国“三八”红旗手	中华全国妇女联合会	2008
胡万宁	男	唐山市人民医院	全国卫生系统先进工作者	人事部、卫生部、国家中医药管理局	2008
沈振明	男	唐山市第五医院	国际莫尼卡人道主义杰出奖	国际华人医学家心理学家联合会（IACMSP）	2008
何广明	女	福寿公寓	中华孝亲敬老之星	全国敬老助老组委会	2008
李全刚	男	河北省武警总队唐山市支队	全军优秀士官	总参谋部	2009
李全刚	男	河北省武警总队唐山市支队	二等功	武警河北省总队	2009
张　亮	男	河北省总队唐山市支队	二等功	武警河北省总队	2009
宋志亮	男	河北省总队唐山市支队	第二届“燕赵武警十佳卫士”、二等功	武警河北省总队	2009
王　岭	男	河北理工大学化工学院	全国优秀教师	河北省政府	2009
高品杨	男	唐山市新华书店	先进工作者	河北省政府	2009
王武刚	男	唐山市丰南区国税局（后调路南）	河北省劳动模范	中共河北省委、省政府	2009
孙贺荣	男	女织寨乡王禾庄	河北省劳动模范	中共河北省委、省政府	2009
侯文武	男	路南区国税局	河北省劳动模范	中共河北省委、省政府	2009
韩铁梅	女	路南区政府采购办	河北省劳动模范	中共河北省委、省政府	2009

1990—2010年唐山市路南区获省（部）级以上劳动模范、先进人物一览表

续表25-2

姓名	性别	获奖时工作单位	获奖名称	授奖单位	获奖年度
王玉生	男	唐山市冀东汽车销售有限公司	河北省劳动模范	中共河北省委、省政府	2009
王宝贵	男	开滦钱家营矿业分公司开拓二区	河北省特等劳动模范	河北省政府	2009
赵国峰	男	开滦钱家营矿综采一队	全国十大劳动领跑者	中华全国总工会	2009
王　莉	女	唐山市军队离休退休干部第二休养所	全国军休系统先进个人	民政部、解放军总政治部	2009
高建民	女	唐山市第二幼儿园	优秀辅导教师	联合国规划署、中国少年先锋队全国工作委员会	2009
何家超	男	解放军第二五五医院生殖医学中心	二等功	北京军区	2009
刘建军	男	解放军第二五五医院	二等功	北京军区	2009
邵德志	男	解放军第二五五医院普通外科	二等功	北京军区	2009
郑晓东	男	解放军第二五五医院	全国抗震救灾医药卫生先进个人	卫生部、国家食品药品监督管理局、国家中医药管理局、总后勤部	2009
刘树新	男	解放军第二五五医院	全国抗震救灾医药卫生先进个人	卫生部、国家食品药品监督管理局、国家中医药管理局、总后勤部	2009
杨克强	男	解放军第二五五医院骨科	全国抗震救灾医药卫生先进个人	卫生部、国家食品药品监督管理局、国家中医药管理局、总后勤部	2009
安　琳	女	解放军第二五五医院护理部	全国抗震救灾医药卫生先进个人	卫生部、国家食品药品监督管理局、国家中医药管理局、总后勤部	2009
肖宇宏	女	解放军第二五五医院检验科	全国“五四”青年奖章	团中央	2009
朱塞筠	女	解放军第二五五医院经管部	军区优秀护士	北京军区	2009
王　胜	男	解放军第二五五医院中医康复科	中国医师奖提名奖	全国医师协会	2009
郑晓东	男	解放军第二五五医院	优秀共产党员	北京军区	2009
吴　江	女	解放军第二五五医院五官科	优秀共产党员	北京军区	2009
姜佳星	男	解放军第二五五医院医务处	优秀共产党员	北京军区	2009
赵建勇	男	解放军第二五五医院	优秀旅团单位主官	北京军区	2009
唐　其	男	解放军第二五五医院麻醉科	二等功	北京军区	2009
赵建勇	男	解放军第二五五医院	二等功	北京军区	2009
易建平	女	唐山市妇幼保健院	河北省先进工作者	河北省政府	2009
丁　岚	女	唐山一中	全国“三八”红旗手	全国妇联	2009

1990—2010 年唐山市路南区获省（部）级以上劳动模范、先进人物一览表

续表 25－2

姓名	性别	获奖时工作单位	获奖名称	授奖单位	获奖年度
田立红	女	唐山一中	全国模范教师	教育部	2009
王秀荣	女	唐山市人民医院	全国卫生系统护理专业巾帼建功标兵	卫生部、中华全国妇女联合会、总后勤部	2009
孙继兴	男	唐山市人民医院	全国卫生援藏工作先进个人	卫生部	2010
沈振明	男	唐山市第五医院	国际莫尼卡人道主义杰出奖	国际华人医学家心理学家联合会（IACMSP）	2010
韩艳萍	女	解放军第二五五医院护理部	全国卫生系统护理专业巾帼建功标兵	卫生部	2010
张艳辉	女	解放军第二五五医院门诊科	全军优秀非现役文职人员	总后勤部	2010
何红莲	女	解放军第二五五医院护理部	军区优秀护士	北京军区	2010
赵艳芬	女	解放军第二五五医院	军区先进离退休干部	北京军区	2010
陈宏光	男	解放军第二五五医院医务处	优秀教练员	北京军区后勤部	2010
张素娟	女	唐山二十六中	全国劳动模范	国务院	2010
胡万宁	男	唐山市人民医院	优秀社员	九三学社中央委员会	2010
赵　刚	男	唐山市人民医院	全国“五一”劳动奖章	中华全国总工会	2010
李生辉	男	河北省武警总队唐山市支队	第三届“燕赵武警十佳卫士”、二等功	武警河北省总队	2010
刘建辉	男	唐山市南湖生态管理委员会	全国劳动模范	国务院	2010
赵国林	男	唐山市南湖生态建设指挥部	河北省城镇面貌三年大变样先进工作者	河北省政府	2010

说明：资源来源承编单位、个人证书、区党史、区组织史、区大事记、河北省奖励手册。不作为享受相关待遇依据

第三节　正高级专业技术职务人员名表

1990—2010 年，路南区域共有 518 人获得正高级技术职务，其中区属 3 人、驻区 515 人。

1988—2010 年唐山市路南区正高级专业技术职务人员一览表

表 25－3

姓名	性别	出生年月	系列	专业技术职务	单位及职务	专业	评定时间
岳清明	男	1963.4	工程类	正高级工程师	唐山现代建筑公司	建筑	2001.2
刘若梅	女	1939.11	工程类	正高级工程师	唐山玻璃厂	管理	2002.9
李继安	男	1962.12	卫生	主任医师	唐山路南医院	临床	2004.12
张贵苍	男	1955.9	卫生	主任中医师	唐山市第十医院终检部主任	中医	2003.12
李春霞	女	1963.9	卫生	主任中医师	唐山市第十医院院长、书记	管理	2007.12

1988—2010年唐山市路南区正高级专业技术职务人员一览表

续表25-3

姓名	性别	出生年月	系列	专业技术职务	单位及职务	专业	评定时间
刘文正	男	1966.2	卫生	主任医师	唐山市第十医院	骨外临床	2007.12
王　冰	男	1958.5	卫生	主任医师	唐山市第十医院副院长	影像	2009.12
李世泽	男	1941.3	卫生	主任医师	唐山市第五医院院长	精神科医疗	1988.11
李福海	男	1941.2	卫生	主任医师	唐山市第五医院副院长	精神科医疗	1997.10
甘向东	男	1948.11	卫生	主任医师	唐山市第五医院副院长	精神科医疗	2002.11
赵安全	男	1963.8	卫生	主任中医师	唐山市第五医院科室主任	精神科医疗	2002.12
于　江	男	1946.7	卫生	主任中医师	唐山市第五医院副院长	精神科医疗	2003.12
李佑来	男	1946.11	卫生	主任医师	唐山市第五医院副主任	功能科	2003.12
徐建国	女	1956.5	卫生	主任医师	唐山市第五医院业务副院长	精神科医疗	2006.12
于得霞	女	1965.10	卫生	主任中医师	唐山市第五医院科室副主任	精神科医疗	2007.12
沈振明	男	1970.6	卫生	主任中医师	唐山市第五医院业务副院长	精神科医疗	2008.12
尚振昆	男	1937	卫生	主任医师	原唐山市卫校附属医院院长	外科	1988.11
韩云清	男	1935	卫生	主任医师	原唐山市卫校附属医院技术顾问	耳鼻咽喉科	1988.11
苏经提	男	1933.10	卫生	主任医师	原唐山市卫校附属医院主任	病理科	1992.10
李荫堂	男	1936.7	卫生	主任医师	原唐山市卫校附属医院副主任	病理科	1992.10
梁增义	男	1943	卫生	主任医师	原唐山市卫校附属医院主任	外科	1993.12
黄小岩	女	1945.1	卫生	主任医师	原唐山市卫校附属医院主任	眼科	1993.11
陆述赞	男	1934.3	卫生	主任医师	原唐山市卫校附属医院院长	心血管及肾病	1993.12
张阁前	男	1938.12	卫生	主任医师	原唐山市卫校附属医院副院长	内科心血管	1995.11
李顺平	男	1939	卫生	主任医师	原唐山市卫校附属医院主任	CT室	1995.7
武振乾	男	1930	卫生	主任医师	原唐山市卫校附属医院主任	皮肤科	1997.8
李云霞	女	1955.12	卫生	主任医师	原唐山市卫校附属医院副院长	口腔外科	1998.11
刘家明	男	1944.4	卫生	主任医师	原唐山市卫校附属医院副院长	呼吸科	1998.11
崔德茂	男	1935.11	卫生	主任医师	原唐山市卫校附属医院主任	骨科	1998.11
艾发元	男	1952.7	卫生	主任中医师	原唐山市卫校附属医院主任	中医内科	1999.10
张继先	男	1935	卫生	主任医师	原唐山市卫校附属医院主任	心内科	2000.12
吴素花	女	1953.5	卫生	主任医师	原唐山市卫校附属医院	普外	2001.12
李明仓	男	1946.4	卫生	主任医师	原唐山市卫校附属医院主任	内分泌	2001.12
信卫平	男	1958.1	卫生	主任医师	原唐山市卫校附属医院副院长	神经外科	2002.12
姚秀芳	女	1956.1	卫生	主任药师	原唐山市卫校附属医院副主任	药剂科	2002.12
刘英明	男	1952.5	卫生	主任医师	原唐山市卫校附属医院教授	骨科	2002.9
崔福悦	男	1949.6	卫生	主任医师	原唐山市卫校附属医院主任	胸外科	2002.12

1988—2010 年唐山市路南区正高级专业技术职务人员一览表

续表 25 - 3

姓名	性别	出生年月	系列	专业技术职务	单位及职务	专业	评定时间
王树满	男	1952. 7	卫生	主任医师	原唐山市卫校附属医院主任	呼吸科	2002. 12
李红民	女	1954. 11	卫生	主任医师	原唐山市卫校附属医院主任	病理科	2002. 12
张静华	男	1960. 1	卫生	主任医师	原唐山市卫校附属医院主任	泌尿外科	2002. 12
赵成丽	女	1945	卫生	主任中医师	原唐山市卫校附属医院副主任	中医内科	2002. 12
秦志聪	男	1951. 11	卫生	主任医师	原唐山市卫校附属医院	普外	2002. 12
葛　健	男	1960. 5	卫生	主任医师	原唐山市卫校附属医院副院长	心内科	2003. 12
张广增	男	1960. 3	卫生	主任医师	原唐山市卫校附属医院副院长	心内科	2003. 12
刘　青	男	1956. 2	卫生	主任医师	原唐山市卫校附属医院主任	儿科	2003. 12
索　洁	女	1956. 12	卫生	主任医师	原唐山市卫校附属医院主任	ICU	2003. 12
左伯文	女	1954. 11	卫生	主任医师	原唐山市卫校附属医院主任	内分泌科	2003. 12
孙秀荣	女	1954. 9	卫生	主任技师	唐山市协和医院	检验科	2004. 12
王东海	男	1963. 1	卫生	主任医师	唐山市协和医院主任	耳鼻喉科	2004. 12
鱼学农	男	1965. 1	卫生	主任医师	唐山市协和医院副主任	泌尿外科	2005. 12
郑增民	男	1948. 12	卫生	主任医师	唐山市协和医院教授	泌尿外科	2005. 12
韩亚军	女	1961. 3	卫生	主任医师	唐山市协和医院副主任	神经内科	2006. 12
艾南极	女	1963. 9	卫生	主任医师	唐山市协和医院主任	医教科	2009. 12
杜小丽	女	1963. 10	卫生	主任护师	唐山市协和医院	护理部	2009. 12
王宏芳	女	1964. 7	卫生	主任护师	唐山市协和医院	医教部	2009. 12
夏洪波	男	1972. 12	卫生	主任医师	唐山市协和医院副主任	CT 室	2010. 12
郑成城	女	1964. 4	卫生	主任护师	唐山市协和医院	护理部	2010. 12
李桂荣	女	1954. 11	卫生	主任医师	唐山市妇幼保健院副院长	妇产科	1998. 11
赵育才	男	1953. 6	卫生	主任中医师	唐山市妇幼保健院副院长	中医内科	1998. 11
庞保东	女	1954. 2	卫生	主任医师	唐山市妇幼保健院副院长	儿科	1999. 10
刘瑞兰	女	1951. 7	卫生	主任医师	唐山市妇幼保健院主任	儿科	2001. 12
孙宗芝	女	1953. 1	卫生	主任医师	唐山市妇幼保健院主任	儿科	2001. 12
曹丽华	女	1955. 7	卫生	主任医师	唐山市妇幼保健院主任	儿科	2001. 12
易建平	女	1963. 10	卫生	主任医师	唐山市妇幼保健院党委书记、院长	妇产科	2002. 11
钱金洪	男	1954. 10	卫生	主任医师	唐山市妇幼保健院主任	麻醉	2003. 12
王秀兰	女	1955. 8	卫生	主任医师	唐山市妇幼保健院主任	儿科	2003. 12
杨建春	女	1958. 3	卫生	主任药师	唐山市妇幼保健院主任	药学	2003. 12
李瑛瑜	女	1958. 11	卫生	主任医师	唐山市妇幼保健院主任	儿科	2003. 12
李桂岚	女	1953. 12	卫生	主任医师	唐山市妇幼保健院	超声影像	2003. 12

1988—2010年唐山市路南区正高级专业技术职务人员一览表

续表25－3

姓名	性别	出生年月	系列	专业技术职务	单位及职务	专业	评定时间
张海婷	女	1954. 2	卫生	主任医师	唐山市妇幼保健院	儿科	2003. 12
杨文卓	女	1956. 2	卫生	主任医师	唐山市妇幼保健院	儿科	2003. 12
范　良	女	1959. 2	卫生	主任医师	唐山市妇幼保健院	儿科	2003. 12
李芙媛	女	1952. 3	卫生	主任医师	唐山市妇幼保健院	超声影像	2003. 12
鲁丽峰	女	1960. 10	卫生	主任医师	唐山市妇幼保健院	妇产科	2003. 12
戴秀华	女	1962. 2	卫生	主任医师	唐山市妇幼保健院副院长	儿科	2004. 12
刘　寅	女	1962. 7	卫生	主任医师	唐山市妇幼保健院副主任	儿科	2004. 12
寇世和	女	1951. 7	卫生	主任医师	唐山市妇幼医院主任	超声影像	2005. 12
高丹丽	女	1961. 2	卫生	主任医师	唐山市妇幼保健院主任	妇产科	2005. 12
张慧玉	女	1964. 1	卫生	主任医师	唐山市妇幼保健院副主任	儿科	2005. 12
董　琰	女	1965. 2	卫生	主任医师	唐山市妇幼保健院副主任	儿科	2005. 12
吴传发	男	1953. 12	卫生	主任医师	唐山市妇幼保健院	内科	2005. 12
樊桂玲	女	1964. 4	卫生	主任医师	唐山市妇幼保健院	妇产科	2005. 12
张会敏	女	1965. 1	卫生	主任医师	唐山市妇幼保健院副主任	妇产科	2006. 12
季淑英	女	1965. 8	卫生	主任医师	唐山市妇幼保健院主任	妇产科	2006. 12
于庆坤	女	1966. 5	卫生	主任药师	唐山市妇幼保健院	药学	2006. 11
孙文丽	女	1963. 11	卫生	主任医师	唐山市妇幼保健	儿外科	2006. 12
李凤奎	男	1958. 7	经济	正高级经济师	唐山市妇幼保健院副院长	经济管理	2007. 12
周薇莉	女	1955. 8	卫生	主任医师	唐山市妇幼保健院主任	儿外科	2007. 12
刘秀荣	女	1964. 11	卫生	主任医师	唐山市妇幼保健院主任	妇产科	2007. 12
葛丽娜	女	1957. 7	卫生	主任护师	唐山市妇幼保健院主任	护理	2007. 12
卢滨俐	女	1955. 6	卫生	主任医师	唐山市妇幼保健院副主任	麻醉	2007. 12
刘双林	男	1951. 4	卫生	主任医师	唐山市妇幼保健院	内科	2007. 12
刘凤珍	女	1952. 10	卫生	主任医师	唐山市妇幼保健院	儿科	2007. 12
周玉玲	女	1963. 9	卫生	主任医师	唐山市妇幼保健院	儿外科	2007. 12
马代明	女	1965. 3	卫生	主任医师	唐山市妇幼保健院	儿外科	2007. 12
孙红卫	女	1966. 8	卫生	主任医师	唐山市妇幼保健院	妇产科	2007. 12
贾玉珠	男	1950. 2	卫生	主任医师	唐山市妇幼保健院主任	妇幼保健	2008. 12
杨　超	男	1965. 10	卫生	主任医师	唐山市妇幼保健院主任	外科	2008. 12
董会娟	女	1966. 4	卫生	主任护师	唐山市妇幼保健院副科长	护理	2008. 12
高淑凤	女	1963. 5	卫生	主任医师	唐山市妇幼保健院	妇产	2009. 12
陈宝丽	女	1963. 11	卫生	主任医师	唐山市妇幼保健院	妇产	2009. 12

1988—2010年唐山市路南区正高级专业技术职务人员一览表

续表25－3

姓名	性别	出生年月	系列	专业技术职务	单位及职务	专业	评定时间
赵　琦	女	1963.7	卫生	主任医师	唐山市妇幼保健院	麻醉	2009.12
杨俊玲	女	1966.3	卫生	主任医师	唐山市妇幼保健院	妇产	2009.12
孙立宝	男	1969.6	卫生	主任医师	唐山市妇幼保健院	儿外	2009.12
赵作华	女	1960.6	卫生	主任护师	唐山市妇幼保健院	护理	2009.12
于秀珍	女	1964.8	卫生	主任护师	唐山市妇幼保健院	护理	2010.12
庄　倩	女	1966.1	卫生	主任护师	唐山市妇幼保健院	护理	2010.12
阚淑月	女	1969.7	卫生	主任药师	唐山市妇幼保健院	药剂科	2010.12
张学辉	女	1963.10	卫生	主任医师	唐山市妇幼保健院	妇产科	2010.12
金海涛	女	1964.11	卫生	主任医师	唐山市妇幼保健院	妇产科	2010.12
王丽娟	女	1964.10	卫生	主任医师	唐山市妇幼保健院	儿科	2010.12
邢运贞	女	1965.6	卫生	主任医师	唐山市妇幼保健院	妇产科	2010.12
韩宝生	男	1963.12	卫生	主任医师	唐山市妇幼保健院	优生科	2010.12
张　双	女	1970.1	卫生	主任医师	唐山市妇幼保健院	儿科	2010.12
武爱军	女	1967.10	会计	正高级会计师	唐山市妇幼保健院	财务科	2010.12
姚硕玲	男	1934.3	卫生	主任医师	唐山市人民医院	肿瘤外科	1993.7
尹哲生	男	1935.8	卫生	主任医师	唐山市人民医院	影像	1993.7
刘恩举	男	1935.6	卫生	主任医师	唐山市人民医院	神经内科	1995.11
李秀奎	男	1934.6	卫生	主任医师	唐山市人民医院	胸外科	1995.11
倪文奎	男	1937.9	卫生	主任医师	唐山市人民医院	普通外科	1996.8
霍万普	男	1939.5	卫生	主任医师	唐山市人民医院	神经外科	1996.8
徐景泮	男	1938.4	卫生	主任医师	唐山市人民医院	内分泌	1996.8
陈振仁	男	1940.3	卫生	主任医师	唐山市人民医院	急诊内科	1997.12
么文博	男	1958.12	卫生	主任医师	唐山市人民医院	普通外科	1997.9
李云贵	女	1941.2	卫生	主任医师	唐山市人民医院	儿科	1997.12
刘长贵	男	1943.12	卫生	主任医师	唐山市人民医院	胸外科	1997.12
张克显	男	1938.1	卫生	主任医师	唐山市人民医院	内科	1997.12
王秀云	女	1939.7	卫生	主任医师	唐山市人民医院	放化疗	1998.10
孙秀兰	女	1942.3	卫生	主任医师	唐山市人民医院	护理	1998.10
潘玉昆	男	1945.8	卫生	主任医师	唐山市人民医院	肿瘤外科	1998.10
郭大成	男	1943.11	卫生	主任医师	唐山市人民医院	消化科	1999.12
王淑安	女	1947.1	卫生	主任医师	唐山市人民医院	妇产科	1999.12
董大泉	男	1945.9	卫生	主任医师	唐山市人民医院	心血管内科	1999.12

1988—2010 年唐山市路南区正高级专业技术职务人员一览表

续表 25－3

姓名	性别	出生年月	系列	专业技术职务	单位及职务	专业	评定时间
苏兴友	男	1946.12	卫生	主任医师	唐山市人民医院	骨科	2000.12
李 付	男	1946.9	卫生	主任医师	唐山市人民医院	内分泌	2000.12
冯庆庚	女	1946.3	卫生	主任医师	唐山市人民医院	病理科	2001.12
宣体东	男	1944.11	卫生	主任医师	唐山市人民医院	消化内科	2001.12
姬合森	男	1944.8	卫生	主任医师	唐山市人民医院	神经外科	2001.12
肖国富	男	1946.4	卫生	主任医师	唐山市人民医院	儿科	2001.12
赵娇娥	女	1946.3	卫生	主任医师	唐山市人民医院	心电图	2001.12
王翠兰	女	1955.2	卫生	主任医师	唐山市人民医院	放化疗	2001.12
张美英	女	1949.4	卫生	主任医师	唐山市人民医院	普通内科	2001.12
郝立科	男	1957.1	卫生	主任医师	唐山市人民医院主任	神经内科	2001.12
安世英	男	1954.12	卫生	主任医师	唐山市人民医院	呼吸内科	2001.12
沈荣桂	女	1946.1	卫生	主任医师	唐山市人民医院	内科	2002.12
席同芬	女	1949.10	卫生	主任医师	唐山市人民医院	药剂	2002.12
张海鹰	男	1952.6	卫生	主任医师	唐山市人民医院主任	胸外科	2002.12
张德江	男	1949.1	卫生	主任中医师	唐山市人民医院主任	中医内科	2002.12
徐建华	男	1949.7	卫生	主任医师	唐山市人民医院副主任	胸外科	2002.12
赵慧芬	女	1955.3	卫生	主任中医师	唐山市人民医院主任	中医内科	2002.12
王敬碹	男	1963.11	卫生	主任医师	唐山市人民医院	普通外科	2003.12
王莲芬	女	1951.1	卫生	主任中医师	唐山市人民医院	中医内科	2003.12
刘宝义	男	1960.1	卫生	主任医师	唐山市人民医院主任	肾内科	2003.12
戴玉良	男	1955.7	卫生	主任医师	唐山市人民医院主任	儿内科	2003.12
孙玉刚	男	1958.3	卫生	主任药师	唐山市人民医院主任	药剂	2003.12
马正云	女	1957.3	卫生	主任医师	唐山市人民医院副主任	内分泌	2003.12
胡文俭	男	1959.4	卫生	主任医师	唐山市人民医院主任	放射	2003.12
刘桂春	女	1953.8	卫生	主任医师	唐山市人民医院副主任	儿内科	2004.12
张景华	女	1966.5	卫生	主任医师	唐山市人民医院副院长	肿瘤外科	2004.12
赵 刚	男	1963.1	卫生	主任医师	唐山市人民医院书记	肿瘤外科	2004.12
胡万宁	男	1964.2	卫生	主任医师	唐山市人民医院院长	肿瘤外科	2005.12
刘贵祥	男	1962.1	卫生	主任医师	唐山市人民医院副主任	微创治疗	2005.12
王志强	男	1962.1	卫生	主任医师	唐山市人民医院副主任	胸外科	2005.12
刘卫东	男	1965.1	卫生	主任医师	唐山市人民医院主任	放化疗	2005.12
李唐英	女	1955.8	卫生	主任医师	唐山市人民医院主任	耳鼻喉	2005.12

1988—2010年唐山市路南区正高级专业技术职务人员一览表

续表25－3

姓名	性别	出生年月	系列	专业技术职务	单位及职务	专业	评定时间
石文建	男	1963.4	卫生	主任医师	唐山市人民医院主任	神经外科	2005.12
冯玉柱	男	1955.2	卫生	主任医师	唐山市人民医院主任	烧伤外科	2005.12
张丽娜	女	1957.1	卫生	主任检验师	唐山市人民医院主任	检验	2005.12
赵长全	男	1965.12	卫生	主任医师	唐山市人民医院	心胸外科	2006.12
袁文棋	男	1960.12	卫生	主任医师	唐山市人民医院	病理科	2006.12
范锦辉	女	1965.5	卫生	主任医师	唐山市人民医院	消化内科	2006.12
刘远廷	男	1966.1	卫生	主任医师	唐山市人民医院主任	肿瘤外科	2006.12
张晓民	男	1961.7	卫生	主任医师	唐山市人民医院副主任	心血管内科	2006.12
胡艳玲	女	1965.9	卫生	主任医师	唐山市人民医院主任	心血管内科	2006.12
张成侠	女	1964.1	卫生	主任医师	唐山市人民医院副主任	血液内科	2006.12
牛凤玲	女	1964.5	卫坐	主任医师	唐山市人民医院副主任	肿瘤外科	2006.12
王　彦	女	1966.9	卫生	主任医师	唐山市人民医院副主任	神经内科	2006.12
陈　杰	男	1966.4	卫生	主任医师	唐山市人民医院主任	麻醉	2006.12
周志祥	男	1954.7	卫生	主任医师	唐山市人民医院主任	肝胆外科	2006.12
杨俊泉	男	1965.6	卫生	主任医师	唐山市人民医院主任	放化疗	2006.12
王希柱	男	1967.10	卫生	主任医师	唐山市人民医院副院长	心血管内科	2006.12
苑　杰	男	1968.1	卫生	主任医师	唐山市人民医院	神经内科	2007.12
马龙滨	男	1965.3	卫生	主任医师	唐山市人民医院副主任	肝胆外科	2007.12
王晓斌	女	1954.12	卫生	主任医师	唐山市人民医院	呼吸内科	2007.12
宋巧凤	女	1969.3	卫生	主任医师	唐山市人民医院副主任	心血管内科	2007.12
纪茹英	女	1963.6	卫生	主任医师	唐山市人民医院副主任	神经内科	2007.12
汪洪江	男	1964.2	卫生	主任医师	唐山市人民医院副主任	神经外科	2007.12
孙亚军	女	1960.8	卫生	主任医师	唐山市人民医院副科长	儿内科	2007.12
董桂兰	女	1967.1	卫生	主任医师	唐山市人民医院副主任	放化疗	2007.12
陈宝明	男	1960.6	卫生	主任医师	唐山市人民医院主任	核医学	2007.12
王秀荣	女	1964.1	卫生	主任护师	唐山市人民医院护士长	护理	2007.12
李长江	男	1967.10	卫生	主任医师	唐山市人民医院	骨科	2008.12
李　军	男	1969.11	卫生	主任医师	唐山市人民医院	头颈肿瘤	2008.12
刘永辉	男	1963.10	卫生	主任医师	唐山市人民医院	泌尿外科	2008.12
王宝民	男	1964.9	卫生	主任医师	唐山市人民医院	内科	2008.12
袁亚军	女	1968.7	卫生	主任医师	唐山市人民医院	呼吸内科	2008.12
张瑞娟	女	1957.2	卫生	主任医师	唐山市人民医院	放化疗	2008.12

1988—2010年唐山市路南区正高级专业技术职务人员一览表

续表25－3

姓名	性别	出生年月	系列	专业技术职务	单位及职务	专业	评定时间
吴秀娟	女	1964. 6	卫生	主任医师	唐山市人民医院	眼科	2008. 12
彭　军	女	1968. 11	卫生	主任医师	唐山市人民医院	耳鼻喉科	2008. 12
杨雪冰	女	1969. 11	卫生	主任医师	唐山市人民医院	儿科	2008. 12
陈淑媛	女	1967. 11	卫生	主任医师	唐山市人民医院	护理	2008. 12
耿丽萍	女	1963. 2	卫生	主任医师	唐山市人民医院	护理	2008. 12
韩溢萍	女	1966. 4	卫生	主任医师	唐山市人民医院	护理	2008. 12
沈丹薇	女	1964. 3	卫生	主任医师	唐山市人民医院	护理	2008. 12
马　杰	男	1969. 9	卫生	主任医师	唐山市人民医院	乳腺外科	2009. 12
江　涛	男	1970. 2	卫生	主任医师	唐山市人民医院	泌尿外科	2009. 12
宋月霞	女	1971. 9	卫生	主任医师	唐山市人民医院	心血管内科	2009. 12
庞金荣	女	1968. 10	卫生	主任医师	唐山市人民医院	妇产科	2009. 12
周秀艳	女	1962. 1	卫生	主任医师	唐山市人民医院	临床检验	2010. 12
李艳华	女	1970. 4	卫生	主任医师	唐山市人民医院	临床检验	2010. 12
董贺福	男	1964. 9	卫生	主任医师	唐山市人民医院	药剂	2010. 12
姚瑞贺	女	1970. 8	卫生	主任医师	唐山市人民医院	肾内科	2010. 12
郑树云	男	1965. 8	卫生	主任医师	唐山市人民医院	骨科	2010. 12
赵　辉	男	1970. 9	卫生	主任医师	唐山市人民医院	胃肠外科	2010. 12
于文霞	女	1970. 10	卫生	主任医师	唐山市人民医院	神经内科	2010. 12
贾洪娟	女	1972. 4	卫生	主任医师	唐山市人民医院	心内科	2010. 12
薛艳云	女	1967. 10	卫生	主任医师	唐山市人民医院	肾内科	2010. 12
朱艳辉	女	1971. 2	卫生	主任医师	唐山市人民医院	心血管内科	2010. 12
王轶楠	女	1970. 11	卫生	主任医师	唐山市人民医院	放化科	2010. 12
刘建明	男	1967. 5	卫生	主任医师	唐山市人民医院	胸外科	2010. 12
李志强	男	1971. 3	卫生	主任医师	唐山市人民医院	骨科	2010. 12
周金平	女	1967. 7	卫生	主任医师	唐山市人民医院	儿科	2010. 12
甘建辉	男	1971. 6	卫生	主任医师	唐山市人民医院	麻醉科	2010. 12
赵喜庆	男	1969. 9	卫生	主任医师	唐山市人民医院	神经外科	2010. 12
李笃和	男	1943. 2	卫生	主任医师	唐山五官医院	临床	2001. 12
杨俊芬	女	1957. 5	卫生	主任医师	开滦职业病防治院	医疗	2006. 12
曹正新	女	1964. 12	卫生	主任医师	开滦职业病防治院内科主任	医疗	2009. 12
么太成	男	1963. 9	卫生	主任医师	开滦职业病防治院院长	医疗	2010. 3.
赵军舰	男	1963. 8	卫生	主任医师	武警唐山医院综合科主任	创伤骨科	2009. 12

1988—2010 年唐山市路南区正高级专业技术职务人员一览表

续表 25－3

姓名	性别	出生年月	系列	专业技术职务	单位及职务	专业	评定时间
张　本	男	1951.5	卫生	主任医师	原开滦精神卫生中心院长	精神科	2000.10
马文有	男	1964.9	卫生	主任医师	开滦精神卫生中心院长	精神科	2006.11
王丽萍	女	1968.11	卫生	主任医师	开滦精神卫生中心副院长	精神科	2010.12
李治田	男	1960.7	高教	教授	唐山职业技术学院党委副书记、副院长	中医教学	2002.11
秦志聪	男	1951.11	高教	教授	唐山职业技术学院临床医学系	临床医学	2002.12
田荣云	女	1957.11	高教	教授	唐山职业技术学院基础医学部书记	心理学	2003.12
闫瑞君	女	1950.10	高教	教授	唐山职业技术学院基础医学部	基础医学	2003.12
刁凤兰	女	1950.12	高教	教授	唐出职业技术学院基础医学部	化学	2003.12
杨金凤	女	1955.2	卫生	主任医师	唐山职业技术学院临床医学系	临床医学	2003.12
孙　国	男	1954.10	高教	教授	唐山职业技术学院临床医学系	中医学	2003.12
宋亚男	女	1957.2	高教	教授	唐山职业技术学院基础医学部	基础医学	2004.11
刘学东	男	1962.8	高教	教授	唐山职业技术学院院长	控制科学与工程	2004.11
王惠敏	女	1963.4	高教	教授	唐山职业技术学院教务处产学合作办公室副主任	基础医学	2004.11
戚素文	女	1954.2	高教	教授	唐山职业技术学院财经系	应用经济学	2004.11
刘英明	男	1952.5	高教	教授	唐山职业技术学院临床医学系	临床医学	2004.11
王学民	男	1964.12	高教	教授	唐山职业技术学院基础医学部	生物学	2004.12
周慧春	男	1963.12	高教	教授	唐山职业技术学院宣传部部长	中国语言文学	2005.11
宋继环	女	1956.12	高教	教授	唐山职业技术学院基础部	数学	2005.11
马巧茹	女	1954.10	高教	教授	唐山职业技术学院公共外语部	外语	2005.11
马春兰	女	1956.11	高教	教授	唐山职业技术学院体育部	体育	2005.11
刘小远	女	1954.3	卫生	主任医师	唐山职业技术学院临床医学系	临床医学	2005.11
马　莉	女	1963.7	高教	教授	唐山职业技术学院副院长	口腔医学	2005.11
胡珍芬	女	1964.4	高教	教授	唐山职业技术学院党委副书记	政治哲学	2006.11
施宝林	男	1958.12	高教	教授	唐山职业技术学院财经系	应用经济学	2006.11
刘翠青	女	1964.2	高教	教授	唐山职业技术学院基础医学部主任助理	病理	2006.12
冯志林	女	1964.3	高教	教授	唐山职业技术学院社会科学部	政治	2007.12
刘玉祥	男	1966.3	高教	教授	唐山职业技术学院农林工程系	园艺学	2007.12
刘士生	男	1966.7	高教	教授	唐山职业技术学院临床医学系主任	临床医学	2007.12
冯晓听	女	1964.2	高教	教授	唐山职业技术学院临床医学系副主任	临床医学	2007.12
王　静	女	1967.12	高教	教授	唐山职业技术学院临床医学系	临床医学	2007.12

1988—2010 年唐山市路南区正高级专业技术职务人员一览表

续表 25－3

姓名	性别	出生年月	系列	专业技术职务	单位及职务	专业	评定时间
冯桂玲	女	1966.8	高教	教授	唐山职业技术学院临床医学系	临床医学	2007.12
薛 岱	女	1967.3	离教	教授	唐山职业技术学院财经系副主任	应用经济学	2007.12
张凤新	女	1956.3	高教	教授	唐山职业技术学院财经系	应用经济学	2007.12
张学惠	女	1964.8	高教	教授	唐山职业技术学院财经系	应用经济学	2007.12
王建祥	男	1969.10	会计	正高级会计师	唐山职业技术学院财经系	应用经济学	2007.12
李艳菊	女	1965.11	高教	教授	唐山职业技术学院学生处	中国语言文学	2007.12
谢善培	男	1961.2	高教	教授	唐山职业技术学院副院长	口腔教学	2008.12
王俊河	男	1966.1	高教	教授	唐山职业技术学院人事处处长	林学	2008.12
孙兰颖	女	1966.3	高教	教授	唐山职业技术学院教务处处长	妇产科、教学	2008.12
李艳彩	女	1966.12	高教	教授	唐山职业技术学院保卫部	兽医	2008.12
王 斌	男	1968.4	高教	教授	唐山职业技术学院基础部主任	中国语言文学	2008.12
李泽岚	男	1956.2	高教	教授	唐山职业技术学院图书馆	应用经济学	2008.12
赵新娟	女	1963.8	高教	教授	唐山职业技术学院文法系主任	哲学	2008.12
步金芳	女	1964.7	高教	教授	唐山职业技术学院基础部	数学	2008.12
耿长彦	女	1963.4	高教	教授	唐山职业技术学院基础部	中国语言文学	2008.12
王元杭	男	1967.3	高教	教授	唐山职业技术学院基础医学部	化学	2008.12
刘雅馨	女	1968.1	高教	教授	唐山职业技术学院临床医学系副主任	临床医学	2008.12
陈梦香	女	1965.4	高教	教授	唐山职业技术学院临床医学系	临床医学	2008.12
徐铁民	男	1953.3	高教	教授	唐山职业技术学院临床医学系	临床医学	2008.12
马瑞平	女	1968.5	高教	教授	唐山职业技术学院管理系	应用经济学	2008.12
刘翠芳	女	1962.9	高教	教授	唐山职业技术学院管理系	工商管理	2008.12
高冬秀	女	1962.11	高教	教授	唐山职业技术学院财经系	应用经济学	2008.12
孙艳华	女	1964.10	高教	教授	唐山职业技术学院财经系	应用经济学	2008.12
崔红敏	女	1966.11	高教	教授	唐山职业技术学院财经系副主任	应用经济学	2008.12
王 艳	女	1964.9	高教	教授	唐山职业技术学院信息工程系	计算机科学与技术	2008.12
王 宏	女	1965.11	高教	教授	唐山职业技术学院社会科学部主任	政治学	2008.12
蒋晓荣	女	1962.5	高教	教授	唐山职业技术学院	政治	2008.12
李秀英	女	1951.6	社会科学	研究员	唐山抗震纪念馆原馆长	社会科学	2002.12
张木杰	男	1939.12	卫生	主任医师	解放军第二五五医院院长	临床医学	1992.12
史子玉	男	1936.11	卫生	主任医师	解放军第二五五医院内科主任	临床医学	1992.12
纪文彬	女	1940.1	卫生	主任医师	解放军第二五五医院内科主任	临床医学	1992.12
果占武	男	1936.12	卫生	主任医师	解放军第二五五医院院长	临床医学	1993.12

1988—2010年唐山市路南区正高级专业技术职务人员一览表

续表25－3

姓名	性别	出生年月	系列	专业技术职务	单位及职务	专业	评定时间
李　铎	女	1941.1	卫生	主任医师	解放军第二五五医院内科主任	临床医学	1996.12
卢英杰	男	1955.6	卫生	主任医师	解放军第二五五医院神经外科主任	临床医学	1998.12
陈义林	男	1956.8	卫生	主任医师	解放军第二五五医院内科主任	临床医学	2001.12
李柱林	男	1957.3	卫生	主任医师	解放军第二五五医院外科主任	临床医学	2002.12
刘建军	男	1959.1	卫生	主任医师	解放军第二五五医院院长	临床医学	2003.12
徐志成	男	1948.12	卫生	主任医师	解放军第二五五医院副院长	临床医学	2003.12
袁志美	女	1953.3	卫生	主任医师	解放军第二五五医院副院长	临床医学	2003.12
裴顺祥	男	1964.9	卫生	主任医师	解放军第二五五医院外科主任	临床医学	2004.12
高立群	女	1955.9	卫生	主任医师	解放军第二五五医院门诊科主任医师	临床医学	2005.12
刘太平	男	1960.2	卫生	主任医师	解放军第二五五医院眼科主任	临床医学	2005.7
王龙彪	男	1955.4	卫生	主任医师	解放军第二五五医院放射科主任	临床医学	2007.12
杨克强	男	1964.7	卫生	主任医师	解放军第二五五医院外科副主任	临床医学	2009.12
刘树新	男	1965.7	卫生	主任医师	解放军第二五五医院副院长	临床医学	2010.12
钟亚平	男	1945.4	工程	高级工程师	原开滦集团公司总经理	企业管理	1995.9
冬伯文	男	1959.9	工程	高级工程师	开滦集团公司董事、副总经理	企业管理	2000.9
付贵祥	男	1958.4	工程	高级工程师	开滦集团公司副总经理	企业管理	2000.9
李建民	男	1957.6	工程	高级工程师	开滦集团公司副总经理	企业管理	2000.9
常文杰	男	1963.10	工程	高级工程师	开滦集团公司副总经理	企业管理	2000.9
张瑞玺	男	1962.9	工程	高级工程师	开滦集团公司副总经理	企业管理	2000.9
王中昌	男	1954.12	工程	高级工程师	开滦集团公司党委常委、工会主席	企业管理	2000.9
张文学	男	1956.11	工程	正高级工程师	开滦集团公司董事长、党委书记	企业管理	2002.12
苗久合	男	1948.12	政工	正高级政工师	原开滦（集团）有限责任公司党委副书记、工会主席	企业管理	2006.7
张志富	男	1953.12	政工	正高级政工师	开滦集团公司党建部长	企业管理	2007.8
裴　华	男	1954.12	政工、经济	正高级政工师、正高级经济师	开滦集团公司总经理、副董事长、党委副书记	企业管理	2005.7 2009.12
张志芳	男	1959.11	会计	正高级会计师	开滦集团公司总会计师	企业管理	2009.12
李　国	男	1964.3	工程	正高级工程师	开滦集团公司党委常委、纪委书记	企业管理	2010.2
王树春	男	1954.10	政工	正高级政工师	开滦集团公司党委常委、蔚州公司董事长	企业管理	2010.2
张志友	男	1955.7	经济	正高级经济师	开滦集团公司党委常委、党委组织部部长、人力资源部部长	企业管理	2010.12
方　觉	男	1950.11	高教	教授	河北联合大学	钢铁冶金	1996.6

1988—2010年唐山市路南区正高级专业技术职务人员一览表

续表25-3

姓名	性别	出生年月	系列	专业技术职务	单位及职务	专业	评定时间
张玉柱	男	1956.11	高教	教授	河北联合大学党委书记	材料学	1997.8
吕　庆	男	1954.9	高教	教授	河北联合大学副校长	钢铁冶金	1998.11
刘战英	男	1949.5	高教	教授	河北联合大学	材料加工工程	1998.11
胡宾生	男	1958.3	高教	教授	河北联合大学	钢铁冶金	1998.11
刘家顺	男	1957.3	高教	教授	河北联合大学经济学院院长	管理工程	1998.11
苏幼坡	男	1956.3	高教	教授	河北联合大学建筑学院院长	结构工程	1998.11
孙玉娟	女	1964.9	高教	教授	河北联合大学	经济学	2007.12
杨　洁	女	1959.8	高教	教授	河北联合大学	经济学	1998.11
王晓玲	女	1954.8	高教	教授	河北联合大学外语学院院长	英语	1998.11
刘保相	男	1957.6	高教	教授	河北联合大学理学院院长	数学	1998.11
李　贵	男	1949.4	高教	教授	河北联合大学	哲学系	1998.11
张秀玲	女	1953.10	高教	教授	河北联合大学	冶金物化	1999.9
李　军	男	1958.7	高教	教授	河北联合大学校长	机械制造及其自动化	2000.12
时力华	男	1956.7	高教	教授	河北联合大学副校长	矿井专业	2000.12
任　火	男	1954.4	新闻	编审	河北联合大学出版管理中心主任	编审	2000.12
朱立光	男	1965.2	高教	教授	河北联合大学副校长	钢铁冶金	2001.1
李福进	男	1957.1	高教	教授	河北联合大学副校长	控制理论与控制工程	2001.1
梁英华	女	1964.2	高教	教授	河北联合大学副校长	有机化工	2001.1
张锦瑞	男	1956.9	高教	教授	河北联合大学教务处处长	矿物加工工程	2001.1
王黔平	女	1955.5	高教	教授	河北联合大学图书馆馆长	矿物加工工程	2001.1
郭立稳	男	1964.4	高教	教授	河北联合大学资环学院院长	安全技术及工程	2001.1
李运刚	男	1958.10	高教	教授	河北联合大学冶金学院院长	冶金物理化学	2001.1
王硕明	男	1955.2	高教	教授	河北联合大学	钢铁冶金	2001.1
冯聚和	男	1951.7	高教	教授	河北联合大学	炼钢	2001.1
贾晓鸣	男	1955.10	高教	教授	河北联合大学机械学院党委书记	机制	2001.1
孙新民	男	1952.3	高教	教授	河北联合大学	机制	2001.1
郎建峰	男	1956.3	高教	教授	河北联合大学	冶金物化	2001.1
张文丽	女	1957.1	高教	教授	河北联合大学继教学院院长	矿物加工工程	2001.1
李昌存	男	1965.9	高教	教授	河北联合大学科研处处长	矿产普查	2001.12
闫小林	男	1951.9	高教	教授	河北联合大学党委副书记	钢铁冶金	2001.12
韩秀丽	女	1965.9	高教	教授	河北联合大学	矿产普查	2001.12
张国滨	男	1950.9	高教	教授	河北联合大学	冶金能源	2001.12

1988—2010年唐山市路南区正高级专业技术职务人员一览表

续表25－3

姓名	性别	出生年月	系列	专业技术职务	单位及职务	专业	评定时间
郑申白	男	1956.9	高教	教授	河北联合大学	材料加工工程	2001.12
杨友良	男	1961.2	高教	教授	河北联合大学	控制理论及应用	2001.12
那顺桑	男	1949.10	高教	教授	河北联合大学	金属材料及热处理	2001.12
刘淑萍	女	1957.7	高教	教授	河北联合大学	分析化学	2001.12
田永淑	女	1955.12	高教	教授	河北联合大学	化学腐蚀与防护	2001.12
马　群	女	1955.7	高教	教授	河北联合大学	机制	2001.12
韩润春	男	1956.4	高教	教授	河北联合大学经管学院副院长	数学	2001.12
卜景龙	男	1957.11	高教	教授	河北联合大学材料学院党委书记	材料学	2001.12
万星火	男	1962.11	高教	教授	河北联合大学	数学	2001.12
刘春凤	女	1958.3	高教	教授	河北联合大学	数学	2001.12
陈志英	女	1964.9	高教	教授	河北联合大学	中国古代史	2001.12
金建国	男	1956.5	高教	教授	河北联合大学	物理	2001.12
甘德清	男	1962.11	高教	教授	河北联合大学交通学院副院长	工程力学	2001.12
王书桓	男	1964.2	高教	教授	河北联合大学研究生学院院长	钢铁冶金	2001.12
关启明	男	1955.1	工程	正高工	河北联合大学	自动化计算机网络	2002.1
李富平	男	1966.4	高教	教授	河北联合大学	采矿工程	2002.11
艾立群	男	1965.11	高教	教授	河北联合大学冶金学院副院长	钢铁冶金	2002.11
任吉堂	男	1948.10	高教	教授	河北联合大学	轧钢	2002.11
郭春丽	女	1957.2	高教	教授	河北联合大学	焊接	2002.11
娄国焕	男	1955.2	高教	教授	河北联合大学计控学院院长	控制理论与控制工程	2002.11
路春光	男	1957.7	高教	教授	河北联合大学	机制	2002.11
冯百侠	女	1965.7	高教	教授	河北联合大学	农业经济管理	2002.11
杜丽娟	女	1964.7	高教	教授	河北联合大学	管理工程	2002.11
封孝信	男	1962.10	高教	教授	河北联合大学材料学院院长	材料学	2002.11
沈　毅	男	1966.2	高教	教授	河北联合大学材料学院副院长	材料学	2002.11
肖继先	女	1955.10	高教	教授	河北联合大学	数学	2002.11
侯国强	男	1957.4	高教	教授	河北联合大学信息学院院长	自动化	2002.11
孙进生	男	1958.4	高教	教授	河北联合大学	电力电子与电力传动	2002.11
刘景森	男	1955.10	高教	教授	河北联合大学艺术学院副院长	工业设计	2002.11
张振海	男	1955.7	高教	教授	河北联合大学体育部主任	体育	2002.11
佘梦兴	男	1950.10	高教	教授	河北联合大学	体育	2002.11
尹海生	男	1951.11	工程	正高工	河北联合大学	炼铁	2002.12

1988—2010年唐山市路南区正高级专业技术职务人员一览表

续表25-3

姓名	性别	出生年月	系列	专业技术职务	单位及职务	专业	评定时间
王瑞生	男	1957.5	工程	正高工	河北联合大学	材料学	2002.12
吴　飞	女	1963.5	高教	教授	河北联合大学统战部部长	体育	2003.12
王治江	男	1965.9	高教	教授	河北联合大学外事处处长	英语	2003.12
朱　明	男	1950.6	高教	教授	河北联合大学	采矿	2003.12
王子文	男	1956.9	高教	教授	河北联合大学	工程机械	2003.12
孙丽媛	女	1956.11	高教	教授	河北联合大学	化工机械	2003.12
史廷春	男	1966.5	高教	教授	河北联合大学	金属塑性加工	2003.12
冯立艳	女	1965.11	高教	教授	河北联合大学	机械制造	2003.12
孟宪举	男	1964.8	高教	教授	河北联合大学	机械设计及理论	2003.12
陈至坤	男	1961.10	高教	教授	河北联合大学计控学院副院长	自动化	2003.12
李志刚	男	1966.10	高教	教授	河北联合大学	控制理论与控制工程	2003.12
王　岭	男	1962.12	高教	教授	河北联合大学化工学院院长	冶金物化	2003.12
李红霞	女	1963.9	高教	教授	河北联合大学	分析化学	2003.12
王兴国	男	1966.3	高教	教授	河北联合大学建筑学院副院长	结构工程	2003.12
朱庆杰	男	1966.11	高教	教授	河北联合大学	环境海洋学	2003.12
佟晓君	男	1955.7	高教	教授	河北联合大学	工程力学	2003.12
徐建新	男	1964.4	高教	教授	河北联合大学	岩土工程	2003.12
高雅春	男	1952.8	高教	教授	河北联合大学理学院党委书记	陶瓷	2003.12
贾默伊	女	1958.12	高教	教授	河北联合大学	电子科学技术	2003.12
张俊来	男	1952.7	高教	教授	河北联合大学艺术学院副院长	中国画	2003.12
马群利	男	1959.1	高教	教授	河北联合大学	体育	2003.12
陈连生	男	1968.11	高教	教授	河北联合大学科研处开发科科长	材料加工工程	2004.11
吕广忠	男	1948.8	高教	教授	河北联合大学	采矿	2004.11
李耀刚	男	1962.3	高教	教授	河北联合大学机械学院副院长	车辆工程	2004.11
李占贤	男	1965.3	高教	教授	河北联合大学	机制	2004.11
玄兆燕	女	1963.9	高教	教授	河北联合大学	控制理论与控制工程	2004.11
李建功	男	1962.5	高教	教授	河北联合大学	机械工程	2004.11
刘廷权	男	1963.10	高教	教授	河北联合大学建筑学院党委书记	建筑材料	2004.11
刘天适	男	1962.6	高教	教授	河北联合大学	结构工程	2004.11
郝春新	女	1957.3	高教	教授	河北联合大学经管学院党委书记	政教	2004.11
穆瑞田	男	1966.5	高教	教授	河北联合大学	企业管理	2004.11
徐静珍	女	1965.4	高教	教授	河北联合大学	国际贸易	2004.11

1988—2010 年唐山市路南区正高级专业技术职务人员一览表

续表 25 - 3

姓名	性别	出生年月	系列	专业技术职务	单位及职务	专业	评定时间
王志发	男	1952. 8	高教	教授	河北联合大学	硅酸盐	2004. 11
田翠芸	女	1966. 3	高教	教授	河北联合大学	英语教学	2004. 11
刘慧君	女	1966. 2	高教	教授	河北联合大学	英语教学	2004. 11
张云鹏	男	1963. 3	高教	教授	河北联合大学交通学院副院长	工程力学	2004. 11
刘　谊	男	1951. 2	高教	教授	河北联合大学	采煤专业	2004. 11
谭　靖	女	1967. 11	高教	教授	河北联合大学轻工学院常务副院长	采矿冶金	2004. 11
张广文	男	1963. 5	高教	教授	河北联合大学轻工学院党委副书记副院长	机械	2004. 11
邓　红	男	1953. 11	工程	正高工	河北联合大学	企业电气化	2004. 12
郭威娜	女	1951. 11	工程	正高工	河北联合大学科研处成果科科长	工矿企业供电及自动化	2005. 11
崔广华	男	1965. 4	高教	教授	河北联合大学	物理化学	2005. 11
王建民	男	1958. 9	高教	教授	河北联合大学	自动控制	2005. 11
张春河	男	1963. 5	高教	教授	河北联合大学	传播学	2005. 11
桑晓明	男	1969. 2	高教	教授	河北联合大学	材料学	2005. 11
刘顺英	女	1964. 10	高教	教授	河北联合大学	马克思主义理论	2005. 11
邱立存	男	1965. 3	高教	教授	河北联合大学	控制理论与控制工程	2005. 11
鲁长会	男	1951. 5	高教	教授	河北联合大学轻工学院副院长	体育	2005. 11
赵越卿	男	1964. 3	高教	教授	河北联合大学	陶瓷	2005. 11
李彩秋	女	1958. 10	高教	教授	河北联合大学	体育	2005. 11
李满忠	男	1958. 6	政工	正高政	河北联合大学学生处处长	思政	2006. 7
张鹏路	男	1963. 2	高教	教授	河北联合大学宣传部副部长	思政	2006. 11
张庆军	男	1965. 8	高教	教授	河北联合大学	材料	2006. 11
李　志	男	1950. 1	高教	教授	河北联合大学	机械制造	2006. 11
浑宝炬	男	1965. 12	高教	教授	河北联合大学	MBA	2006. 11
冯运莉	女	1965. 12	高教	教授	河北联合大学	机械设计及理论	2006. 11
赵　斌	男	1968. 5	高教	教授	河北联合大学	动力工程	2006. 11
程相文	男	1963. 5	高教	教授	河北联合大学	一般力学	2006. 11
蔡玉强	男	1967. 3	高教	教授	河北联合大学	机电控制及自动化	2006. 11
程秀芳	女	1965. 9	高教	教授	河北联合大学	机械工程	2006. 11
龚瑞昆	男	1962. 6	高教	教授	河北联合大学	控制理论与控制工程	2006. 11
马翠红	女	1960. 3	高教	教授	河北联合大学	工业自动化	2006. 11
孙晓然	女	1966. 3	高教	教授	河北联合大学	矿物加工工程	2006. 11
曹国凭	男	1954. 2	高教	教授	河北联合大学	给水排水	2006. 11

1988—2010年唐山市路南区正高级专业技术职务人员一览表

续表25－3

姓名	性别	出生年月	系列	专业技术职务	单位及职务	专业	评定时间
许　莹	女	1971.10	高教	教授	河北联合大学	钢铁冶金	2006.11
陈　倩	女	1954.10	高教	教授	河北联合大学	英语教学	2006.11
曹行船	男	1954.7	高教	教授	河北联合大学文法学院副院长	哲学	2006.11
张世奇	男	1960.6	高教	教授	河北联合大学	中文	2006.11
李艳君	女	1954.12	高教	教授	河北联合大学	政教	2006.11
莫文玲	女	1968.1	高教	教授	河北联合大学信息学院副院长	物理	2006.11
常继生	男	1965.10	高教	教授	河北联合大学	控制理论与控制工程	2006.11
吴新宇	男	1967.4	高教	教授	河北联合大学体育部副主任	体育	2006.11
邱新宇	男	1968.1	高教	教授	河北联合大学	体育	2006.11
曾庆良	男	1965.11	高教	教授	河北联合大学	机械	2006.11
耿　谦	女	1954.5	高教	教授	河北联合大学	陶瓷	2006.11
常丽新	女	1965.10	高教	教授	河北联合大学	化学工程与工艺	2006.12
姚　冰	女	1968.12	高教	教授	河北联合大学团委书记	产业经济学	2007.8
董小雷	女	1968.12	高教	教授	河北联合大学	锻压	2007.12
蒋武锋	男	1966.5	高教	教授	河北联合大学	钢铁冶金	2007.12
王　新	男	1968.7	高教	教授	河北联合大学	机械工程	2007.12
刘晓悦	女	1965.4	高教	教授	河北联合大学	通信与信息系统	2007.12
芮玉兰	女	1965.6	高教	教授	河北联合大学	矿物加工工程	2007.12
高会元	男	1963.8	高教	教授	河北联合大学	工业催化	2007.12
王绍杰	男	1966.10	高教	教授	河北联合大学	结构工程	2007.12
徐　研	女	1965.11	高教	教授	河北联合大学	陶瓷	2007.12
郑占申	男	1968.9	高教	教授	河北联合大学	材料学	2007.12
张铁前	男	1968.8	高教	教授	河北联合大学	英语	2007.12
周志柏	男	1966.6	高教	教授	河北联合大学	日语	2007.12
张春英	女	1969.11	高教	教授	河北联合大学	计算机应用技术	2007.12
杨金川	男	1960.10	高教	教授	河北联合大学	控制理论与控制工程	2007.12
王默根	男	1957.2	高教	教授	河北联合大学	艺术绘画	2007.12
张兰芝	女	1954.10	高教	教授	河北联合大学	工业设计	2007.12
王春雨	女	1960.5	高教	教授	河北联合大学	机械	2007.12
李　莉	女	1966.9	高教	教授	河北联合大学	化学分析	2007.12
代淑娟	女	1967.10	工程	正高工	河北联合大学	矿物加工	2008.10
张庆凌	男	1953.5	工程	正高工	河北联合大学科研处副处长	工矿企业供电及自动化	2008.12

1988—2010年唐山市路南区正高级专业技术职务人员一览表

续表25－3

姓名	性别	出生年月	系列	专业技术职务	单位及职务	专业	评定时间
毕长泉	男	1965.7	工程	正高工	河北联合大学图书馆副馆长	计算机	2008.12
郝素菊	女	1966.6	高教	教授	河北联合大学	钢铁冶金	2008.12
张彩军	男	1971.3	高教	教授	河北联合大学	钢铁冶金	2008.12
郭香云	女	1951.1	高教	教授	河北联合大学	工业企业自动化	2008.12
刘英利	男	1967.7	高教	教授	河北联合大学	结构工程	2008.12
祖海芹	女	1964.11	高教	教授	河北联合大学	公共事业管理	2008.12
廉志红	女	1968.5	高教	教授	河北联合大学	无机化学	2008.12
王显志	男	1969.11	高教	教授	河北联合大学外语学院副院长	英语教学	2008.12
韩富清	男	1966.4	高教	教授	河北联合大学	体育	2008.12
张景春	男	1965.12	工程	正高	河北联合大学	自动化	2009.12
杨海丽	女	1968.2	教学	教授	河北联合大学冶金与能源学院	材料学	2009.12
安立宝	男	1965.10	教学	教授	河北联合大学机械工程学院	机械工程	2009.12
高　筠	女	1972.11	教学	教授	河北联合大学化学工程学院	矿物加工工程	2009.12
王希胤	男	1972.4	教学	教授	河北联合大学生命科学学院院长	数学	2009.12
张湧涛	男	1958.9	教学	教授	河北联合大学电气工程学院	工业自动化仪表	2009.12
毕作枝	男	1957.2	教学	教授	河北联合大学管理学院	MBA	2009.12
闫红灿	女	1968.6	教学	教授	河北联合大学理学院教学办主任	管理科学与工程	2009.12
王金锋	男	1966.7	教学	教授	河北联合大学轻工学院	材料学	2009.12
卢育红	女	1966.10	教学	教授	河北联合大学迁安学院副院长	环境工程	2009.12
韩利华	男	1972.1	教学	教授	河北联合大学	矿物加工工程	2010.12
王福生	男	1973.4	教学	教授	河北联合大学矿业工程学院	环境科学	2010.12
刘增勋	男	1966.3	教学	教授	河北联合大学冶金与能源学院	钢铁冶金	2010.12
李海英	女	1971.10	教学	教授	河北联合大学冶金与能源学院	环境工程	2010.12
李　延	女	1969.12	教学	教授	机械工程学院	美术学	2010.12
樊丽华	女	1971.10	教学	教授	河北联合大学化学工程学院	化学工艺	2010.12
魏瑞霞	女	1974.2	教学	教授	河北联合大学化学工程学院	环境工程	2010.12
陈艳华	女	1972.4	教学	教授	河北联合大学建筑工程学院	固体力学	2010.12
王巍杰	女	1967.2	教学	教授	河北联合大学生命科学学院	生物信息	2010.12
贾长虹	女	1966.10	教学	教授	河北联合大学生命科学学院	生物化工	2010.12
涂军波	男	1971.1	教学	教授	河北联合大学材料科学与工程学院	材料学	2010.12
王岭娥	女	1964.2	教学	教授	河北联合大学电气工程学院	机械工程	2010.12
孙　洁	男	1963.10	教学	教授	河北联合大学电气工程学院	控制理论与控制工程	2010.12

1988—2010 年唐山市路南区正高级专业技术职务人员一览表

续表 25－3

姓名	性别	出生年月	系列	专业技术职务	单位及职务	专业	评定时间
边　冰	男	1965. 3	教学	教授	河北联合大学电气工程学院	工业电气自动化	2010. 12
陈丽芳	女	1973. 8	教学	教授	河北联合大学理学院	控制理论与控制工程	2010. 12
张广军	男	1968. 10	教学	教授	河北联合大学艺术学院院长	油画	2010. 12
李福民	男	1971. 9	教学	教授	河北联合大学研究生学院副院长	钢铁冶金	2010. 12
高爱民	女	1966. 10	教学	教授	河北联合大学研究生学院书记	冶金工程	2010. 12
陈玉良	男	1967. 1	教学	教授	河北联合大学轻工学院	机械	2010. 12

说明：开滦集团公司收录范围为曾任或现任开滦领导班子成员

第四节　革命烈士一览表

本节收录路南区境革命烈士 32 人。其中限内烈士 5 人，限外补记烈士 27 人。2000 年版《唐山市路南区志》已记载的烈士英名本节未收录。

唐山市路南区境 1941—2010 年革命烈士名表

表 25－4

姓名	性别	出生年份	籍　贯	政治面貌	牺牲前所在单位	牺牲时职务	牺牲时间和地点
李　兴	男	1907	唐山市路南区女织寨乡和平街	中共党员	冀东军区十二团	副政委	1941 年牺牲于迁安县杨店子
石善道	男	1920	唐山市路南区女织寨乡新袁庄		冀东军区四十八团	战士	1943 年 8 月牺牲于丰南县小集
葛凤汉	男	1908	唐山市路南区女织寨乡候边庄	中共党员	唐山地区	地下工作者	1943 年牺牲于唐山市东矿区林西
刘廷功	男	1913	唐山市路南区女织寨乡岳各庄	中共党员	冀东军区十七团	战士	1945 年 7 月牺牲于开平镇
李仁林	男	1918	唐山市路南区女织寨乡刘家过道村	中共党员	唐山铁路机车车辆厂	地下工作者	1945 年 8 月牺牲于丰南县王家河
王振铎	男	1917	唐山市路南区女织寨乡定福庄	中共党员	冀东军区五十七团	连长	1946 年 4 月牺牲于丰南县白石庄
李全义	男	1924	唐山市路南区女织寨乡候边庄		四野九纵队	连长	1948 年牺牲于吉林省四平市
刘　义	男	1925	唐山市路南区女织寨乡候边庄		四野九纵队	战士	1948 年牺牲于吉林省四平市
陈恩重	男	1930	唐山市路南区女织寨乡新袁庄		四野九纵队	战士	1948 年牺牲于天津市茶淀乡
刘全来	男	1928	唐山市路南区女织寨乡太平庄		四十五军一三五师四零四团	战士	1949 年 12 月牺牲于天津市

唐山市路南区境 1941—2010 年革命烈士名表

续表 25－4

姓名	性别	出生年份	籍贯	政治面貌	牺牲前所在单位	牺牲时职务	牺牲时间和地点
崔占林	男	1933	唐山市路南区女织寨乡赵各庄		四野八纵四零四团	战士	1949 年 11 月牺牲于四川省
邢清坤	男		唐山市路南区女织寨乡和平街		志愿军	战士	1950 年 12 月牺牲于朝鲜
孟祥信	男	1928	唐山市路南区女织寨乡老谢庄			战士	1950 年牺牲于贵州省黄平县
徐步明	男	1924	唐山市路南区女织寨乡将军坨村		第四野战军	战士	1950 年牺牲于湖南省
石贵友	男	1927	唐山市路南区女织寨乡太平庄		志愿军	文书	1951 年牺牲于朝鲜
佟明玉	男	1922	唐山市路南区女织寨乡女织寨村		志愿军	班长	1951 年 6 月牺牲于朝鲜铁源连川
熊洪武	男	1933	唐山市路南区女织寨乡郑各庄	中共党员	志愿军	排长	1952 年 2 月牺牲于朝鲜
田振海	男	1921	唐山市路南区女织寨乡王前街村	中共党员	志愿军	司务长	1952 年 10 月牺牲于朝鲜
刘文忠	男	1939	唐山市路南区女织寨乡赵各庄		北海舰队一六六一部队	战士	1961 年 3 月牺牲于山东省青岛市
范锦福	男	1937	唐山市路南区女织寨乡	中共党员	海军航空兵	领航员	1964 年 5 月牺牲于山东省胶县
梁继禄	男	1939	唐山市路南区女织寨乡梁家屯村	中共党员	北京军区二三九厂	干部	1972 年 7 月牺牲于广东省汕头市
王子华	男	1938	唐山市路南区女织寨乡老谢庄		铁道兵	班长	1973 年 3 月牺牲于北京市
王子富	男	1953	唐山市路南区女织寨乡老谢庄	中共党员	云南军区	卫生员	1976 年 7 月牺牲于唐山市老谢庄
李建余	男	1956	唐山市路南区女织寨乡女织寨村		唐山市消防大队	战士	1976 年 7 月牺牲于唐山市西缸窑
刘天悦	男	1956	唐山市路南区女织寨乡女织寨村		唐山市消防大队	战士	1976 年 7 月牺牲于唐山市
张　恕	男		唐山市路南区女织寨乡			战士	牺牲情况不详
谢云祥	男	1956	唐山		唐山市公安消防大队	战士	1976 年在革命工作中牺牲
魏文涛	男	1970	遵化市东新庄镇前毛庄村	中共党员（追认）	唐山卫校	学生	1992 年 6 月 14 日在唐山陡河水库因救落水同学牺牲
张丽苍	男	1948	丰润县许家哨		唐山机车车辆厂	工人	1992 年 10 月 30 日在唐山因维护社会治安牺牲
刘长存	男	1975	开平区		唐山市商业学校	学生	1994 年 8 月在维护社会治安中牺牲

唐山市路南区境1941—2010年革命烈士名表

续表25－4

姓名	性别	出生年份	籍贯	政治面貌	牺牲前所在单位	牺牲时职务	牺牲时间和地点
梁启明	男	1955	不详	中共党员	唐山市交警支队二大队	干警	1998年7月在执行公务中牺牲
雷清亮	男	1972	河北魏县	中共党员	驻唐某部队	分队长	1999年7月6日在部队为抢救通信光缆牺牲

说明：资料来源于承编单位及1999年出版的《唐山市志》第五册，此名表不作为享受相关待遇依据。

第五节　冀东烈士陵园革命烈士一览表

本节收录冀东烈士陵园革命烈士238人。

冀东烈士陵园革命烈士一览表

表25－5

姓名	出生日期及牺牲时间	籍贯	政治面貌	牺牲前职务	牺牲地点	曾用名
郭友三	1893—1919	河北省唐山市郭大里		五四运动时期任唐山各界联合会评议部部长	赴京请愿被军警打伤，回唐山后于1919年9月10日牺牲	原名郭蛟
赵玉良	？—1926	河北省唐山市新石庄	1925年加入中国共产党	原中共唐山市委农运部部长	1926年牺牲于天津	
江震寰	1904—1927	河北省玉田县刘家桥村	1924年加入中国共产党	原社会主义青年团天津地委组织部部长	1927年4月18日牺牲于天津	化名赵尊三
邓　培	1883—1927	广东省三水县邓关村	1921年加入中国共产党	曾任中共唐山地委书记，全国铁路总工会委员长，中共三大、四大候补中执委	1927年4月22日牺牲于广州	化名唐凤鸣
安体诚	1896—1927	河北省丰润县阎家铺	1922年加入中国共产党。	曾任中共北京区委委员，黄埔军校党团干事、政治部宣传科科长兼政治教官	1927年5月牺牲于上海龙华	
郭　注	1903—1927	河北省玉田县果各庄	1927年加入中国共产党	原玉田县农民协会委员	1927年10月29日牺牲于遵化县鲁家峪	
郭其玉	1878—1927	河北省玉田县果各庄		原玉田县农民协会委员	1927年10月29日在遵化县鲁家峪牺牲	
葛继珍	？—1927	河北省丰润县石佛林村	1927年加入中国共产党	原遵化县农民协会委员	1927年秋牺牲于遵化县城关	
郭　沆	1893—1927	河北省玉田县果各庄	1927年加入中国共产党	原玉田县农民协会委员	1927年11月牺牲于北平	原名郭航
于方舟	1900—1927	河北省宁河县（现属天津）俵口村	1923年加入中国共产党	曾任天津地委首任书记、中共顺直省委组织部部长	1927年12月30日牺牲于玉田县城关	原名于兰渚

冀东烈士陵园革命烈士一览表

续表 25－5

姓名	出生日期及牺牲时间	籍贯	政治面貌	牺牲前职务	牺牲地点	曾用名
杨春霖	1891—1927	河北省丰润县油葫芦泊南沿杨英庄（现属丰南）	1925 年加入中国共产党	曾任京东农民协会会长，京东农民革命军总司令	1927 年 12 月 30 日牺牲于玉田县城关	化名李震之
解学海	1902—1927	河北省无极县南朱村	中国共产党早期党员	原玉田中心县委书记 1927 年玉田暴动中任副总指挥	1927 年 12 月 30 日牺牲于玉田县城关	
刘自力	1905—1927	陕西省咸阳县白良村	中共党员	原京东农民革命军参谋长	1927 年 12 月 30 日牺牲于玉田县城关	
卢绍亭	1901—1928	河北省丰润县岳实庄	1924 年加入中国共产党	原西北工农革命军军委委员兼工农革命军政治部主任	1928 年 5 月牺牲于陕西渭南	又名廉一民
肖占栋	1895—1929	河北省遵化县肖庄子村	1927 年加入中国共产党	原遵化县农民协会委员	1929 年 10 月牺牲于遵化县鲁家峪薛庄	
刘鸣阁	1901—1930	河北省玉田县城关	1929 年加入中国共产党	1930 年玉田黄林暴动时任副总指挥	1930 年 7 月在玉田县城关被捕后牺牲	
刘玉书	1908—1930	河北省唐山市	1925 年加入中国共产党	曾任共青团顺直省委委员兼共青团唐山市委书记	1930 年牺牲于北平第一监狱	化名刘兴仁
张金茂	1909—1931	河北省玉田县前独树村	1927 年加入中国共产党	曾任共青团玉田县委书记、农民协会委员	1931 年牺牲于北平	
江　浩	1880—1931	河北省玉田县刘家桥村	中国共产党早期党员	中共天津地委、张家口地委委员。早年曾任国会参议院议员。1927 年任武汉国民政府军事裁判所所长	1931 年病逝于苏联海参崴	原名江文浩
高照宇	1904—1934	河北省迁安县渔户寨	1925 年加入中国共产党	原洛阳军事干部学校政治教导员	1927 年 6 月被捕，1934 年 5 月 22 日病故于狱中	
邢殿甲	1903— ?	河北省唐山市解家套	1926 年加入中国共产党	1932 年任唐山市委书记	抗日战争时期牺牲	化名星世来
王平陆	1902—1938	河北省迁安县上梨树峪村（现属迁西）	1932 年加入中国共产党	曾任冀热边特委书记、华北抗日联军冀东第一支队司令	1938 年 1 月 7 日袭击伪满“清河沿国境警防所”时负伤，翌日牺牲	原名高永祥
朱　昆	1893—1938	河北省滦县沈官营村		原冀东抗日联军第二十三总队军需处处长	1938 年秋于平谷县瓦关头战斗中牺牲	
王崇实	1915—1938	河北省蓟县（现天津）门庄	1933 年加入中国共产党	曾任蓟县县委书记、冀东抗日联军第五总队（西部）政治主任	1938 年 8 月 25 日于蓟县别山战斗中牺牲	
张久兰	1907—1938	河北省丰润县南夏庄	1938 年加入中国共产党	原冀东抗日联军第五总队（丰润）总队长	1938 年 8 月牺牲于丰润县城关	又名张树畹

冀东烈士陵园革命烈士一览表

续表 25－5

姓名	出生日期及牺牲时间	籍贯	政治面貌	牺牲前职务	牺牲地点	曾用名
赵振威	1911—1938	河北省丰润县包家坎村		原冀东抗日联军第一总队总队长	1938 年 8 月 8 日牺牲于遵化县地北头村	原名赵翰章
高进忠	1894—1938	河北省遵化县莫家屯	1933 年加入中国共产党	原冀东抗日联军特务二大队大队长	1938 年 9 月于丰润县下水路战斗中牺牲	
姚云祥	1890—1938	河北省丰润县王官营村		原冀东抗日联军第十三总队第二大队大队长	1939 年 8 月 12 日于迁安县（现迁西）娘娘庙战斗中牺牲	
王炳臣	1892—1938	河北省滦县陈家沟村		原冀东抗日联军某部大队长	1938 年 9 月 20 日于迁安县作战中牺牲	又名王子瞻
陈宇寰	1897—1938	河北省滦县小陈庄（现属滦南）		原冀东抗日联军高志远部副司令	1938 年 10 月 10 日于蓟县马伸桥赵各庄战斗中牺牲	
洪麟阁	1902—1938	河北省遵化县地北头村		原冀东抗日联军副司令员兼第一路总指挥	1938 年 10 月 15 日于蓟县马伸桥战斗中牺牲	原名洪占勋
阮务德	1914—1938	河北省山海关	1935 年加入中国共产党	原冀东抗日联军第二十三总队政治主任	1938 年 10 月于滦县东安河战斗中牺牲	化名张德民
吴绍舟	1914—1938	河北省滦县吴庄	1935 年加入中国共产党	原冀东抗日联军第十四总队政治主任	1938 年 10 月牺牲于白河	
王子良	？—1938	河北省卢龙县单庄		原冀东抗日联军第二十三总队第五大队大队长	1938 年秋牺牲于卢龙县双望西十八里铺	
李润民	？—1938	河南省	中共党员	1930 年参加红军，曾任红四方面军某部团政委、冀东抗日联军五总队总队长	1938 年 12 月于北平被捕后牺牲	
高朗豁	1915—1938	河北省唐山市常各庄	1935 年加入中国共产党	曾任冀东抗日联军五总队政治主任、抗联路南指挥部政治主任	1938 年 12 月于北平被捕后牺牲	又名高培之
徐桂芝（女）	1889—1939	河北省迁安县西庄（现属迁西）	1936 年加入中国共产党		1939 年 1 月 8 日牺牲于迁西县破城	
魏长庆	1907—1939	河北省迁安县西庄（现属迁西）		原迁安八区救国会主任	1939 年 1 月 8 日牺牲于迁西县破城	
张志超	1908—1939	河北省丰润县东高各庄	1933 年加入中国共产党	曾任北丰县委宣传部长、冀东抗日联军第三总队总队长	1939 年 4 月牺牲于丰润县潘家峪	又名张克栋
王宝堂	1903—1939	河北省丰润县王官营村	中共党员	原冀东抗日联军第十一总队大队长	1939 年 4 月于丰润县曹庄子战斗中牺牲	
夏昌林	1901—1939	河北省滦县铁局寨		原冀东抗日联军第二十三总队三大队大队长	1939 年 5 月牺牲于滦县铁局寨	
苏　甦	1914—1939	河南省	中共党员	原冀东八路军第一支队参谋长	1939 年 6 月于迁安县（现迁西）大峪村战斗中牺牲	又名潘守信

冀东烈士陵园革命烈士一览表

续表 25－5

姓名	出生日期及牺牲时间	籍贯	政治面貌	牺牲前职务	牺牲地点	曾用名
杨十三	1889—1939	河北省迁安县杨团堡村		曾任天津河北工业学院教授、冀东抗日联军第一路政治部主任	1939 年 7 月 21 日病逝于山西省黎城县	又名杨裕民
王仲华	1909—1939	湖北省蕲春县董冲村	1926 年加入中国共产党	1935 年“一二·九”学生运动领导人之一、1938 年冀东人民抗日大暴动组织领导者之一，1939 年任冀东抗日联军司令	1939 年秋于平西病故	原名董毓华
田贵新	1915—1939	河北省滦县南店（现属滦南）	中共党员	宛平县青救会主任	1939 年秋牺牲于平西	
甄宝勋	1899—1939	河北省丰润县千佛院村		原冀东抗日联军十一总队大队长	1939 年牺牲于丰润县魏庄子	
魏国臣	1911—1939	河北省宛平县（现北京）青白口村	1933 年加入中国共产党	原冀东八路军一支队二总队总队长	1939 年牺牲于丰润县东佑国寺	
杨瑞生	1910—1939	河北省滦县庞各庄	1938 年加入中国共产党	原冀东抗日联军第五总队军械处修械所长	1939 年牺牲于平谷县北山	别名杨毓芝
刘锡彤	1896—1940	河北省丰润县上水路村	中共党员	原冀东抗日联军第十三总队总队长	1940 年 1 月 28 日于丰润县潘家峪战斗中牺牲	
卢启明	1912—1940	山东省胶东	中共党员	原丰滦迁联合县县长	1940 年 2 月 15 日于迁安（现迁西）县二拨子战斗中牺牲	又名夏火焰
阎祖皋	1915—1940	湖北省黄陂	中共党员	1930 年参加红军，原冀热察挺进军十三支队副参谋长	1940 年 3 月 9 日于遵化县南营战斗中牺牲	
魏长胜	1885—1940	河北省迁安西庄（现属迁西）		原丰滦迁联合县地下联络交通员	1940 年 4 月 17 日牺牲于迁安县西庄	
魏顺隆	1902—1940	河北省迁安县西庄（现属迁西）		原冀东军分区供给科科长	1940 年 4 月 23 日牺牲于迁安县西庄	
魏春波	1890—1940	河北省迁安县西庄（现属迁西）	1933 年加入中国共产党	曾任冀东抗日联军第二路总顾问、丰滦迁联合县县长	1940 年 6 月 8 日牺牲于丰润县岩口才庄	原名魏长河
高凤孝	1897—1940	河北省丰润县下水路村	中共党员	原冀东抗日联军第十三总队大队长	1940 年 6 月 7 日于丰润县西胡各庄战斗中牺牲	
何宜之	1916—1940	北平市	1936 年加入中国共产党	原冀东军分区十二团总支书记	1940 年 7 月 26 日于遵化县娘子庄战斗中牺牲	原名齐振铎
阎锡九	1906—1940	河北省丰润县大岭沟	1936 年加入中国共产党	原冀东军分区供给部部长	1940 年 8 月 16 日牺牲于丰润县郭庄子	化名王继先

冀东烈士陵园革命烈士一览表

续表 25－5

姓名	出生日期及牺牲时间	籍贯	政治面貌	牺牲前职务	牺牲地点	曾用名
陈　荻	1909—1940	河北省玉田县鸦鸿桥	1927 年加入中国共产党	曾任遵化县委书记、冀东抗日联军政治部代理主任	1940 年 8 月 16 日于丰润县郭庄子战斗中牺牲	原名陈世雄
张毓祥	？— 1940	河北省玉田县西潘庄子		原房山县县长	1940 年秋牺牲于房山县露宝峪	
节振国	1910—1940	山东省武城（现河北故城）县刘堂村	1939 年加入中国共产党	1938 年开滦五矿同盟大罢工中任赵各庄矿工人纠察队长，后任冀东抗日联军特务一大队大队长	1940 年 8 月 1 日于滦县下尤各庄战斗中牺牲	
王子仪	？—1940	东北	中共党员	原冀东军分区敌工部部长	1940 年 10 月 20 日牺牲于丰润县娘娘庙	
李万章	？—1940	河北省丰润县杨家铺		冀东军分区通讯排排长	1940 年 10 月 20 日牺牲于丰润县娘娘庙	
侯国臣	？—1940	河北省丰润县杨家铺		冀东军分区通讯排战士	1940 年 10 月 20 日牺牲于丰润县娘娘庙	
孟　贞	？— 1940		中共党员	原冀东军分区十二团营教导员	1940 年 10 月 20 日牺牲于丰润县娘娘庙	
侯国良	？—1940	河北省丰润县杨家铺		冀东军分区通讯排战士	1940 年 10 月 20 日牺牲于丰润县娘娘庙	
李　平	？—1940	河北省丰润县杨家铺		冀东军分区通讯排通讯员	1940 年 10 月 20 日牺牲于丰润县娘娘庙	
某某某	？—1940			八烈士之一	1940 年 10 月 20 日牺牲于丰润县娘娘庙	
某某某	？—1940			八烈士之一	1940 年 10 月 20 日牺牲于丰润县娘娘庙	
杨义之	1909—1940	河北省遵化县租户村	1937 年加入中国共产党	原蓟遵兴联合县财政科科长	1940 年 10 月牺牲于遵化县片石峪	原名杨瑞臣
王正军	1912—1940	湖北省枣阳县	中共党员	1931 年参加红军，原冀东军分区十三团一营营长	1940 年冬于玉田县齐家团城战斗中牺牲	
唐有勋	1898—1940	河北省滦县港北村		1938 年任冀东抗日联军第五总队副参谋长	1940 年病故	又名唐协尧
张启愚	1905—1940	河北省昌黎县信庄	1933 年加入中国共产党	原华北抗日联军昌黎支队党代表	1940 年冬牺牲于平西	又名张其羽
张　顺	1906—1940	河北省迁安县小尹庄（现属迁西）	1929 年加入中国共产党	曾任迁安县委组织部部长、冀东八路军二支队大队指导员	1940 年 4 月于迁安县立石庄战斗中牺牲	又名张子林
姜　林	1919—1940	北平市	1936 年加入中国共产党	原冀东八路军第二支队政治主任	1940 年 3 月 11 日于遵化县南营村战斗中牺牲	又名岑铁衡

冀东烈士陵园革命烈士一览表

续表 25－5

姓名	出生日期及牺牲时间	籍贯	政治面貌	牺牲前职务	牺牲地点	曾用名
卞振东	1908—1940		中共党员	曾任冀热边特委组织部部长、冀东抗日联军第十三总队政治主任	1940 年于平北延庆县雕鹗堡战斗中牺牲	
高玉楼	1904—1941	河北省滦县安各庄（现属滦南）	1940 年加入中国共产党	原冀东抗日联军第十三总队大队长	1941 年 2 月 7 日牺牲	
陈甫轩	1914—1941	河北省遵化县黄庄	1937 年加入中国共产党	原遵化县县委书记	1941 年 3 月 23 日牺牲于遵化县堡子店	又名陈富轩
秦晓光	1910—1941	辽宁省铁岭县	中共党员	原八路军十团卫生处长	1941 年春病故	又名秦岭
姜士林	？—1941	安徽省六安县	1929 年加入中国共产党	1930 年参加红军原冀东军分区十二团二营营长	1941 年 5 月于丰润县郭官屯战斗中牺牲	
魏顺礼	1922—1941	河北省迁安县西庄（现属迁西）	1939 年加入中国共产党	原冀东军分区十二团一营教导员	1941 年 6 月 2 日于玉田县孟四庄战斗中牺牲	又名魏顺义
陈　群	1910—1941	安徽省六安县陈家湾村	1929 年加入中国共产党	1930 年参加红军，曾任红四方面军第十一师副师长、冀东军分区十二团团长	1941 年 6 月 2 日于玉田县孟四庄战斗中牺牲	原名陈德安
张瑞贞（女）	1914—1941	河北省滦县大门庄	1933 年加入中国共产党	原丰滦迁联合县妇联主任	1941 年 6 月牺牲于丰润县小杨家营	化名刘健民
傅景云	？—1941	河北省宛平县安家庄（现属北京市）		原冀东十二团供给处副主任	1941 年 6 月牺牲于丰润县于辛庄	
杨作霖	1917—1941	吉林省	1938 年加入中国共产党	原冀东军分区十二团一营营长	1941 年 7 月 3 日于玉田县大韩庄战斗中牺牲	
高　存	1893—1941	河北省遵化县北店村	1929 年加入中国共产党	原冀热边特委组织部部长	1941 年 7 月于遵化县被捕牺牲	化名高振东
张逢春	1916—1941	河北省唐山市边各寨	1935 年加入中国共产党	冀热察党校支部书记、总支委员	1941 年秋病故	原名张鸿儒
杨鹤轩	1910—1941	河北省滦县赵各庄	1936 年加入中国共产党	原迁滦卢联合县基干队教导员	1941 年 8 月 16 日于滦县羿各庄战斗中牺牲	
樊凌玺	1905—1941	河北省遵化县车草厂	1931 年加入中国共产党	原滦昌怀联合县工委书记	1941 年秋牺牲于密云县	
周　广	1910—1941	河北省丰润县大孟各庄	1933 年加入中国共产党	原丰玉遵联合县第三区区长	1941 年秋牺牲于平山县	化名张超
刘彬阁	1909—1941	河北省滦县韩新庄	1935 年加入中国共产党	原丰滦迁联合县县委宣传部部长	1941 年牺牲于丰润县小杨家营	原名刘炳文
王庆丰	1907—1941	河北省丰润县吕各庄	中共党员	原冀东军分区供给部军需科长兼第一办事处主任	1941 年 11 月 19 日于丰润县吕各庄战斗中牺牲	化名于祝升
刘润苍	？—1941）	河北省滦县沙沟村	1926 年加入中国共产党	原滦县县委组织部部长	1941 年牺牲于丰润	原名刘作霖
杨希盛	1906—1942	河北省遵化县八户庄	中共党员	原迁青平联合县县长	1942 年 2 月于宽城县黑小子沟战斗中牺牲	化名刘全民
包　森	1911—1942	陕西省蒲城县赵家村	1932 年加入中国共产党	曾任冀东军分区副司令员兼十三团团长	1942 年 2 月 17 日牺牲于遵化县野瓠山	原名赵宝森

冀东烈士陵园革命烈士一览表

续表 25－5

姓名	出生日期及牺牲时间	籍贯	政治面貌	牺牲前职务	牺牲地点	曾用名
李昆山	1913—1942	河北省遵化县刘备寨		原冀东军分区修械所炸弹厂厂长	1942 年 2 月 26 日于遵化县山头庄战斗中牺牲	原名郑玉刚
刘诚光	1915—1942	湖北省黄安（现红安）县	1933 年加入中国共产党	1931 年参加红军曾任冀东军分区政治部主任兼十二团政委	1942 年 4 月 3 日于遵化县甲山战斗中牺牲	原名刘德富
苏连存	1913—1942	河北省丰润县苏庄	1937 年加入中国共产党	曾任冀东军分区十二团二营教导员	1942 年 4 月 3 日于遵化甲山战斗中牺牲	化名于禾
史　拓	1913—1942	山西省沁源县城北街	1933 年加入中国共产党	原丰滦迁联合县县委宣传部部长	1942 年 4 月 9 日牺牲于丰润县黑山沟	原名史国森
于沐之	1914—1942	河北省滦县赵各庄	1937 年加入中国共产党	原丰滦迁联合县县长	1942 年 4 月 18 日牺牲于丰润县黑山沟	又名王庆生
皇甫文宗	1910—1942	河北省丰润县黄家屯	1933 年加入中国共产党	原丰玉宁联合县县委书记	1942 年 4 月 24 日牺牲于丰润县常魏庄子	化名石光
王文龙	1908—1942	河北省丰润县火石营村	1936 年加入中国共产党	原冀东军分区侦察科科长	1942 年 4 月 24 日于遵化县鲁家峪战斗中牺牲	又名王明远
胡春圃	1915—1942	河北省丰润县党家山村	1941 年加入中国共产党	曾任丰玉宁联合县报国会主任、四区区委书记	1942 年 4 月 24 日牺牲于丰润县常魏庄子	化名佟宇光
轩敬一	1904—1942	河北省丰润县张家屯	1940 年加入中国共产党	原冀东军分区政治部联络科科长	1942 年 4 月于遵化县鲁家峪战斗中牺牲。	原名轩永仁
高庆谭	1902—1942	河北省丰润县大旺庄	1934 年加入中国共产党	原丰玉宁联合县县委宣传部部长	1942 年 4 月牺牲于丰润县梁家坟	化名曾樵
夏从林	1902—1942	河北省滦县铁局寨	1936 年加入中国共产党	原丰滦迁联合县二区区长	1942 年 6 月 3 日牺牲于丰润县腰带山妈妈洞	化名张国汉
杨文波	1910—1942	河北省丰润县黄昏峪村		原迁滦丰联合县县长	1942 年 5 月 16 日于丰润县才庄战斗中牺牲	原名张昆山
耿玉华	1912—1942	河北省遵化县藏山庄	1936 年加入中国共产党	原晋察冀军区第十三军分区十一团政委	1942 年 5 月 23 日于平北赤城沈家营战斗中牺牲	原名耿环
傅惠轩	1912—1942	河北省丰润县大安乐庄	1941 年加入中国共产党	原冀东《救国报》编辑	1942 年 6 月 3 日牺牲于丰润县腰带山妈妈洞	化名布于
兰小川	1896—1942	河北省遵化县平安城镇	1927 年加入中国共产党	原丰玉遵联合县县长	1942 年 6 月 25 日牺牲于遵化县果各庄	化名王常明
徐林庭	1906—1942	河北省遵化县铁厂镇	1938 年加入中国共产党	原冀东抗日联军特务一总队政治主任	1942 年夏牺牲于遵化县杨家峪	化名石林
欧阳波平	1912—1942	湖南省	中共党员	早年参加红军曾任晋察冀军区第十三军分区十二团参谋长兼一营营长	1942 年 8 月 8 日于迁安县彭家洼战斗中牺牲	
钟　奇	1914—1942	江西省于都县桥头村	中共党员	1932 年参加红军，曾任晋察冀军区第十三军分区十三团二营营长、十二团副参谋长	1942 年 8 月 14 日牺牲于迁安县（现迁西）马蹄峪	

冀东烈士陵园革命烈士一览表

续表 25－5

姓名	出生日期及牺牲时间	籍贯	政治面貌	牺牲前职务	牺牲地点	曾用名
赵观民	1915—1942	河北省保定市	1934 年加入中国共产党	曾任天津市工人救国会主任、中共冀东地委西部地分委书记	1942 年 9 月 19 日于兴隆县沙峪沟牺牲	化名田野
吴紫阳	1898—1942	河北省滦县吴庄（现滦南）		原昌滦乐联合县县长	1942 年牺牲于房山县庄户台村	又名吴绍贤
马国杰	？—1942	冀中	中共党员	原迁遵兴联合县第二区委书记	1942 年 10 月牺牲于迁安县（现迁西）翻鞍寨	
常云卿	1913—1942	河北省唐山市开平镇	1937 年加入中国共产党	原丰玉宁联合县县委书记	1942 年 11 月 30 日牺牲于丰润县大官庄	化名鲁健之
高　升	1873—1942	河北省遵化县北店村	1933 年加入中国共产党	原兴隆游击队负责人	1942 年牺牲于遵化县南关	
才永昌	1890—1942	河北省迁安县才庄（现属迁西）	1933 年加入中国共产党	原冀东抗日联军第十四总队副总队长	1942 年病故	
何廷彬	1917—1942	河北省蓟县（现属天津）城关	中共党员	原三河县区委书记	1942 年牺牲于三河县皇庄	
张荣轩	？—1942			遵化县杨官林村人。原丰玉遵联合县抗联主任	1942 年牺牲于丰润县城关	
耿玉辉	1901—1943	河北省遵化县藏山庄	1927 年加入中国共产党	曾任冀东军分区十三团三营营长、丰玉遵联合县县长	1943 年 1 月 5 日牺牲于遵化县藏山庄	原名耿兰
李维廉	1895—1943	河北省遵化县平安城镇	中共党员	原丰玉遵联合县县长	1943 年 5 月 13 日于遵化县寺下庄战斗中牺牲	原名李官芳
薛辉荣	1921—1943	陕西省子长县	中共党员	早年参加红军，原晋察冀军区第十三军分区十三团一营副营长兼特务连连长	1943 年 5 月 13 日于青龙县王厂沟战斗中牺牲	
唐知权	？—1943	河北省唐山市小唐庄		原晋察冀军区第十三军分区直属第四地区队（青英部队）大队长	1943 年 7 月牺牲于丰台镇	又名田彬
刘学儒	1918—1943	河北省丰润县上水路村	中共党员	原丰滦迁联合县支队长	1943 年 9 月 10 日于丰润县东胡各庄战斗中牺牲	
王汉文	1913—1943	河北省滦县韩辛庄	中共党员	原冀东军分区第一地区队供给处主任	1943 年 10 月 17 日牺牲于乐亭县阁楼坨村	化名张子国
王　册（女）	1922—1943	河北省昌黎县杨家营村	1942 年加入中国共产党	原阜平一区区委副宣传委员	1943 年 10 月 23 日牺牲于阜平县南雕窝村	原名王者香
张　喆	1908—1943	河北省玉田县丁官屯	中共党员	原武宝宁联合县县长	1943 年 11 月牺牲于宁河县乐善庄	化名寒松
李光宇	1907—1943	河北省滦县高各庄	1935 年加入中国共产党	原冀东抗日联军路南指挥部副总指挥	1943 年牺牲于迁安县包各庄	

冀东烈士陵园革命烈士一览表

续表 25－5

姓名	出生日期及牺牲时间	籍贯	政治面貌	牺牲前职务	牺牲地点	曾用名
高小安	1916—1944	河北省滦县安各庄（现属滦南）	1932年加入中国共产党	曾任冀东抗日联军第十三总队总队长、晋察冀军区第十三军分区第一地区队副区队长	1944年3月20日于乐亭县焦庄战斗中牺牲	原名高瑞泉
赵光道	？—1944	朝鲜		原冀东军分区朝鲜抗日游击队队长	1944年春牺牲于滦县（现滦南）张仙庄	
刘 鸪	1903—1944	河北省丰润县大旺庄	1939年加入中国共产党	原丰玉宁联合县县长	1944年春于丰润县杨义口头战斗中牺牲	化名任永和
顾 宁	1919—1944	湖北省利川县	中共党员	原冀东《救国报》副总编辑	1944年春于丰润县白官屯战斗中牺牲。	原名殷可汉
杨大章	1909—1944	天津市人	中共党员	曾任宛平县县长、冀热边行署第一专署专员	1944年5月18日于蓟县窜岭庙战斗中牺牲	原名杨士英
廖 峰	1912—1944	广西省东兰县巴纳村	1932年加入中国共产党	1929年参加红军，原晋察冀军区第十三军分区十三团副政委	1944年5月18日于蓟县窜岭庙战斗中被捕后牺牲	原名廖庆先
季 安	1909—1944	河北省蓟县（现天津）太平庄	1937年加入中国共产党	原蓟遵兴联合县县委书记	1944年5月18日于蓟县窜岭庙战斗中牺牲	原名安禄
宋惠然	1920—1944	河北省遵化县西马各庄		原四零二五团团长	1944年5月牺牲于龙关独石门	化名德怀
王书文	1917—1944	山东省	中共党员	原武宝宁联合县县委书记	1944年5月牺牲于宝坻县樊庄子	又名张民义
鲍子菁	1899—1944	河北省丰润县女过庄		原晋察冀军区第十三军分区政治部联络科科长	1944年9月28日于丰润县石各庄战斗中牺牲	
周文彬	1908—1944	朝鲜平安北道新义州红南洞	1926年加入中国共产党	曾任唐山工委书记、冀热边特委组织部部长	1944年10月17日于丰润县杨家铺战斗中牺牲	原名金成镐
吕 光	1914—1944	云南省思茅县兴镇	1937年加入中国共产党	曾任冀热边特委宣传部副部长兼《救国报》社社长	1944年10月17日于丰润县杨家铺战斗中牺牲	原名陈炤
丁振军	1913—1944	河北省滦县坨子头村	1934年加入中国共产党	曾任冀热边特委第四地区委书记兼第四专署专员	1944年10月17日于丰润县杨家铺战斗中牺牲。	原名丁凯
马宗周	1912—1944	河北省玉田县马店子村	1928年加入中国共产党	曾任冀东《救国报》社长、冀热边特委秘书长	1944年10月17日于丰润县杨家铺战斗中牺牲	化名李杉
王少奇	1912—1944	河北省香河县城关	1936年加入中国共产党	曾任蓟宝三联合县县长、晋察冀军区第十三军分区卫生部部长兼政委	1944年10月17日于丰润县杨家铺战斗中牺牲	原名王毓琨
刘俞芬（女）	1918—1944	河南省内黄县大渡村	1938年加入中国共产党	原冀热边特委宣传部干事	1944年10月17日于丰润县杨家铺战斗中牺牲	原名刘玉芬
卜 庸	1908—1944	河北省蓟县（现天津）板桥村	1936年加入中国共产党	曾任蓟遵兴联合县县长，冀热边行署秘书主任	1944年10月17日于丰润县杨家铺战斗中牺牲	原名卜荣久

冀东烈士陵园革命烈士一览表

续表 25 – 5

姓名	出生日期及牺牲时间	籍贯	政治面貌	牺牲前职务	牺牲地点	曾用名
魏　众	？—1944	四川省黎川县	中共党员	原迁滦丰联合县县委宣传部副部长兼二区区委书记	1944 年 10 月 17 日于丰润县杨家铺战斗中牺牲	
赵驭欧	1912—1944	河北省滦县赵各庄	1927 年加入中国共产党	原晋察冀十三地委敌工部部长	1944 年秋牺牲于唐山市南郊	又名秦凤孝
关　旭	？—1944	东北	中共党员	原冀东军分区十三团参谋长	1944 年 12 月 28 日牺牲于平谷县小官庄	
谭志诚	1914—1944	江西省永新县	中共党员	1931 年参加红军，原晋察冀军区第十三军分区第二地区队政委	1944 年 12 月 28 日于平谷县小官庄作战中牺牲	
侯占山	？—1944	辽宁省兴城	1939 年加入中国共产党	原冀东十二团补充营营长	1944 年于遵化县潘庄战斗中牺牲	
刘开德	1911—1944	河北省丰润县黄昏峪村	中共党员	原晋察冀军区六团二营教导员	1944 年于山西省运城泊杨村战斗中牺牲	
方　治	1908—1945	河北省滦县榛子镇		曾任白求恩卫生学校教员、白求恩和平医院外科医生	1945 年 1 月牺牲于新城县	原名张伯仁
马云清	1905—1945	河北省唐山市	1925 年加入中国共产党	原丰玉遵联合县交通站负责人	1945 年 3 月 9 日牺牲于北平	
陈　静（女）	1916—1945	河北省遵化县田庄	1940 年加入中国共产党	原迁青平联合县妇救会主任	1945 年 3 月牺牲于滦县（现滦南）青坨营	原名李秀仙
高　庆	1906—1945	河北省昌黎县孔庄村	1944 年加入中国共产党	原迁卢抚昌第七、八区游击队队长	1945 年 3 月牺牲	又名高俊山
王家义	1912—1945	河北省丰润县小集镇（现属丰南）	1936 年加入中国共产党	曾任丰玉宁联合县县委书记、唐滦工委书记	1945 年 4 月 20 日于丰润县（现丰南）大北柳河战斗中牺牲	化名王甲一
张　柯	1909—1945	河北省行唐县西关村	1937 年加入中国共产党	原唐滦特区联合县办事处主任	1945 年 4 月 20 日牺牲于丰润县（现丰南）大北柳河村	原名张土垚
林　皋	1913—1945	河北省迁安县小陈庄（现属迁西）	1935 年加入中国共产党	原蓟遵兴联合县县委书记	1945 年 4 月 24 日牺牲于蓟县周官屯	原名陈明久
赵玺珍	1903—1945	河北省丰润县小集镇赵庄（现属丰南）	1927 年加入中国共产党	原京东特委组织部部长	1945 年 5 月 6 日牺牲于滦县（现滦南）蔡各庄	化名林辰
刘笑一	1917—1945	河北省丰润县大松林村	中共党员	原丰玉遵联合县县委书记	1945 年 5 月 28 日牺牲于玉田县马店子	原名刘锡权
汪展之	1909—1945	河北省遵化县东旧寨村	1939 年加入中国共产党	原丰玉遵联合县县委宣传部部长	1945 年 5 月病故	原名汪俊德
洪　光	？—1945		中共党员	原冀东第八地区队副区队长	1945 年 5 月牺牲于卢龙县张家庵	

冀东烈士陵园革命烈士一览表

续表 25－5

姓名	出生日期及牺牲时间	籍贯	政治面貌	牺牲前职务	牺牲地点	曾用名
黄　天	1907—1945	江苏省崇明县谢家镇南郊（现属上海）	1938 年加入中国共产党	曾任陕北公学流动剧团团长、冀热辽军区尖兵剧社社长	1945 年 7 月 4 日于遵化县杨家峪战斗中牺牲	原名黄廷权
才　山	1911—1945	辽宁省黑山县王家屯	1937 年加入中国共产党	原冀热辽军区副参谋长	1945 年 7 月 4 日于遵化县杨家峪战斗中牺牲	原名才治安
今　歌	1920—1945	四川省	1938 年加入中国共产党	原冀热辽军区尖兵剧社音乐队长	1945 年 7 月 4 日于遵化县杨家峪战斗中牺牲	原名王宗岳
孙育才	1917—1945	河北省迁安县孙家峪（现属迁西）	1942 年加入中国共产党	原迁滦丰联合县县大队教导员	1945 年 10 月 16 日于滦县榛子镇战斗中牺牲	
张平洋	1910—1945	河北省遵化县米庄子村	1933 年加入中国共产党	原东北人民自治军嫩江军区副司令员	1945 年 11 月 28 日牺牲于黑龙江省泰来县五庙子	原名张希江
张德友	1921—1945	河北省遵化县塔寺村	1945 年加入中国共产党	原二十五旅一 0 一团三营副教导员	1945 年 11 月牺牲于滦县	化名张国生
高棣华	1912—1945	河北省丰润县下水路村	1939 年加入中国共产党	原平三蓟联合县县委宣传部部长	1945 年秋病故	化名高长风
赵天龙	1918—1945	河北省迁安县半壁店村（现属迁西）		原冀东军分区十一团参谋	1945 年 12 月牺牲于热河凌源县	
杨青云	1921—1946	河北省望都县南王膛村	1937 年加入中国共产党	原临抚昌联合县支队长	1946 年 2 月 4 日于抚宁县台头营战斗中牺牲	
周文乃	1923—1946	山东省聊城县	1938 年加入中国共产党	曾任冀东十一团政治处主任、热河纵队三旅八团政委	1946 年 2 月 13 日于热河省平泉县椁椤树川战斗中牺牲	
王一朝	？—1946	安徽省	中共党员	原热河纵队三旅八团团长	1946 年 2 月 13 日于热河省平泉县椁椤树川战斗中牺牲	
齐　英	1912—1946	辽宁省北镇县郭家三村	1939 年加入中国共产党	曾任凌源县工委书记兼办事处主任、热东地委民运部部长	1946 年 3 月 1 日牺牲于凌源县献岭	原名齐云龙
罗德胜	1911—1946	江西省吉安县富田洋渡村	1932 年加入中国共产党	1929 年参加红军，原冀东军区十四团副团长	1946 年 3 月 21 日牺牲于滦县塔坨	
李廷章	1916—1946	广东省中山县	1938 年加入中国共产党	原唐山市东矿区工委书记	1946 年 4 月 30 日牺牲于唐山市王辇庄	化名史民
张铁石	1919—1946	河北省滦县赵庄（现属滦南）	1942 年加入中国共产党	原滦县武装部部长	1946 年 4 月 30 日于滦县沙家湾战斗中牺牲	原名张春芳
张则禹	？—1946	河北省遵化县马各庄	1938 年加入中国共产党	原冀东行署公安局秘书主任	1946 年 5 月病故	原名张禹

冀东烈士陵园革命烈士一览表

续表25－5

姓名	出生日期及牺牲时间	籍贯	政治面貌	牺牲前职务	牺牲地点	曾用名
翟　华	1922—1946	河北省丰润县永红村（现属丰南）	中共党员	原武清县武委会主任	1946年6月15日牺牲于武清县北靳庄	
孙剑如	1908—1946	河北省深泽县枣营村	中共党员	原武清县公安局局长	1946年6月15日牺牲于武清县北靳庄	化名孙卫
田士英	？—1946	河北省曲阳县北养马村	中共党员	曾任丰玉遵联合县县长、武清县县长	1946年6月15日牺牲于武清县北靳庄	
杨　玉	？—1946	河北省蓟县（现天津）	中共党员	原冀东军区四十八团一营营长	1946年6月于滦县曹家河头作战负伤后牺牲	
孙觉非	1912—1946	河北省滦县孙家庄	中共党员	原冀东军区三十一团副团长	1946年9月11日于丰润县七树庄战斗中牺牲	原名孙成泽
张以祥	1916—1946	河北省滦县张横坨村（现属滦南）	1932年加入中国共产党	原冀东军区十三旅十四团三营营长	1946年10月牺牲于迁安县	
黎　耘	1912—1946	河北省黄骅县李村镇	1936年加入中国共产党	原冀东行署公安局局长	1946年11月27日病故	原名于会云
金立生	1903—1946	河北省丰润县左家坞	中共党员	原冀东军分区供给部供给主任、辽西省粮食局局长	1946年病故	化名高岗
胡作文	？—1946	湖南省石门县八间房子村	中共党员	原冀东军区二十八团某营营长	1946年牺牲于遵化县官庄	
刘武福	？—1946	京西	中共党员	原冀东军分区十二团补充营营长	1946年牺牲于迁安县（现迁西）张庄子	
曾　辉	1906—1947	江西省吉安县茶布安村	中共党员	1930年参加红军，曾任冀东军分区十二团副政委、冀东军区十三军分区副政委	1947年1月12日于滦县西老里庄战斗中牺牲	原名曾从境
彭寿年	1916—1947	河北省丰润县古石城村	1938年加入中国共产党	曾任丰宁县（东）县委书记、热西专区农会主任	1947年2月15日牺牲于丰宁县滑秸沟门村	原名范国华
张国荣	1909—1947	河北省滦县马家狼坨（现属滦南）	1940年加入中国共产党	原冀东行署公安局秘书	1947年2月24日牺牲于唐山市开平	化名丁希哲
陈　青	？—1947	湖南省	中共党员	曾任延安中央警卫部队参谋、昌黎公安局审讯股股长	1947年2月牺牲于昌黎县豆军庄	
张　森	1894—1947	河北省滦县大门庄	1939年加入中国共产党	原冀东行署第十三专署制鞋厂厂长	1947年2月牺牲于乐亭县烧纸庄	又名张子元
门殿一	1923—1947	河北省滦县大门庄	1941年加入中国共产党	原冀东军区四十八团三营教导员	1947年3月20日牺牲于昌黎县蚂蚁庄	

冀东烈士陵园革命烈士一览表

续表 25－5

姓名	出生日期及牺牲时间	籍贯	政治面貌	牺牲前职务	牺牲地点	曾用名
张立群	1917—1947	河北省迁安县于家坎	1943 年加入中国共产党	原冀东区十二地委干部科科长。	1947 年 4 月 4 日牺牲于迁安县野鸡坨	原名郑富堂
徐兴华	1919—1947	河北省滦县徐庄（现属滦南）	中共党员	原滦南县武装部部长	1947 年 4 月 17 日于滦县李庄子战斗中牺牲	原名徐珊
戴士奇	1922—1947	河北省丰润县上水路村	1939 年加入中国共产党	原冀东军区六十一团营长	1947 年 4 月 29 日于临榆县上庄坨战斗中牺牲	
苏林燕	1908—1947	河北省丰润县苏庄	1933 年加入中国共产党	曾任冀热边特委第二地区委书记、冀东区党委组织部部长	1947 年 5 月 21 日于赤峰柴胡栏子战斗中牺牲	化名祝庸
孟寿田	1905—1947	河北省玉田县鸦鸿桥	1927 年加入中国共产党	曾任遵化县委书记、冀东十五地委宣传部部长	1947 年 5 月 21 日于赤峰柴胡栏子战斗中牺牲	化名冀光
王克如	1913—1947	河北省唐山市	1936 年加入中国共产党	曾任唐山市委书记、冀东行署财政厅厅长	1947 年 5 月 21 日于赤峰柴胡栏子战斗中牺牲	化名石英
王平民	1915—1947	江西省兴国县大荻村	1931 年加入中国共产党	1931 年参加红军，原冀东军区十五军分区副政委	1947 年 5 月 21 日于赤峰柴胡栏子战斗中牺牲	
胡里光	1917—1947	湖南省浏阳县高坪村	1931 年加入中国共产党	早年参加红军，原冀东军区十二军分区政治部主任	1947 年 5 月 21 日于赤峰柴胡栏子战斗中牺牲	
贺起荣	？—1947	陕西省神木县	中共党员	原昌黎县县大队副政委	1947 年 6 月于昌黎县辛集战斗中牺牲	
刘　声	1905—1947	河北省赵县宋城村	1932 年加入中国共产党	曾任冀东行署税务局局长、顺义县县长	1947 年 7 月 18 日牺牲于顺义县王泮庄	原名牛孑人
岳子章	1915—1947	河北省滦县韩新庄	1941 年加入中国共产党	原丰滦迁联合县武装部部长	1947 年 9 月 14 日牺牲于滦县九百户	原名孙海
刘汉沛	1925—1947	河北省滦县刘家堡村	1942 年加入中国共产党	原冀东军区四十八团营营教导员	1947 年 10 月于宫官营战斗中牺牲	
鲁　夫	1918—1947	山东省夏津县张营村	中共党员	原平谷县县委书记	1947 年秋病故	原名张连亭
艾　平	1915—1947	江西省瑞金县绵塘村	1932 年加入中国共产党	曾任冀东军区第十四军分区政治部主任，后任东北民主联军九纵二十五师政委	1947 年 11 月 1 日牺牲于锦州市义县	
聂朝贵	1919—1947	河北省丰润县老庄子村	中共党员	原抚宁县县大队副政委	1947 年冬于昌黎县张各庄战斗中牺牲	
李冠慈	1908—1947	河南省沁阳县王村	中共党员	曾任晋察冀平西专区专员、冀东行署秘书主任	1947 年冬病故	原名李建通
马子敬	1900—1947	河北省遵化县孟家铺村	1933 年加入中国共产党	曾任遵化县委书记、冀东十五专区工会主任	1947 年被捕后牺牲于遵化县西关	化名郑祥林
赖大标	1913—1947	福建省上杭县五坊村	中共党员	1930 年参加红军，原蓟遵兴联合县支队长	1947 年病故	
贾瑞峰	1913—1947	河北省迁西县杨家峪		原冀东军区十八团营长	1947 年牺牲于东北叶柏寿	

冀东烈士陵园革命烈士一览表

续表 25 - 5

姓名	出生日期及牺牲时间	籍贯	政治面貌	牺牲前职务	牺牲地点	曾用名
魏顺兴	1918—1947	河北省迁安县西庄（现属迁西）	中共党员	原冀东军分区十二团某连指导员	1947 年于土改运动中牺牲	
吉瑞林	1921—1947	河北省滦县杨柳庄	1938 年加入中国共产党	曾任顺义县武装部部长、县大队大队长	1947 年 12 月于顺义县庞里庄战斗中牺牲	
陈　明（女）	1927—1948	河北省丰润县谷家套村	中共党员	原武清县妇联会主任	1948 年 2 月 13 日牺牲于武清县大十百户屯	原名谷云春
邵洪生	1912—1948	河北省昌黎县邵黑石村（现属卢龙）	中共党员	冀东军区独立四师十团一营二连战士	1948 年 4 月 3 日于夏垫战斗中牺牲	
王　通	1926—1948	河北省滦县王庄子村（现属滦南）	1944 年加入中国共产党	原冀东军区十三军分区警备团副营长、营长	1948 年 4 月 25 日牺牲于小集镇	
吴兴亚	1904—1948	河北省南皮县东关	1936 年加入中国共产党	曾任冀东军区五十团团长、教导团参谋兼教导处处长	1948 年 6 月 19 日牺牲于遵化县下港村	
黄金元	？—1948	四川省	中共党员	原冀东军区独立八团二营营长	1948 年 6 月于滦县晏各庄战斗中牺牲	
李　远（女）	1917—1948	广东省广州市	1941 年加入中国共产党	原辽西地委军政学校教导主任	1948 年春牺牲于迁安县（现迁西）新庄子	原名徐文瀛
尹兴亚	1923—1948	河北省滦县南赵庄子村	1944 年加入中国共产党	原东北民主联军第九纵队第二十六师七十六团一营营长	1948 年 10 月 14 日牺牲于锦州小凌河	别名徐治华
魏景春	1922—1948	河北省滦县邱营村（现属滦南）	1940 年加入中国共产党	原晋察冀军区三纵九旅二十一团一营营长	1948 年于太平堡战斗中牺牲	
鲁继贤	1912—1948	河北省滦县贾家营		原东北民主联军某部营长	1948 年牺牲于吉林省四平	
兰玉山	1920—1949	河北省遵化县西新庄子村	1940 年加入中国共产党	原遵化担架总团第二担架团团长	1949 年 2 月 11 日在平津战役东局子战斗中牺牲	
刘志光	1921—1950	河北省遵化县纪各庄	中共党员	原广西同正县县委组织部长	1950 年 2 月 25 日牺牲于广西王廖乡	原名陈占诚
姚景东	？—1950	河北省迁西县洪峰寺村		中国人民解放军川南军区驻国民党第七十二军军代表	1950 年 3 月牺牲于四川省	原名姚凤柏
刘殿元	1915—1951	河北省文安县	1937 年加入中国共产党	曾任唐山市委城工部长、唐北工委书记	1951 年 6 月 12 日病逝	化名张仁
李彦诚	1900—1951	河北省滦县高各庄	1936 年加入中国共产党	原抗日联军第五总队军需处处长	1951 年 7 月 27 日病故	化名季光
张鹤鸣	1910—1952	河北省滦县大门庄	1935 年加入中国共产党	曾任冀热辽军区十七军分区副司令员、十九旅旅长	1952 年 7 月病故	又名范明合

冀东烈士陵园革命烈士一览表

续表25－5

姓名	出生日期及牺牲时间	籍贯	政治面貌	牺牲前职务	牺牲地点	曾用名
坚　荣	1914—1952	河北省丰润县黄昏峪村	1941年加入中国共产党	原丰润县委组织部部长	1952年12月3日病故	原名杨维之
徐国万	1919—1952	河北省丰润县左家坞	中共党员	原中国人民志愿军一九五师五八五团营长	1952年牺牲于朝鲜	
张国起	1921—1953	河北省滦县马家狼坨	中共党员	原中国人民志愿军六十五军一九四师炮兵团作战参谋	1953年4月12日牺牲于朝鲜青龙洞	又名张希晨
傅兆勤	1924—1953	河北省迁西县横河村	中共党员	原中国人民志愿军六十七军二零一师六三零团营教导员	1953年4月牺牲于朝鲜	
郑　山	1911—1956	河北省滦县大河湾村	1941年加入中国共产党	原中国人民志愿军六十五军一九四师五八二团副团长	1956年5月4日病故于沈阳军官学校	
岳泽普	1875—1956	河北省乐亭县木瓜口村人	1925年加入中国共产党	同年任乐亭农民协会木瓜口分会负责人，1938年抗日暴动中任冀东抗日联军第三十九总队党代表	1956年病故	化名赵锡九
唐国庆	1923—1959	河北省滦县港北村人	1943年加入中国共产党	原西藏军区一五六团团长	1959年3月1日牺牲于西藏宁静地区	

说明：资料来源于冀东烈士陵园管理处，此名表不作为享受相关待遇依据。

附　录

限后大事辑要

（2011—2014 年）

2011 年

1 月 9 日　燕承楼区域改造项目举行开工奠基仪式。该项目东邻唐山抗震纪念碑广场，西邻建设南路，南靠大钊公园，北邻凤凰大厦。占地 3.16 公顷，总投资 20 亿元，总建筑面积 22 万平方米。

1 月 18 日　路南区永年商会（登记会员 90 名）正式揭牌成立，是国内成立的第二家异地永年商会。

1 月 23—25 日　政协路南区七届五次会议在区政府小礼堂举行。会议听取并审议区政协主席魏文成所作的《政协唐山市路南区第七届委员会常委会工作报告》和区政协副主席吴跃宏所作的《政协唐山市路南区第七届委员会提案委员会关于七届四次会议以来的提案工作情况报告》；大会对 32 名优秀政协委员、11 名优秀提案者和 11 件优秀提案予以表彰；通过政协路南区第七届委员会第五次会议政治决议。

1 月 24—26 日　路南区十四届人大五次会议在区政府大礼堂召开。大会听取和审议代区长徐昌盛代表区政府作的《政府工作报告》，审议区政府向大会提交的《关于唐山市路南区 2010 年国民经济和社会发展计划执行情况与 2011 年国民经济和社会发展计划（草案）的报告》《关于唐山市路南区 2010 年预算执行情况和 2011 年预算（草案）的报告》；听取和审议区人大常委会主任董建宝作的《人大常委会工作报告》、区人民法院院长李凤艳作的《人民法院工作报告》、区人民检察院检察长张炳泽作的《人民检察院工作报告》，并作出相应决议。同意接受张国栋辞去区人民政府区长职务，选举徐昌盛为区人民政府区长。会上，收到代表建议、批评和意见 25 件。

1 月 28 日　“中国科学院过程工程研究所——唐山市三川钢铁机械制造有限公司大型冶金机械装备阻尼减振技术中试基地”揭牌仪式在路南区女织寨乡举行。

2 月 18 日　为落实全国水利普查工作区政府在机关小礼堂召开动员会议，对路南区的水利普查工作进行部署。

3 月 15 日　路南区金岸红堡项目举行开工仪式。该项目位于学院南路西侧，惠民园南侧，项目占地 2.66 公顷，建筑面积 55 万平方米，总投资 29 亿元，由唐山冀东盾石房地产开发有限公司开发建设。

3 月 23 日　中科院院士李邦河、中科院著名科学家崔跃华、总装备部科学研究院副院长徐增海、中科院教育局局长任知恕等 13 位国内外知名专家、学者及江苏荣马科技集团负责人实地考察南湖科学家文化村项目预选址现场、河北省文化创意产业园、大南湖风景区。在听取了区委书记刘桂东的详细介绍后，与会专家、学者就建设科学家文化村项目提出具体意见。

3 月 25 日　由市人力资源和社会保障局、路南区委、区政府联合举办的“服务城市建设、构建和谐社会”就业岗位、市场摊位大型推介会，在抗震纪念碑广场举行。共有222家企业和机构参加推介会，提供就业岗位1万余个、市场摊位1800余个、房源2800套。接待咨询2万余人次，达成就业意向4523个，达成培训意向120个，成功推介市场摊位290个。

3月28日　区委副书记、政府区长徐昌盛走进直播间，接受《文明唐山》系列访谈音视频直播节目的采访。

3月29日　参加2011年河北省（香港）投资贸易洽谈会的路南区代表团在香港港丽酒店举办重点项目推介会上，共推介重点项目14个，其中2个外资项目正式签约，1个项目签订投资框架协议书。两个外资项目是：唐山人民大厦有限公司与美国喜达屋饭店及度假村国际集团合作开发喜来登酒店，香港茂业集团（中国）有限公司独资开发茂业城市综合体。

4月1日　南新道拓宽改造工程正式开工。工程全长6893米，西起友谊路，东至吉祥路。道路红线宽50米，主路宽30米，双向八车道。

4月7日　路南区在福乐园社区文化广场举行“争做文明市民、共建文明城市——路南区文明从我做起”系列活动大型巡演启动仪式。

4月9日　路南区3000余名机关干部群众及社区志愿者，利用周六休息时间，走进全区的各个社区、村庄开展义务劳动，拉开“义务奉献日，创建文明城”活动序幕。

4月13日　路南区三大民生工程项目同时举行开工仪式。这三大项目是路南医院改扩建、唐山九中迁建、唐山四中及联合村小学改扩建，总投资2.77亿元。

5月6日　南新东道市场群建设首批六大项目举行集中开工仪式，标志路南区环城水系公园广场及唐河沿岸景观建筑建设迈出坚实一步。

5月11日　2011年唐山市城市社区标准化菜市场建设集中开工仪式在荷花坑市场举行。市委书记王雪峰，市委副书记、市长陈国鹰，市委常委、秘书长刘建国，市人大常委会副主任董宝泉，市政协副主席卢晓霞及部分县区、高新区管委会负责人，市直有关部门、唐钢集团、开滦集团、路南区负责同志，建设单位代表参加开工仪式。

5月27日　新华贸中心举行落成开业仪式。

5月30日　路南区友谊路拓宽及周边区域改造征收工作动员大会在区机关小礼堂召开。会上下发《路南区友谊路拓宽改造项目征收工作方案》。

5月　拍摄社区教育专题片《春的召唤》报送教育部，并在中国网电大频道展播。

6月19日　路南区“党的光辉耀路南”纪念中国共产党成立90周年书画摄影暨创先争优成果展，在河北省文化创意产业园南湖书画院举行。共展出唐山市知名书画家、摄影家和路南干部职工艺术作品307幅。

6月22日　区委八届七次全体会议在区机关小礼堂举行。受区委常委会委托，区委书记刘桂东就提请全会审议的《关于召开中共路南区第九次代表大会的决议（草案）》以及区第九次党代会的有关问题作了说明。会议表决通过《中共唐山市路南区第八届委员会第七次全体会议关于召开中共唐山市路南区第九次代表大会的决议》。全会由区委常委会主持，区委委员、候补委员出席会议，区纪委委员列席会议。

是日　路南区友谊路拓宽及周边区域改造西新东楼区域开始发放顺序号、进行签约。

7月21日　友谊路拓宽西新东楼区域50户已完成签约搬迁的居民领取总计370万元的征收补偿款。

7月　依托路南电大成立路南社区教育学院和社区教育指导中心，并建立路南区社区教育网站。

8月6日　路南区文北街道南北街社区作为唐山首家社区居委会直接选举试点，召开第四届居委会直选大会。

8月8日　是全国第三个“全民健身日”，区文体局在燕京体育健身公园举办第三个“全民健身日”暨路南区武术展示会。

8月18日　区委在机关大礼堂召开全区领导干部大会，市委组织部副部长解占久宣读省、市委决定：刘桂东不再担任中共路南区委委员、常委、书记职务，徐昌盛任中共路南区委委员、常委、书记，杜庆勇任中共路南区委委员、常委、副书记，提名杜庆勇为区人民政府代区长人选。

8月26日　路南区十四届人大常委会第三十一次会议召开。会议听取和审议区政府关于2011年上半年国民经济和社会发展计划执行情况、2011年上半年预算执行情况、唐山四中及联合村小学和九中迁建进展情况等三个报告。会议以举手表决方式通过，决定免去张进霜、谢雪生路南区人民政府副区长职务；会议以投票表决的方式决定任命杜庆勇、朱建峰为路南区人民政府副区长。会议决定：副区长杜庆勇为代理区长；接受徐昌盛辞去路南区人民政府区长职务，并报请路南区第十五届人民代表大会第一次会议备案。

8月31日　区委八届八次全体会议在机关小礼堂召开。会议讨论通过《中共路南区第八届委员会工作报告（讨论稿）》和《中共路南区纪律检查委员会工作报告（讨论稿）》；表决通过九届区委委员、候补委员、纪委委员候选人名单。

9月3—5日　中共路南区第九次代表大会在机关大礼堂召开。会议审议通过徐昌盛代表中共路南区第八届委员会所作题为《开拓创新，奋发有为，为实现科学发展、富民强区而努力奋斗》的报告、杨明贵代表路南区纪律检查委员会所作题为《惩防结合，标本兼治，不断提高反腐倡廉建设科学化水平》的报告。会议选举产生中共路南区第九届委员会（委员35名，候补委员7名）和新一届中共路南区纪律检查委员会（委员17名）；选举产生路南区出席市第九次党代会的代表（15名）。在5日下午召开的中共路南区九届一次全会上，选举徐昌盛为路南区委书记，杜庆勇、刘国忠为区委副书记，选举徐昌盛、杜庆勇、刘国忠、马继泉、杨明贵、肖润光、张文明、朱建峰、杨丽娟（女）、张洪锁、王锦山为中共路南区委常委。在随后召开的中共路南区纪律检查委员会第一次全会上，选举杨明贵为区纪委书记，选举吉丽杰（女，满族）、高景忠为区纪委副书记，选举王宝宇、史晓云（女）、李树春、梁小波为区纪委常委。

9月9日　区委在区政府机关大礼堂召开庆祝第二十七个教师节暨表彰大会。对10名“十佳教师”、12名“优秀教育工作者”、12名“优秀班主任”进行了表彰。560名区教育系统广大教师参加了大会。

是日　路南区慈善协会、区妇联、区残联、区民政局联合开展“寒门学子圆梦金秋助学活动”，现场为12名受助大学生发放总计3.6万元助学金。

9月15日　区政府召开重点区域征收搬迁百日攻坚行动动员大会。

9月29日　路南区对外宣传门户网站——唐山路南网站开通试运行。

10月21日　路南区与万达（唐山）集团联合举办民生政策宣传暨唐山万达集团专场招聘会。共有30余家用人单位参加，提供就业岗位1163个，涉及70多个工种。路南区人社局现场发布就业信息48条，提供就业岗位1070个。招聘会上，接待来访咨询市民1000余人次，142人（其中包括失地农民19人，大中专毕业生31人，下岗失业人员92人）初步达成就业意向。

10月24日　召开路南区工商联第八次会员代表大会。选举产生第八届工商联执委会成员。其中主席、会长1名，副主席、副会长23名，执委22名。成立会费管理领导小组，建立会费管理监管机制，有三名企业家副会长任监督小组成员。向市工商联推荐副主席、副会长，常委、执委、代表人选。

10月27日　区直机关党工委在区委党校举办为期一个月的2011年度入党积极分子培训班，区直机关共63名入党积极分子参加培训。

10月31日　路南区政府与美国邦廷国际集团（中国）投资有限公司就唐山邦廷城市综合体项目正式签约。

10月　路南区的一位普通菜农张学敏在朋友和家人的鼓励下决定报名参加《星光大道》，经过激烈比拼，张学敏最终获得当期周冠军。

11月21日　区、乡两级人大换届选举全面启动，共发放《中华人民共和国全国人民代表大会和地方各级人民代表大会选举法》《中华人民共和国地方各级人民代表大会和地方各级人民政府组织法》《中华人民共和国全国人民代表大会和地方各级人民代表大会代表法》学习读本5000余册，悬挂横幅近900条，张贴标语10万条，举办宣传活动50多场（次）。刊登在《唐山劳动日报》上的《致全区选民的一封信》，发送到每个选民手中，共计25万余份。

12月1日　区委组织开展“看监狱、算得失”警示教育活动及召开全区党员干部警示教育暨权力运行电子监控体系建设大会。

12月12日　路南区惠民园小区被河北省住房与城乡建设厅授予“省级园林式小区”称号。

12月23日　唐山万达广场暨万达洲际酒店开业。市委常委、常务副市长陈学军，市人大常委会副主任唐凤岗，市政府副市长曹全民，市政协副主席安树彦，区委书记徐昌盛出席开业典礼。

是年　路南区教育局共申报“十二五”各级课题45项，其中二幼高建民《幼儿园关于活动设计与评价对促进不同层次教师专业发展的研究》被中国学前教育研究会批准立项为国家级课题。

是年　提高慈善助学活动救助标准，本科生为每人3000元，专科生每人2000元。全年共救助23名困难大学生，发放救助金6万元。

是年秋　百年开滦广场建成，依“唐山矿现代矿山工业示范园”而建，广场分主、副园区，占地25.5亩。主园“双环金钻”碑，碑高18.78米，富开滦始建于1878年之意。与金钻碑相望，九面开滦历史文化墙环抱拱卫。总长133米，意为至建园开滦已历时133载。2012年11月26日立碑文。

2012年

1月8日　路南区“温暖2012迎新春文艺汇演”在万达广场开锣，拉开该区迎新春文化活动大幕。

1月9日　区政府在惠民园社区举行惠民道街道办事处、梁家屯路街道办事处成立暨揭牌仪式。

1月12日　区委九届三次全体（扩大）会议在机关大礼堂召开。区委书记徐昌盛向全会作题为《强力破解发展瓶颈，奋力推动创先争优，全面开启科学发展、富民强区新征程》的报告。会议审议并通过徐昌盛代表区委常委会所作的工作报告，审议通过区委关于开展推动路南科学发展争先进位活动的决定。

1月21日　南新道拓宽红线内需拆除的建筑物全部拆除完毕。其中，友谊路至建设路段涉及住宅217户，非住宅124户；建设路至吉祥路段涉及住宅44户，非住宅116户。

1月30日　路南区“迎新春文艺展演”活动在纪念碑广场举行。400余名秧歌、腰鼓、健身操、柔力球等文体活动爱好者身着表演服装分列四个表演方阵向广大市民送上新春的祝福。

2月7—9日　政协路南区八届一次会议在区机关小礼堂举行。大会听取区政协党组书记贾向东所作的《七届常委会工作报告》、七届政协副主席吴跃宏所作的《关于七届常委会提案工作情况的报告》，全体委员列席区十五届人大一次会议，听取代区长杜庆勇所作的《政府工作报告》及《路南区2011年国民经济和社会发展计划执行情况与2012年国民经济和社会发展计划（草案）的报告》《路南区2011年预算执行情况和2012年预算（草案）的报告》等两个书面报告，并对以上报告进行讨论。会议选举贾向东为政协路南区八届委员会主席，蔡永秀（女）、吴跃宏、张新山、夏秀娟（女、满族）为副主席，于春英等26人为常务委员。会议审议通过政协路南区八届一次会议政治决议。

2月8—10日　路南区十五届人大一次会议在区机关大礼堂举行。大会听取代区长杜庆勇代表十四届区政府所作的《政府工作报告》，区政府向大会提交《关于路南区2011年国民经济和社会发展计划执行情况和2012年国民经济和社会发展计划（草案）的报告》《关于路南区2011年预算执行情况和2012年预算（草案）的报告》，听取区十四届人大常委会主任董建宝所作的《路南区人大常委会工作报告》、区人民法院代院长马明旭所作的《路南区人民法院工作报告》、区人民检察院检察长张炳泽所作的《路南区检察院工作报告》。各代表团分组审议以上报告并通过相关决议。大会选举孙成海为区人大常委会主任，张一民、王玉玲（女）、韩铁梅（女）、刘彦军为副主任，纪玉恽等18人为常务委员；选举杜庆勇为路南区人民政府区长，张文明、朱建峰、刘军、韩春云（女）、于志辉、刘继良为副区长；选举马明旭为路南区人民法院院长；选举张炳泽为路南区人民检察院检察长。

2月15日　路南区依法启动司法强制执行程序，对友谊路拓宽改造所涉燕京区域3户拒迁户房屋实施司法征收。

2月24日　区解放思想大讨论活动领导小组办公室召开第一次全体会议。会议对大讨论活动进行了安排部署，下发《路南区解放思想大讨论活动量化考核内容及标准》《路南区推进学习型党组织建设2012年重点任务分解表》。

是日　经过精心组织，周密部署，友谊路拓宽指挥部再次对燕京区域5户拒搬迁户实施依法强拆。截至当日，该区域共签约1989户，签约率达到94%。

2月29日　路南区食品药品监督管理局成立，属行政编制，人员6名；路南区食品安全委员会办公室成立，属事业单位，人员编制5名；路南区房屋征收办公室（城市建设办公室）成立，属事业单位，人员编制8名。

3月16日　区委、区政府决定建立路南区职业教育和继续教育联席会议制度。

3月　路南区菜农张学敏又一次登上《星光大道》舞台，一举演唱美声《中国好运》、京剧《打虎上山》、李玉刚的《新贵妃醉酒》、唐山皮影《五峰会》以及典型的民族花腔女高音《玛依拉变奏曲》。

4月17日　在2012香港投资洽谈会举行的“唐山曹妃甸投资环境说明会暨重点项目签约仪式”上，香港新世界集团路南区车站街改造、新加坡财富广场两大利用外资项目成功签约。

4月17—18日　路南区依法对友谊路拓宽改造区域友谊、学南两个办事处境内11户未签约户进行司法强拆，其中4户在执行中和解签约，7户被强制执行。

4月27日　五四青年节来临之际，路南区各界青年在机关大礼堂欢聚一堂，隆重纪念中国共产主义青年团成立90周年、五四运动93周年，并启动“优化发展环境，青年争做先锋”主题活动。

4月30日　区团委组织召开纪念中国共产主义青年团成立90周年暨“五四”运动93周年表彰大会。开展以“弘扬五四精神，展现青春风采，奉献青春力量，助推科学发展”为主题的系列活动，全区有组织的活动达445场次，近5万名青少年参与各种活动。

5月15日　河北省“百场儿童剧走基层进校园”活动（唐山站）在路南区实验小学启动。

5月19日　区委、区政府在万达广场举行“爱‘惠’与你同行”—路南区“惠在何处惠从何来”（“惠”指惠民政策）大型宣传活动暨第十一届社区文化体育艺术节开幕式。

5月22日　路南区组织开展“扫黄打非”集中行动，出动执法人员20余人，对一家无证书店进行现场处罚，对查缴的600余张盗版淫秽光盘集中销毁。

是日　在召开的中国·廊坊国际经济贸易洽谈会上，路南区与北京联东投资（集团）有限公司就总投资50亿元的唐山联东U谷产业综合体项目成功签约。

5月25日　在中央电视台《星光大道》节目上，路南区女织寨乡东礼尚庄村村民张学敏登上舞台，勇夺周冠军，向全国观众展示唐山农民的新形象。

5月28日　日本最大零售业企业——永旺集团成功牵手路南，总投资21亿元、具有新型商业业态的中国唐山永旺梦乐城项目在北京正式签约。

5月　教育局获得全国小英竞赛“优秀组织奖”。

6月1日　小山小百市场外摊改造项目正式破拆，标志小山小百市场升级改造工作正式启动。

6月6日　路南区第八届残疾人运动会在区培智学校举行。来自全区近400名残疾人运动员参加50米跑、100米轮椅、定点投篮、障碍运球、立定跳远、400米接力等6个项目比赛。

6月8日　全区政法系统开展“忠诚教育暨周末大讲堂”活动。

6 月 14 日　区委道德模范基层巡讲活动启动仪式暨首场报告会在区机关小礼堂举行，标志路南区“迎复检、讲文明、树新风”市民教育系列活动拉开帷幕。

6 月 15 日　路南区召开学习推广肃宁经验加强和创新农村社会管理工作动员会议，标志着肃宁“四个覆盖”经验将在路南区全面推广。

是日　路南区文体局“唐山南湖女子合唱团”赴承德参加由中国合唱协会、河北省文化厅、承德市人民政府联合主办的“金龙杯”第二届旅游名城城市之韵合唱节，以冀东民歌的独特韵味，一举摘下成人组唯一金奖桂冠。成为中国合唱舞台上崛起的一支新秀。

6 月 20 日　路南区社会管理创新工作领导小组成立。

6 月 25 日　区红十字会在全区范围内开展“博爱一日捐”活动。全年接收一日捐捐款 25. 6 万元，接收定向捐款 4. 3 万元。

6 月　友谊中学被教育部语言文学应用管理司评为国家级规范汉字教育特色学校。

是月　路南区顺利通过省检查验收组的检查验收，正式成为国家 2012 年城乡居民社会养老保险新增试点县（区）。

7 月 12 日　区政府印发《唐山市路南区城乡居民社会养老保险实施办法》。

7 月 15 日　唐山市第八届运动会排球比赛在市体校排球馆落幕，路南区代表队分获男子组冠军和女子组亚军。

7 月 28 日　区红十字会在银泰百货门前广场举办“善行路南——抗震助残济困博爱一日捐”活动，现场招募了 60 余名志愿者，募集 1. 19 万元善款，拉开“善行路南”系列品牌活动的序幕。

7 月　开滦十中被教育部中国教师发展基金会评为全国特色学校。

8 月 7 日　路南区文体局在燕京体育健身公园举行路南区“全民健身日”健身活动展演，来自各乡街、社区的健身爱好者 200 余人参加展演。

8 月 23 日　区委办公室转发《区纪委关于进一步深化廉政约谈制度的实施意见》。

8 月 24 日　“唐山市路南区富达农民专业合作社”在区工商局注册领取营业执照，标志路南区第一家农民专业合作社正式成立。

8 月 27 日　路南区红十字会与唐山美盛房地产开发有限公司联合举办的“善行路南”系列活动之“善行美盛，博爱助学”救助贫困学生活动在南湖大酒店隆重举行。以义卖形式筹集善款 5 万元，用于救助贫困学子。

9 月 4 日　区政协组织部分委员在友谊里小学开展捐资助学活动。10 名区政协委员代表为 23 名品学兼优、家庭困难的中小学生每人颁发助学金 2000 元。

9 月 25 日　路南区第十五届人大常委会第四次会议以投票表决的方式，决定任命李庆军为路南区人民政府副区长。

9 月 27 日　路南区“喜迎党的十八大首届广场舞大赛”在万达广场举行。

10 月 22 日　路南区复兴路东侧鸿基袜厂区域回迁住宅（凤城盛世小区）开始选房。

10 月 23 日　路南区老年体协在燕京健身广场举办“欢度重阳节，喜迎十八大”老年文体展示会，来自全区 14 个单位的 500 多名老年朋友，展示文体绝活儿庆祝自己的节日。

11 月 1 日　路南区财富广场项目奠基开工仪式在南新东道项目现场举行。该项目位于南新东道以南，西越河村以北区域，占地 9. 8 公顷，由新加坡财富连锁集团投资 2. 5 亿美元。

是日　团区委集中开展一次改善两个环境“绿丝带”行动，邀请专家深入社区举办义诊，为居民身心健康解疑释惑，深受社会称赞。

11 月 7 日　南湖生态城西北片区回迁动员大会在路南区机关大礼堂召开，标志西北片区回迁房建设胜利完成，2. 3 万名涉迁群众即将喜迁新居。

是日　路南区文化南北街拓宽改造工程竣工通车。

11月9日　在区委、区政府主要领导的倡议下，在全区范围内开展“捐资助教”活动，累计接收捐资助教款390万元。

11月10日　路南区新建、改扩建学校投入使用庆典暨教育系统总结表彰大会在唐山四中召开。会议表彰2012年全区教育系统先进个人，并进行“捐资助教德传千秋，情系教育爱心永驻”活动。唐山全泰建筑安装工程有限公司、唐山美盛房地产开发有限公司等22家企业为路南教育捐资560万元。新投入使用的五所学校是：四中及联合村小学（改扩建）、九中（新建，原九中搬迁）、南湖九年一贯制学校（新建，原二十六中及其分校组建中学，原岳各庄小学、郑各庄小学、将军坨小学合并组建小学）、万达小学（新建，原长青小学和新华小学合并组建）、雷锋小学（新建，原南新道小学组建）。

11月16日　南湖生态城西北片区回迁安置首批抓阄分房工作正式启动，新华社、中新社、河北电视台、河北日报社等新闻媒体对此事高度关注，并进行重点报道。

11月22日　来自21个国家的46名发展中国家新闻官员和记者研修班学员到路南区惠民园街道考察访问。

11月30日　区政府遵循“诚信招商、政策养商、措施留商、让利富商”的原则，制定下发《新建大型专业市场招商奖励办法》。

12月2日　南湖生态城西北片区回迁安置工作进展顺利，19个村（居）签订回迁安置协议7844份，签出房屋17149套，占回迁安置房总套数18153套的94.5%；发放回迁房钥匙15599套。

12月4日　团区委组织区部分青年志愿者和河北联合大学护理与康复学院的大学生志愿者一起到胜利路小学，与这些“城市流动的花朵”共度志愿者日。

12月7日　路南区在友谊中学召开红十字会正式独立暨全民急救知识培训启动仪式会议，市红十字会为路南区红十字会授旗。经区委、区政府研究决定，将原设在卫生局的路南区红十字会改由区政府领导，标志着区红十字会正式独立。

12月8日　唐山市第二届民间书画现场大赛在南湖书画院拉开帷幕，200余位民间书画爱好者齐聚一堂，共享文化盛宴。

12月10日　路南区建工楼区域回迁安置工作正式启动。

12月25日　张家口市商业银行唐山分行落户路南，选址在新华西道112号，营业面积4660平方米，总投资5000万元。

12月　路南区旅游局正式成立，靠挂文体局。

是年　第二实验小学郭一锦执教的《圆的认识》获全国信息技术整合课二等奖，《面积和面积单位》一课获全国教育系统优质课三等奖，崔莉执教的《圆的面积》获全国电视课大赛一等奖；在第五届全国中小学体育教学观摩展示活动中，西礼小学张汉娜执教的“二年级发展速度能力练习”体育课获一等奖，新华西道小学常霞执教的“二年级发展平衡力练习”体育课获二等奖；燕京小学高梦蕊获全国信息技术与课程整合优质课大赛二等奖；在健康好娃娃全国小学生阳光体育摄影展示活动中，双新小学崔树松获得优秀辅导教师奖；友谊中学刘桂萍在第二届“科普杯”全国中小学阅读指导课优秀课件评比活动中获得一等奖；第九中学马洁坤获河北省优秀教育世家称号。

2013年

1月21日　区委九届四次全体（扩大）会议在机关大礼堂召开。区委书记徐昌盛向全会作题为《振奋精神，务实创新，朝着全面实现城市化的奋斗目标加速前进》的报告。会议审议并通过徐昌盛代表区委常委会所作的工作报告、《中共路南区委关于构建“三全七化”网格管理体系，全面提升城市社会管理水平的决定》。

2月9日　路南区菜农张学敏在2012年获中央电视台《星光大道》周冠军后，参加《我要上春晚》的选拔，登上央视2013年“癸已春节晚会”。

3月4日　区政法委“送法进社区”法律巡诊活动启动仪式在惠民园社区举行。

3月8日　路南区公安分局福乐园派出所女子警务室被全国妇联授予“全国巾帼文明岗”荣誉称号，并应邀派代表参加由全国妇联和中央电视台共同主办的2013年纪念“三八”国际妇女节专题文艺晚会。晚会现场，女警代表冯立金接受全国妇联为该警务室的颁奖。

3月13日　河北电视台《午间视野》“3·15进社区”系列活动首站在福乐园举行。

3月28—29日　政协路南区八届二次会议在区政府小礼堂举行。会议听取并审议区政协主席魏文成所作的《政协唐山市路南区第八届委员会常委会工作报告》和区政协副主席吴跃宏所作的《政协唐山市路南区第八届委员会提案委员会关于八届一次会议以来的提案工作情况报告》，大会对13名优秀提案者和13件优秀提案予以表彰。会议期间，委员们列席路南区十五届人大二次会议，听取并协商讨论《唐山市路南区人民政府工作报告》《唐山市路南区2013年财政决算和2014年财政预算（草案）报告》《唐山市路南区人民法院工作报告》和《唐山市路南区人民检察院工作报告》。通过政协路南区八届二次会议政治决议。

3月29—30日　路南区十五届人大二次会议在区政府大礼堂召开。大会听取和审议区长杜庆勇代表区政府作的《政府工作报告》，审议区政府向大会提交的《关于唐山市路南区2012年国民经济和社会发展计划执行情况与2013年国民经济和社会发展计划（草案）的报告》《关于唐山市路南区2012年预算执行情况和2013年预算（草案）的报告》；听取和审议区人大常委会主任孙成海作的《人大常委会工作报告》、区人民法院院长马明旭作的《人民法院工作报告》、区人民检察院检察长张炳泽作的《人民检察院工作报告》，并作出相应决议。选举出席唐山市第十四届人民代表大会代表27名。会上，收到代表议案2件，代表建议、批评和意见19件。

3月29—31日　“2013年唐山对接百家港澳知名企业经贸洽谈会”在唐山万达洲际酒店举办，路南区希界维影城项目成功签约。

4月2日　中国少年先锋队路南区第一次代表大会在机关小礼堂召开。大会听取路南少年先锋队工作报告，通过相关决议，选举产生中国少年先锋队路南区第一届工作委员会。

4月8日　路南区残疾人联合会第五次代表大会召开。来自全区各条战线的107名残疾人代表、40名特邀和列席人员、30名助残志愿者出席会议。会议聘请刘国忠为路南区残联名誉主席，王玉玲、蔡永秀为名誉副主席，选举朱建峰为路南区残联主席。会议推举路南区出席市残联第五次代表大会的代表。推举产生路南区残联肢残人协会、盲人协会、聋人协会、智力残疾人亲友会、精神残疾人亲友会等五个专门协会的主席。

4月19日　新华楼区域回迁安置工作正式启动。

4月　路南区商务局组织唐山中陶实业有限公司、唐山市宇通进出口公司和唐山宝珠家有限公司三家企业共计26人参加第113届广交会，参展商品包括卫生陶瓷、建设陶瓷、浴室家具、建材、化工等产品，展位25个。

5月8日　区人大常委会主任孙成海主持召开区十五届人大常委会第八次会议。会议通过关于接受杜庆勇辞去区人民政府区长职务的决定（草案），并向路南区十五届大三次会议备案。会议任命王卫国为路南区人民政府副区长、代理区长。

5月9日　路南区学校法制副校长聘任大会在区机关小礼堂召开。会议宣读《关于调整中小学校兼职法制副校长的通知》和《路南区学校法制副校长职责》，向学校法制副校长颁发聘任书。

5月10日—7月10日　区红十字会与中国青少年教育中心、中国民间书画研究会唐山分会联合举办以“我心中红十字暨红十字与美丽唐山”为主题的征文、书画、书法作品大赛。收集绘画作品112张、书法作品58张、征文作品49篇。

5月18日　有着近百年历史的世界龙头酒店品牌——希尔顿，正式入驻绿城·南湖春晓，是唐山市引入的第一家希尔顿酒店。

5月19日　在第23个“全国助残日”来临之际，区残联在唐山截瘫疗养院举办全国助残日暨“扶残助残，自强奉献”主题实践活动启动仪式。

是日　区纪委、监察局印发《关于企业家村官廉洁履职的“七个严禁”规定》。

5月23日　位于路南区世博广场的乐天玛特超市开业。

5月28—29日　路南区十五届人大三次会议在区政府大礼堂召开，会议接受杜庆勇辞去路南区人民政府区长职务；选举王卫国为区人民政府区长。

5月29日　区委办公室、区政府办公室印发《关于推进非公有制企业防治腐败工作的实施办法（试行)》。

5月31日　团市委、市少工委在路南区胜利路小学举办“红领巾相约中国梦”主题队日活动启动仪式。

6月7日　路南区在燕京花园健身广场举办“传递爱心延续生命”大型公益宣传活动，活动中28人报名无偿献血，7人报名捐献造血干细胞，其中有11人现场采血，4人采集造血干细胞血样。招募志愿者86人。

7月11日　区政协组织医疗界委员到区老年综合福利中心开展献爱心义诊活动。参加义诊的委员专家来自人民医院、第十医院、协和医院、平安医院，共为40名孤寡老人进行诊治。

8月8日　区残联、学院南路街道办事处在全区助残点—双新东社区联合举办2013年度路南区“肢残日活动”免费发放助行器仪式，免费发放助行器等康复器材价值3万多元。

8月19日　区委印发《唐山市路南区开展正风肃纪专项行动方案》。

8月　爱心企业华北工程建设有限公司定向捐款7.7万元，帮助康复村建一座125平米的残疾人康复训练中心，建立第一个红十字志愿者活动基地，10月11日“九·九重阳节”前夕正式挂牌投入使用。

9月3日　路南区义乌国际商贸城项目战略合作协议在义乌温州商会总部—温商大厦举行签订仪式。

9月7日　由河北省科技成果转化服务中心组织，委托唐山市科技局主持，邀请北京机床研究所副总工、高级工程师樊立新等7名专家组成鉴定委员会，对唐山市三川钢铁机械制造有限公司的颗粒阻尼减振重切型数控镗铣床项目进行成果鉴定。专家鉴定委员会一致认定，该项目应用的颗粒阻尼技术达到国际先进水平，一致同意通过鉴定。

9月16日　2013唐山对接国内外知名企业经贸洽谈会开幕式暨重点项目签约仪式在万达洲际酒店举行。区“世园会”周边交大区域改造和宋南杨柳危旧平房改造两个重点项目成功签约，所涉项目总投资分别为5亿美元和16亿元人民币。

9月27日　区纪委在政府小礼堂召开“吃空饷”专项治理工作会议，对全区范围内开展为期4个月的“吃空饷”专项治理行动进行了动员部署。

10月1日　南湖金地地下市场作为唐山市第一大社区群配套的标准化菜市场正式开业，出摊率达到60%。

11月1日　路南区工会第五次代表大会在区机关小礼堂召开。会议审议通过工会三个工作报告，选举产生路南区总工会五届委员会和经费审查委员会，选举产生五届委员会主席、副主席、常委，经费审查委员会主任、副主任以及女职工委员会委员、主任、副主任。刘国忠当选路南区总工会主席。

11月3日　唐山义乌国际商贸城项目开工仪式在路南区大业里区域项目现场举行。该项目总投资30亿元，占地面积8.13万平方米，总建筑面积38万平方米。

11月12日　路南现代物流产业聚集区管委会成立，行政编制12人。

11月18日　区委、区政府印发《路南区关于设立“产业引导基金”促进经济转型升级的实施办法（试行)》。

12月2日 路南区与建设银行举行“助保贷”业务签约仪式。

12月13日 “活力路南，凤城未来”——区域经济高峰论坛暨“万达广场总部基地”揭牌仪式在万达洲际酒店举行。随后举行瑞英国际、怡生乐居、中银证券、国华保险四家企业入驻万达广场签约仪式。

12月13、16日 区红十字会组织了491名志愿者进行无偿献血，实际献血147300cc。现场为7人办理了捐献造血干细胞申请，其中4人已采集血样，实现区造血干细胞捐献血样采集零突破。

12月14日 唐山市政府组织召开唐山市部分区域管辖范围调整工作会议，会议对部分区域管辖范围调整进行部署。此次管辖范围调整在行政区划不变前提下，将丰南区稻地镇整体托管到路南区管辖。稻地镇位于丰南区北部，东接大齐各庄镇、小集镇，南邻西葛镇、黄各庄镇，西连丰南镇，北邻路南区女织寨乡。西距丰南城区8公里。辖37个村民委员会。总面积50.1平方公里，总人口28629人。调整后，路南区实际管辖面积约117.41平方公里，总人口26.2万人，下辖1个镇、1个乡、9个街道办事处、63个居民委员会、56个村委会。

12月17日 以“预防职务犯罪，大家来参与”为主题的检察开放日活动在区机关小礼堂举行。

12月21日 省级物流产业聚集区规划专家评审会在唐山宾馆召开。《唐山路南现代物流产业聚集区发展规划》和《唐山路南现代物流产业聚集区总体规划》通过专家评审。

12月27日 唐山首家4D电影院——CGV国际影城开业。

12月28日 路南区引进的高端商业项目—银泰城在路南区商业中心开业。

12月31日 团区委在区机关小礼堂举行“爱心手牵手共筑中国梦”希望工程助学金发放仪式。

是年 在“第28届河北省青少年科技创新大赛”活动中，路南区有37人次在河北省获奖，1所学校获省级优秀组织奖，其中开滦十中崔学淳的“果蝇f基因对胰岛素分泌调控及饥饿后行为影响的研究”，唐山九中刘雨婷的“一种空竹琴”、赵欣煜的“会报警的多功能矿工安全帽研究报告”分别获创新大赛竞赛项目一等奖。友谊里小学吴若熙的“未来多功能环保汽车”、胜利路小学高千林的“在海底安家”获科学幻想画一等奖。胜利路小学的“薪火相传，窑火的魅力—陶瓷烧制实践活动”和铁路二小的“快乐种植”获活动项目一等奖。铁路二小张成志获“优秀辅导员”称号。同时121人次在唐山市获奖，5所学校获市级优秀组织奖。

是年 路南职校平面设计专业选派6名学生参加“河北省中等职业学校学生技能大赛”，顾恩宇同学获二等奖，石正宽、张思宇、李程远、李铭伟等四名同学获三等奖，褚晓晨同学获优胜奖。

是年 在唐山市第四批市级骨干教师评选中，路南区有58名教师荣获“市级骨干教师”称号。其中高中教师9人，初中25人，小学19人，幼儿园4人，特教1人。截至目前，全区共有市级以上骨干教师197人。

2014年

1月1日 因行政区划调整，丰南区稻地镇托管到路南区管辖，属于丰南区的稻地中心校、稻地中学、稻地成校、稻地小学、稻地二小、刘唐保小学、范庄小学、边庄子小学、稻地中心幼儿园、刘唐保幼儿园划归路南区教育局管理。

1月6日 区委、区政府在稻地镇政府三层会议室召开路南区托管稻地镇工作会议。

是日 撤销小山运输市场管理处。

1月17日 区委九届五次全体（扩大）会议在区机关大礼堂召开。全会回顾总结2013年工作，研究部署2014年任务。区委书记徐昌盛主持会议，区委副书记、区长王卫国部署各项工作。

1月24日 金融办公室成立，事业编制3人。

2月18日　区委召开党的群众路线教育实践活动动员大会，区委书记徐昌盛出席会议并作重要讲话。市委第十一督导组组长阚星光在会上作重要讲话。

2月19—20日　政协路南区八届三次会议在区政府小礼堂举行。会议听取并审议区政协主席魏文成所作的《政协唐山市路南区第八届委员会常委会工作报告》和区政协副主席吴跃宏所作的《政协唐山市路南区第八届委员会提案委员会关于八届二次会议以来的提案工作情况报告》，大会对14名优秀提案者和12件优秀提案予以表彰。会议期间，委员们列席路南区十五届人大三次会议，听取并协商讨论《唐山市路南区人民政府工作报告》《唐山市路南区2013年财政决算和2014年财政预算（草案）报告》《唐山市路南区人民法院工作报告》《唐山市路南区人民检察院工作报告》。通过政协路南区八届三次会议政治决议。

2月20—21日　路南区十五届人大四次会议在区政府大礼堂召开。大会听取和审议区长王卫国代表区政府作的《政府工作报告》，审议区政府向大会提交的《关于唐山市路南区2013年国民经济和社会发展计划执行情况与2014年国民经济和社会发展计划（草案）的报告》《关于唐山市路南区2013年预算执行情况和2014年预算（草案）的报告》、区人大常委会主任孙成海作的《人大常委会工作报告》、区人民法院院长马明旭作的《人民法院工作报告》、区人民检察院代检察长孙岩作的《人民检察院工作报告》，并作出相应决议。选举李献君为区第十四届人大常委会副主任，增选常务委员5名；选举孙岩为区人民检察院检察长。会上，收到代表建议、批评和意见35件。

2月27日　区委召开党的群众路线教育实践活动培训会，会议就学习领会中央和省、市委精神，深化思想认识，明确职责任务，掌握工作方法，确保党的群众路线教育实践活动顺利开展做深入部署。

3月6日　区委理论中心组就党的群众路线教育实践活动组织开展第一次集中学习活动。

3月10日　唐山市荷花坑市场二维码食品安全追索系统正式启动。副市长曹全民参加启动仪式并致辞。

3月12日　区委、区政府召开唐柏路、老205国道道路拓宽征收搬迁工作动员大会。会议对该区域征收搬迁工作做具体部署。

3月14日　路南区工商局、区消协在南方灯具城举行“3·15国际消费者权益日”宣传活动，活动现场共解答消费者咨询196人次，受理消费者投诉17件，发放宣传资料1.5万余份，展示假冒伪劣商品10大类40多个品种。

3月15日　唐柏路、老205国道拓路征收搬迁区域改造入户动员工作全面展开，该区域共涉及产权人和承租人商铺316间，具备征收条件的有313户。

3月19日　区纪委在第一会议室组织开展正肃党风党纪知识专题学习活动，会上，与会人员观看《四风之害》廉政教育光盘。

3月26日　区委举办的基层党组织书记党的群众路线教育实践活动专题培训班开班，全区农村、社区、非公经济组织等领域近160名基层党组织书记参加培训。

是日　处于国内领先地位的第三方理财机构——新湖财富投资管理有限公司唐山分公司落户路南，入驻路南财经大厦。

3月　区委印发《关于实行干部直接联系群众制度的实施意见》。

是月　在唐山市文广新局组织的首届唐山市“群星奖”评选中，路南区11个节目荣获首届唐山市“群星奖”。

4月10日　路南区重点商贸企业“唐山和发实业股份公司”在石家庄股权交易所挂牌成功。

4月25日　区老干部局为活跃和丰富离退休老干部的精神文化生活，在二十六中分校操场举办2014年老干部趣味运动会。

5月5日　区委制定下发《践行“为民务实清廉”要求的十项规定》。

5月6日　在燕京花园开展“传递爱心善举共建大爱路南”大型宣传活动，免费发放价值5000余元的常用药品，发放各种宣传材料2万余张。

5月12日　区委组织党员干部群众参观李大钊廉洁风范展览。共展出5天，区四大班子领导以及全区600多名党员干部参观展览。

5月16日　在第24个“全国助残日”到来之际，路南区“关心帮助残疾人·实现美好中国梦”主题实践活动在市截瘫疗养院正式启动。

5月27日　路南区文北街道文西社区“志愿者爱心积分”活动启动。

5月27—28日　中国国际贸易促进委员会率拉丁美洲墨西哥、多米尼加、海地、玻利维亚、智利、厄瓜多尔6国驻华使节团组来路南区考察。

5月　路南区举办以“舞动中国梦、书写中国情”为主题的教育系统艺术节。

6月1日　区红十字会在“六·一”儿童节救助贫困外来务工学童48人，发放价值3000余元的学习用品。

6月3日　路南区举行专职保安入驻校园启动仪式，聘请85名安保人员负责全区中小学、幼儿园的安全保卫。

6月4日　“老帮老”志愿服务活动在学院南路街道双新二社区门前广场举行。

6月8日　区委印发《路南区开展正风肃纪、还利于民专项行动方案》。

6月14日　由区委宣传部、唐山市演艺集团有限公司主办的“2014年文化惠民百场演出下基层”党的群众路线教育实践活动文艺巡演，在惠民道街道办事处门前举行。

7月2日　根据唐山市机构编制委员会办公室《关于成立路南区旅游业发展管理中心的批复》文件精神，将路南区支持重点建设办公室更名为路南区旅游业发展管理中心，增加全区旅游业发展的管理和服务工作等职能，同时撤销路南区文化体育局加挂的路南区旅游局牌子。

7月3日　团区委在区政府小礼堂举办“善美青春·出彩人生”青年辩论赛决赛。

7月6日　举行海都国际广场项目开工典礼。海都国际广场项目总占地63万平方米，总投资6亿元，是2014年路南区着力推进的重点项目之一。

7月15日　路南区在友谊街道福乐园社区广场举行“关爱家园情暖路南”党员、团员志愿服务进社区启动仪式。

7月21日　路南区政府召开燕承楼区域回迁安置动员大会。

8月6日　2016年世园会的特色文化旅游配套项目——南湖1970影视基地基本完工。该项目位于南湖公园正门东侧，总投资3.3亿元，占地面积6.67公顷，建筑面积3万平方米，共建设单体建筑25栋。

8月22日　由原南新道水产批发市场升级改造而成的君瑞家居建材市场建成开业。

8月29日　唐山风之华设备股份有限公司和唐山美居家居建材股份有限公司在天津股票交易所成功挂牌。

9月2日　燕承楼区域回迁安置工作自7月27日起至今顺利结束，近500户居民选取满意新居。

9月9日　区红十字会在“九九重阳节”救助区内老年公寓低收入失能老人20人，发放价值5000元生活用品。

9月15—17日　区文体局组队在秦皇岛市参加由省文化厅主办、省群众艺术馆、省非物质文化遗产保护中心、秦皇岛市政府联合承办的“中国梦民歌情河北省首届民歌演唱大赛”。文体局“新月亮组合”，经与来自全省40多个参赛队的激烈角逐，荣获一等奖。

9月19日　在唐山市第五中学操场举行国防教育示范校揭牌仪式，五中成为路南区首家国防教育示范学校。区武警支队的8名官兵获聘为五中国防教育教师。

9月26日　区委办公室、区政府办公室印发《路南区党政机关国内公务接待管理办法（试行）》。

9月30日　在全国传统敬老节日重阳节即将到来之际，由省老龄办、省新闻出版广电局、河北人民广播电台等7部门共同举办的河北省首届“健康之星”评选揭晓，路南区福乐园社区舞蹈队获得“健康之星”荣誉称号。

9月　国家民委下发《关于命名第二批全国民族团结进步创建活动示范单位的决定》，确定98家示范单位，其中路南区友谊街道福乐园社区榜上有名。

10月15日　位于南湖区域的唐山市承接京津产业转移重要项目——北京硅谷国际信息产业总部项目一期开工建设。该项目占地43.33公顷，地上建筑面积75万平方米，计划总投资10亿元。

10月17日　路南区工商局私营个体经济协会组织开展以“诚信经营从你我做起”为主题的光彩服务日活动。向过往群众发放各类宣传资料1500余份，解答各类咨询300多人次。

是日　在河北省第一个网络安全日到来之际，区委宣传部联合区工信、公安、团委等部门在路南区永乐园广场举办题为“网络创造梦想安全保障你我”的宣传活动。

10月22日　团区委“幸福家庭日”爱老助老公益活动暨团员青年志愿服务进社区盛装启幕。

10月29日　瑞典马尔默副市长、环境部主管、教育部高级顾问、城市规划委员会主席、环境项目部经理、教育部副总管、克斯伯格学校校长及教师代表等一行人到唐山市第九中学，围绕环保问题回访交流。

10月30日　国务院教育督导检查组对路南区义务教育均衡发展工作进行督导检查，该区以全省第一的优异成绩，高标准通过验收。

11月1日　冀东地区最大的农产品交易市场——唐山博发水果批发市场正式开业。

11月6日　区政府举办重点项目集中签约仪式。水上文化世界项目、康氏集团唐山旅游休闲项目、普仁国际健康城、路南汽车产业园等6个重点项目签约，项目总投资274亿元。

11月14日　由路南区托管丰南区稻地镇涉及机构编制和人员划转。划转行政编制32名；财政性资金基本保证事业编制45名；财政性资金定额或定项补助事业编制44名；工勤编制2名。

11月20日　王禾庄避险搬迁工作正式进入房屋安置协议签订阶段。

12月3日　第23个国家残疾人日来临之际，区红十字会带领36名红十字大学生志愿者分别到仟瑞福公寓和仁和老年公寓开展“志愿帮扶求助活动”。

12月5日　在第29个国际志愿者日到来之际，团区委组织开展“关爱城市流动的花朵”“春雨行动”，扶贫助困，关爱农民工子女志愿服务活动。

12月16日　路南区举行晋升省级老年体育示范区达标单位授牌仪式暨老年体育工作经验交流会。市老年体协领导为该区授牌，来自全区的老年体育爱好者代表进行了经验交流。

12月26日　“同心筑梦，共创未来”路南区2014年“冠通杯”教师艺术节文艺汇演在西山口俱乐部举行。

12月31日　区委、区政府召开村“两委”换届工作动员会，对全区村“两委”换届选举工作进行部署。

是年　在第二十九届全国青少年科技创新大赛中，铁路第二小学的作品《种植园里学问多》获中国科协青少年科技中心科技创新大赛科技实践活动二等奖。开滦十中李赞的作品《酸奶杯中的浪费》、燕京小学项馨莹的作品《美丽唐山我的家（关于pm2.5）》获第五届“熊博士”全国青少年科学影像节优秀科学微电影作品三等奖。

是年　区团委累计募集发放帮困助学款14万余元，救助贫困生182人次。

是年　在第十二届全国初中信息技术与教学融合优质课大赛中，唐山九中付东丽老师的《平面图形的镶嵌》一课获得本次大赛研讨课一等奖，且成为此次大赛河北省唯一的一等奖。

前志勘误

（编纂委员会部分）第 3 页上数第 16 行“候”应为“侯”。

（目录页码）第 4 页下数第 6 行“企”应为“（企）”。

（目录页码）第 9 页下数第 4 行“新政权”应为“建国后”。

（目录页码）第 10 页上数第 3 行“598”应为“597”。

正文第 7 页下数第 3 行“ “’”应为“ “””。

正文第 53 页下数第 12 行“12 日 25 日”应为“12 月 25 日”。

正文第 56 页上数第 1 行“、、”应为“、”。

正文第 429 页下数第 19 行“作到”应为“做到”。

志首彩页区划图有误，唐山新车站应该对着新华道，不是对着国防道。

唐山近代工业的兴起

建于1878年的开平矿务局唐山矿，是中国大陆上第一个使用机械开凿、西法开采的矿井，是唐山近代工业文明的发端。继而，在这块土地上先后诞生中国第一条标准轨距铁路、中国第一台“龙号”蒸汽机车、中国第一个水泥厂、中国第一桶水泥。

一、中国大陆第一个使用机械开凿、西法开采的矿井——开平矿

19世纪70年代末，晚清洋务运动进入后期，洋务派为解决军事工业资金、燃料、运输等困难，打出“求富”旗号，兴办一批民用工业。1876年，作为“洋务运动”的代表人物，直隶总督、北洋大臣李鸿章，指派上海轮船招商局总办、候补道唐廷枢筹办开平矿务局。6月26日，唐廷枢即带领聘请的英人矿师巴尔和工匠等人到达开平选址打钻。之前，经过在开平、古冶、唐山一带查勘矿务，发现开平以西20里，乔家屯一带土法开采的煤比别处煤品更高，且宜开采，经化验煤质后，证明可与英国上等之煤相比，其成色与之相仿，采办有把握。1878年7月，经过筹办，官督商办的开平矿务局正式挂牌开局，唐廷枢担任总办。1878年10月，开平矿务局定于在乔家屯西南部选点打钻探煤，并于10月2日开始在现唐山矿一号井、二号井处开机钻探。几天后，穿过岩石层。10月12日钻到－23.5米（－77英尺），始见1.2米厚的煤层。钻至－91.4米时，已见到6层煤。为纪念开平矿务局总办唐廷枢（字景星），将厚0.51米的地表层命名为“景”字层，作为开钻时标记。到1878年底钻到－536英尺，预计可以得到的煤足够60年的开采，而未再继续深探。

1879年2月，在从英国高薪聘请的白内特总工程师指导下，矿务局采用西法正式开凿唐山矿一号井（二号井于三月同时开凿）。起初，因凿井机器陈旧，进度较慢。当一号井凿到－61米时，从英国等处订购的最新的大维式抽水机、蒸汽绞车、锅炉、机床、风泵以及风钻、风镐等凿井掘进设备运到矿场。自用上这些当时世界上先进的凿井设备后，进度明显加快。到1881年底，1号井（提煤井）已凿到－600英尺（－180米）、2号井（通风、运料井）凿到－302英尺（－81米）时，开平矿务局唐山矿正式出煤。开平煤矿采用西方先进的采矿技术和采煤机械，推动了中国采煤业生产方式的变革，推动了中国采煤产业的工业化、近代化进程。在凿井、开拓、掘进、通风等方面，形成比较完整的工艺系统，在提升、排水、通风关键环节上实现了机器生产，在企业管理上推行股份制、聘请外籍管理人员和科技人员，产生可观的经济效益。唐山矿1881年投产，年产煤3613吨，李鸿章嫌少，要唐廷枢全面投产。遂于第二年即1882年产量增加到38383吨，1883年又翻一番达到75317吨，1884年上升到179225吨，1885年达到241385吨，连续五年共产媒538123吨。截至1899年共产煤527万多吨，盈利400多万两，几乎相当整个开平矿务局（含林西矿）投资150万两的3倍。

开平矿务局的兴办与丰厚的市场回报，引起外国资本的垂涎。1900年，八国联军侵略中国。1901年，英商墨林公司乘机以欺诈手段将开平矿务局骗占，在英国伦敦注册，更名为“开平矿务局有限公司”。开平矿务局虽遭遇西方列强资本骗占的厄运，但开平煤矿的创办，却在唐山乃至中国近代工业的发展史上留下重重的一笔。值得一提的是，开平矿务局第一眼井，即唐山矿一号井，至今还在使用，堪称“中国第一佳矿”。

二、中国第一条标准轨距铁路——唐胥铁路

中国第一条标准轨距铁路——唐胥铁路，是伴随开平煤矿的创建而诞生。唐廷枢在1876年勘测筹办开平煤矿时，计议开平的煤由距矿区最近的港口北塘（今天津宁河县境）海运天津、上海等地，主张修

筑矿区至北塘河口百里铁路。他断言，“苟非由铁路运煤，诚恐终难振作也”的观点。这是在筹建开平煤矿的过程中首次提出修铁路的提法。李鸿章接到唐廷枢的条陈后，立禀朝廷，获得允准。可在筹办过程中，由于朝中顽固派阻挠，清廷又收回成命。当时，在清朝内部顽固派官员势力大，他们死守封建伦理，与西方的先进技术格格不入，特别是对于修筑铁路更为反感。在过去的十几年里，围绕着能不能修建铁路的争论，清廷上下，风波不断。1865 年，英商杜兰德在北京宣武门外修建一条一里多长的“广告铁路”，后被清政府以“观者骇怪”为由，勒令拆毁。1876 年 7 月，英商怡和洋行修建的一条长 15 公里的吴淞窄轨铁路（0. 762 米）正式通车营业。1877 年 8 月，清政府以 28 万 5 千两白银将其赎回并拆掉，吴淞窄轨铁路仅仅维持一年。可见清政府是反对在中国修建铁路的。

唐廷枢是轮船招商局总办，由于招商局的船只逐年增加，需要大量的煤，且开平煤如能运到外地销售，可以赚一大笔钱。因此，在朝廷收回李鸿章准修铁路的成命以后，李鸿章一方面继续上谕，苦苦请求；一方面却偷偷地进行施工的准备工作。实际上自 1880 年起，唐胥铁路修筑工作没有真正停下来，他们想在 1881 年大量出煤以前，将这条运煤之路修通。李鸿章等人经过多次禀奏，清朝政府只答应修一条运河，仍然不准修筑铁路。但经过测量，从芦台开挖运河，只能通到胥各庄，胥各庄至唐山矿区间地势较高，不宜挖河。经李鸿章等人再次禀请，清朝政府在极端不愿意的情况下，允许自矿区至胥各庄之间，修筑一条轻便铁路，与煤河衔接。但是言明该路不准行驶机车，只能以骡马拖载，故这条铁路当时亦称马车铁路。

唐胥铁路修建之初，唐廷枢比较中意吴淞铁路的小窄轨，这样可以省掉一大笔开支。但请来修铁路的英国工程师金达却极力主张采用国际上 1866 年确立的标准轨距（1. 435 米）。金达早年随父在日本兴筑铁路工程，耳闻目睹日本采用窄轨铁路（1. 067 米）带来的种种弊端，使得日本铁路主管当局懊恼万分。金达建议，即使采用兽力拉车的铁路轻轨，也要建标准轨距，将来上正式铁路时，也可轻松转换过来。后来，唐胥铁路的修建采用的正是标准轨距，先是用 15 公斤重的铁轨，后来改用重轨。

由于唐胥铁路是秘密修筑，故对此铁路修建时间史书记载不一。英国工程师金达的秘密报告称：“已在 1880 年修筑完成的”。而《中国交通史？路政篇》则称：“1881 年 5 月 13 日兴工，6 月 5 日订第一根道钉，11 月工程告竣，8 日正式通车。”二者时间相差近一年。唐胥铁路全长 9. 76 公里，路基宽 15. 23 米，30 磅钢轨，东起开平矿务局煤厂（今唐山矿），西至胥各庄煤码头，故名唐胥铁路，占地面积 194. 35 亩，时为开平矿务局煤炭运输专用线。

与唐胥铁路有关的还有中国最早的铁路立交桥和火车站。中国最早的铁路立交桥就是老双桥里的西桥，桥上曾有 1881 字样，史称 1881 桥。至于唐山矿内的达道桥，建于 1899 年，已经晚了 18 年。但他现今保存完好，是可以充分开发利用的重要工业遗迹。老唐山火车站在现今唐山南站北边一公里左右的地方，于 1881 年建成，是国内第一家客货集运火车站。在 1886 年开平铁路公司成立和收买唐胥铁路之前，唐山站是开平矿务局的产业，后搬迁到现今唐山南站位置。

三、中国第一台蒸汽机车——“龙号”机车

l880 年，在唐胥铁路开始修筑的时候，胥各庄修车厂（今唐山机车车辆工厂前身）在胥各庄诞生，这是中国第一个铁路工厂。他制造了中国第一台蒸汽机车——“龙号”机车。胥各庄修车厂是开平矿务局出资兴造的，聘请英国人金达担任唐胥铁路和胥各庄修车厂的工程师。1881 年，胥各庄修车厂工人根据金达设计的图纸并在金达的指挥下，开始制造这台火车头。

机车的车架是用煤矿旧井架子槽铁做成，锅炉是用一个废旧的煤矿起重机上的锅炉改制而成，车轮选用的是旧车轮。在制造这台机车时，工人们克服很多困难。如加工车轮，由于机床太小，没法加工。一个姓牛的工人将车床改造，使原来只能加工二尺部件的机床能加工五六尺的部件，这样就把大车轮加工出来了。勾贝杆这种长件不好加工，工人们就用中心架和打吊的方法，解决了这个关键。锅炉的制作和检验更为困难，没有风动工具和水压设备，工人靠手拉风箱烧钉，用大锤铆钉，凭耳听和目测检验。

工厂没有吊车和超重设备，工人用土办法搭起架子，硬是把10吨重的火车头组装好。

这台机车以轴式表示为“0－3－0”型，既没有导轮，也没有从轮，只有3对动轮。机车高约3米，宽约2.5米，长约5米，重约10吨，牵引能力百余吨，每小时速度约5公里（据唐山机车车辆工厂工程师唐仲谦1959年回忆：为每小时30公里）。这台机车的构造简单，牵引能力小，但他外形已接近现代蒸汽机车。

机车造成后，金达把他命名为“中国火箭号”，意思是中国的第一台机车。而中国工人则在这台机车两侧最明显的地方，各镶上一条用黄铜镌刻的飞龙，工人们又称这台机车为“龙号”机车。

1881年6月9日（光绪七年五月十三日），正是英国“火箭号”机车制造者乔治·斯蒂芬森诞生100周年纪念日，“龙号”机车正式上轨道使用。“运输之力，陡增十倍。”但清政府中的“无识言官”，“连上弹章。”说什么“机车行驶，震动东陵，先王神灵不安”；“黑烟冲天，有伤稼禾。”因此，清政府连忙下令禁止使用。不久，在李鸿章、唐廷枢等人力争下，清政府又“撤销前令”，批准使用。1882年开平矿务局又从英国购进两台双水柜机车。此后，越来越多的蒸汽机车开始在中国运行。1883年初，开平矿务局已拥有50节运煤车，车皮载重12－50吨。除运煤外，铁路还经营客运，客运收入足以满足火车运营的费用。

1886年，李鸿章正式向朝廷报告唐胥铁路的成功运营，并要求向东西两个方向分别展延到山海关和天津。这个报告得到朝廷的御批。1887年唐山到阎庄铁路通车，1888年唐山到天津铁路全线贯通。1890年铁路向东延伸至古冶，连通林西矿。此后，铁路向东展筑至山海关乃至奉天皇姑屯，向西展筑至北京，铸就了京奉铁路。

四、中国第一个水泥工厂——启新洋灰股份有限公司

19世纪80年代末，受洋务运动影响，军事工业、民用工业兴起，对水泥的需求日益增加。然而，由于国内没有生产水泥的工厂，所需水泥必须从国外进口，而进口一桶水泥（170公斤）约需当时一名普通工人3个月的工资，售价极高。若能本国就地生产，必定有利可图。1886年12月，时任开平矿务局总办的唐廷枢在广东原籍（香山）从故友处得知：用唐山的石灰石配广东香山的泥土，可以合炼出优质细绵土（水泥的英文译音）。回到唐山后，他立即委托朋友将各种样品送到澳门、英国等地进行试验，在确信“用唐山灰石与香山之泥合炼之细绵土为极佳已无疑义”后，唐廷枢决心创建唐山细绵土厂。清光绪十五年末（1889年12月），经呈请北洋大臣李鸿章，得到应“迅速妥议章程，克期开办，以资应用”批示，即开始建厂的正式运作。选的厂址东临陡河，北靠大城山，占地66亩。建厂资金共6万两白银，由军械所各局、开平矿务局、广东香山堂泥田主3家平均分担。生产所需主要原料石灰石在大城山就地开采，土料由广东香山地主雇人挖取，制成砖状晾干运到澳门，再雇船或用开平矿务局的运煤船捎回；所用煤炭由开平煤矿按成本供给，工厂技术管理人员从英国细绵土厂选雇，其余司事、工匠由开平矿务局调拨；机械、锅炉由英国购置。建成时工厂有立窑4座及锅炉、晾土机、挖土机等生产设施，日产量不足30吨。因生产规模小，原料运距远，成本高，造灰不得法，质量低劣，不如本地的石灰，故而销售有限，累赔不进。1892年，创办人唐廷枢逝世。继任者张翼不学无术，经营不善，于1893年报歇停闭。1900年，时任开平矿务局总办的周学熙重办该厂，当年八国联军侵华，细绵土厂为英人骗占。1906年，周学熙把该厂从英人手中赎回自办，改称唐山洋灰公司。1907年，正式定名为启新洋灰股份有限公司。同时，不惜重金，以60万两白银向丹麦史密斯公司订购当时最新式的旋窑2台及其他附属设备，并在工厂旧址以东500米处购地314亩，建造新厂。还以月薪500两白银聘请德国化学师汉斯·昆德为技师，聘请德国人鲍楼布克、马赤为烧窑技工，聘请德国人树录司和瑞惜德管理从德购进的发电机，首开国内用机械化干法生产水泥的历史。1908年1月，启新公司新厂正式投入生产，之后，迅速发展成为“中国境内最大的，而且也是最好的水泥工厂”。是年产水泥25万铁桶，约4.25万吨，1911年，启新生产的水泥销量占全国水泥总销量的92.02%。1914年向美国旧金山出口水泥1万桶，开创中国水

泥出口先例。

原唐山细棉土厂生产的水泥是“狮子”牌商标。1906 年唐山洋灰公司商标定为“龙马负太极图”商标。1907 年 7 月，定名为启新洋灰股份有限公司后，仍用“龙马负太极图”商标（俗称“马牌”）。启新生产的“马牌”水泥一直享誉国内外。1909 年“马牌”水泥荣获湖北武汉第一次劝业会一等奖，1911 年荣获意大利都灵博览会优等奖，1915 年获巴拿马赛会头等奖章。

历史可鉴，以开平矿务局的发展为起点，开启唐山近代工业化进程。在这里诞生了中国大陆上第一个使用机械开凿、西法开采的矿井。随着开平煤矿的发展，又相继诞生中国第一条标准轨距铁路，中国第一个铁路修造工厂，中国第一台“龙号”蒸汽机车，中国第一个水泥工厂，生产出中国第一桶水泥。同时，带动采煤、铁路运输、机械制造以及纺织、陶瓷等产业的蓬勃兴起，唐山进而成为“中国北方工业摇篮”，中国北方近代工业发祥地之一。

（张继成）

百年小山

小山地处唐山老市区中心，路南区的中东部，位于京山铁路以东、以南，复兴路以西，南新东道（宋谢庄大街）以北区域，面积0.49平方公里，隶属于小山街道，是19世纪末“洋务运动”后期逐步形成的著名繁商区，唐山市的商业和文化娱乐中心，逾有百年历史。

一、小山的由来

小山地处燕山余脉大城山、双凤山南麓，系自然形成的一个丘包，海拔18.3米，因形似小山而名。其西坡、北坡、东坡平缓，南坡坡度较大（高坎下面的低洼处，曾是杀人刑场，百姓称之为“毙人坑”，1931年以后逐渐泯灭）。但何时始称小山，尚未发现史料记载。鸟瞰唐山，呈北踞燕山、南濒渤海之势，而小山则为燕山南部余脉的“收山”之点，再往南，一直到渤海岸边，地势一马平川。

小山域唐时属石城县，至辽金时代；元属义丰县；明永乐元年（1403年），开平中屯卫由今内蒙古正蓝旗东闪电河北岸迁至原石城县、义丰县治所旧址（即今唐山市开平镇），辖域属开平中屯卫。时域周围树木葱郁，陡河水源充足，四野平旷，土质肥沃，荒草萋萋，野狐出没，人烟稀少，异常静寂。

中屯卫建立后，驻士卒五千余，其中一支由百户长率领的军卒来到辖域周围、陡河之滨屯驻垦荒，边耕垦边防守，时而也被抽调去出征。时每位屯卒耕垦几十亩，其中数亩为官田，每亩须向卫所缴纳粮五六斗、草几束，作为卫所军官的薪俸，其余归屯卒自己所有，并世袭传承。经过屯卒的辛勤劳动，到明英宗正统（1436—1449年）时，陡河两岸已是禾稼青青，村落相望，除军事屯堡之外，还有土著居民与南方迁来居民所修建的村屯，小山周围有属滦州管辖的乔屯、马家屯、刘家屯、城子庄、石家庄、小佟庄，有属丰润县管辖的老谢庄、达谢庄、宋谢庄、郭谢庄、王谢庄、陈谢庄，南部是荒冢累累的马家坟地。其中，屯，多指戍边屯垦而形成的村落；谢，多为朝廷封赏之地，加谢字以表感恩。明永乐三年（1405年），开平中屯卫改称开平镇（明清时期的“京东四大名镇”之首，余为稻地镇、倴城镇、榛子镇），辖域属之。辖域东北向距开平镇约10公里，其北侧有桥头屯（因明朝的卫所军卒曾在陡河河畔屯田、建立屯堡，在陡河上架有“唐山桥”而名，后称乔家屯、乔屯）。

清康熙中期（17世纪末），取消明朝的军卒屯田制，诏令“改屯为社”，桥头屯改称桥头社，小山域为桥头社所辖，但人们仍旧习惯称桥头社为桥头屯。清同治十三年（1874年），桥头屯已有村民约300户，始设集市，逢农历四、九为集日，辖域属集市南部边缘区域。清光绪元年（1875年），小山周围人口增殖，村庄增加，有村庄54个。清光绪三年（1877年），清政府在位于小山西面、乔屯南部区域开始建矿，翌年正式成立开平矿务局，为小山发展奠定了基础。清光绪二十四年（1898年），桥头社（桥头屯）改镇，称唐山镇，辖域属唐山镇。

民国27年（1938年），辖域已发展成为唐山的城市中心、闹市区、繁商区。民国36年（1947年），根据民国河北省政府令，唐山市6个镇改为6个区，小山域分属第二、三、六区管辖。三个区的分界点是中正路（现解放路）与新成街交会处，其中，交会点的西南区域（新成街以南、中正路以西）属第二区，交会点东南区域（新成街以南、中山路以东）属第三区，交会点东北区域（新成街以北、建国路以东）属第六区。

1948年12月12日，唐山解放，辖域沿袭旧制。1950年5月，唐山市人民政府调整区划，辖域属第二、六区，即新成街以南属第二区，以北属第六区。1955年4月，唐山市第二次调整区划，将原第二、六区合并为路南区，辖域属路南区小山居委会。1956年9月，路南区建立小山等9个街道，辖域属小山街道（1960年1月改小山人民公社，1963年5月恢复小山街道）至今。

二、小山的兴起

19 世纪末“洋务运动”后期，为适应各官办企业对煤炭的需求，于清光绪四年（1878 年）设开平矿务局；光绪六年（1880 年），开平矿务局在胥各庄建铁路修车厂（今唐山机车车辆厂前身）；光绪七年（1881 年）唐山矿出煤，同时开挖胥各庄至芦台的运河（也称煤河），修筑第一条标准化铁路唐胥铁路，用于煤炭外运；翌年建成唐山火车站（即老车站）；光绪十五年（1889 年），建立唐山细绵土（水泥的译音）厂；光绪二十年（1894 年），唐胥铁路西延至天津、东延至山海关，改称津榆铁路；光绪二十一年（1895 年），津榆铁路西延至北京，改称关内铁路。由于矿山开办、铁路创建、唐山火车站的建成，紧邻车站的小山一带，也由空旷之地，开始成为车站的临时装卸场和物资存放场，并逐渐发展成货物集散地和商旅聚集地，为小山的迅速发展带来绝好的历史机遇。

光绪二十二年（1896 年），建成新火车站（即今铁路唐山南站），并同时在新、老车站之间的铁路两侧围起铁栅栏，设有三个道门，即南道门（今永红桥址）、北道门（今建国路天桥旧址）、老道门（老车站道口）。其中老道门是从老车站通往小山的通道，也是家住铁路以南的矿工上下班必经之路，因而来往行人最多。也正是这个特殊的地理位置，为小山向繁商区发展创造了条件。时开平矿务局高级管理人员住在乔家屯洋房子，一些外来的工人和技师多住乔屯村与煤矿（唐山矿）之间的广东街、山东街等处，而更多的采煤工人、铁路工人、商贩等下层人员多租住在小山一带。小商小贩就在老道门以南、小山西面摆摊卖货，从日用百货到剃头、修鞋、卖茶等服务日趋健全；相面的、耍猴的、变戏法的、拉洋片的相继出现；有些房产主看到这里有利可图，便抢购地皮，建房出租，饭馆、旅馆、戏园、妓院等与日俱增；一些豪绅富户在这里开设栈房，代客买卖、存储、转运货物。

光绪二十五年（1899 年），唐山修车厂扩建新厂（今南厂）。光绪二十六年（1900 年），开平煤矿由创办初期的 250 人发展到 9000 多人。光绪三十三年（1907 年），细绵土厂改称唐山启新洋灰公司。民国三年（1914 年），唐山陶瓷厂建成。民国 11 年（1922 年），华新纺织厂建成投产。这些近代工业的兴起，大大刺激工商业的繁荣，吸引许多豪绅富户，都来唐山铁路以南开设商号、建筑民房。小山北坡先后建成小山大街、小山东街、小山西街、小山前街、瓦房街、小山东箭道和西箭道、穿心店胡同等，便宜街（今胜利路西头）、东新街（今和平路北头）、新立街（今解放路北头）也随之形成。同时小山以南的村庄如小佟庄、宋谢庄、达谢庄、郭谢庄、陈谢庄、马家屯等也逐渐连接起来，形成路南的基本街巷，使小山一带商业、服务业、饮食业及娱乐场所日趋兴旺。

民国版《唐山事》有载：“唐山繁华市区，前者当以广东街（现今位置为唐山市第十一中学以东至建国路市场的下坡处）、粮市街为中心，于民国 20 年（1931 年）以后，因市容改变，风水南迁”。其中“风水南迁”即指迁至小山。

民国 23 年（1934 年），在小山最高处兴建的“大世界”，标志着小山已成为唐山的商业中心，呈高度繁荣之景。时小山境内市街富庶、花楼鳞毗，商号银店林立，戏院旅舍云集，饭店粮栈遍布，妓院赌场猬聚；便宜街和“大世界”店堂幅辏，金银首饰、绫罗绸缎、美味佳肴、丝竹管乐无不具备；东新街、新立街分行列肆，土布棉纱、服装鞋帽、估衣典当、油盐酱醋一应俱全。

民国 31 年（1942 年）《唐山市概览》载：“唐山市有同业公会 57 个，所辖商户 1542 家，其中会址在小山的就有 44 个，商户 1108 家，占总商户的 71.8%。加之交通运输发达，兼有洋货大量涌人，致小山‘华洋杂处、地位特殊’，境内工农商学、官绅仕豪无所不有，兵氓霸痞、丐妓伶牙无不毕集，奇技杂耍、当贷赌劫充斥于市，虹霓夜市、光怪陆离再临人间。”

三、小山的繁华

小山历史形成不算长，辖域面积不算大，街巷也相对狭窄，但 20 世纪 30—50 年代却是商号林立、花楼栉比、买卖兴隆、游人如织，特别是“大世界”建成后，小山声誉鹊起、盛况空前，不仅拥有“日进斗金”和“风水宝地”之誉，而且以市街繁华、商民富庶而久享“小天津”之美称。

（一）街巷密布。据政协唐山文史网《唐山市主要街道名称由来》载，20世纪20—30年代小山区域就有准确名称的街巷60多条。其中，东西向街巷有小山西街、小山东街、小山大街、瓦房街、便宜街、新成街、福宁街、水沟沿街、永安路、宋谢庄大街、前五福沟、后五福沟、小山上坡、小山下坡、副里村大街、副里村前街、小佟庄后街、双桥里等；南北向街巷有东新街、新立街、西中心街、沟东大街、小山西箭道、小山东箭道、小山南下坡、永盛胡同、花梗胡同等；居民聚集街巷有智字头条、二、三、四条，义字头条、二、三、四、五、六条，仁字一、二、三、四、五、六条，状元后条、头条、二、三、四条，北和顺里、南和顺里、扶善里、半里村、弓背胡同、穿心店胡同等。

繁华的街巷有便宜街、小山大街、瓦房街、平康里、得月巷以及东新街北头、小山下坡、铁栅栏一带，百业兴旺，品类繁多，娱乐业集中，人流密集，昼夜营业。

1960年，小山区域共有街巷104条，其中繁华街道8条，即胜利路（便宜街）、和平路（东新街）、解放路（新立街、中正路）、复兴路（沟东大街）、福宁街、新成街、宋谢庄大街（原博爱路、永安路，现为南新东道）、小山大街（小山西下坡、得胜街）。

（二）百业兴旺。小山是唐山现代教育和文化娱乐业的发源地。光绪八年（1882年），唐山火车站建立后，在老道门（今老车站道口）南侧的空地上，开始出现拉洋片、说大鼓书、耍猴、卖艺等民间艺技。光绪十四年（1888年），在老车站北面建立“老戏园子”。光绪二十六年（1900年），在小山顶端建鸣盛戏院。光绪二十八年（1902年），基督教循道工会牧师英人韩荫士在便宜街（今胜利路西段）创办华英书院，教授初小课程（后增设高小、初中，1925年迁至吉祥路，易名丰滦中学，亦为唐山一中的前身之一）。清宣统元年（1909年），鸿璋照相馆开业，坐落在小山大街东首，有房两间，主营照相和相机、器材，是唐山历史最久的照相馆。民国7年（1918年），震华书店开业，坐落在鱼市街东头路北，后于民国29年（1930年）改建震华书局，坐落在新立街（今解放路）北首路西，主营中小学课本、各种参考书、工具书、期刊杂志等，兼营纸张、文具用品、文体设备。民国28年（1939年），建立容纳700个座位的长城电影院。至20世纪30年代末，小山的戏院、影院、茶园、书馆等达48家，其中有文兴刻字店、赵沛霜相面馆、华乐戏院、鸿璋照像馆、南太平洋钟表店、青蓬阁书馆、天宫电影院、天娥大戏院、天光皮影院、天乐剧院以及刘井齐戏装道具、司玉泉书刊杂志、张树功文具乐器等名家名店。

文化名伶的汇聚地。小山的演出场所多，从地摊到舞台，从弈棋到练武，从曲艺到戏剧，适应了不同的社会需求。来此演出的名角也多，成兆才、月明珠、白玉霜、袁世海、童芷苓、赵燕侠、郭砚芳、新凤霞、筱俊亭、韩少云、马俊英、潘福恒、靳文然、苏旭、张绳武等著名戏剧、曲艺演员，都曾在这里登台献艺。

门类齐全的百货业。民国10年（1921年）1月，荣华顺百货商店开业，为解放前唐山百货行业中较大的百货商店，坐落在解放路197号，新成街口，坐东面西4间门面，初营南方鲜货，后增加百货、针织、玻璃器皿、纸烟等。至20世纪30年代末，百货店有荣华顺、义和、本立、富茇成、广玉祥、华兴永等，绸布庄有信成祥、昌记、鸿记、康记、怡和祥绸缎庄、新罗天布庄、森茂祥棉布庄等，服装店有泰兴、德巨原、森发祥、大华西服店等，鞋帽店有希德长、大同、福德长、安家、泰和等。

发展最早的流通服务业。光绪二十三年（1897年）大清邮政在新立街（今解放路）仁字三条5号设邮政局，为唐山邮政之始。民国11年（1922年），隆义栈建成，占地30亩，月货物吞吐量4.5万吨以上，时为唐山粮栈行业首户。20世纪20年代，永德当、瑞信栈相继建立，典当业交易除普通衣物外，还有金银首饰、珠宝玉器、古瓶古画、皮毛细软等。至20世纪30年代，货栈有隆义栈、瑞信栈，永德粮栈、永利粮栈，典当业有永德当、永发当、裕民公当、福顺合估衣庄、万年青估衣铺、福宁当等，有放高利贷的永德兴钱庄。

享誉东西南北的餐饮业。民国14年（1925年）10月九美斋饭店开业，坐落在便宜街西端，北道门对面，二层小楼，时有房16间（后扩至26间），以棋子烧饼、开花包子、豆沙包等著称。民国23年

(1934 年)，大陆饭店开业，位于小山上坡，坐南面北，与“大世界”隔道相望，为域内兴办最早、名气最大、效益最好的旅店之一。至 20 世纪 30 年代，餐饮业有九美斋、天丰园、福森园、小桃园、德和、大和、鹿鸣轩、洪盛祥、亚洲饭店、迎宾楼、恩双利、大红楼、畅乐园、中华等饭庄，有义顺居、天顺合、西来顺、同兴园、悦来春、夜来香、新新坊、醉仙居、瑞相、蓬莱春、南红楼、大红楼、混一天、德丰原包子铺、益祥号烟酒馆、小阳春饭店、新鸿记饺子馆、孙家馆、杜家馆、同义园、新生号、望兴园、东来顺、三合记、四合居等饭馆。

齐全备至的食品副食品。至 20 世纪 30 年代，糕点鲜货业有一品香、山记号、森春阳、新新麻糖公司、四远香糕点店、玉生香糕点店、万里香熏鸡铺食品店、春记牛肉店等，茶园茶庄有永盛、松茂、升平、权乐、四海、华孚、新记、隆记等，烟酒茶糖油盐酱醋等副食品商店有福发成、玉记、福盛合等 10 余家，日杂类、干鲜果品类、烟酒类等小型店铺遍布小山各个角落。

广受青睐的服务业。至 20 世纪 30 年代，域内有华英、益寿堂、亚美、明仁、福康等大药房，有华美、何寿昌、笋越峰等镶牙馆、保府合修脚部，有三顺、和顺、祥记等高级理发馆，有宝昌金店、快利化妆品商店、南洋洗染店等专营店，有三义斋眼镜店、华东电料行、三益永磁庄、华美电器行、杨开泰五金、三益永杂货店、瑞德长杂货铺、英古斋古玩店，旅馆有北洋、大陆、亚洲、交通旅馆，浴池有馨园、浴香园、浴泉池、永发、龙泉、第一泉等澡堂。

名扬远播的状元行。在小山经商，由于竞争激烈，也涌现出诸多行业“状元”，有理发名师于明海、脚病名医和秀山、“渣粥李”李长顺、著名厨师庄金铭、江湖艺人杨庆海、浴池名师张昆、两代名医孙氏父子等，他们的精湛技艺在世人中广泛流传。

（三）繁商聚集。民国 23 年（1934 年），在小山最高处建成大世界，地处小山的中心，仿上海“大世界”模式，两层结构，时以外观雄伟、结构新颖、业态多元、服务新颖、内部商品时尚、佳肴名酒袭人、文娱场所集中等优势，享誉冀东，集商业和娱乐场所为一体，汇吃、玩、穿、用为一瓯，成为周边地区人们想往的“花花世界”。解放前出版的《唐山事》有载：“据实言之，现在小山一带之繁荣，该场（即大世界商场）应居首功焉”。

民国 34 年（1945 年），冀东地区最大的棉纱、棉布和服装批发零售市场“新世界”落成，市场内有工商户 1108 家，占唐山市全部工商户 1542 家的 72%，成为唐山市名符其实的商业中心、商品物流集散地，故有“小天津”之盛誉。

最为繁华的街巷当属便宜街，在小山是一条较宽的街道，虽长不过 500 米，但却汇集大小商号近 300 家，百业兴旺、品类繁多，从早 8 点到晚 9 点 13 小时营业，购物人群摩肩接踵，川流不息。

小山下坡一带，娱乐业兴旺，饭馆、书馆、当铺、理发馆、照像、杂耍、卖艺、相面、茶水、小吃、路旁各类摊点等密布两厢，入夜嘎斯灯火通明，人流攒动，叫卖声、说笑声汇集一起，热闹非凡，俨然为大都会之夜市。

（四）最早建立宗教场所。光绪十二年（1886 年），在小山东北角、老车站对过建立清真寺，占地 3 分，集资 3000 多吊钱，时有东西厢房 6 间，其中，西 3 间为礼拜殿，东面南两间为沐浴室，北 1 间为阿訇住室，为唐山的第一座清真寺庙。民国 19 年（1930 年），第二个清真寺建成，坐落在水沟沿街，占地 8 亩，建礼拜殿堂 30 间，沐浴室 10 间，阿訇住室、学员宿舍、讲经堂等多间，并专设妇女活动室。1976 年在唐山大地震中被震毁，1982 年政府拨款在原址重建。

（五）旧社会疮痍的缩影。早期的小山，由于人员成分复杂和受当时社会环境的影响，也存在赌场、花书馆、妓院、烟馆、青帮、官霸等灰暗的业态和黑社会势力，人称“杂巴地”。民国 27 年（1938 年）唐山建市时，伪市公署设在域内的民兴街 10 号，伪警察局、伪城防司令部也设在小山。

四、小山的发展

1948 年 12 月 12 日，唐山解放，人民成为小山的主人。在中国共产党的领导下，开始荡涤旧社会的污泥浊水，取缔赌场、烟馆、妓院，镇压盘踞小山作威作福鱼肉百姓的各类反动分子；采取保护工商业的政策，恢复小山生机；逐步对工商各业进行社会主义改造，顺利完成向社会主义的过渡。

1952—1956年，先后建立唐山剧场、新城商场、南菜市场、胜利路百货大楼等市属企业，天桥五交化商场、解放路五交化商店、解放路五金商店、胜利路糖酒批发部、糖酒供应站、胜利路第一理发部、和平街饭店、华成废品收购站、小山五金店等区属企业。是年，域内有各类商店600多家，其中商业500多家，餐饮业60多家，娱乐场所20多家，货栈等20多家。

1964年，建小山剧场。1976年唐山大地震，辖域被夷为平地。唐山恢复建设以后，市中心向西向北转移，昔日繁华的小山有所萧条。但是，人们出于对小山往昔的留恋和繁荣的向往，从搭建“砖头压油毡”的简易房起步在原地恢复建设，商业和服务业店铺很快发展到500多家。

1979—1989年，域内新建华山摄影公司、小山饭店、小山药店、解放路旅馆、解放路药店等市属商业企业；新建京东百货大楼、五金交电百货公司等区属商业企业；新建隆义集团、兴华五金商场、迎春商场、振华商场、物资商场、华北五金商场、天坛商场、信托商场、华夏防腐公司、小山迎宾楼、新成轻纺批发部、和平路五交化商场、华孚商行、西新纺织品商店、龙华百货商场等街道商业企业；新建小山服装厂、福利综合厂、小山印刷厂等街属企业；建立唐山市工业品批发市场，后改称小山小百市场。

1992年，区委、区政府制订《唐山市路南区1992—1995年第三产业发展规划》，提出建设小山商业城，并将小山、建国路建成唐山市的商业中心。1993年，建成小山招商大厦（后更名小山服装批发大厦）；长城电器和京东大楼合并，成为在全市有一定影响力的大商场。1994年，打通建国路与小山之间的两条地下通道，使建国路、小山两个传统繁商区联成一体，形成一个占地30公顷，规模化专业市场与专业门店互为补充，拥有纺织服装、鞋类、布匹、家电、文化娱乐、餐饮服务等多个门类，生产、销售、运输、通讯等功能完备，具有6个专业化规模市场，面向城乡、辐射冀东的商贸“城中城”。1995年，小山市场跨入“全省十大市场”“全国文明市场”行列。1996年，路南区实施“一轴五线五区、一个城中城”的三产兴区规划，其中小山域属“五区”之一和“城中城”的主体，即将小山、建国路两大商圈有机结合，建设成集商贸、娱乐、餐饮、休闲于一体的城中城。是年，小山市场列全省第三位。

2001年9月，区委、区政府下发《关于进一步实施“三产兴区”战略的实施意见》，决定对小山市场进行改建，依托服装市场，发展鞋类、床上用品、辅料、名优小吃、娱乐以及摩托车等行业的规模化经营，形成商业中心。同时，域内的胜利路、清真街、福宁街、新城街、和平路、解放路与辖域西侧的建国路同为东部生活消费品市场群的“七条专业街”。是年，在解放路以东、福宁街以南、菜市小学以西、南新东道以南区域形成小山仓储物流区，为松散型物流聚合区。

2006年，《唐山市路南区国民经济和社会发展第十一个五年规划纲要》确定建设商业商务区，将小山建国路市场定位为以纺织品和工业品批发零售为主的综合市场。2008年，在“城镇面貌三年大变样”中，小山建国路区域定位为“传统与现代相结合的商业商务区”，列入路南区的“六点六片”规划的六片之一。

2009年6月，市委、市政府决定在路南区域建设唐山“三大中心”，即唐山市商业商务中心、创意中心、政务中心，小山域被确定为东南部市级综合商贸物流中心的重要组成部分。

2010年，小山小百市场销售额完成2.7亿元，小山服装批发大厦市场成交额28亿元，小山仓储物流区物流总量8000万吨，营业额1000万元。百年小山依然是唐山市的商业商务繁商区。

（王景全）

百年交大的唐山记忆

唐山交通大学，其前身是创办于1896年的山海关北洋铁路官学堂。1905年迁唐山，学校原址坐落于唐山市路南区境（现南湖生态城区域内，西临南湖公园，东南临地震遗址公园）。校名虽几经变更，但人们习惯称之为唐山交大。1972年，唐山交大迁往四川峨眉，更名为“西南交通大学”。

唐山交通大学是中国近代史上最早创建的三所高等学府之一，是中国近代土木、交通、矿冶教育的发祥地。百余年来，她历经风云变幻，颠沛流离、屡屡搬迁更名。据粗略统计，解放前和解放后，搬迁累计达18次之多，历程2.5万多公里，校名更换18次。但就在这筚路蓝缕、油灯豆火的条件下，严谨的治学始终不渝，为国家培养出数十位院士及著名的教授、专家、学者，诸如茅以升、竺可桢等一大批饮誉中外的栋梁之才。20世纪30年代的钱塘江大桥；50年代的宝成铁路、武汉长江大桥；60年代的兰新铁路；“文化大革命”期间的成昆铁路、南京长江大桥等，都饱蘸唐山交大学子们的拳拳爱国之心。这所百余年的学校在唐山曾走过66年的辉煌历程，她至今仍是唐山人心目中无法忘记和抹去的一个文化符号。回顾逝去的岁月，交大人悲壮、光荣、自豪。为弘扬唐山交大“竢实扬华、自强不息”的奋斗精神，对历史进行传播和继承，特撰文对百年交大从1896年建校到1972年离唐76年的历史追踪溯源。

一、山海关北洋铁路官学堂时期（1896—1900年）

1878年，洋务派官僚李鸿章在直隶省（今河北省）创办开平矿务局。为了将开平矿务局生产的煤由矿区运往天津，中国第一条全长约10公里的铁路——唐（唐山）胥（胥各庄）铁路在1881年11月竣工。1896年5月15日，津榆铁路总局（北洋铁路总局）在山海关创办中国第一所铁路学堂——“山海关北洋铁路官学堂”，为铁路事业发展培养人才。创始人之一吴调卿任北洋铁路总局总办兼山海关北洋铁路官学堂总办（校长）。1896年11月20日，北洋铁路总局在上海《申报》上刊登《铁路学堂告白》，开始招生。因原定做为校舍的山海关铁路工程分局房屋未及修缮腾出，学堂暂借天津北洋西学学堂（北洋大学前身）校舍，于1897年开学上课。同年11月，学堂迁至山海关铁路工程分局校舍，罗仙侨任监督。后由胡叔博任监督。1898年年初，在校学生60名。1899年春，学校由兰轶符任监督，聘开平煤矿英籍工程师葛尔飞为总教习。1900年，招收新生30名，因八国联军入侵未能上课。是年9月，山海关被俄军占领，学堂被迫停办。

二、唐山路矿学堂时期（1905—1911年）

1903年春，胡燏棻与山海关内外铁路总局总办梁如浩计划恢复山海关铁路学堂，终因经费支绌，未能实现。1905年5月，督办山海关内外铁路大臣袁世凯等以开平曾有前武卫陆军学堂旧校址为由，重新筹设铁路学堂。梁如浩从开平煤矿公司请回原山海关铁路学堂总教习葛尔飞，协助路局筹备复校事宜。梁如浩兼任学堂总办。7月，山海关铁路总局总办周长龄接替梁如浩兼任学堂总办，委派方伯梁为学堂监督。同年，山海关铁路总局以唐山有铁路机器厂（原唐山市路南区域内唐山机车车辆厂前身），学生见习较方便为由，将学校改在唐山另建。10月15日，路局总办周长龄亲自前往唐山火车站（现唐山南站）以西、唐山铁路机器厂以北择定校址，旋即购地192.58亩，布告地户交契迁坟。在唐山的建校工作由此起步。

在唐山筹备建校时，学堂仍按山海关铁路学堂旧制设立铁路工程科，因校址定在唐山，学堂名称为“唐山铁路学堂”。1906年3月19日开平煤矿公司恳请学堂除路科外增办矿科。3月27日，学堂更名为“唐山路矿学堂”，隶属山海关内外铁路局。唐山校舍于1907年2月12日竣工。3月，山海关内外铁路局改称京奉铁路局，归邮传部领导。同年，学堂录取新生 121 人，实到 119 人。1908 年 1 月，矿科停办，学生转入铁路工程科学习。罗惇融为学堂坐办（校长）。同年 6 月，熊崇志任学堂坐办。1910 年，增设铁路机器科和补习班。1911 年，毕业学生 28 人，为唐山建校后的第一届毕业生。

三、唐山工业专门学校时期（1912—1920 年）

1912 年 1 月 19 日，教育部颁发《普通教育暂行办法》规定：学堂一律改称学校，学校监督改称校长。未几，该校更名为“唐山铁路学校”，归中华民国交通部直辖。交通部派赵士北继任校长。8 月，罗忠忱教授应聘来校任教，他是唐山建校后本校第一位中国教授。同月，粤汉铁路招考工程练习生，报考者五、六百人，发榜时只录取 28 名，该校报考 23 人全部入选，由此学校声威大振。1913 年 9 月，该校更名为“唐山工业专门学校”。

1916 年 6 月，1914 届毕业生黄寿恒，1916 届毕业生茅以升二人报考清华官费留美，均被录取。入学前，美国康奈尔大学不承认唐山工业专门学校的毕业证书，故首先考了茅以升的大学课程，结果成绩特优。继而茅以升又参加研究生的入学考试，成绩又是特优。从此，康奈尔大学作出决定：凡是唐山工业专门学校毕业的学生一律免试入学为研究生。8 月，骆通任校长。同年，原民国教育部在北京举办全国工科高等学校作业成绩展览评比，该校以优异成绩荣获全国第一名。获教育部颁发的“优等奖状”，教育总长特嘉奖该校“竢实扬华”匾额一方，为此，该校“严谨治学”风闻全国。1917 年 7 月，章宗元任校长。1919 年“五四运动”爆发，该校学生群起响应，既而成立学生会，发表宣言，通电全国，支持北京学生的爱国正义斗争。是年始，对毕业生授予学士学位，同时规定本校每届毕业生中成绩名列前二名者派遣出国深造。1920 年 6 月，刘式训任校长。

四、唐山交通大学时期（1921—1937 年）

1921 年 4 月，罗忠忱任唐校主任，茅以升任唐校副主任兼代总教授。7 月，学校更名为“交通大学唐山学校”。交通大学京、唐、沪三校进行系科调整，沪校土木科并入唐校，唐校机械科并入沪校，京校仍旧。改组之后，交通大学唐山学校改革教学，教材完全参照美国康奈尔大学所用之课本。加之 1916 年以来茅以升等校友在美国（尤其是在康奈尔大学）所产生的影响，使美国许多大学的研究生院对本校所给的学生成绩均予承认，因此国外对本校渐有“东方康奈尔”之称。1922 年 7 月，俞文鼎任交通大学唐山学校校长。9 月，学校更名为“交通部唐山大学”。1923 年 1 月，俞文鼎因学潮被撤职。2 月，刘式训任校长。

1924 年 9 月 20 日，唐山大学校园被吴佩孚的直系军队占领，充作伤病医院，全体师生被迫离校。未几，直系军队退去，复由张作霖的奉系军队占驻。11 月，交通部委任孙鸿哲继任校长。12 月，奉系军队退去，大部分学生返校，学校重新开学。

1925 年 8 月，因学校招收一批奉天省籍学生，京奉铁路局拨给校外铁路属地 34.17 亩，以扩充校舍，使校址面积增至 226.75 亩。自本年起，从每届毕业生中派遣前两名出国留学减为一名。1926 年 1 月，茅以升任校长。3 月，由胡仁源任校长。6 月，交通部代总长常荫槐（奉系）兼任本校校长。1927 年 9 月，程崇任校长。1928 年 2 月，学校更名为“唐山交通大学”。同年 6 月，孙鸿哲任校长。28 日，国民政府交通部颁布《交通大学组织纲要》，学校更名为“第二交通大学”（上海为第一交大，北京为第三交大）。7 月，根据《交通大学组织纲要》，交通大学各校校长由交通部长王伯群兼任，本校校长孙鸿哲改任副校长。9 月，京、沪、唐三校又合并为交通大学，其下分设学院。学校更名为“交通大学唐山土木工程学院”，孙鸿哲副校长改任院长。

1929 年 5 月，郑华任院长，设立院教务会议，通过学生代表提出的本校应招收女生的动议。暑期，学校招收一名叫朱颖卓的女生。她是本校自山海关开办 34 年来的第一位女生。她于 1933 年毕业后不久，成为国内第一位女土木工程师。9 月 8 日，李垕身任院长。翌年 5 月 10 日，李书田任院长。后因增设采矿专业，1931年8月1日，学院更名为“交通大学唐山工程学院”。暑假期间，由詹天佑家属捐款新建的学生宿舍楼落成，为纪念中国第一位铁路工程师，以他的号命名为“眷诚斋”。1931年“九·一八”事变爆发，日本侵略军铁蹄西犯，唐山受到威胁。1932年4月，孙鸿哲第三次出任本院院长。1933年4月，日军飞机在唐山上空侦查、骚扰，撒传单进行恐吓，同时，汉奸李际春、赵雷军队强占本院南操场进行操练，校园受到严重侵扰，本院无法继续上课，学校决定南迁上海。到达上海后，借用上海交大校舍上课。7月中旬，除1933届毕业班在沪结业外，本院一、二、三年级学生由上海出发北返，暂住交通大学北平铁道管理学院。经多方努力，唐山校舍部分收回，11月初在唐山复课。

五、抗战南迁时期（1937—1946年）

1937年“七七”卢沟桥事变爆发，从此中国开始长达8年的抗战。7月17日，日本侵略军侵占唐院校舍，学校沦陷。8月，战争延及上海，交通大学总校长黎照寰请江西南昌市长龚学遂代为在南昌寻觅校舍，以便将交大唐山工程学院、交大北平管理学院以及交大上海本部迁入江西南昌，并于8月23日，派唐院教师前往考察。10月初，经师生代表决议，组织上海、南昌两个办事处，筹备在南昌开学。随着战争的发展，中国军民在上海展开闻名中外的淞沪抗战，但终因敌我力量悬殊，上海失守。上海的失守震动南昌。12月3日，唐院教授、校友在湘潭召开联席会议，决定租赁湘潭钱家巷福音堂和尚未投入使用的车站票房作为临时课堂，并借窑湾一幢空房为学生宿舍。在及其简陋条件下，12月15日，学校在湖南湘潭举行开学典礼，除矿冶系高年级因师资不齐无人授课外，16日各年级均正式上课。由于铁道部、教育部对湘潭复课一直未表示同意，并拒发经费，黄寿恒、许元启、朱泰信等在湘潭、衡阳等地积极募集复课基金，获得校友杜镇远等的积极赞助，共募得1.2万元，使得学校能够维持。开学后的院内教学皆由许元启教授计划管理。

1938年1月，经多次陈述请求，教育部、交通部才认可湘潭复课。2月，聘请罗忠忱教授为院长。因罗一时未能来校，由茅以升代理院长。学校在湖南湘乡杨家滩租赁校舍。经筹备，于5月23日迁往杨家滩上课。遂改聘茅以升为本院院长。11月，长沙城的一场大火使学校面临再次搬迁的厄运。教育部下令学校西迁。师生途径广西桂林、柳州，历时70多天，行程两千余里，于1939年2月抵达贵州平越（今贵州福泉市），学校在秀丽的藜峨山下，清澈的犀牛滩畔因陋就简，艰苦办学。5月末，“交通大学唐山工程学院”的校牌悬挂于学校大门口（位于平越文庙）。

1941年8月，奉教育部指令，该院更名为“国立交通大学唐山工程学院、北平铁道管理联合学院”。1942年1月，教育部更改前令，该院更名为“国立交通大学贵州分校”，下设唐山工程学院和北平铁道管理学院。4月，茅以升院长辞职，胡博渊任国立交通大学贵州分校校长。1943年8月，胡博渊辞职，罗忠忱任校长。

1944年11月，“黔南事变”发生，日寇攻占黔南独山。平越告急。学校迁往重庆璧山丁家坳复课。1945年6月，顾宜孙任校长。8月，抗战胜利。1946年3月8日，教育部指令唐山工程学院迁回唐山原址。

六、唐山工学院时期（1946—1949年）

1946年6月初，奉教育部令，本院独立，更名为“国立唐山工学院”，顾宜孙校长改任院长。6月20日，由林炳贤教授任总领队，率百人队伍从重庆璧山丁家坳出发，历经65天长途跋涉，于8月23日到达阔别九年的唐山校园。

1947年，在国民党政府全面发动内战之后，物价飞涨，法币大幅度贬值，而教职员工的工资却处于冻结状态，生活难以维持。唐山工学院全体教授忍无可忍，1月8日，举行罢教，以示抗议。5月15日，唐山工学院隆重举行校庆。校庆之际，学院重新确定原交通大学之校训为唐山工学院之院训。院训曰：“精勤求学，敦笃励志；果毅力行，忠恕任事”。与此同时，学院修正公布1934年所谱作的院歌。

1948年暑假前后，因战争，一些校友致函学校，建议南迁。11月17日，学校召开紧急院务会议，决定南迁。师生员工开始分批南下。12月6日，最后一批师生员工到达上海交通大学。12月15日，200余名师生从上海出发，又向江西萍乡转移。

1949年1月11日，唐振绪代理院长。2月1日，召开院务会议，决定从即日起在沪筹备复课。2月中旬，到达江西萍乡师生返沪，南迁师生绝大部分汇集上海。3月，聘任唐振绪为院长。3月28日，借上海交大校舍恢复上课。上课未及一月，时局发展急转直下，因国民党反动当局搜捕学生和强迫学校疏散，故课业无法继续，不得不宣告停课。从上海交大搬到启明新村。4月中旬，未随学校南迁的罗河教授自北平回到唐山，在中国人民革命军事委员会（简称军委）铁道部（1949年10月1日后该部改组为中央人民政府铁道部）的支持下，由罗河任主任组成复校委员会。主要任务是协助军代表修复由于南迁和国民党军队进驻而遭到破坏的校园，以迎接上海解放后将要返回唐山的师生员工。5月27日上海解放。6月初，国立唐山工学院在上海的学生，派王效通、邓洋返回唐山，向军代表顾稀汇报上海解放后师生情况。顾稀遂即派人携款前往上海，迎接唐院师生员工返回唐山。军委铁道部派顾稀为接管唐山工学院的军代表（顾稀已先期到任）。6月27日，大批师生员工乘专车由上海到达唐山。

7月8日，军委铁道部决定：国立唐山工学院，国立北平铁道管理学院、华北交通学院合并组建中国交通大学，下设唐山工学院和北平铁道管理学院。中国交通大学校部同时在北平成立，茅以升任校长。“国立唐山工学院”更名为“中国交通大学唐山工学院”。由铁道部直接领导，实行院务委员会领导下的主任委员负责制。委员会由唐振绪等13人组成，唐振绪任主任委员。7月13日，军委铁道部宣布对唐山工学院实行正式接管，并举行接管仪式。10月初，学校开始上课，授课由原来大多采用英文课本、以英语授课改为逐渐自编中文讲义，用汉语授课。

七、北方交通大学唐山工学院时期（1950—1951年）

1950年7月29日，铁道部拨款为本院扩建校舍，校园面积扩大到685.25亩。8月，将中国交通大学更名为北方交通大学，茅以升任院长，下设京、唐两院。9月24日，学院更名为“北方交通大学唐山工学院”。由原来院务委员会负责制改为院长负责制，顾稀副院长代行院长之职。11月8日，本院抗美援朝委员会成立，进行抗美援朝宣传，职工、学生踊跃报名参战。1951年3月25日，本院第一批参加抗美援朝工程队的70人出发赴朝。7月18日，铁道部任命顾稀为院长。

八、唐山铁道学院时期（1952—1972年）

1952年4月，第二批参加抗美援朝工程队职工和学生52人赴朝。5月24日，学院更名为“唐山铁道学院”，属铁道部直接领导。8—12月，教育部在全国进行大规模的高等学校院系调整工作。院系调整后，本院由8个系减为4个系及其同科，专修科由5个增至7个。自此，唐山铁道学院成为专门培养铁道工务、机务及电务、电机等铁道建设人才的高校。11月，任命顾稀为院长。1953年7月，第三批参加抗美援朝工程队的51人赴朝，9月完成任务返校。唐山交大抗美援朝派出的3批工程队，先后修建顺川机场、介川机场和板门店我方机场，为朝鲜战争的结束、以及配合朝鲜停战谈判、遣返战俘等立下不可磨灭的功绩。1956年8月，顾稀院长到中央党校学习，由白铁岩代理院长。1957年5月，学校开展整风反右运动。8月27日，顾稀任唐院党委书记兼院长。10月8日，国务院任命钱应麟为唐山铁道学院院长。

1958年8月，历时一年零三个月的整风运动结束。9月9日，由于招生任务增加，唐山原有校舍不敷使用，经铁道部、唐山市委批准，原新市区分部校舍移交唐山地委使用，将原铁路技工学校校舍及原唐山市建筑工程局的房屋拨交学校使用。确定：铁路技工学校校舍为“唐山铁道学院第一分部”；原唐山市建筑工程局校舍为“唐山铁道学院第二分部”。1960年3月15日，“唐山铁道学院第三分部”新校址在唐山市京唐运河西侧、河沿庄以东破土动工。4月23日中央批准，顾稀任唐山铁道学院院长。1962

年11月学院完成“四定”（定任务、定规模、定专业、定编制），本院规模为：本科在校生4000人，研究生与进修教师300人，共计4300人，教职员工定员定编1451人。将原有19个专业调整为12个，将58、59年级由五年毕业改成四年和三年毕业。

早在20世纪50年代初，唐山铁道学院一直受开滦煤矿地下采掘影响，学校一直为建校、迁校问题所困扰。1964年前，学校先后在唐山、北京、天津、沈阳、大同、兰州等地选址建校，但由于种种原因，迁校问题始终没有解决。由于唐山校址发展受到影响，同时为了支援西南地区的三线建设，1964年10月初，本院派出以副院长李钧为首的选址小组，前往四川峨眉选择校址。不久，铁道部部长吕正操亲自到峨眉主持本院在峨眉的选址工作。17日，高等教育部、铁道部商定：唐山铁道学院迁往四川省峨眉；建校设计任务，仍遵照1963年3月18日国务院批准的设计任务书规定的规模，本科3600人，研究生400人；投资总额为2400万元；原设计面积11.2万平方米，另建时适当增加生活福利用房。

1965年4月19日，铁道部批准，唐山铁道学院在四川峨眉县新址建校（峨眉县马路桥镇与黄湾村之间，紧靠报国寺之丘陵地带）。6月1日，在四川设立“唐山铁道学院建校筹建处”。10月，峨眉新址建校工程开工。泰安建筑公司承包部分房建项目，本院师生员工承担部分房建任务。12月30日，铁道部决定从东北铁路工程局抽调300名建筑工人（随后增加到500多名，包括干部、工人），组成建筑工程队，支援建校（1966年3月到校）。泰安建筑公司完成收尾工程后撤出。

1966年2月，铁道部决定，杜景云接任唐山铁道学院党委书记、院长。5月28日，将“唐山铁道学院建校筹建处”更名为“唐山铁道学院建校工程处”。6月1日，《人民日报》发表《横扫一切牛鬼蛇神》的社论，“文化大革命”开始，唐山铁道学院教职工、学生，分别在唐山和峨眉两地参加“文化大革命”。1970年1月，峨眉建校工程暂停。1971年11月17日，交通部军管会向在唐干部作“关于搬迁峨眉的动员报告”。11月下旬，向峨眉搬迁的21人组成的先遣队出发。12月，教职工及家属分两批乘坐专列离别唐山到达四川峨眉。1972年1月9日，最后一批人员及家属离唐到达峨眉。唐山设立留守组，处理善后事宜。3月1日唐山铁道学院更名为“西南交通大学”。

（代克明）

《唐山市路南区志（1990—2010）》组织机构名称繁简对照

全　　称	简　　称
中国共产党中央委员会	中共中央
中国共产党中央委员会委员	中共中央委员
中国共产党中央政治局	中共中央政治局
中国共产党中央政治局常务委员会	中共中央政治局常委会
中国共产党中央政治局常务委员会委员	中共中央政治局常委
中华人民共和国中央人民政府	中央政府
中华人民共和国国务院	国务院
中华人民共和国国务院总理、副总理	国务院总理、副总理
全国人民代表大会	全国人大
全国人民代表大会代表	全国人大代表
全国人民代表大会常务委员会	全国人大常委会
全国人民代表大会常务委员会委员	全国人大常委
全国人民代表大会常务委员会委员长、副委员长	全国人大常委会委员长、副委员长
中国人民政治协商会议全国委员会	全国政协
中国人民政治协商会议全国委员会委员	全国政协委员
中国人民政治协商会议全国委员会常务委员会	全国政协常委会
中国人民政治协商会议全国委员会常务委员会委员	全国政协常委
中国人民政治协商会议全国委员会主席	全国政协主席
中国共产党中央纪律检查委员会	中纪委
中国共产党中央纪律检查委员会委员	中纪委委员
中国共产党中央纪律检查委员会常务委员会	中纪委常委会
中国共产党中央纪律检查委员会常务委员会委员	中纪委常委
中国共产党中央纪律检查委员会书记、副书记	中纪委书记、副书记
中国共产党河北省委员会	省委
中国共产党河北省委员会委员	省委委员
中国共产党河北省委员会常务委员会	省委常委会
中国共产党河北省委员会常务委员会委员	省委常委
中国共产党河北省委员会书记、副书记	省委书记、副书记
河北省人民政府	省政府
河北省人民政府省长、副省长	省长、副省长

《唐山市路南区志（1990—2010）》组织机构名称繁简对照

续表 1

全　称	简　称
河北省人民代表大会	省人大
河北省人民代表大会代表	省人大代表
河北省人民代表大会常务委员会	省人大常委会
河北省人民代表大会常务委员会委员	省人大常委
河北省人民代表大会常务委员会主任、副主任	省人大常委会主任、副主任
中国人民政治协商会议河北省委员会	省政协
中国人民政治协商会议河北省委员会委员	省政协委员
中国人民政治协商会议河北省委员会常务委员会	省政协常委会
中国人民政治协商会议河北省委员会常务委员会委员	省政协常委
中国人民政治协商会议河北省委员会主席、副主席	省政协主席、副主席
中国共产党河北省纪律检查委员会	省纪委
中国共产党河北省纪律检查委员会委员	省纪委委员
中国共产党河北省纪律检查委员会常务委员会	省纪委常委会
中国共产党河北省纪律检查委员会常务委员会委员	省纪委常委
中国共产党河北省纪律检查委员会书记、副书记	省纪委书记、副书记
中国共产党唐山市委员会	市委
中国共产党唐山市委员会委员	市委委员
中国共产党唐山市委员会常务委员会	市委常委会
中国共产党唐山市委员会常务委员会委员	市委常委
中国共产党唐山市委员会书记、副书记	市委书记、副书记
唐山市人民政府	市政府
唐山市人民政府市长、副市长	市长、副市长
唐山市人民代表大会	市人大
唐山市人民代表大会代表	市人大代表
唐山市人民代表大会常务委员会	市人大常委会
唐山市人民代表大会常务委员会委员	市人大常委
唐山市人民代表大会常务委员会主任、副主任	市人大常委会主任、副主任
中国人民政治协商会议唐山市委员会	市政协
中国人民政治协商会议唐山市委员会委员	市政协委员

《唐山市路南区志（1990—2010）》组织机构名称繁简对照

续表2

全　　称	简　　称
中国人民政治协商会议唐山市委员会常务委员会	市政协常委会
中国人民政治协商会议唐山市委员会常务委员会委员	市政协常委
中国人民政治协商会议唐山市委员会主席、副主席	市政协主席、副主席
中国共产党唐山市纪律检查委员会	市纪委
中国共产党唐山市纪律检查委员会委员	市纪委委员
中国共产党唐山市纪律检查委员会常务委员会	市纪委常委会
中国共产党唐山市纪律检查委员会常务委员会委员	市纪委常委
中国共产党唐山市纪律检查委员会书记、副书记	市纪委书记、副书记
中国共产党唐山市路南区委员会	区委
中国共产党唐山市路南区委员会委员	区委委员
中国共产党唐山市路南区委员会常务委员会	区委常委会
中国共产党唐山市路南区委员会常务委员会委员	区委常委
中国共产党唐山市路南区委员会书记、副书记	区委书记、副书记
唐山市路南区人民政府	区政府
唐山市路南区人民政府区长、副区长	区长、副区长
唐山市路南区人民代表大会	区人大
唐山市路南区人民代表大会代表	区人大代表
唐山市路南区人民代表大会常务委员会	区人大常委会
唐山市路南区人民代表大会常务委员会委员	区人大常委
唐山市路南区人民代表大会常务委员会主任、副主任	区人大常委会主任、副主任
中国人民政治协商会议唐山市路南区委员会	区政协
中国人民政治协商会议唐山市路南区委员会委员	区政协委员
中国人民政治协商会议唐山市路南区委员会常务委员会	区政协常委会
中国人民政治协商会议唐山市路南区委员会常务委员会委员	区政协常委
中国人民政治协商会议唐山市路南区委员会主席、副主席	区政协主席、副主席
中国共产党唐山市路南区纪律检查委员会	区纪委
中国共产党唐山市路南区纪律检查委员会委员	区纪委委员
中国共产党唐山市路南区纪律检查委员会常务委员会	区纪委常委会
中国共产党唐山市路南区纪律检查委员会常务委员会委员	区纪委常委

《唐山市路南区志（1990—2010）》组织机构名称繁简对照

续表 3

全 称	简 称
中国共产党唐山市路南区纪律检查委员会书记、副书记	区纪委书记、副书记
中国共产党唐山市路南区委党校	区委党校
中国共产党路南区委党史研究室	区委党史研究室
中国共产党路南区委政法委员会	区委政法委
中国共产党路南区统一战线工作部	区委统战部
中国共产党路南区精神文明建设委员会办公室	区文明办
路南区社会治安综合治理办公室	区综治办
路南区对台工作领导小组办公室	区对台办
中国共产党唐山市路南区直属机关工作委员会	区党工委
中国共产党唐山市路南区街道党委纪律检查委员会	区街道纪委
中国共产党唐山市路南区街道纪律检查工作委员会	区街道纪工委
唐山市路南区爱国卫生委员会办公室	区爱卫办
唐山市路南区质量技术监督局	区质监局
中国共产党唐山市路南区委农村工作部	区委农工部
唐山市路南区农村经济局	区农经局
中国共产党唐山市路南区委农村工作委员会	区委农工委
唐山市路南区行政审批服务中心	区行政服务中心
唐山市路南区政府法制办公室	区法制办
唐山市路南区编制委员会办公室	区编办
唐山市路南区人力资源和社会保障局	区社保局
唐山市路南区国土资源分局	区国土分局
唐山市路南区食品药品监督管理局	区食药监局
唐山市路南区食品安全委员会办公室	区食安办
唐山市路南区人民防空办公室	区人防办
唐山市路南区人民武装部	区人武部
唐山市路南区国税局	区国税局
唐山市国土资源局路南区分局	区国土分局
唐山市路南区安全生产监督管理局	区安监局
唐山市路南区国防教育办公室	区国教办

《唐山市路南区志（1990—2010）》组织机构名称繁简对照

续表4

全　称	简　称
唐山市路南区科学技术委员会	区科委
唐山市路南区科学技术协会	区科协
唐山市公安消防支队八中队	消防八中队
唐山市公安局路南区分局	区公安分局
唐山市路南区人民检察院	区检察院
唐山市路南区人民法院	区法院
唐山市路南区司法局	区司法局
中国国民党革命委员会	民革
中国民主建国会	民建
九三学社	九三学社
中国民主促进会	民进
中国民主同盟会	民盟
中国农工民主党	农工党
唐山市路南区总工会	区总工会
中国共产主义青年团唐山市路南区委员会	团区委
唐山市路南区妇女联合会	区妇联
唐山市路南区归侨侨眷代表大会	区归侨侨眷代表大会
唐山市路南区归国华侨联合会	区归国华侨联合会
唐山市路南区科学技术协会	区科协
唐山市路南区工商业联合会	区工商联
唐山市路南区残疾人联合会	区残联

索　　引

A

B

C

D

E

F

G

H

J

K

L

M

N

P

Q

R

S

T

W

X

Y

Z

其　他

编 后 记

2003年11月，全市地方志工作会议后，区委、区政府及时调整区地方志编纂委员会。2004年7月，时任主任郭凤鸣开始谋划路南区志编目结构。2006年9月，完成《唐山市路南区志（1990—2005）》编目框架首稿。2008年1月，时任地方志办公室主任纪玉恽对区志编目结构补充完善，并组织专家对所拟编目进行论证。6月13日，区政府召开全区修志动员大会，对路南区志续修进行部署。

2010年6月，苏金利调任地方志办公室主任，对二轮区志编修工作进行全面深入调研，虚心向方志界领导和专家学习请教，及时向领导汇报修志进展情况和谋划设想。经过调研论证，接受市方志办领导和方志界专家学者建议，聘请原丰润区档案局局长、地方志办公室主任、《唐山市丰润区志》主编潘贵存同志全面指导路南区志编修工作，具体负责区志编修的理论指导、业务培训和全书总纂统稿等。7月开始至2011年8月，潘贵存同志对区志编目结构再次修改、调整。调整后的志书断限，上限与首志衔接，即上限1990年，根据需要，个别事物记述上溯至事物发端；下限断至2010年，个别事物下延至搁笔。组织编印了唐山市路南区续志参考资料。2011年9月27日，组建成立二轮区志编修队伍，自此区志编修工作真正步入正轨，进入实质编修阶段。期间，组织专家对编辑人员进行为期一个月的半封闭式集中业务培训。10月28日，组织召开全区各承编单位分管领导、办公室主任和撰稿人员参加的大型集中业务培训会议，再次动员部署和培训。至2014年12月，经过全体编修人员三年多时间的艰辛努力，志稿总纂完成。

2015年5月，《唐山市路南区志（1990—2010）》（评审稿）辑印成册，6月区初审，7月市评审，8月11日，全国专家对志稿进行了评审。参加志稿评审会的全国方志专家一致认为：《路南区志评审稿》全面系统记述了路南区1990—2010年政治、经济、文化与社会发展的历史与现状。是一部政治观点正确，时代特点鲜明，地方特色突出，编纂思路清晰，篇章结构设计科学合理，轻重详略把握得体，资料丰富翔实，讲究章法技巧，编纂体例完备，内容记述全面完整，文字通顺流畅，文表互相映衬，著述风格统一的一部上乘之作、优秀志稿。绘出了一幅中国共产党执政兴国的地方历史画卷。路南区仅仅用三年多的时间拿下一部160多万字的高质量志稿，其速度之快不仅在唐山市绝无仅有，就是在河北省也不多见，不仅速度快，而且质量好，是“提速提质”的典型。

2016年4月6日，志稿通过省终审机构审阅，认为其指导思想正确，体例完备，文风端正，语言朴实流畅，同意交出版社进行印前规范性审核把关。4月11日，志稿通过方志出版社规范性初审、复审、终审审核。分别对该志提出审稿意见。初审认为：全书分类科学，体例完备，资料丰厚，时代特色和地域特色突出，该志在框架设计、记述内容等方面有许多优长，突出亮点有：在整体设计上重注创新；在篇目安排上突出特色；在记述方式上强化综合。复审认为：本志写作质量较佳，图、表、文都比较规范，基本按照志书编纂原则进行编写，符合《地方志书质量规定》，志稿整体质量较高，复审通过。终审认为：初审和复审对书稿进行了细致的审查，终审同意初审、复审意见。终审认为：《唐山市路南区志（1990—2010）》较系统地记载了唐山市路南区自唐山大地震之后35年特别是自1990年以来的政治、经济、文化、社会等方面的重大事项和基本情况，有一定的地方特色和时代特色，对各界人士认识和了解路南区提供了较详实的资料，具有较大的出版价值。本书稿总体上内容详实、体例完整，请作者按照初审、复审意见和本要求，对书稿进行全面认真地修改完善，以确保本书质量。核校无误后，同意出版。编修人员按照全国专家及省终审和出版社审核意见，对全书进行了全面细致地修改、核校。自2017年12月5日，地方志办公室再次组织潘贵存、代克明、王景全、赵志信等同志对志稿再次进行统改统校，至2018年12月31日，完成统改统校。期间，因行政区划图审图问题，志书出版印刷工作曾一度暂停，于是，区地方志办公室一边对志稿精雕细刻、打磨提质；一边强力协调区民政局和出版社，终于圆满妥善解决志首用地图审图问题。至2020年9月，《唐山市路南区志（1990—2010）》正式出版印刷。

《唐山市路南区志（1990—2010）》，是路南区历史上编修的第二部区志。历经编目谋化设计、选聘编辑人员、组建修志队伍、开会动员部署、开展业务培训、下达编修任务、广泛搜集资料，编纂初稿，总纂合成志稿，编辑内审校稿，主编总揽统稿，逐级审核改稿、反复阅改校稿、志稿统改统校等程序。其间，全体编修人员躬耕多载，数易其稿，成功告竣。这是全区文化建设领域又一丰硕成果。《唐山市路南区志（1990—2010）》以鲜明的政治观点、科学的体例、详实的资料、流畅朴实的文笔，全面记载路南区21年间所取得的辉煌成就，客观辨证地总结出路南区21年实现经济社会全面、协调、可持续发展的基本经验。以志为鉴，通晓古今；以史为鉴，资政惠民。《唐山市路南区志（1990—2010）》的出版面世，将遗惠子孙，馨香百世，功在当代，惠泽千秋，可喜可贺。“以铜为镜，可以正衣冠；以史为镜，可以知兴替；以人为镜，可以明得失。”《唐山市路南区志（1990—2010）》，是我们了解路南、宣传路南、建设路南的翔实信息文库，是全面系统记述路南自然、政治、经济、文化和社会历史与现状的资料性文献，是可供后人借鉴的宝贵精神财富和丰厚的文化遗产。

《唐山市路南区志（1990—2010）》，按照中国地方志指导小组颁布的《地方志书质量规定》和河北省地方志书质量标准，遵循事以类从、类为一志的原则，谋篇布局，力求分类科学，排列有序，归属得当，篇章节目间构成层层相辖、规范严密的网络结构。志书形成的总体结构，以概述为开端，提纲挈领，展望全貌；以大事记为经，纵观全志，勾勒发展脉络；以各分志织其纬，分类记述，构成志内实体；志尾设附录，索引、编后记。全志划分编、章、节、目四个层次，目为基本记述实体；个别之处设置子目，子子目为记述实体；节下内容少且无法细分时，节为记述实体。编目结构具体编排为：志首设概述、大事记，随志首后依次设政区、自然环境、居民、基础设施 环境保护、南湖生态城、改革开放、经济综览、流通服务业、商业商务中心、工业 建筑业、农业、经济管理、中国共产党组织、人民代表大会、人民政府、政治协商会议、民主党派 人民团体、武装、政法、精神文明建设、科学技术、教育、文化、卫生 体育、人物共计25编，为中编结构。志后设附录、组织机构繁简对照、勘误、专题资料、索引、编后记。

《唐山市路南区志（1990—2010）》的编纂，在坚持志书分类整体性、科学性基础上，加强地方特点、时代特色和重点部位的重点记述；严格志书体例，规范志书质量。

一、加强地方特点的记述。增加志书详独略同、详此略彼的地方元素的记述，以此彰显路南区志地方性的本质属性。将南湖生态城从基础设施析出独立成编。唐山因煤而市。从1878年唐山建矿开采煤炭起，至1989年，经过100余年开采，在唐山市路南区已形成28平方公里采煤下沉区。采沉区内，地表下沉、房屋开裂、村庄迁移、农田废弃、坑洼遍布，居民称其为“南大洼”。到1996年，“南大洼”区域仍为周围村庄的养殖场、城市垃圾填埋场、西郊电厂等企业的废渣排放场，每天约有700吨生活和建筑垃圾填埋到这里。区域内环境恶劣，卫生脏乱差，臭气熏天，蚊蝇扑面。溃烂的城市疮疤成为迟滞城市发展的瓶颈。当年，市委、市政府将治理南部采煤下沉区列入为市民办的“实事工程”之一。1997年初，市委、市政府提出“变劣势为优势，化腐朽为神奇”，开始对南部采煤塌陷区修复治理。2007年年末，市委、市政府决定将南湖核心区命名为南湖生态风景区，并与周边影响区域共同构成南湖生态城。在开发建设南湖生态城的同时，于2008年3月1日起，对原南湖公园进行改扩建，改扩建后的南湖公园全称为“唐山南湖城市中央生态公园”。唐山人民习惯将原南湖公园称为“小南湖”，将扩建后的南湖城市中央生态公园称为“大南湖”。2009年4月29日，南湖城市中央生态公园正式开园。2010年唐山市获得2016年世界园艺博览会承办权。承办地设在南湖生态城，这是世界园艺博览会首次利用采煤沉降地，在不占用一分耕地的情况下举办的世界园艺博览会。随着南湖生态城的建设以及南湖生态城在全市经济社会发展所处战略地位的提升，故将南湖生态城在路南区志独立成编已成迫切要求。通过客观、系统的记述，全面展示采煤沉降区给人类社会带来的灾难；通过治理，兴建生态城景区，又给人类社会创造出兴利除弊、变废为宝，集休闲、旅游、健身为一体的风水宝地。南湖生态城编的框架结构为：第一章南部采煤沉降区；第二章南湖生态城建设决策与规划；第三章南湖生态城配套设施建设；第四章南湖生态城景区景观建设；第五章南湖生态城效益；第六章南湖生态城管理。

将商业商务中心从流通服务业析出独立成编。路南区作为唐山市的中心区，既是中国近代工业摇篮的发祥地，亦是华北地区著名的繁商区。自1878年清政府在开平开办煤矿起，影响和刺激唐山一带近代工业的兴起。而近代工业的兴起，又带动境内小山一带商业、饮食、服务业快速发展。到19世纪末、20世纪初，市场遍布、店铺林立、商贾云集、货畅其流。小山已成为唐山的商业中心、商品物流集散地，且逾百年而兴盛不衰。1976年“7·28”唐山大地震，区境百年基业毁于一旦。震后，经过抗震救灾、恢复建设，很快达到或超过震前水平。1990年后，区委、区政府先后确立并组织实施“大市场、商贸城”“打造全市商务中心”“建设区域性商贸中心、总部经济中心、物流基地”等主体战略，并通过嫁接传统商业、改造专业市场、发展现代物流业、健全社区商业服务网络，巩固路南繁商优势，提升繁商区在全市商贸服务领域的主体地位及引航作用。2010年，区委、区政府在确立“开放创新、富民强区”总体战略时，正式将打造“三大中心”即打造唐山市商业商务中心、文化创意中心、信息物流中心，作为未来几年的奋斗目标确定下来。路南区在全市的繁商优势与地位得以巩固。故此轮路南区志编修，宜单设商业商务中心编，以个性化的典例，分别记述全区具有一定规模的商贸服务企业的分布、规模、对经济社会的贡献率，既与区委、区政府确立打造“三大中心”的奋斗目标合拍，又符合路南区在全市所处繁商优势与地位的客观实际，从而彰显路南区独有的商贸服务发展优势。商业商务中心编的框架结构为：第一章决策，第二章规划，第三章网点布局。

将国家矿山公园从基础设施编析出独立成章。区域内开滦国家矿山公园项目是由唐山矿废弃的地下矿井，经过改造治理而成。由市政府主导、开滦集团公司具体运作的文化产业项目，被纳入唐山市“十一五”发展规划。2005年5月开始启动。至2007年，完成立项申报、总体规划及一期工程初步设计等工作，并开始建设。2008年，开滦集团公司把大力发展文化产业列入企业发展战略。4月7日，开滦国家矿山公园被省文化厅命名为河北省第一批文化产业示范基地。10月22日，开滦国家矿山公园博物馆主题展览预展。12月27日，省委、省政府将开滦国家矿山公园列为河北省实施文化产业发展带动战略“大项目”，实施重点督导。2009年3月，开滦国家矿山公园通过由国土资源部组织的“国土资源科普基地”评审。8月获“河北省爱国主义教育基地”称号。9月23日，开滦国家矿山公园正式开园。10月18日，开滦国家矿山公园博物馆《黑色长河》大型主题展览获“全国博物馆十大精品陈列最佳综合效益奖”，成为河北省第一家获此殊荣的企业博物馆。2010年，开滦国家矿山公园基本完成一期工程建设，转入运营阶段。12月20日，国家旅游局下发《关于批准发布天津滨海航母主题公园等73家景区为国家4A级旅游景区公告的决定》，正式批准开滦国家矿山公园为国家AAAA级旅游景区。此章置文化编。框架结构为：第一节公园规划与设计，第二节公园建设，第三节公园管理。

二、加强时代特点的记述。全志在全面、系统、客观记述区域自然、政治、经济、文化、社会历史与现状的同时，坚持以改革开放为主线，突出时代特点的记述。将改革开放独立成编。全面展示路南区自中共十一届三中全会以来改革开放的发展轨迹。其记述范围为：经济体制改革，通过宏观调控体制改革，逐步构筑综合运用经济手段、经济政策、经济法规和必要的行政手段相统一的宏观调控体系。在农村进一步完善以家庭联产承包责任制为基础的双层经营体制。在城市工商企业，以增强企业活力为中心环节，以建立现代企业制度为方向，进行产权制度改革；政治体制改革，加强和完善党的领导，进行党政机构改革，贯彻国家公务员制度，完善社会主义的民主政治制度，进行司法制度改革；社会保障制度改革，通过建立最低生活保障制度、基本养老保险制度、失业保险制度、医疗保险制度、工伤保险制度、生育保险制度、城镇最低收入家庭住房保障制度等社会保障制度，逐步构筑覆盖全民的全方位、多层次的社会保障体系；社会事业改革，通过科技事业改革，建立健全科技管理体系、建立技术市场、改革科技经费拨款制度、建立专业技术职务评聘制度；通过教育事业改革，完善办学体制、学校管理体制、人才培养体制和教育保障体制。通过文化事业改革，构筑文化市场体系。通过卫生事业改革，改善医院管理体制，建立医药监管体系，构筑以公立医院为主体、个体私营医疗机构为补充的卫生服务体系。上述所涉改革内容，均在改革开放编集中记述。另在政治、经济、文化、社会等部类记述时，适当融入在建立社会主义市场经济体制目标过程的改革内容。通过以集中记述为主，适当融入为辅的记述章法，客观反映改革开放是推动经济社会全面、协调、可持续发展的强大动因。

将精神文明建设独立成编。通过全面系统的记述，充分展示改革开放30余年间，区委、区政府在加快物质文明建设的同时，重视精神文明建设决策的制定与实施。从而证明时代发展需要文明，时代发展呼唤文明的历史必然，凸显鲜明的时代特色。

三、加强志书深度与重点的记述。加强志书深度的记述。志书记述内容既要精当，不违背纵不断主线的基本要求，又要通过对辖域自然、政治、经济、文化与社会历史发展与现状的记述，揭示事物发展的一般规律，严把志书政治思想关。志首概述的记述，在梗概全貌、提炼精华、彰显轨迹的同时，彰明因果，概括总结出21年间实现经济社会全面、协调、可持续发展且应遵循的客观规律，即坚持实事求是的思想路线，是实现经济社会全面、协调、可持续发展的思想保证；坚持改革开放，是实现经济社会全面、协调、可持续发展的强大动因；坚持发展是第一要务，是实现经济社会全面、协调、可持续发展的根本途径；坚持统筹兼顾，是实现经济社会全面、协调、可持续发展的根本方法；坚持凝心聚力，是实现经济社会全面、协调、可持续发展的动力保证；坚持以人为本，是实现经济社会全面、协调、可持续发展的核心所在。对各部类的记述，充分利用前后对比法、点面结合法，利用背景资料、因果资料揭示主题资料等修志章法，反映辖域自然、政治、经济、文化与社会历史的发展与现状，力求志书编纂跨越新的高度。不以个别事物的个案或个案的堆砌来代表事物的整体发展轨迹和历程。绝对避免时间跨度大，记起止多，记志书断线内阶段性发展变化少；记数字及数字对比多，记因果和背景资料少；记综合情况少，记个案情况多；记一般性资料多，记揭示事物发展规律的资料少的“四多四少”现象的发生。

加强志书重点部位的重点记述。在中共组织编设置区委常委自身建设、区委重要决策章，并通过对区委常委自身建设、区委重要决策的重点记述，全面反映区委的政治领导核心作用以及党的决策能力、执政水平；在人民政府编设置政府自身建设、政府施政辑要章，并通过对政府自身建设、政府施政辑要的重点记述，全面反映区政府在区委领导下，履行政府职能、政府施政的能力与水平；在人民代表大会、政治协商会议编，与区委、区政府对应，分设自身建设，并通过记述，分别反映人大、政协通过加强自身建设，提高依法履行监督、民主监督的能力与水平。通过加强志书深度与重点的的记述，增加志书品味，提高志书“资政、教化、存史”功能。

四、遵循志书体例体裁，保证志书质量。《唐山市路南区志（1990—2010）》的编修，力求坚持志体，横排门类，纵述史实，述而不论。凡例规定的关于编纂志书的指导思想、原则、时空范围、体裁、人物收录标准、资料来源、行文规范、特殊问题处理等要求，力求清楚明确。

回顾修志多载，弹指一挥间。所有参与编修人员不辱使命、不负重托，无私无畏，敬业奉献，成果硕丰。总结几年修志实践，主要体会有五点：

一是坚持党委领导、政府主持的领导体制，是《唐山市路南区志（1990—2010）》编纂组织保证。

区委、区政府始终高度重视地方志工作。2003年11月全市地方志工作会议后，区委、区政府适时调整地方志编纂委员会组成人员，区委书记任名誉主任，区长为主任，四套班子主管领导为副主任。区政府专题研究地方志工作。2008年6月13日，区政府召开全区修志动员大会进行部署。后因种种因素，修志工作进展缓慢。2010年、2011年省政府连续两年对全省续志工作进行督导检查。对此，区委、区政府高度重视，重新调整地方志编纂委员会组成人员，加强修志的组织协调。区政府按照修志工作“一纳入、八到位”要求，将修志工作纳入经济社会发展规划、年度计划，修志经费纳入财政预算，即使在财力非常困难的情况下，仍然想方设法筹措资金，大力支持区志编修工作。区政府主管地方志工作的领导，加强修志工作调度，定期听取修志工作汇报，帮助解决修志难题。区地方志办公室精心组织，攻坚克难，扎实推进区志编修工作。全区各承编单位按照区委、区政府对修志的统一部署，组建有主管领导、有撰稿人员的修志队伍。2011 年 9 月 23 日，经区领导协调，机关事务管理局大力支持，调配区机关第三会议室作为修志办公用房，9 月 27 日，组建成立二轮区志编修队伍并集中开展业务培训，路南区志编修工作真正步入正轨，进入实质编修阶段。此后，根据修志需要，充实地方志办公室人员，区政府拨付志书编修工作经费，保证聘任编辑人员工资，购置打印复印一体机、电脑、照相机、档案柜、工具书。后随办公用房的二次调整，购置空调、桌椅等办公设备，满足修志工作需求。实践证明，坚持党委领导、政府主持、地方志办公室组织实施，社会各界积极参与的工作体制，是《唐山市路南区志（1990—2010）》编纂的制度保证。

二是探索专家指导与众手成志有机结合，以专家为主导的修志模式，是保证《唐山市路南区志（1990—2010）》质量的有效途径。

志书编纂是一项繁杂、浩瀚、大型的系统文化工程。方志记述的对象是“一地自然与社会”，记述范围涉及自然、政治、经济、文化、社会等诸多领域；时间范围是“历史和现状”；性质是“资料性著述”，即要求志书质量观点正确，体例严谨，内容全面，特色鲜明，记述准确，资料翔实，表达通顺，文风端正，印制规范。“修书再难，莫若修志”，这是对修志难易程度的真实写照。故修精品佳志，除需要一批热爱地方志事业、具有一定文字水平的编辑人员负责资料搜集、撰写初稿外，还需要具有一定修志经验、理论知识较为丰厚、文字功底扎实、能统领修志全局的专家型学者，全程参与。通过建立专家指导与众手成志有机结合，并以专家为主导的修志体制，实现创精品佳志的最终目标。潘贵存同志不负重托，不辱使命、恪守不渝，夙兴夜寐，数年如一日；全体志书编修人员虚心请教、主动交流沟通，克服重重困难、全身心投入到志书编修工作中。通过专家指导与众手成志有机结合，并以专家为主导的修志体制的建立与实施，《唐山市路南区志（1990—2010）》的志稿质量得到了保证。

三是稳定修志队伍，是保证《唐山市路南区志（1990—2010）》编纂整体推进的基础。

修志工作，人是根本，稳定能干的编修队伍是修志工作的支撑和基础。2011 年 7 月，为适应志书编修之需，区地方志办公室历经两个多月时间，从全区乃至全市离岗、退休人员中选聘热爱方志事业的陆淑华、沈虹君、代克明、孟慧珍、于雅观、姜燕、王丽娟等 7 位女同志担任区志责任编辑，她们将全部心血倾注于修志事业上，克服各种困难，采取各种形式搜集资料，编纂志稿，及时交主编总纂、审定志稿。其中陆淑华完成基础设施、工业 建筑业初稿的编纂，姜燕完成人民代表大会、政治协商会议、大事记编的初稿编纂，于雅观完成自然环境、武装、政法编的初稿编纂，代克明完成教育编及教育改革、精神文明建设编、科技编及科技改革初稿的编纂。后除代克明全程参与修志外，另 6 位因身体状况、家庭事务等因素，先后退出。湛树信聘为编辑后，完成民主党派 人民团体、文化编初稿的编纂。其间，为保证区志编修工作顺利推进，采取组织推荐、发动亲朋好友择贤纳士、网上招聘等方式相继选聘责任编辑。到 2013 年 3 月，有 20 余位同志曾先后被聘就任但又相继退出，严重影响志书编纂进度。适合修志人员难以找寻、推进难度加大。后逐步转变选人用人观念，建立激励机制，优先选聘已离岗退休、在原工作岗位有所建树、文字功底深厚且热爱地方志工作的代克明、王景全、张继成、郭长友 4 名精兵强将担任责任编辑。新组建的编修团队，以修志为己任，不避寒暑，几载如一，废寝忘食、笔耕不辍，创造出“秉笔直书的求实精神，团结一致的协作精神，始终不渝的拼搏精神，无怨无悔的奉献精神，与时俱进的创新精神”和修志事业一个又一个奇迹。全区各承编单位主管领导和编纂人员，以饱满的工作热情，将全部心血倾注于修志事业上。部分单位主要领导带头亲自撰写、修改志稿，确保志稿质量。区教育局、区总工会、区统计局，区农经局聘请熟悉情况的老同志协助搜集资料，撰写志稿。区档案局安排专人负责修志资料的查档，对编修工作给予全力支持。驻区单位开滦集团档案馆承编的志稿内容详实、全面，撰写规范；唐山市供电公司、唐山职业技术学院、铁路唐山南站、唐山一中、唐山二中、唐山市统计局、解放军第二五五医院、唐山市协和医院、唐山市妇幼保健院、唐山市人民医院、冀东烈士陵园、河北联合大学、唐山市公交总公司、唐山市邮政局、开滦矿山公园、南湖生态城、唐山市新华书店、唐山抗震纪念馆、西南交大等众多单位领导及修志人员积极配合，全力支持路南区的修志工作。正是这么多淡泊名利、勤于钻研、乐于奉献的修志工作者，本着对历史、对人民高度负责的态度，执着守望、奋力笔耕，才赢得路南区志的成功面世。

四是攻克制约修志瓶颈，是《唐山市路南区志（1990—2010）》编纂顺利推进的关键。

地方志是中华民族特有的文化瑰宝，既是客观的文化载体，又是厚重的历史积淀，具有“治天下者以史为鉴，治郡国者以志为鉴”的资治功能。它系统的记录着一地政治、经济、社会、文化以及自然环境的历史与现状；它横排门类，纵述始末；横不缺要项，纵不断主线；分类详尽，始末清晰，是一方一地的“百科全书”。“博观约取为修志首事”，编修方志首先要广征资料；对于入志的资料，要“辞严事核，质而有文”，统合古今，详今略古。故资料性既是地方志书的本质特征，是方志立足于学术之林的根基，亦是影响志书编纂的最大瓶颈。

修志伊始，坚持把修志资料的搜集、挖掘放在首位，全方位、多视角的索取资料。资料搜集立足于全面系统、罗织百业、襄括万有、多多益善。资料的收集范围、种类、层次，既包括文字资料（如文献、档案、图书、报刊、谱牒等），又包括实物资料（如文物、古迹等）和口碑资料（如口头采访、私人笔记、歌谣、谚语、传说、回忆录等）；既包括官方资料，又包括民间资料；既包括正面资料，又包括反面资料；既包括主体资料，又包括背景资料及辅助资料。资料的搜集方式，立足全方位、多渠道。查阅馆藏档案获取资料，区委重要决策、区政府施政辑要资料主要来源区档案馆，详实可靠的原始资料，为决策背景、决策制定、决策实施以及政府施政辑要的撰写提供了全面系统的资料，其他各部类在承编单位提供资料不全情况下，档案馆藏资料成为志书编纂重要来源，既增加志稿的可信度、权威性，又增加志稿的丰富性、详实性；搜集图书报刊掌握资料，围绕志稿编纂，搜集已经出版或内部出版的资料，包括统计资料，各个时期形成的人口、土地、经济等方面的普查资料、反映路南历史沿革的志书、党史、志鉴、文史、组织史、人物介绍等方面专著及资料；在承编单位无法提供和馆藏档案无记载的情况下，实地调查与志稿所需的相关资料，通过实地调查，掌握志稿编修第一手资料；座谈了解口碑资料，掌握个别事物发展脉络资料；电话、信函、媒体征集资料，在全市范围内征集路南籍具有重要影响的已逝人物、历史名人和省部级以上领导干部、省部级劳模等，在媒体登发公益广告，面向社会公开征集人物篇中入选资料；复制留存资料，将各立档单位未向档案馆移交且志稿编修所需资料，包括简报、总结、专题、会议纪要、重要文件等，复制备用；网络下载资料，资料下载内容包括路南籍人物、党和国家不同时期形成的法律、法规、规章和政策以及与志稿编修相关的内容。随编纂进度和结构的调整，相应调整资料的征集范围和种类，以适应编修之需要。同时，对所采集的资料，按篇目结构进行梳理、归类、筛选、印证，去伪存真，去粗取精，使所用资料经得起历史的检验，严把志书资料详实关。同时，将搜集到的资料及时分类整理、编号、立卷归档，便于查找和利用。

几年间，参与修志工作涉及单位200余家。参与资料搜集、撰稿和审核的人员有500余人，其中撰稿人员300余人，报送、复制资料达9000余万字，提供照片3000余张，其中入志彩照和随文照片200余张。为志书编纂提供资料的老领导、老同志、知情人员数以千计。区志编修人员通过各种渠道查找各类资料达1000余万份，存档文字资料近2万余份，征集各类参考志书百余本。丰富详实的资料来源，使区志编修遇到的难题和矛盾迎刃而解。

五是建立健全制度，是《唐山市路南区志（1990—2010）》编纂有序推进的根本保障。

区志编修进入实质编修阶段后，相继建立健全主编（总纂）负责制、责任编辑包编制、承编单位负责制等，保证志书编修依规有序进行。建立常态化的业务培训制度，坚持集中培训与分散培训相结合，提高编辑人员驾驭志稿资料选取、归纳综合、提炼加工能力。建立调度制度，坚持每周二召开区志编修工作调度会议，随时掌握编纂进度，及时解决编纂中遇到的难题。建立督导制度，定期或不定期对承编单位已报志稿资料不详、脉络不清、断限不到位，及个别承编单位报送志稿不及时甚至拖延不报、敷衍应付等问题，进行重点督导检查；对修志工作进展缓慢的单位加大督查力度。建立承编单位核稿制，志书终审前、出版前的自核、互核、统核制，保证志书质量。

需要指出的是，在二轮区志编修过程中，省方志办原副主任王广才、县市指导处处长王蕾、秦皇岛市方志办原主任齐家璐、沧州市方志办原主任孟庆斌、廊坊市方志办原主任缴世忠、石家庄市方志办原副主任马福香，市方志办主任果爱民、副主任赵鹤鸣和原主任段海清、副主任刘德山，市方志办王志力、孟祥林、窦海云、王雪、杨玉伟等同志，以各种方式对路南区志的编修工作给与大力支持和倾力相助。丰南县志主编李继隆对路南区志的编纂给予热情关注，除对路南区地方志编辑毫无保留提供资料、介绍经验外，还多次亲临路南区对志稿进行指导、审评。《唐山市丰润区志》执行主编孙雅丽全程参与路南区志初稿的修改。借此之机，向长期关心支持路南区志编修的各级各单位领导、专家、学者、离退休老干部和全区各承编单位的领导、撰稿和提供资料人员、所有参与编修人员以及社会各界人士表示诚挚的感谢。

回首修志数年的艰辛历程，尽管编者为《唐山市路南区志（1990—2010）》编纂倾注全部心血，但由于编者的学识和水平有限，志书中错漏之处难免，敬请读者予以指正。

编　者

2020 年 9 月